NomosGesetze

Landesrecht Niedersachsen

Textsammlung

Herausgegeben von
Prof. Dr. Volkmar Götz
Universität Göttingen
Richter am Oberverwaltungsgericht Lüneburg a.D.
Prof. Dr. Christian Starck
Universität Göttingen
ehem. Richter des Niedersächsischen Staatsgerichtshofs

32. Auflage
Stand: 15. September 2023

Nomos

Die Deutsche Nationalbibliothek verzeichnet diese Publikation in der Deutschen Nationalbibliografie; detaillierte bibliografische Daten sind im Internet über http://dnb.d-nb.de abrufbar.

ISBN 978-3-7560-1046-2

32. Auflage 2024

Vorwort

Die 32. Auflage bringt die Sammlung des niedersächsischen Landesrechts auf den Stand vom 15. September 2023. Das seit der Vorauflage vergangene Jahr war das erste der laufenden Wahlperiode des Landtags. Zum 1. März 2023 wurde die Corona-Verordnung aufgehoben, deren fortlaufende Anpassung an die Infektionslage drei Jahre lang das beherrschende Thema war. Pandemien gehören neben anderen krisenhaften Ereignissen auch zu den Gegenständen des Katastrophenschutzrechts. Der Gesetzgeber hat auf die gestiegene Bedeutung dieser Materie des Gefahrenabwehrrechts in den letzten Jahren mit zahlreichen Anpassungen reagiert. Jetzt wurde das NKatSG neu bekanntgemacht. Bei 20 der in die Sammlung aufgenommenen Gesetze und Verordnungen gab es kleinere Änderungen.

Unsere Sammlung soll weiterhin allen, die sich in Studium, Ausbildung und Praxis mit dem niedersächsischen Landesrecht beschäftigen, von Nutzen sein. Vorschläge, die zu ihrer Verbesserung dienen, sind willkommen.

Göttingen, im September 2023

Volkmar Götz
Christian Starck

Inhalt

Niedersächsische Verfassung

Vom 19. Mai 1993 (Nds. GVBl. S. 107)
(GVBl Sb 100-1)

zuletzt geändert durch Art. 1 G zur Änd. der Niedersächsischen Verfassung und zur Einführung eines Niedersächsischen Gs zur Förderung des Klimaschutzes und zur Minderung der Folgen des Klimawandels vom 10. Dezember 2020 (Nds. GVBl. S. 464)

Nichtamtliche Inhaltsübersicht

Präambel

Im Bewußtsein seiner Verantwortung vor Gott und den Menschen hat sich das Volk von Niedersachsen durch seinen Landtag diese Verfassung gegeben.

Erster Abschnitt

Grundlagen der Staatsgewalt, Grundrechte und Staatsziele

Artikel 1 Staatsgrundsätze, Landessymbole, Hauptstadt

(1) Das Land Niedersachsen ist hervorgegangen aus den Ländern Hannover, Oldenburg, Braunschweig und Schaumburg-Lippe.

(2) Das Land Niedersachsen ist ein freiheitlicher, republikanischer, demokratischer, sozialer und dem Schutz der natürlichen Lebensgrundlagen verpflichteter Rechtsstaat in der Bundesrepublik Deutschland und Teil der europäischen Völkergemeinschaft.

(3) [1]Niedersachsen führt als Wappen das weiße Roß im roten Felde und in der Flagge die Farben Schwarz-Rot-Gold mit dem Landeswappen. [2]Das Nähere bestimmt ein Gesetz.

(4) Landeshauptstadt ist Hannover.

Artikel 2 Demokratie, Rechtsstaatlichkeit

(1) [1]Alle Staatsgewalt geht vom Volke aus. [2]Sie wird vom Volke in Wahlen und Abstimmungen und durch besondere Organe der Gesetzgebung, der vollziehenden Gewalt und der Rechtsprechung ausgeübt.

(2) Die Gesetzgebung ist an die verfassungsmäßige Ordnung in Bund und Land, die vollziehende Gewalt und die Rechtsprechung sind an Gesetz und Recht gebunden.

Artikel 3 Grundrechte

(1) Das Volk von Niedersachsen bekennt sich zu den Menschenrechten als Grundlage der staatlichen Gemeinschaft, des Friedens und der Gerechtigkeit.

(2) [1]Die im Grundgesetz für die Bundesrepublik Deutschland festgelegten Grundrechte und staatsbürgerlichen Rechte sind Bestandteil dieser Verfassung. [2]Sie binden Gesetzgebung, vollziehende Gewalt und Rechtsprechung als unmittelbar geltendes Landesrecht. [3]Die Achtung der Grundrechte, insbesondere die Verwirklichung der Gleichberechtigung von Frauen und Männern, ist eine ständige Aufgabe des Landes, der Gemeinden und Landkreise.

(3) [1]Niemand darf wegen seines Geschlechts, seiner Abstammung, seiner Rasse, seiner Sprache, seiner Heimat und Herkunft, seines Glaubens, seiner religiösen oder politischen Anschauungen benachteiligt oder bevorzugt werden. [2]Niemand darf wegen seiner Behinderung benachteiligt werden.

Artikel 4 Recht auf Bildung, Schulwesen

(1) Jeder Mensch hat das Recht auf Bildung.

(2) [1]Es besteht allgemeine Schulpflicht. [2]Das gesamte Schulwesen steht unter der Aufsicht des Landes.

(3) [1]Das Recht zur Errichtung von Schulen in freier Trägerschaft wird gewährleistet. [2]Sie haben Anspruch auf staatliche Förderung, wenn sie nach Artikel 7 Abs. 4 und 5 des Grundgesetzes für die Bun-

desrepublik Deutschland genehmigt sind und die Voraussetzungen für die Genehmigung auf Dauer erfüllen.

(4) Das Nähere regelt ein Gesetz.

Artikel 4a Schutz und Erziehung von Kindern und Jugendlichen

(1) Kinder und Jugendliche haben als eigenständige Personen das Recht auf Achtung ihrer Würde und gewaltfreie Erziehung.

(2) [1]Wer Kinder und Jugendliche erzieht, hat Anspruch auf angemessene staatliche Hilfe und Rücksichtnahme. [2]Staat und Gesellschaft tragen für altersgerechte Lebensbedingungen Sorge.

(3) Kinder und Jugendliche sind vor körperlicher und seelischer Vernachlässigung und Misshandlung zu schützen.

Artikel 5 Wissenschaft, Hochschulen

(1) Das Land schützt und fördert die Wissenschaft.

(2) Das Land unterhält und fördert Hochschulen und andere wissenschaftliche Einrichtungen.

(3) Die Hochschulen haben das Recht der Selbstverwaltung im Rahmen der Gesetze.

(4) Das Nähere regelt ein Gesetz.

Artikel 6 Kunst, Kultur und Sport

Das Land, die Gemeinden und die Landkreise schützen und fördern Kunst, Kultur und Sport.

Artikel 6a Arbeit, Wohnen

Das Land wirkt darauf hin, daß jeder Mensch Arbeit finden und dadurch seinen Lebensunterhalt bestreiten kann und daß die Bevölkerung mit angemessenem Wohnraum versorgt ist.

Artikel 6b Tierschutz

Tiere werden als Lebewesen geachtet und geschützt.

Artikel 6c Klima

In Verantwortung auch für die künftigen Generationen schützt das Land das Klima und mindert die Folgen des Klimawandels.

Zweiter Abschnitt

Der Landtag

Artikel 7 Aufgaben des Landtages

[1]Der Landtag ist die gewählte Vertretung des Volkes. [2]Seine Aufgaben sind es insbesondere, die gesetzgebende Gewalt auszuüben, über den Landeshaushalt zu beschließen, die Ministerpräsidentin oder den Ministerpräsidenten zu wählen, an der Regierungsbildung mitzuwirken und die vollziehende Gewalt nach Maßgabe dieser Verfassung zu überwachen.

Artikel 8 Wahl des Landtages

(1) Die Mitglieder des Landtages werden in allgemeiner, unmittelbarer, freier, gleicher und geheimer Wahl gewählt.

(2) Wahlberechtigt und wählbar sind alle Deutschen, die das 18. Lebensjahr vollendet und im Land Niedersachsen ihren Wohnsitz haben.

(3) Wahlvorschläge, für die weniger als fünf vom Hundert der Stimmen abgegeben werden, erhalten keine Mandate.

(4) Mitglieder des Bundestages, der Bundesregierung, des Europäischen Parlaments sowie der Volksvertretungen und Regierungen anderer Länder dürfen dem Landtag nicht angehören.

(5) [1]Das Nähere bestimmt ein Gesetz. [2]Dieses kann insbesondere die Wahlberechtigung und die Wählbarkeit von einer bestimmten Dauer des Wohnsitzes abhängig machen.

Artikel 9 Wahlperiode

(1) [1]Der Landtag wird auf fünf Jahre gewählt. [2]Seine Wahlperiode beginnt mit seinem Zusammentritt und endet mit dem Zusammentritt des nächsten Landtages.

(2) Der nächste Landtag ist frühestens 56, spätestens 59 Monate nach Beginn der Wahlperiode zu wählen, im Fall der Auflösung des Landtages binnen zwei Monaten.

(3) Der Landtag tritt spätestens am 30. Tage nach seiner Wahl zusammen.

Artikel 10 Auflösung des Landtages

(1) [1]Der Landtag kann seine Auflösung beschließen. [2]Der Beschluß ist unwiderruflich.

(2) [1]Der Antrag auf Auflösung kann nur von mindestens einem Drittel der Mitglieder des Landtages gestellt werden. [2]Zu dem Beschluß ist die Zustimmung von zwei Dritteln der anwesenden Mitglieder, mindestens jedoch die Zustimmung der Mehrheit der Mitglieder des Landtages erforderlich.

(3) Über den Antrag auf Auflösung kann frühestens am elften und muß spätestens am 30. Tage nach Schluß der Besprechung abgestimmt werden.

Artikel 11 Beginn und Ende des Mandats, Wahlprüfung

(1) Die Mitgliedschaft im Landtag beginnt mit der Annahme der Wahl, jedoch nicht vor Beginn der Wahlperiode.

(2) [1]Der Landtag prüft auf Antrag die Gültigkeit der Wahl. [2]Er entscheidet auch, ob ein Mitglied des Landtages sein Mandat verloren hat, wenn der Verlust nicht schon aus einem Richterspruch folgt.

(3) [1]Das Nähere regelt ein Gesetz. [2]Es kann Entscheidungen nach Absatz 2 einem Ausschuß oder der Präsidentin oder dem Präsidenten des Landtages übertragen.

(4) Die Entscheidungen nach den Absätzen 2 und 3 können beim Staatsgerichtshof angefochten werden.

Artikel 12 Rechtsstellung der Mitglieder des Landtages

[1]Die Mitglieder des Landtages vertreten das ganze Volk. [2]Sie sind an Aufträge und Weisungen nicht gebunden und nur ihrem Gewissen unterworfen.

Artikel 13 Bewerbung, Mandatsausübung, Entschädigung

(1) Wer sich um ein Mandat im Landtag bewirbt, hat Anspruch auf den zur Vorbereitung seiner Wahl erforderlichen Urlaub.

(2) [1]Niemand darf gehindert werden, ein Landtagsmandat zu übernehmen und auszuüben. [2]Die Kündigung eines Beschäftigungsverhältnisses aus diesem Grunde ist unzulässig.

(3) [1]Die Mitglieder des Landtages haben Anspruch auf eine angemessene, ihre Unabhängigkeit sichernde Entschädigung. [2]Das Nähere bestimmt ein Gesetz.

Artikel 14 Indemnität

[1]Ein Mitglied des Landtages darf zu keiner Zeit wegen seiner Abstimmung oder wegen einer Äußerung, die es im Landtag, in einem Ausschuß oder in einer Fraktion getan hat, gerichtlich oder dienstlich verfolgt oder anderweitig außerhalb des Landtages zur Verantwortung gezogen werden. [2]Dies gilt nicht für verleumderische Beleidigungen.

Artikel 15 Immunität

(1) Wegen einer mit Strafe bedrohten Handlung darf ein Mitglied des Landtages nur mit Genehmigung des Landtages zur Verantwortung gezogen oder verhaftet werden, es sei denn, daß es bei Begehung der Tat, spätestens bis zum Ablauf des folgenden Tages, festgenommen wird.

(2) Die Genehmigung des Landtages ist ferner bei jeder anderen Beschränkung der persönlichen Freiheit eines Mitglieds des Landtages oder zur Einleitung eines Verfahrens gegen ein Mitglied des Landtages gemäß Artikel 18 des Grundgesetzes für die Bundesrepublik Deutschland erforderlich.

(3) Jedes Strafverfahren und jedes Verfahren gemäß Artikel 18 des Grundgesetzes für die Bundesrepublik Deutschland gegen ein Mitglied des Landtages, jede Haft und jede sonstige Beschränkung seiner persönlichen Freiheit sind auf Verlangen des Landtages auszusetzen.

Artikel 16 Zeugnisverweigerungsrecht

(1) Mitglieder des Landtages sind berechtigt, über Personen, die ihnen als Mitgliedern des Landtages oder denen sie in dieser Eigenschaft Tatsachen anvertraut haben, sowie über diese Tatsachen selbst das Zeugnis zu verweigern.

(2) [1]Den Mitgliedern des Landtages stehen Personen gleich, die sie in Ausübung ihres Mandats zur Mitarbeit herangezogen haben. [2]Über die Ausübung ihres Zeugnisverweigerungsrechts entscheidet das Mitglied des Landtages, es sei denn, daß seine Entscheidung in absehbarer Zeit nicht herbeigeführt werden kann.

(3) Soweit das Zeugnisverweigerungsrecht reicht, ist eine Beschlagnahme unzulässig.

Artikel 17 Abgeordnetenanklage

(1) Der Landtag kann ein Mitglied des Landtages wegen gewinnsüchtigen Mißbrauchs seiner Stellung als Mitglied des Landtages vor dem Staatsgerichtshof anklagen.

(2) [1]Der Antrag auf Erhebung der Anklage muß von mindestens einem Drittel der Mitglieder des Landtages gestellt werden. [2]Der Beschluß auf Erhebung der Anklage bedarf der Zustimmung von zwei Dritteln der Mitglieder des Landtages.

(3) Erkennt der Staatsgerichtshof im Sinne der Anklage, so verliert das Mitglied des Landtages sein Mandat.

Artikel 18 Präsidium

(1) Der Landtag wählt seine Präsidentin oder seinen Präsidenten, deren oder dessen Stellvertreterin oder Stellvertreterinnen oder Stellvertreter und die Schriftführerinnen oder Schriftführer (Präsidium).

(2) [1]Die Präsidentin oder der Präsident übt das Hausrecht und die Ordnungsgewalt in den Räumen des Landtages aus. [2]Eine Durchsuchung oder Beschlagnahme in diesen Räumen bedarf ihrer oder seiner Einwilligung.

(3) [1]Die Präsidentin oder der Präsident vertritt das Land in Angelegenheiten des Landtages, leitet dessen Verwaltung und übt die dienstrechtlichen Befugnisse aus. [2]Sie oder er ist dabei nur an Gesetz und Recht gebunden. [3]Wichtige Personalentscheidungen trifft sie oder er im Benehmen mit dem Präsidium.

(4) [1]Der Landtag kann Mitglieder des Präsidiums auf Antrag der Mehrheit der Mitglieder des Landtages durch Beschluß abberufen. [2]Der Beschluß bedarf der Zustimmung von zwei Dritteln der Mitglieder des Landtages.

Artikel 19 Fraktionen, Opposition

(1) Mitglieder des Landtages können sich nach Maßgabe der Geschäftsordnung des Landtages zu Fraktionen zusammenschließen.

(2) [1]Die Fraktionen und die Mitglieder des Landtages, die die Landesregierung nicht stützen, haben das Recht auf Chancengleichheit in Parlament und Öffentlichkeit. [2]Sie haben Anspruch auf die zur Erfüllung ihrer besonderen Aufgaben erforderliche Ausstattung; das Nähere regelt ein Gesetz.

Artikel 20 Ausschüsse, Ältestenrat

(1) Zur Vorbereitung seiner Beschlüsse setzt der Landtag Ausschüsse ein.

(2) [1]In den Ausschüssen müssen die Fraktionen des Landtages ihrer Stärke entsprechend, mindestens jedoch durch ein Mitglied mit beratender Stimme, vertreten sein. [2]Fraktionslose Mitglieder des Landtages sind angemessen zu berücksichtigen. [3]Jedes Ausschußmitglied kann im Ausschuß Anträge stellen.

(3) [1]Zur Unterstützung der Präsidentin oder des Präsidenten in parlamentarischen Angelegenheiten bildet der Landtag einen Ältestenrat. [2]Absatz 2 gilt entsprechend.

Artikel 21 Geschäftsordnung, Einberufung, Beschlußfassung

(1) Der Landtag gibt sich eine Geschäftsordnung.

(2) [1]Die Präsidentin oder der Präsident des Landtages beruft den Landtag ein und bestimmt, soweit der Landtag nicht darüber beschlossen hat, den Beginn und die Tagesordnung der Sitzungen. [2]Der Landtag ist unverzüglich einzuberufen, wenn ein Viertel seiner Mitglieder oder die Landesregierung es unter Angabe des Beratungsgegenstandes verlangt.

(3) [1]Zu seiner ersten Sitzung wird der Landtag von der Präsidentin oder dem Präsidenten des bisherigen Landtages einberufen. [2]Absatz 2 Satz 2 gilt entsprechend.

(4) [1]Der Landtag beschließt mit der Mehrheit der abgegebenen Stimmen, sofern diese Verfassung nichts anderes bestimmt. [2]Für Beschlüsse zum Verfahren des Landtages und für Wahlen kann auch durch die Geschäftsordnung oder durch Gesetz Abweichendes bestimmt werden. [3]Die Beschlußfähigkeit wird durch die Geschäftsordnung geregelt.

Artikel 22 Öffentlichkeit

(1) [1]Der Landtag verhandelt öffentlich. [2]Auf Antrag eines Zehntels seiner Mitglieder oder auf Antrag der Landesregierung kann die Öffentlichkeit mit Zustimmung von zwei Dritteln der anwesenden Mitglieder des Landtages ausgeschlossen werden. [3]Über den Antrag wird in nichtöffentlicher Sitzung entschieden.

(2) Wahrheitsgetreue Berichte über die öffentlichen Sitzungen des Landtages und seiner Ausschüsse bleiben von jeder Verantwortlichkeit frei.

Artikel 23 Anwesenheit der Landesregierung

(1) Der Landtag und seine Ausschüsse können die Anwesenheit eines jeden Mitglieds der Landesregierung verlangen.

(2) [1]Die Mitglieder der Landesregierung und ihre Beauftragten haben zu den Sitzungen des Landtages und seiner Ausschüsse Zutritt. [2]Sie müssen jederzeit gehört werden. [3]Sie unterstehen der Ordnungsgewalt der Präsidentin oder des Präsidenten oder der Vorsitzenden oder des Vorsitzenden.

(3) Absatz 2 Satz 1 und 2 gilt nicht für die Sitzungen der Untersuchungsausschüsse, des Wahlprüfungsausschusses und des Ausschusses zur Vorbereitung der Wahl der Mitglieder des Staatsgerichtshofs.

Artikel 24 Auskunft, Aktenvorlage und Zugang zu öffentlichen Einrichtungen

(1) Anfragen von Mitgliedern des Landtages hat die Landesregierung im Landtag und in seinen Ausschüssen nach bestem Wissen unverzüglich und vollständig zu beantworten.

(2) [1]Die Landesregierung hat, wenn es mindestens ein Fünftel der Ausschußmitglieder verlangt, zum Gegenstand einer Ausschußsitzung Akten unverzüglich und vollständig vorzulegen und Zugang zu öffentlichen Einrichtungen zu gewähren. [2]Für Akten und Einrichtungen, die nicht in der Hand des Landes sind, gilt dies, soweit das Land die Vorlage oder den Zugang verlangen kann.

(3) [1]Die Landesregierung braucht dem Verlangen nicht zu entsprechen, soweit dadurch die Funktionsfähigkeit und Eigenverantwortung der Landesregierung wesentlich beeinträchtigt würden oder zu befürchten ist, daß durch das Bekanntwerden von Tatsachen dem Wohl des Landes oder des Bundes Nachteile zugefügt oder schutzwürdige Interessen Dritter verletzt werden. [2]Die Entscheidung ist zu begründen.

(4) Näheres kann ein Gesetz regeln.

Artikel 25 Unterrichtungspflicht der Landesregierung

(1) [1]Die Landesregierung ist verpflichtet, den Landtag über die Vorbereitung von Gesetzen sowie über Grundsatzfragen der Landesplanung, der Standortplanung und Durchführung von Großvorhaben frühzeitig und vollständig zu unterrichten. [2]Das gleiche gilt, soweit es um Gegenstände von grundsätzlicher Bedeutung geht, für die Vorbereitung von Verordnungen, für die Mitwirkung im Bundesrat sowie für die Zusammenarbeit mit dem Bund, den Ländern, anderen Staaten, der Europäischen Gemeinschaft und deren Organen.

(2) Artikel 24 Abs. 3 Satz 1 gilt entsprechend.

(3) Näheres kann ein Gesetz regeln.

Artikel 26 Behandlung von Eingaben

Die Behandlung an den Landtag gerichteter Bitten und Beschwerden obliegt dem Landtag, der sich zur Vorbereitung des nach der Geschäftsordnung zuständigen Ausschusses bedient.

Artikel 27 Untersuchungsausschüsse

(1) [1]Der Landtag hat das Recht und auf Antrag von mindestens einem Fünftel seiner Mitglieder die Pflicht, Untersuchungsausschüsse einzusetzen, um Sachverhalte im öffentlichen Interesse aufzuklären. [2]Gegen den Willen der Antragstellerinnen oder Antragsteller darf der Untersuchungsauftrag nur ausgedehnt werden, wenn dessen Kern gewahrt bleibt und keine wesentliche Verzögerung zu erwarten ist.

(2) [1]Die Ausschüsse erheben die erforderlichen Beweise. [2]Hält ein Fünftel der Ausschußmitglieder einen bestimmten Beweis für erforderlich, so hat der Ausschuß ihn zu erheben.

(3) [1]Die Beweisaufnahme ist öffentlich. [2]Die Beratungen sind nicht öffentlich. [3]Der Ausschluß der Öffentlichkeit bei der Beweiserhebung und die Herstellung der Öffentlichkeit bei der Beratung bedürfen einer Mehrheit von zwei Dritteln der Ausschußmitglieder. [4]Über den Ausschluß der Öffentlichkeit wird in nichtöffentlicher Sitzung entschieden.

(4) [1]Gerichte und Verwaltungsbehörden haben Rechts- und Amtshilfe zu leisten und ihren Bediensteten die Aussage vor den Ausschüssen zu genehmigen. [2]Dies gilt nicht, soweit Gründe nach Artikel 24 Abs. 3 entgegenstehen.

(5) [1]Die Ausschüsse berichten über ihre Untersuchungen. [2]Ausschußmitglieder, die einen Bericht für unzutreffend halten, können ihre Auffassung in einem Zusatz zu dem Bericht darstellen.

(6) [1]Der Landtag kann das Verfahren der Ausschüsse durch Gesetz oder Geschäftsordnung näher regeln. [2]Soweit er nichts anderes bestimmt, sind auf die Erhebungen der Ausschüsse und der von ihnen ersuchten Gerichte und Behörden die Vorschriften über den Strafprozeß sinngemäß anzuwenden. [3]Das Brief-, Post- und Fernmeldegeheimnis bleibt unberührt.

(7) Hält ein Gericht die einem Ausschuß aufgegebene Untersuchung für verfassungswidrig und ist dies für seine Entscheidung erheblich, so hat es das Verfahren auszusetzen und die Entscheidung des Staatsgerichtshofs einzuholen.

(8) [1]Die Berichte der Ausschüsse sind der richterlichen Erörterung entzogen. [2]In der Würdigung und Beurteilung des der Untersuchung zugrundeliegenden Sachverhalts sind die Gerichte frei.

Dritter Abschnitt
Die Landesregierung

Artikel 28 Aufgabe und Zusammensetzung

(1) Die Landesregierung übt die vollziehende Gewalt aus.

(2) Die Landesregierung besteht aus der Ministerpräsidentin oder dem Ministerpräsidenten und den Ministerinnen und Ministern.

(3) Mitglieder des Bundestages, des Europäischen Parlaments und der Volksvertretungen anderer Länder dürfen der Landesregierung nicht angehören.

Artikel 29 Regierungsbildung

(1) Die Ministerpräsidentin oder der Ministerpräsident wird vom Landtag mit der Mehrheit seiner Mitglieder ohne Aussprache in geheimer Abstimmung gewählt.

(2) Die Ministerpräsidentin oder der Ministerpräsident beruft die übrigen Mitglieder der Landesregierung und bestimmt ein Mitglied, das sie oder ihn vertritt.

(3) Die Landesregierung bedarf zur Amtsübernahme der Bestätigung durch den Landtag.

(4) Die Berufung und Entlassung eines Mitglieds der Landesregierung durch die Ministerpräsidentin oder den Ministerpräsidenten nach der Bestätigung bedarf der Zustimmung des Landtages.

(5) Wird die Bestätigung versagt, so kann das Verfahren nach den Absätzen 1 bis 3 wiederholt werden.

Artikel 30 Auflösung des Landtages, vereinfachte Regierungsbildung

(1) [1]Kommt die Regierungsbildung und -bestätigung auf Grund des Artikels 29 innerhalb von 21 Tagen nach dem Zusammentritt des neugewählten Landtages oder dem Rücktritt einer Landesregierung nicht zustande, so beschließt der Landtag innerhalb von weiteren 14 Tagen über seine Auflösung. [2]Der Beschluß bedarf der Mehrheit der Mitglieder des Landtages.

(2) [1]Wird die Auflösung nicht beschlossen, so findet unverzüglich eine neue Wahl der Ministerpräsidentin oder des Ministerpräsidenten statt. [2]Gewählt ist, wer die meisten Stimmen erhält. [3]Die weitere Regierungsbildung vollzieht sich nach Artikel 29 Abs. 2. [4]Artikel 29 Abs. 3 findet keine Anwendung.

Artikel 31 Bekenntnis und Amtseid

[1]Die Mitglieder der Landesregierung haben sich bei der Amtsübernahme vor dem Landtag zu den Grundsätzen eines freiheitlichen, republikanischen, demokratischen, sozialen und dem Schutz der natürlichen Lebensgrundlagen verpflichteten Rechtsstaates zu bekennen und folgenden Eid zu leisten:
„Ich schwöre, daß ich meine Kraft dem Volke und dem Lande widmen, das Grundgesetz für die Bundesrepublik Deutschland und die Niedersächsische Verfassung sowie die Gesetze wahren und verteidigen, meine Pflichten gewissenhaft erfüllen und Gerechtigkeit gegenüber allen Menschen üben werde."
[2]Der Eid kann mit der Beteuerung „So wahr mir Gott helfe" oder ohne sie geleistet werden.

Artikel 32 Mißtrauensvotum

(1) Der Landtag kann der Ministerpräsidentin oder dem Ministerpräsidenten das Vertrauen entziehen.

(2) [1]Der Antrag kann nur von mindestens einem Drittel der Mitglieder des Landtages gestellt werden. [2]Über den Antrag darf frühestens 21 Tage nach Schluß der Besprechung abgestimmt werden.

(3) Das Vertrauen kann nur dadurch entzogen werden, daß der Landtag mit der Mehrheit seiner Mitglieder eine Nachfolgerin oder einen Nachfolger wählt.

Artikel 33 Rücktritt

(1) Die Mitglieder der Landesregierung können jederzeit zurücktreten.

(2) Die Ministerpräsidentin oder der Ministerpräsident gilt als zurückgetreten, sobald ein neugewählter Landtag zusammentritt oder sobald der Landtag ihr oder ihm das Vertrauen entzieht.

(3) Scheidet die Ministerpräsidentin oder der Ministerpräsident aus oder tritt sie oder er zurück, so gilt die Landesregierung als zurückgetreten.

(4) Die Mitglieder der Landesregierung sind im Falle ihres Rücktritts verpflichtet, die Geschäfte bis zu deren Übernahme durch ihre Nachfolgerinnen oder Nachfolger weiterzuführen.

Artikel 34 Rechtsstellung der Regierungsmitglieder

(1) [1]Die Mitglieder der Landesregierung sind keine Beamte. [2]Ihre Bezüge regelt ein Gesetz.

(2) [1]Die Mitglieder der Landesregierung dürfen kein anderes besoldetes Amt, kein Gewerbe und keinen Beruf ausüben und weder der Leitung noch dem Aufsichtsrat eines auf Erwerb gerichteten Unternehmens angehören. [2]Die Landesregierung kann Ausnahmen zulassen, insbesondere für die Entsendung in Organe von Unternehmen, an denen die öffentliche Hand beteiligt ist. [3]Jede Ausnahme ist dem Landtag mitzuteilen.

Artikel 35 Vertretung des Landes, Staatsverträge

(1) Die Ministerpräsidentin oder der Ministerpräsident vetritt das Land nach außen.

(2) Verträge des Landes, die sich auf Gegenstände der Gesetzgebung beziehen, bedürfen der Zustimmung des Landtages.

Artikel 36 Begnadigungsrecht, Amnestie

(1) [1]Die Ministerpräsidentin oder der Ministerpräsident übt im Einzelfall das Begnadigungsrecht aus. [2]Sie oder er kann ihre oder seine Befugnisse auf andere Stellen übertragen.

(2) Allgemeine Straferlasse und die Niederschlagung von Strafsachen bedürfen eines Gesetzes.

Artikel 37 Richtlinien der Politik, Ressortprinzip, Zuständigkeit der Landesregierung

(1) [1]Die Ministerpräsidentin oder der Ministerpräsident bestimmt die Richtlinien der Politik und trägt dafür die Verantwortung. [2]Innerhalb dieser Richtlinien leitet jedes Mitglied der Landesregierung seinen Geschäftsbereich selbständig und unter eigener Verantwortung.

(2) Die Landesregierung beschließt

1. über alle Angelegenheiten, die der Landesregierung gesetzlich übertragen sind,
2. über die Bestellung der Vertreterinnen oder Vertreter im Bundesrat und deren Stimmabgabe,
3. über die Abgrenzung der Geschäftsbereiche,
4. über Fragen, die mehrere Geschäftsbereiche berühren, wenn die beteiligten Mitglieder der Landesregierung sich nicht verständigen,
5. über Gesetzentwürfe, die sie beim Landtag einbringt,
6. über Verordnungen, soweit gesetzlich nichts anderes bestimmt ist.

Artikel 38 Verwaltungsorganisation, dienstrechtliche Befugnisse

(1) Die Landesregierung beschließt über die Organisation der öffentlichen Verwaltung, soweit nicht Gesetze die Organisation regeln.

(2) Die Landesregierung ernennt und entläßt die Berufsrichterinnen, Berufsrichter, Beamtinnen und Beamten.

(3) Die Landesregierung kann diese Befugnisse auf einzelne Mitglieder der Landesregierung oder auf andere Stellen übertragen.

Artikel 39 Sitzungen der Landesregierung

(1) [1]In der Landesregierung führt die Ministerpräsidentin oder der Ministerpräsident den Vorsitz und leitet die Geschäfte nach einer von der Landesregierung zu beschließenden Geschäftsordnung. [2]Die Geschäftsordnung ist zu veröffentlichen.

(2) [1]Die Landesregierung faßt ihre Beschlüsse mit Stimmenmehrheit. [2]Kein Mitglied darf sich der Stimme enthalten. [3]Bei Stimmengleichheit entscheidet die Stimme der Ministerpräsidentin oder des Ministerpräsidenten. [4]Die Beschlußfähigkeit der Landesregierung und die Stellvertretung der Ministerinnen oder Minister werden durch die Geschäftsordnung geregelt.

(3) Für die Beratung des Entwurfs des Haushaltsplans sowie für die Beschlußfassung über Ausgaben außerhalb des Haushaltsplans kann die Geschäftsordnung eine von Absatz 2 Satz 1 abweichende Regelung treffen.

Artikel 40 Anklage von Regierungsmitgliedern

(1) [1]Der Landtag kann Mitglieder der Landesregierung vor dem Staatsgerichtshof anklagen, daß sie in Ausübung des Amtes vorsätzlich die Verfassung oder ein Gesetz verletzt haben. [2]Artikel 17 Abs. 2 gilt entsprechend.

(2) [1]Erkennt der Staatsgerichtshof im Sinne der Anklage, so kann er das Mitglied der Landesregierung des Amtes für verlustig erklären. [2]Die Anklage wird durch den vor oder nach ihrer Erhebung erfolgten Rücktritt des Mitglieds der Landesregierung nicht berührt.

(3) [1]Jedes Mitglied der Landesregierung kann mit Zustimmung der Landesregierung die Entscheidung des Staatsgerichtshofs über einen gegen das Mitglied in der Öffentlichkeit erhobenen Vorwurf nach Absatz 1 Satz 1 beantragen. [2]Für das weitere Verfahren gelten die Vorschriften des Absatzes 2.

Vierter Abschnitt

Die Gesetzgebung

Artikel 41 Erfordernis der Gesetzesform

Allgemein verbindliche Vorschriften der Staatsgewalt, durch die Rechte oder Pflichten begründet, geändert oder aufgehoben werden, bedürfen der Form des Gesetzes.

Artikel 42 Gesetzgebungsverfahren

(1) Die Gesetze werden vom Landtag oder durch Volksentscheid beschlossen.

(2) Vor dem Beschluß des Landtages kann die Landesregierung verlangen, daß die Abstimmung bis zu 30 Tagen ausgesetzt wird.

(3) Gesetzentwürfe werden beim Landtag aus seiner Mitte, von der Landesregierung, durch Volksinitiative oder Volksbegehren eingebracht.

Artikel 43 Verordnungen

(1) [1]Gesetze können die Landesregierung, Ministerien und andere Behörden ermächtigen, Vorschriften im Sinne des Artikels 41 als Verordnungen zu erlassen. [2]Die Gesetze müssen Inhalt, Zweck und Ausmaß der Ermächtigung bestimmen.

(2) [1]In der Verordnung ist die Rechtsgrundlage anzugeben. [2]Die Ermächtigung zum Erlaß einer Verordnung darf nur, wenn das Gesetz dies zuläßt, und nur durch Verordnung weiter übertragen werden.

Artikel 44 Notverordnungen

(1) Ist der Landtag durch höhere Gewalt daran gehindert, sich frei zu versammeln, und wird dies durch die Präsidentin oder den Präsidenten des Landtages festgestellt, so kann die Landesregierung zur Aufrechterhaltung der öffentlichen Sicherheit und Ordnung oder zur Beseitigung eines Notstandes Verordnungen mit Gesetzeskraft, die der Verfassung nicht widersprechen, erlassen.

(2) Diese Verordnungen bedürfen der Zustimmung des Ältestenrates des Landtages.

(3) Ist auch der Ältestenrat durch höhere Gewalt gehindert, sich frei zu versammeln, und wird dies durch die Präsidentin oder den Präsidenten des Landtages festgestellt, so bedürfen die Verordnungen der Zustimmung der Präsidentin oder des Präsidenten des Landtages.

(4) [1]Die Verordnungen sind dem Landtag unverzüglich vorzulegen. [2]Er kann sie aufheben.

Artikel 45 Ausfertigung, Verkündung, Inkrafttreten

(1) [1]Die verfassungsmäßig beschlossenen Gesetze sind unverzüglich von der Präsidentin oder dem Präsidenten des Landtages auszufertigen und von der Ministerpräsidentin oder dem Ministerpräsidenten im Gesetz- und Verordnungsblatt zu verkünden. [2]Verordnungen werden von der Stelle, die sie erläßt, ausgefertigt und vorbehaltlich anderweitiger gesetzlicher Regelung im Gesetz- und Verordnungsblatt verkündet.

(2) Verordnungen, die auf Grund des Artikels 44 beschlossen sind, werden von der Präsidentin oder dem Präsidenten des Landtages gemeinsam mit der Ministerpräsidentin oder dem Ministerpräsidenten ausgefertigt und, falls eine Verkündung im Gesetz- und Verordnungsblatt nicht möglich ist, öffentlich bekanntgemacht.

(3) [1]Jedes Gesetz und jede Verordnung soll den Tag des Inkrafttretens bestimmen. [2]Fehlt eine solche Bestimmung, so treten sie mit dem 14. Tage nach Ablauf des Tages in Kraft, an dem das Gesetz- und Verordnungsblatt ausgegeben worden ist.

Artikel 46 Verfassungsänderungen

(1) Diese Verfassung kann nur durch ein Gesetz geändert werden, das ihren Wortlaut ausdrücklich ändert oder ergänzt.

(2) Verfassungsänderungen, die den in Artikel 1 Abs. 2 und Artikel 2 niedergelegten Grundsätzen widersprechen, sind unzulässig.

(3) [1]Ein verfassungsänderndes Gesetz bedarf der Zustimmung von zwei Dritteln der Mitglieder des Landtages. [2]Für Verfassungsänderungen durch Volksentscheid gilt Artikel 49 Abs. 2.

Fünfter Abschnitt

Volksinitiative, Volksbegehren und Volksentscheid

Artikel 47 Volksinitiative

[1]70 000 Wahlberechtigte können schriftlich verlangen, daß sich der Landtag im Rahmen seiner verfassungsmäßigen Zuständigkeit mit bestimmten Gegenständen der politischen Willensbildung befaßt. [2]Ihre Vertreterinnen oder Vertreter haben das Recht, angehört zu werden.

Artikel 48 Volksbegehren

(1) [1]Ein Volksbegehren kann darauf gerichtet werden, ein Gesetz im Rahmen der Gesetzgebungsbefugnis des Landes zu erlassen, zu ändern oder aufzuheben. [2]Dem Volksbegehren muß ein ausgearbeiteter, mit Gründen versehener Gesetzentwurf zugrunde liegen. [3]Gesetze über den Landeshaushalt, über öffentliche Abgaben sowie über Dienst- und Versorgungsbezüge können nicht Gegenstand eines Volksbegehrens sein.

(2) Die Landesregierung entscheidet, ob das Volksbegehren zulässig ist; gegen ihre Entscheidung kann der Staatsgerichtshof angerufen werden.

(3) [1]Das Volksbegehren kommt zustande, wenn es von zehn vom Hundert der Wahlberechtigten unterstützt wird. [2]Die Landesregierung leitet dann den Gesetzentwurf mit ihrer Stellungnahme unverzüglich an den Landtag weiter.

Artikel 49 Volksentscheid

(1) [1]Nimmt der Landtag einen Gesetzentwurf, der ihm auf Grund eines Volksbegehrens zugeleitet wird, nicht innerhalb von sechs Monaten im wesentlichen unverändert an, so findet spätestens sechs Monate nach Ablauf der Frist oder nach dem Beschluß des Landtages, den Entwurf nicht als Gesetz anzunehmen, ein Volksentscheid über den Gesetzentwurf statt. [2]Der Landtag kann dem Volk einen eigenen Gesetzentwurf zum Gegenstand des Volksbegehrens zur Entscheidung mit vorlegen.

(2) [1]Ein Gesetz ist durch Volksentscheid beschlossen, wenn die Mehrheit derjenigen, die ihre Stimme abgegeben haben, jedoch mindestens ein Viertel der Wahlberechtigten, dem Entwurf zugestimmt hat. [2]Die Verfassung kann durch Volksentscheid nur geändert werden, wenn mindestens die Hälfte der Wahlberechtigten zustimmt.

Artikel 50 Kostenerstattung, Ausführungsgesetz

(1) Ist ein Volksbegehren zustande gekommen, haben die Vertreterinnen und Vertreter des Volksbegehrens Anspruch auf Erstattung der notwendigen Kosten einer angemessenen Information der Öffentlichkeit über die Ziele des Volksbegehrens.

(2) Das Nähere über Volksinitiative, Volksbegehren und Volksentscheid regelt ein Gesetz.

Sechster Abschnitt

Die Rechtsprechung

Artikel 51 Gerichte, Richterinnen und Richter

(1) Die rechtsprechende Gewalt wird im Namen des Volkes durch die nach den Gesetzen bestellten Gerichte ausgeübt.

(2) Die Gerichte sind mit Berufsrichterinnen oder Berufsrichtern sowie in den durch Gesetz bestimmten Fällen mit ehrenamtlichen Richterinnen oder Richtern besetzt.

(3) Durch Gesetz kann bestimmt werden, daß bei der Anstellung von Berufsrichterinnen und Berufsrichtern ein Richterwahlausschuß mitwirkt.

(4) Die Richterinnen und Richter sind unabhängig und nur dem Gesetz unterworfen.

Artikel 52 Richteranklage

(1) [1]Verstößt eine Berufsrichterin oder ein Berufsrichter im Amt oder außerhalb des Amtes gegen die Grundsätze des Grundgesetzes für die Bundesrepublik Deutschland oder dieser Verfassung, so kann das Bundesverfassungsgericht mit Zweidrittelmehrheit auf Antrag des Landtages anordnen, daß die Richterin oder der Richter in ein anderes Amt oder in den Ruhestand zu versetzen ist. [2]Im Falle eines vorsätzlichen Verstoßes kann auf Entlassung erkannt werden. [3]Der Antrag des Landtages kann nur mit der Mehrheit seiner Mitglieder beschlossen werden.

(2) Unter den Voraussetzungen des Absatzes 1 kann das Bundesverfassungsgericht die Bestellung von ehrenamtlichen Richterinnen oder Richtern zurücknehmen.

Artikel 53 Gewährleistung des Rechtsweges

Wird eine Person durch die öffentliche Gewalt in ihren Rechten verletzt, so steht ihr der Rechtsweg offen.

Artikel 54 Zuständigkeit des Staatsgerichtshofs

Der Staatsgerichtshof entscheidet

1. über die Auslegung dieser Verfassung bei Streitigkeiten über den Umfang der Rechte und Pflichten eines obersten Landesorgans oder anderer Beteiligter, die durch diese Verfassung oder in der Geschäftsordnung des Landtages oder der Landesregierung mit eigenen Rechten ausgestattet sind, auf Antrag des obersten Landesorgans oder anderer Beteiligter;
2. bei Streitigkeiten über die Durchführung von Volksinitiativen, Volksbegehren oder Volksentscheiden auf Antrag der Antragstellerinnen und Antragsteller, der Landesregierung oder eines Fünftels der Mitglieder des Landtages;
3. bei Meinungsverschiedenheiten oder Zweifeln über die förmliche oder sachliche Vereinbarkeit von Landesrecht mit dieser Verfassung auf Antrag der Landesregierung oder eines Fünftels der Mitglieder des Landtages;
4. über die Vereinbarkeit eines Landesgesetzes mit dieser Verfassung auf Vorlage eines Gerichts gemäß Artikel 100 Abs. 1 des Grundgesetzes für die Bundesrepublik Deutschland;
5. über Verfassungsbeschwerden von Gemeinden und Gemeindeverbänden wegen Verletzung des Rechts auf Selbstverwaltung durch ein Landesgesetz;
6. in den übrigen ihm durch diese Verfassung oder durch Gesetz zugewiesenen Fällen.

Artikel 55 Verfassung und Verfahren des Staatsgerichtshofs

(1) Der Staatsgerichtshof besteht aus neun Mitgliedern und neun stellvertretenden Mitgliedern, die jeweils ein Mitglied persönlich vertreten.

(2) [1]Die Mitglieder und stellvertretenden Mitglieder des Staatsgerichtshofs werden vom Landtag ohne Aussprache mit einer Mehrheit von zwei Dritteln der anwesenden Mitglieder des Landtages, mindestens aber mit der Mehrheit seiner Mitglieder, auf sieben Jahre gewählt. [2]Eine Wiederwahl ist nur einmal zulässig.

(3) [1]Die Mitglieder des Staatsgerichtshofs dürfen während ihrer Amtszeit weder dem Landtag noch der Landesregierung oder einem entsprechenden Organ des Bundes oder eines anderen Landes oder der Europäischen Gemeinschaft angehören. [2]Sie dürfen beruflich weder im Dienst des Landes noch einer Körperschaft, Anstalt oder Stiftung des öffentlichen Rechts unter der Aufsicht des Landes stehen. [3]Ausgenommen ist der Dienst als Berufsrichterin oder Berufsrichter und als Hochschullehrerin oder Hochschullehrer.

(4) Ein Gesetz regelt das Nähere über die Verfassung und das Verfahren des Staatsgerichtshofs und bestimmt, in welchen Fällen seine Entscheidungen Gesetzeskraft haben.

(5) Der Staatsgerichtshof hat seinen Sitz in Bückeburg.

Siebenter Abschnitt
Die Verwaltung

Artikel 56 Landesverwaltung

(1) Das Land übt seine Verwaltung durch die Landesregierung und die ihr nachgeordneten Behörden aus.

(2) Der allgemeine Aufbau und die räumliche Gliederung der allgemeinen Landesverwaltung bedürfen eines Gesetzes.

Artikel 57 Selbstverwaltung

(1) Gemeinden und Landkreise und die sonstigen öffentlich-rechtlichen Körperschaften verwalten ihre Angelegenheiten im Rahmen der Gesetze in eigener Verantwortung.

(2) [1]In den Gemeinden und Landkreisen muß das Volk eine Vertretung haben, die aus allgemeinen, unmittelbaren, freien, gleichen und geheimen Wahlen hervorgegangen ist. [2]In Gemeinden kann an die Stelle einer gewählten Vertretung die Gemeindeversammlung treten.

(3) Die Gemeinden sind in ihrem Gebiet die ausschließlichen Träger der gesamten öffentlichen Aufgaben, soweit die Gesetze nicht ausdrücklich etwas anderes bestimmen.

(4) [1]Den Gemeinden und Landkreisen und den sonstigen kommunalen Körperschaften können durch Gesetz oder aufgrund eines Gesetzes durch Verordnung Pflichtaufgaben zur Erfüllung in eigener Verantwortung zugewiesen werden und staatliche Aufgaben zur Erfüllung nach Weisung übertragen werden. [2]Für die durch Vorschriften nach Satz 1 verursachten erheblichen und notwendigen Kosten ist unverzüglich durch Gesetz der entsprechende finanzielle Ausgleich zu regeln. [3]Soweit sich aus einer Änderung der Vorschriften nach Satz 1 erhebliche Erhöhungen der Kosten ergeben, ist der finanzielle Ausgleich entsprechend anzupassen; im Fall einer Verringerung der Kosten kann er angepasst werden. [4]Der finanzielle Ausgleich für Vorschriften nach Satz 1, die vor dem 1. Januar 2006 erlassen worden sind, richtet sich nach dem bisher geltenden Recht; für den Fall einer Aufgabenverlagerung gilt Satz 3 uneingeschränkt, im Übrigen mit der Maßgabe, dass eine Anpassung im Fall der Verringerung der Kosten nicht erfolgt. [5]Satz 1 gilt entsprechend, soweit sonstigen öffentlich-rechtlichen Körperschaften Aufgaben zugewiesen oder übertragen werden, wenn unverzüglich Bestimmungen über die Deckung der Kosten getroffen werden.

(5) Das Land stellt durch seine Aufsicht sicher, daß die Gesetze beachtet und die Auftragsangelegenheiten weisungsgemäß erfüllt werden.

(6) Bevor durch Gesetz oder Verordnung allgemeine Fragen geregelt werden, welche die Gemeinden oder die Landkreise unmittelbar berühren, sind die kommunalen Spitzenverbände zu hören.

(7) Wird das Land wegen eines Rechtsverstoßes einer kommunalen Körperschaft in Anspruch genommen, so kann es nach Maßgabe eines Landesgesetzes bei der Kommune Rückgriff nehmen.

Artikel 58 Finanzwirtschaft der Gemeinden und Landkreise

Das Land ist verpflichtet, den Gemeinden und Landkreisen die zur Erfüllung ihrer Aufgaben erforderlichen Mittel durch Erschließung eigener Steuerquellen und im Rahmen seiner finanziellen Leistungsfähigkeit durch übergemeindlichen Finanzausgleich zur Verfügung zu stellen.

Artikel 59 Gebietsänderung von Gemeinden und Landkreisen

(1) Aus Gründen des Gemeinwohls können Gemeinden und Landkreise aufgelöst, vereinigt oder neu gebildet und Gebietsteile von Gemeinden oder Landkreisen umgegliedert werden.

(2) [1]Gebietsänderungen bedürfen eines Gesetzes. [2]Gebietsteile können auch durch Vertrag der beteiligten Gemeinden oder Landkreise mit Genehmigung des Landes umgegliedert werden.

(3) Vor der Änderung von Gemeindegebieten ist die Bevölkerung der beteiligten Gemeinden zu hören.

Artikel 60 Öffentlicher Dienst

[1]Die Ausübung hoheitsrechtlicher Befugnisse ist als ständige Aufgabe in der Regel Angehörigen des öffentlichen Dienstes zu übertragen, die in einem öffentlich-rechtlichen Dienst- und Treueverhältnis stehen. [2]Sie dienen dem ganzen Volk, nicht einer Partei oder sonstigen Gruppe, und haben ihr Amt und ihre Aufgaben unparteiisch und ohne Rücksicht auf die Person nur nach sachlichen Gesichtspunkten auszuüben.

Artikel 61 Wählbarkeit von Angehörigen des öffentlichen Dienstes

Die Wählbarkeit von Angehörigen des öffentlichen Dienstes in Vertretungskörperschaften kann gesetzlich beschränkt werden.

Artikel 62 Landesbeauftragte oder Landesbeauftragter für den Datenschutz

(1) [1]Die Landesbeauftrage oder der Landesbeauftragte für den Datenschutz kontrolliert, daß die öffentliche Verwaltung bei dem Umgang mit personenbezogenen Daten Gesetz und Recht einhält. [2]Sie oder er berichtet über ihre oder seine Tätigkeit und deren Ergebnisse dem Landtag.

(2) Der Landtag wählt auf Vorschlag der Landesregierung die Landesbeauftragte oder den Landesbeauftragten für den Datenschutz mit einer Mehrheit von zwei Dritteln der anwesenden Mitglieder des Landtages, mindestens jedoch der Mehrheit seiner Mitglieder.

(3) [1]Die Landesbeauftragte oder der Landesbeauftragte für den Datenschutz ist unabhängig und nur an Gesetz und Recht gebunden. [2]Artikel 38 Abs. 1 und Artikel 56 Abs. 1 finden auf sie oder ihn keine Anwendung.

(4) [1]Das Nähere bestimmt ein Gesetz. [2]Dieses Gesetz kann personalrechtliche Entscheidungen, welche Bedienstete der Landesbeauftragten oder des Landesbeauftragten für den Datenschutz betreffen, von deren oder dessen Mitwirkung abhängig machen. [3]Der Landesbeauftragten oder dem Landesbeauftragten für den Datenschutz kann durch Gesetz die Aufgabe übertragen werden, die Durchführung des Datenschutzes bei der Datenverarbeitung nicht öffentlicher Stellen und öffentlich-rechtlicher Wettbewerbsunternehmen zu kontrollieren.

Achter Abschnitt

Das Finanzwesen

Artikel 63 Landesvermögen

(1) [1]Das Landesvermögen ist Eigentum des Volkes. [2]Landesvermögen darf nur mit Zustimmung des Landtages veräußert oder belastet werden. [3]Die Zustimmung kann allgemein oder für den Einzelfall erteilt werden.

(2) Für die Veräußerung und Belastung von Vermögen, das im Eigentum Dritter steht und vom Land verwaltet wird, gilt Absatz 1 entsprechend.

Artikel 64 Finanzplanung

[1]Der Haushaltswirtschaft ist eine mehrjährige Finanz- und Investitionsplanung zugrunde zu legen. [2]Das Nähere regelt ein Gesetz.

Artikel 65 Landeshaushalt

(1) [1]Für jedes Haushaltsjahr sind alle Einnahmen des Landes nach dem Entstehungsgrund und alle Ausgaben des Landes nach Zwecken getrennt im Haushaltsplan zu veranschlagen. [2]Der Haushaltsplan ist in Einnahme und Ausgabe auszugleichen. [3]Zusätzlich können Verpflichtungsermächtigungen für die Folgejahre ausgewiesen werden.

(2) Die Verwaltung darf nur die im Haushaltsplan veranschlagten Ausgaben leisten und das Land zu Ausgaben in künftigen Haushaltsjahren nur verpflichten, soweit der Haushaltsplan sie dazu ermächtigt.

(3) Bei Landesbetrieben und Sondervermögen des Landes brauchen nur die Zuführungen oder die Ablieferungen im Haushaltsplan veranschlagt zu sein.

(4) Der Haushaltsplan wird im voraus durch Gesetz festgestellt.

(5) [1]In das Haushaltsgesetz dürfen nur Vorschriften aufgenommen werden, die sich auf die Einnahmen und die Ausgaben des Landes und auf den Zeitraum beziehen, für den das Haushaltsgesetz beschlossen wird. [2]Das Haushaltsgesetz kann vorschreiben, daß die Vorschriften erst mit der Verkündung des nächsten Haushaltsgesetzes oder bei Ermächtigung nach Artikel 71 zu einem späteren Zeitpunkt außer Kraft treten.

Artikel 66 Vorläufige Haushaltsführung

(1) Ist bis zum Schluß eines Haushaltsjahres der Haushaltsplan für das folgende Jahr nicht durch Gesetz festgestellt, so sind bis zur Verkündung des Haushaltsgesetzes die Präsidentin oder der Präsident des Landtages, die Landesregierung, die Präsidentin oder der Präsident des Staatsgerichtshofs, die Präsidentin oder der Präsident des Landesrechnungshofs und die Landesbeauftragte oder der Landesbeauftragte für den Datenschutz ermächtigt, alle Ausgaben zu leisten, die nötig sind,

1. um gesetzlich bestehende Einrichtungen zu erhalten und gesetzlich beschlossene Maßnahmen durchzuführen,
2. um die rechtlich begründeten Verpflichtungen des Landes zu erfüllen,
3. um Bauten, Beschaffungen und sonstige Leistungen fortzusetzen oder Beihilfen für diese Zwecke weiter zu gewähren, sofern durch den Haushaltsplan eines Vorjahres bereits Beträge bewilligt worden sind.

(2) Soweit nicht auf besonderem Gesetz beruhende Einnahmen aus Steuern, Abgaben und sonstigen Quellen oder die Betriebsmittelrücklage die Ausgaben unter Absatz 1 decken, darf die Landesregierung die zur Aufrechterhaltung der Wirtschaftsführung erforderlichen Mittel bis zur Höhe eines Viertels der Endsumme des abgelaufenen Haushaltsplans durch Kredit beschaffen.

Artikel 67 Über- und außerplanmäßige Ausgaben

(1) [1]Im Falle eines unvorhergesehenen und unabweisbaren Bedarfs sind mit Einwilligung der Finanzministerin oder des Finanzministers über- und außerplanmäßige Ausgaben sowie über- und außerplanmäßige Verpflichtungen zulässig. [2]Dieses gilt nicht, wenn der Landtag noch rechtzeitig durch ein Nachtragshaushaltsgesetz über die Ausgabe entscheiden kann, es sei denn, daß die Ausgabe einen im Haushaltsgesetz festzusetzenden Betrag nicht überschreitet, die Mittel von anderer Seite zweckgebunden zur Verfügung gestellt werden oder eine fällige Rechtsverpflichtung des Landes zu erfüllen ist.

(2) [1]Näheres kann durch Gesetz geregelt werden. [2]Es kann insbesondere bestimmen, daß über- und außerplanmäßige Ausgaben und Verpflichtungen dem Landtag mitzuteilen sind und seiner Genehmigung bedürfen.

Artikel 68 Haushaltswirksame Gesetze

(1) Wer einen Gesetzentwurf einbringt, muß die Kosten und Mindereinnahmen darlegen, die für das Land, für die Gemeinden, für die Landkreise und für betroffene andere Träger öffentlicher Verwaltung in absehbarer Zeit zu erwarten sind.

(2) Der Landtag darf Maßnahmen mit Auswirkungen auf einen bereits verabschiedeten Haushaltsplan nur beschließen, wenn gleichzeitig die notwendige Deckung geschaffen wird.

Artikel 69 Rechnungslegung, Entlastung

[1]Die Finanzministerin oder der Finanzminister hat dem Landtag über alle Einnahmen, Ausgaben und Verpflichtungen im Laufe des nächsten Haushaltsjahres Rechnung zu legen. [2]Über das Vermögen und die Schulden ist Rechnung zu legen oder ein anderer Nachweis zu führen. [3]Der Landtag beschließt über die Entlastung der Landesregierung.

Artikel 70 Landesrechnungshof

(1) [1]Der Landesrechnungshof, dessen Mitglieder richterliche Unabhängigkeit besitzen, prüft die Rechnung sowie die Wirtschaftlichkeit und Ordnungsmäßigkeit der Haushalts- und Wirtschaftsführung. [2]Er berichtet darüber dem Landtag und unterrichtet gleichzeitig die Landesregierung. [3]Das Nähere wird durch Gesetz geregelt. [4]Durch Gesetz können dem Landesrechnungshof weitere Aufgaben zugewiesen werden.

(2) [1]Der Landtag wählt auf Vorschlag der Landesregierung die Präsidentin oder den Präsidenten und die Vizepräsidentin oder den Vizepräsidenten des Landesrechnungshofs mit einer Mehrheit von zwei Dritteln der anwesenden Mitglieder des Landtages, mindestens jedoch der Mehrheit seiner Mitglieder, auf die Dauer von zwölf Jahren. [2]Die Landesregierung ernennt die Präsidentin oder den Präsidenten, die Vizepräsidentin oder den Vizepräsidenten und auf Vorschlag der Präsidentin oder des Präsidenten mit Zustimmung des Landtages die weiteren Mitglieder des Landesrechnungshofs. [3]Das Nähere bestimmt ein Gesetz.

Artikel 71 Kreditaufnahme, Gewährleistungen

(1) Die Aufnahme von Krediten sowie die Übernahme von Bürgschaften, Garantien oder sonstigen Gewährleistungen, die zu Ausgaben in künftigen Haushaltsjahren führen können, bedürfen einer der Höhe nach bestimmten oder bestimmbaren Ermächtigung durch Gesetz.

(2) Der Haushalt ist ohne Einnahmen aus Krediten auszugleichen.

(3) [1]Bei einer von der Normallage abweichenden konjunkturellen Entwicklung sind die Auswirkungen auf den Haushalt im Auf- und Abschwung symmetrisch zu berücksichtigen. [2]Soweit sich eine solche

Entwicklung negativ auf den Haushalt auswirkt, ist der Ausgleich des Haushalts durch Einnahmen aus Krediten abweichend von Absatz 2 zulässig. [3]Soweit sich eine solche Entwicklung positiv auf den Haushalt auswirkt, sind vorrangig nach Satz 2 aufgenommene Kredite zu tilgen und ist im Übrigen Vorsorge dafür zu treffen, dass keine Kredite nach Satz 2 aufgenommen werden müssen.

(4) [1]Im Fall von Naturkatastrophen oder außergewöhnlichen Notsituationen, die sich der Kontrolle des Staates entziehen und die staatliche Finanzlage erheblich beeinträchtigen, kann abweichend von Absatz 2 aufgrund eines Beschlusses des Landtages der Haushalt durch Einnahmen aus Krediten ausgeglichen werden. [2]Der Beschluss bedarf für die Aufnahme von Krediten in Höhe von über 0,5 vom Hundert des zuletzt festgestellten Haushaltsvolumens der Zustimmung von zwei Dritteln der Mitglieder des Landtages, im Übrigen der Zustimmung der Mehrheit der Mitglieder des Landtages. [3]Nach Satz 1 aufgenommene Kredite müssen binnen eines angemessenen Zeitraums getilgt werden. [4]Der Beschluss des Landtages (Sätze 1 und 2) ist mit einem entsprechenden Tilgungsplan zu verbinden.

(5) Das Nähere regelt ein Gesetz.

Neunter Abschnitt
Übergangs- und Schlußbestimmungen

Artikel 72 Besondere Belange und überkommene Einrichtungen der ehemaligen Länder

(1) Die kulturellen und historischen Belange der ehemaligen Länder Hannover, Oldenburg, Braunschweig und Schaumburg-Lippe sind durch Gesetzgebung und Verwaltung zu wahren und zu fördern.

(2) Die überkommenen heimatgebundenen Einrichtungen dieser Länder sind weiterhin dem heimatlichen Interesse dienstbar zu machen und zu erhalten, soweit ihre Änderung oder Aufhebung nicht in Verfolg organisatorischer Maßnahmen, die sich auf das gesamte Land Niedersachsen erstrecken, notwendig wird.

Artikel 73 Übertragung von Hoheitsrechten

Für das in Artikel 1 Abs. 2 des Staatsvertrages zwischen der Freien und Hansestadt Hamburg und dem Land Niedersachsen vom 26. Mai/4. Juni 1961 (Nieders. GVBl. 1962 S. 151) bezeichnete Gebiet können öffentlich-rechtliche Befugnisse des Landes auf die Freie und Hansestadt Hamburg übertragen werden.

Artikel 74 Mehrheiten und Minderheiten der Mitglieder des Landtages

Mehrheiten oder Minderheiten der „Mitglieder des Landtages" im Sinne dieser Verfassung werden nach der gesetzlichen Mitgliederzahl berechnet.

Artikel 75 Volksvertretungen anderer Länder

Artikel 22 Abs. 2 und die Artikel 14, 15 und 16 gelten entsprechend für Volksvertretungen anderer Länder der Bundesrepublik Deutschland.

Artikel 76 Übergangsvorschrift für die Wahlperioden

(1) [1]Die Zwölfte Wahlperiode des Landtages endet mit dem 20. Juni 1994. [2]Artikel 6 Abs. 1 Satz 3 der Vorläufigen Niedersächsischen Verfassung gilt bis zum Ende der Zwölften Wahlperiode fort. [3]Der Ausschuß nach Artikel 12 der Vorläufigen Niedersächsischen Verfassung bleibt bis zum Zusammentritt des Landtages der Dreizehnten Wahlperiode bestehen. [4]Artikel 18 der Vorläufigen Niedersächsischen Verfassung gilt weiterhin für diesen Ausschuß.

(2) [1]Die Dreizehnte Wahlperiode beginnt mit dem Ende der Zwölften Wahlperiode. [2]Für die Wahl und den Zusammentritt des Landtages der Dreizehnten Wahlperiode gelten noch Artikel 4 Abs. 2 Satz 2 und Artikel 6 Abs. 2 und 3 der Vorläufigen Niedersächsischen Verfassung. [3]Der Landtag der Dreizehnten Wahlperiode wird auf vier Jahre gewählt. [4]Der Landtag der Vierzehnten Wahlperiode ist frühestens 44, spätestens 47 Monate nach Beginn der Dreizehnten Wahlperiode zu wählen; im übrigen ist Artikel 9 Abs. 2 dieser Verfassung anzuwenden.

Artikel 77 Übergangsvorschrift für die Besetzung des Staatsgerichtshofs

Die Mitglieder des Staatsgerichtshofs und deren Stellvertreterinnen oder Stellvertreter bleiben nach Inkrafttreten dieser Verfassung in der Zeit, für die sie gewählt worden sind, in ihrem Amt.

Artikel 77a Übergangsvorschrift zu Artikel 71

[1]Artikel 71 in der bis zum 30. November 2019 geltenden Fassung ist letztmals auf das Haushaltsjahr 2019 anzuwenden. [2]Artikel 71 in der ab dem 1. Dezember 2019 geltenden Fassung ist erstmals auf das Haushaltsjahr 2020 anzuwenden.

Artikel 78 Inkrafttreten

(1) Diese Verfassung tritt am 1. Juni 1993 in Kraft.

(2) Gleichzeitig tritt die Vorläufige Niedersächsische Verfassung vom 13. April 1951 (Nieders. GVBl. Sb. I S. 5), zuletzt geändert durch Artikel 1 des Gesetzes vom 27. November 1991 (Nieders. GVBl. S. 1), außer Kraft.

Niedersächsisches Landeswahlgesetz (NLWG)

In der Fassung vom 30. Mai 2002[1)] (Nds. GVBl. S. 153)
(VORIS 11210 01)

zuletzt geändert durch Art. 1 G zur Änd. des LandeswahlG und der LandeswahlO vom 30. Juni 2022 (Nds. GVBl. S. 429)

Nichtamtliche Inhaltsübersicht

I.
Wahlrecht und Wählbarkeit

§ 1 [Zusammensetzung; Stimmenzahl]

(1) [1]Der Landtag besteht aus mindestens 135 Abgeordneten. [2]Hiervon werden 87 Abgeordnete in den Wahlkreisen in direkter Wahl gewählt. [3]Die übrigen Abgeordnetensitze werden den Parteien auf Landeswahlvorschlägen zugewiesen.

(2) Die Wahl erfolgt nach den Bestimmungen dieses Gesetzes und der Niedersächsischen Landeswahlordnung.

(3) Jeder Wähler hat zwei Stimmen, eine Erststimme für die Wahl eines Kreiswahlvorschlages, eine Zweitstimme für die Wahl eines Landeswahlvorschlages.

---

1) Neubekanntmachung des NLWG v. 5.8.1997 (Nds. GVBl. S. 379) in der ab 9.5.2002 geltenden Fassung.

§ 2 [Wahlberechtigung]

[1]Wahlberechtigt ist, wer Deutscher im Sinne des Artikels 116 Abs. 1 des Grundgesetzes ist und am Wahltag

1. das 18. Lebensjahr vollendet hat und
2. seit drei Monaten im Land Niedersachsen seinen Wohnsitz hat.

[2]Bei der Berechnung der Dreimonatsfrist nach Satz 1 Nr. 2 ist der Tag der Wohnsitz- oder Aufenthaltsnahme in die Frist einzubeziehen. [3]Der Wohnsitz im Sinne dieses Gesetzes ist der Ort der Wohnung im Sinne des Melderechts. [4]Hat eine Person im Bundesgebiet mehrere Wohnungen, so ist ihr Wohnsitz der Ort der Hauptwohnung. [5]Weist sie jedoch nach, dass sich der Mittelpunkt ihrer Lebensbeziehungen am Ort einer Nebenwohnung befindet, so ist dieser ihr Wohnsitz. [6]Bei Personen ohne Wohnung gilt der Ort des gewöhnlichen Aufenthalts als Wohnsitz.

§ 3 [Ausgeschlossene Personen]

Ausgeschlossen vom Wahlrecht ist, wer infolge Richterspruchs das Wahlrecht nicht besitzt.

§ 4 [Wählerverzeichnis; Wahlschein]

(1) Wählen kann nur der Wahlberechtigte, der in ein Wählerverzeichnis eingetragen ist oder einen Wahlschein hat.

(2) [1]Wer im Wählerverzeichnis eingetragen ist, kann nur in dem Wahlbezirk wählen, in dessen Wählerverzeichnis er geführt wird. [2]Wer einen Wahlschein hat, kann in einem beliebigen Wahlbezirk seines Wahlkreises oder durch Briefwahl wählen.

(3) Die Führung der Wählerverzeichnisse und die Ausstellung von Wahlscheinen ist Aufgabe der Gemeinden.

(4) [1]Jede wahlberechtigte Person hat das Recht, vom 20. bis zum 16. Tag vor der Wahl werktags während der allgemeinen Öffnungszeiten die Richtigkeit und Vollständigkeit der zu ihrer Person im Wählerverzeichnis eingetragenen Daten zu überprüfen. [2]Zur Überprüfung der Richtigkeit und Vollständigkeit der Daten von anderen im Wählerverzeichnis eingetragenen Personen haben Wahlberechtigte während des in Satz 1 genannten Zeitraumes nur dann ein Recht auf Einsicht in das Wählerverzeichnis, wenn sie Tatsachen glaubhaft machen, aus denen sich eine Unrichtigkeit oder Unvollständigkeit des Wählerverzeichnisses ergeben kann. [3]Das Recht zur Überprüfung gemäß Satz 2 besteht nicht hinsichtlich der Daten von Wahlberechtigten, für die im Melderegister eine Auskunftssperre nach § 51 Abs. 1 oder § 52 Abs. 1 des Bundesmeldegesetzes eingetragen ist. [4]Eine wahlberechtigte Person, die des Lesens unkundig oder wegen einer Behinderung an der Einsichtnahme und Überprüfung nach Satz 1 oder 2 gehindert ist, kann sich hierzu der Hilfe anderer Personen bedienen. [5]Erkenntnisse, die bei der Einsichtnahme in das Wählerverzeichnis nach Satz 1 oder 2 gewonnen wurden, dürfen nur für die Begründung eines Berichtigungsantrages oder für die Begründung eines Wahleinspruchs verwendet werden. [6]6Ein Wahleinspruch, mit dem eine Person geltend macht, dass sie nicht im Wählerverzeichnis eingetragen sei, ist unbegründet, wenn sie insoweit keinen Antrag auf Berichtigung des Wählerverzeichnisses gestellt hat.

§ 5 [Berichtigung des Wählerverzeichnisses]

(1) Anträge auf Berichtigung des Wählerverzeichnisses können bis zum Ablauf der Einsichtnahmefrist (§ 4 Abs. 4 Satz 2) von Wahlberechtigten bei der Gemeinde oder einem von ihr Beauftragten schriftlich gestellt oder zur Niederschrift gegeben werden.

(2) Hält die Gemeinde den Antrag nicht für begründet, so hat sie die Entscheidung des Kreiswahlleiters (§ 12 Abs. 1) herbeizuführen.

(3) Gegen die Entscheidung des Kreiswahlleiters ist Wahleinspruch zulässig.

§ 6 [Wählbarkeit]

(1) [1]Wählbar ist jeder Wahlberechtigte, der am Wahltag

1. das 18. Lebensjahr vollendet hat und
2. seit sechs Monaten im Land Niedersachsen seinen Wohnsitz hat und
3. Deutscher im Sinne des Artikels 116 Abs. 1 des Grundgesetzes ist.

[2]§ 2 Sätze 2 bis 6 gilt entsprechend.

(2) Nicht wählbar ist,

1. wer nach § 3 vom Wahlrecht ausgeschlossen ist,
2. wer infolge Richterspruchs die Wählbarkeit oder die Fähigkeit zur Bekleidung öffentlicher Ämter nicht besitzt oder
3. wer, ohne die deutsche Staatsangehörigkeit zu besitzen, Deutscher im Sinne des Artikels 116 Abs. 1 des Grundgesetzes ist und diese Rechtsstellung durch Ausschlagung der deutschen Staatsangehörigkeit nach dem Gesetz zur Regelung von Fragen der Staatsangehörigkeit vom 22. Februar 1955 (BGBl. I S. 65) erlangt hat.

§ 7 [Ausscheiden]

(1) Ein Abgeordneter scheidet aus dem Landtag aus,

1. wenn im Verfahren gemäß Artikel 17 Abs. 3 der Niedersächsischen Verfassung auf Verlust des Sitzes erkannt worden ist oder
2. wenn im Verfahren gemäß Artikel 18 des Grundgesetzes durch die Entscheidung des Bundesverfassungsgerichts die Wählbarkeit oder die Fähigkeit zur Bekleidung öffentlicher Ämter aberkannt worden ist oder
3. wenn er die Fähigkeit, öffentliche Ämter zu bekleiden und Rechte aus öffentlichen Wahlen zu erlangen, verloren hat, weil er wegen eines Verbrechens zu einer Freiheitsstrafe von mindestens einem Jahr verurteilt worden ist oder weil ihm ein Strafgericht diese Fähigkeiten aberkannt hat, oder
4. wenn seine Wahl im Wahlprüfungsverfahren durch Beschluss des Landtages oder durch Berichtigung des Wahlergebnisses für ungültig erklärt worden ist.

(2) Der Präsident des Landtages teilt das Ausscheiden dem Landtag mit.

§ 8 [Sitzverlust]

(1) Ein Abgeordneter verliert seinen Sitz

1. durch Verzicht, der dem Präsidenten des Landtages schriftlich zu erklären ist und nicht widerrufen werden kann, oder
2. durch Verlust der Wählbarkeit oder durch Ausschluss vom Wahlrecht (§ 3), sofern nicht die Voraussetzungen des § 7 Abs. 1 gegeben sind, oder
3. durch Wegfall der Gründe für die Berufung als Ersatzperson oder
4. durch Entscheidung des Bundesverfassungsgerichts im Verfahren nach Artikel 21 Abs. 2 des Grundgesetzes.

(2) Die Feststellung, ob die Voraussetzungen nach Absatz 1 vorliegen, trifft der Landtag nach den Vorschriften des Gesetzes über die Prüfung der Wahl zum Niedersächsischen Landtag (Wahlprüfungsgesetz).

II.
Wahlvorbereitung

§ 9 [Bestimmung des Wahltages und der Wahlzeit]

[1]Die Landesregierung bestimmt den nach Artikel 9 Abs. 2 der Niedersächsischen Verfassung festzulegenden Wahltag und die Wahlzeit durch Verordnung. [2]Dies soll, vom Fall der Auflösung des Landtages abgesehen, mindestens neun Monate im Voraus geschehen.

§ 10 [Wahlkreiseinteilung]

(1) Die Wahlkreiseinteilung regelt die Anlage.

(2) [1]Der Landeswahlleiter hat dem Landtag innerhalb von 15 Monaten nach Beginn der Wahlperiode über die Entwicklung der Zahl der Wahlberechtigten im Wahlgebiet zu berichten. [2]Weicht die Zahl der Wahlberechtigten in einem Wahlkreis oder in mehreren Wahlkreisen um mehr als 25 Prozent von der durchschnittlichen Zahl der Wahlberechtigten aller Wahlkreise ab, so muss der Bericht einen Vorschlag für eine Änderung der Wahlkreiseinteilung enthalten.

(3) [1]Werden durch die Änderung von Gemeindegrenzen die Grenzen von Wahlkreisen berührt, so bewirkt diese Änderung unmittelbar auch die Änderung der Wahlkreisgrenzen. [2]Eine aus Gebietsteilen mehrerer Wahlkreise neu gebildete Gemeinde ist Bestandteil des Wahlkreises, dem die Mehrheit ihrer Wahlberechtigten vor der Neubildung zugehörte. [3]Gebietsänderungen, die nach Ablauf des vierten

Jahres der Wahlperiode eintreten, wirken sich auf die Wahlkreiseinteilung erst in der nächsten Wahlperiode aus.

(4) Absatz 3 gilt bei einer Änderung von Landkreisgrenzen entsprechend.

(5) [1]Wird eine Samtgemeinde aus Gemeinden gebildet, die mehreren Wahlkreisen zugehören, so werden alle zu dieser Samtgemeinde gehörenden Gemeinden Bestandteil des Wahlkreises, dem die Mehrheit der Wahlberechtigten der Samtgemeinde vor deren Bildung angehörte. [2]Absatz 3 Satz 3 gilt entsprechend.

§ 11 [Einteilung in Wahlbezirke]

Für die Stimmabgabe wird jeder Wahlkreis in Wahlbezirke eingeteilt.

§ 12 [Kreiswahlleiter und Stellvertreter]

(1) [1]Für jeden Wahlkreis beruft der Landeswahlleiter vor jeder Wahl einen Kreiswahlleiter und einen Stellvertreter. [2]Für mehrere benachbarte Wahlkreise kann er einen gemeinsamen Kreiswahlleiter und einen gemeinsamen Stellvertreter berufen.

(2) [1]Beim Kreiswahlleiter wird vor jeder Wahl ein Kreiswahlausschuss gebildet. [2]Ist in Fällen des Absatzes 1 Satz 2 für mehrere Wahlkreise ein gemeinsamer Kreiswahlleiter berufen worden, so wird für diese Wahlkreise ein gemeinsamer Kreiswahlausschuss gebildet.

(3) [1]Der Kreiswahlausschuss besteht aus dem Kreiswahlleiter als Vorsitzer und sechs Beisitzern, die der Kreiswahlleiter auf Vorschlag der in Absatz 4 bezeichneten Parteien aus den Wahlberechtigten beruft. [2]Die Mitglieder des Kreiswahlausschusses dürfen in Ausübung ihres Amtes ihr Gesicht nicht verhüllen, es sei denn, gesundheitliche Gründe erfordern dies.

(4) Zu Vorschlägen nach Absatz 3 berechtigt sind

1. die Parteien, die am Tag der Bestimmung des Wahltages (§ 9) im Niedersächsischen Landtag durch Abgeordnete vertreten sind, die aufgrund eines Wahlvorschlages dieser Partei gewählt worden sind,
2. die Parteien, die am Tag der Bestimmung des Wahltages (§ 9) im Bundestag durch im Land Niedersachsen gewählte Abgeordnete vertreten sind, die aufgrund eines Wahlvorschlages dieser Parteien gewählt worden sind,
3. die Parteien, die bei der letzten Wahl zum Bundestag im Land Niedersachsen mehr als 5 Prozent der gültigen Zweitstimmen erhalten haben.

(5) Werden von den Parteien weniger als sechs Wahlberechtigte als Beisitzer für den Kreiswahlausschuss vorgeschlagen, so erfolgt die Berufung der weiteren Beisitzer durch den Kreiswahlleiter aus den Reihen der Wahlberechtigten.

§ 13 [Landeswahlleiter und Stellvertreter]

(1) [1]Für das Land Niedersachsen werden eine Landeswahlleiterin oder ein Landeswahlleiter und eine Stellvertreterin oder ein Stellvertreter durch das für das Landeswahlrecht zuständige Ministerium (Fachministerium) berufen. [2]Die Geschäftsstelle der Landeswahlleiterin oder des Landeswahlleiters wird beim Fachministerium eingerichtet. [3]Die der Landeswahlleiterin oder dem Landeswahlleiter zugeordneten Stellen werden im Einvernehmen mit ihr oder ihm besetzt.

(2) [1]Beim Landeswahlleiter wird vor jeder Wahl ein Landeswahlausschuss gebildet. [2]Er besteht aus dem Landeswahlleiter als Vorsitzer, sechs Beisitzern, die der Landeswahlleiter auf Vorschlag der in § 12 Abs. 4 bezeichneten Parteien aus den Wahlberechtigten beruft, und zwei Richterinnen oder Richtern des Niedersächsischen Oberverwaltungsgerichts. [3]§ 12 Abs. 3 Satz 2 und Abs. 5 gilt entsprechend.

§ 14 [Kreiswahlvorschläge]

(1) [1]Kreiswahlvorschläge werden beim Kreiswahlleiter eingereicht. [2]Die Frist zur Einreichung läuft am 69. Tag vor der Wahl – 18.00 Uhr – ab.

(2) [1]Kreiswahlvorschläge von Parteien müssen von

1. mindestens zwei Vorstandsmitgliedern des Landesverbandes, darunter der Vorsitzende oder ein Stellvertreter, oder
2. einem vom Vorstand des Landesverbandes besonders Bevollmächtigten oder
3. zwei vom Vorstand des Landesverbandes ermächtigten Vorstandsmitgliedern der nächstniedrigeren Parteigliederung, in deren Bereich der Wahlkreis liegt, darunter ein Vorsitzender oder ein Stellvertreter,

persönlich und handschriftlich unterzeichnet sein. [2]Bevollmächtigungen und Ermächtigungen nach Satz 1 Nrn. 2 und 3 können sich auch aus der Parteisatzung ergeben.

(3) [1]Kreiswahlvorschläge von anderen als den in § 12 Abs. 4 bezeichneten Parteien müssen außerdem von mindestens 100 Wahlberechtigten des Wahlkreises persönlich und handschriftlich unterzeichnet sein. [2]Die Wahlberechtigung muss im Zeitpunkt der Unterzeichnung gegeben sein und ist bei der Einreichung des Wahlvorschlages nachzuweisen. [3]Eine Unterzeichnung kann nicht zurückgenommen werden. [4]Eine wahlberechtigte Person darf jeweils nur einen Kreiswahlvorschlag unterzeichnen. [5]Hat sie mehrere Kreiswahlvorschläge unterzeichnet, so sind ihre Unterschriften auf Kreiswahlvorschlägen, die bei der Gemeinde nach der ersten Bestätigung des Wahlrechts eingehen, ungültig.

(4) [1]Kreiswahlvorschläge von Einzelbewerbern müssen von diesen selbst persönlich und handschriftlich unterzeichnet sein. [2]Im Übrigen gilt Absatz 3 entsprechend.

(5) [1]Der Kreiswahlvorschlag darf nur einen Bewerber enthalten. [2]In dem Kreiswahlvorschlag müssen Name, Vorname, Beruf, Geschlecht, Geburtsdatum, Geburtsort und Anschrift (Hauptwohnung) der Bewerberin oder des Bewerbers angegeben sein. [3]Tritt der Bewerber für eine Partei auf, so ist die Parteibezeichnung beizufügen. [4]Die Hinzufügung einer Parteibezeichnung ist nur mit Zustimmung dieser Partei zulässig.

(6) In einem Wahlkreis darf von einer Partei nur ein Kreiswahlvorschlag zugelassen werden.

(7) Ein Bewerber darf nur in einem Wahlkreis und in diesem Wahlkreis nur in einem Kreiswahlvorschlag benannt werden.

§ 14a [Vertrauensperson]

(1) In jedem Kreiswahlvorschlag sollen mindestens zwei, höchstens vier Vertrauenspersonen benannt werden.

(2) [1]Ist nur eine Vertrauensperson benannt worden, so gilt für den Kreiswahlvorschlag einer Partei der erste oder einzige Unterzeichner nach § 14 Abs. 2 und für den Kreiswahlvorschlag eines Einzelbewerbers dieser selbst als weitere Vertrauensperson. [2]Ist keine Vertrauensperson benannt worden, so gelten für den Kreiswahlvorschlag einer Partei die beiden ersten Unterzeichner als Vertrauenspersonen; ist nur ein Unterzeichner vorhanden oder handelt es sich um den Kreiswahlvorschlag eines Einzelbewerbers, so gelten diese als einzige Vertrauensperson. [3]Die Sätze 1 und 2 gelten entsprechend, wenn benannte Vertrauenspersonen wegfallen oder verhindert sind.

(3) Soweit in diesem Gesetz nichts anderes bestimmt ist, sind nur die Vertrauenspersonen, jede für sich, berechtigt, verbindliche Erklärungen zum Kreiswahlvorschlag abzugeben und entgegenzunehmen.

§ 15 [Landeswahlvorschläge]

(1) [1]Landeswahlvorschläge können nur von Parteien eingereicht werden. [2]Die Landeswahlvorschläge sind beim Landeswahlleiter einzureichen. [3]Die Frist zur Einreichung läuft am 69. Tag vor der Wahl – 18.00 Uhr – ab.

(2) Die Landeswahlvorschläge müssen von mindestens zwei Vorstandsmitgliedern des Landesverbandes, darunter der Vorsitzende oder ein Stellvertreter, bei anderen als den in § 12 Abs. 4 bezeichneten Parteien außerdem von mindestens 2 000 Wahlberechtigten persönlich und handschriftlich unterzeichnet sein; § 14 Abs. 3 Sätze 2 bis 5 gilt entsprechend.

(3) [1]Jede Partei darf nur einen Landeswahlvorschlag einreichen. [2]Ein Bewerber darf nur in einem Landeswahlvorschlag benannt werden.

(4) Die Benennung eines Bewerbers in einem Kreiswahlvorschlag schließt seine Benennung im Landeswahlvorschlag nicht aus, sofern beide Wahlvorschläge dieselbe Parteibezeichnung führen.

(5) § 14 Abs. 5 Satz 2 und § 14a gelten entsprechend.

§ 16 [Vorschlagsberechtigung]

(1) [1]Andere als die in § 12 Abs. 4 bezeichneten Parteien können als solche nur dann Wahlvorschläge (Kreiswahlvorschläge und Landeswahlvorschläge) einreichen, wenn sie spätestens am 97. Tag vor der Wahl bis 18.00 Uhr dem Landeswahlleiter ihre Beteiligung an der Wahl angezeigt haben und der Landeswahlausschuss die Parteieigenschaft festgestellt hat. [2]In der Anzeige ist der satzungsmäßige Parteiname anzugeben. [3]Der Anzeige sind die schriftliche Satzung und das schriftliche Programm der Partei sowie der Nachweis über einen satzungsgemäß bestellten Vorstand des Landesverbandes beizufügen. [4]Die Anzeige muss von mindestens zwei Mitgliedern dieses Vorstands, darunter der Vorsit-

zende oder ein Stellvertreter, persönlich und handschriftlich unterzeichnet sein. [5]Hat eine Partei keine einheitliche Landesorganisation, so richtet sich die Unterzeichnung nach der Satzung der Partei.

(2) [1]Der Landeswahlausschuss stellt spätestens am 79. Tag vor der Wahl für die mit dem Wahlverfahren befassten Stellen des Landes und für alle Wahlkreise verbindlich fest, welche Vereinigungen, die nach Absatz 1 ihre Beteiligung angezeigt haben, für die Wahl als Parteien anzuerkennen sind; für die Ablehnung der Anerkennung als Partei für die Wahl ist eine Zweidrittelmehrheit erforderlich. [2]Nach der Feststellung ist die Beseitigung von formellen Mängeln im Sinne des Absatzes 1 ausgeschlossen.

(3) [1]Die Feststellung nach Absatz 2 Satz 1 ist von der Landeswahlleiterin oder dem Landeswahlleiter in der Sitzung des Landeswahlausschusses bekannt zu geben und kurz zu begründen. [2]Sie ist öffentlich bekannt zu machen.

(4) [1]Erhebt eine Vereinigung, der die Anerkennung als wahlvorschlagsberechtigte Partei nach Absatz 2 Satz 1 versagt wurde, hiergegen binnen vier Tagen nach Bekanntgabe Beschwerde beim Staatsgerichtshof, so ist sie von den Wahlorganen bis zu einer Entscheidung des Staatsgerichtshofs, längstens bis zum Ablauf des 59. Tages vor der Wahl wie eine wahlvorschlagsberechtigte Partei zu behandeln. [2]Dies gilt nicht im Fall einer Neuwahl nach einer Auflösung des Landtages.

§ 17 [Kreiswahlvorschläge]

(1) Kreiswahlvorschläge sind an den Landeswahlvorschlag mit derselben Parteibezeichnung angeschlossen, ohne dass es einer Anschlusserklärung bedarf.

(2) [1]Kreiswahlvorschläge einer Partei, die keinen Landeswahlvorschlag eingereicht hat oder deren eingereichter Landeswahlvorschlag nicht zugelassen worden ist, können an keinen Landeswahlvorschlag angeschlossen werden. [2]Dies gilt auch für Kreiswahlvorschläge von Bewerbern, die nicht für eine Partei auftreten (Einzelbewerber).

§ 18 [Bewerber]

(1) [1]Als Bewerber einer Partei kann in einem Kreiswahlvorschlag nur benannt werden, wer nicht Mitglied in einer anderen Partei ist und von den im Wahlkreis im Zeitpunkt ihres Zusammentretens wahlberechtigten Mitgliedern der Partei in geheimer Wahl zum Bewerber bestimmt worden ist. [2]Dies kann auch durch Delegierte geschehen, die von den Mitgliedern (Satz 1) aus ihrer Mitte in geheimer Wahl zur Bestimmung des Bewerbers gewählt worden sind. [3]Die Wahlen dürfen frühestens 44 Monate, für die Delegiertenversammlungen frühestens 40 Monate nach Beginn der Wahlperiode des Landtages stattfinden; dies gilt nicht, wenn die Wahlperiode vorzeitig endet.

(2) [1]Der Landesvorstand oder eine andere in der Parteisatzung hierfür vorgesehene Stelle kann gegen den Beschluss einer Mitglieder- oder Delegiertenversammlung Einspruch erheben. [2]Auf einen solchen Einspruch ist die Abstimmung zu wiederholen. [3]Ihr Ergebnis unterliegt nicht dem Einspruch nach Satz 1.

(3) Das Nähere über die Wahl der Delegierten, über die Einberufung und Beschlussfähigkeit der Mitglieder- oder Delegiertenversammlung, das Verfahren für die Wahl des Bewerbers sowie über das Einspruchsrecht nach Absatz 2 Satz 1 regeln die Parteien durch ihre Satzungen.

(4) [1]Eine Abschrift der Niederschrift über die Wahl des Bewerbers mit Angaben über Ort und Zeit der Versammlung, die Form der Einladung und die Zahl der erschienenen Teilnehmer ist mit dem Kreiswahlvorschlag einzureichen. [2]Hierbei haben der Leiter der Versammlung und zwei von dieser bestimmte Teilnehmer gegenüber dem Kreiswahlleiter eidesstattlich zu versichern, dass die Aufstellung der Bewerber in geheimer Wahl erfolgt ist.

(5) [1]Die Absätze 1, 3 und 4 gelten für Landeswahlvorschläge entsprechend. [2]Außerdem müssen in den Landeswahlvorschlägen die Namen der Bewerber in erkennbarer Reihenfolge aufgeführt sein; die Versicherung nach Absatz 4 Satz 2 muss sich auch darauf erstrecken, dass die Festlegung der Reihenfolge dem Ergebnis der Wahl nach Absatz 1 Satz 1 entspricht.

§ 19 [Zustimmung zum Wahlvorschlag]

[1]In einen Wahlvorschlag darf nur aufgenommen werden, wer seine Zustimmung dazu schriftlich erklärt hat. [2]Die Zustimmung ist unwiderruflich.

§ 20 [Änderung und Rücknahme von Wahlvorschlägen]

(1) [1]Eingereichte Wahlvorschläge können bis zum Ablauf der Frist zur Einreichung der Wahlvorschläge (§ 14 Abs. 1 Satz 2 und § 15 Abs. 1 Satz 2) geändert oder zurückgezogen werden. [2]Derartige Erklärungen sind beim Wahlleiter schriftlich einzureichen; sie können nicht widerrufen werden. [3]Sie

sind nur wirksam, wenn sie von zwei Vertrauenspersonen abgegeben werden. [4]Ist nur eine Vertrauensperson vorhanden oder zu Erklärungen in der Lage, so genügt deren Unterschrift. [5]Bei Kreiswahlvorschlägen anderer als der in § 12 Abs. 4 bezeichneten Parteien und bei Kreiswahlvorschlägen von Einzelbewerbern muss die Erklärung außerdem von mindestens zwei Dritteln der Unterzeichner des Kreiswahlvorschlages abgegeben werden.

(2) [1]Nach Ablauf der Einreichungsfrist kann ein Kreiswahlvorschlag nur noch geändert werden, wenn der Bewerber verstorben ist oder die Wählbarkeit verloren hat. [2]Absatz 1 Sätze 2 bis 5 gilt entsprechend. [3]Das Verfahren nach § 18 braucht nicht eingehalten zu werden. [4]Nach der Entscheidung über die Zulassung eines Kreiswahlvorschlages ist jede Änderung ausgeschlossen.

(3) Absatz 2 gilt für die Änderung von Landeswahlvorschlägen nach Ablauf der Einreichungsfrist entsprechend.

§ 21 [Wahlvorschlagsprüfung]

(1) [1]Der Wahlleiter hat die Wahlvorschläge unverzüglich nach Eingang zu prüfen. [2]Stellt er bei einem Wahlvorschlag Mängel fest, so benachrichtigt er unverzüglich eine Vertrauensperson und fordert sie auf, behebbare Mängel rechtzeitig zu beseitigen.

(2) [1]Nach Ablauf der Einreichungsfrist können nur noch Mängel an sich gültiger Wahlvorschläge behoben werden. [2]Ein gültiger Kreiswahlvorschlag liegt nicht vor, wenn

1. die Einreichungsfrist nicht gewahrt ist,
2. die erforderlichen gültigen Unterschriften mit dem Nachweis der Wahlberechtigung der Unterzeichner fehlen, es sei denn, der Nachweis kann infolge von Umständen, die der Wahlvorschlagsberechtigte nicht zu vertreten hat, nicht rechtzeitig erbracht werden,
3. bei einem Parteivorschlag die Parteibezeichnung fehlt, die nach § 16 Abs. 2 erforderliche Feststellung abgelehnt ist oder die Nachweise des § 18 nicht erbracht sind,
4. der Bewerber mangelhaft bezeichnet ist, so dass seine Person nicht feststeht, oder
5. die Zustimmungserklärung des Bewerbers fehlt.

[3]Satz 2 gilt für Landeswahlvorschläge entsprechend mit der Maßgabe, dass die in den Nummern 4 und 5 bezeichneten Mängel sich nur auf die hiervon betroffenen Bewerber auswirken.

(3) Nach der Entscheidung über die Zulassung eines Wahlvorschlages (§ 22) ist jede Mängelbeseitigung ausgeschlossen.

(4) Gegen Verfügungen des Wahlleiters im Mängelbeseitigungsverfahren (Absatz 1) kann jede Vertrauensperson den Wahlausschuss anrufen.

§ 22 [Zulassung der Wahlvorschläge]

(1) [1]Die Wahlausschüsse entscheiden über die Zulassung der Wahlvorschläge in öffentlicher Sitzung. [2]Bei den Abstimmungen der Wahlausschüsse entscheidet Stimmenmehrheit. [3]Bei Stimmengleichheit gibt die Stimme des Vorsitzers den Ausschlag.

(2) [1]Wahlvorschläge, die erst nach Ablauf der Einreichungsfrist eingereicht worden sind oder nicht den Anforderungen entsprechen, die durch dieses Gesetz oder die Niedersächsische Landeswahlordnung aufgestellt sind, sind nicht zuzulassen. [2]Die Wahlausschüsse können eine geringfügige Überschreitung der in § 14 Abs. 1, § 15 Abs. 1, § 16 Abs. 1 und § 20 Abs. 1 bestimmten Fristen für unerheblich erklären, wenn das Versäumnis unabwendbar gewesen ist.

(3) In Wahlvorschlägen sind die Bewerber zu streichen,

1. deren Zustimmungserklärung (§ 19) fehlt oder
2. für die die nach den Bestimmungen der Niedersächsischen Landeswahlordnung erforderlichen Unterlagen nicht beigebracht sind oder
3. die auf mehreren Kreiswahlvorschlägen oder mehreren Landeswahlvorschlägen benannt sind.

(4) In einem Landeswahlvorschlag sind die Bewerber zu streichen, die auch in einem Kreiswahlvorschlag benannt sind, der an einen anderen oder an keinen Landeswahlvorschlag angeschlossen ist.

(5) Betreffen die Mängel eines Landeswahlvorschlages nur einen oder mehrere Bewerber, so ist die Zulassung nur hinsichtlich des einen oder der mehreren Bewerber zu versagen.

(6) Die Entscheidungen der Kreiswahlausschüsse über die Zulassung der Wahlvorschläge sind am 58. Tag vor der Wahl zu treffen.

(7) [1]Lässt der Kreiswahlausschuss einen Kreiswahlvorschlag nicht zu, so kann binnen drei Tagen nach der Verkündung in der Sitzung des Kreiswahlausschusses Beschwerde an den Landeswahlausschuss

eingelegt werden. 2Beschwerdeberechtigt sind die Vertrauenspersonen des Kreiswahlvorschlages, der Landeswahlleiter und der Kreiswahlleiter. 3Der Landeswahlleiter und der Kreiswahlleiter können auch gegen eine Entscheidung, durch die ein Kreiswahlvorschlag zugelassen wird, Beschwerde erheben. 4In der Beschwerdeverhandlung sind die erschienenen Beteiligten zu hören. 5Die Entscheidung über die Beschwerde muss spätestens am 52. Tag vor der Wahl getroffen werden.

(8) Die Entscheidung des Landeswahlausschusses über die Zulassung der Landeswahlvorschläge ist am 58. Tag vor der Wahl zu treffen.

(9) Die Wahlausschüsse können ihre Beschlüsse abändern, wenn ein begründeter Anlass besteht und der jeweilige Stand des Wahlverfahrens dies erlaubt.

(10) Die Wahlleiter geben die Wahlvorschläge nach Zulassung öffentlich bekannt.

§ 23 [Stimmzettel]

(1) Die Stimmzettel für die Wahl werden amtlich hergestellt.

(2) Die Stimmzettel enthalten für die Wahl nach Kreiswahlvorschlägen die Namen der zugelassenen Bewerber unter Angabe der Parteibezeichnung und für die Wahl nach Landeswahlvorschlägen die Namen der Parteien sowie die Namen der ersten drei Bewerber der zugelassenen Landeswahlvorschläge.

(3) 1Die Reihenfolge der Kreiswahlvorschläge und der Landeswahlvorschläge der in § 12 Abs. 4 bezeichneten Parteien richtet sich nach der Reihenfolge der Parteien, wie sie sich aus der Folge der Nummern 1, 2 und 3 des § 12 Abs. 4 ergibt. 2Erfüllen mehrere Parteien die Voraussetzung derselben Nummer, so richtet sich die Reihenfolge der Bewerber

1. im Fall der Nummer 1 nach der Zahl der Zweitstimmen, die diese Parteien bei der letzten Wahl zum Landtag erhalten haben,
2. im Fall der Nummern 2 und 3 nach der Zahl der Zweitstimmen, die diese Parteien bei der letzten Wahl zum Bundestag im Land Niedersachsen erhalten haben.

(4) 1Die Kreiswahlvorschläge und die Landeswahlvorschläge sonstiger Parteien schließen sich jeweils in der alphabetischen Folge der Parteibezeichnungen an. 2Den Bewerbern der Parteien folgen die Einzelbewerber in der alphabetischen Folge der Familiennamen.

§ 24 [Öffentlichkeit; Ordnung]

(1) 1Die Wahlhandlung und die Ermittlung des Wahlergebnisses im Wahlbezirk sind öffentlich. 2Der Wahlvorstand kann Personen, die die Ruhe und Ordnung stören, aus dem Wahlraum verweisen.

(2) Während der Wahlzeit sind in und an dem Gebäude, in dem sich der Wahlraum befindet, sowie unmittelbar vor dem Zugang zu dem Gebäude jede Beeinflussung der Wähler durch Wort, Ton, Schrift, Bild oder sonstige Darstellungen sowie jede Unterschriftensammlung verboten.

(3) Die Ergebnisse von Wählerbefragungen nach der Stimmabgabe über den Inhalt der Wahlentscheidung dürfen vor Ablauf der Wahlzeit nicht veröffentlicht werden.

§ 25 [Wahlvorstand]

(1) 1Die Gemeinden berufen für jeden Wahlbezirk einen Wahlvorstand aus dem Kreis der Wahlberechtigten. 2Der Wahlvorstand besteht aus dem Wahlvorsteher, seinem Stellvertreter und drei bis sieben weiteren Mitgliedern. 3Bei der Berufung der weiteren Mitglieder sind Vorschläge der Parteien möglichst zu berücksichtigen. 4Eine Gemeinde kann ihre Beschäftigten auch dann in einen Wahlvorstand berufen, wenn diese nicht im Wahlgebiet wahlberechtigt sind. 5§ 12 Abs. 3 Satz 2 gilt entsprechend.

(2) 1Zur Sicherstellung der Wahldurchführung sind die Behörden des Landes sowie die der Aufsicht des Landes unterstehenden Körperschaften, Anstalten und Stiftungen des öffentlichen Rechts auf Ersuchen der Gemeinden verpflichtet, aus dem Kreis ihrer Beschäftigten unter Angabe von Familienname, Vorname, Geburtsdatum und Anschrift zum Zweck der Berufung als Mitglieder der Wahlvorstände Personen zu benennen, die im Gebiet der ersuchenden Gemeinde wohnen. 2Die ersuchte Stelle hat die betroffene Person über die übermittelten Daten und die Empfängerin zu benachrichtigen.

(3) 1Die Gemeinden dürfen personenbezogene Daten zum Zweck der Berufung von Mitgliedern von Wahlvorständen verarbeiten. 2Die personenbezogenen Daten dürfen auch zum Zweck der Berufung von Mitgliedern von Wahlvorständen für künftige andere Wahlen verarbeitet werden, soweit die betroffene Person der Verarbeitung nicht widersprochen hat. 3Die betroffene Person ist auf das Widerspruchsrecht schriftlich hinzuweisen. 4Im Einzelnen dürfen folgende personenbezogene Daten verar-

beitet werden: Familienname, Vorname, Geburtsdatum, Anschrift, Telefonnummern, E-Mail-Adresse, Zahl der Berufungen in den Wahlvorstand und die dabei ausgeübte Funktion.

(4) [1]Zur Feststellung des Briefwahlergebnisses werden in jedem Wahlkreis ein oder mehrere besondere Wahlvorstände (Briefwahlvorstände) gebildet. [2]Die Mitglieder der Briefwahlvorstände werden von der Kreiswahlleiterin oder dem Kreiswahlleiter berufen. [3]Absatz 2 gilt für ein Ersuchen der Kreiswahlleiterin oder des Kreiswahlleiters entsprechend mit der Maßgabe, dass die zu benennenden Personen am Sitz der Kreiswahlleiterin oder des Kreiswahlleiters wohnen; Absatz 3 gilt entsprechend. [4]Die Kreiswahlleiterin oder der Kreiswahlleiter kann zur Entlastung der Briefwahlvorstände nach Satz 1 im Einvernehmen mit einer Gemeinde anordnen, dass von dieser ein Briefwahlvorstand oder mehrere Briefwahlvorstände zur Feststellung des dortigen Briefwahlergebnisses zu bilden sind. [5]In der Anordnung kann bestimmt werden, dass von diesem Briefwahlvorstand oder diesen Briefwahlvorständen auch das Briefwahlergebnis für weitere Gemeinden des Wahlkreises festzustellen ist. [6]Für die Berufung der Mitglieder durch die Gemeinde gelten die Absätze 2 und 3 entsprechend.

III.
Die Wahl

§ 26 [Ausübung des Wahlrechts]

(1) [1]Jede wahlberechtigte Person kann ihr Wahlrecht nur einmal und nur persönlich ausüben. [2]Eine Ausübung des Wahlrechts durch eine Vertreterin oder einen Vertreter anstelle der wahlberechtigten Person ist unzulässig.

(2) Die wahlberechtigte Person gibt

1. ihre Erststimme in der Weise ab, dass sie durch ein auf dem Stimmzettel gesetztes Kreuz oder auf andere Weise eindeutig kenntlich macht, welcher Bewerberin oder welchem Bewerber der Kreiswahlvorschläge sie gelten soll,
2. ihre Zweitstimme in der Weise ab, dass sie durch ein auf dem Stimmzettel gesetztes Kreuz oder auf andere Weise eindeutig kenntlich macht, welchem Landeswahlvorschlag sie gelten soll.

(3) [1]Eine wahlberechtigte Person, die des Lesens unkundig oder wegen einer Behinderung an der Abgabe ihrer Stimme gehindert ist, kann sich hierzu der Hilfe einer anderen Person bedienen. [2]Die Hilfeleistung ist auf technische Hilfe bei der Kundgabe einer von der wahlberechtigten Person selbst getroffenen und geäußerten Wahlentscheidung beschränkt. [3]Unzulässig ist eine Hilfeleistung, die unter missbräuchlicher Einflussnahme erfolgt, die selbstbestimmte Willensbildung oder Entscheidung der wahlberechtigten Person ersetzt oder verändert oder wenn ein Interessenkonflikt der Hilfsperson besteht.

(4) Blinde oder sehbehinderte wahlberechtigte Personen können sich zur Kennzeichnung des Stimmzettels auch einer Stimmzettelschablone bedienen.

§ 26a [Wahlgeräte]

(1) Zur Erleichterung der Abgabe und Zählung der Stimmen können anstelle von Stimmzetteln und Wahlurnen (§ 28) nach Maßgabe der Absätze 2 und 4 Wahlgeräte benutzt werden, wenn gewährleistet ist, dass sie das Wahlergebnis nicht verfälschen und das Wahlgeheimnis wahren.

(2) [1]Die Bauart von Wahlgeräten muss für die Verwendung bei Wahlen zum Niedersächsischen Landtag amtlich für einzelne Wahlen oder allgemein zugelassen sein. [2]Über die Zulassung entscheidet das Fachministerium auf Antrag des Herstellers des Wahlgerätes. [3]Einer Zulassung nach Satz 2 bedarf es nicht, wenn das Wahlgerät bereits für Wahlen zum Deutschen Bundestag oder für Landtagswahlen in anderen Bundesländern mit vergleichbaren Wahlsystemen zugelassen, dabei die Einhaltung der Gewährleistungen nach Absatz 1 geprüft und dies durch das Fachministerium festgestellt worden ist.

(3) [1]Die Verwendung eines Wahlgerätes, das nach Absatz 2 Satz 1 amtlich zugelassen oder dessen Zulassung nach Absatz 2 Satz 3 festgestellt worden ist, bedarf der Genehmigung durch das Fachministerium. [2]Die Genehmigung kann für einzelne Wahlen oder allgemein ausgesprochen werden.

(4) [1]Das Fachministerium wird ermächtigt, durch Verordnung nähere Bestimmungen zu erlassen über

1. die Voraussetzungen für die amtliche Zulassung der Bauart von Wahlgeräten sowie für die Rücknahme und den Widerruf der Zulassung,
2. das Verfahren für die amtliche Zulassung der Bauart,

3. das Verfahren für die Prüfung eines Wahlgerätes auf die der amtlich zugelassenen Bauart entsprechende Ausführung,
4. die öffentliche Erprobung eines Wahlgerätes vor seiner Verwendung,
5. das Verfahren für die amtliche Genehmigung der Verwendung sowie für die Rücknahme und den Widerruf der Genehmigung,
6. die durch die Verwendung von Wahlgeräten bedingten Besonderheiten im Zusammenhang mit der Wahl.

[2]Die Verordnung ergeht in den Fällen des Satzes 1 Nrn. 1 und 3 im Einvernehmen mit dem Ministerium für Wirtschaft, Arbeit, Verkehr und Digitalisierung.

(5) Für die Betätigung eines Wahlgerätes gilt § 26 Abs. 1 und 3 entsprechend.

§ 27 [Briefwahl]

(1) Bei der Briefwahl hat die wahlberechtigte Person der Kreiswahlleiterin oder dem Kreiswahlleiter des Wahlkreises, in dem der Wahlschein ausgestellt worden ist,
1. ihren Wahlschein,
2. in einem besonderen verschlossenen Umschlag ihren Stimmzettel

zu übermitteln.

(2) [1]Auf dem Wahlschein hat die wahlberechtigte Person eidesstattlich zu versichern, dass sie den Stimmzettel persönlich gekennzeichnet hat. [2]Hat sich eine wahlberechtigte Person zur Kennzeichnung des Stimmzettels einer anderen Person bedient (§ 26 Abs. 3), so hat die andere Person eidesstattlich zu versichern, dass sie den Stimmzettel gemäß dem erklärten Willen der wahlberechtigten Person gekennzeichnet hat.

(3) Die Stimmabgabe ist rechtzeitig erfolgt, wenn der Wahlbrief spätestens am Wahltag bis 18.00 Uhr beim Kreiswahlleiter eingeht.

(4) Im Fall einer Anordnung der Kreiswahlleiterin oder des Kreiswahlleiters nach § 25 Abs. 4 Satz 4 tritt an ihre oder seine Stelle in den Absätzen 1 und 3 die Gemeinde.

§ 28 [Stimmabgabe]

(1) [1]Es sind Vorkehrungen dafür zu treffen, dass die wahlberechtigte Person den Stimmzettel unbeobachtet kennzeichnen und falten kann. [2]Für die Aufnahme der Stimmzettel sind Wahlurnen zu verwenden, die die Wahrung des Wahlgeheimnisses sicherstellen. [3]§ 26a Abs. 1 bleibt unberührt.

(2) [1]Die nach § 26 Abs. 3 zulässige Hilfe bei der Stimmabgabe bleibt unberührt. [2]Die Hilfsperson ist zur Geheimhaltung der Kenntnisse verpflichtet, die sie bei der Hilfeleistung von der Wahl einer anderen Person erlangt hat.

(3) Nach Beendigung der Wahl ist unverzüglich mit der Stimmenzählung zu beginnen.

IV.
Feststellung des Wahlergebnisses

§ 29 [Feststellung durch Wahlvorstand]

(1) [1]Der Wahlvorstand stellt fest, wie viele Stimmen im Wahlbezirk auf die einzelnen Kreiswahlvorschläge und Landeswahlvorschläge entfallen sind. [2]Der Briefwahlvorstand trifft die entsprechende Feststellung für die Briefwahl.

(2) [1]Über die Gültigkeit der Stimmen entscheidet der Wahlvorstand mit Stimmenmehrheit. [2]Bei Stimmengleichheit gibt der Wahlvorsteher den Ausschlag.

(3) [1]Eine Stimmabgabe ist ungültig, wenn sie einen eindeutigen Wählerwillen nicht erkennen lässt oder mit einem sonstigen wesentlichen Mangel behaftet ist. [2]Bei der Briefwahl ist sie außerdem ungültig, wenn wesentliche Verfahrensvorschriften für die Briefwahl nicht eingehalten worden sind.

(4) Die Stimmabgabe eines Wählers, der an der Briefwahl teilgenommen hat, wird nicht dadurch ungültig, dass er vor dem Wahltag stirbt, sein Wahlrecht nach § 3 verliert oder aus dem Land Niedersachsen verzieht.

(5) Die Entscheidungen der Wahlvorstände unterliegen der Nachprüfung durch den Kreiswahlausschuss.

§ 30 [Feststellung durch Kreiswahlausschuss]

(1) [1]Der Kreiswahlausschuss stellt fest, wie viele Stimmen auf die einzelnen Kreiswahlvorschläge und Landeswahlvorschläge entfallen sind. [2]Nicht berücksichtigt werden dabei die Zweitstimmen derjenigen Wähler, die ihre Erststimme für einen im Wahlkreis erfolgreichen Kreiswahlvorschlag nach § 17 Abs. 2 abgegeben haben.

§ 31 [Ergebnis]

(1) Gewählt ist im Wahlkreis, wer die meisten Erststimmen erhalten hat.

(2) Bei Stimmengleichheit entscheidet das von dem Kreiswahlleiter zu ziehende Los.

§ 32 [Bekanntgabe des Wahlergebnisses]

Der Kreiswahlleiter gibt das Wahlergebnis öffentlich bekannt.

§ 33 [Sitzverteilung]

(1) Die Zuweisung der Abgeordnetensitze auf die Landeswahlvorschläge erfolgt durch den Landeswahlausschuss.

(2) [1]Der Landeswahlausschuss stellt zunächst fest, wie viele Zweitstimmen für die einzelnen Landeswahlvorschläge abgegeben worden sind. [2]§ 30 Satz 2 gilt entsprechend.

(3) Bei der Verteilung der Sitze auf die Landeswahlvorschläge gemäß den Absätzen 4 bis 7 werden nur Parteien berücksichtigt, die mindestens 5 Prozent der im Land abgegebenen gültigen Zweitstimmen erhalten haben.

(4) [1]Der Landeswahlausschuss stellt fest,

1. wie viele Abgeordnetensitze auf die nicht an Landeswahlvorschläge angeschlossenen Kreiswahlvorschläge entfallen sind,
2. wie viele Abgeordnetensitze auf die an Landeswahlvorschläge angeschlossenen Kreiswahlvorschläge derjenigen Parteien entfallen sind, die nicht mindestens 5 Prozent der im Land abgegebenen gültigen Zweitstimmen erhalten haben.

[2]Durch Abzug dieser Zahlen von der Zahl 135 wird die Zahl der Abgeordnetensitze ermittelt, die den Kreiswahlvorschlägen und den Landeswahlvorschlägen der Parteien, die nach Absatz 3 zu berücksichtigen sind, insgesamt zustehen.

(5) [1]Die nach Absatz 4 Satz 2 errechneten Abgeordnetensitze werden den Parteien, die nach Absatz 3 bei der Verteilung von Abgeordnetensitzen auf die Landeswahlvorschläge zu berücksichtigen sind, im Verhältnis der auf sie entfallenen Stimmenzahlen nach dem Höchstzahlverfahren d'Hondt zugeteilt. [2]Über die Zuteilung des letzten Sitzes entscheidet bei gleichen Höchstzahlen das vom Landeswahlleiter zu ziehende Los.

(6) [1]Von den einer Partei nach Absatz 5 insgesamt zustehenden Abgeordnetensitzen werden die ihr zugeteilten Abgeordnetensitze in den Wahlkreisen abgesetzt. [2]Die verbleibenden Abgeordnetensitze stehen der Partei auf ihrem Landeswahlvorschlag zu. [3]Entsprechend dieser Zahl sind die Bewerber in der Reihenfolge des Landeswahlvorschlages gewählt. [4]Hierbei scheiden jedoch die Bewerber aus, denen bereits ein Abgeordnetensitz in einem Wahlkreis zugewiesen worden ist. [5]Stehen einer Partei mehr Abgeordnetensitze zu, als Bewerber benannt sind, so bleiben diese Sitze unbesetzt.

(7) [1]Ergibt die Berechnung nach Absatz 6, dass eine Partei mehr Abgeordnetensitze in den Wahlkreisen erhalten hat, als ihr nach Absatz 5 zustehen, so verbleiben ihr die darüber hinausgehenden Abgeordnetensitze (Mehrsitze). [2]In diesem Fall erhöht sich die Mindestzahl der Abgeordnetensitze (§ 1 Abs. 1 Satz 1) um die doppelte Zahl der Mehrsitze. [3]Die so erhöhte Zahl der Abgeordnetensitze wird wiederum nach den Absätzen 4 bis 6 verteilt. [4]Ergibt auch diese Verteilung, dass eine Partei mehr Abgeordnetensitze in den Wahlkreisen erhalten hat, als ihr nach Absatz 5 zustehen, so verbleiben der Partei diese Sitze; die Gesamtzahl der Abgeordnetensitze (Satz 2) erhöht sich entsprechend.

(8) [1]Die nicht gewählten Bewerber auf Landeswahlvorschlägen derjenigen Parteien, die mindestens einen Sitz erhalten haben, sind Ersatzpersonen in der vom Landeswahlausschuss festgestellten Reihenfolge. [2]Dabei scheiden diejenigen Bewerber aus, die in den Wahlkreisen gewählt worden sind.

§ 34 [Bekanntgabe der Namen]

Der Landeswahlleiter gibt die Namen der auf dem Landeswahlvorschlag gewählten Bewerber öffentlich bekannt.

§ 35 [Annahmeerklärung]

[1]Die in den Wahlkreisen gewählten Bewerber werden vom Kreiswahlleiter, die auf den Landeswahlvorschlägen gewählten vom Landeswahlleiter über ihre Wahl verständigt mit dem Ersuchen, binnen einer Woche dem Landeswahlleiter mitzuteilen, ob sie die Wahl annehmen. [2]Die Erklärung des Gewählten muss schriftlich erfolgen; die schriftliche Erklärung kann dem Landeswahlleiter auch durch Fernkopie übermittelt werden. [3]Gibt der Gewählte bis zum Ablauf der gesetzten Frist keine Erklärung ab, so gilt die Wahl mit Beginn des folgenden Tages als angenommen. [4]Eine Erklärung unter Vorbehalt gilt als Ablehnung. [5]Eine Ablehnung kann nicht widerrufen werden.

§ 36 [Änderung der Beschlüsse]

Die Wahlausschüsse können ihre Beschlüsse über die Feststellung des Wahlergebnisses binnen einer Woche nach der ersten Beschlussfassung abändern, wenn dazu ein begründeter Anlass besteht.

V.

Neuverrechnung der Abgeordnetensitze und Feststellung der nachrückenden Bewerber

§ 37 [Neuverrechnung der Abgeordnetensitze]

(1) Der Landeswahlausschuss hat die Abgeordnetensitze auf den Landeswahlvorschlägen nach den Bestimmungen des § 33 neu zu verrechnen, wenn mehr als vier Abgeordnete, die auf Wahlvorschlag einer im Zeitpunkt der Wahl verfassungswidrigen Partei gewählt worden sind, ihre Abgeordnetensitze nach § 8 Abs. 1 Nr. 4 gleichzeitig verlieren.

(2) [1]Grundlage der Neuverrechnung der Abgeordnetensitze bildet das Ergebnis der Hauptwahl. [2]Hat bereits eine Neuverrechnung stattgefunden, so ist diese zugrunde zu legen. [3]Die für die verbotene Partei abgegebenen Stimmen bleiben unberücksichtigt. [4]Sind einer Partei im Verfahren nach § 42 Abgeordnetensitze auf Kreiswahlvorschlag zugewiesen worden, so sind diese Abgeordnetensitze bei der Neuverrechnung nach § 33 Abs. 6 Satz 1 und Abs. 7 zu berücksichtigen.

(3) Ein Abgeordneter kann im Fall der Neuverrechnung nach den Absätzen 1 und 2 seinen Sitz nicht verlieren; erforderlichenfalls erhöht sich die gemäß § 33 festgestellte Zahl der Abgeordneten entsprechend.

§ 38 [Sitzübergang]

(1) [1]Lehnt ein auf einem Landeswahlvorschlag gewählter Abgeordneter die Wahl ab oder stirbt er oder scheidet er nach den Vorschriften dieses Gesetzes oder anderer Gesetze aus oder verliert er seinen Sitz nach § 8 Abs. 1 Nrn. 1 bis 3, so geht der Sitz auf die nächste noch nicht für gewählt erklärte Ersatzperson dieses Landeswahlvorschlages über. [2]Das Gleiche gilt, wenn ein auf einem Landeswahlvorschlag gewählter Abgeordneter seinen Sitz nach § 8 Abs. 1 Nr. 4 verliert, sofern er nicht auf dem Landeswahlvorschlag der verbotenen Partei gewählt worden ist.

(2) [1]Die Vorschrift des Absatzes 1 gilt für die in den Wahlkreisen in direkter Wahl gewählten Abgeordneten entsprechend. [2]Sie ist ferner auch dann anzuwenden, wenn ein vor der Wahl verstorbener Bewerber eines Kreiswahlvorschlages im Wahlkreis die meisten Erststimmen erhalten hat. [3]§ 41 Abs. 1 bleibt unberührt.

(3) [1]Bei dem Übergang eines Sitzes auf eine Ersatzperson bleibt derjenige Bewerber unberücksichtigt, der nach der Wahl aus der Partei, von der er vorgeschlagen war, ausgeschieden ist oder Mitglied einer anderen Partei geworden ist. [2]Voraussetzung dafür ist, dass die Partei das Ausscheiden oder die Mitgliedschaft in einer anderen Partei dem Landeswahlleiter vor Freiwerden des Sitzes angezeigt hat.

(4) Ist eine Ersatzperson auf dem Landeswahlvorschlag einer Partei nicht vorhanden oder darf der Landeswahlvorschlag infolge des Verbots der Partei nicht berücksichtigt werden, so bleibt der Sitz bis zum Ablauf der Wahlperiode unbesetzt.

(5) [1]Die Feststellung nach den Absätzen 1 bis 4 trifft der Landeswahlausschuss. [2]Sie kann durch den Landeswahlleiter allein erfolgen, wenn Zweifel nicht bestehen.

§ 39 [Geltung anderer Vorschriften]

Die §§ 34 und 35 gelten entsprechend.

VI.
Nachwahlen

§ 40 [Nachwahl]

(1) [1]Kann in einzelnen Wahlkreisen oder Wahlbezirken die Wahl infolge höherer Gewalt nicht durchgeführt werden, so sagt der Kreiswahlleiter die Wahl ab und kündigt eine Nachwahl an. [2]Der Landeswahlleiter bestimmt den Tag der Nachwahl und die Wahlzeit. [3]Der Tag der Nachwahl und die Wahlzeit sind im Wahlkreis öffentlich bekannt zu machen.

(2) Eine Nachwahl muss spätestens vier Wochen nach dem Tag der Hauptwahl stattfinden.

(3) Entsprechend dem Ergebnis der Nachwahl wird das Wahlergebnis für die betroffenen Kreiswahlvorschläge und die Landeswahlvorschläge nach den bei der Hauptwahl anzuwendenden Grundsätzen neu festgestellt.

(4) Für die Nachwahl gelten die Bestimmungen dieses Gesetzes sinngemäß.

VII.
Ersatzwahlen

§ 41 [Ersatzwahl]

(1) [1]Wenn ein Abgeordneter, der als Bewerber auf einem nicht an einen Landeswahlvorschlag angeschlossenen Kreiswahlvorschlag gewählt worden ist, die Wahl ablehnt oder wenn er vor Ablauf von 40 Monaten seit Beginn der Wahlperiode stirbt oder sonst aus dem Landtag ausscheidet oder seinen Sitz verliert, findet in diesem Wahlkreis eine Ersatzwahl statt. [2]Dasselbe gilt, wenn ein in Satz 1 genannter Bewerber, der vor der Wahl verstorben ist, im Wahlkreis die meisten Erststimmen erhalten hat. [3]Nach Ablauf von 40 Monaten seit Beginn der Wahlperiode bleibt der Sitz unbesetzt.

(2) [1]Gewählt ist, wer die meisten Erststimmen erhalten hat. [2]Bei Stimmengleichheit entscheidet das von dem Kreiswahlleiter zu ziehende Los.

(3) Bei einer Ersatzwahl unterbleibt die Neuverrechnung nach § 33, es sei denn, dass in mehr als vier Wahlkreisen die Ersatzwahlen zugleich mit Nachwahlen stattfinden.

§ 42 [Ersatzbewerber]

[1]Wenn ein in einem Wahlkreis gewählter Abgeordneter, der auf Wahlvorschlag einer im Zeitpunkt der Wahl verfassungswidrigen Partei gewählt wurde, seinen Sitz nach § 8 Abs. 1 Nr. 4 verliert, so gilt nunmehr der Bewerber desjenigen Kreiswahlvorschlages als gewählt, der nach dem ausgeschiedenen Abgeordneten die meisten Erststimmen erhalten hat. [2]Bei Stimmengleichheit entscheidet das von dem Kreiswahlleiter zu ziehende Los. [3]Ist dieser Bewerber verstorben, lehnt er die Wahl ab oder liegen Tatsachen vor, die ein Ausscheiden nach § 7 Abs. 1 oder einen Sitzverlust nach § 8 Abs. 1 Nrn. 1 bis 3 zur Folge haben, so findet eine Ersatzwahl statt. [4]Eine Ersatzwahl findet auch statt, wenn dieser Bewerber aus der Partei, von der er vorgeschlagen worden war, ausgeschieden oder ausgeschlossen ist; Voraussetzung dafür ist, dass die Partei das Ausscheiden oder den Ausschluss dem Landeswahlleiter vor Freiwerden des Sitzes angezeigt hat.

§ 43 [Ersatzwahltag]

(1) Das Fachministerium bestimmt den Tag der Ersatzwahl und die Wahlzeit.

(2) [1]Im Übrigen gelten die Bestimmungen dieses Gesetzes sinngemäß. [2]Der Tag der Ersatzwahl und die Wahlzeit sind im Wahlkreis öffentlich bekannt zu machen.

VIII.
Wiederholungswahlen

§ 44 [Wiederholungswahl]

(1) Wird im Wahlprüfungsverfahren die Wahl ganz oder teilweise für ungültig erklärt, so ist sie nach Maßgabe der Entscheidung zu wiederholen.

(2) [1]Ist die Wahl insgesamt für ungültig erklärt worden, so bestimmt die Landesregierung den Tag der Wiederholungswahl und die Wahlzeit durch Verordnung. [2]Im Übrigen bestimmt das Fachministerium den Tag der Wiederholungswahl und die Wahlzeit; der Tag der Wiederholungswahl und die Wahlzeit sind im Wahlkreis öffentlich bekannt zu machen.

(3) Bei einer Wiederholungswahl wird vorbehaltlich einer anderen Entscheidung im Wahlprüfungsverfahren nach den für die Hauptwahl zugelassenen Wahlvorschlägen und, wenn seit der Hauptwahl noch nicht sechs Monate verflossen sind, nach den für die Hauptwahl aufgestellten Wählerverzeichnissen gewählt.
(4) Entsprechend dem Ergebnis der Wiederholungswahl wird das Wahlergebnis für die betroffenen Kreiswahlvorschläge und die Landeswahlvorschläge nach den bei der Hauptwahl anzuwendenden Grundsätzen neu festgestellt.

IX.
Ersatzpersonen

§ 45 [Ersatzperson]

(1) [1]Lehnt eine Ersatzperson die Annahme eines ihr angebotenen Sitzes ab oder wird sie gemäß § 38 Abs. 3 übergangen, so scheidet sie damit als Ersatzperson für die Wahlperiode aus. [2]Die Ablehnung ist dem Landeswahlleiter schriftlich zu erklären; sie kann nicht widerrufen werden. [3]Annahme unter Vorbehalt gilt als Ablehnung.
(2) [1]Eine Ersatzperson kann jederzeit auf die ihr als Ersatzperson zustehenden Rechte verzichten. [2]Sie scheidet damit als Ersatzperson für die Wahlperiode aus. [3]Der Verzicht ist dem Landeswahlleiter schriftlich zu erklären; er kann nicht widerrufen werden.
(3) Tritt bei einer Ersatzperson eine der Voraussetzungen des § 7 Abs. 1 Nrn. 2 bis 4 und des § 8 Abs. 1 Nrn. 2 und 4 ein, so scheidet sie als Ersatzperson für die Wahlperiode aus.
(4) Wird einer Ersatzperson während der Wahlperiode ein Abgeordnetensitz in einem Wahlkreis zugewiesen, so scheidet sie damit als Ersatzperson aus.
(5) [1]Die Feststellung, ob die Voraussetzungen nach den Absätzen 1 bis 4 gegeben sind, trifft der Landeswahlausschuss. [2]Sie kann durch den Landeswahlleiter allein erfolgen, wenn Zweifel nicht bestehen.

X.
Pflicht zur ehrenamtlichen Mitwirkung; Ordnungswidrigkeiten

§ 46 [Übernahmepflicht]

(1) [1]Jeder Wahlberechtigte ist verpflichtet, ein ihm übertragenes Wahlehrenamt zu übernehmen. [2]Niemand darf in mehr als einem Wahlorgan Mitglied sein. [3]Die Berufung in ein Wahlehrenamt kann nur im Wahlprüfungsverfahren angefochten werden.
(2) Ein Wahlberechtigter, der als Bewerber oder Vertrauensperson auf einem Kreiswahlvorschlag oder auf einem Landeswahlvorschlag benannt ist, kann nicht zu einem Wahlehrenamt berufen werden.

§ 47 [Ablehnung aus wichtigem Grund]

[1]Die Übernahme eines Wahlehrenamtes darf aus wichtigem Grund abgelehnt werden. [2]Insbesondere dürfen die Berufung zu einem Wahlehrenamt ablehnen:
1. die Mitglieder der Landesregierung, des Bundestages und des Landtages,
2. die im öffentlichen Dienst Beschäftigten, die amtlich mit dem Vollzug des Niedersächsischen Landeswahlgesetzes oder mit der Aufrechterhaltung der öffentlichen Ruhe und Sicherheit betraut sind,
3. Wahlberechtigte, die das 67. Lebensjahr vollendet haben,
4. Wahlberechtigte, die glaubhaft machen, dass ihnen die Fürsorge für ihre Familie die Ausübung des Amtes in besonderem Maß erschwert,
5. Wahlberechtigte, die glaubhaft machen, dass sie aus dringenden beruflichen Gründen, durch Krankheit oder durch Gebrechen verhindert sind, das Amt ordnungsgemäß zu führen,
6. Wahlberechtigte, die sich am Wahltag aus zwingenden Gründen außerhalb ihres Wohnortes aufhalten.

§ 48 [Ordnungswidrigkeiten]

(1) Ordnungswidrig handelt, wer
1. entgegen § 47 ohne wichtigen Grund ein Ehrenamt ablehnt oder sich ohne genügende Entschuldigung den Pflichten eines solchen entzieht oder

2. entgegen § 24 Abs. 3 Ergebnisse von Wählerbefragungen nach der Stimmabgabe über den Inhalt der Wahlentscheidung vor Ablauf der Wahlzeit veröffentlicht.

(2) Die Ordnungswidrigkeit nach Absatz 1 Nr. 1 kann mit einer Geldbuße bis zu 500 Euro, die Ordnungswidrigkeit nach Absatz 1 Nr. 2 mit einer Geldbuße bis zu 100 000 Euro geahndet werden.

(3) Verwaltungsbehörde im Sinne des § 36 Abs. 1 Nr. 1 des Gesetzes über Ordnungswidrigkeiten ist

1. bei Ordnungswidrigkeiten nach Absatz 1 Nr. 1
   a) die Gemeinde, wenn ein Wahlberechtigter das Amt eines Mitglieds im Wahlvorstand,
   b) die für die Bildung des Briefwahlvorstandes zuständige Stelle, wenn ein Wahlberechtigter das Amt eines Mitglieds im Briefwahlvorstand,
   c) der Kreiswahlleiter, wenn ein Wahlberechtigter das Amt eines Mitglieds im Kreiswahlwahlausschuss,
   d) der Landeswahlleiter, wenn ein Wahlberechtigter das Amt eines Mitglieds im Landeswahlausschuss

   unberechtigt ablehnt oder sich ohne genügende Entschuldigung den Pflichten eines solchen Amtes entzieht,
2. bei Ordnungswidrigkeiten nach Absatz 1 Nr. 2 der Landeswahlleiter.

§ 49 [Ersatzanspruch]

Die Beisitzer der Wahlausschüsse und die Mitglieder der Wahlvorstände haben Anspruch auf Ersatz ihrer Auslagen und ihres Verdienstausfalls.

XI.

Staatliche Mittel für Einzelbewerber

§ 49a [Staatliche Mittel für Einzelbewerber]

(1) Einzelbewerber (§ 14 Abs. 4), die mindestens 10 Prozent der in einem Wahlkreis abgegebenen gültigen Erststimmen erreicht haben, erhalten je gültige Stimme 2,05 Euro.

(2) [1]Die Festsetzung und die Auszahlung der staatlichen Mittel hat der Einzelbewerber innerhalb von zwei Monaten nach dem Zusammentritt des Landtages beim Präsidenten des Landtages schriftlich zu beantragen. [2]Danach eingehende Anträge bleiben unberücksichtigt. [3]Der Betrag wird vom Präsidenten des Landtages festgesetzt und ausgezahlt.

XII.

Wahlkosten

§ 50 [Wahlkosten]

(1) [1]Das Land erstattet den Gemeinden die durch die Wahl veranlassten notwendigen Ausgaben durch einen festen Betrag je Wahlberechtigten; der Betrag kann nach Gemeindegrößen abgestuft werden. [2]Ein Teil der Ausgaben kann unabhängig von der Größe der Gemeinde und der Zahl der Wahlberechtigten durch einen Grundbetrag abgegolten werden.

(2) Bei der Festsetzung werden laufende persönliche und sächliche Kosten und Kosten für die Benutzung von Räumen und Einrichtungen der Gemeinden nicht berücksichtigt.

(3) [1]Das Land erstattet den Kreiswahlleiterinnen und Kreiswahlleitern sowie den Landkreisen die durch die Wahl veranlassten notwendigen Ausgaben in nachgewiesener Höhe. [2]Absatz 2 gilt entsprechend.

(4) Das Land erstattet den Blindenvereinen, die ihre Bereitschaft zur Herstellung von Stimmzettelschablonen erklärt haben, die durch die Herstellung und die Verteilung der Stimmzettelschablonen veranlassten notwendigen Ausgaben.

XIII.

Übergangs- und Schlussvorschriften

§ 51 [Wahlprüfungsverfahren]

[1]Das Wahlprüfungsverfahren richtet sich nach dem niedersächsischen Wahlprüfungsgesetz. [2]Entscheidungen und Maßnahmen, die sich unmittelbar auf das Wahlverfahren beziehen, können nur mit den im Niedersächsischen Landeswahlgesetz und in der Niedersächsischen Landeswahlordnung vor-

gesehenen Rechtsbehelfen sowie im Wahlprüfungsverfahren und im Verfahren nach § 36a des Gesetzes über den Staatsgerichtshof angefochten werden.

§ 52 [Auswertung]

(1) [1]Das Ergebnis der Landtagswahl ist statistisch auszuwerten. [2]Die Auswertung ist zu veröffentlichen.

(2) [1]Aus dem Ergebnis der Landtagswahlen sind in ausgewählten Wahlbezirken repräsentative Wahlstatistiken über

1. die Wahlbeteiligung nach Altersgruppen und Geschlecht,
2. Geschlechts- und Altersgliederung der Wahlberechtigten und der Wähler unter Berücksichtigung der Stimmenabgabe für die einzelnen Wahlvorschläge

als Landesstatistik zu erstellen. [2]Der Landeswahlleiter benennt für die Statistiken ausgewählte Wahlbezirke.

(3) [1]Erhebungsmerkmale für die Statistiken gemäß Absatz 2 sind Geschlecht, Altersgruppe, Nichtteilnahme an der Wahl, Wahlschein, abgegebene Erst- und Zweitstimmen, ungültige Stimmen, Gemeinde. [2]Hilfsmerkmale sind Wahlkreis und Wahlbezirk. [3]Auskunftspflichtig sind die Gemeinden.

(4) [1]Die für die Statistiken gemäß Absatz 2 ausgewählten Wahlbezirke müssen wenigstens 300 Wahlberechtigte umfassen. [2]Die Statistiken werden unter Auszählung der Wählerverzeichnisse sowie unter Verwendung von Stimmzetteln mit Unterscheidungsbezeichnungen nach Geschlecht und Altersgruppe oder unter Verwendung entsprechend geeigneter Wahlgeräte durchgeführt. [3]Wählerverzeichnisse und gekennzeichnete Stimmzettel dürfen nicht zusammengeführt werden. [4]Für die Vernichtung der Stimmzettel gelten die wahlrechtlichen Vorschriften. [5]Für die Statistik gemäß Absatz 2 Satz 1 Nr. 1 sind höchstens zehn Altersgruppen zu bilden, in denen jeweils mindestens drei Geburtsjahrgänge zusammenzufassen sind. [6]Für die Statistik gemäß Absatz 2 Satz 1 Nr. 2 sind höchstens sechs Altersgruppen zu bilden, in denen jeweils mindestens sieben Geburtsjahrgänge zusammenzufassen sind.

(5) [1]Gemeinden dürfen mit Zustimmung des Kreiswahlleiters in weiteren Wahlbezirken wahlstatistische Auszählungen nach den in Absatz 3 genannten Erhebungsmerkmalen durchführen. [2]Hilfsmerkmal ist der Wahlbezirk. [3]Absatz 4 gilt entsprechend.

(6) [1]Die Veröffentlichung der Wahlstatistiken gemäß Absatz 2 ist dem Land vorbehalten. [2]Wahlstatistische Auszählungen gemäß Absatz 5 dürfen nur bis zur Ebene der Gemeinden veröffentlicht werden. [3]Ergebnisse für einzelne Wahlbezirke dürfen nicht bekannt gegeben werden.

(7) [1]Die Durchführung der Wahlstatistiken gemäß Absatz 2 und der wahlstatistischen Auszählungen gemäß Absatz 5 ist nur zulässig, wenn das Wahlgeheimnis gewahrt bleibt. [2]Die Durchführung der Wahlstatistiken gemäß Absatz 2 sowie die Durchführung der wahlstatistischen Auszählungen nach Absatz 5 dürfen nur in den Gemeinden erfolgen, die durch personelle, organisatorische und technische Maßnahmen eine Trennung der für die Statistik zuständigen Organisationseinheit von den anderen Organisationseinheiten sichergestellt haben. [3]Diese Trennung ist nur so weit und nur so lange erforderlich, wie personenbezogene Einzelangaben in der für die Statistik zuständigen Organisationseinheit vorhanden sind. [4]Durch die Durchführung der Wahlstatistiken darf die Feststellung des Wahlergebnisses nicht verzögert werden.

(8) Das Land erstattet den Gemeinden die durch die Erhebung nach Absatz 2 entstandenen Kosten durch einen festen Betrag je Wahlbezirk.

§ 53 [Schriftform]

Soweit dieses Gesetz die Schriftform für Erklärungen vorschreibt, müssen diese persönlich und handschriftlich unterzeichnet sein und bei dem zuständigen Wahlorgan oder der zuständigen Stelle der Wahlorganisation im Original vorliegen.

§ 54 [Fristen und Termine]

[1]Die von diesem Gesetz vorgesehenen Fristen und Termine verlängern oder ändern sich nicht dadurch, dass der letzte Tag der Frist oder ein Termin auf einen Sonnabend, einen Sonntag oder einen gesetzlich oder staatlich geschützten Feiertag fällt. [2]Eine Wiedereinsetzung in den vorigen Stand ist ausgeschlossen.

§ 55 [Verordnungsermächtigung]

(1) [1]Das Fachministerium wird ermächtigt, durch Verordnung die zur Durchführung dieses Gesetzes erforderlichen Vorschriften (Niedersächsische Landeswahlordnung) zu erlassen. [2]In der Niedersächsischen Landeswahlordnung sind zu regeln:

1. die Führung der Wählerverzeichnisse sowie das Verfahren bei der Einsichtnahme und bei Anträgen auf Berichtigung der Wählerverzeichnisse (§ 4 Abs. 1),
2. die Voraussetzungen und das Verfahren bei der Erteilung von Wahlscheinen (§ 4 Abs. 1),
3. die Einteilung der Wahlkreise in Wahlbezirke, die Ausstattung der Wahlräume sowie die Bekanntmachung der Wahlbezirke und Wahlräume (§ 11),
4. Bildung und Verfahren der Wahlorgane, Berufung in ein Wahlehrenamt, Entschädigung der Inhaber von Wahlehrenämtern (§§ 12, 13, 25 und 49); für die Entschädigung der Inhaber von Wahlehrenämtern können Höchstsätze bestimmt werden,
5. Inhalt und Form der Wahlvorschläge sowie das Verfahren für ihre Prüfung, Mängelbeseitigung, Zulassung und Bekanntgabe (§§ 14 bis 21),
6. Form und Inhalt des Stimmzettels (§ 23),
7. Verfahren der Stimmabgabe, Durchführung der Briefwahl, Einsatz von Wahlurnen und Wahlschutzvorrichtungen (§§ 26 bis 28),
8. die Feststellung, Meldung und Bekanntgabe des Wahlergebnisses (§§ 29 bis 36),
9. die Vorbereitung und Durchführung von Nachwahlen, Ersatzwahlen und Wiederholungswahlen (§§ 40 bis 44),
10. die Wahl in Kranken- und Pflegeanstalten.

(2) Das Fachministerium wird ermächtigt, den Ersatz der den Gemeinden zu erstattenden Kosten durch besondere Verordnung zu regeln (§ 50 Abs. 1 und 2, § 52 Abs. 8).

(3) [1]Das Fachministerium wird ermächtigt, durch Verordnung die Wahlkreisgrenzen anzupassen, wenn die Grenzen eines in Spalte 3 der Anlage aufgeführten Gemeindeteils geändert worden sind. [2]§ 10 Abs. 3 Satz 3 gilt entsprechend.

(4) Das Fachministerium wird ermächtigt, die Anlage (Wahlkreiseinteilung) vor jeder Wahl unter Berücksichtigung der eingetretenen Änderungen von Wahlkreisgrenzen (§ 10 Abs. 3 bis 5, Absatz 3) sowie der sich auf die Spalte 3 der Anlage auswirkenden Auflösungen, Neubildungen und Neubenennungen von Landkreisen, Gemeinden, Gemeindeteilen und gemeindefreien Gebieten neu zu fassen und bekannt zu machen.

(5) [1]Hat sich der Landtag aufgelöst, so kann der Landeswahlleiter für die danach erforderliche Wahl die Fristen und Termine nach § 4 Abs. 4, § 5 Abs. 1, § 14 Abs. 1, § 15 Abs. 1, §§ 16 und 22 Abs. 6 bis 8 durch Verordnung ändern, soweit dies für eine ordnungsgemäße Wahlvorbereitung erforderlich erscheint. [2]Satz 1 gilt für den Fall einer Wiederholungswahl entsprechend; wenn diese nur in einzelnen Wahlkreisen oder Wahlbezirken erforderlich ist, genügt anstelle der Verordnung eine öffentliche Bekanntmachung im Wahlkreis.

(6) [1]Ist die Durchführung von Versammlungen zur Bestimmung der Bewerberinnen und Bewerber für die Wahl zum Niedersächsischen Landtag im Jahr 2022 wegen der Auswirkungen der COVID-19-Pandemie ganz oder teilweise unmöglich, so wird das Fachministerium ermächtigt, durch Verordnung von den Vorschriften über die Bestimmung der Bewerberinnen und Bewerber abweichende Regelungen zu treffen und Abweichungen der Parteien von Bestimmungen ihrer Satzungen zuzulassen, um die Bestimmung der Bewerberinnen und Bewerber ohne Versammlungen zu ermöglichen. [2]Durch die Verordnung nach Satz 1 können Regelungen getroffen werden, die den Parteien für die Bestimmung der Bewerberinnen und Bewerber eine Abweichung von den Bestimmungen dieses Gesetzes, der Niedersächsischen Landeswahlordnung und, sofern eine Satzungsänderung wegen der in Satz 1 genannten Umstände und der in diesem Gesetz und der Niedersächsischen Landeswahlordnung bestimmten Fristen und Termine nicht mehr rechtzeitig möglich ist, ihrer Satzungen ermöglichen, insbesondere um

1. die Wahl der Bewerberinnen und Bewerber sowie der Delegierten für die Delegiertenversammlungen unter Verringerung der satzungsgemäßen Zahl der Delegierten in der Delegiertenversammlung oder anstatt durch eine Mitgliederversammlung durch eine Delegiertenversammlung durchführen zu können,

2. Mitglieder- oder Delegiertenversammlungen in der Form mehrerer miteinander im Wege der elektronischen Kommunikation verbundener gleichzeitiger Teilversammlungen an verschiedenen Orten durchführen zu können,
3. die Wahrnehmung des Vorschlagsrechts, des Vorstellungsrechts und der sonstigen Mitgliederrechte mit Ausnahme der Schlussabstimmung über einen Wahlvorschlag ausschließlich oder zusätzlich im Wege elektronischer Kommunikation ermöglichen zu können und
4. die Wahl von Bewerberinnen und Bewerbern sowie Delegierten für die Delegiertenversammlungen im Wege der Briefwahl oder einer Kombination aus Urnenwahl und Briefwahl durchführen zu können.

[3]Ist die Sammlung von Unterschriften für Wahlvorschläge wegen der Auswirkungen der COVID-19-Pandemie erheblich erschwert, so kann das Fachministerium durch Verordnung auch die Anzahl der erforderlichen Unterschriften für Wahlvorschläge für die Wahl zum Niedersächsischen Landtag im Jahr 2022 absenken.

Anlage
(zu § 10 Abs. 1 NLWG)

Wahlkreiseinteilung für die Wahl zum Niedersächsischen Landtag

(hier nicht wiedergegeben)

Gesetz über den Staatsgerichtshof (NStGHG)

Vom 1. Juli 1996 (Nds. GVBl. S. 342)
(GVBl SB 11130 02)
zuletzt geändert durch Art. 1 G zur Änd. des Gs über den Staatsgerichtshof vom 29. Juni 2022 (Nds. GVBl. S. 424)

Nichtamtliche Inhaltsübersicht

Der Niedersächsische Landtag hat das folgende Gesetz beschlossen:

Erster Teil
Verfassung, Zuständigkeit des Staatsgerichtshofs

§ 1 Stellung, Zusammensetzung

(1) Der Staatsgerichtshof ist ein den übrigen Verfassungsorganen gegenüber selbständiges und unabhängiges Gericht.

(2) [1]Der Staatsgerichtshof besteht aus der Präsidentin oder dem Präsidenten, der Vizepräsidentin oder dem Vizepräsidenten und sieben weiteren Mitgliedern sowie neun stellvertretenden Mitgliedern. [2]Mindestens sechs Mitglieder müssen die Befähigung zum Richteramt nach dem Deutschen Richtergesetz besitzen, drei von ihnen sollen Berufsrichterinnen oder Berufsrichter sein. [3]Frauen und Männer sollen jeweils mindestens drei der Mitglieder stellen.

(3) [1]Der Staatsgerichtshof gibt sich eine Geschäftsordnung. [2]Sie ist im Niedersächsischen Gesetz- und Verordnungsblatt zu veröffentlichen.

§ 2 Wählbarkeit

[1]Die Mitglieder des Staatsgerichtshofs müssen das 35. Lebensjahr vollendet haben, zum Landtag wählbar sein und auf Grund ihrer Erfahrung im öffentlichen Leben für das Richteramt besonders geeignet sein. [2]Sie müssen sich schriftlich bereit erklärt haben, Mitglied des Staatsgerichtshofs zu werden.

§ 3 Wahl

(1) [1]Die Mitglieder werden auf Vorschlag eines besonderen Ausschusses des Landtages vom Landtag in geheimer Wahl gewählt. [2]Der Landtag wählt aus der Reihe der Mitglieder, die die Befähigung zum Richteramt nach dem Deutschen Richtergesetz besitzen, die Präsidentin oder den Präsidenten und die Vizepräsidentin oder den Vizepräsidenten.

(2) Die Wahlen finden innerhalb von drei Monaten vor Ablauf der Amtsperiode des jeweiligen Mitglieds oder, wenn der Landtag in dieser Zeit aufgelöst ist oder aufgelöst wird, innerhalb eines Monats nach dem ersten Zusammentritt des Landtages statt.

(3) Scheidet ein Mitglied vorzeitig aus, so wird innerhalb von drei Monaten nach seinem Ausscheiden oder, wenn der Landtag innerhalb dieser Zeit aufgelöst ist oder aufgelöst wird, innerhalb eines Monats nach dem ersten Zusammentritt des Landtages, eine Nachfolgerin oder ein Nachfolger gewählt.

§ 4 Ernennung, Amtseid

(1) Die Mitglieder werden von der Landesregierung ernannt und entlassen.

(2) [1]Die Mitglieder leisten vor dem Landtag folgenden Eid:

> „Ich schwöre, das Richteramt getreu dem Grundgesetz der Bundesrepublik Deutschland, getreu der Verfassung des Landes Niedersachsen und getreu dem Gesetz auszuüben, nach bestem Wissen und Gewissen ohne Ansehen der Person zu urteilen und nur der Wahrheit und Gerechtigkeit zu dienen."

[2]Der Eid kann mit der Beteuerung „So wahr mir Gott helfe" oder ohne sie geleistet werden.

§ 5 Rechtsstellung der Mitglieder

(1) [1]Das Richteramt am Staatsgerichtshof ist ein Ehrenamt. [2]Die Vorschriften des Deutschen Richtergesetzes und des Niedersächsischen Richtergesetzes gelten entsprechend, soweit nicht in diesem Gesetz etwas anderes bestimmt ist.

(2) Das Richteramt als Mitglied des Staatsgerichtshofs geht jeder anderen beruflichen Tätigkeit vor.

(3) Die Mitglieder erhalten eine Aufwandsentschädigung nach Maßgabe des Landeshaushalts sowie Reisekostenvergütung nach den für Ministerinnen und Minister geltenden Bestimmungen.

(4) [1]Gegen ein Mitglied des Staatsgerichtshofs kann als Disziplinarmaßnahme nur die Entfernung aus dem Richteramt ausgesprochen werden. [2]Zuständige Disziplinarbehörde ist die Landesregierung. [3]Die gerichtlichen Entscheidungen über die Entfernung aus dem Richteramt und die vorläufige Dienstenthebung trifft der Staatsgerichtshof durch Beschluss mit der Mehrheit von zwei Dritteln der Mitglieder

des Staatsgerichtshofs; dabei wirkt anstelle des betroffenen Mitglieds das stellvertretende Mitglied mit. [4]Die Entscheidung ist unanfechtbar.

§ 6 Entlassung

(1) Ein Mitglied ist zu entlassen

1. auf seinen Antrag,
2. auf Verlangen des Staatsgerichtshofs.

(2) Der Staatsgerichtshof hat die Entlassung eines Mitglieds zu verlangen, wenn

1. ein Wählbarkeitshindernis eintritt oder nachträglich bekannt wird,
2. dauernde Dienstunfähigkeit eingetreten ist,
3. eine rechtskräftige Verurteilung zu einer Freiheitsstrafe erfolgt ist,
4. eine grobe Pflichtverletzung vorliegt, die ein Verbleiben im Amt ausschließt.

(3) [1]Der Staatsgerichtshof entscheidet durch Beschluß, der der Mehrheit von zwei Dritteln der Mitglieder bedarf. [2]An der Entscheidung wirkt an Stelle des betroffenen Mitglieds das stellvertretende Mitglied mit. [3]Der Zweite Teil dieses Gesetzes sowie die §§ 53 und 55 Abs. 1, 2 und 4 bis 6 des Bundesverfassungsgerichtsgesetzes (BVerfGG) in der Fassung vom 11. August 1993 (BGBl. I S. 1473), zuletzt geändert durch Artikel 4 des Gesetzes vom 20. November 2019 (BGBl. I S. 1724), gelten entsprechend.

§ 7 Stellvertretende Mitglieder

[1]Die Regelungen für Mitglieder gelten auch für stellvertretende Mitglieder. [2]Die Amtszeit der stellvertretenden Mitglieder wird durch das Ausscheiden der Mitglieder, die sie persönlich vertreten, nicht berührt. [3]Die Amtszeit als stellvertretendes Mitglied wird auf die höchstzulässige Amtszeit eines Mitglieds nicht angerechnet. [4]Ein stellvertretendes Mitglied wird tätig, solange das Mitglied, das es vertritt, verhindert ist oder nach dessen Ausscheiden eine Nachfolgerin oder ein Nachfolger noch nicht ernannt worden ist.

§ 8 Zuständigkeit

Der Staatsgerichtshof entscheidet

1. über die Anfechtung von Entscheidungen des Landtages, die die Gültigkeit einer Wahl oder den Verlust des Mandats eines Mitglieds des Landtages (Artikel 11 Abs. 4 der Niedersächsischen Verfassung) oder den Erwerb der Mitgliedschaft im Landtag betreffen,
2. über die Anklage des Landtages gegen ein Mitglied des Landtages (Artikel 17 der Niedersächsischen Verfassung),
3. über die Anklage des Landtages gegen ein Mitglied der Landesregierung (Artikel 40 Abs. 1 und 2 der Niedersächsischen Verfassung),
4. über den Antrag eines Mitglieds der Landesregierung nach Artikel 40 Abs. 3 der Niedersächsischen Verfassung,
5. über den Antrag eines Gerichts nach Artikel 27 Abs. 7 der Niedersächsischen Verfassung,
6. über die Auslegung der Verfassung bei Streitigkeiten über den Umfang der Rechte und Pflichten eines obersten Landesorgans oder anderer Beteiligter, die durch die Verfassung oder in der Geschäftsordnung des Landtages oder der Landesregierung mit eigenen Rechten ausgestattet sind (Artikel 54 Nr. 1 der Niedersächsischen Verfassung),
7. bei Streitigkeiten über die Durchführung von Volksinitiativen, Volksbegehren oder Volksentscheiden (Artikel 54 Nr. 2 der Niedersächsischen Verfassung),
8. bei Meinungsverschiedenheiten oder Zweifeln über die förmliche oder sachliche Vereinbarkeit von Landesrecht mit der Verfassung (Artikel 54 Nr. 3 der Niedersächsischen Verfassung),
9. über die Vereinbarkeit eines Landesgesetzes mit der Verfassung, auf Vorlage eines Gerichts gemäß Artikel 100 Abs. 1 des Grundgesetzes für die Bundesrepublik Deutschland (Artikel 54 Nr. 4 der Niedersächsischen Verfassung),
10. über Verfassungsbeschwerden von Gemeinden und Gemeindeverbänden wegen Verletzung des Rechts auf Selbstverwaltung durch ein Landesgesetz (Artikel 54 Nr. 5 der Niedersächsischen Verfassung),
11. über Beschwerden von Vereinigungen gegen ihre Nichtanerkennung als Partei für die Wahl zum Landtag.

§ 9 Vorsitz, Beschlußfähigkeit, Beratung, Abstimmung

(1) [1]Den Vorsitz im Staatsgerichtshof führt die Präsidentin oder der Präsident, im Falle der Verhinderung die Vizepräsidentin oder der Vizepräsident. [2]Sind beide verhindert, so übernimmt den Vorsitz das lebensälteste anwesende Mitglied, das die Befähigung zum Richteramt nach dem Deutschen Richtergesetz besitzt. [3]Ist ein in Satz 1 genanntes Amt nicht besetzt, so steht dies der Verhinderung gleich.

(2) Der Staatsgerichtshof ist beschlußfähig, wenn mindestens sieben Mitglieder anwesend sind, soweit nicht dieses Gesetz etwas anderes bestimmt.

(3) § 15 Abs. 3 BVerfGG gilt entsprechend.

(4) [1]Der Staatsgerichtshof entscheidet mit der Mehrheit der Stimmen, soweit nicht dieses Gesetz etwas anderes bestimmt. [2]Bei Stimmengleichheit kann ein Verstoß gegen die Verfassung nicht festgestellt werden; ein sonstiger Antrag ist abgelehnt.

§ 10 Vertretung, dienstrechtliche Befugnisse

Die Präsidentin oder der Präsident vertritt das Land in Angelegenheiten des Staatsgerichtshofs, leitet die Verwaltung und übt die dienstrechtlichen Befugnisse auch insoweit aus, als sie sonst der obersten Dienstbehörde oder der Landesregierung obliegen.

§ 11 Geschäftsstelle

[1]Die Aufgaben der Geschäftsstelle werden von der Geschäftsstelle des Landgerichts Bückeburg wahrgenommen. [2]Die berufsrichterlichen Mitglieder können sich im übrigen der Geschäftseinrichtungen der Gerichte bedienen, an denen sie im Hauptamt ihr Richteramt wahrnehmen.

Zweiter Teil

Allgemeine Verfahrensvorschriften

§ 12 Anwendung von Vorschriften des Bundesverfassungsgerichtsgesetzes und der Verwaltungsgerichtsordnung

(1) Auf das Verfahren vor dem Staatsgerichtshof sind die §§ 17, 17a, 18, 19 Abs. 2 und 3, die §§ 21 bis 24, 25 Abs. 1, 3 und 4, § 25a Satz 1, die §§ 26, 27a, 28 Abs. 2, die §§ 29, 30, 31 Abs. 1, § 32 Abs. 1 bis 6 sowie die §§ 33 und 35 BVerfGG entsprechend anzuwenden.

(2) Für Zustellungen gelten die Vorschriften der Verwaltungsgerichtsordnung (VwGO) entsprechend.

§ 13 Ablehnung wegen Besorgnis der Befangenheit

[1]§ 19 Abs. 1 BVerfGG gilt entsprechend mit der Maßgabe, daß bei der Entscheidung über die Ablehnung eine Vertretung nicht stattfindet. [2]Eine Vertretung findet statt, wenn alle Mitglieder oder die zur Beschlußfähigkeit nach § 9 Abs. 2 erforderliche Anzahl der Mitglieder wegen Besorgnis der Befangenheit abgelehnt werden. [3]An der Entscheidung in der Sache wirkt an Stelle des abgelehnten Mitglieds das stellvertretende Mitglied mit.

§ 14 Recht der Akteneinsicht

(1) Die Beteiligten haben das Recht der Akteneinsicht.

(2) [1]Über die Akteneinsicht entscheidet die Vorsitzende oder der Vorsitzende. [2]Gegen die Entscheidung kann der Staatsgerichtshof angerufen werden. [3]Er entscheidet durch Beschluß.

(3) Für außerhalb des Verfahrens gestellte Anträge auf Auskunft aus oder Einsicht in Akten des Staatsgerichtshofs gelten die §§ 35a und 35b Abs. 1 bis 4 BVerfGG entsprechend.

§ 15 Äußerungsberechtigte

Der Staatsgerichtshof gibt dem Landtag und der Landesregierung Gelegenheit zur Äußerung binnen einer von ihm zu bestimmenden angemessenen Frist.

§ 16 Mündliche Verhandlung, Urteil, Beschluß

Die Entscheidung auf Grund mündlicher Verhandlung ergeht als Urteil, die Entscheidung ohne mündliche Verhandlung ergeht als Beschluß, soweit dieses Gesetz nicht etwas anderes bestimmt.

§ 17 Rechts- und Amtshilfe

[1]Gerichte und Behörden haben dem Staatsgerichtshof Rechts- und Amtshilfe zu leisten. [2]§ 99 Abs. 1 und 2 Sätze 1 und 2 VwGO gilt entsprechend.

§ 18 Zeuginnen und Zeugen, Sachverständige
Für die Vernehmung von Zeuginnen und Zeugen sowie Sachverständigen gelten in den Verfahren nach § 8 Nrn. 2 und 3 die Vorschriften der Strafprozeßordnung, in den übrigen Fällen die Vorschriften der Zivilprozeßordnung entsprechend.

§ 19 Verbindlichkeit der Entscheidung
[1]Die Entscheidungen des Staatsgerichtshofs haben in den Fällen des § 8 Nrn. 8 bis 10 Gesetzeskraft. [2]Die Entscheidungsformel ist im Niedersächsischen Gesetz- und Verordnungsblatt zu veröffentlichen.

§ 20 Einstweilige Anordnungen
[1]§ 32 Abs. 7 BVerfGG gilt entsprechend mit der Maßgabe, daß der Staatsgerichtshof die einstweilige Anordnung bei besonderer Dringlichkeit erlassen kann, wenn mindestens drei Mitglieder, die die Befähigung zum Richteramt nach dem Deutschen Richtergesetz besitzen, anwesend sind und der Beschluß einstimmig gefaßt wird. [2]Sie tritt nach einem Monat außer Kraft. [3]Wird sie durch den Staatsgerichtshof bestätigt, so tritt sie sechs Monate nach ihrem Erlaß außer Kraft.

§ 21 Kosten und Auslagen
(1) Das Verfahren vor dem Staatsgerichtshof ist kostenfrei.

(2) [1]Erweist sich die Anklage in den Verfahren nach § 8 Nrn. 2 und 3 als unbegründet, so sind der Betroffenen oder dem Betroffenen die notwendigen Auslagen einschließlich der Kosten der Verteidigung zu ersetzen. [2]Im übrigen werden Auslagen nicht erstattet.

Dritter Teil
Besondere Verfahrensvorschriften

Erster Abschnitt
Verfahren in den Fällen des § 8 Nr. 1 (Wahlprüfungs- oder Feststellungsverfahren)

§ 22 Beschwerdeverfahren
(1) Gegen die Entscheidung des Landtages im Wahlprüfungs- oder Feststellungsverfahren nach dem Wahlprüfungsgesetz ist binnen eines Monats seit der Zustellung des Beschlusses die Beschwerde beim Staatsgerichtshof zulässig.

(2) Die Beschwerde kann erheben, wer Einspruch nach § 2 des Wahlprüfungsgesetzes eingelegt oder einen Antrag nach § 18 des Wahlprüfungsgesetzes gestellt hat und mit dem Einspruch oder dem Antrag abgewiesen worden ist, sowie ein Mitglied des Landtages, dessen Mitgliedschaft bestritten ist.

(3) § 48 Abs. 2 und 3 BVerfGG gilt entsprechend.

Zweiter Abschnitt
Verfahren in den Fällen des § 8 Nrn. 2 und 3 (Anklage gegen ein Mitglied des Landtages oder der Landesregierung)

§ 23 Anklage
(1) Die Anklage des Landtages nach Artikel 17 Abs. 1 und Artikel 40 Abs. 1 der Niedersächsischen Verfassung gegen ein Mitglied des Landtages oder der Landesregierung wird durch Einreichung einer Anklageschrift beim Staatsgerichtshof erhoben.

(2) [1]Die Präsidentin oder der Präsident des Landtages fertigt auf Grund des Landtagsbeschlusses binnen eines Monats die Anklageschrift und übersendet sie dem Staatsgerichtshof. [2]§ 49 Abs. 3 BVerfGG gilt entsprechend.

(3) Die Anklage kann nur binnen sechs Monaten, nachdem der Antrag auf Anklageerhebung im Landtag gestellt worden ist, erhoben werden.

(4) Die Anklage wird von einer Beauftragten oder einem Beauftragten des Landtages vor dem Staatsgerichtshof vertreten.

§ 24 Durchführung des Verfahrens, Rücknahme der Anklage

(1) Die Einleitung und Durchführung des Verfahrens werden
1. durch die Auflösung des Landtages oder den Ablauf der Wahlperiode,
2. bei der Anklage gegen ein Mitglied des Landtages durch die Ungültigkeit seiner Wahl oder durch den Verlust der Mitgliedschaft im Landtag,
3. bei der Anklage gegen ein Mitglied der Landesregierung durch sein Ausscheiden aus der Landesregierung

nicht berührt.

(2) § 55 BVerfGG gilt entsprechend.

(3) [1]Der Landtag kann die Anklage bis zur Verkündung des Urteils auf Grund eines Beschlusses, der der Zustimmung von zwei Dritteln der Mitglieder des Landtages bedarf, zurücknehmen. [2]Die Präsidentin oder der Präsident des Landtages übersendet dazu dem Staatsgerichtshof eine Ausfertigung des Beschlusses.

(4) [1]Der Staatsgerichtshof teilt der Betroffenen oder dem Betroffenen den Eingang des Rücknahmebeschlusses mit. [2]Widerspricht sie oder er innerhalb eines Monats nach Erhalt dieser Mitteilung schriftlich gegenüber dem Staatsgerichtshof, so ist die Zurücknahme der Anklage unwirksam.

§ 25 Entscheidung

(1) In einem Urteil gegen ein Mitglied des Landtages stellt der Staatsgerichtshof fest, ob es seine Stellung als Mitglied des Landtages gewinnsüchtig mißbraucht hat.

(2) [1]In einem Urteil gegen ein Mitglied der Landesregierung stellt der Staatsgerichtshof fest, ob es in Ausübung des Amtes vorsätzlich die Verfassung oder ein Gesetz verletzt hat. [2]Erklärt der Staatsgerichtshof ein Mitglied der Landesregierung seines Amtes für verlustig, so tritt der Amtsverlust mit der Verkündung des Urteils ein.

Dritter Abschnitt

Verfahren in den Fällen des § 8 Nr. 4 (Antrag eines Mitglieds der Landesregierung)

§ 26 Antragsschrift, Verfahren

(1) [1]Der Antrag wird von dem Mitglied der Landesregierung durch Einreichung einer Antragsschrift beim Staatsgerichtshof gestellt, der eine Ausfertigung des Zustimmungsbeschlusses der Landesregierung beizufügen ist. [2]Die Antragsschrift muß die Handlung oder Unterlassung, die dem Mitglied der Landesregierung in der Öffentlichkeit vorgeworfen worden ist, sowie die Rechtsvorschrift, die in Ausübung des Amtes vorsätzlich verletzt worden sein soll, bezeichnen. [3]Der Antrag kann bis zur Verkündung des Urteils zurückgenommen werden.

(2) Im übrigen finden § 24 Abs. 1 und 2 sowie § 25 Abs. 2 entsprechende Anwendung.

Vierter Abschnitt

Verfahren in den Fällen des § 8 Nr. 5 (Prüfung des Untersuchungsauftrages)

§ 27 Vorlage

[1]In dem Verfahren nach Artikel 27 Abs. 7 der Niedersächsischen Verfassung hat das vorlegende Gericht die Vorlage zu begründen und dabei anzugeben, inwiefern seine Entscheidung von der Verfassungsmäßigkeit des Untersuchungsauftrages abhängig ist und mit welcher Vorschrift der Verfassung dieser unvereinbar sein soll. [2]Die Akten sind beizufügen.

§ 28 Äußerungsberechtigte

Unbeschadet des § 15 gibt der Staatsgerichtshof auch den Beteiligten des Verfahrens vor dem Gericht, das das Verfahren ausgesetzt hat, sowie den Mitgliedern des Landtages, auf deren Antrag der Untersuchungsausschuß eingesetzt worden ist, Gelegenheit zur Äußerung und lädt sie zur mündlichen Verhandlung.

§ 29 Entscheidung

Der Staatsgerichtshof entscheidet, ob der einem Ausschuß aufgegebene Untersuchungsauftrag mit der Verfassung vereinbar ist.

Fünfter Abschnitt

Verfahren in den Fällen des § 8 Nr. 6 (Organstreitigkeiten)

§ 30 Verfahren

In dem Verfahren nach Artikel 54 Nr. 1 der Niedersächsischen Verfassung gelten § 64 Abs. 1 bis 3 und die §§ 65, 66 und 67 BVerfGG entsprechend.

Sechster Abschnitt

Verfahren in den Fällen des § 8 Nr. 7 (Streitigkeiten bei der Durchführung von Volksinitiativen, Volksbegehren oder Volksentscheiden)

§ 31 Antragsbefugnis, Fristen

(1) In dem Verfahren nach Artikel 54 Nr. 2 der Niedersächsischen Verfassung sind antragsbefugt:

1. die Antragstellerinnen und Antragsteller, die sich durch ihre nach Maßgabe des Niedersächsischen Volksabstimmungsgesetzes zu benennenden Vertreterinnen und Vertreter vertreten lassen müssen,
2. die Landesregierung,
3. ein Fünftel der Mitglieder des Landtages.

(2) [1]Der Antrag auf Entscheidung des Staatsgerichtshofs ist binnen eines Monats nach der Bekanntgabe der Entscheidung oder nach der Kenntnis von der Unterlassung des Verfassungsorgans beim Staatsgerichtshof zulässig. [2]Der Antrag gegen ein durch Volksentscheid zustande gekommenes Gesetz ist binnen eines Monats nach der Verkündung des Gesetzes im Niedersächsischen Gesetz- und Verordnungsblatt beim Staatsgerichtshof zu erheben. [3]Er ist unbeschadet der Rüge der Nichtigkeit der Rechtsvorschrift (§ 8 Nr. 8) und der Vorlage eines Gerichts (§ 8 Nr. 9) zulässig.

§ 32 Äußerungs- und Beitrittsberechtigte

[1]Unbeschadet des § 15 gibt der Staatsgerichtshof auch den Antragstellerinnen und Antragstellern, die sich durch ihre nach Maßgabe des Niedersächsischen Volksabstimmungsgesetzes zu benennenden Vertreterinnen und Vertreter vertreten lassen müssen, Gelegenheit zur Äußerung und lädt sie zur mündlichen Verhandlung. [2]Landtag und Landesregierung können in jeder Lage des Verfahrens beitreten.

Siebenter Abschnitt

Verfahren in den Fällen des § 8 Nr. 8 (abstrakte Normenkontrolle)

§ 33 Antrag

In dem Verfahren nach Artikel 54 Nr. 3 der Niedersächsischen Verfassung ist das Landesrecht zu bezeichnen, über dessen förmliche oder sachliche Vereinbarkeit mit der Verfassung es Meinungsverschiedenheiten oder Zweifel gibt.

§ 34 Entscheidung

(1) [1]Kommt der Staatsgerichtshof zu der Überzeugung, daß das Landesrecht mit der Verfassung unvereinbar ist, so stellt er in seiner Entscheidung die Nichtigkeit der betreffenden Vorschrift fest. [2]Sind weitere Vorschriften des gleichen Gesetzes aus denselben Gründen mit der Verfassung unvereinbar, so kann sie der Staatsgerichtshof gleichfalls für nichtig erklären.

(2) [1]Gegen ein rechtskräftiges Strafurteil, das auf einer mit der Verfassung für unvereinbar oder nach Absatz 1 für nichtig erklärten Norm oder auf der Auslegung einer Norm beruht, die vom Staatsgerichtshof für unvereinbar mit der Verfassung erklärt worden ist, ist die Wiederaufnahme des Verfahrens nach den Vorschriften der Strafprozeßordnung zulässig. [2]Im übrigen bleiben, vorbehaltlich einer besonderen Rechtsvorschrift, die nicht mehr anfechtbaren Entscheidungen, die auf einer gemäß Absatz 1 für nichtig erklärten Norm beruhen, unberührt. [3]Die Vollstreckung aus einer solchen Entscheidung ist unzulässig. [4]Soweit die Zwangsvollstreckung nach den Vorschriften der Zivilprozeßordnung durchzuführen ist, gilt § 767 der Zivilprozeßordnung entsprechend. [5]Ansprüche aus ungerechtfertigter Bereicherung sind ausgeschlossen.

Achter Abschnitt
Verfahren in den Fällen des § 8 Nr. 9 (konkrete Normenkontrolle)

§ 35 Vorlage, Verfahren, Entscheidung
(1) [1]In dem Verfahren nach Artikel 54 Nr. 4 der Niedersächsischen Verfassung über die Vereinbarkeit eines Landesgesetzes mit der Verfassung hat das vorlegende Gericht die Vorlage zu begründen und dabei anzugeben, inwiefern seine Entscheidung von der Gültigkeit der Rechtsvorschrift abhängig ist und mit welcher Vorschrift der Verfassung sie unvereinbar sein soll. [2]Die Akten sind beizufügen.
(2) Unbeschadet des § 15 gibt der Staatsgerichtshof auch den Beteiligten des Verfahrens vor dem Gericht, das das Verfahren ausgesetzt hat, Gelegenheit zur Äußerung und lädt sie zur mündlichen Verhandlung.
(3) Der Landtag und die Landesregierung können in jeder Lage des Verfahrens beitreten.
(4) § 34 gilt entsprechend.

Neunter Abschnitt
Verfahren in den Fällen des § 8 Nr. 10 (kommunale Verfassungsbeschwerde)

§ 36 Antrag, Verfahren, Entscheidung
(1) [1]In dem Verfahren nach Artikel 54 Nr. 5 der Niedersächsischen Verfassung können Gemeinden und Gemeindeverbände die Verfassungsbeschwerde mit der Behauptung erheben, daß ein Landesgesetz ihr Recht auf kommunale Selbstverwaltung verletzt. [2]Die Beteiligten können sich durch ihre Bediensteten vertreten lassen, soweit diese die Befähigung zum Richteramt nach dem Deutschen Richtergesetz besitzen.
(2) Die Verfassungsbeschwerde ist nur innerhalb von zwei Jahren seit dem Inkrafttreten des Gesetzes zulässig.
(3) In Verfahren auf Grund einer Verfassungsbeschwerde gegen Änderungen des Gebietes von Gemeinden oder Gemeindeverbänden gibt der Staatsgerichtshof unbeschadet des § 15 auch denjenigen Gemeinden oder Gemeindeverbänden Gelegenheit zur Äußerung, deren Gebietsstand durch die Entscheidung über die Verfassungsbeschwerde berührt werden kann, und lädt sie zur mündlichen Verhandlung.
(4) Im übrigen gelten die §§ 34 und 35 Abs. 3 entsprechend.

Zehnter Abschnitt
Verfahren in den Fällen des § 8 Nr. 11
(Beschwerde gegen die Nichtanerkennung als Partei zur Landtagswahl)

§ 36a Beschwerdeverfahren, Entscheidung
(1) [1]In dem Verfahren nach § 8 Nr. 11 sind Vereinigungen beschwerdeberechtigt, denen die Anerkennung als wahlvorschlagsberechtigte Partei nach § 16 Abs. 2 des Niedersächsischen Landeswahlgesetzes (NLWG) versagt wurde. [2]Das Verfahren nach Satz 1 ist nicht statthaft in den Fällen einer Neuwahl nach der Auflösung des Landtages.
(2) Die Beschwerde ist binnen einer Frist von vier Tagen nach Bekanntgabe der Entscheidung in der Sitzung des Landeswahlausschusses nach § 16 Abs. 2 NLWG zu erheben und zu begründen.
(3) Abweichend von § 12 Abs. 1 findet § 32 BVerfGG keine Anwendung.
(4) Dem Landeswahlausschuss ist Gelegenheit zur Äußerung zu geben.
(5) Der Staatsgerichtshof kann ohne Durchführung einer mündlichen Verhandlung entscheiden.
(6) [1]Der Staatsgerichtshof kann seine Entscheidung ohne Begründung bekannt geben. [2]In diesem Fall ist die Begründung der Beschwerdeführerin und dem Landeswahlausschuss gesondert zu übermitteln.

Vierter Teil
Schlußvorschriften

§ 37 ***[nicht wiedergegebene Änderungsvorschriften]***

§ 38 ***[aufgehoben]***

§ 39 Inkrafttreten, Außerkrafttreten

(1) Dieses Gesetz tritt am Tage nach seiner Verkündung[1)] in Kraft.

(2) Gleichzeitig tritt das Gesetz über den Staatsgerichtshof vom 31. März 1955 (Nds. GVBl. Sb. I S. 17), zuletzt geändert durch Artikel II des Gesetzes vom 12. Juni 1981 (Nds. GVBl. S. 125), außer Kraft.

1) Verkündet am 10.7.1996.

Niedersächsisches Verwaltungsverfahrensgesetz (NVwVfG)

Vom 3. Dezember 1976 (Nds. GVBl. S. 311)
(GVBl. Sb 20210 02)

zuletzt geändert durch Art. 2 G zur Änd. des VerwaltungsvollstreckungsG und weiterer Gesetze vom 22. September 2022 (Nds. GVBl. S. 589)

Der Niedersächsische Landtag hat das folgende Gesetz beschlossen, das hiermit verkündet wird:

§ 1 [Anwendungsbereich]

(1) Für die öffentlich-rechtliche Verwaltungstätigkeit der Behörden des Landes, der Kommunen und der sonstigen der Aufsicht des Landes unterstehenden Körperschaften, Anstalten und Stiftungen des öffentlichen Rechts gelten die Vorschriften des Verwaltungsverfahrensgesetzes mit Ausnahme der §§ 1, 2, 61 Abs. 2, §§ 78, 94 und §§ 100 bis 101 sowie die Vorschriften dieses Gesetzes.

(2) Das Verwaltungsverfahrensgesetz und dieses Gesetz finden nur Anwendung, soweit nicht Rechtsvorschriften des Landes inhaltsgleiche oder entgegenstehende Bestimmungen enthalten.

(3) Das jeweilige Fachministerium wird ermächtigt, für seinen Geschäftsbereich durch Verordnung

1. festzulegen, dass in bestimmten Verfahren über einzelne Gegenstände Versicherungen an Eides statt nach § 27 des Verwaltungsverfahrensgesetzes abgenommen werden können, und
2. die für die Abnahme der Versicherung zuständigen Behörden zu bestimmen.

(4) Behörde im Sinne dieses Gesetzes ist jede Stelle, die Aufgaben der öffentlichen Verwaltung wahrnimmt.

§ 2 [Ausnahme vom Anwendungsbereich]

(1) Dieses Gesetz gilt nicht für die Tätigkeit der Kirchen, der Religionsgesellschaften und Weltanschauungsgemeinschaften sowie ihrer Verbände und Einrichtungen.

(2) Dieses Gesetz gilt ferner nicht für

1. Verwaltungsverfahren, soweit in ihnen Rechtsvorschriften der Abgabenordnung anzuwenden sind,
2. die Strafverfolgung, die Verfolgung und Ahndung von Ordnungswidrigkeiten, die Rechtshilfe für das Ausland in Straf- und Zivilsachen und, unbeschadet des § 80 Abs. 4 des Verwaltungsverfahrensgesetzes, für Maßnahmen des Richterdienstrechts,
3. Verfahren nach dem Sozialgesetzbuch,
4. das Recht des Lastenausgleichs,
5. das Recht der Wiedergutmachung.

(3) Für die Tätigkeit

1. der Gerichtsverwaltungen und der Behörden der Justizverwaltung einschließlich der ihrer Aufsicht unterliegenden Körperschaften des öffentlichen Rechts gilt dieses Gesetz nur, soweit die Tätigkeit der Nachprüfung im Verfahren vor den Gerichten der Verwaltungsgerichtsbarkeit unterliegt;
2. der Behörden bei Leistungs-, Eignungs- und ähnlichen Prüfungen von Personen gelten nur die §§ 3a bis 13, 20 bis 27, 29 bis 38, 40 bis 52, 79, 80 und 96 des Verwaltungsverfahrensgesetzes;
3. der Schulen bei der Anwendung des Niedersächsischen Schulgesetzes und der auf diesem Gesetz beruhenden Rechtsvorschriften gelten nur die §§ 3a bis 13, 21 bis 27, 29 bis 38, 40 bis 52, 79, 80 und 96 des Verwaltungsverfahrensgesetzes;
4. der Hochschulen, der Stiftungen, die Träger einer Hochschule sind, und des zuständigen Ministeriums bei der Besetzung von Stellen für wissenschaftliches und künstlerisches Personal an Hochschulen einschließlich Berufungsverfahren bezieht sich das Akteneinsichtsrecht (§ 29 des Verwaltungsverfahrensgesetzes) nicht auf die Gutachten von Professorinnen und Professoren und anderen Sachverständigen, die über die fachliche Eignung der von der Hochschule vorgeschlagenen oder eingestellten Bewerberinnen und Bewerber abgegeben werden, und nicht auf Aktenteile, in denen der Inhalt solcher Gutachten ganz oder teilweise wiedergegeben wird.

§ 2a [Zusätzlicher Anwendungsbereich]

Ergänzend zu § 3a Abs. 2 des Verwaltungsverfahrensgesetzes gilt, wenn nicht Bundesrecht ausgeführt wird, für die Ersetzung einer durch Rechtsvorschrift angeordneten Schriftform § 8 Abs. 6 Satz 2 des Onlinezugangsgesetzes (OZG) entsprechend.

§ 3 [Zur Beglaubigung von Dokumenten nach § 33 Abs. 1]

Zur Beglaubigung von Dokumenten nach § 33 Abs. 1 Satz 2 und Abs. 4 des Verwaltungsverfahrensgesetzes sowie von Unterschriften und Handzeichen nach § 34 Abs. 1 Satz 1 und Abs. 4 des Verwaltungsverfahrensgesetzes sind befugt

1. die Kommunen und
2. jede Behörde im Rahmen ihrer sachlichen Zuständigkeit.

§ 3a [Ausnahme]

Abweichend von § 41 Abs. 2a des Verwaltungsverfahrensgesetzes gilt für die Bekanntgabe eines elektronischen Verwaltungsakts über ein Nutzerkonto gemäß § 2 Abs. 5 OZG, wenn nicht Bundesrecht ausgeführt wird, § 9 Abs. 1 OZG entsprechend.

§ 4 [Verwaltungsvollstreckung]

[1]Öffentlich-rechtliche Verträge im Sinne des § 61 Abs. 1 Satz 1 des Verwaltungsverfahrensgesetzes werden nach dem Niedersächsischen Verwaltungsvollstreckungsgesetz vollstreckt. [2]Will eine natürliche oder juristische Person des Privatrechts oder eine nichtrechtsfähige Vereinigung die Vollstreckung wegen einer Geldforderung betreiben, so ist § 170 Abs. 1 bis 3 der Verwaltungsgerichtsordnung entsprechend anzuwenden. [3]Richtet sich die Vollstreckung wegen der Erzwingung einer Handlung, Duldung oder Unterlassung gegen eine Behörde, so ist § 172 der Verwaltungsgerichtsordnung entsprechend anzuwenden.

§ 5 [Planfeststellungen]

Für Planfeststellungen, die auf Grund landesrechtlicher Vorschriften durchgeführt werden, gelten die Rechtswirkungen des § 75 Abs. 1 Satz 1 des Verwaltungsverfahrensgesetzes auch gegenüber nach Bundesrecht notwendigen Entscheidungen.

§ 6 [Planfeststellungsverfahren]

(1) Treffen mehrere selbständige Vorhaben, für deren Durchführung Planfeststellungsverfahren vorgeschrieben sind, derart zusammen, daß für diese Vorhaben oder für Teile von ihnen nur eine einheitliche Entscheidung möglich ist, so findet für diese Vorhaben oder für deren Teile nur ein Planfeststellungsverfahren statt.

(2) [1]Zuständigkeiten und Verfahren richten sich nach den Rechtsvorschriften über das Planfeststellungsverfahren, das für diejenige Anlage vorgeschrieben ist, die einen größeren Kreis öffentlich-rechtlicher Beziehungen berührt. [2]Bestehen Zweifel, welche Rechtsvorschrift anzuwenden ist, so entscheiden, falls nach den in Betracht kommenden Rechtsvorschriften mehrere Behörden in den Geschäftsbereichen mehrerer oberster Landesbehörden zuständig sind, die obersten Landesbehörden gemeinsam, sonst entscheidet die gemeinsame Aufsichtsbehörde.

§ 7 [Aufgabenwahrnehmung durch Samtgemeinden]

Aufgaben, die den Gemeinden nach § 1 Abs. 1 dieses Gesetzes in Verbindung mit den §§ 73 und 74 des Verwaltungsverfahrensgesetzes obliegen, werden von den Samtgemeinden wahrgenommen.

§ 8 [Inkrafttreten]

Dieses Gesetz tritt am 1. Januar 1977 in Kraft.

Niedersächsisches Verwaltungszustellungsgesetz (NVwZG)[1)]

Vom 23. Februar 2006 (Nds. GVBl. S. 72)
(GVBl. Sb 20210)

§ 1 [Anwendungsbereich]

(1) Auf das Zustellungsverfahren der Behörden des Landes Niedersachsen sowie der unter der Aufsicht des Landes stehenden Körperschaften, Anstalten und Stiftungen des öffentlichen Rechts finden die Vorschriften der §§ 2 bis 10 des Verwaltungszustellungsgesetzes vom 12. August 2005 (BGBl. I S. 2354) in der jeweils geltenden Fassung Anwendung.

(2) [1]Absatz 1 gilt nicht für die Zustellungen der Justizbehörden mit Ausnahme des Landesjustizprüfungsamtes. [2]Auf deren Zustellungen finden die Vorschriften der Zivilprozessordnungüber die Zustellung von Amts wegen Anwendung, soweit keine besonderen Vorschriften bestehen.

§ 2 [Zustellung]

Zugestellt wird, soweit dies durch Rechtsvorschrift oder behördliche Anordnung bestimmt ist.

1) Verkündet als Art. 1 G v. 23. 2. 2006 (Nds. GVBl. S. 72); Inkrafttreten gem. Art. 3 Abs. 1 dieses G am 1. 3. 2006.

Niedersächsisches Verwaltungsvollstreckungsgesetz (NVwVG)

In der Fassung vom 14. November 2019[1)] (Nds. GVBl. S. 316)
(VORIS 20210 03)
zuletzt geändert durch Art. 1 ÄndG vom 22. September 2022 (Nds. GVBl. S. 589)

Inhaltsübersicht

1) Neubekanntmachung des VerwaltungsvollstreckungsG v. 4.7.2011 (Nds.GVBl. S. 238) in der ab 1.10.2019 geltenden Fassung.

§ 1 Geltungsbereich

(1) Dieses Gesetz regelt die Vollstreckung von Ansprüchen des Landes, einer Kommune oder einer sonstigen der Aufsicht des Landes unterstehenden Körperschaft, Anstalt oder Stiftung des öffentlichen Rechts aus

1. Vollstreckungsurkunden (§ 2 Abs. 1 bis 4) über Geldforderungen,
2. Verwaltungsakten und öffentlich-rechtlichen Verträgen, soweit sich daraus Verpflichtungen zur Vornahme einer Handlung, zur Duldung oder zur Unterlassung ergeben (§§ 70 bis 72).

(2) Die Vorschriften dieses Gesetzes über die Vollstreckung wegen Geldforderungen gelten auch,

1. soweit die Länder in Bundesgesetzen ermächtigt sind zu bestimmen, dass für die Vollstreckung wegen Geldforderungen die landesrechtlichen Vorschriften anzuwenden sind,
2. wenn ein Gericht eine Vollstreckungsbehörde zur Ausführung einer Vollstreckung wegen einer Geldforderung in Anspruch nimmt und die Vollstreckung nach landesrechtlichen Vorschriften durchzuführen ist.

Erster Teil
Vollstreckung wegen Geldforderungen

Erster Abschnitt
Allgemeine Vorschriften

§ 2 Vollstreckungsurkunden, Vollstreckungsschuldnerin, Vollstreckungsschuldner

(1) [1]Ein Verwaltungsakt, der zu einer Geldleistung verpflichtet (Leistungsbescheid), wird nach den Vorschriften dieses Teils vollstreckt. [2]Dasselbe gilt für einen Bescheid, der zur Duldung der Vollstreckung wegen einer Geldforderung verpflichtet.

(1a) [1]Wer kraft Gesetzes für eine durch Leistungsbescheid festsetzbare Geldleistung haftet, kann durch Leistungsbescheid in Anspruch genommen werden. [2]Zuständig ist die für die Festsetzung der Geldleistung zuständige Behörde.

(2) Die Vorschriften dieses Teils gelten auch für die Vollstreckung von Geldforderungen, welche sich aus den folgenden Vollstreckungsurkunden ergeben:

1. Erklärung einer Person, die aufgrund einer Rechtsvorschrift eine von ihr zu erbringende Geldleistung selbst zu berechnen hat,
2. Beitragsnachweis einer Arbeitgeberin oder eines Arbeitgebers nach § 28f Abs. 3 des Vierten Buchs des Sozialgesetzbuchs,
3. öffentlich-rechtlicher Vertrag, soweit sich darin die Schuldnerin oder der Schuldner der sofortigen Vollstreckung wegen einer Geldleistung unterworfen hat,
4. Zahlungsaufforderung wegen einer privatrechtlichen Geldforderung, wenn durch Verordnung nach Absatz 3 zugelassen ist, dass solche Geldforderungen im Verwaltungsvollstreckungsverfahren vollstreckt werden dürfen,
5. Tabelle nach § 175 Abs. 1 der Insolvenzordnung (InsO) wegen einer darin eingetragenen öffentlich-rechtlichen Forderung im Sinne des § 201 Abs. 2 Sätze 1 und 2 InsO,
6. andere Urkunden, deren Vollstreckung im Verwaltungsvollstreckungsverfahren durch Rechtsvorschrift des Landes besonders zugelassen ist.

(3) [1]Die Landesregierung wird ermächtigt, durch Verordnung zu bestimmen, welche privatrechtlichen Geldforderungen der in § 1 Abs. 1 genannten Stellen im Verwaltungsvollstreckungsverfahren vollstreckt werden können. [2]Die Geldforderungen müssen dadurch entstanden sein, dass Dritte
1. öffentliche Einrichtungen in Anspruch genommen haben,
2. aus öffentlichem Vermögen Nutzungen gezogen oder Früchte erworben haben oder
3. öffentliche Mittel für öffentlich geförderte, insbesondere soziale Zwecke in Anspruch genommen haben.

[3]Die Sätze 1 und 2 gelten nicht für Forderungen öffentlich-rechtlicher Versicherungsunternehmen, die am Wettbewerb teilnehmen, und für öffentlich-rechtliche Bank- und Kreditinstitute einschließlich der Sparkassen.

(4) [1]Vollstreckungsurkunde in den Fällen des § 1 Abs. 2 Nr. 1 ist, wenn das Bundesrecht keine andere Bestimmung trifft, ein Leistungsbescheid. [2]Vollstreckungsurkunde in den Fällen des § 1 Abs. 2 Nr. 2 ist die gerichtliche Entscheidung.

(5) Vollstreckungsschuldnerin oder Vollstreckungsschuldner ist
1. bei einem Leistungsbescheid die- oder derjenige, gegen die oder den der Leistungsbescheid gerichtet ist,
2. bei anderen Vollstreckungsurkunden die- oder derjenige, die oder der darin als zahlungspflichtig genannt wird,
3. bei einem Bescheid nach Absatz 1 Satz 2 die oder derjenige, die oder der zur Duldung der Vollstreckung verpflichtet ist.

§ 3 Voraussetzungen der Vollstreckung

(1) Die Vollstreckung darf erst beginnen, wenn
1. gegen den Leistungsbescheid oder gegen die andere Vollstreckungsurkunde kein Rechtsbehelf mit aufschiebender Wirkung eingelegt werden kann,
2. die Geldforderung fällig ist,
3. der Vollstreckungsschuldnerin oder dem Vollstreckungsschuldner die Vollstreckung durch eine Mahnung angedroht worden ist, es sei denn, dass diese nach § 4 nicht erforderlich ist, und
4. die in der Mahnung bestimmte Zahlungsfrist oder in den Fällen des § 4 Abs. 3 und 4 Nr. 1 drei Tage, gerechnet vom Zeitpunkt der Fälligkeit, verstrichen sind.

(2) Nebenforderungen wie Säumniszuschläge, Zinsen und Kosten können mit der Hauptforderung vollstreckt werden, wenn die Vollstreckung wegen der Hauptforderung eingeleitet und im Leistungsbescheid oder in der anderen Vollstreckungsurkunde auf diese Nebenforderungen dem Grunde nach hingewiesen worden ist.

(3) Einwendungen gegen die Rechtmäßigkeit eines Leistungsbescheids oder einer anderen Vollstreckungsurkunde sind, auch wenn diese nach Eintritt der Unanfechtbarkeit entstanden sind, außerhalb des Vollstreckungsverfahrens mit den hierfür gegebenen Rechtsbehelfen zu verfolgen.

§ 4 Mahnung

(1) [1]Die Vollstreckungsschuldnerin oder der Vollstreckungsschuldner ist unter Einräumung einer Zahlungsfrist von mindestens einer Woche zu mahnen. [2]Die Mahnung muss die Vollstreckungsbehörde bezeichnen.

(2) Die Mahnung ist erst nach Ablauf einer Woche seit der Fälligkeit der Geldforderung zulässig.

(3) Einer Mahnung bedarf es nicht, wenn

1. die Vollstreckungsschuldnerin oder der Vollstreckungsschuldner spätestens eine Woche vor Eintritt der Fälligkeit an die Zahlung erinnert wurde; die Erinnerung kann auch durch öffentliche Bekanntmachung allgemein erfolgen,
2. Tatsachen die Annahme rechtfertigen, dass
   a) der Erfolg der Vollstreckung durch die Mahnung gefährdet würde oder
   b) die Mahnung infolge eines in der Person der Vollstreckungsschuldnerin oder des Vollstreckungsschuldners liegenden Grundes dieser oder diesem nicht zur Kenntnis kommen wird,

   oder
3. in den Fällen des § 1 Abs. 2 eine Erinnerung oder Mahnung nach bundesrechtlichen Vorschriften erfolgt ist und die danach bestimmte Frist abgelaufen ist.

(4) Ohne Mahnung können vollstreckt werden

1. Zwangsgelder und Kosten einer Ersatzvornahme,
2. Nebenleistungen wie Säumniszuschläge, Zinsen und Kosten, wenn die Vollstreckung wegen der Hauptleistung eingeleitet worden ist.

§ 5 Vertretung des Vollstreckungsgläubigers

[1]Der Vollstreckungsgläubiger wird durch die Behörde vertreten, die den Leistungsbescheid erlassen hat oder die in der anderen Vollstreckungsurkunde genannt ist. [2]In den Fällen des § 2 Abs. 2 Nr. 1, 2 oder 5 vertritt diejenige Behörde den Vollstreckungsgläubiger, der gegenüber die Erklärung in der Vollstreckungsurkunde abzugeben war.

§ 6 Vollstreckungsbehörden

(1) Zur Vollstreckung wegen Geldforderungen sind die Kommunen, mit Ausnahme der Mitgliedsgemeinden von Samtgemeinden, und das Niedersächsische Landesamt für Bezüge und Versorgung befugt.

(2) Die Landesregierung wird ermächtigt, durch Verordnung weitere Landesbehörden und juristische Personen des öffentlichen Rechts, die der Aufsicht des Landes unterliegen, zu Vollstreckungsbehörden zu bestimmen, wenn sie für die Durchführung von Vollstreckungen geeignet erscheinen.

(3) Das Niedersächsische Landesamt für Bezüge und Versorgung und die durch Verordnung nach Absatz 2 bestimmten Landesbehörden sind im gesamten Landesgebiet zur Vollstreckung befugt.

§ 6a Gütliche und zügige Erledigung

Die Vollstreckungsbehörde soll in jeder Lage des Verfahrens auf eine gütliche und zügige Erledigung hinwirken.

§ 7 Vollstreckungshilfe

(1) [1]Die Vollstreckungsbehörden leisten niedersächsischen Behörden, die nicht selbst Vollstreckungsbehörde sind, Vollstreckungshilfe. [2]Die Vorschriften über Vollstreckungshilfe gelten entsprechend, wenn die Vollstreckungsbehörde aufgrund einer Rechtsvorschrift für den Vollstreckungsgläubiger tätig wird. [3]§ 5 Abs. 3 Nr. 1, Abs. 4 und 5 sowie die §§ 6 und 7 des Verwaltungsverfahrensgesetzes (VwVfG) gelten entsprechend. [4]Die ersuchende Behörde hat der Vollstreckungsbehörde zu bescheinigen, dass der Leistungsbescheid oder die sonstige Vollstreckungsurkunde vollstreckbar ist.

(2) Die Verpflichtung zur Amtshilfe zwischen Vollstreckungsbehörden bleibt unberührt.

(3) Die Vollstreckungshilfe ist für juristische Personen des öffentlichen Rechts, die der Aufsicht des Landes unterstehen, eine Aufgabe des eigenen Wirkungskreises.

(4) Für die Vollstreckung der Bescheide über rückständige Rundfunkgebühren oder Rundfunkbeiträge sind die Gemeinden zuständig.

§ 8 Vollstreckungsbeamtinnen und Vollstreckungsbeamte

(1) Die der Vollstreckungsbeamtin oder dem Vollstreckungsbeamten zugewiesenen Vollstreckungshandlungen führt die Vollstreckungsbehörde durch besonders bestellte Bedienstete aus.

(2) Die Vollstreckungsbeamtin oder der Vollstreckungsbeamte muss bei der Ausübung ihrer oder seiner Tätigkeit einen Dienstausweis mit sich führen und ihn auf Verlangen vorzeigen.

(3) [1]Der Vollstreckungsschuldnerin oder dem Vollstreckungsschuldner und Dritten gegenüber wird die Vollstreckungsbeamtin oder der Vollstreckungsbeamte durch schriftlichen oder elektronischen

Auftrag der Vollstreckungsbehörde zur Vollstreckung ermächtigt; der Auftrag ist vorzuzeigen. [2]Wird der schriftliche Auftrag mithilfe automatischer Einrichtungen erstellt, so genügt es, wenn er ein eingedrucktes Dienstsiegel und die Namensangabe der ausstellenden Person enthält.

(4) Die Vollstreckungsbeamtin oder der Vollstreckungsbeamte gilt als bevollmächtigt, Zahlungen oder sonstige Leistungen für den Vollstreckungsgläubiger in Empfang zu nehmen.

§ 8a Gerichtsvollzieherinnen und Gerichtsvollzieher

(1) Das Niedersächsische Landesamt für Bezüge und Versorgung kann Vollstreckungshandlungen auch durch Gerichtsvollzieherinnen oder Gerichtsvollzieher ausführen, soweit eigene Vollstreckungsbeamtinnen und Vollstreckungsbeamte nicht zur Verfügung stehen.

(2) [1]Die anderen Vollstreckungsbehörden können eine Vollstreckungshandlung, die der Vollstreckungsbeamtin oder dem Vollstreckungsbeamten zugewiesen ist, im Einzelfall durch Gerichtsvollzieherinnen oder Gerichtsvollzieher ausführen, wenn

1. vorübergehend nicht genügend eigene Vollstreckungsbeamtinnen und Vollstreckungsbeamte zur Verfügung stehen,
2. die Gerichtsvollzieherin oder der Gerichtsvollzieher nicht widerspricht und
3. das Amtsgericht zustimmt.

[2]Das Justizministerium kann auf Antrag zulassen, dass eine Vollstreckungsbehörde über den Einzelfall hinaus Vollstreckungshandlungen durch Gerichtsvollzieherinnen oder Gerichtsvollzieher ausführt.

(3) [1]Die Gerichtsvollzieherin oder der Gerichtsvollzieher wird durch schriftlichen Auftrag der Vollstreckungsbehörde ermächtigt, Vollstreckungshandlungen vorzunehmen und Zahlungen oder sonstige Leistungen für den Vollstreckungsgläubiger in Empfang zu nehmen. [2]Der Auftrag tritt an die Stelle der vollstreckbaren Ausfertigung des Schuldtitels. [3]Er muss eine Erklärung über Höhe, Grund und Vollstreckbarkeit der Geldforderung enthalten und die auszuführenden Vollstreckungshandlungen bezeichnen. [4]Der Auftrag ist bei der Gerichtsvollzieherin oder dem Gerichtsvollzieher als elektronisches Dokument einzureichen; für das elektronische Dokument und seine Übermittlung gelten § 130a Abs. 2 Satz 1 und Abs. 3 bis 6 der Zivilprozessordnung sowie die §§ 2 bis 9 der Elektronischer-Rechtsverkehr-Verordnung vom 24. November 2017 (BGBl. I S. 3803), geändert durch Verordnung vom 9. Februar 2018 (BGBl. I S. 200), in der jeweils geltenden Fassung entsprechend. [5]Ist die Einreichung als elektronisches Dokument aus technischen Gründen vorübergehend nicht möglich, so bleibt die Übermittlung als Schriftstück zulässig. [6]Die vorübergehende Unmöglichkeit ist bei der Ersatzeinreichung oder unverzüglich danach glaubhaft zu machen; auf Anforderung ist ein elektronisches Dokument nachzureichen. [7]Der Auftrag wird der Vollstreckungsschuldnerin oder dem Vollstreckungsschuldner nicht zugestellt und nicht ausgehändigt. [8]Er ist der Vollstreckungsschuldnerin oder dem Vollstreckungsschuldner durch die Gerichtsvollzieherin oder den Gerichtsvollzieher vorzuzeigen.

(4) [1]Die Gerichtsvollzieherin oder der Gerichtsvollzieher führt die Vollstreckungshandlungen, mit denen sie oder er beauftragt worden ist, nach den Vorschriften über die Zwangsvollstreckung in bürgerlichen Rechtsstreitigkeiten und den hierzu geltenden Kostenvorschriften durch. [2]Diese Vorschriften gelten auch für Rechtsbehelfe gegen die Maßnahmen der Gerichtsvollzieherin oder des Gerichtsvollziehers.

§ 9 Durchsuchen von Wohnungen und sonstigem Besitztum

(1) Soweit der Zweck der Vollstreckung es erfordert, darf die Vollstreckungsbeamtin oder der Vollstreckungsbeamte die Wohnung und das sonstige Besitztum der Vollstreckungsschuldnerin oder des Vollstreckungsschuldners durchsuchen sowie verschlossene Türen und Behältnisse öffnen oder öffnen lassen.

(2) [1]Die Wohnung darf ohne Einwilligung der Vollstreckungsschuldnerin oder des Vollstreckungsschuldners nur aufgrund einer Anordnung der Richterin oder des Richters bei dem Amtsgericht durchsucht werden, in dessen Bezirk die Durchsuchung erfolgen soll. [2]Dies gilt nicht bei Gefahr im Verzuge. [3]Die Anordnung nach Satz 1 ist bei der Vollstreckung vorzuzeigen.

(3) [1]Wenn die Vollstreckungsschuldnerin oder der Vollstreckungsschuldner in die Durchsuchung eingewilligt hat oder eine Durchsuchungsanordnung vorliegt oder entbehrlich ist, haben Personen, die Mitgewahrsam an der Wohnung der Vollstreckungsschuldnerin oder des Vollstreckungsschuldners haben, die Durchsuchung zu dulden. [2]Unbillige Härten gegenüber diesen Personen sind zu vermeiden.

(4) [1]Soweit der Zweck der Vollstreckung es erfordert, haben im Beisein der Vollstreckungsbeamtin oder des Vollstreckungsbeamten auch hinzugezogene Zeuginnen und Zeugen, Verwaltungsvollzugsbeamtinnen und Verwaltungsvollzugsbeamte (§ 50 des Niedersächsischen Polizei- und Ordnungsbehördengesetzes – NPOG –), Polizeibeamtinnen und Polizeibeamte sowie Personen, die sich durch einen schriftlichen Auftrag der Vollstreckungsbehörde ausweisen können, das Zutrittsrecht nach Absatz 1. [2]§ 8 Abs. 3 Satz 2 gilt entsprechend.

§ 10 Anwendung unmittelbaren Zwangs

(1) [1]Soweit der Zweck der Vollstreckung es erfordert, kann die Vollstreckungsbeamtin oder der Vollstreckungsbeamte unmittelbaren Zwang anwenden und hierzu die Polizei um Unterstützung ersuchen. [2]Die §§ 69 und 71 bis 75 NPOG gelten entsprechend mit der Maßgabe, dass nicht durch Waffen und Sprengmittel auf Personen eingewirkt werden darf.

(2) Hat die Vollstreckungsbehörde Verwaltungsvollzugsbeamtinnen oder Verwaltungsvollzugsbeamte (§ 50 NPOG) bestellt, so sind diese berechtigt, die Vollstreckungsbeamtin oder den Vollstreckungsbeamten im Rahmen ihrer Befugnisse zu unterstützen.

§ 11 Hinzuziehung von Zeuginnen und Zeugen

Wird der Vollstreckung Widerstand entgegengesetzt oder ist bei einer Vollstreckungshandlung in der Wohnung der Vollstreckungsschuldnerin oder des Vollstreckungsschuldners weder die Vollstreckungsschuldnerin oder der Vollstreckungsschuldner noch eine erwachsene Familienangehörige, ein erwachsener Familienangehöriger, eine in der Familie beschäftigte Person, eine erwachsene ständige Mitbewohnerin oder ein erwachsener ständiger Mitbewohner anwesend, so hat die Vollstreckungsbeamtin oder der Vollstreckungsbeamte mindestens eine erwachsene Zeugin oder einen erwachsenen Zeugen hinzuzuziehen.

§ 12 Vollstreckung zur Nachtzeit sowie an Sonn- und Feiertagen

[1]Zwischen 21 und 6 Uhr (Nachtzeit) sowie an Sonn- und Feiertagen darf eine Vollstreckungshandlung nicht vorgenommen werden, wenn dies für die Vollstreckungsschuldnerin oder den Vollstreckungsschuldner oder die Personen, die Mitgewahrsam haben, eine unbillige Härte darstellt oder der zu erwartende Erfolg in einem Missverhältnis zu dem Eingriff steht. [2]In Wohnungen darf eine Vollstreckungshandlung zur Nachtzeit sowie an Sonn- und Feiertagen nur mit besonderer richterlicher Anordnung vorgenommen werden. [3]Die Anordnung ist vorzuzeigen.

§ 13 Niederschrift

(1) Die Vollstreckungsbeamtin oder der Vollstreckungsbeamte hat über jede Vollstreckungshandlung eine Niederschrift aufzunehmen.

(2) Die Niederschrift muss enthalten:

1. Ort und Zeit der Aufnahme,
2. den Gegenstand der Vollstreckung unter Erwähnung der wesentlichen Vorgänge,
3. die Namen der Personen, mit denen verhandelt worden ist,
4. die Unterschrift der Personen zu Nummer 3 und die Bemerkung, dass nach Vorlesung oder Vorlegung zur Durchsicht und nach Genehmigung unterzeichnet worden sei,
5. die Unterschrift der Vollstreckungsbeamtin oder des Vollstreckungsbeamten.

(3) Konnte einem der Erfordernisse nach Absatz 2 Nr. 4 nicht genügt werden, so ist der Grund anzugeben.

(4) [1]Die Niederschrift kann elektronisch aufgenommen werden. [2]In diesem Fall gilt Absatz 2 Nr. 4 nicht und die Vollstreckungsbeamtin oder der Vollstreckungsbeamte hat die Niederschrift anstelle der Unterschrift nach Absatz 2 Nr. 5 mit einer fortgeschrittenen oder qualifizierten elektronischen Signatur im Sinne des Artikels 3 Nrn. 11 und 12 der Verordnung (EU) Nr. 910/2014 des Europäischen Parlaments und des Rates vom 23. Juli 2014 über elektronische Identifizierung und Vertrauensdienste für elektronische Transaktionen im Binnenmarkt und zur Aufhebung der Richtlinie 1999/93/EG (ABl. EU Nr. L 257 S. 73; 2015 Nr. L 23 S. 19; 2016 Nr. L 155 S. 44) zu versehen.

§ 14 Aufforderungen und Mitteilungen der Vollstreckungsbeamtin oder des Vollstreckungsbeamten

[1]Die Aufforderungen und die sonstigen Mitteilungen, die zu den Vollstreckungshandlungen gehören, sind von der Vollstreckungsbeamtin oder dem Vollstreckungsbeamten den erschienenen Beteiligten

mündlich bekannt zu geben und vollständig in die Niederschrift aufzunehmen. [2]Soweit die Beteiligten nicht erschienen sind, werden Aufforderungen und Mitteilungen durch Übersendung einer Abschrift der Niederschrift bekannt gegeben.

§ 15 Vollstreckung gegen eine Ehegattin, einen Ehegatten, eine Lebenspartnerin oder einen Lebenspartner

[1]Für die Vollstreckung gegen eine Ehegattin, einen Ehegatten, eine Lebenspartnerin oder einen Lebenspartner gilt § 739 der Zivilprozessordnung entsprechend. [2]Für die Vollstreckung gegen eine Ehegattin oder einen Ehegatten gelten auch die §§ 740, 741, 743 und 745 der Zivilprozessordnung entsprechend.

§ 16 Vollstreckung gegen Nießbraucher

Für die Vollstreckung in Gegenstände, die dem Nießbrauch an einem Vermögen unterliegen, gilt § 737 der Zivilprozessordnung entsprechend.

§ 17 Vollstreckung nach dem Tod der Vollstreckungsschuldnerin oder des Vollstreckungsschuldners

(1) Eine Vollstreckung, die vor dem Tod der Vollstreckungsschuldnerin oder des Vollstreckungsschuldners begonnen hatte, kann in den Nachlass fortgesetzt werden.

(2) [1]Ist bei einer Vollstreckungshandlung die Hinzuziehung der Vollstreckungsschuldnerin oder des Vollstreckungsschuldners erforderlich, so hat, wenn die Erbschaft noch nicht angenommen worden oder wenn die Erbin oder der Erbe unbekannt oder wenn es ungewiss ist, ob die Erbschaft angenommen worden ist, die Vollstreckungsbehörde der Erbin oder dem Erben eine einstweilige besondere Vertreterin oder einen einstweiligen besonderen Vertreter zu bestellen. [2]Die Bestellung hat zu unterbleiben, wenn eine Nachlasspflegerin oder ein Nachlasspfleger bestellt worden ist oder die Verwaltung des Nachlasses einer Testamentsvollstreckerin oder einem Testamentsvollstrecker zusteht.

§ 18 Vollstreckung gegen Erbinnen und Erben

(1) Für die Vollstreckung gegen Erbinnen und Erben gelten die §§ 747, 748, 778, 780 Abs. 2 und die §§ 781 bis 784 der Zivilprozessordnung entsprechend.

(2) [1]Einwendungen nach den §§ 781 bis 784 der Zivilprozessordnung kann die Erbin oder der Erbe im Streitfall durch Klage gegen den Vollstreckungsgläubiger vor dem ordentlichen Gericht, in dessen Bezirk vollstreckt wird, geltend machen. [2]Das Gericht kann vorläufige Maßnahmen in entsprechender Anwendung der §§ 769 und 770 der Zivilprozessordnung treffen.

§ 19 Sonstige Fälle beschränkter Haftung

[1]Auf die nach § 1489 des Bürgerlichen Gesetzbuches eintretende beschränkte Haftung sind die §§ 781 bis 784 der Zivilprozessordnung, auf die nach den §§ 1480, 1504 und 2187 des Bürgerlichen Gesetzbuchs eintretende beschränkte Haftung ist § 781 der Zivilprozessordnung entsprechend anzuwenden. [2]§ 18 Abs. 2 gilt entsprechend.

§ 20 Vollstreckung gegen Personenvereinigungen

[1]Für die Vollstreckung in das Vermögen nicht rechtsfähiger Personenvereinigungen genügt ein Leistungsbescheid gegen die Personenvereinigung oder eine andere Vollstreckungsurkunde, nach der die Personenvereinigung zahlungspflichtig ist. [2]Entsprechendes gilt für Zweckvermögen und sonstige einer juristischen Person ähnliche Gebilde.

§ 21 Vollstreckung gegen juristische Personen des öffentlichen Rechts

(1) [1]Die Vollstreckung gegen juristische Personen des öffentlichen Rechts ist zulässig, soweit diese dadurch nicht an der Erfüllung ihrer öffentlichen Aufgaben gehindert werden. [2]Der Vollstreckungsgläubiger hat seine Absicht, die Vollstreckung zu betreiben, der Aufsichtsbehörde der juristischen Person, gegen die sich die Vollstreckung richten soll, anzuzeigen, es sei denn, es handelt sich um die Verfolgung dinglicher Rechte. [3]Die Vollstreckung darf erst vier Wochen nach Zugang der Anzeige beginnen. [4]Die Vollstreckung ist unzulässig in Sachen, deren Veräußerung ein öffentliches Interesse entgegensteht.

(2) Für öffentlich-rechtliche Versicherungsunternehmen, die am Wettbewerb teilnehmen, und für öffentlich-rechtliche Bank- und Kreditinstitute einschließlich der Sparkassen gelten die Beschränkungen des Absatzes 1 nicht.

§ 21a Vermögensermittlung, Auskunftspflicht

(1) [1]Die Vollstreckungsbehörde kann zur Vorbereitung der Vollstreckung wegen einer Geldforderung die Vermögens- und Einkommensverhältnisse der Vollstreckungsschuldnerin oder des Vollstreckungsschuldners ermitteln und zu diesem Zweck auch Meldedaten bei der Meldebehörde erheben. [2]Sie darf ihr bekannte Daten aus Steuerverfahren, auf die § 30 der Abgabenordnung (AO) keine oder lediglich aufgrund landesrechtlicher Anordnung entsprechende Anwendung findet, zur Vollstreckung wegen anderer Geldleistungen als Steuern und steuerlicher Nebenleistungen verwenden.

(2) [1]Die Vollstreckungsschuldnerin oder der Vollstreckungsschuldner, die sonstigen Beteiligten und andere Personen sind verpflichtet, Auskunft zur Ermittlung der in Absatz 1 Satz 1 genannten Verhältnisse zu erteilen; § 65 VwVfG gilt entsprechend. [2]Die Auskunftspflicht nach Satz 1 besteht auch für nicht rechtsfähige Vereinigungen, Vermögensmassen, Behörden und Betriebe gewerblicher Art der Körperschaften des öffentlichen Rechts; § 34 und § 79 Abs. 1 Nrn. 3 und 4 AO gelten entsprechend. [3]Von den sonstigen Beteiligten und anderen Personen soll eine Auskunft erst verlangt werden, wenn die Sachverhaltsaufklärung durch die Vollstreckungsschuldnerin oder den Vollstreckungsschuldner nicht zum Ziel geführt hat oder keinen Erfolg verspricht. [4]In dem Auskunftsersuchen ist anzugeben, worüber Auskunft erteilt werden soll. [5]Auskunftsersuchen sind auf Verlangen der oder des Auskunftspflichtigen schriftlich zu stellen.

§ 21b Ermittlung des Aufenthaltsortes der Vollstreckungsschuldnerin und des Vollstreckungsschuldners

(1) Ist der Wohnsitz oder gewöhnliche Aufenthaltsort der Vollstreckungsschuldnerin oder des Vollstreckungsschuldners nicht durch Anfrage bei der Meldebehörde zu ermitteln, so darf die Vollstreckungsbehörde folgende Angaben erheben:

1. beim Ausländerzentralregister die Angaben zur aktenführenden Ausländerbehörde und die Angaben zu Zuzug oder Fortzug der Vollstreckungsschuldnerin oder des Vollstreckungsschuldners und bei der Ausländerbehörde, die nach Auskunft des Ausländerzentralregisters aktenführend ist, den Aufenthaltsort der Vollstreckungsschuldnerin oder des Vollstreckungsschuldners,
2. bei den Trägern der gesetzlichen Rentenversicherung und bei einer berufsständischen Versorgungseinrichtung im Sinne des § 6 Abs. 1 Satz 1 Nr. 1 des Sechsten Buchs des Sozialgesetzbuchs (SGB VI) die dort bekannte derzeitige Anschrift und den derzeitigen oder den zukünftigen Aufenthaltsort der Vollstreckungsschuldnerin oder des Vollstreckungsschuldners sowie
3. beim Kraftfahrt-Bundesamt die Halterdaten nach § 33 Abs. 1 Satz 1 Nr. 2 des Straßenverkehrsgesetzes (StVG).

(2) Die Vollstreckungsbehörde darf die gegenwärtigen Anschriften, den Ort der Hauptniederlassung oder den Sitz der Vollstreckungsschuldnerin oder des Vollstreckungsschuldners erheben

1. durch Einsicht in das Handels-, Genossenschafts-, Partnerschafts-, Unternehmens- oder Vereinsregister oder
2. durch Einholung der Anschrift bei den für die Durchführung der Aufgaben nach § 14 Abs. 1 der Gewerbeordnung zuständigen Behörden.

(3) Nach Absatz 1 Nr. 2 und Absatz 2 erhobene Daten, die innerhalb der letzten drei Monate bei der Vollstreckungsbehörde eingegangen sind, dürfen von der Vollstreckungsbehörde auch einer weiteren Vollstreckungsbehörde übermittelt werden, wenn die Voraussetzungen für die Datenerhebung auch bei der weiteren Vollstreckungsbehörde vorliegen und diese der Vollstreckungsbehörde das Vorliegen der Voraussetzungen versichert hat.

(4) [1]Ist die Vollstreckungsschuldnerin Unionsbürgerin oder der Vollstreckungsschuldner Unionsbürger, so darf die Vollstreckungsbehörde die Daten nach Absatz 1 Nr. 1 nur erheben, wenn ihr tatsächliche Anhaltspunkte für die Vermutung vorliegen, dass bei der betroffenen Person das Nichtbestehen oder der Verlust des Freizügigkeitsrechts festgestellt worden ist. [2]Eine Übermittlung der Daten nach Absatz 1 Nr. 1 an die Vollstreckungsbehörde ist ausgeschlossen, wenn die Vollstreckungsschuldnerin eine Unionsbürgerin oder der Vollstreckungsschuldner ein Unionsbürger ist, für die oder den eine Feststellung des Nichtbestehens oder des Verlustes des Freizügigkeitsrechts nicht vorliegt.

(5) Bei einer berufsständischen Versorgungseinrichtung dürfen Angaben nach Absatz 1 Nr. 2 nur erhoben werden, wenn tatsächliche Anhaltspunkte nahelegen, dass die Vollstreckungsschuldnerin oder der Vollstreckungsschuldner Mitglied dieser berufsständischen Versorgungseinrichtung ist.

§ 22 Vermögensauskunft

(1) Die Vollstreckungsschuldnerin oder der Vollstreckungsschuldner hat der Vollstreckungsbehörde auf deren Anordnung Auskunft über ihr oder sein Vermögen (Vermögensauskunft) zu erteilen, wenn sie oder er die Geldforderung nicht erfüllt hat, nachdem die Vollstreckungsbehörde sie oder ihn aufgefordert hat, die Geldforderung innerhalb von zwei Wochen zu erfüllen, und dabei darauf hingewiesen hat, dass anderenfalls die Abgabe einer Vermögensauskunft angeordnet werden kann.

(2) [1]In der Vermögensauskunft hat die Vollstreckungsschuldnerin oder der Vollstreckungsschuldner alle ihr oder ihm gehörenden Vermögensgegenstände anzugeben. [2]Bei Forderungen sind Grund und Beweismittel zu bezeichnen. [3]Ferner sind anzugeben

1. die entgeltlichen Veräußerungen von Vermögensgegenständen der Vollstreckungsschuldnerin oder des Vollstreckungsschuldners an eine nahestehende Person (§ 138 InsO), die diese oder dieser in den letzten zwei Jahren vor dem Termin zur Abgabe der Vermögensauskunft (Absatz 7) und bis zur tatsächlichen Abgabe der Vermögensauskunft vorgenommen hat, und
2. die unentgeltlichen Leistungen der Vollstreckungsschuldnerin oder des Vollstreckungsschuldners, die diese oder dieser in den letzten vier Jahren vor dem Termin zur Abgabe der Vermögensauskunft (Absatz 7) und bis zur tatsächlichen Abgabe der Vermögensauskunft vorgenommen hat, soweit sie sich nicht auf gebräuchliche Gelegenheitsgeschenke geringen Werts richteten.

[4]Sachen, die nach § 811 Abs. 1 Nr. 1 Buchst. a und Nr. 2 der Zivilprozessordnung der Pfändung offensichtlich nicht unterworfen sind, brauchen nicht angegeben zu werden, es sei denn, dass eine Austauschpfändung in Betracht kommt. [5]Ist die Vollstreckungsschuldnerin oder der Vollstreckungsschuldner eine natürliche Person, so hat sie oder er auch den Geburtsnamen, das Geburtsdatum und den Geburtsort anzugeben. [6]Ist die Vollstreckungsschuldnerin eine juristische Person oder eine Personenvereinigung, so hat sie die Firma, die Nummer des Registerblattes im Handelsregister und ihren Sitz anzugeben.

(3) [1]Die Vollstreckungsschuldnerin oder der Vollstreckungsschuldner hat zu Protokoll der Vollstreckungsbehörde an Eides statt zu versichern, dass sie oder er die Angaben nach Absatz 2 nach bestem Wissen und Gewissen richtig und vollständig gemacht habe. [2]§ 27 Abs. 2 bis 5 VwVfG gilt entsprechend.

(4) [1]Eine Vollstreckungsschuldnerin oder ein Vollstreckungsschuldner ist innerhalb von zwei Jahren nach Abgabe der Vermögensauskunft nach diesem Gesetz, nach § 802c der Zivilprozessordnung, nach § 284 AO oder nach anderen Rechtsvorschriften des Bundes oder eines anderen Landes nicht verpflichtet, eine weitere Vermögensauskunft abzugeben, es sei denn, dass anzunehmen ist, dass sich die Vermögensverhältnisse der Vollstreckungsschuldnerin oder des Vollstreckungsschuldners wesentlich geändert haben. [2]Die Vollstreckungsbehörde hat von Amts wegen festzustellen, ob in den letzten zwei Jahren beim zentralen Vollstreckungsgericht nach § 802k Abs. 1 Satz 1 der Zivilprozessordnung ein Vermögensverzeichnis hinterlegt wurde.

(5) [1]Für die Abnahme der Vermögensauskunft ist die Vollstreckungsbehörde zuständig, in deren Bezirk sich der Wohnsitz oder der Aufenthaltsort der Vollstreckungsschuldnerin oder des Vollstreckungsschuldners befindet. [2]Liegen diese Voraussetzungen bei der Vollstreckungsbehörde, die die Vollstreckung betreibt, nicht vor, so kann sie die Vermögensauskunft abnehmen, wenn die Vollstreckungsschuldnerin oder der Vollstreckungsschuldner zu ihrer Abgabe bereit ist.

(6) [1]Die Vollstreckungsbehörde hat die Vollstreckungsschuldnerin oder den Vollstreckungsschuldner zu einem Termin zur Abgabe der Vermögensauskunft zu laden. [2]Die Ladung ist der Vollstreckungsschuldnerin oder dem Vollstreckungsschuldner selbst zuzustellen, auch wenn diese oder dieser eine Bevollmächtigte oder einen Bevollmächtigten hat; eine Mitteilung an die Bevollmächtigte oder den Bevollmächtigten ist nicht erforderlich. [3]Die Ladung kann mit der Fristsetzung (Absatz 1) verbunden werden. [4]Der Termin zur Abgabe der Vermögensauskunft soll nicht auf einen Zeitpunkt vor Ablauf eines Monats nach Zustellung der Ladung bestimmt werden. [5]Die Vollstreckungsschuldnerin oder der Vollstreckungsschuldner hat die zur Vermögensauskunft erforderlichen Unterlagen im Termin vorzulegen. [6]Hierüber und über ihre oder seine Rechte und Pflichten nach den Absätzen 2 und 3, über die Folgen einer unentschuldigten Terminssäumnis und einer Verletzung ihrer oder seiner Auskunftspflichten sowie über die Möglichkeit der Eintragung in das Schuldnerverzeichnis (§ 22c Abs. 1) ist die Vollstreckungsschuldnerin oder der Vollstreckungsschuldner mit der Ladung zu belehren.

(7) [1]Im Termin zur Abgabe der Vermögensauskunft erstellt die Vollstreckungsbehörde ein elektronisches Dokument mit den Angaben nach Absatz 2 (Vermögensverzeichnis). [2]Das Vermögensverzeichnis ist der Vollstreckungsschuldnerin oder dem Vollstreckungsschuldner vor Abgabe der Versicherung an Eides statt (Absatz 3) vorzulesen oder zur Durchsicht auf einem Bildschirm wiederzugeben. [3]Die Vollstreckungsschuldnerin oder der Vollstreckungsschuldner erhält auf Verlangen einen Ausdruck des Vermögensverzeichnisses. [4]Die Vollstreckungsbehörde hinterlegt das Vermögensverzeichnis bei dem zentralen Vollstreckungsgericht nach § 802k Abs. 1 Satz 1 der Zivilprozessordnung. [5]Inhalt, Form, Aufnahme und Übermittlung des Vermögensverzeichnisses müssen den Vorgaben der Verordnung nach § 802k Abs. 4 der Zivilprozessordnung entsprechen.

(8) [1]Ist die Vollstreckungsschuldnerin oder der Vollstreckungsschuldner ohne ausreichende Entschuldigung in dem Termin zur Abgabe der Vermögensauskunft nicht erschienen oder verweigert sie oder er ohne Grund die Abgabe der Vermögensauskunft, so kann die Vollstreckungsbehörde, die die Vollstreckung betreibt, die Anordnung der Haft zur Erzwingung der Abgabe der Vermögensauskunft beantragen. [2]Dem Antrag ist eine schriftliche Erklärung der Vollstreckungsbehörde über den Grund, die Höhe und die Vollstreckbarkeit der Forderung beizufügen, die an die Stelle des Vollstreckungstitels tritt; § 8 Abs. 3 Satz 2 gilt entsprechend. [3]Zuständig für die Anordnung der Haft ist das Amtsgericht, in dessen Bezirk die Vollstreckungsschuldnerin oder der Vollstreckungsschuldner im Zeitpunkt der Fristsetzung nach Absatz 1 ihren oder seinen Wohnsitz oder in Ermangelung eines Wohnsitzes ihren oder seinen Aufenthaltsort hat. [4]Das Amtsgericht kann die Anordnung der Haft bis zur Unanfechtbarkeit der Anordnung nach Absatz 1 aussetzen. [5]Die Verhaftung der Vollstreckungsschuldnerin oder des Vollstreckungsschuldners und die Abnahme der Vermögensauskunft während der Haft erfolgen durch die Gerichtsvollzieherin oder den Gerichtsvollzieher; § 8a Abs. 3 und 4 gilt entsprechend mit der Maßgabe, dass § 882c der Zivilprozessordnung keine Anwendung findet.

(9) [1]Hat die Vollstreckungsschuldnerin oder der Vollstreckungsschuldner die Geldforderung nicht innerhalb von zwei Wochen erfüllt, nachdem die Vollstreckungsbehörde sie oder ihn nach Absatz 1 dazu aufgefordert hat, so kann die in § 8a Abs. 2 bezeichnete Vollstreckungsbehörde oder der Vollstreckungsgläubiger die Abnahme der Vermögensauskunft und der eidesstattlichen Versicherung durch die Gerichtsvollzieherin oder den Gerichtsvollzieher ausführen. [2]§ 8a Abs. 3 und 4 gilt entsprechend mit der Maßgabe, dass § 882c der Zivilprozessordnung keine Anwendung findet.

§ 22a Sofortige Abnahme der Vermögensauskunft

(1) Die Vollstreckungsbehörde kann die Vermögensauskunft abweichend von § 22 Abs. 1 und 6 ohne vorherige Fristsetzung, Anordnung und Ladung sofort abnehmen, wenn

1. die Vollstreckungsschuldnerin oder der Vollstreckungsschuldner nicht in die Durchsuchung (§ 9) einwilligt oder
2. der Versuch einer Pfändung von Sachen ergibt, dass diese voraussichtlich nicht zu einer vollständigen Erfüllung der Geldforderung führen wird.

(2) [1]Die Vollstreckungsschuldnerin oder der Vollstreckungsschuldner kann der sofortigen Abnahme widersprechen. [2]In diesem Fall verfährt die Vollstreckungsbehörde nach § 22 mit der Maßgabe, dass die Fristsetzung (§ 22 Abs. 1) entbehrlich ist und von der Ladungsfrist (§ 22 Abs. 6 Satz 4) abgewichen werden kann.

§ 22b Weitere Vermögensermittlung

(1) Die Vollstreckungsbehörde darf

1. bei den Trägern der gesetzlichen Rentenversicherung und bei einer berufsständischen Versorgungseinrichtung im Sinne des § 6 Abs. 1 Satz 1 Nr. 1 SGB VI den Namen, die Vornamen oder die Firma sowie die Anschriften der derzeitigen Arbeitgeber eines versicherungspflichtigen Beschäftigungsverhältnisses der Vollstreckungsschuldnerin oder des Vollstreckungsschuldners erheben,
2. beim Kraftfahrt-Bundesamt die Fahrzeug- und Halterdaten nach § 33 Abs. 1 StVG zu einem Fahrzeug, als dessen Halterin die Vollstreckungsschuldnerin oder als dessen Halter der Vollstreckungsschuldner eingetragen ist, erheben.

(2) [1]Von ihren Befugnissen nach Absatz 1 darf die Vollstreckungsbehörde nur Gebrauch machen, wenn

1. die Ladung zu dem Termin zur Abgabe der Vermögensauskunft an die Vollstreckungsschuldnerin oder den Vollstreckungsschuldner nicht zustellbar ist und

a) die Anschrift, unter der die Zustellung ausgeführt werden sollte, mit der Anschrift übereinstimmt, die von einer der in § 21b Abs. 1 und 2 genannten Stellen innerhalb von drei Monaten vor oder nach dem Zustellungsversuch mitgeteilt wurde,
b) die Meldebehörde nach dem Zustellungsversuch die Auskunft erteilt, dass ihr eine aktuelle Anschrift der Vollstreckungsschuldnerin oder des Vollstreckungsschuldners nicht bekannt ist, oder
c) innerhalb von drei Monaten vor Erteilung des Auftrags der Vollstreckungsbehörde die Meldebehörde die Auskunft erteilt hat, dass ihr eine aktuelle Anschrift der Vollstreckungsschuldnerin oder des Vollstreckungsschuldners nicht bekannt ist,

2. die Vollstreckungsschuldnerin oder der Vollstreckungsschuldner der Pflicht zur Abgabe der Vermögensauskunft in dem Vollstreckungsverfahren nicht nachgekommen ist,
3. bei einer Vollstreckung in die in dem Vermögensverzeichnis aufgeführten Vermögensgegenstände eine vollständige Befriedigung der Geldforderung, wegen der die Abgabe der Vermögensauskunft angeordnet wurde, nicht zu erwarten ist oder
4. die Vollstreckungsschuldnerin oder der Vollstreckungsschuldner wegen der Sperrwirkung nach § 22 Abs. 4 zur Abgabe einer Vermögensauskunft nicht verpflichtet ist und bei einer Vollstreckung in die in dem hinterlegten Vermögensverzeichnis aufgeführten Vermögensgegenstände eine vollständige Befriedigung der Geldforderung, wegen der die Vollstreckung betrieben wird, nicht zu erwarten ist

und die Datenerhebung zur Vollstreckung erforderlich ist. [2]Die Datenerhebung bei einer berufsständischen Versorgungseinrichtung nach Absatz 1 Nr. 1 ist nur zulässig, wenn zusätzlich zu den Voraussetzungen des Satzes 1 tatsächliche Anhaltspunkte nahelegen, dass die Vollstreckungsschuldnerin oder der Vollstreckungsschuldner Mitglied dieser berufsständischen Versorgungseinrichtung ist.

(3) Für die Übermittlung der nach Absatz 1 erhobenen Daten, die innerhalb der letzten drei Monate bei der Vollstreckungsbehörde eingegangen sind, gilt § 21b Abs. 3 entsprechend.

§ 22c Eintragung in das Schuldnerverzeichnis

(1) [1]Die Vollstreckungsbehörde kann die Eintragung der Vollstreckungsschuldnerin oder des Vollstreckungsschuldners in das Schuldnerverzeichnis nach § 882h Abs. 1 der Zivilprozessordnung anordnen (Eintragungsanordnung), wenn

1. eine der Voraussetzungen nach § 22b Abs. 2 Satz 1 Nr. 2, 3 oder 4 erfüllt ist,
2. die Vollstreckungsschuldnerin oder der Vollstreckungsschuldner nicht innerhalb eines Monats nach Abgabe der Vermögensauskunft die Geldforderung, wegen der die Vermögensauskunft angeordnet wurde, vollständig erfüllt oder
3. die Vollstreckungsschuldnerin oder der Vollstreckungsschuldner wegen der Sperrwirkung nach § 22 Abs. 4 nicht zur Abgabe eines Vermögensverzeichnisses verpflichtet ist und die Geldforderung, wegen der die Vollstreckung betrieben wird, nicht innerhalb eines Monats vollständig erfüllt, nach dem sie oder er von der Vollstreckungsbehörde auf die Möglichkeit der Eintragung in das Schuldnerverzeichnis hingewiesen wurde.

[2]Die Eintragungsanordnung soll kurz schriftlich begründet werden. [3]§ 882c Abs. 3 der Zivilprozessordnung gilt entsprechend. [4]Die Eintragungsanordnung ist der Vollstreckungsschuldnerin oder dem Vollstreckungsschuldner zuzustellen.

(2) [1]Nach Ablauf eines Monats seit der Zustellung der Eintragungsanordnung hat die Vollstreckungsbehörde die Eintragungsanordnung dem zentralen Vollstreckungsgericht nach § 882h Abs. 1 der Zivilprozessordnung elektronisch zu übermitteln. [2]Dies gilt nicht, wenn ein Antrag nach § 80 Abs. 4 oder 5 der Verwaltungsgerichtsordnung anhängig ist, der Aussicht auf Erfolg hat. [3]Wird der Vollstreckungsbehörde vor Übermittlung der Eintragungsanordnung bekannt, dass die Voraussetzungen für die Eintragung nicht oder nicht mehr vorliegen, so hebt sie die Eintragungsanordnung auf und unterrichtet die Vollstreckungsschuldnerin oder den Vollstreckungsschuldner hierüber.

(3) Nach der Eintragung in das Schuldnerverzeichnis hat die Vollstreckungsbehörde ihre Entscheidungen und die der Verwaltungsgerichte über Rechtsbehelfe der Vollstreckungsschuldnerin oder des Vollstreckungsschuldners gegen die Eintragungsanordnung dem zentralen Vollstreckungsgericht nach § 882h Abs. 1 der Zivilprozessordnung elektronisch zu übermitteln.

(4) Form und Übermittlung der Eintragungsanordnung nach Absatz 2 Satz 1 sowie der Entscheidungen über die Rechtsbehelfe nach Absatz 3 müssen den Vorgaben der Verordnung nach § 882h Abs. 3 der Zivilprozessordnung entsprechen.

§ 23 Einstellung der Vollstreckung und Aufhebung von Vollstreckungsmaßnahmen

(1) Die Vollstreckung ist einzustellen oder zu beschränken, wenn oder soweit

1. der Leistungsbescheid, aus dem vollstreckt wird, aufgehoben worden ist,
2. die Vollstreckung oder eine Vollstreckungsmaßnahme gerichtlich für unzulässig erklärt worden ist,
3. die Einstellung gerichtlich angeordnet worden ist,
4. der Anspruch auf die Leistung erloschen ist oder
5. die Leistung gestundet worden ist.

(2) [1]In den Fällen des Absatzes 1 Nrn. 1, 2 und 4 sind bereits getroffene Vollstreckungsmaßnahmen aufzuheben, sobald die Entscheidung unanfechtbar geworden oder die Leistungspflicht in voller Höhe erloschen ist. [2]Im Übrigen bleiben die Vollstreckungsmaßnahmen bestehen, soweit nicht ihre Aufhebung ausdrücklich angeordnet worden ist.

(3) Die Vollstreckungsbehörde ist in den Fällen der Vollstreckungshilfe und der Amtshilfe zur Einstellung, Beschränkung oder Aufhebung nur verpflichtet, wenn und soweit ihr Tatsachen nachgewiesen worden sind, aus denen sich die Pflicht dazu ergibt.

(4) [1]Die Vollstreckung einer Zahlungsaufforderung nach § 2 Abs. 2 Nr. 4 ist einzustellen, sobald die Vollstreckungsschuldnerin oder der Vollstreckungsschuldner bei der Vollstreckungsbehörde gegen die Forderung als solche schriftlich oder zur Niederschrift Einwendungen erhebt. [2]Die Vollstreckungsschuldnerin oder der Vollstreckungsschuldner ist hierüber zu belehren. [3]Bereits getroffene Vollstreckungsmaßnahmen sind unverzüglich aufzuheben, wenn

1. der Vollstreckungsgläubiger nicht binnen eines Monats nach Geltendmachung der Einwendungen wegen seiner Ansprüche vor den ordentlichen Gerichten Klage erhoben oder den Erlass eines Mahnbescheides beantragt hat oder
2. der Vollstreckungsgläubiger mit der Klage rechtskräftig abgewiesen worden ist.

[4]Ist die Vollstreckung eingestellt worden, so kann sie nur nach Maßgabe der Zivilprozessordnung fortgesetzt werden.

§ 24 Vorläufiger Vollstreckungsschutz

(1) [1]Die Vollstreckungsbehörde kann die Vollstreckung bis zur Entscheidung des Vollstreckungsgläubigers ganz oder teilweise einstellen, wenn die Vollstreckung auch unter Berücksichtigung der öffentlichen Belange für die Vollstreckungsschuldnerin oder den Vollstreckungsschuldner wegen besonderer Umstände eine unbillige Härte bedeuten würde. [2]Betrifft die Maßnahme ein Tier, so hat die Vollstreckungsbehörde bei ihrer Entscheidung auch die Verantwortung des Menschen für das Tier zu berücksichtigen.

(2) [1]Die Vollstreckungsbehörde kann, soweit der Vollstreckungsgläubiger dies nicht ausgeschlossen hat, während des Vollstreckungsverfahrens jederzeit der Vollstreckungsschuldnerin oder dem Vollstreckungsschuldner eine Zahlungsfrist einräumen oder eine Tilgung durch nach Höhe und Zeitpunkt festzusetzende Teilleistungen (Zahlungsplan) gestatten, wenn die Vollstreckungsschuldnerin oder der Vollstreckungsschuldner glaubhaft darlegt, die Zahlungen erbringen zu können. [2]Die Tilgung soll binnen zwölf Monaten abgeschlossen sein. [3]Soweit ein Zahlungsplan festgesetzt wird, ist die Vollstreckung einstweilig einzustellen. [4]Die Vollstreckungsbehörde unterrichtet den Vollstreckungsgläubiger unverzüglich über die Festsetzung des Zahlungsplans. [5]Ist die Vollstreckungsschuldnerin oder der Vollstreckungsschuldner mit einer Zahlung nach dem Zahlungsplan ganz oder teilweise länger als zwei Wochen in Rückstand, so wird der Zahlungsplan hinfällig und es endet die einstweilige Einstellung der Vollstreckung; Satz 4 gilt entsprechend.

§ 25 Erteilung von Urkunden

Bedarf der Vollstreckungsgläubiger zum Zweck der Vollstreckung eines Erbscheins oder einer anderen Urkunde, die der Vollstreckungsschuldnerin oder dem Vollstreckungsschuldner auf Antrag von einer Behörde, einer Beamtin oder einem Beamten oder einer Notarin oder einem Notar zu erteilen ist, so kann der Vollstreckungsgläubiger die Erteilung anstelle der Vollstreckungsschuldnerin oder des Vollstreckungsschuldners verlangen.

§ 26 Rechte dritter Personen
[1]Behauptet eine dritte Person, dass ihr an dem Gegenstand der Vollstreckung ein die Veräußerung hinderndes Recht zustehe, so ist § 771 der Zivilprozessordnung entsprechend anzuwenden. [2]Entsprechendes gilt in den Fällen der §§ 772 bis 774 der Zivilprozessordnung. [3]Für die Klage ist das ordentliche Gericht ausschließlich zuständig, in dessen Bezirk vollstreckt worden ist.

Zweiter Abschnitt
Vollstreckung in das bewegliche Vermögen

1. Unterabschnitt
Allgemeine Vorschriften

§ 27 Pfändung
(1) Die Vollstreckung in das bewegliche Vermögen erfolgt durch Pfändung.
(2) Die Pfändung darf nicht weiter ausgedehnt werden, als es zur Deckung der zu vollstreckenden Geldbeträge und der Kosten der Vollstreckung erforderlich ist.
(3) Die Pfändung unterbleibt, wenn die Verwertung der pfändbaren Gegenstände einen Überschuss über die Kosten der Vollstreckung nicht erwarten lässt.

§ 28 Wirkung der Pfändung
(1) Durch die Pfändung erwirbt der Vollstreckungsgläubiger ein Pfandrecht an dem gepfändeten Gegenstand.
(2) Das Pfandrecht gewährt ihm im Verhältnis zu anderen Gläubigerinnen und Gläubigern dieselben Rechte wie ein Pfandrecht im Sinne des Bürgerlichen Gesetzbuchs; es geht Pfand- und Vorzugsrechten vor, die im Insolvenzverfahren diesem Pfandrecht nicht gleichgestellt sind.
(3) Das durch eine frühere Pfändung begründete Pfandrecht geht demjenigen vor, das durch eine spätere Pfändung begründet wird.

§ 29 Pfand- und Vorzugsrechte dritter Personen
[1]Macht eine dritte Person ein Pfand- oder Vorzugsrecht an einer gepfändeten Sache geltend, ohne in deren Besitz zu sein, so ist § 805 der Zivilprozessordnung entsprechend anzuwenden. [2]Für die Klage ist das ordentliche Gericht ausschließlich zuständig, in dessen Bezirk gepfändet worden ist.

§ 30 Ausschluss von Gewährleistungsansprüchen
Wird ein Gegenstand aufgrund der Pfändung veräußert, so steht der Erwerberin oder dem Erwerber wegen eines Mangels im Recht oder wegen eines Mangels der veräußerten Sache ein Anspruch auf Gewährleistung nicht zu.

2. Unterabschnitt
Vollstreckung in Sachen

§ 31 Verfahren bei Pfändung
(1) Sachen, die im Gewahrsam der Vollstreckungsschuldnerin oder des Vollstreckungsschuldners sind, pfändet die Vollstreckungsbeamtin oder der Vollstreckungsbeamte dadurch, dass sie oder er diese in Besitz nimmt.
(2) [1]Andere Sachen als Geld, Kostbarkeiten und Wertpapiere sind im Gewahrsam der Vollstreckungsschuldnerin oder des Vollstreckungsschuldners zu lassen, wenn die Befriedigung hierdurch nicht gefährdet wird. [2]Bleiben die Sachen im Gewahrsam der Vollstreckungsschuldnerin oder des Vollstreckungsschuldners, so ist die Pfändung nur wirksam, wenn sie durch Anlegung von Siegeln oder in sonstiger Weise ersichtlich gemacht ist.
(3) Die Vollstreckungsbeamtin oder der Vollstreckungsbeamte hat der Vollstreckungsschuldnerin oder dem Vollstreckungsschuldner die Pfändung mitzuteilen.
(4) Diese Vorschriften gelten auch für die Pfändung von Sachen im Gewahrsam einer dritten Person, die zu ihrer Herausgabe bereit ist.
(5) [1]Die §§ 811 bis 811c, 813 Abs. 1 bis 3 und § 882a Abs. 4 der Zivilprozessordnung gelten entsprechend. [2]Die Vollstreckungsbeamtin oder der Vollstreckungsbeamte kann entsprechend § 24 Vollstreckungsschutz gewähren.

§ 32 Ungetrennte Früchte

(1) [1]Früchte, die vom Boden noch nicht getrennt sind, können gepfändet werden, solange sie nicht durch Vollstreckung in das unbewegliche Vermögen in Beschlag genommen worden sind. [2]Sie dürfen nicht früher als einen Monat vor der gewöhnlichen Zeit der Reife gepfändet werden.

(2) Eine Gläubigerin oder ein Gläubiger, die oder der ein Recht auf Befriedigung aus dem Grundstück hat, kann der Pfändung nach § 26 widersprechen, wenn nicht für einen Anspruch gepfändet ist, der bei der Vollstreckung in das Grundstück vorgeht.

§ 33 Anschlusspfändung

(1) [1]Zur Pfändung bereits gepfändeter Sachen genügt die in die Niederschrift aufzunehmende Erklärung der Vollstreckungsbeamtin oder des Vollstreckungsbeamten, dass die Sache für die zu bezeichnende Forderung gepfändet wird. [2]Der Vollstreckungsschuldnerin oder dem Vollstreckungsschuldner ist die weitere Pfändung mitzuteilen.

(2) [1]Ist die erste Pfändung für eine andere Vollstreckungsbehörde oder durch eine Gerichtsvollzieherin oder einen Gerichtsvollzieher erfolgt, so ist dieser Vollstreckungsbehörde oder der Gerichtsvollzieherin oder dem Gerichtsvollzieher eine Abschrift der Niederschrift zu übersenden. [2]Die gleiche Pflicht hat eine Gerichtsvollzieherin oder ein Gerichtsvollzieher, die oder der eine Sache pfändet, die bereits im Auftrag einer Vollstreckungsbehörde gepfändet ist.

§ 34 Verwertung durch Versteigerung, Zahlungswirkung der Geldpfändung

(1) [1]Die gepfändeten Sachen sind auf schriftliche Anordnung der Vollstreckungsbehörde durch die Vollstreckungsbeamtin oder den Vollstreckungsbeamten öffentlich zu versteigern. [2]Die Vollstreckungsbehörde kann die gepfändeten Sachen im Versteigerungstermin (§ 35 Abs. 2 Satz 1) oder über eine allgemein zugängliche Versteigerungsplattform im Internet (Absatz 2) versteigern. [3]Kostbarkeiten sind vor der Versteigerung durch eine Sachverständige oder einen Sachverständigen abzuschätzen.

(2) [1]Die Landesregierung trifft durch Verordnung nähere Bestimmungen über

1. die Versteigerungsplattform,
2. den Zeitpunkt der Inbetriebnahme der Versteigerungsplattform,
3. die Zulassung zur und den Ausschluss von der Teilnahme an der Versteigerung,
4. Beginn, Ende und Abbruch der Versteigerung,
5. die Versteigerungsbedingungen und die sonstigen rechtlichen Folgen der Versteigerung einschließlich der Belehrung der Teilnehmerinnen und Teilnehmer über den Gewährleistungsausschluss nach § 30,
6. die Anonymisierung der Angaben zur Person der Vollstreckungsschuldnerin oder des Vollstreckungsschuldners vor ihrer Veröffentlichung und die Möglichkeit der Anonymisierung der Daten der Bieterinnen und Bieter sowie
7. das sonstige Verfahren.

[2]Soweit die Zulassung zur oder der Ausschluss von der Teilnahme an der Versteigerung nach Satz 1 Nr. 3 einen Identitätsnachweis natürlicher Personen vorsieht, ist auch die Nutzung des elektronischen Identitätsnachweises (§ 18 des Personalausweisgesetzes) zu diesem Zweck durch die Verordnung nach Satz 1 zu ermöglichen. [3]Für die Versteigerung über eine allgemein zugängliche Versteigerungsplattform im Internet gilt § 35 Abs. 1 und 3 Satz 1 entsprechend.

(3) Bei Pfändung von Geld gilt die Wegnahme als Zahlung der Vollstreckungsschuldnerin oder des Vollstreckungsschuldners.

§ 35 Versteigerungstermin

(1) Die gepfändeten Sachen dürfen nicht vor Ablauf einer Woche seit dem Tag der Pfändung versteigert werden, sofern sich nicht die Vollstreckungsschuldnerin oder der Vollstreckungsschuldner mit einer früheren Versteigerung einverstanden erklärt oder diese erforderlich ist, um die Gefahr einer beträchtlichen Wertverringerung abzuwenden oder unverhältnismäßige Kosten längerer Aufbewahrung zu vermeiden.

(2) [1]Zeit und Ort der Versteigerung sind öffentlich bekannt zu machen; dabei sind die Sachen, die versteigert werden sollen, allgemein zu bezeichnen. [2]Auf Ersuchen der Vollstreckungsbehörde hat eine Gemeindebedienstete oder ein Gemeindebediensteter bei der Versteigerung anwesend zu sein.

(3) [1]Der Vollstreckungsgläubiger und die Eigentümerin oder der Eigentümer dürfen bei der Versteigerung mitbieten. [2]Das Gebot der Eigentümerin oder des Eigentümers darf zurückgewiesen werden,

wenn der Betrag nicht bar hinterlegt wird; das Gleiche gilt für das Gebot der Vollstreckungsschuldnerin oder des Vollstreckungsschuldners, wenn das Pfand für eine fremde Schuld haftet.

§ 36 Zuschlag

(1) [1]Dem Zuschlag an die meistbietende Person soll ein dreimaliger Aufruf vorausgehen. [2]Bei einer Versteigerung im Internet ist der Zuschlag der Person erteilt, die am Ende der Versteigerung das höchste, wenigstens das Mindestgebot nach § 37 erreichende Gebot abgegeben hat; sie ist von dem Zuschlag zu benachrichtigen. [3]§ 156 des Bürgerlichen Gesetzbuchs gilt entsprechend.

(2) [1]Die Aushändigung einer zugeschlagenen Sache darf nur gegen bare Zahlung geschehen. [2]Der Barzahlung steht die Gutschrift auf dem Konto der Vollstreckungsbehörde gleich. [3]Wird die zugeschlagene Sache auf Wunsch der Ersteherin oder des Erstehers übersandt, so gilt die Aushändigung mit der Übergabe an die zur Ausführung der Versendung bestimmte Person als bewirkt.

(3) [1]Hat die meistbietende Person nicht zu der in den Versteigerungsbedingungen bestimmten Zeit oder in Ermangelung einer solchen Bestimmung nicht vor dem Schluss des Versteigerungstermins die Aushändigung gegen Zahlung des Kaufgeldes verlangt, so wird die Sache anderweitig versteigert. [2]Die meistbietende Person wird zu einem weiteren Gebot nicht zugelassen; sie haftet für den Ausfall, auf den Mehrerlös hat sie keinen Anspruch.

(4) [1]Wird der Zuschlag dem Vollstreckungsgläubiger erteilt, so ist dieser von der Verpflichtung zur baren Zahlung soweit befreit, als der Erlös nach Abzug der Kosten der Vollstreckung zu seiner Befriedigung zu verwenden ist. [2]Soweit der Vollstreckungsgläubiger von der Verpflichtung zur baren Zahlung befreit ist, gilt der Betrag als von der Vollstreckungsschuldnerin oder dem Vollstreckungsschuldner an den Vollstreckungsgläubiger gezahlt.

§ 37 Mindestgebot

(1) [1]Der Zuschlag darf nur auf ein Gebot erteilt werden, das mindestens die Hälfte des gewöhnlichen Verkaufswertes der Sache erreicht (Mindesgebot). [2]Der gewöhnliche Verkaufswert und das Mindestgebot sollen bei dem Ausbieten bekanntgegeben werden.

(2) [1]Wird der Zuschlag nicht erteilt, weil ein das Mindestgebot erreichendes Gebot nicht abgegeben worden ist, so bleibt das Pfandrecht bestehen. [2]Die Vollstreckungsbehörde kann jederzeit einen neuen Versteigerungstermin bestimmen oder eine anderweitige Verwertung der gepfändeten Sachen nach § 42 anordnen. [3]Wird die anderweitige Verwertung angeordnet, so gilt Absatz 1 entsprechend.

(3) [1]Gold- und Silbersachen dürfen auch nicht unter ihrem Gold- oder Silberwert zugeschlagen werden. [2]Wird ein den Zuschlag gestattendes Gebot nicht abgegeben, so können die Sachen auf Anordnung der Vollstreckungsbehörde aus freier Hand verkauft werden. [3]Der Verkaufspreis darf den Gold- oder Silberwert und die Hälfte des gewöhnlichen Verkaufswertes nicht unterschreiten.

§ 38 Einstellung der Versteigerung

(1) Die Versteigerung wird eingestellt, sobald der Erlös zur Deckung der zu vollstreckenden Beträge einschließlich der Kosten der Vollstreckung ausreicht.

(2) Soweit die Vollstreckungsbeamtin oder der Vollstreckungsbeamte den Erlös in Empfang nimmt, gilt dies als Zahlung der Vollstreckungsschuldnerin oder des Vollstreckungsschuldners, es sei denn, dass der Erlös hinterlegt wird (§ 44 Abs. 4).

§ 39 Wertpapiere

Gepfändete Wertpapiere, die einen Börsen- oder Marktpreis haben, sind aus freier Hand zum Tageskurs zu verkaufen; andere Wertpapiere sind nach den allgemeinen Vorschriften zu versteigern.

§ 40 Namenspapiere

Lautet ein gepfändetes Wertpapier auf einen Namen, so ist die Vollstreckungsbehörde berechtigt, die Umschreibung auf den Namen der Käuferin oder des Käufers oder, wenn es sich um ein auf einen Namen umgeschriebenes Inhaberpapier handelt, die Rückverwandlung in ein Inhaberpapier zu erwirken und die hierzu erforderlichen Erklärungen anstelle der Vollstreckungsschuldnerin oder des Vollstreckungsschuldners abzugeben.

§ 41 Versteigerung ungetrennter Früchte

[1]Gepfändete Früchte, die vom Boden noch nicht getrennt sind, dürfen erst nach der Reife versteigert werden. [2]Die Vollstreckungsbeamtin oder der Vollstreckungsbeamte hat die Früchte abernten zu lassen, wenn diese nicht vor der Trennung versteigert werden.

§ 42 Besondere Verwertung

[1]Auf Antrag der Vollstreckungsschuldnerin oder des Vollstreckungsschuldners oder aus besonderen Zweckmäßigkeitsgründen kann die Vollstreckungsbehörde anordnen, dass eine gepfändete Sache in anderer Weise, als in den vorstehenden Paragrafen bestimmt ist, zu verwerten oder durch eine andere Person als die Vollstreckungsbeamtin oder den Vollstreckungsbeamten zu versteigern sei. [2]Die Vollstreckungsschuldnerin oder der Vollstreckungsschuldner soll rechtzeitig davon unterrichtet werden.

§ 43 Vollstreckung in Ersatzteile von Luftfahrzeugen

(1) Für die Vollstreckung in Ersatzteile, auf die sich ein Registerpfandrecht an einem Luftfahrzeug nach § 71 des Gesetzes über Rechte an Luftfahrzeugen in der im Bundesgesetzblatt Teil III, Gliederungsnummer 403-9, veröffentlichten bereinigten Fassung, zuletzt geändert durch Artikel 32 des Gesetzes vom 8. Dezember 2010 (BGBl. I S. 1864), erstreckt, gilt § 100 jenes Gesetzes; an die Stelle der Gerichtsvollzieherin oder des Gerichtsvollziehers tritt die Vollstreckungsbeamtin oder der Vollstreckungsbeamte.

(2) Absatz 1 gilt für die Vollstreckung in Ersatzteile, auf die sich das Recht an einem ausländischen Luftfahrzeug erstreckt, mit der Maßgabe, dass die Vorschriften des § 106 Abs. 1 Nr. 2 und Abs. 4 des Gesetzes über Rechte an Luftfahrzeugen zu berücksichtigen sind.

§ 44 Verwertung bei mehrfacher Pfändung

(1) Wird dieselbe Sache mehrfach durch Vollstreckungsbeamtinnen oder Vollstreckungsbeamte oder durch Gerichtsvollzieherinnen oder Gerichtsvollzieher und Vollstreckungsbeamtinnen oder Vollstreckungsbeamte gepfändet, so begründet ausschließlich die erste Pfändung die Zuständigkeit zur Verwertung.

(2) Betreibt eine Gläubigerin oder ein Gläubiger die Verwertung, so wird für alle beteiligten Gläubigerinnen und Gläubiger verwertet.

(3) Der Erlös wird nach der Reihenfolge der Pfändungen oder nach abweichender Vereinbarung der beteiligten Gläubigerinnen und Gläubiger verteilt.

(4) [1]Reicht der Erlös zur Deckung der Forderungen nicht aus und verlangt eine Gläubigerin oder ein Gläubiger, für den die zweite oder eine spätere Pfändung erfolgt ist, ohne Zustimmung der übrigen beteiligten Gläubigerinnen und Gläubiger eine andere Verteilung als nach der Reihenfolge der Pfändungen, so ist die Sachlage unter Hinterlegung des Erlöses dem Amtsgericht, in dessen Bezirk gepfändet ist, anzuzeigen. [2]Der Anzeige sind die Schriftstücke, die sich auf das Verfahren beziehen, beizufügen. [3]Für das Verteilungsverfahren gelten die §§ 873 bis 882 der Zivilprozessordnung entsprechend.

(5) Wird für verschiedene Gläubigerinnen oder Gläubiger gleichzeitig gepfändet, so finden die Vorschriften der Absätze 2 bis 4 mit der Maßgabe Anwendung, dass der Erlös nach dem Verhältnis der Forderungen verteilt wird.

3. Unterabschnitt

Vollstreckung in Forderungen und andere Vermögensrechte

§ 45 Pfändung einer Geldforderung

(1) Soll eine Geldforderung gepfändet werden, so hat die Vollstreckungsbehörde der Drittschuldnerin oder dem Drittschuldner schriftlich zu verbieten, an die Vollstreckungsschuldnerin oder den Vollstreckungsschuldner zu zahlen, und der Vollstreckungsschuldnerin oder dem Vollstreckungsschuldner schriftlich zu gebieten, sich jeder Verfügung über die Forderung, insbesondere ihrer Einziehung, zu enthalten (Pfändungsverfügung).

(2) [1]Die Pfändung ist bewirkt, wenn die Pfändungsverfügung der Drittschuldnerin oder dem Drittschuldner zugestellt ist. [2]Die an die Drittschuldnerin oder den Drittschuldner zuzustellende Pfändungsverfügung bezeichnet den zu vollstreckenden Geldbetrag ohne Angabe des Schuldgrundes. [3]Die Zustellung ist der Vollstreckungsschuldnerin oder dem Vollstreckungsschuldner mitzuteilen.

(3) [1]Bei der Pfändung des Guthabens eines Kontos der Vollstreckungsschuldnerin oder des Vollstreckungsschuldners bei einem Kreditinstitut gelten die §§ 833a, 850k, 850l und 899 bis 909 der Zivilprozessordnung entsprechend. [2]Über Anträge nach § 850k Abs. 4 Satz 1, § 904 Abs. 5 Satz 2 und § 907 Abs. 1 Satz 1 und Abs. 2 Satz 1 der Zivilprozessordnung entscheidet abweichend von § 76 das nach § 828 Abs. 2 der Zivilprozessordnung zuständige Vollstreckungsgericht.

(4) Die Vollstreckungsbehörde kann im gesamten Landesgebiet die Pfändungsverfügung ohne Rücksicht auf den Wohnsitz, Sitz oder gewöhnlichen Aufenthaltsort der Vollstreckungsschuldnerin oder des Vollstreckungsschuldners und der Drittschuldnerin oder des Drittschuldners selbst erlassen und ihre Zustellung selbst bewirken.

(5) Absatz 4 gilt entsprechend, wenn

1. die Vollstreckungsbehörde ihren Sitz in einem anderen Land hat, oder
2. die Vollstreckungsschuldnerin oder der Vollstreckungsschuldner oder die Drittschuldnerin oder der Drittschuldner den Wohnsitz, Sitz oder gewöhnlichen Aufenthaltsort in einem anderen Land hat und das dort geltende Recht die Vollstreckung zulässt.

§ 46 Pfändung einer durch Hypothek gesicherten Forderung

(1) [1]Zur Pfändung einer Forderung, für die eine Hypothek besteht, ist außer der Pfändungsverfügung die Aushändigung des Hypothekenbriefes an die Vollstreckungsbehörde erforderlich. [2]Die Übergabe gilt als erfolgt, wenn die Vollstreckungsbeamtin oder der Vollstreckungsbeamte den Brief wegnimmt. [3]Ist die Erteilung des Hypothekenbriefes ausgeschlossen, so muss die Pfändung in das Grundbuch eingetragen werden; die Eintragung erfolgt auf Grund der Pfändungsverfügung auf Ersuchen der Vollstreckungsbehörde.

(2) Wird die Pfändungsverfügung vor der Übergabe des Hypothekenbriefes oder der Eintragung der Pfändung der Drittschuldnerin oder dem Drittschuldner zugestellt, so gilt die Pfändung dieser oder diesem gegenüber mit der Zustellung als bewirkt.

(3) [1]Diese Vorschriften gelten nicht, soweit Ansprüche auf die in § 1159 des Bürgerlichen Gesetzbuches bezeichneten Leistungen gepfändet werden. [2]Das Gleiche gilt bei einer Sicherungshypothek im Fall des § 1187 des Bürgerlichen Gesetzbuches von der Pfändung der Hauptforderung.

§ 47 Pfändung einer durch Schiffshypothek oder Registerpfandrecht an einem Luftfahrzeug gesicherten Forderung

(1) Die Pfändung einer Forderung, für die eine Schiffshypothek besteht, bedarf der Eintragung in das Schiffsregister oder das Schiffsbauregister.

(2) Die Pfändung einer Forderung, für die ein Registerpfandrecht an einem Luftfahrzeug besteht, bedarf der Eintragung in das Register für Pfandrechte an Luftfahrzeugen.

(3) [1]Die Pfändung nach den Absätzen 1 und 2 wird aufgrund der Pfändungsverfügung auf Ersuchen der Vollstreckungsbehörde eingetragen. [2]§ 46 Abs. 2 gilt entsprechend.

(4) [1]Die Absätze 1 bis 3 sind nicht anzuwenden, soweit es sich um die Pfändung der Ansprüche auf die in § 53 des Gesetzes über Rechte an eingetragenen Schiffen und Schiffsbauwerken in der im Bundesgesetzblatt Teil III, Gliederungsnummer 403-4, veröffentlichten bereinigten Fassung, zuletzt geändert durch Artikel 29 des Gesetzes vom 8. Dezember 2010 (BGBl. I S. 1864), und auf die in § 53 des Gesetzes über Rechte an Luftfahrzeugen in der im Bundesgesetzblatt Teil III, Gliederungsnummer 403-9, veröffentlichten bereinigten Fassung, zuletzt geändert durch Artikel 32 des Gesetzes vom 8. Dezember 2010 (BGBl. I S. 1864), in den jeweils geltenden Fassungen bezeichneten Leistungen handelt. [2]Das Gleiche gilt, wenn bei einer Schiffshypothek für eine Forderung aus einer Schuldverschreibung auf die Inhaberin oder den Inhaber, aus einem Wechsel oder aus einem anderen durch Indossament übertragbaren Papier die Hauptforderung gepfändet ist.

(5) Für die Pfändung von Forderungen, für die ein Recht an einem ausländischen Luftfahrzeug besteht, gilt § 106 Abs. 1 Nr. 3 und Abs. 5 des Gesetzes über Rechte an Luftfahrzeugen.

§ 48 Pfändung einer Forderung aus indossablen Papieren

Forderungen aus Wechseln und anderen Papieren, die durch Indossament übertragen werden können, werden dadurch gepfändet, dass die Vollstreckungsbeamtin oder der Vollstreckungsbeamte die Papiere in Besitz nimmt.

§ 49 Pfändung fortlaufender Bezüge

(1) [1]Das Pfandrecht, das durch die Pfändung einer Gehaltsforderung oder einer ähnlichen in fortlaufenden Bezügen bestehenden Forderung erworben wird, erstreckt sich auch auf die Beträge, die später fällig werden. [2]Die Pfändung eines Diensteinkommens trifft auch das Einkommen, das die Vollstreckungsschuldnerin oder der Vollstreckungsschuldner bei Versetzung in ein anderes Amt, Übertragung eines neuen Amts oder einer Gehaltserhöhung zu beziehen hat. [3]Dies gilt nicht bei Wechsel des Dienstherrn.

(2) Endet das Arbeits- oder Dienstverhältnis und begründen die Vollstreckungsschuldnerin oder der Vollstreckungsschuldner und die Drittschuldnerin oder der Drittschuldner innerhalb von neun Monaten ein solches neu, so erstreckt sich die Pfändung auf die Forderung aus dem neuen Arbeits- oder Dienstverhältnis.

(3) [1]Sind nach dem Leistungsbescheid oder der sonstigen Vollstreckungsurkunde wiederkehrende Leistungen zu erbringen, so kann eine Forderung im Sinne des Absatzes 1 zugleich mit der Pfändung wegen einer vollstreckbaren Leistung auch wegen später fällig gewordener und wegen künftig fällig werdender Leistungen gepfändet werden, sofern Tatsachen die Annahme rechtfertigen, dass auch künftig nicht freiwillig gezahlt werden wird. [2]Insoweit bedarf die Pfändung keiner vorausgehenden Mahnung. [3]Bei künftig fällig werdenden Leistungen wird die Pfändung jeweils erst am Tag nach der Fälligkeit der Leistungen wirksam.

§ 50 Einziehungsverfügung

(1) [1]Die Vollstreckungsbehörde überweist dem Vollstreckungsgläubiger die gepfändete Forderung zur Einziehung. [2]§ 45 Abs. 2, 4 und 5 gilt entsprechend.

(2) Die Einziehungsverfügung kann mit der Pfändungsverfügung verbunden werden.

(3) [1]Wird ein bei einem Kreditinstitut gepfändetes Guthaben einer Vollstreckungsschuldnerin oder eines Vollstreckungsschuldners, die oder der eine natürliche Person ist, dem Vollstreckungsgläubiger überwiesen, so darf erst einen Monat nach der Zustellung der Einziehungsverfügung an die Drittschuldnerin oder den Drittschuldner aus dem Guthaben an den Vollstreckungsgläubiger geleistet oder der Betrag hinterlegt werden. [2]Wird künftiges Guthaben gepfändet, so gelten § 835 Abs. 3 Satz 2 Halbsatz 2 und § 900 Abs. 1 der Zivilprozessordnung entsprechend.

(4) Absatz 3 Satz 1 gilt entsprechend, wenn dem Vollstreckungsgläubiger Vergütungen einer Vollstreckungsschuldnerin oder eines Vollstreckungsschuldners, die oder der eine natürliche Person ist, für persönlich geleistete Arbeiten oder Dienste oder sonstige Einkünfte überwiesen werden, die nicht wiederkehrend zahlbar und kein Arbeitseinkommen sind.

§ 51 Wirkung der Einziehungsverfügung

(1) [1]Die Einziehungsverfügung ersetzt die förmlichen Erklärungen der Vollstreckungsschuldnerin oder des Vollstreckungsschuldners, von denen nach bürgerlichem Recht die Berechtigung zur Einziehung abhängt. [2]Dies gilt auch bei einer Forderung, für die eine Hypothek, eine Schiffshypothek oder ein Registerpfandrecht an einem Luftfahrzeug besteht. [3]Zugunsten der Drittschuldnerin oder des Drittschuldners gilt eine zu Unrecht ergangene Einziehungsverfügung der Vollstreckungsschuldnerin oder dem Vollstreckungsschuldner gegenüber so lange als rechtmäßig, bis sie aufgehoben ist und die Drittschuldnerin oder der Drittschuldner hiervon erfährt.

(2) [1]Die Vollstreckungsschuldnerin oder der Vollstreckungsschuldner ist verpflichtet, die zur Geltendmachung der Forderung nötige Auskunft zu erteilen. [2]Erteilt die Vollstreckungsschuldnerin oder der Vollstreckungsschuldner die Auskunft nicht, so ist sie oder er auf Antrag der Vollstreckungsbehörde verpflichtet, gegenüber der Gerichtsvollzieherin oder dem Gerichtsvollzieher die Auskunft zu Protokoll zu geben und die Angaben an Eides Statt zu versichern. [3]§ 8a Abs. 3 und 4 gilt entsprechend.

(3) [1]Die Vollstreckungsschuldnerin oder der Vollstreckungsschuldner ist verpflichtet, die über die Forderung vorhandenen Urkunden herauszugeben. [2]Die Vollstreckungsbehörde kann die Urkunden durch die Vollstreckungsbeamtin oder den Vollstreckungsbeamten wegnehmen lassen oder ihre Herausgabe durch Zwangsgeld erzwingen. [3]Werden die Urkunden nicht vorgefunden, so hat die Vollstreckungsschuldnerin oder der Vollstreckungsschuldner auf Antrag des Vollstreckungsgläubigers oder der Vollstreckungsbehörde gegenüber der Gerichtsvollzieherin oder dem Gerichtsvollzieher zu Protokoll an Eides Statt zu versichern, dass sie oder er die Urkunden nicht besitze und auch nicht wisse, wo sie sich befinden. [4]Das Gericht kann beschließen, dass die eidesstattliche Versicherung in einer von Satz 3 abweichenden, der Sachlage entsprechenden Fassung abgegeben werden darf. [5]§ 8a Abs. 3 und 4 gilt entsprechend.

(4) Hat eine dritte Person die Urkunde, so kann der Vollstreckungsgläubiger oder die Vollstreckungsbehörde auch den Anspruch der Vollstreckungsschuldnerin oder des Vollstreckungsschuldners auf Herausgabe geltend machen.

(5) [1]Die Vollstreckungsbehörde kann die eidesstattliche Versicherung nach Absatz 2 Satz 2 und nach Absatz 3 Satz 3 nach Maßgabe des § 22 Abs. 3, 6 Sätze 1 und 2 und Abs. 8 selbst abnehmen und sie

entsprechend Absatz 3 Satz 4 ändern. [2]Mit der Ladung (§ 22 Abs. 6 Satz 1) ist die Vollstreckungsschuldnerin oder der Vollstreckungsschuldner über ihre oder seine Rechte und Pflichten nach § 22 Abs. 3 sowie über die Folgen einer unentschuldigten Terminssäumnis und einer Verletzung ihrer oder seiner Auskunftspflichten (§ 22 Abs. 8) zu belehren.

§ 52 Erklärungspflicht der Drittschuldnerin oder des Drittschuldners

(1) [1]Auf Verlangen der Vollstreckungsbehörde hat ihr die Drittschuldnerin oder der Drittschuldner binnen zwei Wochen, von der Zustellung der Pfändungsverfügung an gerechnet, schriftlich zu erklären,

1. ob und inwieweit sie oder er die Forderung als begründet anerkenne und bereit sei, zu zahlen,
2. ob und welche Ansprüche andere Personen an die Forderung erheben,
3. ob und wegen welcher Ansprüche die Forderung bereits für andere Gläubigerinnen oder Gläubiger gepfändet sei.

[2]Wird ein Kontoguthaben gepfändet, so ist in die Erklärung nach Satz 1 auch aufzunehmen,

1. ob innerhalb der letzten zwölf Monate im Hinblick auf dieses Konto gemäß oder entsprechend § 907 der Zivilprozessordnung die Unpfändbarkeit des Guthabens festgesetzt worden ist, und
2. ob es sich bei dem Konto, dessen Guthaben gepfändet worden ist, um ein Pfändungsschutzkonto im Sinne des § 850k Abs. 1 der Zivilprozessordnung oder ein Gemeinschaftskonto im Sinne des § 850l Abs. 1 Satz 1 der Zivilprozessordnung handelt.

[3]Zu einem Gemeinschaftskonto im Sinne des § 850l Abs. 1 Satz 1 der Zivilprozessordnung ist auch anzugeben, ob die Schuldnerin oder der Schuldner nur gemeinsam mit einer anderen Person oder mehreren anderen Personen verfügungsbefugt ist. [4]Die Erklärung der Drittschuldnerin oder des Drittschuldners nach Satz 1 Nr. 1 gilt nicht als Schuldanerkenntnis.

(2) [1]Die Aufforderung zur Abgabe dieser Erklärung muss in die Pfändungsverfügung aufgenommen werden. [2]Die Drittschuldnerin oder der Drittschuldner haftet dem Vollstreckungsgläubiger für den Schaden, der aus der Nichterfüllung ihrer oder seiner Verpflichtung entsteht. [3]Sie oder er kann zur Abgabe der Erklärung durch Zwangsgeld angehalten werden; die Ersatzzwangshaft ist nicht zulässig.

(3) Die §§ 841 bis 843 der Zivilprozessordnung gelten entsprechend.

§ 53 Andere Art der Verwertung

[1]Ist die gepfändete Forderung bedingt oder betagt oder ihre Einziehung schwierig, so kann die Vollstreckungsbehörde anordnen, dass sie in anderer Weise zu verwerten ist; § 51 Abs. 1 gilt entsprechend. [2]Die Vollstreckungsschuldnerin oder der Vollstreckungsschuldner ist vorher zu hören, sofern nicht eine Bekanntgabe der Anordnung nach Satz 1 außerhalb des Geltungsbereichs des Grundgesetzes oder eine öffentliche Bekanntmachung erforderlich ist.

§ 54 Ansprüche auf Herausgabe oder Leistung von Sachen

(1) Für die Vollstreckung in Ansprüche auf Herausgabe oder Leistung von Sachen gelten außer den §§ 45 bis 53 die nachstehenden Vorschriften.

(2) [1]Bei der Pfändung eines Anspruchs, der eine bewegliche Sache betrifft, ordnet die Vollstreckungsbehörde an, dass die Sache an die Vollstreckungsbeamtin oder den Vollstreckungsbeamten herauszugeben sei. [2]Die Sache wird wie eine gepfändete Sache verwertet.

(3) [1]Bei der Pfändung eines Anspruchs, der eine unbewegliche Sache betrifft, ordnet die Vollstreckungsbehörde an, dass die Sache an eine Treuhänderin oder einen Treuhänder herauszugeben sei, die oder den das Amtsgericht der belegenen Sache auf Antrag der Vollstreckungsbehörde bestellt. [2]Ist der Anspruch auf Übertragung des Eigentums gerichtet, so hat die Auflassung an die Treuhänderin oder den Treuhänder als Vertreterin oder Vertreter der Vollstreckungsschuldnerin oder des Vollstreckungsschuldners zu erfolgen. [3]Mit dem Übergang des Eigentums auf die Vollstreckungsschuldnerin oder den Vollstreckungsschuldner erlangt der Vollstreckungsgläubiger eine Sicherungshypothek für die Forderung. [4]Die Treuhänderin oder der Treuhänder hat die Eintragung der Sicherungshypothek zu bewilligen. [5]Die Vollstreckung in die herausgegebene Sache wird nach den Vorschriften über die Vollstreckung in unbewegliche Sachen bewirkt.

(4) Absatz 3 gilt entsprechend, wenn der Anspruch ein im Schiffsregister eingetragenes Schiff, ein Schiffsbauwerk oder Schwimmdock, das im Schiffsbauregister eingetragen ist oder in dieses Register eingetragen werden kann, oder ein Luftfahrzeug betrifft, das in der Luftfahrzeugrolle eingetragen ist oder nach Löschung in der Luftfahrzeugrolle noch in dem Register für Pfandrechte an Luftfahrzeugen eingetragen ist.

§ 55 Unpfändbarkeit von Forderungen

[1]Die §§ 850 bis 852 und 899 bis 907 der Zivilprozessordnung gelten entsprechend. [2]Wird die Vollstreckung wegen eines Zwangsgeldes, eines Bußgeldes, eines Ordnungsgeldes oder wegen einer Forderung aufgrund der für die Einweisung in eine Unterkunft wegen Obdachlosigkeit gezahlten Nutzungsentschädigung betrieben, so kann die Vollstreckungsbehörde den pfändbaren Teil des Arbeitseinkommens ohne Rücksicht auf die in § 850c der Zivilprozessordnung vorgesehene Beschränkung bestimmen; der Vollstreckungsschuldnerin oder dem Vollstreckungsschuldner ist jedoch so viel zu belassen, wie sie oder er für ihren oder seinen notwendigen Unterhalt und zur Erfüllung ihrer oder seiner laufenden gesetzlichen Unterhaltsverpflichtungen bedarf. [3]Bei Pfändungsschutzkonten, die nach § 850k Abs. 1 der Zivilprozessordnung eingerichtet werden, kann die Vollstreckungsbehörde wegen Forderungen nach Satz 2 abweichende pfändungsfreie Beträge festsetzen.

§ 56 Mehrfache Pfändung einer Forderung

(1) Ist eine Forderung durch mehrere Vollstreckungsbehörden oder durch eine Vollstreckungsbehörde und ein Gericht gepfändet, so sind die §§ 853 bis 856 der Zivilprozessordnung und § 99 Abs. 1 Satz 1 des Gesetzes über die Rechte an Luftfahrzeugen entsprechend anzuwenden.

(2) Fehlt es an einem Amtsgericht, das nach den §§ 853 und 854 der Zivilprozessordnung zuständig wäre, so ist bei dem Amtsgericht zu hinterlegen, in dessen Bezirk die Vollstreckungsbehörde ihren Sitz hat, deren Pfändungsverfügung der Drittschuldnerin oder dem Drittschuldner zuerst zugestellt worden ist.

§ 57 Vollstreckung in andere Vermögensrechte

(1) Für die Vollstreckung in andere Vermögensrechte, die nicht Gegenstand der Vollstreckung in das unbewegliche Vermögen sind, gelten die vorstehenden Vorschriften entsprechend.

(2) Ist weder eine Drittschuldnerin noch ein Drittschuldner vorhanden, so ist die Pfändung bewirkt, wenn der Vollstreckungsschuldnerin oder dem Vollstreckungsschuldner das Gebot, sich jeder Verfügung über das Recht zu enthalten, zugestellt ist.

(3) Ein unveräußerliches Recht ist, wenn nichts anderes bestimmt ist, insoweit pfändbar, als die Ausübung einer anderen Person überlassen werden kann.

(4) Die Vollstreckungsbehörde kann bei der Vollstreckung in unveräußerliche Rechte, deren Ausübung einer anderen Person überlassen werden kann, besondere Anordnungen erlassen, insbesondere bei der Vollstreckung in Nutzungsrechte eine Verwaltung anordnen; in diesem Fall wird die Pfändung durch Übergabe der zu benutzenden Sache an die Verwalterin oder den Verwalter bewirkt, sofern sie nicht durch Zustellung der Pfändungsverfügung schon vorher bewirkt ist.

(5) Ist die Veräußerung des Rechts zulässig, so kann die Vollstreckungsbehörde die Veräußerung anordnen.

(6) Für die Vollstreckung in eine Reallast, eine Grundschuld oder eine Rentenschuld gelten die Vorschriften über die Vollstreckung in eine Forderung, für die eine Hypothek besteht.

(7) Die §§ 858 bis 863 der Zivilprozessordnung gelten singgemäß.

Dritter Abschnitt

Vollstreckung in das unbewegliche Vermögen

§ 58 Verfahren

(1) [1]Der Vollstreckung in das unbewegliche Vermögen unterliegen außer den Grundstücken die Berechtigungen, für welche die sich auf Grundstücke beziehenden Vorschriften gelten, die im Schiffsregister eingetragenen Schiffe, die Schiffsbauwerke und Schwimmdocks, die im Schiffsbauregister eingetragen sind oder in dieses Register eingetragen werden können, sowie die Luftfahrzeuge, die in der Luftfahrzeugrolle eingetragen sind oder nach Löschung in der Luftfahrzeugrolle noch in dem Register für Pfandrechte an Luftfahrzeugen eingetragen sind. [2]Auf die Vollstreckung sind die für die gerichtliche Zwangsvollstreckung geltenden Vorschriften, namentlich die §§ 864 bis 871 der Zivilprozessordnung und das Gesetz über die Zwangsversteigerung und die Zwangsverwaltung anzuwenden. [3]Bei Stundung und Aussetzung der Vollziehung geht eine im Wege der Vollstreckung eingetragene Sicherungshypothek jedoch nur dann nach § 868 der Zivilprozessordnung auf die Eigentümerin oder den Eigentümer über und erlischt eine Schiffshypothek oder ein Registerpfandrecht an einem Luftfahrzeug jedoch nur dann nach § 870a Abs. 3 der Zivilprozessordnung sowie § 99 Abs. 1 des Ge-

setzes über Rechte an Luftfahrzeugen, wenn zugleich die Aufhebung der Vollstreckungsmaßnahme angeordnet wird.

(2) Für die Vollstreckung in ausländische Schiffe gilt § 171 des Gesetzes über die Zwangsversteigerung und die Zwangsverwaltung, für die Vollstreckung in ausländische Luftfahrzeuge § 106 Abs. 1 und 2 des Gesetzes über Rechte an Luftfahrzeugen sowie die §§ 171h bis 171n des Gesetzes über die Zwangsversteigerung und die Zwangsverwaltung.

(3) [1]Die für die Vollstreckung in das unbewegliche Vermögen erforderlichen Anträge des Gläubigers stellt die Vollstreckungsbehörde. [2]Sie hat hierbei zu bestätigen, dass die gesetzlichen Voraussetzungen für die Vollstreckung vorliegen. [3]Diese Fragen unterliegen nicht der Beurteilung des Vollstreckungsgerichts oder des Grundbuchamts. [4]Anträge auf Eintragung einer Sicherungshypothek, einer Schiffshypothek oder eines Registerpfandrechts an einem Luftfahrzeug sind Ersuchen im Sinne des § 38 der Grundbuchordnung und des § 45 der Schiffsregisterordnung in der Fassung vom 26. Mai 1994 (BGBl. I S. 1133), zuletzt geändert durch Artikel 4 Abs. 5 des Gesetzes vom 11. August 2009 (BGBl. I S. 2713).

(4) Zwangsversteigerung und Zwangsverwaltung soll die Vollstreckungsbehörde nur beantragen, wenn festgestellt ist, dass der Geldbetrag durch Vollstreckung in das bewegliche Vermögen nicht beigetrieben werden kann.

(5) Soweit der zu vollstreckende Anspruch nach § 10 Abs. 1 Nr. 3 des Gesetzes über die Zwangsversteigerung und die Zwangsverwaltung den Rechten am Grundstück im Rang vorgeht, kann eine Sicherungshypothek unter der aufschiebenden Bedingung in das Grundbuch eingetragen werden, dass das Vorrecht wegfällt.

§ 59 Vollstreckung gegen den Rechtsnachfolger

[1]Ist nach § 58 eine Sicherungshypothek, eine Schiffshypothek oder ein Registerpfandrecht an einem Luftfahrzeug eingetragen worden, so bedarf es zur Zwangsversteigerung aus diesem Recht nur dann eines Bescheides auf Duldung der Vollstreckung, wenn nach der Eintragung dieses Rechts ein Eigentumswechsel eingetreten ist. [2]Satz 1 gilt sinngemäß für die Zwangsverwaltung aus einer nach § 58 eingetragenen Sicherungshypothek.

Vierter Abschnitt
Ergänzende Vorschriften

§§ 60–63 – aufgehoben –

§ 64 Dinglicher Arrest

(1) [1]Zur Sicherung der Vollstreckung von Geldforderungen kann das Amtsgericht, in dessen Bezirk sich der mit Arrest zu belegende Gegenstand befindet, auf Antrag der Vollstreckungsbehörde oder des Vollstreckungsgläubigers den Arrest in das bewegliche oder unbewegliche Vermögen der Vollstreckungsschuldnerin oder des Vollstreckungsschuldners anordnen, wenn zu befürchten ist, dass sonst die Vollstreckung vereitelt oder wesentlich erschwert wird. [2]Das Amtsgericht kann den Arrest auch dann anordnen, wenn die Forderung nicht zahlenmäßig feststeht oder wenn sie bedingt oder betagt ist. [3]In der Arrestanordnung ist ein Geldbetrag zu bestimmen, bei dessen Hinterlegung die Vollziehung des Arrestes gehemmt ist und die getroffenen Vollzugsmaßnahmen aufzuheben sind.

(2) [1]Die Vollstreckungsbehörde stellt die Arrestanordnung zu und vollzieht den Arrest. [2]Die §§ 27 bis 59 dieses Gesetzes, § 929 Abs. 2 und 3 und die §§ 930 bis 932 der Zivilprozessordnung sowie § 99 Abs. 2 und § 106 Abs. 1, 3 und 5 des Gesetzes über Rechte an Luftfahrzeugen finden entsprechende Anwendung.

§ 65 Verwertung von Sicherheiten

(1) [1]Wird eine Geldforderung, die nach diesem Gesetz bereits vollstreckt werden darf, bei Fälligkeit nicht erfüllt, so kann der Vollstreckungsgläubiger Sicherheiten, die ihm zur Sicherung dieser Forderung gestellt sind oder die er zu diesem Zweck sonst erlangt hat, durch die Vollstreckungsbehörde nach den Vorschriften dieses Teils verwerten. [2]Soweit zur Verwertung Erklärungen der Vollstreckungsschuldnerin oder des Vollstreckungsschuldners erforderlich sind, werden sie durch Erklärungen des Vollstreckungsgläubigers ersetzt.

(2) Die Sicherheiten dürfen erst verwert werden, wenn der Vollstreckungsschuldnerin oder dem Vollstreckungsschuldner die Verwertungsabsicht bekanntgegeben und seit der Bekanntgabe mindestens eine Woche verstrichen ist.

§ 66 Ausschluss der aufschiebenden Wirkung

Widerspruch und Klage gegen Verwaltungsakte nach diesem Teil haben keine aufschiebende Wirkung.

§ 67 Kosten

(1) [1]Für Amtshandlungen nach diesem Teil werden Kosten (Gebühren und Auslagen) erhoben; § 8a Abs. 4 Satz 1 bleibt unberührt. [2]Kostengläubiger ist der Rechtsträger, dessen Behörde die Amtshandlung vornimmt, bei Auslagen auch der Rechtsträger, bei dessen Behörde die Auslagen entstanden sind.

(2) [1]Die Kosten trägt die Vollstreckungsschuldnerin oder der Vollstreckungsschuldner. [2]Mehrere Vollstreckungsschuldnerinnen oder Vollstreckungsschuldner haften gesamtschuldnerisch.

(3) [1]Die Gebührenschuld entsteht, sobald Schritte zur Ausführung der Amtshandlung unternommen worden sind, bei schriftlichen oder in elektronischer Form vorgenommenen Amtshandlungen jedoch erst mit der Absendung des Schriftstücks oder des elektronischen Dokuments. [2]Die Verpflichtung zur Erstattung der Auslagen entsteht mit der Aufwendung des zu erstattenden Betrages.

(4) [1]Die Kostenschuld ist sofort fällig. [2]Sie kann ohne besonderen Leistungsbescheid mit der Hauptleistung beigetrieben werden.

(5) [1]Das Fachministerium wird ermächtigt, im Einvernehmen mit dem Finanzministerium entsprechend § 3 Abs. 1 bis 3 des Niedersächsischen Verwaltungskostengesetzes (NVwKostG) die einzelnen Amtshandlungen, für die Gebühren erhoben werden sollen, und die Höhe der Gebühren durch Verordnung zu bestimmen. [2]Die Gebühren können abweichend von § 3 Abs. 2 Satz 2 NVwKostG so bemessen werden, dass sie einerseits den Verwaltungsaufwand berücksichtigen und andererseits in einem angemessenen Verhältnis zur Höhe der Forderung oder dem Wert der Sache stehen, die gepfändet oder verwertet werden soll.

(6) Im Übrigen gelten die §§ 8, 9 Abs. 1, §§ 11 und 13 NVwKostG entsprechend.

§ 67a Kostenbeitrag bei Vollstreckungshilfe

(1) [1]Leistet eine Vollstreckungsbehörde einer der Aufsicht des Landes unterstehenden Körperschaft, Anstalt oder Stiftung des öffentlichen Rechts Vollstreckungshilfe, so zahlt diese an die Vollstreckungsbehörde für jedes Ersuchen zum Ausgleich des nicht gedeckten durchschnittlichen Verwaltungsaufwands einen Kostenbeitrag; § 67 Abs. 1 bleibt mit der Maßgabe unberührt, dass der Kostenbeitrag nach Halbsatz 1 nicht zu den Auslagen des Vollstreckungsgläubigers gehört. [2]§ 67 Abs. 3 Satz 1 gilt entsprechend. [3]Die Landesregierung wird ermächtigt, durch Verordnung für den Kostenbeitrag nach Satz 1 einen Pauschalbetrag festzulegen.

(2) Absatz 1 gilt auch, wenn die Vollstreckungsbehörde aufgrund einer Rechtsvorschrift für den Vollstreckungsgläubiger tätig wird.

§ 67b Kostenerstattung bei Amtshilfe

(1) Leistet eine Vollstreckungsbehörde gegenüber einer Vollstreckungsbehörde eines anderen Trägers Amtshilfe und können die Kosten bei der Vollstreckungsschuldnerin oder dem Vollstreckungsschuldner nicht beigetrieben werden, so hat die ersuchende Behörde der Vollstreckungsbehörde die Auslagen zu erstatten, wenn sie im Einzelfall 35 Euro übersteigen.

(2) Leistet eine Vollstreckungsbehörde gegenüber einer Vollstreckungsbehörde eines anderen Landes Amtshilfe, das von niedersächsischen Behörden höhere als die in § 8 VwVfG bestimmten Gegenleistungen der Amtshilfe verlangt, so hat die ersuchende Behörde abweichend von Absatz 1 die Kosten, die bei der Vollstreckungsschuldnerin oder bei dem Vollstreckungsschuldner nicht beigetrieben werden können, zu erstatten, wenn die Kosten im Einzelfall 35 Euro übersteigen.

§§ 68, 69 – aufgehoben –

Zweiter Teil
Erzwingung von Handlungen, Duldungen und Unterlassungen

§ 70 Anwendung des Niedersächsischen Polizei- und Ordnungsbehördengesetzes

(1) Verwaltungsakte, die auf die Herausgabe einer Sache oder auf eine sonstige Handlung oder eine Duldung oder Unterlassung gerichtet sind und die nicht unter § 2 Abs. 1 fallen, werden, auch wenn sie

nicht der Gefahrenabwehr dienen, nach dem Sechsten Teil des Niedersächsischen Polizei- und Ordnungsbehördengesetzes durchgesetzt.

(2) [1]Für die Anwendung von Zwangsmitteln zur Durchsetzung eines Verwaltungsaktes nach Absatz 1 ist die Behörde zuständig, die für den Erlass des Verwaltungsaktes zuständig ist. [2]Schließt der Verwaltungsakt eine andere behördliche Entscheidung ein, so ist abweichend von Satz 1 für die Anwendung von Zwangsmitteln zur Durchsetzung von Auflagen, die sich auf die eingeschlossene Entscheidung beziehen, die für die eingeschlossene Entscheidung zuständige Behörde zuständig.

(3) Hat die Verwaltungsbehörde Verwaltungsvollzugsbeamtinnen oder Verwaltungsvollzugsbeamte (§ 50 NPOG) bestellt, so sind diese im Rahmen ihrer Befugnisse auch zur Durchsetzung von Verwaltungsakten berechtigt, die nicht der Gefahrenabwehr dienen.

§ 71 Besondere Vorschriften für die Herausgabe von Sachen

(1) [1]Wird die Herausgabe oder Räumung eines Grundstücks, eines Raumes oder eines Schiffes durchgesetzt, so sind bewegliche Sachen, die nicht Gegenstand der Vollstreckung sind, der betroffenen Person, wenn diese nicht anwesend ist, ihrer Vertreterin oder ihrem Vertreter oder einer zu der Familie der betroffenen Person gehörigen oder in deren Wohnung beschäftigten erwachsenen Person zu übergeben. [2]Andernfalls sind die Sachen zu verwahren. [3]Die betroffene Person ist aufzufordern, die Sachen binnen einer bestimmten Frist abzuholen. [4]Kommt sie der Aufforderung nicht nach, so kann die Verwaltungsbehörde die Sachen nach den Vorschriften dieses Gesetzes über die Verwertung gepfändeter Sachen verkaufen und den Erlös verwahren.

(2) [1]Soll die Herausgabe einer Urkunde oder einer anderen beweglichen Sache durchgesetzt werden und wird die Sache bei der betroffenen Person nicht vorgefunden, so hat sie auf Antrag der Verwaltungsbehörde gegenüber der Gerichtsvollzieherin oder dem Gerichtsvollzieher zu Protokoll an Eides Statt zu versichern, dass sie die Sache nicht besitze und auch nicht wisse, wo sich die Sache befinde. [2]Das Gericht kann beschließen, dass die eidesstattliche Versicherung in einer von Satz 1 abweichenden, der Sachlage entsprechenden Fassung abgegeben werden darf. [3]Dem Antrag der Verwaltungsbehörde ist eine beglaubigte Abschrift des Verwaltungsakts beizufügen. [4]§ 8a Abs. 4 gilt entsprechend.

(3) [1]Die Vollstreckungsbehörde kann die eidesstattliche Versicherung nach Absatz 2 Satz 1 nach Maßgabe des § 22 Abs. 3, 6 Sätze 1 und 2 und Abs. 8 selbst abnehmen und sie entsprechend Absatz 2 Satz 2 ändern. [2]Mit der Ladung (§ 22 Abs. 6 Satz 1) ist die betroffene Person über ihre Rechte und Pflichten nach § 22 Abs. 3 sowie über die Folgen einer unentschuldigten Terminssäumnis und einer Verletzung ihrer oder seiner Auskunftspflichten (§ 22 Abs. 8) zu belehren. [3]Widerspruch und Klage gegen Verwaltungsakte nach Satz 1 haben keine aufschiebende Wirkung.

§ 72 Öffentlich-rechtliche Verträge

Die §§ 70 und 71 gelten entsprechend für öffentlich-rechtliche Verträge, in denen die Schuldnerin oder der Schuldner sich zu einer Handlung, Duldung oder Unterlassung verpflichtet und der sofortigen Vollstreckung unterworfen hat.

§ 73 Kosten

(1) Für ihre Amtshandlungen zur Durchsetzung von Handlungen, Duldungen oder Unterlassungen, die nicht unter § 2 Abs. 1 bis 4 fallen, erheben die in § 1 genannten Behörden Kosten (Gebühren und Auslagen).

(2) [1]Die Kosten schuldet die Person, gegen die sich die Amtshandlung richtet. [2]Richtet sich die Amtshandlung gegen mehrere Personen, so haften diese als Gesamtschuldner.

(3) [1]§ 67 Abs. 3 und § 67b gelten entsprechend. [2]Die §§ 3, 4, 7 bis 9 und 11 bis 13 NVwKostG gelten entsprechend.

§ 74 Kirchliche Satzungen und Verwaltungsakte

In kirchenrechtlichen Vorschriften kann für den Fall, dass kirchliche Satzungen oder kirchliche Verwaltungsakte Gebote oder Verbote enthalten, vorgesehen werden, dass kirchliche Stellen die Vorschriften des Sechsten Teil des Niedersächsischen Polizei- und Ordnungsbehördengesetzes anwenden.

Dritter Teil
Schlussvorschriften

§ 75 Einschränkung von Grundrechten

Durch dieses Gesetz werden die Grundrechte der körperlichen Unversehrtheit, der Freiheit der Person (Artikel 2 Abs. 2 des Grundgesetzes) und der Unverletzlichkeit der Wohnung (Artikel 13 des Grundgesetzes) eingeschränkt.

§ 76 Verweisungen

Soweit in diesem Gesetz auf Vorschriften der Zivilprozessordnung verwiesen wird und nicht etwas anderes bestimmt ist, treten an die Stelle des Vollstreckungsgerichts die Vollstreckungsbehörde und an die Stelle eines nach der Zivilprozessordnung erforderlichen vollstreckbaren Titels die in § 2 Abs. 1 bis 4 genannten Vollstreckungsurkunden, soweit für sie die Vollstreckungsvoraussetzungen des § 3 vorliegen.

§ 77 Entscheidungen der ordentlichen Gerichte

Soweit dieses Gesetz den ordentlichen Gerichten weitere Aufgaben zuweist, gelten für das Verfahren und für die Anfechtung ihrer Entscheidungen die Zivilprozessordnung und das Gerichtsverfassungsgesetz.

§ 78 – aufgehoben –

§ 79 Besonderer Vollstreckungstitel

[1]Geldforderungen des Calenberger Kreditvereins, des Ritterschaftlichen Kreditinstituts des Fürstentums Lüneburg sowie des Ritterschaftlichen Kreditinstituts Stade aus Darlehen und im Grundbuch eingetragenen Grundpfandrechten werden nach den Vorschriften der Zivilprozessordnung vollstreckt. [2]Ein vor dem 1. Februar 2014 gestellter schriftlicher Antrag des Gläubigers auf Zwangsvollstreckung ersetzt den vollstreckbaren zugestellten Schuldtitel. [3]Ein danach gestellter Antrag ersetzt den vollstreckbaren zugestellten Schuldtitel, wenn

1. eine Geldforderung aus einem Darlehen vollstreckt wird, die durch ein Grundpfandrecht gesichert ist, oder
2. eine Geldforderung aus einem Grundpfandrecht vollstreckt wird, durch das eine Geldforderung aus einem Darlehen gesichert ist,

und der zugrunde liegende Darlehensvertrag sowie die Vereinbarung über die Bestellung oder die Abtretung des Grundpfandrechts vor dem 1. Februar 2013 geschlossen worden sind. [4]Der Gläubiger hat in dem Antrag zu versichern, dass die Schuldnerin oder der Schuldner unter Einräumung einer Zahlungsfrist von mindestens einer Woche schriftlich vergeblich gemahnt worden ist. [5]Für Klagen gegen den Antrag gelten § 797 Abs. 4 und 5 und § 800 Abs. 3 der Zivilprozessordnung entsprechend.

§ 80 Übergangsvorschriften

(1) Vollstreckungsverfahren, die am 31. Mai 2011 eingeleitet waren, werden nach den bis dahin geltenden Vorschriften abgewickelt; § 79 bleibt unberührt.

(2) Vollstreckungsverfahren, die am 31. Juli 2014 eingeleitet waren, werden nach den bis dahin geltenden Vorschriften abgewickelt; § 79 bleibt unberührt.

§§ 81, 82 – aufgehoben –

Niedersächsisches Verwaltungskostengesetz (NVwKostG)

In der Fassung vom 25. April 2007[1)] (Nds. GVBl. S. 173)
(GVBl. Sb 20220 01)

zuletzt geändert durch Art. 11 Haushaltsbegleitgesetz 2017 vom 15. Dezember 2016
(Nds. GVBl. S. 301)

Nichtamtliche Inhaltsübersicht

§ 1 Verwaltungskosten

(1) [1]Für Amtshandlungen

1. in Angelegenheiten der Landesverwaltung und
2. im übertragenen Wirkungskreis der Gebietskörperschaften und anderer Körperschaften des öffentlichen Rechts

werden nach diesem Gesetz Kosten (Gebühren und Auslagen) erhoben, wenn die Beteiligten zu der Amtshandlung Anlass gegeben haben. [2]Kosten sind auch zu erheben, wenn ein auf Vornahme einer kostenpflichtigen Amtshandlung gerichteter Antrag abgelehnt oder zurückgenommen wird.

(2) Wird aufgrund dieses Gesetzes eine Amtshandlung für gebührenpflichtig oder für gebührenfrei erklärt, so dürfen Gebühren aufgrund anderer Rechtsvorschriften für dieselbe Amtshandlung nicht erhoben werden.

(3) Die Vorschriften dieses Gesetzes sind entsprechend anzuwenden, wenn nach anderen Rechtsvorschriften Kosten erhoben werden und nichts Abweichendes bestimmt ist.

§ 2 Gebührenfreie Amtshandlungen

(1) [1]Gebühren werden nicht erhoben für Amtshandlungen,

1. zu denen eine Landesbehörde oder in Ausübung öffentlicher Gewalt eine andere Behörde im Land, eine Behörde des Bundes oder die Behörde eines anderen Bundeslandes Anlass gegeben hat, es sei denn, dass die Gebühr Dritten auferlegt oder in sonstiger Weise auf Dritte umgelegt werden kann,
2. zu denen eine Hochschule in staatlicher Verantwortung im Sinne des § 1 Abs. 1 Satz 1 des Niedersächsischen Hochschulgesetzes (NHG) oder eine Stiftung, die nach § 55 NHG Trägerin einer Hochschule ist, Anlass gegeben hat, es sei denn, dass die Gebühr Dritten auferlegt oder in sonstiger Weise auf Dritte umgelegt werden kann, oder
3. zu denen Kirchen einschließlich ihrer öffentlich-rechtlichen Verbände, Anstalten und Stiftungen Anlass gegeben haben, es sei denn, dass die Gebühr einem Dritten aufzuerlegen ist.

[2]Satz 1 Nr. 2 gilt nicht für Amtshandlungen einer unteren Bauaufsichtsbehörde.

(2) Von der Erhebung einer Gebühr kann ganz oder teilweise abgesehen werden, wenn daran ein öffentliches Interesse besteht.

---

1) Neubekanntmachung des NVwKostG v. 7. 5. 1962 (Nds. GVBl. S. 43) in der ab 1. 1. 2007 geltenden Fassung.

(3) Absätze 1 und 2 werden nicht angewendet
1. bei Amtshandlungen der Vermessungs- und Katasterverwaltung, einschließlich Amtshandlungen des Kampfmittelbeseitigungsdienstes,
2. bei Entscheidungen über förmliche Rechtsbehelfe (Widerspruch oder Beschwerde),
3. bei Amtshandlungen, zu denen ein nach § 20 des Kreislaufwirtschaftsgesetzes zur Entsorgung verpflichteter Entsorgungsträger in Erfüllung dieser Aufgabe Anlass gegeben hat,
4. bei der Erhebung von Gebühren der wissenschaftlichen Bibliotheken des Landes Niedersachsen,
5. für die Übernahme radioaktiver Abfälle durch die Landessammelstelle für radioaktive Abfälle,
6. bei Amtshandlungen, die Anlagen betreffen, welche zur dauernden Lagerung radioaktiver Abfälle bestimmt sind oder bestimmt waren,
7. bei Amtshandlungen des Landesbetriebs Mess- und Eichwesen Niedersachsen.

§ 3 Gebührenordnungen

(1) [1]Die einzelnen Amtshandlungen, für die Gebühren erhoben werden sollen, und die Höhe der Gebühren sind in Gebührenordnungen zu bestimmen. [2]Für Auslagen gilt § 13 dieses Gesetzes.

(2) [1]Die Gebühren sollen den Aufwand der an der Amtshandlung beteiligten Stellen decken, der durchschnittlich für die Amtshandlung anfällt. [2]Sie sind nach dem Maß des Verwaltungsaufwandes oder nach dem Wert des Gegenstandes der Amtshandlung zu bemessen.

(3) Enthält ein Rechtsakt der Europäischen Gemeinschaft Vorschriften zu Gebühren, so sind die Gebühren in den Gebührenordnungen nach Maßgabe des Rechtsaktes und, soweit dieser es zulässt, ergänzend nach Maßgabe des Absatzes 2 festzusetzen.

(4) [1]Deckt eine bundesrechtlich geregelte Gebühr nicht den Aufwand (Absatz 2 Satz 1) oder ist für eine Amtshandlung die Erhebung einer Gebühr bundesrechtlich ausgeschlossen, so kann in der Gebührenordnung für diese Amtshandlung eine vom Bundesrecht abweichende Regelung getroffen werden. [2]Für die Erhebung einer nach Satz 1 geregelten Gebühr findet dieses Gesetz Anwendung, wenn nicht die Gebührenordnung bestimmt, dass das Verwaltungskostenrecht des Bundes anzuwenden ist.

(5) [1]Die gebührenpflichtigen Amtshandlungen und die Höhe der Gebühren sind in einer Allgemeinen Gebührenordnung zu bestimmen, die das Finanzministerium im Einvernehmen mit den jeweils zuständigen Ministerien erlässt. [2]Die zuständigen Ministerien werden ermächtigt, im Einvernehmen mit dem Finanzministerium für bestimmte Verwaltungsbereiche besondere Gebührenordnungen zu erlassen, soweit eine Regelung in der Allgemeinen Gebührenordnung nicht erfolgt ist.

§ 4 Berechtigter für die Kostenerhebung

(1) Das Aufkommen an Kosten steht der Körperschaft zu, deren Behörde oder Organ die Amtshandlung vornimmt.

(2) Das Finanzministerium kann im Einvernehmen mit den beteiligten Ministerien, auch in Bezug auf bundesrechtlich geregelte Kosten, durch Verordnung bestimmen, dass an den vereinnahmten Kosten diejenigen Körperschaften beteiligt werden, deren Dienststellen bei der Vorbereitung der Amtshandlung wesentlich mitgewirkt haben.

§ 5 Kostenschuldner

(1) [1]Kostenschuldner ist derjenige, der zu der Amtshandlung Anlass gegeben hat. [2]Mehrere Kostenschuldner haften als Gesamtschuldner.

(2) Kosten einer Amtshandlung, die im förmlichen Verwaltungsverfahren vorgenommen wird, können durch Bescheid oder Beschluss einem anderen Beteiligten auferlegt werden, soweit er sie durch unbegründete Einwendungen oder durch Anträge auf Beweiserhebungen und Rechtsbehelfe verursacht hat, die ohne Erfolg geblieben sind.

§ 6 Entstehung der Kostenschuld

(1) Die Gebührenschuld entsteht mit der Beendigung der Amtshandlung oder mit der Rücknahme des Antrages.

(2) Die Verpflichtung zur Erstattung der Auslagen entsteht mit der Aufwendung des zu erstattenden Betrages.

§ 7 Fälligkeit und Beitreibung

(1) Kosten werden mit der Bekanntgabe der Kostenentscheidung an den Kostenschuldner fällig, wenn nicht die Behörde einen späteren Zeitpunkt bestimmt.

(2) [1]Eine Amtshandlung kann von der vorherigen Zahlung der Kosten oder von der Zahlung oder Sicherstellung eines angemessenen Kostenvorschusses abhängig gemacht werden. [2]Soweit der Vorschuss die endgültige Kostenschuld übersteigt, ist er zu erstatten.

§ 7a Säumniszuschlag

(1) [1]Werden die Kosten nicht bis zum Ablauf eines Monats nach dem Fälligkeitstag entrichtet, so kann für jeden angefangenen Monat der Säumnis ein Säumniszuschlag von eins vom Hundert des rückständigen Betrages erhoben werden, wenn dieser 50 Euro übersteigt. [2]Für die Berechnung des Säumniszuschlages ist der rückständige Betrag auf 50 Euro nach unten abzurunden.

(2) Als Tag, an dem eine Zahlung entrichtet worden ist, gilt

1. bei Übergabe oder Übersendung von Zahlungsmitteln an die für den Kostengläubiger zuständige Kasse oder Zahlstelle der Tag des Eingangs;
2. bei Überweisung oder Einzahlung auf ein Konto der für den Kostengläubiger zuständigen Kasse oder Zahlstelle der Tag, an dem der Betrag der Kasse oder Zahlstelle gutgeschrieben wird.

§ 8 Verjährung

(1) [1]Durch Verjährung erlischt der Kostenanspruch. [2]Das Gleiche gilt für den Erstattungsanspruch (§ 7 Abs. 2 Satz 2). [3]Was zur Befriedigung oder Sicherung eines verjährten Anspruchs geleistet ist, kann jedoch nicht zurückgefordert werden.

(2) [1]Die Verjährung beginnt mit dem Ablauf des Jahres, in dem die Kostenschuld entstanden ist. [2]Die Verjährungsfrist beträgt drei Jahre.

(3) [1]Durch Zahlungsaufforderung, durch Stundung und durch Rechtsbehelfe wird die Verjährung unterbrochen. [2]Mit Ablauf des Jahres, in dem die Unterbrechung endet, beginnt eine neue Verjährungsfrist.

§ 9 Bemessungsgrundsätze

(1) Ist für den Ansatz einer Gebühr durch die Gebührenordnung ein Rahmen bestimmt, so hat die Behörde, soweit die Gebührenordnung nichts anderes vorschreibt, bei Festsetzung der Gebühr das Maß des Verwaltungsaufwandes für die einzelne Amtshandlung sowie den Wert des Gegenstandes der Amtshandlung zu berücksichtigen.

(2) Ist eine Gebühr nach dem Wert des Gegenstandes zu berechnen, so ist der Wert zur Zeit der Beendigung der Amtshandlung maßgebend.

§ 10 Pauschgebühren

Die Gebühr für regelmäßig wiederkehrende Amtshandlungen kann auf Antrag für einen im Voraus bestimmten Zeitraum, jedoch nicht länger als ein Jahr, durch einen Pauschbetrag abgegolten werden; bei der Bemessung des Pauschbetrages ist der geringere Umfang des Verwaltungsaufwandes zu berücksichtigen.

§ 11 Billigkeitsmaßnahmen

(1) Kosten, die dadurch entstanden sind, dass die Behörde die Sache unrichtig behandelt hat, sind zu erlassen.

(2) [1]Die Behörde kann die von ihr festgesetzten Kosten stunden, wenn die sofortige Einziehung für den Schuldner mit erheblichen Härten verbunden ist und wenn der Anspruch durch die Stundung nicht gefährdet wird. [2]Sie kann die Kosten ermäßigen oder von der Erhebung absehen, wenn dies im Einzelfall mit Rücksicht auf die wirtschaftlichen Verhältnisse des Kostenschuldners oder sonst aus Billigkeitsgründen geboten ist.

(3) Wird ein Antrag auf Vornahme einer Amtshandlung

1. ganz oder teilweise abgelehnt,
2. zurückgenommen, bevor die Amtshandlung beendet ist,

so kann die Gebühr bis auf ein Viertel des vollen Betrages ermäßigt werden.

(4) Wird ein Antrag wegen Unzuständigkeit abgelehnt oder beruht ein Antrag auf unverschuldeter Unkenntnis, so kann die Gebühr außer Ansatz bleiben.

(5) Das zuständige Ministerium kann im Einvernehmen mit dem Finanzministerium bestimmen, dass für besondere Arten von Amtshandlungen eine Gebühr ganz oder teilweise nicht zu erheben ist, wenn die Erhebung der Gebühr unbillig ist oder dem öffentlichen Interesse widerspricht.

§ 12 Kosten der Rechtsbehelfe in gebührenpflichtigen Angelegenheiten

(1) [1]Soweit ein Rechtsbehelf erfolglos bleibt, beträgt die Gebühr für die Entscheidung über den Rechtsbehelf das Eineinhalbfache der Gebühr, die für die angefochtene Entscheidung anzusetzen war. [2]Soweit der Rechtsbehelf Erfolg hat, sind nur die Kosten für die vorzunehmende Amtshandlung zu erheben.

(2) [1]Wird eine Amtshandlung auf einen Rechtsbehelf hin, der nicht von dem Kostenpflichtigen eingelegt worden ist, im Widerspruchs- oder Beschwerdeverfahren oder durch gerichtliches Urteil aufgehoben, so ist eine bereits gezahlte Gebühr insoweit zurückzuzahlen, als sie die für eine Ablehnung des Antrages zu entrichtende Gebühr übersteigt. [2]Das Gleiche gilt, wenn ein Gericht nach § 113 der Verwaltungsgerichtsordnung die Rechtswidrigkeit der Amtshandlung festgestellt hat. [3]Die Zurückzahlung ist ausgeschlossen, wenn die Amtshandlung aufgrund von unrichtigen oder unvollständigen Angaben des Antragstellers vorgenommen wurde.

§ 13 Auslagen

(1) [1]Werden bei der Vorbereitung oder bei der Vornahme einer Amtshandlung Auslagen notwendig, so hat der Kostenschuldner sie, auch wenn die Amtshandlung gebührenfrei ist, zu erstatten; dies gilt nicht, wenn die Auslagen durch die Gebühr abgegolten werden. [2]Auslagen hat der Kostenschuldner auch dann zu erstatten, wenn sie bei einer anderen am Verfahren beteiligten Behörde entstanden sind. [3]Zwischen Behörden werden Auslagen erstattet, wenn diese im Einzelfall 25 Euro übersteigen; dies gilt auch in den Fällen des Satzes 2 und auch zwischen Behörden desselben Rechtsträgers.

(2) [1]Für Aufwendungen, die im Zusammenhang mit einer Amtshandlung dem Grunde oder der Höhe nach nicht regelmäßig entstehen, können in den Gebührenordnungen Bestimmungen über Auslagen und deren Erhebung getroffen werden. [2]Die Gebührenordnungen können insbesondere vorsehen, dass bestimmte Auslagen mit der Gebühr abgegolten oder neben der Gebühr zu erstatten sind; aus Gründen der Vereinfachung können pauschalierte Auslagensätze bestimmt werden.

(3) Auslagen können insbesondere Aufwendungen sein für

1. Leistungen Dritter und anderer Behörden,
2. technische Untersuchungen und Laboruntersuchungen,
3. Zustellungen und öffentliche Bekanntmachungen,
4. Dienstreisen und Dienstgänge,
5. Zeugen, Sachverständige, Dolmetscher und Übersetzer,
6. Abschriften, Auszüge, Kopien und zusätzliche Ausfertigungen,
7. Datenträger, mit denen Daten in elektronischer Form geliefert werden,
8. Telekommunikations- und Postdienstleistungen,
9. die Beförderung und Verwahrung von Sachen sowie
10. anlässlich der Amtshandlung entstehende Umsatzsteuer.

§ 14 Benutzungen und Leistungen

(1) [1]Für die Benutzung öffentlicher Einrichtungen und Gegenstände, die sich im Eigentum oder in der Verwaltung des Landes befinden, können Benutzungsgebühren und für Leistungen, die von einer Landesbehörde oder im übertragenen Wirkungskreis von einer Gebietskörperschaft oder einer anderen Körperschaft des öffentlichen Rechts bewirkt werden, ohne dass sie Amtshandlungen sind, können Leistungsgebühren erhoben werden. [2]Auslagen sind zu erstatten. [3]§ 13 Abs. 1 Satz 3 findet keine Anwendung.

(2) Im Übrigen finden die Vorschriften dieses Gesetzes über Kosten entsprechende Anwendung.

§ 15 Kosten der Justizverwaltung

Dieses Gesetz findet auf die Kosten der Justizverwaltung keine Anwendung.

§§ 16, 17 (aufgehoben)

§ 18 Kurbeiträge in Staatsbädern

(1) [1]Das Land kann in einer Gemeinde, die ganz oder teilweise als Kurort staatlich anerkannt ist, einen Kurbeitrag erheben, wenn die Einrichtungen für den Kurbetrieb überwiegend im Eigentum oder in der Verwaltung des Landes oder einer juristischen Person stehen, deren Mehrheitsgesellschafter das Land ist. [2]Der Kurbeitrag dient der vollständigen oder teilweisen Deckung des Aufwandes für die Herstellung, Anschaffung, Erweiterung, Verbesserung, Erneuerung, den Betrieb, die Unterhaltung und die

Verwaltung der Einrichtungen des Staatsbades. [3]Zum Aufwand im Sinne des Satzes 2 gehören insbesondere der Personal- und der Sachaufwand sowie kalkulatorische Abschreibungen und Zinsen. [4]Der Kurbeitrag ist so zu bemessen, dass sein Aufkommen zusammen mit den für die Benutzung des Staatsbades erhobenen Entgelten den Aufwand im Sinne des Satzes 2 nicht übersteigt.

(2) [1]Kurbeitragspflichtig sind alle Personen, die sich in dem Erhebungsgebiet aufhalten, ohne dort eine Hauptwohnung zu haben, und denen die Möglichkeit zur Benutzung der Einrichtungen geboten wird. [2]Kurbeitragspflichtig ist nicht, wer sich nur zur Berufsausübung im Erhebungsgebiet aufhält.

(3) Für den Kurbeitrag gelten die Verfahrensvorschriften des § 11, die Strafvorschrift des § 16 und die Bußgeldvorschrift des § 18 des Niedersächsischen Kommunalabgabengesetzes (NKAG) entsprechend.

(3a) [1]Die Meldebehörden dürfen bei An- und bei Abmeldung mit einer Nebenwohnung in einem Kurort nach Absatz 1 Satz 1 an die für die Erhebung des Kurbeitrages zuständige Stelle für die Erhebung des Kurbeitrages die dafür erforderlichen Daten und Hinweise der meldenden Person übermitteln. [2]Im Übrigen ist die Verordnung nach § 8 des Niedersächsischen Ausführungsgesetzes zum Bundesmeldegesetz ergänzend anzuwenden.

(4) [1]Das Finanzministerium wird ermächtigt, durch Verordnung zu regeln:

1. das Erhebungsgebiet innerhalb der als Kurort staatlich anerkannten Gemeinde,
2. die Einbeziehung von Personen in die Kurbeitragspflicht, die in der Gemeinde außerhalb des anerkannten Gebietes (Nummer 1) zu Heil-, Kur- oder Erholungszwecken Unterkunft nehmen,
3. Befreiungen von der Kurbeitragspflicht, wenn dies aus Gründen der Billigkeit geboten ist,
4. die Höhe des Kurbeitrages,
5. Mitteilungspflichten der kurbeitragspflichtigen Personen und
6. die Ausgabe von Kurkarten.

[2]In der Verordnung kann bestimmt werden, dass ein Dritter den Kurbeitrag für das Land erhebt; der Dritte unterliegt bei der Erhebung des Kurbeitrages der Fachaufsicht des Finanzministeriums.

(5) [1]Das Finanzministerium kann durch Verordnung außerdem

1. Personen, die im Erhebungsgebiet
   a) andere Personen beherbergen,
   b) anderen Personen Wohnraum zur vorübergehenden Nutzung überlassen oder
   c) einen Campingplatz, Standplatz für Wohnwagen oder Wohnmobile, Wochenendplatz oder Bootsliegeplatz betreiben und dort Plätze anderen Personen zur vorübergehenden Nutzung überlassen,

   verpflichten, die in den Buchstaben a bis c genannten Personen, soweit sie kurbeitragspflichtig sind, zu melden,
2. die nach Nummer 1 verpflichteten Personen außerdem verpflichten, den Kurbeitrag von den nach Nummer 1 zu meldenden Personen einzuziehen und an das Land oder eine vom Land bestimmte Stelle abzuführen,
3. in Fällen, in denen Wohnungsgeber, Betreiber oder die sonst durch Satzung Verpflichteten mit der Abwicklung der Beherbergung, Nutzungsüberlassung oder Beförderung Dritte beauftragen, die gewerbsmäßig derartige Abwicklungen übernehmen, auch den beauftragten Dritten die in den Nummern 1 und 2 genannten Pflichten auferlegen,
4. Pflichten nach den Nummern 1 und 2 auf die Inhaber von Sanatorien, Kuranstalten und ähnlichen Einrichtungen hinsichtlich der Personen erstrecken, die diese Einrichtungen benutzen, ohne im Erhebungsgebiet eine Unterkunft im Sinne der Nummer 1 zu haben, sowie
5. Pflichten nach den Nummern 1 und 2 auf Reiseunternehmen erstrecken, wenn der Kurbeitrag in dem Entgelt enthalten ist, das die Reiseteilnehmer an das Reiseunternehmen zu entrichten haben.

[2]Wer aufgrund einer Verordnung nach Satz 1 Nr. 2, 3, 4 oder 5 verpflichtet ist, haftet für die rechtzeitige Einziehung und vollständige Abführung des Kurbeitrages.

(6) [1]Schuldner des Kurbeitrages ist die kurbeitragspflichtige Person. [2]Schuldner des Kurbeitrages ist auch, wer nach Absatz 5 Satz 2 oder nach Absatz 3 in Verbindung mit § 11 NKAG und den §§ 69 bis 71 und 73 bis 75 der Abgabenordnung haftet. [3]Der Kurbeitrag entsteht mit Beginn des Aufenthalts im Erhebungsgebiet und wird mit seiner Entstehung fällig.

§ 19 Übergangsvorschriften[1)]
Die zur Zeit des Inkrafttretens dieses Gesetzes bestehenden, auf Landesgesetz beruhenden Kostenordnungen, Gebührenordnungen und Tarife bleiben zunächst in Kraft.

§ 20 (nicht wiedergegebene Aufhebungsvorschriften)

§ 21 Inkrafttreten[1)]
Dieses Gesetz tritt 14 Tage nach seiner Verkündung in Kraft.

1) **Amtl. Anm.:** Diese Vorschrift betrifft das Inkrafttreten des Gesetzes in der ursprünglichen Fassung vom 7. Mai 1962 (Nds. GVBl. S. 43). Der Zeitpunkt des Inkrafttretens der späteren Änderungen ergibt sich aus den in der vorangestellten Bekanntmachung näher bezeichneten Gesetzen.

Niedersächsisches Datenschutzgesetz (NDSG)[1)2)]

Vom 16. Mai 2018 (Nds. GVBl. S. 66, 67)
(VORIS 20600)

zuletzt geändert durch Art. 3 G zur Änd. dienstrechtl. Vorschriften vom 29. Juni 2022 (Nds. GVBl. S. 400)

Inhaltsübersicht

1) **Amtl. Anm.:** Die Vorschriften des Zweiten und des Dritten Teils dienen der Umsetzung der Richtlinie (EU) 2016/680 des Europäischen Parlaments und des Rates vom 27. April 2016 zum Schutz natürlicher Personen bei der Verarbeitung personenbezogener Daten durch die zuständigen Behörden zum Zwecke der Verhütung, Ermittlung, Aufdeckung oder Verfolgung von Straftaten oder der Strafvollstreckung sowie zum freien Datenverkehr und zur Aufhebung des Rahmenbeschlusses 2008/977/JI des Rates (ABl. EU Nr. L 119 S. 89).

2) Verkündet als Art. 1 G v. 16.5.2018 (Nds. GVBl. S. 66); Inkrafttreten gem. Art. 26 dieses G am 25.5.2018.

Erster Teil
Ergänzende Vorschriften für Verarbeitungen zu Zwecken gemäß Artikel 2 der Verordnung (EU) 2016/679

Erstes Kapitel
Allgemeines

§ 1 Regelungsgegenstand und Anwendungsbereich

(1) [1]Dieser Teil des Gesetzes trifft ergänzende Regelungen zur Verordnung (EU) 2016/679 des Europäischen Parlaments und des Rates vom 27. April 2016 zum Schutz natürlicher Personen bei der Verarbeitung personenbezogener Daten, zum freien Datenverkehr und zur Aufhebung der Richtlinie 95/46/EG (Datenschutz-Grundverordnung) (ABl. EU Nr. L 119 S. 1; Nr. L 314 S. 72) für die Verarbeitung personenbezogener Daten

1. durch Behörden, Organe der Rechtspflege und andere öffentlich-rechtlich organisierte Einrichtungen (öffentliche Stellen)
   a) des Landes,
   b) der Kommunen und
   c) der sonstigen der Aufsicht des Landes unterstehenden Körperschaften, Anstalten und Stiftungen des öffentlichen Rechts

   sowie
2. durch Personen und Stellen außerhalb des öffentlichen Bereichs, soweit ihnen Aufgaben der öffentlichen Verwaltung übertragen sind,

soweit die Datenverarbeitung in den sachlichen Anwendungsbereich der Datenschutz-Grundverordnung fällt oder nach § 2 auf die Datenverarbeitung die Regelungen der Datenschutz-Grundverordnung anzuwenden sind. [2]Personen und Stellen nach Satz 1 Nr. 2 sind öffentliche Stellen im Sinne der Vorschriften dieses Teils, soweit ihnen Aufgaben der öffentlichen Verwaltung übertragen sind. [3]Öffentliche Stellen sind auch Vereinigungen des privaten Rechts, die Aufgaben der öffentlichen Verwaltung wahrnehmen und an denen eine oder mehrere der in Satz 1 genannten juristischen Personen des öffentlichen Rechts unmittelbar oder durch eine solche Vereinigung beteiligt sind.

(2) Für die Gerichte sowie für die Behörden der Staatsanwaltschaft gelten die Vorschriften dieses Teils nur, soweit sie Verwaltungsaufgaben wahrnehmen.

(3) Für den Landtag, seine Mitglieder, die Fraktionen sowie ihre jeweiligen Verwaltungen und Beschäftigten gelten die Vorschriften dieses Teils nur, soweit sie Verwaltungsaufgaben wahrnehmen.

(4) Soweit öffentliche Stellen als Unternehmen am Wettbewerb teilnehmen und dabei personenbezogene Daten in Ausübung ihrer wirtschaftlichen Tätigkeit verarbeiten, finden für sie selbst, ihre Zusammenschlüsse und Verbände die für nicht öffentliche Stellen geltenden Vorschriften Anwendung.

(5) Für öffentlich-rechtliche Kreditinstitute und öffentlich-rechtliche Versicherungsanstalten sowie deren Vereinigungen gelten § 12 dieses Gesetzes und im Übrigen die für nicht öffentliche Stellen geltenden Vorschriften.

(6) Besondere Rechtsvorschriften über die Verarbeitung personenbezogener Daten gehen den Vorschriften dieses Teils vor.

§ 2 Erweiterte Anwendung der Datenschutz-Grundverordnung

Die Regelungen der Datenschutz-Grundverordnung finden

1. abweichend von Artikel 2 Abs. 1 der Datenschutz-Grundverordnung mit Ausnahme der Artikel 30, 35 und 36 der Datenschutz-Grundverordnung auch Anwendung auf die nicht automatisierte Verarbeitung personenbezogener Daten, die in einem Dateisystem weder gespeichert sind noch gespeichert werden sollen, und
2. abweichend von Artikel 2 Abs. 2 Buchst. a der Datenschutz-Grundverordnung auch Anwendung auf die Verarbeitung personenbezogener Daten
   a) zum Zweck der Vorbereitung öffentlicher Auszeichnungen und Ehrungen, soweit in § 15 Abs. 2 nichts anderes bestimmt ist,
   b) in Begnadigungsverfahren, soweit in § 16 Satz 2 nichts anderes bestimmt ist, und
   c) im Rahmen einer sonstigen nicht in den sachlichen Anwendungsbereich des Unionsrechts fallenden Tätigkeit, die nicht unter Artikel 2 Abs. 2 Buchst. b bis d der Datenschutz-Grundverordnung fällt, soweit die Datenverarbeitung durch Rechtsvorschrift nicht speziell geregelt ist.

Zweites Kapitel
Rechtsgrundlagen der Datenverarbeitung

§ 3 Zulässigkeit der Verarbeitung personenbezogener Daten

[1]Die Verarbeitung personenbezogener Daten ist zulässig, soweit sie zur Erfüllung einer in der Zuständigkeit der oder des Verantwortlichen liegenden Aufgabe, deren Wahrnehmung

1. im öffentlichen Interesse liegt oder
2. in Ausübung öffentlicher Gewalt, die der oder dem Verantwortlichen übertragen wurde, erfolgt,

erforderlich ist. [2]Im Übrigen bestimmt sich die Zulässigkeit der Datenverarbeitung nach Artikel 6 Abs. 1 der Datenschutz-Grundverordnung.

§ 4 Hinweis bei der Datenerhebung bei anderen Personen

[1]Werden personenbezogene Daten nicht bei der betroffenen Person, sondern bei einer anderen Person oder einer Stelle außerhalb des öffentlichen Bereichs erhoben, so ist dieser anderen Person oder Stelle auf Verlangen der Erhebungszweck mitzuteilen, soweit dadurch schutzwürdige Interessen der betroffenen Person nicht beeinträchtigt werden. [2]Soweit eine Auskunftspflicht besteht, ist sie hierauf, sonst auf die Freiwilligkeit ihrer Angaben hinzuweisen.

§ 5 Übermittlung personenbezogener Daten

(1) [1]Die Übermittlung personenbezogener Daten an eine andere öffentliche Stelle ist zulässig, soweit sie zur Erfüllung der Aufgaben der übermittelnden Stelle oder der empfangenden Stelle erforderlich ist und die Daten für den Zweck erhoben worden sind oder die Voraussetzungen für eine Zweckänderung vorliegen. [2]Die Übermittlung personenbezogener Daten an eine nicht öffentliche Stelle ist zulässig, soweit

1. sie zur Erfüllung der Aufgaben der übermittelnden Stelle erforderlich ist und die Daten für den Zweck erhoben worden sind oder die Voraussetzungen für eine Zweckänderung vorliegen oder
2. die empfangende Stelle ein berechtigtes Interesse an der Kenntnis der zu übermittelnden Daten glaubhaft macht und kein Grund zu der Annahme besteht, dass das schutzwürdige Interesse der betroffenen Person an der Geheimhaltung überwiegt.

[3]Bei einer Übermittlung nach Satz 2 hat sich der Empfänger gegenüber der übermittelnden öffentlichen Stelle zu verpflichten, die Daten nur für den Zweck zu verarbeiten, zu dem sie ihm übermittelt wurden. [4]An öffentlich-rechtliche Religionsgesellschaften ist die Übermittlung nur zulässig, sofern sichergestellt ist, dass bei dem Empfänger eine Datenverarbeitung im Einklang mit der Datenschutz-Grundverordnung erfolgt.

(2) [1]Die Verantwortung für die Zulässigkeit der Übermittlung personenbezogener Daten trägt die übermittelnde Stelle. [2]Erfolgt die Übermittlung aufgrund eines Ersuchens einer öffentlichen Stelle, so trägt diese die Verantwortung. [3]Die übermittelnde Stelle hat dann lediglich zu prüfen, ob sich das Übermittlungsersuchen im Rahmen der Aufgaben der ersuchenden Stelle hält. [4]Die Rechtmäßigkeit des Ersuchens prüft sie nur, wenn im Einzelfall hierzu Anlass besteht; die ersuchende Stelle hat der übermittelnden Stelle die für diese Prüfung erforderlichen Angaben zu machen. [5]Erfolgt die Übermittlung durch automatisierten Abruf (§ 7), so trägt die Verantwortung für die Rechtmäßigkeit des Abrufs der Empfänger.

(3) Sind mit personenbezogenen Daten weitere personenbezogene Daten der betroffenen oder einer anderen Person so verbunden, dass eine Trennung nicht oder nur mit unverhältnismäßigem Aufwand möglich ist, so ist die Übermittlung auch dieser Daten an öffentliche Stellen zulässig, soweit nicht berechtigte Interessen der betroffenen oder einer anderen Person an deren Geheimhaltung offensichtlich überwiegen; eine weitere Verarbeitung dieser Daten ist unzulässig.

§ 6 Zweckbindung, Zweckänderung

(1) Zu dem Zweck einer Verarbeitung personenbezogener Daten zählt auch die Verarbeitung

1. zur Wahrnehmung von Aufsichts- und Kontrollbefugnissen, zur Rechnungsprüfung und zur Durchführung von Organisationsuntersuchungen sowie
2. zu Ausbildungs- und Prüfungszwecken, soweit nicht berechtigte Interessen der betroffenen Person an der Geheimhaltung der Daten überwiegen.

(2) Eine Verarbeitung von personenbezogenen Daten zu einem anderen Zweck als dem, für den die Daten erhoben wurden, ist zulässig, soweit und solange

1. die Datenverarbeitung zur Abwehr einer konkreten Gefahr für die öffentliche Sicherheit oder zur Abwehr von erheblichen Nachteilen für das Wohl des Bundes oder eines Landes erforderlich ist,
2. die Datenverarbeitung zur Verfolgung von Straftaten oder Ordnungswidrigkeiten, zur Strafvollstreckung oder zur Vollstreckung von Geldbußen erforderlich ist,
3. die Datenverarbeitung zur Abwehr einer schwerwiegenden Beeinträchtigung der Rechte und Freiheiten einer anderen Person erforderlich ist,
4. die Datenverarbeitung zur Überprüfung von Angaben der betroffenen Person erforderlich ist,
5. die Datenverarbeitung zum Schutz der betroffenen Person erforderlich ist oder
6. die Daten aus allgemein zugänglichen Quellen entnommen werden können oder die Daten verarbeitende Stelle sie veröffentlichen dürfte, es sei denn, dass schutzwürdige Interessen der betroffenen Person der Datenverarbeitung offensichtlich entgegenstehen.

(3) Personenbezogene Daten, die einem Berufsgeheimnis oder einem besonderen Amtsgeheimnis unterliegen und der Daten verarbeitenden Stelle von der zur Verschwiegenheit verpflichteten Person in Ausübung ihrer Berufs- oder Amtspflicht übermittelt worden sind, dürfen nicht nach Absatz 2 zu anderen Zwecken verarbeitet werden.

(4) Personenbezogene Daten, die ausschließlich zu Zwecken der Datenschutzkontrolle, der Gewährleistung der Datensicherheit oder des ordnungsgemäßen Betriebs einer Datenverarbeitungsanlage gespeichert werden, dürfen nicht nach Absatz 2 zu anderen Zwecken verarbeitet werden.

(5) Eine Information der betroffenen Person nach Artikel 13 Abs. 3 und Artikel 14 Abs. 4 der Datenschutz-Grundverordnung über die Datenverarbeitung nach Absatz 2 Nrn. 1 bis 4 erfolgt nicht, soweit und solange hierdurch der Zweck der Verarbeitung gefährdet würde.

§ 7 Automatisierte Verfahren und gemeinsame Dateien

Die Einrichtung eines automatisierten Abrufverfahrens oder einer gemeinsamen automatisierten Datei, in oder aus der mehrere Daten verarbeitende öffentliche Stellen personenbezogene Daten verarbeiten, ist zulässig, soweit dies unter Berücksichtigung der Rechte und Freiheiten der betroffenen Personen und der Aufgaben der beteiligten Stellen angemessen ist und durch technische und organisatorische Maßnahmen Risiken für die Rechte und Freiheiten der betroffenen Personen vermieden werden können.

Drittes Kapitel

Rechte der betroffenen Person

§ 8 Beschränkung der Informationspflicht nach Artikel 13 Abs. 1 und 2 und Artikel 14 Abs. 1 bis 3 der Datenschutz-Grundverordnung

Die Verantwortlichen können von der Erteilung der Information nach Artikel 13 Abs. 1 und 2 und Artikel 14 Abs. 1 bis 3 der Datenschutz-Grundverordnung absehen, soweit und solange

1. die Information die öffentliche Sicherheit gefährden oder sonst dem Wohl des Bundes oder eines Landes Nachteile bereiten würde,
2. dies zur Verfolgung von Straftaten oder Ordnungswidrigkeiten erforderlich ist oder
3. die Information dazu führen würde, dass ein Sachverhalt, der nach einer Rechtsvorschrift oder wegen der Rechte und Freiheiten einer anderen Person geheim zu halten ist, aufgedeckt wird.

§ 9 Beschränkung des Auskunftsrechts nach Artikel 15 der Datenschutz-Grundverordnung

(1) [1]Bezieht sich eine nach Artikel 15 der Datenschutz-Grundverordnung verlangte Auskunft auf personenbezogene Daten, die an

1. eine Behörde der Staatsanwaltschaft, eine Polizeidienststelle oder eine andere zur Verfolgung von Straftaten zuständige Stelle,
2. eine Verfassungsschutzbehörde, den Bundesnachrichtendienst oder den Militärischen Abschirmdienst oder
3. das Bundesministerium der Verteidigung oder eine Behörde seines nachgeordneten Bereichs

übermittelt wurden, so ist dieser Behörde vor der Erteilung der Auskunft Gelegenheit zur Stellungnahme zu geben. [2]Im Fall des Satzes 1 Nr. 3 ist dies nur erforderlich, wenn die Erteilung der Auskunft die Sicherheit des Bundes berühren könnte. [3]Die Sätze 1 und 2 gelten entsprechend für personenbezogene Daten, die von einer Behörde nach Satz 1 übermittelt wurden.

(2) [1]Die Verantwortlichen können die Erteilung einer Auskunft ablehnen, soweit und solange

1. die Auskunft die öffentliche Sicherheit gefährden oder sonst dem Wohl des Bundes oder eines Landes Nachteile bereiten würde,
2. dies zur Verfolgung von Straftaten oder Ordnungswidrigkeiten erforderlich ist oder
3. die Auskunft dazu führen würde, dass ein Sachverhalt, der nach einer Rechtsvorschrift oder wegen der Rechte und Freiheiten einer anderen Person geheim zu halten ist, aufgedeckt wird.

[2]Abgelehnt werden kann auch eine Auskunft über personenbezogene Daten, die ausschließlich zu Zwecken der Gewährleistung der Datensicherheit oder der Datenschutzkontrolle verarbeitet werden und durch geeignete technische und organisatorische Maßnahmen gegen eine Verarbeitung zu anderen Zwecken geschützt sind, wenn die Erteilung der Auskunft einen unverhältnismäßigen Aufwand erfordern würde.

(3) Die Ablehnung der Auskunft ist zu begründen, soweit nicht durch die Mitteilung der Gründe der mit der Auskunftsverweigerung verfolgte Zweck gefährdet würde.

(4) [1]Wird der betroffenen Person eine Auskunft nicht erteilt, so ist die Auskunft auf Verlangen der betroffenen Person der von der oder dem Landesbeauftragten für den Datenschutz geleiteten Behörde

(§ 18 Abs. 1 Satz 2) zu erteilen. [2]Die Mitteilung der von der oder dem Landesbeauftragten für den Datenschutz geleiteten Behörde an die betroffene Person darf keine Rückschlüsse auf den Erkenntnisstand des Verantwortlichen zulassen, sofern dieser nicht einer weitergehenden Auskunft zustimmt.

(5) Über personenbezogene Daten, die nicht automatisiert verarbeitet werden und die in einem Dateisystem weder gespeichert sind noch gespeichert werden sollen (§ 2 Nr. 1), wird die Auskunft nur erteilt, soweit die betroffene Person Angaben macht, die das Auffinden der Daten ermöglichen, und der für die Erteilung der Auskunft erforderliche Aufwand nicht außer Verhältnis zu dem geltend gemachten Informationsinteresse steht.

§ 10 Beschränkung der Benachrichtigungspflicht nach Artikel 34 der Datenschutz-Grundverordnung

Die Verantwortlichen können von der Benachrichtigung nach Artikel 34 der Datenschutz-Grundverordnung absehen, soweit und solange

1. die Benachrichtigung die öffentliche Sicherheit gefährden oder sonst dem Wohl des Bundes oder eines Landes Nachteile bereiten würde,
2. dies zur Verfolgung von Straftaten oder Ordnungswidrigkeiten erforderlich ist,
3. die Benachrichtigung dazu führen würde, dass ein Sachverhalt, der nach einer Rechtsvorschrift oder wegen der Rechte und Freiheiten einer anderen Person geheim zu halten ist, aufgedeckt wird oder
4. die Benachrichtigung die Sicherheit von automatisierten Informationssystemen gefährden würde.

§ 11 Dokumentationspflicht bei der Beschränkung von Rechten der betroffenen Person

Werden aufgrund von Vorschriften dieses Teils, aufgrund von Vorschriften der Datenschutz-Grundverordnung oder aufgrund anderer datenschutzrechtlicher Bestimmungen Rechte der betroffenen Person beschränkt, so haben die Verantwortlichen die Gründe dafür zu dokumentieren.

Viertes Kapitel

Besonderer Datenschutz

§ 12 Verarbeitung personenbezogener Daten bei Dienst- und Arbeitsverhältnissen

(1) Die beamtenrechtlichen Vorschriften über das Führen von Personalakten des § 50 des Beamtenstatusgesetzes und der §§ 88 bis 95 des Niedersächsischen Beamtengesetzes (NBG) sind für alle nicht beamteten Beschäftigten einer öffentlichen Stelle entsprechend anzuwenden, soweit tarifvertraglich nichts anderes geregelt ist.

(2) [1]Werden Feststellungen über die Eignung einer Bewerberin oder eines Bewerbers für ein Dienst- oder Arbeitsverhältnis durch ärztliche oder psychologische Untersuchungen oder Tests getroffen, so darf die Einstellungsbehörde von der untersuchenden Person oder Stelle in der Regel nur das Ergebnis der Eignungsuntersuchung und Feststellungen über Faktoren anfordern, die die gesundheitliche Eignung beeinträchtigen können. [2]Weitere personenbezogene Daten darf sie nur anfordern, wenn sie die Bewerberin oder den Bewerber zuvor schriftlich über die Gründe dafür unterrichtet hat.

(3) [1]§ 108a Abs. 1 Satz 1 Nrn. 2 bis 4 und Sätze 2 bis 5 und Abs. 2 NBG ist für alle Bewerberinnen und Bewerber um ein Arbeits-, Ausbildungs- oder Praktikantenverhältnis bei einer Polizeibehörde oder der Polizeiakademie Niedersachsen entsprechend anzuwenden, wenn diese Behörde Einstellungsbehörde ist. [2]Die Regelungen des Niedersächsischen Sicherheitsüberprüfungsgesetzes bleiben unberührt.

§ 13 Verarbeitung personenbezogener Daten zu wissenschaftlichen oder historischen Forschungszwecken

(1) [1]Öffentliche Stellen dürfen personenbezogene Daten einschließlich Daten im Sinne des Artikels 9 Abs. 1 der Datenschutz-Grundverordnung für ein bestimmtes wissenschaftliches oder historisches Forschungsvorhaben verarbeiten oder an andere Stellen zu diesem Zweck übermitteln, wenn die Art und Verarbeitung der Daten darauf schließen lassen, dass ein schutzwürdiges Interesse der betroffenen Person der Verarbeitung der Daten für das Forschungsvorhaben nicht entgegensteht oder das öffentliche Interesse an der Durchführung des Forschungsvorhabens das schutzwürdige Interesse der betroffenen Person überwiegt. [2]Das Ergebnis der Abwägung und seine Begründung sind aufzuzeichnen. [3]Über die Verarbeitung ist die oder der Datenschutzbeauftragte nach Artikel 37 der Datenschutz-Grundverordnung zu unterrichten.

(2) [1]Werden personenbezogene Daten zu wissenschaftlichen oder historischen Forschungszwecken verarbeitet, so sind sie von der Forschungseinrichtung zu anonymisieren, sobald dies nach dem Forschungszweck möglich ist. [2]Bis dahin sind die Merkmale, mit deren Hilfe ein Personenbezug hergestellt werden kann, getrennt zu speichern. [3]Diese Merkmale dürfen mit den Einzelangaben nur zusammengeführt werden, soweit der Forschungszweck dies erfordert.

(3) Im Rahmen von wissenschaftlichen oder historischen Forschungsvorhaben dürfen personenbezogene Daten nur veröffentlicht werden, wenn

1. die betroffene Person eingewilligt hat oder
2. dies für die Darstellung von Forschungsergebnissen über Ereignisse der Zeitgeschichte unerlässlich ist.

(4) [1]Personenbezogene Daten dürfen an Empfängerinnen und Empfänger, auf die die Vorschriften dieses Teils keine Anwendung finden, zu wissenschaftlichen oder historischen Forschungszwecken nur übermittelt werden, wenn sich diese verpflichtet haben, die Daten ausschließlich für das von ihnen bezeichnete Forschungsvorhaben und nach Maßgabe der Absätze 1 bis 3 zu verarbeiten und Schutzmaßnahmen nach § 17 oder gleichwertige Maßnahmen zu treffen. [2]Die Übermittlung ist der von der oder dem Landesbeauftragten geleiteten Behörde frühzeitig anzuzeigen.

(5) Die Verantwortlichen können von einer Gewährung der Rechte aus den Artikeln 15, 16, 18 und 21 der Datenschutz-Grundverordnung absehen, soweit und solange die Inanspruchnahme dieser Rechte voraussichtlich die Verwirklichung der jeweiligen wissenschaftlichen oder historischen Forschungszwecke unmöglich macht oder ernsthaft beeinträchtigt und der Ausschluss dieser Rechte für die Erfüllung dieser Zwecke notwendig ist.

§ 14 Videoüberwachung

(1) [1]Die Beobachtung öffentlich zugänglicher Räume mithilfe von optisch-elektronischen Einrichtungen (Videoüberwachung) und die weitere Verarbeitung der dadurch erhobenen personenbezogenen Daten sind zulässig, soweit sie zur Wahrnehmung einer im öffentlichen Interesse liegenden Aufgabe erforderlich sind und keine Anhaltspunkte dafür bestehen, dass schutzwürdige Interessen der von der Videoüberwachung betroffenen Personen überwiegen. [2]Zur Wahrnehmung einer öffentlichen Aufgabe gehören auch

1. der Schutz von Personen, die der beobachtenden Stelle angehören oder diese aufsuchen,
2. der Schutz von Sachen, die zu der beobachtenden Stelle oder zu den Personen nach Nummer 1 gehören, und
3. die Wahrnehmung des Hausrechts der beobachtenden Stelle.

[3]Zu einem anderen Zweck dürfen die nach Satz 1 erhobenen Daten nur verarbeitet werden, soweit dies zur Abwehr einer konkreten Gefahr für die öffentliche Sicherheit oder zur Verfolgung von Straftaten erforderlich ist; § 6 Abs. 5 gilt entsprechend.

(2) [1]Die Videoüberwachung ist durch geeignete Maßnahmen zum frühestmöglichen Zeitpunkt erkennbar zu machen. [2]Zudem ist auf den Namen und die Kontaktdaten des Verantwortlichen sowie die Möglichkeit, bei dem Verantwortlichen die Informationen nach Artikel 13 der Datenschutz-Grundverordnung zu erhalten, hinzuweisen.

(3) Beim Einholen des Rates der oder des Datenschutzbeauftragten zu einer Videoüberwachung nach Artikel 35 Abs. 2 der Datenschutz-Grundverordnung hat die öffentliche Stelle insbesondere den Zweck, die räumliche Ausdehnung und die Dauer der Videoüberwachung, den betroffenen Personenkreis, die Maßnahmen nach Absatz 2 und die vorgesehenen Auswertungen mitzuteilen.

§ 15 Öffentliche Auszeichnungen und Ehrungen

(1) [1]Zur Vorbereitung öffentlicher Auszeichnungen und Ehrungen dürfen die zuständigen Stellen die dazu erforderlichen personenbezogenen Daten einschließlich besonderer Kategorien personenbezogener Daten im Sinne des Artikels 9 Abs. 1 der Datenschutz-Grundverordnung verarbeiten, es sei denn, dass der zuständigen Stelle bekannt ist, dass die betroffene Person ihrer öffentlichen Auszeichnung oder Ehrung oder der damit verbundenen Datenverarbeitung widersprochen hat. [2]Auf Anforderung der in Satz 1 genannten Stellen dürfen öffentliche Stellen die erforderlichen Daten übermitteln. [3]Eine Verarbeitung der personenbezogenen Daten für andere Zwecke ist nur mit Einwilligung der betroffenen Person zulässig; § 6 Abs. 2 findet keine Anwendung.

(2) Die Artikel 13 bis 15, 19 und 21 Abs. 4 der Datenschutz-Grundverordnung finden keine Anwendung.

§ 16 Begnadigungsverfahren

[1]In Begnadigungsverfahren dürfen die zuständigen Stellen die für eine Begnadigung erforderlichen Daten einschließlich besonderer Kategorien personenbezogener Daten im Sinne des Artikels 9 Abs. 1 der Datenschutz-Grundverordnung verarbeiten. [2]Die Artikel 13 bis 15 und 19 der Datenschutz-Grundverordnung finden keine Anwendung.

§ 17 Verarbeitung besonderer Kategorien personenbezogener Daten

(1) Die Verarbeitung besonderer Kategorien personenbezogener Daten im Sinne des Artikels 9 Abs. 1 der Datenschutz-Grundverordnung ist zulässig, soweit und solange es erforderlich ist

1. zur Wahrnehmung von Rechten und Pflichten, die aus dem Recht der sozialen Sicherheit und des Sozialschutzes folgen,
2. zur Wahrnehmung von Rechten und Pflichten der öffentlichen Stellen auf dem Gebiet des Dienst- und Arbeitsrechts,
3. zum Zweck der Gesundheitsvorsorge oder der Arbeitsmedizin, für die Beurteilung der Arbeitsfähigkeit von beschäftigten Personen, für die medizinische Diagnostik, die Versorgung oder Behandlung im Gesundheits- oder Sozialbereich oder für die Verwaltung von Systemen und Diensten im Gesundheits- und Sozialbereich oder aufgrund eines Vertrags der betroffenen Person mit einer oder einem Angehörigen eines Gesundheitsberufs, wenn diese Daten von ärztlichem Personal oder durch sonstige Personen, die einer Geheimhaltungspflicht unterliegen, oder unter deren Verantwortung verarbeitet werden,
4. aus Gründen des öffentlichen Interesses im Bereich der öffentlichen Gesundheit und des Infektionsschutzes, wie dem Schutz vor schwerwiegenden grenzüberschreitenden Gesundheitsgefahren oder zur Gewährleistung hoher Qualitäts- und Sicherheitsstandards bei der Gesundheitsversorgung und bei Arzneimitteln und Medizinprodukten; ergänzend zu den in den Absätzen 2 und 3 genannten Maßnahmen sind insbesondere die berufsrechtlichen und strafrechtlichen Vorgaben zur Wahrung des Berufsgeheimnisses einzuhalten,
5. zur Abwehr erheblicher Nachteile für das Gemeinwohl oder von Gefahren für die öffentliche Sicherheit und Ordnung,
6. zur Verfolgung von Straftaten oder Ordnungswidrigkeiten, zur Vollstreckung oder zum Vollzug von Strafen oder Maßnahmen im Sinne des § 11 Abs. 1 Nr. 8 des Strafgesetzbuchs (StGB) oder von Erziehungsmaßregeln oder Zuchtmitteln im Sinne des Jugendgerichtsgesetzes oder zur Vollstreckung von Bußgeldentscheidungen.

(2) Werden im Rahmen der Datenverarbeitung nach diesem Kapitel oder nach anderen datenschutzrechtlichen Bestimmungen besondere Kategorien personenbezogener Daten im Sinne des Artikels 9 Abs. 1 der Datenschutz-Grundverordnung verarbeitet, so sind von den Verantwortlichen und den Auftragsverarbeitern zur Wahrung der Grundrechte und Interessen der betroffenen Person die folgenden Maßnahmen zu treffen:

1. Sicherstellung, dass nachträglich festgestellt werden kann, ob und von wem personenbezogene Daten verarbeitet worden sind,
2. Beschränkung der Befugnisse für den Zugriff auf personenbezogene Daten auf das erforderliche Maß sowie die Dokumentation der Befugnisse,
3. Sensibilisierung der Personen, die Zugang zu den personenbezogenen Daten haben.

(3) [1]Soweit es zum Schutz besonderer Kategorien personenbezogener Daten erforderlich ist, haben die Verantwortlichen und Auftragsverarbeiter ergänzend zu Absatz 2 weitere angemessene und spezifische Maßnahmen zu treffen. [2]Als Maßnahmen kommen insbesondere in Betracht:

1. Sicherstellung, dass die personenbezogenen Daten zur Verarbeitung nur im Vier-Augen-Prinzip freigegeben werden,
2. Sicherstellung, dass auf die personenbezogenen Daten nur nach einer Zwei-Faktor-Authentisierung zugegriffen wird,
3. Sicherstellung, dass die elektronische Übermittlung von personenbezogenen Daten nur mit einer Verschlüsselung erfolgt,

4. Sicherstellung, dass in einem vernetzten IT-System die personenbezogenen Daten nur mit Verschlüsselung gespeichert werden,
5. Sicherstellung, dass durch eine redundante Auslegung der Systeme, der Energieversorgung und der Datenübertragungseinrichtungen ein Datenverlust vermieden wird,
6. Sicherstellung, dass Daten nicht unbefugt verändert werden und ihre Integrität gewahrt ist, etwa durch Einsatz einer elektronischen Signatur,
7. Schulung der Personen, die Zugang zu den personenbezogenen Daten haben.

(4) Art und Umfang der Maßnahmen nach den Absätzen 2 und 3 richten sich nach dem Stand der Technik und den Implementierungskosten, nach der Art, dem Umfang, den Umständen und dem Zweck der Datenverarbeitung sowie nach der Eintrittswahrscheinlichkeit und der Schwere der mit der Datenverarbeitung verbundenen Risiken für die Grundrechte und Interessen der betroffenen Person.

Fünftes Kapitel
Die oder der Landesbeauftragte für den Datenschutz

§ 18 Aufsichtsbehörde, Rechtsstellung der oder des Landesbeauftragten für den Datenschutz

(1) [1]Die oder der Landesbeauftragte für den Datenschutz leitet eine von der Landesregierung unabhängige oberste Landesbehörde mit Sitz in Hannover. [2]Diese Behörde ist Aufsichtsbehörde im Sinne des Artikels 51 Abs. 1 der Datenschutz-Grundverordnung für die Datenverarbeitung im Anwendungsbereich der Vorschriften dieses Teils.

(2) Neben der nach Artikel 53 Abs. 2 der Datenschutz-Grundverordnung erforderlichen Qualifikation, Erfahrung und Sachkunde, insbesondere im Bereich des Schutzes personenbezogener Daten, soll die oder der Landesbeauftragte die Befähigung zum Richteramt haben.

(3) [1]Die oder der Landesbeauftragte wird nach der Wahl durch den Landtag auf die Dauer von acht Jahren in ein Beamtenverhältnis auf Zeit berufen. [2]Die einmalige Wiederwahl ist zulässig. [3]Die Amtszeit verlängert sich bis zur Berufung einer Nachfolgerin oder eines Nachfolgers, längstens jedoch um sechs Monate.

(4) [1]Für die Landesbeauftragte oder den Landesbeauftragten gilt keine Altersgrenze. [2]§ 37 NBG ist nicht anzuwenden.

(5) [1]Eine Amtsenthebung nach Artikel 53 Abs. 4 der Datenschutz-Grundverordnung erfolgt durch Beschluss des Landtages. [2]Der Beschluss bedarf der Mehrheit von zwei Dritteln der Mitglieder des Landtages.

(6) [1]Die von der oder dem Landesbeauftragten geleitete Behörde wählt ihr eigenes Personal aus. [2]Das Personal untersteht ausschließlich der Leitung der oder des Landesbeauftragten. [3]Soweit dienstrechtliche Befugnisse der Landesregierung zustehen, werden Stellen auf Vorschlag der von der oder dem Landesbeauftragten geleiteten Behörde besetzt. [4]Soweit dienstrechtliche Befugnisse der Landesregierung zustehen, können die Beschäftigten ohne ihre Zustimmung nur im Einvernehmen mit der von der oder dem Landesbeauftragten geleiteten Behörde versetzt, abgeordnet oder umgesetzt werden.

(7) [1]Die von der oder dem Landesbeauftragten geleitete Behörde darf Aufgaben der Personalverwaltung ganz oder teilweise auf eine andere Behörde übertragen. [2]In diesem Fall dürfen personenbezogene Daten aus der Personalakte auch ohne Einwilligung der betroffenen Person an diese Behörde übermittelt und von ihr verarbeitet werden, soweit dies für die Erfüllung der übertragenen Aufgabe erforderlich ist.

(8) Der Landesrechnungshof hat die Rechnungsprüfung bei der von der oder dem Landesbeauftragten geleiteten Behörde so durchzuführen, dass die Unabhängigkeit im Sinne des Artikels 52 Abs. 1 der Datenschutz-Grundverordnung nicht beeinträchtigt wird.

§ 19 Aufgaben der Aufsichtsbehörde

(1) Die von der oder dem Landesbeauftragten geleitete Behörde nimmt ihre Aufgaben als Aufsichtsbehörde nach der Datenschutz-Grundverordnung auch in Bezug auf die Vorschriften dieses Teils und andere datenschutzrechtliche Bestimmungen wahr.

(2) Die von der oder dem Landesbeauftragten geleitete Behörde ist bei Planungen des Landes, der Kommunen, der kommunalen Anstalten und der gemeinsamen kommunalen Anstalten, der kommu-

nalen Zweckverbände sowie des Bezirksverbands Oldenburg und des Regionalverbandes „Großraum Braunschweig" zum Aufbau automatisierter Informationssysteme frühzeitig zu unterrichten.

§ 20 Befugnisse der Aufsichtsbehörde, Mitwirkung

(1) Die von der oder dem Landesbeauftragten geleitete Behörde hat ihre Befugnisse nach Artikel 58 Abs. 1 bis 3 der Datenschutz-Grundverordnung auch in Bezug auf die Vorschriften dieses Teils und andere datenschutzrechtliche Bestimmungen.

(2) [1]Bestehen Anhaltspunkte dafür, dass eine Datenverarbeitung gegen die Datenschutz-Grundverordnung, die Vorschriften dieses Teils oder andere datenschutzrechtliche Bestimmungen verstößt, so kann die von der oder dem Landesbeauftragten geleitete Behörde den Verantwortlichen oder den Auftragsverarbeiter auffordern, innerhalb einer bestimmten Frist Stellung zu nehmen. [2]Die von der oder dem Landesbeauftragten geleitete Behörde unterrichtet gleichzeitig die Rechts- oder Fachaufsichtsbehörde über die Aufforderung. [3]In der Stellungnahme nach Satz 1 soll auch dargestellt werden, wie die Folgen eines Verstoßes beseitigt und künftige Verstöße vermieden werden sollen. [4]Die Verantwortlichen und Auftragsverarbeiter leiten der Rechts- oder Fachaufsichtsbehörde eine Abschrift ihrer Stellungnahme zu.

(3) [1]Auch Behörden und sonstige öffentliche Stellen des Landes können gerichtlich gegen sie betreffende verbindliche Entscheidungen der von der oder dem Landesbeauftragen für den Datenschutz geleiteten Behörde vorgehen. [2]Die Klage hat aufschiebende Wirkung.

(4) [1]Die Behörden und sonstigen öffentlichen Stellen sind verpflichtet, die von der oder dem Landesbeauftragten geleitete Behörde bei der Wahrnehmung ihrer Aufgaben zu unterstützen. [2]Dazu haben sie der von der oder dem Landesbeauftragten geleiteten Behörde insbesondere jederzeit Zugang zu den Diensträumen, einschließlich aller Datenverarbeitungsanlagen und -geräte, sowie zu allen personenbezogenen Daten und Informationen, die die von der oder dem Landesbeauftragten geleitete Behörde zur Erfüllung ihrer Aufgaben für erforderlich hält, zu gewähren. [3]Auf Verlangen der von der oder dem Landesbeauftragten geleiteten Behörde sind alle Unterlagen über die Verarbeitung personenbezogener Daten innerhalb einer bestimmten Frist vorzulegen.

(5) Die Befugnis, Geldbußen zu verhängen, steht der von der oder dem Landesbeauftragten geleiteten Behörde gegenüber öffentlichen Stellen nur zu, soweit diese als Unternehmen am Wettbewerb teilnehmen.

§ 21 Stellungnahme zum Tätigkeitsbericht

Die Landesregierung nimmt zu dem Tätigkeitsbericht der von der oder dem Landesbeauftragten geleiteten Behörde nach Artikel 59 der Datenschutz-Grundverordnung innerhalb von sechs Monaten gegenüber dem Landtag Stellung.

§ 22 Aufsichtsbehörde für die Datenverarbeitung außerhalb des Anwendungsbereichs der Vorschriften dieses Teils

[1]Die von der oder dem Landesbeauftragten geleitete Behörde ist auch Aufsichtsbehörde im Sinne des Artikels 51 Abs. 1 der Datenschutz-Grundverordnung in Verbindung mit § 40 des Bundesdatenschutzgesetzes

1. für die Datenverarbeitung durch nicht öffentliche Stellen und
2. für die Datenverarbeitung durch öffentliche Stellen, soweit nach § 1 Abs. 4 oder Abs. 5 die für nicht öffentliche Stellen geltenden Vorschriften des Bundesdatenschutzgesetzes anzuwenden sind.

[2]Die von der oder dem Landesbeauftragten geleitete Behörde nimmt dabei ihre Aufgaben und Befugnisse als Aufsichtsbehörde nach der Datenschutz-Grundverordnung auch in Bezug auf andere datenschutzrechtliche Bestimmungen wahr.

Zweiter Teil

Bestimmungen für Verarbeitungen zu Zwecken gemäß Artikel 1 Abs. 1 der Richtlinie (EU) 2016/680

Erstes Kapitel

Anwendungsbereich und Rechtsgrundlagen der Verarbeitung personenbezogener Daten

§ 23 Anwendungsbereich

(1) [1]Dieser Teil des Gesetzes gilt für die öffentlichen Stellen im Sinne des § 1 Abs. 1 Satz 1 Nr. 1 Buchst. a und b sowie des § 1 Abs. 1 Satz 2, die zuständig sind für die Verarbeitung personenbezogener Daten zur Verhütung, Ermittlung, Aufdeckung, Verfolgung oder Ahndung von Straftaten, einschließlich des Schutzes vor und der Abwehr von Gefahren für die öffentliche Sicherheit, soweit sie zum Zweck der Erfüllung dieser Aufgaben personenbezogene Daten verarbeiten. [2]Satz 1 gilt auch für diejenigen öffentlichen Stellen, die für die Vollstreckung und den Vollzug von Strafen, von Maßnahmen im Sinne des § 11 Abs. 1 Nr. 8 StGB, von Erziehungsmaßregeln oder Zuchtmitteln im Sinne des Jugendgerichtsgesetzes und von Geldbußen zuständig sind.

(2) Absatz 1 gilt auch für diejenigen öffentlichen Stellen, die Ordnungswidrigkeiten verfolgen und ahnden sowie Sanktionen vollstrecken.

(3) [1]Andere Rechtsvorschriften des Bundes- oder des Landesrechts, in denen die Verhütung, Ermittlung, Aufdeckung, Verfolgung oder Ahndung von Straftaten, einschließlich des Schutzes vor und der Abwehr von Gefahren für die öffentliche Sicherheit, für die in Absatz 1 genannten Stellen besonders geregelt ist, gehen den Vorschriften dieses Teils vor. [2]Soweit diese besonderen Vorschriften keine abschließenden Regelungen enthalten, sind die Vorschriften dieses Teils ergänzend anzuwenden. [3]Die Sätze 1 und 2 gelten auch für die in Absatz 2 genannten öffentlichen Stellen.

§ 24 Begriffsbestimmungen

Im Sinne dieses Teils bezeichnet der Ausdruck

1. „personenbezogene Daten" alle Informationen, die sich auf eine identifizierte oder identifizierbare natürliche Person (im Folgenden: betroffene Person) beziehen, wobei als identifizierbar eine natürliche Person angesehen wird, die direkt oder indirekt, insbesondere mittels Zuordnung zu einer Kennung wie einem Namen, zu einer Kennnummer, zu Standortdaten, zu einer Online-Kennung oder zu einem oder mehreren besonderen Merkmalen, die Ausdruck der physischen, physiologischen, genetischen, psychischen, wirtschaftlichen, kulturellen oder sozialen Identität dieser natürlichen Person sind, identifiziert werden kann;
2. „Verarbeitung" jeden mit oder ohne Hilfe automatisierter Verfahren ausgeführten Vorgang oder jede solche Vorgangsreihe im Zusammenhang mit personenbezogenen Daten wie das Erheben, das Erfassen, die Organisation, das Ordnen, die Speicherung, die Anpassung oder Veränderung, das Auslesen, das Abfragen, die Verwendung, die Offenlegung durch Übermittlung, Verbreitung oder eine andere Form der Bereitstellung, den Abgleich oder die Verknüpfung, die Einschränkung, das Löschen oder die Vernichtung;
3. „Einschränkung der Verarbeitung" die Markierung gespeicherter personenbezogener Daten mit dem Ziel, ihre künftige Verarbeitung einzuschränken;
4. „Profiling" jede Art der automatisierten Verarbeitung personenbezogener Daten, die darin besteht, dass diese personenbezogenen Daten verwendet werden, um bestimmte persönliche Aspekte, die sich auf eine natürliche Person beziehen, zu bewerten, insbesondere um Aspekte bezüglich Arbeitsleistung, wirtschaftliche Lage, Gesundheit, persönliche Vorlieben, Interessen, Zuverlässigkeit, Verhalten, Aufenthaltsort oder Ortswechsel dieser natürlichen Person zu analysieren oder vorherzusagen;
5. „Pseudonymisierung" die Verarbeitung personenbezogener Daten in einer Weise, dass die personenbezogenen Daten ohne Hinzuziehung zusätzlicher Informationen nicht mehr einer spezifischen betroffenen Person zugeordnet werden können, sofern diese zusätzlichen Informationen gesondert aufbewahrt werden und technischen und organisatorischen Maßnahmen unterliegen, die gewährleisten, dass die personenbezogenen Daten nicht einer identifizierten oder identifizierbaren natürlichen Person zugewiesen werden;

6. „Verantwortlicher" die zuständige öffentliche Stelle im Sinne des § 23 Abs. 1 und 2, die innerhalb ihrer Aufgabenerfüllung allein oder gemeinsam mit anderen über die Zwecke und Mittel der Verarbeitung von personenbezogenen Daten entscheidet;
7. „Auftragsverarbeiter" eine natürliche oder juristische Person, Behörde, Einrichtung oder andere Stelle, die personenbezogene Daten im Auftrag des Verantwortlichen verarbeitet;
8. „Empfänger" eine natürliche oder juristische Person, Behörde, Einrichtung oder andere Stelle, der personenbezogene Daten offengelegt werden, unabhängig davon, ob es sich bei ihr um einen Dritten handelt oder nicht. Behörden, die im Rahmen eines bestimmten Untersuchungsauftrags nach dem Recht der Mitgliedstaaten möglicherweise personenbezogene Daten erhalten, gelten jedoch nicht als Empfänger; die Verarbeitung dieser Daten durch die genannten Behörden erfolgt im Einklang mit den geltenden Datenschutzvorschriften gemäß den Zwecken der Verarbeitung;
9. „Verletzung des Schutzes personenbezogener Daten" eine Verletzung der Sicherheit, die zur Vernichtung, zum Verlust oder zur Veränderung, ob unbeabsichtigt oder unrechtmäßig, oder zur unbefugten Offenlegung von beziehungsweise zum unbefugten Zugang zu personenbezogenen Daten führt, die übermittelt, gespeichert oder auf sonstige Weise verarbeitet wurden;
10. „genetische Daten" personenbezogene Daten zu den ererbten oder erworbenen genetischen Eigenschaften einer natürlichen Person, die eindeutige Informationen über die Physiologie oder die Gesundheit dieser natürlichen Person liefern und insbesondere aus der Analyse einer biologischen Probe der betreffenden natürlichen Person gewonnen wurden;
11. „biometrische Daten" mit speziellen technischen Verfahren gewonnene personenbezogene Daten zu den physischen, physiologischen oder verhaltenstypischen Merkmalen einer natürlichen Person, die die eindeutige Identifizierung dieser natürlichen Person ermöglichen oder bestätigen, wie Gesichtsbilder oder daktyloskopische Daten;
12. „Gesundheitsdaten" personenbezogene Daten, die sich auf die körperliche oder geistige Gesundheit einer natürlichen Person, einschließlich der Erbringung von Gesundheitsdienstleistungen, beziehen und aus denen Informationen über deren Gesundheitszustand hervorgehen;
13. „besondere Kategorien personenbezogener Daten" personenbezogene Daten, aus denen die rassische oder ethnische Herkunft, politische Meinungen, religiöse oder weltanschauliche Überzeugungen oder die Gewerkschaftszugehörigkeit hervorgehen, genetische Daten, biometrische Daten zur eindeutigen Identifizierung einer natürlichen Person, Gesundheitsdaten und Daten zum Sexualleben oder zur sexuellen Orientierung;
14. „Aufsichtsbehörde" eine von einem Mitgliedstaat gemäß Artikel 41 der Richtlinie (EU) 2016/680 eingerichtete unabhängige staatliche Stelle;
15. „internationale Organisation" eine völkerrechtliche Organisation und ihre nachgeordneten Stellen oder jede sonstige Einrichtung, die durch eine zwischen zwei oder mehr Ländern geschlossene Übereinkunft oder auf der Grundlage einer solchen Übereinkunft geschaffen wurde;
16. „Schengen-assoziierter Staat" einen Staat, der die Bestimmungen des Schengen-Besitzstandes aufgrund eines Assoziierungsabkommens mit der Europäischen Union über die Umsetzung, Anwendung und Entwicklung des Schengen-Besitzstandes anwendet und den Mitgliedstaaten der Europäischen Union insoweit gleichsteht;
17. „Einwilligung" jede freiwillig für den bestimmten Fall, in informierter Weise und unmissverständlich abgegebene Willensbekundung in Form einer Erklärung oder einer sonstigen eindeutigen bestätigenden Handlung, mit der die betroffene Person zu verstehen gibt, dass sie mit der Verarbeitung der sie betreffenden personenbezogenen Daten einverstanden ist;
18. „Anonymisierung" das Verändern personenbezogener Daten derart, dass die Einzelangaben über persönliche oder sachliche Verhältnisse nicht mehr oder nur mit einem unverhältnismäßig großen Aufwand an Zeit, Kosten und Arbeitskraft einer bestimmten oder bestimmbaren natürlichen Person zugeordnet werden können.

§ 25 Grundsätze für die Verarbeitung personenbezogener Daten

(1) Die Verarbeitung personenbezogener Daten durch eine öffentliche Stelle im Sinne des § 23 Abs. 1 und 2 ist zulässig, soweit und solange sie zur Erfüllung der in ihrer Zuständigkeit liegenden und in § 23 Abs. 1 und 2 genannten Aufgabe erforderlich und verhältnismäßig ist.

(2) Personenbezogene Daten müssen
1. auf rechtmäßige Weise und nach Treu und Glauben verarbeitet werden,
2. für festgelegte, eindeutige und rechtmäßige Zwecke erhoben und nicht in einer mit diesen Zwecken nicht zu vereinbarenden Weise verarbeitet werden und
3. sachlich richtig und erforderlichenfalls auf dem neuesten Stand sein, wobei alle angemessenen Maßnahmen zu treffen sind, damit personenbezogene Daten, die im Hinblick auf die Zwecke ihrer Verarbeitung unrichtig sind, unverzüglich gelöscht oder berichtigt werden.

(3) [1]Die Verarbeitung besonderer Kategorien personenbezogener Daten ist nur zulässig, wenn sie zur Aufgabenerfüllung unerlässlich ist. [2]Für den Schutz bei der Verarbeitung besonderer Kategorien personenbezogener Daten für die in § 23 genannten Zwecke ist § 17 entsprechend anwendbar.

(4) [1]Eine Verarbeitung personenbezogener Daten zu einem anderen Zweck als zu demjenigen, zu dem sie erhoben wurden, ist zulässig, wenn es sich bei dem anderen Zweck um einen der in § 23 genannten Zwecke handelt, der Verantwortliche befugt ist, Daten zu diesem Zweck zu verarbeiten, und die Verarbeitung zu diesem Zweck erforderlich und verhältnismäßig ist. [2]Die Verarbeitung personenbezogener Daten zu einem anderen, in § 23 nicht genannten Zweck ist zulässig, wenn sie in einer Rechtsvorschrift vorgesehen ist.

(5) [1]Die Verarbeitung kann zu im öffentlichen Interesse liegenden Archivzwecken oder statistischen Zwecken erfolgen. [2]Für die Verarbeitung personenbezogener Daten zu wissenschaftlichen oder historischen Forschungszwecken ist § 13 Abs. 1 bis 4 entsprechend anwendbar, wobei die Rechte der betroffenen Person auf Auskunft nach § 51, Berichtigung und Einschränkung der Verarbeitung nach § 52 nicht bestehen, soweit die Inanspruchnahme dieser Rechte voraussichtlich die Verwirklichung der jeweiligen wissenschaftlichen oder historischen Forschungszwecke unmöglich macht oder ernsthaft beeinträchtigt und der Ausschluss dieser Rechte für die Erfüllung dieser Zwecke notwendig ist.

(6) [1]Eine Verarbeitung zu anderen Zwecken liegt nicht vor, wenn dies zur Wahrnehmung von Aufsichts- und Kontrollbefugnissen, zur Rechnungsprüfung oder zur Durchführung von Organisationsuntersuchungen erfolgt. [2]Zulässig ist auch die Verarbeitung zu Ausbildungs- und Prüfungszwecken, soweit nicht berechtigte Interessen der betroffenen Personen an der Geheimhaltung der Daten überwiegen.

§ 26 Unterscheidung verschiedener Kategorien betroffener Personen

[1]Der Verantwortliche hat bei der Verarbeitung personenbezogener Daten soweit wie möglich zwischen den verschiedenen Kategorien betroffener Personen zu unterscheiden. [2]Es sind insbesondere folgende Kategorien zu unterscheiden:
1. Personen, gegen die ein begründeter Verdacht besteht, dass sie eine Straftat begangen haben,
2. Personen, gegen die ein begründeter Verdacht besteht, dass sie in naher Zukunft eine Straftat begehen werden,
3. verurteilte Straftäterinnen und Straftäter,
4. Opfer einer Straftat oder Personen, bei denen bestimmte Tatsachen darauf hindeuten, dass sie Opfer einer Straftat sein könnten, und
5. andere Personen wie insbesondere Zeuginnen und Zeugen, Hinweisgeberinnen und Hinweisgeber oder Personen, die mit den in den Nummern 1 bis 4 genannten Personen in Kontakt oder Verbindung stehen.

[3]Die Sätze 1 und 2 sind entsprechend anzuwenden, soweit personenbezogene Daten zum Zweck der Verfolgung, Ahndung und Sanktionierung von Ordnungswidrigkeiten verarbeitet werden.

§ 27 Unterscheidung zwischen Tatsachen und persönlichen Einschätzungen

Bei der Verarbeitung von personenbezogenen Daten hat der Verantwortliche so weit wie möglich zwischen auf Tatsachen beruhenden Daten und auf persönlichen Einschätzungen beruhenden Daten zu unterscheiden.

§ 28 Löschung personenbezogener Daten sowie Einschränkung der Verarbeitung

(1) [1]Der Verantwortliche hat personenbezogene Daten unverzüglich zu löschen, wenn
1. ihre Verarbeitung unzulässig ist,
2. ihre Kenntnis für seine Aufgabenerfüllung nicht mehr erforderlich ist oder
3. sie zur Erfüllung einer rechtlichen Verpflichtung gelöscht werden müssen.

[2]In den Fällen des Satzes 1 Nr. 2 tritt an die Stelle der Löschung die Abgabe an das zuständige Archiv.

(2) [1]Anstatt die personenbezogenen Daten zu löschen, kann der Verantwortliche deren Verarbeitung einschränken, wenn
1. Grund zu der Annahme besteht, dass durch die Löschung schutzwürdige Interessen einer betroffenen Person beeinträchtigt würden,
2. die Daten zu Beweiszwecken in behördlichen oder gerichtlichen Verfahren, die Zwecken des § 23 dienen, weiter aufbewahrt werden müssen oder
3. eine Löschung wegen der besonderen Art der Speicherung nicht oder nur mit unverhältnismäßigem Aufwand möglich ist.

[2]In ihrer Verarbeitung nach Satz 1 eingeschränkte Daten dürfen nur zu dem Zweck, der ihrer Löschung entgegenstand, verarbeitet oder sonst mit Einwilligung der betroffenen Person verarbeitet werden.

(3) Bei automatisierten Datenverarbeitungssystemen ist technisch sicherzustellen, dass eine Einschränkung der Verarbeitung eindeutig erkennbar und eine Verarbeitung für andere Zwecke nicht ohne weitere Prüfung möglich ist.

(4) Unbeschadet der in Rechtsvorschriften festgesetzten Höchstspeicher- oder Löschfristen hat der Verantwortliche für die Löschung von personenbezogenen Daten oder für eine regelmäßige Überprüfung der Notwendigkeit ihrer Speicherung angemessene Fristen vorzusehen und durch verfahrensrechtliche Vorkehrungen sicherzustellen, dass diese Fristen eingehalten werden.

§ 29 Automatisierte Entscheidungsfindung

(1) Eine ausschließlich auf einer automatisierten Verarbeitung beruhende Entscheidung, die für die betroffene Person mit einer nachteiligen Rechtsfolge verbunden ist oder sie erheblich beeinträchtigt, einschließlich Profiling, ist nur zulässig, wenn sie in einer Rechtsvorschrift vorgesehen ist.

(2) Entscheidungen nach Absatz 1 dürfen nicht auf besonderen Kategorien personenbezogener Daten beruhen, sofern nicht geeignete Maßnahmen zum Schutz der Rechte und Freiheiten sowie der berechtigten Interessen der betroffenen Person getroffen wurden.

(3) Profiling, das zur Folge hat, dass betroffene Personen auf der Grundlage von besonderen Kategorien personenbezogener Daten diskriminiert werden, ist verboten.

§ 30 Datenübermittlung außerhalb des öffentlichen Bereichs

(1) [1]Die Übermittlung personenbezogener Daten an Personen oder Stellen außerhalb des öffentlichen Bereichs ist zulässig, wenn
1. die Empfänger ein rechtliches Interesse an der Kenntnis der zu übermittelnden Daten glaubhaft machen und kein Grund zu der Annahme besteht, dass das schutzwürdige Interesse der Betroffenen an der Geheimhaltung überwiegt, oder
2. sie im öffentlichen Interesse liegt oder hierfür ein berechtigtes Interesse geltend gemacht wird und die Betroffenen in diesen Fällen der Übermittlung nicht widersprochen haben.

[2]In den Fällen des Satzes 1 Nr. 2 sind die betroffenen Personen über die beabsichtigte Übermittlung, die Art der zu übermittelnden Daten und den Verwendungszweck in geeigneter Weise und rechtzeitig zu unterrichten.

(2) Die übermittelnde Stelle hat die Empfänger zu verpflichten, die Daten nur für die Zwecke zu verarbeiten, zu denen sie ihnen übermittelt wurden.

§ 31 Automatisiertes Abrufverfahren

Die Einrichtung und Nutzung eines automatisierten Abrufverfahrens oder einer gemeinsamen automatisierten Datei, in oder aus der mehrere Daten verarbeitende öffentliche Stellen personenbezogene Daten verarbeiten, ist unter den in § 7 genannten Voraussetzungen zulässig.

§ 32 Gewährleistung des Datenschutzes bei Übermittlungen oder sonstiger Bereitstellung

(1) [1]Der Verantwortliche hat angemessene Maßnahmen zu ergreifen, um zu gewährleisten, dass unrichtige sowie ohne sachlichen Grund unvollständige oder nicht mehr aktuelle personenbezogene Daten nicht übermittelt oder sonst bereitgestellt werden. [2]Zu diesem Zweck hat er, soweit dies mit angemessenem Aufwand möglich ist, die Qualität der personenbezogenen Daten vor ihrer Übermittlung oder Bereitstellung zu überprüfen. [3]Bei jeder Übermittlung personenbezogener Daten hat er, soweit dies möglich und angemessen ist, Informationen beizufügen, die es dem Empfänger gestatten, die Richtigkeit, die Vollständigkeit und die Zuverlässigkeit der Daten sowie deren Aktualität zu beurteilen.

(2) [1]Hat der Verantwortliche unrichtige personenbezogene Daten übermittelt oder war die Übermittlung unzulässig, so hat er dies dem Empfänger mitzuteilen. [2]Der Empfänger hat die übermittelten

unrichtigen Daten zu berichtigen oder die unzulässig übermittelten Daten nach § 26 zu löschen oder in ihrer Verarbeitung einzuschränken.

(3) [1]Hat der Verantwortliche personenbezogene Daten nach § 28 Abs. 1 Satz 1 Nr. 1 gelöscht oder nach § 28 Abs. 2 Satz 1 Nr. 1 oder 2 in der Verarbeitung eingeschränkt, so hat er anderen Empfängern, denen er die Daten übermittelt hat, diese Maßnahmen mitzuteilen. [2]Der Empfänger hat die Daten zu löschen oder in ihrer Verarbeitung einzuschränken.

(4) [1]Gelten für die Verarbeitung von personenbezogenen Daten besondere Bedingungen, so hat bei Datenübermittlungen die übermittelnde Stelle den Empfänger auf diese Bedingungen und die Pflicht zu ihrer Beachtung hinzuweisen. [2]Die Hinweispflicht kann dadurch erfüllt werden, dass die Daten entsprechend gekennzeichnet werden.

(5) Die übermittelnde Stelle darf auf Empfänger in anderen Mitgliedstaaten der Europäischen Union und in Schengen assoziierten Staaten keine Bedingungen anwenden, die nicht auch für entsprechende innerstaatliche Datenübermittlungen gelten.

(6) § 5 ist bei der Übermittlung im Anwendungsbereich dieses Teils entsprechend anwendbar.

§ 33 Einwilligung

(1) Soweit die Verarbeitung personenbezogener Daten nach einer Rechtsvorschrift auf der Grundlage einer Einwilligung erfolgen kann, muss der Verantwortliche die Einwilligung der betroffenen Person nachweisen können.

(2) Erfolgt die Einwilligung der betroffenen Person durch eine schriftliche Erklärung, die noch andere Sachverhalte betrifft, so muss das Ersuchen um Einwilligung in verständlicher und leicht zugänglicher Form in einer klaren und einfachen Sprache so erfolgen, dass es von den anderen Sachverhalten im äußeren Erscheinungsbild der Erklärung klar zu unterscheiden ist.

(3) [1]Die betroffene Person hat das Recht, ihre Einwilligung jederzeit zu widerrufen. [2]Durch den Widerruf der Einwilligung wird die Rechtmäßigkeit der aufgrund der Einwilligung bis zum Widerruf erfolgten Verarbeitung nicht berührt. [3]Die betroffene Person ist vor Abgabe der Einwilligung hiervon in Kenntnis zu setzen.

(4) [1]Die Einwilligung ist nur wirksam, wenn sie auf der freien Entscheidung der betroffenen Person beruht. [2]Bei der Beurteilung, ob die Einwilligung freiwillig erteilt wurde, müssen die Umstände der Erteilung berücksichtigt werden. [3]Die betroffene Person ist auf den vorgesehenen Zweck der Verarbeitung hinzuweisen. [4]Ist dies nach den Umständen des Einzelfalles erforderlich oder verlangt die betroffene Person dies, so ist sie auch über die Folgen der Verweigerung der Einwilligung zu belehren.

(5) Soweit besondere Kategorien personenbezogener Daten verarbeitet werden, muss sich die Einwilligung ausdrücklich auf diese Daten beziehen.

Zweites Kapitel
Technische und organisatorische Pflichten des Verantwortlichen und Auftragsverarbeiters

§ 34 Technische und organisatorische Maßnahmen zum Datenschutz und zur Datensicherheit

(1) Der Verantwortliche hat unter Berücksichtigung der Art, des Umfangs, der Umstände und der Zwecke der Verarbeitung sowie der Eintrittswahrscheinlichkeit und der Schwere des Risikos für die Rechte und Freiheiten natürlicher Personen geeignete technische und organisatorische Maßnahmen zu treffen, um bei der Verarbeitung personenbezogener Daten ein dem Risiko angemessenes Schutzniveau zu gewährleisten, insbesondere im Hinblick auf die Verarbeitung besonderer Kategorien personenbezogener Daten.

(2) [1]Der Verantwortliche hat sowohl zum Zeitpunkt der Festlegung der Mittel für die Verarbeitung als auch zum Zeitpunkt der Verarbeitung selbst angemessene Vorkehrungen zu treffen, die geeignet sind, die Datenschutzgrundsätze wie etwa die Datensparsamkeit wirksam umzusetzen, und die sicherstellen, dass die gesetzlichen Anforderungen eingehalten und die Rechte der betroffenen Personen geschützt werden. [2]Er hat hierbei den Stand der Technik, die Implementierungskosten und die Art, den Umfang, die Umstände und die Zwecke der Verarbeitung sowie die unterschiedliche Eintrittswahrscheinlichkeit und Schwere der mit der Verarbeitung verbundenen Risiken für die Rechte und Freiheiten sowie berechtigte Interessen der betroffenen Personen zu berücksichtigen. [3]Insbesondere sind die Verarbeitung personenbezogener Daten und die Auswahl und Gestaltung von Datenverarbeitungssystemen an dem

Ziel auszurichten, so wenig personenbezogene Daten wie möglich zu verarbeiten. [4]Personenbezogene Daten sind zum frühestmöglichen Zeitpunkt zu anonymisieren oder zu pseudonymisieren, soweit dies nach dem Verarbeitungszweck möglich ist.

(3) [1]Der Verantwortliche hat geeignete technische und organisatorische Maßnahmen zu treffen, die sicherstellen, dass durch Voreinstellungen grundsätzlich nur solche personenbezogenen Daten verarbeitet werden, deren Verarbeitung für den jeweiligen bestimmten Verarbeitungszweck erforderlich ist. [2]Dies betrifft die Menge der erhobenen personenbezogenen Daten, den Umfang ihrer Verarbeitung, ihre Speicherfrist und ihre Zugänglichkeit. [3]Die Maßnahmen müssen insbesondere sicherstellen, dass die personenbezogenen Daten durch Voreinstellungen nicht automatisiert einer unbestimmten Anzahl von Personen zugänglich gemacht werden können.

§ 35 Anforderungen bei der automatisierten Datenverarbeitung, Protokollierung

(1) Im Fall einer automatisierten Verarbeitung hat der Verantwortliche auf Grundlage einer Risikobewertung nach § 34 Abs. 1 und 2 Maßnahmen zu ergreifen, die je nach Art der Daten und ihrer Verwendung geeignet sind,

1. Unbefugten den Zugang zu den Verarbeitungsanlagen zu verwehren (Zugangskontrolle),
2. zu verhindern, dass Datenträger unbefugt gelesen, kopiert, verändert oder entfernt werden können (Datenträgerkontrolle),
3. zu verhindern, dass personenbezogene Daten unbefugt in den Speicher eingegeben oder gespeicherte personenbezogene Daten zur Kenntnis genommen, verändert oder gelöscht werden (Speicherkontrolle),
4. zu verhindern, dass Datenverarbeitungssysteme mithilfe von Einrichtungen zur Datenübertragung von Unbefugten benutzt werden können (Benutzerkontrolle),
5. zu gewährleisten, dass die zur Benutzung eines Datenverarbeitungssystems Berechtigten ausschließlich auf die ihrer Zugriffsberechtigung unterliegenden Daten Zugriff haben (Zugriffskontrolle),
6. zu gewährleisten, dass überprüft und festgestellt werden kann, an welche Stellen personenbezogene Daten mithilfe von Einrichtungen zur Datenübertragung übermittelt oder zur Verfügung gestellt wurden oder werden können (Übertragungskontrolle),
7. zu gewährleisten, dass überprüft und festgestellt werden kann, welche personenbezogenen Daten zu welcher Zeit von wem in automatisierte Datenverarbeitungssysteme eingegeben oder verändert worden sind (Eingabekontrolle),
8. zu gewährleisten, dass personenbezogene Daten gegen zufällige Zerstörung oder Verlust geschützt sind (Verfügbarkeitskontrolle),
9. zu gewährleisten, dass Daten, die im Auftrag verarbeitet werden, nur entsprechend den Weisungen der Auftraggeber verarbeitet werden können (Auftragskontrolle),
10. zu gewährleisten, dass bei der Übertragung von Daten sowie beim Transport von Datenträgern diese nicht unbefugt gelesen, kopiert, verändert oder gelöscht werden können (Transportkontrolle),
11. die innerbehördliche oder innerbetriebliche Organisation so zu gestalten, dass sie den besonderen Anforderungen des Datenschutzes gerecht wird (Organisationskontrolle),
12. zu gewährleisten, dass eingesetzte Systeme im Störungsfall wiederhergestellt werden können (Wiederherstellung),
13. zu gewährleisten, dass alle Funktionen des Systems zur Verfügung stehen und auftretende Fehlfunktionen gemeldet werden (Zuverlässigkeit),
14. zu gewährleisten, dass gespeicherte personenbezogene Daten nicht durch Fehlfunktionen des Systems beschädigt werden können (Datenintegrität).

(2) In automatisierten Datenverarbeitungssystemen hat der Verantwortliche zumindest folgende Verarbeitungsvorgänge zu protokollieren:

1. Erhebung,
2. Veränderung,
3. Abfrage,
4. Offenlegung einschließlich Übermittlung,
5. Kombination und
6. Löschung

der personenbezogenen Daten.

(3) Die Protokolle über Abfragen und Offenlegungen müssen es ermöglichen, die Begründung, das Datum und die Uhrzeit dieser Vorgänge und so weit wie möglich die Identifizierung der Person, die die personenbezogenen Daten abgefragt oder offengelegt hat, und die Identität des Empfängers solcher personenbezogenen Daten festzustellen.

(4) [1]Die Protokolldaten dürfen ausschließlich verwendet werden für

1. Strafverfahren,
2. die Gewährleistung der Datensicherheit oder des ordnungsgemäßen Betriebes eines Datenverarbeitungssystems,
3. die Überprüfung der Rechtmäßigkeit der Datenverarbeitung durch die Datenschutzbeauftragte oder den Datenschutzbeauftragten oder durch die von dem oder der Landesbeauftragten für den Datenschutz geleitete Behörde.

[2]Der Verantwortliche hat die Protokolle der von der oder dem Landesbeauftragten für den Datenschutz geleiteten Behörde auf Anforderung zur Verfügung zu stellen. [3]Die Protokolldaten sind am Ende des auf deren Generierung folgenden Jahres zu löschen.

§ 36 Datengeheimnis

[1]Mit Datenverarbeitung befasste Personen dürfen personenbezogene Daten nicht unbefugt verarbeiten (Datengeheimnis). [2]Das Datengeheimnis besteht auch nach der Beendigung ihrer Tätigkeit fort. [3]Die Personen sind über die bei ihrer Tätigkeit zu beachtenden Vorschriften über den Datenschutz zu unterrichten.

§ 37 Verarbeitung auf Weisung

Jede einem Verantwortlichen unterstellte Person, die Zugang zu personenbezogenen Daten hat, darf diese Daten ausschließlich auf Weisung des Verantwortlichen verarbeiten, es sei denn, dass sie nach einer Rechtsvorschrift zur Verarbeitung verpflichtet ist.

§ 38 Verzeichnis von Verarbeitungstätigkeiten

[1]Der Verantwortliche hat ein Verzeichnis von Verarbeitungstätigkeiten in entsprechender Anwendung des Artikels 30 Abs. 1 der Datenschutz-Grundverordnung zu erstellen, in das zusätzlich die Rechtsgrundlage der Verarbeitung sowie gegebenenfalls die Verwendung von Profiling aufgenommen werden. [2]Artikel 30 Abs. 3 und 4 der Datenschutz-Grundverordnung ist entsprechend anwendbar.

§ 39 Datenschutz-Folgenabschätzung

(1) Hat eine Form der Verarbeitung, insbesondere bei Verwendung neuer Technologien, aufgrund der Art, des Umfangs, der Umstände und der Zwecke der Verarbeitung voraussichtlich ein hohes Risiko für die Rechte und Freiheiten natürlicher Personen zur Folge, so führt der Verantwortliche vorab eine Abschätzung der Folgen der vorgesehenen Datenverarbeitungsvorgänge für den Schutz personenbezogener Daten durch.

(2) Für die Untersuchung mehrerer ähnlicher Verarbeitungsvorgänge mit ähnlich hohen Risiken kann eine gemeinsame Datenschutz-Folgenabschätzung vorgenommen werden.

(3) [1]Die Folgenabschätzung hat die Rechte und die schutzwürdigen Interessen der von der Datenverarbeitung betroffenen Personen und sonstiger Betroffener angemessen zu berücksichtigen. [2]Sie ist schriftlich zu dokumentieren und enthält zumindest

1. eine systematische Beschreibung der geplanten Verarbeitungsvorgänge und der Zwecke der Verarbeitung,
2. eine Bewertung der Erforderlichkeit und Verhältnismäßigkeit der Verarbeitungsvorgänge in Bezug auf den Zweck,
3. eine Bewertung der Risiken für die Rechte und Freiheiten der betroffenen Personen und
4. die Maßnahmen, mit denen die bestehenden Risiken eingedämmt werden sollen, einschließlich der Garantien, der Sicherheitsvorkehrungen und der Verfahren, durch die der Schutz personenbezogener Daten sichergestellt und die Einhaltung der gesetzlichen Vorgaben nachgewiesen werden soll.

(4) Der Verantwortliche holt bei der Durchführung der Datenschutz-Folgenabschätzung den Rat der oder des behördlichen Datenschutzbeauftragten ein.

(5) Soweit erforderlich hat der Verantwortliche eine Überprüfung durchzuführen, ob die Verarbeitung den Maßgaben folgt, die sich aus der Folgenabschätzung ergeben haben.

§ 40 Vorherige Anhörung der Aufsichtsbehörde

(1) [1]Vor der Inbetriebnahme neu anzulegender Datenverarbeitungssysteme hat der Verantwortliche die von der oder dem Landesbeauftragten für den Datenschutz geleitete Behörde anzuhören, wenn

1. aus einer Datenschutz-Folgenabschätzung nach § 39 hervorgeht, dass die Verarbeitung ein hohes Risiko für die Rechte und Freiheiten natürlicher Personen zur Folge hätte und der Verantwortliche keine Maßnahmen zur Eindämmung des Risikos trifft, oder
2. die Form der Verarbeitung, insbesondere bei Verwendung neuer Technologien und Verfahren, aufgrund der Art, des Umfangs, der Umstände und der Zwecke der Verarbeitung voraussichtlich ein hohes Risiko für die Rechte und Freiheiten natürlicher Personen zur Folge hätte.

[2]Die von der oder dem Landesbeauftragten für den Datenschutz geleitete Behörde kann eine Liste der Verarbeitungsvorgänge erstellen, die der Pflicht zur Anhörung nach Satz 1 unterliegen.

(2) Die von der oder dem Landesbeauftragten für den Datenschutz geleitete Behörde ist bei der Ausarbeitung von Rechts- und Verwaltungsvorschriften anzuhören, die die Verarbeitung personenbezogener Daten betreffen.

(3) Der von der oder dem Landesbeauftragten geleiteten Behörde sind die in Artikel 36 Abs. 3 der Datenschutz-Grundverordnung genannten Informationen sowie auf Anforderung weitere Informationen vorzulegen, die sie benötigt, um die Rechtmäßigkeit der Verarbeitung sowie insbesondere die in Bezug auf den Schutz der personenbezogenen Daten der betroffenen Personen bestehenden Gefahren und die diesbezüglichen Garantien bewerten zu können.

(4) [1]Falls die von der oder dem Landesbeauftragten für den Datenschutz geleitete Behörde der Auffassung ist, dass die geplante Verarbeitung gegen gesetzliche Vorgaben verstoßen würde, insbesondere weil der Verantwortliche das Risiko nicht ausreichend ermittelt oder nicht ausreichend eingedämmt hat, so kann sie dem Verantwortlichen und gegebenenfalls dem Auftragsverarbeiter innerhalb eines Zeitraums von bis zu sechs Wochen nach Einleitung der Anhörung schriftliche Empfehlungen unterbreiten, welche Maßnahmen noch ergriffen werden sollten. [2]Die von der oder dem Landesbeauftragten für den Datenschutz geleitete Behörde kann diese Frist um einen Monat verlängern, wenn die geplante Verarbeitung besonders komplex ist. [3]Sie hat in diesem Fall innerhalb eines Monats nach Einleitung der Anhörung den Verantwortlichen oder gegebenenfalls den Auftragsverarbeiter über die Fristverlängerung zu informieren und die Gründe für die Verzögerung mitzuteilen.

(5) [1]Hat die beabsichtigte Verarbeitung erhebliche Bedeutung für die Aufgabenerfüllung des Verantwortlichen und ist sie daher besonders dringlich, so kann er mit der Verarbeitung nach Beginn der Anhörung, aber vor Ablauf der in Absatz 4 genannten Frist beginnen. [2]In diesem Fall sind die Empfehlungen der von der oder dem Landesbeauftragten für den Datenschutz geleiteten Behörde nachträglich zu berücksichtigen, wobei die Art und Weise der Verarbeitung insoweit gegebenenfalls anzupassen ist.

§ 41 Meldung von Verletzungen des Schutzes personenbezogener Daten an die Aufsichtsbehörde

(1) [1]Der Verantwortliche hat eine Verletzung des Schutzes personenbezogener Daten in entsprechender Anwendung des Artikels 33 Abs. 1 bis 4 der Datenschutz-Grundverordnung der von der oder dem Landesbeauftragten für den Datenschutz geleiteten Behörde zu melden und in entsprechender Anwendung des Artikels 33 Abs. 5 der Datenschutz-Grundverordnung zu dokumentieren. [2]Wenn personenbezogene Daten von dem oder an den Verantwortlichen eines anderen Mitgliedstaates übermittelt wurden, so sind die Informationen in entsprechender Anwendung des Artikels 33 Abs. 3 der Datenschutz-Grundverordnung unverzüglich auch an diesen zu melden.

(2) In einem Strafverfahren gegen die Meldepflichtige oder den Meldepflichtigen oder ihre oder seine in § 52 Abs. 1 der Strafprozessordnung bezeichneten Angehörigen darf die Meldung nach Absatz 1 nur mit Zustimmung der oder des Meldepflichtigen verwendet werden.

§ 42 Benachrichtigung der von einer Verletzung des Schutzes personenbezogener Daten betroffenen Person

(1) [1]Hat eine Verletzung des Schutzes personenbezogener Daten voraussichtlich ein hohes Risiko für die Rechte und Freiheiten natürlicher Personen zur Folge, so hat der Verantwortliche die betroffenen Personen unverzüglich zu benachrichtigen. [2]Artikel 34 der Datenschutz-Grundverordnung ist entsprechend anwendbar.

(2) Die Benachrichtigung der betroffenen Personen nach Absatz 1 kann unter den in Artikel 34 Abs. 3 der Datenschutz-Grundverordnung genannten Voraussetzungen unterbleiben und unter den in § 51 Abs. 3 genannten Voraussetzungen aufgeschoben, eingeschränkt oder unterlassen werden, soweit nicht die Interessen der betroffenen Person aufgrund des von der Verletzung ausgehenden hohen Risikos im Sinne des Absatzes 1 überwiegen.

(3) § 41 Abs. 2 ist entsprechend anwendbar.

§ 43 Vertrauliche Meldung von Verstößen

(1) Der Verantwortliche hat zu ermöglichen, dass ihm vertrauliche Meldungen über in seinem Verantwortungsbereich erfolgende Verstöße gegen Datenschutzvorschriften zugeleitet werden können.

(2) [1]Die Beschäftigten einer öffentlichen Stelle im Sinne des § 23 Abs. 1 und 2 dürfen sich unbeschadet ihres Rechts nach Absatz 1 in allen Angelegenheiten des Datenschutzes jederzeit an die von der oder dem Landesbeauftragten für den Datenschutz geleitete Behörde wenden. [2]Der Einhaltung des Dienstweges bedarf es nicht, wenn die oder der Beschäftigte auf einen Verstoß gegen datenschutzrechtliche Vorschriften oder auf die Gefahr hingewiesen hat, dass eine Person in unzulässiger Weise in ihrem Recht auf informationelle Selbstbestimmung beeinträchtigt wird, und diesem Hinweis binnen angemessener Frist nicht abgeholfen worden ist.

§ 44 Gemeinsam Verantwortliche

[1]Zwei oder mehr Verantwortliche können gemeinsam die Zwecke der und die Mittel zur Verarbeitung festlegen. [2]Artikel 26 Abs. 1 und 3 der Datenschutz-Grundverordnung ist entsprechend anwendbar.

§ 45 Auftragsverarbeitung

(1) [1]Werden personenbezogene Daten im Auftrag eines Verantwortlichen verarbeitet, so bleibt dieser für die Einhaltung der Vorschriften dieses Teils und anderer Vorschriften über den Datenschutz verantwortlich. [2]Die Rechte der betroffenen Personen auf Auskunft, Berichtigung, Löschung, Einschränkung der Verarbeitung und Schadensersatz sind gegenüber dem Verantwortlichen geltend zu machen. [3]Ein Auftragsverarbeiter, der die Zwecke und Mittel der Verarbeitung unter Verstoß gegen diese Vorschrift bestimmt, gilt in Bezug auf diese Verarbeitung als Verantwortlicher.

(2) Für die Auswahl der Auftragsverarbeiter durch den Verantwortlichen ist Artikel 28 Abs. 1 der Datenschutz-Grundverordnung entsprechend anwendbar.

(3) [1]Die Verarbeitung durch einen Auftragsverarbeiter hat auf der Grundlage eines Vertrags oder eines anderen in Artikel 28 Abs. 3 Satz 1 der Datenschutz-Grundverordnung genannten Rechtsinstruments zu erfolgen. [2]Der Vertrag oder das andere Rechtsinstrument hat insbesondere vorzusehen, dass der Auftragsverarbeiter

1. nur auf dokumentierte Weisung des Verantwortlichen handelt,
2. gewährleistet, dass die zur Verarbeitung der personenbezogenen Daten befugten Personen zur Vertraulichkeit verpflichtet werden, soweit sie keiner angemessenen gesetzlichen Verschwiegenheitspflicht unterliegen,
3. den Verantwortlichen mit geeigneten Mitteln dabei unterstützt, die Einhaltung der Bestimmungen über die Rechte der betroffenen Person zu gewährleisten,
4. alle personenbezogenen Daten nach Abschluss der Erbringung der Verarbeitungsleistungen nach Wahl des Verantwortlichen zurückgibt oder löscht und bestehende Kopien vernichtet, wenn nicht nach einer Rechtsvorschrift eine Verpflichtung zur Speicherung der Daten besteht,
5. dem Verantwortlichen alle erforderlichen Informationen, insbesondere die nach § 35 Abs. 2 bis 5 erstellten Protokolle, zum Nachweis der Einhaltung seiner Pflichten zur Verfügung stellt,
6. Überprüfungen, die von dem Verantwortlichen oder einer von diesem beauftragten prüfenden Person durchgeführt werden, ermöglicht und dazu beiträgt,
7. die in Absatz 4 aufgeführten Bedingungen für die Inanspruchnahme der Dienste eines weiteren Auftragsverarbeiters einhält,
8. alle nach § 35 Abs. 1 erforderlichen Maßnahmen ergreift und
9. unter Berücksichtigung der Art der Verarbeitung und der ihm zur Verfügung stehenden Informationen den Verantwortlichen bei der Einhaltung der in den §§ 25 bis 28, 32, 34 bis 42, 45 Abs. 6 und § 57 Abs. 4 genannten Pflichten unterstützt.

(4) Der Vertrag oder das andere Rechtsinstrument im Sinne des Absatzes 3 ist schriftlich oder elektronisch abzufassen.

(5) [1]Zieht ein Auftragsverarbeiter einen weiteren Auftragsverarbeiter hinzu, so hat er diesem dieselben Verpflichtungen aus seinem Vertrag oder anderen Rechtsinstrument mit dem Verantwortlichen nach Absatz 3 aufzuerlegen, die auch für ihn gelten, soweit diese Pflichten für den weiteren Auftragsverarbeiter nicht schon aufgrund anderer Vorschriften verbindlich sind. [2]Erfüllt ein weiterer Auftragsverarbeiter diese Verpflichtungen nicht, so haftet der ihn beauftragende Auftragsverarbeiter gegenüber dem Verantwortlichen für die Einhaltung der Pflichten des weiteren Auftragsverarbeiters. [3]Für die vorherige schriftliche Genehmigung der Beauftragung eines weiteren Auftragsverarbeiters durch den Verantwortlichen ist Artikel 28 Abs. 2 der Datenschutz-Grundverordnung entsprechend anwendbar.
(6) [1]Wenn dem Auftragsverarbeiter eine Verletzung des Schutzes personenbezogener Daten bekannt wird, so meldet er diese dem Verantwortlichen unverzüglich. [2]Ist der Auftragsverarbeiter der Auffassung, dass eine Weisung rechtswidrig ist, so hat er den Verantwortlichen unverzüglich zu informieren.
(7) [1]Der Auftragsverarbeiter hat ein Verzeichnis zu allen Kategorien von im Auftrag des Verantwortlichen durchgeführten Tätigkeiten der Verarbeitung in entsprechender Anwendung des Artikels 30 Abs. 2 der Datenschutz-Grundverordnung zu erstellen. [2]Artikel 30 Abs. 3 und 4 der Datenschutz-Grundverordnung ist entsprechend anwendbar.
(8) Im Übrigen hat der Auftragsverarbeiter die Verpflichtungen aus den §§ 34 bis 37, 40, 45 Abs. 6 und § 57 Abs. 4 einzuhalten oder den Verantwortlichen bei der Einhaltung seiner in Absatz 3 Satz 2 Nr. 9 genannten Verpflichtungen zu unterstützen.

Drittes Kapitel

Datenübermittlungen an Drittländer und an internationale Organisationen

§ 46 Allgemeine Voraussetzungen

(1) [1]Die Übermittlung personenbezogener Daten an Stellen in Drittländern oder an internationale Organisationen ist bei Vorliegen der übrigen für Datenübermittlungen geltenden Voraussetzungen zulässig, wenn

1. die Stelle oder internationale Organisation für die in § 23 genannten Zwecke zuständig ist und
2. die Europäische Kommission nach Artikel 36 Abs. 3 der Richtlinie (EU) Nr. 2016/680 einen Angemessenheitsbeschluss gefasst hat, gemäß § 47 geeignete Garantien für den Schutz personenbezogener Daten bestehen oder eine Ausnahme nach § 48 vorliegt.

[2]Eine Übermittlung nach Satz 1 Nr. 2 ist unzulässig, wenn ein datenschutzrechtlich angemessener und die elementaren Menschenrechte wahrender Umgang mit den Daten beim Empfänger nicht hinreichend gesichert ist oder sonst überwiegende schutzwürdige Interessen einer betroffenen Person der Übermittlung entgegenstehen. [3]Bei seiner Beurteilung hat der Verantwortliche maßgeblich zu berücksichtigen, ob der Empfänger im Einzelfall einen angemessenen Schutz der übermittelten Daten garantiert.
(2) [1]Wenn personenbezogene Daten, die aus einem anderen Mitgliedstaat der Europäischen Union übermittelt oder zur Verfügung gestellt wurden, nach Absatz 1 übermittelt werden sollen, so muss diese Übermittlung zuvor von der zuständigen Stelle des anderen Mitgliedstaates genehmigt werden. [2]Übermittlungen ohne vorherige Genehmigung sind nur dann zulässig, wenn die Übermittlung erforderlich ist, um eine unmittelbare und ernsthafte Gefahr für die öffentliche Sicherheit eines Mitgliedstaates oder eines Drittlandes oder für die wesentlichen Interessen eines Mitgliedstaates abzuwehren, und die vorherige Genehmigung nicht rechtzeitig eingeholt werden kann. [3]Im Fall des Satzes 2 ist die Stelle des anderen Mitgliedstaates, die für die Erteilung der Genehmigung zuständig gewesen wäre, unverzüglich über die Übermittlung zu unterrichten.
(3) [1]Der Verantwortliche, der Daten nach Absatz 1 übermittelt, hat durch geeignete Maßnahmen sicherzustellen, dass der Empfänger die übermittelten Daten nur dann an Stellen in anderen Drittländern oder andere internationale Organisationen weiterübermittelt, wenn der Verantwortliche diese Übermittlung zuvor genehmigt hat. [2]Bei der Entscheidung über die Erteilung der Genehmigung hat der Verantwortliche alle maßgeblichen Faktoren zu berücksichtigen, insbesondere die Schwere der Straftat, den Zweck der ursprünglichen Übermittlung und das in dem Drittland oder der internationalen Organisation, an das oder an die die Daten weiterübermittelt werden sollen, bestehende Schutzniveau für personenbezogene Daten. [3]Eine Genehmigung darf nur dann erfolgen, wenn auch eine direkte Übermittlung an die Stelle im anderen Drittland oder die andere internationale Organisation zulässig wäre. [4]Die Zuständigkeit für die Erteilung der Genehmigung kann auch abweichend geregelt werden.

§ 47 Datenübermittlung bei geeigneten Garantien

(1) Liegt entgegen § 46 Abs. 1 Nr. 2 kein Angemessenheitsbeschluss nach Artikel 36 Abs. 3 der Richtlinie (EU) Nr. 2016/680 vor, so ist eine Übermittlung bei Vorliegen der übrigen Voraussetzungen von § 46 auch dann zulässig, wenn

1. in einem rechtsverbindlichen Instrument geeignete Garantien für den Schutz personenbezogener Daten vorgesehen sind oder
2. der Verantwortliche nach Beurteilung aller Umstände, die bei der Übermittlung eine Rolle spielen, zu der Auffassung gelangt ist, dass geeignete Garantien für den Schutz personenbezogener Daten bestehen.

(2) [1]Der Verantwortliche hat Übermittlungen nach Absatz 1 Nr. 2 zu dokumentieren. [2]Die Dokumentation hat den Zeitpunkt der Übermittlung, Informationen über die empfangende zuständige Behörde, die Begründung der Übermittlung und die übermittelten personenbezogenen Daten zu enthalten. [3]Sie ist der von der oder dem Landesbeauftragten für den Datenschutz geleiteten Behörde auf Anforderung zur Verfügung zu stellen.

(3) [1]Der Verantwortliche hat der von der oder dem Landesbeauftragten für den Datenschutz geleiteten Behörde zumindest jährlich über Übermittlungen zu unterrichten, die aufgrund einer Beurteilung nach Absatz 1 Nr. 2 erfolgt sind. [2]In der Unterrichtung kann er die Empfänger und die Übermittlungszwecke angemessen kategorisieren.

§ 48 Ausnahmen für eine Datenübermittlung ohne geeignete Garantien

(1) Liegt entgegen § 46 Abs. 1 Nr. 2 kein Angemessenheitsbeschluss nach Artikel 36 Abs. 3 der Richtlinie (EU) Nr. 2016/680 vor und liegen auch keine geeigneten Garantien im Sinne des § 47 Abs. 1 vor, so ist eine Übermittlung bei Vorliegen der übrigen Voraussetzungen des § 46 auch dann zulässig, wenn die Übermittlung erforderlich ist

1. zum Schutz lebenswichtiger Interessen einer natürlichen Person,
2. zur Wahrung berechtigter Interessen der betroffenen Person,
3. zur Abwehr einer gegenwärtigen und erheblichen Gefahr für die öffentliche Sicherheit eines Staates,
4. im Einzelfall für die in § 23 genannten Zwecke oder
5. im Einzelfall zur Geltendmachung, Ausübung oder Verteidigung von Rechtsansprüchen im Zusammenhang mit den in § 23 genannten Zwecken.

(2) Der Verantwortliche hat von einer Übermittlung nach Absatz 1 abzusehen, wenn die Grundrechte der betroffenen Person das öffentliche Interesse an der Übermittlung überwiegen.

(3) Für Übermittlungen nach Absatz 1 ist § 47 Abs. 2 und 3 entsprechend anwendbar.

§ 49 Sonstige Datenübermittlung an Empfänger in Drittländern

(1) Verantwortliche können bei Vorliegen der übrigen für die Datenübermittlung in Drittländer geltenden Voraussetzungen im besonderen Einzelfall personenbezogene Daten unmittelbar an nicht in § 46 Abs. 1 Nr. 1 genannte Stellen in Drittländern übermitteln, wenn die Übermittlung zur Erfüllung ihrer Aufgaben für die in § 23 genannten Zwecke unerlässlich ist und

1. im konkreten Fall keine Grundrechte der betroffenen Person das öffentliche Interesse an einer Übermittlung überwiegen,
2. die Übermittlung an die in § 46 Abs. 1 Nr. 1 genannten Stellen wirkungslos oder ungeeignet wäre, insbesondere weil sie nicht rechtzeitig durchgeführt werden kann, und
3. der Verantwortliche dem Empfänger die Zwecke der Verarbeitung mitteilt und ihn darauf hinweist, dass die übermittelten Daten nur in dem Umfang verarbeitet werden dürfen, in dem ihre Verarbeitung für diese Zwecke erforderlich ist.

(2) Im Fall des Absatzes 1 hat der Verantwortliche die in § 46 Abs. 1 Nr. 1 genannten Stellen unverzüglich über die Übermittlung zu unterrichten, sofern dies nicht wirkungslos oder ungeeignet ist.

(3) Für Übermittlungen nach Absatz 1 gilt § 47 Abs. 2 und 3 entsprechend.

(4) Bei Übermittlungen nach Absatz 1 hat der Verantwortliche den Empfänger zu verpflichten, die übermittelten personenbezogenen Daten ohne seine Zustimmung nur für den Zweck zu verarbeiten, für den sie übermittelt worden sind.

(5) Abkommen im Bereich der justiziellen Zusammenarbeit in Strafsachen und der polizeilichen Zusammenarbeit bleiben unberührt.

Viertes Kapitel

Rechte der betroffenen Personen

§ 50 Allgemeine Informationen

Der Verantwortliche hat in allgemeiner Form und für jedermann zugänglich Informationen zur Verfügung zu stellen über

1. die Zwecke, für die personenbezogene Daten im Rahmen seiner Aufgabenerfüllung verarbeitet werden,
2. die im Hinblick auf die Verarbeitung ihrer personenbezogenen Daten bestehenden Rechte der betroffenen Personen auf Auskunft, Berichtigung, Löschung und Einschränkung der Verarbeitung,
3. den Namen und die Kontaktdaten des Verantwortlichen und der oder des Datenschutzbeauftragten und
4. das Bestehen des Rechts, die von der oder dem Landesbeauftragten für den Datenschutz geleitete Behörde anzurufen, sowie deren Kontaktdaten.

§ 51 Auskunft

(1) [1]Der Verantwortliche hat betroffenen Personen auf Antrag Auskunft zu erteilen über

1. die personenbezogenen Daten, die Gegenstand der Verarbeitung sind, und die Kategorie, zu der sie gehören,
2. den Zweck und die Rechtsgrundlage der Verarbeitung,
3. die verfügbaren Informationen über die Herkunft der Daten,
4. die Empfänger oder die Kategorien von Empfängern, gegenüber denen die personenbezogenen Daten offengelegt worden sind, und
5. die für die Daten geltende Speicherdauer oder, falls dies nicht möglich ist, die Kriterien für die Festlegung dieser Dauer.

[2]Der Verantwortliche hat die betroffene Person auf ihre Rechte auf Berichtigung, Löschung oder Einschränkung der Verarbeitung personenbezogener Daten durch den Verantwortlichen und das Bestehen des Rechts nach § 55, die von der oder dem Landesbeauftragten für den Datenschutz geleitete Behörde anzurufen, hinzuweisen und deren Kontaktdaten mitzuteilen.

(2) Absatz 1 gilt nicht für personenbezogene Daten, die ausschließlich zu Zwecken der Gewährleistung der Datensicherheit oder der Datenschutzkontrolle verarbeitet werden, wenn eine Verarbeitung zu anderen Zwecken durch geeignete technische und organisatorische Maßnahmen ausgeschlossen ist und die Auskunftserteilung einen unverhältnismäßigen Aufwand erfordern würde.

(3) [1]Der Verantwortliche kann die Auskunftserteilung einschränken oder ablehnen, soweit und solange

1. die Auskunft die Erfüllung der in § 23 bezeichneten Aufgaben gefährden würden,
2. die Auskunft die öffentliche Sicherheit gefährden oder sonst dem Wohl des Bundes oder eines Landes einen Nachteil bereiten würde oder
3. die Auskunft die Interessen einer anderen Person an der Geheimhaltung gefährden würde,

es sei denn, das Informationsinteresse der betroffenen Person überwiegt das Interesse an der Vermeidung dieser Gefahren. [2]Die Auskunftserteilung kann auch eingeschränkt oder abgelehnt werden, soweit und solange die Daten oder die Tatsache ihrer Speicherung nach einer Rechtsvorschrift geheim gehalten werden müssen.

(4) [1]Bezieht sich die Auskunftserteilung auf personenbezogene Daten, die an die Verfassungsschutzbehörden, den Bundesnachrichtendienst, den Militärischen Abschirmdienst und, soweit die Sicherheit des Bundes berührt wird, andere Behörden des Bundesministeriums der Verteidigung übermittelt wurden, so ist sie nur mit Zustimmung dieser Stellen zulässig. [2]Satz 1 gilt entsprechend für personenbezogene Daten, die von einer Behörde nach Satz 1 übermittelt wurden.

(5) [1]Der Verantwortliche hat die betroffene Person über die Ablehnung oder die Einschränkung der Auskunftserteilung unverzüglich schriftlich zu unterrichten. [2]Die Ablehnung oder Einschränkung der Auskunft nach Satz 1 ist zu begründen, es sei denn, dass durch die Mitteilung der Gründe der mit der Ablehnung oder Einschränkung der Auskunft verfolgte Zweck gefährdet würde. [3]Soweit die Ablehnung oder die Einschränkung der Auskunftserteilung nicht nach Satz 2 begründet wird, sind die Gründe hierfür aktenkundig zu machen.

(6) [1]Wird die betroffene Person nach Absatz 5 über die Ablehnung oder die Einschränkung der Auskunftserteilung unterrichtet, so kann die betroffene Person ihr Auskunftsrecht auch über die von der oder dem Landesbeauftragten für den Datenschutz geleitete Behörde ausüben. [2]Der Verantwortliche hat die betroffene Person über diese Möglichkeit sowie darüber zu unterrichten, dass sie gemäß § 55 die von der oder dem Landesbeauftragten für den Datenschutz geleitete Behörde anrufen oder gerichtlichen Rechtsschutz suchen kann. [3]Auf Verlangen der betroffenen Person erteilt der Verantwortliche der von der oder dem Landesbeauftragten für den Datenschutz geleiteten Behörde die begehrte Auskunft und stellt dieser die nach Absatz 5 Satz 3 dokumentierten Gründe für die Ablehnung oder Einschränkung der Auskunftserteilung zur Verfügung, es sei denn, es liegt ein Ausschlussgrund nach § 57 Abs. 8 vor. [4]Die von der oder dem Landesbeauftragten für den Datenschutz geleitete Behörde hat die betroffene Person zumindest darüber zu unterrichten, dass alle erforderlichen Prüfungen oder eine Überprüfung durch sie erfolgt sind, oder über die Gründe, aus denen eine Überprüfung nicht erfolgt ist. [5]Diese Mitteilung kann die Information enthalten, ob datenschutzrechtliche Verstöße festgestellt wurden. [6]Die Mitteilung der von dem oder der Landesbeauftragten für den Datenschutz geleiteten Behörde an die betroffene Person darf keine Rückschlüsse auf den Erkenntnisstand des Verantwortlichen zulassen, sofern er nicht einer weitergehenden Auskunft zustimmt. [7]Der Verantwortliche darf die Zustimmung nur soweit und solange verweigern, wie er nach Absatz 3 von einer Auskunft absehen oder sie einschränken könnte.

§ 52 Berichtigung, Löschung und Einschränkung der Verarbeitung

(1) [1]Die betroffene Person hat das Recht, von dem Verantwortlichen unverzüglich die Berichtigung sie betreffender unrichtiger Daten zu verlangen. [2]Insbesondere im Fall von Aussagen oder Beurteilungen betrifft die Frage der Richtigkeit nicht den Inhalt der Aussage oder der Beurteilung, sondern die Tatsache, dass die Aussage oder Beurteilung so erfolgt ist. [3]Hat der Verantwortliche eine Berichtigung vorgenommen, so hat er einer Stelle, die ihm die personenbezogenen Daten zuvor übermittelt hat, die Berichtigung mitzuteilen. [4]Wenn die Richtigkeit oder Unrichtigkeit der Daten nicht festgestellt werden kann, so tritt an die Stelle der Berichtigung eine Einschränkung der Verarbeitung. [5]In diesem Fall hat der Verantwortliche die betroffene Person zu unterrichten, bevor er die Einschränkung wieder aufhebt. [6]Die betroffene Person kann zudem die Vervollständigung unvollständiger personenbezogener Daten verlangen, wenn dies unter Berücksichtigung der Verarbeitungszwecke angemessen ist.

(2) Die betroffene Person hat das Recht, von dem Verantwortlichen unverzüglich die Löschung sie betreffender Daten zu verlangen, wenn ihre Verarbeitung unzulässig oder ihre Kenntnis für die Aufgabenerfüllung nicht mehr erforderlich ist oder sie zur Erfüllung einer rechtlichen Verpflichtung gelöscht werden müssen.

(3) § 28 Abs. 2 und 3 und § 32 Abs. 2 und 3 sind anwendbar.

(4) [1]Der Verantwortliche hat die betroffene Person über eine Verweigerung der Berichtigung oder Löschung personenbezogener Daten oder über die an deren Stelle tretende Einschränkung der Verarbeitung und über die Gründe hierfür schriftlich zu unterrichten. [2]Dies gilt nicht, wenn die Erteilung dieser Informationen eine Gefährdung im Sinne des § 51 Abs. 3 mit sich bringen würde. [3]Die Unterrichtung nach Satz 1 ist zu begründen, es sei denn, dass die Mitteilung der Gründe den mit dem Absehen von der Unterrichtung verfolgten Zweck gefährden würde. [4]§ 51 Abs. 6 und 7 ist entsprechend anwendbar.

§ 53 Verfahren für die Ausübung der Rechte der betroffenen Person

(1) [1]Der Verantwortliche hat mit betroffenen Personen unter Verwendung einer klaren und einfachen Sprache in präziser, verständlicher und leicht zugänglicher Form zu kommunizieren. [2]Unbeschadet besonderer Formvorschriften soll er bei der Beantwortung von Anträgen grundsätzlich die für den Antrag gewählte Form verwenden.

(2) Bei Eingang von Anträgen zur Ausübung der Betroffenenrechte hat der Verantwortliche die betroffene Person unverzüglich schriftlich darüber in Kenntnis zu setzen, wie mit dem Antrag verfahren wird.

(3) [1]Informationen nach § 50, Benachrichtigungen nach speziellen Rechtsvorschriften und nach § 42 sowie die Bearbeitung von Anträgen nach den §§ 51 und 52 erfolgen für die betroffene Person unentgeltlich. [2]Bei offenkundig unbegründeten oder exzessiven Anträgen der betroffenen Person nach den §§ 51 und 52 kann der Verantwortliche entweder eine angemessene Gebühr auf der Grundlage des

Verwaltungsaufwands verlangen oder sich weigern, aufgrund des Antrags tätig zu werden. [3]In diesem Fall trägt der Verantwortliche die Beweislast für den offenkundig unbegründeten oder exzessiven Charakter des Antrags.

(4) Hat der Verantwortliche begründete Zweifel an der Identität der betroffenen Person, die die Anträge nach § 51 oder § 52 gestellt hat, so kann er bei der betroffenen Person zusätzliche Informationen oder Nachweise anfordern, die zur Bestätigung ihrer Identität erforderlich sind.

§ 54 Schadensersatz

(1) Wird einer betroffenen Person durch eine nach diesem Teil oder nach anderen auf die Verarbeitung des Verantwortlichen anwendbaren datenschutzrechtlichen Vorschriften rechtswidrige Verarbeitung ihrer personenbezogenen Daten ein Schaden zugefügt, so sind ihr der Verantwortliche oder deren Rechtsträger unabhängig von einem Verschulden zum Ersatz des daraus entstehenden Schadens verpflichtet.

(2) Wegen eines Schadens, der nicht Vermögensschaden ist, kann die betroffene Person eine billige Entschädigung in Geld verlangen.

(3) Im Fall einer nicht automatisierten Verarbeitung besteht die Ersatzpflicht nicht, wenn der Verantwortliche nachweist, dass die Unzulässigkeit der Datenverarbeitung nicht von ihm zu vertreten ist.

(4) Lässt sich bei einer automatisierten Verarbeitung personenbezogener Daten nicht ermitteln, welcher von mehreren Verantwortlichen den Schaden verursacht hat, so haftet jeder Verantwortliche oder sein Rechtsträger.

(5) [1]Auf ein Mitverschulden der betroffenen Person ist § 254 des Bürgerlichen Gesetzbuchs entsprechend anwendbar. [2]Auf die Verjährung des Schadensersatzanspruchs sind die für unerlaubte Handlungen geltenden Verjährungsvorschriften des Bürgerlichen Gesetzbuchs entsprechend anwendbar.

§ 55 Anrufung der Aufsichtsbehörde

(1) [1]Jede betroffene Person, die meint, durch die Verarbeitung ihrer personenbezogenen Daten in ihren Rechten durch einen Verantwortlichen oder einen Auftragsverarbeiter verletzt worden zu sein, der der Kontrolle nach den Vorschriften dieses Teils unterliegt, kann sich unbeschadet anderweitiger Rechtsbehelfe mit einer Beschwerde an die von der oder dem Landesbeauftragten für den Datenschutz geleitete Behörde wenden. [2]Dies gilt nicht für die Verarbeitung personenbezogener Daten im Rahmen der justiziellen Tätigkeit durch Gerichte im Anwendungsbereich des § 23 Abs. 1. [3]Die betroffene Person kann sich bei der Wahrnehmung ihres Beschwerderechts entsprechend Artikel 80 der Datenschutz-Grundverordnung vertreten lassen.

(2) Die von der oder dem Landesbeauftragten für den Datenschutz geleitete Behörde hat die beschwerdeführende Person über den Stand und das Ergebnis der Beschwerde zu unterrichten und sie auf die Möglichkeit gerichtlichen Rechtsschutzes hinzuweisen.

(3) [1]Die von der oder dem Landesbeauftragten für den Datenschutz geleitete Behörde leitet eine bei ihr eingelegte Beschwerde über eine Verarbeitung, die in die Zuständigkeit einer Aufsichtsbehörde in einem anderen Mitgliedstaat der Europäischen Union fällt, unverzüglich an die zuständige Aufsichtsbehörde des anderen Staates weiter. [2]Sie hat in diesem Fall die beschwerdeführende Person über die Weiterleitung zu unterrichten und ihr auf deren Ersuchen weitere Unterstützung zu leisten.

§ 56 Rechtsschutz bei Untätigkeit der Aufsichtsbehörde

[1]Wenn sich die von der oder dem Landesbeauftragten für den Datenschutz geleitete Behörde nicht mit einer Beschwerde nach § 55 befasst oder die beschwerdeführende Person nicht innerhalb von drei Monaten nach Einlegung der Beschwerde über den Stand oder das Ergebnis der Beschwerde in Kenntnis gesetzt wurde, so kann die beschwerdeführende Person gerichtlich dagegen vorgehen. [2]Die Regelungen aus § 20 des Bundesdatenschutzgesetzes und Artikel 78 Abs. 2 der Datenschutz-Grundverordnung sind insoweit entsprechend anwendbar.

Fünftes Kapitel

Aufsichtsbehörde und Datenschutzbeauftragte öffentlicher Stellen

§ 57 Aufgaben und Befugnisse der Aufsichtsbehörde

(1) Die von der oder dem Landesbeauftragten für den Datenschutz geleitete Behörde nach § 18 ist auch Aufsichtsbehörde nach Artikel 41 Abs. 1 der Richtlinie (EU) 2016/680.

(2) Sie hat die Aufgabe,

1. die Anwendung der zur Umsetzung der der Richtlinie (EU) 2016/680 erlassenen Rechtsvorschriften zu überwachen und durchzusetzen,
2. die Öffentlichkeit für die Risiken, Vorschriften, Garantien und Rechte im Zusammenhang mit der Verarbeitung personenbezogener Daten zu sensibilisieren und sie darüber aufzuklären,
3. den Landtag, die Landesregierung und andere Einrichtungen und Gremien über legislative und administrative Maßnahmen zum Schutz der Rechte und Freiheiten natürlicher Personen in Bezug auf die Verarbeitung personenbezogener Daten zu beraten,
4. die Verantwortlichen und die Auftragsverarbeiter für die ihnen aus der Umsetzung der der Richtlinie (EU) 2016/680 entstehenden Pflichten zu sensibilisieren,
5. auf Anfrage jeder betroffenen Person Informationen über die Ausübung ihrer Rechte aus den zur Umsetzung der der Richtlinie (EU) 2016/680 erlassenen Rechtsvorschriften zur Verfügung zu stellen und gegebenenfalls zu diesem Zweck mit den Aufsichtsbehörden in anderen Mitgliedstaaten zusammenzuarbeiten,
6. sich mit Beschwerden einer betroffenen Person, auch wenn sie von einer Stelle, einer Organisation oder einem Verband nach Artikel 55 der Richtlinie (EU) 2016/680 eingelegt wurden, zu befassen, den Gegenstand der Beschwerde in angemessenem Umfang zu untersuchen und den Beschwerdeführer innerhalb einer angemessenen Frist über den Fortgang und das Ergebnis der Untersuchung zu unterrichten, insbesondere über eine notwendige Untersuchung oder eine Koordinierung mit einer anderen Aufsichtsbehörde,
7. mit anderen Aufsichtsbehörden auch durch Informationsaustausch zusammenzuarbeiten und ihnen Amtshilfe zu leisten, um die einheitliche Anwendung und Durchsetzung der zur Umsetzung der der Richtlinie (EU) 2016/680 erlassenen Rechtsvorschriften zu gewährleisten,
8. Untersuchungen über die Anwendung der Vorschriften dieses Teils und sonstiger Vorschriften über den Datenschutz zur Umsetzung der Richtlinie (EU) 2016/680 durchzuführen, auch auf der Grundlage von Informationen einer anderen Aufsichtsbehörde oder einer anderen öffentlichen Stelle,
9. maßgebliche Entwicklungen zu verfolgen, soweit sie sich auf den Schutz personenbezogener Daten auswirken, insbesondere die Entwicklung der Informations- und Kommunikationstechnologie und der Geschäftspraktiken,
10. Beratung in Bezug auf die in § 40 genannten Verarbeitungsvorgänge zu leisten und
11. Beiträge zur Tätigkeit des Europäischen Datenschutzausschusses zu leisten.

(3) [1]Die Aufsicht über die Erhebung personenbezogener Daten durch Strafverfolgungsbehörden bei der Ermittlung, Aufdeckung oder Verfolgung von Straftaten ist erst nach Abschluss des Strafverfahrens zulässig. [2]Sie erstreckt sich nicht auf eine Datenverarbeitung, die gerichtlich überprüft wurde. [3]Die Sätze 1 und 2 gelten für die Strafvollstreckung entsprechend.

(4) [1]Der Verantwortliche hat mit der von der oder dem Landesbeauftragten geleiteten Behörde bei der Erfüllung ihrer Aufgaben zusammenzuarbeiten und sie bei der Wahrnehmung ihrer Aufgaben zu unterstützen. [2]Er hat ihr insbesondere

1. Auskunft zu erteilen sowie Einsicht in alle Unterlagen zu gewähren, die die von der oder dem Landesbeauftragten für den Datenschutz geleitete Behörde zur Erfüllung ihrer Aufgaben für erforderlich hält,
2. die in Nummer 1 genannten Unterlagen auf Verlangen innerhalb einer bestimmten Frist zu übersenden und
3. den Zugang zu den Diensträumen, einschließlich aller Datenverarbeitungsanlagen und -geräte, sowie zu allen personenbezogenen Daten und Informationen zu gewähren,

soweit dies zur Erfüllung ihrer Aufgaben erforderlich ist. [3]Die Untersuchungsbefugnis der von der oder dem Landesbeauftragten geleiteten Behörde erstreckt sich auch auf von öffentlichen Stellen im Sinne des § 23 Abs. 1 und 2 erlangte personenbezogene Daten über den Inhalt und die näheren Umstände des Brief-, Post- und Fernmeldeverkehrs sowie solche personenbezogene Daten, die aufgrund von Maßnahmen, die in das Recht der Unverletzlichkeit der Wohnung eingreifen, erhoben wurden. [4]Das Grundrecht des Brief-, Post- und Fernmeldegeheimnisses (Artikel 10 des Grundgesetzes) sowie das Grundrecht auf Unverletzlichkeit der Wohnung (Artikel 13 des Grundgesetzes) werden insoweit eingeschränkt.

(5) [1]Bestehen Anhaltspunkte dafür, dass eine beabsichtigte Verarbeitung personenbezogener Daten gegen die Vorschriften dieses Teils oder gegen andere Rechtsvorschriften im Sinne des § 23 Abs. 3 Satz 1 verstößt, so kann die von der oder dem Landesbeauftragten für den Datenschutz geleitete Behörde den Verantwortlichen oder den Auftragsverarbeiter warnen, dass die Datenverarbeitung voraussichtlich gegen die Vorschriften dieses Teils oder gegen andere Rechtsvorschriften im Sinne des § 23 Abs. 3 Satz 1 verstößt. [2]Stellt die von der oder dem Landesbeauftragten für den Datenschutz geleitete Behörde einen solchen Verstoß im laufenden Betrieb einer Verarbeitung personenbezogener Daten fest, so kann sie den Verstoß

1. im Fall einer verantwortlichen öffentlichen Stelle des Landes im Sinne des § 23 Abs. 1 und 2 gegenüber der zuständigen obersten Landesbehörde,
2. im Fall einer verantwortlichen Kommune dieser gegenüber

mit der Aufforderung beanstanden, innerhalb einer bestimmten Frist Stellung zu nehmen. [3]In den Fällen des Satzes 2 Nr. 2 ist gleichzeitig die zuständige Kommunal- und Fachaufsichtsbehörde zu unterrichten.

(6) Im Übrigen sind für die Aufsichtsbehörde nach Absatz 1 § 20 Abs. 6 und § 21 sowie Artikel 57 Abs. 2 bis 4 und Artikel 61 Abs. 1 bis 7 der Datenschutz-Grundverordnung entsprechend anwendbar.

(7) [1]Wenn eine oberste Landesbehörde im Einzelfall feststellt, dass die Sicherheit des Bundes oder eines Landes dies gebietet, dürfen die Rechte nach Absatz 4 nur von der oder dem Landesbeauftragten für den Datenschutz persönlich ausgeübt werden. [2]In diesem Fall entscheidet die oberste Landesbehörde, ob personenbezogene Daten einer betroffenen Person, der von dem Verantwortlichen Vertraulichkeit besonders zugesichert worden ist, der oder dem Landesbeauftragten für den Datenschutz gegenüber offenbart werden.

(8) [1]Auch Behörden und sonstige öffentliche Stellen des Landes können gerichtlich gegen sie betreffende verbindliche Entscheidungen der von der oder dem Landesbeauftragten für den Datenschutz geleiteten Behörde vorgehen. [2]Die Klage hat aufschiebende Wirkung.

§ 58 Datenschutzbeauftragte öffentlicher Stellen

(1) [1]Die Person, die nach Artikel 37 der Datenschutz-Grundverordnung als Datenschutzbeauftragte oder Datenschutzbeauftragter zu bestellen ist, nimmt im Sinne dieses Teils zusätzlich zumindest folgende Aufgaben wahr:

1. Unterrichtung und Beratung des Verantwortlichen und der Beschäftigten, die Verarbeitungen durchführen, hinsichtlich ihrer Pflichten nach den Vorschriften dieses Teils, der zur Umsetzung der der Richtlinie (EU) 2016/680 erlassenen Rechtsvorschriften und sonstiger Vorschriften über den Datenschutz,
2. Überwachung der Einhaltung der Vorschriften dieses Teils, der zur Umsetzung der der Richtlinie (EU) 2016/680 erlassenen Rechtsvorschriften und sonstiger Vorschriften über den Datenschutz sowie der Strategien der öffentlichen Stelle für den Schutz personenbezogener Daten einschließlich der Zuweisung von Zuständigkeiten, der Sensibilisierung und Schulung der an Verarbeitungsvorgängen beteiligten Beschäftigten und der diesbezüglichen Überprüfungen,
3. Beratung im Zusammenhang mit der Datenschutz-Folgenabschätzung und Überwachung ihrer Durchführung gemäß § 39,
4. Zusammenarbeit mit der von der oder dem Landesbeauftragten für den Datenschutz geleiteten Behörde und
5. Tätigkeit als Anlaufstelle für die in Nummer 4 genannte Behörde in mit der Verarbeitung zusammenhängenden Fragen, einschließlich der vorherigen Anhörung gemäß § 40, und gegebenenfalls Beratung zu allen sonstigen Fragen.

[2]Organisatorisch hat die oder der Datenschutzbeauftragte bei der Aufgabenwahrnehmung nach Satz 1 eine Stellung entsprechend Artikel 38 der Datenschutz-Grundverordnung.

(2) [1]Die oder der Datenschutzbeauftragte ist zur Verschwiegenheit über die Identität der betroffenen Person sowie über die Umstände, die Rückschlüsse auf sie zulassen, verpflichtet, soweit er oder sie hiervon nicht durch die betroffene Person befreit wird. [2]Dies gilt auch nach Beendigung der Tätigkeit als Datenschutzbeauftragte oder Datenschutzbeauftragter.

(3) [1]Wenn die oder der Datenschutzbeauftragte bei ihrer oder seiner Tätigkeit Kenntnis von Daten erhält, für die der Leitung oder einer bei der öffentlichen Stelle beschäftigten Person aus beruflichen Gründen ein Zeugnisverweigerungsrecht zusteht, steht dieses Recht auch der oder dem Datenschutz-

beauftragten und den ihr oder ihm unterstellten Beschäftigten zu. [2]Über die Ausübung dieses Rechts entscheidet die Person, der das Zeugnisverweigerungsrecht aus beruflichen Gründen zusteht, es sei denn, dass diese Entscheidung in absehbarer Zeit nicht herbeigeführt werden kann. [3]Soweit das Zeugnisverweigerungsrecht der oder des Datenschutzbeauftragten reicht, unterliegen ihre oder seine Akten und andere Schriftstücke einem Beschlagnahmeverbot.

Dritter Teil
Schlussvorschriften

§ 59 Ordnungswidrigkeiten

(1) Ordnungswidrig handelt, wer

1. als Person, die bei einer öffentlichen Stelle oder deren Auftragsverarbeiter dienstlichen Zugang zu nicht allgemein zugänglichen personenbezogenen Daten hat oder hatte, diese Daten zu einem anderen als dem zur jeweiligen rechtmäßigen Aufgabenerfüllung gehörenden Zweck
   a) speichert, verändert oder übermittelt,
   b) zum Abruf bereithält,
   c) abruft oder sich oder einem anderen verschafft oder
   d) in anderer Weise verarbeitet

   oder
2. personenbezogene Daten, die in dem Anwendungsbereich dieses Gesetzes verarbeitet werden und nicht allgemein zugänglich sind, durch Vortäuschung falscher Tatsachen sich oder einer anderen Person verschafft oder sich oder einer anderen Person durch Übermittlung, Verbreitung oder eine andere Form der Bereitstellung offenlegen lässt.

(2) Die Ordnungswidrigkeit kann mit einer Geldbuße bis zu 50 000 Euro geahndet werden.

§ 60 Straftaten

(1) [1]Wer gegen Entgelt oder in der Absicht, sich oder einen anderen zu bereichern oder einen anderen zu schädigen, eine in § 59 Abs. 1 genannte Handlung begeht, wird mit Freiheitsstrafe bis zu zwei Jahren oder mit Geldstrafe bestraft. [2]Ebenso wird bestraft, wer unter den in Satz 1 genannten Voraussetzungen Einzelangaben über persönliche oder sachliche Verhältnisse einer nicht mehr bestimmbaren Person zusammenführt und dadurch wieder bestimmbar macht.

(2) Der Versuch ist strafbar.

(3) [1]Die Tat wird nur auf Antrag verfolgt. [2]Antragsberechtigt sind die betroffene Person, der Verantwortliche, der Auftragsverarbeiter und die von der oder dem Landesbeauftragten geleitete Behörde.

§ 61 Übergangsvorschrift

(1) [1]Die am 24. Mai 2018 im Amt befindliche Landesbeauftragte für den Datenschutz gilt für den Rest ihrer Amtszeit als nach § 18 Abs. 3 Satz 1 und § 57 Abs. 1 berufen. [2]Ihre Rechtsstellung sowie ihre Aufgaben und Befugnisse richten sich im Anwendungsbereich des Ersten Teils nach den Vorschriften der Datenschutz-Grundverordnung sowie nach den §§ 18 bis 22 und im Anwendungsbereich des Zweiten Teils nach § 57.

(2) Im Anwendungsbereich des Zweiten Teils sind vor dem 6. Mai 2016 eingerichtete automatisierte Verarbeitungssysteme zeitnah, in Ausnahmefällen, in denen dies mit einem unverhältnismäßigen Aufwand verbunden ist, jedoch spätestens bis zum 6. Mai 2023 mit § 35 Abs. 2 und 3 in Einklang zu bringen.

Niedersächsisches Gesetz über Verordnungen und Zuständigkeiten (NVOZustG)[1)]

Vom 22. Oktober 2014 (Nds. GVBl. S. 291)
(VORIS 11500)

zuletzt geändert durch Art. 1 G zur Änd. des Gs über VOen und Zuständigkeiten vom 17. Februar 2021 (Nds. GVBl. S. 65)

§ 1 Verkündung von Verordnungen

(1) [1]Verordnungen der Landesregierung und der Ministerien werden im Niedersächsischen Gesetz- und Verordnungsblatt verkündet. [2]Die Staatskanzlei ist Ministerium im Sinne dieses Gesetzes.

(2) Verordnungen der übrigen Behörden des Landes und der juristischen Personen des öffentlichen Rechts, die der Aufsicht des Landes unterstehen, werden im Niedersächsischen Ministerialblatt verkündet, soweit nicht durch Gesetz etwas anderes bestimmt ist.

(3) Verordnungen sind mit der Ausgabe des Verkündungsblatts verkündet, soweit nicht durch Gesetz etwas anderes bestimmt ist.

(4) [1]Verordnungen über Gebote oder Verbote zur Bekämpfung übertragbarer Krankheiten, die aufgrund des § 32 des Infektionsschutzgesetzes erlassen werden, können anstelle der Verkündung im Niedersächsischen Gesetz- und Verordnungsblatt nach Absatz 1 Satz 1 auf der Internetseite www.niedersachsen.de/verkuendung verkündet werden (Eilverkündung). [2]Gleiches gilt für die Verkündung anderer Verordnungen nach Absatz 1 Satz 1, wenn Gefahr im Verzug ist. [3]Eine zusätzliche Verkündung in der Form des Absatzes 1 Satz 1 ist unverzüglich nachzuholen. [4]In der Verkündung nach Satz 3 ist auf den Tag der vorangegangenen Eilverkündung hinzuweisen. [5]Im Fall einer Eilverkündung nach Satz 1 oder 2 steht die Bereitstellung der Verordnung in elektronischer Form auf der Internetseite der Ausgabe des Verkündungsblatts nach Absatz 3 gleich.

§ 2 Zeitpunkt des Inkrafttretens von Verordnungen

Verordnungen, die eine Vorschrift über ihr Inkrafttreten nicht enthalten, treten mit dem 14. Tag nach Ablauf des Tages in Kraft, an dem sie verkündet worden sind.

§ 3 Aufhebung von Verordnungen

Die Staatskanzlei wird ermächtigt, im Einvernehmen mit dem fachlich zuständigen Ministerium Verordnungen der Landesregierung und der Ministerien durch Verordnung aufzuheben, soweit diese entbehrlich geworden sind und eine sonstige Ermächtigung für die Aufhebung nicht vorhanden ist.

§ 4 Verordnungen der Bezirksregierungen

(1) Die von den Bezirksregierungen erlassenen Verordnungen gelten in ihrem jeweiligen Geltungsbereich fort, soweit nicht durch Gesetz etwas anderes bestimmt ist.

(2) Das fachlich zuständige Ministerium wird ermächtigt, eine von einer Bezirksregierung erlassene Verordnung durch Verordnung aufzuheben, soweit diese entbehrlich geworden ist und eine sonstige Ermächtigung für die Aufhebung nicht vorhanden ist.

§ 5 Verordnungen zur Regelung von Zuständigkeiten

(1) [1]Die Landesregierung wird ermächtigt, durch Verordnung die Zuständigkeiten für die Erfüllung öffentlicher Aufgaben, die sich aus Rechtsvorschriften des Bundes oder des Landes oder aus unmittelbar anzuwendenden Rechtsakten der Europäischen Union ergeben, zu regeln. [2]Die Landesregierung kann die Ermächtigung nach Satz 1 für bestimmte Aufgaben durch Verordnung auf das fachlich zuständige Ministerium übertragen.

(2) In Verordnungen nach Absatz 1 und in Verordnungen aufgrund anderer landesrechtlicher Ermächtigungen zur Regelung von Zuständigkeiten für die Erfüllung öffentlicher Aufgaben können von Bundesrecht abweichende Zuständigkeitsregelungen getroffen werden.

(3) Wird durch Verordnung nach Absatz 1 oder aufgrund einer anderen Verordnungsermächtigung die Zuständigkeit von öffentlich-rechtlichen Körperschaften, ausgenommen Kommunen, bestimmt, so

1) Verkündet als Art. 1 G v. 22.10.2014 (Nds. GVBl. S. 291); Inkrafttreten gem. Art. 9 dieses G am 1.11.2014.

sind in der Verordnung Bestimmungen über die Dekkung[1] der Kosten zu treffen, soweit die Deckung der Kosten nicht in anderen Rechtsvorschriften geregelt ist.

(4) Wird durch Verordnung nach Absatz 1 oder aufgrund einer anderen Verordnungsermächtigung die Zuständigkeit von Kommunen bestimmt und sind sich die erlassende Landesregierung oder das erlassende Ministerium und ein kommunaler Spitzenverband über die Erforderlichkeit eines finanziellen Ausgleichs nach Artikel 57 Abs. 4 Satz 2 der Niedersächsischen Verfassung oder einer Anpassung des finanziellen Ausgleichs nach Artikel 57 Abs. 4 Satz 3 Halbsatz 1, auch in Verbindung mit Satz 4 Halbsatz 2, der Niedersächsischen Verfassung nicht einig, so unterrichtet die Landesregierung hierüber den Landtag innerhalb eines Monats nach Verkündung der Verordnung.

§ 6 Auffangzuständigkeit der Ministerien

Die Ministerien sind in ihrem jeweiligen Geschäftsbereich für die Aufgaben der Landesverwaltung zuständig, die nicht einer anderen Behörde oder Stelle übertragen sind.

§ 7 Bekanntmachung von Zuständigkeitsübertragungen

[1]Überträgt ein Ministerium aufgrund einer Rechtsvorschrift nicht nur für den Einzelfall und nicht durch Verordnung eine staatliche Aufgabe von einer Kommune auf eine andere Kommune, so ist die Übertragung im Niedersächsischen Ministerialblatt bekannt zu machen. [2]Die Übertragung wird frühestens am Tag nach der Bekanntmachung wirksam. [3]Eine Übertragung, die vor dem 1. November 2014 vorgenommen wurde und nicht im Niedersächsischen Ministerialblatt bekannt gemacht ist, bleibt ohne Bekanntmachung wirksam, jedoch nicht über den 31. Oktober 2015 hinaus. [4]Die Sätze 1 und 2 gelten für die Aufhebung einer Übertragung nach Satz 1 entsprechend.

§ 8 Zuständigkeiten für Verpflichtungen nach dem Verpflichtungsgesetz

Zuständig für die Verpflichtung nach § 1 Abs. 1 des Verpflichtungsgesetzes vom 2. März 1974 (BGBl. I S. 469, 547), geändert durch § 1 Nr. 4 des Gesetzes vom 15. August 1974 (BGBl. I S. 1942), in der jeweils geltenden Fassung sind

1. für Personen, die bei einer Behörde oder bei einer sonstigen Stelle, die Aufgaben der öffentlichen Verwaltung wahrnimmt, beschäftigt oder für diese tätig sind (§ 1 Abs. 1 Nr. 1 des Verpflichtungsgesetzes), die jeweilige Behörde oder sonstige Stelle,
2. für Personen, die bei einem Verband oder sonstigen Zusammenschluss, einem Betrieb oder Unternehmen, der oder das für eine Behörde oder sonstige Stelle Aufgaben der öffentlichen Verwaltung ausführt, beschäftigt oder für diesen oder dieses tätig sind (§ 1 Abs. 1 Nr. 2 des Verpflichtungsgesetzes), die jeweilige Behörde oder sonstige Stelle,
3. für öffentlich bestellte Sachverständige (§ 1 Abs. 1 Nr. 3 des Verpflichtungsgesetzes) die Behörde oder sonstige Stelle, die für die Bestellung zuständig ist.

§ 9 Auskunftsverlangen des Landesamtes für Verbraucherschutz und Lebensmittelsicherheit

Unbeschadet der Fachaufsicht durch das Fachministerium kann das Landesamt für Verbraucherschutz und Lebensmittelsicherheit auf dem Gebiet der von ihm wahrzunehmenden Aufgaben Auskünfte von den Landkreisen und kreisfreien Städten fordern.

§ 10 Zuständigkeit für Untersuchungen von Proben

[1]Proben, die im Rahmen amtlicher Kontrollen zur Überprüfung der Einhaltung des Lebensmittel- und des Futtermittelrechts und der Bestimmungen über Tiergesundheit und Tierschutz sowie im Rahmen der amtlichen Überwachung des Verkehrs mit Tabakerzeugnissen, kosmetischen Mitteln und Bedarfsgegenständen genommen werden, untersucht das Landesamt für Verbraucherschutz und Lebensmittelsicherheit. [2]Kommunen und Zweckverbände können Untersuchungen in Satz 1 genannter Proben, die sie bereits vor dem 1. November 2014 durchgeführt haben, weiterhin anstelle des Landesamtes für Verbraucherschutz und Lebensmittelsicherheit durchführen, wenn sie über die erforderliche Ausstattung verfügen. [3]Das Fachministerium kann auf Antrag zulassen, dass Kommunen auch andere Untersuchungen in Satz 1 genannter Proben anstelle des Landesamtes für Verbraucherschutz und Lebensmittelsicherheit durchführen, wenn sie über die erforderliche Ausstattung verfügen. [4]Das Fachministerium kann auch zulassen, dass öffentliche Einrichtungen und private Einrichtungen für die Untersuchung in Satz 1 genannter Proben genutzt werden. [5]Die Zuständigkeit von Untersuchungseinrichtungen des Bundes bleibt unberührt.

---

1) Richtig wohl: „Deckung".

§ 11 Rückübertragungspflicht
Das unbewegliche Verwaltungsvermögen des Landes, das aufgrund des Artikels V § 4 Abs. 1 Sätze 1 bis 3 des Achten Gesetzes zur Verwaltungs- und Gebietsreform vom 28. Juni 1977 (Nds. GVBl. S. 233) unentgeltlich auf eine Kommune übergegangen ist, ist unentgeltlich auf das Land zurückzuübertragen, wenn es für öffentliche Zwecke nicht mehr genutzt wird.

Niedersächsisches Beamtengesetz (NBG)[1)]

Vom 25. März 2009 (Nds. GVBl. S. 72)
(VORIS 20411)

zuletzt geändert durch Art. 1 ÄndG zum BeamtenG und zum BesoldungsG vom 21. Juni 2023 (Nds. GVBl. S. 110)

Nichtamtliche Inhaltsübersicht

---

1) Verkündet als Art. 1 G v. 25.3.2009 (NdsGVBl. S. 72); Inkrafttreten gem. Art. 23 Abs. 1 Satz 1 dieses G am 1.4.2009; abweichend hiervon treten gem. Art. 23 Abs. 1 Satz 2 Nr. 1 §§ 16 Satz 3, 25, 78, 108, 117 und 118 am 28.3.2009, sowie gem. Art. 23 Abs. 1 Satz 2 Nr. 2 § 119 am 1. Juli 2009 in Kraft.

Erster Teil
Allgemeine Vorschriften

§ 1 Geltungsbereich

Dieses Gesetz gilt ergänzend zum Beamtenstatusgesetz (BeamtStG) für die Beamtinnen und Beamten

1. des Landes (Landesbeamtinnen und Landesbeamte),
2. der Gemeinden und Gemeindeverbände (Kommunalbeamtinnen und Kommunalbeamte) sowie
3. der sonstigen der Aufsicht des Landes unterstehenden Körperschaften, Anstalten und Stiftungen des öffentlichen Rechts (Körperschaftsbeamtinnen und Körperschaftsbeamte).

§ 2 Verleihung der Dienstherrnfähigkeit durch Satzung (§ 2 BeamtStG)

[1]Dienstherrnfähigkeit kann auch durch Satzung verliehen werden. [2]Diese bedarf der Genehmigung der obersten Aufsichtsbehörde, die im Einvernehmen mit dem für Inneres zuständigen Ministerium entscheidet.

§ 3 Oberste Dienstbehörden, Dienstvorgesetzte und Vorgesetzte

(1) Oberste Dienstbehörde ist die oberste Behörde des Dienstherrn, in deren Dienstbereich die Beamtin oder der Beamte ein Amt bekleidet.

(2) Dienstvorgesetzte oder Dienstvorgesetzter ist, wer für beamtenrechtliche Entscheidungen über die persönlichen Angelegenheiten der ihr oder ihm nachgeordneten Beamtin oder des ihr oder ihm nachgeordneten Beamten zuständig ist.

(3) Vorgesetzte oder Vorgesetzter ist, wer dafür zuständig ist, der Beamtin oder dem Beamten für die dienstliche Tätigkeit Weisungen zu erteilen.

(4) [1]Die Zuständigkeiten nach den Absätzen 1 bis 3 richten sich nach dem Aufbau der öffentlichen Verwaltung. [2]Ist eine Dienstvorgesetzte oder ein Dienstvorgesetzter nicht vorhanden und ist nicht gesetzlich geregelt, wer diese Aufgaben wahrnimmt, so bestimmt für die Landesbeamtinnen und Landesbeamten die zuständige oberste Landesbehörde, im Übrigen die oberste Aufsichtsbehörde, wer hierfür zuständig ist.

(5) [1]Die Entscheidungen und sonstigen Maßnahmen nach diesem Gesetz und nach dem Beamtenstatusgesetz trifft, wenn nichts anderes bestimmt ist, die oder der Dienstvorgesetzte und nach Beendigung des Beamtenverhältnisses die oder der Dienstvorgesetzte der Behörde, der die Beamtin oder der Beamte zuletzt angehört hat. [2]Die oberste Dienstbehörde kann Zuständigkeiten der oder des Dienstvorgesetzten, auch teilweise, auf andere Behörden übertragen.

(6) Zuständigkeiten, die nach diesem Gesetz, dem Beamtenstatusgesetz oder dem Niedersächsischen Beamtenversorgungsgesetz (NBeamtVG) einer Behörde des Dienstherrn obliegen, obliegen bei den Gemeinden, den Gemeindeverbänden und den sonstigen der Aufsicht des Landes unterstehenden Körperschaften, Anstalten und Stiftungen des öffentlichen Rechts den bei ihnen zur Erfüllung solcher Aufgaben berufenen Organen, Ausschüssen oder Verwaltungsstellen.

(7) In versorgungs- und altersgeldrechtlichen Angelegenheiten der Ruhestandsbeamtinnen, Ruhestandsbeamten, früheren Landesbeamtinnen und Landesbeamten sowie deren Hinterbliebenen werden die Aufgaben der obersten Dienstbehörde von der für das Beamtenversorgungsrecht zuständigen obersten Landesbehörde wahrgenommen.

Zweiter Teil
Beamtenverhältnis

Erstes Kapitel
Allgemeines

§ 4 Vorbereitungsdienst

(1) Der Vorbereitungsdienst wird im Beamtenverhältnis auf Widerruf abgeleistet.

(2) [1]Das für den Vorbereitungsdienst zuständige Ministerium wird ermächtigt, im Benehmen mit dem für die dazugehörige Laufbahn zuständigen Ministerium und dem für Inneres zuständigen Ministerium durch Verordnung zu bestimmen, dass der Vorbereitungsdienst abweichend von Absatz 1 in einem öffentlich-rechtlichen Ausbildungsverhältnis außerhalb eines Beamtenverhältnisses abgeleistet wird, wenn ein öffentliches Interesse dies rechtfertigt. [2]Soweit diese Verordnung nicht etwas anderes bestimmt, sind auf die Auszubildenden mit Ausnahme des § 7 Abs. 1 Nr. 2, des § 33 Abs. 1 Satz 3 und des § 38 BeamtStG sowie des § 47 die für Beamtinnen und Beamte im Vorbereitungsdienst geltenden Vorschriften entsprechend anzuwenden. [3]Wer sich gegen die freiheitliche demokratische Grundordnung im Sinne des Grundgesetzes betätigt, darf nicht in den Vorbereitungsdienst in einem öffentlich-rechtlichen Ausbildungsverhältnis aufgenommen werden. [4]Anstelle des Diensteides ist eine Verpflichtungserklärung nach dem Verpflichtungsgesetz abzugeben.

(3) [1]Ist der Vorbereitungsdienst auch Voraussetzung für die Ausübung eines Berufes außerhalb des öffentlichen Dienstes, so kann er auf Antrag der oder des Auszubildenden in einem öffentlich-rechtlichen Ausbildungsverhältnis abgeleistet werden. [2]Das für den Vorbereitungsdienst zuständige Ministerium wird ermächtigt, im Benehmen mit dem für die dazugehörige Laufbahn zuständigen Ministerium und dem für Inneres zuständigen Ministerium durch Verordnung andere Bestimmungen im Sinne des Absatzes 2 Satz 2 zu treffen. [3]Im Übrigen gilt Absatz 2 Sätze 2 bis 4 entsprechend.

§ 5 Beamtinnen und Beamte auf Probe in Ämtern mit leitender Funktion (§§ 4, 22 BeamtStG)

(1) [1]Ein Amt mit leitender Funktion wird zunächst unter Berufung in das Beamtenverhältnis auf Probe übertragen. [2]Die regelmäßige Probezeit dauert zwei Jahre. [3]Zeiten, in denen der Beamtin oder dem Beamten die leitende Funktion bereits übertragen worden ist, können auf die Probezeit angerechnet werden. [4]Die Probezeit kann bei besonderer Bewährung bis auf ein Jahr verkürzt werden. [5]Die Probezeit verkürzt sich um die Zeit eines Urlaubs ohne Dienstbezüge und Elternzeit ohne Dienstbezüge, soweit der Urlaub oder die Elternzeit während des für die Probezeit vorgesehenen Zeitraums in Anspruch genommen wird. [6]Verkürzt sich die Probezeit nach Satz 5 wegen eines Urlaubs nach § 62 Abs. 1 Satz 1 Nr. 2 oder Elternzeit nach den nach § 81 geltenden Rechtsvorschriften auf weniger als ein Jahr, so ist sie auf ein Jahr zu verlängern. [7]Im Übrigen ist eine Verlängerung der Probezeit nicht zulässig. [8]Eine Anrechnung nach Satz 3 und eine Verkürzung oder Verlängerung der Probezeit nach den Sätzen 4 bis 6 können nebeneinander erfolgen.

(2) Ämter mit leitender Funktion im Sinne des Absatzes 1 sind

1. bei einer obersten Landesbehörde
   a) Leiterin oder Leiter einer Abteilung, ausgenommen die Landespolizeipräsidentin oder der Landespolizeipräsident, die Verfassungsschutzpräsidentin oder der Verfassungsschutzpräsident, die Mitglieder des Landesrechnungshofs und die Mitglieder des Gesetzgebungs- und Beratungsdienstes beim Niedersächsischen Landtag,
   b) Vertreterin oder Vertreter der oder des Landesbeauftragten für den Datenschutz,
   c) ständige Vertreterin oder ständiger Vertreter der Leiterin oder des Leiters einer Abteilung,
   d) Leiterin oder Leiter eines Referats oder einer Gruppe von Referaten bei Einstufung mindestens in die Besoldungsgruppe B 3 und
   e) Leiterin oder Leiter der Vertretung des Landes Niedersachsen beim Bund,
2. Leiterin oder Leiter und stellvertretende Leiterin oder stellvertretender Leiter sowie Mitglieder des Vorstands der den obersten Landesbehörden unmittelbar nachgeordneten Behörden und Einrichtungen bei Einstufung in die Niedersächsische Besoldungsordnung B, ausgenommen die Landesbeauftragten für regionale Landesentwicklung, und
3. die von einer Gemeinde oder einem Gemeindeverband durch Satzung als leitend bestimmten Funktionen.

(3) [1]In ein Amt mit leitender Funktion darf nur berufen werden, wer

1. sich in einem Beamtenverhältnis auf Lebenszeit oder einem Richterverhältnis auf Lebenszeit befindet und
2. in dieses Amt auch als Beamtin oder Beamter auf Lebenszeit berufen werden könnte.

[2]Der Landespersonalausschuss kann Ausnahmen von Satz 1 zulassen.

(4) [1]Das Beamtenverhältnis auf Lebenszeit oder das Richterverhältnis auf Lebenszeit besteht bei demselben Dienstherrn neben dem Beamtenverhältnis auf Probe fort. [2]Vom Tag der Ernennung an ruhen für die Dauer der Probezeit die Rechte und Pflichten aus dem Amt, das der Beamtin oder dem Beamten zuletzt im Beamtenverhältnis auf Lebenszeit oder im Richterverhältnis auf Lebenszeit übertragen worden ist, mit Ausnahme der Pflicht zur Amtsverschwiegenheit und des Verbots der Annahme von Belohnungen und Geschenken. [3]Eine Beamtin oder ein Beamter auf Probe in einem Amt mit leitender Funktion darf in dem Beamtenverhältnis auf Lebenszeit oder dem Richterverhältnis auf Lebenszeit nicht befördert werden.

(5) [1]Wird der Beamtin oder dem Beamten während der Probezeit bei demselben Dienstherrn ein anderes Amt mit leitender Funktion übertragen, so läuft die Probezeit weiter, falls das andere Amt derselben Besoldungsgruppe zugeordnet ist wie das zunächst übertragene Amt mit leitender Funktion. [2]Ist das andere Amt einer höheren Besoldungsgruppe zugeordnet als das zunächst übertragene Amt mit leitender Funktion, so beginnt eine erneute Probezeit.

(6) [1]Mit dem erfolgreichen Abschluss der Probezeit ist der Beamtin oder dem Beamten das Amt mit leitender Funktion auf Dauer im Beamtenverhältnis auf Lebenszeit zu übertragen. [2]Einer Richterin oder einem Richter darf das Amt mit leitender Funktion auf Dauer im Beamtenverhältnis auf Lebenszeit bei demselben Dienstherrn nur übertragen werden, wenn sie oder er die Entlassung aus dem Richterverhältnis schriftlich verlangt; die elektronische Form ist ausgeschlossen. [3]Wird nach Ablauf der Probezeit das Amt mit leitender Funktion nicht auf Dauer übertragen, so endet der Anspruch auf Besoldung aus diesem Amt. [4]Auch weitere Ansprüche aus diesem Amt bestehen nicht.

(7) Wird das Amt mit leitender Funktion nicht auf Dauer übertragen, so ist eine erneute Übertragung dieses Amtes unter Berufung in ein Beamtenverhältnis auf Probe erst nach Ablauf eines Jahres zulässig.
(8) § 64 findet keine Anwendung.

§ 6 Ehrenbeamtinnen und Ehrenbeamte (§ 5 BeamtStG)

(1) Für Ehrenbeamtinnen und Ehrenbeamte gelten das Beamtenstatusgesetz und dieses Gesetz nach Maßgabe der Absätze 2 bis 4.

(2) Das Ehrenbeamtenverhältnis kann auch anders als durch Ernennung begründet werden, wenn dies durch Rechtsvorschrift geregelt ist.

(3) [1]Nach Erreichen der Altersgrenze nach § 35 können Ehrenbeamtinnen und Ehrenbeamte verabschiedet werden. [2]Sie sind zu verabschieden, wenn die Voraussetzungen gegeben sind, unter denen eine Beamtin oder ein Beamter auf Lebenszeit in den Ruhestand oder in den einstweiligen Ruhestand zu versetzen ist oder versetzt werden kann. [3]Das Ehrenbeamtenverhältnis endet auch ohne Verabschiedung durch Zeitablauf, wenn es für eine bestimmte Amtszeit begründet worden ist. [4]Es endet ferner durch Abberufung, wenn diese durch Rechtsvorschrift zugelassen ist.

(4) Auf Ehrenbeamtinnen und Ehrenbeamte sind die Vorschriften über das Erlöschen privatrechtlicher Arbeitsverhältnisse (§ 8 Abs. 5), die Laufbahnen (§§ 13 bis 26), die Abordnung und Versetzung (§§ 14 und 15 BeamtStG, §§ 27 und 28), die Entlassung bei Berufung nach Erreichen der Altersgrenze (§ 23 Abs. 1 Nr. 5 BeamtStG), die Nebentätigkeiten (§ 40 BeamtStG, §§ 72 bis 75), die Arbeitszeit (§ 60), die Wohnung (§ 54) und den Arbeitsschutz (§ 82) nicht anzuwenden.

(5) Die Unfallfürsorge für Ehrenbeamtinnen und Ehrenbeamte und ihre Hinterbliebenen richtet sich nach § 80 NBeamtVG.

(6) Im Übrigen regeln sich die Rechtsverhältnisse nach den für die Ehrenbeamtinnen und Ehrenbeamten geltenden besonderen Rechtsvorschriften.

§ 7 Beamtinnen und Beamte auf Zeit (§§ 4, 6 BeamtStG)

(1) [1]Ein Beamtenverhältnis auf Zeit kann nur begründet werden, wenn dies gesetzlich bestimmt ist. [2]Für Beamtinnen und Beamte auf Zeit finden die laufbahnrechtlichen Vorschriften (§§ 13 bis 26) keine Anwendung.

(2) [1]Soweit durch Gesetz nichts anderes bestimmt ist, ist die Beamtin oder der Beamte auf Zeit verpflichtet, nach Ablauf der Amtszeit das Amt weiterzuführen, wenn sie oder er unter mindestens gleich günstigen Bedingungen für wenigstens die gleiche Zeit wieder in dasselbe Amt berufen werden soll. [2]Kommt die Beamtin oder der Beamte auf Zeit dieser Verpflichtung nicht nach, so ist sie oder er mit Ablauf der Amtszeit aus dem Beamtenverhältnis zu entlassen. [3]Wird die Beamtin oder der Beamte auf Zeit im Anschluss an ihre oder seine Amtszeit erneut in dasselbe Amt für eine weitere Amtszeit berufen, so gilt das Beamtenverhältnis als nicht unterbrochen.

(3) [1]Soweit durch Gesetz nichts anderes bestimmt ist, tritt die Beamtin oder der Beamte auf Zeit vor Erreichen der Altersgrenze mit Ablauf der Amtszeit in den Ruhestand, wenn sie oder er nicht entlassen oder im Anschluss an ihre oder seine Amtszeit für eine weitere Amtszeit erneut in dasselbe oder ein höherwertiges Amt berufen wird. [2]Eine Beamtin oder ein Beamter auf Zeit im einstweiligen Ruhestand befindet sich mit Ablauf der Amtszeit dauernd im Ruhestand.

(4) [1]Bei Beamtinnen und Beamten auf Zeit, bei denen die Begründung des Beamtenverhältnisses auf einer Wahl durch die Bürgerinnen und Bürger beruht, bedarf es keiner Ernennung. [2]Mit Begründung des Beamtenverhältnisses treten die Rechtsfolgen ein, die in gesetzlichen Vorschriften an eine Ernennung geknüpft sind.

(5) [1]Ist eine Wahl Voraussetzung für die Begründung des Beamtenverhältnisses, so endet dieses auch durch Abwahl oder Abberufung, wenn eine solche gesetzlich vorgesehen ist. [2]Für die abgewählten oder abberufenen Beamtinnen und Beamten gelten bis zum Ablauf der Zeit, für die sie gewählt oder ernannt waren, die Vorschriften dieses Gesetzes über die Rechte und Pflichten von Ruhestandsbeamtinnen und Ruhestandsbeamten und danach Absatz 3 Satz 1 entsprechend.

(6) Ein Beamtenverhältnis auf Lebenszeit kann nicht in ein Beamtenverhältnis auf Zeit umgewandelt werden.

§ 8 Zuständigkeit für die Ernennung, Wirkung der Ernennung (§ 8 BeamtStG)

(1) [1]Die Landesbeamtinnen und Landesbeamten werden, soweit verfassungsrechtlich nichts anderes bestimmt ist, von der Landesregierung ernannt. [2]Sie kann ihre Befugnis auf einzelne Mitglieder der Landesregierung oder auf andere Stellen übertragen.

(2) Die Kommunalbeamtinnen und Kommunalbeamten sowie die Körperschaftsbeamtinnen und Körperschaftsbeamten werden von der obersten Dienstbehörde ernannt, soweit durch Gesetz, Verordnung oder Satzung nichts anderes bestimmt ist.

(3) Einer Ernennung bedarf es außer in den Fällen des § 8 Abs. 1 Nrn. 1 bis 3 BeamtStG zur Verleihung eines anderen Amtes mit anderer Amtsbezeichnung beim Wechsel der Laufbahngruppe.

(4) Die Ernennung wird mit dem Tag der Aushändigung der Ernennungsurkunde wirksam, wenn nicht in der Urkunde ausdrücklich ein späterer Tag bestimmt ist.

(5) [1]Mit der Begründung des Beamtenverhältnisses erlischt ein privatrechtliches Arbeitsverhältnis zum Dienstherrn. [2]Es lebt auch im Fall der Rücknahme der Ernennung nicht wieder auf.

§ 9 Stellenausschreibung, Feststellung der gesundheitlichen Eignung (§ 9 BeamtStG)

(1) [1]Die Bewerberinnen und Bewerber sollen durch Stellenausschreibung ermittelt werden. [2]Einer Einstellung soll eine öffentliche Ausschreibung vorausgehen.

(2) Die gesundheitliche Eignung für die Berufung in ein Beamtenverhältnis auf Lebenszeit oder in ein anderes Beamten- oder Beschäftigungsverhältnis mit dem Ziel der späteren Verwendung im Beamtenverhältnis auf Lebenszeit ist aufgrund einer ärztlichen Untersuchung festzustellen; § 45 gilt entsprechend.

§ 10 Benachteiligungsverbote, genetische Untersuchungen

(1) [1]Schwangerschaft, Mutterschutz und Elternzeit dürfen sich bei der Einstellung und der beruflichen Entwicklung nicht nachteilig auswirken. [2]Dies gilt auch für Teilzeitbeschäftigung, Telearbeit und familienbedingte Beurlaubung, wenn nicht zwingende sachliche Gründe vorliegen.

(2) Es gelten entsprechend

1. für Beamtinnen und Beamte die für Beschäftigte geltenden Vorschriften,
2. für Bewerberinnen und Bewerber für ein öffentlich-rechtliches Dienstverhältnis oder für Personen, deren öffentlich-rechtliches Dienstverhältnis beendet ist, die für Bewerberinnen und Bewerber für ein Beschäftigungsverhältnis oder für Personen, deren Beschäftigungsverhältnis beendet ist, geltenden Vorschriften und
3. für das Land, die Gemeinden, Gemeindeverbände und sonstigen der Aufsicht des Landes unterstehenden Körperschaften, Anstalten und Stiftungen des öffentlichen Rechts, die Dienstherrnfähigkeit besitzen, die für Arbeitgeber geltenden Vorschriften

des Gendiagnostikgesetzes.

§ 11 Feststellung der Nichtigkeit der Ernennung, Verbot der Führung der Dienstgeschäfte (§ 11 BeamtStG)

(1) Die Nichtigkeit der Ernennung wird von der obersten Dienstbehörde oder der von ihr bestimmten Behörde durch schriftlichen Verwaltungsakt festgestellt.

(2) [1]Sobald der Grund für die Nichtigkeit bekannt wird, hat die oder der Dienstvorgesetzte der oder dem Ernannten bis zur Feststellung nach Absatz 1 die weitere Führung der Dienstgeschäfte zu verbieten, wenn eine Ernennung zur Begründung des Beamtenverhältnisses betroffen ist oder ein Nichtigkeitsgrund nach § 11 Abs. 1 Nr. 3 Buchst. b oder c BeamtStG vorliegt. [2]Die weitere Führung der Dienstgeschäfte kann bis zur Feststellung nach Absatz 1 verboten werden, wenn im Fall

1. des § 11 Abs. 1 Nr. 1 BeamtStG die schriftliche Bestätigung der Wirksamkeit der Ernennung,
2. des § 11 Abs. 1 Nr. 2 BeamtStG die Bestätigung der Ernennung oder
3. des § 11 Abs. 1 Nr. 3 Buchst. a BeamtStG die Zulassung einer Ausnahme

abgelehnt worden ist.

(3) Die bis zu dem Verbot der Führung der Dienstgeschäfte vorgenommenen Amtshandlungen der oder des Ernannten sind in gleicher Weise gültig, wie wenn die Ernennung wirksam gewesen wäre.

(4) Die der oder dem Ernannten gewährten Leistungen können belassen werden.

§ 12 Rücknahme der Ernennung (§ 12 BeamtStG)

(1) [1]Die Rücknahme der Ernennung wird von der für die Ernennung zuständigen Behörde vorgenommen und bedarf der Schriftform. [2]Für die Rücknahme der Ernennung im Fall des § 12 Abs. 1 Nr. 2 BeamtStG findet § 48 Abs. 4 des Verwaltungsverfahrensgesetzes (VwVfG) keine Anwendung.

(2) § 11 Abs. 3 und 4 gilt entsprechend.

Zweites Kapitel
Laufbahn

§ 13 Laufbahn

(1) [1]Eine Laufbahn umfasst alle Ämter, die derselben Fachrichtung und derselben Laufbahngruppe angehören. [2]Zur Laufbahn gehören auch Vorbereitungsdienst und Probezeit.

(2) Es gibt folgende Fachrichtungen:

1. Justiz,
2. Polizei,
3. Feuerwehr,
4. Steuerverwaltung,
5. Bildung,
6. Gesundheits- und soziale Dienste,
7. Agrar- und umweltbezogene Dienste,
8. Technische Dienste,
9. Wissenschaftliche Dienste,
10. Allgemeine Dienste.

(3) [1]Es gibt die Laufbahngruppen 1 und 2. [2]Innerhalb der Laufbahngruppen gibt es nach Maßgabe des Besoldungsrechts erste und zweite Einstiegsämter. [3]Der Zugang zu den einzelnen Laufbahngruppen unterliegt für die jeweiligen Einstiegsämter unterschiedlichen Zugangsvoraussetzungen (§ 14). [4]Der Zugang zu Laufbahnen der Laufbahngruppe 2 erfordert einen Hochschulabschluss oder einen gleichwertigen Bildungsstand.

(4) [1]Das für die Laufbahn zuständige Ministerium kann innerhalb einer Laufbahn Laufbahnzweige einrichten, wenn für bestimmte Ämter regelmäßig eine gleiche Qualifikation gefordert wird. [2]Die Laufbahnbefähigung wird durch die Einrichtung eines Laufbahnzweiges nicht eingeschränkt.

§ 14 Zugangsvoraussetzungen zu den Laufbahnen

(1) Für den Zugang zu Laufbahnen der Laufbahngruppe 1 sind für das erste Einstiegsamt mindestens zu fordern

1. als Bildungsvoraussetzung ein Hauptschulabschluss oder ein als gleichwertig anerkannter Bildungsstand und
2. als sonstige Voraussetzung ein abgeschlossener Vorbereitungsdienst oder eine abgeschlossene, unmittelbar für die Laufbahn qualifizierende Berufsausbildung.

(2) Für den Zugang zu Laufbahnen der Laufbahngruppe 1 sind für das zweite Einstiegsamt mindestens zu fordern

1. als Bildungsvoraussetzung
   a) ein Realschulabschluss,
   b) ein Hauptschulabschluss und eine abgeschlossene Berufsausbildung,
   c) ein Hauptschulabschluss und eine Ausbildung in einem öffentlich-rechtlichen Ausbildungsverhältnis oder
   d) ein als gleichwertig anerkannter Bildungsstand

   und
2. als sonstige Voraussetzung
   a) eine abgeschlossene, für die Laufbahn qualifizierende Berufsausbildung und eine nach Art und Dauer qualifizierende berufliche Tätigkeit oder
   b) ein mit einer Laufbahnprüfung abgeschlossener Vorbereitungsdienst oder eine inhaltlich dessen Anforderungen entsprechende abgeschlossene berufliche Ausbildung oder Fortbildung.

(3) [1]Für den Zugang zu Laufbahnen der Laufbahngruppe 2 sind für das erste Einstiegsamt mindestens zu fordern

1. als Bildungsvoraussetzung ein mit einem Bachelorgrad abgeschlossenes Hochschulstudium oder ein gleichwertiger Abschluss und
2. als sonstige Voraussetzung
   a) eine nach Art und Dauer qualifizierende berufliche Tätigkeit oder
   b) ein mit einer Prüfung abgeschlossener Vorbereitungsdienst.

[2]Die Voraussetzung nach Satz 1 Nr. 2 muss nicht erfüllt sein, wenn ein Hochschulstudium als unmittelbar für die Laufbahn qualifizierend anerkannt wird. [3]Die Anerkennung setzt voraus, dass durch das Hochschulstudium die wissenschaftlichen Erkenntnisse und Methoden sowie die berufspraktischen Fähigkeiten und Kenntnisse vermittelt werden, die zur Erfüllung von Aufgaben in der Laufbahn erforderlich sind. [4]Bei einem Hochschulstudium, durch das die erforderlichen berufspraktischen Fähigkeiten und Kenntnisse nicht ausreichend vermittelt werden, muss die Voraussetzung nach Satz 1 Nr. 2 nur dann nicht erfüllt werden, wenn das Hochschulstudium im Übrigen als für die Laufbahn qualifizierend anerkannt wird und die erforderlichen berufspraktischen Fähigkeiten und Kenntnisse im Rahmen eines öffentlich-rechtlichen Ausbildungsverhältnisses in einer das Hochschulstudium ergänzenden auf bis zu sechs Monate zu bemessenden Einführung in die Laufbahnaufgaben vermittelt werden. [5]Soll der Abschluss nach Satz 1 Nr. 1 innerhalb eines Vorbereitungsdienstes nach Satz 1 Nr. 2 erworben werden, so genügt als Bildungsvoraussetzung eine Hochschulzugangsberechtigung nach § 18 des Niedersächsischen Hochschulgesetzes (NHG).

(4) [1]Für den Zugang zu Laufbahnen der Laufbahngruppe 2 sind für das zweite Einstiegsamt mindestens zu fordern

1. als Bildungsvoraussetzung ein mit einem Mastergrad oder einem gleichwertigen Abschluss abgeschlossenes Hochschulstudium und
2. als sonstige Voraussetzung eine nach Art und Dauer qualifizierende berufliche Tätigkeit oder ein mit einer Prüfung abgeschlossener Vorbereitungsdienst.

[2]Absatz 3 Sätze 2 bis 4 gilt entsprechend.

§ 15 Im Bereich eines anderen Dienstherrn erworbene Laufbahnbefähigung

(1) Bewerberinnen und Bewerber, die eine Laufbahnbefähigung nach den Vorschriften eines anderen Landes oder des Bundes erworben haben, besitzen auch, soweit erforderlich nach einer Unterweisung oder Durchführung von Qualifizierungsmaßnahmen, die Befähigung für die Laufbahn nach diesem Gesetz, die der Laufbahn, für die eine Befähigung erworben wurde, unter Berücksichtigung der Bildungsvoraussetzungen und der fachlichen Ausrichtung zuzuordnen ist.

(2) Abweichend von Absatz 1 haben Bewerberinnen und Bewerber, die nicht in ein Beamtenverhältnis berufen worden sind, die Laufbahnbefähigung für eine Laufbahn nach diesem Gesetz nur dann, wenn die Laufbahnvorschriften dies bestimmen.

§ 16 Erwerb der Befähigung für eine Laufbahn durch Anerkennung im Ausland erworbener Berufsqualifikationen

(1) [1]Wer die Staatsangehörigkeit

1. eines Mitgliedstaates der Europäischen Union oder
2. eines anderen Vertragsstaates des Abkommens über den Europäischen Wirtschaftsraum oder
3. eines durch Abkommen gleichgestellten Staates,

besitzt, kann die Befähigung für eine Laufbahn auch durch Anerkennung im Ausland erworbener Berufsqualifikationen aufgrund der Richtlinie 2005/36/EG des Europäischen Parlaments und des Rates vom 7. September 2005 über die Anerkennung von Berufsqualifikationen (ABl. EU Nr. L 255 S. 22; 2007 Nr. L 271 S. 18; 2008 Nr. L 93 S. 28; 2009 Nr. L 33 S. 49; 2014 Nr. L 305 S. 115), zuletzt geändert durch die Richtlinie 2013/55/EU des Europäischen Parlaments und des Rates vom 20. November 2013 (ABl. EU Nr. L 354 S. 132; 2015 Nr. L 268 S. 35; 2016 Nr. L 95 S. 20), erwerben. [2]Die Anerkennung der Berufsqualifikationen kann unter den in Artikel 14 der Richtlinie 2005/36/EG genannten Voraussetzungen von der erfolgreichen Ableistung eines Anpassungslehrgangs oder Ablegung einer Eignungsprüfung abhängig gemacht werden. [3]Die Landesregierung bestimmt durch Verordnung das Nähere zur Umsetzung der Richtlinie 2005/36/EG, insbesondere die Zuständigkeiten der Behörden, die Einzelheiten der Anerkennungsbedingungen, das Anerkennungsverfahren, die Voraussetzungen und das Verfahren des Anpassungslehrgangs und der Eignungsprüfung sowie die Verwaltungszusammenarbeit nach Titel V der Richtlinie 2005/36/EG.

(2) Das Niedersächsische Berufsqualifikationsfeststellungsgesetz findet mit Ausnahme der §§ 13b, 15a und 17 keine Anwendung.

§ 17 Andere Bewerberinnen und andere Bewerber

(1) [1]In das Beamtenverhältnis kann auch berufen werden, wer, ohne die Zugangsvoraussetzungen zu erfüllen, die Laufbahnbefähigung durch Lebens- und Berufserfahrung innerhalb oder außerhalb des öffentlichen Dienstes erworben hat (andere Bewerberin oder anderer Bewerber). [2]Dies gilt nicht, wenn eine bestimmte Vorbildung, Ausbildung oder Prüfung durch fachgesetzliche Regelung vorgeschrieben oder nach der Eigenart der Laufbahnaufgaben erforderlich ist.

(2) Für die Feststellung der Laufbahnbefähigung von anderen Bewerberinnen oder anderen Bewerbern ist der Landespersonalausschuss zuständig.

(3) [1]Als andere Bewerberin oder anderer Bewerber darf in das Beamtenverhältnis nur berufen werden, wer noch nicht das 50. Lebensjahr vollendet hat. [2]Der Landespersonalausschuss kann im Einzelfall Ausnahmen zulassen.

(4) Soll einer anderen Bewerberin oder einem anderen Bewerber ein in § 39 genanntes Amt übertragen werden, so ist die Landesregierung für die Feststellung der Befähigung und die Zulassung einer Ausnahme von der Altersgrenze zuständig.

§ 18 Einstellung,Höchstalter

(1) [1]Eine Ernennung unter Begründung eines Beamtenverhältnisses (Einstellung) ist im Beamtenverhältnis auf Probe oder auf Lebenszeit nur in einem Einstiegsamt zulässig. [2]Satz 1 gilt nicht für die Einstellung in einem in § 39 genannten Amt oder im Amt der Direktorin oder des Direktors beim Landtag. [3]Abweichend von Satz 1 kann

1. bei beruflichen Erfahrungen oder sonstigen Qualifikationen, die über die Zugangsvoraussetzungen nach § 14 hinaus erworben wurden, wenn die Laufbahnvorschriften dies bestimmen, oder
2. bei Zulassung einer Ausnahme durch den Landespersonalausschuss

eine Einstellung in einem höheren Amt vorgenommen werden. [4]Eine Einstellung in einem höheren Amt ist auch zulässig, wenn ein nach der laufbahn- und besoldungsrechtlichen Zuordnung entsprechendes Amt in einem früheren Beamtenverhältnis auf Lebenszeit erreicht worden ist.

(2) In das Beamtenverhältnis auf Widerruf zur Ableistung eines Vorbereitungsdienstes kann eingestellt werden, wer das 40. Lebensjahr, als schwerbehinderter Mensch das 45. Lebensjahr, noch nicht vollendet hat.

(3) Eine Laufbahnbewerberin oder ein Laufbahnbewerber kann in das Beamtenverhältnis auf Probe eingestellt werden, wenn sie oder er das 45. Lebensjahr, als schwerbehinderter Mensch das 48. Lebensjahr, noch nicht vollendet hat.

§ 19 Probezeit

(1) Probezeit ist die Zeit im Beamtenverhältnis auf Probe, während der sich die Beamtin oder der Beamte nach Erwerb oder Feststellung der Befähigung für die Laufbahn bewähren soll.

(2) [1]Die regelmäßige Probezeit dauert drei Jahre. [2]Zeiten beruflicher Tätigkeit innerhalb oder außerhalb des öffentlichen Dienstes können auf die Probezeit angerechnet werden, soweit die Tätigkeit nach Art und Bedeutung der Tätigkeit in der Laufbahn gleichwertig ist. [3]Die Mindestprobezeit beträgt in der Laufbahngruppe 1 sechs Monate und in der Laufbahngruppe 2 ein Jahr. [4]Die Mindestprobezeit kann unterschritten werden, wenn die nach Satz 2 anrechenbaren Zeiten im Beamten- oder Richterverhältnis mit Dienstbezügen abgeleistet worden sind.

(3) [1]Eignung, Befähigung und fachliche Leistung der Beamtin oder des Beamten sind während der Probezeit wiederholt zu beurteilen. [2]Wird die Probezeit verkürzt, so genügt eine Beurteilung. [3]Am Ende der Probezeit wird festgestellt, dass die Beamtin oder der Beamte sich bewährt hat, wenn unter Berücksichtigung der Beurteilungen keine Zweifel an der Bewährung bestehen.

(4) Die Probezeit kann bis zu einer Höchstdauer von fünf Jahren verlängert werden.

(5) Beamtinnen und Beamte, die nach § 39 in den einstweiligen Ruhestand versetzt werden können, leisten keine Probezeit.

(6) Bei anderen Bewerberinnen oder anderen Bewerbern entscheidet über die Anrechnung von Zeiten nach Absatz 2 Satz 2 der Landespersonalausschuss; er kann Ausnahmen von Absatz 2 Satz 3 zulassen.

§ 20 Beförderung

(1) Beförderung ist eine Ernennung, durch die der Beamtin oder dem Beamten ein anderes Amt mit höherem Endgrundgehalt übertragen wird.

(2) Die Beförderung setzt die Feststellung der Eignung für das höhere Amt nach einer Erprobungszeit von mindestens drei Monaten Dauer voraus; dies gilt nicht für Beamtinnen und Beamte auf Zeit, für Beamtinnen und Beamte, die nach § 30 Abs. 1 Satz 1 BeamtStG in den einstweiligen Ruhestand versetzt werden können, und für Mitglieder des Landesrechnungshofs.

(3) [1]Eine Beförderung ist nicht zulässig

1. vor Ablauf eines Jahres seit Beendigung der Probezeit und
2. vor Ablauf eines Jahres seit der letzten Beförderung, es sei denn, dass das derzeitige Amt nicht durchlaufen zu werden braucht.

[2]Ämter, die regelmäßig zu durchlaufen sind, dürfen nicht übersprungen werden. [3]Abweichend von Satz 1 Nr. 1 ist eine Beförderung bereits nach Ablauf der in § 19 Abs. 2 Satz 3 vorgeschriebenen Mindestprobezeit zulässig, wenn die Beamtin oder der Beamte hervorragende Leistungen gezeigt hat.

(4) [1]Der Landespersonalausschuss kann Ausnahmen von der Mindesterprobungszeit des Absatzes 2 und in den Fällen des Absatzes 3 zulassen. [2]Soll ein in § 39 genanntes Amt übertragen werden, so ist die Landesregierung für die Zulassung von Ausnahmen von Absatz 3 zuständig.

(5) [1]Abweichend von Absatz 3 Satz 1 Nr. 1 ist eine Beförderung zum Ausgleich von Verzögerungen des beruflichen Werdegangs durch die Geburt eines Kindes, durch die Betreuung oder Pflege eines Kindes unter 18 Jahren oder durch die Pflege einer oder eines nach ärztlichem Gutachten pflegebedürftigen sonstigen Angehörigen zulässig. [2]Gleiches gilt in den Fällen des Nachteilsausgleichs für ehemalige Soldaten nach dem Arbeitsplatzschutzgesetz und dem Soldatenversorgungsgesetz, ehemalige Zivildienstleistende nach dem Zivildienstgesetz und ehemalige Entwicklungshelfer nach dem Entwicklungshelfer-Gesetz.

§ 21 Aufstieg

[1]Beamtinnen und Beamte mit der Befähigung für eine Laufbahn der Laufbahngruppe 1 können auch ohne Erfüllung der Zugangsvoraussetzungen durch Aufstieg die Befähigung für eine Laufbahn der Laufbahngruppe 2 erwerben. [2]Es kann auch eine auf Ämter oder Aufgabenbereiche beschränkte Befähigung erworben werden. [3]Für den Aufstieg nach Satz 1 ist das Ablegen einer Prüfung zu verlangen, wenn nicht durch Verordnung nach § 25 Nr. 10 etwas anderes bestimmt ist. [4]Wird die Ablegung einer Prüfung allgemein oder im Einzelfall nicht verlangt, so wird die Befähigung für die Laufbahn der Laufbahngruppe 2 festgestellt, nachdem die Beamtin oder der Beamte das Aufstiegsverfahren erfolgreich durchlaufen hat.

§ 22 Fortbildung

[1]Die berufliche Entwicklung setzt die erforderliche Fortbildung voraus. [2]Die Beamtinnen und Beamten sind verpflichtet, an dienstlicher Fortbildung teilzunehmen und sich darüber hinaus selbst fortzubilden, damit sie über die Anforderungen ihrer Laufbahn unterrichtet bleiben und auch steigenden Anforderungen ihres Amtes gewachsen sind. [3]Der Dienstherr hat für die Fortbildung der Beamtinnen und Beamten zu sorgen sowie deren Eignung, Befähigung und fachliche Leistungsfähigkeit auf konzeptioneller Grundlage durch Personalentwicklungs- und Personalführungsmaßnahmen zu fördern.

§ 23 Laufbahnwechsel

(1) Ein Wechsel von einer Laufbahn in eine andere Laufbahn derselben Laufbahngruppe (Laufbahnwechsel) ist zulässig, wenn die Beamtin oder der Beamte die Befähigung für die neue Laufbahn besitzt.

(2) [1]Besitzt die Beamtin oder der Beamte die Befähigung für die neue Laufbahn nicht, so ist ein Laufbahnwechsel zulässig, wenn die für die Wahrnehmung der Aufgaben in der Laufbahn erforderlichen Fähigkeiten und Kenntnisse

1. durch Unterweisung oder andere Qualifizierungsmaßnahmen oder
2. aufgrund der Wahrnehmung von Tätigkeiten, die mit den Anforderungen der neuen Laufbahn vergleichbar sind,

erworben worden sind oder werden können. [2]Über die Zulässigkeit des Laufbahnwechsels entscheidet das für die Laufbahn zuständige Ministerium; es kann die Befugnis auf andere Behörden übertragen.

§ 24 Kommunale Hochschule für Verwaltung in Niedersachsen

(1) [1]Dem Träger der Kommunalen Hochschule für Verwaltung in Niedersachsen (§ 67a NHG) wird die Aufgabe übertragen, für diejenigen, die an dieser Hochschule in einem Vorbereitungsdienst für die Laufbahn der Laufbahngruppe 2 der Fachrichtung Allgemeine Dienste studieren, nach Maßgabe der staatlichen Ausbildungs- und Prüfungsvorschriften

1. eine Zwischenprüfung und die Laufbahnprüfung durchzuführen sowie
2. über eine Zuerkennung der Befähigung für die Laufbahn der Laufbahngruppe 1 der Fachrichtung Allgemeine Dienste zu entscheiden.

[2]Der Träger der Kommunalen Hochschule für Verwaltung in Niedersachsen hat hierfür bei der Fachhochschule ein Prüfungsamt einzurichten.

(2) Der Träger der Kommunalen Fachhochschule für Verwaltung in Niedersachsen unterliegt hinsichtlich der Aufgaben des Prüfungsamtes nach Absatz 1 der Fachaufsicht des für Inneres zuständigen Ministeriums.

§ 25 Laufbahnverordnung

Die Landesregierung regelt durch Verordnung die Einzelheiten der Laufbahnen, insbesondere

1. die Gestaltung der Laufbahnen und die regelmäßig zu durchlaufenden Ämter,
2. den Erwerb der Laufbahnbefähigung, insbesondere
   a) die über die gesetzlichen Mindestvoraussetzungen hinausgehenden Zugangsvoraussetzungen und
   b) die Ausgestaltung und Dauer öffentlich-rechtlicher Ausbildungsverhältnisse außerhalb eines Vorbereitungsdienstes einschließlich der sich daraus ergebenden Rechte und Pflichten,
3. die Ausgestaltung und Dauer eines Vorbereitungsdienstes, soweit die Regelung der Dauer des Vorbereitungsdienstes nicht einer Verordnung nach § 26 überlassen bleibt,
4. allgemeine Dienstbezeichnungen im Vorbereitungsdienst,
5. Notenstufen für Prüfungen im Vorbereitungsdienst,
6. die Notwendigkeit einer besonderen Ausbildung und Prüfung für besondere Aufgabenbereiche in einer Laufbahn,
7. Voraussetzungen für die Einstellung in einem höheren Amt als einem Einstiegsamt,
8. Ausnahmen von den Höchstaltersgrenzen für die Einstellung in das Beamtenverhältnis auf Widerruf zur Ableistung eines Vorbereitungsdienstes und in das Beamtenverhältnis auf Probe als Laufbahnbewerberin oder Laufbahnbewerber für den Fall, dass die Anwendung der jeweiligen Höchstaltersgrenze zur Erreichung des Ziels, eine angemessene Beschäftigungszeit vor dem Eintritt in den Ruhestand zu gewährleisten, nicht erforderlich oder nicht angemessen wäre, insbesondere um den Abschluss einer Berufsausbildung zu gewährleisten, zum Ausgleich von Nachteilen durch die Betreuung oder Pflege von Kindern oder sonstigen Angehörigen und für Fälle, in denen die Anwendung der Höchstaltersgrenze dienstlichen Belangen widerspräche oder unbillig wäre,
9. die Probezeit, insbesondere ihre Verlängerung, ihre Verkürzung um Zeiten der Betreuung oder Pflege eines Kindes oder einer oder eines pflegebedürftigen sonstigen Angehörigen und die Anrechnung von Zeiten beruflicher Tätigkeit, das Erfordernis des Ablegens einer Prüfung zur Feststellung der Bewährung sowie gesetzlich nicht bestimmte Folgen der Feststellung der Nichtbewährung,
10. Voraussetzungen für Beförderungen und für den Aufstieg,
11. Voraussetzungen für den Laufbahnwechsel,
12. Grundsätze für dienstliche Beurteilungen,
13. Ausgleichsmaßnahmen zugunsten von schwerbehinderten Menschen und
14. die Fortbildung sowie Inhalte von Personalentwicklungs- und Personalführungsmaßnahmen.

§ 26 Ausbildungs- und Prüfungsverordnungen

Das für die jeweilige beamtenrechtliche Ausbildung zuständige Ministerium wird ermächtigt, im Benehmen mit dem für die dazugehörige Laufbahn zuständigen Ministerium und dem für Inneres zuständigen Ministerium im Rahmen der laufbahnrechtlichen Bestimmungen durch Verordnung die Ausbildung und Prüfung im Vorbereitungsdienst, für den Aufstieg und für besondere Aufgabenbereiche in einer Laufbahn zu regeln, insbesondere

1. die Voraussetzungen für die Zulassung zur Ausbildung,
2. die Ausgestaltung und Dauer der Ausbildung und, soweit dies aufgrund von § 25 Nr. 3 durch Verordnung vorgesehen ist, die Dauer des Vorbereitungsdienstes,
3. das Nähere über die Dienstbezeichnungen im Vorbereitungsdienst,
4. die Anrechnung von Zeiten einer für die Ausbildung förderlichen Tätigkeit auf die Dauer der Ausbildung,
5. Zwischenprüfungen,
6. die Durchführung von Prüfungen,
7. die Wiederholung von Prüfungen und Prüfungsteilen sowie die Rechtsfolgen bei Bestehen und endgültigem Nichtbestehen einer Prüfung und
8. die Folgen von Versäumnissen, Täuschungen und Ordnungsverstößen.

Drittes Kapitel

Abordnung, Versetzung und Körperschaftsumbildung innerhalb des Landes

§ 27 Abordnung

(1) Eine Abordnung im Sinne der Absätze 2 bis 5 ist die vorübergehende Übertragung einer Tätigkeit bei einer anderen Dienststelle desselben oder eines anderen in § 1 genannten Dienstherrn unter Beibehaltung der Zugehörigkeit zur bisherigen Dienststelle.

(2) Die Beamtin oder der Beamte kann aus dienstlichen Gründen ganz oder teilweise zu einer ihrem oder seinem Amt entsprechenden Tätigkeit abgeordnet werden.

(3) [1]Eine Abordnung ist auch zu einer nicht dem Amt entsprechenden Tätigkeit zulässig, wenn der Beamtin oder dem Beamten die Wahrnehmung der neuen Tätigkeit aufgrund der Vorbildung oder Berufsausbildung zuzumuten ist. [2]Dies gilt auch, wenn die neue Tätigkeit nicht einem Amt mit demselben Endgrundgehalt entspricht. [3]Die Abordnung bedarf in den Fällen der Sätze 1 und 2 der Zustimmung der Beamtin oder des Beamten, wenn sie die Dauer von zwei Jahren übersteigt.

(4) [1]Die Abordnung zu einem anderen Dienstherrn bedarf dessen schriftlichen Einverständnisses und der Zustimmung der Beamtin oder des Beamten. [2]Abweichend von Satz 1 ist die Abordnung auch ohne die Zustimmung der Beamtin oder des Beamten zulässig, wenn die neue Tätigkeit einem Amt mit demselben Endgrundgehalt entspricht und die Abordnung die Dauer von fünf Jahren nicht übersteigt.

(5) [1]Wird eine Beamtin oder ein Beamter zu einem anderen Dienstherrn abgeordnet, so finden auf sie oder ihn, soweit zwischen den Dienstherren nichts anderes vereinbart ist, die für den Bereich des aufnehmenden Dienstherrn geltenden Vorschriften über die Pflichten und Rechte der Beamtinnen und Beamten mit Ausnahme der Regelungen über Amtsbezeichnung, Besoldung, Krankenfürsorge, Versorgung und Altersgeld entsprechende Anwendung. [2]Zur Zahlung der ihr oder ihm zustehenden Leistungen ist auch der Dienstherr verpflichtet, zu dem sie oder er abgeordnet ist.

§ 28 Versetzung

(1) Eine Versetzung im Sinne der Absätze 2 bis 5 ist die auf Dauer angelegte Übertragung eines anderen Amtes bei demselben oder einem anderen in § 1 genannten Dienstherrn.

(2) [1]Die Beamtin oder der Beamte kann auf Antrag oder aus dienstlichen Gründen versetzt werden. [2]Die Versetzung auf Antrag ist nur zulässig, wenn sie oder er die für das neue Amt erforderliche Laufbahnbefähigung besitzt. [3]Wird die Beamtin oder der Beamte aus dienstlichen Gründen versetzt, ohne dass sie oder er die für das neue Amt erforderliche Laufbahnbefähigung besitzt, so ist sie oder er verpflichtet, an Maßnahmen zu deren Erwerb teilzunehmen.

(3) [1]Die Versetzung bedarf der Zustimmung der Beamtin oder des Beamten, wenn sie oder er nicht in ein Amt mit mindestens demselben Endgrundgehalt versetzt wird. [2]Stellenzulagen gelten nicht als Bestandteile des Endgrundgehalts.

(4) [1]Bei der Auflösung oder einer wesentlichen Änderung des Aufbaus oder der Aufgaben einer Behörde oder der Verschmelzung von Behörden kann eine Beamtin oder ein Beamter, deren oder dessen Aufgabengebiet davon berührt ist, auch ohne ihre oder seine Zustimmung in ein anderes Amt mit geringerem Endgrundgehalt derselben oder einer anderen Laufbahn im Bereich desselben Dienstherrn versetzt werden, wenn eine dem bisherigen Amt entsprechende Verwendung nicht möglich ist. [2]Das Endgrundgehalt muss mindestens dem des Amtes entsprechen, das die Beamtin oder der Beamte vor

dem bisherigen Amt innehatte. [3]Die Versetzung muss innerhalb eines Jahres nach der Auflösung oder Umbildung ausgesprochen werden. [4]Absatz 2 Satz 3 und Absatz 3 Satz 2 gelten entsprechend.

(5) Wird die Beamtin oder der Beamte in ein Amt bei einem anderen Dienstherrn versetzt, so bedarf die Versetzung dessen schriftlichen Einverständnisses; das Beamtenverhältnis wird mit dem neuen Dienstherrn fortgesetzt.

§ 29 Körperschaftsumbildung

[1]Auf Körperschaftsumbildungen innerhalb des Landes sind die §§ 16 bis 19 BeamtStG entsprechend anzuwenden. [2]Ist innerhalb absehbarer Zeit mit einer Umbildung im Sinne des § 16 BeamtStG zu rechnen, so können die obersten Aufsichtsbehörden der beteiligten Körperschaften anordnen, dass nur mit ihrer Genehmigung Beamtinnen und Beamte, deren Aufgabengebiet von der Umbildung voraussichtlich berührt wird, ernannt werden dürfen. [3]Die Anordnung darf höchstens für die Dauer eines Jahres ergehen. [4]Die Genehmigung soll nur versagt werden, wenn durch derartige Ernennungen die Durchführung der nach den §§ 16 bis 18 BeamtStG erforderlichen Maßnahmen wesentlich erschwert würde.

Viertes Kapitel

Beendigung des Beamtenverhältnisses

Erster Abschnitt

Entlassung und Verlust der Beamtenrechte

§ 30 Entlassung kraft Gesetzes (§ 22 BeamtStG)

(1) Die oberste Dienstbehörde oder die von ihr bestimmte Behörde stellt das Vorliegen der Voraussetzungen des § 22 Abs. 1, 2 oder 3 BeamtStG sowie den Tag der Beendigung des Beamtenverhältnisses fest.

(2) [1]Für die Anordnung der Fortdauer des Beamtenverhältnisses nach § 22 Abs. 2 Satz 1 BeamtStG ist die oberste Dienstbehörde zuständig. [2]Abweichend von § 22 Abs. 2 Satz 1 BeamtStG ist die Beamtin oder der Beamte nicht entlassen, wenn ein öffentlich-rechtliches Dienstverhältnis zu einem anderen Dienstherrn begründet wird, um

1. eine Professur übergangsweise zu verwalten oder
2. als Gastwissenschaftlerin oder Gastwissenschaftler befristet Aufgaben in Lehre, Forschung, Weiterbildung oder Kunst wahrzunehmen.

(3) Im Fall des § 22 Abs. 3 BeamtStG kann die oberste Dienstbehörde die Fortdauer des Beamtenverhältnisses neben dem Beamtenverhältnis auf Zeit anordnen.

(4) [1]Beamtinnen und Beamte auf Widerruf im Vorbereitungsdienst sind mit dem Ablauf des Tages aus dem Beamtenverhältnis entlassen, an dem ihnen

1. das Bestehen der den Vorbereitungsdienst abschließenden Prüfung oder
2. das endgültige Nichtbestehen der den Vorbereitungsdienst abschließenden Prüfung oder einer Zwischenprüfung

bekannt gegeben wird. [2]Im Fall des Satzes 1 Nr. 1 endet das Beamtenverhältnis jedoch frühestens mit dem Ablauf der für den Vorbereitungsdienst im Allgemeinen oder im Einzelfall festgesetzten Zeit.

§ 31 Entlassung durch Verwaltungsakt (§ 23 BeamtStG)

(1) [1]Das Verlangen nach § 23 Abs. 1 Satz 1 Nr. 4 BeamtStG muss der oder dem Dienstvorgesetzten gegenüber erklärt werden. [2]Die Erklärung kann, solange die Entlassungsverfügung noch nicht zugestellt ist, innerhalb von zwei Wochen nach Zugang bei der oder dem Dienstvorgesetzten, mit Zustimmung der für die Entlassung zuständigen Stelle auch nach Ablauf dieser Frist, zurückgenommen werden. [3]Die Entlassung ist für den beantragten Zeitpunkt zu verfügen. [4]Sie kann jedoch solange hinausgeschoben werden, bis die Beamtin oder der Beamte die Amtsgeschäfte ordnungsgemäß erledigt hat, längstens für drei Monate, bei Lehrkräften an öffentlichen Schulen bis zum Ende des laufenden Schulhalbjahres, bei dem wissenschaftlichen und künstlerischen Personal an Hochschulen bis zum Ende des laufenden Semesters oder Trimesters.

(2) Die Entlassung nach § 23 Abs. 3 Satz 1 Nrn. 2 und 3 BeamtStG ist bei einer Beschäftigungszeit von
1. bis zu drei Monaten nur mit einer Frist von zwei Wochen zum Monatsschluss,
2. mehr als drei Monaten nur mit einer Frist von sechs Wochen zum Schluss eines Kalendervierteljahres

zulässig.

(3) [1]Vor der Entlassung einer Beamtin oder eines Beamten auf Probe oder einer Beamtin oder eines Beamten auf Widerruf wegen einer Handlung, die im Beamtenverhältnis auf Lebenszeit mindestens eine Kürzung der Dienstbezüge zur Folge hätte, ist der Sachverhalt in entsprechender Anwendung der §§ 21 bis 30 des Niedersächsischen Disziplinargesetzes (NDiszG) aufzuklären. [2]Die für die Entlassung einer Beamtin oder eines Beamten auf Probe oder auf Widerruf zuständige Stelle kann die Beamtin oder den Beamten mit oder nach der Einleitung des Entlassungsverfahrens vorläufig des Dienstes entheben, wenn voraussichtlich eine Entlassung erfolgen wird oder durch ein Verbleiben im Dienst der Dienstbetrieb oder die Aufklärung des Sachverhalts wesentlich beeinträchtigt würde und die vorläufige Dienstenthebung zu der Bedeutung der Sache nicht außer Verhältnis steht. [3]Sie kann gleichzeitig mit oder nach der vorläufigen Dienstenthebung anordnen, dass bis zu 50 vom Hundert der Bezüge der Beamtin oder des Beamten einbehalten werden. [4]Im Übrigen gelten § 38 Abs. 4 sowie die §§ 39 und 40 NDiszG entsprechend.

(4) Eine Beamtin oder ein Beamter, die oder der nach § 23 Abs. 3 Satz 1 Nr. 3 BeamtStG entlassen wurde, ist auf ihre oder seine Bewerbung bei gleicher Eignung, Befähigung und fachlicher Leistung vorrangig zu berücksichtigen.

§ 32 Zuständigkeit für die Entlassung, Zeitpunkt und Wirkung der Entlassung

(1) Für die Zuständigkeit für die Entlassung gilt § 8 Abs. 1 und 2 entsprechend.

(2) [1]Die Entlassung wird, wenn die Verfügung keinen späteren Zeitpunkt bestimmt und gesetzlich nichts anderes bestimmt ist, mit dem Ablauf des Monats wirksam, der auf den Monat folgt, in dem der Beamtin oder dem Beamten die Entlassungsverfügung zugestellt worden ist. [2]Wird die Entlassung nach § 23 Abs. 1 Satz 1 Nr. 1 BeamtStG ausgesprochen, so wird sie mit der Zustellung wirksam.

(3) Nach der Entlassung hat die frühere Beamtin oder der frühere Beamte keinen Anspruch auf Leistungen des früheren Dienstherrn, soweit gesetzlich nichts anderes bestimmt ist.

§ 33 Wirkung des Verlustes der Beamtenrechte und eines Wiederaufnahmeverfahrens (§ 24 BeamtStG)

(1) [1]Endet das Beamtenverhältnis nach § 24 Abs. 1 BeamtStG, so hat die frühere Beamtin oder der frühere Beamte keinen Anspruch auf Leistungen des früheren Dienstherrn, soweit gesetzlich nichts anderes bestimmt ist. [2]Sie oder er darf die Amtsbezeichnung und im Zusammenhang mit dem Amt verliehene Titel nicht führen.

(2) [1]Wird eine Entscheidung, die den Verlust der Beamtenrechte zur Folge hatte, in einem Wiederaufnahmeverfahren aufgehoben, so hat die Beamtin oder der Beamte, sofern sie oder er die Altersgrenze noch nicht erreicht hat und keine Zweifel an der Dienstfähigkeit bestehen, Anspruch auf Übertragung eines Amtes der bisherigen oder einer vergleichbaren Laufbahn und mit mindestens demselben Endgrundgehalt. [2]Längstens bis zur Übertragung eines neuen Amtes erhält sie oder er, auch für die zurückliegende Zeit, die Leistungen des Dienstherrn, die ihr oder ihm aus dem bisherigen Amt zugestanden hätten. [3]Unter den Voraussetzungen des Satzes 1 haben Beamtinnen und Beamte auf Zeit, wenn ihr bisheriges Amt inzwischen neu besetzt ist, bis zum Ablauf ihrer Amtszeit Anspruch auf Übertragung eines Amtes im Beamtenverhältnis auf Zeit mit demselben Endgrundgehalt; steht ein solches Amt nicht zur Verfügung, so stehen ihr oder ihm nur die in Satz 2 geregelten Ansprüche zu.

(3) [1]Wird im Anschluss an das Wiederaufnahmeverfahren ein Disziplinarverfahren erstmalig oder erneut eingeleitet, das wegen des mit der aufgehobenen Entscheidung bewirkten Verlustes der Beamtenrechte eingestellt oder nicht eingeleitet wurde und in dem voraussichtlich auf Entfernung aus dem Beamtenverhältnis erkannt werden wird, so stehen der Beamtin oder dem Beamten die Ansprüche nach Absatz 2 nicht zu, wenn auf Entfernung aus dem Beamtenverhältnis erkannt wird; bis zur rechtskräftigen Entscheidung können die Ansprüche nicht geltend gemacht werden. [2]Satz 1 gilt entsprechend, wenn bei einer Beamtin oder einem Beamten auf Probe oder auf Widerruf ein Entlassungsverfahren wegen eines Verhaltens der in § 23 Abs. 3 Satz 1 Nr. 1 BeamtStG bezeichneten Art eingeleitet worden ist.

(4) [1]Die Beamtin oder der Beamte muss sich auf die ihr oder ihm für eine Zeit, in der das Beamtenverhältnis nach § 24 Abs. 2 BeamtStG als nicht unterbrochen galt, zustehenden Bezüge ein infolge der unterbliebenen Dienstleistung erzieltes Arbeitseinkommen oder einen Unterhaltsbeitrag anrechnen lassen. [2]Sie oder er ist zur Auskunft über anrechenbares Einkommen verpflichtet.

§ 34 Gnadenrecht

Der Ministerpräsidentin oder dem Ministerpräsidenten steht hinsichtlich des Verlustes der Beamtenrechte (§ 24 BeamtStG) das Gnadenrecht zu.

Zweiter Abschnitt
Ruhestand, einstweiliger Ruhestand und Dienstunfähigkeit

Erster Unterabschnitt
Ruhestand

§ 35 Ruhestand wegen Erreichens der Altersgrenze (§ 25 BeamtStG)

(1) [1]Beamtinnen und Beamte treten mit Ablauf des Monats in den Ruhestand, in dem sie die Altersgrenze erreichen. [2]Abweichend von Satz 1 treten Lehrkräfte an öffentlichen Schulen mit Ablauf des letzten Monats des Schulhalbjahres, in dem sie die Altersgrenze erreichen, in den Ruhestand.

(2) [1]Soweit gesetzlich nichts anderes bestimmt ist, wird die Altersgrenze mit Vollendung des 67. Lebensjahres erreicht. [2]Beamtinnen und Beamte, die vor dem 1. Januar 1947 geboren sind, erreichen die Altersgrenze abweichend von Satz 1 mit Vollendung des 65. Lebensjahres. [3]Für Beamtinnen und Beamte, die nach dem 31. Dezember 1946 und vor dem 1. Januar 1964 geboren sind, wird diese Altersgrenze, wie folgt angehoben:

Geburtsjahr	Anhebung um Monate
1947	1
1948	2
1949	3
1950	4
1951	5
1952	6
1953	7
1954	8
1955	9
1956	10
1957	11
1958	12
1959	14
1960	16
1961	18
1962	20
1963	22.

(3) Beamtinnen und Beamte, denen

1. vor dem 1. Januar 2010 Altersteilzeit,
2. vor dem 1. Dezember 2011 Urlaub ohne Dienstbezüge nach § 64 Abs. 1 Nr. 2 oder
3. Urlaub aus Arbeitsmarktgründen nbewilligt worden ist, erreichen die Altersgrenze unabhängig vom Geburtsjahr mit Vollendung des 65. Lebensjahres nach § 80d Abs. 1 Nr. 2 des Niedersächsischen Beamtengesetzes in der am 31. März 2009 geltenden Fassung

§ 36 Hinausschieben des Ruhestandes

(1) [1]Auf Antrag der Beamtin oder des Beamten ist der Eintritt in den Ruhestand um bis zu einem Jahr hinauszuschieben, wenn dienstliche Interessen nicht entgegenstehen. [2]Unter den gleichen Vorausset-

zungen kann der Eintritt in den Ruhestand um längstens weitere zwei Jahre hinausgeschoben werden. [3]Die Anträge sind jeweils spätestens sechs Monate vor dem Eintritt in den Ruhestand, bei Lehrkräften an öffentlichen Schulen spätestens bis zum Ende des Schulhalbjahres, das dem Schulhalbjahr vorausgeht, in dem der Eintritt in den Ruhestand erfolgt, zu stellen.

(2) [1]Wenn dienstliche Gründe die Fortführung der Dienstgeschäfte durch eine bestimmte Beamtin oder einen bestimmten Beamten erfordern, so kann der Eintritt in den Ruhestand mit Zustimmung der Beamtin oder des Beamten um bis zu drei Jahre hinausgeschoben werden. [2]Die Beamtin oder der Beamte kann unter Einhaltung einer Frist von sechs Wochen verlangen, zum Schluss eines Kalendervierteljahres, bei Lehrkräften an öffentlichen Schulen zum Ende eines Schulhalbjahres, in den Ruhestand versetzt zu werden.

(3) [1]Das Hinausschieben des Eintritts in den Ruhestand darf insgesamt die Dauer von drei Jahren nicht überschreiten. [2]Der Anspruch nach Absatz 1 Satz 1 vermindert sich um den Zeitraum, um den der Eintritt in den Ruhestand nach Absatz 2 hinausgeschoben wurde.

§ 37 Ruhestand auf Antrag

(1) Beamtinnen und Beamte können auf Antrag in den Ruhestand versetzt werden, wenn sie das 60. Lebensjahr vollendet haben.

(2) § 35 Abs. 1 Satz 2 gilt entsprechend.

§ 38 Beginn des Ruhestandes, Zuständigkeit für die Versetzung in den Ruhestand

(1) Der Eintritt in den Ruhestand oder die Versetzung in den Ruhestand setzt, soweit gesetzlich nichts anderes bestimmt ist, voraus, dass die Voraussetzungen für die Gewährung eines Ruhegehaltes nach § 4 Abs. 1 NBeamtVG erfüllt sind.

(2) [1]Für die Zuständigkeit für die Versetzung in den Ruhestand gilt § 8 Abs. 1 und 2 entsprechend. [2]Die Verfügung ist der Beamtin oder dem Beamten zuzustellen; sie kann nur bis zum Beginn des Ruhestandes zurückgenommen werden.

(3) [1]Der Ruhestand beginnt, soweit gesetzlich nichts anderes bestimmt ist, mit dem Ablauf des Monats, in dem der Beamtin oder dem Beamten die Verfügung über die Versetzung in den Ruhestand zugestellt worden ist. [2]Auf Antrag oder mit ausdrücklicher Zustimmung der Beamtin oder des Beamten kann ein anderer Zeitpunkt bestimmt werden.

Zweiter Unterabschnitt
Einstweiliger Ruhestand

§ 39 Einstweiliger Ruhestand von politischen Beamtinnen und Beamten (§ 30 BeamtStG)

(1) [1]Ämter im Sinne des § 30 Abs. 1 Satz 1 BeamtStG sind

1. Staatssekretärin und Staatssekretär,
2. Sprecherin der Landesregierung oder Sprecher der Landesregierung,
3. Landesbeauftragte für regionale Landesentwicklung und Landesbeauftragter für regionale Landesentwicklung sowie
4. Landespolizeipräsidentin oder Landespolizeipräsident,
5. Verfassungsschutzpräsidentin oder Verfassungsschutzpräsident.

[2]Zuständig für die Versetzung in den einstweiligen Ruhestand nach § 30 Abs. 1 Satz 1 BeamtStG ist die Landesregierung.

(2) [1]Die Ämter nach Absatz 1 sind einer Laufbahn der Laufbahngruppe 2 einer der in § 13 Abs. 2 genannten Fachrichtungen zugeordnet. [2]War einer Beamtin oder einem Beamten, der oder dem ein Amt nach Absatz 1 übertragen werden soll, bisher ein Amt einer Laufbahn nach § 13 übertragen, so wird das Amt nach Absatz 1 der Laufbahn der Fachrichtung zugeordnet, der auch das bisherige Amt zugeordnet war.

(3) Die Beamtin oder der Beamte, der oder dem ein Amt nach Absatz 1 übertragen worden ist, tritt wegen des Erreichens der Altersgrenze mit Ablauf des Monats in den Ruhestand, in dem sie oder er die Altersgrenze gemäß § 35 Abs. 2 erreicht.

§ 40 Einstweiliger Ruhestand bei Umbildung von Körperschaften (§ 18 BeamtStG)

Die Frist, innerhalb derer Beamtinnen und Beamte nach § 18 Abs. 2 Satz 1 BeamtStG in den einstweiligen Ruhestand versetzt werden können, beträgt ein Jahr nach der Umbildung.

§ 41 Einstweiliger Ruhestand bei Umbildung und Auflösung von Behörden (§ 31 BeamtStG)
[1]Die Versetzung in den einstweiligen Ruhestand nach § 31 Abs. 1 BeamtStG ist nur zulässig, soweit aus Anlass der Auflösung oder Umbildung Planstellen eingespart werden. [2]Die Versetzung in den einstweiligen Ruhestand kann nach Ablauf eines Jahres nach der Auflösung oder Umbildung nicht mehr verfügt werden.

§ 42 Beginn des einstweiligen Ruhestandes
[1]Die Verfügung über die Versetzung in den einstweiligen Ruhestand ist der Beamtin oder dem Beamten zuzustellen; sie kann nur bis zu dessen Beginn zurückgenommen werden. [2]Der einstweilige Ruhestand beginnt mit dem Zeitpunkt, in dem der Beamtin oder dem Beamten die Verfügung zugestellt wird, wenn nicht im Einzelfall ein späterer Zeitpunkt bestimmt wird, spätestens jedoch nach Ablauf der drei Monate, die auf den Monat der Zustellung folgen.

Dritter Unterabschnitt
Dienstunfähigkeit

§ 43 Verfahren zur Feststellung der Dienstunfähigkeit und der begrenzten Dienstfähigkeit (§§ 26, 27 BeamtStG)
(1) [1]Die Dienstunfähigkeit nach § 26 Abs. 1 BeamtStG ist aufgrund einer ärztlichen Untersuchung (§ 45) festzustellen; darüber hinaus können auch andere Beweise erhoben werden. [2]Bestehen Zweifel an der Dienstfähigkeit, so ist die Beamtin oder der Beamte verpflichtet, sich nach schriftlicher Weisung der oder des Dienstvorgesetzten innerhalb einer angemessenen Frist ärztlich untersuchen und, falls eine Amtsärztin oder ein Amtsarzt es für erforderlich hält, auch beobachten zu lassen. [3]Kommt die Beamtin oder der Beamte ohne hinreichenden Grund dieser Verpflichtung nicht nach, so kann sie oder er als dienstunfähig angesehen werden; sie oder er ist hierauf schriftlich hinzuweisen.
(2) Unter den Voraussetzungen des § 26 Abs. 1 Satz 2 BeamtStG kann eine Beamtin oder ein Beamter als dienstunfähig angesehen werden, wenn keine Aussicht besteht, dass innerhalb einer Frist von sechs Monaten die Dienstfähigkeit wieder voll hergestellt ist.
(3) [1]Hält die oder der Dienstvorgesetzte die Dienstunfähigkeit einer Beamtin oder eines Beamten für gegeben, so schlägt sie oder er der für die Entscheidung zuständigen Stelle die Versetzung in den Ruhestand vor. [2]Diese ist an den Vorschlag der oder des Dienstvorgesetzten nicht gebunden; sie kann weitere Ermittlungen durchführen.
(4) [1]Ab dem auf die Zustellung der Verfügung der Versetzung in den Ruhestand folgenden Monat werden die Dienstbezüge einbehalten, die das Ruhegehalt übersteigen. [2]Wird die Versetzung in den Ruhestand aufgehoben, so sind die einbehaltenen Bezüge nachzuzahlen.
(5) [1]Die Feststellung der begrenzten Dienstfähigkeit nach § 27 Abs. 1 BeamtStG wird, soweit gesetzlich nichts anderes bestimmt ist, von der Stelle getroffen, die für die Versetzung in den Ruhestand zuständig wäre. [2]Für das Verfahren zur Feststellung der begrenzten Dienstfähigkeit gelten die Vorschriften über die Feststellung der Dienstunfähigkeit entsprechend.

§ 44 Wiederherstellung der Dienstfähigkeit (§ 29 BeamtStG)
(1) Die Frist, innerhalb derer Ruhestandsbeamtinnen und Ruhestandsbeamte nach § 29 Abs. 1 BeamtStG bei wiederhergestellter Dienstfähigkeit die erneute Berufung in das Beamtenverhältnis verlangen können, beträgt fünf Jahre.
(2) Kommt die Ruhestandsbeamtin oder der Ruhestandsbeamte ohne hinreichenden Grund der Verpflichtung nach § 29 Abs. 5 Satz 1 Halbsatz 2 BeamtStG, sich auf Weisung ärztlich untersuchen zu lassen, nicht nach, so kann sie oder er als dienstfähig angesehen werden; sie oder er ist hierauf schriftlich hinzuweisen.

§ 45 Ärztliche Untersuchungen
(1) [1]Ärztliche Untersuchungen nach den §§ 43 und 44 werden von Amtsärztinnen, Amtsärzten, beamteten Ärztinnen oder beamteten Ärzten durchgeführt. [2]Ausnahmsweise kann im Einzelfall auch eine sonstige Ärztin oder ein sonstiger Arzt zur Durchführung bestimmt werden.
(2) [1]Die Ärztin oder der Arzt teilt der Stelle, in deren Auftrag sie oder er tätig geworden ist, die tragenden Feststellungen und Gründe des Ergebnisses der ärztlichen Untersuchung mit, soweit deren Kenntnis unter Beachtung des Grundsatzes der Verhältnismäßigkeit für die zu treffende Entscheidung

erforderlich ist. [2]Die Mitteilung ist als vertrauliche Personalsache zu kennzeichnen und in einem verschlossenen Umschlag zu übersenden sowie versiegelt zur Personalakte zu nehmen. [3]Die übermittelten Daten dürfen nur für die nach § 43 oder § 44 zu treffende Entscheidung verarbeitet werden.

(3) [1]Zu Beginn der ärztlichen Untersuchung ist die Beamtin oder der Beamte auf deren Zweck und die Befugnis zur Übermittlung der Untersuchungsergebnisse hinzuweisen. [2]Die Ärztin oder der Arzt übermittelt der Beamtin oder dem Beamten oder, soweit dem ärztliche Gründe entgegenstehen, einer zu ihrer oder seiner Vertretung befugten Person eine Kopie der Mitteilung nach Absatz 2 Satz 1.

Fünftes Kapitel
Rechtliche Stellung

Erster Abschnitt
Allgemeines

§ 46 Verschwiegenheitspflicht (§ 37 BeamtStG)
[1]Sind Aufzeichnungen (§ 37 Abs. 6 BeamtStG) auf Bild-, Ton- oder Datenträgern gespeichert, deren Herausgabe nicht zumutbar ist, so sind diese Aufzeichnungen auf Verlangen des Dienstherrn oder des letzten Dienstherrn zu löschen. [2]Die Beamtin oder der Beamte hat auf Verlangen über Aufzeichnungen nach Satz 1 Auskunft zu geben.

§ 47 Diensteid (§ 38 BeamtStG)
(1) [1]Die Beamtin oder der Beamte hat folgenden Diensteid zu leisten:„Ich schwöre, das Grundgesetz für die Bundesrepublik Deutschland, die Niedersächsische Verfassung und die in der Bundesrepublik Deutschland geltenden Gesetze zu wahren und meine Amtspflichten gewissenhaft zu erfüllen, so wahr mir Gott helfe.“ [2]Der Eid kann auch ohne die Worte „so wahr mir Gott helfe“ geleistet werden.

(2) Erklärt eine Beamtin oder ein Beamter, dass sie oder er aus Glaubens- oder Gewissensgründen keinen Eid leisten wolle, so kann sie oder er anstelle der Worte „Ich schwöre“ eine andere Beteuerungsformel sprechen.

(3) [1]In den Fällen, in denen nach § 7 Abs. 3 BeamtStG eine Ausnahme von § 7 Abs. 1 Nr. 1 BeamtStG zugelassen worden ist, kann von einer Abnahme des Eides abgesehen werden. [2]Die Beamtin oder der Beamte hat stattdessen zu geloben, dass sie oder er die Amtspflichten gewissenhaft erfüllen wird.

§ 48 Folgen eines Verbots der Führung der Dienstgeschäfte (§ 39 BeamtStG)
[1]Wird einer Beamtin oder einem Beamten die Führung der Dienstgeschäfte verboten, so können ihr oder ihm auch das Tragen der Dienstkleidung und Ausrüstung, der Aufenthalt in den Diensträumen und dienstlichen Unterkünften sowie die Führung dienstlicher Ausweise und Abzeichen untersagt werden. [2]Die Beamtin oder der Beamte hat dienstlich empfangene Sachen auf Verlangen herauszugeben.

§ 49 Verbot der Annahme von Belohnungen und Geschenken (§ 42 BeamtStG)
[1]Die Zustimmung nach § 42 Abs. 1 Satz 2 BeamtStG erteilt die oberste Dienstbehörde oder die letzte oberste Dienstbehörde. [2]Die Zuständigkeit kann auf andere nachgeordnete Stellen übertragen werden.

§ 50 Dienstvergehen von Ruhestandsbeamtinnen und Ruhestandsbeamten sowie früheren Beamtinnen und Beamten mit Versorgungsbezügen (§ 47 BeamtStG)
Bei Ruhestandsbeamtinnen und Ruhestandsbeamten sowie früheren Beamtinnen und Beamten mit Versorgungsbezügen gilt es als Dienstvergehen auch, wenn sie

1. sich entgegen § 29 Abs. 2 oder 3 BeamtStG, auch in Verbindung mit § 30 Abs. 3 BeamtStG, schuldhaft nicht erneut in das Beamtenverhältnis berufen lassen oder
2. schuldhaft ihrer Verpflichtung nach § 29 Abs. 4 oder 5 Satz 1 Halbsatz 2 BeamtStG nicht nachkommen.

§ 51 Schadensersatz (§ 48 BeamtStG)
(1) [1]Ansprüche des Dienstherrn gegen die Beamtin oder den Beamten nach § 48 BeamtStG verjähren gemäß den §§ 195 und 199 Abs. 1 bis 3 des Bürgerlichen Gesetzbuchs, soweit sich nicht aus Satz 2 etwas anderes ergibt. [2]Hat der Dienstherr Dritten Schadensersatz geleistet, so gilt als Zeitpunkt, in dem der Dienstherr Kenntnis im Sinne der Verjährungsvorschriften des Bürgerlichen Gesetzbuchs erlangt,

der Zeitpunkt, in dem der Ersatzanspruch gegenüber dem Dritten vom Dienstherrn anerkannt oder dem Dienstherrn gegenüber rechtskräftig festgestellt wird.

(2) Leistet die Beamtin oder der Beamte dem Dienstherrn nach § 48 BeamtStG Ersatz und hat dieser einen Ersatzanspruch gegen einen Dritten, so geht der Ersatzanspruch insoweit auf die Beamtin oder den Beamten über.

§ 52 Übergang von Ansprüchen

[1]Wird die Beamtin oder der Beamte oder die oder der Versorgungsberechtigte oder eine Angehörige oder ein Angehöriger verletzt oder getötet, so geht ein gesetzlicher Schadensersatzanspruch, der einer dieser Personen infolge der Körperverletzung oder der Tötung gegen einen Dritten zusteht, insoweit auf den Dienstherrn über, als dieser

1. während einer auf der Körperverletzung beruhenden Aufhebung der Dienstfähigkeit oder
2. infolge der Körperverletzung oder Tötung

zur Gewährung von Leistungen verpflichtet ist. [2]Wird eine Altersgeldberechtigte oder ein Altersgeldberechtigter oder eine Empfängerin oder ein Empfänger von Hinterbliebenenaltersgeld getötet, so geht ein gesetzlicher Schadensersatzanspruch, der den Hinterbliebenen infolge der Tötung gegen einen Dritten zusteht, insoweit auf den Dienstherrn über, als dieser infolge der Tötung zur Zahlung von Hinterbliebenenaltersgeld verpflichtet ist. [3]Ist eine Versorgungskasse oder eine andere der Aufsicht des Landes unterstehende juristische Person des öffentlichen Rechts zur Gewährung der Versorgung verpflichtet, so geht der Anspruch auf sie über. [4]Übergegangene Ansprüche dürfen nicht zum Nachteil der oder des Verletzten oder der Hinterbliebenen geltend gemacht werden.

§ 53 Ausschluss von der Amtsausübung

Die §§ 20 und 21 VwVfG gelten entsprechend für dienstliche Tätigkeiten außerhalb eines Verwaltungsverfahrens.

§ 54 Wohnungswahl, Dienstwohnung

(1) Die Beamtin oder der Beamte hat ihre oder seine Wohnung so zu wählen, dass die ordnungsgemäße Wahrnehmung der Dienstgeschäfte nicht beeinträchtigt wird.

(2) Wenn die dienstlichen Verhältnisse es erfordern, kann die Beamtin oder der Beamte angewiesen werden, ihre oder seine Wohnung innerhalb einer bestimmten Entfernung von der Dienststelle zu wählen oder eine Dienstwohnung zu beziehen.

§ 55 Aufenthalt in erreichbarer Nähe

Soweit besondere dienstliche Verhältnisse es dringend erfordern, kann die Beamtin oder der Beamte angewiesen werden, während der dienstfreien Zeit erreichbar zu sein und sich in der Nähe des Dienstortes aufzuhalten.

§ 56 Bekleidung im Dienst

(1) Beamtinnen und Beamte dürfen bei Ausübung des Dienstes ihr Gesicht nicht verhüllen, es sei denn, dienstliche oder gesundheitliche Gründe erfordern dies.

(2) Die Beamtin oder der Beamte ist verpflichtet, nach näherer Bestimmung der obersten Dienstbehörde Dienstkleidung zu tragen, soweit dies üblich oder erforderlich ist.

§ 57 Amtsbezeichnung

(1) Das Recht zur Festsetzung der Amtsbezeichnungen steht, soweit gesetzlich nichts anderes bestimmt ist,

1. der Landesregierung bei den Landesbeamtinnen und Landesbeamten und
2. der obersten Dienstbehörde bei den Kommunalbeamtinnen und Kommunalbeamten sowie den Körperschaftsbeamtinnen und Körperschaftsbeamten

zu.

(2) [1]Die Beamtin oder der Beamte führt im Dienst die Amtsbezeichnung des ihr oder ihm übertragenen Amtes. [2]Sie oder er darf sie auch außerhalb des Dienstes führen. [3]Nach dem Wechsel in ein anderes Amt darf sie oder er die bisherige Amtsbezeichnung nicht mehr führen. [4]Ist das neue Amt mit einem niedrigeren Endgrundgehalt verbunden, darf neben der neuen Amtsbezeichnung die des früheren Amtes mit dem Zusatz „außer Dienst" oder „a. D." geführt werden.

(3) [1]Eine Ruhestandsbeamtin oder ein Ruhestandsbeamter darf die ihr oder ihm bei der Versetzung in den Ruhestand zustehende Amtsbezeichnung mit dem Zusatz „außer Dienst" oder „a. D." und die im

Zusammenhang mit dem Amt verliehenen Titel weiter führen. [2]Ändert sich die Bezeichnung des früheren Amtes, so darf die geänderte Amtsbezeichnung geführt werden.

(4) [1]Einer entlassenen Beamtin oder einem entlassenen Beamten kann die zuletzt zuständige oberste Dienstbehörde oder die von ihr bestimmte Behörde die Erlaubnis erteilen, die Amtsbezeichnung mit dem Zusatz „außer Dienst“ oder „a. D.“ sowie die im Zusammenhang mit dem Amt verliehenen Titel zu führen. [2]Die Erlaubnis kann widerrufen werden, wenn die entlassene Beamtin oder der entlassene Beamte sich des Führens der Amtsbezeichnung nicht würdig erweist.

§ 58 Dienstjubiläen

Die Landesregierung wird ermächtigt, durch Verordnung die Gewährung von Zuwendungen bei Dienstjubiläen zu regeln.

§ 59 Dienstzeugnis

[1]Beamtinnen und Beamten wird auf Antrag ein Dienstzeugnis über Art und Dauer der bekleideten Ämter erteilt, wenn sie daran ein berechtigtes Interesse haben. [2]Das Dienstzeugnis muss auf Verlangen auch über die ausgeübte Tätigkeit und die erbrachten Leistungen Auskunft geben.

Zweiter Abschnitt

Arbeitszeit und Urlaub

§ 60 Regelmäßige Arbeitszeit, Bereitschaftsdienst, Mehrarbeit

(1) Die regelmäßige Arbeitszeit darf im Jahresdurchschnitt 40 Stunden in der Woche nicht überschreiten.

(2) Soweit Bereitschaftsdienst geleistet wird, kann die regelmäßige Arbeitszeit entsprechend den dienstlichen Bedürfnissen angemessen verlängert werden; sie darf grundsätzlich im Durchschnitt von vier Monaten 48 Stunden in der Woche nicht überschreiten.

(3) [1]Beamtinnen und Beamte sind verpflichtet, ohne Entschädigung über die regelmäßige oder durch Teilzeitbeschäftigung ermäßigte wöchentliche Arbeitszeit (individuelle wöchentliche Arbeitszeit) hinaus Dienst zu tun, wenn zwingende dienstliche Verhältnisse dies erfordern und sich die Mehrarbeit auf Ausnahmefälle beschränkt. [2]Werden sie durch eine dienstlich angeordnete oder genehmigte Mehrarbeit im Umfang von mehr als einem Achtel der individuellen wöchentlichen Arbeitszeit im Monat beansprucht, so ist ihnen innerhalb eines Jahres für die über die individuelle wöchentliche Arbeitszeit hinaus geleistete Mehrarbeit entsprechende Dienstbefreiung zu gewähren. [3]Ist die Dienstbefreiung aus zwingenden dienstlichen Gründen nicht möglich, so können an ihrer Stelle Beamtinnen und Beamte in Besoldungsgruppen mit aufsteigender Besoldung eine Mehrarbeitsvergütung erhalten.

(4) [1]Im dringenden öffentlichen Interesse kann die Landesregierung abweichend von Absatz 1 zur Bewältigung eines länger andauernden, aber vorübergehenden Personalmehrbedarfs für einzelne Bereiche eine langfristige ungleichmäßige Verteilung der Arbeitszeit festlegen. [2]Die individuelle wöchentliche Arbeitszeit kann nach Satz 1 auf bis zu 45 Stunden wöchentlich im Durchschnitt eines Jahres verlängert werden. [3]Die Verlängerung der Arbeitszeit ist später durch eine Arbeitszeitverkürzung vollständig auszugleichen. [4]Der Zeitraum der Arbeitszeitverlängerung soll zehn Jahre nicht überschreiten. [5]Der Ausgleich kann auch durch eine vollständige Freistellung vom Dienst bis zu zwei Jahren vorgenommen werden.

(5) [1]Die Landesregierung wird ermächtigt, das Nähere, insbesondere zur Dauer der Arbeitszeit und zu Möglichkeiten der flexiblen Ausgestaltung und Verteilung der Arbeitszeit sowie zu Pausen und Ruhezeiten, durch Verordnung zu regeln. [2]Sie kann diese Ermächtigung durch Verordnung auf einzelne Ministerien übertragen.

§ 61 Teilzeitbeschäftigung

(1) Einer Beamtin oder einem Beamten mit Dienstbezügen kann auf Antrag für eine bestimmte Dauer Teilzeitbeschäftigung mit mindestens der Hälfte der regelmäßigen Arbeitszeit bewilligt werden, soweit dienstliche Belange nicht entgegenstehen.

(2) [1]Dem Antrag nach Absatz 1 darf nur entsprochen werden, wenn die Beamtin oder der Beamte sich verpflichtet, während des Bewilligungszeitraums entgeltliche Nebentätigkeiten nur mit einer zeitlichen Beanspruchung auszuüben, die auch bei Vollzeitbeschäftigten zulässig wäre. [2]Ausnahmen hiervon sind nur zulässig, soweit dies mit dem Beamtenverhältnis vereinbar ist. [3]Wird die Verpflichtung nach Satz 1 schuldhaft verletzt, so soll die Bewilligung widerrufen werden.

(3) [1]Die Dauer der Teilzeitbeschäftigung kann nachträglich beschränkt oder der Umfang der zu leistenden Arbeitszeit erhöht werden, soweit zwingende dienstliche Belange dies erfordern. [2]Eine Änderung des Umfangs der zu leistenden Arbeitszeit oder die Beendigung der Teilzeitbeschäftigung soll zugelassen werden, wenn der Beamtin oder dem Beamten die Teilzeitbeschäftigung in dem bisherigen Umfang nicht mehr zugemutet werden kann und dienstliche Belange nicht entgegenstehen.

(4) Soweit die ermäßigte Arbeitszeit gemäß § 60 Abs. 4 verlängert wird, darf die regelmäßige Arbeitszeit auf Antrag der Beamtin oder des Beamten über den nach Absatz 1 zulässigen Mindestumfang hinaus ermäßigt werden.

§ 62 Teilzeitbeschäftigung und Urlaub aus familiären Gründen

(1) [1]Beamtinnen und Beamten mit Dienstbezügen, die ein Kind unter 18 Jahren oder eine pflegebedürftige sonstige Angehörige oder einen pflegebedürftigen sonstigen Angehörigen tatsächlich betreuen oder pflegen, ist auf Antrag

1. Teilzeitbeschäftigung mit mindestens einem Viertel der regelmäßigen Arbeitszeit oder
2. Urlaub ohne Dienstbezüge

zu bewilligen, soweit zwingende dienstliche Belange nicht entgegenstehen. [2]Die Pflegebedürftigkeit ist durch ein ärztliches Gutachten nachzuweisen. [3]Bei Lehrkräften an öffentlichen Schulen kann die Teilzeitbeschäftigung oder der Urlaub bis zum Ende des laufenden Schulhalbjahres, bei wissenschaftlichem und künstlerischem Personal an Hochschulen bis zum Ende des laufenden Semesters oder Trimesters ausgedehnt werden.

(2) Für Beamtinnen und Beamte auf Widerruf im Vorbereitungsdienst ist Absatz 1 Satz 1 Nr. 1 und Satz 2 entsprechend anzuwenden, soweit dies nach der Struktur der Ausbildung möglich ist und der Ausbildungserfolg nicht gefährdet wird.

(3) § 61 Abs. 2 gilt mit der Maßgabe entsprechend, dass nur solche Nebentätigkeiten ausgeübt oder zugelassen werden dürfen, die dem Zweck der Freistellung nicht zuwiderlaufen.

(4) § 61 Abs. 3 Satz 2 gilt entsprechend.

(5) Der Dienstherr hat den aus familiären Gründen Beurlaubten die Verbindung zum Beruf und den beruflichen Wiedereinstieg zu erleichtern.

§ 62a Familienpflegezeit

(1) [1]Beamtinnen und Beamten mit Dienstbezügen, die

1. eine pflegebedürftige nahe Angehörige oder einen pflegebedürftigen nahen Angehörigen (§ 7 Abs. 3 des Pflegezeitgesetzes – PflegeZG) in häuslicher Umgebung tatsächlich pflegen oder
2. eine minderjährige pflegebedürftige nahe Angehörige oder einen minderjährigen pflegebedürftigen nahen Angehörigen in häuslicher oder außerhäuslicher Umgebung tatsächlich betreuen,

ist auf Antrag Teilzeitbeschäftigung als Familienpflegezeit zu bewilligen, soweit zwingende dienstliche Belange nicht entgegenstehen. [2]Die Pflegebedürftigkeit ist durch ein ärztliches Gutachten oder eine Bescheinigung der Pflegekasse oder des Medizinischen Dienstes der Krankenversicherung oder durch eine entsprechende Bescheinigung einer privaten Pflegeversicherung nachzuweisen.

(2) [1]Familienpflegezeit wird für die Dauer von längstens 48 Monaten bewilligt und gliedert sich in zwei gleich lange, jeweils zusammenhängende und unmittelbar aufeinanderfolgende Zeiträume (Pflegephase und Nachpflegephase). [2]Ist die Pflegephase zunächst auf weniger als 24 Monate festgesetzt worden, so ist sie auf Antrag bis zur Dauer von 24 Monaten zu verlängern, soweit die Voraussetzungen des Absatzes 1 weiterhin vorliegen; die Nachpflegephase ist entsprechend zu verlängern. [3]Fallen die Voraussetzungen des Absatzes 1 während der Pflegephase weg, so ist das Ende der Pflegephase neu auf den Ablauf des Monats festzusetzen, der auf den Monat folgt, in dem die Voraussetzungen weggefallen sind; die Nachpflegephase ist entsprechend zu verkürzen. [4]Eine Bewilligung darf nur erfolgen, soweit eine vollständige Ableistung der Pflege- und Nachpflegephase vor Beginn des Ruhestandes möglich ist.

(3) Die individuelle wöchentliche Arbeitszeit ist

1. für die Pflegephase auf mindestens ein Viertel der regelmäßigen Arbeitszeit und
2. für die Nachpflegephase auf mindestens den für die Beamtin oder den Beamten vor der Pflegephase geltenden Umfang

festzusetzen.

(4) Für die Bemessung der Höhe der monatlichen Dienstbezüge während der Familienpflegezeit gilt § 11 Abs. 1 des Niedersächsischen Besoldungsgesetzes (NBesG) mit der Maßgabe, dass die während der gesamten Familienpflegezeit (Pflege- und Nachpflegephase) durchschnittlich zu leistende Arbeitszeit zugrunde zu legen ist.

(5) [1]Die Bewilligung der Familienpflegezeit ist mit Wirkung für die Vergangenheit zu widerrufen
1. bei Beendigung des Beamtenverhältnisses in den Fällen des § 21 BeamtStG,
2. bei einem auf Antrag der Beamtin oder des Beamten erfolgten Wechsel des Dienstherrn,
3. wenn Umstände eintreten, welche die vorgesehene Abwicklung unmöglich machen oder wesentlich erschweren, oder
4. soweit der Beamtin oder dem Beamten während der Pflegephase die Fortsetzung der Teilzeitbeschäftigung nicht mehr zugemutet werden kann und dienstliche Belange nicht entgegenstehen.

[2]Mit dem Widerruf ist der Umfang der während der bisherigen Familienpflegezeit zu leistenden Arbeitszeit entsprechend der nach dem Modell gemäß Absatz 3 in der jeweiligen Phase zu erbringenden Dienstleistung rückwirkend neu festzusetzen. [3]Im Fall des Widerrufs sind zu viel gezahlte Bezüge nach Maßgabe des § 19 Abs. 2 NBesG von der Beamtin oder dem Beamten zurückzuzahlen. [4]Abweichend von Satz 1 Nr. 1 ist die Bewilligung der Familienpflegezeit im Fall der Versetzung in den Ruhestand wegen Dienstunfähigkeit mit Ablauf des Monats zu widerrufen, in dem der Beamtin oder dem Beamten die Verfügung über die Versetzung in den Ruhestand zugestellt worden ist. [5]Eine Rückzahlung zu viel gezahlter Bezüge findet nicht statt. [6]Dies gilt auch im Fall des Todes der Beamtin oder des Beamten.

(6) [1]Die Familienpflegezeit soll anstelle des Widerrufs nach Absatz 5 Satz 1 Nr. 3 im Fall
1. eines Beschäftigungsverbots nach den mutterschutzrechtlichen Vorschriften,
2. einer Elternzeit oder
3. eines Urlaubs aus familiären Gründen bis zu drei Jahren nach § 62 Abs. 1 Satz 1 Nr. 2

unterbrochen werden. [2]Fällt die Unterbrechung in die Pflegephase, so sind auf Antrag der Beamtin oder des Beamten die Pflegephase und die Nachpflegephase so zu verkürzen, dass die Familienpflegezeit nach Ende der Unterbrechung unmittelbar mit der Nachpflegephase fortgesetzt wird, soweit zwingende dienstliche Belange nicht entgegenstehen. [3]Fallen die Voraussetzungen des Absatzes 1 während der Unterbrechung weg und wäre die Pflegephase zu diesem Zeitpunkt noch nicht beendet gewesen, so gilt Absatz 2 Satz 3 entsprechend. [4]Absatz 2 Satz 4 gilt entsprechend.

(7) § 61 Abs. 2 gilt mit der Maßgabe entsprechend, dass nur solche Nebentätigkeiten ausgeübt oder zugelassen werden dürfen, die dem Zweck der Familienpflegezeit nicht zuwiderlaufen.

(8) Die Beamtin oder der Beamte ist verpflichtet, jede Änderung der Tatsachen unverzüglich mitzuteilen, die für die Bewilligung der Familienpflegezeit maßgeblich sind.

(9) Eine neue Familienpflegezeit kann erst für die Zeit nach Beendigung der Nachpflegephase der vorangehenden Familienpflegezeit bewilligt werden.

(10) Für Beamtinnen und Beamte auf Widerruf im Vorbereitungsdienst sind die Absätze 1 bis 9 entsprechend anzuwenden, soweit dies nach der Struktur der Ausbildung möglich ist und der Ausbildungserfolg nicht gefährdet wird.

§ 63 Altersteilzeit

(1) [1]Beamtinnen und Beamten mit Dienstbezügen kann auf Antrag für einen Zeitraum, der sich auf die Zeit bis zum Beginn des Ruhestands erstrecken muss, eine altersabhängige Teilzeitbeschäftigung (Altersteilzeit) bewilligt werden, wenn sie das 60. Lebensjahr vollendet haben und dringende dienstliche Belange nicht entgegenstehen. [2]Der Umfang der Arbeitszeit während der Altersteilzeit beträgt
1. bei teilzeitbeschäftigten und begrenzt dienstfähigen Beamtinnen und Beamten (§ 27 BeamtStG) 60 vom Hundert der zuletzt festgesetzten Arbeitszeit und
2. im Übrigen 60 vom Hundert der regelmäßigen Arbeitszeit,

höchstens jedoch 60 vom Hundert der durchschnittlichen Arbeitszeit der letzten drei Jahre. [3]Die Dienstleistung ist durchgehend in Teilzeitbeschäftigung mit der in Satz 2 festgelegten Arbeitszeit zu erbringen (Teilzeitmodell). [4]Die Altersteilzeit darf frühestens am 1. Januar 2012 beginnen. [5]Eine Beendigung der Altersteilzeit soll zugelassen werden, wenn der Beamtin oder dem Beamten die Altersteilzeit nicht mehr zugemutet werden kann und dienstliche Belange nicht entgegenstehen.

(2) [1]Für Lehrkräfte an öffentlichen Schulen gilt Absatz 1 Satz 1 mit der Maßgabe, dass ihnen Altersteilzeit schon bewilligt werden kann, wenn sie das 55. Lebensjahr vollendet haben. [2]Abweichend von

Absatz 1 Satz 3 kann die während der Gesamtdauer der Altersteilzeit zu erbringende Dienstleistung der Lehrkräfte an öffentlichen Schulen auf Antrag auch so verteilt werden, dass sie in den ersten sechs Zehnteln der Altersteilzeit vollständig vorab geleistet wird und die Beamtinnen und Beamten anschließend vom Dienst freigestellt werden (Blockmodell).

(3) Die Landesregierung wird ermächtigt, im Interesse der Unterrichtsversorgung und der Unterrichtsorganisation durch Verordnung für Lehrkräfte an öffentlichen Schulen Vorschriften zu erlassen, die

1. den Umfang, den Beginn und die Dauer der Altersteilzeit abweichend von Absatz 1 festlegen,
2. die Bewilligung der Altersteilzeit im Teilzeitmodell mit einer im Laufe des Bewilligungszeitraums sinkenden Arbeitszeit regeln, die mit höchstens 90 vom Hundert der nach Absatz 1 Satz 2 für den Umfang der Altersteilzeit maßgeblichen Arbeitszeit beginnt und mit mindestens 30 vom Hundert dieser Arbeitszeit endet; dabei muss die durchschnittliche Arbeitszeit dem in Absatz 1 Satz 2 festgelegten Umfang entsprechen und
3. die Bewilligung der Altersteilzeit in Form des Teilzeit- oder Blockmodells regeln.

(4) Solange es im Interesse der Unterrichtsversorgung und der Unterrichtsorganisation erforderlich ist, kann die oberste Dienstbehörde einzelne Gruppen von Lehrkräften an öffentlichen Schulen von der Altersteilzeit ausnehmen.

(5) § 61 Abs. 2 gilt entsprechend.

§ 64 Urlaub ohne Dienstbezüge

(1) Beamtinnen und Beamten mit Dienstbezügen kann auf Antrag Urlaub ohne Dienstbezüge

1. bis zur Dauer von insgesamt sechs Jahren oder
2. nach Vollendung des 50. Lebensjahres für einen Zeitraum, der sich auf die Zeit bis zum Beginn des Ruhestandes erstreckt,

bewilligt werden, wenn dienstliche Belange nicht entgegenstehen.

(2) § 61 Abs. 2 und Abs. 3 Satz 2 gilt entsprechend.

§ 65 Höchstdauer von Urlaub und unterhälftiger Teilzeitbeschäftigung

(1) [1]Teilzeitbeschäftigung mit weniger als der Hälfte der regelmäßigen Arbeitszeit nach § 62 Abs. 1 Satz 1 Nr. 1 (unterhälftige Teilzeitbeschäftigung), Urlaub nach § 62 Abs. 1 Satz 1 Nr. 2 und Urlaub nach § 64 Abs. 1 dürfen insgesamt die Dauer von 15 Jahren nicht überschreiten. [2]Eine unterhälftige Teilzeitbeschäftigung während der Elternzeit und Urlaub zur Pflege von Angehörigen nach § 62 Abs. 1 Satz 1 Nr. 2, soweit es um Urlaub für Zeiträume geht, für die eine Arbeitnehmerin oder ein Arbeitnehmer nach dem Pflegezeitgesetz freizustellen ist, bleiben unberücksichtigt. [3]Satz 1 findet bei der Bewilligung von Urlaub nach § 64 Abs. 1 Nr. 2 keine Anwendung, wenn es der Beamtin oder dem Beamten nicht mehr zuzumuten ist, zur Voll- oder Teilzeitbeschäftigung zurückzukehren.

(2) Über die Höchstdauer der Freistellung nach Absatz 1 hinaus kann Freistellung bei Lehrkräften an öffentlichen Schulen bis zum Ende des laufenden Schulhalbjahres, bei wissenschaftlichem und künstlerischem Personal an Hochschulen bis zum Ende des laufenden Semesters oder Trimesters ausgedehnt werden.

§ 66 Hinweispflicht

Vor Bewilligung von Teilzeitbeschäftigung oder Urlaub nach den §§ 61 bis 64 ist die Beamtin oder der Beamte auf die Folgen einer Teilzeitbeschäftigung oder Beurlaubung hinzuweisen, insbesondere auf die Folgen für Ansprüche aufgrund beamtenrechtlicher Regelungen.

§ 67 Fernbleiben vom Dienst

(1) Die Beamtin oder der Beamte darf dem Dienst nur mit Genehmigung fernbleiben, es sei denn, dass sie oder er wegen Krankheit oder aus einem anderen wichtigen Grund gehindert ist, ihre oder seine Dienstpflichten zu erfüllen.

(2) [1]Eine Verhinderung infolge Krankheit ist unverzüglich unter Angabe ihrer voraussichtlichen Dauer anzuzeigen und auf Verlangen nachzuweisen. [2]Die Beamtin oder der Beamte ist verpflichtet, sich auf Weisung durch eine behördlich bestimmte Ärztin oder einen behördlich bestimmten Arzt untersuchen zu lassen; § 45 Abs. 2 und 3 gilt entsprechend. [3]Will die Beamtin oder der Beamte während der Krankheit den Wohnort verlassen, so ist dies vorher anzuzeigen und der Aufenthaltsort anzugeben.

§ 68 Erholungsurlaub und Sonderurlaub (§ 44 BeamtStG)

(1) [1]Die Landesregierung regelt durch Verordnung die Bewilligung von Erholungsurlaub, insbesondere die Voraussetzungen, die Dauer und das Verfahren. [2]In der Verordnung ist auch zu regeln, unter welchen Voraussetzungen und in welcher Weise Erholungsurlaub abzugelten ist, der vor Beendigung des Beamtenverhältnisses nicht in Anspruch genommen wurde.

(2) [1]Den Beamtinnen und Beamten kann Urlaub aus besonderen Anlässen (Sonderurlaub) bewilligt werden. [2]Die Landesregierung regelt durch Verordnung die Bewilligung von Sonderurlaub, insbesondere die Voraussetzungen, die Dauer und das Verfahren. [3]In der Verordnung ist auch zu regeln, ob und inwieweit die Dienstbezüge während eines Sonderurlaubs zu belassen sind.

§ 69 Wahlvorbereitungsurlaub, Mandatsurlaub und Teilzeitbeschäftigung zur Ausübung des Mandats

(1) Stimmt eine Beamtin oder ein Beamter ihrer oder seiner Aufstellung als Bewerberin oder Bewerber für die Wahl zum Europäischen Parlament, zum Bundestag, zu der Volksvertretung eines Landes oder zu einer kommunalen Vertretung zu, so ist ihr oder ihm auf Antrag zur Vorbereitung der Wahl innerhalb der letzten zwei Monate vor dem Wahltag Urlaub ohne Bezüge zu bewilligen.

(2) [1]Für eine Beamtin oder einen Beamten, die oder der in die Volksvertretung eines Landes gewählt worden ist und deren oder dessen Amt kraft Gesetzes mit dem Mandat unvereinbar ist, gelten die §§ 5 bis 7, § 8 Abs. 2 und § 23 Abs. 5 des Abgeordnetengesetzes (AbgG) in der Fassung vom 21. Februar 1996 (BGBl. I S. 326), zuletzt geändert durch Artikel 12 des Gesetzes vom 5. Januar 2017 (BGBl. I S. 17), entsprechend mit der Maßgabe, dass die Rechte und Pflichten aus dem Beamtenverhältnis mit Ausnahme der Pflicht zur Amtsverschwiegenheit und des Verbots der Annahme von Belohnungen und Geschenken ab dem Zeitpunkt ruhen, in dem sie oder er das Mandat erwirbt. [2]Die Beamtin oder der Beamte darf ab dem Zeitpunkt der Annahme der Wahl dem Dienst fernbleiben (§ 67 Abs. 1). [3]Die Ansprüche aus dem Abgeordnetenverhältnis gehen vom Beginn des Monats, in dem das Mandat erworben wird, bis zu dem Zeitpunkt, in dem das Mandat erworben wird, den ihnen dem Grunde nach entsprechenden Ansprüchen aus dem Beamtenverhältnis vor. [4]Ist nach Beendigung des Mandats eine Verwendung in dem zuletzt bekleideten oder einem entsprechenden Amt nicht möglich, so kann der Beamtin oder dem Beamten mit ihrem oder seinem Einverständnis abweichend von § 6 Abs. 1 Sätze 2 und 3 AbgG unter Beibehaltung ihres oder seines bisherigen Amtes eine geringerwertige Tätigkeit übertragen werden. [5]Erfolgt keine Übertragung, gilt § 6 Abs. 2 Satz 1 AbgG entsprechend. [6]Eine Beamtin oder ein Beamter auf Zeit, bei der oder dem eine Wahl Voraussetzung für die Begründung des Dienstverhältnisses war und deren oder dessen Rechte und Pflichten aus dem Dienstverhältnis nach Satz 1 oder nach § 5 AbgG ruhen, tritt abweichend von Satz 1 oder § 6 AbgG mit Ablauf der Mandatszeit in den Ruhestand, falls die Voraussetzungen für die Gewährung eines Ruhegehaltes nach § 4 Abs. 1 NBeamtVG erfüllt sind; andernfalls ist sie oder er mit Ablauf der Mandatszeit entlassen.

(3) [1]Einer Beamtin oder einem Beamten, die oder der in die Volksvertretung eines anderen Landes gewählt worden ist und deren oder dessen Rechte und Pflichten aus dem Dienstverhältnis nicht nach Absatz 2 Satz 1 ruhen, ist zur Ausübung des Mandats auf Antrag

1. die Arbeitszeit bis auf ein Viertel der regelmäßigen Arbeitszeit zu ermäßigen oder
2. Urlaub ohne Bezüge zu bewilligen.

[2]Der Antrag soll jeweils für einen Zeitraum von mindestens sechs Monaten gestellt werden. [3]Hinsichtlich der Berücksichtigung der Mitgliedschaft in der Volksvertretung als besoldungs- und versorgungsrechtliche Dienstzeit ist § 23 Abs. 5 AbgG entsprechend anzuwenden. [4]Auf eine Beamtin oder einen Beamten, der oder dem nach Satz 1 Nr. 2 Urlaub ohne Bezüge bewilligt wird, ist hinsichtlich der versorgungsrechtlichen und laufbahnrechtlichen Dienstzeit § 7 Abs. 3 Satz 1 und Abs. 4 AbgG entsprechend anzuwenden.

(4) Absatz 3 Satz 1 Nr. 1 gilt nicht für Beamtinnen und Beamte auf Widerruf im Vorbereitungsdienst.

(5) [1]Eine Beamtin oder ein Beamter, deren oder dessen Rechte und Pflichten aus ihrem oder seinem Dienstverhältnis wegen eines Mandats ruhen oder die oder der aus diesem Grund ohne Bezüge beurlaubt ist, darf nicht befördert werden. [2]Bewirbt sie oder er sich im Zeitpunkt der Beendigung des Mandats von neuem um ein solches Mandat, so darf sie oder er auch vor Ablauf von sechs Monaten nach dem Tag der Wahl nicht befördert werden. [3]Satz 2 gilt entsprechend für die Zeit zwischen zwei

Wahlperioden. [4]Die Sätze 1 bis 3 gelten auch für die Verleihung eines anderen Amtes beim Wechsel der Laufbahngruppe.

(6) Für die Tätigkeit als

1. Mitglied einer kommunalen Vertretung,
2. Mitglied eines nach den Vorschriften der Kommunalverfassungsgesetze gebildeten Ausschusses oder
3. von einer kommunalen Vertretung berufenes Mitglied eines Ausschusses einer kommunalen Körperschaft, der aufgrund besonderer Rechtsvorschriften gebildet worden ist,

ist der Beamtin oder dem Beamten der erforderliche Urlaub unter Weitergewährung der Bezüge zu bewilligen.

Dritter Abschnitt

Nebentätigkeit und Tätigkeit nach Beendigung des Beamtenverhältnisses (§§ 40, 41 BeamtStG)

§ 70 Nebentätigkeit

(1) Nebentätigkeit ist die Wahrnehmung eines Nebenamtes oder eine Nebenbeschäftigung.

(2) Nebenamt ist ein nicht zu einem Hauptamt gehörender Kreis von Aufgaben, der aufgrund eines öffentlich-rechtlichen Dienst- oder Amtsverhältnisses wahrgenommen wird.

(3) Nebenbeschäftigung ist jede sonstige, nicht zu einem Hauptamt gehörende Tätigkeit innerhalb oder außerhalb des öffentlichen Dienstes.

(4) [1]Als Nebentätigkeit gilt nicht die Wahrnehmung öffentlicher Ehrenämter sowie einer unentgeltlichen Vormundschaft, Betreuung oder Pflegschaft einer oder eines Angehörigen. [2]Die Übernahme eines öffentlichen Ehrenamtes ist vorher schriftlich mitzuteilen.

§ 71 Pflicht zur Übernahme einer Nebentätigkeit

Beamtinnen und Beamte sind verpflichtet, auf schriftliches Verlangen

1. eine Nebentätigkeit im öffentlichen Dienst,
2. eine Nebentätigkeit im Vorstand, Aufsichtsrat, Verwaltungsrat oder in einem sonstigen Organ einer Gesellschaft, Genossenschaft oder eines in einer anderen Rechtsform betriebenen Unternehmens, wenn dies im öffentlichen Interesse liegt,

zu übernehmen und fortzuführen, soweit diese Tätigkeit ihrer Vorbildung oder Berufsausbildung entspricht und sie nicht über Gebühr in Anspruch nimmt.

§ 72 Anzeigefreie Nebentätigkeiten

(1) Der Anzeigepflicht nach § 40 Satz 1 BeamtStG unterliegen nicht

1. Nebentätigkeiten, zu deren Übernahme die Beamtin oder der Beamte nach § 71 verpflichtet ist,
2. die Verwaltung eigenen oder der Nutznießung der Beamtin oder des Beamten unterliegenden Vermögens,
3. die Tätigkeit zur Wahrung von Berufsinteressen in Gewerkschaften oder Berufsverbänden oder in Organen von Selbsthilfeeinrichtungen der Beamtinnen und Beamten und
4. unentgeltliche Nebentätigkeiten, ausgenommen
   a) die Wahrnehmung eines nicht unter Nummer 1 fallenden Nebenamtes,
   b) die Übernahme einer Testamentsvollstreckung oder einer in § 70 Abs. 4 nicht genannten Vormundschaft, Betreuung oder Pflegschaft,
   c) eine gewerbliche oder freiberufliche Tätigkeit oder die Mitarbeit bei einer dieser Tätigkeiten,
   d) die Mitgliedschaft im Vorstand, Aufsichtsrat, Verwaltungsrat oder in einem ähnlichen Organ eines Unternehmens mit Ausnahme einer Genossenschaft.

(2) Die Beamtin oder der Beamte hat auf Verlangen im Einzelfall schriftlich über eine ausgeübte anzeigefreie Nebentätigkeit Auskunft zu erteilen, wenn Anhaltspunkte dafür vorliegen, dass durch die Ausübung der Nebentätigkeit dienstliche Interessen beeinträchtigt werden.

§ 73 Verbot einer Nebentätigkeit

(1) [1]Eine Nebentätigkeit ist zu untersagen, soweit sie geeignet ist, dienstliche Interessen zu beeinträchtigen. [2]Ein Untersagungsgrund liegt insbesondere vor, wenn die Nebentätigkeit

1. nach Art und Umfang die Arbeitskraft so stark in Anspruch nimmt, dass die ordnungsgemäße Erfüllung der dienstlichen Pflichten behindert werden kann,

2. die Beamtin oder den Beamten in einen Widerstreit mit den dienstlichen Pflichten bringen kann,
3. in einer Angelegenheit ausgeübt wird, in der die Behörde, der die Beamtin oder der Beamte angehört, tätig wird oder tätig werden kann,
4. die Unparteilichkeit oder Unbefangenheit der Beamtin oder des Beamten bei der dienstlichen Tätigkeit beeinflussen kann,
5. zu einer wesentlichen Einschränkung der künftigen dienstlichen Verwendbarkeit führen kann oder
6. dem Ansehen der öffentlichen Verwaltung abträglich sein kann.

[3]Die Voraussetzung des Satzes 2 Nr. 1 liegt in der Regel vor, wenn die zeitliche Beanspruchung durch eine oder mehrere Nebentätigkeiten acht Stunden in der Woche überschreitet.

(2) Die Nebentätigkeit kann untersagt werden, wenn die Beamtin oder der Beamte die ihr oder ihm im Zusammenhang mit ihrer Übernahme oder Ausübung obliegenden Anzeige-, Nachweis-, Auskunfts- oder sonstigen Mitwirkungspflichten verletzt hat.

§ 74 Ausübung von Nebentätigkeiten

(1) [1]Eine Nebentätigkeit darf nur außerhalb der Arbeitszeit ausgeübt werden, es sei denn, dass sie auf Verlangen, Vorschlag oder Veranlassung der oder des Dienstvorgesetzten übernommen wurde oder ein dienstliches Interesse an der Übernahme der Nebentätigkeit durch die Beamtin oder den Beamten anerkannt worden ist. [2]Ausnahmen dürfen nur zugelassen werden, wenn dienstliche Gründe nicht entgegenstehen und die versäumte Arbeitszeit vor- oder nachgeleistet wird.

(2) [1]Bei der Ausübung von Nebentätigkeiten dürfen Einrichtungen, Personal oder Material des Dienstherrn nur bei Vorliegen eines öffentlichen oder wissenschaftlichen Interesses mit Genehmigung und gegen Entrichtung eines angemessenen Entgelts in Anspruch genommen werden. [2]Das Entgelt ist nach den dem Dienstherrn entstehenden Kosten zu bemessen und muss den besonderen Vorteil berücksichtigen, der der Beamtin oder dem Beamten durch die Inanspruchnahme entsteht. [3]Bei unentgeltlich ausgeübter Nebentätigkeit kann auf ein Entgelt verzichtet werden.

§ 75 Verfahren

[1]Anzeigen, Anträge und Entscheidungen, die die Übernahme oder Ausübung einer Nebentätigkeit betreffen, bedürfen der Schriftform. [2]Soweit eine Nebentätigkeit der Anzeigepflicht unterliegt, ist die Übernahme mindestens einen Monat vorher anzuzeigen; eine vorzeitige Übernahme der Nebentätigkeit kann zugelassen werden. [3]Die Beamtin oder der Beamte hat mit der Anzeige Nachweise über Art und Umfang der Nebentätigkeit sowie die Entgelte und geldwerten Vorteile hieraus vorzulegen; jede Änderung ist unverzüglich anzuzeigen.

§ 76 Rückgriffsanspruch der Beamtin und des Beamten

[1]Beamtinnen und Beamte, die aus einer auf Verlangen, Vorschlag oder Veranlassung der oder des Dienstvorgesetzten ausgeübten Nebentätigkeit im Vorstand, Aufsichtsrat, Verwaltungsrat oder in einem sonstigen Organ einer Gesellschaft, Genossenschaft oder eines in einer anderen Rechtsform betriebenen Unternehmens haftbar gemacht werden, haben gegen den Dienstherrn Anspruch auf Ersatz des ihnen entstandenen Schadens. [2]Ist der Schaden vorsätzlich oder grob fahrlässig herbeigeführt worden, so ist der Dienstherr nur dann ersatzpflichtig, wenn die Beamtin oder der Beamte die zum Schaden führende Handlung auf Verlangen einer oder eines Vorgesetzten vorgenommen hat.

§ 77 Beendigung der mit dem Hauptamt verbundenen Nebentätigkeiten

Endet das Beamtenverhältnis, so enden, wenn im Einzelfall nichts anderes bestimmt wird, auch die Nebenämter und Nebenbeschäftigungen, die im Zusammenhang mit dem Hauptamt übertragen worden sind oder die auf Verlangen, Vorschlag oder Veranlassung der oder des Dienstvorgesetzten übernommen worden sind.

§ 78 Verordnungsermächtigung

[1]Die Landesregierung trifft die zur Ausführung der §§ 70 bis 77 erforderlichen Regelungen über die Nebentätigkeit der Beamtinnen und Beamten durch Verordnung. [2]Insbesondere kann bestimmt werden,

1. welche Tätigkeiten als Nebentätigkeiten im öffentlichen Dienst im Sinne der in Satz 1 genannten Vorschriften anzusehen sind,
2. welche ehrenamtlichen Tätigkeiten öffentliche Ehrenämter im Sinne des § 70 Abs. 4 sind,

3. ob und inwieweit eine im öffentlichen Dienst ausgeübte oder auf Verlangen, Vorschlag oder Veranlassung der oder des Dienstvorgesetzten übernommene Nebentätigkeit vergütet wird oder eine erhaltene Vergütung für eine solche Nebentätigkeit abzuliefern ist,
4. unter welchen Voraussetzungen die Beamtin oder der Beamte bei der Ausübung einer Nebentätigkeit Einrichtungen, Personal oder Material des Dienstherrn in Anspruch nehmen darf, in welcher Höhe hierfür ein Entgelt an den Dienstherrn zu entrichten ist, wobei das Entgelt pauschaliert und in einem Vomhundertsatz des aus der Nebentätigkeit erzielten Bruttoeinkommens festgelegt werden kann, und unter welchen Voraussetzungen ein Entgelt ausnahmsweise nicht entrichtet werden muss,
5. dass die Beamtin oder der Beamte verpflichtet werden kann, der oder dem Dienstvorgesetzten die zugeflossenen Entgelte und geldwerten Vorteile aus den im öffentlichen Dienst ausgeübten oder auf Verlangen, Vorschlag oder Veranlassung der oder des Dienstvorgesetzten übernommenen Nebentätigkeiten anzugeben.

§ 79 Tätigkeit nach Beendigung des Beamtenverhältnisses

[1]Die Anzeigepflicht für die Ausübung einer Tätigkeit nach § 41 Satz 1 BeamtStG besteht für einen Zeitraum von fünf Jahren nach Beendigung des Beamtenverhältnisses, wenn es sich um eine Erwerbstätigkeit oder sonstige Beschäftigung handelt, die mit der dienstlichen Tätigkeit in den letzten fünf Jahren vor Beendigung des Beamtenverhältnisses im Zusammenhang steht. [2]Abweichend von Satz 1 besteht die Anzeigepflicht für Ruhestandsbeamtinnen und Ruhestandsbeamte, die mit Erreichen der Regelaltersgrenze oder zu einem späteren Zeitpunkt in den Ruhestand treten, für einen Zeitraum von drei Jahren nach Beendigung des Beamtenverhältnisses. [3]Die Anzeige ist bei der oder dem letzten Dienstvorgesetzten zu erstatten.

Vierter Abschnitt

Fürsorge

§ 80 Beihilfe

(1) [1]Beihilfeberechtigte haben Anspruch auf Beihilfe. [2]Beihilfeberechtigte sind
1. Beamtinnen und Beamte,
2. Ruhestandsbeamtinnen und Ruhestandsbeamte sowie frühere Beamtinnen und Beamte, die wegen Dienstunfähigkeit oder Erreichens der Altersgrenze entlassen worden oder wegen Ablaufs der Amtszeit ausgeschieden sind, sowie
3. Witwen und Witwer, hinterbliebene Lebenspartnerinnen und Lebenspartner sowie die in § 27 NBeamtVG genannten Kinder (Waisen) der in den Nummern 1 und 2 bezeichneten Personen.

[3]Der Anspruch besteht, wenn Besoldung oder Versorgung gezahlt oder wegen
1. der Inanspruchnahme von Elternzeit,
2. Urlaubs nach § 68 Abs. 2, wenn dessen Dauer einen Monat nicht übersteigt,
3. Urlaubs nach § 69 Abs. 1 oder
4. der Anwendung von Ruhens- oder Anrechnungsvorschriften

nicht gezahlt wird. [4]Der Anspruch besteht auch für den Zeitraum, für den ein Anspruch auf die Gewährung eines Vorschusses nach § 11 Abs. 6 NBesG besteht. [5]Keinen Anspruch auf Beihilfe haben
1. die in Satz 2 bezeichneten Personen, wenn ihnen Leistungen nach § 11 des Europaabgeordnetengesetzes, § 27 AbgG oder entsprechenden landesrechtlichen Vorschriften zustehen, sowie
2. Beamtinnen und Beamte, deren Dienstverhältnis auf weniger als ein Jahr befristet ist, es sei denn, dass sie insgesamt ein Jahr ununterbrochen im öffentlichen Dienst beschäftigt sind.

(2) Berücksichtigungsfähige Angehörige der Beihilfeberechtigten sind
1. die Ehegattin, der Ehegatte, die Lebenspartnerin oder der Lebenspartner, ausgenommen solche von Waisen, und
2. die im Familienzuschlag berücksichtigungsfähigen Kinder.

(3) [1]Soweit nachfolgend oder in der Verordnung nach Absatz 6 nichts anderes bestimmt ist, wird Beihilfe gewährt für die nachgewiesenen und angemessenen Aufwendungen für medizinisch notwendige Leistungen

1. zur Vorbeugung vor Erkrankungen und deren Linderung sowie zur Erhaltung oder Wiederherstellung der Gesundheit,
2. zur Abwendung, Beseitigung und Minderung von Behinderungen, zur Verhütung der Verschlimmerung von Behinderungen und zur Milderung ihrer Folgen, wenn nicht ein anderer Kostenträger leistungspflichtig ist,
3. zur Gesundheitsvorsorge,
4. in Pflegefällen,
5. in Geburtsfällen und
6. zur Empfängnisverhütung, zur künstlichen Befruchtung, zur rechtmäßigen Sterilisation und zum rechtmäßigen Schwangerschaftsabbruch.

[2]Für Aufwendungen von berücksichtigungsfähigen Angehörigen nach Absatz 2 Nr. 1 wird keine Beihilfe gewährt, wenn der Gesamtbetrag ihrer Einkünfte (§ 2 Abs. 3 des Einkommensteuergesetzes) oder ihrer vergleichbaren ausländischen Einkünfte im zweiten Kalenderjahr vor der Stellung des Beihilfeantrags 20 000 Euro überstiegen hat. [3]Bei erstmaligem Rentenbezug nach dem 1. April 2009 ist hinsichtlich des Rentenbezugs der Bruttorentenbetrag maßgeblich. [4]Aufwendungen von Beihilfeberechtigten oder berücksichtigungsfähigen Angehörigen, denen Leistungen nach § 114 oder § 115 Abs. 2 oder 3 zustehen, sind nicht beihilfefähig.

(4) [1]Die Beihilfe darf zusammen mit den aus demselben Anlass zustehenden Leistungen
1. aus einer Krankenversicherung,
2. aus einer Pflegeversicherung,
3. aufgrund von Rechtsvorschriften oder
4. aufgrund arbeitsvertraglicher Vereinbarungen

die dem Grunde nach beihilfefähigen Aufwendungen nicht übersteigen. [2]Zustehende und nach Maßgabe der Verordnung nach Absatz 6 als gewährt geltende Leistungen nach Satz 1 sind bei der Beihilfegewährung vorrangig zu berücksichtigen.

(5) [1]Die Beihilfe bemisst sich nach einem Vomhundertsatz der beihilfefähigen Aufwendungen (Bemessungssatz). [2]In Pflegefällen kann auch eine Pauschale gewährt werden. [3]Der Bemessungssatz beträgt für

1.	Beamtinnen und Beamte	50 vom Hundert,
2.	berücksichtigungsfähige Ehegattinnen, Ehegatten, Lebenspartnerinnen und Lebenspartner sowie Empfängerinnen und Empfänger von Versorgungsbezügen, die als solche beihilfeberechtigt sind,	70 vom Hundert,
3.	berücksichtigungsfähige Kinder und Waisen, die als solche beihilfeberechtigt sind,	80 vom Hundert.

[4]Sind zwei oder mehr Kinder nach Absatz 2 Nr. 2 berücksichtigungsfähig, so beträgt der Bemessungssatz der oder des Beihilfeberechtigten nach Satz 3 Nr. 1 70 vom Hundert; bei mehreren Beihilfeberechtigten beträgt der Bemessungssatz nur bei einem von ihnen 70 vom Hundert.

(6) [1]Das Nähere über Inhalt und Umfang sowie das Verfahren der Beihilfegewährung regelt die Landesregierung in Anlehnung an das Fünfte Buch des Sozialgesetzbuchs und das Elfte Buch des Sozialgesetzbuchs (SGB XI) sowie unter Berücksichtigung der Fürsorgepflicht des Dienstherrn nach § 45 BeamtStG durch Verordnung. [2]Insbesondere können Bestimmungen getroffen werden
1. bezüglich des Inhalts und Umfangs der Beihilfegewährung
   a) über die dem Grunde nach beihilfefähigen Aufwendungen nach Absatz 3 Satz 1, insbesondere über die Beschränkung oder den Ausschluss der Beihilfegewährung bei bestimmten Indikationen, für Untersuchungen und Behandlungen nach wissenschaftlich nicht allgemein anerkannten Methoden, und für bestimmte Arzneimittel, insbesondere für nicht verschreibungspflichtige Arzneimittel und solche, bei deren Anwendung eine Erhöhung der Lebensqualität im Vordergrund steht,
   b) für den Fall des Zusammentreffens mehrerer inhaltsgleicher Ansprüche auf Beihilfe in einer Person,
   c) für Aufwendungen von berücksichtigungsfähigen Angehörigen nach Absatz 2 Nr. 1 bei wechselnder Einkommenshöhe und bei individuell eingeschränkter Versicherbarkeit des Kostenrisikos,

d) über die Beschränkung oder den Ausschluss der Gewährung bestimmter Leistungen an Beamtinnen und Beamte auf Widerruf im Vorbereitungsdienst, die noch nicht über einen bestimmten Zeitraum hinweg ununterbrochen im öffentlichen Dienst beschäftigt sind,
e) über die Berücksichtigung von Leistungen in den Fällen des Absatzes 4 Satz 2,
f) für Beamtinnen und Beamte, die ihren dienstlichen Wohnsitz im Ausland haben oder im Ausland eingesetzt sind, und für ihre berücksichtigungsfähigen Angehörigen,
g) über Höchstbeträge in bestimmten Fällen,
h) über die Beschränkung oder den Ausschluss der Gewährung von Beihilfe für Aufwendungen, die außerhalb der Europäischen Union entstanden sind,
i) über Eigenbehalte und über die Befreiung vom Abzug von Eigenbehalten,
j) über die Erhöhung des Bemessungssatzes in besonderen Fällen,

2. bezüglich des Verfahrens der Beihilfegewährung
a) über die Notwendigkeit eines Voranerkennungsverfahrens,
b) über eine Ausschlussfrist für die Beantragung der Beihilfe,
c) über die elektronische Erfassung und Speicherung von Anträgen und Belegen,
d) über die Erstattung von Aufwendungen an Personen oder Einrichtungen, die Leistungen erbringen oder Rechnungen ausstellen,
e) über die Verwendung einer elektronischen Gesundheitskarte in entsprechender Anwendung der Vorschriften des Fünften Buchs des Sozialgesetzbuchs, wobei der Zugriff auf Daten über die in Anspruch genommenen Leistungen und deren Kosten zu beschränken ist,
f) über die Beteiligung von Gutachterinnen und Gutachtern und sonstigen Stellen zur Überprüfung der Notwendigkeit und Angemessenheit beantragter Maßnahmen oder einzelner Aufwendungen einschließlich der Übermittlung erforderlicher Daten, wobei personenbezogene Daten nur mit Einwilligung der Betroffenen übermittelt werden dürfen.

[3]Der Ausschluss oder die Beschränkung der Beihilfegewährung für nachgewiesene und angemessene Aufwendungen für medizinisch notwendige Leistungen ist nur zulässig, soweit dies im Einzelfall nicht zu einer unzumutbaren Härte für die Beihilfeberechtigten oder ihre berücksichtigungsfähigen Angehörigen führt. [4]Eigenbehalte sind nicht abzuziehen von Aufwendungen

1. für Arzneimittel, die in der gesetzlichen Krankenversicherung von der Zuzahlung befreit sind,
2. von Kindern und Waisen bis zur Vollendung des 18. Lebensjahres, ausgenommen Aufwendungen für Fahrten,
3. von Schwangeren im Zusammenhang mit Schwangerschaftsbeschwerden oder der Entbindung,
4. für ambulante ärztliche und zahnärztliche Vorsorgeleistungen sowie Leistungen zur Früherkennung von Krankheiten und
5. für Pflegemaßnahmen.

(7) In der Verordnung nach Absatz 6 können auch Bestimmungen getroffen werden über die Beteiligung an der Finanzierung von Leistungen, für die den Beihilfeberechtigten keine Aufwendungen entstehen.

(8) [1]Benötigen Beihilfeberechtigte oder berücksichtigungsfähige Angehörige eine Organ- oder Gewebetransplantation oder eine Behandlung mit Blutstammzellen oder anderen Blutbestandteilen, so hat der Dienstherr bei Lebendspenden dem Arbeitgeber der Spenderin oder des Spenders auf Antrag das während der Arbeitsunfähigkeit infolge der Spende fortgezahlte Arbeitsentgelt sowie hierauf entfallende Beiträge des Arbeitgebers zur Sozialversicherung und zur betrieblichen Alters- und Hinterbliebenenversorgung anteilig zu erstatten. [2]Maßgeblich ist der Bemessungssatz der Empfängerin oder des Empfängers des Organs, des Gewebes, der Blutstammzellen oder anderer Blutbestandteile. [3]Satz 1 gilt nicht in Bezug auf berücksichtigungsfähige Angehörige, für deren Aufwendungen aufgrund des Absatzes 3 Satz 2 keine Beihilfe gewährt wird.

(9) [1]Sind Beihilfeberechtigte oder berücksichtigungsfähige Angehörige pflegebedürftig und nehmen deshalb nahe Angehörige das Recht nach § 2 Abs. 1 PflegeZG, bis zu zehn Arbeitstage der Arbeit fernzubleiben, in Anspruch, so gewährt der Dienstherr den nahen Angehörigen auf Antrag nach Maßgabe des § 44a Abs. 3 SGB XI ein Pflegeunterstützungsgeld als Ausgleich für entgangenes Arbeitsentgelt für bis zu zehn Arbeitstage. [2]§ 44a Abs. 4 SGB XI ist entsprechend anzuwenden. [3]Maßgeblich ist der Bemessungssatz der pflegebedürftigen Person. [4]Satz 1 gilt nicht in Bezug auf berücksichti-

gungsfähige Angehörige, für deren Aufwendungen aufgrund des Absatzes 3 Satz 2 keine Beihilfe gewährt wird.

(10) [1]Steht einer oder einem Beihilfeberechtigten gegen eine Leistungserbringerin oder einen Leistungserbringer wegen einer unrichtigen Abrechnung ein Anspruch auf Rückerstattung oder Schadensersatz zu, kann der Dienstherr durch schriftliche Anzeige gegenüber der Leistungserbringerin oder dem Leistungserbringer bewirken, dass der Anspruch insoweit auf ihn übergeht, als er aufgrund der unrichtigen Abrechnung zu hohe Beihilfeleistungen erbracht hat. [2]Satz 1 gilt für einen Anspruch gegen die Abrechnungsstelle der Leistungserbringerin oder des Leistungserbringers entsprechend.

§ 81 Mutterschutz und Elternzeit

Die für Beamtinnen und Beamte des Bundes geltenden Rechtsvorschriften über den Mutterschutz und die Elternzeit sind entsprechend anzuwenden.

§ 82 Arbeitsschutz

(1) Die aufgrund der §§ 18 und 19 des Arbeitsschutzgesetzes erlassenen Verordnungen der Bundesregierung gelten entsprechend.

(2) [1]Soweit öffentliche Belange dies zwingend erfordern, insbesondere zur Aufrechterhaltung oder Wiederherstellung der öffentlichen Sicherheit, kann die Landesregierung durch Verordnung für bestimmte Tätigkeiten des öffentlichen Dienstes bestimmen, dass die Vorschriften des Arbeitsschutzgesetzes und der in Absatz 1 genannten Verordnungen ganz oder zum Teil nicht anzuwenden sind. [2]In der Verordnung ist festzulegen, wie die Sicherheit und der Gesundheitsschutz bei der Arbeit unter Berücksichtigung der Ziele des Arbeitsschutzgesetzes auf andere Weise gewährleistet werden.

(3) Das Jugendarbeitsschutzgesetz gilt für jugendliche Beamtinnen und Beamte entsprechend.

§ 83 Ersatz von Sach- und Vermögensschäden

(1) [1]Sind in Ausübung oder infolge des Dienstes, ohne dass ein Dienstunfall eingetreten ist, Kleidungsstücke oder sonstige Gegenstände, die üblicherweise zur Wahrnehmung des Dienstes mitgeführt werden, beschädigt oder zerstört worden oder abhanden gekommen, so kann der Beamtin oder dem Beamten auf Antrag Ersatz geleistet werden. [2]Dies gilt nicht, wenn die Beamtin oder der Beamte den Schaden vorsätzlich oder grob fahrlässig herbeigeführt hat.

(2) [1]Sind durch Handlungen Dritter, die wegen des pflichtgemäßen dienstlichen Verhaltens einer Beamtin oder eines Beamten oder ihrer oder seiner Eigenschaft als Beamtin oder Beamter begangen worden sind, Gegenstände der Beamtin oder des Beamten oder eines ihrer oder seiner Angehörigen beschädigt oder zerstört worden oder sind einer dieser Personen durch eine solche Handlung Vermögensschäden zugefügt worden, so können der Beamtin oder dem Beamten auf Antrag zum Ausgleich einer durch den Schaden verursachten außergewöhnlichen wirtschaftlichen Belastung Leistungen gewährt werden. [2]Gleiches gilt, wenn sich die schädigende Handlung gegen den Dienstherrn richtet und ein Zusammenhang des Schadens zum Dienst besteht.

(3) [1]Anträge auf Leistungen nach den Absätzen 1 und 2 sind innerhalb eines Monats nach Eintritt des Schadens schriftlich zu stellen. [2]Die Leistungen werden nur gewährt, soweit der Beamtin oder dem Beamten der Schaden nicht auf andere Weise ersetzt wird. [3]Soweit der Dienstherr Leistungen gewährt, gehen gesetzliche Schadensersatzansprüche der Beamtin oder des Beamten gegen Dritte auf den Dienstherrn über. [4]Übergegangene Ansprüche dürfen nicht zum Nachteil der oder des Geschädigten geltend gemacht werden.

§ 83a Erfüllungsübernahme bei Schmerzensgeldansprüchen

(1) [1]Hat die Beamtin oder der Beamte wegen eines tätlichen rechtswidrigen Angriffs, den sie oder er in Ausübung des Dienstes oder außerhalb des Dienstes wegen der Eigenschaft als Beamtin oder Beamter erleidet, einen Vollstreckungstitel über einen Anspruch auf Schmerzensgeld über einen Betrag von mindestens 250 Euro gegen einen Dritten erlangt, so soll der Dienstherr auf Antrag die Erfüllung dieses Anspruchs bis zur Höhe des festgestellten Schmerzensgeldbetrags übernehmen, soweit dies zur Vermeidung einer unbilligen Härte erforderlich ist. [2]Dies gilt nicht, soweit der Schmerzensgeldbetrag objektiv unverhältnismäßig zu den erlittenen immateriellen Schäden und deshalb der Höhe nach offensichtlich unangemessen ist oder der Schmerzensgeldanspruch im Urkundenprozess nach den §§ 592 bis 600 der Zivilprozessordnung festgestellt worden ist.

(2) Eine unbillige Härte im Sinne des Absatzes 1 Satz 1 liegt insbesondere vor, soweit ein Vollstreckungsversuch

1. erfolglos geblieben ist oder voraussichtlich erfolglos bleiben wird oder
2. aufgrund eines Insolvenzverfahrens über das Vermögen der Schädigerin oder des Schädigers nicht innerhalb eines Jahres nach Erlangung des Vollstreckungstitels durchgeführt werden kann.

(3) Der Dienstherr soll die Erfüllungsübernahme verweigern, wenn aufgrund desselben Sachverhalts ein Unfallausgleich gemäß § 39 NBeamtVG, eine einmalige Unfallentschädigung gemäß § 48 NBeamtVG oder ein Schadensausgleich in besonderen Fällen gemäß § 49 Abs. 1 Satz 2 NBeamtVG gewährt wird.

(4) [1]Die Übernahme der Erfüllung ist innerhalb einer Ausschlussfrist von zwei Jahren nach Erlangung des Vollstreckungstitels schriftlich zu beantragen. [2]Die Umstände, die eine unbillige Härte begründen, sind nachzuweisen; dies gilt nicht, soweit diese Umstände dem Dienstherrn bereits bekannt sind oder nur von ihm ermittelt werden können. [3]Für Schmerzensgeldansprüche, für die vor dem 1. Januar 2019 ein Vollstreckungstitel erlangt wurde, der nicht älter als drei Jahre ist, kann der Antrag nach Satz 1 innerhalb einer Ausschlussfrist von sechs Monaten ab dem 1. Januar 2019 gestellt werden.

(5) [1]Soweit der Dienstherr die Erfüllung übernommen hat, gehen die Ansprüche gegen Dritte auf ihn über. [2]Der Übergang der Ansprüche kann nicht zum Nachteil der oder des Geschädigten geltend gemacht werden.

(6) [1]Hat der Dienstherr wegen eines tätlichen rechtswidrigen Angriffs im Sinne des Absatzes 1 Satz 1 einen Vollstreckungstitel über einen nach § 52 übergegangenen Anspruch auf Schadensersatz erlangt und hat die Beamtin oder der Beamte wegen desselben Angriffs einen Vollstreckungstitel über einen Anspruch auf Schmerzensgeld über einen Betrag von mindestens 250 Euro gegen denselben Dritten erlangt, so kann der Dienstherr auf Antrag der Beamtin oder des Beamten die Erfüllung des Anspruchs auf Schmerzensgeld übernehmen, auch soweit dies nicht zur Vermeidung einer unbilligen Härte erforderlich ist. [2]Absatz 1 Satz 2, die Absätze 3 und 4 Satz 1 und Absatz 5 gelten entsprechend. [3]Der Vollstreckungstitel, den die Beamtin oder der Beamte erlangt hat, ist dem Antrag beizufügen.

§ 84 Reisekostenvergütung, Kostenerstattung

(1) [1]Eine Beamtin oder ein Beamter erhält die Kosten

1. einer Reise zur Erledigung eines Dienstgeschäfts außerhalb der Dienststätte, aus Anlass einer Versetzung, Abordnung oder Zuweisung, aus Anlass der Beendigung einer Abordnung oder Zuweisung oder zum Zweck einer ausschließlich im dienstlichen Interesse durchgeführten Fortbildung (Dienstreise),
2. einer anderen dienstlich veranlassten Reise und
3. einer privaten Reise, die wegen einer dienstlichen Anordnung unterbrochen oder vorzeitig beendet wird,

vergütet (Reisekostenvergütung). [2]Die Reisekostenvergütung umfasst die Erstattung der Kosten, die durch die Reise veranlasst sind und zwar in den Fällen des Satzes 1 Nr. 1 die notwendigen Kosten sowie in den Fällen des Satzes 1 Nrn. 2 und 3 nur die angemessenen Kosten. [3]In den Fällen des Satzes 1 Nr. 3 erstreckt sich die Reisekostenvergütung auch auf die Kosten von Personen, die die Beamtin oder den Beamten begleiten.

(2) [1]Reisekostenvergütung für eine Dienstreise (Absatz 1 Satz 1 Nr. 1) oder eine andere dienstlich veranlasste Reise (Absatz 1 Satz 1 Nr. 2) wird nur gewährt, wenn die Reise elektronisch oder schriftlich angeordnet oder genehmigt worden ist, es sei denn, eine Anordnung oder Genehmigung kommt nach dem Amt der Beamtin oder des Beamten oder dem Wesen des Dienstgeschäfts nicht in Betracht oder es handelt sich um eine Dienstreise am Dienst- oder Wohnort der Beamtin oder des Beamten. [2]Die Beamtin oder der Beamte kann vor Antritt der Reise elektronisch oder schriftlich auf Reisekostenvergütung verzichten.

(3) Nutzt die Beamtin oder der Beamte eine nicht aus dienstlichen Gründen erworbene BahnCard, Netzkarte oder Zeitkarte für eine Reise nach Absatz 1 Satz 1, so können ihr oder ihm Kosten für den Erwerb dieser Karte in angemessenem Umfang erstattet werden.

(4) [1]Das Nähere über Inhalt und Umfang der Reisekostenvergütung und der Kostenerstattung nach Absatz 3 sowie des Verfahrens der Gewährung regelt die Landesregierung durch Verordnung. [2]In der Verordnung können eine Ausschlussfrist für die Beantragung der Reisekostenvergütung oder der Kos-

tenerstattung nach Absatz 3 bestimmt sowie Höchstgrenzen oder Pauschalen für die Reisekostenvergütung festgesetzt werden.

§ 85 Umzugskostenvergütung

(1) [1]Eine Vergütung der notwendigen Kosten für einen Umzug (Umzugskostenvergütung) erhalten
1. Beamtinnen und Beamte,
2. Ruhestandsbeamtinnen und Ruhestandsbeamte,
3. frühere Beamtinnen und Beamte, die wegen Dienstunfähigkeit oder wegen des Erreichens der Altersgrenze entlassen worden oder wegen des Ablaufs der Amtszeit ausgeschieden sind, sowie
4. die Hinterbliebenen der in den Nummern 1 bis 3 genannten Personen

(Berechtigte). [2]Hinterbliebene im Sinne des Satzes 1 Nr. 4 sind die Witwe, der Witwer, die hinterbliebene Lebenspartnerin, der hinterbliebene Lebenspartner, die Verwandten bis zum vierten Grad, die Verschwägerten bis zum zweiten Grad, Pflegekinder und Pflegeeltern, die mit der verstorbenen Person zur Zeit ihres Todes nicht nur vorübergehend in häuslicher Gemeinschaft gelebt haben. [3]Umzugskostenvergütung wird nur gewährt, wenn diese vor dem Umzug schriftlich oder elektronisch zugesagt worden ist. [4]Umzugskostenvergütung ist zuzusagen für Umzüge
1. aus Anlass der Versetzung an einen anderen Ort als den bisherigen Dienst- oder Wohnort, es sei denn, dass
   a) mit einer baldigen weiteren Versetzung an einen anderen Dienstort zu rechnen ist,
   b) der Umzug aus besonderen Gründen nicht durchgeführt werden soll,
   c) die Wohnung auf der kürzesten üblicherweise benutzbaren Strecke weniger als dreißig Kilometer von der neuen Dienststätte entfernt ist oder
   d) der Umzug nicht aus dienstlichen Gründen erforderlich ist und die oder der Berechtigte unwiderruflich auf die Gewährung von Umzugskostenvergütung verzichtet hat,
2. aufgrund der dienstlichen Weisung, eine Wohnung innerhalb einer bestimmten Entfernung zur Dienststätte oder eine Dienstwohnung zu beziehen,
3. aus Anlass der Räumung einer Dienstwohnung aufgrund dienstlicher Weisung oder
4. aus Anlass der Aufhebung einer Versetzung nach einem Umzug, für den die Gewährung von Umzugskostenvergütung zugesagt worden ist.

[5]Satz 4 Nr. 1 gilt entsprechend für Umzüge aus Anlass
1. der Verlegung der Beschäftigungsbehörde oder
2. der nicht nur vorübergehenden Verwendung aus dienstlichen Gründen bei einem anderen Teil der Beschäftigungsbehörde.

[6]Umzugskostenvergütung kann auch zugesagt werden für Umzüge aus Anlass
1. der Einstellung,
2. der Abordnung oder Zuweisung,
3. der vorübergehenden Verwendung bei einem anderen Teil der Beschäftigungsbehörde,
4. der vorübergehenden dienstlichen Tätigkeit bei einer anderen Stelle als einer Dienststelle,
5. der Aufhebung oder Beendigung einer Maßnahme nach den Nummern 2 bis 4 nach einem Umzug, für den die Gewährung von Umzugskostenvergütung zugesagt worden ist, oder
6. der Räumung einer im Eigentum des Dienstherrn stehenden Mietwohnung,

wenn die jeweilige Maßnahme aus dienstlichen Gründen erfolgt. [7]Die Umzugskostenvergütung umfasst die Erstattung von Kosten für die Beförderung des Umzugsguts, Reisekosten, die Gewährung von Mietentschädigungen, Maklergebühren und die Erstattung sonstiger Kosten.

(2) [1]Eine aufgrund einer Zusage nach Absatz 1 Satz 6 Nr. 1 gewährte Umzugskostenvergütung ist zurückzuzahlen, wenn die Beamtin oder der Beamte vor Ablauf von zwei Jahren nach Beendigung des Umzuges aus einem von ihr oder ihm zu vertretenden Grund aus dem Dienst ausscheidet. [2]Die oberste Dienstbehörde kann hiervon Ausnahmen zulassen, wenn die Beamtin oder der Beamte unmittelbar in ein Dienst- oder Beschäftigungsverhältnis bei einem anderen Dienstherrn im Geltungsbereich dieses Gesetzes oder einem Dienstherrn oder einer Einrichtung nach § 35 Abs. 8 NBesG übertritt.

(3) [1]Das Nähere über Inhalt und Umfang der Umzugskostenvergütung, der Kostenerstattung und das Verfahren der Gewährung regelt die Landesregierung durch Verordnung. [2]Insbesondere können Bestimmungen getroffen werden
1. bezüglich des Inhalts und des Umfangs der Umzugskostenvergütung

a) über Höchstbeträge in bestimmten Fällen,
b) über eine pauschale Kostenerstattung,
c) über den Ausschluss der Gewährung von Umzugskostenvergütung in bestimmten Fällen,

2. bezüglich des Verfahrens der Gewährung von Umzugskostenvergütung
a) über eine Ausschlussfrist für die Beantragung der Gewährung von Umzugskostenvergütung,
b) über die elektronische Erfassung und Speicherung von Anträgen und Nachweisen.

(4) Für Umzüge zwischen dem Inland und dem Ausland sowie im Ausland sind die Vorschriften des Bundes zum Auslandsumzugskostenrecht entsprechend anzuwenden.

§ 86 Trennungsgeld

(1) [1]Eine Beamtin oder ein Beamter, die oder der aufgrund

1. der Versetzung aus dienstlichen Gründen,
2. der Aufhebung einer Versetzung nach einem Umzug, für den die Gewährung von Umzugskostenvergütung zugesagt worden ist,
3. der Verlegung der Beschäftigungsbehörde,
4. der nicht nur vorübergehenden Verwendung aus dienstlichen Gründen in einem anderen Teil der Beschäftigungsbehörde,
5. der Abordnung, auch zum Zweck der Aus- oder Fortbildung,
6. der Zuweisung, auch zum Zweck der Aus- oder Fortbildung,
7. der vorübergehenden Verwendung aus dienstlichen Gründen in einem anderen Teil der Beschäftigungsbehörde,
8. der vorübergehenden dienstlichen Tätigkeit bei einer anderen Stelle als einer Dienststelle,
9. der Aufhebung oder Beendigung einer Maßnahme nach den Nummern 5 bis 8 nach einem Umzug, für den die Gewährung von Umzugskostenvergütung zugesagt worden ist, oder
10. der Einstellung

an einem Ort außerhalb ihres oder seines bisherigen Dienst- oder Wohnorts beschäftigt wird, erhält unter Berücksichtigung der häuslichen Ersparnis die Kosten vergütet, die durch die häusliche Trennung oder in besonderen Fällen entstehen (Trennungsgeld). [2]Im Fall des Satzes 1 Nr. 10 wird Trennungsgeld gewährt, falls für einen Umzug die Gewährung von Umzugskostenvergütung zugesagt worden ist, andernfalls nur bei vorübergehender Dauer des Dienstverhältnisses, der vorübergehenden Verwendung am Einstellungsort oder während der Probezeit. [3]Trennungsgeld wird auch gewährt, wenn eine Dienstwohnung auf Weisung des Dienstherrn geräumt werden muss, für den Zeitraum, in dem der zur Führung eines Haushalts notwendige Teil der Wohnungseinrichtung eingelagert werden muss. [4]Als Trennungsgeld werden die notwendigen Kosten erstattet. [5]Abweichend von Satz 4 werden bei einer Abordnung oder Zuweisung zum Zweck einer nicht ausschließlich im dienstlichen Interesse durchgeführten Aus- oder Fortbildung und im Fall des Satzes 3 nur die angemessenen Kosten erstattet. [6]Das Trennungsgeld umfasst das Trennungsreise-, das Trennungstage- und das Trennungsübernachtungsgeld, die Reisebeihilfen für Heimfahrten und die Auslagenerstattung bei täglicher Rückkehr zur Wohnung.

(2) [1]Das Nähere über Inhalt und Umfang des Trennungsgeldes,der Kostenerstattung und das Verfahren der Gewährung regelt die Landesregierung durch Verordnung. [2]Insbesondere können Bestimmungen getroffen werden

1. bezüglich des Inhalts und des Umfangs der Gewährung von Trennungsgeld
a) über Höchstbeträge in bestimmten Fällen,
b) über eine pauschale Kostenerstattung,
c) über eine abweichende Bemessung des Trennungsgeldes in Fällen, in denen die Beamtin oder der Beamte im Rahmen eines Rotationsverfahrens innerhalb eines mehrjährigen Zeitraums mehrfach den Dienstort wechselt,
d) über den Ausschluss der Gewährung von Trennungsgeld und

2. bezüglich des Verfahrens der Gewährung von Trennungsgeld
a) über eine Ausschlussfrist für die Beantragung von Trennungsgeld,
b) über die elektronische Erfassung und Speicherung von Anträgen und Nachweisen.

(3) [1]Für Maßnahmen nach Absatz 1 Sätze 1 bis 3 im oder in das Ausland sowie vom Ausland in das Inland sind die Vorschriften des Bundes zum Auslandstrennungsgeldrecht mit der Maßgabe entsprechend anzuwenden, dass die Landesregierung ermächtigt wird, durch Verordnung die Kostenerstattung bei einer Abordnung oder Zuweisung zum Zweck der Aus- oder Fortbildung an eine Ausbildungsstelle

außerhalb der Europäischen Union zu begrenzen. [2]Satz 1 gilt nicht für im Grenzverkehr tätige Beamtinnen und Beamte bei Maßnahmen nach Absatz 1 Sätze 1 bis 3 im Bereich ausländischer Lokalgrenzbehörden, zwischen solchen Bereichen und zwischen diesen und dem Inland.

§ 87 Verzinsung, Rückforderung

[1]Werden Geldleistungen aufgrund dieses Gesetzes nach dem Tag der Fälligkeit des Anspruchs gezahlt, besteht kein Anspruch auf Verzugszinsen. [2]Die Rückforderung zuviel gezahlter Leistungen richtet sich nach den Vorschriften des Bürgerlichen Gesetzbuchs über die Herausgabe einer ungerechtfertigten Bereicherung. [3]Der Kenntnis des Mangels des rechtlichen Grundes der Zahlung steht es gleich, wenn der Mangel so offensichtlich war, dass die Empfängerin oder der Empfänger ihn hätte erkennen müssen. [4]Von der Rückforderung kann aus Billigkeitsgründen mit Zustimmung der obersten Dienstbehörde oder der von ihr bestimmten Stelle ganz oder teilweise abgesehen werden.

§ 87a Zahlung sonstiger Geldleistungen aus einem Dienst- oder Versorgungsverhältnis

(1) Für die Zahlung von Geldleistungen aus dem Dienstverhältnis, die nicht Besoldung sind, an Beamtinnen, Beamte, Richterinnen und Richter gilt § 21 NBesG entsprechend.

(2) Für die Zahlung von Geldleistungen aus dem Versorgungsverhältnis, die nicht Versorgung sind, an Versorgungsempfängerinnen und Versorgungsempfänger gilt § 56 Abs. 7 NBeamtVG entsprechend.

Fünfter Abschnitt
Personaldatenverarbeitung, Personalakten (§ 50 BeamtStG)

§ 88 Personaldatenverarbeitung, Inhalt der Personalakten sowie Zugang zu Personalakten

(1) [1]Der Dienstherr darf personenbezogene Daten einschließlich besonderer Kategorien personenbezogener Daten im Sinne des Artikels 9 Abs. 1 der Verordnung (EU) 2016/679 des Europäischen Parlaments und des Rates vom 27. April 2016 zum Schutz natürlicher Personen bei der Verarbeitung personenbezogener Daten, zum freien Datenverkehr und zur Aufhebung der Richtlinie 95/46/EG (Datenschutz-Grundverordnung) (ABl. EU Nr. L 119 S. 1; Nr. L 314 S. 72) über Bewerberinnen und Bewerber sowie über Beamtinnen und Beamte, frühere Beamtinnen und Beamte und deren Hinterbliebene verarbeiten, soweit dies zur Begründung, Durchführung, Beendigung oder Abwicklung des Dienstverhältnisses oder zur Durchführung organisatorischer, personeller und sozialer Maßnahmen, insbesondere auch zu Zwecken der Personalplanung und des Personaleinsatzes, erforderlich ist oder eine Rechtsvorschrift, eine Vereinbarung nach § 81 des Niedersächsischen Personalvertretungsgesetzes oder eine Dienstvereinbarung dies erlaubt. [2]Für die Verarbeitung personenbezogener Daten gelten ergänzend zur Datenschutz-Grundverordnung die Bestimmungen des Niedersächsischen Datenschutzgesetzes, soweit sich aus § 50 BeamtStG oder aus diesem Gesetz nichts Abweichendes ergibt.

(2) [1]Andere Unterlagen als Personalaktendaten dürfen in die Personalakte nicht aufgenommen werden. [2]Die Akte kann in Teilen oder vollständig elektronisch geführt werden. [3]Nicht Bestandteil der Personalakte sind Unterlagen, die besonderen, von der Person und dem Dienstverhältnis sachlich zu trennenden Zwecken dienen, insbesondere Prüfungs-, Sicherheits- und Kindergeldakten; von Unterlagen über psychologische Untersuchungen und Tests, die in Bewerbungsverfahren durchgeführt wurden, dürfen nur die Ergebnisse aufgenommen werden. [4]Kindergeldakten können mit Besoldungs- und Versorgungsakten verbunden geführt werden, wenn diese von der übrigen Personalakte getrennt sind und von einer von der übrigen Personalverwaltung getrennten Organisationseinheit bearbeitet werden.

(3) [1]Die Personalakte kann nach sachlichen Gesichtspunkten in Grundakte und Teilakten gegliedert werden. [2]Teilakten können bei der für den betreffenden Aufgabenbereich zuständigen Behörde geführt werden. [3]Nebenakten (Unterlagen, die sich auch in der Grundakte oder in Teilakten befinden) dürfen nur geführt werden, wenn die personalverwaltende Behörde nicht zugleich Beschäftigungsbehörde ist oder wenn mehrere personalverwaltende Behörden für die Beamtin oder den Beamten zuständig sind; sie dürfen nur solche Unterlagen enthalten, deren Kenntnis zur Aufgabenerledigung der betreffenden Behörde erforderlich ist. [4]In die Grundakte ist ein vollständiges Verzeichnis aller Teil- und Nebenakten aufzunehmen. [5]Wird die Personalakte nicht vollständig in Schriftform geführt, so ist in der Personalakte schriftlich festzulegen, welche Teile elektronisch geführt werden.

(4) [1]Zugang zur Personalakte dürfen nur Beschäftigte haben, die von der zuständigen Stelle mit der Bearbeitung von Personalangelegenheiten beauftragt sind. [2]Sie dürfen die in der Personalakte enthal-

tenen Daten nur verarbeiten, soweit dies zu Zwecken der Personalverwaltung oder der Personalwirtschaft erforderlich ist.

§ 89 Beihilfeakten

[1]Unterlagen über Beihilfen sind stets als Teilakte zu führen. [2]Diese ist von der übrigen Personalakte getrennt aufzubewahren. [3]Sie soll in einer von der übrigen Personalverwaltung getrennten Organisationseinheit bearbeitet werden; Zugang sollen nur Beschäftigte dieser Organisationseinheit haben. [4]Die Beihilfeakte darf für andere als für Beihilfezwecke nur verwendet, übermittelt oder bereitgestellt werden, soweit

1. die oder der Beihilfeberechtigte und die bei der Beihilfegewährung berücksichtigten Angehörigen im Einzelfall einwilligen,
2. die Einleitung oder Durchführung eines im Zusammenhang mit einem Beihilfeantrag stehenden behördlichen oder gerichtlichen Verfahrens dies erfordert,
3. es zur Abwehr erheblicher Nachteile für das Gemeinwohl oder einer sonst unmittelbar drohenden Gefahr für die öffentliche Sicherheit erforderlich ist oder
4. es zum Schutz lebenswichtiger Interessen der oder des Beihilfeberechtigten oder einer anderen Person erforderlich ist und die oder der Beihilfeberechtigte oder die oder der bei der Beihilfegewährung berücksichtigte Angehörige aus körperlichen oder rechtlichen Gründen außerstande ist, ihre oder seine Einwilligung zu geben.

[5]Unterlagen über Beihilfe dürfen in dem für die Durchführung des Gesetzes über Rabatte für Arzneimittel vom 22. Dezember 2010 (BGBl. I S. 2262, 2275), zuletzt geändert durch Artikel 7 des Gesetzes vom 9. Dezember 2020 (BGBl. I S. 2870), in der jeweils geltenden Fassung erforderlichen Umfang gespeichert und zum Zweck der Prüfung nach § 3 des Gesetzes über Rabatte für Arzneimittel an den Treuhänder übermittelt werden. [6]Die Sätze 1 bis 5 gelten entsprechend für Unterlagen über Heilfürsorge und Heilverfahren.

§ 90 Anhörung

[1]Ist beabsichtigt, Beschwerden, Behauptungen und Bewertungen, die für die Beamtinnen und Beamten ungünstig sind oder ihnen nachteilig werden können, in die Personalakte aufzunehmen, so sind sie hierüber zu informieren und ihnen ist Gelegenheit zur Stellungnahme, insbesondere auch hinsichtlich einer notwendigen Berichtigung oder Vervollständigung, zu geben, soweit dies nicht bereits im Rahmen einer Anhörung nach anderen Rechtsvorschriften erfolgt. [2]Die Äußerung der Beamtinnen und Beamten ist zur Personalakte zu nehmen.

§ 91 Auskunft und Akteneinsicht

(1) [1]Neben dem Anspruch der Beamtinnen und Beamten auf Auskunft nach Artikel 15 der Datenschutz-Grundverordnung über sie betreffende personenbezogene Daten, die für ihr Dienstverhältnis verarbeitet werden und in ihrer Personalakte oder anderen Akten enthalten sind, besteht auch ein Anspruch auf Gewährung von Einsicht in solche Akten. [2]Einsicht wird nicht gewährt in andere Akten, in denen die Daten der Beamtin oder des Beamten mit Daten Dritter oder geheimhaltungsbedürftigen nicht personenbezogenen Daten derart verbunden sind, dass ihre Trennung nicht oder nur mit unverhältnismäßig großem Aufwand möglich ist. [3]Die aktenführende Behörde bestimmt, wo die Einsicht gewährt wird. [4]Der Anspruch auf Auskunft und der Anspruch auf Akteneinsicht bestehen auch nach Beendigung des Beamtenverhältnisses.

(2) Bevollmächtigten der Beamtinnen und Beamten ist Einsicht in Akten nach Absatz 1 Satz 1 zu gewähren oder Auskunft aus solchen Akten zu erteilen, soweit dienstliche Gründe nicht entgegenstehen.

(3) [1]Hinterbliebenen und deren Bevollmächtigten ist Einsicht in Akten nach Absatz 1 Satz 1 der früheren Beamtin oder des früheren Beamten zu gewähren oder Auskunft aus solchen Akten zu erteilen, soweit ein berechtigtes Interesse glaubhaft gemacht wird und dienstliche Gründe nicht entgegenstehen. [2]Sie erhalten auf Verlangen eine Kopie aus der Akte.

§ 92 Übermittlung und Bereitstellung von Personalakten und Auskunft an Dritte

(1) [1]Es ist zulässig, die Personalakte für Zwecke der Personalverwaltung oder Personalwirtschaft der obersten Dienstbehörde, dem Landespersonalausschuss oder einer im Rahmen der Dienstaufsicht weisungsbefugten Behörde zu übermitteln oder bereitzustellen. [2]Das Gleiche gilt für andere Behörden desselben oder eines anderen Dienstherrn, soweit diese an einer Personalentscheidung mitwirken.

[3]Ärztinnen und Ärzten sowie Psychologinnen und Psychologen, die im Auftrag der personalverwaltenden Behörde ein Gutachten erstellen, darf die Personalakte ebenfalls übermittelt oder bereitgestellt werden. [4]Für Auskünfte aus der Personalakte gelten die Sätze 1 bis 3 entsprechend. [5]Soweit eine Auskunft ausreicht, ist von einer Übermittlung und Bereitstellung abzusehen.

(2) Personenbezogene Daten aus der Personalakte dürfen verwendet oder einer anderen Behörde oder beauftragten Stelle übermittelt oder bereitgestellt werden, soweit sie für die Festsetzung oder Berechnung der Besoldung, Versorgung, Beihilfe oder des Altersgeldes oder für die Prüfung der Kindergeldberechtigung erforderlich sind.

(3) [1]Personenbezogene Daten aus der Personalakte dürfen nur mit Einwilligung der Beamtin oder des Beamten sonstigen Dritten übermittelt oder bereitgestellt werden, es sei denn, dass die Empfängerin oder der Empfänger ein rechtliches Interesse an der Kenntnis der zu übermittelnden Daten glaubhaft macht und kein Grund zu der Annahme besteht, dass das schutzwürdige Interesse der oder des Betroffenen an der Geheimhaltung überwiegt. [2]Die Information der Beamtin oder des Beamten nach Artikel 13 Abs. 3 der Datenschutz-Grundverordnung über die beabsichtigte Übermittlung oder Bereitstellung erfolgt schriftlich.

(4) Übermittlung, Bereitstellung und Auskunft sind auf den jeweils erforderlichen Umfang zu beschränken.

§ 92a Verarbeitung von Personalaktendaten im Auftrag

(1) [1]Die personalverwaltende Behörde darf nur bei

1. der Bewilligung, Festsetzung oder Zahlbarmachung von Geldleistungen und
2. der automatisierten Erledigung von Aufgaben für Zwecke nach § 88 Abs. 1 Satz 1 gemäß Artikel 28 der Datenschutz-Grundverordnung Personalaktendaten im Auftrag verarbeiten lassen.

[2]Eine nicht öffentliche Stelle darf nur beauftragt werden, wenn bei der personalverwaltenden Behörde sonst Störungen im Geschäftsablauf auftreten können oder der Auftragsverarbeiter die Verarbeitungsleistungen erheblich kostengünstiger erbringen kann.

(2) Die Auftragserteilung und die Genehmigung einer Unterauftragserteilung bedürfen der vorherigen Zustimmung der obersten Dienstbehörde.

(3) Die personalverwaltende Behörde hat die Einhaltung der beamten- und datenschutzrechtlichen Vorschriften durch den oder die Auftragsverarbeiter regelmäßig zu kontrollieren.

§ 93 Entfernung von Unterlagen aus Personalakten

(1) [1]Unterlagen über Beschwerden, Behauptungen und Bewertungen, auf die die Vorschriften des Disziplinarrechts über die Entfernung von Unterlagen aus der Personalakte keine Anwendung finden, sind,

1. falls sie sich als unbegründet oder falsch erwiesen haben, mit Einwilligung der Beamtin oder des Beamten unverzüglich aus der Personalakte zu entfernen und zu vernichten,
2. falls sie für die Beamtin oder den Beamten ungünstig sind oder ihr oder ihm nachteilig werden können, auf ihren oder seinen Antrag nach zwei Jahren zu entfernen und zu vernichten; dies gilt nicht für dienstliche Beurteilungen.

[2]Die Frist nach Satz 1 Nr. 2 wird durch erneute Sachverhalte im Sinne dieser Vorschrift oder durch die Einleitung eines Straf- oder Disziplinarverfahrens unterbrochen. [3]Stellt sich der erneute Vorwurf als unbegründet oder falsch heraus, gilt die Frist als nicht unterbrochen.

(2) [1]Vorgänge über strafrechtliche Verfahren, soweit sie nicht Bestandteil einer Disziplinarakte sind, sowie Auskünfte aus dem Bundeszentralregister sind, wenn die Beamtin oder der Beamte einwilligt, nach drei Jahren zu entfernen und zu vernichten. [2]Die Frist wird durch erneute Sachverhalte im Sinne des Satzes 1 oder des Absatzes 1 Satz 2 unterbrochen; Absatz 1 Satz 3 gilt entsprechend.

§ 94 Aufbewahrungsfristen

(1) [1]Personalakten sind nach ihrem Abschluss von der personalaktenführenden Behörde fünf Jahre aufzubewahren. [2]Personalakten sind abgeschlossen, wenn

1. die Beamtin oder der Beamte nach Ablauf des Vorbereitungsdienstes aus dem Beamtenverhältnis auf Widerruf ausgeschieden ist,
2. die Beamtin oder der Beamte oder die Ruhestandbeamtin oder der Ruhestandbeamte oder der oder die Altersgeldberechtigte verstorben ist, mit Ablauf des Todesjahres, jedoch nicht vor Ablauf des

Jahres, in dem die letzte Versorgungs- und Altersgeldverpflichtung gegenüber Hinterbliebenen entfallen ist,

3. die Beamtin oder der Beamte ohne Versorgungs- oder Altersgeldansprüche aus dem öffentlichen Dienst ausgeschieden ist, mit Ablauf des Jahres der Vollendung der Regelaltersgrenze, in den Fällen des § 24 BeamtStG und der §§ 11 und 13 NDiszG jedoch erst, wenn mögliche Versorgungsempfängerinnen oder Versorgungsempfänger oder Altersgeldberechtigte nicht mehr vorhanden sind.

(2) [1]Unterlagen über Beihilfe, Heilfürsorge, Heilverfahren, Reise- und Umzugskostenvergütungen sowie Trennungsgeld sind zehn Jahre, Unterlagen über Unterstützungen und Erkrankungen fünf Jahre und Unterlagen über Erholungsurlaub drei Jahre nach Ablauf des Jahres, in dem die Bearbeitung des einzelnen Vorgangs abgeschlossen wurde, aufzubewahren. [2]Falls Unterlagen über Beihilfe, Heilfürsorge oder Heilverfahren, aus denen die Art einer Erkrankung ersichtlich ist, nicht in elektronischer Form gespeichert werden, so sind sie

1. unverzüglich zurückzugeben oder zu vernichten, wenn sie für den Zweck, zu dem sie vorgelegt worden sind, nicht mehr benötigt werden, oder,
2. falls sie auch zur Durchführung des Verfahrens nach dem Gesetz über Rabatte für Arzneimittel gespeichert werden (§ 89 Satz 5 oder 6), unverzüglich nach Abschluss dieses Verfahrens zu vernichten.

[3]Falls Unterlagen nach Satz 2 in elektronischer Form gespeichert werden, so sind die in Papierform eingereichten Unterlagen nach der elektronischen Speicherung unverzüglich zu vernichten. [4]Personenbezogene Daten in Unterlagen nach Satz 2, die in elektronischer Form gespeichert wurden und die Art einer Erkrankung erkennen lassen, sind ab dem Zeitpunkt, zu dem die Unterlagen nach Satz 2 zurückzugeben oder zu vernichten wären, in der Verarbeitung einzuschränken und nach Ablauf der in Satz 1 genannten Frist zu löschen. [5]Zur Prüfung eines Anspruchs auf Gewährung von Beihilfe, Heilfürsorge oder Leistungen aus Anlass eines Heilverfahrens ist ein automatisierter Datenabgleich mit den nach Satz 4 in der Verarbeitung eingeschränkten Daten zulässig. [6]Darüber hinaus ist eine erneute, auch nicht automatisierte, Verarbeitung von nach Satz 4 in der Verarbeitung eingeschränkten Daten zulässig, wenn sich aus dem automatisierten Datenabgleich nach Satz 5 berechtigte Zweifel an der Rechtmäßigkeit der Gewährung ergeben oder die Verarbeitung der Vorbereitung der Geltendmachung eines Erstattungsanspruchs dient.

(3) Versorgungs- und Altersgeldakten sind fünf Jahre nach Ablauf des Jahres, in dem die letzte Versorgungs- und Altersgeldzahlung geleistet worden ist, aufzubewahren; besteht die Möglichkeit eines Wiederauflebens des Anspruchs, sind die Akten 30 Jahre aufzubewahren.

(4) Die Personal-, Versorgungs- und Altersgeldakten werden nach Ablauf der Aufbewahrungszeit vernichtet, sofern sie nicht vom Landesarchiv übernommen werden.

§ 95 Automatisierte Verarbeitung von Personalakten

(1) Personenbezogene Daten aus Beihilfeakten dürfen automatisiert nur im Rahmen ihrer Zweckbestimmung und nur von den übrigen Personaldateien technisch und organisatorisch getrennt verarbeitet werden.

(2) Die Ergebnisse von medizinischen oder psychologischen Untersuchungen und Tests dürfen nur automatisiert verarbeitet werden, soweit sie die Eignung betreffen und ihre Verarbeitung dem Schutz der Beamtin oder des Beamten dient.

(3) Beurteilungen sowie beamtenrechtliche Entscheidungen dürfen nicht ausschließlich auf Informationen und Erkenntnisse gestützt werden, die unmittelbar durch automatisierte Verarbeitung personenbezogener Daten gewonnen werden.

(4) In Angelegenheiten, die die Beihilfe, die Heilfürsorge, das Heilverfahren, die Reisekostenvergütung, die Umzugskostenvergütung oder das Trennungsgeld betreffen, darf eine Entscheidung nur dann ausschließlich auf einer automatisierten Verarbeitung von personenbezogenen Daten beruhen, wenn damit einem Antrag der Beamtin oder des Beamten vollständig entsprochen wird.

Dritter Teil

Beteiligung der Spitzenorganisationen

§ 96 Beteiligung der Spitzenorganisationen (§ 53 BeamtStG)

(1) [1]Die Spitzenorganisationen der zuständigen Gewerkschaften und Berufsverbände (Spitzenorganisationen) sind über die Verpflichtung nach § 53 Satz 1 BeamtStG hinaus auch bei der Vorbereitung sonstiger allgemeiner Regelungen der beamtenrechtlichen Verhältnisse durch die obersten Landesbehörden zu beteiligen. [2]Die Entwürfe von Regelungen nach Satz 1 und § 53 Satz 1 BeamtStG werden den Spitzenorganisationen mit einer angemessenen Frist zur Stellungnahme zugeleitet. [3]Sie können eine mündliche Erörterung verlangen. [4]Vorschläge der Spitzenorganisationen, die in Gesetzentwürfen keine Berücksichtigung gefunden haben, werden dem Landtag unter Angabe der Gründe mitgeteilt.

(2) [1]Die obersten Landesbehörden und die Spitzenorganisationen kommen regelmäßig zu Gesprächen über allgemeine und grundsätzliche Fragen des Beamtenrechts zusammen. [2]Darüber hinaus können aus besonderem Anlass weitere Gespräche vereinbart werden.

Vierter Teil

Landespersonalausschuss

§ 97 Aufgaben des Landespersonalausschusses

[1]Der Landespersonalausschuss wirkt an Personalentscheidungen in den in diesem Gesetz geregelten Fällen mit dem Ziel mit, die einheitliche Durchführung der beamtenrechtlichen Vorschriften sicherzustellen. [2]Er hat darüber hinaus die Aufgabe, Empfehlungen zur Beseitigung von Mängeln in der Handhabung der beamtenrechtlichen Vorschriften zu geben und Änderungsvorschläge zu unterbreiten.

§ 98 Mitglieder

(1) [1]Der Landespersonalausschuss besteht aus neun Mitgliedern und neun stellvertretenden Mitgliedern. [2]Ständige Mitglieder sind die Präsidentin oder der Präsident des Landesrechnungshofs als vorsitzendes Mitglied sowie die Leiterin oder der Leiter der Dienstrechtsabteilung des für Inneres zuständigen Ministeriums und die Leiterin oder der Leiter der Dienstrechtsabteilung des Finanzministeriums. [3]Sie werden durch ihre Vertreterin oder ihren Vertreter im Amt vertreten.

(2) [1]Die sechs weiteren Mitglieder werden von der Landesregierung für die Amtszeit von vier Jahren berufen, davon zwei Mitglieder aufgrund von Vorschlägen der kommunalen Spitzenverbände und vier Mitglieder aufgrund von Vorschlägen des Deutschen Gewerkschaftsbundes – Bezirk Niedersachsen – Bremen – Sachsen-Anhalt – und des NBB Niedersächsischer Beamtenbund und Tarifunion. [2]Satz 1 gilt für die Berufung der weiteren stellvertretenden Mitglieder entsprechend. [3]Die Vorschläge sollen jeweils zur Hälfte Frauen und Männer enthalten.

(3) Scheidet ein Mitglied oder ein stellvertretendes Mitglied, das nach Absatz 2 berufen worden ist, vorzeitig aus, so beruft die Landesregierung in entsprechender Anwendung des Absatzes 2 für den Rest der Amtszeit ein Ersatzmitglied.

(4) Die Mitglieder und stellvertretenden Mitglieder müssen Beamtin oder Beamter nach § 1 in einem nicht ruhenden Beamtenverhältnis sein.

§ 99 Rechtsstellung der Mitglieder

(1) [1]Die Mitglieder des Landespersonalausschusses sind in dieser Eigenschaft unabhängig und nur dem Gesetz unterworfen. [2]Sie üben ihre Tätigkeit innerhalb dieser Schranken in eigener Verantwortung aus.

(2) Die Mitglieder dürfen wegen ihrer Tätigkeit nicht dienstlich gemaßregelt, benachteiligt oder bevorzugt werden.

(3) [1]Die Mitgliedschaft im Landespersonalausschuss endet, wenn

1. die Amtszeit abgelaufen ist,
2. die Voraussetzung nach § 98 Abs. 4 nicht mehr erfüllt ist,
3. das Mitglied in einem Strafverfahren rechtskräftig zu einer Freiheitsstrafe verurteilt worden ist, oder
4. gegen das Mitglied in einem Disziplinarverfahren eine Disziplinarmaßnahme, die über einen Verweis hinausgeht, unanfechtbar ausgesprochen worden ist.

[2]Auf die Tätigkeit im Landespersonalausschuss findet § 39 BeamtStG keine Anwendung.

§ 100 Geschäftsordnung und Verfahren

(1) Der Landespersonalausschuss gibt sich eine Geschäftsordnung.

(2) Die Sitzungen des Landespersonalausschusses sind nicht öffentlich.

(3) Beauftragten der betroffenen obersten Dienstbehörde ist in Personalangelegenheiten von grundsätzlicher Bedeutung und in Fällen des § 97 Satz 2 Gelegenheit zur Stellungnahme in der Sitzung zu geben.

§ 101 Beschlüsse

(1) [1]Der Landespersonalausschuss ist beschlussfähig, wenn mindestens sechs Mitglieder anwesend sind. [2]Beschlüsse werden mit der Mehrheit der abgegebenen Stimmen gefasst. [3]Bei Stimmengleichheit entscheidet die Stimme des vorsitzenden Mitglieds.

(2) Die Beschlüsse des Landespersonalausschusses in Personalangelegenheiten binden die betroffenen Verwaltungen.

§ 102 Beweiserhebung, Amtshilfe

(1) Der Landespersonalausschuss kann zur Durchführung seiner Aufgaben in entsprechender Anwendung der Vorschriften des Verwaltungsverfahrensgesetzes über das förmliche Verwaltungsverfahren Beweise erheben.

(2) Alle Dienststellen haben dem Landespersonalausschuss auf Anforderung unentgeltlich Amtshilfe zu leisten sowie auf Verlangen Auskünfte zu erteilen und Akten vorzulegen, wenn dies zur Durchführung seiner Aufgaben erforderlich ist.

§ 103 Geschäftsstelle

Beim für Inneres zuständigen Ministerium wird eine Geschäftsstelle eingerichtet, die die Sitzungen des Landespersonalausschusses vorbereitet und seine Beschlüsse ausführt.

Fünfter Teil
Beschwerdeweg und Rechtsschutz

§ 104 Anträge und Beschwerden

(1) [1]Beamtinnen und Beamte können Anträge stellen und Beschwerden vorbringen; hierbei haben sie den Dienstweg einzuhalten. [2]Der Beschwerdeweg bis zur obersten Dienstbehörde steht offen.

(2) Richtet sich die Beschwerde gegen die unmittelbare Vorgesetzte oder Dienstvorgesetzte oder den unmittelbaren Vorgesetzten oder Dienstvorgesetzten, so kann sie bei der oder dem nächst höheren Vorgesetzten oder Dienstvorgesetzten eingereicht werden.

§ 105 Verwaltungsrechtsweg (§ 54 BeamtStG)

(1) [1]Vor Erhebung einer Klage aus dem Beamtenverhältnis bedarf es keiner Nachprüfung in einem Vorverfahren. [2]Satz 1 gilt nicht für Maßnahmen, denen die Bewertung einer Leistung im Rahmen einer berufsbezogenen Prüfung zugrunde liegt, für dienstliche Beurteilungen und für Maßnahmen in besoldungs-, versorgungs-, altersgeld-, beihilfe-, heilfürsorge-, reisekosten-, trennungsgeld- und umzugskostenrechtlichen Angelegenheiten.

(2) Die Anfechtungsklage gegen eine Abordnung (§ 27) oder Versetzung (§ 28) hat keine aufschiebende Wirkung.

§ 106 Vertretung des Dienstherrn

(1) [1]Bei Klagen des Dienstherrn aus dem Beamtenverhältnis wird der Dienstherr durch die oberste Dienstbehörde vertreten, der die Beamtin oder der Beamte untersteht oder bei der Beendigung des Beamtenverhältnisses unterstanden hat. [2]Die oberste Dienstbehörde kann die Vertretung durch allgemeine Anordnung auf andere Behörden übertragen; die Anordnung ist zu veröffentlichen.

(2) [1]Bei Auflösung einer Landesbehörde gilt § 8b des Niedersächsischen Ausführungsgesetzes zur Verwaltungsgerichtsordnung mit der Maßgabe, dass im Fall eines Wechsels des Dienstherrn die bisherige oberste Dienstbehörde Nachfolgebehörde ist, soweit Gegenstand des Verfahrens Rechte oder Pflichten aus dem bisherigen Beamtenverhältnis sind. [2]Satz 1 gilt entsprechend für die vor Erhebung einer Leistungs- oder Feststellungsklage durchzuführenden Vorverfahren.

Sechster Teil

Besondere Vorschriften für einzelne Beamtengruppen

§ 107 Beamtinnen und Beamte beim Landtag

(1) [1]Die Beamtinnen und Beamten beim Landtag werden von der Präsidentin oder dem Präsidenten des Landtages im Benehmen mit dem Präsidium des Landtages ernannt und entlassen oder in den Ruhestand versetzt. [2]Oberste Dienstbehörde für die Beamtinnen und Beamten beim Landtag ist die Präsidentin oder der Präsident des Landtages.

(2) Die Befugnisse, die nach diesem Gesetz die Landesregierung hat, stehen für die Beamtinnen und Beamten beim Landtag der Präsidentin oder dem Präsidenten des Landtages im Benehmen mit dem Präsidium des Landtages zu; ausgenommen ist der Erlass von Verordnungen.

§ 108 Laufbahnen der Fachrichtung Polizei

(1) In das Beamtenverhältnis auf Widerruf zur Ableistung eines Vorbereitungsdienstes in einer Laufbahn der Fachrichtung Polizei kann eingestellt werden, wer das 32. Lebensjahr noch nicht vollendet hat.

(2) Eine Laufbahnbewerberin oder ein Laufbahnbewerber kann in einer Laufbahn der Fachrichtung Polizei in das Beamtenverhältnis auf Probe eingestellt werden, wenn sie oder er das 35. Lebensjahr noch nicht vollendet hat.

(3) Das für Inneres zuständige Ministerium wird ermächtigt, für die Laufbahnen der Fachrichtung Polizei durch Verordnung

1. von den §§ 14 und 30 Abs. 4 und der Verordnung nach § 25 abweichende Regelungen zu treffen und
2. Regelungen der Verordnung nach § 25 zu ergänzen,

soweit die besonderen Verhältnisse des Polizeivollzugsdienstes dies erfordern.

§ 108a Verfahren zur Feststellung der persönlichen Eignung bei Bewerberinnen und Bewerbern im Bereich der Polizei

(1) [1]Vor Einstellung in ein Beamtenverhältnis in einer Laufbahn der Fachrichtung Polizei ersucht die für die Einstellung zuständige Stelle zur Feststellung der persönlichen Eignung der Bewerberin oder des Bewerbers

1. die Verfassungsschutzbehörde um Auskunft, ob und gegebenenfalls welche Erkenntnisse zu der Bewerberin oder dem Bewerber vorliegen, die Zweifel daran begründen können, dass sie oder er die Gewähr dafür bietet, jederzeit für die freiheitliche demokratische Grundordnung im Sinne des Grundgesetzes einzutreten,
2. das Landeskriminalamt um Auskunft, ob und gegebenenfalls welche Erkenntnisse über gegen die Bewerberin oder den Bewerber als Beschuldigte oder als Beschuldigten geführte Strafverfahren oder strafrechtliche Ermittlungsverfahren oder Erkenntnisse über Störungen der öffentlichen Sicherheit durch die Bewerberin oder den Bewerber vorliegen,
3. die für die Wohnsitze der Bewerberin oder des Bewerbers während der letzten fünf Jahre zuständigen Polizeidienststellen des Landes oder die entsprechenden Stellen eines anderen Landes um Auskunft, ob und gegebenenfalls welche
   a) Erkenntnisse über gegen die Bewerberin oder den Bewerber als Beschuldigte oder als Beschuldigten geführte Strafverfahren oder strafrechtliche Ermittlungsverfahren,
   b) Erkenntnisse über von der Polizei gegen die Bewerberin oder den Bewerber als Betroffene oder Betroffenen geführte Bußgeldverfahren,
   c) Erkenntnisse über gegen die Bewerberin oder den Bewerber gerichtete polizeiliche Maßnahmen der Gefahrenabwehr oder
   d) sonstige Erkenntnisse über Störungen der öffentlichen Sicherheit durch die Bewerberin oder den Bewerber

   vorliegen und
4. im Fall von Erkenntnissen über Strafverfahren oder strafrechtliche Ermittlungsverfahren die zuständige Staatsanwaltschaft und gegebenenfalls das zuständige Gericht um Einsichtnahme in die staatsanwaltschaftlichen Akten und gegebenenfalls die Gerichtsakten, soweit die Erheblichkeit des Verfahrens für die Prüfung der persönlichen Eignung der Bewerberin oder des Bewerbers nicht anhand bereits vorliegender Erkenntnisse abschließend festgestellt werden kann,

falls die Bewerberin oder der Bewerber nicht bereits aus einem anderen Grund als dem etwaigen Fehlen der persönlichen Eignung abgelehnt werden soll. [2]Für die Feststellung hat die für die Einstellung zuständige Stelle außerdem eine Abfrage zu Erkenntnissen der in Satz 1 Nrn. 2 und 3 genannten Art aus den Vorgangsbearbeitungs- und Informationssystemen der Polizei Niedersachsen und dem polizeilichen Informationsverbund zwischen Bund und Ländern durchzuführen oder eine Polizeibehörde darum zu ersuchen. [3]Die für die Einstellung zuständige Stelle darf Familienname, Vornamen, Geburtsname und sonstige Namen, Geschlecht, Geburtsdatum, Geburtsort, Staatsangehörigkeit, Wohnsitz und Angaben zu einem Identitätsdokument der Bewerberin oder des Bewerbers für die Ersuchen an die ersuchten Stellen übermitteln und für eigene Abfragen nach Satz 2 verwenden. [4]Die ersuchten Stellen sind befugt, der für die Einstellung zuständigen Stelle

1. nach Maßgabe der für sie jeweils geltenden Rechtsvorschriften die Auskünfte nach Satz 1 Nrn. 1 bis 3 zu erteilen und die Einsichtnahme in die Akten nach Satz 1 Nr. 4 zu gewähren und
2. das Ergebnis einer Abfrage nach Satz 2 mitzuteilen.

[5]Die für die Einstellung zuständige Stelle unterrichtet die Bewerberin oder den Bewerber über die beabsichtigte Datenverarbeitung nach den Sätzen 1 bis 4 sowie über den Umfang und die Dauer der anschließenden Datenverarbeitung.

(2) [1]Die für die Einstellung zuständige Stelle hat die nach Absatz 1 erhobenen Daten gesondert von den übrigen für die Durchführung des Einstellungsverfahrens erforderlichen Daten und gesondert von der Personalakte aufzubewahren. [2]Jeder Zugriff auf die Daten ist zu protokollieren. [3]Die Regelungen des § 50 BeamtStG sowie der §§ 88 und 90 bis 92 sind entsprechend anzuwenden. [4]Nach der Einstellung sind die Daten in eine Teilakte der Personalakte aufzunehmen. [5]Die Teilakte ist nach einer Beendigung des Beamtenverhältnisses während der Probezeit unverzüglich, spätestens nach Ablauf der Probezeit, zu vernichten. [6]Die Daten von Bewerberinnen und Bewerbern, die nicht eingestellt wurden, sind unverzüglich nach Beendigung des Bewerbungsverfahrens zu löschen, spätestens mit Eintritt der Unanfechtbarkeit eines ablehnenden Bescheids.

(3) Absatz 1 Satz 1 Nrn. 2 bis 4 und Sätze 2 bis 5 und Absatz 2 gelten entsprechend für die Einstellung in ein Beamtenverhältnis einer anderen Laufbahn bei einer Polizeibehörde oder der Polizeiakademie Niedersachsen, wenn diese Behörde Einstellungsbehörde ist.

(4) Die Regelungen des Niedersächsischen Sicherheitsüberprüfungsgesetzes bleiben unberührt.

(5) [1]Vor der Einstellung in ein Beamtenverhältnis in eine Laufbahn der Fachrichtung Polizei ist durch eine Ärztin oder einen Arzt zu dokumentieren, ob und gegebenenfalls welche unveränderlichen Merkmale des Erscheinungsbilds die Bewerberin oder der Bewerber aufweist, die nicht die gesundheitliche Eignung betreffen, aber der Berufung in ein Beamtenverhältnis entgegenstehen können (§ 7 Abs. 1 Satz 1 Nr. 2 und Satz 2 BeamtStG). [2]Merkmale, die bei der gewöhnlichen Ausübung des Dienstes nicht sichtbar sind, sind nicht zu dokumentieren, wenn sie aufgrund ihres Inhalts oder ihrer Bedeutung offensichtlich nicht geeignet sind, Zweifel an der persönlichen Eignung der Bewerberin oder des Bewerbers hervorzurufen. [3]Die Ärztin oder der Arzt übermittelt die Dokumentation nach den Sätzen 1 und 2 an die für die Einstellung zuständige Stelle. [4]§ 45 Abs. 1, Abs. 2 Satz 2 und Abs. 3 gilt entsprechend. [5]Die für die Einstellung zuständige Stelle stellt auf der Grundlage der ärztlichen Dokumentation fest, ob die unveränderlichen Merkmale der Bewerberin oder des Bewerbers der Berufung in ein Beamtenverhältnis entgegenstehen.

§ 108b Erscheinungsbild von Polizeivollzugsbeamtinnen und Polizeivollzugsbeamten

Das für Inneres zuständige Ministerium wird ermächtigt, für Beamtinnen und Beamte in einer Laufbahn der Fachrichtung Polizei (Polizeivollzugsbeamtinnen und Polizeivollzugsbeamte) durch Verordnung die Einzelheiten nach § 34 Abs. 2 Sätze 2 bis 4 BeamtStG zu regeln.

§ 109 Altersgrenze der Polizeivollzugsbeamtinnen und Polizeivollzugsbeamten, Altersteilzeit

(1) Eine Polizeivollzugsbeamtin oder ein Polizeivollzugsbeamter erreicht die Altersgrenze mit Vollendung des 62. Lebensjahres.

(2) [1]Die Altersgrenze nach Absatz 1 verringert sich um ein Jahr, wenn die Polizeivollzugsbeamtin oder der Polizeivollzugsbeamte mindestens 25 Jahre im Wechselschichtdienst, im Spezialeinsatzkommando, in einem Mobilen Einsatzkommando, in der Polizeihubschrauberstaffel oder in ähnlich gesundheitlich belastender Weise im kriminalpolizeilichen Ermittlungsbereich tätig gewesen ist. [2]Die Polizeivollzugsbeamtin oder der Polizeivollzugsbeamte hat spätestens vier Jahre vor Erreichen der in

Satz 1 genannten Altersgrenze anzuzeigen, dass sie oder er mit Erreichen dieser Altersgrenze die Mindestzeit erbracht haben wird.

(3) [1]Abweichend von § 36 Abs. 1 Satz 3 haben Polizeivollzugsbeamtinnen und Polizeivollzugsbeamte den Antrag nach § 36 Abs. 1 Satz 1 spätestens vier Jahre vor dem Eintritt in den Ruhestand zu stellen. [2]Wird diese Frist versäumt, so kann der Eintritt in den Ruhestand unter den Voraussetzungen des § 36 Abs. 1 um bis zu drei Jahre hinausgeschoben werden.

(4) [1]Polizeivollzugsbeamtinnen und Polizeivollzugsbeamte haben den Antrag nach § 37 Abs. 1 Satz 1 spätestens vier Jahre vor dem beantragten Eintritt in den Ruhestand zu stellen. [2]Satz 1 ist nicht anzuwenden auf Polizeibeamtinnen und Polizeibeamte, die schwerbehindert im Sinne des § 2 Abs. 2 SGB IX sind.

(5) Für Polizeivollzugsbeamtinnen und Polizeivollzugsbeamte ist § 63 nicht anzuwenden.

§ 110 Dienstunfähigkeit der Polizeivollzugsbeamtinnen und Polizeivollzugsbeamten

Die Polizeivollzugsbeamtin oder der Polizeivollzugsbeamte ist dienstunfähig (§ 26 Abs. 1 BeamtStG), wenn sie oder er den besonderen gesundheitlichen Anforderungen des Polizeivollzugsdienstes nicht mehr genügt und nicht zu erwarten ist, dass sie oder er ihre oder seine volle Verwendungsfähigkeit innerhalb von zwei Jahren wiedererlangt (Polizeidienstunfähigkeit), es sei denn, die ausgeübte oder die künftig auszuübende Funktion erfordert bei Beamtinnen und Beamten auf Lebenszeit diese besonderen gesundheitlichen Anforderungen auf Dauer nicht mehr uneingeschränkt.

§ 111 Gemeinschaftsunterkunft und Gemeinschaftsverpflegung

(1) Die Polizeivollzugsbeamtin oder der Polizeivollzugsbeamte ist auf Anordnung verpflichtet, in einer Gemeinschaftsunterkunft zu wohnen und an einer Gemeinschaftsverpflegung teilzunehmen.

(2) Die Verpflichtung nach Absatz 1 kann einer Polizeivollzugsbeamtin oder einem Polizeivollzugsbeamten, die oder der Beamtin oder Beamter auf Lebenszeit ist, nur für Übungen, besondere Einsätze oder für eine Aus-, Fort- oder Weiterbildung auferlegt werden.

(3) [1]Eine Beamtin oder ein Beamter, die oder der zur wirtschaftlichen, technischen oder ärztlichen Betreuung von Polizeieinheiten bei Übungen oder besonderen Einsätzen herangezogen wird, ist auf Anordnung verpflichtet, in einer Gemeinschaftsunterkunft zu wohnen und an einer Gemeinschaftsverpflegung teilzunehmen. [2]Ihr oder ihm wird für die Dauer der Heranziehung Schutzbekleidung zur Verfügung gestellt.

§ 112 Verbot der politischen Betätigung in Uniform

[1]Die Polizeivollzugsbeamtin oder der Polizeivollzugsbeamte darf sich in der Öffentlichkeit in Dienstkleidung nicht politisch betätigen. [2]Das gilt nicht für die Ausübung des Wahlrechts.

§ 113 Ausstattung der Polizeivollzugsbeamtinnen und Polizeivollzugsbeamten

Die Polizeivollzugsbeamtinnen oder Polizeivollzugsbeamten erhalten die Bekleidung und Ausrüstung, die die besondere Art ihres Dienstes erfordert.

§ 114 Heilfürsorge für Polizeivollzugsbeamtinnen und Polizeivollzugsbeamte

(1) [1]Polizeivollzugsbeamtinnen und Polizeivollzugsbeamte (Heilfürsorgeberechtigte) haben Anspruch auf Heilfürsorge, wenn Besoldung gezahlt oder wegen der in § 80 Abs. 1 Satz 3 Nrn. 1 bis 3 genannten Umstände nicht gezahlt wird; § 80 Abs. 1 Satz 4 gilt entsprechend. [2]Auf die Besoldung der Heilfürsorgeberechtigten wird für deren Absicherung durch die Heilfürsorge monatlich ein Betrag in Höhe von 1,3 vom Hundert des jeweiligen Grundgehalts angerechnet. [3]Polizeivollzugsbeamtinnen und Polizeivollzugsbeamte, die am 31. Dezember 2016 nur Anspruch auf Beihilfe haben, haben nur dann Anspruch auf Heilfürsorge, wenn sie bis zum 31. Dezember 2017 gegenüber der Heilfürsorgestelle schriftlich erklären, Heilfürsorge erhalten zu wollen. [4]Sie erhalten dann ab dem Ersten des auf den Zugang der Erklärung folgenden Monats Heilfürsorge.

(2) [1]Heilfürsorgeberechtigte können auf den Anspruch auf Heilfürsorge schriftlich verzichten. [2]Sie erhalten dann ab dem Ersten des auf den Zugang der Verzichtserklärung bei der Heilfürsorgestelle folgenden Monats Beihilfe nach Maßgabe des § 80. [3]Ein Widerruf des Verzichts ist ausgeschlossen.

(3) Soweit in der Verordnung nach Absatz 5 nichts anderes bestimmt ist, wird Heilfürsorge für die angemessenen Aufwendungen für medizinisch notwendige Leistungen in den in § 80 Abs. 3 Satz 1 genannten Fällen gewährt, wenn nicht ein anderer Kostenträger leistungspflichtig ist.

(4) Die Heilfürsorgeberechtigten haben ab einem Zeitpunkt, den das Finanzministerium öffentlich bekannt macht, eine elektronische Gesundheitskarte in entsprechender Anwendung der Vorschriften des Fünften Buchs des Sozialgesetzbuchs zu verwenden.

(5) [1]Das Finanzministerium bestimmt im Einvernehmen mit dem für Inneres zuständigen Ministerium unter Berücksichtigung der Vorschriften des Fünften Buchs des Sozialgesetzbuchs und des Elften Buchs des Sozialgesetzbuchs sowie der Fürsorgepflicht des Dienstherrn nach § 45 BeamtStG durch Verordnung das Nähere über Inhalt und Umfang sowie das Verfahren der Gewährung von Heilfürsorge. [2]Insbesondere können Bestimmungen getroffen werden

1. bezüglich des Inhalts und Umfangs der Gewährung von Heilfürsorge
   a) insbesondere über die Beschränkung oder den Ausschluss der Gewährung von Heilfürsorge bei bestimmten Indikationen, für Untersuchungen und Behandlungen nach wissenschaftlich nicht allgemein anerkannten Methoden, und für bestimmte Arzneimittel, insbesondere für nicht verschreibungspflichtige Arzneimittel und solche, bei deren Anwendung eine Erhöhung der Lebensqualität im Vordergrund steht,
   b) über den Ausschluss der Heilfürsorge bei Leistungen, für die ein anderer Kostenträger leistungspflichtig ist,
   c) über Höchstbeträge in bestimmten Fällen,
   d) über die Beschränkung oder den Ausschluss der Gewährung von Heilfürsorge für Aufwendungen, die außerhalb der Europäischen Union entstanden sind,
   e) über die Übernahme von Regelungen aus Verträgen, die zwischen privaten Krankenversicherungsunternehmen oder den gesetzlichen Krankenkassen oder deren Verbänden und leistungserbringenden Personen oder Einrichtungen abgeschlossen worden sind,
   f) über die Übernahme der vom Gemeinsamen Bundesausschuss nach § 92 des Fünften Buchs des Sozialgesetzbuchs beschlossenen Richtlinien,
2. bezüglich des Verfahrens der Gewährung von Heilfürsorge
   a) über die Notwendigkeit eines Voranerkennungsverfahrens,
   b) über eine Ausschlussfrist für die Beantragung der Heilfürsorge,
   c) über die elektronische Erfassung, Bearbeitung und Speicherung von Anträgen und Belegen,
   d) über die Erstattung von Aufwendungen an Personen oder Einrichtungen, die Leistungen erbringen oder Rechnungen ausstellen,
   e) über die Beteiligung von Gutachterinnen und Gutachtern und sonstigen Stellen zur Überprüfung der Notwendigkeit und Angemessenheit beantragter Maßnahmen oder einzelner Aufwendungen einschließlich der Übermittlung erforderlicher Daten, wobei personenbezogene Daten nur mit Einwilligung der Betroffenen übermittelt werden dürfen.

[3]Der Ausschluss oder die Beschränkung der Gewährung von Heilfürsorge für nachgewiesene und angemessene Aufwendungen für medizinisch notwendige Leistungen ist nur zulässig, soweit dies im Einzelfall nicht zu einer unzumutbaren Härte für die Heilfürsorgeberechtigten führt. [4]Regelungen über Zuzahlungen entsprechend den Vorschriften des Fünften Buchs des Sozialgesetzbuchs sind unzulässig.

(6) Das Finanzministerium kann im Einvernehmen mit dem für Inneres zuständigen Ministerium in der Verordnung nach Absatz 5 auch bestimmen, in welchen Fällen und in welchem Umfang früheren Heilfürsorgeberechtigten nach Entlassung wegen Dienstunfähigkeit oder nach Beginn des Ruhestandes aus Fürsorgegründen übergangsweise Heilfürsorge gewährt werden kann.

(7) In der Verordnung nach Absatz 5 können auch Bestimmungen getroffen werden über die Beteiligung an der Finanzierung von Leistungen, für die den Heilfürsorgeberechtigten keine Aufwendungen entstehen.

(8) Benötigen Heilfürsorgeberechtigte eine Organ- oder Gewebetransplantation oder eine Behandlung mit Blutstammzellen oder anderen Blutbestandteilen, so hat der Dienstherr bei Lebendspenden dem Arbeitgeber der Spenderin oder des Spenders auf Antrag das während der Arbeitsunfähigkeit infolge der Spende fortgezahlte Arbeitsentgelt sowie hierauf entfallende Beiträge des Arbeitgebers zur Sozialversicherung und zur betrieblichen Alters- und Hinterbliebenenversorgung zu erstatten.

(9) [1]Sind Heilfürsorgeberechtigte pflegebedürftig und nehmen deshalb nahe Angehörige das Recht nach § 2 Abs. 1 PflegeZG, bis zu zehn Arbeitstage der Arbeit fernzubleiben, in Anspruch, so gewährt der Dienstherr den nahen Angehörigen auf Antrag nach Maßgabe des § 44a Abs. 3 SGB XI ein Pfle-

geunterstützungsgeld als Ausgleich für entgangenes Arbeitsentgelt für bis zu zehn Arbeitstage. [2]§ 44a Abs. 4 SGB XI ist entsprechend anzuwenden.

(10) § 80 Abs. 10 gilt entsprechend.

§ 115 Beamtinnen und Beamte des Feuerwehrdienstes

(1) [1]Die Beamtinnen und Beamten in einer Laufbahn der Fachrichtung Feuerwehr, die im Brandbekämpfungs- und Hilfeleistungsdienst stehen (Beamtinnen und Beamte im Einsatzdienst), erreichen die Altersgrenze mit der Vollendung des 60. Lebensjahres. [2]Beamtinnen und Beamte des Landes in einer Laufbahn der Fachrichtung Feuerwehr erreichen die Altersgrenze mit der Vollendung des 62. Lebensjahres. [3]Die Altersgrenze nach Satz 2 verringert sich um ein Jahr, wenn die Beamtin oder der Beamte mindestens 25 Jahre im Einsatzdienst stand oder an einer zentralen Aus- und Fortbildungseinrichtung des Landes Niedersachsen tätig war. [4]Die Beamtinnen und Beamten können mit ihrer Zustimmung zu dem Zeitpunkt, mit dem sie wegen Erreichens der Altersgrenze in den Ruhestand treten würden, in ein Amt einer anderen Laufbahn versetzt werden, für die sie die Befähigung besitzen.

(2) [1]Beamtinnen und Beamten im Einsatzdienst wird freie Heilfürsorge gewährt, wenn Besoldung gezahlt oder wegen der in § 80 Abs. 1 Satz 3 Nrn. 1 bis 3 genannten Umstände nicht gezahlt wird; § 80 Abs. 1 Satz 4 gilt entsprechend. [2]Die Dienstherren nach § 1 Nrn. 2 und 3 können für ihre Beamtinnen und Beamten im Einsatzdienst durch Satzung bestimmen, dass § 114 Abs. 1 Satz 2 und Abs. 2 Anwendung findet. [3]Für Beamtenverhältnisse, die nach dem 31. Januar 1999 begründet worden sind oder werden, können sie durch Satzung einen von § 114 Abs. 1 Satz 2 abweichenden Anrechnungsbetrag oder die Anwendung des § 80 bestimmen. [4]§ 114 Abs. 4 findet mit der Maßgabe Anwendung, dass an die Stelle des Finanzministeriums die oberste Dienstbehörde tritt.

(3) Beamtinnen und Beamte in einer Laufbahn der Fachrichtung Feuerwehr im Dienst einer zentralen Aus- und Fortbildungseinrichtung des Landes haben Anspruch auf Heilfürsorge in entsprechender Anwendung des § 114.

(4) [1]Inhalt und Umfang der Heilfürsorge bestimmen sich nach den für die Polizeivollzugsbeamtinnen und Polizeivollzugsbeamten geltenden Vorschriften. [2]Die Dienstherren nach § 1 Nrn. 2 und 3 können durch Satzung bestimmen, dass für ihre heilfürsorgeberechtigten Beamtinnen und Beamten im Einsatzdienst darüber hinaus freiwillige Leistungen gewährt werden. [3]§ 80 Abs. 7 gilt entsprechend.

(5) Für Beamtinnen und Beamte in einer Laufbahn der Fachrichtung Feuerwehr und die Ehrenbeamtinnen und Ehrenbeamten des Feuerwehrdienstes gilt § 113 entsprechend.

(6) Das für Inneres zuständige Ministerium wird ermächtigt, durch Verordnung für die Kommunalbeamtinnen und Kommunalbeamten sowie die Körperschaftsbeamtinnen und Körperschaftsbeamten des Feuerwehrdienstes Vorschriften über das Tragen und die Gestaltung der Dienstkleidung, die Dienstgradabzeichen und die persönliche Ausrüstung im Feuerwehrdienst zu erlassen.

§ 116 Beamtinnen und Beamte im Justizvollzug und Justizwachtmeisterdienst

(1) Die im Justizvollzugsdienst sowie im Werkdienst des Justizvollzugs tätigen Beamtinnen und Beamten der Laufbahngruppe 1 erreichen die Altersgrenze

1. mit Vollendung des 62. Lebensjahres, wenn sie nach dem 31. Dezember 1963 geboren sind,
2. mit Vollendung des 61. Lebensjahres, wenn sie nach dem 31. Dezember 1961 und vor dem 1. Januar 1964 geboren sind, und
3. mit Vollendung des 60. Lebensjahres in den übrigen Fällen.

(2) [1]Die Altersgrenze nach Absatz 1 Nr. 1 oder 2 verringert sich um ein Jahr, wenn die Beamtin oder der Beamte mindestens 25 Jahre im Wechselschichtdienst tätig gewesen ist. [2]Die Beamtin oder der Beamte hat spätestens drei Jahre vor Erreichen der in Satz 1 genannten Altersgrenze anzuzeigen, dass sie oder er mit Erreichen dieser Altersgrenze die Mindestzeit erbracht haben wird.

(3) § 109 Abs. 3 und 4 gilt für die in Absatz 1 genannten Beamtinnen und Beamten entsprechend mit der Maßgabe, dass der Antrag jeweils drei Jahre vor dem Eintritt in den Ruhestand zu stellen ist.

(4) Auf die im Justizwachtmeisterdienst tätigen Beamtinnen und Beamten, die im ersten Einstiegsamt der Laufbahngruppe 1 eingestellt worden sind, findet § 20 Abs. 3 Satz 1 Nr. 1 keine Anwendung.

§ 117 Beamtinnen und Beamte im Schuldienst

(1) Die Landesregierung kann für die Laufbahnen der Fachrichtung Bildung durch Verordnung von § 13 Abs. 3 Satz 4 sowie den §§ 14 und 16 Abs. 2 abweichende Regelungen treffen, soweit die besonderen Verhältnisse des Schuldienstes dies erfordern.

(2) Abweichend von § 26 ist die Landesregierung zuständig, die Ausbildung und Prüfung der Lehrkräfte an allgemeinbildenden und berufsbildenden Schulen zu regeln.

§ 118 Laufbahnen der Fachrichtung Steuerverwaltung

Das Finanzministerium wird ermächtigt, für die Laufbahnen der Fachrichtung Steuerverwaltung durch Verordnung die Regelungen zu treffen, die erforderlich sind, um die Vorschriften dieses Gesetzes und der nach § 25 erlassenen Verordnung über den Erwerb der Laufbahnbefähigung an die bundesgesetzlichen Regelungen über die einheitliche Ausbildung der Beamtinnen und Beamten bei den Landesfinanzbehörden anzupassen.

Siebenter Teil

Zulassungsbeschränkungen

§ 119 Erlass von Zulassungsbeschränkungen

(1) [1]Die Zulassung zu einem Vorbereitungsdienst, der auch Voraussetzung für die Ausübung eines Berufes außerhalb des öffentlichen Dienstes ist, kann in einzelnen Laufbahnen, Fächern oder Fachgebieten für den jeweiligen Einstellungstermin beschränkt werden, soweit die im Haushaltsplan des Landes zur Verfügung stehenden Stellen und Mittel oder die Ausbildungskapazität nicht ausreichen. [2]Bei der Ermittlung der Ausbildungskapazität sind die personellen, räumlichen, sächlichen und fachspezifischen Möglichkeiten auszuschöpfen, wobei die Erfüllung der öffentlichen Aufgaben, die den ausbildenden Stellen obliegen, nicht unzumutbar beeinträchtigt und die sachgerechte Ausbildung nicht gefährdet werden dürfen.

(2) [1]Übersteigt die Zahl der Bewerberinnen und Bewerber die Zahl der vorhandenen Ausbildungsplätze, so sind

1. zuerst 55 vom Hundert der Ausbildungsplätze nach der bisher erbrachten Leistung für das angestrebte Ausbildungsziel (Qualifikation),
2. danach 35 vom Hundert der Ausbildungsplätze nach der Dauer der Zeit seit einer wegen fehlender Ausbildungskapazitäten unberücksichtigten Bewerbung (Wartezeit) und
3. zuletzt 10 vom Hundert der Ausbildungsplätze für Fälle außergewöhnlicher Härte

zu vergeben. [2]Aus den Quoten nach Satz 1 Nrn. 2 und 3 nicht in Anspruch genommene Ausbildungsplätze werden nach Satz 1 Nr. 1 vergeben.

(3) [1]Unter den Bewerberinnen und Bewerbern, die nach Absatz 2 Nr. 1 oder 2 den gleichen Rang haben, werden Bewerberinnen und Bewerber mit dem höheren Lebensalter unter Berücksichtigung der Zurechnungszeiten nach Satz 2 bevorzugt berücksichtigt. [2]Dem Lebensalter sind bis zu einer Dauer von insgesamt fünf Jahren hinzuzurechnen

1. Zeiten der Erfüllung einer Dienstpflicht nach Artikel 12a Abs. 1 oder 2 des Grundgesetzes,
2. Zeiten der Tätigkeit als Entwicklungshelferin oder Entwicklungshelfer bis zur Dauer von zwei Jahren,
3. Zeiten der Tätigkeit in einem Bundesfreiwilligendienst bis zur Dauer von einem Jahr,
4. Zeiten der Tätigkeit in einem freiwilligen sozialen Jahr oder in einem freiwilligen ökologischen Jahr jeweils bis zur Dauer von einem Jahr und
5. Zeiten der tatsächlichen Betreuung oder Pflege eines Kindes unter 18 Jahren oder einer oder eines nach ärztlichem Gutachten pflegebedürftigen sonstigen Angehörigen, wenn sich die Betreuung oder Pflege über einen Zeitraum von mindestens einem Jahr erstreckt hat und soweit dies den beruflichen Werdegang verzögert hat.

(4) [1]Soweit für eine Ausbildung in Fächern für bestimmte Lehrämter, sonderpädagogischen Fachrichtungen für das Lehramt für Sonderpädagogik und beruflichen Fachrichtungen für das Lehramt an berufsbildenden Schulen ein dringender Bedarf an ausgebildeten Lehrkräften besteht, werden bis zu 20 vom Hundert der in dem zulassungsbeschränkten Bereich für einen Einstellungstermin insgesamt vorhandenen Ausbildungsplätze gesondert vergeben. [2]Das für Schulen zuständige Ministerium stellt den dringenden Bedarf und den sich daraus ergebenden Teil der Ausbildungsplätze nach Satz 1 fest; die Feststellung ist zu veröffentlichen. [3]Zunächst werden die nach Abzug der Ausbildungsplätze nach Satz 1 verbleibenden Ausbildungsplätze nach den Absätzen 2 und 3 und danach die Ausbildungsplätze nach Satz 1 vergeben. [4]Die Vergabe der Ausbildungsplätze nach Satz 1 erfolgt nach den Absätzen 2 und 3, jeweils gesondert für die einzelnen Fächer und Fachrichtungen.

(5) Das für die jeweilige beamtenrechtliche Ausbildung zuständige Ministerium wird ermächtigt, im Einvernehmen mit dem für Inneres zuständigen Ministerium durch Verordnung
1. die Vorbereitungsdienste, für die die Zulassung beschränkt wird,
2. das Bewerbungs- und Zulassungsverfahren,
3. das Nähere über die Ermittlung der Ausbildungskapazitäten,
4. die Kriterien für die Auswahl nach der Qualifikation,
5. die Kriterien für die Auswahl in Fällen außergewöhnlicher Härte und
6. das Nähere über die Berechnung der Wartezeit

zu bestimmen.

Achter Teil

Übergangs- und Schlussvorschriften

§ 120 Weiteranwendung von Vorschriften

(1) Bis zum Inkrafttreten der Verordnung nach § 80 Abs. 6 ist § 87c des Niedersächsischen Beamtengesetzes (NBG) in der am 31. März 2009 geltenden Fassung weiter anzuwenden.

(2) [1]Bis zum Inkrafttreten der Verordnungen nach § 84 Abs. 4, § 85 Abs. 3 und § 86 Abs. 2 ist § 98 NBG in der am 31. März 2009 geltenden Fassung weiter anzuwenden. [2]Die Rechtsvorschriften des Bundes, auf die in dieser Vorschrift verwiesen wird, gelten in folgender Fassung:
1. Bundesreisekostengesetz vom 26. Mai 2005 (BGBl. I S. 1418), zuletzt geändert durch Artikel 15 Abs. 51 des Gesetzes vom 5. Februar 2009 (BGBl. I S. 160),
2. Bundesumzugskostengesetz in der Fassung vom 11. Dezember 1990 (BGBl. I S. 2682), zuletzt geändert durch Artikel 15 Abs. 42 des Gesetzes vom 5. Februar 2009 (BGBl. I S. 160), und
3. Trennungsgeldverordnung in der Fassung vom 29. Juni 1999 (BGBl. I S. 1533), zuletzt geändert durch Artikel 3 Abs. 38 der Verordnung vom 12. Februar 2009 (BGBl. I S. 320).

(3) Bis zum Inkrafttreten der Verordnung nach § 114 Abs. 5 und 6 sind die am 31. März 2009 geltenden Vorschriften über die Gewährung von Heilfürsorge für die Polizeivollzugsbeamtinnen und Polizeivollzugsbeamten und die Beamtinnen und Beamten im Einsatzdienst weiter anzuwenden.

§ 120a Abweichungen bei Gebietsänderungen von Kommunen und bei dem Zusammenschließen von Samtgemeinden

(1) Ändert sich der Dienstort einer Kommunalbeamtin oder eines Kommunalbeamten im unmittelbaren Zusammenhang mit einer Gebietsänderung der Kommune, die vor dem 1. Januar 2019 wirksam wird, so ist Umzugskostenvergütung abweichend von § 3 Abs. 1 Nr. 1 in Verbindung mit Abs. 2 Nr. 1 oder 2 des Bundesumzugskostengesetzes in der in § 120 Abs. 2 Satz 2 Nr. 2 genannten Fassung in Verbindung mit § 98 Abs. 1 in der am 31. März 2009 geltenden Fassung und § 120 Abs. 2 Satz 1 auf Antrag der Beamtin oder des Beamten zuzusagen, solange seit der Änderung zwei Jahre noch nicht vergangen sind.

(2) Solange wegen einer Änderung nach Absatz 1 die Umzugskostenvergütung nicht zugesagt ist und seit der Änderung zwei Jahre noch nicht vergangen sind, wird
1. Trennungsgeld abweichend von § 1 Abs. 3 Nr. 1 der Trennungsgeldverordnung (TGV) in der in § 120 Abs. 2 Satz 2 Nr. 3 genannten Fassung in Verbindung mit § 98 Abs. 1 in der am 31. März 2009 geltenden Fassung und § 120 Abs. 2 Satz 1 auch gewährt, wenn die Wohnung der Kommunalbeamtin oder des Kommunalbeamten im Einzugsgebiet liegt, und
2. § 6 Abs. 1 Sätze 2 bis 4 und Abs. 4 TGV nicht angewendet.

(3) Bei der Anwendung der Absätze 1 und 2 sind die Aufwendungen für regelmäßige Fahrten vom Wohnort zum bisherigen Dienstort abzuziehen, sodass nur der Mehraufwand im unmittelbaren Zusammenhang mit einer Gebietsänderung erstattet wird.

(4) Die Absätze 1 bis 3 gelten in Bezug auf den Zusammenschluss von Samtgemeinden entsprechend.

§ 121 Überleitung von Laufbahnen sowie Beamtinnen und Beamten

[1]Die am 31. März 2009 bestehenden Laufbahnen werden nach Maßgabe der Überleitungsübersicht (Anlage) in Laufbahnen nach § 13 übergeleitet. [2]Beamtinnen und Beamte, die sich am 31. März 2009 in einer in Spalte 2 der Überleitungsübersicht aufgeführten Laufbahn befinden, sind in die sich aus Spalte 3 der Überleitungsübersicht ergebende Laufbahn nach § 13 übergeleitet.

§ 122 Fortgeltung von Ausbildungs- und Prüfungsverordnungen

[1]Die am 31. März 2009 geltenden Ausbildungs- und Prüfungsverordnungen zu den in Spalte 2 der Überleitungsübersicht aufgeführten Laufbahnen gelten fort, jedoch nicht über den 31. Dezember 2012 hinaus. [2]Ermöglichen die nach Satz 1 fortgeltenden Ausbildungs- und Prüfungsverordnungen oder die Vorschriften des Bundesrechts über die einheitliche Ausbildung der Beamtinnen und Beamten bei den Landesfinanzbehörden den Erwerb einer Befähigung für eine am 31. März 2009 bestehende Laufbahn, so tritt an die Stelle dieser Befähigung die Befähigung für die Laufbahn, in die die bisherige Laufbahn nach § 121 Satz 1 übergeleitet worden ist.

§ 123 Übergangsregelungen für Beamtinnen und Beamte auf Probe

(1) Beamtinnen und Beamte, die sich am 1. April 2009 im Beamtenverhältnis auf Probe befinden, sind in das Beamtenverhältnis auf Lebenszeit zu berufen, wenn

1. sie die Probezeit vor dem 1. April 2009 erfolgreich abgeleistet haben und
2. seit der Berufung in das Beamtenverhältnis auf Probe mindestens drei Jahre vergangen sind oder wenn sie das 27. Lebensjahr vollendet haben.

(2) Beamtinnen und Beamte auf Probe, denen am 1. April 2009 noch kein Amt verliehen war, ist mit Inkrafttreten des Gesetzes das Amt, das dem Eingangsamt der nach § 121 Satz 1 übergeleiteten Laufbahn entspricht, übertragen.

§ 124 Übergangsregelungen für Beamtinnen und Beamte auf Zeit in einem Amt mit leitender Funktion

(1) Für Beamtinnen und Beamte, die sich am 31. März 2009 in einem Beamtenverhältnis auf Zeit nach § 194a NBG in der vor dem 1. Januar 2007 geltenden Fassung, auch in Verbindung mit § 5 Abs. 2 des Gesetzes über die Anstalt Niedersächsische Landesforsten, befinden, ist diese Vorschrift mit der Maßgabe weiter anzuwenden, dass das Beamtenverhältnis auf Zeit mit Ablauf der ersten Amtszeit endet und eine Berufung in eine zweite Amtszeit nicht stattfindet; § 14a Abs. 2, die §§ 53, 59 Abs. 1 Satz 4, § 107 Abs. 2 Satz 3, § 119 NBG und § 10 NDiszG sind jeweils in der vor dem 1. Januar 2007 geltenden Fassung weiter anzuwenden.

(2) Beamtinnen und Beamten nach Absatz 1 soll das Amt auf Antrag im Beamtenverhältnis auf Lebenszeit übertragen werden, wenn sie sich darin bewährt haben.

§ 125 Übergangsregelung für Polizeivollzugsbeamtinnen und Polizeivollzugsbeamte

Für Polizeivollzugsbeamtinnen und Polizeivollzugsbeamte, die vor dem 1. Januar 1950 geboren sind oder denen vor dem 1. Januar 2006 Altersteilzeit bewilligt worden ist, ist § 228 Abs. 1 NBG in der am 31. März 2009 geltenden Fassung weiter anzuwenden.

§ 126 Übergangsregelung für Disziplinarverfahren gegen Beamtinnen und Beamte auf Probe oder auf Widerruf

Ist am 31. März 2009 ein Disziplinarverfahren gegen eine Beamtin oder einen Beamten auf Probe oder auf Widerruf eingeleitet, bei dem als Disziplinarmaßnahme vor dem 1. April 2009 eine Kürzung der Dienst- oder Anwärterbezüge in Betracht gekommen wäre, so ist ein Verfahren zur Entlassung aus dem Beamtenverhältnis einzuleiten.

§ 127 Übergangsregelung für die Verjährung von Schadensersatzansprüchen des Dienstherrn

Auf die Verjährung von Schadensersatzansprüchen des Dienstherrn gegen Beamtinnen und Beamte wegen vorsätzlicher oder grob fahrlässiger Verletzung ihrer Pflichten ist § 86 Abs. 2 NBG in der am 31. März 2009 geltenden Fassung weiter anzuwenden, wenn das den Schaden auslösende Ereignis vor dem 1. April 2009 beendet war.

§ 128 Übergangsregelung für angezeigte oder genehmigte Nebentätigkeiten

Eine Nebentätigkeit, die nach dem am 31. März 2009 geltenden Nebentätigkeitsrecht angezeigt oder genehmigt wurde, gilt als nach § 40 Satz 1 BeamtStG angezeigt.

§ 129 Übergangsregelung für Beamtinnen und Beamte in Altersteilzeit

Für Beamtinnen und Beamte, denen vor dem 1. Januar 2010 Altersteilzeit bewilligt worden ist, ist § 63 in der am 30. November 2011 geltenden Fassung anzuwenden.

§ 130 Arbeitnehmerinnen und Arbeitnehmer

Für Personen, die aufgrund eines Vertrages im Dienst einer der in § 1 genannten juristischen Personen des öffentlichen Rechts stehen, gilt vorbehaltlich einer Regelung durch Tarifvertrag § 56 Abs. 1 entsprechend.

§ 131 Abweichungen von § 9 Abs. 2 wegen Belastungen durch die COVID-19-Pandemie

[1]Abweichend von § 9 Abs. 2 kann bis zum 31. Dezember 2023 eine Bewerberin oder ein Bewerber in ein anderes Beamten- oder Beschäftigungsverhältnis im Sinne des § 9 Abs. 2 berufen werden, ohne dass die gesundheitliche Eignung durch eine ärztliche Untersuchung festgestellt wurde, wenn davon auszugehen ist, dass alle in Betracht kommenden Ärztinnen und Ärzte nach § 45 Abs. 1 Satz 1 wegen ihrer starken Belastung durch die COVID-19-Pandemie nicht in der Lage sein werden, die Untersuchung innerhalb eines angemessenen Zeitraums vor der Berufung durchzuführen, und der Behörde keine tatsächlichen Anhaltspunkte bekannt sind, die Bedenken an der gesundheitlichen Eignung der Bewerberin oder des Bewerbers begründen. [2]Ist eine Berufung nach Satz 1 erfolgt, so ist die ärztliche Untersuchung zur Feststellung der gesundheitlichen Eignung unverzüglich und vor einer Berufung in das Beamtenverhältnis auf Lebenszeit nachzuholen; die Bewerberin oder der Bewerber ist vor der Berufung nach Satz 1 hierüber sowie über die möglichen Folgen einer nachträglichen Feststellung einer mangelnden gesundheitlichen Eignung für das Beamten- oder Beschäftigungsverhältnis zu unterrichten.

§ 132 Übergangsregelungen für Polizeipräsidentinnen und Polizeipräsidenten

[1]Eine Beamtin oder ein Beamter, der oder dem am 28. Juni 2023 ein Amt als Polizeipräsidentin oder Polizeipräsident übertragen worden ist, wird der Fachrichtung zugeordnet, deren Laufbahn sie oder er vor der Berufung in das Amt als Polizeipräsidentin oder Polizeipräsident zuletzt angehört hat. [2]Sie oder er tritt wegen des Erreichens der Altersgrenze mit Ablauf des Monats in den Ruhestand, in dem sie oder er die Altersgrenze gemäß § 35 Abs. 2 erreicht. [3]Eine Beamtin oder ein Beamter nach Satz 1, die oder der am 28. Juni 2028 die allgemeine Altersgrenze nach § 35 Abs. 2 noch nicht erreicht hat, tritt abweichend von Satz 2 mit Erreichen der besonderen Altersgrenze ihrer oder seiner Fachrichtung in den Ruhestand.

Anlage
(zu § 121)

Überleitungsübersicht

(hier nicht wiedergegeben)

Niedersächsisches Gesetz zur Ausbildung der Juristinnen und Juristen (NJAG)

Vom 15. Januar 2004[1)] (Nds. GVBl. S. 7)
(GVBl Sb 31210 01)

zuletzt geändert durch Art. 1 G zur Änd. des Niedersächsischen G zur Ausbildung der Juristinnen und Juristen vom 22. September 2022 (Nds. GVBl. S. 568)

Inhaltsübersicht

Erster Abschnitt
Studium und erste Prüfung

§ 1 Studienzeit

(1) Das rechtswissenschaftliche Studium einschließlich der ersten Prüfung umfasst in der Regel den in § 5d Abs. 2 Satz 1 des Deutschen Richtergesetzes in der jeweils geltenden Fassung bestimmten Zeitraum (Regelstudienzeit).

(2) [1]Die Befähigung für die Laufbahn der Laufbahngruppe 2 der Fachrichtung Justiz wird auf Antrag mit einem halben oder einem Jahr auf das Studium angerechnet. [2]Satz 1 gilt entsprechend für die Befähigung für die Laufbahnen der Laufbahngruppe 2 der Fachrichtung Allgemeine Dienste und der Fachrichtung Steuerverwaltung, wenn die Befähigung für das Studium förderlich ist.

§ 1a Zwischenprüfung

(1) [1]Mit einer Zwischenprüfung durch die Hochschule wird festgestellt, ob die für die weitere Ausbildung erforderliche fachliche Qualifikation besteht. [2]Die Gegenstände der Zwischenprüfung sind unter Berücksichtigung des Ausbildungsstandes den Pflichtfächern der Pflichtfachprüfung zu entnehmen.

1) Neubekanntmachung des NJAG v. 22.10.1993 (Nds. GVBl. S. 449) in der ab 1.1.2004 geltenden Fassung.

(2) [1]Die Zwischenprüfung ist studienbegleitend auszugestalten. [2]Ihr soll ein Leistungspunktsystem nach § 15 Abs. 3 des Hochschulrahmengesetzes zugrunde gelegt werden. [3]Ihr Bestehen setzt mindestens eine erfolgreiche Hausarbeit in einem der Pflichtfächer sowie je eine erfolgreiche Aufsichtsarbeit in jedem Pflichtfach voraus. [4]Wer die geforderten Leistungsnachweise ohne wichtigen Grund mit Ablauf des vierten Semesters nicht erbracht hat, hat die Zwischenprüfung endgültig nicht bestanden.

(3) [1]Die juristischen Fakultäten erlassen zu den Einzelheiten der Prüfungsanforderungen und des Prüfungsverfahrens Zwischenprüfungsordnungen, die der Genehmigung des Justizministeriums bedürfen. [2]Für jeden geforderten Leistungsnachweis ist für den Fall einer Bewertung mit „nicht bestanden" mindestens eine Wiederholungs- oder gleichwertige Ausgleichsmöglichkeit bis zum Ablauf des vierten Semesters vorzusehen. [3]Prüfungsanforderungen und -verfahren sowie das Lehrangebot sind so zu gestalten, dass die geforderten Leistungsnachweise mit Ablauf des dritten Semesters erbracht werden können. [4]Die Zwischenprüfungsordnung kann vorsehen, dass Prüfungsleistungen von nur einer Person bewertet werden. [5]Ein Freiversuch darf nicht vorgesehen werden.

(4) Im Übrigen sind auf den Erlass der Zwischenprüfungsordnungen die allgemeinen Vorschriften des Hochschulrechts anwendbar.

§ 2 Erste Prüfung

(1) [1]Die erste Prüfung besteht aus einer staatlichen Pflichtfachprüfung und einer universitären Schwerpunktbereichsprüfung. [2]In der ersten Prüfung werden die rechtsprechende, verwaltende und rechtsberatende Praxis einschließlich der hierfür erforderlichen Schlüsselqualifikationen berücksichtigt. [3]Die erste Prüfung dient der Feststellung, ob der Prüfling das Recht mit Verständnis erfassen und anwenden kann, in den Prüfungsfächern einschließlich der europarechtlichen Bezüge, der rechtswissenschaftlichen Methoden und der philosophischen, geschichtlichen, gesellschaftlichen, wirtschaftlichen und politischen Grundlagen über die erforderlichen Kenntnisse verfügt und damit für den juristischen Vorbereitungsdienst fachlich geeignet ist.

(2) Die erste Prüfung hat bestanden, wer die Pflichtfachprüfung und die Schwerpunktbereichsprüfung bestanden hat.

§ 3 Bestandteile und Gegenstände der Pflichtfachprüfung

(1) [1]Die Pflichtfachprüfung besteht aus sechs Aufsichtsarbeiten und einer abschließenden mündlichen Prüfung. [2]Die mündliche Prüfung besteht aus drei Prüfungsgesprächen.

(2) Pflichtfächer sind die Kernbereiche des Bürgerlichen Rechts, des Strafrechts, des Öffentlichen Rechts und des Verfahrensrechts einschließlich der europarechtlichen Bezüge, der rechtswissenschaftlichen Methoden und der philosophischen, geschichtlichen und gesellschaftlichen Grundlagen; die Vermittlung der Pflichtfächer erfolgt auch in Auseinandersetzung mit dem nationalsozialistischen Unrecht und dem Unrecht der SED-Diktatur.

(3) Die Inhalte des Studiums berücksichtigen die ethischen Grundlagen des Rechts und fördern die Fähigkeit zur kritischen Reflexion des Rechts; sie berücksichtigen ferner die rechtsprechende, verwaltende und rechtsberatende Praxis einschließlich der hierfür erforderlichen Schlüsselqualifikationen.

§ 4 Zulassung zur Pflichtfachprüfung

(1) Zur Pflichtfachprüfung wird auf Antrag zugelassen, wer

1. a) an einer rechtswissenschaftlichen Lehrveranstaltung, in der geschichtliche, philosophische oder soziale Grundlagen des Rechts und die Methodik seiner Anwendung exemplarisch behandelt werden,
   b) an der Zwischenprüfung,
   c) an je einer Übung für Fortgeschrittene im Bürgerlichen Recht, im Strafrecht und im Öffentlichen Recht,
   d) an einer fremdsprachigen rechtswissenschaftlichen Veranstaltung oder einem rechtswissenschaftlich ausgerichteten Sprachkurs,
   e) an einer Lehrveranstaltung für Wirtschafts- oder Sozialwissenschaften mit Erfolg teilgenommen hat und
   f) an einer Lehrveranstaltung zur Vermittlung von Schlüsselqualifikationen (§ 5a Abs. 3 Satz 1 des Deutschen Richtergesetzes)
2. während der vorlesungsfreien Zeit ein vier Wochen dauerndes Praktikum jeweils bei

a) einem Amtsgericht,
b) einer Verwaltungsbehörde und
c) einem Rechtsanwaltsbüro oder der Rechtsabteilung eines Wirtschaftsunternehmens, einer Gewerkschaft, eines Arbeitgeberverbandes oder einer Körperschaft wirtschaftlicher oder beruflicher Selbstverwaltung

abgeleistet hat und

3. in dem Zeitpunkt der Antragstellung sowie in dem unmittelbar vorausgegangenen Semester an einer Universität in Niedersachsen im Fach Rechtswissenschaften eingeschrieben war.

(2) [1]Zur Pflichtfachprüfung wird auf Antrag frühzeitig zugelassen, wer

1. mindestens sechs Semester Rechtswissenschaften ohne Unterbrechung studiert hat und
2. die Voraussetzungen des Absatzes 1 Nr. 1 Buchst. a bis c sowie Nrn. 2 und 3 erfüllt.

[2]Im Fall der frühzeitigen Zulassung können die Aufsichtsarbeiten in zwei Prüfungsdurchgängen angefertigt werden; dabei dürfen die Aufsichtsarbeiten eines Pflichtfachs nicht auf zwei Prüfungsdurchgänge verteilt werden. [3]Die letzte Aufsichtsarbeit muss spätestens in dem Prüfungsdurchgang angefertigt werden, der sich an das achte Fachsemester eines ununterbrochenen rechtswissenschaftlichen Studiums anschließt. [4]Ist dies wegen einer Unterbrechung aus wichtigem Grund (§ 16 Abs. 1) nicht möglich, so ist die letzte Aufsichtsarbeit im darauf folgenden Prüfungsdurchgang anzufertigen. [5]Zur mündlichen Prüfung wird der Prüfling erst geladen, wenn auch die Voraussetzungen des Absatzes 1 Nr. 1 Buchst. d bis f erfüllt sind.

(3) [1]Von den Erfordernissen des Absatzes 1 Nr. 2 können aus wichtigem Grund Ausnahmen zugelassen werden. [2]Die Zulassungsvoraussetzung nach Absatz 1 Nr. 1 Buchst. d muss nicht erfüllen, wer das Praktikum nach Absatz 1 Nr. 2 Buchst. b oder c bei einer fremdsprachig arbeitenden Institution abgeleistet oder auf andere Weise rechtswissenschaftlich ausgerichtete Fremdsprachenkenntnisse erworben hat. [3]Die Zulassungsvoraussetzung nach Absatz 1 Nr. 1 Buchst. e muss nicht erfüllen, wer in einem anderen Studiengang mit Erfolg an einer Veranstaltung teilgenommen hat, in der wirtschafts- oder sozialwissenschaftliche Kenntnisse vermittelt wurden.

(4) Zur Prüfung wird nicht zugelassen, wer nach den für sein bisheriges rechtswissenschaftliches Studium geltenden Rechtsvorschriften den Prüfungsanspruch verloren hat.

§ 4a Schwerpunktbereichsprüfung

(1) [1]Die Schwerpunktbereiche dienen der Ergänzung des Studiums, der Vertiefung der mit ihnen zusammenhängenden Pflichtfächer sowie der Vermittlung interdisziplinärer und internationaler Bezüge des Rechts. [2]Die oder der Studierende muss in dem gewählten Schwerpunktbereich Lehrveranstaltungen von insgesamt mindestens 16 Semesterwochenstunden belegen.

(2) [1]Die Prüfung trägt der Breite des Schwerpunktbereichs angemessen Rechnung. [2]Sie besteht aus einer Studienarbeit und mindestens einer weiteren Leistung. [3]Für die Prüfung wird eine Prüfungsgesamtnote gebildet. [4]Die Bewertung der einzelnen Prüfungsleistungen und die Bildung der Prüfungsgesamtnote erfolgt nach Maßgabe der Verordnung über eine Noten- und Punkteskala für die erste und zweite juristische Prüfung vom 3. Dezember 1981 (BGBl. I S. 1243) in der jeweils geltenden Fassung. [5]Die Vorschriften des Dritten Abschnitts finden auf die Schwerpunktbereichsprüfung keine Anwendung.

(3) [1]Die Studienarbeit der Schwerpunktbereichsprüfung darf nur bearbeiten, wer an einer Lehrveranstaltung zur Vorbereitung auf diese Prüfung mit Erfolg teilgenommen hat. [2]Diese Lehrveranstaltung kann inhaltlich vom gewählten Schwerpunktbereich abweichen und dient insbesondere der Vermittlung von Präsentations- und Vortragstechniken. [3]Die Teilnahme an dieser Veranstaltung kann nicht zugleich der Erfüllung der Voraussetzung nach § 4 Abs. 1 Nr. 1 Buchst. f dienen. [4]Die Studienarbeit besteht aus einem schriftlichen Teil mit einer Bearbeitungszeit von mindestens vier Wochen und einer mündlichen Präsentation, die gesondert zu bewerten ist. [5]Der schriftliche Teil der Studienarbeit kann nach Maßgabe der Prüfungsordnungen durch

1. eine gleichwertige schriftliche Ausarbeitung im Rahmen einer von der Fakultät begleiteten Teilnahme an einem Wettbewerb, bei dem im Rahmen einer simulierten Gerichtsverhandlung die beste Bearbeitung eines Falles ermittelt wird (Moot-Court), oder
2. eine gleichwertige im Ausland angefertigte Prüfungsarbeit, die dort zum Studienabschluss gehört und für die eine Bearbeitungszeit von mindestens vier Wochen zur Verfügung steht,

ersetzt werden.

(4) [1]Die juristischen Fakultäten bestimmen durch Prüfungsordnungen die Schwerpunktbereiche sowie die Einzelheiten der Prüfungsanforderungen und des Prüfungsverfahrens. [2]In der Prüfungsordnung kann bestimmt werden, dass Prüfungsleistungen nur von einer Person bewertet werden, wenn sichergestellt ist, dass die von dieser Person allein bewerteten Prüfungsleistungen nicht mehr als 50 vom Hundert der Prüfungsgesamtnote ausmachen. [3]Ein Freiversuch muss nicht vorgesehen werden. [4]Im Übrigen gelten für den Erlass der Prüfungsordnungen die allgemeinen Vorschriften des Hochschulrechts.

(5) [1]Die Prüfungsordnung bedarf der Genehmigung des Justizministeriums. [2]Die Genehmigung ist zu versagen, wenn die Prüfungsordnung die erforderliche Gleichwertigkeit der Schwerpunktbereiche und Einheitlichkeit der Prüfungsanforderungen nicht gewährleistet.

Zweiter Abschnitt

Vorbereitungsdienst und zweite Staatsprüfung

§ 5 Aufnahme in den Vorbereitungsdienst; Rechte und Pflichten

(1) [1]Wer die erste Prüfung bestanden hat, wird auf Antrag in entsprechender Anwendung des § 119 Abs. 1 bis 3 und 5 des Niedersächsischen Beamtengesetzes (NBG) zum juristischen Vorbereitungsdienst zugelassen, in ein öffentlich-rechtliches Ausbildungsverhältnis zum Land aufgenommen und führt die Dienstbezeichnung „Referendarin“ oder „Referendar“. [2]In den Vorbereitungsdienst nicht aufgenommen wird, wer persönlich ungeeignet ist; die Ungeeignetheit kann sich insbesondere aus einem Verbrechen oder einem vorsätzlich begangenen Vergehen ergeben. [3]Wer einen Teil des Vorbereitungsdienstes in einem anderen Land abgeleistet hat, darf nur aufgenommen werden, wenn hierfür ein wichtiger Grund vorliegt; ist schon mehr als die Hälfte des Vorbereitungsdienstes abgeleistet, so setzt die Aufnahme das Vorliegen eines zwingenden persönlichen Grundes voraus. [4]Wer bereits in einem anderen Land eine Prüfungsleistung erbracht hat, kann nicht mehr aufgenommen werden.

(2) [1]Für die Rechte und Pflichten der Referendarinnen und Referendare einschließlich des Disziplinar- und des Personalvertretungsrechts und für die Beendigung des Vorbereitungsdienstes finden die für Beamtinnen und Beamte auf Widerruf geltenden Vorschriften mit Ausnahme des § 7 Abs. 1 Nr. 2, des § 33 Abs. 1 Satz 3 und des § 38 des Beamtenstatusgesetzes sowie des § 47 NBG entsprechende Anwendung, soweit nicht durch dieses Gesetz etwas anderes bestimmt ist. [2]Die Referendarinnen und Referendare sind zu Beginn des Vorbereitungsdienstes nach Maßgabe des Verpflichtungsgesetzes auf die gewissenhafte Erfüllung ihrer Obliegenheiten, insbesondere ihrer Verschwiegenheitspflicht, zu verpflichten.

(3) [1]Referendarinnen und Referendare erhalten eine monatliche Unterhaltsbeihilfe. [2]Sie besteht aus einem Grundbetrag in Höhe von 85 vom Hundert des höchsten nach dem Niedersächsischen Besoldungsgesetz geltenden Anwärtergrundbetrags; ferner werden in entsprechender Anwendung des Bundesbesoldungsgesetzes in der bis zum 31. August 2006 geltenden Fassung vom 6. August 2002 (BGBl. I S. 3020), ferner werden ein Familienzuschlag in entsprechender Anwendung des Dritten Teils des Niedersächsischen Besoldungsgesetzes (NBesG) für eine Richterin oder einen Richter der Besoldungsgruppe R 1 und, solange einer Referendarin oder einem Referendar eine Ausbildungsstelle im Ausland zugewiesen ist, ein Kaufkraftausgleich in entsprechender Anwendung des § 57 Abs. 3 und 4 NBesG gewährt. [3]Während des Zeitraums, in dem der Vorbereitungsdienst in Teilzeit abgeleistet wird, wird die nach den Sätzen 1 und 2 gewährte Unterhaltsbeihilfe um ein Fünftel reduziert. [4]Die Zahlung erfolgt jeweils zum letzten Tag eines Monats für den laufenden Monat; im Übrigen sind auf die Unterhaltsbeihilfe die besoldungsrechtlichen Vorschriften entsprechend anzuwenden. [5]Beihilfen im Sinne des § 80 NBG sowie eine jährliche Sonderzahlung, vermögenswirksame Leistungen und Urlaubsgeld werden nicht gewährt.

(4) Referendarinnen und Referendaren ist entsprechend den beamtenrechtlichen Vorschriften eine Anwartschaft auf Versorgung bei verminderter Erwerbsfähigkeit und im Alter sowie auf Hinterbliebenenversorgung gewährleistet.

§ 6 Ziel der Ausbildung

(1) Die Ausbildung in den Pflichtstationen hat das Ziel, die Referendarinnen und Referendare mit den richterlichen und staatsanwaltlichen Aufgaben, den Aufgaben des höheren allgemeinen Verwaltungsdienstes und der Anwaltschaft vertraut zu machen.

(2) Die Wahlstation dient der Vertiefung und der Ergänzung der Ausbildung sowie der Berufsfindung und der Vorbereitung auf die besonderen Anforderungen der beruflichen Tätigkeit, die die Referendarin oder der Referendar anstrebt.

§ 7 Vorbereitungsdienst

(1) [1]Der Vorbereitungsdienst gliedert sich in:

1. fünf Monate bei einem ordentlichen Gericht in Zivilsachen (erste Pflichtstation),
2. drei Monate bei einer Staatsanwaltschaft (zweite Pflichtstation),
3. drei Monate bei einer Verwaltungsbehörde (dritte Pflichtstation),
4. neun Monate bei einer Rechtsanwältin oder einem Rechtsanwalt (vierte Pflichtstation) und
5. vier Monate in einem der Wahlbereiche
   a) Zivil- und Strafrecht,
   b) Staats- und Verwaltungsrecht,
   c) Wirtschafts- und Finanzrecht,
   d) Arbeits- und Sozialrecht und
   e) Europarecht

nach Bestimmung der Referendarin oder des Referendars (Wahlstation).

(2) [1]Die Ausbildung kann in den letzten drei Monaten der vierten Pflichtstation bei einer Notarin oder einem Notar, einem Unternehmen, einem Verband oder bei einer sonstigen Ausbildungsstelle stattfinden, bei der eine sachgerechte rechtsberatende Ausbildung gewährleistet ist. [2]Die Ausbildung kann in drei zusammenhängenden Monaten der vierten Pflichtstation, in der Wahlstation sowie bei Vorliegen eines wichtigen Grundes auch im Übrigen bei einer entsprechenden überstaatlichen, zwischenstaatlichen oder ausländischen Stelle stattfinden, soweit eine sachgerechte Ausbildung gewährleistet ist.

(3) [1]Die Ausbildung in der dritten Pflichtstation oder in den Wahlbereichen Staats- und Verwaltungsrecht sowie Europarecht der Wahlstation kann bei der Deutschen Hochschule für Verwaltungswissenschaften Speyer stattfinden. [2]Erfolgt die Ausbildung bei der Deutschen Hochschule für Verwaltungswissenschaften Speyer in der dritten Pflichtstation, so muss die Ausbildung in der Wahlstation bei einer Verwaltungsbehörde stattfinden.

(4) Die Ausbildung im Wahlbereich kann an einer juristischen Fakultät in einem auf den Wahlbereich ausgerichteten, für die Referendarausbildung geeigneten, praxisbezogenen Ausbildungsprogramm stattfinden.

(5) Auf Antrag kann die Befähigung

1. für die Laufbahn der Laufbahngruppe 2 der Fachrichtung Justiz mit drei Monaten auf die erste Pflichtstation angerechnet werden und
2. für die Laufbahnen der Laufbahngruppe 2 der Fachrichtung Allgemeine Dienste oder der Fachrichtung Steuerverwaltung die dritte Pflichtstation ersetzen, wenn die Befähigung geeignet ist, die erforderlichen Fähigkeiten und Kenntnisse für diesen Ausbildungsabschnitt zu vermitteln.

7a Vorbereitungsdienst in Teilzeit

(1) [1]Referendarinnen und Referendaren, die ein Kind unter 18 Jahren, eine pflegebedürftige Ehegattin, einen pflegebedürftigen Ehegatten, eine pflegebedürftige Lebenspartnerin, einen pflegebedürftigen Lebenspartner oder in gerader Linie verwandte Person tatsächlich betreuen oder pflegen, ist auf Antrag die Ableistung des Vorbereitungsdienstes in Teilzeit zu bewilligen. [2]Die Pflegebedürftigkeit ist durch ein ärztliches Gutachten nachzuweisen. [3]Liegen besondere persönliche Gründe vor, die in Art und Umfang den in Satz 1 genannten Gründen vergleichbar sind und eine besondere Härte darstellen, so kann auf Antrag die Ableistung des Vorbereitungsdienstes in Teilzeit bewilligt werden.

(2) Für die Dauer der Ableistung des Vorbereitungsdienstes in Teilzeit wird der regelmäßige Dienst um ein Fünftel reduziert.

(3) [1]Die Dauer des Vorbereitungsdienstes verlängert sich um ein Viertel des Zeitraums, für den Teilzeitbeschäftigung bewilligt wird. [2]Der Verlängerungszeitraum wird ebenfalls in Teilzeit absolviert und ist in angemessener Weise auf die Pflichtstationen zu verteilen.

(4) Wird der Antrag nach Absatz 1 erst während des bereits laufenden Vorbereitungsdienstes gestellt, so ist Teilzeit unter den dortigen Voraussetzungen nur zu bewilligen, soweit dies nach der Struktur der Ausbildung möglich ist und der Ausbildungserfolg nicht gefährdet wird.

§ 8 Beendigung des Vorbereitungsdienstes

(1) Eine Referendarin oder ein Referendar kann unbeschadet der nach § 5 Abs. 2 Satz 1 entsprechend anzuwendenden allgemeinen beamtenrechtlichen Vorschriften entlassen werden, wenn

1. sie oder er sich als ungeeignet erweist, den Vorbereitungsdienst fortzusetzen, weil insbesondere während des Vorbereitungsdienstes ein Umstand eintritt oder nachträglich bekannt wird, der die Versagung der Einstellung in den Vorbereitungsdienst rechtfertigen würde, oder
2. im Hinblick auf die Prüfungsanforderungen kein hinreichender Fortschritt in der Ausbildung festzustellen ist, weil insbesondere in zwei Ausbildungsabschnitten keine ausreichenden Leistungen erzielt wurden.

(2) [1]Eine Referendarin oder ein Referendar soll entlassen werden, wenn sie oder er die Wiederholungsprüfung in zwei aufeinander folgenden Prüfungsdurchgängen aus wichtigem Grund (§ 16 Abs. 2) unterbricht. [2]Prüfungsdurchgänge in Zeiten des Mutterschutzes oder der Elternzeit bleiben außer Betracht. [3]Der Anspruch auf Durchführung der Wiederholungsprüfung bleibt unberührt.

§ 9 Bestandteile und Gegenstände der zweiten Staatsprüfung

(1) [1]Die zweite Staatsprüfung besteht aus acht Aufsichtsarbeiten und einer abschließenden mündlichen Prüfung. [2]Die mündliche Prüfung besteht aus einem Aktenvortrag und vier Prüfungsgesprächen.

(2) Die schriftlichen Leistungen beziehen sich auf die Ausbildung bei den Pflichtstationen; die mündlichen Leistungen beziehen sich auf die gesamte Ausbildung unter besonderer Berücksichtigung der Wahlstation.

§ 10 Wirkung der zweiten Staatsprüfung

(1) Mit dem Bestehen der zweiten Staatsprüfung werden die Befähigung zum Richteramt und die Befugnis erlangt, die Bezeichnung „Assessorin" oder „Assessor" zu führen.

(2) Das öffentlich-rechtliche Ausbildungsverhältnis endet mit Ablauf des Tages, an dem

1. das Bestehen der zweiten Staatsprüfung oder
2. das Nichtbestehen der Wiederholungsprüfung

bekannt gegeben wird.

Dritter Abschnitt

Verfahren in den Staatsprüfungen, Zeugnis über die erste Prüfung

§ 11 Landesjustizprüfungsamt

(1) [1]Das Landesjustizprüfungsamt nimmt die Pflichtfachprüfung und die zweite juristische Staatsprüfung (Staatsprüfung) ab. [2]Es stellt die schriftlichen Prüfungsaufgaben und bestimmt aus seinen Mitgliedern die Prüfenden, die die schriftlichen Arbeiten bewerten, und die, die dem für die mündliche Prüfung gebildeten Prüfungsausschuss angehören. [3]Es trifft alle Entscheidungen, die außerhalb der mündlichen Prüfung ergehen und keine endgültige Beurteilung von Prüfungsleistungen enthalten. [4]Das Landesjustizprüfungsamt stellt die Zeugnisse über das Bestehen der Staatsprüfungen aus und nimmt darin die jeweils zu bildende Prüfungsgesamtnote auf.

(2) [1]Wenn die Pflichtfachprüfung in Niedersachsen bestanden wurde, bildet das Landesjustizprüfungsamt bei Bestehen der ersten Prüfung die Prüfungsgesamtnote und stellt das Zeugnis aus. [2]In das Zeugnis sind neben der Prüfungsgesamtnote der ersten Prüfung die Prüfungsgesamtnoten der Pflichtfachprüfung und der Schwerpunktbereichsprüfung aufzunehmen.

(3) Die Mitglieder des Landesjustizprüfungsamtes sind in der Beurteilung von Prüfungsleistungen unabhängig und keinen Weisungen unterworfen.

§ 12 Bewertung der Prüfungsleistungen, Prüfungsgesamtnoten

(1) Die Bewertung der einzelnen Prüfungsleistungen und die Bildung der Prüfungsgesamtnoten erfolgt nach Maßgabe der in§ 4a Abs. 2 Satz 4 genannten Verordnung.

(2) In die Prüfungsgesamtnote der Pflichtfachprüfung gehen die Bewertungen der Aufsichtsarbeiten mit insgesamt 64 vom Hundert und der Prüfungsgespräche mit je 12 vom Hundert ein.

(3) In die Prüfungsgesamtnote der ersten Prüfung geht die Prüfungsgesamtnote der Pflichtfachprüfung mit 70 vom Hundert und die Prüfungsgesamtnote der Schwerpunktbereichsprüfung mit 30 vom Hundert ein.

(4) In die Prüfungsgesamtnote der zweiten Staatsprüfung gehen
1. die Bewertungen der Aufsichtsarbeiten mit je 7,5 vom Hundert
2. die Bewertung des Aktenvortrages mit 12 vom Hundert und
3. die Bewertungen der Prüfungsgespräche mit je 7 vom Hundert

ein.

(5) [1]Der Prüfungsausschuss kann von der errechneten Prüfungsgesamtnote bis zu einem Punkt abweichen, wenn dies aufgrund des Gesamteindrucks aller Prüfungsleistungen den Leistungsstand des Prüflings besser kennzeichnet und die Abweichung auf das Bestehen der Prüfung keinen Einfluss hat. [2]In der zweiten Staatsprüfung sind auch die Leistungen im Vorbereitungsdienst zu berücksichtigen.

§ 13 Prüfungsentscheidungen und Einwendungen

(1) [1]Jede schriftliche Prüfungsleistung wird von zwei Mitgliedern des Landesjustizprüfungsamtes nacheinander bewertet. [2]In der Pflichtfachprüfung soll nach Möglichkeit ein Mitglied des wissenschaftlichen Personals der juristischen Fakultät einer niedersächsischen Hochschule beteiligt sein, das zur selbständigen Lehre in einem Pflichtfach berechtigt ist. [3]Weichen die Bewertungen nicht um mehr als drei Punkte voneinander ab und wird eine Einigung nicht erzielt, so gilt der Mittelwert. [4]Bei größeren Abweichungen setzt ein weiteres Mitglied die Note und Punktzahl fest; dabei kann es sich für eine der bisherigen Bewertungen oder für eine dazwischenliegende Punktzahl entscheiden.

(2) Für die sich bei der Anwendung des Absatzes 1 Satz 3 ergebenden Punktzahlen lautet die Note auf:

sehr gut	bei einer Punktzahl von 16,00 bis 18,00
gut	bei einer Punktzahl von 13,00 bis 15,99
vollbefriedigend	bei einer Punktzahl von 10,00 bis 12,99
befriedigend	bei einer Punktzahl von 7,00 bis 9,99
ausreichend	bei einer Punktzahl von 4,00 bis 6,99
mangelhaft	bei einer Punktzahl von 1,00 bis 3,99
ungenügend	bei einer Punktzahl von 0,00 bis 0,99.

(3) [1]Die übrigen Prüfungsentscheidungen werden durch die Prüfungsausschüsse getroffen, die in der Pflichtfachprüfung aus drei und in der zweiten Staatsprüfung aus vier Mitgliedern einschließlich des vorsitzenden Mitgliedes bestehen. [2]Die Prüfungsausschüsse treffen ihre Entscheidungen mit Stimmenmehrheit. [3]Bei Stimmengleichheit geben die für den Prüfling günstigeren Stimmen den Ausschlag. [4]Den Prüfungsausschüssen für die Pflichtfachprüfung soll nach Möglichkeit mindestens ein Mitglied des wissenschaftlichen Personals der juristischen Fakultät einer niedersächsischen Hochschule, das zur selbständigen Lehre in einem Pflichtfach berechtigt ist, den Prüfungsausschüssen für die zweite Staatsprüfung soll nach Möglichkeit eine Rechtsanwältin oder ein Rechtsanwalt angehören.

(4) [1]Die Bewertungen der mündlichen Prüfungsleistungen werden mit der Verkündung der Prüfungsgesamtnote durch den Prüfungsausschuss erläutert. [2]Der Prüfling kann nur sofort eine mündliche Ergänzung verlangen.

(5) Einwendungen gegen Verwaltungsakte, denen eine Bewertung von Prüfungsleistungen zugrunde liegt, werden in einem Vorverfahren nachgeprüft.

§ 14 Bestehen der Staatsprüfungen

(1) [1]Die Pflichtfachprüfung ist bestanden, wenn
1. zwei Aufsichtsarbeiten mindestens mit „ausreichend" bewertet worden sind,
2. die Summe der Bewertungen der Aufsichtsarbeiten mindestens 21 Punkte ergibt und
3. die Prüfungsgesamtnote mindestens „ausreichend" lautet.

[2]Im Fall der frühzeitigen Zulassung ist die Pflichtfachprüfung nicht bestanden, wenn die letzte Aufsichtsarbeit entgegen § 4 Abs. 2 Sätze 3 und 4 nicht rechtzeitig angefertigt wird.

(2) Die zweite Staatsprüfung ist bestanden, wenn
1. drei Aufsichtsarbeiten mindestens mit „ausreichend" bewertet worden sind,
2. die Summe der Bewertungen der Aufsichtsarbeiten mindestens 28 Punkte ergibt und
3. die Prüfungsgesamtnote mindestens „ausreichend" lautet.

§ 15 Täuschungsversuch und Ordnungsverstoß

(1) [1]Versucht ein Prüfling, das Ergebnis der Staatsprüfung durch Benutzung nicht zugelassener Hilfsmittel, unzulässige Hilfe Dritter oder sonstige Täuschung zu beeinflussen, so ist die betroffene Prü-

fungsleistung in der Regel mit der Note „ungenügend“ zu bewerten. [2]In leichten Fällen kann Nachsicht gewährt werden. [3]Im Fall eines schweren Täuschungsversuchs ist die gesamte Staatsprüfung für nicht bestanden zu erklären; der wiederholte Täuschungsversuch steht in der Regel einem schweren Täuschungsversuch gleich.

(2) Wird ein schwerer Täuschungsversuch nach der Verkündung der Prüfungsgesamtnote bekannt, so kann die betroffene Staatsprüfung innerhalb einer Frist von fünf Jahren seit dem Tag der mündlichen Prüfung für nicht bestanden erklärt werden.

(3) [1]Ein Prüfling, der erheblich gegen die Ordnung verstößt, kann von der Fortsetzung der Anfertigung der Aufsichtsarbeit oder der mündlichen Prüfung ausgeschlossen werden. [2]Wird der Prüfling von der Fortsetzung der Anfertigung einer Aufsichtsarbeit ausgeschlossen, so gilt diese als mit „ungenügend“ bewertet. [3]Im Fall eines wiederholten Ausschlusses von der Anfertigung einer Aufsichtsarbeit oder des Ausschlusses von der mündlichen Prüfung gilt die Staatsprüfung als nicht bestanden.

§ 16 Versäumnis und Unterbrechung

(1) [1]Der Prüfling kann die Staatsprüfung nach dem Zugang der Ladung zu den Aufsichtsarbeiten nur aus wichtigem Grund unterbrechen. [2]Ein wichtiger Grund liegt nur vor, wenn der Prüfling nicht prüfungsfähig oder ihm das Erbringen der Prüfungsleistung nicht zumutbar ist. [3]Der Grund ist dem Landesjustizprüfungsamt unverzüglich anzuzeigen und unverzüglich glaubhaft zu machen. [4]Prüfungsunfähigkeit ist unverzüglich durch ein amtsärztliches Attest nachzuweisen.

(2) [1]Wird die Pflichtfachprüfung aus wichtigem Grund unterbrochen, so wird sie

1. mit der Neuanfertigung aller Aufsichtsarbeiten fortgesetzt, wenn noch nicht alle Aufsichtsarbeiten angefertigt worden sind,
2. mit der Neuanfertigung aller Aufsichtsarbeiten des zweiten Prüfungsdurchgangs fortgesetzt, wenn bei einer frühzeitigen Zulassung alle Aufsichtsarbeiten des ersten Prüfungsdurchgangs angefertigt worden sind oder
3. mit der mündlichen Prüfung fortgesetzt, wenn bereits alle Aufsichtsarbeiten angefertigt worden sind.

[2]Abweichend von Satz 1 sind Aufsichtsarbeiten, die nach Absatz 5 Satz 1 oder nach § 15 Abs. 1 Satz 1 oder Abs. 3 Satz 2 mit „ungenügend“ bewertet worden sind, nicht mehr anzufertigen.

(3) [1]Die aus wichtigem Grund unterbrochene zweite Staatsprüfung wird fortgesetzt

1. im nächsten Prüfungsdurchgang mit den noch nicht angefertigten Aufsichtsarbeiten und
2. mit der mündlichen Prüfung, wenn alle Aufsichtsarbeiten angefertigt worden sind.

[2]Absatz 3 Satz 2 gilt entsprechend.

(4) [1]Eine Aufsichtsarbeit, die ohne wichtigen Grund nicht oder nicht rechtzeitig abgeliefert wird, gilt als mit „ungenügend“ bewertet. [2]Verweigert sich der Prüfling der mündlichen Prüfung, ohne dass ein wichtiger Grund vorliegt, so ist die Staatsprüfung nicht bestanden.

§ 17 Wiederholung der Staatsprüfungen

(1) Die Staatsprüfungen dürfen bei Nichtbestehen einmal wiederholt werden.

(2) [1]Eine nochmalige Wiederholung der zweiten Staatsprüfung kann das Justizministerium gestatten, wenn die erfolglosen Prüfungen bei dem niedersächsischen Landesjustizprüfungsamt abgelegt worden sind und eine außergewöhnliche Beeinträchtigung der Referendarin oder des Referendars in dem zweiten Prüfungsverfahren vorgelegen hat. [2]Diese ist unverzüglich geltend zu machen. [3]Die nochmalige Wiederholung findet außerhalb des öffentlich-rechtlichen Ausbildungsverhältnisses statt.

§ 18 Freiversuch

(1) Eine nicht bestandene Pflichtfachprüfung gilt als nicht unternommen, wenn

1. die Zulassung zu der Prüfung nach ununterbrochenem rechtswissenschaftlichem Studium zu dem Prüfungsdurchgang beantragt worden ist, der sich an das achte Fachsemester anschließt, oder
2. eine frühzeitige Zulassung zur Prüfung erfolgt ist und die Zulassungsvoraussetzungen des § 4 Abs. 1 Nr. 1 Buchst. d und e vor Ablauf des achten Fachsemesters erfüllt werden.

(2) Versucht ein Prüfling, das Ergebnis des Freiversuchs im Sinne des § 15 Abs. 1 zu beeinflussen, so gilt die Prüfung als unternommen.

§ 19 Wiederholung der Staatsprüfungen zur Notenverbesserung

(1) [1]Wer die Pflichtfachprüfung oder die zweite Staatsprüfung in Niedersachsen beim ersten Versuch bestanden hat, kann diese zur Verbesserung der Prüfungsgesamtnote jeweils einmal wiederholen. [2]Der Antrag auf Zulassung zur Wiederholung der Pflichtfachprüfung ist innerhalb eines Jahres, der Antrag auf Zulassung zur Wiederholung der zweiten Staatsprüfung ist innerhalb von drei Monaten nach Bekanntgabe der Entscheidung über das Bestehen zu stellen. [3]Die Zulassung erfolgt nur, wenn die nach Maßgabe des Gesetzes über Kosten im Bereich der Justizverwaltung für die vollständige Wiederholung zu zahlende Gebühr innerhalb der gesetzten Frist gezahlt wird; bei Fristversäumung ist die Zulassung zu versagen. [4]Die Prüfung ist jeweils vollständig zu wiederholen. [5]Die Wiederholung der zweiten Staatsprüfung zur Notenverbesserung findet außerhalb des öffentlich-rechtlichen Ausbildungsverhältnisses statt.

(2) Wird in der Wiederholungsprüfung eine höhere Punktzahl in der Prüfungsgesamtnote erreicht, so werden neue Zeugnisse erteilt.

§ 20 Einsicht in die Prüfungsakten

(1) Die Geprüften haben das Recht, innerhalb eines Monats nach schriftlicher Bekanntgabe der Entscheidung über das Bestehen oder Nichtbestehen der Staatsprüfung ihre Prüfungsakten persönlich einzusehen.

(2) [1]Bei der Einsichtnahme ist eine Aufzeichnung über den Inhalt der Akten oder die Anfertigung auszugsweiser Abschriften der Beurteilungen zu gestatten. [2]Fotokopien sind nicht zulässig.

Vierter Abschnitt

Ergänzende Vorschriften, Schlussvorschriften

§ 21 Verordnungsermächtigungen

Das Justizministerium wird ermächtigt, im Einvernehmen mit dem Innenministerium durch Verordnung ergänzende Vorschriften zu erlassen über

1. den Inhalt und die Ausgestaltung des Studiums, der praktischen Studienzeiten und der Fächer der Pflichtfachprüfung sowie die Feststellung der Studienzeiten,
2. die Gestaltung, den Inhalt und die Durchführung des Vorbereitungsdienstes einschließlich der zeitlichen Abfolge und Verlängerung der Stationen sowie des Vorbereitungsdienstes und über die Beurteilung der erbrachten Leistungen,
3. die Voraussetzungen und das Verfahren der Zulassung zu den Staatsprüfungen, die Auswahl und die Bestellung der Prüferinnen und Prüfer, die Prüfungsverfahren, die Feststellung der Prüfungsergebnisse sowie die Voraussetzungen und das Verfahren bei der Wiederholung einer Staatsprüfung, insbesondere die Anrechnung einzelner Prüfungsleistungen.

§ 22 Beirat für Fragen der anwaltsspezifischen Ausbildung und Prüfung

(1) Das Justizministerium soll einen Beirat für Fragen der anwaltsspezifischen Ausbildung und Prüfung einrichten.

(2) [1]In den Beirat sollen eine Vertreterin oder ein Vertreter

1. einer jeden Rechtsanwaltskammer in Niedersachsen,
2. der Justizverwaltung und
3. der juristischen Fakultäten in Niedersachsen

sowie die Präsidentin oder der Präsident des Landesjustizprüfungsamtes berufen werden. [2]Das Mitglied nach Satz 1 Nr. 3 ist von den juristischen Fakultäten einvernehmlich vorzuschlagen.

(3) [1]Die Mitglieder nach Absatz 2 Satz 1 Nr. 1 bestimmen aus ihrer Mitte das vorsitzende Mitglied. [2]Der Beirat ist beschlussfähig, wenn mindestens die Hälfte seiner Mitglieder anwesend ist. [3]Er fasst seine Beschlüsse mit der Mehrheit der Stimmen der anwesenden Mitglieder; bei Stimmengleichheit gibt die Stimme des vorsitzenden Mitglieds den Ausschlag.

(4) [1]Die juristischen Fakultäten, die Justizverwaltung, das Landesjustizprüfungsamt und die Rechtsanwaltskammern sollen dem Beirat vor Entscheidungen von grundsätzlicher Bedeutung für die anwaltsspezifische Ausbildung oder Prüfung Gelegenheit zur Stellungnahme geben. [2]Der Beirat kann eigene Vorschläge zu Fragen von grundsätzlicher Bedeutung für die anwaltsspezifische Ausbildung oder Prüfung unterbreiten. [3]Die in Satz 1 genannten Institutionen haben dem Beirat die zur Wahrnehmung seiner Aufgaben erforderlichen Auskünfte zu geben.

§ 23 Übergangsvorschriften

(1) [1]Für Studierende, die vor dem 1. Oktober 2009 die Zulassung zur Pflichtfachprüfung oder Schwerpunktbereichsprüfung beantragen, finden die am 30. September 2009 geltenden Vorschriften über die erste Prüfung weiterhin Anwendung. [2]Studierende, die ab dem 1. Oktober 2009 und vor dem 1. Juli 2010 die Zulassung zur Pflichtfachprüfung oder Schwerpunktbereichsprüfung beantragen, können mit Ihrem Antrag entscheiden, ob sich die Zulassung und die erste Prüfung nach den am 30. September 2009 geltenden oder den danach geltenden Vorschriften richtet. [3]Für Prüfungen, die im Anschluss an eine im Freiversuch als nicht unternommen geltende Prüfung abgelegt werden, und für Wiederholungsprüfungen gelten die gleichen Bestimmungen wie für den ersten Prüfungsversuch.

(2) [1]Abweichend von Absatz 1 finden für Studierende, die für die erste Prüfung nach den am 30. September 2009 geltenden Vorschriften zugelassen sind, die ab dem 1. Oktober 2009 geltenden Vorschriften Anwendung, wenn die Prüfungsleistungen nicht bis zum 31. Mai 2013 vollständig erbracht worden sind. [2]Die Bewertungen der vor dem 1. Juni 2013 bereits erbrachten Prüfungsleistungen gehen entsprechend den ab dem 1. Oktober 2009 geltenden Vorschriften in die Prüfungsgesamtnote ein.

(3) Die Möglichkeit der Wiederholung der zweiten Staatsprüfung zur Notenverbesserung nach § 19 hat nicht, wer vor dem 1. September 2007 in den Vorbereitungsdienst eingetreten ist.

§ 24 In-Kraft-Treten[1)2)]

(1) Dieses Gesetz tritt am 1. November 1993 in Kraft.

(2) Abweichend von Absatz 1 tritt § 21 am Tage nach der Verkündung[3)] in Kraft.

---

1) **Amtl. Anm.:** Diese Vorschrift betrifft das In-Kraft-Treten des Gesetzes in seiner ursprünglichen Fassung vom 22. Oktober 1993 (Nds. GVBl. S. 449). Der Zeitpunkt des In-Kraft-Tretens der späteren Änderungen ergibt sich aus den in der vorangestellten Bekanntmachung näher bezeichneten Gesetzen.

2) Beachte hierzu Art. 3 ÄndG v. 18.9.2003 (Nds. GVBl. S 346):
In-Kraft-Treten, Übergangsvorschriften. (1) Dieses Gesetz tritt am 1. Oktober 2003 in Kraft. Abweichend von Satz 1 tritt Artikel 1 Nr. 24 am Tag nach der Verkündung dieses Gesetzes in Kraft.

(2) Für Studierende, die vor dem 1. Juli 2003 das Studium im Studienfach Rechtswissenschaften (Studienrichtung Staatsexamen) an einer deutschen Universität aufgenommen und bis zum 1. Juli 2006 die Zulassung zur ersten Staatsprüfung beantragt haben, finden die bis zum In-Kraft-Treten dieses Gesetzes geltenden Vorschriften über die erste Staatsprüfung weiterhin Anwendung. Abweichend von Satz 1 wird zur ersten Staatsprüfung nur zugelassen, wer im Zeitpunkt der Antragstellung sowie in dem unmittelbar vorausgegangenen Semester an einer Universität in Niedersachsen im Fach Rechtswissenschaften eingeschrieben war; dies gilt nicht für Personen, die am 1. Oktober 2003 nicht mehr eingeschrieben sind. Für Prüfungen, die im Anschluss an eine im Freiversuch als nicht unternommen geltende Prüfung abgelegt werden, und für Wiederholungsprüfungen gilt das gleiche Recht wie für den ersten Prüfungsversuch.

(3) Die Pflichtfachprüfung wird erstmals im Anschluss an das Wintersemester 2004/2005 durchgeführt. Die Ausbildung und Prüfung in den Schwerpunktbereichen ist ab dem Wintersemester 2004/2005 zu gewährleisten. Studierende, die gemäß Absatz 2 die Zulassung zur ersten Staatsprüfung beantragen können, können stattdessen nach Maßgabe der Sätze 1 und 2 die erste Prüfung ablegen. Wer zur Pflichtfachprüfung zugelassen ist, kann nicht mehr zur ersten Staatsprüfung zugelassen werden.

(4) Für Referendarinnen und Referendare, die vor dem 1. Februar 2004 in den Vorbereitungsdienst aufgenommen worden sind oder werden, finden mit Ausnahme der durch Artikel 1 Nr. 6 Buchst. a Doppelbuchst. cc, Nrn. 9, 11 und 15 dieses Gesetzes geänderten Vorschriften die vor dem In-Kraft-Treten dieses Gesetzes geltenden Vorschriften weiterhin Anwendung. Verzögert sich die planmäßige Ausbildung dieser Referendarinnen und Referendare, so bestimmt das Oberlandesgericht Dauer und Reihenfolge der Stationen nach pflichtgemäßem Ermessen. Abweichend von Satz 1 erhalten Referendarinnen und Referendare, die nach dem In-Kraft-Treten dieses Gesetzes in den Vorbereitungsdienst aufgenommen worden sind, Unterhaltsbeihilfe nach § 5 Abs. 3 Satz 2 des Niedersächsischen Gesetzes zur Ausbildung der Juristinnen und Juristen in der ab 1. Oktober 2003 geltenden Fassung.

3) Verkündet am 29.10.1993.

Verordnung zum Niedersächsischen Gesetz zur Ausbildung der Juristinnen und Juristen (NJAVO)

Vom 2. November 1993 (Nds. GVBl. S. 561)
(GVBl Sb 31210 01 01)

zuletzt geändert durch Art. 1 VO zur Änd. der VO zum Niedersächsischen G zur Ausbildung der Juristinnen und Juristen vom 23. Mai 2023 (Nds. GVBl. S. 88)

Nichtamtliche Inhaltsübersicht

Auf Grund des § 21 des Niedersächsischen Gesetzes zur Ausbildung der Juristinnen und Juristen (NJAG) vom 22. Oktober 1993 (Nieders. GVBl. S. 449) wird im Einvernehmen mit dem Innenministerium verordnet:

Erster Abschnitt
Landesjustizprüfungsamt und allgemeine Vorschriften über die Staatsprüfungen

§ 1 Besetzung des Landesjustizprüfungsamtes

(1) [1]Das Justizministerium beruft

1. die Präsidentin oder den Präsidenten und bis zu zwei Vizepräsidentinnen oder Vizepräsidenten und
2. die weiteren Mitglieder

des Landesjustizprüfungsamtes. [2]Die Mitglieder des Landesjustizprüfungsamtes müssen die Befähigung zum Richteramt besitzen oder die Voraussetzungen nach § 13 Abs. 1 Satz 2 des Niedersächsischen Gesetzes zur Ausbildung der Juristinnen und Juristen (NJAG) erfüllen. [3]Rechtsanwältinnen und Rechtsanwälte werden auf Vorschlag ihrer Rechtsanwaltskammer berufen.

(2) [1]Die Mitgliedschaft der Vizepräsidentinnen, Vizepräsidenten und weiteren Mitglieder endet
1. regelmäßig am 30. September des vierten auf die Berufung folgenden Kalenderjahres,
2. durch eine Beendigungserklärung des Mitglieds oder
3. spätestens mit Vollendung des 70. Lebensjahres.

[2]Das Justizministerium kann im Einzelfall bestimmen, dass die Mitgliedschaft abweichend von Satz 1 Nr. 3 erst nach der Vollendung des 70. Lebensjahres, jedoch spätestens mit der Vollendung des 74. Lebensjahres endet.

(3) Das Justizministerium soll die Mitgliedschaft der Mitglieder vorzeitig beenden, die nicht mehr in einem juristischen Beruf tätig sind.

(4) Prüfungsaufträge können nach Beendigung der Mitgliedschaft zu Ende geführt werden.

§ 2 Vorsitz der Prüfungsausschüsse

Den Vorsitz der Prüfungsausschüsse führt die Präsidentin oder der Präsident, eine Vizepräsidentin oder ein Vizepräsident oder ein ständig oder für den Einzelfall mit dem Vorsitz betrautes Mitglied.

§ 3 Beeinträchtigungen

[1]Bei der prüfungsunabhängigen Beeinträchtigung eines Prüflings können nach Vorlage eines amtsärztlichen Zeugnisses auf Antrag die Bearbeitungszeit für die Aufsichtsarbeiten und die Vorbereitungszeit für den Vortrag verlängert sowie persönliche und sächliche Hilfsmittel zugelassen werden; bei einer Verlängerung oder Zulassung muss gewährleistet sein, dass die prüfungserheblichen Fähigkeiten des Prüflings feststellbar bleiben. [2]Bei einer nur vorübergehenden Beeinträchtigung ist nach Vorlage eines amtsärztlichen Zeugnisses auf Antrag zu entscheiden, ob Satz 1 entsprechend angewendet wird oder die Prüfungsleistung zu einem späteren Termin zu erbringen ist.

§ 4 ***[aufgehoben]***

§ 5 Mitteilungen über den Prüfling

[1]Den Prüferinnen und Prüfern dürfen vor der abschließenden Bewertung der schriftlichen Arbeit keine Mitteilungen über die Person und die bisherigen Leistungen des Prüflings gemacht werden. [2]Dies gilt nicht, soweit die Prüferinnen und Prüfer im Hauptamt im Landesjustizprüfungsamt beschäftigt sind und die Mitteilungen benötigen, um die Aufgaben des Landesjustizprüfungsamtes erfüllen zu können.

§ 6 Bekanntgabe der Bewertungen der schriftlichen Arbeiten

[1]Die Bewertungen der schriftlichen Arbeiten werden dem Prüfling vor der mündlichen Prüfung mitgeteilt. [2]Die Mitteilung unterbleibt, wenn dies beantragt wird.

§§ 7, 8 ***[aufgehoben]***

§ 9 Beurkundung des Prüfungshergangs

Über den Prüfungshergang ist eine Niederschrift aufzunehmen, aus der sich
1. die Bewertung der einzelnen Prüfungsleistungen mit Notenbezeichnung und Punktzahl,
2. die Gegenstände der mündlichen Prüfung und
3. die Prüfungsgesamtnote mit Notenbezeichnung und Punktzahl

ergeben.

§ 10 ***[aufgehoben]***

§ 11 Wiederholung der Staatsprüfungen

(1) Die Mitglieder des Prüfungsausschusses, der die Prüfung für nicht bestanden erklärt hat, dürfen am mündlichen Teil der Wiederholungsprüfung nicht mitwirken.

(2) [1]Wer die Staatsprüfung vor dem Prüfungsamt eines anderen Landes erstmals nicht bestanden hat, kann im Einvernehmen mit diesem Prüfungsamt zur Wiederholung zugelassen werden, wenn wichtige Gründe dies rechtfertigen. [2]Die Prüfung ist in diesem Fall vollständig zu wiederholen.

Zweiter Abschnitt

Studium und Pflichtfachprüfung

§ 12 Hochschulstudium

(1) Die Inhalte des Studiums beziehen sich auf die rechtsprechende, verwaltende und rechtsberatende Praxis einschließlich der hierfür erforderlichen Schlüsselqualifikationen betreffend Bereiche wie Ver-

handlungsmanagement, Gesprächsführung, Rhetorik, Streitschlichtung, Mediation, Vernehmungslehre und Kommunikationsfähigkeit.

(2) In den Übungen für Fortgeschrittene sollen auch die in den praktischen Studienzeiten gewonnenen Einblicke in die Praxis berücksichtigt werden.

(3) Die Einzelheiten der Leistungsanforderungen bestimmen die juristischen Fakultäten.

§ 13 Anrechnung einer Ausbildung

Hat ein anderes Land über einen Antrag im Sinne des § 1 Abs. 2 NJAG bereits entschieden, so ist diese Entscheidung bindend.

§ 14 Praktische Studienzeiten

(1) Die praktischen Studienzeiten können frühestens nach Vorlesungsschluss des zweiten Fachsemesters abgeleistet werden.

(2) [1]Die praktischen Studienzeiten dienen dazu, den Studierenden einen Einblick zu verschaffen

1. in den Ablauf der Verfahren vor dem Amtsgericht und in die richterliche Arbeitsweise und
2. in die Aufgabenstellung und Arbeitsweise einer Verwaltungsbehörde sowie eines Rechtsanwaltsbüros oder einer Rechtsabteilung.

[2]Die praktischen Studienzeiten bei einer Verwaltungsbehörde und einem Rechtsanwaltsbüro oder einer Rechtsabteilung können auch im Ausland abgeleistet werden.

(3) Die praktische Studienzeit braucht nicht abzuleisten

1. bei einem Amtsgericht, wer die Befähigung für die Laufbahn der Laufbahngruppe 2 der Fachrichtung Justiz besitzt, und
2. bei einer Verwaltungsbehörde, wer die Befähigung für die Laufbahn der Laufbahngruppe 2 der Fachrichtung Allgemeine Dienste oder der Fachrichtung Steuerverwaltung besitzt, wenn die Befähigung geeignet ist, die erforderlichen Fähigkeiten und Kenntnisse für diese praktische Studienzeit zu vermitteln.

(4) Von der Ableistung einer praktischen Studienzeit kann ganz oder teilweise freigestellt werden, wer die erforderlichen Kenntnisse und Erfahrungen durch eine frühere Berufsausbildung oder berufliche Tätigkeit erworben hat.

§ 15 Gruppenarbeitsgemeinschaft

[1]Bei einem Amtsgericht, einem Landgericht oder einer Verwaltungsbehörde können Gruppenarbeitsgemeinschaften für die praktische Studienzeit eingerichtet werden. [2]Die Teilnahme an einer solchen Arbeitsgemeinschaft ersetzt die entsprechende praktische Studienzeit. [3]Zusätzlich zu der Gruppenarbeitsgemeinschaft bei einer Verwaltungsbehörde kann die Zuweisung an eine Beamtin oder einen Beamten zur Einführung in die Verwaltungspraxis erfolgen.

§ 16 Prüfungsstoff der Pflichtfachprüfung

(1) Der Prüfungsstoff der Pflichtfachprüfung umfasst im Pflichtfach Bürgerliches Recht:

1. die Grundlagen des Privatrechts,
2. Buch 1 (Allgemeiner Teil) des Bürgerlichen Gesetzbuchs, jedoch ohne die §§ 80 bis 88 (Stiftungen),
3. Buch 2 (Recht der Schuldverhältnisse) des Bürgerlichen Gesetzbuchs, jedoch ohne
   a) die §§ 336 bis 338 (Draufgabe),
   b) die §§ 481 bis 487 (Teilzeit-Wohnrechteverträge, Verträge über langfristige Urlaubsprodukte, Vermittlungsverträge und Tauschsystemverträge),
   c) die §§ 506 bis 508 (Finanzierungshilfen zwischen einem Unternehmer und einem Verbraucher),
   d) § 510 (Ratenlieferungsverträge zwischen einem Unternehmer und einem Verbraucher),
   e) § 511 (Beratungsleistungen bei Immobiliar-Verbraucherdarlehensverträgen),
   f) die §§ 512 bis 515 (Unabdingbarkeit, Anwendung auf Existenzgründer; unentgeltliche Darlehensverträge und unentgeltliche Finanzierungshilfen zwischen einem Unternehmer und einem Verbraucher), soweit sie sich nicht auf Verbraucherdarlehensverträge beziehen,
   g) die §§ 585 bis 597 (Landpachtvertrag),
   h) die §§ 607 bis 609 (Sachdarlehensvertrag),
   i) die §§ 630a bis 630h (Behandlungsvertrag),

j) die §§ 651a bis 651y (Pauschalreisevertrag, Reisevermittlung und Vermittlung verbundener Reiseleistungen),
k) die §§ 657 bis 661a (Auslobung),
l) die §§ 675c bis 676c (Zahlungsdienste),
m) die §§ 701 bis 704 (Einbringung von Sachen bei Gastwirten),
n) die §§ 759 bis 761 (Leibrente),
o) die §§ 762 bis 764 (Unvollkommene Verbindlichkeiten),
p) die §§ 809 bis 811 (Vorlegung von Sachen),

4. Buch 3 (Sachenrecht) des Bürgerlichen Gesetzbuchs, jedoch ohne
   a) die §§ 1094 bis 1104 (Vorkaufsrecht),
   b) die §§ 1105 bis 1112 (Reallasten),
   c) die §§ 1199 bis 1203 (Rentenschuld),
   d) die §§ 1273 bis 1296 (Pfandrechte an Rechten),
5. Buch 4 (Familienrecht) des Bürgerlichen Gesetzbuchs in Grundzügen, jedoch ohne
   a) die §§ 1297 bis 1320 (Verlöbnis, Eingehung der Ehe, Aufhebung der Ehe und Wiederverheiratung nach Todeserklärung),
   b) die §§ 1564 bis 1587 (Scheidung der Ehe),
   c) § 1588 (kirchliche Verpflichtungen),
   d) die §§ 1591 bis 1625 (Abstammung, Unterhaltspflicht und Rechtsverhältnis zwischen den Eltern und dem Kind im Allgemeinen),
   e) die §§ 1712 bis 1717 (Beistandschaft),
   f) die §§ 1741 bis 1772 (Annahme als Kind),
   g) die §§ 1773 bis 1888 (Vormundschaft, Rechtliche Betreuung und sonstige Pflegschaft),
6. Buch 5 (Erbrecht) des Bürgerlichen Gesetzbuchs in Grundzügen, jedoch ohne
   a) die §§ 1970 bis 2017 (Aufgebot der Nachlassgläubiger, Beschränkung der Haftung des Erben, Inventarerrichtung, unbeschränkte Haftung des Erben und aufschiebende Einreden),
   b) die §§ 2061 bis 2063 (Aufgebot der Nachlassgläubiger; Antrag auf Nachlassverwaltung; Einrichtung eines Inventars, Haftungsbeschränkung),
   c) die §§ 2197 bis 2228 (Testamentsvollstrecker),
   d) die §§ 2339 bis 2345 (Erbunwürdigkeit),
   e) die §§ 2346 bis 2352 (Erbverzicht),
7. die §§ 7 bis 20 des Straßenverkehrsgesetzes (Haftpflicht),
8. das Produkthaftungsgesetz in Grundzügen,
9. das Handelsgesetzbuch in Grundzügen, jedoch ohne
   a) von den Vorschriften über das Handelsregister und das Unternehmensregister die §§ 8 bis 14 und die §§ 15a bis 16,
   b) von den Vorschriften über die Handelsfirma die §§ 29 bis 37a,
   c) die §§ 59 bis 104a (Handlungsgehilfen, Handlungslehrlinge, Handelsvertreter, Handelsmakler und Bußgeldvorschriften),
   d) die §§ 230 bis 236 (stille Gesellschaft),
   e) die §§ 238 bis 342e (Handelsbücher),
   f) von den allgemeinen Vorschriften über Handelsgeschäfte die §§ 355 bis 357 und 363 bis 365,
   g) die §§ 383 bis 475h (Kommissionsgeschäft, Frachtgeschäft, Speditionsgeschäft und Lagergeschäft),
   h) die §§ 476 bis 619 (Seehandel),
10. das Partnerschaftsgesellschaftsgesetz in Grundzügen,
11. das Gesetz betreffend die Gesellschaften mit beschränkter Haftung in Grundzügen, jedoch ohne
   a) die §§ 13 bis 34 (Rechtsverhältnisse der Gesellschaft und der Gesellschafter),
   b) die §§ 53 bis 88 (Abänderungen des Gesellschaftsvertrags, Auflösung und Nichtigkeit der Gesellschaft sowie Ordnungs-, Straf- und Bußgeldvorschriften),
12. aus dem Individualarbeitsrecht
   a) Begründung, Inhalt und Beendigung des Arbeitsverhältnisses, einschließlich der §§ 1 bis 18, 22, 23 und 31 bis 33 des Allgemeinen Gleichbehandlungsgesetzes,
   b) Leistungsstörungen und Haftung im Arbeitsverhältnis,

13. die Artikel 1 bis 9, 17 bis 19 und 24 bis 26 der Verordnung (EU) Nr. 1215/2012 des Europäischen Parlaments und des Rates vom 12. Dezember 2012 über die gerichtliche Zuständigkeit und die Anerkennung und Vollstreckung von Entscheidungen in Zivil- und Handelssachen in Grundzügen,
14. die Artikel 1 bis 4, 6 und 19 bis 21 der Verordnung (EG) Nr. 593/2008 des Europäischen Parlaments und des Rates vom 17. Juni 2008 über das auf vertragliche Schuldverhältnisse anzuwendende Recht (Rom I) in Grundzügen,
15. die Artikel 1 bis 4, 10 bis 12, 14, 23, 24 und 26 der Verordnung (EG) Nr. 864/2007 des Europäischen Parlaments und des Rates vom 11. Juli 2007 über das auf außervertragliche Schuldverhältnisse anzuwendende Recht (Rom II) in Grundzügen,
16. allgemeine Lehren des Internationalen Privatrechts in Grundzügen, soweit sie zum Verständnis des in den Nummern 13 bis 15 genannten Prüfungsstoffs erforderlich sind,
17. aus dem Zivilprozessrecht und Zwangsvollstreckungsrecht
    a) gerichtsverfassungsrechtliche Grundlagen, einschließlich Instanzenzug,
    b) Verfahrensgrundsätze,
    c) das Verfahren im ersten Rechtszug,
    d) das Vollstreckungsverfahren

    in Grundzügen.

(2) Der Prüfungsstoff der Pflichtfachprüfung umfasst im Pflichtfach Strafrecht:

1. aus dem Allgemeinen Teil des Strafgesetzbuchs
   a) die §§ 1 bis 12 (das Strafgesetz),
   b) die §§ 13 bis 37 (die Tat),
   c) die §§ 38 bis 44 (Freiheitsstrafe, Geldstrafe und Nebenstrafe),
   d) die §§ 52 bis 55 (Strafbemessung bei mehreren Gesetzesverletzungen),
   e) die §§ 69 bis 69b (Maßregeln der Sicherung und Besserung),
   f) die §§ 77 bis 77e (Strafantrag, Ermächtigung, Strafverlangen),
   g) die §§ 78 bis 78c (Verfolgungsverjährung),
2. aus dem Besonderen Teil des Strafgesetzbuchs
   a) der Sechste Abschnitt, beschränkt auf die §§ 113 bis 115,
   b) der Siebente Abschnitt, beschränkt auf die §§ 123, 142, 145d,
   c) der Neunte Abschnitt,
   d) der Zehnte Abschnitt, beschränkt auf § 164,
   e) der Vierzehnte Abschnitt,
   f) der Sechzehnte Abschnitt, beschränkt auf die §§ 211 bis 216, 221 und 222,
   g) der Siebzehnte Abschnitt,
   h) der Achtzehnte Abschnitt, beschränkt auf die §§ 239 bis 239b, 240 und 241,
   i) der Neunzehnte Abschnitt, beschränkt auf die §§ 242 bis 248b,
   j) der Zwanzigste Abschnitt,
   k) der Einundzwanzigste Abschnitt, beschränkt auf die §§ 257 bis 259 und 261,
   l) der Zweiundzwanzigste Abschnitt, beschränkt auf die §§ 263, 263a, 265, 265a, 266 und 266b,
   m) der Dreiundzwanzigste Abschnitt, beschränkt auf die §§ 267 bis 271 und 274,
   n) der Siebenundzwanzigste Abschnitt, beschränkt auf die §§ 303, 303c und 304,
   o) der Achtundzwanzigste Abschnitt, beschränkt auf die §§ 306 bis 306e, 315b bis 316a, 323a und 323c,
   p) der Dreißigste Abschnitt, beschränkt auf die §§ 331 bis 334, 336, 340 und 348,
3. aus dem Strafprozessrecht
   a) gerichtsverfassungsrechtliche Grundlagen, einschließlich Instanzenzug,
   b) Verfahrensgrundsätze,
   c) Gang des Ermittlungs- und des Strafverfahrens,
   d) Rechtsstellung und Aufgaben der Verfahrensbeteiligten,
   e) Untersuchungshaft, vorläufige Festnahme, körperliche Untersuchung nach § 81a der Strafprozessordnung, Beschlagnahme und Durchsuchung,
   f) Aufklärungspflicht, Beweisaufnahme, Arten der Beweismittel und Beweisverbote

   in Grundzügen.

(3) Der Prüfungsstoff der Pflichtfachprüfung umfasst im Pflichtfach Öffentliches Recht:

1. Verfassungsrecht, jedoch ohne
   a) Artikel 81 des Grundgesetzes (Gesetzgebungsnotstand),
   b) die Artikel 104a bis 115 des Grundgesetzes (Finanzwesen),
   c) die Artikel 115a bis 115l des Grundgesetzes (Verteidigungsfall),
2. aus dem Verfassungsprozessrecht
   a) die Verfassungsbeschwerde,
   b) die abstrakte und konkrete Normenkontrolle,
   c) das Organstreitverfahren,
   d) Bund-Länder-Streitigkeiten,
   e) einstweiliger Rechtsschutz

   in Grundzügen,
3. allgemeines Verwaltungsrecht einschließlich Verwaltungsverfahrensrecht, jedoch ohne die Vorschriften über besondere Verfahrensarten (§§ 63 bis 78 des Verwaltungsverfahrensgesetzes – VwVfG –),
4. Verwaltungszustellungsrecht,
5. Recht der öffentlichen Ersatzleitungen in Grundzügen,
6. Verwaltungsvollstreckungsrecht in Grundzügen,
7. Polizei- und Ordnungsrecht,
8. Versammlungsrecht in Grundzügen,
9. aus dem Baurecht
   a) die §§ 1 bis 13b des Baugesetzbuchs – BauGB – (Bauleitplanung),
   b) die §§ 14 bis 18 BauGB (Veränderungssperre und Zurückstellung von Baugesuchen),
   c) die §§ 29 bis 38 BauGB (Zulässigkeit von Vorhaben) unter Einbeziehung der §§ 1 bis 15 der Baunutzungsverordnung – BauNVO – (Art der baulichen Nutzung),
   d) die §§ 214 bis 216 BauGB (Planerhaltung),
   e) Bauordnungsrecht

   in Grundzügen,
10. Kommunalrecht, jedoch ohne
    a) Kommunalwahlrecht,
    b) Kommunalabgabenrecht,
    c) Haushaltsrecht,
11. aus dem Verwaltungsprozessrecht
    a) Verfahrensgrundsätze,
    b) Vorverfahren,
    c) Verwaltungsrechtsweg,
    d) Sachentscheidungsvoraussetzungen,
    e) Arten und Wirkungen von Klagen und gerichtlichen Entscheidungen,
    f) Instanzenzug und Arten der Rechtsmittel,
    g) vorläufiger Rechtsschutz

    in Grundzügen,
12. aus dem Europarecht
    a) Entwicklung, Organe, Kompetenzen und Handlungsformen der Europäischen Union,
    b) Rechtsquellen des Unionrechts,
    c) Verhältnis des Unionrechts zum nationalen Recht sowie Umsetzung des Unionrechts in den Mitgliedstaaten,
    d) Grundfreiheiten,
    e) Grundrechte und rechtsstaatliche Verfahrensgarantien,
    f) Vorabentscheidungsverfahren,
    g) Vertragsverletzungsverfahren

    in Grundzügen,

(4) [1]Der Prüfungsstoff umfasst neben den jeweiligen Bezügen zum Europarecht die jeweiligen Bezüge zur Konvention zum Schutz der Menschenrechte und Grundfreiheiten. [2]Der Prüfungsstoff schließt die rechtswissenschaftlichen Methoden und die philosophischen, geschichtlichen und gesellschaftlichen

Grundlagen des Rechts und die Auseinandersetzung mit dem nationalsozialistischen Unrecht und dem Unrecht der SED-Diktatur ein. [3]Der Prüfungsstoff berücksichtigt die ethischen Grundlagen des Rechts und die rechtsprechende, verwaltende und rechtsberatende Praxis. [4]Er soll die Feststellung ermöglichen, ob der Prüfling die für die rechtsprechende, verwaltende und rechtsberatende Tätigkeit erforderlichen Schlüsselqualifikationen und die Fähigkeit zur kritischen Reflexion des Rechts erworben hat.

(5) Soweit Rechtsgebiete in Grundzügen Gegenstand des Prüfungsstoffes sind, wird die Kenntnis der gesetzlichen Systematik, der wesentlichen Normen und Rechtsinstitute ohne vertiefte Kenntnisse von Rechtsprechung und Literatur verlangt.

(6) [1]Fragen aus anderen Rechtsgebieten dürfen im Zusammenhang mit dem Prüfungsstoff zum Gegenstand der Prüfung gemacht werden, wenn sie typischerweise in diesem Zusammenhang auftreten. [2]Darüber hinaus kann die Prüfung auf andere Rechtsgebiete erstreckt werden, soweit lediglich Verständnis und Arbeitsmethode festgestellt werden sollen und Einzelwissen nicht vorausgesetzt wird.

§ 17 Berechnung der Studienzeit

Bei der Berechnung der Studienzeit für die Zulassung nach § 4 Abs. 2 NJAG und für den Freiversuch (§ 18 NJAG) bleiben unberücksichtigt:

1. Semester, in denen die oder der Studierende wegen einer durch ein amtsärztliches Zeugnis nachgewiesenen Krankheit oder aus einem anderen wichtigen Grund an einem Studium gehindert und deswegen beurlaubt war,
2. von einem rechtswissenschaftlichen Studium des ausländischen Rechts
   a) bis zu drei Auslandssemester, soweit ein Studienerfolg nachgewiesen wird, oder
   b) bis zu zwei Auslandssemester und zusätzlich ein Inlandssemester, wenn in diesem Studium im Ausland ein Studienerfolg nachgewiesen wird und im Inland eine Magisterarbeit mit Erfolg angefertigt worden ist,
3. bis zu zwei Semester einer Tätigkeit als Mitglied in Gremien einer Hochschule, der Selbstverwaltung der Studierenden oder eines Studentenwerks,
4. ein Semester, wenn die oder der Studierende an einer besonderen studienbezogenen Veranstaltung, die sich über insgesamt mindestens 200 Zeitstunden erstreckt hat, an einer Universität erfolgreich teilgenommen hat und
5. bis zu drei Semester aus dem Zeitraum vom Sommersemester 2020 bis Wintersemester 2021/2022.

§ 18 *[aufgehoben]*

§ 19 Aufsichtsarbeiten

(1) [1]Jede Aufsichtsarbeit ist innerhalb von fünf Zeitstunden anzufertigen. [2]Die Arbeit wird anstelle des Namens mit einer zugeteilten Kennzeichnung versehen. [3]Zu bearbeiten sind aus

1. dem Zivilrecht drei Aufgaben,
2. dem Strafrecht eine Aufgabe und
3. dem Öffentlichen Recht zwei Aufgaben.

(2) Die Aufgaben sollen rechtlich und tatsächlich einfach liegen, jedoch hinreichend Gelegenheit geben, die Fähigkeit zur Erörterung von Rechtsfragen zu zeigen.

§§ 20–22 *[aufgehoben]*

§ 23 Mündliche Prüfung

(1) [1]Die Prüfungsgespräche sind entsprechend den Pflichtfächern zu gliedern und dauern bei fünf Prüflingen jeweils etwa 60 Minuten. [2]Die Prüfung ist durch angemessene Pausen zu unterbrechen.

(2) Die oder der Vorsitzende des Prüfungsausschusses kann einer begrenzten Anzahl von

1. Studierenden der Rechtswissenschaft, vorzugsweise solchen, die bereits zur Prüfung zugelassen sind, sowie
2. anderen Personen, an deren Anwesenheit ein dienstliches Interesse besteht,

das Zuhören bei den Prüfungsgesprächen gestatten.

§ 24 *[aufgehoben]*

Dritter Abschnitt
Vorbereitungsdienst und zweite Staatsprüfung

§ 25 Einstellung und Beendigung des Vorbereitungsdienstes

(1) Die Oberlandesgerichte stellen in den Vorbereitungsdienst ein und treffen die Entscheidungen über die Beendigung des Vorbereitungsdienstes.

(2) Die Entscheidungen des Oberlandesgerichts nach diesem Abschnitt gehören zum Bereich der Justizverwaltung.

§ 26 Leitung der Ausbildung und Dienstaufsicht

(1) [1]Die Leitung der Ausbildung und die Dienstaufsicht über die Referendarinnen und Referendare obliegen den Oberlandesgerichten. [2]Abweichend von Satz 1 kann

1. das Justizministerium in der dritten Pflichtstation und, soweit in der öffentlichen Verwaltung ausgebildet wird, in der Wahlstation im Einvernehmen mit dem für Inneres zuständigen Ministerium auf dieses oder eine diesem nachgeordnete Behörde,
2. das Justizministerium in der vierten Pflichtstation im Einvernehmen mit den Rechtsanwaltskammern auf diese,
3. das Oberlandesgericht in den anderen Ausbildungsstationen auf das Landgericht, in dessen Bezirk die Referendarin oder der Referendar ausgebildet wird,

einzelne Befugnisse, die nicht durch Rechtsvorschrift zugewiesen sind, übertragen.

(2) Die Referendarin oder der Referendar untersteht in ihrer oder seiner dienstlichen Tätigkeit den Weisungen der Ausbildungsstelle, der Leitung der Arbeitsgemeinschaft und der Ausbilderin oder des Ausbilders am Arbeitsplatz.

§ 27 Ausbildung in anderen Bezirken und Ländern

(1) Mit Zustimmung der beteiligten Oberlandesgerichte können einzelne Stationen in einem anderen Oberlandesgerichtsbezirk abgeleistet werden.

(2) Das Oberlandesgericht kann gestatten, daß einzelne Stationen, Teile einzelner Pflichtstationen, die mindestens drei Monate dauern, oder die Wahlstation in einem anderen Land oder im Ausland abgeleistet werden, soweit eine sachgerechte Ausbildung gewährleistet ist.

(3) [1]Wer in einem anderen Land in den Vorbereitungsdienst eingestellt ist, kann mit Zustimmung seiner zuständigen Behörde einzelne Stationen in Niedersachsen ableisten. [2]Über die Zulassung als Gastreferendarin oder Gastreferendar entscheidet das Oberlandesgericht.

§ 28 ***[aufgehoben]***

§ 29 Ausbildung bei der Wahlstation

(1) [1]Die Referendarin oder der Referendar wird in einem der folgenden Wahlbereiche ausgebildet:

1. Wahlbereich „Zivilrecht und Strafrecht“ mit den Ausbildungsstellen
   a) ordentliches Gericht in Zivilsachen,
   b) Gericht in Familiensachen,
   c) Gericht in Sachen der freiwilligen Gerichtsbarkeit,
   d) Gericht in Strafsachen,
   e) Staatsanwaltschaft,
   f) Rechtsanwältin oder Rechtsanwalt,
   g) Notarin oder Notar,
   h) Wirtschaftsunternehmen,
   i) Justizministerium,
   j) Justizvollzugsanstalt;
2. Wahlbereich „Staats- und Verwaltungsrecht“ mit den Ausbildungsstellen
   a) Verwaltungsbehörde,
   b) Gericht der Verwaltungs- oder Verfassungsgerichtsbarkeit,
   c) gesetzgebende Körperschaft des Bundes oder eines Landes,
   d) Rechtsanwältin oder Rechtsanwalt;
3. Wahlbereich „Wirtschaftsrecht und Finanzrecht“ mit den Ausbildungsstellen

a) ordentliches Gericht in Zivilsachen (Handels-, Wettbewerbs- und Kartellsachen, Angelegenheiten der Insolvenzordnung),
b) Gericht der Finanzgerichtsbarkeit,
c) Behörde der Finanzverwaltung,
d) Rechtsanwältin oder Rechtsanwalt,
e) Notarin oder Notar,
f) Körperschaft wirtschaftlicher oder beruflicher Selbstverwaltung,
g) Wirtschaftsunternehmen,
h) Wirtschaftsprüferin oder Wirtschaftsprüfer,
i) Steuerberaterin oder Steuerberater;

4. Wahlbereich „Arbeitsrecht und Sozialrecht" mit den Ausbildungsstellen
a) Gericht der Arbeitsgerichtsbarkeit,
b) Gericht der Sozialgerichtsbarkeit,
c) Verwaltungsbehörde, die vorwiegend im Bereich des Arbeits- oder Sozialrechts tätig ist, Träger der Sozialversicherung oder Verband von Trägern der Sozialversicherung,
d) Rechtsanwältin oder Rechtsanwalt,
e) Gewerkschaft,
f) Arbeitgeberverband,
g) Körperschaft wirtschaftlicher oder beruflicher Selbstverwaltung,
h) Wirtschaftsunternehmen;

5. Wahlbereich „Europarecht" mit den Ausbildungsstellen
a) Organ oder Behörde der Europäischen Gemeinschaft,
b) Gericht der Europäischen Gemeinschaft,
c) Verwaltungsbehörde, die Aufgaben mit europarechtlichen Bezügen zu erfüllen hat,
d) Rechtsanwältin oder Rechtsanwalt,
e) Wirtschaftsunternehmen mit internationalen Beziehungen.

[2]Die Ausbildung in den Wahlbereichen kann auch bei einer sonstigen Stelle, bei der eine sachgerechte Ausbildung gewährleistet ist, abgeleistet werden.

(2) Die Referendarin oder der Referendar hat dem Oberlandesgericht spätestens drei Monate vor Beginn der Wahlstation mitzuteilen, in welchem Wahlbereich und bei welcher Ausbildungsstelle sie oder er ausgebildet werden soll.

§ 30 Veränderte Einteilung des Vorbereitungsdienstes

(1) Auf Antrag kann das Oberlandesgericht die Reihenfolge der Stationen ändern, wenn dies der Ausbildung förderlich ist.

(2) Das Oberlandesgericht regelt den weiteren Vorbereitungsdienst für diejenigen, die einen Teil des Vorbereitungsdienstes in einem anderen Land abgeleistet haben und nunmehr in Niedersachsen übernommen werden.

§ 31 Verlängerung des Vorbereitungsdienstes wegen entfallener Arbeitstage

(1) [1]Ist Ausbildungszeit wegen Dienstunfähigkeit entfallen, so können auf Antrag die erste und die vierte Pflichtstation bei mehr als 40 entfallenen Arbeitstagen und die übrigen Stationen bei mehr als 30 entfallenen Arbeitstagen um drei Monate verlängert werden. [2]Schließt sich nach § 33a Abs. 3 Satz 1 an die dritte Pflichtstation ein Verlängerungszeitraum an, so bezieht sich die Zahl von 30 entfallenen Arbeitstagen auf den Gesamtzeitraum von dritter Pflichtstation und Verlängerungszeitraum. [3]Schließt sich nach § 33a Abs. 3 Satz 2 an die vierte Pflichtstation ein Verlängerungszeitraum an, so bezieht sich die Zahl von 40 entfallenen Arbeitstagen auf den Gesamtzeitraum von vierter Pflichtstation und Verlängerungszeitraum.

(2) Das Oberlandesgericht kann im Einzelfall die Ausbildungszeit auf Antrag auch aus sonstigen zwingenden Gründen um drei Monate verlängern; unzureichende Leistungen stellen keinen zwingenden Grund dar.

(3) [1]Eine Verlängerung nach Absatz 1 oder 2 kann auch mehrfach gewährt werden. [2]Erfolgt die Verlängerung während einer Beschäftigung in Teilzeit, so wird auch die Verlängerung in Teilzeit abgeleistet.

(4) Der Antrag kann nur bis zum Ende der Station gestellt werden, die verlängert werden soll.

§ 32 *[aufgehoben]*

§ 33 Gestaltung der Ausbildung

(1) Die Referendarin oder der Referendar hat die Arbeitskraft voll der Ausbildung zu widmen.

(2) [1]Die Ausbildung findet am Arbeitsplatz, in der Arbeitsgemeinschaft und in Sonderveranstaltungen statt. [2]Die Oberlandesgerichte stellen Grundsätze für die Zuweisung an Ausbildungsstellen und Arbeitsgemeinschaften auf. [3]Ein Anspruch auf eine Ausbildung bei einer bestimmten Ausbildungsstelle besteht nicht. [4]Die Referendarin oder der Referendar kann einer Arbeitsgemeinschaft in einem anderen Oberlandesgerichtsbezirk zugewiesen werden. [5]Das Oberlandesgericht kann von der Teilnahme an der Arbeitsgemeinschaft befreien.

(3) In der vierten Pflicht- und der Wahlstation kann die Teilnahme an Ausbildungslehrgängen bis zu einer Dauer von insgesamt drei Monaten gestattet werden.

(4) Die Mitglieder der Arbeitsgemeinschaften wählen zur Wahrnehmung ihrer Interessen in Ausbildungsfragen eine Sprecherin oder einen Sprecher sowie eine Vertreterin oder einen Vertreter.

(5) Die Ausbildung wird durch Klausurenkurse zur Prüfungsvorbereitung ergänzt; die Teilnahme ist freiwillig.

(6) [1]Die Ausbildung darf nur von Personen durchgeführt werden, die die Befähigung zum Richteramt oder bei einer Ausbildung im Ausland eine entsprechende Qualifikation besitzen. [2]Von diesem Erfordernis kann bei den Wahlstellen nach § 29 Abs. 1 Satz 1 Nr. 3 Buchst. h und i im Einzelfall abgesehen werden.

(7) In jeder Station wird nach einem Plan ausgebildet, der die Gegenstände und die Methoden der Ausbildung festlegt.

§ 33a Vorbereitungsdienst in Teilzeit

(1) [1]Der Antrag auf erstmalige Bewilligung und auf Verlängerung der Ableistung des Vorbereitungsdienstes in Teilzeit nach § 7a NJAG soll zwei Monate vor dem geplanten Beginn der Teilzeitbeschäftigung gestellt werden; er muss spätestens einen Monat vorher gestellt werden. [2]Der Bewilligungszeitraum beträgt bei erstmaliger Bewilligung und bei Bewilligung einer Verlängerung zwölf Monate. [3]Der Antrag kann nur bis zum Beginn der jeweils bewilligten Teilzeitbeschäftigung zurückgenommen werden.

(2) [1]Die Reduzierung des regelmäßigen Dienstes um ein Fünftel (§ 7a Abs. 2 NJAG) erfolgt während der Ausbildung am Arbeitsplatz. [2]Arbeitsgemeinschaften und Sonderveranstaltungen sind auch bei Teilzeitbeschäftigung in vollem Umfang zu absolvieren.

(3) [1]Ist Teilzeitbeschäftigung für die erste, zweite oder dritte Pflichtstation des Vorbereitungsdienstes oder Teile davon bewilligt worden, so schließt sich an die dritte Pflichtstation ein Verlängerungszeitraum von drei Monaten an. [2]Ist Teilzeitbeschäftigung für einen Zeitraum bewilligt worden, der im 12. oder 13. Monat des Vorbereitungsdienstes beginnt, so schließt sich an die vierte Pflichtstation ein Verlängerungszeitraum von drei Monaten an. [3]Das Oberlandesgericht weist die Referendarin oder den Referendar für die Dauer der Verlängerung einer oder mehreren der in § 7 Abs. 1 Nrn. 1 bis 4 NJAG genannten Ausbildungsstellen zu, um die Reduzierung des regelmäßigen Dienstes in den Stationen auszugleichen.

§ 34 Ausbildungsnachweise

Über die Ausbildung am Arbeitsplatz ist ein Ausbildungsnachweis anzulegen, der über die erbrachten schriftlichen und mündlichen Leistungen, soweit sie nicht nur von untergeordneter Bedeutung sind, und ihre Bewertung Aufschluß gibt.

§ 35 Zeugnisse

(1) [1]Jede Ausbilderin oder jeder Ausbilder am Arbeitsplatz und in der Arbeitsgemeinschaft der Pflichtstationen hat sich in einem Ausbildungszeugnis über die Referendarin oder den Referendar zu äußern. [2]Das Zeugnis hat Angaben zu enthalten über die Fähigkeiten, die Rechtskenntnisse, die während der Ausbildung erbrachten Leistungen und soweit möglich die persönlichen Eigenschaften.

(2) Für die Bewertung der Leistungen gilt § 1 der Verordnung über eine Noten- und Punkteskala für die erste und zweite juristische Prüfung vom 3. Dezember 1981 (BGBl. I S. 1243), geändert durch Artikel 209 Abs. 4 des Gesetzes vom 19. April 2006 (BGBl. I S. 866), in der jeweils geltenden Fassung.

(3) [1]Das Zeugnis ist am Ende der Station oder des Stationsteils anzufertigen und zu eröffnen, bevor es zu den Personalakten gegeben wird. [2]Ist beabsichtigt, die Gesamtleistung mit „mangelhaft" oder „un-

genügend“ zu beurteilen, so soll dies spätestens zehn Tage vor Beendigung des Beurteilungszeitraumes mitgeteilt werden. [3]Eine schriftliche Äußerung der Referendarin oder des Referendars zu dem Zeugnis ist zusammen mit diesem aufzubewahren.

§ 36 Prüfungsstoff der zweiten Staatsprüfung

(1) Der Prüfungsstoff der zweiten Staatsprüfung umfasst den Prüfungsstoff der Pflichtfachprüfung (§ 16 Abs. 1 bis 3) und darüber hinaus

1. die gesamte Zivilprozessordnung, jedoch ohne die §§ 1025 bis 1120 (schiedsgerichtliche Verfahren und justizielle Zusammenarbeit in der Europäischen Union), unter Einbeziehung der gerichtsverfassungsrechtlichen Bezüge,
2. die §§ 46 bis 79 des Arbeitsgerichtsgesetzes (Urteilsverfahren) in Grundzügen,
3. den gesamten Allgemeinen Teil des Strafgesetzbuchs,
4. die gesamte Strafprozessordnung unter Einbeziehung der gerichtsverfassungsrechtlichen Bezüge, jedoch ohne
   a) die §§ 359 bis 373a (Wiederaufnahme eines durch rechtskräftiges Urteil abgeschlossenen Verfahrens),
   b) die §§ 449 bis 473a (Strafvollstreckung und Kosten des Verfahrens),
   c) die §§ 474 bis 499 (Schutz und Verwendung von Daten),
5. die §§ 72 bis 78 VwVfG (Planfeststellungsverfahren),
6. die §§ 29 bis 38 BauGB (Zulässigkeit von Vorhaben) über Grundzüge hinaus,
7. die §§ 1 bis 15 BauNVO (Art der baulichen Nutzung) über Grundzüge hinaus und in Grundzügen die übrigen Vorschriften der Baunutzungsverordnung,
8. die Gewerbeordnung in Grundzügen,
9. das Niedersächsische Gaststättengesetz und das Gaststättengesetz jeweils in Grundzügen,
10. das Niedersächsische Straßengesetz in Grundzügen,
11. das Verwaltungsprozessrecht insgesamt,
12. aus der anwaltlichen Tätigkeit
    a) rechtsberatende Praxis in den Pflichtstoffgebieten,
    b) Grundpflichten und Berufsregeln nach der Bundesrechtsanwaltsordnung und der Berufsordnung in Grundzügen,
    c) Gebührenrecht in Grundzügen.

(2) § 16 Abs. 4 bis 6 gilt entsprechend.

§ 37 Aufsichtsarbeiten

(1) [1]Die Aufsichtsarbeiten werden zu Beginn des letzten Monats der letzten Pflichtstation geschrieben. [2]Schließt sich nach § 33a Abs. 3 Satz 2 an die vierte Pflichtstation ein Verlängerungszeitraum an, so werden die Aufsichtsarbeiten im letzten Monat dieses Zeitraums geschrieben. [3]§ 19 Abs. 1 Sätze 1 und 2 gilt entsprechend.

(2) [1]Anzufertigen sind

1. vier Aufsichtsarbeiten aus dem Bereich des Zivilrechts, davon zwei Arbeiten mit einer gutachterlich-rechtsberatenden oder gutachterlich-rechtsgestaltenden sowie jeweils eine Arbeit mit einer zivilgerichtlichen und einer gutachterlichen Aufgabenstellung,
2. eine Aufsichtsarbeit aus dem Bereich des Strafrechts mit einer staatsanwaltschaftlichen Aufgabenstellung,
3. zwei Aufsichtsarbeiten aus dem Bereich des Öffentlichen Rechts, davon eine mit einer verwaltungsfachlichen und eine mit einer gutachterlich-rechtsberatenden Aufgabenstellung,
4. eine Aufsichtsarbeit nach Wahl des Prüflings aus dem Strafrecht mit einer staatsanwaltschaftlichen oder aus dem Öffentlichen Recht mit einer verwaltungsfachlichen Aufgabenstellung.

[2]Liegt dem Landesjustizprüfungsamt bis spätestens zum Ende der Ausbildung in der dritten Pflichtstation eine Wahlentscheidung des Prüflings nach Satz 2 Nr. 4 nicht vor, so ist eine Aufsichtsarbeit mit einer staatsanwaltschaftlichen Aufgabenstellung anzufertigen.

§ 38 *[aufgehoben]*

§ 39 Mündliche Prüfung

(1) [1]Die mündliche Prüfung beginnt mit dem freien Aktenvortrag zu einer anwaltlichen Aufgabenstellung. [2]Daran schließt sich ein kurzes Vertiefungsgespräch an.

(2) [1]Die Akten, die dem Vortrag zugrunde liegen, beziehen sich auf den vom Prüfling gewählten Wahlbereich. [2]Ist ein Wahlbereich nach § 29 Abs. 1 Satz 1 Nr. 1, 3 oder 4 gewählt, so kann die Referendarin oder der Referendar spätestens zwei Monate vor Ende der Wahlstation gegenüber dem Landesjustizprüfungsamt erklären, welchem Teilebereich der Vortrag zu entnehmen ist. [3]Die Aufgabe wird dem Prüfling eine Stunde vor der mündlichen Prüfung übergeben.

(3) [1]Die Prüfungsgespräche dauern bei vier Prüflingen insgesamt etwa drei Stunden. [2]Sie sind durch angemessene Pausen zu unterbrechen.

(4) [1]Die Prüfungsgespräche sind entsprechend den vier Pflichtstationen zu gliedern. [2]Sie sollen von den jeweils typischen Berufssituationen ausgehen. [3]Die Prüfungsgespräche dienen der Feststellung, ob der Prüfling in der Lage ist, Aufgaben und Probleme der juristischen Praxis rasch zu erfassen, die maßgebenden Gesichtspunkte zutreffend zu erkennen und durch überzeugende Erwägungen zu einer Lösung beizutragen.

(5) Das vorsitzende Mitglied des Prüfungsausschusses kann das Zuhören bei der mündlichen Prüfung gestatten:

1. Referendarinnen und Referendaren, vorzugsweise denen, die demnächst zur Prüfung anstehen,
2. Vertreterinnen und Vertretern von Spitzenorganisationen der Gewerkschaften und Berufsverbände sowie
3. anderen Personen, an deren Anwesenheit ein dienstliches Interesse besteht.

§ 40 Wiederholung der Prüfung

(1) [1]Ist die Prüfung nicht bestanden, so bestimmt der Prüfungsausschuß, welche der vier Pflichtstationen ganz oder teilweise zu wiederholen sind. [2]Er legt die Dauer des Ergänzungsvorbereitungsdienstes, der mindestens drei und höchstens sieben Monate beträgt, fest. [3]Wird er aufgeteilt, so entfallen auf die einzelnen Stationen mindestens drei Monate. [4]Die Ausbildung im Ergänzungsvorbereitungsdienst beginnt unverzüglich. [5]Der Ergänzungsvorbereitungsdienst ist auch bei zuvor bewilligter Teilzeitbeschäftigung in Vollzeit zu absolvieren. [6]§ 31 bleibt unberührt.

(2) [1]Hat eine mündliche Prüfung nicht stattgefunden oder ist die Prüfung wegen einer Täuschungshandlung für nicht bestanden erklärt worden, so trifft das Landesjustizprüfungsamt die Entscheidungen nach Absatz 1. [2]Es kann von der Anordnung eines Ergänzungsvorbereitungsdienstes absehen, wenn mit den schriftlichen Prüfungsleistungen die Voraussetzungen für die Teilnahme an der mündlichen Prüfung erfüllt sind.

(3) Die Referendarin oder der Referendar hat die Aufsichtsarbeiten gegen Ende des Ergänzungsvorbereitungsdienstes anzufertigen.

(4) Ist die Prüfung zu wiederholen, aber kein Ergänzungsvorbereitungsdienst abzuleisten (Absatz 2 Satz 2), so werden die Ergebnisse der schriftlichen Prüfungsleistungen auf die Prüfungsgesamtnote der Wiederholungsprüfung angerechnet.

Vierter Abschnitt
Schlussvorschriften

§ 41 Übergangsvorschriften

(1) [1]Für Studierende, die vor dem 1. Oktober 2009 die Zulassung zur Pflichtfachprüfung oder Schwerpunktbereichsprüfung beantragen, finden die am 30. September 2009 geltenden Vorschriften über die erste Prüfung weiterhin Anwendung. [2]Studierende, die ab dem 1. Oktober 2009 und vor dem 1. Juli 2010 die Zulassung zur Pflichtfachprüfung oder Schwerpunktbereichsprüfung beantragen, können mit ihrem Antrag entscheiden, ob sich die Zulassung und die erste Prüfung nach den am 30. September 2009 geltenden oder den danach geltenden Vorschriften richtet. [3]Für Prüfungen, die im Anschluss an eine im Freiversuch als nicht unternommen geltende Prüfung abgelegt werden, und für Wiederholungsprüfungen gelten die gleichen Bestimmungen wie für den ersten Prüfungsversuch.

(2) [1]Abweichend von Absatz 1 finden für Studierende, die für die erste Prüfung nach den am 30. September 2009 geltenden Vorschriften zugelassen sind, die ab dem 1. Oktober 2009 geltenden Vorschriften Anwendung, wenn die Prüfungsleistungen nicht bis zum 31. Mai 2013 vollständig erbracht worden sind. [2]Die Bewertungen der vor dem 1. Juni 2013 bereits erbrachten Prüfungsleistungen gehen entsprechend den ab dem 1. Oktober 2009 geltenden Vorschriften in die Prüfungsgesamtnote ein.

(3) [1]Für Studierende, die vor dem 1. Oktober 2021 die Zulassung zur Pflichtfachprüfung beantragen, finden die §§ 16 und 17 Nr. 1 in der am 31. Dezember 2019 geltenden Fassung weiterhin Anwendung. [2]Für Prüfungen, die im Anschluss an eine im Freiversuch als nicht unternommen geltende Prüfung abgelegt werden, und für Wiederholungsprüfungen gelten die gleichen Bestimmungen wie für den ersten Prüfungsversuch.

(4) Für Referendarinnen und Referendare, die vor dem 1. März 2020 in den Vorbereitungsdienst aufgenommen worden sind oder werden, finden die Vorschriften dieser Verordnung in der am 31. Dezember 2019 geltenden Fassung weiterhin Anwendung.

§ 42 Inkrafttreten[1)]

Diese Verordnung tritt mit Wirkung vom 1. November 1993 in Kraft.

---

1) Beachte hierzu die folgenden **Übergangsvorschriften:**

– **Art. 2 ÄndVO v. 26.9.2001 (Nds. GVBl. S. 643):**

„(1) Diese Verordnung tritt am 1. Oktober 2001 in Kraft.

(2) Für Prüflinge, die zum Zeitpunkt des In-Kraft-Tretens dieser Verordnung bereits zu Aufsichtsarbeiten geladen sind, gilt für diese Aufsichtsarbeiten anstelle des § 3 Abs. 1 NJAVO die bisherige Vorschrift.

(3) Für Studierende, die im Sommersemester 2001 an einer deutschen Hochschule im Studienfach Rechtswissenschaften (Studiengang Staatsexamen) eingeschrieben oder beurlaubt waren, gelten anstelle des § 12 Abs. 1 Sätze 1 und 3, Abs. 3 sowie des § 14 Abs. 1 NJAVO die bisherigen Vorschriften.

(4) Für Referendarinnen und Referendare, die ihre Wahlstation vor dem 1. Juni 2002 beginnen, findet § 29 Abs. 1 Satz 1 Nr. 5 NJAVO keine Anwendung.

(5) Für Referendarinnen und Referendare, die zum Zeitpunkt des In-Kraft-Tretens dieser Verordnung bereits zur mündlichen Prüfung geladen sind, gilt für diesen Termin anstelle des § 40 Abs. 2 Satz 2 NJAVO die entsprechende bisherige Vorschrift.

(6) Für Referendarinnen und Referendare, die zum Zeitpunkt des In-Kraft-Tretens dieser Verordnung bereits den Bescheid über das Nichtbestehen der Prüfung erhalten haben, gilt anstelle des § 40 Abs. 3 Satz 1 NJAVO die entsprechende bisherige Vorschrift."

– **Art. 2 ÄndVO v. 25.9.2003 (Nds. GVBl. S. 356):**

„(1) Diese Verordnung tritt am 1. Oktober 2003 in Kraft.

(2) Wird nach Artikel 3 Abs. 2 des Gesetzes zur Änderung des Niedersächsischen Gesetzes zur Ausbildung der Juristinnen und Juristen vom 18. September 2003 (Nds. GVBl. S. 346) die erste Staatsprüfung durchgeführt, so finden hierauf die vor dem 1. Oktober 2003 geltenden Vorschriften der Verordnung zum Niedersächsischen Gesetz zur Ausbildung der Juristinnen und Juristen weiterhin Anwendung.

(3) Für Referendarinnen und Referendare, die vor dem 1. Februar 2004 in den Vorbereitungsdienst aufgenommen worden sind oder werden, finden die vor dem 1. Oktober 2003 geltenden Vorschriften der Verordnung zum Niedersächsischen Gesetz zur Ausbildung der Juristinnen und Juristen weiterhin Anwendung. Abweichend von Satz 1 schreiben Referendarinnen und Referendare, soweit ihre Aufsichtsarbeiten nicht vor dem 1. Juni 2005 angefertigt sind, die Aufsichtsarbeiten im vorletzten und letzten Monat der letzten Pflichtstation."

Niedersächsisches Gleichberechtigungsgesetz (NGG)

Vom 9. Dezember 2010 (Nds. GVBl. S. 558)
(VORIS 20480)

zuletzt geändert durch Art. 15 G zur Neuregelung des Beamtenversorgungsrechts vom 17. November 2011 (Nds. GVBl. S. 422)

Inhaltsübersicht

Erster Teil
Allgemeine Vorschriften

§ 1 Zielsetzung

(1) Ziel dieses Gesetzes ist es,

1. für Frauen und Männer in der öffentlichen Verwaltung die Vereinbarkeit von Familien- und Erwerbsarbeit zu fördern und zu erleichtern sowie
2. Frauen und Männern eine gleiche Stellung in der öffentlichen Verwaltung zu verschaffen.

(2) Um die Zielsetzung dieses Gesetzes zu erreichen, sind nach Maßgabe der nachfolgenden Vorschriften

1. Arbeitsbedingungen so zu gestalten, dass Frauen und Männer ihre Erwerbsarbeit mit ihrer Familienarbeit vereinbaren können,
2. das Handeln der Verwaltung stärker durch Frauen zu prägen und weibliche und männliche Sichtweisen und Erfahrungen sowie die Erfahrungen aus einem Leben mit Kindern einzubeziehen,
3. die berufliche Gleichberechtigung von Frauen und Männern zu verwirklichen und gleiche berufliche Chancen herzustellen,
4. Nachteile, die Männer und Frauen aufgrund ihrer geschlechtlichen Unterschiedlichkeit oder ihrer Geschlechterrolle erfahren, zu beseitigen oder auszugleichen und

5. Frauen und Männer in den Vergütungs-, Besoldungs- und Entgeltgruppen einer Dienststelle, in denen sie unterrepräsentiert sind, sowie in Gremien gerecht zu beteiligen.

(3) Alle Dienststellen und die dort Beschäftigten, insbesondere solche mit Vorgesetzten- oder Leitungsaufgaben, sind verpflichtet, die Zielsetzung dieses Gesetzes zu verwirklichen.

§ 2 Geltungsbereich

(1) Dieses Gesetz gilt für

1. die Verwaltungen des Landes, der Gemeinden und der Gemeindeverbände,
2. die Verwaltungen der auf niedersächsischem Landesrecht beruhenden sonstigen Körperschaften, Anstalten und Stiftungen des öffentlichen Rechts mit 30 oder mehr Beschäftigten,
3. die Gerichte und die Hochschulen in staatlicher Verantwortung sowie
4. die öffentlichen Schulen, soweit nicht Besonderheiten dieser Einrichtungen einer Anwendung von Vorschriften dieses Gesetzes entgegenstehen.

(2) [1]Für öffentliche Theater und Orchester sowie für öffentliche außeruniversitäre wissenschaftliche Einrichtungen gelten die Vorschriften dieses Gesetzes nur insoweit, als dem nicht die Eigenart dieser Einrichtungen entgegensteht. [2]Sie gelten insbesondere nicht bei Maßnahmen, die die künstlerische Gestaltung von Aufführungen oder Veranstaltungen wesentlich beeinflussen können.

(3) Das Gesetz gilt nicht für die Selbstverwaltungskörperschaften der Wirtschaft und der freien Berufe.

§ 3 Begriffsbestimmungen

(1) Beschäftigte im Sinne dieses Gesetzes sind Arbeitnehmerinnen und Arbeitnehmer, Beamtinnen und Beamte mit Ausnahme der Ehrenbeamtinnen und Ehrenbeamten sowie Auszubildende.

(2) Dienststellen im Sinne dieses Gesetzes sind

1. die einzelnen Behörden einschließlich der Landesbetriebe nach § 26 der Niedersächsischen Landeshaushaltsordnung,
2. soweit Behörden nicht vorhanden sind, die Verwaltungsstellen der in § 2 Abs. 1 genannten Verwaltungen,

wenn sie befugt sind, Einstellungen, Beförderungen oder Übertragungen höherwertiger Tätigkeiten vorzunehmen.

(3) [1]Unterrepräsentanz im Sinne dieses Gesetzes liegt vor, wenn der Frauen- oder Männeranteil in einem Bereich einer Dienststelle unter 45 vom Hundert liegt. [2]Teilzeitbeschäftigte werden entsprechend ihrer individuellen wöchentlichen Arbeitszeit berücksichtigt.

(4) [1]Bereich im Sinne dieses Gesetzes ist eine Vergütungs-, Besoldungs- oder Entgeltgruppe. [2]Abweichend von Satz 1 bilden in einer Besoldungsgruppe, der auch Einstiegsämter zugeordnet sind, die Einstiegsämter und die übrigen Ämter jeweils einen Bereich.

Zweiter Teil
Vereinbarkeit von Erwerbs- und Familienarbeit

§ 4 Familiengerechte Arbeitsgestaltung

Arbeitsbedingungen einschließlich der Arbeitszeiten in der Dienststelle sind, soweit die Erfüllung der dienstlichen Aufgaben das zulässt, so zu gestalten, dass Frauen und Männer ihre Erwerbsarbeit mit ihrer Familienarbeit vereinbaren können.

§ 5 Arbeitszeitgestaltung bei familiären Betreuungsaufgaben

[1]Beschäftigten, die Kinder unter zwölf Jahren oder pflegebedürftige Angehörige im Sinne des § 14 des Elften Buchs des Sozialgesetzbuchs betreuen, ist auf Verlangen über die für alle Beschäftigten geltenden Regelungen hinaus eine individuelle Gestaltung der täglichen oder wöchentlichen Arbeitszeit zu ermöglichen, soweit nicht dringende dienstliche Belange entgegenstehen. [2]Die Ablehnung des Verlangens ist schriftlich zu begründen.

§ 6 Teilzeitarbeit und Beurlaubung

(1) Die Dienststellen haben dafür zu sorgen, dass sie ihren Beschäftigten, auch für Vorgesetzten- und Leitungsaufgaben, genügend Teilzeitarbeitsplätze anbieten können.

(2) Die Dienststellen sind verpflichtet, Beschäftigte, die eine Beurlaubung oder eine Ermäßigung der Arbeitszeit beantragen, auf die generellen beamten-, arbeits- und versorgungsrechtlichen Folgen hinzuweisen.

(3) Die Ermäßigung von Arbeitszeit ist grundsätzlich personell auszugleichen; dabei sind verbleibende Stellenreste zu vollen Stellen oder Teilzeitstellen zusammenzuführen.

(4) Urlaubs- und Krankheitsvertretungen sowie Aushilfstätigkeiten sind vorrangig denjenigen Beschäftigten der Dienststelle anzubieten, die aus familiären Gründen beurlaubt worden sind und die Interesse an der Übernahme solcher Tätigkeiten bekundet haben.

(5) [1]Teilzeitbeschäftigten sind die gleichen beruflichen Aufstiegs- und Fortbildungschancen einzuräumen wie Vollzeitbeschäftigten. [2]Können Teilzeitbeschäftigte an einer längerfristigen Fortbildungsmaßnahme nur teilnehmen, wenn sie dabei ihre regelmäßige wöchentliche Arbeitszeit überschreiten, so soll für die Dauer der Maßnahme auf Antrag die regelmäßige wöchentliche Arbeitszeit entsprechend erhöht werden.

(6) [1]Den Beschäftigten, die Elternzeit in Anspruch nehmen, dürfen aus diesem Grund keine dienstlichen Nachteile entstehen. [2]Eine familienbedingte Beurlaubung darf sich für die betreffenden Beschäftigten nicht nachteilig auf beamtenrechtliche Auswahlentscheidungen oder Höhergruppierungen auswirken.

Dritter Teil Gleichstellung von Frauen und Männern

Erster Abschnitt Verbesserung der Entscheidungsfindung, Benachteiligungsverbot

§ 7 Verbesserung der Entscheidungsfindung

Die Dienststelle soll sicherstellen, dass in ihre Entscheidungsprozesse weibliche und männliche Sichtweisen und Erfahrungen sowie die Erfahrungen aus einem Leben mit Kindern einfließen können.

§ 8 Gremien

(1) Werden Kommissionen, Arbeitsgruppen, Vorstände, Beiräte und gleichartige Gremien einschließlich Personalauswahlgremien mit Beschäftigten besetzt, so sollen diese je zur Hälfte Frauen und Männer sein.

(2) Sollen in ein Gremium der öffentlichen Verwaltung durch eine Stelle außerhalb der öffentlichen Verwaltung Personen entsandt werden oder werden Beschäftigte der öffentlichen Verwaltung in Gremien außerhalb der öffentlichen Verwaltung entsandt, so ist auf eine hälftige Besetzung der Gremien mit Frauen und Männern hinzuwirken.

§ 9 Benachteiligungsverbot

(1) Beschäftigte dürfen nicht unmittelbar oder mittelbar wegen des Geschlechts benachteiligt werden.

(2) [1]Eine unmittelbare Benachteiligung liegt vor, wenn eine Person wegen des Geschlechts eine weniger günstige Behandlung erfährt, als eine andere Person in einer vergleichbaren Situation erfährt, erfahren hat oder erfahren würde. [2]Eine unmittelbare Benachteiligung wegen des Geschlechts liegt auch im Fall einer ungünstigeren Behandlung einer Frau wegen Schwangerschaft oder Mutterschaft vor.

(3) Eine mittelbare Benachteiligung liegt vor, wenn dem Anschein nach neutrale Vorschriften, Kriterien oder Verfahren Personen wegen des Geschlechts gegenüber anderen Personen in besonderer Weise benachteiligen können, es sei denn, die betreffenden Vorschriften, Kriterien oder Verfahren sind durch ein rechtmäßiges Ziel sachlich gerechtfertigt und die Mittel sind zur Erreichung dieses Ziels angemessen und erforderlich.

(4) Eine unterschiedliche Behandlung wegen des Geschlechts ist zulässig, wenn dieser Grund wegen der Art der auszuübenden Tätigkeit oder der Bedingungen ihrer Ausübung eine wesentliche und entscheidende berufliche Anforderung darstellt, sofern der Zweck rechtmäßig und die Anforderung angemessen ist.

(5) Ungeachtet der in den Absätzen 3 und 4 genannten Gründe ist eine unterschiedliche Behandlung auch zulässig, wenn durch geeignete und angemessene Maßnahmen, insbesondere nach § 13 Abs. 5 dieses Gesetzes, bestehende Nachteile wegen des Geschlechts verhindert oder ausgeglichen werden sollen.

Zweiter Abschnitt
Abbau von Unterrepräsentanz

§ 10 Fördermaßnahmen

(1) Unterrepräsentanz ist durch die Personal- und Organisationsentwicklung und nach Maßgabe der nachfolgenden Vorschriften durch die Förderung des unterrepräsentierten Geschlechts bei der Ausbildung, Einstellung, Beförderung und Übertragung höherwertiger Tätigkeiten abzubauen.
(2) Bei Personalabbau soll darauf geachtet werden, dass sich dadurch die Unterrepräsentanz eines Geschlechts nicht verstärkt.

§ 11 Ausschreibungen

(1) [1]In allen Bereichen, in denen ein Geschlecht unterrepräsentiert ist, sind Stellen grundsätzlich auszuschreiben. [2]In der Stellenausschreibung ist das unterrepräsentierte Geschlecht ausdrücklich anzusprechen. [3]Außerdem ist darin auf mögliche Teilzeitbeschäftigung hinzuweisen. [4]Die Sätze 1 bis 3 gelten für die Übertragung einer höherwertigen Tätigkeit und die Besetzung eines Dienstpostens ohne Stelle entsprechend.
(2) Die Gleichstellungsbeauftragte kann eine zweite Ausschreibung verlangen, wenn sich keine Person des unterrepräsentierten Geschlechts beworben hat.

§ 12 Auswahlverfahren

(1) [1]Bei der Besetzung von Stellen in Bereichen, in denen ein Geschlecht unterrepräsentiert ist, sollen mindestens zur Hälfte Personen dieses Geschlechts, die die in der Stellenausschreibung angegebenen Mindestvoraussetzungen erfüllen, in die engere Wahl einbezogen und zu einem Vorstellungsgespräch eingeladen werden. [2]Satz 1 gilt für die Übertragung einer höherwertigen Tätigkeit und die Besetzung eines Dienstpostens ohne Stelle entsprechend.
(2) Fragen nach der Familienplanung und Fragen danach, wie die Betreuung von Kindern neben der Berufstätigkeit sichergestellt wird, sind unzulässig.

§ 13 Auswahlkriterien

(1) Im Auswahlverfahren sind für die Beurteilung von Eignung, Befähigung und fachlicher Leistung ausschließlich die Anforderungen der zu besetzenden Stelle, der zu übertragenden Tätigkeit, des zu besetzenden Dienstpostens, der Laufbahn oder des Berufs maßgebend.
(2) [1]Falls ein Mindestdienst- oder -lebensalter in der Ausschreibung oder in anderer Weise vor Beginn des Auswahlverfahrens als Teil der Anforderungen nach Absatz 1 festgelegt worden ist, dürfen nur Personen ausgewählt werden, die diese Anforderung erfüllen. [2]Falls mehrere Personen das nach Satz 1 geforderte Mindestdienst- oder -lebensalter haben oder diese Kriterien zwar nicht zu den Anforderungen nach Absatz 1 gehören, ihnen jedoch in anderer Weise Bedeutung für die Beurteilung von Eignung, Befähigung und fachlicher Leistung zukommt, darf das Dienst- oder das Lebensalter nur berücksichtigt werden, wenn weder die Personal- oder Organisationsentwicklung nach § 10 Abs. 1 noch eine Festlegung in einem Gleichstellungsplan nach § 15 Abs. 2 Satz 2 und Abs. 3 Satz 1 entgegensteht.
(3) Für die Beurteilung der Eignung und Befähigung sind auch Erfahrungen und Fähigkeiten aus der familiären oder sozialen Arbeit wie Flexibilität, Kommunikations- und Teamfähigkeit, Tatkraft und Organisationsfähigkeit einzubeziehen, soweit diese Qualifikationen für die zu übertragenden Aufgaben von Bedeutung sind.
(4) [1]Vorangegangene Teilzeitbeschäftigungen und Unterbrechungen der Erwerbstätigkeit zur Betreuung von Kindern oder pflegebedürftigen Angehörigen dürfen nicht nachteilig berücksichtigt werden. [2]Hat sich auf eine teilzeitgeeignete Stelle keine zweite Teilzeitkraft beworben, so darf die Bewerbung der einen Teilzeitkraft aus diesem Grund nur abgelehnt werden, wenn dafür zwingende personalwirtschaftliche Gründe vorliegen.
(5) [1]In einem Bereich, in dem ein Geschlecht unterrepräsentiert ist, darf zur Erreichung des in § 1 Abs. 1 Nr. 2 genannten Ziels bei der Einstellung, Beförderung und Übertragung höherwertiger Tätigkeiten eine Person des unterrepräsentierten Geschlechts bei gleicher Eignung, Befähigung und fachlicher Leistung gegenüber einer Person des anderen Geschlechts bevorzugt werden. [2]Eine Bevorzugung nach Satz 1 ist nicht zulässig, wenn bei der Person des anderen Geschlechts schwerwiegende persönliche Gründe vorliegen, hinter denen das in Satz 1 genannte Ziel zurücktreten muss und die

durch persönliche Gründe, die bei der Person des unterrepräsentierten Geschlechts vorliegen, nicht aufgewogen werden.

(6) [1]Absatz 5 gilt für die Besetzung von Ausbildungsplätzen entsprechend, solange der Frauen- oder Männeranteil bei den Auszubildenden in einer Dienststelle unter 45 vom Hundert liegt. [2]Satz 1 gilt nicht bei Ausbildungen für Berufe, die auch außerhalb des öffentlichen Dienstes ausgeübt werden und für die ausschließlich innerhalb des öffentlichen Dienstes ausgebildet wird.

§ 14 Fortbildung

(1) Frauen und Männer sollen im gleichen Umfang als Leiterinnen und Leiter sowie Referentinnen und Referenten bei Fortbildungsveranstaltungen eingesetzt werden.

(2) Beurlaubte Beschäftigte und Beschäftigte in Elternzeit sind rechtzeitig und umfassend über Fortbildungsmaßnahmen zu unterrichten.

(3) Frauen oder Männer sind gezielt anzusprechen, um möglichst eine paritätische Besetzung der Fortbildungsveranstaltungen zu erreichen.

(4) [1]Fortbildungsveranstaltungen sind so durchzuführen, dass Beschäftige, die Kinder betreuen oder pflegebedürftige Angehörige versorgen, teilnehmen können. [2]Im Rahmen der zur Verfügung stehenden Haushaltsmittel werden auf Antrag die angemessenen nachgewiesenen Mehrkosten für die Kinderbetreuung und die Betreuung pflegebedürftiger Angehöriger im Sinne des § 14 des Elften Buchs des Sozialgesetzbuchs erstattet.

Vierter Teil
Durchsetzung der Ziele

Erster Abschnitt
Gleichstellungsplan

§ 15 Erstellung

(1) [1]Jede Dienststelle mit mindestens 50 Beschäftigten hat erstmals bis zum 31. Dezember 2011 jeweils für drei Jahre einen Gleichstellungsplan zu erstellen. [2]Außenstellen mit mindestens 50 Beschäftigten, die befugt sind, Einstellungen, Beförderungen oder Übertragungen höherwertiger Tätigkeiten vorzunehmen, müssen jeweils zusätzlich einen eigenen Gleichstellungsplan erstellen.

(2) [1]Als Grundlage des Gleichstellungsplans dient eine Bestandsaufnahme und Analyse der Beschäftigtenstruktur und der zu erwartenden Fluktuation. [2]Im Gleichstellungsplan ist für seine Geltungsdauer nach Maßgabe der dienstrechtlichen Befugnisse der ihn erstellenden Stelle und des Absatzes 3 festzulegen, wie eine Unterrepräsentanz abgebaut und die Vereinbarkeit von Erwerbsarbeit und Familienarbeit verbessert werden soll.

(3) [1]Zum Abbau von Unterrepräsentanz muss der Gleichstellungsplan für seine Geltungsdauer Zielvorgaben in Vomhundertsätzen, bezogen auf den Anteil des unterrepräsentierten Geschlechts in den jeweiligen Bereichen, enthalten. [2]Für Schulen kann bei den Ämtern der Laufbahn der Laufbahngruppe 2 der Fachrichtung Bildung zwischen den nach dem ersten Einstiegsamt und den nach dem zweiten Einstiegsamt regelmäßig zu durchlaufenden Ämtern unterschieden werden. [3]Die Besonderheiten in den jeweiligen Bereichen, Dienststellen und Außenstellen sind zu berücksichtigen. [4]Die personellen, organisatorischen und fortbildenden Maßnahmen zur Erreichung der Zielvorgaben nach Satz 1 sind konkret zu benennen. [5]Zur Verbesserung der Vereinbarkeit von Erwerbs- und Familienarbeit muss der Gleichstellungsplan für seine Geltungsdauer geeignete Bemessungskriterien, Zielvorgaben und Maßnahmen enthalten.

(4) Der Gleichstellungsplan ist den Beschäftigten unverzüglich zur Kenntnis zu geben.

§ 16 Wirkungen und Erfolgskontrolle

(1) [1]Die im Gleichstellungsplan festgelegten Zielvorgaben und Maßnahmen müssen bei der Besetzung von Ausbildungsplätzen, Einstellung, Beförderung oder Übertragung höherwertiger Tätigkeiten, beim Personalabbau sowie bei der Durchführung von Fortbildungsmaßnahmen beachtet werden. [2]Bei der Personal- und Organisationsentwicklung sind die im Gleichstellungsplan festgelegten Zielvorgaben zu beachten.

(2) [1]Nach Ablauf der Geltungsdauer eines Gleichstellungsplans ermittelt die Stelle, die ihn erstellt hat, inwieweit Unterrepräsentanz (in Vomhundertsätzen) verringert und die Vereinbarkeit von Erwerbs-

und Familienarbeit verbessert worden ist. [2]Sie gibt dies den Beschäftigten innerhalb von sechs Monaten nach Ablauf der Geltungsdauer des Gleichstellungsplans zur Kenntnis.

§ 17 Ausbildung

[1]Unterrepräsentanz im Sinne der Vorschriften dieses Abschnitts liegt in Bezug auf die Ausbildung vor, wenn der Frauen- oder Männeranteil bei den Auszubildenden in einer Dienststelle unter 45 vom Hundert liegt. [2]Bereich im Sinne der Vorschriften dieses Abschnitts ist in Bezug auf die Ausbildung die Gesamtzahl der Auszubildenden in einer Dienststelle.

Zweiter Abschnitt
Gleichstellungsbeauftragte

§ 18 Geltungsbereich

Die Vorschriften dieses Abschnitts gelten nicht für die Verwaltungen der Gemeinden, Gemeindeverbände, gemeinsamen kommunalen Anstalten und Zweckverbände sowie für Hochschulen.

§ 19 Bestellung

(1) [1]Jede Dienststelle und jede Außenstelle, die nach § 15 Abs. 1 Satz 1 oder 2 zur Erstellung eines Gleichstellungsplans verpflichtet ist, hat jeweils eine Gleichstellungsbeauftragte und eine Vertreterin zu bestellen. [2]Dienststellen mit weniger als 50 Beschäftigten können, auch gemeinsam mit anderen Dienststellen unter 50 Beschäftigten, eine Gleichstellungsbeauftragte und eine Vertreterin bestellen; dies gilt für Außenstellen im Sinne des § 15 Abs. 1 Satz 2 mit weniger als 50 Beschäftigten entsprechend. [3]Die Bestellung weiterer Gleichstellungsbeauftragter oder Vertreterinnen für abgegrenzte Aufgabenbereiche ist zulässig. [4]Die Dienststelle oder die Außenstelle bestellt die Gleichstellungsbeauftragte und die Vertreterin mit deren Einverständnis. [5]Vor der Bestellung sind die Beschäftigten anzuhören. [6]Das Ergebnis der Anhörung ist zu berücksichtigen.

(2) [1]Die Bestellung der Gleichstellungsbeauftragten und ihrer Vertreterin erfolgt für die Dauer von vier Jahren; sie kann mit ihrem Einverständnis aufgehoben werden. [2]Im Übrigen kann die Bestellung nur aus wichtigem Grund widerrufen werden.

(3) Hat eine Dienststelle oder eine Außenstelle, die in Personalangelegenheiten der Fachaufsicht unterliegt, zulässigerweise keine Gleichstellungsbeauftragte bestellt, so werden die Aufgaben und Befugnisse der Gleichstellungsbeauftragten durch die Gleichstellungsbeauftragte der Dienststelle wahrgenommen, die in Personalangelegenheiten die Fachaufsicht führt.

(4) Soweit sich die §§ 20, 21, 22 Abs. 1 und 5 bis 7 und § 23 auf Dienststellen beziehen, gelten diese Vorschriften in Bezug auf Gleichstellungsbeauftragte, die von einer Außenstelle bestellt worden sind, mit der Maßgabe entsprechend, dass an die Stelle der Dienststelle die Außenstelle tritt.

§ 20 Aufgaben und Befugnisse

(1) [1]Die Gleichstellungsbeauftragte hat die Aufgabe, den Vollzug dieses Gesetzes sowie des Allgemeinen Gleichbehandlungsgesetzes im Hinblick auf den Schutz vor Benachteiligungen wegen des Geschlechts und sexueller Belästigung in der Dienststelle zu fördern und zu überwachen. [2]Sie ist bei allen personellen, sozialen und organisatorischen Maßnahmen, die die Gleichstellung von Frauen und Männern und die Vereinbarkeit von Erwerbs- und Familienarbeit berühren können, rechtzeitig zu beteiligen. [3]Zu den Maßnahmen nach Satz 2 gehören insbesondere

1. Arbeitszeitregelungen,
2. organisatorische und individuelle Regelungen zur Teilzeit,
3. Einstellungen, Beförderungen und Höhergruppierungen,
4. Zulassung zum Aufstieg sowie Entscheidung über die Teilnahme an einer Qualifizierung, die Voraussetzung für die Übertragung eines Amtes der Besoldungsgruppe A 7 oder A 14 durch eine Beförderung ist,
5. Versetzungen sowie Abordnungen von mehr als drei Monaten,
6. Planung und Durchführung von Fortbildungsmaßnahmen,
7. Besetzung von Gremien mit und Entsendung von Beschäftigten in Gremien nach § 8,
8. Ausschreibungen und Verzicht auf sie,
9. Maßnahmen der Verwaltungsreform, soweit sie Auswirkungen auf die Arbeitszeit und sonstige Arbeitsbedingungen haben,

10. Auswahlentscheidungen beim Abbau von Personal und
11. die Erstellung des Gleichstellungsplans.

4Die Gleichstellungsbeauftragte kann sich darüber hinaus innerhalb ihrer Dienststelle zu fachlichen Fragen mit Relevanz für die Gleichstellung von Frauen und Männern und die Vereinbarkeit von Erwerbs- und Familienarbeit äußern.

(2) Die Aufgaben und Befugnisse der Personalräte, Richtervertretungen und Schwerbehindertenvertretungen bleiben unberührt.

(3) Die Gleichstellungsbeauftragte kann Maßnahmen zur Verwirklichung der Gleichstellung von Frauen und Männern in der Dienststelle und zur Verbesserung der Vereinbarkeit von Erwerbs- und Familienarbeit vorschlagen.

(4) 1Der Gleichstellungsbeauftragten ist in dem für die sachgerechte Wahrnehmung ihrer Aufgaben erforderlichen Umfang Einsicht in die Akten, Planungs- und Bewerbungsunterlagen zu gewähren. 2Personalakten sowie die anlässlich von Einstellungen getroffenen amtsärztlichen oder psychologischen Feststellungen darf die Gleichstellungsbeauftragte nur einsehen, wenn die betroffene Person im Einzelfall eingewilligt hat. 3Sie ist befugt, an Vorstellungs- und sonstigen Personalauswahlgesprächen teilzunehmen.

(5) Beschäftigte können sich in Gleichstellungsangelegenheiten und in Angelegenheiten der Vereinbarkeit von Erwerbs- und Familienarbeit unmittelbar an die Gleichstellungsbeauftragte wenden.

(6) 1Die Gleichstellungsbeauftragte richtet bei Bedarf Sprechzeiten ein. 2Sie beruft mindestens einmal jährlich eine Versammlung der weiblichen Beschäftigten der Dienststelle ein (Frauenversammlung). 3Ist sie für mehrere Dienststellen zuständig, so ist in jeder der Dienststellen eine Frauenversammlung einzuberufen. 4Sie kann Teilversammlungen abhalten.

§ 21 Beanstandungsrecht

1Hält die Gleichstellungsbeauftragte eine beabsichtigte Maßnahme nach § 20 Abs. 1 Satz 2 für unvereinbar mit diesem Gesetz, so kann sie diese Maßnahme binnen einer Woche nach ihrer Unterrichtung beanstanden. 2Bei unaufschiebbaren Maßnahmen kann die Dienststelle die Frist verkürzen. 3Eine Maßnahme darf nicht vollzogen werden, solange die Gleichstellungsbeauftragte sie noch beanstanden kann. 4Im Fall der fristgerechten Beanstandung hat die Dienststelle unter Beachtung der Einwände neu zu entscheiden. 5Bis zu der erneuten Entscheidung darf die Maßnahme nicht vollzogen werden. 6Hält die Dienststelle an ihrer Entscheidung fest, so hat sie dieses schriftlich gegenüber der Gleichstellungsbeauftragten zu begründen. 7Wird die Gleichstellungsbeauftragte nicht oder nicht rechtzeitig an einer Maßnahme nach § 20 Abs. 1 Satz 2 beteiligt, so kann sie verlangen, dass der Vollzug der Maßnahme bis zum Ablauf einer Woche nach ihrer Unterrichtung ausgesetzt wird.

§ 22 Status

(1) 1Die Gleichstellungsbeauftragte und ihre Vertreterin sind der Leitung der Dienststelle unmittelbar unterstellt. 2Sie dürfen keiner Personalvertretung angehören und nur in ihrer Eigenschaft als Gleichstellungsbeauftragte oder Vertreterin mit Personalangelegenheiten befasst sein.

(2) 1Die Gleichstellungsbeauftragte ist von ihrer sonstigen dienstlichen Tätigkeit ohne Minderung der Bezüge, des Arbeitsentgelts oder der sonstigen Vergütungen ganz oder teilweise zu entlasten. 2Die Entlastung beträgt in Dienststellen mit mehr als

1. 200 Beschäftigten die Hälfte der regelmäßigen Wochenarbeitszeit,
2. 600 Beschäftigten drei Viertel der regelmäßigen Wochenarbeitszeit und
3. 1 000 Beschäftigten die volle regelmäßige Wochenarbeitszeit.

3In Dienststellen mit bis zu 200 Beschäftigten ist die Gleichstellungsbeauftragte so zu entlasten, wie es nach Art und Umfang der Dienststelle zur Wahrnehmung ihrer Aufgaben notwendig ist. 4Bei Dienststellen mit 50 bis 100 Beschäftigten soll die Entlastung mindestens drei Wochenstunden, bei Dienststellen mit mehr als 100 bis zu 200 Beschäftigten mindestens fünf Wochenstunden betragen. 5Die Vertreterin der Gleichstellungsbeauftragten kann im Einvernehmen mit der Gleichstellungsbeauftragten Aufgaben zur eigenständigen Erledigung übernehmen. 6Auf den gemeinsamen Antrag der Gleichstellungsbeauftragten und ihrer Vertreterin ist die Dienststelle verpflichtet, die Entlastung auf die Gleichstellungsbeauftragte und ihre Vertreterin aufzuteilen, sofern nicht dringende dienstliche Gründe entgegenstehen.

(3) [1]Die Entlastung der Gleichstellungsbeauftragten von Außenstellen richtet sich nach der Zahl der in der jeweiligen Außenstelle Beschäftigten und die Entlastung der Gleichstellungsbeauftragten der übrigen Dienststelle nach der Zahl der dort Beschäftigten. [2]In den Fällen des § 19 Abs. 3 ist der Beschäftigtenzahl der Dienststelle, die die Gleichstellungsbeauftragte bestellt hat, die Hälfte der Beschäftigtenzahl der anderen Dienststelle oder Außenstelle, für die die Gleichstellungsbeauftragte tätig wird, hinzuzurechnen. [3]Hat die Dienststelle dienstrechtliche Befugnisse für einen Teil der Beschäftigten nachgeordneter Dienststellen, so ist der Beschäftigtenzahl der übergeordneten Dienststelle die Hälfte der Zahl dieser Beschäftigten hinzuzurechnen; die Beschäftigtenzahl der nachgeordneten Dienststelle vermindert sich entsprechend.

(4) [1]Beträgt durch die Anwendung des Absatzes 3 Sätze 2 und 3 die zu berücksichtigende Beschäftigtenzahl mehr als 1 200, so ist im erforderlichen Umfang eine zusätzliche Entlastung zu gewähren. [2]Damit können die Vertreterin entlastet oder weitere Gleichstellungsbeauftragte für den nachgeordneten Bereich bestellt werden. [3]Absatz 2 Satz 6 gilt entsprechend.

(5) [1]Die Gleichstellungsbeauftragte ist mit den zur Erfüllung ihrer Aufgaben notwendigen räumlichen, personellen und sächlichen Mitteln auszustatten. [2]Ihr und ihrer Vertreterin ist im angemessenen Umfang Gelegenheit zur Fortbildung in allen für ihre Aufgabenerfüllung notwendigen Fachthemen zu geben.

(6) Die Gleichstellungsbeauftragte und ihre Vertreterin dürfen bei der Wahrnehmung ihrer Aufgaben nicht behindert und wegen ihrer Tätigkeit nicht benachteiligt werden.

(7) [1]Personen, die als Gleichstellungsbeauftragte tätig sind oder als Frauenbeauftragte oder Gleichstellungsbeauftragte tätig waren, sind verpflichtet, über die ihnen dabei bekannt gewordenen persönlichen Verhältnisse von Beschäftigten Stillschweigen zu bewahren. [2]Dies gilt auch für sonstige Angelegenheiten, es sei denn, sie bedürfen ihrer Bedeutung oder ihrem Inhalt nach keiner vertraulichen Behandlung. [3]Die Verpflichtung nach Satz 1 entfällt bei schriftlicher Einwilligung der betroffenen Beschäftigten. [4]Die Verpflichtung nach Satz 2 besteht nicht gegenüber

1. den zuständigen Stellen der Dienststelle,
2. den zuständigen Personalräten und Richtervertretungen,
3. den zuständigen Schwerbehindertenvertretungen und
4. Gleichstellungsbeauftragten übergeordneter Dienststellen.

§ 23 Unabhängigkeit

(1) Bei der Wahrnehmung ihrer Aufgaben sind die Gleichstellungsbeauftragte und ihre Vertreterin an Weisungen nicht gebunden.

(2) [1]Die Gleichstellungsbeauftragten und ihre Vertreterinnen haben das Recht auf dienststellenübergreifende Zusammenarbeit. [2]Sie können sich unmittelbar an das für Frauenpolitik und Gleichberechtigung zuständige Ministerium wenden.

§ 24 Gleichstellungsbeauftragte an Schulen

[1]Für Schulen gelten § 19 Abs. 1 Satz 3, § 20 Abs. 6 Satz 3 und § 22 Abs. 2 Sätze 2 bis 4, Abs. 3 und 4 nicht. [2]Gleichstellungsbeauftragte an Schulen sind so zu entlasten, wie es nach Art und Umfang der jeweiligen Schule zur Wahrnehmung der Aufgaben notwendig ist.

Fünfter Teil
Schlussbestimmungen

§ 25 Berichtspflichten

(1) Die Landesregierung berichtet dem Landtag im zweiten Halbjahr des auf den Beginn der Wahlperiode folgenden Jahres über die Durchführung dieses Gesetzes.

(2) In dem Bericht sind darzustellen

1. die Zahlenverhältnisse der Geschlechter und ihre Entwicklung
   a) in den einzelnen Bereichen (§ 3 Abs. 4) und
   b) in Gremien (§ 8),
2. die Inanspruchnahme von Regelungen zur Vereinbarkeit von Erwerbs- und Familienarbeit durch Frauen und durch Männer (§§ 4 und 5) und ihre Entwicklung,

3. die Altersstruktur der Beschäftigten in den einzelnen Bereichen (§ 3 Abs. 4) und ihre Entwicklung sowie
4. die bereits durchgeführten und die geplanten Maßnahmen zur Herstellung der Gleichberechtigung.

(3) Die Landesregierung hat zum 1. Juli 2013 dem Landtag darüber zu berichten, ob es angesichts der Entwicklung der tatsächlichen Verhältnisse angezeigt ist, auch männliche Gleichstellungsbeauftragte vorzusehen.

§ 26 Inkrafttreten, Aufhebung von Vorschriften und Übergangsvorschriften

(1) [1]Dieses Gesetz tritt am 1. Januar 2011 in Kraft. [2]Gleichzeitig treten das Niedersächsische Gleichberechtigungsgesetz (nachfolgend: NGG 1994) vom 15. Juni 1994 (Nds. GVBl. S. 246), zuletzt geändert durch Artikel 2 des Gesetzes vom 11. Dezember 1997 (Nds. GVBl. S. 503), und die Verordnung über Schulfrauenbeauftragte vom 25. März 1998 (Nds. GVBl. S. 297) außer Kraft.

(2) [1]Bis zum Inkrafttreten von Gleichstellungsplänen nach § 15 bleiben entsprechende Stufenpläne nach § 4 NGG 1994, auch über die Frist nach § 4 Abs. 1 Satz 2 NGG 1994 hinaus, wirksam. [2]Für diese Zeit ist § 5 NGG 1994 weiterhin anzuwenden.

(3) [1]Eine nach § 18 NGG 1994 bestellte Frauenbeauftragte wird, wenn sie gegenüber der für die Bestellung einer Gleichstellungsbeauftragten zuständigen Stelle ihr Einverständnis erklärt, Gleichstellungsbeauftragte. [2]Ihre Amtszeit als Gleichstellungsbeauftragte beginnt an dem Tag, an dem sie ihr Einverständnis erklärt. [3]Erklärt eine Frauenbeauftragte ihr Einverständnis nicht, so endet ihre Amtszeit mit dem Amtsantritt einer nach § 19 bestellten Gleichstellungsbeauftragten, auch wenn die Amtszeit nach § 18 Abs. 2 Satz 1 Halbsatz 1 NGG 1994 vorher oder später abläuft. [4]Bis zu diesem Zeitpunkt behält die Frauenbeauftragte ihre bisherige Bezeichnung, führt ihr Amt jedoch mit den Rechten und Pflichten einer Gleichstellungsbeauftragten nach diesem Gesetz fort. [5]In den Fällen des Satzes 3 ist innerhalb von drei Monaten nach Inkrafttreten dieses Gesetzes eine Gleichstellungsbeauftragte zu bestellen. [6]Die Sätze 1 bis 5 gelten für die Vertreterinnen der nach § 18 NGG 1994 bestellten Frauenbeauftragten entsprechend.

Niedersächsisches Kommunalverfassungsgesetz (NKomVG)

Vom 17. Dezember 2010 (Nds. GVBl. S. 576)
(VORIS 20300)

zuletzt geändert durch Art. 2 ÄndG zum PersonalvertretungsG und zum KommunalverfassungsG vom 21. Juni 2023 (Nds. GVBl. S. 111)

Nichtamtliche Inhaltsübersicht

Erster Teil
Grundlagen der Kommunalverfassung

§ 1 Selbstverwaltung

(1) Die Gemeinden, die Samtgemeinden, die Landkreise und die Region Hannover (Kommunen) verwalten ihre Angelegenheiten im Rahmen der Gesetze in eigener Verantwortung mit dem Ziel, das Wohl ihrer Einwohnerinnen und Einwohner zu fördern.

(2) In die Rechte der Kommunen darf nur durch Rechtsvorschrift eingegriffen werden.

§ 2 Gemeinden, Samtgemeinden

(1) Die Gemeinden sind die Grundlage des demokratischen Staates.

(2) Die Gemeinden sind Gebietskörperschaften und im Sinne des Artikels 57 Abs. 3 der Niedersächsischen Verfassung in ihrem Gebiet die ausschließlichen Träger der gesamten öffentlichen Aufgaben, soweit Rechtsvorschriften nicht ausdrücklich etwas anderes bestimmen.

(3) Die Samtgemeinden sind Gemeindeverbände.

§ 3 Landkreise, Region Hannover

(1) Die Landkreise und die Region Hannover sind Gemeindeverbände und Gebietskörperschaften.

(2) [1]Die Landkreise und die Region Hannover sind, soweit in Rechtsvorschriften nichts anderes bestimmt ist, in ihrem Gebiet die Träger der öffentlichen Aufgaben, die von überörtlicher Bedeutung sind oder deren zweckmäßige Erfüllung die Verwaltungs- oder Finanzkraft der ihnen angehörenden Gemeinden und Samtgemeinden übersteigt. [2]Sie unterstützen die ihnen angehörenden Gemeinden und Samtgemeinden bei der Erfüllung ihrer Aufgaben und sorgen für einen angemessenen Ausgleich der Gemeindelasten.

(3) Die für Landkreise geltenden Regelungen anderer Rechtsvorschriften sind auf die Region Hannover entsprechend anzuwenden, soweit nichts anderes bestimmt ist.

§ 4 Aufgabenerfüllung der Kommunen

[1]Die Kommunen erfüllen ihre Aufgaben im eigenen oder im übertragenen Wirkungskreis. [2]Sie stellen in den Grenzen ihrer Leistungsfähigkeit die für ihre Einwohnerinnen und Einwohner erforderlichen sozialen, kulturellen, sportlichen und wirtschaftlichen öffentlichen Einrichtungen bereit.

§ 5 Eigener Wirkungskreis

(1) Zum eigenen Wirkungskreis der Kommunen gehören

1. bei den Gemeinden alle Angelegenheiten der örtlichen Gemeinschaft,
2. bei den Samtgemeinden die Aufgaben, die sie nach § 98 Abs. 1 Sätze 1 und 2 für ihre Mitgliedsgemeinden erfüllen,
3. bei den Landkreisen und der Region Hannover die von ihnen freiwillig übernommenen Aufgaben und
4. bei allen Kommunen die Aufgaben, die ihnen aufgrund von Artikel 57 Abs. 4 der Niedersächsischen Verfassung durch Rechtsvorschrift als Pflichtaufgaben zur Erfüllung in eigener Verantwortung zugewiesen sind.

(2) Im eigenen Wirkungskreis sind die Kommunen nur an die Rechtsvorschriften gebunden.

(3) [1]Die Landkreise können von kreisangehörigen Gemeinden und Samtgemeinden freiwillig übernommene Aufgaben und Einrichtungen mit deren Zustimmung übernehmen. [2]In den Fällen des § 98 Abs. 1 Satz 2 ist auch die Zustimmung der Mitgliedsgemeinden erforderlich. [3]Ohne Zustimmung der beteiligten Gemeinden und Samtgemeinden können diese Aufgaben und Einrichtungen von Landkreisen übernommen werden, wenn dies notwendig ist, um einem Bedürfnis der Einwohnerinnen und Einwohner des Landkreises in einer dem öffentlichen Wohl entsprechenden Weise zu genügen. [4]Die Übernahmebedingungen werden von den Beteiligten vereinbart. [5]Kommt eine Vereinbarung nicht zustande, so werden die Übernahmebedingungen von der Kommunalaufsichtsbehörde festgesetzt.

(4) [1]Aufgaben, die die Landkreise wahrnehmen, sollen den kreisangehörigen Gemeinden und Samtgemeinden auf deren Antrag überlassen werden, wenn diese die Aufgaben in einer dem öffentlichen Wohl entsprechenden Weise erfüllen können und wenn hierdurch die zweckmäßige Erfüllung der Aufgaben des Landkreises im Übrigen nicht gefährdet wird. [2]Absatz 3 Sätze 4 und 5 gilt entsprechend.

§ 6 Übertragener Wirkungskreis

(1) [1]Zum übertragenen Wirkungskreis der Kommunen gehören die staatlichen Aufgaben, die ihnen aufgrund von Artikel 57 Abs. 4 der Niedersächsischen Verfassung durch Rechtsvorschrift übertragen sind. [2]Die Landkreise und die Region Hannover nehmen die Aufgaben der unteren Verwaltungsbehörden wahr, soweit durch Rechtsvorschrift nichts anderes bestimmt ist.

(2) [1]Die Kommunen erfüllen die Aufgaben des übertragenen Wirkungskreises nach Weisung der Fachaufsichtsbehörden. [2]Ihnen fließen die mit diesen Aufgaben verbundenen Erträge zu.

(3) [1]Die Kommunen sind zur Geheimhaltung derjenigen Angelegenheiten verpflichtet, deren Geheimhaltung allgemein vorgeschrieben oder im Einzelfall von der dazu befugten staatlichen Behörde angeordnet ist. [2]Verwaltungsvorschriften, die dazu dienen, die Geheimhaltung sicherzustellen, gelten auch für die Kommunen, soweit nichts anderes bestimmt ist.

(4) Hat eine Kommune bei der Erfüllung von Aufgaben des übertragenen Wirkungskreises eine Maßnahme aufgrund einer Weisung der Fachaufsichtsbehörde getroffen und wird die Maßnahme aus rechtlichen oder tatsächlichen Gründen aufgehoben, so erstattet das Land der Kommune alle notwendigen Kosten, die ihr durch die Ausführung der Weisung entstanden sind.

§ 7 Organe der Kommunen

(1) Organe der Kommunen sind die Vertretung, der Hauptausschuss und die Hauptverwaltungsbeamtin oder der Hauptverwaltungsbeamte.

(2) Die Organe tragen folgende Bezeichnungen:

1. in Gemeinden: Rat, Verwaltungsausschuss und Bürgermeisterin oder Bürgermeister,
2. in großen selbständigen und in kreisfreien Städten: Rat, Verwaltungsausschuss und Oberbürgermeisterin oder Oberbürgermeister,
3. in Samtgemeinden: Samtgemeinderat, Samtgemeindeausschuss und Samtgemeindebürgermeisterin oder Samtgemeindebürgermeister,
4. in Landkreisen: Kreistag, Kreisausschuss und Landrätin oder Landrat sowie
5. in der Region Hannover: Regionsversammlung, Regionsausschuss und Regionspräsidentin oder Regionspräsident.

§ 8 Gleichstellungsbeauftragte

(1) [1]Kommunen, die nicht Mitgliedsgemeinden von Samtgemeinden sind, haben eine Gleichstellungsbeauftragte zu bestellen. [2]Die Gleichstellungsbeauftragten der Gemeinden und Samtgemeinden mit mehr als 20 000 Einwohnerinnen und Einwohnern, der Landkreise und der Region Hannover sind hauptberuflich mit mindestens der Hälfte der regelmäßigen Arbeitszeit zu beschäftigen.

(2) [1]Die Vertretung entscheidet über die Berufung und Abberufung der hauptberuflich beschäftigten Gleichstellungsbeauftragten; für die Abberufung ist die Mehrheit der Mitglieder der Vertretung erforderlich. [2]Betreffen die in § 107 Abs. 4 Satz 1 Halbsatz 1 und Satz 2 Halbsatz 1 genannten Beschlüsse Beschäftigte, die das Amt der Gleichstellungsbeauftragten hauptberuflich innehaben oder hierfür vorgesehen sind, so ist ausschließlich die Vertretung zuständig. [3]Der Hauptausschuss kann eine ständige Stellvertreterin der hauptberuflich beschäftigten Gleichstellungsbeauftragten bestellen; die Bestellung weiterer Stellvertreterinnen ist für abgegrenzte Aufgabenbereiche zulässig. [4]Die Gleichstellungsbeauftragte soll vor der Bestellung gehört werden. [5]Ist eine ständige Stellvertreterin nicht bestellt, so soll der Hauptausschuss eine andere Beschäftigte mit der Wahrnehmung der Geschäfte beauftragen, wenn die Gleichstellungsbeauftragte voraussichtlich länger als sechs Wochen an der Ausübung ihres Amtes gehindert ist; die Amtszeit der vorübergehenden Stellvertreterin endet zu dem Zeitpunkt, an dem die Gleichstellungsbeauftragte ihre Tätigkeit wieder aufnimmt.

(3) In Samtgemeinden und in Gemeinden, in denen die Gleichstellungsbeauftragte nicht hauptberuflich tätig ist, regelt die Vertretung durch Satzung die Berufung und Abberufung der Gleichstellungsbeauftragten sowie deren Stellvertretung; die Regelungen sollen dem Absatz 2 entsprechen.

(4) [1]Gemeinden und Samtgemeinden mit mehr als 20 000 Einwohnerinnen und Einwohnern erhalten vom Land einen finanziellen Ausgleich für die Beschäftigung hauptberuflicher Gleichstellungsbeauftragter, der als jährliche Pauschale gewährt wird. [2]Im Jahr 2018 beträgt die Höhe der jährlichen Pauschale insgesamt 1 791 294 Euro. [3]Ändern sich die standardisierten Personalkostensätze oder die Anzahl der Kommunen nach Satz 1, so erhöht oder vermindert sich die Pauschale im jeweils folgenden Jahr um den entsprechenden Betrag. [4]Der Betrag nach Satz 2 oder 3 wird auf die Gemeinden und Samtgemeinden zu gleichen Teilen aufgeteilt; er wird zum 20. Juni eines jeden Jahres ausgezahlt. [5]Die §§ 19 und 20 Abs. 1 Sätze 1 und 2, Abs. 2 Sätze 1 und 2 des Niedersächsischen Gesetzes über den Finanzausgleich (NFAG) gelten entsprechend.

(5) Absatz 4 gilt nicht für kreisfreie Städte, die Landeshauptstadt Hannover, die Stadt Göttingen und große selbständige Städte.

§ 9 Verwirklichung der Gleichberechtigung

(1) [1]Die Absätze 2 bis 6 gelten für hauptberuflich beschäftigte Gleichstellungsbeauftragte. [2]Ist die Gleichstellungsbeauftragte nicht hauptberuflich tätig, so regelt die Vertretung die Aufgaben, Befugnisse und Beteiligungsrechte der Gleichstellungsbeauftragten durch Satzung. [3]Die Regelungen sollen den Absätzen 2 bis 6 entsprechen.

(2) [1]Die Gleichstellungsbeauftragte soll dazu beitragen, die Gleichberechtigung von Frauen und Männern zu verwirklichen. [2]Sie wirkt nach Maßgabe der Absätze 4 und 5 an allen Vorhaben, Entscheidungen, Programmen und Maßnahmen mit, die Auswirkungen auf die Gleichberechtigung der Geschlechter und die Anerkennung der gleichwertigen Stellung von Frauen und Männern in der Gesell-

schaft haben. [3]Die Gleichstellungsbeauftragte kann zur Verwirklichung der in Satz 1 genannten Zielsetzung Vorhaben und Maßnahmen anregen, die Folgendes betreffen:

1. die Arbeitsbedingungen in der Verwaltung,
2. personelle, wirtschaftliche und soziale Angelegenheiten des öffentlichen Dienstes der Kommune oder
3. bei Gemeinden und Samtgemeinden Angelegenheiten der örtlichen Gemeinschaft, bei Landkreisen und der Region Hannover Angelegenheiten im gesetzlichen Aufgabenbereich.

[4]Die Vertretung kann der Gleichstellungsbeauftragten weitere Aufgaben zur Förderung der Gleichberechtigung von Frauen und Männern übertragen. [5]Die Gleichstellungsbeauftragte kann der Vertretung hierfür Vorschläge unterbreiten.

(3) [1]Die Gleichstellungsbeauftragte ist unmittelbar der Hauptverwaltungsbeamtin oder dem Hauptverwaltungsbeamten zugeordnet. [2]Bei der rechtmäßigen Erfüllung ihrer Aufgaben ist sie nicht weisungsgebunden.

(4) [1]Die Gleichstellungsbeauftragte kann an allen Sitzungen der Vertretung, des Hauptausschusses, der Ausschüsse der Vertretung, der Ausschüsse nach § 73, der Stadtbezirksräte und der Ortsräte teilnehmen. [2]Sie ist auf ihr Verlangen zum Gegenstand der Verhandlung zu hören. [3]Die Gleichstellungsbeauftragte kann verlangen, dass ein bestimmter Beratungsgegenstand auf die Tagesordnung der Sitzung der Vertretung, des Hauptausschusses, eines Ausschusses der Vertretung, eines Ausschusses nach § 73, des Stadtbezirksrates oder des Ortsrates gesetzt wird. [4]Widerspricht sie in Angelegenheiten, die ihren Aufgabenbereich berühren, einem Beschlussvorschlag des Hauptausschusses, so hat die Hauptverwaltungsbeamtin oder der Hauptverwaltungsbeamte die Vertretung zu Beginn der Beratung auf den Widerspruch und seine wesentlichen Gründe hinzuweisen. [5]Satz 4 ist auf Beschlussvorschläge, die an den Hauptausschuss, den Jugendhilfeausschuss, die Stadtbezirksräte und die Ortsräte gerichtet sind, entsprechend anzuwenden. [6]Die Gleichstellungsbeauftragte ist auf Verlangen der Vertretung verpflichtet, Auskunft über ihre Tätigkeit zu geben; dies gilt nicht für Angelegenheiten, die der Geheimhaltung nach § 6 Abs. 3 Satz 1 unterliegen.

(5) [1]Die Hauptverwaltungsbeamtin oder der Hauptverwaltungsbeamte hat die Gleichstellungsbeauftragte in allen Angelegenheiten, die den Aufgabenbereich der Gleichstellungsbeauftragten berühren, rechtzeitig zu beteiligen und ihr die erforderlichen Auskünfte zu erteilen. [2]Dies gilt insbesondere in Personalangelegenheiten. [3]Die Gleichstellungsbeauftragte ist in dem für die sachgerechte Wahrnehmung ihrer Aufgaben erforderlichen Umfang berechtigt, die Akten der Kommunalverwaltung einzusehen. [4]Personalakten darf sie nur mit Zustimmung der betroffenen Beschäftigten einsehen.

(6) Die Gleichstellungsbeauftragte kann die Öffentlichkeit über Angelegenheiten ihres Aufgabenbereichs informieren.

(7) [1]Die Hauptverwaltungsbeamtin oder der Hauptverwaltungsbeamte berichtet der Vertretung gemeinsam mit der Gleichstellungsbeauftragten über die Maßnahmen, die die Kommune zur Umsetzung des Verfassungsauftrags aus Artikel 3 Abs. 2 der Niedersächsischen Verfassung, die Gleichberechtigung von Frauen und Männern zu verwirklichen, durchgeführt hat, und über deren Auswirkungen. [2]Der Bericht ist der Vertretung jeweils nach drei Jahren, beginnend mit dem Jahr 2004, zur Beratung vorzulegen.

§ 10 Satzungen

(1) Die Kommunen können ihre eigenen Angelegenheiten durch Satzung regeln.

(2) [1]Ist eine Satzung unter Verletzung von Verfahrens- oder Formvorschriften, die in diesem Gesetz enthalten oder aufgrund dieses Gesetzes erlassen worden sind, zustande gekommen, so ist diese Verletzung unbeachtlich, wenn sie nicht schriftlich innerhalb eines Jahres seit Verkündung der Satzung gegenüber der Kommune geltend gemacht worden ist. [2]Dabei sind die verletzte Vorschrift und die Tatsache, die den Mangel ergibt, zu bezeichnen. [3]Satz 1 gilt nicht, wenn die Vorschriften über die Genehmigung oder die Verkündung der Satzung verletzt worden sind.

(3) Satzungen treten, wenn kein anderer Zeitpunkt bestimmt ist, am 14. Tag nach Ablauf des Tages in Kraft, an dem sie verkündet werden.

(4) Jede Person hat das Recht, Satzungen einschließlich aller Anlagen und Pläne innerhalb der öffentlichen Sprechzeiten der Verwaltung einzusehen und sich gegen Erstattung der dadurch entstehenden Kosten Kopien geben zu lassen.

(5) [1]Ordnungswidrig handelt, wer vorsätzlich oder fahrlässig einem Gebot oder Verbot einer Satzung zuwiderhandelt, soweit die Satzung für einen bestimmten Tatbestand auf diese Bußgeldvorschrift verweist. [2]Die Ordnungswidrigkeit kann mit einer Geldbuße bis zu 5 000 Euro geahndet werden. [3]Verwaltungsbehörde im Sinne des § 36 Abs. 1 Nr. 1 des Gesetzes über Ordnungswidrigkeiten (OWiG) ist die Kommune.

(6) Für Verordnungen der Kommune gelten die Absätze 2 bis 4, für den Flächennutzungsplan die Absätze 2 und 4 entsprechend.

§ 11 Verkündung von Rechtsvorschriften

(1) [1]Satzungen sind von der Hauptverwaltungsbeamtin oder dem Hauptverwaltungsbeamten zu unterzeichnen. [2]Die Verkündung erfolgt nach Maßgabe näherer Bestimmung durch die Hauptsatzung

1. in einem von der Kommune allein oder gemeinsam mit einer oder mehreren anderen Kommunen herausgegebenen gedruckten amtlichen Verkündungsblatt,
2. in einer oder mehreren örtlichen Tageszeitungen oder
3. in einem im Internet bereitgestellten elektronischen amtlichen Verkündungsblatt der Kommune,

soweit durch Rechtsvorschrift nichts anderes bestimmt ist.

(2) [1]Das gedruckte amtliche Verkündungsblatt muss in ausreichender Auflage erscheinen. [2]Es muss die Bezeichnung „Amtsblatt für …" mit dem Namen der Kommune führen, die es herausgibt; dies gilt für ein gemeinsames Amtsblatt entsprechend. [3]In seinem Kopf sind Ort, Datum, Jahrgang und Nummer der jeweiligen Ausgabe anzugeben. [4]Das gedruckte amtliche Verkündungsblatt darf neben Rechtsvorschriften auch andere amtliche Bekanntmachungen enthalten. [5]Außerdem können Rechtsvorschriften und andere amtliche Bekanntmachungen von anderen Körperschaften des öffentlichen Rechts sowie von Anstalten und Stiftungen des öffentlichen Rechts aufgenommen werden. [6]Andere Veröffentlichungen dürfen nur aufgenommen werden, wenn es sich um kurze Mitteilungen und nicht um Werbung zu Zwecken des Wettbewerbs im geschäftlichen Verkehr handelt.

(3) [1]Die Verkündung in einem elektronischen amtlichen Verkündungsblatt erfolgt auf der Internetseite der Kommune in einem gesonderten elektronischen Dokument. [2]Für das elektronische amtliche Verkündungsblatt gilt Absatz 2 Satz 2 Halbsatz 1 und Sätze 3 bis 6 entsprechend. [3]Die Internetadresse, unter der das elektronische amtliche Verkündungsblatt eingesehen werden kann, ist in der Hauptsatzung zu bestimmen. [4]Satzungen, die nach Satz 1 verkündet werden, sind dauerhaft im Internet bereitzustellen und in der verkündeten Fassung durch technische und organisatorische Maßnahmen zu sichern. [5]Die Bereitstellung im Internet darf nur auf einer ausschließlich in Verantwortung der Kommune betriebenen Internetseite erfolgen; sie darf sich jedoch zur Einrichtung und Pflege dieser Internetseite eines Dritten bedienen.

(4) [1]Kreisangehörige Gemeinden und Samtgemeinden können durch ihre Hauptsatzung bestimmen, dass ihre Satzungen in dem gedruckten oder elektronischen amtlichen Verkündungsblatt des Landkreises verkündet werden. [2]Mitgliedsgemeinden einer Samtgemeinde können durch ihre Hauptsatzung auch bestimmen, dass ihre Satzungen in dem gedruckten amtlichen oder elektronischen amtlichen Verkündungsblatt der Samtgemeinde verkündet werden. [3]Erfolgt die Verkündung nach den Sätzen 1 und 2 in einem elektronischen amtlichen Verkündungsblatt, so ist in der Hauptsatzung die Internetadresse anzugeben, unter der das elektronische amtliche Verkündungsblatt eingesehen werden kann. [4]Absatz 3 Sätze 4 und 5 gilt entsprechend.

(5) [1]Sind Pläne, Karten oder Zeichnungen Bestandteile von Satzungen, so kann die Verkündung dieser Teile dadurch ersetzt werden, dass sie bei der Kommune während der Dienststunden öffentlich ausgelegt werden und in der Verkündung des textlichen Teils der Satzungen auf die Dauer und den Ort der Auslegung hingewiesen wird (Ersatzverkündung). [2]Die Ersatzverkündung ist nur zulässig, wenn der Inhalt der Pläne, Karten oder Zeichnungen im textlichen Teil der Satzungen in groben Zügen beschrieben wird. [3]In einer Anordnung sind Ort und Dauer der Auslegung genau festzulegen.

(6) [1]Satzungen sind verkündet

1. im gedruckten amtlichen Verkündungsblatt mit dessen Ausgabe,
2. in der örtlichen Tageszeitung mit deren Ausgabe, bei mehreren örtlichen Tageszeitungen mit der Ausgabe der zuletzt ausgegebenen Tageszeitung, oder
3. im elektronischen amtlichen Verkündungsblatt mit dessen Ausgabe.

[2]Im Fall der Ersatzverkündung ist die Satzung jedoch nicht vor Ablauf des ersten Tages der Auslegung verkündet.

(7) [1]Die Absätze 1 bis 6 gelten entsprechend für Verordnungen und öffentliche Bekanntmachungen der Kommunen nach diesem Gesetz sowie für die Erteilung von Genehmigungen für den Flächennutzungsplan. [2]Reicht der räumliche Geltungsbereich der Verordnung einer Kommune über ihr Gebiet hinaus, so hat die Kommune die Verordnung auch in dem anderen Gebiet zu verkünden und sich dabei nach den Vorschriften der Hauptsatzung der Kommune zu richten, die dort sonst für die Verordnung zuständig wäre.

§ 12 Hauptsatzung

(1) [1]Jede Kommune muss eine Hauptsatzung erlassen. [2]In ihr ist zu regeln, was durch Rechtsvorschrift der Hauptsatzung vorbehalten ist. [3]Andere für die Verfassung der Kommune wesentliche Fragen können in der Hauptsatzung geregelt werden.

(2) Für Beschlüsse über die Hauptsatzung ist die Mehrheit der Mitglieder der Vertretung (§ 45 Abs. 2) erforderlich.

§ 13 Anschlusszwang, Benutzungszwang

[1]Die Kommunen können im eigenen Wirkungskreis durch Satzung

1. für die Grundstücke ihres Gebiets den Anschluss
   a) an die öffentliche Wasserversorgung, die Abwasserbeseitigung, die Abfallentsorgung, die Straßenreinigung und die Fernwärmeversorgung,
   b) von Heizungsanlagen an bestimmte Energieversorgungsanlagen und
   c) an ähnliche dem öffentlichen Wohl dienende Einrichtungen

   anordnen (Anschlusszwang) sowie
2. die Benutzung
   a) der in Nummer 1 genannten Einrichtungen,
   b) der öffentlichen Begräbnisplätze und Bestattungseinrichtungen sowie
   c) der öffentlichen Schlachthöfe

   vorschreiben (Benutzungszwang),

wenn sie ein dringendes öffentliches Bedürfnis dafür feststellen. [2]Die Satzung kann Ausnahmen vom Anschluss- oder Benutzungszwang zulassen und den Zwang auf bestimmte Gebietsteile der Kommune und auf bestimmte Gruppen von Personen oder Grundstücken beschränken.

§ 14 Gemeindearten

(1) [1]Die Gemeinden, die nicht die Rechtsstellung einer kreisfreien Stadt haben (kreisangehörige Gemeinden), und die Samtgemeinden gehören einem Landkreis an. [2]Auf Mitgliedsgemeinden von Samtgemeinden sind die für Gemeinden geltenden Vorschriften dieses Gesetzes anzuwenden, soweit nicht ausdrücklich etwas anderes bestimmt ist oder die Vorschriften des Sechsten Teils Zweiter Abschnitt Abweichendes regeln.

(2) [1]Die Gemeinden im Gebiet der Region Hannover gehören der Region Hannover an (regionsangehörige Gemeinden). [2]Auf die regionsangehörigen Gemeinden sind die für kreisangehörige Gemeinden geltenden Vorschriften anzuwenden, soweit durch Rechtsvorschrift nichts anderes bestimmt ist.

(3) [1]Gemeinden und Samtgemeinden mit mehr als 30 000 Einwohnerinnen und Einwohnern haben die Rechtsstellung einer selbständigen Gemeinde. [2]Gemeinden und Samtgemeinden mit mehr als 20 000 Einwohnerinnen und Einwohnern können auf Antrag durch Beschluss der Landesregierung zu selbständigen Gemeinden erklärt werden, wenn ihre Verwaltungskraft dies rechtfertigt und die zweckmäßige Erfüllung der Aufgaben des Landkreises oder der Region Hannover im Übrigen nicht gefährdet wird. [3]Die selbständigen Gemeinden werden von dem für Inneres zuständigen Ministerium im Niedersächsischen Ministerialblatt bekannt gemacht. [4]Dabei ist anzugeben, wann die Aufgaben auf die selbständigen Gemeinden übergehen.

(4) [1]Die Rechtsstellung einer selbständigen Gemeinde ändert sich nicht, wenn die Einwohnerzahl auf weniger als 30 001 sinkt. [2]Die Landesregierung kann die Rechtsstellung einer selbständigen Gemeinde entziehen, wenn die Einwohnerzahl einer selbständigen Gemeinde auf weniger als 20 001 sinkt. [3]Der Entzug dieser Rechtsstellung und der Zeitpunkt, zu dem er wirksam wird, sind von dem für Inneres zuständigen Ministerium im Niedersächsischen Ministerialblatt bekannt zu machen.

(5) Große selbständige Städte sind die Städte Celle, Cuxhaven, Goslar, Hameln, Hildesheim und Lingen (Ems) sowie die Hansestadt Lüneburg.

(6) Kreisfreie Städte sind die Städte Braunschweig, Delmenhorst, Emden, Oldenburg (Oldenburg), Osnabrück, Salzgitter, Wilhelmshaven und Wolfsburg.

§ 15 Landeshauptstadt Hannover

(1) Die Landeshauptstadt Hannover ist regionsangehörige Gemeinde; § 14 Abs. 2 Satz 2 findet keine Anwendung.

(2) [1]Die Landeshauptstadt Hannover hat die Rechtsstellung einer kreisfreien Stadt nach Maßgabe dieses Gesetzes. [2]Auf sie finden die für kreisfreie Städte geltenden Vorschriften Anwendung, soweit durch Rechtsvorschrift nichts anderes bestimmt ist.

(3) Auf die Landeshauptstadt Hannover sind die kommunalwahlrechtlichen Vorschriften anzuwenden, die für die anderen regionsangehörigen Gemeinden gelten.

§ 16 Stadt Göttingen

(1) Die Stadt Göttingen gehört dem Landkreis Göttingen an.

(2) Die für kreisfreie Städte geltenden Vorschriften sind auf die Stadt Göttingen anzuwenden, soweit durch Rechtsvorschrift nichts anderes bestimmt ist.

§ 17 Aufgaben der selbständigen Gemeinden und der großen selbständigen Städte

[1]Die selbständigen Gemeinden und die großen selbständigen Städte erfüllen in ihrem Gebiet neben ihren Aufgaben als kreisangehörige Gemeinden alle Aufgaben des übertragenen Wirkungskreises der Landkreise, soweit Rechtsvorschriften dies nicht ausdrücklich ausschließen. [2]Die Landesregierung kann durch Verordnung Aufgaben bestimmen, die abweichend von Satz 1 durch die Landkreise wahrgenommen werden. [3]Ist ein Ministerium ermächtigt, die Zuständigkeit durch Verordnung zu regeln, so kann es anstelle der Landesregierung im Einvernehmen mit dem für Inneres zuständigen Ministerium durch Verordnung eine Bestimmung nach Satz 2 treffen. [4]Voraussetzung für Bestimmungen nach Satz 2 oder 3 ist, dass die Erfüllung der Aufgaben für die selbständigen Gemeinden oder die großen selbständigen Städte einen unverhältnismäßigen Verwaltungsaufwand mit sich bringen würde oder aus anderen Gründen unzweckmäßig erscheint.

§ 18 Aufgaben der kreisfreien Städte

Die kreisfreien Städte erfüllen neben ihren Aufgaben als Gemeinden in ihrem Gebiet alle Aufgaben der Landkreise.

Zweiter Teil

Benennung, Sitz, Hoheitszeichen

§ 19 Name

(1) [1]Jede Kommune führt ihren bisherigen Namen. [2]Auf Antrag einer Gemeinde oder eines Landkreises kann das für Inneres zuständige Ministerium den Namen der Gemeinde oder des Landkreises ändern. [3]Samtgemeinden können ihren Namen durch Änderung der Hauptsatzung (§ 99 Abs. 3) ändern.

(2) Ist der Name einer Gemeinde, einer Samtgemeinde oder eines Landkreises durch Gesetz festgelegt worden, so kann er erst nach Ablauf von zehn Jahren nach Inkrafttreten des Gesetzes geändert werden.

(3) Über die Benennung von Gemeindeteilen entscheidet die Gemeinde.

(4) [1]Ist eine Gemeinde oder ein Teil einer Gemeinde als Heilbad, Nordseeheilbad, Nordseebad, Kneipp-Heilbad oder Kneipp-Kurort staatlich anerkannt, so entscheidet die Gemeinde, ob das Wort „Bad" Bestandteil ihres Namens oder des Namens des Gemeindeteils wird. [2]Wird die staatliche Anerkennung aufgehoben, so entfällt der Namensbestandteil „Bad" nach Ablauf von fünf Jahren, es sei denn, die staatliche Anerkennung war mindestens zwanzig Jahre wirksam.

§ 20 Bezeichnungen

(1) [1]Die Bezeichnung Stadt führen die Gemeinden, denen diese Bezeichnung nach bisherigem Recht zusteht. [2]Auf Antrag kann das für Inneres zuständige Ministerium die Bezeichnung Stadt solchen Gemeinden verleihen, die nach Einwohnerzahl, Siedlungsform und Wirtschaftsverhältnissen städtisches Gepräge tragen.

(2) [1]Die Gemeinden können auch historische Bezeichnungen weiterhin führen. [2]Auf Antrag einer Gemeinde oder Samtgemeinde kann das für Inneres zuständige Ministerium Bezeichnungen verleihen oder ändern.

§ 21 Sitz einer Kreisverwaltung
Für die Änderung des Sitzes einer Kreisverwaltung ist die Genehmigung der Landesregierung erforderlich.

§ 22 Wappen, Flaggen, Dienstsiegel
(1) [1]Die Kommunen führen ihre bisherigen Wappen und Flaggen. [2]Sie sind berechtigt, diese zu ändern oder neue anzunehmen.
(2) [1]Die Kommunen führen Dienstsiegel. [2]Haben sie ein Wappen, so ist es Bestandteil des Dienstsiegels.

Dritter Teil
Gebiete

§ 23 Gebietsbestand
(1) [1]Das Gebiet der Gemeinde bilden die Grundstücke, die nach geltendem Recht zu ihr gehören. [2]Das Gebiet des Landkreises besteht aus den Gebieten der kreisangehörigen Gemeinden und den zum Landkreis gehörenden gemeindefreien Gebieten. [3]Das Gebiet der Region Hannover besteht aus den Gebieten der regionsangehörigen Gemeinden. [4]Über Grenzstreitigkeiten entscheidet die Kommunalaufsichtsbehörde.
(2) Das Gebiet der Gemeinde soll so bemessen sein, dass die örtliche Verbundenheit der Einwohnerinnen und Einwohner gewahrt und die Leistungsfähigkeit der Gemeinde zur Erfüllung ihrer Aufgaben gesichert ist.
(3) Das Gebiet des Landkreises soll so bemessen sein, dass die Verbundenheit der Einwohnerinnen und Einwohner und die Verbundenheit des Landkreises mit den kreisangehörigen Gemeinden gewahrt und die Leistungsfähigkeit des Landkreises zur Erfüllung seiner Aufgaben gesichert ist.
(4) [1]Jedes Grundstück soll zu einer Gemeinde gehören. [2]Aus Gründen des öffentlichen Wohls können Grundstücke außerhalb einer Gemeinde verbleiben oder ausgegliedert werden. [3]Das für Inneres zuständige Ministerium regelt durch Verordnung die Verwaltung der gemeindefreien Gebiete. [4]Es stellt hierbei sicher, dass deren Einwohnerinnen und Einwohner entweder unmittelbar oder durch eine gewählte Vertretung an der Verwaltung teilnehmen. [5]Die Vorschriften dieses Gesetzes für kreisangehörige Gemeinden gelten für gemeindefreie Gebiete entsprechend.

§ 24 Gebietsänderungen
(1) Aus Gründen des öffentlichen Wohls können Gemeinden oder Landkreise aufgelöst, vereinigt oder neu gebildet und Gebietsteile von Gemeinden oder von Landkreisen umgegliedert werden (Gebietsänderungen).
(2) Werden Gemeindegrenzen geändert, die zugleich Grenzen der Landkreise oder der Region Hannover sind, so bewirkt die Änderung der Gemeindegrenzen auch die Änderung der Grenzen der Landkreise oder der Region Hannover.
(3) Die Absätze 1 und 2 gelten für gemeindefreie Gebiete entsprechend.

§ 25 Verfahren bei Gebietsänderungen
(1) [1]Für Gebietsänderungen ist ein Gesetz erforderlich. [2]Gebietsteile von Gemeinden oder von Landkreisen können auch durch Vertrag der beteiligten Kommunen umgegliedert werden; der Vertrag bedarf der Genehmigung der Kommunalaufsichtsbehörde.
(2) [1]Absatz 1 Satz 2 gilt für die vollständige oder teilweise Eingliederung gemeindefreier Gebiete in eine Gemeinde entsprechend. [2]Besteht in einem bewohnten gemeindefreien Gebiet eine gewählte Vertretung der Einwohnerinnen und Einwohner, so ist die Zustimmung der Vertretung erforderlich.
(3) [1]Verträge zur Änderung von Gemeindegrenzen, die eine Änderung der Grenzen der Landkreise herbeiführen, bedürfen der Zustimmung der beteiligten Landkreise. [2]Satz 1 gilt für Verträge, die zu einer Änderung der Grenzen der Region Hannover führen, entsprechend.
(4) [1]Vor jeder Gebietsänderung von Gemeinden oder gemeindefreien Gebieten durch Vereinbarung oder Gesetz sind deren Einwohnerinnen und Einwohner anzuhören. [2]Vor einer Gebietsänderung durch Gesetz sind auch die beteiligten Kommunen anzuhören.

(5) [1]Die Kommunen haben ihre Absicht, über die Änderung ihres Gebiets zu verhandeln, der Kommunalaufsichtsbehörde rechtzeitig anzuzeigen. [2]Die Kommunalaufsichtsbehörde kann jederzeit die Leitung der Verhandlungen übernehmen.

§ 26 Vereinbarungen und Bestimmungen zur Gebietsänderung

(1) [1]Die Kommunen können durch Gebietsänderungsvertrag Vereinbarungen treffen, insbesondere über die vermögensrechtliche Auseinandersetzung, die Rechtsnachfolge, das neue Orts- oder Kreisrecht und Änderungen in der Verwaltung, soweit nicht eine Regelung durch Gesetz erfolgt. [2]Gemeinden können durch Gebietsänderungsvertrag auch Vereinbarungen über die Einrichtung von Ortschaften treffen und bestimmen, dass der Rat einer aufzulösenden Gemeinde für den Rest der Wahlperiode als Ortsrat fortbesteht. [3]Findet eine Neuwahl statt, so sollen die Kommunen ferner vereinbaren, wer bis dahin die Befugnisse der Organe wahrnimmt. [4]Der Gebietsänderungsvertrag ist der Kommunalaufsichtsbehörde anzuzeigen; § 25 Abs. 1 Satz 2 bleibt unberührt.

(2) Kommt ein Gebietsänderungsvertrag nicht zustande oder sind weitere Angelegenheiten zu regeln, so trifft die Kommunalaufsichtsbehörde die erforderlichen Bestimmungen.

(3) Der Gebietsänderungsvertrag und die Bestimmungen der Kommunalaufsichtsbehörde sind ortsüblich bekannt zu machen; enthält der Gebietsänderungsvertrag Vereinbarungen über das neue Orts- oder Kreisrecht, so ist der Vertrag nach den für dieses Recht geltenden Vorschriften bekannt zu machen.

§ 27 Rechtswirkungen der Gebietsänderung

(1) [1]Die Gebietsänderung, der Gebietsänderungsvertrag und die Bestimmungen der Kommunalaufsichtsbehörde begründen Rechte und Pflichten der Beteiligten. [2]Sie bewirken den Übergang, die Beschränkung oder die Aufhebung von dinglichen Rechten. [3]Die Kommunalaufsichtsbehörde ersucht die zuständigen Behörden, das Grundbuch, das Wasserbuch und andere öffentliche Bücher zu berichtigen.

(2) Für Rechts- und Verwaltungshandlungen, die aus Anlass der Gebietsänderung erforderlich werden, insbesondere Berichtigungen, Eintragungen und Löschungen in öffentlichen Büchern sowie Amtshandlungen der Vermessungs- und Katasterverwaltung, sind Kosten weder zu erheben noch zu erstatten.

(3) [1]Soweit der Wohnsitz oder Aufenthalt Voraussetzung für Rechte und Pflichten ist, gilt der Wohnsitz oder Aufenthalt in der früheren Kommune vor der Gebietsänderung als Wohnsitz oder Aufenthalt in der neuen Kommune. [2]Das Gleiche gilt für gemeindefreie Gebiete.

Vierter Teil

Einwohnerinnen und Einwohner, Bürgerinnen und Bürger

§ 28 Begriffsbestimmungen

(1) [1]Einwohnerin oder Einwohner einer Kommune ist, wer in dieser Kommune den Wohnsitz oder ständigen Aufenthalt hat. [2]Der Wohnsitz im Sinne dieses Gesetzes ist der Ort der Wohnung im Sinne des Melderechts. [3]Hat eine Person im Bundesgebiet mehrere Wohnungen, so ist ihr Wohnsitz der Ort der Hauptwohnung. [4]Weist sie jedoch nach, dass sich der Mittelpunkt ihrer Lebensbeziehungen am Ort der Nebenwohnung befindet, so ist dieser ihr Wohnsitz. [5]Hat eine Person keine Wohnung, so gilt der Ort des gewöhnlichen Aufenthalts als Wohnsitz.

(2) Bürgerinnen und Bürger einer Kommune sind die Einwohnerinnen und Einwohner, die zur Wahl der Vertretung dieser Kommune berechtigt sind.

§ 29 Ehrenbürgerrecht

(1) Eine Gemeinde kann Personen, die sich um sie besonders verdient gemacht haben, das Ehrenbürgerrecht verleihen.

(2) Die Gemeinde kann das Ehrenbürgerrecht wegen unwürdigen Verhaltens wieder entziehen.

§ 30 Benutzung öffentlicher Einrichtungen

(1) Die Einwohnerinnen und Einwohner sind im Rahmen der bestehenden Vorschriften berechtigt, die öffentlichen Einrichtungen der Kommune zu benutzen, und verpflichtet, die Gemeindelasten zu tragen.

(2) [1]Grundbesitzende und Gewerbetreibende, die ihren Wohnsitz nicht in der Kommune haben, sind in gleicher Weise berechtigt, die öffentlichen Einrichtungen zu benutzen, die in der Kommune für Grundbesitzende und Gewerbetreibende bestehen. [2]Sie sind verpflichtet, für ihren Grundbesitz oder

Gewerbebetrieb im Gebiet der Kommune die Kosten für die Einrichtungen mitzutragen, soweit Rechtsvorschriften dies bestimmen.

(3) Die Absätze 1 und 2 gelten entsprechend für juristische Personen und Personenvereinigungen.

§ 31 Einwohnerantrag

(1) [1]Einwohnerinnen und Einwohner, die mindestens 14 Jahre alt sind und seit mindestens drei Monaten den Wohnsitz in der Kommune haben, können beantragen, dass die Vertretung bestimmte Angelegenheiten berät (Einwohnerantrag). [2]Einwohneranträge dürfen nur Angelegenheiten des eigenen Wirkungskreises der Kommune zum Gegenstand haben, für die die Vertretung nach § 58 Abs. 1 oder 2 zuständig ist oder für die sie sich die Beschlussfassung nach § 58 Abs. 3 Sätze 1 und 2 vorbehalten kann. [3]Einwohneranträge, die Angelegenheiten betreffen, zu denen bereits in den letzten zwölf Monaten ein zulässiger Einwohnerantrag gestellt worden ist, sind unzulässig.

(2) [1]Der Einwohnerantrag muss in schriftlicher Form angezeigt werden; die elektronische Form ist unzulässig. [2]Er muss ein bestimmtes Begehren mit Begründung enthalten. [3]Im Antrag sind bis zu drei Personen zu benennen, die berechtigt sind, die antragstellenden Personen zu vertreten (Vertretungsberechtigte). [4]Die Kommune erstellt unverzüglich nach der Anzeige des Einwohnerantrags eine Schätzung der Kosten für die Erfüllung des Begehrens und teilt diese den Vertretungsberechtigten unverzüglich schriftlich oder in elektronischer Form mit. [5]Die Kostenschätzung muss auch die Folgekosten der Erfüllung des Begehrens berücksichtigen. [6]Die Kostenschätzung ist von den Vertretungsberechtigten in den Einwohnerantrag aufzunehmen. [7]Diese können zusätzlich eine abweichende eigene Kostenschätzung in den Einwohnerantrag aufnehmen. [8]Für den Einwohnerantrag ist je nach Einwohnerzahl folgende Anzahl an Unterschriften erforderlich:

1. in Gemeinden und Samtgemeinden
   a) mit bis zu 10 000 Einwohnerinnen und Einwohnern die Unterschriften von mindestens 5 Prozent der Einwohnerinnen und Einwohner, ausreichend sind jedoch 400 Unterschriften,
   b) mit mehr als 10 000 bis 50 000 Einwohnerinnen und Einwohnern die Unterschriften von mindestens 4 Prozent der Einwohnerinnen und Einwohner, ausreichend sind jedoch 1 500 Unterschriften,
   c) mit mehr als 50 000 bis 100 000 Einwohnerinnen und Einwohnern die Unterschriften von mindestens 3 Prozent der Einwohnerinnen und Einwohner, ausreichend sind jedoch 2 500 Unterschriften,
   d) mit mehr als 100 000 Einwohnerinnen und Einwohnern die Unterschriften von mindestens 2,5 Prozent der Einwohnerinnen und Einwohner, ausreichend sind jedoch 8 000 Unterschriften,
2. in Landkreisen
   a) mit bis zu 100 000 Einwohnerinnen und Einwohnern die Unterschriften von mindestens 3 Prozent der Einwohnerinnen und Einwohner, ausreichend sind jedoch 2 500 Unterschriften,
   b) mit mehr als 100 000 Einwohnerinnen und Einwohnern die Unterschriften von mindestens 2,5 Prozent der Einwohnerinnen und Einwohner, ausreichend sind jedoch 8 000 Unterschriften,
3. in der Region Hannover die Unterschriften von mindestens 8 000 Einwohnerinnen und Einwohnern.

(3) [1]Jede Unterschriftenliste muss den vollen Wortlaut des Einwohnerantrags enthalten. [2]Ungültig sind Eintragungen, die
1. die Person nach Name, Anschrift und Geburtsdatum nicht zweifelsfrei erkennen lassen,
2. von Personen stammen, die nicht gemäß Absatz 1 Satz 1 antragsberechtigt oder gemäß § 48 Abs. 2 vom Wahlrecht ausgeschlossen sind.

(4) [1]Der Einwohnerantrag ist bei der Kommune in schriftlicher Form einzureichen; die Voraussetzungen der Absätze 1 bis 3 müssen bei Eingang erfüllt sein. [2]§ 48 Abs. 1 Satz 2 und § 177 Abs. 2 und 3 gelten entsprechend.

(5) [1]Über die Zulässigkeit des Einwohnerantrags entscheidet der Hauptausschuss. [2]Ist der Einwohnerantrag zulässig, so hat die Vertretung innerhalb von sechs Monaten nach Eingang des Antrags über diesen zu beraten; § 71 Abs. 1, § 76 Abs. 1 und § 85 Abs. 1 Nr. 1 bleiben unberührt. [3]Die Vertretung soll die im Antrag benannten Vertreterinnen und Vertreter der antragstellenden Personen anhören.

[4]Das Ergebnis der Beratung sowie eine Entscheidung, die den Antrag für unzulässig erklärt, sind ortsüblich bekannt zu machen.

(6) [1]Wer einen Einwohnerantrag unterschreibt, hat den Anspruch, dass über diesen Antrag beraten wird, es sei denn, dass die Eintragung nach Absatz 3 ungültig ist. [2]Der Anspruch verjährt sechs Monate nach Eingang des Antrags. [3]Wird der Antrag für unzulässig erklärt, so verjährt der Anspruch drei Monate nach der Bekanntmachung dieser Entscheidung.

§ 32 Bürgerbegehren

(1) Mit einem Bürgerbegehren kann beantragt werden, dass Bürgerinnen und Bürger über eine Angelegenheit ihrer Kommune entscheiden.

(2) [1]Gegenstand eines Bürgerbegehrens können nur Angelegenheiten des eigenen Wirkungskreises der Kommune sein, für die die Vertretung nach § 58 Abs. 1 oder 2 zuständig ist oder für die sie sich die Beschlussfassung nach § 58 Abs. 3 Sätze 1 und 2 vorbehalten kann und zu denen nicht innerhalb der letzten zwei Jahre ein Bürgerentscheid durchgeführt worden ist. [2]Unzulässig ist ein Bürgerbegehren über

1. die innere Organisation der Kommunalverwaltung,
2. die Rechtsverhältnisse der Mitglieder der Vertretung, des Hauptausschusses, der Stadtbezirksräte, der Ortsräte und der Ausschüsse sowie der Beschäftigten der Kommune,
3. die Haushaltssatzung, einschließlich der Haushalts- und Wirtschaftspläne der Eigenbetriebe, sowie über die kommunalen Abgaben und die privatrechtlichen Entgelte,
4. den Jahresabschluss der Kommune und die Jahresabschlüsse der Eigenbetriebe,
5. Angelegenheiten, die im Rahmen eines Planfeststellungsverfahrens, eines förmlichen Verwaltungsverfahrens mit Öffentlichkeitsbeteiligung oder eines abfallrechtlichen, immissionsschutzrechtlichen, wasserrechtlichen oder vergleichbaren Zulassungsverfahrens zu entscheiden sind,
6. die Aufstellung, Änderung, Ergänzung und Aufhebung von Bauleitplänen und sonstigen Satzungen nach dem Baugesetzbuch (BauGB),
7. Entscheidungen als Träger von Krankenhäusern oder des Rettungsdienstes,
8. Entscheidungen über Rechtsbehelfe und Rechtsstreitigkeiten sowie
9. Angelegenheiten, die ein gesetzwidriges Ziel verfolgen oder sittenwidrig sind.

(3) [1]Das Bürgerbegehren muss die begehrte Sachentscheidung genau bezeichnen und so formuliert sein, dass für das Begehren mit Ja und gegen das Begehren mit Nein abgestimmt werden kann. [2]Das Bürgerbegehren muss eine Begründung enthalten. [3]Im Bürgerbegehren sind bis zu drei Personen zu benennen, die berechtigt sind, die antragstellenden Personen zu vertreten (Vertretungsberechtigte). [4]Das Bürgerbegehren ist der Kommune in schriftlicher Form anzuzeigen. [5]In der Anzeige kann beantragt werden, vorab zu entscheiden, ob die Voraussetzungen nach den Sätzen 1 bis 3 und Absatz 2 vorliegen. [6]Die Hauptverwaltungsbeamtin oder der Hauptverwaltungsbeamte berät die Bürgerinnen und Bürger, die ein Bürgerbegehren einreichen wollen, auf Verlangen in rechtlichen Fragen des Bürgerbegehrens; Kosten werden nicht erhoben.

(4) [1]Die Kommune erstellt unverzüglich nach Eingang der Anzeige des Bürgerbegehrens eine Schätzung der Kosten für die Umsetzung der begehrten Sachentscheidung. [2]Die Kostenschätzung muss auch die Folgekosten der Umsetzung der begehrten Sachentscheidung berücksichtigen. [3]Im Fall eines Antrags auf Vorabentscheidung nach Absatz 3 Satz 5 hat der Hauptausschuss zunächst unverzüglich über diesen Antrag zu entscheiden. [4]Die Entscheidung ist den Vertretungsberechtigten unverzüglich bekannt zu geben. [5]Wird in der Vorabentscheidung das Vorliegen der Voraussetzungen nach Absatz 2 und Absatz 3 Sätze 1 bis 3 festgestellt, so ist anschließend unverzüglich die Kostenschätzung zu erstellen. [6]Die Kommune hat die Kostenschätzung nach den Sätzen 1 und 5 den Vertretungsberechtigten unverzüglich schriftlich oder in elektronischer Form mitzuteilen. [7]Die Kostenschätzung ist von den Vertretungsberechtigten in das Bürgerbegehren aufzunehmen. [8]Diese können zusätzlich eine abweichende eigene Kostenschätzung aufnehmen. [9]In diesem Fall ist das ergänzte Bürgerbegehren der Kommune erneut anzuzeigen.

(5) [1]Das Bürgerbegehren muss in Kommunen

- mit bis zu 100 000 Einwohnerinnen und Einwohnern von mindestens 10 Prozent,
- mit 100 001 bis 200 000 Einwohnerinnen und Einwohnern von mindestens 7,5 Prozent und
- mit mehr als 200 000 Einwohnerinnen und Einwohnern von mindestens 5 Prozent

der nach § 48 in der Kommune wahlberechtigten Einwohnerinnen und Einwohner unterzeichnet sein. [2]Maßgeblich ist die bei der letzten Kommunalwahl festgestellte Zahl der Wahlberechtigten. [3]Jede Unterschriftenliste muss den vollen Wortlaut des Bürgerbegehrens enthalten. [4]Für die Ungültigkeit von Unterschriften gilt § 31 Abs. 3 Satz 2 entsprechend. [5]Darüber hinaus sind Eintragungen ungültig, die das Datum der Unterzeichnung nicht angeben oder vor dem Fristbeginn nach Absatz 6 Satz 3 geleistet wurden.

(6) [1]Das Bürgerbegehren ist mit den zu seiner Unterstützung erforderlichen Unterschriften innerhalb von sechs Monaten bei der Kommune in schriftlicher Form einzureichen. [2]Die elektronische Form ist unzulässig. [3]Die Frist beginnt einen Monat nach dem Eingang der Kostenschätzung der Kommune bei den Vertretungsberechtigten. [4]Richtet sich das Bürgerbegehren gegen einen bekannt gemachten Beschluss der Vertretung, so beträgt die Frist drei Monate nach dem Tag der Bekanntmachung.

(7) [1]Der Hauptausschuss entscheidet unverzüglich über die Zulässigkeit des Bürgerbegehrens. [2]Wurde in der Vorabentscheidung nach Absatz 4 Satz 3 festgestellt, dass die Voraussetzungen des Absatzes 2 und des Absatzes 3 Sätze 1 bis 3 vorliegen, so entscheidet er nur noch über das Vorliegen der Voraussetzungen des Absatzes 4 Satz 7 und der Absätze 5 und 6. [3]Die Hauptverwaltungsbeamtin oder der Hauptverwaltungsbeamte gibt den Vertretungsberechtigten die Entscheidung unverzüglich bekannt und unterrichtet die Vertretung in der nächsten Sitzung über die Entscheidung. [4]Ist das Bürgerbegehren zulässig, so muss innerhalb von drei Monaten ein Bürgerentscheid stattfinden. [5]Die Vertretung kann den Bürgerentscheid abwenden, indem sie zuvor vollständig oder im Wesentlichen im Sinne des Bürgerbegehrens entscheidet.

(8) Ist die Zulässigkeit des Bürgerbegehrens festgestellt, so darf bis zu dem Tag, an dem der Bürgerentscheid stattfindet, eine dem Begehren entgegenstehende Entscheidung nicht mehr getroffen und mit dem Vollzug einer solchen Entscheidung nicht mehr begonnen werden, es sei denn, dass die Kommune hierzu gesetzlich verpflichtet ist.

§ 33 Bürgerentscheid

(1) [1]Die Vertretung kann auf Antrag der Mehrheit ihrer Mitglieder mit einer Mehrheit von zwei Dritteln ihrer Mitglieder beschließen, dass über eine Angelegenheit des eigenen Wirkungskreises der Kommune innerhalb von drei Monaten durch Bürgerentscheid entschieden wird. [2]Der Beschluss ist auch zulässig, wenn eine einem zugelassenen Bürgerbegehren entgegenstehende Entscheidung begehrt wird. [3]§ 32 Abs. 2 gilt entsprechend. [4]Der Stimmzettel muss eine § 32 Abs. 3 Satz 1 entsprechende Bezeichnung der begehrten Sachentscheidung, eine Begründung und eine § 32 Abs. 4 Sätze 1 und 2 entsprechende Kostenschätzung enthalten.

(2) [1]Der Bürgerentscheid findet an einem Sonntag in der Zeit von 8.00 Uhr bis 18.00 Uhr statt. [2]Ein Bürgerentscheid darf nicht an dem Tag stattfinden, an dem Abgeordnete der Vertretung oder die Hauptverwaltungsbeamtin oder der Hauptverwaltungsbeamte gewählt werden.

(3) [1]Die Abstimmungsberechtigten sind rechtzeitig vor dem Bürgerentscheid schriftlich zu benachrichtigen. [2]Die Abstimmung in Briefform ist zu ermöglichen. [3]Die Abstimmung soll in den Räumen stattfinden, die bei der letzten Kommunalwahl als Wahlräume bestimmt worden sind.

(4) [1]Bei dem Bürgerentscheid darf nur mit Ja oder Nein abgestimmt werden. [2]Die Abstimmenden geben ihre Entscheidung durch ein Kreuz oder in sonstiger Weise zweifelsfrei auf dem Stimmzettel zu erkennen. [3]Der Bürgerentscheid ist verbindlich, wenn die Mehrheit der gültigen Stimmen auf Ja lautet und diese Mehrheit mindestens 20 Prozent der nach § 48 Wahlberechtigten beträgt; § 32 Abs. 5 Satz 2 gilt entsprechend. [4]Bei Stimmengleichheit ist das Bürgerbegehren abgelehnt.

(5) [1]Sind mehrere Bürgerentscheide durchzuführen, die im Fall ihres Erfolgs nicht nebeneinander umgesetzt werden können, so finden die Bürgerentscheide am selben Tag statt. [2]Die Frist nach § 32 Abs. 7 Satz 4 beginnt mit der spätesten Zulässigkeitsentscheidung des Hauptausschusses, im Fall des Absatzes 1 mit dem Beschluss der Vertretung. [3]Erfüllen mehrere dieser Bürgerentscheide die Voraussetzungen nach Absatz 4 Satz 3, so ist nur der Bürgerentscheid verbindlich, bei dem die meisten gültigen Ja-Stimmen abgegeben wurden. [4]Ist die Zahl der gültigen Ja-Stimmen bei mehreren Bürgerentscheiden gleich, so ist der Bürgerentscheid verbindlich, bei dem die wenigsten gültigen Nein-Stimmen abgegeben wurden. [5]Ist auch die Zahl der Nein-Stimmen gleich, so liegt ein verbindlicher Bürgerentscheid nicht vor.

(6) [1]Ein verbindlicher Bürgerentscheid steht einem Beschluss der Vertretung gleich. [2]Vor Ablauf von zwei Jahren kann der Bürgerentscheid nur auf Veranlassung der Vertretung durch einen neuen Bürgerentscheid abgeändert oder aufgehoben werden.

§ 34 Anregungen, Beschwerden

[1]Jede Person hat das Recht, sich einzeln oder in Gemeinschaft mit anderen schriftlich mit Anregungen und Beschwerden in Angelegenheiten der Kommune an die Vertretung zu wenden. [2]Die Zuständigkeiten des Hauptausschusses, der Ausschüsse der Vertretung, Stadtbezirksräte und Ortsräte und der Hauptverwaltungsbeamtin oder des Hauptverwaltungsbeamten werden hierdurch nicht berührt. [3]Die Vertretung kann dem Hauptausschuss die Prüfung von Anregungen und die Erledigung von Beschwerden übertragen. [4]Die Antragstellerin oder der Antragsteller ist darüber zu informieren, wie die Anregung oder die Beschwerde behandelt wurde. [5]Einzelheiten regelt die Hauptsatzung.

§ 35 Einwohnerbefragung

[1]Die Vertretung kann in Angelegenheiten der Kommune eine Befragung der Einwohnerinnen und Einwohner, die mindestens 14 Jahre alt sind und seit mindestens drei Monaten den Wohnsitz in der Kommune haben, beschließen. [2]Die Befragung kann auf einen Teil des Personenkreises nach Satz 1 beschränkt werden. [3]Satz 1 gilt nicht in Angelegenheiten einzelner Mitglieder der Vertretung, des Hauptausschusses, der Stadtbezirksräte, der Ortsräte und der Ausschüsse sowie der Beschäftigten der Kommune.

§ 36 Beteiligung von Kindern und Jugendlichen

[1]Gemeinden und Samtgemeinden sollen Kinder und Jugendliche bei Planungen und Vorhaben, die deren Interessen berühren, in angemessener Weise beteiligen. [2]Hierzu sollen die Gemeinden und Samtgemeinden über die in diesem Gesetz vorgesehene Beteiligung der Einwohnerinnen und Einwohner hinaus geeignete Verfahren entwickeln und durchführen.

§ 37 Hilfe bei Verwaltungsangelegenheiten

(1) Die Gemeinden sind ihren Einwohnerinnen und Einwohnern in den Grenzen ihrer Verwaltungskraft dabei behilflich, Verwaltungsverfahren einzuleiten, auch wenn sie für deren Durchführung nicht zuständig sind.

(2) Die Gemeinden haben Vordrucke für Anträge, Anzeigen und Meldungen bereitzuhalten, die ihnen von anderen Behörden überlassen werden.

(3) [1]Die Gemeinden haben Anträge, die beim Landkreis, der Region Hannover oder bei einer Landesbehörde einzureichen sind, entgegenzunehmen und unverzüglich an die zuständige Behörde weiterzuleiten. [2]Die bei der Gemeinde eingereichten Anträge gelten als bei der zuständigen Behörde gestellt, soweit Bundesrecht dem nicht entgegensteht. [3]Rechtsbehelfe sind keine Anträge im Sinne dieses Gesetzes.

§ 38 Ehrenamtliche Tätigkeit

(1) Ehrenamtliche Tätigkeit ist eine wesentliche Grundlage der kommunalen Selbstverwaltung.

(2) [1]Die Bürgerinnen und Bürger sind verpflichtet, Ehrenämter und sonstige ehrenamtliche Tätigkeiten für die Kommune zu übernehmen und auszuüben. [2]Das Ehrenamt der Ortsvorsteherin oder des Ortsvorstehers und der Gleichstellungsbeauftragten kann von der Kommune nur mit Einverständnis der jeweiligen Person übertragen werden. [3]Anderen Personen als Bürgerinnen und Bürgern kann die Kommune Ehrenämter und sonstige ehrenamtliche Tätigkeiten ebenfalls nur mit deren Einverständnis übertragen.

(3) Die Kommune kann die Übertragung einer ehrenamtlichen Tätigkeit jederzeit aufheben; eine Übertragung auf Zeit kann ohne Zustimmung des ehrenamtlich Tätigen nur aufgehoben werden, wenn ein wichtiger Grund vorliegt.

§ 39 Verhinderung

(1) [1]Die Übernahme einer ehrenamtlichen Tätigkeit kann abgelehnt und die Aufhebung der Übertragung verlangt werden, wenn der Bürgerin oder dem Bürger die Tätigkeit wegen des Alters, des Gesundheitszustandes, der Berufs- oder Familienverhältnisse oder wegen eines sonstigen persönlichen Umstandes nicht zugemutet werden kann.

(2) [1]Wer ohne einen Grund nach Absatz 1 die Übernahme einer ehrenamtlichen Tätigkeit ablehnt oder ihre Ausübung verweigert, handelt ordnungswidrig. [2]Die Ordnungswidrigkeit kann mit einer Geldbuße

geahndet werden. ³Zuständige Behörde nach § 36 Abs. 1 Nr. 1 OWiG ist die Kommune. ⁴Der Hauptausschuss, bei Abgeordneten die Vertretung, entscheidet, ob eine Ordnungswidrigkeit verfolgt und geahndet wird. ⁵Im Übrigen trifft die Hauptverwaltungsbeamtin oder der Hauptverwaltungsbeamte die erforderlichen Maßnahmen.

§ 40 Amtsverschwiegenheit

(1) ¹Ehrenamtlich Tätige haben über Angelegenheiten, deren Geheimhaltung durch Gesetz oder dienstliche Anordnung vorgeschrieben oder der Natur der Sache nach erforderlich ist, Verschwiegenheit zu wahren; dies gilt auch nach Beendigung ihrer Tätigkeit. ²Von dieser Verpflichtung werden ehrenamtlich Tätige auch nicht durch persönliche Bindungen befreit. ³Sie dürfen die Kenntnis von Angelegenheiten, über die sie verschwiegen zu sein haben, nicht unbefugt verwerten. ⁴Sie dürfen ohne Genehmigung über solche Angelegenheiten weder vor Gericht noch außergerichtlich aussagen oder Erklärungen abgeben. ⁵Die Genehmigung wird für ihre Mitglieder von der Vertretung erteilt. ⁶Bei den übrigen ehrenamtlich Tätigen erteilt der Hauptausschuss die Genehmigung; er kann diese Zuständigkeit auf die Hauptverwaltungsbeamtin oder den Hauptverwaltungsbeamten übertragen.

(2) Wer die Pflichten nach Absatz 1 vorsätzlich oder grob fahrlässig verletzt, handelt ordnungswidrig, wenn die Tat nicht nach § 203 Abs. 2 oder nach § 353b des Strafgesetzbuchs (StGB) bestraft werden kann; § 39 Abs. 2 Sätze 2 bis 4 gilt entsprechend.

§ 41 Mitwirkungsverbot

(1) ¹Ehrenamtlich Tätige dürfen in Angelegenheiten der Kommunen nicht beratend oder entscheidend mitwirken, wenn die Entscheidung einen unmittelbaren Vorteil oder Nachteil für folgende Personen bringen kann:

1. sie selbst,
2. ihre Ehegattin, ihren Ehegatten, ihre Lebenspartnerin oder ihren Lebenspartner im Sinne des Lebenspartnerschaftsgesetzes,
3. ihre Verwandten bis zum dritten oder ihre Verschwägerten bis zum zweiten Grad während des Bestehens der Ehe oder der Lebenspartnerschaft im Sinne des Lebenspartnerschaftsgesetzes oder
4. eine von ihnen kraft Gesetzes oder Vollmacht vertretene Person.

²Als unmittelbar gilt nur derjenige Vorteil oder Nachteil, der sich aus der Entscheidung selbst ergibt, ohne dass, abgesehen von der Ausführung von Beschlüssen nach § 85 Abs. 1 Satz 1 Nr. 2, weitere Ereignisse eintreten oder Maßnahmen getroffen werden müssen. ³Satz 1 gilt nicht, wenn die ehrenamtlich Tätigen an der Entscheidung der Angelegenheit lediglich als Angehörige einer Berufs- oder Bevölkerungsgruppe beteiligt sind, deren gemeinsame Interessen durch die Angelegenheit berührt werden.

(2) Das Verbot des Absatzes 1 Sätze 1 und 2 gilt auch für ehrenamtlich Tätige, die gegen Entgelt bei einer natürlichen oder juristischen Person des öffentlichen oder privaten Rechts oder einer Vereinigung beschäftigt sind, wenn die Entscheidung diesen Dritten einen unmittelbaren Vorteil oder Nachteil bringen kann.

(3) Das Verbot des Absatzes 1 Sätze 1 und 2 gilt nicht für

1. die Beratung und Entscheidung über Rechtsnormen,
2. Beschlüsse, welche die Besetzung unbesoldeter Stellen oder die Abberufung aus ihnen betreffen,
3. Wahlen,
4. ehrenamtlich Tätige, die dem Vertretungsorgan einer juristischen Person als Vertreterin oder Vertreter der Kommune angehören.

(4) ¹Wer annehmen muss, nach den Vorschriften der Absätze 1 und 2 an der Beratung und Entscheidung gehindert zu sein, hat dies vorher mitzuteilen. ²Ob ein Mitwirkungsverbot besteht, entscheidet die Stelle, in der oder für welche die ehrenamtliche Tätigkeit ausgeübt wird. ³Wird über eine Rechtsnorm beraten oder entschieden (Absatz 3 Nr. 1), so hat die ehrenamtlich tätige Person vorher mitzuteilen, wenn sie oder eine der in Absatz 1 Satz 1 oder Absatz 2 genannten Personen ein besonderes persönliches oder wirtschaftliches Interesse am Erlass oder Nichterlass der Rechtsnorm hat.

(5) ¹Wer nach den Vorschriften der Absätze 1 und 2 gehindert ist, an der Beratung und Entscheidung einer Angelegenheit mitzuwirken, hat den Beratungsraum zu verlassen. ²Bei einer öffentlichen Sitzung ist diese Person berechtigt, sich in dem für Zuhörerinnen und Zuhörer bestimmten Teil des Beratungsraumes aufzuhalten.

(6) [1]Ein Beschluss, der unter Verletzung der Vorschriften der Absätze 1 und 2 gefasst worden ist, ist unwirksam, wenn die Mitwirkung für das Abstimmungsergebnis entscheidend war. [2]§ 10 Abs. 2 Satz 1 gilt jedoch entsprechend. [3]Wenn eine öffentliche Bekanntmachung des Beschlusses nicht erforderlich ist, beginnt die Frist nach § 10 Abs. 2 Satz 1 mit dem Tag der Beschlussfassung.

§ 42 Vertretungsverbot

(1) [1]Ehrenbeamtinnen und Ehrenbeamte dürfen Dritte nicht vertreten, wenn diese ihre Ansprüche und Interessen gegenüber der Kommune geltend machen; hiervon ausgenommen sind Fälle der gesetzlichen Vertretung. [2]Für andere ehrenamtlich Tätige gilt das Vertretungsverbot des Satzes 1, wenn die Vertretung mit den Aufgaben ihrer ehrenamtlichen Tätigkeit im Zusammenhang stehen würde.
(2) Feststellungen über das Vorliegen der Voraussetzungen des Absatzes 1 trifft die Vertretung.

§ 43 Pflichtenbelehrung

[1]Ehrenamtlich Tätige sind durch die Hauptverwaltungsbeamtin oder den Hauptverwaltungsbeamten vor Aufnahme ihrer Tätigkeit auf ihre Pflichten nach den §§ 40 bis 42 hinzuweisen. [2]Der Hinweis ist aktenkundig zu machen.

§ 44 Entschädigung

(1) [1]Wer ehrenamtlich tätig ist, hat Anspruch auf Ersatz seiner Auslagen, einschließlich der Aufwendungen für eine Kinderbetreuung, und seines nachgewiesenen Verdienstausfalls. [2]Bei Personen, die keinen Anspruch auf Verdienstausfall geltend machen können, kann die Entschädigung auch einen angemessenen Pauschalstundensatz als Ausgleich von besonderen Nachteilen im Bereich der Haushaltsführung oder im sonstigen beruflichen Bereich beinhalten, die durch die ehrenamtliche Tätigkeit entstehen. [3]Einzelheiten sind durch Satzung zu regeln. [4]In der Satzung sind die Ansprüche auf Höchstbeträge zu begrenzen.
(2) [1]Ehrenamtlich Tätigen können angemessene Aufwandsentschädigungen nach Maßgabe einer Satzung gewährt werden. [2]Wird eine Aufwandsentschädigung gewährt, so besteht daneben kein Anspruch auf Ersatz der Auslagen, des Verdienstausfalls und des Pauschalstundensatzes; in der Satzung können für Fälle außergewöhnlicher Belastungen und für bestimmte Tätigkeiten, deren Ausmaß nicht voraussehbar ist, Ausnahmen zugelassen werden.
(3) Die Ansprüche nach dieser Vorschrift sind nicht übertragbar.

Fünfter Teil
Innere Kommunalverfassung

Erster Abschnitt
Vertretung

§ 45 Rechtsstellung und Zusammensetzung

(1) [1]Die Vertretung ist das Hauptorgan der Kommune. [2]Mitglieder der Vertretung sind die in diese gewählten Abgeordneten sowie kraft Amtes die Hauptverwaltungsbeamtin oder der Hauptverwaltungsbeamte. [3]Die Abgeordneten tragen in den Gemeinden und Samtgemeinden die Bezeichnung Ratsfrau oder Ratsherr, in den Landkreisen die Bezeichnung Kreistagsabgeordnete oder Kreistagsabgeordneter und in der Region Hannover die Bezeichnung Regionsabgeordnete oder Regionsabgeordneter.

(2) Schreibt dieses Gesetz für Wahlen, Abstimmungen oder Anträge eine bestimmte Mehrheit oder Minderheit vor, so ist die durch Gesetz oder durch Satzung geregelte Zahl der Mitglieder zugrunde zu legen, soweit in Rechtsvorschriften nichts anderes bestimmt ist.

§ 46 Zahl der Abgeordneten

(1) [1]Die Zahl der Ratsfrauen oder Ratsherren beträgt in Gemeinden und Samtgemeinden

mit	bis zu	500 Einwohnerinnen und Einwohnern	6,
mit	501 bis	1 000 Einwohnerinnen und Einwohnern	8,
mit	1 001 bis	2 000 Einwohnerinnen und Einwohnern	10,
mit	2 001 bis	3 000 Einwohnerinnen und Einwohnern	12,
mit	3 001 bis	5 000 Einwohnerinnen und Einwohnern	14,

mit 5 001 bis	6 000 Einwohnerinnen und Einwohnern 16,
mit 6 001 bis	7 000 Einwohnerinnen und Einwohnern 18,
mit 7 001 bis	8 000 Einwohnerinnen und Einwohnern 20,
mit 8 001 bis	9 000 Einwohnerinnen und Einwohnern 22,
mit 9 001 bis	10 000 Einwohnerinnen und Einwohnern 24,
mit 10 001 bis	11 000 Einwohnerinnen und Einwohnern 26,
mit 11 001 bis	12 000 Einwohnerinnen und Einwohnern 28,
mit 12 001 bis	15 000 Einwohnerinnen und Einwohnern 30,
mit 15 001 bis	20 000 Einwohnerinnen und Einwohnern 32,
mit 20 001 bis	25 000 Einwohnerinnen und Einwohnern 34,
mit 25 001 bis	30 000 Einwohnerinnen und Einwohnern 36,
mit 30 001 bis	40 000 Einwohnerinnen und Einwohnern 38,
mit 40 001 bis	50 000 Einwohnerinnen und Einwohnern 40,
mit 50 001 bis	75 000 Einwohnerinnen und Einwohnern 42,
mit 75 001 bis	100 000 Einwohnerinnen und Einwohnern 44,
mit 100 001 bis	125 000 Einwohnerinnen und Einwohnern 46,
mit 125 001 bis	150 000 Einwohnerinnen und Einwohnern 48,
mit 150 001 bis	175 000 Einwohnerinnen und Einwohnern 50,
mit 175 001 bis	200 000 Einwohnerinnen und Einwohnern 52,
mit 200 001 bis	250 000 Einwohnerinnen und Einwohnern 54,
mit 250 001 bis	300 000 Einwohnerinnen und Einwohnern 56,
mit 300 001 bis	350 000 Einwohnerinnen und Einwohnern 58,
mit 350 001 bis	400 000 Einwohnerinnen und Einwohnern 60,
mit 400 001 bis	500 000 Einwohnerinnen und Einwohnern 62,
mit 500 001 bis	600 000 Einwohnerinnen und Einwohnern 64,
mit mehr als	600 000 Einwohnerinnen und Einwohnern 66.

[2]In Mitgliedsgemeinden von Samtgemeinden erhöht sich diese Zahl jeweils um eins.

(2) Die Zahl der Kreistagsabgeordneten beträgt in Landkreisen

mit bis zu	100 000 Einwohnerinnen und Einwohnern 42,
mit 100 001 bis	125 000 Einwohnerinnen und Einwohnern 46,
mit 125 001 bis	150 000 Einwohnerinnen und Einwohnern 50,
mit 150 001 bis	175 000 Einwohnerinnen und Einwohnern 54,
mit 175 001 bis	200 000 Einwohnerinnen und Einwohnern 58,
mit 200 001 bis	250 000 Einwohnerinnen und Einwohnern 62,
mit 250 001 bis	300 000 Einwohnerinnen und Einwohnern 64,
mit 300 001 bis	350 000 Einwohnerinnen und Einwohnern 66,
mit 350 001 bis	400 000 Einwohnerinnen und Einwohnern 68,
mit mehr als	400 000 Einwohnerinnen und Einwohnern 70.

(3) Die Zahl der Regionsabgeordneten beträgt 84.

(4) [1]In Gemeinden und Samtgemeinden mit mehr als 8 000 Einwohnerinnen und Einwohnern sowie in Landkreisen und der Region Hannover kann die Zahl der für die nächste allgemeine Wahlperiode zu wählenden Abgeordneten um 2, 4 oder 6 verringert werden. [2]Die Entscheidung ist bis spätestens 18 Monate vor dem Ende der laufenden Wahlperiode durch Satzung zu treffen. [3]Die Zahl von 20 Abgeordneten darf nicht unterschritten werden.

(5) [1]Werden Gemeinden oder Landkreise vereinigt oder neu gebildet oder Samtgemeinden neu gebildet, zusammengeschlossen oder umgebildet, so kann die Zahl der zu wählenden Abgeordneten bis zum Ende der nächsten allgemeinen Wahlperiode um 2, 4 oder 6 erhöht werden. [2]Die Erhöhung ist bei

Vereinigung oder Neubildung von Gemeinden oder Landkreisen durch übereinstimmende Satzungen der beteiligten Gemeinden oder Landkreise zu regeln; bei Neubildung, Zusammenschluss oder Umbildung von Samtgemeinden gelten § 100 Abs. 1 Satz 5, § 101 Abs. 1 Satz 3 und § 102 Abs. 1 Halbsatz 2. [3]Die Satzungen müssen vor der Verkündung des Gesetzes, das die Vereinigung oder Neubildung regelt, verkündet worden sein.

(6) Beschlüsse nach Absatz 4 oder 5 bedürfen der Mehrheit der Mitglieder der Vertretung.

§ 47 Wahl und Wahlperiode der Abgeordneten

(1) [1]Die Abgeordneten werden von den Bürgerinnen und Bürgern in allgemeiner, unmittelbarer, freier, gleicher und geheimer Wahl gewählt. [2]Einzelheiten werden, soweit dieses Gesetz hierüber keine Vorschriften enthält, durch das Niedersächsische Kommunalwahlgesetz geregelt.

(2) [1]Die allgemeine Wahlperiode der Abgeordneten beträgt fünf Jahre. [2]Die nächste Wahlperiode beginnt am 1. November 2011.

§ 48 Recht zur Wahl der Mitglieder der Vertretung

(1) [1]Zur Wahl der Abgeordneten und der Hauptverwaltungsbeamtin oder des Hauptverwaltungsbeamten sind Personen berechtigt, die Deutsche im Sinne des Artikels 116 Abs. 1 des Grundgesetzes für die Bundesrepublik Deutschland sind oder die Staatsangehörigkeit eines anderen Mitgliedstaates der Europäischen Union besitzen und am Wahltag

1. mindestens 16 Jahre alt sind und
2. seit mindestens drei Monaten in der Kommune den Wohnsitz haben.

[2]Bei der Berechnung der Dreimonatsfrist nach Satz 1 Nr. 2 ist der Tag der Wohnsitz- oder Aufenthaltsnahme in die Frist einzubeziehen.

(2) Vom Wahlrecht ausgeschlossen sind Personen, die durch Entscheidung eines Gerichts nach deutschem Recht kein Wahlrecht besitzen.

§ 49 Wählbarkeit

(1) [1]Zur Abgeordneten oder zum Abgeordneten sind Personen wählbar, die am Wahltag

1. mindestens 18 Jahre alt sind,
2. seit mindestens sechs Monaten im Gebiet der Kommune ihren Wohnsitz haben und
3. Deutsche im Sinne des Artikels 116 Abs. 1 des Grundgesetzes für die Bundesrepublik Deutschland oder Staatsangehörige eines anderen Mitgliedstaates der Europäischen Union sind.

[2]§ 28 Abs. 1 Sätze 2 bis 5 und § 48 Abs. 1 Satz 2 gelten entsprechend.

(2) Nicht wählbar sind Personen, die

1. nach § 48 Abs. 2 vom Wahlrecht ausgeschlossen sind,
2. durch Entscheidung eines Gerichts nach deutschem Recht nicht wählbar sind oder kein öffentliches Amt innehaben dürfen,
3. als Staatsangehörige eines anderen Mitgliedstaates der Europäischen Union nach dem Recht dieses Staates infolge einer zivilrechtlichen Einzelfallentscheidung oder einer strafrechtlichen Entscheidung nicht wählbar sind.

§ 50 Unvereinbarkeit

(1) [1]Abgeordnete einer Kommune dürfen nicht sein

1. Beamtinnen und Beamte mit Dienstbezügen im Dienst dieser Kommune,
2. im Rat der Mitgliedsgemeinde einer Samtgemeinde: Beamtinnen und Beamte mit Dienstbezügen im Dienst der Samtgemeinde,
3. im Rat oder Samtgemeinderat: die Landrätin oder der Landrat des Landkreises, dem die Gemeinde oder Samtgemeinde angehört, und deren oder dessen Stellvertreterinnen oder Stellvertreter nach § 81 Abs. 3 Sätze 1 und 3,
4. im Rat einer regionsangehörigen Gemeinde: die Regionspräsidentin oder der Regionspräsident und deren oder dessen Stellvertreterinnen oder Stellvertreter nach § 81 Abs. 3 Sätze 1 und 3,
5. im Samtgemeinderat: Beamtinnen und Beamte mit Dienstbezügen im Dienst einer Mitgliedsgemeinde dieser Samtgemeinde,
6. im Kreistag oder in der Regionsversammlung: die hauptamtliche Bürgermeisterin oder der hauptamtliche Bürgermeister einer dem Landkreis oder der Region Hannover angehörenden Gemeinde oder Samtgemeinde und deren oder dessen Stellvertreterinnen oder Stellvertreter nach § 81 Abs. 3 Sätze 1 und 3,

7. Beschäftigte, die unmittelbar Aufgaben der Kommunalaufsicht oder Fachaufsicht über diese Kommune wahrnehmen und hierbei befugt sind, Entscheidungen zu treffen, und
8. Beschäftigte im Dienst einer Einrichtung, eines Unternehmens, einer kommunalen Anstalt, einer gemeinsamen kommunalen Anstalt oder einer anderen juristischen Person oder sonstigen Organisation des öffentlichen oder privaten Rechts, die einer Gesellschafterversammlung, einem Aufsichtsrat, einem Verwaltungsrat oder einem vergleichbaren Organ unmittelbar verantwortlich sind, wenn die Kommune in der jeweiligen Organisation über die Mehrheit der Anteile oder Stimmrechte verfügt.

[2]Satz 1 Nr. 8 gilt entsprechend für die Vertreterinnen und Vertreter der dort bezeichneten Beschäftigten, denen die Vertretung nicht nur für den Verhinderungsfall übertragen wurde.

(2) Absatz 1 Satz 1 Nrn. 1, 2 und 5 ist auf hauptberufliche Arbeitnehmerinnen und Arbeitnehmer, die nicht überwiegend körperliche Arbeit verrichten, entsprechend anzuwenden.

(3) [1]Wird eine Person gewählt, die nicht Abgeordnete sein darf, so kann sie die Wahl nur annehmen, wenn sie der Wahlleitung nachweist, dass sie die zur Beendigung des Beamten- oder Arbeitnehmerverhältnisses erforderliche Erklärung abgegeben hat. [2]Weist sie dies vor Ablauf der Frist zur Annahme der Wahl nach dem Niedersächsischen Kommunalwahlgesetz nicht nach, so gilt die Wahl als abgelehnt. [3]Die Beendigung des Beamten- oder Arbeitnehmerverhältnisses ist der Hauptverwaltungsbeamtin oder dem Hauptverwaltungsbeamten spätestens vier Monate nach Annahme der Wahl nachzuweisen. [4]Die Sätze 1 bis 3 gelten entsprechend bei einem Nachrücken als Ersatzperson. [5]Stellt die Wahlleitung nachträglich fest, dass eine Person die Wahl angenommen hat, obwohl sie nach den Absätzen 1 und 2 nicht Abgeordnete sein darf, so scheidet sie einen Monat, nachdem ihr die Feststellung zugestellt worden ist, aus der Vertretung aus. [6]Die Wahlleitung stellt den Verlust des Sitzes fest. [7]Satz 5 gilt nicht, wenn die Person innerhalb der Monatsfrist nachweist, dass sie das Dienst- oder Arbeitsverhältnis beendet hat.

§ 51 Sitzerwerb

[1]Die Abgeordneten erwerben ihren Sitz in der Vertretung mit der Annahme der Wahl, frühestens jedoch mit dem Beginn der Wahlperiode. [2]Bei einer nicht im gesamten Wahlgebiet durchgeführten Nachwahl oder bei einer Wiederholungswahl sowie beim Nachrücken als Ersatzperson beginnt die Mitgliedschaft frühestens mit der Feststellung nach § 52 Abs. 2.

§ 52 Sitzverlust

(1) [1]Die Abgeordneten verlieren ihren Sitz in der Vertretung durch
1. schriftliche Verzichtserklärung gegenüber der Hauptverwaltungsbeamtin oder dem Hauptverwaltungsbeamten,
2. Verlust der Wählbarkeit oder durch nachträgliche Feststellung ihres Fehlens zur Zeit der Wahl,
3. Feststellung der Verfassungswidrigkeit einer Partei nach Maßgabe des Absatzes 3,
4. Berichtigung des Wahlergebnisses oder durch seine Neufeststellung aufgrund einer Nachwahl oder Wiederholungswahl nach Maßgabe des Niedersächsischen Kommunalwahlgesetzes,
5. eine Entscheidung im Wahlprüfungsverfahren, nach der die Wahl der Vertretung oder die Wahl der oder des Abgeordneten ungültig ist,
6. Wegfall der Gründe für das Nachrücken als Ersatzperson,
7. Ablauf der Frist gemäß § 50 Abs. 3 Satz 3 oder 5, wenn der nach diesen Vorschriften erforderliche Nachweis nicht geführt ist, oder
8. Verwendung im Beamten- oder Arbeitnehmerverhältnis nach Annahme der Wahl, wenn die Mitgliedschaft in der Vertretung nach § 50 mit dem Amt oder Aufgabenkreis der Person unvereinbar ist und nicht innerhalb von vier Monaten nachgewiesen wird, dass das Dienst- oder Arbeitnehmerverhältnis beendet ist.

[2]Die Verzichtserklärung nach Satz 1 Nr. 1 darf nicht in elektronischer Form abgegeben und nicht widerrufen werden.

(2) Die Vertretung stellt zu Beginn der nächsten Sitzung fest, ob eine der Voraussetzungen nach Absatz 1 Satz 1 Nrn. 1 bis 4 und 6 bis 8 vorliegt; der oder dem Betroffenen ist Gelegenheit zur Stellungnahme zu geben.

(3) [1]Wird eine Partei oder die Teilorganisation einer Partei durch das Bundesverfassungsgericht gemäß Artikel 21 Abs. 2 des Grundgesetzes für die Bundesrepublik Deutschland für verfassungswidrig er-

klärt, so verlieren diejenigen Abgeordneten ihren Sitz, die aufgrund eines Wahlvorschlags dieser Partei oder Teilorganisation gewählt worden sind. [2]Dies gilt auch für diejenigen Abgeordneten, die dieser Partei oder Teilorganisation zum Zeitpunkt der Verkündung der Entscheidung angehört haben.

§ 53 Ruhen der Mitgliedschaft in der Vertretung

[1]Wird gegen Abgeordnete der Vertretung wegen eines Verbrechens die öffentliche Klage erhoben, so ruht ihre Mitgliedschaft in der Vertretung bis zur rechtskräftigen Entscheidung. [2]Die oder der Abgeordnete der Vertretung ist verpflichtet, der Hauptverwaltungsbeamtin oder dem Hauptverwaltungsbeamten unverzüglich mitzuteilen, dass Klage erhoben wurde.

§ 54 Rechtsstellung der Mitglieder der Vertretung

(1) [1]Die Mitglieder der Vertretung üben ihre Tätigkeit im Rahmen der Gesetze nach ihrer freien, nur durch Rücksicht auf das öffentliche Wohl geleiteten Überzeugung aus. [2]Sie sind nicht an Verpflichtungen gebunden, durch die die Freiheit ihrer Entschließung als Mitglieder der Vertretung beschränkt wird.

(2) [1]1Niemand darf an der Übernahme und Ausübung des Amtes eines Mitglieds der Vertretung gehindert werden. [2]Abgeordnete dürfen wegen der Übernahme oder Ausübung des Amtes nicht benachteiligt werden. [3]Es ist unzulässig, Abgeordnete wegen ihrer Mitgliedschaft aus einem Dienst- oder Arbeitsverhältnis zu entlassen oder ihnen zu kündigen. [4]Den Abgeordneten ist die für ihre Tätigkeit notwendige freie Zeit zu gewähren. [5]Abgeordnete, die innerhalb eines vorgegebenen Arbeitszeitrahmens Beginn und Ende ihrer täglichen Arbeitszeit selbst bestimmen können, haben einen Anspruch auf Verringerung ihrer regelmäßigen Arbeitszeit für die Zeit, in der sie an

1. einer Sitzung der Vertretung, des Hauptausschusses, eines Ausschusses, ihrer Fraktion oder Gruppe,
2. einer Sitzung eines Organs oder Gremiums einer juristischen Person oder Vereinigung des öffentlichen oder privaten Rechts, in das sie von der Kommune gewählt, entsandt oder in sonstiger Form bestellt worden sind, oder
3. einer Veranstaltung, für die die Vertretung die Teilnahme beschlossen hat oder zu der die Hauptverwaltungsbeamtin oder der Hauptverwaltungsbeamte die Abgeordneten eingeladen hat,

teilnehmen, soweit kein Anspruch auf Gewährung freier Zeit nach Satz 4 besteht und die Teilnahme in ihrem Arbeitszeitrahmen liegt. [6]Der Anspruch nach Satz 5 besteht nur, soweit die Summe aus der am Tag der Teilnahme geleisteten Arbeitszeit, der nach Satz 4 zu gewährenden Freistellungszeit und der nach Satz 5 zu berücksichtigenden Teilnahmezeit ein Fünftel der regelmäßigen wöchentlichen Arbeitszeit der oder des Abgeordneten nicht überschreitet. [7]Den Abgeordneten ist darüber hinaus in jeder Wahlperiode bis zu fünf Arbeitstage Urlaub zu gewähren, damit sie an Fortbildungsveranstaltungen teilnehmen können, die im Zusammenhang mit dem Amt der oder des Abgeordneten stehen. [8]Für die Zeit dieses Urlaubs haben die Abgeordneten gegen die Kommune Anspruch auf Ersatz des nachgewiesenen Verdienstausfalls bis zu einem durch Satzung festzulegenden Höchstbetrag. [9]Sind die Abgeordneten einer Gemeinde zugleich auch Abgeordnete einer Samtgemeinde, eines Landkreises oder der Region Hannover, so entsteht der Anspruch auf Urlaub nach Satz 7 in jeder Wahlperiode nur einmal.

(3) Die Vorschriften der §§ 40, 41, 42 Abs. 1 Satz 2 und Abs. 2 sowie des § 43 sind auf die Abgeordneten anzuwenden.

(4) Verletzen Abgeordnete vorsätzlich oder grob fahrlässig ihre Pflichten, verstoßen sie insbesondere gegen die ihnen in den §§ 40 bis 42 auferlegten Verpflichtungen, so haben sie der Kommune den daraus entstehenden Schaden zu ersetzen.

§ 55 Entschädigung der Abgeordneten

(1) [1]Die Abgeordneten haben Anspruch auf Zahlung einer Entschädigung nach Maßgabe des § 44 Abs. 1 und 3. [2]Selbständig Tätigen kann der Nachweis des Verdienstausfalls erleichtert werden. [3]Die Entschädigung kann nach Maßgabe einer Satzung ganz oder teilweise pauschal gewährt und dabei ganz oder teilweise als Sitzungsgeld gezahlt sowie für besondere Funktionen erhöht werden; sie muss angemessen sein.

(2) [1]Das für Inneres zuständige Ministerium beruft jeweils vor dem Ende einer allgemeinen Wahlperiode sachverständige Personen in eine Kommission, die bis zum Beginn der neuen Wahlperiode Empfehlungen zur Ausgestaltung und Höhe der Entschädigung nach Absatz 1 gibt. [2]Die Empfehlun-

gen sind von dem für Inneres zuständigen Ministerium zu veröffentlichen. [3]Die Mitglieder der Kommission haben Anspruch auf Ersatz ihrer Auslagen und des Verdienstausfalls nach Maßgabe der Abschnitte 2 und 5 des Justizvergütungs- und -entschädigungsgesetzes.

§ 56 Antragsrecht, Auskunftsrecht

[1]Jedes Mitglied der Vertretung hat das Recht, in der Vertretung und in den Ausschüssen, denen es angehört, Anträge zu stellen; die Unterstützung durch andere Mitglieder der Vertretung ist dazu nicht erforderlich. [2]Zur eigenen Unterrichtung kann jede oder jeder Abgeordnete von der Hauptverwaltungsbeamtin oder dem Hauptverwaltungsbeamten Auskünfte in allen Angelegenheiten der Kommune verlangen; dies gilt nicht für Angelegenheiten, die der Geheimhaltung unterliegen (§ 6 Abs. 3 Satz 1).

§ 57 Fraktionen und Gruppen

(1) Zwei oder mehr Abgeordnete können sich zu einer Fraktion oder Gruppe zusammenschließen.

(2) [1]Fraktionen und Gruppen wirken bei der Willensbildung und Entscheidungsfindung in der Vertretung, im Hauptausschuss und in den Ausschüssen mit. [2]Ihre innere Ordnung muss demokratischen und rechtsstaatlichen Grundsätzen entsprechen.

(3) [1]Die Kommune kann den Fraktionen und Gruppen Zuwendungen zu den Sach- und Personalkosten für die Geschäftsführung gewähren; zu diesen Kosten zählen auch die Aufwendungen der Fraktionen oder Gruppen aus einer öffentlichen Darstellung ihrer Auffassungen in den Angelegenheiten der Kommune. [2]Die Verwendung der Zuwendungen ist in einfacher Form nachzuweisen.

(4) Soweit personenbezogene Daten an die Abgeordneten oder an Mitglieder eines Stadtbezirksrates oder Ortsrates übermittelt werden dürfen, ist es zulässig, diese Daten auch an von der Hauptverwaltungsbeamtin oder dem Hauptverwaltungsbeamten zur Verschwiegenheit verpflichtete Mitarbeiterinnen und Mitarbeiter der Fraktionen und Gruppen zu übermitteln.

(5) Einzelheiten über die Bildung der Fraktionen und Gruppen sowie über deren Rechte und Pflichten regelt die Geschäftsordnung.

§ 58 Zuständigkeit der Vertretung

(1) Die Vertretung beschließt ausschließlich über

1. die grundlegenden Ziele der Entwicklung der Kommune,
2. Richtlinien, nach denen die Verwaltung geführt werden soll,
3. den Namen, eine Bezeichnung, das Wappen, die Flagge und das Dienstsiegel der Kommune,
4. Gebietsänderungen und den Abschluss von Gebietsänderungsverträgen,
5. Satzungen und Verordnungen,
6. die Verleihung und Entziehung von Ehrenbezeichnungen,
7. die Erhebung öffentlicher Abgaben (Gebühren, Beiträge und Steuern) und Umlagen,
8. die Festlegung allgemeiner privatrechtlicher Entgelte, es sei denn, dass deren jährliches Aufkommen einen in der Hauptsatzung festgesetzten Betrag voraussichtlich nicht übersteigt,
9. die Haushaltssatzung, das Haushaltssicherungskonzept, über- und außerplanmäßige Aufwendungen, Auszahlungen und Verpflichtungen nach Maßgabe der §§ 117 und 119 sowie über das Investitionsprogramm,

9a. den Haushalts- oder den Wirtschaftsplan und den Höchstbetrag der Liquiditätskredite der Eigenbetriebe,

10. den Jahresabschluss, den konsolidierten Gesamtabschluss, die Zuführung zu Überschussrücklagen (§ 123 Abs. 1 Satz 1) und die Entlastung der Hauptverwaltungsbeamtin oder des Hauptverwaltungsbeamten,

10a. den Jahresabschluss der Eigenbetriebe und die Entlastung der Betriebsleitung sowie den Lagebericht und die Verwendung des Jahresgewinns oder die Behandlung des Jahresverlustes,

11. die Errichtung, Gründung, Übernahme, wesentliche Erweiterung, teilweise oder vollständige Veräußerung, Aufhebung oder Auflösung von Unternehmen, von kommunalen Anstalten und von Einrichtungen im Rahmen des Wirtschaftsrechts, insbesondere von Eigenbetrieben, von Gesellschaften und von anderen Vereinigungen in einer Rechtsform des privaten Rechts, sowie über die Wirtschaftsführung von Einrichtungen als Eigenbetriebe oder als selbständige Einrichtungen im Sinne von § 139,
12. die Beteiligung an Gesellschaften und anderen Vereinigungen in einer Rechtsform des privaten Rechts sowie die Änderung der Beteiligungsverhältnisse,

13. die Verpachtung von Unternehmen und Einrichtungen der Kommune oder solchen, an denen die Kommune beteiligt ist, die Übertragung der Betriebsführung dieser Unternehmen und Einrichtungen auf Dritte sowie den Abschluss von sonstigen Rechtsgeschäften im Sinne von § 148,
14. die Verfügung über Vermögen der Kommune, insbesondere Schenkungen und Darlehen, die Veräußerung oder Belastung von Grundstücken und die Veräußerung von Anteilen an einer Gesellschaft oder anderen Vereinigung in einer Rechtsform des privaten Rechts, ausgenommen Rechtsgeschäfte, deren Vermögenswert eine von der Hauptsatzung bestimmte Höhe nicht übersteigt,
15. Richtlinien für die Aufnahme von Krediten (§ 120 Abs. 1 Satz 2),
16. die Übernahme von Bürgschaften, den Abschluss von Gewährverträgen, die Bestellung von Sicherheiten für Dritte sowie diejenigen Rechtsgeschäfte, die den vorgenannten Verpflichtungen oder der Aufnahme von Krediten wirtschaftlich gleichstehen, es sei denn, dass das Rechtsgeschäft einen in der Hauptsatzung bestimmten Betrag nicht übersteigt, oder zu den Rechtsgeschäften der laufenden Verwaltung gehört,
17. die Mitgliedschaft in kommunalen Zusammenschlüssen, die Änderung der Beteiligungsverhältnisse an gemeinsamen kommunalen Anstalten und den Abschluss von Zweckvereinbarungen, wenn die Zweckvereinbarungen Aufgabenübertragungen zum Inhalt haben,
18. die Errichtung, Zusammenlegung und Aufhebung von Stiftungen, die Änderung des Stiftungszwecks sowie die Verwendung des Stiftungsvermögens, es sei denn, dass das von der Entscheidung betroffene Stiftungsvermögen einen in der Hauptsatzung bestimmten Betrag nicht übersteigt,
19. die Übernahme neuer Aufgaben, für die keine gesetzliche Verpflichtung besteht, und
20. Verträge der Kommune mit Mitgliedern der Vertretung, sonstigen Mitgliedern von Ausschüssen, von Stadtbezirksräten und von Ortsräten oder mit der Hauptverwaltungsbeamtin oder dem Hauptverwaltungsbeamten, es sei denn, dass es sich um Verträge aufgrund einer förmlichen Ausschreibung oder um Geschäfte der laufenden Verwaltung, deren Vermögenswert einen in der Hauptsatzung bestimmten Betrag nicht übersteigt, handelt.

(2) [1]Der Rat ist über Absatz 1 hinaus ausschließlich zuständig für
1. die Benennung von Gemeindeteilen, Straßen und Plätzen, es sei denn, dass die Straßen und Plätze ausschließlich in einer Ortschaft, für die ein Ortsrat gewählt wurde, oder in einem Stadtbezirk gelegen sind,
2. die abschließende Entscheidung über die Aufstellung, Änderung, Ergänzung und Aufhebung von Bauleitplänen,
3. die Verleihung und Entziehung des Ehrenbürgerrechts und
4. die Umwandlung von Gemeindegliedervermögen in freies Gemeindevermögen sowie die Veränderung der Nutzungsrechte an Gemeindegliedervermögen.

[2]In Samtgemeinden ist für die abschließende Entscheidung über Aufstellung, Änderung, Ergänzung und Aufhebung von Flächennutzungsplänen der Samtgemeinderat zuständig.

(3) [1]Die Vertretung beschließt über Angelegenheiten, für die der Hauptausschuss, ein Ausschuss nach § 76 Abs. 3, der Betriebsausschuss oder nach § 85 Abs. 1 Satz 1 Nr. 7 die Hauptverwaltungsbeamtin oder der Hauptverwaltungsbeamte zuständig ist, wenn sie sich im Einzelfall die Beschlussfassung vorbehalten hat. [2]In der Hauptsatzung kann sich die Vertretung die Beschlussfassung auch für bestimmte Gruppen solcher Angelegenheiten vorbehalten. [3]Die Vertretung kann über die in Satz 1 genannten Angelegenheiten ferner dann beschließen, wenn sie ihr vom Hauptausschuss oder einem Ausschuss nach § 76 Abs. 3 zur Beschlussfassung vorgelegt werden.

(4) [1]Die Vertretung überwacht die Durchführung ihrer Beschlüsse sowie den sonstigen Ablauf der Verwaltungsangelegenheiten. [2]Sie kann zu diesem Zweck vom Hauptausschuss und von der Hauptverwaltungsbeamtin oder dem Hauptverwaltungsbeamten die erforderlichen Auskünfte verlangen. [3]Wenn ein Viertel der Mitglieder der Vertretung oder eine Fraktion oder Gruppe dies verlangt, ist einzelnen Abgeordneten Einsicht in die Akten zu gewähren. [4]Diese Rechte gelten nicht für Angelegenheiten, die der Geheimhaltung unterliegen (§ 6 Abs. 3 Satz 1).

(5) Die Vertretung kann Befugnisse, die ihr nach Absatz 4 zustehen, auf den Hauptausschuss übertragen.

§ 59 Einberufung der Vertretung

(1) [1]Die Hauptverwaltungsbeamtin oder der Hauptverwaltungsbeamte lädt die Abgeordneten unter Mitteilung der Tagesordnung schriftlich oder durch ein elektronisches Dokument. [2]Einzelheiten regelt die Geschäftsordnung.

(2) [1]Die erste Sitzung findet innerhalb eines Monats nach Beginn der Wahlperiode statt; zu ihr kann bereits vor Beginn der Wahlperiode geladen werden. [2]Die Ladungsfrist für die erste Sitzung beträgt eine Woche. [3]Danach wird die Vertretung einberufen, sooft es die Geschäftslage erfordert. [4]Die Hauptverwaltungsbeamtin oder der Hauptverwaltungsbeamte hat die Vertretung unverzüglich einzuberufen, wenn

1. ein Drittel der Mitglieder der Vertretung oder der Hauptausschuss dies unter Angabe des Beratungsgegenstands verlangt oder
2. die letzte Sitzung der Vertretung länger als drei Monate zurückliegt und eine Abgeordnete oder ein Abgeordneter die Einberufung unter Angabe des Beratungsgegenstands verlangt.

(3) [1]Die Hauptverwaltungsbeamtin oder der Hauptverwaltungsbeamte stellt die Tagesordnung im Benehmen mit der oder dem Vorsitzenden der Vertretung auf; die oder der Vorsitzende kann verlangen, dass die Tagesordnung um einen Beratungsgegenstand ergänzt wird. [2]Die Tagesordnung für die erste Sitzung in der Wahlperiode stellt die Hauptverwaltungsbeamtin oder der Hauptverwaltungsbeamte allein auf. [3]Die oder der Vorsitzende vertritt die Hauptverwaltungsbeamtin oder den Hauptverwaltungsbeamten bei der Einberufung der Vertretung einschließlich der Aufstellung der Tagesordnung. [4]Stellt die oder der Vorsitzende die Tagesordnung auf, so ist das Benehmen mit der allgemeinen Stellvertreterin oder dem allgemeinen Stellvertreter der Hauptverwaltungsbeamtin oder des Hauptverwaltungsbeamten herzustellen; diese oder dieser kann verlangen, dass ein bestimmter Beratungsgegenstand auf die Tagesordnung gesetzt wird. [5]In dringenden Fällen kann die Tagesordnung zu Sitzungsbeginn durch Beschluss erweitert werden; dafür ist eine Zweidrittelmehrheit der Mitglieder der Vertretung erforderlich.

(4) [1]Wird die Vertretung nach dem Beginn der neuen Wahlperiode zu ihrer ersten Sitzung einberufen, so wird die Hauptverwaltungsbeamtin oder der Hauptverwaltungsbeamte bei dieser Einberufung einschließlich der Aufstellung der Tagesordnung durch die bisherige Vorsitzende oder den bisherigen Vorsitzenden der Vertretung vertreten. [2]Absatz 3 Satz 4 ist entsprechend anzuwenden.

(5) Zeit, Ort und Tagesordnung der Sitzungen der Vertretung sind ortsüblich bekannt zu machen, es sei denn, dass die Vertretung zu einer nicht öffentlichen Sitzung einberufen wird.

§ 60 Verpflichtung der Abgeordneten

[1]Zu Beginn der ersten Sitzung nach der Wahl werden die Abgeordneten von der Hauptverwaltungsbeamtin oder dem Hauptverwaltungsbeamten förmlich verpflichtet, ihre Aufgaben nach bestem Wissen und Gewissen wahrzunehmen und die Gesetze zu beachten. [2]Ist keine Hauptverwaltungsbeamtin und kein Hauptverwaltungsbeamter im Amt, so wird die Verpflichtung von der oder dem ältesten anwesenden und hierzu bereiten Abgeordneten vorgenommen.

§ 61 Wahl der oder des Vorsitzenden

(1) [1]Nach der Verpflichtung der Abgeordneten wählt die Vertretung in ihrer ersten Sitzung aus der Mitte der Abgeordneten ihre Vorsitzende oder ihren Vorsitzenden für die Dauer der Wahlperiode. [2]Die Wahl wird von dem ältesten anwesenden und hierzu bereiten Mitglied geleitet; dieses zieht in den Fällen des § 67 Satz 6 auch das Los. [3]Die Vertretung beschließt ferner über die Stellvertretung der oder des Vorsitzenden.

(2) Die oder der Vorsitzende kann durch Beschluss der Mehrheit der Mitglieder der Vertretung abberufen werden.

§ 62 Einwohnerfragestunde, Anhörung

(1) Die Vertretung kann bei öffentlichen Sitzungen Einwohnerinnen und Einwohnern ermöglichen, Fragen zu Beratungsgegenständen und anderen Angelegenheiten der Kommune zu stellen.

(2) Die Vertretung kann beschließen, anwesende Sachverständige und anwesende Einwohnerinnen und Einwohner einschließlich der nach § 41 von der Mitwirkung ausgeschlossenen Personen zum Gegenstand der Beratung zu hören.

(3) Einzelheiten regelt die Geschäftsordnung.

§ 63 Ordnung in den Sitzungen

(1) Die oder der Vorsitzende leitet die Verhandlungen, eröffnet und schließt die Sitzungen, sorgt für die Aufrechterhaltung der Ordnung und übt das Hausrecht aus.

(2) [1]Die oder der Vorsitzende kann ein Mitglied der Vertretung bei ungebührlichem oder wiederholt ordnungswidrigem Verhalten von der Sitzung ausschließen. [2]Auf Antrag des ausgeschlossenen Mitglieds stellt die Vertretung in ihrer nächsten Sitzung fest, ob der Ausschluss berechtigt war.

(3) [1]Die Vertretung kann ein Mitglied, das sich schuldhaft grob ungebührlich verhält oder schuldhaft wiederholt gegen Anordnungen verstößt, die zur Aufrechterhaltung der Ordnung erlassen wurden, mit der Mehrheit ihrer Mitglieder von der Mitarbeit in der Vertretung und ihren Ausschüssen ausschließen. [2]Der Ausschluss kann nur auf bestimmte Zeit, höchstens jedoch für sechs Monate, erfolgen.

§ 64 Öffentlichkeit der Sitzungen

(1) [1]Die Sitzungen der Vertretung sind öffentlich, soweit nicht das öffentliche Wohl oder berechtigte Interessen Einzelner den Ausschluss der Öffentlichkeit erfordern. [2]Über einen Antrag auf Ausschluss der Öffentlichkeit wird in nicht öffentlicher Sitzung beraten und entschieden; wenn keine Beratung erforderlich ist, kann in öffentlicher Sitzung entschieden werden.

(2) [1]In öffentlichen Sitzungen sind Bildaufnahmen zulässig, wenn sie die Ordnung der Sitzung nicht gefährden. [2]Film- und Tonaufnahmen von den Mitgliedern der Vertretung mit dem Ziel der Berichterstattung sind in öffentlicher Sitzung nur zulässig, soweit die Hauptsatzung dies bestimmt. [3]Abgeordnete der Vertretung können verlangen, dass die Aufnahme ihres Redebeitrages oder die Veröffentlichung der Aufnahme unterbleibt.

(3) [1]Die Abgeordneten mit Ausnahme der oder des Vorsitzenden der Vertretung können an den Sitzungen der Vertretung durch Zuschaltung per Videokonferenztechnik teilnehmen, soweit die Hauptsatzung dies zulässt. [2]Die Hauptsatzung kann dabei vorsehen, dass

1. die Hauptverwaltungsbeamtin oder der Hauptverwaltungsbeamte im Benehmen mit der oder dem Vorsitzenden der Vertretung die Teilnahme durch Zuschaltung per Videokonferenztechnik in der Ladung zulassen kann oder
2. die oder der Vorsitzende der Vertretung nach Herstellung des Benehmens mit der Hauptverwaltungsbeamtin oder dem Hauptverwaltungsbeamten verlangen kann, dass die Hauptverwaltungsbeamtin oder der Hauptverwaltungsbeamte die Teilnahme durch Zuschaltung per Videokonferenztechnik in der Ladung zulässt.

[3]Die Teilnahme kann insbesondere auf öffentliche Sitzungen beschränkt oder vom Vorliegen bestimmter persönlicher Voraussetzungen abhängig gemacht werden. [4]Für den Beschluss ist abweichend von § 12 Abs. 2 eine Mehrheit von zwei Dritteln der Mitglieder der Vertretung erforderlich. [5]Abgeordnete, die durch Zuschaltung per Videokonferenztechnik an der Sitzung teilnehmen, gelten als anwesend. [6]In einer Sitzung, an der Abgeordnete durch Zuschaltung per Videokonferenztechnik teilnehmen, dürfen geheime Wahlen (§ 67 Satz 2), nach § 66 Abs. 2 vorgesehene geheime Abstimmungen und Beratungen von Angelegenheiten, zu deren Geheimhaltung die Kommune nach § 6 Abs. 3 Satz 1 verpflichtet ist, nicht durchgeführt werden.

(4) [1]Die Kommune hat im Sitzungsraum die technischen Voraussetzungen dafür zu schaffen, dass sich die anwesenden und die durch Zuschaltung per Videokonferenztechnik teilnehmenden Mitglieder während der gesamten Sitzung gegenseitig in Bild und Ton wahrnehmen können. [2]In öffentlichen Sitzungen müssen die durch die Zuschaltung per Videokonferenztechnik teilnehmenden Abgeordneten auch für die im Sitzungsraum anwesende Öffentlichkeit in Bild und Ton wahrnehmbar sein. [3]Für die Zwecke der Sätze 1 und 2 sind Bild- und Tonaufnahmen der an der Sitzung teilnehmenden Personen auch ohne deren Zustimmung zulässig; Absatz 2 Satz 3 bleibt im Übrigen unberührt.

(5) [1]Bei Störungen der Zuschaltung per Videokonferenztechnik, die nach Absatz 4 Satz 1 im Verantwortungsbereich der Kommune liegen, ist die Sitzung von der oder dem Vorsitzenden zu unterbrechen oder abzubrechen. [2]Sonstige Störungen der Zuschaltung sind unbeachtlich; sie haben insbesondere keine Auswirkung auf die Wirksamkeit eines ohne die betroffenen Abgeordneten gefassten Beschlusses.

(6) [1]Lässt die Hauptsatzung die Teilnahme per Videokonferenztechnik auch an nicht öffentlichen Sitzungen zu, so haben die per Videokonferenztechnik zugeschalteten Abgeordneten sicherzustellen, dass bei ihnen keine weiteren Personen die Sitzung verfolgen können. [2]§ 40 Abs. 2 gilt entsprechend.

(7) Die Hauptsatzung kann auch die Durchführung einer Anhörung (§ 62 Abs. 2) durch Zuschaltung der anzuhörenden Personen per Videokonferenztechnik zulassen; für den Beschluss gilt Absatz 3 Satz 4 entsprechend.
(8) Die Regelungen der Absätze 3 bis 7 gelten für Sitzungen des Hauptausschusses und der Ausschüsse entsprechend, soweit in der Hauptsatzung nichts anderes bestimmt ist.
(9) Die Landesregierung berichtet dem Landtag bis zum 31. Dezember 2025 über die Erfahrungen mit den Regelungen der Absätze 3 bis 8.

§ 65 Beschlussfähigkeit

(1) [1]Die Vertretung ist beschlussfähig, wenn nach ordnungsgemäßer Einberufung die Mehrheit ihrer Mitglieder anwesend ist oder wenn alle Mitglieder anwesend sind und keines eine Verletzung der Vorschriften über die Einberufung der Vertretung rügt. [2]Die oder der Vorsitzende stellt zu Beginn der Sitzung fest, ob die Vertretung beschlussfähig ist. [3]Die Vertretung gilt, auch wenn sich die Zahl der anwesenden Mitglieder der Vertretung im Laufe der Sitzung verringert, so lange als beschlussfähig, wie die Beschlussfähigkeit nicht angezweifelt wird.
(2) Ist eine Angelegenheit wegen Beschlussunfähigkeit der Vertretung zurückgestellt worden und wird die Vertretung zur Verhandlung über den gleichen Gegenstand zum zweiten Mal einberufen, so ist sie dann ohne Rücksicht auf die Zahl der anwesenden Mitglieder beschlussfähig, wenn darauf in der Ladung zur zweiten Sitzung ausdrücklich hingewiesen worden ist.
(3) Besteht bei mehr als der Hälfte der Mitglieder der Vertretung ein gesetzlicher Grund, der ihre Mitwirkung ausschließt, so ist die Vertretung ohne Rücksicht auf die Zahl der anwesenden Mitglieder beschlussfähig; ihre Beschlüsse bedürfen in diesem Fall der Genehmigung der Kommunalaufsichtsbehörde.

§ 66 Abstimmung

(1) [1]Beschlüsse werden mit der Mehrheit der auf Ja oder Nein lautenden Stimmen gefasst, soweit durch Gesetz oder in Angelegenheiten des Verfahrens durch die Geschäftsordnung nichts anderes bestimmt ist. [2]Bei Stimmengleichheit ist ein Antrag abgelehnt.
(2) Es wird offen abgestimmt, soweit in der Geschäftsordnung nichts anderes geregelt ist.

§ 67 Wahlen

[1]Gewählt wird schriftlich; steht nur eine Person zur Wahl, wird durch Zuruf oder Handzeichen gewählt, wenn dem niemand widerspricht. [2]Auf Verlangen eines Mitglieds der Vertretung ist geheim zu wählen. [3]Gewählt ist die Person, für die die Mehrheit der Mitglieder der Vertretung gestimmt hat. [4]Wird dieses Ergebnis im ersten Wahlgang nicht erreicht, so findet ein zweiter Wahlgang statt. [5]Im zweiten Wahlgang ist die Person gewählt, die die meisten Stimmen erhalten hat. [6]Ergibt sich im zweiten Wahlgang Stimmengleichheit, so entscheidet das Los. [7]Das Los zieht die oder der Vorsitzende der Vertretung.

§ 68 Protokoll

[1]Über den wesentlichen Inhalt der Verhandlungen der Vertretung ist ein Protokoll zu fertigen. [2]Abstimmungs- und Wahlergebnisse sind festzuhalten. [3]Jedes Mitglied der Vertretung kann verlangen, dass aus dem Protokoll hervorgeht, wie es abgestimmt hat; dies gilt nicht für geheime Abstimmungen. [4]Einzelheiten regelt die Geschäftsordnung.

§ 69 Geschäftsordnung

[1]Die Vertretung gibt sich eine Geschäftsordnung. [2]Diese soll insbesondere Bestimmungen über die Aufrechterhaltung der Ordnung, die Ladung und das Abstimmungsverfahren enthalten.

§ 70 Auflösung der Vertretung

(1) [1]Ist mehr als die Hälfte der Sitze unbesetzt, so ist die Vertretung aufgelöst. [2]Die Kommunalaufsichtsbehörde stellt die Auflösung fest.
(2) Die Landesregierung kann die Vertretung auflösen, wenn diese dauernd beschlussunfähig ist, obwohl mehr als die Hälfte der Sitze besetzt ist, oder wenn eine ordnungsgemäße Erledigung der Aufgaben der Kommune auf andere Weise nicht gesichert werden kann.
(3) [1]Wird die Hauptverwaltungsbeamtin oder der Hauptverwaltungsbeamte bei einem von der Vertretung nach § 82 eingeleiteten Abwahlverfahren von den Bürgerinnen und Bürgern nicht abgewählt, so kann sich die Vertretung selbst auflösen. [2]Für den Beschluss ist eine Mehrheit von drei Vierteln der Mitglieder der Vertretung erforderlich.

(4) [1]Die Wahlperiode der neu gewählten Abgeordneten beginnt mit dem Tag der Neuwahl und endet mit dem Ablauf der allgemeinen Wahlperiode (§ 47). [2]Findet die Neuwahl innerhalb von zwei Jahren vor dem Ablauf der allgemeinen Wahlperiode statt, so endet die Wahlperiode mit dem Ablauf der nächsten allgemeinen Wahlperiode.

Zweiter Abschnitt
Ausschüsse der Vertretung

§ 71 Ausschüsse der Vertretung

(1) Die Vertretung kann aus der Mitte der Abgeordneten beratende Ausschüsse bilden.

(2) [1]Die Vertretung legt die Zahl der Sitze in den Ausschüssen fest. [2]Die Sitze eines jeden Ausschusses werden auf die Fraktionen und Gruppen nach der Reihenfolge der Höchstzahlen verteilt, die sich durch Teilung der Mitgliederzahlen der Fraktionen und Gruppen durch 1, 2, 3 usw. ergeben. [3]Über die Zuteilung übrig bleibender Sitze entscheidet bei gleichen Höchstzahlen das Los. [4]Das Los zieht die oder der Vorsitzende der Vertretung. [5]Die Fraktionen und Gruppen benennen die Mitglieder der Ausschüsse.

(3) [1]Gehören einer Fraktion oder Gruppe mehr als die Hälfte der Abgeordneten an, so stehen ihr mehr als die Hälfte der im Ausschuss insgesamt zu vergebenden Sitze zu. [2]Ist dies nach Absatz 2 Sätze 2 bis 4 nicht gewährleistet, so wird zunächst der in Satz 1 genannten Fraktion oder Gruppe ein Sitz zugeteilt. [3]Für die danach noch zu vergebenden Sitze ist Absatz 2 Sätze 2 bis 4 anzuwenden.

(4) [1]Fraktionen und Gruppen, auf die bei der Sitzverteilung nach den Absätzen 2 und 3 in einem Ausschuss kein Sitz entfallen ist, sind berechtigt, in den Ausschuss ein zusätzliches Mitglied mit beratender Stimme zu entsenden. [2]Dies gilt nicht, wenn ein Mitglied dieser Fraktion oder Gruppe bereits stimmberechtigtes Mitglied des Ausschusses ist. [3]Abgeordnete, die keiner Fraktion oder Gruppe angehören, können verlangen, in einem Ausschuss ihrer Wahl beratendes Mitglied zu werden, wenn sie nicht bereits stimmberechtigtes Mitglied eines Ausschusses sind.

(5) Die Vertretung stellt die sich nach den Absätzen 2, 3 und 4 ergebende Sitzverteilung und die Ausschussbesetzung durch Beschluss fest.

(6) Hat die Vertretung in anderen Fällen mehrere unbesoldete Stellen gleicher Art zu besetzen oder ihre Besetzung vorzuschlagen, so sind die Absätze 2, 3 und 5 entsprechend anzuwenden.

(7) [1]Die Vertretung kann beschließen, dass neben Abgeordneten andere Personen, zum Beispiel Mitglieder von kommunalen Beiräten, jedoch nicht Beschäftigte der Kommune, Mitglieder der Ausschüsse nach Absatz 1 werden; die Absätze 2, 3, 5 und 10 sind entsprechend anzuwenden. [2]Mindestens zwei Drittel der Ausschussmitglieder sollen Abgeordnete sein. [3]Ausschussmitglieder, die nicht der Vertretung angehören, haben kein Stimmrecht. [4]Im Übrigen sind auf sie die §§ 54 und 55 anzuwenden; eine Entschädigung kann jedoch, soweit sie pauschal gewährt wird, nur als Sitzungsgeld gezahlt werden.

(8) [1]Die Ausschussvorsitze werden den Fraktionen und Gruppen in der Reihenfolge der Höchstzahlen zugeteilt, die sich durch Teilung der Mitgliederzahlen der Fraktionen und Gruppen durch 1, 2, 3 usw. ergeben. [2]Bei gleichen Höchstzahlen entscheidet das Los. [3]Das Los zieht die oder der Vorsitzende der Vertretung. [4]Die Fraktionen und Gruppen benennen die Ausschüsse, deren Vorsitz sie beanspruchen, in der Reihenfolge der Höchstzahlen und bestimmen die Vorsitzenden aus der Mitte der Abgeordneten, die den Ausschüssen angehören.

(9) [1]Ausschüsse können von der Vertretung jederzeit aufgelöst und neu gebildet werden. [2]Ein Ausschuss muss neu besetzt werden, wenn seine Zusammensetzung nicht mehr dem Verhältnis der Stärke der Fraktionen und Gruppen der Vertretung entspricht und ein Antrag auf Neubesetzung gestellt wird. [3]Fraktionen und Gruppen können von ihnen benannte Ausschussmitglieder

1. aus einem Ausschuss abberufen und durch andere Ausschussmitglieder ersetzen oder
2. durch andere Ausschussmitglieder ersetzen, wenn die Mitgliedschaft des Ausschussmitglieds in der Vertretung endet oder wenn es auf die Mitgliedschaft im Ausschuss verzichtet;

Absatz 5 gilt entsprechend. [4]Die Sätze 2 und 3 gelten für die Besetzung der in Absatz 6 genannten Stellen entsprechend.

(10) Die Vertretung kann einstimmig ein von den Regelungen der Absätze 2, 3, 4, 6 und 8 abweichendes Verfahren beschließen.

§ 72 Verfahren in den Ausschüssen

(1) Die Geschäftsordnung bestimmt, ob Sitzungen der Ausschüsse öffentlich oder nicht öffentlich sind; sind sie öffentlich, so gelten die §§ 62 und 64 entsprechend.

(2) [1]Die Abgeordneten sind berechtigt, bei allen Sitzungen der Ausschüsse der Vertretung zuzuhören. [2]Wird in einer Ausschusssitzung ein Antrag beraten, den eine Abgeordnete oder ein Abgeordneter gestellt hat, die oder der dem Ausschuss nicht angehört, so kann sie oder er sich an der Beratung beteiligen. [3]Die oder der Ausschussvorsitzende kann einer oder einem nicht zum Ausschuss gehörenden Abgeordneten das Wort erteilen.

(3) [1]Die Ausschüsse werden von der Hauptverwaltungsbeamtin oder dem Hauptverwaltungsbeamten im Einvernehmen mit der oder dem Ausschussvorsitzenden einberufen. [2]Der Ausschuss ist einzuberufen, wenn es die Geschäftslage erfordert oder ein Drittel der Ausschussmitglieder unter Angabe des Beratungsgegenstands die Einberufung verlangt. [3]Die Hauptverwaltungsbeamtin oder der Hauptverwaltungsbeamte stellt im Benehmen mit der oder dem Ausschussvorsitzenden die Tagesordnung auf. [4]Das sonstige Verfahren der Ausschüsse kann in der Geschäftsordnung geregelt werden. [5]Im Übrigen gelten die Vorschriften für die Vertretung entsprechend.

§ 73 Ausschüsse nach besonderen Rechtsvorschriften

[1]Die §§ 71 und 72 sind auf Ausschüsse der Kommune anzuwenden, die auf besonderen Rechtsvorschriften beruhen, soweit diese die Zusammensetzung, die Bildung, die Auflösung, den Vorsitz oder das Verfahren nicht regeln. [2]Die nicht der Vertretung angehörenden Mitglieder solcher Ausschüsse haben Stimmrecht, soweit sich aus den besonderen Rechtsvorschriften nichts anderes ergibt.

Dritter Abschnitt
Hauptausschuss

§ 74 Mitglieder des Hauptausschusses

(1) [1]Der Hauptausschuss setzt sich zusammen aus

1. der Hauptverwaltungsbeamtin oder dem Hauptverwaltungsbeamten,
2. Abgeordneten mit Stimmrecht (Beigeordnete) und
3. Abgeordneten mit beratender Stimme (§ 71 Abs. 4 Satz 1).

[2]Die Hauptsatzung kann bestimmen, dass andere Beamtinnen und Beamte auf Zeit dem Hauptausschuss mit beratender Stimme angehören. [3]Den Vorsitz führt die Hauptverwaltungsbeamtin oder der Hauptverwaltungsbeamte.

(2) [1]Die Zahl der Beigeordneten beträgt in Gemeinden und Samtgemeinden, deren Vertretung nicht mehr als

12 Abgeordnete hat,	2,
14 bis 24 Abgeordnete hat,	4,
26 bis 36 Abgeordnete hat,	6,
38 bis 44 Abgeordnete hat,	8,
mehr als 44 Abgeordnete hat,	10.

[2]In Gemeinden und Samtgemeinden, deren Vertretung 16 bis 44 Abgeordnete hat, kann der Rat für die Dauer der Wahlperiode beschließen, dass sich die Zahl der Beigeordneten um zwei erhöht. [3]In Mitgliedsgemeinden von Samtgemeinden bleibt die Erhöhung nach § 46 Abs. 1 Satz 2 bei der Anwendung der Sätze 1 und 2 unberücksichtigt.

(3) [1]Die Zahl der Beigeordneten beträgt in den Landkreisen und in der Region Hannover sechs. [2]Die Vertretung kann vor der Besetzung des Hauptausschusses für die Dauer der Wahlperiode beschließen, dass dem Hauptausschuss weitere zwei oder vier Beigeordnete angehören.

§ 75 Besetzung des Hauptausschusses

(1) [1]In der ersten Sitzung der Vertretung werden

1. die Beigeordneten gemäß § 71 Abs. 2 Sätze 2 bis 5 und Abs. 3 sowie
2. die in § 74 Abs. 1 Nr. 3 genannten Mitglieder des Hauptausschusses gemäß § 71 Abs. 4 Sätze 1 und 2

bestimmt; § 71 Abs. 5 und 10 ist anzuwenden. [2]In Mitgliedsgemeinden von Samtgemeinden ist bei der Verteilung der Sitze der Beigeordneten auf die Fraktionen und Gruppen die Bürgermeisterin oder der

Bürgermeister auf die Sitze derjenigen Fraktion oder Gruppe anzurechnen, die sie oder ihn vorgeschlagen hat. ³Für die Mitglieder des Hauptausschusses nach Satz 1 und für die Bürgermeisterin oder den Bürgermeister in Mitgliedsgemeinden von Samtgemeinden ist jeweils eine Stellvertreterin oder ein Stellvertreter zu bestimmen. ⁴Stellvertreterinnen und Stellvertreter, die von derselben Fraktion oder Gruppe benannt worden sind, vertreten sich untereinander. ⁵Ist eine Fraktion oder Gruppe nur durch ein Mitglied im Hauptausschuss vertreten, so kann sie eine zweite Stellvertreterin oder einen zweiten Stellvertreter bestimmen. ⁶§ 56 Satz 1 und § 71 Abs. 9 Sätze 2 und 3 gelten entsprechend.

(2) ¹Nach dem Ende der Wahlperiode führt der Hauptausschuss seine Tätigkeit in der bisherigen Besetzung bis zur ersten Sitzung des neu besetzten Hauptausschusses fort. ²Das Gleiche gilt bei Auflösung der Vertretung.

§ 76 Zuständigkeit des Hauptausschusses

(1) ¹Der Hauptausschuss bereitet die Beschlüsse der Vertretung vor. ²Eine vorherige Beratung der betreffenden Angelegenheiten in der Vertretung wird dadurch nicht ausgeschlossen.

(2) ¹Der Hauptausschuss beschließt über diejenigen Angelegenheiten, über die nicht die Vertretung, der Stadtbezirksrat, der Ortsrat oder der Betriebsausschuss zu beschließen hat und für die nicht nach § 85 die Hauptverwaltungsbeamtin oder der Hauptverwaltungsbeamte zuständig ist. ²Er beschließt zudem über Angelegenheiten nach § 85 Abs. 1 Satz 1 Nr. 7, wenn er sich im Einzelfall die Beschlussfassung vorbehalten hat. ³Er kann auch über die in Satz 2 genannten Angelegenheiten beschließen, wenn sie ihm von der Hauptverwaltungsbeamtin oder dem Hauptverwaltungsbeamten zur Beschlussfassung vorgelegt werden. ⁴Er kann ferner über Angelegenheiten beschließen, für die der Betriebsausschuss zuständig ist, wenn sie ihm von diesem zur Beschlussfassung vorgelegt werden.

(3) ¹Die Vertretung kann die Zuständigkeit nach Absatz 2 Satz 1 für bestimmte Gruppen von Angelegenheiten durch Hauptsatzung auf einen Ausschuss nach § 71 übertragen. ²In den Fällen des Satzes 1 gelten Absatz 6 sowie § 85 Abs. 1 Satz 1 Nrn. 1 und 2 und Satz 2 für die Behandlung der übertragenen Gruppen von Angelegenheiten und § 75 Abs. 1 Sätze 3 bis 5 für die gesamte Ausschusstätigkeit entsprechend. ³Die Satzungsregelung ist bis zum Ende der Wahlperiode zu befristen; sie kann geändert oder aufgehoben werden.

(4) ¹Der Hauptausschuss entscheidet über Widersprüche in Angelegenheiten des eigenen Wirkungskreises. ²Dies gilt nicht, wenn die Vertretung in dieser Angelegenheit entschieden hat; in diesem Fall bleibt sie zuständig. ³Die Sätze 1 und 2 sind nicht anzuwenden, soweit gesetzlich etwas anderes bestimmt ist.

(5) ¹Der Hauptausschuss kann seine Zuständigkeit in Einzelfällen oder für bestimmte Gruppen von Angelegenheiten auf die Hauptverwaltungsbeamtin oder den Hauptverwaltungsbeamten übertragen. ²Die Übertragung einer Zuständigkeit nach Satz 1 wird unwirksam, soweit eine Übertragung nach Absatz 3 Satz 1 erfolgt.

(6) Der Hauptausschuss wirkt darauf hin, dass die Tätigkeit der von der Vertretung gebildeten Ausschüsse aufeinander abgestimmt wird.

§ 77 Sonstige Rechte des Hauptausschusses

¹Unabhängig von der in den §§ 58, 76 und 85 geregelten Zuständigkeitsverteilung kann der Hauptausschuss zu allen Verwaltungsangelegenheiten Stellung nehmen und von der Hauptverwaltungsbeamtin oder dem Hauptverwaltungsbeamten Auskünfte in allen Verwaltungsangelegenheiten der Kommune verlangen. ²Dies gilt nicht für Angelegenheiten, die der Geheimhaltung unterliegen (§ 6 Abs. 3 Satz 1).

§ 78 Sitzungen des Hauptausschusses

(1) ¹Der Hauptausschuss ist von der Hauptverwaltungsbeamtin oder dem Hauptverwaltungsbeamten nach Bedarf einzuberufen. ²Sie oder er hat ihn einzuberufen, wenn ein Drittel der Beigeordneten dies unter Angabe des Beratungsgegenstands verlangt.

(2) ¹Die Sitzungen des Hauptausschusses sind nicht öffentlich. ²Alle Abgeordneten sind berechtigt, an den Sitzungen des Hauptausschusses als Zuhörerinnen oder Zuhörer teilzunehmen. ³Für diese gilt § 41 entsprechend.

(3) Beschlüsse können im Umlaufverfahren gefasst werden, wenn kein Mitglied des Hauptausschusses widerspricht.

(4) [1]Im Übrigen gelten die Regelungen für das Verfahren der Vertretung sinngemäß auch für das Verfahren des Hauptausschusses. [2]Soweit das Verfahren der Vertretung in der von ihr erlassenen Geschäftsordnung geregelt ist, kann diese für das Verfahren des Hauptausschusses abweichende Regelungen treffen.

§ 79 Einspruchsrecht

[1]Hält der Hauptausschuss das Wohl der Kommune durch einen Beschluss der Vertretung, eines Stadtbezirksrates oder eines Ortsrates für gefährdet, so kann er gegen den Beschluss innerhalb einer Woche Einspruch einlegen. [2]In diesem Fall ist der Beschluss zunächst nicht auszuführen. [3]Über die Angelegenheit ist erneut in einer Sitzung der Vertretung, des Stadtbezirksrates oder des Ortsrates zu beschließen, die frühestens drei Tage nach der ersten stattfinden darf.

Vierter Abschnitt
Hauptverwaltungsbeamtin oder Hauptverwaltungsbeamter

§ 80 Wahl, Amtszeit

(1) [1]Die Hauptverwaltungsbeamtin oder der Hauptverwaltungsbeamte wird von den Bürgerinnen und Bürgern nach den Vorschriften des Niedersächsischen Kommunalwahlgesetzes (NKWG) über die Direktwahl gewählt. [2]Die Wahl findet an dem Tag statt, den die Landesregierung nach § 6 NKWG für die Wahlen der Abgeordneten und die Direktwahlen bestimmt hat (allgemeiner Kommunalwahltag), soweit in den folgenden Absätzen oder im Niedersächsischen Kommunalwahlgesetz nichts anderes bestimmt ist.

(2) [1]Wird die Hauptverwaltungsbeamtin oder der Hauptverwaltungsbeamte nach § 83 Satz 3 in den Ruhestand versetzt, so ist die Nachfolgerin oder der Nachfolger innerhalb von sechs Monaten vor dem Beginn des Ruhestandes der Amtsinhaberin oder des Amtsinhabers zu wählen. [2]Scheidet die Hauptverwaltungsbeamtin oder der Hauptverwaltungsbeamte aus einem anderen Grund vorzeitig aus dem Amt aus, so wird die Nachfolgerin oder der Nachfolger innerhalb von sechs Monaten nach dem Ausscheiden gewählt. [3]Die Wahl kann bis zu drei Monate später stattfinden als in den Sätzen 1 und 2 vorgeschrieben, wenn nur dadurch die gemeinsame Durchführung mit einer anderen Wahl ermöglicht wird. [4]Fällt die Zustellung der Verfügung über die Versetzung in den Ruhestand (§ 83) oder das Ausscheiden im Sinne des Satzes 2 in das letzte Jahr der allgemeinen Wahlperiode der Abgeordneten, so wird die Nachfolgerin oder der Nachfolger am allgemeinen Kommunalwahltag gewählt.

(3) [1]Die Hauptverwaltungsbeamtin oder der Hauptverwaltungsbeamte wird gewählt

1. für die Dauer der allgemeinen Wahlperiode der Abgeordneten, wenn sie oder er
   a) am allgemeinen Kommunalwahltag oder
   b) statt am allgemeinen Kommunalwahltag vor Beginn der allgemeinen Wahlperiode in einer Stichwahl nach § 45g Abs. 2 Satz 3 NKWG oder in einer Nachwahl nach § 41 NKWG in Verbindung mit § 45a NKWG

   gewählt wird,
2. für die Restdauer der laufenden allgemeinen Wahlperiode der Abgeordneten, wenn sie oder er statt am allgemeinen Kommunalwahltag nach Beginn der laufenden allgemeinen Wahlperiode in
   a) einer Stichwahl nach § 45g Abs. 2 Satz 3 NKWG,
   b) einer Nachwahl nach § 41 NKWG in Verbindung mit § 45a NKWG,
   c) einer neuen Direktwahl nach § 45n Abs. 1 NKWG,
   d) einer Wiederholungswahl nach § 45m NKWG,
   e) einer Wiederholungswahl nach § 42 Abs. 3 Satz 1 NKWG in Verbindung mit § 45a NKWG oder
   f) einer nach § 52c Abs. 2 Satz 1, auch in Verbindung mit Abs. 5, NKWG nachgeholten Wahl

   gewählt wird,
3. für die Restdauer der laufenden und die Dauer der folgenden allgemeinen Wahlperiode der Abgeordneten in den übrigen Fällen.

[2]In Fällen des Satzes 1 Nr. 2 Buchst. a bis d verlängert sich die Amtszeit der Amtsinhaberin oder des Amtsinhabers bis zur Begründung des Beamtenverhältnisses der Nachfolgerin oder des Nachfolgers. [3]Gleiches gilt in den Fällen des Satzes 1 Nr. 1 Buchst. b, wenn das Beamtenverhältnis erst nach Beginn der allgemeinen Wahlperiode begründet wird.

(4) [1]Hat die Vertretung beschlossen, Verhandlungen aufzunehmen über
1. den Zusammenschluss mit einer anderen Kommune,
2. die Neubildung einer Samtgemeinde,
3. die Auflösung einer Samtgemeinde,
4. die Umbildung einer Samtgemeinde oder
5. die Neubildung einer Gemeinde aus den Mitgliedsgemeinden einer Samtgemeinde,

so kann sie auch beschließen, auf eine erforderliche Wahl der Hauptverwaltungsbeamtin oder des Hauptverwaltungsbeamten für einen festzulegenden Zeitraum von längstens zwei Jahren nach dem Ablauf der Amtszeit oder dem Ausscheiden aus dem Amt vorläufig zu verzichten. [2]Der Beschluss über den vorläufigen Verzicht ist mindestens fünf Monate vor Ablauf der Amtszeit oder in den Fällen des Absatzes 2 Satz 1 vor Beginn des Ruhestandes der Amtsinhaberin oder des Amtsinhabers und in den Fällen des Absatzes 2 Satz 2 innerhalb eines Monats nach dem vorzeitigen Ausscheiden aus dem Amt zu fassen. [3]Auf Antrag der Kommune kann der gemäß Satz 1 festgelegte Zeitraum durch die oberste Kommunalaufsichtsbehörde einmalig um bis zu zwölf Monate verlängert werden, wenn die nach Satz 1 geplante Körperschaftsumbildung innerhalb des Verlängerungszeitraums voraussichtlich abgeschlossen sein wird. [4]Absatz 2 Sätze 2 und 3 gilt entsprechend, wenn einer der Beschlüsse nach Satz 1 oder die Entscheidung nach Satz 3 aufgehoben wird oder die für den vorläufigen Wahlverzicht festgelegte Zeitdauer abgelaufen ist. [5]Beschließt die Vertretung, vorläufig auf eine Wahl zu verzichten, so kann sie zugleich mit Zustimmung der Amtsinhaberin oder des Amtsinhabers eine Verlängerung der Amtszeit beschließen. [6]Diese endet, wenn das Amt infolge der Körperschaftsumbildung wegfällt oder eine Nachfolgerin oder ein Nachfolger das Amt antritt.

(5) Gewählt werden kann, wer
1. am Wahltag mindestens 23 Jahre, aber noch nicht 67 Jahre alt ist,
2. nach § 49 Abs. 1 Satz 1 Nr. 3 wählbar und nicht nach § 49 Abs. 2 von der Wählbarkeit ausgeschlossen ist und
3. die Gewähr dafür bietet, jederzeit für die freiheitlich demokratische Grundordnung im Sinne des Grundgesetzes für die Bundesrepublik Deutschland einzutreten.

(6) [1]Die Hauptverwaltungsbeamtin oder der Hauptverwaltungsbeamte ist hauptamtlich tätig. [2]Sie oder er ist Beamtin oder Beamter auf Zeit. [3]Das Beamtenverhältnis wird mit dem Tag der Annahme der Wahl begründet, jedoch frühestens
1. mit dem Beginn der Wahlperiode der Abgeordneten, wenn die Hauptverwaltungsbeamtin oder der Hauptverwaltungsbeamte am allgemeinen Kommunalwahltag gewählt worden ist,
2. mit dem Zeitpunkt des Wirksamwerdens der Körperschaftsumbildung, wenn die Hauptverwaltungsbeamtin oder der Hauptverwaltungsbeamte im Zusammenhang mit einer in Absatz 4 Satz 1 genannten Körperschaftsumbildung gewählt worden ist,
3. mit dem Beginn des Ruhestandes der bisherigen Amtsinhaberin oder des bisherigen Amtsinhabers nach § 83 Satz 6.

[4]Ist die Wahl unwirksam, so wird kein Beamtenverhältnis begründet; § 11 Abs. 3 und 4 des Niedersächsischen Beamtengesetzes (NBG) gilt entsprechend. [5]Die Hauptverwaltungsbeamtin oder der Hauptverwaltungsbeamte ist nicht verpflichtet, sich einer Wiederwahl zu stellen.

(7) [1]Läuft die Amtszeit einer Hauptverwaltungsbeamtin oder eines Hauptverwaltungsbeamten vor dem 31. Oktober 2014 ab, so finden für die Wahl, die Amtszeit und die Vereidigung der Nachfolgerin oder des Nachfolgers die bis zum 31. Dezember 2013 geltenden Vorschriften Anwendung. [2]Satz 1 ist entsprechend anzuwenden, wenn eine Hauptverwaltungsbeamtin oder ein Hauptverwaltungsbeamter vor dem 1. Oktober 2013 vorzeitig aus dem Amt ausgeschieden ist oder die Verfügung über die Versetzung in den Ruhestand (§ 83) vor dem 1. Oktober 2013 zugestellt worden ist.

(8) [1]Läuft die acht Jahre dauernde Amtszeit einer Hauptverwaltungsbeamtin oder eines Hauptverwaltungsbeamten nach dem 30. Oktober 2014 ab, so findet innerhalb von sechs Monaten vor dem Ablauf der Amtszeit die Wahl der Nachfolgerin oder des Nachfolgers statt. [2]Die Wahl kann bis zu drei Monate später oder bis zu drei Monate früher stattfinden als in Satz 1 vorgeschrieben, wenn nur dadurch die gemeinsame Durchführung mit einer anderen Wahl ermöglicht wird. [3]Das Beamtenverhältnis der Nachfolgerin oder des Nachfolgers wird mit dem Tag der Annahme der Wahl begründet, jedoch frühestens mit Ablauf des Tages, an dem die Amtszeit der Amtsinhaberin oder des Amtsinhabers endet. [4]Findet nach Satz 2 eine Wahl später als in Satz 1 vorgeschrieben statt oder handelt es sich um eine

in Absatz 3 Satz 1 Nr. 2 Buchst. a bis d oder f genannte Wahl, so verlängert sich die Amtszeit der Amtsinhaberin oder des Amtsinhabers bis zur Begründung des Beamtenverhältnisses der Nachfolgerin oder des Nachfolgers.

(9) [1]Läuft die acht Jahre dauernde Amtszeit einer Hauptverwaltungsbeamtin oder eines Hauptverwaltungsbeamten vor dem 1. November 2021 ab, so kann die Vertretung beschließen, dass die Nachfolgerin oder der Nachfolger abweichend von Absatz 8 Sätze 1 und 2 am allgemeinen Kommunalwahltag 2021 gewählt wird. [2]Das Beamtenverhältnis der Nachfolgerin oder des Nachfolgers wird mit dem Tag der Annahme der Wahl begründet, jedoch frühestens am 1. November 2021. [3]Die Amtszeit der Amtsinhaberin oder des Amtsinhabers verlängert sich bis zur Begründung des Beamtenverhältnisses der Nachfolgerin oder des Nachfolgers, wenn nicht die Amtsinhaberin oder der Amtsinhaber schriftlich widerspricht. [4]Der Widerspruch muss der oder dem Vorsitzenden der Vertretung innerhalb von zwei Wochen nach dem Beschluss nach Satz 1 zugehen; er kann nicht zurückgenommen werden.

(10) [1]Läuft die Amtszeit einer Hauptverwaltungsbeamtin oder eines Hauptverwaltungsbeamten nach dem 31. Oktober 2026 ab, so kann sie oder er am 31. Oktober 2026 durch schriftliche Erklärung vorzeitig aus dem Amt ausscheiden. [2]Die Erklärung muss der Kommunalaufsichtsbehörde vor dem 1. April 2026 zugehen; sie kann vor Ablauf von zwei Wochen nach Zugang zurückgenommen werden. [3]Die Wahl der Nachfolgerin oder des Nachfolgers ist am allgemeinen Kommunalwahltag durchzuführen.

§ 81 Vereidigung, Stellvertretung, Nebentätigkeiten

(1) [1]Die Vereidigung der Hauptverwaltungsbeamtin oder des Hauptverwaltungsbeamten findet in der ersten Sitzung der Vertretung nach dem Beginn der Wahlperiode der Abgeordneten statt. [2]Sie wird von der oder dem ältesten anwesenden und hierzu bereiten Abgeordneten durchgeführt. [3]Ist das Beamtenverhältnis der Hauptverwaltungsbeamtin oder des Hauptverwaltungsbeamten zu einem Zeitpunkt nach der ersten Sitzung der Vertretung begründet worden, so erfolgt die Vereidigung in der nächsten darauf folgenden Sitzung der Vertretung durch eine ehrenamtliche Stellvertreterin oder einen ehrenamtlichen Stellvertreter der Hauptverwaltungsbeamtin oder des Hauptverwaltungsbeamten.

(2) [1]Die Vertretung wählt in ihrer ersten Sitzung aus den Beigeordneten bis zu drei ehrenamtliche Stellvertreterinnen oder Stellvertreter der Hauptverwaltungsbeamtin oder des Hauptverwaltungsbeamten, die sie oder ihn vertreten bei der repräsentativen Vertretung der Kommune, bei der Einberufung des Hauptausschusses einschließlich der Aufstellung der Tagesordnung, der Leitung der Sitzungen des Hauptausschusses und der Verpflichtung der Abgeordneten sowie ihrer Pflichtenbelehrung. [2]Soll es unter den Stellvertreterinnen und Stellvertretern eine Reihenfolge geben, so wird diese von der Vertretung bestimmt. [3]Die Stellvertreterinnen und Stellvertreter führen folgende Bezeichnungen:

1. in Gemeinden: stellvertretende Bürgermeisterin oder stellvertretender Bürgermeister,
2. in kreisfreien und in großen selbständigen Städten: Bürgermeisterin oder Bürgermeister,
3. in Samtgemeinden: stellvertretende Samtgemeindebürgermeisterin oder stellvertretender Samtgemeindebürgermeister,
4. in Landkreisen: stellvertretende Landrätin oder stellvertretender Landrat,
5. in der Region Hannover: stellvertretende Regionspräsidentin oder stellvertretender Regionspräsident.

[4]Die Vertretung kann die Stellvertreterinnen oder Stellvertreter abberufen. [5]Für den Beschluss ist die Mehrheit der Mitglieder der Vertretung erforderlich.

(3) [1]Für die in Absatz 2 Satz 1 und in § 59 Abs. 3 nicht genannten Fälle der Stellvertretung hat die Hauptverwaltungsbeamtin oder der Hauptverwaltungsbeamte eine allgemeine Stellvertreterin oder einen allgemeinen Stellvertreter. [2]Soweit nicht einer Beamtin oder einem Beamten auf Zeit das Amt der allgemeinen Stellvertreterin oder des allgemeinen Stellvertreters der Hauptverwaltungsbeamtin oder des Hauptverwaltungsbeamten übertragen ist, beauftragt die Vertretung auf Vorschlag der Hauptverwaltungsbeamtin oder des Hauptverwaltungsbeamten eine andere Person, die bei der Kommune beschäftigt ist, mit der allgemeinen Stellvertretung. [3]In der Hauptsatzung kann auf Vorschlag der Hauptverwaltungsbeamtin oder des Hauptverwaltungsbeamten die Stellvertretung für bestimmte Aufgabengebiete gesondert geregelt werden.

(4) Als Mitglied der Vertretung (§ 45 Abs. 1 Satz 2) und des Hauptausschusses (§ 74 Abs. 1 Satz 1 Nr. 1) wird die Hauptverwaltungsbeamtin oder der Hauptverwaltungsbeamte nicht vertreten.

(5) [1]Die Hauptverwaltungsbeamtin oder der Hauptverwaltungsbeamte teilt der Vertretung innerhalb von drei Monaten nach Ablauf des ersten Jahres ihrer oder seiner Amtszeit schriftlich oder durch ein elektronisches Dokument mit, welche anzeigepflichtigen Nebentätigkeiten im öffentlichen Dienst oder diesen gleichgestellten Nebentätigkeiten und welche auf Verlangen nach § 71 NBG übernommenen Nebentätigkeiten sie oder er zu diesem Zeitpunkt ausübt. [2]In der Mitteilung müssen die zeitliche Inanspruchnahme durch die Tätigkeit, die Dauer der Tätigkeit, die Person des Auftrag- oder Arbeitgebers sowie die Höhe der aus diesen erlangten Entgelte oder geldwerten Vorteile angegeben werden. [3]Eine Beratung über die Mitteilung darf nur in nicht öffentlicher Sitzung erfolgen. [4]Die Kommune macht ortsüblich bekannt, welche Nebentätigkeiten die Hauptverwaltungsbeamtin oder der Hauptverwaltungsbeamte nach Satz 1 mitgeteilt hat; die Bekanntmachung erfolgt innerhalb von drei Monaten nach der Mitteilung. [5]Nebentätigkeitsrechtliche Vorschriften bleiben unberührt.

§ 82 Abwahl

(1) Die Hauptverwaltungsbeamtin oder der Hauptverwaltungsbeamte kann nach den Vorschriften des Niedersächsischen Kommunalwahlgesetzes von den am Tag der Abwahl nach § 48 Wahlberechtigten vor Ablauf der Amtszeit abgewählt werden.

(2) [1]Zur Einleitung des Abwahlverfahrens ist ein Antrag von mindestens drei Vierteln der Abgeordneten erforderlich. [2]Über ihn wird in einer besonderen Sitzung der Vertretung, die frühestens zwei Wochen nach Eingang des Antrags stattfindet, namentlich abgestimmt. [3]Eine Aussprache findet nicht statt. [4]Für den Beschluss über den Antrag auf Einleitung des Abwahlverfahrens ist erneut eine Mehrheit von drei Vierteln der Abgeordneten erforderlich.

(3) [1]Die Hauptverwaltungsbeamtin oder der Hauptverwaltungsbeamte gilt als abgewählt, falls sie oder er innerhalb einer Woche nach dem Beschluss der Vertretung, das Abwahlverfahren einzuleiten, auf die Durchführung des Abwahlverfahrens verzichtet. [2]Der Verzicht ist schriftlich gegenüber der oder dem Vorsitzenden der Vertretung zu erklären.

(4) Die Hauptverwaltungsbeamtin oder der Hauptverwaltungsbeamte scheidet mit Ablauf des Tages aus dem Amt aus, an dem nach einer Abwahl gemäß Absatz 1 der Wahlausschuss die Abwahl nach den Vorschriften des Niedersächsischen Kommunalwahlgesetzes feststellt oder an dem eine Verzichtserklärung nach Absatz 3 der oder dem Vorsitzenden der Vertretung zugeht.

§ 83 Ruhestand auf Antrag

[1]Für Hauptverwaltungsbeamtinnen und Hauptverwaltungsbeamte gilt keine Altersgrenze. [2]§ 37 NBG ist nicht anzuwenden. [3]Die Hauptverwaltungsbeamtin oder der Hauptverwaltungsbeamte kann ohne Nachweis der Dienstunfähigkeit auf Antrag in den Ruhestand versetzt werden, wenn sie oder er zum Zeitpunkt des Beginns des Ruhestandes

1. mindestens 65 Jahre alt ist und
2. das Amt der Hauptverwaltungsbeamtin oder des Hauptverwaltungsbeamten in der laufenden Amtszeit
   a) seit mindestens fünf Jahren oder
   b) nach einer Wiederwahl seit mindestens drei Jahren

   innehat.

[4]Der Antrag ist bei der Kommunalaufsichtsbehörde zu stellen. [5]Über den Antrag darf erst zwei Wochen nach Zugang entschieden werden; die Verfügung ist der Hauptverwaltungsbeamtin oder dem Hauptverwaltungsbeamten zuzustellen und kann nicht zurückgenommen werden. [6]Der Ruhestand beginnt mit dem Ende des sechsten Monats, der auf den Monat folgt, in dem der Hauptverwaltungsbeamtin oder dem Hauptverwaltungsbeamten die Verfügung über die Versetzung in den Ruhestand zugestellt worden ist.

§ 84 Ruhestand auf Antrag aus besonderen Gründen

[1]Die Hauptverwaltungsbeamtin oder der Hauptverwaltungsbeamte kann die Versetzung in den Ruhestand mit der Begründung beantragen, dass ihr oder ihm das für die weitere Amtsführung erforderliche Vertrauen nicht mehr entgegengebracht wird. [2]Der Antrag ist schriftlich bei der oder dem Vorsitzenden der Vertretung zu stellen und bedarf der Zustimmung von drei Vierteln der Abgeordneten. [3]Auf den Beschluss der Vertretung findet § 82 Abs. 2 Sätze 2 und 3 entsprechende Anwendung. [4]Der Antrag kann nur bis zur Beschlussfassung der Vertretung schriftlich zurückgenommen werden. [5]Hat die Vertretung dem Antrag zugestimmt und sind die Voraussetzungen für die Gewährung eines Ruhegehalts

erfüllt, so versetzt die Kommunalaufsichtsbehörde die Hauptverwaltungsbeamtin oder den Hauptverwaltungsbeamten durch schriftliche Verfügung in den Ruhestand. [6]Der Ruhestand beginnt mit Ablauf des Tages, an dem der Hauptverwaltungsbeamtin oder dem Hauptverwaltungsbeamten die Verfügung zugestellt worden ist.

§ 85 Zuständigkeit

(1) [1]Die Hauptverwaltungsbeamtin oder der Hauptverwaltungsbeamte

1. bereitet die Beschlüsse des Hauptausschusses vor,
2. führt die Beschlüsse der Vertretung und des Hauptausschusses aus und erfüllt die Aufgaben, die ihr oder ihm vom Hauptausschuss übertragen worden sind,
3. entscheidet über Maßnahmen auf dem Gebiet der Verteidigung einschließlich des Schutzes der Zivilbevölkerung und über Maßnahmen zur Erfüllung von sonstigen Aufgaben, die das Land im Auftrag des Bundes ausführt oder zu deren Ausführung die Bundesregierung Einzelweisungen erteilen kann,
4. entscheidet über gewerberechtliche und immissionsschutzrechtliche Genehmigungen und sonstige Maßnahmen,
5. erfüllt die Aufgaben, die der Geheimhaltung unterliegen (§ 6 Abs. 3 Satz 1),
6. führt Weisungen der Kommunal- und der Fachaufsichtsbehörden aus, soweit dabei kein Ermessensspielraum gegeben ist, und
7. führt die nicht unter die Nummern 1 bis 6 fallenden Geschäfte der laufenden Verwaltung.

[2]Sie oder er soll im Rahmen der Vorbereitung der Beschlüsse des Hauptausschusses die Ausschüsse der Vertretung beteiligen. [3]Die Bürgermeisterin oder der Bürgermeister und die Oberbürgermeisterin oder der Oberbürgermeister bereiten darüber hinaus die Beschlüsse der Stadtbezirksräte und der Ortsräte vor und führen sie aus.

(2) [1]Die Landrätin oder der Landrat und die Regionspräsidentin oder der Regionspräsident erfüllen die Aufgaben der Kommune als Kommunal- und Fachaufsichtsbehörde. [2]Sie benötigen die Zustimmung des Hauptausschusses bei Entscheidungen über

1. die erforderlichen Bestimmungen, wenn ein Vertrag über eine Gebietsänderung oder eine Vereinbarung anlässlich des Zusammenschlusses oder der Neu- oder Umbildung von Samtgemeinden nicht zustande kommt oder weitere Gegenstände zu regeln sind (§ 26 Abs. 2, § 100 Abs. 1 Satz 8, § 101 Abs. 4 Satz 1 Halbsatz 2 und § 102 Abs. 3 Satz 2),
2. die Genehmigung, den Bestand des Stiftungsvermögens anzugreifen oder es anderweitig zu verwenden (§ 135 Abs. 3), und
3. kommunalaufsichtliche Genehmigungen, die versagt werden sollen.

[3]Stimmt der Hauptausschuss nicht zu, so entscheidet die Kommunalaufsichtsbehörde.

(3) [1]Die Hauptverwaltungsbeamtin oder der Hauptverwaltungsbeamte leitet und beaufsichtigt die Verwaltung; sie oder er regelt die Geschäftsverteilung im Rahmen der Richtlinien der Vertretung. [2]Sie oder er ist Dienststellenleiterin oder Dienststellenleiter im Sinne der Geheimhaltungsvorschriften.

(4) Die Hauptverwaltungsbeamtin oder der Hauptverwaltungsbeamte hat die Vertretung, den Hauptausschuss, einen Ausschuss nach § 76 Abs. 3, soweit dessen Entscheidungszuständigkeit betroffen ist, und, soweit es sich um Angelegenheiten eines Stadtbezirks oder einer Ortschaft handelt, den Stadtbezirksrat oder den Ortsrat über wichtige Angelegenheiten zu unterrichten; insbesondere unterrichtet sie oder er die Vertretung zeitnah über wichtige Beschlüsse des Hauptausschusses.

(5) [1]In Gemeinden oder Samtgemeinden informiert die Hauptverwaltungsbeamtin oder der Hauptverwaltungsbeamte die Einwohnerinnen und Einwohner in geeigneter Weise über wichtige Angelegenheiten der Gemeinde oder Samtgemeinde. [2]Bei wichtigen Planungen und Vorhaben der Gemeinde oder Samtgemeinde soll sie oder er die Einwohnerinnen und Einwohner rechtzeitig und umfassend über die Grundlagen, Ziele, Zwecke und Auswirkungen informieren. [3]Die Information ist so vorzunehmen, dass Gelegenheit zur Äußerung und zur Erörterung besteht. [4]Zu diesem Zweck soll die Hauptverwaltungsbeamtin oder der Hauptverwaltungsbeamte Einwohnerversammlungen für die Gemeinde oder Samtgemeinde oder für Teile von diesen durchführen. [5]Einzelheiten regelt die Hauptsatzung; Vorschriften über eine förmliche Beteiligung oder Anhörung bleiben davon unberührt. [6]Ein Verstoß gegen die Informationspflicht berührt die Rechtmäßigkeit der Entscheidung nicht.

(6) [1]In Landkreisen und in der Region Hannover informiert die Hauptverwaltungsbeamtin oder der Hauptverwaltungsbeamte die Öffentlichkeit in geeigneter Weise über wichtige Angelegenheiten des

Landkreises oder der Region Hannover. [2]Sie oder er hat auch der Landesregierung über Vorgänge zu berichten, die für diese von Bedeutung sind; zu diesem Zweck kann sie oder er sich in geeigneter Weise bei den staatlichen Behörden der unteren Verwaltungsstufe, deren Geschäftsbereich sich auf den Landkreis oder die Region Hannover erstreckt, informieren. [3]Satz 2 ist auf kreisfreie Städte entsprechend anzuwenden.

(7) Über wichtige Angelegenheiten, die der Geheimhaltung unterliegen (§ 6 Abs. 3 Satz 1), sind nur die Stellvertreterinnen und Stellvertreter nach § 81 Abs. 2 zu unterrichten.

§ 86 Repräsentative Vertretung, Rechts- und Verwaltungsgeschäfte

(1) [1]Die repräsentative Vertretung der Kommune obliegt der Hauptverwaltungsbeamtin oder dem Hauptverwaltungsbeamten, bei ihrer oder seiner Abwesenheit den ehrenamtlichen Stellvertreterinnen oder Stellvertretern (§ 81 Abs. 2). [2]Sie oder er vertritt die Kommune nach außen in allen Rechts- und Verwaltungsgeschäften sowie in gerichtlichen Verfahren. [3]Die Vertretung der Kommune in Organen und sonstigen Gremien von juristischen Personen und Personenvereinigungen gilt nicht als Vertretung der Kommune im Sinne des Satzes 2.

(2) Soweit Erklärungen, durch die die Kommune verpflichtet werden soll, nicht gerichtlich oder notariell beurkundet werden, sind sie nur dann rechtsverbindlich, wenn sie von der Hauptverwaltungsbeamtin oder dem Hauptverwaltungsbeamten handschriftlich unterzeichnet wurden oder von ihr oder ihm in elektronischer Form mit der dauerhaft überprüfbaren qualifizierten elektronischen Signatur versehen sind.

(3) [1]Wird für ein Geschäft oder eine bestimmte Art von Geschäften eine Bevollmächtigte oder ein Bevollmächtigter bestellt, so gelten für die Bevollmächtigung die Vorschriften für Verpflichtungserklärungen entsprechend. [2]Soweit die im Rahmen dieser Vollmachten abgegebenen Erklärungen nicht gerichtlich oder notariell zu beurkunden sind, müssen sie die Schriftform aufweisen oder in elektronischer Form mit einer dauerhaft überprüfbaren qualifizierten elektronischen Signatur versehen sein.

(4) Die Absätze 2 und 3 gelten nicht für Geschäfte der laufenden Verwaltung.

(5) Ist nach Beginn der neuen Wahlperiode der Vertretung das Amt der Hauptverwaltungsbeamtin oder des Hauptverwaltungsbeamten nicht besetzt oder ist sie oder er daran gehindert, das Amt auszuüben, so obliegt die repräsentative Vertretung der Kommune vor der ersten Sitzung der Vertretung der oder dem ältesten der bisherigen Stellvertreterinnen oder Stellvertreter nach § 81 Abs. 2 Satz 1.

§ 87 Teilnahme an Sitzungen

(1) [1]Die Hauptverwaltungsbeamtin oder der Hauptverwaltungsbeamte und die anderen Beamtinnen und Beamten auf Zeit sind verpflichtet, der Vertretung auf Verlangen in der Sitzung Auskunft zu erteilen, soweit es sich nicht um Angelegenheiten handelt, die der Geheimhaltung unterliegen (§ 6 Abs. 3 Satz 1). [2]Sie sind auf ihr Verlangen zum Gegenstand der Verhandlung zu hören. [3]Die Sätze 1 und 2 gelten auch für Sitzungen des Hauptausschusses. [4]Bei Verhinderung der Hauptverwaltungsbeamtin oder des Hauptverwaltungsbeamten tritt an ihre oder seine Stelle die allgemeine Stellvertreterin oder der allgemeine Stellvertreter, auch wenn sie oder er nicht Beamtin oder Beamter auf Zeit ist.

(2) [1]Die Hauptverwaltungsbeamtin oder der Hauptverwaltungsbeamte nimmt an den Sitzungen der Ausschüsse der Vertretung, der Stadtbezirksräte und der Ortsräte teil; im Übrigen gilt Absatz 1 entsprechend. [2]Sie oder er kann sich durch Beschäftigte der Kommune vertreten lassen, die sie oder er dafür bestimmt. [3]Sie oder er hat persönlich teilzunehmen, wenn ein Drittel der Mitglieder eines Ausschusses, eines Stadtbezirksrates oder eines Ortsrates dies verlangt. [4]Unter den gleichen Voraussetzungen sind die anderen Beamtinnen und Beamten auf Zeit zur Teilnahme verpflichtet.

(3) Ist die Samtgemeindebürgermeisterin oder der Samtgemeindebürgermeister zugleich Gemeindedirektorin oder Gemeindedirektor, so kann ihre oder seine Teilnahme an Sitzungen der Ratsausschüsse von Mitgliedsgemeinden der Samtgemeinde nicht verlangt werden.

(4) Für die Teilnahme von Beschäftigten der Kommune an Sitzungen der Vertretung, des Hauptausschusses, der Ausschüsse der Vertretung, der Stadtbezirksräte und der Ortsräte gilt § 41 entsprechend.

§ 88 Einspruch

(1) [1]Hält die Hauptverwaltungsbeamtin oder der Hauptverwaltungsbeamte einen Beschluss der Vertretung im eigenen Wirkungskreis oder einen Bürgerentscheid für rechtswidrig, so hat sie oder er der Kommunalaufsichtsbehörde unverzüglich über den Sachverhalt zu berichten und die Vertretung davon zu unterrichten. [2]Gegen einen Beschluss der Vertretung kann sie oder er stattdessen Einspruch einlegen.

[3]In diesem Fall hat die Vertretung über die Angelegenheit in einer Sitzung, die frühestens drei Tage nach der ersten Beschlussfassung stattfinden darf, nochmals zu beschließen. [4]Hält die Hauptverwaltungsbeamtin oder der Hauptverwaltungsbeamte auch den neuen Beschluss für rechtswidrig, so hat sie oder er der Kommunalaufsichtsbehörde unverzüglich über den Sachverhalt zu berichten und die jeweiligen Standpunkte darzulegen. [5]Wird berichtet oder ist Einspruch eingelegt, so ist der Beschluss oder der Bürgerentscheid zunächst nicht auszuführen. [6]Die Kommunalaufsichtsbehörde entscheidet unverzüglich, ob der Beschluss oder der Bürgerentscheid zu beanstanden ist.

(2) [1]Absatz 1 gilt entsprechend für Beschlüsse des Hauptausschusses, eines Stadtbezirksrates und eines Ortsrates. [2]Die Vertretung ist bei ihrer nächsten Sitzung zu unterrichten.

(3) Für Beschlüsse im übertragenen Wirkungskreis gelten die Absätze 1 und 2 entsprechend mit der Maßgabe, dass anstelle der Kommunalaufsichtsbehörde der Fachaufsichtsbehörde zu berichten ist und diese entscheidet, ob eine Weisung erteilt wird.

(4) [1]Hält die Hauptverwaltungsbeamtin oder der Hauptverwaltungsbeamte das Wohl der Kommune durch einen Beschluss eines Ausschusses nach § 76 Abs. 3 für gefährdet, so kann sie oder er innerhalb einer Woche Einspruch einlegen. [2]In diesem Fall ist der Beschluss zunächst nicht auszuführen. [3]Über die Angelegenheit entscheidet der Hauptausschuss. [4]Die Vertretung ist in ihrer nächsten Sitzung zu unterrichten.

§ 89 Eilentscheidungen

[1]In dringenden Fällen, in denen die vorherige Entscheidung der Vertretung nicht eingeholt werden kann, entscheidet der Hauptausschuss. [2]Kann in Fällen des Satzes 1 oder in anderen Fällen die vorherige Entscheidung des Hauptausschusses nicht eingeholt werden und droht der Eintritt erheblicher Nachteile oder Gefahren, so trifft die Hauptverwaltungsbeamtin oder der Hauptverwaltungsbeamte im Einvernehmen mit einer Stellvertreterin oder einem Stellvertreter nach § 81 Abs. 2 die notwendigen Maßnahmen. [3]Sie oder er hat die Vertretung und den Hauptausschuss unverzüglich zu unterrichten. [4]Eine Anhörung nach § 94 Abs. 1 Sätze 1 und 2 sowie § 96 Abs. 1 Satz 6 kann vor Eilentscheidungen unterbleiben.

Fünfter Abschnitt
Ortschaften, Stadtbezirke

§ 90 Einrichtung, Änderung und Aufhebung von Ortschaften und Stadtbezirken

(1) [1]Gebietsteile einer Gemeinde, deren Einwohnerinnen und Einwohner eine engere Gemeinschaft bilden, können durch die Hauptsatzung zu Ortschaften bestimmt werden. [2]Die Hauptsatzung legt zugleich fest, ob Ortsräte gewählt oder Ortsvorsteherinnen oder Ortsvorsteher bestellt werden. [3]Satz 1 gilt nicht für Mitgliedsgemeinden von Samtgemeinden.

(2) [1]In kreisfreien Städten oder Städten mit mehr als 100 000 Einwohnerinnen und Einwohnern können durch die Hauptsatzung für das gesamte Stadtgebiet Stadtbezirke eingerichtet werden. [2]Die Hauptsatzung legt zugleich die Zahl der Stadtbezirke und ihre Grenzen fest. [3]Für jeden Stadtbezirk ist ein Stadtbezirksrat zu wählen.

(3) Sind Ortschaften aufgrund eines Gebietsänderungsvertrags oder aufgrund von Bestimmungen der Kommunalaufsichtsbehörde aus Anlass einer Gebietsänderung eingerichtet worden, so kann der Rat die entsprechenden Vorschriften der Hauptsatzung nur mit einer Mehrheit von zwei Dritteln seiner Mitglieder ändern oder aufheben.

(4) Die Aufhebung von Ortschaften oder Stadtbezirken oder die Änderung ihrer Grenzen ist nur zum Ende der Wahlperiode der Abgeordneten zulässig.

§ 91 Ortsrat, Stadtbezirksrat

(1) [1]Die Mitgliederzahl des Ortsrates wird durch die Hauptsatzung bestimmt; die Mindestzahl beträgt fünf. [2]Der Stadtbezirksrat hat halb so viele Mitglieder, wie eine Gemeinde mit der Einwohnerzahl des Stadtbezirkes Ratsfrauen oder Ratsherren hätte; ergibt sich dabei eine gerade Zahl von Mitgliedern des Stadtbezirksrates, so erhöht sich deren Zahl um eins.

(2) [1]Die Mitglieder des Ortsrates oder des Stadtbezirksrates werden von den Wahlberechtigten der Ortschaft oder des Stadtbezirkes zugleich mit den Ratsfrauen und Ratsherren der Gemeinde nach den Vorschriften dieses Gesetzes und des Niedersächsischen Kommunalwahlgesetzes gewählt; dabei entsprechen

1. der Ortsrat oder der Stadtbezirksrat der Vertretung im Sinne des Niedersächsischen Kommunalwahlgesetzes,
2. die Mitglieder des Ortsrates oder des Stadtbezirksrates den Ratsfrauen und Ratsherren sowie den Abgeordneten im Sinne des Niedersächsischen Kommunalwahlgesetzes und
3. die Ortschaft oder der Stadtbezirk dem Wahlgebiet im Sinne des Niedersächsischen Kommunalwahlgesetzes.

2Die Wahlorgane für die Wahl der Ratsfrauen und Ratsherren der Gemeinde sind auch für die Wahl des Ortsrates oder des Stadtbezirksrates zuständig.

(3) Die Hauptsatzung kann bestimmen, dass Ratsmitglieder, die in der Ortschaft oder dem Stadtbezirk wohnen oder in deren Wahlbereich die Ortschaft oder der Stadtbezirk ganz oder teilweise liegt, dem Ortsrat oder dem Stadtbezirksrat mit beratender Stimme angehören.

(4) 1Für die Mitglieder des Ortsrates oder des Stadtbezirksrates gelten die Vorschriften über Abgeordnete entsprechend. 2§ 55 gilt mit der Maßgabe entsprechend, dass Mitgliedern nach Absatz 3 eine Entschädigung nur als Sitzungsgeld gezahlt werden kann; die Hauptverwaltungsbeamtin oder der Hauptverwaltungsbeamte hat keinen Anspruch auf eine Entschädigung, wenn sie oder er nach Absatz 3 dem Ortsrat oder Stadtbezirksrat angehört. 3§ 57 Abs. 1 gilt mit der Maßgabe entsprechend, dass sich mindestens zwei stimmberechtigte Mitglieder zu einer Fraktion oder Gruppe zusammenschließen können. 4Die Mitglieder des Ortsrates oder des Stadtbezirksrates werden zu Beginn der ersten Sitzung von der oder dem bisherigen Vorsitzenden auf ihre Pflichten nach den §§ 40 bis 42 hingewiesen und förmlich verpflichtet, ihre Aufgaben nach bestem Wissen und Gewissen wahrzunehmen und die Gesetze zu beachten. 5Erforderliche weitere Verpflichtungen nimmt die oder der Vorsitzende oder die oder der stellvertretende Vorsitzende wahr.

(5) 1Für das Verfahren des Ortsrates oder des Stadtbezirksrates gelten die Vorschriften für den Rat entsprechend; der Stadtbezirksrat oder der Ortsrat kann in Anwendung des § 62 in Angelegenheiten, die die Ortschaft oder den Stadtbezirk betreffen, Einwohnerfragestunden und Anhörungen durchführen. 2Einzelheiten des Verfahrens und die Zusammenarbeit des Ortsrates oder des Stadtbezirksrates mit dem Rat, dem Verwaltungsausschuss und den Ausschüssen des Rates regelt der Rat in der Geschäftsordnung. 3Der Ortsrat oder Stadtbezirksrat darf keine Ausschüsse bilden.

(6) 1Nach dem Ende der Wahlperiode führt der Ortsrat oder Stadtbezirksrat seine Tätigkeit bis zur ersten Sitzung des neu gebildeten Ortsrates oder Stadtbezirksrates fort. 2Das Gleiche gilt bei Auflösung des Ortsrates oder Stadtbezirksrates.

(7) 1Die Auflösung des Rates hat die Auflösung des Ortsrates oder Stadtbezirksrates zur Folge. 2Das Gleiche gilt, wenn die Wahl des Rates für ungültig erklärt wird oder ein Fall des § 42 Abs. 3 Satz 2 des Niedersächsischen Kommunalwahlgesetzes vorliegt.

§ 92 Ortsbürgermeisterin oder Ortsbürgermeister, Bezirksbürgermeisterin oder Bezirksbürgermeister

(1) 1Der Ortsrat oder der Stadtbezirksrat wählt in seiner ersten Sitzung unter Leitung des ältesten anwesenden und hierzu bereiten Mitglieds aus seiner Mitte für die Dauer der Wahlperiode die Vorsitzende oder den Vorsitzenden und deren oder dessen Stellvertretung. 2Die oder der Vorsitzende führt in Ortsräten die Bezeichnung Ortsbürgermeisterin oder Ortsbürgermeister und in Stadtbezirksräten die Bezeichnung Bezirksbürgermeisterin oder Bezirksbürgermeister.

(2) 1Die oder der Vorsitzende beruft den Stadtbezirksrat oder den Ortsrat ein; er ist unverzüglich einzuberufen, wenn die Hauptverwaltungsbeamtin oder der Hauptverwaltungsbeamte dies unter Angabe des Beratungsgegenstandes verlangt. 2Die Hauptverwaltungsbeamtin oder der Hauptverwaltungsbeamte kann verlangen, dass ein bestimmter Beratungsgegenstand auf die Tagesordnung gesetzt wird.

(3) 1Die oder der Vorsitzende kann abberufen werden, wenn der Ortsrat oder der Stadtbezirksrat dies mit einer Mehrheit von zwei Dritteln seiner Mitglieder beschließt. 2Nach dem Ende der Wahlperiode führt die oder der Vorsitzende ihre oder seine Tätigkeit bis zur Neuwahl einer oder eines Vorsitzenden fort. 3Das Gleiche gilt bei Auflösung des Ortsrates oder des Stadtbezirksrates.

§ 93 Zuständigkeiten des Ortsrates oder des Stadtbezirksrates

(1) 1Der Ortsrat oder der Stadtbezirksrat vertritt die Interessen der Ortschaft oder des Stadtteils und fördert deren oder dessen positive Entwicklung innerhalb der Gemeinde. 2Soweit der Rat nach § 58

Abs. 1 und 2 nicht ausschließlich zuständig ist und soweit es sich nicht um Aufgaben handelt, die nach § 85 Abs. 1 Nrn. 3 bis 6 der Hauptverwaltungsbeamtin oder dem Hauptverwaltungsbeamten obliegen, entscheidet der Ortsrat oder der Stadtbezirksrat unter Beachtung der Belange der gesamten Gemeinde in folgenden Angelegenheiten:

1. Unterhaltung, Ausstattung und Benutzung der im Stadtbezirk oder in der Ortschaft gelegenen öffentlichen Einrichtungen, wie Schulen, Büchereien, Kindergärten, Jugendbegegnungsstätten, Sportanlagen, Altenheime, Dorfgemeinschaftshäuser, Friedhöfe und ähnliche soziale und kulturelle Einrichtungen, deren Bedeutung über den Stadtbezirk oder die Ortschaft nicht hinausgeht,
2. Festlegung der Reihenfolge von Arbeiten zum Um- und Ausbau sowie zur Unterhaltung und Instandsetzung von Straßen, Wegen und Plätzen, deren Bedeutung über die Ortschaft oder über den Stadtbezirk nicht hinausgeht, einschließlich der Straßenbeleuchtung,
3. Benennung und Umbenennung von Straßen, Wegen und Plätzen, die ausschließlich in der Ortschaft oder dem Stadtbezirk gelegen sind,
4. Märkte, deren Bedeutung nicht wesentlich über die Ortschaft oder den Stadtbezirk hinausgeht,
5. Pflege des Ortsbildes sowie Unterhaltung und Ausgestaltung der Park- und Grünanlagen, deren Bedeutung nicht wesentlich über die Ortschaft oder über den Stadtbezirk hinausgeht,
6. Förderung von Vereinen, Verbänden und sonstigen Vereinigungen in der Ortschaft oder im Stadtbezirk,
7. Einrichtung eines Schiedsamts mit der Ortschaft oder dem Stadtbezirk als Amtsbezirk und Wahl der Schiedsperson für dieses Amt, wenn die Ortschaft oder der Stadtbezirk mindestens 2 000 Einwohnerinnen und Einwohner hat,
8. Förderung und Durchführung von Veranstaltungen der Heimatpflege und des Brauchtums in der Ortschaft oder im Stadtbezirk,
9. Pflege vorhandener Paten- und Partnerschaften,
10. Pflege der Kunst in der Ortschaft oder im Stadtbezirk,
11. Repräsentation der Ortschaft oder des Stadtbezirks und
12. Information und Dokumentation in Angelegenheiten der Ortschaft oder des Stadtbezirkes.

[3]Durch die Hauptsatzung können dem Ortsrat oder dem Stadtbezirksrat weitere Angelegenheiten des eigenen Wirkungskreises zur Entscheidung übertragen werden. [4]§ 85 Abs. 1 Satz 1 Nr. 7 gilt entsprechend mit der Maßgabe, dass auf die Bedeutung des Geschäfts für die Ortschaft oder den Stadtbezirk abzustellen ist.

(2) [1]Dem Ortsrat oder dem Stadtbezirksrat sind die Haushaltsmittel zur Verfügung zu stellen, die für die Erledigung seiner Aufgaben erforderlich sind. [2]Das Recht des Rates, die Haushaltssatzung zu erlassen, wird dadurch nicht berührt. [3]Die Ortsräte oder die Stadtbezirksräte sind jedoch bei den Beratungen der Haushaltssatzung rechtzeitig anzuhören. [4]In der Hauptsatzung soll bestimmt werden, dass den Ortsräten oder Stadtbezirksräten die Haushaltsmittel als Budget zuzuweisen sind.

(3) [1]Der Ortsrat oder der Stadtbezirksrat kann in Angelegenheiten, deren Bedeutung über die Ortschaft oder den Stadtbezirk nicht hinausgeht, eine Befragung der Einwohnerinnen und Einwohner in der Ortschaft oder in dem Stadtbezirk beschließen, die mindestens 14 Jahre alt sind und seit mindestens drei Monaten den Wohnsitz in der Ortschaft oder dem Stadtbezirk haben. [2]§ 35 Sätze 2 und 3 gilt entsprechend.

§ 94 Mitwirkungsrechte des Ortsrates oder des Stadtbezirksrates

(1) [1]Der Ortsrat oder der Stadtbezirksrat ist zu allen wichtigen Fragen des eigenen und des übertragenen Wirkungskreises, die die Ortschaft oder den Stadtbezirk in besonderer Weise berühren, rechtzeitig anzuhören. [2]Das Anhörungsrecht besteht vor der Beschlussfassung des Rates oder des Verwaltungsausschusses insbesondere in folgenden Angelegenheiten:

1. Planung und Durchführung von Investitionsvorhaben in der Ortschaft oder im Stadtbezirk,
2. Aufstellung, Änderung, Ergänzung und Aufhebung des Flächennutzungsplans sowie von Satzungen nach dem Baugesetzbuch, soweit sie sich auf die Ortschaft oder den Stadtbezirk erstrecken,
3. Errichtung, Übernahme, wesentliche Änderungen und Schließung von öffentlichen Einrichtungen in der Ortschaft oder im Stadtbezirk,
4. Um- und Ausbau sowie Benennung und Umbenennung von Straßen, Wegen und Plätzen in der Ortschaft oder im Stadtbezirk, soweit keine Entscheidungszuständigkeit nach § 93 Abs. 1 Satz 2 Nr. 2 oder 3 besteht,

5. Veräußerung, Vermietung und Verpachtung von Grundvermögen der Gemeinde, soweit es in der Ortschaft oder im Stadtbezirk liegt,
6. Änderung der Grenzen der Ortschaft oder des Stadtbezirks,
7. Aufstellung der Vorschlagsliste für Schöffinnen und Schöffen sowie
8. Wahl der Schiedsperson des Schiedsamts, zu dessen Amtsbezirk die Ortschaft oder der Stadtbezirk gehört, wenn nicht ein Schiedsamt nach § 93 Abs. 1 Satz 2 Nr. 7 eingerichtet wird.

[3]Auf Verlangen des Ortsrates oder des Stadtbezirksrates hat die Hauptverwaltungsbeamtin oder der Hauptverwaltungsbeamte für die Ortschaft oder den Stadtbezirk eine Einwohnerversammlung durchzuführen.

(2) [1]In der Bauleitplanung ist der Ortsrat oder der Stadtbezirksrat spätestens anzuhören, nachdem das Verfahren zur Beteiligung der Behörden und Stellen, die Träger öffentlicher Belange sind (§ 4 BauGB), abgeschlossen worden ist. [2]Der Rat kann allgemein oder im Einzelfall bestimmen, dass bei der Aufstellung, Änderung, Ergänzung und Aufhebung von Bebauungsplänen mit räumlich auf die Ortschaft oder den Stadtbezirk begrenzter Bedeutung dem Ortsrat oder Stadtbezirksrat die Entscheidung über die Art und Weise der Beteiligung der Bürgerinnen und Bürger an der Bauleitplanung (§ 3 BauGB) und den Verzicht darauf übertragen wird.

(3) [1]Der Ortsrat oder der Stadtbezirksrat kann in allen Angelegenheiten, die die Ortschaft oder den Stadtbezirk betreffen, Vorschläge unterbreiten, Anregungen geben und Bedenken äußern. [2]Über die Vorschläge muss das zuständige Gemeindeorgan innerhalb von vier Monaten entscheiden. [3]Bei der Beratung der Angelegenheit im Rat, im Verwaltungsausschuss oder in einem Ratsausschuss haben die Ortsbürgermeisterin oder der Ortsbürgermeister, die Bezirksbürgermeisterin oder der Bezirksbürgermeister oder deren oder dessen Stellvertreterin oder deren oder dessen Stellvertreter das Recht, angehört zu werden; dasselbe gilt für die Beratung von Stellungnahmen, die der Ortsrat oder der Stadtbezirksrat bei einer Anhörung nach den Absätzen 1 und 2 abgegeben hat.

§ 95 Sondervorschriften für Ortschaften

(1) Umfang und Inhalt der Entscheidungs- und Anhörungsrechte des Ortsrates können in der Hauptsatzung abweichend geregelt werden, soweit dies aufgrund der besonderen örtlichen Gegebenheiten erforderlich ist; für diesen Beschluss ist eine Mehrheit von zwei Dritteln der Ratsmitglieder erforderlich.

(2) [1]Die Ortsbürgermeisterin oder der Ortsbürgermeister erfüllt Hilfsfunktionen für die Gemeindeverwaltung; sie oder er ist in das Ehrenbeamtenverhältnis zu berufen. [2]Einzelheiten regelt die Hauptsatzung. [3]Die Ortsbürgermeisterin oder der Ortsbürgermeister kann es ablehnen, Hilfsfunktionen zu übernehmen.

(3) Die Ortsbürgermeisterin oder der Ortsbürgermeister muss in der Ortschaft wohnen.

§ 96 Ortsvorsteherin oder Ortsvorsteher

(1) [1]Der Rat bestimmt die Ortsvorsteherin oder den Ortsvorsteher für die Dauer der Wahlperiode aufgrund des Vorschlags der Fraktion, deren Mitglieder der Partei oder Wählergruppe angehören, die in der Ortschaft bei der Wahl der Ratsfrauen und Ratsherren die meisten Stimmen erhalten hat. [2]Für Ortschaften mit bis zu 150 Einwohnerinnen und Einwohnern kann in der Hauptsatzung ein von Satz 1 abweichendes Verfahren geregelt werden. [3]§ 95 Abs. 2 Satz 1 Halbsatz 2 und Abs. 3 gilt entsprechend. [4]Die Ortsvorsteherin oder der Ortsvorsteher hat die Belange der Ortschaft gegenüber den Organen der Gemeinde zur Geltung zu bringen und im Interesse einer bürgernahen Verwaltung Hilfsfunktionen für die Gemeindeverwaltung zu erfüllen. [5]Sie oder er kann in allen Angelegenheiten, die die Ortschaft betreffen, Vorschläge unterbreiten und von der Hauptverwaltungsbeamtin oder dem Hauptverwaltungsbeamten Auskünfte verlangen. [6]Für das Anhörungsrecht der Ortsvorsteherin oder des Ortsvorstehers gilt § 94 Abs. 1 Sätze 1 und 2 sowie Abs. 3 Satz 3 entsprechend. [7]Der Rat kann für die Ortsvorsteherin oder den Ortsvorsteher eine Stellvertreterin oder einen Stellvertreter bestimmen. [8]Einzelheiten regelt die Hauptsatzung.

(2) Nach dem Ende der Wahlperiode führt die Ortsvorsteherin oder der Ortsvorsteher ihre oder seine Tätigkeit bis zur Neubestellung einer Ortsvorsteherin oder eines Ortsvorstehers fort.

(3) [1]Das Ehrenbeamtenverhältnis der Ortsvorsteherin oder des Ortsvorstehers endet vor dem Ende der Wahlperiode, sobald sie oder er den Wohnsitz in der Ortschaft aufgibt. [2]Die Ortsvorsteherin oder der

Ortsvorsteher kann durch Beschluss des Rates mit einer Mehrheit von zwei Dritteln seiner Mitglieder abberufen werden.

Sechster Teil Samtgemeinden

Erster Abschnitt Bildung und Aufgaben von Samtgemeinden

§ 97 Grundsatz

[1]Gemeinden eines Landkreises, die mindestens 400 Einwohnerinnen und Einwohner haben, können zur Stärkung der Verwaltungskraft Samtgemeinden bilden. [2]Eine Samtgemeinde soll mindestens 7 000 Einwohnerinnen und Einwohner haben.

§ 98 Aufgaben

(1) [1]Die Samtgemeinden erfüllen die folgenden Aufgaben des eigenen Wirkungskreises ihrer Mitgliedsgemeinden:

1. die Aufstellung der Flächennutzungspläne,
2. die Trägerschaft der allgemeinbildenden öffentlichen Schulen nach Maßgabe des Niedersächsischen Schulgesetzes, die Erwachsenenbildung und die Einrichtung und Unterhaltung der Büchereien, die mehreren Mitgliedsgemeinden dienen,
3. die Errichtung und Unterhaltung der Sportstätten, die mehreren Mitgliedsgemeinden dienen, und der Gesundheitseinrichtungen sowie die Altenbetreuung,
4. die Aufgaben nach dem Niedersächsischen Brandschutzgesetz,
5. den Bau und die Unterhaltung der Gemeindeverbindungsstraßen,
6. die in § 13 für die Anordnung eines Anschluss- oder Benutzungszwangs genannten Aufgaben,
7. die Hilfe bei Verwaltungsangelegenheiten (§ 37) und
8. die Aufgaben nach dem Niedersächsischen Gesetz über gemeindliche Schiedsämter.

[2]Die Samtgemeinden erfüllen ferner die Aufgaben des eigenen Wirkungskreises, die ihnen von allen Mitgliedsgemeinden oder mit ihrem Einvernehmen von einzelnen Mitgliedsgemeinden übertragen werden. [3]Die Übertragung einer Aufgabe nach den Sätzen 1 und 2 schließt die Befugnis der Samtgemeinde ein, Satzungen und Verordnungen zu erlassen, die erforderlich sind, um diese Aufgabe zu erfüllen. [4]Die finanziellen Folgen einer Aufgabenübertragung von nur einzelnen Mitgliedsgemeinden sind durch Vereinbarungen zu regeln. [5]Die Samtgemeinden können anstelle von Mitgliedsgemeinden im Einvernehmen mit dem örtlichen Träger der Jugendhilfe Aufgaben der öffentlichen Jugendhilfe wahrnehmen.

(2) [1]Die Samtgemeinden erfüllen die Aufgaben des übertragenen Wirkungskreises der Mitgliedsgemeinden. [2]Sie erfüllen auch diejenigen Aufgaben des übertragenen Wirkungskreises, die Gemeinden obliegen, deren Einwohnerzahl derjenigen der Samtgemeinde entspricht. [3]Rechtsvorschriften, nach denen Aufgaben unter bestimmten Voraussetzungen auf Gemeinden übertragen werden können, gelten für Samtgemeinden entsprechend.

(3) Rechtsvorschriften, die die gemeinsame Erfüllung von Aufgaben ausschließen oder dafür eine besondere Rechtsform vorschreiben, bleiben unberührt.

(4) Die Samtgemeinden unterstützen die Mitgliedsgemeinden bei der Erfüllung von deren Aufgaben und der Umsetzung der gesetzlichen Anforderungen an die digitale Verwaltung; in Angelegenheiten von grundsätzlicher oder besonderer wirtschaftlicher Bedeutung bedienen sich die Mitgliedsgemeinden der fachlichen Beratung durch die Samtgemeinde.

(5) [1]Die Samtgemeinden führen die Kassengeschäfte der Mitgliedsgemeinden und veranlagen und erheben für diese die Gemeindeabgaben und die privatrechtlichen Entgelte. [2]Sie können für ihre Mitgliedsgemeinden Kredite (§ 120 Abs. 1 Satz 1) aufnehmen und bewirtschaften. [3]Richten sie ein Rechnungsprüfungsamt ein, so tritt dieses für die Mitgliedsgemeinden an die Stelle des Rechnungsprüfungsamts des Landkreises (§ 153 Abs. 3).

(6) [1]Die Mitgliedsgemeinden legen ihre Haushaltssatzungen der Kommunalaufsichtsbehörde über die Samtgemeinde vor. [2]Die Samtgemeinde leitet die Haushaltssatzung innerhalb von zwei Wochen weiter.

(7) [1]Die Samtgemeinde und ihre Mitgliedsgemeinden regeln eine Aufnahme und Bewirtschaftung von Krediten (§ 120 Abs. 1 Satz 1) durch die Samtgemeinde und die Verrechnung von Kreditzinsen sowie eine gemeinsame Bewirtschaftung ihrer Liquiditätskredite (§ 122) und die gegenseitige Verrechnung von Liquiditätskreditzinsen durch öffentlich-rechtliche Vereinbarung. [2]Für die Geldanlage (§ 124 Abs. 2 Satz 2) gilt Satz 1 entsprechend.

§ 99 Hauptsatzung

(1) Die Hauptsatzung einer Samtgemeinde muss auch Folgendes bestimmen:
1. die Mitgliedsgemeinden,
2. den Namen der Samtgemeinde und den Sitz ihrer Verwaltung und
3. die Aufgaben, die der Samtgemeinde nach § 98 Abs. 1 Satz 2 von den Mitgliedsgemeinden übertragen worden sind.

(2) Die Hauptsatzung kann bestimmen, dass für die Aufnahme und das Ausscheiden von Mitgliedsgemeinden die Zustimmung einer Mehrheit der Mitgliedsgemeinden erforderlich ist.

(3) Änderungen der Hauptsatzung werden vom Samtgemeinderat mit der Mehrheit seiner Mitglieder beschlossen.

§ 100 Neubildung einer Samtgemeinde

(1) [1]Zur Bildung einer neuen Samtgemeinde vereinbaren die künftigen Mitgliedsgemeinden die Hauptsatzung der Samtgemeinde. [2]Gründe des öffentlichen Wohls dürfen dem nicht entgegenstehen. [3]Die Samtgemeinde kann nur
1. mindestens zehn Monate vor dem Beginn oder
2. zum Beginn

der nachfolgenden allgemeinen Wahlperiode gebildet werden. [4]Der Zeitpunkt ist in der Hauptsatzung zu bestimmen. [5]Eine Erhöhung der Mitgliederzahl im Samtgemeinderat (§ 46 Abs. 5) ist in der Hauptsatzung zu regeln. [6]Für Ratsbeschlüsse der künftigen Mitgliedsgemeinden über die Vereinbarung der Hauptsatzung ist jeweils die Mehrheit der Mitglieder des Rates erforderlich. [7]Die künftigen Mitgliedsgemeinden können Vereinbarungen insbesondere über die vermögensrechtliche Auseinandersetzung, die Rechtsnachfolge, das neue Ortsrecht und die Verwaltung treffen. [8]Kommen Vereinbarungen nach Satz 7 nicht zustande oder sind weitere Angelegenheiten zu regeln, so trifft die Kommunalaufsichtsbehörde die erforderlichen Bestimmungen.

(2) [1]Die Hauptsatzung und die Bestimmungen nach Absatz 1 Sätze 7 und 8 werden von der Kommunalaufsichtsbehörde nach § 11 verkündet. [2]In den Fällen des Absatzes 1 Satz 3 Nr. 2 soll die Hauptsatzung mindestens zehn Monate vor dem Beginn der nachfolgenden allgemeinen Wahlperiode verkündet werden.

(3) Wird in den Fällen des Absatzes 1 Satz 3 Nr. 1 die Hauptsatzung erst verkündet, nachdem der in ihr bestimmte Zeitpunkt für die Bildung der Samtgemeinde überschritten ist, so ist die Samtgemeinde am ersten Tag des Monats gebildet, der auf die Verkündung folgt.

(4) Für die Neubildung einer Samtgemeinde und für die Bestimmungen nach Absatz 1 Sätze 7 und 8 gilt § 27 entsprechend.

(5) Das Beamtenverhältnis der Samtgemeindebürgermeisterin oder des Samtgemeindebürgermeisters wird nicht vor dem Zeitpunkt begründet, an dem die neue Samtgemeinde gebildet ist.

(6) [1]Neu gebildete Samtgemeinden übernehmen ihre Aufgaben, sobald die Stelle der Samtgemeindebürgermeisterin oder des Samtgemeindebürgermeisters besetzt ist, spätestens jedoch am ersten Tag des sechsten Monats, nachdem die Hauptsatzung in Kraft getreten ist. [2]Der Zeitpunkt, an dem die Aufgaben übernommen werden, ist öffentlich bekannt zu machen.

§ 101 Zusammenschließen von Samtgemeinden

(1) [1]Das für Inneres zuständige Ministerium kann durch Verordnung Samtgemeinden eines Landkreises zu einer neuen Samtgemeinde zusammenschließen, wenn diese Samtgemeinden die Hauptsatzung der neuen Samtgemeinde vereinbart haben und die Mitgliedsgemeinden der Vereinbarung der Hauptsatzung der neuen Samtgemeinde zugestimmt haben. [2]Gründe des öffentlichen Wohls dürfen dem nicht entgegenstehen. [3]§ 100 Abs. 1 Satz 5 gilt entsprechend. [4]Vor dem Zusammenschließen sind die Mitgliedsgemeinden sowie ihre Einwohnerinnen und Einwohner anzuhören. [5]Die Beschlüsse über die Vereinbarung der Hauptsatzung erfordern die Mehrheit von zwei Dritteln der Mitglieder des Samtgemeinderates. [6]Die Zustimmung der Mitgliedsgemeinden nach Satz 1 ist gegenüber der Samtgemeinde

vor Ablauf von sechs Monaten nach Abschluss der Vereinbarung zu erklären; § 100 Abs. 1 Satz 6 gilt entsprechend.

(2) [1]Samtgemeinden können abweichend von Absatz 1 Satz 1 ohne die Zustimmung einzelner Mitgliedsgemeinden zusammengeschlossen werden, wenn bei einer der Samtgemeinden eine besonders schwierige Haushaltslage vorliegt und Gründe des öffentlichen Wohls den Zusammenschluss rechtfertigen. [2]Für die Verordnung ist in diesem Fall die Zustimmung des Landtags erforderlich. [3]Aufgaben, die eine einzelne Mitgliedsgemeinde nach § 98 Abs. 1 Satz 2 übertragen hatte, gehen auf die neue Samtgemeinde nur dann über, wenn die Mitgliedsgemeinde dem nicht widerspricht.

(3) [1]Die neue Samtgemeinde kann nur

1. mindestens zehn Monate vor dem Beginn oder
2. zum Beginn

der nachfolgenden allgemeinen Wahlperiode gebildet werden. [2]Der Zeitpunkt ist in der Verordnung zu bestimmen.

(4) [1]Die beteiligten Samt- und Mitgliedsgemeinden können Vereinbarungen insbesondere über die vermögensrechtliche Auseinandersetzung, die Rechtsnachfolge, das neue Ortsrecht und die Verwaltung treffen; § 100 Abs. 1 Satz 8 und § 27 gelten entsprechend. [2]Die bisherigen Samtgemeinden sind mit der Bildung der neuen Samtgemeinde aufgelöst. [3]Die neue Samtgemeinde ist Rechtsnachfolgerin der bisherigen Samtgemeinden, soweit nicht nach Satz 1 etwas anderes bestimmt ist.

(5) [1]Die Hauptsatzung der neuen Samtgemeinde und die Bestimmungen nach Absatz 4 Satz 1 sind von der Kommunalaufsichtsbehörde nach § 11 zu verkünden. [2]In den Fällen des Absatzes 3 Satz 1 Nr. 2 soll die Verordnung mindestens zehn Monate vor dem Beginn der nachfolgenden allgemeinen Wahlperiode verkündet werden. [3]§ 100 Abs. 5 gilt entsprechend.

§ 102 Umbildung einer Samtgemeinde

(1) Eine Änderung der Hauptsatzung, durch die eine Gemeinde aus der Samtgemeinde ausscheidet oder in die Samtgemeinde aufgenommen wird (Umbildung einer Samtgemeinde), ist nur zulässig, wenn die Gemeinde einverstanden ist und Gründe des öffentlichen Wohls dem nicht entgegenstehen; § 100 Abs. 1 Sätze 3 bis 6 gilt entsprechend.

(2) Wird eine Mitgliedsgemeinde in eine Gemeinde, die der Samtgemeinde nicht angehört, eingegliedert oder mit ihr zusammengeschlossen, so scheidet sie aus der Samtgemeinde aus.

(3) [1]Die Samtgemeinde und die aufzunehmende oder die ausscheidende Gemeinde haben durch eine Vereinbarung die Rechtsfolgen zu regeln, die sich aus der Umbildung ergeben. [2]§ 100 Abs. 1 Satz 8, Abs. 2 und § 27 gelten entsprechend.

Zweiter Abschnitt
Mitgliedsgemeinden von Samtgemeinden

§ 103 Rat

[1]In Mitgliedsgemeinden von Samtgemeinden beruft die bisherige Bürgermeisterin oder der bisherige Bürgermeister die erste Ratssitzung ein und verpflichtet die Ratsmitglieder. [2]Diese Sitzung leitet das älteste anwesende und hierzu bereite Ratsmitglied, bis die Bürgermeisterin oder der Bürgermeister gewählt ist.

§ 104 Verwaltungsausschuss

[1]In seiner ersten Sitzung kann der Rat vor der Wahl der Bürgermeisterin oder des Bürgermeisters mit einer Mehrheit von zwei Dritteln der Ratsmitglieder beschließen, dass für die Dauer der Wahlperiode kein Verwaltungsausschuss gebildet wird. [2]In diesem Fall gehen die Zuständigkeiten des Verwaltungsausschusses auf den Rat über; die Zuständigkeit für die Vorbereitung der Beschlüsse des Rates geht auf die Bürgermeisterin oder den Bürgermeister über. [3]Wird ein Verwaltungsausschuss gebildet, so entscheidet der Rat vor der Wahl der Bürgermeisterin oder des Bürgermeisters, ob die Zahl der Beigeordneten erhöht werden soll (§ 74 Abs. 2 Satz 2).

§ 105 Bürgermeisterin oder Bürgermeister

(1) [1]In seiner ersten Sitzung wählt der Rat aus seiner Mitte für die Dauer der Wahlperiode die Bürgermeisterin oder den Bürgermeister. [2]Vorschlagsberechtigt für die Wahl ist nur eine Fraktion oder

Gruppe, auf die mindestens ein Sitz im Verwaltungsausschuss entfällt. [3]Satz 2 gilt nicht, wenn der Rat beschlossen hat, dass kein Verwaltungsausschuss gebildet wird (§ 104 Satz 1).

(2) [1]Die Bürgermeisterin oder der Bürgermeister ist ehrenamtlich tätig und mit Annahme der Wahl in das Ehrenbeamtenverhältnis berufen. [2]Sie oder er führt den Vorsitz im Rat. [3]Sie oder er führt nach dem Ende der Wahlperiode die Tätigkeit bis zur Neuwahl einer Bürgermeisterin oder eines Bürgermeisters fort.

(3) [1]Die Bürgermeisterin oder der Bürgermeister kann vom Rat mit einer Mehrheit von zwei Dritteln seiner Mitglieder abberufen werden. [2]Der Beschluss kann nur gefasst werden, wenn ein Antrag auf Abberufung auf der Tagesordnung gestanden hat, die den Ratsmitgliedern bei der Einberufung des Rates mitgeteilt worden ist. [3]Der Rat wird in diesem Fall von der Stellvertreterin oder dem Stellvertreter der Bürgermeisterin oder des Bürgermeisters einberufen.

(4) [1]Die Stellvertreterinnen und Stellvertreter nach § 81 Abs. 2 werden in Fällen des § 104 Satz 1 aus der Mitte des Rates gewählt. [2]Sie vertreten die Bürgermeisterin oder den Bürgermeister außer in den Fällen des § 81 Abs. 2 auch beim Vorsitz im Rat.

(5) Auf Vorschlag der Bürgermeisterin oder des Bürgermeisters beauftragt der Rat mit der allgemeinen Stellvertretung

1. eine Beschäftigte oder einen Beschäftigten der Gemeinde,
2. eine Ratsfrau oder einen Ratsherrn, wenn sie oder er dem zustimmt, oder
3. eine Beschäftigte oder einen Beschäftigten der Samtgemeinde.

§ 106 Amt der Gemeindedirektorin oder des Gemeindedirektors

(1) [1]Der Rat kann in der ersten Sitzung für die Dauer der Wahlperiode, bei einem Wechsel im Amt der Bürgermeisterin oder des Bürgermeisters sowie auf Antrag der Bürgermeisterin oder des Bürgermeisters für die Dauer der restlichen Wahlperiode beschließen, dass die Bürgermeisterin oder der Bürgermeister nur folgende Aufgaben hat:

1. die repräsentative Vertretung der Gemeinde,
2. den Vorsitz im Rat und im Verwaltungsausschuss,
3. die Einberufung des Rates und des Verwaltungsausschusses einschließlich der Aufstellung der Tagesordnung im Benehmen mit der Gemeindedirektorin oder dem Gemeindedirektor und
4. die Verpflichtung der Ratsfrauen und Ratsherren sowie die Belehrung über ihre Pflichten.

[2]In diesem Fall werden die übrigen Aufgaben von der Samtgemeindebürgermeisterin oder dem Samtgemeindebürgermeister wahrgenommen, wenn sie oder er dazu bereit ist. [3]Anderenfalls bestimmt der Rat, dass die übrigen Aufgaben

1. einem anderen Ratsmitglied,
2. der allgemeinen Stellvertreterin oder dem allgemeinen Stellvertreter der Samtgemeindebürgermeisterin oder des Samtgemeindebürgermeisters oder
3. einem anderen Mitglied des Leitungspersonals der Samtgemeinde

übertragen werden. [4]Die Übertragung bedarf in den Fällen des Satzes 3 Nrn. 1 und 3 der Zustimmung der betroffenen Person. [5]Die mit den übrigen Aufgaben betraute Person ist in das Ehrenbeamtenverhältnis zu berufen und führt die Bezeichnung Gemeindedirektorin oder Gemeindedirektor, in Städten Stadtdirektorin oder Stadtdirektor. [6]Die für sie auszustellenden Urkunden werden von der Bürgermeisterin oder dem Bürgermeister und einem weiteren Ratsmitglied unterzeichnet. [7]Mit der Aushändigung der Urkunde endet das Ehrenbeamtenverhältnis der Bürgermeisterin oder des Bürgermeisters nach § 105 Abs. 2 Satz 1. [8]Der Rat beschließt, wer die Gemeindedirektorin oder den Gemeindedirektor vertritt. [9]Die Gemeindedirektorin oder der Gemeindedirektor gehört dem Verwaltungsausschuss mit beratender Stimme an. [10]Sie oder er führt nach dem Ende der Wahlperiode die Tätigkeit bis zur Neuwahl einer Bürgermeisterin oder eines Bürgermeisters fort.

(2) [1]Die Gemeindedirektorin oder der Gemeindedirektor kann verlangen, dass ein bestimmter Beratungsgegenstand auf die Tagesordnung des Rates, eines seiner Ausschüsse oder des Verwaltungsausschusses gesetzt wird. [2]Sie oder er nimmt an den Sitzungen teil; im Übrigen gilt § 87 entsprechend.

(3) [1]Verpflichtende Erklärungen kann die Gemeindedirektorin oder der Gemeindedirektor nur gemeinsam mit der Bürgermeisterin oder dem Bürgermeister abgeben; § 86 Abs. 2 bis 4 gilt entsprechend. [2]Urkunden für die Beamtinnen und Beamten werden auch von der Bürgermeisterin oder dem Bürgermeister unterzeichnet. [3]Eilentscheidungen sind im Einvernehmen mit der Bürgermeisterin oder dem Bürgermeister zu treffen.

(4) [1]Die Gemeindedirektorin oder der Gemeindedirektor kann in den Fällen des Absatzes 1 Satz 3 Nrn. 1 und 3 vom Rat mit einer Mehrheit von zwei Dritteln seiner Mitglieder abberufen werden. [2]§ 105 Abs. 3 Satz 2 gilt entsprechend.

Siebenter Teil
Beschäftigte

§ 107 Rechtsverhältnisse der Beschäftigten

(1) [1]Die Kommunen beschäftigen zur Erfüllung ihrer Aufgaben fachlich geeignete Beamtinnen, Beamte, Arbeitnehmerinnen und Arbeitnehmer (Beschäftigte). [2]Dem Leitungspersonal muss in kreisfreien und großen selbständigen Städten, in Landkreisen und in der Region Hannover eine Beamtin oder ein Beamter mit der Befähigung zum Richteramt angehören. [3]In den übrigen Kommunen, die nicht Mitgliedsgemeinden von Samtgemeinden sind, muss dem Leitungspersonal eine Beamtin oder ein Beamter mit der Befähigung für die Laufbahn der Laufbahngruppe 2 der Fachrichtung Allgemeine Dienste angehören, die oder der mit der dem Erwerb der Befähigung zugrunde liegenden Qualifikation vertiefte Kenntnisse des allgemeinen und besonderen Verwaltungsrechts erworben hat.

(2) [1]Soweit die Eingruppierung und Vergütung von Arbeitnehmerinnen und Arbeitnehmer nicht durch besondere bundes- oder landesgesetzliche Vorschrift oder durch Tarifvertrag geregelt ist, muss sie derjenigen vergleichbarer Arbeitnehmerinnen und Arbeitnehmer des Landes entsprechen; die oberste Kommunalaufsichtsbehörde kann Ausnahmen zulassen. [2]Zur Vergütung im Sinne des Satzes 1 gehören auch außer- und übertarifliche sonstige Geldzuwendungen (Geld- und geldwerte Leistungen), die die Arbeitnehmerinnen und Arbeitnehmer unmittelbar oder mittelbar von ihrem Arbeitgeber erhalten, auch wenn sie über Einrichtungen geleistet werden, zu denen die Arbeitnehmerinnen und Arbeitnehmern einen eigenen Beitrag leisten.

(3) [1]Die Kommunen stellen einen Stellenplan auf. [2]Darin sind die vorhandenen Stellen nach Art und Wertigkeit gegliedert auszuweisen. [3]Der Stellenplan ist einzuhalten; Abweichungen sind nur zulässig, soweit sie aufgrund gesetzlicher oder tarifrechtlicher Vorschriften zwingend erforderlich sind.

(4) [1]Die Vertretung beschließt im Einvernehmen mit der Hauptverwaltungsbeamtin oder dem Hauptverwaltungsbeamten über die Ernennung, Versetzung zu einem anderen Dienstherrn, Versetzung in den Ruhestand und Entlassung der Beamtinnen und Beamten; die Vertretung kann diese Befugnisse für bestimmte Gruppen von Beamtinnen und Beamten dem Hauptausschuss oder der Hauptverwaltungsbeamtin oder dem Hauptverwaltungsbeamten übertragen. [2]Der Hauptausschuss beschließt im Einvernehmen mit der Hauptverwaltungsbeamtin oder dem Hauptverwaltungsbeamten über die Einstellung, Eingruppierung und Entlassung von Arbeitnehmerinnen und Arbeitnehmern; er kann diese Befugnisse allgemein oder für bestimmte Gruppen von Arbeitnehmerinnen oder Arbeitnehmern der Hauptverwaltungsbeamtin oder dem Hauptverwaltungsbeamten übertragen.

(5) [1]Oberste Dienstbehörde, höhere Dienstvorgesetzte und Dienstvorgesetzte der Hauptverwaltungsbeamtin oder des Hauptverwaltungsbeamten ist die Vertretung. [2]Entscheidungen, die mit der Versetzung in den Ruhestand oder der Entlassung zusammenhängen, trifft die Kommunalaufsichtsbehörde; dies gilt nicht für Entscheidungen über die Festsetzung von Versorgungsbezügen oder Altersgeld. [3]Für die Entscheidung über die Vergütung von Reisekosten und die Gewährung von Beihilfen sowie für die Entgegennahme der Anzeige des Erholungsurlaubs und der Verhinderung infolge kurzzeitiger Erkrankung ist die Hauptverwaltungsbeamtin oder der Hauptverwaltungsbeamte als Organ der Kommune zuständig; § 1 Abs. 1 des Niedersächsischen Verwaltungsverfahrensgesetzes in Verbindung mit § 20 des Verwaltungsverfahrensgesetzes bleibt unberührt. [4]Entscheidungen oder andere Maßnahmen, die mit

1. der Verschwiegenheitspflicht,
2. der Annahme von Belohnungen, Geschenken und sonstigen Vorteilen mit Ausnahme der Fälle des § 111 Abs. 8,
3. Sonderurlaub von zusammenhängend höchstens zehn Tagen,
4. dem Mutterschutz,
5. der Elternzeit,
6. den Umzugskosten,
7. dem Trennungsgeld sowie
8. der Anzeige einer Verhinderung infolge einer langfristigen Erkrankung

zusammenhängen, kann die Vertretung auf den Hauptausschuss übertragen. [5]Für die übrigen Beamtinnen und Beamten der Kommune ist oberste Dienstbehörde die Vertretung; höherer Dienstvorgesetzter ist der Hauptausschuss und Dienstvorgesetzte oder Dienstvorgesetzter die Hauptverwaltungsbeamtin oder der Hauptverwaltungsbeamte.

(6) [1]In den Fällen, in denen beamtenrechtliche Vorschriften die oberste Dienstbehörde ermächtigen, die ihr obliegenden Aufgaben auf andere Behörden zu übertragen, ist die oder der höhere Dienstvorgesetzte zuständig; diese oder dieser kann einzelne Befugnisse auf die Dienstvorgesetzte oder den Dienstvorgesetzten übertragen. [2]Die Vertretung kann die Gewährung von Beihilfen nach § 80 NBG und abweichend von Satz 1 die Befugnisse zur Festsetzung von Versorgungsbezügen und Altersgeld auf eine der Aufsicht des Landes unterstehende juristische Person des öffentlichen Rechts als eigene Aufgabe übertragen. [3]Hat die Vertretung vor dem 1. Januar 2013 die versorgungsrechtlichen Befugnisse nach Satz 2 übertragen, so gilt diese Übertragung auch für die Befugnisse zur Festsetzung von Altersgeld. [4]Die Vertretung kann eine der Aufsicht des Landes unterstehende juristische Person des öffentlichen Rechts mit der Wahrnehmung einzelner weiterer Aufgaben der Personalverwaltung beauftragen.

§ 108 Beamtinnen und Beamte auf Zeit

(1) [1]In Gemeinden und Samtgemeinden mit mehr als 20 000 Einwohnerinnen und Einwohnern sowie in Landkreisen und in der Region Hannover können außer der Hauptverwaltungsbeamtin oder dem Hauptverwaltungsbeamten auch andere leitende Beamtinnen und Beamte nach Maßgabe der Hauptsatzung in das Beamtenverhältnis auf Zeit berufen werden. [2]Diese Beamtinnen und Beamten auf Zeit führen folgende Bezeichnungen:

1. in Gemeinden: Erste Gemeinderätin oder Erster Gemeinderat, wenn ihnen das Amt der allgemeinen Stellvertreterin oder des allgemeinen Stellvertreters übertragen ist, im Übrigen Gemeinderätin oder Gemeinderat,
2. in Städten: Erste Stadträtin oder Erster Stadtrat, wenn ihnen das Amt der allgemeinen Stellvertreterin oder des allgemeinen Stellvertreters übertragen ist, im Übrigen Stadträtin oder Stadtrat,
3. in Samtgemeinden: Erste Samtgemeinderätin oder Erster Samtgemeinderat, wenn ihnen das Amt der allgemeinen Stellvertreterin oder des allgemeinen Stellvertreters übertragen ist, im Übrigen Samtgemeinderätin oder Samtgemeinderat,
4. in Landkreisen: Erste Kreisrätin oder Erster Kreisrat, wenn ihnen das Amt der allgemeinen Stellvertreterin oder des allgemeinen Stellvertreters übertragen ist, im Übrigen Kreisrätin oder Kreisrat, und
5. in der Region Hannover: Erste Regionsrätin oder Erster Regionsrat, wenn ihnen das Amt der allgemeinen Stellvertreterin oder des allgemeinen Stellvertreters übertragen ist, im Übrigen Regionsrätin oder Regionsrat.

[3]In Verbindung mit den Bezeichnungen Gemeinderätin, Gemeinderat, Stadträtin, Stadtrat, Samtgemeinderätin, Samtgemeinderat, Kreisrätin, Kreisrat, Regionsrätin oder Regionsrat ist ein Zusatz zulässig, der das Fachgebiet kennzeichnet; die für das Finanzwesen zuständige Beamtin auf Zeit oder der für das Finanzwesen zuständige Beamte auf Zeit kann folgende Bezeichnungen erhalten:

1. in Gemeinden: Gemeindekämmerin oder Gemeindekämmerer,
2. in Städten: Stadtkämmerin oder Stadtkämmerer und
3. in Samtgemeinden: Samtgemeindekämmerin oder Samtgemeindekämmerer.

(2) [1]In Gemeinden und Samtgemeinden mit mehr als 10 000 Einwohnerinnen und Einwohnern kann die allgemeine Stellvertreterin oder der allgemeine Stellvertreter nach Maßgabe der Hauptsatzung in das Beamtenverhältnis auf Zeit berufen werden. [2]Auch wenn die Einwohnerzahl unter 10 000 gefallen ist, kann die bisherige Stelleninhaberin oder der bisherige Stelleninhaber für eine oder mehrere weitere Amtszeiten wiedergewählt werden. [3]Absatz 1 Satz 2 gilt entsprechend.

§ 109 Wahl und Abberufung der Beamtinnen und Beamten auf Zeit

(1) [1]Beamtinnen und Beamte auf Zeit nach § 108 werden auf Vorschlag der Hauptverwaltungsbeamtin oder des Hauptverwaltungsbeamten von der Vertretung für eine Amtszeit von acht Jahren gewählt; § 67 Sätze 4 bis 7 findet keine Anwendung. [2]Die Wahl darf nicht früher als ein Jahr vor Ablauf der Amtszeit der Stelleninhaberin oder des Stelleninhabers stattfinden. [3]Die Stelle ist öffentlich auszu-

schreiben. [4]Die Vertretung kann jedoch im Einvernehmen mit der Hauptverwaltungsbeamtin oder dem Hauptverwaltungsbeamten beschließen, von der Ausschreibung abzusehen, wenn sie beabsichtigt,

1. die Stelleninhaberin oder den Stelleninhaber erneut zu wählen,
2. eine Beamtin oder einen Beamten auf Zeit der Kommune unter Beibehaltung ihrer oder seiner bisherigen Fachgebietszuständigkeit zur allgemeinen Stellvertreterin oder zum allgemeinen Stellvertreter zu wählen oder
3. eine andere bestimmte Bewerberin oder einen anderen bestimmten Bewerber zu wählen, und nicht erwartet, dass sich im Ausschreibungsverfahren eine andere Person bewerben würde, die wegen ihrer Eignung, Befähigung und Sachkunde vorzuziehen wäre.

[5]Für Beschlüsse nach Satz 4 Nr. 3 ist eine Mehrheit von drei Vierteln der Mitglieder der Vertretung erforderlich. [6]Schlägt die Hauptverwaltungsbeamtin oder der Hauptverwaltungsbeamte bis zum Ablauf von drei Monaten

1. nach dem Ende der Amtszeit der bisherigen Stelleninhaberin oder des bisherigen Stelleninhabers keine Bewerberin oder keinen Bewerber vor oder
2. nach einer Ablehnung einer vorgeschlagenen Bewerberin oder eines vorgeschlagenen Bewerbers keine andere Bewerberin oder keinen anderen Bewerber vor

oder kommt es über die Frage einer Ausschreibung nach Satz 4 Nr. 1 zu keinem Einvernehmen, so entscheidet die Vertretung mit einer Mehrheit von drei Vierteln ihrer Abgeordneten allein.

(2) [1]Die Beamtinnen und Beamten nach § 108 sind hauptamtlich tätig; sie sind in das Beamtenverhältnis auf Zeit zu berufen. [2]Sie müssen die für ihr Amt erforderliche Eignung, Befähigung und Sachkunde besitzen. [3]Sie sind nur verpflichtet, nach den Vorschriften des Beamtenrechts das Amt für eine weitere Amtszeit zu übernehmen, wenn sie spätestens sechs Monate vor Ablauf der vorangehenden Amtszeit wiedergewählt werden und bei Ablauf der Amtszeit noch nicht 60 Jahre alt sind.

(3) [1]Eine Beamtin oder ein Beamter auf Zeit kann vor Ablauf der Amtszeit aus dem Amt abberufen werden. [2]Dazu ist ein Beschluss der Vertretung mit einer Mehrheit von drei Vierteln ihrer Mitglieder erforderlich. [3]§ 82 Abs. 2 gilt entsprechend. [4]Die Beamtin oder der Beamte scheidet mit Ablauf des Tages, an dem die Abberufung beschlossen wird, aus dem Amt aus und gilt besoldungsrechtlich und versorgungsrechtlich als abgewählt.

Achter Teil
Kommunalwirtschaft

Erster Abschnitt
Haushaltswirtschaft

§ 110 Allgemeine Haushaltsgrundsätze, Haushaltsausgleich

(1) Die Kommunen haben ihre Haushaltswirtschaft so zu planen und zu führen, dass die stetige Erfüllung ihrer Aufgaben gesichert ist.

(2) Die Haushaltswirtschaft ist sparsam und wirtschaftlich zu führen.

(3) Die Haushaltswirtschaft ist nach Maßgabe dieses Gesetzes und aufgrund dieses Gesetzes erlassener Rechtsvorschriften nach den Grundsätzen ordnungsmäßiger Buchführung im Rechnungsstil der doppelten Buchführung zu führen.

(4) [1]Der Haushalt soll in jedem Haushaltsjahr in Planung und Rechnung ausgeglichen sein. [2]Er ist ausgeglichen, wenn der Gesamtbetrag der ordentlichen Erträge mindestens dem Gesamtbetrag der ordentlichen Aufwendungen und der Gesamtbetrag der außerordentlichen Erträge mindestens dem Gesamtbetrag der außerordentlichen Aufwendungen entspricht. [3]Daneben sind die Liquidität der Kommune sowie die Finanzierung ihrer Investitionen und Investitionsförderungsmaßnahmen sicherzustellen.

(5) [1]Die Verpflichtung nach Absatz 4 Sätze 1 und 2 gilt als erfüllt, wenn

1. voraussichtliche Fehlbeträge im ordentlichen und im außerordentlichen Ergebnis mit Überschussrücklagen (§ 123 Abs. 1 Satz 1) verrechnet werden können oder ein voraussichtlicher Fehlbetrag im ordentlichen Ergebnis mit Überschüssen im außerordentlichen Ergebnis oder ein voraussichtlicher Fehlbetrag im außerordentlichen Ergebnis mit Überschüssen im ordentlichen Ergebnis gedeckt werden kann oder

2. nach der mittelfristigen Ergebnis- und Finanzplanung die vorgetragenen Fehlbeträge spätestens im zweiten dem Haushaltsjahr folgenden Jahr ausgeglichen werden können.

[2]Eine Verrechnung von Fehlbeträgen des ordentlichen und außerordentlichen Ergebnisses mit der um Rücklagen, Sonderposten und Ergebnisvorträge bereinigten Nettoposition nach Absatz 6 Satz 1 (Basisreinvermögen) ist unzulässig. [3]Soweit ein unentgeltlicher Vermögensübergang gesetzlich oder durch Vertrag bestimmt ist, sind die Vermögensänderungen gegen das Basisreinvermögen zu verrechnen. [4]Abweichend von Satz 2 können Fehlbeträge mit dem Basisreinvermögen bis zur Höhe von Überschüssen, die in Vorjahren nach Absatz 6 Satz 4 in Basisreinvermögen umgewandelt wurden, verrechnet werden, wenn ein Abbau der Fehlbeträge trotz Ausschöpfung aller Ertrags- und Sparmöglichkeiten nicht auf andere Weise möglich ist. [5]Weitere Abweichungen von Satz 2 können durch Verordnung nach § 178 Abs. 1 Nr. 5 ermöglicht werden.

(6) [1]Die Überschussrücklagen sind Teil des die Schulden und Rückstellungen übersteigenden Vermögens (Nettoposition). [2]Ihnen werden die Jahresüberschüsse durch Beschluss über den Jahresabschluss zugeführt. [3]Eine Verrechnung mit den Sollfehlbeträgen aus dem letzten kameralen Abschluss einer Kommune geht einer Zuführung in die Überschussrücklagen vor. [4]Überschussrücklagen dürfen in Basisreinvermögen umgewandelt werden, wenn keine Fehlbeträge aus Vorjahren abzudecken sind, der Haushalt ausgeglichen ist und nach der geltenden mittelfristigen Ergebnis- und Finanzplanung keine Fehlbeträge zu erwarten sind.

(7) [1]Die Kommune darf sich über den Wert ihres Vermögens hinaus nicht verschulden. [2]Ist in der Planung oder der Rechnung erkennbar, dass die Schulden und Rückstellungen das Vermögen übersteigen, so ist die Kommunalaufsichtsbehörde unverzüglich hierüber zu unterrichten.

(8) [1]Die Kommune hat ein Haushaltssicherungskonzept aufzustellen, wenn der Haushaltsausgleich nicht erreicht werden kann oder eine Überschuldung abgebaut oder eine drohende Überschuldung abgewendet werden muss. [2]In dem Haushaltssicherungskonzept ist festzulegen,

1. innerhalb welcher Zeiträume der Haushaltsausgleich sowie die Beseitigung der Überschuldung oder der drohenden Überschuldung erreicht,
2. wie der im Haushaltsplan ausgewiesene Fehlbetrag und die Verschuldung abgebaut und
3. wie das Entstehen eines neuen Fehlbetrages und einer zusätzlichen Verschuldung vermieden

werden sollen. [3]Das Haushaltssicherungskonzept ist spätestens mit der Haushaltssatzung zu beschließen und der Kommunalaufsichtsbehörde mit der Haushaltssatzung vorzulegen. [4]Ist nach Satz 1 ein Haushaltssicherungskonzept aufzustellen und war dies bereits für das Vorjahr der Fall, so ist über den Erfolg der Haushaltssicherungsmaßnahmen ein Haushaltssicherungsbericht beizufügen. [5]Auf Anforderung der Kommunalaufsichtsbehörde hat die für die Rechnungsprüfung zuständige Stelle zu dem Haushaltssicherungsbericht Stellung zu nehmen.

§ 111 Grundsätze der Finanzmittelbeschaffung

(1) Die Gemeinden erheben Abgaben nach den gesetzlichen Vorschriften.

(2) Die Landkreise erheben Abgaben und Umlagen nach den gesetzlichen Vorschriften.

(3) [1]Die Samtgemeinden erheben Gebühren und Beiträge nach den für Gemeinden geltenden Vorschriften sowie von den Mitgliedsgemeinden eine Umlage (Samtgemeindeumlage) unter entsprechender Anwendung der Vorschriften über die Kreisumlage. [2]Die Hauptsatzung kann bestimmen, dass die Samtgemeindeumlage je zur Hälfte nach der Einwohnerzahl der Mitgliedsgemeinden und nach den Bemessungsgrundlagen der Kreisumlage festgesetzt wird.

(4) Die Region Hannover erhebt Abgaben und eine Umlage unter entsprechender Anwendung der für Landkreise geltenden Vorschriften, soweit nichts anderes bestimmt ist.

(5) [1]Die Gemeinden haben die zur Erfüllung ihrer Aufgaben erforderlichen Finanzmittel,

1. soweit vertretbar und geboten, aus speziellen Entgelten für die von ihnen erbrachten Leistungen,
2. im Übrigen aus Steuern

zu beschaffen, soweit die sonstigen Finanzmittel nicht ausreichen. [2]Satz 1 gilt für Samtgemeinden, Landkreise und die Region Hannover entsprechend mit der Maßgabe, dass in Nummer 2 anstelle der Steuern die Umlagen treten. [3]Eine Rechtspflicht zur Erhebung von Beiträgen für Verkehrsanlagen, wiederkehrenden Beiträgen für Verkehrsanlagen und Beiträgen für öffentliche Spielplätze besteht nicht.

(6) [1]Die Kommunen dürfen Kredite nur dann aufnehmen, wenn eine andere Finanzierung nicht möglich ist oder wirtschaftlich unzweckmäßig wäre. [2]Einmalige und wiederkehrende Beiträge für Verkehrsanlagen zählen nicht zu den anderen Finanzierungsmöglichkeiten.

(7) [1]Die Landkreise und die Region Hannover können für ihre kreis- und regionsangehörigen Kommunen mit Ausnahme der Mitgliedsgemeinden von Samtgemeinden Kredite (§ 120 Abs. 1 Satz 1) und Liquiditätskredite (§ 122) aufnehmen und bewirtschaften. [2]Der Landkreis und die kreisangehörige Kommune sowie die Region Hannover und die regionsangehörige Kommune regeln die Aufnahme und Bewirtschaftung von nach Satz 1 aufgenommenen Krediten und Liquiditätskrediten und die Verrechnung von Zinsen für die Kredite und Liquiditätskredite durch öffentlich-rechtliche Vereinbarung.

(8) [1]Die Kommunen dürfen zur Erfüllung ihrer Aufgaben Spenden, Schenkungen und ähnliche Zuwendungen einwerben und annehmen oder an Dritte vermitteln, die sich an der Erfüllung von Aufgaben beteiligen. [2]Für die Einwerbung und die Entgegennahme des Angebots einer Zuwendung ist die Hauptverwaltungsbeamtin oder der Hauptverwaltungsbeamte zuständig. [3]Über die Annahme oder Vermittlung entscheidet die Vertretung. [4]Die Kommunen erstellen jährlich einen Bericht, in dem die Zuwendungsgeber, die Zuwendungen und die Zuwendungszwecke anzugeben sind, und übersenden ihn der Kommunalaufsichtsbehörde.

§ 112 Haushaltssatzung

(1) Die Kommunen haben für jedes Haushaltsjahr eine Haushaltssatzung zu erlassen.

(2) [1]Die Haushaltssatzung enthält

1. die Festsetzung des Haushaltsplans
   a) im Ergebnishaushalt unter Angabe des Gesamtbetrages der ordentlichen Erträge und Aufwendungen sowie der außerordentlichen Erträge und Aufwendungen,
   b) im Finanzhaushalt unter Angabe des Gesamtbetrages der Einzahlungen und der Auszahlungen aus laufender Verwaltungstätigkeit, der Einzahlungen und der Auszahlungen für Investitionstätigkeit sowie der Einzahlungen und der Auszahlungen aus der Finanzierungstätigkeit,
   c) unter Angabe des Gesamtbetrages der vorgesehenen Kreditaufnahmen für Investitionen und Investitionsförderungsmaßnahmen (Kreditermächtigung) sowie
   d) unter Angabe des Gesamtbetrages der Ermächtigungen zum Eingehen von Verpflichtungen, die künftige Haushaltsjahre mit Auszahlungen für Investitionen und Investitionsförderungsmaßnahmen belasten (Verpflichtungsermächtigungen),
2. die Festsetzung des Höchstbetrages der Liquiditätskredite,
3. bei Gemeinden die Festsetzung der Hebesätze der Grund- und Gewerbesteuer, wenn diese nicht in einer gesonderten Satzung bestimmt sind, und
4. bei Samtgemeinden, Landkreisen und der Region Hannover weitere Vorschriften, wenn dies gesetzlich vorgeschrieben ist.

[2]Sie kann weitere Vorschriften enthalten, wenn sich diese auf die Erträge, Aufwendungen, Einzahlungen und Auszahlungen sowie den Stellenplan für das Haushaltsjahr beziehen.

(3) [1]Die Haushaltssatzung wird am Tag nach dem Ende der öffentlichen Auslegung des Haushaltsplans nach § 114 Abs. 2 Satz 3, frühestens mit Beginn des Haushaltsjahres wirksam; sie gilt für das Haushaltsjahr. [2]Sie kann Festsetzungen für zwei Haushaltsjahre, nach Jahren getrennt, enthalten.

(4) Haushaltsjahr ist das Kalenderjahr, soweit nicht für einzelne Bereiche durch Gesetz oder Verordnung etwas anderes bestimmt ist.

§ 113 Haushaltsplan

(1) [1]Der Haushaltsplan enthält alle im Haushaltsjahr für die Erfüllung der Aufgaben der Kommune voraussichtlich

1. anfallenden Erträge und eingehenden Einzahlungen,
2. entstehenden Aufwendungen und zu leistenden Auszahlungen und
3. notwendigen Verpflichtungsermächtigungen.

[2]Die Vorschriften des Zweiten Abschnitts bleiben unberührt.

(2) [1]Der Haushaltsplan ist in einen Ergebnishaushalt und einen Finanzhaushalt zu gliedern. [2]Der Stellenplan für die Beschäftigten ist Teil des Haushaltsplans.

(3) [1]Der Haushaltsplan ist Grundlage für die Haushaltswirtschaft der Kommunen. [2]Er ist nach Maßgabe dieses Gesetzes und der aufgrund dieses Gesetzes erlassenen Vorschriften für die Haushaltsführung

verbindlich. [3]Ansprüche und Verbindlichkeiten Dritter werden durch ihn weder begründet noch aufgehoben.

§ 114 Erlass der Haushaltssatzung

(1) [1]Die von der Vertretung beschlossene Haushaltssatzung ist mit ihren Anlagen der Kommunalaufsichtsbehörde vorzulegen. [2]Die Vorlage soll spätestens einen Monat vor Beginn des Haushaltsjahres erfolgen.

(2) [1]Enthält die Haushaltssatzung genehmigungsbedürftige Teile, so darf sie erst nach Erteilung der Genehmigung verkündet werden. [2]Haushaltssatzungen ohne genehmigungsbedürftige Teile dürfen frühestens einen Monat nach Vorlage an die Kommunalaufsichtsbehörde verkündet werden. [3]Im Anschluss an die Verkündung der Haushaltssatzung ist der Haushaltsplan mit seinen Anlagen an sieben Tagen öffentlich auszulegen; in der Verkündung ist auf die Auslegung hinzuweisen.

§ 115 Nachtragshaushaltssatzung

(1) [1]Die Haushaltssatzung kann nur durch Nachtragshaushaltssatzung geändert werden, die spätestens bis zum Ablauf des Haushaltsjahres zu beschließen ist. [2]Für die Nachtragshaushaltssatzung gelten die Vorschriften für die Haushaltssatzung entsprechend.

(2) Die Kommunen haben unverzüglich eine Nachtragshaushaltssatzung zu erlassen, wenn

1. sich zeigt, dass trotz Ausnutzung jeder Sparmöglichkeit ein erheblicher Fehlbetrag entstehen wird und der Haushaltsausgleich nur durch eine Änderung der Haushaltssatzung erreicht werden kann, oder
2. bisher nicht veranschlagte oder zusätzliche Aufwendungen oder Auszahlungen bei einzelnen Haushaltspositionen in einem im Verhältnis zu den Gesamtaufwendungen oder Gesamtauszahlungen erheblichen Umfang entstehen oder geleistet werden müssen.

(3) Absatz 2 Nr. 2 ist nicht anzuwenden auf

1. die Umschuldung von Krediten,
2. höhere Personalaufwendungen und Personalauszahlungen, die aufgrund gesetzlicher oder tarifrechtlicher Vorschriften zwingend erforderlich sind, und
3. Aufwendungen und Auszahlungen für Instandsetzungen und Ersatzbeschaffungen, die zeitlich und sachlich unabweisbar sind.

§ 116 Vorläufige Haushaltsführung

(1) [1]Ist die Haushaltssatzung bei Beginn des Haushaltsjahres noch nicht wirksam (§ 112 Abs. 3 Satz 1), so dürfen die Gemeinden

1. Aufwendungen entstehen lassen und Auszahlungen leisten, zu denen sie rechtlich verpflichtet sind oder die für die Weiterführung notwendiger Aufgaben unaufschiebbar sind, und in diesem Rahmen insbesondere Investitionen und Investitionsförderungsmaßnahmen fortsetzen, für die im Haushaltsplan eines Vorjahres Beträge vorgesehen waren,
2. Grund- und Gewerbesteuer nach den in der Haushaltssatzung des Vorjahres festgesetzten Hebesätzen erheben und
3. Kredite umschulden.

[2]Satz 1 Nrn. 1 und 3 gilt für Samtgemeinden, Landkreise und die Region Hannover entsprechend.

(2) [1]Reichen die Finanzierungsmittel für die Fortsetzung der Bauten, der Beschaffungen und der sonstigen Leistungen des Finanzhaushalts nach Absatz 1 Satz 1 Nr. 1 nicht aus, so dürfen die Kommunen mit Genehmigung der Kommunalaufsichtsbehörde Kredite für Investitionen und Investitionsförderungsmaßnahmen bis zur Höhe eines Viertels des Gesamtbetrags der in der Haushaltssatzung des Vorjahres vorgesehenen Kreditermächtigung aufnehmen. [2]§ 120 Abs. 2 Sätze 2 und 3 gilt entsprechend.

(3) Während der vorläufigen Haushaltsführung gilt der Stellenplan des Vorjahres weiter.

§ 117 Über- und außerplanmäßige Aufwendungen und Auszahlungen

(1) [1]Über- und außerplanmäßige Aufwendungen und Auszahlungen sind nur zulässig, wenn sie zeitlich und sachlich unabweisbar sind; ihre Deckung muss gewährleistet sein. [2]In Fällen von unerheblicher Bedeutung entscheidet die Hauptverwaltungsbeamtin oder der Hauptverwaltungsbeamte; die Vertretung und der Hauptausschuss sind spätestens mit der Vorlage des Jahresabschlusses zu unterrichten.

(2) [1]Für Investitionen und Investitionsförderungsmaßnahmen, die im folgenden Haushaltsjahr fortgesetzt werden, sind überplanmäßige Auszahlungen auch dann zulässig, wenn ihre Deckung erst im folgenden Haushaltsjahr gewährleistet ist. [2]Absatz 1 Satz 2 gilt entsprechend.

(3) Die Absätze 1 und 2 sind entsprechend auf Maßnahmen anzuwenden, durch die später im Laufe des Haushaltsjahres über- oder außerplanmäßige Aufwendungen und Auszahlungen entstehen können.

(4) § 115 Abs. 2 bleibt unberührt.

(5) [1]Nicht im Haushaltsplan veranschlagte Abschreibungen oder die veranschlagten Abschreibungen überschreitende Abschreibungen werden von der Hauptverwaltungsbeamtin oder dem Hauptverwaltungsbeamten ermittelt und in die Erstellung des Jahresabschlusses einbezogen. [2]Satz 1 gilt für nicht im Haushaltsplan veranschlagte oder die Veranschlagung überschreitende Zuführungen zu Rückstellungen für Pensionsverpflichtungen für Beamtinnen und Beamte und zu Rückstellungen für Beihilfeverpflichtungen entsprechend. [3]Absatz 1 ist hierbei nicht anzuwenden.

§ 118 Mittelfristige Ergebnis- und Finanzplanung

(1) [1]Die Kommunen haben ihrer Haushaltswirtschaft eine mittelfristige Ergebnis- und Finanzplanung für fünf Jahre zugrunde zu legen. [2]Das erste Planungsjahr ist dabei das Haushaltsjahr, das demjenigen Haushaltsjahr vorangeht, für das die Haushaltssatzung gelten soll.

(2) In der mittelfristigen Ergebnis- und Finanzplanung sind Umfang und Zusammensetzung der voraussichtlichen Aufwendungen und Auszahlungen und ihre Deckungsmöglichkeiten darzustellen.

(3) Als Grundlage für die mittelfristige Ergebnis- und Finanzplanung ist ein Investitionsprogramm aufzustellen, in das die geplanten Auszahlungen für Investitionen und Investitionsförderungsmaßnahmen aufgenommen werden.

(4) Die mittelfristige Ergebnis- und Finanzplanung und das Investitionsprogramm sind jährlich der Entwicklung anzupassen und fortzuführen.

(5) Die mittelfristige Ergebnis- und Finanzplanung ist der Vertretung mit dem Entwurf der Haushaltssatzung vorzulegen.

§ 119 Verpflichtungsermächtigungen

(1) Verpflichtungen zur Leistung von Auszahlungen für Investitionen und für Investitionsförderungsmaßnahmen in künftigen Jahren dürfen unbeschadet des Absatzes 5 nur eingegangen werden, wenn der Haushaltsplan hierzu ermächtigt.

(2) Verpflichtungsermächtigungen dürfen in der Regel zulasten der dem Haushaltsjahr folgenden drei Jahre veranschlagt werden, in Ausnahmefällen bis zum Abschluss einer Maßnahme; sie sind nur zulässig, wenn die Finanzierung der aus ihrer Inanspruchnahme entstehenden Auszahlungen in den künftigen Haushalten gesichert erscheint.

(3) Verpflichtungsermächtigungen gelten bis zum Ende des Haushaltsjahres und darüber hinaus bis zum Wirksamwerden der Haushaltssatzung für das nächste Haushaltsjahr (§ 112 Abs. 3 Satz 1).

(4) Der Gesamtbetrag der Verpflichtungsermächtigungen bedarf im Rahmen der Haushaltssatzung der Genehmigung der Kommunalaufsichtsbehörde, soweit in den Jahren, zu deren Lasten sie veranschlagt werden, insgesamt Kreditaufnahmen vorgesehen sind.

(5) [1]Verpflichtungen im Sinne des Absatzes 1 dürfen über- und außerplanmäßig eingegangen werden, wenn sie unabweisbar sind und der in der Haushaltssatzung festgesetzte Gesamtbetrag der Verpflichtungsermächtigungen nicht überschritten wird. [2]§ 117 Abs. 1 Satz 2 gilt entsprechend.

§ 120 Kredite

(1) [1]Kredite dürfen unter der Voraussetzung des § 111 Abs. 6 nur für Investitionen, Investitionsförderungsmaßnahmen und zur Umschuldung aufgenommen werden; sie sind als Einzahlungen im Finanzhaushalt zu veranschlagen. [2]Die Kommune hat Richtlinien für die Aufnahme von Krediten aufzustellen.

(2) [1]Der Gesamtbetrag der im Finanzhaushalt vorgesehenen Kreditaufnahmen für Investitionen und Investitionsförderungsmaßnahmen bedarf im Rahmen der Haushaltssatzung der Genehmigung der Kommunalaufsichtsbehörde (Gesamtgenehmigung). [2]Die Genehmigung soll nach den Grundsätzen einer geordneten Haushaltswirtschaft erteilt oder versagt werden; sie kann unter Bedingungen und Auflagen erteilt werden. [3]Sie ist in der Regel zu versagen, wenn die Kreditverpflichtungen nicht mit der dauernden Leistungsfähigkeit der Kommune im Einklang stehen.

(3) Die Kreditermächtigung gilt bis zum Ende des auf das Haushaltsjahr folgenden Jahres und darüber hinaus bis zum Wirksamwerden der Haushaltssatzung für das übernächste Haushaltsjahr (§ 112 Abs. 3 Satz 1).

(4) 1Die Aufnahme der einzelnen Kredite, deren Gesamtbetrag nach Absatz 2 genehmigt worden ist, bedarf der Genehmigung der Kommunalaufsichtsbehörde (Einzelgenehmigung), sobald die Kreditaufnahmen nach § 19 des Gesetzes zur Förderung der Stabilität und des Wachstums der Wirtschaft beschränkt worden sind. 2Die Einzelgenehmigung kann nach Maßgabe der Kreditbeschränkungen versagt werden.

(5) Durch Verordnung der Landesregierung kann die Aufnahme von Krediten von der Genehmigung der Kommunalaufsichtsbehörde abhängig gemacht werden mit der Maßgabe, dass die Genehmigung versagt werden kann, wenn die ausgehandelten Kreditbedingungen

1. die Entwicklung am Kreditmarkt ungünstig beeinflussen könnten oder
2. die Versorgung der Kommunen mit wirtschaftlich vertretbaren Krediten stören könnten.

(6) 1Die Begründung einer Zahlungsverpflichtung, die wirtschaftlich einer Kreditverpflichtung gleichkommt, bedarf der Genehmigung der Kommunalaufsichtsbehörde. 2Absatz 2 Sätze 2 und 3 gilt entsprechend. 3Eine Genehmigung für die Begründung von Zahlungsverpflichtungen im Rahmen der laufenden Verwaltung ist nicht erforderlich.

(7) 1Die Kommunen dürfen zur Sicherung des Kredits keine Sicherheiten bestellen. 2Die Kommunalaufsichtsbehörde kann Ausnahmen zulassen, wenn die Bestellung von Sicherheiten der Verkehrsübung entspricht.

§ 121 Sicherheiten und Gewährleistung für Dritte

(1) 1Die Kommunen dürfen keine Sicherheiten zugunsten Dritter bestellen. 2Die Kommunalaufsichtsbehörde kann Ausnahmen zulassen.

(2) 1Die Kommunen dürfen Bürgschaften und Verpflichtungen aus Gewährverträgen nur im Rahmen der Erfüllung ihrer Aufgaben übernehmen. 2Die Rechtsgeschäfte bedürfen der Genehmigung der Kommunalaufsichtsbehörde.

(3) Absatz 2 gilt entsprechend für Rechtsgeschäfte, die den darin genannten wirtschaftlich gleichkommen, insbesondere für die Zustimmung zu Rechtsgeschäften Dritter, aus denen den Kommunen in künftigen Haushaltsjahren Aufwendungen entstehen oder Verpflichtungen zur Leistung von Auszahlungen erwachsen können.

(4) 1Keiner Genehmigung bedürfen Rechtsgeschäfte nach den Absätzen 2 und 3, die

1. die Kommune zur Förderung des Städte- und Wohnungsbaus eingeht oder
2. für den Haushalt der Kommune keine besondere Belastung bedeuten.

2Diese Rechtsgeschäfte sind im Anhang zum Jahresabschluss darzustellen. 3Rechtsgeschäfte nach Satz 1 Nr. 1 mit erheblichen Auswirkungen auf die Finanzwirtschaft sind in einem Vorbericht des Haushaltsplans zu erläutern; erhebliche Besonderheiten aus ihrer Abwicklung und Rechtsgeschäfte, die im Vorbericht noch nicht erläutert worden sind, sind im Anhang zum Jahresabschluss zu erläutern.

(5) 1Bei Rechtsgeschäften nach den Absätzen 2 und 3 haben die Kommunen sich das Recht vorzubehalten, dass sie oder ihre Beauftragten jederzeit prüfen können, ob

1. die Voraussetzungen für die Kreditzusage oder ihre Erfüllung vorliegen oder vorgelegen haben, oder
2. im Fall der Übernahme einer Gewährleistung eine Inanspruchnahme der Kommune in Betracht kommen kann oder die Voraussetzungen für eine solche vorliegen oder vorgelegen haben.

2Die Kommunen können mit Genehmigung der Kommunalaufsichtsbehörde davon absehen, sich das Prüfungsrecht vorzubehalten.

§ 122 Liquiditätskredite

(1) 1Zur rechtzeitigen Leistung ihrer Auszahlungen können die Kommunen Liquiditätskredite bis zu dem in der Haushaltssatzung festgesetzten Höchstbetrag aufnehmen, soweit der Kasse keine anderen Mittel zur Verfügung stehen. 2Diese Ermächtigung gilt über das Haushaltsjahr hinaus bis zum Wirksamwerden der neuen Haushaltssatzung (§ 112 Abs. 3 Satz 1). 3Satz 2 gilt auch für einen in der neuen, noch nicht wirksamen Haushaltssatzung höher festgesetzten Höchstbetrag, soweit er den Betrag nach Absatz 2 nicht übersteigt.

(2) Der in der Haushaltssatzung festgesetzte Höchstbetrag bedarf der Genehmigung der Kommunalaufsichtsbehörde, wenn er ein Sechstel der im Finanzhaushalt veranschlagten Einzahlungen aus laufender Verwaltungstätigkeit übersteigt.

§ 123 Rücklagen, Rückstellungen

(1) [1]Die Kommune bildet

1. eine Rücklage aus Überschüssen des ordentlichen Ergebnisses und
2. eine Rücklage aus Überschüssen des außerordentlichen Ergebnisses.

[2]Weitere Rücklagen sind zulässig.

(2) Die Kommune bildet Rückstellungen für Verpflichtungen, die dem Grunde nach zu erwarten sind, deren Höhe oder Fälligkeit aber noch ungewiss ist.

§ 124 Erwerb, Verwaltung und Nachweis des Vermögens; Wertansätze

(1) Die Kommunen sollen Vermögensgegenstände nur erwerben, soweit dies zur Erfüllung ihrer Aufgaben in absehbarer Zeit erforderlich ist.

(2) [1]Die Vermögensgegenstände sind pfleglich und wirtschaftlich zu verwalten und ordnungsgemäß nachzuweisen. [2]Bei Geldanlagen ist auf eine ausreichende Sicherheit zu achten; sie sollen einen angemessenen Ertrag bringen.

(3) Für die Verwaltung und Bewirtschaftung von Kommunalwald gelten die Vorschriften dieses Gesetzes und die hierfür geltenden besonderen Rechtsvorschriften.

(4) [1]Das Vermögen ist in der Bilanz getrennt nach dem immateriellen Vermögen, dem Sachvermögen, dem Finanzvermögen und den liquiden Mitteln auszuweisen. [2]Die Vermögensgegenstände sind mit dem Anschaffungs- oder Herstellungswert anzusetzen, vermindert um die darauf basierenden Abschreibungen; die kommunalabgabenrechtlichen Vorschriften bleiben unberührt. [3]Kann der Anschaffungs- oder Herstellungswert eines Vermögensgegenstands bei der Aufstellung der ersten Eröffnungsbilanz nicht mit vertretbarem Aufwand ermittelt werden, so gilt der auf den Anschaffungs- oder Herstellungszeitpunkt rückindizierte Zeitwert am Stichtag der ersten Eröffnungsbilanz als Anschaffungs- oder Herstellungswert. [4]Bei der Ausweisung von Vermögen, das nach den Regeln über die Bewertung von Vermögen in der Bilanz ausnahmsweise mit dem Zeitwert als Anschaffungs- oder Herstellungswert ausgewiesen wird, werden in Höhe der Differenz zwischen dem Zeitwert und dem fortgeführten tatsächlichen Anschaffungs- oder Herstellungswert, wenn dieser nicht verfügbar ist, zu dem rückindizierten Anschaffungs- oder Herstellungswert (Satz 3) Sonderposten für den Bewertungsausgleich gebildet. [5]Abschreibungen für Vermögen, das nach Satz 4 mit dem Zeitwert als dem Anschaffungs- oder Herstellungswert nachgewiesen wird, sind auf der Basis des Zeitwerts vorzunehmen; gleichzeitig wird der nach Satz 4 passivierte Sonderposten ergebniswirksam aufgelöst und mit der Abschreibung verrechnet. [6]Schulden sind zu ihrem Rückzahlungsbetrag anzusetzen, Rückstellungen hingegen nur in Höhe des Betrags, der nach sachgerechter Beurteilung notwendig ist.

§ 125 Veräußerung von Vermögen, Zwangsvollstreckung

(1) [1]Die Kommunen dürfen Vermögensgegenstände, die sie zur Erfüllung ihrer Aufgaben in absehbarer Zeit nicht benötigen, veräußern. [2]Vermögensgegenstände dürfen in der Regel nur zu ihrem vollen Wert veräußert werden.

(2) Für die Überlassung der Nutzung eines Vermögensgegenstandes gilt Absatz 1 entsprechend.

(3) [1]Wenn die Kommunen

1. Vermögensgegenstände unentgeltlich veräußern wollen oder
2. Sachen, die einen besonderen wissenschaftlichen, geschichtlichen oder künstlerischen Wert haben, veräußern wollen,

haben sie dies zu begründen und die Begründung zu dokumentieren. [2]Erhebliche Auswirkungen dieser Veräußerungen auf die Finanzwirtschaft sind in einem Vorbericht zum Haushaltsplan und, falls es sich um abgewickelte und noch nicht erläuterte Vorgänge handelt, im Anhang zum Jahresabschluss zu erläutern.

(4) [1]Die Einleitung der Zwangsvollstreckung nach den Vorschriften der Zivilprozessordnung gegen eine Kommune wegen einer Geldforderung muss die Gläubigerin oder der Gläubiger der Kommunalaufsichtsbehörde anzeigen, es sei denn, dass es sich um die Verfolgung dinglicher Rechte handelt. [2]Die Zwangsvollstreckung darf erst vier Wochen nach dem Zeitpunkt der Anzeige beginnen. [3]Die Zwangsvollstreckung ist unzulässig in Vermögensgegenstände, die für die Erfüllung öffentlicher Auf-

gaben unentbehrlich sind oder deren Veräußerung ein öffentliches Interesse entgegensteht, sowie in Vermögensgegenstände, die im Sinne des § 135 Abs. 3 zweckgebunden sind.

§ 126 Kommunalkasse

(1) [1]Die Kommune richtet eine Kommunalkasse ein. [2]Der Kommunalkasse obliegt die Abwicklung der Zahlungen der Kommune (Kassengeschäfte).

(2) Die Kommune hat eine für die Erledigung der Kassengeschäfte verantwortliche Person und eine Person für deren Stellvertretung zu bestellen (Kassenleitung).

(3) Der Kassenleitung darf nicht angehören, wer
1. befugt ist, Kassenanordnungen zu erteilen,
2. mit der Rechnungsprüfung beauftragt ist oder
3. mit der Hauptverwaltungsbeamtin oder dem Hauptverwaltungsbeamten, der oder dem für das Finanzwesen zuständigen Beschäftigten oder mit einer zur Rechnungsprüfung beauftragten Person in einer der folgenden Beziehungen steht:
   a) Verwandtschaft bis zum dritten Grad,
   b) Schwägerschaft bis zum zweiten Grad,
   c) Ehe oder Lebenspartnerschaft im Sinne des Lebenspartnerschaftsgesetzes.

(4) Die in der Kommunalkasse Beschäftigten dürfen keine Kassenanordnungen erteilen.

(5) [1]Die Hauptverwaltungsbeamtin oder der Hauptverwaltungsbeamte überwacht die Kommunalkasse (Kassenaufsicht). [2]Sie oder er kann die Kassenaufsicht einer oder einem Beschäftigten der Kommune übertragen, jedoch nicht Beschäftigten, die in der Kommunalkasse beschäftigt sind.

§ 127 Übertragung von haushaltswirtschaftlichen Befugnissen

(1) [1]Die Kommunen können Zahlungsanweisungs- und Bewirtschaftungsbefugnisse über bestimmte Haushaltspositionen und die Kassengeschäfte ganz oder zum Teil Dritten mit deren Einverständnis übertragen, wenn die ordnungsgemäße Erledigung und die Prüfung nach den für die Kommunen geltenden Vorschriften gewährleistet sind. [2]Die in Satz 1 genannten Befugnisse und Geschäfte für die in der Trägerschaft der Kommune stehenden Schulen können in der Regel nur der Schulleiterin oder dem Schulleiter übertragen werden, ohne dass deren oder dessen Einverständnis erforderlich ist; zu einer Übertragung auf andere Personen ist die Zustimmung der Schulleiterin oder des Schulleiters erforderlich. [3]Sollen Kassengeschäfte übertragen werden, so ist die Kassenaufsicht ausdrücklich zu regeln und die Übertragung der Kommunalaufsichtsbehörde spätestens sechs Wochen vor Vollzug anzuzeigen.

(2) Die Hauptverwaltungsbeamtin oder der Hauptverwaltungsbeamte kann die ihr oder ihm durch dieses Gesetz oder aufgrund dieses Gesetzes übertragenen Zuständigkeiten zur Einwerbung, Entgegennahme von Angeboten, Annahme und Vermittlung von Spenden, Schenkungen und ähnlichen Zuwendungen, die für Zwecke der in der Trägerschaft der Kommune stehenden Schulen bestimmt sind, auf Schulleiterinnen und Schulleiter übertragen.

§ 128 Jahresabschluss, konsolidierter Gesamtabschluss

(1) [1]Die Kommune hat für jedes Haushaltsjahr einen Jahresabschluss nach den Grundsätzen ordnungsmäßiger Buchführung klar und übersichtlich aufzustellen. [2]Im Jahresabschluss sind sämtliche Vermögensgegenstände, Schulden, Rechnungsabgrenzungsposten, Erträge, Aufwendungen, Einzahlungen und Auszahlungen sowie die tatsächliche Vermögens-, Ertrags- und Finanzlage der Kommune darzustellen.

(2) Der Jahresabschluss besteht aus:
1. einer Ergebnisrechnung,
2. einer Finanzrechnung,
3. einer Bilanz und
4. einem Anhang.

(3) Dem Anhang sind beizufügen:
1. ein Rechenschaftsbericht,
2. eine Anlagenübersicht,
3. eine Schuldenübersicht,
4. eine Rückstellungsübersicht,
5 eine Forderungsübersicht und
6 eine Übersicht über die in das folgende Jahr zu übertragenden Haushaltsermächtigungen.

(4) [1]Mit dem Jahresabschluss der Kommune sind folgende Jahresabschlüsse zusammenzufassen (Konsolidierung):
1. der Einrichtungen, deren Wirtschaftsführung nach § 139 selbständig erfolgt,
2. der Eigenbetriebe,
3. der Eigengesellschaften,
4. der Einrichtungen und Unternehmen in privater Rechtsform, an denen die Kommune beteiligt ist,
5. der kommunalen Anstalten,
6. der gemeinsamen kommunalen Anstalten, an denen die Kommune beteiligt ist,
7. der rechtsfähigen kommunalen Stiftungen,
8. der Zweckverbände, an denen die Kommune beteiligt ist,
9. der Wasser- und Bodenverbände, bei denen die Kommune Mitglied ist, soweit sie kommunale Aufgaben wahrnehmen, und
10. der rechtlich unselbständigen Versorgungs- und Versicherungseinrichtungen.

[2]Für das öffentliche Sparkassenwesen bleibt es bei den besonderen Vorschriften. [3]Die Aufgabenträger nach Satz 1 brauchen nicht in den konsolidierten Gesamtabschluss einbezogen zu werden, wenn ihre Abschlüsse für ein den tatsächlichen Verhältnissen entsprechendes Bild der Vermögens-, Ertrags- und Finanzlage der Kommune nur von untergeordneter Bedeutung sind. [4]Die Aufstellung eines konsolidierten Gesamtabschlusses ist nicht erforderlich, wenn die Abschlüsse der Aufgabenträger nach Satz 1 für ein den tatsächlichen Verhältnissen entsprechendes Bild der Vermögens-, Ertrags- und Finanzlage der Kommune in ihrer Gesamtheit von untergeordneter Bedeutung sind.

(5) [1]Die Konsolidierung soll grundsätzlich mit dem Anteil der Kommune erfolgen. [2]Als Anteil an einem Zweckverband gilt das Verhältnis an der zu zahlenden Verbandsumlage; ist eine solche nicht zu zahlen, so gilt das Verhältnis an der Vermögensaufteilung im Fall einer Auflösung des Zweckverbandes. [3]Satz 2 gilt entsprechend für Anteile an Aufgabenträgern nach Absatz 4 Satz 1 Nrn. 1 bis 7 und 9, wenn die Anteile der Kommune sich nicht auf andere Weise feststellen lassen. [4]Aufgabenträger nach Absatz 4 Satz 1 unter beherrschendem Einfluss der Kommune sind entsprechend den §§ 300 bis 309 des Handelsgesetzbuchs (HGB) zu konsolidieren (Vollkonsolidierung), solche unter maßgeblichem Einfluss der Kommune werden entsprechend den §§ 311 und 312 HGB konsolidiert (Eigenkapitalmethode). [5]Bei der Kapitalkonsolidierung entsprechend § 301 Abs. 1 HGB kann einheitlich für alle Aufgabenträger auf eine Bewertung des Eigenkapitals nach dem in § 301 Abs. 1 Satz 2 HGB maßgeblichen Zeitpunkt verzichtet werden. [6]Bei den assoziierten Aufgabenträgern kann bei der Anwendung der Eigenkapitalmethode auf eine Ermittlung der Wertansätze entsprechend § 312 Abs. 2 Satz 1 HGB verzichtet werden.

(6) [1]Der konsolidierte Gesamtabschluss wird nach den Regeln des Absatzes 1 aufgestellt und besteht aus einer konsolidierten Ergebnisrechnung, einer Gesamtbilanz und den konsolidierten Anlagen nach Absatz 3 Nrn. 2 bis 5. [2]Er ist durch einen Konsolidierungsbericht zu erläutern. [3]Dem Konsolidierungsbericht sind eine Kapitalflussrechnung sowie Angaben zu den nicht konsolidierten Beteiligungen beizufügen. [4]Der konsolidierte Gesamtabschluss ersetzt den Beteiligungsbericht nach § 151, wenn er die dortigen Anforderungen erfüllt.

§ 129 Beschlussverfahren zu den Abschlüssen, Bekanntmachung

(1) [1]Der Jahresabschluss ist innerhalb von drei Monaten nach Ende des Haushaltsjahres aufzustellen; der konsolidierte Gesamtabschluss soll innerhalb von neun Monaten nach Ende des Haushaltsjahres aufgestellt werden. [2]Die Hauptverwaltungsbeamtin oder der Hauptverwaltungsbeamte stellt jeweils die Vollständigkeit und Richtigkeit der Abschlüsse fest und legt sie der Vertretung unverzüglich mit dem jeweiligen Schlussbericht der Rechnungsprüfung und mit einer eigenen Stellungnahme zu diesem Bericht vor. [3]Die Vertretung beschließt über den Jahresabschluss und die Entlastung der Hauptverwaltungsbeamtin oder des Hauptverwaltungsbeamten sowie über den konsolidierten Gesamtabschluss bis spätestens zum 31. Dezember des Jahres, das auf das Haushaltsjahr folgt. [4]Wird die Entlastung verweigert oder wird sie mit Einschränkungen ausgesprochen, so sind dafür Gründe anzugeben.

(2) [1]Die Beschlüsse nach Absatz 1 Satz 3 sind der Kommunalaufsichtsbehörde unverzüglich mitzuteilen und öffentlich bekannt zu machen. [2]Im Anschluss an die Bekanntmachung sind der Jahresabschluss ohne die Forderungsübersicht und der konsolidierte Gesamtabschluss mit dem Konsolidie-

rungsbericht an sieben Tagen öffentlich auszulegen; in der Bekanntmachung ist auf die Auslegung hinzuweisen.

Zweiter Abschnitt
Sondervermögen und Treuhandvermögen

§ 130 Sondervermögen

(1) Sondervermögen der Kommunen sind

1. Gemeindegliedervermögen (§ 134 Abs. 1),
2. das Vermögen der nicht rechtsfähigen kommunalen Stiftungen (§ 135 Abs. 3),
3. Eigenbetriebe,
4. Einrichtungen, deren Wirtschaftsführung nach § 139 selbständig erfolgt und für die aufgrund gesetzlicher Vorschriften Sonderrechnungen geführt werden, und
5. rechtlich unselbständige Versorgungs- und Versicherungseinrichtungen.

(2) [1]Für Sondervermögen nach Absatz 1 Nrn. 1 und 2 gelten die Vorschriften über die Haushaltswirtschaft. [2]Diese Sondervermögen sind im Haushalt der Kommunen gesondert nachzuweisen.

(3) Auf Sondervermögen nach Absatz 1 Nrn. 3 und 4 sind die §§ 110, 111, 116 und 118 bis 122, 124 Abs. 1 bis 3 sowie § 125 entsprechend anzuwenden, soweit nicht durch Verordnung nach § 178 Abs. 1 Nr. 12 etwas anderes bestimmt ist.

(4) [1]Für Sondervermögen nach Absatz 1 Nr. 5 können besondere Haushaltspläne aufgestellt und Sonderrechnungen geführt werden. [2]In diesem Fall sind die Vorschriften des Ersten Abschnitts mit der Maßgabe anzuwenden, dass an die Stelle der Haushaltssatzung der Beschluss über den Haushaltsplan tritt; von der öffentlichen Bekanntmachung und der Auslegung nach § 114 Abs. 2 kann abgesehen werden. [3]Anstelle eines Haushaltsplans können ein Wirtschaftsplan aufgestellt und die für die Wirtschaftsführung und das Rechnungswesen der Eigenbetriebe geltenden Vorschriften entsprechend angewendet werden.

§ 131 Treuhandvermögen

(1) [1]Für rechtsfähige kommunale Stiftungen (§ 135 Abs. 1) und sonstige Vermögen, die die Kommunen nach besonderem Recht treuhänderisch zu verwalten haben (Treuhandvermögen), sind besondere Haushaltspläne aufzustellen und Sonderrechnungen zu führen. [2]§ 130 Abs. 4 Sätze 2 und 3 gilt entsprechend. [3]Ist das Treuhandvermögen für die Vermögens-, Ertrags- und Finanzlage einer Kommune von untergeordneter Bedeutung, kann die Kommunalaufsichtsbehörde eine vereinfachte Haushaltsführung zulassen.

(2) Unbedeutendes Treuhandvermögen kann im Haushalt der Kommunen gesondert nachgewiesen werden.

(3) Mündelvermögen sind abweichend von den Absätzen 1 und 2 nur im Jahresabschluss gesondert nachzuweisen.

(4) Besondere gesetzliche Vorschriften oder Bestimmungen der Stifterin oder des Stifters bleiben unberührt.

§ 132 Sonderkassen

[1]Für Sondervermögen und Treuhandvermögen, für die Sonderrechnungen geführt werden, sind Sonderkassen einzurichten. [2]Sie sollen mit der Kommunalkasse verbunden werden. [3]§ 126 Abs. 5 und § 127 gelten entsprechend.

§ 133 ***[aufgehoben]***

§ 134 Gemeindegliedervermögen

(1) Für die Nutzung des Gemeindevermögens, dessen Ertrag nach bisherigem Recht nicht den Gemeinden, sondern anderen Berechtigten zusteht (Gemeindegliedervermögen), bleiben die bisherigen Vorschriften und Gewohnheiten in Kraft.

(2) [1]Gemeindegliedervermögen darf nicht in Privatvermögen der Nutzungsberechtigten umgewandelt werden. [2]Es kann in freies Gemeindevermögen umgewandelt werden, wenn die Umwandlung aus Gründen des Gemeinwohls geboten erscheint. [3]Den Betroffenen ist eine angemessene Entschädigung in Geld oder in Grundbesitz oder mit ihrem Einverständnis in anderer Weise zu gewähren.

(3) Gemeindevermögen darf nicht in Gemeindegliedervermögen umgewandelt werden.

§ 135 Kommunale Stiftungen

(1) [1]Liegt der Zweck einer rechtsfähigen Stiftung im Aufgabenbereich einer Kommune, so hat die Kommune sie zu verwalten, wenn dies in der Stiftungssatzung bestimmt ist. [2]Die nach § 131 Abs. 1 Satz 1 zu führende Sonderrechnung und die vereinfachte Haushaltsführung nach § 131 Abs. 1 Satz 3 sind jährlich abzuschließen und mit einem Bericht über die Erfüllung des Stiftungszwecks und die Erhaltung des Stiftungsvermögens zu verbinden. [3]Verwaltet die Kommune eine Stiftung des öffentlichen Rechts, so sind Satz 2 sowie die §§ 6 bis 8 und 19 Abs. 2 des Niedersächsischen Stiftungsgesetzes entsprechend anzuwenden.

(2) [1]Verwaltet eine Kommune mehrere Stiftungen des öffentlichen Rechts, so kann sie eine andere, von ihr nicht verwaltete rechtsfähige Stiftung mit Sitz und Verwaltung in der Kommune mit der Führung von Geschäften dieser Stiftungen beauftragen, soweit nicht nach diesem Gesetz die Vertretung der Kommune zu entscheiden hat. [2]Die Kommune muss in den Organen der beauftragten Stiftung über einen angemessenen Einfluss verfügen. [3]Die Entscheidung über die Beauftragung ist der Kommunalaufsichtsbehörde unverzüglich anzuzeigen und darf erst sechs Wochen nach der Anzeige vollzogen werden. [4]Soweit dies aufgrund der Satzungen der verwalteten Stiftungen zulässig ist, kann die Kommune von diesen erwirtschaftete Mittel der beauftragten Stiftung zur Erfüllung von deren Stiftungszweck zur Verfügung stellen.

(3) [1]Ist einer Kommune Vermögen zur dauernden Verwendung für einen bestimmten Zweck zugewendet worden, so ist das Vermögen in seinem Bestand zu erhalten und so zu verwalten, dass es für den Verwendungszweck möglichst hohen Nutzen bringt. [2]Dies gilt nicht, wenn etwas anderes bei der Zuwendung bestimmt worden ist oder aus der Art der Zuwendung hervorgeht. [3]Die Kommune kann mit Genehmigung der Kommunalaufsichtsbehörde den Bestand des Vermögens angreifen, wenn der Zweck anders nicht zu verwirklichen ist. [4]Ist die Verwirklichung des Zwecks unmöglich geworden oder gefährdet sie das Gemeinwohl, so kann die Kommune mit Genehmigung der Kommunalaufsichtsbehörde das Vermögen anderweitig verwenden. [5]§ 87 Abs. 2 Satz 1 BGB gilt entsprechend.

(4) [1]Kommunales Vermögen darf nur im Rahmen der Erfüllung der Aufgaben der Kommune und nur dann in Stiftungsvermögen eingebracht werden, wenn der mit der Stiftung verfolgte Zweck ohne die Einbringung nicht erreicht werden kann. [2]§ 125 Abs. 3 gilt entsprechend.

Dritter Abschnitt
Unternehmen und Einrichtungen

§ 136 Wirtschaftliche Betätigung

(1) [1]Die Kommunen dürfen sich zur Erledigung ihrer Angelegenheiten wirtschaftlich betätigen. [2]Sie dürfen Unternehmen nur errichten, übernehmen oder wesentlich erweitern, wenn und soweit

1. der öffentliche Zweck das Unternehmen rechtfertigt,
2. die Unternehmen nach Art und Umfang in einem angemessenem Verhältnis zu
   a) der Leistungsfähigkeit der Kommune und
   b) zum voraussichtlichen Bedarf

   stehen und
3. der öffentliche Zweck nicht besser und wirtschaftlicher durch einen privaten Dritten erfüllt wird oder erfüllt werden kann.

[3]Satz 2 Nr. 3 gilt nicht für die wirtschaftliche Betätigung zum Zweck der Energieversorgung, der Wasserversorgung, des öffentlichen Personennahverkehrs, der Wohnraumversorgung sowie der Einrichtung und des Betriebs von Telekommunikationsnetzen einschließlich des Erbringens von Telekommunikationsdienstleistungen insbesondere für Breitbandtelekommunikation. [4]Betätigungen nach Satz 3 sind durch einen öffentlichen Zweck gerechtfertigt. [5]Zur Erfüllung des öffentlichen Zwecks nach Satz 2 Nr. 1 darf die Kommune Betätigungen nach Satz 3 auf Gebiete anderer Kommunen erstrecken, wenn deren berechtigte Interessen gewahrt sind; Betätigungen zum Zweck der Wasserversorgung bedürfen des Einvernehmens der betroffenen Kommune. [6]Bei gesetzlich liberalisierten Betätigungen gelten nur die Interessen als berechtigt, die nach den maßgeblichen Vorschriften eine Einschränkung des Wettbewerbs zulassen. [7]Wirtschaftliche Betätigungen der Kommune zur Erzeugung von Strom aus erneuerbaren Energien zu dem in § 1 des Erneuerbare-Energien-Gesetzes genannten

Zweck sind abweichend von den Sätzen 1 bis 4 auch zulässig, wenn nur die Voraussetzungen des Satzes 2 Nr. 2 Buchst. a vorliegen. [8]Für Betätigungen nach Satz 7 gelten die Sätze 5 und 6 entsprechend.

(2) Unternehmen der Kommunen können geführt werden

1. als Unternehmen ohne eigene Rechtspersönlichkeit (Eigenbetriebe),
2. als Unternehmen in einer Rechtsform des privaten Rechts, deren sämtliche Anteile den Kommunen gehören (Eigengesellschaften) oder
3. als kommunale Anstalten des öffentlichen Rechts.

(3) Unternehmen im Sinne dieses Abschnitts sind insbesondere nicht

1. Einrichtungen, zu denen die Kommunen gesetzlich verpflichtet sind,
2. Einrichtungen des Unterrichts-, Erziehungs- und Bildungswesens, des Sports und der Erholung, des Gesundheits- und Sozialwesens, des Umweltschutzes sowie solche ähnlicher Art und
3. Einrichtungen, die als Hilfsbetriebe ausschließlich der Deckung des Eigenbedarfs der Kommune dienen.

(4) [1]Abweichend von Absatz 3 können Einrichtungen der Abwasserbeseitigung und der Straßenreinigung sowie Einrichtungen, die aufgrund gesetzlich vorgesehenen Anschluss- und Benutzungszwangs, gesetzlicher Überlassungspflichten oder gesetzlicher Andienungsrechte Abfälle entsorgen, als Eigenbetriebe oder kommunale Anstalten des öffentlichen Rechts geführt werden. [2]Diese Einrichtungen können in einer Rechtsform des privaten Rechts geführt werden, wenn die Kommune allein oder zusammen mit anderen Kommunen oder Zweckverbänden über die Mehrheit der Anteile verfügt. [3]Andere Einrichtungen nach Absatz 3 können als Eigenbetriebe oder kommunale Anstalten des öffentlichen Rechts geführt werden, wenn ein wichtiges Interesse daran besteht. [4]Diese Einrichtungen dürfen in einer Rechtsform des privaten Rechts geführt werden, wenn ein wichtiges Interesse der Kommune daran besteht und wenn in einem Bericht zur Vorbereitung des Beschlusses der Vertretung (§ 58 Abs. 1 Nr. 11) unter umfassender Abwägung der Vor- und Nachteile dargelegt wird, dass die Aufgabe im Vergleich zu den zulässigen Organisationsformen des öffentlichen Rechts wirtschaftlicher durchgeführt werden kann. [5]In den Fällen der Sätze 2 und 4 ist § 137 mit Ausnahme des Absatzes 1 Nr. 1 entsprechend anzuwenden.

(5) Betätigungen von Kommunen nach Absatz 1 Satz 7 unterliegen der Kommunalaufsicht.

(6) [1]Bankunternehmen dürfen die Kommunen nicht errichten. [2]Für das öffentliche Sparkassenwesen bleibt es bei den besonderen Vorschriften.

§ 137 Unternehmen in einer Rechtsform des privaten Rechts

(1) Die Kommunen dürfen Unternehmen im Sinne von § 136 in einer Rechtsform des privaten Rechts nur führen oder sich daran beteiligen, wenn

1. die Voraussetzungen des § 136 Abs. 1 erfüllt sind,
2. eine Rechtsform gewählt wird, die die Haftung der Kommune auf einen bestimmten Betrag begrenzt,
3. die Einzahlungsverpflichtungen (Gründungskapital, laufende Nachschusspflicht) der Kommune in einem angemessenen Verhältnis zu ihrer Leistungsfähigkeit stehen,
4. die Kommune sich nicht zur Übernahme von Verlusten in unbestimmter oder unangemessener Höhe verpflichtet,
5. durch Ausgestaltung des Gesellschaftsvertrags oder der Satzung sichergestellt ist, dass der öffentliche Zweck des Unternehmens erfüllt wird,
6. die Kommune einen angemessenen Einfluss, insbesondere im Aufsichtsrat oder in einem entsprechenden Überwachungsorgan, erhält und dieser durch Gesellschaftsvertrag, durch Satzung oder in anderer Weise gesichert wird,
7. die Kommune sich bei Einrichtungen nach § 136 Abs. 3, wenn sie über die Mehrheit der Anteile verfügt, ein Letztentscheidungsrecht in allen wichtigen Angelegenheiten dieser Einrichtungen sichert und
8. im Gesellschaftsvertrag oder der Satzung sichergestellt ist, dass der Kommune zur Konsolidierung des Jahresabschlusses des Unternehmens mit dem Jahresabschluss der Kommune zu einem konsolidierten Gesamtabschluss nach § 128 Abs. 4 bis 6 und § 129 alle für den konsolidierten Gesamtabschluss erforderlichen Unterlagen und Belege des Unternehmens so rechtzeitig vorgelegt werden, dass der konsolidierte Gesamtabschluss innerhalb von neun Monaten nach Ende des Haushaltsjahres aufgestellt werden kann.

(2) Absatz 1 gilt entsprechend, wenn ein Unternehmen in einer Rechtsform des privaten Rechts, bei dem die Kommune allein oder zusammen mit anderen Kommunen oder Zweckverbänden über die Mehrheit der Anteile verfügt, sich an einer Gesellschaft oder einer anderen Vereinigung in einer Rechtsform des privaten Rechts beteiligen oder eine solche gründen will.

§ 138 Vertretung der Kommune in Unternehmen und Einrichtungen

(1) [1]Die Vertreterinnen und Vertreter der Kommune in der Gesellschafterversammlung oder einem der Gesellschafterversammlung entsprechenden Organ von Eigengesellschaften oder von Unternehmen oder Einrichtungen, an denen die Kommune beteiligt ist, werden von der Vertretung gewählt. [2]Sie haben die Interessen der Kommune zu verfolgen und sind an die Beschlüsse der Vertretung und des Hauptausschusses gebunden. [3]Der Auftrag an sie kann jederzeit widerrufen werden.

(2) [1]Sind mehrere Vertreterinnen und Vertreter der Kommune zu benennen, so ist die Hauptverwaltungsbeamtin oder der Hauptverwaltungsbeamte zu berücksichtigen, es sei denn, dass sie oder er darauf verzichtet oder zur Geschäftsführerin oder zum Geschäftsführer der Gesellschaft bestellt ist. [2]Auf Vorschlag der Hauptverwaltungsbeamtin oder des Hauptverwaltungsbeamten kann an ihrer oder seiner Stelle eine andere Beschäftigte oder ein anderer Beschäftigter der Kommune benannt werden. [3]Nach Maßgabe des Gesellschaftsrechts kann sich die Hauptverwaltungsbeamtin oder der Hauptverwaltungsbeamte oder eine nach Satz 2 zur Vertretung der Kommune berechtigte Person durch andere Beschäftigte der Kommune vertreten lassen. [4]Ist die Hauptverwaltungsbeamtin oder der Hauptverwaltungsbeamte weder Vertreterin oder Vertreter der Kommune noch zur Geschäftsführerin oder zum Geschäftsführer der Gesellschaft bestellt und liegt auch kein Fall des Satzes 2 vor, so ist sie oder er, im Verhinderungsfall ihre oder seine Vertretung im Amt, nach Maßgabe des Gesellschaftsrechts berechtigt, beratend an den Sitzungen des Organs teilzunehmen. [5]Die Sätze 1 bis 4 gelten für die Gemeindedirektorin oder den Gemeindedirektor nach § 106 entsprechend.

(3) [1]Die Kommune ist verpflichtet, bei der Ausgestaltung des Gesellschaftsvertrags einer Kapitalgesellschaft darauf hinzuwirken, dass ihr das Recht eingeräumt wird, Mitglieder in einen Aufsichtsrat zu entsenden. [2]Über die Entsendung entscheidet die Vertretung. [3]Absatz 2 gilt entsprechend.

(4) [1]Die Vertreterinnen und Vertreter der Kommune haben die Vertretung über alle Angelegenheiten von besonderer Bedeutung frühzeitig zu unterrichten. [2]Satz 1 gilt entsprechend für die auf Veranlassung der Kommune in einen Aufsichtsrat oder in andere Organe der Unternehmen und Einrichtungen entsandten oder sonst bestellten Mitglieder. [3]Die Unterrichtungspflicht besteht nur, soweit durch Gesetz nichts anderes bestimmt ist.

(5) Die Vertreterinnen und Vertreter der Kommune in der Gesellschafterversammlung oder einem der Gesellschafterversammlung entsprechenden Organ einer Gesellschaft, bei der die Kommune allein oder zusammen mit anderen Kommunen oder Zweckverbänden über die Mehrheit der Anteile verfügt, dürfen der Aufnahme von Krediten und Liquiditätskrediten nur mit Genehmigung der Vertretung zustimmen.

(6) [1]Werden Vertreterinnen und Vertreter der Kommune aus ihrer Tätigkeit haftbar gemacht, so hat die Kommune sie von der Schadenersatzverpflichtung freizustellen, es sei denn, dass sie den Schaden vorsätzlich oder grob fahrlässig herbeigeführt haben. [2]Auch in diesem Fall ist die Kommune regresspflichtig, wenn sie nach Weisung gehandelt haben.

(7) [1]Vergütungen aus einer Tätigkeit als Vertreterin oder Vertreter der Kommune in Unternehmen und Einrichtungen in einer Rechtsform des privaten Rechts sind an die Kommune abzuführen, soweit sie über das Maß einer angemessenen Entschädigung hinausgehen. [2]Die Vertretung setzt für jede Vertretungstätigkeit die Höhe der angemessenen Entschädigung fest. [3]Der Beschluss ist öffentlich bekannt zu machen.

(8) Die Absätze 6 und 7 gelten entsprechend für die Tätigkeit von Abgeordneten als Mitglied in einem Aufsichtsrat und in anderen Organen und Gremien der Unternehmen und Einrichtungen, wenn das Mitglied von der Kommune mit Rücksicht auf seine Zugehörigkeit zur Vertretung entweder entsandt oder sonst auf ihre Veranlassung bestellt worden ist.

(9) Die Tätigkeit einer Hauptverwaltungsbeamtin oder eines Hauptverwaltungsbeamten sowie von anderen Beschäftigten der Kommune als Mitglied in einem Aufsichtsrat und in anderen, in Absatz 1 Satz 1 nicht genannten Organen und Gremien der Unternehmen und Einrichtungen, an denen die Kommune unmittelbar oder mittelbar, anteilmäßig oder in sonstiger Form mitwirkt, ist Nebentätigkeit

im öffentlichen Dienst, es sei denn, dass durch Rechtsvorschrift etwas anderes bestimmt ist oder die Tätigkeit dem Hauptamt zugeordnet ist.

§ 139 Selbständige Wirtschaftsführung von Einrichtungen

(1) Einrichtungen nach § 136 Abs. 3 können abweichend von § 113 Abs. 1 Satz 1 wirtschaftlich selbständig geführt werden, wenn dies wegen der Art und des Umfangs der Einrichtung erforderlich ist.

(2) Das für Inneres zuständige Ministerium hat durch Verordnung die selbständige Wirtschaftsführung zu regeln.

§ 140 Eigenbetriebe

(1) Die Kommune hat für ihre Eigenbetriebe Betriebssatzungen zu erlassen.

(2) Für die Eigenbetriebe sind Betriebsausschüsse zu bilden.

(3) [1]Die Vertretung kann den Betriebsausschüssen durch die Betriebssatzung bestimmte Angelegenheiten zur eigenen Entscheidung übertragen. [2]Ist die Hauptverwaltungsbeamtin oder der Hauptverwaltungsbeamte der Auffassung, dass ein Beschluss des Betriebsausschusses das Gesetz verletzt, die Befugnisse des Ausschusses überschreitet oder das Wohl der Kommune gefährdet, so hat sie oder er eine Entscheidung des Hauptausschusses herbeizuführen.

(4) Die laufenden Geschäfte des Eigenbetriebs führt die Betriebsleitung.

(5) Die Wirtschaftsführung und das Rechnungswesen der Eigenbetriebe richten sich im Übrigen nach den erlassenen Verordnungsregelungen für Eigenbetriebe nach § 178 Abs. 1 Nr. 12.

§ 141 Errichtung von kommunalen Anstalten des öffentlichen Rechts

(1) [1]Die Kommune kann Unternehmen und Einrichtungen in der Rechtsform einer rechtsfähigen Anstalt des öffentlichen Rechts (kommunale Anstalt) nach Maßgabe des § 136 errichten oder bestehende Eigenbetriebe im Wege der Gesamtrechtsnachfolge in kommunale Anstalten umwandeln. [2]Zulässig ist eine solche Umwandlung auch

1. von Unternehmen und Einrichtungen, die nach § 136 Abs. 1 und 2 oder nach § 136 Abs. 4 als Eigenbetrieb geführt werden können, und
2. von Einrichtungen, die nach § 139 wirtschaftlich selbständig geführt werden oder geführt werden können.

[3]Die Umwandlung nach Satz 2 muss auf der Grundlage einer Eröffnungsbilanz erfolgen. [4]Unternehmen und Einrichtungen in privater Rechtsform, an denen die Kommune über die Anteile verfügt, können in kommunale Anstalten umgewandelt werden. [5]Unternehmen und Einrichtungen nach den Sätzen 1 und 2 können in eine Umwandlung nach Satz 4 einbezogen werden. [6]Für die Umwandlungen nach den Sätzen 4 und 5 gelten die Vorschriften des Umwandlungsgesetzes über Formwechsel entsprechend.

(2) Auf kommunale Anstalten ist, soweit sich aus dieser Vorschrift oder den §§ 142 bis 147 nichts anderes ergibt, § 137 entsprechend anzuwenden.

(3) [1]Die kommunale Anstalt kann sich nach Maßgabe der Unternehmenssatzung an anderen Unternehmen beteiligen, wenn der öffentliche Zweck der kommunalen Anstalt dies rechtfertigt. [2]Auf eine Beteiligung nach Satz 1 sind die §§ 137 und 138 entsprechend anwendbar, § 138 mit der Maßgabe, dass an die Stelle der Kommune die kommunale Anstalt, an die Stelle der Vertretung der Verwaltungsrat sowie an die Stelle des Hauptausschusses und der Hauptverwaltungsbeamtin oder des Hauptverwaltungsbeamten der Vorstand tritt. [3]Für die Durchführung von Jahresabschlussprüfungen von Unternehmen in einer Rechtsform des privaten Rechts, an denen die kommunale Anstalt beteiligt ist, gilt § 158 entsprechend mit der Maßgabe, dass § 53 Abs. 2 des Haushaltsgrundsätzegesetzes (HGrG) bei der Berechnung des nach § 53 HGrG maßgeblichen Umfangs der Beteiligung keine Anwendung findet.

§ 142 Unternehmenssatzung der kommunalen Anstalt

[1]Die Kommune regelt die Rechtsverhältnisse der kommunalen Anstalt durch eine Unternehmenssatzung. [2]Die Unternehmenssatzung muss Bestimmungen über den Namen und den Zweck der kommunalen Anstalt, die Anzahl der Mitglieder des Verwaltungsrates und die Höhe des Stammkapitals enthalten.

§ 143 Aufgabenübergang auf die kommunale Anstalt

(1) [1]Die Kommune kann der kommunalen Anstalt einzelne oder alle mit dem in der Unternehmenssatzung bestimmten Zweck zusammenhängende Aufgaben ganz oder teilweise übertragen. [2]Sie kann zugunsten der kommunalen Anstalt nach Maßgabe des § 13 durch Satzung einen Anschluss- und Benutzungszwang vorschreiben. [3]Sie kann der kommunalen Anstalt auch das Recht einräumen, an ihrer Stelle nach Maßgabe der §§ 10, 11 und 13 Satzungen, einschließlich der Satzung über den Anschluss- und Benutzungszwang, für das übertragene Aufgabengebiet zu erlassen. [4]Die Anstalt verkündet ihre Satzungen nach den Bestimmungen der Hauptsatzung der Kommune, die für die Verkündung der Satzungen der Kommune gelten. [5]Satzungen sind vom Vorstand der kommunalen Anstalt zu unterzeichnen.

(2) Die Kommune kann der kommunalen Anstalt zur Finanzierung der von ihr wahrzunehmenden Aufgaben durch die Unternehmenssatzung das Recht übertragen, gegenüber den Nutzern und den Leistungsnehmern der kommunalen Anstalt Gebühren, Beiträge und Kostenerstattungen nach den kommunalabgabenrechtlichen Vorschriften zu erheben, festzusetzen und zu vollstrecken.

§ 144 Unterstützung der kommunalen Anstalt durch die Kommune

(1) Bei der Erfüllung ihrer Aufgaben wird die kommunale Anstalt von der Kommune mit der Maßgabe unterstützt, dass ein Anspruch der kommunalen Anstalt gegen die Kommune oder eine sonstige Verpflichtung der Kommune, der kommunalen Anstalt Mittel zur Verfügung zu stellen, nicht besteht.

(2) [1]Die kommunale Anstalt haftet für ihre Verbindlichkeiten mit ihrem gesamten Vermögen. [2]Die Kommune haftet nicht für die Verbindlichkeiten der kommunalen Anstalt. [3]Im Fall der Zahlungsunfähigkeit oder der Überschuldung der kommunalen Anstalt haftet die Kommune gegenüber dem Land für Leistungen, die das Land gemäß § 12 Abs. 2 der Insolvenzordnung aus diesem Anlass erbringt.

§ 145 Organe der kommunalen Anstalt

(1) Organe der kommunalen Anstalt sind der Vorstand und der Verwaltungsrat.

(2) [1]Der Vorstand leitet die kommunale Anstalt in eigener Verantwortung, soweit nicht durch die Unternehmenssatzung etwas anderes bestimmt ist. [2]Der Vorstand vertritt die kommunale Anstalt gerichtlich und außergerichtlich. [3]Die Bezüge im Sinne des § 285 Nr. 9 Buchst. a HGB, die den einzelnen Vorstandsmitgliedern im abgelaufenen Geschäftsjahr gewährt worden sind, sind im Jahresabschluss der kommunalen Anstalt darzustellen.

(3) [1]Der Verwaltungsrat überwacht die Geschäftsführung des Vorstands. [2]Der Verwaltungsrat bestellt die Vorstandsmitglieder auf höchstens fünf Jahre; eine erneute Bestellung ist zulässig. [3]Der Verwaltungsrat entscheidet außerdem über

1. den Erlass von Satzungen gemäß § 143 Abs. 1 Satz 3,
2. die Festlegung von Gebühren, Beiträgen, Kostenerstattungen sowie allgemein geltender Tarife und Entgelte für die Nutzer und die Leistungsnehmer der kommunalen Anstalt,
3. die Beteiligung der kommunalen Anstalt an anderen Unternehmen,
4. den Haushaltsplan oder den Wirtschaftsplan sowie
5. die Feststellung des Jahresabschlusses und die Ergebnisverwendung.

[4]Entscheidungen nach Satz 3 Nrn. 1 und 3 bedürfen der Zustimmung der Vertretung. [5]Die Unternehmenssatzung kann vorsehen, dass die Vertretung den Mitgliedern des Verwaltungsrates in bestimmten anderen Fällen Weisungen erteilen kann. [6]Entscheidungen des Verwaltungsrates werden in ihrer Wirksamkeit nicht dadurch berührt, dass seine Mitglieder Weisungen nicht beachtet haben.

(4) [1]Der Verwaltungsrat besteht aus dem vorsitzenden Mitglied, den übrigen Mitgliedern sowie mindestens einer bei der kommunalen Anstalt beschäftigten Person. [2]Beschäftigte der Kommunalaufsichtsbehörde, die unmittelbar mit Aufgaben der Aufsicht über die kommunale Anstalt befasst sind, können nicht Mitglieder des Verwaltungsrates sein.

(5) [1]Die Zahl der Vertreterinnen und Vertreter der Beschäftigten darf ein Drittel aller Mitglieder des Verwaltungsrates nicht übersteigen. [2]Die Unternehmenssatzung trifft Bestimmungen über die Wahl und das Stimmrecht der Vertreterinnen und Vertreter der Beschäftigten nach Maßgabe des Niedersächsischen Personalvertretungsgesetzes und der aufgrund dieses Gesetzes erlassenen Vorschriften über die Vertretung der Beschäftigten bei Einrichtungen der öffentlichen Hand mit wirtschaftlicher Zweckbestimmung.

(6) [1]Den Vorsitz im Verwaltungsrat führt die Hauptverwaltungsbeamtin oder der Hauptverwaltungsbeamte. [2]Mit ihrer oder seiner Zustimmung kann die Vertretung eine andere Person zum vorsitzenden Mitglied bestellen.

(7) [1]Das vorsitzende Mitglied nach Absatz 6 Satz 2 und die übrigen Mitglieder des Verwaltungsrates werden von der Vertretung auf fünf Jahre bestellt. [2]Die Amtszeit von Mitgliedern des Verwaltungsrates, die der Vertretung angehören, endet mit dem Ablauf der Wahlzeit oder dem vorzeitigen Ausscheiden aus der Vertretung. [3]Die Unternehmenssatzung trifft Bestimmungen über die Abberufung von Mitgliedern des Verwaltungsrates und über die Amtsausübung bis zum Amtsantritt der neuen Mitglieder.

(8) Für die Tätigkeit von Abgeordneten als Mitglied im Verwaltungsrat gilt § 138 Abs. 6 und 7 entsprechend.

§ 146 Dienstherrnfähigkeit der kommunalen Anstalt

[1]Die kommunale Anstalt hat das Recht, Dienstherr von Beamtinnen und Beamten zu sein, wenn ihr nach § 143 hoheitliche Aufgaben übertragen sind. [2]Wird sie aufgelöst, so hat die Kommune die Beamtinnen und Beamten, die Versorgungsempfängerinnen und Versorgungsempfänger, die Altersgeldberechtigten sowie die Empfängerinnen und Empfänger von Hinterbliebenenaltersgeld zu übernehmen. [3]Wird das Vermögen der kommunalen Anstalt ganz oder teilweise auf andere juristische Personen des öffentlichen Rechts mit Dienstherrnfähigkeit übertragen, so gilt für die Übernahme und die Rechtsstellung der Beamtinnen und Beamten, der Versorgungsempfängerinnen und Versorgungsempfänger, der Altersgeldberechtigten sowie der Empfängerinnen und Empfänger von Hinterbliebenenaltersgeld der kommunalen Anstalt § 29 NBG.

§ 147 Sonstige Vorschriften für die kommunale Anstalt

(1) [1]Auf kommunale Anstalten sind § 22 Abs. 1, die §§ 41 und 107 Abs. 1 Satz 1 und Abs. 2 bis 6, § 110 Abs. 1 und 2, § 111 Abs. 1, 5, 6 und 8, die §§ 116, 118 und 157 sowie die Vorschriften des Zehnten Teils entsprechend anzuwenden. [2]Dabei tritt an die Stelle der Vertretung der Verwaltungsrat sowie an die Stelle des Hauptausschusses und der Hauptverwaltungsbeamtin oder des Hauptverwaltungsbeamten der Vorstand.

(2) Das für Inneres zuständige Ministerium erlässt im Einvernehmen mit dem für Finanzen zuständigen Ministerium durch Verordnung allgemeine Vorschriften über Aufbau, Verwaltung, Wirtschaftsführung, Rechnungswesen und die Prüfung kommunaler Anstalten.

§ 148 Umwandlung und Veräußerung von Unternehmen und Einrichtungen

(1) [1]Folgende Maßnahmen sind nur zulässig, wenn sie im wichtigen Interesse der Kommune liegen:

1. die Umwandlung eines Eigenbetriebs in eine Eigengesellschaft,
2. die Veräußerung eines Eigenbetriebs, einer Eigengesellschaft oder eines Teils der in Besitz der Kommune befindlichen Anteile an einem Unternehmen oder einer Einrichtung in einer Rechtsform des privaten Rechts,
3. die Beteiligung von Privatpersonen oder Privatgesellschaften an Eigengesellschaften,
4. der Zusammenschluss von kommunalen Unternehmen und Einrichtungen mit privaten Unternehmen,
5. der Abschluss eines Verpachtungs-, Betriebsführungs- oder Anlagenüberlassungsvertrags über
   a) einen Eigenbetrieb oder eine Eigengesellschaft oder
   b) ein Unternehmen oder eine Einrichtung, wenn die Kommune über die Mehrheit der Anteile verfügt,

   sowie
6. andere Rechtsgeschäfte, durch die die Kommune ihren Einfluss auf das Unternehmen, die Einrichtung oder die Gesellschaft verliert oder mindert.

[2]§ 137 Abs. 1 Nrn. 2 bis 8 gilt entsprechend.

(2) [1]Die Kommune darf Verträge über die Lieferung von Energie in das Kommunalgebiet sowie Konzessionsverträge, durch die sie einem Energieversorgungsunternehmen die Benutzung von Kommunaleigentum einschließlich der öffentlichen Straßen, Wege und Plätze für Leitungen zur Versorgung der Einwohnerinnen und Einwohner überlässt, nur abschließen, wenn die Erfüllung der kommunalen Aufgaben nicht gefährdet wird und die berechtigten wirtschaftlichen Interessen der Kommune und ihrer Einwohnerinnen und Einwohner gewahrt sind. [2]Dasselbe gilt für die Verlängerung oder die Ab-

lehnung der Verlängerung sowie für wichtige Änderungen derartiger Verträge. [3]Die Kommunalaufsichtsbehörde kann mit Zustimmung der Kommune auf deren Kosten ein Sachverständigengutachten einholen, wenn nur dies noch zur Ausräumung erheblicher Bedenken im Rahmen des Anzeigeverfahrens nach § 152 Abs. 1 Satz 1 Nr. 11 führen kann.

§ 149 Wirtschaftsgrundsätze

(1) Unternehmen sollen einen Ertrag für den Haushalt der Kommunen erwirtschaften, soweit dies mit ihrer Aufgabe der Erfüllung des öffentlichen Zwecks in Einklang zu bringen ist.

(2) [1]Die Erträge jedes Unternehmens sollen mindestens alle Aufwendungen einschließlich der marktüblichen Verzinsung des Eigenkapitals decken und Zuführungen zum Eigenkapital (Rücklagen) ermöglichen, die zur Erhaltung des Vermögens des Unternehmens sowie zu seiner technischen und wirtschaftlichen Fortentwicklung notwendig sind. [2]Zu den Aufwendungen gehören auch

1. angemessene Abschreibungen,
2. die Steuern,
3. die Konzessionsabgabe,
4. die Zinsen für die zu Zwecken des Unternehmens aufgenommenen Schulden,
5. die marktübliche Verzinsung der von der Kommune zur Verfügung gestellten Betriebsmittel sowie
6. die angemessene Vergütung der Leistungen und Lieferungen von Unternehmen und Verwaltungszweigen der Kommune für das Unternehmen.

§ 150 Beteiligungsmanagement

[1]Die Kommune überwacht und koordiniert ihre Unternehmen und ihre nach § 136 Abs. 4 und § 139 geführten Einrichtungen sowie Beteiligungen an ihnen im Sinne der von ihr zu erfüllenden öffentlichen Zwecke. [2]Die Kommune ist berechtigt, sich jederzeit bei den jeweiligen Unternehmen, Gesellschaften und Einrichtungen zu unterrichten. [3]Die Sätze 1 und 2 gelten auch für mittelbare Beteiligungen im Sinne des § 137 Abs. 2. [4]Die Sätze 2 und 3 gelten nicht, soweit ihnen zwingende Vorschriften des Gesellschaftsrechts entgegenstehen.

§ 151 Beteiligungsbericht

[1]Die Kommune hat einen Bericht über ihre Unternehmen und Einrichtungen in der Rechtsform des privaten Rechts und über ihre Beteiligungen daran sowie über ihre kommunalen Anstalten (Beteiligungsbericht) zu erstellen und jährlich fortzuschreiben. [2]Der Beteiligungsbericht enthält insbesondere Angaben über

1. den Gegenstand des Unternehmens oder der Einrichtung, die Beteiligungsverhältnisse, die Besetzung der Organe und die von dem Unternehmen oder der Einrichtung gehaltenen Beteiligungen,
2. den Stand der Erfüllung des öffentlichen Zwecks durch das Unternehmen oder die Einrichtung,
3. die Grundzüge des Geschäftsverlaufs, die Lage des Unternehmens oder der Einrichtung, die Kapitalzuführungen und -entnahmen durch die Kommune und die Auswirkungen auf die Haushalts- und Finanzwirtschaft sowie
4. das Vorliegen der Voraussetzungen des § 136 Abs. 1 für das Unternehmen.

[3]Die Einsicht in den Beteiligungsbericht ist jedermann gestattet. [4]Wird der Beteiligungsbericht durch den konsolidierten Gesamtabschluss nach § 128 Abs. 6 Satz 4 ersetzt, so ist die Einsichtnahme nach Satz 3 auch hierfür sicherzustellen. [5]Auf die Möglichkeit zur Einsichtnahme ist in geeigneter Weise öffentlich hinzuweisen.

§ 152 Anzeige und Genehmigung

(1) [1]Folgende Entscheidungen der Kommune sind der Kommunalaufsichtsbehörde unverzüglich schriftlich anzuzeigen:

1. Entscheidungen über die Errichtung, Übernahme oder wesentliche Erweiterung von Unternehmen und Einrichtungen in der Rechtsform des Eigenbetriebs oder einer Eigengesellschaft (§§ 136, 137 Abs. 1),
2. Entscheidungen über die Beteiligung an Unternehmen und Einrichtungen in der Rechtsform des privaten Rechts (§ 136 Abs. 4, § 137 Abs. 1),
3. Entscheidungen über die Beteiligung eines Unternehmens oder einer Einrichtung in einer Rechtsform des privaten Rechts, bei dem oder bei der die Kommune allein oder zusammen mit anderen Kommunen oder Zweckverbänden über die Mehrheit der Anteile verfügt, an einer Gesellschaft oder an einer anderen Vereinigung in einer Rechtsform des privaten Rechts oder deren Gründung,

4. Entscheidungen über die selbständige Wirtschaftsführung von Einrichtungen (§ 139),
5. Entscheidungen über die Umwandlung eines Eigenbetriebs in eine Eigengesellschaft,
6. Entscheidungen über die Errichtung oder Auflösung kommunaler Anstalten sowie die Umwandlung der in § 141 Abs. 1 genannten Eigenbetriebe, Eigengesellschaften und Einrichtungen in kommunale Anstalten,
7. Entscheidungen über die Beteiligung von Privatpersonen oder Privatgesellschaften an Eigengesellschaften bei einer kommunalen Mehrheitsbeteiligung,
8. Entscheidungen über die Veräußerung von Anteilen oder den Erwerb weiterer Anteile an Unternehmen und Einrichtungen in einer Rechtsform des privaten Rechts, wenn sich der kommunale Beteiligungsanteil wesentlich verändert,
9. Entscheidungen über den Zusammenschluss von kommunalen Unternehmen und Einrichtungen mit einem privaten Unternehmen bei einer kommunalen Mehrheitsbeteiligung,
10. Entscheidungen über den Abschluss eines Verpachtungs-, Betriebsführungs- oder Anlagenüberlassungsvertrags über
    a) einen Eigenbetrieb oder eine Eigengesellschaft oder
    b) ein Unternehmen oder eine Einrichtung, wenn die Kommune über die Mehrheit der Anteile verfügt,

    und
11. Entscheidungen über den Abschluss, die Verlängerung oder die Änderung von Verträgen über die Lieferung von Energie oder von Konzessionsverträgen (§ 148 Abs. 2).

[2]Aus der Anzeige muss zu ersehen sein, ob die gesetzlichen Voraussetzungen erfüllt sind. [3]Die Entscheidung darf erst sechs Wochen nach der Anzeige vollzogen werden. [4]Die Kommunalaufsichtsbehörde kann im Einzelfall aus besonderem Grund die Frist verkürzen oder verlängern.

(2) Eine Genehmigung der Kommunalaufsichtsbehörde ist erforderlich für Entscheidungen der Kommune über

1. die Veräußerung eines Eigenbetriebs oder einer Eigengesellschaft,
2. die Veräußerung von Anteilen an einem Unternehmen oder an einer Einrichtung in einer Rechtsform des privaten Rechts, wenn der Kommune dadurch allein oder zusammen mit anderen Kommunen, einem Land oder dem Bund nicht mehr die Mehrheit der Anteile an diesem Unternehmen oder der Einrichtung zusteht,
3. die Umwandlung einer Eigengesellschaft in eine Gesellschaft, an der Personen des Privatrechts eine Mehrheitsbeteiligung eingeräumt wird, und
4. den Zusammenschluss eines kommunalen Unternehmens oder einer Einrichtung mit einem privaten Unternehmen ohne Einräumung eines beherrschenden kommunalen Einflusses.

(3) Für kommunale Anstalten gelten Absatz 1 Satz 1 Nrn. 1 bis 3, 8, 10 und 11 sowie Absatz 2 entsprechend.

Vierter Abschnitt
Prüfungswesen

§ 153 Rechnungsprüfungsamt

(1) Zur Durchführung der Rechnungsprüfung richten die Landkreise, die Region Hannover, die kreisfreien Städte, die großen selbständigen Städte und die selbständigen Gemeinden ein Rechnungsprüfungsamt ein; andere Gemeinden und Samtgemeinden können ein Rechnungsprüfungsamt einrichten, wenn ein Bedürfnis hierfür besteht und die Kosten in angemessenem Verhältnis zum Umfang der Verwaltung stehen.

(2) [1]Die Rechnungsprüfung kann ganz oder teilweise in den Formen kommunaler Zusammenarbeit nach dem Niedersächsischen Gesetz über die kommunale Zusammenarbeit erfolgen, wenn die ordnungsgemäße Erledigung der Rechnungsprüfung gesichert ist. [2]Hat eine Kommune die Aufgabe der Rechnungsprüfung vollständig übertragen, so braucht sie kein eigenes Rechnungsprüfungsamt einzurichten.

(3) Haben Gemeinden oder Samtgemeinden kein Rechnungsprüfungsamt und haben sie die Rechnungsprüfung nicht vollständig nach dem Niedersächsischen Gesetz über die kommunale Zusammen-

arbeit übertragen, so wird die Rechnungsprüfung vom Rechnungsprüfungsamt des Landkreises oder der Region Hannover auf Kosten der Gemeinde oder der Samtgemeinde durchgeführt.

§ 154 Unabhängigkeit des Rechnungsprüfungsamts

(1) [1]Das Rechnungsprüfungsamt der Kommune ist der Vertretung unmittelbar unterstellt und nur dieser verantwortlich. [2]Der Hauptausschuss hat das Recht, dem Rechnungsprüfungsamt Aufträge zur Prüfung der Verwaltung zu erteilen. [3]Das Rechnungsprüfungsamt ist bei der sachlichen Beurteilung der Prüfungsvorgänge unabhängig und insoweit an Weisungen nicht gebunden.

(2) [1]Die Vertretung beruft die Leiterin oder den Leiter und erforderlichenfalls die Prüferinnen und Prüfer des Rechnungsprüfungsamts und beruft sie ab. [2]Für die Berufung und Abberufung der Leiterin oder des Leiters des Rechnungsprüfungsamts ist die Mehrheit der Mitglieder der Vertretung erforderlich. [3]Die Abberufung bedarf der Zustimmung der Kommunalaufsichtsbehörde.

(3) Die Leiterin oder der Leiter des Rechnungsprüfungsamts darf nicht mit der Hauptverwaltungsbeamtin oder dem Hauptverwaltungsbeamten, der oder dem für das Finanzwesen zuständigen Beschäftigten und der Kassenleitung in einer der folgenden Beziehungen stehen:

1. Verwandtschaft bis zum dritten Grad,
2. Schwägerschaft bis zum zweiten Grad,
3. Ehe oder Lebenspartnerschaft im Sinne des Lebenspartnerschaftsgesetzes.

(4) Die Leiterin oder der Leiter und die Prüferinnen und Prüfer des Rechnungsprüfungsamts dürfen eine andere Stellung in der Kommune nur innehaben, wenn dies mit den Aufgaben des Rechnungsprüfungsamts vereinbar ist und die Unabhängigkeit des Rechnungsprüfungsamts nicht beeinträchtigt wird.

(5) Die Leiterin oder der Leiter und die Prüferinnen und Prüfer des Rechnungsprüfungsamts dürfen Zahlungen durch die Kommune weder anordnen noch ausführen.

§ 155 Rechnungsprüfung

(1) Die Rechnungsprüfung umfasst

1. die Prüfung des Jahresabschlusses,
2. die Prüfung des konsolidierten Gesamtabschlusses,
3. die laufende Prüfung der Kassenvorgänge und der Belege zur Vorbereitung des Jahresabschlusses,
4. die dauernde Überwachung der Kassen der Kommune und ihrer Eigenbetriebe sowie die Vornahme der regelmäßigen und unvermuteten Kassenprüfungen, unbeschadet der Vorschriften über die Kassenaufsicht, und
5. die Prüfung von Vergaben vor Auftragserteilung, einschließlich der Vergaben von Eigenbetrieben und kommunalen Stiftungen.

(2) Die Vertretung kann dem Rechnungsprüfungsamt weitere Aufgaben übertragen, insbesondere

1. die Prüfung der Vorräte und Vermögensbestände,
2. die Prüfung der Verwaltung auf Ordnungsmäßigkeit, Zweckmäßigkeit und Wirtschaftlichkeit,
3. die Prüfung der Wirtschaftsführung der Eigenbetriebe und der kommunalen Stiftungen,
4. die Prüfung der Betätigung der Kommune bei Unternehmen und Einrichtungen in einer Rechtsform des privaten Rechts, an denen die Kommune unmittelbar oder mittelbar beteiligt ist,
5. die Kassen-, Buch- und Betriebsprüfung, soweit sich die Kommune eine solche Prüfung bei einer Beteiligung, bei der Gewährung eines Kredits oder sonst vorbehalten hat und
6. die Prüfung der Abschlüsse der kommunalen Stiftungen nach § 135 Abs. 1 Satz 2 und der Abschlüsse der kommunalen Stiftungen, über die die Kommune die Aufsicht führt.

(3) Das Rechnungsprüfungsamt kann die Prüfung nach pflichtgemäßem Ermessen beschränken und auf die Vorlage einzelner Prüfungsunterlagen verzichten.

(4) Andere gesetzliche Bestimmungen über die Prüfungspflicht der Wirtschaftsbetriebe der öffentlichen Hand werden hierdurch nicht berührt.

§ 156 Jahresabschlussprüfung und Prüfung des konsolidierten Gesamtabschlusses

(1) Der Jahresabschluss ist dahingehend zu prüfen, ob

1. der Haushaltsplan eingehalten worden ist,
2. die Grundsätze ordnungsmäßiger Buchführung eingehalten worden sind,
3. bei den Erträgen und Aufwendungen sowie bei den Einzahlungen und Auszahlungen des kommunalen Geld- und Vermögensverkehrs nach den bestehenden Gesetzen und Vorschriften unter

Beachtung der maßgebenden Verwaltungsgrundsätze und der gebotenen Wirtschaftlichkeit verfahren worden ist und
4. sämtliche Vermögensgegenstände, Schulden, Rechnungsabgrenzungsposten, Erträge, Aufwendungen, Einzahlungen und Auszahlungen enthalten sind und der Jahresabschluss die tatsächliche Vermögens-, Ertrags- und Finanzlage darstellt.

(2) [1]Der konsolidierte Gesamtabschluss ist dahin zu prüfen, ob er nach den Grundsätzen ordnungsmäßiger Buchführung aufgestellt ist. [2]Bei der Prüfung des konsolidierten Gesamtabschlusses sind die Ergebnisse einer Prüfung nach den §§ 157 und 158 und vorhandene Jahresabschlussprüfungen zu berücksichtigen. [3]Das Rechnungsprüfungsamt kann mit der Durchführung der Prüfung des konsolidierten Gesamtabschlusses eine Wirtschaftsprüferin, einen Wirtschaftsprüfer, eine Wirtschaftsprüfungsgesellschaft oder andere Dritte beauftragen oder zulassen, dass die Beauftragung im Einvernehmen mit dem Rechnungsprüfungsamt unmittelbar durch die Kommune erfolgt.

(3) Das Rechnungsprüfungsamt hat seine Bemerkungen jeweils in einem Schlussbericht zusammenzufassen.

(4) [1]Der um die Stellungnahme der Hauptverwaltungsbeamtin oder des Hauptverwaltungsbeamten ergänzte Schlussbericht des Rechnungsprüfungsamts ist frühestens nach seiner Vorlage in der Vertretung (§ 129 Abs. 1 Satz 2) an sieben Tagen öffentlich auszulegen; die Auslegung ist öffentlich bekannt zu machen. [2]Dabei sind die Belange des Datenschutzes zu beachten. [3]Bekanntmachung und Auslegung können mit dem Verfahren nach § 129 Abs. 2 verbunden werden. [4]Die Kommune gibt Ausfertigungen des öffentlich ausgelegten und um die Stellungnahme der Hauptverwaltungsbeamtin oder des Hauptverwaltungsbeamten ergänzten Schlussberichts gegen Kostenerstattung ab.

§ 157 Jahresabschlussprüfung bei Eigenbetrieben

[1]Die Jahresabschlussprüfung eines Eigenbetriebs erfolgt durch das für die Kommune zuständige Rechnungsprüfungsamt. [2]Es kann mit der Durchführung der Jahresabschlussprüfung eine Wirtschaftsprüferin, einen Wirtschaftsprüfer, eine Wirtschaftsprüfungsgesellschaft oder andere Dritte beauftragen oder zulassen, dass die Beauftragung im Einvernehmen mit dem Rechnungsprüfungsamt unmittelbar durch den Eigenbetrieb erfolgt. [3]Die Kosten der Jahresabschlussprüfung trägt der Eigenbetrieb.

§ 158 Jahresabschlussprüfung bei privatrechtlichen Unternehmen

(1) [1]Ist eine Kommune allein oder zusammen mit anderen Kommunen, einem Land oder dem Bund an einem rechtlich selbständigen, privatrechtlichen Unternehmen in dem in § 53 HGrG bezeichneten Umfang beteiligt, so hat sie dafür zu sorgen, dass in der Satzung oder im Gesellschaftsvertrag die Durchführung einer Jahresabschlussprüfung nach den Vorschriften über die Jahresabschlussprüfung bei Eigenbetrieben vorgeschrieben und ein zuständiges Rechnungsprüfungsamt bestimmt wird. [2]Die Kommune hat von dem Unternehmen zu verlangen, dass sie den Prüfungsbericht über den Jahresabschluss unverzüglich nach dessen Eingang erhält. [3]Die Sätze 1 und 2 gelten nicht, wenn der Jahresabschluss aufgrund anderer Rechtsvorschriften zu prüfen ist. [4]In diesen Fällen hat die Kommune eine Abschlussprüferin oder einen Abschlussprüfer nach § 319 Abs. 1 Satz 1 HGB zu wählen und die Rechte nach § 53 HGrG auszuüben. [5]Die Kommune hat der Kommunalaufsichtsbehörde eine Ausfertigung eines nach Satz 2 oder 4 erhaltenen Prüfungsberichts zu übersenden, wenn der Bestätigungsvermerk der Abschlussprüferin oder des Abschlussprüfers Einschränkungen enthält oder der Vermerk versagt worden ist.

(2) Bei einer Beteiligung nach Absatz 1 Satz 1 hat die Kommune darauf hinzuwirken, dass den für sie zuständigen Prüfungseinrichtungen die in § 54 HGrG vorgesehenen Befugnisse eingeräumt werden.

(3) [1]Ist eine Kommune allein oder zusammen mit anderen Kommunen, einem Land oder dem Bund an einem rechtlich selbständigen, privatrechtlichen Unternehmen nicht in dem in § 53 HGrG bezeichneten Umfang beteiligt, so soll die Kommune, soweit ihr Interesse dies erfordert, darauf hinwirken, dass ihr in der Satzung oder im Gesellschaftsvertrag die Rechte nach § 53 Abs. 1 HGrG sowie ihr und den für sie zuständigen Prüfungseinrichtungen die Befugnisse nach § 54 HGrG eingeräumt werden. [2]Bei mittelbaren Beteiligungen gilt das nur, wenn die Kommune allein oder zusammen mit anderen Kommunen, einem Land oder dem Bund in dem in § 53 HGrG bezeichneten Umfang an einem Unternehmen beteiligt ist, dessen Anteil an einem anderen Unternehmen wiederum 25 Prozent aller Anteile übersteigt.

(4) [1]Soweit durch Gesetz nichts anderes bestimmt ist, kann die Kommune in den Fällen der Beteiligung nach Absatz 1 Satz 1 nach Anhörung des Rechnungsprüfungsamts beschließen, dass das Unternehmen abweichend von der Satzung oder dem Gesellschaftsvertrag auf bestimmte Zeit auf Jahresabschlussprüfungen verzichten kann, wenn
1. der Betriebsumfang nach der Höhe der Bilanzsumme und des Umsatzes gering ist,
2. die Verhältnisse des Unternehmens geordnet sind und
3. die Betriebsführung des Unternehmens einfach und übersichtlich ist.

[2]Dies gilt nicht für Unternehmen, die die Energieversorgung, einen Verkehrsbetrieb für den öffentlichen Verkehr oder einen Hafenbetrieb zum Gegenstand haben.

Neunter Teil
Besondere Aufgaben- und Kostenregelungen

Erster Abschnitt
Region Hannover, Landeshauptstadt Hannover und übrige regionsangehörige Gemeinden

§ 159 Grundsätze der Aufgabenverteilung

(1) Die Region Hannover erfüllt
1. in ihrem gesamten Gebiet neben den Aufgaben nach § 5 Abs. 1 Nr. 3 die Aufgaben der Landkreise im eigenen Wirkungskreis nach § 5 Abs. 1 Nr. 4, soweit diese Aufgaben nicht
   a) der Landeshauptstadt Hannover durch Rechtsvorschriften ausdrücklich zugewiesen werden oder nach §§ 162 und 163 zugewiesen sind oder
   b) den übrigen regionsangehörigen Gemeinden nach § 163 für ihr Gebiet zugewiesen sind,
2. in ihrem Gebiet mit Ausnahme des Gebiets der Landeshauptstadt Hannover die Aufgaben der Landkreise im übertragenen Wirkungskreis, soweit sich nicht aus Absatz 3 Nr. 3 oder den §§ 161 und 164 etwas anderes ergibt,
3. die ihr nach den §§ 160 und 161 besonders zugewiesenen Aufgaben und
4. weitere ihr durch Rechtsvorschrift zugewiesene Aufgaben.

(2) Die Landeshauptstadt Hannover erfüllt neben ihren Aufgaben als Gemeinde in ihrem Gebiet
1. die Aufgaben des eigenen Wirkungskreises, die den Landkreisen obliegen, soweit sie der Landeshauptstadt Hannover durch § 162 zugewiesen werden,
2. die besonderen Aufgaben des eigenen Wirkungskreises nach § 163,
3. die Aufgaben des übertragenen Wirkungskreises, die den Landkreisen obliegen, soweit sich aus § 161 nichts anderes ergibt oder eine andere Rechtsvorschrift dies nicht ausdrücklich ausschließt, und
4. die ihr nach § 164 zugewiesenen Aufgaben des übertragenen Wirkungskreises.

(3) Die übrigen regionsangehörigen Gemeinden erfüllen neben ihren Aufgaben als Gemeinde in ihrem Gebiet
1. die besonderen Aufgaben des eigenen Wirkungskreises nach § 163,
2. die besonderen Aufgaben des übertragenen Wirkungskreises nach § 164 Abs. 1 und nach § 164 Abs. 2 bis 4, soweit die dort genannten Voraussetzungen vorliegen, und
3. die Aufgaben nach § 17, soweit es sich um selbständige Gemeinden nach § 14 Abs. 3 handelt.

§ 160 Aufgaben der Region Hannover in ihrem gesamten Gebiet im eigenen Wirkungskreis

(1) Die Region Hannover ist Träger der Regionalplanung im Sinne des Raumordnungsgesetzes.

(2) [1]Die Region Hannover ist zuständig für die regionale Wirtschafts- und Beschäftigungsförderung, soweit sie keine staatliche Aufgabe ist. [2]Sie ist ferner zuständig für die kommunale Förderung der regional bedeutsamen Naherholung und kann auf Antrag der Gemeinden die Trägerschaft von Anlagen und Einrichtungen übernehmen, die diesem Zweck dienen. [3]Die Zuständigkeit nach den Sätzen 1 und 2 schließt eine Förderung durch die Standortgemeinde nicht aus.

(3) Die Region Hannover nimmt die Aufgaben nach § 1 des Niedersächsischen Krankenhausgesetzes (NKHG) wahr.

(4) [1]Die Region Hannover ist der örtliche Träger der öffentlichen Jugendhilfe, soweit dazu nicht regionsangehörige Gemeinden bestimmt worden sind. [2]Sie ist Träger zentraler Einrichtungen und Leistungsangebote auch für das Gebiet anderer örtlicher Träger der Jugendhilfe, soweit diese eine solche

Aufgabenübernahme mit ihr vereinbart haben. 3Sie ist ferner dafür zuständig, die Jugendhilfeplanung innerhalb der Region Hannover durch eine Rahmenplanung aufeinander abzustimmen, auch mit anerkannten Trägern der freien Jugendhilfe und mit der überörtlichen Planung. 4Die Region Hannover ist auch zuständig für die Förderung der auf ihrer Ebene bestehenden Jugendverbände und ihrer Zusammenschlüsse. 5Anderen örtlichen Trägern der öffentlichen Jugendhilfe gewährt sie auf Antrag einen angemessenen pauschalierten Kostenausgleich bis zu 80 Prozent der Personal- und Sachkosten für Leistungen nach den §§ 19, 21, 29 bis 35a, 41 bis 43, 52, 55, 56, 59 und 90 Abs. 3 des Achten Buchs des Sozialgesetzbuchs (SGB VIII). 6Voraussetzung dafür ist, dass diese Träger ihre Jugendhilfeplanung mit der Region Hannover abstimmen und ihr den Abschluss von Vereinbarungen nach § 78b SGB VIII übertragen. 7Die Region Hannover kann die Sätze 5 und 6 auf weitere Aufgaben und Leistungen nach dem Achten Buch des Sozialgesetzbuchs anwenden.

(5) 1Die Region Hannover ist Träger der berufsbildenden Schulen, der Förderschulen mit Ausnahme der Förderschulen im Förderschwerpunkt Lernen, der Abendgymnasien, der Kollegs und der kommunalen Schullandheime. 2Der Kreiselternrat (§ 97 des Niedersächsischen Schulgesetzes – NSchG) wird unter der Bezeichnung Regionselternrat für das gesamte Gebiet der Region Hannover eingerichtet, der Kreisschülerrat (§ 82 NSchG) in gleicher Weise unter der Bezeichnung Regionsschülerrat. 3§ 102 Abs. 3 bis 5 und die §§ 117 und 118 NSchG sind im gesamten Gebiet der Region Hannover nicht anzuwenden. 4§ 103 NSchG ist mit der Maßgabe anzuwenden, dass die Region Hannover nach Ermessen entscheidet, ob sie die laufende Verwaltung einzelner ihrer Schulen überträgt.

(6) 1Die Region Hannover ist öffentlich-rechtlicher Entsorgungsträger im Sinne des Kreislaufwirtschaftsgesetzes, des Batteriegesetzes und des Elektro- und Elektronikgerätegesetzes. 2Sie übernimmt von dem Landkreis Hannover und der Landeshauptstadt Hannover die diesem Zweck dienenden Einrichtungen und Anlagen, soweit sie nicht zugleich anderen Zwecken dienen und dafür weiterhin benötigt werden.

(7) Die Region Hannover ist neben ihren Aufgaben nach dem Zweiten Abschnitt des Niedersächsischen Pflegegesetzes zuständig für den Abschluss von Vergütungsvereinbarungen über die ambulante und die stationäre Pflege sowie die Kurzzeit- und die Tagespflege nach dem Elften Buch des Sozialgesetzbuchs.

(8) Die Region Hannover ist für die Planung und Finanzierung der kommunalen Förderung des sozialen Wohnungsbaus zuständig.

§ 161 Besondere Aufgaben der Region Hannover im übertragenen Wirkungskreis

Die Region Hannover ist in ihrem gesamten Gebiet zuständig für

1. die Aufgaben der unteren Landesplanungsbehörde nach dem Raumordnungsgesetz,
2. die Aufgaben der höheren Verwaltungsbehörde nach dem Baugesetzbuch, ausgenommen
   a) Entscheidungen nach § 6 Abs. 1 und § 10 Abs. 2 BauGB für Bauleitpläne, die die Region Hannover selbst erarbeitet hat,
   b) Entscheidungen nach § 37 Abs. 1 und 2, § 246 Abs. 14 Satz 1 und § 246b Abs. 1 Satz 1 BauGB,
   c) die der Enteignungsbehörde (§ 104 BauGB) obliegenden Aufgaben,
3. die Aufgaben der unteren Naturschutzbehörde nach § 32 Abs. 1 Satz 1 des Niedersächsischen Naturschutzgesetzes (NNatSchG), soweit nicht nach § 164 Abs. 4 dieses Gesetzes einzelne Aufgaben regionsangehörigen Gemeinden übertragen worden sind,
4. die Aufgaben, die durch Bundes- und Landesrecht den Gesundheitsämtern, den unteren Gesundheitsbehörden und den Amtsärztinnen und Amtsärzten zugewiesen sind, sowie für die Aufgaben der Landkreise
   a) in Bezug auf das Infektionsschutzgesetz (IfSG) und darauf gestützte Verordnungen, ausgenommen die Überwachung, ob die Nachweispflichten nach § 43 Abs. 5 Satz 2 IfSG eingehalten worden sind,
   b) nach dem Niedersächsischen Gesetz über Hilfen und Schutzmaßnahmen für psychisch Kranke,
5. die Aufgaben der Landkreise nach dem Dritten Abschnitt des Niedersächsischen Pflegegesetzes,
6. die Aufgaben der Ämter für Ausbildungsförderung

a) nach § 41 des Bundesausbildungsförderungsgesetzes (BAföG), soweit nicht ein nach § 3 Abs. 8 Satz 1 des Niedersächsischen Hochschulgesetzes eingerichtetes Amt für Ausbildungsförderung zuständig ist,
b) nach § 45 Abs. 4 Satz 1 BAföG in Bezug auf eine Ausbildung in den Staaten, für die durch Rechtsverordnung nach § 45 Abs. 4 Satz 2 BAföG das Land Niedersachsen zuständig ist; abweichend davon ist bis zum 31. Dezember 2011 für Förderungsanträge für Ausbildungen an in Asien gelegenen Ausbildungsstätten für Bewilligungszeiträume, die ab dem 1. März 2010 beginnen, das Studentenwerk Oldenburg als Amt für Ausbildungsförderung zuständig.

7. die Aufgaben des Versicherungsamts nach dem Vierten Buch des Sozialgesetzbuchs,
8. *[aufgehoben]*
9. die Aufgaben der unteren Deichbehörden nach dem Niedersächsischen Deichgesetz und die Aufgaben der Aufsichtsbehörden nach dem Wasserverbandsgesetz,
10. die Aufgaben der unteren Wasserbehörde, ausgenommen die Zuständigkeiten
    a) nach § 164 Abs. 3, soweit sie regionsangehörigen Gemeinden übertragen worden sind,
    b) für die Genehmigung von Einleitungen in öffentliche Abwasseranlagen im Bereich der selbständigen Gemeinden und der Landeshauptstadt Hannover nach § 58 des Wasserhaushaltsgesetzes (WHG),
11. die Aufgaben auf dem Gebiet des Schornsteinfegerrechts, die den Landkreisen sowie den kreisfreien Städten und großen selbständigen Städten zugewiesen sind,
12. die Aufgaben der unteren Bodenschutzbehörden nach § 10 des Niedersächsischen Bodenschutzgesetzes,
13. die Aufgaben der Waldbehörden, mit Ausnahme der Aufgaben nach § 31 Abs. 3 und 4 und § 35 Abs. 4 des Niedersächsischen Gesetzes über den Wald und die Landschaftsordnung in der Landeshauptstadt Hannover, sowie die Aufgaben der Landkreise nach dem Forstschäden-Ausgleichsgesetz und der Verordnung zur Durchführung des Bundeswaldgesetzes,
14. die Aufgaben nach dem Bundes-Immissionsschutzgesetz und den darauf gestützten Verordnungen, die nur den Landkreisen und den kreisfreien und großen selbständigen Städten zugewiesen sind,
15. die den Landkreisen und kreisfreien Städten zugewiesenen Aufgaben nach dem Chemikaliengesetz und den darauf gestützten Verordnungen und
16. die Festsetzung nach § 4 Abs. 2 Satz 2 des Niedersächsischen Straßengesetzes (NStrG), die Festlegung der seitlichen Begrenzung der Ortsdurchfahrten nach § 43 Abs. 6 NStrG, soweit Landesstraßen betroffen sind, sowie die Aufgabe der Anhörungs- und Planfeststellungsbehörde nach § 38 Abs. 5 NStrG für Bundes- und Landesstraßen.

§ 162 Besondere Aufgaben der Landeshauptstadt Hannover im eigenen Wirkungskreis

(1) Die Landeshauptstadt Hannover ist in ihrem Gebiet zuständig für die den Landkreisen zugewiesenen Aufgaben

1. nach dem Niedersächsischen Brandschutzgesetz,
2. nach dem Niedersächsischen Rettungsdienstgesetz,
3. der kommunalen Förderung der Träger der Jugendarbeit nach dem Jugendförderungsgesetz,
4. des Straßenbaulastträgers für Kreisstraßen nach dem Niedersächsischen Straßengesetz und der Anhörungs- und Planfeststellungsbehörde nach § 38 Abs. 5 NStrG für diese Straßen und
5. der Festsetzung der Grenzen der Ortsdurchfahrten nach § 4 Abs. 2 Satz 1 NStrG sowie die Festlegung der seitlichen Begrenzung der Ortsdurchfahrten nach § 43 Abs. 6 NStrG, soweit Kreisstraßen betroffen sind.

(2) Die Erfüllung der Aufgaben nach Absatz 1 durch die Landeshauptstadt Hannover ist bei der Regionsumlage zu berücksichtigen.

(3) Die Landeshauptstadt Hannover bleibt in dem Umfang für die Unterhaltung der Gewässer zweiter Ordnung zuständig, wie sie dies bis zum 31. Oktober 2001 war.

§ 163 Besondere Aufgaben der Landeshauptstadt Hannover und der übrigen regionsangehörigen Gemeinden im eigenen Wirkungskreis

(1) [1]Die Landeshauptstadt Hannover und die übrigen regionsangehörigen Gemeinden sind Träger der öffentlichen Schulen, soweit nicht nach § 160 Abs. 5 die Region Hannover zuständig ist. [2]Schulträger, die Schülerinnen und Schüler aus anderen regionsangehörigen Gemeinden (Herkunftsgemeinde) auf-

nehmen, erhalten von dem für die Herkunftsgemeinde zuständigen Schulträger einen Schulbeitrag. ³Grundlage für diesen Beitrag ist ein Pro-Kopf-Betrag, den die Region Hannover pauschal nach Schulformen durch Satzung festlegt. ⁴Der Anspruch auf Zahlung des Schulbeitrags besteht nur, wenn

1. der für die Herkunftsgemeinde zuständige Schulträger die gewählte Schulform oder den gewählten Bildungsgang nicht anbietet,
2. der Schulbesuch den schulrechtlichen Vorschriften entspricht und
3. zwischen den beteiligten Schulträgern nichts anderes vereinbart ist.

⁵Die Sätze 2 bis 4 gelten entsprechend für Schulträger, die Träger einer Förderschule im Förderschwerpunkt Lernen sind.

(2) Die Landeshauptstadt Hannover und die übrigen regionsangehörigen Gemeinden sind zuständig für die kommunalen Aufgaben der Erwachsenenbildung; das Recht der kommunalen Zusammenarbeit bleibt unberührt.

(3) Die Landeshauptstadt Hannover und die übrigen regionsangehörigen Gemeinden sind für die kommunale Förderung des sozialen Wohnungsbaus und neben der Region Hannover auch für die Finanzierung dieser Förderung zuständig.

(4) ¹Neben den in § 1 Abs. 2 Satz 1 des Niedersächsischen Gesetzes zur Ausführung des Achten Buchs des Sozialgesetzbuchs und zur Niedersächsischen Kinder- und Jugendkommission bestimmten örtlichen Trägern der öffentlichen Jugendhilfe können auf Antrag auch die übrigen regionsangehörigen Gemeinden mit mehr als 30 000 Einwohnerinnen und Einwohnern sowie die Stadt Springe durch das zuständige Ministerium hierzu bestimmt werden. ²Die Bestimmung nach Satz 1 ist aufzuheben, wenn die Gemeinde dies beantragt.

§ 164 Besondere Aufgaben der Landeshauptstadt Hannover und der übrigen regionsangehörigen Gemeinden im übertragenen Wirkungskreis

(1) Abweichend von § 159 Abs. 1 Nr. 2 nehmen neben der Landeshauptstadt Hannover auch alle übrigen regionsangehörigen Gemeinden folgende Aufgaben der Landkreise im übertragenen Wirkungskreis wahr:

1. die Überwachung des fließenden und des ruhenden Verkehrs nach der Straßenverkehrsordnung (StVO), wobei sie insoweit Straßenverkehrsbehörde im Sinne des § 44 Abs. 1 Satz 1 StVO sind,
2. die Aufgaben nach dem Wohnungsbindungsgesetz,
3. die Aufgaben der zuständigen Stelle nach dem Niedersächsischen Wohnraum- und Wohnquartierfördergesetz,
4. die Aufgaben der Wohngeldbehörde nach dem Wohngeldgesetz und
5. die Durchführung der Vorschriften des Ersten Abschnitts des Bundeserziehungsgeldgesetzes und die Aufgaben der Erziehungsgeldstelle nach dem Zweiten Abschnitt jenes Gesetzes.

(2) ¹Abweichend von § 57 Abs. 1 Satz 1 der Niedersächsischen Bauordnung (NBauO) nehmen neben der Landeshauptstadt Hannover auch die übrigen regionsangehörigen Gemeinden mit mehr als 30 000 Einwohnerinnen und Einwohnern die Aufgaben der unteren Bauaufsichtsbehörden wahr. ²Entsprechendes gilt für regionsangehörige Gemeinden, die diese Aufgaben am 31. Oktober 2001 wahrgenommen haben. ³Die oberste Bauaufsichtsbehörde kann anderen regionsangehörigen Gemeinden mit mehr als 20 000 Einwohnerinnen und Einwohnern die Aufgaben der unteren Bauaufsichtsbehörden übertragen; hierfür gilt § 57 Abs. 2 NBauO entsprechend.

(3) ¹Die Region Hannover kann der Landeshauptstadt Hannover oder einer der übrigen regionsangehörigen Gemeinden für deren Gebiet Aufgaben nach dem Niedersächsischen Wassergesetz und dem Wasserhaushaltsgesetz übertragen, wenn die Gemeinde dies beantragt und eine ordnungsgemäße Erledigung zu erwarten ist. ²Dies betrifft folgende Aufgaben:

1. die Erteilung der Erlaubnis, Abwasser aus Kleinkläranlagen einzuleiten (§ 10 WHG),
2. die Erteilung der Genehmigung nach § 57 NWG für Gewässer dritter Ordnung und
3. die Erteilung der Genehmigung von Abwasserbehandlungsanlagen (§ 60 Abs. 3 WHG), deren Abwässer in eine öffentliche Abwasseranlage eingeleitet werden sollen, wenn die Gemeinde für die Genehmigung dieser Einleitungen nach § 98 Abs. 1 Satz 1 NWG für zuständig erklärt worden ist.

³Die Gemeinde hat im Umfang der Übertragung die Aufgaben und Befugnisse der Wasserbehörde; sie ist insoweit für die behördliche Überwachung zuständig.

(4) [1]Die Region Hannover kann der Landeshauptstadt Hannover oder einer der übrigen regionsangehörigen Gemeinden für deren Gebiet die Aufgaben der Naturschutzbehörde nach den §§ 28 und 30 des Bundesnaturschutzgesetzes sowie den §§ 21 und 24 NNatSchG übertragen, wenn die Gemeinde dies beantragt und eine ordnungsgemäße Erledigung zu erwarten ist. [2]Soweit die Aufgaben übertragen wurden, hat die Gemeinde die Stellung einer unteren Naturschutzbehörde und kann entsprechend § 34 NNatSchG ehrenamtlich tätige Beauftragte für Naturschutz bestellen.

(5) [1]Wurde eine Aufgabe nach den Absätzen 2 bis 4 auf Antrag übertragen oder ist die Aufgabenübertragung beendet worden, ist dies durch diejenige Behörde öffentlich bekannt zu machen, die über die Aufgabenübertragung entscheidet oder entschieden hat. [2]Die Aufgabenübertragung kann aufgehoben werden, wenn die regionsangehörige Gemeinde dies beantragt oder wenn die Voraussetzungen der Aufgabenübertragung nicht mehr erfüllt sind. [3]Satz 2 gilt entsprechend, wenn im Fall des Absatzes 2 Satz 1 die Einwohnerzahl auf weniger als 30 001 sinkt und im Fall des Absatzes 2 Satz 2.

(6) In den Fällen der Absätze 2 bis 4 und § 63a Abs. 1 NBauO in der Fassung vom 10. Februar 2003 (Nds. GVBl. S. 89), zuletzt geändert durch § 13 des Gesetzes vom 10. November 2011 (Nds. GVBl. S. 415), übt die Region Hannover die Fachaufsicht über die regionsangehörigen Gemeinden aus; davon ausgenommen ist die Landeshauptstadt Hannover.

(7) [1]Die Region Hannover hat den betroffenen regionsangehörigen Gemeinden 90 Prozent der notwendigen, pauschaliert zu berechnenden Verwaltungskosten für die Aufgaben zu erstatten, die die Gemeinden nach den Absätzen 3 und 4 übernommenen haben. [2]Die Region Hannover erstattet den Gemeinden jedoch höchstens einen Betrag in Höhe der bei ihr durch diese Aufgabenübertragung ersparten Verwaltungskosten, soweit diese nicht zuvor durch Erträge gedeckt waren. [3]Soweit in den Gemeinden die Verwaltungskosten durch andere Erträge gedeckt sind oder gedeckt werden können, sind sie nicht zu erstatten. [4]Die Gemeinden können mit der Region Hannover den Ausgleich der Verwaltungskosten auch abweichend vereinbaren oder ganz auf ihn verzichten.

§ 165 Wahrnehmung von Aufgaben aufgrund einer Vereinbarung

(1) [1]Die Region Hannover kann alle oder einzelne regionsangehörige Gemeinden durch Vereinbarung beauftragen, bestimmte Aufgaben im Namen der Region Hannover durchzuführen, soweit es sich um Geschäfte der laufenden Verwaltung handelt. [2]Sie bleibt für die ordnungsgemäße Durchführung der Aufgaben verantwortlich.

(2) [1]Eine regionsangehörige Gemeinde kann die Region Hannover durch Vereinbarung beauftragen, bestimmte Aufgaben, für die die Gemeinde zuständig ist, im Namen der Gemeinde durchzuführen, soweit es sich um Geschäfte der laufenden Verwaltung handelt. [2]Sie bleibt für die ordnungsgemäße Durchführung der Aufgaben verantwortlich.

(3) Die Beauftragung mit der Durchführung von Aufgaben nach Absatz 1 oder 2 und ihre Rücknahme sind durch die beauftragende Körperschaft öffentlich bekannt zu machen.

(4) [1]Soweit von den Möglichkeiten der Absätze 1 und 2 Gebrauch gemacht wird, ist in einer Vereinbarung der Beteiligten die Erstattung der notwendigen Verwaltungskosten durch die beauftragende Körperschaft zu regeln. [2]Dies gilt nicht für Aufgaben der Landkreise oder der Gemeinden im eigenen Wirkungskreis, wenn der Auftrag einheitlich für das gesamte Gebiet der Region Hannover erfolgt.

(5) [1]Aufgabenübertragungen nach dem Recht der kommunalen Zusammenarbeit und Maßnahmen der Verwaltungshilfe bleiben von den Absätzen 1 und 2 unberührt. [2]Hängt nach Bestimmungen dieses Teils des Gesetzes die Übertragung einer Aufgabe davon ab, ob eine regionsangehörige Gemeinde eine bestimmte Einwohnerzahl hat, so gilt diese Voraussetzung für alle Beteiligten als erfüllt, wenn die nach dem Recht der kommunalen Zusammenarbeit vereinbarte gemeinsame Erfüllung dieser Aufgabe ein Gebiet betrifft, dessen Einwohnerzahl die Mindestgrenze erreicht.

(6) [1]Einrichtungen, die dazu dienen, sowohl Aufgaben der Landeshauptstadt Hannover als auch gesetzliche Aufgaben der Region Hannover zu erfüllen, können gemeinsam betrieben werden; die Vorschriften des Rechts der kommunalen Zusammenarbeit sind entsprechend anzuwenden. [2]Andere Möglichkeiten der Zusammenarbeit bleiben unberührt.

§ 166 Finanzielle Zuweisungen für Aufgaben, Umlagen

(1) [1]Die Region Hannover erhält vom Land für die Erfüllung von Aufgaben, für die sie über die Aufgaben des übertragenen Wirkungskreises der Landkreise hinaus seit dem 1. Januar 2005 erstmals anstelle einer staatlichen Behörde zuständig ist, einen Ausgleich ihrer nicht durch Erträge gedeckten

notwendigen Kosten. [2]Das Land kann die Kosten nach den Pauschalsätzen berechnen; sie setzen sich zusammen aus Verwaltungskosten und Zweckkosten.

(2) [1]Die regionsangehörigen Gemeinden erhalten von der Region Hannover finanzielle Zuweisungen für Aufgaben des übertragenen Wirkungskreises der Landkreise, die sie nach § 164 Abs. 1 oder 2 wahrnehmen. [2]Die Höhe dieser Zuweisungen bemisst sich anteilig nach dem Verhältnis der Einwohnerzahlen an den Zuweisungen, die die Region Hannover für diese Aufgaben nach § 12 NFAG oder § 4 des Niedersächsischen Finanzverteilungsgesetzes erhält. [3]Die Gemeinden erhalten die Zuweisungen nur soweit, wie die Kosten für diese Aufgaben nicht bereits in den ihnen unmittelbar zustehenden Zuweisungen dieser Art berücksichtigt sind. [4]Die regionsangehörigen Gemeinden haben der Region Hannover für Aufgaben des übertragenen Wirkungskreises, die die Region Hannover nach diesem Gesetz oder aufgrund dieses Gesetzes an ihrer Stelle wahrnimmt und für die sie solche Zuweisungen erhalten, die Anteile zur Verfügung zu stellen, die auf diese Aufgaben entfallen. [5]Die Beteiligten können von den Sätzen 1 bis 4 abweichende Vereinbarungen treffen.

(3) [1]Abweichend von § 15 Abs. 2 Satz 2 gilt die Landeshauptstadt Hannover bei der Anwendung der Vorschriften des Niedersächsischen Gesetzes über den Finanzausgleich über die Schlüsselzuweisungen und die Kreisumlage sowie bei der Erhebung der Umlage nach § 2 Abs. 3 NKHG als kreisangehörige Gemeinde. [2]Abweichend von den Vorschriften des Niedersächsischen Gesetzes über den Finanzausgleich ist die Regionsumlage so zu berechnen, dass ein Betrag in Höhe von 75 Prozent der Zinszahlungen für die Schulden des Landkreises Hannover zum Zeitpunkt seiner Auflösung ausschließlich von dessen Gemeinden getragen wird. [3]Bei der Verteilung dieses besonderen Umlageanteils sind allein die Steuerkraftzahlen nach § 11 Abs. 1 NFAG zu berücksichtigen. [4]Ebenfalls abweichend von den Vorschriften des Niedersächsischen Gesetzes über den Finanzausgleich ist die Regionsumlage des Weiteren so zu berechnen, dass ein nach Maßgabe des Satzes 5 zu bestimmender Betrag allein von den regionsangehörigen Gemeinden, die nicht örtliche Träger der Jugendhilfe sind, getragen wird. [5]Zur Bestimmung des Betrages nach Satz 4 wird von einem Betrag in Höhe der nicht durch Erträge gedeckten Aufwendungen der Region für die Erbringung der von § 160 Abs. 4 Sätze 5 bis 7 erfassten Leistungen aus dem zur betreffenden Regionsumlage vorvergangenen Jahr ein Betrag in Höhe des Prozentsatzes abgezogen, der den regionsangehörigen Gemeinden, die Träger der öffentlichen Jugendhilfe sind, nach § 160 Abs. 4 Sätze 5 bis 7 als Kostenausgleich erstattet worden ist.

§ 167 Verordnungsermächtigungen

(1) [1]Die Landesregierung wird ermächtigt, durch Verordnung

1. der Region Hannover weitere Aufgaben zu übertragen, die im übrigen Landesgebiet staatliche Behörden wahrnehmen,
2. der Region Hannover Aufgaben des übertragenen Wirkungskreises vorzubehalten gegenüber
   a) der Landeshauptstadt Hannover oder
   b) den ihr angehörigen selbständigen Gemeinden, auch abweichend von im übrigen Landesgebiet geltenden Bestimmungen,
3. der Landeshauptstadt Hannover und den übrigen regionsangehörigen Gemeinden weitere Aufgaben des übertragenen Wirkungskreises der Landkreise zu übertragen.

[2]Ein Fachministerium kann von der Verordnungsermächtigung nach Satz 1 anstelle der Landesregierung Gebrauch machen, soweit es die Zuständigkeiten für Aufgaben außerhalb der Region Hannover bestimmen kann und es diese Zuständigkeiten landesweit regelt. [3]Für die finanziellen Folgen der Aufgabenübertragungen und -vorbehalte nach Satz 1 gilt § 166 entsprechend.

(2) Führen nicht schon die allgemeinen Kostenregelungen zu einem Ausgleich der Kosten bei der die Aufgabe wahrnehmenden Stelle, gilt bei antragsabhängigen Zuständigkeiten regionsangehöriger Gemeinden § 164 Abs. 7, im Übrigen § 166 Abs. 2 entsprechend.

Zweiter Abschnitt

Landkreis Göttingen und Stadt Göttingen

§ 168 Abweichende Bestimmungen, Aufgabenübertragungen

(1) Der Landkreis Göttingen nimmt die Aufgaben nach § 1 NKHG auch für die Stadt Göttingen wahr.

(2) [1]Die Landesregierung kann durch Verordnung Aufgaben des übertragenen Wirkungskreises, die die Stadt Göttingen nach § 18 in Verbindung mit § 16 Abs. 2 erfüllt, auf den Landkreis Göttingen

übertragen, wenn dies zweckmäßig erscheint. [2]Der Landkreis Göttingen und die Stadt Göttingen sind vor dem Erlass einer Verordnung nach Satz 1 anzuhören.

§ 169 Finanzielle Zuweisungen für Aufgaben, Umlagen

(1) Abweichend von § 16 Abs. 2 gilt die Stadt Göttingen bei der Anwendung der Vorschriften des Niedersächsischen Gesetzes über den Finanzausgleich über die Schlüsselzuweisungen und die Kreisumlage sowie bei der Erhebung der Umlage nach § 2 Abs. 3 Nds. KHG als kreisangehörige Gemeinde.

(2) [1]Die Stadt Göttingen erhält einen Anteil von den Schlüsselzuweisungen für Kreisaufgaben des Landkreises Göttingen. [2]Zur Berechnung des Anteils wird von diesen Schlüsselzuweisungen zunächst derjenige Betrag abgezogen, mit dem die in § 7 Abs. 1 Satz 1 NFAG genannte finanzielle Belastung berücksichtigt wird. [3]Aus den so verbleibenden Schlüsselzuweisungen wird ein Anteil von 26,5 Prozent gebildet und von diesem anteiligen Betrag derjenige Betrag abgezogen, der rechnerisch für die Stadt Göttingen auf die Entschuldungsumlage nach § 14d Abs. 3 NFAG entfällt.

(3) [1]Die Erfüllung der Aufgaben, die der Stadt Göttingen aufgrund des § 16 Abs. 2 dieses Gesetzes oder des § 195 Nr. 1 NSchG in ihrem Gebiet anstelle des Landkreises Göttingen obliegen, ist bei der Kreisumlage nach Maßgabe des Satzes 2 zu berücksichtigen. [2]Abweichend von den Vorschriften des Niedersächsischen Gesetzes über den Finanzausgleich ist die Kreisumlage so zu berechnen, dass der Teil der Kreisumlage, der dem Verhältnis des Zuschussbedarfs des Landkreises Göttingen für die Erfüllung der Aufgaben, die er aufgrund der in Satz 1 genannten Vorschriften nicht im Gebiet der Stadt Göttingen wahrnimmt, zu dem Gesamtzuschussbedarf des Landkreises Göttingen entspricht, nicht von der Stadt Göttingen, sondern allein von den anderen kreisangehörigen Gemeinden getragen wird.

(4) [1]Wird die Stadt Göttingen vom Landkreis Göttingen nach § 4 Abs. 1 des Niedersächsischen Gesetzes zur Ausführung des Neunten und des Zwölften Buchs des Sozialgesetzbuchs (Nds. AG SGB IX/XII) durch Satzung oder öffentlich-rechtlichen Vertrag zur Durchführung von Aufgaben des örtlichen Trägers der Eingliederungshilfe und der Sozialhilfe herangezogen, so richtet sich die Erstattung der notwendigen Aufwendungen abweichend von § 26 Abs. 1 Satz 1 Nds. AG SGB IX/XII nach den Absätzen 5 und 6, wenn durch öffentlich-rechtlichen Vertrag nichts anderes vereinbart ist. [2]Dasselbe gilt, wenn die Stadt Göttingen vom Landkreis Göttingen nach § 3 Abs. 1 des Niedersächsischen Gesetzes zur Ausführung des Zweiten Buchs des Sozialgesetzbuchs und des § 6b des Bundeskindergeldgesetzes zur Durchführung der Aufgaben der Grundsicherung für Arbeitsuchende herangezogen wird und durch öffentlich-rechtlichen Vertrag nichts anderes vereinbart ist.

(5) [1]Erhält der Landkreis Göttingen aus Bundes- oder Landesmitteln Ausgleichsleistungen zur Deckung von Aufwendungen für die Erfüllung von Aufgaben nach Absatz 4, so erhält die Stadt Göttingen den auf sie entfallenden Teil dieser Ausgleichsleistungen, soweit sich aus den Sätzen 2 und 3 nichts anderes ergibt. [2]Bei pauschal gewährten Ausgleichsleistungen bestimmt sich die Höhe des auf die Stadt Göttingen entfallenden Teils nach dem Verteilungsschlüssel, den der Bund oder das Land der Festsetzung seiner Zahlungen zugrunde legt. [3]Ausgleichsleistungen, die der Landkreis Göttingen aufgrund des § 22 Abs. 2 Nds. AG SGB IX/XII erhält, werden im Verhältnis des beim Landkreis Göttingen und der Stadt Göttingen jeweils anfallenden Zuschussbedarfs für die Aufgaben des überörtlichen Trägers der Eingliederungshilfe und der Sozialhilfe zwischen dem Landkreis Göttingen und der Stadt Göttingen aufgeteilt.

(6) [1]Der bei der Stadt Göttingen nach Abzug der Erstattungsbeträge nach Absatz 5 verbleibende Zuschussbedarf für die Durchführung der Aufgaben nach Absatz 4 wird vom Landkreis Göttingen unter Abzug einer Interessenquote erstattet. [2]Die Interessenquote der Stadt Göttingen beträgt 25 Prozent für die Durchführung der Aufgaben nach Absatz 4 Satz 1 und 30 Prozent für die Durchführung der Aufgaben nach Absatz 4 Satz 2.

(7) [1]Abweichend von § 105 Abs. 5 NSchG findet § 105 Abs. 4 NSchG im Verhältnis zwischen dem Landkreis Göttingen und der Stadt Göttingen Anwendung, soweit beide Kommunen Träger von Schulformen desselben Schulbereichs sind. [2]Dabei gelten abweichend von § 105 Abs. 1 NSchG Schülerinnen und Schüler, die ihren Wohnsitz oder gewöhnlichen Aufenthalt im Gebiet der Stadt Göttingen haben, als auswärtige Schülerinnen und Schüler in Bezug auf das Gebiet des Landkreises Göttingen.

(8) Das für Inneres zuständige Ministerium überprüft im Jahr 2024 auf Grundlage der Verhältnisse in den Jahren 2020 bis 2023 sowie unter Berücksichtigung des Ergebnisses der Überprüfung durch den Gemeinsamen Ausschuss nach § 28 Abs. 2 Nds. AG SGB IX/XII die Auswirkungen des Niedersäch-

sischen Gesetzes zur Ausführung des Neunten und des Zwölften Buchs des Sozialgesetzbuchs auf die finanziellen Beziehungen zwischen dem Landkreis Göttingen und der Stadt Göttingen.

Zehnter Teil Aufsicht

§ 170 Ausübung der Aufsicht

(1) [1]Die Aufsichtsbehörden schützen die Kommunen in ihren Rechten und sichern die Erfüllung ihrer Pflichten. [2]Sie stellen sicher, dass die Kommunen die geltenden Gesetze beachten (Kommunalaufsicht) und die Aufgaben des übertragenen Wirkungskreises rechtmäßig und zweckmäßig ausführen (Fachaufsicht). [3]Die Aufsicht soll so gehandhabt werden, dass die Entschlusskraft und die Verantwortungsfreude nicht beeinträchtigt werden.

(2) Soweit die Kommunen bei der Erfüllung ihrer Aufgaben an Weisungen gebunden sind, richtet sich die Aufsicht nach den hierfür geltenden Gesetzen.

§ 171 Kommunalaufsichtsbehörden, Fachaufsichtsbehörden

(1) Die Kommunalaufsicht über die Landkreise, die Region Hannover, die kreisfreien Städte, die großen selbständigen Städte, die Landeshauptstadt Hannover und die Stadt Göttingen führt das für Inneres zuständige Ministerium als Kommunalaufsichtsbehörde.

(2) Die Kommunalaufsicht über die übrigen kreisangehörigen Gemeinden sowie über die Samtgemeinden führen der Landkreis als Kommunalaufsichtsbehörde und das für Inneres zuständige Ministerium als oberste Kommunalaufsichtsbehörde.

(3) Die Kommunalaufsicht über die übrigen regionsangehörigen Gemeinden führt die Region Hannover als Kommunalaufsichtsbehörde und das für Inneres zuständige Ministerium als oberste Kommunalaufsichtsbehörde.

(4) [1]Ist ein Landkreis in einer von ihm als Kommunalaufsichtsbehörde zu entscheidenden Angelegenheit auch noch in anderer Weise beteiligt, tritt an seine Stelle die oberste Kommunalaufsichtsbehörde; diese entscheidet auch darüber, ob die Voraussetzung für ihre Zuständigkeit gegeben ist. [2]Satz 1 gilt für die Region Hannover entsprechend.

(5) [1]Soweit durch Rechtsvorschrift nichts anderes bestimmt ist, wird die Fachaufsicht wahrgenommen von

1. der jeweils fachlich zuständigen obersten Landesbehörde gegenüber den Landkreisen, der Region Hannover, den kreisfreien und großen selbständigen Städten, der Landeshauptstadt Hannover und der Stadt Göttingen,
2. der Region Hannover und der jeweils zuständigen obersten Landesbehörde als oberster Fachaufsichtsbehörde gegenüber den übrigen regionsangehörigen Gemeinden sowie
3. den Landkreisen und der jeweils fachlich zuständigen obersten Landesbehörde als oberster Fachaufsichtsbehörde gegenüber den übrigen kreisangehörigen Gemeinden.

[2]Soweit die Landkreise und die Region Hannover die Fachaufsicht gegenüber den selbständigen Gemeinden wahrnehmen, erstreckt sich diese auch auf die Erfüllung der nach § 17 Satz 1 übertragenen Aufgaben. [3]Die Kommunalaufsichtsbehörden unterstützen die Fachaufsichtsbehörden.

§ 172 Unterrichtung

(1) [1]Die Kommunalaufsichtsbehörde kann sich jederzeit über die Angelegenheiten der Kommunen unterrichten. [2]Sie kann Personen mit Prüfungen und Besichtigungen vor Ort beauftragen sowie mündliche und schriftliche Berichte, Protokolle der Vertretung, des Hauptausschusses, der Stadtbezirksräte, der Ortsräte und der Ausschüsse der Vertretung sowie Akten und sonstige Unterlagen anfordern oder einsehen.

(2) Die Fachaufsichtsbehörde kann Auskünfte, Berichte, die Vorlage von Akten und sonstigen Unterlagen fordern und Geschäftsprüfungen durchführen.

§ 173 Beanstandung

(1) [1]Die Kommunalaufsichtsbehörde kann Beschlüsse und andere Maßnahmen einer Kommune sowie Bürgerentscheide beanstanden, wenn sie das Gesetz verletzen. [2]Beanstandete Maßnahmen dürfen nicht vollzogen werden. [3]Die Kommunalaufsichtsbehörde kann verlangen, dass bereits getroffene Maßnahmen rückgängig gemacht werden.

(2) Enthalten Haushaltssatzungen Rechtsverletzungen in nicht genehmigungsbedürftigen Teilen, so kann die Kommunalaufsichtsbehörde die Wirkung der Beanstandung auf diese Teile beschränken.

§ 174 Anordnung und Ersatzvornahme

(1) Erfüllt eine Kommune die ihr gesetzlich obliegenden Pflichten und Aufgaben nicht, so kann die Kommunalaufsichtsbehörde anordnen, dass die Kommune innerhalb einer bestimmten Frist das Erforderliche veranlasst.

(2) Kommt eine Kommune einer Anordnung der Kommunalaufsichtsbehörde nicht innerhalb der Frist nach, kann die Kommunalaufsichtsbehörde die Anordnung anstelle und auf Kosten der Kommune selbst durchführen oder durch einen anderen durchführen lassen (Ersatzvornahme).

§ 175 Bestellung von Beauftragten

[1]Wenn und solange nicht gewährleistet ist, dass eine Kommune ordnungsgemäß verwaltet wird und die Befugnisse der Kommunalaufsichtsbehörde nach den §§ 172 bis 174 nicht ausreichen, kann die Kommunalaufsichtsbehörde eine Beauftragte oder einen Beauftragten bestellen, die oder der alle oder einzelne Aufgaben der Kommune oder eines Kommunalorgans auf Kosten der Kommune wahrnimmt. [2]Beauftragte haben im Rahmen ihres Auftrags die Stellung eines Organs der Kommune.

§ 176 Genehmigungen

(1) [1]Satzungen, Beschlüsse und andere Maßnahmen der Kommune, für die eine Genehmigung der Aufsichtsbehörde erforderlich ist, werden erst mit der Genehmigung wirksam. [2]Die Genehmigung gilt als erteilt, wenn über einen Genehmigungsantrag von der zuständigen Aufsichtsbehörde nicht innerhalb eines Monats nach seinem Eingang entschieden worden ist. [3]Dies gilt nicht, wenn die Kommune einer Fristverlängerung zugestimmt hat. [4]Der Kommune ist auf Antrag zu bescheinigen, dass die Genehmigung als erteilt gilt. [5]Satz 2 gilt nicht für die Zulassung von Ausnahmen und für Entscheidungen nach § 85 Abs. 2 Satz 3. [6]Für Genehmigungen nach § 119 Abs. 4, § 120 Abs. 2 und 6, § 121 Abs. 2 und 3, § 122 Abs. 2 sowie § 152 Abs. 2 gilt Satz 2 mit der Maßgabe, dass an die Stelle der Frist von einem Monat eine Frist von drei Monaten tritt, in den Fällen des § 119 Abs. 4 und des § 120 Abs. 2 jedoch nur, wenn für die Genehmigung eine besondere Prüfung erforderlich ist. [7]Ein besonderer Prüfungsbedarf liegt vor, wenn

1. in der letzten bestandskräftigen Entscheidung nach § 120 Abs. 2 festgestellt worden ist, dass die Kreditverpflichtungen mit der dauernden Leistungsfähigkeit der Kommune nicht in Einklang stehen,
2. der Gesamtbetrag der Kreditaufnahmen für Investitionen und Investitionsförderungsmaßnahmen höher als die zu leistende ordentliche Tilgung ist oder
3. zugleich ein Genehmigungserfordernis nach § 122 Abs. 2 besteht.

[8]Die Sätze 6 und 7 gelten für Genehmigungen, die nach § 130 Abs. 3 für die Haushalts- oder Wirtschaftspläne der Eigenbetriebe der Kommune erteilt werden, mit der Maßgabe entsprechend, dass sich der besondere Prüfungsbedarf nach Satz 7 Nrn. 1 bis 3 auch auf die Haushalts- oder Wirtschaftspläne der Eigenbetriebe beziehen kann.

(2) Absatz 1 gilt entsprechend für Geschäfte des bürgerlichen Rechtsverkehrs, für die eine Genehmigung der Aufsichtsbehörde erforderlich ist.

(3) Das für Inneres zuständige Ministerium kann durch Verordnung Beschlüsse, Rechtsgeschäfte und andere Maßnahmen der Kommune, für die eine Genehmigung der Kommunalaufsichtsbehörde erforderlich ist, von dem Genehmigungserfordernis allgemein oder unter bestimmten Voraussetzungen freistellen und stattdessen vorschreiben, dass diese Maßnahmen vorher der Kommunalaufsichtsbehörde anzuzeigen sind.

Elfter Teil
Übergangs- und Schlussvorschriften

§ 177 Maßgebende Einwohnerzahl

(1) [1]Als Einwohnerzahl der Kommune gilt die Zahl, die die Landesstatistikbehörde aufgrund einer allgemeinen Zählung der Bevölkerung (Volkszählung) und deren Fortschreibung für den Stichtag des Vorjahres ermittelt hat. [2]Stichtag ist der 30. Juni; in Jahren, in denen eine Volkszählung stattgefunden hat, ist es der Tag der Volkszählung.

(2) [1]Die Zahl der Abgeordneten der Vertretung nach § 46 ist nach der Einwohnerzahl zu bestimmen, die die Landesstatistikbehörde aufgrund einer Volkszählung oder deren Fortschreibung für einen Stichtag ermittelt hat, der mindestens 12 Monate und höchstens 18 Monate vor dem Wahltag liegt. [2]Hat nach dem Stichtag eine Gebietsänderung stattgefunden, so gilt das Gebiet der Kommune am Wahltag als Gebiet der Kommune am Stichtag.

(3) [1]Für jede Wohnung, die am 30. Juni des vergangenen Jahres von nicht kaserniertem Personal der Stationierungsstreitkräfte und den Angehörigen dieses Personals belegt war und die der Landesstatistikbehörde gemeldet wurde, wird

1. bei der Bestimmung der Zahl der Abgeordneten der Vertretung nach § 46 die nach den Absätzen 1 und 2 maßgebende Einwohnerzahl sowie
2. bei der Bestimmung der Bedarfsansätze und der Aufteilung der Zuweisungen für Aufgaben des übertragenen Wirkungskreises die nach den Bestimmungen des Niedersächsischen Gesetzes über den Finanzausgleich maßgebende Einwohnerzahl

um drei Personen erhöht. [2]Satz 1 gilt nur, soweit das Personal von Mitgliedstaaten der Europäischen Union gestellt wird.

§ 178 Ausführung des Gesetzes

(1) Das für Inneres zuständige Ministerium erlässt im Einvernehmen mit dem für Finanzen zuständigen Ministerium durch Verordnung allgemeine Vorschriften über

1. den Inhalt
   a) des Haushaltsplans,
   b) der mittelfristigen Ergebnis- und Finanzplanung und
   c) des Investitionsprogramms,
2. die Haushaltsführung und die Haushaltsüberwachung,
3. die Veranschlagungen für einen vom Haushaltsjahr abweichenden Wirtschaftszeitraum,
4. die Bildung, vorübergehende Inanspruchnahme, Verwendung und Auflösung von Rücklagen, Sonderposten und Rückstellungen,
5. die Erfassung, den Nachweis, die Bewertung und die Abschreibung der Vermögensgegenstände,
6. die Erfassung, die Bewertung und den Nachweis der Schulden,
7. die Geldanlagen und ihre Sicherung,
8. den getrennten Ausweis des Verwaltungsvermögens und des realisierbaren Vermögens in der Vermögensrechnung und der Bilanz sowie die Bewertung der Gegenstände des realisierbaren Vermögens mit dem Veräußerungswert in den Fällen, in denen die Kommune bis zum 31. Dezember 2005 in ihrer Haushaltsführung einen getrennten Nachweis von Verwaltungsvermögen und realisierbarem Vermögen beschlossen hat,
9. die Stundung, die Niederschlagung und den Erlass von Forderungen sowie Vorschriften darüber, wie mit Kleinbeträgen umzugehen ist,
10. den Inhalt und die Gestaltung des Jahresabschlusses und des konsolidierten Gesamtabschlusses sowie die Abdeckung von Fehlbeträgen,
11. die Aufgaben und die Organisation der Kommunalkasse und der Sonderkassen, deren Beaufsichtigung und Prüfung sowie die Abwicklung des Zahlungsverkehrs und die Buchführung, wobei bestimmt werden kann, dass im Rahmen von vorgegebenen Kassensicherheitsstandards Dienstanweisungen zu erlassen sind,
12. die Wirtschaftsführung und das Rechnungswesen, wobei jeweils abweichend von § 130 Abs. 3 Regelungen getroffen werden können, sowie den Aufbau, die Verwaltung und die Prüfung der Eigenbetriebe, wobei für Eigenbetriebe eine Freistellung von diesen Vorschriften vorgesehen werden kann, wenn die Eigenbetriebe unterhalb einer Geringfügigkeitsgrenze des Versorgungs- oder Einzugsbereichs liegen oder sonst von geringfügiger wirtschaftlicher Bedeutung für die Kommune sind,
13. die Anwendung der Vorschriften zur Durchführung des Kommunalwirtschaftsrechts auf das Sondervermögen und das Treuhandvermögen,
14. *[aufgehoben]*

15. die Anwendung von Vorschriften zur doppelten Buchführung im Haushalts- und Rechnungswesen, und zwar auch in Bezug auf die Aufstellung der Eröffnungsbilanz sowie auf die Bilanz und deren Fortführung, und
16. das Verfahren bei der Vergabe öffentlicher Aufträge.

(2) Das für Inneres zuständige Ministerium kann im Einvernehmen mit dem für Finanzen zuständigen Ministerium durch Verordnung
1. regeln, dass Erträge und Aufwendungen sowie Einzahlungen und Auszahlungen, für die ein Dritter Kostenträger ist oder die von einer zentralen Stelle angenommen oder ausgezahlt werden, nicht im Haushalt der Kommune abgewickelt werden und dass für Sanierungs-, Entwicklungs- und Umlegungsmaßnahmen Sonderrechnungen zu führen sind,
2. die Einrichtung von Zahlstellen und Geldannahmestellen bei einzelnen Dienststellen der Kommune sowie die Gewährung von Handvorschüssen regeln,
3. die Anforderungen an das Haushaltssicherungskonzept und den Haushaltssicherungsbericht regeln und
4. die Wertgrenzen für Zuwendungen bestimmen und das Verfahren für Zuwendungen unterhalb der Wertgrenzen abweichend von § 111 Abs. 8 Sätze 2 bis 4 regeln.

(3) Die Kommunen sind verpflichtet, Muster zu verwenden, die das für Inneres zuständige Ministerium aus Gründen der Vergleichbarkeit der Haushalte für verbindlich erklärt hat, insbesondere für die Haushaltssatzung und die Nachtragshaushaltssatzung.

(4) [1]Die Landesstatistikbehörde stellt einen Kontenrahmen und einen Produktrahmen auf und benennt die dazu erforderlichen Zuordnungskriterien. [2]Die Kommunen sind zur Verwendung der Buchführungshilfen nach Satz 1 verpflichtet.

§ 179 Haushaltswirtschaftliche Übergangsregelungen

(1) Die Kommune kann durch Beschluss der Vertretung davon absehen,
1. für die Haushaltsjahre bis einschließlich 2020 nach § 128 Abs. 4 einen konsolidierten Gesamtabschluss aufzustellen und
2. für die Haushaltsjahre bis einschließlich 2021 nach § 128 Abs. 6 Satz 3 dem Konsolidierungsbericht eine Kapitalflussrechnung beizufügen.

(2) [1]Hat eine Kommune für die Verwaltung von Treuhandvermögen (§ 131 Abs. 1 Satz 1) gemäß Artikel 6 Abs. 2 Satz 1 des Gesetzes vom 15. November 2005 (Nds. GVBl. S. 342) die bis zum 31. Dezember 2005 geltenden Vorschriften der Niedersächsischen Gemeindeordnung angewendet, so kann sie diese Vorschriften bis zum Haushaltsjahr 2017 anwenden. [2]Hat das Treuhandvermögen für die Vermögens-, Ertrags- und Finanzlage der Kommune nur untergeordnete Bedeutung, so kann sie die Anwendung dieser Vorschriften unbefristet fortsetzen.

§ 180 Sonstige Übergangsregelungen

(1) Ein Bürgerbegehren nach § 22b Abs. 11 der Niedersächsischen Gemeindeordnung, § 17b Abs. 11 der Niedersächsischen Landkreisordnung oder § 24 Abs. 11 des Gesetzes über die Region Hannover, das die Missbilligung einer Maßnahme der Kommune zum Gegenstand hat und vor dem 1. November 2011 angezeigt worden ist, wird durch die Aufhebung der genannten Vorschriften nicht unzulässig; die §§ 32 und 33 sind entsprechend anzuwenden.

(2) Bei Inkrafttreten dieses Gesetzes nicht durch Hauptsatzung eingerichtete Stadtbezirke gelten als durch Hauptsatzung eingerichtet; die Hauptsatzung ist vor Ablauf des 31. Oktober 2012 dem § 90 Abs. 2 anzupassen.

(3) Hat der Rat vor dem 1. November 2011 beschlossen, einen Bauleitplan aufzustellen, so ist § 94 Abs. 2 für das Verfahren zur Aufstellung dieses Bauleitplans auf Ortsräte nicht anzuwenden.

(4) Wird die Region Hannover als Gewährträger für Verbindlichkeiten der Sparkasse Hannover nach § 32 Abs. 1 des Niedersächsischen Sparkassengesetzes in Anspruch genommen, so ist bei der Festsetzung der Regionsumlage sicherzustellen, dass die Belastungen von der Landeshauptstadt Hannover und den anderen regionsangehörigen Gemeinden je zur Hälfte getragen werden.

(5) § 81 Abs. 5 Satz 1 gilt für Hauptverwaltungsbeamtinnen und Hauptverwaltungsbeamte, die am 1. November 2016 bereits im Amt sind, mit der Maßgabe, dass die Mitteilung bis zum 31. Januar 2018 zu machen ist.

(6) Für Tätigkeiten einer Hauptverwaltungsbeamtin oder eines Hauptverwaltungsbeamten sowie von anderen Beschäftigten der Kommune als Mitglied in einem Aufsichtsrat und in anderen, in § 138 Abs. 1 Satz 1 nicht genannten Organen und Gremien von Unternehmen und Einrichtungen, deren Grund- oder Stammkapital sich nicht überwiegend in öffentlicher Hand befindet und die nicht überwiegend fortlaufend aus öffentlicher Hand unterhalten werden, ist § 138 Abs. 9 erst ab dem 1. Januar 2017 anzuwenden.

(7) [1]Ein Verstoß gegen § 11 Abs. 2 Satz 1 ist für eine vor dem 19. April 2018 verkündete Satzung unbeachtlich, wenn diese spätestens zum Zeitpunkt ihrer fehlerhaften Verkündung auf einer Internetseite der Kommune bereitgestellt worden ist und dort dauerhaft bereitgestellt wird; bei Mitgliedsgemeinden von Samtgemeinden genügt die Bereitstellung auf einer Internetseite der Samtgemeinde. [2]§ 11 Abs. 3 Sätze 5 und 6 Halbsatz 2 gilt entsprechend. [3]Die Sätze 1 und 2 gelten entsprechend für Verordnungen und öffentliche Bekanntmachungen der Kommunen nach diesem Gesetz sowie für die Erteilung von Genehmigungen für den Flächennutzungsplan.

§ 181 Experimentierklausel

(1) Im Interesse der Erhaltung oder Verbesserung der Leistungsfähigkeit einer Kommune kann das für Inneres zuständige Ministerium für die Erprobung neuer Möglichkeiten der Aufnahme und Bewirtschaftung von Krediten im Einzelfall auf Antrag Ausnahmen von den §§ 120 und 122 zulassen.

(2) In dem Antrag hat die Kommune darzulegen, zu welchem Zweck die Erprobung im Einzelnen dienen soll, von welchen Vorschriften Ausnahmen beantragt werden und welche Wirkungen erwartet werden.

(3) [1]Ausnahmen nach Absatz 1 können nur für dauernd leistungsfähige oder für Kommunen zugelassen werden, deren Leistungsfähigkeit sich durch die Ausnahme voraussichtlich dauernd verbessert. [2]Die Ausnahme wird für längstens fünf Jahre zugelassen. [3]Sie kann jederzeit widerrufen werden. [4]Die Kommune hat das Vorhaben unter Beachtung der Bestimmungen in der Ausnahme durchzuführen, zu dokumentieren und auszuwerten.

(4) [1]Die Kommune hat dem für Inneres zuständigen Ministerium zu einem in der Ausnahme festzulegenden Zeitpunkt über deren Auswirkungen zu berichten. [2]Im Jahr 2019 legt die Landesregierung dem Landtag einen Erfahrungsbericht vor.

§ 182 Sonderregelungen für epidemische Lagen und Folgen des Krieges in der Ukraine

(1) [1]Solange eine epidemische Lage von nationaler Tragweite nach § 5 Abs. 1 Satz 1 des Infektionsschutzgesetzes, eine epidemische Lage von landesweiter Tragweite nach § 3a Abs. 1 Satz 1 des Niedersächsischen Gesetzes über den öffentlichen Gesundheitsdienst oder die Anwendbarkeit des § 28a Abs. 1 bis 6 IfSG nach § 28a Abs. 8 IfSG festgestellt ist, gelten die Absätze 2 bis 4. [2]Unabhängig davon, ob eine Lage nach Satz 1 oder die Anwendbarkeit des § 28a Abs. 1 bis 6 IfSG nach § 28a Abs. 8 IfSG festgestellt ist, kann die Vertretung die Anwendung der Regelungen des Absatzes 2 auf Vorschlag der Hauptverwaltungsbeamtin oder des Hauptverwaltungsbeamten mit einer Mehrheit von zwei Dritteln ihrer Mitglieder für einen Zeitraum von jeweils längstens drei Monaten beschließen, wenn ein relevantes örtliches Infektionsgeschehen besteht oder das Zusammentreten der Organe der Kommune sonst aufgrund einer außergewöhnlichen Notlage erheblich erschwert ist. [3]Für die Fassung des Beschlusses können die Regelungen des Absatzes 2 bereits angewendet werden.

(2) [1]Liegen die Voraussetzungen nach Absatz 1 vor, so

1. kann die Vertretung auf Vorschlag der Hauptverwaltungsbeamtin oder des Hauptverwaltungsbeamten über bestimmte Angelegenheiten im Umlaufverfahren beschließen, wenn sich vier Fünftel der Mitglieder der Vertretung damit einverstanden erklärt haben; dies gilt für Sitzungen des Hauptausschusses und der Ausschüsse entsprechend,
2. kann die Vertretung beschließen, dass der Hauptausschuss längstens für die Dauer der festgestellten epidemischen Lage über bestimmte Angelegenheiten anstelle der Vertretung beschließt,
3. kann die Hauptverwaltungsbeamtin oder der Hauptverwaltungsbeamte im Benehmen mit der oder dem Vorsitzenden der Vertretung in der Ladung anordnen, dass alle oder einzelne Abgeordnete per Videokonferenztechnik an der Sitzung der Vertretung teilnehmen können, soweit dies technisch möglich ist; dies gilt für Sitzungen des Hauptausschusses und der Ausschüsse entsprechend,
4. kann die Entscheidung nach § 46 Abs. 4 Satz 1 abweichend von § 46 Abs. 4 Satz 2 bis spätestens 12 Monate vor dem Ende der laufenden Wahlperiode getroffen werden,

5. kann die Hauptverwaltungsbeamtin oder der Hauptverwaltungsbeamte bei der Vorbereitung von Beschlüssen des Hauptausschusses auf die Beteiligung der beratenden Ausschüsse verzichten, wenn der Hauptausschuss nichts anderes bestimmt,
6. ist die Hauptverwaltungsbeamtin oder der Hauptverwaltungsbeamte nicht verpflichtet, einem Verlangen auf Einberufung der Vertretung nach § 59 Abs. 2 Satz 4 Nr. 2 zu entsprechen,
7. kann in den von § 94 erfassten Angelegenheiten anstelle des Ortsrates die Ortsbürgermeisterin oder der Ortsbürgermeister und anstelle des Stadtbezirksrats die Bezirksbürgermeisterin oder der Bezirksbürgermeister angehört werden.

[2]Die Beschlüsse, die im Umlaufverfahren gemäß Satz 1 Nr. 1 oder aufgrund einer Übertragung der Zuständigkeit nach Satz 1 Nr. 2 vom Hauptausschuss anstelle der Vertretung gefasst wurden, sind unverzüglich zu veröffentlichen, soweit nicht im Einzelfall aus Gründen des öffentlichen Wohls oder zur Wahrung berechtigter Interessen Einzelner etwas anderes beschlossen wird. [3]Ergeht für eine öffentliche Sitzung eine Anordnung nach Satz 1 Nr. 3, so kann das jeweilige Gremium unbeschadet von § 64 Abs. 2 Satz 2 durch Beschluss zulassen, dass auch die Öffentlichkeit per Videokonferenztechnik an dieser Sitzung teilnehmen kann. [4]§ 64 Abs. 2 Satz 3 findet Anwendung, soweit dies technisch möglich ist. [5]Soweit die Öffentlichkeit an einer gemäß Satz 1 Nr. 3 durchgeführten Sitzung der Vertretung nicht teilnehmen konnte, ist das Protokoll (§ 68) zu veröffentlichen. [6]Im Übrigen gilt für gemäß Satz 1 Nr. 3 durchgeführte Sitzungen § 64 Abs. 3 Sätze 5 und 6 und Abs. 6 entsprechend.

(3) [1]Der Hauptausschuss verlängert auf Antrag der Vertreterinnen und Vertreter eines Bürgerbegehrens durch Beschluss die Fristen nach § 32 Abs. 6 Sätze 1 und 4 und Abs. 7 Satz 4. [2]Die Verlängerung erfolgt für die Dauer der festgestellten epidemischen Lage, höchstens jedoch für sechs Monate.

(4) [1]Zur Bewältigung der Folgen einer epidemischen Lage nach Absatz 1 für die kommunale Haushaltswirtschaft

1. muss die Kommune Fehlbeträge des ordentlichen und außerordentlichen Ergebnisses aus dem betreffenden Haushaltsjahr oder den betreffenden Haushaltsjahren und dem Folgejahr in ihrer Bilanz auf der Passivseite gesondert ausweisen,
2. darf sich die Kommune abweichend von § 110 Abs. 7 Satz 1 über den Wert ihres Vermögens hinaus verschulden, wenn die Verschuldung auf der festgestellten epidemischen Lage beruht,
3. kann die Vertretung beschließen, dass in dem betreffenden Haushaltsjahr oder den betreffenden Haushaltsjahren und in den beiden Folgejahren ein Haushaltssicherungskonzept nach § 110 Abs. 8 nicht aufgestellt wird, soweit wegen der festgestellten epidemischen Lage der Haushaltsausgleich nicht erreicht, eine Überschuldung nicht abgebaut oder eine drohende Überschuldung nicht abgewendet werden kann,
4. dürfen Liquiditätskredite nach § 122 Abs. 1 Satz 1 abweichend von § 112 Abs. 3 Satz 1 bereits ab dem Tag nach der Verkündung der Haushaltssatzung aufgenommen werden, jedoch frühestens mit Beginn des Haushaltsjahres,
5. dürfen abweichend von § 114 Abs. 2 Satz 2 Haushaltssatzungen ohne genehmigungsbedürftige Teile bereits zwei Wochen nach Vorlage an die Kommunalaufsichtsbehörde verkündet werden,
6. muss für unmittelbar aus der festgestellten epidemischen Lage resultierende über- oder außerplanmäßige Aufwendungen und Auszahlungen abweichend von § 117 Abs. 1 Satz 1 eine Deckung nicht gewährleistet sein,
7. kann die Kommune abweichend von § 122 Abs. 1 Satz 1 Liquiditätskredite für Unternehmen und Einrichtungen in der Rechtsform des privaten Rechts, bei denen sie über die Mehrheit der Anteile verfügt, sowie für ihre kommunalen Anstalten im Rahmen des in der Haushaltssatzung festgesetzten Höchstbetrages aufnehmen und an diese Rechtsträger weiterreichen, soweit diesen aufgrund der festgestellten epidemischen Lage für rechtzeitige Auszahlungen andere Mittel nicht zur Verfügung stehen,
8. gilt abweichend von § 122 Abs. 2 der von der Vertretung für die Aufnahme von Liquiditätskrediten festgesetzte Höchstbetrag als von der Kommunalaufsichtsbehörde genehmigt, wenn der Höchstbetrag ein Drittel der im Finanzhaushalt veranschlagten Einzahlungen aus laufender Verwaltungstätigkeit nicht übersteigt.

[2]Fehlbeträge nach Satz 1 Nr. 1 sollen in einem Zeitraum von bis zu 30 Jahren gedeckt werden. [3]Die Möglichkeit nach Satz 1 Nr. 7 lässt die Erteilung einer Zulassung nach § 181 unberührt. [4]Gilt der

festgesetzte Höchstbetrag gemäß Satz 1 Nr. 8 als genehmigt, so ist der zugrundeliegende Beschluss der Vertretung der Kommunalaufsichtsbehörde unverzüglich mitzuteilen.

(5) Zur Bewältigung der Folgen des Krieges in der Ukraine für die kommunale Haushaltswirtschaft ist Absatz 4 bis zum 30. Juni 2024 entsprechend anzuwenden.

Allgemeine Verordnung über die den Landkreisen gegenüber den großen selbständigen Städten und den selbständigen Gemeinden vorbehaltenen Aufgaben des übertragenen Wirkungskreises (Allgemeine Vorbehaltsverordnung – AllgVorbehVO)

Vom 14. Dezember 2004 (Nds. GVBl. S. 587)
(GVBl. Sb 20300)
zuletzt geändert durch Art. 4 VO zur NeuO von Zuständigkeitsregelungen auf den Gebieten Wald, Jagd und Kleingarten vom 6. November 2020 (Nds. GVBl. S. 379)

Aufgrund des § 11 Abs. 1 Satz 2 und des § 12 Abs. 1 Satz 4 der Niedersächsischen Gemeindeordnung in der Fassung vom 22. August 1996 (Nds. GVBl. S. 382), zuletzt geändert durch Artikel 6 des Gesetzes vom 5. November 2004 (Nds. GVBl. S. 394), wird verordnet:

§ 1 Inhalt

Diese Verordnung bestimmt Aufgaben, die abweichend von § 17 Satz 1 des Niedersächsischen Kommunalverfassungsgesetzes von den Landkreisen wahrgenommen werden.

§ 2 Vorbehalte gegenüber den großen selbständigen Städten und den selbständigen Gemeinden

Die Aufgaben des übertragenen Wirkungskreises aufgrund der folgenden Rechtsvorschriften in der jeweils geltenden Fassung bleiben den Landkreisen gegenüber den großen selbständigen Städten und den selbständigen Gemeinden vorbehalten:

1.–3. *[aufgehoben]*

4. §§ 1 und 2 Abs. 1 Nr. 5 der Anforderungsbehörden- und Bedarfsträgerverordnung vom 12. Juni 1989 (BGBl. I S. 1088), zuletzt geändert durch Artikel 9 der Verordnung vom 2. Juni 2016 (BGBl. I S. 1257);

5.–17. *[aufgehoben]*

18. Bundes-Bodenschutzgesetz vom 17. März 1998 (BGBl. I S. 502), geändert durch Artikel 3 Abs. 3 der Verordnung vom 27. September 2017 (BGBl. I S. 3465), und Niedersächsisches Bodenschutzgesetz vom 19. Februar 1999 (Nds. GVBl. S. 46), zuletzt geändert durch Artikel 16 des Gesetzes vom 16. Mai 2018 (Nds. GVBl. S. 66), nebst den zur Durchführung dieser Gesetze ergangenen Rechtsvorschriften, ausgenommen gegenüber den großen selbständigen Städten, die untere Abfallbehörde sind.

§§ 3, 4 *[aufgehoben]*

§ 5 In-Kraft-Treten

(1) Diese Verordnung tritt am 1. Januar 2005 in Kraft.

(2) Gleichzeitig tritt die Allgemeine Verordnung über die den Landkreisen gegenüber den großen selbständigen Städten und den selbständigen Gemeinden vorbehaltenen Aufgaben des übertragenen Wirkungskreises vom 19. Dezember 1990 (Nds. GVBl. S. 519), zuletzt geändert durch Artikel 6 Abs. 2 Nr. 2 des Gesetzes vom 24. Juni 2004 (Nds. GVBl. S. 230), außer Kraft.

Niedersächsisches Gesetz über die kommunale Zusammenarbeit (NKomZG)

In der Fassung vom 21. Dezember 2011[1)] (Nds. GVBl. S. 493)
(VORIS 20300)
zuletzt geändert durch Art. 3 G zur Änd. des KommunalverfassungsG und anderer kommunalrechtl. Vorschriften vom 13. Oktober 2021 (Nds. GVBl. S. 700)

Inhaltsübersicht:

Erster Teil
Allgemeine Grundlagen

§ 1 Formen kommunaler Zusammenarbeit

(1) [1]Zur gemeinsamen Erfüllung ihrer öffentlichen Aufgaben können Kommunen
1. ein gemeinsames Unternehmen in der Rechtsform einer rechtsfähigen Anstalt des öffentlichen Rechts (gemeinsame kommunale Anstalt) errichten,
2. sich an einer gemeinsamen kommunalen Anstalt als weitere Träger beteiligen,
3. eine Zweckvereinbarung abschließen,
4. einen Zweckverband errichten und
5. sich an einem Zweckverband als weiteres Verbandsmitglied beteiligen.

[2]Soweit die Zusammenarbeit nach Satz 1 ausschließlich dazu dienen soll, Aufgaben des eigenen Wirkungskreises sämtlicher Mitgliedsgemeinden einer Samtgemeinde gemeinsam zu erfüllen, geht § 98 Abs. 1 Satz 2 des Niedersächsischen Kommunalverfassungsgesetzes (NKomVG) der Zusammenarbeit nach Satz 1 vor.

(2) Besondere Rechtsvorschriften über die gemeinsame Aufgabenerfüllung und über eine die Landesgrenzen überschreitende Zusammenarbeit sowie die Befugnis zur privatrechtlich ausgestalteten gemeinsamen Erfüllung von Aufgaben bleiben unberührt.

(3) [1]Rechtshandlungen, die aus Anlass des Abschlusses einer Vereinbarung über eine gemeinsame kommunale Anstalt oder einer Zweckvereinbarung oder aus Anlass der Errichtung eines Zweckver-

1) Neubekanntmachung des NKomZG v. 19.2.2004 (Nds.GVBl. S. 63) in der ab 1.11.2011 geltenden Fassung.

bandes oder der Änderung oder Auflösung einer gemeinsamen kommunalen Anstalt, einer Zweckvereinbarung oder eines Zweckverbandes vorgenommen werden, sind frei von öffentlichen Abgaben, die auf Landesrecht beruhen. [2]Für Eintragungen in das Grundbuch und die sonstigen gerichtlichen Handlungen aus einem Anlass nach Satz 1 werden keine Gebühren und Auslagen erhoben.

§ 2 Grundsätze kommunaler Zusammenarbeit

(1) [1]Im Rahmen der kommunalen Zusammenarbeit nach diesem Gesetz können Kommunen

1. öffentliche Aufgaben auf eine gemeinsame kommunale Anstalt, eine kommunale Anstalt, eine andere Kommune oder einen Zweckverband übertragen oder
2. eine gemeinsame kommunale Anstalt, eine kommunale Anstalt, eine andere Kommune oder einen Zweckverband mit der Durchführung von öffentlichen Aufgaben unter Beachtung der vergaberechtlichen Vorschriften beauftragen.

[2]Die Zusammenarbeit kann sich auf sachlich und örtlich begrenzte Teile der Aufgaben beschränken.

(2) [1]Eine Aufgabe kann nach Absatz 1 Satz 1 Nr. 1 auf eine andere Kommune nur übertragen werden, wenn sie den an dieser Zusammenarbeit Beteiligten obliegt. [2]Die Übertragung einer Aufgabe nach Absatz 1 Satz 1 Nr. 1 auf eine gemeinsame kommunale Anstalt oder einen Zweckverband ist nur zulässig, wenn sie entweder den an der gemeinsamen kommunalen Anstalt oder dem Zweckverband beteiligten Kommunen oder der gemeinsamen kommunalen Anstalt oder dem Zweckverband obliegt.

(3) Mit der Übertragung einer Aufgabe nach Absatz 1 Satz 1 Nr. 1 gehen alle mit der Erfüllung der Aufgabe verbundenen Rechte und Pflichten einschließlich der Befugnis, für die betreffende Aufgabe Satzungen und Verordnungen zu erlassen, über, soweit § 5 Abs. 4 und § 3 Abs. 2 in Verbindung mit § 143 Abs. 1 Satz 3 NKomVG nichts Abweichendes bestimmen; § 9 Abs. 3 bleibt unberührt.

(4) [1]Soweit Kommunen eine Aufgabe übertragen haben, sind sie von der Pflicht zur Aufgabenerfüllung frei. [2]Soweit sie einen anderen mit der Durchführung einer Aufgabe beauftragt haben, bleiben ihre Rechte und Pflichten in Bezug auf die Aufgabenerfüllung unberührt. [3]Für die Durchführung einer hoheitlichen Aufgabe kann der Beauftragende dem mit der Durchführung der Aufgabe Beauftragten fachliche Weisungen erteilen.

(5) [1]Vereinbarungen über eine kommunale Zusammenarbeit nach diesem Gesetz sind der Kommunalaufsichtsbehörde anzuzeigen. [2]Soweit sie die Übertragung einer Aufgabe betreffen, die durch Rechtsvorschrift zugewiesen oder übertragen worden ist, bedürfen sie der Genehmigung der Kommunalaufsichtsbehörde. [3]Betrifft die Übertragung Aufgaben des eigenen Wirkungskreises, so ist die Genehmigung zu erteilen, wenn die Vereinbarung nicht gegen Rechtsvorschriften verstößt; im Übrigen entscheidet die Kommunalaufsichtsbehörde nach pflichtgemäßem Ermessen. [4]Für Änderungen von Vereinbarungen nach Satz 1 gelten die Sätze 1 bis 3 entsprechend.

Zweiter Teil

Gemeinsame kommunale Anstalt

§ 3 Errichtung und Grundlagen gemeinsamer kommunaler Anstalten

(1) Kommunen können durch Vereinbarung

1. eine gemeinsame kommunale Anstalt errichten,
2. sich an einer bestehenden gemeinsamen kommunalen Anstalt als weitere Träger beteiligen und
3. im Wege der Gesamtrechtsnachfolge über eine Umwandlung
   a) bestehende Eigenbetriebe,
   b) Unternehmen und Einrichtungen, die nach § 136 Abs. 1 und 2 oder 4 NKomVG als Eigenbetriebe geführt werden können,
   c) Einrichtungen, die nach § 139 NKomVG wirtschaftlich selbständig geführt werden oder geführt werden dürfen,
   d) Unternehmen und Einrichtungen in privater Rechtsform, an denen alle Anteile die Kommunen halten, die Träger der gemeinsamen kommunalen Anstalt werden wollen,

   in eine gemeinsame kommunale Anstalt einbringen.

(2) § 125 Abs. 4, § 141 Abs. 1 Sätze 2 bis 6 und Abs. 2 und 3, die §§ 142 und 143 Abs. 1 Sätze 1 bis 3 und 5 sowie Abs. 2, § 144, § 145 Abs. 1 bis 5, 7 und 8, die §§ 146 und 147 Abs. 1, die §§ 150, 151 und 152 Abs. 3 NKomVG sowie eine aufgrund des § 147 Abs. 2 NKomVG erlassene Verordnung gelten entsprechend, soweit sich aus den Absätzen 3 und 4 sowie § 4 nichts Abweichendes ergibt.

(3) [1]Im Rahmen der Vereinbarung nach Absatz 1 legen die Träger die Unternehmenssatzung für die gemeinsame kommunale Anstalt fest; die Unternehmenssatzung ist eine gemeinsame Satzung der Träger. [2]In der Unternehmenssatzung sind die Rechtsverhältnisse der gemeinsamen kommunalen Anstalt und das Verfahren zur Änderung der Unternehmenssatzung sowie die Verteilung des Anstaltsvermögens und des Anstaltspersonals im Fall der Auflösung der Anstalt zu regeln. [3]Die Vereinbarung nach Absatz 1 enthält darüber hinaus mindestens Bestimmungen über

1. die Verteilung der Anteile am Stammkapital und an Unterstützungsleistungen (§ 144 Abs. 1 NKomVG) auf die Träger der gemeinsamen kommunalen Anstalt sowie über das Verfahren, in dem über Unterstützungsleistungen entschieden wird,
2. die Verteilung der Stimmen im Verwaltungsrat auf die Träger der gemeinsamen kommunalen Anstalt und die Bestimmung des vorsitzenden Mitglieds des Verwaltungsrates,
3. die für die Jahresabschlussprüfung zuständige Stelle und
4. ein Verfahren, das die gemeinschaftliche Entscheidung der Träger der gemeinsamen kommunalen Anstalt über die Wahrnehmung von Rechten und Pflichten sicherstellt, die nach den Bestimmungen des Niedersächsischen Kommunalverfassungsgesetzes die Kommune gegenüber einer von ihr getragenen kommunalen Anstalt hat, sowie ein Verfahren zur gemeinschaftlichen Bestätigung von Vertreterinnen und Vertretern der Beschäftigten nach § 110 Abs. 4 des Niedersächsischen Personalvertretungsgesetzes.

(4) [1]Dem Verwaltungsrat der gemeinsamen kommunalen Anstalt müssen die Hauptverwaltungsbeamtinnen oder Hauptverwaltungsbeamten ihrer Träger angehören. [2]§ 138 Abs. 2 Satz 2 NKomVG gilt entsprechend. [3]Für das nach Satz 1 oder 2 entsandte Mitglied des Verwaltungsrats benennt die Vertretung des Trägers eine Stellvertreterin oder einen Stellvertreter, die Beschäftigte oder der Beschäftigter des Trägers ist. [4]Hat ein Träger mehrere Stimmen im Verwaltungsrat, so kann die Vereinbarung vorsehen, dass das Stimmrecht durch eine entsprechende Anzahl von weiteren Personen ausgeübt wird. [5]Die weiteren Personen müssen der Vertretung des Trägers angehören und von dieser bestimmt werden. [6]Die Stimmen der von einem Träger entsandten Mitglieder können nur einheitlich abgegeben werden. [7]Die von einem Träger entsandten Personen können sich in der Ausübung des Stimmrechts vertreten.

(5) [1]Die Aufgaben nach § 9 Abs. 2 Sätze 1 bis 3 NKomVG werden von der Gleichstellungsbeauftragten eines Trägers wahrgenommen. [2]§ 9 Abs. 2 Sätze 4 und 5 und Abs. 3 bis 7 NKomVG ist entsprechend anzuwenden. [3]Das Nähere bestimmt die Vereinbarung nach Absatz 1.

§ 4 Anzeige, Bekanntmachungen

(1) [1]Die Vereinbarung, durch die eine gemeinsame kommunale Anstalt zustande kommt, und die Vereinbarung über die Auflösung einer gemeinsamen kommunalen Anstalt sind der Kommunalaufsichtsbehörde mindestens sechs Wochen vor dem Wirksamwerden anzuzeigen. [2]Änderungen der Unternehmenssatzung sind der Kommunalaufsichtsbehörde anzuzeigen.

(2) [1]Die Träger haben die Unternehmenssatzung nach den für die Verkündung ihrer Satzungen geltenden Rechtsvorschriften zu verkünden. [2]Die gemeinsame kommunale Anstalt ist am Tag der letzten Verkündung der Unternehmenssatzung errichtet, wenn nicht ein späterer Zeitpunkt in der Unternehmenssatzung bestimmt ist.

(3) [1]Erlässt die gemeinsame kommunale Anstalt eine Satzung, so hat sie diese für das Gebiet jedes Trägers der Anstalt nach den Rechtsvorschriften zu verkünden, die für die Verkündung von Satzungen der Träger gelten. [2]Ein Wechsel der Aufgabenträgerschaft infolge der Bildung, der Änderung der Aufgabenstellung oder der Auflösung einer gemeinsamen kommunalen Anstalt ist von dieser öffentlich bekannt zu machen.

Dritter Teil
Zweckvereinbarung

§ 5 Inhalt und Zustandekommen der Zweckvereinbarung

(1) [1]Kommunen können durch öffentlich-rechtlichen Vertrag vereinbaren, dass eine der beteiligten Kommunen einzelne Aufgaben der anderen beteiligten Kommunen übernimmt oder für diese durchführt (Zweckvereinbarung). [2]Durch Zweckvereinbarung kann auch eine kommunale Anstalt, eine gemeinsame kommunale Anstalt oder ein Zweckverband eine Aufgabe, die der Anstalt oder dem Zweckverband satzungsmäßig obliegt, von einer Kommune übernehmen oder für diese durchführen.

(2) [1]Neben Kommunen können
1. über Absatz 1 Satz 2 hinaus andere juristische Personen des öffentlichen Rechts,
2. natürliche Personen oder
3. juristische Personen des Privatrechts

an einer Zweckvereinbarung beteiligt werden, wenn Rechtsvorschriften nicht entgegenstehen und wenn die Kommunen, wenn sie die Aufgabe selbst erfüllten, solche Personen beteiligen dürften. [2]Durch Zweckvereinbarung dürfen keine öffentlichen Aufgaben an Personen des Privatrechts übertragen werden.

(3) Die Zweckvereinbarung kann befristet oder unbefristet geschlossen werden.

(4) [1]Den eine Aufgabe übertragenden Kommunen können in der Zweckvereinbarung einzelne Mitwirkungsrechte eingeräumt werden. [2]Abweichend von § 2 Abs. 3 geht die Befugnis, in Bezug auf die übernommene Aufgabe Satzungen und Verordnungen zu erlassen, auf die übernehmende Kommune oder Anstalt oder den übernehmenden Zweckverband nur über, wenn die Zweckvereinbarung dies bestimmt. [3]Von einer übernommenen Rechtsetzungsbefugnis darf die übernehmende Kommune oder Anstalt nur mit einer in jedem Einzelfall zu erteilenden Zustimmung der Kommunen Gebrauch machen, die sie übertragen haben.

(5) [1]Die Zweckvereinbarung stellt sicher, dass der die Aufgabe übernehmende Beteiligte seine durch die Erfüllung der Aufgabe entstehenden Kosten decken kann. [2]In der Kostenregelung sind die Maßstäbe zu bestimmen, nach denen die Kosten ermittelt und bemessen werden.

(6) [1]Die beteiligten Kommunen haben die Zweckvereinbarung nach den für ihre Satzungen geltenden Vorschriften öffentlich bekannt zu machen. [2]Die Zweckvereinbarung wird am Tag nach der letzten Bekanntmachung wirksam, wenn nicht ein anderer Zeitpunkt vereinbart ist.

(7) Die die Aufgabe übernehmende Kommune, kommunale Anstalt oder gemeinsame kommunale Anstalt hat die Satzungen und Verordnungen, die sie zur Erfüllung dieser Aufgabe erlässt, nach den Rechtsvorschriften zu verkünden, die für die Verkündung von Rechtsvorschriften der Kommunen gelten, die die Aufgaben übertragen haben.

§ 6 Änderung, Auflösung und Kündigung der Zweckvereinbarung

(1) Die Änderung der Zweckvereinbarung bedarf nur dann der öffentlichen Bekanntmachung nach § 5 Abs. 6, wenn der Kreis der Beteiligten oder der Bestand der von der Zweckvereinbarung erfassten Aufgaben geändert wird.

(2) [1]In der Zweckvereinbarung sind die Voraussetzungen und die Folgen einer Auflösung durch alle Beteiligten oder einer Kündigung durch einen einzelnen Beteiligten zu regeln. [2]Sind nach einer Auflösung oder einer Kündigung ergänzende Regelungen erforderlich und einigen sich die Beteiligten insoweit nicht, so trifft die Kommunalaufsichtsbehörde die erforderlichen Bestimmungen.

(3) Für die Auflösung der Zweckvereinbarung gilt § 5 Abs. 6 entsprechend.

Vierter Teil
Zweckverband

§ 7 Voraussetzungen, Verbandsmitglieder

(1) [1]Kommunen können sich zu einem Zweckverband zusammenschließen, der bestimmte Aufgaben der Beteiligten übernimmt oder für diese durchführt. [2]Der Zweckverband kann daneben auch Aufgaben für einzelne Verbandsmitglieder erfüllen. [3]Eine Kommune kann einem Zweckverband auch nur für eine bestimmte Zeit beitreten.

(2) [1]Ein Zweckverband darf auch errichtet und geführt werden, um einer juristischen Person des öffentlichen oder privaten Rechts, die eine jedem Verbandsmitglied obliegende Aufgabe erfüllen soll, einen einheitlichen Träger zu geben. [2]Satz 1 gilt in Bezug auf die Trägerschaft für juristische Personen des privaten Rechts jedoch nur, soweit alle Verbandsmitglieder nach den Vorschriften des Niedersächsischen Kommunalverfassungsgesetzes berechtigt wären, die für die juristische Person des privaten Rechts vorgesehene Aufgabe auch durch eigene Unternehmen oder Einrichtungen in dieser Rechtsform zu erfüllen.

(3) Neben Kommunen können natürliche Personen, andere juristische Personen des öffentlichen Rechts und juristische Personen des Privatrechts Mitglieder eines Zweckverbandes sein, wenn

1. die Kommunen die Mehrheit der Verbandsmitglieder stellen und die Mehrheit der Stimmen in den Kollegialorganen des Zweckverbandes haben,
2. die Erfüllung der Verbandsaufgaben dadurch gefördert wird,
3. Gründe des öffentlichen Wohls nicht entgegenstehen und
4. bei einer Aufgabenerfüllung durch die Verbandsmitglieder selbst eine Beteiligung solcher Personen zulässig wäre.

(4) Mitglieder eines Zweckverbandes können nicht sein

1. eine gemeinsame kommunale Anstalt,
2. ein Zweckverband,
3. eine Kommune, solange diese durch eine Zweckvereinbarung eine Aufgabe übernommen hat, die auf den Zweckverband übergehen soll.

(5) [1]Vor Errichtung eines Zweckverbandes haben die interessierten Kommunen und kommunalen Anstalten zu prüfen, ob die gemeinsame Aufgabenerfüllung wirtschaftlicher im Wege einer Zweckvereinbarung erfolgen kann. [2]Vor Errichtung eines Zweckverbandes im Sinne des Absatzes 2 Satz 1 haben sie ferner zu prüfen, ob es zulässig und wirtschaftlicher wäre, wenn sie die juristische Person unmittelbar trügen.

(6) [1]Ein Zweckverband im Sinne von § 2 Abs. 1 Satz 1 Nr. 2, dessen Hauptzweck es ist, sich wirtschaftlich zu betätigen, darf nur unter den Voraussetzungen des § 136 Abs. 1 Satz 2 NKomVG errichtet und geführt werden. [2]Satz 1 gilt nicht, wenn der Zweckverband Aufgaben nach § 136 Abs. 3 NKomVG erfüllt.

§ 8 Rechtsstellung

(1) [1]Der Zweckverband ist eine Körperschaft des öffentlichen Rechts. [2]Er besitzt Dienstherrnfähigkeit im Sinne des § 2 des Beamtenstatusgesetzes, wenn die Verbandsordnung dies vorsieht.

(2) Der Zweckverband ist berechtigt, nach Maßgabe des Niedersächsischen Kommunalabgabengesetzes Gebühren und Beiträge zu erheben und Kostenerstattungen zu verlangen.

§ 9 Errichtung, Verbandsordnung

(1) Zur Errichtung des Zweckverbandes vereinbaren die Beteiligten durch öffentlich-rechtlichen Vertrag eine Verbandsordnung, die für den Zweckverband als Satzung gilt.

(2) Die Verbandsordnung muss bestimmen:

1. die Verbandsmitglieder,
2. den Namen und den Sitz des Zweckverbandes,
3. die Aufgaben des Zweckverbandes,
4. das Stimmrecht in der Verbandsversammlung,
5. die Form der öffentlichen Bekanntmachungen des Zweckverbandes,
6. die Grundlagen für die Bemessung der Verbandsumlage,
7. das für die örtliche Prüfung zuständige Rechnungsprüfungsamt,
8. die Voraussetzungen für die Auflösung des Zweckverbandes und dessen Abwicklung sowie
9. bei Zweckverbänden mit mehr als zwei Mitgliedern die Voraussetzungen der Kündigung eines einzelnen Mitglieds und die Grundlagen der darauf folgenden Auseinandersetzung mit dem ausscheidenden Mitglied.

(3) Werden nach § 7 Abs. 1 Satz 2 Aufgaben nur für einzelne Verbandsmitglieder erfüllt oder wird die Erfüllung der Aufgaben für einzelne Verbandsmitglieder begrenzt, so soll die Verbandsordnung dies bei der Ausgestaltung der Regelungen über die Willensbildung des Verbandes angemessen berücksichtigen.

(4) [1]Die Verbandsordnung kann weitere Bestimmungen über die Rechtsverhältnisse des Zweckverbandes enthalten, soweit gesetzlich nichts anderes bestimmt ist. [2]Sie kann den Beitritt eines neuen Mitglieds oder die Kündigung der Mitgliedschaft ohne Änderung der Verbandsordnung zulassen.

(5) [1]Die Aufgaben nach § 9 Abs. 2 Sätze 1 bis 3 NKomVG werden von der Gleichstellungsbeauftragten einer beteiligten Kommune oder einer vom Zweckverband in entsprechender Anwendung des § 8 Abs. 2 NKomVG bestellten hauptberuflichen Gleichstellungsbeauftragten wahrgenommen. [2]§ 9 Abs. 2 Sätze 4 und 5 und Abs. 3 bis 7 NKomVG ist entsprechend anzuwenden. [3]Das Nähere bestimmt die Verbandsordnung.

(6) [1]Die Kommunen haben die erstmalige öffentliche Bekanntmachung der Verbandsordnung nach den für die Verkündung ihrer Satzungen geltenden Rechtsvorschriften vorzunehmen. [2]Der Zweckverband ist am Tage der letzten Bekanntmachung errichtet, wenn nicht ein späterer Zeitpunkt bestimmt ist.

§ 10 Organe

[1]Organe des Zweckverbandes sind die Verbandsversammlung und die Verbandsgeschäftsführerin oder der Verbandsgeschäftsführer. [2]Die Verbandsordnung kann als weiteres Organ einen Verbandsausschuss vorsehen; in diesem Fall regelt sie seine Rechtsstellung, seine Zusammensetzung und seine Aufgaben.

§ 11 Zusammensetzung der Verbandsversammlung

(1) [1]Hat nach der Verbandsordnung jedes Verbandsmitglied nur eine Stimme in der Verbandsversammlung, so werden die kommunalen Verbandsmitglieder von ihrer Hauptverwaltungsbeamtin oder ihrem Hauptverwaltungsbeamten vertreten, andere Verbandsmitglieder entsenden je eine Vertreterin oder einen Vertreter in die Verbandsversammlung. [2]Die Vertretung eines kommunalen Verbandsmitglieds kann auf Vorschlag der Hauptverwaltungsbeamtin oder des Hauptverwaltungsbeamten abweichend von Satz 1 eine andere Beschäftigte oder einen anderen Beschäftigten des Verbandsmitglieds in die Verbandsversammlung entsenden. [3]Ist die Hauptverwaltungsbeamtin oder der Hauptverwaltungsbeamte eines kommunalen Verbandsmitglieds ehrenamtliche Geschäftsführerin oder ehrenamtlicher Geschäftsführer des Zweckverbandes, so entsendet die Vertretung des Verbandsmitglieds ein anderes ihrer Mitglieder in die Verbandsversammlung. [4]Für das von einer Kommune nach Satz 1 oder 2 entsandte Mitglied der Verbandsversammlung benennt die Vertretung eine Stellvertreterin oder einen Stellvertreter, die oder der bei ihr beschäftigt ist. [5]Für ein nach Satz 3 entsandtes Mitglied benennt die Vertretung des Verbandsmitglieds ein anderes ihrer Mitglieder zur Stellvertreterin oder zum Stellvertreter.

(2) [1]Hat ein Verbandsmitglied nach der Verbandsordnung mehrere Stimmen, so kann die Verbandsordnung vorsehen, dass das Stimmrecht durch eine entsprechende Anzahl von Vertreterinnen oder Vertretern ausgeübt wird. [2]Vertreterinnen und Vertreter der kommunalen Verbandsmitglieder sind neben den Personen nach Absatz 1 die von der jeweiligen Vertretung dieser Mitglieder bestimmten Personen. [3]Diese müssen für die Vertretung der Kommune wählbar sein.

(3) [1]Die Stimmen eines Verbandsmitglieds können nur einheitlich abgegeben werden. [2]Wird das Stimmrecht durch mehrere Personen ausgeübt, so können sich die Vertreterinnen oder Vertreter desselben Verbandsmitglieds, die nicht Hauptverwaltungsbeamtin oder Hauptverwaltungsbeamter oder entsandte Vertreterinnen oder Vertreter nach Absatz 1 Satz 3 sind, in der Ausübung des Stimmrechts vertreten. [3]Sie können hierbei auch durch andere, durch das Verbandsmitglied benannte Ersatzpersonen vertreten werden. [4]Für Ersatzpersonen, die von kommunalen Verbandsmitgliedern benannt werden, gilt Absatz 2 Satz 3 entsprechend.

§ 12 Rechtsstellung der Mitglieder der Verbandsversammlung

(1) [1]Die Vertreterinnen und Vertreter der kommunalen Verbandsmitglieder, die nicht kraft Amtes der Verbandsversammlung angehören, werden für die Dauer der allgemeinen Wahlperiode (§ 47 Abs. 2 NKomVG) entsandt; § 71 Abs. 9 Sätze 2 bis 4 NKomVG bleibt unberührt. [2]Nach Ablauf der allgemeinen Wahlperiode führen die Vertreterinnen und Vertreter im Sinne des Satzes 1 ihre Tätigkeit bis zum Amtsantritt ihrer Nachfolgerinnen oder Nachfolger fort.

(2) Für Mitglieder der Verbandsversammlung, die Kommunen kraft Amtes oder nach § 11 Abs. 1 Satz 2 bis 5, Abs. 2 Satz 2 oder Abs. 3 Satz 3 vertreten, gilt § 138 Abs. 1 Satz 2 NKomVG entsprechend.

(3) Die Mitgliedschaft in der Verbandsversammlung erlischt, wenn die Voraussetzung der Entsendung nicht mehr besteht.

§ 13 Aufgaben der Verbandsversammlung

[1]Die Verbandsversammlung beschließt über

1. Änderungen der Verbandsordnung,
2. die Auflösung oder Umwandlung des Zweckverbandes in eine Kapitalgesellschaft,
3. die Wahl ihrer oder ihres Vorsitzenden,

4. die Wahl der Verbandsgeschäftsführerin oder des Verbandsgeschäftsführers und die Regelung der Stellvertretung,
5. die Bestimmung einer anderen Person im Sinne des § 15 Abs. 2 Satz 3,
6. Angelegenheiten, über die nach den Vorschriften des Niedersächsischen Kommunalverfassungsgesetzes die Vertretung oder der Hauptausschuss beschließt.

[2]Die Verbandsordnung kann die Beschlussfassung über einzelne der in Satz 1 Nr. 6 genannten Angelegenheiten einem anderen Organ zuweisen; dies gilt nicht für Rechtssetzungsbefugnisse.

§ 14 Sitzungen der Verbandsversammlung, Vorsitz in der Verbandsversammlung

(1) [1]Die Verbandsversammlung ist beschlussfähig, wenn die anwesenden Vertreterinnen und Vertreter von Kommunen mehr als die Hälfte der gesamten Stimmenzahl der Versammlung erreichen. [2]Die Verbandsordnung kann weitere Voraussetzungen der Beschlussfähigkeit bestimmen.

(2) [1]In der ersten Sitzung nach Beginn der allgemeinen Wahlperiode (§ 47 Abs. 2 NKomVG) wählt die Verbandsversammlung unter der Leitung des ältesten anwesenden, hierzu bereiten Mitglieds aus ihrer Mitte eine Vertreterin oder einen Vertreter einer Kommune für die restliche Dauer der allgemeinen Wahlperiode zur Vorsitzenden oder zum Vorsitzenden der Verbandsversammlung. [2]Nach Ablauf der allgemeinen Wahlperiode führt die oder der Vorsitzende der Verbandsversammlung ihre oder seine Tätigkeit bis zur Wahl einer Nachfolgerin oder eines Nachfolgers fort.

(3) [1]Die oder der Vorsitzende der Verbandsversammlung lädt die Mitglieder der Verbandsversammlung schriftlich unter Mitteilung der Tagesordnung zu den Sitzungen der Verbandsversammlung ein. [2]Die Ladungsfrist beträgt eine Woche. [3]Die oder der Vorsitzende stellt im Benehmen mit der Verbandsgeschäftsführerin oder dem Verbandsgeschäftsführer die Tagesordnung auf; die Verbandsgeschäftsführerin oder der Verbandsgeschäftsführer kann die Aufnahme bestimmter Beratungsgegenstände verlangen. [4]Zeit, Ort und Tagesordnung der öffentlichen Sitzungen sind bekannt zu machen.

(4) Der oder dem Vorsitzenden der Verbandsversammlung obliegt die repräsentative Vertretung des Zweckverbandes.

(5) [1]Zur ersten Sitzung der Verbandsversammlung nach Errichtung des Zweckverbandes lädt die Hauptverwaltungsbeamtin oder der Hauptverwaltungsbeamte des einwohnerreichsten kommunalen Verbandsmitglieds ein. [2]In dieser Sitzung wählt die Verbandsversammlung nach Maßgabe des Absatzes 1 die Vorsitzende oder den Vorsitzenden der Verbandsversammlung.

§ 15 Verbandsgeschäftsführung

(1) [1]Die Verbandsgeschäftsführerin oder der Verbandsgeschäftsführer wird von der Verbandsversammlung gewählt. [2]Die Verbandsordnung bestimmt, ob sie oder er ehrenamtlich oder in einem Beamten- oder Arbeitnehmerverhältnis tätig ist. [3]Ist die Verbandsgeschäftsführerin oder der Verbandsgeschäftsführer im Beamtenverhältnis tätig und der Dienstposten mindestens in die Besoldungsgruppe A 16 einzustufen, so kann die Verbandsordnung ihre oder seine Berufung in das Beamtenverhältnis auf Zeit vorsehen. [4]Eine ehrenamtliche Verbandsgeschäftsführerin oder ein ehrenamtlicher Verbandsgeschäftsführer soll aus dem Kreis der Hauptverwaltungsbeamtinnen oder Hauptverwaltungsbeamten der kommunalen Verbandsmitglieder gewählt werden. [5]Die Verbandsversammlung regelt die Stellvertretung.

(2) [1]Die Verbandsgeschäftsführerin oder der Verbandsgeschäftsführer vertreten den Zweckverband in Rechts- und Verwaltungsgeschäften sowie in gerichtlichen Verfahren. [2]Erklärungen, durch die der Zweckverband verpflichtet werden soll, bedürfen der Schriftform. [3]Sie sind, sofern sie nicht gerichtlich oder notariell beurkundet werden, nur rechtsverbindlich, wenn sie von der Verbandsgeschäftsführerin oder dem Verbandsgeschäftsführer und von der oder dem Vorsitzenden der Verbandsversammlung oder einer anderen von der Verbandsversammlung bestimmten Person handschriftlich unterzeichnet wurden oder von ihr oder ihm in elektronischer Form mit der dauerhaft überprüfbaren qualifizierten elektronischen Signatur versehen sind. [4]Die Verbandsordnung kann bestimmen, dass die Unterzeichnung durch eine Person genügt. [5]Die Sätze 2 und 3 gelten nicht für Geschäfte der laufenden Verwaltung.

(3) Die Verbandsgeschäftsführerin oder der Verbandsgeschäftsführer darf der Verbandsversammlung nicht angehören.

§ 16 Haushalts- und Wirtschaftsführung

(1) [1]Der Zweckverband erhebt von den Verbandsmitgliedern eine Umlage, soweit seine sonstigen Erträge die entstehenden Aufwendungen nicht decken. [2]Die Höhe der Umlage und deren Verteilung auf die Verbandsmitglieder sind in der Haushaltssatzung festzusetzen. [3]Dabei ist eine unterschiedliche Inanspruchnahme des Zweckverbandes durch die Verbandsmitglieder zu berücksichtigen.

(2) Auf die Wirtschafts- und Haushaltsführung des Zweckverbandes sind die für die Kommunen geltenden Rechtsvorschriften über die Kommunalwirtschaft entsprechend anzuwenden.

(3) [1]Ist der Hauptzweck eines Zweckverbandes der Betrieb eines Unternehmens oder einer Einrichtung nach § 136 Abs. 4 NKomVG, so kann die Verbandsordnung bestimmen, dass auf die Wirtschaftsführung, das Rechnungswesen und die Prüfung des Zweckverbandes die Rechtsvorschriften über die Wirtschaftsführung, das Rechnungswesen und die Prüfung der Eigenbetriebe sowie die Vorschriften über die Aufstellung des konsolidierten Gesamtabschlusses für Kommunen entsprechend anzuwenden sind. [2]In diesem Fall ist durch die Haushaltssatzung der Wirtschaftsplan anstelle des Haushaltsplans festzusetzen.

§ 17 Änderung der Verbandsordnung, Auflösung und Umwandlung des Zweckverbandes, Bekanntmachungen

(1) [1]Die Verbandsordnung kann bestimmen, dass der Beschluss über ihre Änderung oder die Auflösung des Zweckverbandes einer qualifizierten Mehrheit der Verbandsversammlung bedarf. [2]Die Verbandsordnung kann die Wirksamkeit von Beschlüssen nach Satz 1 von der Zustimmung aller oder einer qualifizierten Mehrheit der Verbandsmitglieder abhängig machen.

(2) Änderungen der Verbandsordnung sind der Kommunalaufsichtsbehörde anzuzeigen.

(3) [1]Änderungen der Verbandsordnung, die Satzungen und Verordnungen des Zweckverbandes sowie dessen Auflösung sind vom Zweckverband nach den Rechtsvorschriften zu verkünden, die für die Verkündung von Rechtsvorschriften der Kommunen gelten; das für Inneres zuständige Ministerium kann durch Verordnung Abweichendes regeln. [2]Der Beitritt einer Kommune oder einer kommunalen Anstalt zum Zweckverband oder die Kündigung der Mitgliedschaft durch ein solches Verbandsmitglied ohne eine gleichzeitige Änderung der Verbandsordnung ist von diesem Verbandsmitglied öffentlich bekannt zu machen.

(4) Der Zweckverband gilt nach seiner Auflösung als fortbestehend, soweit der Zweck der Abwicklung es erfordert.

(5) [1]Die Umwandlung eines Zweckverbandes in eine Kapitalgesellschaft ist zulässig, wenn die Verbandsaufgaben nach den Vorschriften des Niedersächsischen Kommunalverfassungsgesetzes von den Kommunen in dieser Rechtsform erfüllt werden könnten. [2]Der Umwandlungsbeschluss ist mit der für eine Auflösung des Zweckverbandes erforderlichen Mehrheit der Verbandsversammlung zu fassen und bedarf der Zustimmung aller Verbandsmitglieder. [3]Der Umwandlungsbeschluss darf nur gefasst werden, wenn der Zweckverband die Absicht der Umwandlung unter Darlegung der zur Erfüllung der gesetzlichen Voraussetzungen erforderlichen Tatsachen mindestens sechs Wochen vor dem Umwandlungsbeschluss der Kommunalaufsichtsbehörde angezeigt hat; die Kommunalaufsichtsbehörde kann aus besonderem Grund die Verschiebung der Beschlussfassung verlangen. [4]Als Nachweis der Einhaltung der Erfordernisse des Satzes 2 gegenüber dem Registergericht reichen bei Kommunen beglaubigte Beschlussniederschriften aus. [5]Die Umwandlung ist nach Absatz 3 öffentlich bekannt zu machen. [6]Im Übrigen sind auf den Formwechsel von den Vorschriften des Umwandlungsgesetzes § 192 Abs. 1 und 2, § 193 Abs. 3 bezüglich der Zustimmungserklärungen nicht kommunaler Verbandsmitglieder, § 194, § 198 Abs. 2 und 3, die §§ 199, 201, 202, 204 bis 206, 230 Abs. 1 und § 243 Abs. 1 in Verbindung mit § 218 Abs. 1 entsprechend anzuwenden; ferner ist § 197 des Umwandlungsgesetzes sinngemäß mit der Maßgabe anzuwenden, dass alle Zweckverbandsmitglieder den Gründern gleichstehen. [7]Die weiteren Vorschriften des Ersten Teils des Fünften Buchs des Umwandlungsgesetzes finden keine Anwendung.

§ 18 Geltung von Vorschriften

(1) [1]Soweit durch Landesrecht nichts anderes bestimmt ist, gelten für Zweckverbände die Vorschriften des Niedersächsischen Kommunalverfassungsgesetzes entsprechend. [2]Dabei entsprechen

1. der Zweckverband der Gemeinde,
2. die Verbandsversammlung dem Rat,

3. die Mitglieder der Verbandsversammlung den Ratsfrauen und Ratsherren,
4. die Verbandsgeschäftsführerin oder der Verbandsgeschäftsführer der Bürgermeisterin oder dem Bürgermeister und
5. der Verbandsausschuss dem Verwaltungsausschuss.

(2) [1]Auf die Rechtsstellung der Verbandsgeschäftsführerin oder des Verbandsgeschäftsführers finden die §§ 80 bis 84 NKomVG keine Anwendung. [2]Das Gleiche gilt für § 109 NKomVG, wenn eine Berufung in das Beamtenverhältnis auf Zeit nach § 15 Abs. 1 Satz 3 nicht erfolgt ist.

§ 19 Bezirksverband Oldenburg

[1]Auf den Bezirksverband Oldenburg finden die für Zweckverbände geltenden Vorschriften des Landes Anwendung. [2]Zu seinen eigenen Aufgaben gehört auch die ihm vor In-Kraft-Treten dieses Gesetzes durch Gesetz oder Beschluss der Landesregierung übertragene Verwaltung von Körperschaften, Anstalten und Stiftungen.

Fünfter Teil

Aufsicht; Übergangs- und Schlussvorschriften

§ 20 Durchführung der Aufsicht

(1) Die §§ 170 und 172 bis 176 NKomVG gelten entsprechend.

(2) Kommunalaufsichtsbehörden sind
1. der Landkreis, wenn die kommunalen Beteiligten an der Zusammenarbeit seiner Aufsicht unterstehen,
2. das für Inneres zuständige Ministerium, wenn
   a) wenigstens einer der kommunalen Beteiligten an der Zusammenarbeit seiner unmittelbaren Aufsicht untersteht oder
   b) kommunale Beteiligte zusammenarbeiten, die der Aufsicht verschiedener Landkreise unterstehen; das für Inneres zuständige Ministerium kann die Aufsicht einem der beteiligten Landkreise mit seinem Einverständnis übertragen,
3. die von dem für die Kommunalaufsicht zuständigen Ministerium bestimmte Behörde in allen Fällen der Beteiligung des Bundes oder des Landes und in den übrigen Fällen.

(3) [1]Vorbehaltlich besonderer gesetzlicher Regelungen über Zuständigkeiten für die Fachaufsicht gilt Absatz 2 für die Fachaufsicht über gemeinsame kommunale Anstalten und Zweckverbände entsprechend. [2]In den Fällen des Absatzes 2 Nr. 3 bestimmt das jeweilige Fachministerium die unmittelbare Fachaufsichtsbehörde.

§ 21 Übergangsregelungen

(1) [1]Bestehende Zweckvereinbarungen, Satzungen von Zweckverbänden und Satzungen des Bezirksverbandes Oldenburg bleiben wirksam. [2]Sie sind innerhalb von zwei Jahren nach In-Kraft-Treten dieses Gesetzes an die neue Rechtslage anzupassen; dabei kann bestimmt werden, dass vorhandene Kollegialorgane von Zweckverbänden in ihrer bisherigen Zusammensetzung, Besetzung und Aufgabenstellung bis zur Neubildung der künftigen Organe nach der am 1. November 2006 beginnenden allgemeinen Wahlperiode der kommunalen Vertretungen fortgeführt werden. [3]§ 2 Abs. 5 gilt entsprechend. [4]In den Satzungen der von dem Bezirksverband Oldenburg verwalteten rechtsfähigen Körperschaften, Anstalten und Stiftungen sind innerhalb der in Satz 2 Halbsatz 1 bestimmten Frist die Regelungen über die Vertretung durch den Bezirksverband dessen künftiger Verbandsordnung anzupassen; hierfür gilt Satz 2 Halbsatz 2 entsprechend.

(2) [1]Bestehende Zweckvereinbarungen, die nach Inkrafttreten dieses Gesetzes nicht seinem sachlichen Anwendungsbereich unterfallen, gelten vorbehaltlich anderer Entscheidungen der Beteiligten fort. [2]Änderungen oder die Beendigung von Zweckvereinbarungen nach Satz 1 bedürfen in dem vor Inkrafttreten dieses Gesetzes maßgeblichen Umfang weiterhin der Genehmigung der bisher zuständigen Aufsichtsbehörde.

(3) Die vor dem 1. Juni 2009 in Kraft getretenen Zweckvereinbarungen, Verbandsordnungen von Zweckverbänden und Unternehmenssatzungen von gemeinsamen kommunalen Anstalten sind nicht deshalb unwirksam, weil sie die gemeinsame Durchführung von Aufgaben zum Gegenstand haben.

§§ 22–25 (aufgehoben)

§ 26[1)] In-Kraft-Treten

(1) Dieses Gesetz tritt 14 Tage nach seiner Verkündung in Kraft.

(2) *[nicht wiedergegebene Aufhebungsvorschriften]*

1) Die Vorschrift betrifft das Inkrafttreten des Gesetzes in der ursprünglichen Fassung vom 19. Februar 2004 (Nds. GVBl. S. 63). Der Zeitpunkt des Inkrafttretens der späteren Änderungen ergibt sich aus den in der vorangestellten Bekanntmachung näher bezeichneten Gesetzen.

Niedersächsisches Kommunalwahlgesetz (NKWG)

In der Fassung vom 28. Januar 2014[1)] (Nds. GVBl. S. 35)
(GVBl. Sb 20330 01)

zuletzt geändert durch Art. 3 G zur Änd. des Niedersächsischen KommunalverfassungsG und anderer G vom 7. Dezember 2021 (Nds. GVBl. S. 830)

Inhaltsübersicht

1) Neubekanntmachung des NKWG v. 24.2.2006 (Nds. GVBl. S. 91) in der ab 1.1.2014 geltenden Fassung.

Erster Teil
Allgemeines

§ 1 Geltungsbereich

(1) Dieses Gesetz gilt für die Wahl der Abgeordneten der Vertretungen, für die Wahl der Mitglieder der Stadtbezirksräte, der Ortsräte und der Einwohnervertretungen sowie für die Direktwahlen.
(2) Die Wahlberechtigung, die Wählbarkeit, die Wahlperiode, die Zahl der Abgeordneten sowie der Mitglieder der Stadtbezirksräte, der Ortsräte und der Einwohnervertretungen, der Sitzerwerb und der Sitzverlust bestimmen sich nach dem Niedersächsischen Kommunalverfassungsgesetz (NKomVG) und der Verordnung über die Verwaltung gemeindefreier Gebiete.

§ 2 Begriffsbestimmungen

(1) Vertretungen sind der Rat der Gemeinde, der Samtgemeinderat, der Kreistag und die Regionsversammlung.
(2) Abgeordnete sind die Ratsfrauen und Ratsherren in der Gemeinde und der Samtgemeinde, die Kreistagsabgeordneten und die Regionsabgeordneten.
(3) Gemeindewahl, Samtgemeindewahl, Kreiswahl und Regionswahl ist die jeweilige Wahl der Abgeordneten.
(4) Einwohnervertretung ist die Vertretung der Einwohnerinnen und Einwohner eines gemeindefreien Bezirks.
(5) Wahlgebiet ist bei der Wahl der Abgeordneten sowie bei der Direktwahl das Gebiet der betreffenden Körperschaft, im Übrigen das Gebiet, für welches das zu wählende Gremium (Stadtbezirksrat, Ortsrat oder Einwohnervertretung) zuständig ist.

(6) [1]Direktwahlen sind die Wahl und die Abwahl der Hauptverwaltungsbeamtin oder des Hauptverwaltungsbeamten. [2]Allgemeine Direktwahlen sind die Wahlen der Hauptverwaltungsbeamtinnen und Hauptverwaltungsbeamten, deren Termin durch die Landesregierung einheitlich bestimmt ist. [3]Einzelne Direktwahlen sind die Wahlen der Hauptverwaltungsbeamtinnen und Hauptverwaltungsbeamten, die nicht zu einem von der Landesregierung einheitlich bestimmten Termin stattfinden.

(7) Wahlleitung ist

1. in den Gemeinden die Gemeindewahlleiterin oder der Gemeindewahlleiter (Gemeindewahlleitung) für die Gemeindewahl und die Wahlen der Mitglieder des Stadtbezirksrates oder des Ortsrates sowie für die Direktwahl,
2. in den Samtgemeinden die Samtgemeindewahlleiterin oder der Samtgemeindewahlleiter (Samtgemeindewahlleitung) für die Samtgemeindewahl sowie für die Direktwahl,
3. in den Landkreisen die Kreiswahlleiterin oder der Kreiswahlleiter (Kreiswahlleitung) für die Kreiswahl sowie für die Direktwahl,
4. in der Region Hannover die Regionswahlleiterin oder der Regionswahlleiter (Regionswahlleitung) für die Regionswahl sowie für die Direktwahl und
5. in den gemeindefreien Bezirken die Bezirkswahlleiterin oder der Bezirkswahlleiter (Bezirkswahlleitung) für die Wahl der Mitglieder der Einwohnervertretung.

(8) Allgemeine Neuwahlen sind die Gemeinde-, Samtgemeinde- und Kreiswahlen in allen Gemeinden, Samtgemeinden und Landkreisen und die Regionswahl in der Region Hannover, deren Termin durch die Landesregierung einheitlich bestimmt ist.

(9) Hauptwahlen sind

1. allgemeine Neuwahlen (Absatz 8),
2. einzelne Neuwahlen (§ 43),
3. Direktwahlen (§§ 45a bis 45o) und
4. Wiederholungswahlen (§§ 42 und 45m), wenn sie im gesamten Wahlgebiet durchgeführt werden und das Wahlverfahren in allen Teilen erneut durchgeführt wird.

§ 3 – aufgehoben –

§ 4 Wahlgrundsätze, Wahlsystem

(1) Die Wahl ist allgemein, unmittelbar, frei, gleich und geheim.

(2) [1]Die Abgeordneten werden in einer mit der Personenwahl verbundenen Verhältniswahl gewählt. [2]Die Direktwahl wird als Mehrheitswahl durchgeführt.

(3) Jede wahlberechtigte Person hat für die Wahl der Abgeordneten drei Stimmen und für die Direktwahl eine Stimme.

(4) [1]Jede wahlberechtigte Person darf an der gleichen Wahl nur einmal und nur persönlich teilnehmen. [2]Eine Ausübung des Wahlrechts durch eine Vertreterin oder einen Vertreter anstelle der wahlberechtigten Person ist unzulässig.

(5) Wahlen werden auf der Grundlage von Wahlvorschlägen durchgeführt.

(6) Für die Wahl der Mitglieder der Stadtbezirksräte, der Ortsräte und der Einwohnervertretungen gelten die Absätze 1 bis 5 entsprechend.

§ 5 Ausübung des Wahlrechts

(1) Wählen kann nur, wer in ein Wählerverzeichnis eingetragen ist oder einen Wahlschein hat.

(2) Wer im Wählerverzeichnis eingetragen ist, kann nur in dem Wahlbezirk wählen, in dessen Wählerverzeichnis er eingetragen ist.

(3) [1]Wer einen Wahlschein hat, kann

1. an der Wahl der Abgeordneten nur durch Briefwahl und
2. an der Direktwahl durch Stimmabgabe in einem beliebigen Wahlbezirk des Wahlgebiets oder durch Briefwahl

teilnehmen. [2]Findet die Direktwahl gleichzeitig mit der Wahl der Abgeordneten statt, so kann, wer einen Wahlschein hat, an den Wahlen nur durch Briefwahl teilnehmen.

(4) Für die Wahl der Mitglieder der Stadtbezirksräte, der Ortsräte und der Einwohnervertretungen gilt Absatz 3 Satz 1 Nr. 1 entsprechend.

§ 6 Allgemeiner Kommunalwahltag

(1) Die allgemeinen Neuwahlen und die allgemeinen Direktwahlen finden einheitlich vor Ablauf der Wahlperiode der Abgeordneten an einem Sonntag in der Zeit von 8.00 bis 18.00 Uhr statt (allgemeiner Kommunalwahltag).

(2) Die Landesregierung bestimmt den allgemeinen Kommunalwahltag durch Verordnung.

Zweiter Teil

Wahl der Abgeordneten

Erster Abschnitt

Gliederung des Wahlgebiets

§ 7 Wahlbereiche

(1) Die Wahl wird in Wahlbereichen durchgeführt.

(2) Wahlgebiete, in denen bis zu 33 Abgeordnete zu wählen sind, bilden einen Wahlbereich.

(3) Wahlgebiete, in denen die Zahl der zu wählenden Abgeordneten mindestens 34 und höchstens 39 beträgt, können in zwei Wahlbereiche eingeteilt werden.

(4) [1]Alle übrigen Wahlgebiete sind in mehrere Wahlbereiche einzuteilen. [2]Die Mindest- und die Höchstzahl der in einem Wahlgebiet zu bildenden Wahlbereiche bemessen sich dabei wie folgt nach der Zahl der zu wählenden Abgeordneten:

Zahl der zu wählenden Abgeordneten	Mindestzahl der Wahlbereiche	Höchstzahl der Wahlbereiche
40 bis 41	2	3
42 bis 49	3	6
50 bis 59	4	8
mehr als 59	5	14.

(5) In Wahlgebieten, in denen mehrere Wahlbereiche zu bilden sind oder gebildet werden können, bestimmt die Vertretung deren Zahl und Abgrenzung, sobald der Wahltag bestimmt worden ist und die Zahl der zu wählenden Abgeordneten feststeht.

(6) [1]Bei der Abgrenzung der Wahlbereiche sind die örtlichen Verhältnisse zu berücksichtigen. [2]Die Abweichung von der durchschnittlichen Bevölkerungszahl der Wahlbereiche soll nicht mehr als 25 vom Hundert nach oben oder unten betragen. [3]Bei der Abgrenzung der Wahlbereiche für die Kreiswahl oder die Regionswahl sollen die Grenzen der Gemeinden oder der Samtgemeinden eingehalten werden.

§ 8 Wahlbezirke, Wahlräume

(1) [1]Für die Stimmabgabe teilt die Gemeinde, die nicht Mitgliedsgemeinde einer Samtgemeinde ist, oder die Samtgemeinde das Wahlgebiet in mehrere Wahlbezirke ein. [2]Kleinere Gemeinden bilden einen Wahlbezirk.

(2) Die Gemeinde, die nicht Mitgliedsgemeinde einer Samtgemeinde ist, oder die Samtgemeinde bestimmt die Räume, in denen die Wahl stattfindet (Wahlräume).

(3) Finden mehrere Wahlen gleichzeitig statt, so müssen die Wahlbezirke und die Wahlräume für alle Wahlen dieselben sein.

Zweiter Abschnitt

Wahlorgane und Wahlehrenämter

§ 9 Wahlleitung

(1) [1]Im Sinne von § 2 Abs. 7 ist

1. Gemeindewahlleitung die Bürgermeisterin oder der Bürgermeister der Gemeinde,
2. Samtgemeindewahlleitung die Samtgemeindebürgermeisterin oder der Samtgemeindebürgermeister der Samtgemeinde,
3. Kreiswahlleitung die Landrätin oder der Landrat des Landkreises und
4. Regionswahlleitung die Regionspräsidentin oder der Regionspräsident der Region Hannover.

[2]Stellvertreterin oder Stellvertreter ist jeweils die Vertreterin oder der Vertreter im Amt. [3]Die Vertretung kann eine weitere Stellvertreterin oder einen weiteren Stellvertreter aus dem Kreis der Beschäftigten berufen.

(2) Abweichend von Absatz 1 Satz 1 Nr. 1 ist Wahlleitung in Mitgliedsgemeinden von Samtgemeinden die Gemeindedirektorin oder der Gemeindedirektor nach § 106 NKomVG.

(3) Die Vertretung kann abweichend von Absatz 1 oder 2 als Wahlleitung, Stellvertreterinnen oder Stellvertreter berufen

1. im Wahlgebiet wahlberechtigte Personen,
2. Beschäftigte der Gemeinde für die Gemeindewahlleitung,
3. Beschäftigte der Samtgemeinde für die Samtgemeindewahlleitung und für die Gemeindewahlleitung der Mitgliedsgemeinden,
4. andere Beschäftigte des Landkreises für die Kreiswahlleitung und
5. andere Beschäftigte der Region Hannover für die Regionswahlleitung.

(4) Wahlbewerberinnen, Wahlbewerber und Vertrauenspersonen für Wahlvorschläge können nicht gleichzeitig Wahlleitung, Stellvertreterin oder Stellvertreter sein.

(5) Die Wahlleitung sowie die Stellvertreterinnen und Stellvertreter haben bei der Ausübung des Amtes das Gebot der Neutralität und Objektivität zu wahren.

§ 10 Wahlausschuss

(1) [1]Für das Wahlgebiet wird ein Wahlausschuss gebildet. [2]Den Vorsitz führt die Wahlleitung; sie beruft sechs weitere Mitglieder auf Vorschlag der im Wahlgebiet vertretenen Parteien und Wählergruppen aus den Wahlberechtigten des Wahlgebiets. [3]Die Mitglieder des Wahlausschusses dürfen in Ausübung ihres Amtes ihr Gesicht nicht verhüllen, es sei denn, gesundheitliche Gründe erfordern dies.

(2) [1]Der Wahlausschuss fasst seine Beschlüsse mit Stimmenmehrheit in öffentlicher Sitzung. [2]Bei Stimmengleichheit gibt die Stimme der oder des Vorsitzenden den Ausschlag.

(3) Der Wahlausschuss ist ohne Rücksicht auf die Zahl der erschienenen weiteren Mitglieder beschlussfähig.

(4) Über jede Sitzung des Wahlausschusses wird eine Niederschrift gefertigt.

(5) [1]Der Wahlausschuss kann seine Beschlüsse abändern, wenn ein begründeter Anlass besteht und der jeweilige Stand des Wahlverfahrens dies erlaubt. [2]Eine Abänderung der Feststellung des Wahlergebnisses muss binnen einer Woche nach der ersten Beschlussfassung erfolgen.

§ 11 Wahlvorstand

(1) [1]Die Gemeinde, die nicht Mitgliedsgemeinde einer Samtgemeinde ist, und die Samtgemeinde berufen für jeden Wahlbezirk einen Wahlvorstand aus dem Kreis der Wahlberechtigten des Wahlgebiets. [2]Der Wahlvorstand besteht aus der Wahlvorsteherin oder dem Wahlvorsteher, der stellvertretenden Wahlvorsteherin oder dem stellvertretenden Wahlvorsteher und zwei bis sieben weiteren Mitgliedern. [3]§ 10 Abs. 1 Satz 3 gilt entsprechend.

(2) Bei der Berufung der weiteren Mitglieder sind Vorschläge der im Wahlgebiet vertretenen Parteien und Wählergruppen möglichst zu berücksichtigen.

(3) Eine Gemeinde oder eine Samtgemeinde kann ihre Beschäftigten auch dann in einen Wahlvorstand berufen, wenn diese nicht im Wahlgebiet wahlberechtigt sind.

(4) [1]Zur Sicherstellung der Wahldurchführung sind die Behörden des Landes sowie die der Aufsicht des Landes unterstehenden Körperschaften, Anstalten und Stiftungen des öffentlichen Rechts auf Ersuchen der Gemeinden und der Samtgemeinden verpflichtet, aus dem Kreis ihrer Beschäftigten unter Angabe von Familienname, Vorname, Geburtsdatum und Anschrift zum Zweck der Berufung als Mitglieder der Wahlvorstände Personen zu benennen, die im Gebiet der ersuchenden Gemeinde oder der ersuchenden Samtgemeinde wohnen. [2]Die ersuchte Stelle hat die betroffene Person über die übermittelten Daten und die Empfängerin zu benachrichtigen.

(5) [1]Die Gemeinden und Samtgemeinden dürfen personenbezogene Daten zum Zweck der Berufung von Mitgliedern von Wahlvorständen verarbeiten. [2]Die personenbezogenen Daten dürfen auch zum Zweck der Berufung von Wahlberechtigten in den Wahlvorstand für künftige andere Wahlen verarbeitet werden, sofern die betroffenen Personen der Verarbeitung nicht widersprochen haben. [3]Die betroffenen Personen sind auf ihr Widerspruchsrecht schriftlich hinzuweisen. [4]Im Einzelnen dürfen folgende personenbezogenen Daten verarbeitet werden: Familienname, Vorname, Geburtsdatum, An-

schrift, Telefonnummern, E-Mail-Adresse, Zahl der Berufungen in den Wahlvorstand und die dabei ausgeübte Funktion.

§ 12 Tätigkeit der Wahlvorstände

(1) Die Wahlvorsteherin oder der Wahlvorsteher führt den Vorsitz im Wahlvorstand.

(2) [1]Der Wahlvorstand fasst seine Beschlüsse mit Stimmenmehrheit in öffentlicher Sitzung. [2]Bei Stimmengleichheit gibt die Stimme der oder des Vorsitzenden den Ausschlag.

(3) Der Wahlvorstand ist beschlussfähig, wenn außer der oder dem Vorsitzenden mindestens zwei weitere Mitglieder anwesend sind.

§ 13 Wahlehrenämter

(1) [1]Die weiteren Mitglieder der Wahlausschüsse und die Mitglieder der Wahlvorstände üben ihre Tätigkeit ehrenamtlich aus. [2]Zur Übernahme eines solchen Wahlehrenamtes ist jede wahlberechtigte Person des Wahlgebiets verpflichtet. [3]Die Berufung zu einem Wahlehrenamt kann nur im Wahlprüfungsverfahren angefochten werden.

(2) Wahlbewerberinnen, Wahlbewerber und Vertrauenspersonen für Wahlvorschläge können ein Wahlehrenamt nicht innehaben.

(3) [1]Die Übernahme eines Wahlehrenamtes darf aus wichtigem Grund abgelehnt werden. [2]Insbesondere dürfen die Berufung zu einem Wahlehrenamt ablehnen:

1. die Mitglieder des Bundestags und der Bundesregierung sowie des Landtages und der Landesregierung,
2. die im öffentlichen Dienst Beschäftigten, die amtlich mit der Vorbereitung und Durchführung der Wahl oder mit der Aufrechterhaltung der öffentlichen Ruhe und Sicherheit betraut sind,
3. Wahlberechtigte, die das 67. Lebensjahr vollendet haben,
4. Wahlberechtigte, die glaubhaft machen, dass ihnen die Fürsorge für ihre Familie die Ausübung des Amtes in besonderer Weise erschwert,
5. Wahlberechtigte, die glaubhaft machen, dass sie aus dringendem beruflichem Grund oder durch Krankheit oder Gebrechen verhindert sind, das Amt ordnungsgemäß auszuüben,
6. Wahlberechtigte, die sich am Wahltag aus zwingenden Gründen außerhalb ihres Wohnortes aufhalten.

(4) Wer ein Wahlehrenamt wahrnimmt, hat Anspruch auf Ersatz seines Aufwandes und seines Verdienstausfalls.

Dritter Abschnitt
Wahlvorbereitung und Wahlvorschläge

§ 14 Landeswahlleiterin oder Landeswahlleiter, Landeswahlausschuss

(1) Der nach dem Niedersächsischen Landeswahlgesetz berufenen Landeswahlleiterin oder dem nach dem Niedersächsischen Landeswahlgesetz berufenen Landeswahlleiter obliegen

1. die ihr oder ihm durch dieses Gesetz und die Verordnung nach § 53 Abs. 1 übertragenen Aufgaben,
2. Regelungen, die für den einheitlichen oder für den ordnungsgemäßen Ablauf der Wahlen von Bedeutung sind oder zu einer Erleichterung des Wahlablaufs beitragen.

(2) Der nach dem Niedersächsischen Landeswahlgesetz gebildete Landeswahlausschuss wirkt bei Wahlen nach § 1 nach Maßgabe dieses Gesetzes mit.

§ 15 – aufgehoben –

§ 16 Wahlbekanntmachung der Wahlleitung

(1) Die Wahlleitung gibt die Zahl der Abgeordneten, die Zahl und die Abgrenzung der Wahlbereiche, die Höchstzahl der auf einem Wahlvorschlag zu benennenden Bewerberinnen und Bewerber (§ 21 Abs. 4 und 5) und die Zahl der erforderlichen Unterschriften für Wahlvorschläge (§ 21 Abs. 9) spätestens am 120. Tag vor der Wahl öffentlich bekannt und fordert zur Einreichung von Wahlvorschlägen auf.

(2) In der Wahlbekanntmachung ist außerdem

1. anzugeben, wo und bis zu welchem Zeitpunkt die Wahlvorschläge einzureichen sind,
2. auf die Vorschriften über den Inhalt und die Form der Wahlvorschläge sowie auf das Erfordernis einer Wahlanzeige (§ 22) hinzuweisen und

3. unter Berücksichtigung der Wahlbekanntmachung der Landeswahlleiterin oder des Landeswahlleiters nach § 22 Abs. 2 anzugeben, für welche Parteien, Wählergruppen und Einzelwahlvorschläge die Voraussetzungen des § 21 Abs. 10 vorliegen.

§ 17 – aufgehoben –

§ 18 Wählerverzeichnis

(1) [1]Die Gemeinde, die nicht Mitgliedsgemeinde einer Samtgemeinde ist, oder die Samtgemeinde hat die Wahlberechtigten von Amts wegen in ein Wählerverzeichnis einzutragen. [2]Jede wahlberechtigte Person hat das Recht, vom 20. bis zum 16. Tag vor der Wahl werktags während der allgemeinen Öffnungszeiten die Richtigkeit und Vollständigkeit der zu ihrer Person im Wählerverzeichnis eingetragenen Daten zu überprüfen. [3]Zur Überprüfung der Richtigkeit und Vollständigkeit der Daten von anderen im Wählerverzeichnis eingetragenen Personen haben Wahlberechtigte während des in Satz 2 genannten Zeitraumes nur dann ein Recht auf Einsicht in das Wählerverzeichnis, wenn sie Tatsachen glaubhaft machen, aus denen sich eine Unrichtigkeit oder Unvollständigkeit des Wählerverzeichnisses ergeben kann. [4]Das Recht zur Überprüfung gemäß Satz 3 besteht nicht hinsichtlich der Daten von Wahlberechtigten, für die im Melderegister eine Auskunftssperre nach § 51 Abs. 1 oder § 52 Abs. 1 des Bundesmeldegesetzes eingetragen ist. [5]Eine wahlberechtigte Person, die des Lesens unkundig oder wegen einer Behinderung an der Einsichtnahme und Überprüfung nach Satz 2 oder 3 gehindert ist, kann sich hierzu der Hilfe anderer Personen bedienen. [6]Erkenntnisse, die bei der Einsichtnahme in das Wählerverzeichnis nach Satz 2 oder 3 gewonnen wurden, dürfen nur für die Begründung eines Berichtigungsantrages oder für die Begründung eines Wahleinspruchs (§ 46) verwendet werden.

(2) [1]Wahlberechtigte können bei der in Absatz 1 Satz 1 genannten Kommune oder einer von ihr beauftragten Person bis zum Ablauf der Einsichtnahmefrist einen Antrag auf Berichtigung des Wählerverzeichnisses stellen; der Antrag muss schriftlich gestellt oder zur Niederschrift gegeben werden. [2]Hält die Kommune den Antrag nicht für begründet, so hat sie die Entscheidung des Gemeindewahlausschusses herbeizuführen.

§ 19 Wahlschein

(1) Eine wahlberechtigte Person, die im Wählerverzeichnis eingetragen ist, erhält auf Antrag einen Wahlschein.

(2) Eine wahlberechtigte Person, die in das Wählerverzeichnis nicht aufgenommen worden ist, erhält auf Antrag einen Wahlschein,

1. wenn sie nachweist, dass sie ohne ihr Verschulden die Antragsfrist für die Berichtigung des Wählerverzeichnisses versäumt hat, oder
2. wenn ihr Recht auf Teilnahme an der Wahl erst nach Ablauf der Antragsfrist für die Berichtigung entstanden ist.

(3) Wahlscheine werden von den Gemeinden ausgegeben, in den Samtgemeinden von der Samtgemeinde.

§ 20 – aufgehoben –

§ 21 Wahlvorschläge

(1) Ein Wahlvorschlag kann von einer Partei im Sinne des Artikels 21 des Grundgesetzes, von einer Gruppe von Wahlberechtigten (Wählergruppe) oder von einer wahlberechtigten Einzelperson eingereicht werden.

(2) [1]Wahlvorschläge sind bei der zuständigen Wahlleitung einzureichen. [2]Die Einreichungsfrist endet am 55. Tag vor der Wahl um 18.00 Uhr.

(3) [1]Ein Wahlvorschlag gilt für die Wahl im gesamten Wahlgebiet nur dann, wenn dieses einen einzigen Wahlbereich bildet. [2]Ist das Wahlgebiet in mehrere Wahlbereiche eingeteilt, so gilt der Wahlvorschlag nur für die Wahl in einem Wahlbereich.

(4) [1]Der Wahlvorschlag einer Partei oder Wählergruppe darf mehrere Bewerberinnen und Bewerber enthalten. [2]Die Höchstzahl der auf ihm zu benennenden Bewerberinnen und Bewerber liegt in Wahlgebieten mit nur einem Wahlbereich um fünf höher als die Zahl der zu wählenden Abgeordneten. [3]In den übrigen Wahlgebieten wird sie in der Weise ermittelt, dass die Zahl der zu wählenden Abgeordneten durch die Zahl der Wahlbereiche geteilt und die sich daraus ergebende Zahl um drei erhöht wird;

Bruchteile einer Zahl werden aufgerundet. [4]Die Reihenfolge der Bewerberinnen und Bewerber (§ 24 Abs. 1 und 2) muss aus dem Wahlvorschlag ersichtlich sein.

(5) Der Wahlvorschlag einer Einzelperson (Einzelwahlvorschlag) darf den Namen nur einer wählbaren Bewerberin oder nur eines wählbaren Bewerbers (Einzelbewerberin oder Einzelbewerber) enthalten.

(6) [1]Der Wahlvorschlag muss enthalten:

1. den Familiennamen, den Vornamen, den Beruf, das Geschlecht, das Geburtsdatum, den Geburtsort und die Wohnanschrift jeder Bewerberin und jedes Bewerbers,
2. bei Wahlvorschlägen einer Partei den Namen, den sie im Land führt, und wenn sie eine Kurzbezeichnung führt, auch diese,
3. bei Wahlvorschlägen einer Wählergruppe ein Kennwort der Wählergruppe und wenn sie eine Kurzbezeichnung führt, auch diese, und
4. die Bezeichnung des Wahlgebiets und außerdem des Wahlbereichs, wenn das Wahlgebiet in mehrere Wahlbereiche eingeteilt ist.

[2]Das Kennwort oder die Kurzbezeichnung einer Wählergruppe (Satz 1 Nr. 3) darf nicht den Namen oder die Kurzbezeichnung einer Partei enthalten. [3]Aus dem Kennwort muss hervorgehen, dass es sich um eine Wählergruppe im Wahlgebiet handelt. [4]Reicht eine Wählergruppe Wahlvorschläge in mehreren Wahlbereichen des Wahlgebiets ein, so muss das Kennwort in allen Wahlvorschlägen übereinstimmen.

(7) In den Wahlvorschlag einer Partei darf nur aufgenommen werden, wer nicht Mitglied einer anderen Partei ist.

(8) [1]In einen Wahlvorschlag kann nur aufgenommen werden, wer seine Zustimmung dazu schriftlich erklärt hat. [2]Die Zustimmung ist unwiderruflich.

(9) [1]Der Wahlvorschlag muss von dem für das Wahlgebiet zuständigen Parteiorgan, von drei Wahlberechtigten der Wählergruppe oder von der wahlberechtigten Einzelperson unterzeichnet sein. [2]Er muss außerdem persönlich und handschriftlich unterzeichnet sein

1. für die Gemeindewahl oder die Samtgemeindewahl in einer Gemeinde oder Samtgemeinde mit einer Einwohnerzahl
   a) bis zu 2 000 von mindestens 10,
   b) von 2 001 bis 20 000 von mindestens 20 und
   c) von über 20 000 von mindestens 30,
2. für die Kreiswahl von mindestens 30 und
3. für die Regionswahl von mindestens 40

Wahlberechtigten des Wahlbereichs. [3]Eine wahlberechtigte Person darf für jede Wahl nur einen Wahlvorschlag unterzeichnen; die Gemeinde oder die Samtgemeinde hat die Wahlberechtigung zu bestätigen. [4]Die Wahlberechtigung muss im Zeitpunkt der Unterzeichnung gegeben sein und ist bei der Einreichung des Wahlvorschlages nachzuweisen. [5]Eine Unterzeichnung kann nicht zurückgenommen werden. [6]Hat jemand für eine Wahl mehr als einen Wahlvorschlag unterzeichnet, so sind dessen Unterschriften auf Wahlvorschlägen ungültig, die bei der Gemeinde oder der Samtgemeinde nach der ersten Bestätigung der Wahlberechtigung zu prüfen sind.

(10) Unterschriften nach Absatz 9 Satz 2 sind nicht erforderlich,

1. bei einer Partei oder Wählergruppe, die am Tag der Bestimmung des Wahltages in der Vertretung mit mindestens einer Person vertreten ist, die aufgrund eines Wahlvorschlages dieser Partei oder dieser Wählergruppe gewählt worden ist,
2. bei einer Partei, die am Tag der Bestimmung des Wahltages mit mindestens einer Person im Niedersächsischen Landtag vertreten ist, die aufgrund eines Wahlvorschlages dieser Partei gewählt worden ist,
3. bei einer Partei, die am Tag der Bestimmung des Wahltages im Bundestag mit mindestens einer im Land Niedersachsen gewählten Person vertreten ist, die aufgrund eines Wahlvorschlages dieser Partei gewählt worden ist und
4. bei einer Einzelbewerberin oder einem Einzelbewerber, die oder der am Tag der Bestimmung des Wahltages der Vertretung des Wahlgebiets angehört und den Sitz bei der letzten Wahl aufgrund eines Einzelwahlvorschlages erhalten hat.

(11) [1]Auf dem Wahlvorschlag sollen zwei Vertrauenspersonen benannt werden. [2]Fehlt diese Angabe, so gelten die Unterzeichnenden nach Absatz 9 Satz 1 als Vertrauenspersonen.

§ 22 Wahlanzeige

(1) [1]Parteien, die die Voraussetzung des § 21 Abs. 10 Nrn. 2 und 3 nicht erfüllen, können als solche nur dann Wahlvorschläge einreichen, wenn sie spätestens am 90. Tag vor der Wahl der Landeswahlleiterin oder dem Landeswahlleiter ihre Beteiligung an der Wahl angezeigt haben und der Landeswahlausschuss ihre Parteieigenschaft festgestellt hat. [2]Der Anzeige sind jeweils ein Abdruck der Satzung und des Programms sowie ein Nachweis über den satzungsgemäß bestellten Landesvorstand beizufügen. [3]Ist ein Landesvorstand nicht bestellt, so ist ein Nachweis über den satzungsgemäß bestellten Bundesvorstand beizufügen.

(2) Die Landeswahlleiterin oder der Landeswahlleiter fordert die Parteien rechtzeitig vor der Wahl durch öffentliche Bekanntmachung zur Einreichung der Wahlanzeige mit den erforderlichen Unterlagen auf und teilt gleichzeitig mit, für welche Parteien die Voraussetzungen des § 21 Abs. 10 Nrn. 2 und 3 vorliegen.

(3) Der Landeswahlausschuss stellt spätestens am 72. Tag vor der Wahl fest, welche Vereinigungen, die nach Absatz 1 ihre Beteiligung angezeigt haben, für die Wahl als Parteien anzuerkennen sind.

§ 23 Beschränkungen hinsichtlich der Wahlvorschläge

(1) [1]Eine Person darf für die gleiche Wahl nur in einem Wahlvorschlag benannt werden. [2]Bei der Einreichung des Wahlvorschlages muss eine Versicherung der benannten Person beigefügt sein, dass sie eine Zustimmungserklärung nach § 21 Abs. 8 nicht auch für einen anderen Wahlvorschlag bei der gleichen Wahl abgegeben hat.

(2) Eine Partei oder Wählergruppe darf in jedem Wahlbereich nur einen Wahlvorschlag einreichen.

§ 24 Bestimmung der Bewerberinnen und Bewerber

(1) [1]Die Bewerberinnen und Bewerber auf Wahlvorschlägen von Parteien und ihre Reihenfolge müssen von den im Zeitpunkt ihres Zusammentretens wahlberechtigten Mitgliedern der Partei in geheimer Abstimmung bestimmt worden sein. [2]Dies kann auch durch Delegierte geschehen, die von den Mitgliedern (Satz 1) aus ihrer Mitte in geheimer Wahl hierzu besonders gewählt worden sind. [3]Bestehen im Wahlgebiet mehrere Wahlbereiche, so sind die Bewerberinnen und Bewerber und ihre Reihenfolge für alle Wahlvorschläge der Partei in einer für das Wahlgebiet einheitlichen Versammlung der Mitglieder oder ihrer Delegierten zu bestimmen. [4]Die Parteimitglieder oder deren Delegierte, die die Bewerberinnen und Bewerber für die Kreis- oder Regionswahl bestimmen, können auch die Bewerberinnen und Bewerber und ihre Reihenfolge für die Gemeindewahl in einer kreis- oder regionsangehörigen Gemeinde bestimmen, sofern in dieser Gemeinde keine Parteiorganisation vorhanden ist. [5]Die Versammlung der Delegierten nach Satz 2 kann diese Aufgabe für einzelne Gemeinden einer aus ihrer Mitte gebildeten Teilversammlung übertragen, die aus mindestens drei Mitgliedern bestehen muss. [6]Die Sätze 4 und 5 gelten für Samtgemeindewahlen entsprechend. [7]Die Abstimmung nach Satz 1 darf frühestens drei Jahre und acht Monate, die Wahl für die Delegiertenversammlung frühestens drei Jahre und vier Monate nach Beginn der allgemeinen Wahlperiode der Vertretungen stattfinden. [8]In den Fällen des § 43a darf die Abstimmung nach Satz 1 und die Wahl für die Delegiertenversammlung für die erstmalige Wahl der Abgeordneten des Samtgemeinderates frühestens zehn Monate vor dem Beginn der nachfolgenden allgemeinen Wahlperiode stattfinden.

(2) Für die Bestimmung der Bewerberinnen und Bewerber auf Wahlvorschlägen von Wählergruppen durch deren wahlberechtigte Anhängerschaft gilt Absatz 1 Sätze 1 bis 3, 7 und 8 entsprechend.

(3) [1]Eine Abschrift der Niederschrift über die Bestimmung der Bewerberinnen und Bewerber mit Angaben über Ort und Zeit der Versammlung, die Form der Einladung und die Zahl der teilnehmenden Personen ist mit dem Wahlvorschlag einzureichen. [2]Hierbei haben die Leiterin oder der Leiter der Versammlung und zwei von dieser bestimmte teilnehmende Personen gegenüber der Wahlleitung eidesstattlich zu versichern, dass die Aufstellung der Bewerberinnen und Bewerber und die Festlegung ihrer Reihenfolge geheim erfolgt sind.

§ 25 Rücktritt, Tod und Verlust der Wählbarkeit von Bewerberinnen und Bewerbern

(1) [1]Eine Bewerberin oder ein Bewerber auf einem eingereichten Wahlvorschlag kann bis zum Ablauf der Frist zur Einreichung der Wahlvorschläge von der Bewerbung zurücktreten. [2]Der Rücktritt ist der Wahlleitung schriftlich zu erklären und kann nicht widerrufen werden.

(2) [1]Eine Bewerberin oder ein Bewerber wird auf dem Wahlvorschlag gestrichen, wenn sie oder er vor Ablauf der Frist nach Absatz 1 Satz 1 von der Bewerbung zurücktritt, vor diesem Zeitpunkt stirbt oder

die Wählbarkeit verliert. [2]Ist außer ihr oder ihm keine weitere Bewerberin oder kein weiterer Bewerber auf dem Wahlvorschlag benannt, so gilt der Wahlvorschlag als nicht eingereicht.

(3) [1]Nach Ablauf der Frist zur Einreichung der Wahlvorschläge ist der Tod oder der Verlust der Wählbarkeit einer Bewerberin oder eines Bewerbers auf die Durchführung der Wahl ohne Einfluss. [2]Die auf die Bewerberin oder den Bewerber entfallenden Stimmen bleiben dem Wahlvorschlag erhalten.

§ 26 Änderung und Zurückziehung von Wahlvorschlägen

[1]Eingereichte Wahlvorschläge können bis zum Ablauf der Frist zur Einreichung der Wahlvorschläge geändert oder zurückgezogen werden. [2]Derartige Erklärungen sind bei der Wahlleitung schriftlich einzureichen, sie können nicht widerrufen werden. [3]Sie sind nur wirksam, wenn sie von mindestens zwei Dritteln der Unterzeichnerinnen und Unterzeichner des Wahlvorschlages abgegeben werden. [4]§ 21 Abs. 10 und § 24 gelten entsprechend.

§ 27 Vorprüfung der Wahlvorschläge und Mängelbeseitigung

(1) [1]Die Wahlleitung hat die Wahlvorschläge sofort nach Eingang zu prüfen. [2]Stellt sie Mängel fest, so fordert sie eine Vertrauensperson unverzüglich zu ihrer Beseitigung auf.

(2) [1]Nach Ablauf der Frist für die Einreichung der Wahlvorschläge können Mängel in der Zahl und Reihenfolge der Bewerberinnen und Bewerber nicht mehr beseitigt werden. [2]Das Gleiche gilt für Mängel in der Benennung einer Bewerberin oder eines Bewerbers, die Zweifel an deren oder dessen Identität begründen. [3]Fehlende Unterschriften nach § 21 Abs. 9 Sätze 1 und 2 und fehlende Nachweise der Wahlberechtigung nach § 21 Abs. 9 Satz 4 können nach Fristablauf nicht mehr beigebracht werden.

(3) Sonstige Mängel, die die Gültigkeit der Wahlvorschläge berühren, können bis zur Entscheidung über die Zulassung der Wahlvorschläge (§ 28) beseitigt werden.

§ 28 Zulassung und Bekanntgabe der Wahlvorschläge

(1) Der Wahlausschuss beschließt über die Zulassung der Wahlvorschläge.

(2) [1]Wahlvorschläge, die den Vorschriften dieses Gesetzes und der Verordnung nach § 53 Abs. 1 und 3 nicht entsprechen, sind unbeschadet der Vorschriften in den Absätzen 3 und 4 nicht zuzulassen. [2]In Fällen höherer Gewalt oder bei unabwendbaren Zufällen kann kurzfristig Nachsicht geübt werden.

(3) Sind nur einzelne Bewerberinnen oder Bewerber eines Wahlvorschlages von Mängeln betroffen, so ist die Zulassung nur insoweit zu versagen.

(4) Enthält der Wahlvorschlag mehr Bewerberinnen und Bewerber, als nach § 21 Abs. 4 und 5 zulässig ist, so sind die über die Höchstzahl hinausgehenden, auf dem Wahlvorschlag zuletzt aufgeführten Bewerberinnen und Bewerber zu streichen.

(5) Der Beschluss über die Zulassung der Wahlvorschläge muss unbeschadet des § 10 Abs. 5 Satz 1 spätestens am 46. Tag vor der Wahl getroffen werden.

(6) Die Wahlleitung gibt die zugelassenen Wahlvorschläge unverzüglich öffentlich bekannt.

§ 29 Stimmzettel

(1) Die Stimmzettel für die Wahl werden amtlich erstellt.

(2) Die Stimmzettel enthalten die für den Wahlbereich zugelassenen Wahlvorschläge mit Parteibezeichnung oder Kennwort und den Namen der Bewerberinnen und Bewerber.

(3) [1]Soweit die Voraussetzungen des § 21 Abs. 10 Nrn. 1 oder 4 vorliegen, richtet sich die Reihenfolge der Wahlvorschläge nach den Stimmenzahlen bei der letzten Wahl der Vertretung des Wahlgebiets. [2]Im Übrigen ist die Reihenfolge alphabetisch.

(4) [1]Finden Kreis- und Gemeindewahlen gleichzeitig statt, so gilt für die an der Kreiswahl teilnehmenden Parteien, Wählergruppen und Einzelwahlvorschläge die Reihenfolge, die sich bei ihnen für die Kreiswahl aus Absatz 3 ergibt, auch für die Gemeindewahl in den zum Landkreis gehörenden Gemeinden. [2]Für die übrigen Wahlvorschläge bestimmt sich die Reihenfolge bei der Gemeindewahl auch in diesem Fall nach Absatz 3. [3]Finden Regions- und Gemeindewahlen oder Kreis- und Samtgemeindewahlen gleichzeitig statt, so gelten die Sätze 1 und 2 entsprechend.

(5) [1]Die einheitliche Reihenfolge bei gleichzeitigen Kreis- und Gemeindewahlen (Absatz 4) gilt für diejenigen an der Kreiswahl teilnehmenden Wählergruppen, die mit Wählergruppen in den zum Landkreis gehörenden Gemeinden identisch oder mit ihnen organisatorisch zusammengeschlossen sind. [2]Finden Regions- und Gemeindewahlen oder Kreis- und Samtgemeindewahlen gleichzeitig statt, so gilt Satz 1 entsprechend.

(6) Der Stimmzettel enthält jeweils drei Felder zur Stimmabgabe
1. für jede Liste (Wahlvorschlag einer Partei oder Wählergruppe in seiner Gesamtheit),
2. für jede Listenbewerberin oder jeden Listenbewerber (Bewerberin oder Bewerber in dem Wahlvorschlag einer Partei oder Wählergruppe),
3. für jeden Einzelwahlvorschlag.

Vierter Abschnitt
Wahlhandlung

§ 30 Stimmabgabe

(1) [1]Die wahlberechtigte Person gibt ihre Stimmen in der Weise ab, dass sie durch ein auf den Stimmzettel gesetztes Kreuz oder auf andere Weise eindeutig kenntlich macht, wem die Stimmen gelten sollen.

(2) [1]Die wahlberechtigte Person kann bis zu drei Stimmen vergeben. [2]Sie kann die Stimmen verteilen auf
1. eine Liste oder verschiedene Listen,
2. eine Bewerberin oder einen Bewerber in einer Liste oder auf einen Einzelwahlvorschlag,
3. Bewerberinnen und Bewerber derselben Liste oder verschiedener Listen,
4. Bewerberinnen und Bewerber derselben Liste oder verschiedener Listen und Einzelwahlvorschläge,
5. Listen, Bewerberinnen und Bewerber dieser oder anderer Listen und Einzelwahlvorschläge.

[3]An die Reihenfolge der Bewerberinnen und der Bewerber innerhalb einer Liste ist sie nicht gebunden.

(3) [1]Eine wahlberechtigte Person, die des Lesens unkundig oder wegen einer Behinderung an der Abgabe ihrer Stimme gehindert ist, kann sich hierzu der Hilfe einer anderen Person bedienen. [2]Die Hilfeleistung ist auf technische Hilfe bei der Kundgabe einer von der wahlberechtigten Person selbst getroffenen und geäußerten Wahlentscheidung beschränkt. [3]Unzulässig ist eine Hilfeleistung, die unter missbräuchlicher Einflussnahme erfolgt, die selbstbestimmte Willensbildung oder Entscheidung der wahlberechtigten Person ersetzt oder verändert oder wenn ein Interessenkonflikt der Hilfsperson besteht.

§ 30a Gültigkeit der Stimmen

(1) [1]Enthält ein Stimmzettel weniger als drei Stimmen, so berührt dies nicht die Gültigkeit der abgegebenen Stimmen. [2]Enthält ein Stimmzettel mehr als drei Stimmen, so sind alle diese Stimmen ungültig. [3]Werden jedoch bis zu drei Stimmen für eine Bewerberin oder einen Bewerber oder mehrere Bewerberinnen oder Bewerber derselben Liste und weitere Stimmen für diese Liste abgegeben, so sind nur diejenigen für die Liste abgegebenen Stimmen ungültig, durch die die Gesamtzahl von drei Stimmen überschritten wird.

(2) [1]Eine Stimmabgabe ist ungültig, wenn sie einen eindeutigen Wählerwillen nicht erkennen lässt oder mit einem sonstigen wesentlichen Mangel behaftet ist. [2]Bei der Briefwahl ist sie außerdem ungültig, wenn wesentliche Verfahrensvorschriften für die Briefwahl nicht eingehalten worden sind.

(3) Die Stimmabgabe einer wahlberechtigten Person, die an der Briefwahl teilgenommen hat, wird nicht dadurch ungültig, dass sie vor dem Wahltag stirbt, ihr Wahlrecht verliert oder aus dem Wahlgebiet verzieht.

§ 30b Wahlgeräte

(1) Zur Erleichterung der Abgabe und Zählung der Stimmen können anstelle von Stimmzetteln und Wahlurnen (§ 32) Wahlgeräte verwendet werden, wenn diese nach der Bauart zugelassen sind oder deren Zulassung festgestellt ist (Absatz 2) und ihre Verwendung genehmigt ist (Absatz 4).

(2) [1]Ein Wahlgerät ist nach seiner Bauart zuzulassen, wenn gewährleistet ist, dass das Wahlergebnis nicht verfälscht werden kann und das Wahlgeheimnis gewahrt wird. [2]Über die Zulassung entscheidet das für das Kommunalwahlrecht zuständige Ministerium (Fachministerium) auf Antrag des Herstellers des Wahlgeräts. [3]Einer Zulassung nach Satz 2 bedarf es nicht, wenn das Wahlgerät bereits für Kommunalwahlen in einem anderen Land mit gleichartigem Wahlsystem behördlich zugelassen worden ist, dabei die Voraussetzungen des Satzes 1 geprüft worden sind und dies durch das Fachministerium festgestellt worden ist.

(3) Das Fachministerium wird ermächtigt, durch Verordnung nähere Bestimmungen zu treffen über
1. die Voraussetzungen und das Verfahren für die Zulassung eines Wahlgeräts nach seiner Bauart,
2. ein Verfahren für die Prüfung des Wahlgeräts auf die der zugelassenen Bauart entsprechende Ausführung,
3. eine Erprobung des Wahlgeräts vor seiner Verwendung und
4. die durch die Verwendung von Wahlgeräten bedingten Besonderheiten im Zusammenhang mit der Wahl.

(4) [1]Die Verwendung eines Wahlgerätes, das nach Absatz 2 Satz 1 zugelassen oder dessen Zulassung nach Absatz 2 Satz 3 festgestellt worden ist, bedarf vor jeder Wahl der Genehmigung durch das Fachministerium. [2]Die Genehmigung wird nach der Bestimmung des Wahltages erteilt und gilt für eine einzelne Wahl oder für mehrere Wahlen. [3]Die Genehmigung gilt auch für die Nachwahl und die Wiederholungswahl. [4]Sie kann unter Bedingungen erteilt und mit Auflagen verbunden werden. [5]Das Fachministerium macht die Genehmigung öffentlich bekannt.

(5) Für die Stimmabgabe mit einem Wahlgerät gilt § 30 Abs. 3 entsprechend.

§ 31 Briefwahl

(1) Bei der Briefwahl hat die wahlberechtigte Person der Gemeindewahlleitung der Gemeinde, in der der Wahlschein ausgestellt worden ist, im verschlossenen Wahlbriefumschlag
1. ihren Wahlschein,
2. ihren Stimmzettel in einem besonderen Umschlag

so rechtzeitig zuzuleiten, dass der Wahlbrief spätestens am Wahltag bis 18.00 Uhr eingeht.

(2) [1]Auf dem Wahlschein hat die wahlberechtigte Person eidesstattlich zu versichern, dass sie den Stimmzettel persönlich gekennzeichnet hat. [2]Hat sich eine wahlberechtigte Person zur Kennzeichnung des Stimmzettels einer anderen Person bedient (§ 30 Abs. 1 Satz 2), so hat die andere Person eidesstattlich zu versichern, dass sie den Stimmzettel gemäß dem erklärten Willen der wahlberechtigten Person gekennzeichnet hat.

§ 32 Wahrung des Wahlgeheimnisses; Wahlurnen

(1) [1]Es sind Vorkehrungen dafür zu treffen, dass die wahlberechtigte Person den Stimmzettel unbeobachtet kennzeichnen und falten kann. [2]Für die Aufnahme der Stimmzettel sind Wahlurnen zu verwenden, die die Wahrung des Wahlgeheimnisses sicherstellen. [3]§ 30 b Abs. 1 bleibt unberührt.

(2) [1]Die nach § 30 Abs. 3 Satz 1 zulässige Hilfe bei der Stimmabgabe bleibt unberührt. [2]Die Hilfsperson ist zur Geheimhaltung der Kenntnisse verpflichtet, die sie bei der Hilfeleistung von der Wahl einer anderen Person erlangt hat.

§ 33 Öffentlichkeit der Wahl, Wahlwerbung, Unterschriftensammlung, Wählerbefragung

(1) [1]Während der Wahlzeit und der Feststellung des Wahlergebnisses hat jedermann Zutritt zum Wahlraum. [2]Der Wahlvorstand sorgt für Ruhe und Ordnung im Wahlraum. [3]Er kann Personen, die die Ruhe oder Ordnung stören, aus dem Wahlraum verweisen und regelt bei Andrang den Zutritt. [4]Sind mehrere Wahlvorstände in einem Wahlraum tätig, so bestimmt die Gemeinde oder die Samtgemeinde, welcher Wahlvorstand die Aufgaben nach den Sätzen 2 und 3 übernimmt.

(2) Während der Wahlzeit sind in und an dem Gebäude, in dem sich der Wahlraum befindet, sowie unmittelbar vor dem Zugang zu dem Gebäude jede Beeinflussung der wählenden Personen durch Wort, Ton, Schrift, Bild oder sonstige Darstellungen sowie jede Unterschriftensammlung verboten.

(3) Das Ergebnis einer Wählerbefragung am Wahltag über die getroffene Wahlentscheidung darf nicht vor Ablauf der Wahlzeit veröffentlicht werden.

Fünfter Abschnitt

Feststellung und Bekanntgabe des Wahlergebnisses

§ 34 Feststellung des Wahlergebnisses in den Wahlbezirken

(1) Nach Beendigung der Wahlhandlung stellt der Wahlvorstand für den Wahlbezirk folgende Stimmenzahlen fest:
1. Zahl der für jede Liste (§ 29 Abs. 6 Nr. 1) abgegebenen Stimmen,
2. Zahl der für jede Listenbewerberin oder jeden Listenbewerber (§ 29 Abs. 6 Nr. 2) abgegebenen Stimmen,

3. Gesamtzahl der für jede Liste und ihre Bewerberinnen und Bewerber abgegebenen Stimmen (Summe der Stimmenzahlen nach den Nummern 1 und 2),
4. Zahl der für jeden Einzelwahlvorschlag (§ 29 Abs. 6 Nr. 3) abgegebenen Stimmen.

(2) [1]Das Briefwahlergebnis wird in das Wahlergebnis eines von der Gemeindewahlleitung zu bestimmenden Wahlbezirks des jeweiligen Wahlbereichs einbezogen; die Gemeindewahlleitung kann auch bestimmen, dass das jeweilige Briefwahlergebnis in das Wahlergebnis des jeweiligen Wahlbezirks einbezogen wird. [2]Es darf gesondert festgestellt werden, wenn dadurch das Wahlgeheimnis nicht gefährdet wird.

(3) [1]Der Wahlvorstand entscheidet über die Gültigkeit der Stimmen. [2]Der Wahlausschuss hat das Recht der Nachprüfung.

§ 35 Feststellung des Wahlergebnisses in den Wahlbereichen

Der Wahlausschuss stellt für jeden Wahlbereich folgende Stimmenzahlen fest:
1. Zahl der für jede Liste abgegebenen Stimmen,
2. Zahl der für jede Listenbewerberin oder jeden Listenbewerber abgegebenen Stimmen,
3. Zahl der für alle Listenbewerberinnen und Listenbewerber einer Liste abgegebenen Stimmen (Summe der Stimmenzahl nach Nummer 2),
4. Gesamtzahl der für jede Liste und ihre Bewerberinnen und Bewerber abgegebenen Stimmen (Summe der Stimmenzahlen nach den Nummern 1 und 3),
5. Zahl der für jeden Einzelwahlvorschlag abgegebenen Stimmen.

§ 36 Feststellung des Wahlergebnisses im Wahlgebiet mit einem Wahlbereich

(1) Der Wahlausschuss stellt die nach § 35 festgestellten Stimmenzahlen als Wahlergebnis im Wahlgebiet fest.

(2) [1]Die im Wahlgebiet zu vergebenden Sitze werden nach Maßgabe der Sätze 2 bis 5 auf die Wahlvorschläge verteilt. [2]Die Zahl der gültigen Stimmen, die ein Wahlvorschlag erhalten hat, wird mit der Gesamtzahl der zu vergebenden Sitze vervielfacht und durch die Zahl der gültigen Stimmen für alle Wahlvorschläge geteilt. [3]Jeder Wahlvorschlag erhält zunächst so viele Sitze, wie ganze Zahlen auf ihn entfallen. [4]Die weiteren noch zu vergebenden Sitze sind den Wahlvorschlägen in der Reihenfolge der höchsten Zahlenbruchteile zuzuteilen. [5]Bei gleichen Zahlenbruchteilen entscheidet das von der Wahlleitung zu ziehende Los. [6]Bei Wahlvorschlägen von Parteien und Wählergruppen wird als Stimmenzahl des Wahlvorschlages die Gesamtzahl der für die Liste und für ihre Bewerberinnen und Bewerber abgegebenen Stimmen (§ 35 Nr. 4) zugrunde gelegt.

(3) [1]Erhält bei der Verteilung der Sitze nach Absatz 2 der Wahlvorschlag einer Partei oder Wählergruppe, der mehr als die Hälfte der gültigen Stimmen erhalten hat, nicht mehr als die Hälfte der insgesamt zu vergebenden Sitze, so wird ihm von den nach Zahlenbruchteilen zu vergebenden Sitzen abweichend von Absatz 2 Sätze 4 und 5 vorab ein weiterer Sitz zugeteilt. [2]Die weiteren zu vergebenden Sitze werden nach Absatz 2 Sätze 4 und 5 zugeteilt.

(4) Die auf den Wahlvorschlag einer Partei oder Wählergruppe entfallenden Sitze werden auf ihre Liste und auf die Gesamtheit derjenigen ihrer Listenbewerberinnen und Listenbewerber, die Stimmen erhalten haben, nach Absatz 2 Sätze 2 bis 5 verteilt.

(5) [1]Die Sitze, die nach Absatz 4 auf die Gesamtheit der Listenbewerberinnen und Listenbewerber eines Wahlvorschlages entfallen, werden den Bewerberinnen und Bewerbern mit den höchsten Stimmenzahlen zugeteilt. [2]Ist eine Bewerberin oder ein Bewerber verstorben oder hat sie oder er die Wählbarkeit verloren, so wird der auf sie oder ihn entfallende Sitz der Bewerberin oder dem Bewerber, die oder der bei der Sitzverteilung bisher unberücksichtigt geblieben ist, mit derselben oder der nächst höchsten Stimmenzahl zugeteilt. [3]Wird der Tod oder der Verlust der Wählbarkeit erst nach der Feststellung des Wahlergebnisses bekannt, so findet § 44 Anwendung. [4]Bei Stimmengleichheit entscheidet das von der Wahlleitung zu ziehende Los. [5]Sind nach den Sätzen 1 und 2 mehr Sitze zu verteilen, als Listenbewerberinnen und Listenbewerber vorhanden sind, die Stimmen erhalten haben, so gehen die weiteren Sitze auf die Liste über.

(6) [1]Die auf die Liste einer Partei oder Wählergruppe nach Absatz 4 entfallenden oder nach Absatz 5 Satz 5 übergehenden Sitze werden den Listenbewerberinnen und Listenbewerbern in der Reihenfolge zugeteilt, in der sie in der Liste aufgeführt sind. [2]Außer Betracht bleiben die Bewerberinnen oder

Bewerber, die nach Absatz 5 einen Sitz erhalten haben, verstorben sind oder die Wählbarkeit verloren haben. [3]Absatz 5 Satz 3 gilt entsprechend.

(7) Ergibt die Berechnung nach den Absätzen 2 und 3 mehr Sitze für einen Wahlvorschlag, als er Bewerberinnen und Bewerber aufweist, so bleiben die übrigen Sitze bis zum Ablauf der Wahlperiode unbesetzt.

(8) Der Wahlausschuss stellt fest, welche Bewerberinnen und Bewerber Sitze erhalten.

§ 37 Feststellung des Wahlergebnisses im Wahlgebiet mit mehreren Wahlbereichen

(1) [1]Aufgrund der Wahlergebnisse nach § 35 stellt der Wahlausschuss

1. die Gesamtstimmenzahl einer jeden Partei oder Wählergruppe und
2. die Stimmenzahl eines jeden Einzelwahlvorschlages

als Wahlergebnis im Wahlgebiet fest. [2]Dabei werden für Parteien und Wählergruppen die für ihre Listen und ihre Bewerberinnen und Bewerber abgegebenen Stimmen zusammengefasst (§ 35 Nr. 4).

(2) Die im Wahlgebiet zu vergebenden Sitze werden den Parteien, Wählergruppen und Einzelwahlvorschlägen aufgrund ihrer Gesamtstimmenzahlen (Absatz 1) nach dem Verfahren gemäß § 36 Abs. 2 und 3 zugeteilt.

(3) Die einer Partei oder Wählergruppe nach Absatz 2 im Wahlgebiet zugefallenen Sitze werden ihren Wahlvorschlägen in den einzelnen Wahlbereichen entsprechend dem Verfahren nach § 36 Abs. 2 zugeteilt.

(4) Die Zuweisung der nach Absatz 3 auf den Wahlvorschlag einer Partei oder Wählergruppe entfallenen Sitze an die Bewerberinnen und Bewerber dieses Wahlvorschlages richtet sich nach § 36 Abs. 4 bis 6.

(5) [1]Ergibt die Berechnung nach Absatz 3 mehr Sitze für einen Wahlvorschlag, als Bewerberinnen und Bewerber auf ihm vorhanden sind, so erhalten die übrigen Sitze diejenigen Bewerberinnen und Bewerber auf den Wahlvorschlägen dieser Partei oder Wählergruppe in den anderen Wahlbereichen, die dort keinen Sitz erhalten. [2]Die Sitze werden an diese Bewerberrinnen und Bewerber in der Reihenfolge der höchsten Stimmenzahlen vergeben. [3]Bei gleichen Stimmenzahlen entscheidet das durch die Wahlleitung zu ziehende Los.

(6) Der Wahlausschuss stellt fest, auf welche Bewerberinnen und Bewerber Sitze entfallen sind.

§ 38 Ersatzpersonen

(1) Die nicht gewählten Bewerberinnen und Bewerber des Wahlvorschlages einer Partei oder Wählergruppe sind Ersatzpersonen der gewählten Bewerberinnen und Bewerber dieses Wahlvorschlages.

(2) [1]Ersatzpersonen für die durch Personenwahl gewählten Bewerberinnen und Bewerber (§ 36 Abs. 5 Sätze 1 und 2, § 37 Abs. 4) sind die nicht gewählten Bewerberinnen und Bewerber des Wahlvorschlages, die mindestens eine Stimme erhalten haben. [2]Ihre Reihenfolge richtet sich nach der Höhe der auf sie entfallenen Stimmenzahlen. [3]Bei Stimmengleichheit entscheidet das durch die Wahlleitung zu ziehende Los.

(3) [1]Ersatzpersonen für die durch Listenwahl gewählten Bewerberinnen und Bewerber (§ 36 Abs. 6, § 37 Abs. 4) sind alle nicht gewählten Bewerberinnen und Bewerber des Wahlvorschlages. [2]Ihre Reihenfolge richtet sich nach der im Wahlvorschlag angegebenen Reihenfolge.

(4) Die Ersatzpersonen nach Absatz 3 sind in der im Wahlvorschlag angegebenen Reihenfolge nachrangige Ersatzpersonen für die durch Personenwahl gewählten Bewerberinnen und Bewerber desselben Wahlvorschlages.

(5) [1]In einem Wahlgebiet mit mehreren Wahlbereichen sind auch die nicht gewählten Bewerberinnen und Bewerber der Wahlvorschläge der Partei oder Wählergruppe in den anderen Wahlbereichen Ersatzpersonen. [2]Sie sind gegenüber den Ersatzpersonen nach den Absätzen 2 bis 4 nachrangig zu berücksichtigen; ihre Reihenfolge richtet sich nach der Höhe der auf sie entfallenen Stimmenzahlen. [3]Bei Stimmengleichheit entscheidet das durch die Wahlleitung zu ziehende Los.

(6) Der Wahlausschuss stellt die Reihenfolge der Ersatzpersonen fest.

§ 39 Bekanntgabe des Wahlergebnisses

Die Wahlleitung gibt das Wahlergebnis und die Namen der gewählten Bewerberinnen und Bewerber sowie die Namen der Ersatzpersonen in der festgestellten Reihenfolge öffentlich bekannt.

§ 40 Annahme der Wahl

(1) [1]Die Wahlleitung benachrichtigt die gewählten Personen über ihre Wahl mit der Aufforderung, ihr innerhalb einer Woche nach Zugang der Benachrichtigung mitzuteilen, ob sie die Wahl annehmen. [2]Die Erklärung ist gegenüber der Wahlleitung schriftlich abzugeben. [3]Die schriftliche Erklärung der Annahme kann der Wahlleitung auch durch Fernkopie übermittelt werden; abweichend von § 52a ist die Vorlage des Originals nicht erforderlich. [4]Die Wahl gilt mit Beginn des nächsten Tages nach Ablauf der Frist als angenommen, wenn die Erklärung nicht oder nicht fristgerecht erfolgt. [5]Eine Annahme unter Vorbehalt gilt als Ablehnung. [6]Eine Ablehnung kann nicht widerrufen werden.

(2) [1]Ist eine Person in demselben Wahlgebiet gleichzeitig durch Direktwahl und als Abgeordnete oder Abgeordneter gewählt, so benachrichtigt die Wahlleitung sie mit der Aufforderung, ihr innerhalb einer Woche nach Zugang der Benachrichtigung mitzuteilen, ob sie die Wahl als Abgeordnete oder Abgeordneter oder die Wahl in das durch Direktwahl vermittelte Amt annimmt. [2]Nimmt sie das Amt an, so gilt § 44 Abs. 1 entsprechend.

Sechster Abschnitt

Wahlen aus besonderem Anlass

§ 41 Nachwahl

(1) Ist im Wahlgebiet oder in einem Wahlbereich oder in einem Wahlbezirk die Wahl infolge höherer Gewalt nicht durchgeführt worden, so ist sie nachzuholen (Nachwahl).

(2) [1]Die Nachwahl muss spätestens vier Wochen nach der Hauptwahl stattfinden. [2]Den Tag der Nachwahl bestimmt die jeweilige Vertretung. [3]Finden die Kreis- und die Gemeindewahl, die Kreis- und die Samtgemeindewahl oder die Regions- und die Gemeindewahl gleichzeitig statt, so bestimmt die Landeswahlleiterin oder der Landeswahlleiter den Tag der Nachwahl.

(3) Bei der Nachwahl wird nach den Wahlvorschlägen und den Wählerverzeichnissen der Hauptwahl gewählt.

(4) Findet die Nachwahl nur in einem Teil des Wahlgebiets statt, so wird entsprechend ihrem Ergebnis das Wahlergebnis für das gesamte Wahlgebiet nach den bei der Hauptwahl anzuwendenden Grundsätzen neu festgestellt.

(5) Für die Nachwahl gelten im Übrigen die Vorschriften dieses Gesetzes.

§ 42 Wiederholungswahl

(1) Wird im Wahlgebiet oder in einem Wahlbereich oder in einem Wahlbezirk die Wahl im Wahlprüfungsverfahren (§§ 46ff.) für ungültig erklärt, so ist sie in dem in der Entscheidung bestimmten Umfang zu wiederholen (Wiederholungswahl).

(2) [1]Die Wiederholungswahl muss spätestens vier Monate nach dem rechtskräftigen Abschluss des Wahlprüfungsverfahrens stattfinden. [2]Den Tag der Wiederholungswahl bestimmt die jeweilige Vertretung. [3]Ist die Wahl der Abgeordneten der Vertretung insgesamt für ungültig erklärt worden, so bestimmt der Hauptausschuss den Tag der Wiederholungswahl.

(3) [1]Findet die Wiederholungswahl binnen sechs Monaten nach der Hauptwahl statt, so wird vorbehaltlich einer anderen Entscheidung im Wahlprüfungsverfahren nach den Wahlvorschlägen und den Wählerverzeichnissen der Hauptwahl gewählt. [2]Sind seit der Hauptwahl mehr als sechs Monate verflossen, so wird die Wiederholungswahl im gesamten Wahlgebiet durchgeführt und das Wahlverfahren in allen Teilen erneuert.

(4) Findet die Wiederholungswahl nur in einem Teil des Wahlgebiets statt, so wird entsprechend ihrem Ergebnis das Wahlergebnis für das gesamte Wahlgebiet nach den bei der Hauptwahl anzuwendenden Grundsätzen neu festgestellt.

(5) Ist eine Wiederholungswahl im gesamten Wahlgebiet durchgeführt worden, so gelten für die Wahlperiode die Vorschriften des Niedersächsischen Kommunalverfassungsgesetzes über die Wahlperiode nach Auflösung der Vertretung entsprechend.

(6) [1]Die vom Landeswahlausschuss vor dem allgemeinen Kommunalwahltag nach § 22 Abs. 3 getroffene Feststellung über die Anerkennung als Partei gilt auch für die Wiederholungswahl. [2]Für Vereinigungen, für die keine Feststellung nach § 22 Abs. 3 getroffen worden ist, ist das Verfahren nach § 22 Abs. 1 und 3 mit der Maßgabe durchzuführen, dass

1. die Feststellung nach § 22 Abs. 3 spätestens am 37. Tag vor der Wahl zu treffen ist und von der Landeswahlleiterin oder dem Landeswahlleiter allein getroffen werden kann, wenn Zweifel hinsichtlich der Anerkennung nicht bestehen, und
2. die Feststellung nach § 22 Abs. 3 mit der Wirkung getroffen werden kann, dass sie auch für alle weiteren Wiederholungswahlen bis zur Bestimmung des nächsten allgemeinen Kommunalwahltages gilt.

(7) Für die Wiederholungswahl gelten im Übrigen die Vorschriften dieses Gesetzes mit der Maßgabe, dass
1. die Wahlbekanntmachung der Wahlleitung (§ 16) spätestens am 64. Tag vor der Wahl erfolgt,
2. die Einreichungsfrist für die Wahlanzeige (§ 22) mit Ablauf des 47. Tages vor der Wahl endet,
3. die Einreichungsfrist für Wahlvorschläge (§ 21 Abs. 2) am 34. Tag vor der Wahl um 18.00 Uhr endet und
4. die Zulassung der Wahlvorschläge (§ 28 Abs. 5) spätestens am 30. Tag vor der Wahl erfolgt.

§ 43 Einzelne Neuwahl

(1) [1]Ist die Vertretung aufgelöst, so findet eine einzelne Neuwahl statt. [2]Die Neuwahl soll spätestens vier Monate nach Auflösung der Vertretung stattfinden. [3]Den Tag der Neuwahl bestimmt der Hauptausschuss.

(2) [1]Eine einzelne Neuwahl findet ferner statt, wenn während der allgemeinen Wahlperiode eine Gemeinde, eine Samtgemeinde oder ein Landkreis neu gebildet wird, eine oder mehrere Kommunen in eine andere Kommune eingegliedert werden oder wenn im Zusammenhang mit einer Grenzänderung Vereinbarungen der Gebietskörperschaften oder Bestimmungen der Aufsichtsbehörde über eine Neuwahl getroffen worden sind. [2]Das Gleiche gilt für eine Samtgemeinde bei Aufnahme oder Ausscheiden von Mitgliedsgemeinden während der allgemeinen Wahlperiode. [3]Den Tag der Neuwahl bestimmt die Aufsichtsbehörde; Absatz 1 Satz 2 gilt entsprechend.

(3) Für die Wahlperiode einer nach Absatz 2 gewählten Vertretung gelten die Vorschriften des Niedersächsischen Kommunalverfassungsgesetzes über die Wahlperiode nach Auflösung der Vertretung entsprechend.

(4) [1]Wird eine Samtgemeinde nicht zum Beginn der allgemeinen Wahlperiode gebildet, so kann in der Verordnung nach § 101 Abs. 1 NKomVG bestimmt werden, dass die einzelne Neuwahl bereits stattfindet, bevor die neue Samtgemeinde gebildet ist. [2]Wenn dies geschieht, ist der Wahltag in der Verordnung nach § 101 Abs. 1 NKomVG zu bestimmen; er darf frühestens zwei Monate vor dem Zeitpunkt liegen, zu dem die neue Samtgemeinde gebildet ist. [3]Die Verordnung muss mindestens vier Monate vor dem Wahltag in Kraft treten.

(5) Für die einzelne Neuwahl gilt § 42 Abs. 6 und 7 entsprechend.

§ 43a Neuwahl bei Bildung oder Umbildung einer Samtgemeinde zum Beginn einer Wahlperiode

[1]Wird eine Samtgemeinde zum Beginn der nachfolgenden allgemeinen Wahlperiode gebildet oder umgebildet, so findet die Wahl der Ratsfrauen und Ratsherren des neuen Samtgemeinderates am Tag der allgemeinen Neuwahlen statt. [2]Es gelten die wahlrechtlichen Vorschriften für die allgemeinen Neuwahlen, soweit nicht durch Verordnung nach § 53 Abs. 1 Nr. 10 etwas anderes bestimmt ist.

Siebter Abschnitt

Ersatz von Abgeordneten, Ausscheiden von Ersatzpersonen

§ 44 Ersatz von Abgeordneten

(1) Lehnt eine gewählte Bewerberin oder ein gewählter Bewerber die Wahl ab, stirbt eine Abgeordnete oder ein Abgeordneter oder verliert sie oder er den Sitz, so geht der Sitz nach Maßgabe des § 38 auf die nächste Ersatzperson über.

(2) Der Sitz kann nicht auf Ersatzpersonen übergehen, die nach der Wahl aus der Partei ausgeschieden oder Mitglied einer anderen Partei geworden sind, wenn die Partei das Ausscheiden oder die Mitgliedschaft in einer anderen Partei vor dem Freiwerden des Sitzes der Wahlleitung schriftlich mitgeteilt hat.

(3) Wird ein Sitz dadurch frei, dass eine Partei oder die Teilorganisation einer Partei durch das Bundesverfassungsgericht gemäß Artikel 21 Abs. 2 des Grundgesetzes für verfassungswidrig erklärt worden ist, so kann er nicht auf eine Ersatzperson übergehen, die
1. Ersatzperson eines Wahlvorschlages dieser Partei oder Teilorganisation ist oder
2. der Partei oder Teilorganisation im Zeitpunkt der Verkündung der Entscheidung des Bundesverfassungsgerichts angehört hat.

(4) [1]Ist für die Partei oder Wählergruppe im Wahlgebiet keine Ersatzperson mehr vorhanden, so bleibt der Sitz bis zum Ablauf der Wahlperiode unbesetzt. [2]Das Gleiche gilt, wenn eine Einzelbewerberin oder ein Einzelbewerber die Wahl ablehnt oder stirbt oder ihren oder seinen Sitz verliert.

(5) [1]Die Feststellung nach den Absätzen 1 bis 4 trifft der Wahlausschuss. [2]Sie kann durch die Wahlleitung allein erfolgen, wenn Zweifel über die zu treffende Feststellung nicht bestehen.

(6) [1]Die Wahlleitung benachrichtigt die Ersatzperson und gibt den Übergang des Sitzes öffentlich bekannt. [2]§ 40 Abs. 1 gilt entsprechend.

§ 45 Ausscheiden von Ersatzpersonen

(1) [1]Lehnt eine Ersatzperson die Annahme eines Sitzes ab, so scheidet sie als Ersatzperson für die Wahlperiode aus. [2]Das Gleiche gilt in Fällen des § 44 Abs. 2 und 3.

(2) [1]Eine Ersatzperson kann jederzeit auf die ihr als Ersatzperson zustehenden Rechte verzichten. [2]Sie scheidet damit als Ersatzperson für die Wahlperiode aus. [3]Der Verzicht ist der Wahlleitung schriftlich zu erklären und kann nicht widerrufen werden.

(3) [1]Verliert eine Ersatzperson die Wählbarkeit oder wird ihr Fehlen zur Zeit der Wahl nachträglich festgestellt, so scheidet sie als Ersatzperson für die Wahlperiode aus. [2]Das Gleiche gilt, wenn eine Ersatzperson von einer Neufeststellung oder Berichtigung des Wahlergebnisses betroffen wird.

(4) Wer die Wahl in ein durch Direktwahl vermitteltes Amt annimmt, scheidet als Ersatzperson nach § 38 Abs. 1 aus.

(5) [1]Die Feststellung, ob die Voraussetzungen nach den Absätzen 1 bis 4 gegeben sind, trifft der Wahlausschuss. [2]Sie kann durch die Wahlleitung allein erfolgen, wenn Zweifel über die zu treffende Feststellung nicht bestehen. [3]Die Wahlleitung benachrichtigt die ausgeschiedene Ersatzperson über die Feststellung nach Satz 1 oder 2.

Dritter Teil
Direktwahl

Erster Abschnitt
Allgemeines

§ 45a Anwendung von Vorschriften über die Wahl der Abgeordneten

Auf die Direktwahl finden die Vorschriften dieses Gesetzes entsprechende Anwendung, soweit sich nicht aus den §§ 45b bis 45o oder aus dem Niedersächsischen Kommunalverfassungsgesetz etwas anderes ergibt.

§ 45b Wahltag, Wahlzeit, Wahlbekanntmachung

(1) Die einzelne Direktwahl und die Abwahl finden an einem Sonntag in der Zeit von 8.00 bis 18.00 Uhr statt.

(2) Die Vertretung bestimmt den Wahltag der einzelnen Direktwahl und den Tag der Abwahl.

(3) [1]Ist eine Stichwahl durchzuführen, so findet diese am zweiten Sonntag nach dem Tag der allgemeinen Direktwahlen oder der einzelnen Direktwahl statt. [2]Die Vertretung kann einen anderen Sonntag als Wahltag bestimmen, wenn besondere Umstände dies erfordern. [3]Absatz 1 gilt entsprechend.

(4) [1]Die Wahlleitung macht den Tag der allgemeinen Direktwahlen oder der einzelnen Direktwahl und den Tag einer etwaigen Stichwahl spätestens am 120. Tag vor der Wahl öffentlich bekannt. [2]Zugleich fordert sie zur Einreichung der Wahlvorschläge auf und gibt die Zahl der erforderlichen Unterschriften für die Wahlvorschläge (§ 45d Abs. 3) öffentlich bekannt.

§ 45c Wahlleitung und Wahlausschuss

Die Aufgaben der Wahlleitung und die Aufgaben des Wahlausschusses nehmen die nach § 9 berufene Wahlleitung und der nach § 10 gebildete Wahlausschuss wahr.

Zweiter Abschnitt

Erste Wahl

§ 45d Bewerberbestimmung, Wahlvorschläge

(1) [1]Eine Bewerberin oder ein Bewerber darf frühestens drei Jahre und acht Monate nach Beginn der allgemeinen Wahlperiode der Abgeordneten bestimmt werden. [2]Wird sie oder er von einer Delegiertenversammlung bestimmt, so darf die Wahl der Delegierten frühestens drei Jahre und vier Monate nach Beginn der Wahlperiode stattfinden. [3]In den Fällen des § 43a dürfen für die Wahl einer Samtgemeindebürgermeisterin oder eines Samtgemeindebürgermeisters die Bestimmung einer Bewerberin oder eines Bewerbers und die Wahl der Delegierten zu der Delegiertenversammlung nach Satz 2 frühestens zehn Monate vor dem Beginn der nachfolgenden allgemeinen Wahlperiode stattfinden. [4]Die Sätze 1 und 2 gelten nicht für einzelne Direktwahlen.

(2) [1]§ 21 Abs. 1 findet mit der Maßgabe Anwendung, dass eine wählbare Einzelperson sich auch dann vorschlagen kann, wenn sie nicht wahlberechtigt ist. [2]Jeder Wahlvorschlag darf den Namen nur einer wählbaren Bewerberin oder eines wählbaren Bewerbers enthalten.

(3) [1]Der Wahlvorschlag muss von dem für das Wahlgebiet zuständigen Parteiorgan, von drei Wahlberechtigten der Wählergruppe, von der wahlberechtigten Einzelperson oder, bei einem Wahlvorschlag einer nicht wahlberechtigten, aber wählbaren Einzelperson (Absatz 2 Satz 1), von dieser selbst unterzeichnet sein. [2]Er muss außerdem persönlich und handschriftlich unterzeichnet sein von mindestens fünfmal, für die Wahl in Gemeinden und Samtgemeinden mit bis zu 9 000 Einwohnerinnen und Einwohnern von mindestens dreimal so viel Wahlberechtigten des Wahlgebiets, wie der Vertretung Abgeordnete angehören. [3]Eine wahlberechtigte Person darf für jede Direktwahl nur einen Wahlvorschlag unterzeichnen; die Gemeinde oder die Samtgemeinde hat die Wahlberechtigung zu bestätigen. [4]Die Wahlberechtigung muss im Zeitpunkt der Unterzeichnung gegeben sein und ist bei der Einreichung des Wahlvorschlages nachzuweisen. [5]Hat jemand für eine Direktwahl mehr als einen Wahlvorschlag unterzeichnet, so sind dessen Unterschriften auf Wahlvorschlägen ungültig, die bei der Gemeinde oder der Samtgemeinde nach der ersten Bestätigung der Wahlberechtigung zu prüfen sind.

(4) [1]Unterschriften nach Absatz 3 Satz 2 sind nicht erforderlich für die bisherige Amtsinhaberin oder den bisherigen Amtsinhaber. [2]Das Gleiche gilt bei der erstmaligen Direktwahl aus Anlass der Neubildung oder Eingliederung einer Gemeinde, einer Samtgemeinde oder eines Landkreises für alle bisherigen hauptamtlichen Amtsinhaberinnen und Amtsinhaber der aufgelösten Körperschaften oder der eine Samtgemeinde bildenden Gemeinden. [3]Das Gleiche gilt auch für die Direktwahl aus Anlass der Aufnahme einer Gemeinde in eine Samtgemeinde für die bisherige Amtsinhaberin oder den bisherigen Amtsinhaber der Gemeinde. [4]Im Übrigen gilt § 21 Abs. 10 entsprechend.

(5) [1]Niemand darf für mehrere gleichzeitig stattfindende Direktwahlen vorgeschlagen werden. [2]Bei der Einreichung des Wahlvorschlages muss eine Versicherung der benannten Person beigefügt sein, dass sie eine Zustimmungserklärung entsprechend § 21 Abs. 8 nicht auch für einen anderen Wahlvorschlag für eine Direktwahl abgegeben hat.

(6) [1]Ist ein Wahlvorschlag bei der Wahlleitung eingereicht, so kann die Bewerberin oder der Bewerber von der Bewerbung bis zum Ablauf der Frist zur Einreichung der Wahlvorschläge zurücktreten. [2]Der Rücktritt ist der Wahlleitung schriftlich zu erklären und kann nicht widerrufen werden. [3]Der Wahlvorschlag gilt als nicht eingereicht. [4]Satz 3 gilt entsprechend, wenn eine Bewerberin oder ein Bewerber vor Ablauf der Frist zur Einreichung der Wahlvorschläge stirbt oder die Wählbarkeit verliert. [5]Wenn eine Bewerberin oder ein Bewerber nach Ablauf der Frist für die Einreichung der Wahlvorschläge, aber vor Beginn der Wahlzeit stirbt oder die Wählbarkeit verliert, findet eine neue Direktwahl (§ 45n) statt; dies ist vom Wahlausschuss festzustellen.

(7) [1]Ist kein Wahlvorschlag für die Wahl fristgerecht eingereicht oder zugelassen worden, so stellt der Wahlausschuss fest, dass eine neue Direktwahl (§ 45n) durchzuführen ist. [2]Die Wahlleitung hat die Feststellung öffentlich bekannt zu machen.

(8) [1]Die letzte vom Landeswahlausschuss vor dem allgemeinen Kommunalwahltag nach § 22 Abs. 3 getroffene Feststellung über die Anerkennung als Partei gilt auch für die einzelne Direktwahl. [2]Für Vereinigungen, für die eine solche Feststellung nicht getroffen worden ist, ist das Verfahren nach § 22 Abs. 1 und 3 mit der Maßgabe durchzuführen, dass die Feststellung nach § 22 Abs. 3 von der Landeswahlleiterin oder dem Landeswahlleiter allein getroffen werden kann, wenn Zweifel hinsicht-

lich der Anerkennung nicht bestehen; die Feststellung kann mit der Wirkung getroffen werden, dass sie auch für alle weiteren einzelnen Direktwahlen bis zur Bestimmung des nächsten allgemeinen Kommunalwahltages gilt.

§ 45e Stimmzettel, Stimmabgabe

(1) [1]Der Stimmzettel enthält jeweils ein Feld für die zugelassenen Wahlvorschläge mit dem Namen der Bewerberin oder des Bewerbers und der Parteibezeichnung oder dem Kennwort. [2]Wird die bisherige Amtsinhaberin oder der bisherige Amtsinhaber erneut zur Wahl vorgeschlagen, so steht sie oder er an erster Stelle auf dem Stimmzettel. [3]Es schließen sich die Bewerberinnen und Bewerber auf Wahlvorschlägen von Parteien und Wählergruppen sowie die Bewerberinnen und Bewerber auf Einzelwahlvorschlägen an, die die Voraussetzungen nach § 21 Abs. 10 Nr. 1 oder 4 erfüllen; ihre Reihenfolge richtet sich nach den Stimmenzahlen bei der letzten Wahl der Vertretung. [4]Im Übrigen ist die Reihenfolge alphabetisch. [5]Steht nur eine Bewerberin oder ein Bewerber zur Wahl, so sieht der Stimmzettel ein Feld für eine Ja-Stimme und ein Feld für eine Nein-Stimme vor.

(2) [1]Die wahlberechtigte Person gibt ihre Stimme in der Weise ab, dass sie durch ein auf den Stimmzettel gesetztes Kreuz oder auf andere Weise eindeutig kenntlich macht, wem die Stimme gelten soll. [2]Im Fall des Absatzes 1 Satz 5 gibt sie ihre Stimme in der Weise ab, dass sie das Feld für die Ja-Stimme oder die Nein-Stimme entsprechend Satz 1 kennzeichnet.

§ 45f Feststellung des Wahlergebnisses in den Wahlbezirken

[1]Nach Beendigung der Wahlhandlung stellt der Wahlvorstand für den Wahlbezirk die Zahl der Stimmen fest, die für jeden Wahlvorschlag abgegeben worden sind. [2]§ 34 Abs. 2 und 3 gilt entsprechend.

§ 45g Feststellungen des Wahlergebnisses im Wahlgebiet

(1) Der Wahlausschuss stellt für jeden Wahlvorschlag die Summe der nach § 45f festgestellten Stimmenzahlen als Wahlergebnis im Wahlgebiet fest.

(2) [1]Sind mehrere Wahlvorschläge zugelassen, so stellt der Wahlausschuss fest, ob eine Bewerberin oder ein Bewerber gewählt ist oder ob und zwischen welchen Personen eine Stichwahl erforderlich ist. [2]Gewählt ist, wer mehr als die Hälfte der gültigen Stimmen erhalten hat. [3]Erfüllt keine Person die Voraussetzung des Satzes 2, so findet eine Stichwahl zwischen den beiden Personen statt, die bei der Wahl die meisten Stimmen erhalten haben. [4]Bei Stimmengleichheit entscheidet das von der Wahlleitung zu ziehende Los, wer an der Stichwahl teilnimmt. [5]Verzichtet eine Person durch schriftliche Erklärung gegenüber der Wahlleitung bis zum Beginn der Sitzung des Wahlausschusses auf die Teilnahme an der Stichwahl, so stellt der Wahlausschuss fest, dass die Stichwahl mit der verbliebenen Person stattfindet, oder, wenn beide Teilnahmeberechtigten verzichten, dass eine neue Direktwahl (§ 45n) durchzuführen ist.

(3) [1]Gibt es nur einen zugelassenen Wahlvorschlag, so ist die vorgeschlagene Person gewählt, wenn sie mehr Ja-Stimmen als Nein-Stimmen erhalten hat. [2]Erhält die vorgeschlagene Person nicht die nach Satz 1 erforderlichen Stimmen, so wird eine neue Direktwahl (§ 45n) durchgeführt. [3]Der Wahlausschuss stellt fest, ob die Person gewählt ist oder ob eine neue Direktwahl durchzuführen ist.

(4) Die Wahlleitung hat die Feststellungen nach den Absätzen 1 bis 3 öffentlich bekannt zu machen.

§ 45h Annahme der Wahl

[1]§ 40 Abs. 1 Sätze 1, 5 und 6 gilt entsprechend. [2]Die gewählte Person hat der Wahlleitung innerhalb einer Woche nach Zugang der Benachrichtigung schriftlich mitzuteilen, ob sie die Wahl annimmt. [3]Gibt die gewählte Person bis zum Ablauf der gesetzten Frist keine Erklärung ab, so gilt die Wahl als nicht angenommen. [4]Nimmt die gewählte Person die Wahl nicht an, so findet eine neue Direktwahl (§ 45n) statt; dies ist vom Wahlausschuss festzustellen.

§ 45i Wahl bei vorzeitigem Ausscheiden der Amtsinhaberin oder des Amtsinhabers

(1) Bei den nach § 80 Abs. 2 Satz 1 oder 2 NKomVG durchzuführenden Wahlen

1. muss die Wahlbekanntmachung nach § 45b Abs. 4 Satz 1 spätestens am 64. Tag vor der Wahl erfolgen,
2. endet die Einreichungsfrist für eine Wahlanzeige nach § 22 Abs. 1 Satz 1 in Verbindung mit § 45d Abs. 8 Satz 2 und § 45a mit Ablauf des 47. Tages vor der Wahl,
3. ist die Feststellung nach § 22 Abs. 3 in Verbindung mit § 45d Abs. 8 Satz 2 und § 45a spätestens am 37. Tag vor der Wahl zu treffen,

4. endet die Einreichungsfrist für die Wahlvorschläge nach § 21 Abs. 2 in Verbindung mit § 45a am 34. Tag vor der Wahl um 18.00 Uhr und
5. ist der Beschluss über die Zulassung der Wahlvorschläge nach § 28 Abs. 5 in Verbindung mit § 45a spätestens am 30. Tag vor der Wahl zu treffen.

(2) Absatz 1 findet im Fall des § 80 Abs. 2 Satz 4 NKomVG keine Anwendung.

Dritter Abschnitt
Stichwahl, Wiederholungswahl, neue Direktwahl, Abwahl

§ 45j Allgemeine Regelungen zur Stichwahl

(1) [1]Ist eine Stichwahl erforderlich, so macht die Wahlleitung unverzüglich nach den Feststellungen des Wahlausschusses nach § 45g Abs. 2 den Tag der Stichwahl und die Namen der beiden an der Stichwahl teilnehmenden Personen unter Angabe ihrer Stimmenzahl öffentlich bekannt. [2]Satz 1 gilt entsprechend, wenn nur eine Person an der Stichwahl teilnimmt.

(2) Die §§ 45e, 45f und 45h sind entsprechend anzuwenden.

§ 45k Wählerverzeichnis für die Stichwahl

[1]Für die Stichwahl gilt das Wählerverzeichnis der ersten Wahl mit der Maßgabe, dass
1. Wahlberechtigte, die nicht im Wählerverzeichnis eingetragen sind und die für die erste Wahl einen Wahlschein erhalten haben, und
2. Personen, die erst für die Stichwahl wahlberechtigt werden,

von Amts wegen nachzutragen sind. [2]Das Wählerverzeichnis kann unter Einbeziehung der zulässigen Nachträge neu ausgefertigt werden.

§ 45l Ergebnis der Stichwahl

(1) [1]Bei der Stichwahl ist gewählt, wer die meisten gültigen Stimmen erhalten hat. [2]Bei Stimmengleichheit entscheidet das von der Wahlleitung zu ziehende Los. [3]Nimmt nur eine Person an der Stichwahl teil, so ist diese gewählt, wenn sie mehr Ja-Stimmen als Nein-Stimmen erhalten hat. [4]Erhält diese Person nicht die nach Satz 3 erforderlichen Stimmen, so wird eine neue Direktwahl (§ 45n) durchgeführt.

(2) [1]Der Wahlausschuss stellt fest, wer gewählt ist. [2]Hat nur eine Person an der Stichwahl teilgenommen, so stellt der Wahlausschuss fest, ob sie gewählt ist oder ob eine neue Direktwahl (§ 45n) durchzuführen ist.

(3) Die Wahlleitung hat die Feststellungen nach den Absätzen 1 und 2 öffentlich bekannt zu machen.

§ 45m Wiederholungswahl

(1) [1]Die Stichwahl findet nicht statt, wenn eine Bewerberin oder ein Bewerber, die oder der nach § 45g Abs. 2 zur Teilnahme an einer Stichwahl berechtigt wäre, vor Durchführung der Stichwahl durch Tod oder Verlust der Wählbarkeit ausgeschieden ist. [2]Die Direktwahl ist in diesem Fall insgesamt zu wiederholen. [3]Der Wahlausschuss stellt fest, dass eine Wiederholungswahl stattfindet. [4]Die Wahlleitung hat die Feststellung öffentlich bekannt zu machen. [5]Die Wiederholungswahl darf frühestens zwei Monate und muss spätestens vier Monate nach der vom Wahlausschuss getroffenen Feststellung stattfinden.

(2) [1]Wer eine Person vorgeschlagen hat, die nach Absatz 1 Satz 1 ausgeschieden ist, kann einen neuen Wahlvorschlag bis zum 34. Tag vor der Wahl einreichen. [2]Die Entscheidung über die Zulassung des Wahlvorschlages muss spätestens am 30. Tag vor der Wahl getroffen werden. [3]Die Vorschriften über die Zulassung und die Bekanntgabe der Wahlvorschläge zur ersten Wahl gelten entsprechend.

§ 45n Neue Direktwahl

(1) [1]Eine neue Direktwahl ist durchzuführen, wenn
1. nach Ablauf der Frist für die Einreichung der Wahlvorschläge, aber vor Beginn der Wahlzeit eine Bewerberin oder ein Bewerber stirbt oder die Wählbarkeit verliert (§ 45d Abs. 6 Satz 5),
2. kein Wahlvorschlag zugelassen worden ist (§ 45d Abs. 7 Satz 1),
3. nur ein Wahlvorschlag zugelassen worden ist und die Bewerberin oder der Bewerber nicht die nach § 45g Abs. 3 Satz 1 erforderliche Stimmenzahl erhalten hat (§ 45g Abs. 3 Satz 2),
4. nur eine Bewerberin oder ein Bewerber an der Stichwahl teilnimmt und nicht mehr Ja-Stimmen als Nein-Stimmen erhalten hat (§ 45l Abs. 1 Satz 4),

5. beide an der Stichwahl Teilnahmeberechtigten auf die Teilnahme an der Stichwahl verzichtet haben (§ 45g Abs. 2 Satz 5) oder
6. die gewählte Person die Wahl nicht annimmt (§ 45h Satz 4).

[2]Die Wahl nach Satz 1 Nr. 1 ist innerhalb von drei Monaten, die Wahlen nach Satz 1 Nrn. 2 bis 6 sind innerhalb von sechs Monaten durchzuführen. [3]Das Wahlverfahren einschließlich der Wahlvorbereitung ist neu durchzuführen. [4]Abweichend von Satz 3 bleiben bei einer Wahl nach Satz 1 Nr. 1 zugelassene Wahlvorschläge gültig, wenn sie unverändert bleiben.

(2) [1]§ 42 Abs. 6 und 7 Nrn. 1, 3 und 4 ist entsprechend anzuwenden. [2]Die Wahlleitung gibt die zugelassenen Wahlvorschläge unverzüglich öffentlich bekannt.

§ 45o Abwahl

(1) Die Entscheidung der Bürgerinnen und Bürger über eine Abwahl muss innerhalb von vier Monaten nach der Beschlussfassung der Vertretung nach § 82 Abs. 2 NKomVG stattfinden.

(2) Die Wahlleitung macht den Tag der Entscheidung über die Abwahl unverzüglich öffentlich bekannt.

(3) [1]Die Stimmzettel enthalten den Namen der Amtsinhaberin oder des Amtsinhabers, die zu entscheidende Abwahlfrage sowie ein Feld für eine Ja-Stimme und ein Feld für eine Nein-Stimme. [2]Zusätze sind unzulässig.

(4) Eine Amtsinhaberin oder ein Amtsinhaber ist abgewählt, wenn die Mehrheit der gültigen Stimmen Ja-Stimmen sind und mindestens 25 vom Hundert der Wahlberechtigten für die Abwahl gestimmt haben.

(5) Der Wahlausschuss stellt das Ergebnis der Entscheidung über die Abwahl fest; die Wahlleitung macht es öffentlich bekannt.

(6) Die §§ 8, 11 bis 13, 18, 19, 29 Abs. 1, § 30a Abs. 2 und 3, §§ 30b, 31 bis 33, 34 Abs. 2 und 3, §§ 41, 42 Abs. 1 bis 4, § 45e Abs. 2 und § 45f sind entsprechend anzuwenden.

Vierter Teil

Wahl der Mitglieder des Stadtbezirksrates, des Ortsrates und der Einwohnervertretung

§ 45p Allgemeines

Für die Wahlen der Mitglieder der Stadtbezirksräte, der Ortsräte und der Einwohnervertretungen gelten die Vorschriften des Zweiten Teils über die Gemeindewahl entsprechend, soweit sich nicht aus den §§ 45q und 45r dieses Gesetzes oder aus § 91 Abs. 2 und 4 NKomVG etwas anderes ergibt.

§ 45q Wahl der Mitglieder des Stadtbezirksrates und des Ortsrates

(1) Wahlbezirke für die Gemeindewahl sind zugleich Wahlbezirke für die Wahl der Mitglieder des Stadtbezirksrates und des Ortsrates.

(2) § 21 Abs. 9 Satz 2 ist für die Wahl der Mitglieder des Stadtbezirksrates oder des Ortsrates mit der Maßgabe anzuwenden, dass sich die Zahl der erforderlichen Unterschriften
1. für Wahlvorschläge für die Wahl der Mitglieder des Stadtbezirksrates nach der Einwohnerzahl des Stadtbezirks,
2. für Wahlvorschläge für die Wahl der Mitglieder des Ortsrates nach dem auf die Ortschaft entfallenden Teil der für die Gemeindewahl maßgebenden Einwohnerzahl

bestimmt.

(3) [1]Die für die Gemeindewahl wahlberechtigten Parteimitglieder oder deren Delegierte (§ 24) können auch die Bewerberinnen und Bewerber und ihre Reihenfolge für die Wahl der Mitglieder des Stadtbezirksrates oder des Ortsrates bestimmen, sofern in dem Stadtbezirk oder in der Ortschaft keine Parteiorganisation vorhanden ist. [2]Für die Bestimmung des Wahlvorschlages einer Wählergruppe gilt Satz 1 entsprechend.

§ 45r Wahl der Mitglieder der Einwohnervertretung

(1) [1]Bezirkswahlleitung im Sinne des § 2 Abs. 7 Nr. 5 ist die Bezirksvorsteherin oder der Bezirksvorsteher. [2]Die Vertreterin oder der Vertreter im Amt ist Stellvertreterin oder Stellvertreter.

(2) [1]Ist die Bezirksvorsteherin oder der Bezirksvorsteher in dem gemeindefreien Bezirk Wahlbewerberin oder Wahlbewerber oder Vertrauensperson für einen Wahlvorschlag, so beruft der Kreistag die Wahlleiterin oder den Wahlleiter. [2]Für die Vertreterin oder den Vertreter im Amt gilt Satz 1 entsprechend.

Fünfter Teil
Wahlprüfung und Wahlkosten

§ 46 Wahleinspruch

(1) [1]Gegen die Gültigkeit einer Wahl nach § 1 Abs. 1 kann Einspruch erhoben werden (Wahleinspruch). [2]Der Wahleinspruch kann nur damit begründet werden, dass die Wahl nicht den Vorschriften dieses Gesetzes oder der Verordnung nach § 53 Abs. 1 oder 3 entsprechend vorbereitet oder durchgeführt oder in unzulässiger Weise in ihrem Ergebnis beeinflusst worden ist. [3]Einspruchsberechtigt sind
1. jede in dem jeweiligen Wahlgebiet wahlberechtigte Person,
2. jede Partei oder Wählergruppe, die für die betreffende Wahl einen Wahlvorschlag eingereicht hat,
3. die für die betreffende Wahl zuständige Wahlleitung,
4. die für das jeweilige Wahlgebiet zuständigen Kommunalaufsichtsbehörden sowie
5. die Landeswahlleiterin oder der Landeswahlleiter.

[4]Gegen die Gültigkeit einer Direktwahl können auch Bewerberinnen oder Bewerber, die an der Direktwahl teilgenommen haben, sowie Bewerberinnen oder Bewerber nicht zugelassener Wahlvorschläge Wahleinspruch erheben. [5]Ein Wahleinspruch, mit der eine Person geltend macht, dass sie nicht im Wählerverzeichnis eingetragen sei, ist unbegründet, wenn sie insoweit keinen Antrag auf Berichtigung des Wählerverzeichnisses gestellt hat.

(2) Entscheidungen und Maßnahmen, die sich unmittelbar auf das Wahlverfahren beziehen, können nur mit einem Wahleinspruch angefochten werden.

(3) [1]Der Wahleinspruch ist bei der nach § 2 Abs. 7 zuständigen Wahlleitung innerhalb von zwei Wochen nach Bekanntmachung des Wahlergebnisses mit Begründung schriftlich einzureichen oder zur Niederschrift zu erklären. [2]Die Wahlleitung legt den Wahleinspruch mit ihrer Stellungnahme unverzüglich der für die Wahlprüfungsentscheidung zuständigen Vertretung oder Einwohnervertretung vor. [3]Einen eigenen Wahleinspruch richtet die Wahlleitung unmittelbar an die in Satz 2 genannte Stelle. [4]Ist die Vertretung oder Einwohnervertretung neu gewählt, so entscheidet diese.

(4) Der Wahleinspruch hat keine aufschiebende Wirkung.

§ 47 Verfahren der Wahlprüfung

(1) [1]Die Vertretung oder die Einwohnervertretung beschließt nach der Bekanntmachung des Wahlergebnisses, bei einer Direktwahl im Fall einer erforderlichen Stichwahl nach der Bekanntmachung des Ergebnisses der Stichwahl über den Wahleinspruch (Wahlprüfungsentscheidung). [2]Sie verhandelt und beschließt hierüber in öffentlicher Sitzung.

(2) [1]In der Verhandlung sind die Beteiligten auf Antrag zu hören. [2]Beteiligte sind
1. die Wahlleitung,
2. die Person, die den Wahleinspruch erhoben hat und
3. die Personen, gegen deren Wahl der Wahleinspruch unmittelbar gerichtet ist.

(3) Personen, die nach Absatz 2 Satz 2 am Verfahren beteiligt sind, dürfen an der Beschlussfassung nicht teilnehmen.

§ 48 Inhalt der Wahlprüfungsentscheidung

(1) Der Wahleinspruch wird zurückgewiesen, wenn er
1. unzulässig oder zulässig, aber unbegründet ist oder
2. zwar zulässig und begründet ist, aber der Rechtsverstoß auch im Zusammenhang mit anderen Rechtsverstößen das Wahlergebnis nicht oder nur unwesentlich beeinflusst hat.

(2) Ist ein Wahleinspruch nicht nach Absatz 1 zurückzuweisen, so wird
1. das Wahlergebnis neu festgestellt oder berichtigt oder
2. die Wahl ganz oder teilweise für ungültig erklärt.

(3) Die Wahlprüfungsentscheidung ist zu begründen.

§ 49 Zustellung der Entscheidung und Rechtsmittel

(1) Die Wahlprüfungsentscheidung ist den Beteiligten, den Kommunalaufsichtsbehörden und der Landeswahlleiterin oder dem Landeswahlleiter innerhalb von zwei Wochen nach der Beschlussfassung mit Begründung und Rechtsbehelfsbelehrung zuzustellen.

(2) Gegen die Wahlprüfungsentscheidung können diejenigen, denen die Entscheidung zuzustellen ist, innerhalb eines Monats nach Zustellung Klage beim Verwaltungsgericht erheben.

§ 49a Einspruch gegen Feststellungen in Bezug auf den Ersatz von Abgeordneten sowie das Ausscheiden von Ersatzpersonen

(1) [1]Gegen die nach § 44 Abs. 5 Satz 1 oder 2 zu treffende Feststellung nach § 44 Abs. 1 bis 4 und die nach § 45 Abs. 5 Satz 1 oder 2 zu treffende Feststellung der Voraussetzungen nach § 45 Abs. 1 bis 4 kann Einspruch erhoben werden. [2]Der Einspruch ist zu begründen. [3]Einspruchsberechtigt ist die von der Feststellung betroffene Person. [4]Bei Feststellungen nach § 44 Abs. 1 bis 4 gilt § 46 Abs. 1 Satz 3 entsprechend. [5]Der Einspruch ist bei der nach § 2 Abs. 7 zuständigen Wahlleitung mit Begründung schriftlich einzureichen oder zur Niederschrift zu erklären. [6]Der Einspruch ist mit Begründung innerhalb von zwei Wochen einzureichen. [7]Die Einspruchsfrist beginnt für die Einspruchsberechtigten nach Satz 3 mit der Benachrichtigung und für die Einspruchsberechtigten nach Satz 4 mit der öffentlichen Bekanntmachung nach § 44 Abs. 6. [8]Der Einspruch hat keine aufschiebende Wirkung.

(2) [1]Die Wahlleitung legt den Einspruch mit ihrer Stellungnahme unverzüglich der Vertretung oder der Einwohnervertretung vor, diese entscheidet über den Einspruch in ihrer nächsten Sitzung. [2]§ 47 Abs. 1 Satz 2 und Abs. 2 gilt entsprechend.

(3) [1]Der Einspruch wird zurückgewiesen, wenn er unzulässig oder zulässig, aber unbegründet ist. [2]Ist der Einspruch begründet, so wird festgestellt, dass

1. die Ersatzperson nicht Abgeordnete oder Abgeordneter oder nicht Mitglied des Stadtbezirksrats, des Ortsrats oder der Einwohnervertretung geworden ist oder
2. die Person nicht als Ersatzperson ausgeschieden ist.

[3]Die Entscheidung ist zu begründen. [4]§ 49 gilt entsprechend.

§ 50 Wahlkosten

(1) Die Gemeinde trägt die ihr entstehenden Kosten für die Gemeindewahl und für die Wahl der Mitglieder der Stadtbezirksräte oder der Ortsräte.

(2) Die Samtgemeinde trägt die ihr entstehenden Kosten für die Samtgemeindewahl.

(3) Der öffentlich-rechtlich Verpflichtete trägt die Kosten für die Wahl der Mitglieder der Einwohnervertretung.

(4) Der Landkreis trägt die ihm, den Gemeinden, den Samtgemeinden und den gemeindefreien Bezirken entstehenden Kosten für die Kreiswahl.

(5) Die Region Hannover trägt die ihr und den Gemeinden entstehenden Kosten für die Regionswahl.

(6) [1]Der Landkreis erstattet den Gemeinden, den Samtgemeinden und dem öffentlich-rechtlich Verpflichteten die durch die Kreiswahl veranlassten notwendigen Ausgaben durch einen festen Betrag je wahlberechtigter Person. [2]Ein Teil der Ausgaben kann unabhängig von der Zahl der Wahlberechtigten durch einen Grundbetrag abgegolten werden. [3]Bei der Festsetzung werden laufende persönliche und sächliche Kosten und Kosten für die Benutzung von Räumen und Einrichtungen der Gemeinden, Samtgemeinden und des öffentlich-rechtlich Verpflichteten nicht berücksichtigt. [4]Finden Gemeinde-, Samtgemeindewahlen, Wahlen der Mitglieder der Einwohnervertretungen und Kreiswahlen am gleichen Tag statt, so gelten die Wahlkosten der Gemeinden, der Samtgemeinden und des öffentlich-rechtlich Verpflichteten als je zur Hälfte durch die Gemeinde-, Samtgemeindewahl oder der Wahl der Mitglieder der Einwohnervertretung und Kreiswahl entstanden. [5]Für die Regionswahl gelten die Sätze 1 bis 4 entsprechend.

(7) Für die Direktwahlen gelten die Absätze 1, 2 und 4 bis 6 entsprechend.

(8) Die Kosten des Wahlprüfungsverfahrens gehören zu den Wahlkosten nach den Absätzen 1 bis 5 und 7.

Sechster Teil
Schlussvorschriften

§ 50a Ordnungswidrigkeiten

(1) Ordnungswidrig handelt, wer

1. entgegen § 13 Abs. 1 Satz 2 ein Ehrenamt nicht wahrnimmt, ohne dass dafür ein wichtiger Grund (§ 13 Abs. 3) vorliegt, oder
2. entgegen § 33 Abs. 3 das Ergebnis einer Wählerbefragung am Wahltag über die getroffene Wahlentscheidung vor Ablauf der Wahlzeit veröffentlicht.

(2) Die Ordnungswidrigkeit nach Absatz 1 Nr. 1 kann mit einer Geldbuße bis zu 500 Euro, die Ordnungswidrigkeit nach Absatz 1 Nr. 2 mit einer Geldbuße bis zu 25 000 Euro geahndet werden.

(3) Verwaltungsbehörde im Sinne des § 36 Abs. 1 Nr. 1 des Gesetzes über Ordnungswidrigkeiten ist

1. bei Ordnungswidrigkeiten nach Absatz 1 Nr. 1
   a) die Gemeinde, die Samtgemeinde oder der gemeindefreie Bezirk in Bezug auf die von ihr oder ihm berufenen Mitglieder des jeweiligen Wahlvorstandes,
   b) die jeweilige Wahlleitung in Bezug auf die von ihr berufenen weiteren Mitglieder des jeweiligen Wahlausschusses

   sowie
2. bei Ordnungswidrigkeiten nach Absatz 1 Nr. 2 die für die betreffende Wahl zuständige Wahlleitung.

§ 51 Wahlstatistik

(1) [1]Die Ergebnisse der Wahlen zu den Vertretungen sind statistisch zu bearbeiten. [2]Das Nähere hierzu bestimmt die Landeswahlleiterin oder der Landeswahlleiter.

(2) Die Landeswahlleiterin oder der Landeswahlleiter kann bestimmen, dass in ausgewählten Wahlbezirken repräsentative Wahlstatistiken über

1. die Wahlbeteiligung nach Geburtsjahresgruppen und Geschlecht,
2. Geschlechts- und Altersgliederung der Wahlberechtigten und der wählenden Personen unter Berücksichtigung der Stimmenabgabe für die einzelnen Wahlvorschläge

zu erstellen sind.

(3) [1]Erhebungsmerkmale für die Statistiken nach Absatz 2 sind Geschlecht, Geburtsjahresgruppe, Teilnahme an der Wahl, Wahlscheinvermerk, abgegebene Stimmen und ungültige Stimmen. [2]Hilfsmerkmale sind Gemeinde, Wahlbereich und Wahlbezirk. [3]Auskunftspflichtig sind die Gemeinden.

(4) [1]Die für die Statistiken gemäß Absatz 2 ausgewählten Wahlbezirke müssen wenigstens 300 Wahlberechtigte umfassen. [2]Die Statistik nach Absatz 2 Nr. 1 wird durch Auszählung der Wählerverzeichnisse durchgeführt. [3]Für diese Statistik sind höchstens zehn Geburtsjahresgruppen zu bilden, in denen jeweils mindestens drei Geburtsjahrgänge zusammenzufassen sind. [4]Die Statistik nach Absatz 2 Nr. 2 ist unter Verwendung von Stimmzetteln mit Unterscheidungsbezeichnungen nach Geschlecht und Geburtsjahresgruppe oder unter Verwendung entsprechend geeigneter Wahlgeräte durchzuführen. [5]Für diese Statistik sind höchstens fünf Geburtsjahresgruppen zu bilden, in denen jeweils mindestens sieben Geburtsjahrgänge zusammenzufassen sind. [6]Wählerverzeichnisse und gekennzeichnete Stimmzettel dürfen nicht zusammengeführt werden. [7]Für die Vernichtung der Stimmzettel gelten die wahlrechtlichen Vorschriften.

(5) [1]Die Durchführung der Wahlstatistiken gemäß Absatz 2 ist nur zulässig, wenn das Wahlgeheimnis gewahrt bleibt. [2]Ihre Durchführung darf nur in Gemeinden erfolgen, die durch personelle, organisatorische und technische Maßnahmen eine Trennung der für die Statistik zuständigen Organisationseinheit von den anderen Organisationseinheiten sichergestellt haben. [3]Diese Trennung ist nur so weit und nur so lange erforderlich, wie personenbezogene Einzelangaben in der für die Statistik zuständigen Organisationseinheit vorhanden sind.

(6) [1]Die Veröffentlichung der Wahlstatistiken gemäß Absatz 2 ist dem Land vorbehalten. [2]Ergebnisse für einzelne Wahlbezirke dürfen nicht bekannt gegeben werden.

(7) Das Land erstattet den Gemeinden die durch die Erhebung nach Absatz 2 entstandenen Kosten durch einen festen Betrag je Wahlbezirk.

(8) [1]Die Gemeindewahlleitung kann in ihrem Wahlgebiet eigene wahlstatistische Auszählungen anordnen. [2]Die Absätze 2 bis 5 und 6 Satz 2 gelten entsprechend.

§ 52 Maßgebende Einwohnerzahl

Als Einwohnerzahl im Sinne dieses Gesetzes gilt für das Wahlgebiet diejenige Einwohnerzahl, die nach § 177 NKomVG für die Zahl der Abgeordneten maßgebend ist.

§ 52a Schriftform

Soweit dieses Gesetz die Schriftform für Erklärungen vorschreibt, müssen diese persönlich und handschriftlich unterzeichnet sein und bei dem zuständigen Wahlorgan oder der zuständigen Stelle der Wahlorganisation im Original vorliegen.

§ 52b Fristen und Termine

[1]Die von diesem Gesetz vorgesehenen Fristen und Termine verlängern oder ändern sich nicht dadurch, dass der letzte Tag der Frist oder ein Termin auf einen Sonnabend, einen Sonntag oder einen gesetzlichen oder staatlich geschützten Feiertag fällt. [2]Eine Wiedereinsetzung in den vorigen Stand ist ausgeschlossen.

§ 52c Sonderregelungen für den Fall des Vorliegens einer festgestellten epidemischen Lage

(1) [1]Ist der Beschluss über die Zulassung der Wahlvorschläge noch nicht gefasst worden, so ordnet die Wahlleitung an, dass eine einzelne Neuwahl oder eine einzelne Direktwahl an dem bestimmten Wahltag nicht durchgeführt wird, wenn wegen der Auswirkungen einer festgestellten epidemischen Lage eine den wahlrechtlichen Regelungen entsprechende Vorbereitung der Wahl nicht möglich war. [2]Ist der Beschluss über die Zulassung der Wahlvorschläge für die Wahl bereits gefasst worden, so ordnet die Wahlleitung an, dass die einzelne Direktwahl oder die einzelne Neuwahl ausschließlich als Briefwahl durchgeführt wird, wenn wegen der Auswirkungen einer festgestellten epidemischen Lage die Stimmabgabe der wahlberechtigten Personen an dem bestimmten Wahltag oder im Rahmen einer Nachwahl innerhalb der Frist des § 41 Abs. 2 Satz 1 nicht in den Wahlräumen erfolgen kann.

(2) [1]Wird die Wahl nach Absatz 1 Satz 1 nicht am Wahltag durchgeführt, so ist sie nachzuholen, sobald eine den wahlrechtlichen Vorschriften entsprechende Vorbereitung und Durchführung der Wahl möglich ist, spätestens jedoch innerhalb eines Jahres nach dem bestimmten Wahltag. [2]Den Tag einer nachzuholenden einzelnen Direktwahl bestimmt die Vertretung; den Tag einer nachzuholenden einzelnen Neuwahl bestimmt der Hauptausschuss. [3]Bereits eingereichte Wahlvorschläge behalten ihre Gültigkeit, es sei denn, dass zwischen dem ursprünglich bestimmten Wahltag und dem Tag der nachzuholenden Wahl mehr als sechs Monate liegen. [4]Für die nachzuholende Wahl gilt im Übrigen § 42 Abs. 6 und 7 entsprechend.

(3) [1]Hat die Wahlleitung nach Absatz 1 Satz 2 angeordnet, dass die Wahl ausschließlich als Briefwahl durchgeführt wird, so kann die Wahlleitung als Tag, an dem der Wahlbrief spätestens eingehen muss, auch einen anderen Tag als den ursprünglichen Wahltag bestimmen, wenn dies zur ordnungsgemäßen Durchführung der Briefwahl erforderlich ist. [2]Zwischen dem von der Vertretung ursprünglich bestimmten Wahltag und dem nach Satz 1 bestimmten Tag sollen nicht mehr als drei Wochen liegen. [3]Abweichend von § 19 Abs. 1 erhält jede wahlberechtigte Person, die im Wählerverzeichnis eingetragen ist, von Amts wegen einen Wahlschein.

(4) Ist eine epidemische Lage nicht festgestellt, so können die Regelungen der Absätze 1 bis 3 entsprechend angewandt werden, wenn der Landtag die Anwendbarkeit des § 28a Abs. 1 bis 6 IfSG nach § 28a Abs. 8 IfSG festgestellt hat.

(5) Die Wahlleitung gibt Entscheidungen nach den Absätzen 1 und 3 Satz 1 unverzüglich öffentlich bekannt.

§ 52d ***[aufgehoben]***

§ 53 Verordnungsermächtigung

(1) Das Fachministerium wird ermächtigt, durch Verordnung Bestimmungen und ergänzende Regelungen zu folgenden Gegenständen zu treffen:

1. Bildung der Wahlorgane, Bildung besonderer Wahlvorstände für die Briefwahl, Verfahren für die Wahlorgane, Berufung in ein Wahlehrenamt, Entschädigung der ehrenamtlichen Mitglieder der Wahlorgane einschließlich der Bestimmung von Durchschnittssätzen (§§ 9 bis 13),
2. Einteilung der Wahlbezirke und Ausstattung der Wahlräume, Bekanntmachung der Wahl, der Wahlbezirke und der Wahlräume,
3. Aufstellung, Führung und Abschluss des Wählerverzeichnisses sowie Eintragung und Einsichtnahme in die Wählerverzeichnisse und Berichtigung der Wählerverzeichnisse (§ 18),
4. Ausgabe von Wahlscheinen (§ 19),
5. Einreichung von Wahlvorschlägen sowie das Verfahren für ihre Prüfung, Mängelbeseitigung, Zulassung und Bekanntgabe (§§ 21 bis 28),
6. Form und Inhalt des Stimmzettels (§ 29),
7. Vorbereitung und Durchführung der Wahl in Kranken- und Pflegeanstalten,
8. Stimmabgabe, Briefwahl, Wahlurnen und Wahlschutzvorrichtungen (§§ 30 bis 32, 34),

9. Feststellung, Meldung und Bekanntgabe des Wahlergebnisses einschließlich der Tatbestände für eine ungültige Stimmabgabe (§§ 34 bis 40),
10. Vorbereitung und Durchführung von Wahlen aus besonderem Anlass (§§ 41 bis 43a) einschließlich besonderer Regelungen zur Anpassung an die Grundsätze für allgemeine Neuwahlen,
11. Verfahren beim Ersatz von Abgeordneten und beim Ausscheiden von Ersatzpersonen (§§ 44 und 45),
12. Zuständigkeit der Samtgemeinden und deren Mitgliedsgemeinden bei der Vorbereitung und Durchführung der Wahl,
13. Wahl der Mitglieder des Stadtbezirksrates, des Ortsrates und der Einwohnervertretung,
14. Vorbereitung und Durchführung der Direktwahl und der Abwahl.

(2) Das Fachministerium wird ermächtigt, den Ersatz der den Gemeinden nach § 50 Abs. 6 und 7 sowie § 51 Abs. 7 zu erstattenden Kosten durch Verordnung zu regeln.

(3) [1]Ist die Durchführung von Versammlungen zur Bestimmung der Bewerberinnen und Bewerber für die einzelne Neuwahlen und die einzelne Direktwahlen wegen der Auswirkungen der COVID-19-Pandemie ganz oder teilweise unmöglich, so wird das Fachministerium ermächtigt, durch Verordnung von den Vorschriften über die Bestimmung der Bewerberinnen und Bewerber abweichende Regelungen zu treffen und Abweichungen der Parteien und Wählergruppen von Bestimmungen ihrer Satzungen zuzulassen, um die Bestimmung der Bewerberinnen und Bewerber ohne Versammlungen zu ermöglichen. [2]Die Verordnung bedarf der Zustimmung des Landtages. [3]Durch die Verordnung nach Satz 1 können Regelungen getroffen werden, die den Parteien und Wählergruppen für die Bestimmung der Bewerberinnen und Bewerber eine Abweichung von den Bestimmungen dieses Gesetzes, der Verordnung nach § 53 Abs. 1 und, sofern eine Satzungsänderung wegen der in Satz 1 genannten Umstände und der in diesem Gesetz und der Verordnung nach § 53 Abs. 1 bestimmten Fristen und Termine nicht mehr rechtzeitig möglich ist, ihrer Satzungen ermöglichen, insbesondere,

1. um die Wahl der Bewerberinnen und Bewerber sowie der Delegierten für die Delegiertenversammlungen unter Verringerung der satzungsgemäßen Zahl der Delegierten in der Delegiertenversammlung oder anstatt durch eine Mitgliederversammlung durch eine Delegiertenversammlung durchführen zu können,
2. um Mitglieder- oder Delegiertenversammlungen in der Form mehrerer miteinander im Wege der elektronischen Kommunikation verbundener gleichzeitiger Teilversammlungen an verschiedenen Orten durchführen zu können,
3. um die Wahrnehmung des Vorschlagsrechts, des Vorstellungsrechts und der sonstigen Mitgliederrechte mit Ausnahme der Schlussabstimmung über einen Wahlvorschlag ausschließlich oder zusätzlich im Wege elektronischer Kommunikation ermöglichen zu können,
4. um die Wahl von Bewerberinnen und Bewerbern sowie Delegierten für die Delegiertenversammlungen im Wege der Briefwahl oder einer Kombination aus Urnenwahl und Briefwahl durchführen zu können.

[4]Ist die Sammlung von Unterschriften für Wahlvorschläge wegen der Auswirkungen der COVID-19-Pandemie erheblich erschwert, so kann das Fachministerium durch Verordnung auch die Anzahl der erforderlichen Unterstützungsunterschriften für Wahlvorschläge für einzelne Neuwahlen und einzelne Direktwahlen absenken.

Niedersächsisches Kommunalabgabengesetz (NKAG)

In der Fassung vom 20. April 2017[1)] (Nds. GVBl. S. 121)
(VORIS 20310 01)

zuletzt geändert durch Art. 4 G zur Änd. des VerwaltungsvollstreckungsG und weiterer Gesetze vom 22. September 2022 (Nds. GVBl. S. 589)

Nichtamtliche Inhaltsübersicht

Erster Teil
Allgemeine Vorschriften

§ 1 Kommunale Abgaben

(1) Die Kommunen sind berechtigt, nach Maßgabe dieses Gesetzes kommunale Abgaben (Steuern, Gebühren, Beiträge) zu erheben, soweit nicht Bundes- oder Landesrecht etwas anderes bestimmt.
(2) Dieses Gesetz gilt auch für Steuern, Gebühren und Beiträge, die von den Kommunen aufgrund anderer Gesetze erhoben werden, soweit diese keine Bestimmung treffen.

§ 2 Rechtsgrundlage für kommunale Abgaben

(1) [1]Kommunale Abgaben dürfen nur aufgrund einer Satzung erhoben werden. [2]Die Satzung soll den Kreis der Abgabenschuldner, den die Abgabe begründenden Tatbestand, den Maßstab und den Satz der Abgabe sowie die Entstehung und den Zeitpunkt der Fälligkeit der Schuld bestimmen. [3]Liegt der Beschlussfassung über Abgabensätze eine Berechnung der voraussichtlichen Kosten zugrunde, mit der bezüglich einzelner Kostenbestandteile versehentlich gegen Rechtsvorschriften verstoßen wird, so ist dieser Mangel unbeachtlich, wenn dadurch die Grenze einer rechtmäßigen Kostenvorausberechnung um nicht mehr als 5 vom Hundert überschritten wird; daraus folgende Kostenüberdeckungen sind auszugleichen.
(2) [1]Satzungen können nur innerhalb der verfassungsrechtlichen Grenzen rückwirkend erlassen werden. [2]Eine Satzung kann insbesondere rückwirkend erlassen werden, wenn sie ausdrücklich eine Sat-

1) Neubekanntmachung des NKAG idF der Bek. v. 23.1.2007 (Nds. GVBl. S. 41) in der ab 1.4.2017 geltenden Fassung.

zung ohne Rücksicht auf deren Rechtswirksamkeit ersetzt, die eine gleiche oder gleichartige Abgabe regelte. [3]Die Rückwirkung kann bis zu dem Zeitpunkt ausgedehnt werden, zu dem die zu ersetzende Satzung in Kraft getreten war oder in Kraft treten sollte. [4]Durch die rückwirkend erlassene Satzung darf die Gesamtheit der Abgabepflichtigen nicht ungünstiger gestellt werden als nach der ersetzten Satzung.

(3) Wird innerhalb eines Jahres nach Inkrafttreten einer neuen Abgabensatzung eine Heranziehung, die aufgrund der bisherigen Abgabensatzung ergangen und nicht unanfechtbar geworden ist, durch eine Heranziehung aufgrund der neuen Abgabensatzung ersetzt, so gilt die neue Heranziehung im Sinne der Verjährungsvorschriften als im Zeitpunkt der früheren Heranziehung vorgenommen.

Zweiter Teil
Die einzelnen Abgaben

§ 3 Steuern

(1) [1]Die Gemeinden und Landkreise können Steuern erheben. [2]Die Besteuerung desselben Steuergegenstandes durch eine kreisangehörige Gemeinde und den Landkreis ist unzulässig.

(2) [1]Vergnügungssteuer kann von Gemeinden, Jagdsteuer von Landkreisen und kreisfreien Städten erhoben werden. [2]Von der Jagdsteuer ausgenommen bleibt die Ausübung der Jagd in nicht verpachteten Eigenjagdbezirken des Bundes und des Landes sowie auf Grundstücken, die diesen Bezirken angegliedert worden sind.

(3) Die Erhebung einer Getränkesteuer sowie einer Schankerlaubnissteuer ist unzulässig.

(4) [1]Gemeinden dürfen eine Steuer auf entgeltliche Übernachtungen in Beherbergungsbetrieben nicht erheben, wenn sie einen Tourismusbeitrag nach § 9 oder einen Gästebeitrag nach § 10 erheben. [2]Die Kommunalaufsichtsbehörde kann in begründeten Ausnahmefällen eine Ausnahme von dem Verbot nach Satz 1 zulassen.

(5) [1]Die Gemeinden und Landkreise sollen Steuern nur erheben, soweit ihre sonstigen Einnahmen zur Deckung der Ausgaben nicht ausreichen. [2]Dies gilt nicht für die Erhebung der Vergnügungssteuer und der Hundesteuer.

(6) [1]Durch Satzung kann bestimmt werden, dass der Steuerpflichtige Vorauszahlungen auf die Steuer zu entrichten hat, die er für den laufenden Veranlagungszeitraum voraussichtlich schulden wird. [2]In der Satzung ist zu bestimmen, wann die Vorauszahlungen fällig werden.

§ 4 Verwaltungsgebühren

(1) Die Kommunen erheben im eigenen Wirkungskreis Verwaltungsgebühren als Gegenleistung für Amtshandlungen und sonstige Verwaltungstätigkeiten, wenn die Beteiligten hierzu Anlass gegeben haben.

(2) Gebühren dürfen nicht erhoben werden für Amtshandlungen und sonstige Verwaltungstätigkeiten,

1. zu denen in Ausübung öffentlicher Gewalt eine andere Behörde im Lande, eine Behörde des Bundes oder die Behörde eines anderen Bundeslandes Anlass gegeben hat, es sei denn, dass die Gebühr Dritten auferlegt oder in sonstiger Weise auf Dritte umgelegt werden kann,
2. zu denen Kirchen und andere Religions- und Weltanschauungsgemeinschaften des öffentlichen Rechts einschließlich ihrer öffentlich-rechtlichen Verbände, Anstalten und Stiftungen zur Durchführung von Zwecken im Sinne des § 54 der Abgabenordnung Anlass gegeben haben, es sei denn, dass die Gebühr einem Dritten aufzuerlegen ist.

(3) Von der Erhebung einer Gebühr kann ganz oder teilweise abgesehen werden, wenn daran ein öffentliches Interesse besteht.

(4) [1]Im Übrigen gelten die Vorschriften des Niedersächsischen Verwaltungskostengesetzes (NVwKostG) sinngemäß. [2]§ 13 Abs. 1 Sätze 2 und 3 NVwKostG gilt auch für den Verkehr der Gebietskörperschaften untereinander.

§ 5 Benutzungsgebühren

(1) [1]Die Kommunen erheben als Gegenleistung für die Inanspruchnahme öffentlicher Einrichtungen Benutzungsgebühren, soweit nicht ein privatrechtliches Entgelt gefordert wird. [2]Das Gebührenaufkommen soll die Kosten der jeweiligen Einrichtungen decken, jedoch nicht übersteigen. [3]Die Kommunen können niedrigere Gebühren erheben oder von Gebühren absehen, soweit daran ein öffentliches Interesse besteht.

(2) [1]Die Kosten der Einrichtungen sind nach betriebswirtschaftlichen Grundsätzen zu ermitteln. [2]Der Gebührenberechnung kann ein Kalkulationszeitraum zugrunde gelegt werden, der drei Jahre nicht übersteigen soll. [3]Weichen am Ende des Kalkulationszeitraums die tatsächlichen von den kalkulierten Kosten ab, so ist die Kostenüberdeckung innerhalb der auf ihre Feststellung folgenden drei Jahre auszugleichen; eine Kostenunterdeckung soll innerhalb dieses Zeitraums ausgeglichen werden. [4]Zu den Kosten gehören auch die Gemeinkosten einschließlich der anteiligen Kosten für die Hauptverwaltungsbeamtin oder den Hauptverwaltungsbeamten und die Volksvertretung der Kommune, Entgelte für in Anspruch genommene Fremdleistungen, Abschreibungen, die nach der mutmaßlichen Nutzungsdauer oder Leistungsmenge gleichmäßig zu bemessen sind, sowie eine angemessene Verzinsung des aufgewandten Kapitals. [5]Bei der Verzinsung des Kapitals bleiben die aus Beiträgen (insbesondere nach § 6) und aus Zuschüssen Dritter aufgebrachten Kapitalanteile außer Betracht, sofern sie der öffentlichen Einrichtung zinslos zur Verfügung stehen. [6]Verkürzt sich die Nutzungsdauer eines Anlageguts, so kann der Restbuchwert auf die verkürzte Restnutzungsdauer verteilt werden; entfällt die Restnutzungsdauer, so kann der Restbuchwert bei der Ermittlung der tatsächlichen Kosten (Satz 3) als außerordentliche Abschreibung berücksichtigt werden. [7]Der Berechnung der Abschreibungen kann der Anschaffungs- oder Herstellungswert oder der Wiederbeschaffungszeitwert zugrunde gelegt werden.

(3) [1]Die Gebühr ist nach Art und Umfang der Inanspruchnahme zu bemessen (Wirklichkeitsmaßstab). [2]Wenn das schwierig oder wirtschaftlich nicht vertretbar ist, kann ein Wahrscheinlichkeitsmaßstab gewählt werden, der nicht in einem offensichtlichen Missverhältnis zu der Inanspruchnahme stehen darf. [3]Bei der Gebührenbemessung und bei der Festlegung der Gebührensätze können soziale Gesichtspunkte, auch zugunsten bestimmter Gruppen von Gebührenpflichtigen, berücksichtigt werden. [4]Dies gilt nicht für Einrichtungen mit Anschluss- und Benutzungszwang und für die Straßenreinigung.

(4) Die Erhebung einer Grundgebühr neben der Gebühr nach Absatz 3 Satz 1 oder 2 sowie die Erhebung einer Mindestgebühr sind zulässig.

(5) [1]Auf Gebühren können anteilig für einzelne Abschnitte des Abrechnungszeitraumes Abschlagzahlungen verlangt werden. [2]Diese sind entsprechend der Inanspruchnahme der Einrichtung im letzten oder vorletzten Abrechnungszeitraum, hilfsweise nach der Inanspruchnahme der Einrichtung in vergleichbaren Fällen, zu bemessen. [3]Die Satzung kann für wiederkehrende Gebühren für grundstücksbezogene Einrichtungen bestimmen, dass die Gebühr zu den Fälligkeitszeitpunkten der Grundsteuer zu entrichten ist.

(6) [1]Gebührenpflichtiger ist, wer die mit der öffentlichen Einrichtung gebotene Leistung in Anspruch nimmt. [2]Die Satzung kann bei Gebühren für grundstücksbezogene Einrichtungen auch die Eigentümer oder sonst dinglich Nutzungsberechtigten von Grundstücken zu Gebührenpflichtigen bestimmen.

(7) Soweit die Umsätze von Einrichtungen der Umsatzsteuer unterliegen, können die Kommunen die Umsatzsteuer den Gebührenpflichtigen auferlegen.

(8) Wer für grundstücksbezogene Einrichtungen Benutzungsgebühren zu entrichten hat, ist berechtigt, in die Kostenrechnung und in die Gebührenkalkulation Einsicht zu nehmen.

(9) Werden nach Absatz 6 Satz 2 bei Gebühren für grundstücksbezogene Einrichtungen die Grundstückseigentümer, Erbbauberechtigten oder Inhaber eines sonstigen grundstücksgleichen Rechts zu Gebührenpflichtigen bestimmt, so ruhen die Gebühren als öffentliche Last auf dem Grundstück, dem Wohnungs- oder Teileigentum, dem Erbbaurecht oder dem sonstigen grundstücksgleichen Recht des Gebührenpflichtigen.

§ 6 Beiträge

(1) [1]Die Kommunen können zur Deckung ihres Aufwandes für die Herstellung, Anschaffung, Erweiterung, Verbesserung und Erneuerung ihrer öffentlichen Einrichtungen Beiträge von den Grundstückseigentümern erheben, denen die Möglichkeit der Inanspruchnahme dieser öffentlichen Einrichtungen besondere wirtschaftliche Vorteile bietet, soweit nicht privatrechtliche Entgelte erhoben werden. [2]Zum Aufwand rechnen auch die Kosten, die einem Dritten, dessen sich die Kommune bedient, entstehen, soweit sie dem Dritten von der Kommune geschuldet werden.

(2) Beiträge können auch für den Grunderwerb, die Freilegung und für nutzbare Teile einer Einrichtung erhoben werden (Aufwandspaltung).

(3) [1]Der Aufwand kann nach den tatsächlichen Aufwendungen oder nach Einheitssätzen ermittelt werden. [2]Die Einheitssätze sind nach den Aufwendungen festzusetzen, die in der Kommune üblicher-

weise durchschnittlich für vergleichbare Einrichtungen aufgebracht werden müssen. [3]Zum Aufwand rechnen auch die vom Personal der Kommune für Maßnahmen nach Absatz 1 Satz 1 zu erbringenden Werk- und Dienstleistungen. [4]Der Aufwand umfasst auch den Wert, den die von der Kommune für die Einrichtungen bereitgestellten eigenen Grundstücke im Zeitpunkt der Bereitstellung haben. [5]Bei leitungsgebundenen Einrichtungen kann der durchschnittliche Aufwand für die gesamte Einrichtung veranschlagt und zugrunde gelegt werden; werden Beiträge für Teileinrichtungen erhoben, so ist der hierfür erforderliche Aufwand zugrunde zu legen. [6]Der Aufwand, der erforderlich ist, um das Grundstück eines Anschlussnehmers an Versorgungs- und Abwasseranlagen anzuschließen, kann in die Kosten der Einrichtungen einbezogen werden. [7]Es ist aber auch zulässig, einen besonderen Beitrag zu erheben.

(4) Der Aufwand kann auch für Abschnitte einer Einrichtung, wenn diese selbständig in Anspruch genommen werden können, ermittelt werden.

(5) [1]Die Beiträge sind nach den Vorteilen zu bemessen. [2]Dabei können Gruppen von Beitragspflichtigen mit annähernd gleichen Vorteilen zusammengefasst werden. [3]Wird eine Beitragssatzung für mehrere gleichartige Einrichtungen erlassen und kann der Beitragssatz für die einzelnen Einrichtungen in ihr nicht festgelegt werden, so genügt es, wenn in der Satzung die Maßnahmen, für die Beiträge erhoben werden, nach Art und Umfang bezeichnet werden und der umzulegende Teil der Gesamtkosten bestimmt wird. [4]Wenn die Einrichtungen erfahrungsgemäß auch von der Allgemeinheit oder von der Kommune selbst in Anspruch genommen werden, bleibt bei der Ermittlung des Beitrages ein dem besonderen Vorteil der Allgemeinheit oder der Kommune entsprechender Teil des Aufwandes außer Ansatz. [5]Zuschüsse Dritter sind, soweit der Zuschussgeber nichts anderes bestimmt hat, zunächst zur Deckung dieses Betrages zu verwenden.

(6) Die Beitragspflicht entsteht mit der Beendigung der beitragsfähigen Maßnahme, in den Fällen des Absatzes 2 mit der Beendigung der Teilmaßnahme und in den Fällen des Absatzes 4 mit der Beendigung des Abschnitts.

(7) [1]Auf die künftige Beitragsschuld können angemessene Vorausleistungen verlangt werden, sobald mit der Durchführung der Maßnahme begonnen worden ist. [2]Die Vorausleistung ist mit der endgültigen Beitragsschuld zu verrechnen, auch wenn der Vorausleistende nicht beitragspflichtig ist. [3]Ist die Beitragspflicht sechs Jahre nach Bekanntgabe des Vorausleistungsbescheides noch nicht entstanden, so kann der Vorausleistende die Vorausleistung zurückverlangen, wenn die Einrichtung bis zu diesem Zeitpunkt noch nicht benutzbar ist. [4]Die Rückzahlungsschuld ist ab Erhebung der Vorausleistung für jeden vollen Monat mit 0,5 vom Hundert zu verzinsen. [5]Die Satzung kann Bestimmungen über die Ablösung des Beitrages im Ganzen vor Entstehung der Beitragspflicht treffen.

(8) [1]Beitragspflichtig ist, wer im Zeitpunkt der Bekanntgabe des Beitragsbescheides Eigentümer des Grundstücks ist. [2]Ist das Grundstück mit einem Erbbaurecht belastet, so ist anstelle des Eigentümers der Erbbauberechtigte beitragspflichtig. [3]Ist das Grundstück mit einem dinglichen Nutzungsrecht nach Artikel 233 § 4 des Einführungsgesetzes zum Bürgerlichen Gesetzbuch belastet, so ist der Inhaber dieses Rechts anstelle des Eigentümers beitragspflichtig. [4]Mehrere Beitragspflichtige haften als Gesamtschuldner; bei Wohnungs- und Teileigentum sind die einzelnen Wohnungs- und Teileigentümer nur entsprechend ihrem Miteigentumsanteil beitragspflichtig.

(9) Der Beitrag ruht als öffentliche Last auf dem Grundstück, im Fall des Absatzes 8 Satz 2 auf dem Erbbaurecht, im Fall des Absatzes 8 Satz 3 auf dem dinglichen Nutzungsrecht und im Fall des Absatzes 8 Satz 4 Halbsatz 2 auf dem Wohnungs- oder Teileigentum.

(10) Die Vorausleistungs- und Beitragspflichtigen sind berechtigt, die Beitragskalkulation und die Aufwandsermittlung einzusehen.

§ 6a Beiträge für leitungsgebundene Einrichtungen

(1) Die Beitragspflicht für eine öffentliche Abwasseranlage entsteht in den Fällen des § 96 Abs. 6 Satz 3 des Niedersächsischen Wassergesetzes, wenn der Nutzungsberechtigte zum Anschluss des Grundstücks an die Abwasseranlage und zu deren Benutzung verpflichtet werden kann oder der Anschluss hergestellt ist.

(2) [1]Werden Grundstücke landwirtschaftlich genutzt, so kann der Beitrag für leitungsgebundene Einrichtungen so lange gestundet werden, wie das Grundstück zur Erhaltung der Wirtschaftlichkeit des Betriebes genutzt werden muss. [2]Satz 1 gilt auch für Fälle der Nutzungsüberlassung und Betriebsübergabe an Angehörige. [3]Ist ein landwirtschaftlich genutztes Grundstück mit einem Wohngebäude

bebaut, so ist der Teil des geschuldeten Beitrages, der auf die Wohnnutzung entfällt, von der Stundung ausgenommen.

(3) [1]Der Beitrag für leitungsgebundene Einrichtungen kann gestundet werden

1. für bebaute Grundstücke, auf denen ausschließlich der Beitragspflichtige oder seine Angehörigen allein oder in Haushaltsgemeinschaften mit weiteren Personen wohnen, hinsichtlich der Grundstücksteile, die nicht mit Gebäuden bebaut sind und deren grundbuchmäßige Abschreibung nach baurechtlichen Vorschriften ohne Übernahme einer Baulast zulässig wäre,
2. für nicht mit Gebäuden bebaute Grundstücke, die an Grundstücke nach Nummer 1 angrenzen, wenn und solange sie als Hausgarten oder gebäudebezogene Grün- und Wegefläche
   a) vom Beitragspflichtigen oder seinen Angehörigen selbst genutzt werden und diese Nutzung keine gewerbliche ist,
   b) von Dritten unentgeltlich oder gegen ein Entgelt genutzt werden, das weniger als die Hälfte des ortsüblichen Preises beträgt,

soweit und solange die bauliche Nutzung der Grundstücke nach den Nummern 1 und 2 insgesamt erheblich hinter der bei der Beitragsbemessung vorausgesetzten baulichen Nutzbarkeit zurückbleibt. [2]Der Beitrag darf nur hinsichtlich des Anteiles gestundet werden, der der Unternutzung entspricht. [3]Im Stundungsbescheid sind die Grundstücksteile nach Satz 1 Nr. 1 oder Grundstücke nach Satz 1 Nr. 2 zu bezeichnen, auf die sich die Stundung bezieht. [4]Eine Stundung nach Satz 1 wird nicht gewährt, wenn das Maß der Unternutzung im Geltungsbereich der Beitragssatzung üblich ist.

(4) Der Beitrag für leitungsgebundene Einrichtungen kann für unbebaute Grundstücke gestundet werden, solange sie zu wirtschaftlich zumutbaren Bedingungen nicht veräußert werden können.

(5) [1]In den Fällen der Absätze 2 bis 4 soll auf die Erhebung von Stundungszinsen verzichtet werden. [2]Soll die Stundung über einen Zeitraum von vier Jahren hinaus gewährt werden, so hat der Beitragsschuldner nachzuweisen, dass der Beitragsanspruch durch eine aufschiebend bedingte Sicherungshypothek oder in anderer Weise gemäß § 241 der Abgabenordnung gesichert ist.

(6) Die Befugnis, gemäß § 11 Abs. 1 Nr. 5 in Verbindung mit den dort genannten Vorschriften der Abgabenordnung in weiteren Fällen Beiträge zu stunden, bleibt unberührt.

§ 6b Ergänzende Bestimmungen für Beiträge für Verkehrsanlagen

(1) [1]Für die Erhebung von Beiträgen für Verkehrsanlagen können die Kommunen durch Satzung bestimmen, dass der Bemessung der Beiträge nach Vorteilen nur ein Teil des gemäß § 6 Abs. 3 ermittelten Aufwandes zugrunde gelegt wird. [2]Die Kommunen können in der Satzung auch regeln, dass Zuschüsse Dritter abweichend von § 6 Abs. 5 Satz 5 von dem nach § 6 Abs. 3 ermittelten Aufwand oder dem nach Satz 1 zugrunde gelegten Aufwand abgezogen werden, soweit der Zuschussgeber nichts anderes bestimmt hat.

(2) Tiefenmäßige Begrenzungen sowie Eckgrundstücksvergünstigungen sind zulässig.

(3) [1]Die Kommunen sollen die voraussichtlich Beitragspflichtigen möglichst frühzeitig unter Vorlage ihrer Planungen über die beabsichtigte Durchführung einer beitragsfähigen Maßnahme an einer Verkehrsanlage und über das Verfahren der Beitragserhebung einschließlich in Betracht kommender Billigkeitsmaßnahmen informieren. [2]Die Kommunen teilen den voraussichtlich Beitragspflichtigen spätestens drei Monate vor Beginn einer beitragsfähigen Maßnahme an einer Verkehrsanlage die vorläufige Aufwandsermittlung für die Maßnahme, die voraussichtliche Höhe ihres künftigen Beitrags sowie die voraussichtliche Höhe ihrer künftigen Vorausleistung, sofern die Kommune eine solche verlangen will, mit.

(4) [1]Die Kommune kann auf Antrag zulassen, dass der Beitrag für Verkehrsanlagen in Form einer Rente gezahlt wird. [2]Der Antrag ist vor Fälligkeit des Beitrages zu stellen. [3]Will die Kommune die Zahlung des Beitrages in Form einer Rente zulassen, so stellt sie durch Bescheid fest, dass der Beitrag in höchstens 20 Jahresleistungen zu entrichten ist. [4]In dem Bescheid sind die Höhe der Jahresleistungen und der Zeitpunkt ihrer jeweiligen Fälligkeit zu bestimmen. [5]Der jeweilige Restbetrag kann jährlich mit bis zu 3 Prozent über dem zu Beginn des Jahres geltenden Basiszinssatz nach § 247 des Bürgerlichen Gesetzbuchs verzinst werden. [6]Der Beitragspflichtige kann den jeweiligen Restbetrag jederzeit ohne weitere Zinsverpflichtung tilgen. [7]Die Jahresleistungen sind wiederkehrende Leistungen im Sinne des § 10 Abs. 1 Nr. 3 Halbsatz 2 des Gesetzes über die Zwangsversteigerung und die Zwangsverwaltung. [8]Bei Veräußerung des Grundstücks oder des Erbbaurechts wird der Beitrag in voller Höhe des Restbetrags fällig. [9]Die Sätze 1 bis 8 gelten für Vorausleistungen entsprechend. [10]Die Befugnis, gemäß

§ 11 Abs. 1 Nr. 5 in Verbindung mit den dort genannten Vorschriften der Abgabenordnung auch in weiteren Fällen Beiträge zu stunden, bleibt unberührt.

§ 6c Wiederkehrende Beiträge für Verkehrsanlagen

(1) [1]Die Gemeinden können zur Deckung des jährlichen Investitionsaufwandes für die Herstellung, Anschaffung, Erweiterung, Verbesserung und Erneuerung von Verkehrsanlagen wiederkehrende Beiträge von den Grundstückseigentümern erheben. [2]Beitragspflichtig sind diejenigen Grundstückseigentümer in einem nach Absatz 2 bestimmten Gemeindegebiet, denen die Gesamtheit der Verkehrsanlagen die Zufahrt oder den Zugang zu ihren Grundstücken ermöglicht. [3]Für Investitionsaufwand, für den wiederkehrende Beiträge nach Satz 1 erhoben werden, kann ein Beitrag nach § 6 in Verbindung mit § 6b nicht erhoben werden.

(2) [1]Die Gemeinde bestimmt durch Satzung unter Beachtung ihrer tatsächlichen örtlichen Gegebenheiten die Gesamtheit der Verkehrsanlagen im Gemeindegebiet, die eine einheitliche öffentliche Einrichtung bilden, für die wiederkehrende Beiträge erhoben werden. [2]Ist das gesamte Gemeindegebiet ein zusammenhängendes Gebiet, so kann die Gemeinde durch Satzung bestimmen, dass sämtliche Verkehrsanlagen im Gemeindegebiet eine einzige einheitliche öffentliche Einrichtung bilden.

(3) Der Ermittlung des Beitragssatzes kann anstelle des tatsächlichen jährlichen Investitionsaufwandes der Durchschnitt des im Zeitraum von bis zu fünf Jahren zu erwartenden jährlichen Investitionsaufwandes zugrunde gelegt werden.

(4) Weicht nach Ablauf eines mehrjährigen Kalkulationszeitraums (Absatz 3) der tatsächliche Investitionsaufwand von dem erwarteten Investitionsaufwand ab, so ist der Beitragssatz nachträglich oder für den folgenden Kalkulationszeitraum so anzupassen, dass Kostenüberdeckungen ausgeglichen und Kostenunterdeckungen abgebaut werden.

(5) [1]Bei der Ermittlung des Beitragssatzes bleiben ein dem Vorteil der Allgemeinheit und ein dem Vorteil der Gemeinde entsprechender Anteil des Investitionsaufwandes außer Ansatz. [2]Die Anteile nach Satz 1 betragen insgesamt mindestens 20 Prozent des jährlichen Investitionsaufwandes. [3]Die Kommunen können durch Satzung regeln, dass Zuschüsse Dritter von dem nach Absatz 3 zugrunde gelegten jährlichen Investitionsaufwand abgezogen werden, soweit der Zuschussgeber nichts anderes bestimmt hat. [4]Trifft die Kommune keine Regelung nach Satz 3, so gilt § 6 Abs. 5 Satz 5 entsprechend.

(6) [1]Die Beitragsschuld entsteht jeweils mit Ablauf des 31. Dezember für das abgelaufene Jahr. [2]Durch Satzung kann bestimmt werden, dass der Beitragspflichtige Vorauszahlungen auf den Beitrag zu entrichten hat, den er für den laufenden Veranlagungszeitraum voraussichtlich schulden wird. [3]Durch Satzung ist zu bestimmen, wann die Vorauszahlungen fällig werden.

(7) [1]Die Gemeinden können in der Satzung bestimmen, dass Grundstücke, für die in einem bestimmten Zeitraum

1. Erschließungsbeiträge oder Ausgleichsbeträge nach dem Baugesetzbuch (§§ 127, 154 BauGB) erhoben wurden,
2. Beiträge nach § 6 in Verbindung mit § 6b erhoben wurden,
3. Kosten der erstmaligen Herstellung der Verkehrsanlage aufgrund eines Vertrages zu entgelten waren oder
4. eine Ablösung nach § 6 Abs. 7 Satz 5 erfolgt ist,

bei der Ermittlung des wiederkehrenden Beitrages nicht berücksichtigt und deren Grundstückseigentümer nicht beitragspflichtig werden. [2]Der nach Satz 1 zu bestimmende Zeitraum soll höchstens 20 Jahre seit der Entstehung des Beitragsanspruchs betragen; bei der Bestimmung des Zeitraums sollen die übliche Nutzungsdauer der Verkehrsanlagen und der Umfang der damaligen Belastung berücksichtigt werden.

(8) [1]Werden für eine Verkehrsanlage Beiträge nach § 6 in Verbindung mit § 6b oder Ablösungsentgelte (§ 6 Abs. 7 Satz 5) erhoben, nachdem für dieselbe Verkehrsanlage bereits wiederkehrende Beiträge erhoben worden sind, so sind die geleisteten wiederkehrenden Beiträge auf den nächsten nach § 6 in Verbindung mit § 6b zu leistenden Beitrag anzurechnen. [2]Durch Satzung ist der Umfang der Anrechnung nach Satz 1 zu bestimmen; dabei ist die voraussichtliche Nutzungsdauer der Verkehrsanlage nach Durchführung der beitragsfähigen Maßnahme nach § 6 Abs. 1 Satz 1 in Verbindung mit § 6b zu berücksichtigen. [3]Wird nach dem Zeitpunkt der Umstellung voraussichtlich bis zum Ablauf des 20. Jahres nach der ersten Entstehung des wiederkehrenden Beitrages kein neuer Beitrag nach § 6b erhoben wer-

den, so kann die Gemeinde durch Satzung bestimmen, dass die wiederkehrenden Beiträge bis zum Ablauf dieses Zeitraums weiter zu entrichten sind; Absatz 4 bleibt unberührt.

(9) Im Übrigen gilt § 6 Abs. 1 Satz 2, Abs. 3 und 5 Sätze 1 und 2, Abs. 7 Sätze 2 bis 4 sowie Abs. 8 bis 10 entsprechend.

§ 7 Besondere Wegebeiträge

[1]Müssen Straßen und Wege, die nicht dem öffentlichen Verkehr gewidmet sind, kostspieliger hergestellt oder ausgebaut werden als dies sonst notwendig wäre, weil sie im Zusammenhang mit der Nutzung oder Ausbeutung von Grundstücken oder im Zusammenhang mit einem gewerblichen Betrieb außergewöhnlich beansprucht werden, so kann die Kommune zum Ersatz der Mehraufwendungen von den Eigentümern dieser Grundstücke oder von den Unternehmern der gewerblichen Betriebe besondere Wegebeiträge erheben. [2]Die Beiträge sind nach den Mehraufwendungen zu bemessen, die der Beitragspflichtige verursacht. [3]§ 6 Abs. 3 Satz 4, Abs. 4, 6 und 7 ist entsprechend anzuwenden.

§ 8 Erstattung der Kosten für Haus- und Grundstücksanschlüsse

[1]Die Kommunen können bestimmen, dass ihnen die Aufwendungen für die Herstellung, Erneuerung, Veränderung und Beseitigung sowie die Kosten für die Unterhaltung eines Haus- oder Grundstücksanschlusses an Versorgungsleitungen und Abwasseranlagen in der tatsächlich entstandenen Höhe oder nach Einheitssätzen erstattet werden. [2]Dies gilt unabhängig davon, ob der Haus- oder Grundstücksanschluss durch Satzung zum Bestandteil der öffentlichen Einrichtung bestimmt wurde. [3]Sie können ferner bestimmen, dass Versorgungs- und Abwasserleitungen, die nicht in der Mitte der Straße verlaufen, als in der Straßenmitte verlaufend gelten. [4]Für den Erstattungsanspruch gelten die Vorschriften dieses Gesetzes entsprechend.

§ 9 Tourismusbeiträge

(1) [1]Gemeinden, die ganz oder teilweise als Kurort, Erholungsort oder Küstenbadeort staatlich anerkannt sind, können zur Deckung ihres Aufwandes für die Förderung des Tourismus sowie für Herstellung, Anschaffung, Erweiterung, Verbesserung, Erneuerung, Betrieb, Unterhaltung und Verwaltung ihrer Einrichtungen, die dem Tourismus dienen, einen Tourismusbeitrag erheben. [2]Für die Aufwandsermittlung nach Satz 1 gilt § 5 Abs. 2 Sätze 2 und 3 entsprechend. [3]Zu den Kosten, die in die Kalkulation einbezogen werden können, gehören die erforderlichen Kosten, die bei einem Dritten entstehen, weil er Aufgaben nach Satz 1 für die Gemeinde durchführt. [4]Die Sätze 1 bis 3 gelten entsprechend für Gemeinden, die nicht im Sinne des Satzes 1 staatlich anerkannt sind, jedoch für den Tourismus eine besondere Bedeutung haben, weil sich in der Gemeinde

1. herausgehobene Sehenswürdigkeiten oder
2. besondere Sport- oder Freizeitangebote

befinden und die Gemeinde den Tourismus fördernde Einrichtungen selbst vorhält, selbst betreibt, mitbetreibt oder mitträgt (sonstige Tourismusgemeinden).

(2) [1]Beitragspflichtig sind alle selbständig tätigen Personen und alle Unternehmen, denen durch den Tourismus unmittelbar oder mittelbar besondere wirtschaftliche Vorteile geboten werden. [2]Die Beitragspflicht erstreckt sich auch auf solche Personen und Unternehmen, die, ohne in der Gemeinde ihren Wohnsitz oder Betriebssitz zu haben, vorübergehend dort erwerbstätig sind.

(3) [1]Beschließt der Rat, eine Tourismusbeitragssatzung zu erlassen, so haben alle in der Gemeinde selbständig tätigen Personen und Unternehmen der Gemeinde auf Verlangen die zur Beurteilung ihrer Beitragspflicht und zur Schaffung der Bemessungsgrundlagen für den Beitrag erforderlichen Auskünfte schon vor Erlass der Satzung zu erteilen. [2]Für Personen und Unternehmen nach Absatz 2 Satz 2 gilt dies, sobald sie in der Gemeinde eine selbständige Tätigkeit aufgenommen haben.

(4) Die nach Absatz 1 Satz 1 oder 4 berechtigten Gemeinden bestimmen durch Satzung die Gebiete, in denen sie einen Tourismusbeitrag erheben, nach ihren örtlichen Verhältnissen und entsprechend den besonderen wirtschaftlichen Vorteilen durch den Tourismus für die in der Gemeinde selbständig tätigen Personen und Unternehmen.

(5) Die Satzung kann die Erhebung von Vorausleistungen bis zur voraussichtlichen Höhe des Tourismusbeitrages vorsehen.

(6) [1]Der Beitrag kann neben Gebühren nach § 5 und Beiträgen nach § 10 erhoben werden. [2]Durch Satzung muss bestimmt werden, zu welchen Teilen der Gesamtaufwand aus den einzelnen Abgabearten gedeckt werden soll. [3]Soweit der Beitrag nach Absatz 1 für die Förderung des Tourismus erhoben wird,

muss die Satzung einen Kostenanteil der Gemeinde (Anteil der Allgemeinheit) bestimmen, dessen Höhe 10 vom Hundert betragen soll; die Gemeinde kann auf ihren Kostenanteil (Halbsatz 1) diejenigen Kosten anrechnen, die sie nicht gemäß Satz 1 erhebt.

(7) Das zuständige Ministerium wird ermächtigt, durch Verordnung zu bestimmen, welche natürlichen und hygienischen Bedingungen sowie öffentlichen Einrichtungen für die staatliche Anerkennung als Kurort, Erholungsort oder Küstenbadeort vorhanden sein müssen, und das Anerkennungsverfahren zu regeln.

(8) Diese Vorschrift gilt für eine Samtgemeinde entsprechend, wenn eine Mitgliedsgemeinde einen Tourismusbeitrag nach Absatz 1 Satz 1 oder 4 erheben kann und soweit die Aufgabe nach Absatz 1 gemäß § 98 Abs. 1 Satz 2 des Niedersächsischen Kommunalverfassungsgesetzes (NKomVG) von Mitgliedsgemeinden auf die Samtgemeinde übertragen wurde.

§ 10 Gästebeiträge

(1) [1]Gemeinden, die ganz oder teilweise als Kurort, Erholungsort oder Küstenbadeort staatlich anerkannt sind, können zur Deckung ihres Aufwandes

1. für Herstellung, Anschaffung, Erweiterung, Verbesserung, Erneuerung, Betrieb, Unterhaltung und Verwaltung ihrer Einrichtungen, die dem Tourismus dienen,
2. für die zu Zwecken des Tourismus durchgeführten Veranstaltungen sowie
3. für die den beitragspflichtigen Personen (Absatz 2) eingeräumte Möglichkeit, Verkehrsleistungen im öffentlichen Personennahverkehr kostenlos in Anspruch zu nehmen, auch wenn die Verkehrsleistungen im Rahmen eines übergemeindlichen Verkehrsverbunds angeboten werden,

einen Gästebeitrag erheben. [2]§ 9 Abs. 1 Sätze 2 und 3 gilt entsprechend. [3]Mehrere Gemeinden, die die Voraussetzungen des Satzes 1 erfüllen, können einen gemeinsamen Gästebeitrag erheben, dessen Ertrag den Gesamtaufwand für die in Satz 1 genannten Maßnahmen nicht übersteigen darf. [4]Die Sätze 1 bis 3 gelten entsprechend für die Erhebung von Gästebeiträgen durch sonstige Tourismusgemeinden (§ 9 Abs. 1 Satz 4) in dem von ihnen bestimmten Erhebungsgebiet (Absatz 3).

(2) [1]Beitragspflichtig sind die Personen, die in einem von der staatlichen Anerkennung erfassten Gebiet Unterkunft nehmen und dort weder eine alleinige Wohnung noch eine Hauptwohnung im Sinne des Bundesmeldegesetzes haben und denen die Möglichkeit

1. zur Benutzung der Einrichtungen, die dem Tourismus dienen,
2. zur Teilnahme an den zu Zwecken des Tourismus durchgeführten Veranstaltungen oder
3. zur kostenlosen Inanspruchnahme von Verkehrsleistungen im öffentlichen Personennahverkehr

geboten wird. [2]Der Gästebeitrag kann auch von Personen erhoben werden, die in der Gemeinde außerhalb der von der staatlichen Anerkennung erfassten Gebiete zu Heil-, Kur- oder Erholungszwecken Unterkunft nehmen. [3]Er kann ferner erhoben werden von Personen, die in den dazu geschaffenen Einrichtungen zu Heil- oder Kurzwecken betreut werden oder sich sonst zu Heil-, Kur- oder Erholungszwecken in einem von der staatlichen Anerkennung erfassten Gebiet ohne Unterkunft zu nehmen aufhalten, sofern der jeweilige Personenkreis mit vertretbarem Verwaltungsaufwand erfasst werden kann. [4]Beitragspflichtig ist nicht, wer sich nur zur Berufsausübung in der Gemeinde aufhält. [5]Die Satzung kann aus wichtigen Gründen vollständige oder teilweise Befreiung von der Beitragspflicht vorsehen. [6]Die Sätze 1 und 3 gelten in sonstigen Tourismusgemeinden (Absatz 1 Satz 4) für das nach Absatz 3 festgelegte Erhebungsgebiet.

(3) Sonstige Tourismusgemeinden bestimmen durch Satzung die Gebiete, in denen sie einen Gästebeitrag erheben, nach ihren örtlichen Verhältnissen (Erhebungsgebiet).

(4) [1]Personen, die im Erhebungsgebiet

1. andere Personen beherbergen,
2. anderen Personen Wohnraum zur vorübergehenden Nutzung überlassen oder
3. einen Campingplatz, Standplatz für Wohnwagen oder Wohnmobile, Wochenendplatz oder Bootsliegeplatz betreiben und dort Plätze anderen Personen zur vorübergehenden Nutzung überlassen,

können durch die Satzung verpflichtet werden, der Gemeinde diejenigen beitragspflichtigen Personen im Sinne der Nummern 1 bis 3, die bei ihnen gegen Entgelt oder Kostenerstattung verweilen, zu melden. [2]Sie können ferner verpflichtet werden, den Gästebeitrag einzuziehen und an die Gemeinde abzuliefern; sie haften insoweit für die rechtzeitige Einziehung und vollständige Ablieferung des Gästebeitrages. [3]Die in den Sätzen 1 und 2 genannten Pflichten und die Haftung gelten auch für Betreiber von Sanatorien, Kuranstalten und ähnlichen Einrichtungen in Bezug auf den Gästebeitrag von Personen, die diese Einrichtungen benutzen und weder in einem von der staatlichen Anerkennung erfassten Gebiet noch im Erhebungsgebiet einer sonstigen Tourismusgemeinde eine alleinige Wohnung oder eine Hauptwohnung haben. [4]Die in den Sätzen 1 und 2 genannten Pflichten und die Haftung können durch Satzung auferlegt werden

1. Reiseunternehmen, die von den Reiseteilnehmern ein Entgelt erhalten, das den Gästebeitrag enthält, und
2. Reedereien und Betreibern von Fluglinien, die geschäftsmäßig Passagiere in die nach Absatz 1 Satz 1 anerkannten Gemeinden oder in das Erhebungsgebiet einer sonstigen Tourismusgemeinde befördern.

[5]In den Fällen, in denen Wohnungsgeber, Betreiber oder die sonst durch Satzung Verpflichteten mit der Abwicklung der Beherbergung, Nutzungsüberlassung oder Beförderung Dritte beauftragen, die gewerbsmäßig derartige Abwicklungen übernehmen, können durch die Satzung auch den beauftragten Dritten die in den Sätzen 1 und 2 genannten Pflichten und die Haftung auferlegt werden.

(5) Absatz 1 gilt nicht für Gemeinden, in denen ein Kurbeitrag aufgrund landesrechtlicher Vorschriften von einem anderen Berechtigten erhoben wird.

(6) § 9 Abs. 6 und 8 gilt entsprechend.

Dritter Teil
Verfahrensvorschriften

§ 11 Anwendung der Abgabenordnung

(1) Auf kommunale Abgaben sind die folgenden Bestimmungen der Abgabenordnung in der jeweils geltenden Fassung entsprechend anzuwenden, soweit nicht dieses Gesetz oder andere Bundes- oder Landesgesetze besondere Vorschriften enthalten:

1. Aus dem Ersten Teil (Einleitende Vorschriften)
   a) über den Vorrang völkerrechtlicher Vereinbarungen § 2 Abs. 1 und über den Anwendungsbereich der Vorschriften über die Verarbeitung personenbezogener Daten § 2a Abs. 1 und 3 bis 5 mit der Maßgabe, dass in § 2a Abs. 4 an die Stelle der Worte „des Ersten und des Dritten Teils des Bundesdatenschutzgesetzes, soweit gesetzlich nichts anderes bestimmt ist" die Worte „des Zweiten Teils des Niedersächsischen Datenschutzgesetzes (NDSG) nach § 23 Abs. 2 NDSG" treten,
   b) über die steuerlichen Begriffsbestimmungen § 3 Abs. 1 und 5 Sätze 2, 3 und 5, §§ 4, 5 und 6 Abs. 1 und 1b bis 1e und §§ 7 bis 15,
   c) über steuerliche Nebenleistungen § 3 Abs. 4 mit der Maßgabe, dass steuerliche Nebenleistungen die Kosten im Sinne des § 89 sowie Verzögerungsgelder (§ 146 Abs. 2c), Verspätungszuschläge (§ 152), Zuschläge (§ 162 Abs. 4), Zinsen (§§ 233 bis 237) und Säumniszuschläge (§ 240) sind,
   d) über die Verarbeitung personenbezogener Daten §§ 29b, 29c und 31c,
   e) über das Steuergeheimnis und die Mitteilungspflichten §§ 31 bis 31b,
   f) über die Haftungsbeschränkung für Amtsträger § 32,
   g) über die Rechte der betroffenen Person §§ 32a bis 32f,
   h) über die Datenschutzaufsicht und den gerichtlichen Rechtsschutz in datenschutzrechtlichen Angelegenheiten § 32h mit der Maßgabe, dass in Absatz 1 Satz 1 an die Stelle der Worte „Bundesbeauftragte für den Datenschutz und die Informationsfreiheit nach § 8 des Bundesdatenschutzgesetzes" die Worte „Landesbeauftragte für den Datenschutz nach § 18 NDSG" treten und in Absatz 1 Satz 2 an die Stelle der Verweisung „§§ 13 bis 16 des Bundesdatenschutzgesetzes" die Verweisung „§§ 19 bis 22 und 57 NDSG" tritt, § 32i Abs. 1 bis 3 und 6 Nrn. 1 bis 3, Abs. 7 Nrn. 1 bis 3, Abs. 8 Nrn. 1 bis 3, Abs. 9 und 10 mit der Maßgabe, dass jeweils an die Stelle des Wortes „Finanzrechtsweg" das Wort „Verwaltungsrechtsweg" und jeweils an die Stelle der Verweisung „§ 60 der Finanzgerichtsordnung" die Verweisung „§ 65 der Verwaltungsgerichtsordnung" tritt, und § 32j.
2. Aus dem Zweiten Teil (Steuerschuldrecht)
   a) über die Steurpflichtigen §§ 33 bis 36,
   b) über das Steuerschuldverhältnis §§ 37 bis 50,

c) über steuerbegünstigte Zwecke §§ 51 bis 68,
d) über die Haftung §§ 69 und 70, § 71 ohne die Worte „oder eine Steuerhehlerei“ und die Worte „und die Zinsen nach § 233a“, §§ 73 bis 75 und 77.

3. Aus dem Dritten Teil (Allgemeine Verfahrensvorschriften)
a) über die Verfahrensgrundsätze §§ 78 bis 80, 81, 82 Abs. 1 und 2, § 83 Abs. 1 mit der Maßgabe, dass in den Fällen des Satzes 2 die Vertretung der Körperschaft, der die Abgabe zusteht, die Anordnung trifft, §§ 85 bis 87a , § 88 Abs. 1 und 2, §§ 89 bis 93 Abs. 1 bis 6, §§ 95, 96 Abs. 1 bis 7 Sätze 1 bis 4, §§ 97 bis 99, §§ 101 bis 108, § 109 Abs. 1 Sätze 1 und 2 jeweils ohne die Worte „vorbehaltlich des Absatzes 2“ und Abs. 3, §§ 110, 111 Abs. 1 bis 3 und 5, §§ 112 bis 115 und 117 Abs. 1, 2 und 4,
b) über die Verwaltungsakte §§ 118 bis 133 mit der Maßgabe, dass in § 122 Abs. 1 Satz 4 an die Stelle der Worte „nach amtlich vorgeschriebenem Datensatz elektronisch übermittelte Empfangsvollmacht“ die Worte „Empfangsvollmacht in schriftformersetzender elektronischer Form nach § 87a“ treten; § 126 Abs. 2 und § 132 mit der Maßgabe, dass jeweils an die Stelle des Wortes „finanzgerichtlichen“ das Wort „verwaltungsgerichtlichen“ tritt.

4. Aus dem Vierten Teil (Durchführung der Besteuerung)
a) über die Mitwirkungspflichten §§ 140, 145 bis 147, 148 und 149 Abs. 1 und 2 mit der Maßgabe, dass in Satz 1 jeweils an die Stelle des Wortes „sieben“ das Wort „fünf“ und in Satz 2 an die Stelle des Wortes „siebten“ das Wort „fünften“ tritt, § 150 Abs. 1 bis 5, § 151, § 152 Abs. 1 und 4, Abs. 9 und 10 mit der Maßgabe, dass die Höhe des Verspätungszuschlags im Ermessen des Abgabeberechtigten steht, wobei bei der Bemessung des Verspätungszuschlages neben seinem Zweck, den Steuerpflichtigen zur rechtzeitigen Abgabe der Steuererklärung anzuhalten, die Dauer der Fristüberschreitung, die Höhe des sich aus der Steuerfestsetzung ergebenden Zahlungsanspruchs, die aus der verspäteten Abgabe der Steuererklärung gezogenen Vorteile sowie das Verschulden und die wirtschaftliche Leistungsfähigkeit des Steuerpflichtigen zu berücksichtigen sind, und mit der weiteren Maßgabe, dass der Verspätungszuschlag 10 Prozent der festgesetzten Steuer oder des festgesetzten Messbetrages nicht übersteigen und höchstens 25 000 Euro betragen darf, Abs. 11 Satz 1 und Abs. 12, § 153 Abs. 1 und 2,
b) über das Festsetzungs- und Feststellungsverfahren § 155 Abs. 1 bis 3 und 5, § 156 Abs. 2 Satz 1, § 157 Abs. 1 Sätze 1 und 2 und Abs. 2, §§ 158 bis 160, §§ 162, 163 Abs. 1 Satz 1 und Abs. 2 bis 4, §§ 164, 165 Abs. 1 Sätze 1 und 2 Nrn. 1 bis 3, Abs. 2 Sätze 1, 2 und 4 und Abs. 3, §§ 166 bis 168, 170 Abs. 1 bis 3, § 171 Abs. 1 bis 3a Sätze 1 und 2, Satz 3 mit der Maßgabe, dass an die Stelle der Verweisung „§ 100 Abs. 1 Satz 1, Abs. 2 Satz 2, Abs. 3 Satz 1, § 101 der Finanzgerichtsordnung“ die Verweisung „§ 113 Abs. 1 Satz 1, Abs. 2 Satz 2, Abs. 3 Satz 1, Abs. 5 der Verwaltungsgerichtsordnung“ tritt, § 171 Abs. 4, 6 bis 10 und 11 bis 15, §§ 191, 192 und nur für kommunale Steuern § 193 Abs. 1 ohne die Worte „und bei Steuerpflichtigen im Sinne des § 147a“ und Abs. 2 sowie die §§ 194, 195 Satz 1, §§ 196 bis 203.

5. Aus dem Fünften Teil (Erhebungsverfahren)
a) über die Verwirklichung, die Fälligkeit und das Erlöschen von Ansprüchen aus dem Steuerschuldverhältnis §§ 218, 219, 221, 222, 224 Abs. 2 und 3 Satz 3, §§ 225 bis 232,
b) über die Verzinsung und die Säumniszuschläge §§ 233, 234 Abs. 1 und 2, § 235 Abs. 1 bis 3, § 236 Abs. 1 und 2, Abs. 3 mit der Maßgabe, dass an die Stelle der Angabe „§ 137 Satz 1 der Finanzgerichtsordnung“ die Angabe „§ 155 Abs. 4 der Verwaltungsgerichtsordnung“ tritt, Abs. 5, § 237 Abs. 1 und 2, Abs. 4 mit der Maßgabe, dass an die Stelle der Worte „und 3 gelten“ das Wort „gilt“ tritt, Abs. 5, §§ 238, 239 Abs. 1 und 2, § 240,
c) über die Sicherheitsleistung §§ 241 bis 248.

6. Aus dem Sechsten Teil (Vollstreckung)
a) über die Allgemeinen Vorschriften § 251 Abs. 2 und 3, § 254 Abs. 2,
b) über die Niederschlagung § 261.

7. Aus dem Achten Teil (Bußgeldvorschriften)
§ 384a.

(2) § 30 (Steuergeheimnis) gilt mit folgenden Maßgaben:

1. [1]Die Vorschrift gilt nur für kommunale Steuern und Tourismusbeiträge. [2]Die bei der Verwaltung dieser Abgaben erlangten Erkenntnisse dürfen auch offenbart und verwertet werden, soweit sie der Durchführung eines anderen Abgabenverfahrens dienen, das denselben Abgabepflichtigen betrifft.
2. [1]Bei der Hundesteuer darf in Schadensfällen Auskunft über Namen und Anschrift der Hundehalter an Schadensbeteiligte gegeben werden, sofern ein rechtliches Interesse an der Kenntnis der zu übermittelnden Daten glaubhaft gemacht wird und kein Grund zu der Annahme besteht, dass das schutzwürdige Interesse des Hundehalters an der Geheimhaltung überwiegt. [2]Die übermittelnde Stelle hat den Empfänger zu verpflichten, die Daten nur für die Zwecke zu verarbeiten, zu denen sie ihm übermittelt wurden. [3]Zur Abwehr einer von einem Hund ausgehenden Gefahr für die öffentliche Sicherheit dürfen Namen und Anschrift des Hundehalters sowie die Hunderasse den zuständigen Behörden übermittelt werden. [4]Zur Erfüllung der Aufgaben nach § 17 Abs. 1 des Niedersächsischen Gesetzes über das Halten von Hunden dürfen die Steuerdaten übermittelt werden, die zur Erfüllung der Aufgaben erforderlich sind. [5]Zur Sicherung der Besteuerung dürfen bei Erwerb und Veräußerung von Hunden sowie bei An- und Abmeldung den zuständigen Behörden Namen und Anschrift der Betroffenen sowie der Zeitpunkt der Veränderung übermittelt werden. [6]Die Betroffenen sind über die Mitteilung zu unterrichten.
3. Die Entscheidung nach Absatz 4 Nr. 5 Buchst. c trifft die Vertretung der Körperschaft, der die Abgabe zusteht.

(3) § 169 (Festsetzungsfrist) gilt mit den Maßgaben, dass

1. die Festsetzung eines Beitrages außer in den Fällen des § 169 Abs. 1 Satz 1 auch dann nicht mehr zulässig ist, wenn das Entstehen der Vorteilslage mindestens 20 Jahre zurückliegt,
2. die Festsetzungsfrist nach § 169 Abs. 2 Satz 1 einheitlich vier Jahre beträgt.

(4) Auf kommunale Abgaben ist ferner Artikel 97 §§ 1, 2, 8, 10 Abs. 1 Satz 1, Abs. 7 bis 9 und 11, § 10a Abs. 3, §§ 11, 14, 15, 16 Abs. 1, 3 bis 6, § 25 des Einführungsgesetzes zur Abgabenordnung in der jeweiligen Fassung entsprechend anzuwenden, soweit nicht dieses Gesetz oder andere Bundes- oder Landesgesetze besondere Vorschriften enthalten.

(5) Die Vorschriften der Absätze 1 bis 3 gelten entsprechend für Verspätungszuschläge, Zinsen und Säumniszuschläge (abgabenrechtliche Nebenleistungen).

(6) Bei der Anwendung der in den Absätzen 1 bis 3 genannten Vorschriften treten jeweils an die Stelle

1. der Finanzbehörde oder des Finanzamtes die Körperschaft, der die Abgabe zusteht,
2. des Wortes „Steuer(n)" – allein oder in Wortzusammensetzungen – das Wort „Abgabe(n)",
3. des Wortes „Besteuerung" die Worte „Heranziehung zu Abgaben".

§ 12 Beauftragung und Mitteilungspflichten Dritter

(1) [1]Die Kommunen können in der Satzung bestimmen, dass von ihnen Dritte beauftragt werden können, die Berechnungsgrundlagen zu ermitteln, die Abgaben zu berechnen, die Abgabenbescheide auszufertigen und zu versenden sowie die Abgaben entgegenzunehmen. [2]Dies gilt nicht für Steuern und Tourismusbeiträge. [3]Der Dritte darf nur beauftragt werden, wenn die ordnungsgemäße Erledigung und Prüfung nach den für die Kommunen geltenden Vorschriften gewährleistet sind. [4]Die Kommunen können sich zur Erledigung der in Satz 1 genannten Aufgaben auch der Datenverarbeitungsanlagen Dritter bedienen. [5]Die Sätze 1 bis 4 gelten entsprechend für Samtgemeinden, die nach § 98 Abs. 5 NKomVG die Abgaben für ihre Mitgliedsgemeinden veranlagen und erheben.

(2) Die Kommunen können durch Satzung bestimmen, dass Dritte, die in engen rechtlichen oder wirtschaftlichen Beziehungen zu einem Sachverhalt stehen, an den die Abgabepflicht anknüpft, anstelle der Beteiligten gegen Kostenerstattung verpflichtet sind, ihnen die zur Abgabenfestsetzung oder -erhebung erforderlichen Berechnungsgrundlagen mitzuteilen.

§ 13 Abgabenbescheide

(1) Festsetzung und Erhebung mehrerer Abgaben, die denselben Abgabepflichtigen betreffen, können in einem Bescheid zusammengefasst werden.

(2) Ein Bescheid über Abgaben für einen bestimmten Zeitabschnitt kann bestimmen, dass er auch für künftige Zeitabschnitte gilt, solange sich die Berechnungsgrundlagen und der Abgabenbetrag nicht ändern.

(3) Abgabenbescheide mit Dauerwirkung sind von Amts wegen aufzuheben oder zu ändern, wenn die Abgabepflicht entfällt oder sich die Höhe der Abgaben ändert.

§ 14 Öffentliche Bekanntmachung

[1]Für diejenigen Abgabenschuldner, bei denen die Abgabenberechnungsgrundlagen und der Abgabenbetrag auch für einen künftigen Zeitabschnitt unverändert bleiben, können die Abgaben durch öffentliche Bekanntmachung festgesetzt werden. [2]Für die Abgabenschuldner treten mit dem Tag der öffentlichen Bekanntmachung die gleichen Rechtswirkungen ein, wie wenn ihnen an diesem Tag ein schriftlicher Abgabenbescheid zugegangen wäre.

§ 15 Kleinbeträge, Abrundung, Festsetzung

(1) Es kann davon abgesehen werden, kommunale Abgaben festzusetzen, zu erheben, nachzufordern oder zu erstatten, wenn der Betrag niedriger als fünf Euro ist.

(2) Centbeträge können bei der Festsetzung von kommunalen Abgaben auf volle Euro abgerundet und bei der Erstattung auf volle Euro aufgerundet werden.

(3) Kommunale Abgaben, die ratenweise erhoben werden, können bei der Festsetzung so abgerundet werden, dass gleich hohe Raten entstehen.

Vierter Teil
Straf- und Bußgeldvorschriften

§ 16 Abgabenhinterziehung

(1) Mit Freiheitsstrafe bis zu zwei Jahren oder mit Geldstrafe wird betraft, wer

1. der Körperschaft, die die Abgabe festsetzt und erhebt, oder einer anderen Behörde über Tatsachen, die für die Erhebung oder Bemessung von Abgaben erheblich sind, unrichtige oder unvollständige Angaben macht oder
2. die Körperschaft, die die Abgabe festsetzt und erhebt, pflichtwidrig über abgabenrechtlich erhebliche Tatsachen in Unkenntnis lässt

und dadurch Abgaben verkürzt oder nicht gerechtfertigte Abgabenvorteile für sich oder einen anderen erlangt.

(2) Der Versuch ist strafbar.

(3) § 370 Abs. 4, §§ 371 und 376 der Abgabenordnung in der jeweils geltenden Fassung gelten entsprechend.

(4) Für das Strafverfahren gelten die §§ 385, 391, 393, 395 bis 398 und 407 der Abgabenordnung in der jeweils geltenden Fassung entsprechend.

§ 17 – aufgehoben –

§ 18 Leichtfertige Abgabenverkürzung und Abgabengefährdung

(1) [1]Ordnungswidrig handelt, wer als Abgabepflichtiger oder bei Wahrnehmung der Angelegenheiten eines Abgabepflichtigen eine der in § 16 Abs. 1 bezeichneten Taten leichtfertig begeht (leichtfertige Abgabenverkürzung). [2]§ 370 Abs. 4 der Abgabenordnung in der jeweils geltenden Fassung gilt entsprechend.

(2) Ordnungswidrig handelt auch, wer vorsätzlich oder leichtfertig

1. Belege ausstellt, die in tatsächlicher Hinsicht unrichtig sind, oder
2. den Vorschriften einer Abgabensatzung zur Sicherung der Abgabenerhebung, insbesondere zur Anmeldung und Anzeige von Tatsachen, zur Führung von Aufzeichnungen oder Nachweisen, zur Kennzeichnung oder Vorlegung von Gegenständen oder zur Erhebung und Abführung von Abgaben, soweit die Satzung auf diese Bußgeldvorschrift verweist, zuwiderhandelt oder
3. entgegen § 9 Abs. 3 Satz 1 die zur Beurteilung der Beitragspflicht und zur Schaffung der Bemessungsgrundlagen für den Tourismusbeitrag erforderlichen Auskünfte nicht innerhalb der von der Gemeinde gesetzten Frist erteilt

und es dadurch ermöglicht, Abgaben zu verkürzen oder nicht gerechtfertigte Abgabenvorteile zu erlangen (Abgabengefährdung).

(3) Die Ordnungswidrigkeit kann mit einer Geldbuße bis zu 10 000 Euro geahndet werden.

(4) Für das Bußgeldverfahren gelten außer den Vorschriften des Gesetzes über Ordnungswidrigkeiten § 378 Abs. 3, §§ 391, 393, 396, 397, 407 und 411 der Abgabenordnung in der jeweils geltenden Fassung entsprechend.

§ 19 Einschränkung von Grundrechten

Die Grundrechte auf körperliche Unversehrtheit und Freiheit der Person (Artikel 2 Abs. 2 des Grundgesetzes) und der Unverletzlichkeit der Wohnung (Artikel 13 des Grundgesetzes) werden nach Maßgabe dieses Gesetzes eingeschränkt.

Fünfter Teil

Übergangs- und Schlussvorschriften

§ 20 Übergangsvorschrift

[1]Satzungsregelungen, die den §§ 5, 9 und 10 dieses Gesetzes in der ab dem 1. April 2017 geltenden Fassung nicht mehr entsprechen, bleiben bis zum 31. Dezember 2017 wirksam, sofern sie nicht geändert oder aufgehoben werden. [2]§ 6b Abs. 3 findet auf Maßnahmen an Verkehrsanlagen, mit deren Durchführung vor dem 1. Mai 2020 begonnen wird, keine Anwendung.

§ 21 Aufhebung von Rechtsvorschriften

[hier nicht wiedergegeben]

§ 22 – aufgehoben –

§ 23 Inkrafttreten

Dieses Gesetz tritt am 1. April 1973 in Kraft.[1)]

1) **Amtl. Anm.:** Diese Vorschrift betrifft das Inkrafttreten des Gesetzes in der ursprünglichen Fassung vom 8. Februar 1973 (Nds. GVBl. S. 41). Der Zeitpunkt des Inkrafttretens der späteren Änderungen ergibt sich aus den in den Bekanntmachungen vom 5. März 1986 (Nds. GVBl. S. 79), vom 11. Februar 1992 (Nds. GVBl. S. 29) und vom 23. Januar 2007 (Nds. GVBl. S. 41) sowie den in der vorangestellten Bekanntmachung näher bezeichneten Gesetzen.

Niedersächsisches Polizei- und Ordnungsbehördengesetz (NPOG)[1)]

In der Fassung vom 19. Januar 2005[2)] (Nds. GVBl. S. 9)
(VORIS 21011 10)

zuletzt geändert durch Art. 3 G zur Änd. des VerwaltungsvollstreckungsG und weiterer Gesetze vom 22. September 2022 (Nds. GVBl. S. 589)

Inhaltsübersicht

1) Die Änderung durch Art. 5 G v. 19.6.2013 (Nds. GVBl. S. 158) betreffend die Aufhebung des § 33c mWv 1.7.2016 tritt durch G v. 8.6.2016 (Nds. GVBl. S. 115) mWv 22.6.2016 wieder außer Kraft.

2) Neubekanntmachung des G über die öffentliche Sicherheit und Ordnung, nunmehr Polizei- und OrdnungsbehördenG, idF der Bek. v. 20.2.1998 (Nds. GVBl. S. 101) in der ab 1.1.2005 geltenden Fassung.

Erster Teil
Aufgaben, Begriffsbestimmungen und Geltungsbereich

§ 1 Aufgaben der Verwaltungsbehörden und der Polizei

(1) [1]Die Verwaltungsbehörden und die Polizei haben gemeinsam die Aufgabe der Gefahrenabwehr. [2]Sie treffen hierbei auch Vorbereitungen, um künftige Gefahren abwehren zu können. [3]Die Polizei hat im Rahmen ihrer Aufgabe nach Satz 1 insbesondere auch Straftaten zu verhüten.

(2) [1]Die Polizei wird in den Fällen des Absatzes 1 Satz 1 tätig, soweit die Gefahrenabwehr durch die Verwaltungsbehörden nicht oder nicht rechtzeitig möglich erscheint. [2]Verwaltungsbehörden und Polizei unterrichten sich gegenseitig, soweit dies zur Gefahrenabwehr erforderlich ist.

(3) Der Schutz privater Rechte obliegt den Verwaltungsbehörden und der Polizei nach diesem Gesetz nur dann, wenn gerichtlicher Schutz nicht rechtzeitig zu erlangen ist und wenn ohne verwaltungsbehördliche oder polizeiliche Hilfe die Verwirklichung des Rechts vereitelt oder wesentlich erschwert werden würde.

(4) Die Polizei leistet anderen Behörden Vollzugshilfe (§§ 51 bis 53).

(5) Die Polizei hat ferner die Aufgaben zu erfüllen, die ihr durch andere Rechtsvorschriften übertragen sind.

§ 2 Begriffsbestimmungen

Im Sinne dieses Gesetzes ist

1. Gefahr:
   eine konkrete Gefahr, das heißt eine Sachlage, bei der im einzelnen Fall die hinreichende Wahrscheinlichkeit besteht, dass in absehbarer Zeit ein Schaden für die öffentliche Sicherheit oder Ordnung eintreten wird;
2. gegenwärtige Gefahr:
   eine Gefahr, bei der die Einwirkung des schädigenden Ereignisses bereits begonnen hat oder bei der diese Einwirkung unmittelbar oder in allernächster Zeit mit einer an Sicherheit grenzenden Wahrscheinlichkeit bevorsteht;
3. erhebliche Gefahr:
   eine Gefahr für ein bedeutsames Rechtsgut wie Bestand oder Sicherheit des Bundes oder eines Landes, Leben, Gesundheit, Freiheit, nicht unwesentliche Vermögenswerte sowie andere strafrechtlich geschützte Güter von vergleichbarem Gewicht;
4. dringende Gefahr:
   eine im Hinblick auf das Ausmaß des zu erwartenden Schadens und die Wahrscheinlichkeit des Schadenseintritts erhöhte Gefahr für den Bestand oder die Sicherheit des Bundes oder eines Landes oder für Leib, Leben oder Freiheit einer Person oder für Sachen von bedeutendem Wert, deren Erhaltung im öffentlichen Interesse liegt;
5. Gefahr für Leib oder Leben:

eine Gefahr, bei der eine nicht nur leichte Körperverletzung oder der Tod einzutreten droht;

6. abstrakte Gefahr:
eine nach allgemeiner Lebenserfahrung oder den Erkenntnissen fachkundiger Stellen mögliche Sachlage, die im Fall ihres Eintritts eine Gefahr (Nummer 1) darstellt;
7. Maßnahme:
Verordnungen, Verwaltungsakte und andere Eingriffe;
8. Gefahr im Verzuge:
eine Sachlage, bei der ein Schaden eintreten würde, wenn nicht anstelle der zuständigen Behörde oder Person eine andere Behörde oder Person tätig wird;
9. Polizei:
die Polizeibehörden (§ 87 Abs. 1) sowie für sie die Polizeibeamtinnen und Polizeibeamten (Nummer 10) und im Rahmen der übertragenen Aufgaben die Hilfspolizeibeamtinnen und Hilfspolizeibeamten (§ 95);
10. Polizeibeamtin oder Polizeibeamter:
eine Beamtin oder ein Beamter im Polizeivollzugsdienst, die oder der allgemein oder im Einzelfall zur Wahrnehmung polizeilicher Aufgaben ermächtigt ist;
11. Verwaltungsbehörde:
die nach § 97 zuständigen Verwaltungsbehörden sowie für sie die Verwaltungsvollzugsbeamtinnen oder Verwaltungsvollzugsbeamten;
12. Verwaltungsvollzugsbeamtinnen oder Verwaltungsvollzugsbeamte:
im Dienst einer Verwaltungsbehörde stehende oder sonst von ihr weisungsabhängige Personen, die allgemein oder im Einzelfall zum Vollzug von Aufgaben der Gefahrenabwehr durch Bestellung ermächtigt sind;
13. Straftat:
eine den Tatbestand eines Strafgesetzes verwirklichende rechtswidrige Tat;
14. Straftat von erheblicher Bedeutung:
   a) ein Verbrechen, mit Ausnahme einer Straftat nach § 154 oder § 155 des Strafgesetzbuchs (StGB),
   b) ein Vergehen nach § 85, § 87, § 88, § 89, § 89a, § 89c, § 95, § 96 Abs. 2, § 98, § 99, § 125a, § 129, § 129a Abs. 3, § 130, § 174, § 174a, § 174b, § 174c, § 176, § 177 Abs. 1, 2, 3 oder 6, § 180 Abs. 2, 3 oder 4, § 180a, § 181a Abs. 1, § 182 Abs. 1 oder 4, § 184b, § 232, § 232a, § 232b, § 233, § 233a, § 303b, § 305, § 305a, § 310, § 315 Abs. 1, 2, 4 oder 5, § 316b, § 316c Abs. 4 oder § 317 Abs. 1 StGB oder nach § 52 Abs. 1, 2 oder 3 Nr. 1, Abs. 5 oder 6 des Waffengesetzes (WaffG), wenn die Tat im Einzelfall nach Art und Schwere geeignet ist, den Rechtsfrieden besonders zu stören, und
   c) ein banden- oder gewerbsmäßig begangenes Vergehen, wenn die Tat im Einzelfall nach Art und Schwere geeignet ist, den Rechtsfrieden besonders zu stören;
15. terroristische Straftat:
   a) eine Straftat nach § 211 oder § 212 StGB, nach § 223 StGB, wenn einem anderen Menschen schwere körperliche oder seelische Schäden, insbesondere der in § 226 StGB bezeichneten Art, zugefügt werden, nach § 239a, § 239b, § 303b, § 305, § 305a, § 306, § 306a, § 306b, § 306c, § 307 Abs. 1, 2 oder 3, § 308 Abs. 1, 2, 3 oder 4, § 309 Abs. 1, 2, 3, 4 oder 5, § 313, § 314, § 315 Abs. 1, 3 oder 4, § 316b Abs. 1 oder 3, § 316c Abs. 1, 2 oder 3, § 317 Abs. 1 oder § 330a Abs. 1, 2 oder 3 StGB,
   b) eine Straftat nach § 6, § 7, § 8, § 9, § 10, § 11 oder § 12 des Völkerstrafgesetzbuchs,
   c) eine Straftat nach § 19 Abs. 1, 2 oder 3, § 20 Abs. 1 oder 2, § 20a Abs. 1, 2 oder 3, § 19 Abs. 2 Nr. 2 oder Abs. 3 Nr. 2, § 20 Abs. 1 oder 2, § 20a Abs. 1, 2 oder 3, jeweils auch in Verbindung mit § 21, oder § 22a Abs. 1, 2 oder 3 des Gesetzes über die Kontrolle von Kriegswaffen oder
   d) eine Straftat nach § 51 Abs. 1, 2 oder 3 WaffG

   bei Begehung im In- oder Ausland, wenn diese Straftat dazu bestimmt ist, die Bevölkerung auf erhebliche Weise einzuschüchtern, eine Behörde oder eine internationale Organisation rechtswidrig mit Gewalt oder durch Drohung mit Gewalt zu nötigen oder die politischen, verfassungsrechtlichen, wirtschaftlichen oder sozialen Grundstrukturen eines Staates, eines Landes oder einer internationalen Organisation zu beseitigen oder erheblich zu beeinträchtigen, und diese Straftat durch die Art ihrer Begehung oder ihre Auswirkungen einen Staat, ein Land oder eine internationale Organisation erheblich schädigen kann;

16. schwere organisierte Gewalttat:
   a) eine Straftat nach § 176 Abs. 1 oder 2, § 176a Abs. 3 oder § 177 Abs. 5, 6, 7 oder 8 StGB,
   b) eine Straftat nach § 211, § 212 oder § 226 Abs. 2 StGB oder
   c) eine Straftat nach § 234, § 234a, § 239a oder § 239b StGB,

   die Teil der von Gewinn- oder Machtstreben bestimmten planmäßigen Begehung von Straftaten durch mehr als zwei Beteiligte ist, die auf längere oder unbestimmte Dauer arbeitsteilig tätig werden;

17. Kontakt- oder Begleitperson:
   eine Person, die mit einer anderen Person, von der Tatsachen die Annahme rechtfertigen, dass diese eine Straftat begehen wird, in einer Weise in Verbindung steht, die erwarten lässt, dass durch sie Hinweise über die angenommene Straftat gewonnen werden können, weil Tatsachen die Annahme rechtfertigen, dass die Person von der Planung oder der Vorbereitung der Straftat oder der Verwertung der Tatvorteile oder von einer einzelnen Vorbereitungshandlung Kenntnis hat oder daran wissentlich oder unwissentlich mitwirkt.

§ 3 Geltungsbereich

(1) [1]Die Vorschriften dieses Gesetzes finden Anwendung bei

1. der Erfüllung von Aufgaben der Gefahrenabwehr (§ 1 Abs. 1 bis 4),
2. der Erfüllung anderer der Polizei übertragenen Aufgaben (§ 1 Abs. 5).

[2]Vorschriften des Bundes- oder Landesrechts, in denen die Gefahrenabwehr oder die anderen Aufgaben besonders geregelt werden, gehen diesem Gesetz vor. [3]Soweit die besonderen Vorschriften keine abschließenden Regelungen enthalten, ist dieses Gesetz ergänzend anzuwenden.

(2) Bei der Erforschung und Verfolgung von Straftaten und Ordnungswidrigkeiten finden die Vorschriften in § 16 Abs. 4 über die Entschädigung von Personen und in den §§ 72 bis 79 über die Art und Weise der Anwendung unmittelbaren Zwangs Anwendung, soweit die Strafprozessordnung keine abschließenden Regelungen enthält.

Zweiter Teil
Allgemeine Vorschriften

§ 4 Grundsatz der Verhältnismäßigkeit

(1) Von mehreren möglichen und geeigneten Maßnahmen hat die Verwaltungsbehörde oder die Polizei diejenige zu treffen, die den Einzelnen und die Allgemeinheit voraussichtlich am wenigsten beeinträchtigt.

(2) Eine Maßnahme darf nicht zu einem Nachteil führen, der zu dem erstrebten Erfolg erkennbar außer Verhältnis steht.

(3) Eine Maßnahme ist nur solange zulässig, bis ihr Zweck erreicht ist oder es sich zeigt, dass er nicht erreicht werden kann.

§ 5 Ermessen; Wahl der Mittel

(1) Die Verwaltungsbehörden und die Polizei treffen ihre Maßnahmen nach pflichtgemäßem Ermessen.

(2) [1]Kommen zur Gefahrenabwehr mehrere Mittel in Betracht, so genügt es, wenn eines davon bestimmt wird. [2]Den Betroffenen ist auf Antrag zu gestatten, ein anderes ebenso wirksames Mittel anzuwenden, sofern die Allgemeinheit dadurch nicht stärker beeinträchtigt wird.

§ 6 Verantwortlichkeit für das Verhalten von Personen

(1) Verursacht eine Person eine Gefahr, so sind die Maßnahmen gegen sie zu richten.

(2) [1]Ist die Person noch nicht 14 Jahre alt, so können die Maßnahmen auch gegen die Person gerichtet werden, die zur Aufsicht über sie verpflichtet ist. [2]Ist für die Person eine Betreuerin oder ein Betreuer bestellt, so können die Maßnahmen im Rahmen ihres oder seines Aufgabenkreises auch gegen die Betreuerin oder den Betreuer gerichtet werden.

(3) Verursacht eine Person, die zu einer Verrichtung bestellt ist, die Gefahr in Ausführung der Verrichtung, so können Maßnahmen auch gegen denjenigen gerichtet werden, der die andere Person zu der Verrichtung bestellt hat.

§ 7 Verantwortlichkeit für Gefahren, die von Tieren ausgehen, oder für den Zustand von Sachen

(1) [1]Geht von einem Tier oder einer Sache eine Gefahr aus, so sind die Maßnahmen gegen diejenige Person zu richten, die die tatsächliche Gewalt innehat. [2]Die für Sachen geltenden Vorschriften dieses Gesetzes sind auf Tiere entsprechend anzuwenden.

(2) [1]Maßnahmen können auch gegen eine Person gerichtet werden, die Eigentümerin oder Eigentümer oder sonst an der Sache berechtigt ist. [2]Dies gilt nicht, wenn die tatsächliche Gewalt ohne den Willen der in Satz 1 genannten Person ausgeübt wird.

(3) Geht die Gefahr von einer herrenlosen Sache aus, so können die Maßnahmen gegen diejenige Person gerichtet werden, die das Eigentum an der Sache aufgegeben hat.

§ 8 Inanspruchnahme nichtverantwortlicher Personen

(1) Die Verwaltungsbehörden und die Polizei können Maßnahmen gegen andere Personen als die nach § 6 oder 7 Verantwortlichen richten, wenn

1. eine gegenwärtige erhebliche Gefahr abzuwehren ist,
2. Maßnahmen gegen die nach § 6 oder 7 Verantwortlichen nicht oder nicht rechtzeitig möglich sind oder keinen Erfolg versprechen,
3. die Verwaltungsbehörde oder die Polizei die Gefahr nicht oder nicht rechtzeitig selbst oder durch Beauftragte abwehren kann und
4. die Personen ohne erhebliche eigene Gefährdung und ohne Verletzung höherwertiger Pflichten in Anspruch genommen werden können.

(2) Die Maßnahmen nach Absatz 1 dürfen nur aufrechterhalten werden, solange die Abwehr der Gefahr nicht auf andere Weise möglich ist.

§ 9 Verantwortlichkeit nach anderen Vorschriften

Soweit die Vorschriften des Dritten Teils Maßnahmen auch gegen andere Personen zulassen, finden die §§ 6 bis 8 keine Anwendung.

§ 10 Einschränkung von Grundrechten

Aufgrund dieses Gesetzes können die Grundrechte auf

Leben und körperliche Unversehrtheit (Artikel 2 Abs. 2 Satz 1 des Grundgesetzes),
Freiheit der Person (Artikel 2 Abs. 2 Satz 2 des Grundgesetzes),
Versammlungsfreiheit (Artikel 8 Abs. 1 des Grundgesetzes), Wahrung des Fernmeldegeheimnisses (Artikel 10 Abs. 1 des Grundgesetzes),
Freizügigkeit (Artikel 11 Abs. 1 des Grundgesetzes) und
Unverletzlichkeit der Wohnung (Artikel 13 des Grundgesetzes)

eingeschränkt werden.

Dritter Teil
Befugnisse der Verwaltungsbehörden und der Polizei

1. Abschnitt
Allgemeine und besondere Befugnisse

§ 11 Allgemeine Befugnisse

Die Verwaltungsbehörden und die Polizei können die notwendigen Maßnahmen treffen, um eine Gefahr abzuwehren, soweit nicht die Vorschriften des Dritten Teils die Befugnisse der Verwaltungsbehörden und der Polizei besonders regeln.

§ 12 Befragung und Auskunftspflicht

(1) Die Verwaltungsbehörden und die Polizei dürfen jede Person befragen, von der Angaben erwartet werden können, die für die Erfüllung einer bestimmten Aufgabe nach § 1 erforderlich sind.

(2) Die befragte Person ist zur Auskunft über Familienname, Vorname, Tag und Ort der Geburt, Anschrift der Hauptwohnung und Staatsangehörigkeit verpflichtet, wenn dies für die Erfüllung der Aufgabe erforderlich ist.

(3) Kommt die befragte Person aufgrund der §§ 6 bis 8 für eine gegen sie zu richtende Maßnahme in Betracht, so ist sie zur Auskunft in der Sache verpflichtet, wenn die Angaben zur Abwehr der Gefahr oder für die weitere Aufklärung des Sachverhalts erforderlich sind.

(4) [1]Eine zur Auskunft verpflichtete Person darf zum Zweck der Befragung kurzzeitig angehalten werden. [2]Die Vorschriften der Strafprozessordnung über verbotene Vernehmungsmethoden (§ 136a) gelten entsprechend.

(5) [1]Die zu befragende Person ist auf ihr Verlangen auf die Rechtsgrundlage ihrer Auskunftspflicht oder die Freiwilligkeit ihrer Auskunft hinzuweisen und über ihr Auskunftsrecht nach Artikel 15 der Datenschutz-Grundverordnung und § 9 des Niedersächsischen Datenschutzgesetzes oder im Anwendungsbereich des § 23 des Niedersächsischen Datenschutzgesetzes über das Auskunftsrecht nach § 51 des Niedersächsischen Datenschutzgesetzes zu unterrichten. [2]Unter den in den §§ 52 bis 55 der Strafprozessordnung bezeichneten Voraussetzungen ist die betroffene Person zur Verweigerung der Auskunft berechtigt. [3]Dies gilt nicht, soweit die Auskunft zur Abwehr einer Gefahr für den Bestand oder die Sicherheit des Bundes oder eines Landes oder Leib, Leben oder Freiheit einer Person erforderlich ist. [4]Eine in § 53 Abs. 1 Satz 1 Nr. 1, 2 oder 4 der Strafprozessordnung genannte Person, ein Rechtsanwalt, eine nach § 206 der Bundesrechtsanwaltsordnung in eine Rechtsanwaltskammer aufgenommene Person oder ein Kammerrechtsbeistand ist auch in den Fällen des Satzes 3 zur Verweigerung der Auskunft berechtigt. [5]Die betroffene Person ist über ihr Recht zur Verweigerung der Auskunft zu belehren. [6]Auskünfte, die nach Satz 3 erlangt wurden, dürfen nur für die dort bezeichneten Zwecke verwendet werden.

(6) [1]Die Polizei kann auf der Grundlage polizeilicher Lageerkenntnisse zur Verhütung von Straftaten von erheblicher Bedeutung mit Grenzbezug jede Person kurzzeitig anhalten, befragen und verlangen, dass mitgeführte Ausweispapiere zur Prüfung ausgehändigt werden, sowie mitgeführte Sachen in Augenschein nehmen. [2]Die Maßnahme ist nur zulässig,

1. im öffentlichen Verkehrsraum bis zu einer Tiefe von 30 km ab der Landesgrenze zu den Niederlanden,
2. auf Bundesfernstraßen einschließlich der Auf- und Abfahrten und der unmittelbar daran angrenzenden Bereiche,
3. in öffentlichen Einrichtungen des internationalen Verkehrs und den unmittelbar daran angrenzenden Bereichen.

[3]Die Maßnahmen nach Satz 1 dürfen nicht die Wirkung von Grenzübertrittskontrollen haben. [4]Art, Ort, Umfang und Dauer der Maßnahme sowie die wesentlichen Gründe einschließlich der zugrunde liegenden Lageerkenntnisse sind schriftlich zu dokumentieren. [5]Eine Person kann im gesamten öffentlichen Verkehrsraum nach Satz 1 kontrolliert werden, wenn Tatsachen die Annahme rechtfertigen, dass sie in örtlichem und zeitlichem Zusammenhang mit der Vorbereitung oder Begehung einer Straftat von erheblicher Bedeutung mit Grenzbezug angetroffen wird; Satz 4 gilt entsprechend.

§ 12a Gefährderansprache, Gefährderanschreiben

(1) [1]Verursacht eine Person eine Gefahr oder rechtfertigen Tatsachen die Annahme, dass eine Person innerhalb eines übersehbaren Zeitraums auf eine zumindest ihrer Art nach konkretisierte Weise eine Straftat begehen wird, so können die Verwaltungsbehörden und die Polizei die Person zum Zweck der Abwehr der Gefahr oder der Verhütung der Straftat ansprechen (Gefährderansprache) oder anschreiben (Gefährderanschreiben). [2]Die betroffene Person darf zur Durchführung der Gefährderansprache kurzzeitig angehalten werden.

(2) [1]Bei einer minderjährigen Person darf eine Gefährderansprache nur in Anwesenheit einer gesetzlichen Vertreterin oder eines gesetzlichen Vertreters durchgeführt werden, es sei denn, durch deren oder dessen Anwesenheit würde der Zweck der Maßnahme gefährdet. [2]In diesem Fall sind die gesetzlichen Vertreterinnen und Vertreter unverzüglich über den Inhalt der Gefährderansprache zu unterrichten. [3]Ein an eine minderjährige Person gerichtetes Gefährderanschreiben ist zugleich deren gesetzlichen Vertreterinnen und Vertretern zuzuleiten.

§ 13 Identitätsfeststellung, Prüfung von Berechtigungsscheinen

(1) Die Verwaltungsbehörden und die Polizei können die Identität einer Person feststellen,

1. wenn dies zur Abwehr einer Gefahr erforderlich ist,
2. wenn sie an einem Ort angetroffen wird, von dem Tatsachen die Annahme rechtfertigen, dass dort

a) Personen Straftaten von erheblicher Bedeutung verabreden, vorbereiten oder verüben,
b) sich Personen aufhalten, die gegen aufenthaltsrechtliche Strafvorschriften verstoßen, oder
c) sich Personen verbergen, die wegen Straftaten gesucht werden,

3. wenn sie in einer Verkehrs- oder Versorgungsanlage oder -einrichtung, einem öffentlichen Verkehrsmittel, Amtsgebäude oder einem anderen besonders gefährdeten Objekt oder in unmittelbarer Nähe hiervon angetroffen wird und Tatsachen die Annahme rechtfertigen, dass in oder an Objekten dieser Art Straftaten begangen werden sollen, durch die in oder an diesen Objekten befindliche Personen oder diese Objekte selbst unmittelbar gefährdet sind, und dies aufgrund der Gefährdungslage oder aufgrund von auf die Person bezogenen Anhaltspunkten erforderlich ist, oder
4. die an einer Kontrollstelle (§ 14) angetroffen wird.

(2) [1]Die Verwaltungsbehörden und die Polizei können zur Feststellung der Identität die erforderlichen Maßnahmen treffen, insbesondere die betroffene Person anhalten, sie nach ihren Personalien befragen und verlangen, dass sie mitgeführte Ausweispapiere zur Prüfung aushändigt. [2]Die Person kann festgehalten werden, wenn die Identität auf andere Weise nicht oder nur unter erheblichen Schwierigkeiten festgestellt werden kann.

(3) Wer verpflichtet ist, einen Berechtigungsschein mit sich zu führen, hat diesen auf Verlangen den Verwaltungsbehörden und der Polizei zur Prüfung auszuhändigen.

§ 14 Kontrollstellen

(1) Kontrollstellen dürfen von der Polizei auf öffentlichen Straßen oder Plätzen oder an anderen öffentlich zugänglichen Orten nur eingerichtet werden, wenn Tatsachen die Annahme rechtfertigen, dass

1. eine Straftat von erheblicher Bedeutung,
2. eine Straftat nach den §§ 125 oder 125a des Strafgesetzbuchs,
3. eine Straftat nach § 20 des Vereinsgesetzes oder
4. eine Straftat nach § 20 Abs. 1 Nr. 1 oder Abs. 2 Satz 1 Nrn. 4 bis 6 des Niedersächsischen Versammlungsgesetzes

begangen werden soll und die Kontrollstellen zur Verhütung einer der vorgenannten Straftaten erforderlich sind.

(2) [1]Die Einrichtung einer Kontrollstelle bedarf der Anordnung durch die Dienststellenleiterin oder den Dienststellenleiter oder eine Beamtin oder einen Beamten der Laufbahngruppe 2 ab dem zweiten Einstiegsamt. [2]Die Anordnung bedarf der Schriftform; sie ist zu begründen.

(3) [1]Die an einer Kontrollstelle erhobenen personenbezogenen Daten sind, wenn sie zur Verhütung einer der vorgenannten Straftaten nicht erforderlich sind, unverzüglich, spätestens aber nach drei Monaten zu löschen. [2]Dies gilt nicht, soweit die Daten zur Verfolgung einer Straftat benötigt werden oder Tatsachen die Annahme rechtfertigen, dass die Person künftig eine der vorgenannten Straftaten oder eine Straftat von erheblicher Bedeutung begehen wird.

§ 15 Erkennungsdienstliche Maßnahmen

(1) [1]Die Verwaltungsbehörden und die Polizei können erkennungsdienstliche Maßnahmen anordnen, wenn

1. eine nach § 13 zulässige Identitätsfeststellung auf andere Weise nicht oder nur unter erheblichen Schwierigkeiten möglich ist oder
2. dies zur Verhütung von Straftaten erforderlich ist, weil die betroffene Person verdächtig ist, eine Tat begangen zu haben, die mit Strafe bedroht ist, oder wegen einer Straftat verurteilt worden ist und wegen der Art und Ausführung der Tat die Gefahr der Wiederholung besteht.

[2]Erkennungsdienstliche Maßnahmen werden von der Polizei durchgeführt. [3]Gegen eine Person, die nicht nach § 6 oder 7 verantwortlich ist, dürfen erkennungsdienstliche Maßnahmen nach Satz 1 Nr. 1 nicht durchgeführt werden, es sei denn, dass die Person Angaben über die Identität verweigert oder Tatsachen den Verdacht einer Täuschung über die Identität begründen.

(2) [1]Ist die Identität nach Absatz 1 Satz 1 Nr. 1 festgestellt und die weitere Aufbewahrung der im Zusammenhang mit der Feststellung angefallenen erkennungsdienstlichen Unterlagen auch nach Absatz 1 Satz 1 Nr. 2 nicht erforderlich oder sind die Voraussetzungen nach Absatz 1 Satz 1 Nr. 2 entfallen, so sind die erkennungsdienstlichen Unterlagen zu vernichten und die personenbezogenen Daten zu löschen, es sei denn, dass eine Rechtsvorschrift die weitere Aufbewahrung oder Speicherung zulässt.

[2]Sind die personenbezogenen Daten oder Unterlagen an andere Stellen übermittelt worden, so sind diese über die Löschung oder Vernichtung zu unterrichten.

(3) Erkennungsdienstliche Maßnahmen sind
1. die Abnahme von Finger- und Handflächenabdrücken,
2. die Aufnahme von Lichtbildern,
3. die Feststellung äußerer körperlicher Merkmale,
4. Messungen

und andere vergleichbare Maßnahmen.

§ 15a Molekulargenetische Untersuchungen zur Identitätsfeststellung

(1) [1]Zur Feststellung der Identität einer hilflosen Person oder einer Leiche können deren DNA-Identifizierungsmuster mit denjenigen einer vermissten Person abgeglichen werden, wenn die Feststellung der Identität auf andere Weise nicht oder nur unter erheblichen Schwierigkeiten möglich ist. [2]Zu diesem Zweck dürfen
1. der hilflosen Person oder der Leiche Körperzellen entnommen,
2. Proben von Gegenständen mit Spurenmaterial der vermissten Person genommen und
3. die Proben nach den Nummern 1 und 2 molekulargenetisch untersucht

werden. [3]Die Untersuchungen nach Satz 2 Nr. 3 sind auf die Feststellung des DNA-Identifizierungsmusters und des Geschlechts zu beschränken. [4]Entnommene Körperzellen sind unverzüglich zu vernichten, wenn sie für die Untersuchung nach Satz 2 nicht mehr benötigt werden. [5]Die DNA-Identifizierungsmuster können zum Zweck des Abgleichs in einer Datei gespeichert werden. [6]Sie sind unverzüglich zu löschen, wenn sie zur Identitätsfeststellung nach Satz 1 nicht mehr benötigt werden.

(2) [1]Molekulargenetische Untersuchungen werden auf Antrag der Polizei durch das Amtsgericht angeordnet, in dessen Bezirk die Polizeidienststelle ihren Sitz hat. [2]Für das gerichtliche Verfahren gilt § 19 Abs. 4 entsprechend. [3]Für die Durchführung der Untersuchungen gilt § 81f Abs. 2 der Strafprozessordnung entsprechend.

§ 16 Vorladung

(1) Die Verwaltungsbehörden und die Polizei können eine Person schriftlich oder mündlich vorladen, um sie nach § 12 zu befragen, um eine Gefährderansprache nach § 12a durchzuführen oder wenn dies zur Durchführung erkennungsdienstlicher Maßnahmen erforderlich ist.

(2) [1]Bei der Vorladung soll deren Grund angegeben werden. [2]Bei der Festsetzung des Zeitpunkts soll auf den Beruf und die sonstigen Lebensverhältnisse der betroffenen Person Rücksicht genommen werden.

(3) Leistet eine Person der Vorladung ohne hinreichenden Grund keine Folge, so kann sie mit Zwangsmitteln durchgesetzt werden,
1. wenn ihre Angaben zur Abwehr einer Gefahr für Leib, Leben oder Freiheit erforderlich sind oder
2. wenn erkennungsdienstliche Maßnahmen durchgeführt werden sollen.

(4) Das Justizvergütungs- und -entschädigungsgesetz ist auf die darin genannten Personen entsprechend anzuwenden, wenn diese nach Absatz 1 vorgeladen oder herangezogen werden.

§ 16a Meldeauflage

(1) Die Verwaltungsbehörden und die Polizei können anordnen, dass sich eine Person nach Maßgabe der Anordnung auf einer Polizeidienststelle vorzustellen hat (Meldeauflage), wenn dies zur Abwehr einer Gefahr erforderlich ist oder Tatsachen die Annahme rechtfertigen, dass die Person innerhalb eines übersehbaren Zeitraums auf eine zumindest ihrer Art nach konkretisierte Weise eine Straftat begehen wird.

(2) [1]Die Anordnung einer Meldeauflage ist auf höchstens drei Monate zu befristen. [2]Verlängerungen um jeweils höchstens drei Monate sind zulässig, wenn die Voraussetzungen der Anordnung unter Berücksichtigung der gewonnenen Erkenntnisse weiterhin erfüllt sind. [3]Die Anordnung oder die Verlängerung bedarf der Schriftform; sie ist zu begründen. [4]Liegen die Voraussetzungen der Anordnung nicht mehr vor, so ist die Maßnahme unverzüglich zu beenden. [5]Eine Verlängerung über insgesamt drei Monate hinaus bedarf der Anordnung durch das Amtsgericht, in dessen Bezirk die Verwaltungsbehörde oder Polizeidienststelle ihren Sitz hat. [6]Im Antrag der Verwaltungsbehörde oder der Polizei sind anzugeben:

1. die betroffene Person mit Name und Anschrift,
2. Art, Umfang und Dauer der Maßnahme unter Benennung des Endzeitpunktes,
3. der Sachverhalt und
4. eine Begründung.

[7]Die Anordnung des Amtsgerichts muss die in Satz 6 Nrn. 1 und 2 bezeichneten Angaben sowie die wesentlichen Gründe enthalten. [8]Für das gerichtliche Verfahren gilt § 19 Abs. 4 entsprechend. [9]Hat sich die betroffene Person nach Maßgabe der Anordnung nicht mehr als einmal im Monat auf einer Polizeidienststelle vorzustellen, so beträgt die Höchstdauer der Anordnung und Verlängerung abweichend von den Sätzen 1 und 2 jeweils sechs Monate; der richterlichen Anordnung nach den Sätzen 5 bis 8 bedarf es in diesen Fällen erst bei einer Verlängerung über insgesamt sechs Monate hinaus.

§ 17 Platzverweisung, Aufenthaltsverbot

(1) [1]Die Verwaltungsbehörden und die Polizei können zur Abwehr einer Gefahr jede Person vorübergehend von einem Ort verweisen oder ihr vorübergehend das Betreten eines Ortes verbieten. [2]Die Platzverweisung kann gegen eine Person angeordnet werden, die den Einsatz der Feuerwehr oder von Hilfs- und Rettungsdiensten behindert.

(2) Betrifft eine Maßnahme nach Absatz 1 eine Wohnung, so ist sie gegen den erkennbaren oder mutmaßlichen Willen der berechtigten Person nur zur Abwehr einer gegenwärtigen erheblichen Gefahr zulässig.

(3) [1]Rechtfertigen Tatsachen die Annahme, dass eine Person in einem bestimmten örtlichen Bereich eine Straftat begehen wird, so kann die Polizei ihr für eine bestimmte Zeit verbieten, diesen Bereich zu betreten oder sich dort aufzuhalten, es sei denn, sie hat dort ihre Wohnung. [2]Örtlicher Bereich im Sinne des Satzes 1 ist ein Ort oder ein Gebiet innerhalb einer Gemeinde oder auch ein gesamtes Gemeindegebiet. [3]Die Platzverweisung nach Satz 1 ist zeitlich und örtlich auf den zur Verhütung der Straftat erforderlichen Umfang zu beschränken.

§ 17a Wegweisung und Aufenthaltsverbot bei häuslicher Gewalt

(1) [1]Die Polizei kann eine Person für die Dauer von höchstens 14 Tagen aus der von ihr bewohnten Wohnung verweisen und ihr das Betreten der Wohnung und den Aufenthalt in einem bestimmten Umkreis der Wohnung untersagen, wenn dies erforderlich ist, um eine von dieser Person ausgehende gegenwärtige Gefahr für Leib, Leben, Freiheit oder die sexuelle Selbstbestimmung von einer in derselben Wohnung wohnenden Person abzuwehren. [2]Sie kann dieser Person für die Dauer von höchstens 14 Tagen auch untersagen, bestimmte andere Orte, an denen sich die gefährdete Person regelmäßig aufhält, zu betreten und sich in einem bestimmten Umkreis solcher Orte aufzuhalten, und sie von einem solchen Ort verweisen, wenn dies zum Schutz der gefährdeten Person erforderlich ist. [3]Der betroffenen Person ist Gelegenheit zu geben, dringend benötigte Gegenstände des persönlichen Bedarfs mitzunehmen. [4]Die Polizei unterrichtet die betroffene Person über Beratungsangebote. [5]Sie unterrichtet die gefährdete Person unverzüglich über die Dauer und den räumlichen Umfang einer Maßnahme nach den Sätzen 1 und 2 sowie über Beratungsangebote und die Möglichkeit, Schutz nach dem Gewaltschutzgesetz zu beantragen. [6]Die Polizei kann personenbezogene Daten der gefährdeten Person auch ohne deren Einwilligung an eine geeignete Beratungsstelle übermitteln, wenn dies zur Abwehr einer Gefahr erforderlich ist.

(2) [1]Stellt die gefährdete Person während der Dauer einer Maßnahme nach Absatz 1 einen Antrag auf gerichtliche Maßnahmen nach dem Gewaltschutzgesetz, so verlängert die Polizei die Maßnahme um zehn Tage. [2]Die gefährdete Person ist von der Polizei unverzüglich über die Verlängerung zu unterrichten. [3]Die Maßnahme nach Absatz 1 wird mit dem Zeitpunkt einer einstweiligen Anordnung, der gerichtlichen Endentscheidung, dem Abschluss eines gerichtlichen Vergleichs oder einer sonstigen Beendigung des gerichtlichen Verfahrens unwirksam.

(3) Sind Maßnahmen nach Absatz 1 getroffen worden, so hat das Gericht die Polizei über einen Antrag auf gerichtliche Maßnahmen nach dem Gewaltschutzgesetz sowie über gerichtliche Entscheidungen und sonstige Verfahrensbeendigungen nach Absatz 2 Satz 3 unverzüglich zu unterrichten.

§ 17b Aufenthaltsvorgabe und Kontaktverbot

(1) [1]Die Polizei kann zur Verhütung einer terroristischen Straftat einer Person untersagen, sich ohne Erlaubnis von ihrem Wohn- oder Aufenthaltsort oder aus einem bestimmten Bereich zu entfernen oder sich an bestimmten Orten aufzuhalten (Aufenthaltsvorgabe), wenn

1. bestimmte Tatsachen die Annahme rechtfertigen, dass die betroffene Person innerhalb eines übersehbaren Zeitraums auf eine zumindest ihrer Art nach konkretisierte Weise eine terroristische Straftat begehen wird, oder
2. das individuelle Verhalten der betroffenen Person die konkrete Wahrscheinlichkeit begründet, dass sie innerhalb eines übersehbaren Zeitraums eine terroristische Straftat begehen wird.

[2]Die Polizei hat die Erlaubnis zu erteilen, wenn das Interesse der betroffenen Person das Interesse an der Einhaltung der Aufenthaltsvorgabe überwiegt. [3]§ 17 Abs. 3 bleibt unberührt.

(2) [1]Unter den Voraussetzungen des Absatzes 1 Satz 1 kann die Polizei zur Verhütung einer terroristischen Straftat einer Person untersagen, ohne Erlaubnis Kontakt mit bestimmten Personen oder Personen einer bestimmten Gruppe aufzunehmen (Kontaktverbot). [2]Absatz 1 Satz 2 gilt entsprechend.

(3) [1]Maßnahmen nach den Absätzen 1 und 2 bedürfen der Anordnung durch das Amtsgericht, in dessen Bezirk die Polizeidienststelle ihren Sitz hat. [2]Im Antrag der Polizei sind anzugeben:

1. die Person, gegen die sich die Maßnahme richtet, mit Name und Anschrift,
2. Art, Umfang und Dauer der Maßnahme einschließlich
   a) im Fall der Aufenthaltsvorgabe nach Absatz 1 einer Bezeichnung des Bereichs, aus dem sich die Person ohne Erlaubnis nicht entfernen darf, oder des Ortes, an dem sich die Person ohne Erlaubnis nicht aufhalten darf,
   b) im Fall des Kontaktverbots nach Absatz 2 der bestimmten Personen oder der Personen einer bestimmten Gruppe, mit denen der betroffenen Person der Kontakt untersagt ist, soweit möglich, mit Name und Anschrift,
3. der Sachverhalt sowie
4. eine Begründung.

[3]Die Anordnung ergeht schriftlich. [4]Sie muss die in Satz 2 Nrn. 1 und 2 bezeichneten Angaben sowie die wesentlichen Gründe enthalten. [5]Die Anordnung ist auf den zur Verhütung der terroristischen Straftat erforderlichen Umfang zu beschränken; sie ist auf höchstens drei Monate zu befristen. [6]Verlängerungen um jeweils höchstens drei Monate sind zulässig, wenn die Voraussetzungen der Anordnung weiterhin erfüllt sind; die Sätze 2 bis 5 Halbsatz 1 gelten entsprechend. [7]Liegen die Voraussetzungen der Anordnung nicht mehr vor, so ist die Maßnahme unverzüglich zu beenden. [8]Für das gerichtliche Verfahren gilt § 19 Abs. 4 entsprechend.

(4) [1]Bei Gefahr im Verzug kann die Polizei die Anordnung treffen. [2]Absatz 3 Sätze 3 bis 5 Halbsatz 1 gilt entsprechend mit der Maßgabe, dass die Anordnung auch eine Begründung der Gefahr im Verzug enthalten muss. [3]Die Entscheidung trifft die Behördenleitung. [4]Diese kann ihre Anordnungsbefugnis auf Dienststellenleiterinnen und Dienststellenleiter sowie Beamtinnen oder Beamte der Laufbahngruppe 2 ab dem zweiten Einstiegsamt übertragen. [5]Die richterliche Bestätigung der Anordnung ist unverzüglich zu beantragen. [6]Wird die Bestätigung abgelehnt oder erfolgt sie nicht spätestens mit Ablauf des dritten Tages nach Erlass der Anordnung nach Satz 1, so tritt diese außer Kraft.

§ 17c Elektronische Aufenthaltsüberwachung

(1) Die Polizei kann eine Person dazu verpflichten, ein technisches Mittel, mit dem der Aufenthaltsort dieser Person elektronisch überwacht werden kann, ständig in betriebsbereitem Zustand am Körper bei sich zu führen, dessen Anlegung zu dulden und dessen Funktionsfähigkeit nicht zu beeinträchtigen, wenn

1. bestimmte Tatsachen die Annahme rechtfertigen, dass diese Person innerhalb eines übersehbaren Zeitraums auf eine zumindest ihrer Art nach konkretisierte Weise eine terroristische Straftat oder eine schwere organisierte Gewaltstraftat begehen wird, oder
2. das individuelle Verhalten dieser Person die konkrete Wahrscheinlichkeit begründet, dass sie innerhalb eines übersehbaren Zeitraums eine terroristische Straftat begehen wird,

um diese Person durch die Überwachung sowie die Erhebung, Speicherung, Veränderung und Nutzung der Daten von der Begehung dieser Straftat abzuhalten.

(2) [1]Die Polizei erhebt und speichert mithilfe der von der betroffenen Person mitzuführenden technischen Mittel automatisiert Daten über deren Aufenthaltsort sowie über etwaige Beeinträchtigungen der Datenerhebung. [2]Soweit dies zur Erfüllung des in Absatz 1 genannten Zwecks erforderlich ist, dürfen die erhobenen Daten zu einem Bewegungsbild verbunden werden. [3]Soweit es technisch möglich ist, ist sicherzustellen, dass innerhalb der Wohnung der betroffenen Person keine über den Umstand ihrer Anwesenheit hinausgehenden Aufenthaltsdaten erhoben werden. [4]Die Daten dürfen ohne Ein-

willigung der betroffenen Person nur geändert, genutzt oder übermittelt werden, soweit dies für die folgenden Zwecke erforderlich ist:

1. zur Verhütung oder zur Verfolgung von terroristischen Straftaten oder schweren organisierten Gewaltstraftaten,
2. zur Feststellung von Verstößen gegen eine Aufenthaltsvorgabe oder ein Kontaktverbot nach § 17b,
3. zur Verfolgung einer Straftat nach § 49a Abs. 2,
4. zur Abwehr einer gegenwärtigen Gefahr für Leib, Leben oder Freiheit einer Person,
5. zur Aufrechterhaltung der Funktionsfähigkeit der technischen Mittel.

[5]Die Verarbeitung der Daten nach Satz 4 Nrn. 2 und 5 hat automatisiert zu erfolgen. [6]Die nach Satz 1 erhobenen Daten einschließlich der Bewegungsbilder nach Satz 2 sind zu kennzeichnen und gegen unbefugte Kenntnisnahme besonders zu sichern. [7]Sie sind spätestens zwei Monate nach ihrer Erhebung zu löschen, soweit sie nicht für die in Satz 4 genannten Zwecke verwendet werden. [8]Werden innerhalb der Wohnung der betroffenen Person über den Umstand ihrer Anwesenheit hinausgehende Aufenthaltsdaten erhoben, so dürfen diese nicht geändert, genutzt oder übermittelt werden; sie sind unverzüglich zu löschen. [9]Die Tatsache ihrer Erhebung und Löschung ist zu dokumentieren. [10]Die Dokumentation darf ausschließlich zur Datenschutzkontrolle verwendet werden. [11]Sie ist nach zwei Jahren zu löschen, es sei denn, die oder der Landesbeauftragte für den Datenschutz zeigt an, dass die Daten zur Erfüllung ihrer oder seiner Aufgaben weiterhin benötigt werden.

(3) [1]Maßnahmen nach Absatz 1 bedürfen der Anordnung durch das Amtsgericht, in dessen Bezirk die Polizeidienststelle ihren Sitz hat. [2]Im Antrag der Polizei sind anzugeben:

1. die betroffene Person mit Name und Anschrift,
2. Art, Umfang und Dauer der Maßnahme,
3. die Angabe, ob die betroffene Person einer Aufenthaltsvorgabe oder einem Kontaktverbot nach § 17b unterliegt,
4. der Sachverhalt sowie
5. eine Begründung.

[3]Die Erstellung eines Bewegungsbildes ist nur zulässig, wenn dies in der Anordnung besonders gestattet wird. [4]Die Anordnung ergeht schriftlich. [5]Sie muss die in Satz 2 Nrn. 1 und 2 bezeichneten Angaben sowie die wesentlichen Gründe enthalten. [6]Die Anordnung ist auf den zur Verhütung der Straftat erforderlichen Umfang zu beschränken; sie ist auf höchstens drei Monate zu befristen. [7]Verlängerungen um jeweils höchstens drei Monate sind zulässig, wenn die Voraussetzungen der Anordnung weiterhin erfüllt sind; die Sätze 2 bis 6 Halbsatz 1 gelten entsprechend. [8]Liegen die Voraussetzungen der Anordnung nicht mehr vor, so ist die Maßnahme unverzüglich zu beenden. [9]Für das gerichtliche Verfahren gilt § 19 Abs. 4 entsprechend.

(4) [1]Bei Gefahr im Verzug kann die Polizei die Anordnung treffen. [2]Absatz 3 Sätze 3 bis 6 Halbsatz 1 gilt entsprechend mit der Maßgabe, dass die Anordnung auch eine Begründung der Gefahr im Verzug enthalten muss. [3]Die Entscheidung trifft die Behördenleitung. [4]Diese kann ihre Anordnungsbefugnis auf Dienststellenleiterinnen und Dienststellenleiter sowie Beamtinnen oder Beamte der Laufbahngruppe 2 ab dem zweiten Einstiegsamt übertragen. [5]Die richterliche Bestätigung der Anordnung ist unverzüglich zu beantragen. [6]Wird die Bestätigung abgelehnt oder erfolgt sie nicht spätestens mit Ablauf des dritten Tages nach Erlass der Anordnung nach Satz 1, so tritt diese außer Kraft.

§ 18 Gewahrsam

(1) Die Verwaltungsbehörden und die Polizei können eine Person in Gewahrsam nehmen, wenn dies

1. zum Schutz der Person gegen eine Gefahr für Leib oder Leben erforderlich ist, insbesondere weil die Person sich erkennbar in einem die freie Willensbestimmung ausschließenden Zustand oder sonst in hilfloser Lage befindet,
2. unerlässlich ist, um die unmittelbar bevorstehende Begehung oder Fortsetzung
   a) einer Straftat oder
   b) einer Ordnungswidrigkeit von erheblicher Gefahr für die Allgemeinheit

   zu verhindern, oder
3. unerlässlich ist, um eine Platzverweisung nach § 17 durchzusetzen.

(2) Die Verwaltungsbehörden und die Polizei können eine Person, die aus dem Vollzug einer richterlich angeordneten Freiheitsentziehung entwichen ist oder sich sonst ohne Erlaubnis außerhalb der Vollzugsanstalt aufhält, in Gewahrsam nehmen und in die Anstalt zurückbringen.

(3) Die Polizei kann eine minderjährige Person, die sich der Sorge der erziehungsberechtigten Personen entzogen hat, in Obhut nehmen, um sie einer erziehungsberechtigten Person oder dem Jugendamt zuzuführen.

§ 19 Richterliche Entscheidung

(1) [1]Kommt es aufgrund einer Maßnahme nach § 13 Abs. 2 Satz 2, § 16 Abs. 3 oder § 18 zu einer Freiheitsentziehung, so haben die Verwaltungsbehörden oder die Polizei unverzüglich eine richterliche Entscheidung über die Zulässigkeit und Fortdauer der Freiheitsentziehung zu beantragen. [2]Wird die Freiheitsentziehung auf § 18 gestützt, so sind in dem Antrag anzugeben:

1. die betroffene Person, soweit möglich mit Name und Anschrift,
2. die beabsichtigte Dauer der Maßnahme,
3. der Sachverhalt sowie
4. eine Begründung.

[3]Der Herbeiführung der richterlichen Entscheidung bedarf es nicht, wenn anzunehmen ist, dass die Entscheidung erst nach Wegfall des Grundes der Maßnahme ergehen wird.

(2) [1]Die festgehaltene Person, bei deren Minderjährigkeit auch ihre gesetzliche Vertreterin oder ihr gesetzlicher Vertreter, kann auch nach Beendigung der Freiheitsentziehung innerhalb eines Monats die Prüfung der Rechtmäßigkeit der Freiheitsentziehung beantragen. [2]Der Antrag kann bei dem nach Absatz 3 Satz 2 zuständigen Amtsgericht schriftlich oder durch Erklärung zu Protokoll der Geschäftsstelle dieses Gerichts gestellt werden.

(3) [1]Für die Entscheidung nach Absatz 1 ist das Amtsgericht zuständig, in dessen Bezirk die Person festgehalten wird. [2]Für die Entscheidung nach Absatz 2 ist das Amtsgericht zuständig, in dessen Bezirk die Person in Gewahrsam genommen wurde. [3]Das Justizministerium wird ermächtigt, durch Verordnung die Zuständigkeit einem Amtsgericht für die Bezirke mehrerer Amtsgerichte zu übertragen, sofern dies für eine sachdienliche Förderung oder schnellere Erledigung der Verfahren zweckmäßig ist. [4]Wird die Freiheitsentziehung auf § 18 gestützt, so ergeht die Entscheidung schriftlich; sie muss die in Absatz 1 Satz 2 Nrn. 1 und 2 bezeichneten Angaben sowie die wesentlichen Gründe enthalten.

(4) [1]Für das gerichtliche Verfahren gelten die §§ 3 bis 48, 58 bis 69 und 76 bis 85 des Gesetzes über das Verfahren in Familiensachen und in den Angelegenheiten der freiwilligen Gerichtsbarkeit (FamFG) entsprechend, soweit dieses Gesetz nichts anderes bestimmt. [2]Gegen eine Entscheidung, durch welche der Antrag der Verwaltungsbehörde oder der Polizei abgelehnt wird, steht dieser die Beschwerde zu. [3]Beschwerdegericht im Sinne der §§ 58 bis 69 FamFG ist das Oberlandesgericht. [4]Entscheidungen des Oberlandesgerichts sind unanfechtbar. [5]Für die Gerichtskosten gelten, soweit durch Rechtsvorschrift nichts anderes bestimmt ist, die Vorschriften des Gesetzes über Kosten der freiwilligen Gerichtsbarkeit für Gerichte und Notare entsprechend.

§ 20 Behandlung festgehaltener Personen

(1) [1]Wird eine Person aufgrund des § 13 Abs. 2 Satz 2, des § 16 Abs. 3 oder des § 18 festgehalten, so ist ihr unverzüglich der Grund bekanntzugeben. [2]Sie ist über die ihr zustehenden Rechtsbehelfe zu belehren.

(2) [1]Der festgehaltenen Person ist unverzüglich Gelegenheit zu geben, eine Person ihrer Wahl zu benachrichtigen und zu ihrer Beratung hinzuzuziehen, soweit dadurch der Zweck oder die Durchführung der Maßnahme nicht gefährdet wird. [2]Die Verwaltungsbehörde oder die Polizei soll die Benachrichtigung übernehmen, wenn die festgehaltene Person dazu nicht in der Lage ist und die Benachrichtigung ihrem mutmaßlichen Willen nicht widerspricht. [3]Ist die festgehaltene Person minderjährig oder ist für sie eine Betreuerin oder ein Betreuer bestellt, so ist unverzüglich diejenige Person zu benachrichtigen, der die Sorge für die Person oder die Betreuung in persönlichen Angelegenheiten obliegt.

(3) Unberührt bleibt die Benachrichtigungspflicht bei einer richterlichen Freiheitsentziehung.

(4) [1]Die festgehaltene Person soll gesondert, insbesondere ohne ihre Einwilligung nicht in demselben Raum mit Straf- oder Untersuchungsgefangenen untergebracht werden. [2]Männer und Frauen sollen getrennt untergebracht werden. [3]Der festgehaltenen Person dürfen nur solche Beschränkungen auferlegt werden, die der Zweck der Freiheitsentziehung oder die Ordnung im Gewahrsam erfordert. [4]Die Polizei kann eine in Gewahrsam genommene Person offen mittels Bildübertragung beobachten, wenn nach ihrem Verhalten oder aufgrund ihres seelischen Zustands die Gefahr von Gewalttätigkeiten gegen Personen oder die Gefahr der Selbsttötung oder der Selbstverletzung besteht und die Beobachtung zur

Abwehr der Gefahr unerlässlich ist. [5]Bei der Beobachtung ist das Schamgefühl der in Gewahrsam genommenen Person zu schonen; die Beobachtung des Toilettenbereichs ist unzulässig.

(5) Wird der Gewahrsam nach § 18 Abs. 1 im Wege der Amtshilfe in einer Justizvollzugsanstalt vollzogen, so gelten die §§ 171, 173 bis 175 und 178 Abs. 2 Satz 1 des Strafvollzugsgesetzes entsprechend.

§ 21 Dauer der Freiheitsbeschränkung oder Freiheitsentziehung

[1]Die festgehaltene Person ist zu entlassen,

1. sobald der Grund für die Maßnahme der Verwaltungsbehörde oder der Polizei weggefallen ist,
2. wenn die Fortdauer der Freiheitsentziehung durch richterliche Entscheidung nach § 19 für unzulässig erklärt wird,
3. in jedem Fall spätestens bis zum Ende des Tages nach dem Ergreifen,

wenn nicht vorher die Fortdauer der Freiheitsentziehung durch richterliche Entscheidung angeordnet ist. [2]In der richterlichen Entscheidung ist die höchstzulässige Dauer der Freiheitsentziehung zu bestimmen; sie darf

1. in den Fällen des § 18 Abs. 1 Nr. 2 Buchst. a bei einer bevorstehenden terroristischen Straftat höchstens 14 Tage,
2. in den Fällen des § 18 Abs. 1 Nr. 2 Buchst. a bei einer sonstigen bevorstehenden Straftat höchstens zehn Tage und
3. in den übrigen Fällen höchstens sechs Tage

betragen. [3]In den Fällen des Satzes 2 Nr. 1 ist eine Verlängerung der Dauer der Freiheitsentziehung durch das Gericht um einmalig höchstens 14 Tage und um weitere einmalig höchstens 7 Tage zulässig. [4]Eine Freiheitsentziehung zum Zweck der Feststellung der Identität soll nicht länger als sechs Stunden dauern.

§ 22 Durchsuchung und Untersuchung von Personen

(1) Die Verwaltungsbehörden und die Polizei können eine Person durchsuchen, wenn

1. sie nach diesem Gesetz oder anderen Rechtsvorschriften festgehalten werden kann,
2. Tatsachen die Annahme rechtfertigen, dass sie Sachen mit sich führt, die sichergestellt werden dürfen,
3. sie sich erkennbar in einem die freie Willensbestimmung ausschließenden Zustand oder sonst in hilfloser Lage befindet,
4. sie an einem in § 13 Abs. 1 Nr. 2 genannten Ort angetroffen wird oder
5. sie in einem Objekt im Sinne des § 13 Abs. 1 Nr. 3 oder in dessen unmittelbarer Nähe angetroffen wird und die weiteren Voraussetzungen dieser Vorschrift erfüllt sind.

(2) Die Verwaltungsbehörden und die Polizei können eine Person, deren Identität nach diesem Gesetz oder anderen Rechtsvorschriften festgestellt werden soll oder die an einer Kontrollstelle (§ 14) angetroffen wird, nach Waffen, anderen gefährlichen Werkzeugen und Explosivmitteln durchsuchen, wenn dies nach den Umständen zum Schutz gegen eine Gefahr für Leib oder Leben erforderlich ist.

(3) Personen dürfen nur von Personen gleichen Geschlechts, Ärztinnen oder Ärzten durchsucht werden; dies gilt nicht, wenn die sofortige Durchsuchung zum Schutz gegen eine Gefahr für Leib oder Leben erforderlich ist.

(4) [1]Eine Person darf durch einen Arzt oder eine Ärztin körperlich untersucht werden, wenn Tatsachen die Annahme rechtfertigen, dass von ihr eine Gefahr für Leib oder Leben einer anderen Person ausgegangen ist, weil es zu einer Übertragung besonders gefährlicher Krankheitserreger (insbesondere Hepatitis-B-Virus, Hepatitis-C-Virus oder Humanes Immundefizienzvirus – HIV) gekommen sein kann, und die Kenntnis des Untersuchungsergebnisses zur Abwehr der Gefahr erforderlich ist. [2]Zu diesem Zweck sind Entnahmen von Blutproben und andere körperliche Eingriffe zulässig, wenn sie von einem Arzt oder einer Ärztin nach den Regeln der ärztlichen Kunst vorgenommen werden, wenn kein Nachteil für die Gesundheit der oder des Betroffenen zu befürchten ist. [3]Maßnahmen nach den Sätzen 1 und 2 werden auf Antrag der Polizei durch das Amtsgericht angeordnet, in dessen Bezirk die Polizeidienststelle ihren Sitz hat. [4]Für das gerichtliche Verfahren gilt § 19 Abs. 4 entsprechend. [5]Bei Gefahr im Verzuge kann die Polizei die Anordnung treffen; in diesem Fall ist die richterliche Bestätigung der Anordnung unverzüglich zu beantragen. [6]Die bei der Blutentnahme oder anderen Eingriffen entnommenen Proben sind nach der Durchführung der Untersuchungen unverzüglich zu vernichten.

[7]Untersuchungsdaten aus Maßnahmen nach den Sätzen 1 und 2 sind unverzüglich zu löschen, wenn sie zu dem in Satz 1 genannten Zweck nicht mehr benötigt werden.

§ 23 Durchsuchung von Sachen

(1) Die Verwaltungsbehörden und die Polizei können eine Sache durchsuchen, wenn

1. sie von einer Person mitgeführt wird, die nach § 22 durchsucht werden darf,
2. Tatsachen die Annahme rechtfertigen, dass sich in ihr eine Person befindet, die
   a) in Gewahrsam genommen werden darf,
   b) widerrechtlich festgehalten wird oder
   c) hilflos ist,
3. Tatsachen die Annahme rechtfertigen, dass sich in ihr eine andere Sache befindet, die sichergestellt werden darf,
4. sie sich an einem in § 13 Abs. 1 Nr. 2 genannten Ort befindet,
5. sie sich in einem Objekt im Sinne des § 13 Abs. 1 Nr. 3 oder in dessen unmittelbarer Nähe befindet und die weiteren Voraussetzungen dieser Vorschrift erfüllt sind oder
6. es sich um ein Land-, Wasser- oder Luftfahrzeug handelt, in dem sich eine Person befindet, deren Identität nach § 13 Abs. 1 Nr. 4 festgestellt werden darf; die Durchsuchung kann sich auch auf die in dem Fahrzeug enthaltenen Sachen erstrecken.

(2) [1]Bei der Durchsuchung von Sachen hat die Person, die die tatsächliche Gewalt innehat, das Recht, anwesend zu sein. [2]Ist sie abwesend, so ist, wenn möglich, ihre Vertretung oder eine andere Person hinzuzuziehen. [3]Der Person, die die tatsächliche Gewalt innehat, ist auf Verlangen eine Bescheinigung über die Durchsuchung und ihren Grund zu erteilen.

§ 24 Betreten und Durchsuchung von Wohnungen

(1) Wohnungen im Sinne dieser Vorschrift sind Wohn- und Nebenräume, Arbeits-, Betriebs- und Geschäftsräume sowie anderes befriedetes Besitztum, das mit diesen Räumen im Zusammenhang steht.

(2) Die Verwaltungsbehörden und die Polizei können eine Wohnung ohne Einwilligung der Inhaberin oder des Inhabers betreten und durchsuchen, wenn

1. Tatsachen die Annahme rechtfertigen, dass sich in ihr eine Person befindet, die nach § 16 Abs. 3 vorgeführt oder nach § 18 in Gewahrsam genommen werden darf,
2. Tatsachen die Annahme rechtfertigen, dass sich in ihr eine Sache befindet, die nach § 26 Nr. 1 sichergestellt werden darf,
3. dies zur Abwehr einer gegenwärtigen Gefahr für Leib, Leben oder Freiheit einer Person oder für Sachen von bedeutendem Wert erforderlich ist oder
4. von der Wohnung Emissionen ausgehen, die nach Art, Ausmaß oder Dauer geeignet sind, die Gesundheit in der Nachbarschaft wohnender Personen zu beschädigen.

(3) Rechtfertigen Tatsachen die Annahme, dass sich in einem Gebäude eine Person befindet, die widerrechtlich festgehalten wird oder hilflos ist und für die dadurch Gefahr für Leib oder Leben besteht, so kann die Verwaltungsbehörde oder die Polizei die in diesem Gebäude befindlichen Wohnungen ohne Einwilligung der Inhaberin oder des Inhabers betreten und durchsuchen, wenn die Gefahr auf andere Weise nicht beseitigt werden kann.

(4) Während der Nachtzeit (§ 104 Abs. 3 der Strafprozessordnung) ist das Betreten und Durchsuchen einer Wohnung nur in den Fällen des Absatzes 2 Nrn. 3 und 4 und in den Fällen des Absatzes 3 zulässig.

(5) Wohnungen dürfen jedoch zur Verhütung des Eintritts erheblicher Gefahren jederzeit betreten werden, wenn Tatsachen die Annahme rechtfertigen, dass dort

1. Personen Straftaten von erheblicher Bedeutung verabreden, vorbereiten oder verüben,
2. sich Personen aufhalten, die gegen aufenthaltsrechtliche Strafvorschriften verstoßen, oder
3. sich Personen verbergen, die wegen Straftaten gesucht werden.

(6) Zum Zweck der Gefahrenabwehr dürfen Arbeits-, Betriebs- und Geschäftsräume, andere der Öffentlichkeit zugängliche Räume sowie befriedetes Besitztum, das mit den genannten Räumen im Zusammenhang steht, während der Arbeits-, Betriebs-, Geschäfts- oder Öffnungszeit sowie in der Zeit, in der sich Beschäftigte oder Publikum dort aufhalten, betreten werden.

§ 25 Verfahren bei der Durchsuchung von Wohnungen

(1) [1]Wohnungen dürfen, außer bei Gefahr im Verzuge, nur aufgrund richterlicher Anordnung durchsucht werden. [2]Zuständig ist das Amtsgericht, in dessen Bezirk die Wohnung liegt. [3]§ 19 Abs. 4 gilt entsprechend.

(2) [1]Bei der Durchsuchung einer Wohnung hat die Person, die die Wohnung innehat, das Recht, anwesend zu sein. [2]Ist sie abwesend, so ist, wenn möglich, eine ihr nahestehende oder bekannte Person hinzuzuziehen.

(3) Der Grund der Durchsuchung ist der Person, die die Wohnung innehat, oder ihrer Vertretung unverzüglich bekanntzugeben, soweit dadurch der Zweck der Maßnahmen nicht gefährdet wird.

(4) [1]Über die Durchsuchung ist eine Niederschrift zu fertigen. [2]Sie muss die verantwortliche Behörde sowie den Grund, die Zeit, den Ort und das Ergebnis der Durchsuchung enthalten. [3]Die Niederschrift ist auch von der Person, die die Wohnung innehat, oder von ihrer Vertretung zu unterzeichnen. [4]Wird die Unterschrift verweigert, so ist hierüber ein Vermerk aufzunehmen. [5]Auf Verlangen ist eine Durchschrift der Niederschrift auszuhändigen.

(5) Ist die Anfertigung der Niederschrift oder die Aushändigung einer Durchschrift nach den besonderen Umständen des Falles nicht möglich oder würde sie den Zweck der Durchsuchung gefährden, so ist der oder dem Betroffenen lediglich die Durchsuchung unter Angabe der verantwortlichen Behörde sowie der Zeit und des Ortes der Durchsuchung schriftlich zu bestätigen.

§ 26 Sicherstellung

Die Verwaltungsbehörden und die Polizei können eine Sache sicherstellen,

1. um eine gegenwärtige Gefahr abzuwehren,
2. um die Eigentümerin oder den Eigentümer oder die Person, die rechtmäßig die tatsächliche Gewalt innehat, vor Verlust oder Beschädigung einer Sache zu schützen oder
3. wenn sie von einer Person mitgeführt wird, die nach diesem Gesetz oder anderen Rechtsvorschriften festgehalten wird, und sie oder ein anderer die Sache verwenden kann, um
   a) sich zu töten oder zu verletzen,
   b) Leben oder Gesundheit anderer zu schädigen,
   c) fremde Sachen zu beschädigen oder
   d) die Flucht zu ermöglichen oder zu erleichtern.

§ 27 Verwahrung

(1) [1]Sichergestellte Sachen sind in Verwahrung zu nehmen. [2]Lässt die Beschaffenheit der Sachen das nicht zu oder erscheint die Verwahrung bei der Verwaltungsbehörde oder der Polizei unzweckmäßig, so sind die Sachen auf andere geeignete Weise aufzubewahren oder zu sichern.

(2) [1]Der Person, bei der eine Sache sichergestellt wird, ist eine Bescheinigung auszustellen, die den Grund der Sicherstellung erkennen lässt und die sichergestellten Sachen bezeichnet. [2]Kann nach den Umständen des Falles eine Bescheinigung nicht ausgestellt werden, so ist über die Sicherstellung eine Niederschrift aufzunehmen, die auch erkennen lässt, warum eine Bescheinigung nicht ausgestellt worden ist. [3]Die Eigentümerin oder der Eigentümer oder die Person, die rechtmäßig die tatsächliche Gewalt innehat, ist unverzüglich über die Sicherstellung zu unterrichten.

§ 28 Verwertung, Vernichtung

(1) Die Verwertung einer sichergestellten Sache ist zulässig, wenn

1. ihr Verderb oder eine wesentliche Wertminderung droht,
2. ihre Verwahrung, Pflege oder Erhaltung mit unverhältnismäßig hohen Kosten oder Schwierigkeiten verbunden ist,
3. sie infolge ihrer Beschaffenheit nicht so verwahrt werden kann, dass weitere Gefahren für die öffentliche Sicherheit ausgeschlossen sind,
4. sie nach einer Frist von einem Jahr nicht an eine berechtigte Person herausgegeben werden kann, ohne dass die Voraussetzungen der Sicherstellung erneut eintreten würden, oder
5. die berechtigte Person sie nicht innerhalb einer ihr gesetzten angemessenen Frist abholt; die Fristsetzung ist zuzustellen und muss den Hinweis enthalten, dass die Sache nach fruchtlosem Ablauf der Frist verwertet werde.

(2) [1]Personen, denen ein Recht an der Sache zusteht, sollen vor der Verwertung gehört werden. [2]Die Anordnung sowie die Zeit und der Ort der Verwertung sind ihnen mitzuteilen, soweit die Umstände und der Zweck der Maßnahmen es erlauben.

(3) [1]Die Sache wird durch öffentliche Versteigerung verwertet. [2]§ 979 des Bürgerlichen Gesetzbuches gilt entsprechend. [3]Bleibt die Versteigerung erfolglos, erscheint sie von vornherein aussichtslos oder würden die Kosten der Versteigerung voraussichtlich den zu erwartenden Erlös übersteigen, so kann die Sache freihändig verkauft werden. [4]Kann die Sache innerhalb angemessener Frist nicht verwertet werden, so darf sie einem gemeinnützigen Zweck zugeführt werden.

(4) [1]Sichergestellte Sachen können unbrauchbar gemacht, eingezogen oder vernichtet werden, wenn

1. im Fall einer Verwertung die Gründe, die zu ihrer Sicherstellung berechtigen, fortbestehen oder Sicherstellungsgründe erneut entstehen würden oder
2. die Verwertung aus anderen Gründen nicht möglich ist.

[2]Absatz 2 gilt sinngemäß.

§ 29 Herausgabe sichergestellter Sachen oder des Erlöses; Kosten

(1) [1]Sobald die Voraussetzungen für die Sicherstellung weggefallen sind, sind die Sachen an diejenige Person herauszugeben, bei der sie sichergestellt worden sind. [2]Ist die Herausgabe an sie nicht möglich, so können die Sachen an eine andere Person herausgegeben werden, die ihre Berechtigung glaubhaft macht. [3]Die Herausgabe ist ausgeschlossen, wenn dadurch erneut die Voraussetzungen für eine Sicherstellung eintreten würden.

(2) [1]Sind die Sachen verwertet worden, so ist der Erlös herauszugeben. [2]Ist eine berechtigte Person nicht vorhanden oder nicht zu ermitteln, so ist der Erlös nach den Vorschriften des Bürgerlichen Gesetzbuchs zu hinterlegen. [3]Der Anspruch auf Herausgabe des Erlöses erlischt drei Jahre nach Ablauf des Jahres, in dem die Sache verwertet worden ist.

(3) [1]Die Kosten der Sicherstellung fallen den nach § 6 oder 7 Verantwortlichen zur Last. [2]Mehrere Verantwortliche haften gesamtschuldnerisch. [3]Die Herausgabe der Sache kann von der Zahlung der Kosten abhängig gemacht werden. [4]Ist eine Sache verwertet worden, so können die Kosten aus dem Erlös gedeckt werden. [5]Die Kosten können im Verwaltungszwangsverfahren beigetrieben werden.

(4) § 983 des Bürgerlichen Gesetzbuches bleibt unberührt.

2. Abschnitt
Befugnisse zur Datenverarbeitung

§ 30 Grundsätze der Datenerhebung

(1) [1]Personenbezogene Daten sind bei der betroffenen Person mit ihrer Kenntnis zu erheben. [2]Bei einer oder einem Dritten dürfen personenbezogene Daten nur erhoben werden, wenn

1. eine Rechtsvorschrift dies zulässt,
2. Angaben der betroffenen Person überprüft werden müssen,
3. offensichtlich ist, dass die Erhebung im Interesse der betroffenen Person liegt und sie einwilligen würde,
4. die Daten aus allgemein zugänglichen Quellen entnommen werden können,
5. die Erhebung bei der betroffenen Person einen unverhältnismäßigen Aufwand erfordern würde und keine Anhaltspunkte dafür bestehen, dass überwiegende schutzwürdige Interessen der betroffenen Person beeinträchtigt werden,
6. die Erhebung bei der betroffenen Person die Erfüllung der Aufgaben gefährden oder wesentlich erschweren würde oder
7. es zur Abwehr einer schwerwiegenden Beeinträchtigung der Rechte einer anderen Person erforderlich ist.

[3]Betroffene oder Dritte sind auf Verlangen auf die Rechtsgrundlage der Datenerhebung hinzuweisen.

(2) [1]Personenbezogene Daten sind offen zu erheben. [2]Eine Datenerhebung, die nicht als Maßnahme der Gefahrenabwehr erkennbar sein soll (verdeckte Datenerhebung), ist nur zulässig

1. in den Fällen des § 32 Abs. 2 und 5,
2. in den Fällen der §§ 33a bis 37 (besondere Mittel oder Methoden),
3. in den Fällen des § 37a,

4. wenn andernfalls die Aufgabenerfüllung erheblich gefährdet würde oder
5. wenn dies dem Interesse der betroffenen Person entspricht.

[3]Daten dürfen nur durch die Polizei verdeckt erhoben werden. [4]Sie darf keine Mittel einsetzen oder Methoden anwenden, die nach Art oder Schwere des Eingriffs den besonderen Mitteln oder Methoden vergleichbar sind.

(3) Zur Durchführung verdeckter Datenerhebungen oder zur Abwehr von Gefahren für Leib, Leben oder Freiheit einer Zeugin oder eines Zeugen oder einer Angehörigen oder eines Angehörigen der Zeugin oder des Zeugen können geeignete Urkunden hergestellt, beschafft und verwendet sowie erforderliche Eintragungen in Register, Bücher oder Dateien vorgenommen werden.

(4) [1]Über die Erhebung personenbezogener Daten mit besonderen Mitteln oder Methoden oder mittels verdeckt angefertigter Aufzeichnungen nach § 32 Abs. 2 ist die betroffene Person nach Beendigung der Maßnahme zu unterrichten; dies gilt nicht für Auskunftsverlangen zu einfachen Bestandsdaten (§ 33c Abs. 2 Satz 1 Nr. 1). [2]Über eine Maßnahme nach § 37a ist die betroffene Person zu unterrichten, gegen die nach Auswertung der Daten weitere Maßnahmen getroffen wurden. [3]Die betroffene Person ist mit der Unterrichtung auf die Rechtsgrundlage der Datenverarbeitung und das Auskunftsrecht nach Artikel 15 der Datenschutz-Grundverordnung und § 9 des Niedersächsischen Datenschutzgesetzes oder im Anwendungsbereich des § 23 des Niedersächsischen Datenschutzgesetzes das Auskunftsrecht nach § 51 des Niedersächsischen Datenschutzgesetzes sowie auf das Recht der Beschwerde gegen eine richterliche Anordnung einschließlich der hierfür geltenden Frist hinzuweisen. [4]Die Sätze 1 bis 3 gelten nicht, wenn zur Durchführung der Unterrichtung in unverhältnismäßiger Weise weitere Daten der betroffenen Person erhoben werden müssten.

(5) [1]Die Unterrichtung nach Absatz 4 wird zurückgestellt, solange
1. eine Gefährdung des Zwecks der Maßnahme nicht ausgeschlossen werden kann,
2. Zwecke der Verfolgung einer Straftat entgegenstehen,
3. durch das Bekanntwerden der Datenerhebung Leib, Leben, Freiheit oder ähnlich schutzwürdige Belange einer Person gefährdet werden,
4. ihr überwiegende schutzwürdige Belange einer anderen betroffenen Person entgegenstehen oder
5. durch das Bekanntwerden der Datenerhebung der weitere Einsatz einer in § 36 oder § 36a genannten Person gefährdet wird und deshalb die Interessen der betroffenen Person zurücktreten müssen.

[2]Soll die Unterrichtung über eine Maßnahme, die richterlich anzuordnen war, nach Ablauf von einem Jahr weiter zurückgestellt werden, so entscheidet das Gericht, das die Maßnahme angeordnet oder bestätigt hat. [3]Die weitere Zurückstellung nach Satz 2 ist auf höchstens ein Jahr zu befristen; sie kann um jeweils höchstens ein weiteres Jahr verlängert werden. [4]Bei Maßnahmen nach den §§ 33d und 35a betragen die Fristen nach den Sätzen 2 und 3 jeweils sechs Monate. [5]In den Fällen des Satzes 1 Nrn. 3 bis 5 kann das Gericht eine längere Frist bestimmen, wenn davon auszugehen ist, dass die Voraussetzungen für die weitere Zurückstellung während der längeren Frist nicht entfallen werden; dies gilt nicht bei Maßnahmen nach den §§ 33d und 35a. [6]Lehnt das Gericht die weitere Zurückstellung ab oder entfällt zwischenzeitlich der Grund für die Zurückstellung oder die weitere Zurückstellung, so ist die Unterrichtung unverzüglich von der Polizei vorzunehmen. [7]Für das gerichtliche Verfahren gilt § 19 Abs. 4 entsprechend.

(6) [1]Die Zurückstellung der Unterrichtung über eine Maßnahme, die nicht richterlich anzuordnen war, ist nach Ablauf von zwei Jahren unter Angabe des Grundes und der voraussichtlichen Dauer der oder dem Landesbeauftragten für den Datenschutz mitzuteilen. [2]Eine Mitteilung ist erneut erforderlich, wenn die angegebene Dauer der Zurückstellung überschritten wird.

(7) [1]Die Polizei kann mit Zustimmung des Gerichts, das die Maßnahme angeordnet oder bestätigt hat, endgültig von einer Unterrichtung nach Absatz 4 absehen, wenn
1. die Voraussetzungen der Zurückstellung auch fünf Jahre nach Beendigung der Maßnahme noch nicht entfallen sind,
2. die Voraussetzungen der Zurückstellung mit an Sicherheit grenzender Wahrscheinlichkeit auch in Zukunft nicht entfallen werden und
3. die Voraussetzungen für eine Löschung der Daten vorliegen.

[2]Wurde die Maßnahme nicht von einem Gericht angeordnet oder bestätigt, so ist die Zustimmung des Amtsgerichts einzuholen, in dessen Bezirk die Polizeidienststelle ihren Sitz hat. [3]Für das gerichtliche Verfahren gilt § 19 Abs. 4 entsprechend.

§ 31 Datenerhebung

(1) [1]Die Polizei kann über jede Person Daten erheben, soweit dies zur Abwehr einer Gefahr oder zur Wahrnehmung einer Aufgabe nach § 1 Abs. 4 oder 5 erforderlich ist. [2]Satz 1 gilt entsprechend, wenn Verwaltungsbehörden zur Abwehr einer Gefahr tätig werden.

(2) Die Polizei darf, wenn dies zur Verhütung von Straftaten erforderlich ist, über Absatz 1 hinaus Daten erheben über

1. Personen, bei denen Tatsachen die Annahme rechtfertigen, dass sie künftig Straftaten begehen werden,
2. Kontakt- oder Begleitpersonen,
3. Personen, bei denen Tatsachen die Annahme rechtfertigen, dass sie Opfer von Straftaten werden,
4. Personen, die sich im engen räumlichen Umfeld einer Person aufhalten, die aufgrund ihrer beruflichen Tätigkeit oder ihrer Stellung in der Öffentlichkeit besonders gefährdet erscheint, soweit dies zum Schutz von Leib, Leben oder Freiheit der gefährdeten Person erforderlich ist, und
5. Zeuginnen oder Zeugen, Hinweisgeberinnen oder Hinweisgeber oder sonstige Auskunftspersonen, die dazu beitragen können, den Sachverhalt aufzuklären.

(3) [1]Die Verwaltungsbehörden und die Polizei können über

1. Personen, deren Kenntnisse oder Fähigkeiten zur Gefahrenabwehr benötigt werden,
2. Verantwortliche für Anlagen oder Einrichtungen, von denen eine erhebliche Gefahr ausgehen kann,
3. Verantwortliche für gefährdete Anlagen oder Einrichtungen,
4. Verantwortliche für Veranstaltungen in der Öffentlichkeit, die nicht dem Niedersächsischen Versammlungsgesetz unterliegen,

die für die Erreichbarkeit der vorgenannten Personen und deren Zuordnung zu den in den Nummern 1 bis 4 genannten Personengruppen erforderlichen Daten aus allgemein zugänglichen Quellen, bei öffentlichen Stellen oder aufgrund freiwilliger Angaben der betroffenen Person erheben, soweit dies zur Vorbereitung auf die Abwehr künftiger Gefahren erforderlich ist. [2]Eine verdeckte Datenerhebung ist nicht zulässig.

(4) [1]Die Verwaltungsbehörden und die Polizei können über eine Person Daten erheben, wenn diese in die Datenerhebung nach § 33 des Niedersächsischen Datenschutzgesetzes eingewilligt hat. [2]Die Person muss bei Erteilung der Einwilligung eine echte Wahlfreiheit haben und darf nicht aufgefordert oder angewiesen werden, einer rechtlichen Verpflichtung nachzukommen. [3]Die Person ist auf die Freiwilligkeit hinzuweisen.

§ 31a Schutz zeugnisverweigerungsberechtigter Personen

(1) [1]Eine Maßnahme nach diesem Gesetz, die sich gegen eine in § 53 Abs. 1 Satz 1 Nr. 1, 2 oder 4 der Strafprozessordnung genannte Person, einen Rechtsanwalt, eine nach § 206 der Bundesrechtsanwaltsordnung in eine Rechtsanwaltskammer aufgenommene Person oder einen Kammerrechtsbeistand richtet und durch die voraussichtlich Daten erhoben würden, über die diese Person das Zeugnis verweigern dürfte, ist unzulässig. [2]Dennoch erhobene Daten dürfen nicht gespeichert, verändert, genutzt oder übermittelt werden; sie sind unverzüglich zu löschen. [3]Die Tatsache ihrer Erhebung und Löschung ist zu dokumentieren. [4]Die in der Dokumentation enthaltenen Daten dürfen ausschließlich zur Datenschutzkontrolle verwendet werden. [5]Sie sind zu löschen, wenn seit einer Unterrichtung nach § 30 Abs. 4 ein Jahr vergangen ist oder es einer Unterrichtung gemäß § 30 Abs. 7 endgültig nicht bedarf, frühestens jedoch zwei Jahre nach der Dokumentation; unterfällt die Maßnahme nicht der Unterrichtungspflicht nach § 30 Abs. 4, so sind die in der Dokumentation enthaltenen Daten zwei Jahre nach der Dokumentation zu löschen. [6]Die Löschung nach Satz 5 unterbleibt, wenn die oder der Landesbeauftragte für den Datenschutz anzeigt, dass die Daten zur Erfüllung ihrer oder seiner Aufgaben weiterhin benötigt werden. [7]Die Sätze 2 bis 6 gelten entsprechend, wenn durch eine Maßnahme nach diesem Gesetz, die sich nicht gegen eine in Satz 1 genannte Person richtet, Daten einer dort genannten Person erhoben werden, über die sie das Zeugnis verweigern dürfte.

(2) [1]Soweit sich eine Maßnahme nach diesem Gesetz gegen eine in § 53 Abs. 1 Satz 1 Nr. 3 der Strafprozessordnung genannte Person, die nicht unter Absatz 1 fällt, oder eine in § 53 Abs. 1 Nr. 3a, 3b oder 5 der Strafprozessordnung genannte Person richtet und dadurch voraussichtlich Daten erhoben würden, über die diese Person das Zeugnis verweigern dürfte, ist dies im Rahmen der Prüfung der Verhältnismäßigkeit unter Würdigung des öffentlichen Interesses an den von dieser Person wahrgenommenen Aufgaben und des Interesses an der Geheimhaltung der dieser Person anvertrauten oder bekannt gewordenen Tatsachen besonders zu berücksichtigen. [2]Soweit hiernach geboten, ist die Datenerhebung zu unterlassen oder, soweit dies nach der Art der Maßnahme möglich ist, zu beschränken. [3]Für entgegen Satz 2 erhobene Daten gilt Absatz 1 Sätze 2 bis 6 entsprechend.

(3) Soweit eine in § 53a der Strafprozessordnung genannte Person einer in Absatz 1 oder 2 genannten zeugnisverweigerungsberechtigten Person gleichsteht und das Zeugnis verweigern dürfte, gilt Absatz 1 oder 2 entsprechend.

(4) Die Absätze 1 bis 3 gelten nicht, sofern Tatsachen die Annahme rechtfertigen, dass die zeugnisverweigerungsberechtigte Person für die Gefahr verantwortlich ist.

§ 32 Datenerhebung durch den Einsatz technischer Mittel bei öffentlichen Veranstaltungen und im öffentlichen Raum

(1) [1]Die Polizei kann eine Person, bei der Tatsachen die Annahme rechtfertigen, dass sie bei oder im Zusammenhang mit einer öffentlichen Veranstaltung oder Ansammlung, die nicht dem Niedersächsischen Versammlungsgesetz unterliegt, eine Straftat oder nicht geringfügige Ordnungswidrigkeit begehen wird, bei oder im Zusammenhang mit dieser Veranstaltung oder Ansammlung mittels Bildübertragung offen beobachten, um die Straftat oder Ordnungswidrigkeit zu verhüten, und von dieser Person zu diesem Zweck Bild- und Tonaufzeichnungen (Aufzeichnungen) offen anfertigen. [2]Die Maßnahme darf auch durchgeführt werden, wenn Dritte unvermeidbar betroffen werden. [3]Die Maßnahme ist kenntlich zu machen.

(2) Eine verdeckte Anfertigung von Aufzeichnungen ist nur zulässig, wenn die offene Anfertigung dazu führen kann, dass die Straftaten an anderer Stelle, zu anderer Zeit oder in anderer Weise begangen werden.

(3) [1]Die Verwaltungsbehörden und die Polizei dürfen öffentliche Straßen und Plätze sowie andere öffentlich zugängliche Orte mittels Bildübertragung offen beobachten,

1. wenn dort wiederholt Straftaten oder nicht geringfügige Ordnungswidrigkeiten begangen wurden und die Beobachtung zur Verhütung entsprechender Straftaten oder Ordnungswidrigkeiten erforderlich ist,
2. wenn Tatsachen die Annahme rechtfertigen, dass im zeitlichen und örtlichen Zusammenhang mit einer Veranstaltung oder einem sonstigen Ereignis eine Straftat oder nicht geringfügige Ordnungswidrigkeit begangen wird, und die Beobachtung im zeitlichen und örtlichen Zusammenhang mit diesem Ereignis zur Verhütung dieser Straftat oder Ordnungswidrigkeit erforderlich ist,
3. wenn dies erforderlich ist, um im zeitlichen und örtlichen Zusammenhang mit einer Veranstaltung oder einem sonstigen Ereignis künftige Gefahren für Leib oder Leben abzuwehren, oder
4. wenn dies an einem der in § 13 Abs. 1 Nr. 3 genannten gefährdeten Objekte zur Erfüllung von Aufgaben nach § 1 Abs. 1 erforderlich ist.

[2]Die Beobachtung ist kenntlich zu machen. [3]Die nach Satz 1 Nr. 1 oder 2 übertragenen Bilder kann die Polizei aufzeichnen, wenn Tatsachen die Annahme rechtfertigen, dass an den beobachteten öffentlich zugänglichen Orten oder in deren unmittelbarer Umgebung künftig Straftaten begangen werden, und die Aufzeichnung zur Verhütung dieser Straftaten erforderlich ist. [4]Die nach Satz 1 Nr. 4 an einem der in § 13 Abs. 1 Nr. 3 genannten gefährdeten Objekte übertragenen Bilder kann die Polizei aufzeichnen, wenn tatsächliche Anhaltspunkte die Annahme rechtfertigen, dass an oder in Objekten dieser Art terroristische Straftaten begangen werden sollen, und die Aufzeichnung zur Verhütung dieser Straftaten erforderlich ist. [5]Aufzeichnungen nach den Sätzen 3 und 4 sind unverzüglich, spätestens jedoch nach sechs Wochen zu löschen, soweit sie nicht zur Verfolgung einer Straftat erforderlich oder zur Behebung einer Beweisnot unerlässlich sind. [6]Die §§ 12 und 17 des Niedersächsischen Versammlungsgesetzes bleiben unberührt.

(4) [1]Die Polizei kann bei der Durchführung von Maßnahmen zur Gefahrenabwehr oder von Maßnahmen zur Verfolgung von Straftaten oder Ordnungswidrigkeiten auf öffentlichen Straßen oder Plätzen oder an anderen öffentlich zugänglichen Orten durch den Einsatz technischer Mittel, insbesondere am

Körper getragener Bild- und Tonaufzeichnungsgeräte, Aufzeichnungen offen anfertigen, wenn Tatsachen die Annahme rechtfertigen, dass dies zum Schutz von Polizeibeamtinnen und Polizeibeamten oder Dritten gegen eine Gefahr für Leib oder Leben erforderlich ist. [2]Die Maßnahme darf auch durchgeführt werden, wenn Dritte unvermeidbar betroffen werden. [3]Der Einsatz der technischen Mittel ist kenntlich zu machen. [4]Die am Körper getragenen Bild- und Tonaufzeichnungsgeräte nach Satz 1 dürfen auch im Bereitschaftsbetrieb Aufzeichnungen anfertigen. [5]Aufzeichnungen nach Satz 4 sind automatisch nach höchstens 30 Sekunden zu löschen, es sei denn, es beginnen in dieser Zeitspanne Aufzeichnungen nach Satz 1. [6]In diesem Fall werden die Aufzeichnungen nach Satz 4 erst gemeinsam mit den Aufzeichnungen nach Satz 1 gelöscht. [7]Aufzeichnungen nach Satz 1 sind unverzüglich, spätestens jedoch nach sechs Wochen zu löschen, soweit sie nicht zur Verfolgung einer Straftat erforderlich oder zur Behebung einer Beweisnot unerlässlich sind. [8]Die §§ 12 und 17 des Niedersächsischen Versammlungsgesetzes bleiben unberührt.

(5) [1]Die Verwaltungsbehörden und die Polizei dürfen den öffentlichen Verkehrsraum mittels Bildübertragung offen beobachten, soweit dies zur Lenkung und Leitung des Straßenverkehrs erforderlich ist und Bestimmungen des Straßenverkehrsrechts nicht entgegenstehen. [2]Die Bildübertragung ist kenntlich zu machen.

(6) [1]Die Verwaltungsbehörden und die Polizei dürfen im öffentlichen Verkehrsraum zur Verhütung der Überschreitung der zulässigen Höchstgeschwindigkeit von Kraftfahrzeugen nach Maßgabe des Satzes 2 Bildaufzeichnungen offen anfertigen und damit auf einer festgelegten Wegstrecke die Durchschnittsgeschwindigkeit eines Kraftfahrzeugs ermitteln (Abschnittskontrolle). [2]Die Bildaufzeichnungen dürfen nur das Kraftfahrzeugkennzeichen, das Kraftfahrzeug und seine Fahrtrichtung sowie Zeit und Ort erfassen; es ist technisch sicherzustellen, dass Insassen nicht zu sehen sind oder sichtbar gemacht werden können. [3]Bei Kraftfahrzeugen, bei denen nach Feststellung der Durchschnittsgeschwindigkeit keine Überschreitung der zulässigen Höchstgeschwindigkeit vorliegt, sind die nach Satz 2 erhobenen Daten sofort automatisch zu löschen. [4]Die Abschnittskontrolle ist kenntlich zu machen.

§ 32a Einsatz von automatisierten Kennzeichenlesesystemen

(1) [1]Die Polizei kann technische Mittel zur Erfassung und zum Abgleich von Kraftfahrzeugkennzeichen (automatisierte Kennzeichenlesesysteme) einsetzen

1. zur Abwehr einer erheblichen Gefahr,
2. auf der Grundlage polizeilicher Lageerkenntnisse zur Verhütung von Straftaten von erheblicher Bedeutung mit Grenzbezug
   a) im öffentlichen Verkehrsraum bis zu einer Tiefe von 30 km ab der Landesgrenze zu den Niederlanden,
   b) auf Bundesfernstraßen und
   c) in öffentlichen Einrichtungen des internationalen Verkehrs,
3. an einem in § 13 Abs. 1 Nr. 2 Buchst. a genannten Ort zur Verhütung der dort genannten Straftaten,
4. in unmittelbarer Nähe der in § 13 Abs. 1 Nr. 3 genannten gefährdeten Objekte zu deren Schutz oder zum Schutz der sich dort befindenden Personen, wenn Tatsachen die Annahme rechtfertigen, dass in oder an Objekten dieser Art Straftaten begangen werden sollen, und der Einsatz aufgrund der Gefährdungslage erforderlich ist,
5. an einer Kontrollstelle nach § 14 Abs. 1 zur Verhütung der in § 14 Abs. 1 Nrn. 1 und 4 genannten Straftaten oder
6. zur Verhinderung des weiteren Gebrauchs von Kraftfahrzeugen ohne ausreichenden Pflichtversicherungsschutz.

[2]Dabei dürfen auch Zeit und Ort der Bildaufzeichnung erfasst und eine Bildaufzeichnung des Fahrzeuges angefertigt werden, wenn technisch ausgeschlossen ist, dass Insassen zu sehen sind oder sichtbar gemacht werden können. [3]Automatisierte Kennzeichenlesesysteme dürfen nur vorübergehend und nicht flächendeckend eingesetzt werden. [4]Der Einsatz darf nicht die Wirkung von Grenzübertrittskontrollen haben. [5]Der Einsatz des automatisierten Kennzeichenlesesystems nach Satz 1 Nr. 6 ist auf Stichproben zu begrenzen.

(2) [1]Der Kennzeichenabgleich ist sofort automatisiert durchzuführen. [2]Zum Abgleich herangezogen werden dürfen polizeiliche Fahndungsbestände, die erstellt wurden über

1. Kraftfahrzeuge oder Kennzeichen, die durch Straftaten oder sonst abhandengekommen sind,
2. Personen, die ausgeschrieben sind

a) zur polizeilichen Beobachtung, gezielten Kontrolle oder verdeckten Registrierung,
b) aus Gründen der Strafverfolgung, Strafvollstreckung, Auslieferung oder Überstellung,
c) zum Zweck der Durchführung ausländerrechtlicher Maßnahmen,
d) wegen gegen sie veranlasster polizeilicher Maßnahmen der Gefahrenabwehr,

3. Kraftfahrzeuge ohne ausreichenden Pflichtversicherungsschutz.

[3]Der Abgleich ist auf diejenigen Fahndungsbestände zu beschränken, deren Heranziehung zu dem in Absatz 1 genannten Zweck erforderlich ist, der durch die Maßnahme erreicht werden soll. [4]Ein Abgleich mit einer anderen polizeilichen Datei ist nur im Rahmen der Zweckbestimmung dieser Datei zulässig; im Übrigen gilt Satz 3 entsprechend.

(3) [1]Ergibt der Datenabgleich keine Übereinstimmung, so sind die nach Absatz 1 Sätze 1 und 2 erhobenen Daten sofort automatisiert zu löschen. [2]Gespeicherte Daten dürfen außer im Fall einer Ausschreibung zur polizeilichen Beobachtung (§ 37) nicht zu einem Bewegungsbild verbunden werden.

(4) [1]Der Einsatz des automatisierten Kennzeichenlesesystems ist offen durchzuführen und kenntlich zu machen. [2]Eine verdeckte Datenerhebung ist nur zulässig, wenn durch eine offene Datenerhebung der Zweck der Maßnahme gefährdet würde.

(5) [1]Der Einsatz des automatisierten Kennzeichenlesesystems bedarf der schriftlichen Anordnung. [2]In der Anordnung sind Zweck, Ort, Umfang und Dauer des Einsatzes, die zum Abgleich heranzuziehenden Fahndungsbestände oder anderen polizeilichen Dateien und die wesentlichen Gründe anzugeben. [3]Bei Gefahr im Verzug sind die Angaben nach Satz 2 unverzüglich nachträglich zu dokumentieren.

§ 33 Schutz des Kernbereichs privater Lebensgestaltung

(1) [1]Eine Datenerhebung mit besonderen Mitteln oder Methoden (§ 30 Abs. 2 Satz 2 Nr. 2) darf nicht angeordnet werden, wenn tatsächliche Anhaltspunkte dafür vorliegen, dass dadurch nicht nur zufällig Daten erhoben werden, die dem Kernbereich privater Lebensgestaltung zuzurechnen sind. [2]Bei einer Maßnahme nach § 35a liegen solche tatsächlichen Anhaltspunkte in der Regel vor, wenn in den zu überwachenden Räumlichkeiten Gespräche der betroffenen Personen mit Personen ihres besonderen persönlichen Vertrauens zu erwarten sind. [3]Bei einer Maßnahme nach § 33d ist soweit möglich technisch sicherzustellen, dass Daten, die den Kernbereich privater Lebensgestaltung betreffen, nicht erhoben werden.

(2) [1]Wenn sich erst während einer bereits laufenden, nicht nur automatisierten Datenerhebung tatsächliche Anhaltspunkte dafür ergeben, dass bei ihrer Fortsetzung Daten aus dem Kernbereich privater Lebensgestaltung erhoben werden, so ist die Datenerhebung unverzüglich zu unterbrechen, soweit dies informationstechnisch möglich ist, in den Fällen der §§ 36 und 36a jedoch erst, sobald dies ohne Gefährdung der Vertrauensperson, der verdeckten Ermittlerin oder des verdeckten Ermittlers möglich ist. [2]Bestehen Zweifel, ob tatsächliche Anhaltspunkte nach Satz 1 vorliegen, so darf die Maßnahme nur noch als automatische Aufzeichnung fortgesetzt werden. [3]Eine nach Satz 1 unterbrochene Maßnahme darf unter den Voraussetzungen des Absatzes 1 fortgesetzt werden.

(3) [1]Die durch Maßnahmen nach § 33d und 35a erhobenen Daten sowie nach Absatz 2 Satz 2 angefertigte automatische Aufzeichnungen sind dem anordnenden Gericht unverzüglich vor Kenntnisnahme durch die Polizei zur Entscheidung darüber vorzulegen, ob diese Daten dem Kernbereich privater Lebensgestaltung zuzurechnen sind. [2]Bestehen bei sonstigen Datenerhebungen mit besonderen Mitteln oder Methoden Zweifel, ob Daten dem Kernbereich privater Lebensgestaltung zuzurechnen sind, so sind diese der Dienststellenleitung zur Entscheidung über die Zurechnung vorzulegen.

(4) [1]Bei Gefahr im Verzug kann die Dienststellenleitung in den Fällen des Absatzes 3 Satz 1 vorläufig darüber entscheiden, ob erhobene Daten dem Kernbereich privater Lebensgestaltung zuzurechnen sind. [2]Die richterliche Bestätigung der Zurechnung ist unverzüglich zu beantragen. [3]Wird die Bestätigung abgelehnt oder erfolgt sie nicht spätestens mit Ablauf des dritten Tages nach der Entscheidung nach Satz 1, so tritt diese außer Kraft. [4]In diesem Fall sind die betroffenen Daten dem Kernbereich privater Lebensgestaltung zuzurechnen.

(5) [1]Daten, die mit besonderen Mitteln oder Methoden erhoben wurden und dem Kernbereich privater Lebensgestaltung zuzurechnen sind, dürfen nicht gespeichert, verändert, genutzt oder übermittelt werden; sie sind unverzüglich zu löschen. [2]Die Tatsache, dass Daten aus dem Kernbereich privater Lebensgestaltung erhoben wurden, und die Löschung dieser Daten sind zu dokumentieren. [3]Die in der Dokumentation enthaltenen Daten dürfen ausschließlich zur Datenschutzkontrolle verwendet werden. [4]Sie sind zu löschen, wenn seit einer Unterrichtung nach § 30 Abs. 4 ein Jahr vergangen ist oder es

einer Unterrichtung gemäß § 30 Abs. 7 endgültig nicht bedarf, frühestens jedoch zwei Jahre nach der Dokumentation, es sei denn, die oder der Landesbeauftragte für den Datenschutz zeigt an, dass die Daten zur Erfüllung ihrer oder seiner Aufgaben weiterhin benötigt werden. [5]Sind in den Fällen des Absatzes 4 Satz 1 bereits Daten übermittelt worden, die gemäß Absatz 4 Sätze 2 bis 4 dem Kernbereich privater Lebensführung zuzurechnen sind, so ist die empfangende Stelle über die Zugehörigkeit zum Kernbereich zu unterrichten.

§ 33a Datenerhebung durch Überwachung der Telekommunikation

(1) Die Polizei kann personenbezogene Daten durch Überwachung und Aufzeichnung der Telekommunikation erheben über

1. eine in § 6 oder § 7 genannte Person zur Abwehr einer dringenden Gefahr,
2. eine Person, bei der Tatsachen die Annahme rechtfertigen, dass sie innerhalb eines übersehbaren Zeitraums auf eine zumindest ihrer Art nach konkretisierte Weise eine terroristische Straftat oder eine schwere organisierte Gewalttat begehen wird,
3. eine Person, deren individuelles Verhalten die konkrete Wahrscheinlichkeit begründet, dass sie innerhalb eines übersehbaren Zeitraums eine terroristische Straftat begehen wird,
4. eine Person, bei der Tatsachen die Annahme rechtfertigen, dass sie für eine Person nach Nummer 1 bestimmte oder von dieser herrührende Mitteilungen entgegennimmt oder weitergibt, oder
5. eine Person, bei der Tatsachen die Annahme rechtfertigen, dass eine Person nach Nummer 1 deren Telekommunikationsanschluss oder Endgerät benutzen wird,

wenn dies zur Abwehr der Gefahr oder zur Verhütung der Straftat unerlässlich ist.

(2) Die Überwachung und Aufzeichnung der Telekommunikation kann in der Weise erfolgen, dass mit technischen Mitteln in von der betroffenen Person genutzte informationstechnische Systeme eingegriffen wird, wenn

1. technisch sichergestellt ist, dass ausschließlich laufende Telekommunikation überwacht und aufgezeichnet wird, und
2. eine Maßnahme nach Absatz 1 nicht ausreichend ist, um die Überwachung und Aufzeichnung der Telekommunikation in unverschlüsselter Form zu gewährleisten.

(3) [1]Bei Eingriffen nach Absatz 2 ist technisch sicherzustellen, dass

1. an dem informationstechnischen System nur Veränderungen vorgenommen werden, die für die Datenerhebung unerlässlich sind, und
2. die vorgenommenen Veränderungen bei Beendigung der Maßnahme soweit technisch möglich automatisiert rückgängig gemacht werden.

[2]Das eingesetzte Mittel ist nach dem Stand der Technik gegen unbefugte Nutzung zu schützen. [3]Die überwachte und aufgezeichnete Telekommunikation ist nach dem Stand der Technik gegen Veränderung, unbefugte Löschung und unbefugte Kenntnisnahme zu schützen.

(4) Maßnahmen nach den Absätzen 1 und 2 dürfen auch durchgeführt werden, wenn Dritte unvermeidbar betroffen werden.

(5) [1]Maßnahmen nach den Absätzen 1 und 2 bedürfen der Anordnung durch das Amtsgericht, in dessen Bezirk die Polizeidienststelle ihren Sitz hat. [2]Im Antrag der Polizei sind anzugeben:

1. die betroffene Person mit Name und Anschrift,
2. die Rufnummer oder eine andere Kennung des zu überwachenden Anschlusses oder des Endgeräts, sofern sich nicht aus Tatsachen ergibt, dass diese zugleich einem anderen Endgerät zugeordnet ist,
3. Art, Umfang und Dauer der Maßnahme unter Benennung des Endzeitpunktes,
4. im Fall des Absatzes 2 auch eine möglichst genaue Bezeichnung des informationstechnischen Systems, in das zur Datenerhebung eingegriffen werden soll,
5. der Sachverhalt, im Fall des Absatzes 1 Nr. 4 oder 5 auch die Tatsachen, aus denen sich die besondere Gefahrennähe der betroffenen Person ergibt, und
6. eine Begründung.

[3]Die Anordnung ergeht schriftlich. [4]Sie muss die in Satz 2 Nrn. 1 bis 4 bezeichneten Angaben sowie die wesentlichen Gründe enthalten. [5]Die Anordnung ist auf höchstens drei Monate zu befristen. [6]Verlängerungen um jeweils höchstens drei Monate sind zulässig, wenn die Voraussetzungen der Anordnung unter Berücksichtigung der gewonnenen Erkenntnisse weiterhin erfüllt sind; die Sätze 2 bis 4 gelten entsprechend. [7]Liegen die Voraussetzungen der Anordnung nicht mehr vor, so ist die Maß-

nahme unverzüglich zu beenden. [8]Für das gerichtliche Verfahren gilt § 19 Abs. 4 entsprechend. [9]Die Monatsfrist für die Einlegung der Beschwerde beginnt mit Zugang der Unterrichtung nach § 30 Abs. 4.

(6) [1]Bei Gefahr im Verzug kann die Polizei die Anordnung treffen. [2]Absatz 5 Sätze 3 und 4 gilt entsprechend mit der Maßgabe, dass die Anordnung auch eine Begründung der Gefahr im Verzug enthalten muss. [3]Die Entscheidung trifft die Behördenleitung. [4]Diese kann ihre Anordnungsbefugnis auf Dienststellenleiterinnen oder Dienststellenleiter sowie Beamtinnen oder Beamte der Laufbahngruppe 2 ab dem zweiten Einstiegsamt übertragen. [5]Die richterliche Bestätigung der Anordnung ist unverzüglich zu beantragen. [6]Wird die Bestätigung abgelehnt oder erfolgt sie nicht spätestens mit Ablauf des dritten Tages nach Erlass der Anordnung nach Satz 1, so tritt diese außer Kraft. [7]In diesem Fall dürfen die bereits erhobenen Daten nicht mehr verwendet werden; diese Daten sind unverzüglich zu löschen. [8]Sind bereits Daten übermittelt worden, die nach Satz 7 zu löschen sind, so ist die empfangende Stelle darüber zu unterrichten.

(7) [1]Aufgrund der Anordnung hat jeder, der geschäftsmäßig Telekommunikationsdienste erbringt oder daran mitwirkt, der Polizei die Maßnahmen nach Absatz 1 zu ermöglichen und die erforderlichen Auskünfte unverzüglich zu erteilen. [2]Ob und in welchem Umfang hierfür Vorkehrungen zu treffen sind, bestimmt sich nach dem Telekommunikationsgesetz (TKG) und der Telekommunikations-Überwachungsverordnung. [3]Die Polizei hat den Diensteanbietern eine Entschädigung entsprechend § 23 des Justizvergütungs- und -entschädigungsgesetzes zu gewähren.

§ 33b Geräte- und Standortermittlung, Unterbrechung der Telekommunikation

(1) [1]Technische Mittel, mit denen aktiv geschaltete Mobilfunkendeinrichtungen zur Datenabsendung an eine Stelle außerhalb des Telekommunikationsnetzes veranlasst werden, dürfen zur Ermittlung der Geräte- und Kartennummer oder zur Ermittlung des Standorts einer Endeinrichtung unter den Voraussetzungen des § 33a Abs. 1 eingesetzt werden. [2]Die Datenerhebung ist auch zulässig, wenn Dritte unvermeidbar betroffen werden. [3]Die Daten Dritter dürfen abweichend von § 39 Abs. 1 nur für den Datenabgleich zur Ermittlung der gesuchten Geräte- und Kartennummer verwendet werden.

(2) Durch den Einsatz technischer Mittel können unter den Voraussetzungen des Absatzes 1 Telekommunikationsverbindungen unterbrochen oder verhindert werden.

(3) [1]Maßnahmen nach den Absätzen 1 und 2 bedürfen der Anordnung durch das Amtsgericht, in dessen Bezirk die Polizeidienststelle ihren Sitz hat; § 33a Abs. 5 Sätze 2 bis 9 gilt entsprechend. [2]Bei Gefahr im Verzug kann die Polizei die Anordnung treffen; § 33a Abs. 6 Sätze 2 bis 8 gilt entsprechend.

§ 33c Auskunftsverlangen

(1) [1]Die Polizei kann verlangen, dass ein Diensteanbieter nach § 2 Satz 1 Nr. 1 des Telemediengesetzes (TMG) ihr Auskunft erteilt

1. zu Bestandsdaten (§ 14 TMG) oder
2. zu Nutzungsdaten (§ 15 Abs. 1 TMG).

[2]Ein Auskunftsverlangen nach Satz 1 Nr. 2 kann sich auch auf künftig anfallende Nutzungsdaten beziehen. [3]Eine Auskunft zu Bestandsdaten (Satz 1 Nr. 1) darf nur verlangt werden zur Abwehr einer Gefahr für die öffentliche Sicherheit zu einer in § 6 oder § 7 genannten Person oder unter den Voraussetzungen des § 8 zu einer dort genannten Person. [4]Eine Auskunft zu Nutzungsdaten (Satz 1 Nr. 2) darf nur unter den Voraussetzungen des § 33a Abs. 1 verlangt werden.

(2) [1]Die Polizei kann verlangen, dass ein Diensteanbieter nach § 3 Nr. 6 TKG ihr Auskunft erteilt

1. zu den nach den §§ 95 und 111 TKG erhobenen Bestandsdaten (einfache Bestandsdaten),
2. zu Bestandsdaten nach Nummer 1, mittels derer der Zugriff auf Endgeräte oder auf Speichereinrichtungen, die in diesen Endgeräten oder hiervon räumlich getrennt eingesetzt werden, geschützt wird oder die anhand einer zu einem bestimmten Zeitpunkt zugewiesenen Internetprotokoll-Adresse bestimmt werden (besondere Bestandsdaten), oder
3. zu Verkehrsdaten nach § 96 Abs. 1 TKG.

[2]Ein Auskunftsverlangen nach Satz 1 Nr. 3 kann sich auch auf künftig anfallende Verkehrsdaten beziehen. [3]Eine Auskunft zu einfachen Bestandsdaten (Satz 1 Nr. 1) darf nur verlangt werden zur Abwehr einer Gefahr für die öffentliche Sicherheit zu einer in § 6 oder § 7 genannten Person oder unter den Voraussetzungen des § 8 zu einer dort genannten Person. [4]Eine Auskunft zu besonderen Bestandsdaten (Satz 1 Nr. 2) oder Verkehrsdaten (Satz 1 Nr. 3) darf nur unter den Voraussetzungen des § 33a Abs. 1 verlangt werden.

(3) Eine Auskunft nach Absatz 1 oder Absatz 2 darf auch verlangt werden, wenn Dritte unvermeidbar betroffen werden.

(4) [1]Ein Auskunftsverlangen zu Nutzungsdaten (Absatz 1 Satz 1 Nr. 2), besonderen Bestandsdaten (Absatz 2 Satz 1 Nr. 2) oder Verkehrsdaten (Absatz 2 Satz 1 Nr. 3) bedarf der Anordnung durch das Amtsgericht, in dessen Bezirk die Polizeidienststelle ihren Sitz hat; § 33a Abs. 5 Sätze 2 bis 9 gilt entsprechend. [2]Bei Gefahr im Verzug kann die Polizei die Anordnung treffen; § 33a Abs. 6 Sätze 2 bis 8 gilt entsprechend.

(5) [1]Die Polizei kann ein Auskunftsverlangen nach Absatz 2 Satz 1 Nr. 3 auf Standortdaten eines mobilen Anschlusses beschränken. [2]Dient ein solches Auskunftsverlangen ausschließlich der Ermittlung des Aufenthaltsorts einer gefährdeten Person, so kann abweichend von Absatz 4 die Polizei die Anordnung treffen; § 33a Abs. 5 Sätze 3 und 4 gilt entsprechend.

(6) [1]Hat die Teilnehmerin oder der Teilnehmer (§ 3 Nr. 20 TKG) eingewilligt, so kann die Polizei die Erteilung einer Verkehrsdatenauskunft (Absatz 2 Satz 1 Nr. 3) zu deren oder dessen Teilnehmeranschluss (§ 3 Nr. 21 TKG) abweichend von Absatz 2 Satz 4 auch unter den Voraussetzungen des § 34 Abs. 1 Satz 1 Nr. 2 oder 3 oder zur Abwehr einer erheblichen Gefahr anordnen. [2]Für das Verfahren gilt § 33a Abs. 5 Sätze 3 und 4 sowie Abs. 6 Sätze 3 und 4 entsprechend.

(7) Die Polizei hat für die Erteilung von Auskünften nach den Absätzen 1 und 2 eine Entschädigung entsprechend § 23 des Justizvergütungs- und -entschädigungsgesetzes zu gewähren.

§ 33d Verdeckter Eingriff in informationstechnische Systeme

(1) [1]Die Polizei kann mit technischen Mitteln in von der betroffenen Person genutzte informationstechnische Systeme eingreifen und aus ihnen Daten erheben über

1. eine in § 6 oder § 7 genannte Person zur Abwehr einer dringenden Gefahr,
2. eine Person, bei der Tatsachen die Annahme rechtfertigen, dass sie innerhalb eines übersehbaren Zeitraums auf eine zumindest ihrer Art nach konkretisierte Weise eine terroristische Straftat begehen wird, oder
3. eine Person, deren individuelles Verhalten die konkrete Wahrscheinlichkeit begründet, dass sie innerhalb eines übersehbaren Zeitraums eine terroristische Straftat begehen wird,

wenn dies zur Abwehr der Gefahr oder zur Verhütung der Straftat unerlässlich ist. [2]Für die technischen Vorkehrungen gilt § 33a Abs. 3 entsprechend.

(2) Die Maßnahme darf auch durchgeführt werden, wenn Dritte unvermeidbar betroffen werden.

(3) [1]Maßnahmen nach Absatz 1 bedürfen der Anordnung durch das Amtsgericht, in dessen Bezirk die Polizeidienststelle ihren Sitz hat. [2]Im Antrag der Polizei sind anzugeben:

1. die betroffene Person, soweit möglich mit Name und Anschrift,
2. eine möglichst genaue Bezeichnung des informationstechnischen Systems, in das zur Datenerhebung eingegriffen werden soll,
3. Art, Umfang und Dauer der Maßnahme unter Benennung des Endzeitpunktes,
4. der Sachverhalt und
5. eine Begründung.

[3]Die Anordnung ergeht schriftlich. [4]Sie muss die in Satz 2 Nrn. 1 bis 3 bezeichneten Angaben sowie die wesentlichen Gründe enthalten. [5]Im Übrigen gilt § 33a Abs. 5 Sätze 5 bis 9 entsprechend.

(4) [1]Bei Gefahr im Verzug kann die Polizei die Anordnung treffen. [2]Absatz 3 Sätze 3 und 4 gilt entsprechend mit der Maßgabe, dass die Anordnung auch eine Begründung der Gefahr im Verzug enthalten muss. [3]Im Übrigen gilt § 33a Abs. 6 Sätze 3 bis 8 entsprechend.

§ 34 Datenerhebung durch längerfristige Observation

(1) [1]Durch eine planmäßig angelegte verdeckte Personenbeobachtung, die innerhalb einer Woche insgesamt länger als 24 Stunden oder über den Zeitraum von einer Woche hinaus durchgeführt werden soll oder die über diese Zeiträume hinaus tatsächlich weitergeführt wird (längerfristige Observation), kann die Polizei personenbezogene Daten nur erheben über

1. eine in § 6 oder § 7 genannte Person zur Abwehr einer Gefahr für den Bestand oder die Sicherheit des Bundes oder eines Landes oder für Leib, Leben oder Freiheit einer Person oder für Sachen von bedeutendem Wert, deren Erhaltung im öffentlichen Interesse liegt, oder unter den weiteren Voraussetzungen des § 8 über eine dort genannte Person,

2. eine Person, bei der Tatsachen die Annahme rechtfertigen, dass sie innerhalb eines übersehbaren Zeitraums auf eine zumindest ihrer Art nach konkretisierte Weise eine Straftat von erheblicher Bedeutung oder eine terroristische Straftat begehen wird,
3. eine Person, deren individuelles Verhalten die konkrete Wahrscheinlichkeit begründet, dass sie innerhalb eines übersehbaren Zeitraums eine terroristische Straftat begehen wird, oder
4. eine Kontakt- oder Begleitperson einer in Nummer 2 oder 3 genannten Person,

wenn dies zur Abwehr der Gefahr oder zur Verhütung der Straftat unerlässlich ist. [2]Die Maßnahme darf auch durchgeführt werden, wenn Dritte unvermeidbar betroffen werden.

(2) [1]Die längerfristige Observation bedarf der Anordnung durch das Amtsgericht, in dessen Bezirk die Polizeidienststelle ihren Sitz hat. [2]Im Antrag der Polizei sind anzugeben:
1. die betroffene Person, soweit möglich mit Name und Anschrift,
2. Art, Umfang und Dauer der Maßnahme unter Benennung des Endzeitpunktes,
3. der Sachverhalt und
4. eine Begründung.

[3]Die Anordnung ergeht schriftlich. [4]Sie muss die in Satz 2 Nrn. 1 und 2 bezeichneten Angaben sowie die wesentlichen Gründe enthalten. [5]Die Anordnung ist auf höchstens einen Monat zu befristen. [6]Verlängerungen um jeweils höchstens einen Monat sind zulässig, wenn die Voraussetzungen der Anordnung unter Berücksichtigung der gewonnenen Erkenntnisse weiterhin erfüllt sind; die Sätze 2 bis 4 gelten entsprechend. [7]Liegen die Voraussetzungen der Anordnung nicht mehr vor, so ist die Maßnahme unverzüglich zu beenden. [8]Für das gerichtliche Verfahren gilt § 19 Abs. 4 entsprechend. [9]Die Monatsfrist für die Einlegung der Beschwerde beginnt mit Zugang der Unterrichtung nach § 30 Abs. 4.

(3) [1]Bei Gefahr im Verzug kann die Polizei die Anordnung treffen. [2]Absatz 2 Sätze 3 und 4 gilt entsprechend mit der Maßgabe, dass die Anordnung auch eine Begründung der Gefahr im Verzug enthalten muss. [3]Im Übrigen gilt § 33a Abs. 6 Sätze 3 bis 8 entsprechend.

§ 35 Datenerhebung durch den verdeckten Einsatz technischer Mittel außerhalb von Wohnungen

(1) [1]Die Polizei kann außerhalb von Wohnungen unter den in § 34 Abs. 1 Satz 1 genannten Voraussetzungen durch den verdeckten Einsatz technischer Mittel
1. eine Person mittels Bildübertragungen beobachten und Bildaufzeichnungen von dieser Person anfertigen,
2. das nicht öffentlich gesprochene Wort abhören und aufzeichnen sowie
3. den jeweiligen Aufenthaltsort einer Person bestimmen.

[2]Die Maßnahme darf auch durchgeführt werden, wenn Dritte unvermeidbar betroffen werden. [3]Das für Inneres zuständige Ministerium bestimmt die Art der zulässigen technischen Mittel durch Verwaltungsvorschrift; diese ist zu veröffentlichen.

(2) [1]Der verdeckte Einsatz technischer Mittel nach
1. Absatz 1 Satz 1 Nr. 1, soweit diese innerhalb einer Woche insgesamt länger als 24 Stunden oder über einen Zeitraum von einer Woche hinaus zum Einsatz kommen,
2. Absatz 1 Satz 1 Nr. 2 und
3. Absatz 1 Satz 1 Nr. 3, soweit diese innerhalb einer Woche insgesamt länger als 24 Stunden oder über einen Zeitraum von einer Woche hinaus zum Einsatz kommen,

bedarf der Anordnung durch das Amtsgericht, in dessen Bezirk die Polizeidienststelle ihren Sitz hat. [2]Im Antrag der Polizei sind anzugeben:
1. die betroffene Person, soweit möglich mit Name und Anschrift,
2. Art, Umfang und Dauer der Maßnahme unter Benennung des Endzeitpunktes,
3. der Sachverhalt und
4. eine Begründung.

[3]Die Anordnung ergeht schriftlich. [4]Sie muss die in Satz 2 Nrn. 1 und 2 bezeichneten Angaben sowie die wesentlichen Gründe enthalten. [5]Im Übrigen gilt § 34 Abs. 2 Sätze 5 bis 9 entsprechend.

(3) [1]Bei Gefahr im Verzug kann die Polizei die Anordnung treffen. [2]Absatz 2 Sätze 3 und 4 gilt entsprechend mit der Maßgabe, dass die Anordnung auch eine Begründung der Gefahr im Verzug enthalten muss. [3]Im Übrigen gilt § 33a Abs. 6 Sätze 3 bis 8 entsprechend.

(4) [1]Wird eine Maßnahme nach Absatz 1 nicht von Absatz 2 Satz 1 erfasst oder erfolgt sie ausschließlich zum Schutz von Leib, Leben oder Freiheit einer bei einem polizeilichen Einsatz tätigen Person, so kann die Polizei die Anordnung treffen. [2]Absatz 2 Sätze 3 und 4 sowie § 33a Abs. 6 Sätze 3 und 4 gelten entsprechend.

§ 35a Datenerhebung in Wohnungen durch den verdeckten Einsatz technischer Mittel

(1) Die Polizei kann zur Abwehr einer dringenden Gefahr durch den verdeckten Einsatz technischer Mittel

1. das in einer Wohnung nicht öffentlich gesprochene Wort einer Person abhören und aufzeichnen, die nach § 6 oder § 7 verantwortlich ist, und
2. in einer Wohnung eine in Nummer 1 genannte Person mittels Bildübertragungen beobachten und Bildaufzeichnungen von dieser Person anfertigen,

wenn dies zur Abwehr der Gefahr unerlässlich ist.

(2) [1]Daten dürfen nach Absatz 1 nur erhoben werden

1. in der Wohnung der in Absatz 1 Nr. 1 genannten Person oder
2. in der Wohnung einer anderen Person, wenn Tatsachen die Annahme rechtfertigen, dass die in Absatz 1 Nr. 1 genannte Person sich dort aufhält und der Einsatz technischer Mittel in einer Wohnung dieser Person nicht möglich oder allein zur Abwehr der Gefahr nicht ausreichend ist.

[2]Die Maßnahme darf auch durchgeführt werden, wenn Dritte unvermeidbar betroffen werden.

(3) [1]Die Datenerhebung nach Absatz 1 bedarf der Anordnung durch das Amtsgericht, in dessen Bezirk die Polizeidienststelle ihren Sitz hat. [2]Im Antrag der Polizei sind anzugeben:

1. die in Absatz 1 Nr. 1 genannte Person, soweit möglich mit Name und Anschrift,
2. die zu überwachende Wohnung oder die zu überwachenden Wohnräume,
3. Art, Umfang und Dauer der Maßnahme unter Benennung des Endzeitpunktes,
4. der Sachverhalt und
5. eine Begründung.

[3]Die Anordnung ergeht schriftlich. [4]Sie muss die in Satz 2 Nrn. 1 bis 3 bezeichneten Angaben sowie die wesentlichen Gründe enthalten. [5]Die Anordnung ist auf höchstens einen Monat zu befristen. [6]Verlängerungen um jeweils höchstens einen Monat sind zulässig, wenn die Voraussetzungen der Anordnung unter Berücksichtigung der gewonnenen Erkenntnisse weiterhin erfüllt sind; die Sätze 2 bis 4 gelten entsprechend. [7]Liegen die Voraussetzungen der Anordnung nicht mehr vor, so ist die Maßnahme unverzüglich zu beenden. [8]Für das gerichtliche Verfahren gilt § 19 Abs. 4 entsprechend. [9]Die Monatsfrist für die Einlegung der Beschwerde beginnt mit Zugang der Unterrichtung nach § 30 Abs. 4. [10]Ist die Dauer der Anordnung einer Maßnahme auf insgesamt sechs Monate verlängert worden, so bedarf jede weitere Verlängerung der Anordnung durch eine Zivilkammer des Landgerichts.

(4) [1]Bei Gefahr im Verzug kann die Polizei die Anordnung treffen. [2]Absatz 3 Sätze 3 und 4 gilt entsprechend mit der Maßgabe, dass die Anordnung auch eine Begründung der Gefahr im Verzug enthalten muss. [3]Im Übrigen gilt § 33a Abs. 6 Sätze 3 bis 8 entsprechend.

(5) [1]Erfolgt die Maßnahme nach Absatz 1 ausschließlich zum Schutz von Leib, Leben oder Freiheit einer bei einem polizeilichen Einsatz tätigen Person, so kann abweichend von den Absätzen 3 und 4 die Polizei die Anordnung treffen. [2]Absatz 3 Sätze 3 und 4 sowie § 33a Abs. 6 Sätze 3 und 4 gelten entsprechend.

§ 36 Datenerhebung durch die Verwendung von Vertrauenspersonen

(1) [1]Die Polizei kann unter den in § 34 Abs. 1 Satz 1 genannten Voraussetzungen personenbezogene Daten erheben durch die Verwendung von Personen, deren Zusammenarbeit mit der Polizei Dritten nicht bekannt ist (Vertrauenspersonen). [2]Die Maßnahme darf auch durchgeführt werden, wenn Dritte unvermeidbar betroffen werden.

(2) [1]Eine Person darf nicht als Vertrauensperson verwendet werden, wenn sie

1. minderjährig oder
2. a) Mandatsträgerin oder Mandatsträger des Europäischen Parlaments, des Bundestages oder eines Landesparlaments oder
   b) Mitarbeiterin oder Mitarbeiter einer solchen Mandatsträgerin oder eines solchen Mandatsträgers oder einer Fraktion oder Gruppe eines solchen Parlaments

ist. [2]Eine Person soll nicht als Vertrauensperson verwendet werden, wenn sie ein Angebot zum Ausstieg aus einer Bestrebung nach § 3 Abs. 1 Nr. 1, 3 oder 4 des Niedersächsischen Verfassungsschutzgesetzes angenommen oder die Absicht dazu hat und durch die Verwendung als Vertrauensperson der Ausstieg gefährdet wäre. [3]Die Polizei darf Berufsgeheimnisträgerinnen und Berufsgeheimnisträger (§ 53 der Strafprozessordnung) sowie Berufshelferinnen und Berufshelfer (§ 53a der Strafprozessordnung) nicht von sich aus als Vertrauenspersonen verwenden.

(3) Vertrauenspersonen dürfen nicht verwendet werden, um

1. in einer Person, die nicht zur Begehung von Straftaten bereit ist, den Entschluss zu wecken, Straftaten zu begehen, oder
2. eine zur Begehung von Straftaten bereite Person zur Begehung einer Straftat zu bestimmen, die mit einem erheblich höheren Strafmaß bedroht ist, als ihre Bereitschaft erkennen lässt, oder
3. Daten mit Mitteln oder Methoden zu erheben, die die Polizei nicht einsetzen dürfte.

(4) [1]Die Verwendung einer Vertrauensperson bedarf der Anordnung durch das Amtsgericht Hannover. [2]Im Antrag der Polizei sind anzugeben:

1. die betroffene Person, soweit möglich mit Name und Anschrift,
2. Art, Umfang und Dauer der Maßnahme unter Benennung des Endzeitpunktes,
3. der Sachverhalt und
4. eine Begründung.

[3]Die Anordnung ergeht schriftlich. [4]Sie muss die in Satz 2 Nrn. 1 und 2 bezeichneten Angaben sowie die wesentlichen Gründe enthalten. [5]Im Übrigen gilt § 33a Abs. 5 Sätze 5 bis 9 entsprechend.

(5) [1]Bei Gefahr im Verzug kann die Polizei die Anordnung treffen. [2]Absatz 4 Sätze 3 und 4 gilt entsprechend mit der Maßgabe, dass die Anordnung auch eine Begründung der Gefahr im Verzug enthalten muss. [3]Im Übrigen gilt § 33a Abs. 6 Sätze 3 bis 8 entsprechend.

§ 36a Datenerhebung durch den Einsatz Verdeckter Ermittlerinnen oder Verdeckter Ermittler

(1) [1]Die Polizei kann unter den in § 34 Abs. 1 Satz 1 genannten Voraussetzungen personenbezogene Daten erheben durch eine Polizeivollzugsbeamtin oder einen Polizeivollzugsbeamten, die oder der unter einer ihr oder ihm verliehenen, auf Dauer angelegten veränderten Identität (Legende) eingesetzt wird (Verdeckte Ermittlerin oder Verdeckter Ermittler). [2]Die Maßnahme darf auch durchgeführt werden, wenn Dritte unvermeidbar betroffen werden.

(2) [1]Eine Verdeckte Ermittlerin oder ein Verdeckter Ermittler darf zur Erfüllung ihres oder seines Auftrages unter der Legende am Rechtsverkehr teilnehmen. [2]Sie oder er darf unter der Legende mit Einverständnis der oder des Berechtigten deren oder dessen Wohnung betreten. [3]Das Einverständnis darf nicht durch das Vortäuschen eines Zutrittsrechts herbeigeführt werden.

(3) [1]Der Einsatz einer Verdeckten Ermittlerin oder eines Verdeckten Ermittlers bedarf der Anordnung durch das Amtsgericht Hannover. [2]Im Antrag der Polizei sind anzugeben:

1. die betroffene Person, soweit möglich mit Name und Anschrift,
2. Art, Umfang und Dauer der Maßnahme unter Benennung des Endzeitpunktes,
3. der Sachverhalt und
4. eine Begründung.

[3]Die Anordnung ergeht schriftlich. [4]Sie muss die in Satz 2 Nrn. 1 und 2 bezeichneten Angaben sowie die wesentlichen Gründe enthalten. [5]Im Übrigen gilt § 33a Abs. 5 Sätze 5 bis 9 entsprechend.

(4) [1]Bei Gefahr im Verzug kann die Polizei die Anordnung treffen. [2]Absatz 3 Sätze 3 und 4 gilt entsprechend mit der Maßgabe, dass die Anordnung auch eine Begründung der Gefahr im Verzug enthalten muss. [3]Im Übrigen gilt § 33a Abs. 6 Sätze 3 bis 8 entsprechend.

(5) Die Absätze 3 und 4 finden keine Anwendung auf die Einsätze von Verdeckten Ermittlerinnen oder Verdeckten Ermittlern im Land Niedersachsen durch ein anderes Land.

§ 37 Ausschreibung zur polizeilichen Beobachtung

(1) Die Polizei kann die Personalien einer Person sowie das amtliche Kennzeichen des von ihr benutzten oder eingesetzten Kraftfahrzeugs zur polizeilichen Beobachtung ausschreiben, wenn Tatsachen die Annahme rechtfertigen, dass die Person innerhalb eines übersehbaren Zeitraums auf eine zumindest ihrer Art nach konkretisierte Weise eine Straftat von erheblicher Bedeutung begehen wird und dies zur Verhütung dieser Straftat erforderlich ist.

(2) [1]Die Ausschreibung bedarf der Anordnung durch die Behördenleitung. [2]Diese kann ihre Anordnungsbefugnis auf Dienststellenleiterinnen oder Dienststellenleiter sowie Beamtinnen oder Beamte der Laufbahngruppe 2 ab dem zweiten Einstiegsamt übertragen. [3]Die Anordnung ergeht schriftlich. [4]In der Anordnung sind anzugeben:

1. die Personalien der betroffenen Person sowie das amtliche Kennzeichen des von ihr benutzten oder eingesetzten Kraftfahrzeugs,
2. Art, Umfang und Dauer der Ausschreibung unter Benennung des Endzeitpunktes und
3. die wesentlichen Gründe.

[5]Die Anordnung ist auf höchstens ein Jahr zu befristen. [6]Spätestens nach Ablauf von sechs Monaten ist zu prüfen, ob die Voraussetzungen für die Anordnung noch bestehen. [7]Das Ergebnis dieser Prüfung ist zu dokumentieren. [8]Verlängerungen um jeweils höchstens ein Jahr sind zulässig, wenn die Voraussetzungen der Anordnung unter Berücksichtigung der gewonnenen Erkenntnisse weiterhin erfüllt sind; die Sätze 3 und 4 gelten entsprechend. [9]Eine Verlängerung über insgesamt ein Jahr hinaus bedarf abweichend von den Sätzen 1 und 2 der Anordnung durch das Amtsgericht, in dessen Bezirk die Polizeidienststelle ihren Sitz hat. [10]Der Antrag der Polizei muss die in Satz 4 Nrn. 1 und 2 bezeichneten Angaben sowie den Sachverhalt und eine Begründung enthalten. [11]Im Übrigen gilt § 33a Abs. 5 Sätze 7 bis 9 entsprechend.

(3) Im Fall eines Antreffens der Person oder des von ihr benutzten oder eingesetzten Kraftfahrzeugs übermittelt die Polizei Erkenntnisse über Ort und Zeit des Antreffens der Person, etwaiger Begleiterinnen und Begleiter, des Kraftfahrzeugs und seiner Führerin oder seines Führers sowie über mitgeführte Sachen und Umstände des Antreffens an die ausschreibende Polizeibehörde (Kontrollmeldung).

§ 37a Rasterfahndung

(1) [1]Die Polizei kann von öffentlichen und nicht öffentlichen Stellen die Übermittlung von personenbezogenen Daten bestimmter Personengruppen (Namen, Anschriften, Tag und Ort der Geburt sowie andere im Einzelfall erforderliche Merkmale) zum Zweck des Abgleichs mit anderen Datenbeständen verlangen, soweit dies zur Abwehr einer Gefahr für den Bestand des Bundes oder eines Landes oder für Leib, Leben oder Freiheit einer Person, für Sachen von bedeutendem Wert, deren Erhalt im öffentlichen Interesse geboten ist, oder zur Abwehr von schweren Schäden für die Umwelt erforderlich ist. [2]Die Übermittlung von personenbezogenen Daten, die einem Amts- oder Berufsgeheimnis unterliegen, darf nicht verlangt werden. [3]Ist ein Aussondern der zu übermittelnden Daten nur mit unverhältnismäßigem Aufwand möglich, so dürfen die nach Satz 1 Verpflichteten die weiteren Daten ebenfalls übermitteln; diese Daten dürfen von der Polizei nicht genutzt werden.

(2) [1]Das Übermittlungsverlangen nach Absatz 1 bedarf der Anordnung durch das Amtsgericht, in dessen Bezirk die Polizeidienststelle ihren Sitz hat. [2]Die Anordnung bedarf der Schriftform; sie ist zu begründen. [3]Für das gerichtliche Verfahren gilt § 19 Abs. 4 entsprechend. [4]Die Monatsfrist für die Einlegung der Beschwerde beginnt mit Zugang der Unterrichtung nach § 30 Abs. 4.

§ 37b Parlamentarische Kontrolle

(1) [1]Der Landtag bildet zur Kontrolle der nach § 32 Abs. 2 und den §§ 33a bis 37a durchgeführten besonderen polizeilichen Datenerhebungen einen Ausschuss. [2]Das Nähere über die Zusammensetzung des Ausschusses regelt die Geschäftsordnung des Niedersächsischen Landtages. [3]Für die Verhandlungen des Ausschusses gelten die Vorschriften der Geschäftsordnung des Niedersächsischen Landtages, soweit in diesem Gesetz nichts Abweichendes bestimmt ist.

(2) [1]Das für Inneres zuständige Ministerium unterrichtet den Ausschuss in Abständen von höchstens sechs Monaten über die in Absatz 1 bezeichneten Datenerhebungen, die seit der letzten Unterrichtung beendet wurden. [2]In der Unterrichtung wird insbesondere dargestellt, in welchem Umfang von welchen Befugnissen aus Anlass welcher Art von Verdachtslagen Gebrauch gemacht wurde und inwieweit die betroffenen Personen hierüber unterrichtet wurden.

(3) Die Verhandlungen des Ausschusses über die Unterrichtungen nach Absatz 2 und die dazu vorgelegten Unterlagen sind vertraulich im Sinne der Geschäftsordnung des Niedersächsischen Landtages.

(4) Der Ausschuss legt dem Landtag einmal jährlich einen Bericht über die Durchführung der in Absatz 1 bezeichneten Datenerhebungen vor.

§ 38 Speicherung, Veränderung und Nutzung personenbezogener Daten, Zweckbindung

(1) [1]Die Verwaltungsbehörden und die Polizei können die von ihnen im Rahmen der Aufgabenerfüllung nach diesem Gesetz rechtmäßig erhobenen personenbezogenen Daten speichern, verändern und nutzen, wenn dies zu dem Zweck erforderlich ist, zu dem sie erhoben worden sind. [2]Erlangen die in Satz 1 genannten Stellen rechtmäßig Kenntnis von personenbezogenen Daten, ohne sie erhoben zu haben, so dürfen sie diese Daten zu einem der Gefahrenabwehr dienenden Zweck speichern, verändern oder nutzen. [3]Die Zweckbestimmung ist bei der Speicherung festzulegen. [4]Können die zur Zweckerreichung nicht erforderlichen Daten nicht oder nur mit unverhältnismäßigem Aufwand gelöscht werden, so dürfen diese Daten gemeinsam mit den Daten nach den Sätzen 1 und 2 gespeichert, aber nur nach Maßgabe des § 39 Abs. 5 verändert und genutzt werden.

(2) Die nach § 32 Abs. 2 sowie den §§ 33a bis 37a erhobenen personenbezogenen Daten sind unter Angabe der eingesetzten Maßnahme zu kennzeichnen.

(3) [1]Die Polizei sowie Verwaltungsbehörden, soweit diese Aufgaben der Hilfs- und Rettungsdienste wahrnehmen, können fernmündlich an sie gerichtete Hilfeersuchen und Mitteilungen auf einen Tonträger aufnehmen. [2]Die Aufzeichnungen sind spätestens nach einem Monat zu löschen. [3]Dies gilt nicht, wenn die Daten zur Verfolgung einer Straftat oder einer nicht nur geringfügigen Ordnungswidrigkeit oder zur Verhütung einer Straftat von erheblicher Bedeutung erforderlich sind.

(4) [1]Die Polizei darf gespeicherte personenbezogene Daten zu statistischen Zwecken verarbeiten. [2]Die Daten sind zum frühestmöglichen Zeitpunkt zu anonymisieren.

§ 39 Speicherung, Veränderung und Nutzung personenbezogener Daten zu anderen Zwecken

(1) [1]Die Speicherung, Veränderung oder Nutzung von personenbezogenen Daten zu anderen als den in § 38 Abs. 1 genannten Zwecken ist nur zulässig, wenn

1. die Daten zur Erfüllung eines anderen Zwecks der Gefahrenabwehr erforderlich sind und sie auch zu diesem Zweck mit der Maßnahme hätten erhoben werden dürfen, mit der sie erhoben worden sind,
2. die Daten zur Behebung einer Beweisnot unerlässlich sind oder
3. die betroffene Person mit einer den Anforderungen des § 31 Abs. 4 genügenden Erklärung eingewilligt hat.

[2]In den Fällen des Satzes 1 Nr. 2 sind die Daten für eine sonstige Verwendung zu sperren. [3]Eine Speicherung, Veränderung oder Nutzung zu anderen Zwecken liegt nicht vor, wenn sie der Wahrnehmung von Aufsichts- und Kontrollbefugnissen, der Rechnungsprüfung oder der Durchführung von Organisationsuntersuchungen dient.

(2) [1]Daten, die ausschließlich zur zeitlich befristeten Dokumentation, zur Vorgangsverwaltung, zu Zwecken der Datenschutzkontrolle, der Datensicherung oder zur Sicherstellung des ordnungsgemäßen Betriebes einer Datenverarbeitungsanlage gespeichert sind oder die aufgrund einer auf einen bestimmten Zweck beschränkten Einwilligung der betroffenen Person erhoben worden sind, dürfen zu einem anderen Zweck nur gespeichert, verändert oder genutzt werden,

1. wenn dies zur Abwehr einer gegenwärtigen Gefahr für Leib, Leben oder Freiheit einer Person erforderlich ist oder
2. wenn
   a) bestimmte Tatsachen die Annahme rechtfertigen, dass eine Person innerhalb eines übersehbaren Zeitraums auf eine zumindest ihrer Art nach konkretisierte Weise eine terroristische Straftat begehen wird, oder
   b) das individuelle Verhalten einer Person die konkrete Wahrscheinlichkeit begründet, dass sie innerhalb eines übersehbaren Zeitraums eine terroristische Straftat begehen wird,

   und dies zur Verhütung der terroristischen Straftat unerlässlich ist.

[2]Soweit die in Satz 1 genannten Daten durch eine Maßnahme nach § 35a oder § 37a erhoben worden sind, dürfen sie zu dem in Satz 1 Nr. 2 genannten Zweck nicht gespeichert, verändert oder genutzt werden. [3]Zur Verfolgung einer Straftat dürfen die in Satz 1 genannten Daten nur gespeichert, verändert und genutzt werden, wenn sie zur Verfolgung dieser Straftat auch mit einer Maßnahme nach der Strafprozessordnung hätten erhoben werden dürfen, die der Maßnahme entspricht, durch die die Daten erhoben wurden. [4]Die Entscheidungen nach den Sätzen 1 bis 3 trifft die Behördenleitung. [5]Diese kann ihre Entscheidungsbefugnis auf Dienststellenleiterinnen oder Dienststellenleiter sowie Beamtinnen

oder Beamte der Laufbahngruppe 2 ab dem zweiten Einstiegsamt übertragen. [6]Die Entscheidung bedarf der Schriftform; sie ist zu begründen.

(3) [1]Die Polizei kann personenbezogene Daten, die sie im Rahmen der Verfolgung von Straftaten über eine tatverdächtige Person und in Zusammenhang damit über Dritte rechtmäßig erhoben oder rechtmäßig erlangt hat, zu Zwecken der Gefahrenabwehr speichern, verändern oder nutzen, sofern nicht besondere Vorschriften der Strafprozessordnung entgegenstehen. [2]Zur Verhütung von Straftaten darf sie diese Daten nur speichern, verändern oder nutzen, wenn dies wegen der Art, Ausführung oder Schwere der Tat sowie der Persönlichkeit der tatverdächtigen Person zur Verhütung von vergleichbaren künftigen Straftaten dieser Person erforderlich ist. [3]Die Verarbeitung von Daten nach den Sätzen 1 oder 2 setzt voraus, dass sie zu dem geänderten Zweck auch nach diesem Gesetz mit dem Mittel oder der Methode hätten erhoben werden dürfen, mit denen sie nach der Strafprozessordnung erhoben worden sind. [4]Die Speicherung der nach Satz 1 über Dritte erhobenen Daten in Dateien ist nur zulässig über die in § 31 Abs. 2 Nrn. 2, 3 und 5 genannten Personen. [5]Der Ausgang eines strafprozessrechtlichen Verfahrens ist zusammen mit den Daten nach Satz 1 zu speichern.

(4) [1]Sind personenbezogene Daten mit technischen Mitteln ausschließlich zum Schutz der bei einem Einsatz in Wohnungen tätigen Personen erhoben worden, so dürfen sie nur zu einem in § 35a Abs. 1 genannten Zweck der Gefahrenabwehr oder zur Verfolgung einer der in § 100c Abs. 1 der Strafprozessordnung genannten Straftaten gespeichert, verändert und genutzt werden. [2]Die Maßnahme nach Satz 1 bedarf der Anordnung durch das Amtsgericht, in dessen Bezirk die Polizeidienststelle ihren Sitz hat. [3]Die Anordnung ergeht schriftlich. [4]Sie muss die wesentlichen Gründe enthalten. [5]Für das gerichtliche Verfahren gilt § 19 Abs. 4 entsprechend. [6]Bei Gefahr im Verzug kann die Polizei die Anordnung treffen. [7]Die Sätze 3 und 4 gelten entsprechend mit der Maßgabe, dass die Anordnung auch eine Begründung der Gefahr im Verzug enthalten muss; im Übrigen gilt § 33a Abs. 6 Sätze 3 bis 8 entsprechend.

(5) [1]Die Speicherung, Veränderung oder Nutzung personenbezogener Daten über unvermeidbar betroffene Dritte ist nur zulässig, wenn dies zur Abwehr einer gegenwärtigen Gefahr für Leib, Leben oder Freiheit einer Person erforderlich ist. [2]Satz 1 gilt entsprechend für die Veränderung und Nutzung von Daten, die nach § 38 Abs. 1 Satz 4 gespeichert worden sind.

(6) Daten, die durch Maßnahmen nach diesem Gesetz erhoben worden sind, dürfen zur Verfolgung solcher Straftaten gespeichert, verändert und genutzt werden, zu deren Verfolgung sie auch mit einer Maßnahme nach der Strafprozessordnung hätten erhoben werden dürfen, die der Maßnahme entspricht, durch die die Daten erhoben wurden.

(7) [1]Die Verwaltungsbehörden und die Polizei dürfen personenbezogene Daten ohne Einwilligung der betroffenen Person zu wissenschaftlichen Zwecken und zu Zwecken der Ausbildung, Fortbildung und Prüfung speichern, verändern oder nutzen. [2]Die Daten sind zu anonymisieren und für eine sonstige Verwendung zu sperren. [3]Von einer Anonymisierung kann nur abgesehen werden, wenn ihr wissenschaftliche Zwecke oder Zwecke der Aus- oder Fortbildung entgegenstehen und die Interessen der betroffenen Person nicht offensichtlich überwiegen. [4]Die Interessen der betroffenen Person stehen in der Regel einer von Satz 2 abweichenden Verarbeitung entgegen, wenn Daten durch eine Maßnahme nach § 32 Abs. 2 oder den §§ 33a bis 37a erhoben wurden.

§ 39a Löschung

[1]Ist eine Speicherung, Veränderung oder Nutzung personenbezogener Daten zu einem der in den §§ 38 und 39 genannten Zwecke nicht mehr erforderlich, so sind sie zu löschen. [2]Die Löschung unterbleibt, wenn

1. Grund zu der Annahme besteht, dass schutzwürdige Belange der betroffenen Person beeinträchtigt würden, insbesondere weil sie noch nicht nach § 30 Abs. 4 Satz 1 über die Datenerhebung unterrichtet wurde und die Daten für die Erfolgsaussichten eines Rechtsbehelfs gegen die Maßnahme von Bedeutung sein können, oder
2. diese mit einem unverhältnismäßigen Aufwand verbunden ist.

[3]In diesen Fällen sind die Daten zu sperren.

§ 40 Allgemeine Regeln der Datenübermittlung

(1) [1]Personenbezogene Daten dürfen zu einem anderen Zweck als dem, zu dem sie erlangt oder gespeichert worden sind, nur unter den in § 39 Abs. 1, 2, 6 und 7 genannten Voraussetzungen übermittelt

werden. [2]Die Übermittlung zu einem anderen Zweck ist so zu dokumentieren, dass ihre Rechtmäßigkeit überprüft werden kann. [3]Dies gilt nicht für mündliche Auskünfte, wenn zur betroffenen Person keine Erkenntnisse vorliegen, und nicht für das automatisierte Abrufverfahren. [4]Sind die Daten gemäß § 38 Abs. 2 gekennzeichnet, so dürfen sie nur übermittelt werden, wenn die empfangende Stelle die Kennzeichnung aufrechterhält. [5]Bei der Übermittlung von Daten, die durch eine Maßnahme nach § 32 Abs. 2 oder den §§ 33a bis 37a erhoben wurden, dürfen die in der Dokumentation enthaltenen Daten ausschließlich zur Datenschutzkontrolle verwendet werden. [6]Sie sind zu löschen,wenn seit einer Unterrichtung nach § 30 Abs. 4 ein Jahr vergangen ist oder es einer Unterrichtung gemäß § 30 Abs. 7 endgültig nicht bedarf, frühestens jedoch zwei Jahre nach der Dokumentation, es sei denn, die oder der Landesbeauftragte für den Datenschutz zeigt an, dass die Daten zur Erfüllung ihrer oder seiner Aufgaben weiterhin benötigt werden.

(2) Wertende Angaben über eine Person, Daten über die in § 31 Abs. 2 Satz 1 Nrn. 2 bis 5 genannten Personen sowie nach § 37 Abs. 3 übermittelte Daten über eine Person, die mit einer ausgeschriebenen Person angetroffen worden ist, dürfen nur Polizei- und Strafverfolgungsbehörden übermittelt werden.

(3) Die Datenübermittlung zwischen Polizei und Verfassungsschutz erfolgt nach dem Niedersächsischen Verfassungsschutzgesetz.

(4) § 5 Abs. 2 und 3 des Niedersächsischen Datenschutzgesetzes findet Anwendung.

(5) Die Absätze 1, 2 und 4 sowie § 41 gelten entsprechend, wenn Daten innerhalb der Verwaltungs- oder Polizeibehörden weitergegeben werden.

§ 41 Datenübermittlung zwischen Verwaltungs- und Polizeibehörden

[1]Die Verwaltungs- und Polizeibehörden können untereinander personenbezogene Daten übermitteln, wenn die Übermittlung zur Erfüllung der Aufgabe der Gefahrenabwehr erforderlich ist. [2]Dies gilt auch für Datenübermittlungen an die Polizei und sonstige Behörden der Gefahrenabwehr anderer Länder und des Bundes.

§ 42 Automatisiertes Abrufverfahren und regelmäßige Datenübermittlung

(1) [1]Ein automatisiertes Verfahren, das die Übermittlung personenbezogener Daten zwischen den Behörden der Polizei durch Abruf aus einer Datei ermöglicht, darf mit Zustimmung des für Inneres zuständigen Ministeriums eingerichtet werden. [2]Ein solches Verfahren darf nur eingerichtet werden, soweit dies unter Berücksichtigung der schutzwürdigen Interessen des betroffenen Personenkreises und der Aufgaben der beteiligten Stellen angemessen ist. [3]In der Zustimmung sind die Datenempfänger, die Art der zu übermittelnden Daten, der Zweck des Abrufs sowie die wesentlichen bei den beteiligten Stellen zu treffenden Maßnahmen zur Kontrolle der Verarbeitung festzulegen. [4]Die oder der Landesbeauftragte für den Datenschutz ist vorher zu hören.

(2) [1]Die Abrufe im Rahmen eines automatisierten Verfahrens sind für Zwecke der Datenschutzkontrolle zu protokollieren und stichprobenartig in überprüfbarer Form aufzuzeichnen. [2]Die Aufzeichnungen sind jeweils am Ende des Kalenderjahres, das dem Jahr ihrer Erstellung folgt, zu vernichten.

(3) Die Absätze 1 und 2 sind auf regelmäßige Datenübermittlungen entsprechend anzuwenden.

(4) Für die Einrichtung automatisierter Abrufverfahren und die regelmäßige Datenübermittlung unter Beteiligung von öffentlichen Stellen, die nicht Polizeibehörden sind, gilt § 7 des Niedersächsischen Datenschutzgesetzes oder im Anwendungsbereich des § 23 des Niedersächsischen Datenschutzgesetzes § 31 des Niedersächsischen Datenschutzgesetzes.

(5) Die Polizei kann zur Erfüllung von Aufgaben der Gefahrenabwehr, die nicht nur örtliche Bedeutung haben, an einem Datenverbund der Polizei mit anderen Ländern und dem Bund teilnehmen, der auch eine automatisierte Datenübermittlung ermöglicht, wenn in der hierüber getroffenen Vereinbarung festgelegt ist, welcher Behörde die nach diesem Gesetz oder nach anderen Rechtsvorschriften bestehenden Pflichten einer speichernden Stelle obliegen.

§ 42a Regelmäßige Übermittlung von Meldedaten

[1]Die Meldebehörden übermitteln der Polizei die zur Fortschreibung der polizeilichen Informationssysteme erforderlichen Daten nach § 11 der Niedersächsischen Meldedatenverordnung über Personen, die das 14. Lebensjahr vollendet haben,

1. bei der An- und der Abmeldung, bei einer Namensänderung und beim Versterben,
2. bei der Eintragung, der Verlängerung der Befristung und der Aufhebung einer Auskunftssperre (§ 51 des Bundesmeldegesetzes) sowie
3. bei der Einrichtung und der Löschung eines bedingten Sperrvermerks (§ 52 des Bundesmeldegesetzes).

[2]Sind in den polizeilichen Informationssystemen Daten über eine Person bereits enthalten, so werden die nach Satz 1 übermittelten Daten über diese Person in den polizeilichen Informationssystemen gespeichert. [3]In den übrigen Fällen werden die Daten unverzüglich gelöscht. [4]Im Übrigen ist die Verordnung nach § 8 des Niedersächsischen Ausführungsgesetzes zum Bundesmeldegesetz ergänzend anzuwenden.

§ 43 Datenübermittlung an andere öffentliche Stellen, an ausländische öffentliche Stellen sowie an über- und zwischenstaatliche Stellen

(1) Die Verwaltungs- und Polizeibehörden können personenbezogene Daten an andere öffentliche Stellen übermitteln, soweit dies
1. zur Erfüllung der Aufgaben der übermittelnden Stelle,
2. zur Abwehr einer Gefahr durch den Empfänger oder
3. zur Abwehr erheblicher Nachteile für das Gemeinwohl oder zur Abwehr einer schwerwiegenden Beeinträchtigung der Rechte einer Person

erforderlich ist.

(2) Personenbezogene Daten können an ausländische öffentliche Stellen sowie an über- und zwischenstaatliche Stellen übermittelt werden, soweit dies
1. in einem Gesetz, einem Rechtsakt der Europäischen Gemeinschaften oder einem internationalen Vertrag geregelt ist oder
2. zur Abwehr einer Gefahr durch die übermittelnde Stelle oder zur Abwehr einer erheblichen Gefahr durch den Empfänger

erforderlich ist.

(3) Für die Übermittlung von personenbezogenen Daten, die mit besonderen Mitteln oder Methoden erhoben worden sind, gilt in den Fällen der Absätze 1 und 2 Nr. 2 § 39 Abs. 1 Satz 1 entsprechend.

(4) [1]In den Fällen des Absatzes 2 Nr. 2 darf die Übermittlung an eine ausländische öffentliche Stelle oder an eine über- und zwischenstaatliche Stelle nur erfolgen, wenn für diese Stelle den Vorschriften dieses Gesetzes vergleichbare Datenschutzregelungen gelten. [2]Satz 1 gilt nicht, soweit unter Berücksichtigung der schutzwürdigen Belange der betroffenen Person und der Bedeutung, die der Erfüllung der Aufgabe der Gefahrenabwehr zukommt, Belange der internationalen polizeilichen Zusammenarbeit überwiegen.

(5) Eine Übermittlung nach Absatz 2 darf nicht erfolgen, soweit Grund zu der Annahme besteht, dass die Übermittlung einen Verstoß gegen wesentliche Grundsätze des deutschen Rechts, insbesondere gegen Grundrechte, zur Folge haben würde.

§ 44 Datenübermittlung an Personen oder Stellen außerhalb des öffentlichen Bereichs, Bekanntgabe an die Öffentlichkeit

(1) [1]Die Verwaltungsbehörden und die Polizei können personenbezogene Daten an Personen oder Stellen außerhalb des öffentlichen Bereichs übermitteln, soweit dies
1. zur Abwehr einer Gefahr erforderlich ist,
2. die Empfänger ein rechtliches Interesse an der Kenntnis der zu übermittelnden Daten glaubhaft machen und kein Grund zu der Annahme besteht, dass das schutzwürdige Interesse der Betroffenen an der Geheimhaltung überwiegt, oder
3. sie im öffentlichen Interesse liegt oder hierfür ein berechtigtes Interesse geltend gemacht wird und die Betroffenen in diesen Fällen der Übermittlung nicht widersprochen haben.

[2]In den Fällen des Satzes 1 Nr. 3 sind die Betroffenen über die beabsichtigte Übermittlung, die Art der zu übermittelnden Daten und den Verwendungszweck in geeigneter Weise und rechtzeitig zu unterrichten. [3]Die übermittelnde Stelle hat die Empfänger zu verpflichten, die Daten nur für die Zwecke zu verarbeiten, zu denen sie ihnen übermittelt werden.

(2) [1]Die Verwaltungsbehörden und die Polizei können Daten und Abbildungen einer Person zum Zweck der Ermittlung der Identität oder des Aufenthaltsortes oder zur Warnung öffentlich bekanntgeben, wenn

1. dies zur Abwehr einer Gefahr für Leib oder Leben unerlässlich ist oder
2. Tatsachen die Annahme rechtfertigen, dass diese Person eine Straftat von erheblicher Bedeutung begehen wird, und die Bekanntgabe zur Verhütung dieser Straftat unerlässlich ist.

[2]§ 40 Abs. 2 ist nicht anzuwenden, wenn die Warnung mit einer wertenden Angabe über die Person verbunden ist.

§ 45 Datenabgleich

(1) [1]Die Polizei kann von ihr rechtmäßig erlangte personenbezogene Daten mit Dateien abgleichen, die der Suche nach Personen oder Sachen dienen. [2]Die Polizei kann darüber hinaus jedes amtliche Kennzeichen von Kraftfahrzeugen mit den in Satz 1 genannten Dateien abgleichen, wenn dies zur Gefahrenabwehr erforderlich ist. [3]Ein Abgleich der nach § 31 Abs. 3 erhobenen Daten ist nur mit Zustimmung der betroffenen Person zulässig.

(2) [1]Die Polizei kann personenbezogene Daten mit polizeilichen Dateien oder mit Dateien, für die sie eine Berechtigung zum Abruf hat, im Rahmen der jeweiligen Zweckbestimmung dieser Dateien abgleichen, wenn Tatsachen die Annahme rechtfertigen, dass dies zur Erfüllung einer bestimmten Aufgabe der Gefahrenabwehr erforderlich ist. [2]Satz 1 gilt für Verwaltungsbehörden entsprechend.

(3) Wird eine Person zur Durchführung einer Maßnahme angehalten und kann der Datenabgleich nach Absatz 1 Satz 1 nicht bis zum Abschluss dieser Maßnahme vorgenommen werden, so darf sie weiterhin für den Zeitraum festgehalten werden, der regelmäßig für die Durchführung eines Datenabgleichs notwendig ist.

§ 45a ***[aufgehoben]***

§ 46 Dateibeschreibung

Die Dateibeschreibung für die in einer polizeilichen Datei zu speichernden Daten erlässt die Behördenleitung.

§ 47 Prüffristen

(1) [1]Für jede Person, über die personenbezogene Daten in einer Datei gespeichert sind, ist nach Ablauf bestimmter Fristen zu prüfen, ob personenbezogene Daten zu berichtigen, zu löschen oder zu sperren sind. [2]Die Fristen dürfen

1. bei Erwachsenen zehn Jahre,
2. bei Minderjährigen fünf Jahre und
3. bei Minderjährigen, die das 14. Lebensjahr nicht vollendet haben, zwei Jahre

nicht überschreiten. [3]Die Frist beginnt mit der ersten Speicherung eines personenbezogenen Datums. [4]Verbüßt die Person eine Freiheitsstrafe oder ist gegen sie eine mit Freiheitsentzug verbundene Maßregel der Besserung und Sicherung angeordnet, so beginnt die Frist mit der Entlassung.

(2) Absatz 1 findet keine Anwendung auf personenbezogene Daten Dritter in Kriminalakten und auf personenbezogene Daten in Sachakten.

(3) [1]Die Pflicht, einzelne Daten unabhängig von einer nach Absatz 1 bestimmten Frist zu berichtigen, zu löschen oder zu sperren, bleibt unberührt. [2]Artikel 18 Abs. 1 Buchst. a der Datenschutz-Grundverordnung oder im Anwendungsbereich des § 23 des Niedersächsischen Datenschutzgesetzes § 52 Abs. 1 Satz 4 des Niedersächsischen Datenschutzgesetzes ist nicht anzuwenden.

§ 48 Dokumentation, Beteiligung der oder des Landesbeauftragten für den Datenschutz

(1) [1]Datenerhebungen nach den §§ 17c und 32 Abs. 2 sowie den §§ 33a bis 37a und die Löschung dieser Daten sind zu dokumentieren. [2]Aus der Dokumentation über die Erhebung muss ersichtlich sein

1. die zur Datenerhebung eingesetzte Maßnahme,
2. die von der Maßnahme betroffenen Personen,
3. Ort, Zeitpunkt und Dauer des Einsatzes,
4. bei Datenerhebungen nach § 33a Abs. 2 und § 33d Angaben, die die Feststellung der erhobenen Daten ermöglichen, sowie
5. die Organisationseinheit, die die Maßnahme durchführt.

[3]Die Dokumentation über die Löschung muss Angaben zu deren Zeitpunkt sowie über die für die Löschung verantwortliche Person enthalten. [4]Die Dokumentationsdaten dürfen nur verwendet werden für Zwecke der Unterrichtung nach § 30 Abs. 4 oder um der betroffenen Person oder einer dazu befugten öffentlichen Stelle die Prüfung zu ermöglichen, ob die Maßnahmen rechtmäßig durchgeführt und die Daten rechtmäßig verarbeitet worden sind. [5]Sie sind zu löschen, wenn seit einer Unterrichtung nach § 30 Abs. 4 ein Jahr vergangen ist oder es einer Unterrichtung gemäß § 30 Abs. 7 endgültig nicht bedarf, frühestens jedoch zwei Jahre nach der Dokumentation, es sei denn, die oder der Landesbeauftragte für den Datenschutz zeigt an, dass die Daten zur Erfüllung ihrer oder seiner Aufgaben weiterhin benötigt werden.

(2) Die oder der Landesbeauftragte für den Datenschutz kontrolliert im Abstand von höchstens zwei Jahren die Einhaltung der gesetzlichen Vorschriften über die Verarbeitung von personenbezogenen Daten, die nach den §§ 17c und 32 Abs. 2 sowie den §§ 33a bis 37a erhoben wurden.

§ 49 Anwendung des Niedersächsischen Datenschutzgesetzes

Bei der Erfüllung von Aufgaben nach § 1 Abs. 1, 4 und 5 dieses Gesetzes durch die Verwaltungsbehörden und die Polizei finden die Vorschriften des Kapitels II der Datenschutz-Grundverordnung und der §§ 4 bis 6 des Niedersächsischen Datenschutzgesetzes sowie im Anwendungsbereich des § 23 des Niedersächsischen Datenschutzgesetzes die Vorschriften der §§ 25 bis 27, 29 bis 32 und das Dritte Kapitel des Zweiten Teils des Niedersächsischen Datenschutzgesetzes nur Anwendung, soweit in diesem Gesetz ausdrücklich auf diese Vorschriften verwiesen wird.

§ 49a Ordnungswidrigkeiten, Strafvorschriften

(1) [1]Ordnungswidrig handelt, wer einer vollziehbaren Anordnung nach § 16a oder § 17 zuwiderhandelt. [2]Die Ordnungswidrigkeit kann mit einer Geldbuße bis zu 5 000 Euro geahndet werden.

(2) Mit Freiheitsstrafe bis zu zwei Jahren oder mit Geldstrafe wird bestraft, wer

1. einer vollziehbaren Anordnung nach § 17a oder einer vollstreckbaren gerichtlichen Anordnung nach § 17b zuwiderhandelt und dadurch den Zweck der Anordnung gefährdet oder
2. einer vollstreckbaren gerichtlichen Anordnung nach § 17c zuwiderhandelt und dadurch die kontinuierliche Feststellung seines Aufenthaltsortes verhindert.

(3) Eine Straftat nach Absatz 2 wird nur auf Antrag der anordnenden Polizeidienststelle verfolgt.

Vierter Teil

Vollzug

§ 50 Verwaltungsvollzugsbeamtinnen, Verwaltungsvollzugsbeamte

(1) [1]Die Verwaltungsbehörden vollziehen ihre Aufgaben grundsätzlich selbst. [2]Hierzu haben sie nach Maßgabe der in Absatz 2 genannten Verordnung Verwaltungsvollzugsbeamtinnen oder Verwaltungsvollzugsbeamte zu bestellen.

(2) Das für Inneres zuständige Ministerium wird ermächtigt, im Einvernehmen mit dem Fachministerium durch Verordnung zu regeln

1. die Aufgaben, für die die Verwaltungsbehörden Verwaltungsvollzugsbeamtinnen oder Verwaltungsvollzugsbeamte zu bestellen haben,
2. die Aufgaben, für die die Verwaltungsbehörden über ihre Verpflichtung nach Nummer 1 hinaus berechtigt sind, Verwaltungsvollzugsbeamtinnen oder Verwaltungsvollzugsbeamte zu bestellen,
3. die allgemeinen Voraussetzungen und das Verfahren für die Bestellung von Verwaltungsvollzugsbeamtinnen oder Verwaltungsvollzugsbeamten sowie die Notwendigkeit der Bestätigung durch die Fachaufsichtsbehörde in bestimmten Fällen,
4. die Befugnisse (§§ 11 bis 48) und die Zwangsbefugnisse (§§ 64 bis 79), die die Verwaltungsvollzugsbeamtinnen oder Verwaltungsvollzugsbeamten besitzen.

§ 51 Vollzugshilfe

(1) Die Polizei leistet anderen Behörden auf Ersuchen Vollzugshilfe, wenn unmittelbarer Zwang anzuwenden ist und die anderen Behörden nicht über die hierzu erforderlichen Dienstkräfte verfügen.

(2) [1]Die Polizei ist nur für die Art und Weise der Durchführung verantwortlich. [2]Im übrigen gelten die Grundsätze der Amtshilfe entsprechend.

(3) Die Verpflichtung zur Amtshilfe bleibt unberührt.

§ 52 Verfahren bei Vollzugshilfeersuchen

(1) Vollzugshilfeersuchen sind schriftlich zu stellen; sie haben den Grund und die Rechtsgrundlage der Maßnahme anzugeben.

(2) [1]In Eilfällen kann das Ersuchen formlos gestellt werden. [2]Es ist jedoch auf Verlangen unverzüglich schriftlich zu bestätigen.

(3) Die ersuchende Behörde ist von der Ausführung des Ersuchens zu verständigen.

§ 53 Vollzugshilfe bei Freiheitsentziehung

(1) Hat das Vollzugshilfeersuchen eine Freiheitsentziehung zum Inhalt, so ist auch die richterliche Entscheidung über die Zulässigkeit der Freiheitsentziehung vorzulegen oder in dem Ersuchen zu bezeichnen.

(2) Ist eine vorherige richterliche Entscheidung nicht ergangen, so hat die Polizei die festgehaltene Person zu entlassen, wenn die ersuchende Behörde diese nicht übernimmt oder die richterliche Entscheidung nicht unverzüglich nachträglich beantragt.

(3) Die §§ 20 und 21 gelten entsprechend.

Fünfter Teil

Verordnungen

§ 54 Anwendung

[1]Die Vorschriften des Fünften Teils finden Anwendung auf Verordnungen nach § 55. [2]Werden Verordnungen aufgrund des § 55 und zugleich aufgrund anderer Rechtsgrundlagen erlassen, so gilt Satz 1 nur für die auf § 55 gestützten Vorschriften dieser Verordnungen.

§ 55 Verordnungsermächtigung

(1) Zur Abwehr abstrakter Gefahren werden zum Erlass von Verordnungen ermächtigt:

1. die Gemeinden für ihren Bezirk oder für Teile ihres Bezirks,
2. die Landkreise für ihren Bezirk oder für Teile des Bezirks, an denen mehr als eine Gemeinde beteiligt ist,
3. das für Inneres zuständige Ministerium und im Einvernehmen mit ihm die Fachministerien für das Land oder für Teile des Landes, an denen mehr als ein Landkreis beteiligt ist.

(2) [1]Die Gemeinden und Landkreise erlassen die Verordnungen nach den für Satzungen geltenden Vorschriften. [2]Bei Gefahr im Verzuge erlassen die Hauptverwaltungsbeamtinnen oder die Hauptverwaltungsbeamten die Verordnungen (Eilverordnungen); sie haben die Vertretungskörperschaften unverzüglich hiervon zu unterrichten.

§ 56 – aufgehoben –

§ 57 Inhalt

(1) Der Inhalt der Verordnungen muss bestimmt sein.

(2) Auf Regelungen außerhalb der Verordnung darf nur verwiesen werden, wenn sie in anderen Verordnungen derselben Behörde, in Verordnungen übergeordneter Behörden oder in Gesetzen enthalten sind.

§ 58 Formvorschriften

Eine Verordnung muss

1. eine ihren Inhalt kennzeichnende Überschrift tragen,
2. in der Überschrift als Verordnung bezeichnet sein,
3. die Behörde bezeichnen, die sie erlassen hat,
4. die Rechtsgrundlage angeben,
5. den räumlichen Geltungsbereich angeben,
6. unterzeichnet sein und das Datum der Ausfertigung enthalten.

§ 59 Zuwiderhandlungen

(1) Ordnungswidrig handelt, wer vorsätzlich oder fahrlässig den Geboten oder Verboten einer Verordnung zuwiderhandelt, soweit die Verordnung für einen bestimmten Tatbestand auf diese Bußgeldvorschrift verweist.

(2) Die Ordnungswidrigkeit kann mit einer Geldbuße bis zu 5 000 Euro geahndet werden.

§ 60 Verkündung und In-Kraft-Treten

[1]Die Verordnungen können als Tag des Inkrafttretens frühestens den Tag nach ihrer Verkündung angeben. [2]Bei gegenwärtiger erheblicher Gefahr kann eine Verordnung mit ihrer Verkündung in Kraft treten.

§ 61 Geltungsdauer

[1]Die Verordnungen sollen eine Beschränkung ihrer Geltungsdauer enthalten. [2]Sie treten spätestens 20 Jahre nach ihrem In-Kraft-Treten außer Kraft. [3]Verordnungen, die nach dem 31. Mai 2019 in Kraft treten, treten spätestens zehn Jahre nach ihrem Inkrafttreten außer Kraft.

§ 62 Änderung und Aufhebung von Verordnungen durch die Fachaufsicht

(1) [1]Die Fachaufsichtsbehörden können verlangen, dass Verordnungen geändert oder aufgehoben werden. [2]Sie können Verordnungen auch ganz oder teilweise aufheben. [3]Die Aufhebung ist wie die aufgehobene Verordnung zu veröffentlichen.

(2) [1]Verordnungen nachgeordneter Behörden können in Verordnungen übergeordneter Behörden, die denselben Gegenstand regeln, geändert oder aufgehoben werden. [2]Das gilt auch im Verhältnis der Landkreise zu den großen selbständigen Städten.

§ 63 *[aufgehoben]*

Sechster Teil
Zwang

1. Abschnitt
Erzwingung von Handlungen, Duldungen und Unterlassungen

§ 64 Zulässigkeit, Zuständigkeit, Wirkung von Rechtsbehelfen

(1) Der Verwaltungsakt, der auf die Vornahme einer Handlung oder auf Duldung oder Unterlassung gerichtet ist, kann mit Zwangsmitteln durchgesetzt werden, wenn er unanfechtbar ist oder wenn ein Rechtsbehelf keine aufschiebende Wirkung hat.

(2) [1]Zwangsmittel können ohne vorausgehenden Verwaltungsakt angewendet werden, wenn dies

1. zur Abwehr einer gegenwärtigen Gefahr, insbesondere weil Maßnahmen gegen Personen nach den §§ 6 bis 8 nicht oder nicht rechtzeitig möglich sind oder keinen Erfolg versprechen, oder
2. zur Durchsetzung gerichtlich angeordneter Maßnahmen, die der Verwaltungsbehörde oder der Polizei obliegen,

erforderlich ist und die Verwaltungsbehörde oder die Polizei hierbei innerhalb ihrer Befugnisse handelt. [2]Die betroffene Person ist zu benachrichtigen. [3]In den Fällen des Satzes 1 Nr. 1 kann das Zwangsmittel der Ersatzvornahme auch gegen eine nach § 7 verantwortliche juristische Person des öffentlichen Rechts angewendet werden, sofern diese dadurch nicht an der Erfüllung ihrer öffentlichen Aufgaben gehindert wird.

(3) [1]Für die Anwendung von Zwangsmitteln ist die Verwaltungs- oder die Polizeibehörde zuständig, die für den Erlass des Verwaltungsaktes zuständig ist. [2]Schließt ein von einer Verwaltungsbehörde erlassener Verwaltungsakt eine andere behördliche Entscheidung ein, so ist abweichend von Satz 1 für die Anwendung von Zwangsmitteln zur Durchsetzung von Auflagen, die sich auf die eingeschlossene Entscheidung beziehen, die für die eingeschlossene Entscheidung zuständige Behörde zuständig. [3]Soweit Verwaltungsakte von obersten Landesbehörden oder von besonderen Verwaltungsbehörden erlassen werden, wird die Landesregierung ermächtigt, durch Verordnung die Zuständigkeit abweichend zu regeln.

(4) [1]Rechtsbehelfe gegen die Androhung oder Festsetzung von Zwangsmitteln haben keine aufschiebende Wirkung. [2]§ 80 Abs. 4 bis 8 der Verwaltungsgerichtsordnung ist entsprechend anzuwenden.

(5) Einwendungen gegen die Rechtmäßigkeit eines Verwaltungsaktes, der mit Zwangsmitteln durchgesetzt werden soll, sind, auch wenn diese nach Eintritt der Unanfechtbarkeit entstanden sind, außerhalb des Verfahrens zu dessen Durchsetzung mit den hierfür gegebenen Rechtsbehelfen zu verfolgen.

§ 65 Zwangsmittel

(1) Zwangsmittel sind:

1. Ersatzvornahme (§ 66),
2. Zwangsgeld (§ 67),
3. unmittelbarer Zwang (§ 69).

(2) Sie sind nach Maßgabe der §§ 70 und 74 anzudrohen.

(3) Die Zwangsmittel können auch neben einer Strafe oder Geldbuße angewendet und solange wiederholt und gewechselt werden, bis der Verwaltungsakt befolgt worden ist oder sich auf andere Weise erledigt hat.

§ 66 Ersatzvornahme

(1) [1]Wird die Verpflichtung, eine Handlung vorzunehmen, deren Vornahme durch eine andere Person möglich ist (vertretbare Handlung), nicht erfüllt, so kann die Verwaltungsbehörde oder die Polizei auf Kosten der betroffenen Person die Handlung selbst ausführen oder eine andere Person mit der Ausführung beauftragen. [2]Für die zusätzlich zur Ausführung der Handlung erforderlichen Amtshandlungen werden Gebühren und Auslagen nach den Vorschriften des Niedersächsischen Verwaltungskostengesetzes erhoben.

(2) [1]Es kann bestimmt werden, dass die betroffene Person die voraussichtlichen Kosten der Ersatzvornahme im Voraus zu zahlen hat. [2]Werden die Kosten der Ersatzvornahme nicht fristgerecht gezahlt, so können sie im Verwaltungszwangsverfahren beigetrieben werden. [3]Die Beitreibung der voraussichtlichen Kosten unterbleibt, wenn die gebotene Handlung ausgeführt wird.

(3) Kosten der Ersatzvornahme nach Absatz 1 Satz 1 wegen einer Handlungsverpflichtung, die

1. der Grundstückseigentümerin oder dem Grundstückseigentümer in Bezug auf ihr oder sein Grundstück,
2. der Wohnungs- oder Teileigentümerin oder dem Wohnungs- oder Teileigentümer in Bezug auf ihr oder sein Wohnungs- oder Teileigentum,
3. der oder dem Erbbauberechtigten in Bezug auf ihr oder sein Erbbaurecht oder
4. der Inhaberin oder dem Inhaber eines sonstigen grundstücksgleichen Rechts in Bezug auf dieses Recht

aufgegeben wurden, ruhen als öffentliche Last im Fall der Nummer 1 auf dem Grundstück, der Nummer 2 auf dem Wohnungs- oder Teileigentum, der Nummer 3 auf dem Erbbaurecht und der Nummer 4 auf dem sonstigen grundstücksgleichen Recht; soweit im Fall der Nummer 2 die Handlungsverpflichtung in Bezug auf das Gemeinschaftseigentum aufgegeben wurde, ruhen die Kosten der Ersatzvornahme nur im Umfang des Miteigentumsanteils auf dem Wohnungs- oder Teileigentum.

§ 67 Zwangsgeld

(1) [1]Das Zwangsgeld wird auf mindestens 10 und auf höchstens 100 000 Euro schriftlich festgesetzt. [2]Bei seiner Bemessung ist auch das wirtschaftliche Interesse der betroffenen Person an der Nichtbefolgung des Verwaltungsaktes zu berücksichtigen.

(2) [1]Mit der Festsetzung des Zwangsgeldes ist der betroffenen Person eine angemessene Frist zur Zahlung einzuräumen. [2]Eine Beitreibung unterbleibt, wenn die gebotene Handlung ausgeführt oder die zu duldende Maßnahme gestattet wird.

§ 68 Ersatzzwangshaft

(1) [1]Ist das Zwangsgeld uneinbringlich, so kann das Amtsgericht auf Antrag der Verwaltungsbehörde oder der Polizei die Ersatzzwangshaft anordnen, wenn bei Androhung des Zwangsgeldes darauf hingewiesen worden ist. [2]Die Ersatzzwangshaft beträgt mindestens einen Tag, höchstens zwei Wochen.

(2) [1]Örtlich zuständig ist das Amtsgericht, in dessen Bezirk die betroffene Person ihren gewöhnlichen Aufenthalt hat. [2]Hat die Person in Niedersachsen keinen gewöhnlichen Aufenthalt oder lässt sich der gewöhnliche Aufenthalt nicht feststellen, so ist das Amtsgericht örtlich zuständig, in dessen Bezirk die Verwaltungsbehörde oder die Polizeibehörde, die den Antrag stellt, ihren Sitz hat. [3]Im Übrigen gilt für das gerichtliche Verfahren § 19 Abs. 4 entsprechend. [4]Gerichtliche Entscheidungen, die die Zwangshaft anordnen, werden mit der Rechtskraft wirksam.

(3) [1]Die für die Vollstreckung erforderlichen Entscheidungen trifft das Amtsgericht auf Antrag der Verwaltungsbehörde oder der Polizeibehörde. [2]Die § 802g Abs. 2 und § 802h der Zivilprozessordnung gelten entsprechend; im Übrigen ist Absatz 2 anzuwenden.

§ 69 Unmittelbarer Zwang

(1) Unmittelbarer Zwang ist die Einwirkung auf Personen oder Sachen durch körperliche Gewalt, durch ihre Hilfsmittel und durch Waffen.

(2) Körperliche Gewalt ist jede unmittelbare körperliche Einwirkung auf Personen oder Sachen.

(3) Hilfsmittel der körperlichen Gewalt sind insbesondere Fesseln, Wasserwerfer, technische Sperren, Diensthunde, Dienstpferde, Dienstfahrzeuge, Reiz- und Betäubungsstoffe sowie zum Sprengen bestimmte explosionsfähige Stoffe (Sprengmittel).

(4) Als Waffen sind Elektroimpulsgerät, Schlagstock, Pistole, Revolver, Gewehr und Maschinenpistole zugelassen.

(5) Wird die Bundespolizei zur Unterstützung der niedersächsischen Polizei im Gebiet des Landes Niedersachsen nach § 103 Abs. 3 in Verbindung mit § 103 Abs. 1 Satz 1 Nr. 2 in den Fällen des Artikels 35 Abs. 2 Satz 1 oder des Artikels 91 Abs. 1 des Grundgesetzes eingesetzt, so sind für die Bundespolizei auch die in Absatz 4 nicht genannten Waffen, die er aufgrund Bundesrechts am 1. Juli 1982 führen darf, zugelassen (besondere Waffen).

(6) Die Verwaltungsbehörden oder die Polizei können unmittelbaren Zwang anwenden, wenn andere Zwangsmittel nicht in Betracht kommen oder keinen Erfolg versprechen.

(7) Unmittelbarer Zwang zur Abgabe einer Erklärung ist ausgeschlossen.

(8) [1]Unmittelbaren Zwang dürfen die mit polizeilichen Befugnissen betrauten Personen anwenden, wenn sie hierzu ermächtigt sind. [2]Die Ermächtigung zum Gebrauch von Maschinenpistolen darf nur Polizeibeamtinnen und Polizeibeamten, die Ermächtigung zum Gebrauch anderer Waffen im Sinne von Absatz 4 nur Polizeibeamtinnen und Polizeibeamten, Forstbeamtinnen und Forstbeamten oder bestätigten Jagdaufseherinnen und bestätigten Jagdaufsehern erteilt werden. [3]Hilfspolizeibeamtinnen und Hilfspolizeibeamte dürfen nur zum Gebrauch des Schlagstocks ermächtigt werden. [4]Zuständig für die Erteilung der Ermächtigung sind das für Inneres zuständige Ministerium im Einvernehmen mit dem Fachministerium oder die von ihnen bestimmten Stellen.

(9) Sprengmittel dürfen nur durch hierfür besonders ermächtigte Personen gebraucht und nur gegen Sachen angewendet werden.

§ 70 Androhung der Zwangsmittel

(1) [1]Zwangsmittel sind, möglichst schriftlich, anzudrohen. [2]Der betroffenen Person ist in der Androhung zur Erfüllung der Verpflichtung eine angemessene Frist zu setzen; eine Frist braucht nicht bestimmt zu werden, wenn eine Duldung oder Unterlassung erzwungen werden soll. [3]Von der Androhung kann abgesehen werden, wenn die Umstände sie nicht zulassen, insbesondere wenn die sofortige Anwendung des Zwangsmittels zur Abwehr einer gegenwärtigen Gefahr notwendig ist.

(2) [1]Die Androhung kann mit dem Verwaltungsakt verbunden werden, durch den die Handlung, Duldung oder Unterlassung aufgegeben wird. [2]Sie soll mit ihm verbunden werden, wenn ein Rechtsbehelf keine aufschiebende Wirkung hat.

(3) [1]Die Androhung muss sich auf bestimmte Zwangsmittel beziehen. [2]Werden mehrere Zwangsmittel angedroht, so ist anzugeben, in welcher Reihenfolge sie angewendet werden sollen.

(4) Wird Ersatzvornahme angedroht, so sollen in der Androhung die voraussichtlichen Kosten angegeben werden.

(5) Das Zwangsgeld ist in bestimmter Höhe anzudrohen.

(6) Für die Androhung unmittelbaren Zwangs gilt § 74 ergänzend.

2. Abschnitt

Ausübung unmittelbaren Zwangs

§ 71 Rechtliche Grundlagen

(1) Für die Art und Weise der Anwendung unmittelbaren Zwangs gelten die §§ 72 bis 79 und, soweit sich aus diesen nichts Abweichendes ergibt, die übrigen Vorschriften dieses Gesetzes.

(2) Die zivil- und strafrechtlichen Wirkungen nach den Vorschriften über Notwehr und Notstand bleiben unberührt.

§ 72 Handeln auf Anordnung

(1) [1]Die zur Anwendung unmittelbaren Zwangs befugten Personen sind verpflichtet, unmittelbaren Zwang anzuwenden, der von Weisungsberechtigten angeordnet wird. [2]Dies gilt nicht, wenn die Anordnung die Menschenwürde verletzt oder nicht zu dienstlichen Zwecken erteilt worden ist.

(2) [1]Eine Anordnung darf nicht befolgt werden, wenn dadurch eine Straftat begangen würde. [2]Befolgt die zur Anwendung unmittelbaren Zwangs befugte Person die Anordnung trotzdem, so trifft sie eine Schuld nur, wenn sie erkennt oder wenn es nach den ihr bekannten Umständen offensichtlich ist, dass dadurch eine Straftat begangen wird.

(3) Bedenken gegen die Rechtmäßigkeit der Anordnung sind der Anordnenden oder dem Anordnenden gegenüber vorzubringen, soweit dies nach den Umständen möglich ist.

(4) § 36 Abs. 2 und 3 des Beamtenstatusgesetzes ist nicht anzuwenden.

§ 73 Hilfeleistung für Verletzte

Wird unmittelbarer Zwang angewandt, so ist Verletzten, soweit es nötig ist und die Lage es zulässt, Beistand zu leisten und ärztliche Hilfe zu verschaffen.

§ 74 Androhung unmittelbaren Zwangs

(1) [1]Unmittelbarer Zwang ist vor seiner Anwendung anzudrohen. [2]Von der Androhung kann abgesehen werden, wenn die Umstände sie nicht zulassen, insbesondere wenn die sofortige Anwendung des Zwangsmittels zur Abwehr einer gegenwärtigen Gefahr notwendig ist. [3]Als Androhung des Schusswaffengebrauchs gilt auch die Abgabe eines Warnschusses.

(2) Schusswaffen und besondere Waffen dürfen nur dann ohne Androhung gebraucht werden, wenn dies zur Abwehr einer gegenwärtigen Gefahr für Leib oder Leben erforderlich ist.

(3) [1]Gegenüber einer Menschenmenge ist die Anwendung unmittelbaren Zwangs möglichst so rechtzeitig anzudrohen, dass sich Unbeteiligte noch entfernen können. [2]Der Gebrauch von Schusswaffen gegen Personen in einer Menschenmenge ist stets anzudrohen; die Androhung ist vor dem Gebrauch von Schusswaffen zu wiederholen.

(4) Die Anwendung von technischen Sperren und der Einsatz von Dienstpferden brauchen nicht angedroht zu werden.

§ 75 Fesselung von Personen

Eine Person, die nach diesem Gesetz oder anderen Rechtsvorschriften festgehalten wird, darf gefesselt werden, wenn Tatsachen die Annahme rechtfertigen, dass sie

1. Personen angreifen, Widerstand leisten oder Sachen beschädigen wird,
2. fliehen wird oder befreit werden soll oder
3. sich töten oder verletzen wird.

§ 76 Allgemeine Vorschriften für den Schusswaffengebrauch

(1) [1]Schusswaffen dürfen nur gebraucht werden, wenn andere Maßnahmen des unmittelbaren Zwangs erfolglos angewandt sind oder offensichtlich keinen Erfolg versprechen. [2]Gegen Personen ist ihr Gebrauch nur zulässig, wenn der Zweck nicht durch Schusswaffengebrauch gegen Sachen erreicht werden kann.

(2) [1]Schusswaffen dürfen gegen Personen nur gebraucht werden, um angriffs- oder fluchtunfähig zu machen. [2]Ein Schuss, der mit an Sicherheit grenzender Wahrscheinlichkeit tödlich wirken wird, ist nur zulässig, wenn er das einzige Mittel zu Abwehr einer gegenwärtigen Lebensgefahr oder der gegenwärtigen Gefahr einer schwerwiegenden Verletzung der körperlichen Unversehrtheit ist.

(3) [1]Gegen Personen, die dem äußeren Eindruck nach noch nicht 14 Jahre alt sind, dürfen Schusswaffen nicht gebraucht werden. [2]Dies gilt nicht, wenn der Schusswaffengebrauch das einzige Mittel zur Abwehr einer gegenwärtigen Gefahr für Leib oder Leben ist.

(4) [1]Der Schusswaffengebrauch ist unzulässig, wenn für die Beamtin oder den Beamten erkennbar Unbeteiligte mit hoher Wahrscheinlichkeit gefährdet werden. [2]Dies gilt nicht, wenn der Schusswaffengebrauch das einzige Mittel zur Abwehr einer gegenwärtigen Lebensgefahr ist.

§ 77 Schusswaffengebrauch gegen Personen

(1) Schusswaffen dürfen gegen Personen nur gebraucht werden,

1. um eine gegenwärtige Gefahr für Leib oder Leben abzuwehren,
2. um die unmittelbar bevorstehende Begehung oder Fortsetzung eines Verbrechens oder eines Vergehens unter Anwendung oder Mitführung von Schusswaffen oder Explosivmitteln zu verhindern,
3. um eine Person anzuhalten, die sich der Festnahme oder Identitätsfeststellung durch Flucht zu entziehen versucht, wenn sie
   a) eines Verbrechens dringend verdächtig ist oder
   b) eines Vergehens dringend verdächtig ist und Tatsachen die Annahme rechtfertigen, dass sie Schusswaffen oder Explosivmittel mit sich führt,
4. zur Vereitelung der Flucht oder zur Ergreifung einer Person, die in amtlichem Gewahrsam zu halten oder ihm zuzuführen ist
   a) aufgrund richterlicher Entscheidung wegen eines Verbrechens oder aufgrund des dringenden Verdachts eines Verbrechens oder
   b) aufgrund richterlicher Entscheidung wegen eines Vergehens oder aufgrund des dringenden Verdachts eines Vergehens, sofern Tatsachen die Annahme rechtfertigen, dass sie Schusswaffen oder Explosivmittel mit sich führt,
5. um die gewaltsame Befreiung einer Person aus amtlichem Gewahrsam zu verhindern oder in den Fällen des § 100 Abs. 1 Satz 1 Nrn. 1 und 2 und Abs. 2 des Strafvollzugsgesetzes, des § 92 Abs. 1 Satz 1 Nrn. 1 und 2 und Abs. 2 des Niedersächsischen Justizvollzugsgesetzes und des § 96 Abs. 1 Satz 1 Nrn. 1 und 2 und Abs. 2 des Niedersächsischen Sicherungsverwahrungsvollzugsgesetzes, auch soweit für den Vollzug anderer freiheitsentziehender Maßnahmen auf diese Vorschriften verwiesen wird.

(2) Schusswaffen dürfen nach Absatz 1 Nr. 4 nicht gebraucht werden, wenn es sich um den Vollzug eines Jugendarrestes oder eines Strafarrestes handelt oder wenn die Flucht aus einer offenen Anstalt verhindert werden soll.

§ 78 Schusswaffengebrauch gegen Personen in einer Menschenmenge

(1) Schusswaffen dürfen gegen Personen in einer Menschenmenge nur gebraucht werden, wenn von ihr oder aus ihr heraus schwerwiegende Gewalttaten begangen werden oder unmittelbar bevorstehen und andere Maßnahmen keinen Erfolg versprechen.

(2) Wer sich aus einer solchen Menschenmenge nach wiederholter Androhung des Schusswaffengebrauchs nicht entfernt, obwohl ihm dies möglich ist, ist nicht als Unbeteiligter (§ 76 Abs. 4) anzusehen.

§ 79 Besondere Waffen, Sprengmittel

(1) Besondere Waffen dürfen gegen Personen nur in den Fällen des § 77 Abs. 1 Nrn. 1, 2 und 5 und nur dann eingesetzt werden, wenn

1. diese Personen von Schusswaffen oder Explosivmitteln Gebrauch gemacht haben,
2. der vorherige Gebrauch anderer Schusswaffen erfolglos geblieben ist

und das für Inneres zuständige Ministerium oder eine von diesem im Einzelfall beauftragte Person zugestimmt hat.

(2) [1]Besondere Waffen dürfen nicht gebraucht werden, um fluchtunfähig zu machen. [2]Explosivmittel dürfen gegen Personen in einer Menschenmenge nicht gebraucht werden.

(3) Im Übrigen bleiben die Vorschriften über den Schusswaffengebrauch unberührt.

(4) Sprengmittel dürfen gegen Personen nicht angewandt werden.

Siebenter Teil

Schadensausgleich, Erstattungs- und Ersatzansprüche

§ 80 Zum Schadensausgleich verpflichtende Tatbestände

(1) [1]Erleidet eine Person infolge einer rechtmäßigen Inanspruchnahme nach § 8 einen Schaden, so ist ihr ein angemessener Ausgleich zu gewähren. [2]Das Gleiche gilt, wenn eine Person durch eine rechtswidrige Maßnahme der Verwaltungsbehörde oder der Polizei einen Schaden erleidet.

(2) Der Ausgleich ist auch Personen zu gewähren, die mit Zustimmung der Verwaltungsbehörde oder der Polizei bei der Erfüllung von Aufgaben der Verwaltungsbehörde oder der Polizei freiwillig mitgewirkt oder Sachen zur Verfügung gestellt haben und dadurch einen Schaden erlitten haben.

(3) Der Ausgleich ist auch einer Person zu gewähren, die weder nach § 6 oder § 7 verantwortlich noch nach § 8 in Anspruch genommen worden ist und durch eine rechtmäßige Maßnahme der Verwaltungsbehörde oder der Polizei getötet oder verletzt worden ist oder einen billigerweise nicht zumutbaren sonstigen Schaden erlitten hat.
(4) Weitergehende Ersatzansprüche, insbesondere aus Amtspflichtverletzung, bleiben unberührt.

§ 81 Inhalt, Art und Umfang des Schadensausgleichs

(1) [1]Der Ausgleich nach § 80 wird grundsätzlich nur für Vermögensschaden gewährt. [2]Für entgangenen Gewinn, der über den Ausfall des gewöhnlichen Verdienstes oder Nutzungsentgelts hinausgeht, und für Nachteile, die nicht in unmittelbarem Zusammenhang mit der Maßnahme der Verwaltungsbehörde oder der Polizei stehen, ist ein Ausgleich nur zu gewähren, wenn und soweit dies zur Abwendung unbilliger Härten geboten erscheint.
(2) Bei einer Verletzung des Körpers oder der Gesundheit oder bei einer Freiheitsentziehung ist auch der Schaden, der nicht Vermögensschaden ist, angemessen auszugleichen.
(3) [1]Der Ausgleich wird in Geld gewährt. [2]Hat die zum Ausgleich verpflichtende Maßnahme die Aufhebung oder Minderung der Erwerbsfähigkeit oder eine Vermehrung der Bedürfnisse oder den Verlust oder die Beeinträchtigung eines Rechts auf Unterhalt zur Folge, so ist der Ausgleich durch Entrichtung einer Rente zu gewähren. [3]§ 760 des Bürgerlichen Gesetzbuchs ist anzuwenden. [4]Statt der Rente kann eine Abfindung in Kapital verlangt werden, wenn ein wichtiger Grund vorliegt. [5]Der Anspruch wird nicht dadurch ausgeschlossen, dass eine andere Person der geschädigten Person Unterhalt zu gewähren hat.
(4) Stehen der geschädigten Person Ansprüche gegen Dritte zu, so ist, soweit diese Ansprüche nach Inhalt und Umfang dem Ausgleichsanspruch entsprechen, der Ausgleich nur gegen Abtretung dieser Ansprüche zu gewähren.
(5) [1]Bei der Bemessung des Ausgleichs sind alle Umstände zu berücksichtigen, insbesondere Art und Vorhersehbarkeit des Schadens. [2]Ein Ausgleichsanspruch besteht nicht, wenn die Maßnahme der Verwaltungsbehörde oder der Polizei auch unmittelbar dem Schutz der geschädigten Person oder deren Vermögen gedient hat. [3]§ 254 des Bürgerlichen Gesetzbuchs gilt entsprechend.

§ 82 Ansprüche mittelbar Geschädigter

Im Fall der Tötung ist § 844 des Bürgerlichen Gesetzbuchs im Rahmen des § 81 Abs. 5 entsprechend anzuwenden.

§ 83 Verjährung des Ausgleichsanspruchs

Der Anspruch auf den Ausgleich verjährt in drei Jahren von dem Zeitpunkt an, in welchem die Geschädigte oder der Geschädigte, im Fall des § 82 die Anspruchsberechtigte oder der Anspruchsberechtigte, von dem Schaden und der zum Ausgleich verpflichteten Person Kenntnis erlangt, ohne Rücksicht auf diese Kenntnis in 30 Jahren von dem Eintritt des schädigenden Ereignisses an.

§ 84 Ausgleichspflichtige; Erstattungsansprüche

(1) Ausgleichspflichtig ist die Körperschaft, in deren Dienst diejenige Person steht, die die Maßnahme getroffen hat (Anstellungskörperschaft).
(2) Hat die Person für die Behörde einer anderen Körperschaft gehandelt, so ist diese Körperschaft ausgleichspflichtig.
(3) Ist in den Fällen des Absatzes 2 ein Ausgleich nur wegen der Art und Weise der Durchführung der Maßnahme zu gewähren, so kann die ausgleichspflichtige Körperschaft von der Anstellungskörperschaft Erstattung ihrer Aufwendungen verlangen, es sei denn, daß sie selbst die Verantwortung für die Art und Weise der Durchführung trägt.

§ 85 Rückgriff gegen Verantwortliche

(1) [1]Die nach § 84 ausgleichspflichtige Körperschaft kann von den nach § 6 oder 7 Verantwortlichen Ersatz ihrer Aufwendungen verlangen, wenn sie aufgrund des § 80 Abs. 1 Satz 1, Abs. 2 oder Abs. 3 einen Ausgleich gewährt hat. [2]Die zu erstattende Leistung ist durch Leistungsbescheid festzusetzen.
(2) Sind mehrere Personen nebeneinander verantwortlich, so haften sie gesamtschuldnerisch.

§ 86 Rechtsweg

Für Ansprüche auf Schadensausgleich ist der ordentliche Rechtsweg, für die Ansprüche auf Erstattung und Ersatz von Aufwendungen nach § 84 Abs. 3 oder § 85 der Verwaltungsrechtsweg gegeben.

Achter Teil

Organisation der Polizei und der Verwaltungsbehörden

1. Abschnitt

Polizei

§ 87 Polizeibehörden

(1) Polizeibehörden sind:

1. das Landeskriminalamt Niedersachsen,
2. die Polizeibehörde für zentrale Aufgaben (Zentrale Polizeidirektion),
3. die Polizeidirektionen

(2) Der Bezirk des Landeskriminalamtes Niedersachsen und der Bezirk der Polizeibehörde für zentrale Aufgaben erstrecken sich auf das Gebiet des Landes.

§§ 88, 89 – aufgehoben –

§ 90 Polizeidirektionen

(1) Es werden die Polizeidirektionen Braunschweig, Göttingen, Hannover, Lüneburg, Oldenburg und Osnabrück eingerichtet.

(2) Die Bezirke werden wie folgt abgegrenzt:

1. Die Polizeidirektion Braunschweig umfasst das Gebiet der Landkreise Gifhorn, Goslar, Helmstedt, Peine, Wolfenbüttel, der kreisfreien Städte Braunschweig, Salzgitter und Wolfsburg.
2. Die Polizeidirektion Göttingen umfasst das Gebiet der Landkreise Göttingen, Hameln-Pyrmont, Hildesheim, Holzminden, Nienburg (Weser), Northeim, Schaumburg.
3. Die Polizeidirektion Hannover umfasst das Gebiet der Region Hannover.
4. Die Polizeidirektion Lüneburg umfasst das Gebiet der Landkreise Celle, Harburg, Heidekreis, Lüchow-Dannenberg, Lüneburg, Rotenburg (Wümme), Stade, Uelzen sowie das Gebiet östlich der Linie, die in der als **Anlage** zu diesem Gesetz beigefügten Karte im Küstengewässer eingezeichnet ist und die Bezirke der Polizeidirektion Oldenburg und der Polizeidirektion Lüneburg trennt. Die Karte ist insoweit verbindlich.
5. Die Polizeidirektion Oldenburg umfasst das Gebiet der Landkreise Ammerland, Cloppenburg, Cuxhaven, Diepholz, Friesland, Oldenburg, Osterholz, Vechta, Verden, Wesermarsch sowie der kreisfreien Städte Delmenhorst, Oldenburg, Wilhelmshaven sowie das Gebiet zwischen den beiden Linien, die in der als Anlage zu diesem Gesetz beigefügten Karte im Küstengewässer eingezeichnet sind und die Bezirke der Polizeidirektionen Lüneburg, Oldenburg und Osnabrück begrenzen. Die Karte ist insoweit verbindlich.
6. Die Polizeidirektion Osnabrück umfasst das Gebiet der Landkreise Aurich, Grafschaft Bentheim, Emsland, Leer, Osnabrück, Wittmund sowie der kreisfreien Städte Emden, Osnabrück sowie das Gebiet westlich der Linie, die in der als Anlage zu diesem Gesetz beigefügten Karte im Küstengewässer eingezeichnet ist und insoweit die Bezirke der Polizeidirektion Oldenburg und der Polizeidirektion Osnabrück trennt. Die Karte ist insoweit verbindlich.

§§ 91–93 ***[aufgehoben]***

§ 94 Aufsicht über die Polizeibehörden

Die Fach- und Dienstaufsicht über die Polizeibehörden obliegt dem für Inneres zuständigen Ministerium.

§ 95 Hilfspolizeibeamtinnen, Hilfspolizeibeamte

[1]Die Polizeibehörden können, wenn ein Bedürfnis dafür besteht, Hilfspolizeibeamtinnen und Hilfspolizeibeamte bestellen und diesen polizeiliche Aufgaben zur Wahrnehmung übertragen. [2]Die Hilfspolizeibeamtinnen und Hilfspolizeibeamten sind im Rahmen der übertragenen Aufgaben zur Ausübung polizeilicher Befugnisse berechtigt.

2. Abschnitt

Verwaltungsbehörden

§ 96 – aufgehoben –

§ 97 Sachliche Zuständigkeit der Verwaltungsbehörden

(1) Zuständige Verwaltungsbehörden für Aufgaben der Gefahrenabwehr sind die Gemeinden, soweit für diese Aufgaben keine besondere Zuständigkeitsregelung besteht.

(2) Für die zur Einhaltung von Vorschriften des Bundes- oder Landesrechts notwendigen Maßnahmen der Gefahrenabwehr ist die Behörde zuständig, der nach der jeweiligen Rechtsvorschrift die Aufgabenerfüllung im Übrigen obliegt, soweit keine andere Zuständigkeitsregelung besteht.

(3) [1]Die Landesregierung wird ermächtigt, durch Verordnung die Zuständigkeit für bestimmte Aufgaben der Gefahrenabwehr anders als in Absatz 1 zu regeln, wenn die Wahrnehmung dieser Aufgaben durch die Gemeinden einen unverhältnismäßigen Verwaltungsaufwand mit sich bringen würde oder aus anderen Gründen unzweckmäßig wäre. [2]Sie kann die Ermächtigung für bestimmte Aufgaben durch Verordnung auf das fachlich zuständige Ministerium übertragen.

(4) [1]Die Landesregierung wird ermächtigt, durch Verordnung die Zuständigkeit für bestimmte Aufgaben im Sinne des Absatzes 1 den Polizeibehörden oder einzelnen Polizeibehörden zu übertragen, wenn dies zur sachgerechten Erfüllung der Aufgaben erforderlich ist. [2]Sie kann die Ermächtigung für bestimmte Aufgaben durch Verordnung auf das fachlich zuständige Ministerium übertragen.

(5) Die Landesregierung wird ermächtigt, durch Verordnung einem Ministerium die Zuständigkeit für bestimmte Aufgaben im Sinne des Absatzes 1 zu übertragen, wenn es sich um Aufgaben handelt, die ihrem Wesen nach nur von einer obersten Landesbehörde wahrgenommen werden können.

(6) Den Gemeinden und Landkreisen obliegen die Aufgaben nach Absatz 1 im übertragenen Wirkungskreis.

§ 98 Aufsicht über die Verwaltungsbehörden

[1]Bei der Erfüllung der Aufgaben nach § 97 wird die Fachaufsicht wahrgenommen von

1. der jeweils fachlich zuständigen obersten Landesbehörde gegenüber den Landkreisen, der Region Hannover, den kreisfreien und großen selbständigen Städten, der Landeshauptstadt Hannover und der Stadt Göttingen sowie gegenüber den Polizeibehörden und den sonstigen Verwaltungsbehörden,
2. den Landkreisen und der jeweils zuständigen obersten Landesbehörde als oberste Fachaufsichtsbehörde gegenüber den übrigen kreisangehörigen Gemeinden sowie
3. der Region Hannover und der jeweils zuständigen obersten Landesbehörde als oberste Fachaufsichtsbehörde gegenüber den übrigen regionsangehörigen Gemeinden.

[2]Im Bereich seiner Zuständigkeit kann das für Inneres zuständige Ministerium durch Verordnung die Aufsicht auf andere Stellen übertragen, soweit dies zur sachgerechten Erfüllung der Aufgaben erforderlich ist. [3]In diesem Fall wird das Ministerium oberste Aufsichtsbehörde.

§ 99 Gefahrenabwehr außerhalb der Dienstzeit

Die Verwaltungsbehörden haben sicherzustellen, dass Aufgaben der Gefahrenabwehr auch außerhalb der Dienstzeit wahrgenommen werden können.

Neunter Teil

Zuständigkeiten

§ 100 Örtliche Zuständigkeit, außerordentliche örtliche Zuständigkeit

(1) [1]Die Zuständigkeit der Verwaltungsbehörden und der Polizeibehörden ist grundsätzlich auf ihren Bezirk beschränkt. [2]Örtlich zuständig ist die Behörde, in deren Bezirk die zu schützenden Interessen verletzt oder gefährdet werden. [3]Wird eine Gefahr, die sich in anderen Bezirken auswirkt, von einer Person verursacht, so ist auch die Behörde zuständig, in deren Bezirk die Person wohnt, sich aufhält oder ihren Sitz hat.

(2) [1]Das für Inneres zuständige Ministerium wird ermächtigt, durch Verordnung Flächen, die weder Gemeindegebiet noch gemeindefreies Gebiet im Sinne des § 23 Abs. 4 Satz 2 des Niedersächsischen Kommunalverfassungsgesetzes sind, dem Bezirk einer Gemeinde zuzuweisen. [2]Bei den kreisangehörigen Gemeinden erweitert sich damit auch der Bezirk des Landkreises.

(3) [1]Erfordert die Wahrnehmung von Aufgaben auch Maßnahmen in anderen Bezirken, so wirkt die Verwaltungsbehörde oder die Polizeibehörde des anderen Bezirks auf Ersuchen der nach Absatz 1 zuständigen Behörde mit; schriftliche Verwaltungsakte erlässt die zuständige Behörde stets selbst.

[2]Die nach Absatz 1 zuständige Behörde kann die Maßnahmen im anderen Bezirk auch ohne Mitwirkung der Verwaltungsbehörde oder der Polizeibehörde des anderen Bezirks treffen
1. bei Gefahr im Verzuge,
2. zur Fortsetzung einer im eigenen Bezirk begonnenen Maßnahme oder
3. mit Zustimmung der für den anderen Bezirk zuständigen Behörde.

[3]In den Fällen des Satzes 2 Nrn. 1 und 2 unterrichtet sie unverzüglich die für den anderen Bezirk zuständige Behörde.

(4) [1]Kann eine Aufgabe, die die Bezirke mehrerer Verwaltungsbehörden oder Polizeibehörden berührt, zweckmäßig nur einheitlich wahrgenommen werden, so bestimmt die den beteiligten Verwaltungsbehörden oder Polizeibehörden gemeinsam vorgesetzte Fachaufsichtsbehörde die zuständige Verwaltungsbehörde oder Polizeibehörde. [2]Die Zuweisung von Verfahren in Angelegenheiten der Kriminalitätsbekämpfung obliegt bei Vorliegen der Voraussetzungen nach Satz 1 dem Landeskriminalamt Niedersachsen. [3]Fehlt eine gemeinsame Aufsichtsbehörde, so treffen die fachlich zuständigen Aufsichtsbehörden die Entscheidung gemeinsam.

(5) [1]Die Polizeibeamtinnen und Polizeibeamten sind im Gebiet des Landes Niedersachsen befugt, Amtshandlungen auch außerhalb des Bezirks der Polizeibehörde, der sie angehören, vorzunehmen
1. bei Gefahr im Verzuge,
2. auf Anforderung oder mit Zustimmung der zuständigen Behörde,
3. aus Anlass der Begleitung oder Bewachung von Personen oder Sachen,
4. zur Verfolgung von Straftaten und Ordnungswidrigkeiten oder
5. zur Verfolgung und Wiederergreifung Entwichener.

[2]Für Polizeibeamtinnen und Polizeibeamte, die keiner Polizeibehörde angehören, gilt Satz 1 entsprechend.

(6) [1]In den Fällen des Absatzes 5 nehmen die Polizeibeamtinnen und Polizeibeamten die Amtshandlungen für die Verwaltungsbehörde oder Polizeibehörde wahr, in deren Bezirk sie tätig werden. [2]Sie haben diese Behörde unverzüglich zu unterrichten, soweit es sich nicht um abschließende Amtshandlungen von geringfügiger Bedeutung handelt. [3]Soweit in den Fällen des Absatzes 5 Satz 1 Nrn. 4 und 5 Maßnahmen schon von anderen Verwaltungsbehörden oder Polizeibehörden eingeleitet worden sind, nehmen die Polizeibeamtinnen und Polizeibeamten die Aufgaben für diese Behörden wahr.

§ 101 – aufgehoben –

§ 102 Außerordentliche sachliche Zuständigkeit

(1) [1]Die Fachaufsichtsbehörden können in ihrem Bezirk einzelne Maßnahmen zur Gefahrenabwehr anstelle und auf Kosten der sachlich zuständigen Verwaltungsbehörde oder Polizeibehörde treffen, wenn dies zur sachgerechten Erfüllung der Aufgaben erforderlich ist. [2]Sie haben die zuständige Verwaltungsbehörde oder Polizeibehörde unverzüglich zu unterrichten.

(2) [1]Sachlich nicht zuständige Verwaltungsbehörden oder Polizeibehörden oder die Fachministerien können bei Gefahr im Verzuge einzelne Maßnahmen zur Abwehr einer gegenwärtigen erheblichen Gefahr anstelle und auf Kosten der zuständigen Verwaltungsbehörde oder Polizeibehörde treffen. [2]Absatz 1 Satz 2 gilt entsprechend.

(3) [1]Das für Inneres zuständige Ministerium kann Aufgaben der Polizei (§ 1) vorübergehend übernehmen oder einer anderen Polizeibehörde übertragen, wenn es zur sachgerechten Erfüllung dieser Aufgaben geboten ist. [2]Übernimmt das für Inneres zuständige Ministerium polizeiliche Aufgaben, so hat es insoweit die Stellung einer Polizeibehörde.

§ 103 Amtshandlungen von Polizeivollzugsbeamtinnen und Polizeivollzugsbeamten anderer Länder und des Bundes sowie von Bediensteten ausländischer Staaten

(1) [1]Polizeivollzugsbeamtinnen und Polizeivollzugsbeamte eines anderen Landes können im Gebiet des Landes Niedersachsen Amtshandlungen vornehmen
1. auf Anforderung oder mit Zustimmung der zuständigen Behörde,
2. in den Fällen des Artikels 35 Abs. 2 und 3 und des Artikels 91 Abs. 1 des Grundgesetzes,
3. zur Abwehr einer gegenwärtigen erheblichen Gefahr, zur Verfolgung von Straftaten auf frischer Tat sowie zur Verfolgung und Wiederergreifung Entwichener, wenn die zuständige Behörde die erforderlichen Maßnahmen nicht rechtzeitig treffen kann,
4. zur Erfüllung polizeilicher Aufgaben bei Gefangenentransporten oder

5. zur Verfolgung von Straftaten und Ordnungswidrigkeiten sowie zur Gefahrenabwehr in den durch Verwaltungsabkommen mit anderen Ländern geregelten Fällen.

[2]In den Fällen des Satzes 1 Nrn. 3 bis 5 ist die zuständige Polizeibehörde unverzüglich zu unterrichten.

(2) [1]Werden Polizeivollzugsbeamtinnen und Polizeivollzugsbeamte eines anderen Landes nach Absatz 1 tätig, so haben sie die gleichen Befugnisse wie die des Landes Niedersachsen. [2]Ihre Maßnahmen gelten als Maßnahmen derjenigen Polizeibehörde, in deren örtlichem und sachlichem Zuständigkeitsbereich sie tätig geworden sind; sie unterliegen insoweit auch deren Weisungen.

(3) [1]Die Absätze 1 und 2 gelten für Polizeivollzugsbeamtinnen und Polizeivollzugsbeamte des Bundes sowie für Zollbedienstete in den Vollzugsbereichen der Zollverwaltung des Bundes gemäß § 10a Abs. 1 des Zollverwaltungsgesetzes vom 21. Dezember 1992 (BGBl. I S. 2125; 1993 I S. 2493), zuletzt geändert durch Artikel 10 des Gesetzes vom 23. Juni 2017 (BGBl. I S. 1822), entsprechend. [2]Das Gleiche gilt für Bedienstete ausländischer Polizeibehörden und -dienststellen, wenn völkerrechtliche Verträge dies vorsehen oder das für Inneres zuständige Ministerium Amtshandlungen dieser Polizeibehörden oder -dienststellen allgemein oder im Einzelfall zustimmt.

§ 104 Amtshandlungen von niedersächsischen Polizeibeamtinnen und Polizeibeamten außerhalb des Zuständigkeitsbereichs des Landes Niedersachsen

(1) [1]Polizeibeamtinnen und Polizeibeamte des Landes Niedersachsen dürfen im Zuständigkeitsbereich eines anderen Landes oder des Bundes nur in den Fällen des § 103 Abs. 1 Satz 1 und nur dann, wenn das jeweilige Landesrecht oder das Bundesrecht es vorsieht, sowie im Fall des Artikels 91 Abs. 2 des Grundgesetzes tätig werden. [2]§ 103 Abs. 2 gilt entsprechend. [3]Sie dürfen ferner im Zuständigkeitsbereich ausländischer Polizeibehörden oder -dienststellen tätig werden, wenn es das Recht des jeweiligen Staates vorsieht.

(2) [1]Einer Anforderung von Polizeibeamtinnen oder Polizeibeamten des Landes Niedersachsen durch ein anderes Land oder den Bund ist zu entsprechen, soweit nicht deren Verwendung im Zuständigkeitsbereich des Landes Niedersachsen dringender ist als die Unterstützung der Polizei des anderen Landes oder des Bundes. [2]Die Anforderung soll alle für die Entscheidung wesentlichen Merkmale des Einsatzauftrags enthalten.

Zehnter Teil
Kosten; Sachleistungen

§ 105 Kosten

(1) Die Kosten, die den Verwaltungsbehörden und der Polizei bei Aufgaben der Gefahrenabwehr entstehen, trägt die Körperschaft, deren Behörde für die Erfüllung der Aufgaben zuständig ist.

(2) Die Kosten, die den Gemeinden und Landkreisen nach diesem Gesetz entstehen, werden im Rahmen des Finanzausgleichs gedeckt.

(3) [1]Die Kosten, die der Polizei durch Leistung von Vollzugshilfe entstehen, sind von der ersuchenden Behörde zu erstatten. [2]Dies gilt nicht, wenn es sich um eine Landesbehörde handelt. [3]Nicht zu erstatten sind Kosten unter 25 Euro, Personalkosten, Schulungskosten sowie Kosten für Aufgaben, für die die Verwaltungsbehörden nicht zur Bestellung eigener Verwaltungsvollzugsbeamtinnen oder Verwaltungsvollzugsbeamten berechtigt sind, es sei denn, dass die Kosten von einer oder einem Dritten erhoben werden können.

(4) Sind mit der Tätigkeit der Verwaltungsbehörden oder der Polizei Einnahmen verbunden, so fließen sie dem Kostenträger zu.

§ 106 Sachleistungen

(1) [1]Die Polizeidirektionen können zur Erfüllung polizeilicher Aufgaben notwendige Leistungen entsprechend § 2 des Bundesleistungsgesetzes in der im Bundesgesetzblatt Teil III, Gliederungsnummer 54-1, veröffentlichten bereinigten Fassung, zuletzt geändert durch Artikel 5 des Gesetzes vom 11. August 2009 (BGBl. I S. 2723), anfordern. [2]Sie können auch zur Durchführung polizeilicher Übungen, die vom für Inneres zuständigen Ministerium angeordnet worden sind, notwendige Leistungen im Umfang des § 71 Abs. 1 bis 3 und des § 72 Satz 1 des Bundesleistungsgesetzes anfordern. [3]Für die Durchführung solcher polizeilichen Übungen gelten ferner die §§ 66 und 68 bis 70 des Bundesleistungsgesetzes. [4]Die Leistungen dürfen nur angefordert werden, wenn der Bedarf auf andere Weise

nicht oder nicht rechtzeitig oder nur mit unverhältnismäßigen Mitteln gedeckt werden kann. [5]Leistungspflichtig sind die in § 9 Abs. 1 und § 74 des Bundesleistungsgesetzes bezeichneten Personen.

(2) Für die rechtlichen Wirkungen einer Leistungsanforderung gelten die §§ 11 bis 14 des Bundesleistungsgesetzes entsprechend.

§ 107 Entschädigung für Sachleistungen

(1) [1]Entstehen durch die Anforderung von Leistungen nach § 106 Abs. 1 Vermögensnachteile, so hat das Land auf Antrag eine Entschädigung in Geld zu leisten. [2]Für die Bemessung und Zahlung der Entschädigung finden die §§ 20 bis 23, 25, 26, 28 bis 32, 34 und 76 bis 78 des Bundesleistungsgesetzes entsprechende Anwendung.

(2) Für das Verfahren zur Festsetzung der Entschädigung gelten die §§ 49 bis 55, 58, 61 und 62 des Bundesleistungsgesetzes entsprechend.

§ 108 Verletzung der Leistungspflicht

[1]Ordnungswidrig handelt, wer eine nach § 106 Abs. 1 angeforderte Leistung nicht, nicht vollständig, nicht ordnungsgemäß oder nicht rechtzeitig erbringt oder einer ihm auferlegten Duldungs- oder Unterlassungspflicht zuwiderhandelt. [2]Die Ordnungswidrigkeit kann mit einer Geldbuße bis zu 5 000 Euro geahndet werden. [3]Verwaltungsbehörden im Sinne des § 36 Abs. 1 Nr. 1 des Gesetzes über Ordnungswidrigkeiten sind die Polizeidirektionen.

Elfter Teil
Übergangs- und Schlussvorschriften

§ 109 Zuständigkeiten, Verwaltungsakte und Verordnungen nach bisherigem Recht

Zuständigkeitsregelungen, Verwaltungsakte und Verordnungen nach bisherigem Recht bleiben solange unberührt, bis sie durch Regelungen aufgrund dieses Gesetzes oder aufgrund anderer Rechtsvorschriften ersetzt werden.

§ 110 Zuständigkeit in Altversorgungsfällen

(1) [1]Die nach dem 1. April 1951 fällig werdenden Versorgungsbezüge der früheren Vollzugsbeamten der Schutzpolizei, der Gendarmerie und der Kriminalpolizei, deren Versorgungsansprüche vor dem 1. April 1946 im Dienste des Reichs, eines früheren Landes oder einer Gemeinde entstanden sind und die ihren letzten dienstlichen Wohnsitz vor diesem Zeitpunkt im Gebiet des Landes Niedersachsen gehabt haben, sowie die Bezüge für die Hinterbliebenen dieser Beamten werden vom Land getragen. [2]Sie sind weiterhin von den bisher zuständigen Stellen zu zahlen. [3]Sind dies Gemeinden oder an ihrer Stelle Versorgungskassen, so erstattet das Land die gezahlten Bezüge in voller Höhe. [4]Die nach dem 1. April 1951 fällig werdenden Versorgungsbezüge aus Versorgungsfällen von Polizeibeamten und ihren Hinterbliebenen, die bei den Polizeiausschüssen in der Zeit vom 1. April 1946 bis zum 31. März 1951 eingetreten sind, werden vom Land getragen.

(2) Die Zuständigkeit der obersten Dienstbehörde wird vom für Inneres zuständigen Ministerium, die Zuständigkeit des früheren Reichsministers der Finanzen vom Finanzministerium ausgeübt.

§ 111 Erkennungsdienstliche Maßnahmen gegen Beschuldigte

Gegen Beschuldigte findet § 15 keine Anwendung, solange § 81b der Strafprozessordnung gegen diese Personen Maßnahmen zu Zwecken des Erkennungsdienstes zulässt.

§§ 112, 113 – aufgehoben –

Anlage
(zu § 90 Abs. 2)
[hier nicht wiedergegeben]

Verordnung über Zuständigkeiten auf verschiedenen Gebieten der Gefahrenabwehr (ZustVO-NPOG)

Vom 18. Oktober 1994 (Nds. GVBl. S. 457)
(GVBl. Sb 21011 10 06)

zuletzt geändert durch Art. 1 VO zur Änd. der VO über Zuständigkeiten auf verschiedenen Gebieten der Gefahrenabwehr vom 10. August 2023 (Nds. GVBl. S. 183)

Auf Grund des § 101 Abs. 3 bis 5 des Niedersächsischen Gefahrenabwehrgesetzes (NGefAG)in der Fassung vom 13. April 1994 (Nds. GVBl. S. 172) wird im Einvernehmen mit dem Sozialministerium, dem Kultusministerium, dem Ministerium für Wirtschaft, Technologie und Verkehr und dem Ministerium für Ernährung, Landwirtschaft und Forsten verordnet:

§ 1 *[aufgehoben]*

§ 2 [Landkreise und kreisfreie Städte]

(1) Die Landkreise und kreisfreien Städte sind zuständig für

1. die Ausstellung amtstierärztlicher Bescheinigungen, die durch Rechtsvorschrift vorgeschrieben sind, für Zwecke des Handelsverkehrs oder eines sonstigen Transports, mit Ausnahme von Bescheinigungen, die nach dem **Tiergesundheitsgesetz** vom 22. Mai 2013 (BGBl. I S. 1324) oder nach Verordnungen ausgestellt werden, die aufgrund des Tiergesundheitsgesetzes erlassen wurden,
2. *[aufgehoben]*
3. die Aufgaben nach der TSE-Überwachungsverordnung vom 13. Dezember 2001 (BGBl. I S. 3631), zuletzt geändert durch Artikel 7 der Verordnung vom 31. März 2020 (BGBl. I S. 752),
4. *[aufgehoben]*
5. die Aufgabe nach § 38 Abs. 2a Satz 1 des Lebensmittel- und Futtermittelgesetzbuchs in der Fassung vom 15. September 2021 (BGBl. I S. 4253), geändert durch Artikel 7 des Gesetzes vom 27. September 2021 (BGBl. I S. 4530),
   a) soweit nicht nach § 6d Nrn. 9 bis 10, 16 bis 18, 20 bis 23, 26 und 31 das Landesamt für Verbraucherschutz und Lebensmittelsicherheit zuständig ist,
   b) soweit es nicht um die Schlachttier- und Fleischuntersuchung oder die Untersuchung auf Trichinen in öffentlichen Schlachthöfen geht und
   c) soweit nicht nach § 6f das Fachministerium zuständig ist,

5a. die Zulassung von Ausnahmen nach § 68 Abs. 1 in Verbindung mit Abs. 2 Nrn. 2 und 4 des **Lebensmittel- und Futtermittelgesetzbuchs**,

6. die Überwachung der Einhaltung der Vorschriften des **Milch- und Margarinegesetzes** vom 25. Juli 1990 (BGBl. I S. 1471), zuletzt geändert durch Artikel 3 des Gesetzes vom 20. April 2013 (BGBl. I S. 917), und der Vorschriften der aufgrund dieses Gesetzes erlassenen Verordnungen,
7. die Überwachung des Verkehrs mit Wein nach der **Wein-Überwachungsverordnung** in der Fassung vom 14. Mai 2002 (BGBl. I S. 1624), zuletzt geändert durch Artikel 2 der Verordnung vom 18. Juni 2014 (BGBl. I S. 798), die Zulassung von Ausnahmen nach § 2 der Wein-Überwachungs-Verordnung sowie die Erteilung von Genehmigungen nach den §§ 12 und 13 der Wein-Überwachungsverordnung,
8. *[aufgehoben]*
9. die Überwachung der Einhaltung der Vorschriften des **Vorläufigen Biergesetzes** in der Fassung vom 29. Juli 1993 (BGBl. I S. 1399), zuletzt geändert durch Artikel 109 der Verordnung vom 29. Oktober 2001 (BGBl. I S. 2785), und der Vorschriften der aufgrund dieses Gesetzes erlassenen Verordnungen, soweit nicht nach § 6d Nr. 24 das Landesamt für Verbraucherschutz und Lebensmittelsicherheit zuständig ist, sowie die Erteilung von Erlaubnissen nach § 11 Abs. 2 des Vorläufigen Biergesetzes,
10. *[aufgehoben]*

11. die Aufgaben nach § 4 des **EG-Gentechnik-Durchführungsgesetzes** vom 22. Juni 2004 (BGBl. I S. 1244), zuletzt geändert durch Artikel 2 des Gesetzes vom 9. Dezember 2010 (BGBl. I S. 1934), in Bezug auf Lebensmittel,
12. die Überwachung nach § 64 des Arzneimittelgesetzes (AMG) in der Fassung vom 12. Dezember 2005 (BGBl. I S. 3394), zuletzt geändert durch Artikel 5 des Gesetzes vom 27. September 2021 (BGBl. I S. 4530; 2022 I S. 1385),
    a) von Betrieben des Einzelhandels einschließlich des Versandhandels, soweit diese nicht unter den Anwendungsbereich des § 1 Abs. 1 der Apothekenbetriebsordnung (ApBetrO) in der Fassung vom 26. September 1995 (BGBl. I S. 1195), zuletzt geändert durch Artikel 13 des Gesetzes vom 20. Dezember 2022 (BGBl. I S. 2560) fallen, und
    b) von Betrieben des Großhandels, soweit diese Großhandel mit den in § 51 Abs. 1 Nr. 2 AMG genannten und für den Verkehr außerhalb von Apotheken freigegebenen Fertigarzneimitteln treiben und soweit der Großhandel nicht ausgehend von Apotheken betrieben wird,
13. die Überwachung nach Artikel 123 der Verordnung (EU) 2019/6 des Europäischen Parlaments und des Rates vom 11. Dezember 2018 über Tierarzneimittel und zur Aufhebung der Richtlinie 2001/82/EG (ABl. EU Nr. L 4 S. 43; 2019 Nr. L 163 S. 112; 2020 Nr. L 326 S. 15; 2021 Nr. L 241 S. 17; 2022 Nr. L 151 S. 74), geändert durch die Delegierte Verordnung (EU) 2021/805 der Kommission vom 8. März 2021 (ABl. EU Nr. L 180 S. 3), auch in Verbindung mit § 35 des Tierarzneimittelgesetzes (TAMG) vom 27. September 2021 (BGBl. I S. 4530), und nach § 72 Abs. 1 bis 5 TAMG
    a) von Betrieben des Einzelhandels einschließlich des Versandhandels, soweit diese weder unter den Anwendungsbereich des § 1 Abs. 1 ApBetrO fallen noch tierärztliche Hausapotheken sind, und
    b) von Personen, die Tierarzneimittel, veterinärmedizintechnische Produkte oder Arzneimittel nach § 2 Abs. 1, 2 oder 3a AMG bei Tieren anwenden, mit Ausnahme von Tierärztinnen und Tierärzten,

13a. die Entgegennahme von Mitteilungen nach den §§ 54 und 55 Abs. 1 und 2 TAMG, die Aufgaben der zuständigen Behörde nach § 56 Abs. 1 und 5 und § 57 Abs. 3 und 4 TAMG sowie die mit diesen Aufgaben verbundene Überwachung und die Überwachung der Einhaltung der nach § 57 Abs. 1 Nr. 2 TAMG bestehenden Aufzeichnungspflicht nach Artikel 123 der Verordnung (EU) 2019/6, auch in Verbindung mit § 35 TAMG, und nach § 72 Abs. 1 bis 5 TAMG,

14. die Aufgaben nach § 1 Abs. 2 und § 2 Satz 1 der **Gefahrtier-Verordnung** vom 5. Juli 2000 (Nds. GVBl. S. 149), zuletzt geändert durch Verordnung vom 14. Februar 2003 (Nds. GVBl. S. 124),
15. die Überwachung der nach § 10a des **Betäubungsmittelgesetzes** in der Fassung vom 1. März 1994 (BGBl. I S. 358), zuletzt geändert durch Artikel 1 des Gesetzes vom 8. November 2021 (BGBl. I S. 4791), erlaubten Drogenkonsumräume, wobei der Region Hannover diese Zuständigkeit gegenüber der Landeshauptstadt Hannover vorbehalten wird,
16. die Beglaubigung von Bescheinigungen für das Mitführen von Betäubungsmitteln im Rahmen einer ärztlichen Behandlung nach Artikel 75 des **Übereinkommens zur Durchführung des Übereinkommens von Schengen vom 14. Juni 1985 zwischen den Regierungen der Staaten der Benelux-Wirtschaftsunion, der Bundesrepublik Deutschland und der Französischen Republik betreffend den schrittweisen Abbau der Kontrollen an den gemeinsamen Grenzen** (ABl. EG Nr. L 239 vom 22. September 2000, S. 19), in der jeweils geltenden Fassung, wobei der Region Hannover diese Zuständigkeit gegenüber der Landeshauptstadt Hannover vorbehalten wird,
17. die Aufgaben nach der **EG-TSE-Ausnahmeverordnung** vom 17. Juli 2002 (BGBl. I S. 2697), zuletzt geändert durch Artikel 1 der Verordnung vom 21. November 2008 (BGBl. I S. 2229),
18. die Überwachung des Verkehrs mit Tabakerzeugnissen nach dem **Vorläufigen Tabakgesetz** in der Fassung vom 9. September 1997 (BGBl. I S. 2296), zuletzt geändert durch Gesetz vom 22. Mai 2013 (BGBl. I S. 1318), und den aufgrund dieses Gesetzes erlassenen Verord-

nungen, soweit nicht nach § 6d Nr. 30 das Landesamt für Verbraucherschutz und Lebensmittelsicherheit zuständig ist.

(2) [1]Die Landkreise Aurich, Friesland und Wittmund sind außerhalb ihrer Gebiete im niedersächsischen Küstengewässer bis zur Basislinie zuständig für

1. die Einstufung der Erzeugungs- und Umsetzungsgebiete für lebende Muscheln nach Artikel 18 Abs. 6 der Verordnung (EU) 2017/625 des Europäischen Parlaments und des Rates vom 15. März 2017 über amtliche Kontrollen und andere amtliche Tätigkeiten zur Gewährleistung der Anwendung des Lebens- und Futtermittelrechts und der Vorschriften über Tiergesundheit und Tierschutz, Pflanzengesundheit und Pflanzenschutzmittel, zur Änderung der Verordnungen (EG) Nr. 999/2001, (EG) Nr. 396/ 2005, (EG) Nr. 1069/2009, (EG) Nr. 1107/2009, (EU) Nr. 1151/2012, (EU) Nr. 652/2014, (EU) 2016/429 und (EU) 2016/2031 des Europäischen Parlaments und des Rates, der Verordnungen (EG) Nr. 1/2005 und (EG) Nr. 1099/2009 des Rates sowie der Richtlinien 98/58/EG, 1999/74/EG, 2007/43/EG, 2008/119/EG und 2008/120/EG des Rates und zur Aufhebung der Verordnungen (EG) Nr. 854/2004 und (EG) Nr. 882/ 2004 des Europäischen Parlaments und des Rates, der Richtlinien 89/ 608/EWG, 89/662/EWG, 90/425/ EWG, 91/496/EEG, 96/23/ EG, 96/93/EG und 97/78/ EG des Rates und des Beschlusses 92/438/EWG des Rates (Verordnung über amtliche Kontrollen) (ABl. EU Nr. L 95 S. 1, Nr. L 137 S. 40; 2018 Nr. L 48 S. 44, Nr. L 322 S. 85; 2019 Nr. L 126 S. 73), zuletzt geändert durch die Verordnung (EU) 2021/1756 des Europäischen Parlaments und des Rates vom 6. Oktober 2021 (ABl. EU Nr. L 357 S. 27), und
2. die Überwachung der eingestuften Erzeugungs- und Umsetzungsgebiete für lebende Muscheln nach Artikel 59 der Durchführungsverordnung (EU) 2019/627 der Kommission vom 15. März 2019 zur Festlegung einheitlicher praktischer Modalitäten für die Durchführung der amtlichen Kontrollen in Bezug auf für den menschlichen Verzehr bestimmte Erzeugnisse tierischen Ursprungs gemäß der Verordnung (EU) 2017/625 des Europäischen Parlaments und des Rates und zur Änderung der Verordnung (EG) Nr. 2074/2005 der Kommission in Bezug auf amtliche Kontrollen (ABl. EU Nr. L 131 S. 51, Nr. L 325 S. 183), zuletzt geändert durch die Durchführungsverordnung (EU) 2021/1709 der Kommission vom 23. September 2021 (ABl. EU Nr. L 339 S. 84).

[2]Die Zuständigkeitsbereiche der Landkreise sind westlich und östlich wie folgt abgegrenzt:

Landkreis Aurich:	
Westliche Grenze:	Staatsgrenze zu den Niederlanden
Östliche Grenze:	Gemeinsame Gemarkungsgrenze der Gemarkung Ostfriesisches Küstenmeer-West und der Gemarkung Ostfriesisches Küstenmeer-Ost, bezogen auf das Koordinatensystem ETRS89/UTM 32N
Landkreis Wittmund:	
Westliche Grenze:	Gemeinsame Gemarkungsgrenze der Gemarkung Ostfriesisches Küstenmeer-West und der Gemarkung Ostfriesisches Küstenmeer-Ost, bezogen auf das Koordinatensystem ETRS89/UTM 32N
Östliche Grenze:	gerade Linie zwischen nördl. Punkt 53°46,8'N/007°56,4'E und südl. Punkt 53°43,0'N/007°56,0'E
Landkreis Friesland:	
Westliche Grenze:	gerade Linie zwischen nördl. Punkt 53°46,8'N/007°56,4'E und südl. Punkt 53°43,0'N/007°56,0'E

Östliche Grenze: gerade Linie zwischen
nördl. Punkt 53°43,1'N/008°09,6'E
und
mittl. Punkt 53°41,5'N/008°14,1'E
und
südl. Punkt 53°37,0'N/008°18,2'E.

§ 3 [Landkreise, kreisfreie Städte, große selbständige Städte]

Die Landkreise, kreisfreien Städte und großen selbständigen Städte sind zuständig für die Abgabe von Vorschlägen für die Identifizierung und Einstufung schutzbedürftiger ziviler Objekte einschließlich der Erstellung von Objektblättern und deren Fortschreibung.

[§ 4 bis 31.12.2023:]

§ 4 [Landkreise, kreisfreie Städte, große selbständige Städte, selbständige Gemeinden]

Die Landkreise, kreisfreien Städte, großen selbständigen Städte und selbständigen Gemeinden sind zuständig für

1. *[aufgehoben]*
2. die Genehmigung zur Anlegung, Erweiterung und Schließung einzelner Begräbnisplätze und Bestattungseinrichtungen sowie die Anordnung in diesem Zusammenhang erforderlicher Maßnahmen,
3. *[aufgehoben]*
4. die Durchführung des **Waffengesetzes (WaffG)** und der **Allgemeinen Waffengesetz-Verordnung** vom 27. Oktober 2003 (BGBl. I S. 2123), soweit durch Bundesrecht, in Nummer 3.7 des Verzeichnisses der Anlage zur Verordnung über Zuständigkeiten auf dem Gebiet des Wirtschaftsrechts sowie in anderen Rechtsgebieten vom 18. November 2004 (Nds. GVBl. S. 482) sowie in § 5 Abs. 1 Nr. 2 und § 6a dieser Verordnung nichts anderes bestimmt ist, wobei die Landkreise, die Region Hannover in ihrem gesamten Gebiet, die kreisfreien Städte sowie diejenigen großen selbständigen Städte, die untere Naturschutzbehörde sind, über die Erteilung von Schießerlaubnissen nach § 10 Abs. 5 WaffG entscheiden, wenn und soweit der Antrag einhergeht mit einem Antrag auf Zulassung einer Ausnahme nach § 43 Abs. 8 des Bundesnaturschutzgesetzes (BNatSchG) vom 25. März 2002 (BGBl. I S. 1193), zuletzt geändert durch Artikel 5 des Gesetzes vom 24. Juni 2004 (BGBl. I S. 1359), oder einem Antrag auf Befreiung nach § 62 BNatSchG von den Verboten des § 42 BNatSchG.

[§ 4 ab 1.1.2024:]

§ 4 [Landkreise, kreisfreie Städte, große selbständige Städte, selbständige Gemeinden]

Die Landkreise, kreisfreien Städte, großen selbstständigen Städte und selbstständigen Gemeinden sind zuständig für die Genehmigung zur Anlegung, Erweiterung und Schließung einzelner Begräbnisplätze und Bestattungseinrichtungen sowie die Anordnung in diesem Zusammenhang erforderlicher Maßnahmen.

§ 5 [Polizeidirektionen]

[Abs. 1 bis 31.12.2023:]

(1) Die Polizeidirektionen sind zuständig für die folgenden Aufgaben nach der Allgemeinen Waffengesetz-Verordnung vom 27. Oktober 2003 (BGBl. I S. 2123), zuletzt geändert durch Artikel 1 der Verordnung vom 1. September 2020 (BGBl. I S. 1977):

1. Bildung von Prüfungsausschüssen zur Abnahme der Sachkundeprüfung nach § 2,
2. Entgegennahme von Anzeigen nach § 3 Abs. 4 Satz 3 Nr. 1,
3. Teilnahme an Prüfungen nach § 3 Abs. 4 Satz 3 Nr. 2,
4. staatliche Anerkennung von Lehrgängen zur Vermittlung der Sachkunde im Umgang mit Waffen und Munition nach § 3 Abs. 2.

[Abs. 2 bis 31.12.2023:]

(2) Für die waffenrechtlichen Aufgaben nach § 4 Nr. 4 führen die Polizeidirektionen in ihrem Bezirk die Fachaufsicht

1. über die Landkreise, soweit sie die Fachaufsicht nach § 98 Satz 1 Nr. 1 des Niedersächsischen Polizei- und Ordnungsbehördengesetzes (NPOG) in der Fassung vom 19. Januar 2005 (Nds. GVBl. S. 9), zuletzt geändert durch Gesetz vom 17. Dezember 2019 (Nds. GVBl. S. 428), wahrnehmen, und
2. über die Landkreise, kreisfreien Städte und großen selbständigen Städte abweichend von § 98 Satz 1 Nr. 2 NPOG.

[Abs. 3 bis 31.12.2023:]
(3) *[aufgehoben]*
[bis 31.12.2023: (4)***]*** Die Wasserschutzpolizei ist in ihren Dienstbezirken auch auf nichtbundeseigenen Gewässern und in Häfen für die Ausübung der in § 1 der Anlage zum Gesetz über die Vereinbarung zwischen der Bundesregierung und dem Lande Niedersachsen über die Ausübung der schiffahrtpolizeilichen Vollzugsaufgaben vom 23. Dezember 1955 (Nds. GVBl. Sb. I S. 112) sowie der in Artikel 1 Nr. 1 der Anlage zum Gesetz über die Zusatzvereinbarung zur Vereinbarung über die Ausübung der schiffahrtpolizeilichen Vollzugsaufgaben vom 6. und 21. April 1955 vom 2. Juni 1982 (Nds. GVBl. S. 153) genannten schiffahrtpolizeilichen Vollzugsaufgaben zuständig.

§ 6 [Landesamt für Brand- und Katastrophenschutz]
Das Niedersächsische Landesamt für Brand- und Katastrophenschutz ist zuständig für die Identifizierung, Einstufung und Erfassung schutzbedürftiger ziviler Objekte.

§ 6a *[aufgehoben]*

§ 6b [Bergbehörden]
Die Bergbehörden sind zuständig für Maßnahmen zur Abwehr von Gefahren aus verlassenen Grubenbauen und Bohrungen, die nicht mehr der Bergaufsicht unterliegen.

§ 6c *[aufgehoben]*

§ 6d [Landesamt für Verbraucherschutz und Lebensmittelsicherheit]
Das Landesamt für Verbraucherschutz und Lebensmittelsicherheit ist zuständig für
1. die Aufgaben nach § 56 Abs. 2 TAMG,
2. die Überwachung nach Artikel 123 der Verordnung (EU) 2019/6, auch in Verbindung mit § 35, und nach § 72 Abs. 1 bis 5 TAMG von
   a) Tierärztinnen und Tierärzten,
   b) tierärztlichen Hausapotheken,
   c) Betrieben und Einrichtungen, die veterinärmedizintechnische Produkte nach § 3 Abs. 3 Nr. 2 bis 5 TAMG herstellen und damit Handel treiben, und
   d) Betrieben und Einrichtungen, die klinische Prüfungen und Rückstandsprüfungen mit Tierarzneimitteln durchführen,
3. *[aufgehoben]*
4., 5. *[aufgehoben]*
6. die Erteilung der Herstellungserlaubnis für Testsera und Testantigene nach Artikel 88 der Verordnung (EU) 2019/6 in Verbindung mit § 28 Abs. 1 und 3 Nr. 1 TAMG sowie der Widerruf, die Anordnung des Ruhens und die Aussetzung einer solchen Erlaubnis nach Artikel 133 Buchst. c und d der Verordnung (EU) 2019/6 in Verbindung mit § 28 Abs. 2 TAMG,
6a. die Erteilung der Großhandelsvertriebserlaubnis für Testsera und Testantigene nach § 29 Abs. 1 und 2 TAMG, die Rücknahme, der Widerruf und die Anordnung des Ruhens einer solchen Erlaubnis nach § 18 Abs. 5 in Verbindung mit § 29 Abs. 2 Satz 3 TAMG, der Widerruf und die Anordnung des Ruhens einer solchen Erlaubnis nach § 29 Abs. 3 TAMG sowie die Entgegennahme einer Anzeige in Bezug auf eine solche Erlaubnis nach § 18 Abs. 6 in Verbindung mit § 29 Abs. 2 Satz 3 TAMG, soweit der Großhandel nicht ausgehend von Apotheken betrieben wird,
7. die Aufgaben nach den §§ 19 und 22 des **Betäubungsmittelgesetzes**, nach § 8 Abs. 5, § 10 Abs. 4, § 13 Abs. 3 Satz 3 der **Betäubungsmittel-Verschreibungsverordnung** vom 20. Januar 1998 (BGBl. I S. 74, 80), zuletzt geändert durch Artikel 2 der Verordnung vom 18. Mai 2021 (BGBl. I S. 1096), sowie nach § 5 der **Betäubungsmittel-Binnenhandelsverordnung**

vom 16. Dezember 1981 (BGBl. I S. 1425), zuletzt geändert durch Verordnung vom 17. August 2011 (BGBl. I S. 1754), soweit Tierärztinnen, Tierärzte oder Tierkliniken betroffen sind,

8. die Überwachung
   a) nach Artikel 123 der Verordnung (EU) 2019/6, auch in Verbindung mit § 35 TAMG, und nach § 72 Abs. 1 bis 5 TAMG der Einhaltung der Bestimmungen der Artikel 119 bis 121 der Verordnung (EU) 2019/6, auch in Verbindung mit §§ 33, 35 und 72 TAMG in Verbindung mit Artikel 123 der Verordnung (EU) 2019/6 bei der Werbung für Tierarzneimittel nach § 3 Abs. 1 TAMG und für veterinärmedizintechnische Produkte sowie
   b) der Einhaltung der Bestimmungen des Heilmittelwerbegesetzes (HWG) in der Fassung vom 19. Oktober 1994 (BGBl. I S. 3068), zuletzt geändert durch Artikel 6 des Gesetzes vom 27. September 2021 (BGBl. I S. 4530), für die Werbung für Verfahren und Behandlungen bei Tieren im Sinne des § 1 Abs. 1 Nr. 3 HWG,

9. die Zulassung zur Ausfuhr nach § 9 der **Lebensmittel-Hygieneverordnung** vom 8. August 2007 (BGBl. I S. 1816), zuletzt geändert durch Artikel 1 der Verordnung vom 14. Juli 2010 (BGBl. I S. 929),

9a. die Zulassung von Betrieben nach § 9 der **Tierische Lebensmittel-Hygieneverordnung** vom 8. August 2007 (BGBl. I S. 1816), zuletzt geändert durch Verordnung vom 10. November 2011 (BGBl. I S. 2233),

9b. das Ausstellen einer Bescheinigung über die Einhaltung spezieller Drittlandsanforderungen im Sinne von Artikel 12 Abs. 1 der **Verordnung (EG) Nr. 178/2002** des Europäischen Parlaments und des Rates vom 28. Januar 2002 zur Festlegung der allgemeinen Grundsätze und Anforderungen des Lebensmittelrechts, zur Errichtung der Europäischen Behörde für Lebensmittelsicherheit und zur Festlegung von Verfahren zur Lebensmittelsicherheit (ABl. EG Nr. L 31 S. 1), zuletzt geändert durch Verordnung (EU) Nr. 652/2014 (ABl. EU Nr. L 189 S. 1),

10. die Durchführung der Schlachttier- und Fleischuntersuchung sowie der Untersuchung auf Trichinen in pharmazeutischen Betrieben und Einrichtungen, die mit den in § 9 Abs. 1 in Verbindung mit § 1 Nr. 16 der **Tierimpfstoff-Verordnung** vom 24. Oktober 2006 (BGBl. I S. 2355), zuletzt geändert durch Artikel 19 der Verordnung vom 17. April 2014 (BGBl. I S. 388) genannten Erregern arbeiten,

11.–15. *[aufgehoben]*

16. folgende Aufgaben nach dem **Lebensmittel- und Futtermittelgesetzbuch**:
   a) die Überwachung der Verbote für die Werbung mit Ausnahme der produktbegleitenden Werbung, auch bezüglich der nach diesem Gesetz erlassenen Verordnungen,
   b) die Überwachung von Futtermitteln, auch bezüglich der nach diesem Gesetz erlassenen Verordnungen,
   c) die amtliche Beobachtung als Voraussetzung für die Zulassung von Ausnahmen nach § 68 Abs. 1 in Verbindung mit Abs. 2 Nr. 1,
   d) die Zulassung von Ausnahmen nach § 69 Sätze 1 und 2 Nr. 2 sowie die Zulassung von Stoffen nach § 69 Satz 2 Nr. 1,

17. die Überwachung der Verbote nach **weinrechtlichen Bestimmungen für die Werbung**, mit Ausnahme der produktbegleitenden Werbung,

18. die Zulassung von privaten Sachverständigen nach **§ 1 der Gegenproben-Verordnung** vom 11. August 2009 (BGBl. I S. 2852), geändert durch Artikel 1 der Verordnung vom 1. November 2013 (BGBl. I S. 3918),

19. *[aufgehoben]*

20. die Genehmigung zur Herstellung von Nitritpökelsalz nach § 5 Abs. 5 der **Zusatzstoff-Verkehrsverordnung** vom 29. Januar 1998 (BGBl. I S. 230, 269), zuletzt geändert durch Artikel 2 der Verordnung vom 28. März 2011 (BGBl. I S. 530),

21. die Genehmigung zur Herstellung von jodiertem Kochsalzersatz, diätetischen Lebensmitteln mit einem Zusatz von Jodverbindungen oder diätetischen Lebensmitteln, die zur Verwendung als bilanzierte Diät bestimmt sind, nach **§ 11 Abs. 1 der Diätverordnung** in der Fassung vom

28. April 2005 (BGBl. I S. 1161), zuletzt geändert durch Artikel 1 der Verordnung vom 25. Februar 2014 (BGBl. I S. 218),

22. die Anerkennung von natürlichem Mineralwasser nach § 3 Abs. 1 und die Erteilung einer Nutzungsgenehmigung für Quellen für natürliches Mineralwasser nach § 5 Abs. 1 der **Mineral- und Tafelwasser-Verordnung** vom 1. August 1984 (BGBl. I S. 1036), zuletzt geändert durch Verordnung vom 1. Dezember 2006 (BGBl. I S. 2762),
23. die Zulassung von Bestrahlungsanlagen nach § 4 Abs. 1 der **Lebensmittelbestrahlungsverordnung** vom 14. Dezember 2000 (BGBl. I S. 1730), zuletzt geändert durch Artikel 7 der Verordnung vom 13. Dezember 2011 (BGBl. I S. 2720),
24. die Zulassung von Ausnahmen nach § 9 Abs. 7 des **Vorläufigen Biergesetzes**,
25. *[aufgehoben]*
26. die Erteilung einer Prüfungsnummer nach § 5 Abs. 3 Satz 1 der **Verordnung über bestimmte alkoholhaltige Getränke** in der Fassung vom 30. Juni 2003 (BGBl. I S. 1255), zuletzt geändert durch Artikel 5 der Verordnung vom 18. Juni 2014 (BGBl. I S. 798),
27. die Aufgaben nach § 4 des **EG-Gentechnik-Durchführungsgesetzes** in Bezug auf Futtermittel,
28. *[aufgehoben]*
29. *[aufgehoben]*
30. die Überwachung der Verbote für die Werbung, mit Ausnahme der produktbegleitenden Werbung, nach dem **Vorläufigen Tabakgesetz** und den aufgrund dieses Gesetzes erlassenen Verordnungen,
31. die Zulassung von Betrieben nach Artikel 2 Satz 1 der **Verordnung (EU) Nr. 210/2013** der Kommission vom 11. März 2013 über die Zulassung von Sprossen erzeugenden Betrieben gemäß der Verordnung (EG) Nr. 852/2004 des Europäischen Parlaments und des Rates (ABl. EU Nr. L 68 S. 24).

§ 6e [Staatliche Gewerbeaufsichtsämter]

Die Staatlichen Gewerbeaufsichtsämter

- Braunschweig für die Aufsichtsbezirke der Staatlichen Gewerbeaufsichtsämter Braunschweig und Göttingen,
- Hannover für die Aufsichtsbezirke der Staatlichen Gewerbeaufsichtsämter Hannover und Hildesheim,
- Lüneburg für die Aufsichtsbezirke der Staatlichen Gewerbeaufsichtsämter Celle, Cuxhaven und Lüneburg,
- Oldenburg für die Aufsichtsbezirke der Staatlichen Gewerbeaufsichtsämter Emden, Oldenburg und Osnabrück

sind zuständig für

1. die Aufgaben nach dem Arzneimittelgesetz und nach den aufgrund des § 54 AMG erlassenen Betriebsverordnungen sowie die Überwachung der Einhaltung der Vorschriften der Betriebsverordnungen, soweit weder die Apothekerkammer Niedersachsen nach § 1 Nr. 2 Buchst. d oder e der Verordnung zur Übertragung von staatlichen Aufgaben auf die Kammern für die Heilberufe vom 25. November 2004 (Nds. GVBl. S. 516), zuletzt geändert durch Verordnung vom 18. November 2022 (Nds. GVBl. S. 716), noch die Landkreise und kreisfreien Städte nach § 2 Nr. 12 zuständig sind,

1a. die Überwachung der Herstellung und Einfuhr von Tierarzneimitteln und des Großhandels mit Tierarzneimittel nach Artikel 123 der Verordnung (EU) 2019/6, auch in Verbindung mit § 35 TAMG, und nach § 72 Abs. 1 bis 5 TAMG, soweit weder immunologische Tierarzneimittel nach Artikel 4 Nr. 5 der Verordnung (EU) 2019/6 noch veterinärmedizintechnische Produkte nach § 3 Abs. 3 Nrn. 2 bis 5 TAMG betroffen sind und soweit nicht die Apothekerkammer Niedersachsen nach § 1 Nr. 2 Buchst. i der Verordnung zur Übertragung von staatlichen Aufgaben auf die Kammern für die Heilberufe zuständig ist,

1b. die Erteilung einer Herstellungserlaubnis für Tierarzneimittel nach Artikel 88 der Verordnung (EU) 2019/6 in Verbindung mit den §§ 14 und 15 Abs. 1 und 2 TAMG sowie der Widerruf, die Anordnung des Ruhens und die Aussetzung einer solchen Erlaubnis nach Artikel 133 Buchst. c und d der Verordnung (EU) 2019/6, soweit weder immunologische Tierarzneimittel nach Artikel

4 Nr. 5 der Verordnung (EU) 2019/6 noch veterinärmedizintechnische Produkte nach § 3 Abs. 3 Nrn. 2 bis 5 TAMG betroffen sind,

1c. die Erteilung einer Herstellungserlaubnis für Tierarzneimittel nach § 28 Abs. 1 und 3 Nr. 2 und 3 TAMG sowie der Widerruf und die Anordnung des Ruhens einer solchen Erlaubnis nach § 28 Abs. 2 TAMG, soweit weder immunologische Tierarzneimittel nach Artikel 4 Nr. 5 der Verordnung (EU) 2019/6 noch veterinärmedizintechnische Produkte nach § 3 Abs. 3 Nrn. 2 bis 5 TAMG betroffen sind,

1d. die Erteilung einer Großhandelsvertriebserlaubnis für Tierarzneimittel nach Artikel 99 der Verordnung (EU) 2019/6 in Verbindung mit § 18 Abs. 1 bis 4 TAMG sowie die Rücknahme, der Widerruf, die Anordnung des Ruhens und die Aussetzung einer solchen Erlaubnis nach Artikel 131 der Verordnung (EU) 2019/6 und nach § 18 Abs. 5 TAMG sowie die Entgegennahme einer Anzeige in Bezug auf eine solche Erlaubnis nach § 18 Abs. 6 TAMG, soweit weder immunologische Tierarzneimittel nach Artikel 4 Nr. 5 der Verordnung (EU) 2019/6 noch veterinärmedizintechnische Produkte nach § 3 Abs. 3 Nrn. 2 bis 5 TAMG betroffen sind und soweit nicht die Apothekerkammer Niedersachsen nach § 1 Nr. 2 Buchst. g oder h der Verordnung zur Übertragung von staatlichen Aufgaben auf die Kammern für die Heilberufe zuständig ist,

1e. die Erteilung einer Großhandelsvertriebserlaubnis für Tierarzneimittel nach § 29 Abs. 2 Satz 3 TAMG, der Widerruf und die Anordnung des Ruhens einer solchen Erlaubnis nach § 29 Abs. 3 TAMG sowie die Entgegennahme einer Anzeige in Bezug auf eine solche Erlaubnis nach § 18 Abs. 6 TAMG, soweit weder immunologische Tierarzneimittel nach Artikel 4 Nr. 5 der Verordnung (EU) 2019/6 noch veterinärmedizintechnische Produkte nach § 3 Abs. 3 Nrn. 2 bis 5 TAMG betroffen sind und soweit nicht die Apothekerkammer Niedersachsen nach § 1 Nr. 2 Buchst. g oder h der Verordnung zur Übertragung von staatlichen Aufgaben auf die Kammern für die Heilberufe zuständig ist,

1f. die Ausstellung eines Zertifikates über die gute Herstellungspraxis nach Artikel 94 Abs. 1 der Verordnung (EU) 2019/6 für eine Produktionsstätte, soweit in dieser immunologische Tierarzneimittel nach Artikel 4 Nr. 5 der Verordnung (EU) 2019/6 nicht hergestellt werden,

1g. die Ausstellung eines Zertifikates nach Artikel 98 der Verordnung (EU) 2019/6, soweit immunologische Tierarzneimittel nach Artikel 4 Nr. 5 der Verordnung (EU) 2019/6 nicht betroffen sind,

1h. die Registrierung von in Niedersachsen niedergelassenen Importeurinnen, Importeuren, Herstellerinnen, Herstellern, Händlerinnen und Händlern von Wirkstoffen, die als Ausgangsstoffe für Tierarzneimittel verwendet werden, nach Artikel 95 Abs. 1 der Verordnung (EU) 2019/6 in Verbindung mit § 16 Abs. 1 TAMG sowie die Aufgaben der zuständigen Behörde nach Artikel 95 Abs. 3 bis 6 der Verordnung (EU) 2019/6 und nach Durchführungsrechtsakten nach Artikel 95 Abs. 8 der Verordnung (EU) 2019/6,

2. die Aufgaben nach dem Transfusionsgesetz in der Fassung vom 28. August 2007 (BGBl. I S. 2169), zuletzt geändert durch Artikel 11 des Gesetzes vom 19. Mai 2020 (BGBl. I S. 1018),

3. die Aufgaben nach dem Heilmittelwerbegesetz und die Aufgaben nach dem EU-Verbraucherschutzdurchführungsgesetz vom 21. Dezember 2006 (BGBl. I S. 3367), zuletzt geändert durch Artikel 4 des Gesetzes vom 25. Juni 2021 (BGBl. I S. 2123), soweit die Werbung nicht Tierarzneimittel betrifft.

§ 6f [Ministerium für Lebensmittelüberwachung]

Das für die Lebensmittelüberwachung zuständige Ministerium ist zuständig für die Ernennung zu amtlichen Tierärztinnen und Tierärzten nach § 2a der Tierische Lebensmittel-Überwachungsverordnung in der Fassung vom 3. September 2018 (BGBl. S. 1358), geändert durch Artikel 3 der Verordnung vom 19. Juni 2020 (BGBl. I S. 1480), für die Durchführung von Schlachttieruntersuchungen bei Notschlachtungen im Sinne des Anhangs III Abschnitt I Kapitel VI Nr. 2 der Verordnung (EG) Nr. 853/2004 des Europäischen Parlaments und des Rates vom 29. April 2004 mit spezifischen Hygienevorschriften für Lebensmittel tierischen Ursprungs (ABl. EU Nr. L 139 S. 55, Nr. L 226 S. 22; 2008 Nr. L 46 S. 50; 2010 Nr. L 77 S. 59, Nr. L 119 S. 26; 2013 Nr. L 160 S. 15; 2015 Nr. L 29 S. 16, Nr. L 66 S. 22; 2019 Nr. L 13 S. 12; 2021 Nr. L 302 S. 20), zuletzt geändert durch die Verordnung (EU) 2021/1756 des Europäischen Parlaments und des Rates vom 6. Oktober 2021 (ABl. EU Nr. L 357 S. 27), außerhalb von Schlachtbetrieben.

§ 6g [Nationalparkverwaltung „Niedersächsisches Wattenmeer"]

Die Nationalparkverwaltung „Niedersächsisches Wattenmeer" ist zuständige Behörde nach der Niedersächsischen Verordnung über Führungen auf Wattflächen vom 19. August 2013 (Nds. GVBl. S. 218).

§ 7 [Anwendung anderer Vorschriften]

§ 55 NPOG sowie entsprechende spezialgesetzliche Vorschriften über die Zuständigkeit zum Erlaß von Verordnungen bleiben unberührt.

§ 8 [Inkrafttreten]

[1]Diese Verordnung tritt am 1. November 1994 in Kraft. [2]Gleichzeitig tritt die Verordnung über Zuständigkeiten auf verschiedenen Gebieten der Gefahrenabwehr vom 19. Dezember 1990 (Nds. GVBl. S. 532), zuletzt geändert durch Verordnung vom 24. November 1993 (Nds. GVBl. S. 583), außer Kraft.

Verordnung über Verwaltungsvollzugsbeamtinnen und Verwaltungsvollzugsbeamte (VollzBeaVO)

Vom 13. März 1995 (Nds. GVBl. S. 60)
(GVBl. Sb 21011 10)
zuletzt geändert durch Art. 1 ÄndVO vom 11. Dezember 2012 (Nds. GVBl. S. 599)

Auf Grund des § 50 Abs. 2 des Niedersächsischen Gefahrenabwehrgesetzes (NGefAG) in der Fassung vom 13. April 1994 (Nds. GVBl. S. 172) wird im Einvernehmen mit dem Sozialministerium, dem Kultusministerium, dem Ministerium für Wirtschaft, Technologie und Verkehr, dem Ministerium für Ernährung, Landwirtschaft und Forsten, dem Umweltministerium und dem Frauenministerium verordnet:

§ 1 [Zuständigkeiten]

(1) Die Verwaltungsbehörden der Gefahrenabwehr haben im Rahmen ihrer Zuständigkeit Verwaltungsvollzugsbeamtinnen oder Verwaltungsvollzugsbeamte zu bestellen für

1. die Überwachung des Verkehrs mit Lebensmitteln, Tabakerzeugnissen, kosmetischen Mitteln und sonstigen Bedarfsgegenständen,
1a. die Überwachung aufgrund futtermittelrechtlicher Vorschriften,
2. die Überwachung des Handels mit Arzneimitteln und Giften außerhalb der Apotheken,
3. die Gewerbeüberwachung,
4. das Sprengstoffwesen,
5. die Bauaufsicht,
6. die Aufgaben der Beseitigung tierischer Nebenprodukte, der Tierseuchenbekämpfung und des Tierschutzes,
7. die Fischereiaufsicht,
8. die Luftaufsicht sowie für den Schutz vor Angriffen auf die Sicherheit des Luftverkehrs,
9. die Unterbringung von psychisch Kranken,
10. die Zuführung Schulpflichtiger zur Schule,
11. die Gewässeraufsicht,
12. die Abfallentsorgung,
13. den Immissionsschutz,
14. den Infektionsschutz,
15. die Überwachung der Anwendung, der Einfuhr und des Inverkehrbringens von Pflanzenschutz- und Pflanzenstärkungsmitteln,
15a. die Überwachung der Anwendung von Düngemitteln sowie des Inverkehrbringens von Düngemitteln, Bodenhilfsstoffen, Kultursubstraten und Pflanzenhilfemitteln,
16. die Überwachung von Maßnahmen zur Bekämpfung von Hygieneschädlingen,
17. die Zwangsstillegung von Kraftfahrzeugen und Anhängern,
18. die Sicherstellung von Erzeugnissen, Gütern und Leistungen nach den Sicherstellungsgesetzen,
19. die Anforderung von Leistungen nach dem Sachleistungsrecht,
20. die Aufgaben der Energiesicherung,
21. die Obdachlosenunterbringung,
22. den Arbeitsschutz einschließlich Unfallverhütung und Gesundheitsschutz sowie die Sicherheitstechnik,
23. die Überwachung auf Grund fleisch- und geflügelfleischhygienischer Vorschriften,
24. Maßnahmen zur Entfernung von Fahrzeugen wegen Verstoßes gegen straßenverkehrsrechtliche Vorschriften,
25. den Bodenschutz,
26. die Gentechnik,
27. den Strahlenschutz,
28. den Schutz vor gefährlichen Stoffen, Zubereitungen und Erzeugnissen.

(2) Die Verwaltungsbehörden der Gefahrenabwehr können im Rahmen ihrer Zuständigkeit Verwaltungsvollzugsbeamtinnen oder Verwaltungsvollzugsbeamte bestellen für
1. strom- und schiffahrtspolizeiliche Angelegenheiten,
2. die Hafenaufsicht,
3. die Überwachung des Straßenverkehrs,
4. den Jugendschutz,
5. die Durchführung von Abschiebungen und Zurückschiebungen von Ausländerinnen und Ausländern,
6. Aufgaben nach dem Gesetz über die öffentliche Sicherheit und Ordnung,
7. Aufgaben nach dem Glücksspielstaatsvertrag in Verbindung mit dem Niedersächsischen Glücksspielgesetz,
8. Aufgaben nach dem Schwarzarbeitsbekämpfungsgesetz,
9. Aufgaben nach dem Waffengesetz,
10. die Überwachung der Einhaltung der den Naturschutz und die Landschaftspflege betreffenden Rechtsvorschriften,
11. Aufgaben nach dem Niedersächsischen Nichtraucherschutzgesetz,
12. Aufgaben nach dem Schornsteinfeger-Handwerksgesetz,
13. Aufgaben nach dem Geldwäschegesetz.

(3) Die Verwaltungsbehörden, die für den Brandschutz und die Hilfeleistung zuständig sind, können zu Verwaltungsvollzugsbeamtinnen oder Verwaltungsvollzugsbeamten bestellen:
1. zur Durchführung der Brandverhütungsschau
   a) die Brandschutzprüferinnen und -prüfer,
   b) die Bediensteten der Berufsfeuerwehren;
2. zur Brandbekämpfung und Hilfeleistung
   a) die hauptberuflichen feuerwehrtechnischen Bediensteten der Land-kreise und Gemeinden,
   b) die Regierungsbrandmeisterinnen und -meister sowie die stellvertretenden Regierungsbrandmeisterinnen und -meister mit eigenem Aufsichtsbereich,
   c) die Kreisbrandmeisterinnen und -meister sowie die Abschnittsleiterinnen und -leiter Freiwilliger Feuerwehren, die Bereitschaftsführerinnen und -führer der Kreisfeuerwehrbereitschaften sowie deren Vertretungen,
   d) die Gemeinde- und Ortsbrandmeisterinnen und Gemeinde- und Ortsbrandmeister sowie deren Vertretungen.

§ 2 [Beamten- oder Dienstverhältnis]

[1]Zur Verwaltungsvollzugsbeamtin oder zum Verwaltungsvollzugsbeamten kann bestellt werden, wer in einem Beamten- oder Dienstverhältnis zu der bestellenden Körperschaft steht. [2]In einem Beamten- oder Dienstverhältnis zu einer anderen Körperschaft stehende Personen können bestellt werden, wenn sie und ihre Anstellungskörperschaft zustimmen und Gründe einer sachgerechten Aufgabenerfüllung nicht entgegenstehen. [3]Personen außerhalb des öffentlichen Dienstes können ausnahmsweise bestellt werden, wenn zwischen ihrer hauptberuflichen Tätigkeit und der Vollzugsaufgabe ein enger Sachzusammenhang besteht und die Weisungsgebundenheit an die bestellende Verwaltungsbehörde gewährleistet ist; die Bestellung setzt die Zustimmung der betroffenen Person und, soweit diese in einem Beschäftigungsverhältnis steht, die Zustimmung ihres Arbeitgebers voraus.

§ 3 [Befugnisse]

[1]Verwaltungsvollzugsbeamtinnen und Verwaltungsvollzugsbeamte haben bei der Wahrnehmung ihrer Aufgaben die allgemeinen Befugnisse der Verwaltungsbehörden und der Polizei (§ 11 Nds. SOG) sowie die Befugnisse zur Befragung (§ 12 Nds. SOG), zur Identitätsfeststellung und Prüfung von Berechtigungsscheinen (§ 13 Nds. SOG), zur Platzverweisung (§ 17 Nds. SOG), zur Gewahrsamnahme (§ 18 Nds. SOG), zur Durchsuchung von Personen und Sachen (§ 22, 23 Nds. SOG), zum Betreten und zur Durchsuchung von Wohnungen (§ 24 Nds. SOG), zur Sicherstellung von Sachen (§ 26 Nds. SOG), zur Datenerhebung (§ 31 Abs. 1 und 3 Nds. SOG) und zur Speicherung, Veränderung und Nutzung personenbezogener Daten (§ 38 Abs. 1 Nds. SOG). [2]Dabei sind sie berechtigt, Zwangsmittel (§§ 64 bis 75 Nds. SOG) anzuwenden. [3]Die Anwendung von Waffen ist ausgeschlossen (§ 69 Abs. 8 Nds. SOG).

§ 4 [Befugnisbegrenzung; Dienstausweis]

(1) Bei der Bestellung ist die Ausübung der Befugnisse nach § 3 auf den nach Art und Ausmaß der Vollzugsaufgaben erforderlichen Umfang zu beschränken.

(2) Den Verwaltungsvollzugsbeamtinnen und Verwaltungsvollzugsbeamten ist ein Dienstausweis auszustellen, aus dem die Vollzugsaufgaben (§ 1) und der Umfang der Befugnisse (§ 3) zu ersehen sind.

§ 5 [Inkrafttreten; Außerkrafttreten]

(1) Diese Verordnung tritt am Tage nach ihrer Verkündung[1)] in Kraft.

(2) Gleichzeitig tritt die Verordnung über Verwaltungsvollzugsbeamte vom 5. Januar 1982 (Nds. GVBl. S. 1), geändert durch Verordnung vom 6. Dezember 1993 (Nds. GVBl. S. 597), außer Kraft.

1) Verkündet am 31. 3. 1995.

Niedersächsisches Nichtraucherschutzgesetz (Nds. NiRSG)[1)]

Vom 12. Juli 2007 (Nds. GVBl. S. 337)
(VORIS 21069)

zuletzt geändert durch Art. 3 G zur Änd. des SpielbankenG, der Allgemeinen GebührenO und des GrundsteuerG vom 17. Mai 2022 (Nds. GVBl. S. 304)

§ 1 Rauchverbot

(1) [1]Das Rauchen ist in Niedersachsen verboten in vollständig umschlossenen Räumlichkeiten

1. von Gebäuden für Landesbehörden, Gerichte oder sonstige Einrichtungen des Landes sowie von Gebäuden für die der Aufsicht des Landes unterliegenden Körperschaften, Anstalten oder Stiftungen des öffentlichen Rechts, mit Ausnahme derjenigen Personen oder Stellen, denen außerhalb des öffentlichen Bereichs Aufgaben der öffentlichen Verwaltung übertragen worden sind, und mit Ausnahme von Räumlichkeiten, die anderen Zwecken als der Erfüllung öffentlicher Aufgaben dienen,
2. von Gebäuden für den Niedersächsischen Landtag, auch soweit diese von den Fraktionen und Abgeordneten genutzt werden,
3. von Krankenhäusern, einschließlich der Privatkrankenanstalten, sowie von Vorsorge- und Rehabilitationseinrichtungen im Sinne des § 107 des Fünften Buchs des Sozialgesetzbuchs vom 20. Dezember 1988 (BGBl. I S. 2477, 2482), zuletzt geändert durch Artikel 5 des Gesetzes vom 20. April 2007 (BGBl. I S. 554),
4. von Heimen und sonstigen Einrichtungen im Sinne des § 1 Abs. 1 bis 5 des Heimgesetzes in der Fassung vom 5. November 2001 (BGBl. I S. 2970), zuletzt geändert durch Artikel 78 der Verordnung vom 31. Oktober 2006 (BGBl. I S. 2407),
5. von Schulen im Sinne des § 1 Abs. 2 des Niedersächsischen Schulgesetzes,
6. von Einrichtungen, die Kinder oder Jugendliche aufnehmen (§ 45 Abs. 1 Satz 1 oder 2 des Achten Buchs des Sozialgesetzbuchs in der Fassung vom 14. Dezember 2006, BGBl. I S. 3134), geändert durch Artikel 2 Abs. 23 des Gesetzes vom 19. Februar 2007 (BGBl. I S. 122), unabhängig davon, ob die Einrichtungen einer Erlaubnis bedürfen,
7. von Hochschulen und Berufsakademien sowie von Volkshochschulen und sonstigen Einrichtungen der Erwachsenenbildung im Sinne des § 2 Abs. 2 des Niedersächsischen Erwachsenenbildungsgesetzes,
8. von Sporthallen und Hallenbädern sowie von sonstigen Gebäuden, in denen Sport ausgeübt wird, soweit die Räumlichkeiten öffentlich zugänglich sind und der Sportausübung dienen,
9. von Einrichtungen, die der Bewahrung, Vermittlung, Aufführung oder Ausstellung künstlerischer, unterhaltender oder historischer Inhalte oder Werke dienen, soweit die Räumlichkeiten öffentlich zugänglich sind,
10. von Gaststätten einschließlich der Diskotheken und der im Reisegewerbe während einer Veranstaltung betriebenen Gaststätten, soweit die Räumlichkeiten für Gäste zugänglich sind,
11. von Verkehrsflughäfen, wenn die Räumlichkeiten für Reisende zugänglich sind; dies gilt nicht für vollständig umschlossene Räume, die anderen Zwecken als dem Aufenthalt der Fluggäste oder deren Abfertigung dienen,
12. in Spielhallen im Sinne des § 1 Abs. 4 des Niedersächsischen Spielhallengesetzes und
13. in Spielbanken im Sinne des Niedersächsischen Spielbankengesetzes.

[2]Bei öffentlichen Schulen im Sinne des § 1 Abs. 3 des Niedersächsischen Schulgesetzes und bei Einrichtungen der Kinder- oder Jugendhilfe im Sinne des Satzes 1 Nr. 6 ist das Rauchen auch auf den zur Einrichtung gehörenden Hof- und Freiflächen verboten.

(2) [1]Das Rauchverbot nach Absatz 1 Satz 1 Nr. 10 gilt nicht, wenn im Gaststättenbetrieb nur

1. Getränke und zubereitete Speisen an Hausgäste von Beherbergungsbetrieben oder
2. unentgeltliche Kostproben

---

1) Verkündet als Art. 1 G v. 12.7.2007 (Nds. GVBl. S. 337); Inkrafttreten gem. Art. 3 Abs. 1 dieses G am 1.8.2007, mit Ausnahme des § 5, der gem. Art. 3 Abs. 2 am 1.11.2007 in Kraft tritt.

verabreicht werden. [2]Wird eine Gaststätte auf einer Teilfläche einer vollständig umschlossenen Räumlichkeit offen betrieben, so ist das Rauchen in der gesamten Räumlichkeit verboten.

(3) Für vollständig umschlossene Räumlichkeiten, deren Fläche auf Dauer gemeinschaftlich mit anderen Einrichtungen genutzt wird, gilt ein Rauchverbot nur, wenn für alle an der Nutzung beteiligten Einrichtungen ein Rauchverbot nach Absatz 1 Satz 1 gilt.

(4) Auf die Rauchverbote ist an den öffentlichen Zugängen der Einrichtungen und der Gebäude deutlich sichtbar hinzuweisen.

§ 2 Ausnahmen vom Rauchverbot

(1) Abweichend von § 1 Abs. 1 Satz 1 gilt das Rauchverbot nicht in

1. Haft- und Vernehmungsräumen der Justizvollzugseinrichtungen und der Polizei,
2. Patientenzimmern von Einrichtungen, in denen Personen aufgrund gerichtlicher Entscheidung untergebracht werden,
3. den Räumen von Heimen und von Einrichtungen der palliativen Versorgung, die Bewohnerinnen oder Bewohnern zur privaten Nutzung überlassen sind,
4. Räumen, die zu Wohnzwecken überlassen sind,
5. vollständig umschlossenen Räumen von Einrichtungen nach § 1 Abs. 1 Satz 1 Nr. 3, in denen die behandelnde Ärztin oder der behandelnde Arzt einer Patientin oder einem Patienten im Einzelfall das Rauchen erlaubt, weil ein Rauchverbot die Erreichung des Therapieziels gefährden würde oder die Patientin oder der Patient das Krankenhaus nicht verlassen kann,
6. vollständig umschlossenen Nebenräumen von Gebäuden oder Einrichtungen im Sinne von § 1 Abs. 1 Satz 1 Nrn. 1 bis 4, 7, 9 und 11, die an ihrem Eingang deutlich sichtbar als Raucherraum gekennzeichnet sind.

(2) [1]Das Rauchverbot nach § 1 Abs. 1 Satz 1 Nr. 10 gilt nicht in dem vollständig umschlossenen Nebenraum einer Gaststätte, der an seinem Eingang deutlich sichtbar als Raucherraum gekennzeichnet ist. [2]Satz 1 gilt nicht in Gaststätten, die in einem engen räumlichen oder funktionalen Zusammenhang mit Einrichtungen nach § 1 Abs. 1 Satz 1 Nrn. 3, 5 und 6 stehen.

(3) Abweichend von § 1 Abs. 1 Satz 1 Nr. 10 kann die Betreiberin oder der Betreiber einer Gaststätte das Rauchen gestatten, wenn

1. die Gaststätte nur einen für den Aufenthalt von Gästen bestimmten Raum (Gastraum) und keinen Nebenraum im Sinne von Absatz 2 Satz 1 hat,
2. die Grundfläche des Gastraumes weniger als 75 Quadratmeter beträgt; nicht zur Grundfläche gehört die allein der Betreiberin oder dem Betreiber vorbehaltene Fläche hinter dem Schanktisch,
3. in der Gaststätte keine zubereiteten Speisen verabreicht werden,
4. Personen, die das 18. Lebensjahr nicht vollendet haben, die Gaststätte nicht betreten dürfen und
5. die Gaststätte am Eingang deutlich sichtbar als Rauchergaststätte gekennzeichnet ist; die Kennzeichnung muss den Hinweis enthalten, dass Personen unter 18 Jahren keinen Zutritt haben.

§ 3 Verantwortlichkeit für die Umsetzung des Rauchverbotes

[1]Für die Einhaltung der nach diesem Gesetz bestehenden Verpflichtungen sind verantwortlich

1. die Inhaberin oder der Inhaber des Hausrechts für die jeweilige Einrichtung im Sinne von § 1 Abs. 1 Satz 1 Nrn. 1 bis 9 oder für die Räumlichkeit in § 1 Abs. 2 Satz 2 oder Abs. 3,
2. die Betreiberin oder der Betreiber der Gaststätte im Sinne von § 1 Abs. 1 Satz 1 Nr. 10 oder des Flughafens nach § 1 Abs. 1 Satz 1 Nr. 11 oder der Spielhalle nach § 1 Abs. 1 Satz 1 Nr. 12 oder der Spielbank nach § 1 Abs. 1 Satz 1 Nr. 13

und die von diesen Beauftragten. [2]Wenn einer verantwortlichen Person nach Satz 1 ein Verstoß gegen das Rauchverbot bekannt wird, hat sie im Rahmen des Hausrechts die erforderlichen Maßnahmen zu ergreifen, um derartige Verstöße zu verhindern.

§ 4 Verantwortung für öffentliche Spielplätze

Die Gemeinden sind für den Schutz der Benutzerinnen und Benutzer von öffentlichen Spielplätzen vor Passivrauchen und vor den Gefahren verantwortlich, die von beim Rauchen entstehenden Abfällen ausgehen.

§ 5 Ordnungswidrigkeiten

(1) Ordnungswidrig handelt, wer vorsätzlich

1. entgegen § 1 Abs. 1 Satz 1 oder 2, Abs. 2 Satz 2 oder Abs. 3 raucht, ohne dass eine Ausnahme nach § 2 vorliegt,
2. einer Hinweispflicht nach § 1 Abs. 4 nicht nachkommt oder
3. in den Fällen des § 3 Satz 2 Maßnahmen nicht ergreift.

(2) Die Ordnungswidrigkeit kann mit einer Geldbuße geahndet werden.

§ 6 Überprüfung des Gesetzes

Die Landesregierung überprüft bis zum 31. Dezember 2009 die Auswirkungen dieses Gesetzes.

Niedersächsisches Gesetz über das Halten von Hunden (NHundG)[1)]

Vom 26. Mai 2011 (Nds. GVBl. S. 130, ber. S. 184)
(VORIS 21011)

zuletzt geändert durch Art. 2 G zur Anpassung niedersächsischer Gesetze an das G zur Reform des Vormundschafts- und Betreuungsrechts vom 22. September 2022 (Nds. GVBl. S. 593)

Nichtamtliche Inhaltsübersicht

§ 1 Zweck des Gesetzes, Geltungsbereich

(1) Zweck des Gesetzes ist es, Gefahren für die öffentliche Sicherheit und Ordnung vorzubeugen und abzuwehren, die mit dem Halten und dem Führen von Hunden verbunden sind.

(2) Dieses Gesetz gilt für das Halten von Hunden in Niedersachsen durch Hundehalterinnen und Hundehalter, die

1. in Niedersachsen mit alleiniger Wohnung oder mit Hauptwohnung gemeldet sind,
2. sich länger als zwei Monate ununterbrochen in Niedersachsen aufhalten, wobei unwesentliche Unterbrechungen unberücksichtigt bleiben, oder
3. den Sitz, eine Niederlassung oder eine Betriebsstätte in Niedersachsen haben und der Hund sich dort aufhält,

sowie für das Führen von Hunden in Niedersachsen.

§ 2 Allgemeine Pflichten

Hunde sind so zu halten und zu führen, dass von ihnen keine Gefahren für die öffentliche Sicherheit und Ordnung ausgehen.

§ 3 Sachkunde

(1) [1]Wer einen Hund hält, muss die dafür erforderliche Sachkunde besitzen. [2]Sie ist der Gemeinde auf Verlangen durch die erfolgreiche Ablegung einer theoretischen und einer praktischen Sachkundeprüfung nachzuweisen. [3]Die theoretische Sachkundeprüfung ist vor der Aufnahme der Hundehaltung, die praktische Prüfung während des ersten Jahres der Hundehaltung abzulegen. [4]Wird der Hund von einer juristischen Person gehalten, so muss die für die Betreuung des Hundes verantwortliche Person die erforderliche Sachkunde besitzen.

(2) [1]In der theoretischen Sachkundeprüfung sind die erforderlichen Kenntnisse über

1. die Anforderungen an die Hundehaltung unter Berücksichtigung des Tierschutzrechts,
2. das Sozialverhalten von Hunden und rassespezifische Eigenschaften von Hunden,
3. das Erkennen und Beurteilen von Gefahrensituationen mit Hunden,
4. das Erziehen und Ausbilden von Hunden und
5. Rechtsvorschriften für den Umgang mit Hunden

nachzuweisen. [2]In der praktischen Sachkundeprüfung ist nachzuweisen, dass die nach Satz 1 erforderlichen Kenntnisse im Umgang mit einem Hund angewendet werden können. [3]Die die Prüfung ab-

1) **Amtl. Anm.:** Dieses Gesetz dient auch der Umsetzung der Richtlinie 2006/123/EG des Europäischen Parlaments und des Rates vom 12. Dezember 2006 über Dienstleistungen im Binnenmarkt (ABl. EU Nr. L 376 S. 36).

nehmende Person oder Stelle hat über das Bestehen der jeweiligen Prüfung eine Bescheinigung auszustellen und dafür ein vom Fachministerium für verbindlich erklärtes Muster zu verwenden.

(3) [1]Die Sachkundeprüfungen werden von Personen und Stellen abgenommen, die eine Fachbehörde zu diesem Zweck anerkannt hat. [2]Die Anerkennung erhält auf Antrag, wer die für die Abnahme der Prüfungen erforderlichen Kenntnisse und Fähigkeiten nachweist.

(4) Eine Person oder Stelle, die
1. in einem anderen Mitgliedstaat der Europäischen Union,
2. in einem anderen Vertragsstaat des Abkommens über den Europäischen Wirtschaftsraum oder
3. in einem Staat, demgegenüber die Mitgliedstaaten der Europäischen Union vertragsrechtlich zur Gleichbehandlung seiner Staatsangehörigen verpflichtet sind,

nach gleichwertigen Anforderungen oder in einem anderen Bundesland eine entsprechende Anerkennung erhalten hat, gilt in Niedersachsen als anerkannt.

(5) [1]Das Anerkennungsverfahren kann über eine einheitliche Stelle nach den Vorschriften des Verwaltungsverfahrensgesetzes abgewickelt werden. [2]Hat die Fachbehörde nicht innerhalb einer Frist von drei Monaten über den Antrag auf Anerkennung entschieden, so gilt die Anerkennung als erteilt; im Übrigen findet § 42a des Verwaltungsverfahrensgesetzes Anwendung. [3]Wer eine Anerkennung erhalten hat und die Anerkennungsvoraussetzungen nicht mehr erfüllt, hat dies der Fachbehörde oder einer einheitlichen Stelle mitzuteilen.

(6) [1]Die nach Absatz 1 Satz 1 erforderliche Sachkunde besitzt auch, wer nachweislich
1. innerhalb der letzten zehn Jahre vor der Aufnahme der Hundehaltung oder Betreuung für eine juristische Person über einen Zeitraum von mindestens zwei Jahren ununterbrochen einen Hund gehalten oder für eine juristische Person betreut hat,
2. Tierärztin oder Tierarzt oder Inhaberin oder Inhaber einer Erlaubnis nach § 2 Abs. 2 der Bundes-Tierärzteordnung zur vorübergehenden Ausübung des tierärztlichen Berufs ist,
3. Brauchbarkeitsprüfungen für Jagdhunde abnimmt oder eine solche Prüfung mit einem Hund erfolgreich abgelegt hat,
4. eine sonstige Prüfung bestanden hat, die vom Fachministerium als den Prüfungen nach Absatz 1 Satz 2 gleichwertig anerkannt worden ist,
5. eine Erlaubnis nach § 11 Abs. 1 Satz 1 Nrn. 2 oder 2b des Tierschutzgesetzes (TierSchG) zum Halten von Hunden in einem Tierheim oder einer ähnlichen Einrichtung für die dort gehaltenen Hunde oder zur Ausbildung von Hunden zu Schutzzwecken für Dritte zur Unterhaltung einer Einrichtung hierfür besitzt,
6. für die Betreuung eines von einer juristischen Person des öffentlichen Rechts oder fremder Streitkräfte gehaltenen Diensthundes verantwortlich ist, oder
7. einen Blindenführhund oder einen Behindertenbegleithund hält.

[2]Die nach Satz 1 Nr. 4 als gleichwertig anerkannten Prüfungen macht das Fachministerium im Niedersächsischen Ministerialblatt bekannt.

§ 4 Kennzeichnung

[1]Ein Hund, der älter als sechs Monate ist, ist durch ein elektronisches Kennzeichen (Transponder) mit einer Kennnummer zu kennzeichnen. [2]Der Transponder muss in der Codestruktur und dem Informationsgehalt dem Standard ISO 11784 („Radio-frequency identification of animals – Code structure“, Ausgabe August 1996) entsprechen. [3]Der Transponder muss den im Standard ISO 11785 („Radio-frequency identification of animals – Technical Concept“, Ausgabe Oktober 1996, Berichtigung Dezember 2008) festgelegten technischen Anforderungen entsprechen. [4]Die ISO-Normen können bei der Beuth-Verlag GmbH, 10772 Berlin, bezogen werden; sie sind beim Deutschen Patent- und Markenamt archivmäßig gesichert niedergelegt.

§ 5 Haftpflichtversicherung

[1]Für die durch einen Hund, der älter als sechs Monate ist, verursachten Schäden ist eine Haftpflichtversicherung mit einer Mindestversicherungssumme von 500 000 Euro für Personenschäden und von 250 000 Euro für Sachschäden abzuschließen. [2]Zuständige Stelle nach § 117 Abs. 2 Satz 1 des Versicherungsvertragsgesetzes ist die nach § 17 Abs. 1 zuständige Gemeinde. [3]Satz 1 gilt nicht für juristische Personen des öffentlichen Rechts und für fremde Streitkräfte für die von ihnen gehaltenen Diensthunde.

§ 6 Mitteilungspflicht

(1) [1]Wer einen Hund hält, hat vor Vollendung des siebten Lebensmonats des Hundes gegenüber der das zentrale Register (§ 16) führenden Stelle Folgendes anzugeben:

1. seinen Namen, bei natürlichen Personen auch Vorname, Geburtstag und Geburtsort,
2. seine Anschrift,
3. das Geschlecht und das Geburtsdatum des Hundes,
4. die Rassezugehörigkeit des Hundes oder, soweit feststellbar, die Angabe der Kreuzung und
5. die Kennnummer des Hundes (§ 4 Satz 1).

[2]Ist der Hund bei der Aufnahme der Hundehaltung älter als sechs Monate, so sind die Angaben innerhalb eines Monats nach Aufnahme der Hundehaltung zu machen.

(2) Die folgenden Änderungen hat die Hundehalterin oder der Hundehalter innerhalb eines Monats gegenüber der das zentrale Register führenden Stelle anzugeben:

1. die Aufgabe des Haltens des Hundes,
2. das Abhandenkommen und den Tod des Hundes sowie
3. Änderungen der Anschrift.

§ 7 Gefährliche Hunde

(1) [1]Erhält die Fachbehörde einen Hinweis darauf, dass ein Hund, der von einer Hundehalterin oder einem Hundehalter nach § 1 Abs. 2 gehalten wird, eine gesteigerte Aggressivität aufweist, insbesondere

1. Menschen oder Tiere gebissen oder sonst eine über das natürliche Maß hinausgehende Kampfbereitschaft, Angriffslust oder Schärfe gezeigt hat oder
2. auf Angriffslust, auf über das natürliche Maß hinausgehende Kampfbereitschaft oder Schärfe oder auf ein anderes in der Wirkung gleichstehendes Merkmal gezüchtet, ausgebildet oder abgerichtet ist,

so hat sie den Hinweis zu prüfen. [2]Ergibt die Prüfung nach Satz 1 Tatsachen, die den Verdacht rechtfertigen, dass von dem Hund eine Gefahr für die öffentliche Sicherheit ausgeht, so stellt die Fachbehörde fest, dass der Hund gefährlich ist. [3]Die Klage gegen die Feststellung nach Satz 2 hat keine aufschiebende Wirkung.

(2) [1]Wer einen Hund hält, der außerhalb des Geltungsbereiches dieses Gesetzes durch Verwaltungsakt als gefährlich eingestuft worden ist, hat dies der Fachbehörde unverzüglich mitzuteilen. [2]Die Fachbehörde hat zu prüfen, ob der Hund gefährlich ist; Absatz 1 Sätze 2 und 3 gilt entsprechend.

§ 8 Erlaubnisvorbehalt für das Halten gefährlicher Hunde

(1) Das Halten eines Hundes, dessen Gefährlichkeit nach § 7 festgestellt worden ist, bedarf der Erlaubnis der Fachbehörde.

(2) Einer Erlaubnis nach Absatz 1 bedürfen nicht

1. die Inhaberinnen und Inhaber einer Erlaubnis nach § 11 Abs. 1 Satz 1 Nr. 2 TierSchG zum Halten von Hunden in einem Tierheim oder einer ähnlichen Einrichtung für die dort gehaltenen Hunde und
2. juristische Personen des öffentlichen Rechts und fremde Streitkräfte für die von ihnen gehaltenen Diensthunde.

§ 9 Beantragung der Erlaubnis

[1]Die Hundehalterin oder der Hundehalter hat unverzüglich nach der Feststellung der Gefährlichkeit des Hundes eine Erlaubnis nach § 8 zu beantragen oder das Halten des Hundes aufzugeben. [2]Wird die Erlaubnis beantragt, so gilt das Halten des gefährlichen Hundes bis zur Entscheidung über den Antrag als erlaubt. [3]Wird die Haltung des Hundes aufgegeben, so sind der Fachbehörde Name und Anschrift der neuen Halterin oder des neuen Halters anzugeben; diese oder dieser ist darauf hinzuweisen, dass die Gefährlichkeit des Hundes festgestellt worden ist. [4]Ab Feststellung der Gefährlichkeit ist der Hund außerhalb ausbruchsicherer Grundstücke anzuleinen und hat einen Beißkorb zu tragen.

§ 10 Voraussetzungen und Inhalt der Erlaubnis

(1) Die Erlaubnis nach § 8 ist nur zu erteilen, wenn

1. die Hundehalterin oder der Hundehalter

a) das 18. Lebensjahr vollendet hat,
b) die zum Halten des Hundes erforderliche Zuverlässigkeit (§ 11) und persönliche Eignung (§ 12) besitzt und
c) nach der Feststellung der Gefährlichkeit des Hundes eine praktische Sachkundeprüfung gemäß § 3 mit dem Hund bestanden hat, § 3 Abs. 6 findet insoweit keine Anwendung,

2. die Fähigkeit des Hundes zu sozialverträglichem Verhalten durch einen Wesenstest (§ 13) nachgewiesen ist und
3. der Hund gemäß § 4 gekennzeichnet und für ihn eine Versicherung nach § 5 nachgewiesen ist.

(2) Ist die Hundehalterin oder der Hundehalter eine juristische Person, so sind die Anforderungen des Absatzes 1 Nr. 1 durch die für die Betreuung des Hundes verantwortliche Person zu erfüllen.

(3) [1]Die Hundehalterin oder der Hundehalter hat der Behörde innerhalb von drei Monaten nach Antragstellung die Unterlagen vorzulegen, die erforderlich sind, um das Vorliegen der Erlaubnisvoraussetzungen zu prüfen. [2]Die Frist kann auf Antrag einmal um höchstens drei Monate verlängert werden. [3]Nach Ablauf der Frist ist die Erlaubnis zu versagen.

(4) [1]Die Erlaubnis kann befristet und unter Vorbehalt des Widerrufs erteilt sowie mit Bedingungen und Auflagen verbunden werden. [2]Auflagen können auch nachträglich aufgenommen, geändert oder ergänzt werden.

(5) Die Klage gegen die Versagung der Erlaubnis hat keine aufschiebende Wirkung.

§ 11 Zuverlässigkeit

[1]Die erforderliche Zuverlässigkeit besitzt in der Regel nicht, wer

1. wegen einer vorsätzlich begangenen Straftat zu einer Geldstrafe von mehr als 60 Tagessätzen oder zu einer Freiheitsstrafe rechtskräftig verurteilt worden ist, wenn seit dem Eintritt der Rechtskraft der letzten Verurteilung fünf Jahre noch nicht verstrichen sind, oder
2. wiederholt oder gröblich gegen Vorschriften dieses Gesetzes verstoßen hat.

[2]Zur Prüfung der Zuverlässigkeit hat die Hundehalterin oder der Hundehalter ein Führungszeugnis zur Vorlage bei einer Behörde nach § 30 Abs. 5 des Bundeszentralregistergesetzes zu beantragen. [3]Die Fachbehörde kann im Rahmen der Prüfung der Zuverlässigkeit eine unbeschränkte Auskunft aus dem Bundeszentralregister einholen.

§ 12 Persönliche Eignung

(1) Die erforderliche persönliche Eignung besitzt in der Regel nicht, wer

1. geschäftsunfähig ist,
2. von Alkohol oder Betäubungsmitteln abhängig ist oder
3. aufgrund geringer körperlicher Kräfte den Hund nicht sicher führen kann.

(2) Sind Tatsachen bekannt, die Bedenken gegen die persönliche Eignung begründen, so kann die Fachbehörde die Beibringung eines fachärztlichen oder fachpsychologischen Gutachtens anordnen.

§ 13 Wesenstest

(1) [1]Die Fähigkeit des Hundes zu sozialverträglichem Verhalten ist durch einen Wesenstest nachzuweisen, der gemäß den Vorgaben des Fachministeriums durchgeführt worden ist. [2]Der Wesenstest ist von einer vom Fachministerium zugelassenen Person durchzuführen. [3]Die Zulassung wird Personen, die nach § 3 der Bundes-Tierärzteordnung die Berufsbezeichnung „Tierärztin“ oder „Tierarzt“ führen dürfen, auf Antrag erteilt, wenn sie vertiefte Kenntnisse und Erfahrungen in der Verhaltenstherapie mit Hunden haben.

(2) Eine Person, die

1. in einem anderen Mitgliedstaat der Europäischen Union,
2. in einem anderen Vertragsstaat des Abkommens über den Europäischen Wirtschaftsraum oder
3. in einem Staat, demgegenüber die Mitgliedstaaten der Europäischen Union vertragsrechtlich zur Gleichbehandlung seiner Staatsangehörigen verpflichtet sind,

oder in einem anderen Bundesland nach gleichwertigen Anforderungen eine entsprechende Zulassung erhalten hat, gilt in Niedersachsen als zugelassen.

(3) [1]Das Zulassungsverfahren kann über eine einheitliche Stelle nach den Vorschriften des Verwaltungsverfahrensgesetzes abgewickelt werden. [2]Hat das Fachministerium nicht innerhalb einer Frist von drei Monaten über den Antrag auf Zulassung entschieden, so gilt die Zulassung als erteilt; im Übrigen findet § 42a des Verwaltungsverfahrensgesetzes Anwendung. [3]Wer eine Zulassung erhalten

hat und die Zulassungsvoraussetzungen nicht mehr erfüllt, hat dies dem Fachministerium oder einer einheitlichen Stelle mitzuteilen.

§ 14 Führen eines gefährlichen Hundes

(1) [1]Ein gefährlicher Hund darf nur von der Hundehalterin oder dem Hundehalter persönlich oder von einer Person geführt werden, die eine Bescheinigung nach Satz 2 besitzt. [2]Die Fachbehörde stellt einer anderen Person als der Hundehalterin oder dem Hundehalter auf Antrag eine Bescheinigung darüber aus, dass sie den gefährlichen Hund führen darf, wenn die Person die Voraussetzungen des § 10 Abs. 1 Nr. 1 erfüllt.

(2) Beim Führen des gefährlichen Hundes außerhalb eines ausbruchsicheren Grundstücks hat

1. die Hundehalterin oder der Hundehalter die Erlaubnis nach § 8 und
2. die beauftragte Person die Erlaubnis nach § 8 und die Bescheinigung nach Absatz 1 Satz 2

mitzuführen und der Gemeinde auf Verlangen zur Prüfung auszuhändigen.

(3) [1]Außerhalb ausbruchsicherer Grundstücke ist ein gefährlicher Hund anzuleinen. [2]Auf Antrag kann die Fachbehörde den Leinenzwang, insbesondere unter Berücksichtigung des Wesenstests, ganz oder teilweise aufheben.

(4) § 9 Satz 3 gilt entsprechend.

§ 15 Mitwirkungspflichten, Betretensrecht

(1) [1]Soweit es zur Durchführung dieses Gesetzes erforderlich ist, haben Personen, die einen Hund halten oder führen, auf Verlangen der Gemeinde oder der Fachbehörde die den Hund betreffenden Feststellungen zu ermöglichen, Auskünfte zu erteilen und Unterlagen vorzulegen. [2]Die zur Auskunft verpflichtete Person kann die Auskunft auf solche Fragen verweigern, deren Beantwortung sie oder eine der in § 383 Abs. 1 Nrn. 1 bis 3 der Zivilprozessordnung bezeichneten Personen der Gefahr strafrechtlicher Verfolgung oder eines Verfahrens nach dem Gesetz über Ordnungswidrigkeiten aussetzen würde.

(2) [1]Beschäftigte und sonstige Beauftragte der Gemeinde und der Fachbehörde dürfen, soweit es zur Wahrnehmung ihrer Aufgaben erforderlich ist,

1. Grundstücke mit Ausnahme von Wohngebäuden jederzeit und
2. Betriebsräume während der Betriebszeiten

betreten. [2]Das Grundrecht der Unverletzlichkeit der Wohnung (Artikel 13 Abs. 1 des Grundgesetzes) wird insoweit eingeschränkt.

§ 16 Zentrales Register

(1) [1]Das Fachministerium führt ein zentrales Register, in dem die Angaben der Hundehalterinnen und Hundehalter nach § 6 gespeichert werden. [2]Das Register dient der Identifizierung eines Hundes, der Ermittlung der Hundehalterin oder des Hundehalters und der Gewinnung von Erkenntnissen über die Gefährlichkeit von Hunden in Abhängigkeit von Rasse, Geschlecht und Alter.

(2) [1]Das Fachministerium kann das Führen des zentralen Registers einer Landesbehörde übertragen. [2]Es kann auch eine juristische Person des Privatrechts mit deren Einverständnis durch Verwaltungsakt oder durch öffentlich-rechtlichen Vertrag mit dem Führen des zentralen Registers beauftragen, wenn die Beauftragte die Gewähr für eine sachgerechte Erfüllung der Aufgabe bietet. [3]Das Fachministerium macht die Übertragung oder Beauftragung im Niedersächsischen Ministerialblatt bekannt. [4]Die Beauftragte ist befugt, in entsprechender Anwendung des Niedersächsischen Verwaltungskostengesetzes und der aufgrund des Niedersächsischen Verwaltungskostengesetzes erlassenen Rechtsvorschriften im eigenen Namen und in den Handlungsformen des öffentlichen Rechts Kosten zu erheben. [5]Die Beauftragte unterliegt der Fachaufsicht des Fachministeriums.

(3) Die Fachbehörde und die Gemeinde können im Rahmen ihrer Aufgabenerfüllung nach diesem Gesetz Auskunft aus dem zentralen Register einholen.

§ 17 Zuständigkeit, sonstige Maßnahmen

(1) [1]Die Gemeinde überwacht die Einhaltung der §§ 2 bis 6 und 14. [2]Die Fachbehörde überwacht die Einhaltung der Vorschriften dieses Gesetzes im Übrigen.

(2) [1]Die Aufgaben der Fachbehörde nach diesem Gesetz werden von den Landkreisen und kreisfreien Städten wahrgenommen. [2]Die Zuständigkeit der großen selbstständigen Städte und der selbstständigen Gemeinden wird ausgeschlossen.

(3) Die Gemeinden und Fachbehörden erfüllen ihre Aufgaben im übertragenen Wirkungskreis.

(4) [1]Die zuständigen Behörden können die zur Einhaltung der Vorschriften dieses Gesetzes im Einzelfall erforderlichen Maßnahmen treffen. [2]Die Gemeinde kann Hundehalterinnen und Hundehaltern, insbesondere wenn sie

1. a) wegen einer vorsätzlich begangenen Straftat zu einer Geldstrafe von mehr als 60 Tagessätzen oder zu einer Freiheitsstrafe rechtskräftig verurteilt worden sind, wenn seit dem Eintritt der Rechtskraft der letzten Verurteilung fünf Jahre noch nicht verstrichen sind,
   b) geschäftsunfähig sind,
   c) von Alkohol oder Betäubungsmitteln abhängig sind,
2. wiederholt oder gröblich gegen Vorschriften dieses Gesetzes verstoßen haben,
3. aufgrund geringer körperlicher Kräfte den Hund nicht sicher führen können,

aufgeben, den Hund außerhalb ausbruchsicherer Grundstücke anzuleinen oder mit einem Beißkorb zu versehen oder das Halten des Hundes untersagen. [3]Zur Prüfung der Voraussetzungen des Satzes 2 Nr. 1 Buchst. c kann die Gemeinde die Beibringung eines fachärztlichen oder fachpsychologischen Gutachtens anordnen.

(5) Die Befugnis der nach § 55 des Niedersächsischen Polizei- und Ordnungsbehördengesetzes zuständigen Behörden, Verordnungen zur Abwehr abstrakter von Hunden ausgehender Gefahren zu erlassen, bleibt unberührt.

§ 18 Ordnungswidrigkeiten

(1) Ordnungswidrig handelt, wer vorsätzlich oder fahrlässig

1. entgegen § 3 einen Hund ohne die erforderliche Sachkunde hält,
2. entgegen § 4 einen Hund ohne Kennzeichnung durch einen Transponder hält,
3. entgegen § 5 Satz 1 einen Hund ohne Haftpflichtversicherung hält,
4. entgegen § 6 Angaben nicht, nicht rechtzeitig, nicht richtig oder nicht vollständig macht,
5. entgegen § 7 Abs. 2 Satz 1 das Halten eines Hundes nicht unverzüglich mitteilt,
6. entgegen § 8 einen gefährlichen Hund ohne Erlaubnis hält,
7. die nach § 9 Satz 3 oder § 14 Abs. 4 erforderlichen Angaben nicht macht,
8. entgegen § 9 Satz 4 einen gefährlichen Hund führt, der nicht angeleint ist oder keinen Beißkorb trägt,
9. einer vollziehbaren Auflage nach § 10 Abs. 4 zuwiderhandelt,
10. entgegen § 14 Abs. 1 eine Person mit dem Führen eines gefährlichen Hundes beauftragt, die für den Hund keine Bescheinigung nach § 14 Abs. 1 Satz 2 besitzt,
11. entgegen § 14 Abs. 2
    a) die Erlaubnis nach § 8 oder
    b) die Bescheinigung nach § 14 Abs. 1 Satz 2

    nicht mitführt oder nicht aushändigt,
12. entgegen § 14 Abs. 3 einen gefährlichen Hund führt, der nicht angeleint ist,
13. entgegen § 15 Abs. 1 eine Feststellung nicht ermöglicht, eine Auskunft nicht erteilt oder Unterlagen nicht vorlegt,
14. einer vollziehbaren Anordnung nach § 17 Abs. 4 zuwiderhandelt.

(2) Die Ordnungswidrigkeit kann mit einer Geldbuße bis zu 10 000 Euro geahndet werden.

§ 19 Übergangsregelungen

(1) [1]Ist ein Hund, der vor dem 1. Juli 2011 durch einen Transponder, der nicht den Anforderungen nach § 4 Sätze 2 und 3 entspricht, mit einer Kennnummer gekennzeichnet worden, so ist dies ausreichend. [2]In diesem Fall hat die Hundehalterin oder der Hundehalter dafür zu sorgen, dass der Fachbehörde bei Bedarf für den Transponder ein Lesegerät zur Verfügung steht.

(2) Erlaubnisse zum Halten eines gefährlichen Hundes nach § 3 Abs. 1 des Niedersächsischen Gesetzes über das Halten von Hunden vom 12. Dezember 2002 (Nds. GVBl. 2003 S. 2), geändert durch Gesetz vom 30. Oktober 2003 (Nds. GVBl. S. 367), gelten als Erlaubnisse nach § 8 fort.

(3) Wer am 1. Juli 2013 einen Hund hält, der älter als sechs Monate ist, hat die Angaben nach § 6 Abs. 1 Satz 1 bis zum 1. August 2013 zu machen.

(4) Zulassungen von Personen und Stellen für die Durchführung eines Wesenstests nach § 9 des Niedersächsischen Gesetzes über das Halten von Hunden vom 12. Dezember 2002 (Nds. GVBl.

2003 S. 2), geändert durch Gesetz vom 30. Oktober 2003 (Nds. GVBl. S. 367), gelten als Zulassungen nach § 13 fort.

Niedersächsisches Versammlungsgesetz (NVersG)

Vom 7. Oktober 2010 (Nds. GVBl. S. 465, ber. S. 532)
(VORIS 21031)

zuletzt geändert durch Art. 2 G zur Änd. des Niedersächsischen G über die öffentliche Sicherheit und Ordnung und anderer Gesetze vom 20. Mai 2019 (Nds. GVBl. S. 88)

Inhaltsübersicht

Erster Teil Allgemeine Bestimmungen

§ 1 Grundsatz

(1) Jedermann hat das Recht, sich friedlich und ohne Waffen mit anderen Personen zu versammeln.

(2) Dieses Recht hat nicht, wer das Grundrecht auf Versammlungsfreiheit gemäß Artikel 18 des Grundgesetzes verwirkt hat.

§ 2 Versammlungsbegriff

Eine Versammlung im Sinne dieses Gesetzes ist eine ortsfeste oder sich fortbewegende Zusammenkunft von mindestens zwei Personen zur gemeinschaftlichen, auf die Teilhabe an der öffentlichen Meinungsbildung gerichteten Erörterung oder Kundgebung.

§ 3 Friedlichkeit und Waffenlosigkeit

(1) Es ist verboten, in einer Versammlung oder aus einer Versammlung heraus durch Gewalttätigkeiten auf Personen oder Sachen einzuwirken.

(2) [1]Es ist verboten, Waffen oder sonstige Gegenstände, die zur Verletzung von Personen oder zur Beschädigung von Sachen geeignet und bestimmt sind,

1. auf dem Weg zu oder in einer Versammlung mit sich zu führen oder
2. zu einer Versammlung hinzuschaffen oder in einer Versammlung zur Verwendung bereitzuhalten oder zu verteilen.

[2]Die zuständige Behörde kann auf Antrag eine Befreiung vom Verbot nach Satz 1 erteilen, wenn dies zum Schutz einer an der Versammlung teilnehmenden Person erforderlich ist. [3]Auf Polizeibeamtinnen und Polizeibeamte im Dienst findet Satz 1 keine Anwendung.

(3) [1]Es ist verboten, in einer Versammlung in einer Art und Weise aufzutreten, die dazu geeignet und bestimmt ist, im Zusammenwirken mit anderen teilnehmenden Personen den Eindruck von Gewaltbereitschaft zu vermitteln. [2]Der Eindruck von Gewaltbereitschaft kann insbesondere durch das Tragen von Uniformen oder Uniformteilen oder durch sonstiges paramilitärisches Auftreten vermittelt werden.

§ 4 Störungsverbot

Es ist verboten, eine nicht verbotene Versammlung mit dem Ziel zu stören, deren ordnungsgemäße Durchführung zu verhindern.

Zweiter Teil

Versammlungen unter freiem Himmel

§ 5 Anzeige

(1) [1]Wer eine Versammlung unter freiem Himmel durchführen will, hat dies der zuständigen Behörde spätestens 48 Stunden vor der Bekanntgabe der Versammlung anzuzeigen. [2]Bei der Berechnung der Frist werden Sonntage, gesetzliche Feiertage und Sonnabende nicht mitgerechnet.

(2) [1]In der Anzeige sind anzugeben

1. der Ort der Versammlung einschließlich des geplanten Streckenverlaufs bei sich fortbewegenden Versammlungen,
2. der beabsichtigte Beginn und das beabsichtigte Ende der Versammlung,
3. der Gegenstand der Versammlung,
4. Name, Vorname, Geburtsdatum und eine für den Schriftverkehr mit der zuständigen Behörde geeignete Anschrift (persönliche Daten) der Leiterin oder des Leiters sowie deren oder dessen telefonische oder sonstige Erreichbarkeit und
5. die erwartete Anzahl der teilnehmenden Personen.

[2]Die Leiterin oder der Leiter hat der zuständigen Behörde Änderungen der nach Satz 1 anzugebenden Umstände unverzüglich mitzuteilen.

(3) [1]Die zuständige Behörde kann von der Leiterin oder dem Leiter die Angabe

1. des geplanten Ablaufs der Versammlung,
2. der zur Durchführung der Versammlung voraussichtlich mitgeführten Gegenstände, insbesondere technischen Hilfsmittel, und
3. der Anzahl und der persönlichen Daten von Ordnerinnen und Ordnern

verlangen, soweit dies zur Abwehr einer Gefahr für die öffentliche Sicherheit erforderlich ist. [2]Die Leiterin oder der Leiter hat der zuständigen Behörde Änderungen der nach Satz 1 anzugebenden Umstände unverzüglich mitzuteilen.

(4) [1]Die in Absatz 1 Satz 1 genannte Frist gilt nicht, wenn bei ihrer Einhaltung der mit der Versammlung verfolgte Zweck nicht erreicht werden kann (Eilversammlung). [2]In diesem Fall ist die Versammlung unverzüglich anzuzeigen.

(5) Fällt die Bekanntgabe der Versammlung mit deren Beginn zusammen (Spontanversammlung), so entfällt die Anzeigepflicht.

§ 6 Zusammenarbeit

Die zuständige Behörde gibt der Leiterin oder dem Leiter einer Versammlung unter freiem Himmel die Gelegenheit zur Zusammenarbeit, insbesondere zur Erörterung von Einzelheiten der Durchführung der Versammlung.

§ 7 Versammlungsleitung

(1) [1]Jede nach § 5 anzuzeigende Versammlung unter freiem Himmel muss eine Leiterin oder einen Leiter haben. [2]Die Leiterin oder der Leiter bestimmt den Ablauf der Versammlung. [3]Sie oder er hat während der Versammlung für Ordnung zu sorgen und kann dazu insbesondere teilnehmende Personen, die die Versammlung stören, zur Ordnung rufen. [4]Sie oder er kann die Versammlung jederzeit beenden. [5]Sie oder er muss während der Versammlung anwesend und für die zuständige Behörde erreichbar sein.

(2) [1]Die Leiterin oder der Leiter kann sich zur Erfüllung ihrer oder seiner Aufgaben der Hilfe von Ordnerinnen und Ordnern bedienen, die weiße Armbinden mit der Aufschrift „Ordnerin“ oder „Ord-

ner" tragen müssen. [2]Ordnerinnen und Ordnern darf keine Befreiung nach § 3 Abs. 2 Satz 2 erteilt werden.

(3) Personen, die an der Versammlung teilnehmen, haben die zur Aufrechterhaltung der Ordnung getroffenen Anweisungen der Leiterin oder des Leiters oder einer Ordnerin oder eines Ordners zu befolgen.

§ 8 Beschränkung, Verbot, Auflösung

(1) Die zuständige Behörde kann eine Versammlung unter freiem Himmel beschränken, um eine unmittelbare Gefahr für die öffentliche Sicherheit oder Ordnung abzuwehren.

(2) [1]Die zuständige Behörde kann eine Versammlung verbieten oder auflösen, wenn ihre Durchführung die öffentliche Sicherheit unmittelbar gefährdet und die Gefahr nicht anders abgewehrt werden kann. [2]Eine verbotene Versammlung ist aufzulösen. [3]Nach der Auflösung haben sich die teilnehmenden Personen unverzüglich zu entfernen.

(3) Geht die Gefahr nicht von der Versammlung aus, so sind die in den Absätzen 1 und 2 genannten Maßnahmen nur zulässig, wenn

1. Maßnahmen gegen die die Gefahr verursachenden Personen nicht oder nicht rechtzeitig möglich sind oder keinen Erfolg versprechen und
2. die zuständige Behörde die Gefahr nicht oder nicht rechtzeitig selbst oder mit durch Amts- und Vollzugshilfe ergänzten Mitteln und Kräften abwehren kann.

(4) Eine Versammlung kann auch beschränkt oder verboten werden, wenn

1. sie an einem Tag oder Ort stattfinden soll, dem ein an die nationalsozialistische Gewalt- und Willkürherrschaft erinnernder Sinngehalt mit gewichtiger Symbolkraft zukommt und durch die Art und Weise der Durchführung der Versammlung der öffentliche Friede in einer die Würde der Opfer verletzenden Weise unmittelbar gefährdet wird, oder
2. durch die Versammlung die nationalsozialistische Gewalt- und Willkürherrschaft gebilligt, verherrlicht, gerechtfertigt oder verharmlost wird, auch durch das Gedenken an führende Repräsentanten des Nationalsozialismus, und dadurch der öffentliche Friede in einer die Würde der Opfer verletzenden Weise unmittelbar gefährdet wird.

§ 9 Schutzausrüstungs- und Vermummungsverbot

(1) Es ist verboten, auf dem Weg zu oder in einer Versammlung unter freiem Himmel Gegenstände mit sich zu führen, die als Schutzausrüstung geeignet und dazu bestimmt sind, Vollstreckungsmaßnahmen von Polizeibeamtinnen und Polizeibeamten abzuwehren.

(2) Es ist auch verboten,

1. an einer Versammlung in einer Aufmachung teilzunehmen, die zur Verhinderung der Feststellung der Identität geeignet und bestimmt ist, oder den Weg zu einer Versammlung in einer solchen Aufmachung zurückzulegen oder
2. auf dem Weg zu oder in einer Versammlung Gegenstände mit sich zu führen, die zur Verhinderung der Feststellung der Identität geeignet und bestimmt sind.

(3) Die zuständige Behörde befreit von den Verboten nach den Absätzen 1 und 2, wenn dadurch die öffentliche Sicherheit oder Ordnung nicht unmittelbar gefährdet wird.

§ 10 Besondere Maßnahmen

(1) [1]Die zuständige Behörde kann anhand der nach § 5 Abs. 2 und 3 erhobenen Daten durch Anfragen an Polizei- und Verfassungsschutzbehörden prüfen, ob die betroffene Person die öffentliche Sicherheit unmittelbar gefährdet. [2]Besteht diese Gefahr, kann die Behörde die Person als Leiterin oder Leiter ablehnen oder ihren Einsatz als Ordnerin oder Ordner untersagen. [3]Im Fall der Ablehnung muss die anzeigende Person eine andere Person als Leiterin oder Leiter benennen. [4]Die nach Satz 1 erhobenen Daten sind unverzüglich nach Beendigung der Versammlung unter freiem Himmel zu löschen, soweit sie nicht zur Verfolgung einer Straftat oder Ordnungswidrigkeit benötigt werden.

(2) [1]Die zuständige Behörde kann die Maßnahmen treffen, die erforderlich sind, um die unmittelbare Gefahr

1. eines Verstoßes gegen ein Verbot nach § 3 oder § 9 oder
2. einer erheblichen Störung der Ordnung der Versammlung durch teilnehmende Personen

abzuwehren. [2]Sie kann insbesondere Gegenstände sicherstellen; die §§ 27 bis 29 des Niedersächsischen Polizei- und Ordnungsbehördengesetzes (NPOG) gelten entsprechend.

(3) [1]Die zuständige Behörde kann Personen die Teilnahme an einer Versammlung untersagen oder diese von der Versammlung ausschließen, wenn die Voraussetzungen nach Absatz 2 Satz 1 vorliegen und die dort genannte Gefahr nicht anders abgewehrt werden kann. [2]Ausgeschlossene Personen haben die Versammlung unverzüglich zu verlassen.

§ 11 Anwesenheitsrecht der Polizei

[1]Die Polizei kann bei Versammlungen unter freiem Himmel anwesend sein, wenn dies zur Erfüllung ihrer Aufgaben nach diesem Gesetz erforderlich ist. [2]Nach Satz 1 anwesende Polizeibeamtinnen und Polizeibeamte haben sich der Leiterin oder dem Leiter zu erkennen zu geben.

§ 12 Bild- und Tonübertragungen und -aufzeichnungen

(1) [1]Die Polizei kann Bild- und Tonaufzeichnungen von einer bestimmten Person auf dem Weg zu oder in einer Versammlung unter freiem Himmel offen anfertigen, um eine von dieser Person verursachte erhebliche Gefahr für die öffentliche Sicherheit abzuwehren. [2]Die Maßnahme darf auch durchgeführt werden, wenn andere Personen unvermeidbar betroffen werden.

(2) [1]Die Polizei kann eine unübersichtliche Versammlung und ihr Umfeld mittels Bild- und Tonübertragungen offen beobachten, wenn dies zur Abwehr einer von der Versammlung ausgehenden Gefahr für die öffentliche Sicherheit oder Ordnung erforderlich ist. [2]Sie kann zur Abwehr erheblicher Gefahren für die öffentliche Sicherheit offen Bild- und Tonaufzeichnungen von nicht bestimmten teilnehmenden Personen (Übersichtsaufzeichnungen) anfertigen. [3]Die Auswertung von Übersichtsaufzeichnungen mit dem Ziel der Identifizierung einer Person ist nur zulässig, wenn die Voraussetzungen nach Absatz 1 vorliegen.

(3) [1]Die Bild- und Tonaufzeichnungen nach den Absätzen 1 und 2 sind nach Beendigung der Versammlung unverzüglich, spätestens aber nach zwei Monaten zu löschen oder unumkehrbar zu anonymisieren, soweit sie nicht

1. zur Verfolgung von Straftaten benötigt werden oder
2. zur Behebung einer Beweisnot unerlässlich sind.

[2]In den Fällen des Satzes 1 Nr. 2 sind die Daten für eine sonstige Verwendung zu sperren.

(4) Die der Anfertigung von Bild- und Tonaufzeichnungen nach den Absätzen 1 und 2 Satz 2 sowie der Verwendung nach Absatz 2 Satz 3 und Absatz 3 im Einzelfall zugrunde liegenden Zwecke sind zu dokumentieren.

Dritter Teil

Versammlungen in geschlossenen Räumen

§ 13 Versammlungsleitung

(1) [1]Wer zu einer Versammlung in geschlossenen Räumen einlädt, ist deren Leiterin oder Leiter. [2]Die oder der Einladende oder die Versammlung kann eine andere Person zur Leiterin oder zum Leiter bestimmen.

(2) In der Einladung kann die Teilnahme an der Versammlung auf bestimmte Personen oder Personenkreise beschränkt werden.

(3) [1]Wenn nicht ausschließlich bestimmte Personen eingeladen worden sind, darf Pressevertreterinnen und Pressevertretern der Zutritt zur Versammlung nicht versagt werden. [2]Diese haben sich gegenüber der Leiterin oder dem Leiter und gegenüber Ordnerinnen oder Ordnern nach Aufforderung als Pressevertreterin oder Pressevertreter auszuweisen.

(4) Die Leiterin oder der Leiter darf Personen, die entgegen § 3 Abs. 2 Waffen oder sonstige Gegenstände mit sich führen, keinen Zutritt gewähren.

(5) [1]Die Leiterin oder der Leiter kann teilnehmende Personen sowie Pressevertreterinnen und Pressevertreter von der Versammlung ausschließen, wenn sie die Ordnung erheblich stören. [2]Sie oder er hat Personen auszuschließen, die entgegen § 3 Abs. 2 Waffen oder sonstige Gegenstände mit sich führen. [3]Ausgeschlossene Personen haben die Versammlung unverzüglich zu verlassen.

(6) Im Übrigen gilt für die Leiterin oder den Leiter § 7 entsprechend.

§ 14 Beschränkung, Verbot, Auflösung

(1) Die zuständige Behörde kann eine Versammlung in geschlossenen Räumen beschränken, wenn ihre Friedlichkeit unmittelbar gefährdet ist.

(2) [1]Die zuständige Behörde kann eine Versammlung verbieten oder auflösen, wenn ihre Friedlichkeit unmittelbar gefährdet ist und die Gefahr nicht anders abgewehrt werden kann. [2]Eine verbotene Versammlung ist aufzulösen. [3]Nach der Auflösung haben sich die teilnehmenden Personen unverzüglich zu entfernen.

(3) Geht die Gefahr nicht von der Versammlung aus, so sind die in den Absätzen 1 und 2 genannten Maßnahmen nur zulässig, wenn

1. Maßnahmen gegen die die Gefahr verursachenden Personen nicht oder nicht rechtzeitig möglich sind oder keinen Erfolg versprechen und
2. die zuständige Behörde die Gefahr nicht oder nicht rechtzeitig selbst oder mit durch Amts- und Vollzugshilfe ergänzten Mitteln und Kräften abwehren kann.

(4) Maßnahmen nach den Absätzen 1 und 2 Satz 1 sind zu begründen.

§ 15 Besondere Maßnahmen

(1) [1]Die zuständige Behörde kann

1. von der oder dem Einladenden die Angabe der persönlichen Daten der Leiterin oder des Leiters und
2. von der Leiterin oder dem Leiter die Angabe der persönlichen Daten von Ordnerinnen und Ordnern

verlangen, soweit dies zur Gewährleistung der Friedlichkeit der Versammlung in geschlossenen Räumen erforderlich ist. [2]Die Leiterin oder der Leiter hat der zuständigen Behörde Änderungen der nach Satz 1 anzugebenden Umstände unverzüglich mitzuteilen.

(2) [1]Die zuständige Behörde kann anhand der nach Absatz 1 erhobenen Daten durch Anfragen an Polizei- und Verfassungsschutzbehörden prüfen, ob die betroffene Person die Friedlichkeit der Versammlung unmittelbar gefährdet. [2]Besteht diese Gefahr, kann die Behörde die Person als Leiterin oder Leiter ablehnen oder ihren Einsatz als Ordnerin oder Ordner untersagen. [3]Im Fall der Ablehnung muss die oder der Einladende eine andere Person als Leiterin oder Leiter benennen. [4]Die nach Satz 1 erhobenen Daten sind unverzüglich nach Beendigung der Versammlung zu löschen, soweit sie nicht zur Verfolgung einer Straftat oder Ordnungswidrigkeit benötigt werden.

(3) [1]Die zuständige Behörde kann vor Versammlungsbeginn die Maßnahmen treffen, die zur Durchsetzung der Verbote nach § 3 erforderlich sind. [2]Sie kann insbesondere Gegenstände sicherstellen; die §§ 27 bis 29 NPOG gelten entsprechend. [3]Die zuständige Behörde kann Personen die Teilnahme an einer Versammlung untersagen, wenn die Gewährleistung der Friedlichkeit der Versammlung nicht anders möglich ist.

§ 16 Anwesenheitsrecht der Polizei

[1]Die Polizei kann bei Versammlungen in geschlossenen Räumen anwesend sein, wenn dies zur Abwehr einer unmittelbaren Gefahr für die Friedlichkeit der Versammlung erforderlich ist. [2]Nach Satz 1 anwesende Polizeibeamtinnen und Polizeibeamte haben sich der Leiterin oder dem Leiter zu erkennen zu geben.

§ 17 Bild- und Tonübertragungen und -aufzeichnungen

(1) [1]Die Polizei kann Bild- und Tonaufzeichnungen von einer bestimmten Person in einer Versammlung in geschlossenen Räumen offen anfertigen, um eine von dieser Person verursachte unmittelbare Gefahr für die Friedlichkeit der Versammlung abzuwehren. [2]Die Maßnahme darf auch durchgeführt werden, wenn andere Personen unvermeidbar betroffen werden.

(2) [1]Die Polizei kann eine unübersichtliche Versammlung mittels Bild- und Tonübertragungen offen beobachten, wenn dies zur Abwehr einer Gefahr für die Friedlichkeit der Versammlung erforderlich ist. [2]Sie kann zur Abwehr einer unmittelbaren Gefahr für die Friedlichkeit der Versammlung offen Bild- und Tonaufzeichnungen von nicht bestimmten teilnehmenden Personen (Übersichtsaufzeichnungen) anfertigen. [3]Die Auswertung von Übersichtsaufzeichnungen mit dem Ziel der Identifizierung einer Person ist nur zulässig, wenn die Voraussetzungen nach Absatz 1 vorliegen.

(3) [1]Die Bild- und Tonaufzeichnungen nach den Absätzen 1 und 2 sind nach Beendigung der Versammlung unverzüglich, spätestens aber nach zwei Monaten zu löschen oder unumkehrbar zu anonymisieren, soweit sie nicht

1. zur Verfolgung von Straftaten benötigt werden oder
2. zur Behebung einer Beweisnot unerlässlich sind.

[2]In den Fällen des Satzes 1 Nr. 2 sind die Daten für eine sonstige Verwendung zu sperren.

(4) Die der Anfertigung von Bild- und Tonaufzeichnungen nach den Absätzen 1 und 2 Satz 2 sowie der Verwendung nach Absatz 2 Satz 3 und Absatz 3 im Einzelfall zugrunde liegenden Zwecke sind zu dokumentieren.

Vierter Teil

§§ 18, 19 ***[aufgehoben]***

Fünfter Teil
Straf- und Bußgeldvorschriften

§ 20 Strafvorschriften

(1) Mit Freiheitsstrafe bis zu zwei Jahren oder mit Geldstrafe wird bestraft, wer

1. entgegen § 3 Abs. 2 Waffen oder sonstige dort bezeichnete Gegenstände mit sich führt, zu einer Versammlung hinschafft oder zur Verwendung bei einer solchen Versammlung bereithält oder verteilt, wenn die Tat nicht nach § 52 Abs. 3 Nr. 9 des Waffengesetzes mit Strafe bedroht ist, oder
2. in der Absicht, eine nicht verbotene Versammlung zu vereiteln, Gewalttätigkeiten begeht oder androht oder eine erhebliche Störung der Ordnung der Versammlung verursacht.

(2) [1]Mit Freiheitsstrafe bis zu einem Jahr oder mit Geldstrafe wird bestraft, wer

1. sich als Leiterin oder Leiter einer Ordnerin oder eines Ordners bedient, die oder der entgegen § 3 Abs. 2 Waffen oder sonstige dort bezeichnete Gegenstände mit sich führt,
2. öffentlich, in einer Versammlung oder durch Verbreiten von Schriften, Ton- oder Bildträgern, Datenspeichern, Abbildungen oder anderen Darstellungen zur Teilnahme an einer Versammlung aufruft, deren Durchführung vollziehbar verboten oder deren Auflösung vollziehbar angeordnet ist (§ 8 Abs. 2 und 4, § 14 Abs. 2),
3. als Leiterin oder Leiter entgegen einem vollziehbaren Verbot oder einer vollziehbaren Auflösung (§ 8 Abs. 2 und 4, § 14 Abs. 2) eine Versammlung durchführt,
4. entgegen § 9 Abs. 1 auf dem Weg zu oder in einer Versammlung unter freiem Himmel einen dort bezeichneten Gegenstand mit sich führt und dadurch einer vollziehbaren Maßnahme nach § 10 Abs. 2 zuwiderhandelt,
5. entgegen § 9 Abs. 2 Nr. 1 in einer dort bezeichneten Aufmachung an einer Versammlung unter freiem Himmel teilnimmt oder den Weg zu einer Versammlung in einer solchen Aufmachung zurücklegt und dadurch einer vollziehbaren Maßnahme nach § 10 Abs. 2 zuwiderhandelt oder
6. sich im Anschluss an eine Versammlung unter freiem Himmel mit anderen zusammenrottet und dabei einen in § 3 Abs. 2 oder § 9 Abs. 1 bezeichneten Gegenstand mit sich führt oder in einer in § 9 Abs. 2 Nr. 1 bezeichneten Weise aufgemacht ist.

[2]Eine Tat nach Satz 1 Nrn. 2 bis 5 ist nur strafbar, wenn die dort bezeichnete Anordnung rechtmäßig ist.

§ 21 Bußgeldvorschriften

(1) [1]Ordnungswidrig handelt, wer

1. in einer Versammlung entgegen § 3 Abs. 3 in einer dort bezeichneten Art und Weise auftritt und dadurch einer vollziehbaren Maßnahme nach § 10 Abs. 2 zuwiderhandelt,
2. als teilnehmende Person trotz wiederholter Ordnungsrufe durch die Leiterin oder den Leiter oder durch eine Ordnerin oder einen Ordner fortfährt, eine Versammlung zu stören,
3. als nicht teilnehmende Person entgegen einer vollziehbaren polizeilichen Anordnung fortfährt, eine Versammlung zu stören,
4. eine Versammlung unter freiem Himmel durchführt, deren fristgerechte Anzeige entgegen § 5 vollständig unterblieben ist,
5. als anzeigende Person wider besseres Wissen unrichtige oder unvollständige Angaben nach § 5 Abs. 2 Satz 1 macht,
6. als Leiterin oder Leiter wider besseres Wissen unrichtige oder unvollständige Angaben nach § 5 Abs. 3 Satz 1 Nr. 2 oder 3 oder § 15 Abs. 1 Satz 1 Nr. 2 macht,
7. als Leiterin oder Leiter eine Versammlung unter freiem Himmel wesentlich anders durchführt, als es in der Anzeige aufgrund des § 5 Abs. 2 Satz 1 Nrn. 1 und 2 angegeben ist,
8. sich als Leiterin oder Leiter einer Ordnerin oder eines Ordners bedient, die oder der entgegen § 7 Abs. 2 Satz 1 keine dort bezeichnete Armbinde trägt,

9. an einer Versammlung teilnimmt, deren Durchführung vollziehbar verboten ist (§ 8 Abs. 2 und 4, § 14 Abs. 2),
10. als Leiterin oder Leiter oder als teilnehmende Person einer vollziehbaren Beschränkung nach § 8 Abs. 1 oder 4 oder § 14 Abs. 1 oder einer gerichtlichen Beschränkung der Versammlung zuwiderhandelt,
11. sich nach einer vollziehbar angeordneten Auflösung der Versammlung nicht unverzüglich entfernt,
12. als ausgeschlossene Person die Versammlung nicht unverzüglich verlässt,
13. als anzeigende oder einladende Person eine Leiterin oder einen Leiter einsetzt, die oder der vollziehbar abgelehnt wurde (§ 10 Abs. 1 Satz 2, § 15 Abs. 2 Satz 2),
14. als Leiterin oder Leiter eine Ordnerin oder einen Ordner einsetzt, die oder der vollziehbar abgelehnt wurde (§ 10 Abs. 1 Satz 2, § 15 Abs. 2 Satz 2),
15. entgegen § 9 Abs. 2 Nr. 2 auf dem Weg zu oder in einer Versammlung unter freiem Himmel einen dort bezeichneten Gegenstand mit sich führt und dadurch einer vollziehbaren Maßnahme nach § 10 Abs. 2 zuwiderhandelt oder
16. als einladende Person wider besseres Wissen unrichtige oder unvollständige Angaben nach § 15 Abs. 1 Satz 1 Nr. 1 macht.

[2]Die Tat kann in den Fällen des Satzes 1 Nrn. 1, 3 und 9 bis 15 nur geahndet werden, wenn die dort bezeichnete Anordnung rechtmäßig ist.

(2) Die Ordnungswidrigkeit kann in den Fällen des Absatzes 1 Satz 1 Nrn. 2, 3, 5 bis 8, 11, 12, 15 und 16 mit einer Geldbuße bis zu 1 000 Euro und in den Fällen des Absatzes 1 Satz 1 Nrn. 1, 4, 9, 10, 13 und 14 mit einer Geldbuße bis zu 3 000 Euro geahndet werden.

§ 22 Einziehung

[1]Gegenstände, auf die sich eine Straftat nach § 20 oder eine Ordnungswidrigkeit nach § 21 Abs. 1 Satz 1 Nr. 10 oder 15 bezieht, können eingezogen werden. [2]§ 74a des Strafgesetzbuchs und § 23 des Gesetzes über Ordnungswidrigkeiten sind anzuwenden.

Sechster Teil
Schlussbestimmungen

§ 23 Einschränkung eines Grundrechts

Das Grundrecht der Versammlungsfreiheit (Artikel 8 Abs. 1 des Grundgesetzes) wird nach Maßgabe dieses Gesetzes eingeschränkt.

§ 24 Zuständigkeiten

(1) [1]Zuständige Behörde ist
1. vor Versammlungsbeginn die untere Versammlungsbehörde und
2. nach Versammlungsbeginn die Polizei.

[2]Die Aufgaben der unteren Versammlungsbehörde nehmen die Landkreise, kreisfreien Städte, großen selbständigen Städte und selbständigen Gemeinden wahr, auf dem Gebiet der Landeshauptstadt Hannover die Polizeidirektion Hannover. [3]Für die Verfolgung und Ahndung von Ordnungswidrigkeiten nach § 21 sind die unteren Versammlungsbehörden zuständig.

(2) [1]Örtlich zuständig ist die Behörde, in deren Bezirk die Versammlung stattfindet. [2]Berührt eine Versammlung unter freiem Himmel den Zuständigkeitsbereich mehrerer unterer Versammlungsbehörden, so bestimmt die den beteiligten Behörden gemeinsam vorgesetzte Fachaufsichtsbehörde die zuständige Behörde.

(3) [1]Die Aufgaben der Fachaufsicht werden gegenüber den selbständigen Gemeinden von den Landkreisen, gegenüber den Landkreisen, kreisfreien Städten und großen selbständigen Städten von den Polizeidirektionen als oberen Versammlungsbehörden sowie von dem für Inneres zuständigen Ministerium als oberster Versammlungsbehörde wahrgenommen. [2]§ 102 NPOG gilt entsprechend.

§ 25 Kostenfreiheit

Amtshandlungen nach diesem Gesetz sind kostenfrei.

Anlage
[aufgehoben]

Niedersächsisches Gesetz über Verordnungen der Gemeinden zum Schutz vor Lärm (Niedersächsisches Lärmschutzgesetz – NLärmSchG)

Vom 10. Dezember 2012 (Nds. GVBl. S. 562)
(VORIS 28000)

§ 1 Zweck des Gesetzes

Dieses Gesetz dient dem Schutz und der Vorbeugung vor schädlichen Umwelteinwirkungen durch Geräusche, die durch den Betrieb von Anlagen oder das Verhalten von Personen hervorgerufen werden.

§ 2 Verordnungsermächtigungen

(1) Die Gemeinden werden ermächtigt, durch Verordnung für ihr Gebiet oder Teile ihres Gebietes

1. zum Schutz von Wohnnutzung oder sonstiger lärmempfindlicher Nutzung oder zum Schutz der Sonn- und Feiertagsruhe oder der Mittags- und Nachtruhe über die Regelungen der Geräte- und Maschinenlärmschutzverordnung vom 29. August 2002 (BGBl. I S. 3478), zuletzt geändert durch Artikel 9 des Gesetzes vom 8. November 2011 (BGBl. I S. 2178), hinausgehende Einschränkungen des Betriebs von Geräten und Maschinen zu regeln und
2. unter Beachtung der allgemeinen Vorschriften des Lärmschutzes zuzulassen, dass
   a) Geräte und Maschinen entgegen § 7 Abs. 1 der Geräte- und Maschinenlärmschutzverordnung betrieben werden dürfen, wenn der Betrieb im öffentlichen Interesse erforderlich ist, und
   b) lärmarme Geräte und Maschinen im Sinne des § 2 Nr. 7 der Geräte- und Maschinenlärmschutzverordnung entgegen § 7 Abs. 1 der Geräte und Maschinenlärmschutzverordnung betrieben werden dürfen, wenn deren Betrieb nicht erheblich stört oder unter Abwägung öffentlicher und privater Belange Vorrang hat.

(2) [1]Die Gemeinden werden ermächtigt, durch Verordnung für ihr Gebiet oder Teile ihres Gebietes zu regeln, dass

1. bestimmte Anlagen nicht oder nur beschränkt betrieben werden dürfen,
2. bestimmte Tätigkeiten oder Handlungen nicht oder nur beschränkt ausgeübt werden dürfen,

wenn das Gebiet oder der Teil des Gebietes eines besonderen Schutzes vor schädlichen Umwelteinwirkungen durch Geräusche bedarf, die Anlagen, Tätigkeiten oder Handlungen geeignet sind, schädliche Umwelteinwirkungen durch Geräusche hervorzurufen, die mit dem besonderen Schutzbedürfnis des Gebietes oder des Teils des Gebietes nicht vereinbar sind, und die Geräusche durch Auflagen nicht verhindert werden können. [2]Als besonders schutzbedürftige Gebiete im Sinne des Satzes 1 gelten nur Kur-, Erholungs-, und Wallfahrtsorte im Sinne des § 4 Abs. 1 Satz 1 Nr. 2 des Niedersächsischen Gesetzes über Ladenöffnungs- und Verkaufszeiten vom 8. März 2007 (Nds. GVBl. S. 111), zuletzt geändert durch Gesetz vom 13. Oktober 2011 (Nds. GVBl. S. 348).

§ 3 Ordnungswidrigkeiten

(1) Ordnungswidrig handelt, wer vorsätzlich oder fahrlässig einer Verordnung nach § 2 Abs. 1 Nr. 1 oder Abs. 2 Satz 1 zuwiderhandelt, soweit sie für einen bestimmten Tatbestand auf diese Bußgeldvorschrift verweist.

(2) Die Ordnungswidrigkeit kann mit einer Geldbuße bis zu 10 000 Euro geahndet werden.

§ 4 Inkrafttreten

Dieses Gesetz tritt am 1. Februar 2013 in Kraft.

Niedersächsisches Katastrophenschutzgesetz (NKatSG)

In der Fassung vom 26. August 2022[1)] (Nds. GVBl. S. 73)
(GVBl Sb 21100 01)

Inhaltsübersicht

---

1) Neubekanntmachung des NKatSG v. 14.2.2002 (Nds. GVBl. S. 73) in der ab 6.7.2022 geltenden Fassung.

Erster Abschnitt
Aufgabe und Zuständigkeiten

§ 1 Katastrophenschutz

(1) Katastrophenschutz im Sinne dieses Gesetzes ist die Vorbereitung der Bekämpfung und die Bekämpfung von Katastrophen und außergewöhnlichen Ereignissen.

(2) Ein Katastrophenfall im Sinne dieses Gesetzes ist ein Notstand, bei dem Leben, Gesundheit, die lebenswichtige Versorgung der Bevölkerung, die Umwelt oder erhebliche Sachwerte in einem solchen Maße gefährdet oder beeinträchtigt sind, dass seine Bekämpfung durch die zuständigen Behörden und die notwendigen Einsatz- und Hilfskräfte eine zentrale Leitung erfordert.

(3) Ein außergewöhnliches Ereignis im Sinne dieses Gesetzes ist eine Gefahr für Leben, Gesundheit, die lebenswichtige Versorgung der Bevölkerung, die Umwelt oder erhebliche Sachwerte, die mit den Mitteln der örtlichen Gefahrenabwehr nicht mehr zu bewältigen ist, einen Katastrophenfall nach sich ziehen kann und deren Bekämpfung eine zentrale Unterstützung durch die zuständigen Behörden und die notwendigen Einsatzkräfte und -mittel des Katastrophenschutzes erfordert.

(4) Ein Katastrophenvoralarm im Sinne dieses Gesetzes ist

1. eine abstrakte Gefahr für Leben, Gesundheit, die lebenswichtige Versorgung der Bevölkerung, die Umwelt oder erhebliche Sachwerte oder
2. eine Sachlage, bei der die hinreichende Wahrscheinlichkeit besteht, dass in absehbarer Zeit Nachbarschaftshilfe (§ 23 Abs. 1 und 2) angefordert oder überörtliche Hilfe (§ 23 Abs. 3 und 4) angeordnet werden wird,

die eine besondere Alarmbereitschaft der Einsatzkräfte und -mittel des Katastrophenschutzes zur Vorbereitung der Bekämpfung von Katastrophen und außergewöhnlichen Ereignissen erforderlich macht.

§ 2 Katastrophenschutzbehörden

(1) [1]Der Katastrophenschutz obliegt als Aufgabe des übertragenen Wirkungskreises den Landkreisen und kreisfreien Städten sowie den Städten Cuxhaven und Hildesheim (untere Katastrophenschutzbehörden). [2]Die Zuständigkeit der großen selbständigen Städte im Übrigen und der selbständigen Gemeinden wird ausgeschlossen (§ 17 Satz 1 des Niedersächsischen Kommunalverfassungsgesetzes). [3]Obere Katastrophenschutzbehörde ist das Niedersächsische Landesamt für Brand- und Katastrophenschutz. [4]Oberste Katastrophenschutzbehörde ist das für Inneres zuständige Ministerium.

(2) [1]Die oberste Katastrophenschutzbehörde wird ermächtigt, durch Verordnung zu bestimmen, dass mehrere untere Katastrophenschutzbehörden die Aufgabe des Katastrophenschutzes gemeinsam wahrnehmen. [2]Sie bestimmt in der Verordnung auch, wer in diesem Fall untere Katastrophenschutzbehörde im Sinne dieses Gesetzes ist.

§ 3 Aufsichtsbehörden

(1) Die obere Katastrophenschutzbehörde führt die Fachaufsicht über die unteren Katastrophenschutzbehörden.

(2) [1]Die oberste Fachaufsicht führt die oberste Katastrophenschutzbehörde. [2]Die Zuständigkeiten anderer Ministerien bleiben unberührt.

§ 4 Mitwirkung anderer Behörden und Stellen

[1]Andere Behörden, Dienststellen und sonstige Träger öffentlicher Aufgaben wirken im Rahmen ihrer Zuständigkeiten oder im Wege der Amtshilfe im Katastrophenschutz mit. [2]Ihre Zuständigkeiten bleiben unberührt. [3]Im Katastrophenfall sollen sie nur im Einvernehmen mit der Katastrophenschutzbehörde handeln.

§ 4a Mitwirkung der Krankenhäuser

Krankenhäuser, die an der Notfallversorgung teilnehmen, wirken nach § 19 des Niedersächsischen Krankenhausgesetzes im Katastrophenschutz mit.

Zweiter Abschnitt
Vorbereitungsmaßnahmen

§ 5 Vorbereitungspflicht
[1]Die untere Katastrophenschutzbehörde trifft die für die Bekämpfung von Katastrophen und außergewöhnlichen Ereignissen in ihrem Bezirk erforderlichen Vorbereitungsmaßnahmen. [2]Sie berücksichtigt dabei die von den in ihrem Bezirk liegenden Gemeinden und Samtgemeinden im Rahmen ihrer Aufgabenstellung getroffenen Maßnahmen.

§ 5a Kritische Infrastrukturen
(1) Kritische Infrastrukturen im Sinne dieses Gesetzes sind
1. Einrichtungen, Anlagen oder Teile davon, die Kritische Infrastrukturen im Sinne des § 2 Abs. 10 des BSI-Gesetzes (BSIG) in Verbindung mit der Verordnung zur Bestimmung Kritischer Infrastrukturen nach dem BSI-Gesetz sind, sowie
2. Organisationen und Einrichtungen mit wichtiger Bedeutung für das Gemeinwesen, bei deren Ausfall oder Beeinträchtigung nachhaltig wirkende Versorgungs- oder Entsorgungsengpässe oder erhebliche Störungen der öffentlichen Sicherheit eintreten, wenn sie auf Grundlage einer nach Absatz 5 erlassenen Verordnung als Kritische Infrastrukturen eingestuft sind.

(2) [1]Betreiber Kritischer Infrastrukturen sind verpflichtet, zur Katastrophenvorsorge eine Notfallplanung aufzustellen. [2]Sie haben insbesondere
1. organisatorische und technische Vorkehrungen zur Vermeidung eines Ausfalls oder einer Beeinträchtigung der von ihnen betriebenen Kritischen Infrastruktur zu treffen, soweit der dafür erforderliche Aufwand nicht außer Verhältnis zu den Folgen eines Ausfalls oder einer Beeinträchtigung dieser Kritischen Infrastruktur steht,
2. der unteren Katastrophenschutzbehörde, in deren Bezirk der Standort der von ihnen betriebenen Kritischen Infrastruktur liegt, eine Kontaktstelle zu benennen und Auskunft über die gemäß Nummer 1 getroffenen Vorkehrungen zu erteilen und
3. dem zuständigen Fachministerium eine Kontaktstelle zu benennen, jede Änderung der Notfallplanung mitzuteilen und auf Anforderung die Notfallplanung zu übermitteln.

[3]Das für Inneres zuständige Ministerium wird ermächtigt, durch Verordnung im Einvernehmen mit den Fachministerien, die für die von der Verordnung erfassten Kritischen Infrastrukturen zuständig sind, die Anforderungen an die Notfallplanung nach Satz 2 Nrn. 1 bis 3 näher zu regeln.

(3) Die Fachministerien treffen unbeschadet ihrer übrigen Aufgaben und Verpflichtungen die erforderlichen Vorbereitungsmaßnahmen für die Steuerung und Koordinierung der Aufrechterhaltung der Versorgungsleistungen bei einem Ausfall Kritischer Infrastrukturen.

(4) [1]Bei der obersten Katastrophenschutzbehörde wird eine koordinierende Stelle für Kritische Infrastrukturen gebildet. [2]Die koordinierende Stelle erfasst die nach § 8b Abs. 3 BSIG registrierten und die nach Absatz 6 Satz 4 gemeldeten Kritischen Infrastrukturen. [3]Sie koordiniert die ressortübergreifende Arbeit im Bereich Kritische Infrastrukturen und unterstützt die Fachministerien bei ihren Aufgaben.

(5) [1]Die Landesregierung wird ermächtigt, durch Verordnung die Kriterien zur Bestimmung Kritischer Infrastrukturen näher zu regeln, insbesondere branchenspezifische, für die Bedeutung für das Gemeinwesen maßgebliche Schwellenwerte festzulegen. [2]Durch Verordnung der Landesregierung kann auch geregelt werden, dass Organisationen und Einrichtungen, die die Kriterien der Verordnung nach Satz 1 erfüllen, dies anzuzeigen haben; die Verordnung trifft in diesem Fall auch nähere Bestimmungen über das Anzeigeverfahren.

(6) [1]Organisationen und Einrichtungen, die die Kriterien einer Verordnung nach Absatz 5 Satz 1 erfüllen, werden von der zuständigen Behörde von Amts wegen eingestuft. [2]Die Einstufung erfolgt für die Dauer von höchstens drei Jahren. [3]Eine Einstufung kann auf ihren Antrag auch für Organisationen und Einrichtungen mit großer Bedeutung für das Gemeinwesen erfolgen, die die Kriterien zur Einstufung nicht erfüllen, bei deren Ausfall oder Beeinträchtigung Folgen eintreten, die den in Absatz 1 Nr. 2 genannten vergleichbar sind; in diesem Fall gelten sie als Kritische Infrastrukturen im Sinne dieses Gesetzes. [4]Die zuständige Behörde meldet der koordinierenden Stelle für Kritische Infrastrukturen die von ihr eingestuften Organisationen und Einrichtungen.

§ 6 Katastrophenschutzstab und Landeskatastrophenschutzstab

(1) [1]Bei der unteren Katastrophenschutzbehörde wird ein Katastrophenschutzstab gebildet. [2]Die Hauptverwaltungsbeamtin oder der Hauptverwaltungsbeamte beruft die Mitglieder und leitet den Stab. [3]Im Katastrophenschutzstab sollen die in Katastrophenfällen mitwirkenden Behörden, Dienststellen und Einsatzkräfte vertreten sein.

(2) Der Stab berät die untere Katastrophenschutzbehörde bei ihren Vorbereitungsmaßnahmen.

(3) [1]Bei der obersten Katastrophenschutzbehörde wird ein Landeskatastrophenschutzstab gebildet. [2]Die Staatssekretärin oder der Staatsekretär der obersten Katastrophenschutzbehörde beruft die Mitglieder, beruft den Landeskatastrophenschutzstab ein und leitet ihn. [3]Die obere Katastrophenschutzbehörde unterstützt den Landeskatastrophenschutzstab.

§ 7 Katastrophengefahren

(1) [1]Die untere Katastrophenschutzbehörde untersucht, welche Katastrophengefahren in ihrem Bezirk drohen. [2]Sie berücksichtigt dabei die von den Gemeinden und Samtgemeinden im Rahmen ihrer Aufgabenstellung ermittelten Gefahren.

(2) [1]Die oberste Katastrophenschutzbehörde oder eine von ihr bestimmte Landesbehörde beobachtet ständig die aktuelle Lage und die drohenden Katastrophengefahren. [2]Die oberste Katastrophenschutzbehörde analysiert und bewertet fortlaufend die Risiken, die zu einem Ereignis von landesweiter Tragweite (§ 27a) führen können. [3]Sie erstellt ein landesweites Sicherheitslagebild und schreibt dieses fort. [4]Das Sicherheitslagebild enthält eine Beschreibung und vergleichende Bewertung der in Satz 2 genannten Risiken und formuliert Empfehlungen, die der Vermeidung dieser Risiken und der Vorbereitung der Bekämpfung von Katastrophen und außergewöhnlichen Ereignissen von landesweiter Tragweite dienen. [5]Die Zuständigkeiten der Fachministerien bleiben von den Sätzen 1 bis 4 unberührt.

(3) Die Eigentümerinnen, Eigentümer, Besitzerinnen und Besitzer von Grundstücken und Anlagen, von denen Katastrophengefahren ausgehen können, sind der Katastrophenschutzbehörde zu Auskünften verpflichtet, die zur Vorbereitung der Katastrophenbekämpfung erforderlich sind.

§ 8 Erfassung der Einsatzkräfte

(1) [1]Die untere Katastrophenschutzbehörde erfasst die in ihrem Bezirk für die Bekämpfung von Katastrophen und außergewöhnlichen Ereignissen vorhandenen Einsatzkräfte und -mittel. [2]Sie trifft Vorbereitungen für deren schnellen Einsatz.

(2) [1]Benachbarte untere Katastrophenschutzbehörden unterrichten sich gegenseitig über die Einsatzkräfte und -mittel, die für eine Nachbarschaftshilfe geeignet sind. [2]Sie vereinbaren die Anforderungswege.

§ 9 Führungspersonal, Schulungseinrichtung des Landes

(1) [1]Die untere Katastrophenschutzbehörde sorgt für die Ausbildung von Führungspersonal und bereitet die Bildung von Technischen Einsatzleitungen vor. [2]Die oberste Katastrophenschutzbehörde sorgt für die Ausbildung von Führungspersonal der nach § 12 Abs. 2 aufgestellten zentralen Landeseinheiten und mobilen Führungsstäbe. [3]Die Ausund Fortbildung des Führungspersonals nach den Sätzen 1 und 2 ist an der Schulungseinrichtung des Landes nach Absatz 2 durchzuführen. [4]In Einzelfällen können Dritte mit der Durchführung der Aus- und Fortbildung beauftragt werden.

(2) [1]Die oberste Katastrophenschutzbehörde bietet an einer Schulungseinrichtung des Landes Aus- und Fortbildungsveranstaltungen für Führungspersonal und für zentrale Ausbildungsinhalte an. [2]Die dadurch entstehenden Kosten trägt das Land.

§ 10 Katastrophenschutzplan

(1) [1]Die untere Katastrophenschutzbehörde stellt für ihren Bezirk einen Katastrophenschutzplan auf. [2]Der Katastrophenschutzplan soll die nach den §§ 10a bis 10c zu erstellenden externen Notfallpläne und für andere besondere Gefahrenlagen weitere Sonderpläne enthalten. [3]Er ist ständig fortzuschreiben.

(2) Im Katastrophenschutzplan sind insbesondere das Alarmierungsverfahren, die im Katastrophenfall zu treffenden Sofortmaßnahmen sowie die Einsatzkräfte und -mittel auszuweisen.

(3) Zur Erfüllung der Aufgaben nach den Absätzen 1 und 2 ist ein vom Land bereitgestelltes informationstechnisches Verfahren zu nutzen.

§ 10a Externe Notfallpläne für Betriebe mit gefährlichen Stoffen

(1) [1]Die untere Katastrophenschutzbehörde hat für Betriebe der oberen Klasse im Sinne des Artikels 3 Nr. 3 der Richtlinie 2012/18/EU des Europäischen Parlaments und des Rates vom 4. Juli 2012 zur Beherrschung der Gefahren schwerer Unfälle mit gefährlichen Stoffen, zur Änderung und anschließenden Aufhebung der Richtlinie 96/82/EG des Rates (Abl. EU Nr. L 197 S. 1) in der jeweils geltenden Fassung innerhalb von zwei Jahren nach Übermittlung der Informationen nach Satz 2 externe Notfallpläne zur Durchführung von Katastrophenschutzmaßnahmen außerhalb dieser Betriebe zu erstellen. [2]Der Betreiber eines solchen Betriebes hat der unteren Katastrophenschutzbehörde den Sicherheitsbericht nach Artikel 10 der Richtlinie 2012/18/EU, den internen Notfallplan nach Artikel 12 der Richtlinie 2012/18/EU und die weiteren für die Erstellung des externen Notfallplans erforderlichen Informationen vor der Inbetriebnahme oder vor der Änderung, die zur Aufnahme in die obere Klasse führt, zu übermitteln; der Betreiber eines am 30. September 2017 bestehenden Betriebes übermittelt die erforderlichen Informationen unverzüglich. [3]Die untere Katastrophenschutzbehörde kann auf der Grundlage des Sicherheitsberichts im Benehmen mit der für die Genehmigung der Anlage zuständigen Behörde auf die Erstellung eines externen Notfallplans verzichten; die Entscheidung ist mit Begründung aktenkundig zu machen. [4]Die untere Katastrophenschutzbehörde gibt der oberen Katastrophenschutzbehörde und den Gemeinden, die in ihrem Bezirk liegen, die externen Notfallpläne zur Kenntnis.

(2) Ein externer Notfallplan wird erstellt, um

1. Schadensfälle einzudämmen und unter Kontrolle zu bringen, sodass die Auswirkungen möglichst gering gehalten und Schädigungen der menschlichen Gesundheit, der Umwelt und von Sachwerten begrenzt werden können,
2. die erforderlichen Maßnahmen zum Schutz der menschlichen Gesundheit und der Umwelt vor den Auswirkungen schwerer Unfälle einzuleiten,
3. notwendige Informationen an die Öffentlichkeit sowie an betroffene Behörden und Dienststellen in den betreffenden Gebieten weiterzugeben und
4. Aufräumarbeiten und Maßnahmen zur Wiederherstellung der Umwelt nach einem schweren Unfall einzuleiten.

(3) Externe Notfallpläne müssen Angaben enthalten über

1. Namen oder Stellung der Behördenmitarbeiterinnen und Behördenmitarbeiter, die für die Einleitung von Notfallmaßnahmen sowie für die Durchführung und Koordinierung von Maßnahmen außerhalb des Betriebsgeländes zuständig sind,
2. Vorkehrungen zur Entgegennahme von Frühwarnungen sowie zur Alarmauslösung und zur Benachrichtigung der Einsatzkräfte,
3. Vorkehrungen zur Koordinierung der zur Umsetzung des externen Notfallplans notwendigen Einsatzmittel,
4. Vorkehrungen zur Unterstützung von Abhilfemaßnahmen auf dem Betriebsgelände,
5. Vorkehrungen für Abhilfemaßnahmen außerhalb des Betriebsgeländes, einschließlich Reaktionsmaßnahmen auf Szenarien schwerer Unfälle, wie im Sicherheitsbericht beschrieben, und Berücksichtigung möglicher Domino-Effekte, einschließlich solcher, die Auswirkungen auf die Umwelt haben,
6. Vorkehrungen zur Unterrichtung der Öffentlichkeit und der benachbarten Betriebe und Betriebsstätten, die nicht in den Geltungsbereich der Richtlinie 2012/18/EU fallen, über den Unfall sowie über das richtige Verhalten und
7. Vorkehrungen zur Unterrichtung der Einsatzkräfte ausländischer Staaten bei einem schweren Unfall mit möglichen grenzüberschreitenden Folgen.

(4) [1]Die Entwürfe der externen Notfallpläne sind ohne die dem Datenschutz unterliegenden personenbezogenen Angaben von der unteren Katastrophenschutzbehörde für die Dauer eines Monats öffentlich auszulegen. [2]Bisher unveröffentlichte Angaben über den Betrieb sind auf Antrag des Betreibers zum Schutz des Betriebs- oder Geschäftsgeheimnisses unkenntlich zu machen, soweit das Interesse des Betreibers das Informationsinteresse der Öffentlichkeit überwiegt; der Entwurf ist mindestens eine Woche vor der Bekanntgabe der Auslegung (Satz 3) dem Betreiber zu übermitteln. [3]Ort und Dauer der Auslegung sind mindestens eine Woche vor der Auslegung mit dem Hinweis darauf öffentlich bekannt zu machen, dass Bedenken und Anregungen während der Auslegungsfrist vorgebracht werden können. [4]Die fristgerecht vorgebrachten Bedenken und Anregungen werden überprüft und die Ergeb-

nisse mitgeteilt. [5]Haben mehr als 50 Personen Bedenken und Anregungen mit im Wesentlichen gleichem Inhalt vorgebracht, so kann die Mitteilung über das Ergebnis der Prüfung dadurch ersetzt werden, dass diesen Personen die Einsicht in das Ergebnis ermöglicht wird; die Stelle, bei der das Ergebnis der Prüfung während der Dienststunden eingesehen werden kann, ist öffentlich bekannt zu machen. [6]Wird der Entwurf des externen Notfallplans nach der Auslegung geändert oder ergänzt, so ist er erneut auszulegen. [7]Dabei kann bestimmt werden, dass Bedenken oder Anregungen nur zu den geänderten oder ergänzten Teilen vorgebracht werden können. [8]Werden durch die Änderung oder Ergänzung des Entwurfs die Grundzüge des externen Notfallplans nicht berührt oder sind die Änderungen oder Ergänzungen von geringer Bedeutung, so kann von einer erneuten öffentlichen Auslegung abgesehen werden.

(5) [1]Die untere Katastrophenschützbehörde hat die externen Notfallpläne in angemessenen Abständen, spätestens nach drei Jahren, unter Berücksichtigung des internen Notfallplans zu überprüfen, zu erproben sowie erforderlichenfalls zu überarbeiten und auf den neuesten Stand zu bringen. [2]Veränderungen in den Betrieben und in den Notdiensten, neue technische Erkenntnisse und Erkenntnisse darüber, wie bei schweren Unfällen zu handeln ist, sind zu berücksichtigen. [3]Die untere Katastrophenschutzbehörde kann die Entscheidung nach Absatz 1 Satz 3 überprüfen; sofern die Gründe für diese Entscheidung entfallen sind, hat sie einen Notfallplan gemäß Absatz 1 Satz 1 zu erstellen. [4]Hat der Betreiber nach den Bestimmungen des Störfallrechts einen aktualisierten Sicherheitsbericht vorzulegen, so ist er verpflichtet, diesen unverzüglich auch der unteren Katastrophenschutzbehörde zuzuleiten. [5]Der Betreiber hat der unteren Katastrophenschutzbehörde auf Verlangen alle weiteren Informationen zu übermitteln, die für die Maßnahmen nach den Sätzen 1 und 3 erforderlich sind. [6]Die Entwürfe der nach Satz 1 aktualisierten externen Notfallpläne sind öffentlich auszulegen; Absatz 4 gilt entsprechend. [7]Werden die Grundzüge des externen Notfallplans durch die Aktualisierung nicht berührt oder sind die Änderungen und Ergänzungen von geringer Bedeutung, so kann von einer öffentlichen Auslegung abgesehen werden

(6) [1]Könnte ein anderer Mitgliedstaat der Europäischen Union von den grenzüberschreitenden Wirkungen eines in Absatz 1 Satz 1 genannten Betriebes betroffen werden, so macht die untere Katastrophenschutzbehörde den von dem Mitgliedstaat benannten Behörden ausreichende Informationen zugänglich, damit diese die erforderlichen Maßnahmen der Notfallplanung treffen können. [2]Die untere Katastrophenschutzbehörde setzt die von dem Mitgliedstaat benannten Behörden über ihre Entscheidungen nach Absatz 1 Satz 3 in Kenntnis, wenn sie sich auf einen nahe am Hoheitsgebiet des Mitgliedstaates gelegenen Betrieb bezieht.

(7) [1]Bei einem schweren Notfall in einem in Absatz 1 Satz 1 genannten Betrieb fördert die untere Katastrophenschutzbehörde eine verstärkte Zusammenarbeit der Betroffenen bei den zu treffenden Katastrophenschutzmaßnahmen. [2]Die untere Katastrophenschutzbehörde stellt sicher, dass die Notfallpläne unverzüglich angewendet werden, sobald es zu einem schweren Unfall oder zu einem unkontrollierten Ereignis kommt, bei dem aufgrund seiner Art zu erwarten ist, dass es zu einem schweren Unfall führt.

§ 10b Externe Notfallpläne für Abfallentsorgungseinrichtungen

(1) [1]Die untere Katastrophenschutzbehörde hat für Abfallentsorgungseinrichtungen der Kategorie A gemäß Anhang III der Richtlinie 2006/21/EG des Europäischen Parlaments und des Rates vom 15. März 2006 über die Bewirtschaftung von Abfällen aus der mineralgewinnenden Industrie und zur Änderung der Richtlinie 2004/35/EG (ABl. EU Nr. L 102 S. 15), geändert durch Verordnung (EG) Nr. 596/2009 des Europäischen Parlaments und des Rates vom 18. Juni 2009 (ABl. EU Nr. L 188 S. 14), in der jeweils geltenden Fassung, externe Notfallpläne zur Durchführung von Katastrophenschutzmaßnahmen außerhalb dieser Einrichtungen zu erstellen. [2]Satz 1 gilt nicht für Abfallentsorgungseinrichtungen, für die gemäß § 10a Abs. 1 Satz 1 ein externer Notfallplan zu erstellen ist.

(2) Mit den externen Notfallplänen werden folgende Ziele verfolgt:

1. die Begrenzung und Beherrschung der Gefahren bei schweren Unfällen und anderen Vorfällen mit dem Ziel, deren Auswirkungen zu minimieren und insbesondere Schäden für die menschliche Gesundheit und die Umwelt einzuschränken;
2. die Durchführung der Maßnahmen, die für den Schutz der menschlichen Gesundheit und der Umwelt vor den Folgen schwerer Unfälle und sonstiger Vorfälle erforderlich sind, sicherzustellen;

3. die Unterrichtung der Öffentlichkeit und der relevanten Stellen und Behörden im gebotenen Umfang;
4. die Sicherstellung der Sanierung, Wiederherstellung und Säuberung der Umwelt nach einem schweren Unfall.

(3) Die externen Notfallpläne müssen Angaben über die im Notfall im Umkreis des Standorts der Einrichtung zu ergreifenden Maßnahmen enthalten.

(4) § 10a Abs. 1 Satz 4, Abs. 4 und 5 Sätze 1, 2 und 4 bis 7 sowie Abs. 6 Satz 1 ist entsprechend anzuwenden.

§ 10c Notfallplanung für die Umgebung von kerntechnischen Anlagen und Endlagern

(1) [1]Der obersten Katastrophenschutzbehörde obliegt die landesweite Notfallplanung zur Durchführung von Katastrophenschutzmaßnahmen in der Umgebung von kerntechnischen Anlagen (§ 2 Abs. 3a Nr. 1 des Atomgesetzes), Anlagen zur Endlagerung radioaktiver Abfälle und diesen gleichgestellten Anlagen. [2]Dazu erstellt die oberste Katastrophenschutzbehörde im Einvernehmen mit dem für Umwelt zuständigen Ministerium einen landesweiten Notfallplan in elektronischer Form; die unteren Katastrophenschutzbehörden sind verpflichtet, daran mitzuwirken. [3]Die untere Katastrophenschutzbehörde, in deren Bezirk sich eine in Satz 1 genannte Anlage befindet, erstellt einen örtlichen externen Notfallplan. [4]Soweit der Bezirk einer anderen unteren Katastrophenschutzbehörde innerhalb eines Kreises mit dem Radius von 20 km um ein Kernkraftwerk liegt, hat diese einen Anschlussplan zu erstellen. [5]§ 10a Abs. 1 Satz 4 und Abs. 4 ist auf die örtlichen externen Notfallpläne und die Anschlusspläne entsprechend anzuwenden.

(2) [1]Die unteren Katastrophenschutzbehörden haben die örtlichen externen Notfallpläne und die Anschlusspläne jährlich zu überprüfen und spätestens nach drei Jahren zu erproben sowie erforderlichenfalls zu überarbeiten und auf den neuesten Stand zu bringen. [2]§ 10a Abs. 5 Sätze 2, 6 und 7 gilt entsprechend.

(3) Die den unteren Katastrophenschutzbehörden durch die Notfallplanung nach den Absätzen 1 und 2 einschließlich der sich daraus ergebenden Aufstellung, Ausbildung und Ausstattung von Einheiten und Einrichtungen des Katastrophenschutzes entstehenden Kosten trägt das Land.

§ 11 Katastrophenschutzübungen

(1) [1]Die Katastrophenschutzbehörden führen Katastrophenschutzübungen durch. [2]Durch sie sollen insbesondere die Leitung der Katastrophenbekämpfung sowie die Einsatzbereitschaft und das Zusammenwirken der Einsatzkräfte erprobt und überprüft werden.

(2) Katastrophenschutzübungen im Sinne dieses Gesetzes sind nur Übungen, die von einer Katastrophenschutzbehörde angeordnet wurden.

Dritter Abschnitt
Einheiten und Einrichtungen des Katastrophenschutzes

§ 12 Aufstellung

(1) [1]Die untere Katastrophenschutzbehörde fördert und überwacht die Aufstellung, Ausbildung und Ausstattung von Einheiten und Einrichtungen des Katastrophenschutzes nach Maßgabe der nach § 7 Abs. 1 ermittelten Katastrophengefahren. [2]Sie werden von öffentlichen und privaten Trägern aufgestellt. [3]Bei Bedarf stellt die untere Katastrophenschutzbehörde selbst Einheiten und Einrichtungen auf (Regieeinheiten).

(2) [1]Die oberste Katastrophenschutzbehörde stellt ergänzend zu den Einheiten nach Absatz 1 zentrale Landeseinheiten und mobile Führungsstäbe auf und unterhält diese. [2]Zur Aufstellung der zentralen Landeseinheiten und der mobilen Führungsstäbe bedient sie sich der Träger nach § 14 und setzt Einsatzkräfte und -mittel des Landes ein.

(3) Die obere Katastrophenschutzbehörde betreibt ein Zentrallager für den Katastrophenschutz.

(4) Die oberste Katastrophenschutzbehörde stellt Einheiten für Unterstützungsmaßnahmen nach Artikel 2 Abs. 1 Buchst. b des Beschlusses 1313/2013/EU des Europäischen Parlaments und des Rates vom 17. Dezember 2013 über ein Katastrophenschutzverfahren der Union (ABl. EU Nr. L 347 S. 924), zuletzt geändert durch die Verordnung (EU) 2021/836 des Europäischen Parlaments und des Rates vom 20. Mai 2021 (ABl. EU Nr. L 185 S. 1), auf.

§ 13 Begriffsbestimmungen

(1) [1]Einheiten und Einrichtungen des Katastrophenschutzes sind zur Katastrophenbekämpfung bestimmte und dafür gegliederte, nach Fachdiensten ausgerichtete und einheitlich geführte Zusammenfassungen von Personen und Material. [2]Einheiten sind für beweglichen Einsatz, Einrichtungen für ortsfesten Einsatz bestimmt.

(2) [1]Zentrale Landeseinheiten dienen der Bekämpfung von Katastrophen und außergewöhnlichen Ereignissen, denen mit den Einheiten der unteren Katastrophenschutzbehörden nicht in ausreichendem Maße begegnet werden kann. [2]Hierzu zählen insbesondere zentrale Landeseinheiten für Betreuung, Logistik, Notfallkommunikation, mobile Stromversorgung, Führungsunterstützung und chemischen, biologischen, radiologischen und nuklearen Schutz (CBRN-Schutz).

§ 14 Mitwirkung

(1) Einheiten und Einrichtungen öffentlicher Träger wirken im Katastrophenschutz mit, wenn sie als solche von der für ihren Standort zuständigen Katastrophenschutzbehörde erfasst sind.

(2) [1]Einheiten und Einrichtungen privater Träger wirken im Katastrophenschutz mit, wenn sie hierzu geeignet sind und ihr Träger die Bereitschaft zur Mitwirkung erklärt. [2]Die Eignung wird durch die Katastrophenschutzbehörde festgestellt. [3]Dieser Feststellung bedarf es nicht, wenn die Eignung bereits nach § 26 Abs. 1 Satz 2 des Zivilschutz- und Katastrophenhilfegesetzes vom 25. März 1997 (BGBl. I S. 726), zuletzt geändert durch Artikel 2 Nr. 1 des Gesetzes vom 29. Juli 2009 (BGBl. I S. 2350), gegeben ist. [4]Ein Anspruch auf Feststellung besteht nicht.

§ 15 Fachdienste

(1) Einheiten und Einrichtungen können insbesondere für folgende Fachdienste aufgestellt werden:

1. Bergungsdienst,
2. Betreuungsdienst,
3. Brandschutzdienst,
4. chemischen, biologischen, radiologischen und nuklearen Dienst (CBRN-Dienst),
5. Fernmeldedienst,
6. Führungsdienst,
7. Instandsetzungsdienst,
8. Logistikdienst,
9. Psychosoziale Notfallversorgung,
10. Rettungshundedienst,
11. Sanitätsdienst,
12. Versorgungsdienst,
13. Veterinärdienst,
14. Wasserrettungsdienst.

(2) [1]Bestimmungen über Stärke und Gliederung sowie Ausstattung und Ausbildung der Einheiten und Einrichtungen des Katastrophenschutzes trifft die oberste Katastrophenschutzbehörde im Einvernehmen mit dem Fachministerium. [2]Für die Einheiten und Einrichtungen des Brandschutzdienstes gilt § 36 Abs. 1 Nr. 2 des Niedersächsischen Brandschutzgesetzes.

§ 16 Unterstellung

(1) Die Einheiten und Einrichtungen unterstehen zur Bekämpfung von Katastrophen und außergewöhnlichen Ereignissen sowie bei einem Katastrophenvoralarm und bei Katastrophenschutzübungen den Weisungen der unteren Katastrophenschutzbehörde.

(2) [1]Die Einheiten können außerhalb des Bezirks der unteren Katastrophenschutzbehörde eingesetzt werden, wenn die untere Katastrophenschutzbehörde dies anordnet oder genehmigt. [2]Kann die Genehmigung oder Anordnung nicht rechtzeitig eingeholt werden, so ist die untere Katastrophenschutzbehörde unverzüglich zu unterrichten.

(3) Bei Einsätzen außerhalb des Bezirks unterstehen die Einheiten den Weisungen der örtlich zuständigen unteren Katastrophenschutzbehörde.

(4) Die Einheiten und Einrichtungen nach § 12 Abs. 2 bis 4 unterstehen der obersten Katastrophenschutzbehörde.

Vierter Abschnitt

Dienst im Katastrophenschutz

§ 17 Helferinnen und Helfer im Katastrophenschutz

(1) [1]In den Einheiten und Einrichtungen des Katastrophenschutzes wirken freiwillige Helferinnen und Helfer ehrenamtlich mit. [2]Sie verpflichten sich zum Dienst im Katastrophenschutz gegenüber dem Träger der Einheit oder Einrichtung, soweit ihre Mitwirkungspflicht nicht bereits aufgrund der Zugehörigkeit zum Träger besteht.

(2) Der Dienst im Katastrophenschutz umfasst insbesondere die Verpflichtung, an der Bekämpfung einer Katastrophe oder eines außergewöhnlichen Ereignisses sowie an Maßnahmen des Katastrophenvoralarms und an Katastrophenschutzübungen teilzunehmen.

(3) [1]Aus der ehrenamtlichen Tätigkeit im Katastrophenschutz dürfen den Helferinnen und Helfern keine Nachteile in ihrem Arbeits- oder Dienstverhältnis erwachsen. [2]Nehmen sie an der Bekämpfung einer Katastrophe oder eines außergewöhnlichen Ereignisses, an Maßnahmen des Katastrophenvoralarms oder an Katastrophenschutzübungen teil, so sind sie während der Dauer der Teilnahme, bei der Bekämpfung einer Katastrophe oder eines außergewöhnlichen Ereignisses oder bei einem Katastrophenvoralarm auch für den zur Wiederherstellung ihrer Arbeits- oder Dienstfähigkeit notwendigen Zeitraum danach, von der Arbeitsoder Dienstleistung freizustellen. [3]Für die Teilnahme an den von der Katastrophenschutzbehörde veranlassten Aus- oder Fortbildungsveranstaltungen während der Arbeitszeit sind sie freizustellen, soweit nicht besondere Interessen des Arbeitgebers entgegenstehen.

(4) Helferinnen und Helfer, die als Arbeitnehmerinnen oder Arbeitnehmer oder zur Ausbildung beschäftigt sind, ist für die Dauer einer Freistellung nach Absatz 3 das Arbeitsentgelt, das sie ohne Teilnahme am Dienst im Katastrophenschutz bei regelmäßiger Arbeitsleistung erhalten hätten, von ihrem Arbeitgeber fortzuzahlen.

(5) [1]Die Katastrophenschutzbehörde hat privaten Arbeitgebern auf Antrag das nach Absatz 4 fortgezahlte Arbeitsentgelt und die Arbeitgeberanteile der Beiträge zur Sozialversicherung und zur Bundesagentur für Arbeit zu erstatten. [2]Dasselbe gilt hinsichtlich des Arbeitsentgelts, das den Arbeitnehmerinnen und Arbeitnehmern während einer Arbeitsunfähigkeit, die auf den Dienst im Katastrophenschutz zurückzuführen ist, nach den gesetzlichen oder tarifvertraglichen Regelungen fortgezahlt worden ist. [3]Der Erstattungsanspruch des privaten Arbeitgebers besteht nicht, soweit ihm nach anderen gesetzlichen Bestimmungen ein Erstattungsanspruch gegen Dritte zusteht.

(6) Die Katastrophenschutzbehörde hat Helferinnen und Helfern, die nicht von Absatz 4 erfasst sind, auf Antrag den infolge des Dienstes im Katastrophenschutz entstandenen nachgewiesenen Verdienstausfall zu erstatten.

(7) [1]Über die Verpflichtung zum Dienst im Katastrophenschutz stellt bei öffentlichen Einheiten und Einrichtungen der Träger, bei privaten Einheiten und Einrichtungen die Katastrophenschutzbehörde der Helferin oder dem Helfer eine Bescheinigung aus. [2]Die Helferin oder der Helfer kann verlangen, dass ihr oder ihm die Teilnahme an einzelnen Einsätzen und Ausbildungsveranstaltungen bescheinigt wird.

§ 18 Rechtsverhältnisse der Helferinnen und Helfer

[1]Die Rechte und Pflichten der Helferinnen und Helfer bestehen gegenüber dem Träger der Einheit oder Einrichtung, der sie angehören. [2]Sie richten sich, soweit sie nicht gesetzlich geregelt sind, nach der Satzung oder den sonstigen Vorschriften des Trägers. [3]Soweit solche Vorschriften fehlen, gelten die Regelungen des Niedersächsischen Brandschutzgesetzes für die Mitglieder der Freiwilligen Feuerwehren entsprechend. [4]Dies gilt insbesondere für den Ersatz von Auslagen und Sachschäden.

§ 19 Amtshaftung

[1]Die Haftung für Schäden, die eine Helferin oder ein Helfer in Ausübung des Dienstes im Katastrophenschutz einem Dritten zufügt, und die Zulässigkeit des Rückgriffs gegen die Helferin oder den Helfer bestimmen sich nach § 839 des Bürgerlichen Gesetzbuches und Artikel 34 des Grundgesetzes. [2]Haftende Körperschaft im Sinne des Artikels 34 des Grundgesetzes ist bei Verpflichtung gegenüber einem öffentlichen Träger dieser, im Übrigen die Katastrophenschutzbehörde, die die Eignung der Einheit oder Einrichtung festgestellt hat. [3]Im Fall des Rückgriffs findet § 51 des Niedersächsischen Beamtengesetzes entsprechende Anwendung.

Fünfter Abschnitt

Maßnahmen bei Katastrophen, außergewöhnlichen Ereignissen und Katastrophenvoralarmen

§ 20 Feststellung und Bekämpfung von Katastrophen und außergewöhnlichen Ereignissen, Feststellung des Katastrophenvoralarms

(1) [1]Eintritt und Ende

1. des Katastrophenfalles,
2. des außergewöhnlichen Ereignisses und
3. des Katastrophenvoralarms

werden durch die Hauptverwaltungsbeamtin oder den Hauptverwaltungsbeamten der unteren Katastrophenschutzbehörde festgestellt. [2]Die untere Katastrophenschutzbehörde teilt eine Feststellung nach Satz 1 unverzüglich der oberen Katastrophenschutzbehörde mit und hält sie über die Lage unterrichtet. [3]Die oberste Katastrophenschutzbehörde regelt Einzelheiten zu Inhalt und Zeitpunkt von Lagemeldungen nach Satz 2.

(2) [1]Die untere Katastrophenschutzbehörde trifft die erforderlichen Maßnahmen zur Bekämpfung des Katastrophenfalls oder des außergewöhnlichen Ereignisses. [2]Erforderliche Maßnahmen können insbesondere sein

1. der Einsatz von Kräften, die zur Bekämpfung des Katastrophenfalls oder des außergewöhnlichen Ereignisses geeignet und verfügbar sind,
2. die Warnung der Bevölkerung vor bestehenden Gefahren sowie die Information über die Gefahrensituation und geeignete Schutzmaßnahmen,
3. die Erklärung eines Sperrgebiets nach § 26,
4. die Anforderung der erforderlichen Hilfeleistungen nach den §§ 23, 24, 25, 28 und 29,
5. die Unterrichtung anderer von dem Katastrophenfall oder dem außergewöhnlichen Ereignis betroffener Stellen über die Gefahrenlage und die eingeleiteten Maßnahmen und
6. die Ermittlung des Schadensumfangs.

§ 21 Zentrale Leitung

(1) Die zentrale Leitung der Katastrophenbekämpfung obliegt der Hauptverwaltungsbeamtin oder dem Hauptverwaltungsbeamten der unteren Katastrophenschutzbehörde.

(2) [1]Der Stab ist bei Feststellung des Katastrophenfalles in der durch Art und Ausmaß der Katastrophe gebotenen Stärke und Besetzung einzuberufen. [2]Er kann vorher einberufen werden.

§ 22 Technische Einsatzleitung

[1]Die Hauptverwaltungsbeamtin oder der Hauptverwaltungsbeamte bestimmt technische Einsatzleiterinnen oder Einsatzleiter, die nach ihrem Auftrag die Katastrophenbekämpfung in Schwerpunkten oder Abschnitten selbständig übernehmen. [2]Sie führen die ihnen von der Hauptverwaltungsbeamtin oder dem Hauptverwaltungsbeamten zugewiesenen Einsatzkräfte.

§ 23 Nachbarschaftshilfe und überörtliche Hilfe

(1) [1]Benachbarte untere Katastrophenschutzbehörden sind einander zur Hilfeleistung verpflichtet, soweit dadurch nicht dringende eigene Aufgaben wesentlich beeinträchtigt werden. [2]Nachbarschaftshilfe wird von der unteren Katastrophenschutzbehörde unmittelbar angefordert. [3]Die beteiligten unteren Katastrophenschutzbehörden unterrichten oberste Katastrophenschutzbehörde.

(2) Reicht die Nachbarschaftshilfe nicht aus, so fordert die untere Katastrophenschutzbehörde überörtliche Hilfe bei der obersten Katastrophenschutzbehörde an.

(3) [1]Zur überörtlichen Hilfeleistung sind untere Katastrophenschutzbehörden verpflichtet, wenn die oberste Katastrophenschutzbehörde die Hilfeleistung anordnet. [2]Die Hilfeleistung soll nur angeordnet werden, soweit dadurch nicht dringende eigene Aufgaben der unteren Katastrophenschutzbehörden wesentlich beeinträchtigt werden.

(4) Die Einheiten und Einrichtungen nach § 12 Abs. 2 bis 4 werden im Rahmen der überörtlichen Hilfe tätig, wenn die oberste Katastrophenschutzbehörde die Hilfeleistung anordnet.

(5) Die Pflicht zur überörtlichen Hilfeleistung umfasst auch einen Einsatz außerhalb des Landes und der Bundesrepublik Deutschland.

§ 24 Hilfeleistung der Polizei

[1]Die oberste Katastrophenschutzbehörde kann Einheiten der Bereitschaftspolizei sowie Polizeikräfte als Fernmeldeführerinnen und Fernmeldeführer, soweit sie nicht zur Erfüllung polizeilicher Aufgaben dringender benötigt werden, den Weisungen der unteren Katastrophenschutzbehörde unterstellen. [2]Diese Einheiten helfen der unteren Katastrophenschutzbehörde bei der Erfüllung ihrer Aufgabe.

§ 25 Hilfeleistung des Technischen Hilfswerks, der Bundeswehr und der Bundespolizei

[1]Hilfe des Technischen Hilfswerks, der Bundeswehr und der Bundespolizei fordert die untere Katastrophenschutzbehörde bei den dafür vorgesehenen Stellen an. [2]Die eingesetzten Kräfte helfen der unteren Katastrophenschutzbehörde bei der Erfüllung ihrer Aufgabe.

§ 26 Sperrgebiet

(1) Die untere Katastrophenschutzbehörde kann ein durch den Katastrophenfall betroffenes oder unmittelbar gefährdetes Gebiet zum Sperrgebiet erklären.

(2) Die untere Katastrophenschutzbehörde kann anordnen, dass Bewohnerinnen und Bewohner sowie andere Personen ein durch den Katastrophenfall betroffenes oder unmittelbar gefährdetes Gebiet vorübergehend zu verlassen haben.

§ 27 Maßnahmen der oberen und der obersten Katastrophenschutzbehörde

(1) Die obere Katastrophenschutzbehörde unterstützt die unteren Katastrophenschutzbehörden bei der Bekämpfung des Katastrophenfalls oder des außergewöhnlichen Ereignisses.

(2) [1]Erstreckt sich ein Katastrophenfall auf die Bezirke mehrerer unterer Katastrophenschutzbehörden oder bestehen Katastrophenfälle gleichzeitig in den Bezirken mehrerer unterer Katastrophenschutzbehörden, so kann die oberste oder die obere Katastrophenschutzbehörde die zentrale Leitung der Bekämpfung einer der beteiligten Hauptverwaltungsbeamtinnen oder einem der beteiligten Hauptverwaltungsbeamten übertragen oder selbst die koordinierende Leitung der Bekämpfung übernehmen. [2]Erstreckt sich ein außergewöhnliches Ereignis oder ein Katastrophenvoralarm auf die Bezirke mehrerer unterer Katastrophenschutzbehörden oder bestehen außergewöhnliche Ereignisse oder Katastrophenvoralarme gleichzeitig in den Bezirken mehrerer unterer Katastrophenschutzbehörden, so kann die oberste oder die obere Katastrophenschutzbehörde die koordinierende Leitung der Bekämpfung oder der Vorbereitung der Bekämpfung übernehmen.

(3) Die oberste Katastrophenschutzbehörde kann Aufgaben der zuständigen unteren Katastrophenschutzbehörde an deren Stelle und auf deren Kosten wahrnehmen oder durch andere Personen oder Stellen wahrnehmen lassen, soweit dies zur wirksamen Bekämpfung des Katastrophenfalles oder des außergewöhnlichen Ereignisses oder zur wirksamen Vorbereitung der Bekämpfung erforderlich ist.

(4) [1]Der obersten Katastrophenschutzbehörde obliegt die zentrale Leitung der Katastrophenbekämpfung in den Fällen, in denen der landesweite Notfallplan nach § 10c Abs. 1 Satz 2 dies vorsieht. [2]In diesen Fällen werden die Ermittlung und Bewertung der radiologischen Lage und die Koordinierung der Öffentlichkeitsarbeit von der obersten Katastrophenschutzbehörde wahrgenommen; im Übrigen nimmt sie die Aufgaben der §§ 20, 22, 25, 26, 28 und 29 selbst wahr oder lässt diese durch eine von ihr bestimmte Landesbehörde, die unteren Katastrophenschutzbehörden oder andere Personen oder Stellen wahrnehmen.

§ 27a Ereignisse von landesweiter Tragweite

[1]Die oberste Katastrophenschutzbehörde kann bei einem Katastrophenfall, einem außergewöhnlichen Ereignis oder einem Katastrophenvoralarm Eintritt und Ende der landesweiten Tragweite dieses Ereignisses feststellen. [2]Die landesweite Tragweite liegt vor, wenn mehr als die Hälfte der Bezirke von dem Ereignis betroffen ist oder mehr als die Hälfte der Einheiten eines Fachdienstes für die Vorbereitung der Bekämpfung oder die Bekämpfung des Ereignisses benötigt wird. [3]Ist der Eintritt eines Ereignisses von landesweiter Tragweite nach Satz 1 festgestellt, so kann die oberste Katastrophenschutzbehörde eine von § 16 Abs. 1 und 3 abweichende Unterstellung von Einheiten und Einrichtungen des Katastrophenschutzes anordnen. [4]Ist der Eintritt eines Katastrophenfalls von landesweiter Tragweite nach Satz 1 festgestellt, so bestimmt die oberste Katastrophenschutzbehörde, in welchen Bezirken sie selbst oder eine von ihr bestimmte Landesbehörde die zentrale Leitung der Bekämpfung des Ereignisses oder der Vorbereitung der Bekämpfung übernimmt. [5]Ist der Eintritt eines außergewöhnlichen Ereignisses oder eines Katastrophenvoralarms von landesweiter Tragweite festgestellt, so kann die oberste Katastrophenschutzbehörde bestimmen, in welchen Bezirken sie selbst oder eine von ihr

bestimmte Landesbehörde die zentrale Leitung der Bekämpfung des Ereignisses oder der Vorbereitung der Bekämpfung übernimmt. [6]In den nach Satz 4 oder 5 bestimmten Bezirken nimmt die oberste Katastrophenschutzbehörde die Aufgaben des § 20 Abs. 2 sowie der §§ 22, 25, 26, 28 und 29 selbst wahr oder lässt diese durch eine von ihr bestimmte Landesbehörde, die unteren Katastrophenschutzbehörden oder andere Personen oder Stellen wahrnehmen. [7]In den nicht nach Satz 4 oder 5 bestimmten Bezirken bleiben die Aufgaben der unteren Katastrophenschutzbehörden mit Ausnahme des § 20 Abs. 1 unberührt.

Sechster Abschnitt

Hilfs- und Leistungspflichten

§ 28 Persönliche Hilfeleistungen

(1) Jede Person ist verpflichtet, bei der Katastrophenbekämpfung Hilfe zu leisten, wenn die vorhandenen Einsatzkräfte nicht ausreichen und sie von der unteren Katastrophenschutzbehörde dazu aufgefordert wird.

(2) Die Hilfeleistung kann nur verweigern, wer durch sie erheblich gefährdet würde oder höherwertige Pflichten verletzen müsste.

(3) Personen, die hiernach zur Hilfeleistung herangezogen werden oder freiwillig mit Einverständnis der unteren Katastrophenschutzbehörde bei der Katastrophenbekämpfung mitwirken, haben für die Dauer der Hilfeleistung die Rechtsstellung der Helferin oder des Helfers in einer Regieeinheit.

§ 29 Sachleistungen

(1) [1]Die untere Katastrophenschutzbehörde kann für die Bekämpfung von Katastrophen und außergewöhnlichen Ereignissen notwendige Leistungen im Umfang des § 2 des Bundesleistungsgesetzes in der Fassung vom 27. September 1961 (BGBl. I S. 1769, 1920), zuletzt geändert durch Artikel 5 des Gesetzes vom 11. August 2009 (BGBl. I S. 2723), anfordern. [2]Die Leistungen dürfen nur angefordert werden, wenn der Bedarf auf andere Weise nicht oder nicht rechtzeitig oder nur mit unverhältnismäßigen Mitteln gedeckt werden kann. [3]Leistungspflichtig sind die in § 9 Abs. 1 des Bundesleistungsgesetzes bezeichneten Personen.

(2) Absatz 1 gilt auch, wenn eine untere Katastrophenschutzbehörde im Rahmen der Nachbarschaftshilfe oder der überörtlichen Hilfe Leistungen in ihrem Bezirk in Anspruch nehmen muss.

(3) Für die rechtlichen Wirkungen einer Leistungsanforderung gelten die §§ 11 bis 14 des Bundesleistungsgesetzes entsprechend.

§ 29a Duldungspflichten

(1) Die Eigentümerinnen, Eigentümer, Besitzerinnen und Besitzer von Grundstücken, baulichen Anlagen und Wasserfahrzeugen haben zu dulden, dass Einsatzkräfte und andere bei einem Einsatz dienstlich anwesende Personen ihre Grundstücke, baulichen Anlagen und Wasserfahrzeuge betreten und benutzen, soweit dies zur Vorbereitung der Bekämpfung oder Bekämpfung des Katastrophenfalls oder des außergewöhnlichen Ereignisses erforderlich ist.

(2) Die Eigentümerinnen, Eigentümer, Besitzerinnen und Besitzer von Grundstücken, baulichen Anlagen und Wasserfahrzeugen haben über Absatz 1 hinausgehende Maßnahmen, insbesondere die Räumung von Grundstücken und baulichen Anlagen und die Beseitigung von Pflanzen, Einfriedungen und baulichen Anlagen, zu dulden, soweit diese Maßnahmen zur Bekämpfung des Katastrophenfalls oder des außergewöhnlichen Ereignisses erforderlich und von der Hauptverwaltungsbeamtin oder dem Hauptverwaltungsbeamten der unteren Katastrophenschutzbehörde oder ihrer oder seiner Beauftragten oder ihrem oder seinem Beauftragten oder der Technischen Einsatzleitung angeordnet worden sind.

(3) [1]Die Eigentümerinnen, Eigentümer, Besitzerinnen und Besitzer von Grundstücken und baulichen Anlagen haben die Anbringung von Alarmeinrichtungen juristischer Personen des öffentlichen Rechts zu Zwecken der Gefahrenabwehr ohne Entschädigung zu dulden. [2]Eine Entschädigung ist nur dann zu leisten, wenn durch die Anbringung der Alarmeinrichtung die gewerbliche Nutzung des Grundstücks oder der baulichen Anlage beeinträchtigt wird.

§ 30 Entschädigung

(1) [1]Entstehen durch die Anforderung von Leistungen nach § 29 oder durch eine Duldung nach § 29a Abs. 1 oder 2 Vermögensnachteile, so hat die anfordernde oder die Duldung verlangende Katastrophenschutzbehörde auf Antrag eine Entschädigung in Geld zu leisten. [2]Für die Bemessung und Zahlung

der Entschädigung finden die §§ 20 bis 23, 25, 26, 28 bis 32 und 34 des Bundesleistungsgesetzes entsprechende Anwendung.
(2) Für das Verfahren zur Festsetzung der Entschädigung gelten die §§ 49 bis 55, 58 und 62 des Bundesleistungsgesetzes entsprechend.

Siebenter Abschnitt
Kosten

§ 31 Kostenträger

(1) [1]Die unteren Katastrophenschutzbehörden tragen die Kosten des Katastrophenschutzes, soweit sich aus diesem Gesetz nichts anderes ergibt. [2]Die Kosten werden im Rahmen des Finanzausgleichs gedeckt.
(2) [1]Die öffentlichen und privaten Träger tragen die ihnen durch die Aufstellung, Ausbildung und Ausstattung von Einheiten und Einrichtungen des Katastrophenschutzes entstehenden Kosten. [2]Die Kosten der Aufstellung, Ausbildung und Ausstattung der Einheiten und Einrichtungen nach § 12 Abs. 2 bis 4 trägt das Land. [3]Die unteren Katastrophenschutzbehörden unterstützen nach Maßgabe ihrer Haushaltspläne die im Katastrophenschutz mitwirkenden privaten Träger durch Zuwendungen.
(3) [1]Das Land fördert nach Maßgabe des Landeshaushalts die Vorbereitungsmaßnahmen durch Zuwendungen an die privaten Träger von Einheiten und Einrichtungen nach § 14 Abs. 2 sowie an die Kommunen. [2]Außerdem beschafft das Land nach Maßgabe des Landeshaushalts Fahrzeuge und Ausstattung für den Katastrophenschutz, die es für seine Aufgaben im Katastrophenschutz verwendet oder den privaten Trägern und Kommunen für deren Aufgaben im Katastrophenschutz sowie der Aufgabenerfüllung nach Weisung im Katastrophenschutz zur Verfügung stellt. [3]Bei Katastrophen ungewöhnlichen Ausmaßes und außergewöhnlichen Ereignissen ungewöhnlichen Ausmaßes gewährt das Land den unteren Katastrophenschutzbehörden Zuwendungen zu den Kosten der Bekämpfung. [4]In den nach § 27a Abs. 1 Sätze 4 und 5 bestimmten Bezirken trägt das Land die Kosten der Bekämpfung der Katastrophe oder des außergewöhnlichen Ereignisses von landesweiter Tragweite.
(4) Wenn bei einem außergewöhnlichen Ereignis Einheiten des Katastrophenschutzes angefordert werden, sind die Kosten für deren Einsatz von der anfordernden Stelle zu erstatten.

§ 32 Kosten bei Nachbarschaftshilfe und überörtlicher Hilfe

(1) Die Hilfeleistung zwischen benachbarten unteren Katastrophenschutzbehörden ist unentgeltlich, soweit sie den Einsatz von Einheiten und Einrichtungen des Katastrophenschutzes umfasst.
(2) [1]Leisten untere Katastrophenschutzbehörden mit Einheiten und Einrichtungen überörtliche Hilfe, so trägt die dadurch entstehenden Kosten das Land, wenn die Hilfeleistung von der obersten Katastrophenschutzbehörde angeordnet oder angefordert wurde. [2]In diesem Fall trägt das Land auch die Kosten der zuvor geleisteten Nachbarschaftshilfe, soweit sie den Einsatz von Einheiten und Einrichtungen des Katastrophenschutzes umfasst. [3]Kosten nach den Sätzen 1 und 2 sind nur die tatsächlich gezahlte Erstattung nach § 17 Abs. 5 und 6 sowie die tatsächlich entstandenen Sachkosten ohne Vorhaltekosten.
(3) Die einsatzbedingten Kosten der Einheiten und Einrichtungen nach § 12 Abs. 2 bis 4 trägt das Land.
(4) [1]Die Kosten der außerhalb der Bundesrepublik Deutschland geleisteten überörtlichen Hilfe trägt das Land, sofern sie nicht von Dritten getragen werden. [2]Das Land trägt die Kosten der Hilfeleistung durch andere Länder und im Rahmen der internationalen Katastrophenhilfe.

Achter Abschnitt
Datenverarbeitung

§ 32a Verarbeitung personenbezogener Daten

(1) Auf die Verarbeitung personenbezogener Daten im Rahmen dieses Gesetzes findet ergänzend zur Datenschutz-Grundverordnung das Niedersächsische Datenschutzgesetz (NDSG) mit Ausnahme der §§ 3 und 17 Anwendung.

(2) Die für die Durchführung dieses Gesetzes zuständigen Behörden dürfen die personenbezogenen Daten von

1. Mitgliedern der Katastrophenschutzstäbe und des Landeskatastrophenschutzstabs,
2. Einsatzkräften und sonstigen Helferinnen und Helfern,
3. Teilnehmerinnen und Teilnehmern von Ausbildungs- und Fortbildungsveranstaltungen sowie Katastrophenschutzübungen,
4. sonstigen am Katastrophenschutz beteiligten Personen, deren Kenntnisse oder Fähigkeiten im Katastrophenschutz benötigt werden oder die zur Hilfeleistung herangezogen werden, und
5. Personen, die von Vorbereitungsmaßnahmen nach dem Zweiten Abschnitt oder Katastrophenschutzmaßnahmen nach dem Fünften Abschnitt betroffen sind,

verarbeiten, soweit dies zur Erfüllung der Aufgaben nach diesem Gesetz erforderlich ist, insbesondere für Vorbereitungsmaßnahmen nach dem Zweiten Abschnitt, für die Aufstellung, Ausbildung und Ausstattung von Einheiten des Katastrophenschutzes, für den Dienst im Katastrophenschutz, für Katastrophenschutzmaßnahmen nach dem Fünften Abschnitt, für Hilfs-, Leistungs- und Duldungspflichten sowie zur Erfüllung von Entschädigungs- und Erstattungsansprüchen.

(3) [1]Insbesondere die folgenden Daten können nach Absatz 2 verarbeitet werden, soweit dies erforderlich ist:

1. Name,
2. Vornamen,
3. Geburtsdatum,
4. Geschlecht,
5. Anschrift,
6. Beruf,
7. akademische Grade,
8. Telefonnummern und andere Angaben über die Erreichbarkeit,
9. Angaben über die gesundheitliche Eignung und die Strahlen- und Schadstoffbelastung,
10. Teilnahme an Aus- und Fortbildungsveranstaltungen und Katastrophenschutzübungen, einschließlich der Ergebnisse von Beurteilungen,
11. besondere Kenntnisse und Fähigkeiten,
12. Angaben über die Einheit oder Einrichtung des Katastrophenschutzes und ihren Träger,
13. wahrgenommene Funktion in der Einheit oder Einrichtung des Katastrophenschutzes oder im Betrieb,
14. Arbeitgeber und Bankverbindungen,
15. Teilnahme an Einsätzen,
16. Zeiten der Freistellung nach § 17 Abs. 3 und
17. Höhe und Art der Entschädigungs- und Erstattungsansprüche.

[2]Nach Satz 1 dürfen auch besondere Kategorien personenbezogener Daten im Sinne des Artikels 9 Abs. 1 der Datenschutz-Grundverordnung verarbeitet werden, soweit dies im Einzelfall zur Erfüllung von Aufgaben nach diesem Gesetz erforderlich ist; § 17 Abs. 2 bis 4 NDSG gilt entsprechend.

Neunter Abschnitt

Ordnungswidrigkeiten, Einschränkung von Grundrechten

§ 33 Ordnungswidrigkeiten

(1) Ordnungswidrig handelt, wer

1. seiner Verpflichtung zur Teilnahme an der Katastrophenbekämpfung oder an Katastrophenschutzübungen (§ 17 Abs. 2) nicht nachkommt,
2. eine nach § 29 angeforderte Sachleistung nicht, nicht vollständig, nicht ordnungsgemäß oder nicht rechtzeitig erbringt oder einer ihm auferlegten Duldungs- oder Unterlassungspflicht zuwiderhandelt.

(2) Ordnungswidrigkeiten im Sinne des Absatzes 1 können mit einer Geldbuße bis zu 5 000 Euro geahndet werden.

§ 34 Einschränkung von Grundrechten
Die Grundrechte der körperlichen Unversehrtheit (Artikel 2 Abs. 2 Satz 1 des Grundgesetzes), der Freiheit der Person (Artikel 2 Abs. 2 Satz 2 des Grundgesetzes), der Freizügigkeit (Artikel 11 des Grundgesetzes) und der Unverletzlichkeit der Wohnung (Artikel 13 des Grundgesetzes) werden nach Maßgabe dieses Gesetzes eingeschränkt.

Zehnter Abschnitt
Zivile Verteidigung

§ 35 Zuständigkeit für Maßnahmen des Zivilschutzes
(1) [1]Die Maßnahmen des Zivilschutzes nach § 1 Abs. 2 Nrn. 1, 2 und 5 des Zivilschutz- und Katastrophenhilfegesetzes (ZSKG) vom 25. März 1997 (BGBl. I S. 726), zuletzt geändert durch Artikel 144 der Verordnung vom 19. Juni 2020 (BGBl. I S. 1328), obliegen als Aufgabe des übertragenen Wirkungskreises den unteren Katastrophenschutzbehörden. [2]§ 2 Abs. 1 Sätze 2 bis 4 und § 3 gilt entsprechend.
(2) Die Ermächtigung zum Erlass von Verordnungen nach § 2 Abs. 2 Satz 1 ZSKG wird für die Aufgaben nach § 1 Abs. 2 Nrn. 1, 2 und 5 ZSKG dem für Inneres zuständigen Ministerium übertragen.

§ 36 Übertragung von Aufgaben der zivilen Alarmplanung
[1]Das für Inneres zuständige Ministerium wird ermächtigt, durch Verordnung den Landkreisen und kreisfreien Städten sowie den Städten Cuxhaven und Hildesheim die Aufgaben einer alarmkalenderführenden Stelle im Rahmen der zivilen Alarmplanung zur Erfüllung im übertragenen Wirkungskreis zu übertragen. [2]Die Zuständigkeit der großen selbständigen Städte im Übrigen und der selbständigen Gemeinden wird ausgeschlossen (§ 17 Satz 1 des Niedersächsischen Kommunalverfassungsgesetzes).

Niedersächsische Bauordnung (NBauO)[1)]

Vom 3. April 2012 (Nds. GVBl. S. 46)
(VORIS 21072)

zuletzt geändert durch Art. 1 ÄndG zur Bauordnung und zum WohnraumschaffungsG vom 21. Juni 2023 (Nds. GVBl. S. 107)

Der Niedersächsische Landtag hat das folgende Gesetz beschlossen:

Inhaltsübersicht

---

1) Das Gesetz tritt am 1. November 2012 in Kraft, mit Ausnahme der §§ 5–7, § 9 Abs. 3, § 17 Abs. 8, § 44 Abs. 5 Sätze 1 und 2 und die §§ 82 und 84, die bereits am 13.4.2012 in Kraft getreten sind; vgl. § 88 Abs. 1.

Erster Teil
Allgemeine Vorschriften

§ 1 Geltungsbereich

(1) [1]Dieses Gesetz gilt für bauliche Anlagen, Bauprodukte und Baumaßnahmen. [2]Es gilt auch für andere Anlagen und Einrichtungen sowie für Grundstücke, an die in diesem Gesetz oder in aufgrund dieses Gesetzes erlassenen Vorschriften Anforderungen gestellt werden.

(2) Dieses Gesetz gilt nicht für

1. Betriebsanlagen von nichtöffentlichen Eisenbahnen sowie öffentliche Verkehrsanlagen, jeweils einschließlich des Zubehörs, der Nebenanlagen und der Nebenbetriebe, ausgenommen Gebäude,
2. Anlagen und Einrichtungen unter der Aufsicht der Bergbehörden, ausgenommen Gebäude,
3. Leitungen, die dem Ferntransport von Stoffen, der öffentlichen Versorgung mit Wasser, Gas, Elektrizität oder Wärme, der öffentlichen Abwasserbeseitigung, der Telekommunikation oder dem Rundfunk dienen, sowie
4. Kräne und Krananlagen.

§ 2 Begriffe

(1) [1]Bauliche Anlagen sind mit dem Erdboden verbundene oder auf ihm ruhende, aus Bauprodukten hergestellte Anlagen. [2]Bauliche Anlagen sind auch

1. Aufschüttungen, Abgrabungen und künstliche Hohlräume unterhalb der Erdoberfläche,
2. Lager-, Abstell- und Ausstellungsplätze,
3. Spiel- und Sportplätze,

4. Camping- und Wochenendplätze,
5. Freizeit- und Vergnügungsparks,
6. Stellplätze,
7. Gerüste,
8. Hilfseinrichtungen zur statischen Sicherung von Bauzuständen,
9. Fahrradabstellanlagen (§ 48),
10. Werbeanlagen (§ 50),
11. Warenautomaten, die von einer allgemein zugänglichen Verkehrs- oder Grünfläche aus sichtbar sind,
12. ortsfeste Feuerstätten und
13. Anlagen, die auf ortsfesten Bahnen begrenzt beweglich sind oder dazu bestimmt sind, vorwiegend ortsfest benutzt zu werden.

(2) Gebäude sind selbständig benutzbare, überdeckte bauliche Anlagen, die von Menschen betreten werden können und geeignet oder bestimmt sind, dem Schutz von Menschen, Tieren oder Sachen zu dienen.

(3) [1]Gebäude sind in folgende Gebäudeklassen eingeteilt:
1. Gebäudeklasse 1:
   a) freistehende Gebäude mit einer Höhe bis zu 7 m und nicht mehr als zwei Nutzungseinheiten von insgesamt nicht mehr als 400 m^2 Grundfläche und
   b) freistehende land- oder forstwirtschaftlich genutzte Gebäude,
2. Gebäudeklasse 2:
   nicht freistehende Gebäude mit einer Höhe bis zu 7 m und nicht mehr als zwei Nutzungseinheiten von insgesamt nicht mehr als 400 m^2 Grundfläche,
3. Gebäudeklasse 3:
   sonstige Gebäude mit einer Höhe bis zu 7 m,
4. Gebäudeklasse 4:
   Gebäude mit einer Höhe bis zu 13 m und Nutzungseinheiten mit jeweils nicht mehr als 400 m^2 Grundfläche,
5. Gebäudeklasse 5:
   von den Nummern 1 bis 4 nicht erfasste sowie unterirdische Gebäude mit Aufenthaltsräumen.

[2]Gebäude ohne Aufenthaltsräume, die nicht unter Satz 1 Nr. 1 Buchst. b fallen, werden nach der Gesamtgrundfläche aller Geschosse entsprechend Satz 1 der Gebäudeklasse 1, 2 oder 3 zugeordnet. [3]Höhe im Sinne des Satzes 1 ist die Höhe der Fußbodenoberkante des höchstgelegenen Aufenthaltsraumes über der Geländeoberfläche im Mittel. [4]Führt ein Rettungsweg für das Gebäude über Rettungsgeräte der Feuerwehr, so ist die Höhe abweichend von Satz 3 die Höhe der Fußbodenoberkante des höchstgelegenen Aufenthaltsraumes über der Stelle der Geländeoberfläche, von der aus der Aufenthaltsraum über die Rettungsgeräte der Feuerwehr erreichbar ist. [5]Die Grundfläche im Sinne dieses Gesetzes ist die Brutto-Grundfläche; bei der Berechnung der Grundfläche nach den Sätzen 1 und 2 bleiben Flächen in Kellergeschossen außer Betracht.

(4) Wohngebäude sind Gebäude, die nur Wohnungen oder deren Nebenzwecken dienende Räume, wie Garagen, enthalten.

(5) [1]Sonderbauten sind
1. Gebäude mit einer Höhe nach Absatz 3 Satz 3 von mehr als 22 m (Hochhäuser),
2. bauliche Anlagen mit einer Höhe von mehr als 30 m,
3. Gebäude mit mindestens einem Geschoss mit mehr als 1 600 m^2 Grundfläche, ausgenommen Wohngebäude und Garagen,
4. Verkaufsstätten, deren Verkaufsräume und Ladenstraßen eine Grundfläche von insgesamt mehr als 800 m^2 haben,
5. Gebäude mit mindestens einem Raum, der einer Büro- oder Verwaltungsnutzung dient und eine Grundfläche von mehr als 400 m^2 hat,
6. Gebäude mit mindestens einem Raum, der der Nutzung durch mehr als 100 Personen dient,
7. Versammlungsstätten

a) mit einem Versammlungsraum, der mehr als 200 Besucherinnen und Besucher fasst, oder mit mehreren Versammlungsräumen, die insgesamt mehr als 200 Besucherinnen und Besucher fassen, wenn die Versammlungsräume einen gemeinsamen Rettungsweg haben,
b) im Freien mit mindestens einer Fläche für Aufführungen oder mindestens einer Freisportanlage jeweils mit mindestens einer Tribüne, wenn die Tribünen keine fliegenden Bauten sind und insgesamt mehr als 1000 Besucherinnen und Besucher fassen,

8. Schank- und Speisegaststätten mit mehr als 40 Plätzen für Gäste in Gebäuden oder mehr als 1000 Plätzen für Gäste im Freien, Beherbergungsstätten mit mehr als 12 Betten und Spielhallen mit mehr als 150 m^2 Grundfläche,
9. Krankenhäuser,
10. Gebäude mit mindestens einer Nutzungseinheit, die für die Pflege oder Betreuung von Menschen mit Behinderungen oder Pflegebedarf und mit eingeschränkter Selbstrettungsfähigkeit bestimmt ist, wenn
    a) eine solche Nutzungseinheit für die Pflege oder Betreuung von mehr als sechs solcher Menschen bestimmt ist,
    b) mehrere solcher Nutzungseinheiten einen gemeinsamen Rettungsweg haben und für die Pflege oder Betreuung von insgesamt mehr als zwölf solcher Menschen bestimmt sind oder
    c) eine solche Nutzungseinheit für die Pflege oder Betreuung von Menschen mit Intensivpflegebedarf bestimmt ist, ausgenommen die Pflege oder Betreuung in familiärer Gemeinschaft,
11. sonstige Einrichtungen zur Unterbringung von Personen, wie Gemeinschaftsunterkünfte oder Wohnheime,
12. Tagesstätten für Menschen mit Behinderungen oder alte Menschen,
13. Tageseinrichtungen für Kinder und Nutzungseinheiten mit Räumen für die Kindertagespflege mit Ausnahme von Tageseinrichtungen und Nutzungseinheiten, die zur Nutzung durch nicht mehr als zehn Kinder bestimmt sind,
14. Schulen, Hochschulen und ähnliche Einrichtungen,
15. Justizvollzugsanstalten und bauliche Anlagen für den Maßregelvollzug,
16. Camping- und Wochenendplätze,
17. Freizeit- und Vergnügungsparks,
18. fliegende Bauten, soweit sie einer Ausführungsgenehmigung bedürfen,
19. Regallager mit einer zulässigen Höhe der Oberkante des Lagergutes von mehr als 7,50 m,
20. bauliche Anlagen, deren Nutzung mit erhöhter Verkehrsgefahr oder wegen des Umgangs mit Stoffen oder der Lagerung von Stoffen mit Explosions- oder Gesundheitsgefahr oder erhöhter Strahlen- oder Brandgefahr verbunden ist,
21. bauliche Anlagen und Räume, von denen wegen ihrer Art oder ihrer Nutzung Gefahren ausgehen, die den Gefahren ähnlich sind, die von den in den Nummern 1 bis 20 genannten baulichen Anlagen und Räumen ausgehen.

[2]Sonderbauten sind auch die nach dem Bundes-Immissionsschutzgesetz genehmigungsbedürftigen Anlagen, soweit sie bauliche Anlagen sind.

(6) [1]Ein oberirdisches Geschoss ist ein Geschoss, dessen Deckenoberkante im Mittel mehr als 1,40 m über die Geländeoberfläche hinausragt. [2]Ein Kellergeschoss ist ein Geschoss, das die Anforderungen nach Satz 1 nicht erfüllt.

(7) [1]Vollgeschoss ist ein oberirdisches Geschoss, das über mindestens der Hälfte seiner Grundfläche eine lichte Höhe von 2,20 m oder mehr hat. [2]Ein oberstes Geschoss ist nur dann ein Vollgeschoss, wenn es die in Satz 1 genannte lichte Höhe über mehr als zwei Dritteln der Grundfläche des darunter liegenden Geschosses hat. [3]Zwischendecken oder Zwischenböden, die unbegehbare Hohlräume von einem Geschoss abtrennen, bleiben bei Anwendung der Sätze 1 und 2 unberücksichtigt. [4]Hohlräume zwischen der obersten Decke und der Dachhaut, in denen Aufenthaltsräume wegen der erforderlichen lichten Höhe nicht möglich sind, gelten nicht als oberste Geschosse.

(8) Aufenthaltsraum ist ein Raum, der zum nicht nur vorübergehenden Aufenthalt von Menschen bestimmt oder geeignet ist.

(9) [1]Ein Stellplatz ist eine im Freien außerhalb der öffentlichen Verkehrsflächen gelegene Fläche zum Abstellen von Kraftfahrzeugen. [2]Ein Einstellplatz ist eine Fläche zum Abstellen eines Kraftfahrzeuges auf einem Stellplatz oder in einer Garage.

(10) [1]Garagen sind Gebäude oder Gebäudeteile zum Abstellen von Kraftfahrzeugen oder Kraftfahrzeugen und anderen Fahrzeugen[1)]. [2]Garagen sind auch Parkhäuser. [3]Ausstellungs-, Verkaufs-, Werk- und Lagerräume für Kraftfahrzeuge sind keine Garagen.

(11) Eine Feuerstätte ist eine ortsfeste oder ortsfest benutzte Anlage oder Einrichtung in oder an einem Gebäude, die dazu bestimmt ist, durch Verbrennung Wärme zu erzeugen.

(12) [1]Baugrundstück ist das Grundstück im Sinne des Bürgerlichen Rechts, auf dem eine Baumaßnahme durchgeführt wird oder auf dem sich eine bauliche Anlage befindet. [2]Das Baugrundstück kann auch aus mehreren aneinander grenzenden Grundstücken bestehen, wenn und solange durch Baulast gesichert ist, dass alle baulichen Anlagen auf den Grundstücken das öffentliche Baurecht so einhalten, als wären die Grundstücke ein Grundstück.

(13) Baumaßnahme ist die Errichtung, die Änderung, der Abbruch, die Beseitigung, die Nutzungsänderung oder die Instandhaltung einer baulichen Anlage oder eines Teils einer baulichen Anlage.

(14) Bauprodukte sind

1. Produkte, Baustoffe, Bauteile und Anlagen sowie Bausätze gemäß Artikel 2 Nr. 2 der Verordnung (EU) Nr. 305/2011 des Europäischen Parlaments und des Rates vom 9. März 2011 zur Festlegung harmonisierter Bedingungen für die Vermarktung von Bauprodukten und zur Aufhebung der Richtlinie 89/106/EWG des Rates (ABl. EU Nr. L 88 S. 5; 2013 Nr. L 103 S. 10), zuletzt geändert durch die Delegierte Verordnung (EU) Nr. 574/2014 der Kommission vom 21. Februar 2014 (ABl. EU Nr. L 159 S. 41), die hergestellt werden, um dauerhaft in bauliche Anlagen eingebaut zu werden,
2. aus Produkten, Baustoffen und Bauteilen sowie Bausätzen gemäß Artikel 2 Nr. 2 der Verordnung (EU) Nr. 305/2011 vorgefertigte Anlagen, die hergestellt werden, um mit dem Erdboden verbunden zu werden,

und deren Verwendung sich auf die Anforderungen nach § 3 Abs. 1 bis 3 auswirken kann.

(15) Bauart ist das Zusammenfügen von Bauprodukten zu baulichen Anlagen oder Teilen von baulichen Anlagen.

(16) [1]Barrierefrei sind bauliche Anlagen, soweit sie für Menschen mit Behinderungen in der allgemein üblichen Weise, ohne besondere Erschwernis und grundsätzlich ohne fremde Hilfe auffindbar, zugänglich und nutzbar sind. [2]Hierbei ist die Nutzung behinderungsbedingt notwendiger Hilfsmittel zulässig.

(17) Öffentliches Baurecht sind die Vorschriften dieses Gesetzes, die Vorschriften aufgrund dieses Gesetzes, das städtebauliche Planungsrecht und die sonstigen Vorschriften des öffentlichen Rechts, die Anforderungen an bauliche Anlagen, Bauprodukte oder Baumaßnahmen oder an andere Anlagen oder Einrichtungen nach § 1 Abs. 1 Satz 2 stellen oder die Bebaubarkeit von Grundstücken regeln.

(18) Bauvorlagen sind die Unterlagen, die in bauordnungsrechtlichen Verfahren für die Beurteilung einer Baumaßnahme, einer baulichen Anlage oder einer anderen Anlage oder Einrichtung im Hinblick auf das öffentliche Baurecht erforderlich sind.

(19) Solarenergieanlagen sind Anlagen zur Umwandlung von Sonnenenergie in thermische oder elektrische Energie.

§ 3 Allgemeine Anforderungen

(1) [1]Bauliche Anlagen müssen so angeordnet, beschaffen und für ihre Benutzung geeignet sein, dass die öffentliche Sicherheit, insbesondere Leben und Gesundheit, sowie die natürlichen Lebensgrundlagen und die Tiere nicht gefährdet werden. [2]Unzumutbare Belästigungen oder unzumutbare Verkehrsbehinderungen dürfen nicht entstehen.

(2) [1]Bauliche Anlagen müssen den allgemeinen Anforderungen an gesunde Wohn- und Arbeitsverhältnisse entsprechen. [2]Die Belange der Menschen mit Behinderungen, der alten Menschen, der Kinder und Jugendlichen sowie der Personen mit Kleinkindern sind zu berücksichtigen. [3]Zum Schutz des Klimas sind Möglichkeiten zum sparsamen Umgang mit Boden, Wasser und Energie sowie zur Gewinnung erneuerbarer Energien zu berücksichtigen.

(3) Bauliche Anlagen dürfen nicht verunstaltet wirken und dürfen auch das Gesamtbild ihrer Umgebung nicht verunstalten.

---

1) Wortlaut amtlich.

(4) [1]Bauliche Anlagen dürfen erst in Gebrauch genommen werden, wenn sie sicher benutzbar sind. [2]Sie sind so instand zu halten, dass die Anforderungen nach den Absätzen 1 bis 3 gewahrt bleiben.

(5) [1]Für die Durchführung von Baumaßnahmen gilt Absatz 1 entsprechend. [2]Baumaßnahmen dürfen keine Verhältnisse schaffen, die den Anforderungen nach den Absätzen 1 bis 3 widersprechen.

(6) Nicht bebaute Flächen von Baugrundstücken sind so herzurichten und zu unterhalten, dass die Erfüllung der Anforderungen nach den Absätzen 1 bis 3 nicht beeinträchtigt wird.

§ 3a Elektronische Kommunikation

(1) [1]Der Bauaufsichtsbehörde sind

1. Anzeigen eines beabsichtigten Abbruchs oder einer beabsichtigten Beseitigung einer baulichen Anlage (§ 60 Abs. 3 Satz 1),
2. Mitteilungen über eine sonstige genehmigungsfreie Baumaßnahme (§ 62 Abs. 3 Satz 1),
3. Anträge auf Bestätigung, dass Nachweise der Standsicherheit oder des Brandschutzes dem öffentlichen Baurecht entsprechen (§ 65 Abs. 2 Satz 3),
4. Anträge auf Zulassung einer Abweichung (§ 66 Abs. 2 Satz 1),
5. Anträge auf Erteilung einer Ausnahme oder Befreiung (§ 66 Abs. 6),
6. Anträge auf Erteilung einer Baugenehmigung (§ 67 Abs. 1),
7. Anträge auf Erteilung einer Teilbaugenehmigung (§ 70 Abs. 3 Satz 1),
8. Anträge auf Verlängerung der Geltungsdauer einer Baugenehmigung, einer Teilbaugenehmigung oder eines Bauvorbescheids (§ 71 Abs. 1 Satz 3, auch in Verbindung mit § 73 Abs. 2 Satz 2),
9. Bauvoranfragen (§ 73 Abs. 1) und
10. Anträge auf Erteilung einer Typengenehmigung (§ 73a Abs. 1)

und die beizufügenden Bauvorlagen jeweils von der Person, die eine der Erklärungen nach den Nummern 1 bis 10 abzugeben hat (erklärende Person), elektronisch zu übermitteln, soweit in diesem Gesetz oder in einer Verordnung aufgrund dieses Gesetzes nicht etwas anderes bestimmt ist. [2]Die Übermittlung und der Nachweis der Identität der erklärenden Person haben unter Verwendung eines Nutzerkontos der erklärenden Person nach § 2 Abs. 5 Satz 1 des Onlinezugangsgesetzes zu erfolgen. [3]Dabei muss der Nachweis der Identität der erklärenden Person im Nutzerkonto mindestens auf dem Sicherheitsniveau „substanziell" im Sinne des Artikels 8 Abs. 2 Buchst. b der Verordnung (EU) Nr. 910/2014 des Europäischen Parlaments und Rates vom 23. Juli 2014 über elektronische Identifizierung und Vertrauensdienste für elektronische Transaktionen im Binnenmarkt und zur Aufhebung der Richtlinie 1999/93/EG (ABl. EU Nr. L 257 S. 73; 2015 Nr. L 23 S. 19; 2016 Nr. L 155 S. 44) erfolgen. [4]Jede in Verfahren nach Satz 1 übermittelte Bauvorlage muss von der für ihren Inhalt verantwortlichen Person oder Stelle mit einer qualifizierten elektronischen Signatur versehen sein, soweit in diesem Gesetz oder in einer Verordnung aufgrund dieses Gesetzes nicht etwas anderes bestimmt ist. [5]Die qualifizierte elektronische Signatur ist nicht erforderlich, wenn

1. die Bauvorlage ein qualifiziertes elektronisches Siegel einer Behörde oder Stelle trägt oder
2. die für den Inhalt der Bauvorlage verantwortliche Person die Unterlagen nach Satz 1 über ein eigenes Nutzerkonto nach den Sätzen 2 und 3 übermittelt.

[6]Die Bauaufsichtsbehörde kann der erklärenden Person für das Nachreichen von Bauvorlagen in Verfahren nach Satz 1 einen von den Anforderungen nach den Sätzen 2 und 3 abweichenden elektronischen Übermittlungsweg eröffnen.

(2) [1]Die Bauaufsichtsbehörde lässt im Einzelfall zu, dass in Verfahren nach Absatz 1 Satz 1 die Erklärungen nach Absatz 1 Satz 1 Nrn. 1 bis 10 und die beizufügenden Bauvorlagen als Dokumente in Papierform übermittelt werden, wenn eine elektronische Übermittlung nach Absatz 1 nicht zumutbar ist. [2]Die Erklärungen müssen von der Person, die die jeweilige Erklärung abzugeben hat, unter Angabe des Tages unterschrieben sein, die Bauvorlagen von der Person, die für deren Inhalt jeweils verantwortlich ist. [3]§ 3a Abs. 2 des Verwaltungsverfahrensgesetzes (VwVfG) in Verbindung mit § 1 Abs. 1 des Niedersächsischen Verwaltungsverfahrensgesetzes (NVwVfG) findet keine Anwendung.

(3) Elektronische Verwaltungsakte und Bestätigungen sind mit einer qualifizierten elektronischen Signatur oder einem qualifizierten elektronischen Siegel zu versehen.

Zweiter Teil

Das Grundstück und seine Bebauung

§ 4 Zugänglichkeit des Baugrundstücks, Anordnung und Zugänglichkeit der baulichen Anlagen

(1) Das Baugrundstück muss so an einer mit Kraftfahrzeugen befahrbaren öffentlichen Verkehrsfläche liegen oder einen solchen Zugang zu ihr haben, dass der von der baulichen Anlage ausgehende Zu- und Abgangsverkehr und der für den Brandschutz erforderliche Einsatz von Feuerlösch- und Rettungsgeräten jederzeit ordnungsgemäß und ungehindert möglich sind.

(2) [1]Ist das Baugrundstück nur über Flächen zugänglich, die nicht dem öffentlichen Verkehr gewidmet sind, so muss ihre Benutzung für diesen Zweck durch Baulast oder Miteigentum gesichert sein; bei Wohngebäuden der Gebäudeklassen 1 und 2 genügt eine Sicherung durch Grunddienstbarkeit. [2]Dies gilt nicht, wenn der erforderliche Zugang zu einem Grundstück über ein anderes Grundstück führt, das mit ihm zusammen nach § 2 Abs. 12 Satz 2 ein Baugrundstück bildet.

(3) [1]Bauliche Anlagen müssen auf dem Baugrundstück so angeordnet sein, dass sie sicher zugänglich sind, das erforderliche Tageslicht erhalten und zweckentsprechend gelüftet werden können. [2]Für den Einsatz der Feuerlösch- und Rettungsgeräte muss die erforderliche Bewegungsfreiheit und Sicherheit gewährleistet sein.

(4) [1]Eine bauliche Anlage darf nicht auf mehreren Baugrundstücken gelegen sein. [2]Dies gilt nicht für einen Überbau, der nach § 21a Abs. 1 des Niedersächsischen Nachbarrechtsgesetzes zu dulden ist.

§ 5[1)] Grenzabstände

(1) [1]Gebäude müssen mit allen auf ihren Außenflächen oberhalb der Geländeoberfläche gelegenen Punkten von den Grenzen des Baugrundstücks Abstand halten. [2]Satz 1 gilt entsprechend für andere bauliche Anlagen, von denen Wirkungen wie von Gebäuden ausgehen, und Terrassen, soweit sie jeweils höher als 1 m über der Geländeoberfläche sind. [3]Der Abstand ist zur nächsten Lotrechten über der Grenzlinie zu messen. [4]Er richtet sich jeweils nach der Höhe des Punktes über der Geländeoberfläche (H). [5]Der Abstand darf auf volle 10 cm abgerundet werden.

(2) [1]Der Abstand beträgt 0,5 H, mindestens jedoch 3 m. [2]In Gewerbe- und Industriegebieten sowie in Gebieten, die nach ihrer baulichen Nutzung diesen Baugebieten entsprechen, beträgt der Abstand 0,25 H, mindestens jedoch 3 m. [3]Satz 2 gilt nicht für den Abstand von den Grenzen solcher Nachbargrundstücke, die ganz oder überwiegend außerhalb der genannten Gebiete liegen. [4]Der Abstand beträgt für Windenergieanlagen im Außenbereich oder in Sondergebieten für Windenergie 0,25 H, mindestens jedoch 3 m; dies gilt nicht für den Abstand von den Grenzen eines Nachbargrundstücks, das ganz oder teilweise in einem Bereich oder Gebiet liegt, in dem der Abstand größer sein muss.

(3) Der Abstand nach den Absätzen 1 und 2 darf unterschritten werden von

1. Dachüberständen und Gesimsen um nicht mehr als 0,50 m,
2. vor die Außenwand tretenden Gebäudeteilen, wie Eingangsüberdachungen, Hauseingangstreppen, Terrassenüberdachungen und Balkonen, sowie Dachgauben, wenn die Gebäudeteile insgesamt nicht mehr als ein Drittel der Breite der jeweiligen Außenwand in Anspruch nehmen, um nicht mehr als 1,50 m, höchstens jedoch um ein Drittel,
3. Gebäudeteilen, die ausschließlich der Aufnahme von Aufzügen zur nachträglichen Herstellung der Barrierefreiheit einer vor dem 1. Januar 2019 rechtmäßig errichteten oder genehmigten baulichen Anlage oder eines Teils einer baulichen Anlage dienen und höchstens 2,50 m vor die Außenwand vortreten und von der Grenze des Baugrundstücks mindestens 1,50 m Abstand halten, und
4. Antennen einschließlich der Masten außerhalb von Gewerbe- und Industriegebieten sowie außerhalb von Gebieten, die nach ihrer baulichen Nutzung diesen Baugebieten entsprechen, um 0,1 H.

(4) [1]Bei der Bemessung des erforderlichen Abstands bleiben folgende Gebäudeteile außer Betracht:

1. Schornsteine, wenn sie untergeordnet sind, Antennen, Geländer, Abgas- und Abluftleitungen,
2. Giebeldreiecke und entsprechende andere Giebelformen soweit sie, waagerecht gemessen, nicht mehr als 6 m breit sind.

---

1) § 5 ist bereits am 13.4.2012 in Kraft getreten; vgl. § 88 Abs. 1.

[2]Außer Betracht bleiben ferner

1. Außenwandbekleidungen, soweit sie den Abstand um nicht mehr als 0,25 m unterschreiten, und
2. Bedachungen, soweit sie um nicht mehr als 0,25 m angehoben werden,

wenn der Abstand infolge einer Baumaßnahme zum Zweck des Wärmeschutzes oder der Energieeinsparung bei einem vorhandenen Gebäude unterschritten wird.

(5) [1]Soweit ein Gebäude nach städtebaulichem Planungsrecht ohne Grenzabstand errichtet werden muss, ist Absatz 1 Satz 1 nicht anzuwenden. [2]Soweit ein Gebäude nach städtebaulichem Planungsrecht ohne Grenzabstand errichtet werden darf, ist es abweichend von Absatz 1 Satz 1 an der Grenze zulässig, wenn durch Baulast gesichert ist, dass auf dem Nachbargrundstück entsprechend an diese Grenze gebaut wird, oder wenn auf dem Nachbargrundstück ein Gebäude ohne Abstand an der Grenze vorhanden ist und die neue Grenzbebauung der vorhandenen, auch in der Nutzung, entspricht.

(6) Erhebt sich über einen nach Absatz 5 an eine Grenze gebauten Gebäudeteil ein nicht an diese Grenze gebauter Gebäudeteil, so ist für dessen Abstand von dieser Grenze abweichend von Absatz 1 Satz 4 die Höhe des Punktes über der Oberfläche des niedrigeren Gebäudeteils an der Grenze maßgebend.

(7) [1]Ist ein Gebäude nach Absatz 5 Satz 1 an eine Grenze gebaut, so sind nicht an diese Grenze gebaute Teile des Gebäudes, die unter Absatz 3 fallen, in beliebigem Abstand von dieser Grenze zulässig. [2]Ist ein Gebäude nach Absatz 5 Satz 2 an eine Grenze gebaut, so darf der nach Absatz 3 einzuhaltende Abstand der dort genannten Gebäudeteile von dieser Grenze weiter verringert werden, wenn der Nachbar zugestimmt hat. [3]Sind im Fall des Satzes 2 auf dem Nachbargrundstück entsprechende Gebäudeteile mit verringertem Abstand vorhanden, so darf der Abstand in gleichem Maß verringert werden.

(8) [1]Abstand brauchen nicht zu halten

1. Stützmauern, Aufschüttungen und Einfriedungen, auch wenn diese zugleich einem weiteren Zweck dienen, insbesondere der Nutzung als Solarenergieanlage,
   a) in Gewerbe- und Industriegebieten mit einer Höhe von nicht mehr als 3 m, jedoch von den Grenzen eines Nachbargrundstücks, das ganz oder teilweise außerhalb eines solchen Gebiets liegt, nur solche mit einer Höhe von nicht mehr als 2 m, und
   b) außerhalb von Gewerbe- und Industriegebieten mit einer Höhe von nicht mehr als 2 m,
2. Gebäude und Einfriedungen in Baugebieten, in denen nach dem Bebauungsplan nur Gebäude mit einem fremder Sicht entzogenen Gartenhof zulässig sind, soweit sie nicht höher als 3,50 m sind, und
3. Antennen einschließlich der Masten
   a) m Außenbereich und
   b) im Übrigen, wenn der Durchmesser der Masten nicht mehr als 1,50 m beträgt, jedoch nur solche mit einer Höhe von
      aa) nicht mehr als 10 m bei Anlagen in reinen Wohngebieten sowie in einem 2,50 m tiefen Grenzbereich zu solchen Gebieten in Gebieten nach Doppelbuchstabe bb und
      bb) nicht mehr als 15 m bei Anlagen in sonstigen Gebieten.

[2]Satz 1 Nr. 3 Buchst. a gilt nicht für den Abstand von den Grenzen eines Nachbargrundstücks, das ganz oder teilweise nicht im Außenbereich liegt. [3]Die nach Satz 1 Nr. 3 Buchst. b maßgebliche Höhe wird

a) bei freistehenden Anlagen ab der Geländeoberfläche und
b) bei Anlagen auf baulichen Anlagen ab dem Schnittpunkt der Anlage mit der Außenfläche der baulichen Anlage

gemessen. [4]Ohne Abstand oder mit einem bis auf 1 m verringerten Abstand von der Grenze sind zulässig

1. Solarenergieanlagen, die nicht Teil eines Gebäudes sind, mit einer Höhe bis zu 3 m,
2. Garagen und Gebäude ohne Aufenthaltsräume und Feuerstätten, die allein oder mit darauf errichteten Solarenergieanlagen eine Höhe bis zu 3 m nicht überschreiten,
3. Garagen und Gebäude ohne Aufenthaltsräume und Feuerstätten mit einer Höhe bis zu 3 m und darauf errichteten Solarenergieanlagen mit einer Höhe bis zu 0,70 m, wenn der Abstand der Solarenergieanlagen von der Grenze mindestens 1 m beträgt, und
4. freistehende Wärmepumpen einschließlich ihrer Fundamente und Einhausungen mit einer Höhe bis zu 2 m, wenn

a) die Abstände nach den Absätzen 1 bis 7 auf dem Baugrundstück anders nicht eingehalten werden können und
b) auf den Nachbargrundstücken keine unzumutbaren Beeinträchtigungen, insbesondere aufgrund von Eisbildung, Geräuschen und Abluft, entstehen.

5Bauliche Anlagen nach Satz 4 dürfen den Abstand nach Absatz 2 auf einer Gesamtlänge von 9 m je Grundstücksgrenze, auf einem Baugrundstück insgesamt jedoch nur auf einer Länge von 15 m unterschreiten; von den 9 m nach Halbsatz 1 dürfen Wärmepumpen den Abstand auf einer Gesamtlänge von 3 m unterschreiten. 6Bei Anwendung der Sätze 4 und 5 sind nach Absatz 5 Satz 2 ohne Abstand an eine Grenze gebaute Garagen und Gebäude der in Satz 4 Nrn. 2 und 3 genannten Art anzurechnen. 7Bei Anwendung des Satzes 1 Nr. 2 gilt Absatz 2 Satz 3 entsprechend.

(9) 1Die nach den Absätzen 1 bis 8 und den §§ 6 und 7 maßgebliche Höhe der Geländeoberfläche ist die der gewachsenen Geländeoberfläche. 2Eine Veränderung dieser Geländeoberfläche durch Abgrabung ist zu berücksichtigen, eine Veränderung durch Aufschüttung dagegen nur, wenn die Geländeoberfläche dadurch an die vorhandene oder genehmigte Geländeoberfläche des Nachbargrundstücks angeglichen wird. 3Die Bauaufsichtsbehörde setzt die Höhe der Geländeoberfläche fest, soweit dies erforderlich ist. 4Dabei kann sie unter Würdigung nachbarlicher Belange den Anschluss an die Verkehrsflächen und die Abwasserbeseitigungsanlagen sowie Aufschüttungen berücksichtigen, die wegen des vorhandenen Geländeverlaufs gerechtfertigt sind.

(10) 1Bei rechtmäßig bestehenden Gebäuden, die die Abstände nach den Absätzen 1 bis 8 nicht einhalten, bleiben Unterschreitungen dieser Abstände unbeachtlich bei

1. Änderungen innerhalb dieses Gebäudes,
2. der Änderung der Nutzung von Räumen und Gebäuden,
3. der Errichtung und der Änderung von Vor- und Anbauten, die für sich genommen den Grenzabstand einhalten,
4. der nachträglichen Errichtung von Dach- und Staffelgeschossen, wenn die Unterschreitung des Abstandes bei Berücksichtigung der zusätzlichen Geschosse mit keinem Gebäudeteil größer ist als die bisherige Unterschreitung, und
5. dem Ersatz von Dachräumen, Dach- oder Staffelgeschossen innerhalb der bisherigen Abmessungen.

2Satz 1 gilt nicht für Garagen und Gebäude ohne Aufenthaltsräume und Feuerstätten.

§ 6[1] Hinzurechnung benachbarter Grundstücke

(1) 1Benachbarte Verkehrsflächen öffentlicher Straßen dürfen für die Bemessung des Grenzabstandes bis zu ihrer Mittellinie dem Baugrundstück zugerechnet werden, unter den Voraussetzungen des Absatzes 2 auch über die Mittellinie hinaus. 2Mit Zustimmung der Eigentümer dürfen öffentliche Grün- und Wasserflächen sowie Betriebsflächen öffentlicher Eisenbahnen und Straßenbahnen entsprechend Satz 1 zugerechnet werden.

(2) Andere benachbarte Grundstücke dürfen für die Bemessung des Grenzabstandes dem Baugrundstück bis zu einer gedachten Grenze zugerechnet werden, wenn durch Baulast gesichert ist, dass auch bauliche Anlagen auf dem benachbarten Grundstück den vorgeschriebenen Abstand von dieser Grenze halten.

§ 7[2] Abstände auf demselben Baugrundstück

(1) 1Zwischen Gebäuden auf demselben Baugrundstück, die nicht unmittelbar aneinander gebaut sind, muss ein Abstand gehalten werden, der so zu bemessen ist, als verliefe zwischen ihnen eine Grenze. 2Satz 1 gilt entsprechend für andere bauliche Anlagen, von denen Wirkungen wie von Gebäuden ausgehen, und Terrassen, soweit sie jeweils höher als 1 m über der Geländeoberfläche sind.

(2) Der Abstand nach Absatz 1 darf, soweit hinsichtlich des Brandschutzes, des Tageslichts und der Lüftung keine Bedenken bestehen, unterschritten werden

1. auf einem Baugrundstück, das in einem durch Bebauungsplan festgesetzten Gewerbe- oder Industriegebiet liegt oder entsprechend genutzt werden darf, zwischen Gebäuden, die in den genannten Gebieten allgemein zulässig sind,

---

1) § 6 ist bereits am 13.4.2012 in Kraft getreten; vgl. § 88 Abs. 1.
2) § 7 ist bereits am 13.4.2012 in Kraft getreten; vgl. § 88 Abs. 1.

2. zwischen land- oder forstwirtschaftlich genutzten Gebäuden ohne Aufenthaltsräume,
3. von baulichen Anlagen nach § 5 Abs. 8 Satz 4.

(3) [1]Wenn Teile desselben Gebäudes oder aneinander gebauter Gebäude auf demselben Baugrundstück einander in einem Winkel von weniger als 75 Grad zugekehrt sind, muss zwischen ihnen Abstand nach Absatz 1 gehalten werden. [2]Dies gilt nicht für Dachgauben, Balkone und sonstige geringfügig vor- oder zurücktretende Teile desselben Gebäudes. [3]Die Abstände nach Satz 1 dürfen unterschritten werden, soweit die Teile des Gebäudes keine Öffnungen zu Aufenthaltsräumen haben und der Brandschutz und eine ausreichende Belüftung gewährleistet sind.

(4) Zwischen einander in einem Winkel von weniger als 120 Grad zugekehrten Fenstern von Aufenthaltsräumen eines Gebäudes oder aneinander gebauter Gebäude auf demselben Baugrundstück muss ein Abstand von mindestens 6 m gehalten werden, wenn die Aufenthaltsräume dem Wohnen dienen und nicht zu derselben Wohnung gehören.

(5) Die Absätze 1 bis 3 gelten nicht für fliegende Bauten.

§ 8 Grundstücksteilungen

(1) Durch die Teilung eines Grundstücks, das bebaut ist oder dessen Bebauung genehmigt ist, dürfen keine Verhältnisse geschaffen werden, die den Vorschriften dieses Gesetzes oder aufgrund dieses Gesetzes erlassenen Vorschriften zuwiderlaufen.

(2) Soll bei einer Teilung eines Grundstücks nach Absatz 1 von Vorschriften dieses Gesetzes oder von aufgrund dieses Gesetzes erlassenen Vorschriften abgewichen werden, so ist § 66 entsprechend anzuwenden.

§ 9[1)] Nicht überbaute Flächen, Kinderspielplätze

(1) [1]Die nicht überbauten Flächen von Baugrundstücken sind so herzurichten und zu unterhalten, dass sie nicht verunstaltet wirken und auch ihre Umgebung nicht verunstalten. [2]Dies gilt auch für die nicht im Außenbereich gelegenen, nach öffentlichem Baurecht bebaubaren Grundstücke.

(2) Die nicht überbauten Flächen der Baugrundstücke müssen Grünflächen sein, soweit sie nicht für eine andere zulässige Nutzung erforderlich sind.

(3) [1]Wird ein Gebäude mit mehr als fünf Wohnungen errichtet, so ist auf dem Baugrundstück oder in unmittelbarer Nähe auf einem anderen Grundstück, dessen dauerhafte Nutzung für diesen Zweck durch Baulast gesichert sein muss, ein ausreichend großer Spielplatz für Kinder im Alter bis zu sechs Jahren anzulegen. [2]Dies gilt nicht, wenn in unmittelbarer Nähe ein sonstiger für die Kinder nutzbarer Spielplatz geschaffen wird oder bereits vorhanden ist oder ein solcher Spielplatz wegen der Art und der Lage der Wohnungen nicht erforderlich ist. [3]Bei einem bestehenden Gebäude mit mehr als fünf Wohnungen kann die Herstellung eines Spielplatzes für Kinder im Alter bis zu sechs Jahren verlangt werden.

(4) [1]Stellplätze, deren Zu- und Abfahrten und Fahrgassen sowie die Zu- und Abfahrten von Garagen dürfen, wenn die Versickerung des Niederschlagswassers nicht auf andere Weise ermöglicht wird, nur eine Befestigung haben, durch die das Niederschlagswasser mindestens zum überwiegenden Teil versickern kann. [2]Satz 1 gilt nicht, soweit die Flächen für das Warten von Kraftfahrzeugen oder ähnliche Arbeiten, die das Grundwasser verunreinigen können, genutzt werden.

Dritter Teil

Allgemeine Anforderungen an Baumaßnahmen und bauliche Anlagen

§ 10 Gestaltung baulicher Anlagen

Bauliche Anlagen sind in der Form, im Maßstab, im Verhältnis der Baumassen und Bauteile zueinander, im Werkstoff einschließlich der Art seiner Verarbeitung und in der Farbe so durchzubilden, dass sie weder verunstaltet wirken noch das bestehende oder geplante Straßen-, Orts- oder Landschaftsbild verunstalten.

§ 11 Einrichtung der Baustelle

(1) [1]Bei Baumaßnahmen müssen die Teile der Baustellen, auf denen unbeteiligte Personen gefährdet werden können, abgegrenzt oder durch Warnzeichen gekennzeichnet sein. [2]Soweit es aus Sicherheitsgründen erforderlich ist, müssen Baustellen ganz oder teilweise mit Bauzäunen abgegrenzt, mit Schutzvorrichtungen gegen herabfallende Gegenstände versehen und beleuchtet sein.

1) § 9 Abs. 3 ist bereits am 13.4.2012 in Kraft getreten; vgl. § 88 Abs. 1.

(2) [1]Öffentliche Verkehrsflächen, Versorgungs-, Abwasserbeseitigungs-, Telekommunikations- und Rundfunkanlagen sowie Grundwassermessstellen, Grenz- und Vermessungsmale sind während der Bauausführung zu schützen und, soweit erforderlich, unter den notwendigen Sicherungsvorkehrungen zugänglich zu halten. [2]Bäume, Hecken und sonstige Bepflanzungen, die aufgrund anderer Rechtsvorschriften zu erhalten sind, müssen während der Bauausführung geschützt werden.

(3) [1]Vor der Durchführung nicht verfahrensfreier Baumaßnahmen hat die Bauherrin oder der Bauherr auf dem Baugrundstück ein von der öffentlichen Verkehrsfläche (§ 4 Abs. 1) aus lesbares Schild dauerhaft anzubringen, das die Bezeichnung der Baumaßnahme und die Namen und Anschriften der Bauherrin oder des Bauherrn, der Entwurfsverfasserin oder des Entwurfsverfassers, der Bauleiterin oder des Bauleiters und der Unternehmerinnen und Unternehmer enthält (Bauschild). [2]Liegt das Baugrundstück nicht an einer öffentlichen Verkehrsfläche, so genügt es, wenn das Bauschild von dem Zugang zum Baugrundstück aus lesbar ist. [3]Unternehmerinnen und Unternehmer für geringfügige Bauarbeiten brauchen auf dem Bauschild nicht angegeben zu werden.

§ 12 Standsicherheit

(1) [1]Jede bauliche Anlage muss im Ganzen, in ihren einzelnen Teilen und für sich allein dem Zweck entsprechend dauerhaft standsicher sein. [2]Die Standsicherheit anderer baulicher Anlagen und die Tragfähigkeit des Baugrundes der Nachbargrundstücke dürfen nicht gefährdet werden. [3]Die Sätze 1 und 2 gelten auch während der Baumaßnahme.

(2) Gemeinsame Bauteile für mehrere bauliche Anlagen sind zulässig, wenn technisch gesichert ist, dass die gemeinsamen Bauteile beim Abbruch einer der baulichen Anlagen stehen bleiben können.

§ 13 Schutz gegen schädliche Einflüsse

[1]Bauliche Anlagen müssen so angeordnet, beschaffen und gebrauchstauglich sein, dass durch chemische, physikalische oder biologische Einflüsse, insbesondere Wasser, Feuchtigkeit, pflanzliche oder tierische Schädlinge, Gefahren oder unzumutbare Belästigungen nicht entstehen. [2]Das Baugrundstück muss für die bauliche Anlage entsprechend geeignet sein.

§ 14 Brandschutz

[1]Bauliche Anlagen müssen so errichtet, geändert und instand gehalten werden und so angeordnet, beschaffen und für ihre Benutzung geeignet sein, dass der Entstehung eines Brandes sowie der Ausbreitung von Feuer und Rauch (Brandausbreitung) vorgebeugt wird und bei einem Brand die Rettung von Menschen und Tieren sowie wirksame Löscharbeiten möglich sind. [2]Soweit die Mittel der Feuerwehr zur Rettung von Menschen nicht ausreichen, sind stattdessen geeignete bauliche Vorkehrungen zu treffen.

§ 15 Schall-, Wärme- und Erschütterungsschutz

(1) Bauliche Anlagen müssen einen für ihre Benutzung ausreichenden Schall- und Wärmeschutz bieten.

(2) Von technischen Bauteilen und ortsfesten Einrichtungen in baulichen Anlagen oder auf Baugrundstücken wie von Anlagen für Wasserversorgung, Abwässer oder Abfallstoffe, von Heizungs- oder Lüftungsanlagen und von Aufzügen dürfen, auch für Nachbarn, keine Gefahren oder unzumutbare Belästigungen durch Geräusche, Erschütterungen oder Schwingungen ausgehen.

§ 16 Verkehrssicherheit

(1) Bauliche Anlagen sowie Verkehrsflächen in baulichen Anlagen und auf dem Baugrundstück müssen verkehrssicher sein.

(2) Die Sicherheit und Leichtigkeit des öffentlichen Verkehrs darf durch bauliche Anlagen oder deren Nutzung nicht gefährdet werden.

§ 16a Bauarten

(1) Bauarten dürfen nur angewendet werden, wenn bei ihrer Anwendung die baulichen Anlagen bei ordnungsgemäßer Instandhaltung während einer dem Zweck entsprechenden angemessenen Zeitdauer die Anforderungen dieses Gesetzes oder aufgrund dieses Gesetzes erlassener Vorschriften erfüllen und für ihren Anwendungszweck tauglich sind.

(2) [1]Bauarten, die von Technischen Baubestimmungen nach § 83 Abs. 2 Nr. 2 oder 3 Buchst. a wesentlich abweichen oder für die es allgemein anerkannte Regeln der Technik nicht gibt, dürfen bei der Errichtung, Änderung und Instandhaltung baulicher Anlagen nur angewendet werden, wenn für sie

1. eine allgemeine Bauartgenehmigung durch das Deutsche Institut für Bautechnik oder
2. eine vorhabenbezogene Bauartgenehmigung durch die oberste Bauaufsichtsbehörde

erteilt worden ist. [2]§ 18 Abs. 2 bis 7 gilt entsprechend.

(3) [1]Anstelle einer allgemeinen Bauartgenehmigung nach Absatz 2 Satz 1 Nr. 1 genügt ein allgemeines bauaufsichtliches Prüfzeugnis, wenn die Bauart nach allgemein anerkannten Prüfverfahren beurteilt werden kann. [2]Diese Bauarten werden mit der Angabe der maßgebenden technischen Regeln für diese Prüfverfahren in den Technischen Baubestimmungen nach § 83 bekannt gemacht. [3]§ 19 Abs. 2 gilt entsprechend.

(4) Wenn Gefahren im Sinne des § 3 Abs. 1 nicht zu erwarten sind, kann die oberste Bauaufsichtsbehörde im Einzelfall oder für genau begrenzte Fälle allgemein festlegen, dass eine Bauartgenehmigung nicht erforderlich ist.

(5) [1]Bauarten bedürfen einer Bestätigung ihrer Übereinstimmung mit den Technischen Baubestimmungen nach § 83 Abs. 2, den allgemeinen Bauartgenehmigungen, den allgemeinen bauaufsichtlichen Prüfzeugnissen für Bauarten oder den vorhabenbezogenen Bauartgenehmigungen; als Übereinstimmung gilt auch eine Abweichung, die nicht wesentlich ist. [2]§ 21 Abs. 2 gilt für den Anwender der Bauart entsprechend.

(6) [1]Bei Bauarten, deren Anwendung in außergewöhnlichem Maß von der Sachkunde und Erfahrung der damit betrauten Personen oder von einer Ausstattung mit besonderen Vorrichtungen abhängt, kann in der Bauartgenehmigung oder durch Verordnung der obersten Bauaufsichtsbehörde vorgeschrieben werden, dass der Anwender über solche Fachkräfte und Vorrichtungen zu verfügen und den Nachweis hierüber gegenüber einer Prüfstelle nach § 24 Satz 1 Nr. 6 zu erbringen hat. [2]In der Verordnung können Mindestanforderungen an die Ausbildung, die durch Prüfung nachzuweisende Befähigung und die Ausbildungsstätten einschließlich der Anerkennungsvoraussetzungen gestellt werden.

(7) Für Bauarten, die einer außergewöhnlichen Sorgfalt bei der Ausführung oder der Instandhaltung bedürfen, kann in der Bauartgenehmigung oder durch Verordnung der obersten Bauaufsichtsbehörde die Überwachung dieser Tätigkeiten durch eine Überwachungsstelle nach § 24 Satz 1 Nr. 5 vorgeschrieben werden.

Vierter Teil
Bauprodukte

§ 16b Allgemeine Anforderungen für die Verwendung von Bauprodukten

(1) Bauprodukte dürfen nur verwendet werden, wenn bei ihrer Verwendung die baulichen Anlagen bei ordnungsgemäßer Instandhaltung während einer dem Zweck entsprechenden angemessenen Zeitdauer die Anforderungen dieses Gesetzes oder aufgrund dieses Gesetzes erlassener Vorschriften erfüllen und gebrauchstauglich sind.

(2) Bauprodukte, die in Vorschriften eines anderen Mitgliedstaates der Europäischen Union oder eines anderen Vertragsstaates des Abkommens über den Europäischen Wirtschaftsraum genannten technischen Anforderungen entsprechen, dürfen verwendet werden, wenn das geforderte Schutzniveau nach § 3 Abs. 1 gleichermaßen dauerhaft erreicht wird.

§ 16c Anforderungen für die Verwendung von CE-gekennzeichneten Bauprodukten

[1]Ein Bauprodukt, das die CE-Kennzeichnung trägt, darf verwendet werden, wenn die erklärten Leistungen den in diesem Gesetz oder in aufgrund dieses Gesetzes erlassenen Vorschriften festgelegten Anforderungen für diese Verwendung entsprechen. [2]Die §§ 17 bis 25 Abs. 1 gelten nicht für Bauprodukte, die die CE-Kennzeichnung aufgrund der Verordnung (EU) Nr. 305/11 tragen.

§ 17 Verwendbarkeitsnachweis

(1) Ein Verwendbarkeitsnachweis (§§ 18 bis 20) ist für ein Bauprodukt erforderlich, wenn

1. es für das Bauprodukt keine Technische Baubestimmung und keine allgemein anerkannte Regel der Technik gibt,
2. das Bauprodukt von einer Technischen Baubestimmung (§ 83 Abs. 2 Nr. 3) wesentlich abweicht oder
3. eine Verordnung nach § 82 Abs. 5 dies für das Bauprodukt vorsieht.

(2) Ein Verwendbarkeitsnachweis ist nicht erforderlich für ein Bauprodukt,
1. das von einer allgemein anerkannten Regel der Technik abweicht oder
2. das für die Erfüllung der Anforderungen dieses Gesetzes oder aufgrund dieses Gesetzes erlassener Vorschriften nur eine untergeordnete Bedeutung hat.

(3) Die Technischen Baubestimmungen nach § 83 enthalten eine nicht abschließende Liste von Bauprodukten, die keines Verwendbarkeitsnachweises nach Absatz 1 bedürfen.

§ 18 Allgemeine bauaufsichtliche Zulassung

(1) Das Deutsche Institut für Bautechnik erteilt unter den Voraussetzungen des § 17 Abs. 1 eine allgemeine bauaufsichtliche Zulassung für Bauprodukte, wenn ihre Verwendbarkeit im Sinne des § 16b Abs. 1 nachgewiesen ist.

(2) [1]Die zur Begründung des Antrags erforderlichen Unterlagen sind beizufügen. [2]Soweit erforderlich, sind Probestücke von der Antragstellerin oder dem Antragsteller zur Verfügung zu stellen oder durch Sachverständige, die das Deutsche Institut für Bautechnik bestimmen kann, zu entnehmen oder Probeausführungen unter Aufsicht der Sachverständigen herzustellen. [3]§ 69 Abs. 2 gilt entsprechend.

(3) Das Deutsche Institut für Bautechnik kann für die Durchführung der Prüfung die sachverständige Stelle und für Probeausführungen die Ausführungsstelle und Ausführungszeit vorschreiben.

(4) [1]Die allgemeine bauaufsichtliche Zulassung wird widerruflich und für eine bestimmte Frist erteilt, die in der Regel fünf Jahre beträgt. [2]Die Zulassung kann mit Nebenbestimmungen erteilt werden. [3]Die Befristung kann auf schriftlichen Antrag in der Regel um fünf Jahre verlängert werden; § 71 Abs. 1 Satz 4 gilt entsprechend.

(5) Die Zulassung wird unbeschadet der privaten Rechte Dritter erteilt.

(6) Das Deutsche Institut für Bautechnik macht die von ihm erteilten allgemeinen bauaufsichtlichen Zulassungen nach Gegenstand und wesentlichem Inhalt öffentlich bekannt.

(7) Allgemeine bauaufsichtliche Zulassungen nach dem Recht anderer Länder gelten auch in Niedersachsen.

§ 19 Allgemeines bauaufsichtliches Prüfzeugnis

(1) [1]Bauprodukte, die nach allgemein anerkannten Prüfverfahren beurteilt werden, bedürfen anstelle einer allgemeinen bauaufsichtlichen Zulassung nach § 18 nur eines allgemeinen bauaufsichtlichen Prüfzeugnisses. [2]Die Bauprodukte, für die die Voraussetzungen des Satzes 1 vorliegen, werden mit der Angabe der für das jeweilige Prüfverfahren maßgebenden technischen Regeln in den Technischen Baubestimmungen nach § 83 bekannt gemacht.

(2) [1]Ein allgemeines bauaufsichtliches Prüfzeugnis wird von einer Prüfstelle nach § 24 Satz 1 Nr. 1 für Bauprodukte nach Absatz 1 erteilt, wenn ihre Verwendbarkeit im Sinne des § 16b Abs. 1 nachgewiesen ist. [2]§ 18 Abs. 2 und 4 bis 7 gilt entsprechend.

§ 20 Nachweis der Verwendbarkeit von Bauprodukten im Einzelfall

[1]Mit Zustimmung der obersten Bauaufsichtsbehörde dürfen unter den Voraussetzungen des § 17 Abs. 1 im Einzelfall Bauprodukte verwendet werden, wenn ihre Verwendbarkeit im Sinne des § 16b Abs. 1 nachgewiesen ist. [2]Wenn Gefahren im Sinne des § 3 Abs. 1 nicht zu erwarten sind, kann die oberste Bauaufsichtsbehörde im Einzelfall erklären, dass ihre Zustimmung nicht erforderlich ist.

§ 21 Übereinstimmungsbestätigung

(1) Bauprodukte bedürfen einer Bestätigung ihrer Übereinstimmung mit den Technischen Baubestimmungen nach § 83 Abs. 2, den allgemeinen bauaufsichtlichen Zulassungen, den allgemeinen bauaufsichtlichen Prüfzeugnissen oder den Zustimmungen im Einzelfall; als Übereinstimmung gilt auch eine Abweichung, die nicht wesentlich ist.

(2) Die Bestätigung der Übereinstimmung erfolgt durch eine Übereinstimmungserklärung des Herstellers (§ 22).

(3) Die Übereinstimmungserklärung hat der Hersteller durch Kennzeichnung der Bauprodukte mit dem Übereinstimmungszeichen (Ü-Zeichen) unter Hinweis auf den Verwendungszweck abzugeben.

(4) Das Ü-Zeichen ist auf dem Bauprodukt, auf einem Beipackzettel oder auf seiner Verpackung oder, wenn dies Schwierigkeiten bereitet, auf dem Lieferschein oder auf einer Anlage zum Lieferschein anzubringen.

(5) Ü-Zeichen aus anderen Ländern und aus anderen Staaten gelten auch in Niedersachsen.

§ 22 Übereinstimmungserklärung des Herstellers

(1) Der Hersteller darf eine Übereinstimmungserklärung nur abgeben, wenn er durch werkseigene Produktionskontrolle sichergestellt hat, dass das von ihm hergestellte Bauprodukt den maßgebenden technischen Regeln, der allgemeinen bauaufsichtlichen Zulassung, dem allgemeinen bauaufsichtlichen Prüfzeugnis oder der Zustimmung im Einzelfall entspricht.

(2) [1]In den Technischen Baubestimmungen nach § 83, in den allgemeinen bauaufsichtlichen Zulassungen, in den allgemeinen bauaufsichtlichen Prüfzeugnissen oder in den Zustimmungen im Einzelfall kann eine Prüfung der Bauprodukte durch eine Prüfstelle vor Abgabe der Übereinstimmungserklärung vorgeschrieben werden, wenn dies zur Sicherung einer ordnungsgemäßen Herstellung erforderlich ist. [2]In diesen Fällen hat die Prüfstelle das Bauprodukt daraufhin zu überprüfen, ob es den maßgebenden technischen Regeln, der allgemeinen bauaufsichtlichen Zulassung, dem allgemeinen bauaufsichtlichen Prüfzeugnis oder der Zustimmung im Einzelfall entspricht.

(3) [1]In den Technischen Baubestimmungen nach § 83, in den allgemeinen bauaufsichtlichen Zulassungen, in allgemeinen bauaufsichtlichen Prüfzeugnissen oder in den Zustimmungen im Einzelfall kann eine Zertifizierung nach § 23 vor Abgabe der Übereinstimmungserklärung vorgeschrieben werden, wenn dies zum Nachweis einer ordnungsgemäßen Herstellung eines Bauprodukts erforderlich ist. [2]Die oberste Bauaufsichtsbehörde kann im Einzelfall die Verwendung eines Bauprodukts ohne Zertifizierung gestatten, wenn nachgewiesen ist, dass das Bauprodukt den maßgebenden technischen Regeln, der allgemeinen bauaufsichtlichen Zulassung, dem allgemeinen bauaufsichtlichen Prüfzeugnis oder der Zustimmung im Einzelfall entspricht.

(4) Bauprodukte, die nicht in Serie hergestellt werden, bedürfen nur einer Übereinstimmungserklärung nach Absatz 1, sofern nichts anderes bestimmt ist.

§ 23 Zertifizierung

(1) Dem Hersteller ist ein Übereinstimmungszertifikat von einer Zertifizierungsstelle nach § 24 Satz 1 Nr. 3 zu erteilen, wenn das Bauprodukt

1. den Technischen Baubestimmungen nach § 83 Abs. 2, der allgemeinen bauaufsichtlichen Zulassung, dem allgemeinen bauaufsichtlichen Prüfzeugnis oder der Zustimmung im Einzelfall entspricht und
2. einer werkseigenen Produktionskontrolle sowie einer Fremdüberwachung nach Maßgabe des Absatzes 2 unterliegt.

(2) [1]Die Fremdüberwachung ist von Überwachungsstellen nach § 24 Satz 1 Nr. 4 durchzuführen. [2]Im Rahmen der Fremdüberwachung ist regelmäßig zu überprüfen, ob das Bauprodukt den Technischen Baubestimmungen nach § 83 Abs. 2, der allgemeinen bauaufsichtlichen Zulassung, dem allgemeinen bauaufsichtlichen Prüfzeugnis oder der Zustimmung im Einzelfall entspricht.

§ 24 Prüf-, Zertifizierungs- und Überwachungsstellen

[1]Die oberste Bauaufsichtsbehörde kann eine natürliche oder juristische Person oder eine Stelle als

1. Prüfstelle für die Erteilung allgemeiner bauaufsichtlicher Prüfzeugnisse (§ 19 Abs. 2),
2. Prüfstelle für die Überprüfung von Bauprodukten vor Abgabe der Übereinstimmungserklärung (§ 22 Abs. 2),
3. Zertifizierungsstelle (§ 23 Abs. 1),
4. Überwachungsstelle für die Fremdüberwachung (§ 23 Abs. 2),
5. Überwachungsstelle für die Überwachung nach § 16a Abs. 7 und § 25 Abs. 2 oder
6. Prüfstelle für die Überprüfung nach § 16a Abs. 6 und § 25 Abs. 1

anerkennen, wenn sie oder die bei ihr Beschäftigten nach ihrer Ausbildung, Fachkenntnis, persönlichen Zuverlässigkeit, ihrer Unparteilichkeit und ihren fachlichen Leistungen die Gewähr dafür bieten, dass die Aufgaben den öffentlich-rechtlichen Vorschriften entsprechend wahrgenommen werden, und wenn sie über die erforderlichen Vorrichtungen verfügen. [2]Satz 1 ist entsprechend auf Behörden anzuwenden, wenn sie ausreichend mit geeigneten Fachkräften besetzt und mit den erforderlichen Vorrichtungen ausgestattet sind. [3]Die Anerkennung von Prüf-, Zertifizierungs- und Überwachungsstellen anderer Länder gilt auch in Niedersachsen.

§ 25 Besondere Sachkunde- und Sorgfaltsanforderungen

(1) [1]Bei Bauprodukten, deren Herstellung in außergewöhnlichem Maß von der Sachkunde und Erfahrung der damit betrauten Personen oder von einer Ausstattung mit besonderen Vorrichtungen abhängt,

kann in der allgemeinen bauaufsichtlichen Zulassung, in der Zustimmung im Einzelfall oder durch Verordnung der obersten Bauaufsichtsbehörde vorgeschrieben werden, dass der Hersteller über die erforderlichen Fachkräfte und Vorrichtungen zu verfügen und den Nachweis hierüber gegenüber einer Prüfstelle nach § 24 Satz 1 Nr. 6 zu erbringen hat. [2]In der Verordnung können Mindestanforderungen an die Ausbildung, die durch Prüfung nachzuweisende Befähigung und die Ausbildungsstätten einschließlich der Anerkennungsvoraussetzungen gestellt werden.

(2) Für Bauprodukte, die wegen ihrer besonderen Eigenschaften oder ihres besonderen Verwendungszwecks einer außergewöhnlichen Sorgfalt bei Einbau, Transport, Instandhaltung oder Reinigung bedürfen, kann in der allgemeinen bauaufsichtlichen Zulassung, in der Zustimmung im Einzelfall oder durch Verordnung der obersten Bauaufsichtsbehörde die Überwachung dieser Tätigkeiten durch eine Überwachungsstelle nach § 24 Satz 1 Nr. 5 vorgeschrieben werden, soweit diese Tätigkeiten nicht bereits durch die Verordnung (EU) Nr. 305/2011 erfasst sind.

Fünfter Teil
Der Bau und seine Teile

§ 26 Brandverhalten von Baustoffen und Feuerwiderstandsfähigkeit von Bauteilen

(1) [1]Baustoffe werden nach ihrem Brandverhalten unterschieden in nichtbrennbare und brennbare Baustoffe. [2]Brennbare Baustoffe werden unterschieden in schwerentflammbare und normalentflammbare Baustoffe. [3]Baustoffe, die nicht mindestens normalentflammbar sind (leichtentflammbare Baustoffe), dürfen nur verwendet werden, wenn sie durch die Art der Verarbeitung oder des Einbaus ausreichend gegen Entflammen geschützt sind.

(2) [1]Bauteile werden nach ihrer Feuerwiderstandsfähigkeit unterschieden in
1. feuerbeständige Bauteile,
2. hochfeuerhemmende Bauteile und
3. feuerhemmende Bauteile.

[2]Die Feuerwiderstandsfähigkeit bezieht sich bei tragenden und aussteifenden Bauteilen auf deren Standsicherheit im Brandfall, bei raumabschließenden Bauteilen auf deren Widerstand gegen eine Brandausbreitung. [3]Bauteile werden zusätzlich nach dem Brandverhalten der verwendeten Baustoffe unterschieden in
1. Bauteile aus nichtbrennbaren Baustoffen,
2. Bauteile, deren tragende und aussteifende Teile aus nichtbrennbaren Baustoffen bestehen und die, wenn sie raumabschließende Bauteile sind, zusätzlich eine in Bauteilebene durchgehende Schicht aus nichtbrennbaren Baustoffen haben,
3. Bauteile, deren tragende und aussteifende Teile aus brennbaren Baustoffen bestehen und die Dämmstoffe aus nichtbrennbaren Baustoffen und allseitig eine brandschutztechnisch wirksame Bekleidung aus nichtbrennbaren Baustoffen (Brandschutzbekleidung) haben, und
4. Bauteile aus brennbaren Baustoffen.

(3) [1]Soweit in diesem Gesetz oder in Vorschriften aufgrund dieses Gesetzes nichts anderes bestimmt ist, müssen in Bezug auf das Brandverhalten der verwendeten Baustoffe
1. Bauteile, die feuerbeständig sein müssen, mindestens Absatz 2 Satz 3 Nr. 2 und
2. Bauteile, die hochfeuerhemmend sein müssen, mindestens Absatz 2 Satz 3 Nr. 3

entsprechen. [2]Bauteile, die feuerbeständig oder hochfeuerhemmend sein müssen, dürfen abweichend von Satz 1 auch aus brennbaren Baustoffen bestehen, wenn die geforderte Feuerwiderstandsfähigkeit nachgewiesen ist und die Bauteile sowie ihre Anschlüsse ausreichend lang widerstandsfähig gegen die Brandausbreitung sind. [3]Satz 2 gilt nicht für Brandwände und für raumabschließende Wände notwendiger Treppenräume in Gebäuden der Gebäudeklasse 5.

§ 27 Wände und Stützen

(1) [1]Wände müssen die für ihre Standsicherheit und Belastung nötige Dicke, Festigkeit und Aussteifung haben und, soweit erforderlich, die bauliche Anlage aussteifen. [2]Sie müssen ausreichend sicher gegen Stoßkräfte sein.

(2) Wände müssen gegen aufsteigende und gegen eindringende Feuchtigkeit hinreichend geschützt sein.

(3) [1]Wände müssen, soweit es der Brandschutz unter Berücksichtigung ihrer Beschaffenheit, Anordnung und Funktion erfordert, nach ihrer Bauart und durch ihre Baustoffe widerstandsfähig gegen Feuer sein. [2]Dies gilt auch für Bekleidungen und Dämmschichten.
(4) Tragende Wände und aussteifende Wände müssen im Brandfall ausreichend lang standsicher sein.
(5) Für Stützen gelten die Absätze 1 bis 4 sinngemäß.

§ 28 Außenwände

(1) Außenwände müssen aus frostbeständigen und gegen Niederschläge widerstandsfähigen Baustoffen hergestellt oder mit einem Wetterschutz versehen sein.
(2) Außenwände und Außenwandteile wie Brüstungen und Schürzen müssen so ausgebildet sein, dass eine Brandausbreitung auf und in diesen Bauteilen ausreichend lang begrenzt ist.

§ 29 Trennwände

Trennwände müssen, wenn sie raumabschließende Bauteile von Räumen oder Nutzungseinheiten sind, ausreichend lang widerstandsfähig gegen eine Brandausbreitung sein, soweit dies erforderlich ist, um der Brandausbreitung innerhalb von Geschossen entgegenzuwirken.

§ 30 Brandwände

[1]Brandwände müssen vorhanden sein, soweit dies, insbesondere bei geringen Gebäude- oder Grenzabständen, innerhalb ausgedehnter Gebäude oder bei baulichen Anlagen mit erhöhter Brandgefahr, erforderlich ist, um einer Brandausbreitung entgegenzuwirken. [2]Brandwände müssen als raumabschließende Bauteile zum Abschluss von Gebäuden oder zur Unterteilung von Gebäuden in Brandabschnitte so beschaffen und angeordnet sein, dass sie bei einem Brand ausreichend lang eine Brandausbreitung auf andere Gebäude oder Brandabschnitte verhindern.

§ 31 Decken und Böden

(1) Decken müssen den Belastungen sicher standhalten, die auftretenden Kräfte sicher auf ihre Auflager übertragen und, soweit erforderlich, die bauliche Anlage waagerecht aussteifen.
(2) [1]Böden nicht unterkellerter Aufenthaltsräume oder anderer Räume, deren Benutzung durch Feuchtigkeit beeinträchtigt werden kann, müssen gegen aufsteigende Feuchtigkeit geschützt sein. [2]Decken unter Räumen, die der Feuchtigkeit erheblich ausgesetzt sind, insbesondere unter Waschküchen, Toiletten, Waschräumen und Loggien, müssen wasserundurchlässig sein.
(3) [1]Decken müssen, soweit es der Brandschutz unter Berücksichtigung ihrer Beschaffenheit, Anordnung und Funktion erfordert, nach ihrer Bauart und in ihren Baustoffen widerstandsfähig gegen Feuer sein. [2]Sie müssen als tragende und raumabschließende Bauteile zwischen Geschossen im Brandfall ausreichend lang standsicher und widerstandsfähig gegen eine Brandausbreitung sein. [3]Satz 1 gilt auch für Bekleidungen und Dämmschichten.

§ 32 Dächer

(1) [1]Bedachungen müssen gegen Flugfeuer und strahlende Wärme von außen ausreichend lang widerstandsfähig sein, soweit der Brandschutz nicht auf andere Weise gesichert ist. [2]Das Tragwerk der Dächer einschließlich des Trägers der Dachhaut muss, soweit es der Brandschutz erfordert, ausreichend lang widerstandsfähig gegen Feuer sein. [3]Die Dachhaut muss gegen die Einflüsse der Witterung genügend beständig sein.
(2) Soweit es die Verkehrssicherheit erfordert, müssen Dächer mit Schutzvorrichtungen gegen das Herabfallen von Schnee und Eis versehen sein.
(3) Dachüberstände, Dachgesimse, Dachaufbauten, Solarenergieanlagen, lichtdurchlässige Bedachungen, Lichtkuppeln und Oberlichte müssen so angeordnet und hergestellt sein, dass Feuer nicht auf andere Gebäudeteile oder Nachbargebäude übertragen werden kann.
(4) Für vom Dach aus vorzunehmende Arbeiten sind sicher benutzbare Vorrichtungen anzubringen.

§ 32a Solarenergieanlagen zur Stromerzeugung auf Dächern

(1) [1]Bei der Errichtung von Gebäuden, die mindestens eine Dachfläche von 50 m² aufweisen, sind mindestens 50 Prozent der Dachfläche mit Solarenergieanlagen zur Stromerzeugung auszustatten. [2]Satz 1 gilt, wenn für die Baumaßnahme der Bauantrag, der Antrag auf bauaufsichtliche Zustimmung nach § 74 Abs. 2 oder die Mitteilung nach § 62 Abs. 3

1. bei Gebäuden, die überwiegend gewerblich genutzt werden, nach dem 31. Dezember 2022,
2. bei Wohngebäuden nach dem 31. Dezember 2024 und
3. bei Gebäuden, die nicht unter die Nummern 1 und 2 fallen, nach dem 31. Dezember 2023

übermittelt wird. [3]Bei der Errichtung von Wohngebäuden, die mindestens eine Dachfläche von 50 m^2 aufweisen und bei denen für die Baumaßnahme der Bauantrag, der Antrag auf bauaufsichtliche Zustimmung nach § 74 Abs. 2 oder die Mitteilung nach § 62 Abs. 3 nach dem 31. Dezember 2022 übermittelt wird, ist die Tragkonstruktion des Gebäudes so zu bemessen, dass auf allen Dachflächen Solarenergieanlagen zur Stromerzeugung errichtet werden können; wird der Bauantrag, der Antrag auf bauaufsichtliche Zustimmung nach § 74 Abs. 2 oder die Mitteilung nach § 62 Abs. 3 nach dem 31. Dezember 2024 übermittelt, so gilt nur Satz 1.

(2) Die Pflichten nach Absatz 1 Sätze 1 und 3 entfallen,

1. wenn ihre Erfüllung im Einzelfall
   a) anderen öffentlich-rechtlichen Pflichten widerspricht,
   b) technisch unmöglich ist,
   c) wirtschaftlich nicht vertretbar ist

   oder
2. soweit auf der Dachfläche Solarenergieanlagen zur Erzeugung thermischer Energie errichtet sind.

(3) [1]Bei Errichtung eines offenen Parkplatzes oder Parkdecks mit mehr als 50 Einstellplätzen für Kraftfahrzeuge ist über der für eine solche Nutzung geeigneten Einstellplatzfläche eine Solarenergieanlage zur Stromerzeugung zu installieren. [2]Ausgenommen von der Verpflichtung sind Parkplätze, die unmittelbar entlang der Fahrbahnen öffentlicher Straßen angeordnet sind und die dem öffentlichen Verkehr gewidmet sind; Absatz 2 Nr. 1 gilt entsprechend. [3]Satz 1 gilt, wenn für die Baumaßnahme der Bauantrag, der Antrag auf bauaufsichtliche Zustimmung nach § 74 Abs. 2 oder die Mitteilung nach § 62 Abs. 3 nach dem 31. Dezember 2022 übermittelt wird.

§ 33 Rettungswege

(1) [1]Für jede Nutzungseinheit mit mindestens einem Aufenthaltsraum müssen in jedem Geschoss mindestens zwei voneinander unabhängige Rettungswege ins Freie vorhanden sein. [2]Die Rettungswege dürfen innerhalb des Geschosses über denselben notwendigen Flur (§ 36) führen.

(2) [1]Der erste Rettungsweg für eine Nutzungseinheit nach Absatz 1 Satz 1, die nicht zu ebener Erde liegt, muss über eine notwendige Treppe (§ 34 Abs. 1 Satz 2) führen. [2]Der zweite Rettungsweg kann über eine weitere notwendige Treppe oder eine mit den Rettungsgeräten der Feuerwehr erreichbare Stelle der Nutzungseinheit führen. [3]Ein zweiter Rettungsweg über eine von der Feuerwehr erreichbare Stelle der Nutzungseinheit ist geeignet, wenn Bedenken in Bezug auf die Eignung des Rettungsweges für die Rettung der Menschen nicht bestehen; für ein Geschoss einer Nutzungseinheit nach Satz 1, ausgenommen Geschosse von Wohnungen, das für die Nutzung durch mehr als 10 Personen bestimmt ist, ist die Eignung des Rettungsweges zu prüfen. [4]Ein zweiter Rettungsweg ist nicht erforderlich, wenn die Rettung über einen sicher erreichbaren und durch besondere Vorkehrungen gegen Feuer und Rauch geschützten Treppenraum möglich ist.

§ 34 Treppen

(1) [1]Räume in Gebäuden müssen, soweit sie nicht zu ebener Erde liegen, über Treppen zugänglich sein. [2]Treppen müssen in solcher Zahl vorhanden und so angeordnet und ausgebildet sein, dass sie für den größten zu erwartenden Verkehr ausreichen und die erforderlichen Rettungswege bieten (notwendige Treppen). [3]Statt notwendiger Treppen sind Rampen mit flacher Neigung zulässig.

(2) [1]Einschiebbare Treppen und Rolltreppen sind als notwendige Treppen unzulässig. [2]Einschiebbare Treppen und Leitern sind zulässig als Zugang

1. zu einem Dachraum ohne Aufenthaltsräume in Wohngebäuden der Gebäudeklassen 1 und 2,
2. zu einem anderen Raum, der kein Aufenthaltsraum ist, wenn hinsichtlich des Brandschutzes und der Art seiner Benutzung keine Bedenken bestehen.

(3) [1]Treppen müssen mindestens einen Handlauf haben. [2]Notwendige Treppen müssen beiderseits Handläufe haben. [3]Die Handläufe müssen fest und griffsicher sein. [4]Satz 2 gilt nicht, wenn Menschen mit Behinderungen und alte Menschen die Treppe nicht zu benutzen brauchen, und nicht für Treppen von Wohngebäuden der Gebäudeklassen 1 und 2 sowie in Wohnungen.

§ 35 Notwendige Treppenräume

(1) [1]Jede notwendige Treppe muss zur Sicherstellung der Rettungswege aus den Geschossen ins Freie in einem eigenen, durchgehenden Treppenraum liegen (notwendiger Treppenraum). [2]Notwendige Treppenräume müssen so angeordnet und ausgebildet sein, dass die Nutzung der notwendigen Treppen im Brandfall ausreichend lang möglich ist. [3]Sind mehrere notwendige Treppenräume erforderlich, so müssen sie so verteilt sein, dass sie möglichst entgegengesetzte Fluchtrichtungen bieten und die Rettungswege möglichst kurz sind.

(2) Notwendige Treppen sind ohne eigenen Treppenraum zulässig

1. in Wohngebäuden der Gebäudeklassen 1 und 2,
2. für die Verbindung von höchstens zwei Geschossen innerhalb derselben Nutzungseinheit von insgesamt nicht mehr als 200 m² Grundfläche, wenn in jedem Geschoss ein anderer Rettungsweg erreicht werden kann,
3. als Außentreppe, wenn ihre Nutzung auch im Brandfall ausreichend sicher ist.

(3) [1]Jeder notwendige Treppenraum muss einen unmittelbaren Ausgang ins Freie haben. [2]Ein mittelbarer Ausgang ist zulässig, wenn der zwischen dem notwendigen Treppenraum und dem Ausgang ins Freie liegende Raum

1. dem Verkehr dient,
2. mindestens so breit ist wie der breiteste Treppenlauf des Treppenraums,
3. Wände hat, die die Anforderungen an die Wände des Treppenraums erfüllen,
4. zu anderen Räumen, ausgenommen notwendige Flure, keine Öffnungen hat und
5. zu notwendigen Fluren nur Öffnungen mit rauchdichten und selbstschließenden Abschlüssen hat.

(4) Notwendige Treppenräume müssen zu belüften und zu beleuchten sein und zur Rauchableitung ausreichende Fenster oder sonstige Öffnungen haben.

§ 36 Notwendige Flure, Ausgänge

Flure und Gänge, über die Rettungswege aus Aufenthaltsräumen oder aus Nutzungseinheiten mit Aufenthaltsräumen zu Ausgängen in notwendige Treppenräume oder, wenn ein Treppenraum nicht erforderlich ist, zu notwendigen Treppen oder ins Freie führen (notwendige Flure), sowie Ausgänge müssen in solcher Zahl vorhanden und so angeordnet und ausgebildet sein, dass sie für den größten zu erwartenden Verkehr ausreichen und ihre Nutzung im Brandfall ausreichend lang möglich ist.

§ 37 Fenster, Türen und sonstige Öffnungen

(1) [1]Fenster und Fenstertüren müssen gefahrlos gereinigt werden können. [2]Fenster, die dem Lüften dienen, müssen gefahrlos zu öffnen sein.

(2) Für größere Glasflächen müssen, soweit erforderlich, Schutzmaßnahmen zur Sicherung des Verkehrs vorhanden sein.

(3) An Fenster und Türen, die bei Gefahr der Rettung von Menschen dienen, können wegen des Brandschutzes besondere Anforderungen gestellt werden.

(4) [1]Jedes Kellergeschoss ohne Fenster, die geöffnet werden können, muss mindestens eine Öffnung ins Freie haben, um eine Rauchableitung zu ermöglichen. [2]Gemeinsame Licht- oder Luftschächte für übereinander liegende Kellergeschosse sind unzulässig.

§ 38 Aufzüge

(1) [1]Aufzüge müssen betriebssicher und brandsicher sein. [2]Aufzüge im Innern von Gebäuden müssen eigene Fahrschächte haben, wenn dies erforderlich ist, um eine Brandausbreitung in andere Geschosse ausreichend lang zu verhindern.

(2) [1]Gebäude mit Aufenthaltsräumen, deren Fußboden mehr als 12,25 m über der Eingangsebene liegt, müssen Aufzüge in ausreichender Zahl und Anordnung haben. [2]Satz 1 gilt nicht für Gebäude, die am 31. Dezember 1992 errichtet oder genehmigt waren, wenn

1. die Nutzung oberster Geschosse geändert wird oder
2. nachträglich nicht mehr als zwei weitere Geschosse errichtet werden

und diese Geschosse danach zu Wohnzwecken genutzt werden.

(3) [1]In den Fällen des Absatzes 2 Satz 1 muss mindestens ein Aufzug Kinderwagen, Rollstühle, Krankentragen und Lasten aufnehmen können und Haltestellen in allen Geschossen haben. [2]Dieser Aufzug muss von allen Wohnungen in dem Gebäude und von der öffentlichen Verkehrsfläche aus stufenlos erreichbar sein.

§ 39 Lüftungsanlagen, Leitungsanlagen, Installationsschächte und -kanäle

(1) [1]Lüftungsanlagen müssen betriebssicher und brandsicher sein. [2]Sie dürfen den ordnungsgemäßen Betrieb von Feuerungsanlagen nicht beeinträchtigen und müssen so angeordnet und ausgebildet sein, dass sie Gerüche und Staub nicht in andere Räume übertragen.

(2) Lüftungsanlagen müssen, soweit es der Brandschutz erfordert, so angeordnet und ausgebildet sein, dass Feuer und Rauch ausreichend lang nicht in andere Räume übertragen werden können.

(3) [1]Leitungsanlagen sind in notwendigen Treppenräumen, in Räumen nach § 35 Abs. 3 Satz 3 und in notwendigen Fluren nur zulässig, wenn die Nutzung dieser Treppenräume, Räume und Flure als Rettungsweg im Brandfall ausreichend lang möglich ist. [2]Absatz 1 Satz 1 und Absatz 2 gelten für Leitungsanlagen entsprechend.

(4) Für Installationsschächte und -kanäle, raumlufttechnische Anlagen und Warmluftheizungen gelten die Absätze 1 und 2 entsprechend.

§ 40 Feuerungsanlagen, sonstige Anlagen zur Energieerzeugung, Brennstoffversorgungsanlagen und Brennstofflagerung

(1) Feuerstätten und Abgasanlagen wie Schornsteine, Abgasleitungen und Verbindungsstücke (Feuerungsanlagen) müssen betriebssicher und brandsicher sein.

(2) Feuerstätten dürfen in Räumen nur aufgestellt werden, wenn nach der Art der Feuerstätte und nach Lage, Größe, baulicher Beschaffenheit und Nutzung des Raumes Gefahren nicht entstehen.

(3) [1]Die Abgase der Feuerstätten sind, soweit dies erforderlich ist, durch Abgasanlagen abzuleiten, sodass Gefahren oder unzumutbare Belästigungen nicht entstehen. [2]Abgasanlagen müssen in solcher Zahl und Lage vorhanden und so beschaffen sein, dass alle Feuerstätten des Gebäudes ordnungsgemäß betrieben werden können. [3]Die Abgasanlagen müssen leicht und sicher zu reinigen sein.

(4) [1]Behälter und Rohrleitungen für brennbare Gase oder Flüssigkeiten müssen betriebssicher und brandsicher sein. [2]Behälter nach Satz 1 sind so aufzustellen, dass Gefahren oder unzumutbare Belästigungen nicht entstehen. [3]Satz 2 gilt für das Lagern von festen Brennstoffen entsprechend.

(5) Für die Aufstellung von ortsfesten Verbrennungsmotoren, Blockheizkraftwerken, Brennstoffzellen und Verdichtern sowie die Ableitung ihrer Verbrennungsgase gelten die Absätze 1 bis 3 entsprechend.

(6) Feuerungsanlagen, ortsfeste Verbrennungsmotoren und Blockheizkraftwerke dürfen, auch wenn sie geändert worden sind, erst in Betrieb genommen werden, wenn die bevollmächtigte Bezirksschornsteinfegerin oder der bevollmächtigte Bezirksschornsteinfeger ihre sichere Benutzbarkeit sowie die Tauglichkeit und sichere Benutzbarkeit der zugehörigen Schornsteine und Leitungen zur Abführung der Abgase oder Verbrennungsgase geprüft und bescheinigt hat.

§ 41 Anlagen zur Wasserversorgung, für Abwässer und Abfälle

(1) [1]Gebäude mit Aufenthaltsräumen müssen, soweit es ihre Benutzung erfordert, eine Versorgung mit Trinkwasser haben, die dauernd gesichert ist. [2]Zur Brandbekämpfung muss eine ausreichende Wassermenge in einer den örtlichen Verhältnissen entsprechenden Weise zur Verfügung stehen.

(2) [1]Bei baulichen Anlagen müssen die einwandfreie Beseitigung der Abwässer und die ordnungsgemäße Entsorgung der Abfälle dauernd gesichert sein. [2]Das gilt auch für den Verbleib von Exkrementen und Urin, jeweils auch mit Einstreu, aus der Haltung von Nutztieren sowie für Gärreste. [3]Die Bauaufsichtsbehörde darf personenbezogene Daten an die für die Überwachung der Einhaltung der düngerechtlichen Vorschriften zuständigen Behörden übermitteln, soweit dies zur Erfüllung der Aufgaben der für die Überwachung der Einhaltung der düngerechtlichen Vorschriften zuständigen Behörden, insbesondere zur Überprüfung des ordnungsgemäßen Verbleibs der in Satz 2 genannten Stoffe nach den düngerechtlichen Vorschriften, erforderlich ist. [4]Die Bauaufsichtsbehörde darf die für die Überwachung der Einhaltung der düngerechtlichen Vorschriften zuständigen Behörden um die Übermittlung personenbezogener Daten ersuchen und die ihr daraufhin übermittelten personenbezogenen Daten verarbeiten, soweit dies zur Erfüllung ihrer Aufgaben erforderlich ist. [5]Die nach Landesrecht für die Überwachung der Einhaltung der düngerechtlichen Vorschriften zuständigen Behörden übermitteln der Bauaufsichtsbehörde auf ein Ersuchen nach Satz 4 personenbezogene Daten, die sie im Rahmen der Überwachung gewonnen haben, soweit dies zur Erfüllung der Aufgaben der Bauaufsichtsbehörde erforderlich ist.

(3) [1]Jede Wohnung muss einen eigenen Wasserzähler haben. [2]Dies gilt nicht bei Nutzungsänderungen, wenn die Anforderung nach Satz 1 nur mit unverhältnismäßigem Mehraufwand erfüllt werden kann.

§ 42 Blitzschutzanlagen

Bauliche Anlagen, bei denen nach Lage, Bauart oder Benutzung Blitzschlag leicht eintreten oder zu schweren Folgen führen kann, müssen mit dauernd wirksamen Blitzschutzanlagen versehen sein.

Sechster Teil

Nutzungsbedingte Anforderungen an bauliche Anlagen

§ 43 Aufenthaltsräume

(1) [1]Aufenthaltsräume müssen eine für ihre Benutzung ausreichende Grundfläche und eine lichte Höhe von mindestens 2,40 m über mindestens zwei Dritteln ihrer Grundfläche haben. [2]Bei der Bemessung der Grundfläche nach Satz 1 bleiben Raumteile mit einer lichten Höhe bis 1,50 m außer Betracht.

(2) [1]Für Aufenthaltsräume, die im obersten Geschoss im Dachraum liegen, genügt eine lichte Höhe von 2,20 m über mindestens der Hälfte ihrer Grundfläche. [2]Absatz 1 Satz 2 und § 2 Abs. 7 Satz 4 gelten entsprechend. [3]Die Sätze 1 und 2 gelten auch für Aufenthaltsräume, deren Grundfläche überwiegend unter Dachschrägen liegt.

(3) Aufenthaltsräume müssen unmittelbar ins Freie führende Fenster von solcher Zahl, Größe und Beschaffenheit haben, dass die Räume das erforderliche Tageslicht erhalten und zweckentsprechend gelüftet werden können (notwendige Fenster).

(4) Räume in Kellergeschossen sind als Aufenthaltsräume nur zulässig, wenn das Gelände vor den notwendigen Fenstern der Räume in einer für gesunde Wohn- oder Arbeitsverhältnisse ausreichenden Entfernung und Breite nicht mehr als 70 cm über deren Fußboden liegt.

(5) [1]Aufenthaltsräume, die nicht dem Wohnen dienen, brauchen die Anforderungen der Absätze 3 und 4 nicht zu erfüllen, soweit durch besondere Maßnahmen oder Einrichtungen sichergestellt wird, dass den Anforderungen des § 3 entsprochen wird und die Rettung von Menschen möglich ist.

§ 44[1)] Wohnungen

(1) [1]Jede Wohnung muss von anderen Wohnungen oder anderen Räumen baulich abgeschlossen sein und einen eigenen abschließbaren Zugang unmittelbar vom Freien oder von einem Treppenraum, Flur oder Vorraum haben. [2]Satz 1 gilt nicht für Wohngebäude mit nicht mehr als zwei Wohnungen. [3]Werden Wohnungen geteilt, so müssen die Anforderungen nach Satz 1 nicht erfüllt werden, wenn unzumutbare Belästigungen oder erhebliche Nachteile für die Benutzerinnen und Benutzer der Wohnungen nicht entstehen.

(2) [1]In Gebäuden, die nicht nur dem Wohnen dienen, müssen Wohnungen einen eigenen Zugang haben. [2]Gemeinsame Zugänge sind zulässig, wenn Gefahren oder unzumutbare Belästigungen für die Benutzerinnen und Benutzer der Wohnungen nicht entstehen.

(3) [1]Jede Wohnung muss eine Küche oder Kochnische haben. [2]Küchen und Kochnischen sind ohne Fenster zulässig, wenn sie wirksam gelüftet werden können.

(4) In Gebäuden mit mehr als zwei Wohnungen oder auf dem Baugrundstück solcher Gebäude muss

1. leicht erreichbarer und gut zugänglicher Abstellraum für Rollatoren, Kinderwagen und Fahrräder sowie
2. Abstellraum für jede Wohnung

in ausreichender Größe zur Verfügung stehen.

(5) [1]In Wohnungen müssen Schlafräume und Kinderzimmer sowie Flure, über die Rettungswege von Aufenthaltsräumen führen, jeweils mindestens einen Rauchwarnmelder haben. [2]Die Rauchwarnmelder müssen so eingebaut oder angebracht und betrieben werden, dass Brandrauch frühzeitig erkannt und gemeldet wird. [3]In Wohnungen, die bis zum 31. Oktober 2012 errichtet oder genehmigt sind, hat die Eigentümerin oder der Eigentümer die Räume und Flure bis zum 31. Dezember 2015 entsprechend den Anforderungen nach den Sätzen 1 und 2 auszustatten. [4]Für die Sicherstellung der Betriebsbereitschaft der Rauchwarnmelder in den in Satz 1 genannten Räumen und Fluren sind die Mieterinnen und Mieter, Pächterinnen und Pächter, sonstige Nutzungsberechtigte oder andere Personen, die die tatsächliche Gewalt über die Wohnung ausüben, verantwortlich, es sei denn, die Eigentümerin oder der Eigentümer übernimmt diese Verpflichtung selbst. [5]§ 56 Satz 2 gilt entsprechend.

---

1) § 44 Abs. 5 Sätze 1 und 2 sind bereits am 13.4.2012 in Kraft getreten; vgl. § 88 Abs. 1.

(6) [1]Sollen Nutzungseinheiten mit Aufenthaltsräumen in rechtmäßig bestehenden Gebäuden in Wohnungen umgenutzt werden, so sind auf bestehende Bauteile § 27 Abs. 3 bis 5, § 28 Abs. 2, § 30, § 31 Abs. 3 und § 32 Abs. 1 Sätze 1 und 2 und Abs. 3 nicht anzuwenden. [2]§ 85 Abs. 2 und 4 gilt entsprechend.

§ 45 Toiletten und Bäder

(1) [1]Jede Wohnung muss mindestens eine Toilette sowie eine Badewanne oder Dusche haben. [2]Für bauliche Anlagen, die für einen größeren Personenkreis bestimmt sind, muss eine ausreichende Anzahl von Toiletten vorhanden sein.

(2) Toilettenräume und Räume mit Badewannen oder Duschen müssen wirksam gelüftet werden können.

§ 46 Bauliche Anlagen für Kraftfahrzeuge

[1]Garagen, insbesondere Parkhäuser, sowie Stellplätze müssen einschließlich ihrer Nebenanlagen verkehrs- und betriebssicher sein und dem Brandschutz genügen. [2]Satz 1 ist auf Ausstellungs-, Verkaufs-, Werk- und Lagerräume für Kraftfahrzeuge sowie auf Räume zum Abstellen nicht ortsfester Geräte mit Verbrennungsmotoren sinngemäß anzuwenden.

§ 47 Notwendige Einstellplätze

(1) [1]Für bauliche Anlagen, die einen Zu- und Abgangsverkehr mit Kraftfahrzeugen erwarten lassen, müssen Einstellplätze in solcher Anzahl und Größe zur Verfügung stehen, dass sie die vorhandenen oder zu erwartenden Kraftfahrzeuge der ständigen Benutzerinnen und Benutzer und der Besucherinnen und Besucher der Anlagen aufnehmen können; wird die erforderliche Anzahl der Einstellplätze durch eine örtliche Bauvorschrift festgelegt, so ist diese Festlegung maßgeblich (notwendige Einstellplätze). [2]Wird die Nutzung einer Anlage geändert, so braucht, auch wenn ihr notwendige Einstellplätze bisher fehlten, nur der durch die Nutzungsänderung verursachte Mehrbedarf gedeckt zu werden. [3]Die Einstellplatzpflicht nach den Sätzen 1 und 2 entfällt, soweit die Gemeinde durch örtliche Bauvorschrift nach § 84 Abs. 2 oder durch städtebauliche Satzung die Herstellung von Garagen und Stellplätzen untersagt oder einschränkt.

(2) Wird in einem Gebäude, das am 31. Dezember 1992 errichtet war, eine Wohnung geteilt oder Wohnraum durch Änderung der Nutzung, durch Aufstocken oder durch Änderung des Daches eines solchen Gebäudes geschaffen, so braucht der dadurch verursachte Mehrbedarf an Einstellplätzen nicht gedeckt zu werden, wenn dies nicht oder nur unter außergewöhnlichen Schwierigkeiten entsprechend dem öffentlichen Baurecht auf dem Baugrundstück möglich ist.

(3) [1]Die Bauaufsichtsbehörde kann die Pflicht zur Herstellung notwendiger Einstellplätze, ausgenommen für Wohnungen, auf Antrag aussetzen,

1. solange ständigen Benutzerinnen und Benutzern der baulichen Anlage Zeitkarten für den öffentlichen Personennahverkehr verbilligt zur Verfügung gestellt werden und
2. soweit hierdurch ein verringerter Bedarf an notwendigen Einstellplätzen erwartet werden kann.

[2]Wird die Pflicht zur Herstellung notwendiger Einstellplätze ganz oder teilweise ausgesetzt, so ist zum 1. März eines jeden Jahres der Bauaufsichtsbehörde nachzuweisen, ob und inwieweit die Voraussetzungen für die Aussetzung noch erfüllt sind. [3]Soweit der Nachweis nicht erbracht wird, ist die Aussetzung zu widerrufen.

(4) [1]Die notwendigen Einstellplätze müssen auf dem Baugrundstück oder in dessen Nähe auf einem anderen Grundstück gelegen sein, dessen Benutzung zu diesem Zweck durch Baulast gesichert ist. [2]Eine Sicherung durch Baulast ist nicht erforderlich, wenn die notwendigen Einstellplätze für ein Grundstück auf einem anderen Grundstück liegen und beide Grundstücke ein Baugrundstück nach § 2 Abs. 12 Satz 2 bilden. [3]Sind notwendige Einstellplätze nach öffentlichem Baurecht auf dem Baugrundstück oder in dessen Nähe unzulässig, so können sie auch auf Grundstücken gelegen sein, die vom Baugrundstück mit einem öffentlichen oder vergleichbaren Verkehrsmittel leicht erreichbar sind.

(5) [1]Auf Verlangen der Bauherrin oder des Bauherrn wird zugelassen, dass die Pflicht zur Herstellung der notwendigen Einstellplätze, ausgenommen die Einstellplätze nach § 49, durch die Pflicht zur Zahlung eines Geldbetrages an die Gemeinde ersetzt wird, soweit die Gemeinde dies durch Satzung bestimmt oder im Einzelfall zugestimmt hat. [2]Zur Zahlung des Geldbetrages sind die Bauherrin oder der Bauherr und die nach § 56 Verantwortlichen als Gesamtschuldner verpflichtet, sobald und soweit die bauliche Anlage ohne notwendige Einstellplätze in Benutzung genommen wird. [3]Im Fall einer Zulassung nach Satz 1 kann die Baugenehmigung von einer Sicherheitsleistung abhängig gemacht werden.

(6) [1]Der Geldbetrag nach Absatz 5 ist nach dem Vorteil zu bemessen, der der Bauherrin oder dem Bauherrn oder den nach § 56 Verantwortlichen daraus erwächst, dass sie oder er die Einstellplätze nicht herzustellen braucht. [2]Die Gemeinde kann den Geldbetrag durch Satzung für das Gemeindegebiet oder Teile des Gemeindegebietes einheitlich festsetzen und dabei auch andere Maßstäbe wie die durchschnittlichen örtlichen Herstellungskosten von Parkplätzen oder Parkhäusern zugrunde legen.

(7) Die Gemeinde hat den Geldbetrag nach Absatz 5 zu verwenden für

1. Parkplätze, Stellplätze oder Garagen,
2. Anlagen und Einrichtungen für den öffentlichen Personennahverkehr,
3. a) Anlagen zum Abstellen von Fahrrädern,
   b) Fahrradwege oder
   c) sonstige Anlagen und Einrichtungen,

   die den Bedarf an Einstellplätzen verringern.

§ 48 Fahrradabstellanlagen

(1) [1]Für bauliche Anlagen, die einen Zu- und Abgangsverkehr mit Fahrrädern erwarten lassen, ausgenommen Wohnungen, müssen Fahrradabstellanlagen in solcher Größe zur Verfügung stehen, dass sie die vorhandenen oder zu erwartenden Fahrräder der ständigen Benutzerinnen und Benutzer und der Besucherinnen und Besucher der Anlagen aufnehmen können. [2]Fahrradabstellanlagen nach Satz 1 müssen leicht erreichbar und gut zugänglich sein. [3]§ 47 Abs. 4 Satz 1 gilt sinngemäß.

(2) Fahrradabstellanlagen brauchen für Besucherinnen und Besucher der Anlagen nicht errichtet zu werden, wenn dies nicht oder nur unter außergewöhnlichen Schwierigkeiten auf dem Baugrundstück möglich ist.

§ 49 Barrierefreie Zugänglichkeit und Benutzbarkeit baulicher Anlagen

(1) [1]Wird ein Gebäude mit mehr als vier Wohnungen errichtet, so müssen alle Wohnungen barrierefrei sein, soweit sich aus den Sätzen 2 bis 4 nichts anderes ergibt, und den Anforderungen nach den Sätzen 5 bis 8 genügen. [2]Innerhalb von Wohnungen, die sich über mehrere Geschosse erstrecken, ist eine stufenlose Erreichbarkeit der Geschosse nicht erforderlich. [3]Bei Gebäuden, die nicht unter § 38 Abs. 2 Satz 1 fallen, muss die stufenlose Erreichbarkeit von Wohnungen des zweiten oberirdischen Geschosses und weiterer oberirdischer Geschosse insbesondere durch den Einbau eines Aufzuges zwar so im Entwurf vorgesehen sein, dass festgestellt werden kann, dass die Baumaßnahme auch insoweit vollständig dem öffentlichen Baurecht entspräche; eine Pflicht zur Herstellung besteht insoweit jedoch nicht. [4]Eine spätere Herstellung der stufenlosen Erreichbarkeit der Wohnungen kann auch abweichend von dem Entwurf erfolgen, insbesondere wenn dadurch den zu diesem Zeitpunkt geltenden Anforderungen an diese Baumaßnahme entsprochen wird, dies aber nur, soweit die Abweichungen geringfügig sind und die Anforderungen nach § 3 Abs. 1 gewahrt bleiben; § 71 Abs. 1 und § 72 Abs. 1 Satz 2 finden insoweit keine Anwendung. [5]Ist einer Wohnung ein Freisitz zugeordnet, so muss er barrierefrei sein. [6]Abstellraum für Rollstühle muss in ausreichender Größe zur Verfügung stehen und barrierefrei sein. [7]In jeder achten Wohnung müssen die Wohn- und Schlafräume, ein Toilettenraum, ein Raum mit einer Badewanne oder Dusche, die Küche oder Kochnische und, wenn der Wohnung ein Freisitz zugeordnet ist, der Freisitz zusätzlich rollstuhlgerecht sein; die Sätze 2 bis 4 finden auf solche Wohnungen keine Anwendung. [8]Für jede Wohnung, die nach Satz 7 rollstuhlgerecht herzustellen ist, in einem Gebäude mit mehr als 15 Wohnungen und für jedes Gebäude mit nicht mehr als 15 Wohnungen muss jeweils mindestens ein Einstellplatz barrierefrei hergerichtet und gekennzeichnet sein.

(2) [1]Folgende bauliche Anlagen oder Teile baulicher Anlagen müssen in einem dem Bedarf entsprechenden Umfang barrierefrei sein:

1. Büro-, Verwaltungs- und Gerichtsgebäude,
2. Schalter und Abfertigungsanlagen der Verkehrs- und Versorgungsbetriebe sowie der Banken und Sparkassen,
3. Theater, Museen, öffentliche Bibliotheken, Freizeitheime, Gemeinschaftshäuser, Versammlungsstätten und Anlagen für den Gottesdienst,
4. Verkaufs-, Gast- und Beherbergungsstätten,
5. Schulen, Hochschulen und sonstige vergleichbare Ausbildungsstätten,
6. Krankenanstalten, Praxisräume der Heilberufe und Kureinrichtungen,

7. Tagesstätten und Heime für alte oder pflegebedürftige Menschen, Menschen mit Behinderungen oder Kinder,
8. Sport-, Spiel- und Erholungsanlagen, soweit sie für die Allgemeinheit bestimmt sind, sowie Kinderspielplätze,
9. Campingplätze mit mehr als 200 Standplätzen,
10. Geschosse mit Aufenthaltsräumen, die nicht Wohnzwecken dienen und insgesamt mehr als 500 m² Nutzfläche haben,
11. öffentliche Toilettenanlagen,
12. Stellplätze und Garagen für Anlagen nach den Nummern 1 bis 10 sowie Parkhäuser.

[2]Eine dem Bedarf entsprechende Zahl von Einstellplätzen, Standplätzen und Toilettenräumen muss für Menschen mit Behinderungen hergerichtet und gekennzeichnet sein.

(3) [1]Die Absätze 1 und 2 gelten nicht, soweit die Anforderungen wegen schwieriger Geländeverhältnisse, wegen des Einbaus eines sonst nicht erforderlichen Aufzugs, wegen ungünstiger vorhandener Bebauung oder im Hinblick auf die Sicherheit der Menschen mit Behinderungen nur mit unverhältnismäßigem Mehraufwand erfüllt werden können. [2]Bei einem Baudenkmal nach § 3 des Niedersächsischen Denkmalschutzgesetzes ist den Anforderungen nach den Absätzen 1 und 2 Rechnung zu tragen, soweit deren Berücksichtigung das Interesse an der unveränderten Erhaltung des Baudenkmals überwiegt und den Eingriff in das Baudenkmal zwingend verlangt.

§ 50 Werbeanlagen

(1) [1]Werbeanlagen sind alle örtlich gebundenen Einrichtungen, die der Ankündigung oder Anpreisung oder als Hinweis auf Gewerbe oder Beruf dienen und von allgemein zugänglichen Verkehrs- oder Grünflächen aus sichtbar sind. [2]Hierzu zählen insbesondere Schilder, Beschriftungen, Bemalungen, Lichtwerbungen, Schaukästen sowie für Zettel- und Bogenanschläge oder Lichtwerbung bestimmte Säulen, Tafeln und Flächen.

(2) Werbeanlagen dürfen nicht erheblich belästigen, insbesondere nicht durch ihre Größe, Häufung, Lichtstärke oder Betriebsweise.

(3) [1]Werbeanlagen sind im Außenbereich unzulässig und dürfen auch nicht erheblich in den Außenbereich hineinwirken. [2]Ausgenommen sind, soweit in anderen Rechtsvorschriften nicht anderes bestimmt ist,

1. Werbeanlagen an der Stätte der Leistung,
2. Tafeln unmittelbar vor Ortsdurchfahrten mit Schildern, die Inhaber und Art gewerblicher Betriebe kennzeichnen oder die auf landwirtschaftliche Betriebe, die landwirtschaftliche Produkte zum Verkauf anbieten, und auf diese Produkte hinweisen,
3. Tafeln bis zu einer Größe von 1 m² an öffentlichen Straßen und Wegeabzweigungen in einem Umkreis von bis zu drei Kilometern vom Rand eines Gewerbegebietes mit Schildern, die im Interesse des öffentlichen Verkehrs auf Betriebe hinweisen, die in dem Gewerbegebiet liegen,
4. einzelne Schilder bis zu einer Größe von 0,50 m², die an Wegeabzweigungen im Interesse des öffentlichen Verkehrs auf Betriebe im Außenbereich, auf selbst erzeugte Produkte, die diese Betriebe an der Betriebsstätte anbieten, oder auf versteckt gelegene Stätten hinweisen,
5. Werbeanlagen an und auf Flugplätzen, Sportanlagen und auf abgegrenzten Versammlungsstätten, soweit die Werbeanlagen nicht erheblich in den übrigen Außenbereich hineinwirken,
6. Werbeanlagen auf Ausstellungs- und Messegeländen.

(4) In Kleinsiedlungsgebieten, reinen Wohngebieten, allgemeinen Wohngebieten, Dorfgebieten und Wochenendhausgebieten sowie in Gebieten, die nach ihrer vorhandenen Bebauung den genannten Baugebieten entsprechen, sind nur zulässig

1. Werbeanlagen an der Stätte der Leistung und
2. Anlagen für amtliche Mitteilungen und zur Unterrichtung über kirchliche, kulturelle, politische, sportliche und ähnliche Veranstaltungen.

(5) [1]An Brücken, Bäumen, Böschungen und Leitungsmasten, die von allgemein zugänglichen Verkehrs- oder Grünflächen aus sichtbar sind, dürfen Werbeanlagen nicht angebracht sein. [2]Satz 1 gilt nicht für Wandflächen der Widerlager von Brücken; die Absätze 3 und 4 bleiben unberührt.

(6) Die Vorschriften dieses Gesetzes gelten nicht für

1. Anschläge und Lichtwerbung an dafür genehmigten Säulen, Tafeln und Flächen,
2. Werbemittel an Kiosken,

3. Auslagen und Dekorationen in Fenstern und Schaukästen,
4. Werbeanlagen, die vorübergehend für öffentliche Wahlen oder Abstimmungen angebracht oder aufgestellt werden.

§ 51 Sonderbauten

[1]An einen Sonderbau nach § 2 Abs. 5 können im Einzelfall besondere Anforderungen gestellt werden, soweit die Vorschriften der §§ 4 bis 50 und der zu ihrer näheren Bestimmung erlassenen Verordnungen nicht ausreichen, um sicherzustellen, dass der Sonderbau die Anforderungen des § 3 erfüllt. [2]Erleichterungen können gestattet werden, soweit es der Einhaltung von Vorschriften und Verordnungen nach Satz 1 wegen der besonderen Art oder Nutzung baulicher Anlagen oder Räume oder wegen besonderer Anforderungen nicht bedarf. [3]Die besonderen Anforderungen nach Satz 1 und die Erleichterungen nach Satz 2 können sich insbesondere erstrecken auf

1. die Abstände,
2. die Anordnung der baulichen Anlage auf dem Grundstück,
3. die Benutzung und den Betrieb der baulichen Anlage,
4. die Öffnungen nach öffentlichen Verkehrsflächen und nach angrenzenden Grundstücken,
5. die Bauart und Anordnung aller für die Standsicherheit, die Verkehrssicherheit, den Brand-, den Wärme-, den Schall- oder den Gesundheitsschutz wesentlichen Bauteile und Einrichtungen, sowie die Verwendung von Baustoffen,
6. die Feuerungsanlagen und die Heizräume,
7. die Zahl, Anordnung und Beschaffenheit der Aufzüge sowie der Treppen, Treppenräume, Ausgänge, Flure und sonstigen Rettungswege,
8. die zulässige Benutzerzahl, die Anordnung und die Zahl der zulässigen Sitze und Stehplätze bei Versammlungsstätten, Tribünen und fliegenden Bauten,
9. die barrierefreie Nutzbarkeit,
10. die Lüftung und die Rauchableitung,
11. die Beleuchtung und die Energieversorgung,
12. die Wasserversorgung,
13. die Aufbewahrung und Beseitigung von Abwässern, die Aufbewahrung und Entsorgung von Abfällen sowie die Löschwasserrückhaltung,
14. die notwendigen Einstellplätze,
15. die Zu- und Abfahrten,
16. die Grünstreifen, die Baumpflanzungen und andere Pflanzungen sowie die Begrünung oder die Beseitigung von Halden und Gruben,
17. den Blitzschutz,
18. die erforderliche Gasdichtigkeit,
19. den Umfang, den Inhalt und die Anzahl der Bauvorlagen, insbesondere eines Brandschutzkonzepts,
20. die Bestellung und die Qualifikation der Bauleiterin oder des Bauleiters und der Fachbauleiterin oder des Fachbauleiters,
21. die Bestellung und die Qualifikation einer oder eines Brandschutzbeauftragten.

Siebter Teil
Verantwortliche Personen

§ 52 Bauherrin und Bauherr

(1) Die Bauherrin oder der Bauherr ist dafür verantwortlich, dass die von ihr oder ihm veranlasste Baumaßnahme dem öffentlichen Baurecht entspricht.

(2) [1]Die Bauherrin oder der Bauherr einer nicht verfahrensfreien Baumaßnahme hat zu deren Vorbereitung, Überwachung und Ausführung verantwortliche Personen im Sinne der §§ 53 bis 55 zu bestellen, soweit sie oder er nicht selbst die Anforderungen nach den §§ 53 bis 55 erfüllt oder erfüllen kann. [2]Ihr oder ihm obliegt es außerdem, die nach den öffentlich-rechtlichen Vorschriften erforderlichen Anträge zu stellen, Anzeigen zu machen und Nachweise zu erbringen. [3]Sie oder er hat sich bei der Abgabe der jeweiligen Erklärungen durch eine Entwurfsverfasserin oder einen Entwurfsverfasser vertreten zu lassen, soweit eine solche oder ein solcher zu bestellen ist. [4]Die Bauherrin oder der Bauherr

hat zu den verwendeten Bauprodukten und den angewandten Bauarten die erforderlichen Nachweise über die Erfüllung der Anforderungen dieses Gesetzes oder aufgrund dieses Gesetzes erlassener Vorschriften bereitzuhalten. [5]Zu Bauprodukten, die die CE-Kennzeichnung nach der Verordnung (EU) Nr. 305/2011 tragen, ist die Leistungserklärung bereitzuhalten. [6]Die Bauherrin oder der Bauherr hat vor Baubeginn den Namen der Bauleiterin oder des Bauleiters und während der Bauausführung einen Wechsel dieser Person der Bauaufsichtsbehörde unverzüglich schriftlich oder elektronisch mitzuteilen. [7]Wechselt die Bauherrin oder der Bauherr, so hat die neue Bauherrin oder der neue Bauherr dies der Bauaufsichtsbehörde unverzüglich schriftlich oder elektronisch mitzuteilen.

(3) [1]Liegen Tatsachen vor, die besorgen lassen, dass eine nach Absatz 2 Satz 1 bestellte Person nicht den jeweiligen Anforderungen der §§ 53 bis 55 genügt, so kann die Bauaufsichtsbehörde verlangen, dass die Bauherrin oder der Bauherr sie durch eine geeignete Person ersetzt oder geeignete Sachverständige heranzieht. [2]Die Bauaufsichtsbehörde kann die Bauarbeiten einstellen lassen, bis die Bauherrin oder der Bauherr ihrer Aufforderung nachgekommen ist.

(4) Die Bauaufsichtsbehörde kann verlangen, dass ihr für bestimmte Arbeiten die Unternehmerinnen und Unternehmer benannt werden.

§ 53 Entwurfsverfasserin und Entwurfsverfasser

(1) [1]Die Entwurfsverfasserin oder der Entwurfsverfasser ist dafür verantwortlich, dass der Entwurf für die Baumaßnahme dem öffentlichen Baurecht entspricht. [2]Zum Entwurf gehören die Bauvorlagen, bei Baumaßnahmen nach den §§ 62 und 63 einschließlich der Unterlagen, die nicht eingereicht werden müssen, und die Ausführungsplanung, soweit von dieser die Einhaltung des öffentlichen Baurechts abhängt.

(2) [1]Die Entwurfsverfasserin oder der Entwurfsverfasser muss über die Fachkenntnisse verfügen, die für den jeweiligen Entwurf erforderlich sind. [2]Verfügt sie oder er auf einzelnen Teilgebieten nicht über diese Fachkenntnisse, so genügt es, wenn die Bauherrin oder der Bauherr insoweit geeignete Sachverständige bestellt. [3]Diese sind ausschließlich für ihre Beiträge verantwortlich; die Entwurfsverfasserin oder der Entwurfsverfasser ist nur dafür verantwortlich, dass die Beiträge der Sachverständigen dem öffentlichen Baurecht entsprechend aufeinander abgestimmt und im Entwurf berücksichtigt werden.

(3) [1]Bauvorlagen für eine nicht verfahrensfreie Errichtung, Änderung und Nutzungsänderung einer baulichen Anlage müssen von einer Entwurfsverfasserin oder einem Entwurfsverfasser erstellt sein, die oder der bauvorlageberechtigt ist. [2]Bauvorlageberechtigt ist, wer

1. die Berufsbezeichnung „Architektin" oder „Architekt" führen darf,
2. in die von der Architektenkammer Niedersachsen geführte Liste der Entwurfsverfasserinnen und Entwurfsverfasser der Fachrichtung Architektur eingetragen ist,
3. in der von der Ingenieurkammer Niedersachsen geführten Liste der Entwurfsverfasserinnen und Entwurfsverfasser (§ 19 des Niedersächsischen Ingenieurgesetzes – NIngG –) oder in einem entsprechenden Verzeichnis in einem anderen Land eingetragen oder diesen Personen nach § 20 NIngG gleichgestellt ist,
4. die Berufsbezeichnung „Ingenieurin" oder „Ingenieur" in der Fachrichtung Architektur, Hochbau oder Bauingenieurwesen führen darf, danach mindestens zwei Jahre in dieser Fachrichtung praktisch tätig gewesen und Bedienstete oder Bediensteter einer juristischen Person des öffentlichen Rechts ist, für die dienstliche Tätigkeit oder
5. die Berufsbezeichnung „Innenarchitektin" oder „Innenarchitekt" führen darf, für Nutzungsänderungen von Gebäuden sowie für die mit der Berufsaufgabe der Innenarchitektin und des Innenarchitekten verbundenen baulichen Änderungen von Gebäuden.

(4) Bauvorlageberechtigt für eine genehmigungsbedürftige Baumaßnahme ist auch, wer

1. die Berufsbezeichnung „Landschaftsarchitektin" oder „Landschaftsarchitekt" führen darf, wenn die Baumaßnahme mit der Berufsaufgabe der Landschaftsarchitektin und des Landschaftsarchitekten verbunden ist,
2. Meisterin oder Meister des Maurer-, des Betonbauer- oder des Zimmerer-Handwerks oder diesen nach § 7 Abs. 3, 7 oder 9 der Handwerksordnung gleichgestellt ist, wenn Handwerksmeisterinnen und Handwerksmeister die Baumaßnahme aufgrund ihrer beruflichen Ausbildung und Erfahrung entwerfen können,

3. staatlich geprüfte Technikerin oder staatlich geprüfter Techniker der Fachrichtung Bautechnik mit Schwerpunkt Hochbau ist, in gleichem Umfang wie die in Nummer 2 genannten Personen, oder
4. in einem Mitgliedstaat der Europäischen Union, einem anderen Vertragsstaat des Abkommens über den Europäischen Wirtschaftsraum oder einem durch Abkommen gleichgestellten Staat einen Ausbildungsnachweis erworben hat, der aufgrund einer schulrechtlichen Rechtsvorschrift als gleichwertig mit dem Abschluss zur staatlich geprüften Technikerin oder zum staatlich geprüften Techniker der Fachrichtung Bautechnik mit Schwerpunkt Hochbau anerkannt ist, in gleichem Umfang wie die in Nummer 2 genannten Personen.

(5) [1]Bauvorlageberechtigt für eine genehmigungsbedürftige Baumaßnahme ist in gleichem Umfang wie die in Absatz 4 Nr. 2 genannten Personen auch, wer in einem Mitgliedstaat der Europäischen Union, einem anderen Vertragsstaat des Abkommens über den Europäischen Wirtschaftsraum oder einem durch Abkommen gleichgestellten Staat zur Erbringung von Entwurfsdienstleistungen nach Absatz 4 Nr. 2 oder 3 rechtmäßig niedergelassen ist, diesen Beruf im Rahmen des europäischen Dienstleistungsverkehrs nur vorübergehend und gelegentlich in Niedersachsen ausübt und die Erbringung der Dienstleistung nach Maßgabe der Absätze 6 und 7 bei der Ingenieurkammer angezeigt hat. [2]Wenn weder der Beruf noch die Ausbildung zu dem Beruf im Niederlassungsstaat reglementiert ist, gilt Satz 1 nur dann, wenn der Beruf in einem oder mehreren der in Satz 1 genannten Staaten während der vergangenen zehn Jahre ein Jahr lang ausgeübt wurde. [3]Der vorübergehende und gelegentliche Charakter der Berufsausübung wird insbesondere anhand von Dauer, Häufigkeit, regelmäßiger Wiederkehr und Kontinuität der Berufsausübung in Niedersachsen beurteilt.

(6) [1]Wer erstmals eine Dienstleistung gemäß Absatz 5 in Niedersachsen erbringen will, hat dies der Ingenieurkammer vorher schriftlich anzuzeigen, es sei denn, dass sie oder er sich bereits in einem anderen Bundesland gemeldet hat. [2]Das Verfahren kann auch über eine einheitliche Stelle nach den Vorschriften des Verwaltungsverfahrensgesetzes und des Niedersächsischen Gesetzes über Einheitliche Ansprechpartner abgewickelt werden. [3]Mit der Anzeige sind vorzulegen:
1. eine Bescheinigung darüber, dass die Dienstleisterin oder der Dienstleister in einem in Absatz 5 Satz 1 genannten Staat zur Erbringung von Entwurfsdienstleistungen nach Absatz 4 Nr. 2 oder 3 rechtmäßig niedergelassen ist, und darüber, dass ihr oder ihm die Ausübung des Berufs nicht, auch nicht vorübergehend, untersagt ist,
2. ein Berufsqualifikationsnachweis und
3. für den Fall, dass weder der Beruf noch die Ausbildung zu dem Beruf in dem Niederlassungsstaat reglementiert ist, ein Nachweis darüber, dass der Beruf in einem oder mehreren der in Absatz 5 Satz 1 genannten Staaten während der vergangenen zehn Jahre mindestens ein Jahr lang ausgeübt wurde.

[4]Das Verfahren kann abweichend von den Sätzen 1 und 3 elektronisch geführt werden, soweit Unterlagen in einem Mitgliedstaat der Europäischen Union oder in einem anderen Vertragsstaat des Abkommens über den Europäischen Wirtschaftsraum ausgestellt oder anerkannt wurden. [5]Im Fall begründeter Zweifel an der Echtheit der nach Satz 4 übermittelten Unterlagen und soweit unbedingt geboten, kann sich die Ingenieurkammer an die zuständige Behörde des Staates wenden, in dem die Unterlagen ausgestellt oder anerkannt wurden, und die Dienstleisterin oder den Dienstleister auffordern, beglaubigte Kopien vorzulegen.

(7) [1]Ist seit der letzten Anzeige ein Jahr vergangen und beabsichtigt die Dienstleisterin oder der Dienstleister weiterhin, Dienstleistungen gemäß Absatz 5 in Niedersachsen zu erbringen, so hat sie oder er dies der Ingenieurkammer anzuzeigen. [2]Hat sich die in den bisher vorgelegten Dokumenten bescheinigte Situation wesentlich geändert, so hat die Dienstleisterin oder der Dienstleister dies unter Vorlage der entsprechenden Dokumente anzuzeigen. [3]Absatz 6 Sätze 2, 4 und 5 gilt entsprechend.

(8) [1]Die Ingenieurkammer bestätigt auf Antrag, dass die Anzeige nach Absatz 6 oder 7 erfolgt ist. [2]Sie kann das Tätigwerden als Entwurfsverfasserin oder Entwurfsverfasser untersagen, wenn die Voraussetzungen der Absätze 5 bis 7 nicht erfüllt sind.

(9) [1]Die Beschränkungen der Absätze 3 bis 8 gelten nicht für Bauvorlagen
1. zu Entwürfen, die üblicherweise von Fachkräften mit anderer Ausbildung als nach den Absätzen 3 bis 8 verfasst werden, wie Entwürfe für Werbeanlagen und Behälter,
2. zu Entwürfen einfacher Art, wenn ein Nachweis der Standsicherheit nicht erforderlich ist,

3. für Stützmauern sowie selbständige Aufschüttungen und Abgrabungen,
4. zu Entwürfen für Baumaßnahmen nach § 63 Abs. 2 Satz 1.

[2]Die Bauaufsichtsbehörde kann abweichend von Satz 1 Nr. 4 verlangen, dass Bauvorlagen zu Entwürfen für Baumaßnahmen nach § 63 Abs. 2 Satz 1 von einer Entwurfsverfasserin oder einem Entwurfsverfasser, die oder der nach Absatz 3 Satz 2 Nrn. 1 bis 4, Absatz 4 Nrn. 2 bis 4 oder den Absätzen 5 bis 8 bauvorlagenberechtigt ist, erstellt werden müssen, wenn die Prüfung des Brandschutzes besondere Schwierigkeiten aufweist oder die übermittelten Bauvorlagen für die nach § 63 Abs. 2 Satz 2 oder 3 erforderliche Prüfung nicht hinreichend aussagekräftig sind.

§ 54 Unternehmerinnen und Unternehmer

(1) [1]Jede Unternehmerin und jeder Unternehmer ist dafür verantwortlich, dass ihre oder seine Arbeiten dem öffentlichen Baurecht entsprechend ausgeführt und insoweit auf die Arbeiten anderer Unternehmerinnen und Unternehmer abgestimmt werden. [2]Sie oder er hat zu den verwendeten Bauprodukten und den angewandten Bauarten die erforderlichen Nachweise über die Erfüllung der Anforderungen dieses Gesetzes oder aufgrund dieses Gesetzes erlassener Vorschriften zu erbringen und auf der Baustelle bereitzuhalten. [3]Zu Bauprodukten, die die CE-Kennzeichnung nach der Verordnung (EU) Nr. 305/2011 tragen, ist die Leistungserklärung bereitzuhalten.

(2) [1]Die Unternehmerin oder der Unternehmer muss über die für ihre oder seine Arbeiten erforderlichen Fachkenntnisse, Fachkräfte und Vorrichtungen verfügen. [2]Erfordern Arbeiten außergewöhnliche Fachkenntnisse oder besondere Vorrichtungen, so kann die Bauaufsichtsbehörde vorschreiben,

1. dass die Unternehmerin oder der Unternehmer bei den Arbeiten nur Fachkräfte mit bestimmter Ausbildung oder Erfahrung einsetzen darf,
2. dass sie oder er bei den Arbeiten bestimmte Vorrichtungen zu verwenden hat und
3. wie sie oder er die Erfüllung der Anforderungen nach den Nummern 1 und 2 nachzuweisen hat.

§ 55 Bauleiterin und Bauleiter

(1) [1]Die Bauleiterin oder der Bauleiter hat darüber zu wachen, dass die Baumaßnahme entsprechend den öffentlich-rechtlichen Anforderungen durchgeführt wird, und die dafür erforderlichen Weisungen zu erteilen. [2]Sie oder er hat im Rahmen dieser Aufgabe auf den sicheren bautechnischen Betrieb der Baustelle, insbesondere auf das gefahrlose Ineinandergreifen der Arbeiten der Unternehmerinnen und Unternehmer zu achten. [3]Die Verantwortlichkeit der Unternehmerinnen und Unternehmer bleibt unberührt.

(2) [1]Die Bauleiterin oder der Bauleiter muss über die für die Aufgabe erforderlichen Fachkenntnisse verfügen. [2]Verfügt sie oder er auf einzelnen Teilgebieten nicht über die erforderlichen Fachkenntnisse, so ist eine geeignete Fachbauleiterin oder ein geeigneter Fachbauleiter zu bestellen. [3]Die bestellte Person übernimmt für die Teilgebiete die Aufgaben der Bauleiterin oder des Bauleiters nach Absatz 1. [4]Die Bauleiterin oder der Bauleiter hat ihre oder seine Tätigkeit mit der Tätigkeit der Fachbauleiterin oder des Fachbauleiters abzustimmen.

§ 56 Verantwortlichkeit für den Zustand der Anlagen und Grundstücke

[1]Die Eigentümer sind dafür verantwortlich, dass Anlagen und Grundstücke dem öffentlichen Baurecht entsprechen. [2]Erbbauberechtigte treten an die Stelle der Eigentümer. [3]Wer die tatsächliche Gewalt über eine Anlage oder ein Grundstück ausübt, ist neben dem Eigentümer oder Erbbauberechtigten verantwortlich. [4]§ 7 Abs. 3 des Polizei- und Ordnungsbehördengesetzes gilt entsprechend.

Achter Teil
Behörden

§ 57 Bauaufsichtsbehörden

(1) [1]Die Landkreise, die kreisfreien Städte und die großen selbständigen Städte nehmen die Aufgaben der unteren Bauaufsichtsbehörde wahr; die Zuständigkeit der selbständigen Gemeinden wird ausgeschlossen (§ 17 Satz 1 des Niedersächsischen Kommunalverfassungsgesetzes). [2]Oberste Bauaufsichtsbehörde ist das Fachministerium.

(2) [1]Die oberste Bauaufsichtsbehörde kann auf Antrag die Aufgaben der unteren Bauaufsichtsbehörde einer Gemeinde übertragen, wenn sie mindestens 30 000 Einwohnerinnen und Einwohner hat und die Voraussetzungen des Absatzes 4 erfüllt. [2]Hat eine Gemeinde bis zum 31. Oktober 2012 die Aufgaben der unteren Bauaufsichtsbehörde wahrgenommen oder sind ihr nach § 63a der Niedersächsischen

Bauordnung in der Fassung vom 10. Februar 2003 (Nds. GVBl. S. 89), zuletzt geändert durch § 13 des Gesetzes vom 10. November 2011 (Nds. GVBl. S. 415), diese Aufgaben für bestimmte bauliche Anlagen vor dem 1. November 2012 übertragen worden, so bleiben ihr diese Aufgaben übertragen. [3]Die Übertragung kann in den Fällen der Sätze 1 und 2 widerrufen werden, wenn die Gemeinde dies beantragt oder die Voraussetzungen des Absatzes 4 nicht erfüllt. [4]§ 14 Abs. 4 Satz 1 und § 177 Abs. 1 des Niedersächsischen Kommunalverfassungsgesetzes gelten sinngemäß.

(3) Die Aufgaben der unteren Bauaufsichtsbehörden gehören zum übertragenen Wirkungskreis.

(4) [1]Die Bauaufsichtsbehörden sind zur Durchführung ihrer Aufgaben ausreichend mit geeigneten Fachkräften zu besetzen und mit den erforderlichen Einrichtungen auszustatten, sodass sichergestellt ist, dass die Aufgaben ordnungsgemäß wahrgenommen werden. [2]Den Bauaufsichtsbehörden sollen Bedienstete angehören mit der Befähigung für die Laufbahn der Laufbahngruppe 2 der Fachrichtung Technische Dienste, die die Voraussetzungen für den Zugang für das zweite Einstiegsamt erfüllen oder eine von der obersten Dienstbehörde bestimmte laufbahnrechtliche Qualifizierung erfolgreich durchlaufen haben und die erforderlichen Kenntnisse der Bautechnik, der Baugestaltung und des öffentlichen Baurechts haben.

§ 58 Aufgaben und Befugnisse der Bauaufsichtsbehörden

(1) [1]Die Bauaufsichtsbehörden haben, soweit erforderlich, darüber zu wachen und darauf hinzuwirken, dass Anlagen, Grundstücke und Baumaßnahmen dem öffentlichen Baurecht entsprechen. [2]Sie haben in diesem Rahmen auch die Verantwortlichen zu beraten.

(2) Die unteren Bauaufsichtsbehörden sind zuständig, soweit nichts anderes bestimmt ist.

(3) Die unteren Bauaufsichtsbehörden sind zuständig für die Ausübung der Aufsicht über die bevollmächtigten Bezirksschornsteinfegerinnen und bevollmächtigten Bezirksschornsteinfeger hinsichtlich der Wahrnehmung der ihnen nach § 40 Abs. 6 übertragenen Aufgaben und Befugnisse und der Einhaltung ihrer insoweit bestehenden Pflichten.

(4) Die oberste Bauaufsichtsbehörde übt die Fachaufsicht über die unteren Bauaufsichtsbehörden aus.

(5) [1]Die oberste Bauaufsichtsbehörde kann einzelne Befugnisse, die ihr nach diesem Gesetz zustehen, auf andere Behörden des Landes übertragen. [2]Sie kann außerdem widerruflich oder befristet die Zuständigkeit für

1. die Anerkennung von Prüf-, Zertifizierungs- und Überwachungsstellen (§ 24) und
2. Ausführungsgenehmigungen für fliegende Bauten, Ausnahmen, Befreiungen und Abweichungen für genehmigungsfreie fliegende Bauten und Gebrauchsabnahmen fliegender Bauten

auf eine Behörde, auch eines anderen Landes, oder eine andere Stelle oder Person übertragen, die die Gewähr dafür bietet, dass die Aufgaben dem öffentlichen Baurecht entsprechend wahrgenommen werden, und die der Aufsicht der obersten Bauaufsichtsbehörde untersteht oder an deren Willensbildung die oberste Bauaufsichtsbehörde mitwirkt.

(6) Übertragungen nach Absatz 5 und § 57 Abs. 2 sind im Niedersächsischen Ministerialblatt bekannt zu machen.

(7) Eine Fachaufsichtsbehörde kann anstelle einer nachgeordneten Behörde oder einer Stelle tätig werden, wenn diese eine Weisung der Fachaufsichtsbehörde innerhalb einer bestimmten Frist nicht befolgt oder wenn Gefahr im Verzuge ist.

(8) Ist die oberste Bauaufsichtsbehörde mangels örtlicher Zuständigkeit einer unteren Bauaufsichtsbehörde zuständig, so kann sie ihre Zuständigkeit im Einzelfall einvernehmlich auf eine untere Bauaufsichtsbehörde übertragen.

(9) [1]Bedienstete und sonstige Beauftragte der in den Absätzen 1 bis 5, 7 und 8 genannten Behörden und Stellen sowie die dort genannten Personen dürfen zur Erfüllung ihrer Aufgaben Grundstücke und Anlagen einschließlich der Wohnungen auch gegen den Willen der Betroffenen betreten. [2]Sind die Wohnungen in Gebrauch genommen, so dürfen sie gegen den Willen der Betroffenen betreten werden, wenn dies zur Abwehr einer erheblichen Gefahr für die öffentliche Sicherheit erforderlich ist. [3]Das Grundrecht der Unverletzlichkeit der Wohnung nach Artikel 13 des Grundgesetzes wird insoweit eingeschränkt.

Neunter Teil

Genehmigungserfordernisse

§ 59 Genehmigungsvorbehalt

(1) Baumaßnahmen bedürfen der Genehmigung durch die Bauaufsichtsbehörde (Baugenehmigung), soweit sich aus den §§ 60 bis 62, 74 und 75 nichts anderes ergibt.

(2) Vorschriften des Bundes- oder Landesrechts, nach denen behördliche Entscheidungen eine Baugenehmigung einschließen, bleiben unberührt.

(3) [1]Genehmigungsfreie und verfahrensfreie Baumaßnahmen müssen die Anforderungen des öffentlichen Baurechts ebenso wie genehmigungsbedürftige Baumaßnahmen erfüllen, es sei denn, dass sich die Anforderungen auf genehmigungsbedürftige Baumaßnahmen beschränken. [2]Genehmigungsvorbehalte in anderen Vorschriften, namentlich im Niedersächsischen Denkmalschutzgesetz und im städtebaulichen Planungsrecht, bleiben unberührt.

§ 60 Verfahrensfreie Baumaßnahmen, Abbruchanzeige

(1) [1]Die im **Anhang** genannten baulichen Anlagen und Teile baulicher Anlagen dürfen in dem dort festgelegten Umfang ohne Baugenehmigung errichtet, in bauliche Anlagen eingefügt und geändert werden (verfahrensfreie Baumaßnahmen). [2]Verfahrensfreie Baumaßnahmen sind auch die im Anhang genannten Baumaßnahmen.

(2) Verfahrensfrei ist auch

1. die Änderung der Nutzung einer baulichen Anlage, wenn das öffentliche Baurecht an die neue Nutzung weder andere noch weitergehende Anforderungen stellt oder die Errichtung oder Änderung der baulichen Anlage nach Absatz 1 verfahrensfrei wäre,
2. die Umnutzung von Räumen im Dachgeschoss eines Wohngebäudes mit nur einer Wohnung in Aufenthaltsräume, die zu dieser Wohnung gehören,
3. die Umnutzung von Räumen in vorhandenen Wohngebäuden und Wohnungen in Räume mit Badewanne oder Dusche oder mit Toilette,
4. die vorübergehende Nutzung eines Raumes, der nicht als Versammlungsraum genehmigt ist, als Versammlungsraum für die Durchführung einer Veranstaltung, die auch Übernachtungen einschließen kann, wenn die Nutzungsdauer nicht mehr als drei Tage im Jahr beträgt und
   a) der Versammlungsraum nicht mehr als 200 Besucherinnen und Besucher fasst oder
   b) durch die Änderung der Nutzung mehrere Versammlungsräume, die einen gemeinsamen Rettungsweg haben, insgesamt nicht mehr als 200 Besucherinnen und Besucher fassen,
5. der Abbruch und die Beseitigung baulicher Anlagen, ausgenommen Hochhäuser, und der im Anhang genannten Teile baulicher Anlagen,
6. die Instandhaltung baulicher Anlagen.

(3) [1]Der Abbruch und die Beseitigung eines Hochhauses oder eines nicht im Anhang genannten Teils einer baulichen Anlage ist genehmigungsfrei, aber der Bauaufsichtsbehörde vor der Durchführung der Baumaßnahme von der Bauherrin oder dem Bauherrn anzuzeigen; der Bestellung einer Entwurfsverfasserin oder eines Entwurfsverfassers bedarf es insoweit abweichend von § 52 Abs. 2 Satz 1 nicht. [2]Der Anzeige ist die Bestätigung einer Person im Sinne des § 65 Abs. 4 beizufügen über die Wirksamkeit der vorgesehenen Sicherungsmaßnahmen und die Standsicherheit der baulichen Anlagen, die an die abzubrechenden oder zu beseitigenden baulichen Anlagen oder Teile baulicher Anlagen angebaut sind oder auf deren Standsicherheit sich die Baumaßnahme auswirken kann. [3]Die Bauaufsichtsbehörde bestätigt der Bauherrin oder dem Bauherrn den Eingang der Anzeige oder fordert sie oder ihn im Fall einer unvollständigen oder sonst mangelhaften Anzeige zur Vervollständigung der Anzeige oder zur Behebung des Mangels auf. [4]Ist die Anzeige vervollständigt oder der Mangel behoben worden, so teilt die Bauaufsichtsbehörde dies der Bauherrin oder dem Bauherrn mit. [5]Mit den Baumaßnahmen nach Satz 1 darf nicht vor Ablauf eines Monats begonnen werden, nachdem die Bauaufsichtsbehörde der Bauherrin oder dem Bauherrn den Eingang der Anzeige nach Satz 3 bestätigt hat oder die Mitteilung nach Satz 4 erfolgt ist.

§ 61 Genehmigungsfreie öffentliche Baumaßnahmen

(1) Keiner Baugenehmigung bedürfen die Errichtung, die Änderung, der Abbruch und die Beseitigung

1. von Brücken, Durchlässen, Tunneln und Stützmauern sowie von Stauanlagen und sonstigen Anlagen des Wasserbaus, ausgenommen Gebäude, wenn die Wasser- und Schifffahrtsverwaltung

des Bundes, die Straßenbau-, Hafen- oder Wasserwirtschaftsverwaltung des Landes oder eine untere Wasserbehörde die Entwurfsarbeiten leitet und die Bauarbeiten überwacht,
2. von Betriebsanlagen der Straßenbahnen (§ 4 des Personenbeförderungsgesetzes), ausgenommen oberirdische Gebäude,
3. von nach anderen Rechtsvorschriften zulassungsbedürftigen Anlagen für die öffentliche Versorgung mit Elektrizität, Gas, Wärme, Wasser und für die öffentliche Beseitigung von Abwässern, ausgenommen Gebäude.

(2) Keiner Baugenehmigung bedürfen
1. Baumaßnahmen innerhalb vorhandener Gebäude, ausgenommen Nutzungsänderungen,
2. Änderungen des Äußeren vorhandener Gebäude, wenn sie deren Rauminhalt nicht vergrößern,
3. Abbrüche baulicher Anlagen,

wenn das Staatliche Baumanagement Niedersachsen, die Klosterkammer Hannover oder ein Landkreis oder eine Gemeinde, die über eine Bauverwaltung verfügt, die Entwurfsarbeiten leitet und die Bauarbeiten überwacht.

(3) [1]Keiner Baugenehmigung bedürfen vorübergehende Nutzungsänderungen von baulichen Anlagen, soweit und solange
1. die Nutzungsänderung in einer Notsituation erforderlich ist für Zwecke des Brandschutzes, des Katastrophenschutzes, des Bevölkerungsschutzes, der Unfallhilfe oder der medizinischen Versorgung oder die Unterbringung des für diese Zwecke erforderlichen Personals und
2. das Staatliche Baumanagement Niedersachsen, die Klosterkammer Hannover, ein Landkreis oder eine Gemeinde, die über eine Bauverwaltung verfügt, oder eine von einer dieser Stellen beauftragte natürliche oder juristische Person, die nach ihrer Fachkenntnis, ihrer Zuverlässigkeit und ihren Leistungen die Gewähr dafür bietet, dass die Aufgaben dem öffentlichen Baurecht entsprechend wahrgenommen werden, die Planung leitet und die Ausführung der Arbeiten überwacht.

[2]Eine Notsituation im Sinne des Satzes 1 Nr. 1 liegt vor, solange
1. nach § 5 Abs. 1 Satz 1 des Infektionsschutzgesetzes eine epidemische Lage von nationaler Tragweite festgestellt ist,
2. nach § 3a Abs. 1 Satz 1 des Niedersächsischen Gesetzes über den öffentlichen Gesundheitsdienst eine epidemische Lage von landesweiter Tragweite festgestellt ist,
3. ein Katastrophenfall im Sinne des § 1 Abs. 2 des Niedersächsischen Katastrophenschutzgesetzes für den Ort der beabsichtigten Nutzung festgestellt ist oder
4. ein vergleichbarer Notstand vorliegt, bei dem Leben, Gesundheit, die lebenswichtige Versorgung der Bevölkerung, die Umwelt oder erhebliche Sachwerte in einem solchen Maße gefährdet oder beeinträchtigt sind, dass zu seiner Bekämpfung die sofortige Nutzung der betreffenden baulichen Anlage für die in Satz 1 Nr. 1 genannten Zwecke erforderlich ist.

[3]Soweit für eine Nutzungsänderung nach Satz 1 Abweichungen nach § 66 Abs. 1 Satz 1 erforderlich sind, gelten diese als zugelassen. [4]Die Anforderungen nach § 3 Abs. 1 Satz 1 sind im Hinblick auf Gefahren für die öffentliche Sicherheit einzuhalten; insbesondere müssen Standsicherheit und Brandschutz so gewährleistet sein, dass Gefahren für das Leben und die Gesundheit von Menschen vermieden werden. [5]Wird im Zeitpunkt der Aufnahme einer Nutzung nach Satz 1 eine Nutzung rechtmäßig ausgeübt, so kann diese im Anschluss wieder aufgenommen werden. [6]Die Sätze 1 bis 5 gelten nicht für Nutzungsänderungen, die nach § 62 Abs. 1 Satz 4 einer Baugenehmigung bedürfen oder für die nach § 68 Abs. 5 eine Öffentlichkeitsbeteiligung durchzuführen ist.

§ 62 Sonstige genehmigungsfreie Baumaßnahmen

(1) [1]Keiner Baugenehmigung bedarf die Errichtung
1. von Wohngebäuden, auch mit Räumen für freie Berufe nach § 13 der Baunutzungsverordnung, in Kleinsiedlungsgebieten sowie in reinen, in allgemeinen und in besonderen Wohngebieten, wenn die Wohngebäude überwiegend Wohnungen enthalten,
2. von sonstigen Gebäuden der Gebäudeklassen 1 und 2 in Gewerbegebieten und in Industriegebieten,
3. von baulichen Anlagen, die keine Gebäude sind, in Gewerbegebieten und in Industriegebieten und
4. von Nebengebäuden und Nebenanlagen für Gebäude nach den Nummern 1 und 2,

wenn die in den Nummern 1 bis 3 genannten Baugebiete durch Bebauungsplan im Sinne des § 30 Abs. 1 oder 2 des Baugesetzbuchs festgesetzt sind und die Voraussetzungen des Absatzes 2 vorliegen.

[2]Satz 1 gilt entsprechend für die Änderung oder Nutzungsänderung baulicher Anlagen, die nach Durchführung dieser Baumaßnahme bauliche Anlagen im Sinne des Satzes 1 Nrn. 1 bis 4 sind. [3]Die Sätze 1 und 2 gelten nicht für Sonderbauten nach § 2 Abs. 5. [4]Die Sätze 1 und 2 gelten auch nicht für eine Baumaßnahme innerhalb eines Achtungsabstands nach Satz 5 um einen Betriebsbereich im Sinne des § 3 Abs. 5a des Bundes-Immissionsschutzgesetzes (BImSchG), durch die erstmalig oder zusätzlich

1. dem Wohnen dienende Nutzungseinheiten von insgesamt mehr als 5 000 m^2 Grundfläche geschaffen werden oder
2. die Möglichkeit der gleichzeitigen Nutzung einer öffentlich zugänglichen baulichen Anlage durch mehr als 100 Besucherinnen und Besucher geschaffen wird,

es sei denn, dass durch ein nach Beurteilung der für den Betriebsbereich zuständigen Immissionsschutzbehörde plausibles Gutachten einer oder eines nach § 29b BImSchG bekannt gegebenen Sachverständigen nachgewiesen ist, dass die Baumaßnahme außerhalb des angemessenen Sicherheitsabstands im Sinne des § 3 Abs. 5c BImSchG zum Betriebsbereich durchgeführt wird. [5]Der Achtungsabstand nach Satz 4 beträgt, falls der Betriebsbereich eine Biogasanlage ist, 200 m, andernfalls 2 000 m.

(2) Eine Baumaßnahme ist nach Absatz 1 genehmigungsfrei, wenn

1. das Vorhaben den Festsetzungen des Bebauungsplans nicht widerspricht oder notwendige Ausnahmen oder Befreiungen bereits erteilt sind,
2. notwendige Zulassungen von Abweichungen nach § 66 bereits erteilt sind,
3. die Gemeinde der Bauherrin oder dem Bauherrn bestätigt hat, dass
   a) die Erschließung im Sinne des § 30 Abs. 1 oder 2 des Baugesetzbuchs gesichert ist und
   b) sie eine vorläufige Untersagung nach § 15 Abs. 1 Satz 2 des Baugesetzbuchs nicht beantragen wird,
4. die nach § 65 Abs. 2 Satz 1 zu prüfenden Nachweise der Standsicherheit und des Brandschutzes und, soweit erforderlich, die Eignung der Rettungswege nach § 33 Abs. 2 Satz 3 Halbsatz 2 geprüft und bestätigt worden sind.

(3) [1]Die Entwurfsverfasserin oder der Entwurfsverfasser hat aufgrund einer Vollmacht der Bauherrin oder des Bauherrn eine beabsichtigte Baumaßnahme nach Absatz 1 der Bauaufsichtsbehörde mitzuteilen und die Bauherrin oder den Bauherrn darüber in Kenntnis zu setzen. [2]Der Mitteilung sind die Bauvorlagen, ausgenommen die bautechnischen Nachweise, beizufügen. [3]Nimmt der Landkreis die Aufgaben der Bauaufsichtsbehörde wahr, so hat er die Mitteilung und die beigefügten Bauvorlagen unverzüglich an die Gemeinde zu übermitteln. [4]Betrifft die Baumaßnahme ein Lager für Abfälle mit einer Gesamtmenge von mehr als 15 t oder mehr als 15 m^3, so ist hierauf in der Mitteilung nach Satz 1 besonders hinzuweisen. [5]Den übrigen Bauvorlagen beigefügt oder gesondert bei der Bauaufsichtsbehörde eingereicht werden können

1. bei einer Baumaßnahme nach § 65 Abs. 3 die Nachweise der Standsicherheit und des Brandschutzes und
2. soweit die Eignung der Rettungswege nach § 33 Abs. 2 Satz 3 Halbsatz 2 zu prüfen ist, die dafür erforderlichen Unterlagen.

(4) [1]Die Bauvorlagen müssen von einer Entwurfsverfasserin oder einem Entwurfsverfasser im Sinne des § 53 Abs. 3 Satz 2 Nr. 1, 2, 3 oder 5 erstellt sein, die oder der gegen Haftpflichtgefahren versichert ist, die sich aus der Wahrnehmung dieser Tätigkeit ergeben. [2]Personenschäden müssen mindestens zu 1 500 000 Euro und Sach- und Vermögensschäden mindestens zu 200 000 Euro je Versicherungsfall versichert sein. [3]Der Versicherungsschutz muss mindestens fünf Jahre über den Zeitpunkt der Beendigung des Versicherungsvertrages hinausreichen. [4]Die Leistungen des Versicherers für alle innerhalb eines Versicherungsjahres verursachten Schäden können auf das Zweifache des jeweiligen Betrages nach Satz 2 begrenzt werden. [5]Bei Entwurfsverfasserinnen und Entwurfsverfassern, die im Rahmen des europäischen Dienstleistungsverkehrs vorübergehend und gelegentlich in Niedersachsen tätig sind, gilt die Versicherungspflicht als erfüllt, wenn sie die Architektenkammer oder die Ingenieurkammer oder die zuständige Kammer eines anderen Bundeslandes über die Einzelheiten ihres Versicherungsschutzes oder einer anderen Art des individuellen oder kollektiven Schutzes vor Haftpflichtgefahren informiert haben. [6]Die Sätze 1 bis 5 gelten nicht, wenn die Bauherrin oder der Bauherr den Entwurf selbst erstellt hat.

(5) [1]Die Gemeinde hat der Bauherrin oder dem Bauherrn innerhalb eines Monats nach Eingang der Unterlagen nach Absatz 3 bei ihr die Bestätigung nach Absatz 2 Nr. 3 auszustellen, wenn die Er-

schließung im Sinne des § 30 Abs. 1 oder 2 des Baugesetzbuchs gesichert ist und wenn sie die vorläufige Untersagung nach § 15 Abs. 1 Satz 2 des Baugesetzbuchs nicht beantragen will. [2]Eine darüber hinausgehende Pflicht der Gemeinde zur Prüfung der Baumaßnahme besteht nicht. [3]Liegt eine der Voraussetzungen nach Absatz 2 Nr. 3 nicht vor, so hat die Gemeinde dies der Bauherrin oder dem Bauherrn innerhalb der Frist nach Satz 1 mitzuteilen und, wenn die Erschließung im Sinne des § 30 Abs. 1 oder 2 des Baugesetzbuchs nicht gesichert ist, die Unterlagen nach Absatz 3 zurückzugeben.

(6) Die Gemeinde hat, wenn sie nicht selbst die Aufgaben der Bauaufsichtsbehörde wahrnimmt, eine Ausfertigung ihrer Bestätigung nach Absatz 2 Nr. 3 oder, wenn sie die vorläufige Untersagung nach § 15 Abs. 1 Satz 2 des Baugesetzbuchs beantragt, ihren Antrag unverzüglich der Bauaufsichtsbehörde zu übermitteln.

(7) Über den Antrag auf vorläufige Untersagung hat die Bauaufsichtsbehörde innerhalb von zwei Wochen nach Eingang des vollständigen Antrages zu entscheiden.

(8) [1]Mit der Baumaßnahme darf erst begonnen werden, wenn die Bestätigung nach Absatz 2 Nr. 3 und, soweit erforderlich, die Bestätigung nach Absatz 2 Nr. 4 über die Eignung der Rettungswege der Bauherrin oder dem Bauherrn vorliegen. [2]Eine Baumaßnahme nach § 65 Abs. 3 darf erst begonnen werden, wenn der Bauherrin oder dem Bauherrn auch die Bestätigung der Nachweise der Standsicherheit und des Brandschutzes vorliegt. [3]Die Baumaßnahme darf mehr als drei Jahre, nachdem sie nach Satz 1 oder 2 zulässig geworden ist oder ihre Ausführung unterbrochen worden ist, nur dann begonnen oder fortgesetzt werden, wenn die Anforderungen nach den Absätzen 3 und 5 bis 7 sowie den Sätzen 1 und 2 erneut erfüllt worden sind.

(9) [1]Die Durchführung der Baumaßnahme darf von den Bauvorlagen nicht abweichen. [2]Die Bauvorlagen einschließlich der bautechnischen Nachweise müssen während der Durchführung der Baumaßnahme an der Baustelle vorgelegt werden können. [3]Satz 2 gilt auch für die Bestätigungen nach Absatz 2 Nr. 4.

(10) Die Bauherrin oder der Bauherr kann verlangen, dass für eine Baumaßnahme nach Absatz 1 das vereinfachte Baugenehmigungsverfahren durchgeführt wird.

(11) [1]Die Absätze 2 bis 10 sind nicht anzuwenden, soweit Baumaßnahmen nach Absatz 1 schon nach anderen Vorschriften keiner Baugenehmigung bedürfen. [2]Eine nach Absatz 1 genehmigungsfreie Baumaßnahme bedarf auch dann keiner Baugenehmigung, wenn nach ihrer Durchführung die Unwirksamkeit oder Nichtigkeit des Bebauungsplans festgestellt wird.

Zehnter Teil
Genehmigungsverfahren

§ 63 Vereinfachtes Baugenehmigungsverfahren

(1) [1]Das vereinfachte Baugenehmigungsverfahren wird durchgeführt für die genehmigungsbedürftige Errichtung, Änderung oder Nutzungsänderung baulicher Anlagen, mit Ausnahme von baulichen Anlagen, die nach Durchführung der Baumaßnahme Sonderbauten im Sinne des § 2 Abs. 5 sind. [2]Das vereinfachte Baugenehmigungsverfahren wird auch durchgeführt für eine Baumaßnahme zum Repowering von bestehenden Anlagen zur Produktion von Energie aus erneuerbaren Quellen im Sinne des Artikels 16 Abs. 1 Satz 4 und Abs. 6 in Verbindung mit Artikel 2 Nr. 10 der Richtlinie (EU) 2018/2001 des Europäischen Parlaments und des Rates vom 11. Dezember 2018 zur Förderung der Nutzung von Energie aus erneuerbaren Quellen (ABl. EU Nr. L 328 S. 82; 2020 Nr. L 311 S. 11); dies gilt abweichend von Satz 1 auch für Sonderbauten. [3]Bei Baumaßnahmen nach den Sätzen 1 und 2 prüft die Bauaufsichtsbehörde die Bauvorlagen nur auf ihre Vereinbarkeit mit

1. dem städtebaulichen Planungsrecht,
2. den §§ 5 bis 7, 33 Abs. 2 Satz 3, § 41 Abs. 2 Satz 2 und den §§ 47 und 50,
3. den sonstigen Vorschriften des öffentlichen Rechts im Sinne des § 2 Abs. 17;

§ 65 bleibt unberührt. [4]§ 64 Satz 2 gilt entsprechend.

(2) [1]Das vereinfachte Baugenehmigungsverfahren wird auch durchgeführt für die genehmigungsbedürftige vorübergehende Nutzung eines nicht als Versammlungsraum genehmigten Raumes als Versammlungsraum für die Durchführung einer Veranstaltung, die auch Übernachtungen einschließen kann, wenn der Raum für diese vorübergehende Nutzung nicht mehr als drei Mal im Jahr für jeweils nicht mehr als vier Tage genutzt wird. [2]Bei Baumaßnahmen nach Satz 1 prüft die Bauaufsichtsbehörde

nur, ob für die vorübergehende Nutzung der Brandschutz gewährleistet ist. [3]Liegen Anhaltspunkte dafür vor, dass durch das Vorhaben aus anderen Gründen eine Gefahr für das Leben oder die Gesundheit von Menschen zu besorgen ist, kann die Bauaufsichtsbehörde die Prüfung deswegen auf die Einhaltung weiterer Vorschriften des öffentlichen Baurechts erweitern. [4]Die §§ 51 und 65 finden keine Anwendung. [5]Bauvorlagen sind nur zu übermitteln, soweit dies für die Prüfung nach Satz 2 erforderlich ist; Regelungen in einer Verordnung nach § 82 Abs. 1 Nr. 4 oder Abs. 2 Nr. 8, nach denen Nachweise, die den in § 65 genannten entsprechen, oder weitere Bauvorlagen, die für die Prüfung nach Satz 2 nicht erforderlich sind, zu übermitteln sind, finden ebenfalls keine Anwendung. [6]Die Bauaufsichtsbehörde kann abweichend von Satz 5 im Einzelfall die Vorlage weiterer Nachweise, insbesondere eines Brandschutzkonzepts, fordern, wenn die in § 53 Abs. 9 Satz 2 genannten Umstände vorliegen und soweit es zur Prüfung nach Satz 2 oder 3 erforderlich ist. [7]§ 64 Satz 2 gilt entsprechend.

(3) Über erforderliche Ausnahmen, Befreiungen und Zulassungen von Abweichungen von Vorschriften, deren Einhaltung nach den Absätzen 1 und 2 nicht geprüft wird, wird nur auf besonderen Antrag entschieden.

§ 64 Baugenehmigungsverfahren

[1]Bei genehmigungsbedürftigen Baumaßnahmen, die nicht im vereinfachten Baugenehmigungsverfahren nach § 63 geprüft werden, prüft die Bauaufsichtsbehörde die Bauvorlagen auf ihre Vereinbarkeit mit dem öffentlichen Baurecht. [2]Die Vereinbarkeit der Bauvorlagen mit den Anforderungen der Arbeitsstättenverordnung wird nur geprüft, wenn die Bauherrin oder der Bauherr dies verlangt. [3]§ 65 bleibt unberührt.

§ 65 Bautechnische Nachweise, Typenprüfung

(1) [1]Die Einhaltung der Anforderungen an die Standsicherheit sowie den Brand-, den Schall-, den Wärme- und den Erschütterungsschutz ist nach Maßgabe der Verordnung nach § 82 Abs. 2 durch bautechnische Nachweise nachzuweisen; dies gilt nicht für verfahrensfreie Baumaßnahmen und für Baumaßnahmen im Sinne des § 60 Abs. 3 Satz 1, soweit nicht in diesem Gesetz oder in der Verordnung nach § 82 Abs. 2 anderes bestimmt ist. [2]Die Berechtigung zum Erstellen von Bauvorlagen nach § 53 Abs. 3 Satz 2 Nrn. 1 bis 4, Abs. 4 Nrn. 2 bis 4 sowie Abs. 5 bis 8 schließt die Berechtigung zur Erstellung der bautechnischen Nachweise ein, soweit nachfolgend nicht anderes bestimmt ist.

(2) [1]Für Baumaßnahmen nach den §§ 62 bis 64 sind nur

1. die Nachweise der Standsicherheit für bauliche Anlagen nach Absatz 3 Sätze 1 und 3 Halbsatz 2 und
2. die Nachweise des Brandschutzes für bauliche Anlagen nach Absatz 3 Satz 2

zu prüfen; im Übrigen sind die bautechnischen Nachweise nicht zu prüfen. [2]Die Bauaufsichtsbehörde kann abweichend von Satz 1 Nr. 1 die Prüfung von Nachweisen der Standsicherheit anordnen, wenn besondere statischkonstruktive Nachweise oder Maßnahmen insbesondere wegen des Baugrundes oder während der Durchführung der Baumaßnahme erforderlich sind. [3]In den Fällen des § 62 gibt die Bauaufsichtsbehörde auf Antrag der Bauherrin oder dem Bauherrn die Nachweise, wenn sie dem öffentlichen Baurecht entsprechen, mit einer Bestätigung darüber zurück.

(3) [1]Bauliche Anlagen nach Absatz 2 Satz 1 Nr. 1 sind

1. Wohngebäude der Gebäudeklassen 4 und 5,
2. sonstige Wohngebäude mit unterirdischen Garagen, wenn die Nutzfläche der Garage 100 m² übersteigt,
3. sonstige Gebäude, ausgenommen eingeschossige Gebäude bis 200 m² Grundfläche sowie eingeschossige landwirtschaftlich, forstwirtschaftlich oder erwerbsgärtnerisch genutzte Gebäude bis 1 000 m² Grundfläche und mit einfachen balkenartigen Dachkonstruktionen bis 6 m Stützweite, bei fachwerkartigen Dachbindern bis 20 m Stützweite,
4. fliegende Bauten und Fahrgeschäfte, die keine fliegenden Bauten sind,
5. Brücken mit einer lichten Weite von mehr als 5 m,
6. Stützmauern mit einer Höhe von mehr als 3 m über der Geländeoberfläche,
7. Tribünen mit einer Höhe von mehr als 3 m,
8. Regale mit einer zulässigen Höhe der Oberkante des Lagerguts von mehr als 7,50 m,
9. Behälter,

10. Windenergieanlagen mit einer Höhe von mehr als 10 m,
11. sonstige bauliche Anlagen mit einer Höhe von mehr als 10 m.

[2]Bauliche Anlagen nach Absatz 2 Satz 1 Nr. 2 sind
1. Wohngebäude der Gebäudeklassen 4 und 5,
2. sonstige Gebäude der Gebäudeklassen 3, 4 und 5, ausgenommen eingeschossige landwirtschaftlich, forstwirtschaftlich oder erwerbsgärtnerisch genutzte Gebäude,
3. Garagen mit mehr als 100 m² Nutzfläche, auch wenn sie Teil eines sonst anders genutzten Gebäudes sind,
4. Sonderbauten.

[3]Geschosse zur ausschließlichen Lagerung von Jauche oder Gülle bleiben in den Fällen des Satzes 1 Nr. 3 und des Satzes 2 Nr. 2 bei der Ermittlung der Zahl der Geschosse unberücksichtigt; für Geschosse zur ausschließlichen Lagerung von Jauche oder Gülle sind die Nachweise der Standsicherheit stets zu prüfen.

(4) Nachweise der Standsicherheit, die nicht nach Absatz 2 Satz 1 Nr. 1 zu prüfen sind, müssen erstellt sein von Personen, die in der von der Ingenieurkammer Niedersachsen geführten Liste der Tragwerksplanerinnen und Tragwerksplaner (§ 21 NIngG) oder in einem entsprechenden Verzeichnis in einem anderen Land eingetragen oder diesen Personen nach § 21 Abs. 5 NIngG gleichgestellt sind.

(5) Für genehmigungsbedürftige Baumaßnahmen dürfen Nachweise der Standsicherheit, die nicht nach Absatz 2 Satz 1 Nr. 1 zu prüfen sind, abweichend von Absatz 4 auch von Personen erstellt sein, die nicht die dort genannten Voraussetzungen erfüllen; die von diesen Personen erstellten Nachweise sind abweichend von Absatz 2 Satz 1 Nr. 1 zu prüfen.

(6) [1]Die Nachweise des Schall- und des Wärmeschutzes müssen von Personen erstellt sein, die die Anforderungen nach Absatz 4 oder § 53 Abs. 3 Satz 2 Nr. 1, 2 oder 3 erfüllen. [2]Diese Nachweise können auch erstellt sein
1. für die in § 53 Abs. 4 Nr. 2 genannten Baumaßnahmen von Personen, die die Anforderungen nach § 53 Abs. 4 Nr. 2, 3 oder 4 oder Abs. 5 bis 8 erfüllen, und
2. für die mit der Berufsaufgabe der Innenarchitektin und des Innenarchitekten verbundenen Baumaßnahmen von Personen, die die Anforderungen nach § 53 Abs. 3 Satz 2 Nr. 5 erfüllen.

(7) [1]Die Nachweise der Standsicherheit und die Nachweise der Feuerwiderstandsfähigkeit der Bauteile können, auch wenn sie nicht nach Absatz 2 zu prüfen sind, auf Antrag allgemein geprüft werden (Typenprüfung); mit dem Antrag sind die beizufügenden Bauvorlagen zu übermitteln. [2]Absatz 4 ist im Fall einer Typenprüfung nicht anzuwenden.

(8) [1]Soweit die Typenprüfung ergibt, dass die bautechnischen Nachweise nach Absatz 7 dem öffentlichen Baurecht entsprechen, ist dies durch Bescheid festzustellen. [2]Der Bescheid wird widerruflich und in der Regel auf fünf Jahre befristet erteilt. [3]Die Befristung kann auf Antrag um jeweils längstens fünf Jahre verlängert werden. [4]§ 71 Abs. 1 Satz 4 gilt entsprechend.

(9) Bescheide über Typenprüfungen von Behörden anderer Länder gelten auch in Niedersachsen.

§ 66 Abweichungen

(1) [1]Die Bauaufsichtsbehörde kann Abweichungen von Anforderungen dieses Gesetzes und aufgrund dieses Gesetzes erlassener Vorschriften zulassen, wenn diese unter Berücksichtigung des Zwecks der jeweiligen Anforderung und unter Würdigung der öffentlich-rechtlich geschützten nachbarlichen Belange mit den öffentlichen Belangen, insbesondere den Anforderungen nach § 3 Abs. 1 vereinbar sind. [2]Es ist anzugeben, von welchen Vorschriften und in welchem Umfang eine Abweichung zugelassen wird. [3]§ 83 Abs. 1 Satz 3 bleibt unberührt.

(2) [1]Die Zulassung einer Abweichung bedarf eines begründeten Antrags. [2]Für Anlagen, die keiner Genehmigung bedürfen, sowie für Abweichungen von Vorschriften, deren Einhaltung nicht geprüft wird, gilt Satz 1 entsprechend. [3]Der Antrag nach Satz 1 ist der Bauaufsichtsbehörde durch die Entwurfsverfasserin oder den Entwurfsverfasser aufgrund einer Vollmacht der Bauherrin oder des Bauherrn, die oder der hierüber von der Entwurfsverfasserin oder dem Entwurfsverfasser in Kenntnis zu setzen ist, zu übermitteln; die Bauherrin oder der Bauherr kann den Antrag auch ohne Bestellung und Bevollmächtigung einer Entwurfsverfasserin oder eines Entwurfsverfassers der Bauaufsichtsbehörde übermitteln

1. bei Entwürfen einfacher Art, wenn kein Nachweis der Standsicherheit erforderlich ist, und
2. bei Abweichungen im Rahmen verfahrensfreier Baumaßnahmen.

(3) [1]Eine Abweichung wird, wenn die Erteilung einer Baugenehmigung von ihr abhängt, durch die Baugenehmigung zugelassen. [2]Wenn eine Bestätigung nach § 65 Abs. 2 Satz 3 oder eine Entscheidung nach § 65 Abs. 8 oder den §§ 72 bis 75 von der Abweichung abhängt, wird diese durch die Bestätigung oder die Entscheidung zugelassen. [3]Die Zulassung einer Abweichung nach Satz 1 gilt, solange die Baugenehmigung wirksam ist. [4]Für die gesonderte Zulassung einer Abweichung gelten § 70 Abs. 1 Satz 3 und § 71 Abs. 1 entsprechend.

(4) Wird nach Absatz 1 Satz 1 zugelassen, dass notwendige Einstellplätze innerhalb einer angemessenen Frist nach Ingebrauchnahme der baulichen Anlage hergestellt werden, so kann die Baugenehmigung von einer Sicherheitsleistung abhängig gemacht werden.

(5) Abweichungen von örtlichen Bauvorschriften nach § 84 Abs. 1 und 2 dürfen nur im Einvernehmen mit der Gemeinde zugelassen werden.

(6) Die Absätze 2 und 3 gelten auch für die Erteilung von Ausnahmen und Befreiungen nach anderen Vorschriften des öffentlichen Baurechts, soweit nichts anderes bestimmt ist.

§ 67 Bauantrag

(1) Die Entwurfsverfasserin oder der Entwurfsverfasser hat aufgrund einer Vollmacht der Bauherrin oder des Bauherrn den Antrag auf Erteilung einer Baugenehmigung (Bauantrag) mit den beizufügenden Bauvorlagen der Bauaufsichtsbehörde zu übermitteln und die Bauherrin oder den Bauherrn darüber in Kenntnis zu setzen.

(2) Die Bauaufsichtsbehörde kann verlangen, dass die bauliche Anlage auf dem Grundstück dargestellt wird, soweit sich in besonderen Fällen anders nicht ausreichend beurteilen lässt, wie sie sich in die Umgebung einfügt.

(3) [1]Die Bauaufsichtsbehörde kann auf Antrag im Einzelfall zulassen, dass der zu prüfende Nachweis der Standsicherheit nach Erteilung der Baugenehmigung eingereicht wird. [2]Die Baugenehmigung ist unter der aufschiebenden Bedingung zu erteilen, dass der Nachweis der Standsicherheit

1. innerhalb eines Jahres nach Erteilung der Baugenehmigung übermittelt und
2. seine Vereinbarkeit mit dem öffentlichen Baurecht nach Prüfung bestätigt wird.

§ 68 Beteiligung der Nachbarn und der Öffentlichkeit

(1) [1]Nachbarn, deren Belange eine Baumaßnahme berühren kann, dürfen die Bauvorlagen bei der Bauaufsichtsbehörde oder bei der Gemeinde einsehen. [2]Dies gilt nicht für die Teile der Bauvorlagen, die Belange der Nachbarn nicht berühren können.

(2) [1]Soll eine Abweichung oder Ausnahme von Vorschriften des öffentlichen Baurechts, die auch dem Schutz von Nachbarn dienen, zugelassen oder eine Befreiung von solchen Vorschriften erteilt werden, so soll die Bauaufsichtsbehörde den betroffenen Nachbarn, soweit sie erreichbar sind, Gelegenheit zur Stellungnahme innerhalb einer angemessenen Frist von längstens vier Wochen geben. [2]Auch in anderen Fällen kann die Bauaufsichtsbehörde nach Satz 1 verfahren, wenn eine Baumaßnahme möglicherweise Belange der Nachbarn berührt, die durch Vorschriften des öffentlichen Baurechts geschützt werden.

(3) [1]Die Bauherrin oder der Bauherr hat der Bauaufsichtsbehörde auf Verlangen die von der Baumaßnahme betroffenen Nachbarn namhaft zu machen und Unterlagen zur Verfügung zu stellen, die zur Unterrichtung der Nachbarn erforderlich sind. [2]Einwendungen sind innerhalb von vier Wochen nach Zustellung der Benachrichtigung der Bauaufsichtsbehörde von der Person, die die Einwendungen erhebt, elektronisch mit einer qualifizierten elektronischen Signatur oder als Dokument in Papierform mit Unterschrift an die Bauaufsichtsbehörde zu übermitteln; § 3a Abs. 2 VwVfG in Verbindung mit § 1 Abs. 1 NVwVfG findet keine Anwendung. [3]Die benachrichtigten Nachbarn werden mit allen öffentlich-rechtlichen Einwendungen gegen die Baumaßnahme für das Genehmigungsverfahren ausgeschlossen, die im Rahmen der Beteiligung nicht innerhalb der Frist bei der Bauaufsichtsbehörde eingegangen sind; auf die Anforderungen nach Satz 2 sowie auf die Rechtsfolgen einer nicht form- und fristgerechten Geltendmachung nach Halbsatz 1 ist in der Benachrichtigung hinzuweisen.

(4) Absatz 2 ist nicht anzuwenden, soweit Nachbarn der Baumaßnahme elektronisch mit einer qualifizierten elektronischen Signatur oder in einem Dokument in Papierform mit Unterschrift zugestimmt haben; § 3a Abs. 2 VwVfG in Verbindung mit § 1 Abs. 1 NVwVfG findet keine Anwendung.

(5) [1]Die Bauaufsichtsbehörde hat

1. Baumaßnahmen innerhalb eines Achtungsabstands nach Satz 2 um einen Betriebsbereich im Sinne des § 3 Abs. 5a BImSchG, durch die erstmalig oder zusätzlich
   a) dem Wohnen dienende Nutzungseinheiten von insgesamt mehr als 5 000 m^2 Grundfläche geschaffen werden oder
   b) die Möglichkeit der gleichzeitigen Nutzung einer öffentlich zugänglichen baulichen Anlage durch mehr als 100 Besucherinnen und Besucher geschaffen wird,

   und
2. die Errichtung, Änderung oder Nutzungsänderung baulicher Anlagen, die nach Durchführung der Baumaßnahme Sonderbauten nach § 2 Abs. 5 Satz 1 Nr. 9, 10, 11, 12, 13, 14, 16 oder 17 sind und innerhalb eines Achtungsabstands nach Satz 2 um einen Betriebsbereich im Sinne des § 3 Abs. 5a BImSchG liegen,

nach vollständiger Beibringung der Unterlagen im Sinne des § 67 in ihrem amtlichen Veröffentlichungsblatt und außerdem entweder im Internet oder in örtlichen Tageszeitungen, die am Ort der Baumaßnahme verbreitet sind, öffentlich bekannt zu machen. [2]Der Achtungsabstand nach Satz 1 beträgt, falls der Betriebsbereich eine Biogasanlage ist, 200 m, andernfalls 2 000 m. [3]Eine öffentliche Bekanntmachung nach Satz 1 erfolgt nicht, wenn

1. durch ein nach Beurteilung der für den Betriebsbereich zuständigen Immissionsschutzbehörde plausibles Gutachten einer oder eines nach § 29b BImSchG bekannt gegebenen Sachverständigen nachgewiesen ist, dass die Baumaßnahme außerhalb des angemessenen Sicherheitsabstands im Sinne des § 3 Abs. 5c BImSchG zum Betriebsbereich durchgeführt wird, oder
2. dem Gebot, den angemessenen Sicherheitsabstand zu wahren, bereits in einem für die Beurteilung der Zulässigkeit der Baumaßnahme maßgeblichen Bebauungsplan durch verbindliche Vorgaben Rechnung getragen worden ist.

[4]Absatz 1 findet im Fall einer öffentlichen Bekanntmachung nach Satz 1 keine Anwendung. [5]Eine öffentliche Bekanntmachung ist entbehrlich, wenn durch eine Änderung einer baulichen Anlage, die ein Sonderbau nach § 2 Abs. 5 Satz 1 Nr. 9, 10, 11, 12, 13, 14, 16 oder 17 ist, eine Erhöhung der Anzahl der Nutzerinnen und Nutzer oder der Besucherinnen und Besucher nicht eintritt. [6]Der Bauantrag und die Bauvorlagen sowie die entscheidungserheblichen Berichte und Empfehlungen, die der Bauaufsichtsbehörde im Zeitpunkt der Bekanntmachung vorliegen, sind nach Bekanntmachung einen Monat zur Einsicht auszulegen. [7]§ 10 Abs. 2 BImSchG gilt entsprechend. [8]Weitere Informationen, die für die Entscheidung über die Genehmigungsfähigkeit der Baumaßnahme von Bedeutung sein können und die der Bauaufsichtsbehörde erst nach Beginn der Auslegung vorliegen, sind der Öffentlichkeit nach den Bestimmungen über den Zugang zu Umweltinformationen zugänglich zu machen. [9]Besteht für die Baumaßnahme eine Pflicht zur Umweltverträglichkeitsprüfung (UVP-Pflicht), so muss die Bekanntmachung darüber hinaus den Anforderungen des § 19 Abs. 1 des Gesetzes über die Umweltverträglichkeitsprüfung (UVPG) entsprechen. [10]Personen, deren Belange durch die Baumaßnahme berührt werden, sowie Vereinigungen, welche die Anforderungen des § 3 Abs. 1 oder des § 2 Abs. 2 des Umwelt-Rechtsbehelfsgesetzes erfüllen, können bis einen Monat nach Ablauf der Auslegungsfrist gegenüber der Bauaufsichtsbehörde elektronisch mit einer qualifizierten elektronischen Signatur oder in einem Dokument in Papierform mit Unterschrift Einwendungen erheben; § 3a Abs. 2 VwVfG in Verbindung mit § 1 Abs. 1 NVwVfG findet keine Anwendung. [11]Mit Ablauf der Einwendungsfrist sind alle öffentlich-rechtlichen Einwendungen gegen die Baumaßnahme für das Genehmigungsverfahren ausgeschlossen. [12]Einwendungen, die auf besonderen privatrechtlichen Titeln beruhen, sind auf den Rechtsweg vor den ordentlichen Gerichten zu verweisen.

(6) In der Bekanntmachung nach Absatz 5 Satz 1 ist über Folgendes zu informieren:

1. den Gegenstand der Baumaßnahme,
2. gegebenenfalls die Feststellung der UVP-Pflicht der Baumaßnahme nach § 5 UVPG sowie die Durchführung einer grenzüberschreitenden Beteiligung nach den §§ 54 bis 56 UVPG,
3. die für die Genehmigung zuständige Behörde, bei der der Bauantrag nebst Unterlagen zur Einsicht ausgelegt wird, sowie wo und wann Einsicht genommen werden kann,
4. dass etwaige Einwendungen von Personen und Vereinigungen nach Absatz 5 Satz 10 bei einer in der Bekanntmachung bezeichneten Stelle innerhalb der Einwendungsfrist nach Absatz 5 Satz 10 vorzubringen sind; dabei ist auf die Rechtsfolgen nach Absatz 5 Satz 11 hinzuweisen,

5. die Art möglicher Entscheidungen oder, soweit vorhanden, den Entscheidungsentwurf,
6. dass die Zustellung der Entscheidung über die Einwendungen durch öffentliche Bekanntmachung ersetzt werden kann,
7. gegebenenfalls weitere Einzelheiten des Verfahrens zur Unterrichtung der Öffentlichkeit und Anhörung der in Absatz 5 Satz 10 genannten Personen und Vereinigungen.

(7) [1]Wurde eine öffentliche Bekanntmachung der Baumaßnahme nach Absatz 5 durchgeführt, so sind in der Begründung der Baugenehmigung die wesentlichen tatsächlichen und rechtlichen Gründe, die die Behörde zu ihrer Entscheidung bewogen haben, sowie die Behandlung der Einwendungen und Angaben über das Verfahren zur Beteiligung der Öffentlichkeit aufzunehmen. [2]Die Baugenehmigung ist der Bauherrin oder dem Bauherrn sowie Personen und Vereinigungen nach Absatz 5 Satz 10, die Einwendungen erhoben haben, zuzustellen. [3]Haben mehr als 50 Personen oder Vereinigungen nach Absatz 5 Satz 10 Einwendungen erhoben, so kann die Zustellung an diese durch die öffentliche Bekanntmachung nach Absatz 8 ersetzt werden.

(8) [1]Wurde eine öffentliche Bekanntmachung der Baumaßnahme nach Absatz 5 durchgeführt, so ist die Baugenehmigung öffentlich bekannt zu machen. [2]Die öffentliche Bekanntmachung wird dadurch bewirkt, dass der verfügende Teil des Bescheids und die Rechtsbehelfsbelehrung in entsprechender Anwendung des Absatzes 5 Satz 1 bekannt gemacht werden; auf Auflagen ist hinzuweisen. [3]Eine Ausfertigung der gesamten Baugenehmigung ist ab dem Tag nach der Bekanntmachung zwei Wochen zur Einsicht auszulegen. [4]In der öffentlichen Bekanntmachung ist anzugeben, wo und wann der Bescheid und seine Begründung eingesehen und nach Satz 6 angefordert werden können. [5]Mit dem Ende der Auslegungsfrist gilt der Bescheid auch Dritten gegenüber, die keine Einwendungen erhoben haben, als zugestellt; darauf ist in der Bekanntmachung hinzuweisen. [6]Nach der öffentlichen Bekanntmachung können der Bescheid und seine Begründung bis zum Ablauf der Rechtsbehelfsfrist von Personen und Vereinigungen nach Absatz 5 Satz 10, die Einwendungen erhoben haben, schriftlich angefordert werden.

§ 69 Behandlung des Bauantrags

(1) Nimmt der Landkreis die Aufgaben der Bauaufsichtsbehörde wahr, so hat er den Bauantrag innerhalb einer Woche der Gemeinde zu übermitteln.

(2) [1]Die Bauaufsichtsbehörde hat den Bauantrag binnen drei Wochen nach Eingang auf seine Vollständigkeit zu überprüfen (Vorprüfung). [2]Sind der Bauantrag oder die Bauvorlagen unvollständig oder weisen sie sonstige erhebliche Mängel auf, so fordert die Bauaufsichtsbehörde die Bauherrin oder den Bauherrn zur Behebung der Mängel innerhalb einer angemessenen Frist auf. [3]Werden die Mängel innerhalb der Frist nicht behoben, so gilt der Antrag drei Wochen nach Ablauf der Frist als zurückgenommen; die Frist kann auf schriftlichen oder elektronischen Antrag um bis zu drei Wochen verlängert werden. [4]Wird bei der Bearbeitung des Bauantrags festgestellt, dass zur Prüfung weitere Unterlagen, insbesondere fachliche Gutachten, erforderlich werden, so können diese durch die Bauaufsichtsbehörde nachgefordert werden.

(3) [1]Die Bauaufsichtsbehörde hört zum Bauantrag diejenigen Behörden und Stellen an,
1. deren Beteiligung für die Entscheidung über den Bauantrag durch Rechtsvorschrift vorgeschrieben ist, oder
2. ohne deren Stellungnahme die Genehmigungsfähigkeit der Baumaßnahme nicht beurteilt werden kann.

[2]Eine Anhörung nach Satz 1 ist nicht erforderlich, wenn die jeweilige Behörde oder Stelle der Baumaßnahme bereits schriftlich oder elektronisch zugestimmt hat. [3]Äußert sich eine Behörde, die im Baugenehmigungsverfahren nach Satz 1 angehört wird, nicht innerhalb von zwei Wochen oder verlangt sie nicht innerhalb dieser Frist unter Angabe der Gründe eine weitere Frist von längstens einem Monat für ihre Stellungnahme, so kann die Bauaufsichtsbehörde davon ausgehen, dass die Baumaßnahme mit den von dieser Behörde wahrzunehmenden öffentlichen Belangen in Einklang steht.

(4) Bedarf die Baugenehmigung nach landesrechtlichen Vorschriften der Zustimmung oder des Einvernehmens einer anderen Behörde, so gelten diese als erteilt, wenn sie nicht innerhalb eines Monats nach Eingang des Ersuchens unter Angabe der Gründe verweigert werden.

(5) Erhebt ein Nachbar Einwendungen gegen die Baumaßnahme, so hat die Bauaufsichtsbehörde die Bauherrin oder den Bauherrn davon zu unterrichten.

(6) [1]Betrifft die Baumaßnahme den Bau, das Repowering und den Betrieb von Anlagen zur Produktion von Energie aus erneuerbaren Quellen im Sinne des Artikels 16 Abs. 1 Satz 4 der Richtlinie (EU) 2018/2001, so wird auf Antrag der Bauherrin oder des Bauherrn das Baugenehmigungsverfahren über eine einheitliche Stelle nach den Vorschriften des Verwaltungsverfahrensgesetzes und des Niedersächsischen Gesetzes über Einheitliche Ansprechpartner abgewickelt. [2]Nach Eingang der vollständigen Antragsunterlagen stellt die einheitliche Stelle der Antragstellerin oder dem Antragsteller innerhalb von einem Monat eine Übersicht darüber, welche sonstigen Genehmigungs- oder Zulassungserfordernisse für die Baumaßnahme bestehen, und einen Zeitplan für die mit der Baumaßnahme verbundenen Verfahren (Verfahrenshandbuch) schriftlich und elektronisch zur Verfügung. [3]Die Verfahren für eine Baumaßnahme nach Satz 1 dürfen nach Eingang des Bauantrags und der beizufügenden Bauvorlagen

1. für eine Baumaßnahme zu einer Anlage mit einer Stromerzeugungskapazität unter 150 kW oder für eine Baumaßnahme zum Repowering nicht länger als ein Jahr und
2. im Übrigen nicht länger als zwei Jahre

dauern. [4]Die Frist nach Satz 3 kann in durch außergewöhnliche Umstände hinreichend begründeten Fällen um bis zu einem Jahr verlängert werden; weitere Fristverlängerungen aufgrund von gerichtlichen Verfahren und anderen Rechtsbehelfsverfahren bleiben hiervon unberührt und können die Dauer des Verfahrens verlängern.

§ 70 Baugenehmigung und Teilbaugenehmigung

(1) [1]Die Baugenehmigung ist zu erteilen, wenn die Baumaßnahme, soweit sie genehmigungsbedürftig ist und soweit eine Prüfung erforderlich ist, dem öffentlichen Baurecht entspricht. [2]Die durch eine Umweltverträglichkeitsprüfung ermittelten, beschriebenen und bewerteten Umweltauswirkungen sind nach Maßgabe der hierfür geltenden Vorschriften zu berücksichtigen. [3]Die Baugenehmigung darf nur schriftlich oder elektronisch erlassen werden.

(2) [1]Bauliche Anlagen, die nur auf beschränkte Zeit errichtet werden dürfen oder sollen, Werbeanlagen und Warenautomaten können widerruflich oder befristet genehmigt werden. [2]Behelfsbauten dürfen nur widerruflich oder befristet genehmigt werden. [3]Die vorübergehende Nutzung eines Raumes als Versammlungsraum, die im vereinfachten Baugenehmigungsverfahren nach § 63 Abs. 2 genehmigt wird, darf nur widerruflich und auf längstens fünf Jahre befristet genehmigt werden.

(3) [1]Ist ein Bauantrag eingereicht, so kann der Beginn der Bauarbeiten für die Baugrube und für einzelne Bauteile oder Bauabschnitte auf Antrag schon vor Erteilung der Baugenehmigung zugelassen werden, wenn nach dem Stand der Prüfung des Bauantrags gegen die Teilausführung keine Bedenken bestehen (Teilbaugenehmigung). [2]Absatz 1 gilt sinngemäß.

(4) In der Baugenehmigung können für die bereits genehmigten Teile der Baumaßnahme, auch wenn sie schon durchgeführt sind, zusätzliche Anforderungen gestellt werden, wenn sie sich bei der weiteren Prüfung der Bauvorlagen als erforderlich herausstellen.

(5) [1]Hat ein Nachbar Einwendungen gegen die Baumaßnahme erhoben, so ist die Baugenehmigung oder die Teilbaugenehmigung mit dem Teil der Bauvorlagen, auf den sich die Einwendungen beziehen, ihm mit einer Rechtsbehelfsbelehrung zuzustellen. [2]Die Baugenehmigung oder die Teilbaugenehmigung ist auf Verlangen der Bauherrin oder des Bauherrn auch Nachbarn, die keine Einwendungen erhoben haben, mit einer Rechtsbehelfsbelehrung zuzustellen.

(6) Die Baugenehmigung und die Teilbaugenehmigung gelten auch für und gegen die Rechtsnachfolger der Bauherrin oder des Bauherrn und der Nachbarn.

§ 71 Geltungsdauer der Baugenehmigung und der Teilbaugenehmigung

(1) [1]Die Baugenehmigung und die Teilbaugenehmigung erlöschen, wenn innerhalb von drei Jahren nach ihrer Erteilung mit der Ausführung der Baumaßnahme nicht begonnen oder wenn die Ausführung drei Jahre lang unterbrochen worden ist. [2]Wird die Baugenehmigung oder die Teilbaugenehmigung angefochten, so wird der Lauf der Frist bis zur rechtskräftigen Entscheidung gehemmt. [3]Die Frist kann auf Antrag um jeweils höchstens drei Jahre verlängert werden. [4]Sie kann rückwirkend verlängert werden, wenn der Antrag vor Fristablauf bei der Bauaufsichtsbehörde eingegangen ist.

(2) [1]Wird die Nutzung einer Tierhaltungsanlage ab dem 1. Januar 2022 während eines Zeitraumes von mehr als neun Jahren durchgehend unterbrochen, so erlischt die Baugenehmigung, soweit sie die Nutzung für die Tierhaltung zulässt. [2]Die Frist kann auf schriftlichen oder elektronischen Antrag um bis

zu drei Jahre verlängert werden. [3]Die Frist kann auch rückwirkend verlängert werden, wenn der Antrag vor Fristablauf bei der Bauaufsichtsbehörde eingegangen ist. [4]Wer ein berechtigtes Interesse an der Feststellung hat, kann beantragen, dass die Bauaufsichtsbehörde das Erlöschen oder das Fortbestehen der Baugenehmigung feststellt.

§ 72 Durchführung baugenehmigungsbedürftiger Baumaßnahmen

(1) [1]Vor Erteilung der Baugenehmigung darf mit der Baumaßnahme nicht begonnen werden. [2]Sie darf nur so durchgeführt werden, wie sie genehmigt worden ist. [3]Baugenehmigung und Bauvorlagen müssen während der Ausführung von Bauarbeiten an der Baustelle vorgelegt werden können. [4]Satz 3 gilt auch für bautechnische Nachweise, die nicht zu prüfen sind.

(2) Die Bauaufsichtsbehörde kann im Einzelfall anordnen, dass die Grundfläche der baulichen Anlage abgesteckt oder ihre Höhenlage festgelegt wird und die Absteckung oder die Festlegung vor Baubeginn von ihr abgenommen werden muss.

§ 73 Bauvoranfrage und Bauvorbescheid

(1) [1]Für eine Baumaßnahme ist auf Antrag (Bauvoranfrage) über einzelne Fragen, über die im Baugenehmigungsverfahren zu entscheiden wäre und die selbständig beurteilt werden können, durch Bauvorbescheid zu entscheiden. [2]Dies gilt auch für die Frage, ob eine Baumaßnahme nach städtebaulichem Planungsrecht zulässig ist. [3]Für eine Bauvoranfrage ist abweichend von § 52 Abs. 2 Satz 1 keine Bestellung von verantwortlichen Personen im Sinne der §§ 53 bis 55 und abweichend von § 3a Abs. 1 Satz 4 für die übermittelten Bauvorlagen keine qualifizierte elektronische Signatur erforderlich. [4]Die Bauaufsichtsbehörde kann im Einzelfall fordern, dass es zur Erstellung der Bauvorlagen für die Bauvoranfrage einer Entwurfsverfasserin oder eines Entwurfsverfassers nach § 53 bedarf und die Entwurfsverfasserin oder der Entwurfsverfasser die Bauvoranfrage nach § 3 a Abs. 1 zu übermitteln hat.

(2) [1]Der Bauvorbescheid erlischt, wenn nicht innerhalb von drei Jahren nach seiner Erteilung der Bauantrag gestellt wird. [2]Im Übrigen gelten die §§ 67 bis 70 und § 71 Abs. 1 Sätze 2 bis 4 sinngemäß.

§ 73a Typengenehmigung

(1) [1]Für bauliche Anlagen, die in derselben Ausführung an mehreren Stellen errichtet werden sollen, erteilt die Bauaufsichtsbehörde auf Antrag eine Typengenehmigung, wenn die baulichen Anlagen oder Teile von baulichen Anlagen, soweit sie unabhängig vom Baugrundstück beurteilt werden können und soweit eine Prüfung in dem nach Absatz 2 durchzuführenden Baugenehmigungsverfahren erforderlich ist, dem öffentlichen Baurecht entsprechen. [2]Eine Typengenehmigung kann auch für bauliche Anlagen erteilt werden, die in unterschiedlicher Ausführung, aber nach einem bestimmten System und aus bestimmten Bauteilen an mehreren Stellen errichtet werden sollen; in der Typengenehmigung ist die zulässige Veränderbarkeit festzulegen. [3]Für Fliegende Bauten wird eine Typengenehmigung nicht erteilt. [4]§ 65 bleibt unberührt.

(2) [1]Die Typengenehmigung wird im Rahmen eines Baugenehmigungsverfahrens für die erste bauliche Anlage oder Teile dieser baulichen Anlage erteilt. [2]Die Typengenehmigungen sind in der Genehmigung in einem gesonderten Teil deutlich kenntlich zu machen. [3]Die Typengenehmigung wird widerruflich und in der Regel auf fünf Jahre befristet erteilt. [4]Die Befristung kann auf schriftlichen Antrag von der Bauaufsichtsbehörde, die die Typengenehmigung erteilt hat, um jeweils längstens fünf Jahre verlängert werden; § 71 Abs. 1 Satz 4 gilt entsprechend.

(3) [1]Eine Typengenehmigung entbindet nicht von der Verpflichtung, ein bauaufsichtliches Verfahren durchzuführen. [2]Die in der Typengenehmigung entschiedenen Fragen sind von der Bauaufsichtsbehörde nicht mehr zu prüfen. [3]Sie kann im Einzelfall Auflagen machen oder die Verwendung genehmigter Typen ausschließen, soweit dies nach den örtlichen Verhältnissen erforderlich ist.

(4) [1]Bei Typengenehmigungen bedürfen die nach § 65 Abs. 2 in Verbindung mit Abs. 3 Satz 1 zu prüfenden Nachweise der Standsicherheit sowie die Nachweise der Feuerwiderstandsfähigkeit der Bauteile einer Typenprüfung nach § 65 Abs. 7 bis 9. [2]Sofern für eine Bauart ein Anwendbarkeitsnachweis nach § 16a Abs. 2 Satz 1 erforderlich ist, bedarf es einer allgemeinen Bauartgenehmigung nach § 16a Abs. 2 Satz 1 Nr. 1 oder eines allgemeinen bauaufsichtlichen Prüfzeugnisses nach § 16a Abs. 3; sofern ein Verwendbarkeitsnachweis für ein Bauprodukt nach § 17 erforderlich ist, bedarf es einer allgemeinen bauaufsichtlichen Zulassung nach § 18 oder eines allgemeinen bauaufsichtlichen Prüfzeugnisses nach § 19. [3]Die Befristung der Typengenehmigung nach Absatz 2 Sätze 3 und 4 darf die

Gültigkeit der Bescheide über Typenprüfungen nach Satz 1 und der Genehmigungen, Zulassungen und Prüfzeugnisse nach Satz 2 nicht übersteigen.

§ 74 Bauaufsichtliche Zustimmung

(1) [1]Ist der Bund oder ein Land Bauherr, so tritt an die Stelle einer sonst erforderlichen Baugenehmigung die Zustimmung der obersten Bauaufsichtsbehörde, wenn

1. die Leitung der Entwurfsarbeiten und die Überwachung der Bauarbeiten in der Bauverwaltung des Bundes oder des Landes einer bediensteten Person übertragen sind, die die Anforderungen nach § 57 Abs. 4 Satz 2 oder entsprechende Anforderungen erfüllt und ein Hochschulstudium der Fachrichtung Hochbau oder Bauingenieurwesen abgeschlossen hat, und
2. die bedienstete Person bei der Erfüllung der ihr übertragenen Aufgaben ausreichend von sonstigen geeigneten Fachkräften unterstützt wird.

[2]Dies gilt entsprechend für Baumaßnahmen anderer Bauherrinnen oder Bauherren, wenn das Staatliche Baumanagement Niedersachsen oder die Klosterkammer Hannover die Entwurfsarbeiten leitet und die Bauarbeiten überwacht. [3]Die Sätze 1 und 2 gelten nicht für die vorübergehende Nutzung eines Raumes, der nicht als Versammlungsraum genehmigt ist, als Versammlungsraum.

(2) [1]Der Antrag auf Zustimmung ist mit den beizufügenden Bauvorlagen bei der obersten Bauaufsichtsbehörde einzureichen. [2]Die §§ 68, 69 Abs. 2 bis 6 und die §§ 70 bis 72 Abs. 1 Satz 2 und § 73 gelten für das Zustimmungsverfahren sinngemäß. [3]Die Gemeinde ist, soweit nicht andere Vorschriften eine weitergehende Beteiligung erfordern, zu der Baumaßnahme zu hören.

(3) Die Öffentlichkeitsbeteiligung nach § 68 Abs. 5 und 6 und die öffentliche Bekanntmachung nach § 68 Abs. 8 führen

1. in den Fällen des Absatzes 1 Satz 1 die Bauverwaltung des Bundes oder des Landes sowie
2. in den Fällen des Absatzes 1 Satz 2 das Staatliche Baumanagement Niedersachsen oder die Klosterkammer Hannover

durch.

(4) [1]Im Zustimmungsverfahren wird die Baumaßnahme nur auf ihre Vereinbarkeit mit dem städtebaulichen Planungsrecht und dem Niedersächsischen Denkmalschutzgesetz geprüft und, falls erforderlich, die Entscheidung nach § 17 des Bundesnaturschutzgesetzes in Verbindung mit § 7 des Niedersächsischen Naturschutzgesetzes getroffen. [2]Die oberste Bauaufsichtsbehörde entscheidet über Abweichungen, Ausnahmen und Befreiungen von den nach Satz 1 zu prüfenden Vorschriften sowie von anderen Vorschriften des öffentlichen Baurechts, soweit sie auch dem Schutz von Nachbarn dienen und die Nachbarn der Baumaßnahme nicht zugestimmt haben. [3]Im Übrigen bedürfen Abweichungen, Ausnahmen und Befreiungen keiner bauaufsichtlichen Entscheidung.

(5) [1]Baumaßnahmen, die der Landesverteidigung dienen, bedürfen weder einer Baugenehmigung noch einer Zustimmung nach Absatz 1. [2]Sie sind stattdessen der obersten Bauaufsichtsbehörde vor Baubeginn zur Kenntnis zu bringen.

(6) Eine Bauüberwachung und Bauabnahmen durch Bauaufsichtsbehörden finden in Fällen der Absätze 1 und 5 nicht statt.

§ 75 Genehmigung fliegender Bauten

(1) [1]Fliegende Bauten sind bauliche Anlagen, die geeignet und bestimmt sind, an verschiedenen Orten wiederholt und befristet aufgestellt und wieder abgebaut zu werden. [2]Baustelleneinrichtungen, Baugerüste, Zelte, die dem Wohnen dienen, und Wohnwagen gelten nicht als fliegende Bauten.

(2) [1]Fliegende Bauten bedürfen keiner Baugenehmigung. [2]Ein fliegender Bau darf jedoch zum Gebrauch nur aufgestellt werden, wenn für diesen eine Ausführungsgenehmigung erteilt worden ist. [3]Keiner Ausführungsgenehmigung bedarf es

1. für die in Nummer 11 des Anhangs genannten fliegenden Bauten,
2. unter den Voraussetzungen des § 74 Abs. 1,
3. für fliegende Bauten, die der Landesverteidigung dienen.

(3) [1]Die Ausführungsgenehmigung wird auf schriftlichen, aber nicht elektronischen Antrag, dem die Bauvorlagen beizufügen sind, erteilt; § 3a Abs. 2 VwVfG in Verbindung mit § 1 Abs. 1 NVwVfG findet keine Anwendung. [2]Sie wird auf längstens fünf Jahre befristet. [3]Die Befristung kann auf schriftlichen, aber nicht elektronischen, Antrag um jeweils längstens fünf Jahre verlängert werden; § 3a Abs. 2 VwVfG in Verbindung mit § 1 Abs. 1 NVwVfG findet keine Anwendung. [4]Die Ausführungs-

genehmigung und die Verlängerung einer Befristung werden in einem Prüfbuch erteilt, in das eine Ausfertigung der mit Genehmigungsvermerk versehenen Bauvorlagen einzufügen ist. [5]Ausführungsgenehmigungen anderer Länder gelten auch in Niedersachsen.

(4) [1]Die Inhaberin oder der Inhaber einer Ausführungsgenehmigung hat die Änderung ihres oder seines Wohnsitzes oder ihrer oder seiner gewerblichen Niederlassung oder die Übertragung eines fliegenden Baues an einen Dritten der für die Ausführungsgenehmigung zuständigen Behörde oder Stelle anzuzeigen. [2]Sie oder er hat das Prüfbuch der zuständigen Behörde oder Stelle zur Änderung der Eintragungen vorzulegen. [3]Die Behörde oder Stelle hat die Änderungen in das Prüfbuch einzutragen und sie, wenn mit den Änderungen ein Wechsel der Zuständigkeit verbunden ist, der nunmehr zuständigen Behörde oder Stelle mitzuteilen.

(5) [1]Die Aufstellung fliegender Bauten, die einer Ausführungsgenehmigung bedürfen, muss rechtzeitig vorher der Bauaufsichtsbehörde des Aufstellungsortes unter Vorlage des Prüfbuchs angezeigt werden. [2]Diese fliegenden Bauten dürfen unbeschadet anderer Vorschriften nur in Gebrauch genommen werden, wenn die Bauaufsichtsbehörde sie abgenommen hat (Gebrauchsabnahme). [3]Das Ergebnis der Gebrauchsabnahme ist in das Prüfbuch einzutragen. [4]Die Bauaufsichtsbehörde kann im Einzelfall auf die Gebrauchsabnahme verzichten.

(6) [1]Die Bauaufsichtsbehörde hat die erforderlichen Anordnungen zu treffen oder die Aufstellung oder den Gebrauch fliegender Bauten zu untersagen, soweit dies nach den örtlichen Verhältnissen oder zur Abwehr von Gefahren erforderlich ist, insbesondere weil die Betriebs- oder Standsicherheit nicht oder nicht mehr gewährleistet ist oder weil von der Ausführungsgenehmigung abgewichen wird. [2]Wird die Aufstellung oder der Gebrauch aufgrund von Mängeln am fliegenden Bau untersagt, so ist dies in das Prüfbuch einzutragen; die für die Ausführungsgenehmigung zuständige Behörde oder Stelle ist zu benachrichtigen. [3]Das Prüfbuch ist einzuziehen und der für die Ausführungsgenehmigung zuständigen Behörde oder Stelle zuzuleiten, wenn die Herstellung ordnungsgemäßer Zustände innerhalb angemessener Frist nicht zu erwarten ist.

(7) [1]Bei fliegenden Bauten, die längere Zeit an einem Aufstellungsort betrieben werden, kann die für die Gebrauchsabnahme zuständige Bauaufsichtsbehörde weitere Abnahmen durchführen. [2]Das Ergebnis dieser Abnahmen ist in das Prüfbuch einzutragen.

(8) § 70 Abs. 1 Satz 1, § 71 Abs. 1 Satz 4, § 77 Abs. 3 und 5 und § 82 Abs. 2 Nr. 7 gelten sinngemäß.

Elfter Teil
Sonstige Vorschriften über die Bauaufsicht

§ 76 Bauüberwachung

(1) [1]Die Bauaufsichtsbehörde kann die Einhaltung der öffentlich-rechtlichen Vorschriften und Anforderungen sowie die ordnungsgemäße Erfüllung der Pflichten der am Bau Beteiligten überprüfen. [2]Sie kann verlangen, dass Beginn und Ende bestimmter Bauarbeiten angezeigt werden.

(2) [1]Die mit der Bauüberwachung beauftragten Personen können Einblick in Genehmigungen, Zulassungen, Prüfzeugnisse, Übereinstimmungserklärungen, Übereinstimmungszertifikate, Überwachungsnachweise, in Zeugnisse und Aufzeichnungen über die Prüfung von Bauprodukten, in die CE-Kennzeichnungen und Leistungserklärungen nach der Verordnung (EU) Nr. 305/2011, in Bautagebücher und in vorgeschriebene andere Aufzeichnungen verlangen. [2]Sie dürfen Proben von Bauprodukten, soweit erforderlich auch aus fertigen Bauteilen, entnehmen und prüfen oder prüfen lassen. [3]Die Bauherrin oder der Bauherr oder die Unternehmerinnen oder Unternehmer haben auf Verlangen die für die Überwachung erforderlichen Arbeitskräfte und Geräte zur Verfügung zu stellen.

(3) Die Bauaufsichtsbehörde kann verlangen, dass ihr von der Bauherrin oder dem Bauherrn ein Nachweis einer Vermessungsstelle nach § 6 Abs. 1, 2 oder 3 des Niedersächsischen Gesetzes über das amtliche Vermessungswesen (NVermG) darüber vorgelegt wird, dass die Abstände sowie die Grundflächen und Höhenlagen eingehalten sind.

(4) Soweit die Bauaufsichtsbehörde im Rahmen der Bauüberwachung Erkenntnisse über systematische Verstöße gegen die Verordnung (EU) Nr. 305/2011 erlangt hat, teilt sie diese der Marktüberwachungsbehörde des Landes mit.

§ 77 Bauabnahmen

(1) Soweit es zur Wirksamkeit der Bauüberwachung, insbesondere zur Beurteilung von kritischen Bauzuständen, erforderlich ist, kann in der Baugenehmigung oder der Teilbaugenehmigung, aber auch noch während der Baudurchführung die Abnahme

1. bestimmter Bauteile oder Bauarbeiten,
2. der baulichen Anlage nach Vollendung der tragenden Teile, der Schornsteine, der Brandwände und der Dachkonstruktion (Rohbauabnahme) und
3. der baulichen Anlage nach ihrer Fertigstellung (Schlussabnahme)

angeordnet werden.

(2) [1]Bei der Rohbauabnahme müssen alle Teile der baulichen Anlage sicher zugänglich sein, die für die Standsicherheit und für den Brandschutz wesentlich sind. [2]Sie sind, soweit möglich, offen zu halten, damit Maße und Ausführungsart geprüft werden können.

(3) [1]Die Bauherrin oder der Bauherr hat der Bauaufsichtsbehörde rechtzeitig schriftlich oder elektronisch mitzuteilen, wann die Voraussetzungen für die Abnahmen gegeben sind. [2]§ 76 Abs. 2 Satz 3 gilt entsprechend.

(4) Zur Rohbauabnahme muss über die Tauglichkeit der Schornsteine und Leitungen zur Abführung der Abgase oder Verbrennungsgase und zur Schlussabnahme über die sichere Benutzbarkeit der Feuerungsanlagen, der ortsfesten Verbrennungsmotoren und der Blockheizkraftwerke die Bescheinigung der bevollmächtigten Bezirksschornsteinfegerin oder des bevollmächtigten Bezirksschornsteinfegers vorliegen.

(5) [1]Bei nicht nur geringfügigen Mängeln kann die Bauaufsichtsbehörde die Abnahme ablehnen. [2]Über die Abnahme ist eine Bescheinigung auszustellen (Abnahmeschein).

(6) [1]Die Bauaufsichtsbehörde kann verlangen, dass bestimmte Bauarbeiten erst nach einer nach Absatz 1 Nr. 1 oder 2 angeordneten Abnahme durchgeführt oder fortgesetzt werden. [2]Sie kann aus Gründen des § 3 Abs. 1 auch verlangen, dass eine bauliche Anlage erst nach der Schlussabnahme in Gebrauch genommen wird.

§ 78 Regelmäßige Überprüfung

Soweit es erforderlich ist, um die Erfüllung der Anforderungen nach § 3 zu sichern, kann die Bauaufsichtsbehörde eine regelmäßige Überprüfung von baulichen Anlagen oder von Teilen baulicher Anlagen durch die Bauaufsichtsbehörde oder durch Sachkundige oder Sachverständige vorschreiben und Art, Umfang, Häufigkeit und Nachweis der Überprüfung näher regeln, soweit dies nicht durch Verordnung nach § 82 Abs. 1 Nr. 5 geregelt ist.

§ 79 Baurechtswidrige Zustände, Bauprodukte und Baumaßnahmen sowie verfallende bauliche Anlagen

(1) [1]Widersprechen bauliche Anlagen, Grundstücke, Bauprodukte oder Baumaßnahmen dem öffentlichen Baurecht oder ist dies zu besorgen, so kann die Bauaufsichtsbehörde nach pflichtgemäßem Ermessen die Maßnahmen anordnen, die zur Herstellung oder Sicherung rechtmäßiger Zustände erforderlich sind. [2]Sie kann namentlich

1. die Einstellung rechtswidriger und die Ausführung erforderlicher Arbeiten verlangen,
2. die Einstellung der Arbeiten anordnen, wenn Bauprodukte verwendet werden, an denen unberechtigt ein Ü-Zeichen (§ 21 Abs. 3) oder unberechtigt eine CE-Kennzeichnung angebracht ist oder die entgegen § 21 ein erforderliches Ü-Zeichen oder entgegen der Verordnung (EU) Nr. 305/2011 eine erforderliche CE-Kennzeichnung nicht tragen,
3. die Verwendung von Bauprodukten, die entgegen § 21 mit dem Ü-Zeichen gekennzeichnet sind, untersagen und deren Kennzeichnung ungültig machen oder beseitigen lassen,
4. die Beseitigung von Anlagen oder Teilen von Anlagen anordnen,
5. die Benutzung von Anlagen untersagen, insbesondere Wohnungen für unbewohnbar erklären.

[3]Die Bauaufsichtsbehörde hat ihre Anordnungen an die Personen zu richten, die nach den §§ 52 bis 56 verantwortlich sind. [4]Nach Maßgabe des Niedersächsischen Polizei- und Ordnungsbehördengesetzes kann sie auch nicht verantwortliche Personen in Anspruch nehmen. [5]Die Anordnungen der Bauaufsichtsbehörde gelten auch gegenüber den Rechtsnachfolgern der Personen, an die die Anordnungen gerichtet sind.

(2) Die Bauaufsichtsbehörde kann bauliche Anlagen, Teile baulicher Anlagen und Arbeitsstellen versiegeln und Bauprodukte, Geräte, Maschinen und Hilfsmittel sicherstellen, soweit dies zur Durchsetzung von Anordnungen nach Absatz 1 erforderlich ist.

(3) [1]Soweit bauliche Anlagen nicht genutzt werden und verfallen, kann die Bauaufsichtsbehörde die nach § 56 verantwortlichen Personen verpflichten, die baulichen Anlagen abzubrechen oder zu beseitigen, es sei denn, dass ein öffentliches oder schutzwürdiges privates Interesse an ihrer Erhaltung besteht. [2]Für die Grundstücke gilt § 9 Abs. 1 Satz 1 und Abs. 2 entsprechend.

(4) Die Bauaufsichtsbehörde soll vor Anordnungen nach den Absätzen 1 und 3 die Angelegenheit mit den Betroffenen erörtern, soweit die Umstände nicht ein sofortiges Einschreiten erfordern.

(5) [1]Schuldnerin oder Schuldner der der Bauaufsichtsbehörde entstandenen notwendigen und angemessenen Kosten für eine Ersatzvornahme zur Durchsetzung einer Maßnahme nach diesem Gesetz ist, wer im Zeitpunkt der Bekanntgabe des Kostenbescheides Eigentümerin oder Eigentümer des Grundstücks ist. [2]Ist das Grundstück mit einem Erbbaurecht belastet, so ist anstelle der Eigentümerin oder des Eigentümers die oder der Erbbauberechtigte Kostenschuldnerin oder Kostenschuldner. [3]Ist das Grundstück mit einem dinglichen Nutzungsrecht nach Artikel 233 § 4 des Einführungsgesetzes zum Bürgerlichen Gesetzbuche belastet, so ist die Inhaberin oder der Inhaber dieses Rechts anstelle der Eigentümerin oder des Eigentümers Kostenschuldnerin oder Kostenschuldner. [4]Mehrere Kostenschuldnerinnen oder Kostenschuldner haften als Gesamtschuldnerinnen oder Gesamtschuldner; bei Wohnungs- oder Teileigentum schulden die einzelnen Wohnungs- oder Teileigentümerinnen oder Wohnungs- oder Teileigentümer die Kosten nur entsprechend ihrem Miteigentumsanteil. [5]Die Kostenschuld ruht als öffentliche Last auf dem Grundstück, im Fall des Satzes 2 auf dem Erbbaurecht, im Fall des Satzes 3 auf dem dinglichen Nutzungsrecht und im Fall des Satzes 4 Halbsatz 2 auf dem Wohnungs- oder Teileigentum. [6]Die öffentliche Last ist auf Antrag der Bauaufsichtsbehörde in das Grundbuch einzutragen.

§ 80 Ordnungswidrigkeiten

(1) Ordnungswidrig handelt, wer vorsätzlich oder fahrlässig

1. Bauarbeiten ohne Abgrenzungen, Warnzeichen, Schutzvorrichtungen oder Schutzmaßnahmen durchführt oder durchführen lässt, die nach § 11 Abs. 1 oder 2 erforderlich sind,
2. entgegen § 11 Abs. 3 ein Bauschild nicht anbringt,
3. ein Bauprodukt entgegen § 21 Abs. 3 ohne Ü-Zeichen verwendet,
4. eine Bauart ohne eine nach § 16a Abs. 2 erforderliche Bauartgenehmigung oder ein nach § 16a Abs. 3 erforderliches allgemeines bauaufsichtliches Prüfzeugnis für Bauarten anwendet,
5. ein Bauprodukt mit einem Ü-Zeichen kennzeichnet, ohne dass dafür die Voraussetzungen des § 21 Abs. 1 vorliegen,
6. eine verantwortliche Person entgegen § 52 Abs. 2 Satz 1 nicht bestellt oder gegenüber der Bauaufsichtsbehörde unrichtige Angaben darüber macht, wer als verantwortliche Person bestellt ist,
7. als Bauherrin oder Bauherr § 52 Abs. 2 Satz 4 zuwiderhandelt,
8. entgegen § 52 Abs. 2 Satz 6 oder 7 eine vorgeschriebene Mitteilung an die Bauaufsichtsbehörde nicht macht,
9. in einem Fall des § 62 oder, soweit die Bauaufsichtsbehörde die Baumaßnahme nicht prüft, in einem Fall des § 63 oder 64 als Entwurfsverfasserin, Entwurfsverfasser, Sachverständige oder Sachverständiger nicht dafür sorgt, dass der Entwurf dem öffentlichen Baurecht entspricht (§ 53 Abs. 1 und 2),
10. entgegen § 54 Abs. 1 Satz 2 einen vorgeschriebenen Nachweis nicht erbringt oder nicht auf der Baustelle bereithält,
11. entgegen § 55 Abs. 1 Satz 1 eine Baumaßnahme nicht überwacht,
12. eine Baumaßnahme ohne die erforderliche Baugenehmigung (§ 59 Abs. 1) oder abweichend von der Baugenehmigung durchführt oder durchführen lässt,
13. ein Hochhaus oder einen nicht im Anhang genannten Teil einer baulichen Anlage ohne die nach § 60 Abs. 3 erforderliche Anzeige abbricht oder beseitigt oder mit dem Abbruch oder der Beseitigung eines Hochhauses oder eines nicht im Anhang genannten Teils einer baulichen Anlage vor Ablauf der Frist nach § 60 Abs. 3 Satz 5 beginnt,
14. eine Baumaßnahme nach § 62 ohne die Bestätigung nach § 62 Abs. 2 Nr. 3 oder 4 oder entgegen § 62 Abs. 8 Satz 3 durchführt oder durchführen lässt,

15. eine Baumaßnahme entgegen § 62 Abs. 9 Satz 1 abweichend von den Bauvorlagen durchführt oder durchführen lässt,
16. eine Baumaßnahme ohne die notwendige Zulassung einer Abweichung oder ohne die notwendige Erteilung einer Ausnahme oder Befreiung (§ 66) oder abweichend von einer zugelassenen Abweichung oder einer erteilten Ausnahme oder Befreiung durchführt oder durchführen lässt,
17. einen fliegenden Bau
    a) ohne die nach § 75 Abs. 2 erforderliche Ausführungsgenehmigung aufstellt,
    b) ohne die nach § 75 Abs. 5 Satz 1 erforderliche Anzeige aufstellt oder
    c) ohne die nach § 75 Abs. 5 Satz 2 erforderliche Gebrauchsabnahme in Gebrauch nimmt,
18. eine bauliche Anlage entgegen einer vollziehbaren Anordnung nach § 77 Abs. 6 Satz 2 vor einer Schlussabnahme in Gebrauch nimmt.

(2) Ordnungswidrig handelt, wer einer vollziehbaren schriftlichen Anordnung der Bauaufsichtsbehörde zuwiderhandelt, die nach diesem Gesetz oder nach Vorschriften aufgrund dieses Gesetzes erlassen worden ist und auf diese Bußgeldvorschrift verweist.

(3) Ordnungswidrig handelt, wer einer aufgrund dieses Gesetzes ergangenen Verordnung oder örtlichen Bauvorschrift zuwiderhandelt, wenn die Verordnung oder die örtliche Bauvorschrift für einen bestimmten Tatbestand auf diese Bußgeldvorschrift verweist.

(4) Ordnungswidrig handelt, wer wider besseres Wissen unrichtige Angaben macht oder unrichtige Pläne oder Unterlagen vorlegt, um einen Verwaltungsakt nach diesem Gesetz oder nach Vorschriften aufgrund dieses Gesetzes zu erwirken oder zu verhindern.

(5) Die Ordnungswidrigkeiten nach Absatz 1 Nrn. 3 bis 6, 9 und 12 bis 17 sowie nach Absatz 3 können mit einer Geldbuße bis zu 500 000 Euro, die übrigen Ordnungswidrigkeiten mit einer Geldbuße bis zu 50 000 Euro geahndet werden.

(6) [1]Bei Ordnungswidrigkeiten nach Absatz 1 Nrn. 3 und 5 können die dort bezeichneten Bauprodukte eingezogen werden. [2]§ 23 des Gesetzes über Ordnungswidrigkeiten ist anzuwenden.

§ 81 Baulasten, Baulastenverzeichnis

(1) [1]Durch Erklärung gegenüber der Bauaufsichtsbehörde können Grundstückseigentümer öffentlich-rechtliche Verpflichtungen zu einem ihre Grundstücke betreffendes Tun, Dulden oder Unterlassen übernehmen, die sich nicht schon aus dem öffentlichen Baurecht ergeben (Baulasten). [2]Baulasten werden mit der Eintragung in das Baulastenverzeichnis wirksam und wirken auch gegenüber den Rechtsnachfolgern.

(2) Die Erklärung nach Absatz 1 bedarf der Schriftform; die Unterschrift muss öffentlich, von einer Gemeinde oder von einer Vermessungsstelle nach § 6 Abs. 1, 2 oder 3 NVermG beglaubigt sein, wenn sie nicht vor der Bauaufsichtsbehörde geleistet oder vor ihr anerkannt wird.

(3) [1]Die Bauaufsichtsbehörde kann die Baulast löschen, wenn ein öffentliches und privates Interesse an der Baulast nicht mehr besteht. [2]Auf Antrag des Eigentümers eines begünstigten oder des belasteten Grundstücks hat die Bauaufsichtsbehörde die Baulast zu löschen, wenn die Voraussetzungen nach Satz 1 erfüllt sind. [3]Vor der Löschung sind die Eigentümer der begünstigten Grundstücke zu hören; die Frist zur Äußerung beträgt zwei Wochen. [4]Die Löschung wird mit ihrer Eintragung im Baulastenverzeichnis wirksam. [5]Von der Löschung sind die Eigentümer des belasteten Grundstücks und der begünstigten Grundstücke zu benachrichtigen.

(4) [1]Das Baulastenverzeichnis wird von der Bauaufsichtsbehörde geführt. [2]In das Baulastenverzeichnis können auch eingetragen werden, soweit ein öffentliches Interesse an der Eintragung besteht,
1. Verpflichtungen des Eigentümers zu einem sein Grundstück betreffendes Tun, Dulden oder Unterlassen, die sich aus öffentlichem Baurecht ergeben, und
2. Bedingungen, Befristungen und Widerrufsvorbehalte.

(5) Wer ein berechtigtes Interesse darlegt, kann das Baulastenverzeichnis einsehen und sich Auszüge erteilen lassen.

Zwölfter Teil

Ausführungsvorschriften, Übergangs- und Schlussvorschriften

§ 82[1)] Verordnungen

(1) Zur Verwirklichung der in den §§ 3, 16a Abs. 1 und § 16b Abs. 1 bezeichneten Anforderungen kann die oberste Bauaufsichtsbehörde durch Verordnung

1. die allgemeinen Anforderungen nach den §§ 4 bis 50 näher bestimmen,
2. weitere Anforderungen an Feuerungsanlagen und an sonstige Anlagen zur Energieerzeugung, an Brennstoffversorgungsanlagen und an die Brennstofflagerung (§ 40) sowie die Anwendung solcher Anforderungen auf bestehende Feuerungsanlagen, sonstige Anlagen zur Energieerzeugung, Brennstoffversorgungsanlagen und Brennstofflagerungen regeln,
3. weitere Anforderungen an Garagen und Stellplätze sowie die Anwendung solcher Anforderungen auf bestehende Garagen und Stellplätze regeln,
4. die nach § 51 zulässigen besonderen Anforderungen und Erleichterungen allgemein festsetzen sowie die Anwendung solcher Anforderungen und Erleichterungen auf bestehende Sonderbauten regeln,
5. eine regelmäßige Überprüfung von baulichen Anlagen oder von Teilen baulicher Anlagen durch die Bauaufsichtsbehörde oder durch Sachkundige oder Sachverständige allgemein vorschreiben, Art, Umfang, Häufigkeit und Nachweis der Überprüfung näher regeln und die Einbeziehung bestehender baulicher Anlagen in regelmäßige Überprüfungen regeln.

(2) Die oberste Bauaufsichtsbehörde kann durch Verordnung

1. einzelne Aufgaben der unteren Bauaufsichtsbehörden, wie die Prüfung von Bauvorlagen, die Bauüberwachung und die Bauabnahmen sowie die regelmäßige Überprüfung auf Personen oder Stellen übertragen, die nach ihrer Ausbildung, Fachkenntnis, persönlichen Zuverlässigkeit und ihren Leistungen die Gewähr dafür bieten, dass die Aufgaben dem öffentlichen Baurecht entsprechend wahrgenommen werden,
2. die Ermächtigung nach Nummer 1 auf die unteren Bauaufsichtsbehörden übertragen,
3. die Zuständigkeit für die vorhabenbezogene Bauartgenehmigung nach § 16a Abs. 2 Satz 1 Nr. 2 und den Verzicht darauf im Einzelfall nach § 16a Abs. 4 sowie die Zustimmung und den Verzicht auf Zustimmung im Einzelfall (§ 20) auf eine Behörde, auch eines anderen Landes, oder eine andere Stelle oder Person übertragen, die Gewähr dafür bietet, dass die Aufgaben dem öffentlichen Baurecht entsprechend wahrgenommen werden, und die der Aufsicht der obersten Bauaufsichtsbehörde untersteht oder an deren Willensbildung die oberste Bauaufsichtsbehörde mitwirkt,
4. die Voraussetzungen festlegen, die Sachkundige, Sachverständige, Einrichtungen und Stellen, die nach diesem Gesetz oder nach Vorschriften aufgrund dieses Gesetzes tätig werden können, zu erfüllen haben, wobei insbesondere Mindestanforderungen an die Ausbildung, die Fachkenntnisse und die Berufserfahrung gestellt sowie der Nachweis der persönlichen Zuverlässigkeit gefordert werden können,
5. für Sachkundige, Sachverständige, Einrichtungen und Stellen, die nach diesem Gesetz oder nach Vorschriften aufgrund dieses Gesetzes tätig werden können und dafür einer Anerkennung bedürfen, und für natürliche und juristische Personen, Stellen und Behörden im Sinne des § 24 das Anerkennungsverfahren, die Voraussetzungen für die Anerkennung, deren Widerruf, Rücknahme und Erlöschen regeln, insbesondere auch Altersgrenzen festlegen, sowie eine ausreichende Haftpflichtversicherung fordern,
6. die Fachaufsicht in den Fällen der Übertragung nach den Nummern 1 und 2 und für die in Nummer 3 genannten Personen, Einrichtungen und Stellen regeln,
7. die Anwesenheit fachkundiger Personen beim Betrieb von Bühnenbetrieben, technisch schwierigen fliegenden Bauten und anderen technisch schwierigen baulichen Anlagen vorschreiben und entsprechend Nummer 3 Anforderungen an die fachkundigen Personen stellen und hierüber einen Nachweis verlangen,
8. Umfang, Inhalt, Form und Einzelheiten zur Übermittlung des Bauantrags und anderer Anträge sowie der Anzeigen, Mitteilungen, Bauvorlagen, Nachweise, Bescheinigungen und Bestätigun-

---

1) § 82 ist bereits am 13.4.2012 in Kraft getreten; vgl. § 88 Abs. 1.

gen regeln und dabei auch vorsehen, dass die Bauaufsichtsbehörden die Größe von nach § 3a Abs. 1 elektronisch übermittelten Dateien aus technischen Gründen beschränken können,

9. das Verfahren zur Erteilung von Genehmigungen, Zustimmungen, Bestätigungen, Ausnahmen und Befreiungen sowie zur Zulassung von Abweichungen im Einzelnen regeln,
10. bestimmen, dass von ihr öffentlich bekannt gemachte Mindestangaben und Muster für Formulare für Bauanträge und andere Anträge sowie für Anzeigen, Mitteilungen, Nachweise, Bescheinigungen und Bestätigungen zu beachten sind,
11. Pflichten zur Aufbewahrung und Vorlage von Bauanträgen und anderen Anträgen sowie von Anzeigen, Mitteilungen, Bauvorlagen, Nachweisen, Bescheinigungen, Bestätigungen und Verwaltungsakten regeln,
12. die Einrichtung des Baulastenverzeichnisses und das Eintragungsverfahren regeln,
13. das Ü-Zeichen festlegen und zu diesem Zeichen zusätzliche Angaben verlangen.

(3) Die oberste Bauaufsichtsbehörde kann durch Verordnung für bestimmte bauliche Anlagen die erforderliche Anzahl der Einstellplätze abweichend von § 47 Abs. 1 Satz 1 festlegen, soweit Benutzerinnen, Benutzer, Besucherinnen und Besucher der Anlage nicht auf Kraftfahrzeuge angewiesen sind, weil öffentliche Verkehrsmittel ausreichend zur Verfügung stehen oder die Benutzung von Kraftfahrzeugen aus anderen Gründen nicht erforderlich ist.

(4) [1]Die oberste Bauaufsichtsbehörde kann durch Verordnung bestimmen, dass die Anforderungen der aufgrund

1. der §§ 18 und 19 des Arbeitsschutzgesetzes vom 7. August 1996 (BGBl. I S. 1246), zuletzt geändert durch Artikel 2 des Gesetzes vom 31. Mai 2023 (BGBl. 2023 I Nr. 140),
2. des § 19 des Chemikaliengesetzes in der Fassung vom 28. August 2013 (BGBl. I S. 3498, 3991), zuletzt geändert durch Artikel 115 des Gesetzes vom 10. August 2021 (BGBl. I S. 3436),
3. des § 31 des Gesetzes über überwachungsbedürftige Anlagen vom 27. Juli 2021 (BGBl. I S. 3146, 3162) und
4. des § 49 Abs. 4 des Energiewirtschaftsgesetzes vom 7. Juli 2005 (BGBl. I S. 1970, 3621), zuletzt geändert durch Artikel 1 des Gesetzes vom 22. Mai 2023 (BGBl. 2023 I Nr. 133),

erlassenen Verordnungen entsprechend für Anlagen gelten, die weder gewerblichen noch wirtschaftlichen Zwecken dienen und in deren Gefahrenbereich Arbeitnehmerinnen und Arbeitnehmer nicht beschäftigt werden. [2]Sie kann die Verfahrensvorschriften dieser Verordnungen für anwendbar erklären oder selbst das Verfahren bestimmen sowie Zuständigkeiten auf Behörden übertragen, die nicht Bauaufsichtsbehörden sind.

(5) Die oberste Bauaufsichtsbehörde kann durch Verordnung bestimmen, dass für bestimmte Bauprodukte und Bauarten, soweit sie Anforderungen nach anderen Rechtsvorschriften unterliegen, hinsichtlich dieser Anforderungen § 16a Abs. 2 und 3 sowie die §§ 17 bis 25 ganz oder teilweise anwendbar sind, wenn die anderen Rechtsvorschriften dies verlangen oder zulassen.

§ 83 Technische Baubestimmungen

(1) [1]Die Anforderungen nach § 3 können durch Technische Baubestimmungen konkretisiert werden. [2]Die Technischen Baubestimmungen sind einzuhalten. [3]Von den in den Technischen Baubestimmungen enthaltenen Planungs-, Bemessungs- und Ausführungsregelungen darf abgewichen werden, wenn mit einer anderen Lösung in gleichem Maße die Anforderungen erfüllt werden und in der Technischen Baubestimmung eine Abweichung nicht ausgeschlossen ist; § 16a Abs. 2 und 3, § 17 Abs. 1 und § 66 Abs. 1 bleiben unberührt.

(2) Die Konkretisierungen können durch Bezugnahme auf technische Regeln und deren Fundstellen oder auf andere Weise erfolgen, insbesondere in Bezug auf

1. bestimmte bauliche Anlagen oder ihre Teile,
2. die Planung, Bemessung und Ausführung baulicher Anlagen und ihrer Teile,
3. die Leistung von Bauprodukten in bestimmten baulichen Anlagen oder ihren Teilen, insbesondere
   a) Planung, Bemessung und Ausführung baulicher Anlagen bei Einbau eines Bauprodukts,
   b) Merkmale von Bauprodukten, die sich für einen Verwendungszweck auf die Erfüllung der Anforderungen nach § 3 auswirken,
   c) Verfahren für die Feststellung der Leistung eines Bauprodukts im Hinblick auf Merkmale, die sich für einen Verwendungszweck auf die Erfüllung der Anforderungen nach § 3 auswirken,

d) zulässige oder unzulässige besondere Verwendungszwecke,
e) die Festlegung von Klassen und Stufen in Bezug auf bestimmte Verwendungszwecke,
f) die für einen bestimmten Verwendungszweck anzugebende oder erforderliche und anzugebende Leistung in Bezug auf ein Merkmal, das sich für einen Verwendungszweck auf die Erfüllung der Anforderungen nach § 3 auswirkt, soweit vorgesehen in Klassen und Stufen,

4. die Bauarten und die Bauprodukte, die nur eines allgemeinen bauaufsichtlichen Prüfzeugnisses nach § 16a Abs. 3 oder § 19 Abs. 1 bedürfen,
5. Voraussetzungen zur Abgabe der Übereinstimmungserklärung für ein Bauprodukt nach § 22,
6. die Art, den Inhalt und die Form technischer Dokumentation.

(3) Die Technischen Baubestimmungen sollen nach den Grundanforderungen gemäß Anhang I der Verordnung (EU) Nr. 305/2011 gegliedert sein.

(4) Die Technischen Baubestimmungen enthalten die in § 17 Abs. 3 genannte Liste.

(5) [1]Die oberste Bauaufsichtsbehörde macht die Technischen Baubestimmungen auf Grundlage der vom Deutschen Institut für Bautechnik nach Anhörung der beteiligten Kreise im Einvernehmen mit den obersten Bauaufsichtsbehörden der Länder veröffentlichten „Muster-Verwaltungsvorschriften Technische Baubestimmungen" als Verwaltungsvorschriften im Niedersächsischen Ministerialblatt bekannt. [2]Dabei kann auf die Teile C und D der „Muster-Verwaltungsvorschriften Technische Baubestimmungen" verwiesen werden.

§ 84[1)] Örtliche Bauvorschriften

(1) Die Gemeinden können örtliche Bauvorschriften erlassen über

1. die Lage, Größe, Beschaffenheit, Ausstattung und Unterhaltung von Spielplätzen im Sinne des § 9 Abs. 3,
2. die Anzahl der notwendigen Einstellplätze, ausgenommen die Einstellplätze nach § 49, einschließlich des Mehrbedarfs bei Nutzungsänderungen (§ 47 Abs. 1 Satz 2) und
3. Fahrradabstellanlagen.

(2) Zur Verwirklichung bestimmter verkehrlicher oder sonstiger städtebaulicher Absichten können die Gemeinden durch örtliche Bauvorschrift in bestimmten Teilen des Gemeindegebietes oder für bestimmte Nutzungen in bestimmten Teilen des Gemeindegebietes die Herstellung von Garagen und Stellplätzen untersagen oder einschränken.

(3) Um bestimmte städtebauliche, baugestalterische oder ökologische Absichten zu verwirklichen oder um die Eigenart oder den Eindruck von Baudenkmalen zu erhalten oder hervorzuheben, können die Gemeinden, auch über die Anforderungen des § 9 Abs. 1, 2 und 4 sowie der §§ 10 und 50 hinausgehend, durch örtliche Bauvorschrift für bestimmte Teile des Gemeindegebietes

1. besondere Anforderungen an die Gestaltung von Gebäuden stellen, insbesondere für die Gebäude- und Geschosshöhe, für die Auswahl der Baustoffe und der Farben der von außen sichtbaren Bauteile sowie für die Neigung der Dächer einen Rahmen setzen,
2. besondere Anforderungen an die Art, Gestaltung oder Einordnung von Werbeanlagen und Warenautomaten stellen, sie insbesondere auf bestimmte Gebäudeteile, auf bestimmte Arten, Größen, Formen und Farben beschränken oder in bestimmten Gebieten oder an bestimmten baulichen Anlagen ausschließen,
3. die Gestaltung, Art und Höhe von Einfriedungen wie Mauern, Zäunen und Hecken bestimmen sowie die Einfriedung von Vorgärten vorschreiben oder ausschließen,
4. die Verwendung von Einzelantennen sowie von Freileitungen, soweit diese nicht nach § 1 Abs. 2 Nr. 3 vom Geltungsbereich dieses Gesetzes ausgeschlossen sind, beschränken oder ausschließen, die Verwendung von Freileitungen jedoch nur, soweit sie unter wirtschaftlich zumutbarem Aufwand durch andere Anlagen ersetzt werden können,
5. besondere Anforderungen an die Gestaltung sonstiger baulicher Anlagen, insbesondere der in § 2 Abs. 1 Satz 2 Nrn. 2, 4, 6 und 13 genannten Anlagen stellen,
6. die Gestaltung der nicht überbauten Flächen der bebauten Grundstücke regeln, insbesondere das Anlegen von Vorgärten vorschreiben,

1) § 84 ist bereits am 13.4.2012 in Kraft getreten; vgl. § 88 Abs. 1.

7. die Begrünung baulicher Anlagen vorschreiben,
8. die Versickerung, Verregnung oder Verrieselung von Niederschlagswasser auf dem Baugrundstück vorschreiben.

(4) [1]Örtliche Bauvorschriften nach den Absätzen 1 und 2 werden als Satzung im eigenen Wirkungskreis erlassen. [2]Örtliche Bauvorschriften nach Absatz 3 werden als Satzung im übertragenen Wirkungskreis erlassen. [3]Die Vorschriften für das Verfahren bei der Aufstellung von Bebauungsplänen gelten einschließlich der Vorschriften über die Veränderungssperre, die Zurückstellung von Baugesuchen und die Folgen von Verfahrensmängeln für die in Satz 2 genannten örtlichen Bauvorschriften entsprechend; § 10 Abs. 2 Satz 2 des Baugesetzbuchs (BauGB) gilt mit der Maßgabe entsprechend, dass § 6 Abs. 2 BauGB nicht anzuwenden ist. [4]Anforderungen in örtlichen Bauvorschriften können auch in zeichnerischer Form gestellt werden.

(5) Ist anstelle einer Gemeinde eine nach dem Recht der kommunalen Zusammenarbeit gebildete juristische Person des öffentlichen Rechts oder eine andere Körperschaft für die Aufstellung von Bebauungsplänen zuständig, so gilt dies auch für den Erlass örtlicher Bauvorschriften.

(6) Örtliche Bauvorschriften können in Bebauungspläne und in Satzungen nach § 34 Abs. 4 Satz 1 Nrn. 2 und 3 BauGB als Festsetzungen aufgenommen werden.

§ 85 Anforderungen an bestehende und genehmigte bauliche Anlagen

(1) Bauliche Anlagen, die vor dem 1. November 2012 rechtmäßig errichtet oder begonnen wurden oder am 1. November 2012 aufgrund einer Baugenehmigung oder Bauanzeige errichtet werden dürfen, brauchen an Vorschriften dieses Gesetzes, die vom bisherigen Recht abweichen, nur im Fall des Absatzes 2 angepasst zu werden.

(2) Die Bauaufsichtsbehörde kann eine Anpassung verlangen, wenn dies zur Erfüllung der Anforderungen des § 3 Abs. 1 erforderlich ist.

(3) [1]Soweit bauliche Anlagen an die Vorschriften dieses Gesetzes anzupassen sind, können nach bisherigem Recht erteilte Baugenehmigungen ohne Entschädigung widerrufen werden. [2]Dies gilt sinngemäß für Bauvorbescheide und Bauanzeigen.

(4) Die Absätze 1 bis 3 gelten entsprechend für die Anpassung baulicher Anlagen an Vorschriften, die aufgrund dieses Gesetzes ergehen.

§ 86 Übergangsvorschriften

(1) [1]Für die vor dem 1. November 2012 eingeleiteten Verfahren ist weiterhin die Niedersächsische Bauordnung in der Fassung vom 10. Februar 2003 (Nds. GVBl. S. 89), zuletzt geändert durch § 13 des Gesetzes vom 10. November 2011 (Nds. GVBl. S. 415), anzuwenden. [2]Dies gilt nicht für die Anforderungen nach den §§ 5 bis 7, § 9 Abs. 3 und § 44 Abs. 5 Sätze 1 und 2.

(2) Für die ab dem 1. November 2012 und vor dem 1. Januar 2019 eingeleiteten Verfahren ist dieses Gesetz weiterhin in der am 31. Dezember 2018 geltenden Fassung anzuwenden; Absatz 4 Satz 2 bleibt unberührt.

(3) Bis zum 1. Januar 2019 für Bauarten erteilte allgemeine bauaufsichtliche Zulassungen oder Zustimmungen im Einzelfall gelten als Bauartgenehmigung fort.

(4) [1]Bestehende Anerkennungen als Prüf-, Überwachungs- und Zertifizierungsstellen bleiben in dem bis zum 1. Januar 2019 bestimmten Umfang wirksam. [2]Vor dem 1. Januar 2019 gestellte Anträge gelten als Anträge nach diesem Gesetz.

(5) Nachweise im Sinne des § 65 Abs. 4 und 6 dürfen auch von Personen erstellt werden, die eine Bestätigung nach § 1 Abs. 2 Satz 4 der Prüfeinschränkungs-Verordnung vom 15. Mai 1986 (Nds. GVBl. S. 153), geändert durch Verordnung vom 15. Oktober 1986 (Nds. GVBl. S. 340), haben.

(6) Wer seit dem 1. Januar 1971 in Ausübung seines Berufes ständig andere als die in § 53 Abs. 9 Nr. 1 genannten Entwürfe verfasst hat, darf weiterhin bis zum 31. Dezember 2020 entsprechende Entwürfe verfassen, wenn diese Befugnis durch die seinerzeit zuständige obere Bauaufsichtsbehörde nach § 100 der Niedersächsischen Bauordnung in der bis zum 30. Juni 1995 geltenden Fassung vom 6. Juni 1986 (Nds. GVBl. S. 157), zuletzt geändert durch Artikel II des Gesetzes vom 7. November 1991 (Nds. GVBl. S. 295), erteilt worden ist.

(7) [1]Die in § 3a Abs. 1 Satz 1 genannten Anträge, Anzeigen, Mitteilungen und die beizufügenden Bauvorlagen können vor dem 1. Januar 2024 abweichend von § 3a Abs. 1 auch als Dokument in Pa-

pierform übermittelt werden; § 3a Abs. 2 Satz 2 gilt entsprechend. [2]Die Vorgaben für Schriftstücke nach diesem Gesetz und den Verordnungen aufgrund dieses Gesetzes sind einzuhalten.

(8) [1]Die Bauaufsichtsbehörde kann den Beginn der elektronischen Kommunikation für einzelne oder alle Verfahren nach § 3a Abs. 1 Satz 1 auf spätestens den 1. Januar 2024 festlegen, wenn bei ihr die technischen Voraussetzungen noch nicht vorliegen. [2]Der festgelegte Zeitpunkt ist öffentlich bekannt zu machen. [3]Bis zu diesem Zeitpunkt sind die Anträge, Anzeigen, Mitteilungen und beizufügenden Bauvorlagen abweichend von § 3a Abs. 1 als Dokument in Papierform zu übermitteln; § 3a Abs. 2 Satz 2 und Absatz 7 Satz 2 gelten entsprechend.

§ 87 ***[nicht wiedergegebene Änderungsvorschriften]***

§ 88 Inkrafttreten

(1) [1]Dieses Gesetz tritt am 1. November 2012 in Kraft. [2]Abweichend von Satz 1 treten die §§ 5 bis 7, § 9 Abs. 3, § 17 Abs. 8, § 44 Abs. 5 Sätze 1 und 2 und die §§ 82 und 84 am Tag nach der Verkündung[1)] in Kraft.

(2) [1]Die Niedersächsische Bauordnung in der Fassung vom 10. Februar 2003 (Nds. GVBl. S. 89), zuletzt geändert durch § 13 des Gesetzes vom 10. November 2011 (Nds. GVBl. S. 415), tritt mit Ablauf des 31. Oktober 2012 außer Kraft. [2]Abweichend von Satz 1 treten die §§ 7 bis 13 und 16 der Niedersächsischen Bauordnung in der in Satz 1 genannten Fassung zu dem in Absatz 1 Satz 2 genannten Zeitpunkt außer Kraft.

1) Verkündet am 12.4.2012.

Anhang
(zu § 60 Abs. 1)

Verfahrensfreie Baumaßnahmen

Übersicht

1. Gebäude

1.1
Gebäude und Vorbauten ohne Aufenthaltsräume, Toiletten und Feuerstätten, wenn die Gebäude und Vorbauten nicht mehr als 40 m^3 – im Außenbereich nicht mehr als 20 m^3 – Brutto-Rauminhalt haben und weder Verkaufs- noch Ausstellungszwecken noch dem Abstellen von Kraftfahrzeugen dienen,

1.2
bis zu zwei Garagen, auch mit Abstellraum, mit jeweils nicht mehr als 30 m^2 Grundfläche auf einem Baugrundstück sowie deren Zufahrten, außer im Außenbereich, Garagen mit notwendigen Einstellplätzen jedoch nur, wenn die Errichtung oder Änderung der Einstellplätze genehmigt oder nach § 62 genehmigungsfrei ist,

1.3
Gebäude mit nicht mehr als 100 m^2 Grundfläche und 5 m Höhe, die keine Feuerstätte haben und einem land- oder forstwirtschaftlichen Betrieb oder einem Betrieb der gartenbaulichen Erzeugung dienen und nur zum vorübergehenden Schutz von Tieren oder zur Unterbringung von Erzeugnissen dieser Betriebe bestimmt sind,

1.4
Gewächshäuser mit nicht mehr als 5 m Firsthöhe, die einem landwirtschaftlichen Betrieb oder einem Betrieb der gartenbaulichen Erzeugung dienen,

1.5
Gartenlauben in einer Kleingartenanlage nach dem Bundeskleingartengesetz,

1.6
Fahrgastunterstände, die dem öffentlichen Personenverkehr oder dem Schülertransport dienen, mit nicht mehr als 20 m^2 Grundfläche,

1.7
Schutzhütten, wenn sie jedermann zugänglich sind, keine Aufenthaltsräume haben und von einer Körperschaft, Anstalt oder Stiftung des öffentlichen Rechts unterhalten werden,

1.8
Terrassenüberdachungen mit nicht mehr als 30 m^2 Grundfläche.

2. Feuerungs- und sonstige Energieerzeugungsanlagen

2.1
Feuerungsanlagen, freistehende Abgasanlagen jedoch nur mit nicht mehr als 10 m Höhe,

2.2
Wärmepumpen,

2.3
Solarenergieanlagen mit nicht mehr als 3 m Höhe und mit nicht mehr als 9 m Gesamtlänge, außer im Außenbereich, sowie in, an oder auf Dach- oder Außenwandflächen von Gebäuden, die keine Hochhäuser sind, angebrachte Solarenergieanlagen sowie
a) die mit der Errichtung solcher Solarenergieanlagen verbundene Änderung der äußeren Gestalt oder
b) die mit der Nutzung solcher Solarenergieanlagen verbundene Änderung der Nutzung
bestehender baulicher Anlagen, in, auf oder an denen die Solarenergieanlagen angebracht werden,

2.4
Blockheizkraftwerke, die keine Sonderbauten nach § 2 Abs. 5 Satz 2 sind, einschließlich der Leitungen zur Abführung der Verbrennungsgase, in zulässigerweise genutzten Gebäuden, wenn der Betrieb eines solchen Blockheizwerks die Zulässigkeit der bestehenden Nutzung des Gebäudes unberührt lässt, im Außenbereich jedoch nur, soweit sie einem Betrieb nach § 35 Abs. 1 Nr. 1 oder 2 BauGB dienen,

2.5
Windenergieanlagen in Gewerbe- und Industriegebieten, wenn die Baugebiete durch Bebauungsplan im Sinne des § 30 Abs. 1 oder 2 BauGB festgesetzt sind, und im Außenbereich
a) auf baulichen Anlagen bis 2 m Gesamthöhe der Windenergieanlage gemessen ab dem Schnittpunkt der Windenergieanlage mit der Außenfläche der baulichen Anlage und
b) im Übrigen bis zu 15 m Gesamthöhe der Windenergieanlage gemessen ab der Geländeoberfläche,
außer an oder in der Nähe von Kultur- und Naturdenkmalen.

3. Leitungen und Anlagen für Lüftung, Klimatisierung, Wasser- oder Energieversorgung, Abwasserbeseitigung, Telekommunikation oder Brandschutz

3.1
Lüftungsleitungen, Leitungen von Klimaanlagen und Warmluftheizungen, Installationsschächte und Installationskanäle, die nicht durch Decken oder Wände, die feuerwiderstandsfähig sein müssen, geführt werden, sowie Lüftungs- und Klimageräte,

3.2
Leitungen für Elektrizität, Wasser, Abwasser, Gas oder Wärme,

3.3
Brunnen,

3.4
Wasserversorgungsanlagen in Gebäuden,

3.5
Abwasserbehandlungsanlagen für nicht mehr als täglich 8 m^3 häusliches Schmutzwasser,

3.6
Sanitärinstallationen wie Toiletten, Waschbecken und Badewannen,

3.7
Anlagen zur Verteilung von Wärme bei Warmwasser- oder Niederdruckdampfheizungen,

3.8
bauliche Anlagen, die ausschließlich der Telekommunikation, der öffentlichen Versorgung mit Elektrizität, Gas, Öl, Wärme oder Wasser oder der Wasserwirtschaft dienen und eine Grundfläche von nicht mehr als 20 m^2 und eine Höhe von nicht mehr als 4 m haben,

3.9
Brandmeldeanlagen in Wohnungen.

4. Masten, Antennen und ähnliche Anlagen

4.1
Masten und Unterstützungen für Freileitungen und für Telekommunikationsleitungen,

4.2
Unterstützungen von Seilbahnen und von Leitungen sonstiger Verkehrsmittel,

4.3
Fahnenmasten,

4.4
Flutlichtmasten mit einer Höhe von nicht mehr als 10 m, außer im Außenbereich,

4.5
Sirenen und deren Masten,

4.6
Antennen einschließlich der Masten mit einer Höhe von
a) nicht mehr als 10 m bei Anlagen in reinen Wohngebieten sowie in einem 2,50 m tiefen Grenzbereich zu solchen Gebieten in Gebieten nach Buchstabe b,
b) nicht mehr als 15 m bei Anlagen in sonstigen Gebieten,

gemessen bei freistehenden Anlagen ab der Geländeoberfläche und bei Anlagen auf baulichen Anlagen ab dem Schnittpunkt der Anlage mit der Außenfläche der baulichen Anlage, und zugehörige Versorgungseinheiten mit nicht mehr als 20 m³ Brutto-Rauminhalt (Antennenanlagen) sowie die mit der Errichtung und Nutzung solcher Antennenanlagen verbundene Änderung der Nutzung oder der äußeren Gestalt bestehender baulicher Anlagen, in, auf oder an denen diese errichtet werden,

4.7
ortsveränderliche Antennenanlagen, die für längstens 24 Monate aufgestellt werden,

4.8
die nachträgliche Anbringung von weiteren Antennen an bestehenden Antennenmasten, wenn die genehmigte Gesamthöhe der Masten nicht überschritten wird oder die Anlage auch danach noch verfahrens- oder genehmigungsfrei ist,

4.9
Signalhochbauten der Landesvermessung,

4.10
Blitzschutzanlagen.

5. Behälter

5.1
Behälter zur Lagerung brennbarer oder wassergefährdender Stoffe mit nicht mehr als 10 m³ Behälterinhalt mit den Rohrleitungen, Auffangräumen und Auffangvorrichtungen sowie den zugehörigen Betriebs- und Sicherheitseinrichtungen und Schutzvorkehrungen,

5.2
Futtermittelbehälter, die einem landwirtschaftlichen Betrieb dienen und in denen nur Futtermittel gelagert werden, mit nicht mehr als 6 m Höhe,

5.3
Behälter für Flüssiggas mit einem Fassungsvermögen von nicht mehr als 3 t,

5.4
Behälter für nicht verflüssigte Gase mit nicht mehr als 6 m³ Behälterinhalt,

5.5
transportable Behälter für feste Stoffe,

5.6
Behälter mit nicht mehr als 50 m³ Rauminhalt und mit nicht mehr als 3 m Höhe, die nicht für Gase, brennbare Flüssigkeiten oder wassergefährdende Stoffe, insbesondere nicht für Jauche oder Gülle, bestimmt sind, im Außenbereich nur, wenn sie einem land- oder forstwirtschaftlichen Betrieb oder einem Betrieb der gartenbaulichen Erzeugung dienen,

5.7
Behälter für Regenwasser mit nicht mehr als 100 m³ Rauminhalt.

6. Einfriedungen, Stützmauern, Brücken und Durchlässe

6.1
Einfriedungen, auch wenn diese zugleich einem weiteren Zweck dienen, insbesondere der Nutzung als Solarenergieanlage, nicht aber der Nutzung als Werbeanlage, mit nicht mehr als 2 m Höhe über der

Geländeoberfläche nach § 5 Abs. 9, im Außenbereich nur als Nebenanlage eines höchstens 50 m entfernten Gebäudes mit Aufenthaltsräumen,

6.2
Stützmauern mit nicht mehr als 1,50 m Höhe über der Geländeoberfläche nach § 5 Abs. 9,

6.3
offene Einfriedungen ohne Sockel, die einem land- oder forstwirtschaftlichen Betrieb oder einem Betrieb der gartenbaulichen Erzeugung dienen,

6.4
Durchlässe und Brücken mit nicht mehr als 5 m lichte Weite.

7. Aufschüttungen, Abgrabungen und Erkundungsbohrungen

7.1
Selbständige Aufschüttungen und Abgrabungen mit nicht mehr als 3 m Höhe oder Tiefe, im Außenbereich nur, wenn die Aufschüttungen und Abgrabungen nicht der Herstellung von Teichen dienen und nicht mehr als 300 m^2 Fläche haben,

7.2
künstliche Hohlräume unter der Erdoberfläche mit nicht mehr als 15 m^3 Rauminhalt,

7.3
Erkundungsbohrungen.

8. Anlagen auf Camping- oder Wochenendplätzen

8.1
Wohnwagen, Zelte und bauliche Anlagen, die keine Gebäude sind, auf Campingplätzen,

8.2
Wochenendhäuser und bauliche Anlagen, die keine Gebäude sind, auf Wochenendplätzen.

9. Anlagen in Gärten oder zur Freizeitgestaltung

9.1
Bauliche Anlagen, die der Gartennutzung, der Gartengestaltung oder der zweckentsprechenden Einrichtung von Gärten, Parkanlagen oder Naherholungsbereichen dienen, wie Bänke, Sitzgruppen, Terrassen oder Pergolen, ausgenommen Gebäude und Einfriedungen,

9.2
Vorrichtungen zum Teppichklopfen oder Wäschetrocknen,

9.3
Spielplätze im Sinne des § 9 Abs. 3 Satz 1 und bauliche Anlagen, die der zweckentsprechenden Einrichtung von genehmigten Sport- oder Kinderspielplätzen dienen, wie Tore für Ballspiele, Schaukeln und Klettergerüste, ausgenommen Gebäude, Tribünen, Flutlichtanlagen und Ballfangzäune,

9.4
bauliche Anlagen ohne Aufenthaltsräume auf genehmigten Abenteuerspielplätzen,

9.5
bauliche Anlagen für Trimmpfade,

9.6
Wasserbecken mit nicht mehr als 100 m^3 Beckeninhalt, im Außenbereich nur als Nebenanlage eines höchstens 50 m entfernten Gebäudes mit Aufenthaltsräumen,

9.7
luftgetragene Schwimmbeckenüberdachungen mit nicht mehr als 100 m^2 Grundfläche für Schwimmbecken, die nach Nummer 9.6 verfahrensfrei sind,

9.8
Sprungschanzen, Sprungtürme und Rutschbahnen mit nicht mehr als 10 m Höhe in genehmigten Sportanlagen oder Freizeitanlagen,

9.9
Stege ohne Aufbauten in oder an Gewässern,

9.10
Wildfütterungsstände,

9.11
Hochsitze mit nicht mehr als 4 m² Nutzfläche,

9.12
Loipen und die dazugehörigen baulichen Anlagen, ausgenommen Gebäude,

9.13
Bienenstöcke, -beuten und -freistände.

10. Werbeanlagen, Hinweisschilder und Warenautomaten

10.1
Werbeanlagen mit nicht mehr als 1 m² Ansichtsfläche,

10.2
vorübergehend angebrachte oder aufgestellte Werbeanlagen an der Stätte der Leistung, wenn die Anlagen nicht fest mit dem Erdboden oder anderen baulichen Anlagen verbunden sind,

10.3
Werbeanlagen für zeitlich begrenzte Veranstaltungen,

10.4
Werbeanlagen mit nicht mehr als 10 m Höhe an der Stätte der Leistung in durch Bebauungsplan festgesetzten Gewerbe- oder Industriegebieten oder in durch Bebauungsplan festgesetzten Sondergebieten für eine gewerbe- oder industrieähnliche Nutzung,

10.5
Schilder an öffentlichen Straßen mit Hinweisen über das Fahrverhalten,

10.6
Orientierungs- und Bildtafeln über Radrouten, Wanderwege und Lehrpfade, Schilder, die durch Rechtsvorschrift geschützte Teile von Natur und Landschaft kennzeichnen, sowie Wegweiser zu Stätten, die dem Totengedenken dienen,

10.7
Schilder, die Notfalltreffpunkte kennzeichnen,

10.8
Warenautomaten und Paketstationen, wenn der Brutto-Rauminhalt jeweils nicht mehr als 10 m³ beträgt, außer im Außenbereich

10.9
die

a) mit der Errichtung einer in Nummer 10.5 oder 10.6 genannten Anlage verbundene Änderung der äußeren Gestalt oder
b) mit der Nutzung einer in Nummer 10.5 oder 10.6 genannten Anlage verbundene Änderung der Nutzung

bestehender baulicher Anlagen, in, auf oder an denen die Anlage angebracht wird.

11. Fliegende Bauten und sonstige vorübergehend aufgestellte oder genutzte bauliche Anlagen

11.1
Fliegende Bauten mit nicht mehr als 5 m Höhe, die nicht dazu bestimmt sind, von Besucherinnen und Besuchern betreten zu werden,

11.2
erdgeschossige betretbare Verkaufsstände, die fliegende Bauten sind, mit einer Grundfläche von nicht mehr als 75 m²,

11.3
fliegende Bauten mit nicht mehr als 5 m Höhe, die für Kinder bestimmt sind und mit einer Geschwindigkeit von nicht mehr als 1 m/s betrieben werden,

11.4
aufblasbare Spielgeräte, wenn der betretbare Bereich nicht höher als 5 m liegt und, soweit ein betretbarer Bereich überdacht ist, wenn die Entfernung von jedem Punkt des überdachten betretbaren Bereichs bis zum Ausgang nicht mehr als 3 m oder, wenn ein Absinken der Überdachung konstruktiv verhindert wird, nicht mehr als 10 m beträgt,

11.5
Bühnen, die fliegende Bauten sind, einschließlich Überdachungen und sonstiger Aufbauten, mit nicht mehr als 5 m Höhe, mit einer Grundfläche von nicht mehr als 100 m^2 und einer Fußbodenhöhe von nicht mehr als 1,50 m,

11.6
Zelte, die fliegende Bauten sind, mit nicht mehr als 75 m^2 Grundfläche,

11.7
Zelte, die dem Wohnen dienen und nur gelegentlich für längstens drei Tage auf demselben Grundstück aufgestellt werden, es sei denn, dass auf dem Grundstück und in dessen Nähe gleichzeitig mehr als zehn Personen zelten,

11.8
Behelfsbauten, die in einer Notsituation erforderlich sind, der Landesverteidigung, dem Brandschutz, dem Katastrophenschutz, dem Bevölkerungsschutz, der Unfallhilfe, der medizinischen Versorgung oder der Unterbringung des für diese Zwecke erforderlichen Personals dienen und nur vorübergehend aufgestellt werden,

11.9
bauliche Anlagen, die zu Straßenfesten nur vorübergehend errichtet werden und keine fliegenden Bauten sind,

11.10
bauliche Anlagen, die für längstens drei Monate auf genehmigtem Messe- oder Ausstellungsgelände errichtet werden, ausgenommen fliegende Bauten,

11.11
bauliche Anlagen, die dem Verkauf landwirtschaftlicher Produkte durch den Erzeuger dienen und nicht fest mit dem Erdboden verbunden sind, nicht jedoch Gebäude,

11.12
vorübergehend genutzte Lagerplätze für landwirtschaftliche, forstwirtschaftliche oder erwerbsgärtnerische Produkte, wie Kartoffel-, Rübenblatt- und Strohmieten,

11.13
Imbiss- und Verkaufswagen auf öffentlichen Verkehrsflächen oder gewerblich genutzten Flächen, außer im Außenbereich,

11.14
Gerüste,

11.15
Baustelleneinrichtungen einschließlich der für die Baustelle genutzten Lagerhallen, Schutzhallen und Unterkünfte,

11.16
ortsveränderlich genutzte und fahrbereit aufgestellte Geflügelställe zum Zweck der Freilandhaltung oder der ökologisch-biologischen Geflügelhaltung, wenn diese einem landwirtschaftlichen Betrieb dienen und jeweils nicht mehr als 450 m^3 Brutto-Rauminhalt sowie eine Auslauffläche haben, die mindestens 7 m^2 je Kubikmeter Brutto-Rauminhalt beträgt.

12. Tragende und nichttragende Bauteile

12.1
Wände, Decken, Stützen und Treppen, ausgenommen Außenwände, Gebäudetrennwände und Dachkonstruktionen, in fertiggestellten Wohngebäuden oder fertiggestellten Wohnungen, jedoch nicht in Hochhäusern,

12.2
Wände und Decken, die weder tragend noch aussteifend sind und nicht feuerwiderstandsfähig (§ 26 Abs. 2) sein müssen, in fertiggestellten Gebäuden,

12.3
Bekleidungen und Dämmschichten in fertiggestellten Wohngebäuden oder fertiggestellten Wohnungen,

12.4
Bekleidungen und Dämmschichten, die weder schwerentflammbar noch nichtbrennbar sein müssen, in Gebäuden.

13. Fenster, Türen, Außenwände und Dächer

13.1
Öffnungen für Fenster oder Türen in fertiggestellten Wohngebäuden, fertiggestellten Wohnungen oder in Wänden oder Decken nach Nummer 12.2,

13.2
Fenster und Türen in vorhandenen Öffnungen,

13.3
Fenster- und Rollläden,

13.4
Außenwandbekleidungen einschließlich einer Wärmedämmung, ausgenommen bei Hochhäusern, Verblendung und Verputz baulicher Anlagen, die kein sichtbares Holzfachwerk haben,

13.5
Dacheindeckungen, wenn sie nur gegen vorhandene Dacheindeckungen ausgewechselt werden,

13.6
Dächer von vorhandenen Wohngebäuden einschließlich der Dachkonstruktion, unter Änderung der bisherigen äußeren Abmessungen jedoch nur dann, wenn die Bedachung für Baumaßnahmen zum Zweck des Wärmeschutzes oder der Energieeinsparung bei einem vorhandenen Gebäude, ausgenommen bei Hochhäusern, angehoben wird.

14. Sonstige bauliche Anlagen und Teile baulicher Anlagen

14.1
Bauliche Anlagen aufgrund eines Flurbereinigungsplans oder eines Wege- und Gewässerplans nach § 41 des Flurbereinigungsgesetzes, ausgenommen Gebäude, Brücken und Stützmauern,

14.2
Zapfsäulen und Tankautomaten genehmigter Tankstellen,

14.3
Erdgasbetankungsgeräte und Ladegeräte für Elektrofahrzeuge und die damit verbundene Änderung der Nutzung,

14.4
Regale mit einer zulässigen Höhe der Oberkante des Lagerguts von nicht mehr als 7,50 m,

14.5
Denkmale und Skulpturen mit nicht mehr als 3 m Höhe sowie Grabdenkmale auf Friedhöfen,

14.6
Bewegliche Sonnendächer (Markisen), die keine Werbeträger sind,

14.7
Stellplätze für Personen-Kraftfahrzeuge mit nicht mehr als insgesamt 50 m^2 Nutzfläche je Grundstück sowie deren Zufahrten und Fahrgassen, ausgenommen notwendige Einstellplätze,

14.8
Fahrradabstellanlagen, in einem Gebäude jedoch nur dann, wenn das Gebäude an mindestens einer Seite vollständig offen ist,

14.9
Fahrzeugwaagen,

14.10
land- oder forstwirtschaftliche Wirtschaftswege mit wassergebundener Decke mit nicht mehr als 3,50 m Fahrbahnbreite sowie Rückewege, die einem forstwirtschaftlichen Betrieb dienen, einschließlich der aus Gründen der Verkehrssicherheit erforderlichen Fahrbahnverbreiterungen im Verlauf von Kurven, Ausweichstellen, Wendestellen und Kreuzungen sowie bei Überfahrten von Durchlässen einschließlich der damit verbundenen Böschungsabsicherung, soweit die Fahrbahnverbreiterungen erforderlich sind, um eine sichere Befahrung mit land-, forst- und holzwirtschaftlichen Fahrzeugen zu ermöglichen,

14.11
Lager- und Abstellplätze für die Anzucht oder den Handel mit Pflanzen oder Pflanzenteilen, sowie sonstige Lager- und Abstellplätze, die einem land- oder forstwirtschaftlichen Betrieb oder einem Betrieb der gartenbaulichen Erzeugung dienen, wenn sie unbefestigt sind,

14.12
Personenaufzüge, die zur Beförderung von nur einer Person bestimmt sind,

14.13
Erweiterung einer Gaststätte um eine Außenbewirtschaftung, wenn die für die Erweiterung in Anspruch genommene Grundfläche 100 m^2 nicht überschreitet.

Niedersächsisches Gesetz zur Durchführung des Baugesetzbuchs (NBauGBDG)

Vom 13. Mai 2009 (Nds. GVBl. S. 169)
(VORIS 21074)

§ 1 Vorhaben im Außenbereich

Die Frist nach § 35 Abs. 4 Satz 1 Nr. 1 Buchst. c des Baugesetzbuchs ist nicht anzuwenden.

§ 2 Inkrafttreten

Dieses Gesetz tritt am Tag nach seiner Verkündung[1] in Kraft.

1) Verkündet am 19. 5. 2009.

Niedersächsische Verordnung zur Durchführung des Baugesetzbuches (DVO-BauGB)[1)]

In der Fassung vom 24. Mai 2005[2)] (Nds. GVBl. S. 183)
(GVBl. Sb 21074 00 03)

zuletzt geändert durch Art. 1 ÄndVO vom 11. Oktober 2022 (Nds. GVBl. S. 634)

Nichtamtliche Inhaltsübersicht

Erster Abschnitt
Zuständigkeiten

§ 1 Übertragung von Aufgaben der höheren Verwaltungsbehörde auf die Landkreise

(1) Die Landkreise nehmen hinsichtlich der kreisangehörigen Gemeinden, die nicht die Rechtsstellung einer großen selbständigen Stadt besitzen, die Aufgaben der höheren Verwaltungsbehörde nach dem Baugesetzbuch (BauGB) wahr, ausgenommen

1. die Entscheidungen nach § 6 Abs. 1 und § 10 Abs. 2 BauGB für Bauleitpläne, die die Landkreise selbst erarbeitet haben,
2. die Entscheidungen nach § 37 Abs. 1 und 2, § 246 Abs. 14 Satz 1 und § 246b Abs. 1 Satz 1 BauGB,

---

1) Die VO wurde erlassen auf Grund von § 46 Abs. 2, von § 80 Abs. 3, von § 199 Abs. 2, von § 203 Abs. 3, von § 212 Abs. 1 und von § 219 Abs. 2 Satz 1 des Baugesetzbuches (BauGB) in der Fassung vom 8. Dezember 1986 (BGBl. I S. 2253), von § 10 Abs. 3 in Verbindung mit § 7 Abs. 3 des Maßnahmengesetzes zum Baugesetzbuch (BauGB-MaßnahmenG) in der Fassung vom 28. April 1993 (BGBl. I S. 622) und von § 12 Abs. 2 und 6 des Niedersächsischen Datenschutzgesetzes vom 17. Juni 1993 (Nds. GVBl. S. 141).

2) Neubekanntmachung der DVO-BauGB v. 22.4.1997 (Nds. GVBl. S. 112) in der ab 1.1.2005 geltenden Fassung.

3. die Aufgaben der Enteignungsbehörde (§ 104 Abs. 1 BauGB) und Entschädigungsfestsetzungen außerhalb von Enteignungsverfahren (§ 18 Abs. 2, § 28 Abs. 6, § 43 Abs. 2, § 126 Abs. 2, § 150 Abs. 2, § 185 Abs. 2 und § 209 Abs. 2 BauGB) sowie
4. die Aufgaben nach § 138 Abs. 2 und § 149 Abs. 1, 5 und 6 BauGB.

(2) Die Kosten werden im Rahmen des kommunalen Finanzausgleichs abgegolten.

§ 1a Übertragung von Aufgaben der höheren Verwaltungsbehörde auf die Ämter für regionale Landesentwicklung

[1]Die Ämter für regionale Landesentwicklung nehmen hinsichtlich der kreisfreien und der großen selbständigen Städte die Aufgaben der höheren Verwaltungsbehörde nach dem Baugesetzbuch wahr, ausgenommen die in § 1 Abs. 1 Nrn. 2 bis 4 genannten Aufgaben. [2]Außerdem nehmen die Ämter für regionale Landesentwicklung hinsichtlich der kreisangehörigen Gemeinden, die nicht die Rechtsstellung einer großen selbständigen Stadt besitzen, die Aufgaben der höheren Verwaltungsbehörde nach § 6 Abs. 1 und § 10 Abs. 2 BauGB für Bauleitpläne wahr, die die Landkreise erarbeitet haben (§ 1 Abs. 1 Nr. 1).

§ 2 Zuständige Behörden für die Ersetzung des Einvernehmens

Zuständige Behörde für die Ersetzung des Einvernehmens gemäß § 36 Abs. 2 Satz 3 BauGB ist
1. im Baugenehmigungsverfahren die untere Bauaufsichtsbehörde,
2. im sonstigen Genehmigungsverfahren über die Zulässigkeit von Vorhaben die für die Entscheidung in diesen Verfahren zuständige Behörde,
3. im Zustimmungsverfahren nach § 82 der Niedersächsischen Bauordnung die oberste Bauaufsichtsbehörde,
4. im Widerspruchsverfahren, soweit dem Widerspruch nicht abgeholfen wird, die Behörde, die den Widerspruchsbescheid zu erlassen hat.

Zweiter Abschnitt
Bodenordnung

§ 3 Umlegungsausschüsse

(1) [1]Die Gemeinden bilden für die Durchführung der Umlegung Umlegungsausschüsse. [2]Werden mehrere Umlegungsausschüsse gebildet, so ist die örtliche Zuständigkeit durch Satzung zu bestimmen.

(2) [1]Umlegungsausschüsse haben die der Umlegungsstelle zustehenden Befugnisse. [2]Sie können selbständig vereinfachte Umlegungsverfahren durchführen, wenn ihnen diese Zuständigkeit von der Gemeinde übertragen worden ist.

§ 4 Mitglieder

(1) Der Umlegungsausschuss besteht aus dem vorsitzenden Mitglied, drei Fachmitgliedern und drei weiteren Mitgliedern, die dem Rat der Gemeinde angehören.

(2) [1]Das vorsitzende Mitglied muss die Befähigung zum Richteramt haben. [2]Von den Fachmitgliedern muss
1. ein Mitglied die Befähigung zum höheren technischen Verwaltungsdienst der Fachrichtung „Vermessungs- und Liegenschaftswesen" haben,
2. ein Mitglied die Befähigung zum höheren technischen Verwaltungsdienst der Fachrichtung „Hochbau" oder „Städtebau" oder einer der Fachrichtungen „Bauingenieurwesen" haben,
3. ein Mitglied in der Grundstückswertermittlung sachverständig sein.

(3) [1]Das vorsitzende Mitglied und die Fachmitglieder dürfen weder dem Rat noch der Verwaltung der Gemeinde angehören. [2]Kein Mitglied darf hauptamtlich oder hauptberuflich mit der Verwaltung kommunaler Grundstücke bei der Gemeinde oder bei einer Körperschaft, der die Gemeinde angehört, beschäftigt sein.

(4) Für alle Mitglieder sind stellvertretende Mitglieder zu bestellen, die die gleichen Voraussetzungen wie das zu vertretende Mitglied erfüllen müssen.

§ 5 Amtszeit

(1) [1]Das vorsitzende Mitglied und die drei Fachmitglieder des Umlegungsausschusses werden vom Rat der Gemeinde durch Einzelwahl für die Dauer von fünf Jahren gewählt. [2]Die Wiederwahl ist zulässig.

(2) Die weiteren Mitglieder bleiben nach Ablauf der Wahlperiode im Amt, bis der neue Rat über ihre Nachfolge bestimmt hat.

§ 6 Auflösung des Umlegungsausschusses

Der Rat der Gemeinde kann die Auflösung des Umlegungsausschusses beschließen, wenn die Umlegung durchgeführt ist oder nach Ansicht des Umlegungsausschusses nicht durchgeführt werden kann und mit der Anordnung einer weiteren Umlegung in absehbarer Zeit nicht zu rechnen ist.

§ 7 Übertragung von Aufgaben auf andere Dienststellen

(1) Nach Auftrag der Gemeinde bereitet die Vermessungs- und Katasterbehörde oder, wenn das Umlegungsgebiet innerhalb einer angeordneten oder beabsichtigten Flurbereinigung liegt oder an diese angrenzt, die Flurbereinigungsbehörde die im Umlegungsverfahren zu treffenden Entscheidungen vor.

(2) Werden die Entscheidungen nach Absatz 1 von der Bürgermeisterin oder dem Bürgermeister, von der Vermessungs- und Katasterbehörde oder von der Flurbereinigungsbehörde vorbereitet, kann der Umlegungsausschuss diesen Stellen die Zuständigkeit für die folgenden Genehmigungen nach § 51 BauGB übertragen:

1. Verfügungen zur Übertragung und Vereinbarungen zum Erwerb des Grundeigentums, die den gesamten Bestand eines Eigentümers betreffen,
2. Verfügungen über die Begründung von Grundpfandrechten,
3. Verfügungen über die Aufhebung von Rechten,
4. Vereinbarungen über die Nutzung von Grundstücken, wenn das Objekt nicht von Umlegungsmaßnahmen betroffen wird,
5. Vorgänge nach § 51 Abs. 1 Satz 1 Nrn. 3 und 4 BauGB, wenn die Zuteilung nicht beeinflusst wird,
6. Regelungen nach unanfechtbarer Vorwegnahme der Entscheidung nach § 76 BauGB.

§ 8 Vorverfahren

(1) Ein nach dem Vierten Teil des Ersten Kapitels BauGB erlassener Verwaltungsakt kann durch Antrag auf gerichtliche Entscheidung nach § 217 BauGB erst angefochten werden, nachdem seine Rechtmäßigkeit und Zweckmäßigkeit in einem Vorverfahren nachgeprüft worden ist.

(2) [1]Ist von der Gemeinde für die Durchführung der Umlegung ein Umlegungsausschuss gebildet worden, so entscheidet dieser über Widersprüche. [2]Das Gleiche gilt für Widersprüche im vereinfachten Umlegungsverfahren, wenn dem Umlegungsausschuss die selbständige Durchführung übertragen worden ist. [3]In den Fällen des § 46 Abs. 4 BauGB entscheidet über Widersprüche die Behörde, die den Verwaltungsakt erlassen hat.

(3) Die §§ 69 bis 73, 75, 80 und 80a der Verwaltungsgerichtsordnung (VwGO) sind entsprechend anzuwenden.

Dritter Abschnitt
Wertermittlung

§ 9 Bildung der Gutachterausschüsse und eines Oberen Gutachterausschusses

Für den Bereich jeder Regionaldirektion des Landesamtes für Geoinformation und Landesvermessung Niedersachsen (Landesamt) wird ein Gutachterausschuss nach § 192 BauGB und für den Bereich des Landes ein Oberer Gutachterausschuss nach § 198 BauGB jeweils als Landesbehörde gebildet.

§ 10 Amtsperiode, Bestellung der Mitglieder

(1) Die Amtsperiode des Gutachterausschusses und des Oberen Gutachterausschusses dauert fünf Jahre.

(2) [1]Das für Vermessung und Geoinformation zuständige Ministerium (Fachministerium) bestellt für die Dauer der Amtsperiode für jeden Gutachterausschuss und den Oberen Gutachterausschuss ein vorsitzendes Mitglied und ein stellvertretendes vorsitzendes Mitglied oder mehrere stellvertretende vorsitzende Mitglieder. [2]Es dürfen nur Beschäftigte des Landesamtes bestellt werden.

(3) [1]Das jeweilige vorsitzende Mitglied bestellt für die Dauer der Amtsperiode die ehrenamtlichen weiteren Gutachterinnen und Gutachter (ehrenamtliche Mitglieder). [2]Mindestens ein ehrenamtliches Mitglied eines jeden Gutachterausschusses muss die Voraussetzung nach § 192 Abs. 3 Satz 2 BauGB erfüllen.

(4) [1]Nicht bestellt werden darf, wer nach § 21 Abs. 1 Nr. 1 oder 2 VwGO vom Amt einer ehrenamtlichen Richterin oder eines ehrenamtlichen Richters ausgeschlossen ist oder wer in Vermögensverfall geraten ist. [2]Als ehrenamtliches Mitglied darf nicht bestellt werden, wer nicht mehr erwerbstätig ist; davon kann in Sonderfällen ausnahmsweise abgewichen werden, je Person jedoch nur einmal. [3]Die Mitgliedschaft in mehreren Gutachterausschüssen sowie in dem Oberen Gutachterausschuss und einem Gutachterausschuss oder mehreren Gutachterausschüssen ist zulässig.

(5) Eine Bestellung während der Amtsperiode erfolgt für den Rest der Amtsperiode.

§ 11 Unparteilichkeit, Verschwiegenheit, Mitwirkungsausschluss

(1) Für die ehrenamtlichen Mitglieder des Gutachterausschusses oder des Oberen Gutachterausschusses gelten die §§ 83 und 84 des Verwaltungsverfahrensgesetzes (VwVfG) entsprechend.

(2) [1]Für alle Mitglieder des Gutachterausschusses oder des Oberen Gutachterausschusses gilt § 20 VwVfG in Angelegenheiten nach § 13 Abs. 2 und § 14 Abs. 1 entsprechend. [2]Die Mitglieder sind bei ihrer Bestellung auf ihre Pflichten nach § 20 VwVfG hinzuweisen.

(3) Von der Mitwirkung an einem Obergutachten ist ausgeschlossen, wer an dem zugrundeliegenden Gutachten des Gutachterausschusses mitgewirkt hat.

§ 12 Beendigung der Mitgliedschaft

(1) Ein Mitglied eines Gutachterausschusses oder des Oberen Gutachterausschusses ist abzuberufen, wenn es nicht mehr bestellt werden dürfte.

(2) Ein Mitglied des Gutachterausschusses oder des Oberen Gutachterausschusses kann abberufen werden, wenn

1. es weder in der Ermittlung von Grundstückswerten noch in sonstigen Wertermittlungen sachkundig und erfahren ist,
2. es seine Pflichten nach § 20 Abs. 4 VwVfG in Verbindung mit § 11 Abs. 2 Satz 1 oder nach § 83 Abs. 1 oder § 84 Abs. 1 oder 2 VwVfG, jeweils in Verbindung mit § 11 Abs. 1, verletzt hat,
3. es seine Tätigkeit nicht mehr ordnungsgemäß ausüben kann oder
4. ein sonstiger wichtiger Grund vorliegt.

(3) Die Mitgliedschaft eines ehrenamtlichen Mitglieds in einem Gutachterausschuss oder dem Oberen Gutachterausschuss endet vorzeitig, wenn das Mitglied sein Amt durch schriftliche Erklärung gegenüber dem vorsitzenden Mitglied des Ausschusses niederlegt.

(4) Die Mitgliedschaft eines vorsitzenden oder stellvertretenden vorsitzenden Mitglieds eines Gutachterausschusses oder des Oberen Gutachterausschusses endet vorzeitig bei Eintritt in den Ruhestand.

§ 13 Beratung und Beschlussfassung des Gutachterausschusses

(1) [1]Der Gutachterausschuss berät und beschließt in nicht öffentlicher Sitzung. [2]Nach Maßgabe des Absatzes 5 kann im Umlaufverfahren beschlossen werden.

(2) [1]Über Gutachten und über Vergleichspreise nach § 183 Abs. 1 Satz 2 des Bewertungsgesetzes berät und beschließt der Gutachterausschuss in der Besetzung mit dem vorsitzenden Mitglied und zwei ehrenamtlichen Mitgliedern. [2]Das vorsitzende Mitglied wählt die ehrenamtlichen Mitglieder aus. [3]Bei Bedarf kann es weitere ehrenamtliche Mitglieder hinzuziehen.

(3) Über Bodenrichtwerte (§ 196 BauGB) und sonstige für die Wertermittlung erforderliche Daten (§ 193 Abs. 5 Satz 2 BauGB) sowie über Analysen und Auswertungen nach § 16 Abs. 5 berät und beschließt der Gutachterausschuss in der Besetzung mit dem vorsitzenden Mitglied und mindestens vier ehrenamtlichen Mitgliedern.

(4) Das vorsitzende Mitglied lädt zu den Sitzungen des Gutachterausschusses ein und leitet diese.

(5) [1]Ist in einer Angelegenheit in einer Ausschusssitzung beraten worden, ohne einen Beschluss zu fassen, und hält das vorsitzende Mitglied eine weitere Beratung nicht für erforderlich, so kann es eine Beschlussfassung im Umlaufverfahren herbeiführen. [2]Ein Beschluss kommt im Umlaufverfahren nicht zustande, wenn ein mitwirkendes Mitglied des Ausschusses dieser Verfahrensweise widerspricht.

(6) [1]Beschlüsse werden mit Stimmenmehrheit gefasst. [2]Bei Stimmengleichheit entscheidet die Stimme des vorsitzenden Mitglieds. [3]Die Beschlüsse werden von den mitwirkenden Mitgliedern unterzeichnet.

(7) Hat ein mitwirkendes Mitglied eine vom Beschluss abweichende Auffassung, so hat das vorsitzende Mitglied diese auf Verlangen des mitwirkenden Mitglieds aktenkundig zu machen.

§ 14 Beratung und Beschlussfassung des Oberen Gutachterausschusses

(1) [1]Über Obergutachten (§ 198 Abs. 3 BauGB, § 17 Abs. 4) berät und beschließt der Obere Gutachterausschuss in der Besetzung mit dem vorsitzenden Mitglied und zwei ehrenamtlichen Mitgliedern. [2]§ 13 Abs. 2 Sätze 2 und 3 gilt entsprechend.

(2) [1]Über die sonstigen für die Wertermittlung erforderlichen Daten und die Ergebnisse der Auswertung nach § 17 Abs. 2 berät und beschließt der Obere Gutachterausschuss in der Besetzung mit dem vorsitzenden Mitglied und mindestens vier ehrenamtlichen Mitgliedern. [2]§ 13 Abs. 2 Satz 2 gilt entsprechend.

(3) § 13 Abs. 1 und 4 bis 7 gilt entsprechend.

§ 15 Entschädigung der ehrenamtlichen Mitglieder

(1) [1]Die ehrenamtlichen Mitglieder des Gutachterausschusses und des Oberen Gutachterausschusses erhalten auf Antrag

1. eine Entschädigung für ihre Leistungen (Leistungsentschädigung) nach Absatz 2,
2. Fahrtkostenersatz entsprechend § 5 des Justizvergütungs- und -entschädigungsgesetzes (JVEG),
3. eine Entschädigung für Aufwand entsprechend § 6 JVEG und
4. Ersatz für sonstige und für besondere Aufwendungen entsprechend den §§ 7 und 12 JVEG.

[2]Die im öffentlichen Dienst beschäftigten ehrenamtlichen Mitglieder erhalten keine Leistungsentschädigung, wenn sie die Gutachtertätigkeit als dienstliche Angelegenheit wahrnehmen.

(2) [1]Die Leistungsentschädigung wird nach Stunden berechnet; § 8 Abs. 2 JVEG gilt entsprechend. [2]Der Stundensatz beträgt in den Fällen

1. des § 13 Abs. 2 Satz 1 und des § 14 Abs. 1 Satz 1 45 Prozent und
2. des § 13 Abs. 3 und des § 14 Abs. 2 Satz 1 40 Prozent

des in Nummer 7 der Anlage 1 (zu § 9 Absatz 1 Satz 1) JVEG vorgesehenen Stundensatzes.

§ 16 Erfüllung gesetzlicher Aufgaben des Gutachterausschusses und weitere Aufgaben des Gutachterausschusses

(1) Der Gutachterausschuss hat die sonstigen für die Wertermittlung erforderlichen Daten (§ 193 Abs. 5 Satz 2 BauGB) mindestens jährlich zu ermitteln.

(2) Der Gutachterausschuss hat die Bodenrichtwerte (§ 196 BauGB) jährlich zu ermitteln.

(3) [1]Der Gutachterausschuss hat die ermittelten sonstigen für die Wertermittlung erforderlichen Daten und die ermittelten Bodenrichtwerte zu veröffentlichen. [2]Die Veröffentlichung soll im Internet erfolgen.

(4) [1]Über seine gesetzlichen Aufgaben hinaus erstattet der Gutachterausschuss auf Antrag

1. einer oder eines nach § 193 Abs. 1 BauGB Antragbefugten Gutachten über die Höhe von Mieten und Pachten,
2. einer Behörde zur Erfüllung ihrer Aufgaben Gutachten über den Bodenwert von Grundstücksgruppen und
3. der Enteignungsbehörde Gutachten zur Feststellung des Zustandes eines Grundstücks oder eines grundstücksgleichen Rechts zur Vorbereitung der Entscheidung über eine vorzeitige Besitzeinweisung.

[2]Anträge nach Satz 1 sollen abgelehnt werden, wenn ansonsten die Erfüllung der gesetzlichen Aufgaben gefährdet wäre oder erforderliche Daten nicht vorliegen. [3]§ 193 Abs. 3 und 4 BauGB gilt entsprechend.

(5) [1]Der Gutachterausschuss kann über seine gesetzlichen Aufgaben und die Aufgaben nach Absatz 4 hinaus Auswertungen und Analysen des Grundstücksmarktgeschehens durchführen, die für die Transparenz des Grundstücksmarktes in seinem Zuständigkeitsbereich von Bedeutung sind. [2]Für die wesentlichen Ergebnisse der Auswertungen und Analysen gilt Absatz 3 entsprechend.

§ 17 Erfüllung gesetzlicher Aufgaben des Oberen Gutachterausschusses und weitere Aufgaben des Oberen Gutachterausschusses

(1) Der Obere Gutachterausschuss hat die überregionalen Auswertungen und Analysen des Grundstücksmarktgeschehens (§ 198 Abs. 2 Satz 1 BauGB) mindestens jährlich zu erstellen.

(2) [1]Über seine gesetzlichen Aufgaben hinaus kann der Obere Gutachterausschuss die sonstigen für die Wertermittlung erforderlichen Daten (§ 193 Abs. 5 Satz 2 BauGB) landesweit ermitteln. [2]Die Er-

gebnisse werden den Gutachterausschüssen für die Ermittlung der sonstigen für die Wertermittlung erforderlichen Daten bereitgestellt.

(3) [1]Der Obere Gutachterausschuss hat die wesentlichen Ergebnisse nach Absatz 1 zu veröffentlichen. [2]Die Ergebnisse nach Absatz 2 können veröffentlicht werden. [3]Die Veröffentlichung soll im Internet erfolgen.

(4) Der Obere Gutachterausschuss hat über seine gesetzlichen Aufgaben hinaus ein Obergutachten auf Antrag einer Behörde in einem gesetzlich geregelten Verfahren zu erstatten, wenn in derselben Sache schon ein Gutachten des Gutachterausschusses vorliegt.

§ 18 Weitere Aufgaben des vorsitzenden Mitglieds

(1) Das vorsitzende Mitglied des Gutachterausschusses und das vorsitzende Mitglied des Oberen Gutachterausschusses haben über die in den §§ 10, 13, 14 und 19 genannten Aufgaben hinaus die Aufgabe,

1. den Ausschuss nach außen zu vertreten, insbesondere Gutachten vor Behörden und Gerichten zu erläutern,
2. die Befugnisse nach § 197 BauGB auszuüben, soweit es nicht die Geschäftsstelle beauftragt hat, und
3. über die Ablehnung von Anträgen zu entscheiden und Widerspruchsbescheide (§ 73 VwGO) zu erlassen.

(2) [1]Die stellvertretenden vorsitzenden Mitglieder sind anstelle des jeweiligen vorsitzenden Mitglieds im Fall der Abwesenheit und im Fall der Verhinderung zuständig. [2]Sind mehrere stellvertretende Mitglieder bestellt, so regelt das vorsitzende Mitglied die Einzelheiten der Stellvertretung. [3]Das vorsitzende Mitglied kann stellvertretenden vorsitzenden Mitgliedern Aufgaben nach Absatz 1 und nach den §§ 13 und 14 zur ständigen Vertretung übertragen.

§ 19 Geschäftsstelle

(1) Für jeden Gutachterausschuss wird bei der Regionaldirektion des Landesamtes und für den Oberen Gutachterausschuss beim Landesamt eine Geschäftsstelle eingerichtet.

(2) [1]Der Geschäftsstelle des Gutachterausschusses obliegt es,

1. den Gutachterausschuss und das vorsitzende Mitglied bei der Erfüllung seiner Aufgaben zu unterstützen,
2. Auskünfte aus der Kaufpreissammlung, über Bodenrichtwerte, über sonstige für die Wertermittlung erforderliche Daten und über Grundstücksmarktinformationen zu erteilen,
3. die Befugnisse nach § 197 BauGB auszuüben, soweit sie vom vorsitzenden Mitglied des Gutachterausschusses beauftragt worden ist,
4. Verwaltungskosten und Entschädigungen nach § 15 festzusetzen sowie
5. laufende Verwaltungsgeschäfte zu erledigen.

[2]Das vorsitzende Mitglied des Gutachterausschusses kann der Geschäftsstelle Weisungen erteilen.

(3) [1]Der Geschäftsstelle des Oberen Gutachterausschusses obliegt es,

1. den Oberen Gutachterausschuss und das vorsitzende Mitglied bei der Erfüllung seiner Aufgaben zu unterstützen,
2. überregionale Auskünfte aus den Kaufpreissammlungen, über Bodenrichtwerte, über sonstige für die Wertermittlung erforderliche Daten und über Grundstücksmarktinformationen zu erteilen,
3. Verwaltungskosten und Entschädigungen nach § 15 festzusetzen,
4. laufende Verwaltungsgeschäfte zu erledigen und
5. an bundesweiten Projekten zur Verbesserung der Transparenz auf dem Grundstücksmarkt mitzuwirken.

[2]Die Mitwirkung nach Satz 1 Nr. 5 erfolgt im Einvernehmen mit dem Fachministerium. [3]Das vorsitzende Mitglied des Oberen Gutachterausschusses kann der Geschäftsstelle Weisungen erteilen.

§ 20 Übermittlung von Daten der Flurbereinigungsbehörden

Die Flurbereinigungsbehörden übermitteln dem örtlich zuständigen Gutachterausschuss zur Führung und Auswertung der Kaufpreissammlung zeitnah Daten über nach dem Flurbereinigungsgesetz zu leistende Kapitalbeträge, Geldabfindungen und Geldentschädigungen, soweit sie Ersatz für Landabfindungen darstellen.

§ 21 Führung der Kaufpreissammlung

(1) [1]Der Gutachterausschuss führt die Kaufpreissammlung (§ 193 Abs. 5 Satz 1 und § 195 BauGB) digital. [2]Er hält sie möglichst aktuell.

(2) Die Kaufpreissammlungen stehen den Gutachterausschüssen und dem Oberen Gutachterausschuss zur Erfüllung ihrer Aufgaben zur Verfügung.

(3) [1]Die nach § 195 Abs. 1 BauGB dem Gutachterausschuss übersandten Urkunden, die aufgrund des § 197 BauGB eingeholten Auskünfte und vorgelegten Unterlagen sowie die nach § 20 übermittelten Informationen werden unverzüglich ausgewertet. [2]Bei der Auswertung sind die Ordnungsmerkmale, die Georeferenz, der Zustand der betreffenden Immobilie und die zur Wertermittlung erforderlichen Merkmale des zugrunde liegenden Rechtsvorgangs, der das Eigentum an der Immobilie begründet, zu erfassen und in die Kaufpreissammlung aufzunehmen.

(4) [1]Daten, die die Identifizierung einer betroffenen Person ermöglichen, sind unverzüglich aus der Kaufpreissammlung zu löschen, sobald sie für die Auswertung der übersandten Daten und die Übernahme in die Kaufpreissammlung nicht mehr benötigt werden. [2]Es ist sicherzustellen, dass Unbefugte Zugriff auf die Kaufpreissammlung nicht erlangen.

(5) [1]Die dem Gutachterausschuss nach § 195 Abs. 1 BauGB übersandten Verträge und Beschlüsse, nach § 197 Abs. 1 Satz 2 BauGB vorgelegten Unterlagen, nach § 197 Abs. 2 BauGB erteilten Auskünfte und nach § 20 übermittelten Daten, die personenbezogene Daten enthalten, sind spätestens nach Abschluss der jährlichen Ermittlung der Bodenrichtwerte unverzüglich zu vernichten oder zu löschen. [2]Es dürfen nur Beschäftigte der Geschäftsstelle Zugang zu den Unterlagen haben, die mit der Bearbeitung von Kauffällen beauftragt sind.

§ 22 Auskunft aus der Kaufpreissammlung

(1) Auskünfte aus der Kaufpreissammlung sind so zu erteilen, dass sie nicht auf bestimmte oder bestimmbare Personen und nicht auf bestimmte oder bestimmbare Grundstücke bezogen werden können.

(2) [1]Abweichend von Absatz 1 erhalten Auskünfte, die auf bestimmte oder bestimmbare Grundstücke bezogen werden können, für die Erstellung von Verkehrswertgutachten, die Erstellung von Gutachten über die Höhe der Entschädigung für den Rechtsverlust und für die Erstellung von Gutachten über die Höhe der Entschädigung für andere Vermögensnachteile auf Antrag

1. Behörden zur Erfüllung ihrer Aufgaben,
2. öffentlich bestellte und vereidigte Sachverständige für die Bewertung von bebauten und unbebauten Grundstücken,
3. Sachverständige für Grundstückswertermittlung, die von einer akkreditierten Personalzertifizierungsstelle, die die Anforderungen der DIN EN ISO/IEC 17024 erfüllt, zertifiziert sind, und
4. Personen oder sonstige Stellen, denen gegenüber eine durch Rechtsvorschrift begründete Auskunftspflicht besteht,

soweit es im Einzelfall für die Wertermittlung erforderlich ist. [2]Die Antragstellenden nach Satz 1 Nrn. 2 bis 4 erhalten eine Auskunft nach Satz 1 nur, wenn sie versichern, die Auskunft sachgerecht zu verwenden und die Rechtsvorschriften zum Schutz personenbezogener Daten einzuhalten. [3]Die Norm DIN EN ISO/IEC17024 „Konformitätsbewertung – Allgemeine Anforderungen an Stellen, die Personen zertifizieren“ ist bei der Beuth Verlag GmbH, 10772 Berlin, zu beziehen und bei der Deutschen Nationalbibliothek archivmäßig gesichert niedergelegt.

(3) Für Antragstellende nach Absatz 2 Satz 1 kann die Datenübermittlung zur Auskunftserteilung nach den Absätzen 1 und 2 durch automatisierten Abruf erfolgen, wenn gewährleistet ist, dass die Daten nur im zulässigen Umfang abgerufen werden können und jeder Abruf im Einzelnen nachvollzogen werden kann.

(4) Die übermittelten Daten dürfen ausschließlich für den Zweck verwendet werden, für den sie übermittelt worden sind.

§ 23 Handlungsempfehlungen zur Führung und Auswertung der Kaufpreissammlung

Das Fachministerium kann den Gutachterausschüssen und dem Oberen Gutachterausschuss sowie deren Geschäftsstellen Handlungsempfehlungen zur Führung und Auswertung der Kaufpreissammlungen geben, um auf eine landesweit einheitliche Arbeitsweise hinzuwirken.

§§ 24–26 ***[aufgehoben]***

Vierter Abschnitt
Überleitungs- und Schlussvorschriften

§ 27 Überleitungsregelung

[1]Die vor dem 1. November 2022 bestellten Mitglieder der Gutachterausschüsse und des Oberen Gutachterausschusses bleiben bis zum Ablauf der Amtsperiode im Amt. [2]§ 12 bleibt unberührt.

§ 28 [1)] *[nicht wiedergegebene Änderungsvorschrift]*

§ 29[2)] Schlussvorschrift

(1) Diese Verordnung tritt 14 Tage nach ihrer Verkündung in Kraft.

(2) *[nicht wiedergegebene Aufhebungsvorschrift]*

(3) Hat die Gemeinde den Bebauungsplan oder die Satzung vor dem Inkrafttreten dieser Verordnung angezeigt, so verbleibt es insoweit bei der bisherigen Zuständigkeit.

---

1) **Amtl. Anm.:** Diese Vorschrift der Verordnung in ihrer ursprünglichen Fassung vom 22. April 1997 (Nds. GVBl. S. 112) wird hier nicht abgedruckt.

2) **Amtl. Anm.:** Diese Vorschrift betrifft das In-Kraft-Treten der Verordnung in der ursprünglichen Fassung vom 22. April 1997 (Nds. GVBl. S. 112). Der Zeitpunkt des In-Kraft-Tretens der späteren Änderungen ergibt sich aus den in der vorangestellten Bekanntmachung näher bezeichneten Verordnungen.

Niedersächsisches Raumordnungsgesetz (NROG)

In der Fassung vom 6. Dezember 2017[1] (Nds. GVBl. S. 456)
(VORIS 23100)

zuletzt geändert durch Art. 2 G über ein Niedersächsisches G zur Ausführung der Förderung durch den Europäischen Landwirtschaftsfonds für die Entwicklung des ländlichen Raums und zur Änd. weiterer Gesetze vom 22. September 2022 (Nds. GVBl. S. 582)

Inhaltsübersicht

Erster Abschnitt
Allgemeine Vorschriften

§ 1 Regelungszweck, Begriffsbestimmungen

(1) Dieses Gesetz ergänzt das Raumordnungsgesetz (ROG) und trifft davon abweichende Regelungen für Niedersachsen.

(2) Im Sinne dieses Gesetzes ist

1. Landesplanung:
   die Aufstellung und Änderung des Landes-Raumordnungsprogramms und seine Verwirklichung sowie die Abstimmung raumbedeutsamer Planungen und Maßnahmen von überregionaler Bedeutung,
2. Regionalplanung:
   die Aufstellung und Änderung des Regionalen Raumordnungsprogramms und seine Verwirklichung sowie die Abstimmung raumbedeutsamer Planungen und Maßnahmen von überörtlicher Bedeutung,
3. Landes-Raumordnungsprogramm:
   der Raumordnungsplan für das Landesgebiet,
4. Regionales Raumordnungsprogramm:
   der Raumordnungsplan für einen Teilraum des Landes.

1) Neubekanntmachung des NROG idF v. 18.7.2012 (Nds. GVBl. S. 252) in der ab 29.11.2017 geltenden Fassung.

§ 2 Grundsätze der Raumordnung

Neben den Grundsätzen der Raumordnung nach § 2 ROG gelten folgende weitere Grundsätze der Raumordnung:

1. [1]Die zentrale Lage des Landes im europäischen Wirtschafts- und Verkehrsraum soll für die wirtschaftliche Entwicklung des Landes und seiner Teilräume genutzt werden. [2]Es sollen die räumlichen Voraussetzungen für den wirtschaftlichen, sozialen und territorialen Zusammenhalt in der Europäischen Union geschaffen, die grenzüberschreitende Zusammenarbeit mit den Nachbarn ausgebaut und die Standortvorteile des Landes im norddeutschen Verbund gestärkt werden.
2. [1]Die verdichteten und die ländlichen Regionen sollen gleichrangig zur Entwicklung des ganzen Landes beitragen. [2]Die Verflechtung zwischen diesen Regionen soll verbessert und gefördert werden. [3]Dabei sind für alle Teile des Landes dauerhaft gleichwertige Lebensverhältnisse anzustreben.
3. Die Siedlungs- und Freiraumstruktur soll so entwickelt werden, daß die Eigenart des Landes, seiner Teilräume, Städte und Dörfer erhalten wird.
4. [1]Das Küstenmeer, die Inseln und der Küstenraum (Küstenzone) sollen durch ein integriertes Küstenzonenmanagement entwickelt werden, bei dem eine intensive Zusammenarbeit der Träger öffentlicher Belange, die Einbeziehung der Betroffenen und eine grenzüberschreitende integrierte Planung sowie die nachhaltige Entwicklung ökologischer, ökonomischer, sozialer und kultureller Belange sichergestellt wird. [2]Die Voraussetzungen für eine nachhaltige Fischerei sollen gesichert werden.
5. [1]Die Standortattraktivität soll in allen Landesteilen durch Anpassung und Modernisierung in den Grundstrukturen der Arbeitsplatz-, Bildungs- und Versorgungsangebote gesichert und ausgebaut werden. [2]Die Entwicklung, Sicherung und Verbesserung dieser Strukturen soll in der Regel auf die zentralen Siedlungsgebiete in den Gemeinden ausgerichtet werden. [3]Dadurch sollen leistungsfähige Zentrale Orte gesichert und entwickelt und die Voraussetzungen für ein ausgeglichenes, abgestuftes und tragfähiges Netz der städtischen und gemeindlichen Grundstrukturen geschaffen werden. [4]Dabei sind die regionalen Besonderheiten und die Vielfalt in den Entwicklungsmöglichkeiten zu berücksichtigen. [5]Die Einrichtungen zur Versorgung der Bevölkerung und der Wirtschaft, die Wohn- und Arbeitsstätten sowie die Freizeiteinrichtungen sollen auch im Hinblick auf eine nachhaltige Entwicklung einander räumlich zweckmäßig zugeordnet werden.

Zweiter Abschnitt

Raumordnungspläne

§ 3 Aufstellung von Raumordnungsplänen

(1) Das Aufstellungsverfahren für einen Raumordnungsplan wird von dem Planungsträger durch öffentliche Bekanntmachung der allgemeinen Planungsabsichten eingeleitet.

(2) [1]Der Entwurf des Raumordnungsplans, seine Begründung und der Umweltbericht (§ 8 Abs. 1 ROG) werden frühzeitig übermittelt

1. in Bezug auf alle Raumordnungspläne
   a) den Landkreisen und kreisfreien Städten, die nicht Träger der Regionalplanung sind,
   b) den kreisangehörigen Gemeinden und Samtgemeinden,
   c) den sonstigen öffentlichen Stellen im Sinne des § 3 Abs. 1 Nr. 5 ROG,
   d) den nach § 3 des Umwelt-Rechtsbehelfsgesetzes (UmwRG) vom Land anerkannten Naturschutzvereinigungen, die nach ihrer Satzung landesweit tätig sind,
   e) den benachbarten Ländern und
   f) den Personen des Privatrechts im Sinne des § 4 Abs. 1 Satz 2 ROG,
2. in Bezug auf das Landes-Raumordnungsprogramm zusätzlich außer den kommunalen Spitzenverbänden auch den Trägern der Regionalplanung und
3. in Bezug auf das Regionale Raumordnungsprogramm außerdem
   a) den benachbarten Trägern der Regionalplanung und
   b) den öffentlich-rechtlich Verpflichteten in gemeindefreien Gebieten,

wenn sie von den Planungen betroffen sein können. [2]Verbänden und Vereinigungen sollen die in Satz 1 genannten Unterlagen übermittelt werden, wenn ihr Aufgabenbereich für die Entwicklung des jeweiligen Planungsraums von Bedeutung ist. [3]Die Unterlagen sollen in elektronischer Form übermittelt oder im Internet bereitgestellt werden; auf Anforderung sind die Unterlagen zu übersenden. [4]Zur Abgabe einer Stellungnahme ist in schriftlicher oder elektronischer Form eine angemessene Frist zu setzen; im Fall der Bereitstellung der Unterlagen im Internet ist mit der Fristsetzung die Internetadresse anzugeben. [5]Mit der Fristsetzung nach Satz 4 ist auf den Ausschluss verspäteter Stellungnahmen (§ 9 Abs. 2 Satz 4 ROG) hinzuweisen. [6]Die Stellungnahmen können in schriftlicher oder elektronischer Form abgegeben werden. [7]Die elektronische Form kann nur gewählt werden, soweit hierfür ein Zugang eröffnet ist.

(3) [1]Die Auslegung der Unterlagen nach § 9 Abs. 2 Sätze 2 und 3 ROG erfolgt bei dem Planungsträger. [2]Gleichzeitig mit der Auslegung sollen die Unterlagen im Internet bereitgestellt werden; die Internetadresse ist in der Bekanntmachung nach § 9 Abs. 2 Satz 3 ROG anzugeben. [3]In der Bekanntmachung ist darauf hinzuweisen, dass bis zwei Wochen nach Ablauf der Auslegungszeit in schriftlicher oder elektronischer Form Stellung genommen werden kann.

(4) [1]Die fristgerecht eingegangenen und nicht gemäß § 9 Abs. 2 Satz 4 ROG ausgeschlossenen Anregungen und Bedenken

1. eines Beteiligten nach Absatz 2 Satz 1 Nr. 1 Buchst. a oder d,
2. eines Beteiligten nach Absatz 2 Satz 1 Nr. 2 in Bezug auf das Landes-Raumordnungsprogramm und
3. eines Beteiligten nach Absatz 2 Satz 1 Nr. 1 Buchst. b oder Nr. 3 in Bezug auf das Regionale Raumordnungsprogramm

sind mit diesem zu erörtern, soweit sie sich auf wesentliche Inhalte der Planung beziehen. [2]Mit den übrigen Beteiligten und der Öffentlichkeit kann eine Erörterung stattfinden.

(5) [1]Spätestens ab dem 30. Tag nach Inkrafttreten des Raumordnungsplans sollen die nach § 10 Abs. 2 ROG zur Einsichtnahme bereitzuhaltenden Unterlagen zusätzlich mindestens einen Monat lang im Internet bereitgestellt werden. [2]In dem Hinweis nach § 10 Abs. 2 Satz 2 ROG ist die Internetadresse anzugeben.

§ 4 Ergänzende Vorschriften für die Aufstellung des Landes-Raumordnungsprogramms

(1) Im Landes-Raumordnungsprogramm können neben den Festlegungen nach § 7 Abs. 1 Sätze 1 und 2 ROG auch nähere Bestimmungen zu Inhalt, Zweck und Ausmaß einzelner Ziele und Grundsätze der Raumordnung der Regionalen Raumordnungsprogramme getroffen werden.

(2) [1]Die Landesregierung beschließt das Landes-Raumordnungsprogramm als Verordnung. [2]Vorher ist dem Landtag Gelegenheit zur Stellungnahme zu geben.

(3) Die nach diesem Gesetz sowie nach § 9 Abs. 2 und 3, § 10 Abs. 2 und § 11 Abs. 5 Satz 2 ROG erforderlichen öffentlichen Bekanntmachungen des Landes werden im Niedersächsischen Ministerialblatt vorgenommen.

§ 5 Ergänzende Vorschriften für die Aufstellung der Regionalen Raumordnungsprogramme

(1) [1]Die Träger der Regionalplanung haben für ihren jeweiligen Planungsraum ein Regionales Raumordnungsprogramm aufzustellen. [2]Abweichend von § 7 Abs. 1 Satz 3 ROG können die Träger der Regionalplanung Festlegungen nicht in sachlichen und nicht in räumlichen Teilprogrammen treffen.

(2) Abweichend von Absatz 1 Satz 1 und von § 13 Abs. 1 Satz 1 Nr. 2 ROG können kreisfreie Städte von der Aufstellung eines Regionalen Raumordnungsprogramms absehen.

(3) [1]Im Regionalen Raumordnungsprogramm sind diejenigen Ziele der Raumordnung festzulegen, die durch das Landes-Raumordnungsprogramm den Regionalen Raumordnungsprogrammen vorbehalten sind. [2]Es können weitere Ziele und Grundsätze der Raumordnung festgelegt werden, die den gesetzlichen Grundsätzen der Raumordnung und den Zielen und Grundsätzen des Landes-Raumordnungsprogramms nicht widersprechen. [3]Regionale Raumordnungsprogramme sind Änderungen und einer Neuaufstellung des Landes-Raumordnungsprogramms unverzüglich anzupassen.

(4) In den Verflechtungsbereichen der Zentralen Orte mit oberzentralen Funktionen ist eine gemeinsame Regionalplanung anzustreben.

(5) [1]Das Regionale Raumordnungsprogramm wird vom Träger der Regionalplanung als Satzung erlassen; es bedarf der Genehmigung der oberen Landesplanungsbehörde, die die Rechtmäßigkeit überprüft. [2]Die obere Landesplanungsbehörde kann räumliche oder sachliche Teile des Regionalen Raumordnungsprogramms vorweg genehmigen oder von der Genehmigung ausnehmen. [3]Die Genehmigung gilt als erteilt, wenn über den Genehmigungsantrag nicht innerhalb von drei Monaten nach seinem

Eingang entschieden worden ist. [4]Dies gilt nicht, wenn der Träger der Regionalplanung einer Fristverlängerung zugestimmt hat. [5]Dem Träger der Regionalplanung ist auf Antrag zu bescheinigen, dass die Genehmigung als erteilt gilt.

(6) [1]Die Erteilung der Genehmigung nach Absatz 5 wird vom Träger der Regionalplanung öffentlich bekannt gemacht (§ 10 Abs. 1 ROG). [2]Diese Bekanntmachung tritt an die Stelle der sonst für Satzungen vorgeschriebenen Verkündungen.

(7) [1]Das Regionale Raumordnungsprogramm ist vor Ablauf von zehn Jahren seit seinem Inkrafttreten insgesamt daraufhin zu überprüfen, ob eine Änderung oder Neuaufstellung erforderlich ist. [2]Führt die Überprüfung zu dem Ergebnis, dass weder eine Änderung noch eine Neuaufstellung erforderlich ist, so ist die obere Landesplanungsbehörde hierüber vor der Bekanntmachung nach Satz 3 Nr. 1 zu unterrichten. [3]Das Regionale Raumordnungsprogramm tritt mit Ablauf der Frist nach Satz 1 außer Kraft, wenn nicht vorher

1. der Träger der Regionalplanung öffentlich bekannt macht, dass die Überprüfung nach Satz 1 zu dem Ergebnis geführt hat, dass weder eine Änderung noch eine Neuaufstellung erforderlich ist,
2. der Träger der Regionalplanung zur Einleitung des Verfahrens für eine Änderung oder Neuaufstellung die allgemeinen Planungsabsichten öffentlich bekannt macht oder
3. die obere Landesplanungsbehörde die Geltungsdauer verlängert und der Träger der Regionalplanung diese Verlängerung öffentlich bekannt macht.

[4]Am Tag der Bekanntmachung nach Satz 3 Nr. 1 oder 2 beginnt die Frist nach Satz 1 neu. [5]Wird die Geltungsdauer des Regionalen Raumordnungsprogramms nach Satz 3 Nr. 3 verlängert, so tritt es mit Ablauf der verlängerten Geltungsdauer außer Kraft, wenn nicht vorher eine neue Bekanntmachung nach Satz 3 vorgenommen wird.

(8) Die Landesregierung wird ermächtigt, durch Verordnung das Nähere zum Verfahren der Aufstellung und Abstimmung der Regionalen Raumordnungsprogramme zu bestimmen sowie Vorschriften über die Darstellung des Planinhalts, insbesondere über einheitlich zu verwendende Planzeichen und ihre Bedeutung, zu erlassen.

(9) Für Planungen und Maßnahmen zur Erzeugung von Strom aus Windenergie oder solarer Strahlungsenergie ist bis zum 31. Dezember 2039 eine Untersagung nach § 12 Abs. 2 ROG nur zulässig, wenn für die in Aufstellung befindlichen Ziele der Raumordnung die Auslegung der Unterlagen nach § 9 Abs. 2 Sätze 2 und 3 ROG erfolgt und die Frist zur Stellungnahme nach § 9 Abs. 2 Satz 3 Halbsatz 2 ROG abgelaufen ist.

§ 6 Planänderungsverfahren

(1) [1]Die Raumordnungspläne sind bei Bedarf zu ändern. [2]Dies kann auch in sachlichen oder räumlichen Teilabschnitten geschehen. [3]Für Änderungen der Raumordnungspläne gelten die Vorschriften über die Planaufstellung entsprechend.

(2) [1]Geringfügige Änderungen von Raumordnungsplänen können in einem vereinfachten Verfahren durchgeführt werden, wenn die Grundzüge der Planung nicht berührt werden, nach § 8 Abs. 2 Satz 1 ROG festgestellt worden ist, dass die Änderungen voraussichtlich keine erheblichen Umweltauswirkungen haben werden, und wenn die Änderungen Festlegungen für den Meeresbereich nicht betreffen. [2]Das vereinfachte Verfahren wird abweichend von § 3 Abs. 1 und von § 9 Abs. 1 ROG in Verbindung mit § 7 Abs. 7 ROG mit der Zuleitung des Entwurfs zur Änderung des Raumordnungsplans und dessen Begründung an die Beteiligten eingeleitet. [3]Abweichend von § 9 Abs. 2 ROG in Verbindung mit § 7 Abs. 7 ROG brauchen nur die in § 3 Abs. 2 Satz 1 Genannten beteiligt zu werden.

§ 7 Planerhaltung

(1) [1]Eine Verletzung von Verfahrens- und Formvorschriften nach § 3 Abs. 2 bis 4 und § 6 Abs. 2 Sätze 2 und 3 ist für die Rechtswirksamkeit eines Raumordnungsplans unbeachtlich, wenn einzelne Personen oder öffentliche Stellen nicht beteiligt worden sind oder eine grenzüberschreitende Beteiligung fehlerhaft erfolgte, die entsprechenden Belange jedoch unerheblich waren oder in der Entscheidung berücksichtigt worden sind. [2]Ist eine Verletzung von Verfahrens- und Formvorschriften nach Satz 1 beachtlich, so wird diese unbeachtlich, wenn sie nicht innerhalb eines Jahres seit Bekanntmachung des Raumordnungsplans unter Darlegung des die Verletzung begründenden Sachverhalts geltend gemacht worden ist. [3]Bei der Bekanntmachung nach § 10 Abs. 1 ROG ist auf die Voraussetzungen der Sätze 1

und 2 für die Geltendmachung der Verletzung von Vorschriften sowie auf die Rechtsfolgen der Sätze 1 und 2 hinzuweisen. [4]§ 11 Abs. 6 ROG gilt entsprechend.

(2) Unbeachtlich ist jedenfalls die Verletzung der Verfahrensvorschriften des § 3 Abs. 1 und 5.

(3) Die Verletzung von Verfahrens- und Formvorschriften ist in Bezug auf das Landes-Raumordnungsprogramm gegenüber der obersten Landesplanungsbehörde und in Bezug auf ein Regionales Raumordnungsprogramm gegenüber dem jeweiligen Regionalplanungsträger geltend zu machen.

§ 8 Zielabweichungsverfahren

Eine Abweichung von einem Ziel der Raumordnung nach § 6 Abs. 2 ROG kann nur im Einvernehmen mit den in ihren Belangen berührten öffentlichen Stellen und im Benehmen mit den betroffenen Gemeinden zugelassen werden.

Dritter Abschnitt

Raumordnungsverfahren

§ 9 Erfordernis von Raumordnungsverfahren

(1) [1]Auch für andere als die gemäß § 15 Abs. 1 Satz 1 ROG bestimmten raumbedeutsamen Planungen und Maßnahmen von überörtlicher Bedeutung kann ein Raumordnungsverfahren durchgeführt werden. [2]Für raumbedeutsame Planungen und Maßnahmen zur Erzeugung von Strom aus Windenergie oder solarer Strahlungsenergie wird bis zum 31. Dezember 2039 kein Raumordnungsverfahren durchgeführt.

(2) [1]Die Voraussetzungen, unter denen von der Durchführung eines bundesrechtlich vorgesehenen Raumordnungsverfahrens gemäß § 16 Abs. 2 Satz 1 ROG abgesehen werden kann, liegen insbesondere vor, wenn die Planung oder Maßnahme

1. räumlich und sachlich hinreichend konkreten Zielen der Raumordnung entspricht oder widerspricht,
2. den Darstellungen oder Festsetzungen eines den Zielen der Raumordnung angepassten Flächennutzungs- oder Bebauungsplans nach den Vorschriften des Baugesetzbuchs entspricht oder widerspricht und sich die Zulässigkeit des Vorhabens nicht nach einem Planfeststellungsverfahren oder einem sonstigen Verfahren mit der Rechtswirkung der Planfeststellung für raumbedeutsame Vorhaben bestimmt oder
3. in einem anderen gesetzlichen Abstimmungsverfahren unter Beteiligung der Landesplanungsbehörde festgelegt worden ist.

[2]§ 16 Abs. 2 Satz 2 ROG bleibt unberührt.

§ 10 Durchführung des Raumordnungsverfahrens

(1) [1]Der Einleitung eines Raumordnungsverfahrens geht eine Antragskonferenz voraus, in der die Landesplanungsbehörde mit dem Träger des Vorhabens auf der Grundlage geeigneter, vom Träger des Vorhabens vorzulegender Unterlagen Erfordernis, Gegenstand, Umfang und Ablauf des Raumordnungsverfahrens entsprechend dem Planungsstand erörtert. [2]Die Landesplanungsbehörde zieht hierzu die wichtigsten am Verfahren zu beteiligenden öffentlichen Stellen, Verbände und Vereinigungen und sonstigen Dritten hinzu und klärt mit diesen den erforderlichen Inhalt und Umfang und die Form der Verfahrensunterlagen nach § 15 Abs. 2 Satz 1 ROG, den Verfahrensablauf und den voraussichtlichen Zeitrahmen ab. [3]Der Träger des Vorhabens hat die Verfahrensunterlagen ergänzend zu § 15 Abs. 2 Satz 2 ROG auch in gedruckter Form vorzulegen.

(2) Auf die Einleitung eines Raumordnungsverfahrens besteht kein Rechtsanspruch.

(3) [1]Das Raumordnungsverfahren schließt die Ermittlung, Beschreibung und Bewertung der raumbedeutsamen Auswirkungen des Vorhabens auf die in § 2 Abs. 1 des Gesetzes über die Umweltverträglichkeitsprüfung (UVPG) genannten Schutzgüter entsprechend dem Planungsstand ein. [2]In den Verfahrensunterlagen nach § 15 Abs. 2 Satz 1 ROG sind voraussichtliche raumbedeutsame Auswirkungen auf die Umwelt zu beschreiben; für Vorhaben, für die eine Pflicht zur Durchführung einer Umweltverträglichkeitsprüfung nach dem Gesetz über die Umweltverträglichkeitsprüfung oder dem Niedersächsischen Gesetz über die Umweltverträglichkeitsprüfung besteht (UVP-pflichtige Vorhaben), bleibt § 16 UVPG unberührt. [3]Die Landesplanungsbehörde kann die Vorlage von Gutachten verlangen und auf Kosten des Trägers des Vorhabens Gutachten einholen. [4]Soweit Unterlagen Geschäfts- oder Betriebsgeheimnisse enthalten, sind sie zu kennzeichnen und getrennt vorzulegen. [5]Diesen Unterlagen

ist eine Inhaltsdarstellung beizufügen, die unter Wahrung des Geheimschutzes so ausführlich sein muss, dass Dritte abschätzen können, ob und in welchem Umfang sie von den raumbedeutsamen Auswirkungen des Vorhabens betroffen werden können.

(4) [1]Den in ihren Belangen berührten öffentlichen Stellen sind die Verfahrensunterlagen von der Landesplanungsbehörde durch Angabe der Internetadresse, unter der sie bereitgestellt werden, zugänglich zu machen oder elektronisch zu übermitteln. [2]Macht eine beteiligte öffentliche Stelle geltend, dass ein elektronisches Dokument für sie zur Bearbeitung nicht geeignet ist, so sind die betreffenden Unterlagen in gedruckter Form zu übersenden. [3]Den beteiligten öffentlichen Stellen ist die Möglichkeit zu geben, zu dem Vorhaben abweichend von § 15 Abs. 3 Satz 4 Halbsatz 2 ROG innerhalb von zwei Monaten ab Zugang der Zugangsinformationen oder der Verfahrensunterlagen Stellung zu nehmen. [4]Verlangt eine beteiligte öffentliche Stelle innerhalb der Frist nach Satz 3 unter Angabe von Hinderungsgründen eine Nachfrist für ihre Stellungnahme, so kann die Landesplanungsbehörde eine solche ausnahmsweise mit einer Dauer von bis zu einem Monat gewähren. [5]Äußert sich eine beteiligte öffentliche Stelle innerhalb der Frist nach Satz 3 oder Satz 4 nicht, so kann davon ausgegangen werden, dass das Vorhaben mit den von dieser öffentlichen Stelle wahrzunehmenden öffentlichen Belangen in Einklang steht; auf diese Folge ist bei der Übermittlung der Zugangsinformationen oder der Verfahrensunterlagen hinzuweisen.

(5) [1]Zur Unterrichtung und Anhörung der Öffentlichkeit stellt die Landesplanungsbehörde die Verfahrensunterlagen abweichend von § 15 Abs. 3 Satz 2 ROG mindestens bis zum Ablauf der Äußerungsfrist nach Satz 7 öffentlich im Internet bereit. [2]Ferner legt die Landesplanungsbehörde ergänzend und unbeschadet weiterer Zugangsmöglichkeiten im Sinne des § 15 Abs. 3 Satz 6 ROG die Verfahrensunterlagen einen Monat lang öffentlich bei sich aus. [3]Sie kann, insbesondere bei Kreisgrenzen überschreitenden Vorhaben, ergänzend eine öffentliche Auslegung bei Gemeinden oder bei anderen Landesplanungsbehörden im Untersuchungsraum für das Vorhaben veranlassen; diese Stellen legen die Verfahrensunterlagen ebenfalls einen Monat lang öffentlich aus. [4]Mit der öffentlichen Bekanntmachung nach § 15 Abs. 3 Satz 4 ROG macht die Landesplanungsbehörde mindestens eine Woche vor Beginn der öffentlichen Bereitstellung der Verfahrensunterlagen im Internet

1. die Einleitung des Verfahrens unter Benennung des Verfahrensgegenstandes und des Untersuchungsraums,
2. Ort und Dauer der öffentlichen Bereitstellung der Verfahrensunterlagen im Internet (§ 15 Abs. 3 Satz 4 Halbsatz 1 und Satz 5 ROG),
3. Ort und Dauer der ergänzenden öffentlichen Auslegung der Verfahrensunterlagen nach den Sätzen 2 und 3 sowie etwaige weitere Zugangsmöglichkeiten zu den Verfahrensunterlagen (§ 15 Abs. 3 Satz 7 ROG),
4. das Bestehen einer Möglichkeit zur Äußerung und die Äußerungsfrist nach Satz 7 (§ 15 Abs. 3 Satz 4 Halbsatz 2 ROG), die möglichen Formen der Äußerung nach den Sätzen 8 und 9 sowie
5. den Hinweis, dass bei Abgabe von Äußerungen elektronische Informationstechnologien genutzt werden sollen (§ 15 Abs. 3 Satz 4 Halbsatz 2 ROG),

öffentlich bekannt; für UVP-pflichtige Vorhaben bleiben die Regelungen über die weiteren erforderlichen Angaben in § 19 Abs. 1 und § 21 Abs. 4 UVPG unberührt. [5]Geht der Untersuchungsraum über das Gebiet der zuständigen Landesplanungsbehörde hinaus, so ist die Bekanntmachung auch im Niedersächsischen Ministerialblatt zu veröffentlichen. [6]Öffentliche Bekanntmachungen der oberen Landesplanungsbehörden werden im Niedersächsischen Ministerialblatt vorgenommen. [7]Jedermann kann sich abweichend von § 15 Abs. 3 Satz 4 Halbsatz 2 ROG bis einen Monat nach Ablauf der Auslegungszeit nach Satz 2 zu dem Vorhaben bei der Landesplanungsbehörde äußern. [8]Äußerungen können bei der Landesplanungsbehörde in elektronischer Form über die hierfür von ihr eröffneten Zugänge sowie schriftlich oder zur Niederschrift erfolgen. [9]Erfolgt die öffentliche Auslegung nach Satz 3 auch bei einer anderen Stelle, so können auch dort Äußerungen zur Niederschrift abgegeben werden; Äußerungen sind von der Auslegungsstelle unverzüglich an die Landesplanungsbehörde weiterzuleiten. [10]Die nach § 3 UmwRG vom Land anerkannten Naturschutzvereinigungen, die nach ihrer Satzung landesweit tätig sind, sowie Verbände und Vereinigungen, deren Aufgabenbereich für die Entwicklung des jeweiligen Untersuchungsraums von Bedeutung ist, sind gesondert über die Öffentlichkeitsbeteiligung und die Inhalte der öffentlichen Bekanntmachung nach Satz 4 zu unterrichten.

(6) Die Landesplanungsbehörde kann dem Vorhabenträger und den von ihm Beauftragten die im Beteiligungsverfahren eingegangenen Stellungnahmen und Äußerungen zur Verfügung stellen, um eine Erwiderung zu ermöglichen; die Anforderungen an die Übermittlung personenbezogener Daten nach der Datenschutz-Grundverordnung und § 5 des Niedersächsischen Datenschutzgesetzes bleiben unberührt.

(7) Anregungen und Bedenken der durch das Vorhaben in ihren Belangen berührten

1. Träger der Regionalplanung,
2. Landkreise und kreisfreien Städte, die nicht Träger der Regionalplanung sind,
3. kreisangehörigen Gemeinden und Samtgemeinden,
4. öffentlich-rechtlich Verpflichteten in gemeindefreien Gebieten und
5. Naturschutzvereinigungen nach Absatz 5 Satz 10

sind mit diesen zu erörtern, soweit die Anregungen und Bedenken sich auf wesentliche Inhalte des Vorhabens beziehen; mit den sonstigen Beteiligten kann eine Erörterung stattfinden.

(8) [1]Werden die Verfahrensunterlagen während oder nach der Durchführung der Beteiligung nach den Absätzen 4 bis 7 geändert, so ist ein ergänzendes Verfahren nach den Absätzen 4 bis 7 durchzuführen. [2]Dies gilt nicht, wenn aus den geänderten Teilen der Verfahrensunterlagen eine erstmalige oder stärkere Berührung raumbedeutsamer Belange nicht zu erkennen ist, insbesondere weil eine solche durch die vom Vorhabenträger vorgesehenen Vorkehrungen vermieden wird. [3]Die Möglichkeit öffentlicher Stellen zur Stellungnahme nach Absatz 4 und der Öffentlichkeit zur Äußerung nach Absatz 5 ist im Fall eines ergänzenden Verfahrens nach Satz 1 auf die geänderten Teile der Verfahrensunterlagen zu beschränken. [4]Die Stellungnahmefrist für öffentliche Stellen, die Dauer der öffentlichen Auslegung der Verfahrensunterlagen und der Bereitstellung derselben im Internet sowie die Äußerungsfrist für die Öffentlichkeit können angemessen verkürzt werden; für UVP-pflichtige Vorhaben bleibt § 22 UVPG unberührt.

(9) [1]Das Raumordnungsverfahren kann ohne eine Landesplanerische Feststellung nach § 11 eingestellt werden, wenn

1. nach Erklärung des Vorhabenträgers oder sonst erkennbar das Vorhaben nicht mehr weiterverfolgt wird,
2. der Vorhabenträger die für eine Weiterführung des Verfahrens nötigen Unterlagen nicht innerhalb einer angemessenen, von der Landesplanungsbehörde zu setzenden Frist beibringt oder
3. das Verfahren vorübergehend ausgesetzt war, aber seit Einleitung des Beteiligungsverfahrens gemäß den Absätzen 4 und 5 fünf Jahre vergangen sind.

[2]Soll die Einstellung des Verfahrens nicht aufgrund einer Erklärung des Vorhabenträgers nach Satz 1 Nr. 1 erste Alternative erfolgen, so ist der Vorhabenträger vorher anzuhören.

(10) Bei Raumordnungsverfahren für UVP-pflichtige Vorhaben bleiben auch im Übrigen die dafür geltenden ergänzenden Verfahrensvorschriften des Gesetzes über die Umweltverträglichkeitsprüfung und des Niedersächsischen Gesetzes über die Umweltverträglichkeitsprüfung unberührt.

§ 11 Ergebnis und Wirkungen des Raumordnungsverfahrens

(1) Als Ergebnis des Raumordnungsverfahrens stellt die Landesplanungsbehörde fest (Landesplanerische Feststellung),

1. ob das Vorhaben mit den Erfordernissen der Raumordnung übereinstimmt,
2. wie das Vorhaben unter den Gesichtspunkten der Raumordnung durchgeführt und auf andere Vorhaben abgestimmt werden kann,
3. welche raumbedeutsamen Auswirkungen das Vorhaben unter überörtlichen Gesichtspunkten (§ 15 Abs. 1 Satz 2 ROG) hat,
4. welche Auswirkungen das Vorhaben auf die in § 2 Abs. 1 UVPG genannten Schutzgüter hat und wie die Auswirkungen zu bewerten sind sowie
5. zu welchem Ergebnis eine Prüfung der Standort- oder Trassenalternativen (§ 15 Abs. 1 Satz 3 ROG) geführt hat.

(2) [1]Die Geltungsdauer der Landesplanerischen Feststellung ist auf fünf Jahre befristet. [2]Die Landesplanungsbehörde kann die Frist vor ihrem Ablauf auf Antrag des Vorhabenträgers verlängern, jedoch jeweils um höchstens zwei Jahre. [3]Die Frist ist gehemmt, solange ein vor Fristablauf eingeleitetes Zulassungsverfahren für das Vorhaben nicht mit einer bestandskräftigen Entscheidung abgeschlossen ist.

(3) [1]Die Landesplanerische Feststellung ist dem Vorhabenträger in schriftlicher oder elektronischer Form und den beteiligten Stellen, die den Bindungswirkungen nach § 4 ROG unterliegen, in elektronischer Form bekannt zu geben. [2]§ 10 Abs. 4 Sätze 1 und 2 gilt entsprechend. [3]Eine Ausfertigung der Landesplanerischen Feststellung ist bei der Landesplanungsbehörde mindestens einen Monat lang zur Einsicht auszulegen und während der Geltungsdauer der Landesplanerischen Feststellung im Internet öffentlich bereitzustellen. [4]Ist im Rahmen der Öffentlichkeitsbeteiligung nach § 10 Abs. 5 eine Auslegung bei einer Gemeinde oder anderen Landesplanungsbehörde im Untersuchungsraum erfolgt, so ist eine Ausfertigung der Landesplanerischen Feststellung zusätzlich auch dort einen Monat lang zur Einsicht auszulegen. [5]Die Landesplanungsbehörde hat die in der Landesplanerischen Feststellung getroffene Feststellung über die Raumverträglichkeit des Vorhabens sowie geprüfter Standort- oder Trassenalternativen und bei einem UVP-pflichtigen Vorhaben die Feststellung über die Umweltverträglichkeit sowie Ort und Zeit der Auslegung und der Bereitstellung im Internet öffentlich bekannt zu machen; § 10 Abs. 5 Sätze 5 und 6 gilt entsprechend. [6]Sind Pläne, Karten oder Zeichnungen Bestandteil der Landesplanerischen Feststellung oder ist die Landesplanerische Feststellung unter Maßgaben ergangen, so ist hierauf in der öffentlichen Bekanntmachung hinzuweisen. [7]Die nach § 10 Abs. 5 Satz 10 beteiligten Verbände und Vereinigungen sind gesondert über die Auslegung der Landesplanerischen Feststellung und ihre Bereitstellung im Internet zu unterrichten.

(4) [1]Eine Verletzung des § 10 Abs. 5 Satz 10 oder des Absatzes 3 Satz 7 ist unbeachtlich, wenn einzelne Verbände oder Vereinigungen nicht gesondert unterrichtet worden sind. [2]Im Übrigen ist eine Verletzung von Verfahrens- oder Formvorschriften bei der Durchführung des Raumordnungsverfahrens, die nicht innerhalb eines Jahres schriftlich geltend gemacht worden ist, unbeachtlich. [3]Die Jahresfrist beginnt mit der öffentlichen Bekanntmachung über die Auslegung der Landesplanerischen Feststellung nach Absatz 3 Satz 5. [4]Auf die Voraussetzungen der Sätze 2 und 3 für die Geltendmachung der Verletzung von Vorschriften sowie auf die Rechtsfolge des Satzes 2 ist in der öffentlichen Bekanntmachung nach Absatz 3 Satz 5 hinzuweisen.

(5) [1]Die Landesplanerische Feststellung ist bei raumbedeutsamen Planungen und Maßnahmen, die den im Raumordnungsverfahren beurteilten Gegenstand betreffen, sowie bei Genehmigungen, Planfeststellungen und sonstigen behördlichen Entscheidungen über die Zulässigkeit des Vorhabens zu berücksichtigen. [2]Sie hat gegenüber dem Träger des Vorhabens und gegenüber Einzelnen keine unmittelbare Rechtswirkung.

§ 12 Beschleunigtes Raumordnungsverfahren

[1]Das beschleunigte Raumordnungsverfahren kann abweichend von § 16 Abs. 1 ROG nur für Vorhaben durchgeführt werden, die keiner Umweltverträglichkeitsprüfung nach dem Gesetz über die Umweltverträglichkeitsprüfung oder dem Niedersächsischen Gesetz über die Umweltverträglichkeitsprüfung unterliegen. [2]Im beschleunigten Raumordnungsverfahren werden den zu beteiligenden öffentlichen Stellen die Verfahrensunterlagen abweichend von § 15 Abs. 3 ROG allein gemäß § 10 Abs. 4 Sätze 1 und 2 zugänglich gemacht; im Übrigen gilt § 10 Abs. 4 Sätze 3 bis 5 mit der Maßgabe, dass die Stellungnahmefrist nach § 10 Abs. 4 Satz 3 angemessen verkürzt werden kann. [3]Ferner kann abweichend von § 10 Abs. 5 und von § 15 Abs. 3 Satz 1 ROG auf die Beteiligung der Öffentlichkeit sowie auf eine Erörterung nach § 10 Abs. 7 und auf eine Auslegung nach § 11 Abs. 3 Satz 3 verzichtet werden. [4]Soll ausnahmsweise eine Öffentlichkeitsbeteiligung erfolgen, so können die Dauer der öffentlichen Bereitstellung der Verfahrensunterlagen im Internet und der ergänzenden öffentlichen Auslegung sowie die Frist zur Äußerung nach § 10 Abs. 5 Satz 7 angemessen verkürzt werden.

§ 13 Gebührenfreiheit für Maßnahmen öffentlicher Stellen

Für Raumordnungsverfahren zu Planungen und Maßnahmen, durch die Gemeinden, Landkreise oder andere Körperschaften des öffentlichen Rechts gesetzliche Pflichtaufgaben erfüllen, werden Gebühren nicht erhoben.

Vierter Abschnitt

Weitere Instrumente zur Verwirklichung der Planung, Zusammenarbeit

§ 14 Überwachung

[1]Die Überwachung nach § 8 Abs. 4 ROG obliegt dem Planungsträger. [2]Zur Erfüllung dieser Aufgabe können auch die bei Inkrafttreten des Raumordnungsplans bereits bestehenden Überwachungsinstrumente genutzt werden, soweit sie dafür geeignet sind.

§ 15 Raumordnungskataster

[1]Die obere Landesplanungsbehörde führt ein Raumordnungskataster in elektronischer Form; es soll alle raumbeanspruchenden und raumbeeinflussenden Planungen und Maßnahmen auf der Grundlage der Geodaten des amtlichen Vermessungswesens darstellen, die für die Entscheidungen der Landesplanungsbehörden von Bedeutung sind. [2]Die unteren Landesplanungsbehörden liefern die für die Führung des Raumordnungskatasters erforderlichen Angaben im Sinne des Satzes 1 Halbsatz 2 aus ihrem Zuständigkeitsbereich, soweit sie ihnen vorliegen.

§ 16 Abstimmung raumbedeutsamer Planungen und Maßnahmen

(1) Öffentliche Stellen und Personen des Privatrechts nach § 4 Abs. 1 Satz 2 ROG haben ihre raumbedeutsamen Planungen und Maßnahmen aufeinander und untereinander abzustimmen.

(2) Die Behörden des Landes, die Gemeinden und Landkreise sowie die der Aufsicht des Landes unterstehenden sonstigen Körperschaften, Anstalten und Stiftungen des öffentlichen Rechts sind verpflichtet, den Landesplanungsbehörden die raumbeanspruchenden oder raumbeeinflussenden Planungen, Maßnahmen und Einzelvorhaben aus ihrem Zuständigkeitsbereich frühzeitig mitzuteilen.

(3) [1]Den Landesplanungsbehörden ist auf Verlangen über Planungen und Maßnahmen, die für die Raumordnung Bedeutung haben können, Auskunft zu erteilen; auf Verlangen ist die Auskunft in elektronischer Form zu erteilen. [2]Die Auskunftspflicht gilt auch für Personen des Privatrechts nach § 4 Abs. 1 Satz 2 ROG.

§ 17 Anpassungspflicht der Gemeinden

(1) Die oberste Landesplanungsbehörde kann verlangen, dass die Träger der Bauleitplanung ihre Flächennutzungspläne und Bebauungspläne den Zielen der Raumordnung anpassen.

(2) Werden rechtsverbindliche Bebauungspläne nach Absatz 1 aufgehoben oder geändert, so stellt das Land die Gemeinden von der Entschädigungspflicht nach den §§ 39, 42 und 44 des Baugesetzbuchs frei, soweit der Betrag 250 Euro übersteigt und im Fall des § 44 Abs. 1 Satz 3 des Baugesetzbuchs die Gemeinde Ersatz nicht erlangt.

(3) Dient die Aufhebung oder Änderung überwiegend dem Interesse eines bestimmten Begünstigten, so kann das Land das Anpassungsverlangen davon abhängig machen, dass der Begünstigte die sich aus Absatz 2 für das Land ergebenden Entschädigungsverpflichtungen übernimmt.

Fünfter Abschnitt

Zuständigkeiten

§ 18 Landesplanungsbehörden

(1) [1]Oberste Landesplanungsbehörde ist das Fachministerium. [2]Obere Landesplanungsbehörden sind die Ämter für regionale Landesentwicklung; sie üben die Fachaufsicht über die unteren Landesplanungsbehörden aus. [3]Die Landkreise und kreisfreien Städte nehmen die Aufgaben der unteren Landesplanungsbehörden als Aufgaben des übertragenen Wirkungskreises wahr; die Zuständigkeit der großen selbständigen Städte und der selbständigen Gemeinden (§ 17 Satz 1 des Niedersächsischen Kommunalverfassungsgesetzes) wird ausgeschlossen. [4]Die Kosten werden im Rahmen des Finanzausgleichs gedeckt.

(2) Ist ein Zweckverband oder der Regionalverband „Großraum Braunschweig" Träger der Regionalplanung, so nimmt er für seinen Bereich die Aufgaben der unteren Landesplanungsbehörde als Aufgabe des übertragenen Wirkungskreises wahr.

§ 19 Zuständigkeiten der Landesplanungsbehörden

(1) [1]Für die Durchführung von Raumordnungsverfahren sind die unteren Landesplanungsbehörden zuständig. [2]Berührt ein Vorhaben den Bereich mehrerer unterer Landesplanungsbehörden, so bestimmen diese untereinander die für das Raumordnungsverfahren zuständige Behörde. [3]Kommt eine Ei-

nigung nicht zustande, so bestimmt die obere Landesplanungsbehörde die zuständige untere Landesplanungsbehörde. [4]Die obere Landesplanungsbehörde kann bei Vorhaben von übergeordneter Bedeutung das Raumordnungsverfahren an sich ziehen. [5]Berührt ein Vorhaben in den Fällen der Sätze 3 und 4 den Bereich mehrerer oberer Landesplanungsbehörden, so bestimmt die oberste Landesplanungsbehörde die zuständige Landesplanungsbehörde.

(2) [1]Für die Durchführung von Zielabweichungsverfahren (§ 6 Abs. 2 ROG, § 8) zu Zielen in Regionalen Raumordnungsprogrammen sind die unteren Landesplanungsbehörden zuständig. [2]Für die Durchführung von Zielabweichungsverfahren zu Zielen im Landes-Raumordnungsprogramm ist die oberste Landesplanungsbehörde zuständig. [3]Betrifft ein Zielabweichungsverfahren sowohl Ziele in einem Regionalen Raumordnungsprogramm als auch Ziele im Landes-Raumordnungsprogramm, so ist die untere Landesplanungsbehörde zuständig; das Verfahrensergebnis bedarf der vorherigen Zustimmung der obersten Landesplanungsbehörde. [4]In Fällen des Satzes 3 kann die oberste Landesplanungsbehörde das Zielabweichungsverfahren an sich ziehen, wenn es wegen eines Vorhabens von übergeordneter Bedeutung durchgeführt wird.

(3) [1]Für die Untersagung von raumbedeutsamen Planungen und Maßnahmen (§ 12 ROG), die mit dem geltenden oder dem in Aufstellung befindlichen Regionalen Raumordnungsprogramm nicht vereinbar sind, ist die untere Landesplanungsbehörde zuständig. [2]Für die Untersagung von raumbedeutsamen Planungen und Maßnahmen, die mit dem geltenden oder dem in Aufstellung befindlichen Landes-Raumordnungsprogramm nicht vereinbar sind, ist die oberste Landesplanungsbehörde zuständig. [3]Für die Untersagung von raumbedeutsamen Planungen und Maßnahmen, die weder mit dem geltenden oder dem in Aufstellung befindlichen Regionalen Raumordnungsprogramm noch mit dem geltenden oder dem in Aufstellung befindlichen Landes-Raumordnungsprogramm vereinbar sind, ist die untere Landesplanungsbehörde zuständig; das Verfahrensergebnis bedarf der vorherigen Zustimmung der obersten Landesplanungsbehörde. [4]In Fällen des Satzes 3 kann die oberste Landesplanungsbehörde das Untersagungsverfahren an sich ziehen, wenn es raumbedeutsame Planungen und Maßnahmen von übergeordneter Bedeutung betrifft.

§ 20 Trägerschaft der Regionalplanung

(1) [1]Träger der Regionalplanung sind die Landkreise und kreisfreien Städte für ihr Gebiet. [2]Die Träger der Regionalplanung nehmen die Aufgabe der Regionalplanung als Angelegenheit des eigenen Wirkungskreises wahr.

(2) Die Landkreise und kreisfreien Städte können die Aufgabe der Regionalplanung einem Zweckverband oder dem Regionalverband „Großraum Braunschweig“ übertragen oder sonstige Möglichkeiten der Zusammenarbeit nach dem Niedersächsischen Gesetz über die kommunale Zusammenarbeit nutzen, wenn die Abgrenzung des Planungsraums dem Landes-Raumordnungsprogramm nicht widerspricht.

§ 21 Übergangsvorschrift

(1) [1]Verfahren zur Aufstellung und zur Änderung von Raumordnungsplänen sowie Raumordnungsverfahren, die vor dem 29. November 2017 förmlich eingeleitet wurden, werden nach den bis zum 28. November 2017 geltenden Fassungen dieses Gesetzes und des Raumordnungsgesetzes abgeschlossen. [2]Ist mit gesetzlich vorgeschriebenen einzelnen Schritten des Verfahrens noch nicht begonnen worden, so können diese auch nach den ab dem 29. November 2017 geltenden Fassungen dieses Gesetzes und des Raumordnungsgesetzes durchgeführt werden.

(2) [1]In Raumordnungsverfahren, die vor dem 15. März 2020 förmlich eingeleitet wurden, werden gesetzlich vorgeschriebene einzelne Schritte des Verfahrens, die vor dem 15. März 2020 begonnen, aber noch nicht abgeschlossen wurden, nach den bis zum 14. März 2020 geltenden Fassungen dieses Gesetzes und des Raumordnungsgesetzes abgeschlossen. [2]Ist in Raumordnungsverfahren, die vor dem 15. März 2020 förmlich eingeleitet wurden, mit gesetzlich vorgeschriebenen einzelnen Schritten des Verfahrens bis zum 14. März 2020 noch nicht begonnen worden, so werden diese nach den ab dem 15. März 2020 geltenden Fassungen dieses Gesetzes und des Raumordnungsgesetzes durchgeführt.

(3) [1]In Raumordnungsverfahren, die vor dem 20. Oktober 2021 förmlich eingeleitet wurden, werden gesetzlich vorgeschriebene einzelne Schritte des Verfahrens, die vor dem 20. Oktober 2021 begonnen, aber noch nicht abgeschlossen wurden, nach den bis zum 19. Oktober 2021 geltenden Fassungen dieses Gesetzes und des Raumordnungsgesetzes abgeschlossen. [2]Ist in Raumordnungsverfahren, die vor dem

20. Oktober 2021 förmlich eingeleitet wurden, mit gesetzlich vorgeschriebenen einzelnen Schritten des Verfahrens bis zum 19. Oktober 2021 noch nicht begonnen worden, so können diese auch nach den ab dem 20. Oktober 2021 geltenden Fassungen dieses Gesetzes und des Raumordnungsgesetzes durchgeführt werden.

[§ 22 bis 31.12.2023:]

§ 22 Besondere Verfahrensmöglichkeiten bis zum 31. Dezember 2023

(1) [1]Von einer Erörterung nach § 3 Abs. 4 Satz 1 und von einer Erörterung nach § 10 Abs. 7 Halbsatz 1 kann abgesehen werden. [2]Die Erörterung ist durch einen Austausch in schriftlicher oder elektronischer Form oder im Rahmen einer Telefon- oder Videokonferenz zu ersetzen, soweit dies möglich ist und keinen unverhältnismäßigen Aufwand verursacht.

(2) [1]Die Landesplanungsbehörde kann über Erfordernis, Gegenstand, Umfang und Ablauf des Raumordnungsverfahrens ohne Antragskonferenz nach § 10 Abs. 1 Satz 1 entscheiden. [2]Die Antragskonferenz ist durch einen Austausch in schriftlicher oder elektronischer Form oder im Rahmen einer Telefon- oder Videokonferenz zu ersetzen, soweit dies möglich ist und keinen unverhältnismäßigen Aufwand verursacht; § 10 Abs. 1 Satz 2 gilt entsprechend.

(3) Die Landesplanungsbehörde kann die in § 10 Abs. 5 Sätze 7 bis 9 vorgesehene Äußerung zur Niederschrift ausschließen, wenn die Entgegennahme von Äußerungen zur Niederschrift nicht oder nur mit unverhältnismäßigem Aufwand möglich wäre; auf den Ausschluss von Äußerungen zur Niederschrift ist bei der öffentlichen Bekanntmachung nach § 10 Abs. 5 Satz 4 ausdrücklich hinzuweisen.

(4) [1]Die Absätze 1 bis 3 finden auch auf Verfahren Anwendung, die vor dem 18. Juli 2020 begonnen, aber noch nicht abgeschlossen wurden. [2]Wird in einem solchen Verfahren von den in Satz 1 genannten Regelungen Gebrauch gemacht, so ist den Betroffenen Gelegenheit zu geben, sich auf die neue Situation einzurichten.

[§ 22 ab 1.1.2024:]

§ 22 *[aufgehoben]*

Niedersächsisches Straßengesetz (NStrG)

In der Fassung vom 24. September 1980[1] (Nds. GVBl. S. 359)
(GVBl. Sb 92100 01)
zuletzt geändert durch Art. 1 G zur Änd. des StraßenG vom 29. Juni 2022 (Nds. GVBl. S. 420)

Nichtamtliche Inhaltsübersicht

1) Neubekanntmachung des Straßengesetzes v. 14.12.1962 (Nds. GVBl. S. 359) in der ab 31.7.1980 geltenden Fassung.

Teil I
Allgemeine Bestimmungen

§ 1 Geltungsbereich

[1]Das Gesetz regelt die Rechtsverhältnisse der öffentlichen Straßen. [2]Für die Bundesfernstraßen gilt es nur, soweit dieses ausdrücklich bestimmt ist.

§ 2 Öffentliche Straßen

(1) [1]Öffentliche Straßen sind diejenigen Straßen, die dem öffentlichen Verkehr gewidmet sind. [2]Öffentliche Straßen im Sinne dieses Gesetzes sind auch die öffentlichen Wege und Plätze.

(2) Zur öffentlichen Straße gehören:

1. der Straßenkörper; das sind insbesondere der Straßengrund, der Straßenunterbau, die Straßendecke, die Brücken, Tunnel, Durchlässe, Dämme, Gräben, Entwässerungsanlagen, Böschungen, Stützmauern, Lärmschutzanlagen, Trenn-, Seiten-, Rand- und Sicherheitsstreifen sowie Rad- und Gehwege;
2. der Luftraum über dem Straßenkörper;
3. das Zubehör; das sind insbesondere die amtlichen Verkehrszeichen und -einrichtungen sowie Verkehrsanlagen aller Art, die der Sicherheit oder Leichtigkeit des Straßenverkehrs oder dem Schutz der Anlieger dienen, die der gemeindlichen Straßenreinigung dienenden Abfallbehälter und der Bewuchs;
4. die Nebenanlagen; das sind solche Anlagen, die überwiegend den Aufgaben der Verwaltung der öffentlichen Straßen dienen, z.B. Straßenmeistereien, Gerätehöfe, Lager, Lagerplätze, Ablagerungs- und Entnahmestellen, Hilfsbetriebe und -einrichtungen.

(3) Bei öffentlichen Straßen auf Deichen gehören zum Straßenkörper lediglich der Straßenunterbau, die Straßendecke, die Trenn-, Seiten-, Rand- und Sicherheitsstreifen.

(4) [1]Fähren gehören zur Straße, wenn sie bislang zu ihr gehörten oder wenn die Zugehörigkeit in öffentlich-rechtlich wirksamer Weise vereinbart wird. [2]Auf sie sind die Vorschriften für die Straße, zu der sie gehören, sinngemäß anzuwenden.

§ 3 Einteilung der öffentlichen Straßen

(1) Die öffentlichen Straßen werden nach ihrer Verkehrsbedeutung in folgende Straßengruppen eingeteilt:

1. Landesstraßen; das sind
   a) Straßen, die innerhalb des Landesgebietes untereinander oder zusammen mit den Bundesfernstraßen ein Verkehrsnetz bilden und überwiegend einem über das Gebiet benachbarter Landkreise und kreisfreier Städte hinausgehenden Verkehr, insbesondere dem Durchgangsverkehr, dienen oder zu dienen bestimmt sind, sowie
   b) selbständige Radwege, die allein oder in Verbindung mit anderen Radwegen oder Teilen davon überwiegend einem über das Gebiet benachbarter Landkreise und kreisfreier Städte hinausgehenden Verkehr dienen oder zu dienen bestimmt sind;
2. Kreisstraßen; das sind
   a) Straßen, die überwiegend dem Verkehr zwischen benachbarten Landkreisen und kreisfreien Städten, dem überörtlichen Verkehr innerhalb eines Landkreises oder dem unentbehrlichen Anschluss von Gemeinden oder räumlich getrennten Ortsteilen an überörtliche Verkehrswege dienen oder zu dienen bestimmt sind, sowie
   b) selbständige Radwege, die überwiegend dem Verkehr zwischen benachbarten Landkreisen und kreisfreien Städten oder dem überörtlichen Verkehr innerhalb eines Landkreises dienen oder zu dienen bestimmt sind;

3. Gemeindestraßen; das sind
   a) Straßen, die überwiegend dem Verkehr innerhalb einer Gemeinde oder zwischen benachbarten Gemeinden dienen oder zu dienen bestimmt sind (§ 47), sowie
   b) selbständige Radwege, die überwiegend dem Verkehr innerhalb einer Gemeinde oder zwischen benachbarten Gemeinden dienen oder zu dienen bestimmt sind (§ 47);
4. sonstige öffentliche Straßen (§ 53).

(2) Zu den öffentlichen Straßen im Sinne des Absatzes 1 gehören jeweils auch die Geh- und Radwege, die einen eigenen Straßenkörper besitzen, jedoch in Zusammenhang mit der betreffenden Straße stehen und im wesentlichen mit ihr gleichlaufen.

(3) Selbständige Radwege im Sinne des Absatzes 1 sind Radwege, die einen eigenen Straßenkörper besitzen und nicht Bestandteile anderer Straßen sind.

(4) Für die öffentlichen Straßen werden Straßenverzeichnisse geführt, die für Gemeindestraßen und sonstige öffentliche Straßen in vereinfachter Form (Bestandsverzeichnisse) eingerichtet werden können; das Nähere über Zuständigkeit der Behörden, Einrichtung und Inhalt der Verzeichnisse und die Einsichtnahme in diese wird durch gemeinsame Verordnung der für den Straßenbau und für die Kommunalaufsicht zuständigen Minister geregelt.

§ 4 Ortsdurchfahrten

(1) [1]Eine Ortsdurchfahrt ist der Teil einer Landes- oder Kreisstraße, der innerhalb der geschlossenen Ortslage liegt und auch zur Erschließung der anliegenden Grundstücke bestimmt ist. [2]Geschlossene Ortslage ist der Teil des Gemeindebezirks, der in geschlossener oder offener Bauweise zusammenhängend bebaut ist. [3]Einzelne unbebaute Grundstücke, zur Bebauung ungeeignetes oder ihr entzogenes Gelände oder einseitige Bebauung unterbrechen den Zusammenhang nicht.

(2) [1]Für Kreisstraßen setzen die Landkreise und kreisfreien Städte die Ortsdurchfahrten als Aufgabe des eigenen Wirkungskreises fest. [2]Für Bundes- und Landesstraßen setzen die Landkreise und kreisfreien Städte die Ortsdurchfahrten als Aufgabe des übertragenen Wirkungskreises fest; die Zuständigkeit der großen selbständigen Städte und selbständigen Gemeinden wird ausgeschlossen. [3]Die Festsetzung durch den Landkreis erfolgt im Benehmen mit der Gemeinde.

(3) Reicht die Ortsdurchfahrt einer Landesstraße für den Durchgangsverkehr nicht aus, so kann eine Straße, die nach ihrem Ausbauzustand für die Aufnahme des Durchgangsverkehrs geeignet ist und an die Landesstraße nach beiden Seiten anschließt, durch Umstufung (§ 7) als zusätzliche Ortsdurchfahrt festgesetzt werden.

§ 5 – aufgehoben –

§ 6 Widmung

(1) [1]Die Widmung für den öffentlichen Verkehr wird durch den Träger der Straßenbaulast ausgesprochen. [2]Soll eine nicht dem Land oder einer sonstigen Gebietskörperschaft gehörende Straße für den öffentlichen Verkehr gewidmet werden, so spricht die Straßenaufsichtsbehörde auf Antrag des künftigen Trägers der Straßenbaulast (§ 54) die Widmung aus. [3]Soweit die Straße nicht im Außenbereich einer Gemeinde (§ 19 Abs. 1 Nr. 3 des Baugesetzbuchs) verläuft, ist die Widmung nur nach Anhörung der Gemeinde zulässig. [4]Bei der Widmung sind die Straßengruppe, zu der die Straße gehört, sowie Beschränkungen der Widmung auf bestimmte Benutzungsarten oder Benutzerkreise festzulegen.

(2) Voraussetzung für die Widmung ist, daß der Träger der Straßenbaulast Eigentümer des der Straße dienenden Grundstücks ist oder der Eigentümer und ein sonst zur Nutzung dinglich Berechtigter der Widmung zugestimmt haben oder der Träger der Straßenbaulast den Besitz durch Vertrag, durch Einweisung nach § 41a oder in einem sonstigen gesetzlich geregelten Verfahren erlangt hat.

(3) Die Widmung ist öffentlich bekanntzumachen.

(4) Durch privatrechtliche Verfügungen oder durch Verfügungen im Wege der Zwangsvollstreckung über die der Straße dienenden Grundstücke oder Rechte an ihnen wird die Widmung nicht berührt.

(5) [1]Bei Straßen, deren Bau in einem Planfeststellungsverfahren oder in einem Bebauungsplan geregelt wird, kann die Widmung in diesem Verfahren mit der Maßgabe verfügt werden, daß sie mit der Verkehrsübergabe wirksam wird, wenn die Voraussetzungen des Absatzes 2 in diesem Zeitpunkt vorliegen. [2]Der Träger der Straßenbaulast hat den Zeitpunkt der Verkehrsübergabe, die Straßengruppe sowie Beschränkungen der Widmung mit einem Hinweis auf die zugrunde liegende Anordnung öffentlich bekanntzumachen.

(6) [1]Wird eine Straße verbreitert, begradigt, unerheblich verlegt oder ergänzt, so gilt der neue Straßenteil durch die Verkehrsübergabe als gewidmet, sofern die Voraussetzungen des Absatzes 2 vorliegen. [2]Einer öffentlichen Bekanntmachung nach Absatz 3 bedarf es in diesem Falle nicht.

§ 7 Umstufung

(1) Entspricht die Einstufung einer Straße nicht mehr ihrer Verkehrsbedeutung, so ist sie in die entsprechende Straßengruppe (§ 3) umzustufen (Aufstufung, Abstufung).

(2) [1]Sind die beteiligten Träger der Straßenbaulast über die Umstufung einer Straße einig, so hat der neue Träger der Straßenbaulast die Absicht der Umstufung der für ihn zuständigen Straßenaufsichtsbehörde anzuzeigen. [2]Erhebt diese innerhalb eines Monats nach Anzeige keine Einwendungen, so verfügt der neue Träger der Straßenbaulast die Umstufung. [3]§ 6 Abs. 1 Satz 2 gilt sinngemäß. [4]Kommt keine Einigung zustande, so entscheidet über die Umstufung der für den Straßenbau zuständige Minister. [5]Dieser hat vorher die Träger der Straßenbaulast und gegebenenfalls die für den neuen Träger der Straßenbaulast zuständige Kommunalaufsichtsbehörde zu hören.

(3) [1]Die Umstufung ist öffentlich bekanntzumachen. [2]Sie soll nur zum Ende eines Rechnungsjahres ausgesprochen und im Falle des Absatzes 2 Satz 4 drei Monate vorher den beteiligten Trägern der Straßenbaulast angekündigt werden.

(4) [1]Bei Abstufung einer Bundesfernstraße bestimmt der für den Straßenbau zuständige Minister den neuen Träger der Straßenbaulast. [2]Absatz 2 Satz 5 gilt sinngemäß.

(5) [1]§ 6 Abs. 6 gilt sinngemäß. [2]Die Umstufung wird mit der Ingebrauchnahme für den neuen Verkehrszweck wirksam.

§ 8 Einziehung

(1) [1]Hat eine Straße keine Verkehrsbedeutung mehr oder liegen überwiegende Gründe des öffentlichen Wohles für ihre Beseitigung vor, so soll sie vom Träger der Straßenbaulast eingezogen werden. [2]Die Teileinziehung einer Straße soll angeordnet werden, wenn nachträglich Beschränkungen der Widmung auf bestimmte Benutzungsarten oder Benutzerkreise aus überwiegenden Gründen des öffentlichen Wohls festgelegt werden. [3]Bei Landesstraßen und Kreisstraßen bedarf es dazu der Zustimmung der Straßenaufsichtsbehörde; soweit die Straße nicht im Außenbereich einer Gemeinde (§ 19 Abs. 1 Nr. 3 des Baugesetzbuchs) verläuft, ist auch die Zustimmung der Gemeinde erforderlich. [4]Bei Straßen, die weder dem Land noch einer sonstigen Gebietskörperschaft gehören, spricht die Straßenaufsichtsbehörde die Einziehung aus.

(2) [1]Die Absicht der Einziehung ist mindestens drei Monate vorher in den Gemeinden, die die Straße berührt, ortsüblich bekanntzugeben. [2]Von der Bekanntgabe kann abgesehen werden, wenn die zur Einziehung vorgesehenen Teilstrecken in den in einem Planfeststellungsverfahren ausgelegten Plänen oder in einem Bebauungsplan als solche kenntlich gemacht worden sind oder Teilstrecken in Fällen von unwesentlicher Bedeutung (§ 38 Abs. 3) eingezogen werden sollen.

(3) Die Einziehung ist mit Angabe des Tages, an dem die Eigenschaft als Straße endet, öffentlich bekanntzumachen.

(4) Mit der Einziehung einer Straße entfallen Gemeingebrauch (§ 14) und widerrufliche Sondernutzungen (§§ 18ff.).

(5) § 6 Abs. 5 gilt sinngemäß mit der Maßgabe, daß die Einziehung der Straße in dem Zeitpunkt wirksam wird, in dem sie dem öffentlichen Verkehr tatsächlich entzogen wird.

(6) [1]Wird eine Straße begradigt, unerheblich verlegt oder in sonstiger Weise den verkehrlichen Bedürfnissen angepaßt und wird damit ein Teil der Straße dem Verkehr auf Dauer entzogen, so gilt dieser Teil mit der Sperrung als eingezogen. [2]Einer Ankündigung und Bekanntmachung bedarf es nicht.

§ 9 Straßenbaulast

(1) [1]Die Straßenbaulast umfaßt alle mit dem Bau und der Unterhaltung der Straßen zusammenhängenden Aufgaben. [2]Die Träger der Straßenbaulast haben nach ihrer Leistungsfähigkeit die Straßen so zu bauen, zu unterhalten, zu erweitern oder sonst zu verbessern, daß sie dem regelmäßigen Verkehrsbedürfnis genügen. [3]Soweit sie hierzu außerstande sind, haben die Straßenbaubehörden auf den nicht verkehrssicheren Zustand, vorbehaltlich anderer Anordnungen der Straßenverkehrsbehörden, durch Verkehrszeichen hinzuweisen.

(2) [1]Bei öffentlichen Straßen auf Deichen umfaßt die Straßenbaulast auch die Pflicht zur Beseitigung von Schäden am Deichkörper, die durch Benutzung der Straße entstehen, sowie die Wiederherstellung

der Straße, falls eine Veränderung des Deichkörpers aus Gründen der Deichverteidigung oder der Landessicherung erforderlich ist. [2]Die nach Deichrecht zuständige Behörde kann aus Gründen der Deichverteidigung oder der Landessicherung verlangen, daß der Träger der Straßenbaulast die zur Unterhaltung der Straße notwendigen Arbeiten gegen Erstattung der Kosten dem Träger der Deicherhaltung überträgt.

§ 10 Hoheitsverwaltung, bautechnische Sicherheit

(1) Der Bau und die Unterhaltung der öffentlichen Straßen einschließlich der Bundesfernstraßen sowie die Überwachung ihrer Verkehrssicherheit obliegen den Organen und Bediensteten der damit befaßten Körperschaften als Amtspflichten in Ausübung öffentlicher Gewalt.

(2) Die Träger der Straßenbaulast haben dafür einzustehen, daß ihre Bauten technisch allen Anforderungen der Sicherheit und Ordnung genügen.

§ 11 Übergang der Straßenbaulast

(1) Beim Übergang der Straßenbaulast von einer Gebietskörperschaft auf eine andere gehen das Eigentum des bisherigen Trägers der Straßenbaulast an der Straße sowie alle Rechte und Pflichten, die mit der Straße in Zusammenhang stehen, entschädigungslos auf den neuen Träger der Straßenbaulast über.

(2) Absatz 1 gilt nicht für

1. das Eigentum an Nebenanlagen (§ 2 Abs. 2 Nr. 4);
2. das Eigentum an Leitungen, die der bisherige Träger der Straßenbaulast für Zwecke der öffentlichen Versorgung oder der Abwasserbeseitigung in die Straße verlegt hat;
3. Ansprüche auf Entgelte, die für die Duldung von Versorgungsleitungen auf Grund von Gebietsversorgungsverträgen gezahlt werden;
4. Pflichten, die der bisherige Träger der Straßenbaulast in Gebietsversorgungsverträgen übernommen hat, soweit die Versorgungsleitungen zum Zeitpunkt des Übergangs der Straßenbaulast noch nicht verlegt waren;
5. Verbindlichkeiten des bisherigen Trägers der Straßenbaulast aus der Durchführung früherer Bau- und Unterhaltungsmaßnahmen. Soweit diese Verbindlichkeiten dinglich gesichert sind, hat der neue Eigentümer einen Befreiungsanspruch.

(3) [1]Hat der bisherige Eigentümer der Straße besondere Anlagen in der Straße gehalten, so ist der neue Eigentümer der Straße verpflichtet, diese in dem bisherigen Umfang zu dulden. [2]§§ 16 und 18 Abs. 4 gelten sinngemäß.

(4) [1]Der bisherige Träger der Straßenbaulast hat dem neuen Träger der Straßenbaulast dafür einzustehen, daß er die Straße in dem für die bisherige Straßengruppe gebotenen Umfang ordnungsgemäß unterhalten und den notwendigen Grunderwerb durchgeführt hat. [2]Ein Beitrag zum Um- und Ausbau der Straße entsprechend der geänderten Verkehrsbedeutung kann nicht gefordert werden.

(5) [1]Bei Einziehung einer Straße kann der frühere Träger der Straßenbaulast innerhalb eines Jahres verlangen, daß ihm das Eigentum an den Straßengrundstücken mit den im Absatz 1 genannten Rechten und Pflichten unentgeltlich übertragen wird, wenn es vorher nach Absatz 1 übergegangen war. [2]Absatz 3 gilt sinngemäß.

§ 12 Grundbuchberichtigung

(1) [1]Beim Übergang des Eigentums an Straßen ist der Antrag auf Berichtigung des Grundbuchs von dem neuen Träger der Straßenbaulast zu stellen. [2]Zum Nachweis des Eigentums gegenüber dem Grundbuchamt genügt die mit dem Amtssiegel oder Amtsstempel versehene Bestätigung der Straßenbaubehörde, daß das Grundstück dem neuen Träger der Straßenbaulast gehört.

(2) Der bisherige Träger der Straßenbaulast ist verpflichtet, das Grundstück auf seine Kosten vorschriftsmäßig vermessen und vermarken zu lassen.

§ 13 Eigentumserwerb

(1) [1]Stehen die für die Straßen in Anspruch genommenen Grundstücke nicht im Eigentum des Trägers der Straßenbaulast, so hat dieser auf Antrag des Eigentümers oder eines sonst dinglich Berechtigten die Grundstücke oder ein dingliches Recht daran spätestens innerhalb einer Frist von vier Jahren seit Antragstellung zu erwerben. [2]Kommt innerhalb dieser Frist keine Einigung zustande oder kann ein dingliches Recht an dem Grundstück durch Rechtsgeschäft nicht übertragen werden, so kann der Ei-

gentümer oder der sonst dinglich Berechtigte oder der Träger der Straßenbaulast die Durchführung des Enteignungsverfahrens beantragen. [3]§ 42 Abs. 3 gilt sinngemäß.

(2) Soweit ein dinglich Berechtigter am Widmungsverfahren nach § 6 Abs. 2 nicht beteiligt ist, hat der Träger der Straßenbaulast das dingliche Recht auf Antrag abzulösen, sobald und soweit der dinglich Berechtigte die Befriedigung aus dem Grundstück beanspruchen kann.

(3) Absatz 1 gilt nicht, wenn und solange dem Träger der Straßenbaulast eine Dienstbarkeit oder ein sonstiges dingliches Recht eingeräumt ist, das den Bestand der Straße sichert.

(4) Bis zum Erwerb der für die Straße in Anspruch genommenen Grundstücke nach Maßgabe des Absatzes 1 steht dem Träger der Straßenbaulast die Ausübung der Rechte und Pflichten des Eigentümers in dem Umfange zu, in dem dies die Aufrechterhaltung des Gemeingebrauchs erfordert.

§ 14 Gemeingebrauch

(1) [1]Der Gebrauch der Straße ist jedermann im Rahmen der Widmung und der Verkehrsvorschriften zum Verkehr gestattet (Gemeingebrauch). [2]Im Rahmen des Gemeingebrauchs hat der fließende Verkehr den Vorrang vor dem ruhenden. [3]Kein Gemeingebrauch liegt vor, wenn jemand die Straße nicht vorwiegend zum Verkehr, sondern zu anderen Zwecken benutzt.

(2) Auf die Aufrechterhaltung des Gemeingebrauchs besteht kein Rechtsanspruch.

(3) [1]Für die Ausübung des Gemeingebrauchs dürfen Gebühren nur auf Grund besonderer gesetzlicher Vorschriften erhoben werden. [2]Für die Benutzung einer Fähre, die nach § 2 Abs. 4 Satz 1 zu einer Straße gehört, dürfen Entgelte erhoben werden.

§ 15 Beschränkungen des Gemeingebrauchs aus besonderem Anlaß

[1]Der Gemeingebrauch kann vorbehaltlich anderer Anordnungen der Straßenverkehrsbehörde durch die Straßenbaubehörde beschränkt werden, soweit dies wegen des baulichen Zustandes der Straße notwendig ist. [2]Die Beschränkungen sind in einer den Verkehrsbedürfnissen entsprechenden Weise kenntlich zu machen. [3]Die Straßenverkehrsbehörde und die Gemeinden, welche die Straße berührt, sind von wesentlichen Beschränkungen zu unterrichten.

§ 15a Umleitungen

(1) Bei vorübergehender Beschränkung des Gemeingebrauchs auf einer Straße sind die Träger der Straßenbaulast anderer öffentlicher Straßen einschließlich der Bundesfernstraßen verpflichtet, die Umleitung des Verkehrs auf ihren Straßen zu dulden.

(2) [1]Vor Anordnung einer Beschränkung sind die Träger der Straßenbaulast der Umleitungsstrecke, die Straßenverkehrsbehörden und die Gemeinden, deren Gebiet berührt wird, zu unterrichten. [2]Die Straßenbaubehörde hat im Benehmen mit dem Träger der Straßenbaulast für die Umleitungsstrecke festzustellen, welche Maßnahmen notwendig sind, um diese Strecke für die Aufnahme des zusätzlichen Verkehrs verkehrssicher zu machen. [3]Die hierfür nötigen Mehraufwendungen sind dem Träger der Straßenbaulast der Umleitungsstrecke zu erstatten. [4]Dies gilt auch für die Aufwendungen, die für die Beseitigung der durch die Umleitung verursachten Schäden entstanden sind.

(3) [1]Muß die Umleitung ganz oder zum Teil über private Wege geführt werden, die dem öffentlichen Verkehr dienen, so ist der Eigentümer zur Duldung der Umleitung auf schriftliche Anforderung der Straßenbaubehörde verpflichtet. [2]Absatz 2 Satz 2 und 3 gilt sinngemäß. [3]Ist die Umleitung aufgehoben, so hat der nach Absatz 1 begünstigte Träger der Straßenbaulast auf Antrag des Eigentümers den früheren Zustand des Weges wieder herzustellen.

(4) Die Absätze 1 bis 3 gelten sinngemäß, wenn neue Landes- oder Kreisstraßen vorübergehend über andere dem öffentlichen Verkehr dienende Straßen oder Wege an das Straßennetz angeschlossen werden müssen.

§ 16 Vergütung von Mehrkosten

[1]Wenn eine Straße wegen der Art des Gemeingebrauchs durch einen anderen aufwendiger hergestellt oder ausgebaut werden muß, als es dem regelmäßigen Verkehrsbedürfnis entspricht, hat der andere dem Träger der Straßenbaulast die Mehrkosten für den Bau und die Unterhaltung zu vergüten und ihm hierfür auf Verlangen angemessene Vorschüsse oder Sicherheiten zu leisten. [2]Das gilt nicht für Haltestellenbuchten für den Linien- und Schulbusverkehr.

§ 17 Verunreinigung

[1]Wer eine Straße über das übliche Maß hinaus verunreinigt, hat die Verunreinigung unverzüglich zu beseitigen; andernfalls kann der Träger der Straßenbaulast die Verunreinigung auf Kosten des Verursachers beseitigen. [2]Weitergehende bundes- oder landesrechtliche Vorschriften bleiben unberührt.

§ 18 Sondernutzung

(1) [1]Die Benutzung der Straße über den Gemeingebrauch hinaus ist Sondernutzung. [2]Sie bedarf der Erlaubnis des Trägers der Straßenbaulast, in Ortsdurchfahrten der Erlaubnis der Gemeinde. [3]Soweit die Gemeinde nicht Träger der Straßenbaulast ist, darf sie die Erlaubnis nur mit dessen Zustimmung erteilen. [4]Die Gemeinde kann durch Satzung bestimmte Sondernutzungen in den Ortsdurchfahrten und in Gemeindestraßen von der Erlaubnis befreien und die Ausübung regeln. [5]Soweit die Gemeinde nicht Träger der Straßenbaulast ist, bedarf die Satzung der Zustimmung des Trägers der Straßenbaulast.

(1a) Die Erlaubnis kann auch versagt werden, wenn bestimmte Tatsachen die Annahme rechtfertigen, dass die Sondernutzung dazu dient, Aktivitäten zu verfolgen oder zu unterstützen, die gegen die freiheitliche demokratische Grundordnung oder gegen den Bestand oder die Sicherheit des Bundes oder eines Landes gerichtet sind oder die auswärtige Belange der Bundesrepublik Deutschland gefährden.

(2) [1]Die Erlaubnis darf nur auf Zeit oder Widerruf erteilt werden. [2]Sie kann mit Bedingungen und Auflagen verbunden werden. [3]Soweit die Gemeinde nicht Träger der Straßenbaulast ist, hat sie eine widerruflich erteilte Erlaubnis zu widerrufen, wenn der Träger der Straßenbaulast dies aus Gründen des Straßenbaues oder der Sicherheit oder Leichtigkeit des Verkehrs verlangt.

(3) Der Erlaubnisnehmer hat bei Widerruf der Erlaubnis oder bei Sperrung, Änderung oder Einziehung der Straße keinen Ersatzanspruch gegen den Träger der Straßenbaulast.

(4) [1]Der Erlaubnisnehmer hat Anlagen so zu errichten und zu unterhalten, daß sie den Anforderungen der Sicherheit und Ordnung sowie den anerkannten Regeln der Technik genügen. [2]Arbeiten an der Straße bedürfen der Zustimmung des Trägers der Straßenbaulast. [3]Der Erlaubnisnehmer hat auf Verlangen der für die Erlaubnis zuständigen Behörde die Anlagen auf seine Kosten zu ändern und alle Kosten zu ersetzen, die dem Träger der Straßenbaulast durch die Sondernutzung entstehen. [4]Hierfür kann der Träger der Straßenbaulast angemessene Vorschüsse und Sicherheiten verlangen.

(5) Sonstige nach öffentlichem Recht erforderliche Genehmigungen, Erlaubnisse oder Bewilligungen werden durch die Sondernutzungserlaubnis nicht ersetzt.

§ 18a Sondernutzung für stationsbasiertes Carsharing

(1) [1]Unbeschadet der sonstigen straßenrechtlichen Bestimmungen zur Sondernutzung an Straßen kann die Gemeinde zum Zweck der Nutzung als Stellflächen für stationsbasiertes Carsharing dazu geeignete Flächen einer Gemeindestraße oder einer Ortsdurchfahrt im Zuge einer Landes- oder Kreisstraße bestimmen. [2]§ 2 Nrn. 1, 2 und 4 des Carsharinggesetzes (CsgG) vom 5. Juli 2017 (BGBl. I S. 2230), geändert durch Artikel 328 der Verordnung vom 19. Juni 2020 (BGBl. I S. 1328), gilt entsprechend. [3]Soweit die Gemeinde in der Ortsdurchfahrt nicht Träger der Straßenbaulast ist, darf sie die Flächen nur mit Zustimmung des Trägers der Straßenbaulast bestimmen. [4]Die Flächen sind so zu bestimmen, dass die Funktion der Straße, die Belange des öffentlichen Personennahverkehrs sowie der Stadtentwicklung und Raumordnung nicht beeinträchtigt werden, die Barrierefreiheit gewährleistet wird und die Anforderungen an die Sicherheit und Leichtigkeit des Verkehrs gewahrt sind.

(2) [1]Die Flächen sind im Wege eines diskriminierungsfreien und transparenten Auswahlverfahrens einem oder mehreren geeigneten und zuverlässigen Carsharing-Anbietern durch Erteilung einer Sondernutzungserlaubnis für einen Zeitraum von längstens acht Jahren zur Verfügung zu stellen. [2]Geeignet ist ein Carsharing-Anbieter, der die nach Absatz 3 festgelegten Anforderungen an die von ihm im Rahmen der Sondernutzung zu erbringende Leistung (Eignungskriterien) erfüllt. [3]Unzuverlässig ist ein Carsharing- Anbieter, der bei der Erbringung von Carsharing-Dienstleistungen wiederholt in schwerwiegender Weise gegen die Pflichten aus der Straßenverkehrs-Zulassungs-Ordnung verstoßen hat, sowie in den in § 123 des Gesetzes gegen Wettbewerbsbeschränkungen genannten Fällen. [4]Nach Ablauf der Nutzungsdauer der Sondernutzungserlaubnis ist eine Verlängerung oder Neuerteilung nur nach Durchführung eines erneuten Auswahlverfahrens nach Satz 1 möglich. [5]Das Verfahren nach Satz 1 kann für einzelne Flächen getrennt durchgeführt werden.

(3) [1]Die Gemeinde legt Eignungskriterien für die Auswahl der Carsharing-Anbieter fest. [2]Diese müssen insbesondere folgenden Zielen dienen:

1. Verringerung des motorisierten Individualverkehrs, insbesondere durch eine Vernetzung mit dem öffentlichen Personennahverkehr sowie anderen Angeboten des Umweltverbundes, und
2. Entlastung von straßenverkehrsbedingten CO_2-Emissionen sowie Luftschadstoffen, insbesondere durch das Vorhalten elektrisch betriebener Fahrzeuge im Sinne des Elektromobilitätsgesetzes oder anderer emissionsarmer Fahrzeuge.

(4) [1]Das Auswahlverfahren ist ortsüblich bekannt zu machen. [2]§ 5 Abs. 5 Satz 3 bis Abs. 7 Satz 1 CsgG gelten für das Auswahlverfahren entsprechend. [3]In der Bekanntmachung ist auch mitzuteilen, wie verfahren wird, wenn pro Fläche mehr als ein Anbieter einen Antrag auf Sondernutzung stellt. [4]Wird das Verfahren nicht über eine einheitliche Stelle nach § 71a des Verwaltungsverfahrensgesetzes (VwVfG) abgewickelt, so gelten § 71b Abs. 3, 4 und 6 und § 71c Abs. 2 VwVfG entsprechend.

§ 19 Besondere Veranstaltungen

[1]Ist nach den Vorschriften des Straßenverkehrsrechts eine Erlaubnis für eine übermäßige Straßenbenutzung oder eine Ausnahmegenehmigung erforderlich, so bedarf es keiner Erlaubnis nach § 18 Abs. 1. [2]Vor ihrer Entscheidung hat die hierfür zuständige Behörde die sonst für die Sondernutzungserlaubnis zuständige Behörde zu hören. [3]Die von dieser geforderten Bedingungen, Auflagen und Sondernutzungsgebühren sind dem Antragsteller in der Erlaubnis oder Ausnahmegenehmigung aufzuerlegen.

§ 20 Straßenanlieger

(1) Eine Zufahrt ist die für die Benutzung mit Fahrzeugen bestimmte Verbindung von Grundstücken oder von nichtöffentlichen Wegen mit einer Straße.

(2) [1]Zufahrten und Zugänge zu Landes- und Kreisstraßen außerhalb der Ortsdurchfahrten gelten als Sondernutzung im Sinne des § 18, wenn sie neu angelegt oder geändert werden. [2]Eine Änderung liegt auch vor, wenn eine Zufahrt gegenüber dem bisherigen Zustand einem erheblich größeren oder einem andersartigen Verkehr als bisher dienen soll.

(3) Einer Erlaubnis nach § 18 Abs. 1 bedarf es nicht für die Anlage neuer oder die Änderung bestehender Zufahrten oder Zugänge

1. im Zusammenhang mit der Errichtung oder erheblichen Änderung baulicher Anlagen, wenn die Straßenbaubehörde nach § 24 Abs. 2 zustimmt oder nach § 24 Abs. 7 eine Ausnahme zugelassen hat,
2. in einem Flurbereinigungsverfahren auf Grund des Planes über gemeinschaftliche und öffentliche Anlagen.

(4) Für die Unterhaltung der Zufahrten und Zugänge, die nicht auf einer Erlaubnis nach § 18 Abs. 1 beruhen, gelten § 18 Abs. 4 Satz 1 und 2 sowie § 22 sinngemäß.

(5) [1]Werden auf Dauer Zufahrten oder Zugänge durch die Änderung oder die Einziehung von Straßen unterbrochen oder wird ihre Benutzung erheblich erschwert, so hat der Träger der Straßenbaulast einen angemessenen Ersatz zu schaffen oder, soweit dies nicht zumutbar ist, eine angemessene Entschädigung in Geld zu leisten. [2]Mehrere Anliegergrundstücke können durch eine gemeinsame Zufahrt angeschlossen werden, deren Unterhaltung nach Absatz 4 den Anliegern gemeinsam obliegt. [3]Die Verpflichtung nach Satz 1 entsteht nicht, wenn die Grundstücke eine anderweitige ausreichende Verbindung zu dem öffentlichen Straßennetz besitzen oder wenn die Zufahrten oder Zugänge auf einer widerruflichen Erlaubnis beruhen.

(6) [1]Werden für längere Zeit Zufahrten oder Zugänge durch Straßenarbeiten unterbrochen oder wird ihre Benutzung erheblich erschwert, ohne daß von Behelfsmaßnahmen eine wesentliche Entlastung ausgeht, und wird dadurch die wirtschaftliche Existenz eines anliegenden Betriebes gefährdet, so kann dessen Inhaber eine Entschädigung in der Höhe des Betrages beanspruchen, der erforderlich ist, um das Fortbestehen des Betriebes bei Anspannung der eigenen Kräfte und unter Berücksichtigung der gegebenen Anpassungsmöglichkeiten zu sichern. [2]Der Anspruch richtet sich gegen den, zu dessen Gunsten die Arbeiten im Straßenbereich erfolgen. [3]Absatz 5 Satz 3 gilt sinngemäß.

(7) [1]Soweit es die Sicherheit oder Leichtigkeit des Verkehrs erfordert, kann die Straßenbaubehörde nach Anhörung der Betroffenen anordnen, daß Zufahrten oder Zugänge geändert oder verlegt oder, wenn das Grundstück eine anderweitige ausreichende Verbindung zu dem öffentlichen Straßennetz besitzt, geschlossen werden. [2]Absatz 5 gilt sinngemäß. [3]Die Befugnis zum Widerruf einer Erlaubnis für Zufahrten nach § 18 Abs. 2 bleibt unberührt.

(8) Wird durch den Bau oder die Änderung einer Straße der Zutritt von Licht oder Luft zu einem Grundstück auf Dauer entzogen oder erheblich beeinträchtigt, so hat der Träger der Straßenbaulast für dadurch entstehende Vermögensnachteile eine angemessene Entschädigung in Geld zu gewähren.

(9) Hat der Entschädigungsberechtigte die Entstehung des Vermögensnachteils mit verursacht, so gilt § 254 des Bürgerlichen Gesetzbuches sinngemäß.

§ 21 Sondernutzungsgebühren

[1]Für Sondernutzungen können Sondernutzungsgebühren erhoben werden. [2]Sie stehen in Ortsdurchfahrten den Gemeinden, im übrigen dem Träger der Straßenbaulast zu. [3]Der für den Straßenbau zuständige Minister wird ermächtigt, im Einvernehmen mit dem Minister der Finanzen durch Gebührenordnung die Erhebung von Sondernutzungsgebühren zu regeln, soweit sie dem Land als Träger der Straßenbaulast zustehen. [4]Die Landkreise und Gemeinden können die Gebühren durch Satzung regeln, soweit ihnen die Sondernutzungsgebühren zustehen. [5]Bei Bemessung der Gebühren sind Art und Ausmaß der Einwirkung auf die Straße und den Gemeingebrauch zu berücksichtigen. [6]Das wirtschaftliche Interesse des Gebührenschuldners kann berücksichtigt werden.

§ 22 Unerlaubte Benutzung einer Straße

[1]Wird eine Straße ohne die erforderliche Erlaubnis benutzt oder kommt der Erlaubnisnehmer seinen Verpflichtungen nicht nach, so kann die für die Erteilung der Erlaubnis zuständige Behörde die erforderlichen Maßnahmen zur Beendigung der Benutzung oder zur Erfüllung der Auflagen anordnen. [2]Sind solche Anordnungen nicht oder nur unter unverhältnismäßigem Aufwand möglich oder nicht erfolgversprechend, so kann sie den rechtswidrigen Zustand auf Kosten des Pflichtigen beseitigen oder beseitigen lassen.

§ 23 Sonstige Nutzung

(1) Die Einräumung von Rechten zur Nutzung des Straßeneigentums richtet sich nach bürgerlichem Recht, wenn dadurch der Gemeingebrauch nicht beeinträchtigt wird, wobei eine nur vorübergehende Beeinträchtigung für Zwecke der öffentlichen Versorgung oder der Abwasserbeseitigung außer Betracht bleibt.

(2) In Ortsdurchfahrten, für die nicht die Gemeinde die Straßenbaulast trägt, hat der Träger der Straßenbaulast auf Antrag der Gemeinde die Verlegung von Leitungen, die für Zwecke der öffentlichen Versorgung oder der Abwasserbeseitigung im Gemeindegebiet erforderlich sind, unentgeltlich zu gestatten.

(3) [1]Im übrigen dürfen in Ortsdurchfahrten, für die nicht die Gemeinde die Straßenbaulast trägt, neue Leitungen für Zwecke der öffentlichen Versorgung oder der Abwasserbeseitigung nur mit Zustimmung der Gemeinde verlegt werden. [2]Die Zustimmung ist zu erteilen, wenn es das Wohl der Allgemeinheit erfordert. [3]Der Zustimmung bedarf es nicht, wenn es sich um Leitungen eines Versorgungsunternehmens handelt, das das Recht hat, die Gemeindestraßen zur Versorgung des Gemeindegebietes zu benutzen.

(4) Soweit und solange eine vertragliche Regelung nicht besteht, gilt § 18 Abs. 4 sinngemäß.

§ 24 Bauliche Anlagen an Straßen

(1) [1]Außerhalb der Ortsdurchfahrten dürfen längs der Landes- oder Kreisstraßen

1. Hochbauten jeder Art in einer Entfernung bis zu 20 m, gemessen vom äußeren Rand der für den Kraftfahrzeugverkehr bestimmten Fahrbahn,
2. bauliche Anlagen im Sinne der Niedersächsischen Bauordnung, die über Zufahrten unmittelbar oder mittelbar angeschlossen werden sollen,

nicht errichtet werden. [2]Satz 1 Nr. 1 gilt entsprechend für Aufschüttungen oder Abgrabungen größeren Umfangs. [3]Weitergehende bundes- oder landesrechtliche Vorschriften bleiben unberührt.

(2) [1]Im übrigen ergehen Baugenehmigungen oder nach anderen Vorschriften notwendige Genehmigungen im Benehmen mit der Straßenbaubehörde, wenn

1. bauliche Anlagen im Sinne der Niedersächsischen Bauordnung längs der Landes- oder Kreisstraßen in einer Entfernung bis zu 40 m, gemessen vom äußeren Rand der für den Kraftfahrzeugverkehr bestimmten Fahrbahn, errichtet oder erheblich geändert werden sollen,
2. bauliche Anlagen im Sinne der Niedersächsischen Bauordnung auf Grundstücken, die außerhalb der Ortsdurchfahrten über Zufahrten an Landes- oder Kreisstraßen unmittelbar oder mittelbar angeschlossen sind, erheblich geändert oder anders genutzt werden sollen,

[2]Satz 1 gilt nicht für Werbeanlagen. [3]Weitergehende bundes- oder landesrechtliche Vorschriften bleiben unberührt.

(3) Im Verfahren zur Herstellung des Benehmens nach Absatz 2 darf sich die Straßenbaubehörde nur zur Sicherheit und Leichtigkeit des Verkehrs, zu Ausbauabsichten und zur Straßenbaugestaltung äußern.

(4) Bei geplanten Straßen gelten die Beschränkungen der Absätze 1 und 2 von Beginn der Auslegung der Pläne im Planfeststellungsverfahren oder von dem Zeitpunkt an, zu dem den Betroffenen Gelegenheit gegeben wird, den Plan einzusehen.

(5) [1]Bedürfen die baulichen Anlagen im Sinne des Absatzes 2 keiner Baugenehmigung oder Genehmigung nach anderen Vorschriften, so tritt an die Stelle des Verfahrens zur Herstellung des Benehmens die Genehmigung der Straßenbaubehörde. [2]Bedürfen die baulichen Anlagen im Sinne des Absatzes 2 keiner Bauanzeige, Baugenehmigung oder Genehmigung nach anderen Vorschriften, so tritt an die Stelle des Verfahrens zur Herstellung des Benehmens die Genehmigung der Straßenbaubehörde. [3]Satz 1 gilt nicht für Werbeanlagen.

(6) Die Absätze 1 bis 5 gelten nicht, wenn das Bauvorhaben den Festsetzungen eines Bebauungsplans im Sinne des Baugesetzbuchs entspricht, der mindestens die Begrenzung der Verkehrsflächen sowie die an diesen gelegenen überbaubaren Grundstücksflächen enthält und unter Mitwirkung der Straßenbaubehörde zustande gekommen ist.

(7) [1]Ausnahmen von den Verboten der Absätze 1 und 4 können im Einzelfall zugelassen werden, wenn dies die Sicherheit und Leichtigkeit des Verkehrs, insbesondere im Hinblick auf Sichtverhältnisse und Verkehrsgefährdung, sowie die Ausbauabsichten und die Straßenbaugestaltung gestatten. [2]Die Entscheidung trifft die für die Genehmigung des Vorhabens im Sinne der Absätze 1 und 4 zuständige Behörde im Einvernehmen mit der Straßenbaubehörde oder, wenn das Vorhaben keiner Baugenehmigung oder Genehmigung nach anderen Vorschriften bedarf, die Straßenbaubehörde. [3]Ausnahmen können mit Bedingungen und Auflagen versehen werden.

(8) Die Gemeinden können durch Satzung vorschreiben, daß für bestimmte Gemeindestraßen im Außenbereich (§ 19 Abs. 1 Nr. 3 des Baugesetzbuchs) die Absätze 1 bis 5 und 7 sowie § 27 insgesamt entsprechend anzuwenden sind, wobei die in den Absätzen 1 und 2 genannten Abstände geringer festgesetzt werden können.

§§ 25, 26 – aufgehoben –

§ 27 Entschädigung für Anbauverbote und Anbaubeschränkungen

(1) [1]Wird durch die Anwendung des § 24 Abs. 1, 2, 4 und 5 die bauliche Nutzung eines Grundstücks, auf deren Zulassung bisher ein Rechtsanspruch bestand, ganz oder teilweise unmöglich, so kann der Eigentümer insoweit eine angemessene Entschädigung in Geld verlangen, als seine Vorbereitungen zur baulichen Nutzung des Grundstücks in dem bisher zulässigen Umfang für ihn an Wert verlieren oder eine wesentliche Wertminderung des Grundstücks eintritt. [2]Zur Entschädigung ist der Träger der Straßenbaulast verpflichtet.

(2) Im Falle des § 24 Abs. 4 entsteht der Anspruch nach Absatz 1 erst, wenn der Plan unanfechtbar geworden oder mit der Ausführung begonnen worden ist, spätestens jedoch nach Ablauf von vier Jahren, nachdem die Beschränkungen des § 24 Abs. 1 und 2 in Kraft getreten sind.

§ 28 – aufgehoben –

§ 29 Veränderungssperre

(1) [1]Vom Beginn der Auslegung der Pläne im Planfeststellungsverfahren oder von dem Zeitpunkt an, zu dem den Betroffenen Gelegenheit gegeben wird, den Plan einzusehen, dürfen auf den vom Plan betroffenen Flächen bis zu ihrer Übernahme durch den Träger der Straßenbaulast wesentlich wertsteigernde oder den geplanten Straßenbau erheblich erschwerende Veränderungen nicht vorgenommen werden (Veränderungssperre). [2]Veränderungen, die in rechtlich zulässiger Weise vorher begonnen worden sind, Unterhaltungsarbeiten und die Fortführung einer bisher ausgeübten Nutzung werden hiervon nicht berührt.

(2) [1]Dauert die Veränderungssperre länger als vier Jahre, so können die Eigentümer für die dadurch entstandenen Vermögensnachteile vom Träger der Straßenbaulast eine angemessene Entschädigung in Geld verlangen. [2]Sie können ferner die Übernahme der vom Plan betroffenen Flächen verlangen, wenn es ihnen mit Rücksicht auf die Veränderungssperre wirtschaftlich nicht zuzumuten ist, die

Grundstücke in der bisherigen oder einer anderen zulässigen Art zu benutzen. [3]Die Vorschriften über die Entschädigung im Zweiten Abschnitt des Fünften Teiles des Ersten Kapitels des Baugesetzbuchs gelten sinngemäß. [4]Kommt keine Einigung über die Übernahme zustande, so können die Eigentümer die Entziehung des Eigentums an den Flächen verlangen. [5]Im übrigen gilt § 42 (Enteignung).

(3) Die Planfeststellungsbehörde kann Ausnahmen von der Veränderungssperre zulassen, wenn sie im Einzelfalle zu einer offenbar nicht beabsichtigten Härte führen würde und die Ausnahme mit den öffentlichen Belangen vereinbar ist oder wenn Gründe des allgemeinen Wohles die Ausnahme erfordern.

§ 30 Schutzwaldungen

(1) Waldungen und Gehölze längs der Straßen sollen auf Antrag der Straßenbaubehörde von den Landkreisen und kreisfreien Städten in der Breite zu Schutzwaldungen erklärt werden, in der dies aus Gründen der Straßenbaugestaltung oder des Schutzes der Straßen gegen nachteilige Einwirkungen der Natur notwendig ist.

(2) [1]Die Schutzwaldungen sind vom Eigentümer oder Besitzer den Schutzzwecken entsprechend zu bewirtschaften. [2]Der Träger der Straßenbaulast hat den Eigentümer oder Nutzungsberechtigten für die hierdurch verursachten Vermögensnachteile angemessen zu entschädigen.

§ 31 Schutzmaßnahmen

(1) [1]Sind zum Schutz der Straße vor nachteiligen Einwirkungen der Natur, wie Schneeverwehungen, Steinschlag, Überschwemmungen, Vorkehrungen auf benachbarten Grundstücken notwendig, so haben die Grundstückseigentümer und Besitzer sie zu dulden. [2]Die Straßenbaubehörde hat den Betroffenen die Durchführung der Maßnahmen mindestens zwei Wochen vorher schriftlich anzukündigen, es sei denn, daß Gefahr im Verzuge ist. [3]Die Betroffenen sind berechtigt, die Maßnahmen im Einvernehmen mit der Straßenbaubehörde selbst durchzuführen. [4]Der Träger der Straßenbaulast hat den Betroffenen Aufwendungen und Schäden in Geld zu ersetzen, soweit diese nicht Folge von Veränderungen auf benachbarten Grundstücken sind, die die Betroffenen zu vertreten haben.

(2) [1]Anpflanzungen, Zäune, Stapel, Haufen und andere mit dem Grundstück nicht fest verbundene Einrichtungen dürfen nicht angelegt werden, wenn sie die Verkehrssicherheit beeinträchtigen. [2]Soweit solche Anlagen vorhanden sind, haben die Eigentümer sie zu beseitigen. [3]Die Beseitigung ist ihnen von der Straßenbaubehörde schriftlich aufzugeben. [4]Kommen sie der Aufforderung innerhalb der ihnen gesetzten Frist nicht nach, so kann die Straßenbaubehörde das Erforderliche selbst veranlassen, wenn der Bescheid unanfechtbar geworden oder seine sofortige Vollziehung angeordnet worden ist.

(3) [1]Im Falle des Absatzes 2 hat der Betroffene die Kosten zu tragen, die durch die Beseitigung der Anlage entstehen. [2]Das gilt nicht, wenn die Anlage schon beim Inkrafttreten dieses Gesetzes vorhanden war oder wenn die Voraussetzungen für ihre Beseitigung deswegen eintreten, weil die Straße neu angelegt oder ausgebaut worden ist; in diesen Fällen hat der Träger der Straßenbaulast dem Betroffenen Aufwendungen und Schäden in Geld zu ersetzen.

§ 32 Bepflanzung des Straßenkörpers

[1]Die Bepflanzung des Straßenkörpers bleibt dem Träger der Straßenbaulast vorbehalten. [2]Die Straßenanlieger haben alle Maßnahmen zu dulden, die im Interesse der Erhaltung und Ergänzung der auf dem Straßenkörper befindlichen Pflanzungen erforderlich sind. [3]Sie haben der Straßenbaubehörde rechtzeitig vorher Anzeige zu machen, wenn sie auf das Anliegergrundstück eingedrungene Wurzeln eines Straßenbaumes abschneiden wollen.

§ 33 Kreuzungen und Einmündungen öffentlicher Straßen

(1) [1]Kreuzungen im Sinne dieses Gesetzes sind Überschneidungen öffentlicher Straßen in gleicher Höhe sowie Überführungen und Unterführungen. [2]Einmündungen öffentlicher Straßen stehen den Kreuzungen gleich. [3]Münden mehrere Straßen an einer Stelle in eine andere Straße ein, so gelten diese Einmündungen als Kreuzung aller beteiligten Straßen.

(2) [1]Über den Bau neuer sowie über die Änderung bestehender Kreuzungen wird vorbehaltlich des § 38 Abs. 3 durch die Planfeststellung entschieden. [2]Diese soll zugleich die Aufteilung der Kosten regeln.

(3) Ergänzungen an Kreuzungsanlagen sind wie Änderungen zu behandeln.

§ 34 Kostentragung beim Bau und der Änderung von Kreuzungen öffentlicher Straßen

(1) [1]Beim Bau einer neuen Kreuzung mehrerer öffentlicher Straßen hat der Träger der Straßenbaulast der neu hinzukommenden Straße die Kosten der Kreuzung zu tragen. [2]Hierzu gehören auch die Kosten der Änderungen, die durch die neue Kreuzung an den anderen öffentlichen Straßen unter Berücksichtigung der übersehbaren Verkehrsentwicklung notwendig sind. [3]Die Änderung einer bestehenden Kreuzung ist als neue Kreuzung zu behandeln, wenn ein öffentlicher Weg, der nach der Beschaffenheit seiner Fahrbahn nicht geeignet und nicht dazu bestimmt war, einen allgemeinen Kraftfahrzeugverkehr aufzunehmen, zu einer diesem Verkehr dienenden Straße ausgebaut wird.

(2) Werden mehrere Straßen gleichzeitig neu angelegt oder an bestehenden Kreuzungen Anschlußstellen neu geschaffen, so haben die Träger der Straßenbaulast die Kosten der Kreuzungsanlage im Verhältnis der Fahrbahnbreiten der an der Kreuzung beteiligten Straßenäste zu tragen.

(3) Wird eine höhenungleiche Kreuzung geändert, so fallen die dadurch entstehenden Kosten

1. demjenigen Träger der Straßenbaulast zur Last, der die Änderung verlangt oder hätte verlangen müssen,
2. den beteiligten Trägern der Straßenbaulast zur Last, die die Änderung verlangen oder hätten verlangen müssen, und zwar im Verhältnis der Fahrbahnbreiten der an der Kreuzung beteiligten Straßenäste nach der Änderung.

(4) [1]Wird eine höhengleiche Kreuzung geändert, so gilt für die dadurch entstehenden Kosten der Änderung Absatz 2. [2]Beträgt der durchschnittliche tägliche Verkehr mit Kraftfahrzeugen auf einem der an der Kreuzung beteiligten Straßenäste nicht mehr als 20 vom Hundert des Verkehrs auf anderen beteiligten Straßenästen, so haben die Träger der Straßenbaulast der verkehrsstärkeren Straßenäste im Verhältnis der Fahrbahnbreiten den Anteil der Änderungskosten mitzutragen, der auf den Träger der Straßenbaulast des verkehrsschwächeren Straßenastes entfallen würde.

(5) Bei der Bemessung der Fahrbahnbreiten sind die Rad- und Gehwege, die Trennstreifen und befestigten Seitenstreifen einzubeziehen.

§ 35 Unterhaltung der Straßenkreuzungen

(1) Bei höhengleichen Kreuzungen hat der Träger der Straßenbaulast für die Straße höherer Verkehrsbedeutung (§ 3 Abs. 1) die Kreuzungsanlage zu unterhalten.

(2) Bei Über- oder Unterführungen hat der Träger der Straßenbaulast für die Straße höherer Verkehrsbedeutung das Kreuzungsbauwerk, die übrigen Teile der Kreuzungsanlage der Träger der Straßenbaulast für die Straße, zu der sie gehören, zu unterhalten.

(3) [1]In den Fällen des § 34 Abs. 1 hat der Träger der Straßenbaulast für die neu hinzukommende Straße dem Träger der Straßenbaulast für die vorhandene Straße die Mehrkosten für die Unterhaltung zu erstatten, die ihm durch die Regelung nach den Absätzen 1 und 2 entstehen. [2]Die Mehrkosten sind auf Verlangen eines Beteiligten abzulösen.

(4) Nach einer wesentlichen Änderung einer bestehenden Kreuzung haben die Träger der Straßenbaulast ihre veränderten Kosten für Unterhaltung und Erneuerung sowie für Wiederherstellung im Falle der Zerstörung durch höhere Gewalt ohne Ausgleich zu tragen.

(5) Abweichende Regelungen werden in dem Zeitpunkt hinfällig, in dem nach Inkrafttreten dieses Gesetzes eine wesentliche Änderung oder Ergänzung an der Kreuzung durchgeführt ist.

(6) Die Absätze 1 bis 4 gelten nicht, wenn und soweit etwas anderes vereinbart wird.

(7) – aufgehoben –

§ 35a Kostentragung bei der Herstellung und Änderung von Kreuzungen zwischen Straßen und Gewässern

(1) [1]Werden Straßen neu angelegt oder ausgebaut und müssen dazu Kreuzungen mit Gewässern (Brücken oder Unterführungen) hergestellt oder bestehende Kreuzungen geändert werden, so hat der Träger der Straßenbaulast die dadurch entstehenden Kosten zu tragen. [2]Die Kreuzungsanlagen sind so auszuführen, daß unter Berücksichtigung der übersehbaren Entwicklung der wasserwirtschaftlichen Verhältnisse der Wasserabfluß nicht nachteilig beeinflußt wird.

(2) [1]Werden Gewässer ausgebaut (§ 67 Abs. 2 des Wasserhaushaltsgesetzes) und werden dazu Kreuzungen mit Straßen hergestellt oder bestehende Kreuzungen geändert, so hat der Träger des Ausbauvorhabens die dadurch entstehenden Kosten zu tragen. [2]Wird eine neue Kreuzung erforderlich, weil ein Gewässer hergestellt wird, so ist die übersehbare Verkehrsentwicklung auf der Straße zu berück-

sichtigen. [3]Wird die Herstellung oder Änderung einer Kreuzung erforderlich, weil das Gewässer wesentlich umgestaltet wird, so sind die gegenwärtigen Verkehrsbedürfnisse zu berücksichtigen. [4]Verlangt der Träger der Straßenbaulast weitergehende Änderungen, so hat er die Mehrkosten hierfür zu tragen.

(3) Wird eine Straße neu angelegt und wird gleichzeitig ein Gewässer hergestellt oder aus anderen als straßenbaulichen Gründen wesentlich umgestaltet, so daß eine neue Kreuzung entsteht, so haben der Träger der Straßenbaulast und der Unternehmer des Gewässerausbaues die Kosten der Kreuzung je zur Hälfte zu tragen.

(4) [1]Werden eine Straße und ein Gewässer gleichzeitig ausgebaut und wird infolgedessen eine bestehende Kreuzungsanlage geändert oder durch einen Neubau ersetzt, so haben der Träger der Straßenbaulast und der Unternehmer des Gewässerausbaues die dadurch entstehenden Kosten in dem Verhältnis zu tragen, in dem die Kosten bei getrennter Durchführung der Maßnahmen zueinander stehen würden. [2]Gleichzeitigkeit im Sinne des Satzes 1 liegt vor, wenn in einer Vereinbarung der Beteiligten oder in einer Entscheidung nach Absatz 5 festgestellt wird, daß eine gleichzeitige Baudurchführung möglich ist.

(5) Kommt über die Kreuzungsmaßnahme oder ihre Kosten eine Einigung nicht zustande, so ist darüber durch Planfeststellung zu entscheiden.

§ 35b Unterhaltung bei Kreuzungen mit Gewässern

(1) [1]Der Träger der Straßenbaulast hat die Kreuzungsanlage von Straßen und Gewässern auf seine Kosten zu unterhalten, soweit nichts anderes vereinbart oder durch Planfeststellung bestimmt wird. [2]Die Unterhaltungspflicht des Trägers der Straßenbaulast erstreckt sich nicht auf Leitwerke, Leitpfähle, Dalben, Absetzpfähle oder ähnliche Einrichtungen zur Sicherung der Durchfahrt unter Brücken im Zuge von Straßen für die Schiffahrt sowie auf Schiffahrtszeichen. [3]Soweit diese Einrichtungen auf Kosten des Trägers der Straßenbaulast herzustellen waren, hat dieser dem Unterhaltungspflichtigen die Unterhaltskosten und die Kosten des Betriebes dieser Einrichtungen zu ersetzen oder abzulösen.

(2) [1]Wird im Falle des § 35a Abs. 2 eine neue Kreuzung hergestellt, hat der Träger des Ausbauvorhabens die Mehrkosten für die Unterhaltung und den Betrieb der Kreuzungsanlage zu erstatten oder abzulösen. [2]Ersparte Unterhaltungskosten für den Fortfall vorhandener Kreuzungsanlagen sind anzurechnen.

§ 35c Verordnungsermächtigungen

Der für den Straßenbau zuständige Minister wird ermächtigt, im Einvernehmen mit den beteiligten Ministern Verordnungen zu erlassen, durch die

1. der Umfang der Kosten nach den §§ 34 und 35a näher bestimmt wird;
2. bestimmt wird, wie die nach § 35a Abs. 4 entstehenden Kosten unter Anwendung von Erfahrungswerten für die Baukosten in vereinfachter Form ermittelt und aufgeteilt werden;
3. näher bestimmt wird, welche Straßenanlagen zur Kreuzungsanlage und welche Teile einer Kreuzung nach § 35 Abs. 1 und 2 zu der einen oder anderen Straße gehören;
4. näher bestimmt wird, welche Anlagen einer Straße oder eines Gewässers zur Kreuzungsanlage nach § 35b gehören;
5. die Berechnung und die Zahlung von Ablösungsbeträgen nach § 35 Abs. 3 und § 35b Abs. 2 näher bestimmt werden.

§ 36 – aufgehoben –

§ 37 Planungen

(1) [1]Der für den Straßenbau zuständige Minister bestimmt im Einvernehmen mit dem für die Raumordnung zuständigen Minister die Planung und Linienführung der Landesstraßen. [2]Der Neubau des Teils einer Landesstraße, der der Beseitigung einer Ortsdurchfahrt dient (Ortsumgehung), bedarf keiner Bestimmung der Linienführung. [3]Bei Planungen, welche den Bau neuer oder die wesentliche Änderung bestehender Straßen von überörtlicher Bedeutung betreffen, sind die Grundsätze und Ziele der Raumordnung und Landesplanung zu beachten.

(2) Bei örtlichen oder überörtlichen Planungen, welche die Änderung bestehender oder den Bau neuer Landes- oder Kreisstraßen zur Folge haben können, hat der Planungsträger die Straßenbaubehörde unbeschadet weitergehender gesetzlicher Vorschriften rechtzeitig zu unterrichten.

§ 37a Planungsgebiete

(1) [1]Um die Planung der Landes- und Kreisstraßen zu sichern, wird die Planfeststellungsbehörde ermächtigt, durch Verordnung Planungsgebiete für die Dauer von höchstens zwei Jahren festzulegen. [2]Die Gemeinden und Landkreise, deren Bereich durch die festzulegenden Planungsgebiete betroffen wird, sind vorher zu hören. [3]Auf die Planungsgebiete findet § 29 Abs. 1 mit der Maßgabe Anwendung, daß die Veränderungssperre mit dem Inkrafttreten der Verordnung beginnt. [4]Die Frist kann, wenn besondere Umstände es erfordern, durch Verordnung auf höchstens vier Jahre verlängert werden. [5]Die Festlegung tritt mit Beginn der Auslegung der Pläne im Planfeststellungsverfahren außer Kraft. [6]Ihre Dauer ist auf die Vierjahresfrist des § 29 Abs. 2 anzurechnen.

(2) § 38 Abs. 5 Satz 2 gilt entsprechend.

(3) [1]Auf die Festlegung eines Planungsgebietes ist in den Gemeinden, deren Bereich betroffen wird, hinzuweisen. [2]Planungsgebiete sind außerdem in Karten kenntlich zu machen, die in den Gemeinden während der Geltungsdauer der Festlegung zur Einsicht auszulegen sind.

(4) Die Planfeststellungsbehörde kann Ausnahmen von der Veränderungssperre zulassen, wenn überwiegende öffentliche Belange nicht entgegenstehen.

§ 37b Vorarbeiten

(1) [1]Eigentümer und sonstige Nutzungsberechtigte haben zur Vorbereitung der Planung notwendige Vermessungen, Boden- und Grundwasseruntersuchungen einschließlich der vorübergehenden Anbringung von Markierungszeichen und sonstige Vorarbeiten durch die Straßenbaubehörde oder von ihr Beauftragte zu dulden. [2]Wohnungen dürfen nur mit Zustimmung des Wohnungsinhabers betreten werden. [3]Satz 2 gilt nicht für Arbeits-, Betriebs- oder Geschäftsräume während der jeweiligen Arbeits-, Geschäfts- oder Aufenthaltszeiten.

(2) [1]Eigentümer oder Nutzungsberechtigte sind mindestens zwei Wochen vorher zu benachrichtigen. [2]Wenn Eigentümer oder Nutzungsberechtigte unbekannt sind und sich innerhalb angemessener Frist nicht ermitteln lassen, erfolgt die Benachrichtigung durch ortsübliche Bekanntmachung.

(3) [1]Entstehen durch eine Maßnahme nach Absatz 1 einem Eigentümer oder sonstigen Nutzungsberechtigten unmittelbare Vermögensnachteile, so hat der Träger der Straßenbaulast eine angemessene Entschädigung in Geld zu leisten. [2]Kommt eine Einigung über die Geldentschädigung nicht zustande, so setzt die Enteignungsbehörde auf Antrag der Straßenbaubehörde oder des Berechtigten die Entschädigung fest. [3]Vor der Entscheidung sind die Beteiligten zu hören.

§ 38 Planfeststellung

(1) [1]Der Bau von Landes- und Kreisstraßen bedarf der vorherigen Planfeststellung. [2]Gleiches gilt für die Änderung von Landes- und Kreisstraßen, durch die die Straße um einen oder mehrere durchgehende Fahrstreifen für den Kraftfahrzeugverkehr baulich erweitert oder in sonstiger Weise erheblich baulich umgestaltet wird. [3]Der Bau oder die Änderung von Gemeindestraßen bedarf der vorherigen Planfeststellung, wenn hierfür eine Umweltverträglichkeitsprüfung durchzuführen ist. [4]Im Übrigen ist für den Bau oder die Änderung von Gemeindestraßen im Außenbereich die Planfeststellung zulässig.

(1a) [1]Unbeschadet des Absatzes 1 ist für den Bau oder die Änderung einer Landes-, Kreis- oder Gemeindestraße stets eine Planfeststellung erforderlich, wenn das geplante Vorhaben das Risiko eines schweren Unfalls im Sinne des Artikels 3 Nr. 13 der Richtlinie 2012/18/EU des Europäischen Parlaments und des Rates vom 4. Juli 2012 zur Beherrschung der Gefahren schwerer Unfälle mit gefährlichen Stoffen, zur Änderung und anschließenden Aufhebung der Richtlinie 96/82/EG des Rates (ABl. EU Nr. L 197 S. 1) vergrößern oder die Folgen eines solchen Unfalls verschlimmern kann; § 73 Abs. 3 Satz 2, § 74 Abs. 6 und 7 sowie § 76 Abs. 2 und 3 VwVfG sowie Absatz 4 Nrn. 5 und 6) finden keine Anwendung. [2]Wird die Straße außerhalb eines Abstands von 2 000 m, bei Biogasanlagen von 200 m, um einen Betriebsbereich im Sinne des § 3 Abs. 5a des Bundes-Immissionsschutzgesetzes (BImSchG) gebaut oder geändert, so ist anzunehmen, dass die Voraussetzungen nach Satz 1 nicht gegeben sind.

(2) [1]Bei der Planfeststellung sind die von dem Vorhaben berührten öffentlichen und privaten Belange abzuwägen. [2]In dem Planfeststellungsbeschluß soll auch darüber entschieden werden, welche Kosten andere Beteiligte zu tragen haben.

(3) [1]Bebauungspläne nach § 9 des Baugesetzbuchs ersetzen die Planfeststellung nach den Absätzen 1 und 1a. [2]Wird eine Ergänzung notwendig oder soll von Festsetzungen des Bebauungsplanes abgewi-

chen werden, so ist die Planfeststellung insoweit zusätzlich durchzuführen. [3]In diesen Fällen gelten die §§ 40, 43 Abs. 1, 2, 4 und 5 sowie § 44 Abs. 1 bis 4 des Baugesetzbuchs.

(4) Für das Planfeststellungsverfahren finden im übrigen die insoweit allgemein geltenden landesrechtlichen Vorschriften mit folgenden Maßgaben Anwendung:

1. Die Anhörungsbehörde fordert die Behörden, deren Aufgabenbereich durch das Vorhaben berührt wird, innerhalb von zwei Wochen nach Zugang des vollständigen Plans zur Stellungnahme auf und veranlasst, dass der Plan gemäß Nummer 2 ausgelegt wird.
2. Der Plan ist in den Gemeinden, deren Gebiet von der Planung berührt wird, zwei Wochen zur Einsicht auszulegen.
3. In den Fällen, in denen auf eine Auslegung des Planes im Anhörungsverfahren verzichtet werden konnte, kann auch im Rahmen des § 74 Abs. 4 VwVfG die Auslegung des Planfeststellungsbeschlusses und des festgestellten Planes unterbleiben.
4. Die in Nummer 1 genannten Behörden haben ihre Stellungnahme innerhalb einer von der Anhörungsbehörde zu setzenden Frist abzugeben, die zwei Monate nicht überschreiten darf.
5. Abweichend von § 73 Abs. 6 VwVfG und § 2 Abs. 2 des Niedersächsischen Gesetzes über die Umweltverträglichkeitsprüfung (NUVPG) in Verbindung mit § 18 Abs. 1 Satz 4 des Gesetzes über die Umweltverträglichkeitsprüfung (UVPG) kann die Anhörungsbehörde auch in einem Planfeststellungsverfahren nach diesem Gesetz auf die Durchführung eines Erörterungstermins verzichten; in diesem Fall hat die Anhörungsbehörde ihre Stellungnahme innerhalb von sechs Wochen nach Ablauf der Einwendungsfrist abzugeben und zusammen mit den sonstigen in § 73 Abs. 9 VwVfG aufgeführten Unterlagen der Planfeststellungsbehörde zuzuleiten.
6. Abweichend von § 74 Abs. 6 Satz 1 Nr. 3 VwVfG kann anstelle eines Planfeststellungsbeschlusses eine Plangenehmigung auch dann erteilt werden, wenn das Niedersächsische Gesetz über die Umweltverträglichkeitsprüfung auch für ein solches Verfahren eine Umweltverträglichkeitsprüfung mit Öffentlichkeitsbeteiligung vorschreibt; in diesem Fall gilt Nummer 5 Halbsatz 1 für die Öffentlichkeitsbeteiligung entsprechend; im Übrigen findet auch auf ein solches Verfahren das Niedersächsische Gesetz über die Umweltverträglichkeitsprüfung mit Ausnahme des § 2 Abs. 2 NUVPG in Verbindung mit § 21 Abs. 3 UVPG Anwendung.
7. Wird mit der Durchführung des Planes nicht innerhalb von fünf Jahren nach Eintritt der Unanfechtbarkeit begonnen, so tritt er außer Kraft, es sei denn, er wird vorher von der Planfeststellungsbehörde um höchstens fünf Jahre verlängert. Der Verlängerungsbeschluß ist öffentlich bekanntzumachen.
8. Soweit dem Träger der Straßenbaulast Vorkehrungen oder die Errichtung und Unterhaltung von Anlagen auferlegt werden sollen, die zur Vermeidung schädlicher Umwelteinwirkungen durch Straßenverkehrsgeräusche erforderlich sind, oder soweit dem Betroffenen unter den Voraussetzungen des § 74 Abs. 2 oder des § 75 Abs. 2 VwVfG Anspruch auf angemessene Entschädigung für Schallschutzmaßnahmen zustehen würde, finden die §§ 41 und 42 BImSchG Anwendung.
9. In den Fällen des Absatzes 1a müssen
   a) sowohl die Bekanntmachung nach § 73 Abs. 5 Satz 1 VwVfG als auch die Benachrichtigungen nach § 73 Abs. 5 Satz 3 VwVfG neben den Hinweisen nach § 73 Abs. 5 Satz 2 VwVfG die in Artikel 15 Abs. 2 der Richtlinie 2012/18/EU genannten Informationen enthalten und
   b) neben dem Plan die Informationen nach Artikel 15 Abs. 3 der Richtlinie 2012/18/EU gemäß § 73 Abs. 3 Satz 1 VwVfG ausgelegt werden.

(5) [1]Die Aufgaben der Anhörungs- und der Planfeststellungsbehörde nehmen die Landkreise und kreisfreien Städte für die Kreisstraßen und für Gemeindestraßen, für die eine Planfeststellung durchgeführt wird, als Aufgabe des eigenen Wirkungskreises und für Bundes- und Landesstraßen als Aufgabe des übertragenen Wirkungskreises mit Ausnahme der in den Bedarfsplan für die Bundesfernstraßen aufgenommenen Bau- oder Ausbauvorhaben wahr. [2]Überschreitet das Straßenbauvorhaben für eine Bundes- oder Landesstraße den Zuständigkeitsbereich des Landkreises oder der kreisfreien Stadt, so ist die Körperschaft zuständig, in deren Gebiet der größte Anteil des Vorhabens liegt. [3]Bestehen Zweifel über die Zuständigkeit, entscheidet das für den Straßenbau zuständige Ministerium. [4]Die Zuständigkeit der großen selbständigen Städte und der selbständigen Gemeinden wird ausgeschlossen. [5]Landkreise und kreisfreie Städte können durch Vereinbarung sowohl ihre Zuständigkeit als Anhö-

rungsbehörde als auch ihre Zuständigkeit als Planfeststellungsbehörde für die Kreis- und Gemeindestraßen untereinander übertragen.

(6) Steht mit der Planung

1. des Baus oder Ausbaus einer Bundesautobahn oder
2. eines in den Bedarfsplan für die Bundesfernstraßen aufgenommenen Bau- oder Ausbauvorhabens

die Planung eines Baus oder einer Änderung einer anderen Straße oder eines anderen Teils derselben Straße in sachlichem Zusammenhang, so kann die Behörde, die hinsichtlich der anderen Straße oder des anderen Teils derselben Straße Trägerin der Straßenbaulast, Anhörungsbehörde oder Planfeststellungsbehörde ist, die Wahrnehmung der sich aus diesen Zuständigkeiten für ein Planfeststellungsverfahren ergebenden Aufgaben und Befugnisse durch Vereinbarung ganz oder teilweise auf die Behörde übertragen, die hinsichtlich der Bundesfernstraße Trägerin der Straßenbaulast, Anhörungsbehörde oder Planfeststellungsbehörde ist; eine Übertragung auf eine Behörde des Bundes ist ausgeschlossen.

(7) Wird ein Vorhaben nach Beginn des Planfeststellungsverfahrens aus dem Bedarfsplan für die Bundesfernstraßen gestrichen, so wird das Verfahren durch die bis dahin zuständige Behörde fortgeführt.

§§ 39, 40 – aufgehoben –

§ 41 Planfeststellung für Kreuzungen von Straßen und Eisenbahnen

[1]Ist für die Herstellung oder Änderung von Kreuzungen zwischen öffentlichen Straßen im Sinne des § 2 Abs. 1 und Eisenbahnen, die nicht zum Netz der Deutschen Bundesbahn gehören, ein Planfeststellungsverfahren vorgeschrieben, so ist es von der Anordnungsbehörde einzuleiten und durchzuführen. [2]Die Anordnungsbehörde ist Planfeststellungsbehörde. [3]Der Plan ist nach den insoweit allgemein geltenden landesrechtlichen Vorschriften mit den Maßgaben nach § 38 Abs. 5 festzustellen. [4]Der Planfeststellungsbeschluß ist mit der Anordnung zu verbinden.

§ 41a Vorzeitige Besitzeinweisung

(1) [1]Ist der sofortige Beginn von Bauarbeiten geboten und weigert sich der Eigentümer oder Besitzer, den Besitz eines für die Straßenbaumaßnahme benötigten Grundstücks durch Vereinbarung unter Vorbehalt aller Entschädigungsansprüche zu überlassen, so hat die Enteignungsbehörde den Träger der Straßenbaulast auf Antrag nach Feststellung des Planes in den Besitz einzuweisen. [2]Weiterer Voraussetzungen bedarf es nicht.

(2) [1]Die Enteignungsbehörde hat spätestens zwei Monate nach Eingang des Antrages auf Besitzeinweisung mit den Beteiligten mündlich zu verhandeln. [2]Hierzu sind die Straßenbaubehörde und die Betroffenen zu laden. [3]Dabei ist den Betroffenen der Antrag auf Besitzeinweisung mitzuteilen. [4]Die Ladungsfrist beträgt mindestens drei Wochen. [5]Mit der Ladung sind die Betroffenen aufzufordern, etwaige Einwendungen gegen den Antrag möglichst vor der mündlichen Verhandlung bei der Enteignungsbehörde einzureichen. [6]Sie sind außerdem darauf hinzuweisen, daß auch bei Nichterscheinen über den Antrag auf Besitzeinweisung und andere im Verfahren zu erledigende Anträge entschieden werden kann.

(3) [1]Soweit der Zustand des Grundstücks von Bedeutung ist, hat ihn die Enteignungsbehörde vor der Besitzeinweisung in einer Niederschrift festzustellen. [2]Den Beteiligten ist eine Abschrift der Niederschrift zu übersenden.

(4) [1]Der Beschluß über die Besitzeinweisung soll dem Antragsteller und den Betroffenen spätestens zwei Wochen nach der mündlichen Verhandlung zugestellt werden. [2]Die Besitzeinweisung wird in dem von der Enteignungsbehörde bezeichneten Zeitpunkt wirksam. [3]Auf Antrag des unmittelbaren Besitzers ist dieser Zeitpunkt auf mindestens zwei Wochen nach Zustellung der Anordnung über die vorzeitige Besitzeinweisung an ihn festzusetzen. [4]Durch die Besitzeinweisung wird dem Besitzer der Besitz entzogen und der Träger der Straßenbaulast Besitzer. [5]Der Träger der Straßenbaulast darf auf dem Grundstück das im Antrag auf Besitzeinweisung bezeichnete Bauvorhaben ausführen und die dafür erforderlichen Maßnahmen treffen.

(5) [1]Der Träger der Straßenbaulast hat für die durch die vorzeitige Besitzeinweisung entstehenden Vermögensnachteile Entschädigung zu leisten, soweit diese Nachteile nicht durch die Verzinsung der Geldentschädigung für die Entziehung oder Beschränkung des Eigentums oder eines anderen Rechts ausgeglichen werden. [2]Art und Höhe der Entschädigung sind von der Enteignungsbehörde in einem Beschluß festzusetzen.

(6) [1]Wird der festgestellte Plan aufgehoben, so ist auch die vorzeitige Besitzeinweisung aufzuheben und der vorherige Besitzer wieder in den Besitz einzuweisen. [2]Der Träger der Straßenbaulast hat für alle durch die vorzeitige Besitzeinweisung entstandenen besonderen Nachteile Entschädigung zu leisten.

(7) [1]Im übrigen gelten die Vorschriften des Niedersächsischen Enteignungsgesetzes. [2]Diese sind auch auf Besitzeinweisungen für Zwecke der Bundesfernstraßen ergänzend anzuwenden.

§ 42 Enteignung

(1) [1]Die Träger der Straßenbaulast für Landes- und Kreisstraßen sowie für Gemeindestraßen im Außenbereich haben zur Erfüllung ihrer Aufgaben das Enteignungsrecht. [2]Die Durchführung eines Enteignungsverfahrens ist zulässig, soweit es zur Ausführung eines nach § 38 festgestellten Planes notwendig ist. [3]Einer weiteren Feststellung der Zulässigkeit der Enteignung bedarf es nicht.

(2) Der festgestellte Plan ist dem Enteignungsverfahren zugrunde zu legen und für die Enteignungsbehörde bindend.

(3) Hat sich ein Betroffener mit der Übertragung oder Beschränkung des Eigentums oder eines anderen Rechts schriftlich einverstanden erklärt, entscheidet auf Antrag des Trägers der Straßenbaulast oder des Betroffenen die Enteignungsbehörde nur noch über die Entschädigung.

(4) Im übrigen gelten die Vorschriften des Niedersächsischen Enteignungsgesetzes.

(5) – aufgehoben –

(6) *[nicht besetzt]*

(7) – aufgehoben –

Teil II
Träger der Straßenbaulast; behindertengerechte Straßen

§ 43 Träger der Straßenbaulast für Landes- und Kreisstraßen

(1) [1]Das Land ist Träger der Straßenbaulast für die Landesstraßen. [2]Die Landkreise und die kreisfreien Städte sind Träger der Straßenbaulast für die Kreisstraßen.

(2) [1]Die Gemeinden mit mehr als 50 000 Einwohnern sind Träger der Straßenbaulast für die Ortsdurchfahrten im Zuge von Landesstraßen und Kreisstraßen. [2]Maßgebend ist die bei der Volkszählung festgestellte Einwohnerzahl. [3]Das Ergebnis einer Volkszählung wird mit Beginn des dritten Haushaltsjahres nach dem Jahr verbindlich, in dem die Volkszählung stattgefunden hat.

(3) [1]Werden Gemeindegrenzen geändert oder neue Gemeinden gebildet, so ist die bei der Volkszählung festgestellte Einwohnerzahl des neuen Gemeindegebietes maßgebend. [2]In diesen Fällen wechselt die Straßenbaulast für die Ortsdurchfahrten, wenn sie bisher dem Land oder einem Landkreis oblag, mit Beginn des dritten Haushaltsjahres nach dem Jahr der Gebietsänderung, sonst mit der Gebietsänderung.

(4) [1]Die Gemeinde bleibt abweichend von Absatz 2 Träger der Straßenbaulast für die Ortsdurchfahrten, wenn sie es mit Zustimmung der Kommunalaufsichtsbehörde gegenüber dem für den Straßenbau zuständigen Minister erklärt. [2]Eine Gemeinde mit mehr als 20 000, aber weniger als 50 000 Einwohnern wird Träger der Straßenbaulast für die Ortsdurchfahrten, wenn sie es mit Zustimmung der Kommunalaufsichtsbehörde gegenüber dem für den Straßenbau zuständigen Minister verlangt. [3]Absatz 2 Satz 2 und Absatz 3 Satz 1 gelten sinngemäß. [4]Die Kommunalaufsichtsbehörde darf ihre Zustimmung nur versagen, wenn Tatsachen vorliegen, die die Leistungsfähigkeit der Gemeinde zur Übernahme der Straßenbaulast ausschließen.

(5) Soweit dem Land und den Landkreisen die Straßenbaulast für die Ortsdurchfahrten obliegt, erstreckt sich diese nicht auf Gehwege und Parkplätze.

(6) [1]Führt die Ortsdurchfahrt in Gemeinden, die hierfür nicht Träger der Straßenbaulast sind, über Straßen und Plätze, die erheblich breiter angelegt sind als die anschließenden Strecken der Landes- oder Kreisstraßen, so hat der Landkreis oder die kreisfreie Stadt die seitliche Begrenzung der Ortsdurchfahrten besonders festzulegen. [2]Die Festlegung durch den Landkreis erfolgt im Benehmen mit der Gemeinde.

(7) [1]Hatte das für Straßen zuständige Ministerium einem vor dem 1. April 1978 gestellten Antrag eines Landkreises auf Beibehaltung der technischen Verwaltung seiner Kreisstraßen durch die Straßenbauverwaltung des Landes über den 30. September 1979 hinaus stattgegeben, so nimmt die Straßenbauverwaltung des Landes diese Aufgabe weiterhin wahr. [2]Der Landkreis kann die Wahrnehmung der

Aufgabe durch eine Erklärung in Textform gegenüber dem für Straßen zuständigen Ministerium mit einer Frist von einem Jahr wieder an sich ziehen.

§ 44 – aufgehoben –

§ 45 Straßenbaulast Dritter

(1) § 43 findet keine Anwendung, soweit die Straßenbaulast oder eine sonstige Verpflichtung zur Herstellung oder Unterhaltung von Straßen oder Straßenteilen nach anderen gesetzlichen Vorschriften Dritten obliegt oder von diesen in öffentlich-rechtlich wirksamer Weise übernommen wird.

(2) Bürgerlich-rechtliche Vereinbarungen über die Erfüllung der Aufgaben aus der Straßenbaulast lassen diese unberührt.

§ 46 Unterhaltung von Straßenteilen bei fremder Baulast

Obliegt nach § 45 Abs. 1 die Baulast für die im Zuge einer Straße gelegenen Straßenteile, wie Brücken und Durchlässe, einem Dritten, so ist der nach § 43 sonst zuständige Träger der Straßenbaulast berechtigt und verpflichtet, zur Behebung eines Notstandes auf Kosten des Dritten, auch ohne dessen vorherige Anhörung, alle Maßnahmen zu treffen, die im Interesse der Verkehrssicherheit erforderlich sind.

§ 46a Behindertengerechte Straßen

Straßen sind entsprechend der finanziellen Leistungsfähigkeit des Baulastträgers so auszubauen, dass

1. die Bedürfnisse blinder und sehbehinderter Menschen durch Orientierungshilfen und
2. die Bedürfnisse von Menschen mit Mobilitätsbeeinträchtigungen durch barrierefreie Gehwegübergänge berücksichtigt werden.

Teil III
Besondere Vorschriften für Gemeindestraßen und sonstige öffentliche Straßen

§ 47 Gemeindestraßen

Zu den Gemeindestraßen gehören

1. die Ortsstraßen; das sind Straßen in Baugebieten und, soweit solche nicht ausgewiesen sind, in Ortsteilen, die im Zusammenhang bebaut sind, mit Ausnahme der Ortsdurchfahrten von Bundes-, Landes- und Kreisstraßen;
2. die Gemeindeverbindungsstraßen; das sind Straßen im Außenbereich, die vorwiegend den nachbarlichen Verkehr der Gemeinden oder Ortsteile untereinander oder den Verkehr mit anderen öffentlichen Verkehrswegen vermitteln;
3. alle anderen Straßen im Außenbereich, die eine Gemeinde für den öffentlichen Verkehr gewidmet hat.

§ 48 Straßenbaulast für Gemeindestraßen

[1]Träger der Straßenbaulast für die Gemeindestraßen sind die Gemeinden. [2]§ 45 gilt sinngemäß.

§ 49 Straßenbaulast für Gehwege und andere Straßenteile an Ortsdurchfahrten

[1]Die Gemeinden sind ferner Träger der Straßenbaulast für Gehwege und deren Straßenteile an Ortsdurchfahrten, für die kein anderer die Baulast trägt. [2]§ 45 gilt sinngemäß.

§§ 50, 51 – aufgehoben –

§ 52 Straßenreinigung

(1) [1]Die Straßen innerhalb der geschlossenen Ortslage einschließlich der Ortsdurchfahrten von Bundes-, Landes- und Kreisstraßen sind zu reinigen. [2]Art, Maß und räumliche Ausdehnung der ordnungsgemäßen Straßenreinigung sind von der Gemeinde durch Verordnung nach dem Niedersächsischen Gefahrenabwehrgesetz zu regeln. [3]In diesem Rahmen gehört zur Reinigung auch:

a) das Besprengen der Fahrbahnen und Gehwege,
b) die Schneeräumung auf den Fahrbahnen und Gehwegen,
c) bei Glätte das Bestreuen der Gehwege, Fußgängerüberwege und der gefährlichen Fahrbahnstellen mit nicht unbedeutendem Verkehr,
d) das Bereitstellen und die Leerung von Abfallbehältern im Sinne des § 2 Abs. 2 Nr. 3.

(2) Reinigungspflichtig sind die Gemeinden.

(3) [1]Führen die Gemeinden die Straßenreinigung durch, so gelten für die der Reinigung unterliegenden Straßen die Eigentümer der anliegenden Grundstücke als Benutzer einer öffentlichen Einrichtung im Sinne des kommunalen Abgabenrechts. [2]Die Gemeinden können in der Straßenreinigungsgebührensatzung den Eigentümern der anliegenden Grundstücke, die Eigentümer der übrigen durch die Straße erschlossenen Grundstücke und die Inhaber besonders bezeichneter dinglicher Nutzungsrechte gleichstellen. [3]Zu den nach dem kommunalen Abgabenrecht ansatzfähigen betriebswirtschaftlichen Kosten gehören insbesondere auch die Kosten für die Bereithaltung und Leerung der Abfallbehälter im Sinne des § 2 Abs. 2 Nr. 3. [4]Die Kosten der öffentlichen Einrichtung werden zu 75 vom Hundert durch Benutzungsgebühren gedeckt, die restlichen 25 vom Hundert der Kosten trägt der Träger der öffentlichen Einrichtung (Anteil der Allgemeinheit); im Übrigen gilt § 5 Abs. 1 Sätze 1 und 2, Abs. 2, 3 Sätze 1 und 2, Abs. 4 bis 8 des Niedersächsischen Kommunalabgabengesetzes.

(4) [1]Die Gemeinden können durch Satzung die ihnen obliegenden Straßenreinigungspflichten ganz oder zum Teil den Eigentümern der anliegenden Grundstücke auferlegen. [2]Dies gilt nicht für das Bereithalten und Leeren von Abfallbehältern im Sinne des § 2 Abs. 2 Nr. 3. [3]Die Reinigungspflichten können nicht übertragen werden, wenn sie den Eigentümern wegen der Verkehrsverhältnisse nicht zuzumuten sind. [4]Absatz 3 Satz 2 gilt entsprechend. [5]Hat für den Reinigungspflichtigen mit Zustimmung der Gemeinde ein anderer die Ausführung der Reinigung übernommen, so ist nur dieser zur Reinigung öffentlich-rechtlich verpflichtet; die Zustimmung der Gemeinde ist jederzeit widerruflich.

§ 53 Sonstige öffentliche Straßen

Sonstige öffentliche Straßen sind Straßen, Wege und Plätze innerhalb einer demselben Eigentümer gehörenden zusammenhängenden Grundfläche, die von einer Gebietskörperschaft oder von der Straßenaufsichtsbehörde (§ 6 Abs. 1 Satz 2) für den öffentlichen Verkehr gewidmet sind und keiner anderen Straßengruppe angehören.

§ 54 Straßenbaulast für sonstige öffentliche Straßen

[1]Träger der Straßenbaulast für die sonstigen öffentlichen Straßen ist der Eigentümer, es sei denn, daß die Straßenaufsichtsbehörde einen anderen mit dessen Zustimmung bestimmt. [2]Die Straßenbaulast beschränkt sich auf die Unterhaltung dieser Straßen in dem Umfang, in dem sie bei der Widmung erforderlich war, sofern nicht weitergehende öffentlich-rechtliche Verpflichtungen bestehen. [3]§ 45 gilt sinngemäß.

§ 55 Anwendung von Vorschriften des Teiles I bei sonstigen öffentlichen Straßen

(1) Für die sonstigen öffentlichen Straßen gelten die allgemeinen Vorschriften dieses Gesetzes (Teil I) mit Ausnahme der §§ 4, 14 Abs. 3, §§ 18 bis 29 und 37 bis 42 sinngemäß.

(2) Die Benutzung der sonstigen öffentlichen Straßen über den Gemeingebrauch hinaus (Sondernutzung) regelt sich nach bürgerlichem Recht.

§ 56 Straßenbaulast in gemeindefreien Gebieten

[1]Die Aufgaben aus der Straßenbaulast, die im Gemeindegebiet der Gemeinde obliegen, hat im gemeindefreien Gebiet (Bezirk) der Grundeigentümer (öffentlich-rechtlich Verpflichteter) zu erfüllen. [2]Die Vorschriften über sonstige öffentliche Straßen finden Anwendung.

Teil IV
Aufsicht und Zuständigkeiten

§ 57 Straßenaufsicht

(1) Die Erfüllung der Aufgaben, die den Trägern der Straßenbaulast nach den gesetzlichen Vorschriften obliegen, wird durch die Straßenaufsicht überwacht.

(2) [1]Kommt der Träger der Straßenbaulast seinen Pflichten nicht nach, so kann die Straßenaufsichtsbehörde anordnen, daß er die notwendigen Maßnahmen innerhalb einer bestimmten Frist durchführt. [2]Die Straßenaufsichtsbehörde soll Maßnahmen, die mehrere Träger der Straßenbaulast durchzuführen haben, diesen rechtzeitig bekanntgeben, damit sie möglichst zusammenhängend ausgeführt werden. [3]Kommt ein Träger der Straßenbaulast der Anordnung nicht nach, so kann die Straßenaufsichtsbehörde die notwendigen Maßnahmen an seiner Stelle und auf seine Kosten selbst durchführen oder durch einen andern durchführen lassen.

(3) Bei den Ortsdurchfahrten im Zuge von Landes- und Kreisstraßen, für welche die Straßenbaulast den Gemeinden obliegt (§ 43 Abs. 2, 3 und 4), bedürfen alle Straßenbauvorhaben, welche die Planungen, insbesondere die Ausbauabsichten des Trägers der Straßenbaulast der anschließenden freien Strecken berühren, der Zustimmung der Straßenaufsichtsbehörde.

§ 58 Ausbauvorschriften

Der für den Straßenbau zuständige Minister kann im Einvernehmen mit dem für die Kommunalaufsicht zuständigen Minister durch Verordnung Mindestanforderungen für die technische Ausgestaltung der Straßen festsetzen, für die nicht das Land die Baulast trägt.

§ 59 – aufgehoben –

§ 60 Übertragung von Behördenbefugnissen

(1) Der für den Straßenbau zuständige Minister kann die ihm und den Straßenbaubehörden nach diesem Gesetz obliegenden Aufgaben anderen Behörden des Landes oder Selbstverwaltungskörperschaften auf deren Antrag übertragen.
(2) Träger der Straßenbaulast können vereinbaren, daß der Winterdienst auf einzelnen Straßen oder Straßenabschnitten des einen Trägers durch den anderen Träger durchgeführt wird.

§ 61 Ordnungswidrigkeiten

(1) Ordnungswidrig handelt, wer
1. entgegen § 18 Abs. 1 eine Straße über den Gemeingebrauch hinaus ohne Erlaubnis oder eine nach § 18a Abs. 1 bestimmte Fläche ohne oder abweichend von einer Erlaubnis nach § 18a Abs. 2 Satz 1 benutzt oder einer auf Grund von § 18 Abs. 1 erlassenen Satzung zuwiderhandelt, soweit die Satzung für einen bestimmten Tatbestand auf diese Bußgeldvorschrift verweist,
2. vorsätzlich oder fahrlässig entgegen § 20 Abs. 2 in Verbindung mit § 18 Abs. 1 Zufahrten oder Zugänge ohne Erlaubnis anlegt oder ändert,
3. vorsätzlich oder fahrlässig als Eigentümer oder Besitzer Schutzwaldungen (§ 30) ganz oder teilweise beseitigt.

(2) Die Ordnungswidrigkeit kann mit einer Geldbuße geahndet werden.

§ 62[1)] Übergangsvorschrift

(1) [1]Für die am 31. Oktober 2009 anhängigen Verfahren sind § 24 Abs. 2 Satz 1 bis 3 und Abs. 3 sowie § 38 Abs. 4 in der bis zum 31. Oktober 2009 geltenden Fassung weiterhin anzuwenden. [2]Soweit für die am 31. Oktober 2009 anhängigen Verfahren die Regelungen nach § 3 Nr. 4 und § 5 Abs. 1 Nr. 5 des Modellkommunen-Gesetzes vom 8. Dezember 2005 (Nds. GVBl. S. 386), zuletzt geändert durch Artikel 11 des Gesetzes vom 13. Mai 2009 (Nds. GVBl. S. 191), anzuwenden waren, sind diese Vorschriften in der bis zum 31. Oktober 2009 geltenden Fassung weiterhin anzuwenden.
(2) Satzungsregelungen, nach denen der Anteil der Allgemeinheit abweichend von § 52 Abs. 3 Satz 4 dieses Gesetzes weniger als 25 vom Hundert beträgt, bleiben bis zum 31. Dezember 2017 wirksam, sofern sie nicht geändert oder aufgehoben werden.
(3) Die für selbständige Radwege geltenden Vorschriften gelten nur für solche Radwege, die nach dem 1. Januar 2021 erstmals für den Verkehr freigegeben werden.
(4)[2)] Auf Planfeststellungsverfahren nach diesem Gesetz finden die §§ 2 bis 5 des Planungssicherstellungsgesetzes (PlanSiG) vom 20. Mai 2020 (BGBl. I S. 1041) in der jeweils geltenden Fassung entsprechende Anwendung.
(5) Auf Planfeststellungsverfahren nach diesem Gesetz findet § 6 des Planungssicherstellungsgesetzes (PlanSiG) vom 20. Mai 2020 (BGBl. I S. 1041) in der jeweils geltenden Fassung entsprechende Anwendung; an die Stelle der §§ 2 bis 5 PlanSiG tritt Absatz 4 in der bis zum 31. März 2021 geltenden Fassung, an die Stelle der in § 1 PlanSiG genannten Verfahren treten Planfeststellungsverfahren nach diesem Gesetz.

---

1) § 62 Abs. 4 tritt **mWv 1.1.2023** und Abs. 5 **mWv 1.10.2027** außer Kraft; siehe hierzu Art. 2 und 3 G v. 10.11.2020 (Nds. GVBl. S. 386; geänd. 2021, S. 133).
2) Absatz 4 wird **mWv 1.1.2023** aufgehoben.

§§ 63-70 – aufgehoben –

§ 71 ***[nicht wiedergegebene Aufhebungsvorschrift]***

§ 72[1] Zeitpunkt des Inkrafttretens

Dieses Gesetz tritt am 1. Januar 1963 in Kraft.

1) **Amtl. Anm.:** Die Vorschrift betrifft das Inkrafttreten des Gesetzes in der ursprünglichen Fassung vom 14. Dezember 1962 (Nieders. GVBl. S. 251). Der Zeitpunkt des Inkrafttretens der späteren Änderungen ergibt sich aus den in der vorangestellten Bekanntmachung näher bezeichneten Gesetzen.

Niedersächsisches Enteignungsgesetz (NEG)

In der Fassung vom 6. April 1981[1] (Nds. GVBl. S. 83)
(GVBl. Sb 21080)

zuletzt geändert durch Art. 19 G zur Modernisierung der Verwaltung in Niedersachsen vom 5. November 2004 (Nds. GVBl. S. 394)

Inhaltsübersicht

Erster Abschnitt
Allgemeine Vorschriften

§ 1 Geltungsbereich

Dieses Gesetz gilt für alle Enteignungen, soweit nicht bundesrechtliche oder besondere landesrechtliche Vorschriften anzuwenden sind.

---

1) Neubekanntmachung des Niedersächsischen Enteignungsgesetzes v. 12. 11. 1973 (Nds. GVBl. S. 441) in der ab 1. 4. 1981 geltenden Fassung.

§ 2 Enteignungszweck
Sofern eine Enteignung nicht nach anderen Vorschriften zulässig ist, kann sie auf Grund dieses Gesetzes erfolgen, um
1. ein dem Wohle der Allgemeinheit dienendes Vorhaben auszuführen,
2. Grundstücke für die Entschädigung in Land zu beschaffen,
3. durch Enteignung entzogene Rechte durch neue Rechte zu ersetzen.

§ 3 Gegenstand der Enteignung
(1) Durch Enteignung können
1. das Eigentum an Grundstücken entzogen oder belastet werden,
2. andere Rechte an Grundstücken entzogen oder belastet werden,
3. Rechte entzogen werden, die zum Erwerb, zum Besitz oder zur Nutzung von Grundstücken berechtigen oder die den Verpflichteten in der Benutzung von Grundstücken beschränken,
4. soweit in diesem Gesetz vorgesehen, Rechte der in Nummer 3 bezeichneten Art begründet werden.

(2) [1]Grundstücksgleiche Rechte stehen den Grundstücken und dem Eigentum an Grundstücken gleich. [2]Grundstücksteile gelten als Grundstücke.

(3) Auf das Zubehör eines Grundstücks sowie auf Sachen, die nur zu einem vorübergehenden Zweck mit dem Grundstück verbunden oder in ein Gebäude eingefügt sind, darf die Enteignung nur nach Maßgabe des § 8 Abs. 4 ausgedehnt werden.

(4) Die für die Entziehung oder Belastung des Eigentums an Grundstücken geltenden Vorschriften sind auf die Entziehung, Belastung oder Begründung der in Absatz 1 Nrn. 2 bis 4 bezeichneten Rechte entsprechend anzuwenden.

§ 4 Zulässigkeit der Enteignung
Die Enteignung ist im einzelnen Fall nur zulässig, wenn das Wohl der Allgemeinheit sie erfordert und der Enteignungszweck auf andere zumutbare Weise nicht erreicht werden kann.

§ 5 Enteignung für ein Vorhaben
Die Enteignung zu dem in § 2 Nr. 1 bezeichneten Zweck ist nur zulässig, wenn
1. der Träger des Vorhabens sich ernsthaft um den freihändigen Erwerb eines geeigneten Grundstücks zu angemessenen Bedingungen, insbesondere, soweit ihm dies möglich und zumutbar ist, unter Angebot geeigneten anderen Landes aus dem eigenen Grundbesitz oder aus dem einer juristischen Person, an der er allein oder überwiegend beteiligt ist, vergeblich bemüht hat und
2. er glaubhaft macht, daß das Grundstück innerhalb angemessener Frist zu dem vorgesehenen Zweck verwendet wird.

§ 6 Enteignung für die Entschädigung in Land
(1) Die Enteignung von Grundstücken zur Entschädigung in Land (§ 2 Nr. 2) ist nur zulässig, wenn
1. die Entschädigung eines Eigentümers gemäß § 18 in Land festzusetzen ist,
2. die Bereitstellung von geeignetem Ersatzland weder aus dem Grundbesitz des Enteignungsbegünstigten noch aus dem einer juristischen Person, an der er allein oder überwiegend beteiligt ist, möglich und zumutbar ist und
3. von dem Enteignungsbegünstigten geeignete Grundstücke freihändig zu angemessenen Bedingungen, insbesondere, soweit ihm dies möglich und zumutbar ist, unter Angebot geeigneten anderen Landes aus dem eigenen Grundbesitz oder aus dem einer juristischen Person, an der er allein oder überwiegend beteiligt ist, nicht erworben werden können.

(2) Zur Entschädigung in Land dürfen nicht enteignet werden
1. Grundstücke, auf die der Eigentümer oder, sofern es sich um Land- oder forstwirtschaftlich genutzte Grundstücke handelt, auch der sonstige Nutzungsberechtigte bei seiner Berufs- oder Erwerbstätigkeit angewiesen und deren Abgabe ihm im Interesse der Erhaltung der Wirtschaftlichkeit seines Betriebes nicht zuzumuten ist,
2. a) Grundstücke, die durch ihre Verwendung unmittelbar öffentlichen Zwecken oder der Wohlfahrtspflege, dem Unterricht, der Forschung, der Kranken- und Gesundheitspflege, der Erziehung oder der Körpertüchtigung dienen oder zu dienen bestimmt sind,
   b) Grundstücke von Betrieben des öffentlichen Verkehrs und der öffentlichen Versorgung mit Elektrizität, Gas, Wärme oder Wasser,

c) Grundstücke mit Anlagen der Abfallbeseitigung und der öffentlichen Abwasserbeseitigung,
d) Grundstücke, auf denen sich künstlerisch oder geschichtlich wertvolle Bauwerke, Boden- oder Naturdenkmäler befinden oder die in Natur- oder Landschaftsschutzgebieten liegen, wenn infolge ihrer Enteignung der Denkmals-, Natur- oder Landschaftsschutz dieser Grundstücke gefährdet würde,
e) Grundstücke, die durch ihre Verwendung unmittelbar den Aufgaben der Kirchen, der Religions- oder Weltanschauungsgemeinschaften des öffentlichen Rechts oder deren Einrichtungen dienen oder zu dienen bestimmt sind.

(3) Außerhalb des räumlichen Geltungsbereichs eines Bebauungsplans und außerhalb der im Zusammenhang bebauten Ortsteile können Grundstücke zur Entschädigung in Land nur enteignet werden, wenn sie land- oder forstwirtschaftlich genutzt werden sollen.

(4) Die Enteignung zum Zwecke der Entschädigung eines Eigentümers, dessen Grundstück zur Beschaffung von Ersatzland enteignet wird, ist unzulässig.

§ 7 Enteignung für den Ersatz entzogener Rechte

[1]Die Enteignung zu dem Zweck, durch Enteignung entzogene Rechte durch neue Rechte zu ersetzen, ist nur zulässig, soweit der Ersatz in § 15 Abs. 2, § 18 Abs. 5 und § 44 Abs. 4 vorgesehen ist. [2]Müssen die nach § 15 Abs. 2 Satz 3 zu ersetzenden Rechte durch Enteignung neu begründet werden, so gelten die Beschränkungen für die Enteignung zur Entschädigung in Land nach § 6 Abs. 1 und 2 entsprechend.

§ 8 Art und Umfang der Enteignung

(1) [1]Ein Grundstück darf nur in dem Umfang enteignet werden, in dem dies zur Verwirklichung des Enteignungszwecks erforderlich ist. [2]Reicht eine Belastung des Grundstücks mit einem Recht zur Verwirklichung des Enteignungszwecks aus, so ist die Enteignung hierauf zu beschränken.

(2) [1]Soll ein Grundstück mit einem Erbbaurecht belastet werden, so kann der Eigentümer anstelle der Belastung die Entziehung des Eigentums verlangen. [2]Soll ein Grundstück mit einem anderen Recht belastet werden, so kann der Eigentümer die Entziehung des Eigentums verlangen, wenn die Belastung mit dem dinglichen Recht für ihn unbillig ist.

(3) Soll ein Grundstück oder ein räumlich oder wirtschaftlich zusammenhängender Grundbesitz nur zu einem Teil enteignet werden, so kann der Eigentümer die Ausdehnung der Enteignung auf den Rest des Grundstücks oder des Grundbesitzes insoweit verlangen, als dieser nicht mehr in angemessenem Umfang nach seiner bisherigen Bestimmung genutzt werden kann.

(4) Soll ein Grundstück enteignet werden, so können der Eigentümer, der Nießbraucher und der Pächter verlangen, daß die Enteignung auf die in § 3 Abs. 3 bezeichneten Gegenstände ausgedehnt wird, soweit sie infolge der Enteignung nicht mehr wirtschaftlich genutzt oder auf andere Weise angemessen verwertet werden können.

(5) Anträge nach den Absätzen 2 bis 4 müssen bis zum Schluß der mündlichen Verhandlung (§ 29) schriftlich oder zur Niederschrift bei der Enteignungsbehörde gestellt werden.

§ 9 Vorarbeiten auf Grundstücken

(1) [1]Die Beauftragten der Enteignungsbehörde sind befugt, schon vor Einleitung des Enteignungsverfahrens Grundstücke, deren Enteignung in Betracht kommt, zu betreten und zu vermessen sowie auf den Grundstücken andere Vorarbeiten vorzunehmen, die zur Vorbereitung von Maßnahmen nach diesem Gesetz notwendig sind, insbesondere um die Eignung der Grundstücke für das Vorhaben zu beurteilen. [2]Die gleiche Befugnis kann die Enteignungsbehörde auch dem Träger eines Vorhabens erteilen, dessen Durchführung eine Enteignung erfordern kann. [3]Sie hat die Maßnahmen, die sie zuläßt, genau zu bezeichnen. [4]Die Entscheidung, durch die die Befugnis erteilt wird, ist dem Eigentümer und, wenn dieser nicht unmittelbarer Besitzer ist, auch dem Besitzer zuzustellen.

(2) [1]Gebäude und das unmittelbar dazugehörende befriedete Besitztum dürfen nur mit Einwilligung des Nutzungsberechtigten betreten werden. [2]Die Einwilligung ist nicht erforderlich für das Betreten von Arbeits-, Betriebs- und Geschäftsräumen sowie von Räumen, die der Öffentlichkeit zugänglich sind, während der jeweiligen Arbeits-, Geschäfts- oder Aufenthaltszeit.

(3) [1]Eigentümer und unmittelbare Besitzer sind vor dem Betreten der Grundstücke und der Aufnahme der in Absatz 1 Satz 1 bezeichneten Vorarbeiten zu benachrichtigen, sofern nicht bei ihnen die Voraussetzungen für die öffentliche Zustellung vorliegen. [2]Die Benachrichtigung kann auch durch öffentliche Bekanntmachung in ortsüblicher Weise erfolgen, wenn die Maßnahmen wegen der Beson-

derheiten des Vorhabens auf einer Vielzahl von Grundstücken getroffen werden müssen. [3]Die Benachrichtigung im Wege der öffentlichen Bekanntmachung durch den Träger des Vorhabens (Absatz 1 Satz 2) bedarf der Genehmigung der Enteignungsbehörde.

(4) [1]Entstehen durch eine nach Absatz 1 zulässige Maßnahme dem Eigentümer oder Besitzer unmittelbare Vermögensnachteile, so hat dafür der Träger des Vorhabens, dessen Durchführung eine Enteignung erfordern kann, unverzüglich eine Entschädigung in Geld zu leisten. [2]Kommt eine Einigung über die Entschädigung nicht zustande, so setzt die Enteignungsbehörde die Entschädigung fest. [3]Vor der Entscheidung sind die Beteiligten zu hören.

§ 10 Vorkehrungen zum Schutz anderer Grundstücke

(1) [1]Sind infolge der Enteignung eines Grundstücks oder seiner neuen Verwendung Vorkehrungen gegen Gefahren oder Nachteile für andere Grundstücke erforderlich, so hat sie der Enteignungsbegünstigte zu treffen. [2]Sind solche Vorkehrungen außerhalb des enteigneten Grundstücks erforderlich, so haben die Grundstückseigentümer und die sonstigen Rechtsinhaber sie zu dulden. [3]§ 9 Abs. 2 und Abs. 3 Satz 1 ist anzuwenden.

(2) Vorkehrungen im Sinne dieses Gesetzes sind die Herstellung, Veränderung oder Verlegung von Wirtschaftswegen, Gräben, Vorflutanlagen, Sützmauern, Einfriedigungen und ähnlichen Einrichtungen sowie die Anlage von Sicherheitsvorrichtungen.

(3) [1]Die Kosten, die aufgewendet werden müssen, um die Vorkehrungen zu treffen und die geschaffenen Einrichtungen oder Vorrichtungen zu unterhalten, trägt der Enteignungsbegünstigte. [2]Die Kosten der Unterhaltung trägt er jedoch nur, soweit sie über den Umfang der bestehenden Verpflichtungen zur Unterhaltung der bisherigen Einrichtungen oder Vorrichtungen hinausgehen. [3]Wird eine Vorkehrung auf dem Grundstück des durch sie Begünstigten getroffen und erlangt dieser durch sie einen besonderen Vorteil, so hat er dem Enteignungsbegünstigten die Kosten in Höhe des Wertes des erlangten Vorteils zu erstatten. [4]Die Verpflichtung zur Erstattung entfällt insoweit, als sie unter Abwägung aller Interessen der Beteiligten für den durch die Vorkehrung Begünstigten eine erhebliche Härte bedeuten würde.

(4) Nachbarrechtliche Vorschriften bleiben unberührt.

(5) Ansprüche auf Grund der Absätze 1 und 3 können im Enteignungsverfahren oder nach dessen Abschluß selbständig bei der Enteignungsbehörde geltend gemacht werden, soweit über sie nicht bereits in einem Verfahren nach § 27 entschieden worden ist.

Zweiter Abschnitt
Entschädigung

§ 11 Entschädigungsgrundsätze

(1) Für die Enteignung ist Entschädigung zu leisten.

(2) Die Entschädigung wird gewährt

1. für den durch die Enteignung eintretenden Rechtsverlust,
2. für andere durch die Enteignung eintretende Vermögensnachteile.

(3) [1]Vermögensvorteile, die dem Entschädigungsberechtigten (§ 12) infolge der Enteignung entstehen, sind bei der Festsetzung der Entschädigung zu berücksichtigen. [2]Hat bei der Entstehung eines Vermögensnachteils ein Verschulden des Entschädigungsberechtigten oder einer Person mitgewirkt, deren Verschulden er zu vertreten hat, so gilt § 254 des Bürgerlichen Gesetzbuchs entsprechend.

(4) [1]Für die Bemessung der Entschädigung ist der Zustand des Grundstücks in dem Zeitpunkt maßgebend, in dem die Enteignungsbehörde über den Enteignungsantrag entscheidet. [2]In den Fällen der vorzeitigen Besitzeinweisung ist der Zustand in dem Zeitpunkt maßgebend, in dem diese wirksam wird.

§ 12 Entschädigungsberechtigter und Entschädigungsverpflichteter

(1) Entschädigung kann verlangen, wer durch die Enteignung in seinem Recht beeinträchtigt wird und dadurch einen Vermögensnachteil erleidet.

(2) [1]Zur Leistung der Entschädigung ist der Enteignungsbegünstigte verpflichtet. [2]Wird Ersatzland enteignet, so ist zur Entschädigung derjenige verpflichtet, der dieses Ersatzland für das zu enteignende Grundstück beschaffen muß.

§ 13 Entschädigung für den Rechtsverlust

(1) [1]Die Entschädigung für den durch die Enteignung eintretenden Rechtsverlust bemißt sich nach dem Verkehrswert des zu enteignenden Grundstücks oder des sonstigen Gegenstandes der Enteignung. [2]Maßgebend ist der Verkehrswert in dem Zeitpunkt, in dem die Enteignungsbehörde über den Enteignungsantrag entscheidet.

(2) Bei der Festsetzung der Entschädigung bleiben unberücksichtigt

1. Werterhöhungen, die durch die Aussicht auf eine Änderung der zulässigen Nutzung des Grundstücks eingetreten sind, sofern die Änderung nicht in absehbarer Zeit zu erwarten ist,
2. Wertänderungen, die infolge der Planung des Vorhabens und der bevorstehenden Enteignung eingetreten sind,
3. Werterhöhungen, die nach dem Zeitpunkt eingetreten sind, in dem der Eigentümer zur Vermeidung der Enteignung ein Kauf- oder Tauschangebot des Trägers des Vorhabens mit angemessenen Bedingungen (§ 5 Nr. 1) hätte annehmen können, es sei denn, daß der Eigentümer Kapital oder Arbeit für sie aufgewendet hat,
4. wertsteigernde Veränderungen, die während einer Veränderungssperre ohne Genehmigung der zuständigen Behörde vorgenommen worden sind,
5. wertsteigernde Veränderungen, die nach Einleitung des Enteignungsverfahrens ohne behördliche Anordnung oder Zustimmung der Enteigungsbehörde vorgenommen worden sind,
6. Vereinbarungen insoweit, als sie von üblichen Vereinbarungen auffällig abweichen und offensichtlich getroffen worden sind, um eine höhere Entschädigungsleistung zu erlangen.

(3) [1]Für bauliche Anlagen, deren entschädigungsloser Abbruch auf Grund öffentlich-rechtlicher Vorschriften jederzeit gefordert werden kann, ist eine Entschädigung nur zu gewähren, wenn es aus Gründen der Billigkeit geboten ist. [2]Kann der Abbruch entschädigungslos erst nach Ablauf einer Frist gefordert werden, so ist die Entschädigung nach dem Verhältnis der restlichen zu der gesamten Frist zu bemessen.

(4) Wird der Wert des Eigentums an dem Grundstück durch Rechte Dritter gemindert, die an dem Grundstück aufrechterhalten, an einem anderen Grundstück neu begründet oder gesondert entschädigt werden, so ist dies bei der Festsetzung der Entschädigung für den Rechtsverlust zu berücksichtigen.

§ 14 Entschädigung für andere Vermögensnachteile

(1) [1]Wegen anderer durch die Enteignung eintretender Vermögensnachteile ist eine Entschädigung nur zu gewähren, soweit diese Vermögensnachteile nicht bei der Bemessung der Entschädigung für den Rechtsverlust berücksichtigt werden. [2]Die Entschädigung ist unter gerechter Abwägung der Interessen der Allgemeinheit und der Beteiligten festzusetzen. [3]Sie ist insbesondere zu gewähren für

1. den vorübergebenden oder dauernden Verlust, den der bisherige Eigentümer in seiner Berufs- oder Erwerbstätigkeit oder in Erfüllung der ihm wesensgemäß obliegenden Aufgaben erleidet, jedoch nur bis zu dem Betrag des Aufwandes, der erforderlich ist, um ein anderes Grundstück in der gleichen Weise wie das zu enteignende Grundstück zu nutzen,
2. die Wertminderung, die
   a) durch die Enteignung eines Grundstücksteils oder eines Teils eines räumlich oder wirtschaftlich zusammenhängenden Grundbesitzes bei dem Rest des Grundstücks oder des Grundbesitzes oder
   b) durch die Enteignung des Rechts an einem Grundstück bei einem anderen Grundstück

   entsteht, soweit die Wertmindertung nicht schon bei der Festsetzung der Entschädigung nach Nummer 1 berücksichtigt wird,
3. die notwendigen Aufwendungen für einen durch die Enteignung erforderlich werdenen Umzug.

(2) Im Falle des Absatzes 1 Satz 3 Nr. 2 ist § 13 Abs. 2 Nr. 3 anzuwenden.

§ 15 Entschädigung der Nebenberechtigten

(1) Rechte an dem zu enteignenden Grundstück sowie persönliche Rechte, die zum Besitz oder zur Nutzung des Grundstücks berechtigen oder den Verpflichteten in der Benutzung des Grundstücks beschränken, können aufrechterhalten werden, soweit dies mit dem Enteignungszweck vereinbar ist.

(2) [1]Als Ersatz für ein Recht an einem Grundstück, das nicht aufrechterhalten wird, kann mit Zustimmung des Rechtsinhabers das Ersatzland oder ein anderes Grundstück des Enteignungsbegünstigten mit einem gleichen Recht belastet werden. [2]Als Ersatz für ein persönliches Recht, das nicht aufrecht-

erhalten wird, kann mit Zustimmung des Rechtsinhabers ein Rechtsverhältnis begründet werden, das ein Recht gleicher Art in bezug auf das Ersatzland oder auf ein anderes Grundstück des Enteignungsbegünstigten gewährt. [3]Ist ein öffentliches Verkehrsunternehmen oder ein Träger der öffentlichen Abwasserbeseitigung oder der öffentlichen Versorgung mit Elektrizität, Gas, Wärme oder Wasser zur Erfüllung seiner wesensgemäßen Aufgaben auf bestimmte dingliche oder persönliche Rechte angewiesen, so sind im Falle der Enteignung dieser Rechte auf Antrag des Unternehmens oder des Trägers als Ersatz Rechte gleicher Art zu begründen; soweit dazu Grundstücke des Enteignungsbegünstigten nicht geeignet sind, können zu diesem Zweck auch andere Grundstücke in Anspruch genommen werden. [4]Anträge nach Satz 3 müssen bis zum Schluß des ersten Termins der mündlichen Verhandlung (§ 29) schriftlich oder zur Niederschrift bei der Enteignungsbehörde gestellt werden.

(3) Soweit Rechte nicht aufrechterhalten und nicht durch neue Rechte ersetzt werden, sind bei der Enteignung eines Grundstücks gesondert zu entschädigen

1. Erbbauberechtigte, Altenteilsberechtigte sowie Inhaber von Dienstbarkeiten und Erwerbsrechten an dem Grundstück,
2. Inhaber von persönlichen Rechten, die zum Besitz oder zur Nutzung des Grundstücks berechtigen, wenn der Rechtsinhaber im Besitz des Grundstücks ist,
3. Inhaber von persönlichen Rechten, die zum Erwerb des Grundstücks berechtigen oder den Verpflichteten in der Nutzung des Grundstücks beschränken.

(4) [1]Rechtsinhaber, deren Rechte nicht aufrechterhalten, nicht durch neue Rechte ersetzt und nicht gesondert entschädigt werden, haben bei der Enteignung eines Grundstücks Anspruch auf Ersatz des Wertes ihres Rechts aus der Geldentschädigung für das Eigentum an dem Grundstück, soweit sich ihr Recht auf dieses erstreckt. [2]Das gilt entsprechend für die Geldentschädigungen, die für den durch die Enteignung eintretenden Rechtsverlust in anderen Fällen oder nach § 14 Abs. 1 Satz 3 Nr. 2 festgesetzt werden.

§ 16 Schuldübergang

(1) [1]Haftet bei einer Hypothek, die aufrechterhalten oder durch ein neues Recht an einem anderen Grundstück ersetzt wird, der von der Enteignung Betroffene zugleich persönlich, so geht die Schuld in Höhe der Hypothek auf den Enteignungsbegünstigten über, wenn der Gläubiger dies genehmigt. [2]Im übrigen gelten die §§ 415 und 416 des Bürgerlichen Gesetzbuchs entsprechend; als Veräußerer im Sinne des § 416 ist der von der Enteignung Betroffene anzusehen.

(2) Das gleiche gilt, wenn bei einer Grundschuld oder Rentenschuld, die aufrechterhalten oder durch ein neues Recht an einem anderen Grundstück ersetzt wird, der von der Enteignung Betroffene zugleich persönlich haftet, sofern er bis zum Schluß der mündlichen Verhandlung (§ 29) die gegen ihn bestehende Forderung unter Angabe ihres Betrages und Grundes angemeldet und auf Verlangen der Enteignungsbehörde oder eines Beteiligten glaubhaft gemacht hat.

§ 17 Entschädigung in Geld

(1) [1]Die Entschädigung ist in einem einmaligen Betrag zu leisten, soweit dieses Gesetz nichts Abweichendes bestimmt. [2]Wenn der Entschädigungszweck anders nicht erreicht werden kann, ist die Entschädigung auf Antrag des Eigentümers in wiederkehrenden Leistungen festzusetzen.

(2) Als Entschädigung für die Belastung eines Grundstücks mit einem Erbbaurecht ist ein Erbbauzins zu entrichten.

(3) [1]Einmalige Entschädigungsbeträge sind mit 2 vom Hundert über dem Diskontsatz der Deutschen Bundesbank jährlich von dem Zeitpunkt an zu verzinsen, in dem die Enteignungsbehörde über den Enteignungsantrag entscheidet. [2]Im Falle der vorzeitigen Besitzeinweisung ist der Zeitpunkt maßgebend, in dem diese wirksam wird.

§ 18 Entschädigung in Land

(1) Die Entschädigung ist auf Antrag des Eigentümers in geeignetem Ersatzland festzusetzen, wenn er zur Sicherung seiner Berufstätigkeit, seiner Erwerbstätigkeit oder zur Erfüllung der ihm wesensgemäß obliegenden Aufgaben auf Ersatzland angewiesen ist und

1. der Enteignungsbegünstigte über geeignetes Ersatzland verfügt, auf das er bei seiner Berufs- oder Erwerbstätigkeit oder zur Erfüllung der ihm wesensgemäß obliegenden Aufgaben nicht angewiesen ist oder

2. der Enteignungsbegünstigte geeignetes Ersatzland nach pflichtmäßigem Ermessen der Enteignungsbehörde freihändig zu angemessenen Bedingungen beschaffen kann oder
3. geeignetes Ersatzland durch Enteignung nach § 6 beschafft werden kann.

(2) [1]Unter den Voraussetzungen einer der Nummern 1 bis 3 des Absatzes 1 ist die Entschädigung auf Antrag des Eigentümers auch dann in geeignetem Ersatzland festzusetzen, wenn ein Grundstück enteignet werden soll, das mit einem Eigenheim oder einer Kleinsiedlung bebaut ist. [2]Dies gilt nicht, wenn der entschädigungslose Abbruch des Gebäudes auf Grund öffentlich-rechtlicher Vorschriften jederzeit gefordert werden kann.

(3) Die Entschädigung kann auf Antrag ganz oder teilweise in Ersatzland festgesetzt werden, wenn diese Art der Entschädigung nach pflichtmäßigem Ermessen der Enteignungsbehörde unter gerechter Abwägung der Interessen der Allgemeinheit und der Beteiligten billig ist und die Voraussetzungen der Nummer 1 oder 2 des Absatzes 1 vorliegen.

(4) [1]Für die Bewertung des Ersatzlandes gilt § 13 entsprechend. [2]Hierbei kann eine Werterhöhung berücksichtigt werden, die der übrige Grundbesitz des von der Enteignung Betroffenen durch den Erwerb des Ersatzlandes erfährt. [3]Hat das Ersatzland einen geringeren Wert als das zu enteignende Grundstück, so ist eine dem Wertunterschied entsprechende zusätzliche Geldentschädigung festzusetzen. [4]Hat das Ersatzland einen höheren Wert als das zu enteignende Grundstück, so ist zu bestimmen, daß der Entschädigungsberechtigte an den Enteignungsbegünstigten eine dem Wertunterschied entsprechende Ausgleichszahlung zu leisten hat. [5]Die Ausgleichszahlung wird mit dem nach § 36 Abs. 3 Satz 1 in der Ausführungsanordnung festgesetzten Tage fällig.

(5) [1]Wird die Entschädigung in Land festgesetzt, so sollen dingliche oder persönliche Rechte, soweit sie nicht an dem zu enteignenden Grundstück aufrechterhalten werden, auf Antrag des Rechtsinhabers ganz oder teilweise nach Maßgabe des § 15 Abs. 2 ersetzt werden. [2]Soweit dies nicht möglich ist oder nicht ausreicht, sind die Inhaber der Rechte gesondert in Geld zu entschädigen; dies gilt für die in § 15 Abs. 4 bezeichneten Rechtsinhaber nur, soweit der Wert ihrer Rechte nicht aus einer dem Eigentümer gemäß Absatz 4 zu gewährenden zusätzlichen Geldentschädigung ersetzt werden kann.

(6) [1]Statt in Ersatzland kann die Entschädigung in grundstücksgleichen Rechten oder Rechten nach dem Wohnungseigentumsgesetz festgesetzt werden, wenn dadurch der Entschädigungszweck ebenso erreicht wird. [2]Die Absätze 1 bis 5 gelten entsprechend. [3]Wer die Entschädigung in grundstücksgleichen Rechten oder Rechten nach dem Wohnungseigentumsgesetz ablehnt, ist in Geld zu entschädigen.

(7) Anträge nach den Absätzen 1 bis 3 und 5 müssen bis zum Schluß des ersten Termins der mündlichen Verhandlung (§ 29) schriftlich oder zur Niederschrift bei der Enteignungsbehörde gestellt werden.

(8) [1]Hat der Eigentümer nach Absatz 1 oder 2 einen Anspruch auf Ersatzland und beschafft er sich mit Zustimmung des Enteignungsbegünstigten außerhalb des Enteignungsverfahrens Ersatzland oder die in Absatz 6 bezeichneten Rechte selbst, so hat er gegen den Enteignungsbegünstigten einen Anspruch auf Erstattung der erforderlichen Aufwendungen. [2]Der Enteignungsbegünstigte ist nur insoweit zur Erstattung verpflichtet, als er selbst Aufwendungen erspart. [3]Kommt eine Einigung über die Erstattung nicht zustande, so entscheidet die Enteignungsbehörde.

Dritter Abschnitt
Verfahren

§ 19 Enteignungsbehörde

Die Enteignung wird vom für Inneres zuständigen Ministerium (Enteignungsbehörde) durchgeführt.

§ 20 Enteignungsantrag

(1) [1]Der Antrag auf Durchführung eines Enteignungsverfahrens ist bei der Enteignungsbehörde schriftlich zu stellen. [2]Die zur Beurteilung des Vorhabens erforderlichen Unterlagen sind beizufügen.

(2) Der Antragsteller hat glaubhaft zu machen, daß er sich ernsthaft um eine rechtsgeschäftliche Erledigung zu angemessenen Bedingungen bemüht hat.

§ 21 Offensichtliche Unzulässigkeit

Ist die Enteignung offensichtlich unzulässig, so weist die Enteignungsbehörde den Antrag ohne weiteres Verfahren zurück.

§ 22 Vorbereitendes Verfahren

(1) [1]In den Fällen des § 2 Nr. 1 holt die Enteignungsbehörde eine Stellungnahme der Gemeinde und aller Behörden ein, deren Aufgabengebiet von der Ausführung des Vorhabens berührt wird. [2]Sie klärt, ob öffentlich-rechtliche Vorschriften oder öffentliche Belange, insbesondere die Ziele der Raumordnung und Landesplanung sowie einer geordneten städtebaulichen Entwicklung der Gemeinde, dem Vorhaben entgegenstehen.

(2) Das in Absatz 1 geregelte Verfahren entfällt, wenn ein Planfeststellungsverfahren nach anderen Gesetzen stattgefunden hat, in dem für alle Beteiligten verbindlich über die Zulässigkeit und die Art der Verwirklichung des Vorhabens entschieden worden ist.

§ 23 Entscheidung der Enteignungsbehörde

Nach Abschluss des vorbereitenden Verfahrens entscheidet die Enteignungsbehörde, ob das Enteignungsverfahren eingeleitet werden soll.

§ 24 Beteiligte

(1) In dem Enteignungsverfahren sind Beteiligte

1. der Antragsteller,
2. der Eigentümer und diejenigen, für die ein Recht an dem Grundstück oder an einem das Grundstück belastenden Recht im Grundbuch eingetragen oder durch Eintragung gesichert ist oder für die ein Wasserrecht, eine wasserrechtliche Erlaubnis oder eine wasserrechtliche Befugnis im Wasserbuch eingetragen ist,
3. der Inhaber
   a) eines nicht im Grundbuch eingetragenen Rechts an dem Grundstück oder an einem das Grundstück belastenden Recht,
   b) eines Anspruchs mit dem Recht auf Befriedigung aus dem Grundstück,
   c) eines persönlichen Rechts, das zum Erwerb, zum Besitz oder zur Nutzung des Grundstücks berechtigt oder die Benutzung des Grundstücks beschränkt,
4. wenn Ersatzland bereitgestellt wird, dessen Eigentümer und die Inhaber aller in bezug auf das Ersatzland bestehenden Rechte der in den Nummern 2 und 3 genannten Art,
5. die Eigentümer der Grundstücke, die durch eine Enteignung nach § 7 betroffen werden,
6. diejenigen, die vor Abschluß des Enteignungsverfahrens Ansprüche nach § 10 erheben, und
7. die Gemeinde.

(2) [1]Die in Absatz 1 Nr. 3 bezeichneten Personen werden in dem Zeitpunkt Beteiligte, in dem die Anmeldung ihres Rechts der Enteignungsbehörde zugeht. [2]Die Anmeldung kann bis zum Schluß der mündlichen Verhandlung (§ 29) erfolgen. [3]Bestehen Zweifel an einem angemeldeten Recht, so hat die Enteignungsbehörde dem Anmeldenden unverzüglich eine Frist zur Glaubhaftmachung seines Rechts zu setzen. [4]Nach fruchtlosem Ablauf der Frist ist er bis zur Glaubhaftmachung seines Rechts nicht mehr zu beteiligen.

(3) [1]Der im Grundbuch eingetragene Gläubiger einer Hypothek, Grundschuld oder Rentenschuld, für die ein Brief erteilt ist, sowie jeder seiner Rechtsnachfolger hat auf Verlangen der Enteignungsbehörde eine Erklärung darüber abzugeben, ob ein anderer die Hypothek, Grundschuld oder Rentenschuld oder ein Recht daran erworben hat. [2]In diesem Fall hat er die Person eines Erwerbers so genau wie möglich zu bezeichnen. [3]§ 26 Satz 2 bis 4 gilt entsprechend.

§ 25 Bestellung eines Vertreters von Amts wegen

Über die Fälle des § 16 Abs. 1 des Verwaltungsverfahrensgesetzes hinaus hat das Vormundschaftsgericht auf Ersuchen der Enteignungsbehörde auch dann einen geeigneten Vertreter zu bestellen, wenn

1. Gesamthandseigentümer oder
2. Eigentümer nach Bruchteilen oder
3. mehrere Inhaber eines sonstigen Rechts an einem Grundstück oder an einem das Grundstück belastenden Recht

der Aufforderung der Enteignungsbehörde, einen gemeinsamen Vertreter zu bestellen, innerhalb der ihnen gesetzten Frist nicht nachgekommen sind.

§ 26 Erforschung des Sachverhalts

[1]Die Enteignungsbehörde kann anordnen, daß

1. Beteiligte persönlich erscheinen oder einen Vertreter entsenden, der zur Aufklärung des Sachverhalts in der Lage und zur Abgabe der erforderlichen Erklärungen bevollmächtigt ist,
2. Urkunden und sonstige Unterlagen vorgelegt werden, auf die sich ein Beteiligter bezogen hat,
3. Hypotheken-, Grundschuld- und Rentenschuldgläubiger die in ihrem Besitz befindlichen Hypotheken-, Grundschuld- und Rentenschuldbriefe vorlegen.

[2]Für den Fall, daß ein Beteiligter der Anordnung nicht nachkommt, kann ein Zwangsgeld bis zu dreitausend Deutsche Mark[1)] angedroht und festgesetzt werden. [3]Ist Beteiligter eine juristische Person oder eine nicht rechtsfähige Personenvereinigung, so kann das Zwangsgeld auch dem nach Gesetz oder Satzung Vertretungsberechtigten angedroht und gegen ihn festgesetzt werden. [4]Androhung und Festsetzung können wiederholt werden.

§ 27 Planfeststellungsverfahren

(1) [1]Soll die Enteignung für die Verlegung einer Leitung zur Beförderung von Elektrizität oder von gasförmigen, flüssigen oder sonstigen Stoffen durchgeführt werden, so kann die Enteignungsbehörde für das Vorhaben einen Plan feststellen, wenn sie dies für sachdienlich hält und eine Planfeststellung nicht in anderen Gesetzen vorgesehen ist. [2]Mit dem Planfeststellungsverfahren darf erst begonnen werden, wenn die Enteignungsbehörde nach § 23 entschieden hat, daß das Enteignungsverfahren eingeleitet werden soll, oder wenn die nach anderen Gesetzen erforderliche Feststellung über die Zulässigkeit der Enteignung getroffen worden ist.

(2) Das Anhörungsverfahren nach § 73 des Verwaltungsverfahrensgesetzes führt die Enteignungsbehörde durch.

(3) [1]Die Enteignungsbehörde bezeichnet bei der Planfeststellung auch die zu treffenden Vorkehrungen, soweit Ansprüche nach § 10 geltend gemacht worden sind und sich als berechtigt erwiesen haben. [2]§ 74 Abs. 2 Satz 2 und 3 und § 77 des Verwaltungsverfahrensgesetzes finden keine Anwendung.

§ 28 Rechtswirkungen der Planfeststellung

[1]Der unanfechtbar festgestellte Plan ist für das weitere Verfahren nach diesem Gesetz bindend. [2]Gegen Maßnahmen zur Durchführung des Plans können keine Einwendungen geltend gemacht werden, über die durch die Planfeststellung bereits entschieden worden ist oder über die bei rechtzeitiger Geltendmachung hätte entschieden werden können. [3]Die Planfeststellung ersetzt abweichend von § 75 Abs. 1 Satz 1 des Verwaltungsverfahrensgesetzes nicht eine Baugenehmigung. [4]Ferner findet § 75 Abs. 2 Satz 2 bis 5 und Abs. 3 Satz 1 des Verwaltungsverfahrensgesetzes keine Anwendung.

§ 29 Einleitung des Enteignungsverfahrens

(1) [1]Das Enteignungsverfahren wird durch Anberaumung eines Termins zur mündlichen Verhandlung mit den Beteiligten eingeleitet. [2]Einzelne Enteignungsverfahren können miteinander verbunden und wieder getrennt werden.

(2) [1]Zu der mündlichen Verhandlung sind der Antragsteller, der Eigentümer des betroffenen Grundstücks, die sonstigen aus dem Grundbuch und dem Wasserbuch ersichtlichen Beteiligten und die Gemeinde zu laden. [2]Die Ladung ist zuzustellen. [3]Die Ladungsfrist beträgt mindestens zwei Wochen.

(3) Die Ladung muß enthalten

1. die Bezeichnung des Antragstellers und des betroffenen Grundstücks,
2. den wesentlichen Inhalt des Enteignungsantrags und den Hinweis, daß der Antrag mit den ihm beigefügten Unterlagen bei der Enteignungsbehörde eingesehen werden kann,
3. die Aufforderung, etwaige Einwendungen gegen den Enteignungsantrag möglichst vor der mündlichen Verhandlung schriftlich oder zur Niederschrift bei der Enteignungsbehörde zu erheben, und
4. den Hinweis, daß auch bei Nichterscheinen über den Enteignungsantrag und andere im Verfahren zu erledigende Anträge entschieden werden kann.

(4) Die Ladung von Personen, deren Beteiligung auf einem Antrag auf Entschädigung in Land beruht, muß außer dem in Absatz 3 vorgeschriebenen Inhalt auch die Bezeichnung des Eigentümers, dessen Entschädigung in Land beantragt ist, und des Grundstücks, für das die Entschädigung in Land gewährt werden soll, enthalten.

---

1) Der Betrag wurde amtlich noch nicht auf Euro umgestellt; 1 Euro = 1,95583 DM.

(5) [1]Die Einleitung des Enteignungsverfahrens ist unter Bezeichnung des betroffenen Grundstücks und des im Grundbuch als Eigentümer Eingetragenen sowie des ersten Termins der mündlichen Verhandlung mit den Beteiligten in der Gemeinde ortsüblich bekanntzumachen. [2]In der Bekanntmachung sind alle Beteiligten aufzufordern, ihre Rechte spätestens in der mündlichen Verhandlung wahrzunehmen. [3]Sie sind zugleich darauf hinzuweisen, daß auch bei Nichterscheinen über den Enteignungsantrag und andere im Verfahren zu erledigende Anträge entschieden werden kann.

(6) [1]Die Enteignungsbehörde teilt dem Grundbuchamt die Einleitung des Enteignungsverfahrens mit. [2]Sie ersucht das Grundbuchamt, in das Grundbuch des betroffenen Grundstücks einzutragen, daß das Enteigungsverfahren eingeleitet ist (Enteignungsvermerk); ist das Enteignungsverfahren beendet, so ersucht die Enteignungsbehörde das Grundbuchamt, den Enteignungsvermerk zu löschen. [3]Das Grundbuchamt hat die Enteignungsbehörde und den Antragsteller von allen Eintragungen zu benachrichtigen, die nach dem Zeitpunkt der Einleitung des Enteignungsverfahrens im Grundbuch des betroffenen Grundstücks vorgenommen worden sind und vorgenommen werden.

(7) Ist im Grundbuch die Anordnung der Zwangsversteigerung oder Zwangsverwaltung eingetragen, so gibt die Enteignungsbehörde dem Vollstreckungsgericht von der Einleitung des Enteignungsverfahrens Kenntnis.

§ 29a Genehmigungsbedürftige Maßnahmen

(1) [1]Soweit nicht Verfügungs- und Veränderungssperren nach anderen Gesetzen bestehen, dürfen von der Bekanntmachung über die Einleitung des Enteignungsverfahrens an, im Falle einer Planfeststellung nach § 27 vom Beginn der Auslegung des Plans an, nur mit schriftlicher Genehmigung der Enteignungsbehörde

1. Grundstücke geteilt oder Verfügungen über ein Grundstück und über Rechte an einem Grundstück getroffen oder Vereinbarungen abgeschlossen werden, durch die einem anderen ein Recht zum Erwerb, zur Nutzung oder Bebauung eines Grundstücks oder Grundstücksteils eingeräumt wird, oder Baulasten neu begründet, geändert oder aufgehoben werden,
2. erhebliche Veränderungen der Erdoberfläche oder wesentlich wertsteigernde sonstige Veränderungen des Grundstücks vorgenommen werden,
3. nicht genehmigungs-, zustimmungs- oder anzeigepflichtige, aber wertsteigernde bauliche Anlagen errichtet oder wertsteigernde Änderungen solcher Anlagen vorgenommen werden,
4. genehmigungs-, zustimmungs- oder anzeigepflichtige bauliche Anlagen errichtet oder geändert werden.

[2]Veränderungen, die in rechtlich zulässiger Weise vorher begonnen worden sind, Unterhaltungsarbeiten und die Fortführung einer bisher ausgeübten Nutzung werden nicht berührt.

(2) [1]Sind nach Absatz 1 genehmigungsbedürftige Maßnahmen vor der Bekanntmachung über die Einleitung des Enteignungsverfahrens oder vor dem Beginn der Auslegung des Plans zu erwarten, so kann die Enteignungsbehörde bereits nach Eingang des Enteignungsantrags anordnen, daß die Maßnahmen ihrer Genehmigung bedürfen. [2]Die Anordnung ist in ortsüblicher Weise bekanntzumachen und dem Grundbuchamt mitzuteilen.

(3) Die Enteignungsbehörde darf die Genehmigung nur versagen, wenn Grund zu der Annahme besteht, daß die Maßnahme die Enteignung oder die Verwirklichung des Enteignungszwecks unmöglich machen oder wesentlich erschweren würde.

(4) § 35 Abs. 6 gilt entsprechend.

§ 30 Einigung

(1) Die Enteignungsbehörde hat auf eine Einigung zwischen den Beteiligten hinzuwirken.

(2) [1]Einigen sich die Beteiligten, so hat die Enteignungsbehörde eine Niederschrift über die Einigung aufzunehmen. [2]Die Niederschrift muß den Erfordernissen des § 32 Abs. 2 entsprechen. [3]Sie ist von den Beteiligten zu unterschreiben. [4]Ein Bevollmächtigter des Eigentümers bedarf einer öffentlich beglaubigten Vollmacht.

(3) [1]Die beurkundete Einigung steht einem unanfechtbaren Enteignungsbeschluß gleich. [2]§ 32 Abs. 3 ist entsprechend anzuwenden.

§ 31 Teileinigung

(1) [1]Einigen sich die Beteiligten nicht in vollem Umfang, so sind § 30 Abs. 2 und § 32 Abs. 3 für die Teileinigung entsprechend anzuwenden. [2]Im Falle einer Einigung über den Übergang oder die Belas-

tung des Eigentums an dem zu enteignenden Grundstück oder über sonstige durch die Enteignung zu bewirkende Rechtsänderungen hat die Enteignungsbehörde anzuordnen, daß dem Berechtigten eine Vorauszahlung in Höhe der zu erwartenden Entschädigung zu leisten ist, soweit sich aus der Teileinigung nichts anderes ergibt. [3]Im übrigen nimmt das Enteignungsverfahren seinen Fortgang.

(2) Die Anfechtung des Enteignungsbeschlusses ist insoweit ausgeschlossen, als ihm eine Teileinigung nach Absatz 1 Satz 1 zugrunde liegt.

§ 32 Entscheidung der Enteignungsbehörde

(1) [1]Soweit eine Einigung nicht zustande kommt, entscheidet die Enteignungsbehörde auf Grund der mündlichen Verhandlung durch Beschluß über den Enteignungsantrag, die übrigen Anträge und die Einwendungen. [2]Ist ein Planfeststellungsverfahren eingeleitet worden, so darf der Beschluß erst erlassen werden, wenn der Plan unanfechtbar festgestellt ist. [3]Der Beschluß ist mit einer Rechtsbehelfsbelehrung zu versehen und den Beteiligten zuzustellen.

(2) Gibt die Enteignungsbehörde dem Enteignungsantrag statt, so muß der Enteignungsbeschluß bezeichnen

1. den von der Enteignung Betroffenen und den Enteignungsbegünstigten,
2. die sonstigen Beteiligten,
3. den Enteignungszweck und die Frist, innerhalb deren er zu verwirklichen ist,
4. den Gegenstand der Enteignung, und zwar
   a) wenn das Eigentum an einem Grundstück Gegenstand der Enteignung ist, das Grundstück nach seiner grundbuchmäßigen Bezeichnung, seiner Größe und den übrigen Angaben des Liegenschaftskatasters; bei einem Grundstücksteil ist zu seiner Bezeichnung auf die für die Abschreibung eines Grundstücksteils nach der Grundbuchordnung erforderlichen Unterlagen Bezug zu nehmen,
   b) wenn ein anderes Recht an einem Grundstück Gegenstand einer selbständigen Enteignung ist, dieses Recht nach Inhalt und grundbuchmäßiger Bezeichnung; das gilt unbeschadet des § 3 Abs. 2 entsprechend auch für ein grundstücksgleiches Recht,
   c) wenn ein persönliches Recht, das zum Erwerb, zum Besitz oder zur Nutzung von Grundstücken berechtigt oder den Verpflichteten in der Nutzung von Grundstücken beschränkt, Gegenstand einer selbständigen Enteignung ist, dieses Recht nach seinem Inhalt und dem Grund seines Bestehens,
   d) die in § 3 Abs. 3 bezeichneten Gegenstände, wenn die Enteignung auf sie ausgedehnt wird,
5. bei der Belastung eines Grundstücks mit einem Recht die Art, den Inhalt sowie den Rang des Rechts, den Berechtigten und das Grundstück,
6. bei der Begründung eines Rechts der in Nummer 4 Buchst. c bezeichneten Art den Inhalt des Rechtsverhältnisses und die daran Beteiligten,
7. die Eigentums- und sonstigen Rechtsverhältnisse vor und nach der Enteignung,
8. die Art und Höhe der Entschädigung und die Höhe der Ausgleichszahlung nach § 18 Abs. 4 mit der Angabe, von wem und an wen sie zu leisten sind; Geldentschädigungen, aus denen andere von der Enteignung Betroffene nach § 15 Abs. 4 zu entschädigen sind, müssen von den sonstigen Geldentschädigungen getrennt ausgewiesen werden,
9. bei der Entschädigung in Land das Grundstück in der in Nummer 4 Buchst. a bezeichneten Weise,
10. die nach § 10 zu treffenden Vorkehrungen,
11. die nach § 18 Abs. 8 festzusetzende Höhe der vom Enteignungsbegünstigten zu erstattenden Aufwendungen.

(3) Ist im Grundbuch die Anordnung der Zwangsversteigerung oder der Zwangsverwaltung eingetragen, so gibt die Enteignungsbehörde dem Vollstreckungsgericht von dem Enteignungsbeschluß Kenntnis.

§ 33 Teilentscheidung, Vorabentscheidung

[1]Ist ein Teil der Gegenstände des Enteignungsverfahrens entscheidungsreif, so kann eine Teilentscheidung getroffen werden. [2]Auf Antrag des Enteignungsbegünstigten hat die Enteignungsbehörde vorab über den Übergang oder die Belastung des Eigentums an dem zu enteignenden Grundstück oder über sonstige durch die Enteignung zu bewirkende Rechtsänderungen zu entscheiden. [3]In diesem Fall

hat die Enteignungsbehörde anzuordnen, daß dem Berechtigten eine Vorauszahlung in Höhe der zu erwartenden Entschädigung zu leisten ist. [4]§ 32 gilt entsprechend.

§ 34 Lauf der Verwirklichungsfrist

(1) Die Frist, innerhalb deren der Enteignungszweck zu verwirklichen ist (§ 32 Abs. 2 Nr. 3), beginnt mit dem Eintritt der Rechtsänderung.

(2) [1]Die Enteignungsbehörde kann diese Frist vor ihrem Ablauf auf Antrag verlängern, wenn

1. der Enteignungsbegünstigte nachweist, daß er den Enteignungszweck ohne Verschulden innerhalb der festgesetzten Frist nicht verwirklichen kann, oder
2. vor Ablauf der Frist eine Gesamtrechtsnachfolge eintritt und der Rechtsnachfolger nachweist, daß er den Enteignungszweck innerhalb der festgesetzten Frist nicht verwirklichen kann.

[2]Der enteignete frühere Eigentümer ist vor der Entscheidung über die Verlängerung zu hören.

(3) Wenn ein Planfeststellungsverfahren gemäß § 27 stattgefunden hat, endet die Frist spätestens mit dem Außerkrafttreten des Plans (§ 75 Abs. 4 des Verwaltungsverfahrensgesetzes).

§ 35 Vorzeitige Besitzeinweisung

(1) [1]Ist die sofortige Ausführung des Vorhabens aus Gründen des Wohls der Allgemeinheit dringend geboten, so kann die Enteignungsbehörde den Antragsteller nach Einleitung des Enteignungsverfahrens gemäß § 29 Abs. 1 Satz 1 oder, wenn ein Planfeststellungsverfahren durchgeführt worden ist, nach Feststellung des Plans auf Antrag durch Beschluß in den Besitz des betroffenen Grundstücks einweisen. [2]Die Besitzeinweisung ist nur zulässig, wenn über sie eine mündliche Verhandlung stattgefunden hat. [3]Einer besonderen mündlichen Verhandlung bedarf es nicht, wenn über die Besitzeinweisung nach vorheriger Ankündigung bereits in einem Termin des Enteignungsverfahrens (§ 29) verhandelt worden ist. [4]Der Beschluß über die Besitzeinweisung ist dem Antragsteller, dem Eigentümer und dem Besitzer zuzustellen. [5]Die Besitzeinweisung wird in dem von der Enteignungsbehörde bezeichneten Zeitpunkt wirksam. [6]Auf Antrag des unmittelbaren Besitzers ist dieser Zeitpunkt auf mindestens zwei Wochen nach Zustellung des Beschlusses über die vorzeitige Besitzeinweisung an ihn festzusetzen.

(2) [1]Die Enteignungsbehörde kann die vorzeitige Besitzeinweisung von der Leistung einer Sicherheit in Höhe der voraussichtlichen Entschädigung und von der vorherigen Erfüllung anderer Bedingungen abhängig machen. [2]Die Anordnung ist dem Antragsteller, dem Eigentümer und dem Besitzer zuzustellen.

(3) [1]Durch die Besitzeinweisung wird dem Besitzer der Besitz entzogen und der Eingewiesene Besitzer. [2]Der Eingewiesene darf auf dem Grundstück das von ihm im Enteignungsantrag bezeichnete Vorhaben ausführen und die dafür erforderlichen Maßnahmen treffen. [3]Durch die Besitzeinweisung wird ein Recht zur Nutzung des Grundstücks insoweit ausgeschlossen, als die Ausübung der Nutzung mit dem Zweck der Besitzeinweisung nicht vereinbar ist.

(4) [1]Der Eingewiesene hat für die durch die vorzeitige Besitzeinweisung entstehenden Vermögensnachteile Entschädigung zu leisten, soweit die Nachteile nicht durch die Verzinsung der Geldentschädigung (§ 17 Abs. 3) ausgeglichen werden. [2]Art und Höhe der Entschädigung werden durch die Enteignungsbehörde spätestens in dem Beschluß nach § 32 festgesetzt. [3]Wird der Beschluß über Art und Höhe der Entschädigung vorher erlassen, so ist er den in Absatz 2 Satz 2 bezeichneten Personen zuzustellen. [4]Ist die Entschädigung für die Besitzeinweisung von der Enteignungsbehörde festgesetzt worden, so gilt sie ohne Rücksicht darauf, ob ein Antrag auf gerichtliche Entscheidung gestellt wird, als seit dem nach Absatz 1 Satz 5 bezeichneten Zeitpunkt fällig.

(5) [1]Auf Antrag einer der in Absatz 2 Satz 2 bezeichneten Personen hat die Enteignungsbehörde den Zustand des Grundstücks vor der Besitzeinweisung in einer Niederschrift feststellen zu lassen, soweit er für die Besitzeinweisungs- oder die Enteignungsentschädigung von Bedeutung ist. [2]Den Beteiligten ist eine Abschrift der Niederschrift zu übersenden.

(6) [1]Wird der Enteignungsantrag abgewiesen, so ist die vorzeitige Besitzeinweisung aufzuheben und der vorherige unmittelbare Besitzer wieder in den Besitz einzuweisen. [2]Der Eingewiesene hat für alle durch die vorzeitige Besitzeinweisung entstandenen besonderen Nachteile Entschädigung zu leisten. [3]Absatz 4 Satz 2 gilt entsprechend.

§ 36 Ausführungsanordnung

(1) [1]Ist der Enteignungsbeschluß unanfechtbar, so ordnet auf Antrag eines Beteiligten die Enteignungsbehörde seine Ausführung an (Ausführungsanordnung), wenn der Enteignungsbegünstigte die

Geldentschädigung gezahlt oder zulässigerweise unter Verzicht auf das Recht der Rücknahme hinterlegt hat. [2]Ist Entschädigung in Land festgesetzt, so kann die Ausführung erst angeordnet werden, nachdem der Berechtigte den Besitz des Ersatzlandes erlangt und der Enteignungsbegünstigte eine festgesetzte zusätzliche Geldentschädigung gezahlt oder zulässigerweise unter Verzicht auf das Recht der Rücknahme hinterlegt hat.

(2) [1]Die Ausführungsanordnung ist allen Beteiligten zuzustellen, deren Rechtsstellung durch den Enteignungsbeschluß betroffen wird. [2]§ 32 Abs. 3 gilt entsprechend.

(3) [1]Mit dem in der Ausführungsanordnung festzusetzenden Tag wird der bisherige Rechtszustand durch den im Enteignungsbeschluß geregelten neuen Rechtszustand ersetzt. [2]Gleichzeitig entstehen die nach § 32 Abs. 2 Nr. 6 begründeten Rechtsverhältnisse; sie gelten von diesem Zeitpunkt an als zwischen den an dem Rechtsverhältnis Beteiligten vereinbart.

(4) Die Ausführungsanordnung schließt die Einweisung in den Besitz des enteigneten Grundstücks zu dem festgesetzten Tag ein.

(5) Die Enteignungsbehörde übersendet dem Grundbuchamt eine beglaubigte Abschrift des Enteignungsbeschlusses und der Ausführungsanordnung und ersucht es, die Rechtsänderungen in das Grundbuch einzutragen.

(6) [1]Ist bei einer Teileinigung nach § 31 oder einer unanfechtbaren Vorabentscheidung nach § 33 Satz 2 nur noch die Höhe einer Geldentschädigung streitig, so hat die Enteignungsbehörde auf Antrag des Enteignungsbegünstigten die Ausführungsanordnung zu erlassen. [2]Die Ausführungsanordnung darf jedoch erst ergehen, wenn der Enteignungsbegünstigte die angeordnete Vorauszahlung geleistet oder in zulässiger Weise unter Verzicht auf das Recht der Rücknahme hinterlegt hat. [3]Im übrigen gilt Absatz 1 Satz 2 entsprechend. [4]Die Enteignungsbehörde kann verlangen, daß der Enteignungsbegünstigte vor Erlaß der Ausführungsanordnung für einen angemessenen Betrag Sicherheit leistet, soweit sich aus einer Teileinigung nicht etwas anderes ergibt. [5]Für das Verfahren und die Rechtswirkungen gelten die Absätze 2 bis 5 entsprechend.

§ 37 Hinterlegung

(1) [1]Geldentschädigungen, aus denen Rechtsinhaber nach § 15 Abs. 4 zu befriedigen sind, sind unter Verzicht auf das Recht der Rücknahme zu hinterlegen, soweit mehrere Personen auf sie Anspruch haben und eine Einigung über die Auszahlung nicht nachgewiesen ist. [2]Die Hinterlegung erfolgt bei dem Amtsgericht, in dessen Bezirk das von der Enteignung betroffene Grundstück liegt; § 2 des Zwangsversteigerungsgesetzes gilt entsprechend.

(2) Andere Vorschriften, nach denen die Hinterlegung geboten oder statthaft ist, werden hierdurch nicht berührt.

§ 38 Verteilungsverfahren

(1) Nach dem Eintritt des neuen Rechtszustandes kann jeder Beteiligte sein Recht an der hinterlegten Summe gegen einen Mitbeteiligten, der dieses Recht bestreitet, vor den ordentlichen Gerichten geltend machen oder die Einleitung eines gerichtlichen Verteilungsverfahrens beantragen.

(2) Für das Verteilungsverfahren ist das Amtsgericht zuständig, in dessen Bezirk das von der Enteignung betroffene Grundstück liegt; § 2 des Zwangsversteigerungsgesetzes gilt entsprechend.

(3) Auf das Verteilungsverfahren sind die Vorschriften über die Verteilung des Erlöses im Falle der Zwangsversteigerung mit folgenden Abweichungen entsprechend anzuwenden:

1. Das Verteilungsverfahren ist durch Beschluß zu eröffnen.
2. Die Zustellung des Eröffnungsbeschlusses an den Antragsteller gilt als Beschlagnahme im Sinne des § 13 des Zwangsversteigerungsgesetzes. Ist das Grundstück schon in einem Zwangsversteigerungs- oder Zwangsverwaltungsverfahren beschlagnahmt, so verbleibt es dabei.
3. Das Verteilungsgericht hat bei Eröffnung des Verfahrens von Amts wegen das Grundbuchamt um die in § 19 Abs. 2 und 3 des Zwangsversteigerungsgesetzes bezeichneten Mitteilungen zu ersuchen. In die beglaubigte Abschrift des Grundbuchblatts sind die zur Zeit der Zustellung des Enteignungsbeschlusses an den Enteigneten vorhandenen Eintragungen sowie die später eingetragenen Veränderungen und Löschungen aufzunehmen.
4. Bei dem Verfahren sind die in § 15 Abs. 4 bezeichneten Entschädigungsberechtigten nach Maßgabe des § 10 des Zwangsversteigerungsgesetzes zu berücksichtigen, wegen der Ansprüche auf wiederkehrende Nebenleistungen jedoch nur für die Zeit bis zur Hinterlegung.

§ 39 Aufhebung des Enteignungsbeschlusses

(1) [1]Hat der Enteignungsbegünstigte eine ihm in dem Enteignungsbeschluß auferlegte Zahlung nicht innerhalb eines Monats nach dem Zeitpunkt geleistet, indem der Beschluß unanfechtbar geworden ist, so kann die Aufhebung des Enteignungsbeschlusses beantragt werden. [2]Antragsberechtigt ist jeder Beteiligte, der eine ihm zustehende Entschädigung noch nicht erhalten hat oder der nach § 15 Abs. 4 aus ihr zu befriedigen ist. [3]Der Antrag ist dem Enteignungsbegünstigten zuzustellen. [4]Wird der Enteignungsbehörde nicht binnen zwei Wochen nach Zustellung des Antrags nachgewiesen, daß die Zahlung inzwischen geleistet worden ist, so ist der Enteignungsbeschluß aufzuheben.

(2) Der Aufhebungsbeschluß ist allen Beteiligten zuzustellen und dem Grundbuchamt abschriftlich mitzuteilen.

§ 40 Wiedereinsetzung in den vorigen Stand

(1) Bei Versäumung einer gesetzlichen oder auf Grund dieses Gesetzes bestimmten Frist für eine Verfahrenshandlung richtet sich die Wiedereinsetzung in den vorigen Stand nach § 32 des Verwaltungsverfahrensgesetzes.

(2) Die Enteignungsbehörde kann nach Wiedereinsetzung in den vorigen Stand an Stelle einer Entscheidung, die den durch das bisherige Verfahren herbeigeführten neuen Rechtszustand ändern würde, eine Entschädigung festsetzen.

§ 41 Vollstreckbare Titel

(1) [1]Die Zwangsvollstreckung nach den Vorschriften der Zivilprozeßordnung über die Vollstreckung von Urteilen in bürgerlichen Rechtsstreitigkeiten findet statt

1. aus der Niederschrift über eine Einigung (§ 30) wegen der in ihr bezeichneten Leistungen,
2. aus einem unanfechtbaren Enteignungsbeschluß (§ 32) wegen der darin festgesetzten Zahlungen,
3. aus einem Beschluß über die vorzeitige Besitzeinweisung, deren Änderung oder Aufhebung wegen der darin festgesetzten Leistungen sowie aus einem gesonderten Beschluß über die Besitzeinweisungsentschädigung (§ 35).

[2]Die Zwangsvollstreckung wegen einer Ausgleichszahlung ist erst zulässig, wenn die Ausführungsanordnung wirksam und unanfechtbar geworden ist.

(2) [1]Die vollstreckbare Ausfertigung wird von dem Urkundsbeamten der Geschäftsstelle des Amtsgerichts erteilt, in dessen Bezirk die Enteignungsbehörde ihren Sitz hat. [2]Wenn das Verfahren bei einem Gericht anhängig ist, wird die vollstreckbare Ausfertigung von dem Urkundsbeamten der Geschäftsstelle dieses Gerichts erteilt. [3]In den Fällen der §§ 731, 767 bis 770, 785, 786 und 791 der Zivilprozeßordnung tritt das Amtsgericht, in dessen Bezirk die Enteignungsbehörde ihren Sitz hat, an die Stelle des Prozeßgerichts.

§ 42 Kosten

(1) [1]Der Träger des Vorhabens hat die den Beteiligten aus Anlaß des Verfahrens erwachsenen Kosten zu tragen, soweit sie zur zweckentsprechenden Rechtsverfolgung notwendig waren. [2]Wird ein Antrag auf Rückenteignung (§ 44) abgelehnt oder zurückgenommen, so hat der Antragsteller die Kosten des Verfahrens zu tragen. [3]Wird ein Antrag eines sonstigen Beteiligten abgelehnt oder zurückgenommen, so können diesem die durch die Behandlung seines Antrags verursachten Kosten auferlegt werden.

(2) [1]Die Entscheidung über die Kosten kann einem besonderen Beschluß vorbehalten werden. [2]Über die Kosten ist in einem besonderen Beschluß zu entscheiden, wenn ein Beteiligter dies beantragt und ein berechtigtes Interesse daran geltend macht.

(3) [1]Der Betrag der zu erstattenden Kosten wird auf Antrag von der Enteignungsbehörde in einem Kostenfestsetzungsbeschluß festgesetzt. [2]Aus einem unanfechtbaren Kostenfestsetzungsbeschluß findet die Zwangsvollstreckung nach den Vorschriften der Zivilprozeßordnung über die Vollstreckung von Kostenfestsetzungsbeschlüssen statt. [3]§ 41 Abs. 2 gilt entsprechend.

(4) Für die Kosten der Enteignungsbehörde gelten die allgemeinen Vorschriften über die Erhebung von Gebühren und Auslagen in der Verwaltung.

§ 43 Rechtsbehelfe

(1) [1]Die in Verfahren nach diesem Gesetz erlassenen Verwaltungsakte der Enteignungsbehörde können nur durch Antrag auf gerichtliche Entscheidung angefochten werden. [2]Über den Antrag entscheidet das Landgericht (Kammer für Baulandsachen).

(2) [1]Die Vorschriften des Dritten Teils im Dritten Kapitel des Baugesetzbuchs über das Verfahren vor den Kammern (Senaten) für Baulandsachen sind anzuwenden. [2]An die Stelle der Vorschriften des Baugesetzbuchs, auf die in dessen Drittem Teil des Dritten Kapitels Bezug genommen ist, treten die entsprechenden Vorschriften dieses Gesetzes.

(3) Die Absätze 1 und 2 gelten nicht für Verwaltungsakte der Enteignungsbehörde im Planfeststellungsverfahren nach § 27.

Vierter Abschnitt
Rückenteignung

§ 44 Rückenteignung

(1) Der enteignete frühere Eigentümer kann verlangen, daß das nach den Vorschriften dieses Gesetzes enteignete Grundstück zu seinen Gunsten wieder enteignet wird (Rückenteignung), wenn der Enteignungsbegünstigte oder sein Rechtsnachfolger das Grundstück nicht innerhalb der festgesetzten Frist (§ 32 Abs. 2 Nr. 3, § 34) zu dem Enteignungszweck verwendet oder die Verwirklichung des Enteignungszwecks vor Ablauf der Frist aufgegeben hat.

(2) [1]Der Antrag auf Rückenteignung ist binnen zwei Jahren nach Entstehung des Anspruchs bei der Enteignungsbehörde zu stellen. [2]§ 203 Abs. 2 des Bürgerlichen Gesetzbuchs gilt entsprechend.

(3) Die Enteignungsbehörde kann die Rückenteignung ablehnen, wenn das Grundstück erheblich verändert oder ganz oder überwiegend Entschädigung in Land gewährt worden ist.

(4) [1]Der frühere Inhaber eines Rechts, das durch Enteignung nach den Vorschriften dieses Gesetzes aufgehoben worden ist, kann unter den in Absatz 1 bezeichneten Voraussetzungen verlangen, daß ein gleiches Recht an dem früher belasteten Grundstück zu seinen Gunsten durch Enteignung wieder begründet wird. [2]Die Vorschriften über die Rückenteignung gelten entsprechend.

(5) Für das Verfahren gelten die Vorschriften des Dritten Abschnitts entsprechend.

§ 45 Entschädigung für die Rückenteignung

[1]Wird dem Antrag auf Rückenteignung stattgegeben, so hat der Antragsteller dem von der Rückenteignung Betroffenen Entschädigung für den Rechtsverlust zu leisten. [2]§ 11 Abs. 2 Nr. 2 ist nicht anzuwenden. [3]Ist dem Antragsteller bei der Enteignung eine Entschädigung für andere Vermögensnachteile gewährt worden, so hat er diese Entschädigung insoweit zurückzuzahlen, als die Nachteile auf Grund der Rückenteignung entfallen. [4]Die dem Eigentümer zu gewährende Entschädigung darf den bei der Enteignung zugrunde gelegten Verkehrswert des Grundstücks nicht übersteigen, jedoch sind Aufwendungen zu berücksichtigen, die zu einer Werterhöhung des Grundstücks geführt haben. [5]Im übrigen gelten die Vorschriften über die Entschädigung im Zweiten Abschnitt entsprechend.

Fünfter Abschnitt
Übergangs- und Schlußvorschriften

§ 46 Anhängige Verfahren

[1]Die bei Inkrafttreten dieses Gesetzes anhängigen Enteignungsverfahren sind nach den bisher geltenden Vorschriften weiterzuführen. [2]Hat die Enteignungsbehörde die Entschädigung noch nicht festgesetzt, so sind die Vorschriften dieses Gesetzes über die Entschädigung anzuwenden.

§§ 47, 48 (nicht wiedergegebene Aufhebungs- bzw. Änderungsvorschrift)

§ 49 Inkrafttreten

Dieses Gesetz tritt am 1. Januar 1974 in Kraft.[1)]

---

1) **Amtl. Anm.:** Die Vorschrift betrifft das Inkrafttreten des Gesetzes in der ursprünglichen Fassung vom 12. Novemeber 1973 (Nieders. GVBl. S. 441). Der Zeitpunkt des Inkrafttretens der späteren Änderungen ergibt sich aus dem in der vorangestellten Bekanntmachung näher bezeichneten Gesetz.

Niedersächsisches Nachbarrechtsgesetz (NNachbG)

Vom 31. März 1967 (Nds. GVBl. S. 91)
(GVBl. Sb 40400 01)
zuletzt geändert durch Art. 1 G zur Änd. des Nds. NachbarrechtsG und der Nds. Bauordnung vom 23. Juli 2014 (Nds. GVBl. S. 206)

Inhaltsübersicht

Der Niedersächsische Landtag hat das folgende Gesetz beschlossen, das hiermit verkündet wird:

Erster Abschnitt
Allgemeine Vorschriften

§ 1 Begriff des Nachbarn
Nachbar im Sinne dieses Gesetzes ist nur der Eigentümer eines Grundstücks, im Falle des Erbbaurechts der Erbbauberechtigte.

§ 2 Verjährung
[1]Für die Verjährung von Ansprüchen nach diesem Gesetz gilt Abschnitt 5 des Buches 1 des Bürgerlichen Gesetzbuchs (BGB) entsprechend. [2]In den Fällen der §§ 54, 55 Abs. 1 Nr. 3 und Abs. 2 sowie des § 59 Abs. 2 Nr. 2 tritt die Verjährung jedoch nicht vor Ablauf der dort bestimmten Frist ein.

Zweiter Abschnitt
Nachbarwand

§ 3 Begriff der Nachbarwand
Nachbarwand ist eine auf der Grenze zweier Grundstücke errichtete Wand, die mit einem Teil ihrer Dicke auf dem Nachbargrundstück steht und den Bauwerken beider Grundstücke als Abschlußwand oder zur Unterstützung oder Aussteifung dient oder dienen soll.

§ 4 Einvernehmen mit dem Nachbarn
[1]Eine Nachbarwand darf nur im Einvernehmen mit dem Nachbarn errichtet werden. [2]Für die im Einvernehmen mit dem Nachbarn errichtete Nachbarwand gelten die §§ 5 bis 15.

§ 5 Beschaffenheit der Nachbarwand
(1) [1]Die Nachbarwand ist in einer solchen Bauart und Bemessung auszuführen, daß sie den Bauvorhaben beider Nachbarn genügt. [2]Ist nichts anderes vereinbart, so braucht der zuerst Bauende die Wand nur für einen Anbau herzurichten, der an die Bauart und Bemessung der Wand keine höheren Anforderungen stellt als sein eigenes Bauvorhaben. [3]Anbau ist die Mitbenutzung der Wand als Abschlußwand oder zur Unterstützung oder Aussteifung des neuen Bauwerkes.

(2) [1]Erfordert keins der beiden Bauvorhaben eine größere Dicke der Wand als das andere, so darf die Nachbarwand höchstens mit der Hälfte ihrer notwendigen Dicke auf dem Nachbargrundstück errichtet werden. [2]Erfordert der auf dem einen der Grundstücke geplante Bau eine dickere Wand, so ist die Wand mit einem entsprechend größeren Teil ihrer Dicke auf diesem Grundstück zu errichten.

§ 6 Ansprüche des Nachbarn
[1]Soweit die Nachbarwand dem § 5 Abs. 2 entspricht, hat der Nachbar keinen Anspruch auf Zahlung einer Vergütung (§ 912 BGB) oder auf Abkauf von Boden (§ 915 BGB). [2]Wird die Nachbarwand beseitigt, bevor angebaut ist, so kann der Nachbar für die Zeitspanne ihres Bestehens eine Vergütung gemäß § 912 BGB beanspruchen.

§ 7 Anbau an die Nachbarwand
(1) [1]Der Nachbar ist berechtigt, an die Nachbarwand nach den allgemein anerkannten Regeln der Baukunst anzubauen; dabei darf er in den Besitz des zuerst Bauenden an der Nachbarwand eingreifen. [2]Unterfangen der Nachbarwand ist nur entsprechend den Vorschriften des § 20 zulässig.

(2) [1]Der anbauende Nachbar hat dem Eigentümer des zuerst bebauten Grundstücks den halben Wert der Nachbarwand zu vergüten, soweit ihre Fläche zum Anbau genutzt wird. [2]Ruht auf dem zuerst bebauten Grundstück ein Erbbaurecht, so steht die Vergütung dem Erbbauberechtigten zu.

(3) Die Vergütung ermäßigt sich angemessen, wenn die besondere Bauart oder Bemessung der Wand nicht erforderlich oder nur für das zuerst errichtete Bauwerk erforderlich ist; sie erhöht sich angemessen, wenn die besondere Bauart oder Bemessung der Wand nur für das später errichtete Bauwerk erforderlich ist.

(4) [1]Steht die Nachbarwand mehr auf dem Grundstück des anbauenden Nachbarn, als in § 5 Abs. 2 vorgesehen ist, so kann dieser die Vergütung um den Wert des zusätzlich überbauten Bodens kürzen, wenn er nicht die in § 912 Abs. 2 oder in § 915 BGB bestimmten Rechte ausübt. [2]Steht die Nachbarwand weniger auf dem Nachbargrundstück, als in § 5 Abs. 2 vorgesehen ist, so erhöht sich die Vergütung um den Wert des Bodens, den die Wand andernfalls auf dem Nachbargrundstück zusätzlich benötigt hätte.

(5) [1]Die Vergütung wird fällig, wenn der Anbau im Rohbau hergestellt ist; sie steht demjenigen zu, der zu dieser Zeit Eigentümer (Erbbauberechtigter) ist. [2]Bei der Wertberechnung ist von den zu diesem Zeitpunkt üblichen Baukosten auszugehen und das Alter sowie der bauliche Zustand der Nachbarwand zu berücksichtigen. [3]Auf Verlangen ist Sicherheit in Höhe der voraussichtlich zu gewährenden Vergütung zu leisten, wenn mit einer Vergütung von mehr als 3 000 Euro zu rechnen ist; in einem solchen Falle darf der Anbau erst nach Leistung der Sicherheit begonnen oder fortgesetzt werden.

§ 8 Anzeige des Anbaues

(1) [1]Die Einzelheiten der geplanten Mitbenutzung der Wand sind zwei Monate vor Beginn der Bauarbeiten dem Eigentümer (Erbbauberechtigten) des zuerst bebauten Grundstücks anzuzeigen. [2]Mit den Arbeiten darf, wenn nichts anderes vereinbart wird, erst nach Fristablauf begonnen werden.

(2) Etwaige Einwendungen gegen den Anbau sollen unverzüglich erhoben werden.

(3) Ist der Aufenthalt des Eigentümers (Erbbauberechtigten) nicht bekannt oder ist er bei Aufenthalt im Ausland nicht alsbald erreichbar und hat er keinen Vertreter bestellt, so genügt statt der Anzeige an ihn die Anzeige an den unmittelbaren Besitzer.

§ 9 Abbruch an der Nachbarwand

Der geplante Abbruch eines der beiden Gebäude, denen die Nachbarwand dient, ist dem Nachbarn anzuzeigen; § 8 gilt entsprechend.

§ 10 Unterhaltung der Nachbarwand

(1) Bis zum Anbau fallen die Unterhaltungskosten der Nachbarwand dem Eigentümer des zuerst bebauten Grundstücks allein zur Last.

(2) [1]Nach dem Anbau sind die Unterhaltungskosten für den gemeinsam genutzten Teil der Wand von beiden Nachbarn zu gleichen Teilen zu tragen. [2]In den Fällen des § 7 Abs. 3 ermäßigt oder erhöht sich der Anteil des Anbauenden an den Unterhaltungskosten entsprechend der Anbauvergütung.

(3) [1]Wird eines der beiden Gebäude abgebrochen und nicht neu errichtet, so hat der Eigentümer des abgebrochenen Gebäudes die Außenfläche des bisher gemeinsam genutzten Teiles der Wand in einen für eine Außenwand geeigneten Zustand zu versetzen. [2]Bedarf die Wand gelegentlich des Gebäudeabbruches noch weiterer Instandsetzung, so sind die Kosten dafür gemäß Absatz 2 gemeinsam zu tragen. [3]Die künftige Unterhaltung der Wand obliegt dem Eigentümer des bestehen gebliebenen Gebäudes.

§ 11 Beseitigen der Nachbarwand vor dem Anbau

(1) [1]Der Eigentümer des zuerst bebauten Grundstücks darf die Nachbarwand nur mit Einwilligung des Nachbarn beseitigen. [2]Die Absicht, die Nachbarwand zu beseitigen, muß dem Nachbarn schriftlich erklärt werden. [3]Die Einwilligung gilt als erteilt, wenn der Nachbar dieser Erklärung nicht innerhalb von zwei Monaten schriftlich widerspricht. [4]Für die Erklärung gilt § 8 Abs. 3 entsprechend.

(2) Die Einwilligung gilt trotz Widerspruchs als erteilt, wenn

1. der Nachbar nicht innerhalb von sechs Monaten nach Empfang der Erklärung einen Bauantrag zur Errichtung eines Anbaus einreicht oder die bauaufsichtliche Zustimmung hierfür beantragt oder, falls das Vorhaben weder einer Baugenehmigung noch einer bauaufsichtlichen Zustimmung bedarf, die erforderlichen Unterlagen einreicht,
2. die Versagung der für die Errichtung eines Anbaus erforderlichen Baugenehmigung oder bauaufsichtlichen Zustimmung nicht mehr angefochten werden kann oder
3. nicht innerhalb eines Jahres nach Eintritt der Unanfechtbarkeit der Baugenehmigung oder der bauaufsichtlichen Zustimmung oder, falls das Vorhaben weder einer Baugenehmigung noch einer

bauaufsichtlichen Zustimmung bedarf, nach Vorliegen der Bestätigung der Gemeinde nach § 62 Abs. 2 Nr. 3 der Niedersächsischen Bauordnung mit der Errichtung eines Anbaus begonnen wird.

(3) [1]Beseitigt der Erstbauende die Nachbarwand rechtswidrig ganz oder teilweise, so kann der anbauberechtigte Nachbar auch ohne Verschulden des Erstbauenden Schadensersatz verlangen. [2]Der Anspruch wird fällig, wenn das spätere Bauwerk im Rohbau hergestellt ist.

§ 12 Erhöhen der Nachbarwand

(1) [1]Jeder Nachbar darf die Nachbarwand auf seine Kosten erhöhen, wenn der andere Nachbar schriftlich einwilligt; bei der Erhöhung sind die allgemein anerkannten Regeln der Baukunst zu beachten. [2]Die Einwilligung muß erteilt werden, wenn keine oder nur geringfügige Beeinträchtigungen des eigenen Grundstücks zu erwarten sind. [3]Für den hinzugefügten oberen Teil der Nachbarwand gelten die Vorschriften des § 5 Abs. 1 und der §§ 7 bis 11.

(2) Der höher Bauende darf – soweit erforderlich – auf das Nachbardach einschließlich des Dachtragwerkes einwirken; er hat auf seine Kosten das Nachbardach mit der erhöhten Nachbarwand ordnungsgemäß zu verbinden.

(3) Wird die Nachbarwand nicht in voller Dicke erhöht, so ist die Erhöhung, wenn die Nachbarn nichts anderes vereinbart haben, auf der Mitte der Wand zu errichten.

§ 13 Verstärken der Nachbarwand

[1]Jeder Nachbar darf die Nachbarwand auf seinem Grundstück verstärken, soweit es nach den allgemein anerkannten Regeln der Baukunst zulässig ist. [2]Die Absicht der Verstärkung ist zwei Monate vor Beginn der Bauarbeiten anzuzeigen; § 8 gilt entsprechend.

§ 14 Schadensersatz

(1) [1]Schaden, der durch Ausübung des Rechtes nach § 13 dem Eigentümer des anderen Grundstücks oder den Nutzungsberechtigten entsteht, ist auch ohne Verschulden zu ersetzen. [2]Hat der Geschädigte den Schaden mitverursacht, so hängt die Ersatzpflicht sowie der Umfang der Ersatzleistung von den Umständen ab, insbesondere davon, inwieweit der Schaden vorwiegend von dem einen oder anderen Teil verursacht worden ist.

(2) Auf Verlangen ist Sicherheit in Höhe des möglichen Schadens zu leisten, wenn mit einem Schaden von mehr als 3 000 Euro zu rechnen ist; in einem solchen Falle darf das Recht erst nach Leistung der Sicherheit ausgeübt werden.

§ 15 Erneuerung einer Nachbarwand

[1]Wird eine Nachbarwand, neben der ein später errichtetes Bauwerk steht, abgebrochen und durch eine neue Wand ersetzt, so darf die neue Wand über die Grenze hinaus auf der alten Stelle errichtet werden. [2]Soll die neue Nachbarwand in Bauart oder Bemessung von der früheren abweichen, so sind die §§ 12 bis 14 entsprechend anzuwenden.

Dritter Abschnitt

Grenzwand

§ 16 Errichten einer Grenzwand

(1) [1]Wer an der Grenze zweier Grundstücke, jedoch ganz auf seinem Grundstück, eine Wand errichten will (Grenzwand), hat dem Nachbarn die Bauart und Bemessung der beabsichtigten Wand anzuzeigen. [2]§ 8 Abs. 2 und 3 ist entsprechend anzuwenden. [3]Als Grenzwand gilt auch eine neben einer Nachbarwand oder neben einem Überbau geplante Wand.

(2) [1]Der Nachbar kann innerhalb eines Monats nach Zugang der Anzeige verlangen, die Grenzwand so zu gründen, daß zusätzliche Baumaßnahmen vermieden werden, wenn er später neben der Grenzwand ein Bauwerk errichtet oder erweitert. [2]Mit den Arbeiten darf, wenn nichts anderes vereinbart wird, erst nach Ablauf der Frist begonnen werden.

(3) [1]Die durch das Verlangen nach Absatz 2 entstehenden Mehrkosten sind zu erstatten. [2]In Höhe der voraussichtlich erwachsenden Mehrkosten ist auf Verlangen des Bauherrn binnen zwei Wochen Vorschuß zu leisten. [3]Der Anspruch auf die besondere Gründung erlischt, wenn der Vorschuß nicht fristgerecht geleistet wird.

(4) Soweit der Bauherr die besondere Gründung innerhalb von fünf Jahren seit der Errichtung auch zum Vorteil seines Bauwerks ausnutzt, beschränkt sich die Erstattungspflicht des Nachbarn auf den angemessenen Kostenanteil; darüber hinaus gezahlte Kosten können zurückgefordert werden.

§ 17 Veränderung oder Abbruch einer Grenzwand

[1]Wer eine Grenzwand erhöhen, verstärken oder abbrechen will, hat die Einzelheiten dieser Baumaßnahme einen Monat vor Beginn der Arbeiten dem Nachbarn anzuzeigen. [2]§ 8 ist entsprechend anzuwenden.

§ 18 Anbau an eine Grenzwand

(1) [1]Der Nachbar darf an eine Grenzwand nur anbauen (§ 5 Abs. 1 Satz 3), wenn der Eigentümer einwilligt. [2]Bei dem Anbau sind die allgemein anerkannten Regeln der Baukunst zu beachten.

(2) [1]Der anbauende Nachbar hat dem Eigentümer der Grenzwand eine Vergütung zu zahlen, soweit er sich nicht schon nach § 16 Abs. 3 an den Errichtungskosten beteiligt hat. [2]Auf diese Vergütung findet § 7 Abs. 2, 3 und 5 entsprechende Anwendung. [3]Die Vergütung erhöht sich um den Wert des Bodens, den der Anbauende gemäß § 5 Abs. 2 bei Errichtung einer Nachbarwand hätte zur Verfügung stellen müssen.

(3) Für die Unterhaltungskosten der Grenzwand gilt § 10 entsprechend.

§ 19 Anschluß bei zwei Grenzwänden

(1) [1]Wer eine Grenzwand neben einer schon vorhandenen Grenzwand errichtet, muß sein Bauwerk an das zuerst errichtete Bauwerk auf seine Kosten anschließen, soweit dies nach den allgemein anerkannten Regeln der Baukunst erforderlich oder für die Baugestaltung zweckmäßig ist. [2]Er hat den Anschluß auf seine Kosten zu unterhalten.

(2) Die Einzelheiten des beabsichtigten Anschlusses sind in der in § 16 Abs. 1 vorgeschriebenen Anzeige dem Eigentümer des zuerst bebauten Grundstücks mitzuteilen.

(3) Werden die Grenzwände gleichzeitig errichtet, so tragen die Nachbarn die Kosten des Anschlusses und seiner Unterhaltung zu gleichen Teilen.

§ 20 Unterfangen einer Grenzwand

(1) Der Nachbar darf eine Grenzwand nur unterfangen, wenn

1. dies zur Ausführung seines Bauvorhabens nach den allgemein anerkannten Regeln der Baukunst unumgänglich ist oder nur mit unzumutbar hohen Kosten vermieden werden könnte und
2. keine erhebliche Schädigung des zuerst errichteten Gebäudes zu besorgen ist.

(2) Für Anzeigepflicht und Schadensersatz gelten die §§ 8 und 14 entsprechend.

§ 21 Einseitige Grenzwand

Darf nur auf einer Seite unmittelbar an eine gemeinsame Grenze gebaut werden, so hat der Nachbar kleinere, nicht zum Betreten bestimmte Bauteile, die in den Luftraum seines Grundstücks übergreifen, zu dulden, wenn sie die Benutzung seines Grundstücks nicht oder nur geringfügig beeinträchtigen.

§ 21a Nachträgliche Wärmedämmung einer Grenzwand

(1) [1]Der Eigentümer und der Nutzungsberechtigte eines Grundstücks haben einen Überbau auf das Grundstück durch eine nachträglich auf eine Grenzwand aufgebrachte Außenwandbekleidung, die die Grenze um nicht mehr als 0,25 m überschreitet und der Wärmedämmung eines Gebäudes dient, zu dulden, soweit und solange

1. der Überbau die zulässige Benutzung des Grundstücks nicht oder nur geringfügig beeinträchtigt und eine zulässige beabsichtigte Benutzung des Grundstücks nicht oder nur geringfügig behindert,
2. der Überbau dem öffentlichen Baurecht nicht widerspricht und
3. eine ebenso wirksame Wärmedämmung auf andere Weise mit vertretbarem Aufwand nicht möglich ist.

[2]§ 912 Abs. 2 sowie die §§ 913 und 914 des Bürgerlichen Gesetzbuchs gelten entsprechend.

(2) [1]Der Bauherr hat dem Eigentümer und dem Nutzungsberechtigten des Nachbargrundstücks eine Baumaßnahme nach Absatz 1 Satz 1 spätestens einen Monat vor Beginn der Arbeiten anzuzeigen. [2]Aus der Anzeige müssen Art und Umfang der Baumaßnahme hervorgehen. [3]§ 8 Abs. 1 Satz 2 und Abs. 2 und 3 ist entsprechend anzuwenden.

(3) Jeder Eigentümer und jeder Nutzungsberechtigte des überbauten Grundstücks kann verlangen, dass der durch den Überbau begünstigte Nachbar die Außenwandbekleidung in einem ordnungsgemäßen Zustand erhält.

(4) Der Bauherr hat dem Eigentümer und dem Nutzungsberechtigten des überbauten Grundstücks auch ohne Verschulden den Schaden zu ersetzen, der durch einen Überbau nach Absatz 1 Satz 1 oder die mit seiner Errichtung verbundenen Arbeiten entsteht.

§ 22 Über die Grenze gebaute Wand

[1]Die Bestimmungen über die Grenzwand gelten auch für eine über die Grenze hinausreichende Wand, wenn die Vorschriften über die Nachbarwand nicht anwendbar sind. [2]§ 21a Abs. 1 Satz 1 gilt mit der Maßgabe, dass der gesamte Überbau 0,25 m nicht überschreiten darf. [3]Stimmt der Erbauer einer über die Grenze hinausreichenden Wand auf Wunsch des Nachbarn einem Anbau zu, so gelten die Vorschriften über die Nachbarwand.

Vierter Abschnitt
Fenster- und Lichtrecht

§ 23 Umfang und Inhalt

(1) [1]In oder an der Außenwand eines Gebäudes, die parallel oder in einem Winkel bis zu 75° zur Grenze des Nachbargrundstücks verläuft, dürfen Fenster oder Türen, die von der Grenze einen geringeren Abstand als 2,5 m haben sollen, nur mit Einwilligung des Nachbarn angebracht werden. [2]Das gleiche gilt für Balkone und Terrassen.

(2) Von einem Fenster, dem der Nachbar zugestimmt hat, müssen er und seine Rechtsnachfolger mit später errichteten Gebäuden mindestens 2,5 m Abstand einhalten.

§ 24 Ausnahmen

Eine Einwilligung nach § 23 Abs. 1 ist nicht erforderlich

1. für lichtdurchlässige Bauteile, wenn sie undurchsichtig und schalldämmend sind,
2. für Außenwände an oder neben öffentlichen Straßen, öffentlichen Wegen und öffentlichen Plätzen (öffentlichen Straßen) sowie an oder neben Gewässern von mehr als 2,5 m Breite.

§ 25 Ausschluß des Beseitigungsanspruches

(1) Der Anspruch auf Beseitigung einer Einrichtung nach § 23 Abs. 1, die einen geringeren als den dort vorgeschriebenen Grenzabstand hat, ist ausgeschlossen,

1. wenn die Einrichtung bei Inkrafttreten dieses Gesetzes vorhanden ist und ihr Grenzabstand sowie ihre sonstige Beschaffenheit dem bisherigen Recht entspricht oder
2. wenn der Nachbar nicht spätestens im zweiten Kalenderjahr nach dem Anbringen der Einrichtung Klage auf Beseitigung erhoben hat; die Frist endet frühestens zwei Jahre nach Inkrafttreten dieses Gesetzes.

(2) Wird das Gebäude, an dem sich die Einrichtungen befanden, durch ein neues Gebäude ersetzt, so gelten die §§ 23 und 24.

Fünfter Abschnitt
Bodenerhöhungen

§ 26 [Bodenerhöhungen]

[1]Wer den Boden seines Grundstücks über die Oberfläche des Nachbargrundstücks erhöht, muß einen solchen Grenzabstand einhalten oder solche Vorkehrungen treffen und unterhalten, daß eine Schädigung des Nachbargrundstücks durch Bodenbewegungen ausgeschlossen ist. [2]Die Verpflichtung geht auf den Rechtsnachfolger über.

Sechster Abschnitt
Einfriedung

§ 27 Einfriedungspflicht

(1) Grenzen bebaute oder gewerblich genutzte Grundstücke aneinander, so kann jeder Eigentümer eines solchen Grundstücks, sofern durch Einzelvereinbarung nichts anderes bestimmt ist, von den Nachbarn die Einfriedung nach folgenden Regeln verlangen:

1. Wenn Grundstücke unmittelbar nebeneinander an derselben Straße oder an demselben Wege liegen, so hat jeder Eigentümer an der Grenze zum rechten Nachbargrundstück einzufrieden. Rechtes Nachbargrundstück ist dasjenige, das von der Straße (dem Wege) aus betrachtet rechts liegt. Dies gilt auch für Eckgrundstücke, auch für solche, die an drei Straßen oder Wege grenzen.
2. Liegt ein Grundstück zwischen zwei Straßen oder Wegen, so ist dasjenige Grundstück rechtes Nachbargrundstück im Sinne von Nr. 1 Satz 2, welches an derjenigen Straße (demjenigen Wege) rechts liegt, an der (dem) sich der Haupteingang des Grundstückes befindet. Durch Verlegung des Haupteingangs wird die Einfriedungspflicht ohne Zustimmung des Nachbarn nicht verändert. Für Eckgrundstücke gilt Nr. 1 ohne Rücksicht auf die Lage des Haupteingangs.
3. Wenn an einer Grenze gemäß Nr. 2 in Verbindung mit Nr. 1 beide Nachbarn einzufrieden haben, so haben sie gemeinsam einzufrieden.
4. An Grenzen, auf die weder Nr. 1 noch Nr. 2 dieses Absatzes anwendbar ist, insbesondere an beiderseits rückwärtigen Grenzen, ist gemeinsam einzufrieden.
5. Soweit die Grenzen mit Gebäuden besetzt sind, besteht keine Einfriedungspflicht.

(2) [1]Soweit in einem Teil eines Ortes Einfriedungen nicht üblich sind, besteht keine Einfriedungspflicht. [2]§ 29 Abs. 2 bleibt unberührt.

§ 28 Beschaffenheit der Einfriedung

(1) [1]Haben die Eigentümer eine Vereinbarung über die Art und Beschaffenheit der Einfriedung nicht getroffen, so kann eine ortsübliche Einfriedung verlangt werden. [2]Wenn sich für einen Teil eines Ortes keine andere Ortsübung feststellen läßt, kann ein bis zu 1,20 m hoher Zaun verlangt werden.

(2) [1]Die Einfriedung ist – vorbehaltlich des § 30 – auf dem eigenen Grundstück zu errichten. [2]Seitliche Zaunpfosten sollen dem eigenen Grundstück zugekehrt sein.

(3) Darf eine Einfriedung nach der Niedersächsischen Bauordnung in einer bestimmten Höhe an der Grenze errichtet werden, so kann nicht verlangt werden, daß die Einfriedung eine geringere Höhe einhält.

§ 29 Einfriedungspflicht des Störers

(1) Reicht eine den §§ 27 und 28 entsprechende ortsübliche Einfriedung nicht aus, um angemessenen Schutz vor unzumutbaren Beeinträchtigungen zu bieten, so hat derjenige, von dessen Grundstück die Beeinträchtigungen ausgehen, auf Verlangen des Nachbarn die Einfriedung zu verbessern, wenn dadurch die Beeinträchtigungen verhindert oder gemindert werden können.

(2) [1]Gehen von einem bebauten oder gewerblich genutzten Grundstück unzumutbare Beeinträchtigungen aus und ergibt sich aus § 27 keine Einfriedungspflicht, so hat der Eigentümer auf Verlangen des Nachbarn eine Einfriedung zu errichten, die dem Nachbargrundstück angemessenen Schutz gewährt. [2]Für unbebaute Grundstücke in Baulücken gilt das gleiche.

§ 30 Gemeinsame Einfriedung auf der Grenze

[1]Haben zwei Nachbarn gemeinsam einzufrieden und will keiner von ihnen die Einfriedung ganz auf seinem Grundstück errichten, so ist jeder von ihnen berechtigt, eine ortsübliche Einfriedung auf die Grenze zu setzen; der andere Nachbar ist berechtigt, bei der Errichtung der Einfriedung mitzuwirken. [2]Seitliche Zaunpfosten dürfen auf der Hälfte der Strecke dem Nachbargrundstück zugekehrt auf dieses gesetzt werden.

§ 31 Abstand von der Grenze

(1) [1]Die Einfriedung eines Grundstücks muß von der Grenze eines landwirtschaftlich genutzten Nachbargrundstücks auf Verlangen des Nachbarn 0,6 m zurückbleiben, wenn beide Grundstücke außerhalb eines im Zusammenhang bebauten Ortsteiles liegen und nicht in einem Bebauungsplan als Bauland ausgewiesen sind. [2]Der Geländestreifen vor der Einfriedung kann bei der Bewirtschaftung des landwirtschaftlich genutzten Grundstücks betreten und befahren werden.

(2) Die Verpflichtung nach Absatz 1 erlischt, wenn eines der beiden Grundstücke Teil eines im Zusammenhang bebauten Ortsteiles wird oder in einem Bebauungsplan als Bauland ausgwiesen wird.

§ 32 (aufgehoben)

§ 33 Ausschluß von Beseitigungsansprüchen

(1) [1]Der Anspruch auf Beseitigung einer Einfriedung, die einen geringeren als den in § 31 vorgeschriebenen Grenzabstand hat, ist ausgeschlossen,

1. wenn die Einfriedung bei Inkrafttreten dieses Gesetzes vorhanden ist und ihr Grenzabstand dem bisherigen Recht entspricht, oder
2. wenn der Nachbar nicht spätestens im zweiten Kalenderjahr nach Errichtung der Einfriedung Klage auf Beseitigung erhoben hat.

[2]Der Ausschluß gilt nicht, wenn die Einfriedung durch eine andere ersetzt wird.

(2) Absatz 1 ist entsprechend anzuwenden, wenn eine Einfriedung die Grenze überschreitet, ohne daß dies nach § 30 statthaft ist.

§ 34 Kosten

[1]Wer zur Einfriedung allein verpflichtet ist, hat die Kosten der Errichtung und der Unterhaltung der Einfriedung zu tragen. [2]Dies gilt auch, wenn die Einfriedung teilweise oder ganz auf dem Nachbargrundstück steht.

§ 35 Errichtungskosten in besonderen Fällen

(1) Haben zwei Nachbarn gemeinsam einzufrieden, so tragen sie – vorbehaltlich des Absatzes 4 – die Kosten je zur Hälfte.

(2) Entsteht die beiderseitige Einfriedungspflicht erst nach Errichtung der Einfriedung, so ist ein Beitrag zu den Errichtungskosten in Höhe des halben Zeitwertes der Einfriedung zu zahlen.

(3) Wird im Falle des § 27 Abs. 1 Nr. 1 oder Nr. 2 das linke Nachbargrundstück erst später bebaut oder gewerblich genutzt, so hat der linke Nachbar eine vom Erstbauenden an der gemeinsamen Grenze errichtete Einfriedung zum Zeitwert zu übernehmen.

(4) [1]Der Berechnung sind die tatsächlichen Aufwendungen einschließlich der Eigenleistungen zugrunde zu legen, in der Regel jedoch nur die Kosten einer ortsüblichen Einfriedung. [2]Höhere Kosten sind nur zu berücksichtigen, wenn eine aufwendigere Einfriedungsart erforderlich war; war die besondere Einfriedungsart nur für eines der beiden Grundstücke erforderlich, so treffen die Mehrkosten den Eigentümer dieses Grundstücks.

(5) Diese Vorschriften gelten auch, wenn die Einfriedung ganz auf einem der beiden Grundstücke errichtet ist.

§ 36 Benutzung und Unterhaltung der gemeinschaftlichen Einfriedung

(1) [1]Haben die Nachbarn die Errichtungskosten einer Einfriedung gemeinsam zu tragen oder hat ein Nachbar dem anderen später einen Beitrag zu den Errichtungskosten zu zahlen, so sind beide Nachbarn zur Benutzung der Einfriedung gemeinschaftlich berechtigt. [2]Für die gemeinschaftliche Benutzung und Unterhaltung gilt § 922 BGB.

(2) Dies gilt auch, wenn die Einfriedung ganz auf einem der beiden Grundstücke errichtet ist.

§ 37 Anzeigepflicht

(1) [1]Die Absicht, eine Einfriedung auf oder an der Grenze oder in weniger als 0,6 m Abstand von der Grenze zu errichten, zu beseitigen, durch eine andere zu ersetzen oder wesentlich zu verändern, ist dem Nachbarn einen Monat vorher anzuzeigen. [2]Bei einer Einfriedung von mehr als ortsüblicher Höhe ist die Anzeige bei einem Grenzabstand bis zu 1,5 m erforderlich.

(2) Die Anzeigepflicht besteht auch dann, wenn der Nachbar weder die Einfriedung verlangen kann noch zu den Kosten beizutragen braucht.

(3) Im übrigen ist § 8 entsprechend anzuwenden.

Siebenter Abschnitt

Wasserrechtliches Nachbarrecht

§ 38 Veränderung des Grundwassers

(1) Der Eigentümer eines Grundstücks und die Nutzungsberechtigten dürfen auf den Untergrund des Grundstücks nicht in einer Weise einwirken, daß der Grundwasserspiegel steigt oder sinkt oder die physikalische, chemische oder biologische Beschaffenheit des Grundwassers verändert wird, wenn dadurch die Benutzung eines anderen Grundstücks erheblich beeinträchtigt wird.

(2) Dies gilt nicht für Einwirkungen auf das Grundwasser

1. aufgrund einer Erlaubnis oder Bewilligung nach dem Wasserhaushaltsgesetz (WHG) oder aufgrund eines alten Rechts oder einer alten Befugnis nach § 20 Abs. 1 WHG oder
2. durch einen Gewässerausbau, für den ein Planfeststellungs- oder Plangenehmigungsverfahren nach § 68 WHG durchgeführt worden ist, oder
3. durch eine Maßnahme, für die auf Grund des Bundesfernstraßengesetzes, des Niedersächsischen Straßengesetzes oder anderer Gesetze ein Planungsverfahren durchgeführt worden ist, oder
4. auf Grund eines bergrechtlichen Betriebsplanes.

(3) Beeinträchtigungen des Grundwassers als Folge einer erlaubnisfreien Benutzung nach § 46 WHG oder § 86 des Niedersächsischen Wassergesetzes müssen die Nachbarn ohne Entschädigung dulden.

(4) § 89 WHG bleibt unberührt.

§§ 39 bis 44 (aufgehoben)

Achter Abschnitt

Dachtraufe

§ 45 Traufwasser

(1) Der Eigentümer eines Grundstücks und die Nutzungsberechtigten müssen ihre baulichen Anlagen so einrichten, daß Traufwasser nicht auf das Nachbargrundstück tropft oder auf andere Weise dorthin gelangt.

(2) Absatz 1 findet keine Anwendung auf bei Inkrafttreten dieses Gesetzes vorhandene freistehende Mauern entlang öffentlichen Straßen und öffentlichen Grünflächen.

§ 46 Anbringen von Sammel- und Abflußeinrichtungen

(1) [1]Ist ein Grundstückseigentümer aus besonderem Rechtsgrund verpflichtet, Traufwasser aufzunehmen, das von den baulichen Anlagen eines Nachbargrundstücks tropft oder in anderer Weise auf das eigene Grundstück gelangt, so kann er auf seine Kosten besondere Sammel- und Abflußeinrichtungen auf dem Nachbargrundstück anbringen, wenn damit keine erhebliche Beeinträchtigung verbunden ist. [2]Er hat diese Einrichtungen zu unterhalten.

(2) [1]Für Anzeigepflicht und Schadensersatz gelten § 8 Abs. 2 und 3 sowie die §§ 14 und 37 Abs. 1 Satz 1 entsprechend. [2]Mit den Arbeiten darf, wenn nichts anderes vereinbart wird, erst nach Ablauf der Frist nach § 37 Abs. 1 Satz 1 begonnen werden.

Neunter Abschnitt

Hammerschlags- und Leiterrecht

§ 47 Inhalt und Umfang

(1) [1]Der Eigentümer eines Grundstücks und die Nutzungsberechtigten müssen dulden, daß das Grundstück zur Vorbereitung und Durchführung von Bau- oder Instandsetzungsarbeiten auf dem Nachbargrundstück und im Fall eines zu duldenden Überbaus auf dem eigenen Grundstück vorübergehend betreten und benutzt wird, wenn die Arbeiten anders nicht zweckmäßig oder nur mit unverhältnismäßig hohen Kosten ausgeführt werden können. [2]Diese Pflicht besteht gegenüber jedem, der nach eigenem Ermessen, insbesondere als Bauherr auf dem Nachbargrundstück solche Arbeiten ausführen läßt oder selbst ausführt. [3]Die Pflicht besteht nicht, wenn dem Verpflichteten unverhältnismäßig große Nachteile entstehen würden.

(2) Das Recht ist so schonend wie möglich auszuüben; es darf nicht zur Unzeit geltend gemacht werden, wenn sich die Arbeiten unschwer auf später verlegen lassen.

(3) Auf die Eigentümer öffentlicher Straßen sind die Absätze 1 und 2 nicht anzuwenden; für sie gilt das öffentliche Straßenrecht.

(4) [1]Für Anzeigepflicht und Schadensersatz gelten § 8 Abs. 2 und 3 sowie die §§ 14 und 37 Abs. 1 Satz 1 entsprechend. [2]Mit den Arbeiten darf, wenn nichts anderes vereinbart wird, erst nach Ablauf der Frist nach § 37 Abs. 1 Satz 1 begonnen werden.

§ 48 Nutzungsentschädigung

(1) Wer ein Grundstück länger als zehn Tage gemäß § 47 benutzt, hat für die ganze Zeit der Benutzung eine Nutzungsentschädigung zu zahlen; diese ist so hoch wie die ortsübliche Miete für einen dem benutzten Grundstücksteil vergleichbaren gewerblichen Lagerplatz.

(2) Nutzungsentschädigung kann nicht verlangt werden, soweit nach § 47 Abs. 4 in Verbindung mit § 14 Ersatz für entgangene anderweitige Nutzung geleistet wird.

Zehnter Abschnitt

Höherführen von Schornsteinen

§ 49 [Höherführen von Schornsteinen]

(1) Der Eigentümer eines Gebäudes und die Nutzungsberechtigten müssen dulden, daß der Nachbar an dem Gebäude Schornsteine und Lüftungsschächte eines angrenzenden niederen Gebäudes befestigt, wenn

1. deren Höherführung erforderlich ist und anders nur mit erheblichen technischen Nachteilen oder mit unverhältnismäßig hohen Kosten möglich wäre und
2. das betroffene Grundstück nicht erheblich beeinträchtigt wird.

(2) [1]Der Eigentümer und die Nutzungsberechtigten haben ferner zu dulden, daß höher geführte Schornsteine und Entlüftungsschächte vom betroffenen Grundstück aus unterhalten und gereinigt und die hierzu erforderlichen Einrichtungen auf dem betroffenen Grundstück angebracht werden, wenn diese Maßnahmen anders nicht zweckmäßig oder nur mit unverhältnismäßig hohen Kosten getroffen werden können. [2]Das Durchgehen durch das betroffene Gebäude braucht nicht geduldet zu werden, wenn der Berechtigte außen eine Steigleiter anbringen kann.

(3) [1]Für Anzeigepflicht und Schadensersatz gelten § 8 Abs. 2 und 3 sowie die §§ 14 und 37 Abs. 1 Satz 1 entsprechend. [2]Mit den Arbeiten darf, wenn nichts anderes vereinbart wird, erst nach Ablauf der Frist nach § 37 Abs. 1 Satz 1 begonnen werden.

Elfter Abschnitt

Grenzabstände für Pflanzen, ausgenommen Waldungen

§ 50 Grenzabstände für Bäume und Sträucher

(1) Mit Bäumen und Sträuchern sind je nach ihrer Höhe mindestens folgende Abstände von den Nachbargrundstücken einzuhalten:

a)	bis zu	1,2 m Höhe	0,25 m
b)	bis zu	2 m Höhe	0,50 m
c)	bis zu	3 m Höhe	0,75 m
d)	bis zu	5 m Höhe	1,25 m
e)	bis zu	15 m Höhe	3,00 m
f)	über	15 m Höhe	8,00 m

(2) [1]Die in Absatz 1 bestimmten Abstände gelten auch für lebende Hecken, falls die Hecke nicht gemäß § 30 auf die Grenze gepflanzt wird. [2]Sie gelten auch für ohne menschliches Zutun gewachsene Pflanzen.

(3) Im Falle des § 31 ist der Abstand so zu bemessen, daß vor den Pflanzen ein Streifen von 0,6 m freibleibt.

(4) Die Absätze 1 bis 3 gelten auch für die Nutzungsberechtigten von Teilflächen eines Grundstücks in ihrem Verhältnis zueinander.

§ 51 Bestimmung des Abstandes

Der Abstand wird am Erdboden von der Mitte des Baumes oder des Strauches bis zur Grenze gemessen.

§ 52 Ausnahmen

(1) § 50 gilt nicht für

1. Anpflanzungen hinter einer Wand oder einer undurchsichtigen Einfriedung, wenn sie diese nicht überragen,
2. Anpflanzungen an den Grenzen zu öffentlichen Straßen und zu Gewässern,
3. Anpflanzungen auf öffentlichen Straßen und auf Uferböschungen.

(2) Im Außenbereich (§ 35 Abs. 1 des Baugesetzbuchs) genügt ein Grenzabstand von 1,25 m für alle Anpflanzungen über 3 m Höhe.

§ 53 Anspruch auf Beseitigen oder Zurückschneiden

(1) [1]Bäume, Sträucher oder Hecken mit weniger als 0,25 m Grenzabstand sind auf Verlangen des Nachbarn zu beseitigen. [2]Der Nachbar kann dem Eigentümer die Wahl lassen, die Anpflanzungen zu beseitigen oder durch Zurückschneiden auf einer Höhe bis zu 1,2 m zu halten.

(2) Bäume, Sträucher oder Hecken, welche über die im § 50 oder § 52 zugelassenen Höhen hinauswachsen, sind auf Verlangen des Nachbarn auf die zulässige Höhe zurückzuschneiden, wenn der Eigentümer sie nicht beseitigen will.

(3) Der Eigentümer braucht die Verpflichtung zur Beseitigung oder zum Zurückschneiden von Pflanzen nur in der Zeit vom 1. Oktober bis zum 15. März zu erfüllen.

§ 54 Ausschluß des Anspruches auf Beseitigen oder Zurückschneiden

(1) [1]Der Anspruch auf Beseitigung von Anpflanzungen mit weniger als 0,25 m Grenzabstand (§ 53 Abs. 1 Satz 1) ist ausgeschlossen, wenn der Nachbar nicht spätestens im fünften auf die Anpflanzung folgenden Kalenderjahr Klage auf Beseitigung erhebt. [2]Diese Anpflanzungen müssen jedoch, wenn sie über 1,2 m Höhe hinauswachsen, auf Verlangen des Nachbarn zurückgeschnitten werden.

(2) [1]Der Anspruch auf Zurückschneiden von Anpflanzungen (Absatz 1 Satz 2 und § 53 Abs. 2) ist ausgeschlossen, wenn die Anpflanzungen über die nach diesem Gesetz zulässige Höhe hinauswachsen und der Nachbar nicht spätestens im fünften darauffolgenden Kalenderjahr Klage auf Zurückschneiden erhebt. [2]Nach Ablauf der Ausschlussfrist kann der Nachbar vom Eigentümer jedoch verlangen, die Anpflanzung durch jährliches Beschneiden auf der jetzigen Höhe zu halten; im Fall der Klage auf Beschneiden ist die jetzige Höhe die Höhe im Zeitpunkt der Klageerhebung. [3]Der Klageerhebung steht die Bekanntgabe eines Antrags auf Durchführung eines Schlichtungsverfahrens vor dem Schiedsamt oder einer anderen Gütestelle, die Streitbeilegungen betreibt, gleich.

§ 55 Bei Inkrafttreten des Gesetzes vorhandene Pflanzen – Außenbereich

(1) Für Anpflanzungen, die bei Inkrafttreten dieses Gesetzes vorhanden sind und deren Grenzabstand dem bisherigen Recht entspricht, gelten folgende besondere Regeln:

1. Der Anspruch auf Beseitigung (§ 53 Abs. 1 Satz 1) ist ausgeschlossen.
2. Der Anspruch auf Zurückschneiden (§ 53 Abs. 2) ist ausgeschlossen, wenn die Anpflanzung bei Inkrafttreten des Gesetzes über 3 m hoch ist.
3. Anpflanzungen, die bei Inkrafttreten des Gesetzes nicht über 3 m hoch sind, jedoch über die nach § 50 Abs. 1 Buchst. a und b zulässigen Höhen von 1,2 m oder 2 m hinausgewachsen waren, sind auf Verlangen des Nachbarn durch Zurückschneiden auf derjenigen Höhe zu halten, die sie bei Inkrafttreten des Gesetzes hatten; der weitergehende Anspruch auf Zurückschneiden ist ausgeschlossen. § 54 Abs. 2 ist entsprechend anzuwenden.

(2) Absatz 1 gilt entsprechend für Anpflanzungen, deren Standort infolge Veränderung des Außenbereichs (§ 35 Abs. 1 des Baugesetzbuchs) aufhört, zum Außenbereich zu gehören.

(3) Entspricht der Grenzabstand von Anpflanzungen, die bei Inkrafttreten des Gesetzes vorhanden sind, nicht dem bisherigen Recht, so enden die in § 54 bestimmten Fristen frühestens zwei Jahre nach Inkrafttreten dieses Gesetzes.

§ 56 Ersatzanpflanzungen

Bei Ersatzanpflanzungen sind die in den §§ 50 und 52 Abs. 2 vorgeschriebenen Abstände einzuhalten; jedoch dürfen in geschlossenen Anlagen einzelne Bäume oder Sträucher nachgepflanzt werden und zur Höhe der übrigen heranwachsen.

§ 57 Nachträgliche Grenzänderungen
Die Rechtmäßigkeit des Abstandes und der Höhe einer Anpflanzung wird durch nachträgliche Grenzänderungen nicht berührt; jedoch gilt § 56 entsprechend.

Zwölfter Abschnitt
Grenzabstände für Waldungen

§ 58 Grenzabstände
(1) In Waldungen sind von den Nachbargrundstücken mit Ausnahme von Ödland, öffentlichen Straßen, öffentlichen Gewässern und anderen Waldungen folgende Abstände einzuhalten:

mit Gehölzen bis zu	2 m Höhe 1 m
mit Gehölzen bis zu	4 m Höhe 2 m
mit Gehölzen über	4 m Höhe 8 m.

(2) Werden Waldungen verjüngt, die bei Inkrafttreten dieses Gesetzes vorhanden sind, so genügt für die neuen Gehölze über 4 m Höhe der bisherige Grenzabstand derartiger Gehölze, jedoch ist mit ihnen mindestens 4 m Grenzabstand einzuhalten.
(3) Die §§ 51, 56 und 57 sind entsprechend anzuwenden.

§ 59 Beseitigungsanspruch
(1) Gehölze, die entgegen § 58 nicht den Mindestgrenzabstand von 1 m haben oder über die zulässige Höhe hinauswachsen, sind auf Verlangen des Nachbarn zu beseitigen.
(2) Der Anspruch auf Beseitigung ist ausgeschlossen,
1. wenn die Gehölze bei Inkrafttreten dieses Gesetzes rechtmäßig vorhanden waren oder
2. wenn nach Inkrafttreten dieses Gesetzes gepflanzte Gehölze über die zulässige Höhe hinauswachsen und der Nachbar nicht spätestens in dem fünften darauffolgenden Kalenderjahr Klage auf Beseitigung erhebt.

§ 60 Bewirtschaftung von Wald
Bei der Bewirtschaftung von Wald hat der Waldbesitzer auf die Bewirtschaftung benachbarter Waldgrundstücke Rücksicht zu nehmen, soweit dies im Rahmen ordnungsmäßiger Forstwirtschaft ohne unbillige Härten möglich ist.

Dreizehnter Abschnitt
Grenzabstände für Gebäude im Außenbereich

§ 61 Größe des Abstandes
(1) [1]Bei Errichtung oder Erhöhung eines Gebäudes im Außenbereich (§ 35 Abs. 1 des Baugesetzbuchs) ist von landwirtschaftlich oder erwerbsgärtnerisch genutzten Grundstücken ein Abstand von mindestens 2 m einzuhalten. [2]Ist das Gebäude höher als 4 m, so muß der Grenzabstand eines jeden Bauteiles mindestens halb so groß sein wie seine Höhe über dem Punkt der Grenzlinie, der diesem Bauteil am nächsten liegt.
(2) Teile des Bauwerks, die in den hiernach freizulassenden Luftraum hineinragen, sind nur mit Einwilligung des Nachbarn erlaubt; die Einwilligung muß erteilt werden, wenn keine oder nur geringfügige Beeinträchtigungen zu erwarten sind.

§ 62 Ausschluß des Beseitigungsanspruches
Der Anspruch auf Beseitigung eines Gebäudes, das einen geringeren als den in § 61 vorgeschriebenen Grenzabstand hat, ist ausgeschlossen,
1. wenn das Gebäude bei Inkrafttreten dieses Gesetzes vorhanden ist und sein Grenzabstand dem bisherigen Recht entspricht,
2. wenn der Nachbar nicht spätestens im zweiten Kalenderjahr nach der Errichtung oder Erhöhung des Gebäudes Klage auf Beseitigung erhoben hat; die Frist endet frühestens zwei Jahre nach Inkrafttreten dieses Gesetzes.

Vierzehnter Abschnitt
Schlußbestimmungen

§ 63 Übergangsvorschriften

(1) Der Umfang von Befugnissen, die bei Inkrafttreten dieses Gesetzes auf Grund des bisherigen Rechtes bestehen, richtet sich – unbeschadet der §§ 25, 33, 40, 55, 59 und 62 – nach den Vorschriften dieses Gesetzes.

(2) [1]Einzelvereinbarungen der Beteiligten werden durch dieses Gesetz nicht berührt. [2]Die nachbarrechtlichen Bestimmungen in Rezessen und Flurbereinigungsplänen treten außer Kraft, soweit sie diesem Gesetz widersprechen.

(3) Ansprüche auf Zahlung auf Grund der Vorschriften dieses Gesetzes bestehen nur, wenn das den Anspruch begründende Ereignis nach Inkrafttreten dieses Gesetzes eingetreten ist; andernfalls behält es bei dem bisherigen Recht sein Bewenden.

(4) [1]Geht die Verpflichtung, eine Einfriedung zu unterhalten, mit dem Inkrafttreten dieses Gesetzes von dem einen Nachbarn auf den anderen über, so ist die Einfriedung von dem bisher unterhaltspflichtigen Nachbarn innerhalb von zwei Jahren in ordnungsmäßigen Zustand zu versetzen. [2]Der bisher Verpflichtete kann sich auf den Übergang der Unterhaltungspflicht erst berufen, wenn er seiner Pflicht nach Satz 1 genügt hat.

(5) Geldansprüche, die am 1. Oktober 2006 noch nicht verjährt sind, verjähren nicht vor Ablauf der nach *§ 2 Abs. 2 des Niedersächsischen Nachbarrechtsgesetzes* in der bis zu diesem Tage geltenden Fassung berechneten Frist.

§§ 64 und 65 (nicht wiedergegebene Änderungs- bzw. Aufhebungsvorschriften)

§ 66 Inkrafttreten des Gesetzes

Dieses Gesetz tritt am 1. Januar 1968 in Kraft.

Niedersächsisches Denkmalschutzgesetz

Vom 30. Mai 1978 (Nds. GVBl. S. 517)
(GVBl. Sb 22510 01)
zuletzt geändert durch Art. 10 G zur Änd. des G über den Nationalpark „Niedersächsisches Wattenmeer“ und des AusführungsG zum BundesnaturschutzG sowie zur Änd. weiterer G vom 22. September 2022 (Nds. GVBl. S. 578)

Inhaltsübersicht

Der Niedersächsische Landtag hat das folgende Gesetz beschlossen, das hiermit verkündet wird:

Erster Teil
Allgemeine Vorschriften

§ 1 Grundsatz

[1]Kulturdenkmale sind zu schützen, zu pflegen und wissenschaftlich zu erforschen. [2]Im Rahmen des Zumutbaren sollen sie der Öffentlichkeit zugänglich gemacht werden.

§ 2 Denkmalschutz und Denkmalpflege als öffentliche Aufgaben

(1) [1]Aufgabe des Landes ist es, für den Schutz, die Pflege und die wissenschaftliche Erforschung der Kulturdenkmale zu sorgen. [2]Bei der Wahrnehmung von Denkmalschutz und Denkmalpflege wirken das Land, die Gemeinden, Landkreise und sonstigen Kommunalverbände sowie die in der Denkmalpflege tätigen Einrichtungen und Vereinigungen und die Eigentümer und Besitzer von Kulturdenkmalen zusammen.

(2) Dem Land sowie den Gemeinden, Landkreisen und sonstigen Kommunalverbänden obliegt die besondere Pflicht, die ihnen gehörenden und die von ihnen genutzten Kulturdenkmale zu pflegen und sie im Rahmen des Möglichen der Öffentlichkeit zugänglich zu machen.

(3) In öffentlichen Planungen und bei öffentlichen Baumaßnahmen sind die Belange des Denkmalschutzes und der Denkmalpflege sowie die Anforderungen des UNESCO-Übereinkommens zum Schutz des Kultur- und Naturerbes der Welt vom 16. November 1972 (BGBl. 1977 II S. 213) rechtzeitig und so zu berücksichtigen, dass die Kulturdenkmale und das Kulturerbe im Sinne des Übereinkommens erhalten werden und ihre Umgebung angemessen gestaltet wird, soweit nicht andere öffentliche Belange überwiegen.

§ 3 Begriffsbestimmungen

(1) Kulturdenkmale im Sinne dieses Gesetzes sind Baudenkmale, Bodendenkmale, bewegliche Denkmale und Denkmale der Erdgeschichte.

(2) Baudenkmale sind bauliche Anlagen (§ 2 Abs. 1 der Niedersächsischen Bauordnung), Teile baulicher Anlagen, Grünanlagen und Friedhofsanlagen, an deren Erhaltung wegen ihrer geschichtlichen, künstlerischen, wissenschaftlichen oder städtebaulichen Bedeutung ein öffentliches Interesse besteht.

(3) [1]Baudenkmal ist auch eine Gruppe baulicher Anlagen, die aus den in Absatz 2 genannten Gründen erhaltenswert ist, unabhängig davon, ob die einzelnen baulichen Anlagen für sich Baudenkmale sind. [2]Pflanzen, Frei- und Wasserflächen in der Umgebung eines Baudenkmals und Zubehör eines Baudenkmals gelten als Teile des Baudenkmals, wenn sie mit diesem eine Einheit bilden, die aus den in Absatz 2 genannten Gründen erhaltenswert ist.

(4) Bodendenkmale sind mit dem Boden verbundene oder im Boden verborgene Sachen, Sachgesamtheiten und Spuren von Sachen, die von Menschen geschaffen oder bearbeitet wurden oder Aufschluß über menschliches Leben in vergangener Zeit geben und aus den in Absatz 2 genannten Gründen erhaltenswert sind, sofern sie nicht Baudenkmale sind.

(5) Bewegliche Denkmale sind bewegliche Sachen und Sachgesamtheiten, die von Menschen geschaffen oder bearbeitet wurden oder Aufschluß über menschliches Leben in vergangener Zeit geben und die aus den in Absatz 2 genannten Gründen erhaltenswert sind, sofern sie nicht Bodendenkmale sind.

(6) Denkmale der Erdgeschichte sind Überreste oder Spuren, die Aufschluss über die Entwicklung tierischen oder pflanzlichen Lebens in vergangenen Erdperioden oder die Entwicklung der Erde geben und an deren Erhaltung aufgrund ihrer herausragenden wissenschaftlichen Bedeutung ein öffentliches Interesse besteht.

§ 4 Verzeichnis der Kulturdenkmale

(1) [1]Die Kulturdenkmale sind in ein Verzeichnis einzutragen, das durch das Landesamt für Denkmalpflege aufzustellen und fortzuführen ist. [2]Bewegliche Denkmale werden in das Verzeichnis nur eingetragen, wenn ihre besondere Bedeutung es erfordert, sie dem Schutz dieses Gesetzes zu unterstellen.

(2) [1]Die unteren Denkmalschutzbehörden und die Gemeinden führen für ihr Gebiet Auszüge aus dem Verzeichnis. [2]Jedermann kann Einblick in das Verzeichnis und die Auszüge nehmen. [3]Eintragungen über bewegliche Denkmale und über Zubehör von Baudenkmalen dürfen nur die Eigentümer und die sonstigen dinglich Berechtigten sowie die von ihnen ermächtigten Personen einsehen.

(3) [1]Eine Eintragung ist im Verzeichnis zu löschen, wenn ihre Voraussetzungen entfallen sind. [2]Ist die Eigenschaft als Baudenkmal nach Absatz 5 durch Verwaltungsakt festgestellt worden, so ist die Eintragung zu löschen, wenn der Verwaltungsakt unanfechtbar aufgehoben worden ist.

(4) [1]Vor der Eintragung eines Baudenkmals, eines Bodendenkmals oder eines unbeweglichen Denkmals der Erdgeschichte in das Verzeichnis ist die Gemeinde zu hören, auf deren Gebiet sich das Denkmal befindet. [2]Die Gemeinde teilt dem Landesamt für Denkmalpflege Namen und Anschrift des Eigentümers des Denkmals nach Satz 1 mit. [3]Das Landesamt für Denkmalpflege hört vor der Eintragung

eines Baudenkmals dessen Eigentümer. [4]Das Landesamt für Denkmalpflege unterrichtet die untere Denkmalschutzbehörde, die Gemeinde und den Eigentümer unverzüglich über die Neueintragung oder Löschung des Baudenkmals im Verzeichnis. [5]Das Landesamt für Denkmalpflege unterrichtet die untere Denkmalschutzbehörde über die beabsichtigte Eintragung eines beweglichen Denkmals.

(5) Ist ein Baudenkmal nach dem 30. September 2011 in das Verzeichnis eingetragen worden, so hat das Landesamt für Denkmalpflege auf Antrag des Eigentümers durch Verwaltungsakt die Eigenschaft als Baudenkmal festzustellen.

§ 5 Wirkung der Eintragungen in das Verzeichnis

(1) [1]Die Anwendbarkeit der Schutzvorschriften dieses Gesetzes ist nicht davon abhängig, dass Kulturdenkmale in das Verzeichnis nach § 4 eingetragen sind. [2]Die §§ 6, 10 und 11 gelten jedoch für bewegliche Denkmale nur, wenn sie in das Verzeichnis eingetragen sind.

(2) [1]Ist die Denkmalschutzbehörde nach § 4 Abs. 4 Satz 5 über die beabsichtigte Eintragung eines beweglichen Denkmals in das Verzeichnis der Kulturdenkmale unterrichtet worden, so kann sie gegenüber dem Eigentümer anordnen, dass das Denkmal vorläufig als eingetragen gilt. [2]Absatz 1 Satz 2 gilt entsprechend. [3]Die Anordnung wird unwirksam, wenn die Eintragung nicht innerhalb von sechs Monaten vorgenommen worden ist. [4]Bei Vorliegen eines wichtigen Grundes kann diese Frist um bis zu drei Monate verlängert werden. [5]Klagen gegen die Anordnung nach Satz 1 haben keine aufschiebende Wirkung.

Zweiter Teil

Erhaltung von Kulturdenkmalen

§ 6 Pflicht zur Erhaltung

(1) [1]Kulturdenkmale sind instand zu halten, zu pflegen, vor Gefährdung zu schützen und, wenn nötig, instandzusetzen. [2]Verpflichtet sind der Eigentümer oder Erbbauberechtigte und der Nießbraucher; neben ihnen ist verpflichtet, wer die tatsächliche Gewalt über das Kulturdenkmal ausübt. [3]Die Verpflichteten oder die von ihnen Beauftragten haben die erforderlichen Arbeiten fachgerecht durchzuführen.

(2) Kulturdenkmale dürfen nicht zerstört, gefährdet oder so verändert oder von ihrem Platz entfernt werden, daß ihr Denkmalwert beeinträchtigt wird.

(3) [1]Soll ein Kulturdenkmal ganz oder teilweise zerstört werden, so ist der Veranlasser der Zerstörung im Rahmen des Zumutbaren zur fachgerechten Untersuchung, Bergung und Dokumentation des Kulturdenkmals verpflichtet. [2]Satz 1 gilt unabhängig davon, ob die Zerstörung einer Genehmigung nach diesem Gesetz bedarf. [3]§ 10 Abs. 3 Sätze 2 und 3, § 12 Abs. 2 Sätze 2 bis 4 sowie § 13 Abs. 2 Sätze 2 und 3 bleiben unberührt.

§ 7 Grenzen der Erhaltungspflicht

(1) Erhaltungsmaßnahmen können nicht verlangt werden, soweit die Erhaltung den Verpflichteten wirtschaftlich unzumutbar belastet.

(2) [1]Ein Eingriff in ein Kulturdenkmal ist zu genehmigen, soweit

1. der Eingriff aus wissenschaftlichen Gründen im öffentlichen Interesse liegt,
2. ein öffentliches Interesse anderer Art, zum Beispiel
   a) die nachhaltige energetische Verbesserung des Kulturdenkmals,
   b) eine Maßnahme zur Verbesserung des Hochwasserschutzes oder
   c) die Berücksichtigung der Belange von alten Menschen und Menschen mit Behinderungen,

   das Interesse an der unveränderten Erhaltung des Kulturdenkmals überwiegt und den Eingriff zwingend verlangt,
3. das öffentliche Interesse an der Errichtung von Anlagen zur Nutzung von erneuerbaren Energien das Interesse an der unveränderten Erhaltung des Kulturdenkmals überwiegt, oder
4. die unveränderte Erhaltung den Verpflichteten wirtschaftlich unzumutbar belastet.

[2]Das öffentliche Interesse an der Errichtung von Anlagen zur Nutzung von erneuerbaren Energien nach Satz 1 Nr. 3 überwiegt in der Regel, wenn der Eingriff in das äußere Erscheinungsbild reversibel ist und in die denkmalwerte Substanz nur geringfügig eingegriffen wird.

(3) [1]Unzumutbar ist eine wirtschaftliche Belastung insbesondere, soweit die Kosten der Erhaltung und Bewirtschaftung nicht durch die Erträge oder den Gebrauchswert des Kulturdenkmals aufgewogen

werden können. [2]Kann der Verpflichtete Zuwendungen aus öffentlichen oder privaten Mitteln oder steuerliche Vorteile in Anspruch nehmen, so sind diese anzurechnen. [3]Der Verpflichtete kann sich nicht auf die Belastung durch erhöhte Erhaltungskosten berufen, die dadurch verursacht wurden, daß Erhaltungsmaßnahmen diesem Gesetz oder sonstigem öffentlichem Recht zuwider unterblieben sind.

(4) [1]Absatz 1 und Absatz 2 Satz 1 Nr. 4 gelten nicht für das Land, die Gemeinden, die Landkreise und die sonstigen Kommunalverbände. [2]Sie sind zu Erhaltungsmaßnahmen im Rahmen ihrer finanziellen Leistungsfähigkeit verpflichtet.

§ 8 Anlagen in der Umgebung von Baudenkmalen

[1]In der Umgebung eines Baudenkmals dürfen Anlagen nicht errichtet, geändert oder beseitigt werden, wenn dadurch das Erscheinungsbild des Baudenkmals beeinträchtigt wird. [2]Bauliche Anlagen in der Umgebung eines Baudenkmals sind auch so zu gestalten und instand zu halten, daß eine solche Beeinträchtigung nicht eintritt. [3]§ 7 gilt entsprechend.

§ 9 Nutzung von Baudenkmalen

(1) [1]Für Baudenkmale ist eine Nutzung anzustreben, die ihre Erhaltung auf Dauer gewährleistet. [2]Das Land, die Gemeinden, die Landkreise und die sonstigen Kommunalverbände sollen die Eigentümer und sonstigen Nutzungsberechtigten hierbei unterstützen.

(2) Ein Eingriff in ein Baudenkmal, der dessen Nutzbarkeit nachhaltig verbessert, kann auch dann genehmigt werden, wenn er den Denkmalwert wegen des Einsatzes zeitgemäßer Materialien oder neuer Modernisierungstechniken nur geringfügig beeinträchtigt.

§ 10 Genehmigungspflichtige Maßnahmen

(1) Einer Genehmigung der Denkmalschutzbehörde bedarf, wer

1. ein Kulturdenkmal zerstören, verändern, instandsetzen oder wiederherstellen,
2. ein Kulturdenkmal oder einen in § 3 Abs. 3 genannten Teil eines Baudenkmals von seinem Standort entfernen oder mit Aufschriften oder Werbeeinrichtungen versehen,
3. die Nutzung eines Baudenkmals ändern oder
4. in der Umgebung eines Baudenkmals Anlagen, die das Erscheinungsbild des Denkmals beeinflussen, errichten, ändern oder beseitigen

will.

(2) Instandsetzungsarbeiten bedürfen keiner Genehmigung nach Absatz 1, wenn sie sich nur auf Teile des Kulturdenkmals auswirken, die für seinen Denkmalwert ohne Bedeutung sind.

(3) [1]Die Genehmigung ist zu versagen, soweit die Maßnahme gegen dieses Gesetz verstoßen würde. [2]Die Genehmigung kann unter Bedingungen oder mit Auflagen erteilt werden, soweit dies erforderlich ist, um die Einhaltung dieses Gesetzes zu sichern. [3]Insbesondere kann verlangt werden, daß ein bestimmter Sachverständiger die Arbeiten leitet, daß ein Baudenkmal an anderer Stelle wieder aufgebaut wird oder daß bestimmte Bauteile erhalten bleiben oder in einer anderen baulichen Anlage wieder verwendet werden.

(4) [1]Ist für eine Maßnahme eine Baugenehmigung oder eine die Baugenehmigung einschließende oder ersetzende behördliche Entscheidung erforderlich, so umfaßt diese die Genehmigung nach Absatz 1. [2]Absatz 3 gilt entsprechend.

(5) [1]Maßnahmen nach Absatz 1 bedürfen keiner Genehmigung der Denkmalschutzbehörde, wenn sie an Kulturdenkmalen im Eigentum oder im Besitz des Bundes oder des Landes ausgeführt werden sollen und die Leitung der Entwurfsarbeiten und die Bauüberwachung dem Staatlichen Baumanagement Niedersachsen übertragen sind. [2]Maßnahmen nach Absatz 1, die durch die Klosterkammer Hannover an Kulturdenkmalen im Eigentum oder Besitz einer von ihr verwalteten Stiftung ausgeführt werden, bedürfen ebenfalls keiner Genehmigung der Denkmalschutzbehörde. [3]Maßnahmen nach den Sätzen 1 und 2 sind dem Landesamt für Denkmalpflege mit Planungsbeginn anzuzeigen.

(6) Bei Maßnahmen nach Absatz 1 an Kulturdenkmalen im Eigentum oder Besitz des Bundes oder des Landes, die nicht durch das Staatliche Baumanagement Niedersachsen betreut werden, ist der an die Denkmalschutzbehörde gerichtete Antrag auf Genehmigung zeitgleich auch dem Landesamt für Denkmalpflege zu übermitteln.

§ 11 Anzeigepflicht

(1) Wird ein eingetragenes bewegliches Denkmal veräußert, so haben der frühere und der neue Eigentümer den Eigentumswechsel unverzüglich der Denkmalschutzbehörde anzuzeigen.

(2) Sind Instandsetzungsarbeiten zur Erhaltung eines Kulturdenkmals notwendig oder droht ihm sonst eine Gefahr, so haben die Erhaltungspflichtigen, wenn sie die Arbeiten nicht ausführen oder die Gefahr nicht abwenden, dies unverzüglich der Denkmalschutzbehörde anzuzeigen.
(3) Die Anzeige eines Pflichtigen befreit die anderen.

Dritter Teil

Ausgrabungen und Bodenfunde

§ 12 Ausgrabungen

(1) [1]Wer nach Kulturdenkmalen graben, Kulturdenkmale aus einem Gewässer bergen oder mit technischen Hilfsmitteln nach Kulturdenkmalen suchen will, bedarf einer Genehmigung der Denkmalschutzbehörde. [2]Ausgenommen sind Nachforschungen, die unter der Verantwortung einer staatlichen Denkmalbehörde stattfinden.
(2) [1]Die Genehmigung ist zu versagen, soweit die Maßnahme gegen dieses Gesetz verstoßen oder Forschungsvorhaben des Landes beeinträchtigen würde. [2]Die Genehmigung kann unter Bedingungen und mit Auflagen erteilt werden. [3]Insbesondere können Bestimmungen über die Suche, die Planung und Ausführung der Grabung, die Behandlung und Sicherung der Bodenfunde, die Dokumentation der Grabungsbefunde, die Berichterstattung und die abschließende Herrichtung der Grabungsstätte getroffen werden. [4]Es kann auch verlangt werden, daß ein bestimmter Sachverständiger die Arbeiten leitet.

§ 13 Erdarbeiten

(1) Wer Nachforschungen oder Erdarbeiten an einer Stelle vornehmen will, von der er weiß oder vermutet oder den Umständen nach annehmen muß, daß sich dort Kulturdenkmale befinden, bedarf einer Genehmigung der Denkmalschutzbehörde.
(2) [1]Die Genehmigung ist zu versagen, soweit die Maßnahme gegen dieses Gesetz verstoßen würde. [2]Die Genehmigung kann unter Bedingungen und mit Auflagen erteilt werden, soweit dies erforderlich ist, um die Einhaltung dieses Gesetzes zu sichern. [3]§ 12 Abs. 2 Satz 3 und 4 und § 10 Abs. 4 gelten entsprechend.

§ 14 Bodenfunde

(1) [1]Wer in der Erde oder im Wasser Sachen oder Spuren findet, bei denen Anlaß zu der Annahme gegeben ist, daß sie Kulturdenkmale sind (Bodenfunde), hat dies unverzüglich einer Denkmalbehörde, der Gemeinde oder einem Beauftragten für die archäologische Denkmalpflege (§ 22) anzuzeigen. [2]Anzeigepflichtig sind auch der Leiter und der Unternehmer der Arbeiten, die zu dem Bodenfund geführt haben, sowie der Eigentümer und der Besitzer des Grundstücks. [3]Die Anzeige eines Pflichtigen befreit die übrigen. [4]Nimmt der Finder an den Arbeiten, die zu dem Bodenfund geführt haben, auf Grund eines Arbeitsverhältnisses teil, so wird er durch Anzeige an den Leiter oder den Unternehmer der Arbeiten befreit.
(2) Der Bodenfund und die Fundstelle sind bis zum Ablauf von vier Werktagen nach der Anzeige unverändert zu lassen und vor Gefahren für die Erhaltung des Bodenfundes zu schützen, wenn nicht die Denkmalschutzbehörde vorher die Fortsetzung der Arbeiten gestattet.
(3) Die zuständige staatliche Denkmalbehörde und ihre Beauftragten sind berechtigt, den Bodenfund zu bergen und die notwendigen Maßnahmen zur Klärung der Fundumstände sowie zur Sicherung weiterer auf dem Grundstück vorhandener Bodenfunde durchzuführen.
(4) [1]Die Absätze 2 und 3 gelten nicht bei genehmigten Ausgrabungen (§ 12) und bei Arbeiten, die unter Verantwortung einer staatlichen Denkmalbehörde stattfinden. [2]Die Denkmalschutzbehörde kann jedoch durch Auflagen in der Grabungsgenehmigung die Vorschriften für anwendbar erklären.

§ 15 Vorübergehende Überlassung von Bodenfunden

[1]Eigentümer und Besitzer eines Bodenfundes sind verpflichtet, den Bodenfund auf Verlangen der zuständigen Denkmalschutzbehörde dieser oder einer von ihr benannten Stelle für längstens zwölf Monate zur wissenschaftlichen Auswertung, Konservierung oder Dokumentation zu überlassen. [2]Reicht der Zeitraum zur Erfüllung der in Satz 1 genannten Zwecke im Einzelfall nicht aus, so kann er von der zuständigen Denkmalschutzbehörde angemessen verlängert werden.

§ 16 Grabungsschutzgebiete

(1) Das Landesamt für Denkmalpflege kann durch Verordnung abgegrenzte Flächen, in denen Kulturdenkmale von herausragender landes- oder kulturgeschichtlicher Bedeutung vorhanden sind oder vermutet werden, befristet oder unbefristet zu Grabungsschutzgebieten erklären.

(2) [1]In Grabungsschutzgebieten bedürfen alle Arbeiten, die Kulturdenkmale zutagefördern oder gefährden können, einer Genehmigung der Denkmalschutzbehörde. [2]§ 13 Abs. 2 gilt entsprechend.

(3) [1]Wird durch die Versagung einer nach Absatz 2 Satz 1 erforderlichen Genehmigung die bisherige ordnungsgemäße land- oder forstwirtschaftliche Nutzung eines Grundstücks beschränkt, so hat das Land für die Dauer der Nutzungsbeschränkung für die dadurch verursachten wirtschaftlichen Nachteile einen angemessenen Ausgleich in Geld zu leisten, sofern nicht eine Ausgleichspflicht nach § 29 besteht. [2]Der Ausgleich bemisst sich nach den durchschnittlichen Ertragseinbußen, gemessen an den Erträgen und Aufwendungen der bisherigen ordnungsgemäßen land- oder forstwirtschaftlichen Nutzung. [3]Ersparte Aufwendungen sind anzurechnen. [4]Über den Ausgleich entscheidet die für die Genehmigung zuständige Denkmalschutzbehörde nach Zustimmung der obersten Denkmalschutzbehörde.

§ 17 Beschränkung der wirtschaftlichen Nutzung von Grundstücken

Die untere Denkmalschutzbehörde kann die wirtschaftliche Nutzung eines Grundstücks oder eines Grundstücksteils beschränken, in dem sich ein Kulturdenkmal befindet.

§ 18 Schatzregal

[1]Bewegliche Denkmale gemäß § 3 Abs. 5, die herrenlos oder so lange verborgen gewesen sind, dass ihr Eigentümer nicht mehr zu ermitteln ist, werden mit der Entdeckung Eigentum des Landes Niedersachsen, wenn sie bei staatlichen Nachforschungen oder in Grabungsschutzgebieten gemäß § 16 entdeckt werden oder wenn sie einen hervorragenden wissenschaftlichen Wert besitzen. [2]Der Finder soll im Rahmen der verfügbaren Mittel des Landeshaushalts eine Belohnung erhalten. [3]Über die Höhe entscheidet das Landesamt für Denkmalpflege unter Berücksichtigung der Umstände des Einzelfalls. [4]Das Land kann sein Eigentum an dem beweglichen Denkmal auf den Eigentümer des Grundstücks übertragen, auf dem der Fund erfolgt ist.

Vierter Teil

Denkmalbehörden

§ 19 Denkmalschutzbehörden

(1) [1]Die Gemeinden, denen die Aufgaben der unteren Bauaufsichtsbehörde obliegen, im übrigen die Landkreise, nehmen die Aufgaben der unteren Denkmalschutzbehörde wahr. [2]Oberste Denkmalschutzbehörde ist das Fachministerium.

(2) Die Aufgaben der unteren Denkmalschutzbehörden gehören zum übertragenen Wirkungskreis.

(3) Die oberste Denkmalschutzbehörde übt die Fachaufsicht über die unteren Denkmalschutzbehörden aus.

(4) [1]Die oberste Denkmalschutzbehörde kann anstelle einer unteren Denkmalschutzbehörde tätig werden oder anordnen, dass das Landesamt für Denkmalpflege an Stelle einer unteren Denkmalschutzbehörde tätig wird, wenn diese eine Weisung nicht innerhalb einer bestimmten Frist befolgt oder wenn Gefahr im Verzuge ist. [2]Es hat die zuständige Denkmalschutzbehörde unverzüglich über die getroffene Maßnahme zu unterrichten.

§ 20 Zuständigkeit der Denkmalschutzbehörden

(1) [1]Soweit nicht durch Gesetz oder auf Grund eines Gesetzes etwas anderes bestimmt ist, sind die unteren Denkmalschutzbehörden zuständig. [2]Betrifft die Durchführung dieses Gesetzes den Bereich einer Bundeswasserstraße oder des Küstengewässers, so ist abweichend von Satz 1 die oberste Denkmalschutzbehörde zuständig. [3]Für Maßnahmen im Bereich des Küstengewässers ist das Einvernehmen mit der obersten Naturschutzbehörde erforderlich.

(2) [1]Die unteren Denkmalschutzbehörden stellen in Angelegenheiten auf dem Gebiet der Bodendenkmalpflege unverzüglich das Benehmen mit dem Landesamt für Denkmalpflege her. [2]Die oberste Denkmalschutzbehörde befreit eine untere Denkmalschutzbehörde, die in ausreichendem Maß mit archäologischen Fachkräften besetzt ist, von dem Erfordernis der Herstellung des Benehmens. [3]Archäologische Fachkräfte sind Personen, die nachgewiesen haben, dass sie durch ihre Ausbildung oder

durch archäologische Tätigkeiten hinreichende Fachkenntnisse auf dem Gebiet der Bodendenkmalpflege erworben haben. [4]Eine untere Denkmalschutzbehörde, die von dem Erfordernis der Herstellung des Benehmens befreit worden ist, hat der obersten Denkmalschutzbehörde Veränderungen in der Besetzung mit archäologischen Fachkräften unverzüglich mitzuteilen.

(3) [1]Die örtliche Zuständigkeit richtet sich bei beweglichen Bodenfunden nach dem Fundort. [2]Bei Gefahr im Verzuge kann auch die Denkmalschutzbehörde Anordnungen erlassen, in deren Bezirk sich der Gegenstand befindet. [3]Die zuständige Denkmalschutzbehörde ist unverzüglich zu unterrichten.

§ 21 Landesamt für Denkmalpflege

(1) [1]Das Landesamt für Denkmalpflege wirkt als staatliche Denkmalfachbehörde bei der Ausführung dieses Gesetzes mit. [2]Es hat insbesondere die Aufgaben,

1. die Denkmalschutz-, Bau- und Planungsbehörden, Kirchen und andere, insbesondere Eigentümer und Besitzer von Kulturdenkmalen, fachlich zu beraten,
2. Kulturdenkmale zu erfassen, zu erforschen, zu dokumentieren und die Ergebnisse zu veröffentlichen sowie das Verzeichnis nach § 4 Abs. 1 aufzustellen und fortzuführen,
3. Restaurierungen und Grabungen durchzuführen,
4. wissenschaftliche Grundlagen für die Denkmalpflege zu schaffen,
5. zentrale Fachbibliotheken und Archive zu unterhalten.

(2) Die unteren Denkmalschutzbehörden stellen bei allen Maßnahmen, die für das Kulturerbe im Sinne des UNESCO-Übereinkommens zum Schutz des Kultur- und Naturerbes der Welt von nicht nur unerheblicher Bedeutung sind, das Benehmen mit dem Landesamt für Denkmalpflege her.

§ 22 Beauftragte für die Denkmalpflege

(1) [1]Die untere Denkmalschutzbehörde kann Beauftragte für die Bau- und Kunstdenkmalpflege und Beauftragte für die archäologische Denkmalpflege bestellen. [2]Sie bestellt die Beauftragten im Einvernehmen mit dem Landesamt für Denkmalpflege. [3]Die Beauftragten sind ehrenamtlich tätig.

(2) Die Beauftragten beraten und unterstützen die Denkmalschutzbehörden in allen Angelegenheiten des Denkmalschutzes und der Denkmalpflege.

(3) [1]Das Land ersetzt den Beauftragten die Kosten, die ihnen durch ihre Tätigkeit entstehen. [2]Die oberste Denkmalschutzbehörde wird ermächtigt, durch Verordnung nähere Vorschriften zu erlassen.

§ 22a Beratende Kommissionen

Die oberste Denkmalschutzbehörde kann für den Bereich der Bau- und Kunstdenkmalpflege eine Landeskommission für Denkmalpflege und für den Bereich der Bodendenkmalpflege eine Archäologische Kommission jeweils mit beratender Funktion für die oberste Denkmalschutzbehörde und die Denkmalfachbehörde berufen.

Fünfter Teil
Maßnahmen des Denkmalschutzes, Verfahrensvorschriften

§ 23 Anordnungen der Denkmalschutzbehörden

(1) Die Denkmalschutzbehörden treffen nach pflichtgemäßem Ermessen die Anordnungen, die erforderlich sind, um die Einhaltung der §§ 6 bis 17, 25, 27 und 28 sicherzustellen.

(2) [1]Wird ein Baudenkmal dadurch, daß es nicht genutzt wird, oder durch die Art seiner Nutzung gefährdet, so kann die Denkmalschutzbehörde anordnen, daß ein nach § 6 Abs. 1 Verpflichteter das Baudenkmal in bestimmter ihm zumutbarer Weise nutzt. [2]Dem Verpflichteten ist auf Antrag zu gestatten, das Baudenkmal in einer angebotenen anderen Weise zu nutzen, wenn seine Erhaltung dadurch hinreichend gewährleistet und die Nutzung mit dem öffentlichen Recht vereinbar ist.

§ 24 Genehmigungsverfahren

(1) [1]Der Antrag auf eine Genehmigung nach diesem Gesetz ist mit den zur Beurteilung erforderlichen Unterlagen der Denkmalschutzbehörde schriftlich oder elektronisch zu übermitteln. [2]Nimmt der Landkreis die Aufgaben der Denkmalschutzbehörde wahr, so hat er den Antrag unverzüglich an die Gemeinde zu übermitteln. [3]Die Gemeinde hat im Fall des Satzes 2 ihre Stellungnahme unverzüglich der Denkmalschutzbehörde zu übermitteln.

(2) [1]Eine Genehmigung nach diesem Gesetz erlischt, wenn nicht innerhalb von zwei Jahren nach ihrer Erteilung mit der Ausführung der Maßnahme begonnen oder wenn die Ausführung zwei Jahre unter-

brochen worden ist. [2]Die Denkmalschutzbehörde kann die Frist verlängern. [3]In den Fällen des § 10 Abs. 4 richtet sich die Geltungsdauer nach den Vorschriften über die Baugenehmigung oder die sonstige Entscheidung, die die Genehmigung nach diesem Gesetz umfaßt.

(3) [1]Für Genehmigungen nach diesem Gesetz werden keine Gebühren und Auslagen erhoben. [2]Die Vorschriften über die Kosten der Baugenehmigungen und der sonstigen Entscheidungen, die Genehmigungen nach diesem Gesetz umfassen, bleiben unberührt.

§ 25 Wiederherstellung des ursprünglichen Zustands

(1) Wer diesem Gesetz zuwider in ein Kulturdenkmal oder in dessen Umgebung eingreift, hat auf Verlangen der Denkmalschutzbehörde den bisherigen Zustand wiederherzustellen.

(2) Wer widerrechtlich ein Kulturdenkmal vorsätzlich oder fahrlässig beschädigt oder zerstört, ist auf Verlangen der Denkmalschutzbehörde verpflichtet, das Zerstörte nach ihren Anweisungen zu rekonstruieren.

§ 26 Zusammenwirken der Denkmalbehörden

[1]Die Denkmalschutzbehörden werden vom Landesamt für Denkmalpflege bei der Erledigung ihrer Aufgaben unterstützt und beraten. [2]Sie haben dem Landesamt die Genehmigungsanträge für Maßnahmen von besonderer Bedeutung rechtzeitig anzuzeigen und in dem erforderlichen Umfang Auskunft und Akteneinsicht zu gewähren.

§ 27 Duldungs- und Auskunftspflichten

(1) [1]Bedienstete und Beauftragte der Denkmalbehörden dürfen nach vorheriger Benachrichtigung Grundstücke, zur Abwehr einer dringenden Gefahr für ein Kulturdenkmal auch Wohnungen, betreten, soweit es zur Durchführung dieses Gesetzes notwendig ist. [2]Sie dürfen Kulturdenkmale besichtigen und die notwendigen wissenschaftlichen Erfassungsmaßnahmen, insbesondere zur Inventarisation, durchführen. [3]Das Grundrecht der Unverletzlichkeit der Wohnung (Artikel 13 des Grundgesetzes) wird insoweit eingeschränkt.

(2) Eigentümer und Besitzer von Kulturdenkmalen haben den Denkmalbehörden sowie ihren Beauftragten die zum Vollzug dieses Gesetzes erforderlichen Auskünfte zu erteilen.

§ 28 Kennzeichnung von Kulturdenkmalen

(1) [1]Die Denkmalschutzbehörde kann Eigentümer und Besitzer von Bodendenkmalen und nicht genutzten Baudenkmalen verpflichten, die Anbringung von Hinweisschildern zu dulden, die die Bedeutung des Denkmals erläutern und auf seinen gesetzlichen Schutz hinweisen. [2]Die Schilder sind so anzubringen, daß sie die zulässige Bewirtschaftung des Grundstücks nicht erschweren.

(2) Eigentümer können Baudenkmale und Bodendenkmale mit einer von der obersten Denkmalschutzbehörde herausgegebenen Denkmalschutzplakette kennzeichnen, um auf den gesetzlichen Schutz des Denkmals hinzuweisen.

Sechster Teil
Ausgleich und Enteignung

§ 29 Ausgleich

(1) [1]Soweit Anordnungen aufgrund dieses Gesetzes im Einzelfall zu einer unzumutbaren Belastung des Eigentums führen, hat das Land einen angemessenen Ausgleich in Geld zu gewähren, sofern und soweit die Belastung nicht in anderer Weise ausgeglichen werden kann. [2]Für die Bemessung des Ausgleichs sind die Regelungen des Niedersächsischen Enteignungsgesetzes über die Entschädigung entsprechend anzuwenden. [3]Die Gemeinden und Landkreise sollen zu dem Ausgleichsaufwand beitragen, wenn und soweit durch die die Belastung auslösende Anordnung auch ihre örtlichen Belange begünstigt werden.

(2) Über den Ausgleich entscheidet die für die Anordnung zuständige Denkmalschutzbehörde nach Zustimmung der obersten Denkmalschutzbehörde zumindest dem Grunde nach zugleich mit der Anordnung, die die Belastung auslöst.

§ 30 Zulässigkeit der Enteignung

(1) [1]Eine Enteignung ist zulässig, soweit sie erforderlich ist, damit
1. ein Kulturdenkmal in seinem Bestand oder Erscheinungsbild erhalten bleibt,
2. Kulturdenkmale ausgegraben oder wissenschaftlich untersucht werden können,
3. in einem Grabungsschutzgebiet planmäßige Nachforschungen betrieben werden können.

[2]Die Enteignung kann auf Zubehör, das mit der Hauptsache eine Einheit von Denkmalwert bildet, ausgedehnt werden. [3]Enteignungsmaßnahmen können zeitlich begrenzt werden.

(2) [1]Ein beweglicher Bodenfund (§ 14 Abs. 1) kann enteignet werden, wenn
1. Tatsachen vorliegen, nach denen zu befürchten ist, daß er wesentlich verschlechtert wird,
2. nicht auf andere Weise sichergestellt werden kann, daß er für die Allgemeinheit zugänglich ist, und hieran ein erhebliches Interesse besteht oder
3. nicht auf andere Weise sichergestellt werden kann, daß er für die wissenschaftliche Forschung zur Verfügung gehalten wird.

[2]Der Enteignungsantrag kann innerhalb eines Jahres gestellt werden, nachdem der Bodenfund angezeigt oder bei Arbeiten nach § 14 Abs. 3 entdeckt worden ist.

(3) [1]Die Enteignung nach den Absätzen 1 und 2 ist zugunsten des Landes oder einer anderen juristischen Person des öffentlichen Rechts zulässig. [2]Zugunsten einer juristischen Person des Privatrechts ist die Enteignung zulässig, wenn der Enteignungszweck zu den satzungsmäßigen Aufgaben der juristischen Person gehört und seine Erfüllung im Einzelfall gesichert erscheint.

§ 31 Anwendung des Niedersächsischen Enteignungsgesetzes

(1) Für die Enteignung und Entschädigung, auch bei beweglichen Sachen, gelten die Vorschriften des Niedersächsischen Enteignungsgesetzes, soweit nicht in diesem Gesetz etwas anderes bestimmt ist.

(2) [1]Ist Gegenstand der Enteignung eine bewegliche Sache und soll nach dem Enteignungsbeschluß die Sache herausgegeben werden, so ist im Enteignungsbeschluß auch anzuordnen, an wen die Sache mit dem Eintritt der Rechtsänderung herauszugeben ist. [2]Die Ausführungsanordnung (§ 36 NEG) kann in diesem Falle schon vor der Zahlung der Entschädigung erlassen werden.

(3) [1]Ist zur Erhaltung oder wissenschaftlichen Auswertung eines beweglichen Denkmals oder eines beweglichen Bodenfundes (§ 14 Abs. 1) die sofortige Herausgabe dringend geboten, so kann die Enteignungsbehörde im Beschluß über die vorzeitige Besitzeinweisung den Eigentümer oder Besitzer verpflichten, die Sache an einen bestimmten Empfänger herauszugeben. [2]§ 35 Abs. 1 Satz 6 NEG findet keine Anwendung.

(4) [1]Sofern die Enteignung andere als die in § 3 NEG genannten Gegenstände betrifft, ist § 43 NEG nicht anzuwenden. [2]In diesen Fällen kann die Entscheidung der Enteignungsbehörde über die Höhe der Entschädigung innerhalb eines Monats nach Zustellung durch Klage vor dem ordentlichen Gericht angefochten werden.

Siebenter Teil
Zuschußmittel des Landes, Steuerbefreiung

§ 32 Zuschußmittel des Landes

[1]Das Land trägt, unbeschadet bestehender Verpflichtungen, zu den Kosten der Erhaltung und Instandsetzung von Kulturdenkmalen nach Maßgabe der im Haushaltsplan bereitgestellten Mittel bei. [2]Zuschüsse des Landes können insbesondere mit der Auflage verbunden werden, ein Kulturdenkmal im Rahmen des Zumutbaren der Öffentlichkeit zugänglich zu machen oder Hinweisschilder anzubringen.

§ 33 *[aufgehoben]*

Achter Teil
Straftaten und Ordnungswidrigkeiten

§ 34 Zerstörung eines Kulturdenkmals

(1) Wer ohne die nach § 10 erforderliche Genehmigung und ohne Vorliegen der Voraussetzungen des § 7 ein Kulturdenkmal oder einen wesentlichen Teil eines Kulturdenkmals zerstört, wird mit Freiheitsstrafe bis zu zwei Jahren oder mit Geldstrafe bestraft.

(2) Reste eines Kulturdenkmals, das durch eine Tat nach Absatz 1 zerstört worden ist, können eingezogen werden.

§ 35 Ordnungswidrigkeiten

(1) Ordnungswidrig handelt, wer vorsätzlich oder fahrlässig

1. eine nach § 11 oder § 14 Abs. 1 erforderliche Anzeige nicht unverzüglich erstattet,
2. Maßnahmen, die nach § 10 Abs. 1, § 12 Abs. 1, § 13 Abs. 1 oder § 16 Abs. 2 der Genehmigung bedürfen, ohne Genehmigung oder abweichend von ihr durchführt oder durchführen läßt,
3. Auflagen nach § 10 Abs. 3, § 12 Abs. 2 oder § 13 Abs. 2 nicht erfüllt,
4. gefundene Gegenstände und die Fundstelle nicht gemäß § 14 Abs. 2 unverändert läßt.

(2) Ordnungswidrig handelt, wer wider besseres Wissen unrichtige Angaben macht oder unrichtige Pläne oder Unterlagen vorlegt, um einen Verwaltungsakt nach diesem Gesetz zu erwirken oder zu verhindern.

(3) Die Ordnungswidrigkeiten können mit Geldbußen bis zu 250 000 Euro geahndet werden.

(4) [1]Es können eingezogen werden:

1. Reste eines Kulturdenkmals, das durch eine ordnungswidrige Handlung zerstört worden ist,
2. Gegenstände, die durch ordnungswidrige Handlungen unter Verletzung des § 12 Abs. 1, § 13 Abs. 1, § 14 Abs. 1 und 2 oder § 16 Abs. 2 erlangt worden sind.

[2]§ 23 des Gesetzes über Ordnungswidrigkeiten ist anzuwenden.

(5) Die Verfolgung der Ordnungswidrigkeit verjährt in fünf Jahren.

Neunter Teil

Schluß- und Übergangsvorschriften

§ 36 Kirchliche Kulturdenkmale

Die Verträge des Landes Niedersachsen mit den Evangelischen Landeskirchen in Niedersachsen vom 19. März 1955 (Nieders. GVBl. Sb. I S. 369) und vom 4. März 1965 (Nieders. GVBl. 1966 S. 4), das Konkordat zwischen dem Heiligen Stuhle und dem Lande Niedersachsen vom 26. Februar 1965 (Nieders. GVBl. S. 192), zuletzt geändert durch Vertrag vom 29. Oktober 1993 (Nds. GVBl. 1994 S. 304), sowie die zur Ausführung dieser Verträge geschlossenen Vereinbarungen bleiben unberührt.

§ 37 Finanzausgleich

Die Verwaltungskosten, die den Landkreisen und Gemeinden durch die Ausführung dieses Gesetzes entstehen, werden im Rahmen des kommunalen Finanzausgleichs gedeckt.

§§ 38, 39 ***[nicht wiedergegebene Änderungs- bzw. Aufhebungsvorschriften]***

§ 40 Übergangsvorschrift

Das Verzeichnis der Baudenkmale nach § 94 der Niedersächsischen Bauordnung und die Denkmalliste nach § 5 des Denkmalschutzgesetzes für das Großherzogtum Oldenburg sind mit allen Eintragungen Bestandteile des Verzeichnisses der Kulturdenkmale nach § 4 dieses Gesetzes.

§ 41 Inkrafttreten

Dieses Gesetz tritt am 1. April 1979 in Kraft.

Niedersächsisches Gesetz über den Brandschutz und die Hilfeleistung der Feuerwehr (Niedersächsisches Brandschutzgesetz – NBrandSchG)

Vom 18. Juli 2012 (Nds. GVBl. S. 269)
(VORIS 21090)

zuletzt geändert durch Art. 2 G zur Änd. des KatastrophenschutzG und des BrandschutzG vom 29. Juni 2022 (Nds. GVBl. S. 405)

Inhaltsverzeichnis

Erster Teil
Aufgaben und Befugnisse, Aufsicht und Meldepflicht

§ 1 Brandschutz und Hilfeleistung
(1) Die Abwehr von Gefahren durch Brände (abwehrender und vorbeugender Brandschutz) sowie die Hilfeleistung bei Unglücksfällen und bei Notständen (Hilfeleistung) sind Aufgaben der Gemeinden und Landkreise sowie des Landes.
(2) Brandschutz und Hilfeleistung obliegen den Gemeinden und Landkreisen als Aufgaben des eigenen Wirkungskreises.

§ 2 Aufgaben und Befugnisse der Gemeinden
(1) [1]Den Gemeinden obliegen der abwehrende Brandschutz und die Hilfeleistung in ihrem Gebiet. [2]Zur Erfüllung dieser Aufgaben haben sie eine den örtlichen Verhältnissen entsprechende leistungsfähige Feuerwehr aufzustellen, auszurüsten, zu unterhalten und einzusetzen. [3]Dazu haben sie insbesondere
1. die erforderlichen Anlagen, Mittel, einschließlich Sonderlöschmittel, und Geräte bereitzuhalten,
2. für eine Grundversorgung mit Löschwasser zu sorgen,
3. für die Aus- und Fortbildung der Angehörigen ihrer Feuerwehr zu sorgen und
4. Alarm- und Einsatzpläne aufzustellen und fortzuschreiben

sowie Alarmübungen durchzuführen. [4]Sie können dazu eine Feuerwehrbedarfsplanung aufstellen.
(2) [1]Eine Gemeinde hat mit ihrer Feuerwehr auf Ersuchen einer anderen Gemeinde oder auf Anforderung ihrer Aufsichtsbehörde Nachbarschaftshilfe zu leisten, soweit der abwehrende Brandschutz und die Hilfeleistung in ihrem Gebiet dadurch nicht gefährdet werden. [2]Bei einer großen selbständigen Stadt tritt der Landkreis an die Stelle der Aufsichtsbehörde.
(3) Den Gemeinden obliegt es, nach Maßgabe des § 26 für Brandsicherheitswachen zu sorgen.
(4) [1]Geht von einer baulichen Anlage oder von der sonstigen Nutzung eines Grundstücks eine erhöhte Brandgefahr aus oder würde davon im Fall eines Brandes, einer Explosion oder eines anderen Schadensereignisses eine Gefahr für das Leben oder die Gesundheit einer größeren Anzahl von Menschen oder eine besondere Umweltgefährdung ausgehen, so kann die Gemeinde die baurechtlich verantwortlichen Personen (§ 56 der Niedersächsischen Bauordnung) dazu verpflichten,
1. die für die Brandbekämpfung und die Hilfeleistung über die örtlichen Verhältnisse nach § 2 Abs. 1 Satz 3 Nr. 1 hinaus erforderlichen Mittel, einschließlich Sonderlöschmittel, und Geräte bereitzuhalten oder der Gemeinde zur Verfügung zu stellen,
2. einen für die Brandbekämpfung erforderlichen Löschwasservorrat, der über die Grundversorgung nach § 2 Abs. 1 Satz 3 Nr. 2 hinausgeht, bereitzuhalten,
3. für eine dem Stand der Technik entsprechende Funkversorgung der Feuerwehr innerhalb von Gebäuden zu sorgen, soweit sie nicht durch die in § 3 Abs. 1 Satz 2 Nr. 5 genannten Anlagen sichergestellt ist, und
4. Feuerwehrpläne zu erstellen, fortzuschreiben und der Gemeinde zur Verfügung zu stellen,

soweit dies für die verantwortliche Person zumutbar ist. [2]Geht eine der in Satz 1 genannten Gefahren von einer Anlage nach § 3 Abs. 5 des Bundes-Immissionsschutzgesetzes (BImSchG) aus, so kann die Gemeinde auch deren Betreiber zu den in Satz 1 genannten Maßnahmen verpflichten, soweit dies für den Betreiber zumutbar ist. [3]Beschäftigte der Gemeinde sind befugt, zum Zweck der Prüfung der Voraussetzungen der Sätze 1 und 2 die dort genannten Grundstücke und Anlagen zu betreten und zu besichtigen. [4]Wurde eine in Satz 1 Nrn. 1 bis 4 genannte Maßnahme bereits durch eine Entscheidung nach baurechtlichen oder immissionsschutzrechtlichen Vorschriften geregelt, so gelten die Sätze 1 bis 3 insoweit nicht. [5]Die Sätze 1 bis 3 finden keine Anwendung, wenn für das Grundstück oder die Anlage eine Werkfeuerwehr besteht.

(5) Die Gemeinde kann für die Ausbildungs- und Übungsdienste der Feuerwehr, soweit diese nicht an Werktagen erfolgen können, Ausnahmen von den Beschränkungen des § 4 Abs. 1 des Niedersächsischen Gesetzes über die Feiertage (NFeiertagsG) zulassen; § 14 NFeiertagsG bleibt unberührt.

(6) Abweichend von § 36 Abs. 1 und § 44 Abs. 2 Satz 1 der Straßenverkehrs-Ordnung kann eine Gemeinde auf Beschluss des Rates der Gemeinde zur Sicherung von gemeindlichen Veranstaltungen die Befugnisse für die Verkehrsregelung durch die örtliche Feuerwehr wahrnehmen lassen, soweit hierfür Polizeivollzugskräfte nicht oder nicht rechtzeitig ausreichend zur Verfügung stehen und die Wahrnehmung der Aufgaben nach Absatz 1 nicht gefährdet wird.

§ 3 Aufgaben der Landkreise

(1) [1]Den Landkreisen obliegen die übergemeindlichen Aufgaben des abwehrenden Brandschutzes und der Hilfeleistung. [2]Sie haben insbesondere

1. die Kreisfeuerwehr einzusetzen,
2. Kreisfeuerwehrbereitschaften aufzustellen,
3. Alarm- und Einsatzpläne der Kreisfeuerwehr aufzustellen und fortzuschreiben sowie Alarmübungen der Kreisfeuerwehr durchzuführen,
4. eine Feuerwehr-Einsatz-Leitstelle einzurichten, ständig zu besetzen und zu unterhalten,
5. die zur überörtlichen Alarmierung und Kommunikation erforderlichen Anlagen einzurichten und zu unterhalten, soweit nicht der Digitalfunk der Behörden und Organisationen mit Sicherheitsaufgaben genutzt werden kann,
6. Feuerwehrtechnische Zentralen zur Unterbringung, Pflege und Prüfung von Fahrzeugen, Geräten und Material sowie zur Durchführung von Ausbildungslehrgängen einzurichten und zu unterhalten,
7. Ausbildungslehrgänge durchzuführen,
8. die Gemeinden bei der Erfüllung ihrer Aufgaben nach diesem Gesetz zu beraten,
9. die Ausrüstung der Freiwilligen Feuerwehren und der Pflichtfeuerwehren zu fördern und
10. die Freiwilligen Feuerwehren und die Pflichtfeuerwehren auf ihre Leistungsfähigkeit und Einsatzbereitschaft zu überprüfen.

(2) Den Landkreisen obliegt die Aufgabe der Brandverhütungsschau nach Maßgabe des § 27.

(3) Den kreisfreien Städten obliegen abweichend von § 18 des Niedersächsischen Kommunalverfassungsgesetzes (NKomVG) nicht die Aufgaben nach Absatz 1 Satz 2 Nrn. 1 bis 3 und 8 bis 10.

(4) [1]Die Landkreise haben auf Anforderung eines an ihr Gebiet angrenzenden anderen Landkreises mit ihrer Kreisfeuerwehr Hilfe zu leisten, wenn die innerhalb des anderen Landkreises zur Verfügung stehenden Feuerwehren zur Beseitigung einer Gefahr nicht ausreichen und soweit der abwehrende Brandschutz und die Hilfeleistung in dem Gebiet des helfenden Landkreises nicht gefährdet werden. [2]Bei kreisfreien Städten tritt die gemeindliche Feuerwehr an die Stelle der Kreisfeuerwehr.

§ 4 Weitere Aufgaben der Gemeinden mit Berufsfeuerwehr

Den Gemeinden mit Berufsfeuerwehr obliegen für ihr Gebiet auch die Aufgaben der Landkreise nach § 3 Abs. 1 Satz 2 Nrn. 4 bis 7 sowie Abs. 2.

§ 5 Aufgaben des Landes

(1) [1]Dem Land obliegen die zentralen Aufgaben des Brandschutzes und der Hilfeleistung. [2]Es hat insbesondere

1. zentrale Aus- und Fortbildungseinrichtungen und technische Prüfstellen einzurichten und zu unterhalten,
2. die Aus- und Fortbildung an den zentralen Aus- und Fortbildungseinrichtungen durchzuführen,
3. Vorgaben für das Fernmeldewesen der Feuerwehren zu erlassen,
4. die Kommunen bei der Erfüllung ihrer Aufgaben nach diesem Gesetz zu beraten,
5. Brandschutzforschung, Brandschutznormung sowie Brandschutzerziehung und Brandschutzaufklärung zu fördern,
6. Aufgaben des vorbeugenden Brandschutzes wahrzunehmen, soweit sie über das Gebiet eines Landkreises hinausgehen,

7. die Einsätze der Feuerwehren und die Strukturen des abwehrenden und des vorbeugenden Brandschutzes sowie der Hilfeleistung zu erfassen und
8. die Feuerwehren auf ihre Leistungsfähigkeit und Einsatzbereitschaft zu überprüfen.

(2) Dem Land obliegt die Bekämpfung von Schiffsbränden und die Hilfeleistung auf Schiffen
1. in den landeseigenen Seehäfen Emden, Wilhelmshaven, Brake, Cuxhaven und Bützfleth,
2. in den Hafenanlagen vor dem Rüstersieler Groden (Niedersachsenbrücke) und dem Voßlapper Groden,
3. auf den Seewasserstraßen des Bundes und
4. auf den Binnenwasserstraßen des Bundes
   a) auf der Ems von Stromkilometer 69,1 bis Stromkilometer 0,
   b) auf der Weser von Stromkilometer 85,25 bis Stromkilometer 29,25 und
   c) auf der Elbe von Stromkilometer 727,7 bis Stromkilometer 632,

soweit nicht der Bund zuständig ist.

(3) Das für Inneres zuständige Ministerium (Fachministerium) kann Aufgaben nach Absatz 2 durch Vereinbarung dem Bund oder Kommunen übertragen.

(4) [1]Das Fachministerium kann einer juristischen Person des Privatrechts mit ihrem Einverständnis durch Verwaltungsakt oder öffentlich-rechtlichen Vertrag die Aufgaben nach Absatz 2 zur Wahrnehmung im eigenen Namen und in den Handlungsformen des öffentlichen Rechts übertragen, wenn die Beleihung im öffentlichen Interesse liegt und die Beliehene die Gewähr für eine sachgerechte Erfüllung der Aufgaben bietet. [2]In dem Verwaltungsakt oder dem öffentlich-rechtlichen Vertrag kann vorgesehen werden, dass die Beliehene die Befugnisse des § 24 ausüben und nach Maßgabe des § 31 Abs. 1 Sätze 1 und 3 Kostenerstattung verlangen kann. [3]Die Beliehene unterliegt der Fachaufsicht des Fachministeriums oder der von ihm bestimmten Landesbehörde.

(5) [1]Das Fachministerium wird ermächtigt, durch Verordnung Gemeinden mit der Durchführung von Aufgaben nach Absatz 2 zu beauftragen, wenn eine Vereinbarung nach Absatz 3 nicht zustande kommt und die Beauftragung zur Sicherstellung der Bekämpfung von Schiffsbränden und der Hilfeleistung auf Schiffen erforderlich ist. [2]Die Gemeinden führen die Aufgaben im Namen des Landes durch. [3]Die Gemeinden unterliegen insoweit der Fachaufsicht des Fachministeriums oder der von ihm bestimmten Landesbehörde.

(6) [1]Dem Land obliegen der abwehrende Brandschutz und die Hilfeleistung in den ursprünglich gemeindefreien Gebieten. [2]Das Fachministerium kann Aufgaben nach Satz 1 durch Vereinbarung Kommunen übertragen.

§ 6 Aufsicht

(1) Die Aufsicht über die Gemeinden und Landkreise für die Aufgaben nach diesem Gesetz richtet sich nach den §§ 170 bis 176 NKomVG, soweit sich nicht aus diesem Gesetz etwas anderes ergibt.

(2) Die Aufsicht über die Gemeinden mit Berufsfeuerwehr für die Aufgaben nach diesem Gesetz führt abweichend von § 171 Abs. 1 bis 3 NKomVG das Fachministerium oder die von ihm bestimmte Landesbehörde.

(3) [1]Das Fachministerium richtet Aufsichtsbereiche ein. [2]In jedem Aufsichtsbereich wirkt eine Regierungsbrandmeisterin oder ein Regierungsbrandmeister bei der Wahrnehmung der dem Land nach diesem Gesetz obliegenden Aufgaben mit.

(4) [1]Gemeinden und Landkreise haben ihrer Aufsichtsbehörde über jeden Einsatz der Feuerwehr zu berichten. [2]Große selbständige Städte haben anstelle der Aufsichtsbehörde dem Landkreis zu berichten.

(5) Das Fachministerium kann anordnen, dass Einsätze der Feuerwehren sowie Angaben über ihren Aufbau, ihre Ausrüstung und ihre personelle Zusammensetzung in einer Geschäftsstatistik erfasst werden.

§ 7 Meldepflicht

Wer einen Brand, einen Unglücksfall oder ein anderes Ereignis, durch das Menschen oder erhebliche Sachwerte gefährdet sind, bemerkt, ist verpflichtet, unverzüglich die Feuerwehr oder die Polizei zu benachrichtigen, wenn er die Gefahr nicht selbst beseitigt.

Zweiter Teil
Feuerwehren

Erster Abschnitt
Allgemeines

§ 8 Arten der Feuerwehren

Feuerwehren im Sinne dieses Gesetzes sind die Berufsfeuerwehren, die Freiwilligen Feuerwehren und die Pflichtfeuerwehren (gemeindliche Feuerwehren) als kommunale Einrichtungen sowie die Werkfeuerwehren.

Zweiter Abschnitt
Berufsfeuerwehr

§ 9 Aufstellung und Auflösung

(1) Gemeinden, deren Einwohnerzahl 100 000 übersteigt, müssen, andere Gemeinden können eine Berufsfeuerwehr aufstellen, ausrüsten, unterhalten und einsetzen.

(2) [1]Die Auflösung einer Berufsfeuerwehr bedarf der Zustimmung der Aufsichtsbehörde. [2]Die Zustimmung ist zu erteilen, wenn Brandschutz und Hilfeleistung auf andere Weise sichergestellt sind.

§ 10 Beschäftigte in der Berufsfeuerwehr

(1) [1]Die Beschäftigten im Brandbekämpfungs- und Hilfeleistungsdienst (Einsatzdienst) der Berufsfeuerwehr sollen Beamtinnen oder Beamte sein. [2]Ihre Ausbildung muss der für die Beamtinnen und Beamten der Laufbahnen der Fachrichtung Feuerwehr vorgeschriebenen Ausbildung entsprechen.

(2) [1]Die Leiterin oder der Leiter der Berufsfeuerwehr ist für die ständige Einsatzbereitschaft der Berufsfeuerwehr und für alle Maßnahmen des Brandschutzes und der Hilfeleistung verantwortlich. [2]Sie oder er ist Vorgesetzte oder Vorgesetzter der Beschäftigten der Berufsfeuerwehr.

Dritter Abschnitt
Freiwillige Feuerwehr

§ 11 Aufstellung und Gliederung

(1) Gemeinden ohne Berufsfeuerwehr haben eine Freiwillige Feuerwehr aufzustellen, auszurüsten, zu unterhalten und einzusetzen.

(2) [1]Gemeinden mit Berufsfeuerwehr haben zusätzlich zur Berufsfeuerwehr eine Freiwillige Feuerwehr aufzustellen, auszurüsten, zu unterhalten und einzusetzen, wenn dies für die Wahrnehmung der Aufgaben nach § 2 Abs. 1 Satz 1 erforderlich ist. [2]Die Freiwillige Feuerwehr ist eigenständig zu organisieren.

(3) [1]Die Freiwillige Feuerwehr hat eine Einsatzabteilung. [2]Daneben können andere Abteilungen eingerichtet werden, insbesondere die Kinder- und die Jugendfeuerwehr sowie die Alters-, die Ehren- und die Musikabteilung.

(4) Die Freiwillige Feuerwehr soll für Ortsteile in Ortsfeuerwehren gegliedert werden.

(5) [1]Die Auflösung einer Ortsfeuerwehr bedarf der Zustimmung der Aufsichtsbehörde. [2]Bei Ortsfeuerwehren einer großen selbständigen Stadt bedarf es anstelle der Zustimmung der Aufsichtsbehörde der Zustimmung des Landkreises. [3]Die Zustimmung ist zu erteilen, wenn Brandschutz und Hilfeleistung ohne diese Ortsfeuerwehr sichergestellt sind.

§ 12 Mitglieder der Freiwilligen Feuerwehr

(1) [1]Die Mitglieder der Freiwilligen Feuerwehr verrichten ihren Dienst ehrenamtlich. [2]Ihnen dürfen aus ihrer ehrenamtlichen Tätigkeit keine Nachteile in ihrem Arbeits- oder Dienstverhältnis erwachsen.

(2) [1]Der Einsatzabteilung der Freiwilligen Feuerwehr kann als Vollmitglied angehören, wer

1. Einwohnerin oder Einwohner der Gemeinde ist oder für Einsätze regelmäßig zur Verfügung steht,
2. für den Einsatzdienst persönlich und gesundheitlich geeignet ist und
3. das 16. Lebensjahr vollendet hat.

[2]Ein Vollmitglied der Einsatzabteilung einer Freiwilligen Feuerwehr kann der Einsatzabteilung der Freiwilligen Feuerwehr einer anderen Gemeinde als Mitglied, das nur für Einsätze zur Verfügung steht (Doppelmitglied), angehören, wenn es Einwohnerin oder Einwohner der anderen Gemeinde ist oder

dort für Einsätze regelmäßig zur Verfügung steht. [3]Die Zugehörigkeit zur Einsatzabteilung endet spätestens mit Vollendung des 67. Lebensjahres. [4]Ein Mitglied der Einsatzabteilung kann, wenn die Freiwillige Feuerwehr eine Altersabteilung hat, ab dem Tag der Vollendung des 55. Lebensjahres ohne Angabe von Gründen in die Altersabteilung übertreten.

(3) [1]Nehmen Angehörige der Einsatzabteilung an Einsätzen oder Alarmübungen der Feuerwehr teil, so sind sie während der Dauer der Teilnahme, bei Einsätzen auch für den zur Wiederherstellung ihrer Arbeits- oder Dienstfähigkeit notwendigen Zeitraum danach, von der Arbeits- oder Dienstleistung freigestellt. [2]Für die Teilnahme an Aus- oder Fortbildungsveranstaltungen während der Arbeitszeit sind sie freizustellen, soweit nicht besondere Interessen des Arbeitgebers entgegenstehen. [3]Führen Mitglieder der Freiwilligen Feuerwehr die Brandschutzerziehung oder die Brandschutzaufklärung nach § 25 durch, so sind sie währenddessen von der Arbeits- oder Dienstleistung freigestellt. [4]Soweit das Mitglied der Freiwilligen Feuerwehr aufgrund gleitender Arbeitszeit nicht nach den Sätzen 1 bis 3 freigestellt werden muss, werden ihm die in den Sätzen 1 bis 3 genannten Zeiten, die in seinem Arbeitszeitrahmen liegen, als Arbeitszeit gutgeschrieben, wenn das Mitglied der Freiwilligen Feuerwehr den Zeitpunkt seiner ehrenamtlichen Tätigkeit nicht frei wählen konnte. [5]Die Summe aus erbrachter Arbeits- oder Dienstleistung, einer Freistellung nach den Sätzen 1 bis 3 und einer Gutschrift nach Satz 4 darf die auf diesen Tag entfallende durchschnittliche Arbeitszeit des Mitglieds der Freiwilligen Feuerwehr nicht überschreiten.

(4) [1]Angehörige der Einsatzabteilung der Freiwilligen Feuerwehr sind verpflichtet, an Einsätzen zur Brandbekämpfung und Hilfeleistung sowie am Ausbildungs- und Übungsdienst teilzunehmen. [2]Näheres zu den Pflichten der Doppelmitglieder nach Absatz 2 Satz 2 kann durch Satzung geregelt werden.

(5) Angehörige der Einsatzabteilung der Freiwilligen Feuerwehr können ihre Mitgliedschaft zeitweilig ruhen lassen, wenn sie einen Grund dafür glaubhaft machen.

(6) [1]Die Mitglieder der Freiwilligen Feuerwehr haben über Angelegenheiten, die ihnen bei oder bei Gelegenheit ihrer ehrenamtlichen Tätigkeit bekannt geworden sind, Verschwiegenheit zu wahren, insbesondere keine Auskünfte über Einsätze zu erteilen sowie Bildaufnahmen und Bild- und Tonaufzeichnungen weiterzugeben; die Verschwiegenheitspflicht gilt auch nach Beendigung der ehrenamtlichen Tätigkeit. [2]Satz 1 gilt nicht für Mitteilungen im dienstlichen Verkehr oder über Tatsachen, die offenkundig sind oder ihrer Bedeutung nach keiner Geheimhaltung bedürfen. [3]Die Mitglieder der Freiwilligen Feuerwehr dürfen ohne Genehmigung über Angelegenheiten, über die sie verschwiegen zu sein haben, weder vor Gericht noch außergerichtlich aussagen oder Erklärungen abgeben; die Genehmigung erteilt die Hauptverwaltungsbeamtin oder der Hauptverwaltungsbeamte oder eine von ihr oder ihm beauftragte Person. [4]Die Hauptverwaltungsbeamtin oder der Hauptverwaltungsbeamte oder eine von ihr oder ihm beauftragte Person bestimmt Personen, die zur Auskunftserteilung berechtigt sind. [5]Die Hauptverwaltungsbeamtin oder der Hauptverwaltungsbeamte oder eine von ihr oder ihm beauftragte Person weist die Mitglieder der Freiwilligen Feuerwehr vor Aufnahme ihrer Tätigkeit auf die Pflicht zur Verschwiegenheit und auf § 37 Abs. 1 Nr. 1 hin; der Hinweis ist aktenkundig zu machen. [6]Für Mitglieder der Freiwilligen Feuerwehr im Ehrenbeamtenverhältnis gilt ausschließlich die Verschwiegenheitspflicht gemäß § 37 des Beamtenstatusgesetzes.

§ 13 Kinder- und Jugendfeuerwehren

(1) [1]Kinder- und Jugendfeuerwehren dienen insbesondere der Nachwuchsgewinnung für die Feuerwehren. [2]Die Gemeinden sind aufgerufen, sie im Rahmen ihrer Möglichkeiten zu fördern und zu unterstützen.

(2) Mitglied der Kinderfeuerwehr kann sein, wer das 6. Lebensjahr, aber noch nicht das 12. Lebensjahr vollendet hat.

(3) [1]Mitglied der Jugendfeuerwehr kann sein, wer das 10. Lebensjahr vollendet hat. [2]Die Mitgliedschaft endet spätestens mit Ablauf des Kalenderjahres, in dem das 18. Lebensjahr vollendet wird.

(4) [1]Die Mitglieder der Jugendfeuerwehren sollen an dem für sie angesetzten Ausbildungs- und Übungsdienst teilnehmen. [2]Sie dürfen nur zu Tätigkeiten herangezogen werden, die nach den Umständen Leben und Gesundheit nicht gefährden.

§ 14 Hauptberufliche Wachbereitschaft

[1]Eine Gemeinde ohne Berufsfeuerwehr kann die Freiwillige Feuerwehr durch eine Abteilung „Hauptberufliche Wachbereitschaft" verstärken. [2]Die in dieser Abteilung Beschäftigten verrichten ihren

Dienst nicht ehrenamtlich; sie sollen Beamtinnen oder Beamte sein. [3]§ 10 Abs. 1 Satz 2 gilt entsprechend.

Vierter Abschnitt
Pflichtfeuerwehr

§ 15 Aufstellung, Verpflichtung zum Dienst und Auflösung

(1) Sind in einer Gemeinde der abwehrende Brandschutz und die Hilfeleistung nicht durch die Freiwillige Feuerwehr oder die Berufsfeuerwehr sichergestellt, so ist eine Pflichtfeuerwehr aufzustellen, auszurüsten, zu unterhalten und einzusetzen.

(2) [1]Zum Dienst in der Pflichtfeuerwehr ist verpflichtet, wer zum Dienst herangezogen ist. [2]Die Gemeinde regelt durch Satzung, wer zum Dienst herangezogen werden kann. [3]Herangezogen werden können nur Einwohnerinnen und Einwohner der Gemeinde,

1. die gesundheitlich für den Einsatzdienst geeignet sind,
2. die das 18. Lebensjahr, aber noch nicht das 55. Lebensjahr vollendet haben und
3. deren Verpflichtung zum Dienst mit ihren beruflichen oder sonstigen Pflichten vereinbar ist.

(3) § 11 Abs. 3 bis 5, § 12 Abs. 1 bis 4 und 6, die §§ 13 und 20 Abs. 1 bis 4 und 7 bis 9 sowie die §§ 32 bis 35 sind entsprechend anzuwenden.

(4) Die Pflichtfeuerwehr ist aufzulösen, wenn der abwehrende Brandschutz und die Hilfeleistung durch die Freiwillige Feuerwehr oder die Berufsfeuerwehr sichergestellt sind.

Fünfter Abschnitt
Werkfeuerwehr

§ 16 Aufstellung, Berichtspflicht

(1) [1]Wirtschaftliche Unternehmen und Träger öffentlicher Einrichtungen können zur Sicherstellung des Brandschutzes und der Hilfeleistung in ihren Unternehmen und Einrichtungen auf eigene Kosten allein oder gemeinsam eine betriebliche Feuerwehr aufstellen, ausrüsten, unterhalten und einsetzen. [2]Die betriebliche Feuerwehr wird vom Fachministerium oder von der von ihm bestimmten Landesbehörde auf Antrag als Werkfeuerwehr anerkannt, wenn Aufbau, Ausrüstung und Ausbildung sowie fachliche Eignung der Leiterin oder des Leiters den an den Brandschutz und die Hilfeleistung zu stellenden Anforderungen entsprechen. [3]Liegen die Voraussetzungen für die Anerkennung nicht mehr vor, so ist sie zu widerrufen.

(2) Wird eine neue Leiterin oder ein neuer Leiter bestellt, so ist dies dem Fachministerium oder der von ihm bestimmten Landesbehörde anzuzeigen.

(3) Das Fachministerium oder die von ihm bestimmte Landesbehörde kann wirtschaftliche Unternehmen und Träger öffentlicher Einrichtungen verpflichten, auf eigene Kosten eine Werkfeuerwehr aufzustellen, auszurüsten, zu unterhalten und einzusetzen, wenn von einer baulichen Anlage oder einer Anlage nach § 3 Abs. 5 BImSchG des wirtschaftlichen Unternehmens oder der öffentlichen Einrichtung eine erhöhte Brandgefahr ausgeht oder im Fall eines Brandes, einer Explosion oder eines anderen Schadensereignisses eine Gefahr für das Leben oder die Gesundheit einer größeren Anzahl von Menschen oder eine besondere Umweltgefährdung ausgehen würde.

(4) Die Aufgaben und Befugnisse der gemeindlichen Feuerwehr und die Meldepflicht nach § 7 werden durch das Bestehen einer Werkfeuerwehr nicht berührt.

(5) Das wirtschaftliche Unternehmen oder der Träger der öffentlichen Einrichtung hat der Gemeinde über jeden Einsatz der Werkfeuerwehr zu berichten.

(6) [1]Das Fachministerium oder die von ihm bestimmte Landesbehörde überwacht das Vorliegen der Voraussetzungen der Anerkennungen nach Absatz 1 Satz 2 und die Einhaltung der Anordnungen nach Absatz 3. [2]Beschäftigte des Fachministeriums oder der von ihm bestimmten Landesbehörde sind befugt, zu dem in Satz 1 genannten Zweck bauliche Anlagen, Anlagen nach § 3 Abs. 5 BImSchG und die zugehörigen Grundstücke der wirtschaftlichen Unternehmen und öffentlichen Einrichtungen zu betreten und zu besichtigen.

§ 17 Auswärtiger Einsatz

[1]Die Werkfeuerwehr ist verpflichtet, zur Brandbekämpfung und zur Hilfeleistung auf Ersuchen der Gemeinde auch außerhalb des wirtschaftlichen Unternehmens oder der öffentlichen Einrichtung tätig zu werden, soweit der abwehrende Brandschutz und die Hilfeleistung im eigenen Bereich nicht gefährdet werden. [2]Die durch einen Einsatz nach Satz 1 entstandenen Kosten sind von der Gemeinde zu erstatten, auf deren Gebiet die Werkfeuerwehr eingesetzt war.

§ 18 Übertragung gemeindlicher Aufgaben auf Werkfeuerwehren

(1) [1]Eine Gemeinde kann die Aufgaben des abwehrenden Brandschutzes und der Hilfeleistung in ihrem Gebiet oder in einem Teil ihres Gebiets durch öffentlich-rechtlichen Vertrag auf den Träger einer Werkfeuerwehr zur Wahrnehmung im eigenen Namen und in den Handlungsformen des öffentlichen Rechts übertragen, wenn die Beleihung im öffentlichen Interesse liegt und der Beliehene die Gewähr für eine sachgerechte Erfüllung der Aufgaben bietet. [2]In dem öffentlich-rechtlichen Vertrag kann vorgesehen werden, dass der Beliehene nach Maßgabe der §§ 29 und 30 Kosten erhebt. [3]Der öffentlich-rechtliche Vertrag bedarf der Zustimmung der Aufsichtsbehörde und des Fachministeriums oder der von ihm bestimmten Landesbehörde. [4]Die Zustimmung ist zu erteilen, wenn die Werkfeuerwehr den Brandschutz und die Hilfeleistung im Gemeindegebiet oder dem Teil des Gemeindegebiets sicherstellen kann und der Brandschutz und die Hilfeleistung im eigenen Bereich nicht gefährdet werden.
(2) [1]Soweit Aufgaben nach Absatz 1 übertragen wurden, gilt die Werkfeuerwehr als gemeindliche Feuerwehr. [2]Insoweit unterliegt sie der Fachaufsicht der Gemeinde. [3]Hat die Gemeinde die Aufgaben in ihrem gesamten Gebiet übertragen, so nimmt die Leiterin oder der Leiter der Werkfeuerwehr die Aufgaben der Gemeindebrandmeisterin oder des Gemeindebrandmeisters wahr, ansonsten die der Ortsbrandmeisterin oder des Ortsbrandmeisters.

Sechster Abschnitt
Kreisfeuerwehr

§ 19 Aufgabe und Gliederung

(1) Die gemeindlichen Feuerwehren in einem Landkreis sowie die vom Landkreis unterhaltenen Feuerwehrtechnischen Zentralen bilden die Kreisfeuerwehr.
(2) Die Kreisfeuerwehr führt Einsätze durch, die von der gemeindlichen Feuerwehr, auch bei Inanspruchnahme von Nachbarschaftshilfe, nicht zu bewältigen sind (übergemeindliche Einsätze).
(3) [1]Landkreise mit mehr als 60 Ortsfeuerwehren oder mit einer großen selbständigen Stadt sollen in Brandschutzabschnitte gegliedert werden. [2]Kreisangehörige Gemeinden mit Berufsfeuerwehr bilden jeweils einen Brandschutzabschnitt.
(4) [1]Der Landkreis stellt aus der Kreisfeuerwehr mindestens eine Kreisfeuerwehrbereitschaft auf. [2]Ist der Landkreis in Brandschutzabschnitte gegliedert, so ist für jeden Abschnitt aus dessen Feuerwehren mindestens eine Kreisfeuerwehrbereitschaft aufzustellen. [3]Einheiten einer Berufsfeuerwehr sind nur im Einvernehmen mit der Gemeinde in eine Kreisfeuerwehrbereitschaft einzubeziehen.
(5) [1]Kreisfreie Städte haben keine Kreisfeuerwehr. [2]Sie sollen in Brandschutzabschnitte gegliedert werden. [3]Sie können Kreisfeuerwehrbereitschaften aufstellen.

Siebter Abschnitt
Führungskräfte

§ 20 Ehrenamtliche Führungskräfte in der Freiwilligen Feuerwehr

(1) [1]Die Freiwillige Feuerwehr einer Gemeinde wird von der Gemeindebrandmeisterin oder dem Gemeindebrandmeister geleitet. [2]Die Ortsfeuerwehr wird von der Ortsbrandmeisterin oder dem Ortsbrandmeister geleitet. [3]Die Ortsbrandmeisterinnen und die Ortsbrandmeister sind der Gemeindebrandmeisterin oder dem Gemeindebrandmeister unterstellt.
(2) [1]Die Gemeindebrandmeisterin oder der Gemeindebrandmeister sowie die Ortsbrandmeisterinnen und die Ortsbrandmeister haben mindestens eine Stellvertreterin oder einen Stellvertreter. [2]Eine Gemeinde mit Ortsfeuerwehren kann diese räumlich in Bereiche zusammenfassen; in diesem Fall hat die Gemeindebrandmeisterin oder der Gemeindebrandmeister für jeden Bereich eine Stellvertreterin oder einen Stellvertreter.

(3) [1]Gemeindebrandmeisterinnen und Gemeindebrandmeister, Ortsbrandmeisterinnen und Ortsbrandmeister sowie ihre Stellvertreterinnen und Stellvertreter müssen persönlich und fachlich geeignet sein. [2]Sie müssen insbesondere praktische Erfahrungen im Feuerwehrdienst besitzen und an den vorgeschriebenen Ausbildungslehrgängen einer zentralen Ausbildungseinrichtung eines Landes mit Erfolg teilgenommen haben.

(4) [1]Gemeindebrandmeisterinnen und Gemeindebrandmeister, Ortsbrandmeisterinnen und Ortsbrandmeister sowie ihre Stellvertreterinnen und Stellvertreter werden jeweils für die Dauer von sechs Jahren in das Ehrenbeamtenverhältnis berufen. [2]Ihre Amtszeit endet spätestens mit Ablauf des Monats, in dem sie das 67. Lebensjahr vollenden. [3]Über ihre Ernennung beschließt der Rat der Gemeinde nach Anhörung der Kreisbrandmeisterin oder des Kreisbrandmeisters auf Vorschlag nach Absatz 5 oder 6.

(5) [1]Als Gemeindebrandmeisterin, Gemeindebrandmeister, Stellvertreterin oder Stellvertreter ist vorgeschlagen, wer in einer hierzu einberufenen Versammlung der Angehörigen der Einsatzabteilung der Freiwilligen Feuerwehr mit Ausnahme der Doppelmitglieder nach § 12 Abs. 2 Satz 2 die Mehrheit der Stimmen der Anwesenden erhält. [2]In Gemeinden mit Ortsfeuerwehren ist abweichend von Satz 1 vorgeschlagen, wer die Mehrheit der Stimmen der Ortsbrandmeisterinnen und Ortsbrandmeister und ihrer Stellvertreterinnen und Stellvertreter erhält.

(6) Als Ortsbrandmeisterin, Ortsbrandmeister, Stellvertreterin oder Stellvertreter ist vorgeschlagen, wer in einer hierzu einberufenen Versammlung der Angehörigen der Einsatzabteilung der Ortsfeuerwehr mit Ausnahme der Doppelmitglieder nach § 12 Abs. 2 Satz 2 die Mehrheit der Stimmen der Anwesenden erhält.

(7) [1]Gemeindebrandmeisterinnen und Gemeindebrandmeister, Ortsbrandmeisterinnen und Ortsbrandmeister sowie ihre Stellvertreterinnen und Stellvertreter können vom Rat der Gemeinde vor Ablauf ihrer Amtszeit abberufen werden, wenn dies zur Sicherstellung des Brandschutzes und der Hilfeleistung notwendig ist. [2]Der Beschluss des Rates bedarf einer Mehrheit von zwei Dritteln seiner Mitglieder. [3]Vor der Beschlussfassung hört der Rat die Kreisbrandmeisterin oder den Kreisbrandmeister und die nach Absatz 5 oder 6 am Ernennungsverfahren zu Beteiligenden.

(8) Eine Gemeindebrandmeisterin soll nicht gleichzeitig Ortsbrandmeisterin, ein Gemeindebrandmeister nicht gleichzeitig Ortsbrandmeister sein.

(9) In Städten führt die Gemeindebrandmeisterin oder der Gemeindebrandmeister die Bezeichnung Stadtbrandmeisterin oder Stadtbrandmeister.

§ 21 Ehrenamtliche Führungskräfte und sonstige ehrenamtliche Funktionsträgerinnen und Funktionsträger in der Kreisfeuerwehr

(1) [1]Die Kreisfeuerwehr wird von der Kreisbrandmeisterin oder dem Kreisbrandmeister geleitet. [2]Die Kreisbrandmeisterin oder der Kreisbrandmeister wirkt auch bei der Wahrnehmung der dem Landkreis nach diesem Gesetz obliegenden Aufgaben mit. [3]Die Kreisbrandmeisterin oder der Kreisbrandmeister hat mindestens eine Stellvertreterin oder einen Stellvertreter.

(2) [1]Ist der Landkreis in Brandschutzabschnitte gegliedert, so werden deren Kreisfeuerwehrbereitschaften jeweils von einer Abschnittsleiterin oder einem Abschnittsleiter geleitet. [2]Die Abschnittsleiterinnen und Abschnittsleiter nehmen die Aufgaben der Kreisbrandmeisterin oder des Kreisbrandmeisters in ihrem Brandschutzabschnitt wahr. [3]Sie sind der Kreisbrandmeisterin oder dem Kreisbrandmeister unterstellt. [4]Sie haben jeweils mindestens eine Stellvertreterin oder einen Stellvertreter.

(3) [1]Kreisbrandmeisterinnen und Kreisbrandmeister, Abschnittsleiterinnen und Abschnittsleiter sowie ihre Stellvertreterinnen und Stellvertreter werden jeweils für die Dauer von sechs Jahren in das Ehrenbeamtenverhältnis berufen. [2]§ 12 Abs. 1 Satz 2, Abs. 3 Sätze 1, 2, 4 und 5 sowie § 20 Abs. 3 und 4 Satz 2 gelten entsprechend. [3]Über ihre Ernennung beschließt der Kreistag nach Anhörung der Regierungsbrandmeisterin oder des Regierungsbrandmeisters auf Vorschlag nach Absatz 4 oder 5.

(4) Als Kreisbrandmeisterin, Kreisbrandmeister, Stellvertreterin oder Stellvertreter ist vorgeschlagen, wer die Mehrheit der Stimmen der Gemeindebrandmeisterinnen, Gemeindebrandmeister, Ortsbrandmeisterinnen und Ortsbrandmeister im Landkreis erhält.

(5) Als Abschnittsleiterin, Abschnittsleiter, Stellvertreterin oder Stellvertreter ist vorgeschlagen, wer die Mehrheit der Stimmen der Gemeindebrandmeisterinnen, Gemeindebrandmeister, Ortsbrandmeisterinnen und Ortsbrandmeister im jeweiligen Brandschutzabschnitt erhält.

(6) [1]Kreisbrandmeisterinnen und Kreisbrandmeister, Abschnittsleiterinnen und Abschnittsleiter sowie ihre Stellvertreterinnen und Stellvertreter können vom Kreistag vor Ablauf ihrer Amtszeit abberufen werden, wenn dies zur Sicherstellung des Brandschutzes und der Hilfeleistung notwendig ist. [2]Der Beschluss des Kreistages bedarf einer Mehrheit von zwei Dritteln seiner Mitglieder. [3]Vor der Beschlussfassung hört der Kreistag die Regierungsbrandmeisterin oder den Regierungsbrandmeister und die nach Absatz 4 oder 5 am Ernennungsverfahren zu Beteiligenden.

(7) [1]Eine Kreisbrandmeisterin darf nicht gleichzeitig Abschnittsleiterin, Gemeindebrandmeisterin oder Ortsbrandmeisterin, ein Kreisbrandmeister nicht gleichzeitig Abschnittsleiter, Gemeindebrandmeister oder Ortsbrandmeister sein. [2]Eine Abschnittsleiterin darf nicht gleichzeitig Gemeindebrandmeisterin oder Ortsbrandmeisterin, ein Abschnittsleiter nicht gleichzeitig Gemeindebrandmeister oder Ortsbrandmeister sein.

(8) [1]In kreisfreien Städten ohne Berufsfeuerwehr nimmt die Gemeindebrandmeisterin oder der Gemeindebrandmeister die Aufgaben der Kreisbrandmeisterin oder des Kreisbrandmeisters wahr. [2]In kreisfreien Städten mit Berufsfeuerwehr nimmt die Leiterin oder der Leiter der Berufsfeuerwehr die Aufgaben der Kreisbrandmeisterin oder des Kreisbrandmeisters wahr.

(9) In kreisangehörigen Gemeinden mit Berufsfeuerwehr nimmt eine Angehörige oder ein Angehöriger der Berufsfeuerwehr die Aufgaben der Abschnittsleiterin oder des Abschnittsleiters wahr.

(10) In der Region Hannover führt die Kreisbrandmeisterin oder der Kreisbrandmeister die Bezeichnung Regionsbrandmeisterin oder Regionsbrandmeister.

(11) Für ehrenamtlich tätige Mitglieder gemeindlicher Feuerwehren, die in der Kreisfeuerwehr besondere Funktionen wahrnehmen (sonstige ehrenamtliche Funktionsträgerinnen und Funktionsträger in der Kreisfeuerwehr) gilt § 12 Abs. 1 Satz 2, Abs. 3 Sätze 1, 2, 4 und 5 sowie Abs. 6 entsprechend.

§ 22 Ehrenamtliche Führungskräfte des Landes

(1) Das Fachministerium oder die von ihm bestimmte Landesbehörde bestellt für jeden Aufsichtsbereich eine Regierungsbrandmeisterin oder einen Regierungsbrandmeister.

(2) [1]Regierungsbrandmeisterinnen und Regierungsbrandmeister werden jeweils auf Vorschlag nach Absatz 3 für die Dauer von sechs Jahren in das Ehrenbeamtenverhältnis zum Land berufen. [2]§ 12 Abs. 1 Satz 2, Abs. 3 Sätze 1, 2, 4 und 5 sowie § 20 Abs. 3 und 4 Satz 2 gelten entsprechend.

(3) Als Regierungsbrandmeisterin oder Regierungsbrandmeister ist vorgeschlagen, wer im Aufsichtsbereich die Mehrheit der Stimmen der Kreisbrandmeisterinnen, Kreisbrandmeister, Abschnittsleiterinnen, Abschnittsleiter sowie der Gemeindebrandmeisterinnen und Gemeindebrandmeister der Gemeinden mit Berufsfeuerwehr erhält.

(4) Eine Regierungsbrandmeisterin darf nicht gleichzeitig Kreisbrandmeisterin, Abschnittsleiterin, Gemeindebrandmeisterin oder Ortsbrandmeisterin, ein Regierungsbrandmeister nicht gleichzeitig Kreisbrandmeister, Abschnittsleiter, Gemeindebrandmeister oder Ortsbrandmeister sein.

Achter Abschnitt
Einsatzleitung

§ 23 Leitung von Einsätzen

(1) [1]Die Leitung von Einsätzen zur Brandbekämpfung und zur Hilfeleistung obliegt der Einsatzleiterin oder dem Einsatzleiter der gemeindlichen Feuerwehr. [2]Trifft in Gemeinden mit Berufsfeuerwehr die Freiwillige Feuerwehr zuerst am Einsatzort ein, so übernimmt die Berufsfeuerwehr nach ihrem Eintreffen die Einsatzleitung.

(2) [1]Soweit in wirtschaftlichen Unternehmen oder öffentlichen Einrichtungen eine Werkfeuerwehr vorhanden ist, hat die Einsatzleiterin oder der Einsatzleiter der gemeindlichen Feuerwehr die Werkfeuerwehr an dem Einsatz zu beteiligen. [2]Die Empfehlungen der Leitung der Werkfeuerwehr soll die Einsatzleiterin oder der Einsatzleiter bei den von ihr oder ihm zu treffenden Maßnahmen berücksichtigen.

(3) [1]Die Kreisbrandmeisterin oder der Kreisbrandmeister kann bei einer Gefahrenlage in einem Landkreis, die über das Gebiet einer Gemeinde hinausgeht oder wegen ihrer Art oder ihres Ausmaßes abgestimmter Maßnahmen bedarf, die Leitung des Einsatzes der gemeindlichen Feuerwehr übernehmen. [2]Dies gilt nicht in Gemeinden mit Berufsfeuerwehr. [3]Die Sätze 1 und 2 sind für die Abschnitts-

leiterin oder den Abschnittsleiter entsprechend anzuwenden, wenn die Gefahrenlage nach Satz 1 auf einen Brandschutzabschnitt beschränkt ist.

(4) [1]Bei Gefahrenlagen, die über das Gebiet eines Landkreises oder einer kreisfreien Stadt hinausgehen oder die wegen ihrer Art oder ihres Ausmaßes abgestimmter Maßnahmen bedürfen, können, wenn ein dringendes öffentliches Interesse dies erfordert,

1. die Landesbranddirektorin oder der Landesbranddirektor oder deren oder dessen Vertreterin oder Vertreter,
2. eine Beschäftigte oder ein Beschäftigter einer vom Fachministerium bestimmten Landesbehörde mit einer Ausbildung, die der für die Beamtinnen und Beamten der Laufbahnen der Fachrichtung Feuerwehr vorgeschriebenen Ausbildung entspricht, oder
3. eine Regierungsbrandmeisterin oder ein Regierungsbrandmeister

die Einsatzleiterin oder den Einsatzleiter bestimmen oder die Einsatzleitung übernehmen. [2]Die Vorschriften über die Kosten des Einsatzes bleiben hiervon unberührt.

(5) [1]Die Einsatzleiterin oder der Einsatzleiter hat bei der Bekämpfung eines Waldbrandes die zuständigen Waldbrandbeauftragten (§ 18 des Niedersächsischen Gesetzes über den Wald und die Landschaftsordnung) zu beteiligen. [2]Deren Empfehlungen soll die Einsatzleiterin oder der Einsatzleiter bei den von ihr oder ihm zu treffenden Maßnahmen berücksichtigen.

§ 24 Befugnisse der Einsatzleiterin oder des Einsatzleiters

[1]Die Einsatzleiterin oder der Einsatzleiter trifft die für die Durchführung eines Einsatzes erforderlichen Maßnahmen. [2]Sie oder er kann insbesondere

1. Sicherungsmaßnahmen treffen, die erforderlich sind, damit die Feuerwehr am Einsatzort ungehindert tätig sein kann,
2. Maßnahmen zur Verhütung einer Brandausbreitung treffen,
3. anordnen, dass die Feuerwehren Grundstücke und Gebäude zur Brandbekämpfung oder zur Hilfeleistung betreten dürfen,
4. Eigentümerinnen, Eigentümern, Besitzerinnen und Besitzern von Fahrzeugen, Löschmitteln sowie anderer zur Brandbekämpfung oder zur Hilfeleistung geeigneter Geräte und Einrichtungen verpflichten, diese der Feuerwehr zur Verfügung zu stellen, und
5. Personen, die das 18. Lebensjahr, aber noch nicht das 55. Lebensjahr vollendet haben, bei einem Brand, einem Unglücksfall oder einem Notstand zur Hilfe verpflichten, wenn dies zur Abwehr einer gegenwärtigen Gefahr erforderlich ist.

[3]Die Hilfe nach Satz 2 Nr. 5 darf nur verweigert werden, wenn sie zu einer erheblichen eigenen Gefährdung oder zur Verletzung anderer wichtiger Pflichten führen würde.

§ 24a Einsatz von Einheiten des Katastrophenschutzes

(1) [1]Die Einsatzleiterin oder der Einsatzleiter kann über die Kreisbrandmeisterin oder den Kreisbrandmeister die untere Katastrophenschutzbehörde um Unterstützung durch Einheiten des Katastrophenschutzes ersuchen. [2]Die Hauptverwaltungsbeamtin oder der Hauptverwaltungsbeamte kann den Einsatz der angeforderten Einheiten anordnen und diese der Einsatzleitung unterstellen. [3]Bei einem nach Satz 2 angeordneten Einsatz gelten für die Helferinnen und Helfer die Rechte und Pflichten der §§ 17 bis 19 des Niedersächsischen Katastrophenschutzgesetzes (NKatSG) entsprechend.

(2) [1]Die untere Katastrophenschutzbehörde kann von der Gemeinde die Erstattung der Kosten eines Einsatzes nach Absatz 1 verlangen. [2]Kosten nach Satz 1 sind nur die tatsächlich gezahlte Erstattung nach § 17 Abs. 5 und 6 NKatSG sowie die tatsächlich entstandenen Sachkosten ohne Vorhaltekosten.

Dritter Teil

Vorbeugender Brandschutz

§ 25 Brandschutzerziehung und Brandschutzaufklärung

[1]Durch Brandschutzerziehung sollen Kinder und durch Brandschutzaufklärung sollen Erwachsene in die Lage versetzt werden, Brandgefahren zu erkennen, sich im Brandfall richtig zu verhalten und einfache Maßnahmen zur Selbsthilfe durchzuführen. [2]Die Gemeinden sind aufgerufen, die Brandschutzerziehung und die Brandschutzaufklärung im Rahmen ihrer Möglichkeiten zu fördern und zu unterstützen.

§ 26 Brandsicherheitswache

(1) [1]Veranstaltungen und Maßnahmen, bei denen eine erhöhte Brandgefahr besteht und bei denen im Fall eines Brandes eine größere Anzahl von Menschen oder erhebliche Sachwerte gefährdet wären, dürfen nur bei Anwesenheit einer Brandsicherheitswache durchgeführt werden. [2]Der Veranstalter oder der Veranlasser der Maßnahme hat die Brandsicherheitswache bei der Gemeinde anzufordern, in deren Gebiet die Veranstaltung oder die Maßnahme durchgeführt werden soll, es sei denn, dass die Brandsicherheitswache bei einer Veranstaltung oder Maßnahme nach Absatz 2 Satz 2 von der Werkfeuerwehr gestellt wird.

(2) [1]Die Brandsicherheitswache wird auf Anordnung der Gemeinde von der gemeindlichen Feuerwehr gestellt. [2]Werden Veranstaltungen oder Maßnahmen innerhalb eines wirtschaftlichen Unternehmens oder einer öffentlichen Einrichtung mit Werkfeuerwehr durchgeführt, so hat der Veranstalter oder Veranlasser die Brandsicherheitswache durch die Werkfeuerwehr sicherzustellen, soweit sie für diese Aufgabe verfügbar ist.

(3) Die Leiterin oder der Leiter einer Brandsicherheitswache kann Anordnungen treffen, die zur Verhütung und zur Abwehr von Gefahren durch Brände sowie zur Sicherung der Rettungswege und der Angriffswege erforderlich sind.

§ 27 Brandverhütungsschau

(1) [1]Geht von einer baulichen Anlage oder einer Anlage nach § 3 Abs. 5 BImSchG eine erhöhte Brandgefahr aus oder würde davon im Fall eines Brandes, einer Explosion oder eines anderen Schadensereignisses eine besondere Umweltgefährdung oder eine Gefahr für das Leben oder die Gesundheit einer größeren Anzahl von Menschen oder für erhebliche Sachwerte ausgehen, so ist diese Anlage in regelmäßigen Zeitabständen auf ihre Brandsicherheit zu prüfen (Brandverhütungsschau). [2]Es ist insbesondere zu prüfen, ob Mängel vorliegen, die zu einer Brandgefahr führen können und ob Mängel vorliegen, die die Rettung von Menschen gefährden oder wirksame Löscharbeiten behindern können.

(2) [1]Für die Durchführung der Brandverhütungsschau sind vom Landkreis (§ 3 Abs. 2) Brandschutzprüferinnen oder Brandschutzprüfer zu bestellen. [2]In Gemeinden mit Berufsfeuerwehr (§ 4) wird die Brandverhütungsschau von den dafür bestellten Beschäftigten der Berufsfeuerwehr durchgeführt. [3]Die gemäß Satz 1 oder 2 bestellten Personen sind befugt, zum Zweck der Brandverhütungsschau Anlagen nach Absatz 1 Satz 1 und die zugehörigen Grundstücke zu betreten und zu besichtigen.

(3) [1]Landkreise und Gemeinden mit Berufsfeuerwehr sollen in Brandverhütungsschaubereiche gegliedert werden, wenn dies aufgrund der Zahl der Gebäude und Anlagen nach Absatz 1 Satz 1 und zur Sicherstellung regelmäßiger Überprüfungen erforderlich ist. [2]Eine gemäß Absatz 2 Satz 1 oder 2 bestellte Person soll nur für einen Brandverhütungsschaubereich zuständig sein.

(4) [1]Landkreise und Gemeinden mit Berufsfeuerwehr können Maßnahmen treffen, die zur Verhütung von Bränden oder Explosionen sowie zur Beseitigung von Mängeln nach Absatz 1 Satz 2 erforderlich sind. [2]Dies gilt, soweit die Zuständigkeit anderweitig gesetzlich bestimmt ist, nur für unaufschiebbare Maßnahmen.

Vierter Teil
Kosten, Entgeltfortzahlung, Schadensersatz und Entschädigung

§ 28 Kostentragung und Verteilung des Aufkommens der Feuerschutzsteuer

(1) Die Kommunen und das Land tragen jeweils die Kosten, die ihnen bei der Durchführung ihrer Aufgaben nach diesem Gesetz entstehen.

(2) [1]Die Kommunen erhalten für die Durchführung ihrer Aufgaben nach diesem Gesetz vom Aufkommen der Feuerschutzsteuer, soweit dieses im Kalenderjahr nicht mehr als 36 Millionen Euro beträgt, 75 vom Hundert, höchstens jedoch 24 Millionen Euro. [2]Übersteigt das Aufkommen im Kalenderjahr 36 Millionen Euro, so erhalten die Kommunen zusätzlich 75 vom Hundert des den Betrag von 36 Millionen Euro übersteigenden Anteils. [3]Die in den Sätzen 1 und 2 genannten Mittel werden den Landkreisen, den kreisfreien Städten und den kreisangehörigen Gemeinden mit Berufsfeuerwehr schlüsselmäßig zugewiesen. [4]Die übrigen Gemeinden erhalten von den Landkreisen Zuweisungen aus den diesen zugewiesenen Mitteln. [5]Die Verteilung nach den Sätzen 3 und 4 wird vom Fachministerium durch Richtlinien geregelt.

(3) Der dem Land verbleibende Anteil des Aufkommens der Feuerschutzsteuer darf ausschließlich für Zwecke des Brandschutzes verwendet werden.

§ 29 Gebühren und Auslagen bei Einsätzen und sonstigen Leistungen

(1) Der Einsatz der gemeindlichen Feuerwehren und der Kreisfeuerwehren ist bei Bränden, bei Notständen durch Naturereignisse und bei Hilfeleistungen zur Rettung von Menschen aus akuter Lebensgefahr unentgeltlich, soweit sich aus Absatz 2 Satz 1 Nr. 1 und Absatz 3 nichts anderes ergibt.

(2) [1]Die Kommunen können von den nach Absatz 4 Verpflichteten Gebühren und Auslagen nach dem Niedersächsischen Kommunalabgabengesetz (NKAG) erheben

1. für Einsätze nach Absatz 1,
   a) die verursacht worden sind durch vorsätzliches oder grob fahrlässiges Handeln oder
   b) bei denen eine Gefährdungshaftung besteht, insbesondere
      aa) durch den Betrieb von Kraftfahrzeugen oder von Anhängern, die dazu bestimmt sind, von einem Kraftfahrzeug mitgeführt zu werden, von Luft- oder Wasserfahrzeugen oder von Schienenbahnen, außer in Fällen höherer Gewalt, oder
      bb) durch die Beförderung von oder den sonstigen Umgang mit Gefahrstoffen für gewerbliche oder militärische Zwecke, außer in Fällen höherer Gewalt,
2. für Einsätze, die von einem in einem Kraftfahrzeug eingebauten System zur Absetzung eines automatischen Notrufes oder zur automatischen Übertragung einer Notfallmeldung verursacht wurden und bei denen weder ein Brand oder ein Naturereignis vorgelegen hat noch eine Hilfeleistung zur Rettung eines Menschen aus akuter Lebensgefahr notwendig war,
3. für Einsätze, die durch das Auslösen einer Brandmeldeanlage verursacht wurden, ohne dass ein Brand vorgelegen hat,
4. für die Stellung einer Brandsicherheitswache (§ 26),
5. für die Durchführung der Brandverhütungsschau (§ 27),
6. für andere als die in Absatz 1 genannten Einsätze, die dem abwehrenden Brandschutz oder der Hilfeleistung dienen, und
7. für freiwillige Einsätze und Leistungen.

[2]In der Gebührensatzung können Pauschalbeträge für einzelne Leistungen festgelegt werden; dabei ist insbesondere der Zeitaufwand für die Leistung zu berücksichtigen. [3]Für freiwillige Einsätze und Leistungen nach Satz 1 Nr. 7 kann auch ein privatrechtliches Entgelt erhoben werden.

(3) [1]Die Kommunen können bei nach Absatz 1 unentgeltlichen Einsätzen von den nach Absatz 4 Verpflichteten Gebühren und Auslagen nach dem Niedersächsischen Kommunalabgabengesetz erheben

1. für Sonderlöschmittel und Sondereinsatzmittel, die bei einer Brandbekämpfung oder Hilfeleistung in einem Gewerbe- oder Industriebetrieb eingesetzt worden sind, sowie deren Entsorgung und
2. für die Entsorgung von Löschwasser, das bei der Brandbekämpfung in einem Gewerbe- oder Industriebetrieb mit Schadstoffen belastet worden ist.

[2]Sondereinsatzmittel im Sinne von Satz 1 Nr. 1 sind Einsatzmittel, die nicht zur Mindestausrüstung gehören.

(4) [1]Verpflichtet zur Entrichtung von Gebühren und Auslagen ist in den Fällen

1. des Absatzes 2 Satz 1 Nr. 3, wer die Brandmeldeanlage betreibt,
2. des Absatzes 2 Satz 1 Nr. 4, wer die Veranstaltung oder Maßnahme durchgeführt hat, für welche die Gemeinde eine Brandsicherheitswache gestellt hat, und
3. des Absatzes 2 Satz 1 Nr. 5, wer baurechtlich verantwortliche Person (§ 56 der Niedersächsischen Bauordnung) oder Betreiber der Anlage nach § 3 Abs. 5 BImSchG ist.

[2]In den nicht durch Satz 1 erfassten Fällen ist verpflichtet,

1. wer durch sein Verhalten den Einsatz erforderlich gemacht hat; § 6 des Niedersächsischen Polizei- und Ordnungsbehördengesetzes (NPOG) gilt entsprechend,
2. wer Eigentümerin oder Eigentümer der Sache ist oder wer die tatsächliche Gewalt über die Sache ausübt, deren Zustand den Einsatz erforderlich gemacht hat; § 7 NPOG gilt entsprechend,
3. wer den Auftrag für den Einsatz oder die freiwillige Leistung gegeben hat oder wer Interesse an dem Einsatz oder der freiwilligen Leistung gehabt hat oder
4. wer vorsätzlich oder grob fahrlässig grundlos den Einsatz einer Feuerwehr ausgelöst hat.

§ 30 Kostenersatz bei Nachbarschaftshilfe und übergemeindlichen Einsätzen

(1) [1]Die Nachbarschaftshilfe nach § 2 Abs. 2 ist unentgeltlich. [2]Abweichend von Satz 1 hat eine Gemeinde einer nach § 2 Abs. 2 Nachbarschaftshilfe leistenden Gemeinde die Kosten in derjenigen Höhe zu ersetzen, in der diese Gemeinde für entgeltliche Einsätze in ihrem Gebiet hätte nach § 29 Gebühren und Auslagen erheben können, wenn

1. die Nachbarschaftshilfe in mehr als 15 Kilometer Entfernung (Luftlinie) von der Gemeindegrenze geleistet wurde,
2. die Nachbarschaftshilfe notwendig wurde, weil die anfordernde Gemeinde die nach den örtlichen Verhältnissen erforderlichen Anlagen, Mittel und Geräte nicht bereitgehalten hat oder
3. die anfordernde Gemeinde für den Einsatz Gebühren und Auslagen erheben kann.

(2) Die Hilfe nach § 3 Abs. 4 ist unentgeltlich.

(3) Der Landkreis hat der Gemeinde die Kosten für übergemeindliche Einsätze im Rahmen der Kreisfeuerwehr (§ 19 Abs. 2) in derjenigen Höhe zu ersetzen, in der diese Gemeinde für entgeltliche Einsätze in ihrem Gebiet hätte nach § 29 Gebühren und Auslagen erheben können, aber nur, soweit der Landkreis Kostenerstattung erhält.

§ 31 Kosten bei Schiffsbrandbekämpfung und Einsätzen in den ursprünglich gemeindefreien Gebieten

(1) [1]Das Land kann nach Maßgabe des Niedersächsischen Verwaltungskostengesetzes die Erstattung der Kosten verlangen, die für die Bekämpfung von Schiffsbränden und für Hilfeleistungen auf Schiffen nach § 5 Abs. 2 entstehen. [2]Soweit das Land diese Aufgaben nach § 5 Abs. 3 einer Kommune übertragen hat, kann diese stattdessen Gebühren und Auslagen nach dem Niedersächsischen Kommunalabgabengesetz erheben. [3]§ 29 Abs. 2 Satz 2 sowie Abs. 3 und 4 Satz 2 gilt entsprechend.

(2) Soweit das Land eine Gemeinde nach § 5 Abs. 5 mit der Bekämpfung von Schiffsbränden und der Hilfeleistung auf Schiffen beauftragt hat, erstattet es der Gemeinde die dadurch entstehenden erheblichen und notwendigen Kosten.

(3) [1]Das Land kann nach Maßgabe des Niedersächsischen Verwaltungskostengesetzes die Erstattung der Kosten verlangen, die bei Einsätzen in den ursprünglich gemeindefreien Gebieten nach § 5 Abs. 6 Satz 1 entstehen; § 29 gilt entsprechend. [2]Soweit das Land diese Aufgaben nach § 5 Abs. 6 Satz 2 einer Kommune übertragen hat, kann diese stattdessen Gebühren und Auslagen erheben; § 29 gilt entsprechend.

§ 32 Entgeltfortzahlung für Mitglieder der Freiwilligen Feuerwehr

(1) [1]Mitgliedern der Freiwilligen Feuerwehr, die als Arbeitnehmerinnen oder Arbeitnehmer oder zur Ausbildung beschäftigt sind, ist für die Zeiten einer Freistellung nach § 12 Abs. 3 Sätze 1 bis 3 oder einer Gutschrift nach § 12 Abs. 3 Sätze 4 und 5 das Arbeitsentgelt, das sie ohne Teilnahme am Feuerwehrdienst bei regelmäßiger Arbeitsleistung erhalten hätten, von ihrem Arbeitgeber fortzuzahlen. [2]Ferner ist solchen Mitgliedern während einer Arbeitsunfähigkeit, die auf den Feuerwehrdienst zurückzuführen ist, von ihrem Arbeitgeber für die Dauer von bis zu sechs Wochen das Arbeitsentgelt fortzuzahlen, das sie bei regelmäßiger Arbeitsleistung erhalten hätten, auch wenn sich aus gesetzlichen, tarif- oder arbeitsvertraglichen Regelungen eine geringere Entgeltfortzahlungsverpflichtung ergeben würde.

(2) [1]Die Gemeinde hat privaten Arbeitgebern auf Antrag das nach Absatz 1 Satz 1 fortgezahlte Arbeitsentgelt und die Arbeitgeberanteile der Beiträge zur Sozialversicherung und zur Bundesagentur für Arbeit zu erstatten. [2]Dasselbe gilt hinsichtlich des Arbeitsentgelts, das während einer Arbeitsunfähigkeit nach Absatz 1 Satz 2 fortgezahlt worden ist. [3]Der Erstattungsanspruch des privaten Arbeitgebers besteht nicht, soweit ihm nach anderen gesetzlichen Bestimmungen ein Erstattungsanspruch gegen Dritte zusteht. [4]Liegt ein Versicherungsfall im Sinne der gesetzlichen Unfallversicherung vor, so trifft die Verpflichtung nach Satz 2 den zuständigen Versicherungsträger. [5]Die dem Versicherungsträger dadurch entstehenden Kosten werden im Rahmen der von ihm erhobenen Umlage gedeckt. [6]Die Gemeinden können durch Satzung bestimmen, dass den privatenn Arbeitgeberinnen und Arbeitgebern zusätzliche Kosten erstattet werden, die ihnen durch Freistellungen nach § 12 Abs. 3 Sätze 1 und 3 entstehen. [7]In der Satzung sind Pauschal- oder Höchstbeträge festzulegen.

(3) Die Absätze 1 und 2 gelten entsprechend
1. für ehrenamtliche Führungskräfte und sonstige ehrenamtliche Funktionsträgerinnen und Funktionsträger in der Kreisfeuerwehr mit der Maßgabe, dass der Landkreis an die Stelle der Gemeinde tritt, sowie
2. für ehrenamtliche Führungskräfte des Landes mit der Maßgabe, dass das Land an die Stelle der Gemeinde und eine Verwaltungsvorschrift an die Stelle der Satzung tritt.

§ 32a

(1) [1]Erleidet ein Mitglied der Freiwilligen Feuerwehr einen Gesundheitsschaden, der durch ein äußeres Ereignis ausgelöst wurde, das im zeitlichen und örtlichen Zusammenhang mit dem Feuerwehrdienst steht, und der allein aus medizinischen Gründen keinen Versicherungsfall im Sinne der gesetzlichen Unfallversicherung begründet, so hat es in entsprechender Anwendung der Richtlinie für die Gewährung von Mehrleistungen (Anlage zu § 21 Abs. 3 der Satzung der Feuerwehr-Unfallkasse Niedersachsen vom 6. April 2011 – öffentlich bekannt gemacht im Internet unter www.fuk.de –)
1. Anspruch auf Leistungen nach § 2 Abs. 1 bis 4 der Richtlinie und
2. unter den Vorrausetzungen des § 1 Abs. 1 der Richtlinie Anspruch auf Tagegeld nach § 2 Abs. 5 und 6 der Richtlinie mit der Maßgabe, dass dieses nur ab dem 15. Tag und längstens bis zum 60. Tag der Arbeitsunfähigkeit gezahlt wird.

[2]Der Anspruch nach Satz 1 ist gegenüber Ansprüchen aus anderen Rechtsverhältnissen nachrangig. [3]§ 116 des Zehnten Buchs des Sozialgesetzbuchs gilt entsprechend.

(2) [1]Zur Erfüllung der Ansprüche nach Absatz 1 richtet die Feuerwehr-Unfallkasse Niedersachsen einen Fonds ein. [2]Die für die Leistungen des Fonds erforderlichen Mittel werden auf die Landkreise und kreisfreien Städte umgelegt. [3]Die Höhe der Zahlungen richtet sich nach der Zahl der Einwohnerinnen und Einwohner. [4]Das Nähere regelt die Feuerwehr-Unfallkasse Niedersachsen durch Satzung.

(3) Die Absätze 1 und 2 gelten entsprechend
1. für ehrenamtliche Führungskräfte und sonstige ehrenamtliche Funktionsträgerinnen und Funktionsträger in der Kreisfeuerwehr sowie
2. für ehrenamtliche Führungskräfte des Landes mit der Maßgabe, dass abweichend von Absatz 2 Sätze 2 bis 4 das Land die erforderlichen Mittel erstattet.

§ 33 Entschädigung für Mitglieder der Freiwilligen Feuerwehr

(1) [1]Die Mitglieder der Freiwilligen Feuerwehr haben Anspruch auf Ersatz von Auslagen und auf die Gewährung von Aufwandsentschädigungen nach Maßgabe einer Satzung. [2]Die Mitglieder der Freiwilligen Feuerwehr, die von den Gemeinden oder Landkreisen zu Lehrgängen an zentralen Ausbildungseinrichtungen des Landes entsandt werden, erhalten vom Land eine Reisekostenvergütung aus den für diesen Zweck veranschlagten Landesmitteln nach § 28 Abs. 3.

(2) [1]Die Gemeinde hat einem Mitglied der Freiwilligen Feuerwehr auf Antrag die nachgewiesenen Aufwendungen für die Betreuung eines Kindes, welches das 10. Lebensjahr nicht vollendet hat, zu ersetzen, soweit diese Aufwendungen notwendig waren, weil das Mitglied wegen des Feuerwehrdienstes oder einer auf den Feuerwehrdienst zurückzuführenden Erkrankung die Betreuung nicht selbst im gewohnten Umfang wahrnehmen konnte. [2]Durch Satzung sind Höchstbeträge festzusetzen.

(3) [1]Mitgliedern der Freiwilligen Feuerwehren, denen infolge des Feuerwehrdienstes Leistungen der Bundesagentur für Arbeit, die Grundsicherung für Arbeitsuchende, Sozialhilfe oder sonstige Unterstützungen oder Bezüge aus öffentlichen Mitteln entgehen, hat die Gemeinde auf Antrag die entsprechenden Beträge in voller Höhe zu erstatten. [2]§ 32 Abs. 2 Sätze 4 und 5 gilt entsprechend.

(4) [1]Mitgliedern der Freiwilligen Feuerwehr, die weder von Absatz 3 noch von § 32 Abs. 1 erfasst sind, hat die Gemeinde auf Antrag den infolge des Feuerwehrdienstes entstandenen nachgewiesenen Verdienstausfall zu ersetzen. [2]Dies gilt auch bei Arbeitsunfähigkeit, die auf den Feuerwehrdienst zurückzuführen ist, jedoch nur für die Dauer von höchstens sechs Wochen. [3]Mitgliedern der Freiwilligen Feuerwehr, die weder von Absatz 3 noch von § 32 Abs. 1 erfasst sind noch einen Anspruch auf Verdienstausfall geltend machen können, kann die Entschädigung durch einen angemessenen Pauschalstundensatz als Ausgleich von besonderen Nachteilen im Bereich der Haushaltsführung oder im sonstigen beruflichen Bereich gewährt werden, die ihnen infolge des Feuerwehrdienstes entstanden sind. [4]Durch Satzung sind Höchstbeträge festzusetzen. [5]§ 32 Abs. 2 Sätze 4 und 5 gilt entsprechend.

(5) Die Absätze 1 bis 4 gelten entsprechend
1. für ehrenamtliche Führungskräfte und sonstige ehrenamtliche Funktionsträgerinnen und Funktionsträger in der Kreisfeuerwehr mit der Maßgabe, dass der Landkreis an die Stelle der Gemeinde tritt, sowie
2. für ehrenamtliche Führungskräfte des Landes mit der Maßgabe, dass das Land an die Stelle der Gemeinde und eine Verwaltungsvorschrift an die Stelle der Satzung tritt.

(6) Die Ansprüche nach den Absätzen 1 bis 5 sind nicht übertragbar.

(7) § 44 NKomVG findet keine Anwendung.

§ 34 Schadensersatz für Mitglieder der Freiwilligen Feuerwehr

[1]Sach- und Vermögensschäden, die einem Mitglied der Freiwilligen Feuerwehr durch Ausübung des Feuerwehrdienstes entstehen, sind von der Gemeinde zu ersetzen, es sei denn, dass das Mitglied der Freiwilligen Feuerwehr den Schaden vorsätzlich oder grob fahrlässig herbeigeführt hat. [2]Entgangener Gewinn ist nicht zu ersetzen. [3]Schadensersatzansprüche eines Mitglieds der Freiwilligen Feuerwehr gegen Dritte gehen auf die Gemeinde über, soweit sie Ersatz geleistet hat. [4]Die Sätze 1 bis 3 gelten für sonstige ehrenamtliche Funktionsträgerinnen und Funktionsträger in der Kreisfeuerwehr (§ 21 Abs. 11) entsprechend mit der Maßgabe, dass der Landkreis an die Stelle der Gemeinde tritt.

§ 35 Schadensersatz und Entschädigungen für Dritte

(1) [1]Sach- und Vermögensschäden, die einem Dritten dadurch entstehen, dass ein Mitglied der Freiwilligen Feuerwehr eine Sache des Dritten bei Ausübung des Feuerwehrdienstes benutzt und die Sache dabei zerstört oder beschädigt wird oder abhanden kommt, sind von der Gemeinde zu ersetzen, es sei denn, dass das Mitglied der Freiwilligen Feuerwehr den Schaden vorsätzlich oder grob fahrlässig herbeigeführt hat. [2]§ 34 Sätze 2 und 3 gilt entsprechend.

(2) [1]Die Gemeinde, in deren Gebiet der Einsatz erfolgte, hat der oder dem Verpflichteten
1. in den Fällen des § 24 Satz 2 Nr. 2 oder 3 Ersatz des ihr oder ihm durch die Inanspruchnahme entstandenen Schadens zu leisten und
2. in den Fällen des § 24 Satz 2 Nr. 4 oder 5 eine Entschädigung für die Inanspruchnahme zu leisten,

es sei denn, dass die Inanspruchnahme zu ihrem oder seinem Schutz oder zum Schutz ihrer oder seiner Haushalts- oder Betriebsangehörigen oder ihres oder seines Eigentums getroffen worden ist. [2]Entgangener Gewinn ist nicht zu ersetzen.

(3) Die Gemeinde kann Ersatz der ihr nach Absatz 2 entstandenen Kosten von demjenigen verlangen, der nach § 29 Abs. 2 bis 5 zur Zahlung von Gebühren oder zur Kostenerstattung verpflichtet ist.

(4) Für Ansprüche nach den Absätzen 2 und 3 ist der ordentliche Rechtsweg gegeben.

(5) Die Absätze 1 bis 4 gelten für sonstige ehrenamtliche Funktionsträgerinnen und Funktionsträger in der Kreisfeuerwehr (§ 21 Abs. 11) entsprechend mit der Maßgabe, dass der Landkreis an die Stelle der Gemeinde tritt.

Fünfter Teil
Datenverarbeitung

§ 35a Allgemeines

Auf die Verarbeitung personenbezogener Daten im Rahmen dieses Gesetzes findet ergänzend zur Verordnung (EU) 2016/679 des Europäischen Parlaments und des Rates vom 27. April 2016 zum Schutz natürlicher Personen bei der Verarbeitung personenbezogener Daten, zum freien Datenverkehr und zur Aufhebung der Richtlinie 95/46/EG (Datenschutz-Grundverordnung) (ABl. EU Nr. L 119 S. 1; Nr. L 314 S. 72) das Niedersächsische Datenschutzgesetz (NDSG) mit Ausnahme der §§ 3, 5 und 6 Anwendung.

§ 35b Verarbeitung personenbezogener Daten aus einsatzbedingter Kommunikation

(1) [1]Die Feuerwehr-Einsatz-Leitstelle (§ 3 Abs. 1 Satz 2 Nr. 4) zeichnet Notrufe und den einsatzbedingten Fernmeldeverkehr auf und fertigt über jeden Einsatz ein Protokoll. [2]Hierbei dürfen auch besondere Kategorien personenbezogener Daten im Sinne des Artikels 9 Abs. 1 der Datenschutz-Grundverordnung verarbeitet werden.

(2) [1]Die zur Durchführung dieses Gesetzes zuständigen Stellen dürfen personenbezogene Daten aus einsatzbedingter Kommunikation einschließlich besonderer Kategorien personenbezogener Daten im

Sinne des Artikels 9 Abs. 1 der Datenschutz-Grundverordnung verarbeiten, soweit dies zur Erfüllung der Aufgaben nach diesem Gesetz, insbesondere

1. zur Durchführung, Abwicklung oder zum Nachweis der ordnungsgemäßen Durchführung von Einsätzen und Leistungen,
2. zur Kostenerstattung,
3. zur Vorbereitung oder Durchführung von gerichtlichen Verfahren oder Verwaltungsverfahren,
4. für Zwecke des Qualitätsmanagements,
5. zu statistischen Zwecken oder
6. zur Aus- oder Fortbildung,

erforderlich ist oder wenn die betroffene Person eingewilligt hat. [2]Für die Zwecke nach Satz 1 Nrn. 4 bis 6 sind die personenbezogenen Daten zu anonymisieren, es sei denn, dass die Zwecke mit anonymisierten Daten nicht erreicht werden können und die Interessen der betroffenen Personen nicht offensichtlich überwiegen.

(3) [1]Die für die Durchführung dieses Gesetzes zuständigen Stellen dürfen die für die Zwecke nach Absatz 2 Satz 1 Nrn. 1 bis 3 gespeicherten Daten einschließlich besonderer Kategorien personenbezogener Daten im Sinne des Artikels 9 Abs. 1 der Datenschutz-Grundverordnung an Gemeinden, Landkreise, das Land, wirtschaftliche Unternehmen und öffentliche Einrichtungen mit Werkfeuerwehr (§ 16) und die Träger des Rettungsdienstes (§ 3 Abs. 1 des Niedersächsischen Rettungsdienstgesetzes) übermitteln, soweit dies zur Erfüllung der Aufgaben des Absatzes 2 Satz 1 erforderlich ist. [2]Die Übermittlung an wirtschaftliche Unternehmen und öffentliche Einrichtungen, auf die das Niedersächsische Datenschutzgesetz keine Anwendung findet, ist nur zulässig, wenn sich das Unternehmen oder die Einrichtung verpflichtet, Schutzmaßnahmen nach § 17 NDSG oder gleichwertige Maßnahmen zu treffen.

§ 35c Verarbeitung personenbezogener Daten von Mitgliedern der Feuerwehren sowie Lehrgangsteilnehmerinnen und Lehrgangsteilnehmern

Die zur Durchführung dieses Gesetzes zuständigen Stellen dürfen für die Feuerwehrbedarfsplanung, die Einsatzplanung, die Brandschutzerziehung, die Brandschutzaufklärung, die Mitgliederverwaltung sowie die Lehrgangsplanung und -durchführung insbesondere die folgenden personenbezogenen Daten von Mitgliedern der Feuerwehren und Lehrgangsteilnehmerinnen und Lehrgangsteilnehmern verarbeiten, soweit dies zur Erfüllung ihrer Aufgaben erforderlich ist:

1. Name,
2. Vornamen,
3. Geburtsdatum,
4. Geschlecht,
5. Anschrift,
6. Beruf,
7. akademische Grade,
8. Telefonnummern und andere Angaben über die Erreichbarkeit,
9. Beschäftigungsstelle,
10. Angaben über die körperliche Tauglichkeit und die Strahlen- und Schadstoffbelastung,
11. Datum des Eintritts in die Feuerwehr,
12. Name der Feuerwehr,
13. Personalnummer, Dienstausweisnummer,
14. persönliche Ausrüstung,
15. Ergebnisse von Beurteilungen,
16. Dienstgrad, Beförderungen,
17. Funktion in der Feuerwehr,
18. besondere Kenntnisse und Fähigkeiten,
19. Auszeichnungen und Ehrungen,
20. Einsätze, Dienstzeiten, sonstige geleistete Stunden,
21. Bankverbindungen,
22. Familienstand,
23. Angehörige,
24. Erziehungsberechtigte.

Sechster Teil
Schlussvorschriften

§ 36 Verordnungsermächtigung

(1) Das Fachministerium wird ermächtigt, durch Verordnung zu regeln
1. die Voraussetzungen für den Eintritt in den Dienst und die Übertragung bestimmter Funktionen bei den Freiwilligen Feuerwehren und den Werkfeuerwehren sowie über die Gestaltung der Aus- und Fortbildung der Mitglieder Freiwilliger Feuerwehren und der Angehörigen der Werkfeuerwehren,
2. die Mindeststärke, die Gliederung und die Mindestausrüstung der Feuerwehren und der Kreisfeuerwehrbereitschaften,
3. das Tragen und die Gestaltung der Dienstkleidung, der Dienstgrad- und Funktionsabzeichen, die Funktionsbezeichnungen sowie die persönliche Ausrüstung der Mitglieder der Freiwilligen Feuerwehren und der Angehörigen der Werkfeuerwehren,
4. die Durchführung der Brandverhütungsschau, die Bildungsvoraussetzungen für Brandschutzprüferinnen und Brandschutzprüfer sowie deren fachliche Ausbildung,
5. die Einzelheiten der Grundversorgung mit Löschwasser.

(2) Vor dem Erlass von Verordnungen und anderen allgemeinen Regelungen, die die Feuerwehren betreffen, ist dem Landesfeuerwehrverband Niedersachsen Gelegenheit zur Stellungnahme zu geben.

§ 37 Ordnungswidrigkeiten

(1) Ordnungswidrig handelt, wer vorsätzlich oder fahrlässig
1. die Verschwiegenheitspflicht nach § 12 Abs. 6 verletzt,
2. entgegen einer vollziehbaren Anordnung nach § 15 Abs. 2 Satz 1 die Dienstpflicht nicht erfüllt,
3. entgegen § 16 Abs. 5 der Gemeinde nicht über einen Einsatz der Werkfeuerwehr berichtet,
4. einer vollziehbaren Anordnung nach § 24 Satz 2 Nrn. 1 bis 4 nicht nachkommt oder zuwiderhandelt,
5. entgegen § 26 Abs. 1 Satz 2 eine Brandsicherheitswache nicht bei der Gemeinde anfordert,
6. entgegen § 26 Abs. 2 Satz 2 nicht für eine Brandsicherheitswache sorgt,
7. einer vollziehbaren Anordnung nach § 26 Abs. 3 nicht nachkommt oder zuwiderhandelt,
8. mit Stoffen, die leicht entzündlich sind, oder mit Stoffen, die glimmen oder brennen, so umgeht, dass Menschen oder erhebliche Sachwerte gefährdet werden,
9. in der Nähe von brandgefährdeten Transportmitteln mit offenem Feuer oder Licht oder mit anderen Zündquellen hantiert,
10. die vorgeschriebenen Feuerlöschgeräte nicht einsatzbereit vorhält oder
11. einer Vorschrift in einer Verordnung oder kommunalen Satzung zuwiderhandelt, die Ge- oder Verbote auf dem Gebiet des vorbeugenden Brandschutzes enthält, wenn die Verordnung oder die Satzung für einen bestimmten Tatbestand auf diese Bußgeldvorschrift verweist.

(2) Die Ordnungswidrigkeit kann mit einer Geldbuße bis zu 5 000 Euro geahndet werden.

§ 38 Anwendung anderer Vorschriften

Soweit dieses Gesetz keine abschließenden Regelungen enthält, ist das Niedersächsische Polizei- und Ordnungsbehördengesetz mit Ausnahme der Vorschriften über die Datenverarbeitung ergänzend anzuwenden.

§ 39 Einschränkung von Grundrechten

Nach Maßgabe dieses Gesetzes werden die Grundrechte auf körperliche Unversehrtheit (Artikel 2 Abs. 2 Satz 1 des Grundgesetzes), auf Freiheit der Person (Artikel 2 Abs. 2 Satz 2 des Grundgesetzes) und der Unverletzlichkeit der Wohnung (Artikel 13 des Grundgesetzes) eingeschränkt.

§§ 40, 41 *[aufgehoben]*

Niedersächsisches Wassergesetz (NWG)[1)2)]

Vom 19. Februar 2010 (Nds. GVBl. S. 64)
(VORIS 28200)

zuletzt geändert durch Art. 5 G zur Änd. des G über den Nationalpark „Niedersächsisches Wattenmeer" und des AusführungsG zum BundesnaturschutzG sowie zur Änd. weiterer Gesetze vom 22. September 2022 (Nds. GVBl. S. 578)

Inhaltsübersicht

---

1) **Amtl. Anm.**: Dieses Gesetz dient auch der Umsetzung
- des Gesetzes zur Ordnung des Wasserhaushalts (Wasserhaushaltsgesetzes – WHG) vom 31. Juli 2009 (BGBl. I S. 2585),
- der Richtlinie 85/337/EWG des Rates vom 27. Juni 1985 über die Umweltverträglichkeitsprüfung bei bestimmten öffentlichen und privaten Projekten (ABl. EG Nr. L 175 S. 40; 1991 Nr. L 216 S. 40), zuletzt geändert durch die Richtlinie 2009/31/EG des Europäischen Parlaments und des Rates vom 23. April 2009 (ABl. EU Nr. L 140 S. 114),
- der Richtlinie 2008/1/EG des Europäischen Parlaments und des Rates vom 15. Januar 2008 über die integrierte Vermeidung und Verminderung der Umweltverschmutzung (ABl. EU Nr. L 24 S. 8),
- der Richtlinie 2000/60/EG des Europäischen Parlaments und des Rates vom 23. Oktober 2000 zur Schaffung eines Ordnungsrahmens für Maßnahmen der Gemeinschaft im Bereich der Wasserpolitik (ABl. EG Nr. L 327 S. 1), zuletzt geändert durch die Richtlinie 2009/31/EG des Europäischen Parlaments und des Rates vom 23. April 2009 (ABl. EU Nr. L 140 S. 114), sowie
- der Richtlinie 2006/123/EG des Europäischen Parlaments und des Rates vom 12. Dezember 2006 über Dienstleistungen im Binnenmarkt (ABl. EU Nr. L 376 S. 36).

2) Verkündet als Art. 1 G v. 16.2.2010 (Nds. GVBl. S. 64); Inkrafttreten gem. Art. 3 des G mWv **1.3.2010**.

Erstes Kapitel
Allgemeine Bestimmungen

§ 1 Einleitende Bestimmungen (zu den §§ 2 und 3 WHG)

(1) [1]Dieses Gesetz gilt für die in § 2 Abs. 1 des Wasserhaushaltsgesetzes (WHG) genannten Gewässer. [2]Die Bestimmungen des Wasserhaushaltsgesetzes und dieses Gesetzes sind nicht anzuwenden auf

1. Gräben, einschließlich Wege- und Straßenseitengräben als Bestandteil von Wegen und Straßen, die nicht dazu dienen, die Grundstücke mehrerer Eigentümer zu bewässern oder zu entwässern,
2. Grundstücke, die zur Fischzucht oder zur Fischhaltung oder zu anderen Zwecken unter Wasser gesetzt werden und mit einem Gewässer nur durch künstliche Vorrichtungen zum Füllen oder Ablassen verbunden sind.

[3]Dies gilt nicht für die Haftung für Gewässerveränderungen nach den §§ 89 und 90 WHG.

(2) [1]Ein natürliches Gewässer gilt als solches auch nach künstlicher Änderung. [2]Im Zweifel ist ein Gewässer, abgesehen von Triebwerks- und Bewässerungskanälen, als ein natürliches anzusehen.

(3) [1]Die Küstenlinie bei mittlerem Hochwasser entspricht an der niedersächsischen Küste der Wasserstandslinie des mittleren Tidehochwassers (§ 41 Abs. 2). [2]Mündet ein oberirdisches Gewässer in ein Küstengewässer, so wird es diesem gegenüber durch das Siel begrenzt; ist das oberirdische Gewässer eine Bundeswasserstraße, so richtet sich die Begrenzung nach den Vorschriften des Bundeswasserstraßengesetzes (WaStrG).

§ 2 Schranken des Grundeigentums (zu § 4 WHG)

Das Grundeigentum berechtigt nicht zur Erhebung von Entgelten für die Benutzung von Gewässern, ausgenommen für das Entnehmen fester Stoffe aus oberirdischen Gewässern.

Zweites Kapitel
Bewirtschaftung von Gewässern

Erster Abschnitt
Gemeinsame Bestimmungen

§ 3 Bewirtschaftung nach Flussgebietseinheiten (zu § 7 WHG)

(1) Der niedersächsische Teil der Flussgebietseinheit Ems besteht
1. aus dem niedersächsischen Teil des Einzugsgebietes der Ems,
2. aus den Einzugsgebieten der östlich der Emsmündung bis einschließlich der Harle in das Küstengewässer mündenden oberirdischen Gewässer,
3. aus den in den Einzugsgebieten nach den Nummern 1 und 2 liegenden Grundwasserkörpern und
4. aus dem Küstengewässer von der Grenze mit dem Königreich der Niederlande im Westen bis zu der Linie im Osten, die jeweils geradlinig von den Punkten mit den Koordinaten 53°50′ 07,91″ N und 7°53′ 03,49″ O im Norden über den Punkt mit den Koordinaten 53°46′ 36,31″ N und 7°58′ 19,22″ O zum Punkt mit den Koordinaten 53°42′ 53,73″ N und 7°55′ 46,57″ O im Süden verläuft.

(2) Der niedersächsische Teil der Flussgebietseinheit Weser besteht
1. aus dem niedersächsischen Teil des Einzugsgebietes der Weser,
2. aus den Einzugsgebieten der zwischen dem Wangertief im Westen und dem Oxstedter Bach im Osten in das Küstengewässer mündenden oberirdischen Gewässer,
3. aus den in den Einzugsgebieten nach den Nummern 1 und 2 liegenden Grundwasserkörpern und
4. aus dem Küstengewässer von der östlichen Grenze der Flussgebietseinheit Ems bis zur Grenze mit der Freien und Hansestadt Hamburg.

(3) Der niedersächsische Teil der Flussgebietseinheit Elbe besteht
1. aus dem niedersächsischen Teil des Einzugsgebietes der Elbe,
2. aus den in dem Einzugsgebiet nach Nummer 1 liegenden Grundwasserkörpern und
3. aus dem Küstengewässer von der Grenze mit der Freien und Hansestadt Hamburg im Westen bis zur Grenze mit dem Land Schleswig-Holstein im Osten.

(4) Zum niedersächsischen Teil der Flussgebietseinheit Rhein gehören der niedersächsische Teil des Teileinzugsgebietes der Vechte und die in diesem Teil liegenden Grundwasserkörper.

(5) Die den Flussgebietseinheiten nach den Absätzen 1 bis 3 zugeordneten Küstengewässer sind seewärts durch eine Linie begrenzt, die in einem Abstand von einer Seemeile zur Niedrigwasserlinie und zu den geraden Basislinien verläuft, die der Abgrenzung des Küstenmeeres der Bundesrepublik Deutschland in der Nordsee zugrunde liegen.

(6) Liegen Grundwasserkörper in mehr als einem der in den Absätzen 1 bis 4 genannten Teile von Flussgebietseinheiten, so werden diese Grundwasserkörper durch Verordnung des Fachministeriums genau bestimmt und der Flussgebietseinheit zugeordnet, die für die Erreichung der in § 47 Abs. 1 WHG genannten Bewirtschaftungsziele am besten geeignet ist.

§ 4 Zusammentreffen mehrerer Erlaubnis- oder Bewilligungsanträge

[1]Treffen Anträge auf Erteilung einer Erlaubnis oder einer Bewilligung für Benutzungen zusammen, die sich auch dann gegenseitig ausschließen, wenn den Anträgen nur unter Bedingungen und Auflagen stattgegeben wird, so hat das Vorhaben den Vorrang, das dem Wohl der Allgemeinheit am meisten dient. [2]Nach der für Einwendungen bestimmten Frist werden andere Anträge nicht mehr berücksichtigt.

§ 4a Übergang einer Erlaubnis oder Bewilligung (zu § 8 Abs. 4 WHG)

[1]Der bisherige Inhaber einer Erlaubnis oder einer Bewilligung hat den Übergang nach § 8 Abs. 4 WHG der Wasserbehörde innerhalb von drei Monaten nach dem Übergang anzuzeigen. [2]Bei einem Übergang durch Erbfall ist die Erbin oder der Erbe anzeigepflichtig.

§ 5 Bewilligung (zu den §§ 10 und 14 WHG)

(1) Die Bewilligung gewährt nicht das Recht, Gegenstände, die einem anderen gehören, oder Grundstücke und Anlagen, die im Besitz eines anderen stehen, in Gebrauch zu nehmen.

(2) In den in § 14 Abs. 4 WHG genannten Fällen ist der Betroffene abweichend von § 14 Abs. 4 Satz 1 WHG zu entschädigen, wenn die nachteiligen Wirkungen der Bewilligung nicht durch Inhalts- oder Nebenbestimmungen vermieden oder ausgeglichen werden können.

(3) Die Vorschriften des bürgerlichen Rechts für die Ansprüche aus dem Eigentum sind entsprechend auf die Ansprüche aus dem bewilligten Recht anzuwenden.

§ 6 Benutzung durch Verbände

[1]Wasser- und Bodenverbände und gemeindliche Zweckverbände bedürfen auch dann einer Erlaubnis oder einer Bewilligung, wenn sie ein Gewässer im Rahmen ihrer satzungsmäßigen Aufgaben über die nach diesem Gesetz erlaubnisfreie Benutzung hinaus benutzen wollen. [2]Dies gilt nicht, soweit ein altes Recht oder eine alte Befugnis besteht.

§ 7 Maßnahmen beim Erlöschen einer Erlaubnis oder einer Bewilligung

(1) Ist eine Erlaubnis oder eine Bewilligung ganz oder teilweise erloschen, so kann die Wasserbehörde den Benutzer verpflichten, die Anlagen für die Benutzung des Gewässers auf seine Kosten ganz oder teilweise zu beseitigen und den früheren Zustand wiederherzustellen oder nachteiligen Folgen vorzubeugen.

(2) Wird bei Widerruf einer Bewilligung nach § 18 Abs. 2 WHG gegen Entschädigung eine Anordnung nach Absatz 1 getroffen, so ist der Benutzer zu entschädigen.

(3) [1]Statt einer Anordnung nach Absatz 1 kann die Wasserbehörde den Benutzer verpflichten, die Anlage ganz oder teilweise einer Körperschaft des öffentlichen Rechts zu übereignen. [2]Der Benutzer ist zu entschädigen.

§ 8 Erfordernisse für den Antrag

[1]Erlaubnis- und Bewilligungsanträge sind mit den zur Beurteilung des gesamten Unternehmens erforderlichen Unterlagen (Zeichnungen, Nachweisen und Beschreibungen) bei der Wasserbehörde einzureichen. [2]Soweit die Unterlagen Geschäfts- oder Betriebsgeheimnisse enthalten, sind die Unterlagen zu kennzeichnen und getrennt vorzulegen. [3]Ihr Inhalt muss, soweit es ohne Preisgabe des Geheimnisses geschehen kann, so ausführlich dargestellt sein, dass Dritte beurteilen können, ob und in welchem Umfang sie von den Auswirkungen der Benutzung betroffen werden können.

§ 9 Erlaubnis-, Bewilligungsverfahren (zu § 11 WHG)

(1) [1]Für das Bewilligungsverfahren gelten die Vorschriften des Verwaltungsverfahrensgesetzes (VwVfG) über das förmliche Verwaltungsverfahren. [2]§ 29 VwVfG gilt mit der Maßgabe, dass Akteneinsicht nach pflichtgemäßem Ermessen zu gewähren ist.

(2) Ergänzend sind anzuwenden

1. § 73 VwVfG mit folgenden Maßgaben:
   a) an die Stelle der Anhörungsbehörde und der Planfeststellungsbehörde tritt die Wasserbehörde,
   b) ein Vorhaben wirkt sich im Sinne des § 73 Abs. 2 VwVfG im Gebiet einer Gemeinde aus, wenn dort Rechte oder rechtlich geschützte Interessen (§ 14 Abs. 4 WHG) betroffen werden können,
   c) in der Bekanntmachung nach § 73 Abs. 5 VwVfG ist auch darauf hinzuweisen, dass nach Ablauf der für Einwendungen bestimmten Frist eingereichte Anträge nicht mehr berücksichtigt werden (§ 4 Satz 2), Einwendungen wegen nachteiliger Wirkungen der Benutzung später nur nach § 14 Abs. 6 WHG geltend gemacht werden können und vertragliche Ansprüche durch die Bewilligung nicht ausgeschlossen werden (§ 16 Abs. 3 WHG),
2. § 74 Abs. 2 Satz 1 VwVfG entsprechend.

(3) Die Absätze 1 und 2 gelten entsprechend, wenn

1. die Erlaubnis als gehobene Erlaubnis nach § 15 WHG erteilt werden soll,
2. die Erlaubnis für ein Vorhaben erteilt werden soll, für das eine Umweltverträglichkeitsprüfung vorgeschrieben ist, oder
3. die Behörde ein förmliches Verfahren für geboten hält, weil das beabsichtigte Unternehmen wasserwirtschaftlich bedeutsam ist und Einwendungen zu erwarten sind.

§ 10 Aussetzung des Verfahrens

(1) [1]Die Behörde kann, wenn Einwendungen aufgrund eines Rechts erhoben werden, einen Streit über das Bestehen des Rechts auf den Weg der gerichtlichen Entscheidung verweisen und das Verfahren bis zur Erledigung des Rechtsstreits aussetzen. [2]Sie muss es aussetzen, wenn die Bewilligung bei

Bestehen des Rechts zu versagen wäre. [3]Dem Antragsteller ist eine Frist für die Klage zu setzen. [4]Wird die Prozessführung ungebührlich verzögert, so kann das Verfahren fortgesetzt werden.

(2) Wird die Bewilligung vor der rechtskräftigen Entscheidung über das Bestehen des Rechts erteilt, so ist die Entscheidung über die Auflagen und über die Entschädigung insoweit vorzubehalten.

§ 11 Beweissicherung, Sicherheitsleistung

(1) [1]Zur Sicherung des Beweises von Tatsachen, die für eine Entscheidung der Wasserbehörde von Bedeutung sein können, insbesondere zur Feststellung des Zustands einer Sache, kann die Wasserbehörde auf Antrag oder von Amts wegen die erforderlichen Maßnahmen anordnen, wenn andernfalls die Feststellung unmöglich oder wesentlich erschwert werden würde. [2]Antragsberechtigt ist, wer ein rechtliches Interesse an der Feststellung hat.

(2) [1]Die Wasserbehörde kann die Leistung einer Sicherheit verlangen, soweit diese erforderlich ist, um die Erfüllung von Bedingungen, Auflagen oder sonstigen Verpflichtungen zu sichern. [2]Der Bund, das Land und Körperschaften und Anstalten des öffentlichen Rechts sind von der Sicherheitsleistung frei. [3]Auf die Sicherheitsleistung sind die §§ 232 und 234 bis 240 des Bürgerlichen Gesetzbuchs anzuwenden.

§§ 12–17 ***[aufgehoben]***

§ 18 Maßnahmen beim Erlöschen alter Rechte und alter Befugnisse (zu § 20 WHG)

[1]Ist ein altes Recht oder eine alte Befugnis ganz oder teilweise erloschen, so kann die Wasserbehörde die in § 7 Abs. 1 vorgesehenen Anordnungen treffen. [2]§ 7 Abs. 2 und 3 gilt sinngemäß.

§ 19 Inhalt und Umfang alter Rechte und alter Befugnisse (zu § 20 WHG)

(1) Inhalt und Umfang der alten Rechte und alten Befugnisse bestimmen sich, wenn sie auf besonderem Titel beruhen, nach diesem, sonst nach den bisherigen Gesetzen.

(2) [1]Stehen Inhalt oder Umfang eines alten Rechts oder einer alten Befugnis nicht oder nur teilweise fest, so werden sie auf Antrag ihres Inhabers von der Wasserbehörde festgestellt. [2]Die Feststellung kann auch von Amts wegen erfolgen. [3]Rechte Dritter werden von der Feststellung nicht berührt.

§ 20 Ausgleichsverfahren (zu § 22 WHG)

Die Kosten des Ausgleichsverfahrens nach § 22 WHG tragen die Beteiligten nach ihrem zu schätzenden Vorteil aus der Gewässerbenutzung.

§ 21 Wasserentnahmegebührenpflicht

(1) Das Land erhebt für Benutzungen nach § 9 Abs. 1 Nrn. 1 und 5 WHG (Wasserentnahmen) eine Gebühr.

(2) Die Gebühr wird nicht erhoben für Wasserentnahmen

1. zur Grundwasseranreicherung,
2. zur Bewirtschaftung von Talsperren,
3. zur unterirdischen Grundwasseraufbereitung,
4. zur Grundwasserreinigung oder Bodensanierung,
5. zur Hochwasserentlastung,
6. aus oberirdischen Gewässern zur Erhaltung oder Verbesserung der Güte oder zum Ausgleich von Wasserverlusten eines anderen Gewässers,
7. zur Wasserkraftnutzung,
8. zur Gewinnung von Wärme aus dem Wasser, soweit es demselben Gewässer wieder zugeführt wird,
9. zum Abbau von Sand oder Kies, soweit das Wasser demselben Gewässer wieder zugeführt wird,
10. aus oberirdischen Gewässern zur Fischhaltung,
11. aus staatlich anerkannten Heilquellen sowie aus oberirdischen Gewässern zu Heilzwecken, soweit das Wasser nicht in geschlossenen Behältnissen vertrieben wird,
12. zur Wasserhaltung beim über- oder untertägigen Abbau von Bodenschätzen,
13. zur Abwehr von Schäden an Gebäuden, die öffentlichen Zwecken dienen, oder an sonstigen Gebäuden, wenn deren Eigentümer die Notwendigkeit der Entnahme nicht mit verursacht hat und im Fall des Erwerbs auch nicht kannte,
14. zur besseren Ausbeutung von Erdölvorkommen,
15. zur Frostschutzberegnung,

16. zur Nasslagerung von Stammholz in der Forstwirtschaft,
17. aus oberirdischen Gewässern zum Befüllen von Dockanlagen von Werften.

(3) Wird in den Fällen des Absatzes 2 das Wasser auch zu einem anderen, nicht in Absatz 2 genannten Zweck verwendet, so wird insoweit die Gebühr erhoben.

(4) Die Gebühr wird nicht für erlaubnis- oder bewilligungsfreie Wasserentnahmen nach § 8 Abs. 2 und 3, § 46 Abs. 1 und 2 WHG sowie den §§ 32 und 86 dieses Gesetzes erhoben.

(5) Die Wasserbehörde kann von der Gebührenpflicht befreien, wenn die Wasserentnahme dazu dient,
1. Natur und Landschaft zu schützen, zu pflegen oder zu entwickeln oder
2. ein Kulturdenkmal zu erhalten.

§ 22 Höhe der Gebühr

(1) [1]Die Höhe der Gebühr bemisst sich nach der **Anlage 2**. [2]Bei der Berechnung der Gebühr gilt Grundwasser, das im Zusammenhang mit dem Abbau oder der Gewinnung von Kies, Sand, Torf, Steinen oder anderen Bodenbestandteilen freigelegt worden ist, als oberirdisches Gewässer. [3]Wird Wasser für mehrere Zwecke verwendet, so ist die Gebühr nach dem Verwendungszweck mit dem höchsten Gebührensatz zu berechnen.

(2) [1]Die Wasserbehörde ermäßigt auf Antrag die Gebühr nach Nummer 2.3 oder 3.5 der Anlage 2 für eine Wasserentnahme zur Herstellung eines Erzeugnisses um drei Viertel, wenn bei der Herstellung alle zumutbaren Maßnahmen zur Wassereinsparung getroffen worden sind. [2]Die Gebühr nach Nummer 3.5 der Anlage 2 darf nur ermäßigt werden, wenn die Verwendung von Wasser aus oberirdischen Gewässern unzumutbar ist.

(3) Die Wasserbehörde ermäßigt auf Antrag die Gebühr nach Nummer 2.1 oder 3.2 der Anlage 2 um die Hälfte, wenn in dem Betrieb
1. durch Nutzung der erzeugten Wärmeenergie ein energetischer Wirkungsgrad von mindestens 70 Prozent erreicht wird oder
2. die abzuführende Wärmemenge durch ihre Nutzung um 50 Prozent verringert wird

und damit Wasser zur Kühlung eingespart wird.

(4) Ist die Gebühr, die ein Gebührenschuldner für einen Veranlagungszeitraum zu entrichten hat, nicht höher als 280 Euro, so wird sie nicht erhoben (Bagatellgrenze).

(5) [1]Die Landesregierung wird ermächtigt, durch Verordnung die Gebührensätze nach Anlage 2 und die Bagatellgrenze nach Absatz 4 in Anlehnung an die Preisänderungsrate nach dem vom Statistischen Bundesamt veröffentlichten Verbraucherpreisgesamtindex zu ändern. [2]Die Änderung soll nur erfolgen, wenn am Ende eines Kalenderjahres die Verbraucherpreise seit der letzten Änderung der Gebührensätze der Anlage 2 um mindestens zehn Prozent gestiegen sind. [3]Die Verordnung darf frühestens am 1. Januar des auf die Verkündung folgenden Jahres in Kraft treten. [4]Die Landesregierung unterrichtet den Landtag über den Verordnungsentwurf.

§ 23 Gebührenschuldner, Veranlagungszeitraum, Erklärungspflicht

(1) [1]Die Gebühr schuldet, wer das Gewässer benutzt. [2]Überlässt der Inhaber einer Befugnis oder eines Rechts zur Gewässerbenutzung die Benutzung des Gewässers einem Dritten, so bleibt er abweichend von Satz 1 anstelle des Dritten Gebührenschuldner.

(2) Veranlagungszeitraum ist das Kalenderjahr.

(3) [1]Wer die Gebühr schuldet, hat der Wasserbehörde in einer Erklärung bis zum 15. Februar des dem Veranlagungszeitraum folgenden Jahres die zur Festsetzung der Gebühr erforderlichen Angaben zu machen und durch geeignete Nachweise zu belegen. [2]Für die Erklärung ist ein Vordruck nach einem vom Fachministerium bekannt gemachten Muster zu verwenden.

§ 24 Festsetzung, Fälligkeit, Vorauszahlung

(1) [1]Die Gebühr wird von der Wasserbehörde durch schriftlichen Bescheid festgesetzt (Gebührenbescheid). [2]Sie ist einen Monat nach Bekanntgabe des Gebührenbescheides fällig.

(2) [1]Der Gebührenschuldner hat am 1. Juli des jeweiligen Veranlagungszeitraumes eine Vorauszahlung in Höhe der zuletzt festgesetzten Gebühr zu entrichten, sofern diese mehr als 2 600 Euro beträgt. [2]Ist noch kein Gebührenbescheid ergangen, so ist eine Vorauszahlung in Höhe der erwarteten Gebühr festzusetzen. [3]Wird eine Gebühr für die Entnahme von Wasser zur landwirtschaftlichen, forstwirtschaftlichen oder gärtnerischen Beregnung oder Berieselung erhoben, so entfällt die Pflicht nach Satz 1.

(3) Die Wasserbehörde kann, auch nachträglich, die Vorauszahlung ermäßigen, erhöhen oder auf sie verzichten, wenn für den laufenden Veranlagungszeitraum eine erheblich niedrigere oder höhere als die zuletzt festgesetzte Gebühr zu erwarten ist.

§ 25 Anwendung der Abgabenordnung

(1) Bei der Festsetzung und Erhebung der Gebühr für Wasserentnahmen sind die folgenden Vorschriften der Abgabenordnung (AO) in der Fassung vom 1. Oktober 2002 (BGBl. I S. 3866; 2003 I S. 61), zuletzt geändert durch Artikel 24 Abs. 9 des Gesetzes vom 25. Juni 2021 (BGBl. I S. 2154), entsprechend anzuwenden:

1. über den Zufluss von steuerlichen Nebenleistungen § 3 Abs. 4 und 5,
2. über die Haftungsbeschränkung für Amtsträger die §§ 7 und 32,
3. über die Steuerpflichtigen die §§ 33 bis 36,
4. über das Steuerschuldverhältnis § 37 Abs. 2, die §§ 38, 40 bis 42, 44 Abs. 1 und 2 Sätze 1 bis 3 sowie die §§ 45 und 47 bis 49,
5. über die Haftung die §§ 69 bis 71, 73 bis 75 und 77 Abs. 1,
6. über die Beweismittel die §§ 92, 93, 96 Abs. 1 bis 7 Sätze 1 und 2, die §§ 97 bis 99, 101 Abs. 1 und die §§ 102 bis 107,
7. über Fristen, Termine und Wiedereinsetzung die §§ 108 bis 110,
8. über die Steuererklärungen § 149 Abs. 1, § 152 Abs. 1 bis 3 sowie § 153 Abs. 1 und 2,
9. über die Steuerfestsetzung § 155 Abs. 3, § 156 Abs. 2, die §§ 162 bis 165, § 169 Abs. 1 und 2 Satz 1 Nr. 2, Sätze 2 und 3, § 170 Abs. 1 und 2 Satz 1 Nr. 1, § 171 Abs. 1 bis 3a, 7 und 9 sowie die §§ 173, 174 und 191,
10. über Stundung, Aufrechnung, Erlass und Verjährung die §§ 222, 224 Abs. 2 und die §§ 225 bis 232,
11. über die Verzinsung die §§ 234 bis 239,
12. über Säumniszuschläge § 240,
13. über die Sicherheitsleistung die §§ 241 bis 248,
14. über die Niederschlagung § 261.

(2) Soweit sich aus den vorstehend genannten Vorschriften nichts anderes ergibt, ist das Verwaltungsverfahrensgesetz anzuwenden.

§ 26 Erfassung der Wasserentnahmen

[1]Wer für eine Wasserentnahme gebührenpflichtig werden kann, hat die entnommene Wassermenge mit Messgeräten zu messen, die den allgemein anerkannten Regeln der Technik entsprechen und regelmäßig durch fachkundige Personen überprüft werden. [2]Die Messergebnisse sind aufzuzeichnen, aufzubewahren und der Wasserbehörde auf Verlangen vorzulegen. [3]Art, Anzahl und Aufstellungsort der Geräte können durch die Wasserbehörde festgelegt werden. [4]Die Pflicht zur Messung der entnommenen Wassermenge entfällt, wenn die durch die Messung verursachten Kosten außer Verhältnis zu der zu erwartenden Gebührenpflicht stehen.

§ 27 Wasserentnahmen – Straf- und Bußgeldvorschriften

(1) Für die Hinterziehung von Gebühren für Wasserentnahmen sind die Strafvorschriften des § 370 Abs. 1, 2 und 4, des § 371 und des § 376 AO über die Steuerhinterziehung und die Bußgeldvorschrift des § 378 AO über die leichtfertige Steuerverkürzung entsprechend anzuwenden.

(2) Das Höchstmaß der Freiheitsstrafe bei entsprechender Anwendung des § 370 Abs. 1 AO beträgt zwei Jahre.

§ 28 Verwendung

(1) [1]Aus dem Aufkommen der Gebühr für Wasserentnahmen ist vorab der Verwaltungsaufwand zu decken, der dem Land und den zuständigen kommunalen Körperschaften durch den Vollzug der §§ 21 bis 28 sowie des § 59 Abs. 2 dieses Gesetzes und des § 78a Abs. 5 Satz 4 WHG entsteht. [2]Die Höhe des zu berücksichtigenden Verwaltungsaufwandes bemisst sich nach dem Ansatz im Haushaltsplan des Landes.

(2) [1]Zur Deckung ihres Verwaltungsaufwandes erhalten die zuständigen kommunalen Körperschaften aus dem Ansatz nach Absatz 1 pauschale Zuweisungen. [2]Die Höhe richtet sich nach der Zahl der Gebührenschuldner.

(3) [1]Das verbleibende Aufkommen ist für Maßnahmen zum Schutz der Gewässer und des Wasserhaushalts, für sonstige Maßnahmen der Wasserwirtschaft und für Maßnahmen des Naturschutzes zu verwenden. [2]Mindestens 40 Prozent des Gesamtaufkommens sind für folgende Maßnahmen einzusetzen:

1. Erstattung von Ausgleichsleistungen nach Absatz 5,
2. Ausgleichs- und Entschädigungsleistungen im Sinne von § 59 Abs. 2,
3. Förderung der sparsamen Wasserverwendung, insbesondere von Modell- und Pilotvorhaben bei kleinen und mittleren Unternehmen,
4. in Wasserschutzgebieten und in sonstigen Gebieten, die in einer Bewilligung oder Erlaubnis zur Entnahme von Wasser für die öffentliche Wasserversorgung als Einzugsgebiet dargestellt sind (Trinkwassergewinnungsgebiete),
   a) zusätzliche Beratung der land- oder forstwirtschaftlichen oder erwerbsgärtnerischen Nutzer von Grundstücken einschließlich der damit im Zusammenhang stehenden Boden- und Gewässeruntersuchungen,
   b) Ausgleich von wirtschaftlichen Nachteilen, die aufgrund einer vertraglich vereinbarten, über die gute fachliche Praxis hinausgehenden Einschränkung der land- oder forstwirtschaftlichen oder erwerbsgärtnerischen Nutzung von Grundstücken entstehen,
   c) Erkundung und Bewertung von Grundwasserbelastungen,
5. Maßnahmen zur Erreichung der Bewirtschaftungsziele für oberirdische Gewässer nach den §§ 27 bis 31 WHG und der Bewirtschaftungsziele für das Grundwasser nach § 47 WHG,
6. Erforschung einer besonders auf den Grundwasserschutz ausgerichteten Land- und Forstwirtschaft sowie eines entsprechend ausgerichteten Erwerbsgartenbaus in Wasserschutzgebieten anhand von Modellen und Pilotvorhaben,
7. Erforschung einer schonenden Grundwasserbewirtschaftung,
8. Förderung der Renaturierung der Flussauen und Feuchtgrünlandbereiche zum Zweck der Wasserrückhaltung und Grundwasserneubildung,
9. Naturschutzmaßnahmen zum Schutz der Gewässer, des Wasserhaushalts und des Dauergrünlands und
10. Erschwernisausgleich nach einer Verordnung nach § 42 Abs. 4 des Niedersächsischen Naturschutzgesetzes (NNatSchG).

(4) [1]Das Land gewährt Wasserversorgungsunternehmen Zuschüsse für Maßnahmen nach Absatz 3 Satz 2 Nr. 4 Buchst. a und b, wenn diese dem vorsorgenden Trinkwasserschutz dienen und auf der Grundlage eines in gleichberechtigter Zusammenarbeit mit im Trinkwassergewinnungsgebiet bodenbewirtschaftenden Personen erarbeiteten Schutzkonzepts durchgeführt werden. [2]Durch Vertrag oder Verwaltungsakt werden die Höhe des Zuschusses, der Zeitraum der Gewährung, die in dem Zeitraum zu erreichenden Ziele und die Kriterien, anhand derer das Erreichen der Ziele festgestellt werden soll (Erfolgsparameter), festgelegt. [3]Bei der Festlegung der Höhe des Zuschusses sind die voraussichtlich für die Gewährung der Zuschüsse insgesamt zur Verfügung stehenden Haushaltsmittel zu berücksichtigen. [4]Die Erfolgsparameter müssen sich auf messbare oder prüfbare Eigenschaften der bewirtschafteten Böden oder des durch die Bewirtschaftung beeinflussten Wassers beziehen. [5]Bei der Entscheidung über eine Zuschussgewährung soll berücksichtigt werden, inwieweit in vorherigen Gewährungszeiträumen die festgelegten Ziele erreicht wurden. [6]Die Sätze 1 bis 5 gelten entsprechend für juristische Personen, zu denen sich mehrere Wasserversorgungsunternehmen oder ein oder mehrere Wasserversorgungsunternehmen mit bodenbewirtschaftenden Personen zusammengeschlossen haben.

(5) [1]Das Land erstattet auf Antrag den von Anordnungen für Wasserschutzgebiete Begünstigten einen Anteil der Ausgleichsleistungen, die diese nach § 52 Abs. 5 WHG gezahlt haben. [2]Das Fachministerium regelt durch Verordnung

1. die Höhe des zu erstattenden Anteils, der mehr als 50 Prozent der Ausgleichsleistung betragen muss,
2. den Betrag, bei dessen Unterschreiten die Erstattung unterbleibt, und
3. das Verfahren, insbesondere die Antragstellung, die Antragsfrist und die vorzulegenden Unterlagen.

§ 29 Gewässerkundlicher Landesdienst

(1) Zur Ermittlung, Aufbereitung und Sammlung der hydrologischen und der hydrogeologischen Daten, die für die wasserwirtschaftlichen oder sich auf den Wasserhaushalt auswirkenden Planungen, Entscheidungen und sonstigen Maßnahmen erforderlich sind, unterhält das Land einen gewässerkundlichen Dienst (gewässerkundlicher Landesdienst).

(2) Aufgabe des gewässerkundlichen Landesdienstes ist es insbesondere,
1. in dem vom Fachministerium festzulegenden Umfang an Messstellen in Gewässern quantitative und qualitative Daten zu ermitteln, die Messergebnisse auszuwerten und zu veröffentlichen,
2. Aussagen über die Entwicklung wichtiger hydrologischer und wichtiger hydrogeologischer Parameter zu treffen, Vorhersagen zu Hochwasserereignissen zu erstellen und zu veröffentlichen,
3. die Auswirkungen von Benutzungen auf die Gewässer zu untersuchen und zu beurteilen sowie
4. das hydrologische Gesamtbild vom jeweiligen Zustand der Gewässer und ihrer ökologischen Veränderungen regelmäßig in einem Bericht darzustellen.

(3) [1]Der gewässerkundliche Landesdienst hat alle Stellen des Landes und die dessen Aufsicht unterstehenden juristischen Personen des öffentlichen Rechts zu beraten. [2]Er ist bei allen Planungen, Entscheidungen und sonstigen Maßnahmen zu beteiligen, es sei denn, dass wesentliche Auswirkungen auf den Wasserhaushalt nicht zu erwarten sind. [3]Im Rahmen seiner Tätigkeit nach den Sätzen 1 und 2 soll der gewässerkundliche Landesdienst
1. zusätzlich erforderliche hydrologische und hydrogeologische Daten ermitteln oder ermitteln lassen und aufbereiten,
2. die Wasserbehörden bei der Gewässeraufsicht unterstützen.

(4) [1]Die in Absatz 3 Satz 1 genannten Stellen und juristischen Personen des öffentlichen Rechts haben dem gewässerkundlichen Landesdienst die für seine Aufgabenerfüllung erforderlichen Daten, einschließlich personenbezogener Daten, auf Verlangen zu übermitteln. [2]Der gewässerkundliche Landesdienst darf die nach Satz 1 übermittelten personenbezogenen Daten verarbeiten, soweit es sich um Umweltinformationen im Sinne des § 1 Abs. 3 des Umweltinformationsgesetzes handelt und die Verarbeitung zur Aufgabenerfüllung erforderlich ist.

(5) Die Wasserbehörde hat bei der Entscheidung über einen Antrag auf Erteilung einer Erlaubnis, einer Bewilligung oder einer Genehmigung und im Planfeststellungsverfahren auf die Messstellen des gewässerkundlichen Landesdienstes (Absatz 2 Nr. 1) Rücksicht zu nehmen.

§ 30 Befugnisse des gewässerkundlichen Landesdienstes

(1) Soweit die Erfüllung der Aufgaben des gewässerkundlichen Landesdienstes es erfordert, steht dessen Beauftragten das Recht zu,
1. Betriebsgrundstücke und -räume während der Betriebszeit zu betreten,
2. Grundstücke und Anlagen, die nicht zum unmittelbar angrenzenden befriedeten Besitztum von Betriebsgrundstücken und -räumen gehören, jederzeit zu betreten,
3. Wasser-, Boden-, Flüssigkeits- und Feststoffproben zu entnehmen,
4. Bohrungen und Pumpversuche durchzuführen,
5. Geräte und Stoffe zu Messungen und Untersuchungen einzubringen,
6. von den zur Unterhaltung der Gewässer Verpflichteten, den Benutzern der Gewässer sowie den an eine Abwasseranlage angeschlossenen Betrieben Auskünfte und Aufzeichnungen zu verlangen.

(2) Bei außergewöhnlichen Verunreinigungen eines Gewässers sind die Beauftragten des gewässerkundlichen Landesdienstes auch befugt, im Wege der Funktionskontrolle jederzeit den Reinigungsprozess in Abwasserbehandlungsanlagen zu verfolgen, um ihren Wirkungsgrad festzustellen und die Ursachen von Funktionsstörungen aufzuklären.

(3) Das Grundrecht der Unverletzlichkeit der Wohnung (Artikel 13 des Grundgesetzes) wird durch die Absätze 1 und 2 eingeschränkt.

(4) Persönliche oder sachliche Verhältnisse, die den Beauftragten des gewässerkundlichen Landesdienstes bei der Ausübung ihrer Befugnisse bekannt werden, sind geheim zu halten.

(5) [1]Entstehen durch Maßnahmen nach den Absätzen 1 und 2 Schäden oder Nachteile, so ist der Betroffene zu entschädigen. [2]Dies gilt nicht, soweit der Betroffene zu den Maßnahmen Anlass gegeben hat.

§ 31 ***[aufgehoben]***

Zweiter Abschnitt
Bewirtschaftung oberirdischer Gewässer

§ 32 Arten und Zulässigkeit des Gemeingebrauchs (zu § 25 WHG)

(1) [1]Jedermann darf die natürlichen fließenden Gewässer, außer Talsperren und Wasserspeicher, zum Baden, Tauchen einschließlich des Sporttauchens mit Atemgeräten, Waschen, Tränken, Schwemmen, Schöpfen mit Handgefäßen, zum Eissport und zum Befahren mit kleinen Fahrzeugen ohne Eigenantrieb benutzen, soweit nicht Rechte anderer entgegenstehen und soweit Befugnisse oder der Eigentümer- oder Anliegergebrauch anderer dadurch nicht beeinträchtigt werden. [2]Mit derselben Beschränkung darf jeder Grund-, Quell- und Niederschlagswasser einleiten, wenn es nicht durch gemeinsame Anlagen geschieht und das eingeleitete Niederschlagswasser nicht Stoffe enthält, die geeignet sind, dauernd oder in einem nicht nur unerheblichen Ausmaß schädliche Veränderungen der physikalischen, chemischen oder biologischen Beschaffenheit des Wassers herbeizuführen.

(2) Die Wasserbehörde kann das Befahren mit kleinen Fahrzeugen, die durch Motorkraft angetrieben werden, als Gemeingebrauch gestatten.

(3) Die Absätze 1 und 2 gelten nicht für Gewässer, die in Hofräumen, Betriebsgrundstücken, Gärten und Parkanlagen liegen und Eigentum der Anlieger sind.

(4) [1]An Talsperren und Wasserspeichern, an stehenden und an künstlichen Gewässern kann die Wasserbehörde mit Zustimmung des Eigentümers und des Unterhaltungspflichtigen den Gemeingebrauch (Absätze 1 und 2) zulassen. [2]Die Zulassung kann auf einzelne Arten des Gemeingebrauchs beschränkt werden. [3]Sie gilt als erteilt, soweit der Gemeingebrauch am 15. Juli 1960 ausgeübt worden ist.

(5) [1]Schiffbare Gewässer darf jedermann zur Schifffahrt benutzen. [2]Welche Gewässer schiffbar sind, bestimmt das für den Verkehr zuständige Ministerium im Einvernehmen mit dem Fachministerium durch Verordnung. [3]Auf anderen Gewässern kann die für den Verkehr zuständige Behörde im Einvernehmen mit der Wasserbehörde die Schifffahrt allgemein oder im Einzelfall widerruflich zulassen; sie gilt als zugelassen, soweit sie am 15. Juli 1960 ausgeübt worden ist.

§ 33 Duldungspflicht der Anlieger (zu § 25 WHG)

(1) [1]Die Anlieger der zur Schifffahrt benutzten Gewässer (§ 32 Abs. 5) haben das Landen und Befestigen der Schiffe zu dulden. [2]Das gilt in Notfällen auch für private Ein- und Ausladestellen; die Anlieger haben dann auch das zeitweilige Aussetzen der Ladung zu dulden.

(2) [1]Bei Schäden hat der Geschädigte Anspruch auf Schadenersatz. [2]Der Anspruch verjährt in einem Jahr. [3]Für den Schaden ist der Schiffseigner verantwortlich, soweit nicht bundesrechtlich etwas anderes bestimmt ist.

§ 34 Regelung des Gemeingebrauchs (zu § 25 WHG)

Die Wasserbehörde kann aus Gründen des Wohls der Allgemeinheit, insbesondere der Ordnung des Wasserhaushalts, des Verkehrs, der Gefahrenabwehr, der Sicherstellung der Erholung oder der Erhaltung von Natur und Landschaft, den Gemeingebrauch durch Verordnung oder Verfügung regeln, beschränken oder verbieten.

§ 35 Benutzung zu Zwecken der Fischerei (zu § 25 WHG)

Zu Zwecken der Fischerei dürfen Fischnahrung, Fischereigeräte und dergleichen in oberirdische Gewässer ohne Erlaubnis oder Bewilligung eingebracht werden, wenn dadurch keine signifikanten nachteiligen Auswirkungen auf den Gewässerzustand oder den Wasserabfluss entstehen.

§ 36 *[aufgehoben]*

§ 37 Einteilung der oberirdischen Gewässer

(1) Die oberirdischen Gewässer werden nach ihrer wasserwirtschaftlichen Bedeutung in drei Ordnungen eingeteilt (§§ 38 bis 40).

(2) Natürliche oberirdische Gewässer, die von einem natürlichen oberirdischen Gewässer abzweigen und sich wieder mit diesem vereinigen (Nebenarme) sowie Mündungsarme eines natürlichen oberirdischen Gewässers gehören zu der Ordnung, der das Hauptgewässer an der Abzweigungsstelle angehört, wenn sich nicht aus der Anlage 3 oder aus der Verordnung nach § 39 Satz 1 etwas anderes ergibt.

§ 38 Gewässer erster Ordnung

(1) Gewässer erster Ordnung sind die Gewässer, die wegen ihrer erheblichen Bedeutung für die Wasserwirtschaft

1. Binnenwasserstraßen im Sinne von § 1 Abs. 1 Nr. 1 WaStrG sind,
2. in der **Anlage 3** aufgeführt sind.

(2) Das Fachministerium wird ermächtigt, das Verzeichnis der Anlage 3 durch Verordnung zu ändern, wenn ein Gewässer aufgrund von § 2 WaStrG Bundeswasserstraße geworden ist oder die Eigenschaft als Bundeswasserstraße verloren hat.

§ 39 Gewässer zweiter Ordnung

[1]Gewässer zweiter Ordnung sind die nicht zur ersten Ordnung gehörenden Gewässer, die wegen ihrer überörtlichen Bedeutung für das Gebiet eines Unterhaltungsverbandes (§ 63) in einem Verzeichnis aufgeführt sind, das die Wasserbehörde als Verordnung aufstellt. [2]Sie hat vor dem Erlass oder der Änderung der Verordnung den Unterhaltungsverband zu hören und den bisher oder künftig Unterhaltungspflichtigen Gelegenheit zu geben, sich zu äußern.

§ 40 Gewässer dritter Ordnung

Gewässer dritter Ordnung sind diejenigen oberirdischen Gewässer, die nicht Gewässer erster oder zweiter Ordnung sind.

§ 41 Eigentumsgrenzen am und im Gewässer

(1) [1]Gehören Gewässer und Ufergrundstück verschiedenen Eigentümern, so ist die Eigentumsgrenze zwischen ihnen im Zweifel die Linie des mittleren Wasserstandes, bei Gewässern im Tidegebiet die Linie des mittleren Tidehochwasserstandes. [2]Dies gilt entsprechend für die Abgrenzung eines Ufergrundstücks gegenüber einem Gewässer, das in niemandes Eigentum steht.

(2) [1]Mittlerer Wasserstand und mittlerer Tidehochwasserstand ist das Mittel der Wasserstände aus der Jahresreihe der 20 Abflussjahre (1. November bis 31. Oktober), die dem Grenzherstellungsverfahren vorangegangen sind und deren letzte Jahreszahl durch fünf ohne Rest teilbar ist. [2]Stehen Wasserstandsbeobachtungen für 20 Jahre nicht zur Verfügung, so gilt das Mittel der Wasserstände der fünf unmittelbar vorangegangenen Abflussjahre. [3]Fehlt es auch insoweit an hinreichenden Beobachtungen, so richtet sich die Eigentumsgrenze nach den vorhandenen natürlichen Merkmalen, im Allgemeinen nach der Grenze des Graswuchses.

(3) Ist ein Gewässer zweiter oder dritter Ordnung Eigentum der Anlieger, so ist es Bestandteil der Ufergrundstücke.

(4) Ist ein Gewässer Bestandteil der Ufergrundstücke und gehören die Ufergrundstücke verschiedenen Eigentümern, so werden die Grundstücksgrenzen im Gewässer im Zweifel gebildet

1. für gegenüberliegende Grundstücke durch eine Linie, die bei mittlerem Wasserstand, im Tidegebiet bei mittlerem Tidehochwasserstand, in der Mitte des Gewässers verläuft,
2. für nebeneinander liegende Grundstücke durch die Verbindungslinie, die vom Endpunkt der Landgrenze am Gewässer auf kürzestem Weg zu der Mittellinie nach Nummer 1 verläuft.

§ 42 Anlandungen

(1) [1]Natürliche Anlandungen und Erdzungen gehören den Anliegern, sobald das Recht zur Wiederherstellung des früheren Zustands erloschen ist. [2]Dasselbe gilt für Verbreiterungen der Ufergrundstücke, die durch natürliche oder künstliche Senkung des Wasserspiegels entstanden sind. [3]§ 41 Abs. 4 Nr. 2 gilt entsprechend. [4]Das Recht zur Wiederherstellung bestimmt sich nach § 43 Abs. 2.

(2) [1]Bei Seen, seeartigen Erweiterungen und Teichen, die nicht Eigentum der Anlieger sind, gehören Anlandungen, Erdzungen und trockengelegte Randflächen innerhalb der bisherigen Eigentumsgrenzen den Eigentümern des Gewässers. [2]Diese haben jedoch den früheren Anliegern den Zutritt zu dem See (der seeartigen Erweiterung, dem Teich) zu gestatten, soweit es zur Ausübung des Gemeingebrauchs im bisher geübten Umfang erforderlich ist.

(3) Soweit die Beteiligten nicht etwas anderes vereinbaren, gelten die Absätze 1 und 2 sinngemäß auch für künstliche Anlandungen.

§ 43 Abschwemmung, Überflutung

(1) Wird an einem fließenden Gewässer, das nicht Eigentum der Anlieger ist, durch Abschwemmung, Hebung des Wasserspiegels oder andere natürliche Ereignisse ein Ufergrundstück oder ein dahinter-

liegendes Grundstück bei mittlerem Wasserstand oder an Tidegewässern bei mittlerem Tidehochwasserstand (§ 41 Abs. 2) überflutet, so wächst das Eigentum an den überfluteten Flächen dem Eigentümer des Gewässers entsprechend den Eigentumsgrenzen an den unverändert gebliebenen Gewässerteilen zu, sobald das Recht zur Wiederherstellung des früheren Zustands erloschen ist.

(2) [1]Zur Wiederherstellung des früheren Zustands sind die Eigentümer und die Nutzungsberechtigten der betroffenen Grundstücke und des Gewässers und mit deren Zustimmung der Unterhaltungspflichtige berechtigt. [2]Das Recht zur Wiederherstellung erlischt, wenn der frühere Zustand nicht binnen drei Jahren wiederhergestellt ist. [3]Die Frist beginnt mit Ablauf des Jahres, in dem die Veränderung eingetreten ist. [4]Solange über das Recht zur Wiederherstellung ein Rechtsstreit anhängig ist, wird der Lauf der Frist für die Prozessbeteiligten gehemmt.

(3) [1]Der frühere Zustand ist von dem Unterhaltungspflichtigen wiederherzustellen, wenn es das Wohl der Allgemeinheit erfordert und die Wasserbehörde es innerhalb von drei Jahren verlangt. [2]Die Frist beginnt mit Ablauf des Jahres, in dem die Veränderung eingetreten ist. [3]§ 110 Abs. 2 gilt entsprechend.

§ 44 Stauanlagen (Begriff)

Für Anlagen im Gewässer, die durch Hemmen des Wasserabflusses den Wasserspiegel heben oder Wasser ansammeln sollen (Stauanlagen), gelten, außer wenn sie nur vorübergehend bestehen, die §§ 45 bis 56.

§ 45 Staumarken

(1) Jede Stauanlage ist mit Staumarken zu versehen, die deutlich anzeigen, auf welchen Stauhöhen und etwa festgelegten Mindesthöhen der Wasserstand im Sommer und im Winter zu halten ist.

(2) Die Höhenpunkte sind durch Beziehung auf amtliche Festpunkte zu sichern.

(3) [1]Die Staumarken setzt und beurkundet die Wasserbehörde. [2]Der Unternehmer der Stauanlage und, soweit tunlich, auch die anderen Beteiligten sind hinzuzuziehen.

§ 46 Erhaltung der Staumarken

(1) [1]Der Unternehmer einer Stauanlage hat dafür zu sorgen, dass die Staumarken und Festpunkte erhalten, sichtbar und zugänglich bleiben. [2]Er hat jede Beschädigung und Änderung unverzüglich der Wasserbehörde anzuzeigen und bei amtlichen Prüfungen unentgeltlich Arbeitshilfe zu stellen.

(2) [1]Wer die Staumarken oder Festpunkte ändern oder beeinflussen will, bedarf der Genehmigung der Wasserbehörde. [2]Für das Erneuern, Versetzen und Berichtigen von Staumarken gilt § 45 Abs. 3 sinngemäß.

§ 47 Kosten

Die Kosten des Setzens oder Versetzens, der Erhaltung und Erneuerung einer Staumarke trägt der Unternehmer.

§ 48 Außerbetriebsetzen und Beseitigen von Stauanlagen

(1) Stauanlagen dürfen nur mit Genehmigung der Wasserbehörde dauernd außer Betrieb gesetzt oder beseitigt werden.

(2) Die Genehmigung darf nur versagt werden, wenn sich ein anderer, der durch das Außerbetriebsetzen oder die Beseitigung der Stauanlage geschädigt würde, verpflichtet, dem Unternehmer nach dessen Wahl die Kosten der Erhaltung zu ersetzen oder die Stauanlage zu erhalten.

(3) [1]Auf Antrag des Unternehmers hat die Wasserbehörde eine Frist zu bestimmen, in welcher der andere die Verpflichtung nach Absatz 2 übernommen haben muss, widrigenfalls die Genehmigung erteilt wird. [2]Die Frist ist ortsüblich bekannt zu machen; die Kosten trägt der Unternehmer.

§ 49 Ablassen aufgestauten Wassers (zu § 36 WHG)

Aufgestautes Wasser darf nicht so abgelassen werden, dass Gefahren oder Nachteile für fremde Grundstücke oder Anlagen entstehen oder die Ausübung von Wasserbenutzungsrechten und -befugnissen beeinträchtigt wird.

§ 50 Maßnahmen bei Hochwasser

Wenn Hochwasser zu erwarten ist, kann die Wasserbehörde dem Unternehmer aufgeben, die beweglichen Teile der Stauanlage zu öffnen und alle Hindernisse (Treibzeug, Eis, Geschiebe und dergleichen) wegzuräumen, um das aufgestaute Wasser unter die Höhe der Staumarken zu senken und den Wasserstand möglichst auf dieser Höhe zu halten, bis das Hochwasser fällt.

§ 51 Ausnahmegenehmigung

Die Wasserbehörde kann für Gewässer dritter Ordnung und für Sieltore, die als Stauanlagen dienen, durch Verordnung oder Verfügung Ausnahmen von den §§ 45 bis 50 zulassen.

§ 52 Talsperren, Wasserspeicher

Für Stauanlagen, deren Stauwerk von der Sohle des Gewässers oder vom tiefsten Geländepunkt bis zur Krone höher als 5 m ist und deren Sammelbecken mehr als 100 000 m^3 fasst (Talsperren), sowie für Wasserspeicher, die außerhalb eines Gewässers liegen und mehr als 100 000 m^3 fassen, gelten die §§ 53 bis 55.

§ 53 Planfeststellung, Plangenehmigung

(1) [1]Die Errichtung, Beseitigung oder wesentliche Änderung einer Anlage nach § 52 bedarf der vorherigen Durchführung eines Planfeststellungsverfahrens. [2]Ein Vorhaben kann ohne vorherige Durchführung eines Planfeststellungsverfahrens genehmigt werden (Plangenehmigung), wenn es keiner Umweltverträglichkeitsprüfung bedarf. [3]Für das Planfeststellungs- und das Plangenehmigungsverfahren gelten § 67 Abs. 1, § 68 Abs. 3, die §§ 69 bis 71 WHG und die §§ 107, 109 und 111 bis 114 dieses Gesetzes entsprechend.

(2) Der Planfeststellung oder Plangenehmigung nach Absatz 1 unterliegen solche Anlagen nicht, die in einem bergbehördlich geprüften Betriebsplan zugelassen werden.

§ 54 Plan

Anlagen nach § 52 dürfen nur nach einem Plan angelegt oder geändert werden; er muss genaue Angaben über die gesamte Anlage, den Bau, die Unterhaltung und den Betrieb enthalten und alle Einrichtungen vorsehen, die Nachteile oder Gefahren für andere verhüten.

§ 55 Aufsicht

[1]Die Wasserbehörde überwacht Bau, Unterhaltung und Betrieb der Anlage. [2]Sie kann dem Unternehmer auch nach Ausführung des Plans Sicherheitsmaßregeln aufgeben, die zum Schutz gegen Gefahren notwendig sind.

§ 56 Andere Stauanlagen und Wasserspeicher

(1) [1]Die §§ 53 bis 55 gelten auch für andere als die in § 52 bezeichneten Stauanlagen und Wasserspeicher, wenn die Wasserbehörde feststellt, dass bei einem Bruch der Anlage erhebliche Gefahren drohen. [2]Die Feststellung ist dem Unternehmer mitzuteilen und im Amtsblatt der Wasserbehörde sowie ortsüblich bekannt zu machen.

(2) Die Errichtung, Beseitigung oder wesentliche Änderung der nicht von § 52 oder von Absatz 1 erfassten Stauanlagen und Wasserspeicher bedarf der Planfeststellung, wenn eine Umweltverträglichkeitsprüfung durchzuführen ist.

§ 57 Anlagen in, an, über und unter oberirdischen Gewässern; Aufschüttungen und Abgrabungen (zu § 36 WHG)

(1) [1]Die Herstellung und die wesentliche Änderung von Anlagen nach § 36 WHG, auch von Aufschüttungen oder Abgrabungen in und an oberirdischen Gewässern bedürfen der Genehmigung der Wasserbehörde. [2]Dies gilt nicht, wenn sie einer erlaubnispflichtigen Benutzung oder der Unterhaltung eines Gewässers dienen oder beim Ausbau eines Gewässers hergestellt werden. [3]Die Genehmigung nach Satz 1 gilt als erteilt, wenn die Wasserbehörde nicht binnen vier Wochen nach Eingang des schriftlichen Antrages über ihn abschließend entschieden hat. [4]Satz 3 gilt nicht für Genehmigungen

1. nach Absatz 4,
2. für Vorhaben, die im Zusammenhang mit Vorhaben nach den §§ 52 und 56 stehen sowie
3. von Maßnahmen in oder an einem oberirdischen Gewässer, wenn ein bergrechtlicher Betriebsplan die zu genehmigenden Maßnahmen vorsieht.

(2) [1]Die Genehmigung darf nur versagt werden, soweit schädliche Gewässerveränderungen zu erwarten sind oder die Gewässerunterhaltung mehr erschwert wird, als es den Umständen nach unvermeidbar ist. [2]Auf die der Schifffahrt dienenden Häfen und die Belange der Fischerei ist bei der Entscheidung Rücksicht zu nehmen.

(3) § 11 gilt sinngemäß.

(4) [1]Bedarf eine Maßnahme nach Absatz 1 einer Genehmigung nach Bau-, Gewerbe- oder Immissionsschutzrecht, so entscheidet die für die andere Genehmigung zuständige Behörde auch über die Genehmigung nach Absatz 1. [2]Sie erteilt die Genehmigung im Einvernehmen mit der Wasserbehörde.

§ 58 Gewässerrandstreifen (zu § 38 WHG)

(1) [1]Abweichend von § 38 Abs. 3 Satz 1 WHG ist der Gewässerrandstreifen an Gewässern erster Ordnung 10 m und an Gewässern dritter Ordnung 3 m breit. [2]An Gewässern, die regelmäßig weniger als sechs Monate im Jahr wasserführend sind und in ein von der zuständigen Behörde zu führendes Verzeichnis eingetragen sind, besteht kein Gewässerrandstreifen. [3]Satz 2 gilt nicht für Fließgewässer nach Anlage 1 Nr. 2.1 der Verordnung zum Schutz von Oberflächengewässern (OGewV). [4]Das Fachministerium bestimmt im Einvernehmen mit dem für die landwirtschaftliche Bodennutzung zuständigen Ministerium durch Verordnung zum Schutz agrarstruktureller Belange Gebiete mit hoher Gewässerdichte, in denen der Gewässerrandstreifen an Gewässern zweiter Ordnung abweichend von § 38 Abs. 3 Satz 1 WHG und an Gewässern dritter Ordnung abweichend von Satz 1 eine geringere, aber mindestens eine Breite von einem Meter hat. [5]Gebiete mit hoher Gewässerdichte sind solche, in denen der Anteil der durch die Gewässerrandstreifenregelung nach § 38 Abs. 3 Satz 1 WHG und nach Absatz 1 Satz 1 betroffenen landwirtschaftlichen Fläche drei Prozent oder mehr der landwirtschaftlichen Fläche im Gebiet der jeweiligen Gemeinde beträgt. [6]Die Verordnung kann bei der Festlegung der Breite der Gewässerrandstreifen nach Art der jeweils angebauten Kulturen differenzieren sowie vorsehen, dass Eigentümer oder Nutzungsberechtigte auf Flächen im Gewässerrandstreifen eine geschlossene, ganzjährig begrünte Pflanzendecke zu erhalten oder herzustellen haben. [7]Satz 4 gilt nicht für Fließgewässer nach Anlage 1 Nr. 2.1 OGewV. [8]In Naturschutzgebieten und nach der Richtlinie 92/43/EWG des Rates vom 21. Mai 1992 zur Erhaltung der natürlichen Lebensräume sowie der wildlebenden Tiere und Pflanzen (ABl. EG Nr. L 206 S. 7), zuletzt geändert durch die Richtlinie 2013/17/EU des Rates vom 13. Mai 2013 (ABl. EU Nr. L 158 S. 193), in der jeweils geltenden Fassung benannten Gebieten darf die Verordnung eine geringere Breite der Gewässerrandstreifen nur auf Futterbauflächen festlegen. [9]Ergänzend zu § 38 Abs. 4 Satz 2 WHG sind im Gewässerrandstreifen der Einsatz und die Lagerung von Dünge- und Pflanzenschutzmitteln verboten; § 38 Abs. 5 WHG findet entsprechende Anwendung. [10]Das Verbot nach Satz 9 gilt nicht, soweit die Anwendung von Pflanzenschutzmitteln aufgrund einer Verordnung nach § 36 Abs. 6 des Pflanzenschutzgesetzes zulässig ist. [11]Satz 9 findet an Gewässern erster Ordnung ab dem 1. Juli 2021 und an Gewässern zweiter Ordnung und dritter Ordnung ab dem 1. Juli 2022 Anwendung. [12]§ 38 Abs. 3 Satz 2 Nrn. 1 und 2 WHG findet keine Anwendung

(2) Soweit dies im Hinblick auf die Funktionen der Gewässerrandstreifen nach § 38 Abs. 1 WHG erforderlich ist, kann die Wasserbehörde anordnen, dass Gewässerrandstreifen mit standortgerechten Gehölzen bepflanzt oder sonst mit einer geschlossenen Pflanzendecke versehen werden, die Art der Bepflanzung und die Pflege der Gewässerrandstreifen regeln und die Errichtung baulicher Anlagen auf Gewässerrandstreifen untersagen.

§ 59 Verfahren, Entschädigung, Ausgleich

(1) [1]Anordnungen der Wasserbehörde nach § 38 WHG und § 58 Abs. 2 dieses Gesetzes können im Einzelfall als Verwaltungsakt oder für bestimmte Gebiete, Gewässer oder Gewässerabschnitte als Verordnung ergehen. [2]Für Verordnungen gelten § 91 Abs. 1 Sätze 2 bis 4, 6 und 7 sowie Abs. 2 dieses Gesetzes und § 73 VwVfG entsprechend.

(2) [1]Verbote nach § 58 Abs. 1 Satz 9 und Anordnungen nach § 58 Abs. 2 sind entschädigungs- oder ausgleichspflichtig. [2]§ 52 Abs. 4 und 5 WHG sowie § 93 dieses Gesetzes gelten entsprechend. [3]Vor einer Anordnung ist eine Vereinbarung mit den Beteiligten zu suchen. [4]Eine Entschädigung oder ein Ausgleich ist jedoch nicht zu leisten, soweit mit der Anordnung nach § 58 Abs. 2 die Wiederherstellung eines Zustands aufgegeben wird, der am 1. November 1989 bestanden hat.

§ 59a Entwicklungskorridore

(1) [1]Die Wasserbehörde kann durch Verordnung für Fließgewässer oder Abschnitte davon Entwicklungskorridore im Außenbereich festsetzen, soweit dies erforderlich ist, um durch eine eigendynamische Entwicklung der Gewässer die Erreichung der Bewirtschaftungsziele nach Maßgabe der §§ 27 bis 31 WHG zu ermöglichen. [2]Der Entwicklungskorridor kann beidseits einen an das Gewässer landseits angrenzenden Bereich mit einer Breite von jeweils bis zu 25 m umfassen. [3]Die Breite bemisst

sich ab der Linie des Mittelwasserstandes, bei Gewässern mit ausgeprägter Böschungsoberkante ab der Böschungsoberkante.

(2) [1]In der Verordnung kann bestimmt werden, dass in dem Entwicklungskorridor

1. die Befestigung der Ufer unzulässig ist,
2. Eigentümer, Nutzungsberechtigte von Grundstücken und Unterhaltungspflichtige Uferbefestigungen zurückzubauen haben und
3. Eigentümer und Nutzungsberechtigte von Grundstücken Maßnahmen zu ergreifen oder zu dulden haben, die zur Sicherung der äußeren Grenzen des Entwicklungskorridors notwendig sind, wenn das Gewässer diese Grenzen aufgrund der Gewässerentwicklung erreicht hat oder in absehbarer Zeit erreichen wird,

soweit dies zum Erreichen der in Absatz 1 Satz 1 genannten Ziele erforderlich ist. [2]§ 52 Abs. 4 und 5 WHG sowie § 93 dieses Gesetzes gelten entsprechend. [3]Der Unterhaltungspflichtige ist für die ihm infolge der Festsetzung des Entwicklungskorridors entstehenden Mehrkosten der Unterhaltung zu entschädigen; ersparte Aufwendungen sind anzurechnen.

(3) [1]Vor Erlass der Verordnung ist ein Anhörungsverfahren durchzuführen. [2]§ 73 VwVfG gilt entsprechend. [3]Diejenigen, deren Einwendungen nicht entsprochen wird, sind über die Gründe zu unterrichten.

(4) [1]§ 43 Abs. 2 findet in dem festgesetzten Entwicklungskorridor keine Anwendung. [2]§ 43 Abs. 1 gilt mit der Maßgabe, dass das Eigentum an den überfluteten Flächen sofort dem Eigentümer des Gewässers zuwächst. [3]Dieser hat den bisherigen Eigentümer für den Verlust zu entschädigen.

§ 59b Vorkaufsrecht (zu § 99a WHG)

(1) [1]Ergänzend zu § 99a Abs. 1 Satz 1 WHG steht dem Land ein Vorkaufsrecht zu

1. an Grundstücken an Gewässern zweiter Ordnung, auf denen sich Gewässerrandstreifen befinden, und
2. an Grundstücken an Gewässern zweiter Ordnung, die innerhalb eines Entwicklungskorridors nach § 59a Abs. 1 liegen.

[2]Das Vorkaufsrecht nach Satz 1 darf nur ausgeübt werden, wenn dies zur Erhaltung oder Verbesserung der ökologischen Funktionsfähigkeit oder zur eigendynamischen Entwicklung des Gewässers oder des Gewässerabschnitts erforderlich ist. [3]§ 99a Abs. 1 Sätze 2 und 3, Abs. 2, 4 und 5 WHG gilt entsprechend.

(2) [1]Im Liegenschaftskataster ist ein nachrichtlicher Hinweis auf das Vorkaufsrecht einzutragen. [2]Die Wasserbehörde teilt der katasterführenden Stelle die vom Vorkaufsrecht betroffenen Flurstücke in einem strukturierten elektronischen Format mit.

(3) [1]Das Vorkaufsrecht wird durch Verwaltungsakt ausgeübt. [2]Der Verwendungszweck ist bei der Ausübung des Vorkaufsrechts näher anzugeben. [3]Wird das Grundstück nicht in angemessener Zeit für den angegebenen Zweck verwendet, so kann der frühere Käufer verlangen, dass ihm das Grundstück gegen Erstattung des Kaufpreises übereignet wird. [4]Dieses Recht erlischt, wenn ihm die Übereignung angeboten wird und er das Angebot nicht binnen drei Monaten annimmt.

(4) Wird durch die Ausübung des Vorkaufsrechts jemandem, dem bereits vor Entstehung des Vorkaufsrechts ein rechtsgeschäftlich begründetes Recht zum Erwerb des Grundstücks zustand, ein Vermögensnachteil zugefügt, so ist er angemessen zu entschädigen.

§ 60 Güte oberirdischer Gewässer

[1]Das Fachministerium kann zur Umsetzung von Richtlinien der Europäischen Union mit dem Ziel, die Bevölkerung vor Gesundheitsgefahren zu schützen oder das Leben von Wassertieren und -pflanzen zu erhalten, durch Verordnung für oberirdische Gewässer

1. Anforderungen an die Beschaffenheit des Wassers festlegen,
2. bestimmen, wie diese Beschaffenheit zu messen und zu überwachen ist, und
3. Gebote und Verbote für die Benutzung oder zur Reinhaltung des Wassers erlassen und deren Durchsetzung regeln.

[2]Das Fachministerium kann diese Befugnis durch Verordnung auf andere Landesbehörden übertragen.

§ 61 Gewässerunterhaltung (zu § 39 WHG)

[1]Zur Gewässerunterhaltung nach § 39 Abs. 1 WHG gehören auch die Unterhaltung und der Betrieb von Anlagen, die der Abführung des Wassers dienen. [2]Satz 1 gilt auch für die Unterhaltung ausgebauter

Gewässer, soweit nicht in einem Planfeststellungsbeschluss oder in einer Plangenehmigung nach § 68 WHG etwas anderes bestimmt ist.

§ 62 Unterhaltung der Gewässer erster Ordnung (zu § 40 Abs. 1 WHG)

[1]Der Eigentümer eines Gewässers erster Ordnung kann den nach dem bis zum 14. Juli 1960 geltenden Recht zur Unterhaltung öffentlich-rechtlich Verpflichteten in Höhe der bisherigen Verpflichtung zu den Kosten der Unterhaltung heranziehen. [2]Der Kostenbeitrag darf den Durchschnitt der Aufwendungen nicht übersteigen, die in den letzten zehn Jahren vor dem Übergang der Unterhaltungspflicht erforderlich waren. [3]Die nach dem bis zum 14. Juli 1960 geltenden Recht begründete Pflicht, zu den Kosten der Unterhaltung eines schon bisher vom Land zu unterhaltenden Gewässers erster Ordnung beizutragen, ist bestehen geblieben.

§ 63 Unterhaltung der Gewässer zweiter Ordnung (zu § 40 Abs. 1 WHG)

Die Unterhaltung der Gewässer zweiter Ordnung obliegt den in der **Anlage 4** genannten Wasser- und Bodenverbänden (Unterhaltungsverbänden), soweit sich nicht aus den §§ 67, 68, 72 und 73 etwas anderes ergibt.

§ 64 Unterhaltungsverbände

(1) [1]Für die in Abschnitt I der Anlage 4 genannten Unterhaltungsverbände gilt, soweit sich nicht aus diesem Gesetz etwas anderes ergibt, das Recht der Wasser- und Bodenverbände mit der Maßgabe, dass die Beitragspflicht sich nach dem Verhältnis bestimmt, in dem die Mitglieder am Verbandsgebiet beteiligt sind. [2]Die Satzung kann einen Mindestbeitrag in Höhe des für die Bemessung des Verbandsbeitrages maßgeblichen Hektarsatzes, höchstens jedoch 25 Euro, vorschreiben. [3]In diesem Fall muss sie auch ein dem Mindestbeitrag entsprechendes Mindeststimmrecht vorsehen. [4]Die Satzung kann nach Maßgabe der **Anlage 5** zusätzliche Beiträge vorsehen. [5]Das Fachministerium kann die Anlage 5 durch Verordnung ändern, soweit dies zur Anpassung an geänderte Bezeichnungen, Begriffsbestimmungen und Kennungen nach dem Liegenschaftskataster erforderlich ist. [6]Flächen, die nicht zum Niederschlagsgebiet eines Gewässers zweiter Ordnung gehören, sind beitragsfrei.

(2) Jede anerkannte Naturschutzvereinigung im Sinne des § 63 des Bundesnaturschutzgesetzes (BNatSchG), die nach ihrem satzungsgemäßen Aufgabenbereich zumindest auch in Niedersachsen tätig ist, kann vom Unterhaltungsverband einmal im Kalenderjahr verlangen, über die im folgenden Jahr beabsichtigten Unterhaltungsmaßnahmen unterrichtet zu werden.

(3) [1]Eine Umgestaltung der in Abschnitt I der Anlage 4 genannten Verbände ist zulässig. [2]An den in der Anlage 4 bestimmten Niederschlagsgebieten und an der Beitragspflicht aller zum Niederschlagsgebiet gehörenden Flächen darf jedoch nichts geändert werden; Absatz 1 Satz 6 bleibt unberührt. [3]Anstelle der Wasser- und Bodenverbände (§ 100 Abs. 2 Satz 2 Nr. 1 des Niedersächsischen Wassergesetzes in der bis zum 28. Februar 2010 geltenden Fassung) und Grundstückseigentümer (§ 100 Abs. 2 Satz 2 Nr. 3 des Niedersächsischen Wassergesetzes in der bis zum 28. Februar 2010 geltenden Fassung) können die Gemeinden oder die Landkreise auf ihren Antrag Verbandsmitglied werden, wenn im ersten Fall der Wasser- und Bodenverband oder im zweiten Fall die Mehrheit der betroffenen Eigentümer dem zustimmt. [4]Bei der Abstimmung der Eigentümer bemisst sich das Stimmrecht nach der Beitragshöhe. [5]Das Nähere über das Stimmrecht und das Abstimmungsverfahren regelt die Aufsichtsbehörde; sie kann insbesondere Bestimmungen treffen, die den §§ 14 und 15 des Wasserverbandsgesetzes (WVG) vom 12. Februar 1991 (BGBl. I S. 405) entsprechen. [6]Ist eine Gemeinde nach Satz 3 oder nach § 100 Abs. 2 Satz 2 Nr. 2 des Niedersächsischen Wassergesetzes in der bis zum 28. Februar 2010 geltenden Fassung Verbandsmitglied, so kann an ihrer Stelle der Landkreis auf seinen Antrag Verbandsmitglied werden, wenn die Gemeinde zustimmt; anstelle der Gemeinde oder des Landkreises kann der Eigentümer eines von der Grundsteuer befreiten Grundstücks dem Verband als Mitglied zugewiesen werden, wenn die Gemeinde oder der Landkreis dies beantragt; für das Verfahren gilt Absatz 4 Satz 3.

(4) [1]Ein Wasser- und Bodenverband, der nach § 100 Abs. 2 Satz 2 Nr. 1 des Niedersächsischen Wassergesetzes in der bis zum 28. Februar 2010 geltenden Fassung Verbandsmitglied ist, ist auf seinen Antrag aus dem Unterhaltungsverband zu entlassen. [2]Mit seiner Entlassung werden die Eigentümer der im Verbandsgebiet gelegenen Grundstücke (§ 100 Abs. 2 Satz 2 Nr. 3 des Niedersächsischen Wassergesetzes in der bis zum 28. Februar 2010 geltenden Fassung) Verbandsmitglied. [3]Auf das Verfahren

sind die Vorschriften der §§ 23 bis 25 WVG über die Begründung und Erweiterung der Mitgliedschaft bei bestehenden Verbänden und über die Aufhebung der Mitgliedschaft entsprechend anzuwenden.

(5) [1]Hat sich ein Niederschlagsgebiet, das in der Anlage 4 bestimmt worden ist, und mit ihm die Grenze des Gebietes eines Unterhaltungsverbandes geändert, so sind die von der Änderung betroffenen Verbandsmitglieder aus dem einen Unterhaltungsverband zu entlassen und dem anderen Unterhaltungsverband zuzuweisen. [2]Für das Verfahren gilt Absatz 4 Satz 3.

(6) [1]Die nach § 100 Abs. 3 des Niedersächsischen Wassergesetzes in der bis zum 28. Februar 2010 geltenden Fassung auf das Niederschlagsgebiet ausgedehnten Verbände (Abschnitt II der Anlage 4) und die nach § 100 Abs. 4 des Niedersächsischen Wassergesetzes in der bis zum 28. Februar 2010 geltenden Fassung unverändert bestehen gebliebenen Verbände (Abschnitt II der Anlage 4) können durch ihre Satzung die Beitragspflicht ganz oder teilweise dem Absatz 1 entsprechend regeln. [2]Die Absätze 2 bis 5 gelten für diese Verbände entsprechend.

§ 64a Zusammenarbeit und Zusammenschluss von Unterhaltungsverbänden

(1) [1]Die Unterhaltungsverbände sollen bei der Wahrnehmung ihrer Aufgaben zusammenarbeiten. [2]Sie können vereinbaren, dass ein Unterhaltungsverband bestimmte Aufgaben für einen anderen Unterhaltungsverband wahrnimmt. [3]Es kann auch vereinbart werden, dass ein Unterhaltungsverband die von einem anderen Unterhaltungsverband betriebene Einrichtung oder dessen Verwaltung mitbenutzen darf.

(2) Das Fachministerium wirkt darauf hin, dass sich Unterhaltungsverbände im Bereich eines Bearbeitungsgebietes (§ 117 Abs. 2 Satz 2) zusammenschließen, um die Umsetzung von Maßnahmen zum Erreichen der Bewirtschaftungsziele an oberirdischen Gewässern nach Maßgabe der §§ 27 bis 31 WHG zu verbessern.

§ 65 Heranziehung zu den Beiträgen für einen Unterhaltungsverband

(1) [1]Ist eine Gemeinde nach § 100 Abs. 2 Satz 2 Nr. 2, Satz 3 oder Abs. 3 Satz 2 des Niedersächsischen Wassergesetzes in der bis zum 28. Februar 2010 geltenden Fassung kraft Gesetzes Mitglied eines Unterhaltungsverbandes, so kann sie die Beiträge für den Unterhaltungsverband auf die Eigentümer der im Gemeindegebiet gelegenen, zum Verbandsgebiet gehörenden Grundstücke umlegen. [2]Dabei sind die wasserrechtlichen Vorschriften entsprechend anzuwenden.

(2) [1]Die Umlagen werden wie Kommunalabgaben erhoben und beigetrieben; sie haben dasselbe Vorzugsrecht. [2]Das Verfahren bestimmt die Gemeinde durch Satzung.

§ 66 Zuschüsse des Landes zur Unterhaltung der Gewässer zweiter Ordnung

(1) [1]Das Land gewährt Unterhaltungsverbänden auf Antrag einen Zuschuss zu ihren Aufwendungen für die Unterhaltung der Gewässer zweiter Ordnung. [2]Der Zuschuss bemisst sich nach der beitragspflichtigen Fläche des land- oder forstwirtschaftlich genutzten Teils des Verbandsgebietes einschließlich des Ödlands, jedoch ohne Truppenübungsplätze. [3]Er beträgt für jeden Hektar 50 Prozent des Betrages, um den die Unterhaltungsaufwendungen je Hektar beitragspflichtiger Fläche des gesamten Verbandsgebietes den Betrag von 20 Euro je Kalenderjahr übersteigen.

(2) [1]Enthalten die nach Absatz 1 bezuschussten Unterhaltungsaufwendungen auch Aufwendungen für den Betrieb und die Unterhaltung eines Schöpfwerkes (Schöpfwerksaufwendungen), so wird für diese ein weiterer Zuschuss gewährt. [2]Der weitere Zuschuss beträgt 20 Prozent der Schöpfwerksaufwendungen. [3]Dabei bleiben die Schöpfwerksaufwendungen unberücksichtigt, die zusammen mit den übrigen Unterhaltungsaufwendungen 20 Euro je Kalenderjahr je Hektar nicht überschreiten.

(3) Die Zuschüsse sind, soweit möglich, zur Entlastung der Eigentümer des in Absatz 1 Satz 2 genannten Teils der Verbandsfläche zu verwenden.

(4) Zu den Unterhaltungsaufwendungen im Sinne dieser Vorschrift gehören nicht die Verwaltungskosten und diejenigen Aufwendungen, für die nach § 64 Abs. 1 Satz 4 besondere Beiträge erhoben werden können oder für die Ersatz nach § 75 Abs. 1 verlangt werden kann.

(5) [1]Die Zuschüsse zu den Aufwendungen werden nach Ablauf des jeweiligen Kalenderjahres in einer Summe geleistet. [2]Der Antrag ist innerhalb von fünf Monaten nach Ablauf des Jahres zu stellen, auf das sich die Aufwendungen beziehen.

(6) [1]Die jährliche Gesamthöhe der Zuschüsse wird durch die im jeweiligen Haushaltsplan für diesen Zweck veranschlagten Haushaltsmittel begrenzt. [2]Stehen in einem Haushaltsjahr für die Zuschüsse

nach den Absätzen 1 bis 4 weniger Haushaltsmittel zur Verfügung, als nach den Absätzen 1 bis 4 benötigt werden, so werden die Zuschüsse anteilig gekürzt.

§ 67 Unterhaltung durch das Land (zu § 40 Abs. 1 WHG)

(1) Die in der **Anlage 6** genannten Gewässer zweiter Ordnung und Außentiefs werden vom Land ohne Kostenbeitrag der Unterhaltungsverbände unterhalten.

(2) [1]Die in der **Anlage 7** genannten Gewässer zweiter Ordnung werden vom Land unterhalten. [2]Die Unterhaltungsverbände, zu deren Verbandsgebiet die Gewässer gehören, tragen zu den Kosten der Unterhaltung bei. [3]Der Kostenbeitrag beträgt je Kilometer Gewässerstrecke das Dreifache des Unterhaltungsaufwandes, der beim Verband im Vorjahr durchschnittlich für die von ihm unterhaltenen Gewässer zweiter Ordnung für einen Kilometer Gewässerstrecke angefallen ist.

(3) Die Unterhaltungsverbände dürfen für die Flächen der Gewässer, die nach Absatz 1 oder 2 unterhalten werden, vom Land keine Beiträge erheben.

(4) [1]Das Land kann einem Unterhaltungsverband auf Antrag die Pflicht zur Unterhaltung eines der in der Anlage 6 oder 7 genannten Gewässer übertragen. [2]Ist Eigentümer des Gewässers oder seines Randstreifens das Land, so kann es die Übertragung der Unterhaltungspflicht davon abhängig machen, dass der Unterhaltungsverband oder ein Dritter das Eigentum an den Flächen unentgeltlich übernimmt. [3]Die Unterhaltungsverpflichtung soll nicht vor Ablauf von neun Monaten seit der Antragstellung auf den Unterhaltungsverband übergehen. [4]Nach einer Übertragung nach Satz 1 kann das Fachministerium durch Verordnung die Anlagen 6 und 7 entsprechend ändern.

§ 68 Unterhaltung durch kreisfreie Städte (zu § 40 Abs. 1 WHG)

[1]Das Fachministerium kann kreisfreien Städten auf ihren Antrag die Pflicht zur Unterhaltung der Gewässer zweiter Ordnung mit öffentlich-rechtlicher Wirkung übertragen. [2]Ihr Gebiet gehört dann nicht zum Gebiet des Unterhaltungsverbandes (§ 63).

§ 69 Unterhaltung der Gewässer dritter Ordnung (zu § 40 Abs. 1 WHG)

(1) [1]Lässt sich der Eigentümer eines Gewässers dritter Ordnung nicht ermitteln, so obliegt die Unterhaltung dem Anlieger. [2]Oblag die Unterhaltung am 15. Juli 1960 einem Wasser- und Bodenverband oder einer Gemeinde, so bleibt der Verband oder die Gemeinde unterhaltungspflichtig.

(2) Wenn die Betroffenen zustimmen, kann die Wasserbehörde die Unterhaltungspflicht auf das Land, auf einen Wasser- und Bodenverband oder auf eine Gemeinde mit öffentlich-rechtlicher Wirkung übertragen.

§ 70 Unterhaltung der Sammelbecken von Talsperren (zu § 40 Abs. 1 WHG)

[1]Die Unterhaltung der Sammelbecken von Talsperren (§ 52) und von Anlagen, für die eine Feststellung nach § 56 getroffen ist, kann die Wasserbehörde auf den Unternehmer der Talsperre oder Anlage mit öffentlich-rechtlicher Wirkung übertragen, wenn die Betroffenen zustimmen. [2]Unter derselben Voraussetzung kann sie auf den sonst gesetzlich Unterhaltungspflichtigen zurückübertragen werden.

§ 71 Unterhaltung der Anlagen in und an Gewässern

Anlagen in und an Gewässern hat der Eigentümer der Anlage zu unterhalten.

§ 72 Unterhaltung der Häfen, Lande- und Umschlagstellen

Die Unterhaltung der Häfen, Lande- und Umschlagstellen obliegt dem, der sie betreibt.

§ 73 Unterhaltungspflicht aufgrund besonderen Titels (zu § 40 Abs. 2 WHG)

[1]War am 15. Juli 1960 ein anderer als der durch die §§ 62 bis 72 Bezeichnete aufgrund eines besonderen Rechtstitels zur Unterhaltung von Gewässerstrecken oder von Bauwerken (Anlagen) im und am Gewässer verpflichtet, so ist er an die Stelle des nach den §§ 62 bis 72 Unterhaltungspflichtigen getreten. [2]Wenn die Betroffenen zustimmen, kann die Wasserbehörde die Verpflichtung mit öffentlich-rechtlicher Wirkung auf denjenigen übertragen, der nach diesen Vorschriften unterhaltungspflichtig wäre.

§ 74 Ersatzweise Durchführung (zu § 40 Abs. 4 WHG)

Die Wasserbehörde kann zur Durchführung der erforderlichen Unterhaltungsarbeiten nach § 40 Abs. 4 Satz 1 WHG einen Wasser- und Bodenverband oder eine Kommune verpflichten.

§ 75 Ersatz von Mehrkosten

(1) [1]Erhöhen sich die Kosten der Unterhaltung, weil ein Grundstück in seinem Bestand besonders gesichert werden muss oder weil eine Anlage im oder am Gewässer sie erschwert, so hat der Eigentümer des Grundstücks oder der Anlage die Mehrkosten zu ersetzen. [2]Dazu ist auch verpflichtet, wer die Unterhaltung durch Einleiten von Abwasser erschwert. [3]Der Unterhaltungspflichtige kann statt der tatsächlichen Mehrkosten jährliche Leistungen entsprechend den durchschnittlichen Mehrkosten, die durch Erschwernisse gleicher Art verursacht werden, verlangen. [4]Eine annähernde Ermittlung der Mehrkosten genügt. [5]Satz 1 gilt entsprechend für den bisherigen Eigentümer, wenn dieser das Eigentum an einem Grundstück oder an einer Anlage zu einem Zeitpunkt aufgibt, in dem die Voraussetzungen des Satzes 1 vorliegen.

(2) Soweit Arbeiten erforderlich sind, um Schäden zu beseitigen oder zu verhüten, die durch die Schifffahrt oder durch Ausbaumaßnahmen an den Ufergrundstücken entstanden sind, kann kein Ersatz der Mehrkosten verlangt werden.

(3) Die Bestimmungen für Wasser- und Bodenverbände bleiben unberührt.

§ 76 Kostenausgleich

(1) [1]Ein Unterhaltungsverband hat zu den Aufwendungen eines anderen Unterhaltungsverbandes beizutragen, die aus der Unterhaltung und dem Betrieb von Anlagen erwachsen, die der gemeinsamen Abführung des Wassers aus einem oder mehreren Gewässern derselben Ordnung dienen. [2]Für Aufwendungen zur Entnahme von aus einem oder mehreren Gewässern derselben Ordnung stammendem Geschiebe gilt Satz 1 entsprechend, wenn das Geschiebe überwiegend nicht aus dem Gebiet des mit den Aufwendungen belasteten Verbandes stammt. [3]Die gemeinsamen Kosten sind nach dem Verhältnis der Flächengrößen der Verbandsgebiete zu verteilen, es sei denn, dass dies nach Lage des Einzelfalles offenbar unbillig ist. [4]Die Verbände können die Kostenbeteiligung durch Vereinbarung regeln; dabei sind sie an Satz 3 nicht gebunden. [5]Soweit es sich um die Kostenbeteiligung handelt, hat der belastete Verband das Recht, an den Ausschusssitzungen des anderen Verbandes mit beratender Stimme teilzunehmen.

(2) Absatz 1 gilt sinngemäß für kreisfreie Städte (§ 68).

§ 77 Besondere Pflichten bei der Gewässerunterhaltung (zu § 41 WHG)

(1) [1]Anlieger und Hinterlieger müssen das Einebnen des Aushubs auf ihren Grundstücken dulden, wenn es die bisherige Nutzung nicht dauernd beeinträchtigt. [2]§ 41 Abs. 4 WHG gilt entsprechend.

(2) Abweichend von § 41 Abs. 4 WHG haben auch die Inhaber von Rechten und Befugnissen an Gewässern einen Anspruch auf Schadenersatz, wenn die gemäß § 41 Abs. 1 Satz 1 Nr. 4 WHG zu duldenden Arbeiten zur Gewässerunterhaltung zu einer dauernden oder unverhältnismäßig großen Benachteiligung führen.

§ 78 Gewässerschau

(1) [1]Zweck der Gewässerschau ist es, zu prüfen, ob die oberirdischen Gewässer ordnungsgemäß unterhalten werden. [2]Soweit es sich nicht um landeseigene Gewässer oder Gewässer handelt, die das Land gemäß § 67 zu unterhalten hat, sind die Gewässer erster und zweiter Ordnung regelmäßig, die Gewässer dritter Ordnung nach Bedarf zu schauen.

(2) [1]Die Wasserbehörden können den Unterhaltungsverbänden (§ 63) mit deren Zustimmung die Schau der in ihrem Verbandsgebiet gelegenen Gewässer zweiter und dritter Ordnung übertragen. [2]Mit der Schau der Gewässer dritter Ordnung kann auch eine Gemeinde oder Samtgemeinde oder ein Wasser- und Bodenverband, wenn dieser zustimmt, beauftragt werden. [3]Setzen diese Stellen Beauftragte ein, so gilt auch für die Schaubeauftragten § 101 Abs. 1 bis 3 WHG sinngemäß.

(3) [1]Der Schautermin ist in den Gemeinden ortsüblich bekannt zu machen. [2]Im Übrigen kann die Wasserbehörde die Gewässerschau durch Verordnung (Schauordnung) regeln, zum Beispiel die Zahl und Auswahl der Schaubeauftragten, die Schautermine und die Teilnehmer an diesen.

§ 79 Behördliche Entscheidungen zur Gewässerunterhaltung (zu § 42 WHG)

(1) Ergänzend zu § 42 WHG hat die Wasserbehörde zu bestimmen, wem die Unterhaltung, eine Pflicht zum Ersatz von Mehrkosten nach § 75 Abs. 1 oder eine besondere Pflicht im Interesse der Unterhaltung obliegt oder in welchem Umfang die Pflicht besteht, wenn die Beteiligten sich hierüber nicht einigen können.

(2) Wird ein Gewässer von einem anderen als dem zu seiner Unterhaltung Verpflichteten ausgebaut, so hat der Ausbauunternehmer das ausgebaute Gewässer, wenn die Unterhaltungspflicht streitig ist, so lange selbst zu unterhalten, bis durch unanfechtbare Entscheidung bestimmt ist, wem die Unterhaltungspflicht obliegt.

(3) Die Wasserbehörde kann Regelungen nach § 42 Abs. 1 WHG durch Verordnung treffen (Unterhaltungsordnung).

§ 79a Unterhaltungspläne

Der Unterhaltungspflichtige eines Gewässers zweiter Ordnung soll die nach § 39 WHG und § 61 dieses Gesetzes erforderlichen Maßnahmen der Gewässerunterhaltung in Plänen darstellen.

Dritter Abschnitt

Bewirtschaftung von Küstengewässern

§ 80 Erlaubnisfreie Benutzungen von Küstengewässern (zu § 43 WHG)

Eine Erlaubnis ist nicht erforderlich für

1. das Einleiten von Grund-, Quell- oder Niederschlagswasser und
2. das Einbringen oder Einleiten von anderen Stoffen, wenn dadurch keine signifikanten nachteiligen Veränderungen der Eigenschaften des Küstengewässers zu erwarten sind.

§ 81 *[aufgehoben]*

§ 82 Güte von Küstengewässern

[1]Das Fachministerium kann zur Umsetzung von Richtlinien der Europäischen Union mit dem Ziel, die Bevölkerung vor Gesundheitsgefahren zu schützen oder das Leben von Wassertieren und -pflanzen zu erhalten, durch Verordnung für Küstengewässer die in § 60 Satz 1 Nrn. 1 bis 3 genannten Anordnungen treffen. [2]Das Fachministerium kann diese Befugnis durch Verordnung auf andere Landesbehörden übertragen.

§ 83 Genehmigungspflichtige Anlagen

Für Anlagen in oder an Küstengewässern, auf deren Herstellung oder wesentliche Änderung § 68 WHG keine Anwendung findet, gilt § 57 mit Ausnahme des Absatzes 1 Satz 3 entsprechend mit der Maßgabe, dass die Genehmigung nur versagt oder mit Bedingungen oder Auflagen erteilt werden darf, wenn andernfalls durch die Anlage das Wohl der Allgemeinheit, insbesondere der Wasserabfluss oder die Schiffbarkeit in den Hafeneinfahrten oder Außentiefs (§ 1 Abs. 2 WaStrG) oder die Strömungsverhältnisse in Küstengewässern beeinträchtigt oder die Küstenschutzwerke gefährdet würden.

§ 84 Unterhaltung der Außentiefs

(1) [1]Außentiefs sind die Fortsetzung der oberirdischen Gewässer im Gebiet der Küstengewässer. [2]Welche Außentiefs schiffbar sind, bestimmt das für den Verkehr zuständige Ministerium im Einvernehmen mit dem Fachministerium durch Verordnung.

(2) Außentiefs sind entsprechend den Vorschriften des § 39 WHG und des § 61 dieses Gesetzes zu unterhalten.

(3) Für die nicht in der Anlage 6 genannten Außentiefs ist unterhaltungspflichtig,

1. wer am 1. Januar 1971 aufgrund eines besonderen Rechtstitels für das Außentief unterhaltungspflichtig war,
2. wenn ein Unterhaltungspflichtiger nach Nummer 1 nicht zu ermitteln ist, der Eigentümer des Außentiefs,
3. wenn auch der Eigentümer nicht zu ermitteln ist, der Unterhaltungsverband (§ 63), zu dessen Gebiet das oberirdische Gewässer gehört, das durch das Außentief fortgesetzt wird.

§ 85 Eigentum an den Außentiefs

Stand am 1. Januar 1971 ein Außentief in niemandes Eigentum, so ist es Eigentum desjenigen, der nach den Bestimmungen dieses Gesetzes für das Außentief unterhaltungspflichtig ist.

Vierter Abschnitt
Bewirtschaftung des Grundwassers

§ 86 Erlaubnisfreie Benutzungen des Grundwassers (zu § 46 Abs. 3 WHG)

(1) [1]Eine Erlaubnis oder Bewilligung ist nicht erforderlich für das Einleiten von Niederschlagswasser in das Grundwasser, wenn das Niederschlagswasser auf Dach-, Hof- oder Wegeflächen von Wohngrundstücken anfällt und auf dem Grundstück versickert, verregnet oder verrieselt werden soll; für die Einleitung des auf Hofflächen anfallenden Niederschlagswassers gilt dies jedoch nur, soweit die Versickerung, Verregnung oder Verrieselung über die belebte Bodenzone erfolgt. [2]Das Fachministerium kann darüber hinaus allgemein oder für einzelne Gebiete durch Verordnung bestimmen, dass das Einleiten von Niederschlagswasser in das Grundwasser zum Zweck der Versickerung, Verregnung oder Verrieselung keiner Erlaubnis bedarf, soweit keine signifikanten nachteiligen Auswirkungen auf den Wasserhaushalt zu besorgen sind. [3]Das Fachministerium kann diese Befugnis für einzelne Gebiete durch Verordnung auf die Wasserbehörden übertragen.

(2) Eine Erlaubnis oder eine Bewilligung ist ferner nicht erforderlich für das Entnehmen, Zutagefördern, Zutageleiten oder Ableiten von Grundwasser in geringen Mengen für den Gartenbau.

(3) [1]Das Fachministerium kann allgemein, die Wasserbehörde für einzelne Gebiete durch Verordnung bestimmen, dass das Entnehmen, Zutagefördern, Zutageleiten oder Ableiten von Grundwasser in geringen Mengen für die Land- und Forstwirtschaft, für die Fischhaltung und Fischzucht und für gewerbliche Betriebe über die in § 46 Abs. 1 WHG bezeichneten Zwecke hinaus einer Erlaubnis oder Bewilligung nicht bedarf. [2]Dabei ist zu bestimmen, welche Mengen als gering anzusehen sind.

§ 87 Feldmieten

[1]Das Fachministerium regelt im Einvernehmen mit dem für die Landwirtschaft zuständigen Ministerium durch Verordnung Anforderungen an die Lagerung von festen Wirtschaftsdüngern, sonstigen Gärresten und silierten Futter- oder Energiepflanzen, die auf einer unbefestigten oder ungedichteten Fläche für einen Zeitraum von weniger als sechs Monaten erfolgt, um die Einhaltung der zum Gewässerschutz erforderlichen Sorgfalt zu gewährleisten. [2]Die Anforderungen sollen sich insbesondere auf die Art und Beschaffenheit der gelagerten Stoffe, die Gestaltung der Lager sowie Ort und Dauer der Lagerung beziehen. [3]Sie gelten nicht für eine Bereitstellung von festen Wirtschaftsdüngern und sonstigen Gärresten, soweit und solange die Bereitstellung zur Ausbringung der Stoffe erforderlich ist.

Drittes Kapitel
Besondere wasserwirtschaftliche Bestimmungen

Erster Abschnitt
Öffentliche Wasserversorgung, Wasserschutzgebiete, Heilquellenschutz

§ 88 Öffentliche Wasserversorgung (zu § 50 WHG)

(1) Ein Wasservorkommen ist ortsnah im Sinne des § 50 Abs. 2 Satz 1 WHG, wenn das mit dem Wasser versorgte Gebiet zumindest teilweise innerhalb der auf die Erdoberfläche übertragenen Grenzen

1. des Grundwasserkörpers, in dessen Grenzen sich der Ort der Wasserentnahme befindet, oder
2. eines an den Grundwasserkörper nach Nummer 1 angrenzenden Grundwasserkörpers

liegt.

(2) Überwiegende Gründe des Wohls der Allgemeinheit im Sinne des § 50 Abs. 2 WHG liegen nur vor, wenn

1. die Nutzung nicht ortsnaher Wasservorkommen nicht gegen die Bewirtschaftungsziele des Wasserhaushaltsgesetzes verstößt und die Trinkwasserqualität oder die Sicherheit oder Wirtschaftlichkeit der Wasserversorgung gegenüber der Nutzung ortsnaher Wasservorkommen nicht nur geringfügig besser ist oder
2. die Nutzung ortsnaher Wasservorkommen aus rechtlichen oder tatsächlichen Gründen nicht möglich ist.

§ 89 Wasseruntersuchungen (zu § 50 Abs. 5 WHG)

(1) [1]Unternehmen der öffentlichen Trinkwasserversorgung sind verpflichtet, die Beschaffenheit des zur Trinkwasserversorgung gewonnenen Wassers (Rohwasser) auf ihre Kosten durch eine Stelle

untersuchen zu lassen, die die Anforderungen nach § 15 Abs. 4 der Trinkwasserverordnung erfüllt. [2]Die Wasserbehörde kann Art und Umfang der Untersuchung näher bestimmen und widerruflich zulassen, dass das Unternehmen die Untersuchung ganz oder teilweise selbst durchführt.

(2) [1]Rechtfertigen Tatsachen die Annahme, dass es zu nachteiligen Veränderungen der Grundwasserbeschaffenheit kommen kann, so sind die Unternehmen der öffentlichen Trinkwasserversorgung verpflichtet, zur frühzeitigen Erkennung dieser Veränderungen Messstellen im Einzugsbereich ihrer Grundwasserentnahmen (Vorfeldmessstellen) zu errichten und zu betreiben. [2]Die Wasserbehörde kann Anzahl und Lage der erforderlichen Vorfeldmessstellen sowie Art und Umfang der Messungen näher bestimmen. [3]Bereits vorhandene Vorfeldmessstellen sind dabei zu berücksichtigen. [4]Soweit dies nach Satz 1 erforderlich ist, kann die Wasserbehörde den Eigentümer sowie den zum Besitz oder zur Nutzung des Grundstücks Berechtigten verpflichten, auf dem Grundstück die Errichtung und den Betrieb der Vorfeldmessstelle durch das Unternehmen der öffentlichen Trinkwasserversorgung zu dulden und Handlungen zu unterlassen, die die Messergebnisse beeinflussen können. [5]§ 31 Abs. 1 Sätze 2 und 3 sowie Abs. 2 gilt entsprechend.

(3) Die Untersuchungsergebnisse sind der Wasserbehörde und dem gewässerkundlichen Landesdienst auf Verlangen vorzulegen.

§ 90 *[aufgehoben]*

§ 91 Festsetzung von Wasserschutzgebieten (zu § 51 WHG)

(1) [1]Zuständig für die Festsetzung von Wasserschutzgebieten nach § 51 Abs. 1 Satz 1 WHG ist die Wasserbehörde. [2]Vor dem Erlass der Verordnung ist ein Anhörungsverfahren durchzuführen. [3]Dieses wird von Amts wegen oder auf Antrag eingeleitet. [4]§ 11 dieses Gesetzes und § 73 VwVfG gelten entsprechend. [5]Bekannt zu machen sind auch die beabsichtigten Schutzbestimmungen nach § 52 Abs. 1 Satz 1 WHG. [6]Diejenigen, deren Einwendungen nicht entsprochen wird, sind über die Gründe zu unterrichten.

(2) [1]Die Verordnung kann das Wasserschutzgebiet und seine Zonen zeichnerisch in Karten bestimmen. [2]Werden die Karten nicht oder nicht vollständig im Verkündungsblatt abgedruckt, so ist nach den folgenden Sätzen 3 bis 6 zu verfahren: [3]Die Wasserbehörde, die die Verordnung erlässt, und die Gemeinden, deren Gebiet betroffen ist, haben Ausfertigungen der Karten aufzubewahren und jedem kostenlos Einsicht zu gewähren. [4]Hierauf ist in der Verordnung hinzuweisen. [5]Außerdem sind die in Satz 1 genannten Örtlichkeiten im Text der Verordnung grob zu beschreiben. [6]Die Beschreibung nach Satz 5 ist nicht erforderlich, wenn eine Übersichtskarte mit einem Maßstab von 1 : 50 000 oder einem genaueren Maßstab Bestandteil der Verordnung ist.

(3) [1]Die für die Festsetzung eines Wasserschutzgebietes nach § 51 Abs. 1 Nr. 1 WHG erforderlichen Unterlagen, insbesondere Karten, Pläne und Gutachten, sind von dem durch die Festsetzung unmittelbar Begünstigten vorzulegen. [2]Kommt dieser seiner Verpflichtung nicht nach, so hat er der Wasserbehörde die für die Erstellung der Unterlagen entstehenden Kosten zu erstatten.

§ 92 Besondere Anforderungen in Wasserschutzgebieten (zu § 52 WHG)

Das Fachministerium kann abweichend von § 52 Abs. 1 Satz 1 WHG durch Verordnung auch Schutzbestimmungen für alle oder mehrere Wasserschutzgebiete treffen.

§ 93 Ausgleich (zu § 52 Abs. 5 WHG)

(1) [1]§ 52 Abs. 5 WHG gilt entsprechend für Einschränkungen der erwerbsgärtnerischen Nutzung eines Grundstücks. [2]Pflanzenschutzrechtliche Verbote und Beschränkungen für die Anwendung von Pflanzenschutzmitteln in Wasserschutzgebieten stehen den Schutzbestimmungen gleich.

(2) [1]Der Ausgleich bemisst sich nach den durchschnittlichen Ertragseinbußen und Mehraufwendungen, gemessen an den Erträgen und Aufwendungen einer ordnungsgemäßen land- oder forstwirtschaftlichen oder erwerbsgärtnerischen Nutzung. [2]Ersparte Aufwendungen sind anzurechnen. [3]Ein Anspruch besteht nicht, soweit der wirtschaftliche Nachteil anderweitig ausgeglichen ist. [4]Die an Kooperationen für Wasserschutzgebiete Beteiligten sind insbesondere vor Festlegung von Bemessungsgrundlagen zu hören. [5]Ausgleichsleistungen sind bis zum 31. März des zweiten auf die Verursachung des wirtschaftlichen Nachteils folgenden Kalenderjahres bei dem Ausgleichspflichtigen zu beantragen.

§ 94 Heilquellenschutz (zu § 53 WHG)

(1) [1]Für die staatliche Anerkennung von Heilquellen nach § 53 Abs. 2 WHG ist die Wasserbehörde zuständig. [2]Sie hat vor ihrer Entscheidung die Gemeinde zu hören, in deren Gebiet die Heilquelle liegt.

(2) Für die Festsetzung von Heilquellenschutzgebieten nach § 53 Abs. 4 WHG gelten die §§ 91 bis 93 dieses Gesetzes entsprechend.

(3) [1]Die aufgrund bisherigen Rechts als gemeinnützig geschützten oder anerkannten Heilquellen sind staatlich anerkannte Heilquellen im Sinne dieses Gesetzes. [2]Die aufgrund bisherigen Rechts festgesetzten Schutzbezirke (Schutzgebiete und dergleichen) gelten als Heilquellenschutzgebiete im Sinne des Wasserhaushaltsgesetzes. [3]Bis zum Erlass einer Verordnung nach § 53 Abs. 4 WHG gelten die bisherigen Schutzbestimmungen.

(4) Auf Arbeiten, die aufgrund des Bergrechts untersagt werden können, sind die Vorschriften über den Heilquellenschutz nicht anzuwenden.

Zweiter Abschnitt

Abwasserbeseitigung

§ 95 Abwasser, Abwasserbeseitigung (zu § 54 WHG)

(1) Das Fachministerium kann zur Umsetzung von Richtlinien der Europäischen Union durch Verordnung Anforderungen an die Abwasserbeseitigung festlegen, die eine Beeinträchtigung des Wohls der Allgemeinheit verhindern.

(2) [1]Die §§ 54 bis 61 WHG und die §§ 96 bis 100 dieses Gesetzes gelten nicht für Jauche und Gülle sowie für das durch landwirtschaftlichen Gebrauch entstandene Abwasser, das dazu bestimmt ist, auf landwirtschaftlich, forstwirtschaftlich oder gärtnerisch genutzte Böden aufgebracht zu werden. [2]Die Vorschriften des Abfallrechts bleiben unberührt.

§ 96 Pflicht zur Abwasserbeseitigung (zu § 56 WHG)

(1) [1]Die Gemeinden haben das auf ihrem Gebiet anfallende Abwasser einschließlich des in Kleinkläranlagen anfallenden Schlamms und des in abflusslosen Gruben gesammelten Abwassers zu beseitigen, soweit nicht nach den folgenden Absätzen andere zur Abwasserbeseitigung verpflichtet sind. [2]Die Aufgaben, die die Gemeinden hiernach zu erfüllen haben, gehören zum eigenen Wirkungskreis.

(2) [1]Soweit es im Interesse einer ordnungsgemäßen Abwasserbeseitigung erforderlich ist, können die Gemeinden durch Satzung bestimmen, dass das Abwasser

1. nur in bestimmter Zusammensetzung, insbesondere frei von bestimmten Stoffen,
2. erst nach Vorbehandlung,
3. nur zu bestimmten Zeiten oder nur in bestimmten Höchstmengen innerhalb eines Zeitraums

in öffentliche Abwasseranlagen einzuleiten ist. [2]§ 101 WHG gilt sinngemäß.

(3) Zur Beseitigung des Niederschlagswassers sind anstelle der Gemeinde verpflichtet

1. die Grundstückseigentümer, soweit nicht die Gemeinde den Anschluss an eine öffentliche Abwasseranlage und deren Benutzung vorschreibt oder ein gesammeltes Fortleiten erforderlich ist, um eine Beeinträchtigung des Wohls der Allgemeinheit zu verhüten,
2. die Träger öffentlicher Verkehrsanlagen.

(4) [1]Die Gemeinde kann durch Satzung für bestimmte Teile des Gemeindegebietes vorschreiben, dass die Nutzungsberechtigten der Grundstücke häusliches Abwasser durch Kleinkläranlagen zu beseitigen haben. [2]Dies gilt nicht für die Beseitigung des in Kleinkläranlagen anfallenden Schlamms. [3]Die Satzung legt für ihren Geltungsbereich fest, welchen Gewässern das Abwasser aus den Kleinkläranlagen zugeführt werden soll; sie berücksichtigt die in ihrem Geltungsbereich herrschenden hydrogeologischen Verhältnisse. [4]Sie kann bestimmte Bauarten von Kleinkläranlagen vorschreiben. [5]Die Wasserbehörde berät die Gemeinde bei der Aufstellung des Satzungsentwurfs.

(5) [1]Die Satzung nach Absatz 4 bedarf der Zustimmung der Wasserbehörde. [2]Soweit zu befürchten ist, dass infolge des Einsatzes von Kleinkläranlagen

1. wegen ungünstiger hydrogeologischer Verhältnisse das Grundwasser nachteilig verändert wird,
2. eine Verschlechterung des ökologischen oder chemischen Zustands eines oberirdischen Gewässers eintritt oder Nutzungen eines Gewässers beeinträchtigt werden, die unter Berücksichtigung des Wohls der Allgemeinheit Vorrang haben, oder
3. ein Gewässer eine durch Rechts- oder Verwaltungsvorschrift vorgeschriebene Mindestgüte nicht einhält,

darf die Wasserbehörde ihre Zustimmung davon abhängig machen, dass die Satzung besondere Anforderungen an die Bauart oder Betriebsweise der Kleinkläranlagen stellt. 3Die Zustimmung darf nur versagt oder widerrufen werden, soweit die Satzung keine ausreichende Gewähr dafür bietet, dass die in Satz 2 genannten nachteiligen Folgen vermieden werden.

(6) 1Schreibt die Satzung gemäß Absatz 4 Satz 4 die Verwendung bestimmter Bauarten von Kleinkläranlagen vor, so gilt die Erlaubnis zur Einleitung von Abwasser nach § 10 Abs. 1 WHG als erteilt, wenn der Nutzungsberechtigte des Grundstücks die Errichtung oder wesentliche Änderung einer satzungsgemäßen Kleinkläranlage vor Beginn des Vorhabens anzeigt. 2Schreibt die Satzung gemäß Absatz 4 Satz 1 die Abwasserbeseitigung durch Kleinkläranlagen vor, so gilt Satz 1 entsprechend für die Anzeige der zulassungsgemäßen Errichtung oder wesentliche Änderung einer Kleinkläranlage, wenn für diese eine allgemeine bauaufsichtliche Zulassung nach § 18 der Niedersächsischen Bauordnung oder eine europäische technische Zulassung nach § 6 des Bauproduktengesetzes besteht und in der Zulassung die Anforderungen an den Einbau, den Betrieb und die Wartung der Anlage festgelegt sind, die für einen den Anforderungen nach der Abwasserverordnung entsprechenden Betrieb erforderlich sind. 3Hat der Nutzungsberechtigte eines Grundstücks während der Geltungsdauer einer Satzung nach Absatz 4 eine Anlage satzungsgemäß errichtet oder wesentlich geändert, so darf die Gemeinde ihn auf die Dauer von 15 Jahren, beginnend mit der Errichtung oder wesentlichen Änderung der Anlage, nicht zum Anschluss an eine öffentliche Abwasseranlage und zu deren Benutzung verpflichten, es sei denn, seine Befugnis nach § 10 Abs. 1 WHG zur gesonderten Einleitung des Abwassers ist erloschen.

(7) Werden der Gemeinde Umstände bekannt, nach denen in den in Absatz 4 Satz 1 bezeichneten Teilen des Gemeindegebietes eine ordnungsgemäße gesonderte Abwasserbeseitigung gefährdet ist, so teilt sie dies der Wasserbehörde mit.

(8) 1Die Wasserbehörde kann die Gemeinde auf ihren Antrag befristet und widerruflich ganz oder teilweise von der Pflicht zur Beseitigung von Abwasser aus gewerblichen Betrieben und anderen Anlagen freistellen und diese Pflicht auf den Inhaber des gewerblichen Betriebes und den Betreiber der Anlage übertragen, soweit das Abwasser wegen seiner Art und Menge zweckmäßiger von demjenigen beseitigt wird, bei dem es anfällt. 2Der Inhaber des Betriebes oder der Betreiber der Anlage ist vor der Entscheidung zu hören. 3Unter den gleichen Voraussetzungen kann die Wasserbehörde mit Zustimmung der Gemeinde auf Antrag des Inhabers des gewerblichen Betriebes oder des Betreibers der Anlage diesem die Pflicht zur Beseitigung von Abwasser aus dem Betrieb oder der Anlage befristet und widerruflich ganz oder teilweise übertragen. 4Eine Entscheidung nach den Sätzen 1 und 3 wird unwirksam, sobald die Gemeinde für das Grundstück den Anschluss an eine öffentliche Abwasseranlage und deren Benutzung vorschreibt (§ 13 des Niedersächsischen Kommunalverfassungsgesetzes).

(9) Abwasser ist von dem Verfügungsberechtigten über das Grundstück, auf dem das Abwasser anfällt, dem nach den Absätzen 1 bis 4 und 8 zur Abwasserbeseitigung Verpflichteten zu überlassen.

§ 96a Kosten der Abwasserbeseitigung

1Die Gemeinde erhebt, soweit nicht ein privatrechtliches Entgelt gefordert wird, für die Wahrnehmung ihrer Aufgaben bei der Abwasserbeseitigung Abgaben nach den Vorschriften des Niedersächsischen Kommunalabgabengesetzes (NKAG). 2§ 5 NKAG gilt mit der Maßgabe, dass in die für die Gebührenberechnung zu kalkulierenden Kosten für die Schmutzwasserbeseitigung neben den Kosten der Einrichtung auch nicht einrichtungsbedingte Kosten für Maßnahmen der Starkregenvorsorge einbezogen werden können.

§ 97 Übergang der Abwasserbeseitigung auf juristische Personen des öffentlichen Rechts (zu § 56 WHG)

(1) 1Wird die Aufgabe der Abwasserbeseitigung nach den Vorschriften des Niedersächsischen Gesetzes über die kommunale Zusammenarbeit (NKomZG) übertragen, so findet § 5 Abs. 4 NKomZG keine

Anwendung. [2]Die Übertragung ist nur zulässig, wenn der neue Aufgabenträger die Aufgabe in einem Gebiet vollständig übernimmt.

(2) [1]Auf Antrag einer kreisangehörigen Gemeinde kann der Landkreis die Aufgabe der Abwasserbeseitigung ganz oder teilweise von dieser übernehmen. [2]Soweit ein Landkreis die Aufgabe der Abwasserbeseitigung übernommen hat oder nach Satz 1 übernimmt, ist er an Stelle der Gemeinde zur Abwasserbeseitigung verpflichtet. [3]Absatz 1 Satz 2 gilt entsprechend.

(3) [1]Übertragen Abwasserbeseitigungspflichtige die Aufgabe der Abwasserbeseitigung ganz oder teilweise auf einen Wasser- und Bodenverband, so geht die Abwasserbeseitigungspflicht auf diesen über. [2]Absatz 1 Satz 2 gilt entsprechend.

(4) [1]§ 96 gilt entsprechend. [2]Soweit die Aufgabe der Abwasserbeseitigung auf eine andere juristische Person des öffentlichen Rechts übergegangen und diese andere Person zum Erlass einer Satzung für die Erhebung von Abgaben nach dem Niedersächsischen Kommunalabgabengesetz für die Wahrnehmung der übergegangenen Aufgabe befugt ist, gilt § 96a entsprechend.

§ 98 Einleiten von Abwasser in öffentliche Abwasseranlagen (zu § 58 WHG)

(1) [1]Über die Genehmigung nach § 58 WHG entscheidet die Wasserbehörde, soweit das Fachministerium nicht durch Verordnung die Gemeinde für zuständig erklärt. [2]Die Genehmigung ist zu befristen.

(2) Soweit für die Einleitung von Abwasser eine Genehmigung nach § 58 WHG erforderlich ist, hat die für die Genehmigung zuständige Stelle auch die Einleitung zu überwachen.

(3) Die Aufgaben, die die Gemeinden hiernach zu erfüllen haben, gehören zum übertragenen Wirkungskreis.

§ 99 Abwasseranlagen (zu § 60 WHG)

(1) Zur Errichtung und zum Betrieb von Abwasserbehandlungsanlagen gehören auch angemessene Vorkehrungen gegen eine Verschlechterung der Ablaufwerte bei Störungen im Betrieb der Anlage oder bei Reparaturen.

(2) Für das Genehmigungsverfahren gilt § 9 Abs. 1 und 2 entsprechend.

(3) [1]Die Genehmigung enthält sonstige Genehmigungen, die nach dem Wasserhaushaltsgesetz oder diesem Gesetz für die Anlage vorgeschrieben sind, sowie die Baugenehmigung. [2]Soweit eine Baugenehmigung erforderlich ist, darf die Genehmigung auch versagt oder mit Bedingungen oder Auflagen versehen werden, wenn die Voraussetzungen für die Erteilung der Baugenehmigung nicht vorliegen.

(4) Liegt für eine Abwasserbehandlungsanlage eine Planfeststellung vor, die vor dem 12. März 1998 erteilt worden ist, so gilt auch der Betrieb der Abwasserbehandlungsanlage als genehmigt.

§ 100 Selbstüberwachung bei Abwassereinleitungen und Abwasseranlagen (zu § 61 WHG)

(1) [1]Wer eine Abwasseranlage betreibt, hat die Anlage mit den dafür erforderlichen Einrichtungen auszurüsten, Untersuchungen durchzuführen und ihre Ergebnisse aufzuzeichnen. [2]Die Aufzeichnungen sind der Wasserbehörde auf Verlangen vorzulegen.

(2) [1]Wer eine öffentliche Abwasseranlage betreibt, hat über Abwasser, das nicht häusliches Abwasser ist, ein Kataster zu führen. [2]Darin sind die Abwassereinleitungen, die einen erheblichen Einfluss auf die öffentliche Abwasseranlage erwarten lassen, mit Angaben über Art, Herkunft, Beschaffenheit und Menge des Abwassers zu verzeichnen.

(3) Die Wasserbehörde kann im Einzelfall die nach Absatz 1 erforderlichen Einrichtungen und Untersuchungen sowie Art und Umfang der Aufzeichnungen vorschreiben.

Dritter Abschnitt (§§ 101–105)
[aufgehoben]

Vierter Abschnitt
Gewässerschutzbeauftragte

§ 106 Gewässerschutzbeauftragte bei Gebietskörperschaften, Zusammenschlüssen und öffentlich-rechtlichen Wasserverbänden (zu den §§ 64 bis 66 WHG)

Gewässerschutzbeauftragte oder Gewässerschutzbeauftragter bei Gebietskörperschaften, bei Zusammenschlüssen, die aus Gebietskörperschaften gebildet werden, und bei öffentlich-rechtlichen Wasserverbänden ist die oder der für die Abwasseranlagen zuständige Betriebsleiterin oder Betriebsleiter oder sonstige Beauftragte.

Fünfter Abschnitt

Gewässerausbau, Deich-, Damm- und Küstenschutzbauten

§ 107 Grundsatz (zu § 67 WHG)

[1]Ausbaumaßnahmen müssen sich an den Bewirtschaftungszielen der §§ 27 und 44 WHG ausrichten und dürfen die Erreichung dieser Ziele nicht gefährden. [2]Sie müssen den im Maßnahmenprogramm nach § 82 WHG an den Gewässerausbau gestellten Anforderungen entsprechen.

§ 108 Erfordernis der Planfeststellung, Plangenehmigung (zu § 68 WHG)

Stellt die Wasserbehörde nach Vorprüfung des Einzelfalls fest, dass für eine wesentliche Änderung von Bauten des Küstenschutzes die Durchführung einer Umweltverträglichkeitsprüfung nicht erforderlich ist, so entfallen Planfeststellung und Plangenehmigung.

§ 109 Anwendbare Vorschriften, Verfahren (zu § 70 WHG)

(1) [1]Für die Planfeststellung gelten ergänzend zu § 70 Abs. 1 WHG die §§ 10 und 11 dieses Gesetzes entsprechend. [2]Für die Planfeststellung bei Vorhaben, die dem Hochwasserschutz dienen, oder für Bauten des Küstenschutzes gilt § 70 Abs. 1 Halbsatz 2 WHG mit folgenden Abweichungen:

1. Ein Erörterungstermin nach § 73 Abs. 6 VwVfG kann entfallen oder auf die Erörterung bestimmter entscheidungserheblicher Einwendungen sowie Stellungnahmen und Gutachten von Behörden und Sachverständigen beschränkt werden; soweit eine Erörterung nur mit bestimmten Einwendern und Behörden erfolgen soll, werden nur diese unter Mitteilung der Beschränkung schriftlich benachrichtigt.
2. Ergänzend zu § 74 Abs. 3 Halbsatz 1 VwVfG kann die Entscheidung über einzelne Fragen vorbehalten werden, soweit sie für den Plan von unwesentlicher Bedeutung sind.
3. Bei Planänderungen von unwesentlicher Bedeutung bedarf es abweichend des § 76 Abs. 2 VwVfG keines neuen Planfeststellungsverfahrens.

(2) [1]Für die Plangenehmigung gelten ergänzend zu § 70 Abs. 1 WHG § 11 dieses Gesetzes und § 69 Abs. 2 Satz 1 VwVfG entsprechend. [2]Abweichend von § 70 Abs. 1 Halbsatz 2 WHG

1. gilt § 73 Abs. 1 und 2 VwVfG entsprechend mit der Maßgabe, dass es einer Auslegung des Plans in den Gemeinden nicht bedarf, und
2. findet § 74 Abs. 6 Satz 3 VwVfG keine Anwendung.

[3]Ersetzt die Plangenehmigung eine Bodenabbaugenehmigung, so gelten die §§ 9 bis 11 NNatSchG entsprechend.

(3) Die Anfechtungsklage gegen einen Planfeststellungsbeschluss sowie Widerspruch und Anfechtungsklage gegen Plangenehmigungen für Maßnahmen nach Absatz 1 Satz 2 haben keine aufschiebende Wirkung.

§ 110 Verpflichtung zum Ausbau

(1) Bei Gewässern zweiter Ordnung kann die Wasserbehörde den Unterhaltungspflichtigen zum Ausbau des Gewässers oder seiner Ufer verpflichten, wenn es das Wohl der Allgemeinheit erfordert.

(2) [1]Das Fachministerium oder die von ihm bestimmte Landesbehörde kann anordnen, dass der Unterhaltungspflichtige in einem Maßnahmenprogramm nach § 82 WHG enthaltene Maßnahmen des Gewässerausbaus für Gewässer zweiter Ordnung durchführt, soweit dies zum Erreichen der Bewirtschaftungsziele nach Maßgabe der §§ 27 bis 31 WHG erforderlich ist und soweit Haushaltsmittel für eine Kostenerstattung nach Absatz 3 zur Verfügung stehen. [2]In der Anordnung sind insbesondere Art und Umfang der Ausbaumaßnahmen und die hierfür einzuhaltenden Fristen festzulegen.

(3) Legt der Ausbau dem Unterhaltungspflichtigen Lasten auf, die in keinem Verhältnis zu dem ihm dadurch erwachsenden Vorteil oder seiner Leistungsfähigkeit stehen, so kann der Ausbau nur erzwungen werden, wenn das Land sich an der Aufbringung der Kosten angemessen beteiligt und der Verpflichtete hierdurch ausreichend entlastet wird.

§ 111 Auflagen

(1) [1]Der Ausbauunternehmer ist zu verpflichten, die Kosten zu tragen, die dadurch entstehen, dass infolge des Ausbaus öffentliche Verkehrs- und Versorgungsanlagen geändert werden müssen. [2]Dies gilt auch für die Unterhaltungskosten, soweit sie sich durch die Änderung erhöhen.

(2) [1]Der Ausbauunternehmer kann verpflichtet werden, Einrichtungen herzustellen und zu unterhalten, die nachteilige Wirkungen auf das Recht eines anderen oder der in § 14 Abs. 4 WHG bezeichneten Art

ausschließen. [2]Als Nachteil gilt nicht die Änderung des Grundwasserstandes, wenn der Ausbau der gewöhnlichen Bodenentwässerung von Grundstücken dient, deren natürlicher Vorfluter das Gewässer ist.

(3) Dem Unternehmer können angemessene Beiträge zu den Kosten von Maßnahmen auferlegt werden, die eine Körperschaft des öffentlichen Rechts trifft oder treffen wird, um eine mit dem Ausbau verbundene Beeinträchtigung des Wohls der Allgemeinheit zu verhüten oder auszugleichen.

§ 112 Entschädigung, Widerspruch

(1) [1]Von einer Auflage nach § 111 Abs. 2 ist abzusehen, wenn Einrichtungen der dort genannten Art wirtschaftlich nicht gerechtfertigt oder nicht mit dem Ausbau vereinbar sind. [2]In diesem Fall ist der Benachteiligte zu entschädigen; er kann dem Ausbau widersprechen, wenn dieser nicht dem Wohl der Allgemeinheit dient. [3]§ 5 Abs. 1 des Niedersächsischen Fischereigesetzes (Nds. FischG) bleibt unberührt.

(2) Dient der Ausbau dem Wohl der Allgemeinheit, so ist der Betroffene wegen nachteiliger Änderung des Wasserstandes oder wegen Erschwerung der Unterhaltung nur zu entschädigen, wenn der Schaden erheblich ist.

(3) [1]§ 41 Abs. 1 Nr. 4 WHG gilt entsprechend. [2]Der Betroffene ist zu entschädigen, wenn die Arbeiten zu einer dauernden oder unverhältnismäßig großen Benachteiligung führen.

§ 113 Benutzung von Grundstücken

(1) [1]Soweit es zur Vorbereitung oder Ausführung des Unternehmens erforderlich ist, darf der Ausbauunternehmer oder seine Beauftragten nach vorheriger Ankündigung Grundstücke betreten und vorübergehend benutzen; dies gilt nicht für Grundstücke, die öffentlichen Zwecken gewidmet sind. [2]Im Streitfall entscheidet auf Antrag die für das Planfeststellungsverfahren zuständige Wasserbehörde. [3]Ist der Antrag gestellt, so ist die Ausübung des Rechts aus Satz 1 bis zur Entscheidung durch die Wasserbehörde unzulässig. [4]Gegen die Entscheidung der Wasserbehörde findet der Rechtsweg zu den Verwaltungsgerichten nach den Vorschriften der Verwaltungsgerichtsordnung statt.

(2) [1]Entstehen durch die Inanspruchnahme des Grundstücks Schäden, so hat die oder der Geschädigte Anspruch auf Schadenersatz. [2]Für die Geltendmachung des Anspruchs sind die ordentlichen Gerichte zuständig.

§ 114 Vorteilsausgleich

[1]Haben andere von dem Ausbau oder von den in § 111 Abs. 2 genannten Einrichtungen Vorteil, so können sie nach dem Maß ihres Vorteils zu den Kosten herangezogen werden. [2]Im Streitfall setzt die Wasserbehörde den Kostenanteil nach Anhören der Beteiligten fest. [3]Erhöht sich durch den Ausbau der Wert eines selbständigen Fischereirechts, so ist § 5 Abs. 2 Nds. FischG anzuwenden.

Sechster Abschnitt
Hochwasserschutz

§ 115 Überschwemmungsgebiete an oberirdischen Gewässern (zu § 76 WHG)

(1) [1]Das Fachministerium bestimmt durch Verordnung die Gewässer oder Gewässerabschnitte, bei denen durch Hochwasser nicht nur geringfügige Schäden entstanden oder zu erwarten sind. [2]Die Verordnung ist entsprechend anzupassen, wenn neue Erkenntnisse hinsichtlich entstandener oder zu erwartender Schäden vorliegen.

(2) [1]Für die Gewässer oder Gewässerabschnitte nach Absatz 1 sind durch Verordnung als Überschwemmungsgebiete die Gebiete festzusetzen, in denen ein Hochwasserereignis statistisch einmal in 100 Jahren (Bemessungshochwasser) zu erwarten ist. [2]Die Festsetzung erfolgt durch die Wasserbehörden auf der Grundlage der vom gewässerkundlichen Landesdienst erstellten Arbeitskarten. [3]Satz 2 gilt entsprechend für die Gebiete nach § 76 Abs. 2 WHG.

(3) [1]Vor dem Erlass der Verordnung nach Absatz 2 ist ein Anhörungsverfahren durchzuführen. [2]§ 73 VwVfG gilt entsprechend. [3]Diejenigen, deren Einwendungen nicht entsprochen wird, sind über die Gründe zu unterrichten. [4]Für die Verordnung gilt § 91 Abs. 2 entsprechend.

(4) [1]Der gewässerkundliche Landesdienst hat die in Absatz 1 und § 76 Abs. 2 WHG bezeichneten Gebiete, die noch nicht festgesetzt sind, im Benehmen mit der Wasserbehörde zu ermitteln, in Arbeitskarten darzustellen und durch Bekanntmachung der Arbeitskarten im Niedersächsischen Minis-

terialblatt vorläufig zu sichern (§ 76 Abs. 3 WHG). [2]Die vorläufige Sicherung gilt am Tag nach der Bekanntmachung als bekannt gegeben. [3]In der Bekanntmachung ist darauf hinzuweisen, dass Ausfertigungen der Arbeitskarten bei der Wasserbehörde aufbewahrt werden und jedermann kostenlos Einsicht gewährt wird. [4]Widerspruch und Anfechtungsklage gegen die vorläufige Sicherung haben keine aufschiebende Wirkung.

§ 116 Schutzvorschriften für festgesetzte Überschwemmungsgebiete (zu den §§ 78 und 78a WHG)

(1) Für Genehmigungen nach § 78 Abs. 5 WHG und Zulassungen nach § 78a Abs. 2 WHG gilt § 11 entsprechend.

(2) Die Wasserbehörde kann Eigentümer oder Nutzungsberechtigte von Grundstücken in Überschwemmungsgebieten verpflichten, Bäume und Sträucher zurückzuschneiden oder zu beseitigen, soweit es für den Hochwasserabfluss erforderlich ist.

Siebenter Abschnitt
Wasserwirtschaftliche Planung und Dokumentation

§ 117 Maßnahmenprogramm (zu § 82 WHG)

(1) [1]Für die niedersächsischen Teile der Flussgebietseinheiten Ems, Weser, Elbe und Rhein erstellen die Wasserbehörden unter Einbeziehung der Belange der Wassernutzer jeweils einen Beitrag für ein Maßnahmenprogramm für die jeweilige Flussgebietseinheit. [2]Die Beiträge sind mit den anderen Ländern innerhalb der Flussgebietseinheit zu koordinieren. [3]Die Landesregierung beschließt die Teile der Maßnahmenprogramme, die sich auf die niedersächsischen Teile der Flussgebietseinheiten beziehen.

(2) [1]Die Maßnahmen für die Maßnahmenprogramme werden getrennt nach Wasserkörpern geplant. [2]Für die Oberflächenwasserkörper werden für die Maßnahmenplanung Bearbeitungsgebiete gebildet, die nach hydrologischen Merkmalen abgegrenzt werden.

(3) Die Maßnahmen werden für Gewässer zweiter Ordnung im Benehmen mit den Unterhaltungsverbänden geplant.

(4) Im Maßnahmenprogramm sind für jeden Wasserkörper zu benennen:

1. Art und Umfang der geplanten Maßnahmen und
2. voraussichtlicher Zeitpunkt des Beginns der geplanten Maßnahmen.

(5) [1]Beruhen die Ursachen für das Nichterreichen der Bewirtschaftungsziele auf Umständen natürlicher Art oder höherer Gewalt, die außergewöhnlich sind oder nach vernünftiger Einschätzung nicht vorhersehbar waren, so kann abweichend von § 82 Abs. 5 WHG festgestellt werden, dass Zusatzmaßnahmen in der Praxis nicht durchführbar sind; § 31 Abs. 1 WHG bleibt unberührt. [2]Die Nichtdurchführbarkeit ist aktenkundig zu machen.

(6) Die wirtschaftliche Analyse der Wassernutzung in den in Absatz 1 genannten Flussgebietseinheiten, die nach Maßgabe der Anhänge II und III der Richtlinie 2000/60/EG zur Vorbereitung der Beiträge zu den Maßnahmenprogrammen bis zum 22. Dezember 2004 durchzuführen war, ist bis zum 22. Dezember 2013 und danach alle sechs Jahre zu überprüfen und gegebenenfalls zu aktualisieren.

§ 118 Bewirtschaftungsplan (zu § 83 WHG)

[1]Für die niedersächsischen Teile der Flussgebietseinheiten Ems, Weser, Elbe und Rhein erstellen die Wasserbehörden im Einvernehmen mit denjenigen Behörden, deren Geschäftsbereiche berührt sind, jeweils einen Beitrag für einen Bewirtschaftungsplan für die jeweilige Flussgebietseinheit. [2]§ 117 Abs. 1 Satz 2 gilt entsprechend.

§ 119 Verzeichnis der Schutzgebiete

[1]Die Wasserbehörden führen jeweils für den niedersächsischen Teil der Flussgebietseinheiten Ems, Weser, Elbe und Rhein ein Verzeichnis, in dem

1. alle unter Anhang IV der Richtlinie 2000/60/EG fallenden Schutzgebiete in ihrem Zuständigkeitsbereich sowie
2. die Gewässer, aus denen in ihrem Zuständigkeitsbereich Wasser im Umfang von mehr als 10 m³ täglich für den menschlichen Verbrauch oder für die Versorgung von mehr als 50 Personen entnommen wird oder die für eine solche Entnahme bestimmt sind,

aufzuführen sind. [2]Das Verzeichnis ist regelmäßig zu aktualisieren.

§ 120 Wasserbuch (zu § 87 WHG)

(1) Eine vom Fachministerium zu bestimmende Landesbehörde führt für die Gewässer Wasserbücher in elektronischer Form.

(2) [1]Die Eintragungen in das Wasserbuch hat jeweils die Behörde vorzunehmen, die für die Erteilung des einzutragenden Rechts oder die einzutragende wasserrechtliche Maßnahme zuständig ist (Wasserbuchbehörde). [2]In den Fällen des § 19 Abs. 1 und 2 WHG hat die Wasserbehörde auf Ersuchen der für die Erteilung der Erlaubnis oder der Bewilligung zuständigen Behörde die Eintragungen vorzunehmen.

(3) [1]In das Wasserbuch sind ergänzend zu § 87 Abs. 2 WHG einzutragen:

1. Heilquellenschutzgebiete (§ 53 Abs. 4 WHG),
2. Duldungs- und Gestattungsverpflichtungen (§§ 92 bis 94 WHG sowie § 122 dieses Gesetzes); § 87 Abs. 2 Satz 2 WHG gilt entsprechend.

[2]Nicht einzutragen sind abweichend von § 87 Abs. 2 Satz 1 Nr. 1 WHG Planfeststellungsbeschlüsse und Plangenehmigungen nach § 68 WHG sowie abweichend von § 87 Abs. 2 Satz 1 Nr. 3 WHG Risikogebiete.

(4) Ist ein Recht im Grundbuch eingetragen, so ist es in Übereinstimmung mit diesem in das Wasserbuch einzutragen.

(5) [1]Der Zugang zu dem Wasserbuch richtet sich nach dem Niedersächsischen Umweltinformationsgesetz. [2]Die Wasserbuchbehörde erstellt auf Verlangen einen beglaubigten Auszug aus dem Wasserbuch.

(6) [1]Die Eintragungen in das Wasserbuch dürfen auch personenbezogene Daten enthalten, insbesondere den Namen und die Adresse von Gewässerbenutzern und Verpflichteten sowie Daten in Bezug auf Grundstücke. [2]Bei einer Eintragung nach § 87 Abs. 2 Satz 1 Nr. 1 WHG oder § 120 Abs. 3 Satz 1 Nr. 2 dieses Gesetzes ist die betroffene natürliche Person darauf hinzuweisen, dass

1. mit der Eintragung personenbezogene Daten verarbeitet werden und
2. andere Wasserbehörden und der gewässerkundliche Landesdienst zur Erfüllung ihrer Aufgaben die Daten abfragen und verwenden dürfen.

[3]Die betroffene natürliche Person ist zudem über die Kontaktdaten der oder des Datenschutzbeauftragten der eintragenden Behörde, über die in Artikel 14 Abs. 2 Buchst. c und e der Datenschutz-Grundverordnung genannten Rechte sowie über die Löschungspflicht nach § 87 Abs. 3 Satz 2 WHG zu informieren. [4]Erhebt eine andere Wasserbehörde oder der gewässerkundliche Landesdienst Daten aus dem Wasserbuch, so bedarf es der Information nach Artikel 14 Abs. 1 bis 4 der Datenschutz-Grundverordnung nicht.

§ 121 Datenverarbeitung (zu § 88 WHG)

(1) [1]Bei einer Landesbehörde wird zur Erfüllung der Aufgaben nach

1. den nach diesem Gesetz, dem Wasserhaushaltsgesetz oder den aufgrund dieses Gesetzes oder des Wasserhaushaltsgesetzes erlassenen Verordnungen oder
2. den Vorschriften der Europäischen Union über die Bewirtschaftung der Gewässer und den hierzu erlassenen Rechtsvorschriften des Bundes oder des Landes

eine landesweite Datenbank eingerichtet. [2]Die Wasserbehörden übermitteln nach näherer Bestimmung durch das Fachministerium die nach § 88 Abs. 1 WHG erhobenen Daten an die Landesbehörde. [3]Die Daten dürfen in der landesweiten Datenbank gespeichert und den Wasserbehörden übermittelt werden, soweit dies zur Erfüllung der Aufgaben nach den in Satz 1 genannten Vorschriften erforderlich ist.

(2) Die Wasserbehörden dürfen andere öffentliche Stellen darum ersuchen, ihnen personenbezogene Daten von Eigentümern und Nutzungsberechtigten von Grundstücken, die die Betriebsführung oder Eigenschaften ihrer Betriebe betreffen, zu übermitteln, soweit dies für die Überwachung der Pflichten der genannten Personen nach § 100 Abs. 1 WHG erforderlich ist.

Achter Abschnitt

Duldungs- und Gestattungsverpflichtungen

§ 122 Anschluss von Stauanlagen

[1]Will ein Anlieger aufgrund einer Erlaubnis oder einer Bewilligung eine Stauanlage errichten, so können die Eigentümer der gegenüberliegenden Grundstücke verpflichtet werden, den Anschluss zu dul-

den; § 95 WHG gilt entsprechend. [2]Für das Verfahren gelten § 14 Abs. 5 und 6 WHG sowie die §§ 8 und 11 dieses Gesetzes entsprechend.

Viertes Kapitel
Entschädigung, Ausgleich

§ 123 Art und Maß der Entschädigung (zu § 96 WHG)
Für die nach diesem Gesetz zu leistenden Entschädigungen und Ausgleichszahlungen gelten die §§ 96 bis 99 WHG entsprechend, soweit sich aus diesem Gesetz nichts anderes ergibt.

§ 124 Verfahren (zu § 98 WHG)
(1) [1]Die Einigung nach § 98 Abs. 2 Satz 1 WHG ist zu beurkunden. [2]Den Beteiligten ist auf Antrag eine Ausfertigung der Urkunde zuzustellen; der Entschädigungspflichtige, der Entschädigungsberechtigte und Art und Maß der Entschädigung sind zu nennen. [3]Zuständig ist diejenige Behörde, die für die die Entschädigung auslösende Entscheidung zuständig ist.
(2) [1]Die Entscheidung nach § 98 Abs. 2 Satz 2 WHG (Entschädigungsbescheid) ist den Beteiligten zuzustellen. [2]Die Verwaltungskosten trägt der Entschädigungspflichtige.

Fünftes Kapitel
Gewässeraufsicht

§ 125 Staatlich anerkannte Stellen für Abwasseruntersuchungen
[1]Das Fachministerium wird ermächtigt, durch Verordnung zu bestimmen, dass bestimmte Untersuchungen im Rahmen der behördlichen Überwachung bei der Abwasserbeseitigung auch durch staatlich anerkannte Stellen durchgeführt werden können. [2]In der Verordnung können auch die Anforderungen an die Fachkunde, Zuverlässigkeit und die betriebliche Ausstattung der Stellen sowie an ihre Unabhängigkeit von den zu Überwachenden, das Verfahren zur Anerkennung, die Befristung und das Erlöschen der Anerkennung, der Ausschluss von Interessenkollisionen, die Teilnahme an Ringversuchen und anderen Maßnahmen zur analytischen Qualitätssicherung geregelt werden.

§ 126 Kosten
[1]Wer der Gewässeraufsicht nach § 101 WHG unterliegt, trägt die Kosten seiner behördlichen Überwachung. [2]Dies gilt nicht für den, der ausschließlich als Eigentümer oder Besitzer von Grundstücken der Überwachung unterliegt. [3]Zu den Kosten der Überwachung gehören auch die Kosten von Untersuchungen, die außerhalb des Betriebes und der Grundstücke des Benutzers, insbesondere in den benutzten und in gefährdeten Gewässern, erforderlich sind. [4]Die Kosten können als Pauschalbeträge erhoben werden.

Sechstes Kapitel
Behörden, Zuständigkeiten, Gefahrenabwehr

§ 127 Behörden
(1) Oberste Wasserbehörde ist das Fachministerium.
(2) [1]Die Landkreise, die kreisfreien und die großen selbständigen Städte nehmen die Aufgaben der unteren Wasserbehörden wahr. [2]Die Zuständigkeit der selbständigen Gemeinden wird ausgeschlossen (§ 17 Satz 1 des Niedersächsischen Kommunalverfassungsgesetzes). [3]Eine kreisfreie Stadt kann mit einem benachbarten Landkreis, eine große selbständige Stadt mit dem Landkreis vereinbaren, dass der Landkreis auch für das Gebiet der Stadt die Aufgaben der unteren Wasserbehörde erfüllt. [4]Die Vereinbarung bedarf der Zustimmung des Fachministeriums; sie ist von den Vertragschließenden ortsüblich bekannt zu machen. [5]Ist die Gemeinde aufgrund einer Verordnung nach § 98 Abs. 1 Satz 1 anstelle der Wasserbehörde für die Genehmigung und die Überwachung des Einleitens von Abwasser zuständig, so hat sie, soweit es zur Erfüllung dieser Aufgaben erforderlich ist, die Befugnisse der Wasserbehörde.

§ 128 Aufgaben und Befugnisse der Wasserbehörden (zu § 100 WHG)

(1) [1]Soweit nichts anderes bestimmt ist, obliegt den Wasserbehörden die Wahrnehmung der Aufgaben der Gewässeraufsicht sowie der Vollzug der Vorschriften der Europäischen Union über die Bewirtschaftung der Gewässer und der hierzu erlassenen Rechtsvorschriften des Bundes oder des Landes. [2]Bei den unteren Wasserbehörden gehört diese Aufgabe zum übertragenen Wirkungskreis.

(2) Wer ein Gewässer unbefugt oder in Abweichung von festgesetzten Auflagen oder Bedingungen benutzt oder sonst Pflichten nach den in Absatz 1 Satz 1 genannten Rechtsvorschriften verletzt und dadurch eine Gefahr verursacht, trägt die Kosten für Maßnahmen der Wasserbehörde zur Gefahrerforschung, zur Ermittlung der Ursache und des Ausmaßes der Gefahr und des Verursachers sowie zur Beseitigung der Gefahr.

§ 129 Zuständigkeit

(1) [1]Die unteren Wasserbehörden sind zuständig, soweit dieses Gesetz nichts anderes bestimmt. [2]Das Fachministerium kann durch Verordnung die Zuständigkeit für

1. bestimmte Aufgaben auf sich selbst oder eine andere Landesbehörde und
2. die Entscheidung über die Einleitung aus Abwasserbehandlungsanlagen auch in außerhalb ihres Gebietes liegende Küstengewässer den unteren Wasserbehörden

übertragen, wenn dies zur sachgerechten Erfüllung der Aufgaben erforderlich ist. [3]§ 2 Abs. 6 Nr. 2 des Gesetzes über die Landwirtschaftskammer Niedersachsen bleibt unberührt.

(2) [1]Sind für ein Vorhaben mehrere Wasserbehörden örtlich zuständig oder ist es zweckmäßig, eine Angelegenheit in benachbarten Gebieten einheitlich zu regeln, so bestimmt das Fachministerium die zuständige Wasserbehörde. [2]Das Gleiche gilt, wenn die Grenze zwischen benachbarten Gebieten ungewiss ist. [3]Ist eine Änderung der sachlichen Zuständigkeit im Einzelfall zweckdienlich, so gilt Satz 1 entsprechend.

(3) Ist für dieselbe Sache auch eine Behörde eines anderen Landes zuständig, so kann das Fachministerium die Zuständigkeit mit der zuständigen Behörde dieses Landes vereinbaren.

§ 130 Anzeige von wassergefährdenden Vorfällen

(1) [1]Das Austreten wassergefährdender Stoffe im Sinne von § 62 Abs. 3 WHG in nicht nur unbedeutender Menge aus Leitungen, Anlagen zum Lagern, Abfüllen, Herstellen, Behandeln, Umschlagen oder Verwenden wassergefährdender Stoffe oder aus Fahrzeugen oder Schiffen ist unverzüglich der Wasserbehörde, bei Anlagen, die der Bergaufsicht unterliegen, der Bergbehörde anzuzeigen. [2]Dies gilt auch dann, wenn lediglich der Verdacht besteht, dass wassergefährdende Stoffe im Sinne des Satzes 1 ausgetreten sind. [3]Die Anzeigepflicht kann auch gegenüber der nächsten Polizeidienststelle erfüllt werden.

(2) Anzeigepflichtig ist, wer eine Leitung, eine Anlage im Sinne des Absatzes 1, ein Fahrzeug oder ein Schiff betreibt, befüllt, entleert, instand hält, instand setzt, reinigt, überwacht oder prüft oder wer das Austreten wassergefährdender Stoffe verursacht hat.

§ 131 Wassergefahr

(1) Sind zur Abwendung einer durch Hochwasser, Sturmflut, Eisgang oder durch andere Ereignisse entstehenden Wassergefahr Maßnahmen notwendig, so haben alle Gemeinden, auch wenn sie nicht bedroht sind, auf Anordnung der für die Gefahrenabwehr zuständigen Behörden die erforderliche Hilfe zu leisten.

(2) [1]Alle Bewohnerinnen und Bewohner der bedrohten und, wenn nötig, auch der benachbarten Gebiete müssen auf Anordnung der zuständigen Behörden bei den Schutzarbeiten helfen und Arbeitsgeräte, Beförderungsmittel und Baustoffe stellen. [2]Die zuständigen Behörden können nach Maßgabe des § 8 des Niedersächsischen Polizei- und Ordnungsbehördengesetzes die erforderlichen Maßnahmen treffen und sofort erzwingen.

(3) Auf Verlangen hat die Körperschaft, in deren Interesse Hilfe geleistet wird, den beteiligten Gemeinden (Absatz 1) und den Bewohnerinnen und Bewohnern (Absatz 2) die bei der Hilfeleistung entstandenen Schäden auszugleichen; für den Schadensausgleich gilt der Siebente Teil des Niedersächsischen Polizei- und Ordnungsbehördengesetzes.

§ 132 Wasserwehr

Die Gemeinden können durch Ortssatzung einen Wasserwehrdienst einrichten.

Siebentes Kapitel
Bußgeldbestimmungen

§ 133 Ordnungswidrigkeiten

(1) Ordnungswidrig handelt, wer vorsätzlich oder fahrlässig
1. entgegen § 4a den Übergang der Erlaubnis oder Bewilligung nicht, nicht richtig oder nicht rechtzeitig anzeigt,
2. einer Benutzungsbedingung oder einer vollziehbaren Auflage einer Zulassung des vorzeitigen Beginns nach § 17 WHG, auch in Verbindung mit § 53 Abs. 1 Satz 3 dieses Gesetzes, § 60 Abs. 3 Satz 3 oder § 69 Abs. 2 WHG zuwiderhandelt,
3. ein altes Recht im Sinne von § 20 Abs. 1 WHG entgegen einer mit diesem Recht verbundenen Beschränkung ausübt,
4. ein nicht schiffbares oberirdisches Gewässer mit Fahrzeugen befährt, ohne dass dies nach § 32 als Gemeingebrauch gestattet ist,
5. a) entgegen § 46 Abs. 1 als Unternehmer einer Stauanlage nicht dafür sorgt, dass die Staumarken oder Festpunkte erhalten, sichtbar und zugänglich bleiben, oder eine Beschädigung oder Änderung nicht unverzüglich der Wasserbehörde anzeigt oder
   b) entgegen § 46 Abs. 2 Satz 1 Staumarken oder Festpunkte ohne Genehmigung der Wasserbehörde ändert oder beeinflusst,
6. entgegen § 48 Abs. 1 eine Stauanlage ohne Genehmigung der Wasserbehörde dauernd außer Betrieb setzt oder beseitigt,
7. entgegen einer vollziehbaren Anordnung nach § 50 als Unternehmer einer Stauanlage die beweglichen Teile der Stauanlage nicht öffnet oder Hindernisse nicht wegräumt,
8. entgegen § 57 Abs. 1 Satz 1 eine Anlage nach § 36 WHG oder eine Aufschüttung oder Abgrabung in oder an einem oberirdischen Gewässer ohne die erforderliche Genehmigung herstellt oder wesentlich ändert,
9. auf Gewässerrandstreifen Dünger und Pflanzenschutzmittel verwendet, obwohl dies von der Wasserbehörde nach § 58 Abs. 2 untersagt worden ist,
10. entgegen § 49 Abs. 1 Satz 1 oder Abs. 2 WHG Bohrungen nicht oder nicht rechtzeitig anzeigt,
11. entgegen § 96 Abs. 6 Sätze 1 und 2 die Errichtung oder wesentliche Änderung einer Kleinkläranlage nicht oder nicht rechtzeitig anzeigt,
12. als Betreiber einer Abwasseranlage
    a) entgegen § 100 Abs. 1 Untersuchungsergebnisse nicht aufzeichnet oder Aufzeichnungen der zuständigen Behörde auf Verlangen nicht vorlegt oder
    b) entgegen einer vollziehbaren Anordnung nach § 100 Abs. 3 die Anlage nicht mit Einrichtungen ausrüstet, Untersuchungen nicht durchführt oder Aufzeichnungen nicht in der vorgeschriebenen Art oder dem vorgeschriebenen Umfang führt,
13. entgegen § 130 Abs. 1 Satz 1 als Anzeigepflichtiger nach § 130 Abs. 2 das Austreten wassergefährdender Stoffe nicht unverzüglich anzeigt.

(2) Ordnungswidrig handelt ferner, wer vorsätzlich oder fahrlässig einer aufgrund
1. des § 92 dieses Gesetzes über die Festsetzung von Schutzbestimmungen in Wasserschutzgebieten,
2. des § 34 zur Regelung, zur Beschränkung oder zum Verbot des Gemeingebrauchs,
3. des § 60 zur Güte oberirdischer Gewässer,
4. des § 82 zur Güte von Küstengewässern,
5. des § 53 Abs. 4 in Verbindung mit § 52 Abs. 1 WHG zum Schutz einer staatlichen anerkannten Heilquelle,
6. des § 87 Abs. 1 Sätze 1 und 2 zur Lagerung in Feldmieten,
7. des § 95 Abs. 1 zu den Anforderungen an die Abwasserbeseitigung oder
8. des § 167 in der bis zum 28. Februar 2010 geltenden Fassung zum Schutz der Gewässer

erlassenen Verordnung zuwiderhandelt, soweit die Verordnung für einen bestimmten Tatbestand auf diese Bußgeldvorschrift verweist.

(3) Die Ordnungswidrigkeit kann mit einer Geldbuße bis zu 50 000 Euro geahndet werden.

Anlage 1
[aufgehoben]

Anlage 2
(zu § 22 Abs. 1 Satz 1)

Verzeichnis der Gebühren für Wasserentnahmen

Nr.	Verwendungszweck	Gebührensatz (Euro je Kubikmeter)
1.	Öffentliche Wasserversorgung	0,15
2.	Entnehmen und Ableiten von Wasser aus oberirdischen Gewässern	
2.1	zur Kühlung	0,026
2.2	zur Beregnung und Berieselung zu landwirtschaftlichen, forstwirtschaftlichen oder erwerbsgärtnerischen Zwecken	0,014
2.3	zu sonstigen Zwecken	0,060
3.	Entnehmen, Zutagefördern, Zutageleiten und Ableiten von Grundwasser	
3.1	zur Wasserhaltung	0,074
3.2	zur Kühlung	0,074
3.3	zur Beregnung und Berieselung zu landwirtschaftlichen, forstwirtschaftlichen oder erwerbsgärtnerischen Zwecken	0,014
3.4	zur Fischhaltung	0,008
3.5	zu sonstigen Zwecken	0,18

Anlagen 3–7
(hier nicht wiedergegeben)

Niedersächsisches Naturschutzgesetz (NNatSchG)[1)]

Vom 19. Februar 2010 (Nds. GVBl. S. 104)
(VORIS 28100)

zuletzt geändert durch Art. 2 G zur Änd. des G über den Nationalpark „Niedersächsisches Wattenmeer“ und des AusführungsG zum BundesnaturschutzG sowie zur Änd. weiterer Gesetze vom 22. September 2022 (Nds. GVBl. S. 578)

Inhaltsübersicht

---

1) Verkündet als Art. 1 G v. 19.2.2010 (Nds. GVBl. S. 104); Inkrafttreten gem. Art. 5 des G am 1.3.2010.

Erster Abschnitt
Allgemeine Vorschriften

§ 1 Regelungsgegenstand dieses Gesetzes

[1]In diesem Gesetz werden Regelungen getroffen, die das Bundesnaturschutzgesetz (BNatSchG) vom 29. Juli 2009 (BGBl. I S. 2542) ergänzen oder von diesem im Sinne von Artikel 72 Abs. 3 Satz 1 Nr. 2 des Grundgesetzes abweichen. [2]Die abweichenden Regelungen gelten nicht im Bereich der Küstengewässer (§ 56 Abs. 1 BNatSchG).

§ 1a Begrenzung der Versiegelung von Böden; Förderung des Ökolandbaus (zu § 1 BNatSchG)

(1) [1]Ergänzend zu § 1 Abs. 3 Nr. 2 BNatSchG ist die Neuversiegelung von Böden landesweit bis zum Ablauf des Jahres 2030 auf unter 3 ha pro Tag zu reduzieren und bis zum Ablauf des Jahres 2050 zu beenden. [2]Anzurechnen sind Flächen, die entsiegelt und dann renaturiert oder, soweit eine Entsiegelung nicht möglich oder nicht zumutbar ist, der natürlichen Entwicklung überlassen worden sind.

(2) Ergänzend zu § 1 Abs. 3 Nr. 2 BNatSchG wirkt die oberste Landwirtschaftsbehörde darauf hin, dass die landwirtschaftlich genutzte Fläche bis zum Ablauf des Jahres 2025 zu 10 Prozent und bis zum Ablauf des Jahres 2030 zu 15 Prozent nach den Zielen und Grundsätzen des ökologischen Landbaus gemäß den Artikeln 4 bis 8 der Verordnung (EU) 2018/848 des Europäischen Parlaments und des Rates vom 30. Mai 2018 über die ökologische/biologische Produktion und die Kennzeichnung von ökologischen/biologischen Erzeugnissen sowie zur Aufhebung der Verordnung (EG) Nr. 834/2007 des Rates (ABl. EU Nr. L 150 S. 1, Nr. L 260 S. 25, Nr. L 262 S. 90, Nr. L 270 S. 37; 2019 Nr. L 305 S. 59; 2020 Nr. L 37 S. 26, Nr. L 324 S. 65), zuletzt geändert durch die Delegierte Verordnung (EU) 2020/427 der Kommission vom 13. Januar 2020 (ABl. EU Nr. L 87 S. 1), in der jeweils geltenden Fassung bewirtschaftet wird.

§ 2 Aufgaben und Befugnisse der Naturschutzbehörde (zu § 3 BNatSchG)

(1) [1]Behörde im Sinne des § 3 Abs. 1 Nr. 1 BNatSchG ist die Naturschutzbehörde. [2]Ergänzend zu den in § 3 Abs. 2 BNatSchG genannten Vorschriften überwacht diese auch die Einhaltung des Naturschutz und Landschaftspflege betreffenden Rechts der Europäischen Union, soweit dieses unmittelbar gilt, des sonstigen Bundesrechts und des Landesrechts. [3]Sie trifft nach pflichtgemäßem Ermessen die im Einzelfall erforderlichen Maßnahmen, um die Einhaltung auch dieser Rechtsvorschriften sicherzustellen.

(2) Sind Natur oder Landschaft rechtswidrig zerstört, beschädigt oder verändert worden, so kann die Naturschutzbehörde auch die Wiederherstellung des bisherigen Zustandes anordnen.

(3) [1]Für Maßnahmen nach den Absätzen 1 und 2 sowie für solche nach § 3 Abs. 2 BNatSchG gilt im Übrigen das Niedersächsische Polizei- und Ordnungsbehördengesetz. [2]Eine grundstücksbezogene Anordnung der Naturschutzbehörde an den Eigentümer oder Nutzungsberechtigten ist auch gegenüber dem Rechtsnachfolger wirksam.

§ 2a Grünlandumbruchverbot (zu § 5 BNatSchG)

(1) Grünland ist eine Fläche,

1. die durch Einsaat oder auf natürliche Weise zum Anbau von Gras oder anderen Grünfutterpflanzen genutzt wird, seit mindestens fünf Jahren nicht Bestandteil der Fruchtfolge des landwirtschaftlichen Betriebes und seit mindestens fünf Jahren nicht umgepflügt worden ist (Dauergrünland) oder
2. die brachliegt, aber noch ein grünlandtypisches Arteninventar aufweist (Grünlandbrache).

(2) [1]Ergänzend zu § 5 Abs. 2 Nr. 5 BNatSchG ist es bei der landwirtschaftlichen Nutzung verboten, an stark erosionsgefährdeten Hängen, auf Flächen in Überschwemmungsgebieten im Sinne des § 76 Abs. 2 und 3 des Wasserhaushaltsgesetzes, auf Standorten mit hohem Grundwasserstand sowie auf

Moorstandorten Grünland im Sinne des Absatzes 1 umzubrechen. [2]Nicht als Grünlandumbruch im Sinne des Satzes 1 gelten flache, bodenlockernde Verfahren zur Bodenbearbeitung bis 10 cm Tiefe zur Wiederherstellung der notwendigen Qualität der Grünlandnarbe.

(3) [1]Zur Ausübung einer guten fachlichen Praxis in der Landwirtschaft lässt die Naturschutzbehörde von dem Verbot nach Absatz 2 Satz 1 für eine erforderliche Grünlanderneuerung eine Ausnahme zu, soweit die beabsichtigte Maßnahme im Einklang mit den Belangen von Naturschutz und Landschaftspflege steht. [2]Die Ausnahmegenehmigung kann mit Nebenbestimmungen im Sinne des § 36 VwVfG versehen werden, wenn nur bei Einhaltung der Nebenbestimmungen die Belange von Natur und Landschaft beachtet werden. [3]Ist auf einer Fläche eine Grünlanderneuerung erfolgt, so ist eine erneute Grünlanderneuerung frühestens nach Ablauf von zehn Jahren zulässig. [4]Die beabsichtigte Maßnahme ist der Naturschutzbehörde schriftlich anzuzeigen; der Anzeige sind Unterlagen beizufügen, soweit diese für die Prüfung erforderlich sein können. [5]Die beabsichtigte Maßnahme gilt als zugelassen, wenn die Naturschutzbehörde sich nach Eingang der vollständigen Unterlagen innerhalb von zehn Arbeitstagen nicht geäußert hat. [6]Genehmigungspflichten nach anderen Vorschriften bleiben unberührt.

(4) [1]Eine beabsichtigte Maßnahme nach Absatz 2 Satz 2 ist der Naturschutzbehörde mindestens zehn Arbeitstage vor ihrer geplanten Durchführung schriftlich anzuzeigen. [2]Steht die beabsichtigte Maßnahme nicht im Einklang mit dem Naturschutzrecht, so kann die Naturschutzbehörde diese innerhalb der nach Satz 1 bestimmten Frist untersagen oder unter die Einhaltung bestimmter Maßgaben stellen.

§ 2b Rote Listen (zu § 6 BNatSchG)

Die Fachbehörde für Naturschutz erstellt zur Verwirklichung der Ziele des Naturschutzes und der Landschaftspflege (§ 33 Satz 3 Nr. 1) notwendige Verzeichnisse ausgestorbener, verschollener und gefährdeter Tier-, Pflanzen- und Pilzarten („Rote Listen“) und soll diese jeweils alle fünf Jahre fortschreiben.

Zweiter Abschnitt

Landschaftsplanung

§ 3 Landschaftsprogramm und Landschaftsrahmenpläne (zu § 10 BNatSchG)

(1) Für die Aufstellung des Landschaftsprogramms ist die oberste Naturschutzbehörde zuständig.

(2) [1]Für die Aufstellung des Landschaftsrahmenplans ist die Naturschutzbehörde zuständig. [2]Jedermann kann den Landschaftsrahmenplan bei der Naturschutzbehörde einsehen und gegen Kostenerstattung Abdrucke verlangen.

§ 4 Landschaftspläne und Grünordnungspläne (zu § 11 BNatSchG)

Für die Aufstellung von Landschaftsplänen und Grünordnungsplänen ist die Gemeinde zuständig.

Dritter Abschnitt

Allgemeiner Schutz von Natur und Landschaft

§ 5 Positivliste Landschaftselemente (zu § 14 BNatSchG)

Ein Eingriff im Sinne des § 14 Abs. 1 BNatSchG liegt in der Regel vor, wenn

1. Alleen und Baumreihen,
2. naturnahe Feldgehölze oder
3. sonstige Feldhecken

beseitigt oder erheblich beeinträchtigt werden

§ 6 Ersatzzahlung; Ermächtigung zum Erlass von Rechtsverordnungen (zu § 15 BNatSchG)

(1) [1]Sind die Kosten nach § 15 Abs. 6 Satz 2 BNatSchG nicht feststellbar, so bemisst sich die Ersatzzahlung abweichend von § 15 Abs. 6 Satz 3 BNatSchG allein nach Dauer und Schwere des Eingriffs und beträgt höchstens sieben Prozent der Kosten für die Planung und Ausführung des Vorhabens einschließlich der Beschaffungskosten für Grundstücke. [2]Abweichend von § 15 Abs. 6 Satz 7 BNatSchG kann die Ersatzzahlung auch für Festlegungen und Maßnahmen nach § 15 Abs. 2 Satz 4 BNatSchG verwendet werden.

(2) § 15 Abs. 7 Satz 1 BNatSchG findet keine Anwendung.

§ 7 Verfahren (zu § 17 BNatSchG)

(1) Für die Führung des Kompensationsverzeichnisses nach § 17 Abs. 6 BNatSchG ist die Naturschutzbehörde zuständig.

(2) [1]Ergänzend zu § 17 Abs. 6 Satz 1 BNatSchG werden im Kompensationsverzeichnis auch erfasst

1. die auf Flächen bezogenen Maßnahmen des Naturschutzes und der Landschaftspflege nach § 15 Abs. 6 Satz 7 BNatSchG sowie die für diese Maßnahmen in Anspruch genommenen Flächen,
2. die nach § 34 Abs. 5 Satz 1 BNatSchG zur Sicherung des Zusammenhangs des Netzes „Natura 2000" notwendigen Maßnahmen und
3. die Maßnahmen zum Ausgleich im Sinne des § 1a Abs. 3 des Baugesetzbuchs (BauGB), soweit diese nach § 9 Abs. 1a BauGB in einem anderen Bebauungsplan festgesetzt sind oder auf den von der Gemeinde bereitgestellten Flächen durchgeführt werden, sowie die für diese Maßnahmen in Anspruch genommenen Flächen.

[2]Die für die Erfassung nach Satz 1 erforderlichen Angaben sind der Naturschutzbehörde ergänzend zu § 17 Abs. 6 Satz 2 BNatSchG zu übermitteln. [3]Die Übermittlung erfolgt im Fall

1. des Satzes 1 Nr. 1 durch jede Behörde oder Stelle, der nach Absatz 4 eine Ersatzzahlung zugeflossen ist,
2. des Satzes 1 Nr. 2 durch die nach § 26 Satz 1 zuständige Behörde und
3. des Satzes 1 Nr. 3 durch die zuständige Gemeinde.

[4]Die oberste Naturschutzbehörde wird ermächtigt, durch Verordnung das Nähere zu der Erfassung nach Satz 1 und zu der Übermittlung nach den Sätzen 2 und 3 zu bestimmen.

(3) [1]Die Naturschutzbehörde lässt die Ausgleichs- und Ersatzmaßnahmen auf Kosten des Verursachers durchführen, wenn dieser ein solches Vorgehen mit der Behörde vereinbart hat. [2]Für die über die Ausführung der Ausgleichs- und Ersatzmaßnahmen hinaus erforderlichen Amtshandlungen werden Gebühren und Auslagen nach den Vorschriften des Niedersächsischen Verwaltungskostengesetzes erhoben.

(4) [1]Die Ersatzzahlung steht der Naturschutzbehörde zu, in deren Zuständigkeitsbereich der Eingriff vorgenommen wird. [2]Wird der Eingriff im Zuständigkeitsbereich mehrerer Naturschutzbehörden verwirklicht, so steht ihnen, falls sie im Einzelfall einen abweichenden Verteilungsmaßstab nicht vereinbaren, die Ersatzzahlung im Verhältnis der von dem Eingriff betroffenen Grundflächen zu. [3]Die oberste Naturschutzbehörde kann im Einzelfall einen abweichenden Verteilungsmaßstab festlegen. [4]Wird der Eingriff außerhalb des Zuständigkeitsbereichs unterer Naturschutzbehörden vorgenommen, so fließt das Geld an eine von der obersten Naturschutzbehörde zu bestimmende Stelle.

(5) Das Aufkommen aus Ersatzzahlungen darf nicht mit anderen Einnahmen vermischt werden.

(6) [1]Die Naturschutzbehörde ist berechtigt, Einnahmen aus Ersatzzahlungen zur Verwendung nach ihren Vorgaben auf Dritte zu übertragen. [2]Die Naturschutzbehörden können zu diesem Zweck gemeinsame Organisationen bilden.

Vierter Abschnitt

Ergänzende Vorschriften über den Bodenabbau

§ 8 Genehmigungsvorbehalt; Verpflichtung zur klimaschutzbezogenen Kompensation

(1) Bodenschätze wie Kies, Sand, Mergel, Ton, Lehm, Moor oder Steine dürfen, wenn die abzubauende Fläche größer als 30 m^2 ist, nur mit Genehmigung der Naturschutzbehörde abgebaut werden.

(2) [1]Torf darf nur abgebaut werden, wenn der Abbau durch klimaschutzbezogene Leistungen kompensiert wird (klimaschutzbezogene Kompensationsleistungen) oder soweit der Abbau Voraussetzung für die Durchführung eines mit der zuständigen Naturschutzbehörde abgestimmten, der Wiedervernässung von Mooren dienenden Klimaschutzprojektes ist. [2]Klimaschutzbezogene Kompensationsleistungen sind Maßnahmen zur Herrichtung von Flächen, sodass auf diesen Flächen eine Hochmoorregeneration zum Zweck des Klima-, Arten- und Biotopschutzes stattfinden kann. [3]§ 15 Abs. 2 Satz 4 BNatSchG gilt mit der Maßgabe entsprechend, dass neben den dort genannten Festlegungen von Maßnahmen auch Festlegungen von Ausgleichs- und Ersatzmaßnahmen (§ 15 Abs. 2 Sätze 1 bis 3 BNatSchG) der Anerkennung solcher Maßnahmen als klimaschutzbezogene Kompensationsleistungen nicht entgegenstehen. [4]Die Größe der herzurichtenden Flächen (Kompensationsflächen) setzt sich zusammen aus einer der Größe der Abbaufläche entsprechenden Fläche (Aufwertungsfläche) und

einem Flächenaufschlag. [5]Der Flächenaufschlag erfolgt für jeden angefangenen Hektar der Abbaufläche. [6]Er bemisst sich nach der vorhandenen Nutzung der Aufwertungsfläche und beträgt für bisher

1. ungenutzte, naturnahe und zu trockene Moorflächen 1 Hektar,
2. extensiv genutztes Grünland 0,5 Hektar,
3. intensiv genutztes Grünland 0,33 Hektar und
4. als Acker auf einem Moorkörper genutzte Flächen 0,25 Hektar.

[7]Wird während der Wirksamkeit einer befristet erteilten Torfabbaugenehmigung für den Zeitraum nach Fristende erneut eine Genehmigung für die verbliebenen Abbauflächen beantragt, so erfolgt abweichend von den Sätzen 4 bis 6 kein Flächenaufschlag; sind für den vorangegangenen Genehmigungszeitraum bereits klimaschutzbezogene Kompensationsleistungen festgelegt worden, so entfällt die Verpflichtung zu klimaschutzbezogener Kompensation für dieselbe Abbaufläche jedoch gänzlich. [8]Im Übrigen gilt für klimaschutzbezogene Kompensationsleistungen § 15 Abs. 4 BNatSchG entsprechend.

§ 9 Genehmigungsantrag

Dem Antrag auf eine Genehmigung nach § 8 Abs. 1 sind eine naturschutzfachliche Bestandserfassung der für den Abbau vorgesehenen Flächen einschließlich der Betriebsflächen sowie ein fachgerecht ausgearbeiteter Plan beizufügen, aus dem alle wesentlichen Einzelheiten des Abbauvorhabens ersichtlich sind, insbesondere

1. Lage, Umgebung und Größe der Abbaufläche,
2. durchgeführte Untersuchungen,
3. die Art und Weise des Abbaus,
4. die Nebenanlagen,
5. die Nutzung der für den Abbau und die Nebenanlagen in Anspruch genommenen Flächen nach dem Abbau,
6. die Herrichtung und Nutzbarmachung der Flächen,
7. soweit erforderlich, die Ausgleichs- und Ersatzmaßnahmen sowie die klimaschutzbezogenen Kompensationsleistungen einschließlich der Angaben zur tatsächlichen und rechtlichen Verfügbarkeit der benötigten Kompensationsflächen,
8. die Kosten der Ausgleichs- und Ersatzmaßnahmen sowie der klimaschutzbezogenen Kompensationsleistungen,
9. ein Zeitplan für den Abbau und die Erbringung der Ausgleichs- und Ersatzmaßnahmen sowie der klimaschutzbezogenen Kompensationsleistungen.

§ 10 Genehmigung; Verfahren bei klimaschutzbezogener Kompensation

(1) [1]Die Genehmigung ist zu erteilen, wenn gewährleistet ist, dass das Abbauvorhaben mit dem Naturschutzrecht, dem öffentlichen Baurecht und sonstigem öffentlichen Recht vereinbar ist. [2]Die Genehmigung schließt die Baugenehmigung ein. [3]Die Genehmigung für den Abbau von Torf ist mit den für die Durchführung des § 8 Abs. 2 erforderlichen Nebenbestimmungen zu erteilen.

(2) [1]Äußert sich zum Genehmigungsantrag eine Behörde, die anzuhören ist, nicht innerhalb von einem Monat nach Anforderung der Stellungnahme oder verlangt sie nicht innerhalb dieser Frist unter Angabe der Hinderungsgründe eine Nachfrist bis zu einem Monat für ihre Stellungnahme, so ist davon auszugehen, dass das Vorhaben mit den von dieser Behörde wahrzunehmenden öffentlichen Belangen in Einklang steht. [2]Bedarf die Genehmigung nach landesrechtlichen Vorschriften der Zustimmung, des Einvernehmens oder Benehmens einer anderen Behörde, so gelten diese unter den Voraussetzungen des Satzes 1 als erteilt.

(3) Der Beginn einzelner Abschnitte des Abbaus kann davon abhängig gemacht werden, dass für andere Abschnitte Ausgleichs- oder Ersatzmaßnahmen fertig gestellt sind, die Ersatzzahlung geleistet ist oder klimaschutzbezogene Kompensationsleistungen erbracht sind.

(4) [1]Die Genehmigung wird dem Antragsteller unbeschadet privater Rechte Dritter erteilt. [2]Sie ist dem Antragsteller und dem Eigentümer sowie einem Nießbraucher oder Erbbauberechtigten zuzustellen. [3]Sie wirkt für und gegen die in Satz 2 Genannten und deren Rechtsnachfolger.

(5) [1]Die Genehmigung kann befristet werden. [2]Eine Genehmigung zum Abbau von Torf ist zu befristen. [3]Die Genehmigung erlischt, wenn nicht innerhalb von drei Jahren nach ihrer Erteilung mit dem Abbau begonnen oder wenn der Abbau länger als drei Jahre unterbrochen wird. [4]Die Frist nach Satz 3 kann auf Antrag verlängert werden. [5]Satz 4 gilt nicht für die Genehmigung über den Abbau von Torf.

(6) [1]Für das Verfahren zur Durchführung des § 8 Abs. 2 gilt § 17 Abs. 5, 7 und Abs. 9 Satz 3 BNatSchG entsprechend. [2]Die Kompensationsflächen sind ergänzend zu § 17 Abs. 6 Satz 1 BNatSchG im Kompensationsverzeichnis zu erfassen.

(7) [1]In den Verfahren nach § 8 Abs. 2 Satz 7 kann die Naturschutzbehörde auf Antrag vorläufig zulassen, dass bereits vor der Entscheidung über die Genehmigung der Torfabbau fortgeführt werden darf, wenn

1. mit der Erteilung einer Genehmigung gerechnet werden kann,
2. ein öffentliches Interesse oder ein berechtigtes Interesse des Antragstellers an der Fortführung besteht und
3. der Antragsteller sich verpflichtet,
   a) alle bis zur Entscheidung durch die Fortführung des Torfabbaus verursachten Schäden zu ersetzen, wenn eine Genehmigung nicht erteilt wird, und
   b) innerhalb einer von der Naturschutzbehörde zu setzenden Frist, die drei Jahre nicht überschreiten darf, die für die Festlegung der klimaschutzbezogenen Kompensationsleistungen erforderlichen Unterlagen nachzureichen.

[2]Anträge auf vorläufige Zulassung sollen von der zuständigen Behörde innerhalb von drei Monaten beschieden werden. [3]Die vorläufige Zulassung kann jederzeit widerrufen werden. [4]Sie kann mit Auflagen verbunden oder unter dem Vorbehalt nachträglicher Auflagen erteilt werden.

§ 11 Vorbescheid

[1]Über einzelne Fragen, über die in dem Genehmigungsverfahren nach den §§ 8 bis 10 zu entscheiden wäre, kann die Naturschutzbehörde auf Antrag durch Vorbescheid entscheiden. [2]Der Vorbescheid wird unwirksam, wenn nicht innerhalb eines Jahres nach seiner Erteilung die Genehmigung beantragt wird. [3]Wird der Vorbescheid angefochten, beginnt die Frist mit der rechtskräftigen Entscheidung. [4]Die Frist kann auf Antrag um ein weiteres Jahr verlängert werden.

§ 12 Verpflichtung zum Abbau

(1) Verbleiben inmitten eines größeren Gebietes, das abgebaut ist oder mit dessen Abbau sich die Eigentümer, Nießbraucher oder Erbbauberechtigten einverstanden erklärt haben, oder daran unmittelbar angrenzend abbauwürdige Restflächen, so kann die Naturschutzbehörde anordnen, dass die Restflächen ebenfalls abgebaut werden.

(2) [1]Eine Anordnung nach Absatz 1 ist nur zulässig, wenn dadurch die spätere Nutzbarkeit des ganzen Gebietes oder das Landschaftsbild erheblich verbessert wird oder ein öffentliches Interesse an der möglichst vollständigen Ausnutzung des Rohstoffvorkommens besteht. [2]Der Abbau der Restflächen muss den Eigentümern oder sonstigen Berechtigten bei angemessener Würdigung ihrer Belange zuzumuten sein. [3]Der Abbau darf nicht für Wohngrundstücke und solche Grundstücke angeordnet werden, auf die der Berechtigte für die Ausübung seines Berufes angewiesen ist.

(3) [1]Wird der Abbau einer Restfläche angeordnet, so ist dem Eigentümer oder sonstigen Nutzungsberechtigten Gelegenheit zu geben, die Fläche selbst abbauen zu lassen. [2]Unterlässt er dies, so kann die Naturschutzbehörde die Fläche abbauen lassen.

(4) Die Naturschutzbehörde kann die Genehmigung von Abbauten in einem Gebiet nach Absatz 1 davon abhängig machen, dass der Antragsteller sich verpflichtet, einen nach Absatz 1 angeordneten Abbau von Restflächen zu angemessenen Bedingungen durchzuführen.

(5) In den Fällen der Absätze 1 bis 4 findet § 8 Abs. 2 auf den Abbau der Restflächen keine Anwendung.

(6) [1]Soweit einem Eigentümer oder sonstigen Nutzungsberechtigten infolge einer Anordnung nach Absatz 1 wirtschaftliche Nachteile entstehen, ist er angemessen zu entschädigen. [2]§ 68 Abs. 2 BNatSchG und § 42 Abs. 1 bis 3 gelten entsprechend.

§ 13 Betriebsplanpflichtige Abbauten

Die §§ 8 bis 12 gelten nicht für Abbauvorhaben, die nach den bergrechtlichen Vorschriften eines zugelassenen Betriebsplans bedürfen.

Fünfter Abschnitt
Schutz bestimmter Teile von Natur und Landschaft

§ 13a Biotopverbund (zu § 20 BNatSchG)

[1]Ergänzend zu § 20 Abs. 1 BNatSchG soll der Biotopverbund
1. weitere fünf Prozent der Landesfläche und
2. zehn Prozent der Offenlandfläche des Landes umfassen.

[2]Er ist bis zum Ablauf des 31. Dezember 2023 zu schaffen.

§ 14 Erklärung zum geschützten Teil von Natur und Landschaft (zu § 22 BNatSchG)

(1) Vor dem Erlass einer Verordnung nach den § 16 Abs. 1, § 17 Abs. 2, § 19, § 21 Abs. 1 oder § 22 Abs. 1 Satz 1 Nr. 2 ist den Gemeinden, deren Gebiet betroffen ist, und den sonst betroffenen Behörden Gelegenheit zur Stellungnahme zu geben.

(2) [1]Der Entwurf einer Verordnung ist nebst Begründung mindestens einen Monat lang bei den Gemeinden, deren Gebiet betroffen ist, öffentlich auszulegen. [2]Ort und Dauer der Auslegung haben die Gemeinden mindestens eine Woche vorher mit dem Hinweis darauf ortsüblich bekannt zu machen, dass jedermann während der Auslegungszeit bei der Gemeinde oder bei der Naturschutzbehörde, die die Verordnung erlassen will, Bedenken und Anregungen vorbringen kann.

(3) Von einer Auslegung nach Absatz 2 kann abgesehen werden, wenn vor dem Erlass einer Verordnung nach § 21 Abs. 1 oder § 22 Abs. 1 Satz 1 Nr. 2 die betroffenen Eigentümer und Nutzungsberechtigten angehört werden.

(4) [1]In der Verordnung werden der geschützte Teil von Natur und Landschaft und der Geltungsbereich von Vorschriften zeichnerisch in Karten bestimmt. [2]Werden die Karten nicht oder nicht vollständig im Verkündungsblatt abgedruckt, so ist nach den Sätzen 3 bis 6 zu verfahren. [3]Die Naturschutzbehörde, die die Verordnung erlässt, und die Gemeinden, deren Gebiet betroffen ist, haben eine Ausfertigung der Karten aufzubewahren und jedermann kostenlos Einsicht zu gewähren. [4]Hierauf ist in der Verordnung hinzuweisen. [5]Außerdem sind die in Satz 1 genannten Örtlichkeiten im Text der Verordnung grob zu beschreiben. [6]Die Beschreibung nach Satz 5 ist nicht erforderlich, wenn eine Übersichtskarte mit einem Maßstab von 1 : 50 000 oder einem genaueren Maßstab Bestandteil der Verordnung ist. [7]Die Verkündung erfolgt im amtlichen Verkündungsblatt oder in einem im Internet bereitgestellten elektronischen amtlichen Verkündungsblatt der Kommune oder, sofern solche nicht vorhanden sind oder der räumliche Geltungsbereich der Verordnung über das Gebiet der erlassenden Naturschutzbehörde hinausreicht, im Niedersächsischen Ministerialblatt. [8]Für eine nach dem 31. Dezember 2020 ausgefertigte Verordnung ist die auf der Grundlage des Beteiligungsverfahrens fortgeschriebene Begründung zur Einsichtnahme vorzuhalten; Satz 3 gilt entsprechend.

(5) Für den Erlass einer Satzung nach § 22 Abs. 1 Satz 1 Nr. 1 gelten entsprechend
1. die Absätze 1 bis 3,
2. Absatz 4 mit der Maßgabe, dass eine zeichnerische Bestimmung in Karten freigestellt ist.

(6) [1]Nach den Absätzen 1 bis 5 ist auch bei der Änderung und Aufhebung einer Verordnung oder Satzung zu verfahren. [2]Dies gilt nicht für Änderungen, die ausschließlich redaktionelle Berichtigungen umfassen; die Berichtigungen sind jedoch in einer dem Absatz 4 Satz 7 entsprechenden Weise zu veröffentlichen. [3]Für Änderungen nach Satz 2 sind die Hauptverwaltungsbeamtinnen oder Hauptverwaltungsbeamten zuständig; einer erneuten Beschlussfassung der Vertretung bedarf es nicht.

(7) Eine Verletzung der Vorschriften der Absätze 1 bis 3 ist unbeachtlich, wenn sie nicht innerhalb eines Jahres nach Verkündung der Verordnung oder Satzung schriftlich unter Angabe des Sachverhalts, der die Verletzung begründen soll, bei der Naturschutzbehörde oder Gemeinde, die die Verordnung oder Satzung erlassen hat, geltend gemacht wird.

(8) [1]Unter den Voraussetzungen des § 22 Abs. 3 BNatSchG können
1. Teile von Natur und Landschaft im Sinne von § 23 Abs. 1, § 24 Abs. 4, § 26 Abs. 1 und § 28 Abs. 1 BNatSchG durch Verordnung der Naturschutzbehörde und
2. Teile von Natur und Landschaft im Sinne von § 29 Abs. 1 BNatSchG entsprechend § 22 Abs. 1

einstweilig sichergestellt werden; für einzelne Grundstücke genügt ein Verwaltungsakt. [2]Für einstweilige Sicherstellungen sind die Hauptverwaltungsbeamtinnen oder Hauptverwaltungsbeamten zuständig; sie haben die Vertretungen hiervon unverzüglich zu unterrichten. [3]Absatz 4 gilt entsprechend, für die einstweilige Sicherstellung nach Satz 1 Nr. 2 jedoch mit der Maßgabe, dass eine zeichnerische Bestimmung in Karten freigestellt ist.

(9) [1]Die Naturschutzbehörde führt ein Verzeichnis der im Sinne der §§ 23 bis 26 und 28 bis 30 BNatSchG geschützten Teile von Natur und Landschaft, einschließlich der Wallhecken im Sinne von § 22 Abs. 3 Satz 1 und der gesetzlich geschützten Biotope im Sinne des § 24 Abs. 2 sowie der Natura 2000-Gebiete in ihrem Bereich. [2]Die Gemeinden führen Auszüge aus dem Verzeichnis. [3]Jedermann kann das Verzeichnis und die Auszüge einsehen.

(10) [1]Die Naturschutzbehörde kennzeichnet die geschützten Teile von Natur und Landschaft im Sinne der §§ 23, 24, 26 und 28 BNatSchG. [2]Die Kennzeichnungspflicht gilt abweichend von § 22 Abs. 4 Satz 1 BNatSchG nicht für Naturparke im Sinne des § 27 BNatSchG und nicht für geschützte Landschaftsbestandteile im Sinne von § 22.

(11) [1]Als „Naturschutzgebiet", „Nationalpark", „Nationales Naturmonument", „Biosphärenreservat", „Landschaftsschutzgebiet", „Naturpark" oder „Naturdenkmal" dürfen Teile von Natur und Landschaft nur bezeichnet werden, wenn sie von der zuständigen Behörde dazu erklärt worden sind. [2]Satz 1 gilt entsprechend für ein Gebiet, das die UNESCO als „Biosphärenreservat" anerkannt hat. [3]Bezeichnungen, die den genannten zum Verwechseln ähnlich sind, dürfen für Teile von Natur und Landschaft nicht benutzt werden.

§ 15 Pflege-, Entwicklungs- und Wiederherstellungsmaßnahmen (zu § 22 BNatSchG)

(1) Pflege-, Entwicklungs- und Wiederherstellungsmaßnahmen für die nach § 16 Abs. 1, § 17 Abs. 2, § 19, § 21 Abs. 1, § 22 Abs. 1 oder 3, § 24 Abs. 2 dieses Gesetzes oder nach § 30 Abs. 2 BNatSchG geschützten Teile von Natur und Landschaft kann die Naturschutzbehörde auch im Einzelfall anordnen.

(2) [1]In Erklärungen nach § 22 Abs. 1 Satz 2 BNatSchG bestimmte oder auf Grund einer solchen Erklärung angeordnete Pflege-, Entwicklungs- und Wiederherstellungsmaßnahmen sowie Maßnahmen nach Absatz 1 lässt die Naturschutzbehörde durchführen. [2]Auf Antrag soll sie den Eigentümern oder sonstigen Nutzungsberechtigten gestatten, selbst für die Durchführung der Maßnahmen zu sorgen.

(3) Kosten aus

1. Pflege-, Entwicklungs- und Wiederherstellungsmaßnahmen oder
2. Vereinbarungen im Sinne von § 3 Abs. 3 BNatSchG, durch die sich Eigentümer oder sonstige Nutzungsberechtigte von Grundstücken dauernd oder befristet zu einer Pflege-, Entwicklungs- oder Wiederherstellungsmaßnahme oder zu einer nicht bereits durch Rechtsvorschrift angeordneten Unterlassung gegen Zahlung eines angemessenen Entgelts verpflichten,

trägt für Naturschutzgebiete und für Natura 2000-Gebiete das Land nach Maßgabe des Landeshaushalts; im Übrigen trägt die Kosten die Naturschutzbehörde, die die Maßnahme angeordnet oder die Vereinbarung getroffen hat.

(4) Bei Teilen von Natur und Landschaft, die nach § 22 Abs. 1 Satz 1 Nr. 1 oder Satz 2 durch Satzung festgesetzt sind, tritt bei der Anwendung der Absätze 1 bis 3 die Gemeinde an die Stelle der Naturschutzbehörde.

§ 16 Naturschutzgebiete (zu § 23 BNatSchG)

(1) Die Naturschutzbehörde kann Gebiete im Sinne von § 23 Abs. 1 BNatSchG durch Verordnung als Naturschutzgebiet festsetzen.

(2) [1]Das Naturschutzgebiet darf außerhalb der Wege nicht betreten werden. [2]Soweit der Schutzzweck es erfordert oder erlaubt, kann die Verordnung Ausnahmen von Satz 1 zulassen.

§ 17 Nationalparke, Nationale Naturmonumente (zu § 24 BNatSchG)

(1) Gebiete im Sinne von § 24 Abs. 1 BNatSchG können nur durch Gesetz als Nationalpark festgesetzt werden.

(2) Die oberste Naturschutzbehörde kann Gebiete im Sinne von § 24 Abs. 4 BNatSchG durch Verordnung als Nationales Naturmonument festsetzen.

§ 18 Biosphärenreservate (zu § 25 BNatSchG)

Gebiete im Sinne von § 25 Abs. 1 BNatSchG können nur durch Gesetz als Biosphärenreservat festgesetzt werden.

§ 19 Landschaftsschutzgebiete (zu § 26 BNatSchG)

Die Naturschutzbehörde kann Gebiete im Sinne von § 26 Abs. 1 BNatSchG durch Verordnung als Landschaftsschutzgebiet festsetzen.

§ 20 Naturparke (zu § 27 BNatSchG)

(1) [1]Die oberste Naturschutzbehörde kann Gebiete im Sinne von § 27 Abs. 1 BNatSchG zum Naturpark erklären. [2]Abweichend von § 27 Abs. 1 Nr. 2 BNatSchG muss der Naturpark großenteils aus Landschaftsschutzgebieten oder Naturschutzgebieten bestehen. [3]Ergänzend zu den in § 27 Abs. 1 BNatSchG genannten Voraussetzungen muss der Naturpark einen Träger haben, der diesen zweckentsprechend entwickelt und pflegt.

(2) Die Erklärung nach Absatz 1 Satz 1 ist einschließlich einer Übersichtskarte mit einem Maßstab von 1 : 100 000 oder einem genaueren Maßstab sowie der Angabe des Trägers im Niedersächsischen Ministerialblatt bekannt zu machen.

§ 21 Naturdenkmäler (zu § 28 BNatSchG)

(1) Die Naturschutzbehörde kann Einzelschöpfungen und Flächen im Sinne von § 28 Abs. 1 BNatSchG durch Verordnung als Naturdenkmal festsetzen.

(2) [1]Maßnahmen, die der Feststellung oder Beseitigung einer von dem Naturdenkmal ausgehenden Gefahr dienen, sind abweichend von § 28 Abs. 2 BNatSchG nicht verboten. [2]Die Maßnahmen sind der Naturschutzbehörde spätestens drei Werktage vor der Durchführung, bei gegenwärtiger erheblicher Gefahr unverzüglich, anzuzeigen.

(3) [1]Wer einen Findling mit mehr als zwei Metern Durchmesser oder eine Höhle entdeckt, der oder die bisher unbekannt ist und als Naturdenkmal in Betracht kommt, hat den Fund unverzüglich der Naturschutzbehörde oder der Gemeinde anzuzeigen. [2]Anzeigepflichtig sind auch der Leiter und der Unternehmer der Arbeiten, die zu dem Fund geführt haben, sowie der Eigentümer und Besitzer des Grundstücks. [3]Die Anzeige eines Pflichtigen befreit die übrigen. [4]Nimmt der Finder an den Arbeiten, die zu dem Fund geführt haben, aufgrund eines Arbeitsverhältnisses teil, so wird er durch Anzeige an den Leiter oder den Unternehmer der Arbeiten befreit. [5]Der Fund und die Fundstelle sind unverändert zu lassen, bis die Naturschutzbehörde entschieden hat, ob der Fund geschützt (§ 22 Abs. 1 oder 3 BNatSchG) oder freigegeben werden soll. [6]Ist sie bis zum Ablauf von vier Werktagen nach der Anzeige nicht tätig geworden, so gilt der Fund als freigegeben.

§ 22 Geschützte Landschaftsbestandteile (zu § 29 BNatSchG)

(1) [1]Teile von Natur und Landschaft im Sinne von § 29 Abs. 1 BNatSchG kann

1. innerhalb der im Zusammenhang bebauten Ortsteile die Gemeinde im eigenen Wirkungskreis durch Satzung,
2. im Übrigen die Naturschutzbehörde durch Verordnung

als geschützten Landschaftsbestandteil festsetzen. [2]Satz 1 Nr. 1 gilt für Teile von Natur und Landschaft außerhalb der im Zusammenhang bebauten Ortsteile entsprechend, solange und soweit die Naturschutzbehörde keine Festsetzung nach Satz 1 Nr. 2 erlässt. [3]Die Naturschutzbehörde kann Festsetzungen der Gemeinde für Teile von Natur und Landschaft außerhalb der im Zusammenhang bebauten Ortsteile durch eigene ersetzen.

(2) [1]Für Geldersatzleistungen im Sinne von § 29 Abs. 2 Satz 2 BNatSchG gelten § 15 Abs. 6 Satz 7 BNatSchG sowie § 7 Abs. 4 Satz 1 und Abs. 5 dieses Gesetzes entsprechend. [2]Ist die Geldersatzleistung in einer Satzung nach Absatz 1 Satz 1 Nr. 1, auch in Verbindung mit Satz 2, vorgesehen, so steht sie abweichend von Satz 1 der Gemeinde zu.

(2a) Die Gemeinde überwacht die Einhaltung der durch Satzung nach Absatz 1 Satz 1 Nr. 1, auch in Verbindung mit Satz 2, bestimmten Gebote und Verbote und stellt die Einhaltung einer nach § 29 Abs. 2 Satz 2 BNatSchG in der Satzung vorgesehenen Verpflichtung sicher.

(3) [1]Mit Bäumen oder Sträuchern bewachsene Wälle, die als Einfriedung dienen oder dienten, auch wenn sie zur Wiederherstellung oder naturräumlich-standörtlich sinnvollen Ergänzung des traditionellen Wallheckennetzes neu angelegt worden sind, (Wallhecken) sind geschützte Landschaftsbestandteile im Sinne von § 29 Abs. 1 Satz 1 BNatSchG; ausgenommen sind Wälle, die Teil eines Waldes im Sinne von § 2 des Niedersächsischen Gesetzes über den Wald und die Landschaftsordnung sind. [2]Wallhecken dürfen nicht beseitigt werden. [3]Alle Handlungen, die das Wachstum der Bäume und Sträucher beeinträchtigen, sind verboten. [4]Die Verbote nach den Sätzen 2 und 3 gelten nicht

1. für Pflegemaßnahmen der Eigentümer oder sonstigen Nutzungsberechtigten,
2. für die bisher übliche Nutzung der Bäume und Sträucher, wenn deren Nachwachsen nicht behindert wird,
3. für Maßnahmen zur Durchführung des Pflanzenschutzgesetzes,
4. für rechtmäßige Eingriffe im Sinne der §§ 14 und 15 BNatSchG sowie
5. für das Anlegen und Verbreitern von bis zu zwei Durchfahrten pro Schlag, jeweils bis zu acht Metern Breite.

[5]Das Anlegen und Verbreitern nach Satz 4 Nr. 5 ist der Naturschutzbehörde spätestens einen Monat vor ihrer Durchführung anzuzeigen. [6]Die Naturschutzbehörde kann im Einzelfall oder allgemein durch Verordnung Ausnahmen von den Verboten nach den Sätzen 2 und 3 zulassen, wenn dies mit den Zielen von Naturschutz und Landschaftspflege vereinbar oder im überwiegenden öffentlichen Interesse geboten ist oder wenn die Erhaltung den Eigentümer oder Nutzungsberechtigten unzumutbar belastet. [7]Die Eintragung einer Wallhecke in das Verzeichnis nach § 14 Abs. 9 wird den Eigentümern und Nutzungsberechtigten der Grundstücke, auf denen sich die Wallhecke befindet, schriftlich und unter Hinweis auf die Verbote nach den Sätzen 2 und 3 bekannt gegeben. [8]Bei mehr als zehn Betroffenen kann die Eintragung öffentlich bekannt gegeben werden. [9]Die Naturschutzbehörde teilt dem Grundeigentümer oder Nutzungsberechtigten auf Verlangen mit, ob sich auf seinem Grundstück eine Wallhecke befindet oder ein bestimmtes Vorhaben des Grundstückseigentümers oder Nutzungsberechtigten nach Satz 2 oder 3 verboten ist.

§ 23 Gemeingebrauch an Gewässern

Soweit der Schutzzweck es erfordert, können in einer Festsetzung nach § 16 Abs. 1, § 17 Abs. 2, § 19, § 21 Abs. 1 oder § 22 Abs. 1 Regelungen über den Gemeingebrauch an Gewässern (§ 34 des Niedersächsischen Wassergesetzes) getroffen werden.

§ 24 Gesetzlich geschützte Biotope (zu § 30 BNatSchG)

(1) [1]§ 30 Abs. 2 BNatSchG findet keine Anwendung auf Biotope, die
1. auf einer von einem Betriebsplan nach den §§ 52 und 53 des Bundesberggesetzes erfassten Fläche nach der Zulassung oder Planfeststellung oder
2. auf einer von einem Bebauungsplan erfassten Fläche nach dessen Inkrafttreten

entstehen, wenn dort eine nach dem Plan zulässige Nutzung verwirklicht wird. [2]§ 30 Abs. 2 BNatSchG findet ebenfalls keine Anwendung auf Erhaltungsmaßnahmen der Träger der Deicherhaltung, durch die auf einem vorhandenen Deich gesetzlich geschützte Biotope zerstört oder sonst erheblich beeinträchtigt werden. [3]Dies gilt auch für Maßnahmen der Träger der Deicherhaltung nach § 21 des Niedersächsischen Deichgesetzes (NDG), sofern sie nicht im Gebiet des Nationalparks „Niedersächsisches Wattenmeer“ stattfinden, sowie für solche nach § 27 NDG.

(2) Gesetzlich geschützte Biotope sind auch
1. hochstaudenreiche Nasswiesen sowie sonstiges artenreiches Feucht- und Nassgrünland,
2. Bergwiesen,
3. mesophiles Grünland,
4. Obstbaumwiesen und -weiden mit einer Fläche von mehr als 2 500 m^2 aus hochstämmigen Obstbäumen mit mehr als 1,60 m Stammhöhe (Streuobstbestände) und
5. Erdfälle.

(3) [1]Die Eintragung gesetzlich geschützter Biotope in das Verzeichnis nach § 14 Abs. 9 wird den Eigentümern und Nutzungsberechtigten der Grundstücke, auf denen sich die Biotope befinden, schriftlich und unter Hinweis auf die Verbote des § 30 Abs. 2 BNatSchG bekannt gegeben; § 22 Abs. 3 Satz 8 gilt entsprechend. [2]Die Naturschutzbehörde teilt dem Grundeigentümer oder Nutzungsberechtigten auf Verlangen mit, ob sich auf seinem Grundstück ein Biotop befindet oder ein bestimmtes Vorhaben des Grundstückseigentümers oder Nutzungsberechtigten nach § 30 Abs. 2 BNatSchG verboten ist.

§ 25 Schutzgebiete des Netzes „Natura 2000“ (zu § 32 BNatSchG)

[1]Die Auswahl nach § 32 Abs. 1 Satz 1 BNatSchG trifft die Landesregierung. [2]Soll die Auswahl eines Gebietes aufgehoben werden oder ist ein Gebiet aufgrund einer Entscheidung der nach § 26 Satz 1 für Maßnahmen nach § 34 Abs. 5 Satz 1 BNatSchG zuständigen Behörde auszuwählen, so ist für die Auswahl abweichend von Satz 1 die oberste Naturschutzbehörde zuständig. [3]Die nach Artikel 4 Abs. 1 und 2 der Richtlinie 2009/147/EG des Europäischen Parlaments und des Rates vom 30. No-

vember 2009 über die Erhaltung der wildlebenden Vogelarten (ABl. EU Nr. L 20 S. 7), zuletzt geändert durch die Verordnung (EU) 2019/1010 des Europäischen Parlaments und des Rates vom 5. Juni 2019 (ABl. EU Nr. L 170 S. 115), in der jeweils geltenden Fassung benannten Gebiete, für die ein Schutz im Sinne des § 32 Abs. 2 bis 4 BNatSchG noch nicht gewährleistet ist, macht die oberste Naturschutzbehörde im Niedersächsischen Ministerialblatt bekannt.

§ 25a Anwendung von Pflanzenschutzmitteln

(1) Innerhalb von

1. Naturschutzgebieten und
2. Landschaftsschutzgebieten, soweit sie Natura 2000-Gebiet sind,

ist auf Dauergrünland gemäß § 2a Abs. 1 Nr. 1 die Anwendung von Pflanzenschutzmitteln im Sinne des Artikels 3 Nr. 10 Buchst. a der Richtlinie 2009/128/EG des Europäischen Parlaments und des Rates vom 21. Oktober 2009 über einen Aktionsrahmen der Gemeinschaft für die nachhaltige Verwendung von Pestiziden (ABl. EU Nr. L 309 S. 71; 2010 Nr. L 161 S. 11), zuletzt geändert durch die Verordnung (EU) 2019/1243 des Europäischen Parlaments und des Rates vom 20. Juni 2019 (ABl. EU Nr. L 198 S. 241), in der jeweils geltenden Fassung verboten.

(2) [1]Das Verbot nach Absatz 1 gilt nicht für die Anwendung von Pflanzenschutzmitteln,

1. die ausschließlich Wirkstoffe enthalten, die nach Artikel 24 Abs. 1 Buchst. a der Verordnung (EU) 2018/848 des Europäischen Parlaments und des Rates vom 30. Mai 2018 über die ökologische/biologische Produktion und die Kennzeichnung von ökologischen/biologischen Erzeugnissen sowie zur Aufhebung der Verordnung (EG) Nr. 834/2007 des Rates in der jeweils geltenden Fassung zugelassen sind oder
2. wenn diese auf Flächen, auf denen von der Landwirtschaftskammer Niedersachsen bekannt gegebene Schadschwellen überschritten sind, maßvoll erfolgt und eine zumutbare praxistaugliche Alternative nicht besteht,

soweit der Schutzzweck des Gebietes nicht entgegensteht. [2]Eine beabsichtigte Anwendung entsprechend Satz 1 Nr. 2 in Naturschutzgebieten ist der Naturschutzbehörde mindestens zehn Arbeitstage vor ihrer Durchführung schriftlich anzuzeigen. [3]Steht die beabsichtigte Anwendung nicht im Einklang mit Naturschutzrecht, so kann die Naturschutzbehörde diese innerhalb der nach Satz 2 bestimmten Frist untersagen oder unter die Einhaltung bestimmter Maßgaben stellen. [4]Unverzüglich nach einer Anwendung auf Flächen nach Absatz 1 Nr. 2 hat der Eigentümer oder Nutzungsberechtigte diese und die Einhaltung der Voraussetzungen nach Satz 1 Nr. 2 nachvollziehbar aufzuzeichnen und diese Aufzeichnung der Naturschutzbehörde auf Verlangen vorzulegen.

(3) Innerhalb von Naturschutzgebieten ist der Einsatz von Totalherbizid verboten.

(4) Weitergehende Vorschriften in Naturschutzgebiets- und Landschaftsschutzgebietsverordnungen bleiben von den Regelungen der Absätze 1 bis 3 unberührt.

§ 26 Verträglichkeit und Unzulässigkeit von Projekten; Ausnahmen (zu § 34 BNatSchG)

[1]Über die Verträglichkeit von Projekten im Sinne von § 34 Abs. 1 Satz 1 BNatSchG, die nicht unter § 34 Abs. 6 Satz 1 BNatSchG fallen, mit den Erhaltungszielen eines Natura 2000-Gebietes, über die Zulässigkeit solcher Projekte nach § 34 Abs. 3 und 4 BNatSchG und über Maßnahmen nach § 34 Abs. 5 Satz 1 BNatSchG entscheidet die Behörde, die das Projekt zulässt, der das Projekt anzuzeigen ist oder die das Projekt selbst durchführt, im Benehmen mit der Naturschutzbehörde. [2]Die Durchführung der Maßnahmen ist dem Träger des Projektes aufzuerlegen. [3]Für Maßnahmen, die er nicht selbst ausführen kann, sind ihm die Kosten aufzuerlegen. [4]Die Unterrichtung nach § 34 Abs. 5 Satz 2 BNatSchG erfolgt über die jeweilige oberste Landesbehörde.

§ 27 Gentechnisch veränderte Organismen (zu § 35 BNatSchG)

Über die Verträglichkeit im Sinne von § 34 Abs. 1 Satz 1 in Verbindung mit § 35 BNatSchG entscheidet, soweit nicht durch Rechtsvorschrift etwas anderes bestimmt ist, die Behörde, die die Freisetzung oder Nutzung zulässt, der die Freisetzung oder Nutzung anzuzeigen ist oder die die Freisetzung oder Nutzung selbst durchführt.

§ 28 Pläne (zu § 36 BNatSchG)

Für die Zuständigkeit für Entscheidungen nach § 36 BNatSchG gilt § 26 entsprechend.

Sechster Abschnitt
Schutz der wild lebenden Tier- und Pflanzenarten, ihrer Lebensstätten und Biotope

§ 29 Zoos (zu § 42 BNatSchG)
[1]Für die Genehmigung nach § 42 Abs. 2 Satz 1 BNatSchG ist die Naturschutzbehörde zuständig. [2]Die Genehmigung schließt die Erlaubnis nach § 11 Abs. 1 Satz 1 Nrn. 4 und 8 Buchst. d des Tierschutzgesetzes sowie die baurechtliche Genehmigung ein. [3]Auf Antrag soll zugleich mit der Genehmigung über das Ausstellen einer Bescheinigung nach § 4 Nr. 20 Buchst. a des Umsatzsteuergesetzes entschieden werden.

§ 30 Tiergehege (zu § 43 BNatSchG)
Die Anzeigepflicht nach § 43 Abs. 3 Satz 1 BNatSchG gilt nicht für
1. Tiergehege, die eine Grundfläche von insgesamt 50 m^2 nicht überschreiten und in denen weder
   a) Tiere besonders geschützter Arten (§ 7 Abs. 2 Nr. 13 BNatSchG) noch
   b) invasive Tierarten (§ 7 Abs. 2 Nr. 9 BNatSchG)

   gehalten werden,
2. Auswilderungsvolieren für dem Jagdrecht unterliegende Tierarten, wenn die Volieren nicht länger als einen Monat aufgestellt werden,
3. Anlagen für höchstens zwei Greifvögel, wenn die Vögel zum Zweck der Beizjagd gehalten werden und der Halter einen Falknerjagdschein besitzt,
4. Netzgehege, in denen Zucht- oder Speisefische gehalten werden.

Siebenter Abschnitt
Durchführung naturschutzrechtlicher Vorschriften

§ 31 Naturschutzbehörden
(1) [1]Die Landkreise und die kreisfreien Städte nehmen die Aufgaben der unteren Naturschutzbehörden wahr. [2]Die Zuständigkeit der großen selbständigen Städte und der selbständigen Gemeinden wird ausgeschlossen. [3]Die oberste Naturschutzbehörde kann auf Antrag die Aufgaben der unteren Naturschutzbehörde einer großen selbständigen Stadt übertragen; die Übertragung kann widerrufen werden, wenn die große selbständige Stadt dies beantragt oder sie keine Gewähr mehr für eine ordnungsgemäße Erfüllung der ihr übertragenen Aufgaben bietet. [4]Die Aufgaben der unteren Naturschutzbehörde gehören zum übertragenen Wirkungskreis.
(2) Oberste Naturschutzbehörde ist das Fachministerium.
(3) Naturschutzbehörden sind auch
1. die Nationalparkverwaltung „Harz“, die Nationalparkverwaltung „Niedersächsisches Wattenmeer“ und die Biosphärenreservatsverwaltung „Niedersächsische Elbtalaue“,
2. die Alfred Toepfer Akademie für Naturschutz, soweit sie Aufgaben der naturschutzbezogenen Informations- und Bildungsarbeit nach § 2 Abs. 6 BNatSchG wahrnimmt,
3. andere Landesbehörden, soweit diese aufgrund einer Verordnung nach § 32 Abs. 4 zuständig sind.

§ 32 Zuständigkeit der Naturschutzbehörden
(1) [1]Soweit nicht durch Rechtsvorschrift oder aufgrund Rechtsvorschrift etwas anderes bestimmt ist, sind die unteren Naturschutzbehörden zuständig. [2]Die oberste Naturschutzbehörde übt die Fachaufsicht über die Naturschutzbehörden aus. [3]Die Fachaufsichtsbehörde kann anstelle einer nachgeordneten Behörde tätig werden, wenn diese eine Weisung nicht fristgemäß befolgt oder wenn Gefahr im Verzuge ist; die dabei entstehenden Kosten sind von der nachgeordneten Behörde zu erstatten.
(2) Fällt eine Angelegenheit in den Zuständigkeitsbereich mehrerer unterer Naturschutzbehörden oder ist eine Änderung der Zuständigkeit aus anderen Gründen zweckdienlich, so kann die oberste Naturschutzbehörde im Einzelfall die Aufgabe einer anderen unteren Naturschutzbehörde oder einer Landesbehörde übertragen.
(3) [1]Hat ein Programm des Landes, das ganz oder teilweise mit Mitteln der Europäischen Union finanziert wird, die Förderung von Schutz-, Pflege-, Entwicklungs- oder Wiederherstellungsmaßnahmen für Naturschutzzwecke zum Gegenstand, so kann die oberste Naturschutzbehörde bestimmen, dass für Vereinbarungen zu seiner Durchführung andere Behörden des Landes zuständig sind. [2]Diese Behörden

sind an die fachlichen Vorgaben der Naturschutzbehörden über Inhalt und Ort der Maßnahmen gebunden.

(4) Die oberste Naturschutzbehörde kann durch Verordnung die Zuständigkeit für bestimmte Aufgaben auf sich selbst oder eine andere Landesbehörde übertragen, wenn dies zur sachgerechten Erfüllung der Aufgaben erforderlich ist.

§ 32a Datenschutzrechtliche Befugnisse

[1]Die Naturschutzbehörde darf die für die Überwachung der Einhaltung der düngerechtlichen Vorschriften zuständigen Behörden um die Übermittlung personenbezogener Daten ersuchen und die ihr daraufhin übermittelten personenbezogenen Daten verarbeiten, soweit dies zur Erfüllung ihrer Aufgaben erforderlich ist. [2]Die nach Landesrecht für die Überwachung der Einhaltung der düngerechtlichen Vorschriften zuständigen Behörden übermitteln der Naturschutzbehörde auf ein Ersuchen nach Satz 1 personenbezogene Daten, die sie im Rahmen der Überwachung gewonnen haben, soweit dies zur Erfüllung der Aufgaben der Naturschutzbehörde erforderlich ist.

§ 33 Fachbehörde für Naturschutz

[1]Die Fachbehörde für Naturschutz ist eine Behörde des Landes. [2]Sie wirkt bei der Ausführung der unmittelbar anzuwendenden Rechtsakte der Europäischen Union, des Bundesrechts und des Landesrechts mit, soweit diese oder dieses Naturschutz und Landschaftspflege betreffen. [3]Sie hat insbesondere

1. Untersuchungen zur Verwirklichung der Ziele des Naturschutzes und der Landschaftspflege durchzuführen,
2. die Naturschutzbehörden und andere Stellen in Fragen des Naturschutzes und der Landschaftspflege zu beraten,
3. die Öffentlichkeit über Naturschutz und Landschaftspflege zu unterrichten,
4. die Aufgaben der staatlichen Vogelschutzwarte wahrzunehmen.

§ 34 Beauftragte für Naturschutz und Landschaftspflege

(1) [1]Die Naturschutzbehörde kann Beauftragte für Naturschutz und Landschaftspflege bestellen. [2]Die Beauftragten müssen die erforderliche Sachkunde besitzen und dürfen nicht Bedienstete der bestellenden Behörde sein. [3]Sie werden jeweils für fünf Jahre bestellt.

(2) [1]Die Beauftragten beraten und unterstützen die Naturschutzbehörde in allen Angelegenheiten des Naturschutzes und der Landschaftspflege. [2]Sie fördern das allgemeine Verständnis für diese Aufgaben. [3]Sie sind an fachliche Weisungen nicht gebunden. [4]Die Naturschutzbehörde hat ihnen die Auskünfte zu erteilen, die zur Wahrnehmung ihrer Aufgaben erforderlich sind.

(3) Die Beauftragten sind ehrenamtlich tätig.

§ 35 Landschaftswacht

Die Naturschutzbehörde kann aus geeigneten Personen eine Landschaftswacht bilden, die geschützte Teile von Natur und Landschaft und Naturparke überwacht und für den Artenschutz sorgt.

§ 36 Beteiligung von Vereinen an Aufgaben des Naturschutzes und der Landschaftspflege (zu § 3 BNatSchG)

[1]Die Naturschutzbehörde kann über die in § 3 Abs. 4 BNatSchG genannten Fälle hinaus Vereinen und anderen juristischen Personen mit deren Einverständnis auch

1. die Betreuung bestimmter, nach § 16 Abs. 1, § 17 Abs. 2, § 19, § 21 Abs. 1 oder § 22 Abs. 1 oder 3 dieses Gesetzes oder § 30 Abs. 2 BNatSchG, auch in Verbindung mit § 24 Abs. 2 dieses Gesetzes, geschützter Teile von Natur und Landschaft,
2. die Betreuung von Naturparken im Einvernehmen mit dem jeweiligen Träger und
3. bestimmte Aufgaben des Artenschutzes

widerruflich übertragen, wenn diese die Gewähr für die sachgerechte Erfüllung der Aufgabe bieten. [2]Hoheitliche Befugnisse können nicht übertragen werden.

§ 37 Schutz von Bezeichnungen

Die Bezeichnungen „Vogelwarte“, „Vogelschutzwarte“, „Vogelschutzstation“, „Naturschutzakademie“, „Naturschutzstation“ und andere zum Verwechseln ähnliche Bezeichnungen dürfen nur mit Genehmigung der obersten Naturschutzbehörde geführt werden.

§ 38 Mitwirkungsrechte (zu § 63 BNatSchG)

(1) [1]Die anerkannten Naturschutzvereinigungen sind über den Inhalt und den Ort eines Vorhabens nach § 63 Abs. 2 BNatSchG in Kenntnis zu setzen und auf ihre Rechte hinzuweisen. [2]Sie werden abweichend von § 63 Abs. 2 BNatSchG an dem weiteren Verfahren nur beteiligt, wenn der Antragsteller dies beantragt hat oder sie innerhalb von zwei Wochen nach Zugang der Mitteilung ankündigen, eine Stellungnahme abgeben zu wollen.

(2) Den Naturschutzvereinigungen, die nach Absatz 1 Satz 2 am weiteren Verfahren zu beteiligen sind, werden die das Verfahren betreffenden Unterlagen übersandt oder zum elektronischen Abruf bereitgestellt, soweit diese nicht Geschäfts- oder Betriebsgeheimnisse enthalten.

(3) [1]Legt der Antragsteller der Behörde Unterlagen vor, die nach seiner Beurteilung Geschäfts- oder Betriebsgeheimnisse enthalten, so hat er sie zu kennzeichnen und von den anderen Unterlagen getrennt vorzulegen. [2]Sieht die Behörde daraufhin davon ab, den zu beteiligenden Naturschutzvereinigungen die Unterlagen zu übersenden oder sie zum elektronischen Abruf bereitzustellen, so muss sie ihnen den Inhalt dieser Unterlagen, soweit es ohne Preisgabe des Geheimnisses geschehen kann, so ausführlich darstellen, dass den Naturschutzvereinigungen eine Beurteilung der Auswirkungen auf Natur und Landschaft möglich ist. [3]Hält die Behörde die Kennzeichnung der Unterlagen als geheimhaltungsbedürftig für unberechtigt, so hat sie den Antragsteller vor der Übersendung der Unterlagen an die Naturschutzvereinigungen oder vor einer Bereitstellung zum elektronischen Abruf zu hören.

(4) [1]Eine zu beteiligende Naturschutzvereinigung kann innerhalb einer Frist von einem Monat nach Übersendung der Unterlagen eine Stellungnahme abgeben. [2]Die Frist zur Stellungnahme beträgt zwei Monate für Vorhaben, die nach dem Gesetz über die Umweltverträglichkeitsprüfung in der jeweils geltenden Fassung oder nach dem Niedersächsischen Gesetz über die Umweltverträglichkeitsprüfung in der jeweils geltenden Fassung UVP-pflichtig sind. [3]Werden die Unterlagen zum elektronischen Abruf bereitgestellt, so beginnt die Frist am Tag nach der Übersendung der Zugangsdaten für die Unterlagen. [4]Sie kann auf Antrag verlängert werden, wenn dadurch keine Verzögerung des Verfahrens zu erwarten ist. [5]Endet das Verfahren durch einen Verwaltungsakt oder den Abschluss eines öffentlich-rechtlichen Vertrages, so ist den Naturschutzvereinigungen, die im Verfahren eine Stellungnahme abgegeben haben, die Entscheidung bekanntzugeben.

(5) [1]Die Naturschutzvereinigungen haben jeder Naturschutzbehörde eine Stelle zu benennen, die zur Mitwirkung nach § 63 Abs. 2 BNatSchG berechtigt ist. [2]An diese sind die Mitteilungen und Unterlagen nach den Absätzen 1 und 2 zu übermitteln. [3]Hat eine Naturschutzvereinigung einer Naturschutzbehörde keine Stelle benannt, so wird sie in deren Zuständigkeitsbereich abweichend von § 63 Abs. 2 BNatSchG nicht am Verfahren beteiligt.

(6) Durch schriftliche Erklärung der nach Absatz 5 Satz 1 benannten Stelle kann eine Naturschutzvereinigung gegenüber der zuständigen Naturschutzbehörde auf die Mitwirkung in bestimmten Verfahren generell verzichten.

(7) Eine Verletzung der Mitwirkungsrechte nach § 63 Abs. 2 Nr. 1 BNatSchG ist unbeachtlich, wenn sie nicht innerhalb eines Jahres nach Verkündung der Verordnung schriftlich unter Angabe des Sachverhalts, der die Verletzung begründen soll, bei der Behörde, die die Verordnung oder Satzung erlassen hat, geltend gemacht wird.

Achter Abschnitt

Eigentumsbindung, Befreiungen

§ 39 Betretensrecht (zu § 65 BNatSchG)

[1]Bedienstete und sonstige Beauftragte der zuständigen Behörden dürfen, soweit dies zur Wahrnehmung ihrer Aufgaben erforderlich ist,

1. Grundstücke außerhalb von Wohngebäuden und Betriebsräumen sowie des unmittelbar angrenzenden befriedeten Besitztums jederzeit und
2. Betriebsräume sowie das unmittelbar angrenzende befriedete Besitztum während der Betriebszeiten

betreten. [2]Sie dürfen dort Prüfungen und Besichtigungen vornehmen. [3]Sie dürfen dort auch Vermessungen, Bodenuntersuchungen, Arten- oder Biotoperfassungen und ähnliche Arbeiten vornehmen; diese sind rechtzeitig anzukündigen. [4]Einer Ankündigung bedarf es nicht, wenn durch sie der Zweck der Maßnahme gefährdet würde. [5]Bei mehr als zehn Betroffenen kann die Ankündigung öffentlich bekannt gemacht werden. [6]Das Grundrecht der Unverletzlichkeit der Wohnung (Artikel 13 des Grundgesetzes) wird eingeschränkt.

§ 40 Vorkaufsrecht (zu § 66 BNatSchG)

(1) Ergänzend zu § 66 Abs. 1 Satz 1 BNatSchG kann die Naturschutzbehörde auch durch Verordnung an Grundstücken in bestimmten Gebieten, die die Voraussetzungen des § 23 Abs. 1 BNatSchG erfüllen, ein Vorkaufsrecht des Landes begründen; § 14 Abs. 4 dieses Gesetzes und die Registrierungspflicht nach § 22 Abs. 4 Satz 1 BNatSchG in Verbindung mit § 14 Abs. 9 dieses Gesetzes gelten entsprechend.

(2) Im Liegenschaftskataster ist ein nachrichtlicher Hinweis auf das Vorkaufsrecht einzutragen.

(3) [1]Die Naturschutzbehörde übt das Vorkaufsrecht durch Verwaltungsakt aus. [2]Der Verwendungszweck ist bei der Ausübung des Vorkaufsrechts näher anzugeben. [3]Wird das Grundstück nicht in angemessener Zeit für den angegebenen Zweck verwendet, so kann der frühere Käufer verlangen, dass ihm das Grundstück gegen Erstattung des Kaufpreises übereignet wird. [4]Dieses Recht erlischt, wenn ihm die Übereignung angeboten wird und er das Angebot nicht binnen drei Monaten annimmt.

(4) Das Land haftet neben den nach § 66 Abs. 4 BNatSchG begünstigten Dritten für die Verpflichtungen aus dem Kaufvertrag.

(5) [1]Wird durch die Ausübung des Vorkaufsrechts jemandem, dem bereits vor Entstehung des Vorkaufsrechts ein vertraglich begründetes Recht zum Erwerb des Grundstücks zustand, ein Vermögensnachteil zugefügt, so ist er angemessen zu entschädigen. [2]§ 42 Abs. 1 und 2 gilt entsprechend.

§ 41 Befreiungen (zu § 67 BNatSchG)

(1) Der Antrag auf Befreiung nach § 67 Abs. 1 und 2 Satz 1 BNatSchG ist bei der Naturschutzbehörde, im Fall einer beantragten Befreiung von Geboten oder Verboten einer Satzung nach § 22 Abs. 1 Satz 1 Nr. 1 bei der Gemeinde zu stellen.

(2) § 67 Abs. 3 Satz 2 BNatSchG findet keine Anwendung.

§ 42 Beschränkungen des Eigentums; Entschädigung und Ausgleich (zu § 68 BNatSchG)

(1) [1]Zur Entschädigung ist das Land verpflichtet. [2]Die Gemeinden und Landkreise sollen zu dem Entschädigungsaufwand des Landes beitragen, wenn und soweit die entschädigungspflichtige Maßnahme überwiegend einem örtlichen Interesse an Naturschutz und Landschaftspflege oder an der Erholung in Natur und Landschaft Rechnung trägt. [3]Hat eine Satzung nach § 22 Abs. 1 Satz 1 Nr. 1 Auswirkungen im Sinne des § 68 Abs. 1 BNatSchG, so ist die Gemeinde zur Entschädigung verpflichtet.

(2) [1]Der Antrag auf Entschädigung oder auf Übernahme eines Grundstücks ist bei der Behörde zu stellen, die die Beschränkung der Nutzungsrechte oder die Auferlegung von Pflichten angeordnet hat. [2]Beruht die Nutzungsbeschränkung auf einem gesetzlichen Verbot, so ist der Antrag bei der Naturschutzbehörde zu stellen. [3]Kommt keine Einigung zustande, so entscheidet die Enteignungsbehörde über die Geldentschädigung und die Übernahme in entsprechender Anwendung der §§ 11, 13 bis 17 Abs. 2 und 3, §§ 18, 24 bis 26, 29 bis 33 und 36 bis 42 des Niedersächsischen Enteignungsgesetzes. [4]Vor Erhebung der Anfechtungs- oder Verpflichtungsklage gegen Verwaltungsakte der Enteignungsbehörde bedarf es abweichend von § 68 Abs. 1 Satz 1 der Verwaltungsgerichtsordnung keiner Nachprüfung in einem Vorverfahren.

(3) [1]Eine Enteignung ist zulässig, wenn sie erforderlich ist,

1. um Maßnahmen von Naturschutz und Landschaftspflege durchzuführen oder
2. um besonders geeignete Grundstücke, insbesondere die Ufer von Seen und Flüssen, für die Erholung der Allgemeinheit in Natur und Landschaft nutzbar zu machen.

[2]Die Enteignung ist zugunsten des Landes, einer anderen Körperschaft oder Stiftung des öffentlichen Rechts oder einer anerkannten Naturschutzvereinigung zulässig. [3]Im Übrigen gilt das Niedersächsische Enteignungsgesetz.

(4) [1]Die Landesregierung soll durch Verordnung die Gewährung eines angemessenen Ausgleichs für Eigentümer und Nutzungsberechtigte regeln, denen aufgrund von Vorschriften zum Schutz von

1. Naturschutzgebieten,
2. Nationalparken,
3. Teilen von Biosphärenreservaten, die die Voraussetzungen eines Naturschutzgebiets erfüllen,
4. Wald in denjenigen Teilen von Landschaftsschutzgebieten, die Natura 2000-Gebiete sind,

5. Wald in denjenigen Teilen von Biosphärenreservaten, die die Voraussetzungen eines Landschaftsschutzgebietes erfüllen und die Natura 2000-Gebiete sind, oder
6. gesetzlich geschützten Biotopen

die rechtmäßig ausgeübte land-, forst- oder fischereiwirtschaftliche Nutzung von Grundstücken wesentlich erschwert wird, ohne dass eine Entschädigung nach § 68 Abs. 1 bis 3 BNatSchG zu gewähren ist (Erschwernisausgleich). [2]Es kann insbesondere geregelt werden

1. die Art und Weise der wirtschaftlichen Nutzung, für deren Erschwernis ein Ausgleich gewährt wird,
2. die Art und der Zeitraum der Bewirtschaftungsbeschränkungen, für die ein Ausgleich gewährt wird,
3. die Höhe des Erschwernisausgleichs und Bagatellgrenzen, der Ausschluss des Anspruchs auf Erschwernisausgleich,
4. das Antragsverfahren sowie die für die Gewährung und die Auszahlung zuständige Stelle,
5. der Nachweis über die Einhaltung der Bewirtschaftungsbeschränkungen,
6. der Austausch von Daten, die für den Erschwernisausgleich relevant sind, zwischen der für die Gewährung des Erschwernisausgleichs zuständigen Stelle und der für die Auszahlung der Direktzahlungen zuständigen Stelle im Sinne der Verordnung (EU) Nr. 1307/2013 des Europäischen Parlaments und des Rates vom 17. Dezember 2013 mit Vorschriften über Direktzahlungen an Inhaber landwirtschaftlicher Betriebe im Rahmen von Stützungsregelungen der Gemeinsamen Agrarpolitik und zur Aufhebung der Verordnung (EG) Nr. 637/2008 des Rates und der Verordnung (EG) Nr. 73/2009 des Rates (ABl. EU Nr. L 347 S. 608; 2016 Nr. L 130 S. 14), zuletzt geändert durch die Delegierte Verordnung (EU) 2020/1314 der Kommission vom 10. Juli 2020 (ABl. EU Nr. L 307 S. 1), in der jeweils geltenden Fassung und
7. die Folgen der teilweisen oder vollständigen Finanzierung des Erschwernisausgleichs aus Mitteln der Europäischen Union.

(5) [1]Die Landesregierung regelt durch Verordnung die Gewährung eines angemessenen Ausgleichs für Eigentümer und Nutzungsberechtigte, denen aufgrund

1. der Versagung einer Ausnahme zur Grünlanderneuerung nach § 2a Abs. 3 Satz 1,
2. von Vorschriften zum Schutz von sonstigem artenreichem Feucht- und Nassgrünland im Sinne des § 24 Abs. 2 Nr. 1,
3. von Vorschriften zum Schutz von mesophilem Grünland im Sinne des § 24 Abs. 2 Nr. 3,
4. von Vorschriften des § 25a zum Einsatz von Pflanzenschutzmitteln und Totalherbizid oder
5. von angeordneten Bewirtschaftungsvorgaben nach § 44 Abs. 4 Satz 3 BNatSchG für Grünland im Sinne des § 2a Abs. 1 innerhalb von Natura 2000-Gebieten, die dem Schutz der Bruten von Wiesenlimikolen dienen,

die landwirtschaftliche Nutzung von Grundstücken nach den Grundsätzen der guten fachlichen Praxis erschwert wird, ohne dass eine Entschädigung nach § 68 Abs. 1 bis 3 BNatSchG zu gewähren ist (erweiterter Erschwernisausgleich). [2]Erweiterter Erschwernisausgleich wird nicht gewährt, wenn die Erschwernis auch auf anderen als den in Satz 1 genannten Vorschriften beruht. [3]Absatz 4 Satz 2 Nrn. 1, 2 und 4 bis 7 sowie Absatz 6 gelten entsprechend. [4]Absatz 4 Satz 2 Nr. 3 gilt entsprechend mit der Maßgabe, dass

1. die Höhe des Erschwernisausgleichs sich nach den durchschnittlichen Ertragseinbußen und Mehraufwendungen, gemessen an den Erträgen und Aufwendungen einer landwirtschaftlichen Nutzung nach den Grundsätzen der guten fachlichen Praxis unter Anrechnung ersparter Aufwendungen, bemisst,
2. über einem Schwellenwert liegende regional oder betrieblich bedingte Nachteile pauschalisiert durch Zuschläge berücksichtigt werden,
3. bei betrieblich bedingten, von Nummer 2 nicht erfassten besonderen Nachteilen die angemessene Höhe durch gutachterliche Stellungnahme der Landwirtschaftskammer Niedersachsen nachgewiesen werden kann und
4. Vermögensvorteile, soweit sie auf einer anderen rechtlichen Grundlage als Satz 1 im Hinblick auf eine Erschwernis nach Satz 1 gewährt werden, anzurechnen sind.

(6) [1]Erschwernisausgleich wird nur auf Antrag gewährt. [2]Er wird nicht gewährt, soweit die Nutzung aufgrund einer anderen rechtlichen oder vertraglichen Verpflichtung im gleichen Maße erschwert ist. [3]Er wird auch nicht gewährt,

1. für Grundstücke im Eigentum von Gebietskörperschaften,
2. für Grundstücke im Eigentum einer Stiftung, die von einer Gebietskörperschaft errichtet wurde,
3. für Grundstücke im Eigentum einer Anstalt, die vom Bund oder einem Land errichtet wurde,
4. für Grundstücke im Eigentum einer kommunalen Anstalt, einer gemeinsamen kommunalen Anstalt, eines Zweckverbands,
5. für Grundstücke im Eigentum einer sonstigen juristischen Person oder Organisation des öffentlichen oder privaten Rechts, deren geschäftsführendes Organ einer Gesellschafterversammlung, einem Aufsichtsrat, einem Verwaltungsrat oder einem vergleichbaren Organ unmittelbar verantwortlich ist, wenn Gebietskörperschaften über die Mehrheit der Anteile oder Stimmrechte verfügen.

[4]Voraussetzung für die Gewährung von Erschwernisausgleich in Bezug auf gesetzlich geschützte Biotope ist, dass das Biotop in das Verzeichnis nach § 14 Abs. 9 Satz 1 eingetragen oder eine Mitteilung über das Vorliegen eines Biotops nach § 24 Abs. 3 Satz 2 erfolgt ist.

Neunter Abschnitt

Ordnungswidrigkeiten

§ 43 Ordnungswidrigkeiten (zu § 69 BNatSchG)

(1) Eine Ordnungswidrigkeit nach § 69 Abs. 3 Nr. 5 BNatSchG liegt nur vor, wenn die Eintragung nach § 14 Abs. 9 Satz 1 oder eine Mitteilung nach § 24 Abs. 3 Satz 2 vorliegt.

(2) Ergänzend zu § 69 Abs. 1 bis 5 BNatSchG handelt ordnungswidrig, wer vorsätzlich oder fahrlässig

1. entgegen § 23 Abs. 2 Satz 1 BNatSchG in Verbindung mit einer Verordnung nach § 16 Abs. 1 Handlungen vornimmt, die das Naturschutzgebiet oder einen seiner Bestandteile zerstören, beschädigen oder verändern,
2. entgegen § 28 Abs. 2 BNatSchG in Verbindung mit einer Verordnung nach § 21 Abs. 1 Handlungen vornimmt, die ein Naturdenkmal zerstören, beschädigen oder verändern,
3. entgegen § 29 Abs. 2 Satz 1 BNatSchG in Verbindung mit einer Satzung oder Verordnung nach § 22 Abs. 1 Handlungen vornimmt, die einen geschützten Landschaftsbestandteil zerstören, beschädigen oder verändern,
4. einer aufgrund dieses Gesetzes erlassenen sonstigen Verordnung zuwiderhandelt, soweit sie für bestimmte Tatbestände auf diese Bußgeldvorschrift verweist,
5. einer aufgrund dieses Gesetzes erlassenen vollziehbaren schriftlichen Anordnung zuwiderhandelt, soweit sie auf diese Bußgeldvorschrift verweist,
6. entgegen § 2a Abs. 2 Satz 1 Grünland umbricht,
7. entgegen einem Verbot oder einer Maßgabe nach § 2a Abs. 4 Satz 2 Grünland nach § 2a Abs. 2 Satz 2 bearbeitet,
8. Bodenschätze ohne die nach § 8 erforderliche Genehmigung abbaut,
9. entgegen § 16 Abs. 2 ein Naturschutzgebiet außerhalb der Wege betritt,
10. entgegen § 21 Abs. 3 Satz 5 einen Fund oder eine Fundstelle verändert,
11. entgegen § 22 Abs. 3 Sätze 2 bis 4 eine Wallhecke beseitigt oder eine Handlung vornimmt, die das Wachstum der Bäume oder Sträucher beeinträchtigt, wenn die Eintragung in das Verzeichnis nach § 14 Abs. 9 Satz 1 oder eine Mitteilung nach § 22 Abs. 3 Satz 9 vorliegt,
12. entgegen § 25a Pflanzenschutzmittel anwendet,
13. entgegen § 25a Abs. 2 Satz 4 eine Aufzeichnung nicht erstellt oder vorlegt,
14. entgegen § 30 Abs. 2 Satz 1 BNatSchG ein in § 24 Abs. 2 dieses Gesetzes genanntes Biotop zerstört oder sonst erheblich beeinträchtigt, wenn die Eintragung in das Verzeichnis nach § 14 Abs. 9 Satz 1 oder eine Mitteilung nach § 24 Abs. 3 Satz 2 vorliegt.

(3) Ordnungswidrigkeiten nach Absatz 2 können mit einer Geldbuße bis zu 25 000 Euro, in den Fällen der Nummern 1, 2, 8 und 14 bis zu 50 000 Euro, geahndet werden.

§ 44 Einziehung (zu § 72 BNatSchG)

§ 72 BNatSchG gilt für Ordnungswidrigkeiten nach § 43 Abs. 2 entsprechend.

Zehnter Abschnitt
Übergangs- und Überleitungsvorschriften

§ 45 Übergangs- und Überleitungsvorschriften

(1) [1]Verordnungen und Anordnungen, die aufgrund des Reichsnaturschutzgesetzes vom 26. Juni 1935 (Nds. GVBl. Sb. II S. 908) in der jeweils geltenden Fassung zum Schutz oder zur einstweiligen Sicherstellung von Naturschutzgebieten, Naturdenkmalen, Landschaftsschutzgebieten oder Landschaftsteilen erlassen wurden, bleiben in Kraft, bis sie ausdrücklich geändert oder aufgehoben werden oder ihre Geltungsdauer abläuft. [2]Das Gleiche gilt für Erklärungen zu geschützten Teilen von Natur und Landschaft, die aufgrund des Niedersächsischen Naturschutzgesetzes vom 20. März 1981 (Nds. GVBl. S. 31) in der jeweils geltenden Fassung erlassen worden sind. [3]Für die Änderung oder Aufhebung gelten die Zuständigkeits- und Verfahrensvorschriften dieses Gesetzes, für Befreiungen von Geboten und Verboten für diese geschützten Teile von Natur und Landschaft gelten § 67 Abs. 1 und 3 BNatSchG und § 41 dieses Gesetzes entsprechend. [4]Eine fehlende grobe Beschreibung der Örtlichkeiten in Verordnungen, die vor dem 8. Februar 2003 erlassen worden sind und für die Karten veröffentlicht oder hinterlegt wurden, ist unbeachtlich.

(2) [1]Soweit Verordnungen oder Anordnungen nach Absatz 1 Satz 1 für die Ahndung

1. von Verstößen auf Strafen nach den §§ 21 und 22 des Reichsnaturschutzgesetzes vom 26. Juni 1935 (Nds. GVBl. Sb. II S. 908) oder
2. von Ordnungswidrigkeiten auf die §§ 21a und 22 des Reichsnaturschutzgesetzes vom 26. Juni 1935 (Nds. GVBl. Sb. II S. 908) in der Fassung des Artikels 70 des Ersten Anpassungsgesetzes vom 24. Juni 1970 (Nds. GVBl. S. 237)

verweisen, treten an deren Stelle die §§ 69 und 71 BNatSchG in Verbindung mit den §§ 43 und 44 dieses Gesetzes. [2]Entsprechend gilt dies, soweit Erklärungen nach Absatz 1 Satz 2 auf die Vorschriften des Niedersächsischen Naturschutzgesetzes vom 20. März 1981 (Nds. GVBl. S. 31) in der jeweils geltenden Fassung zu den Ordnungswidrigkeitentatbeständen, zur Höhe der Geldbuße und zur Einziehung verweisen.

(3) Ist die Bezirksregierung aufgrund einer Verordnung zum Schutz, zur Pflege und Entwicklung bestimmter Teile von Natur und Landschaft für die Wahrnehmung bestimmter Aufgaben zuständig, so nimmt diese Aufgaben vom 1. Januar 2005 an die untere Naturschutzbehörde wahr, in deren Gebiet das Naturschutzgebiet oder der jeweilige Teil des Naturschutzgebiets liegt, wenn die Zuständigkeit nicht durch Rechtsvorschrift abweichend geregelt ist.

(4) [1]Soweit nach den §§ 1, 2 und 16 Nr. 1 des Bodenabbaugesetzes vom 15. März 1972 (Nds. GVBl. S. 137) eine Pflicht zur Herrichtung von Abbau- oder Betriebsflächen entstanden und bei Inkrafttreten dieses Gesetzes noch nicht erfüllt ist, bleibt diese als Verpflichtung zum Ausgleich nach § 15 Abs. 2 BNatSchG bestehen. [2]Genehmigungen nach § 4 des Bodenabbaugesetzes oder nach § 17 des Niedersächsischen Naturschutzgesetzes vom 20. März 1981 (Nds. GVBl. S. 31) in der jeweils geltenden Fassung gelten als Genehmigungen nach § 10 fort.

(5) [1]Für die am 31. Oktober 2009 anhängigen Verfahren sind § 19 Abs. 2 Satz 1 und die §§ 60a, 60b Abs. 1 Satz 2 sowie Abs. 4 Sätze 1 bis 3 des Niedersächsischen Naturschutzgesetzes in der bis zum 31. Oktober 2009 geltenden Fassung anzuwenden. [2]Soweit für die am 31. Oktober 2009 anhängigen Verfahren die Regelungen nach § 3 Nr. 3 und § 5 Abs. 1 Nr. 2 des Modellkommunen-Gesetzes vom 8. Dezember 2005 (Nds. GVBl. S. 386), zuletzt geändert durch Artikel 11 des Gesetzes vom 13. Mai 2009 (Nds. GVBl. S. 191), anzuwenden waren, sind diese Vorschriften in der bis zum 31. Oktober 2009 geltenden Fassung weiterhin anzuwenden.

(6) Für die am 28. Februar 2010, nicht jedoch am 31. Oktober 2009 anhängigen Verfahren sind in der bis zum 28. Februar 2010 geltenden Fassung anzuwenden

1. § 19 Abs. 2 Satz 1 des Niedersächsischen Naturschutzgesetzes,
2. § 61 Abs. 1 bis 4 BNatSchG und die §§ 60a bis 60c des Niedersächsischen Naturschutzgesetzes.

(7) Die öffentliche Auslegung in Verfahren zur Erklärung zu geschützten Teilen von Natur und Landschaft muss sich, wenn diese vor dem 1. März 2010 begonnen worden ist, entgegen § 14 Abs. 2 nicht auf die Begründung erstrecken.

(8) Hat die öffentliche Auslegung einer Verordnung in einem Verfahren zur Erklärung zu geschützten Teilen von Natur und Landschaft vor dem 1. März 2010 begonnen, so ist die zeichnerische Bestimmung in Karten entgegen § 14 Abs. 4 Satz 1 freigestellt.

Niedersächsisches Bodenschutzgesetz (NBodSchG)

Vom 19. Februar 1999 (Nds. GVBl. S. 46)
(GVBl. Sb 28300 01)
zuletzt geändert durch Art. 16 G zur Neuordnung des niedersächsischen Datenschutzrechts vom 16. Mai 2018 (Nds. GVBl. S. 66)

Nichtamtliche Inhaltsübersicht

§ 1 Mitteilungs- und Auskunftspflichten

(1) [1]Der Verursacher einer schädlichen Bodenveränderung oder Altlast sowie dessen Gesamtrechtsnachfolger, der Grundstückseigentümer und der Inhaber der tatsächlichen Gewalt über ein Grundstück sowie der frühere Eigentümer und der frühere Inhaber der tatsächlichen Gewalt über ein Grundstück haben der zuständigen Behörde und deren Beauftragten auf Verlangen die zur Erfüllung der Aufgaben nach dem Bundes-Bodenschutzgesetz (BBodSchG), diesem Gesetz und den aufgrund dieser Gesetze erlassenen Verordnungen erforderlichen Auskünfte zu erteilen und Unterlagen vorzulegen. [2]Die Verpflichtung nach Satz 1 besteht nicht, soweit die verpflichtete Person durch die Mitteilung oder Auskunft sich selbst oder einem der in § 383 Abs. 1 Nrn. 1 bis 6 der Zivilprozessordnung bezeichneten Angehörigen die Gefahr zuziehen würde, wegen einer Straftat oder einer Ordnungswidrigkeit verfolgt zu werden.

(2) [1]Das Land und die kommunalen Gebietskörperschaften teilen ihre Erkenntnisse über eine schädliche Bodenveränderung oder Altlast unverzüglich der zuständigen Behörde mit. [2]Das Gleiche gilt für die sonstigen Körperschaften des öffentlichen Rechts und die mit hoheitlichen Aufgaben Beliehenen, soweit sie sich mit der Untersuchung, Überwachung oder Erforschung von bodenbezogenen Vorgängen befassen.

§ 2 Betretens- und Tatsachenermittlungsrechte

(1) [1]Bedienstete und sonstige Beauftragte der für die Durchführung des Bundes-Bodenschutzgesetzes, dieses Gesetzes und der aufgrund dieser Gesetze erlassenen Verordnungen zuständigen Behörden dürfen zur Wahrnehmung ihrer Aufgaben auch gegen den Willen der Betroffenen

1. Grundstücke sowie während der Geschäfts- oder Betriebszeiten Geschäfts- und Betriebsräume betreten,
2. bodenkundliche oder geowissenschaftliche Tatsachen ermitteln, insbesondere Bohrungen niederbringen, Proben entnehmen und Messstellen errichten.

[2]Wohnungen, auch Geschäfts- und Betriebsräume außerhalb der Geschäfts- oder Betriebszeiten, dürfen nur betreten werden, soweit dies zur Abwehr einer erheblichen Gefahr für die öffentliche Sicherheit erforderlich ist. [3]Die Absicht, Grundstücke oder die in den Sätzen 1 und 2 genannten Räume zu betreten und die in Satz 1 Nr. 2 bezeichneten Handlungen vorzunehmen, soll den Duldungspflichtigen nach Satz 1 rechtzeitig vorher bekannt gegeben werden.

(2) Das Grundrecht der Unverletzlichkeit der Wohnung (Artikel 13 des Grundgesetzes) wird insoweit eingeschränkt.

(3) Soweit Ermittlungen nach Absatz 1 Satz 1 Nr. 2 dem Aufbau und der Vervollständigung des Bodeninformationssystems (§ 8) dienen sollen, ist den betroffenen Grundstückseigentümern und Inhabern der tatsächlichen Gewalt über das Grundstück ein durch die Ermittlungen entstandener Schaden zu ersetzen.

§ 3 Sachverständige und Untersuchungsstellen

(1) [1]Die oberste Bodenschutzbehörde wird ermächtigt, durch Verordnung die Voraussetzungen zu bestimmen, unter denen Sachverständige und Untersuchungsstellen als geeignet anerkannt werden, Aufgaben nach dem Bundes-Bodenschutzgesetz, diesem Gesetz und den aufgrund dieser Gesetze erlassenen Verordnungen wahrzunehmen (§ 18 Satz 1 BBodSchG). [2]In der Verordnung können insbesondere geregelt werden

1. die Anforderungen an die Sachkunde und die Zuverlässigkeit der anerkannten Sachverständigen und Untersuchungsstellen sowie Anforderungen an die ihnen zur Verfügung stehende gerätetechnische Ausstattung,
2. Art und Umfang der wahrzunehmenden Aufgaben,
3. Anforderungen, die die Unabhängigkeit der anerkannten Sachverständigen und Untersuchungsstellen sicherstellen und Interessenkollisionen ausschließen,
4. das Anerkennungsverfahren und die Befristung, der Widerruf und das Erlöschen der Anerkennung einschließlich eines Höchstalters für Sachverständige,
5. die im Rahmen der Überwachung einzuhaltenden Verpflichtungen,
6. die Vergütung und Auslagenerstattung oder
7. die Bekanntgabe der anerkannten Sachverständigen und Untersuchungsstellen.

(2) Die Landesregierung kann durch Verordnung die Aufgabe der Prüfung, Anerkennung und Bekanntgabe von Sachverständigen nach § 18 BBodSchG auf öffentlich-rechtliche Körperschaften übertragen.

(3) [1]Anerkennungen oder Zulassungen anderer Länder gelten auch in Niedersachsen. [2]Bleiben in einem Land die in Absatz 1 Satz 2 Nrn. 1 und 3 genannten Anforderungen oder die Anforderungen an den Nachweis ihrer Erfüllung erheblich hinter den in Niedersachsen geltenden zurück, so kann die Verordnung nach Absatz 1 bestimmen, dass Anerkennungen oder Zulassungen dieses Landes in Niedersachsen nicht gelten.

§ 4 Bodenplanungsgebiete

(1) [1]Die untere Bodenschutzbehörde kann durch Verordnung Gebiete, in denen flächenhaft schädliche Bodenveränderungen auftreten oder zu erwarten sind (§ 21 Abs. 3 BBodSchG), als Bodenplanungsgebiete festsetzen, um die in dem Gebiet erforderlichen Maßnahmen des Bodenschutzes nach einheitlichen Maßstäben festzusetzen und aufeinander abzustimmen. [2]Umfasst das Bodenplanungsgebiet Teilgebiete mit nach Art und Maß unterschiedlichen schädlichen Bodenveränderungen, so kann es in Zonen mit unterschiedlichen Bestimmungen eingeteilt werden.

(2) [1]Verordnungen nach Absatz 1 müssen die aufgetretenen oder zu erwartenden schädlichen Bodenveränderungen, derentwegen das Bodenplanungsgebiet festgesetzt wird, sowie den mit der Festsetzung erstrebten Zweck bezeichnen. [2]Sie können insbesondere vorschreiben, dass in dem Bodenplanungsgebiet oder Teilen davon je nach Art und Maß der schädlichen Bodenveränderungen

1. der Boden auf Dauer oder auf bestimmte Zeit nicht oder nur eingeschränkt genutzt werden darf,
2. bestimmte Stoffe nicht eingesetzt werden dürfen,
3. der Boden abgedeckt oder bepflanzt werden muss,
4. ausgehobenes oder abgeschobenes Bodenmaterial nicht oder nur in bestimmter Weise verwendet oder abgelagert werden darf oder
5. der Grundstückseigentümer oder der Inhaber der tatsächlichen Gewalt über ein Grundstück im Einzelnen bezeichnete Maßnahmen zur Beseitigung oder Verminderung von schädlichen Bodenveränderungen zu dulden oder durchzuführen hat, soweit nicht der Verursacher herangezogen werden kann.

(3) [1]Verordnungen nach Absatz 1 können das Bodenplanungsgebiet und seine Zonen zeichnerisch in Karten bestimmen. [2]Werden die Karten nicht im Verkündungsblatt abgedruckt, so ist nach den folgenden Sätzen 3 bis 5 zu verfahren. [3]Die untere Bodenschutzbehörde, die die Verordnung erlässt, und die Gemeinden, deren Gebiet betroffen ist, haben Ausfertigungen der Karten aufzubewahren und während der Dienststunden jedermann kostenlos Einsicht zu gewähren. [4]Hierauf ist in der Verordnung hinzuweisen. [5]Außerdem sind die in Satz 1 genannten Örtlichkeiten im Text der Verordnung grob zu beschreiben.

(4) [1]Werden einem Eigentümer oder Nutzungsberechtigten durch die Bestimmungen einer Verordnung nach Absatz 1 Beschränkungen der Nutzbarkeit des Grundstücks auferlegt, die ihn im Vergleich zu

anderen Betroffenen unzumutbar schwer treffen, so hat er Anspruch auf einen angemessenen Ausgleich in Geld. [2]Der Ausgleich kann in wiederkehrenden Leistungen bestehen. [3]Zum Ausgleich ist von den in § 9 Abs. 3 genannten Gebietskörperschaften diejenige verpflichtet, in deren Gebiet das Grundstück liegt. [4]Über Ansprüche nach Satz 1 entscheidet die oberste Bodenschutzbehörde; die Entscheidung kann durch Klage vor dem ordentlichen Gericht angefochten werden.

§ 5 Verfahrensvorschriften

(1) [1]Vor dem Erlass oder der wesentlichen Änderung einer Verordnung nach § 4 Abs. 1 ist den Behörden und Stellen, die als Träger öffentlicher Belange von der Verordnung berührt werden können, insbesondere den Gemeinden und deren Zusammenschlüssen, Gelegenheit zur Stellungnahme zu geben. [2]Die Stellungnahme ist innerhalb von sechs Wochen gegenüber der unteren Bodenschutzbehörde abzugeben.

(2) [1]Der Entwurf der Verordnung ist einen Monat lang bei den Gemeinden, deren Gebiet betroffen ist, während der Sprechzeiten öffentlich zur Einsichtnahme auszulegen. [2]Ort und Dauer der Auslegung haben die unteren Bodenschutzbehörden mindestens eine Woche vorher öffentlich bekannt zu machen mit dem Hinweis darauf, dass jedermann bis zwei Wochen nach Ablauf der Auslegungsfrist bei der unteren Bodenschutzbehörde Bedenken und Anregungen vorbringen kann.

(3) [1]Die untere Bodenschutzbehörde prüft die fristgemäß vorgebrachten Anregungen und Bedenken; das Ergebnis ist den Personen mitzuteilen, die die Anregungen und Bedenken erhoben haben. [2]Haben mehr als fünfzig Personen Anregungen oder Bedenken mit im Wesentlichen gleichem Inhalt vorgebracht, so kann die Mitteilung des Ergebnisses der Prüfung dadurch ersetzt werden, dass diesen Personen die Einsicht in das Ergebnis ermöglicht wird. [3]Die Stelle, bei der das Ergebnis der Prüfung während der Dienststunden eingesehen werden kann, ist ortsüblich bekannt zu machen.

(4) Auf eine Auslegung kann verzichtet werden, wenn der Kreis der Betroffenen bekannt ist und ihnen innerhalb einer Frist von zwei Wochen Gelegenheit gegeben wird, den Entwurf einzusehen.

(5) [1]Die Entscheidung, ein auf den Erlass oder die wesentliche Änderung einer Verordnung nach § 4 Abs. 1 gerichtetes Verfahren einzuleiten, ist im amtlichen Verkündungsblatt der unteren Bodenschutzbehörde bekannt zu machen. [2]Für die Dauer des in Satz 1 genannten Verfahrens, jedoch nicht für länger als zwei Jahre nach der Bekanntmachung nach Satz 1, sind Einzelfalluntersuchungen nur bei vorgesehenen Nutzungsänderungen oder Gefahren für Leib und Leben erforderlich. [3]Die oberste Bodenschutzbehörde kann die in Satz 2 genannte Frist aus triftigen Gründen angemessen verlängern.

§ 6 Altlastenverzeichnis

Die zuständige Behörde führt auf der Grundlage des Liegenschaftskatasters ein Verzeichnis der altlastenverdächtigen Flächen und Altlasten, das insbesondere Informationen über Lage und Zustand der Flächen, Art und Maß von Beeinträchtigungen, die geplanten und ausgeführten Maßnahmen sowie die Überwachungsergebnisse enthält.

§ 7 Sicherungs- und Sanierungsbeirat

(1) [1]Die zuständige Behörde kann für eine altlastenverdächtige Fläche oder für eine Altlast einen Beirat bilden, wenn wegen der Schwere der zu erwartenden Gefahr für die öffentliche Sicherheit, der Vielzahl der Betroffenen oder der besonderen Bedeutung der Angelegenheit zu erwarten ist, dass hierdurch erforderlich werdende Maßnahmen der Sicherung oder Sanierung gefördert werden. [2]Dem Beirat sollen angehören:

1. die jeweils zuständigen Fachbehörden,
2. die betroffenen Gemeinden,
3. die verantwortlichen Personen und
4. Personen, die die betroffenen Dritten vertreten.

[3]Die zuständige Behörde erlässt eine Geschäftsordnung des Beirats mit dessen Einvernehmen.

(2) [1]Der Beirat hat insbesondere die Aufgabe, Bedenken und Anregungen schon im Vorfeld verfahrensmäßiger Beteiligung zu erörtern. [2]Die zuständige Behörde hat den Beirat laufend zu unterrichten und vor beabsichtigten Entscheidungen zu beteiligen.

§ 8 Bodeninformationssystem

(1) [1]Um für Vorhaben zur nachhaltigen Sicherung der Funktionen des Bodens landesweit die erforderlichen bodenkundlichen und geowissenschaftlichen Entscheidungsgrundlagen bereitzustellen,

führt das Land das Niedersächsische Bodeninformationssystem (NIBIS). [2]Das Niedersächsische Bodeninformationssystem umfasst

1. die von den staatlichen oder sonstigen öffentlichen Stellen erhobenen Daten aus Untersuchungen über die physikalische, chemische und biologische Beschaffenheit des Bodens,
2. die Daten der Bodendauerbeobachtungsflächen und anderer vom Land eingerichteter Versuchsflächen,
3. die Daten der Bodenprobenbank

sowie die Ergebnisse der Auswertung dieser Daten und sonstige geowissenschaftliche Daten und Erkenntnisse.

(2) Die für die Führung des Niedersächsischen Bodeninformationssystems zuständige Behörde erteilt anderen nach § 10 zuständigen Behörden auf Verlagen Auskunft über Anhaltspunkte und Erkenntnisse über schädliche Bodenveränderungen oder Altlasten, die aus den Daten des Bodeninformationssystems abgeleitet werden können.

§ 9 Bodenschutzbehörden

(1) Oberste Bodenschutzbehörde ist das für den Bodenschutz zuständige Fachministerium.

(2) Untere Bodenschutzbehörden sind die Landkreise und die kreisfreien Städte sowie die Städte Celle, Cuxhaven, Göttingen, Hildesheim und Lüneburg.

§ 10 Zuständigkeit

(1) [1]Zuständige Behörde im Sinne des Bundes-Bodenschutzgesetzes, dieses Gesetzes und der aufgrund dieser Gesetze erlassenen Verordnungen ist die untere Bodenschutzbehörde, soweit nichts anderes bestimmt ist. [2]Anordnungen zur Beschränkung der land- oder forstwirtschaftlichen Bodennutzung sind im Einvernehmen mit den land- oder forstwirtschaftlichen Fachbehörden zu erlassen.

(2) [1]Ist ein Staatliches Gewerbeaufsichtsamt für die Überwachung einer nach dem Bundes-Immissionsschutzgesetz genehmigungsbedürftigen Anlage zuständig, so nimmt es auch die Aufgaben der zuständigen Behörde nach dem Bundes-Bodenschutzgesetz wahr, wenn durch die Anlage auf dem Betriebsgrundstück eine schädliche Bodenveränderung oder Altlast hervorgerufen wird. [2]Die Zuständigkeit nach Satz 1 endet zehn Jahre nach Einstellung des Betriebes der Anlage. [3]Die oberste Bodenschutzbehörde kann nach Anhörung der unteren Bodenschutzbehörde bestimmen, dass die Zuständigkeit des Staatlichen Gewerbeaufsichtsamtes

1. zu einem früheren Zeitpunkt endet, wenn dessen besondere Sachkunde nach Einstellung des Betriebes nicht mehr erforderlich ist,
2. über den in Satz 2 bestimmten Zeitpunkt hinaus verlängert wird, wenn dies zur ordnungsgemäßen Durchführung der durch das Staatliche Gewerbeaufsichtsamt angeordneten Maßnahmen erforderlich ist.

(3) Für Deponien gelten bis zur Entlassung der Deponie aus der Nachsorge die Zuständigkeiten nach dem Abfallrecht.

(4) [1]Die Aufgaben der unteren Bodenschutzbehörden gehören zum übertragenen Wirkungskreis. [2]Die den unteren Bodenschutzbehörden entstehenden Kosten werden durch Zuweisungen für Aufgaben des übertragenen Wirkungskreises im Rahmen des kommunalen Finanzausgleichs abgegolten, sofern sie nicht durch sonstige Einnahmen gedeckt sind und § 11 nichts anderes bestimmt.

(5) [1]Sind in derselben Sache mehrere Bodenschutzbehörden örtlich zuständig, so bestimmt die gemeinsame nächsthöhere Behörde die zuständige Bodenschutzbehörde. [2]Ist für dieselbe Sache auch eine Behörde eines anderen Landes zuständig, so kann die oberste Bodenschutzbehörde die Zuständigkeit mit der zuständigen Behörde des anderen Landes vereinbaren.

(6) Die Vermittlung der Grundsätze der guten fachlichen Praxis nach Maßgabe des § 17 BBodSchG obliegt den landwirtschaftlichen Fachbehörden.

(7) Die oberste Bodenschutzbehörde kann durch Verordnung die Zuständigkeit für bestimmte Aufgaben auf sich selbst oder eine andere Landesbehörde übertragen, wenn dies zur sachgerechten Erfüllung der Aufgaben erforderlich ist.

§ 11 Kostenerstattung

[1]Für die von den unteren Bodenschutzbehörden angeordneten Maßnahmen, die zur Beseitigung einer Gefahr für Leib und Gesundheit von Menschen erforderlich sind, trägt das Land im Fall einer Ersatzvornahme die Kosten, soweit die untere Bodenschutzbehörde den fälligen Kostenersatz nicht von dem

Kostenpflichtigen erlangen kann und ein Ersatzanspruch auf anderer rechtlicher Grundlage nicht besteht oder nicht durchgesetzt werden kann. [2]Kosten für andere im Wege der Ersatzvornahme von unteren Bodenschutzbehörden durchgeführte Maßnahmen der Sanierung oder Sicherung trägt das Land unter den in Satz 1 genannten Voraussetzungen im Rahmen der zur Verfügung stehenden Haushaltsmittel auf der Grundlage vorheriger Kostenübernahmeerklärungen gegenüber der anordnenden Behörde.

§ 12 Verordnungsermächtigung für Ausgleichsleistungen und Schadensersatzansprüche

[1]Die oberste Landwirtschaftsbehörde wird ermächtigt, durch Verordnung Bestimmungen über die Höhe des Ausgleichs nach § 10 Abs. 2 BBodSchG, über die Höhe der Schadensersatzansprüche nach § 2 Abs. 3, über das Verfahren zur Gewährung der Zahlungen und deren Fälligkeit zu erlassen. [2]Für Streitigkeiten ist der ordentliche Rechtsweg gegeben.

§ 13 Datenverarbeitung

[1]Zur Ausführung des Bundes-Bodenschutzgesetzes, dieses Gesetzes und der aufgrund dieser Gesetze erlassenen Verordnungen dürfen die zuständigen Behörden die für die Aufgabenerledigung erforderlichen personenbezogenen Daten verarbeiten. [2]Die zuständige Behörde kann von anderen öffentlichen Stellen die Übermittlung personenbezogener Daten verlangen, die zur Führung des Altlastenverzeichnisses erforderlich sind, auch wenn diese Daten von den anderen öffentlichen Stellen zu einem anderen Zweck erhoben wurden. [3]Der für das Liegenschaftskataster zuständigen Behörde dürfen die für die Erfüllung ihrer Aufgaben nach § 1 Abs. 1 des Niedersächsischen Gesetzes über das amtliche Vermessungswesen erforderlichen Daten übermittelt werden.

§ 14 Ordnungswidrigkeiten

[1]Ordnungswidrig handelt, wer vorsätzlich oder fahrlässig

1. entgegen § 1 Abs. 1 verlangte Auskünfte, Mitteilungen oder Unterlagen nicht, nicht richtig, nicht vollständig oder nicht rechtzeitig erteilt oder vorlegt oder
2. entgegen § 2 Abs. 1 das Betreten eines Grundstücks, eines Geschäfts- oder Betriebsraumes oder die Vornahme der in § 2 Abs. 1 Satz 1 Nr. 2 genannten Ermittlungen verhindert oder behindert.

[2]Die Ordnungswidrigkeit kann mit einer Geldbuße bis zu 10 000 Euro geahndet werden.

Niedersächsisches Abfallgesetz (NAbfG)[1)]

In der Fassung vom 14. Juli 2003[2)] (Nds. GVBl. S. 273)
(GVBl. Sb 28400 01)

zuletzt geändert durch Art. 1 G zur Änd. des AbfallG und Änderung von VOen vom 23. März 2022 (Nds. GVBl. S. 206)

Inhaltsübersicht

1) **Amtl. Anm.:** § 12 dieses Gesetzes dient auch der Umsetzung des Artikels 10 der Richtlinie 1999/31/EG des Rates vom 26. April 1999 über Abfalldeponien (ABl. EG Nr. L 182 S. 1), geändert durch Verordnung (EG) Nr. 1882/2003 des Europäischen Parlaments und des Rates vom 29. September 2003 (ABl. EU Nr. L 284 S. 1), der Sechste Teil dient der Umsetzung der Richtlinie 2000/59/EG des Europäischen Parlaments und des Rates vom 27. November 2000 über Hafenauffangeinrichtungen für Schiffsabfälle und Ladungsrückstände (ABl. EG Nr. L 332 S. 81), zuletzt geändert durch Richtlinie 2007/71/EG der Kommission vom 13. Dezember 2007 (ABl. EU Nr. L 329 S. 33).

2) Neubekanntmachung des NAbfG v. 14.10.1994 (Nds. GVBl. S. 467) in der ab 1.2.2003 geltenden Fassung.

Erster Teil
Allgemeine Vorschriften über die Vermeidung und Bewirtschaftung von Abfällen (Abfallwirtschaft)

§ 1 Förderung der Abfallvermeidung und Abfallverwertung durch das Land

Das Land Niedersachsen wirkt im Rahmen seiner Zuständigkeit insbesondere hin auf

1. das abfallarme Herstellen, Be- und Verarbeiten und Inverkehrbringen von Erzeugnissen,
2. die Erhöhung der Gebrauchsdauer und Haltbarkeit von Erzeugnissen,
3. die Steigerung der Wiederverwendbarkeit von Erzeugnissen,
4. die Entwicklung und Anwendung von Verfahren zur Verminderung des Schadstoffgehalts und zur Verwertung von Abfällen.

§ 2 Allgemeine Pflicht

Jede Person hat sich so zu verhalten, dass nicht unnötig Abfälle entstehen und dass die umweltverträgliche Abfallbewirtschaftung nicht unnötig erschwert wird.

§ 3 Pflichten öffentlicher Stellen

(1) Das Land, die Gemeinden, die Landkreise und die sonstigen juristischen Personen des öffentlichen Rechts unter der Aufsicht des Landes haben die Pflicht nach § 2 vorbildhaft zu erfüllen.

(2) Die in Absatz 1 genannten juristischen Personen sind, wenn dies nicht zu unverhältnismäßigen Mehrkosten führt, verpflichtet,

1. bei der Erfüllung ihrer Aufgaben Erzeugnisse zu bevorzugen, die
   a) längerfristig genutzt, wirtschaftlich repariert und als Abfälle stofflich verwertet werden können,
   b) im Vergleich zu anderen Erzeugnissen zu weniger Abfällen führen oder sich eher zur umweltverträglichen Abfallbewirtschaftung eignen,
   c) aus Abfällen hergestellt worden sind,
2. bei der Ausschreibung und Vergabe von Bauleistungen und sonstigen Lieferungen und Leistungen darauf hinzuwirken, dass Erzeugnisse im Sinne der Nummer 1 verwendet werden, und entsprechende Angebote zu bevorzugen.

(3) [1]Die in Absatz 1 genannten juristischen Personen haben ferner Dritte, denen sie ihre Einrichtungen oder Grundstücke zur Benutzung überlassen, zu verpflichten, dabei entsprechend Absatz 2 zu verfahren. [2]Sie wirken darauf hin, dass Gesellschaften und Vereine des privaten Rechts, an denen sie beteiligt sind, die Verpflichtungen des Absatzes 2 beachten.

§ 4 Abfallbilanz

(1) [1]Die öffentlich-rechtlichen Entsorgungsträger erstellen für jedes Jahr bis zum 1. April des folgenden Jahres eine Bilanz über Art, Herkunft und Menge der Abfälle, die in ihrem Gebiet angefallen sind und ihnen überlassen wurden, sowie über deren Verwertung, insbesondere der Vorbereitung zur Wiederverwendung und des Recyclings, oder deren Beseitigung (Abfallbilanz). [2]Ist eine technisch mögliche Verwertung von getrennt überlassenen Abfällen unterblieben, so ist dies in der Abfallbilanz zu begründen; dies gilt nicht für Abfälle nach § 7.

(2) [1]Die Abfallbilanz ist öffentlich bekannt zu machen und der obersten Abfallbehörde sowie der Landesstatistikbehörde mitzuteilen. [2]Die Landesstatistikbehörde erstellt die Abfallbilanz für Siedlungsabfälle.

§ 5 Abfallwirtschaftskonzept

(1) [1]Der öffentlich-rechtliche Entsorgungsträger stellt unter Berücksichtigung der Abfallwirtschaftspläne für sein Gebiet ein Abfallwirtschaftskonzept auf. [2]Dieses enthält in Bezug auf die Abfälle, die in seinem Gebiet anfallen und ihm zu überlassen sind, die notwendigen Maßnahmen zur Vermeidung, zur Verwertung, insbesondere der Vorbereitung zur Wiederverwendung und des Recyclings, und zur Beseitigung mindestens für einen Zeitraum von fünf Jahren im Voraus. [3]Das Abfallwirtschaftskonzept ist regelmäßig fortzuschreiben. [4]Die oberste Abfallbehörde wird ermächtigt, durch Verordnung die Darstellung des Abfallwirtschaftskonzepts zu regeln.

(2) [1]Bei der Aufstellung, wesentlichen Änderung und Fortschreibung des Abfallwirtschaftskonzepts sind die kreisangehörigen Gemeinden sowie die Behörden und Stellen, die als Träger öffentlicher Belange von dem Abfallwirtschaftskonzept berührt werden können, möglichst frühzeitig zu beteiligen. [2]Die Entwürfe sind auf die Dauer von zwei Wochen öffentlich auszulegen. [3]Ort und Dauer der Auslegung sind mindestens eine Woche vorher öffentlich bekannt zu machen mit dem Hinweis darauf, dass Bedenken und Anregungen während der Auslegungsfrist vorgebracht werden können. [4]Denjenigen, die rechtzeitig Anregungen und Bedenken vorgebracht haben, ist Gelegenheit zur Erörterung zu geben.

(3) [1]Das Abfallwirtschaftskonzept wird von der Vertretung des öffentlich-rechtlichen Entsorgungsträgers beschlossen. [2]Es ist der für die Abfallwirtschaftsplanung zuständigen Behörde mitzuteilen.

Zweiter Teil
Abfallbewirtschaftung durch öffentlich-rechtliche Entsorgungsträger

§ 6 Öffentlich-rechtliche Entsorgungsträger

(1) [1]Die Landkreise, die kreisfreien Städte sowie die Städte Celle, Cuxhaven, Göttingen, Hildesheim und Lüneburg sind öffentlich-rechtliche Entsorgungsträger im Sinne des § 17 Abs. 1 Satz 1 des Kreislaufwirtschaftsgesetzes (KrWG). [2]An deren Stelle treten die Zweckverbände, die von diesen Körperschaften zum Zweck der Abfallbewirtschaftung gegründet werden, wenn die Verbandsordnung dies vorsieht. [3]Satz 2 gilt für kommunale Anstalten im Sinne des § 141 Abs. 1 Satz 1 des Niedersächsischen Kommunalverfassungsgesetzes und für gemeinsame kommunale Anstalten im Sinne des § 3 des Niedersächsischen Gesetzes über die kommunale Zusammenarbeit entsprechend. [4]Die Aufgaben, die die öffentlich-rechtlichen Entsorgungsträger zu erfüllen haben, gehören zum eigenen Wirkungskreis. [5]Die kreisangehörigen Gemeinden leisten dabei ihrem Landkreis oder einer anderen Körperschaft, der ihr Landkreis im Weg einer Zweckvereinbarung oder durch Mitgliedschaft in einem Zweckverband solche Aufgaben übertragen hat, Verwaltungshilfe gegen Erstattung der Kosten. [6]Satz 5 gilt entsprechend für die Fälle einer Aufgabenübertragung des Landkreises auf eine kommunale Anstalt oder gemeinsame kommunale Anstalt. [7]Die in den Sätzen 1 bis 3 genannten öffentlich-rechtlichen Entsorgungsträger sind keine öffentlich-rechtlichen Entsorgungsträger im Sinne des § 95 Abs. 4 des Strahlenschutzgesetzes.

(2) Die oberste Abfallbehörde kann einem öffentlich-rechtlichen Entsorgungsträger nach Absatz 1 Satz 1 den Abschluss einer Zweckvereinbarung oder die Beteiligung an einem Zweckverband aufgeben, wenn andernfalls die ordnungsgemäße Abfallentsorgung gefährdet wäre.

(3) Zweckverbände, kommunale Anstalten im Sinne des § 141 Abs. 1 Satz 1 des Niedersächsischen Kommunalverfassungsgesetzes und gemeinsame kommunale Anstalten im Sinne des § 3 des Niedersächsischen Gesetzes über die kommunale Zusammenarbeit, die nach Absatz 1 Satz 2 oder 3 öffentlich-rechtliche Entsorgungsträger sind, können mit anderen öffentlich-rechtlichen Entsorgungsträgern unabhängig von deren Rechtsform Zweckvereinbarungen im Sinne des § 5 des Niedersächsischen Gesetzes über die kommunale Zusammenarbeit abschließen, wenn die Verbandsordnung oder die Unternehmenssatzung dies vorsieht.

§ 7 Einrichtungen für gefährliche Abfälle

[1]Die öffentlich-rechtlichen Entsorgungsträger haben die Einrichtungen zu schaffen oder durch Dritte schaffen zu lassen, die erforderlich sind, um

1. Abfälle aus privaten Haushaltungen, die gefährlich im Sinne des § 3 Abs. 5 Satz 1 KrWG sind, sowie
2. gefährliche Abfälle zur Beseitigung aus anderen Herkunftsbereichen, die bei der Abfallerzeugung in geringen Mengen (nicht mehr als insgesamt 2 000 kg Gesamtmenge gefährliche Abfälle je Jahr) angefallen sind,

entsorgen zu können. [2]Satz 1 Nr. 2 gilt auch, soweit diese Abfälle aufgrund des § 20 Abs. 2 Satz 2 KrWG von der Entsorgung durch den öffentlich-rechtlichen Entsorgungsträger ausgeschlossen worden sind.

§ 8 Abfallberatung

[1]Die öffentlich-rechtlichen Entsorgungsträger wirken im Rahmen ihrer Aufgaben auch darauf hin, dass möglichst wenig Abfall entsteht. [2]Sie beraten zu diesem Zweck die Abfallbesitzerinnen und Abfallbesitzer sowie die Anschluss- und Benutzungspflichtigen (§ 11 Abs. 1 Satz 1) und informieren sie regelmäßig über die Möglichkeiten zur Vermeidung und Verwertung von Abfällen sowie über die Verwendung abfallarmer Produkte und Verfahren. [3]Sie können sich bei der Wahrnehmung dieser Aufgabe Dritter bedienen.

§ 9 – aufgehoben –

§ 10 Verbotswidrig lagernde Abfälle

(1) Abfälle, die im Wald oder in der übrigen freien Landschaft verbotswidrig lagern, sind von dem öffentlich-rechtlichen Entsorgungsträger zum Zweck der weiteren Entsorgung auf eigene Kosten aufzusammeln oder unentgeltlich zu übernehmen, wenn

1. Maßnahmen gegen die verursachende Person nicht hinreichend erfolgversprechend erscheinen,
2. keine andere Person aufgrund eines bestehenden Rechtsverhältnisses verpflichtet ist und
3. die Abfälle wegen ihrer Art oder Menge das Wohl der Allgemeinheit beeinträchtigen.

(2) Gesetzliche oder aufgrund eines Gesetzes oder einer anderen Rechtsvorschrift begründete Unterhaltungs-, Verkehrssicherungs- und Reinigungspflichten bleiben unberührt.

§ 11 Satzungen zur Regelung der kommunalen Abfallbewirtschaftung

(1) [1]Die öffentlich-rechtlichen Entsorgungsträger regeln nach Maßgabe des § 17 KrWG durch Satzung den Anschluss an die Einrichtungen der kommunalen Abfallentsorgung und die Benutzung dieser Einrichtungen. [2]Ein überwiegendes öffentliches Interesse im Sinne des § 17 Abs. 1 Satz 3 KrWG liegt vor, wenn ohne die Überlassung eine geordnete Beseitigung nicht sichergestellt wäre oder der Bestand, die Funktionsfähigkeit oder die wirtschaftliche Auslastung der vorhandenen oder in Abfallwirtschaftskonzepten vorgesehenen Einrichtungen der öffentlich-rechtlichen Entsorgungsträger gefährdet wäre. [3]In der Satzung legen die öffentlich-rechtlichen Entsorgungsträger insbesondere fest, in welcher Weise, an welchem Ort und zu welcher Zeit ihnen die Abfälle zu überlassen sind. [4]Dabei ist zu bestimmen, dass die Abfälle getrennt zu überlassen sind, wenn dies zum Zwecke der Abfallentsorgung geboten ist, der gesonderten Entsorgung von Abfällen im Sinne des § 7 Satz 1 dient oder in einer Verordnung nach § 25 Abs. 2 Nr. 3 KrWG vorgeschrieben ist. [5]Die Satzung kann bestimmen, dass Abfälle an Sammelstellen oder Behandlungsanlagen zu überlassen sind, soweit das Einsammeln am Anfallort nur mit erheblichem Aufwand möglich und das Verbringen zur Sammelstelle oder Behandlungsanlage für den Pflichtigen zumutbar ist.

(2) [1]Unter den Voraussetzungen des § 20 Abs. 2 Satz 1 oder 2 KrWG kann der öffentlich-rechtliche Entsorgungsträger Abfälle allgemein durch Satzung oder im Einzelfall durch schriftlichen Verwaltungsakt von der Entsorgung ausschließen. [2]Weist ein Abfallerzeuger durch eine Bescheinigung der zuständigen Behörde nach, dass Abfälle zur Beseitigung, die der öffentlich-rechtliche Entsorgungsträger wegen ihrer Beschaffenheit durch Satzung ausgeschlossen hat, in einer Anlage dieses Entsorgungsträgers entsorgt werden können, so hat dieser, wenn er den Ausschluss nicht allgemein nach § 20 Abs. 2 Satz 3 KrWG widerruft, den Ausschluss im Einzelfall aufzuheben.

(3) Abfälle, die auf Grundstücken verbotswidrig lagern, die nicht unter § 10 Abs. 1 fallen, sind dem öffentlich-rechtlichen Entsorgungsträger, zu dessen Gebiet das Grundstück gehört, nach Maßgabe der Satzung (Absatz 1) von der Besitzerin oder dem Besitzer des Grundstücks zur Entsorgung zu überlassen, wenn Maßnahmen gegen die verursachende Person nicht hinreichend erfolgversprechend sind und keine andere Person aufgrund eines bestehenden Rechtsverhältnisses zur Überlassung verpflichtet ist.

(4) [1]Die öffentlich-rechtlichen Entsorgungsträger können Anordnungen im Einzelfall erlassen, um die Einhaltung der Verpflichtungen, die bei der Nutzung ihrer in Absatz 1 Satz 1 genannten Einrichtungen gelten, zu überprüfen und sicherzustellen. [2]Dabei gilt § 47 Abs. 3 KrWG entsprechend. [3]Aufgrund dieser Bestimmung kann das Grundrecht auf Unverletzlichkeit der Wohnung (Artikel 13 des Grundgesetzes) eingeschränkt werden.

§ 12 Gebühren

(1) Der öffentlich-rechtliche Entsorgungsträger erhebt, soweit nicht ein privatrechtliches Entgelt gefordert wird, für die Abfallbewirtschaftung Gebühren nach den Vorschriften des Niedersächsischen Kommunalabgabengesetzes (NKAG) mit den Maßgaben der Absätze 2 bis 8.

(2) [1]Das Aufkommen aus den Gebühren soll alle Aufwendungen des öffentlich-rechtlichen Entsorgungsträgers für die Wahrnehmung seiner abfallwirtschaftlichen Aufgaben decken. [2]Die Gebühren sollen so gestaltet werden, dass die Vermeidung und die Verwertung von Abfällen gefördert werden. [3]Das veranschlagte Gebührenaufkommen darf die Aufwendungen um bis zu 10 vom Hundert übersteigen. [4]Alle abfallwirtschaftlichen Anlagen des öffentlich-rechtlichen Entsorgungsträgers, einschließlich der stillgelegten Anlagen, solange diese der Nachsorge bedürfen, bilden gebührenrechtlich eine Einrichtung, soweit durch Satzung nicht Abweichendes bestimmt ist.

(3) Zu den Aufwendungen im Sinne des Absatzes 2 Satz 1 gehören insbesondere Aufwendungen für

1. das Einsammeln und Befördern von Abfällen,
2. Entgelte für die Entsorgung von Abfällen nach § 7,
3. die Vermarktung von verwertbaren Stoffen aus Abfällen,
4. die Beratung nach § 8 Abs. 1,
5. die Stilllegung von Entsorgungsanlagen und die Nachsorge hierfür; jedoch nur insoweit, als für diese Aufwendungen keine oder keine ausreichenden Rücklagen gebildet wurden,
6. das Aufsammeln oder die Übernahme, das Einsammeln und Befördern sowie die weitere Entsorgung von Abfällen nach § 10 Abs. 1, soweit der Abfall nach Art und Menge den in privaten Haushaltungen anfallenden Abfällen entspricht,
7. Maßnahmen der Planung, Entwicklung und Untersuchung für nicht verwirklichte Abfallentsorgungsanlagen, soweit
   a) die Höhe der entstandenen Aufwendungen nicht außer Verhältnis zum üblichen Planungsaufwand steht,
   b) das Scheitern der Maßnahme von dem öffentlich-rechtlichen Entsorgungsträger nicht zu vertreten ist und
   c) mit der Errichtung der geplanten Abfallentsorgungsanlage noch nicht begonnen wurde.

(4) [1]Durch die Gebühren sind mindestens die Aufwendungen zu decken für

1. die Errichtung der Entsorgungsanlagen, einschließlich der dafür notwendigen Maßnahmen der Planung, Entwicklung und Untersuchung sowie der Maßnahmen, durch die Eingriffe in Natur und Landschaft vermieden oder ausgeglichen werden oder durch die für einen solchen Eingriff Ersatz geschaffen wird,
2. den Betrieb der Entsorgungsanlagen und
3. Rücklagen, die für die voraussichtlichen späteren Aufwendungen für die Stilllegung von Anlagen der Abfallentsorgung und für die mindestens 30 Jahre umfassende Nachsorge zu bilden sind; die Aufwendungen für die Rücklage sind auf die gesamte mutmaßliche Nutzungszeit der Anlage zu verteilen, die Höhe der Rücklage ist fortzuschreiben.

[2]Zu den Aufwendungen nach Satz 1 Nrn. 1 und 2 gehören auch die Kosten einer zu leistenden Sicherheit oder eines gleichwertigen Sicherungsmittels. [3]Hat die zuständige Behörde für die Anlage eine weniger als 30 Jahre dauernde Nachsorge angeordnet, so verkürzt sich die nach Satz 1 Nr. 3 zugrunde zu legende Dauer der Nachsorge entsprechend. [4]§ 5 Abs. 1 Satz 3 NKAG findet für die Aufwendungen im Sinne der Sätze 1 und 2 keine Anwendung. [5]Wird eine Entsorgungsanlage vorzeitig stillgelegt, so können über § 5 Abs. 2 Sätze 4 und 6 NKAG hinaus die weiteren Abschreibungen für Aufwendungen für die Errichtung der Anlage (Satz 1 Nr. 1), für Aufwendungen, die bei der Stilllegung der Anlage oder der Nachsorge entstehen, sowie für den Restbuchwert der Anlage auch auf den Zeitraum bis zur Entlassung der Anlage aus der Nachsorge verteilt werden.

(5) [1]Bei der Ermittlung der Aufwendungen für die Bewirtschaftung ungetrennt überlassener Abfälle dürfen die Aufwendungen für die Bewirtschaftung getrennt überlassener Abfälle einbezogen werden.

[2]Bei der Ermittlung der Aufwendungen für die Entsorgung ungetrennt überlassener Abfälle, insbesondere von gemischten Siedlungsabfällen, dürfen Aufwendungen für die Stilllegung und Nachsorge von Entsorgungsanlagen sowie die Abschreibungen (Absatz 3 Nr. 5, Absatz 4 Satz 5) auch einbezogen werden, wenn die stillgelegte Entsorgungsanlage teilweise oder vollständig für die Ablagerung von anderen Abfallarten als gemischten Siedlungsabfällen genutzt wurde. [3]Satz 2 gilt entsprechend für die Ermittlung der Aufwendungen für die Entsorgung sonstiger Abfälle zur Beseitigung.

(6) [1]Die Gebühren sind nach § 5 Abs. 3 NKAG zu bemessen. [2]Sie können auch progressiv gestaltet sein, soweit die Gebührenhöhe nicht außer Verhältnis zur Leistung der kommunalen Abfallbewirtschaftung steht. [3]Die Erhebung von Grundgebühren neben den Gebühren nach den Sätzen 1 und 2 sowie von Mindestgebühren ist zulässig; der Anteil der Grundgebühren kann in begründeten Fällen 50 vom Hundert des gesamten Gebührenaufkommens übersteigen. [4]Die Gebühren dürfen jedoch nicht ausschließlich nach personenbezogenen Maßstäben bemessen werden.

(7) [1]Der Überschuss nach Absatz 2 Satz 3 ist für die Erkundung, Gefährdungsabschätzung, Sicherung, Sanierung und Überwachung von Altablagerungen und der durch diese verursachten nachteiligen und nachhaltigen Veränderungen des Wassers, des Bodens und der Luft zu verwenden. [2]Dies gilt nicht für Altablagerungen, die sich noch in der Nachsorge befinden.

(8) [1]Wer für die Abfallbewirtschaftung Gebühren oder privatrechtliche Entgelte zu entrichten hat, kann die Informationen über die Aufwendungen für eine Deponie (Absatz 4 Satz 1) einsehen. [2]Der Anspruch richtet sich gegen den öffentlich-rechtlichen Entsorgungsträger, an den die Gebühren oder Entgelte zu zahlen sind. [3]Sind die Gebühren oder Entgelte an andere Stellen zu zahlen oder liegen dem öffentlich-rechtlichen Entsorgungsträger die Informationen nach Satz 1 nicht vor, so können bei der zuständigen Behörde die Informationen eingesehen werden, die dieser nach § 44 Abs. 2 KrWG durch den Betreiber der Deponie zur Verfügung zu stellen sind. [4]Die §§ 7 und 8 des Umweltinformationsgesetzes gelten entsprechend.

Dritter Teil
Bewirtschaftung und Überwachung von Sonderabfällen

§ 13 Sonderabfälle

Sonderabfälle im Sinne dieses Gesetzes sind gefährliche Abfälle (§ 3 Abs. 5 Satz 1 KrWG), die in Niedersachsen angefallen sind oder entsorgt werden sollen.

§ 14 – aufgehoben –

§ 15 Organisation der Entsorgung der Sonderabfälle und der nach § 20 Abs. 2 Satz 2 KrWG ausgeschlossenen Abfälle

(1) Der Zentralen Stelle für Sonderabfälle obliegt in Niedersachsen die Organisation der Entsorgung von Sonderabfällen sowie der nach § 20 Abs. 2 Satz 2 KrWG von der Entsorgung durch den öffentlich-rechtlichen Entsorgungsträger ausgeschlossenen Abfälle.

(2) [1]Die oberste Abfallbehörde bestimmt die Zentrale Stelle für Sonderabfälle durch Verordnung. [2]Es darf nur ein Unternehmen bestimmt werden, dass

1. durch seine Kapitalausstattung, innere Organisation sowie Fach- und Sachkunde der Mitarbeiterinnen und Mitarbeiter Gewähr für eine ordnungsgemäße Aufgabenwahrnehmung bietet und
2. dem Land Niedersachsen durch eine Beteiligung von mindestens 51 vom Hundert einen bestimmenden Einfluss auf den Geschäftsbetrieb eingeräumt hat.

(3) Die Zentrale Stelle für Sonderabfälle unterliegt bei der Wahrnehmung ihrer Aufgaben der Fachaufsicht der obersten Abfallbehörde.

(4) Die Zentrale Stelle für Sonderabfälle kann eigene Abfallentsorgungsanlagen errichten und betreiben sowie Beteiligungen an derartigen Anlagen erwerben.

(5) Die Zentrale Stelle für Sonderabfälle hat neben den nach § 46 KrWG Verpflichteten im Rahmen ihrer Aufgaben über Möglichkeiten der Vermeidung, Verwertung und Beseitigung zu informieren und Auskunft zu erteilen.

§ 16 Andienung

(1) [1]Sonderabfälle zur Beseitigung, die in Niedersachsen anfallen, sind von ihren Besitzern der Zentralen Stelle für Sonderabfälle anzudienen, soweit nicht durch Verordnung nach § 17 Nr. 1 etwas an-

deres bestimmt ist. [2]Dazu ist auch verpflichtet, wer außerhalb Niedersachsens angefallene Sonderabfälle zur Beseitigung in Niedersachsen entsorgen lassen will.

(2) [1]Soweit Erzeuger von Sonderabfällen im Sinne des Absatzes 1 diese in eigenen, in einem engen räumlichen und betrieblichen Zusammenhang stehenden Anlagen entsorgen, sind sie nicht zur Andienung verpflichtet. [2]Die Zentrale Stelle für Sonderabfälle kann im Einzelfall von der Andienungspflicht freistellen.

§ 16a Zuweisung und Zuführung

(1) [1]Die Zentrale Stelle für Sonderabfälle hat andienungspflichtige Sonderabfälle einer dafür zugelassenen und aufnahmebereiten Abfallentsorgungsanlage zuzuweisen. [2]Die Abfallentsorgungsanlage muss dem jeweiligen Stand der Technik entsprechen und eine dauerhafte Entsorgungssicherheit gewährleisten. [3]Sind mehrere Abfallentsorgungsanlagen, die die vorstehenden Voraussetzungen erfüllen, zur Aufnahme bereit, so ist die Abfallentsorgungsanlage nach den Grundsätzen der Nähe, des Vorrangs für die Abfallverwertung nach Maßgabe des § 7 KrWG, der Rangfolge und der Hochwertigkeit der Verwertungsmaßnahmen nach § 8 KrWG und der Entsorgungsautarkie auszuwählen. [4]Stehen Abfallentsorgungsanlagen, die nach den vorstehenden Grundsätzen gleichermaßen zur Aufnahme bereit sind, innerhalb und außerhalb des Landes zur Verfügung, so sollen die Sonderabfälle einer Abfallentsorgungsanlage in Niedersachsen zugewiesen werden, wenn für die Entsorgungpflichtigen hierdurch keine unverhältnismäßigen Kosten entstehen.

(2) Die Andienungspflichtigen haben die Sonderabfälle der Abfallentsorgungsanlage zuzuführen, der sie von der Zentralen Stelle für Sonderabfälle zugewiesen worden sind.

(3) [1]Die Zentrale Stelle für Sonderabfälle hat die Zuweisung von gefährlichen Abfällen, die außerhalb Niedersachsens angefallen sind, abzulehnen, wenn die Zuweisung das Wohl der Allgemeinheit, insbesondere die Ziele und Erfordernisse der Abfallwirtschaftsplanung, beeinträchtigt. [2]Die Zuweisung kann auch abgelehnt werden, wenn das Land, aus dem die Abfälle stammen, die Gegenseitigkeit nicht gewährleistet.

(4) Die Zentrale Stelle für Sonderabfälle ist befugt,

1. den Sonderabfällen Proben zu entnehmen oder entnehmen zu lassen und Analysen zur Beurteilung der Sonderabfälle von den Andienungspflichtigen zu verlangen oder durch Dritte anfertigen zu lassen,
2. den Andienungspflichtigen aufzugeben, wie die Sonderabfälle der Abfallentsorgungsanlage zuzuführen sind, insbesondere eine Vorbehandlung der Sonderabfälle zu fordern.

§ 17 Verordnungsermächtigung

Die oberste Abfallbehörde wird ermächtigt, durch Verordnung

1. Sonderabfälle, deren Entsorgung insbesondere wegen ihrer Art, geringen Menge oder Beschaffenheit einer Organisation durch die Zentrale Stelle für Sonderabfälle nicht bedarf, von der Andienungspflicht auszunehmen,
2. für Sonderabfälle, die bei Abfallbesitzerinnen und Abfallbesitzern nur in kleineren Mengen anfallen, zu bestimmen, dass die Andienungspflicht auf das Unternehmen übergeht, das die Abfälle einsammelt und befördert,
3. zu bestimmen, wie Sonderabfälle der Zentralen Stelle für Sonderabfälle anzudienen und der zugewiesenen Abfallentsorgungsanlage zuzuführen sind; dabei kann insbesondere das einzuhaltende Verfahren und eine Vorbehandlung der Sonderabfälle vorgeschrieben werden,
4. der Zentralen Stelle für Sonderabfälle weitere Aufgaben im Zusammenhang mit den Verordnungen nach § 52 KrWG, der Verordnung (EG) Nr. 850/2004 des Europäischen Parlaments und des Rates vom 29. April 2004 über persistente organische Schadstoffe und zur Änderung der Richtlinie 79/117/EWG (ABl. EU Nr. L 158 S. 7, Nr. L 229 S. 5; 2007 Nr. L 204 S. 28), zuletzt geändert durch Verordnung (EU) Nr. 519/ 2012 der Kommission vom 19. Juni 2012 (ABl. EU Nr. L 159 S. 1), und der Abfallverbringung zu übertragen.

§ 18 Kosten der Sonderabfallentsorgung

(1) [1]Die Zentrale Stelle für Sonderabfälle erhebt von den Andienungspflichtigen für die ihr entstehenden Aufwendungen und die Behandlung, Lagerung oder Ablagerung der Sonderabfälle in der Abfallentsorgungsanlage, der sie zugewiesen worden sind, Kosten (Gebühren und Auslagen). [2]Für die Erhebung der Kosten gelten die §§ 5 bis 8 und 13 des Niedersächsischen Verwaltungskostengesetzes

entsprechend, soweit nicht in der Verordnung nach Absatz 2 Abweichendes bestimmt wird. [3]Das Aufkommen an Kosten steht der Zentralen Stelle für Sonderabfälle zu.

(2) [1]Die oberste Abfallbehörde wird ermächtigt, durch Verordnung die kostenpflichtigen Tatbestände nach Absatz 1 näher zu bestimmen. [2]Bei der Berechnung der Gebührensätze gilt § 5 Abs. 2 Sätze 1 und 4 Halbsatz 1 NKAG entsprechend. [3]Die Gebühr ist nach dem im Einzelfall entstandenen tatsächlichen Aufwand bei der Entsorgungsanlage zuzüglich eines Zuschlags zur Abgeltung der Aufwendungen der Zentralen Stelle, der in der Verordnung festgelegt wird, zu berechnen. [4]Ist ein tatsächlicher Aufwand im Sinne des Satzes 3 bei einer Entsorgungsanlage nicht entstanden, so bestimmt sich die Gebühr nach Art und Umfang der jeweiligen Inanspruchnahme der Zentralen Stelle.

§§ 19, 20 – aufgehoben –

Vierter Teil

Abfallwirtschaftsplanung und Abfallvermeidungsprogramm

§ 21 Abfallwirtschaftsplanung und Abfallvermeidungsprogramm

(1) [1]Die oberste Abfallbehörde stellt für den Bereich des Landes den Abfallwirtschaftsplan auf. [2]Dieser kann in sachlichen und räumlichen Teilabschnitten aufgestellt werden.

(2) Für die Beteiligung an der Erstellung des Abfallvermeidungsprogramms des Bundes und für die Erstellung eines eigenen Abfallvermeidungsprogramms (§ 33 KrWG) ist die oberste Abfallbehörde zuständig.

§ 22 Verbindlichkeit von Festlegungen in den Abfallwirtschaftsplänen

(1) [1]Die oberste Abfallbehörde wird ermächtigt, durch Verordnung die Festlegungen über Standorte und Einzugsgebiete von Abfallbeseitigungsanlagen in den von ihnen aufgestellten Abfallwirtschaftsplänen ganz oder teilweise für die Beseitigungspflichtigen für verbindlich zu erklären. [2]Die oberste Abfallbehörde erlässt die Verordnung im Einvernehmen mit der für die Bergaufsicht zuständigen obersten Landesbehörde, soweit sich die Verbindlicherklärung auf Abfälle erstreckt, die in einer der Bergaufsicht unterstehenden Abfallbeseitigungsanlage beseitigt werden sollen. [3]Die Verordnung kann hinsichtlich bestimmter Abfallarten oder für einzelne Gruppen von Beseitigungspflichtigen Ausnahmen von der Verpflichtung zulassen, sich einer in dem Plan ausgewiesenen Abfallbeseitigungsanlage zu bedienen.

(2) [1]Die Verordnungen können Standorte und Einzugsgebiete zeichnerisch in Karten bestimmen. [2]Werden die Karten nicht im Verkündungsblatt abgedruckt, so ist nach den folgenden Sätzen 3 bis 5 zu verfahren: [3]Die oberste Abfallbehörde und die Gemeinden und Landkreise, deren Gebiet betroffen ist, haben Ausfertigungen der Karten aufzubewahren und jedem kostenlos Einsicht zu gewähren. [4]Hierauf ist in der Verordnung hinzuweisen. [5]Außerdem sind die in Satz 1 genannten Örtlichkeiten im Text der Verordnung grob zu umschreiben.

§ 23 Verbringen von Abfällen in Einzugsgebiete von Abfallbeseitigungsanlagen

(1) [1]Soweit durch Verordnung nach § 22 das Einzugsgebiet einer Abfallbeseitigungsanlage festgelegt worden ist, dürfen Abfälle, die außerhalb dieses Gebietes angefallen sind, nur mit Genehmigung der obersten Abfallbehörde zum Zweck der Beseitigung in das Einzugsgebiet verbracht werden. [2]Die Verordnung kann festlegen, dass für bestimmte Maßnahmen im Sinne des § 3 Abs. 14 KrWG oder für bestimmte Abfälle eine Genehmigung nicht erforderlich ist. [3]Im Fall einer Anordnung nach § 29 Abs. 1 Satz 1 KrWG bedarf es der Genehmigung nicht.

(2) Die Genehmigung nach Absatz 1 Satz 1 darf nur erteilt werden, wenn die Beseitigung der Abfälle im festgelegten Einzugsgebiet das Wohl der Allgemeinheit, insbesondere die Ziele und Erfordernisse der Abfallwirtschaft nicht beeinträchtigt.

§ 24 Verbringung von Abfällen in Abfallbeseitigungsanlagen außerhalb Niedersachsens

(1) Wer Abfälle zur Beseitigung aus Niedersachsen verbringt, hat dies unter Angabe der Abfallschlüssel, der Mengen und der aufnehmenden Abfallbeseitigungsanlagen der obersten Abfallbehörde mindestens eine Woche vor Beginn anzuzeigen, wenn die Menge 100 Megagramm Abfall je Abfallschlüssel und Kalenderjahr übersteigt oder übersteigen wird.

(2) Absatz 1 gilt nicht für Abfälle zur Beseitigung,

1. die nach § 16 andienungspflichtig sind oder
2. für die in einem für verbindlich erklärten Abfallwirtschaftsplan der Entsorgungsweg mit Abfallschlüssel und Mengenangabe in eine konkret benannte Entsorgungsanlage aufgeführt ist.

Fünfter Teil
Abfallentsorgungsanlagen

§ 25 – aufgehoben –

§ 26 Veränderungssperre

(1) [1]Vom Beginn der Auslegung der Pläne im Planfeststellungsverfahren für eine Deponie nach § 35 Abs. 2 KrWG oder von dem Zeitpunkt an, zu dem den Betroffenen Gelegenheit gegeben wird, den Plan einzusehen, dürfen auf den vom Plan betroffenen Flächen wesentlich wertsteigernde oder die Errichtung der geplanten Deponie erheblich erschwerende Veränderungen nicht vorgenommen werden (Veränderungssperre). [2]Veränderungen, die in rechtlich zulässiger Weise vorher begonnen worden sind, Unterhaltungsarbeiten und die Fortführung einer bisher rechtmäßig ausgeübten Nutzung werden hiervon nicht berührt.

(2) [1]Dauert die Veränderungssperre länger als vier Jahre, so können die Eigentümerin und der Eigentümer sowie die sonstige Nutzungsberechtigte und der sonstige Nutzungsberechtigte für dadurch entstehende Vermögensnachteile vom Träger des Vorhabens eine angemessene Entschädigung in Geld verlangen. [2]Die Person, der das Grundstück gehört, kann ferner die Übernahme der vom Plan betroffenen Flächen verlangen, wenn es ihr wegen der Veränderungssperre wirtschaftlich nicht mehr zuzumuten ist, sie in der bisherigen oder einer anderen zulässigen Art zu nutzen. [3]Kommt eine Einigung über die Übernahme nicht zustande, kann die Person, der das Grundstück gehört, die Entziehung des Eigentums verlangen. [4]Im übrigen gelten die Vorschriften des Niedersächsischen Enteignungsgesetzes entsprechend.

(3) Die Planfeststellungsbehörde kann auf Antrag Ausnahmen von der Veränderungssperre zulassen, wenn überwiegende öffentliche Belange nicht entgegenstehen und die Einhaltung der Veränderungssperre im Einzelfall zu einer offenbar nicht beabsichtigten Härte führen würde.

§ 27 – aufgehoben –

§ 28 Enteignung

(1) Die Enteignung ist zulässig, soweit sie zur Ausführung eines nach § 35 Abs. 2 KrWG festgestellten Plans notwendig ist.

(2) Der festgestellte Plan ist dem Enteignungsverfahren zugrunde zu legen und für die Enteignungsbehörde bindend.

(3) Im übrigen gilt das Niedersächsische Enteignungsgesetz.

§ 29 – aufgehoben –

§ 30 Eigenüberwachung

(1) Die Personen, die Abfallentsorgungsanlagen betreiben, haben sachkundiges und zuverlässiges Personal zu beschäftigen, das insbesondere in der Lage ist, die Anlieferung von Abfällen wirksam zu kontrollieren.

(2) [1]Die Person, die die Anlage betreibt, hat den Zustand und den Betrieb der Abfallentsorgungsanlage sowie ihre Auswirkungen auf die Umgebung, soweit hierfür nicht das Bundes-Immissionsschutzgesetz gilt, auf eigene Kosten fortlaufend zu überwachen (Eigenüberwachung). [2]Sie kann sich dabei Dritter bedienen. [3]Sie hat die Anlage nach näherer Bestimmung durch die zuständige Behörde mit den dafür erforderlichen Einrichtungen und Geräten auszurüsten, Untersuchungen durchzuführen und ihre Ergebnisse aufzuzeichnen. [4]Die Aufzeichnungen sind der zuständigen Behörde auf Verlangen vorzulegen. [5]Die zuständige Behörde kann die Hinzuziehung von Sachverständigen bei der Eigenüberwachung vorschreiben.

(3) [1]Die Eigentümerinnen, Eigentümer und Nutzungsberechtigten von Grundstücken im Einwirkungsbereich einer Abfallentsorgungsanlage sind verpflichtet, jederzeit den Zugang und die Zufahrt zu den Grundstücken zu ermöglichen und Untersuchungen nach Absatz 2 zu dulden. [2]Die Absicht, Grundstücke zu diesem Zweck zu betreten und solche Arbeiten auszuführen, ist den Duldungspflichtigen

nach Satz 1 rechtzeitig vorher bekanntzugeben. [3]Die Person, die die Entsorgungsanlage betreibt, hat nach Abschluss der Arbeiten den früheren Zustand der Grundstücke auf ihre Kosten unverzüglich wiederherzustellen. [4]Die zuständige Behörde kann anordnen, dass die für die Untersuchung geschaffenen Einrichtungen aufrechtzuerhalten sind. [5]Entstehen durch eine nach Satz 1 oder 4 zulässige Maßnahme den Duldungspflichtigen unmittelbare Vermögensnachteile, so hat die Person, die die Entsorgungsanlage betreibt, dafür eine angemessene Entschädigung in Geld zu leisten. [6]Kommt eine Einigung über die Höhe des Entschädigungsanspruchs nicht zustande, so wird sie auf Antrag des Betroffenen von der zuständigen Behörde festgesetzt. [7]Im übrigen gilt das Niedersächsische Enteignungsgesetz entsprechend.

Sechster Teil
Entladung von Abfällen von Schiffen in Seehäfen

§ 31 Anwendungsbereich

(1) Die §§ 32 bis 39 gelten für die Entladung von Abfällen von Schiffen in den niedersächsischen Seehäfen durch Schiffe, die aus Seegebieten seewärts der Grenze des deutschen Küstenmeeres kommend die inneren Gewässer der Bundesrepublik Deutschland anlaufen, aus diesen auslaufen oder in diesen verkehren.

(2) [1]Die den Vorschriften dieses Teils unterliegenden niedersächsischen Seehäfen werden durch Verordnung des für das Hafenwesen zuständigen Ministeriums bestimmt. [2]Als Seehäfen sind die Orte oder geografischen Gebiete zu bestimmen, die so angelegt und ausgestattet sind, dass sie Schiffe im Sinne des § 32 Nr. 1 aufnehmen können.

§ 32 Begriffsbestimmungen

Im Sinne der Vorschriften dieses Teils und der aufgrund dieser Vorschriften erlassenen Verordnungen bezeichnet

1. Schiff: ein seegehendes Wasserfahrzeug jeder Art, das in Seegebieten eingesetzt wird, einschließlich Fischereifahrzeugen, Sportbooten, Tragflügelbooten, Luftkissenfahrzeugen, Tauchfahrzeugen und schwimmenden Geräts;
2. MARPOL-Übereinkommen 73/78: das Internationale Übereinkommen zur Verhütung der Meeresverschmutzung durch Schiffe von 1973 und das Protokoll zu diesem Übereinkommen von 1978 in der Neufassung der amtlichen deutschen Übersetzung vom 12. März 1996 (BGBl. II S. 399, Anlagenband), zuletzt geändert durch die Entschließung MEPC.316(74) (BGBl. II 2021 S. 90), in der jeweils geltenden Fassung;
3. Abfälle von Schiffen: alle Abfälle, die als Schiffsabfälle während des Schiffsbetriebs oder als Ladungsrückstände beim Laden, Löschen oder Reinigen anfallen und die in den Geltungsbereich der Anlagen I, II, IV, V und VI des MARPOL-Übereinkommens 73/78 fallen, sowie passiv gefischte Abfälle, soweit sie jeweils Abfälle im Sinne des § 3 Abs. 1 des Kreislaufwirtschaftsgesetzes sind;
4. gefährliche Abfälle von Schiffen: Abfälle im Sinne der Nummer 3, soweit sie in der Abfallverzeichnis-Verordnung vom 10. Dezember 2001 (BGBl. I S. 3379), zuletzt geändert durch Artikel 1 der Verordnung vom 30. Juni 2020 (BGBl. I S. 1533), in der jeweils geltenden Fassung als gefährlich bezeichnet sind;
5. Ladungsrückstände: die Reste von Ladungen an Bord, die nach dem Laden und Löschen an Deck oder in den Laderäumen oder Tanks verbleiben, einschließlich beim Laden oder Löschen angefallener Überreste oder Überläufe in feuchtem oder trockenem Zustand oder in Waschwasser enthalten, ausgenommen nach dem Fegen an Deck verbleibender Ladungsstaub oder Staub auf den Außenflächen des Schiffes;
6. passiv gefischte Abfälle: Abfälle, die bei Fischfangtätigkeiten in Netzen gesammelt werden;
7. Hafenauffangeinrichtung: jede feste, schwimmende oder mobile Vorrichtung, die dazu bestimmt und geeignet ist, im Hafen die Dienstleistung des Auffangens von Abfällen von Schiffen zum Zweck der ordnungsgemäßen Entsorgung zu erbringen;
8. Fischereifahrzeug: ein Schiff, das für den Fang von Fischen oder anderen lebenden Meeresressourcen ausgerüstet ist oder hierzu gewerblich genutzt wird;

9. Sportboot: ein Schiff jeder Art mit einer Rumpflänge von mindestens 2,5 m, unabhängig von der Antriebsart, das für Sport- oder Freizeitzwecke bestimmt ist und nicht für den Handel eingesetzt wird;
10. Traditionsschiff: ein historisches Schiff jeder Art oder sein Nachbau einschließlich eines solchen, mit dem traditionelle Fertigkeiten und Seemannschaft unterstützt und gefördert werden sollen, das oder der insgesamt ein lebendes Kulturdenkmal bildet und nach traditionellen Grundsätzen der Seemannschaft und Technik betrieben wird;
11. Hafen: ein geografisches Gebiet, das vornehmlich dazu dient, Schiffe aufzunehmen, und dementsprechend angelegt und ausgestattet wurde;
12. kleiner Hafen: ein geografisches Gebiet gemäß Nummer 11, das aber nicht durchgehend mit Vertreterinnen oder Vertretern des Hafenbetreibers und der Hafenbehörde besetzt ist oder aufgrund seiner Lage und Größe nur eine geringe Anzahl von Schiffen gleichzeitig aufnehmen kann;
13. ausreichende spezifische Lagerkapazität: das Vorhandensein von genügend Kapazität, um die Abfälle, einschließlich der wahrscheinlich während der Fahrt anfallenden Abfälle, ab dem Zeitpunkt des Auslaufens bis zum Anlaufen des nächsten Hafens in Übereinstimmung mit dem Müllbehandlungsplan des Schiffes oder, sofern ein solcher nicht erforderlich ist, in den dafür geeigneten und bestimmten Vorrichtungen an Bord des Schiffes zu lagern;
14. regelmäßiges Anlaufen eines Hafens: wiederholte Fahrten desselben Schiffes nach einem gleichbleibenden Muster zwischen bestimmten Häfen oder eine Abfolge von Fahrten von und zu demselben Hafen ohne Zwischenstopps;
15. häufiges Anlaufen eines Hafens: das Anlaufen desselben Hafens durch ein Schiff mindestens einmal alle zwei Wochen;
16. Liniendienst: den Verkehr auf der Grundlage einer öffentlich zugänglichen oder geplanten Liste mit Abfahrts- und Ankunftszeiten für bestimmte Häfen oder sich wiederholende Überfahrten, die einen erkennbaren Fahrplan darstellen;
17. Hafenbetreiber: eine natürliche oder juristische Person, die für den Betrieb des Hafens in seiner Gesamtheit verantwortlich ist und die rechtliche oder tatsächliche Verfügungsgewalt innehat;
18. Müllbehandlungsplan: das nach den Regeln der Anlage V des MARPOL-Übereinkommens 73/78 erforderliche Dokument, in dem dargestellt wird, wie mit Abfällen im Sinne dieser Anlage an Bord des Schiffes umgegangen wird.

§ 33 Hafenauffangeinrichtungen

(1) [1]Der Hafenbetreiber hat dafür Sorge zu tragen, dass den in den Hafen einlaufenden Schiffen ausreichende Hafenauffangeinrichtungen für Abfälle von Schiffen zur Verfügung stehen. [2]Die Hafenauffangeinrichtungen müssen an die Größe und die geografische Lage des Hafens sowie die Art und die technische Ausstattung der üblicherweise den Hafen anlaufenden Schiffstypen angepasst und geeignet sein, die übliche Art und Menge von Abfällen von Schiffen aufzunehmen, ohne dass das Auslaufen eines Schiffes durch die erforderlichen Formalitäten und das Aufnehmen der Abfälle unnötig verzögert wird. [3]Die Hafenauffangeinrichtung muss eine umweltgerechte Bewirtschaftung von Abfällen von Schiffen nach den Vorschriften des Kreislaufwirtschaftsgesetzes und den darauf beruhenden Rechtsvorschriften gewährleisten.

(2) Das für das Hafenwesen zuständige Ministerium wird ermächtigt, durch Verordnung

1. den Hafenbetreiber zu verpflichten, Aufzeichnungen darüber zu führen,
   a) in welchen Fällen von einer Entladung abgesehen wurde,
   b) welche Arten und Mengen von Schiffsabfällen und Ladungsrückständen entladen wurden,
   c) in welche Hafenauffangeinrichtungen entladen wurde,
2. den Hafenbetreiber zu verpflichten, die eingegangenen Voranmeldungen von Abfällen (§ 35 Abs. 1) und die Aufzeichnungen nach Nummer 1 aufzubewahren.

§ 34 Abfallbewirtschaftungspläne für Abfälle von Schiffen, Informationen

(1) [1]Der Hafenbetreiber ist verpflichtet, einen Plan über die Entladung und Entsorgung der Abfälle von Schiffen (Abfallbewirtschaftungsplan für Abfälle von Schiffen) aufzustellen und diesen Plan durchzuführen. [2]Bei der Aufstellung des Plans und bei wesentlichen Änderungen sind der öffentlich-rechtliche Entsorgungsträger, die am Hafenort niedergelassenen Beauftragten der regelmäßigen gewerblichen Hafennutzer, die Betreiber der Hafenauffangeinrichtungen, die Organisationen, die die Pflichten im Rahmen der erweiterten Herstellerverantwortung umsetzen, und Vertreter der Zivilge-

sellschaft im Hinblick auf die Anforderungen der §§ 33, 35 und 36 zu beteiligen. [3]Wollen Beteiligte eine Stellungnahme abgeben, so haben sie dies innerhalb eines Monats zu tun. [4]Für den Abfallbewirtschaftungsplan für Abfälle von Schiffen gelten die Anforderungen der **Anlage 1**.

(2) [1]Der Abfallbewirtschaftungsplan und seine Änderungen bedürfen der Genehmigung durch die zuständige Behörde. [2]Der Abfallbewirtschaftungsplan ist zumindest alle fünf Jahre fortzuschreiben. [3]Er ist nach wesentlichen Änderungen des Hafenbetriebs anzupassen.

(3) [1]Der Abfallbewirtschaftungsplan kann für mehrere Häfen derselben geografischen Region unter Einbeziehung jedes der betreffenden Häfen gemeinsam aufgestellt werden (gemeinsamer Abfallbewirtschaftungsplan). [2]Im Abfallbewirtschaftungsplan müssen die Angaben nach Anlage 1 Abs. 1 Satz 2 Nrn. 1 und 2 für jeden Hafen gesondert ausgewiesen werden. [3]Absatz 2 gilt entsprechend.

(4) [1]Der Hafenbetreiber hat sicherzustellen, dass allen Hafennutzern und Betreibern der Umschlaganlagen die Informationen in geeigneter Art und Weise leicht zugänglich sind, die in der **Anlage 2** aufgeführt sind. [2]Der Hafenbetreiber erstellt eine Zusammenfassung des Abfallbewirtschaftungsplans und übermittelt diese an die zuständige Behörde. [3]Die Zusammenfassung enthält folgende Angaben:

1. Auflistung der Hafenauffanganlagen für die verschiedenen Arten von Abfällen, deren Standorte und Öffnungszeiten,
2. Auflistung der Betreiber dieser Anlagen und deren Ansprechstellen,
3. Kurzbeschreibung der Verfahren für die Übergabe oder Übernahme der Abfälle,
4. Kurzbeschreibung des Kostendeckungssystems.

[4]Die zuständige Behörde übermittelt die Angaben nach Satz 3 auf elektronischem Wege an das Meldesystem der Europäischen Union.

§ 35 Voranmeldung von Abfällen

(1) Die Schiffsführerin oder der Schiffsführer oder der Schiffsbetreiber hat mindestens 24 Stunden vor Ankunft im Anlaufhafen oder, wenn der Anlaufhafen zu diesem Zeitpunkt noch nicht bekannt ist, sobald diese Information vorliegt oder bei einer Reisezeit zum Anlaufhafen von weniger als 24 Stunden spätestens bei Verlassen des letzten Hafens über den in Absatz 2 aufgeführten Meldeweg das Formular nach **Anlage 3** wahrheitsgemäß und genau auszufüllen und alle darin enthaltenen Angaben der zuständigen Behörde zu melden.

(2) [1]Die in Absatz 1 genannte Meldeverpflichtung ist durch die Meldeverantwortliche oder den Meldeverantwortlichen elektronisch über eine bekannt gemachte Eingangsschnittstelle oder direkt in das Datenerfassungsmodul des Zentralen Meldeportals des Bundes (National Single Window – NSW) zu erfüllen. [2]Die jeweils gültigen Kontaktdaten des Zentralen Meldeportals und der Eingangsschnittstelle werden durch das für das Verkehrswesen zuständige Bundesministerium im Verkehrsblatt bekannt gemacht.

(3) Die in der Voranmeldung von Abfällen nach Absatz 1 enthaltenen Angaben sind mindestens bis zum nächsten Anlaufhafen und vorzugsweise in elektronischer Form an Bord verfügbar zu halten und auf Verlangen den zuständigen Behörden vorzulegen.

§ 36 Entladung von Abfällen von Schiffen

(1) Die Schiffsführerin oder der Schiffsführer ist verpflichtet, alle an Bord befindlichen Abfälle von Schiffen ordnungsgemäß vor dem Auslaufen aus dem Hafen in eine Hafenauffangeinrichtung zu entladen.

(2) [1]Abweichend von Absatz 1 kann die Schiffsführerin oder der Schiffsführer die Fahrt zum nächsten Anlaufhafen fortsetzen, ohne die Abfälle von Schiffen zu entladen, wenn

1. aus der Voranmeldung von Abfällen nach § 35 Abs. 1 oder aus den Angaben, die an Bord von Schiffen, die nach § 39 Abs. 1 bis 3 der Pflicht zur Voranmeldung nach § 35 Abs. 1 nicht unterliegen, verfügbar sind, hervorgeht, dass ausreichend spezifische Lagerkapazität für alle bisher angefallenen und für die auf der Fahrt zum nächsten Anlaufhafen voraussichtlich anfallenden Abfälle vorhanden ist, oder
2. das Schiff weniger als 24 Stunden oder bei widrigen Witterungsbedingungen ankert

und im nächsten Anlaufhafen die Entladung der an Bord befindlichen Abfälle von Schiffen gewährleistet ist. [2]Die örtlich zuständige Hafenbehörde verständigt im Fall der Fortsetzung der Fahrt ohne Entladung der an Bord befindlichen Abfälle unverzüglich die für den nächsten Anlaufhafen zuständige Hafenbehörde.

(3) [1]Nach der Entladung in eine Hafenauffangeinrichtung ist der Betreiber der Hafenauffangeinrichtung verpflichtet, das Formular gemäß **Anlage 4** wahrheitsgemäß und genau auszufüllen und der Schiffsführerin oder dem Schiffsführer mittels diesem eine Abfallabgabebescheinigung auszustellen und unverzüglich bereitzustellen. [2]Die Schiffsführerin oder der Schiffsführer übermittelt die Angaben aus der Abfallabgabebescheinigung vor dem Auslaufen des Schiffes oder spätestens unverzüglich nach Eingang der Abfallabgabebescheinigung auf elektronischem Wege an das „National Single Window – NSW“. [3]Sie oder er ist verpflichtet, die Abfallabgabebescheinigung zwei Jahre an Bord aufzubewahren und den zuständigen Behörden auf Verlangen vorzulegen.

(4) [1]Der Betreiber einer Umschlaganlage ist verpflichtet, alle Ladungsrückstände zu übernehmen, die bei der Restentleerung eines Ladetanks nach Betätigung des Restentleerungssystems oder bei der Restentleerung eines Laderaums nach dessen Ausfegen angefallen sind, sowie alle Ladungsreste, die an Deck des Schiffes nach Beendigung des Umschlags zusammengefegt worden sind. [2]Sofern in einer Anlage des MARPOL-Übereinkommens 73/78 ein Auswaschen des Ladetanks oder Laderaums gefordert wird, bevor das Schiff den Hafen verlässt, hat der Betreiber der Umschlaganlage das angefallene Waschwasser zu übernehmen. [3]Absatz 3 gilt entsprechend.

(5) Der Schiffsbetreiber oder seine Vertreterin oder sein Vertreter hat die Entladung von Abfällen von Schiffen, deren Entladung nach § 35 Abs. 1 angemeldet wurde oder die zuständige Behörde nach § 37 Abs. 4 angeordnet hat, dadurch zu unterstützen, dass eine notwendige Beauftragung einer Hafenauffangeinrichtung rechtzeitig erfolgt, um eine unnötige Verzögerung zu vermeiden.

(6) [1]Alle Abfälle müssen getrennt erfasst werden. [2]Passiv gefischte Abfälle sind als solche von anderen Abfällen getrennt zu erfassen.

(7) Der Betrieb von Abfallverbrennungsanlagen auf Schiffen ist im Hafen nicht gestattet.

§ 37 Überwachung

(1) [1]Die zuständige Behörde überwacht die Durchführung der Vorschriften über Hafenauffangeinrichtungen und die Entladung von Abfällen von Schiffen sowie die Erhebung des Entgelts und die ordnungsgemäße Umsetzung des Abfallbewirtschaftungsplans im Hafen durch den Hafenbetreiber. [2]Im Rahmen der Überwachung sind auch Überprüfungen auf den Schiffen in ausreichender Zahl durchzuführen, mindestens aber auf 15 vom Hundert der Gesamtzahl der Schiffe, die einen niedersächsischen Hafen jährlich anlaufen. [3]Die Auswahl der Schiffe für Überprüfungen nach Satz 2 erfolgt nach dem risikobasierten Auswahlmechanismus der Europäischen Union gemäß dem Durchführungsrechtsakt der Kommission im Sinne des Artikels 11 Abs. 2 der Richtlinie (EU) 2019/883. [4]Die zuständige Behörde kann die Durchführung der Überprüfungen nach Satz 2 durch öffentlich-rechtlichen Vertrag auf andere öffentlich-rechtliche Körperschaften oder auf privatrechtliche Unternehmen übertragen, wenn diese sich ihrer fachlichen Aufsicht unterstellen. [5]Ihnen stehen bei Ausübung der Überwachungstätigkeit die Befugnisse der zuständigen Behörde zu; sie können ferner aufgrund entsprechender vertraglicher Regelung die für eine Überprüfung vorgesehenen Verwaltungskosten festsetzen und erheben.

(2) [1]Bedienstete und Beauftragte der zuständigen Behörde sind berechtigt, in Ausübung ihrer Überwachungstätigkeit nach Absatz 1 Grundstücke, bauliche Anlagen und Schiffe auch gegen den Willen der Betroffenen zu betreten. [2]Wohnungen sowie Geschäfts- und Betriebsräume außerhalb der üblichen Geschäfts- oder Betriebszeiten dürfen nach Satz 1 nur zur Abwehr einer erheblichen Gefahr für die öffentliche Sicherheit betreten werden. [3]Das Grundrecht auf Unverletzlichkeit der Wohnung (Artikel 13 des Grundgesetzes) wird insoweit eingeschränkt.

(3) [1]Die Schiffsführerin oder der Schiffsführer sowie der Hafenbetreiber haben der zuständigen Behörde zum Zweck der Prüfung, ob sie ihre Verpflichtungen nach diesem Gesetz erfüllt haben, auf Verlangen Auskünfte zu erteilen, Nachweise vorzulegen und Einsicht in Unterlagen zu gewähren. [2]Neben der zuständigen Behörde ist auch die Polizei berechtigt, Schiffspapiere und Schiffstagebücher einzusehen sowie die tatsächlich an Bord befindlichen Abfallmengen festzustellen und mit den Angaben in der Meldung nach § 35 Abs. 1 zu vergleichen; die Aufgaben und Befugnisse der zuständigen Behörde, insbesondere diejenigen nach Absatz 1 Sätze 1 und 2, sowie die Befugnisse der Polizei nach dem Niedersächsischen Polizei- und Ordnungsbehördengesetz bleiben unberührt. [3]Wer zur Erteilung einer Auskunft verpflichtet ist, kann die Auskunft auf solche Fragen verweigern, deren Beantwortung ihn selbst oder eine in § 52 Abs. 1 der Strafprozessordnung bezeichnete Person der Gefahr strafge-

richtlicher Verfolgung oder eines Verfahrens nach dem Gesetz über Ordnungswidrigkeiten aussetzen würde.

(4) [1]Die zuständige Behörde trifft nach pflichtgemäßem Ermessen die Maßnahmen, die im Einzelfall erforderlich sind, um die Einhaltung der Absätze 1 bis 3 sowie der §§ 33 bis 36, 38 und 39 sicherzustellen. [2]Sie kann insbesondere anordnen, dass ein Schiff den Hafen nicht verlässt, bevor die an Bord befindlichen Abfälle von Schiffen gemäß § 36 ordnungsgemäß in eine Hafenauffangeinrichtung entladen worden sind. [3]§ 45 Abs. 2 Satz 2 gilt entsprechend.

(5) Hat ein Schiff den Hafen verlassen, ohne dass die Schiffsführerin oder der Schiffsführer der Entladungspflicht nach § 36 nachgekommen ist, so hat die zuständige Behörde die für den nächsten Anlaufhafen zuständige Hafenbehörde hierüber zu verständigen.

(6) Die zuständige Behörde meldet Informationen zu Überprüfungen nach Absatz 1 Satz 2, einschließlich festgestellter Verstöße und angeordneter Auslaufverbote, unverzüglich an die von der Europäischen Kommission eingerichtete Überprüfungsdatenbank.

§ 38 Kostendeckungssysteme und Entgeltordnung

(1) Der Hafenbetreiber erhebt für jedes in den Hafen einlaufende Schiff vom Reeder, Eigner oder Charterer ein pauschaliertes Entgelt als Beitrag für die Deckung der Kosten der Entladung und Entsorgung von Schiffsabfällen und passiv gefischten Abfällen nach Maßgabe der Absätze 2 und 3.

(2) [1]Das pauschalierte Entgelt wird vom Hafenbetreiber auf der Grundlage einer von ihm zu erlassenden Entgeltordnung erhoben. [2]Bei der Festlegung der Entgeltsätze können in der Entgeltordnung Schiffstyp, Schiffsgröße, die Erbringung von Diensten für Schiffe außerhalb der normalen Betriebszeiten im Hafen sowie die Gefährlichkeit der Abfälle berücksichtigt werden. [3]Das pauschalierte Entgelt ist so festzusetzen, dass aus seinem Aufkommen von den Aufwendungen nach Absatz 3 Satz 1

1. die indirekten Verwaltungskosten vollständig und
2. die direkten Betriebskosten zu einem Anteil von mindestens 30 vom Hundert, von den in Absatz 3 Satz 1 Nrn. 2, 3 und 4 genannten Aufwendungen jedoch vollständig,

gedeckt werden. [4]Die direkten und indirekten Kosten im Sinne des Satzes 3 sind in **Anlage 5** aufgeführt. [5]Das pauschalierte Entgelt ist so zu bemessen, dass Schiffe nicht davon abgehalten werden, die Hafenauffangeinrichtungen in Anspruch zu nehmen. [6]Das für das Hafenwesen zuständige Ministerium wird ermächtigt, den Anteil nach Satz 3 Nr. 2 durch Verordnung anders zu bestimmen, um nachteiligen Auswirkungen auf die Wettbewerbsfähigkeit der niedersächsischen Häfen, auf die Vermeidung und Verwertung von Abfällen oder auf deren ordnungsgemäße Entsorgung entgegenzuwirken. [7]Die Entgeltordnung sieht vor, dass

1. das Entgelt nur zum Teil erhoben wird, wenn Bauart, Ausrüstung und Betrieb des Schiffes zeigen, dass das Schiff geringere Abfallmengen erzeugt und seine Abfälle nachhaltig und umweltverträglich bewirtschaftet,
2. auf Grundlage der Art des Handels, für den das Schiff eingesetzt wird, insbesondere wenn das Schiff im Kurzstrecken- Seehandel eingesetzt wird, das Entgelt nur zum Teil erhoben wird,
3. ein Entgelt nicht oder nur zum Teil erhoben wird, wenn die Erhebung aus einem anderen Grund zu einer unbilligen Härte führen würde.

[8]Der Hafenbetreiber hat eine Entscheidung nach Satz 7 mit den maßgeblichen Gründen unverzüglich der Hafenbehörde mitzuteilen.

(3) [1]Das pauschalierte Entgelt umfasst folgende Aufwendungen:

1. anteilige Erstattung der an Dritte gezahlten Entgelte für die Entladung und Entsorgung von Schiffsabfällen nach den Anlagen I und IV des MARPOL-Übereinkommens 73/78, wobei der zu erstattende Anteil 70 vom Hundert beträgt und von dem für das Hafenwesen zuständigen Ministerium durch Verordnung anders bestimmt werden kann; Absatz 2 Satz 6 gilt entsprechend;
2. Kosten für die Entladung und Entsorgung aller Schiffsabfälle nach Anlage V des MARPOL-Übereinkommens 73/78, soweit diese ihrem Volumen nach die in der Voranmeldung von Abfällen nach § 35 Abs. 1 in Verbindung mit Anlage 3 angegebene maximale spezifische Lagerkapazität nicht übersteigen, Schiffsabfälle dieser Art, die gefährliche Abfälle von Schiffen darstellen, jedoch pro Schiff und Jahr nur bis zu einer Freimenge von 2 t, wobei das für das Hafenwesen zuständige Ministerium die Freimenge durch Verordnung anders bestimmen kann; Absatz 2 Satz 6 gilt entsprechend;
3. Kosten für die Entladung und Entsorgung passiv gefischter Abfälle;

4. Kosten für die Entladung und Entsorgung der Kleinmaterialien, die Schiffe im hoheitlichen Einsatz gemäß § 39 Abs. 3 Satz 3 unentgeltlich entladen.

[2]Die Kosten für die Entladung und Entsorgung, die nicht nach Satz 1 in Verbindung mit Absatz 2 Sätze 3, 4 und 6 aus dem Aufkommen des pauschalierten Entgelts gedeckt werden, werden dem Entgeltschuldner des jeweiligen Schiffes direkt in Rechnung gestellt.

(4) [1]Berechnungszeitraum ist das Kalenderjahr oder das Wirtschaftsjahr des Hafenbetreibers. [2]Stellt sich am Ende eines Berechnungszeitraums heraus, dass das Aufkommen der pauschalierten Entgelte von den nach Absatz 2 Sätze 3 bis 6, Absatz 3 Satz 1 zu berücksichtigenden Kosten abweicht, so ist der Unterschiedsbetrag spätestens im übernächsten Berechnungszeitraum durch entsprechend höhere oder niedrigere pauschalierte Entgeltsätze auszugleichen.

(5) [1]Das pauschalierte Entgelt wird privatrechtlich erhoben. [2]Ist das Land Hafenbetreiber, so kann das für das Hafenwesen zuständige Ministerium durch Verordnung eine Abgabe nach Maßgabe der Absätze 1 und 2 Sätze 2 bis 7 sowie des Absatzes 3 erheben; ergänzend ist das Niedersächsische Verwaltungskostengesetz anzuwenden. [3]Ist eine kommunale Körperschaft Hafenbetreiber, so kann sie eine Abgabe nach Maßgabe der Absätze 1 und 2 Sätze 2 bis 7 sowie des Absatzes 3 durch eine Satzung erheben; ergänzend ist das Niedersächsische Kommunalabgabengesetz anzuwenden. [4]In den Entgelten, auch soweit sie hoheitlich erhoben werden, ist eine gesetzlich geschuldete Umsatzsteuer nicht enthalten; ein entsprechender Betrag wird zusätzlich erhoben.

(6) Die Entgeltordnung und die Berechnungsgrundlage der Entgeltsätze sind den Hafennutzern zugänglich zu machen und auf Verlangen zu erläutern.

§ 39 Ausnahmen und Sonderregelungen

(1) Fischereifahrzeuge und Sportboote mit einer Länge von weniger als 45 m sowie Traditionsschiffe und Schiffe mit einer Bruttoraumzahl von weniger als 300 sind von der Pflicht zur Voranmeldung von Abfällen nach § 35 Abs. 1 ausgenommen.

(2) [1]Zusätzlich kann die zuständige Behörde auf Antrag ein Schiff von der Pflicht zur Voranmeldung von Abfällen nach § 35 Abs. 1, von der Pflicht zur Entladung von Abfällen nach § 36 Abs. 1 sowie von der Pflicht zur Zahlung eines pauschalierten Entgelts nach § 38 befreien, wenn nachgewiesen wird, dass

1. das Schiff im Liniendienst eingesetzt ist und
2. die Entladung aller an Bord befindlichen Abfälle von Schiffen in einem Hafen, welchen das Schiff im Liniendienst häufig und regelmäßig anläuft, sowie die Zahlung eines mit dem pauschalierten Entgelt nach § 38 vergleichbaren Entgelts sichergestellt sind

und die Befreiung sich nicht abträglich auf die Sicherheit des Seeverkehrs, die Gesundheit, die Lebens- und Arbeitsbedingungen an Bord oder die Meeresumwelt auswirkt. [2]Die Entladung aller an Bord befindlichen Abfälle sowie die Zahlung eines Entgelts sind im Sinne des Satzes 1 Nr. 2 sichergestellt, wenn sie durch Vorlage von Verträgen, die die Entladung von Abfällen und die Zahlung eines Entgelts in einem Hafen nach Satz 1 Nr. 2 vorsehen und mit diesem Hafen abgeschlossen sind, oder aber, soweit sie mit einem Entsorgungsunternehmen abgeschlossen sind, von diesem Hafen akzeptiert wurden, und durch Abgabebescheinigungen nachgewiesen werden und in diesem Hafen ausweislich der im Europäischen Meldesystem vorhandenen Angaben geeignete Hafenauffangeinrichtungen vorhanden sind. [3]Wird eine Befreiung nach Satz 1 gewährt, so stellt die zuständige Behörde ein Ausnahmezeugnis nach dem Muster in Anlage 6 aus und bestätigt damit, dass das Schiff die notwendigen Voraussetzungen und Anforderungen für die Befreiung erfüllt. [4]Die zuständige Behörde übermittelt die Angaben des Ausnahmezeugnisses auf elektronischem Wege an das Meldesystem der Europäischen Union. [5]§ 36 Abs. 7 bleibt unberührt. [6]Ungeachtet einer erteilten Befreiung darf ein Schiff die Fahrt zum nächsten Anlaufhafen nicht fortsetzen, wenn nicht eine ausreichende spezifische Lagerkapazität für alle bisher angefallenen und während der beabsichtigten Fahrt des Schiffes bis zum nächsten Anlaufhafen anfallenden Abfälle vorhanden ist. [7]Die Sätze 1 bis 6 gelten für ein Schiff, dem an mehr als 60 Tagen im Kalenderjahr ein ständiger Liegeplatz in einem niedersächsischen Hafen zugewiesen ist, mit der Maßgabe entsprechend, dass an die Stelle eines im Linienverkehr angelaufenen Hafens der ständige Liegeplatz tritt.

(3) [1]Die §§ 35 bis 38 gelten nicht für Schiffe, die für Hafendienste (Lotsendienste, Schleppen, Festmachen, Ladungsumschlag, Betankung und Abfallentsorgung) eingesetzt werden, sowie für Kriegsschiffe, Flottenhilfsschiffe und andere Schiffe, die zur Wahrnehmung hoheitlicher Aufgaben im Einsatz sind. [2]Die Hafenauffangeinrichtungen stehen den Schiffen nach Satz 1 zur Entladung von Abfällen

von Schiffen sowie für die Entladung von Materialien, die diese Schiffe auf See aufgenommen haben, gegen Entgelt zur Verfügung. [3]Für die Entladung von Kleinmengen der auf See aufgenommenen Materialien nach Satz 2 in die Hafenauffangeinrichtungen darf kein Entgelt verlangt werden.

(4) [1]Für kleine nichtgewerbliche Häfen, die selten oder wenig und ausschließlich von Sportbooten angelaufen werden, können die Hafenbetreiber davon absehen, Abfallbewirtschaftungspläne nach § 34 aufzustellen, sofern ihre Hafenauffangeinrichtungen in die kommunalen Abfallwirtschaftskonzepte integriert sind und den Hafennutzern die Informationen über das Verfahren der Abfallentsorgung zugänglich sind. [2]Macht ein Hafenbetreiber von der Möglichkeit nach Satz 1 Gebrauch, so meldet die zuständige Hafenbehörde Namen und geografische Koordinaten des Hafens elektronisch an das Meldesystem der Europäischen Union. [3]Die örtlich zuständige untere Abfallbehörde ist berechtigt zu prüfen, ob in dem Hafen ausreichende Vorrichtungen zur Abgabe von Abfällen von Schiffen bereitstehen und ob die Hafennutzer über das Verfahren zur Nutzung dieser Vorrichtungen informiert werden.

(5) Die Anforderung nach § 36 Abs. 3 Satz 1 gilt nicht für kleine Häfen mit unbemannten Einrichtungen oder kleine entlegene Häfen, die die Voraussetzungen nach Absatz 4 Satz 2 erfüllen.

Siebenter Teil
Gefahrenabwehr, Zuständigkeiten, Ordnungswidrigkeiten, Kosten

§ 40 – aufgehoben –

§ 41 Behörden

(1) Oberste Abfallbehörde ist das für die Abfallwirtschaft zuständige Ministerium.

(2) [1]Untere Abfallbehörden sind die Landkreise und die kreisfreien Städte sowie die Städte Celle, Cuxhaven, Göttingen, Hildesheim und Lüneburg. [2]Die Zuständigkeit der großen selbständigen Städte im Übrigen und der selbständigen Gemeinden wird ausgeschlossen (§ 17 Satz 1 des Niedersächsischen Kommunalverfassungsgesetzes).

(3) Hafenbehörden im Sinne dieses Gesetzes sind die in den Seehäfen für die Gefahrenabwehr in Hafen-, Fähr- und Schifffahrtsangelegenheiten zuständigen Behörden.

§ 42 Sachliche Zuständigkeit

(1) Für Entscheidungen und andere Maßnahmen aufgrund des Kreislaufwirtschaftsgesetzes, des Batteriegesetzes, des Elektro- und Elektronikgerätegesetzes, des Verpackungsgesetzes, der Rechtsvorschriften der Europäischen Union zum Abfallrecht, dieses Gesetzes und der aufgrund dieser Gesetze erlassenen Verordnungen sind die unteren Abfallbehörden zuständig, soweit nichts anderes bestimmt ist.

(2) [1]Die Aufgaben der unteren Abfallbehörden gehören zum übertragenen Wirkungskreis. [2]Die Kosten, die den kommunalen Körperschaften hierdurch entstehen, werden im Rahmen der Finanzausstattung der kommunalen Körperschaften durch Finanzausgleichszuweisungen und sonstige Einnahmen gedeckt.

(3) – aufgehoben –

(4) Ist eine Körperschaft als öffentlich-rechtlicher Entsorgungsträger Antragstellerin oder Adressatin eines Verwaltungsaktes in einem Verwaltungsverfahren, für das sie als untere Abfallbehörde zuständig wäre, so ist stattdessen die oberste Abfallbehörde zuständig, soweit nicht durch Verordnung nach Absatz 5 etwas anderes bestimmt ist.

(5) Die oberste Abfallbehörde kann durch Verordnung die Zuständigkeit für bestimmte Aufgaben auf sich selbst oder eine andere Landesbehörde übertragen, wenn dies zur sachgerechten Erfüllung der Aufgaben erforderlich ist.

(5a) [1]Die Landesregierung kann der Landwirtschaftskammer Niedersachsen durch Verordnung

1. Aufgaben nach der Klärschlammverordnung sowie
2. Aufgaben nach unmittelbar anzuwendenden Rechtsakten der Europäischen Union zur grenzüberschreitenden Verbringung von Abfällen, dem Abfallverbringungsgesetz und den aufgrund des Abfallverbringungsgesetzes erlassenen Verordnungen

als staatliche Aufgaben zur Erfüllung nach Weisung übertragen, wenn dies zur sachgerechten Erfüllung der Aufgaben erforderlich ist. [2]Bei der Anwendung des § 31 des Gesetzes über die Landwirtschaftskammer Niedersachsen (LwKG) gelten die Aufgaben nach Satz 1 als Aufgaben im Sinne des § 2 Abs. 6 LwKG.

(6) Soweit im Sechsten Teil dieses Gesetzes nichts anderes bestimmt ist, ist für die Entscheidungen und Aufgaben nach diesem Teil die Hafenbehörde zuständig.

§ 43 Örtliche Zuständigkeit

(1) [1]Örtlich zuständig ist die Behörde, in deren Gebiet die Anlage zur Entsorgung von Abfällen ihren Standort hat oder, wenn eine Anlage nicht Gegenstand der Entscheidung oder anderen Maßnahme ist, die Abfallbewirtschaftung durchgeführt wird oder durchgeführt werden soll. [2]Für Entscheidungen und andere Maßnahmen im Zusammenhang mit den nach § 72 Abs. 1 KrWG fortgeltenden Pflichtenübertragungen ist die Behörde örtlich zuständig, in deren Gebiet die zu entsorgenden Abfälle anfallen. [3]Im Übrigen ist für Entscheidungen und andere Maßnahmen nach dem Kreislaufwirtschaftsgesetz und den aufgrund des Kreislaufwirtschaftsgesetzes ergangenen Verordnungen die Behörde örtlich zuständig, in deren Gebiet sich der Betriebssitz der Antrag stellenden Person befindet. [4]Für die Ausführung des Elektro- und Elektronikgerätegesetzes ist die Behörde örtlich zuständig, in deren Gebiet sich die jeweilige Betriebsstätte des Vertreibers oder Herstellers befindet.

(2) [1]Sind in derselben Sache mehrere Behörden örtlich zuständig oder ist es zweckmäßig, eine Angelegenheit in benachbarten Gebieten einheitlich zu regeln, so bestimmt die gemeinsame nächsthöhere Behörde die örtlich zuständige Behörde. [2]Die nächsthöhere Behörde kann sich auch selbst für zuständig erklären.

(3) Ist für dieselbe Sache auch eine Behörde eines anderen Landes zuständig, so kann die oberste Abfallbehörde die Zuständigkeit mit der zuständigen Behörde dieses Landes vereinbaren.

§ 44 Staatlich anerkannte Untersuchungsstellen

(1) [1]Das zuständige Ministerium wird ermächtigt, durch Verordnung zu bestimmen, dass bestimmte Abfall-, Wasser-, Boden- oder Klärschlammuntersuchungen, einschließlich der fachlichen Betreuung der Abnehmer von Klärschlamm, im Rahmen der abfallrechtlichen Überwachung auch durch staatlich anerkannte Stellen durchgeführt werden können. [2]In der Verordnung können auch die Anforderungen an die Fachkunde, Zuverlässigkeit und die betriebliche Ausstattung der Stellen sowie an ihre Unabhängigkeit von den zu Überwachenden, das Verfahren zur Anerkennung, die Befristung und das Erlöschen der Anerkennung, der Ausschluss von Interessenkollisionen, die Vergütung und Auslagenerstattung, die Fachaufsicht über die Stellen einschließlich der Pflicht zur Teilnahme an Ringversuchen und anderen Maßnahmen zur Qualitätssicherung der Untersuchungen sowie die Begrenzung der Zahl der staatlich anerkannten Untersuchungsstellen entsprechend dem Bedarf der Überwachungsbehörden geregelt werden.

(2) Die Verpflichtung nach § 47 Abs. 3 bis 5 KrWG besteht auch gegenüber den aufgrund des Absatzes 1 staatlich anerkannten Untersuchungsstellen.

§ 45 Datenverarbeitung, Überwachung

(1) [1]Zur Ausführung des Kreislaufwirtschaftsgesetzes, des Batteriegesetzes, des Elektro- und Elektronikgerätegesetzes, des Verpackungsgesetzes, der Rechtsvorschriften der Europäischen Union zum Abfallrecht, dieses Gesetzes und der aufgrund dieser Gesetze erlassenen Verordnungen dürfen die öffentlich-rechtlichen Entsorgungsträger, die zuständigen Behörden und die Zentrale Stelle für Sonderabfälle die erforderlichen personenbezogenen Daten verarbeiten. [2]Die Behörden und Stellen nach Satz 1 dürfen personenbezogene Daten an die für die Überwachung der Einhaltung der düngerechtlichen Vorschriften zuständigen Behörden übermitteln, soweit dies zur Erfüllung der Aufgaben der für die Überwachung der Einhaltung der düngerechtlichen Vorschriften zuständigen Behörden erforderlich ist. [3]Die Behörden und Stellen nach Satz 1 dürfen die für die Überwachung der Einhaltung der düngerechtlichen Vorschriften zuständigen Behörden um die Übermittlung personenbezogener Daten ersuchen und die ihr daraufhin übermittelten personenbezogenen Daten verarbeiten, soweit dies zur Erfüllung ihrer Aufgaben erforderlich ist. [4]Die nach Landesrecht für die Überwachung der Einhaltung der düngerechtlichen Vorschriften zuständigen Behörden übermitteln den Behörden und Stellen nach Satz 1 auf ein Ersuchen nach Satz 3 personenbezogene Daten, die sie im Rahmen der Überwachung gewonnen haben, soweit dies zur Erfüllung der Aufgaben der Behörden und Stellen nach Satz 1 erforderlich ist.

(2) [1]Um die Einhaltung des Kreislaufwirtschaftsgesetzes, des Batteriegesetzes, des Elektro- und Elektronikgerätegesetzes, des Verpackungsgesetzes, der Rechtsvorschriften der Europäischen Union zum Abfallrecht und dieses Gesetzes sowie der aufgrund der genannten Verordnungen erlassenen Verord-

nungen sicherzustellen, kann die zuständige Behörde die im Einzelfall erforderlichen Maßnahmen treffen, soweit eine solche Befugnis nicht in anderen abfallrechtlichen Vorschriften enthalten ist. [2]Für die Maßnahmen nach Satz 1 finden die Vorschriften des Niedersächsischen Polizei- und Ordnungsbehördengesetzes ergänzend Anwendung.

§ 46 Ordnungswidrigkeiten

(1) Ordnungswidrig handelt, wer vorsätzlich oder fahrlässig

1. entgegen § 23 Abs. 1 Satz 1 Abfälle, die außerhalb des Geltungsbereichs eines verbindlichen Abfallwirtschaftsplans entstanden sind, zum Zwecke der Beseitigung ohne die erforderliche Genehmigung in das Plangebiet verbringt,
2. entgegen § 24 die Verbringung von Abfällen zur Beseitigung aus Niedersachsen nicht, nicht rechtzeitig oder nicht vollständig anzeigt.

(2) Ordnungswidrig handelt auch, wer vorsätzlich oder fahrlässig

1. einer aufgrund dieses Gesetzes erlassenen Verordnung zuwiderhandelt, soweit diese für einen bestimmten Tatbestand auf diese Bußgeldvorschrift verweist,
2. einer vollziehbaren schriftlichen Anordnung einer Abfallbehörde oder Hafenbehörde zuwiderhandelt, die nach diesem Gesetz erlassen worden ist und auf diese Bußgeldvorschrift verweist,
3. entgegen § 16 Abs. 1 Sonderabfall nicht der Zentralen Stelle für Sonderabfälle andient,
4. entgegen § 16a Abs. 2 Sonderabfall nicht der Abfallentsorgungsanlage zuführt, der der Sonderabfall von der Zentralen Stelle für Sonderabfälle zugewiesen worden ist,
5. entgegen § 35 Abs. 1 die Voranmeldung von Abfällen nicht abgibt oder an Bord vorhandene Abfälle in der Voranmeldung nicht aufführt,
6. entgegen § 36 nicht alle an Bord befindlichen Abfälle von Schiffen vor dem Auslaufen aus dem Hafen in eine Hafenauffangeinrichtung entlädt,
7. entgegen § 37 Abs. 2 das Betreten des Grundstücks, der baulichen Anlage oder des Schiffes nicht duldet,
8. entgegen § 37 Abs. 3 die erforderlichen Auskünfte nicht oder nicht vollständig erteilt oder unrichtige Angaben macht,
9. entgegen § 37 Abs. 3 einen Nachweis nicht vorlegt oder eine Einsicht in Unterlagen nicht gewährt,
10. entgegen § 38 Abs. 1 ein Entgelt nicht oder nicht in der erforderlichen Höhe erhebt,
11. entgegen § 38 Abs. 2 Satz 8 Entscheidungen nach § 38 Abs. 2 Satz 7 nicht unverzüglich der Hafenbehörde mitteilt.

(3) Die Ordnungswidrigkeit kann in den Fällen des Absatzes 1 mit einer Geldbuße bis zu 50 000 Euro und in den Fällen des Absatzes 2 mit einer Geldbuße bis zu 500 000 Euro geahndet werden.

Achter Teil
Übergangs- und Schlussvorschriften

§ 47 *[nicht wiedergegebene Aufhebungsvorschrift]*

§ 48 Übergangsregelung[1)]

(1) Soweit Entsorgungsanlagen bei In-Kraft-Treten dieses Gesetzes bereits genutzt werden, können die öffentlich-rechtlichen Entsorgungsträger die Rücklagenbildung nach § 12 Abs. 4 Satz 1 Nr. 3 auf den der verbleibenden Nutzungsdauer entsprechenden Anteil beschränken.

(2) Soweit nach § 72 Abs. 1 KrWG Übertragungen von Pflichten der öffentlich-rechtlichen Entsorgungsträger auf einen Dritten fortgelten oder Pflichtenübertragungen verlängert werden, gelten für die Dritten § 4 Abs. 1 und § 7 entsprechend.

---

1) **Amtl. Anm.:** Die Vorschrift bezieht sich auf das In-Kraft-Treten des Gesetzes vom 12. Dezember 2002 (Nds. GVBl. S. 802) am 1. Januar 2003.

§ 49 In-Kraft-Treten[1)]

[1]Dieses Gesetz tritt am 1. Mai 1990 in Kraft. [2]Abweichend von Satz 1 treten
1. § 4 Abs. 2 und § 25 Abs. 3 Nrn. 3 und 5 am 1. Oktober 1990,
2. § 21 am 1. Mai 1991

in Kraft.

Anlage 1
(zu § 34 Abs. 1)

Anforderungen an die Abfallbewirtschaftungspläne für Abfälle von Schiffen

(1) [1]In den Plänen sind alle Arten von Abfällen von Schiffen, die den Hafen üblicherweise anlaufen, die Größe des Hafens und die Arten der einlaufenden Schiffe zu berücksichtigen. [2]Die Pläne müssen enthalten
1. eine Bewertung der Notwendigkeit einer Hafenauffangeinrichtung unter Berücksichtigung der Bedürfnisse der Schiffe, die den Hafen üblicherweise anlaufen,
2. eine Beschreibung der Art und Kapazität der Hafenauffangeinrichtung,
3. eine detaillierte Beschreibung der Verfahren für das Aufnehmen und Sammeln von Abfällen von Schiffen,
4. eine Beschreibung des Kostendeckungssystems,
5. eine Beschreibung des Verfahrens für die Meldung etwaiger Unzulänglichkeiten der Hafenauffangeinrichtung,
6. eine Beschreibung des Verfahrens für den Austausch von Informationen zwischen den Hafenbenutzern, den mit der Abfallbehandlung beauftragten Unternehmen, den Hafenbetreibern und anderen Beteiligten und
7. Angaben zur Art und Menge der aufgenommenen und behandelten Abfälle von Schiffen.

(2) Die Pläne sollen enthalten
1. eine Zusammenfassung der einschlägigen Rechtsvorschriften sowie der Verfahren und Formalitäten für die Entladung der Abfälle von Schiffen in Hafenauffangeinrichtungen,
2. die Angabe des Namens und der Anschrift der für die Durchführung des Plans verantwortlichen Person,
3. eine Beschreibung im Hafen vorhandener Ausrüstungen und von Verfahren für eine Vorbehandlung der spezifischen Abfallströme,
4. eine Beschreibung der Verfahren für die Aufzeichnung der tatsächlichen Benutzungen der Hafenauffangeinrichtung,
5. eine Beschreibung der Verfahren für die Aufzeichnung der Menge der von Schiffen entladenen Abfälle und
6. eine Beschreibung des Verfahrens für die Entsorgung der einzelnen Abfallströme im Hafen.

(3) [1]Die Verfahren für Auffangen, Sammlung, Lagerung, Behandlung und Beseitigung sollen in jeder Hinsicht mit einem Umweltmanagementplan übereinstimmen, der einen fortschreitenden Abbau der Auswirkungen dieser Tätigkeiten auf die Umwelt ermöglicht. [2]Stehen die Verfahren mit der Verordnung (EG) Nr. 1221/2009 des Europäischen Parlaments und des Rates vom 25. November 2009 über die freiwillige Teilnahme von Organisationen an einem Gemeinschaftssystem für Umweltmanagement und Umweltbetriebsprüfung und zur Aufhebung der Verordnung (EG) Nr. 761/2001 sowie der Beschlüsse der Kommission 2001/681/EG und 2006/193/EG (ABl. EU Nr. L 342 S. 1), zuletzt geändert durch die Verordnung (EU) 2018/2026 der Kommission vom 19. Dezember 2018 (ABl. EU Nr. L 325 S. 18; 2020 Nr. L 303 S. 24), in der jeweils geltenden Fassung in Einklang, so wird von einer Übereinstimmung ausgegangen.

---

1) **Amtl. Anm.:** Die Vorschrift betrifft das In-Kraft-Treten und die Paragrafenfolge des Gesetzes in der ursprünglichen Fassung vom 21. März 1990 (Nds. GVBl. S. 91). Der Zeitpunkt des In-Kraft-Tretens der späteren Änderungen ergibt sich aus den in der Bekanntmachung vom 14. Oktober 1994 (Nds. GVBl. S. 467) sowie den in der vorangestellten Bekanntmachung näher bezeichneten Gesetzen.

Anlage 2
(zu § 34 Abs. 4)

Informationen, die allen Hafennutzern und Betreibern von Umschlaganlagen zugänglich sein müssen

Der Hafenbetreiber hat sicherzustellen, dass den Hafennutzern und den Betreibern von Umschlaganlagen Informationen zugänglich sind über

1. die grundlegende Bedeutung einer ordnungsgemäßen Entladung von Schiffsabfällen und Ladungsrückständen (kurz gefasst),
2. den Standort der Hafenauffangeinrichtung für jeden Anlegeplatz mit einer entsprechenden Karte sowie gegebenenfalls deren Öffnungszeiten,
3. die eine Auflistung von Abfällen von Schiffen, die üblicherweise entladen oder entsorgt werden,
4. die Ansprechstellen der Hafenbehörde, des Hafenbetreibers und der Dienstleister einschließlich der angebotenen Dienstleistungen,
5. das Entladungsverfahren,
6. das Kostendeckungssystem, gegebenenfalls einschließlich der Abfallbewirtschaftungssysteme und -fonds nach Anlage 5 und
7. die Meldung etwaiger Unzulänglichkeiten der Hafenauffangeinrichtung.

Anlage 3 (zu § 35 Abs. 1)
(hier nicht wiedergegeben)

Anlage 4 (zu § 36 Abs. 3)
(hier nicht wiedergegeben)

Anlage 5 (zu § 38 Abs. 2)
(hier nicht wiedergegeben)

Anlage 6 (zu § 39 Abs. 2)
(hier nicht wiedergegeben)

Niedersächsisches Schulgesetz (NSchG)

In der Fassung vom 3. März 1998[1] (Nds. GVBl. S. 137)
(VORIS 22410 01)
zuletzt geändert durch Art. 8 HaushaltsbegleitG 2023 vom 3. Mai 2023 (Nds. GVBl. S. 80)

Nichtamtliche Inhaltsübersicht

1) Neubekanntmachung des NSchG idF der Bek. v. 27.9.1993 (Nds. GVBl. S. 383) in der ab 20.12.1997 geltenden Fassung.

Dritter Abschnitt
Schulpflicht

Vierter Abschnitt
Schülervertretungen, Schülergruppen, Schülerzeitungen

Fünfter Teil
Elternvertretung

Erster Abschnitt
Elternvertretung in der Schule

Zweiter Abschnitt
Elternvertretung in Gemeinden und Landkreisen

Dritter Abschnitt
Kosten

Sechster Teil
Schulträgerschaft

Siebenter Teil
Aufbringung der Kosten

Achter Teil
Staatliche Schulbehörden, Schulinspektion

Neunter Teil
Religionsunterricht, Unterricht, Werte und Normen

Erster Teil
Allgemeine Vorschriften

§ 1 Geltungsbereich

(1) Dieses Gesetz gilt für die öffentlichen Schulen und die Schulen in freier Trägerschaft (Privatschulen) im Land Niedersachsen.

(2) [1]Schulen sind alle auf Dauer eingerichteten Bildungsstätten, in denen unabhängig vom Wechsel der Lehrkräfte sowie der Schülerinnen und Schüler nach einem in sich geschlossenen Bildungsplan allgemeinbildender oder berufsbildender Unterricht in einem nicht nur auf einzelne Kenntnisgebiete oder Fertigkeiten beschränkten Umfang für mindestens zwölf Schülerinnen oder Schüler und mindestens für die Dauer von sechs Monaten erteilt wird. [2]Einrichtungen der Erwachsenenbildung, Hochschulen und Berufsakademien sind keine Schulen im Sinne dieses Gesetzes.

(3) [1]Öffentliche Schulen im Sinne dieses Gesetzes sind die Schulen, deren Träger die Landkreise, die Gemeinden, die Samtgemeinden, die Zweckverbände, die öffentlich-rechtlich Verpflichteten in gemeindefreien Gebieten oder das Land sind. [2]Sie sind nichtrechtsfähige Anstalten ihres Trägers und des Landes.

(4) [1]Schulen in freier Trägerschaft im Sinne dieses Gesetzes sind die Schulen, deren Träger entweder natürliche oder juristische Personen des privaten Rechts oder Religions- oder Weltanschauungsgemeinschaften sind, die die Rechte einer Körperschaft des öffentlichen Rechts besitzen. [2]Ihre Rechtsverhältnisse bestimmen sich nach den Vorschriften des Elften Teils.

(5) [1]Dieses Gesetz findet keine Anwendung auf
1. öffentliche Schulen, die mit Anstalten verbunden sind, die anderen Zwecken als denen öffentlicher Schulen dienen,
2. Verwaltungsschulen und ähnliche Berufsausbildungsstätten besonderer Art,
3. Schulen für andere als ärztliche Heilberufe und ähnliche Berufsausbildungsstätten besonderer Art.

[2]Abweichend von Satz 1 Nrn. 1 und 3 ist dieses Gesetz anzuwenden auf die Berufsfachschule — Ergotherapie —, auf die Berufsfachschule — Pharmazeutisch- technische Assistentin/Pharmazeutisch-technischer Assistent — und auf die Pflegeschulen nach § 9 des Pflegeberufegesetzes (PflBG) vom 17. Juli 2017 (BGBl. I S. 2581), zuletzt geändert durch Artikel 16 des Gesetzes vom 15. August 2019 (BGBl. I S. 1307). [3]Abweichend von Satz 1 kann die Aufnahme von Schülerinnen und Schülern in Schulen nach Satz 1 Nr. 3 entsprechend § 59a Abs. 4 und 5 beschränkt werden.

(6) Dieses Gesetz trifft in Ausführung des Pflegeberufegesetzes auch Regelungen für Einrichtungen zur Durchführung der praktischen Ausbildung nach § 7 PflBG.

§ 2 Bildungsauftrag der Schule

(1) [1]Die Schule soll im Anschluß an die vorschulische Erziehung die Persönlichkeit der Schülerinnen und Schüler auf der Grundlage des Christentums, des europäischen Humanismus und der Ideen der liberalen, demokratischen und sozialen Freiheitsbewegungen weiterentwickeln. [2]Erziehung und Unterricht müssen dem Grundgesetz für die Bundesrepublik Deutschland und der Niedersächsischen Verfassung entsprechen; die Schule hat die Wertvorstellungen zu vermitteln, die diesen Verfassungen zugrunde liegen. [3]Die Schülerinnen und Schüler sollen fähig werden,

die Grundrechte für sich und jeden anderen wirksam werden zu lassen, die sich daraus ergebende staatsbürgerliche Verantwortung zu verstehen und zur demokratischen Gestaltung der Gesellschaft beizutragen,
nach ethischen Grundsätzen zu handeln sowie religiöse und kulturelle Werte zu erkennen und zu achten,
ihre Beziehungen zu anderen Menschen nach den Grundsätzen der Gerechtigkeit, der Solidarität und der Toleranz sowie der Gleichberechtigung der Geschlechter zu gestalten,
den Gedanken der Völkerverständigung, insbesondere die Idee einer gemeinsamen Zukunft der europäischen Völker, zu erfassen und zu unterstützen und mit Menschen anderer Nationen und Kulturkreise zusammenzuleben,
ökonomische und ökologische Zusammenhänge zu erfassen,
für die Erhaltung der Umwelt Verantwortung zu tragen und gesundheitsbewußt zu leben,
Konflikte vernunftgemäß zu lösen, aber auch Konflikte zu ertragen,
sich umfassend zu informieren und die Informationen kritisch zu nutzen,
ihre Wahrnehmungs- und Empfindungsmöglichkeiten sowie ihre Ausdrucksmöglichkeiten unter Einschluß der bedeutsamen jeweiligen regionalen Ausformung des Niederdeutschen oder des Friesischen zu entfalten,
sich im Berufsleben zu behaupten und das soziale Leben verantwortlich mitzugestalten.

4Die Schule hat den Schülerinnen und Schülern die dafür erforderlichen Kenntnisse und Fertigkeiten zu vermitteln. 5Dabei sind die Bereitschaft und Fähigkeit zu fördern, für sich allein wie auch gemeinsam mit anderen zu lernen und Leistungen zu erzielen. 6Die Schülerinnen und Schüler sollen zunehmend selbständiger werden und lernen, ihre Fähigkeiten auch nach Beendigung der Schulzeit weiterzuentwickeln.

(2) Die Schule soll Lehrkräften sowie Schülerinnen und Schülern den Erfahrungsraum und die Gestaltungsfreiheit bieten, die zur Erfüllung des Bildungsauftrags erforderlich sind.

§ 3 Freiheit des Bekenntnisses und der Weltanschauung

(1) Die öffentlichen Schulen sind grundsätzlich Schulen für Schülerinnen und Schüler aller Bekenntnisse und Weltanschauungen.

(2) 1In den öffentlichen Schulen werden die Schülerinnen und Schüler ohne Unterschied des Bekenntnisses und der Weltanschauung gemeinsam erzogen und unterrichtet. 2In Erziehung und Unterricht ist die Freiheit zum Bekennen religiöser und weltanschaulicher Überzeugungen zu achten und auf die Empfindungen Andersdenkender Rücksicht zu nehmen.

(3) Die abweichenden Vorschriften des Zehnten Teils bleiben unberührt.

§ 4 Inklusive Schule

(1) 1Die öffentlichen Schulen ermöglichen allen Schülerinnen und Schülern einen barrierefreien und gleichberechtigten Zugang und sind damit inklusive Schulen. 2Welche Schulform die Schülerinnen und Schüler besuchen, entscheiden die Erziehungsberechtigten (§ 59 Abs. 1 Satz 1).

(2) 1In den öffentlichen Schulen werden Schülerinnen und Schüler mit und ohne Behinderung gemeinsam erzogen und unterrichtet. 2Schülerinnen und Schüler, die wegen einer bestehenden oder drohenden Behinderung auf sonderpädagogische Unterstützung angewiesen sind, werden durch wirksame individuell angepasste Maßnahmen unterstützt; die Leistungsanforderungen können von denen der besuchten Schule abweichen. 3Ein Bedarf an sonderpädagogischer Unterstützung kann in den Förderschwerpunkten Lernen, emotionale und soziale Entwicklung, Sprache, geistige Entwicklung, körperliche und motorische Entwicklung, Sehen und Hören festgestellt werden.

§ 5 Gliederung des Schulwesens

(1) Das Schulwesen gliedert sich in Schulformen und in Schulbereiche.

(2) Schulformen sind:

1. als allgemein bildende Schulen:
   a) die Grundschule,
   b) die Hauptschule,
   c) die Realschule,
   d) die Oberschule,
   e) das Gymnasium,

f) die Gesamtschule,
g) das Abendgymnasium,
h) das Kolleg,
i) die Förderschule,

2. als berufsbildende Schulen:
a) die Berufsschule,
b) die Berufseinstiegsschule,
c) die Berufsfachschule,
d) die Fachoberschule,
e) die Berufsoberschule,
f) das Berufliche Gymnasium,
g) die Fachschule.

(3) Schulbereiche sind:

1. der Primarbereich; er umfaßt die 1 bis 4. Schuljahrgänge,
2. der Sekundarbereich I; er umfaßt die 5. bis 10. Schuljahrgänge der allgemeinbildenden Schulen,
3. der Sekundarbereich II; er umfasst
a) die 11. bis 13. Schuljahrgänge des Gymnasiums, der Gesamtschule und der Förderschule,
b) das Abendgymnasium und das Kolleg sowie
c) die berufsbildenden Schulen.

§ 6 Grundschule

(1) [1]In der Grundschule werden Grundlagen für die Lernentwicklung und das Lernverhalten aller Schülerinnen und Schüler geschaffen. [2]Es werden verschiedene Fähigkeiten entwickelt, insbesondere sprachliche Grundsicherheit in Wort und Schrift, Lesefähigkeit, mathematische Grundfertigkeiten und erste fremdsprachliche Fähigkeiten. [3]Schülerinnen und Schüler werden in den Umgang mit Informations- und Kommunikationstechniken eingeführt. [4]Die Grundschule arbeitet mit den Erziehungsberechtigten, dem Kindergarten und den weiterführenden Schulen zusammen.

(2) In der Grundschule werden Schülerinnen und Schüler des 1. bis 4. Schuljahrgangs unterrichtet.

(3) [1]Für schulpflichtige, aber noch nicht schulfähige Kinder kann bei einer Grundschule ein Schulkindergarten eingerichtet werden. [2]Im Schulkindergarten werden die Kinder durch geeignete pädagogische Maßnahmen auf den Besuch des 1. Schuljahrgangs vorbereitet.

(4) [1]Grundschulen können den 1. und 2. Schuljahrgang als pädagogische Einheit führen, die von den Schülerinnen und Schülern in ein bis drei Schuljahren durchlaufen werden kann (Eingangsstufe). [2]In diesem Fall findet Absatz 3 keine Anwendung. [3]Eine Grundschule, die die Eingangsstufe führt, kann auch den 3. und 4. Schuljahrgang als pädagogische Einheit führen.

(5) [1]Die Grundschule bietet im 4. Schuljahrgang den Erziehungsberechtigten mindestens zwei Gespräche an, um sie über die individuelle Lernentwicklung ihres Kindes zu informieren und über die Wahl der weiterführenden Schulform zu beraten. [2]Die Erziehungsberechtigten entscheiden in eigener Verantwortung über die Schulform ihrer Kinder (§ 59 Abs. 1 Satz 1).

§ 7 *[aufgehoben]*

§ 8 Abschlüsse im Sekundarbereich I

[1]Die Abschlüsse der weiterführenden Schulformen im Sekundarbereich I und die Voraussetzungen für den Erwerb dieser Abschlüsse werden durch die schulformspezifischen Schwerpunkte bestimmt. [2]Die Abschlüsse sollen schulformübergreifend sein. [3]Sie können auch nachträglich an berufsbildenden Schulen erworben werden.

§ 9 Hauptschule

(1) [1]Die Hauptschule vermittelt ihren Schülerinnen und Schülern eine grundlegende Allgemeinbildung, die sich an lebensnahen Sachverhalten ausrichtet. [2]Im Unterricht wird ein besonderer Schwerpunkt auf handlungsbezogene Formen des Lernens gelegt. [3]Die Hauptschule stärkt Grundfertigkeiten, Arbeitshaltungen, elementare Kulturtechniken und selbständiges Lernen. [4]In der Hauptschule wird den Schülerinnen und Schülern entsprechend ihrer Leistungsfähigkeit und ihren Neigungen eine individuelle Berufsorientierung und eine individuelle Schwerpunktbildung im Bereich der beruflichen Bildung ermöglicht. [5]Die Hauptschule arbeitet dabei eng mit den berufsbildenden Schulen zusammen und macht berufsbildende Angebote zum Bestandteil des Unterrichts. [6]Die Schülerinnen und Schüler wer-

den in der Hauptschule befähigt, nach Maßgabe der Abschlüsse ihren Bildungsweg vor allem berufs-, aber auch studienbezogen fortzusetzen.

(2) In der Hauptschule werden Schülerinnen und Schüler des 5. bis 9. Schuljahrgangs unterrichtet.

(3) [1]An der Hauptschule kann eine 10. Klasse eingerichtet werden. [2]Der Besuch der 10. Klasse ist freiwillig. [3]Der erfolgreiche Besuch der 10. Klasse vermittelt, abgestuft nach den erbrachten Leistungen, weitere schulische Abschlüsse. [4]Die 10. Schuljahrgänge sind durch besondere pädagogische Angebote zu begleiten, soweit es die organisatorischen, personellen und sächlichen Gegebenheiten der Schule erlauben.

§ 10 Realschule

(1) [1]Die Realschule vermittelt ihren Schülerinnen und Schülern eine erweiterte Allgemeinbildung, die sich an lebensnahen Sachverhalten ausrichtet sowie zu deren vertieftem Verständnis und zu deren Zusammenschau führt. [2]Sie stärkt selbständiges Lernen. [3]In der Realschule werden den Schülerinnen und Schülern entsprechend ihrer Leistungsfähigkeit und ihren Neigungen eine Berufsorientierung und eine individuelle Schwerpunktbildung in den Bereichen Fremdsprachen, Wirtschaft, Technik sowie Gesundheit und Soziales ermöglicht. [4]Das Angebot zur Schwerpunktbildung richtet sich nach den organisatorischen, personellen und sächlichen Gegebenheiten der einzelnen Schule; es sind mindestens zwei Schwerpunkte anzubieten. [5]Die Schülerinnen und Schüler werden in der Realschule befähigt, ihren Bildungsweg nach Maßgabe der Abschlüsse berufs- oder studienbezogen fortzusetzen.

(2) [1]In der Realschule werden Schülerinnen und Schüler des 5. bis 10. Schuljahrgangs unterrichtet. [2]§ 9 Abs. 3 Satz 4 gilt entsprechend.

§ 10a Oberschule

(1) [1]In der Oberschule werden Schülerinnen und Schüler des 5. bis 10. Schuljahrgangs unterrichtet. [2]Die Oberschule vermittelt ihren Schülerinnen und Schülern eine grundlegende, erweiterte oder vertiefte Allgemeinbildung und ermöglicht ihnen im Sekundarbereich I den Erwerb derselben Abschlüsse wie an den in den §§ 9, 10 und 11 genannten Schulformen. [3]Sie stärkt Grundfertigkeiten, selbständiges Lernen, aber auch wissenschaftspropädeutisches Arbeiten und ermöglicht ihren Schülerinnen und Schülern entsprechend ihrer Leistungsfähigkeit und ihren Neigungen individuelle Schwerpunktbildungen. [4]Die Schwerpunktbildung befähigt die Schülerinnen und Schüler, nach Maßgabe der Abschlüsse ihren Bildungsweg berufs-, aber auch studienbezogen fortzusetzen. [5]Der Umfang der Schwerpunktbildung richtet sich nach den organisatorischen, personellen und sächlichen Gegebenheiten der einzelnen Schule. [6]Die Oberschule arbeitet eng mit berufsbildenden Schulen zusammen.

(2) [1]In der Oberschule werden die Hauptschule und die Realschule als aufeinander bezogene Schulzweige geführt oder sie ist nach Schuljahrgängen gegliedert. [2]Die Schule entscheidet jeweils nach Maßgabe der Sätze 3 und 4 sowie des Absatzes 3 Satz 3, in welchen Schuljahrgängen und Fächern der Unterricht jahrgangsbezogen oder schulzweigspezifisch erteilt wird. [3]In der Oberschule soll ab dem 9. Schuljahrgang der schulzweigspezifische Unterricht überwiegen. [4]Ist die Oberschule in Schulzweige gegliedert, so wird der Unterricht überwiegend in schulzweigspezifischen Klassenverbänden erteilt.

(3) [1]Die Oberschule kann um ein gymnasiales Angebot für die Schuljahrgänge nach Absatz 1 Satz 1 erweitert werden. [2]§ 11 Abs. 1 gilt entsprechend. [3]Für die Schülerinnen und Schüler des gymnasialen Angebots soll ab dem 7. Schuljahrgang und muss ab dem 9. Schuljahrgang der Unterricht überwiegend in schulzweigspezifischen Klassenverbänden erteilt werden.

§ 11 Gymnasium

(1) [1]Das Gymnasium vermittelt seinen Schülerinnen und Schülern eine breite und vertiefte Allgemeinbildung und ermöglicht den Erwerb der allgemeinen Studierfähigkeit. [2]Es stärkt selbständiges Lernen und wissenschaftspropädeutisches Arbeiten. [3]Entsprechend ihrer Leistungsfähigkeit und ihren Neigungen ermöglicht das Gymnasium seinen Schülerinnen und Schülern eine individuelle Schwerpunktbildung und befähigt sie, nach Maßgabe der Abschlüsse ihren Bildungsweg an einer Hochschule, aber auch berufsbezogen fortzusetzen.

(2) [1]Im Gymnasium werden Schülerinnen und Schüler des 5. bis 13. Schuljahrgangs unterrichtet. [2]Es kann ohne die Schuljahrgänge 11 bis 13 geführt werden.

(3) [1]Der 11. Schuljahrgang ist die Einführungsphase der gymnasialen Oberstufe. [2]Die Qualifikationsphase der gymnasialen Oberstufe umfasst die Schuljahrgänge 12 und 13. [3]Das Gymnasium setzt für die Qualifikationsphase Schwerpunkte im sprachlichen, naturwissenschaftlichen oder gesellschafts-

wissenschaftlichen Bereich; es kann weitere Schwerpunkte im musisch-künstlerischen und im sportlichen Bereich setzen.

(4) [1]Der Besuch der Qualifikationsphase der gymnasialen Oberstufe dauert höchstens drei Jahre. [2]Ein im Ausland verbrachtes Schuljahr wird nicht auf die Höchstzeit angerechnet. [3]Zur Wiederholung einer nicht bestandenen Abiturprüfung wird von der Schule die Höchstzeit um ein weiteres Jahr verlängert. [4]Die Schule kann in Härtefällen, die nicht von der Schülerin oder dem Schüler zu vertreten sind, eine weitere Verlängerung um ein weiteres Schuljahr zulassen.

(5) [1]In der Qualifikationsphase der gymnasialen Oberstufe wird fächerübergreifendes, vernetztes und selbständiges Denken und Lernen durch persönliche Schwerpunktsetzung der Schülerinnen und Schüler gefördert. [2]Die Schülerinnen und Schüler nehmen in allen Schulhalbjahren der Qualifikationsphase am Unterricht in den Kernfächern und in den ihrer Schwerpunktbildung entsprechenden Fächern teil. [3]Im Übrigen nehmen sie am Unterricht in Ergänzungsfächern und Wahlfächern teil.

(6) In der Qualifikationsphase der gymnasialen Oberstufe werden die Leistungen der Schülerinnen und Schüler in einem Punktsystem bewertet.

(7) [1]Die gymnasiale Oberstufe schließt mit der Abiturprüfung ab. [2]Für die schriftliche Prüfung werden grundsätzlich landesweit einheitliche Aufgaben gestellt.

(8) [1]Die allgemeine Hochschulreife wird durch eine Gesamtqualifikation erworben, die sich zusammensetzt aus den Leistungen in der Abiturprüfung und aus den Vorleistungen des 12. und 13. Schuljahrgangs. [2]§ 60 Abs. 1 Nr. 5 (vorzeitiger Erwerb eines Abschlusses) bleibt unberührt.

(9) Das Kultusministerium wird ermächtigt, durch Verordnung das Nähere zur Ausführung der Absätze 3 bis 8 zu regeln.

§ 12 Gesamtschule

(1) [1]Die Gesamtschule ist unabhängig von den in den §§ 9, 10 und 11 genannten Schulformen nach Schuljahrgängen gegliedert. [2]Sie vermittelt ihren Schülerinnen und Schülern eine grundlegende, erweiterte oder breite und vertiefte Allgemeinbildung und ermöglicht ihnen eine individuelle Schwerpunktbildung entsprechend ihrer Leistungsfähigkeit und ihren Neigungen. [3]Sie stärkt Grundfertigkeiten, selbständiges Lernen und auch wissenschaftspropädeutisches Arbeiten und befähigt ihre Schülerinnen und Schüler, nach Maßgabe der Abschlüsse ihren Bildungsweg berufs- oder studienbezogen fortzusetzen.

(2) [1]In der Gesamtschule werden Schülerinnen und Schüler des 5. bis 13. Schuljahrgangs unterrichtet. [2]An der Gesamtschule können dieselben Abschlüsse wie an den in den §§ 9, 10 und 11 genannten Schulformen erworben werden. [3]§ 11 Abs. 3 bis 9 gilt entsprechend. [4]Eine Gesamtschule kann abweichend von den Sätzen 1 und 2 ohne die Schuljahrgänge 11 bis 13 geführt werden; Satz 2 gilt entsprechend.

§§ 12a, 12b *[aufgehoben]*

§ 13 Abendgymnasium und Kolleg

(1) [1]Das Abendgymnasium vermittelt befähigten Berufstätigen, das Kolleg befähigten Erwachsenen mit Berufserfahrung unter angemessener Berücksichtigung des Alters eine breite und vertiefte Allgemeinbildung und ermöglicht ihnen den Erwerb der allgemeinen Studierfähigkeit. [2]Es stärkt selbständiges Lernen und wissenschaftspropädeutisches Arbeiten. [3]Entsprechend ihrer Leistungsfähigkeit und ihren Neigungen ermöglicht das Abendgymnasium oder das Kolleg seinen Schülerinnen und Schülern eine individuelle Schwerpunktbildung und befähigt sie, nach Maßgabe der Abschlüsse den Bildungsweg an einer Hochschule, aber auch berufsbezogen fortzusetzen.

(2) Im Abendgymnasium und im Kolleg wird unterrichtet, wer

1. eine Berufsausbildung abgeschlossen hat oder eine mindestens zweijährige geregelte Berufstätigkeit nachweisen kann,
2. mindestens 19 Jahre alt ist und
3. den Sekundarabschluss I – Realschulabschluss – erworben hat oder die Eignung in einem besonderen Verfahren nachweist.

(3) [1]Das Abendgymnasium und das Kolleg gliedern sich in die einjährige Einführungsphase und die zweijährige Qualifikationsphase. [2]Im Übrigen gilt § 11 Abs. 3 Satz 3 und Abs. 4 bis 9 entsprechend. [3]Der Unterricht im Abendgymnasium wird während der ersten eineinhalb Jahre neben einer beruflichen Tätigkeit besucht.

(4) [1]Am Abendgymnasium und Kolleg können Vorkurse eingerichtet werden, die den Zugang zu diesen Schulformen vermitteln und auf die Arbeitsweise in der Einführungs- und Qualifikationsphase vorbereiten. [2]Das Kultusministerium wird ermächtigt, durch Verordnung die Aufnahme in die Vorkurse sowie deren Dauer und Abschluss zu regeln.

§ 14 Förderschule

(1) [1]In der Förderschule werden insbesondere Schülerinnen und Schüler unterrichtet, die auf sonderpädagogische Unterstützung angewiesen sind und keine Schule einer anderen Schulform besuchen. [2]An der Förderschule können Abschlüsse der allgemeinbildenden Schulen erworben werden. [3]Förderschulen können in den Förderschwerpunkten emotionale und soziale Entwicklung, geistige Entwicklung, körperliche und motorische Entwicklung, Sehen und Hören geführt werden.

(2) [1]Förderschulen sollen gegliedert nach Förderschwerpunkten (§ 4 Abs. 2 Satz 3) geführt werden. [2]In einer Förderschule können Schülerinnen und Schüler, die in unterschiedlichen Förderschwerpunkten auf sonderpädagogische Unterstützung angewiesen sind, gemeinsam unterrichtet werden, wenn dadurch eine bessere Förderung zu erwarten ist.

(3) [1]Die Förderschule ist zugleich Sonderpädagogisches Förderzentrum. [2]Das Sonderpädagogische Förderzentrum unterstützt die gemeinsame Erziehung und den gemeinsamen Unterricht an allen Schulen mit dem Ziel, den Schülerinnen und Schülern, die auf sonderpädagogische Unterstützung angewiesen sind, eine bestmögliche schulische und soziale Entwicklung zu gewährleisten.

(4) In der Förderschule können Schülerinnen und Schüler aller Schuljahrgänge unterrichtet werden.

(5) § 6 Abs. 3 und 4 sowie § 9 Abs. 3 gelten entsprechend.

(6) Absatz 1 Satz 3 sowie § 183c Abs. 5 Sätze 1 bis 3 und Abs. 7 gelten für die Untergliederung der Förderschulen (Absatz 2 Satz 1) und für an Schulen anderer Schulformen abweichend von § 4 Abs. 2 Satz 1 eingerichtete Lerngruppen entsprechend.

§ 15 Berufsschule

(1) [1]Die Berufsschule vermittelt ihren Schülerinnen und Schülern eine fachliche und allgemeine Bildung, die eine breite berufliche Grundbildung einschließt und die Anforderungen der Berufsausbildung und der Berufsausübung berücksichtigt. [2]Sie ermöglicht auch den Erwerb weiterer schulischer Abschlüsse und befähigt, nach Maßgabe dieser Abschlüsse den Bildungsweg in anderen Schulen im Sekundarbereich II fortzusetzen.

(2) [1]Die Berufsschule gliedert sich in die Grundstufe und die darauf aufbauenden Fachstufen. [2]Sie wird in Form von Teilzeitunterricht oder in Form von Vollzeitunterricht in zusammenhängenden Teilabschnitten (Blockunterricht) geführt.

(3) Die Grundstufe dauert ein Jahr und vermittelt eine berufliche Grundbildung für einzelne oder mehrere Ausbildungsberufe.

(4) Die Fachstufen vermitteln für einzelne oder mehrere verwandte Ausbildungsberufe eine berufliche Fachbildung.

(5) Die Unterrichtszeit in der Berufsschule soll im Gesamtdurchschnitt mindestens zwölf Unterrichtsstunden je Unterrichtswoche betragen.

§ 16 Berufsfachschule

(1) [1]Die Berufsfachschule führt Schülerinnen und Schüler nach Maßgabe ihrer schulischen Abschlüsse in einen oder mehrere Berufe ein oder bildet sie für einen Beruf aus. [2]Darüber hinaus können die Schülerinnen und Schüler an der Berufsfachschule auch schulische Abschlüsse erwerben, die sie befähigen, nach Maßgabe dieser Abschlüsse ihren Bildungsweg in anderen Schulen im Sekundarbereich II fortzusetzen.

(2) [1]Die Berufsfachschule vermittelt den Schülerinnen und Schülern eine fachliche und allgemeine Bildung. [2]Diese schließt, sofern die Berufsfachschule in einen oder mehrere Berufe einführt, eine berufliche Grundbildung für die einer Fachrichtung entsprechenden anerkannten Ausbildungsberufe ein.

(3) [1]Pflegeschulen nach § 9 PflBG werden in Form einer Berufsfachschule geführt. [2]Für öffentliche Pflegeschulen ist das Land Rechtsträger im Sinne des § 2 der Pflegeberufe-Ausbildungsfinanzierungsverordnung vom 2. Oktober 2018 (BGBl. I S. 1622). [3]Auf die Kosten der öffentlichen Pflegeschulen finden die §§ 112 bis 113 nur Anwendung, soweit sich die Aufbringung der Kosten nicht nach den §§ 26 Abs. 2 bis 36 PflBG richtet. [4]Pflegeschulen in freier Trägerschaft werden die Kosten, die durch

die Erteilung von allgemeinbildendem Unterricht entstehen, sowie die Investitionskosten im Sinne des § 27 Abs. 1 Satz 4 PflBG auf Antrag in angemessener Höhe erstattet, soweit diese nicht nach anderen Vorschriften ausgeglichen werden; die §§ 149 und 150 finden keine Anwendung. [5]Das Kultusministerium wird ermächtigt, durch Verordnung

1. das Nähere zur Erstattung der Kosten nach Satz 4 zu regeln,.
2. gemäß § 6 Abs. 2 Satz 3 PflBG einen verbindlichen Lehrplan als Grundlage für die Erstellung der schulinternen Curricula der Pflegeschulen zu erlassen,
3. gemäß § 7 Abs. 5 PflBG die Anforderungen an die Geeignetheit von Einrichtungen zur Durchführung von Teilen der praktischen Ausbildung nach § 7 Abs. 1 und 2 PflBG zu regeln sowie das während der praktischen Ausbildung zu gewährleistende Verhältnis von Auszubildenden zu Pflegekräften festzulegen,
4. Bestimmungen gemäß § 9 Abs. 3 PflBG zu treffen.

§ 17 Berufseinstiegsschule

(1) Die Berufseinstiegsschule vermittelt ihren Schülerinnen und Schülern neben der allgemeinen auch eine fachliche Bildung, deren Schwerpunkt in der Vorbereitung auf eine berufliche Ausbildung oder auf eine Berufstätigkeit liegt.

(2) [1]In der Berufseinstiegsschule werden Schülerinnen und Schüler unterrichtet, die keinen Hauptschulabschluss haben oder die sonst erwarten lassen, dass sie ihre Kenntnisse und Fähigkeiten noch verbessern müssen, um die erforderliche Reife für das erfolgreiche Absolvieren einer beruflichen Ausbildung zu erlangen. [2]Die Berufseinstiegsschule umfasst die Klassen 1 und 2, die jeweils ein Jahr dauern. [3]In Klasse 1 werden nur Schülerinnen und Schüler aufgenommen, die zur Erlangung der erforderlichen Reife nach Satz 1 auf eine besondere individuelle Förderung angewiesen und zudem noch schulpflichtig sind. [4]Die übrigen Schülerinnen und Schüler werden unmittelbar in Klasse 2 aufgenommen. [5]An der Berufseinstiegsschule kann der Hauptschulabschluss nach Klasse 2 erworben werden.

(3) [1]Die Berufseinstiegsschule wird mit Vollzeitunterricht geführt. [2]Für Schülerinnen und Schüler, die an Einstiegsqualifizierungen nach § 54a des Dritten Buchs des Sozialgesetzbuchs (SGB III) teilnehmen, kann die Klasse 2 in Form von Teilzeitunterricht geführt werden.

(4) [1]Zusätzlich zu den Klassen 1 und 2 können an der Berufseinstiegsschule Sprach- und Integrationsklassen eingerichtet werden. [2]In diesen werden Schülerinnen und Schüler unterrichtet, die zur Erlangung der erforderlichen Reife nach Absatz 2 Satz 1 mindestens ihre Kenntnisse der deutschen Sprache verbessern müssen. [3]Der Wechsel in Klasse 1 oder in Klasse 2 ist nach Erlangung hinreichender Sprachkenntnisse bei Vorliegen der jeweiligen dafür geltenden Voraussetzungen möglich.

§ 18 Fachoberschule

[1]In der Fachoberschule werden Schülerinnen und Schüler mit dem Sekundarabschluß I – Realschulabschluß – oder einem gleichwertigen Abschluß

1. ohne berufliche Erstausbildung in den Schuljahrgängen 11 und 12,
2. nach einer beruflichen Erstausbildung im Schuljahrgang 12

unterrichtet. [2]Die Fachoberschule ermöglicht ihren Schülerinnen und Schülern eine fachliche Schwerpunktbildung und befähigt sie, ihren Bildungsweg an einer Fachhochschule fortzusetzen.

§ 18a Berufsoberschule

[1]In der Berufsoberschule werden Schülerinnen und Schüler mit einer beruflichen Erstausbildung,

1. sofern sie den Sekundarabschluß I – Realschulabschluß – oder einen gleichwertigen Abschluß erworben haben, in den Schuljahrgängen 12 und 13,
2. sofern sie die Fachhochschulreife oder einen gleichwertigen Abschluß erworben haben, in dem Schuljahrgang 13

unterrichtet. [2]Die Berufsoberschule ermöglicht ihren Schülerinnen und Schülern eine fachliche Schwerpunktbildung und befähigt sie, ihren Bildungsweg in entsprechenden Studiengängen an einer Hochschule fortzusetzen.

§ 19 Berufliches Gymnasium

(1) [1]Das Berufliche Gymnasium vermittelt seinen Schülerinnen und Schülern eine breite und vertiefte Allgemeinbildung und ermöglicht ihnen entsprechend ihrer Leistungsfähigkeit und ihren Neigungen eine berufsbezogene individuelle Schwerpunktbildung sowie den Erwerb der allgemeinen Studierfä-

higkeit. [2]Im Beruflichen Gymnasium werden die Schülerinnen und Schüler in einen Berufsbereich eingeführt. [3]Nach Maßgabe der Abschlüsse können sie ihren Bildungsweg an einer Hochschule oder berufsbezogen fortsetzen.

(2) Im Beruflichen Gymnasium werden Schülerinnen und Schüler in der einjährigen Einführungsphase und in der zweijährigen Qualifikationsphase unterrichtet.

(3) Die Zielsetzung der Einführungsphase ist es, den Schülerinnen und Schülern mit ihren hinsichtlich der Allgemeinbildung unterschiedlichen Voraussetzungen eine gemeinsame Grundlage für die Qualifikationsphase zu vermitteln und die Grundlagen in den Profilfächern zu legen.

(4) [1]In der Qualifikationsphase erwerben die Schülerinnen und Schüler durch fächerübergreifendes und projektorientiertes Arbeiten berufsbezogene Kompetenzen. [2]Sie nehmen in allen Schulhalbjahren der Qualifikationsphase am Unterricht in Profil-, Kern- und Ergänzungsfächern teil.

(5) Für die Qualifikationsphase gilt § 11 Abs. 4 und 6 bis 8 entsprechend.

(6) Das Kultusministerium wird ermächtigt, durch Verordnung das Nähere zur Ausführung der Absätze 3 bis 5 zu regeln.

§ 20 Fachschule

[1]In der Fachschule werden Schülerinnen und Schüler nach Maßgabe ihrer schulischen Abschlüsse nach einer einschlägigen beruflichen Erstausbildung oder einer ausreichenden einschlägigen praktischen Berufstätigkeit mit dem Ziel unterrichtet, ihnen eine vertiefte berufliche Weiterbildung zu vermitteln. [2]In der Fachschule können die Schülerinnen und Schüler auch schulische Abschlüsse erwerben, die sie befähigen, nach Maßgabe dieser Abschlüsse ihren Bildungsweg in anderen Schulen im Sekundarbereich II oder an einer Fachhochschule fortzusetzen.

§ 21 Aufgabe und besondere Organisation berufsbildender Schulen

(1) An allen berufsbildenden Schulen werden die berufliche und die allgemeine Bildung gefördert.

(2) In den berufsbildenden Schulen wird Vollzeit- oder Teilzeitunterricht erteilt.

(3) [1]Öffentliche berufsbildende Schulen können sich mit Genehmigung der Schulbehörde an der Durchführung von Maßnahmen Dritter zur Berufsvorbereitung und Berufsbildung beteiligen, soweit bei ihnen dafür die organisatorischen, personellen und sächlichen Voraussetzungen vorhanden sind; für den Aufwand der Schule hat das Land ein angemessenes Entgelt zu erheben, dessen Höhe sich an dem entsprechenden Schülerbetrag nach § 150 Abs. 3 und 4 ausrichtet. [2]Auf die Erhebung des Entgelts kann ganz oder teilweise verzichtet werden, wenn das Land ein besonderes Interesse an der Maßnahme hat und die Bildungsmaßnahme lediglich in einer Rechtsform geführt wird, die keinen Anspruch auf Beschulung auslöst, oder für einen Personenkreis angeboten wird, der einer besonderen Förderung bedarf.

(4) [1]Die Schulformen nach § 5 Abs. 2 Nr. 2 werden nach Maßgabe der Sätze 2 und 3 in Bildungsgänge gegliedert, die ganz oder teilweise zu einem bestimmten Schul- oder Berufsabschluss führen. [2]Die Schulformen nach § 5 Abs. 2 Nr. 2 Buchst. b bis g werden nach Fachrichtungen gegliedert; innerhalb der Fachrichtungen können sie nach Schwerpunkten gegliedert werden. [3]Die Berufsschule kann nach berufsbezogenen Fachklassen gegliedert werden. [4]Das Kultusministerium wird ermächtigt, durch Verordnung die Gliederung der Schulformen zu bestimmen.

§ 22 Schulversuche

(1) [1]Zur Erprobung neuer pädagogischer und organisatorischer Konzeptionen sowie zur Überprüfung und Fortentwicklung vorhandener Modelle können Schulversuche durchgeführt werden; hierzu können auch Versuchsschulen eingerichtet werden. [2]Bei Schulversuchen kann von den Schulformen der §§ 6, 9 bis 12 und 14 bis 20 abgewichen werden. [3]Zur Erprobung neuer Mitwirkungs- und Mitbestimmungsformen können Schulversuche auch als Schulverfassungsversuche durchgeführt werden.

(2) [1]Schulversuche werden nach Möglichkeit wissenschaftlich begleitet. [2]Jede Phase eines Schulversuchs ist hinreichend zu dokumentieren.

(3) [1]Schulversuche bedürfen der Genehmigung der Schulbehörde. [2]Die Genehmigung ist zu befristen; sie ist widerruflich. [3]Sie wird auf Antrag des Schulträgers oder der Schule erteilt. [4]Ein Antrag der Schule kann nur im Einvernehmen mit dem Schulträger gestellt werden. [5]Schulverfassungsversuche können nur von der Schule im Benehmen mit dem Schulträger beantragt werden.

(4) Im Rahmen von Schulversuchen müssen die Schülerinnen und Schüler Abschlüsse erwerben können, die den vergleichbaren Abschlüssen anderer Schulen entsprechen.

§ 23 Ganztagsschule, Halbtagsschule

(1) [1]Allgemeinbildende Schulen mit Ausnahme des Abendgymnasiums können mit Genehmigung der Schulbehörde als

1. offene Ganztagsschule,
2. teilgebundene Ganztagsschule oder
3. voll gebundene Ganztagsschule

geführt werden. [2]Förderschulen, an denen wegen des Bedarfs an sonderpädagogischer Unterstützung ihrer Schülerinnen und Schüler ganztägiger Unterricht erteilt wird, sind keine Ganztagsschulen im Sinne dieser Vorschrift. [3]Schulen, die nicht als Ganztagsschule genehmigt sind, gelten als Halbtagsschulen.

(2) [1]In der Ganztagsschule werden zusätzlich zum Unterricht nach der jeweiligen Stundentafel an mindestens vier Tagen der Woche außerunterrichtliche Angebote gemacht. [2]Die Schulbehörde kann offene und teilgebundene Ganztagsschulen genehmigen, die nur an drei Tagen der Woche außerunterrichtliche Angebote machen. [3]Auf der Grundlage des Ganztagsschulkonzepts (Absatz 6) verbindet die Ganztagsschule Unterricht und außerunterrichtliche Angebote zu einer pädagogischen und organisatorischen Einheit. [4]Unterricht und außerunterrichtliche Angebote einschließlich Pausen sollen acht Zeitstunden je Wochentag nicht überschreiten.

(3) [1]An der offenen Ganztagsschule nehmen die Schülerinnen und Schüler freiwillig an den außerunterrichtlichen Angeboten teil. [2]Die außerunterrichtlichen Angebote finden in der Regel nach dem Unterricht statt.

(4) [1]Die voll gebundene Ganztagsschule bestimmt vier oder fünf, die teilgebundene Ganztagsschule zwei oder drei Wochentage, an denen die Schülerinnen und Schüler auch an den außerunterrichtlichen Angeboten teilnehmen müssen. [2]An den übrigen Wochentagen ist die Teilnahme freiwillig. [3]Für die Wochentage nach Satz 1 soll die Ganztagsschule Unterricht und außerunterrichtliche Angebote am Vormittag und am Nachmittag zu einem pädagogisch und lernpsychologisch geeigneten Tagesablauf verbinden (Rhythmisierung).

(5) [1]Schulen können mit Genehmigung der Schulbehörde Schulzüge als Ganztagsschulzüge führen. [2]Die Absätze 1 bis 4 gelten entsprechend.

(6) [1]Die Genehmigung nach Absatz 1 Satz 1 oder Absatz 5 Satz 1 wird auf Antrag des Schulträgers, der Schule oder des Schulelternrats erteilt, wenn ein geeignetes Ganztagsschulkonzept vorliegt und die organisatorischen, personellen und sächlichen Voraussetzungen vorliegen. [2]Ein Antrag der Schule oder des Schulelternrats kann nur im Einvernehmen mit dem Schulträger gestellt werden.

§ 24 *[aufgehoben]*

§ 25 Zusammenarbeit zwischen Schulen sowie zwischen Schulen und Jugendhilfe

(1) [1]Schulen können eine ständige pädagogische und organisatorische Zusammenarbeit vereinbaren, um Planung und Durchführung des Unterrichts, insbesondere Lernziele, Lerninhalte und Beurteilungsgrundsätze, aufeinander abzustimmen, auf andere Weise die Durchlässigkeit zwischen den Schulformen zu fördern oder ein differenziertes Unterrichtsangebot zu ermöglichen. [2]Schulen, die die durch Rechts- oder Verwaltungsvorschrift vorgeschriebene Mindestgröße unterschreiten, sollen eine derartige Zusammenarbeit mit benachbarten Schulen vereinbaren. [3]Vereinbarungen nach den Sätzen 1 und 2 sind den Schulträgern der beteiligten Schulen anzuzeigen.

(2) Können durch die Zusammenarbeit sächliche Kosten im Sinne von § 113 Abs. 1 entstehen, so bedarf die Vereinbarung der Zustimmung der Schulträger der beteiligten Schulen.

(3) Schulen arbeiten mit den Trägern der öffentlichen und freien Jugendhilfe sowie anderen Stellen und öffentlichen Einrichtungen, deren Tätigkeit sich wesentlich auf die Lebenssituation junger Menschen auswirkt, im Rahmen ihrer Aufgaben zusammen.

§ 26 *[aufgehoben]*

§ 27 Erwerb von Abschlüssen durch Nichtschülerinnen und Nichtschüler

[1]Durch Prüfung können Nichtschülerinnen und Nichtschüler die Abschlüsse aller allgemeinbildenden Schulen und, soweit die Prüfungsvoraussetzungen dies zulassen, auch die Abschlüsse der berufsbildenden Schulen erwerben. [2]Bei der Zulassung und der Prüfung sind die Lebens- und die Berufserfahrung angemessen zu berücksichtigen.

§ 28 Schuljahr und Schulferien

(1) [1]Das Schuljahr beginnt am 1. August jeden Jahres und endet am 31. Juli des folgenden Jahres. [2]Soweit der Beginn oder das Ende der Sommerferien es erfordert, kann das Kultusministerium von diesen Terminen abweichen. [3]Das Kultusministerium wird ermächtigt, durch Verordnung das Schuljahr für einzelne Schulformen abweichend festzulegen, soweit dies aus schulorganisatorischen Gründen erforderlich ist.

(2) Beginn und Ende der Schulferien an öffentlichen Schulen regelt das Kultusministerium.

§ 29 Lehr- und Lernmittel

(1) [1]Lehr- und Lernmittel müssen dem Bildungsauftrag der Schule (§ 2) gerecht werden. [2]Für Schulbücher gelten darüber hinaus die Vorschriften der Absätze 2 bis 4.

(2) [1]Schulbücher sind zu Unterrichtszwecken bestimmte Druckwerke für die Hand der Schülerin oder des Schülers, die im Unterricht für einen längeren Zeitraum benutzt werden können; dazu gehören nicht unterrichtsbegleitende Materialien. [2]Den Schulbüchern stehen andere Lernmittel gleich, die nach Inhalt und Verwendungszweck Schulbüchern entsprechen.

(3) [1]Schulbücher dürfen an einer Schule nur eingeführt werden, wenn sie von der zuständigen Behörde genehmigt worden oder von der Genehmigungspflicht ausgenommen sind. [2]Die Genehmigung darf nur versagt werden, wenn die Schulbücher nicht den Anforderungen des Absatzes 1 genügen oder mit Rechtsvorschriften, Lehrplänen (§ 122 Abs. 1) oder Rahmenrichtlinien unvereinbar sind. [3]Die Genehmigung ist zu befristen.

(4) [1]Die Genehmigung und die Einführung von Schulbüchern regelt das Kultusministerium. [2]Es kann bestimmte Arten von Schulbüchern wie Tabellenwerke, Wörterbücher, Literaturausgaben sowie Schulbücher für einzelne Fächer von der Genehmigungspflicht ausnehmen.

§ 30 Erhebungen

(1) Für Zwecke der Schulverwaltung und der Schulaufsicht können schulbezogene statistische Erhebungen durchgeführt werden, soweit die für diese Zwecke bereits erhobenen Daten nicht ausreichen.

(2) Das Kultusministerium wird ermächtigt, durch Verordnung das Nähere über die Art der statistischen Erhebung, die Erhebungsmerkmale, die Auskunftspflicht, die Hilfsmerkmale, den Kreis der zu Befragenden, den Berichtszeitraum oder -zeitpunkt sowie bei Erhebungen, die regelmäßig wiederholt werden sollen, den zeitlichen Abstand dieser Wiederholungen zu regeln.

(3) Die Schülerinnen und Schüler sowie alle an der Schule tätigen Personen sind verpflichtet, an Erhebungen (Befragungen und Unterrichtsbeobachtungen) teilzunehmen, die der Erforschung und Entwicklung der Schulqualität dienen und von der Schulbehörde angeordnet oder genehmigt worden sind.

§ 31 Verarbeitung personenbezogener Daten

(1) [1]Schulen, Schulbehörden, Schulträger, Schülervertretungen und Elternvertretungen dürfen personenbezogene Daten der Schülerinnen und Schüler und ihrer Erziehungsberechtigten (§ 55 Abs. 1) verarbeiten, soweit dies

1. zur Erfüllung des Bildungsauftrags der Schule (§ 2),
2. zur Erfüllung der Fürsorgeaufgaben,
3. zur Erziehung oder Förderung der Schülerinnen und Schüler,
4. zur Erforschung oder Entwicklung der Schulqualität oder
5. zur Erfüllung von Aufgaben der Schulaufsicht

erforderlich ist. [2]Schulen und Schulbehörden dürfen außerdem personenbezogene Daten der Personen verarbeiten,

1. die sich an einer Schule angemeldet haben,
2. auf deren Antrag ein Prüfungsverfahren nach § 27 durchgeführt wird oder
3. auf deren Antrag ein Verfahren auf Prüfung oder Anerkennung nach den aufgrund des § 60 Abs. 1 Nrn. 5 bis 7 erlassenen Vorschriften durchgeführt wird,

soweit dies zur Durchführung des jeweiligen Verfahrens erforderlich ist. [3]Die Befugnis zur Verarbeitung nach Satz 1 oder 2 umfasst jeweils auch die Befugnis zur Übermittlung an eine andere in Satz 1 oder 2 genannte Stelle zu einem in Satz 1 oder 2 genannten Zweck; im Übrigen dürfen die in den Sätzen 1 und 2 genannten Stellen personenbezogene Daten der Schülerinnen und Schüler und ihrer Erziehungsberechtigten oder der in Satz 2 genannten Personen an andere Stellen zu anderen Zwecken nur übermitteln, soweit dies nach den Absätzen 2 bis 10 oder nach besonderen Rechtsvorschriften zulässig ist.

(2) [1]Schulen und Schulbehörden dürfen personenbezogene Daten der Schülerinnen und Schüler und ihrer Erziehungsberechtigten auf Ersuchen übermitteln

1. den Landkreisen und kreisfreien Städten, soweit dies zur Erfüllung ihrer Aufgaben nach § 5 des Niedersächsischen Gesetzes über den öffentlichen Gesundheitsdienst erforderlich ist,
2. den Trägern der Schülerbeförderung oder den von ihnen nach § 114 Abs. 6 Satz 1 mit der Durchführung der Aufgaben betrauten Gemeinden und Samtgemeinden, soweit dies zur Erfüllung ihrer Aufgaben nach § 114 erforderlich ist,
3. der Landesunfallkasse Niedersachsen, soweit dies zur Erfüllung ihrer Aufgaben der gesetzlichen Unfallversicherung in Bezug auf die nach § 2 Abs. 1 Nr. 8b des Siebten Buchs des Sozialgesetzbuchs kraft Gesetzes versicherten Schülerinnen und Schüler erforderlich ist, und
4. den berufsständischen Kammern, soweit dies zur Gewährleistung der Berufsausbildung oder zur Erfüllung der Aufgaben der jeweiligen Kammer nach § 76 des Berufsbildungsgesetzes erforderlich ist.

[2]Schulen und Schulbehörden dürfen personenbezogene Daten der Schülerinnen und Schüler und ihrer Erziehungsberechtigten ferner anderen öffentlichen Stellen übermitteln, soweit dies

1. zur Erfüllung einer gesetzlichen Auskunfts- oder Meldepflicht der Schule oder der Schulbehörde erforderlich ist oder
2. zur Erfüllung einer gesetzlichen Aufgabe der anderen Stelle erforderlich ist und die Voraussetzungen für eine Zweckänderung nach § 6 Abs. 2 Nr. 1, 2, 3 oder 5 des Niedersächsischen Datenschutzgesetzes vorliegen.

[3]Die in Satz 1 Nrn. 1 und 2 genannten Stellen dürfen die an sie übermittelten Daten nur zu dem Zweck verarbeiten, zu dessen Erfüllung sie ihnen übermittelt wurden; eine Weiterverarbeitung zu anderen Zwecken ist nur zulässig, soweit die Voraussetzungen für eine Zweckänderung vorliegen. [4]Die Übermittlung an die in Satz 1 Nrn. 3 und 4 und Satz 2 genannten Stellen ist nur zulässig, wenn anzunehmen ist, dass die empfangende Stelle die Daten im Einklang mit der Verordnung (EU) 2016/679 des Europäischen Parlaments und des Rates vom 27. April 2016 zum Schutz natürlicher Personen bei der Verarbeitung personenbezogener Daten, zum freien Datenverkehr und zur Aufhebung der Richtlinie 95/46/EG (Datenschutz-Grundverordnung) (ABl. EU Nr. L 119 S. 1, Nr. L 314 S. 72; 2018 Nr. L 127 S. 2) verarbeitet.

(3) [1]Schulen und Schulbehörden dürfen personenbezogene Daten der Schülerinnen und Schüler und ihrer Erziehungsberechtigten außerdem auf Ersuchen übermitteln

1. den Ersatzschulen und den Ergänzungsschulen in den Fällen der §§ 160 und 161, soweit dies erforderlich ist, um die Finanzhilfe abzurechnen oder zu gewährleisten, dass die Schulpflicht erfüllt wird,
2. den nach § 164 anerkannten Tagesbildungsstätten, soweit dies erforderlich ist, um zu gewährleisten, dass die Schulpflicht erfüllt wird, und
3. den außerschulischen Einrichtungen nach § 69 Abs. 3 und den Jugendwerkstätten nach § 69 Abs. 4, soweit dies erforderlich ist, um einen einzelfallbezogenen Förderplan aufzustellen oder zu gewährleisten, dass die Schulpflicht erfüllt wird.

[2]Schulen und Schulbehörden dürfen personenbezogene Daten der Schülerinnen und Schüler und ihrer Erziehungsberechtigten ferner auf Ersuchen übermitteln

1. den Stellen der betrieblichen oder außerbetrieblichen Berufsbildung, die gemeinsam mit berufsbildenden Schulen im Rahmen der dualen Ausbildung ausbilden, soweit dies zur Gewährleistung der Berufsausbildung erforderlich ist, oder
2. einer anderen nichtöffentlichen Stelle, soweit diese einen rechtlichen Anspruch auf Kenntnis der Daten glaubhaft macht,

und kein Grund zu der Annahme besteht, dass das schutzwürdige Interesse der betroffenen Person an der Geheimhaltung der Daten das Interesse an ihrer Übermittlung überwiegt. [3]Die Übermittlung an die in den Sätzen 1 und 2 genannten Stellen ist nur zulässig, wenn sich die empfangende Stelle gegenüber der übermittelnden Stelle verpflichtet hat, die Daten nur für den Zweck zu verarbeiten, zu dessen Erfüllung sie ihr übermittelt wurden; eine Weiterverarbeitung zu anderen Zwecken ist nur zulässig, wenn eine Übermittlung nach Satz 1 oder 2 zulässig wäre und die übermittelnde Stelle zugestimmt hat.

[4]Die in Satz 1 genannten Stellen dürfen den Schulen und Schulbehörden personenbezogene Daten der Schülerinnen und Schüler und ihrer Erziehungsberechtigten übermitteln, soweit dies zur Erfüllung der gesetzlichen Aufgaben der Schule oder der Schulbehörde erforderlich ist; Absatz 2 Satz 3 gilt entsprechend.

(4) Schulen dürfen die in Absatz 6 Satz 3 genannten personenbezogenen Daten der Schülerinnen und Schüler und ihrer Erziehungsberechtigten auf Ersuchen übermitteln

1. den Agenturen für Arbeit, soweit dies zur Durchführung der Berufsberatung nach § 30 des Dritten Buchs des Sozialgesetzbuchs erforderlich ist,
2. den Trägern der Jugendhilfe zum Zweck des Angebots, soweit dies erforderlich ist, um
   a) sozialpädagogische Hilfen nach § 13 Abs. 1 des Achten Buchs des Sozialgesetzbuchs (SGB VIII) oder
   b) geeignete sozialpädagogisch begleitete Ausbildungs- und Beschäftigungsmaßnahmen nach § 13 Abs. 2 SGB VIII, auch in Verbindung mit § 27 Abs. 3 Satz 2 und § 41 Abs. 2 SGB VIII,

   anzubieten, sowie
3. den Trägern der Grundsicherung für Arbeitsuchende nach § 6 des Zweiten Buchs des Sozialgesetzbuchs (SGB II), soweit dies erforderlich ist, um Leistungen der Beratung und der Eingliederung in Ausbildung nach § 1 Abs. 3 Nrn. 1 und 2 SGB II zu erbringen.

(5) [1]Internetbasierte Lern- und Unterrichtsplattformen dürfen nur eingesetzt werden, soweit diese den Anforderungen der Datenschutz-Grundverordnung und der zu ihrer Durchführung erlassenen Rechtsvorschriften entsprechen und die Schulleitung dem Einsatz zugestimmt hat. [2]Die Schule darf für den Einsatz digitaler Lehr- und Lernmittel neben den personenbezogenen Daten der Schülerinnen und Schüler und ihrer Erziehungsberechtigten auch personenbezogene Daten der Lehrkräfte verarbeiten; im Übrigen gilt hierfür Absatz 1 Satz 1.

(6) [1]Die Meldebehörde der alleinigen Wohnung oder der Hauptwohnung übermittelt den Grundschulen zum Zweck der Gewährleistung der Erfüllung der Schulpflicht personenbezogene Daten der im jeweiligen Schulbezirk gemeldeten Kinder, deren Schulpflicht nach § 64 Abs. 1 Satz 1 im folgenden Jahr beginnt, sowie der gesetzlichen Vertreterinnen oder Vertreter dieser Kinder. [2]Satz 1 gilt entsprechend in Bezug auf die Kinder, die nach der Übermittlung nach Satz 1 und vor dem Beginn der Schulpflicht nach § 64 Abs. 1 Satz 1 durch Umzug innerhalb der Gemeinde den Schulbezirk wechseln oder in die Gemeinde zuziehen. [3]Zu übermitteln sind folgende personenbezogene Daten:

1. zum Kind
   a) Familienname,
   b) Vornamen unter Kennzeichnung des gebräuchlichen Vornamens,
   c) Geburtsdatum und Geburtsort sowie bei Geburt im Ausland auch der Staat,
   d) Geschlecht,
2. zu den gesetzlichen Vertreterinnen oder Vertretern
   a) Familienname,
   b) Vornamen,
   c) Anschrift,
   d) Auskunftssperren nach § 51 des Bundesmeldegesetzes und bedingte Sperrvermerke nach § 52 des Bundesmeldegesetzes.

(7) [1]Wechselt eine schulpflichtige Schülerin oder ein schulpflichtiger Schüler die Schule innerhalb Niedersachsens, so übermittelt die abgebende Schule der aufnehmenden Schule die in Absatz 6 Satz 3 genannten personenbezogenen Daten der Schülerin oder des Schülers und der gesetzlichen Vertreterinnen oder Vertreter. [2]Die aufnehmende Schule übermittelt der abgebenden Schule die Aufnahmeentscheidung. [3]Bis zur Übermittlung der Aufnahmeentscheidung durch die aufnehmende Schule obliegt der abgebenden Schule die Gewährleistung der Erfüllung der Schulpflicht. [4]Zieht eine Person, deren Schulpflicht nach § 64 Abs. 1 Satz 1 begonnen hat und die das 18. Lebensjahr noch nicht vollendet hat, aus einem anderen Bundesland oder dem Ausland zu, so übermittelt die Meldebehörde der alleinigen Wohnung oder der Hauptwohnung der Schulbehörde die in Absatz 6 Satz 3 genannten personenbezogenen Daten dieser Person und der gesetzlichen Vertreterinnen oder Vertreter zum Zweck der Gewährleistung der Erfüllung der Schulpflicht.

(8) Schulen dürfen auch diejenigen personenbezogenen Daten von Kindern in Kindergärten und deren Erziehungsberechtigten verarbeiten, die in Kindergärten bei der Wahrnehmung vorschulischer För-

deraufgaben erhoben und an Schulen übermittelt werden, soweit die Verarbeitung zur Erziehung oder Förderung der Kinder in der Schule erforderlich ist.

(9) Schulen, Schulbehörden und die Behörde nach § 123a dürfen personenbezogene Daten aller an der Schule tätigen Personen auch verarbeiten, soweit es sich nicht um Personalaktendaten handelt und dies zur Erforschung und Entwicklung der Schulqualität erforderlich ist.

(10) Von den besonderen Kategorien personenbezogener Daten im Sinne des Artikels 9 Abs. 1 der Datenschutz-Grundverordnung dürfen aufgrund der Regelungen in den Absätzen 1 bis 3 nur verarbeitet werden

1. Gesundheitsdaten, soweit dies erforderlich ist,
   a) um die Schulfähigkeit festzustellen,
   b) um die Aufgaben der Schülerbeförderung nach § 114 erfüllen zu können,
   c) um der Landesunfallkasse die Erfüllung ihrer Aufgaben der gesetzlichen Unfallversicherung zu ermöglichen,
   d) um die betroffene Person zu schützen,
   e) um festzustellen, ob ein Nachteilsausgleich zu gewähren ist,
   f) um einen Bedarf an sonderpädagogischer Unterstützung festzustellen oder eine solche Unterstützung anzubieten oder zu leisten,
   g) um festzustellen, ob die Schulpflicht erfüllt wird,
   h) aus Gründen des öffentlichen Interesses im Bereich der öffentlichen Gesundheit und des Infektionsschutzes,
   i) um die Aufgabe der obersten Schulbehörde nach § 157 Abs. 1 Satz 2 Nr. 2 erfüllen zu können,
2. Daten, aus denen religiöse oder weltanschauliche Überzeugungen hervorgehen, soweit dies zur Organisation des Unterrichts erforderlich ist,
3. Daten, aus denen die Herkunft hervorgeht, soweit dies erforderlich ist, um
   a) einen Bedarf an Maßnahmen zur Verbesserung der Sprachkenntnisse nach § 17 Abs. 4, an besonderen Sprachfördermaßnahmen nach § 64 Abs. 3 oder an der Erteilung herkunftssprachlichen Unterrichts festzustellen oder eine solche Maßnahme anzubieten oder durchzuführen,
   b) die Aufgabe der obersten Schulbehörde nach § 157 Abs. 1 Satz 2 Nr. 1 erfüllen zu können.

Zweiter Teil
Schulverfassung

§ 32[1)] Eigenverantwortung der Schule

(1) [1]Die Schule ist im Rahmen der staatlichen Verantwortung und der Rechts- und Verwaltungsvorschriften eigenverantwortlich in Planung, Durchführung und Auswertung des Unterrichts, in der Erziehung sowie in ihrer Leitung, Organisation und Verwaltung. [2]Die Rechte des Schulträgers bleiben unberührt.

(2) [1]Die Schule gibt sich ein Schulprogramm. [2]In dem Schulprogramm legt sie in Grundsätzen fest, wie sie den Bildungsauftrag erfüllt. [3]Das Schulprogramm muss darüber Auskunft geben, welches Leitbild und welche Entwicklungsziele die pädagogische Arbeit und die sonstigen Tätigkeiten der Schule bestimmen. [4]Der Zusammensetzung der Schülerschaft und dem regionalen Umfeld ist in dem Schulprogramm und in der Unterrichtsorganisation Rechnung zu tragen. [5]Die Schule beteiligt bei der Entwicklung ihres Schulprogramms den Schulträger und den Träger der Schülerbeförderung sowie die Schulen, mit denen sie zusammenarbeitet (§ 25 Abs. 1).

(3) [1]Die Schule überprüft und bewertet mindestens alle zwei Jahre den Erfolg ihrer Arbeit. [2]Sie plant Verbesserungsmaßnahmen und führt diese nach einer von ihr festgelegten Reihenfolge durch.

(4) [1]Die Schule bewirtschaftet ein Budget aus Landesmitteln nach näherer Bestimmung im Haushaltsplan des Landes. [2]Sie kann nach näherer Bestimmung des Kultusministeriums, die der Zustimmung des Finanzministeriums bedarf, Girokonten führen; dabei können Ausnahmen von den Vorschriften über Zahlungen, Buchführung und Rechnungslegung (§§ 70 bis 72, 75 bis 78) zugelassen werden.

---

1) § 32 neu gef. mWv 1.8.2007 (Abs. 4 mWv 1.1.2007) durch G v. 17.7.2006 (Nds. GVBl. S. 412); Abs. 3 Satz 1 geänd. mWv 1.1.2020 durch G v. 17.12.2019 (Nds. GVBl. S. 430).

§ 33 Entscheidungen der Schule

Die Konferenzen, die Bildungsgangs- und Fachgruppen, der Schulvorstand sowie die Schulleitung haben bei ihren Entscheidungen auf die eigene pädagogische Verantwortung der Lehrkräfte Rücksicht zu nehmen.

§ 34 Gesamtkonferenz

(1) In der Gesamtkonferenz wirken die an der Unterrichts- und Erziehungsarbeit der Schule Beteiligten in pädagogischen Angelegenheiten zusammen.

(2) Die Gesamtkonferenz entscheidet, soweit nicht die Zuständigkeit einer Teilkonferenz oder einer Bildungsgangs- oder Fachgruppe gegeben ist, über

1. das Schulprogramm,
2. die Schulordnung,
3. die Geschäfts- und Wahlordnungen der Konferenzen und Ausschüsse,
4. den Vorschlag der Schule nach § 44 Abs. 3 sowie
5. Grundsätze für
   a) Leistungsbewertung und Beurteilung und
   b) Klassenarbeiten und Hausaufgaben sowie deren Koordinierung.

(3) Die Schulleiterin oder der Schulleiter unterrichtet die Gesamtkonferenz über alle wesentlichen Angelegenheiten der Schule.

§ 35 Teilkonferenzen

(1) [1]Für Fächer oder Gruppen von Fächern richtet die Gesamtkonferenz Fachkonferenzen ein. [2]Diese entscheiden im Rahmen der Beschlüsse der Gesamtkonferenz über die Angelegenheiten, die ausschließlich den jeweiligen fachlichen Bereich betreffen, insbesondere die Art der Durchführung der Lehrpläne und Rahmenrichtlinien (§ 122 Abs. 1 und 2) sowie die Einführung von Schulbüchern. [3]Bei Angelegenheiten, die nicht ausschließlich den fachlichen Bereich einer Fachkonferenz betreffen, entscheidet die Gesamtkonferenz, welche Konferenz für die Angelegenheiten zuständig ist.

(2) [1]Für jede Klasse ist eine Klassenkonferenz zu bilden. [2]Diese entscheidet im Rahmen der Beschlüsse der Gesamtkonferenz über die Angelegenheiten, die ausschließlich die Klasse oder einzelne ihrer Schülerinnen und Schüler betreffen, insbesondere über

1. das Zusammenwirken der Fachlehrkräfte,
2. die Koordinierung der Hausaufgaben,
3. die Beurteilung des Gesamtverhaltens der Schülerinnen und Schüler,
4. wichtige Fragen der Zusammenarbeit mit den Erziehungsberechtigten,
5. Zeugnisse, Versetzungen, Abschlüsse, Übergänge, Überweisungen, Zurücktreten und Überspringen.

[3]Soweit die Schule nicht in Klassen gegliedert ist oder wenn eine Klasse von nicht mehr als zwei Lehrkräften unterrichtet wird, bestimmt die Gesamtkonferenz, welche Konferenz die Aufgaben nach Satz 2 wahrnimmt.

(3) [1]Die Gesamtkonferenz kann für weitere organisatorische Bereiche, insbesondere für Jahrgänge und Schulstufen, zusätzliche Teilkonferenzen einrichten. [2]Diese entscheiden über Angelegenheiten, die ausschließlich den jeweiligen Bereich betreffen, sofern die Gesamtkonferenz sie ihnen übertragen hat.

(4) Teilkonferenzen können ihren Vorsitzenden mit deren Einverständnis bestimmte Aufgaben ihrer Zuständigkeitsbereiche zur selbständigen Erledigung übertragen.

(5) Die Absätze 1, 3 und 4 gelten nicht für die berufsbildenden Schulen.

§ 35a Bildungsgangs- und Fachgruppen an berufsbildenden Schulen

(1) [1]An berufsbildenden Schulen richtet die Schulleiterin oder der Schulleiter im Benehmen mit dem Schulvorstand Bildungsgangs- und Fachgruppen ein. [2]Diesen gehören als Mitglieder an:

1. die in dem jeweiligen Bereich tätigen Lehrkräfte und pädagogischen Mitarbeiterinnen und Mitarbeiter und
2. die Referendarinnen und Referendare, die in dem jeweiligen Bereich eigenverantwortlich Unterricht erteilen.

[3]Für die Sitzungen der Bildungsgangs- oder Fachgruppen gilt § 36 Abs. 4 Sätze 1 und 2 sowie Abs. 5 Satz 1 entsprechend.

(2) [1]Die Bildungsgangs- und Fachgruppen entscheiden über die fachlichen und unterrichtlichen Angelegenheiten, die den jeweiligen Bildungsgang oder das Fach betreffen, insbesondere über

1. die curriculare und fachdidaktische Planung der Bildungsgänge und Fächer im Rahmen der Lehrpläne (§ 122),
2. die Planung, Durchführung und Evaluation von Maßnahmen zur Qualitätssicherung und zur Entwicklung der Qualität des Unterrichts,
3. die Abstimmung des Fortbildungsbedarfs,
4. die Einführung von Schulbüchern sowie
5. die Zusammenarbeit mit Betrieben und weiteren an der Aus- und Weiterbildung beteiligten Einrichtungen.

[2]Die Schulleiterin oder der Schulleiter kann den Bildungsgangs- oder Fachgruppen weitere Aufgaben übertragen. [3]Bildungsgangs- und Fachgruppen können ihre Zuständigkeit für Entscheidungen über bestimmte Angelegenheiten einem Ausschuss übertragen. [4]Über die Zusammensetzung des Ausschusses entscheidet die Bildungsgangs- oder Fachgruppe.

§ 36 Zusammensetzung und Verfahren der Konferenzen

(1) [1]Mitglieder der Gesamtkonferenz sind

1. mit Stimmrecht:
   a) die Schulleiterin oder der Schulleiter,
   b) die weiteren hauptamtlich oder hauptberuflich an der Schule tätigen Lehrkräfte,
   c) so viele Vertreterinnen oder Vertreter der anderen Lehrkräfte, wie vollbeschäftigte Lehrkräfte nötig wären, um den von den anderen Lehrkräften erteilten Unterricht zu übernehmen,
   d) die der Schule zur Ausbildung zugewiesenen Referendarinnen und Referendare, Anwärterinnen und Anwärter,
   e) die hauptamtlich oder hauptberuflich an der Schule tätigen pädagogischen Mitarbeiterinnen und Mitarbeiter,
   f) eine Vertreterin oder ein Vertreter der sonstigen Mitarbeiterinnen und Mitarbeiter, die in einem Beschäftigungsverhältnis zum Land stehen,
   g) eine Vertreterin oder ein Vertreter der sonstigen Mitarbeiterinnen und Mitarbeiter, die in einem Beschäftigungsverhältnis zum Schulträger stehen,
   h) in Gesamtkonferenzen mit
      – mehr als 70 stimmberechtigten Mitgliedern nach den Buchstaben a bis d je 18,
      – 51 bis 70 stimmberechtigten Mitgliedern nach den Buchstaben a bis d je 14,
      – 31 bis 50 stimmberechtigten Mitgliedern nach den Buchstaben a bis d je zehn,
      – 11 bis 30 stimmberechtigten Mitgliedern nach den Buchstaben a bis d je sechs,
      – bis zu 10 stimmberechtigten Mitgliedern nach den Buchstaben a bis d je vier

      Vertreterinnen oder Vertreter der Erziehungsberechtigten sowie der Schülerinnen und Schüler;
2. beratend:
   a) die nicht stimmberechtigten Lehrkräfte,
   b) eine Vertreterin oder ein Vertreter des Schulträgers,
   c) je zwei Vertreterinnen oder Vertreter der Arbeitgeber und der Arbeitnehmer, sofern die Schule eine Berufsschule ist oder eine solche umfaßt.

[2]In Abendgymnasien, Kollegs und Fachschulen gehören der Gesamtkonferenz doppelt so viele Vertreterinnen oder Vertreter der Schülerinnen und Schüler als stimmberechtigte Mitglieder an, wie sich aus Satz 1 Nr. 1 Buchst. h ergeben würde.

(2) Die Gesamtkonferenz kann allgemein beschließen, daß auch die beratenden Mitglieder stimmberechtigt sind.

(3) [1]Den Teilkonferenzen gehören als Mitglieder mit Stimmrecht an:

1. die in dem jeweiligen Bereich tätigen Lehrkräfte und pädagogischen Mitarbeiterinnen und Mitarbeiter,
2. die Referendarinnen und Referendare sowie die Anwärterinnen und Anwärter, die in dem jeweiligen Bereich eigenverantwortlich Unterricht erteilen, und
3. mindestens je eine Vertreterin oder ein Vertreter der Erziehungsberechtigten sowie der Schülerinnen und Schüler.

[2]Die Zahl der Mitglieder nach Satz 1 Nr. 3 wird durch die Gesamtkonferenz bestimmt. [3]Sie darf die Zahl der Lehrkräfte, die Mitglieder nach Satz 1 Nr. 1 sind, nicht übersteigen. [4]Sind Teilkonferenzen für Schulzweige eingerichtet, so ist die Zahl der Mitglieder nach Satz 1 Nr. 3 unter entsprechender Anwendung des Absatzes 1 Satz 1 Nr. 1 Buchst. h nach der Zahl der Lehrkräfte zu bestimmen, die Mitglieder nach Satz 1 Nr. 1 sind; Absatz 1 Satz 2 gilt entsprechend. [5]Den Fachkonferenzen gehören ferner als beratende Mitglieder die Lehrkräfte mit entsprechender Lehrbefähigung an, die nicht bereits Mitglieder nach Satz 1 Nr. 1 sind. [6]Ist der Gegenstand einer Teilkonferenz eine Angelegenheit, die ausschließlich einzelne Schülerinnen oder Schüler betrifft, so sind neben den pädagogischen Mitarbeiterinnen und Mitarbeitern nach Satz 1 Nr. 1 nur diejenigen mit Stimmrecht ausgestatteten Lehrkräfte, Referendarinnen, Referendare, Anwärterinnen und Anwärter verpflichtet, an der Teilkonferenz teilzunehmen, die die Schülerinnen oder Schüler planmäßig unterrichten.

(4) [1]Die Termine der Sitzungen der Teilkonferenzen sind im Einvernehmen mit der Schulleiterin oder dem Schulleiter anzuberaumen. [2]Die Schulleiterin oder der Schulleiter ist berechtigt, an den Sitzungen teilzunehmen, und kann Teilkonferenzen auch von sich aus einberufen, wenn sie oder er dies zur Erledigung wichtiger Aufgaben für erforderlich hält. [3]Nimmt sie oder er in den Fällen des Absatzes 5 Satz 2 Nr. 2 an den Sitzungen teil, so führt sie oder er den Vorsitz. [4]Gehört die Schulleiterin oder der Schulleiter in den Fällen des Satzes 3 der Klassenkonferenz als Mitglied an, so kann sie oder er den Vorsitz übernehmen.

(5) [1]Die Konferenzen beschließen mit der Mehrheit der abgegebenen, auf ja oder nein lautenden Stimmen, sofern nicht durch Rechts- oder Verwaltungsvorschriften etwas anderes bestimmt ist. [2]Bei Entscheidungen über

1. Grundsätze der Leistungsbewertung und Beurteilung,
2. Zeugnisse, Versetzungen, Abschlüsse, Übergänge, Überweisungen, Zurücktreten und Überspringen,
3. allgemeine Regelungen für das Verhalten in der Schule (Schulordnung) und
4. Ordnungsmaßnahmen (§ 61)

dürfen sich nur Vertreterinnen und Vertreter der Erziehungsberechtigten sowie der Schülerinnen und Schüler der Stimme enthalten.

(6) Ein Konferenzbeschluß ist auch dann gültig, wenn keine oder weniger Vertreterinnen und Vertreter bestellt sind, als Sitze in dieser Konferenz nach den Absätzen 1 bis 3 zur Verfügung stehen.

(7) [1]In den Teilkonferenzen haben bei Entscheidungen über die in Absatz 5 Satz 2 Nr. 2 genannten Angelegenheiten nur diejenigen Mitglieder Stimmrecht, die die Schülerin oder den Schüler planmäßig unterrichtet haben. [2]Die übrigen Mitglieder wirken an der Entscheidung beratend mit.

§ 37 Besondere Ordnungen für die Konferenzen

(1) [1]Schulen können mit einer Mehrheit von zwei Dritteln der stimmberechtigten Mitglieder der Gesamtkonferenz eine besondere Ordnung für die Gesamtkonferenz beschließen. [2]Der Beschluß gilt für höchstens sechs Schuljahre.

(2) [1]In der besonderen Ordnung kann bestimmt werden, daß der Gesamtkonferenz mehr stimmberechtigte Vertreterinnen oder Vertreter

1. der in § 36 Abs. 1 Satz 1 Nr. 1 Buchst. c genannten Lehrkräfte,
2. der in § 36 Abs. 1 Satz 1 Nr. 1 Buchst. f und g genannten sonstigen Mitarbeiterinnen und Mitarbeiter,
3. der Erziehungsberechtigten sowie
4. der Schülerinnen und Schüler

oder einzelner dieser Gruppen angehören, als in § 36 Abs. 1 Satz 1 Nr. 1 vorgesehen ist. [2]Mindestens die Hälfte der Mitglieder müssen Lehrkräfte sein.

§ 38 Sitzungszeiten

[1]Konferenzen sowie Sitzungen der Bildungsgangs- und Fachgruppen finden in der unterrichtsfreien Zeit statt. [2]Konferenzen sind in der Regel so anzuberaumen, daß auch berufstätige Vertreterinnen und Vertreter der Erziehungsberechtigten daran teilnehmen können.

§ 38a Aufgaben des Schulvorstandes

(1) Im Schulvorstand wirken der Schulleiter oder die Schulleiterin mit Vertreterinnen oder Vertretern der Lehrkräfte, der Erziehungsberechtigten sowie der Schülerinnen und Schüler zusammen, um die Arbeit der Schule mit dem Ziel der Qualitätsentwicklung zu gestalten.

(2) Die Schulleiterin oder der Schulleiter unterrichtet den Schulvorstand über alle wesentlichen Angelegenheiten der Schule, insbesondere über die Umsetzung des Schulprogramms sowie den Stand der Verbesserungsmaßnahmen nach § 32 Abs. 3.

(3) [1]Der Schulvorstand entscheidet über

1. die Inanspruchnahme der den Schulen im Hinblick auf ihre Eigenverantwortlichkeit von der obersten Schulbehörde eingeräumten Entscheidungsspielräume,
2. den Plan über die Verwendung der Haushaltsmittel und die Entlastung der Schulleiterin oder des Schulleiters,
3. Anträge an die Schulbehörde auf Genehmigung der Beteiligung einer berufsbildenden Schule an Maßnahmen Dritter (§ 21 Abs. 3),
4. Anträge an die Schulbehörde auf Genehmigung einer Ganztagsschule (§ 23 Abs. 1 Satz 1) oder eines Ganztagsschulzugs (§ 23 Abs. 5 Satz 1),
5. die Zusammenarbeit mit anderen Schulen (§ 25 Abs. 1),
6. das Führen der Eingangsstufe (§ 6 Abs. 4 Satz 1) und das Führen des 3. und 4. Schuljahrgangs als pädagogische Einheit (§ 6 Abs. 4 Satz 3),
7. die Vorschläge an die Schulbehörde zur Besetzung der Stelle der Schulleiterin oder des Schulleiters (§ 45 Abs. 1 Satz 3), der Stelle der ständigen Vertreterin oder des ständigen Vertreters (§ 52 Abs. 3 Satz 1) sowie anderer Beförderungsstellen (§ 52 Abs. 3 Satz 2),
8. die Abgabe der Stellungnahmen zur Herstellung des Benehmens bei der Besetzung der Stelle der Schulleiterin oder des Schulleiters (§ 45 Abs. 2 Satz 1 und § 48 Abs. 2 Satz 1) und bei der Besetzung der Stelle der ständigen Vertreterin oder des ständigen Vertreters (§ 52 Abs. 3 Satz 3),
9. die Form, in der die Oberschule geführt wird (§ 10a Abs. 2 Satz 1), sowie die Erteilung jahrgangsbezogenen oder schulzweigspezifischen Unterrichts an der Oberschule (§ 10 Abs. 2 Satz 2),
10. die Ausgestaltung der Stundentafel,
11. Schulpartnerschaften,
12. die von der Schule bei der Namensgebung zu treffenden Mitwirkungsentscheidungen (§ 107),
13. Anträge an die Schulbehörde auf Genehmigung von Schulversuchen (§ 22),
14. Beschwerden gegen Verbote oder Auflagen nach § 81 Abs. 2 Satz 3,
15. Mitgliederzahl und Zusammensetzung des nach § 40 einzurichtenden Beirats,
16. Vorschläge der berufsbildenden Schulen an den Schulträger für Anträge auf Genehmigung schulorganisatorischer Entscheidungen sowie
17. Grundsätze für
    a) die Tätigkeit der pädagogischen Mitarbeiterinnen und Mitarbeiter an Grundschulen,
    b) die Durchführung von Projektwochen,
    c) die Werbung und das Sponsoring in der Schule und
    d) die Überprüfung der Arbeit der Schule nach § 32 Abs. 3.

[2]Soweit die Schule einen Plan der vorgesehenen Schulfahrten aufstellt oder konfessionell-kooperativen Religionsunterricht nach Maßgabe der hierfür geltenden Rechts- und Verwaltungsvorschriften einführt, bedarf dies jeweils der Zustimmung des Schulvorstandes.

(4) [1]Der Schulvorstand macht einen Vorschlag für das Schulprogramm und für die Schulordnung. [2]Will die Gesamtkonferenz von den Entwürfen des Schulvorstandes für das Schulprogramm oder für die Schulordnung abweichen, so ist das Benehmen mit dem Schulvorstand herzustellen.

§ 38b Zusammensetzung und Verfahren des Schulvorstandes

(1) [1]Der Schulvorstand hat

1. bei Schulen mit bis zu 20 Lehrkräften 8 Mitglieder,
2. bei Schulen mit 21 bis 50 Lehrkräften 12 Mitglieder,
3. bei Schulen mit über 50 Lehrkräften 16 Mitglieder,
4. bei berufsbildenden Schulen mit bis zu 50 Lehrkräften 12 Mitglieder,
5. bei berufsbildenden Schulen mit über 50 Lehrkräften 24 Mitglieder.

[2]Dabei beträgt die Anzahl der Vertreterinnen und Vertreter der Lehrkräfte die Hälfte und die Anzahl der Vertreterinnen und Vertreter der Erziehungsberechtigten sowie der Schülerinnen und Schüler jeweils ein Viertel der Mitglieder nach Satz 1. [3]Die Anzahl der Lehrkräfte nach Satz 1 richtet sich danach, wie viele vollbeschäftigte Lehrkräfte nötig wären, um den an der Schule von allen Lehrkräften erteilten Unterricht zu übernehmen. [4]Der Schulvorstand entscheidet mit der Mehrheit der abgegebenen auf ja oder nein lautenden Stimmen. [5]Hat eine Schule weniger als vier Lehrkräfte, so nimmt die Gesamtkonferenz die Aufgaben des Schulvorstands wahr.

(2) [1]Der Schulvorstand an Grundschulen besteht aus Vertreterinnen und Vertretern der Lehrkräfte sowie der Erziehungsberechtigten. [2]Die Anzahl der Vertreterinnen und Vertreter der Erziehungsberechtigten beträgt die Hälfte der Mitglieder nach Absatz 1 Satz 1.

(3) Der Schulvorstand besteht an Abendgymnasien und Kollegs je zur Hälfte aus Vertreterinnen und Vertretern

1. der Lehrkräfte und
2. der Schülerinnen und Schüler.

(4) [1]An berufsbildenden Schulen besteht der Schulvorstand zu je drei Zwölfteln aus

1. der Schulleiterin oder dem Schulleiter, ihrer oder seiner Stellvertreterin oder ihrem oder seinem Stellvertreter sowie von der Schulleiterin oder dem Schulleiter bestimmten Personen, die Leitungsaufgaben wahrnehmen,
2. Vertreterinnen und Vertretern der Lehrkräfte und der Mitarbeiterinnen und Mitarbeiter (§ 53 Abs. 1 Satz 1),
3. Vertreterinnen und Vertretern der Schülerinnen und Schüler

sowie

4. zu einem Zwölftel aus Vertreterinnen oder Vertretern der Erziehungsberechtigten,
5. zu zwei Zwölfteln aus außerschulischen Vertreterinnen und Vertretern von an der beruflichen Bildung beteiligten Einrichtungen, darunter eine Vertreterin oder ein Vertreter der zuständigen Stellen nach § 71 des Berufsbildungsgesetzes.

[2]Der Schulvorstand bestimmt, welche Einrichtungen Vertreterinnen und Vertreter nach Satz 1 Nr. 5 benennen können. [3]Kann die Entscheidung nach Satz 2 nicht vom bisherigen Schulvorstand getroffen werden, so wirken an der Entscheidung nach Satz 2 nur die in Satz 1 Nrn. 1 bis 4 genannten Personen mit. [4]Welche nach § 71 des Berufsbildungsgesetzes zuständige Stelle die Vertreterin oder den Vertreter nach Satz 1 Nr. 5 benennt, wird von den jeweils betroffenen zuständigen Stellen entschieden.

(5) Vertreterinnen und Vertreter der Lehrkräfte nach Absatz 1 sind die Schulleiterin oder der Schulleiter und die übrigen durch die Gesamtkonferenz bestimmten Lehrkräfte oder pädagogischen Mitarbeiterinnen und Mitarbeiter.

(6) [1]Es werden gewählt die Vertreterinnen und Vertreter

1. der Erziehungsberechtigten vom Schulelternrat,
2. der Schülerinnen und Schüler vom Schülerrat,
3. der Lehrkräfte und der pädagogischen Mitarbeiterinnen und Mitarbeiter von der Gesamtkonferenz; dabei haben Stimmrecht nur die Mitglieder der Gesamtkonferenz nach § 36 Abs. 1 Satz 1 Nr. 1 Buchst. a bis e.

[2]Für die Personen nach Satz 1 Nrn. 1 bis 3 sind auch Stellvertreterinnen oder Stellvertreter zu wählen. [3]Die Vertreterinnen und Vertreter nach Satz 1 werden für ein Schuljahr oder für zwei Schuljahre gewählt. [4]Für die Personen nach Satz 1 Nr. 1 gilt § 91 Abs. 1 und 3 bis 5 und für die Personen nach Satz 1 Nr. 2 gilt § 75 Abs. 2 bis 4 entsprechend.

(7) [1]Den Vorsitz im Schulvorstand führt die Schulleiterin oder der Schulleiter. [2]Sie oder er entscheidet bei Stimmengleichheit.

(8) Der Schulvorstand kann weitere Personen als beratende Mitglieder berufen.

(9) § 38 gilt entsprechend.

§ 38c Beteiligung des Schulträgers

(1) [1]Der Schulträger wird zu allen Sitzungen des Schulvorstandes eingeladen. [2]Er erhält alle Sitzungsunterlagen. [3]Eine Vertreterin oder ein Vertreter des Schulträgers kann an allen Sitzungen des Schulvorstandes mit Rede- und Antragsrecht teilnehmen. [4]Sie oder er nimmt nicht an den Abstimmungen teil.

(2) Die Schulleiterin oder der Schulleiter unterrichtet den Schulträger über alle wesentlichen Angelegenheiten der Schule.

(3) Die übrigen Rechte des Schulträgers bleiben unberührt.

§ 39 Ausschüsse

(1) [1]An allgemein bildenden Schulen kann jede Konferenz ihre Zuständigkeit zur Entscheidung über bestimmte Angelegenheiten einem Ausschuss übertragen. [2]Diesem Ausschuß gehören Vertreterinnen und Vertreter

1. der Lehrkräfte,
2. der Erziehungsberechtigten sowie
3. der Schülerinnen und Schüler

an. [3]Die Konferenz bestimmt die Zusammensetzung des Ausschusses. [4]Die Gruppen nach Satz 2 Nrn. 2 und 3 müssen in gleicher Anzahl vertreten sein. [5]Mindestens ein Drittel der Mitglieder müssen Lehrkräfte sein. [6]Die Zuständigkeit zur Entscheidung über die in § 36 Abs. 5 Satz 2 genannten Angelegenheiten darf nur einem Ausschuß übertragen werden, in dem mindestens die Hälfte der Mitglieder Lehrkräfte sind. [7]Die Mitglieder des Ausschusses brauchen keine Mitglieder der Konferenz zu sein.

(2) [1]Den Vorsitz in einem Ausschuß nach Absatz 1 führt die Vorsitzende oder der Vorsitzende der Konferenz. [2]Sie oder er hat die Stellung eines beratenden Mitglieds.

(3) An den Sitzungen des Ausschusses der Gesamtkonferenz kann eine Vertreterin oder ein Vertreter des Schulträgers beratend teilnehmen.

(4) § 36 Abs. 6 und 7 gilt entsprechend.

(5) [1]Jede Konferenz kann zur Vorbereitung von Beschlüssen Ausschüsse einsetzen. [2]Dabei sind Aufgaben und Zusammensetzung der Ausschüsse zu bestimmen. [3]Jedem Ausschuß gehört mindestens je eine Vertreterin oder ein Vertreter der Gruppen nach Absatz 1 Satz 2 Nrn. 2 und 3 an. [4]Die Mitglieder der Gruppen in der Konferenz wählen jeweils die Vertreterinnen oder Vertreter ihrer Gruppe in den Ausschüssen. [5]Die Konferenz kann die Vorbereitung von Beschlüssen auch einem Ausschuß nach Absatz 1 übertragen.

(6) [1]Die Sitzungstermine der Ausschüsse sind im Einvernehmen mit der Schulleiterin oder dem Schulleiter zu bestimmen. [2]Die Schulleiterin oder der Schulleiter ist berechtigt, an den Sitzungen teilzunehmen, und kann Ausschüsse auch von sich aus einberufen, wenn sie oder er dies zur Erledigung wichtiger Aufgaben für erforderlich hält.

§ 40 Beirat an berufsbildenden Schulen

[1]An berufsbildenden Schulen ist ein Beirat einzurichten, der die Schule in Angelegenheiten der Zusammenarbeit zwischen Schule und an der beruflichen Bildung beteiligten Einrichtungen berät. [2]Der Beirat kann sich über alle wesentlichen Angelegenheiten der Schule durch die Schulleiterin oder den Schulleiter unterrichten lassen.

§ 41 Mitwirkungsverbot; Vertraulichkeit

(1) Mitglieder von Konferenzen, von Bildungsgangs- und Fachgruppen, von Ausschüssen und des Schulvorstands dürfen bei der Beratung und Beschlußfassung über diejenigen Angelegenheiten, die sie selbst oder ihre Angehörigen persönlich betreffen, nicht anwesend sein.

(2) [1]Persönliche Angelegenheiten von Lehrkräften, Erziehungsberechtigten, Schülerinnen und Schülern sowie Personalangelegenheiten sind vertraulich zu behandeln. [2]Darüber hinaus können Konferenzen, Bildungsgangs- und Fachgruppen, Ausschüsse und der Schulvorstand die Beratung einzelner Angelegenheiten für vertraulich erklären.

§ 42 *[aufgehoben]*

§ 43 Stellung der Schulleiterin und des Schulleiters

(1) Jede Schule hat eine Schulleiterin oder einen Schulleiter, die oder der die Gesamtverantwortung für die Schule und für deren Qualitätssicherung und Qualitätsentwicklung trägt.

(2) [1]Die Schulleiterin ist Vorgesetzte und der Schulleiter ist Vorgesetzter aller an der Schule tätigen Personen, besucht und berät die an der Schule tätigen Lehrkräfte im Unterricht und trifft Maßnahmen zur Personalwirtschaft einschließlich der Personalentwicklung. [2]Sie oder er sorgt für die Einhaltung der Rechts- und Verwaltungsvorschriften und der Schulordnung.

(3) [1]Die Schulleiterin oder der Schulleiter entscheidet in allen Angelegenheiten, in denen nicht eine Konferenz, der Schulvorstand, eine Bildungsgangsgruppe oder eine Fachgruppe zuständig ist. [2]Sie oder er trifft die notwendigen Maßnahmen in Eilfällen, in denen die vorherige Entscheidung eines der in Satz 1 genannten Gremien nicht eingeholt werden kann, und unterrichtet hiervon das Gremium unverzüglich.

(4) Die Schulleiterin oder der Schulleiter führt die laufenden Verwaltungsgeschäfte; sie oder er hat dabei insbesondere

1. die Schule nach außen zu vertreten,
2. den Vorsitz in der Gesamtkonferenz und im Schulvorstand zu führen,
3. an berufsbildenden Schulen die Leiterin oder den Leiter einer Bildungsgangs- oder Fachgruppe im Benehmen mit dieser zu bestimmen,
4. jährlich einen Plan über die Verwendung der Haushaltsmittel zu erstellen, die Budgets (§ 32 Abs. 4 und § 111 Abs. 1) zu bewirtschaften und über die Verwendung der Haushaltsmittel gegenüber dem Schulvorstand Rechnung zu legen sowie
5. jährlich einen Plan über den Personaleinsatz zu erstellen.

(5) [1]Die Schulleiterin oder der Schulleiter hat innerhalb von drei Tagen Einspruch einzulegen, wenn nach ihrer oder seiner Überzeugung ein Beschluss einer Konferenz, des Schulvorstandes, eines Ausschusses, einer Bildungsgangsgruppe oder einer Fachgruppe

1. gegen Rechts- oder Verwaltungsvorschriften verstößt,
2. gegen eine behördliche Anordnung verstößt,
3. gegen allgemein anerkannte pädagogische Grundsätze oder Bewertungsmaßstäbe verstößt oder
4. von unrichtigen tatsächlichen Voraussetzungen ausgeht oder auf sachfremden Erwägungen beruht.

[2]Über die Angelegenheit hat die Konferenz, der Schulvorstand oder der Ausschuss in einer Sitzung, die frühestens am Tag nach der Einlegung des Einspruchs stattfinden darf, nochmals zu beschließen. [3]Hält die Konferenz, der Schulvorstand oder der Ausschuss den Beschluss aufrecht, so holt die Schulleiterin oder der Schulleiter die Entscheidung der Schulbehörde ein. [4]In dringenden Fällen kann die Entscheidung vor einer nochmaligen Beschlussfassung nach Satz 3 eingeholt werden. [5]Der Einspruch und das Einholen einer schulbehördlichen Entscheidung haben aufschiebende Wirkung. [6]Die Sätze 1 bis 5 gelten in Bezug auf Entscheidungen, die der oder dem Vorsitzenden einer Teilkonferenz übertragen worden sind, entsprechend.

§ 44 Kollegiale Schulleitung

(1) [1]Die Schulbehörde kann einer allgemein bildenden Schule auf ihren Antrag widerruflich eine besondere Ordnung genehmigen, die eine kollegiale Schulleitung vorsieht. [2]Die besondere Ordnung muß bestimmen, aus wieviel Mitgliedern das Leitungskollegium besteht. [3]Der Antrag bedarf einer Mehrheit von zwei Dritteln der stimmberechtigten Mitglieder der Gesamtkonferenz. [4]Er kann nur im Benehmen mit dem Schulträger gestellt werden.

(2) [1]Zu den Mitgliedern einer kollegialen Schulleitung gehören

1. die Schulleiterin oder der Schulleiter,
2. die ständige Vertreterin oder der ständige Vertreter der Schulleiterin oder des Schulleiters,
3. die Inhaberinnen und Inhaber von höherwertigen Ämtern mit Schulleitungsaufgaben und
4. bis zu drei hauptamtliche oder hauptberufliche Lehrkräfte als zusätzliche Mitglieder.

[2]Die §§ 45, 48, 49 und 52 bleiben unberührt.

(3) [1]Die zusätzlichen Mitglieder des Leitungskollegiums (Absatz 2 Satz 1 Nr. 4) werden mit ihrem Einverständnis von der Schulbehörde auf Vorschlag der Schule für die Dauer von sechs Jahren bestellt; § 49 gilt entsprechend. [2]Gründe für die Ablehnung eines Vorschlags werden der Schule nicht bekanntgegeben.

(4) [1]Das Leitungskollegium regelt nach Anhörung der Gesamtkonferenz die Wahrnehmung seiner Aufgaben durch eine Geschäftsordnung. [2]Der Schulleiterin oder dem Schulleiter bleiben vorbehalten:

1. die Aufgaben nach § 43 Abs. 1 und 2, Abs. 4 Nrn. 1 und 2 und Abs. 5,
2. der Vorsitz im Leitungskollegium,
3. die dienstrechtlichen Befugnisse, soweit sie der Schule übertragen sind,
4. die Befugnisse nach § 86 Abs. 1 und § 111 Abs. 2.

(5) [1]Die besondere Ordnung nach Absatz 1 kann auch bestimmen, dass die höherwertigen Ämter mit Ausnahme des ersten Beförderungsamtes der Lehrkräfte an Gymnasien, Abendgymnasien und Kollegs mit einer Lehrbefähigung, die den Zugang zum zweiten Einstiegsamt der Laufbahn der Laufbahngruppe 2 der Fachrichtung Bildung eröffnet, zunächst zeitlich begrenzt für die Dauer von zwei Jahren übertragen werden. [2]Wird diese Bestimmung der besonderen Ordnung vor Ablauf der Übertragungszeit widerrufen, so behalten die Inhaberinnen und Inhaber von Ämtern mit zeitlicher Begrenzung diese Ämter bis zum Ende der Übertragungszeit. [3]Die Übertragung eines höherwertigen Amtes nach Satz 1 darf nicht vor Ablauf eines Jahres seit Beendigung der Probezeit erfolgen; § 20 Abs. 3 Satz 3 des Niedersächsischen Beamtengesetzes findet entsprechende Anwendung.

(6) [1]Erfüllt die bisherige Inhaberin oder der bisherige Inhaber eines Amtes mit zeitlicher Begrenzung nach Ablauf der Übertragungszeit die Voraussetzungen für eine erneute Übertragung dieses Amtes, so wird es auf Lebenszeit verliehen. [2]Die Vorschriften über Stellenausschreibungen und die stellenwirtschaftlichen Bestimmungen bleiben unberührt. [3]§ 20 Abs. 2 und 3 des Niedersächsischen Beamtengesetzes ist nicht anzuwenden.

(7) [1]Absatz 6 gilt entsprechend, wenn die bisherige Inhaberin oder der bisherige Inhaber eines Amtes mit zeitlicher Begrenzung nach Ablauf der Übertragungszeit die Voraussetzungen für die Übertragung eines anderen Amtes mit zeitlicher Begrenzung erfüllt. [2]Ist dies ein Amt mit höherem Endgrundgehalt als das zuvor wahrgenommene Amt mit zeitlicher Begrenzung, so wird vor seiner zeitlich begrenzten Übertragung zunächst ein Amt auf Lebenszeit verliehen, das mit demselben Endgrundgehalt verbunden ist wie das zuvor wahrgenommene Amt mit zeitlicher Begrenzung.

(8) [1]Ist vor Ablauf der Übertragungszeit mindestens ein weiteres Amt mit zeitlicher Begrenzung übertragen worden, so wird, wenn Ämter mit zeitlicher Begrenzung über einen Zeitraum von insgesamt zwei Jahren ununterbrochen wahrgenommen wurden, ein solches Amt nach Maßgabe der folgenden Sätze auf Lebenszeit verliehen. [2]Ist das Endgrundgehalt des zuletzt übertragenen Amtes nicht höher als diejenigen der zuvor übertragenen Ämter, so ist das zuletzt übertragene Amt auf Lebenszeit zu verleihen. [3]Ist das Endgrundgehalt des zuletzt übertragenen Amtes höher als das Endgrundgehalt eines der zuvor übertragenen Ämter, so wird ein Amt auf Lebenszeit verliehen, das dem wahrgenommenen Amt mit dem zweithöchsten Endgrundgehalt entspricht; die zeitliche Begrenzung des zuletzt übertragenen Amtes bleibt unberührt. [4]Absatz 6 Satz 3 und der Vorbehalt hinsichtlich der stellenwirtschaftlichen Bestimmungen (Absatz 6 Satz 2) gelten entsprechend.

§ 45 Bestellung der Schulleiterinnen und Schulleiter

(1) [1]Das Land hat die Stellen der Schulleiterinnen und Schulleiter auszuschreiben. [2]Der Schulträger ist zur Bekanntgabe der Ausschreibung berechtigt. [3]Die Schule und der Schulträger sind über die Bewerbungen zu unterrichten und können Besetzungsvorschläge machen.

(2) [1]Vor Besetzung der Stellen nach Absatz 1 setzt sich die Schulbehörde mit der Schule und mit dem Schulträger ins Benehmen, falls sie deren Vorschlag nicht entsprechen will oder diese keinen Vorschlag vorgelegt haben. [2]Kommt eine Einigung innerhalb von acht Wochen nicht zustande, so entscheidet die Schulbehörde. [3]Auf Verlangen eines der Beteiligten findet in dieser Zeit eine mündliche Erörterung statt.

(3) Eine Lehrkraft, die der Schule angehört, soll zur Schulleiterin oder zum Schulleiter nur bestellt werden, wenn besondere Gründe dies rechtfertigen.

§§ 46 und 47 *[aufgehoben]*

§ 48 Ausnahmen

(1) § 45 findet keine Anwendung,

1. wenn die Stelle mit einer Lehrkraft besetzt werden soll, die mehrere Jahre in der Schulverwaltung oder während einer Beurlaubung in leitender Stellung
   a) im Auslandsschuldienst oder
   b) im Dienst von Schulen in freier Trägerschaft

   tätig war,
2. wenn die Stelle aus dienstlichen Gründen mit der Inhaberin oder dem Inhaber eines entsprechenden Beförderungsamtes besetzt werden soll,
3. in den Fällen des § 48 Satz 1 der Niedersächsischen Landeshaushaltsordnung und des § 28 Abs. 4 des Niedersächsischen Beamtengesetzes,

4. bei Errichtung neuer Schulen, insbesondere bei Schulen im Entstehen, oder
5. für die Schulen im Geschäftsbereich des Sozialministeriums.

(2) [1]In den Fällen des Absatzes 1 Nrn. 1 bis 3 setzt sich die Schulbehörde vor Besetzung der Stelle mit der Schule und mit dem Schulträger ins Benehmen. [2]Auf Verlangen der Schule oder des Schulträgers findet eine mündliche Erörterung statt. [3]Kommt eine Einigung innerhalb von acht Wochen nicht zustande, so entscheidet die Schulbehörde. [4]In den Fällen des Absatzes 1 Nr. 4 setzt sich die Schulbehörde mit dem Schulträger ins Benehmen. [5]Dieser kann die in Satz 2 genannte Erörterung verlangen. [6]Satz 3 ist anzuwenden.

§ 49 Benachrichtigung des Schulträgers

Von jeder Besetzung der Stelle einer Schulleiterin oder eines Schulleiters ist der Schulträger zu unterrichten.

Dritter Teil
Lehrkräfte sowie übrige Mitarbeiterinnen und Mitarbeiter

§ 50 Allgemeines

(1) [1]Die Lehrkräfte erziehen und unterrichten in eigener pädagogischer Verantwortung. [2]Sie sind an Rechts- und Verwaltungsvorschriften, Entscheidungen der Schulleiterin oder des Schulleiters oder der kollegialen Schulleitung, Beschlüsse des Schulvorstands, Beschlüsse der Konferenzen und deren Ausschüsse nach § 39 Abs. 1, Beschlüsse der Bildungsgangs- und Fachgruppen sowie an Anordnungen der Schulaufsicht gebunden.

(2) [1]Die Lehrkräfte an den öffentlichen Schulen stehen in einem unmittelbaren Dienstverhältnis zum Land. [2]Für die Erteilung von Religionsunterricht können Bedienstete der Religionsgemeinschaften des öffentlichen Rechts und deren öffentlich-rechtlicher Verbände, Anstalten und Stiftungen beschäftigt werden.

§ 51 Dienstrechtliche Sonderregelungen

(1) [1]Die Lehrkräfte erteilen Unterricht grundsätzlich in solchen Fächern und Schulformen, für die sie die Lehrbefähigung erworben haben, die Lehrkräfte mit der Lehrbefähigung für Schulformen der allgemeinbildenden Schulen auch in Gesamtschulen und Oberschulen. [2]Darüber hinaus haben die Lehrkräfte Unterricht in anderen Fächern und Schulformen zu erteilen, wenn es ihnen nach Vorbildung oder bisheriger Tätigkeit zugemutet werden kann und für den geordneten Betrieb der Schule erforderlich ist. [3]Vor der Entscheidung sind sie zu hören. [4]Sie sind verpflichtet, Aufgaben im Rahmen der Eigenverwaltung der Schule und andere schulische Aufgaben außerhalb des Unterrichts zu übernehmen.

(2) Die Lehrkräfte sind verpflichtet, sich zur Erhaltung der Unterrichtsbefähigung in der unterrichtsfreien Zeit fortzubilden.

(3) [1]Das äußere Erscheinungsbild von Lehrkräften in der Schule darf, auch wenn es von einer Lehrkraft aus religiösen oder weltanschaulichen Gründen gewählt wird, keine Zweifel an der Eignung der Lehrkraft begründen, den Bildungsauftrag der Schule (§ 2) überzeugend erfüllen zu können. [2]Dies gilt nicht für Lehrkräfte an Schulen in freier Trägerschaft.

(4) [1]Absatz 3 gilt auch für Lehrkräfte im Vorbereitungsdienst, soweit sie eigenverantwortlichen Unterricht erteilen. [2]Für sie können im Einzelfall Ausnahmen zugelassen werden.

§ 52 Besetzung der Stellen der Lehrkräfte

(1) [1]Das Land hat die Stellen der ständigen Vertreterinnen und Vertreter der Schulleiterinnen und Schulleiter auszuschreiben. [2]Die anderen Stellen sind in geeigneten Fällen auszuschreiben. [3]Der Schulträger ist zur Bekanntgabe der Ausschreibung berechtigt.

(2) Im Benehmen mit dem Schulträger kann von der Ausschreibung der Stellen nach Absatz 1 Satz 1 aus den Gründen des § 48 Abs. 1 abgesehen werden.

(3) [1]Die Schule und der Schulträger sind bei Stellen nach Absatz 1 Satz 1 über die Bewerbungen zu unterrichten und können Besetzungsvorschläge machen. [2]Für die Schule gilt dies auch bei anderen Beförderungsstellen. [3]Bei der Besetzung von Stellen nach Absatz 1 Satz 1 ist § 48 Abs. 2 entsprechend anzuwenden.

(4) Von der Besetzung der Stellen nach Absatz 1 Satz 1 und der anderen Beförderungsstellen ist der Schulträger zu unterrichten.

(5) Die Besetzung der Stellen der Lehrkräfte an öffentlichen Grundschulen und Hauptschulen richtet sich unbeschadet des Artikels 3 Abs. 3, des Artikels 7 Abs. 3 Satz 3 und des Artikels 33 Abs. 2 und 3 des Grundgesetzes nach der bekenntnismäßigen Zusammensetzung der Schülerschaft.

(6) Der Austausch von Lehrkräften zwischen Schulen, Schulbehörden und Hochschulen ist zu fördern.

(7) [1]Das Amt der Fachmoderatorin oder des Fachmoderators für Gesamtschulen wird zunächst zeitlich begrenzt für die Dauer von zwei Jahren übertragen. [2]Erfüllt die bisherige Inhaberin oder der bisherige Inhaber dieses Amtes nach Ablauf der Übertragungszeit die Voraussetzungen für eine erneute Übertragung dieses Amtes, so wird es auf Lebenszeit verliehen; § 44 Abs. 6 Sätze 2 und 3 sowie Abs. 7 und 8 gilt entsprechend.

§ 53 Übrige Mitarbeiterinnen und Mitarbeiter

(1) [1]Die Schulassistentinnen und Schulassistenten sowie die pädagogischen Mitarbeiterinnen und Mitarbeiter an den öffentlichen Schulen stehen in einem Beschäftigungsverhältnis zum Land. [2]Für die Durchführung der außerunterrichtlichen Angebote an Ganztagsschulen oder an Grundschulen können außer den Lehrkräften und pädagogischen Mitarbeiterinnen und Mitarbeitern auch Personen eingesetzt werden, die für eine Einrichtung tätig sind, die sich verpflichtet hat, außerunterrichtliche Angebote durchzuführen. [3]Das Verwaltungspersonal zur Personal- und Mittelbewirtschaftung an den öffentlichen berufsbildenden Schulen steht in einem Beschäftigungsverhältnis zum Land; es kann auch in einem Beschäftigungsverhältnis zu einer Einrichtung stehen, die sich verpflichtet hat, an diesen Schulen Verwaltungsleistungen zu erbringen. [4]Die anderen Mitarbeiterinnen und Mitarbeiter stehen in einem Beschäftigungsverhältnis zum Schulträger oder zu einer Einrichtung, die sich verpflichtet hat, an der Schule Leistungen für den Schulträger zu erbringen.

(2) Für pädagogische Mitarbeiterinnen und Mitarbeiter gilt § 51 Abs. 3 entsprechend.

(3) Sowohl der Schulträger als auch das Land können an öffentlichen Schulen Arbeitsgelegenheiten im Sinne des § 16d des Zweiten Buchs des Sozialgesetzbuchs für erwerbsfähige Hilfebedürftige schaffen.

Vierter Teil

Schülerinnen und Schüler

Erster Abschnitt

Allgemeines

§ 54 Recht auf Bildung

(1) [1]Das Land ist verpflichtet, im Rahmen seiner Möglichkeiten das Schulwesen so zu fördern, daß alle in Niedersachsen wohnenden Schülerinnen und Schüler ihr Recht auf Bildung verwirklichen können. [2]Das Schulwesen soll eine begabungsgerechte individuelle Förderung ermöglichen und eine gesicherte Unterrichtsversorgung bieten. [3]Unterschiede in den Bildungschancen sind nach Möglichkeit durch besondere Förderung der benachteiligten Schülerinnen und Schüler auszugleichen. [4]Auch hochbegabte Schülerinnen und Schüler sollen besonders gefördert werden.

(2) [1]An den öffentlichen Schulen in Niedersachsen besteht unbeschadet der Regelung des Absatzes 3 Schulgeldfreiheit. [2]Für Schülerinnen und Schüler, die ihren Wohnsitz außerhalb Niedersachsens haben, gilt Satz 1 nur, soweit in dem Land des Wohnsitzes die Gegenseitigkeit verbürgt ist. [3]Andernfalls haben diese Schülerinnen und Schüler ein angemessenes Schulgeld zu entrichten. [4]Das Kultusministerium wird ermächtigt, durch Verordnung die Höhe und die Erhebung des in den Fällen des Satzes 3 zu entrichtenden Schulgeldes zu regeln.

(3) Das Land erhebt von Schülerinnen und Schülern öffentlicher berufsbildender Schulen, die im Rahmen einer Maßnahme beruflicher Bildung individuell gefördert und denen auf Grund eines Gesetzes die Lehrgangskosten erstattet werden, ein angemessenes Entgelt, das sich an dem Schülerbetrag nach § 150 Abs. 3 und 4 für die besuchte Schule ausrichtet, jedoch nicht über den Höchstbetrag der den Schülerinnen und Schülern zu erstattenden Lehrgangskosten hinausgehen darf.

(4) [1]Das Land soll in geeigneten Fällen im Einvernehmen mit dem Schulträger von Schülerinnen und Schülern, die an Ergänzungsangeboten zum Erwerb zusätzlicher Qualifikationen an Fachschulen teil-

nehmen, ein angemessenes Entgelt erheben. [2]Von der Erhebung kann im Einzelfall in entsprechender Anwendung des § 11 Abs. 2 Satz 2 des Niedersächsischen Verwaltungskostengesetzes ganz oder teilweise abgesehen werden.

(5) [1]Ein Sechstel der nach den Absätzen 3 und 4 sowie der nach § 21 Abs. 3 Satz 1 eingenommenen Entgelte steht dem Schulträger zu. [2]Das Land und der Schulträger können ihre Anteile an den eingenommenen Entgelten der betreffenden Schule ganz oder teilweise zur eigenen Bewirtschaftung zuweisen.

(6) Unbeschadet ihrer verfassungsmäßigen Rechte sind die Erziehungsberechtigten verpflichtet, im Rahmen ihrer Möglichkeiten den Schülerinnen und Schülern zu einem ihren Fähigkeiten und ihrer Entwicklung angemessenen Bildungsweg zu verhelfen.

(7) Jeder junge Mensch hat das Recht auf eine seinen Fähigkeiten und Neigungen entsprechende Bildung und Erziehung und wird aufgefordert, sich nach seinen Möglichkeiten zu bilden.

§ 54a Sprachfördermaßnahmen

Schülerinnen und Schüler, deren Deutschkenntnisse nicht ausreichen, um erfolgreich am Unterricht teilzunehmen, sollen besonderen Unterricht zum Erwerb der deutschen Sprache oder zur Verbesserung der deutschen Sprachkenntnisse erhalten.

§ 55 Erziehungsberechtigte

(1) [1]Erziehungsberechtigte im Sinne dieses Gesetzes sind diejenigen Personen, denen das Personensorgerecht für das Kind zusteht. [2]Als erziehungsberechtigt gilt auch

1. eine Person, die mit einem personensorgeberechtigten Elternteil verheiratet oder durch Lebenspartnerschaft verbunden ist oder mit ihm in einer ehe- oder lebenspartnerschaftsähnlichen Gemeinschaft zusammenlebt, wenn das Kind ständig im gemeinsamen Haushalt wohnt,
2. eine Person, die an Stelle der Personensorgeberechtigten das Kind in ständiger Obhut hat, und
3. eine Person, die bei Heimunterbringung für die Erziehung des Kindes verantwortlich ist,

sofern die Personensorgeberechtigten der Schule den entsprechenden Sachverhalt mitgeteilt und dabei bestimmt haben, daß die andere Person als erziehungsberechtigt gelten soll.

(2) Die Schule führt den Dialog mit den Erziehungsberechtigten sowohl bezüglich der schulischen Entwicklung als auch des Leistungsstandes des Kindes, um entwicklungsspezifische Problemstellungen frühzeitig zu erkennen und gemeinsam mit den Erziehungsberechtigten zu bewältigen.

(3) Die Schule hat die Erziehungsberechtigten über die Bewertung von erbrachten Leistungen und andere wesentliche, deren Kinder betreffende Vorgänge in geeigneter Weise zu unterrichten.

(4) [1]Bei volljährigen Schülerinnen und Schülern, die das 21. Lebensjahr noch nicht vollendet haben, hat die Schule diejenigen Personen, die bei Eintritt der Schülerinnen und Schüler in die Volljährigkeit deren Erziehungsberechtigte im Sinne des Absatzes 1 gewesen sind, über besondere Vorgänge, insbesondere Sachverhalte, die zu Ordungsmaßnahmen (§ 61 Abs. 3) Anlass geben oder die Versetzung in den nächsten Schuljahrgang oder den Abschluss gefährden, zu unterrichten, sofern die volljährige Schülerin oder der volljährige Schüler der Unterrichtung nicht widersprochen hat. [2]Auf das Widerspruchsrecht sind die Schülerinnen und Schüler rechtzeitig vor Eintritt der Volljährigkeit hinzuweisen. [3]Über einen Widerspruch, der keinen Einzelfall betrifft, sind die bisherigen Erziehungsberechtigten (Satz 1) von der Schule zu unterrichten.

§ 56 Untersuchungen

(1) [1]Kinder sind verpflichtet zur Teilnahme an Schuleingangsuntersuchungen nach § 5 Abs. 2 des Niedersächsischen Gesetzes über den öffentlichen Gesundheitsdienst sowie an anerkannten Testverfahren, an ärztlichen Untersuchungen und an Untersuchungen, die für ein Sachverständigengutachten benötigt werden, wenn die Testverfahren und Untersuchungen

1. zur Feststellung der Schulfähigkeit oder
2. zur Feststellung, ob eine Schülerin oder ein Schüler auf sonderpädagogische Unterstützung angewiesen ist,

erforderlich sind. [2]Die Erziehungsberechtigten und die Kinder sind verpflichtet, die für Untersuchungen nach Satz 1 erforderlichen Auskünfte zu erteilen.

(2) Die Kinder dürfen im Rahmen der Mitwirkung nach Absatz 1 Satz 1 über die persönlichen Verhältnisse ihrer Erziehungsberechtigten befragt werden, wenn ihre Leistung und ihr Verhalten dies nahe legen und die Erziehungsberechtigten ihre Einwilligung erteilt haben.

(3) [1]Den Erziehungsberechtigten ist auf Antrag Einsicht in die Entscheidungsunterlagen für die Feststellungen nach Absatz 1 Satz 1 zu gewähren. [2]Vor Entscheidungen nach § 64 Abs. 1 Satz 3 und Abs. 2, durch die Rechte der Erziehungsberechtigten eingeschränkt werden, ist diesen Gelegenheit zur Besprechung der Ergebnisse der Untersuchungen nach Absatz 1 zu geben.

(4) [1]Im Rahmen der schulpsychologischen Beratung dürfen Tests nur mit schriftlicher Einwilligung der Erziehungsberechtigten angewandt werden. [2]Den Erziehungsberechtigten ist Gelegenheit zur Besprechung der Ergebnisse zu geben.

§ 57 Teilnahme an der Gruppenprophylaxe zur Verhütung von Zahnerkrankungen

Schülerinnen und Schüler sind zur Teilnahme an den Maßnahmen zur Erkennung und Verhütung von Zahnerkrankungen (Gruppenprophylaxe) nach § 21 Abs. 1 des Fünften Buchs des Sozialgesetzbuchs verpflichtet.

Zweiter Abschnitt
Rechtsverhältnis zur Schule

§ 58 Allgemeine Rechte und Pflichten

(1) Schülerinnen und Schüler haben das Recht und die Pflicht, an der Erfüllung des Bildungsauftrags der Schule mitzuwirken.

(2) [1]Schülerinnen und Schüler sind verpflichtet, regelmäßig am Unterricht teilzunehmen und die geforderten Leistungsnachweise zu erbringen. [2]Sie dürfen durch ihr Verhalten oder ihre Kleidung die Kommunikation mit den Beteiligten des Schullebens nicht in besonderer Weise erschweren. [3]Dies gilt nicht, wenn einzelne Tätigkeiten oder besondere gesundheitliche Gründe eine Ausnahme erfordern.

§ 59 Bildungsweg, Versetzung, Überweisung und Abschluß

(1) [1]Die Erziehungsberechtigten haben im Rahmen der Regelungen des Bildungsweges die Wahl zwischen den Schulformen und Bildungsgängen, die zur Verfügung stehen. [2]Volljährige Schülerinnen und Schüler wählen selbst. [3]Die verschiedenen Schulformen sind so aufeinander abzustimmen, dass für Schülerinnen und Schüler der Wechsel auf die begabungsentsprechende Schulform möglich ist (Prinzip der Durchlässigkeit).

(2) [1]Die Aufnahme in die Schulen im Sekundarbereich II kann von dem Nachweis eines bestimmten Abschlusses oder beruflicher Erfahrungen abhängig gemacht werden. [2]Dies gilt nicht für die Aufnahme in die Berufsschule. [3]Durch erfolgreichen Besuch des 10. Schuljahrgangs des Gymnasiums wird die Berechtigung erworben, jede Schule im Sekundarbereich II zu besuchen.

(3) Eine Schülerin oder ein Schüler kann im Sekundarbereich I von einer weiterführenden Schulform auf eine andere weiterführende Schulform übergehen, wenn von ihr oder ihm eine erfolgreiche Mitarbeit in der neugewählten Schulform erwartet werden kann.

(4) [1]Eine Schülerin oder ein Schüler kann den nächsthöheren Schuljahrgang einer Schulform oder eines Schulzweiges erst besuchen, wenn die Klassenkonferenz entschieden hat, daß von ihr oder ihm eine erfolgreiche Mitarbeit in diesem Schuljahrgang erwartet werden kann (Versetzung). [2]In einzelnen Schulformen oder Schulzweigen oder zwischen einzelnen Schuljahrgängen kann von dem Erfordernis der Versetzung abgesehen werden. [3]Eine Schülerin oder ein Schüler, die oder der zweimal nacheinander oder in zwei aufeinanderfolgenden Schuljahrgängen nicht versetzt worden ist, kann an die Schule einer anderen geeigneten Schulform überwiesen werden. [4]Für die Überweisung an eine Förderschule ist Absatz 5 Satz 1 anstelle des Satzes 3 anzuwenden.

(5) [1]Eine Schülerin oder ein Schüler kann auf Vorschlag der Schule durch die Schulbehörde an die Schule einer anderen, für sie oder ihn geeigneten Schulform überwiesen werden, wenn sie oder er auch unter Beachtung der Anforderungen an eine inklusive Schule (§ 4) nur an der anderen Schule hinreichend gefördertwerden kann und ihr oder sein Kindeswohl den Schulwechsel erfordert; die Schulbehörde hat in regelmäßigen Abständen zu überprüfen, ob die Voraussetzungen für die Überweisung weiterhin vorliegen. [2]Eine Schülerin oder ein Schüler, die oder der an der Berufsfachschule nicht hinreichend gefördert werden kann, kann an eine Berufseinstiegsschule überwiesen werden. [3]Eine Schülerin oder ein Schüler, die oder der in Klasse 2 der Berufseinstiegsschule nicht hinreichend gefördert werden kann, kann in Klasse 1 überwiesen werden.

(6) Der erfolgreiche Abschluß des Schulbesuchs wird im Sekundarbereich II an Schulen, die die Schülerinnen und Schüler befähigen, ihren Bildungsweg an einer Hochschule fortzusetzen, durch eine Abschlußprüfung festgestellt.

§ 59a Aufnahmebeschränkungen

(1) [1]Die Aufnahme in Ganztagsschulen und Gesamtschulen kann beschränkt werden, soweit die Zahl der Anmeldungen die Aufnahmekapazität der Schule überschreitet. [2]Übersteigt die Zahl der Anmeldungen die Zahl der verfügbaren Plätze, so werden die Plätze durch Los vergeben. [3]Das Losverfahren kann dahin abgewandelt werden,

1. dass Schülerinnen und Schüler, die nicht ihren Wohnsitz oder gewöhnlichen Aufenthalt im Schulbezirk der Schule haben, diejenigen Schulplätze erhalten, die nicht an Schülerinnen und Schüler aus dem Schulbezirk der Schule vergeben worden sind,
2. dass Schülerinnen und Schüler vorrangig aufzunehmen sind, wenn dadurch der gemeinsame Schulbesuch von Geschwisterkindern ermöglicht wird, und
3. dass es bei Gesamtschulen zur Erreichung eines repräsentativen Querschnitts der Schülerschaft mit angemessenen Anteilen leistungsstärkerer wie leistungschwächerer Schülerinnen und Schüler unter Berücksichtigung ihrer Leistungsbeurteilungen differenziert wird.

(2) Die Aufnahme in den Sekundarbereich I von Gesamtschulen kann nur beschränkt werden, wenn im Gebiet des Schulträgers

1. eine Hauptschule, eine Realschule und ein Gymnasium oder
2. eine Oberschule und ein Gymnasium

geführt werden.

(3) Die Aufnahme in Oberschulen kann nicht nach Absatz 1 beschränkt werden.

(4) [1]Die Aufnahme in eine berufsbildende Schule, die keine Berufsschule ist, kann beschränkt werden, wenn die Zahl der Anmeldungen die Aufnahmekapazität der Schule überschreitet. [2]Für die Auswahl gelten folgende Grundsätze:

1. Bis zu zehn vom Hundert der vorhandenen Plätze sind an Bewerberinnen oder Bewerber zu vergeben, deren Ablehnung eine außergewöhnliche Härte darstellen würde.
2. Bis zu 40 vom Hundert der verbleibenden Plätze werden an Bewerberinnen oder Bewerber vergeben, die in einem früheren Schuljahr wegen fehlender Plätze nicht aufgenommen werden konnten; über die Rangfolge entscheidet die Dauer der Wartezeit, bei gleich langer Wartezeit entscheiden Eignung und Leistung.
3. Die übrigen Plätze werden nach Eignung und Leistung vergeben.

(5) Die Aufnahmekapazität einer Schule ist überschritten, wenn nach Ausschöpfung der verfügbaren Mittel unter den personellen, sächlichen und fachspezifischen Gegebenheiten die Erfüllung des Bildungsauftrags der Schule nicht mehr gesichert ist.

§ 60 Regelungen des Bildungsweges

(1) Das Kultusministerium wird ermächtigt, durch Verordnung zu regeln:

1. die Aufnahme in Schulen der Sekundarbereiche I und II sowie in die Förderschule, wobei nähere Bestimmungen
   a) über die Aufnahmevoraussetzungen einschließlich der Voraussetzungen, unter denen die Aufnahme an berufsbildenden Schulen unter Berücksichtigung der außerschulischen Vorbildung erfolgt,
   b) über die Aufnahmekapazität, bei berufsbildenden Schulen auch unter Berücksichtigung der Auswirkungen auf die Bildungsgänge anderer Schulen, und
   c) über das Auswahlverfahren

   getroffen werden können,
2. die Versetzung, das Absehen vom Erfordernis der Versetzung, das Überspringen eines Schuljahrgangs, das freiwillige Zurücktreten, die Entlassung aus der Schule, die Überweisung an die Schule einer anderen Schulform in den Fällen des § 59 Abs. 4 Satz 3 und Abs. 5 Satz 1 und das Durchlaufen der Eingangsstufe nach § 6 Abs. 4 Satz 1 in ein bis drei Schuljahren,
3. die Abstimmung der Schulformen aufeinander im Hinblick auf das Prinzip der Durchlässigkeit (§ 59 Abs. 1 Satz 3) und die Voraussetzungen für den Wechsel von einer Schulform zu anderen,

4. die Voraussetzungen und das Verfahren für die Feststellung eines Bedarfs an sonderpädagogischer Unterstützung,
5. die Aufnahmeprüfungen sowie die Abschlüsse einschließlich der Abschlußprüfungen und des vorzeitigen Erwerbs eines Abschlusses,
6. die Anerkennung, daß eine Fortbildungsprüfung, die jemand nach einer erfolgreich absolvierten Berufsausbildung auf Grund des Berufsbildungsgesetzes, der Handwerksordnung oder des Seemannsgesetzes abgelegt hat, mit einem Abschluß im Sekundarbereich I gleichwertig ist,
7. die Voraussetzungen, unter denen schulische Vorbildungen (Abschlüsse, Kenntnisse und Fertigkeiten), die in einem anderen Bundesland oder im Ausland erworben wurden, als mit einem in Niedersachsen erworbenen Abschluss gleichwertig anerkannt werden, wobei für den Bereich der beruflichen Bildung vom Niedersächsischen Berufsqualifikationsfeststellungsgesetz (NBQFG) abgewichen werden kann,
8. das Verfahren für die in Nummer 7 genannten Anerkennungen, wobei die Zuständigkeit für die Anerkennung von schulischen Vorbildungen in Bezug auf Ausbildungen im Bereich der beruflichen Bildung abweichend von der nach § 8 Abs. 1 Satz 1 NBQFG erlassenen Verordnung geregelt und auch die Behörde eines anderen Bundeslandes als zuständige Stelle bestimmt werden kann, wenn das Bundesland einverstanden ist.

(2) [1]In den Verordnungen nach Absatz 1 Nr. 5 sind insbesondere zu regeln:
1. der Zweck der Prüfung,
2. die Zulassungsvoraussetzungen,
3. die Prüfungsfächer oder -gebiete,
4. das Prüfungsverfahren einschließlich der Zusammensetzung der Prüfungsausschüsse,
5. die Voraussetzungen für das Bestehen der Prüfung einschließlich der Bewertungsmaßstäbe und
6. die Folgen des Nichtbestehens und die Wiederholungsmöglichkeiten.

[2]In den Verordnungen nach Absatz 1 Nr. 5 können die Voraussetzungen geregelt werden, unter denen in eine Leistungsbewertung Einschätzungen zu in außerschulischen Einrichtungen erbrachten Leistungen einbezogen werden dürfen, die durch in diesen außerschulischen Einrichtungen tätiges Personal vorgenommen werden.

(3) In einer Verordnung nach Absatz 1 Nr. 1 kann für bestimmte Bildungsgänge berufsbildender Schulen zum Schutz der Auszubildenden oder der von ihnen Betreuten vorgeschrieben werden, dass nur aufgenommen werden kann, wer für die Ausbildung
1. die notwendige gesundheitliche Eignung,
2. die notwendige persönliche Zuverlässigkeit

nachgewiesen hat.

(4) Inhalt und Ausmaß der Verordnungsermächtigung ergeben sich im übrigen aus dem Bildungsauftrag der Schule (§ 2) und ihrer Pflicht, die Entwicklung der einzelnen Schülerin oder des einzelnen Schülers ebenso wie die Entwicklung aller Schülerinnen und Schüler zu fördern.

§ 61 Erziehungsmittel, Ordnungsmaßnahmen

(1) [1]Erziehungsmittel sind pädagogische Einwirkungen. [2]Sie sind gegenüber einer Schülerin oder einem Schüler zulässig, die oder der den Unterricht beeinträchtigt oder in anderer Weise ihre oder seine Pflichten verletzt hat. [3]Sie können von einzelnen Lehrkräften oder von der Klassenkonferenz angewendet werden.

(2) Ordnungsmaßnahmen sind zulässig, wenn Schülerinnen oder Schüler ihre Pflichten grob verletzen, insbesondere gegen rechtliche Bestimmungen verstoßen, den Unterricht nachhaltig stören, die von ihnen geforderten Leistungen verweigern oder dem Unterricht unentschuldigt fernbleiben.

(3) Ordnungsmaßnahmen sind:
1. Ausschluss bis zu einem Monat vom Unterricht in einem Fach oder in mehreren Fächern, ganz oder teilweise von den außerunterrichtlichen Angeboten oder ganz oder teilweise von mehrtägigen Schulfahrten,
2. Überweisung in eine Parallelklasse,
3. Ausschluss bis zu drei Monaten vom Unterricht sowie von den außerunterrichtlichen Angeboten,
4. Überweisung an eine andere Schule derselben Schulform oder, wenn eine solche Schule nicht unter zumutbaren Bedingungen zu erreichen ist, an eine Schule mit einem der bisherigen Beschulung der Schülerin oder des Schülers entsprechenden Angebot,

5. Verweisung von der Schule,
6. Verweisung von allen Schulen.

(4) [1]Eine Maßnahme nach Absatz 3 Nrn. 3 bis 6 setzt voraus, dass die Schülerin oder der Schüler durch den Schulbesuch die Sicherheit von Menschen ernstlich gefährdet oder den Schulbetrieb nachhaltig und schwer beeinträchtigt hat. [2]Die Verweisung von einer oder allen Schulen darf nur im Sekundarbereich II, jedoch nicht bei berufsschulpflichtigen Schülerinnen und Schülern, angeordnet werden. [3]Für die Dauer einer Maßnahme nach Absatz 3 Nr. 3 und nach Anordnung einer Maßnahme nach Absatz 3 Nr. 4, 5 oder 6 darf die Schülerin oder der Schüler das Schulgelände nicht betreten, während dort Unterricht oder eine andere schulische Veranstaltung stattfindet; Widerspruch und Anfechtungsklage haben keine aufschiebende Wirkung. [4]Eine Maßnahme nach Absatz 3 Nr. 6 kann auch nach Verlassen der Schule von der bislang besuchten Schule angeordnet werden.

(5) [1]Über Ordnungsmaßnahmen entscheidet die Klassenkonferenz unter Vorsitz der Schulleitung. [2]Die Gesamtkonferenz kann sich, einer Bildungsgangs- oder Fachgruppe oder einer Teilkonferenz nach § 35 Abs. 3

1. die Entscheidung über bestimmte Maßnahmen oder
2. die Genehmigung von Entscheidungen über bestimmte Maßnahmen

allgemein vorbehalten.

(6) [1]Der Schülerin oder dem Schüler und ihren oder seinen Erziehungsberechtigten ist Gelegenheit zu geben, sich in der Sitzung der Konferenz, die über die Maßnahme zu entscheiden hat, zu äußern. [2]Die Schülerin oder der Schüler kann sich sowohl von einer anderen Schülerin oder einem anderen Schüler als auch von einer Lehrkraft ihres oder seines Vertrauens unterstützen lassen. [3]Eine volljährige Schülerin oder ein volljähriger Schüler kann sich auch von ihren oder seinen Eltern oder von einer anderen volljährigen Person ihres oder seines Vertrauens unterstützen lassen.

(7) Die Überweisung in eine Parallelklasse bedarf der Zustimmung der Schulleitung, die Überweisung an eine andere Schule , die Verweisung von der Schule und die Verweisung von allen Schulen bedürfen der Genehmigung der Schulbehörde, die für die bislang besuchte Schule zuständig ist.

§ 61a Ende des Schulverhältnisses in besonderen Fällen

Die Schule kann für nicht mehr schulpflichtige Schülerinnen und Schüler das Schulverhältnis beenden, wenn aufgrund von Schulversäumnissen nicht mehr zu erwarten ist, dass sie den Bildungsgang erfolgreich beenden können.

§ 62 Aufsichtspflicht der Schule

(1) [1]Die Lehrkräfte haben die Pflicht, die Schülerinnen und Schüler in der Schule, auf dem Schulgelände, an Haltestellen am Schulgelände und bei Schulveranstaltungen außerhalb der Schule zu beaufsichtigen. [2]Die Aufsicht erstreckt sich auch darauf, daß die Schülerinnen und Schüler des Primarbereichs und des Sekundarbereichs I das Schulgrundstück nicht unbefugt verlassen.

(2) [1]Geeignete Mitarbeiterinnen und Mitarbeiter der Schule (§ 53 Abs. 1 Satz 1), Personen, die außerunterrichtliche Angebote durchführen, (§ 53 Abs. 1 Satz 2) sowie geeignete Erziehungsberechtigte können mit der Wahrnehmung von Aufsichtspflichten betraut werden. [2]Auch geeignete Schülerinnen und Schüler können damit betraut werden, wenn das Einverständnis ihrer Erziehungsberechtigten vorliegt.

Dritter Abschnitt
Schulpflicht

§ 63 Allgemeines

(1) [1]Wer in Niedersachsen seinen Wohnsitz, seinen gewöhnlichen Aufenthalt oder seine Ausbildungs- oder Arbeitsstätte hat, ist nach Maßgabe der folgenden Vorschriften zum Schulbesuch verpflichtet. [2]Entgegenstehende völkerrechtliche Bestimmungen und zwischenstaatliche Vereinbarungen bleiben unberührt.

(2) [1]Im Primarbereich legen die Schulträger für jede Schule einen Schulbezirk fest; im Sekundarbereich I können sie für Schulen, erforderlichenfalls für einzelne Bildungsgänge, Schulzweige oder einzelne Schuljahrgänge gesondert, einen Schulbezirk festlegen. [2]Bei der Festlegung ist das Wahlrecht nach § 59 Abs. 1 Sätze 1 und 2 zu beachten. [3]Ist eine Schule auf mehrere Standorte verteilt, so kann für jeden Standort ein eigener Schulbezirk festgelegt werden. [4]Für mehrere Schulen derselben Schul-

form, die sich an demselben Standort befinden, kann ein gemeinsamer Schulbezirk festgelegt werden. [5]Bieten mehrere solcher Schulen denselben Bildungsgang an, so kann auch für diesen Bildungsgang ein gemeinsamer Schulbezirk festgelegt werden.

(3) [1]Soweit für Schulen Schulbezirke festgelegt worden sind, haben die Schülerinnen und Schüler diejenige Schule der von ihnen gewählten Schulform zu besuchen, in deren Schulbezirk sie ihren Wohnsitz oder gewöhnlichen Aufenthalt haben, sofern sich aus diesem Gesetz nichts anderes ergibt. [2]Sind Schulbezirke für einzelne Bildungsgänge, Schulzweige oder Jahrgänge festgelegt worden, so gilt Satz 1 entsprechend. [3]In den Fällen des Absatzes 2 Sätze 4 und 5 haben die Schülerinnen oder Schüler die Wahl zwischen den Schulen, für die ein gemeinsamer Schulbezirk festgelegt worden ist. [4]Der Besuch einer anderen Schule kann gestattet werden, wenn

1. der Besuch der zuständigen Schule für die betreffenden Schülerinnen oder Schüler oder deren Familien eine unzumutbare Härte darstellen würde oder
2. der Besuch der anderen Schule aus pädagogischen Gründen geboten erscheint.

(4) [1]Schülerinnen und Schüler im Schulbezirk einer teilgebundenen oder voll gebundenen Ganztagsschule (§ 23 Abs. 1 Satz 1 Nrn. 2 und 3) können eine Halbtagsschule oder eine offene Ganztagsschule der gewählten Schulform desselben oder eines anderen Schulträgers besuchen. [2]Schülerinnen und Schüler in einem Schulbezirk ohne Ganztagsschulangebot können eine Schule der gewählten Schulform desselben oder eines anderen Schulträgers mit Ganztagsschulangebot besuchen.

§ 64 Beginn der Schulpflicht

(1) [1]Mit dem Beginn eines Schuljahres werden die Kinder schulpflichtig, die das sechste Lebensjahr vollendet haben oder es bis zum folgenden 30. September vollenden werden. [2]Für Kinder, die das sechste Lebensjahr in dem Zeitraum vom 1. Juli bis zum 30. September vollenden, können die Erziehungsberechtigten den Schulbesuch durch schriftliche Erklärung gegenüber der Schule um ein Jahr hinausschieben; die Erklärung ist vor dem Beginn des in Satz 1 genannten Schuljahres bis zum 1. Mai gegenüber der Schule abzugeben. [3]Auf Antrag der Erziehungsberechtigten können Kinder, die zu Beginn des Schuljahres noch nicht schulpflichtig sind, in die Schule aufgenommen werden, wenn sie die für den Schulbesuch erforderliche körperliche und geistige Schulfähigkeit besitzen und in ihrem sozialen Verhalten ausreichend entwickelt sind. [4]Diese Kinder werden mit der Aufnahme schulpflichtig.

(2) [1]Schulpflichtige Kinder, die körperlich, geistig oder in ihrem sozialen Verhalten nicht genügend entwickelt sind, um mit der Aussicht auf Erfolg am Unterricht der Grundschule oder einer Förderschule teilzunehmen, können vom Schulbesuch um ein Jahr zurückgestellt werden. [2]Sie können verpflichtet werden, zur Förderung ihrer Entwicklung einen Schulkindergarten zu besuchen.

(3) [1]Kinder, deren Deutschkenntnisse nicht ausreichen, um erfolgreich am Unterricht teilzunehmen, sind verpflichtet, im Jahr vor der Einschulung nach näherer Bestimmung durch das Kultusministerium an besonderen schulischen Sprachfördermaßnahmen teilzunehmen. [2]Die Schule stellt bei den gemäß Absatz 1 Satz 1 künftig schulpflichtigen Kindern fest, ob die Voraussetzungen des Satzes 1 vorliegen. [3]Auf Kinder im Sinne des Satzes 1 sind die Sätze 1 und 2 nicht anzuwenden, soweit kommunale oder freie Träger von Kindertagesstätten für sie besondere Sprachfördermaßnahmen anbieten, die nicht in der Verantwortung der Schule durchgeführt werden.

§ 65 Dauer der Schulpflicht

(1) Die Schulpflicht endet grundsätzlich zwölf Jahre nach ihrem Beginn.

(2) [1]Auszubildende sind für die Dauer ihres Berufsausbildungsverhältnisses berufsschulpflichtig. [2]Wer an Maßnahmen der beruflichen Umschulung in einem anerkannten Ausbildungsberuf oder an einer Einstiegsqualifizierung nach § 54a SGB III teilnimmt, kann für die Dauer der Maßnahmen oder der Einstiegsqualifizierung die Berufsschule besuchen, soweit ein entsprechendes Bildungsangebot zur Verfügung steht.

§ 66 Schulpflicht im Primarbereich und im Sekundarbereich I

[1]Alle Schulpflichtigen besuchen mindestens neun Jahre lang Schulen im Primarbereich und im Sekundarbereich I; das Durchlaufen der Eingangsstufe (§ 6 Abs. 4) wird dabei vorbehaltlich der Sätze 2 und 3 mit zwei Jahren als Schulbesuch berücksichtigt. [2]Ausnahmen können zugelassen werden, wenn Schülerinnen oder Schüler ein Schuljahr übersprungen oder eine Schule im Ausland besucht haben. [3]Auf die Schulzeit können die Dauer einer Zurückstellung vom Schulbesuch (§ 64 Abs. 2) und das dritte Schuljahr in der Eingangsstufe angerechnet werden. [4]Die Dauer eines Ruhens der Schul-

pflicht (§§ 70, 160) wird angerechnet. [5]Die Sätze 3 und 4 gelten nicht, wenn Schulpflichtige durch ein weiteres Schulbesuchsjahr voraussichtlich den Hauptschulabschluss erreichen.

§ 67 Schulpflicht im Sekundarbereich II

(1) Im Anschluß an den Schulbesuch nach § 66 ist die Schulpflicht im Sekundarbereich II durch den Besuch einer allgemeinbildenden oder einer berufsbildenden Schule zu erfüllen.

(2) [1]Auszubildende erfüllen ihre Berufsschulpflicht durch den Besuch einer Berufsschule, die den Bildungsgang des gewählten Ausbildungsberufs führt. [2]Auszubildende, die eine Berufsschule in einem anderen Bundesland besuchen möchten, haben dies der Schulbehörde anzuzeigen.

(3) Jugendliche, die nicht in einem Berufsausbildungsverhältnis stehen, haben ihre Schulpflicht, sofern sie keine allgemeinbildende Schule im Sekundarbereich II weiterbesuchen, nach Maßgabe ihrer im Sekundarbereich I erworbenen Abschlüsse durch den Besuch einer berufsbildenden Schule mit Vollzeitunterricht zu erfüllen.

(4) [1]Jugendliche, die nicht in einem Berufsausbildungsverhältnis stehen und die aufgrund der Art oder des Umfangs ihres Bedarfs an sonderpädagogischer Unterstützung

1. eine für sie geeignete außerschulische Einrichtung besuchen,
2. an einer Maßnahme der beruflichen Eingliederung in einer Werkstatt für behinderte Menschen teilnehmen oder
3. in einem Berufsbildungswerk beruflich ausgebildet werden,

erfüllen ihre Schulpflicht durch den Besuch der Berufsschule mit Teilzeit- oder Blockunterricht. [2]Schülerinnen und Schüler, die auf sonderpädagogische Unterstützung angewiesen sind und sich im Berufsbildungsbereich einer Werkstatt für behinderte Menschen befinden, können die Berufsschule besuchen, auch wenn sie nicht mehr schulpflichtig sind.

(5) Das Kultusministerium wird ermächtigt, durch Verordnung für das ganze Land oder für das Gebiet einzelner Schulträger zu bestimmen, daß Auszubildende einzelner Berufe ihre Berufsschulpflicht durch Teilnahme am Unterricht in Bildungsgängen zu erfüllen haben, die in Anwendung von § 104 eingerichtet wurden", wenn die personellen, räumlichen und schulorganisatorischen Voraussetzungen dafür geschaffen sind.

§ 68 *[aufgehoben]*

§ 69 Schulpflicht in besonderen Fällen

(1) Schülerinnen und Schülern, die infolge einer längerfristigen Erkrankung die Schule nicht besuchen können, soll Unterricht zu Hause oder im Krankenhaus in angemessenem Umfang erteilt werden.

(2) [1]Schülerinnen und Schüler können auf Vorschlag der Schule von der Schulbehörde an eine Schule einer für sie geeigneten Schulform überwiesen werden, wenn sie die Sicherheit von Menschen ernstlich gefährden oder den Schulbetrieb nachhaltig und schwer beeinträchtigen. [2]Die Schulbehörde hat in regelmäßigen Abständen zu überprüfen, ob die Voraussetzungen für die Überweisung weiterhin vorliegen.

(3) [1]Schülerinnen und Schüler im Sekundarbereich I, die in besonderem Maße auf sozialpädagogische Hilfe angewiesen sind, können ihre Schulpflicht, solange sie auf diese Hilfe angewiesen sind, ganz oder teilweise in einer außerschulischen Einrichtung erfüllen. [2]Die Erfüllung der Schulpflicht erfolgt auf der Grundlage eines einzelfallbezogenen Förderplans, der von der Schule, die von der Schülerin oder dem Schüler zu besuchen wäre, und der Einrichtung gemeinsam aufzustellen ist.

(4) [1]Schulpflichtige Jugendliche im Sekundarbereich II, die nicht in einem Berufsausbildungsverhältnis stehen und in besonderem Maße auf sozialpädagogische Hilfe angewiesen sind, können ihre Schulpflicht durch den Besuch einer Jugendwerkstatt erfüllen, die auf eine Berufsausbildung oder eine berufliche Tätigkeit vorbereitet. [2]In besonders begründeten Ausnahmefällen kann die Berufseinstiegsschule (§ 17 Abs. 2 Satz 3) auch die Erfüllung der Schulpflicht durch den Besuch einer anderen Einrichtung mit der in Satz 1 genannten Aufgabenstellung gestatten. [3]Die Erfüllung der Schulpflicht erfolgt auf der Grundlage eines einzelfallbezogenen Förderplans, der von der Einrichtung nach Satz 1 oder 2und der Berufseinstiegsschule (§ 17 Abs. 2 Satz 3) gemeinsam aufzustellen ist.

(5) Schulpflichtige Kinder und Jugendliche, die sich in Justizvollzugsanstalten oder in geschlossener Heimerziehung befinden, können in den Räumen der Einrichtung unterrichtet werden.

§ 70 Ruhen und Ende der Schulpflicht in besonderen Fällen

(1) Die Schulbehörde kann für schulpflichtige Jugendliche, die eine Schule im Ausland besucht haben und einer besonderen Förderung in der deutschen Sprache bedürfen, für die Dauer der Teilnahme an den erforderlichen Sprachkursen das Ruhen der Schulpflicht anordnen.

(2) [1]Eine Schülerin ist drei Monate vor und zwei Monate nach der Geburt ihres Kindes nicht verpflichtet, die Schule zu besuchen. [2]Im übrigen kann die Schule die Schulpflicht auf Antrag einer schulpflichtigen Mutter mit Zustimmung der Erziehungsberechtigten widerruflich ruhen lassen, wenn sie durch den Besuch der Schule daran gehindert würde, ihr Kind in ausreichendem Maße zu betreuen.

(3) Die Schulbehörde kann die Schulpflicht auf Antrag der Erziehungsberechtigten widerruflich ruhen lassen, wenn schulpflichtige Jugendliche nach zehn Schulbesuchsjahren einen besonderen außerschulischen Bildungsweg durchlaufen sollen.

(4) Die Pflicht zum Besuch einer berufsbildenden Schule ruht

1. für Beamtinnen und Beamte im Vorbereitungsdienst sowie für Dienstanfängerinnen und Dienstanfänger,
2. für Schulpflichtige, die Schulen für andere als ärztliche Heilberufe besuchen, solange diese Schulen nicht nach § 1 Abs. 5 Satz 2 in den Geltungsbereich dieses Gesetzes einbezogen sind,
3. für Schulpflichtige, die einen Freiwilligendienst ableisten,
4. für Schulpflichtige, die nach dem Erwerb des schulischen Teils der Fachhochschulreife ein mindestens einjähriges geleitetes berufsbezogenes Praktikum zum Erwerb der Fachhochschulreife ableisten, und
5. für Schulpflichtige, die der Bundeswehr als Soldatin oder Soldat angehören.

(5) Die Pflicht zum Schulbesuch einer Schule im Sekundarbereich II ruht in den Fällen des § 61 Abs. 3 Nr. 6.

(6) [1]Die Schulpflicht endet für Schulpflichtige,

1. deren Schulpflicht nach Absatz 4 für mindestens ein Jahr geruht hat,
2. die mindestens ein Jahr lang eine berufsbildende Schule mit Vollzeitunterricht, eine außerschulische Einrichtung nach § 67 Abs. 4 Satz 1 Nr. 1, eine Jugendwerkstatt oder eine andere Einrichtung nach § 69 Abs. 4 besucht haben oder
3. die die allgemeine Hochschulreife erworben haben.

[2]Die Schulbehörde kann vor Ablauf der Schulpflicht feststellen, dass die bisherige Ausbildung von Schulpflichtigen im Sekundarbereich II einen weiteren Schulbesuch entbehrlich macht; mit dieser Feststellung endet die Schulpflicht.

§ 71 Pflichten der Erziehungsberechtigten und Ausbildenden

(1) [1]Die Erziehungsberechtigten haben dafür zu sorgen, dass die Schülerinnen und Schüler am Unterricht und an den sonstigen Veranstaltungen der Schule einschließlich der besonderen schulischen Sprachfördermaßnahmen nach § 64 Abs. 3 regelmäßig teilnehmen und die ihnen obliegenden Pflichten erfüllen; sie haben sie dafür zweckentsprechend auszustatten. [2]Die Ausstattungspflicht umfasst auch die Übernahme der Kosten von Schulfahrten, an denen die Schülerinnen und Schüler teilnehmen.

(2) Ausbildende und ihre Beauftragten haben

1. den Auszubildenden die zur Erfüllung der schulischen Pflichten und zur Mitarbeit in Konferenzen, in deren Ausschüssen, im Schulvorstand und in der Schülervertretung erforderliche Zeit zu gewähren und
2. die Auszubildenden zur Erfüllung der Schulpflicht anzuhalten.

Vierter Abschnitt
Schülervertretungen, Schülergruppen, Schülerzeitungen

§ 72 Allgemeines

(1) [1]Schülerinnen und Schüler wirken in der Schule mit durch:

1. Klassenschülerschaften sowie Klassensprecherinnen und Klassensprecher,
2. den Schülerrat sowie Schülersprecherinnen und Schülersprecher,
3. Vertreterinnen und Vertreter in Konferenzen, Ausschüssen und im Schulvorstand.

[2]Die Mitwirkung soll zur Erfüllung des Bildungsauftrags der Schule (§ 2) beitragen.

(2) [1]In den Ämtern der Schülervertretung sollen Schülerinnen und Schüler gleichermaßen vertreten sein. [2]Ferner sollen ausländische Schülerinnen und Schüler in angemessener Zahl berücksichtigt werden.

§ 73 Klassenschülerschaft

[1]In jeder Klasse vom 5. Schuljahrgang an (Klassenschülerschaft) werden eine Klassensprecherin oder ein Klassensprecher (Klassenvertretung), deren oder dessen Stellvertreterin oder Stellvertreter sowie die Vertreterinnen oder Vertreter in der Klassenkonferenz und deren Ausschuß nach § 39 Abs. 1 gewählt. [2]Im Primarbereich und im Förderschwerpunkt geistige Entwicklung einer Förderschule kann nach Satz 1 gewählt werden.

§ 74 Schülerrat

(1) [1]Die Klassenvertretungen bilden den Schülerrat der Schule. [2]Dieser wählt die Schülersprecherin oder den Schülersprecher und eine Stellvertreterin oder einen Stellvertreter oder mehrere Stellvertreterinnen oder Stellvertreter aus seiner Mitte sowie die Vertreterinnen oder Vertreter in der Gesamtkonferenz, in den Teilkonferenzen, außer denen für organisatorische Bereiche, und in den entsprechenden Ausschüssen nach § 39 Abs. 1.

(2) Wird eine Schule von mindestens zehn ausländischen Schülerinnen oder Schülern besucht und gehört von ihnen niemand dem Schülerrat an, so können die ausländischen Schülerinnen und Schüler aus ihrer Mitte ein zusätzliches Mitglied und ein stellvertretendes Mitglied des Schülerrats wählen.

§ 75 Wahlen

(1) Die Inhaberinnen und Inhaber der in den §§ 73 und 74 genannten Ämter der Schülervertretung (Schülervertreterinnen und Schülervertreter) werden jeweils für ein Schuljahr gewählt.

(2) Schülervertreterinnen und Schülervertreter scheiden aus ihrem Amt aus,

1. wenn sie mit einer Mehrheit von zwei Dritteln der Wahlberechtigten abberufen werden oder
2. wenn sie von ihrem Amt zurücktreten oder
3. wenn sie die Schule nicht mehr besuchen oder
4. wenn sie dem organisatorischen Bereich, für den sie gewählt worden sind, nicht mehr angehören.

(3) Schülervertreterinnen und Schülervertreter, die die Schule nicht verlassen haben, führen nach Ablauf der Wahlperiode ihr Amt bis zu den Neuwahlen, längstens für einen Zeitraum von drei Monaten, fort.

(4) Das Kultusministerium wird ermächtigt, das Verfahren der Wahlen und der Abberufung durch Verordnung zu regeln.

§ 76 Besondere Schülerräte

Sind in einer Schule neben den Klassenkonferenzen Teilkonferenzen für weitere organisatorische Bereiche eingerichtet worden (§ 35 Abs. 3), so bilden die Klassenvertretungen dieser Bereiche je einen Bereichsschülerrat, auf den die Vorschriften für den Schülerrat entsprechend anzuwenden sind.

§ 77 Abweichende Organisation der Schule

(1) Soweit die Schule im Sekundarbereich I nicht in Klassen gegliedert ist, treten die Schülerschaften der entsprechenden organisatorischen Gliederungen an die Stelle der Klassenschülerschaften.

(2) [1]Im Sekundarbereich II werden die Sprecherinnen und Sprecher, soweit Klassenverbände nicht bestehen, für jeden Jahrgang, soweit auch Jahrgangsverbände nicht bestehen, für jede Stufe gewählt. [2]Für je 20 Schülerinnen und Schüler ist eine Sprecherin oder ein Sprecher zu wählen. [3]Diese sind Mitglieder des Schülerrats und im Falle des § 76 auch Mitglieder des Bereichsschülerrats.

§ 78 Regelungen durch besondere Ordnung

(1) [1]Die Schülerinnen und Schüler einer Schule können eine besondere Ordnung für die Schülervertretung beschließen. [2]Diese Ordnung kann abweichend von § 74 Abs. 1 Satz 1 bestimmen, daß

1. dem Schülerrat zusätzlich zu den Klassensprecherinnen und Klassensprechern oder an deren Stelle ihre Stellvertreterinnen und Stellvertreter angehören,
2. dem Schülerrat weitere Mitglieder angehören, die von den Schülerinnen und Schülern der Schule unmittelbar gewählt werden; die Zahl dieser weiteren Mitglieder darf die Zahl der Klassensprecherinnen und Klassensprecher einschließlich der nach § 77 gewählten Mitglieder des Schülerrats nicht übersteigen.

(2) Der Schülerrat einer Schule kann eine besondere Ordnung beschließen, in der abweichend von § 74 Abs. 1 Satz 2 und § 38b Abs. 6 Satz 1 Nr. 2 bestimmt werden kann, daß

1. die Schülersprecherin oder der Schülersprecher, ihre oder seine Stellvertreterinnen oder ihre oder seine Stellvertreter sowie die Vertreterinnen oder Vertreter im Schulvorstand, in der Gesamtkonferenz, den Fachkonferenzen und deren Ausschüssen nach § 39 Abs. 1 durch die Schülerinnen und Schüler der Schule unmittelbar gewählt werden,
2. die Aufgaben der Schülersprecherin oder des Schülersprechers von mehreren Sprecherinnen oder Sprechern gemeinsam wahrgenommen werden.

§ 79 Geschäftsordnungen

Klassenschülerschaften und Schülerräte geben sich eine Geschäftsordnung.

§ 80 Mitwirkung in der Schule

(1) [1]Von den Klassenschülerschaften und dem Schülerrat sowie in Schülerversammlungen der Schule und der in den §§ 76 und 77 Abs. 1 bezeichneten organisatorischen Bereiche und Gliederungen können alle schulischen Fragen erörtert werden. [2]Private Angelegenheiten von Lehrkräften sowie von Schülerinnen und Schülern dürfen nicht behandelt werden. [3]An den Schülerversammlungen der Schule nehmen nur die Schülerinnen und Schüler vom 5. Schuljahrgang an teil; § 73 Satz 2 gilt entsprechend.

(2) [1]Die Vertreterinnen und Vertreter im Schulvorstand, in den Konferenzen und Ausschüssen berichten dem Schülerrat oder der jeweiligen Klassenschülerschaft regelmäßig über ihre Tätigkeit. [2]§ 41 bleibt unberührt. [3]Der Schülerrat kann den Schülerinnen und Schülern der Schule über seine Tätigkeit berichten.

(3) [1]Schülerrat und Klassenschülerschaften sind von der Schulleitung, dem Schulvorstand, der zuständigen Konferenz oder den Bildungsgangs- und Fachgruppen vor grundsätzlichen Entscheidungen, vor allem über die Organisation der Schule und die Leistungsbewertung, zu hören. [2]Inhalt, Planung und Gestaltung des Unterrichts sind mit den Klassenschülerschaften zu erörtern.

(4) Schulleitung und Lehrkräfte haben dem Schülerrat und den Klassenschülerschaften die erforderlichen Auskünfte zu erteilen.

(5) [1]Die Sprecherinnen und Sprecher vertreten die Schülerinnen und Schüler gegenüber Lehrkräften, Konferenzen, Schulvorstand, Schulleitung und Schulbehörden. [2]Alle Schülervertreterinnen und Schülervertreter können von den Schülerinnen und Schülern mit der Wahrnehmung ihrer Interessen beauftragt werden.

(6) [1]Der Schülerrat kann sich unter den Lehrkräften der Schule Beraterinnen und Berater wählen. [2]Der Schülerrat kann beschließen, daß statt dessen diese Wahl von den Schülerinnen und Schülern der Schule unmittelbar durchgeführt wird.

(7) Die Benutzung der Schulanlagen ist für die Versammlungen nach den Absätzen 1 bis 3 sowie für die Beratungen der Schülervertreterinnen und Schülervertreter gestattet.

(8) [1]Für Versammlungen und Beratungen ist im Stundenplan der Schulen wöchentlich eine Stunde, im Stundenplan der Teilzeitschulen monatlich eine Stunde, innerhalb der regelmäßigen Unterrichtszeit freizuhalten. [2]Während der Unterrichtszeit dürfen jährlich je vier zweistündige Schülerversammlungen und Schülerratssitzungen stattfinden; weitere Sitzungen während der Unterrichtszeit bedürfen der Zustimmung der Schulleitung. [3]Im übrigen finden Versammlungen und Beratungen in der unterrichtsfreien Zeit statt.

§ 81 Veranstaltungen und Arbeitsgemeinschaften

(1) [1]Schülerrat und Klassenschülerschaften können eigene Veranstaltungen durchführen und Schülerarbeitsgemeinschaften einrichten. [2]Ihnen kann mit ihrer Zustimmung auch die Verwaltung schulischer Einrichtungen übertragen werden.

(2) [1]Die Schulleitung ist über die Veranstaltungen und die Einrichtung von Arbeitsgemeinschaften vorher zu unterrichten. [2]Die Benutzung von Schulanlagen und Einrichtungen der Schule ist zu gestatten; Zeitpunkt, Art und Dauer der Benutzung sind mit der Schulleitung abzustimmen. [3]Die Schulleitung kann Auflagen machen oder die Benutzung verbieten, wenn der Bildungsauftrag der Schule (§ 2) oder die Erhaltung der Sicherheit es erfordert. [4]Gegen ein Verbot oder eine Auflage nach Satz 3 kann bei der Schule Beschwerde eingelegt werden.

(3) Veranstaltungen und Arbeitsgemeinschaften finden grundsätzlich in der unterrichtsfreien Zeit statt.

§ 82 Gemeinde- und Kreisschülerräte

(1) [1]In Gemeinden und Samtgemeinden, die Träger von mehr als zwei Schulen sind, wird ein Gemeindeschülerrat und in Landkreisen ein Kreisschülerrat gebildet. [2]In Städten führt der Gemeindeschülerrat die Bezeichnung Stadtschülerrat.

(2) [1]Der Gemeindeschülerrat wird von den Schülerräten der im Gemeindegebiet befindlichen öffentlichen Schulen und der Schulen in freier Trägerschaft, an denen die Schulpflicht erfüllt werden kann, gewählt. [2]Jeder Schülerrat einer Schule wählt aus seiner Mitte ein Mitglied und ein stellvertretendes Mitglied des Gemeindeschülerrats. [3]Umfaßt eine allgemeinbildende Schule mehrere Schulformen, so gilt jeder Schulzweig als selbständige Schule; die demselben Schulzweig zugehörenden Mitglieder des Schülerrats gelten als selbständiger Schülerrat.

(3) [1]Der Kreisschülerrat wird von den Schülerräten

1. aller im Kreisgebiet befindlichen
   a) öffentlichen Schulen und
   b) Schulen in freier Trägerschaft, an denen die Schulpflicht erfüllt werden kann, sowie
2. der in der Trägerschaft des Landkreises stehenden, außerhalb des Kreisgebietes befindlichen Schulen

gewählt. [2]Absatz 2 Sätze 2 und 3 gilt entsprechend.

(4) Mitglieder der Schülerräte nach § 74 Abs. 2 können aus ihrer Mitte je ein zusätzliches Mitglied und ein stellvertretendes Mitglied des Gemeinde- und des Kreisschülerrats wählen.

(5) Der Gemeinde- oder Kreisschülerrat wählt aus seiner Mitte eine Sprecherin oder einen Sprecher oder mehrere Sprecherinnen oder Sprecher.

§ 83 Wahlen und Geschäftsordnung

(1) [1]Die Mitglieder der Gemeinde- und Kreisschülerräte werden für zwei Schuljahre gewählt. [2]§ 75 Abs. 2 und 3 gilt entsprechend. [3]Das Kultusministerium wird ermächtigt, das Wahlverfahren durch Verordnung zu regeln.

(2) Die Gemeinde- und Kreisschülerräte geben sich eine Geschäftsordnung.

§ 84 Aufgaben der Gemeinde- und Kreisschülerräte

(1) [1]Die Gemeinde- und Kreisschülerräte können Fragen beraten, die für die Schülerinnen und Schüler der Schulen ihres Gebietes von besonderer Bedeutung sind. [2]Schulträger und Schulbehörde haben ihnen für ihre Tätigkeit die notwendigen Auskünfte zu erteilen und Gelegenheit zur Stellungnahme und zu Vorschlägen zu geben.

(2) Die Gemeinde- und Kreisschülerräte haben darauf zu achten, daß die Belange aller im Gemeinde- oder Kreisgebiet vorhandenen Schulformen angemessen berücksichtigt werden.

(3) § 72 Abs. 1 Satz 2 gilt entsprechend.

§ 85 Finanzierung der Schülervertretungen

(1) [1]Der Schulträger stellt den Schülervertretungen der einzelnen Schulen (§ 72) den zur Wahrnehmung ihrer Aufgaben notwendigen Geschäftsbedarf und die erforderlichen Einrichtungen zur Verfügung. [2]Den Vertreterinnen und Vertretern im Schulvorstand, in den Konferenzen und Ausschüssen sowie den Mitgliedern des Schülerrats, die Berufsschulen mit Teilzeitunterricht besuchen, ersetzt der Schulträger auf Antrag die notwendigen Fahrtkosten. [3]Darüber hinaus können die Schulträger Zuschüsse zu den Kosten leisten, die den Schülervertretungen durch ihre Tätigkeit im Rahmen dieses Gesetzes entstehen.

(2) [1]Die in Absatz 1 Sätze 1 und 3 genannten Aufgaben erfüllt für den Gemeindeschülerrat die Gemeinde, für den Kreisschülerrat der Landkreis. [2]Den Mitgliedern dieser Schülerräte ersetzt die Gemeinde oder der Landkreis auf Antrag die notwendigen Fahrtkosten.

(3) Die nach § 73 wahlberechtigten Schülerinnen und Schüler einer Schule können beschließen, daß der Schülerrat freiwillige Beiträge und Spenden entgegennehmen darf.

(4) [1]Der Schülerrat beschließt über die Verwendung der Mittel nach Absatz 1 Satz 3 und Absatz 3. [2]Über die Verwendung dieser Mittel ist gegenüber dem Schülerrat, über die Verwendung der Mittel nach Absatz 1 Satz 3 ist außerdem auch gegenüber dem Schulträger ein Nachweis in geeigneter Form zu führen. [3]Für den Gemeinde- und den Kreisschülerrat gelten die Sätze 1 und 2 entsprechend.

§ 86 Schülergruppen

(1) Schließen sich Schülerinnen und Schüler einer Schule zur Verfolgung von Zielen zusammen, die innerhalb des Bildungsauftrags der Schule (§ 2) liegen (Schülergruppen), so gestattet ihnen die Schulleiterin oder der Schulleiter die Benutzung von Schulanlagen und Einrichtungen der Schule, wenn nicht die Erfüllung des Bildungsauftrags der Schule (§ 2) gefährdet ist oder Belange der Schule oder des Schulträgers entgegenstehen.

(2) Schülergruppen, deren Mitglieder das 14. Lebensjahr vollendet haben, können in der Schule für eine bestimmte politische, religiöse oder weltanschauliche Richtung eintreten.

§ 87 Schülerzeitungen

(1) Schülerzeitungen und Flugblätter, die von Schülerinnen oder Schülern einer oder mehrerer Schulen für deren Schülerschaft herausgegeben werden, dürfen auf dem Schulgrundstück verbreitet werden.

(2) Die verantwortlichen Redakteurinnen und Redakteure können sich von der Schule beraten lassen.

(3) Schülerzeitungen und Flugblätter unterliegen dem Presserecht sowie den übrigen gesetzlichen Bestimmungen.

Fünfter Teil
Elternvertretung

Erster Abschnitt
Elternvertretung in der Schule

§ 88 Allgemeines

(1) Die Erziehungsberechtigten wirken in der Schule mit durch:
1. Klassenelternschaften,
2. den Schulelternrat,
3. Vertreterinnen und Vertreter im Schulvorstand, in Konferenzen und Ausschüssen.

(2) In den Klassenelternschaften haben die Erziehungsberechtigten bei Wahlen und Abstimmungen für jede Schülerin oder jeden Schüler zusammen nur eine Stimme.

(3) [1]In den Ämtern der Elternvertretung sollen Frauen und Männer gleichermaßen vertreten sein. [2]Ferner sollen Erziehungsberechtigte ausländischer Schülerinnen und Schüler in angemessener Zahl berücksichtigt werden.

§ 89 Klassenelternschaften

(1) [1]Die Erziehungsberechtigten der Schülerinnen und Schüler einer Klasse (Klassenelternschaft) wählen die Vorsitzende oder den Vorsitzenden und deren oder dessen Stellvertreterin oder Stellvertreter. [2]Die Klassenelternschaft wählt außerdem die Vertreterinnen oder Vertreter in der Klassenkonferenz und deren Ausschuß nach § 39 Abs. 1 sowie eine entsprechende Anzahl von Stellvertreterinnen oder Stellvertretern. [3]Die Sätze 1 und 2 gelten nicht für Klassen, die zu mehr als drei Vierteln von Volljährigen besucht werden.

(2) [1]Die Vorsitzende oder der Vorsitzende lädt die Klassenelternschaft mindestens zweimal im Jahr zu einer Elternversammlung ein und leitet deren Verhandlungen. [2]Eine Elternversammlung ist auch dann einzuberufen, wenn ein Fünftel der Erziehungsberechtigten, die Schulleitung oder die Klassenlehrerin oder der Klassenlehrer es verlangt.

§ 90 Schulelternrat

(1) [1]Die Vorsitzenden der Klassenelternschaften bilden den Schulelternrat. [2]In der Berufsschule gehören auch die Vorsitzenden der Bereichselternschaften dem Schulelternrat an.

(2) Wird eine Schule von mindestens zehn ausländischen Schülerinnen oder Schülern besucht und gehört von deren Erziehungsberechtigten niemand dem Schulelternrat an, so können diese Erziehungsberechtigten aus ihrer Mitte ein zusätzliches Mitglied und ein stellvertretendes Mitglied des Schulelternrats wählen.

(3) Der Schulelternrat wählt die Elternratsvorsitzende oder den Elternratsvorsitzenden und eine Stellvertreterin oder einen Stellvertreter oder mehrere Stellvertreterinnen oder Stellvertreter aus seiner Mitte sowie die Vertreterinnen oder Vertreter und eine gleiche Anzahl von Stellvertreterinnen oder Stellvertretern in der Gesamtkonferenz, in den Teilkonferenzen, außer denen für organisatorische Bereiche, und in den entsprechenden Ausschüssen nach § 39 Abs. 1.

(4) [1]Die Vorsitzende oder der Vorsitzende lädt den Schulelternrat mindestens zweimal im Jahr zu einer Sitzung ein. [2]Eine Sitzung des Schulelternrats ist auch einzuberufen, wenn ein Fünftel der Mitglieder oder die Schulleitung es unter Angabe des Beratungsgegenstandes verlangt.

§ 91 Wahlen

(1) [1]Wahlberechtigt und wählbar sind die Erziehungsberechtigten. [2]Nicht wählbar ist, wer in einem Beschäftigungsverhältnis zum Land oder zum Schulträger an der Schule tätig oder mit Aufgaben der Aufsicht über die Schule betraut ist.

(2) [1]Die Inhaberinnen und Inhaber der in den §§ 89 und 90 genannten Ämter der Elternvertretung (Elternvertreterinnen und Elternvertreter) werden für zwei Schuljahre gewählt. [2]Dauert ein Bildungsabschnitt weniger als zwei Schuljahre, so erfolgt die Wahl für einen entsprechend kürzeren Zeitraum.

(3) Elternvertreterinnen und Elternvertreter scheiden aus ihrem Amt aus,

1. wenn sie mit einer Mehrheit von zwei Dritteln der Wahlberechtigten abberufen werden,
2. wenn sie aus anderen Gründen als der Volljährigkeit ihrer Kinder die Erziehungsberechtigung verlieren,
3. wenn im Falle des § 55 Abs. 1 Satz 2 die dort genannten Voraussetzungen entfallen sind oder die dort genannte Bestimmung widerrufen wird,
4. wenn sie von ihrem Amt zurücktreten,
5. wenn ihre Kinder die Schule nicht mehr besuchen,
6. wenn ihre Kinder dem organisatorischen Bereich, für den sie als Elternvertreterinnen oder Elternvertreter gewählt worden sind, nicht mehr angehören oder
7. wenn sie aufgrund eines Beschäftigungsverhältnisses zum Land oder zum Schulträger eine Tätigkeit an der Schule aufnehmen oder
8. wenn sie mit Aufgaben der Aufsicht über die Schule betraut werden.

(4) Die Mitglieder des Schulelternrats sowie die Vertreterinnen und Vertreter in den Konferenzen und Ausschüssen, deren Kinder die Schule noch nicht verlassen haben, führen nach Ablauf der Wahlperiode ihr Amt bis zu den Neuwahlen, längstens für einen Zeitraum von drei Monaten, fort.

(5) Das Kultusministerium wird ermächtigt, das Verfahren der Wahlen und der Abberufung durch Verordnung zu regeln.

§ 92 Besondere Elternräte und Elternschaften

[1]Sind in der Schule neben den Klassenkonferenzen Teilkonferenzen für weitere organisatorische Bereiche eingerichtet worden (§ 35 Abs. 3), so bilden die Vorsitzenden der Klassenelternschaften dieser Bereiche je einen Bereichselternrat, auf den die Vorschriften für den Schulelternrat entsprechend anzuwenden sind. [2]An der Berufsschule bilden die Klassenelternschaften eines Bereichs jeweils eine Bereichselternschaft; § 90 Abs. 3 und 4 gilt entsprechend.

§ 93 Abweichende Organisation der Schule

(1) Soweit die Schule im Sekundarbereich I nicht in Klassen gegliedert ist, treten die Elternschaften der entsprechenden organisatorischen Gliederungen an die Stelle der Klassenelternschaften.

(2) Soweit im Sekundarbereich II keine Klassenverbände bestehen, wählen die Erziehungsberechtigten der minderjährigen Schülerinnen und Schüler des Sekundarbereichs II für je 20 minderjährige Schülerinnen und Schüler eine Vertreterin oder einen Vertreter als Mitglied des Schulelternrats und im Falle des § 92 auch als Mitglied des Bereichselternrats sowie eine Stellvertreterin oder einen Stellvertreter.

§ 94 Regelungen durch besondere Ordnung

[1]Der Schulelternrat kann eine besondere Ordnung für die Elternvertretung in der Schule beschließen. [2]Diese Ordnung kann abweichend von den §§ 90 und 91 Abs. 2 bestimmen, daß

1. dem Schulelternrat zusätzlich zu den Vorsitzenden der Klassenelternschaften oder an deren Stelle ihre Stellvertreterinnen oder Stellvertreter angehören,
2. ein Vorstand des Schulelternrats aus mehreren Personen gebildet wird,
3. die Vorsitzenden der Klassenelternschaften und des Schulelternrats, ihre Stellvertreterinnen oder Stellvertreter und die Vertreterinnen oder Vertreter in den Konferenzen und Ausschüssen nur für ein Schuljahr gewählt werden.

§ 95 Geschäftsordnungen

Klassenelternschaften und Schulelternräte geben sich eine Geschäftsordnung.

§ 96 Mitwirkung der Erziehungsberechtigten in der Schule

(1) [1]Von den Klassenelternschaften und dem Schulelternrat sowie in Versammlungen aller Erziehungsberechtigten der Schule und der in den §§ 92 und 93 Abs. 1 bezeichneten organisatorischen Bereiche und Gliederungen können alle schulischen Fragen erörtert werden. [2]Private Angelegenheiten von Lehrkräften sowie von Schülerinnen und Schülern dürfen nicht behandelt werden.

(2) [1]Die Vertreterinnen oder Vertreter im Schulvorstand, in den Konferenzen und Ausschüssen berichten dem Schulelternrat oder der Klassenelternschaft regelmäßig über ihre Tätigkeit; § 41 bleibt unberührt. [2]Der Schulelternrat kann in Versammlungen aller Erziehungsberechtigten der Schule über seine Tätigkeit berichten.

(3) [1]Schulelternrat und Klassenelterschaften sind von der Schulleitung, dem Schulvorstand, der zuständigen Konferenz oder den Bildungsgangs- und Fachgruppen vor grundsätzlichen Entscheidungen, vor allem über die Organisation der Schule und die Leistungsbewertung, zu hören. [2]Schulleitung und Lehrkräfte haben ihnen die erforderlichen Auskünfte zu erteilen.

(4) [1]Die Lehrkräfte haben Inhalt, Planung und Gestaltung des Unterrichts mit den Klassenelternschaften zu erörtern. [2]Dies gilt vor allem für Unterrichtsfächer, durch die das Erziehungsrecht der Eltern in besonderer Weise berührt wird. [3]Die Erziehungsberechtigten sind insbesondere über Ziel, Inhalt und Gestaltung der Sexualerziehung rechtzeitig zu unterrichten, damit die Erziehung im Elternhaus und die Erziehung in der Schule sich soweit wie möglich ergänzen. [4]Die Sexualerziehung in der Schule soll vom Unterricht in mehreren Fächern ausgehen. [5]Sie soll die Schülerinnen und Schüler mit den Fragen der Sexualität altersgemäß vertraut machen, ihr Verständnis für Partnerschaft, insbesondere in Ehe und Familie, entwickeln und ihr Verantwortungsbewußtsein stärken. [6]Dabei sind ihr Persönlichkeitsrecht und das Erziehungsrecht der Eltern zu achten. [7]Zurückhaltung, Offenheit und Toleranz gegenüber verschiedenen Wertvorstellungen in diesem Bereich sind geboten.

(5) Erziehungsberechtigte können einzelne Mitglieder des Schulelternrats mit der Wahrnehmung ihrer Interessen beauftragen.

Zweiter Abschnitt

Elternvertretung in Gemeinden und Landkreisen

§ 97 Gemeinde- und Kreiselternräte

(1) [1]In Gemeinden und Samtgemeinden, die Träger von mehr als zwei Schulen sind, wird ein Gemeindeelternrat und in Landkreisen ein Kreiselternrat gebildet. [2]In Städten führt der Gemeindeelternrat die Bezeichnung Stadtelternrat.

(2) [1]Den Gemeindeelternrat wählen die Schulelternräte der im Gemeindegebiet befindlichen öffentlichen Schulen und der Schulen in freier Trägerschaft, an denen die Schulpflicht erfüllt werden kann. [2]Den Kreiselternrat wählen die Schulelternräte

1. aller im Kreisgebiet befindlichen
   a) öffentlichen Schulen und
   b) Schulen in freier Trägerschaft, an denen die Schulpflicht erfüllt werden kann, sowie
2. der in der Trägerschaft des Landkreises stehenden, außerhalb des Kreisgebietes befindlichen Schulen.

[3]Jeder Schulelternrat wählt aus seiner Mitte je ein Mitglied und ein stellvertretendes Mitglied. [4]Umfaßt eine allgemeinbildende Schule mehrere Schulformen, so gilt jeder Schulzweig als selbständige Schule; die demselben Schulzweig zugehörenden Mitglieder des Schulelternrats gelten als selbständiger Schulelternrat.

(3) [1]Würden aus dem Wahlverfahren nach Absatz 2 mehr als 28 Mitglieder hervorgehen, so wählen die Schulelternräte der im Gemeinde- oder Kreisgebiet befindlichen öffentlichen Schulen sowie der in der Trägerschaft des Landkreises befindlichen Schulen außerhalb des Kreisgebietes aus ihrer Mitte je zwei Delegierte, die den Gemeinde- oder Kreiselternrat getrennt nach Grundschulen, Hauptschulen, Realschulen, Oberschulen, Gymnasien, Gesamtschulen, Förderschulen und berufsbildenden Schulen wählen. [2]Umfaßt eine Schule mehrere dieser Schulformen, so gilt jeder Schulzweig als selbständige

Schule; die demselben Schulzweig zugehörenden Mitglieder des Schulelternrats wählen aus ihrer Mitte zwei Delegierte. [3]Es werden für Schulformen mit

4 bis 9 Schulen	3 Mitglieder,
10 bis 24 Schulen	4 Mitglieder,
25 und mehr Schulen	5 Mitglieder

des Gemeinde- oder Kreiselternrats und eine gleich große Zahl von Stellvertreterinnen und Stellvertretern gewählt. [4]Für Schulformen mit ein bis drei Schulen verbleibt es bei dem Wahlverfahren nach Absatz 2.

(4) [1]Im Fall des Absatzes 3 wählen die Schulelternräte der Schulen in freier Trägerschaft getrennt nach den vorhandenen Schulformen aus ihrer Mitte für jede Schulform ein Mitglied und ein stellvertretendes Mitglied des Gemeinde- oder Kreiselternrats. [2]Absatz 2 Satz 4 gilt entsprechend.

(5) Mitglieder der Schulelternräte nach § 90 Abs. 2 können aus ihrer Mitte je ein zusätzliches Mitglied und ein stellvertretendes Mitglied des Gemeinde- und Kreiselternrats wählen.

(6) [1]Der Gemeinde- und der Kreiselternrat wählen je einen Vorstand, der aus einer Vorsitzenden oder einem Vorsitzenden, einer stellvertretenden Vorsitzenden oder einem stellvertretenden Vorsitzenden und bis zu drei Beisitzenden besteht. [2]§ 88 Abs. 3 gilt entsprechend.

§ 98 Wahlen und Geschäftsordnung

(1) [1]Das Kultusministerium wird ermächtigt, das Wahlverfahren durch Verordnung zu regeln. [2]Die Wahlen werden von den Gemeinden, Samtgemeinden und Landkreisen durchgeführt. [3]Im übrigen gilt § 91 Abs. 1 bis 3 Nrn. 1 bis 4, 7 und 8 sowie Abs. 4 entsprechend; § 91 Abs. 3 Nr. 5 findet mit der Maßgabe Anwendung, daß Elternvertreterinnen und Elternvertreter erst dann aus ihrem Amt ausscheiden, wenn keines ihrer Kinder mehr eine Schule im Gebiet der Gemeinde oder des Landkreises besucht.

(2) Gemeinde- und Kreiselternräte geben sich eine Geschäftsordnung.

§ 99 Aufgaben der Gemeinde- und Kreiselternräte

(1) [1]Die Gemeinde- und Kreiselternräte können Fragen beraten, die für die Schulen ihres Gebietes von besonderer Bedeutung sind. [2]Schulträger und Schulbehörde haben ihnen die für ihre Arbeit notwendigen Auskünfte zu erteilen und rechtzeitig Gelegenheit zur Stellungnahme und zu Vorschlägen zu geben. [3]Das gilt insbesondere für schulorganisatorische Entscheidungen nach § 106 Abs. 1. [4]Sind nach § 97 Abs. 1 keine Gemeindeelternräte zu bilden, so beteiligen die Schulträger die Schulelternräte.

(2) [1]Die Vorstände der Gemeinde- und Kreiselternräte haben darauf zu achten, daß die Belange aller in ihrem Bezirk vertretenen Schulformen angemessen berücksichtigt werden. [2]Ist in einem Gemeinde- oder Kreiselternrat ein Beschluß gegen die Stimmen aller anwesenden Vertreterinnen und Vertreter einer Schulform gefaßt worden, so ist ihm auf deren Verlangen deren Stellungnahme beizufügen.

Dritter Abschnitt
Kosten

§ 100 Kosten

(1) [1]Der Elternvertretung in der Schule sind vom Schulträger die zur Wahrnehmung ihrer Aufgaben erforderlichen Einrichtungen und der notwendige Geschäftsbedarf zur Verfügung zu stellen. [2]Den Mitgliedern des Schulelternrats sowie den Vertreterinnen und Vertretern im Schulvorstand, in den Konferenzen und den Ausschüssen ersetzt der Schulträger auf Antrag die notwendigen Fahrtkosten. [3]Darüber hinaus kann der Schulträger Zuschüsse zu den Kosten leisten, die den Elternvertretungen durch ihre Tätigkeit im Rahmen dieses Gesetzes entstehen.

(2) Die in Absatz 1 genannten Aufgaben erfüllt für den Gemeindeelternrat die Gemeinde, für den Kreiselternrat der Landkreis.

(3) Bei Internatsgymnasien und Landesbildungszentren werden

1. allen im Land Niedersachsen wohnenden Erziehungsberechtigten die notwendigen Fahrt- und Übernachtungskosten für zwei Elternversammlungen jährlich,
2. den Mitgliedern des Schulelternrats, der Konferenzen und Ausschüsse sowie des Schulvorstands die notwendigen Fahrt- und Übernachtungskosten

erstattet.

Sechster Teil
Schulträgerschaft

§ 101 Schulträgerschaft

(1) Die Schulträger haben das notwendige Schulangebot und die erforderlichen Schulanlagen vorzuhalten (Schulträgerschaft).

(2) Die Schulträgerschaft gehört zum eigenen Wirkungskreis der Schulträger.

§ 102 Schulträger

(1) Schulträger der Grundschulen sind die Gemeinden, die Samtgemeinden und die öffentlich-rechtlich Verpflichteten in gemeindefreien Gebieten.

(2) Schulträger für die übrigen Schulformen sind die Landkreise und die kreisfreien Städte.

(3) Die Schulbehörde überträgt einer kreisangehörigen Gemeinde oder Samtgemeinde auf deren Antrag die Schulträgerschaft für allgemeinbildende Schulformen, wenn die Übertragung mit der Entwicklung eines regional ausgeglichenen Bildungsangebots zu vereinbaren ist.

(4) [1]Vor der Entscheidung über den Antrag auf Übertragung der Schulträgerschaft ist der Landkreis zu hören. [2]Die Schulbehörde kann die Schulträgerschaft auf Antrag auf einen Teil des Gemeindegebietes beschränken, dessen Grenzen im Benehmen mit den anderen beteiligten Schulträgern festzulegen sind.

(5) [1]Wird es auf Grund einer Übertragung der Schulträgerschaft erforderlich, die Trägerschaft für einzelne Schulen von den bisherigen auf einen anderen Schulträger zu übertragen, so haben die Gemeinde oder die Samtgemeinde und der Landkreis die notwendigen Vereinbarungen zu treffen. [2]Kommt keine Einigung zustande, so entscheidet die Schulbehörde.

(6) Auf Antrag der Gemeinde oder der Samtgemeinde hebt die Schulbehörde die Übertragung der Schulträgerschaft nach Absatz 3 auf, wenn die Gemeinde oder die Samtgemeinde und der Landkreis die notwendigen Vereinbarungen getroffen haben.

(7) Das Land kann Schulträger von Schulen besonderer Bedeutung, insbesondere mit überregionalem Einzugsbereich, sein.

§ 103 Übertragung der laufenden Verwaltung

(1) [1]Die Landkreise haben den kreisangehörigen Gemeinden und Samtgemeinden, die Standort einer Schule in der Trägerschaft des Landkreises sind, auf Antrag die laufende Verwaltung dieser Schule zu übertragen. [2]Die Übertragung auf Mitgliedsgemeinden von Samtgemeinden ist ausgeschlossen.

(2) [1]Die Gemeinden und Samtgemeinden verwalten die Schulen im Namen und auf Kosten des Landkreises; die Landkreise können zur Durchführung dieser Aufgabe Weisungen erteilen. [2]Die Beteiligten regeln die Einzelheiten durch Vereinbarung; diese muß insbesondere die Haftung regeln.

§ 104 Zusammenschlüsse von Schulträgern

[1]Schulträger im Sinne von § 102 Abs. 1 und 2 können die Schulträgerschaft auf Zweckverbände übertragen. [2]Im übrigen können alle Schulträger zur Erfüllung einzelner Aufgaben Vereinbarungen miteinander treffen. [3]Benachbarte Schulträger können auch die Aufnahme von Schülerinnen und Schülern vereinbaren; von Schulträgern des Sekundarbereichs I kann eine derartige Vereinbarung jedoch nur für einzelne Gebietsteile oder Schulformen getroffen werden.

§ 105 Aufnahme auswärtiger Schülerinnen und Schüler

(1) Schülerinnen und Schüler des Primarbereichs oder des Sekundarbereichs I, die ihren Wohnsitz oder gewöhnlichen Aufenthalt nicht im Gebiet des Schulträgers haben (auswärtige Schülerinnen und Schüler), sind in die Schule aufzunehmen, wenn sie

1. im Schulbezirk der Schule (§ 63 Abs. 2) wohnen,
2. die Möglichkeit des Schulbesuchs nach § 63 Abs. 4 Satz 1 wählen,
3. die Schule nach § 61 Abs. 3 Nr. 4, § 63 Abs. 3 Satz 4, §§ 137 oder 138 Abs. 5 besuchen dürfen oder
4. ihren Wohnsitz oder gewöhnlichen Aufenthalt im Gebiet eines Schulträgers haben, in dem keine Hauptschule, keine Realschule oder kein Gymnasium geführt wird, und sie eine Schule dieser Schulform besuchen möchten.

(2) [1]In die Schulen des Sekundarbereichs II sind auswärtige Schülerinnen und Schüler aufzunehmen, soweit die Aufnahmekapazität der Schule nicht überschritten wird; für berufsbildende Schulen, ausgenommen Berufsschulen, gilt § 59a Abs. 4 Satz 2 entsprechend. [2]Auszubildende, die eine Berufs-

schule mit Teilzeitunterricht oder Blockunterricht besuchen, gelten als auswärtige Schülerinnen oder Schüler, wenn ihre Ausbildungsstätte nicht im Gebiet des Schulträgers liegt.

(3) [1]Ist eine Schule für einen Bereich zu errichten oder weiterzuführen, der zum Gebiet mehrerer Schulträger gehört, und kommt zwischen den beteiligten Schulträgern weder ein Zweckverband noch eine Vereinbarung (§ 104) zustande, so kann durch Verordnung einem der Schulträger die Trägerschaft auch für das Gebiet der anderen Beteiligten im erforderlichen Ausmaß übertragen werden. [2]Die nachgeordnete Schulbehörde wird zum Erlaß von Verordnungen nach Satz 1 ermächtigt.

(4) [1]Wird eine Schule mindestens zu einem Viertel von auswärtigen Schülerinnen oder Schülern besucht, die aus dem für die Schule maßgeblichen Einzugsbereich kommen, oder muß der Schulträger ein Schülerwohnheim bereitstellen, so kann dieser von den für die auswärtigen Schülerinnen und Schüler zuständigen Schulträgern einen kostendeckenden Beitrag verlangen. [2]Das Kultusministerium wird ermächtigt, durch Verordnung pauschalierte Beiträge festzusetzen, wobei es für die Schulformen, die Schulzweige, die Schuljahrgänge und erforderlichenfalls auch für Berufsfelder und Fachrichtungen der berufsbildenden Schulen unterschiedliche Sätze festsetzen kann. [3]Die Kosten für das Baugrundstück und die Erschließung sind bei der Festsetzung des Beitrages nicht zu berücksichtigen.

(5) Absatz 4 gilt nicht im Verhältnis zwischen Landkreis und kreisangehörigen Gemeinden und zwischen kreisangehörigen Gemeinden eines Landkreises untereinander.

(6) [1]Die Absätze 3 und 4 gelten für Bildungsgänge berufsbildender Schulen entsprechend. [2]Bei der Berechnung des Anteils der auswärtigen Schülerinnen und Schüler werden jeweils die Schülerinnen und Schüler von Klassen derselben Fachrichtung innerhalb derselben Schulform oder von Klassen derselben Ausbildungsberufe in der Berufsschule zusammengezählt.

(7) [1]Zu den auswärtigen Schülerinnen und Schülern im Sinne des Absatzes 4 Satz 1 zählen auch minderjährige Schülerinnen und Schüler, die in einem Wohnheim untergebracht sind. [2]Der Beitrag zu den Kosten der Schule ist in diesen Fällen von den Schulträgern des Wohnsitzes der Erziehungsberechtigten zu leisten.

(8) Haben Klassen an berufsbildenden Schulen einen länderübergreifenden Einzugsbereich, so erstattet das Land dem niedersächsischen Schulträger die für die Beschulung der nichtniedersächsischen Schülerinnen und Schüler entstehenden Sachkosten nach einheitlichen Sätzen, soweit nicht zwischen den Schulträgern oder Ländern andere Regelungen bestehen.

§ 106 Errichtung, Aufhebung und Organisation von öffentlichen Schulen

(1) Die Schulträger sind verpflichtet, Schulen zu errichten, zu erweitern, einzuschränken, zusammenzulegen, zu teilen oder aufzuheben, wenn die Entwicklung der Schülerzahlen dies erfordert.

(2) [1]Die Schulträger sind berechtigt, Gesamtschulen zu errichten, wenn die Entwicklung der Schülerzahlen dies rechtfertigt. [2]Führt ein Schulträger eine Gesamtschule, so ist er von der Pflicht befreit, Hauptschulen und Realschulen zu führen. [3]Von der Pflicht, Gymnasien zu führen, ist er nur befreit, wenn der Besuch eines Gymnasiums unter zumutbaren Bedingungen gewährleistet ist. [4]Absatz 1 bleibt im Übrigen unberührt. [5]Soweit Satz 3 den Besuch eines Gymnasiums außerhalb des Gebiets des Landkreises oder der kreisfreien Stadt voraussetzt, tritt die Befreiung nur ein, wenn der Schulträger darüber mit dem Schulträger des auswärtigen Gymnasiums eine Vereinbarung gemäß § 104 Satz 2 abgeschlossen hat.

(3) [1]Die Schulträger sind berechtigt, Oberschulen zu errichten, wenn die Entwicklung der Schülerzahlen dies rechtfertigt. [2]Führt ein Schulträger eine Oberschule, so ist er von der Pflicht befreit, Hauptschulen und Realschulen zu führen. [3]Die Erweiterung einer Oberschule um ein gymnasiales Angebot ist zulässig, wenn der Besuch eines Gymnasiums im Gebiet des Landkreises oder der kreisfreien Stadt unter zumutbaren Bedingungen gewährleistet bleibt und der Schulträger desjenigen Gymnasiums zustimmt, das die Schülerinnen und Schüler sonst im Gebiet des Landkreises oder der kreisfreien Stadt besuchen würden. [4]Absatz 1 bleibt im Übrigen unberührt.

(4) Die Schulträger sind berechtigt, 10. Klassen an Hauptschulen und an Förderschulen zu führen, wenn die Entwicklung der Schülerzahlen dies rechtfertigt.

(5) [1]Schulträger haben bei schulorganisatorischen Entscheidungen nach den Absätzen 1 bis 3

1. die Vorgaben nach Absatz 9 Satz 1 Nr. 2 sowie die Vorgaben zur Festlegung von räumlichen Bereichen, auf die sich das Bildungsangebot am Schulstandort bezieht (Einzugsbereich), einzuhalten,

2. das vom Schulträger zu ermittelnde Interesse der Erziehungsberechtigten oder der volljährigen Schülerinnen und Schüler zu berücksichtigen,
3. die raumordnerischen Anforderungen an Schulstandorte und Einzugsbereiche zu erfüllen sowie
4. zu berücksichtigen, dass schulorganisatorische Maßnahmen der Entwicklung eines regional ausgeglichenen Bildungsangebots nicht entgegenstehen sollen.

2Haben berufsbildende Schulen einen schulträgerübergreifenden Einzugsbereich, so setzt sich der Schulträger vor schulorganisatorischen Entscheidungen nach Absatz 1 mit den anderen betroffenen Schulträgern ins Benehmen.

(6) 1Die Schulträger können

1. Grundschulen mit Hauptschulen, mit Oberschulen oder mit Gesamtschulen sowie
2. Förderschulen mit allen allgemein bildenden Schulen mit Ausnahme des Kollegs und des Abendgymnasiums

organisatorisch in einer Schule zusammenfassen; die Schule wird dabei entsprechend den Schulformen in Schulzweige gegliedert. 2Die Schulzweige arbeiten organisatorisch und pädagogisch zusammen. 3Für die Schulzweige gelten die Vorschriften für die jeweilige Schulform entsprechend.

(7) Die Schulformen der berufsbildenden Schulen werden grundsätzlich organisatorisch und pädagogisch in einer Schule zusammengefaßt; die Schule wird dabei entsprechend den Schulformen gegliedert.

(8) 1Die Schulträger bedürfen für schulorganisatorische Entscheidungen nach den Absätzen 1 bis 4 und 6 der Genehmigung der Schulbehörde. 2Die Genehmigung zur Errichtung und Erweiterung von Schulen mit Ausnahme der Berufsschule kann auch dann versagt werden, wenn nach den personellen, sächlichen und fachspezifischen Gegebenheiten die Erfüllung des Bildungsauftrages der Schule nicht gesichert ist. 3§ 176 Abs. 1 Satz 2 des Niedersächsischen Kommunalverfassungsgesetzes (NKomVG) ist nicht anzuwenden 4Wird die Genehmigung für eine Schule der in § 5 Abs. 3 Nr. 3 Buchst. a genannten Schulformen beantragt, so kann die Schulbehörde zunächst den Sekundarbereich I genehmigen.

(9) 1Das Kultusministerium wird ermächtigt, durch Verordnung zu bestimmen,

1. welche Anforderungen unter raumordnerischen Gesichtspunkten an Schulstandorte und Einzugsbereiche zu stellen sind,
2. welche Größe die Schulen oder Teile von Schulen unter Berücksichtigung der Erfordernisse eines differenzierenden Unterrichts aufweisen sollen,
3. unter welchen Voraussetzungen Schulen Außenstellen führen dürfen und
4. wie die Einzugsbereiche und Standorte der einzelnen Schulen aufeinander abgestimmt werden sollen.

2Vor Erlass der in Satz 1 Nrn. 1 bis 4 genannten Verordnungen ist der Landtag rechtzeitig zu unterrichten.

§ 107 Namensgebung

1Der Schulträger kann im Einvernehmen mit der Schule dieser einen Namen geben. 2Über einen entsprechenden Vorschlag der Schule hat der Schulträger innerhalb einer angemessenen Frist zu entscheiden.

§ 108 Schulanlagen und Ausstattung der Schule

(1) 1Die Schulträger haben die erforderlichen Schulanlagen zu errichten, mit der notwendigen Einrichtung auszustatten und ordnungsgemäß zu unterhalten. 2Zu den erforderlichen Schulanlagen der Schulen mit regionalem oder überregionalem Einzugsbereich gehören auch Schülerwohnheime.

(2) Raumprogramme für neue Schulanlagen und für Um- und Erweiterungsbauten, durch die die Verwendbarkeit von Schulanlagen wesentlich beeinflußt wird, sind im Benehmen mit der Schulbehörde aufzustellen.

(3) Das Kultusministerium und die Arbeitsgemeinschaft der Kommunalen Spitzenverbände können insbesondere aus pädagogischen und hygienischen Gründen sowie aus Gründen der Sicherheit und des Umweltschutzes gemeinsame Empfehlungen über Umfang und Ausgestaltung der Schulgrundstücke und Schulanlagen sowie über die Einrichtung der Schulgebäude und die Ausstattung der Schulen mit Lehr- und Lernmitteln erlassen.

(4) [1]Die Landkreise sind verpflichtet, die kreisangehörigen Schulträger bei der Ausstattung ihrer Schulen mit audiovisuellen Medien zu unterstützen. [2]Die Landkreise und kreisfreien Städte sollen die Versorgung der Schulen mit audiovisuellen Medien koordinieren; sie haben im Benehmen mit der Schulbehörde eine geeignete Fachkraft mit der Durchführung dieser Aufgabe zu betrauen. [3]Diese kann das Land unentgeltlich zur Verfügung stellen.

§ 109 Koordinierung des öffentlichen Verkehrsangebotes

Die Landkreise und kreisfreien Städte haben sich unabhängig von ihrer Aufgabe als Schulträger darum zu bemühen, daß die Fahrpläne und die Beförderungsleistungen der öffentlichen Verkehrsmittel in ihrem Gebiet den Bedürfnissen der Schülerinnen und Schüler hinreichend Rechnung tragen.

§ 110 Kommunale Schulausschüsse

(1) Die Schulträger mit Ausnahme des Landes bilden einen oder mehrere Schulausschüsse, für die die folgenden besonderen Vorschriften gelten.

(2) [1]Die Schulausschüsse setzen sich aus Abgeordneten der Vertretung des Schulträgers und aus einer vom Schulträger zu bestimmenden Zahl stimmberechtigter Vertreterinnen oder Vertreter der in seiner Trägerschaft stehenden Schulen zusammen. [2]Jedem Schulausschuß müssen mindestens je eine Vertreterin oder ein Vertreter der Lehrkräfte, der Erziehungsberechtigten sowie der Schülerinnen und Schüler angehören. [3]Den Schulausschüssen, die sowohl für allgemeinbildende als auch für berufsbildende Schulen zuständig sind, müssen mindestens je zwei Vertreterinnen oder Vertreter der Lehrkräfte, der Erziehungsberechtigten sowie der Schülerinnen und Schüler angehören; jeweils eine Vertreterin oder ein Vertreter muss der jeweiligen Personengruppe an den berufsbildenden Schulen angehören. [4]Die Abgeordneten der Vertretung des Schulträgers müssen in der Mehrheit sein. [5]Die Vertreterinnen oder Vertreter der Schülerinnen und Schüler müssen mindestens 14 Jahre alt sein.

(3) [1]In Angelegenheiten, die berufsbildende Schulen betreffen, nimmt mindestens je eine Vertreterin oder ein Vertreter der Organisationen der Arbeitgeberverbände und der Arbeitnehmerverbände mit Stimmrecht an den Sitzungen des Schulausschusses teil. [2]Absatz 2 Sätze 1 und 4 gilt entsprechend.

(4) [1]Die Vertretung des Schulträgers beruft die Mitglieder nach Absatz 2 Sätze 2 und 3 auf Vorschlag der jeweiligen Gruppe und nach Absatz 3 auf Vorschlag der jeweiligen Organisation. [2]Die Vorschläge sind bindend. [3]Vertreterinnen und Vertreter nach Absatz 2 Sätze 2 und 3 müssen als hauptamtliche oder hauptberufliche Lehrkräfte an einer Schule des Schulträgers beschäftigt sein, eine solche Schule als Schülerinnen oder Schüler besuchen oder Erziehungsberechtigte einer Schülerin oder eines Schülers an einer solchen Schule sein. [4]Eine Vertreterin oder ein Vertreter scheidet aus dem Amt aus, wenn die Voraussetzungen des Satzes 3 wegfallen oder sie oder er vom Amt zurücktritt; für die Vertreterinnen und Vertreter der Erziehungsberechtigten gilt im Übrigen § 91 Abs. 1 Satz 2 und Abs. 3 Nrn. 2 bis 5, 7 und 8 entsprechend. [5]Das Kultusministerium wird ermächtigt, durch Verordnung das Berufungsverfahren näher zu regeln.

§ 111 Übertragung von Rechten des Schulträgers auf die Schule

(1) [1]Der Schulträger soll seinen Schulen Mittel zur eigenen Bewirtschaftung zuweisen. [2]Soweit diese unmittelbar pädagogischen Zwecken dienen, sollen sie für gegenseitig deckungsfähig erklärt werden.

(2) [1]Die Schulleiterin oder der Schulleiter übt das Hausrecht und die Aufsicht über die Schulanlage im Auftrag des Schulträgers aus. [2]Die Schulleiterin ist Vorgesetzte und der Schulleiter ist Vorgesetzter der an der Schule beschäftigten Mitarbeiterinnen und Mitarbeiter, die im Dienst des Schulträgers stehen.

Siebenter Teil
Aufbringung der Kosten

§ 112 Personalkosten

(1) Das Land trägt die persönlichen Kosten für die Lehrkräfte, die Schulassistentinnen und Schulassistenten und die pädagogischen Mitarbeiterinnen und Mitarbeiter an öffentlichen Schulen sowie das Verwaltungspersonal zur Personal- und Mittelbewirtschaftung an öffentlichen berufsbildenden Schulen; dazu gehört nicht das Personal von Schülerwohnheimen (§ 108 Abs. 1 Satz 2).

(2) [1]Zu den persönlichen Kosten gehören die Personalausgaben im Sinne des Landeshaushaltsrechts und die Reisekosten. [2]Das Land trägt auch die Kosten der wissenschaftlichen Begleitung von Schulversuchen.

§ 112a ***[aufgehoben]***

§ 113 Sachkosten

(1) [1]Die Schulträger tragen die sächlichen Kosten der öffentlichen Schulen. [2]Dazu gehören auch die persönlichen Kosten, die nicht nach § 112 das Land trägt.

(2) Von Absatz 1 abweichende Vereinbarungen zwischen Land und Schulträger sind möglich
1. bei Schulversuchen,
2. bei unterrichtsergänzenden Schulveranstaltungen, die zum Erreichen des Bildungszieles einer berufsbildenden Schule vorgesehen sind.

(3) Die Kosten der Abgeltung urheberrechtlicher Vergütungsansprüche für die Vervielfältigung von Unterrichtsmaterialien trägt das Land.

(4) [1]Im Rahmen ihrer Haushaltsmittel gewähren die Schulträger Beihilfen für Schülerinnen und Schüler bei Schulfahrten. [2]Die zur Durchführung von Schulfahrten erforderlichen Verträge werden von der Schule im Namen des Landes abgeschlossen.

(5) [1]Hat sich das Land in einer Vereinbarung mit einem anderen Land verpflichtet, Ausgleichszahlungen für den Besuch von Schulen des anderen Landes durch niedersächsische Schülerinnen und Schüler zu leisten, so können die Schulträger, in deren Gebiet die Schülerinnen oder Schüler ihren Wohnsitz oder gewöhnlichen Aufenthalt oder ihre Ausbildungs- oder Arbeitsstätte haben, zur Erstattung eines angemessenen Anteils der Ausgleichszahlungen herangezogen werden. [2]Das Kultusministerium wird ermächtigt, das Nähere durch Verordnung zu regeln.

§ 113a Experimentierklausel

[1]Zur Erprobung von Modellen der eigenverantwortlichen Steuerung von Schulen kann das Kultusministerium im Einvernehmen mit dem Schulträger auch außerhalb von Vereinbarungen nach § 113 Abs. 2 Ausnahmen von den Vorschriften der §§ 112 und 113 Abs. 1 zulassen, soweit erwartet werden kann, dass dadurch die Wirtschaftlichkeit und Leistungsfähigkeit in der Verwaltung der Schulen verbessert wird. [2]§ 22 Abs. 2 und 3 Satz 2 gilt entsprechend.

§ 114 Schülerbeförderung

(1) [1]Die Landkreise und kreisfreien Städte sind Träger der Schülerbeförderung. [2]Sie haben die in ihrem Gebiet wohnenden Kinder, die einen Schulkindergarten besuchen oder die an besonderen Sprachfördermaßnahmen gemäß § 64 Abs. 3 teilnehmen, sowie die in ihrem Gebiet wohnenden Schülerinnen und Schüler
1. der 1. bis 10. Schuljahrgänge der allgemeinbildenden Schulen,
2. der 11. und 12. Schuljahrgänge im Förderschwerpunkt geistige Entwicklung der Förderschulen,
3. der Berufseinstiegsschule,
4. der ersten Klasse von Berufsfachschulen, soweit die Schülerinnen und Schüler diese ohne Sekundarabschluss I – Realschulabschluss – besuchen,

unter zumutbaren Bedingungen zur Schule zu befördern oder ihnen oder ihren Erziehungsberechtigten die notwendigen Aufwendungen für den Schulweg zu erstatten. [3]Die Schülerbeförderung gehört zum eigenen Wirkungskreis der Landkreise und kreisfreien Städte.

(2) [1]Die Landkreise und kreisfreien Städte bestimmen die Mindestentfernung zwischen Wohnung und Schule, von der an die Beförderungs- oder Erstattungspflicht besteht. [2]Sie haben dabei die Belastbarkeit der Schülerinnen und Schüler und die Sicherheit des Schulweges zu berücksichtigen. [3]Die Beförderungs- oder Erstattungspflicht besteht in jedem Fall, wenn Schülerinnen oder Schüler wegen einer dauernden oder vorübergehenden Behinderung befördert werden müssen.

(3) [1]Die Beförderungs- oder Erstattungspflicht besteht nur für den Weg zur nächsten Schule der von der Schülerin oder dem Schüler gewählten Schulform. [2]Abweichend von Satz 1 gilt eine Schule als nächste Schule, wenn
1. sie wegen der Festlegung von Schulbezirken besucht werden muss (§ 63 Abs. 3 Sätze 1 und 2),
2. sie wegen der Festlegung eines gemeinsamen Schulbezirks besucht werden darf (§ 63 Abs. 3 Satz 3),
3. sie aufgrund einer Überweisung nach § 59 Abs. 5 Satz 1, § 61 Abs. 3 Nr. 4, § 69 Abs. 2 Satz 1 oder einer Gestattung nach § 63 Abs. 3 Satz 4 besucht wird,

4. sie aus dem in § 63 Abs. 4, § 137 oder § 138 Abs. 5 genannten Grund besucht wird und diese Schule die nächstgelegene mit dem nach § 63 Abs. 4, § 137 oder § 138 Abs. 5 gewählten Schulangebot ist,
5. sie, falls eine Förderschule besucht wird, die nächste Förderschule mit dem Förderschwerpunkt ist, der dem Bedarf an sonderpädagogischer Unterstützung entspricht, oder
6. sie, falls eine Berufseinstiegsschule oder eine Berufsfachschule besucht wird, die nächste Schule derselben Schulform mit dem gewählten Bildungsgang ist.

[3]Schulen, die wegen einer Aufnahmebeschränkung (§ 59a) nicht besucht werden können, bleiben außer Betracht. [4]Als Schulform im Sinne des Satzes 1 gilt auch die jeweils gewählte Form
1. der Gesamtschule nach § 12 oder § 183b Abs. 1 oder
2. der Oberschule nach § 10a Abs. 2 oder 3.

[5]Liegt die nächste Schule außerhalb des Gebiets des Trägers der Schülerbeförderung, so kann dieser seine Verpflichtung nach Absatz 1 auf die Erstattung der Kosten der teuersten Zeitkarte des öffentlichen Personennahverkehrs beschränken, die er für die Schülerbeförderung in seinem Gebiet zu erstatten hätte; dies gilt nicht, wenn eine Hauptschule, eine Realschule oder ein Gymnasium gewählt wird und eine Schule der gewählten Schulform nur außerhalb des Gebiets des Trägers der Schülerbeförderung unter zumutbaren Bedingungen erreichbar ist oder wenn eine Förderschule besucht wird.

(4) Wird nicht die Schule besucht, bei deren Besuch ein Erstattungsanspruch bestünde, so werden die notwendigen Aufwendungen für den Weg zu der besuchten Schule erstattet, jedoch nur, soweit sie die nach Absatz 3 erstattungsfähigen Aufwendungen nicht überschreiten.

(5) Ein Erstattungsanspruch besteht nicht, wenn für den Weg
1. zu der besuchten Schule oder
2. zu derjenigen Schule, die nach Absatz 3 als nächste Schule gilt,

eine Beförderungsleistung des Trägers der Schülerbeförderung in Anspruch genommen werden kann.

(6) [1]Die Landkreise können mit den kreisangehörigen Gemeinden und Samtgemeinden vereinbaren, daß von diesen die den Landkreisen als Träger der Schülerbeförderung obliegenden Aufgaben durchgeführt werden. [2]Die Landkreise erstatten den Gemeinden und Samtgemeinden ihre Kosten mit Ausnahme der Verwaltungskosten.

§ 115 Förderung des Schulbaus durch das Land

(1) [1]Das Land kann Schulträgern nach Maßgabe des Landeshaushalts Zuwendungen zu Neu-, Um- und Erweiterungsbauten, zum Erwerb von Gebäuden für schulische Zwecke sowie zur Erstausstattung von Schulen gewähren, um eine gleichmäßige Ausgestaltung der Schulanlagen zu sichern. [2]Die Zuwendungen können Zuweisungen oder zinslose Darlehen oder beides sein. [3]Die Kosten für das Baugrundstück und die Erschließung gehören nicht zu den zuwendungsfähigen Kosten.

(2) [1]Zuwendungen können auch für die Modernisierung von Schulanlagen gewährt werden, soweit dies zur Deckung des Schulraumbedarfs erforderlich ist. [2]Die Kosten für Modernisierungen sind zuwendungsfähig, wenn durch die Modernisierung die vorhandenen Schulanlagen den schulischen Anforderungen angepaßt und in ihrem Gebrauchswert nachhaltig verbessert werden.

(3) Zuwendungen können auch für die Ausstattung mit besonderen Einrichtungen gewährt werden.

(4) Bei der Vergabe der Mittel sind die Leistungsfähigkeit des Schulträgers und die Dringlichkeit des Vorhabens zu berücksichtigen.

(5) [1]Schulträger, die Zuwendungen beantragen wollen, haben vorher das Raumprogramm und den Vorentwurf für den Bau mit einem Kostenvoranschlag der Schulbehörde zur Genehmigung vorzulegen. [2]Das Kultusministerium kann verbindliche Richtwerte für die zuwendungsfähigen Kosten festlegen.

§ 116 Aufgabe von Schulanlagen

[1]Werden Schulanlagen, die nach dem 1. Januar 1966 mit Landesmitteln gefördert worden sind, nicht mehr für kommunale, soziale, kulturelle oder sportliche Zwecke genutzt oder werden sie veräußert, so ist dem Land grundsätzlich ein angemessener Wertausgleich für die gewährten Zuwendungen zu leisten. [2]Eine Wertminderung der Schulanlage seit der Fertigstellung ist zu berücksichtigen. [3]Die Landesregierung wird ermächtigt, das Nähere durch Verordnung zu regeln.

§ 117 Beteiligung der Landkreise an den Schulbaukosten

(1) [1]Die Landkreise gewähren den kreisangehörigen Gemeinden, Samtgemeinden und deren Zusammenschlüssen

1. im Primarbereich Zuwendungen in Höhe von mindestens einem Drittel der notwendigen Schulbaukosten für Neu-, Um- und Erweiterungsbauten, zum Erwerb von Gebäuden für schulische Zwecke und für Erstausstattungen,
2. in den Sekundarbereichen Zuwendungen in Höhe von mindestens der Hälfte dieser Kosten.

[2]§ 115 Abs. 1 Satz 3 und Abs. 5 Satz 2 ist anzuwenden.

(2) Wird ein Gebäude für schulische Zwecke geleast und hat der Schulträger nach dem Vertrag das Recht, das Eigentum an dem Gebäude nach Ablauf der Vertragsdauer zu erwerben (Kaufoption), so können Zuwendungen gewährt werden für

1. die Leasingraten in dem Umfang, in dem sie zur Anrechnung auf den Gesamtkaufpreis geleistet werden,
2. den bei Wahrnehmung der Kaufoption zu entrichtenden Restkaufpreis,

wenn das Leasing gegenüber den andernfalls aufzuwendenden Schulbau- und Finanzierungskosten wirtschaftlicher ist.

(3) Zuwendungen können auch für größere Instandsetzungen, für die Ausstattung von Schulen mit besonderen Einrichtungen und für die Anschaffung von Fahrzeugen für die Schülerbeförderung gewährt werden.

(4) [1]Die Zuwendungen können Zuweisungen oder zinslose Darlehen oder beides sein. [2]Bei der Vergabe der Mittel ist neben der Leistungsfähigkeit des Schulträgers die Dringlichkeit des Vorhabens zu berücksichtigen.

(5) [1]Die Landkreise errichten zur Finanzierung des Schulbaus eine Kreisschulbaukasse; sie ist ein zweckgebundenes Sondervermögen des Landkreises. [2]Aus ihr erhalten der Landkreis und die kreisangehörigen Schulträger Mittel zu den in den Absätzen 1 bis 3 genannten Vorhaben. [3]Die Landkreise erfüllen mit den Zuwendungen aus der Kreisschulbaukasse ihre Verpflichtungen nach Absatz 1.

(6) [1]Die Mittel der Kreisschulbaukasse werden, soweit die Rückflüsse aus gewährten Darlehen nicht ausreichen, zu zwei Dritteln vom Landkreis und zu einem Drittel von den kreisangehörigen Gemeinden und Samtgemeinden aufgebracht. [2]Die Beiträge der Gemeinden und Samtgemeinden sind nach der Zahl der in ihnen wohnenden Schülerinnen und Schüler des 1. bis 4. Grundschuljahrgangs zu bestimmen. [3]Die Höhe der Beiträge regelt der Landkreis. [4]Durch die Leistung der Beiträge erfüllen die Schulträger zugleich ihre Verpflichtung, Rücklagen für den Schulbau zu bilden.

§ 118 Beteiligung der Landkreise an den sonstigen Kosten

(1) [1]Zu den nicht unter § 117 fallenden Kosten der Schulen der Sekundarbereiche gewähren die Landkreise den kreisangehörigen Gemeinden und Samtgemeinden Zuweisungen in Höhe von mindestens 50 und höchstens 80 vom Hundert. [2]Das Kultusministerium wird ermächtigt, durch Verordnung näher zu bestimmen, zu welchen Kosten die Landkreise nach Satz 1 Zuweisungen zu gewähren haben.

(2) [1]Das Kultusministerium wird ferner ermächtigt, im Einvernehmen mit dem Innenministerium durch Verordnung den Mindestsatz von 50 vom Hundert für die Fälle zu erhöhen, in denen ein erheblicher Anteil der Schülerinnen und Schüler im Kreisgebiet die Schulen des Landkreises besucht. [2]Dabei ist der Mindestsatz um so höher festzusetzen, je höher in den Sekundarbereichen der Anteil der von dem Landkreis beschulten Schülerinnen und Schüler an der Gesamtheit der Schülerinnen und Schüler ist, die die Schulen der Gemeinden, der Samtgemeinden und des Landkreises besuchen. [3]In der Verordnung ist auch zu bestimmen, in welchem Umfang dabei die Schülerinnen und Schüler zu berücksichtigen sind, die Teilzeitunterricht besuchen.

Achter Teil

Staatliche Schulbehörden, Schulinspektion

§ 119 Schulbehörden

Schulbehörden sind

1. das Kultusministerium als oberste Schulbehörde,
2. die Regionalen Landesämter für Schule und Bildung als nachgeordnete Schulbehörden.

§ 120 Aufgaben und Zuständigkeiten

(1) [1]Die Schulbehörden haben die Entwicklung des Schulwesens zu planen, zu gestalten und die Schulen und Schulträger zu beraten. [2]Sie nehmen die Aufgaben der schulpsychologischen Beratung wahr.

(2) Die Schulbehörden haben darauf hinzuwirken, daß das Schulwesen den geltenden Vorschriften entspricht.

(3) Die Schulbehörden üben die Fachaufsicht über die Schulen aus.

(4) Eine Schulbehörde kann an Stelle einer nachgeordneten Behörde tätig werden, wenn diese eine Weisung innerhalb einer bestimmten Frist nicht befolgt oder wenn Gefahr im Verzuge ist.

(5) Die Schulbehörden üben die Aufsicht über die Verwaltung und Unterhaltung der Schulen durch die Schulträger, unbeschadet der Befugnisse der Kommunalaufsichtsbehörden, aus.

(6) Die nachgeordneten Schulbehörden sind zuständig, soweit nichts anderes durch Rechts- oder Verwaltungsvorschrift bestimmt ist.

(7) Die oberste Schulbehörde kann im Einvernehmen mit der fachlich zuständigen obersten Landesbehörde Befugnisse der Schulbehörden auf andere Landesbehörden übertragen.

§ 120a Beratung und Unterstützung

Die Schulbehörden gewährleisten die Beratung und Unterstützung der Schulen.

§ 121 Fachaufsicht

(1) [1]Die Fachaufsicht soll so gehandhabt werden, daß die Eigenverantwortlichkeit der Schule (§ 32) nicht beeinträchtigt wird. [2]Auch außerhalb eines Widerspruchsverfahrens (§ 68 der Verwaltungsgerichtsordnung) ist der Schule grundsätzlich Gelegenheit zu geben, die von ihr getroffene Maßnahme vor der Entscheidung der Schulbehörde noch einmal zu überprüfen.

(2) Die Schulbehörden können pädagogische Bewertungen sowie unterrichtliche und pädagogische Entscheidungen im Rahmen der Fachaufsicht nur aufheben oder abändern, wenn

1. diese gegen Rechts- oder Verwaltungsvorschriften verstoßen,
2. bei ihnen von unrichtigen Voraussetzungen oder sachfremden Erwägungen ausgegangen wurde oder
3. sie gegen allgemein anerkannte pädagogische Grundsätze oder Bewertungsmaßstäbe verstoßen.

§ 122 Lehrpläne für den Unterricht

(1) [1]Der Unterricht in allgemein bildenden Schulen wird auf der Grundlage von Lehrplänen (Kerncurricula) erteilt. [2]Diese werden vom Kultusministerium erlassen. [3]Sie beschreiben fachbezogene Kompetenzen, über die Schülerinnen und Schüler am Ende des Primarbereichs, des Sekundarbereichs I und des Sekundarbereichs II verfügen sollen. [4]Die Lehrpläne konkretisieren die Ziele und Vorgaben für Schulformen und Schuljahrgänge (Bildungsstandards). [5]Sie benennen die allgemeinen und fachlichen Ziele der einzelnen Unterrichtsfächer, bestimmen die erwarteten Lernergebnisse und legen die verbindlichen Kerninhalte des Unterrichts fest. [6]Die Lehrkräfte haben die Aufgabe, den Unterricht in eigener pädagogischer Verantwortung derart zu gestalten, dass die fachbezogenen Kompetenzen erworben, die Bildungsstandards erreicht und dabei die Interessen der Schülerinnen und Schüler einbezogen werden.

(2) [1]Der Unterricht in berufsbildenden Schulen wird auf der Grundlage von Rahmenrichtlinien erteilt. [2]Diese werden vom Kultusministerium erlassen und müssen die allgemeinen und fachlichen Ziele der einzelnen Unterrichtsfächer sowie didaktische Grundsätze, die sich an den Qualifikationszielen des jeweiligen Unterrichtsfaches zu orientieren haben, enthalten sowie verbindliche und fakultative Unterrichtsinhalte in einem sinnvollen Verhältnis so zueinander bestimmen, dass die Lehrkräfte in die Lage versetzt werden, die vorgegebenen Ziele in eigener pädagogischer Verantwortung zu erreichen und Interessen der Schülerinnen und Schüler einzubeziehen.

(3) Bevor Lehrpläne nach Absatz 1 und Rahmenrichtlinien erlassen werden, unterrichtet das Kultusministerium rechtzeitig den Landtag über den Entwurf und die Stellungnahme des Landesschulbeirats.

§ 123 Verhältnis zu kommunalen Körperschaften

(1) [1]Die Schulbehörden und die Landkreise oder die kreisfreien Städte arbeiten in Schulangelegenheiten vertrauensvoll zusammen. [2]Sie unterrichten sich gegenseitig über diejenigen Angelegenheiten des eigenen Zuständigkeitsbereichs, die wesentliche Auswirkungen auf die Wahrnehmung der Aufgaben des anderen Teils haben. [3]Insbesondere unterrichten sie sich gegenseitig über Angelegenheiten

1. der Entwicklung des regionalen Bildungsangebots,
2. der Auswahl eines Standorts einer Schule innerhalb eines Ortes,
3. der Schulbauplanung und -finanzierung,
4. der Bestimmung des Schulbezirks von Schulen,
5. der Schülerbeförderung,
6. der Einführung und Erweiterung von Schulformen sowie der Fortentwicklung des Schulwesens, soweit davon die Schulträgerschaft berührt wird,
7. der Ausstattung von Schulanlagen.

[4]Bei allen wichtigen Maßnahmen soll der andere Teil so frühzeitig unterrichtet werden, daß er seine Auffassung darlegen kann, bevor über die Maßnahme entschieden wird. [5]Jeder Teil kann verlangen, daß die Angelegenheit gemeinsam erörtert wird.

(2) Die in Absatz 1 geregelte Pflicht zur Zusammenarbeit besteht auch zwischen den Schulbehörden und den kreisangehörigen Gemeinden und Samtgemeinden, soweit wichtige Entscheidungen zu treffen sind, sie sich aus der Schulträgerschaft ergeben oder diese berühren.

(3) Die Absätze 1 und 2 gelten nicht für Personalangelegenheiten.

§ 123a Qualitätsermittlung, Schulinspektion, Evaluation

(1) Eine der obersten Schulbehörde nachgeordnete Behörde ermittelt die Qualität der einzelnen öffentlichen Schulen und darüber hinaus die Qualität des Schulsystems mit dem Ziel, Maßnahmen der Qualitätsverbesserung zu ermöglichen.

(2) Der Behörde obliegt die Durchführung von Schulinspektionen und erforderlicher weiterer Evaluationen zu Einzelaspekten des Schulsystems.

(3) [1]Die Behörde ermittelt die Qualität der einzelnen Schulen auf der Grundlage eines standardisierten Qualitätsprofils. [2]Eine Bewertung einzelner Lehrkräfte findet nicht statt.

(4) Die Ergebnisse werden an die Schule, den Schulträger und an die nachgeordnete Schulbehörde übermittelt.

Neunter Teil
Religionsunterricht, Unterricht, Werte und Normen

§ 124 Religionsunterricht

(1) [1]Der Religionsunterricht ist an den öffentlichen Schulen ordentliches Lehrfach. [2]Für mindestens zwölf Schülerinnen oder Schüler desselben Bekenntnisses ist an einer Schule Religionsunterricht einzurichten.

(2) [1]Über die Teilnahme am Religionsunterricht bestimmen die Erziehungsberechtigten. [2]Nach der Vollendung des 14. Lebensjahres steht dieses Recht den Schülerinnen und Schülern zu. [3]Die Nichtteilnahme am Religionsunterricht ist der Schulleitung schriftlich zu erklären.

(3) Für Fachschulen für sozialpädagogische, heilpädagogische oder heilerziehungspflegerische Berufe gelten die Absätze 1 und 2 entsprechend; an den übrigen Fachschulen sollen Arbeitsgemeinschaften im Fach Religion eingerichtet werden, wenn sich zu ihnen mindestens zwölf Schülerinnen oder Schüler eines Bekenntnisses anmelden.

§ 125 Mitwirkung der Religionsgemeinschaften am Religionsunterricht

[1]Der Religionsunterricht wird in Übereinstimmung mit den Grundsätzen der Religionsgemeinschaften erteilt. [2]Die Schulbehörden erlassen die Richtlinien und genehmigen die Lehrbücher im Einvernehmen mit den Religionsgemeinschaften.

§ 126 Einsichtnahme in den Religionsunterricht

[1]Unbeschadet des staatlichen Aufsichtsrechts haben die Religionsgemeinschaften das Recht, sich davon zu überzeugen, ob der Religionsunterricht in Übereinstimmung mit ihren Grundsätzen erteilt wird. [2]Die näheren Umstände der Einsichtnahme sind vorher mit den staatlichen Schulbehörden abzustimmen. [3]Die Religionsgemeinschaften können als Beauftragte für die Einsichtnahme Religionspädagoginnen oder Religionspädagogen an Hochschulen oder geeignete Beamtinnen oder Beamte des staatlichen Schuldienstes oder im Einvernehmen mit der Schulbehörde auch andere erfahrene Pädagoginnen oder Pädagogen bestellen; soweit die Religionsgemeinschaften von diesem Recht keinen Gebrauch machen, können sie bei Zweifeln, ob in bestimmten Einzelfällen der Religionsunterricht in Überein-

stimmung mit ihren Grundsätzen erteilt wird, durch eine Sachverständige oder einen Sachverständigen ihrer Oberbehörde, die oder der im Einvernehmen mit der Schulbehörde zu bestellen ist, Einsicht nehmen.

§ 127 Erteilung von Religionsunterricht

(1) Keine Lehrkraft ist verpflichtet, Religionsunterricht zu erteilen oder die Leitung von Arbeitsgemeinschaften im Fach Religion an Fachschulen zu übernehmen.

(2) Bei der Erteilung von Religionsunterricht dürfen Lehrkräfte in ihrem Erscheinungsbild ihre religiöse Überzeugung ausdrücken.

§ 128 Unterricht Werte und Normen

(1) [1]Wer nicht am Religionsunterricht teilnimmt, ist statt dessen zur Teilnahme am Unterricht Werte und Normen verpflichtet, wenn die Schule diesen Unterricht eingerichtet hat. [2]Für diejenigen, für die Religionsunterricht ihrer Religionsgemeinschaft als ordentliches Lehrfach eingeführt ist, entsteht die Verpflichtung nach Satz 1 erst nach Ablauf eines Schuljahres, in dem Religionsunterricht nicht erteilt worden ist. [3]Die Schule hat den Unterricht Werte und Normen als ordentliches Lehrfach vom 5. Schuljahrgang an einzurichten, wenn mindestens zwölf Schülerinnen oder Schüler zur Teilnahme verpflichtet sind. [4]In der gymnasialen Oberstufe, im Beruflichen Gymnasium, im Abendgymnasium und im Kolleg kann die Verpflichtung zur Teilnahme am Unterricht Werte und Normen auch durch die Teilnahme am Unterricht im Fach Philosophie erfüllt werden, wenn die Schule diesen Unterricht eingerichtet hat.

(2) Im Fach Werte und Normen sind religionskundliche Kenntnisse, das Verständnis für die in der Gesellschaft wirksamen Wertvorstellungen und Normen und der Zugang zu philosophischen, weltanschaulichen und religiösen Fragen zu vermitteln.

Zehnter Teil

Grundschulen für Schülerinnen und Schüler des gleichen Bekenntnisses

§ 129 Allgemeines

(1) Auf Antrag von Erziehungsberechtigten sind öffentliche Grundschulen für Schülerinnen und Schüler des gleichen Bekenntnisses zu errichten.

(2) Der Lehrkörper einer solchen Schule setzt sich aus Lehrkräften zusammen, die dem gleichen Bekenntnis wie die Schülerinnen und Schüler angehören.

(3) [1]Schülerinnen und Schüler, die diesem Bekenntnis nicht angehören, können aufgenommen werden, soweit dadurch der Anteil der bekenntnisfremden Schülerinnen und Schüler an der Gesamtschülerzahl den in § 157 Abs. 1 Satz 1 genannten Vomhundertsatz nicht überschreitet. [2]Das Kultusministerium kann auf Antrag des Schulträgers, der nur im Einvernehmen mit der Schule gestellt werden kann, eine Ausnahme zulassen; über die Erteilung des Einvernehmens der Schule entscheidet der Schulvorstand. [3]Das Kultusministerium wird ermächtigt, das Nähere, insbesondere die Voraussetzungen für eine Ausnahme nach den Sätzen 2 und 4 sowie die Auswahl und das Aufnahmeverfahren, durch Verordnung zu regeln. [4]Durch die Verordnung können vorübergehende oder auf örtlichen Besonderheiten beruhende Ausnahmen nach Satz 2 zugelassen werden. [5]§ 52 Abs. 5 findet entsprechende Anwendung.

§ 130 Antragsvoraussetzungen

Schulen nach § 129 dürfen nur dann errichtet werden, wenn daneben der Fortbestand oder die Errichtung mindestens einzügiger Grundschulen für Schülerinnen und Schüler aller Bekenntnisse mit zumutbaren Schulwegen möglich bleibt.

§ 131 Antragsverfahren

(1) [1]Antragsberechtigt sind die Erziehungsberechtigten der Schülerinnen und Schüler, die ihren Wohnsitz oder gewöhnlichen Aufenthalt im Einzugsbereich der Grundschulen desselben Schulträgers haben. [2]Die Schülerinnen und Schüler müssen dem Bekenntnis angehören, für das die Schule beantragt wird, und in dem in Satz 1 genannten Einzugsbereich eine Grundschule für Schülerinnen und Schüler aller Bekenntnisse besuchen.

(2) [1]In einem Einzugsbereich (Absatz 1 Satz 1) mit einer Einwohnerzahl von weniger als 5 000 müssen Anträge für mindestens 120 Schülerinnen oder Schüler gestellt werden. [2]Diese Zahl (Antragszahl)

steigt für je angefangene weitere 2 000 Einwohnerinnen und Einwohner um 60, jedoch nicht über 240 hinaus.

(3) [1]Die Schulbehörde kann auch die Antragstellung aus einem Gebiet zulassen, das die Einzugsbereiche der Grundschulen benachbarter Schulträger mit umfaßt. [2]Voraussetzung dafür ist, daß

1. den Schülerinnen oder Schülern der Weg zu der beantragten Schule zugemutet werden kann und
2. alle beteiligten Schulträger zustimmen.

[3]Die Antragszahl bestimmt sich nach der Gesamteinwohnerzahl des Antragsbereichs; doch müssen in demjenigen Einzugsbereich (Absatz 1 Satz 1), in dem die beantragte Schule errichtet werden soll, mindestens 75 vom Hundert der Antragszahl erreicht werden, die nach Absatz 2 für ihn allein erforderlich sein würde.

(4) [1]Der Antrag muß von den Antragstellenden persönlich bis zum 31. Oktober des laufenden Schuljahres beim Schulträger zu Protokoll erklärt werden. [2]Die Erklärung kann zurückgenommen werden.

§ 132 Weitere Voraussetzungen

[1]Die Errichtung der Schule setzt voraus, daß bis zum 31. Januar des laufenden Schuljahres eine ausreichende Anzahl von Kindern für diese Schule angemeldet ist. [2]Die Errichtung der Schule ist abzulehnen, wenn ihr Bestand nicht für mindestens vier Jahre gewährleistet erscheint.

§ 133 Entscheidung

(1) [1]Über den Antrag entscheidet der Schulträger. [2]Die Entscheidung bedarf der Genehmigung durch die Schulbehörde. [3]Erforderlichenfalls kann diese auch an Stelle des Schulträgers entscheiden.

(2) Wird dem Antrag stattgegeben, so ist eine Schule nach § 129 zum Beginn des nächsten Schuljahres zu errichten.

(3) [1]Können die für die neue Schule erforderlichen Räume zu diesem Termin nicht bereitgestellt werden, so kann die Errichtung der Schule um höchstens zwei Jahre hinausgeschoben werden. [2]Eine dahingehende Entscheidung des Schulträgers muß bis zum 31. Mai des laufenden Schuljahres getroffen worden sein. [3]Sie bedarf der Genehmigung der Kommunalaufsichtsbehörde; die Genehmigung kann nur im Einvernehmen mit der Schulbehörde erteilt werden.

§ 134 Wiederholung des Antrags

[1]Ein erfolglos gebliebener Antrag kann erst nach Ablauf von zwei Jahren wiederholt werden. [2]Die Frist beginnt mit dem Ablauf desjenigen Schuljahres, in dem über den Antrag entschieden worden ist.

§ 135 Zusammenlegung und Umwandlung von Schulen

(1) Bei den Maßnahmen zur Bildung besser gegliederter Schulen ist auf die bekenntnismäßige Zusammensetzung der Schülerschaft Rücksicht zu nehmen.

(2) [1]Schulen nach § 129 sind grundsätzlich nur mit Schulen gleicher Art zu vereinigen. [2]Dasselbe gilt für solche Schulen für Schülerinnen und Schüler aller Bekenntnisse, bei denen mindestens 80 vom Hundert der Schülerschaft dem gleichen Bekenntnis angehören. [3]Die in Satz 1 genannten Schulen können mit den in Satz 2 genannten Schulen vereinigt werden, wenn Schulen gleicher Art in zumutbarer Entfernung nicht vorhanden sind.

(3) [1]Wenn Schulen nach § 129 oder die in Absatz 2 Satz 2 genannten Schulen nicht oder nur zum Teil jahrgangsweise gegliedert sind und durch Anwendung des Absatzes 2 die Bildung einer besser gegliederten Schule nicht zu erreichen ist, können diese Schulen auch mit anderen Schulen vereinigt werden. [2]Sind Schulen nach § 129 oder die in Absatz 2 Satz 2 genannten Schulen jahrgangsweise gegliedert, so können sie dennoch mit anderen Schulen vereinigt werden, wenn für jede der betroffenen Schulen der Schulträger und die Erziehungsberechtigten von mehr als der Hälfte der Schülerschaft zustimmen.

(4) Wenn an einer Vereinigung von Schulen zur Bildung einer besser gegliederten Schule

1. eine Schule für Schülerinnen und Schüler aller Bekenntnisse oder
2. bekenntnisverschiedene Schulen für Schülerinnen und Schüler des gleichen Bekenntnisses beteiligt sind,

so entsteht eine Schule für Schülerinnen und Schüler aller Bekenntnisse.

(5) [1]Eine Schule nach § 129 soll in eine Schule für Schülerinnen und Schüler aller Bekenntnisse umgewandelt werden, wenn bei einer Abstimmung die Mehrheit der Erziehungsberechtigten der Um-

wandlung zustimmt. [2]Über die Umwandlung entscheidet der Schulträger; die Entscheidung bedarf der Genehmigung der Schulbehörde. [3]Abstimmungen über eine Umwandlung finden statt, wenn

1. die Erziehungsberechtigten von mindestens 10 vom Hundert der Schülerinnen und Schüler dies schriftlich beantragen,
2. der Schulträger dies beschließt oder
3. der Anteil der bekenntnisfremden Schülerinnen und Schüler an der Gesamtschülerzahl den in § 157 Abs. 1 Satz 1 genannten Vomhundertsatz in vier aufeinander folgenden Schuljahren überschreitet.

[4]§ 134 ist entsprechend anzuwenden.

§ 136 Errichtung von Grundschulen für Schülerinnen und Schüler aller Bekenntnisse
Besteht im Gebiet eines Schulträgers keine ausreichende Anzahl von öffentlichen Grundschulen für Schülerinnen und Schüler aller Bekenntnisse, so sind eine oder mehrere solcher Schulen zu errichten, sobald eine genügende Zahl von Schülerinnen oder Schülern für diese Schulen angemeldet ist.

§ 137 Aufnahme auswärtiger Schülerinnen und Schüler
[1]In eine Schule nach § 129 können Schülerinnen und Schüler aus dem Gebiet eines benachbarten Schulträgers aufgenommen werden. [2]§ 129 Abs. 3 bleibt unberührt.

§ 138 Sonderregelung für den Bereich des ehemaligen Landes Oldenburg
(1) Im Bereich des ehemaligen Landes Oldenburg gelten die folgenden besonderen Regelungen.

(2) Abweichend von § 129 Abs. 3 können auf Antrag der Erziehungsberechtigten auch Schülerinnen und Schüler aufgenommen werden, die diesem Bekenntnis nicht angehören, wenn ihnen der Weg zu anderen Schulen nicht zugemutet werden kann.

(3) § 129 Abs. 2 findet für den dem Mehrheitsbekenntnis angehörenden Schüleranteil Anwendung; für den übrigen Schüleranteil findet § 52 Abs. 5 Anwendung.

(4) [1]Besteht im Gebiet eines Schulträgers keine Grundschule für Schülerinnen und Schüler aller Bekenntnisse, so findet bei der Errichtung von Schulen nach § 129, § 130 keine Anwendung. [2]Besteht im Gebiet eines Schulträgers nur eine Schule nach § 129, so muß auch bei Errichtung einer weiteren Schule gleicher Art die zweizügige Gliederung der bestehenden Schule gewährleistet sein.

(5) Besteht im Gebiet eines Schulträgers keine Grundschule für Schülerinnen und Schüler aller Bekenntnisse, so können Schülerinnen und Schüler in eine benachbarte Grundschule für Schülerinnen und Schüler aller Bekenntnisse aufgenommen werden, wenn ihnen der Weg zu dieser Schule zugemutet werden kann.

Elfter Teil
Schulen in freier Trägerschaft

Erster Abschnitt
Allgemeines

§ 139 Verhältnis zum öffentlichen Schulwesen
[1]Schulen in freier Trägerschaft ergänzen im Rahmen des Artikels 7 Abs. 4 und 5 des Grundgesetzes das öffentliche Schulwesen und nehmen damit eine wichtige Aufgabe zur Herstellung der Vielfalt im Schulwesen wahr. [2]Die Zusammenarbeit zwischen anerkannten Schulen in freier Trägerschaft und öffentlichen Schulen ist zu fördern; § 25 Abs. 1 Satz 1, Abs. 2 und 3 gilt entsprechend.

§ 140 Bezeichnung der Schulen in freier Trägerschaft und der freien Unterrichtseinrichtungen
(1) [1]Schulen in freier Trägerschaft haben eine Bezeichnung zu führen, die eine Verwechslung mit öffentlichen Schulen ausschließt. [2]Zumindest aus einem Untertitel der Bezeichnung muß hervorgehen, ob es sich bei der Schule um eine Ersatzschule (§ 142) oder um eine Ergänzungsschule (§ 158 Abs. 1) handelt. [3]Im übrigen sind die für die Bezeichnung öffentlicher Schulen geltenden Regeln zu beachten. [4]Ein Zusatz, der auf staatliche Genehmigung oder Anerkennung hinweist, ist zulässig.

(2) Freie Unterrichtseinrichtungen dürfen keine Bezeichnungen führen, die zur Verwechslung mit Schulen im Sinne dieses Gesetzes Anlaß geben können.

§ 141 Geltung anderer Vorschriften dieses Gesetzes

(1) [1]Für Ersatzschulen sowie für Ergänzungsschulen in den Fällen der §§ 160 und 161 gelten die §§ 2, 3 Abs. 2 Satz 2, §§ 4 bis 6 und §§ 9 bis 22 entsprechend. [2]Im Rahmen des Bildungsauftrags der Schule (§ 2) kann ein auf religiöser oder weltanschaulicher Grundlage eigenverantwortlich geprägter und gestalteter Unterricht erteilt werden.

(2) [1]Die §§ 72 bis 81, 85 und 87 gelten für die in Absatz 1 genannten Schulen, soweit der Schulträger keine abweichende Regelung getroffen hat. [2]Eine abweichende Regelung muß mindestens

1. für die Schule und die Klassen oder die ihnen entsprechenden organisatorischen Gliederungen eine Schülervertretung vorsehen,
2. eine Teilnahme von Schülerinnen und Schülern an Konferenzen in den Fällen zulassen, in denen sie die Erörterung bestimmter Anträge wünschen, mit Ausnahme von Anträgen zur Unterrichtsverteilung und zu den Stundenplänen, zur Anrechnung von Stunden auf die Unterrichtsverpflichtung der Lehrkräfte, zur Regelung der Vertretungsstunden und zur Tätigkeit der pädagogischen Hilfskräfte sowie zu den in § 36 Abs. 5 Satz 2 Nr. 2 genannten Beratungsgegenständen,
3. eine Anhörung der Schülervertretung vor grundsätzlichen Entscheidungen über die Organisation der Schule, den Inhalt des Unterrichts und die Leistungsbewertung sowie eine Erörterung der Unterrichtsplanung und -gestaltung mit den betroffenen Schülerinnen und Schülern vorsehen.

(3) [1]§ 113 Abs. 3 und 114 sind entsprechend anzuwenden. [2]Wenn eine Ersatzschule von besonderer pädagogischer Bedeutung besucht wird, besteht die Beförderungs- oder Erstattungspflicht (§ 114 Abs. 3) für den Weg zur nächsten entsprechenden Ersatzschule von besonderer pädagogischer Bedeutung mit dem gewünschten Bildungsgang.

Zweiter Abschnitt

Ersatzschulen

§ 142 Allgemeines

[1]Schulen in freier Trägerschaft sind Ersatzschulen, wenn sie in ihren Lern- und Erziehungszielen öffentlichen Schulen entsprechen, die im Land Niedersachsen vorhanden oder grundsätzlich vorgesehen sind. [2]Abweichungen in den Lehr- und Erziehungsmethoden und in den Lehrstoffen sind zulässig.

§ 143 Genehmigung

(1) Ersatzschulen dürfen nur mit vorheriger Genehmigung der Schulbehörde errichtet und betrieben werden.

(2) [1]Die Genehmigung beschränkt sich auf die Schulform und innerhalb einer Schulform auf die Fachrichtung, für die sie ausgesprochen worden ist. [2]Bei berufsbildenden Schulen kann die Genehmigung darüber hinaus auf einzelne Teile einer Schulform und auf Schwerpunkte einer Fachrichtung beschränkt werden.

(3) Mit der Genehmigung erhält die Schule das Recht, schulpflichtige Schülerinnen und Schüler aufzunehmen.

§ 144 Schulische Voraussetzungen der Genehmigung

(1) [1]Die Genehmigung ist zu erteilen, wenn die Ersatzschule in ihren Lernzielen und Einrichtungen sowie in der Ausbildung ihrer Lehrkräfte nicht hinter den öffentlichen Schulen zurücksteht und wenn eine Sonderung der Schülerinnen und Schüler nach den Besitzverhältnissen der Eltern nicht gefördert wird. [2]Für Grundschulen und Hauptschulen in freier Trägerschaft sind die Vorschriften des Artikels 7 Abs. 5 des Grundgesetzes maßgebend.

(2) Daß die innere und äußere Gestaltung der Ersatzschule von den Anforderungen abweicht, die an entsprechende öffentliche Schulen gestellt werden, steht der Genehmigung nicht entgegen, wenn die Gestaltung der Ersatzschule als gleichwertig anzusehen ist.

(3) [1]Die Anforderungen an die wissenschaftliche Ausbildung der Lehrkräfte sind nur erfüllt, wenn eine fachliche und pädagogische Ausbildung sowie Prüfungen nachgewiesen werden, die der Ausbildung und den Prüfungen der Lehrkräfte an den entsprechenden öffentlichen Schulen gleichwertig sind. [2]Auf diesen Nachweis kann verzichtet werden, wenn die wissenschaftliche und pädagogische Eignung der Lehrkraft durch andersartige gleichwertige Leistungen nachgewiesen wird. [3]Der Nachweis der pädagogischen Eignung kann im Rahmen der Tätigkeit an der Ersatzschule innerhalb einer von der Schulbehörde zu bestimmenden Frist erbracht werden.

§ 145 Sonstige Voraussetzungen der Genehmigung

(1) Voraussetzung der Genehmigung ist ferner, daß

1. die wirtschaftliche und rechtliche Stellung der Lehrkräfte genügend gesichert ist,
2. keine Tatsachen vorliegen, aus denen sich ergibt, daß der Träger oder die Leiterin oder der Leiter der Schule
   a) nicht die für die Verwaltung oder Leitung der Schule erforderliche Eignung besitzt oder
   b) keine Gewähr dafür bietet, nicht gegen die verfassungsmäßige Ordnung zu verstoßen,
3. die Schuleinrichtungen den allgemeinen gesetzlichen und ordnungsbehördlichen Anforderungen entsprechen.

(2) Die wirtschaftliche und rechtliche Stellung der Lehrkräfte an einer Ersatzschule ist nur genügend gesichert, wenn

1. über das Arbeitnehmerverhältnis ein schriftlicher Vertrag abgeschlossen ist,
2. der Anspruch auf Urlaub und die regelmäßige Pflichtstundenzahl festgelegt sind,
3. die Entgelte bei entsprechenden Anforderungen hinter den Entgelten der Lehrkräfte an gleichartigen oder gleichwertigen öffentlichen Schulen nicht wesentlich zurückbleiben und in regelmäßigen Zeitabschnitten gezahlt werden und
4. für die Lehrkräfte eine Anwartschaft auf Versorgung erworben wird, die wenigstens den Bestimmungen der gesetzlichen Rentenversicherung entspricht.

(3) Für Ordenslehrkräfte entfallen die Vorschriften des Absatzes 1 Nr. 1 und des Absatzes 2.

§ 146 Anzeigepflicht bei wesentlichen Änderungen

Jeder Wechsel in der Schulleitung und jede wesentliche Änderung der wirtschaftlichen und rechtlichen Stellung der Lehrkräfte sowie der Schuleinrichtungen sind der Schulbehörde anzuzeigen.

§ 147 Zurücknahme, Erlöschen und Übergang der Genehmigung

(1) Die Genehmigung ist zurückzunehmen, wenn die Voraussetzungen für die Genehmigung im Zeitpunkt der Erteilung nicht gegeben waren oder später weggefallen sind und dem Mangel trotz Aufforderung der Schulbehörde innerhalb einer bestimmten Frist nicht abgeholfen worden ist.

(2) Die Genehmigung erlischt, wenn der Träger die Schule nicht binnen eines Jahres eröffnet, wenn sie geschlossen oder ohne Zustimmung der Schulbehörde ein Jahr lang nicht betrieben wird.

(3) [1]Die Genehmigung geht auf einen neuen Träger über,

1. wenn dieser eine Religions- oder Weltanschauungsgemeinschaft ist, die die Rechte einer Körperschaft des öffentlichen Rechts besitzt, oder
2. wenn die Schulbehörde vor dem Wechsel der Trägerschaft den Übergang der Genehmigung ausdrücklich zugelassen hat.

[2]In allen übrigen Fällen erlischt die Genehmigung, wenn der Träger der Schule wechselt. [3]Ist der Träger eine natürliche Person, so besteht die Genehmigung noch sechs Monate nach deren Tod fort. [4]Die Schulbehörde kann diese Frist auf Antrag verlängern.

§ 148 Anerkannte Ersatzschulen

(1) [1]Einer Ersatzschule, die die Gewähr dafür bietet, daß sie dauernd die an gleichartige oder gleichwertige öffentliche Schulen gestellten Anforderungen erfüllt, ist auf ihren Antrag die Eigenschaft einer anerkannten Ersatzschule zu verleihen. [2]Die Anerkennung bedarf der Schriftform. [3]Sie erstreckt sich auf die Schulform und die Fachrichtung, für die sie ausgesprochen worden ist.

(2) [1]Anerkannte Ersatzschulen sind verpflichtet, bei der Aufnahme und Versetzung von Schülerinnen und Schülern sowie bei der Abhaltung von Prüfungen die für öffentliche Schulen geltenden Bestimmungen zu beachten. [2]Bei Abschlußprüfungen führt eine Beauftragte oder ein Beauftragter der Schulbehörde den Vorsitz. [3]Mit der Anerkennung erhält die Ersatzschule das Recht, Zeugnisse zu erteilen, die dieselbe Berechtigung verleihen wie die der öffentlichen Schulen. [4]Auf Antrag kann dieses Recht auf die Abschluß- oder Reifeprüfung beschränkt werden.

(3) Die Anerkennung ist zurückzunehmen, wenn

1. die Voraussetzungen für die Anerkennung im Zeitpunkt der Erteilung nicht gegeben waren oder später weggefallen sind und dem Mangel trotz Aufforderung der Schulbehörde innerhalb einer bestimmten Frist nicht abgeholfen worden ist,
2. die Schule wiederholt gegen die ihr nach Absatz 2 Satz 1 obliegenden Verpflichtungen verstößt.

§ 149 Finanzhilfe

(1) Das Land gewährt den Trägern der anerkannten Ersatzschulen sowie der Ersatzschulen von besonderer pädagogischer Bedeutung nach Ablauf von drei Jahren seit der Aufnahme des Schulbetriebs der Schule auf Antrag Finanzhilfe als Zuschuß zu den laufenden Betriebskosten.

(2) [1]Wird das Unterrichtsangebot der Ersatzschule eines finanzhilfeberechtigten Trägers nur durch eine andere Organisation einer bereits vorhandenen Schulform oder durch einen anderen Schwerpunkt einer bereits vorhandenen Fachrichtung geändert oder ergänzt, so gewährt das Land die Finanzhilfe auf Antrag vom Zeitpunkt der Anerkennung nach § 148 an. [2]Wird das Unterrichtsangebot der Ersatzschule eines finanzhilfeberechtigten Trägers lediglich um einen Schulzweig einer anderen Schulform, eine andere Förderschulart, eine andere Schulform einer schon vorhandenen Fachrichtung oder um eine Fachrichtung einer Schulform erweitert, die bereits in einer verwandten Fachrichtung geführt wird, so gewährt das Land die Finanzhilfe bezüglich des erweiterten Angebotes auf Antrag bereits nach Ablauf eines Jahres nach der Genehmigung für das erweiterte Angebot nach § 143. [3]Kommt für das erweiterte Angebot eine Anerkennung nach § 148 in Betracht, so wird die entsprechende Finanzhilfe frühestens vom Zeitpunkt dieser Anerkennung an gewährt.

(3) Bei einem Wechsel des Trägers der Schule beginnt die Frist des Absatzes 1 nur dann erneut zu laufen, wenn die Genehmigung nach § 147 Abs. 3 Satz 2 erloschen ist.

(4) [1]Der Anspruch auf Finanzhilfe besteht nicht oder erlischt, wenn der Träger der Ersatzschule einen erwerbswirtschaftlichen Gewinn erzielt oder erstrebt. [2]Ist der Träger einer Ersatzschule eine Körperschaft (§ 51 Satz 2 der Abgabenordnung), so hat er nur dann einen Anspruch auf Finanzhilfe, wenn er ausschließlich und unmittelbar gemeinnützige Zwecke verfolgt (§ 52 der Abgabenordnung).

(5) [1]Der Anspruch ist für jedes Schuljahr (§ 28) innerhalb einer Ausschlußfrist von einem Jahr nach Ablauf des Schuljahres geltend zu machen. [2]Auf Antrag gewährt das Land Abschlagszahlungen.

§ 150 Berechnung der Finanzhilfe

(1) [1]Die Finanzhilfe für ein Schuljahr setzt sich aus einem Grundbetrag nach Absatz 2 und zusätzlichen Leistungen nach den Absätzen 8 und 9 zusammen. [2]Hat das Land beamtete Lehrkräfte unter Fortzahlung der Bezüge zum Dienst an der Ersatzschule beurlaubt, so vermindert sich der Grundbetrag um die Beträge, die das Land für die beurlaubten Lehrkräfte aufgewendet hat (bereinigter Grundbetrag).

(2) [1]Der Grundbetrag ergibt sich aus der Vervielfachung der Durchschnittszahl der Schülerinnen und Schüler der Ersatzschule nach den Sätzen 2 bis 4 mit dem vom Kultusministerium festzusetzenden Schülerbetrag nach Maßgabe der Absätze 3 bis 6; er kann sich nach Maßgabe des Absatzes 7 erhöhen. [2]Die Durchschnittszahl ist der Mittelwert der Zahlen der Schülerinnen und Schüler am 15. November und am 15. März des Schuljahres, an Förderschulen jedoch der Mittelwert der Zahlen der Schülerinnen und Schüler an den genannten Stichtagen, für die ein Bedarf an sonderpädagogischer Unterstützung festgestellt worden ist, der dem Schwerpunkt der Schule entspricht, oder die auf Veranlassung der Schulbehörde die Förderschule besuchen und für die eine entsprechende Feststellung bevorsteht. [3]Schülerinnen und Schüler, die im Rahmen einer Maßnahme der beruflichen Bildung individuell gefördert werden und denen aufgrund eines Gesetzes Lehrgangskosten erstattet werden, bleiben bei der Errechnung der Durchschnittszahl unberücksichtigt. [4]Abweichend von Satz 3 werden aber Schülerinnen und Schüler berücksichtigt, die wegen einer gesundheitlichen Schädigung oder der Auswirkung einer Behinderung zu ihrer Wiedereingliederung in den Beruf der besonderen Hilfen eines Berufsförderungswerkes bedürfen.

(3) [1]Der Schülerbetrag ergibt sich durch Vervielfachung des Stundensatzes nach Satz 2 nach Art des einzusetzenden Lehrpersonals oder Zusatzpersonals mit den Stunden je Schülerin oder Schüler (Schülerstunden) nach Absatz 4 oder 6. [2]Die Stundensätze betragen

1. für Lehrpersonal an allgemein bildenden Schulen an

a)	Grundschulen	1 680 Euro,
b)	Hauptschulen	1 712 Euro,
c)	Oberschulen	1 968 Euro,
d)	Realschulen	2 009 Euro,
e)	Gymnasien	2 373 Euro und
f)	Förderschulen	1 974 Euro;

2. für Zusatzpersonal an Förderschulen 819 Euro sowie

3. für Lehrpersonal an berufsbildenden Schulen für
   a) Theorielehrkräfte 2 308 Euro,
   b) Fachlehrer 1 885 Euro und
   c) Fachpraxislehrer 1 333 Euro.

[3]Die Stundensätze werden um den Vomhundertsatz fortgeschrieben, um den sich die Jahresgehaltssumme aus dem Grundgehalt der letzten Stufe der Besoldungsgruppe A 13 des gehobenen Dienstes, des Familienzuschlages der Stufe 2, der Allgemeinen Stellenzulage nach Nummer 27 Abs. 1 der Vorbemerkungen zu den Bundesbesoldungsordnungen A und B und der entsprechenden Sonderzahlungen nach dem Landesbesoldungsgesetz verändert. [4]Maßgeblich ist das am 1. August des Schuljahres geltende Besoldungsrecht. [5]Zum Lehrpersonal im Sinne dieser Vorschrift zählen alle Personen, die in eigener pädagogischer Verantwortung unterrichten; dazu gehören nicht die Unterricht in eigener Verantwortung erteilenden Beamtinnen und Beamten auf Widerruf. [6]Zum Zusatzpersonal an Förderschulen zählen die pädagogischen Mitarbeiterinnen und Mitarbeiter.

(4) [1]Das Kultusministerium wird ermächtigt, durch Verordnung die Zahl der Schülerstunden gesondert für jede Schulform, bei Gymnasien gesondert nach Sekundarbereich I und II, bei Förderschulen für jeden Schwerpunkt und gesondert nach Lehr- und Zusatzpersonal sowie bei berufsbildenden Schulen für jeden Bildungsgang und gesondert nach den Gruppen des Lehrpersonals nach Absatz 3 Satz 2 Nr. 3 zu bestimmen. [2]Der Bestimmung sind zugrunde zu legen

1. für berufsbildende Schulen
   a) die vorgeschriebene Regelstundenzahl und die vorgesehene Stundenzahl des Lehrpersonals und
   b) die maßgebliche Klassengröße sowie
2. für allgemein bildende Schulen die tatsächlichen Verhältnisse der öffentlichen Schulen oder, wenn keine hinreichende Vergleichsmöglichkeit besteht, die Kriterien nach Nummer 1.

(5) [1]Bei Ersatzschulen von besonderer pädagogischer Bedeutung und bei Ersatzschulen, deren Jahrgangsgliederung von derjenigen der öffentlichen Schulen abweicht, ist die entsprechende öffentliche Schule im Sinne von Absatz 4 Satz 2 für die Schuljahrgänge 1 bis 4 die Grundschule und für die Schuljahrgänge 5 bis 13 das Gymnasium. [2]Führt eine Ersatzschule nicht über den 10. Schuljahrgang hinaus, so ist hinsichtlich der Schuljahrgänge 5 bis 10 die ihr entsprechende öffentliche Schule die Realschule. [3]Die Sätze 1 und 2 gelten nicht für Förderschulen.

(6) [1]Der nach den Absätzen 3 bis 5 ermittelte Schülerbetrag ist für jede finanzhilfeberechtigte Ersatzschule mit dem Betrag zu vergleichen, der sich ergibt, wenn anstelle der durch Verordnung bestimmten Schülerstunden die Schülerstunden der finanzhilfeberechtigten Schule aus dem jeweiligen Schuljahr eingesetzt werden. [2]Maßgeblich für den Vergleich sind die in die amtlich veröffentlichten statistischen Feststellungen für das erste Schulhalbjahr aufgenommenen Unterrichtsstunden und Schülerzahlen. [3]Der jeweils niedrigere Betrag ist als Schülerbetrag für die finanzhilfeberechtigte Schule festzusetzen.

(7) [1]Für Schülerinnen und Schüler, die auf sonderpädagogische Unterstützung angewiesen sind und gemeinsam mit anderen Schülerinnen und Schülern unterrichtet werden, wird der Schülerbetrag wie folgt erhöht: [2]Für jede erteilte Jahresunterrichtsstunde, die dem festgestellten Bedarf an sonderpädagogischer Unterstützung entspricht, wird zusätzlich der Stundensatz nach Absatz 3 Satz 2 Nr. 1 Buchst. f gewährt. [3]Es wird jedoch höchstens die Zahl der sonderpädagogischen Unterrichtsstunden berücksichtigt, die einer öffentlichen Schule zugewiesen würden.

(8) [1]Als Zuschuss zu den Sozialversicherungsbeiträgen für das Lehr- und Zusatzpersonal wird ein Erhöhungsbetrag gewährt. [2]Der Erhöhungsbetrag ergibt sich aus der Summe der Teilerhöhungsbeträge, die sich jeweils errechnen aus 80 vom Hundert des bereinigten Grundbetrages (Absatz 2, Absatz 1 Satz 2) als Bemessungsgrundlage und dem darauf anzuwendenden Vomhundertsatz der am 1. August des Schuljahres geltenden Arbeitgeberbeiträge zur

1. gesetzlichen Arbeitslosenversicherung,
2. gesetzlichen Krankenversicherung,
3. gesetzlichen Pflegeversicherung sowie
4. gesetzlichen Rentenversicherung

und dem vom Versorgungsverband bundes- und landesgeförderter Unternehmen e. V. festgesetzten Umlagevomhundertsatz. [3]Der Erhöhungsbetrag wird auf die Summe der Beträge festgesetzt, die der

Schulträger für Direktversorgungsleistungen für Ordenslehrkräfte und für Versicherungen, die den in Satz 2 genannten Versicherungen entsprechen, ausgegeben hat, jedoch höchstens auf den Betrag, der sich ergibt, wenn die erbrachten einzelnen Leistungen und Beiträge, die einzelnen Teilerhöhungsbeträge nach Satz 2 und deren Summe jeweils den angemessenen Umfang nicht überschreiten. [4]Ausgaben für eine angemessene Altersversorgung, die nicht unmittelbare Bezugsrechte für das Lehr- oder Zusatzpersonal oder deren Hinterbliebene, sondern eine Bezugsberechtigung des Schulträgers begründen, werden im Rahmen der in Satz 3 vorgesehenen Begrenzung berücksichtigt, wenn die Leistungen aus der Altersversorgung

1. allein der Erfüllung einer Versorgungszusage des Schulträgers gegenüber dem Lehr- oder Zusatzpersonal dienen und
2. die Ansprüche der Versorgungsempfängerinnen und Versorgungsempfänger oder deren Hinterbliebenen
   a) von dem Träger der Insolvenzsicherung nach § 14 des Gesetzes zur Verbesserung der betrieblichen Altersversorgung vom 19. Dezember 1974 (BGBl. I S. 3610), zuletzt geändert durch Artikel 1 des Gesetzes vom 2. Dezember 2006 (BGBl. I S. 2742), oder
   b) entsprechend einer Bestimmung in der Altersversorgungsregelung der Ersatzschule durch eine Vorverpfändung an die bezugsberechtigte Person

   gewährleistet werden.

[5]Sind an die Ersatzschule Beamtinnen oder Beamte ohne Bezüge beurlaubt, so vermindert sich der nach Satz 2 ermittelte Erhöhungsbetrag mit Ausnahme des Anteils für die Krankenversicherung und für die Pflegeversicherung um den Betrag, der dem Anteil der von den beurlaubten Beamtinnen und Beamten zu erteilenden Unterrichtsstunden an allen zu erteilenden Unterrichtsstunden entspricht. [6]Das Kultusministerium wird ermächtigt, durch Verordnung nähere Bestimmungen zur Angemessenheit von Direktversorgungsleistungen und von Leistungen zur Sozialversicherung zu treffen.

(9) Sind Träger finanzhilfeberechtigter Schulen nach § 8 des Sechsten Buchs des Sozialgesetzbuchs verpflichtet, aus dem Landesdienst beurlaubte Lehrkräfte bei deren Ausscheiden aus dem Landesdienst nachzuversichern, so erstattet ihnen das Land auf Antrag die dazu erforderlichen Beiträge.

(10) Die Schulbehörden und der Landesrechnungshof sind berechtigt, alle die Finanzhilfe betreffenden Angaben bei den Schulen und Schulträgern zu überprüfen, die zugehörigen Unterlagen einzusehen und Auskünfte zu verlangen.

§ 151 Zuwendungen

(1) Das Land kann den in § 149 Abs. 1 genannten Ersatzschulen vor dem Ablauf von drei Jahren seit ihrer Genehmigung (§ 143) nach Maßgabe des Landeshaushalts auf Antrag Zuwendungen zu den laufenden Personal- und Sachkosten gewähren, wenn dies zur Sicherung eines leistungsfähigen und vielfältigen Bildungsangebots erforderlich ist.

(2) [1]Das Land kann den in § 149 genannten Ersatzschulen unter den Voraussetzungen des Absatzes 1 Zuwendungen zu den Kosten der Neu-, Um- und Erweiterungsbauten sowie der Erstausstattung von Schulen gewähren. [2]Die Kosten für das Baugrundstück und die Erschließung gehören nicht zu den zuwendungsfähigen Kosten. [3]Im übrigen gilt § 115 Abs. 5.

(3) § 149 Abs. 3 gilt entsprechend.

§ 151a Förderung der Schulgeldfreiheit

(1) [1]Um den Schülerinnen und Schülern der Berufsfachschule – Sozialpädagogische Assistentin/Sozialpädagogischer Assistent –, der Fachschule – Sozialpädagogik— und der Berufsfachschule – Pflegeassistenz – einen kostenfreien Schulbesuch zu ermöglichen, die Attraktivität dieser Bildungsgänge zu steigern und dadurch dem Fachkräftemangel in den sozialpädagogischen Berufen sowie in der Pflegeassistenz entgegenzuwirken, gewährt das Land den Trägern solcher Schulen, die als Ersatzschulen genehmigt sind, ab dem Schuljahr 2022/2023 auf Antrag eine Finanzhilfe zur Förderung der Schulgeldfreiheit; ab dem Schuljahr 2023/2024 wird die Finanzhilfe zur Förderung der Schulgeldfreiheit auch den Trägern genehmigter Ersatzschulen der Bildungsgänge der Fachschule – Heilerziehungspflege – und der Fachschule – Heilpädagogik – gewährt. [2]Die Finanzhilfe wird je Ausbildungsmonat für jede Schülerin und jeden Schüler an einer solchen Schule gewährt. [3]Die Höhe der Finanzhilfe nach Satz 2 orientiert sich an dem im Schuljahr 2018/2019 durchschnittlich in den in Satz 1 genannten Bildungsgängen von einer Schülerin oder einem Schüler erhobenen Schulgeld. [4]Ein Anspruch auf

Finanzhilfe besteht nicht, wenn der Schulträger für den Schulbesuch nach Satz 1 Schulgeld oder eine sonstige Vergütung erhebt.

(2) Das Kultusministerium regelt durch Verordnung das Nähere über die Höhe der Finanzhilfe zur Förderung der Schulgeldfreiheit sowie das Antrags- und das Abrechnungsverfahren.

§ 152 Austausch der Lehrkräfte zwischen öffentlichen Schulen und Ersatzschulen

(1) [1]Ein ständiger personeller Austausch zwischen den öffentlichen Schulen und Ersatzschulen ist zu fördern. [2]Zu diesem Zweck können Lehrkräfte an den öffentlichen Schulen für bestimmte Zeit zum Dienst an Ersatzschulen beurlaubt werden. [3]Die Zeit der Beurlaubung ist bei der Anwendung beamtenrechtlicher Vorschriften einer im öffentlichen Schuldienst im Beamtenverhältnis verbrachten Beschäftigungszeit gleichzustellen. [4]Bei der Rückkehr in den öffentlichen Schuldienst wird Umzugskostenvergütung nach dem Bundesumzugskostengesetz gewährt.

(2) Die Lehrkräfte sind unter Fortfall der Bezüge zu beurlauben.

(3) [1]Auf Antrag der Schulträger können Lehrkräfte zum Dienst an Förderschulen auch unter Fortzahlung der Bezüge beurlaubt werden. [2]In diesen Fällen können Schulträger Lehrkräften, denen bei einer Verwendung an einer öffentlichen Förderschule eine Zulage zustände, diese in gleicher Höhe gewähren; die Zulage wird erstattet. [3]Beschäftigt eine Förderschule, der nach § 149 Finanzhilfe gewährt wird, auch vom Land unter Fortzahlung der Bezüge beurlaubte Lehrkräfte, so sind auch die nach § 150 zu berechnende Finanzhilfe die vom Land an die beurlaubten Lehrkräfte gezahlten Bezüge anzurechnen.

§ 153 Bezeichnung der Lehrkräfte

(1) Religionsgemeinschaften des öffentlichen Rechts und deren öffentlich-rechtliche Verbände, Anstalten und Stiftungen können Lehrkräften, die an den von ihnen oder ihnen angeschlossenen kirchlichen Institutionen getragenen Schulen auf Grund des Kirchenbeamtenrechts beschäftigt werden, die im öffentlichen Schuldienst vorgeschriebenen Amtsbezeichnungen mit dem Zusatz „im Kirchendienst" verleihen, wenn die Lehrkräfte die Voraussetzungen erfüllen, die an die entsprechenden Lehrkräfte im öffentlichen Schuldienst gestellt werden.

(2) [1]Mit Genehmigung der Schulbehörde können Träger einer anerkannten Ersatzschule ihren hauptberuflichen Lehrkräften, welche die laufbahnrechtlichen Voraussetzungen für die Verwendung im öffentlichen Schuldienst erfüllen, für die Dauer der Beschäftigung an der Schule das Führen einer der Amtsbezeichnung vergleichbarer Lehrkräfte an öffentlichen Schulen entsprechenden Bezeichnung mit dem Zusatz „im Dienst an Schulen in freier Trägerschaft" gestatten. [2]Das Führen der Bezeichnung darf frühestens von dem Zeitpunkt an gestattet werden, in dem die Lehrkraft im öffentlichen Dienst zur Beförderung heranstünde. [3]Ein Recht auf eine der Bezeichnung entsprechende Verwendung im öffentlichen Schuldienst wird dadurch nicht begründet.

(3) [1]Lehrkräften, die durch Vermittlung des Bundesverwaltungsamts in den Auslandsschuldienst verpflichtet und dafür aus dem öffentlichen Schuldienst beurlaubt worden sind, kann für die Dauer ihrer Verwendung als Schulleiterin oder Schulleiter, stellvertretende Schulleiterin oder stellvertretender Schulleiter oder Fachberaterin oder Fachberater das Führen einer der Amtsbezeichnung vergleichbarer Lehrkräfte an öffentlichen Schulen entsprechenden Bezeichnung mit dem Zusatz „im Auslandsschuldienst" gestattet werden. [2]Die Berechtigung hierzu erteilt die Schulbehörde auf Vorschlag des Bundesverwaltungsamts. [3]Das Führen der Bezeichnung darf frühestens von dem Zeitpunkt an gestattet werden, in dem die Lehrkraft im öffentlichen Dienst zur Beförderung heranstünde. [4]Ein Recht auf eine der Bezeichnung entsprechende Verwendung im öffentlichen Schuldienst wird dadurch nicht begründet.

Dritter Abschnitt

Ersatzschulen in kirchlicher Trägerschaft, die aus öffentlichen Schulen hervorgegangen sind

§ 154 Allgemeines

(1) [1]Die Vorschriften dieses Abschnitts gelten für folgende Ersatzschulen in kirchlicher Trägerschaft, die aus öffentlichen Schulen hervorgegangen sind:

1. je eine Haupt- und Realschule in Cloppenburg, Duderstadt, Göttingen, Hannover, Lingen, Meppen, Oldenburg, Papenburg, Vechta, Wilhelmshaven, Wolfsburg und
2. je zwei Haupt- und Realschulen in Hildesheim und in Osnabrück.

[2]Eine Schule nach Satz 1 kann auf Antrag des kirchlichen Schulträgers als Oberschule geführt werden, wenn die Entwicklung der Schülerzahlen dies rechtfertigt.

(2) [1]Voraussetzung für die Beibehaltung der in Absatz 1 genannten Schulen ist, daß sie in ihrer Gliederung den unter vergleichbaren Bedingungen stehenden öffentlichen Schulen entsprechen und daß die öffentlichen Schulträger, in deren Gebiet die betreffende Schule besteht, eine entsprechende öffentliche Schule aufrechterhalten können. [2]Eine Oberschule nach Absatz 1 Satz 2 kann auf Antrag des kirchlichen Schulträgers um ein gymnasiales Angebot erweitert werden, wenn der Schulträger desjenigen öffentlichen Gymnasiums zustimmt, das die Schülerinnen und Schüler sonst im Gebiet des Landkreises oder der kreisfreien Stadt besuchen würden, und die Entwicklung der Schülerzahlen dies rechtfertigt.

(3) Für die Vergleichbarkeit der Bedingungen im Sinne des Absatzes 2 sind folgende Faktoren zu berücksichtigen:

a) die Einwohnerzahl, die Ausdehnung und die Verkehrsverhältnisse der betreffenden Gemeinde,
b) die absehbare Veränderung der Bevölkerung nach Zahl und Gliederung,
c) die Stärke der jeweiligen Schuljahrgänge.

(4) § 149 Abs. 5 gilt für die Geltendmachung von Ansprüchen nach den §§ 155 und 156 entsprechend.

(5) Die nachgeordnete Schulbehörde und der Landesrechnungshof sind berechtigt, bei den in Absatz 1 genannten Schulen und ihren Trägern alle die Geldleistungen des Landes betreffenden Angaben an Ort und Stelle zu überprüfen, die dazugehörigen Unterlagen einzusehen und Auskünfte zu verlangen.

§ 155 Persönliche Kosten für Lehrkräfte

(1) [1]Das Land trägt nach Maßgabe der Absätze 2 und 3 die persönlichen Kosten für die Lehrkräfte an den in § 154 Abs. 1 genannten Schulen. [2]Dabei wird jedoch höchstens diejenige Zahl von Lehrkräften berücksichtigt, die sich aufgrund des Verhältnisses von Schüler- und Lehrerzahlen (Schüler-Lehrer-Relation) an den entsprechenden öffentlichen Schulen auf Landesebene ergibt. [3]Das Kultusministerium wird ermächtigt, die Schüler-Lehrer-Relation durch Verordnung zu bestimmen. [4]Der Bestimmung ist das Verhältnis der Summe der von allen Lehrkräften der Schulen einer Schulform zu leistenden Regelstunden zu der für die Lehrkräfte an dieser Schulform maßgeblichen Regelstundenzahl zugrunde zu legen. [5]§ 150 Abs. 4 Satz 2 Nr. 2 gilt entsprechend. [6]Entsprechend Satz 4 ist die Zahl der Lehrkräfte an den in § 154 Abs. 1 genannten Schulen zu ermitteln, und zwar gemeinsam für alle Schulen eines kirchlichen Schulträgers, die derselben Schulform zugehören. [7]Überschreitet die nach Satz 6 ermittelte Zahl der Lehrkräfte an den Schulen eines kirchlichen Schulträgers, die derselben Schulform zugehören, die für diese Schulen nach Satz 2 maßgebliche Höchstzahl, so werden die für alle schuleigenen Lehrkräfte dieser Schulform tatsächlich getragenen Kosten gemäß Absatz 3 Sätze 1 und 2 Nr. 1 sowie der entsprechende Abgeltungsbetrag nach Absatz 3 Satz 3 nur in Höhe eines Betrages erstattet, der wie folgt zu ermitteln ist: [8]Die Summe der tatsächlich getragenen Kosten gemäß Satz 7 ist durch die Zahl der schuleigenen Lehrkräfte zu teilen und mit derjenigen Zahl zu multiplizieren, die sich als Differenz zwischen der nach Satz 2 maßgeblichen Höchstzahl und der Zahl der nach Absatz 2 Satz 1 beurlaubten Lehrkräfte ergibt. [9]Werden Schülerinnen und Schüler mit einem festgestellten Bedarf an sonderpädagogischer Unterstützung gemeinsam mit anderen Schülerinnen und Schülern unterrichtet, so wird die Zahl der Lehrkräfte, die den hierfür erforderlichen Stunden entspricht, bei der Ermittlung nach Satz 6 abgezogen. [10]§ 150 Abs. 7 Satz 3 gilt entsprechend.

(2) [1]Zum Dienst an den in § 154 Abs. 1 genannten Schulen werden mit ihrer Zustimmung Lehrkräfte im Landesdienst befristet oder unbefristet unter Fortzahlung der Bezüge beurlaubt. [2]In diesen Fällen können die Schulträger Lehrkräften, denen bei einer Verwendung an öffentlichen Schulen nach dem Besoldungsrecht eine Zulage oder wegen der Wahrnehmung herausgehobener Funktionen höhrere Bezüge zuständen, diese in gleicher Höhe gewähren. [3]Dasselbe gilt im Fall einer ergänzenden Versorgung auch für den auf die Zulage oder auf den höheren Bezügeanteil (Unterschiedsbetrag) entfallenden Versorgungsbeitrag. [4]Die Zulage, der Unterschiedsbetrag und der Versorgungsbeitrag werden erstattet. [5]Für alle nach Satz 1 beurlaubten Lehrkräfte trägt das Land auch die Reisekostenvergütungen, die Umzugskostenvergütungen, das Trennungsgeld und die Beiträge zur gesetzlichen Unfallversicherung. [6]Die Zeit der Beurlaubung ist bei der Anwendung beamtenrechtlicher Vorschriften einer im öffentlichen Schuldienst im Beamtenverhältnis verbrachten Beschäftigungszeit gleichzustellen. [7]Die Sätze 1 bis 6 gelten für Lehrkräfte, die in einem Arbeitnehmerverhältnis stehen, entsprechend.

(3) [1]Für die Lehrkräfte, die nicht beurlaubte Landesbedienstete sind, erstattet das Land den kirchlichen Schulträgern die tatsächlich getragenen persönlichen Kosten bis zur Höhe der Bezüge oder Entgelte vergleichbarer Lehrkräfte an einer entsprechenden öffentlichen Schule. [2]Daneben werden nach Maßgabe staatlicher Grundsätze erstattet:

1. für Lehrkräfte, die in einem Arbeitnehmerverhältnis stehen, bis zur Höhe der tatsächlichen Aufwendungen die Arbeitgeberanteile zur Sozialversicherung und zur gesetzlichen Unfallversicherung sowie die laufenden Beiträge zu Zusatzversorgungen bis zur Höhe des vom Versorgungsverband bundes- und landesgeförderter Unternehmen e. V. festgesetzten Umlagevomhundertsatzes vom versicherungspflichtigen Einkommen,
2. für beamtete Lehrkräfte der Kirchen im Schuldienst die Aufwendungen nach den Beihilfevorschriften,
3. für beamtete Lehrkräfte der Kirchen im Schuldienst, die der kirchliche Schulträger bei ihrem Ausscheiden aus dem Kirchendienst nach den Bestimmungen des Sechsten Buchs des Sozialgesetzbuchs nachzuversichern hat, die dazu erforderlichen Beiträge, soweit für sie nicht Beiträge nach Nummer 4 Buchst. a erstattet worden sind,
4. für beamtete Lehrkräfte der Kirchen,
   a) für die der kirchliche Schulträger Beiträge an eine Versorgungskasse leistet, die als rechtsfähige kirchliche Anstalt öffentlichen Rechts geführt wird und die lebenslängliche Versorgung nach den Grundsätzen der versorgungsrechtlichen Bestimmungen des Landes Niedersachsen sicherstellt, Aufwendungen bis zu 30 vom Hundert der ruhegehaltfähigen Dienstbezüge,
   b) die sich im Ruhestand befinden und die im Schuldienst tätig waren, die Aufwendungen nach den Bestimmungen des Niedersächsischen Beamtenversorgungsgesetzes, soweit für die Lehrkräfte nicht Beiträge nach Buchstabe a erstattet worden sind, und nach den Beihilfevorschriften.

[3]Ein Erstattungsanspruch nach Satz 2 Nr. 4 Buchst. b bleibt auch nach Aufhebung einer in § 154 Abs. 1 genannten Schule, an der die Lehrkraft tätig war, bestehen. [4]Darüber hinaus gewährt das Land zur Abgeltung sämtlicher sonstiger Personalausgaben einen Pauschalbetrag in Höhe von 1 vom Hundert der nach Satz 1 zu erstattenden Beträge.

§ 156 Sächliche Kosten, Schulbau, Schülerbeförderung

(1) [1]Das Land beteiligt sich an den laufenden sächlichen Kosten für die in § 154 Abs. 1 genannten Schulen. [2]Der Anteil des Landes errechnet sich durch Vervielfachung der Durchschnittszahl der Schülerinnen und Schüler mit dem staatskirchenvertraglich vereinbarten Betrag pro Schülerin und Schüler. [3]Die Durchschnittszahl ist der Mittelwert der Zahlen der am 15. November und 15. März eines jeden Schuljahres an diesen Schulen unterrichteten Schülerinnen und Schüler.

(2) Das Land beteiligt sich an den Kosten für Neu-, Um- und Erweiterungsbauten nach Maßgabe der für öffentliche Schulen geltenden Vorschriften.

(3) § 114 Abs. 1, 2 und 3 Sätze 1 bis 4, Abs. 4 bis 6 ist für Schülerinnen und Schüler der in § 154 Abs. 1 genannten Schulen mit der Maßgabe anzuwenden, daß die Beförderungs- oder Erstattungspflicht auch für den Weg zur nächsten der in § 154 Abs. 1 genannten Schulen besteht.

§ 157 Anteil nichtkatholischer oder auswärtiger Schülerinnen und Schüler

(1) [1]Die Vorschriften der §§ 155 und 156 mit Ausnahme des § 155 Abs. 3 Satz 2 Nr. 4 Buchst. b sind für eine der in § 154 Abs. 1 genannten Schulen nicht anzuwenden, wenn an ihr der Anteil nichtkatholischer Schülerinnen und Schüler 30 vom Hundert übersteigt. [2]Die oberste Schulbehörde kann auf Antrag des kirchlichen Schulträgers und im Einvernehmen mit dem kommunalen Schulträger Ausnahmen von Satz 1 zulassen, soweit dadurch

1. die Aufnahme von Schülerinnen und Schülern mit Migrationshintergrund ermöglicht oder
2. der gemeinsame Unterricht von Schülerinnen oder Schülern, die auf sonderpädagogische Unterstützung angewiesen sind, mit anderen Schülerinnen und Schülern erleichtert wird.

(2) [1]Wird durch die Aufnahme auswärtiger Schülerinnen und Schüler in eine der in § 154 Abs. 1 genannten Schulen die durch Rechts- oder Verwaltungsvorschriften bestimmte Mindestgröße der für den Wohnort dieser Schülerinnen und Schüler zuständigen öffentlichen Hauptschule oder Realschule beeinträchtigt, so soll die Schulbehörde mit dem kirchlichen Schulträger hierüber verhandeln, um die

Mindestgröße der öffentlichen Schulen sicherzustellen. [2]Führen die Verhandlungen nicht zu einer die Mindestgröße sicherstellenden Einigung, so sind die Vorschriften der §§ 155 und 156 mit Ausnahme des § 155 Abs. 3 Satz 2 Nr. 4 Buchst. b nicht anzuwenden, wenn der Anteil der auswärtigen Schülerinnen und Schüler an der in Satz 1 genannten Schule 10 vom Hundert übersteigt.
(3) Bei den in § 154 Abs. 1 genannten Schulen, auf die nach Absatz 1 oder 2 die §§ 155 und 156 mit Ausnahme des § 155 Abs. 3 Satz 2 Nr. 4 Buchst. b nicht anzuwenden sind, bestimmt sich die Höhe der Finanzhilfe nach § 150.

Vierter Abschnitt
Ergänzungsschulen

§ 158 Allgemeines
(1) Schulen in freier Trägerschaft, die nicht Ersatzschulen nach § 142 sind, sind Ergänzungsschulen.
(2) [1]Die Errichtung einer Ergänzungsschule ist der Schulbehörde vor Aufnahme des Unterrichts anzuzeigen. [2]Der Anzeige sind der Lehrplan sowie Nachweise über den Schulträger, die Schuleinrichtungen und die Vorbildung der Leiterin oder des Leiters und der Lehrkräfte sowie eine Übersicht über die vorgesehene Schülerzahl beizufügen.
(3) [1]Jeder Wechsel des Schulträgers und der Schulleitung, jede Einstellung von Lehrkräften sowie jede wesentliche Änderung der Schuleinrichtungen sind der Schulbehörde anzuzeigen. [2]Bei der Einstellung von Schulleiterinnen und Schulleitern und Lehrkräften sind Nachweise über deren Vorbildung beizufügen.

§ 159 Untersagung der Errichtung oder Fortführung
(1) Die Errichtung oder Fortführung einer Ergänzungsschule kann von der Schulbehörde untersagt werden, wenn Schulträger, Leiterin oder Leiter, Lehrkräfte oder Einrichtungen der Ergänzungsschule den Anforderungen nicht entsprechen, die zum Schutz der Schülerinnen und Schüler oder der Allgemeinheit an sie zu stellen sind, und den Mängeln trotz Aufforderung der Schulbehörde innerhalb einer bestimmten Frist nicht abgeholfen worden ist.
(2) [1]Das Kultusministerium wird ermächtigt, durch Verordnung Höchstzahlen für die Schülerzahlen in den Klassen oder den entsprechenden organisatorischen Gliederungen zu bestimmen. [2]Es dürfen keine höheren Anforderungen als an vergleichbare öffentliche Schulen gestellt werden.

§ 160 Ruhen der Schulpflicht
[1]Die Schulbehörde kann für eine Ergänzungsschule, die einen Unterricht von mindestens 24 Wochenstunden erteilt, die Feststellung treffen, daß während des Besuchs dieser Ergänzungsschule die Schulpflicht ruht. [2]Die Feststellung bedarf eines schriftlichen Bescheids, der an den Schulträger zu richten ist. [3]Hat die Schulbehörde über einen Antrag auf Feststellung nicht spätestens drei Monate nach Vorliegen der vollständigen Unterlagen entschieden, so gilt die Feststellung als getroffen; im Übrigen findet § 42a des Verwaltungsverfahrensgesetzes (VwVfG) Anwendung. [4]Werden die Feststellungsvoraussetzungen nicht mehr erfüllt, so hat der Schulträger dies der Schulbehörde mitzuteilen.

§ 161 Anerkannte Ergänzungsschulen
(1) [1]Einer Ergänzungsschule kann die Eigenschaft einer anerkannten Ergänzungsschule verliehen werden, wenn sie der Ausbildung für einen bestimmten Beruf dient, der Unterricht nach einem genehmigten Lehrplan erteilt wird und die Abschlußprüfung nach einer genehmigten Prüfungsordnung unter dem Vorsitz einer Beauftragten oder eines Beauftragten der Schulbehörde stattfindet. [2]Bildet die Ergänzungsschule für einen bestimmten Beruf aus, so kann ihr mit der Anerkennung gestattet werden, ihren Schülerinnen und Schülern die Berechtigung zu verleihen, eine entsprechende Berufsbezeichnung mit dem Zusatz „geprüfte oder geprüfter" zu führen. [3]Die Anerkennung bedarf der Schriftform. [4]§ 148 Abs. 3 ist entsprechend anzuwenden.
(2) [1]Schulen in freier Trägerschaft, die der Ausbildung von Heilpraktikerinnen und Heilpraktikern dienen, wird auf Antrag unter den Voraussetzungen des Absatzes 1 Satz 1 die Eigenschaft einer anerkannten Ergänzungsschule verliehen, wenn sie ihre Schülerinnen und Schüler mindestens 18 Monate lang durch einen mindestens halbtägigen Unterricht in wenigstens drei im Heilpraktikerwesen nicht nur vereinzelt vertretenen Behandlungsmethoden umfassend ausbilden. [2]Die Landesregierung wird ermächtigt, die Anforderungen des Satzes 1 einschließlich der Voraussetzungen für die Genehmigung

der Lehrpläne und der Prüfungsordnungen nach Absatz 1 Satz 1 durch Verordnung näher zu regeln. [3]Im übrigen gilt Absatz 1 Sätze 2 bis 4 entsprechend.

(3) [1]Einer allgemein bildenden Ergänzungsschule kann auf Antrag des Schulträgers die Eigenschaft einer anerkannten Ergänzungsschule verliehen werden, wenn deren Schulabschluss darauf ausgerichtet ist, das ‚International Baccalaureate Diplome/Diplôme du Baccalauréat International' zu vergeben. [2]Die Anerkennung bedarf der Schriftform. [3]§ 148 Abs. 3 Nr. 1 ist entsprechend anzuwenden. [4]Den Trägern der nach Satz 1 anerkannten Ergänzungsschulen gewährt das Land Finanzhilfe in entsprechender Anwendung des § 149 Abs. 1 und des § 150 Abs. 1 bis 6. [5]§ 150 Abs. 10 gilt entsprechend.

(4) [1]Hat die Schulbehörde über einen Antrag auf Verleihung nicht spätestens drei Monate nach Vorliegen der vollständigen Unterlagen entschieden, so gilt die Eigenschaft einer anerkannten Ergänzungsschule als verliehen; im Übrigen findet § 42a VwVfG Anwendung. [2]Werden die Verleihungsvoraussetzungen nicht mehr erfüllt, so hat der Schulträger dies der Schulbehörde mitzuteilen.

§ 161a Abwicklung über eine einheitliche Stelle

Die Verfahren nach diesem Abschnitt können über eine einheitliche Stelle nach den Vorschriften des Verwaltungsverfahrensgesetzes abgewickelt werden.

Fünfter Abschnitt

Tagesbildungsstätten

§ 162 Erfüllen der Schulpflicht

[1]Kinder und Jugendliche, die auf sonderpädagogische Unterstützung im Förderschwerpunkt geistige Entwicklung angewiesen sind, können ihre Schulpflicht auch durch den Besuch einer anerkannten Tagesbildungsstätte erfüllen. [2]Mit der Anerkennung erhält die Tagesbildungsstätte das Recht, Beurteilungen vorzunehmen.

§ 163 Bezeichnung der Tagesbildungsstätte

[1]Anerkannte Tagesbildungsstätten haben eine Bezeichnung zu führen, die eine Verwechslung mit Förderschulen ausschließt. [2]Aus der Bezeichnung muß hervorgehen, daß es sich um eine Tagesbildungsstätte handelt. [3]Ein Zusatz, der auf die Anerkennung als Tagesbildungsstätte hinweist, ist zulässig.

§ 164 Anerkennung der Tagesbildungsstätte

(1) Eine Tagesbildungsstätte soll für den Besuch von Kindern und Jugendlichen, die auf sonderpädagogische Unterstützung im Förderschwerpunkt geistige Entwicklung angewiesen sind, von der Schulbehörde auf Antrag als geeignet anerkannt werden, wenn

1. der Träger der Tagesbildungsstätte einem Freien Wohlfahrtsverband angehört,
2. Standort und Einzugsbereich der Tagesbildungsstätte mit den Standorten und Einzugsbereichen der Förderschulen zu vereinbaren sind,
3. die Leiterin oder der Leiter der Tagesbildungsstätte sowie die dort tätigen Gruppenleiterinnen und Gruppenleiter nach Ausbildung oder bisheriger Tätigkeit über die erforderliche Befähigung verfügen.

(2) Das Kultusministerium wird ermächtigt, die Voraussetzungen der Befähigungen nach Absatz 1 Nr. 3 durch Verordnung näher zu regeln.

§ 165 Anzeigepflicht bei Änderungen

Jede Änderung der Anerkennungsvoraussetzungen ist der Schulbehörde anzuzeigen.

§ 166 Erlöschen der Anerkennung

Die Anerkennung erlischt, wenn der Träger die Tagesbildungsstätte nicht binnen eines Jahres eröffnet, wenn sie geschlossen oder ohne Zustimmung der Schulbehörde ein Jahr lang nicht betrieben wird.

Sechster Abschnitt

Schulaufsicht

§ 167 Schulaufsicht

(1) [1]Die staatliche Schulaufsicht hat die Einhaltung der Vorschriften dieses Gesetzes zu gewährleisten. [2]Die Schulbehörden haben insbesondere das Recht, die Schulen in freier Trägerschaft und die aner-

kannten Tagesbildungsstätten zu besichtigen, Einblick in den Unterrichtsbetrieb zu nehmen sowie Berichte und Nachweise zu fordern.

(2) [1]Die Schulleitung an Ersatzschulen bedarf zur Ausübung der Tätigkeit der Genehmigung der Schulbehörde. [2]Die Genehmigung darf nur versagt oder widerrufen werden, wenn die Voraussetzungen des § 144 Abs. 3 oder des § 145 Abs. 1 Nr. 2 nicht erfüllt sind oder wenn Tatsachen vorliegen, die bei Schulleiterinnen oder Schulleitern öffentlicher Schulen zu einer Beendigung des Dienstverhältnisses führen oder die Entfernung aus dem Dienst rechtfertigen würden.

(3) Die Ausübung der Tätigkeit einer Lehrkraft kann nach Anhörung des Schulträgers untersagt werden, wenn in der Person der Lehrkraft die Voraussetzungen des § 144 Abs. 3 nicht erfüllt sind oder wenn Tatsachen vorliegen, die bei Lehrkräften öffentlicher Schulen zu einer Beendigung des Dienstverhältnisses führen oder die Entfernung aus dem Dienst rechtfertigen würden.

Zwölfter Teil

Vertretungen beim Kultusministerium und Landesschulbeirat

Erster Abschnitt

Zusammensetzung und Aufgaben

§ 168 Allgemeines

(1) [1]Beim Kultusministerium werden als Vertretung der Erziehungsberechtigten ein Landeselternrat und als Vertretung der Schülerinnen und Schüler ein Landesschülerrat gebildet. [2]Beim Kultusministerium wird ferner ein Landesschulbeirat gebildet, in dem die am Schulwesen unmittelbar beteiligten Gruppen und die mittelbar beteiligten Einrichtungen und Verbände zusammenwirken.

(2) [1]Das Kultusministerium richtet für den Landeselternrat eine eigene Geschäftsstelle ein und regelt im Benehmen mit ihm deren personelle und sächliche Ausstattung. [2]Es bestellt auf Vorschlag des Landeselternrats das in der Geschäftsstelle tätige Personal. [3]Die Regelung der Arbeitszeit des Personals soll den besonderen Belangen des Landeselternrats möglichst weitgehend Rechnung tragen. [4]Die Bediensteten sind in sachlicher Hinsicht den Weisungen des Landeselternrats zu unterstellen.

(3) Das Kultusministerium schafft die erforderlichen personellen und sächlichen Voraussetzungen für die Tätigkeit des Landesschülerrats.

§ 169 Landeselternrat

(1) Im Landeselternrat werden die Erziehungsberechtigten der Schülerinnen und Schüler

1. der öffentlichen
   a) Grundschulen,
   b) Hauptschulen,
   c) Realschulen,
   d) Oberschulen,
   e) Gymnasien,
   f) Gesamtschulen,
   g) Förderschulen

   durch je vier Mitglieder,
2. der öffentlichen berufsbildenden Schulen
   durch acht Mitglieder,
3. der Schulen in freier Trägerschaft, an denen der Schulpflicht genügt werden kann,
   durch vier Mitglieder

vertreten.

(2) [1]Die Mitglieder des Landeselternrats werden getrennt nach den in Absatz 1 genannten Gruppen von den Elternvertreterinnen und Elternvertretern dieser Gruppen in den Kreiselternräten und in den Stadtelternräten der kreisfreien Städte aus ihrer Mitte gewählt. [2]Die Wahlen werden in der Weise durchgeführt, daß im räumlichen Zuständigkeitsbereich jedes Regionalen Landesamtes für Schule und Bildung für die in Absatz 1 Nrn. 1 und 3 genannten Gruppen je ein Mitglied und je ein Ersatzmitglied, für die Gruppe der öffentlichen berufsbildenden Schulen (Absatz 1 Nr. 2) zwei Mitglieder und zwei Ersatzmitglieder gewählt werden. [3]Für die einzelnen Gruppen können nur solche Erziehungsberechtigten gewählt werden, deren Kinder zur Zeit der Wahl eine Schule dieser Gruppe besuchen. [4]Die nach

§ 97 Abs. 5 gewählten Mitglieder der Stadtelternräte kreisfreier Städte und der Kreiselternräte im räumlichen Zuständigkeitsbereich jedes Regionalen Landesamtes für Schule und Bildung können aus ihrer Mitte ein zusätzliches Mitglied und ein Ersatzmitglied wählen.

(3) [1]Der Landeselternrat wirkt in allen wichtigen allgemeinen Fragen des Schulwesens mit, soweit die Belange der Erziehungsberechtigten berührt werden. [2]Entsprechende allgemeine Regelungen sind zwischen dem Kultusministerium und dem Landeselternrat vertrauensvoll und verständigungsbereit zu erörtern. [3]Der Landeselternrat hat dabei das Recht und die Pflicht, das Kultusministerium zu beraten, ihm Vorschläge zu machen und Anregungen zu geben. [4]Der Landeselternrat wirkt insbesondere beratend mit

1. beim Erlaß allgemeiner Bestimmungen über Bildungsziele und Bildungswege der Schulen und die Struktur des Schulsystems,
2. beim Erlaß von Empfehlungen nach § 108 Abs. 3,
3. beim Erlaß allgemeiner Regelungen nach den §§ 60 und 61,
4. in grundsätzlichen Fragen der Schülervertretung und Schülerpresse,
5. bei Maßnahmen zur Behebung oder Linderung von Notständen im Erziehungs- und Bildungswesen,
6. in grundsätzlichen Fragen des Schüleraustausches mit ausländischen Schulen,
7. beim Erlaß von Rahmenvorschriften für Schulordnungen,
8. beim Erlaß allgemeiner Bestimmungen über Lernmittel,
9. in grundsätzlichen Fragen der Einteilung des Schuljahres sowie der Ferienordnung,
10. in grundsätzlichen Fragen der Elternvertretung und
11. bei Regelung der wöchentlichen Unterrichtstage.

[5]Die Mitwirkung betrifft auch entsprechende Gesetz- und Verordnungsentwürfe des Kultusministeriums.

(4) [1]Lehnt der Landeselternrat den Erlaß einer allgemeinen Regelung nach Absatz 3 Satz 4 Nrn. 1, 3, 4, 5, 7, 8, 10 oder 11 innerhalb der in § 173 Abs. 4 Satz 1 bestimmten Frist mit schriftlicher Begründung ab, so ist die beabsichtigte Regelung innerhalb von vier Wochen nach Eingang der begründeten Ablehnungsmitteilung beim Kultusministerium zwischen diesem und dem Landeselternrat erneut zu erörtern. [2]Kommt dabei eine Einigung nicht zustande und lehnt der Landeselternrat in derselben Sitzung mit den Stimmen von mehr als zwei Dritteln seiner gesetzlichen Mitglieder die beabsichtigte Regelung nochmals ab, so hat das Kultusministerium vor deren Erlaß die Landesregierung zu unterrichten.

(5) Das Kultusministerium unterrichtet den Landeselternrat über wichtige allgemeine Angelegenheiten des Schullebens und erteilt dem Landeselternrat die für dessen Aufgaben erforderlichen Auskünfte.

(6) Der Landeselternrat berichtet ein- oder zweimal im Jahr in einer Versammlung mit den Vorsitzenden der Kreiselternräte und der Elternräte der kreisfreien Städte über seine Tätigkeit und nimmt Vorschläge und Anregungen entgegen.

§ 170 Landesschülerrat

(1) Im Landesschülerrat werden die Schülerinnen und Schüler

1. der öffentlichen
   a) Hauptschulen,
   b) Realschulen,
   c) Oberschulen,
   d) Gymnasien,
   e) Gesamtschulen,
   f) Förderschulen

   durch je vier Mitglieder,
2. der öffentlichen berufsbildenden Schulen
   durch acht Mitglieder,
3. der Schulen in freier Trägerschaft, an denen die Schulpflicht erfüllt werden kann,
   durch vier Mitglieder

vertreten.

(2) Für die Wahl gilt § 169 Abs. 2 entsprechend.

(3) [1]Der Landesschülerrat wirkt in allen wichtigen allgemeinen Fragen des Schulwesens mit, soweit die Belange der Schülerinnen und Schüler berührt werden. [2]Im übrigen gilt § 169 Abs. 3 bis 5 entsprechend.

(4) Der Landesschülerrat berichtet ein- oder zweimal im Jahr in einer Versammlung mit den Sprecherinnen und Sprechern der Kreisschülerräte und der Schülerräte der kreisfreien Städte über seine Tätigkeit und nimmt Vorschläge und Anregungen entgegen.

§ 171 Landesschulbeirat

(1) Der Landesschulbeirat besteht aus

1. sechs Lehrkräften, die auf Vorschlag der Verbände vom Kultusministerium berufen werden,
2. sechs Erziehungsberechtigten, die vom Landeselternrat gewählt werden,
3. sechs Schülerinnen oder Schülern, die vom Landesschülerrat gewählt werden,
4. a) je einer Vertreterin oder einem Vertreter der Schulen in freier Trägerschaft, der Hochschulen und eines Dachverbandes der Erwachsenenbildung,
   b) drei Vertreterinnen oder Vertretern der kommunalen Schulträger,
   c) je drei Vertreterinnen oder Vertretern der Arbeitgeberverbände und der Arbeitnehmerverbände,
   d) zwei Vertreterinnen oder Vertretern der Kirchen,
   e) einer Vertreterin oder einem Vertreter des Humanistischen Verbandes Niedersachsen,
   f) einer gemeinsamen Vertreterin oder einem gemeinsamen Vertreter des Landesverbandes der Jüdischen Gemeinden von Niedersachsen und des Landesverbandes der Israelitischen Kultusgemeinden von Niedersachsen,
   g) einer Vertreterin oder einem Vertreter der islamischen Landesverbände,
   h) einer Vertreterin oder einem Vertreter der Alevitischen Gemeinde Deutschland,
   i) zwei Vertreterinnen oder Vertretern kommunaler Ausländerbeiräte,

   die vom Kultusministerium auf Vorschlag der entsprechenden Einrichtungen und Organisationen berufen werden.

(2) [1]Der Landesschulbeirat wirkt bei allen allgemeinen Fragen mit, die für das Schulwesen von grundsätzlicher Bedeutung sind. [2]Das Kultusministerium ist verpflichtet, den Landesschulbeirat hierzu zu hören. [3]Es unterrichtet ihn über die entsprechenden Vorhaben und gibt ihm die erforderlichen Auskünfte. [4]Der Landesschulbeirat kann dem Kultusministerium Vorschläge und Anregungen unterbreiten. [5]Er erhält Gelegenheit zur Stellungnahme zu allen das Schulwesen betreffenden Gesetz- und Verordnungsentwürfen des Kultusministeriums.

(3) Das Kultusministerium hat bei der Bildung von Fachkommissionen, die die Aufgabe haben, Entwürfe für Lehrpläne und Rahmenrichtlinien (§§ 122 und 189a) auszuarbeiten, dem Landesschulbeirat Gelegenheit zu geben, je nach der Größe der Kommission bis zu drei sachverständige Mitglieder zu benennen.

Zweiter Abschnitt
Verfahrensvorschriften

§ 172 Amtsdauer

(1) [1]Die Amtszeit des Landesschülerrats beträgt zwei Jahre, die Amtszeit des Landeselternrats beträgt drei Jahre. [2]Die Mitglieder führen nach Ablauf ihrer Amtszeit das Amt bis zum Beginn der Amtszeit ihrer Nachfolgerinnen oder Nachfolger, längstens für einen Zeitraum von drei Monaten, fort. [3]Dem Landesschulbeirat gehören die Mitglieder nach § 171 Abs. 1 Nrn. 1, 2 und 4 für die Dauer von drei Jahren, die Mitglieder nach § 171 Abs. 1 Nr. 3 für die Dauer von zwei Jahren an.

(2) Die Mitgliedschaft in den Vertretungen oder im Landesschulbeirat endet, wenn

1. ein Mitglied nicht mehr Lehrkraft oder Schülerin oder Schüler an einer Schule in Niedersachsen ist,
2. ein von Erziehungsberechtigten oder vom Landeselternrat gewähltes Mitglied kein Kind mehr hat, das eine Schule in Niedersachsen besucht,
3. ein Mitglied von seinem Amt zurücktritt.

§ 173 Verfahren

(1) [1]Die Vertretungen und der Landesschulbeirat halten ihre Sitzungen nach Bedarf ab. [2]Sie tagen mindestens zweimal im Jahr. [3]Zu einer Sitzung ist innerhalb von vier Wochen einzuberufen, wenn ein Drittel der Mitglieder der Vertretung oder des Landesschulbeirats dies schriftlich unter Angabe der Beratungsgegenstände beantragt. [4]Zu einer Sitzung der Vertretungen ist innerhalb der genannten Frist auch einzuberufen, wenn das Kultusministerium dies verlangt.

(2) [1]Die Mitglieder sind an Aufträge und Weisungen nicht gebunden. [2]Sie können durch die für sie gewählten Ersatzmitglieder vertreten werden.

(3) Die Sitzungen sind nicht öffentlich.

(4) [1]Den Vertretungen und dem Landesschulbeirat ist Gelegenheit zu geben, zu den Vorlagen des Kultusministeriums nach § 169 Abs. 3 Satz 2 und § 171 Abs. 2 Sätze 1 und 2 innerhalb einer Frist von sechs Wochen abschließend Stellung zu nehmen. [2]Die Frist beginnt mit dem dritten Tag nach der Übergabe der Vorlagen an die Post.

(5) Die Vertretungen und der Landesschulbeirat geben sich eine Geschäftsordnung.

(6) [1]Die Vertretungen bestellen einen Vorstand. [2]Im Landesschulbeirat führt das Kultusministerium den Vorsitz.

(7) [1]Die Vertretungen und der Landesschulbeirat beschließen mit der Mehrheit der abgegebenen, auf ja oder nein lautenden Stimmen. [2]Sie sind beschlußfähig, wenn mindestens die Hälfte der gesetzlichen Mitglieder anwesend oder durch Ersatzmitglieder vertreten ist. [3]Die Verhandlungsleitung stellt zu Beginn jeder Sitzung fest, ob die Beschlußfähigkeit gegeben ist. [4]Ist die Beschlußfähigkeit zu Beginn der Sitzung festgestellt, so gilt sie als fortbestehend, solange sie nicht von einem Mitglied bezweifelt wird. [5]Dieses Mitglied gilt, auch wenn es sich anschließend entfernt, als anwesend.

§ 174 Kosten

(1) Die Tätigkeit in den Vertretungen und im Landesschulbeirat ist ehrenamtlich.

(2) Die durch die Tätigkeit der Vertretungen und des Landesschulbeirats entstehenden notwendigen Kosten trägt im Rahmen der im Haushaltsplan zur Verfügung gestellten Mittel das Land.

§ 175 Verordnungsermächtigungen

Das Kultusministerium wird ermächtigt, durch Verordnung das Nähere über

1. die Wahl der Mitglieder der Vertretungen und der in § 171 Abs. 1 Nrn. 2 und 3 genannten Mitglieder des Landeschulbeirats sowie der Ersatzmitglieder,
2. die Berufung der in § 171 Abs. 1 Nrn. 1 und 4 genannten Mitglieder des Landesschulbeirats und der Ersatzmitglieder,
3. die Erstattung von Fahrt- und Übernachtungskosten, die Erziehungsberechtigten sowie Schülerinnen und Schülern durch ihre Mitwirkung an der Wahl des Landeselternrats und des Landesschülerrats (§ 169 Abs. 2, § 170 Abs. 2) entstehen,
4. die Erstattung der Auslagen der Mitglieder der Vertretungen und des Landesschulbeirats sowie die Gewährung von Sitzungsgeldern und den Ersatz von Verdienstausfall

zu bestimmen.

Dreizehnter Teil

Übergangs- und Schlußvorschriften

Erster Abschnitt

Ordnungswidrigkeiten und Schulzwang

§ 176 Ordnungswidrigkeiten

(1) Ordnungswidrig handelt, wer vorsätzlich oder fahrlässig

1. der Schulpflicht nicht nachkommt,
2. entgegen § 71 Abs. 1 Schulpflichtige nicht dazu anhält, am Unterricht und an sonstigen Veranstaltungen der Schule einschließlich der besonderen schulischen Sprachfördermaßnahmen nach § 64 Abs. 3 regelmäßig teilzunehmen und die ihnen obliegenden Pflichten zu erfüllen,
3. als Ausbildende oder Ausbildender entgegen § 71 Abs. 2 Auszubildende nicht zur Erfüllung der schulischen Pflichten anhält oder die hierfür erforderliche Zeit nicht gewährt.

(2) Die Ordnungswidrigkeit kann mit einer Geldbuße geahndet werden.

§ 177 Schulzwang
Kinder und Jugendliche, die ihrer Schulpflicht nicht nachkommen, können der Schule zwangsweise zugeführt werden.

Zweiter Abschnitt
Übergangsvorschriften

§ 178 Überprüfung
Die Landesregierung überprüft bis zum 31. Juli 2020 die Auswirkungen des Gesetzes zur Einführung der inklusiven Schule vom 23. März 2012 (Nds. GVBl. S. 34) einschließlich der damit zusammenhängenden weiteren gesetzlichen Änderungen; die Überprüfung erfolgt anschließend im Vier-Jahres-Rhythmus.

§ 179 Übergangsregelung für die Ausbildung zur Altenpflegerin oder zum Altenpfleger
(1) Auf eine am 31. Dezember 2019 bestehende Berufsfachschule – Altenpflege – sind die Vorschriften dieses Gesetzes und der aufgrund dieses Gesetzes erlassenen Verordnungen in der am 31. Dezember 2019 geltenden Fassung längstens bis zum 31. Dezember 2024 weiter anzuwenden.
(2) Zwischen der oder dem Auszubildenden, dem Träger der praktischen Ausbildung und der Pflegeschule kann schriftlich vereinbart werden, dass eine vor Ablauf des 31. Dezember 2019 begonnene Ausbildung zur Altenpflegerin oder zum Altenpfleger abweichend von § 66 Abs. 2 Satz 1 PflBG mit Beginn des Schuljahres 2020/ 2021 nach den ab dem 1. Januar 2020 geltenden Vorschriften fortgesetzt wird.

§ 179a *[aufgehoben]*

§ 180 Ämter mit zeitlicher Begrenzung
Auf Antrag ist Inhaberinnen und Inhabern eines höherwertigen Amtes, denen ihr Amt für sieben Jahre übertragen wurde, die Übertragungszeit bis auf zwei Jahre zu verkürzen.

§ 181 Schulversuche
Schulverfassungsversuche, die vor dem 1. August 1980 unbefristet genehmigt worden sind, können bis auf Widerruf fortgeführt werden.

§ 182 Weiterführung besonderer Schulen
Bestehende öffentliche Schulen mit besonderem pädagogischen Auftrag können, auch abweichend von der in den §§ 5 bis 20 geregelten Gliederung des Schulwesens, in ihrer bisherigen pädagogischen und organisatorischen Form weitergeführt und entsprechend ihrem Auftrag fortentwickelt werden.

§ 183 Sonderregelungen für Hauptschulen und Realschulen
[1]Bis zum 31. Juli 2011 genehmigte organisatorisch zusammengefasste Haupt- und Realschulen können weitergeführt werden. [2]Eine bestehende organisatorische Zusammenfassung mit einer Grundschule oder einer Förderschule bleibt unberührt. [3]§ 106 Abs. 1 bleibt im Übrigen unberührt.

§ 183a Sonderregelungen für Oberschulen
(1) [1]An neu errichteten Oberschulen sind die Vorschriften für die Oberschule im ersten Schuljahr nach ihrer Errichtung nur auf den ersten Schuljahrgang anzuwenden. [2]Für die übrigen Schuljahrgänge sind die Vorschriften weiter anzuwenden, die für die entsprechenden bisherigen Schulformen gelten.
(2) Ersetzt der Träger einer Ersatzschule ein Unterrichtsangebot ab dem 5. Schuljahrgang, für das er finanzhilfeberechtigt ist, durch die Schulform Oberschule, so gewährt das Land die Finanzhilfe für die Oberschule auf Antrag abweichend von § 149 Abs. 1 vom Zeitpunkt ihrer Genehmigung und Anerkennung an.

§ 183b Übergangsregelungen für Kooperative Gesamtschulen
(1) Am 31. Juli 2011 bestehende Gesamtschulen, in denen die Hauptschule, die Realschule und das Gymnasium als aufeinander bezogene Schulzweige in einer Schule verbunden sind (Kooperative Gesamtschulen), können weitergeführt werden; auf sie ist § 12 Abs. 2 in der bis zum 31. Juli 2011 geltenden Fassung anzuwenden.
(2) [1]§ 5 Abs. 3 Nr. 3 Buchst. a und § 12 Abs. 2 sind erstmalig auf die Schuljahrgänge anzuwenden, die sich im Schuljahr 2015/2016 im 5. bis 8. Schuljahrgang befinden. [2]Auf die übrigen Schuljahrgänge

sind § 5 Abs. 3 Nr. 3 Buchst. b und § 12 Abs. 4 in der bis zum 31. Juli 2011 geltenden Fassung weiter anzuwenden.

(3) Der Schulvorstand einer Kooperativen Gesamtschule kann entscheiden, dass in den Schuljahrgängen 5 bis 8 der Unterricht, abweichend von § 12 Abs. 2 Satz 2 in der bis zum 31. Juli 2011 geltenden Fassung, überwiegend in schulzweigübergreifenden Lerngruppen erteilt wird.

(4) [1]Kooperative Gesamtschulen, denen aufgrund von § 12 Abs. 3 Satz 3 in der bis zum 31. Juli 2010 geltenden Fassung eine Gliederung nach Schuljahrgängen genehmigt wurde, können mit dieser Gliederung weitergeführt werden. [2]Der Unterricht ist in schulzweigspezifischen und schulzweigübergreifenden Lerngruppen zu erteilen, wobei der schulzweigspezifische Unterricht ab dem 9. Schuljahrgang überwiegen muss.

§ 183c Übergangsvorschriften zur inklusiven Schule

(1) [1]Die §§ 4 und 14 sind für Schülerinnen und Schüler, die auf sonderpädagogische Unterstützung angewiesen sind, erstmals auf die Schuljahrgänge anzuwenden, die sich im Schuljahr 2013/2014 im 1. oder 5. Schuljahrgang befinden. [2]Wenn der Schulträger zu den nach Absatz 2 für die inklusive Schule erforderlichen Maßnahmen bereit ist, sind die §§ 4 und 14 bereits im Schuljahr 2012/2013 auf den neuen 1. Schuljahrgang anzuwenden. [3]Im Übrigen sind die §§ 4, 14 und 68 in der bis zum 31. Juli 2012 geltenden Fassung weiter anzuwenden.

(2) Für den Primarbereich ist in den Förderschwerpunkten geistige Entwicklung, körperliche und motorische Entwicklung, Sehen und Hören § 108 Abs. 1 Satz 1 bis zum 31. Juli 2018 mit der Maßgabe anzuwenden, dass der Schulträger zur Errichtung der erforderlichen Schulanlagen, zur Ausstattung mit der notwendigen Einrichtung und zur ordnungsgemäßen Unterhaltung von inklusiven Schulen nur insoweit verpflichtet ist, als jede Schülerin und jeder Schüler, die oder der auf sonderpädagogische Unterstützung angewiesen ist, eine Grundschule als inklusive Schule unter zumutbaren Bedingungen erreichen können muss.

(3) Für den Sekundarbereich I ist § 108 Abs. 1 Satz 1 bis zum 31. Juli 2018 mit der Maßgabe anzuwenden, dass der Schulträger zur Errichtung der erforderlichen Schulanlagen, zur Ausstattung mit der notwendigen Einrichtung und zur ordnungsgemäßen Unterhaltung von inklusiven Schulen nur insoweit verpflichtet ist, als jede Schülerin und jeder Schüler, die oder der auf sonderpädagogische Unterstützung angewiesen ist,

1. eine Hauptschule, eine Oberschule oder eine Gesamtschule,
2. eine Realschule, eine Oberschule oder eine Gesamtschule und
3. ein Gymnasium oder eine Gesamtschule

als inklusive Schule unter zumutbaren Bedingungen erreichen können muss.

(4) Auf Antrag des Schulträgers kann die Schulbehörde genehmigen, dass die Absätze 2 und 3 über den 31. Juli 2018 hinaus, längstens bis zum 31. Juli 2024, anzuwenden sind, wenn der Schulträger einen Plan dazu vorlegt, wie er den Anforderungen des § 4 in seinen Schulen Rechnung tragen wird.

(5) [1]Der Schulträger kann bei der Schulbehörde beantragen, dass er am 31. Juli 2018 bestehende Förderschulen im Förderschwerpunkt Lernen im Sekundarbereich I bis längstens zum Ende des Schuljahres 2027/2028 fortführen darf. [2]Der Antrag wird genehmigt, wenn die Entwicklung der Schülerzahlen die Fortführung rechtfertigt und der Schulträger einen Plan nach Absatz 4 vorlegt. [3]Eine nach Satz 1 fortgeführte Schule darf letztmalig zum Beginn des Schuljahres 2022/2023 Schülerinnen und Schüler in den 5. Schuljahrgang aufnehmen. [4]Statt der Fortführung einer Förderschule nach Satz 1 kann der Schulträger beantragen, dass er an einer anderen allgemeinbildenden Schule im Sekundarbereich I (§ 5 Abs. 2 Nr. 1 Buchst. b bis f) Lerngruppen für Schülerinnen und Schüler mit Bedarf an sonderpädagogischer Unterstützung im Förderschwerpunkt Lernen einrichten und bis längstens zum Ende des Schuljahres 2027/2028 führen darf; die Sätze 2 und 3 gelten entsprechend. [5]Besteht im Gebiet eines Landkreises oder einer kreisfreien Stadt am 31. Juli 2018 keine Förderschule im Förderschwerpunkt Lernen im Sekundarbereich I, so können Schulträger beantragen, dass sie Lerngruppen für Schülerinnen und Schüler mit Bedarf an sonderpädagogischer Unterstützung im Förderschwerpunkt Lernen im Sekundarbereich I an einer anderen allgemeinbildenden Schule (§ 5 Abs. 2 Nr. 1 Buchst. b bis f) einrichten und bis längstens zum Ende des Schuljahres 2027/2028 führen dürfen; die Sätze 2 und 3 gelten entsprechend.

(6) Für Schülerinnen und Schüler mit Bedarf an sonderpädagogischer Unterstützung gilt
1. in den Fällen des Absatzes 2 oder 3 auch die inklusiv betriebene Schule,
2. in den Fällen des Absatzes 5 Satz 4 oder 5 auch die für den Förderschwerpunkt Lernen eingerichtete Lerngruppe

als nächste Schule im Sinne des § 114 Abs. 3 Satz 2.

(7) Am 31. Juli 2015 bestehende Förderschulen im Förderschwerpunkt Sprache können fortgeführt werden.

(8) [1]Für Schülerinnen und Schüler, die auf sonderpädagogische Unterstützung angewiesen sind und die 1. in den Fällen des Absatzes 1 Satz 1 am Ende des Schuljahrs 2012/2013 oder 2. in den Fällen des Absatzes 1 Satz 2 am Ende des Schuljahrs 2011/2012 eine Integrationsklasse besuchen, kann diese Klasse in den nachfolgenden Schuljahrgängen fortgeführt werden, bis jene Schülerinnen und Schüler den jeweiligen Schulbereich verlassen. [2]§ 23 Abs. 3 in der bis zum 31. Juli 2012 geltenden Fassung ist weiterhin anzuwenden.

§ 184 Übergangsregelung für die Berufung in den Landesschulbeirat

Die Berufung der Vertreterinnen und Vertreter nach § 171 Abs. 1 Nr. 4 Buchst. f bis h erfolgt erstmalig im ersten Kalendervierteljahr 2018 zusammen mit der Berufung der übrigen Vertreterinnen und Vertreter nach § 171 Abs. 1 Nr. 4.

§ 184a ***[aufgehoben]***

§ 185 Übergangsregelung für die Berufseinstiegsschule

[1]Am 31. Juli 2020 bestehende Berufseinstiegsschulen, die nur das Berufsvorbereitungsjahr führen, können als Klasse 1 der Berufseinstiegsschule weitergeführt werden. [2]Am 31. Juli 2020 bestehende Berufseinstiegsschulen, die nur die Berufseinstiegsklasse führen, können als Klasse 2 der Berufseinstiegsschule weitergeführt werden.

§ 185a ***[aufgehoben]***

§ 186 Schulträgerschaft für allgemeinbildende Schulen

Gemeinden und Samtgemeinden bleiben abweichend von § 102 Abs. 2 Schulträger der allgemeinbildenden Schulformen, für die ihre Schulträgerschaft am 1. August 1980 bestanden hat.

§ 187 Übergang von Schulvermögen

(1) [1]Ändert sich nach den Vorschriften dieses Gesetzes die Schulträgerschaft, so gehen Grundstücke, die unmittelbar schulischen Zwecken dienen, Schuleinrichtungen und sonstige mit der Schulträgerschaft unmittelbar verbundene Rechte und Verpflichtungen auf den neuen Schulträger über. [2]Die Schulbehörden ersuchen die zuständigen Behörden um Berichtigung des Grundbuches und anderer öffentlicher Bücher und Register. [3]Rechtshandlungen, die aus Anlaß eines Wechsels der Schulträgerschaft erforderlich werden, sind frei von öffentlichen Abgaben. [4]Das gleiche gilt für Berichtigungen, Eintragungen und Löschungen. [5]Von Beurkundungs- und Beglaubigungsgebühren wird Befreiung gewährt.

(2) [1]Führt ein gesetzlicher Wechsel in der Schulträgerschaft nach Absatz 1 dazu, daß eine Schulanlage in das Eigentum verschiedener Schulträger fällt, so haben die beteiligten Schulträger ihre Rechte und Verpflichtungen durch eine Vermögensauseinandersetzung zu regeln. [2]Dabei sind der jetzige Verwendungszweck des betroffenen Schulvermögens, der mittelfristige Bedarf der beteiligten Schulträger und die Aufwendungen des bisherigen Schulträgers zu berücksichtigen. [3]Die Landesregierung wird ermächtigt, das Verfahren, insbesondere die Einsetzung von Schiedsstellen, und die Grundsätze der Auseinandersetzung durch Verordnung näher zu regeln. [4]Im übrigen gilt Absatz 1 Sätze 3 bis 5 entsprechend.

(3) Im Fall des § 102 Abs. 5 sind Absatz 1 Sätze 3 bis 5 sowie Absatz 2 entsprechend anzuwenden.

§ 188 Kostenerstattung für Bedienstete Dritter

[1]Bedienstete Dritter, die Schülerinnen oder Schüler mit Behinderungen außerschulisch betreuen, können abweichend von § 53 Abs. 1 Satz 1 als pädagogische Mitarbeiterinnen oder Mitarbeiter an einer Förderschule beschäftigt werden, wenn und soweit in dieser Funktion Bedienstete Dritter am 31. Juli 1991 dort beschäftigt waren. [2]Die dafür erforderlichen Kosten trägt das Land.

§ 189 Übergangsregelung für die Schülerbeförderung
Solange Schülerinnen und Schüler den Besuch derjenigen Schule fortsetzen, die sie im Schuljahr 2014/2015 zuletzt besucht haben, ist auf sie § 114 in der bis zum 31. Juli 2015 geltenden Fassung weiter anzuwenden.

§ 189a Rahmenrichtlinien
[1]Soweit für allgemein bildende Schulen Lehrpläne nach § 122 Abs. 1 noch nicht erlassen sind, wird der Unterricht auf der Grundlage von Rahmenrichtlinien erteilt. [2]§ 122 Abs. 2 und 3 gilt entsprechend.

§ 190 Werte und Normen
Das Fach Werte und Normen (§ 128) ist als Prüfungsfach in der gymnasialen Oberstufe, im Beruflichen Gymnasium, im Abendgymnasium und im Kolleg einzurichten, sobald hierfür die erforderlichen Unterrichtsangebote entwickelt sind und geeignete Lehrkräfte zur Verfügung stehen.

§ 191 Evangelische Schulen in freier Trägerschaft
Für zwei anerkannte Ersatzschulen, die von den evangelischen Landeskirchen zu benennen sind, wird Finanzhilfe abweichend von § 149 Abs. 1 bereits vom Zeitpunkt der Genehmigung an gewährt.

§ 192 Übergangsvorschriften zur Finanzhilfe
(1) [1]Abweichend von § 150 Abs. 8 werden einem Schulträger auf Antrag bis zu 20 vom Hundert des bereinigten Grundbetrages als Altersvorsorgeaufwendungen erstattet, wenn

1. laufende Direktversorgungsleistungen, die einer angemessenen Zusatzversorgung dienen und die von dem Schulträger oder einer von ihm getragenen Unterstützungskasse
   a) bereits seit der Zeit vor dem 1. August 1981 an ehemalige Lehrkräfte der Ersatzschule geleistet werden,
   b) an ehemalige Lehrkräfte geleistet werden, die am 31. Juli 1981 das 55. Lebensjahr bereits vollendet hatten, oder
   c) an Hinterbliebene der Lehrkräfte nach Buchstabe a und b geleistet werden,
2. laufende Umlagebeiträge für Lehrpersonal, das am 1. Januar 1990 bei der Niedersächsischen Versorgungskasse oder einer gleichartigen Versorgungskasse angemeldet war, wenn der Schulträger mit dem Versorgungsträger das Auslaufen der Mitgliedschaft vereinbart hat, oder Umlagebeiträge für unbesetzte Stellen und Beiträge zum Ausgleich des Unterschiedes zwischen den Umlagebeiträgen und den von der Versorgungskasse tatsächlich gewährten Versorgungsleistungen geleistet werden.

[2]Die Leistungen nach Satz 1 Nr. 2 werden auch über 20 vom Hundert des bereinigten Grundbetrages hinaus in voller Höhe erstattet, soweit der Schulträger durch eine vor dem 1. August 1993 getroffene Vereinbarung mit dem Versorgungsträger über das Auslaufen der Mitgliedschaft so belastet wird, dass 20 vom Hundert des bereinigten Grundbetrages nicht ausreichen, um die Leistungen nach Satz 1 und die Arbeitgeberanteile zur gesetzlichen Rentenversicherung und zur Zusatzversicherung nach § 150 Abs. 8 zu decken.
(2) [1]Soweit sich für eine vor dem 1. August 2007 finanzhilfeberechtigte Schule aufgrund der getrennten Berechnung der Schülerbeträge für die Sekundarbereiche I und II nach § 150 eine geringere Finanzhilfe als bei einer Anwendung des für das Schuljahr 2006/2007 für die Finanzhilfe maßgeblichen Rechts ergibt, ist für diese Schule die Finanzhilfe bis einschließlich des Schuljahres 2010/2011 nach den für das Schuljahr 2006/2007 geltenden Bestimmungen festzusetzen. [2]Dies gilt nicht, wenn sich die geringere Finanzhilfe nur aus einer Abweichung in beiden Sekundarbereichen von den durch die Verordnung nach § 150 Abs. 4 bestimmten Schülerstunden ergibt.

Dritter Abschnitt
Schlussvorschriften, Inkrafttreten

§ 193 Aufhebung des Berufsgrundbildungsjahres
(1) [1]Die eingeführten schulischen Berufsgrundbildungsjahre werden aufgehoben. [2]Die nach § 106 erteilten Genehmigungen zur Errichtung eines schulischen Berufsgrundbildungsjahres werden widerrufen.

(2) Für das Schuljahr 2008/2009 sind die Vorschriften über schulische Berufsgrundbildungsjahre und über die Anrechnung der Berufsfachschule auf die Berufsausbildung in der bis zum 31. Juli 2008 geltenden Fassung weiter anzuwenden.

§ 194 ***[aufgehoben]***

§ 195 Sonderregelung für die Stadt Göttingen

(1) Die für kreisfreie Städte geltenden Vorschriften dieses Gesetzes sind auf die Stadt Göttingen nicht anzuwenden (§ 16 Abs. 2 NKomVG).

(2) Abweichend von § 102 Abs. 2 ist die Stadt Göttingen in ihrem Gebiet auch Schulträger für die allgemeinbildenden Schulen nach § 5 Abs. 2 Nr. 1 Buchst. b bis i.

§ 196 ***[aufgehoben]***

§ 197[1] Inkrafttreten

(1) Dieses Gesetz tritt am 1. August 1974 in Kraft.

(2) Abweichend von Absatz 1 treten in Kraft

1. am 1. Januar 1975: § 96 Abs. 5, § 184 und 185 Abs. 1,
2. am 1. August 1975: § 134,
3. am 1. Januar 1976: § 183.

1) **Amtl. Anm.:** Die Vorschrift betrifft das Inkrafttreten und die Paragraphenfolge des Gesetzes in der ursprünglichen Fassung vom 30. Mai 1974 (Nds. GVBl. S. 289). Der Zeitpunkt des Inkrafttretens der späteren Änderungen ergibt sich aus den in den Bekanntmachungen vom 18. August 1975 (Nds. GVBl. S. 255), 6. November 1980 (Nds. GVBl. S. 425) und 27. September 1993 (Nds. GVBl. S. 383) sowie in der vorangestellten Bekanntmachung näher bezeichneten Gesetzen.

Niedersächsisches Hochschulgesetz (NHG)[1)]

In der Fassung vom 26. Februar 2007[2)] (Nds. GVBl. S. 69)
(VORIS 22210)

zuletzt geändert durch Art. 7 G zur Änd. des BerufsqualifikationsfeststellungsG und weiterer fachspezifischer Regelungen zur Anerkennung ausländischer Berufsqualifikationen vom 23. März 2022 (Nds. GVBl. S. 218)

Nichtamtliche Inhaltsübersicht

1) Die Änderungen durch Art. 11 G v. 10.12.2020 (Nds. GVBl. S. 477), treten gem. Art. 16 für Universitäten und gleichgestellte Hochschulen mWv 1.4.2020 und für Fachhochschulen mWv 1.3.2020 in Kraft.
2) Neubekanntmachung des NHG v. 24.6.2002 (Nds. GVBl. S. 286) in der ab 1.1.2007 geltenden Fassung.

Erster Teil
Hochschulen in staatlicher Verantwortung

Erstes Kapitel
Allgemeine Bestimmungen

Erster Abschnitt
Grundlagen

§ 1 Staatliche Verantwortung

(1) [1]Die Hochschulen in Trägerschaft des Staates und die Hochschulen in Trägerschaft von rechtsfähigen Stiftungen des öffentlichen Rechts (Stiftungen) stehen in staatlicher Verantwortung. [2]Diese umfasst die Hochschulentwicklungsplanung des Landes (Landeshochschulplanung) und die Finanzierung der Hochschulen.

(2) [1]Die staatliche Finanzierung der Hochschulen orientiert sich an deren Aufgaben und den von ihnen erbrachten Leistungen. [2]Dabei sind auch Fortschritte bei der Erfüllung des Gleichstellungsauftrags nach § 3 Abs. 3 zu berücksichtigen. [3]Die Kriterien der Finanzierung sind den Hochschulen und dem Landtag offen zu legen.

(3) [1]Das für die Hochschulen zuständige Ministerium (Fachministerium) trifft mit jeder Hochschule aufgrund der Landeshochschulplanung und der Entwicklungsplanung der jeweiligen Hochschule Zielvereinbarungen, die sich in der Regel auf mehrere Jahre beziehen. [2]Die Entwicklungsplanung soll die Entwicklungs- und Leistungsziele in ihren Grundzügen bestimmen. [3]Zielvereinbarungen mit einer Hochschule in Trägerschaft einer Stiftung werden zugleich mit der Stiftung getroffen. [4]Gegenstände der Zielvereinbarungen sind insbesondere

1. die Zahl der Studienplätze und die Studiengänge mit Ausnahme der in der Entwicklungsplanung enthaltenen weiterbildenden Masterstudiengänge,
2. die hochschulspezifische Erfüllung der Aufgaben nach § 3,
3. die Erhebung von Gebühren und Entgelten und
4. die Höhe der laufenden Zuführungen des Landes an die Hochschulen in Trägerschaft des Staates oder die Höhe der jährlichen Finanzhilfen an die Stiftungen.

[5]Die Hochschulen berichten dem Fachministerium auf dessen Aufforderung über den Stand der Verwirklichung der vereinbarten Ziele.

(4) [1]Leistungsverpflichtungen des Landes aus einer Zielvereinbarung stehen unter dem Vorbehalt der Festsetzungen des Haushaltsplans des Landes und des Bundes sowie eventueller Nachtragshaushalte. [2]Verpflichtet sich das Land zu Leistungen, in die Leistungen Dritter, die unter Vorbehalt stehen, eingerechnet sind, so ist dies bei der Beschreibung und finanziellen Bewertung von Projekten in die Zielvereinbarung aufzunehmen. [3]Tritt ein Vorbehaltsfall ein, so ist die Zielvereinbarung anzupassen.

(5) Wenn und soweit eine Zielvereinbarung nicht zustande kommt, kann das Fachministerium nach Anhörung der Hochschule und, im Fall des Absatzes 3 Satz 3 auch der Stiftung, eine Zielvorgabe erlassen, wenn dies zur Sicherung der Hochschulentwicklung der jeweiligen Hochschule oder der Hochschulen in staatlicher Verantwortung geboten ist.

§ 2 Hochschulen

[1]Hochschulen in staatlicher Verantwortung sind:

1. die Universitäten und gleichgestellten Hochschulen
   a) Technische Universität Braunschweig,
   b) Hochschule für Bildende Künste Braunschweig,
   c) Technische Universität Clausthal,
   d) Universität Göttingen mit der Universitätsmedizin Göttingen,
   e) Hochschule für Musik, Theater und Medien Hannover,
   f) Medizinische Hochschule Hannover,
   g) Tierärztliche Hochschule Hannover,
   h) Universität Hannover,
   i) Universität Hildesheim,
   j) Universität Lüneburg,
   k) Universität Oldenburg,

l) Universität Osnabrück,
m) Universität Vechta;
2. die Hochschulen für angewandte Wissenschaften (Fachhochschulen)
a) Hochschule Braunschweig/Wolfenbüttel,
b) Hochschule Emden/Leer,
c) Hochschule Hannover,
d) Hochschule Hildesheim/Holzminden/Göttingen,
e) Norddeutsche Hochschule für Rechtspflege,
f) Hochschule Osnabrück,
g) Hochschule Wilhelmshaven/Oldenburg/Elsfleth.

[2]Die Grundordnung kann eine Ergänzung des Namens der Hochschule, insbesondere um einen profilkennzeichnenden Zusatz bestimmen.

§ 3 Aufgaben der Hochschulen

(1) [1]Aufgaben der Hochschulen sind
1. die Pflege und Entwicklung der Wissenschaften und Künste durch Forschung, Lehre, Studium und Weiterbildung in einem freiheitlichen, demokratischen und sozialen Rechtsstaat,
2. die Vorbereitung auf berufliche Tätigkeiten, die die Anwendung wissenschaftlicher Erkenntnisse und Methoden oder die Fähigkeit zu künstlerischer Gestaltung voraussetzen,
3. die Förderung des wissenschaftlichen und künstlerischen Nachwuchses,
4. die Förderung des Wissens- und Technologietransfers sowie von Unternehmensgründungen aus der Hochschule heraus,
5. die Förderung der internationalen Zusammenarbeit im Hochschulbereich und des Austauschs zwischen deutschen und ausländischen Hochschulen unter besonderer Berücksichtigung der Belange ausländischer Studierender,
6. die Weiterbildung ihres Personals,
7. die Mitwirkung an der sozialen Förderung der Studierenden unter Berücksichtigung der besonderen Bedürfnisse von Studierenden mit Kindern oder pflegebedürftigen Angehörigen und Studierenden mit Behinderungen oder chronischen Erkrankungen, wobei die Hochschulen dafür Sorge tragen, dass Studierende mit Behinderungen oder chronischen Erkrankungen in ihrem Studium nicht benachteiligt werden und die Angebote der Hochschule möglichst ohne fremde Hilfe in Anspruch nehmen können,
8. die Vergabe von Stipendien an Studierende insbesondere aufgrund besonderer Leistungen, herausgehobener Befähigungen, herausragender ehrenamtlicher Tätigkeiten oder Tätigkeiten in der Hochschulselbstverwaltung sowie zur Förderung der unter Nummer 5 genannten Ziele,
9. die Förderung der kulturellen und musischen Belange sowie des Sports an den Hochschulen,
10. die Unterrichtung der Öffentlichkeit über die Erfüllung ihrer Aufgaben sowie über ihre Veranstaltungen und
11. die Kontaktpflege mit ehemaligen Mitgliedern der Hochschule.

[2]Die Hochschulen tragen den berechtigten Interessen ihres Personals an guten Beschäftigungsbedingungen, insbesondere an unbefristeten Beschäftigungsverhältnissen und bei befristeten Beschäftigungsverhältnissen an möglichst langen Laufzeiten sowie an der gleichberechtigten Teilhabe von Beschäftigten mit Behinderung, angemessen Rechnung. [3]Zur Wahrnehmung der Belange von Studierenden mit Behinderungen oder chronischen Erkrankungen (Satz 1 Nr. 7) bestellt die Hochschule eine Beauftragte oder einen Beauftragten; das Nähere regelt die Grundordnung. [4]Die Hochschulen können andere Aufgaben übernehmen, soweit diese mit ihren gesetzlichen Aufgaben zusammenhängen und deren Erfüllung durch die Wahrnehmung der neuen Aufgaben nicht beeinträchtigt wird.

(2) [1]Die Hochschulen entwickeln und betreiben in der Regel im Verbund von Hochschulbibliotheken, Hochschulrechenzentren, Einrichtungen zum Einsatz digitaler Medien in der Lehre und anderen Einrichtungen hochschulübergreifend und gemeinsam mit anderen Einrichtungen koordinierte Informationsinfrastrukturen. [2]Sie ermöglichen der Öffentlichkeit den Zugang zu wissenschaftlicher Information.

(3) [1]Die Hochschulen fördern bei der Wahrnehmung ihrer Aufgaben die tatsächliche Durchsetzung der Chancengleichheit von Frauen und Männern und wirken auf die Beseitigung bestehender Nachteile hin (Gleichstellungsauftrag). [2]Sie tragen zur Förderung der Frauen- und Geschlechterforschung bei.

(4) [1]Den Universitäten und den gleichgestellten Hochschulen obliegt die Ausbildung des wissenschaftlichen und künstlerischen Nachwuchses. [2]Die Fachhochschulen dienen den angewandten Wissenschaften oder der Kunst durch Lehre, Studium, Weiterbildung sowie praxisnahe Forschung und Entwicklung.

(5) [1]Die Medizinische Hochschule Hannover und die Universitätsmedizin Göttingen (humanmedizinische Einrichtungen) sowie die Tierärztliche Hochschule Hannover erbringen zusätzlich Dienstleistungen im Rahmen des öffentlichen Gesundheitswesens. [2]Die humanmedizinischen Einrichtungen nehmen auch Aufgaben der Krankenversorgung, die Tierärztliche Hochschule Hannover nimmt solche der tiermedizinischen Versorgung wahr. [3]Die humanmedizinischen Einrichtungen und die Tierärztliche Hochschule Hannover beteiligen sich an der Ausbildung von Angehörigen anderer als ärztlicher Heilberufe.

(6) [1]Der HochschuleEmden/Leer obliegt die seemännische Fachschulausbildung als staatliche Aufgabe. [2]Die Organisation der Ausbildung kann abweichend vom Zweiten Teil des Niedersächsischen Schulgesetzes erfolgen.

(7) Die Hochschulen können im Zusammenwirken mit den Schulen besonders befähigte Schülerinnen und Schüler ausbilden.

(8) [1]Das Fachministerium wird ermächtigt, nach § 40 Abs. 2 Satz 1 des Bundesausbildungsförderungsgesetzes (BAföG) durch Verordnung Ämter für Ausbildungsförderung bei den Hochschulen oder bei Studentenwerken einzurichten und ihnen auch die Zuständigkeit für andere Auszubildende zu übertragen, die Ausbildungsförderung wie Studierende an Hochschulen erhalten. [2]In der Verordnung kann auch bestimmt werden, dass die Ämter für Ausbildungsförderung die Studentenwerke zur Durchführung ihrer Aufgaben heranziehen und dass ein an einer Hochschule errichtetes Amt für Ausbildungsförderung auch zuständig ist für Auszubildende, die an anderen Hochschulen eingeschrieben sind. [3]Soweit Ämter für Ausbildungsförderung bei Studentenwerken errichtet sind, ist deren örtliche Zuständigkeit durch Verordnung des Fachministeriums zu bestimmen.

(9) [1]Das Fachministerium kann an Hochschulen Studienkollegs errichten. [2]Das Studienkolleg bereitet die Kollegiatinnen und Kollegiaten, deren ausländische Bildungsnachweise einer deutschen Hochschulzugangsberechtigung nicht entsprechen, auf die nach § 18 Abs. 11 Satz 1 abzulegende Prüfung vor. [3]Es vermittelt ihnen insbesondere den für ein erfolgreiches Studium notwendigen Bildungsstand.

§ 4 Zusammenwirken

(1) [1]Die Hochschulen bilden eine Landeshochschulkonferenz, um Aufgaben, die ihr ständiges Zusammenwirken erfordern, besser wahrnehmen zu können; zur Wahrnehmung der Interessen der Universitätsmedizin Göttingen entsendet dessen Vorstand eine Vertreterin oder einen Vertreter. [2]Die Landeshochschulkonferenz soll in ihre Beratungen die Personalvertretungen der Hochschulen in geeigneter Weise einbeziehen.

(2) [1]Die Hochschulen wirken im besonderen öffentlichen und gemeinsamen Interesse auch außerhalb der Landeshochschulkonferenz zusammen, um insbesondere die gegenseitige Abstimmung sowie die Nutzung von Lehrangeboten, Personal, Sachmitteln und der vorhandenen Infrastruktur für Forschung und Lehre zu verbessern und ihre Aufgabe nach § 3 Abs. 2 zu erfüllen. [2]Sie streben dabei insbesondere die Zusammenarbeit in Forschung und Lehre durch gemeinsame Einrichtungen nach § 36a, gemeinsame Forschungsprojekte, die Mitnutzung von Einrichtungen und Geräten und die Einrichtung gemeinsamer Studiengänge oder anderer Studienformate an. [3]Im Rahmen des Zusammenwirkens erbringen die Hochschulen Leistungen in der Regel unentgeltlich. [4]Das Nähere über das Zusammenwirken regeln die Hochschulen durch eine langfristige öffentlich-rechtliche Vereinbarung (Verwaltungsvereinbarung). [5]Die Hochschulen dürfen von ihren Mitgliedern und Angehörigen die für das Zusammenwirken nach Satz 1 erforderlichen und in einer Ordnung bestimmten personenbezogenen Daten einschließlich besonderer Kategorien personenbezogener Daten im Sinne des Artikels 9 Abs. 1 der Datenschutz-Grundverordnung verarbeiten. [6]Auf das Zusammenwirken von Hochschulen mit staatlichen und staatlich geförderten Forschungs- und Bildungseinrichtungen sind die Sätze 1 bis 5 entsprechend anzuwenden.

§ 5 Evaluation von Forschung und Lehre

(1) [1]Die Hochschule ermöglicht mindestens einmal jährlich eine Bewertung der Qualität der Lehrveranstaltungen durch die Studierenden. [2]Die Hochschule bewertet in regelmäßigen Abständen die Er-

füllung ihrer Aufgaben in Forschung und Lehre (interne Evaluation) und berücksichtigt dabei, wie sie ihrem Gleichstellungsauftrag (§ 3 Abs. 3 Satz 1) Rechnung getragen und zur Förderung der Frauen- und Geschlechterforschung (§ 3 Abs. 3 Satz 2) beigetragen hat. [3]In die Bewertung der Lehre bezieht die Hochschule auch die Ergebnisse nach Satz 1 ein und beteiligt die Studierenden. [4]Das Nähere, insbesondere zum Verfahren der internen Evaluation und den dabei anzuwendenden Evaluationskriterien, regelt die Hochschule in einer Ordnung.

(2) Zur Qualitätssicherung und -verbesserung führen unabhängige, wissenschaftsnahe Einrichtungen in angemessenen Abständen externe Evaluationen durch.

(3) Die Ergebnisse der Verfahren nach den Absätzen 1 und 2 sind zu veröffentlichen.

Zweiter Abschnitt

Studium und Lehre

§ 6 Studiengänge und ihre Akkreditierung; Regelstudienzeit; Studienberatung

(1) Studiengänge im Sinne dieses Gesetzes werden durch Prüfungsordnungen geregelt und führen in der Regel zu einem berufsqualifizierenden Abschluss durch eine Hochschulprüfung oder eine staatliche oder eine kirchliche Prüfung.

(2) [1]Nach Maßgabe der in den Zielvereinbarungen (§ 1 Abs. 3) getroffenen Festlegungen richtet die Hochschule Studiengänge ein, nimmt wesentliche Änderungen von Studiengängen vor oder schließt sie; die Einrichtung, Schließung und wesentliche Änderung weiterbildender Masterstudiengänge, die in der Entwicklungsplanung (§ 1 Abs. 3 Satz 2) enthalten sind, sind dem Fachministerium anzuzeigen. [2]Studiengänge sind nach Maßgabe des Studienakkreditierungsstaatsvertrages vom 1./20. Juni 2017 (Nds. GVBl. S. 290) in der jeweils geltenden Fassung und der auf seiner Grundlage erlassenen Verordnungen zu akkreditieren und zu reakkreditieren; Gleiches gilt für wesentliche Änderungen am Akkreditierungsgegenstand eines Studiengangs, wenn diese nicht von dessen bestehender Akkreditierung umfasst sind. [3]Die Aufnahme des Studienbetriebs setzt den erfolgreichen Abschluss der Akkreditierung voraus. [4]Das Fachministerium kann Ausnahmen von den Sätzen 2 und 3 zulassen. [5]In einer Zielvereinbarung können Fristen für eine erneute Akkreditierung oder für eine ausnahmsweise nachzuholende Akkreditierung eines Studiengangs bestimmt werden. [6]Das Fachministerium ist zuständig für den Erlass von Verordnungen nach Artikel 4 Abs. 1 bis 5 und Artikel 16 des Studienakkreditierungsstaatsvertrages sowie für die sonstigen sich aus dem Studienakkreditierungsstaatsvertrag ergebenden Aufgaben. [7]Satz 5 gilt nicht, wenn die Qualitätssicherungsverfahren der Hochschule akkreditiert sind (Systemakkreditierung). [8]Abweichend von Satz 1 wird ein Studiengang durch Verfügung des Fachministeriums geschlossen, wenn er entgegen der Zielvereinbarung angeboten wird.

(3) [1]Für jeden Studiengang ist eine Regelstudienzeit festzulegen, die maßgebend ist für die Gestaltung der Studiengänge und des Lehrangebots sowie die Ermittlung und Feststellung der Ausbildungskapazitäten. [2]Die Regelstudienzeit beträgt bei Studiengängen mit dem Abschluss

1. Bachelor mindestens drei und höchstens vier Jahre und
2. Master mindestens ein Jahr und höchstens zwei Jahre.

[3]Bei konsekutiven Studiengängen, die zu einem Bachelorgrad und einem darauf aufbauenden Mastergrad führen, beträgt die Gesamtregelstudienzeit höchstens fünf Jahre. [4]Andere Regelstudienzeiten dürfen in besonders begründeten Fällen festgesetzt werden; dies gilt insbesondere für berufsbegleitende Bachelor- und Masterstudiengänge sowie für Studiengänge, die in besonderen Studienformen wie Kompakt- oder Teilzeitstudiengängen für Studierende angeboten werden.

(4) [1]Die Hochschulen unterstützen die Studierenden beim Erwerb einer internationalen Qualifikation insbesondere durch Integration und Vermittlung von Studienzeiten im Ausland. [2]Im Ausland erbrachte Studien- und Prüfungsleistungen werden als Studien- und Prüfungsleistungen nach Maßgabe eines von den Mitgliedstaaten der Europäischen Union allgemein anerkannten Bewertungssystems in inhaltlich vergleichbaren Studiengängen anerkannt. [3]Für Absolventinnen und Absolventen eines Hochschulstudiums sind zur Vermittlung weiterer wissenschaftlicher oder beruflicher Qualifikationen oder zur Vertiefung eines Studiums postgraduale Studiengänge anzubieten; postgraduale Studiengänge an Universitäten und gleichgestellten Hochschulen können auch der Heranbildung des wissenschaftlichen und künstlerischen Nachwuchses dienen. [4]Postgraduale Studiengänge, die zu einem Mastergrad führen, dauern höchstens zwei Jahre; Absatz 3 Satz 4 gilt entsprechend.

(5) [1]Die Studierenden haben einen Anspruch auf umfassende Beratung über Inhalte, Aufbau und Anforderungen eines Studiums. [2]Die Hochschulen nehmen die Studienberatung als eigene Aufgabe wahr.

§ 7 Prüfungen und Leistungspunktsystem; staatliche Anerkennungen; Studienorientierungsverfahren

(1) [1]In Studiengängen mit einer Regelstudienzeit von mindestens vier Jahren findet eine Zwischenprüfung statt. [2]Prüfungen sollen studienbegleitend abgenommen werden. [3]Die an einer anderen deutschen Hochschule in dem gleichen oder einem verwandten Studiengang abgelegte Vor- oder Zwischenprüfung wird anerkannt.

(2) [1]Studien- und Prüfungsleistungen sollen auf der Grundlage eines Leistungspunktsystems bewertet werden. [2]Leistungspunkte werden auf gleiche oder verwandte Studiengänge derselben oder anderer Hochschulen ohne besondere Gleichwertigkeitsprüfung nach Maßgabe der Prüfungsordnung angerechnet.

(3) [1]Hochschulprüfungen werden auf der Grundlage von Prüfungsordnungen abgelegt. [2]Prüfungsordnungen sind so zu gestalten, dass

1. die Gleichwertigkeit einander entsprechender Prüfungen und
2. die Anerkennung von
   a) an anderen Hochschulen im In- und Ausland erbrachten Studien- und Prüfungsleistungen und
   b) beruflich erworbenen Kompetenzen

   nach Maßgabe der Gleichwertigkeit

gewährleistet ist. [3]In den Prüfungsordnungen ist vorzusehen, dass Studien- und Prüfungsleistungen, die an einer Hochschule eines Vertragsstaates des Übereinkommens über die Anerkennung von Qualifikationen im Hochschulbereich in der europäischen Region vom 11. April 1997 (BGBl. 2007 II S. 712) erbracht wurden, anerkannt werden, wenn keine wesentlichen Unterschiede zu den an der Hochschule zu erbringenden entsprechenden Studien- und Prüfungsleistungen bestehen. [4]Prüfungsordnungen sollen insbesondere Regelungen über die Verleihung und Führung von Graden und Titeln, die Regelstudienzeit, den Freiversuch, die Befugnis zur Abnahme von Prüfungen, die Bewertung von Prüfungsleistungen und die Einstufungsprüfung enthalten. [5]Prüfungsordnungen müssen die besonderen Belange von Studierenden mit Behinderungen oder chronischen Erkrankungen zur Wahrung ihrer Chancengleichheit berücksichtigen.

(4) [1]Prüfungsordnungen dürfen vorsehen, dass Prüfungen, die ihrer Natur nach dafür geeignet sind, in elektronischer Form und ohne Verpflichtung, persönlich in einem bestimmten Prüfungsraum anwesend sein zu müssen, durchgeführt werden können. [2]Im Fall des Satzes 1 muss die Prüfungsordnung insbesondere Bestimmungen enthalten

1. zur Sicherung des Datenschutzes,
2. zur Sicherstellung der persönlichen Leistungserbringung durch die Prüflinge während der gesamten Prüfungsdauer,
3. zur eindeutigen Authentifizierung der Prüflinge,
4. zur Verhinderung von Täuschungshandlungen und
5. zum Umgang mit technischen Problemen.

(5) [1]Studien- und Prüfungsordnungen dürfen eine Verpflichtung der Studierenden zur Anwesenheit in Lehrveranstaltungen nur vorsehen, wenn diese erforderlich ist, um das Ziel einer Lehrveranstaltung zu erreichen. [2]Die Hochschule darf von den Prüflingen eine Versicherung an Eides statt verlangen und abnehmen, wonach die Prüfungsleistung von ihnen selbständig und ohne unzulässige fremde Hilfe erbracht worden ist. [3]Die Prüfungsordnungen können bestimmen, dass die Bachelor- oder die Masterprüfung oder eine sonstige Prüfung als endgültig nicht bestanden gilt, wenn geforderte Prüfungsleistungen nicht innerhalb eines vorgegebenen Zeitraums erbracht werden und die oder der Studierende dies zu vertreten hat oder wenn die oder der Studierende bei der Erbringung einer Prüfungsleistung täuscht. [4]Studien- und Prüfungsordnungen können vorsehen, dass Lehrveranstaltungen und Prüfungen auch in Fremdsprachen durchgeführt werden können.

(6) [1]Die Hochschulen können studienbegleitende Prüfungen sowie Vor-, Zwischen- und Abschlussprüfungen für nicht eingeschriebene Personen (Externenprüfungen) durchführen, wenn das jeweilige Fach und die fachliche Prüfungskompetenz durch hauptberuflich tätige Professorinnen und Professoren der Hochschule vertreten sind. [2]Sie können diese Prüfungen auch für Studierende durchführen, die

wegen eines Auslandssemesters beurlaubt sind. [3]Das Nähere regelt eine Ordnung, die der Genehmigung bedarf. [4]Die Ordnung kann die Erhebung von Prüfungsgebühren vorsehen.

(7) [1]Die Hochschulen können die Einschreibung in bestimmte Studiengänge von der Teilnahme an einem Studienorientierungsverfahren abhängig machen. [2]Das Studienorientierungsverfahren soll insbesondere dazu dienen, den Teilnehmerinnen und Teilnehmern eine Einschätzung der eigenen Kenntnisse und Fähigkeiten, die für die getroffene Studienwahl bedeutsam sind, zu ermöglichen. [3]Zudem können die Hochschulen die verpflichtende Teilnahme an Vor-, Ergänzungs- und Brückenkursen vorsehen, wenn sich aus dem Ergebnis des Studienorientierungsverfahrens weiterer Unterstützungsbedarf ergibt; das Ergebnis des Studienorientierungsverfahrens hat jedoch keine Auswirkungen auf den Hochschulzugang. [4]Das Nähere zu Ausgestaltung und Durchführung des Studienorientierungsverfahrens regelt eine Ordnung. [5]Für die Teilnahme am Studienorientierungsverfahren sowie an Vor-, Ergänzungs- und Brückenkursen werden keine Gebühren oder Entgelte erhoben.

(8) [1]Das Fachministerium wird ermächtigt, durch Verordnung zu bestimmen, dass Personen, die ein Hochschulstudium auf dem Gebiet der Sozialen Arbeit, der Bildung und Erziehung in der Kindheit oder der Heilpädagogik abgeschlossen haben, von der Hochschule eine staatliche Anerkennung ihrer Berufsqualifikation erhalten. [2]In einer Verordnung nach Satz 1 können auch geregelt werden

1. das Verfahren und die örtliche Zuständigkeit für die staatliche Anerkennung,
2. weitere Voraussetzungen für die staatliche Anerkennung, insbesondere eine von der Hochschule gelenkte berufspraktische Tätigkeit, das Bestehen einer weiteren Prüfung, Sprachkenntnisse und Zuverlässigkeit,
3. die Geltung entsprechender staatlicher Anerkennungen nach dem Recht eines anderen Landes oder Staates sowie
4. das Verfahren für die staatliche Anerkennung ausländischer Berufsqualifikationen.

[3]Das Niedersächsische Berufsqualifikationsfeststellungsgesetz findet keine Anwendung mit Ausnahme der §§ 13b, 13c, 14a, 15a und 17, die für die Fälle des Satzes 2 Nr. 4 gelten.

§ 8 Inländische Grade

(1) [1]Aufgrund einer Hochschulprüfung, mit der ein erster berufsqualifizierender Abschluss erworben wird, verleiht die Hochschule einen Bachelorgrad. [2]Aufgrund einer Hochschulprüfung, mit der ein weiterer berufsqualifizierender Abschluss erworben wird, verleiht die Hochschule einen Mastergrad.

(2) [1]Für berufsqualifizierende Abschlüsse in künstlerischen Studiengängen oder in Studiengängen, die in Kooperation mit einer ausländischen Hochschule durchgeführt werden, können die Hochschulen andere als die in Absatz 1 genannten Grade verleihen. [2]In Studiengängen, die in Kooperation mit einer ausländischen Hochschule durchgeführt werden, können diese anderen Grade auch zusätzlich verliehen werden.

§ 9 Promotion; Doktorandinnen und Doktoranden

(1) [1]Die Universitäten und gleichgestellten Hochschulen haben das Recht zur Promotion in den von ihnen vertretenen Fächern, soweit sie in diesen universitäre Masterstudiengänge oder diesen entsprechende Studiengänge, die mit einem Staatsexamen abschließen, anbieten. [2]Die Promotion ist der Nachweis der Befähigung zu selbständiger vertiefter wissenschaftlicher Arbeit; er wird durch eine Dissertation und eine mündliche Prüfung erbracht. [3]Die Promotion berechtigt zum Führen des Doktorgrades mit einem das Fachgebiet kennzeichnenden Zusatz. [4]Promotionsverfahren sollen auch mit anderen Hochschulen, insbesondere mit Fachhochschulen, und mit Forschungseinrichtungen außerhalb der Hochschulen durchgeführt werden (kooperative Promotionsverfahren). [5]Hochschullehrerinnen und Hochschullehrer von kooperierenden Hochschulen, auch von kooperierenden Fachhochschulen, sollen bei kooperativen Promotionsverfahren als Betreuerin oder Betreuer mit gleichen Rechten und Pflichten bestellt werden; sie können auch die Aufgabe der Hauptbetreuung wahrnehmen. [6]Die Grundordnung kann vorsehen, dass Hochschullehrerinnen und Hochschullehrer von Fachhochschulen, die in kooperativen Promotionsverfahren mitwirken, Mitglieder der Universität oder gleichgestellten Hochschule nach Satz 1 werden.

(2) [1]Zur Promotion kann als Doktorandin oder Doktorand zugelassen werden, wer einen Master-, Diplom- oder Magister-Studiengang oder einen diesen entsprechenden Studiengang, der zu einem Staatsexamen führt, abgeschlossen hat. [2]Personen mit besonderer Befähigung, denen ein Bachelorgrad verliehen wurde, können nach einer Eignungsfeststellung zur Promotion zugelassen werden. [3]Die

Hochschulen sollen zur Ausbildung und Betreuung von Doktorandinnen und Doktoranden Promotionsstudiengänge anbieten. 4Doktorandinnen und Doktoranden sollen sich als Promotionsstudierende einschreiben.

(3) 1Promotionsverfahren werden auf der Grundlage von Promotionsordnungen durchgeführt, die von dem für das Fach zuständigen Fakultätsrat zu beschließen sind. 2Die Promotionsordnung regelt zur Sicherstellung der Qualität der Betreuung des Promotionsvorhabens ein Verfahren zur Annahme als Doktorandin oder als Doktorand, die weiteren Voraussetzungen für die Zulassung zum Promotionsverfahren, das Nähere zur Eignungsfeststellung nach Absatz 2 Satz 2 und zur Durchführung des Promotionsverfahrens sowie die Voraussetzungen für kooperative Promotionsverfahren. 3§ 7 Abs. 4 Satz 2 gilt entsprechend. 4Das Verfahren zur Annahme als Doktorandin oder als Doktorand kann auch in einer anderen Ordnung als der Promotionsordnung geregelt werden.

(4) 1Die angenommenen Doktorandinnen und Doktoranden wählen die Mitglieder einer Promovierendenvertretung. 2Das Nähere zur Wahl der Promovierendenvertretung regelt die Hochschule in einer Ordnung. 3Die Promovierendenvertretung berät über die die Doktorandinnen und Doktoranden betreffenden Fragen und gibt hierzu gegenüber den Organen der Hochschule Empfehlungen ab. 4Der Fakultätsrat hat der Promovierendenvertretung Gelegenheit zu geben, zu Entwürfen von Promotionsordnungen Stellung zu nehmen. 5Ein Mitglied der Promovierendenvertretung nimmt in der Regel an den Sitzungen des Senats und des Fakultätsrats beratend teil.

(5) 1Die Hochschule kann aufgrund einer Ordnung weitere Grade verleihen. 2Eine Ordnung kann vorsehen, dass der Abschluss einer mindestens zweisemestrigen Meisterklasse oder eines Konzertexamens zum Führen einer hierauf hinweisenden Bezeichnung berechtigt.

§ 9a Habilitation

(1) 1Die Universitäten und die gleichgestellten Hochschulen haben das Habilitationsrecht in dem Umfang, in dem ihnen das Promotionsrecht zusteht. 2Die Habilitation dient dem Nachweis herausgehobener Befähigung zu selbständiger wissenschaftlicher Forschung und zu qualifizierter selbständiger Lehre. 3Die Zulassung zur Habilitation setzt eine Promotion oder den Nachweis einer gleichwertigen Befähigung voraus.

(2) 1Mit der Habilitation wird der oder dem Habilitierten die Befugnis zur selbständigen Lehre an der Hochschule für ein bestimmtes wissenschaftliches Fach oder Fachgebiet erteilt (Lehrbefugnis). 2Die Erteilung der Lehrbefugnis berechtigt zur Führung des Titels „Privatdozentin" oder „Privatdozent"; der Doktorgrad kann um einen auf die Habilitation hinweisenden Zusatz ergänzt werden. 3Rechte und Pflichten aus einem eventuell bestehenden Dienstverhältnis zur Hochschule werden durch die Lehrbefugnis nicht berührt. 4Sie begründet kein Beamten- oder Arbeitsverhältnis und keinen Anspruch auf einen Arbeitsplatz.

(3) 1Das Nähere regelt die Habilitationsordnung. 2§ 7 Abs. 4 Satz 2 gilt entsprechend.

§ 10 Ausländische Grade, Titel und Bezeichnungen

(1) 1Ein ausländischer Hochschulgrad, der von einer nach dem Recht des Herkunftslandes anerkannten Hochschule aufgrund eines durch Prüfung abgeschlossenen Studiums verliehen worden ist, kann in der verliehenen Form unter Angabe der verleihenden Hochschule geführt werden. 2Dabei kann die verliehene Form gegebenenfalls in lateinische Schrift übertragen und die im Herkunftsland zugelassene oder nachweislich allgemein übliche Abkürzung geführt sowie eine wörtliche Übersetzung in Klammern hinzugefügt werden. 3Die Regelungen finden auch Anwendung auf staatliche und kirchliche Grade. 4Eine Umwandlung in einen entsprechenden inländischen Grad findet nicht statt.

(2) 1Ein ausländischer Ehrengrad, der von einer nach dem Recht des Herkunftslandes zur Verleihung berechtigten Stelle verliehen wurde, kann nach Maßgabe der für die Verleihung geltenden Rechtsvorschriften in der verliehenen Form unter Angabe der verleihenden Stelle geführt werden. 2Absatz 1 Satz 2 gilt entsprechend. 3Ausgeschlossen von der Führung sind Ehrengrade, wenn die ausländische Institution kein Recht zur Vergabe des entsprechenden Grades nach Absatz 1 besitzt.

(3) Die Regelungen der Absätze 1 und 2 gelten entsprechend für Hochschultitel und Hochschultätigkeitsbezeichnungen.

(4) Das Fachministerium wird ermächtigt, von den Absätzen 1 bis 3 abweichende, begünstigende Regelungen aufgrund von Äquivalenzvereinbarungen, Vereinbarungen der Länder oder für Berechtigte nach dem Bundesvertriebenengesetz, durch Verordnung zu treffen.

(5) [1]Eine von den Absätzen 1 bis 4 abweichende Grad- und Titelführung ist untersagt. [2]Entgeltlich erworbene Grade, Titel und Hochschultätigkeitsbezeichnungen dürfen nicht geführt werden. [3]Wer einen ausländischen Grad, Titel oder eine ausländische Hochschultätigkeitsbezeichnung führt, hat auf Verlangen einer zuständigen öffentlichen Stelle die Berechtigung hierzu urkundlich nachzuweisen.

Dritter Abschnitt

Verwaltungskostenbeitrag; Studienguthaben; Gebühren und Entgelte

§ 11 Verwaltungskostenbeitrag

(1) [1]Die Hochschulen in staatlicher Verantwortung erheben für ihren Träger von den Studierenden für jedes Semester einen Verwaltungskostenbeitrag in Höhe von 75 Euro und für jedes Trimester einen Verwaltungskostenbeitrag in Höhe von 50 Euro. [2]Hiervon ausgenommen sind

1. ausländische Studierende, die eingeschrieben werden
   a) aufgrund eines zwischenstaatlichen oder übernationalen Abkommens oder einer Hochschulpartnerschaft, soweit Gegenseitigkeit besteht, oder
   b) im Rahmen von Förderprogrammen, die überwiegend aus öffentlichen Mitteln des Bundes oder der Länder finanziert werden,
2. Studierende, die für ein ganzes Semester oder Trimester beurlaubt sind,
3. Studierende, die ein aus öffentlichen Mitteln finanziertes Stipendium für ein Promotionsstudium oder gleichstehendes Studium erhalten, und
4. Studierende an der Norddeutschen Hochschule für Rechtspflege.

(2) [1]Von einer oder einem Studierenden in einem hochschulübergreifenden Studiengang an mehreren Hochschulen ist der Verwaltungskostenbeitrag nur von einer der Hochschulen zu erheben. [2]Welche Hochschule den Verwaltungskostenbeitrag erhebt, regeln die Hochschulen durch Vereinbarung.

(3) [1]Der Verwaltungskostenbeitrag wird erhoben für das Leistungsangebot der Einrichtungen zur Verwaltung und Betreuung der Studierenden. [2]Hierzu zählt insbesondere das Leistungsangebot der Verwaltungseinrichtungen für die Immatrikulation, für Prüfungen, für Praktika, für Studienberatung ohne Studienfachberatung und für akademische Auslandsangelegenheiten. [3]Nicht dazu gehört das Leistungsangebot zur Feststellung der Hochschulzugangsberechtigung sowie in Eignungsfeststellungs- und Auswahlverfahren für den Hochschulzugang und die Hochschulzulassung.

§ 12 Studienguthaben

(1) Für das Studium an Hochschulen in staatlicher Verantwortung werden Langzeitstudiengebühren nicht erhoben, solange die oder der Studierende über ein Studienguthaben verfügt.

(2) [1]Das Studienguthaben ergibt sich aus der Zahl der Semester der Regelstudienzeit für den gewählten grundständigen Studiengang zuzüglich sechs weiterer Semester. [2]Für einen konsekutiven Masterstudiengang erhöht sich das Studienguthaben um die Zahl der Semester der Regelstudienzeit für diesen Studiengang. [3]Hat die oder der Studierende den für den Masterstudiengang qualifizierenden Abschluss an einer im Ausland gelegenen Hochschule oder an einer im Inland gelegenen Hochschule, die nicht dauerhaft staatlich gefördert wird, erworben, so ergibt sich das Studienguthaben aus der Zahl der Semester der doppelten Regelstudienzeit des Masterstudiengangs. [4]Bei einem Parallelstudium an derselben Hochschule oder an mehreren Hochschulen in Niedersachsen richtet sich das Studienguthaben nach dem Studiengang mit der längsten Regelstudienzeit. [5]Bei einem hochschulübergreifenden Studiengang an einer Hochschule in Niedersachsen und einer Hochschule eines anderen Bundeslandes richtet sich das Studienguthaben nach den Regelungen des Bundeslandes, die das höchste Studienguthaben vorsehen. [6]Das Studienguthaben vermindert sich um die Zahl der gebührenfreien Semester eines vorangegangenen Studiums an einer im Inland gelegenen Hochschule, die in staatlicher Verantwortung steht oder dauerhaft staatlich gefördert wird. [7]Bei der Berechnung des Studienguthabens entsprechen drei Trimester zwei Semestern. [8]Für ein Teilzeitstudium im Sinne des § 19 Abs. 2 Satz 1 erhöht sich das Studienguthaben um ein Semester für je zwei Semester des Teilzeitstudiums oder um ein Trimester für je zwei Trimester des Teilzeitstudiums, wenn die Hochschule als Obergrenze nach § 19 Abs. 2 Satz 2 höchstens 50 vom Hundert der Leistungspunkte eines Vollzeitstudiengangs festgelegt hat. [9]Hat die Hochschule die Obergrenze für die Leistungspunkte höher oder niedriger als 50 vom Hundert festgelegt, so erhöht sich das Studienguthaben entsprechend geringer oder stärker. [10]Ergeben sich bei der Berechnung der Erhöhung des Studienguthabens Bruchteile, so werden sie addiert; die

Summe wird anschließend auf volle Semester oder Trimester aufgerundet. [11]Für das Studium in einem Teilzeitstudiengang gelten die Sätze 8 bis 10 mit der Maßgabe entsprechend, dass sich nur das die Regelstudienzeit übersteigende Studienguthaben erhöht und an die Stelle einer Festlegung nach § 19 Abs. 2 Satz 2 die Regelungen der Prüfungsordnung über den Erwerb der Leistungspunkte in dem Teilzeitstudiengang treten.

(3) [1]Das Studienguthaben wird nicht verbraucht in Semestern oder Trimestern, in denen die oder der Studierende

1. beurlaubt ist,
2. ein Kind im Sinne des § 25 Abs. 5 BAföG tatsächlich betreut, das zu Beginn des Semesters oder Trimesters das 14. Lebensjahr noch nicht vollendet hat,
3. eine nahe Angehörige oder einen nahen Angehörigen im Sinne des § 7 Abs. 3 des Pflegezeitgesetzes pflegt und die Pflegebedürftigkeit im Sinne des § 3 Abs. 2 des Pflegezeitgesetzes nachgewiesen worden ist,
4. als gewählte Vertreterin oder gewählter Vertreter in einem Organ der Hochschule, der Studierendenschaft oder des Studentenwerks tätig ist oder
5. das Amt der Gleichstellungsbeauftragten wahrnimmt.

[2]Satz 1 Nrn. 4 und 5 findet für höchstens zwei Semester oder drei Trimester Anwendung.

(4) [1]Die oder der Studierende ist auf Verlangen der Hochschule verpflichtet, die für die Berechnung des Studienguthabens erforderlichen Angaben zu machen und die hierfür erforderlichen Unterlagen vorzulegen. [2]Kommt die oder der Studierende diesen Verpflichtungen innerhalb einer von der Hochschule gesetzten angemessenen Frist nicht nach, so wird vermutet, dass das Studienguthaben verbraucht ist. [3]Die Vermutung kann bis zum Ende des nächstfolgenden Semesters oder Trimesters durch Nachholung der erforderlichen Angaben und Vorlage der geforderten Unterlagen widerlegt werden.

§ 13 Langzeitstudiengebühren, sonstige Gebühren und Entgelte

(1) [1]Verfügt eine Studierende oder ein Studierender nicht mehr über ein Studienguthaben, so erhebt die Hochschule in staatlicher Verantwortung für das Land von ihr oder ihm wegen der erhöhten Inanspruchnahme der staatlich finanzierten Hochschulinfrastruktur eine Langzeitstudiengebühr in Höhe von 500 Euro für jedes Semester oder 333 Euro für jedes Trimester. [2]Die Langzeitstudiengebühr wird nicht erhoben für ein Semester oder ein Trimester, in dem die oder der Studierende

1. beurlaubt ist,
2. ein Kind im Sinne des § 25 Abs. 5 BAföG tatsächlich betreut, das zu Beginn des Semesters oder Trimesters das 14. Lebensjahr noch nicht vollendet hat,
3. eine nahe Angehörige oder einen nahen Angehörigen im Sinne des § 7 Abs. 3 des Pflegezeitgesetzes pflegt und die Pflegebedürftigkeit im Sinne des § 3 Abs. 2 des Pflegezeitgesetzes nachgewiesen worden ist,
4. eine in der Studien- oder Prüfungsordnung vorgesehene Studienzeit im Ausland absolviert,
5. ein in der Studien- oder Prüfungsordnung vorgesehenes praktisches Studiensemester absolviert oder
6. das Praktische Jahr nach § 1 Abs. 2 Satz 1 Nr. 1 der Approbationsordnung für Ärzte absolviert oder die praktische Ausbildung nach § 3 Abs. 1 Satz 5 der Approbationsordnung für Ärzte nachbereitet.

[3]Die Höhe der Langzeitstudiengebühren nach Satz 1 vermindert sich für Studierende in einem Teilzeitstudiengang oder in einem Teilzeitstudium im Sinne des § 19 Abs. 2 Satz 1 anteilig in dem Maß, in dem in einem Semester oder Trimester weniger Leistungspunkte erworben werden können als in einem Semester oder Trimester eines Vollzeitstudiengangs. [4]Von einer oder einem Studierenden in einem hochschulübergreifenden Studiengang an mehreren Hochschulen ist die Langzeitstudiengebühr nur von einer der Hochschulen zu erheben. [5]Welche Hochschule die Langzeitstudiengebühr erhebt und wie das Gebührenaufkommen zu verteilen ist, regeln die Hochschulen durch Vereinbarung. [6]Die Sätze 4 und 5 gelten entsprechend bei einem Parallelstudium an einer oder mehreren Hochschulen in Niedersachsen. [7]Langzeitstudiengebühren werden erhoben für die lehrbezogenen fachlichen Leistungen der Lehreinheiten und zentralen Einrichtungen sowie für Lehr- und Lernmaterialien.

(2) [1]Von den Einnahmen nach Absatz 1 Satz 1 stehen den Hochschulen jährlich 5 000 000 Euro zur Verfügung. [2]Die Aufteilung auf die Hochschulen und, bei Hochschulen in Trägerschaft von Stiftungen, auf die Stiftungen erfolgt entsprechend dem jeweiligen Anteil der Hochschule an der Gesamtzahl der

Studierenden, die die Regelstudienzeit um mehr als vier Semester überschritten haben. [3]Die Mittel sollen insbesondere verwendet werden, um den Studierenden, die die Regelstudienzeit überschritten haben, Angebote zu unterbreiten, die einen zügigen Studienabschluss unterstützen.

(3) [1]Die Hochschulen in staatlicher Verantwortung können für das Studium in berufsbegleitenden Studiengängen Gebühren oder Entgelte erheben. [2]Gleiches gilt für die Inanspruchnahme von Angeboten internationaler Kooperationsstudiengänge, in deren Rahmen mehrere Hochschulen einen gemeinsamen Studiengang einrichten und einen gemeinsamen Hochschulgrad vergeben oder mehrere Studiengänge curricular aufeinander abstimmen und den Erwerb mehrerer Hochschulgrade ermöglichen. [3]Für die Inanspruchnahme anderer als der in den Sätzen 1 und 2 sowie in § 12 Abs. 2 Sätze 1 und 2 bezeichneten Studienangebote sind die Hochschulen in staatlicher Verantwortung zur Erhebung von Gebühren oder Entgelten verpflichtet; hiervon ausgenommen sind Studienangebote zur Heranbildung des wissenschaftlichen und künstlerischen Nachwuchses. [4]Die Gebühren oder Entgelte sind nach dem Aufwand der Hochschulen zu bemessen und sollen diesen decken. [5]Zum Aufwand gehören auch die Kosten für die Konzeption, Einführung, Durchführung und Aktualisierung von Studienangeboten. [6]In den Fällen der Sätze 1 und 2, bei einem staatlichen Interesse sowie bei der Markteinführung von Studienangeboten können die Hochschulen abweichend von den Sätzen 4 und 5 auch nicht kostendeckende Gebühren oder Entgelte erheben.

(4) Die Hochschulen in staatlicher Verantwortung erheben von Studierenden, die das 60. Lebensjahr vollendet haben, je Semester eine Studiengebühr von 800 Euro.

(5) [1]Die Hochschulen in staatlicher Verantwortung erheben von Gasthörerinnen und Gasthörern je Semester eine Gebühr in Höhe von mindestens

1. 50 Euro bei einer Belegung bis vier Semesterwochenstunden,
2. 75 Euro bei einer Belegung von mehr als vier Semesterwochenstunden und
3. 125 Euro bei Einzelunterricht.

[2]Für die Erbringung von Studienleistungen und die Ablegung von Prüfungen wird eine gesonderte Gebühr erhoben, die nach dem Aufwand der Hochschule zu bemessen ist und diesen decken soll. [3]Satz 1 gilt nicht für Gasthörerinnen und Gasthörer, die Studierende einer anderen niedersächsischen Hochschule in staatlicher Verantwortung sind.

(6) [1]Für die Nutzung von Hochschuleinrichtungen durch Personen, die nicht Mitglieder oder Angehörige der Hochschule sind, und für Angebote des allgemeinen Hochschulsports können die Hochschulen in staatlicher Verantwortung Gebühren oder Entgelte erheben. [2]Entsprechendes gilt, wenn Mitglieder oder Angehörige der Hochschulen die Einrichtungen für außerhochschulische Zwecke nutzen. [3]Nutzungsentgelte aus Nebentätigkeiten bleiben hiervon unberührt.

(7) Die Gebühren nach den Absätzen 4 und 5 sind entsprechend anzupassen, wenn das Studienjahr in Trimester eingeteilt ist.

(8) [1]Das Fachministerium wird ermächtigt, im Einvernehmen mit dem Finanzministerium die Erhebung von Gebühren für die Benutzung der wissenschaftlichen Bibliotheken durch Verordnung zu regeln. [2]Die Gebühren sind nach dem Maß des Verwaltungsaufwandes oder nach dem Wert des Gegenstandes der Amtshandlung zu bemessen. [3]Für die Überschreitung von Leihfristen sind Mahngebühren oder Verzugsgebühren festzusetzen.

(9) [1]Zur Bestimmung der Höhe der Gebühren und Entgelte nach den Absätzen 3, 5 und 6 erlässt das Präsidium eine Ordnung. [2]Vor Erlass der Ordnung ist die Fakultät zu hören.

§ 14[1)] Fälligkeit und Billigkeitsmaßnahmen

(1) [1]Der Verwaltungskostenbeitrag nach § 11, die Langzeitstudiengebühr nach § 13 Abs. 1 sowie die Gebühren und Entgelte nach § 13 Abs. 3 werden erstmals bei der Einschreibung fällig und dann jeweils mit Ablauf der durch die Hochschule festgelegten Rückmeldefrist. [2]Die Gebühr nach § 13 Abs. 5 wird mit der Anmeldung fällig. [3]Entgelte sind vor Veranstaltungsbeginn zu entrichten. [4]Die Hochschule kann für die Fälligkeit der Gebühren und Entgelte nach § 13 Abs. 3 abweichende Regelungen treffen.

(2) [1]Die Gebühren und Entgelte nach § 13 können auf Antrag ganz oder teilweise erlassen werden, wenn die Entrichtung zu einer unbilligen Härte führen würde. [2]Eine unbillige Härte liegt hinsichtlich der Langzeitstudiengebühr in der Regel vor

---

1) § 14 Abs. 2 Satz 5, angef. durch G v. 10.12.2020 (Nds. GVBl. S. 477), tritt gem. Art. 16 für Universitäten und gleichgestellte Hochschulen mWv 1.4.2020 und für Fachhochschulen mWv 1.3.2020 in Kraft.

1. bei studienzeitverlängernden Auswirkungen einer Behinderung oder schweren Erkrankung oder
2. bei studienzeitverlängernden Folgen als Opfer einer Straftat.

[3]Das Vorliegen der Voraussetzungen nach Satz 2 Nr. 1 ist durch eine amtsärztliche Bescheinigung nachzuweisen. [4]Ein Antrag nach Satz 1 kann längstens bis einen Monat nach Vorlesungsende des Semesters gestellt werden. [5]Über die Sätze 1 bis 4 hinaus kann die Hochschule mit Zustimmung des Fachministeriums die Gebühren und Entgelte nach § 13 für alle Studierenden oder bestimmte Gruppen von Studierenden ganz oder teilweise erlassen, soweit dies wegen der Auswirkungen

1. einer festgestellten epidemischen Lage von nationaler Tragweite,
2. einer festgestellten epidemischen Lage von landesweiter Tragweite,
3. eines festgestellten Katastrophenfalls oder
4. einer sonstigen besonderen Lage, aufgrund derer Studium und Lehre an der Hochschule mindestens für einen überwiegenden Teil des Semesters oder Trimesters nur eingeschränkt oder nicht möglich sind,

der Billigkeit entspricht.

Vierter Abschnitt

Studienqualitätsmittel

§ 14a Gewährung von Studienqualitätsmitteln

(1) [1]Zur Sicherung und Verbesserung der Qualität der Lehre und der Studienbedingungen gewährt das Land den Hochschulen in staatlicher Verantwortung mit Ausnahme der Norddeutschen Hochschule für Rechtspflege, für jede Studierende und jeden Studierenden in einem grundständigen Studiengang oder in einem konsekutiven Masterstudiengang während der Regelstudienzeit zuzüglich einmalig vier weiterer Semester oder Trimester zusätzliche Mittel (Studienqualitätsmittel). [2]Studienzeiten an Hochschulen im Geltungsbereich des Grundgesetzes, die in staatlicher Verantwortung stehen oder dauerhaft staatlich gefördert sind, werden angerechnet. [3]Die Studienqualitätsmittel betragen für jede Studierende und jeden Studierenden 500 Euro für jedes Semester oder 333 Euro für jedes Trimester abzüglich des in den Jahren 2009 bis 2013 landesdurchschnittlichen Anteils von Ausnahmen und Billigkeitsmaßnahmen nach § 11 Abs. 4 und § 14 Abs. 2 in der am 17. Dezember 2013 geltenden Fassung.

(2) [1]Das Fachministerium bestimmt die Höhe der nach Absatz 1 auf die einzelnen Hochschulen entfallenden Beträge. [2]Das Fachministerium regelt im Einvernehmen mit dem Finanzministerium das Nähere zum Verfahren und zur Zahlung der Studienqualitätsmittel.

§ 14b Verwendung der Studienqualitätsmittel

(1) [1]Die Studienqualitätsmittel sind für die Sicherung und Verbesserung der Qualität der Lehre und der Studienbedingungen zu verwenden. [2]In diesem Rahmen sollen sie vorrangig verwendet werden, um das Betreuungsverhältnis zwischen Studierenden und Lehrenden zu verbessern, zusätzliche Tutorien anzubieten und die Ausstattung der Bibliotheken sowie der Lehr- und Laborräume zu verbessern. [3]Studienqualitätsmittel können im Rahmen von Satz 1 zu einem Anteil von bis zu 40 Prozent auch für Maßnahmen zur Verbesserung der lehrbezogenen baulichen Infrastruktur unter Berücksichtigung des Klimaschutzes sowie für Maßnahmen zur Unterstützung der Studienentscheidung von Studieninteressierten, die geeignet sind, eine Steigerung des Studienerfolgs herbeizuführen, verwendet werden. [4]Soweit aus den Studienqualitätsmitteln zusätzliches Lehrpersonal finanziert wird, darf es nur zu solchen Lehraufgaben verpflichtet werden, die das für die Studiengänge erforderliche Lehrangebot ergänzen oder vertiefen. [5]Die Studienqualitätsmittel sind innerhalb von zwei Jahren nach ihrer Zahlung zweckentsprechend zu verausgaben. [6]Die Studienqualitätsmittel, die nicht innerhalb dieser Frist verausgabt werden, vermindern den auf die jeweilige Hochschule nach § 14a Abs. 2 Satz 1 entfallenden Betrag für das nächstfolgende Semester oder Trimester, für das Studienqualitätsmittel noch nicht gewährt wurden, in entsprechender Höhe. [7]Das Fachministerium kann bei Vorliegen besonderer Gründe die Frist des Satzes 4 verlängern.

(2) [1]Die Hochschule bildet eine Studienqualitätskommission, die mindestens zur Hälfte mit Studierenden besetzt ist. [2]Über die Verwendung der Studienqualitätsmittel entscheidet das Präsidium im Einvernehmen mit der Studienqualitätskommission. [3]Erteilt die Studienqualitätskommission ihr Einvernehmen nicht, so unternimmt der Senat auf Antrag des Präsidiums einen Einigungsversuch. [4]Wird

auch danach das Einvernehmen nicht erteilt, so entscheidet das Präsidium abschließend. [5]Das Nähere, insbesondere die Zusammensetzung der Kommission, regelt die Grundordnung.

(3) Soweit die Studienqualitätsmittel pauschal auf die Fakultäten und vergleichbare Organisationseinheiten verteilt sind, tritt an die Stelle der Studienqualitätskommission die Studienkommission (§ 45).

(4) [1]Jede Hochschule berichtet dem Fachministerium zum 31. März und zum 30. September über die Verwendung der Studienqualitätsmittel in den vorangegangenen Semestern oder Trimestern. [2]Die Hochschule veröffentlicht den Bericht auf ihrer Internetseite.

Zweites Kapitel
Die Hochschule als Körperschaft

Erster Abschnitt
Grundlagen

§ 15 Selbstverwaltung

[1]Die Hochschule ist eine Körperschaft des öffentlichen Rechts mit dem Recht der Selbstverwaltung. [2]Sie regelt ihre Angelegenheiten in der Grundordnung und anderen Ordnungen.

§ 16 Mitgliedschaft und Mitwirkung

(1) [1]Mitglieder der Hochschule sind die an der Hochschule nicht nur vorübergehend oder gastweise hauptberuflich Tätigen, die eingeschriebenen Studierenden sowie die angenommenen Doktorandinnen und Doktoranden. [2]Hauptberuflich ist die Tätigkeit, wenn die Arbeitszeit oder der Umfang der Dienstaufgaben mindestens der Hälfte der regelmäßigen Arbeitszeit oder der Hälfte des durchschnittlichen Umfangs der Dienstaufgaben des entsprechenden vollbeschäftigten Personals entspricht. [3]Nicht nur vorübergehend ist eine Tätigkeit, die auf mehr als sechs Monate innerhalb eines Jahres angelegt ist.

(1a) [1]Abweichend von Absatz 1 sind Mitglieder der Hochschule in der Hochschullehrergruppe auch Professorinnen und Professoren sowie Juniorprofessorinnen und Juniorprofessoren, die nach einer gemeinsamen Berufung mit einer wissenschaftlichen Einrichtung außerhalb des Hochschulbereichs oder im Rahmen von Kooperationsvereinbarungen dienstliche Aufgaben an der Hochschule wahrnehmen, ohne an der Hochschule hauptberuflich tätig zu sein. [2]Das Gleiche gilt für Personen, die die Einstellungsvoraussetzungen nach § 25 erfüllen und in einem gemeinsamen Berufungsverfahren nach § 26 Abs. 8 Satz 2 berufen worden sind, für die Dauer des ausschließlichen Beamten- oder Arbeitsverhältnisses bei der wissenschaftlichen Einrichtung. [3]Personen nach Satz 2 sind verpflichtet, an der Hochschule Aufgaben in der Lehre wahrzunehmen. [4]Sie haben das Recht, für die Dauer des Beschäftigungsverhältnisses an der wissenschaftlichen Einrichtung den Titel „Professorin" oder „Professor" zu führen. [5]Das Nähere zu Satz 3 regelt die Grundordnung.

(2) [1]Die Mitglieder der Hochschule haben das Recht und die Pflicht, an der Selbstverwaltung und der Erfüllung der Aufgaben der Hochschule in Organen, beratenden Gremien und Kommissionen mit besonderen Aufgaben mitzuwirken. [2]Wer einem Gremium kraft Amtes als beratendes Mitglied angehört, kann diesem nicht zugleich als gewähltes Mitglied angehören. [3]Die Mitwirkung muss in der Grundordnung und anderen Ordnungen geregelt werden. [4]Je eine Mitgliedergruppe bilden für ihre Vertretung in den nach Gruppen zusammengesetzten Organen und Gremien:

1. die Professorinnen und Professoren sowie die Juniorprofessorinnen und Juniorprofessoren (Hochschullehrergruppe),
2. die wissenschaftlichen und künstlerischen Mitarbeiterinnen und Mitarbeiter sowie die Lehrkräfte für besondere Aufgaben (Mitarbeitergruppe),
3. die Studierenden (Studierendengruppe) und
4. die Mitarbeiterinnen und Mitarbeiter in Technik und Verwaltung (MTV-Gruppe).

[5]Wissenschaftliche und künstlerische Mitarbeiterinnen und Mitarbeiter sowie Lehrkräfte für besondere Aufgaben, die als Privatdozentinnen und Privatdozenten nach § 9a oder außerplanmäßige Professorinnen oder Professoren nach § 35a mit der selbständigen Vertretung ihres Faches betraut sind, gehören der Hochschullehrergruppe an. [6]Doktorandinnen und Doktoranden, die an der Hochschule hauptberuflich (Absatz 1 Satz 2) beschäftigt sind, gehören zur Mitarbeitergruppe, die übrigen Doktorandinnen und Doktoranden zur Gruppe der Studierenden. [7]Kommissionen sind nur dann nach Mitgliedergruppen zusammengesetzt, wenn dies im Gesetz oder der Grundordnung so bestimmt ist.

(3) [1]In nach Mitgliedergruppen zusammengesetzten Gremien und Organen muss die Hochschullehrergruppe über die Mehrheit der Stimmen verfügen. [2]In Angelegenheiten, die den Bereich der Forschung oder ein Berufungsverfahren unmittelbar betreffen, bedürfen Beschlüsse neben der Mehrheit der Mitglieder des Gremiums oder Organs auch der Mehrheit der dem Gremium oder Organ angehörenden Mitglieder der Hochschullehrergruppe; in Berufungsverfahren haben die Mitglieder der MTV-Gruppe kein Stimmrecht. [3]Kommt in den Fällen des Satzes 2 ein Beschluss auch im zweiten Abstimmungsgang nicht zustande, so entscheiden die dem Gremium oder Organ angehörenden Mitglieder der Hochschullehrergruppe abschließend.

(4) [1]Wer an der Hochschule tätig ist, ohne ihr Mitglied zu sein, ist Angehöriger der Hochschule. [2]Die Grundordnung kann weitere Personen zu Angehörigen bestimmen. [3]Angehörige haben kein Wahlrecht. [4]Die Grundordnung regelt die Rechte und die Pflichten der Angehörigen, an der Selbstverwaltung und der Erfüllung der Aufgaben der Hochschule mitzuwirken.

(5) [1]Wahlen erfolgen in freier, gleicher und geheimer Wahl und in der Regel nach den Grundsätzen der personalisierten Verhältniswahl. [2]Bei der Aufstellung von Wahlvorschlägen sollen Frauen zu einem Anteil von mindestens 50 vom Hundert berücksichtigt werden.

(6) [1]Bei Besetzungen von Organen, Gremien und Kommissionen, die nicht aufgrund einer Wahl erfolgen, sollen Frauen angemessen berücksichtigt werden. [2]Mindestens 40 vom Hundert der stimmberechtigten Mitglieder sollen Frauen sein.

(7) Nach Ablauf einer Amtszeit sind die Geschäfte bis zum Beginn einer neuen Amtszeit fortzuführen.

§ 17 Verarbeitung personenbezogener Daten

(1) [1]Die Hochschulen dürfen von Studienbewerberinnen und Studienbewerbern, von Mitgliedern sowie von Angehörigen, die nicht in einem Dienst- oder Arbeitsverhältnis zu ihnen stehen, die für die Einschreibung, die Teilnahme an Lehrveranstaltungen und Prüfungen, die Nutzung von Hochschuleinrichtungen sowie die Kontaktpflege mit ehemaligen Mitgliedern der Hochschule erforderlichen und in Ordnungen bestimmten personenbezogenen Daten, einschließlich besonderer Kategorien personenbezogener Daten im Sinne des Artikels 9 Abs. 1 der Datenschutz-Grundverordnung verarbeiten. [2]Die Hochschulen dürfen von ihren Mitgliedern und Angehörigen personenbezogene Daten einschließlich besonderer Kategorien personenbezogener Daten im Sinne des Artikels 9 Abs. 1 der Datenschutz-Grundverordnung auch verarbeiten, soweit dies zur Aufgabenerfüllung nach dem Hochschulstatistikgesetz in der jeweils geltenden Fassung erforderlich ist. [3]Durch Ordnungen der Hochschule kann die Pflicht zur Verwendung von mobilen Speichermedien begründet werden, die der automatischen Datenverarbeitung insbesondere für Zwecke der Zutrittskontrolle, Identitätsfeststellung, Zeiterfassung, Abrechnung oder Bezahlung dienen.

(2) [1]Die Hochschulen dürfen von ihren Mitgliedern und Angehörigen auch die zur Beurteilung der Bewerbungssituation von Absolventinnen und Absolventen, der Lehr- und Forschungstätigkeit, des Studienangebots sowie des Ablaufs von Studium und Prüfung erforderlichen und in einer Ordnung bestimmten personenbezogenen Daten einschließlich besonderer Kategorien personenbezogener Daten im Sinne des Artikels 9 Abs. 1 der Datenschutz-Grundverordnung verarbeiten. [2]Das Fachministerium kann zu hochschulstatistischen Zwecken Maßnahmen nach Satz 1 verlangen und dabei zur Sicherstellung der hochschulübergreifenden Vergleichbarkeit Vorgaben zum Erhebungs- und Aufbereitungsprogramm sowie zu den einzelnen Erhebungsmerkmalen machen.

(3) [1]In den Ordnungen nach den Absätzen 1 und 2 sind insbesondere nähere Bestimmungen zu den betroffenen Personen, zu den Zwecken der Datenverarbeitung, zur Art der personenbezogenen Daten, die zu den jeweils bestimmten Zwecken verarbeitet werden dürfen, zu den Verfahren der Datenverarbeitung, zu den gewählten technisch-organisatorischen Maßnahmen und zu Löschungspflichten zu treffen. [2]Die Daten nach den Absätzen 1 und 2 sind zum frühestmöglichen Zeitpunkt zu anonymisieren.

(4) Die Hochschulen dürfen die Daten nach den Absätzen 1 und 2 mit Ausnahme besonderer Kategorien personenbezogener Daten auch zur Erfüllung ihrer übrigen Aufgaben nach § 3 sowie zur Evaluation nach § 5 und zur Akkreditierung nach § 6 Abs. 2 verarbeiten.

(5) Die Hochschulen dürfen die Daten nach den Absätzen 1 und 2 mit Ausnahme besonderer Kategorien personenbezogener Daten auch verarbeiten, soweit dies erforderlich ist, um dem Fachministerium die Bestimmung der auf die einzelne Hochschule entfallenden Studienqualitätsmittel nach § 14a Abs. 2 Satz 1 zu ermöglichen.

(6) [1]Die Hochschulen dürfen zur Erfüllung ihrer Aufgaben in der Lehre Lehrveranstaltungen in Bildund Ton aufzeichnen und die damit erhobenen personenbezogenen Daten verarbeiten. [2]Die nach Satz 1 angefertigten Aufnahmen dürfen den zum Besuch der jeweiligen Lehrveranstaltung Berechtigten über hochschuleigene Systeme zugriffsgeschützt zugänglich gemacht werden. [3]Das Nähere regelt eine Ordnung.

Zweiter Abschnitt
Mitglieder

Erster Titel
Studierende

§ 18 Hochschulzugang

(1) [1]Zum Studium in einem grundständigen Studiengang ist berechtigt, wer über die entsprechende deutsche Hochschulzugangsberechtigung verfügt. [2]Eine Hochschulzugangsberechtigung hat, wer

1. a) die allgemeine Hochschulreife,
   b) die fachgebundene Hochschulreife,
   c) die Fachhochschulreife,
   d) eine von dem für die Schulen zuständigen Ministerium allgemein oder für bestimmte Studiengänge als gleichwertig anerkannte schulische Vorbildung oder
2. eine berufliche Vorbildung nach Absatz 4 besitzt.

(2) [1]Die fachgebundene Hochschulreife berechtigt zum Studium in der entsprechenden Fachrichtung; zur Aufnahme eines Studiums in einer anderen Fachrichtung ist berechtigt, wer die hierfür erforderlichen Vorkenntnisse in einer von der Hochschule abzunehmenden Prüfung nachweist. [2]Das Nähere regelt eine Ordnung.

(3) [1]Die Fachhochschulreife berechtigt zum Studium in jeder Fachrichtung an jeder Fachhochschule und zum Studium in der entsprechenden Fachrichtung an Universitäten und gleichgestellten Hochschulen. [2]Die Universität oder gleichgestellte Hochschule kann auf der Grundlage der Akkreditierung der Studiengänge durch Ordnung bestimmen, dass die Fachhochschulreife oder die Fachhochschulreife mit gleichzeitigem Nachweis zusätzlicher studiengangsbezogener Kenntnisse und Fertigkeiten auch zur Aufnahme eines Bachelorstudiengangs in einer anderen Fachrichtung berechtigt. [3]Studierende mit einer Zugangsberechtigung nach Satz 2 sind nach einem Studium von zwei Semestern, in dem sie die geforderten Leistungsnachweise erbracht haben, berechtigt, das Studium in einem Studiengang der gleichen Fachrichtung an einer anderen Universität oder gleichgestellten Hochschule fortzusetzen.

(4) [1]Eine Hochschulzugangsberechtigung für ein Studium in jeder Fachrichtung an jeder Hochschule aufgrund beruflicher Vorbildung besitzt, wer

1. eine Meisterprüfung abgelegt hat,
2. einen Bildungsgang zur staatlich geprüften Technikerin oder zum staatlich geprüften Techniker oder zur staatlich geprüften Betriebswirtin oder zum staatlich geprüften Betriebswirt abgeschlossen hat,
3. einen Fortbildungsabschluss auf Grundlage einer Fortbildungsordnung nach § 53 des Berufsbildungsgesetzes oder § 42 der Handwerksordnung oder von Fortbildungsprüfungsregelungen nach § 54 des Berufsbildungsgesetzes oder § 42f der Handwerksordnung besitzt, der auf einem mindestens 400 Unterrichtsstunden umfassenden Lehrgang beruht,
4. ein Befähigungszeugnis für den nautischen oder technischen Schiffsdienst nach der Schiffsoffizier-Ausbildungsverordnung besitzt, das auf einem mindestens 400 Unterrichtsstunden umfassenden Lehrgang beruht,
5. einen Fachschulabschluss entsprechend der „Rahmenvereinbarung über Fachschulen" der Kultusministerkonferenz vom 7. November 2002 (Nds. MBl. 2010 S. 516) besitzt, oder
6. einen Abschluss aufgrund einer landesrechtlichen Fortbildungsregelung für Berufe im Gesundheitswesen oder für sozialpflegerische oder sozialpädagogische Berufe besitzt, der auf einem mindestens 400 Unterrichtsstunden umfassenden Lehrgang beruht.

[2]Eine Hochschulzugangsberechtigung für ein Studium in der entsprechenden Fachrichtung an jeder Hochschule aufgrund beruflicher Vorbildung besitzt, wer

1. nach Abschluss einer durch Bundes- oder Landesrecht geregelten mindestens dreijährigen Ausbildung in einem anerkannten Ausbildungsberuf in einem dem angestrebten Studiengang fachlich nahe stehenden Bereich diesen Beruf mindestens drei Jahre lang, als Stipendiatin oder Stipendiat des Aufstiegsstipendienprogramms des Bundes mindestens zwei Jahre lang, ausgeübt hat,
2. eine andere von der Hochschule studiengangsbezogen als gleichwertig festgestellte Vorbildung hat oder
3. nach beruflicher Vorbildung eine fachbezogene Hochschulzugangsberechtigung durch Prüfung erworben hat.

[3]Das für die Schulen zuständige Ministerium wird ermächtigt, durch Verordnung die Kriterien für die Gleichwertigkeitsfeststellung nach Satz 2 Nr. 2 festzulegen sowie die Gleichwertigkeit bestimmter formaler Vorbildungen allgemein festzustellen. [4]Die Hochschule wird ermächtigt, durch Ordnung zu regeln, dass die Hochschule aufgrund in der beruflichen Bildung, im Beruf oder in der Weiterbildung erworbener Kompetenzen eine studiengangsbezogene Hochschulzugangsberechtigung feststellen kann. [5]Studierende mit einer Zugangsberechtigung nach Satz 4 sind nach einem Studium von zwei Semestern, in dem sie die geforderten Leistungsnachweise erbracht haben, berechtigt, das Studium in einem Studiengang der gleichen Fachrichtung an einer anderen Hochschule fortzusetzen. [6]Satz 5 gilt entsprechend für Studierende, die aufgrund einer Regelung eines anderen Landes über eine Zugangsberechtigung nach beruflicher Vorbildung verfügen, die nicht die Voraussetzungen der Sätze 1 und 2 erfüllt.

(5) [1]Zum Studium in einem künstlerischen oder künstlerisch-wissenschaftlichen Studiengang ist berechtigt, wer die Voraussetzungen nach Absatz 1 Satz 2 erfüllt und eine besondere künstlerische Befähigung nachweist; das Erfüllen der Voraussetzungen nach Absatz 1 Satz 2 kann durch den Nachweis einer überragenden künstlerischen Befähigung ersetzt werden. [2]Das Nähere regelt eine Ordnung.

(6) [1]Die Hochschule kann über die Voraussetzungen nach Absatz 1 Satz 2 hinaus für bestimmte Studiengänge den Nachweis einer praktischen Ausbildung, bestimmter berufsbezogener Kenntnisse und Fertigkeiten, besonderer fremdsprachlicher Kenntnisse oder den Nachweis eines dem Studiengang fachlich entsprechenden Ausbildungsverhältnisses verlangen; sie kann zulassen, dass einzelne dieser Zugangsvoraussetzungen während des Studiums nachgeholt werden. [2]Die Hochschule kann Studien- oder Prüfungsleistungen, die im Rahmen eines anderen Studienganges erbracht wurden, anstelle von Voraussetzungen nach Satz 1 berücksichtigen. [3]Das Nähere regelt eine Ordnung.

(7) Wer an einer deutschen Hochschule eine Vor- oder Zwischenprüfung bestanden hat, ist berechtigt, das Studium in einem Studiengang der gleichen Fachrichtung mit dem gleichen Abschluss an einer anderen Hochschule fortzusetzen.

(8) [1]Die Zugangsberechtigung zu weiterführenden Studiengängen und Masterstudiengängen hat, wer einen Bachelorabschluss oder einen gleichwertigen Abschluss besitzt und

1. bei beabsichtigter Aufnahme eines konsekutiven Masterstudiengangs ein fachlich hierfür geeignetes, vorangegangenes Studium oder
2. bei beabsichtigter Aufnahme eines weiterbildenden Masterstudiengangs eine qualifizierte berufspraktische Erfahrung von in der Regel nicht unter einem Jahr

nachweisen kann. [2]Eine Person ist vorläufig zugangsberechtigt, wenn ihr für den Bachelorabschluss oder den gleichwertigen Abschluss noch einzelne Prüfungsleistungen fehlen, aber aufgrund des bisherigen Studienverlaufs, insbesondere der bislang vorliegenden Prüfungsleistungen, zu erwarten ist, dass sie den Abschluss spätestens bis zum Ende des ersten Semesters des Masterstudiengangs oder des weiterführenden Studiengangs erlangen wird; das Zeugnis ist innerhalb einer von der Hochschule festzusetzenden Frist vorzulegen. [3]Das Nähere, insbesondere zur Feststellung der fachlichen Eignung eines vorangegangenen Studiums, regelt eine Ordnung.

(9) [1]Der erfolgreiche Abschluss eines Hochschulstudiums berechtigt zur Aufnahme eines Studiums in allen Fachrichtungen; die besonderen Zugangsvoraussetzungen nach den Absätzen 5 bis 8 bleiben unberührt. [2]Ist eine Zulassung zum Studium nach Absatz 5 Satz 1 Halbsatz 2 erfolgt, so ist die Aufnahme eines Studiums in einer anderen Fachrichtung nur möglich, wenn die hierfür erforderlichen Vorkenntnisse durch eine Prüfung nach Absatz 2 Satz 1 Halbsatz 2 nachgewiesen werden.

(10) [1]Zum Studium ist auch berechtigt, wer Deutscher im Sinne des Artikels 116 des Grundgesetzes, nach Rechtsvorschriften Deutschen gleichgestellt oder Staatsangehöriger eines anderen Mitgliedstaates der Europäischen Union ist und eine von der Hochschule festgestellte, der deutschen Hochschul-

zugangsberechtigung gleichwertige ausländische Bildung sowie die für das Studium erforderlichen Sprachkenntnisse besitzt. [2]Für die übrigen Studienbewerberinnen und Studienbewerber mit ausländischem Bildungsnachweis entscheidet die Hochschule bei Vorliegen der Voraussetzungen nach Satz 1 über den Zugang nach Maßgabe einer Ordnung; für die Feststellung der Zugangsvoraussetzungen kann die Erhebung von Gebühren vorgesehen werden.

(11) [1]Studienbewerberinnen und Studienbewerber, deren ausländische Bildungsnachweise nicht als gleichwertig anzusehen sind, erlangen die Hochschulzugangsberechtigung durch die Prüfung an einem Studienkolleg (§ 3 Abs. 9), in der nachzuweisen ist, dass sie einen Bildungsstand besitzen, der einer Voraussetzung nach Absatz 1 Satz 2 Nr. 1 entspricht. [2]Die Hochschule, an der das Studienkolleg eingerichtet ist, regelt durch Ordnung des Präsidiums die Zulassung zum Studienkolleg, die Rechtsstellung der Kollegiatinnen und Kollegiaten, die Organisation und Benutzung des Studienkollegs sowie die Erhebung von Gebühren. [3]Das für die Schulen zuständige Ministerium regelt durch Verordnung im Einvernehmen mit dem Fachministerium die Prüfungsanforderungen und das -verfahren.

(12) Das für die Schulen zuständige Ministerium kann die Zuständigkeit für die Anerkennung nach Absatz 1 Satz 2 Nr. 1 Buchst. d auf eine nachgeordnete Behörde übertragen.

(13) [1]Das für die Schulen zuständige Ministerium wird ermächtigt, für die Prüfungen nach Absatz 4 Satz 2 Nr. 3 durch Verordnung die Zulassungsvoraussetzungen und das Zulassungsverfahren, den Prüfungsinhalt und das Prüfungsverfahren, die Zusammensetzung der Prüfungsausschüsse sowie die Erhebung von Gebühren zu regeln. [2]Die Prüfung besteht aus einem allgemeinen Teil und einem besonderen Teil. [3]Die Hochschule ist zur Mitwirkung bei der Abnahme des besonderen Teils der Prüfung nach Maßgabe der Verordnung nach Satz 1 verpflichtet. [4]In der Verordnung nach Satz 1 kann die Betreuung einer erziehungs- oder pflegebedürftigen Person der beruflichen Vorbildung nach Absatz 4 Satz 2 Nr. 3 gleichgestellt werden.

(14) Die Ordnungen nach dieser Vorschrift bedürfen der Genehmigung.

§ 19 Einschreibung, Rückmeldung und Exmatrikulation

(1) [1]Hochschulzugangsberechtigte werden auf ihren Antrag in einen oder mehrere Studiengänge und in der Regel nur an einer Hochschule eingeschrieben; § 9 Abs. 2 Satz 3 bleibt unberührt. [2]In zulassungsbeschränkten Studiengängen setzt die Einschreibung die Zulassung voraus. [3]Bei der Norddeutschen Hochschule für Rechtspflege erfolgt die Einschreibung ohne Antrag durch Feststellung der Hochschule, sofern laufbahnrechtliche Regelungen ein Studium vorsehen.

(2) [1]Für geeignete Studiengänge kann die Hochschule eine Einschreibung oder Rückmeldung für ein Teilzeitstudium zulassen. [2]Die Hochschule legt fest, welcher Anteil der in der Prüfungsordnung vorgesehenen Leistungspunkte im Teilzeitstudium je Semester oder Trimester höchstens erworben werden kann.

(3) [1]Die Hochschule kann in besonderen Ausnahmefällen in nicht zulassungsbeschränkten Studiengängen Studienbewerberinnen und Studienbewerber einschreiben, die keine Hochschulzugangsberechtigung haben, aber eine entsprechende wissenschaftliche Befähigung nachweisen. [2]Durch Ordnung kann bestimmt werden, dass die Berechtigung zur nicht befristeten Einschreibung ein erfolgreiches Studium von zwei Semestern voraussetzt. [3]Die Sätze 1 und 2 sind entsprechend anzuwenden, wenn in zulassungsbeschränkten Studiengängen nach Abschluss des Vergabeverfahrens noch Studienplätze zur Verfügung stehen.

(4) [1]Schülerinnen und Schüler, die von der Schule und der Hochschule einvernehmlich als überdurchschnittlich begabt beurteilt werden, können vor Aufnahme eines Studiums als Frühstudierende eingeschrieben werden. [2]Frühstudierende sind von der Zahlung der Abgaben und Entgelte nach diesem Gesetz befreit. [3]Sie erhalten mit der Einschreibung das Recht, an Lehrveranstaltungen und Prüfungen teilzunehmen; sie werden abweichend von § 16 Abs. 1 Satz 1 nicht Mitglieder der Hochschule. [4]Erbrachte Leistungsnachweise sind bei einem späteren Studium anzuerkennen.

(5) [1]Der Antrag auf Einschreibung kann abgelehnt werden, wenn die oder der Hochschulzugangsberechtigte

1. Verfahrensvorschriften nicht eingehalten hat,
2. an einer Krankheit im Sinne des § 34 Abs. 1 des Infektionsschutzgesetzes leidet oder bei Verdacht einer solchen Krankheit ein gefordertes amtsärztliches Zeugnis nicht beibringt, oder
3. wegen einer Straftat gegen das Leben, die sexuelle Selbstbestimmung, die körperliche Unversehrtheit oder die persönliche Freiheit rechtskräftig verurteilt wurde, die Tat und die Verurteilung

einem Verwertungsverbot noch nicht unterfällt und nach der Art der begangenen Straftat eine Gefährdung oder Störung des Studienbetriebes zu besorgen ist.

[2]Die Einschreibung ist abzulehnen, wenn die Zahlung der fälligen Abgaben und Entgelte nicht nachgewiesen ist oder in dem gewählten Studiengang eine Prüfung endgültig nicht bestanden wurde. [3]Die Rückmeldung setzt den Nachweis voraus, dass die fälligen Abgaben und Entgelte gezahlt sind.

(6) [1]Die Exmatrikulation kann erfolgen, wenn Tatsachen bekannt werden oder eintreten, die die Ablehnung der Einschreibung gerechtfertigt hätten. [2]Die Exmatrikulation hat zu erfolgen, wenn

1. die oder der Studierende dies beantragt oder
2. a) eine Abschlussprüfung bestanden,
   b) eine Prüfung endgültig nicht bestanden oder
   c) in einem Studiengang mit Zulassungsbeschränkungen die Rücknahme des Zulassungsbescheides unanfechtbar oder sofort vollziehbar ist

   und die oder der Studierende in keinem weiteren Studiengang eingeschrieben ist.

[3]Exmatrikuliert ist

1. zum Ende des Semesters, wer sich nach Mahnung unter Fristsetzung mit Androhung der Exmatrikulation nicht innerhalb der Frist rückmeldet oder fällige Abgaben oder Entgelte nicht innerhalb der Frist bezahlt, oder
2. mit Fristablauf, wer im Fall des § 18 Abs. 8 Satz 2 Halbsatz 2 das Zeugnis nicht innerhalb der von der Hochschule festgesetzten Frist vorlegt und die fehlende Vorlage zu vertreten hat.

[4]Beantragt die oder der Studierende die Exmatrikulation vor oder innerhalb eines Monats nach dem Vorlesungsbeginn, so sind geleistete Abgaben und Entgelte zu erstatten. [5]Die oder der Studierende hat körperliche Gegenstände, mit denen sie oder er geldwerte Vorteile erlangen kann, insbesondere das Semesterticket und den Studierendenausweis, herauszugeben.

(7) Das Nähere regelt eine Ordnung.

(8) Die hochschulexternen Prüfungsämter übermitteln den Hochschulen die für die Feststellung der Voraussetzungen einer Exmatrikulation erforderlichen personenbezogenen Daten.

§ 20 Studierendenschaft

(1) [1]Die Studierenden wirken an der Selbstverwaltung der Hochschule, insbesondere in den Ständigen Kommissionen für Lehre und Studium, mit. [2]Sie bilden die Studierendenschaft. [3]Die Studierendenschaft ist eine rechtsfähige Teilkörperschaft der Hochschule mit dem Recht der Selbstverwaltung. [4]Sie hat insbesondere die hochschulpolitischen, sozialen und kulturellen Belange der Studierenden in Hochschule und Gesellschaft wahrzunehmen. [5]Sie hat die Aufgabe, die politische Bildung der Studierenden und die Verwirklichung der Aufgaben der Hochschule zu fördern. [6]In diesem Sinne nimmt sie für ihre Mitglieder ein politisches Mandat wahr.

(2) [1]Aufgaben, Zuständigkeit und Zusammensetzung der Organe der Studierendenschaft und ihrer Gliederungen regelt die Organisationssatzung der Studierendenschaft. [2]Das Wahlrecht zu den Organen der Studierendenschaft wird in freier, gleicher und geheimer Wahl ausgeübt. [3]Das Nähere regelt die Wahlordnung der Studierendenschaft.

(3) [1]Die Studierenden entrichten zur Erfüllung der Aufgaben der Studierendenschaft für jedes Semester oder Trimester Beiträge, die von der Hochschule unentgeltlich für die Studierendenschaft erhoben werden. [2]Die Höhe setzt die Studierendenschaft durch eine Beitragsordnung fest. [3]Die Beiträge werden erstmals bei der Einschreibung fällig und dann jeweils mit Ablauf der durch die Hochschule festgelegten Rückmeldefrist. [4]Der Anspruch auf den Beitrag verjährt in drei Jahren.

(4) [1]Die Studierendenschaft hat ein eigenes Vermögen. [2]Für ihre Verbindlichkeiten haftet sie nur mit diesem Vermögen. [3]Das Finanzwesen der Studierendenschaft richtet sich nach einer nach Maßgabe der §§ 105 bis 112 der Niedersächsischen Landeshaushaltsordnung (LHO) von ihr zu beschließenden Finanzordnung. [4]Das Präsidium erlässt Rahmenvorgaben für die Finanzordnung und überprüft mindestens einmal jährlich deren Einhaltung. [5]Verstößt eine Studierendenschaft in ihrer Haushalts- und Wirtschaftsführung gegen die Finanzordnung, so kann das Präsidium eine befristete Verfügungssperre über das Vermögen der Studierendenschaft erlassen.

§ 20a Studierendeninitiative

[1]Die Studierenden der Hochschule können verlangen, dass ein Organ der Hochschule über eine bestimmte Angelegenheit, für die es nach diesem Gesetz zuständig ist, berät und entscheidet (Studie-

rendeninitiative). 2Die Studierendeninitiative muss von mindestens drei vom Hundert der Studierenden der Hochschule unterzeichnet sein. 3Das Nähere regelt die Grundordnung. 4Hat ein Antrag nach Satz 1 einen Gegenstand zum Inhalt, für den der Senat oder der Fakultätsrat zuständig ist, so soll die Beratung und Beschlussfassung dieses Organs hochschulöffentlich erfolgen.

Zweiter Titel
Wissenschaftliches und künstlerisches Personal

§ 21 Personal

(1) 1Das hauptberufliche wissenschaftliche und künstlerische Personal besteht aus
1. den Professorinnen und Professoren,
2. den Juniorprofessorinnen und Juniorprofessoren,
3. den wissenschaftlichen und künstlerischen Mitarbeiterinnen und Mitarbeitern und
4. den Lehrkräften für besondere Aufgaben.

2Professorinnen und Professoren sowie Juniorprofessorinnen und Juniorprofessoren werden im Beamtenverhältnis oder Arbeitsverhältnis, das weitere wissenschaftliche und künstlerische Personal im Arbeitsverhältnis beschäftigt. 3Wissenschaftliche und künstlerische Mitarbeiterinnen und Mitarbeiter, die nur zeitlich befristet an einer Hochschule tätig sein sollen, werden im Beamtenverhältnis auf Zeit oder in einem befristeten Angestelltenverhältnis beschäftigt. 4Beamtinnen und Beamte, die zu einer Verwendung nach Satz 1 Nrn. 2 bis 4 an eine Hochschule versetzt werden, können im Beamtenverhältnis weiter beschäftigt werden. 5Für das nicht hauptberufliche wissenschaftliche und künstlerische Personal gelten die Vorschriften dieses Titels sinngemäß.

(2) 1Das Fachministerium wird ermächtigt, den durchschnittlichen Umfang der Lehrverpflichtung des wissenschaftlichen und künstlerischen Personals im Beamtenverhältnis, die Gewichtung der Lehrveranstaltungsarten sowie besondere Betreuungspflichten durch Verordnung zu regeln. 2Dem im Arbeitsverhältnis beschäftigten Personal sind entsprechende Verpflichtungen durch Vertrag aufzuerlegen.

(3) 1Beschäftigungsmöglichkeiten für das hauptberufliche wissenschaftliche und künstlerische Personal sind in der Regel öffentlich auszuschreiben. 2Bei der Besetzung und der Beförderung sollen Frauen bei gleichwertiger Qualifikation bevorzugt berücksichtigt werden, solange der Frauenanteil in der jeweiligen Berufsgruppe an der Hochschule 50 vom Hundert nicht erreicht hat.

(4) Die Entscheidung über die Zulassung einer Ausnahme von § 7 Abs. 1 Nr. 1 des Beamtenstatusgesetzes (BeamtStG) trifft die für die Berufung der Beamtin oder des Beamten zuständige Stelle.

(5) 1Beamtinnen und Beamte, die dem wissenschaftlichen oder künstlerischen Personal angehören, treten mit Ablauf des letzten Monats des Semesters oder Trimesters, in dem die Altersgrenze erreicht wird, in den Ruhestand. 2Eine beantragte Versetzung in den Ruhestand oder eine beantragte Entlassung aus dem Beamtenverhältnis kann bis zum Ablauf des jeweiligen Semesters oder Trimesters hinausgeschoben werden.

§ 21a Verlängerung von Beamtenverhältnissen auf Zeit

(1) 1Wird hauptberufliches wissenschaftliches und künstlerisches Personal in einem Beamtenverhältnis auf Zeit beschäftigt, ist, soweit dienstliche Gründe nicht entgegenstehen, das Beamtenverhältnis auf Antrag zu verlängern, wenn die Beamtin oder der Beamte während des Beamtenverhältnisses
1. nach §§ 62, 64 oder 69 Abs. 3 und 6 des Niedersächsischen Beamtengesetzes (NBG) beurlaubt war,
2. für eine wissenschaftliche Tätigkeit oder eine außerhalb des Hochschulbereichs oder im Ausland durchgeführte wissenschaftliche oder berufliche Aus-, Fort- oder Weiterbildung beurlaubt war,
3. Grundwehr- oder Zivildienst geleistet hat,
4. Elternzeit in Anspruch genommen hat oder wegen eines mutterschutzrechtlichen Beschäftigungsverbots nicht tätig war,
5. nach § 62, 62a oder 69 Abs. 3 NBG teilzeitbeschäftigt war,
6. zur Wahrnehmung von Aufgaben
   a) in einer Personal- oder Schwerbehindertenvertretung oder
   b) nach § 3 Abs. 3

freigestellt war,

7. bei der Geburt oder Adoption eines minderjährigen Kindes dieses tatsächlich betreut hat.

[2]Die Verlängerung nach Satz 1 Nrn. 5 und 6 setzt voraus, dass die Ermäßigung mindestens ein Fünftel der regelmäßigen Arbeitszeit betrug. [3]Die Verlängerung nach Satz 1 Nr. 7 setzt eine Förderfähigkeit im Rahmen des Programms zur Förderung des wissenschaftlichen Nachwuchses gemäß der Verwaltungsvereinbarung zwischen Bund und Ländern vom 16. Juni 2016 (BAnz AT 27.10.2016 B8) voraus.

(2) [1]Eine Verlängerung darf den Umfang einer Beurlaubung, einer Elternzeit, eines Beschäftigungsverbots, einer Arbeitszeitermäßigung oder einer Freistellung nach Absatz 1 Satz 1 nicht überschreiten, wobei die zeitliche Höchstgrenze mit Ausnahme des Absatzes 1 Satz 1 Nrn. 3 bis 6 jeweils zwei Jahre beträgt. [2]Insgesamt dürfen mehrere Verlängerungen nach Absatz 1 Satz 1 Nrn. 1 bis 3, 5 und 6 die Dauer von drei Jahren nicht überschreiten. [3]Verlängerungen nach Absatz 1 Satz 1 Nr. 4 dürfen, auch wenn sie mit Verlängerungen aus anderem Grund zusammentreffen, insgesamt vier Jahre nicht überschreiten. [4]Die Sätze 2 und 3 gelten nicht für wissenschaftliche und künstlerische Mitarbeiterinnen und Mitarbeiter.

(3) Die Absätze 1 und 2 gelten für befristete Arbeitsverhältnisse entsprechend.

§ 22 Forschung mit Mitteln Dritter

(1) [1]Die in der Forschung tätigen Mitglieder der Hochschule sind berechtigt, im Rahmen ihrer dienstlichen Aufgaben Forschungsvorhaben durchzuführen, die aus Mitteln Dritter finanziert werden. [2]Solche Vorhaben sind gegenüber dem Präsidium anzuzeigen. [3]In der Anzeige sind der finanzielle Ertrag und der Aufwand darzustellen. [4]Die Vorhaben sind über den Haushalt des Trägers abzuwickeln. [5]Die Mittel können abweichend von den für Haushaltsmittel des Trägers geltenden Regelungen nach den Bedingungen der Drittmittelgeber bewirtschaftet werden, soweit die Bindung der Mittel an die Aufgaben der Hochschule gewährleistet ist. [6]Das Präsidium regelt die Bewirtschaftung der Drittmittel. [7]Es hat den forschenden Mitgliedern der Hochschule im Rahmen der ihnen vom Drittmittelgeber zugedachten Verantwortung weitgehende Dispositionsmöglichkeiten einzuräumen. [8]Die Zins bringende Anlage durch die Hochschule bei einer Bank oder Sparkasse in einem Mitgliedstaat der Europäischen Union ist nach Maßgabe des Satzes 5 zulässig. [9]Bei der Anlage in Wertpapieren sind die Grundsätze des § 215 des Versicherungsaufsichtsgesetzes und die Anlageverordnung zu beachten. [10]Die Hochschulen dürfen personenbezogene Daten des in den Forschungsvorhaben nach Satz 1 tätigen Personals, die sich auf Personalkosten beziehen, verarbeiten, soweit dies für die Durchführung des Vorhabens erforderlich ist.

(2) [1]Aus Drittmitteln vergütetes Personal ist im Dienst des Trägers der Hochschule zu beschäftigen. [2]In Ausnahmefällen können Mitglieder der Hochschule mit Zustimmung des Präsidiums im eigenen Namen mit aus Mitteln Dritter vergüteten Mitarbeiterinnen und Mitarbeitern private Arbeitsverträge abschließen, wenn dies mit den Bedingungen des Drittmittelgebers vereinbar ist.

(3) [1]Die Drittmittel müssen alle bei Durchführung eines Vorhabens im Auftrag von Dritten entstehenden zusätzlichen Kosten decken und zu den übrigen Kosten angemessen beitragen. [2]Bei der Durchführung von Vorhaben, die nach einem in der Wissenschaft anerkannten Verfahren gefördert werden, bleibt die von der Hochschule vorzuhaltende Grundausstattung außerhalb der Berechnung nach Satz 1. [3]Werden bei der Durchführung eines Vorhabens im Auftrag von Dritten Leistungen erbracht, die auch gewerblich angeboten werden, so müssen die Drittmittel für diese Leistungen entsprechend der im gewerblichen Bereich üblichen Entgelte bemessen sein.

§ 23 Nebentätigkeiten

(1) [1]Die Landesregierung wird ermächtigt, zur Berücksichtigung der Besonderheiten des Hochschulbereichs durch Verordnung von den §§ 70 bis 79 NBG abweichende Regelungen für die Nebentätigkeiten des künstlerischen und wissenschaftlichen Personals zu treffen. [2]Die Verordnung kann insbesondere Regelungen treffen

1. zur Abgrenzung von Haupt- und Nebenamt,
2. zu Reichweite und Ausnahmen von der Anzeigepflicht und zur zeitlichen Bemessung von Nebentätigkeiten,
3. zu Umfang und Befreiung von der Pflicht zur Ablieferung von Vergütungen aus Nebentätigkeiten im öffentlichen Dienst,

4. zur Ausführung des § 74 Abs. 2 NBG im Rahmen der in § 78 Sätze 1 und 2 Nr. 4 NBG erteilten Ermächtigung und
5. zum Abrechnungsverfahren.

(2) [1]Der Anzeigepflicht nach § 40 Satz 1 BeamtStG unterliegt nicht eine schriftstellerische, wissenschaftliche, künstlerische oder Vortragstätigkeit sowie eine Gutachtertätigkeit von Professorinnen und Professoren sowie von Juniorprofessorinnen und Juniorprofessoren. [2]Für Nebentätigkeiten dieser Beamtinnen und Beamten finden § 73 Abs. 1 Satz 3 und § 75 Satz 3 NBG keine Anwendung.

§ 24 Dienstaufgaben der Professorinnen und Professoren

(1) [1]Professorinnen und Professoren nehmen die ihrer Hochschule jeweils obliegenden Aufgaben in Wissenschaft und Kunst, Forschung und Lehre, bei der Förderung des wissenschaftlichen Nachwuchses sowie Weiterbildung und Dienstleistung in ihren Fächern selbstständig wahr und wirken an der Erfüllung der übrigen Hochschulaufgaben mit. [2]Zu ihren Dienstaufgaben gehören auch die Abnahme von Prüfungen und die Studienberatung. [3]Art und Umfang ihrer Dienstaufgaben, die unter dem Vorbehalt einer Überprüfung in angemessenen Abständen stehen, richten sich unter Beachtung der Sätze 1 und 2 nach der Ausgestaltung des Dienstverhältnisses und der Funktionsbeschreibung der Stelle. [4]Ihnen können auf Dauer oder befristet überwiegend Aufgaben in der Forschung, der künstlerischen Entwicklung oder in der Lehre übertragen werden. [5]Die Tätigkeit in einer überregionalen oder für eine überregionale Wissenschaftsorganisation, die überwiegend aus staatlichen Mitteln finanziert wird, kann auf Antrag zur Dienstaufgabe erklärt werden.

(2) [1]Das Präsidium kann Professorinnen und Professoren im Rahmen ihres Dienstverhältnisses zur Sicherstellung des Lehrangebots verpflichten, in allen Studiengängen und an allen Standorten ihrer Hochschule Lehrveranstaltungen abzuhalten. [2]Die Tätigkeit in anderen Hochschulen oder in Einrichtungen, mit denen die Hochschule zur Erfüllung ihrer Aufgaben kooperiert, bedarf der Zustimmung des Präsidiums.

(3) [1]Das Präsidium kann Professorinnen und Professoren auf deren Antrag nach Anhörung der Fakultät und der zuständigen Studiendekanin oder des zuständigen Studiendekans in angemessenen Abständen für die Dauer von in der Regel einem Semester oder Trimester ganz oder teilweise für Forschungs- oder künstlerische Entwicklungsvorhaben, für Aufgaben im Wissens- und Technologietransfer sowie für Entwicklungsaufgaben in der Lehre von anderen Dienstaufgaben freistellen. [2]Das Gleiche gilt für die Wahrnehmung von praxisbezogenen Tätigkeiten, die Dienstaufgaben sind und die für die Aufgaben in der Lehre förderlich sind. [3]Die Freistellung setzt die ordnungsgemäße Vertretung des Faches voraus.

§ 25 Einstellungsvoraussetzungen für Professorinnen und Professoren

(1) Einstellungsvoraussetzungen für Professorinnen und Professoren sind
1. ein abgeschlossenes Hochschulstudium,
2. durch praktische Erfahrungen bestätigte pädagogisch-didaktische Eignung,
3. die besondere Befähigung zu vertiefter selbstständiger wissenschaftlicher Arbeit, die in der Regel durch eine überdurchschnittliche Promotion nachgewiesen wird, oder die besondere Befähigung zu künstlerischer Arbeit und
4. a) zusätzliche wissenschaftliche Leistungen, die in der Regel im Rahmen einer Juniorprofessur oder einer Habilitation, im Übrigen auch im Rahmen einer Tätigkeit als wissenschaftliche Mitarbeiterin oder wissenschaftlicher Mitarbeiter an einer Hochschule oder einer außeruniversitären Forschungseinrichtung oder im Rahmen einer anderen wissenschaftlichen Tätigkeit im In- oder Ausland erbracht worden sind,
   b) zusätzliche künstlerische Leistungen oder
   c) besondere Leistungen bei der Anwendung oder Entwicklung wissenschaftlicher Erkenntnisse und Methoden in einer mindestens fünfjährigen beruflichen Praxis, von der mindestens drei Jahre außerhalb des Hochschulbereichs ausgeübt worden sein müssen.

(2) [1]Auf eine Professur, deren Funktionsbeschreibung die Wahrnehmung erziehungswissenschaftlicher oder fachdidaktischer Aufgaben vorsieht, soll nur berufen werden, wer zusätzlich eine mindestens dreijährige schulpraktische oder geeignete pädagogische Erfahrung oder eine den Aufgaben entsprechende Erfahrung in der empirischen Forschung nachweist. [2]Professorinnen und Professoren an Fachhochschulen und für Fachhochschulstudiengänge an anderen Hochschulen müssen die Einstellungsvoraussetzungen nach Absatz 1 Satz 1 Nr. 4 Buchst. c erfüllen; in besonders begründeten Ausnahme-

fällen kann berufen werden, wer die Einstellungsvoraussetzungen nach Absatz 1 Satz 1 Nr. 4 Buchst. a oder b erfüllt. [3]Auf eine Professur mit ärztlichen, zahnärztlichen oder tierärztlichen Aufgaben kann nur berufen werden, wer zusätzlich die Anerkennung als Fachärztin oder Facharzt, Fachzahnärztin oder Fachzahnarzt, Fachtierärztin oder Fachtierarzt oder, soweit diese in dem jeweiligen Fachgebiet nicht vorgesehen ist, eine ärztliche Tätigkeit von mindestens fünfjähriger Dauer nach Erhalt der Approbation, Bestallung oder Erlaubnis zur Berufsausübung nachweist.

(3) Soweit es der Eigenart des Faches und den Anforderungen der Stelle entspricht, kann abweichend von den Absätzen 1 und 2 auch berufen werden, wer hervorragende fachbezogene Leistungen in der Praxis und pädagogisch-didaktische Eignung nachweist.

§ 26 Berufung von Professorinnen und Professoren

(1) [1]Professuren sind öffentlich auszuschreiben. [2]Von einer Ausschreibung kann abgesehen werden, wenn

1. a) eine Juniorprofessorin oder ein Juniorprofessor oder
   b) die Leiterin oder der Leiter einer Nachwuchsgruppe, die oder der ihre oder seine Funktion nach externer Begutachtung erhalten hat,

   auf eine Professur in einem Beamtenverhältnis auf Lebenszeit oder auf Zeit oder in einem unbefristeten oder befristeten Arbeitsverhältnis berufen werden soll,
2. eine Professorin oder ein Professor auf Zeit auf derselben Professur auf Dauer berufen werden soll,
3. eine Professorin oder ein Professor auf Zeit der Besoldungsgruppe W 2 bei Vorliegen eines zwischen dem Fachministerium und der Hochschule abgestimmten Qualitätssicherungskonzeptes auf eine Professur auf Lebenszeit der Besoldungsgruppe W 2 oder W 3 berufen werden soll; dies gilt nicht, wenn sie oder er vor der Ernennung zur Professorin oder zum Professor auf Zeit eine Juniorprofessur oder Nachwuchsgruppenleitung an derselben Hochschule innehatte und nach Nummer 1 ohne Ausschreibung als Professorin oder Professor weiterbeschäftigt worden ist,
4. dies erforderlich ist, um eine Professorin oder einen Professor der Hochschule, die oder der ein Berufungsangebot von einer anderen Hochschule oder ein anderes Beschäftigungsangebot erhalten hat, durch das Angebot einer höherwertigen Professorenstelle an der Hochschule zu halten,
5. eine Professur aus einem hochschulübergreifenden Förderprogramm finanziert wird, dessen Vergabebestimmungen eine Ausschreibung oder ein Bewerbungsverfahren und ein Auswahlverfahren mit externer Begutachtung vorsehen, oder
6. bei Vorliegen eines zwischen dem Fachministerium und der Hochschule abgestimmten Qualitätssicherungskonzepts für die Besetzung einer mit der Besoldungsgruppe W3 bewerteten Professur eine aufgrund ihrer bisherigen wissenschaftlichen oder künstlerischen Leistungen in herausragender Weise qualifizierte Persönlichkeit gewonnen werden soll, an der die Hochschule zur Stärkung ihrer Qualität oder ihres Profils ein besonderes Interesse hat.

[3]Die Entscheidung über das Absehen von einer Ausschreibung trifft die nach § 48 Abs. 2 oder § 58 Abs. 2 für die Berufung von Professorinnen und Professoren zuständige Stelle auf Vorschlag der Hochschule. [4]Für die Fälle, in denen von der Ausschreibung abgesehen wird, kann die Hochschule das Berufungsverfahren durch Ordnung abweichend von Absatz 2 Sätze 2 bis 6 und Absatz 5 Sätze 1 bis 4 regeln.

(2) [1]Der Fakultätsrat ist zuständig für die Erstellung des Berufungsvorschlags. [2]Er richtet zu dessen Vorbereitung im Einvernehmen mit dem Präsidium eine Berufungskommission ein, die nach Gruppen (§ 16 Abs. 2 Satz 4) zusammenzusetzen ist. [3]Die Mitwirkung externer Hochschullehrerinnen und Hochschullehrer ist zu gewährleisten. [4]Mitglieder der MTV-Gruppe haben in der Berufungskommission kein Stimmrecht. [5]Mindestens 40 vom Hundert der stimmberechtigten Mitglieder sollen Frauen sein und die Hälfte davon soll der Hochschullehrergruppe angehören; Ausnahmen bedürfen der Zustimmung der Gleichstellungsbeauftragten. [6]Die Berufungskommission gibt gegenüber dem Fakultätsrat eine Empfehlung ab. [7]Der Fakultätsrat beschließt den Berufungsvorschlag und legt ihn über den Senat, der dazu Stellung nimmt und ihn einmal zurückverweisen kann, mit einer Stellungnahme der Gleichstellungsbeauftragten dem Präsidium vor. [8]Der Berufungsvorschlag soll vom Präsidium zurückverwiesen werden, wenn die Gleichstellungsbeauftragte eine Verletzung des Gleichstellungsauftrags geltend macht; § 42 Abs. 4 Satz 3 gilt entsprechend. [9]Das Präsidium entscheidet über den Beru-

fungsvorschlag und legt ihn dem Fachministerium oder dem Stiftungsrat mit der Stellungnahme des Senats zur Entscheidung vor.

(3) [1]Wenn eine Fakultät aus Gründen der Hochschulentwicklung oder zur Qualitätssicherung insgesamt oder in einem wesentlichen Teil grundlegend neu strukturiert werden soll, so kann das Präsidium nach Anhörung des Senats und im Einvernehmen mit dem Fachministerium oder dem Stiftungsrat beschließen, dass hierfür die Berufungskommission abweichend von Absatz 2 ausschließlich mit externen Professorinnen und Professoren sowie mit gleichermaßen geeigneten Personen besetzt werden kann. [2]In einem solchen Fall gehört der Berufungskommission im Übrigen je eine Vertreterin oder ein Vertreter der Mitarbeiter- und Studierendengruppe als nicht stimmberechtigtes Mitglied an. [3]Die Berufungskommission gibt gegenüber dem Präsidium eine Empfehlung ab, zu der der Fakultätsrat, der Senat und die Gleichstellungsbeauftragte Stellung nehmen. [4]Absatz 2 Sätze 8 und 9 gilt entsprechend.

(4) [1]Bei der Besetzung von Professorenstellen in profilbildenden Bereichen der Hochschule kann das Präsidium im Einvernehmen mit dem Senat und dem Fakultätsrat beschließen, dass die Berufungskommission abweichend von Absatz 2 Satz 2 ausschließlich mit Professorinnen und Professoren sowie mit gleichermaßen geeigneten Personen besetzt werden kann. [2]Das Nähere regelt eine Ordnung, die der Genehmigung bedarf.

(5) [1]Der Berufungsvorschlag soll drei Personen umfassen, ihre persönliche Eignung und fachliche Leistung besonders in der Lehre eingehend und vergleichend würdigen und die gewählte Reihenfolge begründen. [2]Über die Leistungen in Wissenschaft oder Kunst einschließlich der Lehre sind Gutachten auswärtiger sachverständiger Personen einzuholen, die in der Regel vergleichend zu den in die engere Wahl gezogenen Bewerbern Stellung nehmen sollen. [3]Auf Gutachten im Sinne des Satzes 2 kann verzichtet werden, wenn der Berufungskommission mindestens drei externe Mitglieder angehört haben. [4]Personen, die sich nicht beworben haben, können mit ihrem Einverständnis berücksichtigt werden. [5]Bei einer Berufung auf eine Professur können Juniorprofessorinnen und Juniorprofessoren sowie sonstige Mitglieder der eigenen Hochschule in der Regel nur dann berücksichtigt werden, wenn sie nach der Promotion die Hochschule gewechselt hatten oder mindestens zwei Jahre außerhalb der berufenden Hochschule wissenschaftlich tätig waren.

(6) Professorinnen und Professoren werden auf Vorschlag der Hochschule nach § 48 Abs. 2 oder § 58 Abs. 2 berufen.

(7) [1]Das Präsidium kann ohne Durchführung eines Berufungsverfahrens eine geeignete Person beauftragen, eine Professur übergangsweise in einem öffentlich-rechtlichen Dienstverhältnis eigener Art zu verwalten. [2]Die §§ 33 bis 37, 42, 44 bis 48, 50 und 52 BeamtStG, die §§ 10, 46, 49 bis 55, 58 bis 60, 62, 65 bis 69, 81 bis 95 und 104 NBG, die Vorschriften des Niedersächsischen Beamtenversorgungsgesetzes (NBeamtVG) über die Versorgung der Ehrenbeamten sowie die für Professorinnen und Professoren im Beamtenverhältnis geltenden Vorschriften dieses Gesetzes sind entsprechend anzuwenden. [3]Auf Antrag wird Personen nach Satz 1 ein Anspruch auf Beihilfe in entsprechender Anwendung des § 80 NBG eingeräumt. [4]§ 27 Abs. 7 ist nicht anzuwenden.

(8) [1]Die Hochschulen können zur Besetzung von Professuren gemeinsame Berufungsverfahren mit wissenschaftlichen Einrichtungen, die keiner Hochschule zugehören, durchführen. [2]Die Hochschulen können gemeinsame Berufungsverfahren mit wissenschaftlichen Einrichtungen, die keiner Hochschule zugehören, auch in der Weise durchführen, dass ein Beamten- oder Arbeitsverhältnis nur zwischen der wissenschaftlichen Einrichtung und der berufenen Person begründet wird. [3]Das Nähere zu den Sätzen 1 und 2, insbesondere zur Mitwirkung der wissenschaftlichen Einrichtung an dem Verfahren nach den Absätzen 2 und 3, regelt die Grundordnung.

§ 27 Besondere Bestimmungen für Professorinnen und Professoren

(1) [1]Auf Professorinnen und Professoren im Beamtenverhältnis finden die Bestimmungen über die Probezeit, die Laufbahnen, die Altersteilzeit und den einstweiligen Ruhestand sowie über die Arbeitszeit mit Ausnahme der Vorschriften über Teilzeitbeschäftigung keine Anwendung. [2]Das Präsidium kann eine regelmäßige oder planmäßige Anwesenheit anordnen.

(2) [1]Zur Professorin oder zum Professor im Beamtenverhältnis darf erstmals nur ernannt werden, wer das 50. Lebensjahr noch nicht vollendet hat. [2]Das Höchstalter nach Satz 1 erhöht sich um Zeiten, in denen ein minderjähriges, in der häuslichen Gemeinschaft lebendes Kind betreut oder eine nahe Angehörige oder ein naher Angehöriger im Sinne des § 7 Abs. 3 des Pflegezeitgesetzes (PflegeZG) gepflegt und die Pflegebedürftigkeit im Sinne des § 3 Abs. 2 PflegeZG nachgewiesen worden ist, höchs-

tens jedoch um drei Jahre. [3]Satz 1 gilt nicht für Personen, die sich zum Zeitpunkt des Wirksamwerdens der Ernennung in einem Beamtenverhältnis auf Lebenszeit oder als unmittelbare oder mittelbare niedersächsische Landesbeamte in einem Beamtenverhältnis auf Zeit befinden. [4]Professorinnen und Professoren erreichen die Altersgrenze abweichend von § 35 Abs. 2 NBG mit der Vollendung des 68. Lebensjahres.

(3) [1]Professorinnen und Professoren können ohne ihre Zustimmung an eine andere Hochschule abgeordnet oder versetzt werden, wenn die Hochschule, an der die betreffende Person tätig ist, aufgelöst oder mit einer anderen Hochschule zusammengeschlossen wird. [2]Der Abordnung oder Versetzung nach Satz 1 steht es nicht entgegen, wenn die aufnehmende Hochschule von einem anderen Dienstherrn im Geltungsbereich dieses Gesetzes getragen wird. [3]Die Sätze 1 und 2 gelten bei der Zusammenlegung von Organisationseinheiten derselben oder mehrerer Hochschulen entsprechend. [4]Professorinnen und Professoren können ohne ihre Zustimmung innerhalb der Hochschule umgesetzt werden, wenn ein Studiengang oder die Organisationseinheit, in der sie tätig sind, im Rahmen der Entwicklungsplanung der Hochschule geschlossen, in seiner Kapazität reduziert oder wesentlich geändert wird. [5]Die Abordnung von Professorinnen und Professoren ist ohne ihre Zustimmung ferner zulässig zur Erfüllung von Lehraufgaben an einer anderen Hochschule aufgrund einer Kooperationsvereinbarung, auch wenn diese Hochschule von einem anderen Dienstherrn getragen wird. [6]In Arbeitsverträge mit Professorinnen und Professoren im Arbeitsverhältnis sind den Sätzen 1 und 2 entsprechende Regelungen aufzunehmen.

(4) [1]Im Beamtenverhältnis beschäftigte Professorinnen und Professoren mit ärztlichen, zahnärztlichen oder tierärztlichen Aufgaben können für die Dauer ihrer Tätigkeit im Dienst des Trägers ihrer Hochschule unter Wegfall der Bezüge in ein außertarifliches Arbeitsverhältnis beurlaubt werden. [2]Satz 1 gilt entsprechend für beamtete Oberärztinnen und Oberärzte, die keine Professorinnen oder Professoren sind.

(5) [1]Die personellen und sächlichen Mittel, die über die Grundausstattung für Forschung und Lehre hinaus im Rahmen von Berufungs- und Bleibeverhandlungen zugesagt werden, stehen nach Ablauf von in der Regel fünf Jahren seit der Zusage unter dem Vorbehalt einer Überprüfung auf der Grundlage der Ergebnisse der Evaluation, der Bestimmungen einer geänderten Zielvereinbarung und einer gegenwärtigen Entwicklungsplanung. [2]Zusagen können auch wiederholt befristet erteilt werden.

(6) [1]Die Zusage zusätzlicher Mittel nach Absatz 5 in Berufungs- und Bleibevereinbarungen kann mit der Verpflichtung verbunden werden, dass die Professorin oder der Professor für eine angemessene, im Einzelnen zu bestimmende Zeit an der Hochschule bleiben wird. [2]Für den Fall eines von der Professorin oder von dem Professor zu vertretenden vorzeitigen Ausscheidens aus der Hochschule kann eine vollständige oder teilweise Erstattung der Mittel nach Satz 1 vereinbart werden. [3]Die Erstattung setzt voraus, dass nach dem Ausscheiden der Professorin oder des Professors eine anderweitige Nutzung oder Verwertung dieser Mittel nicht oder nur mit wirtschaftlichem Verlust möglich ist.

(7) [1]Der akademische Titel „Professorin“ oder „Professor“ wird mit der Übertragung der Dienstaufgaben einer Professur verliehen. [2]Wer als Professorin oder Professor unbefristet beschäftigt war, darf den Titel auch nach dem Ausscheiden aus der Hochschule weiterführen. [3]Die mit der Lehrbefugnis verbundenen Rechte bleiben bestehen.

§ 28 Professorinnen und Professoren auf Zeit

(1) Professorinnen und Professoren können auf Zeit berufen werden

1. bei erstmaliger Berufung oder wenn im Anschluss eine Berufung nach § 26 Abs. 1 Satz 2 Nr. 3 vorgesehen ist,
2. für zeitlich befristet wahrzunehmende Aufgaben der Wissenschaft und Kunst, Forschung und Lehre sowie Dienstleistung,
3. zur Gewinnung herausragend qualifizierter Wissenschaftlerinnen und Wissenschaftler, Künstlerinnen und Künstler oder Berufspraktikerinnen und Berufspraktiker,
4. zur Wahrnehmung leitender Oberarztfunktionen oder zur selbstständigen Vertretung eines Faches innerhalb einer Abteilung oder eines Zentrums,
5. bei vollständiger oder überwiegender Deckung der Kosten aus Mitteln Dritter oder
6. in Verbindung mit einer leitenden Tätigkeit in einer wissenschaftlichen Einrichtung außerhalb der Hochschulen, die im Rahmen eines gemeinsamen Berufungsverfahrens besetzt wird.

(2) [1]Die Beschäftigung auf einer Zeitprofessur erfolgt für die Dauer von höchstens fünf Jahren. [2]Verlängerungen um jeweils bis zu fünf Jahre sind in den Fällen des Absatzes 1 Nrn. 2 bis 6 zulässig.

(3) Beamtinnen und Beamten, die in eine Zeitprofessur berufen werden sollen, kann für diesen Zeitraum Sonderurlaub ohne Fortzahlung der Bezüge gewährt werden; § 22 Abs. 3 BeamtStG sowie § 7 Abs. 3 und § 37 NBG finden keine Anwendung.

§ 29 Nebenberufliche Professorinnen und Professoren

[1]Professorinnen und Professoren können nebenberuflich in einem öffentlich-rechtlichen Dienstverhältnis eigener Art mit weniger als der Hälfte der Lehrverpflichtung der hauptberuflich tätigen Professorinnen und Professoren befristet oder unbefristet beschäftigt werden. [2]Die für hauptamtliche Professorinnen und Professoren im Beamtenverhältnis geltenden Regelungen dieses Gesetzes sowie des Niedersächsischen Beamtengesetzes sind entsprechend anzuwenden; die Vorschriften über Nebentätigkeiten finden mit Ausnahme derer zur Erhebung eines Nutzungsentgelts keine Anwendung. [3]Nebenberuflich beschäftigten Professorinnen und Professoren, bei denen eine selbstständige oder abhängige Berufsausübung ganz oder teilweise an die Stelle der Forschung tritt, sollen im Rahmen dieses Beschäftigungsverhältnisses überwiegend Aufgaben in der Lehre übertragen werden.

§ 30 Juniorprofessorinnen und Juniorprofessoren

(1) [1]Die Juniorprofessorinnen und Juniorprofessoren haben die Aufgabe, sich durch die selbständige Wahrnehmung der ihrer Hochschule obliegenden Aufgaben in Wissenschaft und Kunst, Forschung und Lehre sowie Weiterbildung und Dienstleistung für die Berufung zu Professorinnen oder Professoren an einer Universität oder gleichgestellten Hochschule zu qualifizieren. [2]Die Voraussetzungen hierfür sind bei der Ausgestaltung des Dienstverhältnisses und der Funktionsbeschreibung der Stelle zu gewährleisten.

(2) [1]Einstellungsvoraussetzungen für Juniorprofessorinnen und Juniorprofessoren sind

1. ein abgeschlossenes Hochschulstudium,
2. pädagogisch-didaktische Eignung und
3. die besondere Befähigung zu vertiefter selbständiger wissenschaftlicher Arbeit, die in der Regel durch die herausragende Qualität einer Promotion nachgewiesen wird, oder die besondere Befähigung zu selbständiger künstlerischer Arbeit.

[2]Juniorprofessorinnen und Juniorprofessoren mit ärztlichen, zahnärztlichen oder tierärztlichen Aufgaben sollen zusätzlich die Anerkennung als Fachärztin oder Facharzt oder, soweit diese in dem jeweiligen Fachgebiet nicht vorgesehen ist, eine ärztliche Tätigkeit von mindestens fünf Jahren nach Erhalt der Approbation, Bestallung oder Erlaubnis der Berufsausübung nachweisen. [3]§ 25 Abs. 2 Satz 1 gilt entsprechend.

(3) [1]Juniorprofessorinnen und Juniorprofessoren werden vom Präsidium auf Vorschlag des Fakultätsrats bestellt. [2]Der Vorschlag wird von einer Auswahlkommission der Fakultät, die wie eine Berufungskommission zusammengesetzt ist, unter Einbeziehung von Gutachten auswärtiger sachverständiger Personen erstellt; der Senat wirkt bei der Erstellung des Vorschlags wie bei den Vorschlägen zur Berufung von Professorinnen und Professoren nach § 26 mit. [3]Auf Gutachten im Sinne des Satzes 2 kann verzichtet werden, wenn der Auswahlkommission mindestens drei externe Mitglieder angehört haben. [4]Der Vorschlag soll zurückgewiesen werden, wenn die Gleichstellungsbeauftragte eine Verletzung des Gleichstellungsauftrags geltend macht; § 42 Abs. 4 Satz 3 gilt entsprechend. [5]§ 26 Abs. 4und 8 gilt entsprechend.

(4) [1]Juniorprofessorinnen und Juniorprofessoren werden für die Dauer von drei Jahren beschäftigt. [2]Das Dienstverhältnis kann vom Präsidium auf Vorschlag des Fakultätsrats um bis zu drei Jahre verlängert werden, wenn eine Lehrevaluation und eine auswärtige Begutachtung der Leistungen in Forschung oder Kunst dies rechtfertigen. [3]Andernfalls kann das Dienstverhältnis um bis zu ein Jahr verlängert werden. [4]Bei einer Juniorprofessur, die im Rahmen der Verwaltungsvereinbarung zwischen Bund und Ländern gemäß Artikel 91b Abs. 1 des Grundgesetzes über ein Programm zur Förderung des wissenschaftlichen Nachwuchses vom 16. Juni 2016 (BAnz AT 27.10.2016 B8) gefördert wird, kann das Dienstverhältnis nach Ablauf der Verlängerung nach Satz 2 von der Präsidentin oder dem Präsidenten ohne erneute Lehrevaluation und auswärtige Begutachtung auf Antrag um ein weiteres Jahr verlängert werden, wenn nicht eine Berufung in ein Beamtenverhältnis auf Lebenszeit oder in ein

unbefristetes Arbeitsverhältnis erfolgt. [5]Die Verlängerungen nach den Sätzen 2 bis 4 bleiben bei der Anwendung des § 21a Abs. 2 unberücksichtigt. [6]§ 27 Abs. 1, 3, 5 und 6 gilt entsprechend.

(5) [1]Zwischen der letzten Prüfungsleistung im Rahmen der Promotion oder der sonstigen Leistung, durch die eine besondere Befähigung im Sinne des Absatzes 2 Satz 1 Nr. 3 nachgewiesen wird, und der Bewerbung auf die Juniorprofessur sollen nicht mehr als vier Jahre, im Bereich der Medizin nicht mehr als neun Jahre vergangen sein. [2]Der Zeitraum nach Satz 1 verlängert sich um Zeiten der Betreuung eines Kindes oder mehrerer Kinder unter 18 Jahren und Zeiten der Pflege eines pflegebedürftigen Angehörigen um bis zu zwei Jahre je Kind oder Pflegefall; insgesamt dürfen mehrere Verlängerungen die Dauer von vier Jahren nicht überschreiten.

(6) Juniorprofessorinnen und Juniorprofessoren führen während der Dauer ihres Dienstverhältnisses den akademischen Titel „Professorin" oder „Professor".

§ 31 Wissenschaftliche und künstlerische Mitarbeiterinnen und Mitarbeiter

(1) [1]Wissenschaftliche Mitarbeiterinnen und Mitarbeiter erbringen wissenschaftliche Dienstleistungen, indem sie weisungsgebunden an der Aufgabenerfüllung der Hochschule, insbesondere in Wissenschaft, Forschung, Lehre und Weiterbildung mitwirken. [2]Ihnen kann auch die Vermittlung von Fachwissen, praktischen Fertigkeiten und wissenschaftlicher Methodik als wissenschaftliche Dienstleistung in der Lehre übertragen werden. [3]Einstellungsvoraussetzung ist im Regelfall ein abgeschlossenes Hochschulstudium.

(2) [1]Wissenschaftlichen Mitarbeiterinnen und Mitarbeitern dürfen Lehrveranstaltungen zur selbständigen Wahrnehmung nur durch Erteilung von Lehraufträgen als Nebentätigkeit übertragen werden. [2]Die durch den Lehrauftrag entstehende Belastung soll nicht mehr als ein Viertel der regelmäßigen Arbeitszeit in Anspruch nehmen. [3]Die Einstellung darf nicht an die Übernahme eines Lehrauftrags gebunden sein.

(3) [1]Wissenschaftliche Mitarbeiterinnen und Mitarbeiter können als Akademische Rätinnen und Räte im Beamtenverhältnis auf Zeit beschäftigt werden, sofern das Beschäftigungsverhältnis auch der Förderung des wissenschaftlichen Nachwuchses dient. [2]Nach Satz 1 kann eingestellt werden, wer ein geeignetes Studium abgeschlossen hat und promoviert ist oder der Promotion gleichzusetzende wissenschaftliche Leistungen erbracht hat. [3]Die Amtszeit beträgt drei Jahre; sie kann einmal um drei Jahre verlängert werden; diese Verlängerung bleibt bei der Anwendung des § 21a Abs. 2 unberücksichtigt. [4]Nach Ablauf ihrer Amtszeit sind Akademische Rätinnen und Räte entlassen.

(4) [1]Soll das Beschäftigungsverhältnis auch die wissenschaftliche Weiterqualifikation ermöglichen, so ist eine Beschäftigung im Umfang von mindestens der Hälfte der regelmäßigen Arbeitszeit der Arbeitnehmerinnen und Arbeitnehmer im öffentlichen Dienst zu vereinbaren. [2]Den wissenschaftlichen Mitarbeiterinnen und Mitarbeitern ist in den Fällen des Satzes 1 im Rahmen ihrer Dienstaufgaben im Umfang von mindestens einem Drittel der vereinbarten Arbeitszeit Gelegenheit zu selbständiger vertiefter wissenschaftlicher Arbeit zu geben. [3]Die Laufzeit der Arbeitsverträge ist in den Fällen des Satzes 1 so zu bemessen, dass sie die angestrebte Qualifizierung ermöglicht; werden für die Qualifizierung oder für das Vorhaben, in dessen Rahmen die Qualifizierung erfolgen soll, befristet Mittel bewilligt, so soll die Laufzeit des Arbeitsvertrages dem bewilligten Projektzeitraum entsprechen.

(5) Die Absätze 1 bis 4 gelten für künstlerische Mitarbeiterinnen und Mitarbeiter entsprechend.

(6) Hauptberuflich an der Hochschule tätige Personen mit ärztlichen, zahnärztlichen oder tierärztlichen Aufgaben, die keine Mitglieder der Hochschullehrergruppe sind, gehören zur Mitarbeitergruppe, wenn sie zugleich Aufgaben im Sinne des Absatzes 1 Sätze 1 und 2 zu erfüllen haben.

§ 32 Lehrkräfte für besondere Aufgaben; Lektorinnen und Lektoren

(1) [1]Lehrkräfte für besondere Aufgaben an Universitäten und gleichgestellten Hochschulen werden ausschließlich oder überwiegend mit Aufgaben in der Lehre beschäftigt; sie üben ihre Lehrtätigkeit weisungsgebunden als nichtselbständige Lehre aus. [2]Zur selbständigen Wahrnehmung dürfen ihnen Lehraufgaben nur durch Erteilung von Lehraufträgen als Nebentätigkeit übertragen werden. [3]Die Einstellung darf nicht an die Übernahme eines Lehrauftrags gebunden sein. [4]Lehrkräfte für besondere Aufgaben an Fachhochschulen vermitteln überwiegend praktische Fertigkeiten und Kenntnisse, deren Vermittlung nicht Fähigkeiten erfordert, die für eine Einstellung als Professorin oder Professor vorausgesetzt werden.

(2) [1]Lektorinnen und Lektoren sind Lehrkräfte für besondere Aufgaben, die selbständig Lehrveranstaltungen insbesondere in den lebenden Fremdsprachen und zur Landeskunde durchführen. [2]Sie sollen ein abgeschlossenes Hochschulstudium nachweisen und eine zu vermittelnde lebende Sprache als Muttersprache sprechen.

§ 33 Wissenschaftliche und künstlerische Hilfskräfte; studentische Hilfskräfte

(1) [1]Wissenschaftliche und künstlerische sowie studentische Hilfskräfte üben Hilfstätigkeiten für Forschung und Lehre aus und unterstützen Studierende in Tutorien. [2]Sie können auch mit Aufgaben in Verwaltung, technischem Betriebsdienst, Rechenzentren, Bibliotheken und in der Krankenversorgung beschäftigt werden, wenn sie dabei mit dem absolvierten Studium zusammenhängende Kenntnisse und Fähigkeiten nutzen können oder wenn die Tätigkeit fachlich als vorteilhaft für das Studium betrachtet werden kann.

(2) [1]Wissenschaftliche und künstlerische sowie studentische Hilfskräfte werden in befristeten Arbeitsverhältnissen mit weniger als der Hälfte der regelmäßigen Arbeitszeit der Arbeitnehmerinnen und Arbeitnehmer im öffentlichen Dienst beschäftigt. [2]Die Einstellung als wissenschaftliche oder künstlerische Hilfskraft setzt den Abschluss eines Hochschulstudiums voraus. [3]Als studentische Hilfskraft kann eingestellt werden, wer in einem Studiengang immatrikuliert ist, der zu einem berufsqualifizierenden Abschluss führt; das Arbeitsverhältnis endet spätestens mit der Exmatrikulation.

§ 34 Lehrbeauftragte

(1) [1]Das Präsidium kann auf Antrag der Fakultät befristete Lehraufträge erteilen. [2]Lehrbeauftragte nehmen die ihnen übertragenen Lehraufgaben selbständig wahr.

(2) [1]Lehraufträge werden in einem öffentlich-rechtlichen Rechtsverhältnis wahrgenommen. [2]Die §§ 33, 37, 42 und 48 BeamtStG sowie die §§ 46, 49, 51 und 83 NBG und die Vorschriften des Niedersächsischen Beamtenversorgungsgesetzes über die Versorgung der Ehrenbeamten gelten entsprechend.

(3) [1]Mitglieder der Hochschule nach § 16 Abs. 2 Satz 4 Nrn. 1 und 2 können Lehraufträge an der eigenen Hochschule nur bei Lehrangeboten des Weiterbildungsstudiums und in berufsbegleitenden Studiengängen erhalten. [2]Die Möglichkeiten, wissenschaftlichen Mitarbeiterinnen und Mitarbeitern nach § 31 Abs. 2 und Lehrkräften für besondere Aufgaben nach § 32 Abs. 1 Lehraufträge zu erteilen, bleiben unberührt. [3]Wird die Lehrtätigkeit im Weiterbildungsstudium oder in einem berufsbegleitenden Studiengang nebenberuflich im Rahmen eines Lehrauftrags wahrgenommen, so kann diese vergütet werden, soweit die durch das Lehrangebot erzielten Einnahmen die damit verbundenen zusätzlichen Kosten übersteigen.

§ 35 Honorarprofessur; Gastwissenschaftlerinnen und Gastwissenschaftler

(1) [1]Die Hochschule kann durch wissenschaftliche oder künstlerische Leistungen oder durch Berufspraxis ausgewiesene Persönlichkeiten zu Honorarprofessorinnen und Honorarprofessoren bestellen, wenn sie aufgrund dieser Leistungen oder ihrer Berufspraxis den Anforderungen entsprechen, die an Professorinnen und Professoren gestellt werden. [2]Honorarprofessorinnen und Honorarprofessoren sollen regelmäßig Lehrveranstaltungen anbieten und können an Prüfungen und an der Forschung beteiligt werden. [3]Honorarprofessorinnen und Honorarprofessoren stehen in einem öffentlich-rechtlichen Rechtsverhältnis zur Hochschule und sind berechtigt, den Titel „Professorin“ oder „Professor“ zu führen. [4]Die Bestellung und deren Widerruf regelt eine Ordnung.

(2) [1]Auf Vorschlag der Fakultät kann das Präsidium geeignete Personen in einem öffentlich-rechtlichen Dienstverhältnis als Gastwissenschaftlerin oder Gastwissenschaftler mit der befristeten Wahrnehmung von Aufgaben in Lehre, Forschung, Weiterbildung und Kunst beauftragen. [2]Ihnen kann eine Vergütung gewährt werden. [3]Ihnen kann nach Maßgabe einer Ordnung gestattet werden, während der Dauer des Dienstverhältnisses den Titel „Professorin“ oder „Professor“ zu führen.

§ 35a Außerplanmäßige Professorinnen und Professoren

[1]Werden Juniorprofessorinnen und Juniorprofessoren nach Beendigung ihres Dienstverhältnisses nicht als Professorin oder Professor weiterbeschäftigt und lagen nach Ablauf der Beschäftigungsdauer nach § 30 Abs. 4 Satz 1 die Voraussetzungen des § 30 Abs. 4 Satz 2 für eine Verlängerung ihres Dienstverhältnisses vor, so sind sie als außerplanmäßige Professorinnen und Professoren berechtigt, den Titel „Professorin“ oder „Professor“ zu führen, solange sie Aufgaben in der Lehre wahrnehmen. [2]Anderen Personen, die die Einstellungsvoraussetzungen für Professorinnen und Professoren erfüllen, kann als

außerplanmäßigen Professorinnen und Professoren der Titel „Professorin" oder „Professor" für die Dauer der Wahrnehmung von Aufgaben in der Lehre verliehen werden, wenn sie eine mehrjährige erfolgreiche Lehrtätigkeit nachweisen. [3]Das Nähere regelt die Habilitationsordnung.

Dritter Abschnitt

Organisation

§ 36 Organe und Organisationseinheiten

(1) Zentrale Organe der Hochschule sind das Präsidium, der Hochschulrat und der Senat.

(2) [1]Die Hochschule gliedert sich in Fakultäten oder andere Organisationseinheiten, die möglichst fächerübergreifend die Aufgaben der Hochschule in Forschung, Kunst, Lehre, bei der Förderung des wissenschaftlichen und künstlerischen Nachwuchses, Weiterbildung und Dienstleistung erfüllen. [2]Die die Fakultäten betreffenden Vorschriften dieses Gesetzes sind auf vergleichbare Organisationseinheiten entsprechend anzuwenden.

(3) [1]Organe der Fakultät sind das Dekanat und der Fakultätsrat. [2]Werden an einer Hochschule keine Fakultäten gebildet, so nehmen Präsidium und Senat zusätzlich die Aufgaben von Dekanat und Fakultätsrat wahr.

§ 36a Gemeinsame Einrichtungen von Hochschulen

(1) [1]Hochschulen in staatlicher Verantwortung können nichtrechtsfähige gemeinsame wissenschaftliche Einrichtungen, insbesondere gemeinsame Fakultäten, mit anderen Hochschulen, Forschungs- oder Bildungseinrichtungen außerhalb einer Hochschule bilden. [2]Das Nähere ist durch eine Verwaltungsvereinbarung zu regeln, die der mit der Mehrheit der Mitglieder beschlossenen Zustimmung des Präsidiums und des Senats sowie des Hochschulrats oder des Stiftungsrats der beteiligten niedersächsischen Hochschule und der Zustimmung des Fachministeriums bedarf. [3]Ist eine Forschungseinrichtung beteiligt, so bedarf es der Zustimmung der zuständigen Organe dieser Einrichtung.

(2) [1]In der Vereinbarung nach Absatz 1 Satz 2 sind insbesondere Struktur, Organisation, Leitung und Selbstverwaltung der gemeinsamen Einrichtung festzulegen. [2]Im Fall einer gemeinsamen Fakultät gilt für die Zuständigkeit des Leitungsorgans § 43 Abs. 1 und 2 und für die Zuständigkeit des Selbstverwaltungsorgans § 44 Abs. 1 entsprechend. [3]Dem Leitungsorgan können Zuständigkeiten des Präsidiums und des Hochschulrats, dem Selbstverwaltungsorgan Zuständigkeiten des Senats übertragen werden.

§ 37 Präsidium

(1) [1]Das Präsidium leitet die Hochschule in eigener Verantwortung. [2]Es hat die Entwicklung der Hochschule zu gestalten, die Entscheidungen des Senats über die Entwicklungsplanung vorzubereiten und dafür Sorge zu tragen, dass die Hochschule ihre Aufgaben erfüllt. [3]Das Präsidium ist für alle Angelegenheiten zuständig, die nicht durch dieses Gesetz einem anderen Organ zugewiesen sind; es entscheidet insbesondere über

1. den Abschluss einer Zielvereinbarung,
2. den Wirtschaftsplan,
3. die aufgaben- und leistungsorientierte Mittelbemessung in der Hochschule,
4. a) die Errichtung, Änderung und Aufhebung von Fakultäten und anderen Organisationseinheiten,
   b) die Gliederung einer Fakultät auf Vorschlag des jeweiligen Dekanats,
5. a) die Einführung, wesentliche Änderung und Schließung von Studiengängen sowie
   b) die Genehmigung von Prüfungsordnungen.

(2) [1]Das Präsidium kann in dringenden Fällen den Senat kurzfristig einberufen und die kurzfristige Einberufung jedes anderen Organs veranlassen und verlangen, dass über bestimmte Gegenstände unter seiner Mitwirkung beraten und in seiner Anwesenheit entschieden wird. [2]Kann die Entscheidung nicht rechtzeitig herbeigeführt werden, so trifft das Präsidium die erforderlichen Maßnahmen selbst und unterrichtet das zuständige Organ unverzüglich über die getroffenen Maßnahmen. [3]Ist ein Organ dauernd beschlussunfähig, so kann es unter Anordnung seiner Neuwahl vom Präsidium aufgelöst werden.

(3) [1]Das Präsidium wahrt die Ordnung in der Hochschule und übt das Hausrecht aus. [2]Ihm obliegt die Rechtsaufsicht über die Organe der Hochschule und der Studierendenschaft. [3]Die rechtsaufsichtlichen Befugnisse des Trägers gelten entsprechend. [4]Rechtsaufsichtliche Maßnahmen sind ihm anzuzeigen.

(4) [1]Dem Präsidium gehören neben der Präsidentin oder dem Präsidenten eine hauptberufliche Vizepräsidentin oder ein hauptberuflicher Vizepräsident für die Personal- und Finanzverwaltung und mindestens eine nebenberufliche Vizepräsidentin oder ein nebenberuflicher Vizepräsident an. [2]Die Grundordnung kann vorsehen, dass dem Präsidium weitere haupt- oder nebenberufliche Vizepräsidentinnen oder Vizepräsidenten angehören. [3]Die Vizepräsidentinnen und Vizepräsidenten nehmen die Aufgaben in ihrem Geschäftsbereich selbständig wahr. [4]Die hauptberufliche Vizepräsidentin oder der hauptberufliche Vizepräsident für die Personal- und Finanzverwaltung ist Beauftragte oder Beauftragter für den Haushalt nach § 9 LHO. [5]Das Nähere regelt die Grundordnung. [6]Die Grundordnung kann die ständige Vertretung der Präsidentin oder des Präsidenten in Rechts- und Verwaltungsangelegenheiten durch die hauptberufliche Vizepräsidentin oder den hauptberuflichen Vizepräsidenten für die Personal- und Finanzverwaltung vorsehen.

§ 38 Präsidentinnen und Präsidenten

(1) Die Präsidentin oder der Präsident vertritt die Hochschule nach außen, führt den Vorsitz im Präsidium und legt die Richtlinien für das Präsidium fest.

(2) [1]Die Präsidentin oder der Präsident wird auf Vorschlag des Senats ernannt oder bestellt. [2]Zur Vorbereitung des Vorschlags richten der Senat und der Hochschulrat oder der Stiftungsrat eine gemeinsame Findungskommission ein, die eine Empfehlung abgibt. [3]Die Findungskommission besteht aus je drei vom Hochschulrat oder vom Stiftungsrat und vom Senat aus ihrer Mitte bestellten stimmberechtigten Mitgliedern sowie einem vom Fachministerium bestellten Mitglied mit beratender Stimme; den Vorsitz führt ein stimmberechtigtes Mitglied des Hochschulrats oder des Stiftungsrats. [4]Die Findungskommission leitet ihre Empfehlung dem Senat und dem Hochschulrat oder dem Stiftungsrat zur gemeinsamen Erörterung zu. [5]Danach entscheidet der Senat über die Empfehlung. [6]Bei Hochschulen in staatlicher Trägerschaft legt der Senat seinen Entscheidungsvorschlag mit einer Stellungnahme des Hochschulrats dem Fachministerium zur Entscheidung vor. [7]Bei Hochschulen in der Trägerschaft einer Stiftung legt der Senat seinen Entscheidungsvorschlag dem Stiftungsrat zur Entscheidung vor. [8]Will der Stiftungsrat vom Entscheidungsvorschlag des Senats abweichen, so unternimmt er einen Einigungsversuch und entscheidet für den Fall, dass eine Einigung nicht zustande kommt, über das weitere Verfahren. [9]Das Vorschlagsrecht des Senats bleibt unberührt.

(3) Vorgeschlagen werden kann, wer nach dem Hochschulabschluss mindestens fünf Jahre in einer Stellung mit herausgehobener Verantwortung in Wissenschaft, Kultur, Wirtschaft, Verwaltung oder Rechtspflege tätig war.

(4) [1]Die Ernennung oder Bestellung erfolgt in ein Beamtenverhältnis auf Zeit für eine Amtsdauer von sechs und bei Wiederwahl von acht Jahren oder in ein entsprechend befristetes Arbeitsverhältnis. [2]Ein Wechsel des Beschäftigungsverhältnisses während der laufenden Amtszeit ist ausgeschlossen. [3]Die Rechte und Pflichten der beamteten Präsidentinnen und Präsidenten ergeben sich aus den für Beamtinnen und Beamte auf Lebenszeit geltenden Bestimmungen, soweit nicht nachfolgend etwas anderes bestimmt ist. [4]Mit Zustimmung des Senats und des Hochschulrats kann die Ernennung oder Bestellung für jeweils eine weitere Amtszeit ohne Ausschreibung erfolgen.

(5) [1]Für die Dauer des Beamtenverhältnisses auf Zeit nach Absatz 4 gelten unmittelbare Landesbeamtinnen und Landesbeamte sowie Beamtinnen und Beamte einer Stiftung nach § 55 als beurlaubt. [2]§ 22 Abs. 3 BeamtStG findet keine Anwendung. [3]Das Fachministerium kann nach dem Ende des Beamtenverhältnisses auf Zeit hinsichtlich der weiteren Verwendung der Beamtinnen und Beamten, die zu seinem Geschäftsbereich gehören, gegenüber den Hochschulen in staatlicher Verantwortung Anordnungen treffen. [4]Ist eine Verwendung nicht möglich, so kann die Beamtin oder der Beamte auf ihren oder seinen Antrag in den Ruhestand versetzt werden.

(6) [1]Präsidentinnen und Präsidenten, die neben ihrem Beamtenverhältnis auf Zeit in keinem weiteren Beamtenverhältnis stehen, kann nach Beendigung ihrer Amtszeit eine Tätigkeit an der Hochschule, an der sie als Präsidentin oder Präsident tätig waren, in Anlehnung an die davor ausgeübte Tätigkeit angeboten werden. [2]Bei entsprechender Eignung kann auch eine Berufung in ein Professorenamt erfolgen; ein Berufungsverfahren findet in diesen Fällen nicht statt. [3]Bei Vorliegen besonderer Gründe kann dies vor Beginn der Amtszeit vereinbart werden. [4]Bei Hochschulen in der Trägerschaft einer Stiftung ist vom Stiftungsrat dazu das Einvernehmen mit dem Fachministerium herzustellen.

(7) [1]Beamtete Präsidentinnen und Präsidenten treten mit Ablauf der Amtszeit, mit Erreichen der Altersgrenze oder im Fall der Entlassung nach Abwahl (§ 40) in den Ruhestand, wenn sie

1. insgesamt eine mindestens zehnjährige Dienstzeit in einem Beamtenverhältnis mit Dienstbezügen zurückgelegt haben oder
2. aus einem Beamtenverhältnis auf Lebenszeit zu Beamtinnen und Beamten auf Zeit ernannt worden sind.

[2]Präsidentinnen und Präsidenten erreichen die Altersgrenze abweichend von § 35 Abs. 2 NBG mit der Vollendung des 68. Lebensjahres. [3]Der Eintritt in den Ruhestand bei Erreichen der Altersgrenze erfolgt mit Ablauf des letzten Monats des Semesters oder Trimesters, in dem die Altersgrenze erreicht wird; eine beantragte Entlassung aus dem Beamtenverhältnis oder eine beantragte Versetzung in den Ruhestand kann bis zum Ablauf des Semesters oder Trimesters hinausgeschoben werden. [4]Präsidentinnen und Präsidenten, die die Voraussetzungen für den Eintritt in den Ruhestand nicht erfüllen, sind mit Ablauf der Amtszeit entlassen, sofern nicht eine erneute Berufung in das Präsidentenamt erfolgt. [5]Wird eine Professorin oder ein Professor im Beamtenverhältnis zur Präsidentin oder zum Präsidenten ernannt, so gilt eine Entscheidung nach § 56 Abs. 2 Satz 2 NBeamtVG auch in Bezug auf das Präsidentenamt. [6]Ist vor der Ernennung zur Präsidentin oder zum Präsidenten eine Entscheidung nach § 56 Abs. 2 Satz 2 NBeamtVG nicht getroffen worden, so ist bei dieser Entscheidung auch § 79 Abs. 2 NBeamtVG anzuwenden. [7]Endet die Amtszeit einer Präsidentin oder eines Präsidenten, die oder der nach Absatz 5 Satz 1 als beurlaubt gilt, so ruht der Versorgungsanspruch aus dem Präsidentenamt abweichend von § 64 NBeamtVG vollständig bis zum Eintritt des Versorgungsfalles in dem Amt, in dem sie oder er nach Absatz 5 Satz 1 als beurlaubt gegolten hat.

(8) Die vertraglichen Rechte und Pflichten der im Arbeitsverhältnis beschäftigten Präsidentinnen und Präsidenten sind mit Ausnahme der Vorschriften über die Altersgrenzen in Anlehnung an die der beamteten auszugestalten.

(9) [1]Ist absehbar, dass das Amt mehr als sechs Monate unbesetzt sein wird, so kann bei Hochschulen in staatlicher Trägerschaft das Fachministerium, bei Hochschulen in der Trägerschaft einer Stiftung der Stiftungsrat, zur Vermeidung einer Handlungsunfähigkeit des Präsidiums auf Vorschlag des Senats bis zur Ernennung oder Bestellung einer Präsidentin oder eines Präsidenten eine geeignete Beauftragte oder einen geeigneten Beauftragten bestellen, die oder der die Aufgaben der Präsidentin oder des Präsidenten wahrnimmt. [2]Die Bestellung kann in einem befristeten Arbeitsverhältnis erfolgen. [3]Wird nach Satz 1 eine Beauftragte oder ein Beauftragter bestellt, so führen die Vizepräsidentinnen und Vizepräsidenten ihr Amt bis zur Ernennung oder Bestellung einer neuen Präsidentin oder eines neuen Präsidenten fort. [4]Das Nähere zum Verfahren kann die Grundordnung regeln. [5]Für eine vorzeitige Entlassung der oder des Beauftragten gilt § 40 entsprechend. [6]Die §§ 51 und 62 bleiben unberührt.

§ 39 Vizepräsidentinnen und Vizepräsidenten

(1) § 38 Abs. 2 und 4 bis 8 gilt mit Ausnahme von Abs. 6 Satz 2 für hauptberufliche Vizepräsidentinnen oder hauptberufliche Vizepräsidenten entsprechend mit der Maßgabe, dass die Empfehlung der Findungskommission nach § 38 Abs. 2 Satz 2 im Einvernehmen mit der Präsidentin oder dem Präsidenten zu erfolgen hat.

(2) [1]Die Präsidentin oder der Präsident schlägt dem Senat Personen, die Mitglieder der Hochschule sind, als nebenberufliche Vizepräsidentinnen oder Vizepräsidenten vor. [2]Dem Hochschulrat ist Gelegenheit zur Stellungnahme zu geben. [3]Bestätigt der Senat den Vorschlag, so legt er diesen mit der Stellungnahme des Hochschulrats dem Fachministerium zur Entscheidung vor. [4]Das Fachministerium kann den Vorschlag an den Senat zurückverweisen. [5]Bei Hochschulen in der Trägerschaft einer Stiftung entscheidet der Stiftungsrat in eigener Zuständigkeit über den Vorschlag. [6]Die Amtszeit der nebenberuflichen Vizepräsidentinnen und Vizepräsidenten wird in der Grundordnung geregelt; sie endet mit der Ernennung oder Bestellung einer neuen Präsidentin oder eines neuen Präsidenten. [7]Die nebenberuflichen Vizepräsidentinnen und Vizepräsidenten führen die Geschäfte fort, bis eine Nachfolgerin oder ein Nachfolger bestellt ist.

§ 40 Abwahl von Mitgliedern des Präsidiums

[1]Der Senat kann mit einer Mehrheit von drei Vierteln seiner Mitglieder einzelne Mitglieder des Präsidiums abwählen und damit deren Entlassung vorschlagen. [2]Der Vorschlag bedarf der Bestätigung des Hochschulrats. [3]Bestätigt der Hochschulrat den Vorschlag des Senats nicht, so unternimmt der Senat einen Einigungsversuch in einer gemeinsamen Sitzung mit dem Hochschulrat. [4]Kommt eine Einigung nicht zustande, so entscheidet der Senat mit einer Mehrheit von drei Vierteln der Mitglieder abschließend über den Vorschlag.

§ 41 Senat

(1) [1]Der Senat beschließt die Ordnungen der Hochschule, soweit diese Zuständigkeit nicht nach diesem Gesetz oder der Grundordnung der Fakultät oder einem anderen Organ zugewiesen ist. [2]Für fakultätsübergreifende Studiengänge kann er Prüfungsordnungen beschließen. [3]Er beschließt die Grundordnung und ihre Änderungen mit einer Mehrheit von zwei Dritteln seiner Mitglieder. [4]Die Grundordnung und ihre Änderungen bedürfen der Genehmigung.

(2) [1]Der Senat beschließt die Entwicklungsplanung nach § 1 Abs. 3 Satz 2, die Grundlage für die Zielvereinbarung ist, sowie den Gleichstellungsplan mit konkreten Ziel- und Zeitvorgaben im Einvernehmen mit dem Präsidium. [2]Er nimmt zu allen Selbstverwaltungsangelegenheiten von grundsätzlicher Bedeutung Stellung, insbesondere zur Errichtung, Änderung und Aufhebung von Fakultäten sowie zur Einführung, wesentlichen Änderung und Schließung von Studiengängen. [3]Das Präsidium ist in allen Angelegenheiten der Selbstverwaltung in seiner Entscheidungszuständigkeit dem Senat rechenschaftspflichtig. [4]Dazu gehören insbesondere Maßnahmen im Sinne von § 17 Abs. 2 Satz 1.

(3) [1]Der Senat hat gegenüber dem Präsidium ein umfassendes Informationsrecht. [2]Ihm ist rechtzeitig vor einem Beschluss über den Wirtschaftsplan und vor Abschluss einer Zielvereinbarung Gelegenheit zur Stellungnahme zu geben.

(4) [1]Dem Senat gehören 13 Mitglieder mit Stimmrecht an. [2]Nach Maßgabe der Grundordnung können dem Senat in einer Hochschule

1. mit bis zu 100 Planstellen für Professorenämter bis zu 19,
2. mit 101 bis 200 Planstellen für Professorenämter bis zu 25,
3. mit mehr als 200 Planstellen für Professorenämter bis zu 31

Mitglieder mit Stimmrecht angehören. [3]Sie werden nach Gruppen direkt gewählt. [4]Ein Mitglied der Personalvertretung gehört dem Senat mit beratender Stimme an. [5]Die Präsidentin oder der Präsident führt ohne Stimmrecht den Vorsitz. [6]Bei der Entscheidung in Angelegenheiten, die die Bewertung der Lehre betreffen, werden die Stimmen der Mitglieder der Studierendengruppe doppelt gezählt; in diesen Angelegenheiten haben die Mitglieder der MTV-Gruppe kein Stimmrecht. [7]Die Grundordnung kann vorsehen, dass dem Senat weitere Mitglieder mit beratender Stimme angehören.

§ 42 Gleichstellungsbeauftragte

(1) [1]Der Senat wählt auf Vorschlag der Kommission für Gleichstellung eine Gleichstellungsbeauftragte. [2]Die Gleichstellungsbeauftragte wird bei erstmaliger Wahl für die Dauer von sechs Jahren, bei Wiederwahl für die Dauer von acht Jahren bestellt. [3]Mit Zustimmung des Senats ist die Bestellung für jeweils eine weitere Amtszeit ohne Ausschreibung und abweichend von Satz 1 zulässig. [4]Die Gleichstellungsbeauftragte ist hauptberuflich zu beschäftigen. [5]§ 38 Abs. 6 Sätze 1 und 3 gilt entsprechend. [6]Die Grundordnung regelt das Nähere zur Errichtung und zum Verfahren der Kommission für Gleichstellung sowie zum Verfahren der Wahl der Gleichstellungsbeauftragten. [7]Die Gleichstellungsbeauftragte und ihre Vertreterin dürfen der Personalvertretung nicht angehören und nur in ihrer Eigenschaft als Gleichstellungsbeauftragte oder als deren Vertreterin mit Personalangelegenheiten befasst sein.

(2) [1]Die Gleichstellungsbeauftragte wirkt auf die Erfüllung des Gleichstellungsauftrags nach § 3 Abs. 3 hin. [2]Sie wirkt insbesondere bei der Entwicklungsplanung, bei der Erstellung des Gleichstellungsplans sowie bei Struktur- und Personalentscheidungen mit. [3]Sie kann Versammlungen einberufen. [4]Sie ist gegenüber dem Senat berichtspflichtig und unterrichtet die Öffentlichkeit über die Wahrnehmung ihrer Aufgaben. [5]Bei der Erfüllung ihrer Aufgaben ist sie nicht an fachliche Aufträge und Weisungen gebunden.

(3) [1]Die Gleichstellungsbeauftragte hat gegenüber dem Präsidium ein Vortragsrecht. [2]Zur Erfüllung ihrer Aufgaben kann sie an den Sitzungen anderer Organe, Gremien und Kommissionen, zu denen sie wie ein Mitglied zu laden ist, mit Antrags- und Rederecht teilnehmen; sie ist insbesondere bei bevorstehenden Personalmaßnahmen rechtzeitig und umfassend zu beteiligen. [3]Die Gleichstellungsbeauftragte kann Bewerbungsunterlagen einsehen. [4]Sie ist zur Verschwiegenheit verpflichtet.

(4) [1]Ist eine den Gleichstellungsauftrag berührende Entscheidung eines Organs gegen das Votum der Gleichstellungsbeauftragten getroffen worden, so kann sie innerhalb von zwei Wochen eine erneute Entscheidung verlangen (Widerspruch), soweit dieses Gesetz nichts anderes bestimmt. [2]Die erneute Entscheidung darf frühestens eine Woche nach Einlegung des Widerspruchs und erst nach einem besonderen Einigungsversuch erfolgen. [3]In derselben Angelegenheit ist der Widerspruch nur einmal

zulässig. [4]Eine Entscheidung darf erst nach Ablauf der Widerspruchsfrist oder Bestätigung der Entscheidung ausgeführt werden.

(5) [1]An den Fakultäten können Gleichstellungsbeauftragte durch den Fakultätsrat gewählt werden. [2]An anderen in der Grundordnung bestimmten Organisationseinheiten können Gleichstellungsbeauftragte bestellt werden. [3]In der Grundordnung sind für die Gleichstellungsbeauftragten nach den Sätzen 1 und 2 das Verfahren der Wahl oder Bestellung, die Amtszeit, die Aufgaben und die Befugnisse zu regeln.

(6) § 3 Abs. 4 sowie die §§ 7, 12 und 13 des Allgemeinen Gleichbehandlungsgesetzes vom 14. August 2006 (BGBl. I S. 1897) gelten entsprechend für alle Mitglieder und Angehörigen der Hochschule, die keine Beschäftigten der Hochschule sind.

§ 43 Dekanat

(1) [1]Das Dekanat leitet die Fakultät. [2]Es ist in allen Angelegenheiten der Fakultät zuständig, soweit dieses Gesetz nichts anderes bestimmt. [3]Das Dekanat setzt die Entscheidungen des Fakultätsrats um und ist ihm verantwortlich. [4]Es kann in dringenden Fällen den Fakultätsrat einberufen und verlangen, dass über bestimmte Gegenstände unter seiner Mitwirkung beraten und in seiner Anwesenheit entschieden wird. [5]Kann die Entscheidung nicht rechtzeitig herbeigeführt werden, so trifft das Dekanat die erforderlichen Maßnahmen selbst und unterrichtet Fakultätsrat und Präsidium unverzüglich von der getroffenen Maßnahme.

(2) [1]Das Dekanat hat rechtswidrige Entscheidungen des Fakultätsrats zu beanstanden und ihre Aufhebung oder Änderung zu verlangen. [2]Eine Beanstandung hat aufschiebende Wirkung. [3]Schafft der Fakultätsrat keine Abhilfe, so hat das Dekanat das Präsidium zu informieren.

(3) [1]Dem Dekanat gehören die Dekanin oder der Dekan, mindestens eine Studiendekanin oder ein Studiendekan und, soweit die Grundordnung dies vorsieht, weitere Mitglieder an. [2]Die Dekanin oder der Dekan sitzt dem Dekanat vor, vertritt die Fakultät innerhalb der Hochschule und legt die Richtlinien für das Dekanat fest. [3]Sie oder er wirkt unbeschadet der Zuständigkeiten einer Studiendekanin oder eines Studiendekans darauf hin, dass die Mitglieder und Angehörigen der Fakultät ihre Aufgaben erfüllen, und ist Vorgesetzte oder Vorgesetzter der Mitglieder der Mitarbeitergruppe und der MTV-Gruppe. [4]Die Grundordnung bestimmt die Amtszeit der Mitglieder des Dekanats; sie soll mindestens zwei Jahre betragen. [5]Von den dienstlichen Aufgaben als Professorin oder Professor können nach Maßgabe der Grundordnung ganz oder teilweise freigestellt werden

1. Dekaninnen und Dekane sowie
2. Studiendekaninnen und Studiendekane.

[6]Sieht die Grundordnung weitere Mitglieder des Dekanats vor, so können auch diese nach Maßgabe der Grundordnung freigestellt werden; diese Freistellungen und die Freistellungen nach Satz 5 Nr. 1 dürfen den Umfang der Dienstaufgaben einer Person nicht überschreiten.

(4) [1]Der Fakultätsrat beschließt nach Maßgabe der Grundordnung die Zahl der Mitglieder des Dekanats und wählt dessen Mitglieder. [2]Die Wahl der Mitglieder des Dekanats bedarf der Bestätigung des Präsidiums. [3]Als Dekanin oder Dekan ist eine Professorin oder ein Professor der Fakultät wählbar. [4]Der Fakultätsrat kann mit einer Mehrheit von drei Vierteln seiner Mitglieder einzelne Mitglieder des Dekanats abwählen; Satz 2 gilt entsprechend. [5]Eine Ordnung regelt das Nähere zum Verfahren der Wahl und Abwahl der Mitglieder des Dekanats.

(5) [1]Die Hochschule kann in der Grundordnung regeln, dass das Amt einer Dekanin oder eines Dekans hauptberuflich wahrgenommen wird. [2]Absatz 3 Sätze 4 bis 6 sowie Absatz 4 gelten nicht für hauptberufliche Dekane. [3]Die hauptberufliche Dekanin oder der hauptberufliche Dekan wird auf Vorschlag des Fakultätsrats ernannt oder bestellt; § 38 Abs. 3 bis 8 gilt entsprechend. [4]Das Nähere zum Verfahren regelt eine vom Senat zu erlassende Ordnung. [5]Der Fakultätsrat kann mit einer Mehrheit von drei Vierteln seiner Mitglieder die hauptberufliche Dekanin oder den hauptberuflichen Dekan abwählen und damit ihre oder seine Entlassung vorschlagen; der Vorschlag bedarf der Bestätigung des Präsidiums.

§ 44 Fakultätsrat

(1) [1]Der Fakultätsrat entscheidet in Angelegenheiten der Forschung und Lehre von grundsätzlicher Bedeutung. [2]Er beschließt die Ordnungen der Fakultät, insbesondere die Prüfungsordnungen, und

nimmt zur Einführung, wesentlichen Änderung und Schließung von Studiengängen gegenüber dem Präsidium Stellung. [3]Ordnungen der Fakultäten bedürfen der Genehmigung des Präsidiums.

(2) [1]Dem Fakultätsrat gehören nach Maßgabe der Grundordnung bis zu 13 Mitglieder mit Stimmrecht an. [2]Sie werden nach Gruppen direkt gewählt. [3]Die Dekanin oder der Dekan führt ohne Stimmrecht den Vorsitz. [4]Die Hochschullehrergruppe muss über eine Stimme mehr als die anderen Gruppen zusammen verfügen. [5]Bei der Entscheidung in Angelegenheiten, die die Bewertung der Lehre betreffen, werden die Stimmen der Mitglieder der Studierendengruppe doppelt gezählt; in diesen Angelegenheiten haben die Mitglieder der MTV-Gruppe kein Stimmrecht.

§ 45 Ständige Kommissionen für Lehre und Studium; Studiendekaninnen und Studiendekane

(1) [1]Die Hochschule bildet Ständige Kommissionen für Lehre und Studium (Studienkommissionen), deren stimmberechtigte Mitglieder mindestens zur Hälfte Studierende sind. [2]Das Präsidium bestimmt die Zahl und Größe der Studienkommissionen, ihre Zuständigkeit für einzelne Studiengänge und ihre Zuordnung zu einer oder mehreren Fakultäten. [3]Den Vorsitz einer Studienkommission führt die Studiendekanin oder der Studiendekan ohne Stimmrecht. [4]Bei fakultätsübergreifenden Studienkommissionen bestimmt das für die Lehre zuständige Präsidiumsmitglied über den Vorsitz.

(2) [1]Die zuständigen Studienkommissionen sind vor Entscheidungen des Fakultätsrates in allen Angelegenheiten der Lehre, des Studiums und der Prüfungen zu hören. [2]Der Fakultätsrat hat ihre Empfehlungen zu würdigen und seine Stellungnahme zu dokumentieren; er kann einzelne Entscheidungen auf eine zuständige Studienkommission übertragen.

(3) [1]Die Studiendekanin oder der Studiendekan ist verantwortlich für die Sicherstellung des Lehrangebots und der Studienberatung sowie für die Durchführung der Prüfungen. [2]Sie oder er wirkt darauf hin, dass alle Mitglieder und Angehörigen der Fakultät die ihnen obliegenden Aufgaben in der Lehre und bei Prüfungen erfüllen. [3]Zur Erfüllung ihrer oder seiner Aufgaben kann die Studiendekanin oder der Studiendekan an den Sitzungen der Dekanate von Fakultäten, denen ein Studiengang zugeordnet ist, deren Dekanat sie oder er aber nicht als Mitglied angehört, mit Antrags- und Rederecht teilnehmen.

(4) [1]Die Studienkommission schlägt dem Fakultätsrat ein Mitglied der Hochschullehrergruppe oder in Ausnahmefällen ein lehrendes Mitglied der Mitarbeitergruppe zur Wahl als Studiendekanin oder Studiendekan vor. [2]Die Studienkommission kann dem Fakultätsrat mit einer Mehrheit von zwei Dritteln ihrer stimmberechtigten Mitglieder die Abwahl der Studiendekanin oder des Studiendekans nach § 43 Abs. 4 Satz 4 vorschlagen.

§ 46 Exzellenzklausel; Erprobungsklausel

(1) [1]Zur Erprobung neuer Modelle der Leitung, Steuerung und Organisation kann der Senat einer Hochschule, die im Rahmen der Verwaltungsvereinbarung zwischen Bund und Ländern nach Artikel 91b Abs. 1 des Grundgesetzes zur Förderung von Spitzenforschung an Universitäten (Exzellenzstrategie) gefördert wird, auf Vorschlag des Präsidiums im Einvernehmen mit dem Hochschulrat oder dem Stiftungsrat in der Grundordnung Abweichungen von den §§ 6, 26, 30, 36 bis 45 und 52 festlegen, um die Realisierung der geförderten Maßnahmen sicherzustellen. [2]Vor einer Änderung oder Aufhebung von Vorschriften der Grundordnung, die nach Satz 1 erlassen worden sind, ist ein Vorschlag des Präsidiums nicht erforderlich; dem Präsidium ist jedoch Gelegenheit zur Stellungnahme zu geben. [3]Der Erlass, die Änderung und die Aufhebung von Vorschriften der Grundordnung nach den Sätzen 1 und 2 bedürfen der Genehmigung durch das Fachministerium. [4]Die Hochschulen nach Satz 1 können in geeigneten Studiengängen in Abweichung von § 6 mit dem Fachministerium Vereinbarungen über Modellversuche zu Exzellenzstudiengängen treffen.

(2) [1]Die Hochschulen können Abweichungen nach Absatz 1 Satz 1 für die Dauer von bis zu fünf Jahren auch festlegen, um zu erproben, ob die Abweichungen die Profilbildung unterstützen, die Wirtschaftlichkeit oder Wettbewerbsfähigkeit erhöhen oder Entscheidungsprozesse beschleunigen und verbessern; Absatz 1 Sätze 2 und 3 gilt entsprechend. [2]Der Senat kann im Einvernehmen mit dem Hochschulrat oder dem Stiftungsrat die Geltung der nach Satz 1 festgelegten Abweichungen um jeweils bis zu fünf weitere Jahre verlängern; dem Präsidium ist zuvor Gelegenheit zur Stellungnahme zu geben. [3]Verlängerungen nach Satz 2 bedürfen der Genehmigung durch das Fachministerium. [4]Die Hochschulen sind verpflichtet, Erprobungen nach den Sätzen 1 und 2 zu dokumentieren und auszuwerten sowie dem Fachministerium vor Ablauf des Erprobungs- und des jeweiligen Verlängerungszeitraums darüber zu berichten.

Drittes Kapitel

Hochschulen in Trägerschaft des Staates

§ 47 Staatliche Angelegenheiten

[1]Die Hochschulen in Trägerschaft des Staates erfüllen als Einrichtungen des Landes staatliche Angelegenheiten. [2]Staatliche Angelegenheiten sind:

1. die Personalverwaltung und die Bewirtschaftung der den Hochschulen zugewiesenen Landesmittel, landeseigenen Liegenschaften und Vermögensgegenstände,
2. die Erhebung von Beiträgen, Gebühren und Entgelten,
3. die Ermittlung der Ausbildungskapazitäten und die Vergabe von Studienplätzen,
4. die überörtliche Bibliotheks- und Rechenzentrumskooperation,
5. die Krankenversorgung und andere Aufgaben auf dem Gebiet des öffentlichen Gesundheitswesens sowie die tiermedizinische Versorgung,
6. die Beteiligung an oder die Durchführung von staatlichen Prüfungen,
7. die Hochschulstatistik,
8. Aufgaben, die von der Hochschule in Bundesauftragsverwaltung wahrgenommen werden sowie
9. die staatliche Anerkennung nach einer Verordnung nach § 7 Abs. 6.

§ 48 Dienstrechtliche Befugnisse

(1) Das Fachministerium ernennt oder bestellt und entlässt die Mitglieder des Präsidiums.

(2) [1]Das Fachministerium beruft die Professorinnen und Professoren. [2]Das Präsidium legt ihm den Berufungsvorschlag mit den Stellungnahmen der am Verfahren beteiligten Organe und Stellen vor. [3]Das Fachministerium kann von der Reihenfolge des Berufungsvorschlags nach Anhörung des Präsidiums abweichen oder den Berufungsvorschlag insgesamt zurückgeben. [4]Das Fachministerium kann seine Befugnisse zur Berufung der Professorinnen und Professoren jeweils befristet auf drei Jahre auf die Hochschule übertragen. [5]Sind die Befugnisse mindestens zweimal befristet übertragen worden, so kann eine weitere Übertragung unbefristet unter dem Vorbehalt des Widerrufs erfolgen. [6]Im Fall der Übertragung nach Satz 4 oder 5 entscheidet das Präsidium im Einvernehmen mit dem Hochschulrat über die Berufung. [7]Sie haben dabei länderübergreifende Vereinbarungen, durch die das Land in Angelegenheiten der Berufung von Professorinnen und Professoren verpflichtet wird, zu beachten. [8]Die Präsidentin oder der Präsident ernennt oder bestellt und entlässt die Professorinnen und Professoren.

(3) [1]Das an den Hochschulen tätige Personal wird im Landesdienst beschäftigt. [2]Das Fachministerium ist Dienstvorgesetzter der hauptberuflichen Mitglieder des Präsidiums sowie der nebenberuflichen Mitglieder des Präsidiums, soweit deren Tätigkeit als Mitglied des Präsidiums betroffen ist. [3]Dienstvorgesetzte oder Dienstvorgesetzter des Hochschulpersonals ist die Präsidentin oder der Präsident.

§ 49 Haushalts- und Wirtschaftsführung

(1) [1]Die Hochschulen werden mit folgenden Maßgaben als Landesbetriebe gemäß § 26 Abs. 1 LHO geführt:

1. Die Wirtschaftsführung und das Rechnungswesen richten sich nach kaufmännischen Grundsätzen. Der Wirtschaftsplan gliedert sich nach dem handelsrechtlichen Schema der Gewinn- und Verlustrechnung und umfasst die jeweiligen Ist-, Soll- und Plandaten. Auf den Jahresabschluss sind die Vorschriften des Handelsgesetzbuchs über große Kapitalgesellschaften sinngemäß anzuwenden. Auf die Prüfung des Jahresabschlusses sind die Prüfungsgrundsätze des § 53 Abs. 1 Nrn. 1 und 2 des Haushaltsgrundsätzegesetzes (HGrG) entsprechend anzuwenden.
2. Der bis zum Ende des Geschäftsjahres nicht verbrauchte Teil der Zuführungen wird als Rücklage bis zur Dauer von fünf Jahren verwahrt und steht der Hochschule zur Erfüllung ihrer Aufgaben zusätzlich zur Verfügung; abweichend von Halbsatz 1 kann im Einvernehmen mit dem Fachministerium und dem Finanzministerium eine Verwahrung als Rücklage bis zu einer Dauer von zehn Jahren erfolgen, soweit die Rücklage zur Verwendung für konkrete Bauvorhaben vorgesehen ist.
3. Der Landesbetrieb entscheidet im Rahmen der im Haushaltsplan festgesetzten Ermächtigungen über die dauerhafte Beschäftigung von Personal. Dies gilt nicht für das aus Drittmitteln oder Sondermitteln des Landes außerhalb der Zuführungen an den Landesbetrieb finanzierte Personal. Der Ermächtigungsrahmen wird bei tarifvertraglichen oder gesetzlichen Änderungen, die sich auf die Höhe der Kosten des betreffenden Personals auswirken, entsprechend angepasst.

4. Die Buchführung richtet sich nach den Regeln der kaufmännischen doppelten Buchführung. Abweichend von § 79 Abs. 3 LHO errichtet der Landesbetrieb Zahlstellen und Geldannahmestellen in eigener Zuständigkeit. Im Rahmen der Jahresprüfung nach Nummer 1 hat die Hochschule nachzuweisen, dass die Zahl- und Geldannahmestellen ordnungsgemäß betrieben worden sind.
5. Das Rechnungswesen muss eine Kosten- und Leistungsrechnung umfassen, die die Bildung von Kennzahlen für hochschulübergreifende Zwecke nach Vorgabe des Fachministeriums ermöglicht.

[2]Das Nähere zu den Nummern 1 bis 4 bestimmt das Fachministerium durch Verwaltungsvorschrift im Einvernehmen mit dem Finanzministerium und dem Landesrechnungshof.

(2) [1]Die Einnahmen der Hochschulen mit Ausnahme der Einnahmen der Körperschaft fließen in das von der Hochschule zu verwaltende Landesvermögen. [2]Die aus Landesmitteln zu beschaffenden Vermögensgegenstände sind für das Land zu erwerben. [3]Sämtliche Einnahmen, die die Hochschulen im Zusammenhang mit ihrer wissenschaftlichen und künstlerischen Tätigkeit sowie durch die Inanspruchnahme von Personal, Sachmitteln und Einrichtungen durch Dritte erzielen, stehen ihnen zur Erfüllung ihrer Aufgaben zur Verfügung.

(3) Die Höhe der laufenden Zuführungen an die Hochschulen bemisst sich nach den Zielvereinbarungen gemäß § 1 Abs. 3 Satz 4.

§ 50 Körperschaftsvermögen

(1) [1]Die Hochschule kann durch eine Ordnung bestimmen, dass ein Körperschaftsvermögen gebildet wird. [2]Zuwendungen Dritter fallen in das Körperschaftsvermögen, es sei denn, die Zuwendungsgeberin oder der Zuwendungsgeber hat dies ausgeschlossen oder sie werden zur Finanzierung von Forschungsvorhaben im Sinne des § 22 gewährt.

(2) [1]Die Hochschule verwaltet das Körperschaftsvermögen unbeschadet des Teils VI der Niedersächsischen Landeshaushaltsordnung getrennt vom Landesvermögen. [2]Der Senat beschließt den vom Präsidium eingebrachten Wirtschafts- oder Haushaltsplan des Körperschaftsvermögens und entlastet das Präsidium hinsichtlich des Körperschaftshaushalts.

(3) [1]Aus Rechtsgeschäften, die die Hochschule als Körperschaft abschließt, wird das Land weder berechtigt noch verpflichtet. [2]Rechtsgeschäfte zulasten des Körperschaftsvermögens sind unter dem Namen der Hochschule mit dem Zusatz „Körperschaft des öffentlichen Rechts“ abzuschließen.

(4) [1]Die Hochschule kann sich mit ihrem Körperschaftsvermögen zur Erfüllung ihrer körperschaftlichen Aufgaben, insbesondere zur Förderung des Wissens- und Technologietransfers, an Unternehmen in der Rechtsform einer juristischen Person des privaten Rechts beteiligen oder solche Unternehmen gründen. [2]§ 65 LHO ist mit der Maßgabe entsprechend anzuwenden, dass die Hochschule im Fall des Satzes 1 die Einwilligung des Fachministeriums einzuholen hat. [3]Die §§ 66 bis 69 LHO finden keine Anwendung. [4]Die Hochschule hat sicherzustellen, dass das Unternehmen eine Prüfungsvereinbarung mit dem Landesrechnungshof gemäß § 104 Abs. 1 Nr. 3 LHO abschließt, wenn der Landesrechnungshof dies für erforderlich hält. [5]Beteiligungen der Hochschule sind im Haushaltsplan darzustellen.

§ 51 Aufsicht und Zusammenwirken

(1) [1]In Angelegenheiten der Selbstverwaltung unterliegen die Hochschulen der Rechtsaufsicht und in staatlichen Angelegenheiten der Fachaufsicht des Fachministeriums. [2]Dieses kann jederzeit Auskunft verlangen. [3]Es kann nach Anhörung der Hochschule rechtswidrige Maßnahmen zentraler Organe der Hochschule beanstanden und ihre Aufhebung oder Änderung verlangen. [4]Eine Beanstandung hat aufschiebende Wirkung. [5]Erfüllt ein zentrales Organ der Hochschule Pflichten nicht, die ihm aufgrund eines Gesetzes, einer Beanstandung oder einer fachaufsichtlichen Weisung obliegen, so kann das Fachministerium unter Fristsetzung anordnen, dass es das Erforderliche veranlasse. [6]Kommt es der Anordnung nicht nach, so kann das Fachministerium die notwendigen Maßnahmen an seiner Stelle treffen. [7]Ist es nicht nur vorübergehend handlungsunfähig, so kann das Fachministerium Beauftragte bestellen, die dessen Aufgaben als Organ der Hochschule wahrnehmen.

(2) Die Aufsicht soll zugleich die Selbständigkeit und Eigenverantwortung der Hochschule fördern.

(3) [1]Sind Ordnungen genehmigungsbedürftig, so ist das Fachministerium zuständig, soweit dieses Gesetz nichts anderes bestimmt. [2]Die Genehmigung kann aus Rechtsgründen und, soweit sie staatliche Angelegenheiten betrifft, aus Gründen der Zweckmäßigkeit versagt werden. [3]Aus diesen Gründen kann das Fachministerium verlangen, dass binnen einer angemessenen Frist eine Ordnung geändert oder aufgehoben wird. [4]Kommt eine Hochschule einem solchen Verlangen nicht nach, so kann das Fach-

ministerium die entsprechende Maßnahme nach Anhörung der Hochschule treffen. [5]Dies gilt auch, wenn die Hochschule eine genehmigungsbedürftige Ordnung nicht binnen angemessener Frist erlässt.

§ 52 Hochschulrat

(1) [1]Der Hochschulrat hat die Aufgabe,

1. das Präsidium und den Senat zu beraten,
2. Stellung zu nehmen zu
   a) den Entwicklungs- und Wirtschaftsplänen,
   b) der Gründung von oder der Beteiligung an Unternehmen,
   c) den Entwürfen von Zielvereinbarungen,
   d) den Vorschlägen des Senats zur Ernennung oder Bestellung von Präsidiumsmitgliedern,
3. den Vorschlag des Senats zur Entlassung von Präsidiumsmitgliedern zu bestätigen,
4. bei Hochschulen, denen nach § 48 Abs. 2 das Berufungsrecht übertragen wurde, das Einvernehmen zu Berufungsvorschlägen zu erklären.

[2]Der Hochschulrat ist berechtigt, zu allen die Hochschule betreffenden Fragen Auskünfte vom Präsidium und vom Senat zu verlangen.

(2) [1]Der Hochschulrat besteht aus sieben Mitgliedern, von denen mindestens drei Frauen sein sollen. [2]Mitglieder sind

1. fünf mit dem Hochschulwesen vertraute Personen vornehmlich aus Wirtschaft, Wissenschaft, Kultur oder weiteren gesellschaftlich relevanten Bereichen, die nicht Mitglieder der Hochschule sein dürfen und im Einvernehmen mit dem Senat der Hochschule vom Fachministerium bestellt werden,
2. ein Mitglied der Hochschule, das vom Senat der Hochschule gewählt wird, und
3. eine Vertreterin oder ein Vertreter des Fachministeriums.

[3]Der Hochschulrat bestimmt aus den Mitgliedern nach Satz 2 Nr. 1 ein vorsitzendes Mitglied und ein stellvertretendes vorsitzendes Mitglied.

(3) [1]Die Mitglieder des Hochschulrats nach Absatz 2 Satz 2 Nr. 1 sind Angehörige der Hochschulen. [2]Die Mitglieder nach Absatz 2 Satz 2 Nrn. 1 und 2 sind ehrenamtlich tätig und an Aufträge und Weisungen nicht gebunden. [3]Den Mitgliedern nach Absatz 2 Satz 2 Nr. 1 kann die Hochschule eine angemessene Aufwandsentschädigung nach Maßgabe einer Ordnung zahlen. [4]Die Amtszeit der Mitglieder des Hochschulrats beträgt nach Maßgabe der Grundordnung bis zu fünf Jahre. [5]Das Fachministerium kann ein Mitglied des Hochschulrats nach Absatz 2 Satz 2 Nr. 1 aus wichtigem Grund abberufen. [6]Die Mitglieder des Präsidiums, eine Vertreterin oder ein Vertreter der Studierendenschaft und ein Mitglied der Personalvertretung nehmen in der Regel an den Sitzungen des Hochschulrats beratend teil.

§ 53 Norddeutsche Hochschule für Rechtspflege

(1) [1]Die Norddeutsche Hochschule für Rechtspflege führt die Ausbildung für die Laufbahn der Laufbahngruppe 2 der Fachrichtung Justiz nach Maßgabe des § 2 Abs. 1, 2 und 4 des Rechtspflegergesetzes und justizbezogene Fortbildung durch. [2]Mit Zustimmung des Fachministeriums kann sie weitere Studiengänge einrichten. [3]Abweichend von § 8 Abs. 1 Satz 1 kann sie aufgrund einer Hochschulprüfung, mit der ein erster berufsqualifizierender Abschluss erreicht wird, einen Diplomgrad mit Angabe der Fachrichtung und dem Zusatz „FH" (Fachhochschule) verleihen.

(2) Organe der Norddeutschen Hochschule für Rechtspflege sind die Rektorin oder der Rektor und der Senat.

(3) [1]Die Rektorin oder der Rektor leitet die Norddeutsche Hochschule für Rechtspflege und vertritt sie nach außen. [2]Sie oder er tritt an die Stelle der Präsidentin oder des Präsidenten und des Präsidiums. [3]An die Stelle der Vizepräsidentinnen oder Vizepräsidenten tritt als Vertreterin oder Vertreter der Rektorin oder des Rektors eine Prorektorin oder ein Prorektor. [4]Die Aufgaben nach den Sätzen 1 bis 3 werden im Nebenamt wahrgenommen.

(4) [1]Zur Rektorin oder zum Rektor und zur Prorektorin oder zum Prorektor bestellt das Fachministerium Professorinnen und Professoren der Norddeutschen Hochschule für Rechtspflege, die Mitglieder der Hochschule sind. [2]Die Bestellung erfolgt auf Vorschlag des Senats; der Vorschlag zur Bestellung der Prorektorin oder des Prorektors bedarf des Einvernehmens der Rektorin oder des Rektors. [3]Der Senat richtet zur Vorbereitung des Vorschlages eine Findungskommission aus fünf Mitgliedern ein,

von denen der Senat drei aus seiner Mitte und das Fachministerium zwei benennt. [4]Die Amtsdauer beträgt sechs Jahre; für die Prorektorin oder den Prorektor kann die Grundordnung eine kürzere Amtsdauer festlegen. [5]Die §§ 38 und 39 finden keine Anwendung.

(5) [1]Abweichend von § 41 Abs. 4 Satz 1 gehören dem Senat nach Maßgabe der Grundordnung bis zu 13 Mitglieder mit Stimmrecht an. [2]§ 41 Abs. 4 Satz 2 findet keine Anwendung.

(6) [1]Die Norddeutsche Hochschule für Rechtspflege bestellt mit Zustimmung des Fachministeriums eine Verwaltungsleiterin oder einen Verwaltungsleiter. [2]Die Verwaltungsleiterin oder der Verwaltungsleiter unterstützt die Hochschulleitung und führt die Geschäfte der laufenden Personal- und Finanzverwaltung. [3]Sie oder er ist Beauftragte oder Beauftragter für den Haushalt nach § 9 LHO.

(7) [1]§ 49 findet für die Norddeutsche Hochschule für Rechtspflege keine Anwendung. [2]Abweichend von § 42 Abs. 1 Satz 4 kann die Gleichstellungsbeauftragte nebenberuflich beschäftigt werden.

(8) Die Landesregierung wird ermächtigt, durch Verordnung Abweichungen von den Bestimmungen für das wissenschaftliche Personal an Hochschulen zu regeln, soweit dies wegen der besonderen Aufgabenstellung und Struktur der Norddeutschen Hochschule für Rechtspflege erforderlich ist.

(9) Das für die Norddeutsche Hochschule für Rechtspflege zuständige Fachministerium ist das Justizministerium.

§ 54 Besondere Bestimmungen für die Universität Vechta

(1) [1]Das in Artikel 5 Abs. 2 Satz 4 des Konkordats bezeichnete Institut der Universität Vechta nimmt für sein Fachgebiet die Aufgaben einer Fakultät wahr. [2]Die Organe des Instituts werden durch eine Ordnung bestimmt.

(2) Der Hochschulrat der Universität Vechta stimmt der Widmung von Professorenstellen im Rahmen des Verfahrens nach § 52 Abs. 1 Satz 1 Nr. 2 Buchst. a oder c zu.

(3) [1]§ 52 Abs. 2 Satz 2 Nr. 1 gilt mit der Maßgabe, dass von den fünf vom Fachministerium im Einvernehmen mit dem Senat zu bestellenden Mitgliedern zwei auf Vorschlag der Katholischen Kirche zu bestellen sind; diese können vom Fachministerium nur im Einvernehmen mit der Katholischen Kirche abberufen werden. [2]Zu den Mitgliedern des Hochschulrats in der Findungskommission nach § 38 Abs. 2 Satz 3 gehört ein auf Vorschlag der Katholischen Kirche bestelltes Mitglied.

§ 54a *[aufgehoben]*

Viertes Kapitel
Hochschulen in Trägerschaft von rechtsfähigen Stiftungen des öffentlichen Rechts

§ 55 Überführung, Zielsetzung und Aufgaben

(1) [1]Eine Hochschule kann auf ihren Antrag durch Verordnung der Landesregierung in die Trägerschaft einer rechtsfähigen Stiftung des öffentlichen Rechts überführt werden. [2]Den Antrag beschließt der Senat mit einer Mehrheit von zwei Dritteln seiner Mitglieder. [3]Die Verordnung nach Satz 1 muss den Zweck, den Namen, die Vertretung und den Sitz der Stiftung, die Zusammensetzung, Verwendung und Verwaltung ihres Vermögens sowie die Weitergeltung von Vereinbarungen über die Beschäftigungssicherung übernommener Beschäftigter und die Finanzierung der Beamtenversorgung regeln. [4]In der Verordnung sind insbesondere die für den Betrieb der Hochschule benötigten Grundstücke im Eigentum des Landes sowie die für den Betrieb der Hochschule benötigten dinglichen Rechte an Grundstücken Dritter mit ihrer grundbuchmäßigen Bezeichnung im Sinne des § 28 der Grundbuchordnung aufzuführen. [5]Mit der Errichtung der Stiftung gehen das Eigentum an den in der Verordnung aufgeführten Grundstücken und die in der Verordnung aufgeführten dinglichen Rechte unentgeltlich auf die Stiftung über. [6]Durch die Verordnung wird eine Stiftungssatzung erlassen. [7]Änderungen der Stiftungssatzung bedürfen der Genehmigung der Landesregierung.

(2) [1]Die Stiftung unterhält und fördert die Hochschule in deren Eigenschaft als Körperschaft des öffentlichen Rechts. [2]Sie hat zum Ziel, durch einen eigenverantwortlichen und effizienten Einsatz der ihr überlassenen Mittel die Qualität von Forschung, Lehre, Studium und Weiterbildung an der Hochschule zu steigern.

(3) Die Stiftung nimmt die staatlichen Angelegenheiten nach § 47 Satz 2 als eigene Aufgaben wahr.

(4) [1]Die Stiftung übt die Rechtsaufsicht über die Hochschule aus. [2]Die Vorschriften des § 51 über die Rechtsaufsicht gelten entsprechend.

(5) Bei der Erfüllung ihrer Aufgaben wahrt die Stiftung die Selbstverwaltung der Hochschule.

(6) [1]Die Stiftung verfolgt ausschließlich und unmittelbar gemeinnützige Zwecke im Sinne des Dritten Abschnitts (Steuerbegünstigte Zwecke) des Zweiten Teils der Abgabenordnung in der jeweils geltenden Fassung. [2]Die Mittel der Stiftung dürfen nur für die nach den Absätzen 2 und 3 sowie in der Satzung vorgesehenen Zwecke verwendet werden. [3]Die Entscheidung über die Errichtung von oder die Beteiligung an juristischen Personen des privaten Rechts bedarf der Einwilligung des Fachministeriums. [4]Es darf keine Person durch Ausgaben, die dem Zweck der Stiftung fremd sind, oder durch unverhältnismäßig hohe Vergütungen begünstigt werden.

§ 55a Besondere Bestimmungen für die Errichtung von Stiftungen des öffentlichen Rechts

(1) Durch Verordnung der Landesregierung kann bestimmt werden, dass das Land namens und im Auftrag der Stiftung insgesamt

1. die Versorgungsbezüge nach § 2 des NBeamtVG einschließlich der Zahlung der Emeritenbezüge erbringt,
2. die Zahlungen erbringt, die sich aus dem Versorgungslastenteilungs-Staatsvertrag vom 16. Dezember 2009/26. Januar 2010 (Nds. GVBl. 2010 S. 318) ergeben oder die gemäß § 2 Abs. 1 des Gesetzes zum Versorgungslastenteilungs-Staatsvertrag vom 9. September 2010 (Nds. GVBl. S. 318), geändert durch Artikel 14 des Gesetzes vom 17. November 2011 (Nds. GVBl. S. 422), nach den Regelungen des Versorgungslastenteilungs-Staatsvertrages zu leisten sind,
3. die Nachversicherung in der gesetzlichen Rentenversicherung für ausgeschiedene Beamtinnen und Beamte sowie sonstige Beschäftigte, denen durch Gewährleistungsentscheidung eine Anwartschaft auf Versorgung bei verminderter Erwerbsfähigkeit und im Alter sowie auf Hinterbliebenenversorgung gewährleistet worden ist und die unversorgt aus der Beschäftigung ausscheiden, vornimmt und
4. die Erstattung von Nachversicherungsbeiträgen für die gesetzliche Rentenversicherung, die andere Dienstherren von der Stiftung für eine Beschäftigung bei der Stiftung beanspruchen können, vornimmt.

(2) Wird das Land durch eine Verordnung nach Absatz 1 verpflichtet, so ist die Niedersächsische Landesversorgungsrücklage auch die Versorgungsrücklage der Stiftung.

(3) Durch Verordnung der Landesregierung kann bestimmt werden, dass das Land die Beihilfeleistungen nach § 80 NBG und entsprechenden tarifvertraglichen Bestimmungen namens und im Auftrag der Stiftung erbringt.

(4) [1]Wird das Land durch eine Verordnung nach Absatz 1 verpflichtet, so entrichtet die Stiftung an das Land eine jährliche Versorgungspauschale in Höhe von 30 vom Hundert der ruhegehaltsfähigen Bezüge aller im Dienst der Stiftung stehenden Beamtinnen und Beamten. [2]Die Pauschale ist bis zum 30. September zu entrichten.

(5) [1]Erbringt das Land die Beihilfe nach Absatz 3, so entrichtet die Stiftung an das Land eine jährliche Pauschale. [2]Die Höhe der Pauschale wird vom Fachministerium festgesetzt und nach denselben Grundsätzen berechnet, die für die Veranschlagung der Beihilfe bei den in der Trägerschaft des Landes stehenden Hochschulen im jeweiligen Haushaltsplan zugrunde gelegt sind. [3]Absatz 4 Satz 2 gilt entsprechend.

(6) [1]Die Stiftung entrichtet an das Land jeweils eine jährliche Fallkostenpauschale zur Erstattung der Verwaltungskosten, die sich infolge der Verpflichtung nach den Absätzen 1 und 3 für die Berechnung und Zahlbarmachung der Beträge ergeben. [2]Die Höhe der Erstattung sowie das Erstattungsverfahren werden in einer Verwaltungsvereinbarung zwischen dem Land und der Stiftung geregelt. [3]Kommt eine Verwaltungsvereinbarung nicht zustande, so setzt das Fachministerium die Pauschale fest. [4]Absatz 4 Satz 2 gilt entsprechend.

(7) [1]Die Landesregierung wird ermächtigt, durch Verordnung Regelungen zur Übernahme von Schäden durch das Land zu treffen, für die die Stiftung Schadensersatz nicht erhält oder Schadensersatz zu leisten hat. [2]Die Schadensübernahme darf den Gesamtwert des unbeweglichen Anlagevermögens der Stiftung am 1. Januar des betreffenden Jahres nicht überschreiten. [3]Bagatellschäden bis 10 000 Euro im Einzelfall werden bis zu einer Gesamthöhe von 50 000 Euro je Geschäftsjahr nicht übernommen. [4]Die Haftungsbegrenzungen gelten nicht für Schäden Dritter.

(8) [1]Die Stiftung übernimmt sämtliche bisher für ihren Bereich vom Staatlichen Baumanagement Niedersachsen wahrgenommenen Bauaufgaben und trifft mit dem Land die dazu erforderlichen Verein-

barungen. [2]Mit der Aufgabenverlagerung sind die zu diesem Zeitpunkt bestehenden Arbeits- und Ausbildungsverhältnisse der für Hochschulbauaufgaben eingesetzten Beschäftigten einschließlich der ausgebrachten Stellen sowie der veranschlagten Personal- und Sachmittel anteilig vom Staatlichen Baumanagement Niedersachsen auf die Stiftung zu überführen. [3]Beamtinnen und Beamte sind zum Zeitpunkt der Aufgabenverlagerung zu versetzen. [4]Die Stiftung tritt in die Rechte und Pflichten der zu diesem Zeitpunkt bestehenden Arbeits- und Ausbildungsverhältnisse ein. [5]Die Landesregierung wird ermächtigt, Einzelheiten des Personalübergangs durch Verordnung zu regeln, soweit eine Vereinbarung nach Satz 1 nicht zustande kommt. [6]Das Land ist durch die Stiftung von sämtlichen vertraglichen Verpflichtungen freizustellen, die es für Baumaßnahmen der Hochschulen eingegangen ist.

(9) Soweit auf Grundstücken und in Gebäuden, die durch Verordnung nach § 55 Abs. 1 Sätze 4 und 5 in das Eigentum der Stiftung übergegangen sind, Einrichtungen eines Studentenwerks betrieben werden oder betrieben werden sollen, kann das Fachministerium die Stiftungen verpflichten, dem Studentenwerk auf dessen Antrag zur Verbesserung der Wirtschaftlichkeit des Studentenwerks unentgeltlich das Eigentum oder ein Erbbaurecht an den Grundstücken zu übertragen oder ein grundbuchrechtlich gesichertes Nießbrauchs-, Wege- oder Leitungsrecht zum Betrieb seiner Einrichtungen einzuräumen; § 56 Abs. 2 und 4 Satz 2 Nr. 6 gilt entsprechend.

(10) [1]Wird eine Stiftung in einem laufenden Haushaltsjahr errichtet, so bemisst sich abweichend von § 56 Abs. 4 Sätze 4 bis 6 die Finanzhilfe nach § 56 Abs. 3 Nr. 1 nach den im Haushaltsplan im entsprechenden Haushaltsplan-Kapitel der übergeführten staatlichen Hochschule veranschlagten Zuführungen. [2]Das Finanzministerium wird ermächtigt, die für die betreffende Hochschule im Einzelplan 06 sowie in anderen Einzelplänen veranschlagten Mittel im Einvernehmen mit den Fachministerien in die Zuführungen nach § 56 Abs. 3 zu überführen.

§ 56 Stiftungsvermögen, Stiftungsmittel und Eigentumsübergang

(1) [1]Das Grundstockvermögen besteht aus den in der Verordnung nach § 55 Abs. 1 Satz 4 aufgeführten Grundstücken und sonstigen, diesem ausdrücklich zugeführten Vermögenswerten. [2]Es ist von dem übrigen Stiftungsvermögen getrennt zu halten und kann durch Zustiftungen des Landes oder Dritter erhöht werden.

(2) [1]Grundstücke des Grundstockvermögens sind in ihrem körperlichen Bestand, das sonstige Grundstockvermögen ist in seinem Wert ungeschmälert zu erhalten. [2]Eine Veräußerung von Grundstücken des Grundstockvermögens oder ihre Belastung mit Grundpfandrechten ist nach den Regeln ordnungsgemäßer Wirtschaftsführung nach Erteilung der Zustimmung des Fachministeriums zulässig, wenn sie der dauernden und nachhaltigen Verwirklichung des Stiftungszwecks oder der Steigerung der Stiftungsleistung dienlich ist. [3]Die aus einer Veräußerung erzielten Erlöse sollen zum Erwerb gleichwertiger Grundstücke oder für eine dauerhaft bessere Nutzung der vorhandenen Grundstücke des Grundstockvermögens eingesetzt werden.

(3) Die Stiftung finanziert die Erfüllung ihrer Aufgaben insbesondere aus

1. der jährlichen Finanzhilfe des Landes,
2. den Erträgen des Stiftungsvermögens und
3. den Spenden und sonstigen Zuwendungen Dritter, soweit diese nicht ausdrücklich dem Grundstockvermögen zugeführt werden sollen.

(4) [1]Die Stiftung erhält zur Erfüllung ihrer Aufgaben eine jährliche Finanzhilfe des Landes nach Maßgabe des Haushalts. [2]Sie dient der Stiftung insbesondere zur Deckung ihrer Aufwendungen für

1. das Lehrangebot,
2. die Grundausstattung für die Forschung,
3. die Ausstattung für fachliche Schwerpunkte und Sonderaufgaben,
4. die Förderung des wissenschaftlichen Nachwuchses,
5. die Erfüllung des Gleichstellungsauftrags und
6. die Bauunterhaltung.

[3]Zuschüsse für Investitionen dürfen nur für investive Zwecke verwendet werden. [4]Die jährliche Finanzhilfe wird unter Berücksichtigung des § 1 Abs. 2 danach bemessen, inwieweit die nach § 1 Abs. 3 Satz 4 vereinbarten Ziele erreicht worden sind. [5]Die Stiftung hat im Lagebericht des Jahresabschlusses sowie auf Anforderung des Fachministeriums nachzuweisen, inwieweit die vereinbarten Ziele erreicht worden sind. [6]Bei der Gewährung der Finanzhilfe ist festzulegen, dass diese von der Stiftung zur Deckung der Kosten des dauerhaft bei ihr beschäftigten Personals nur unter Beachtung

der im Haushaltsplan enthaltenen Ermächtigungsrahmen sowie der Zielvereinbarungen verwendet werden darf. 7Dies gilt nicht für das aus Drittmitteln oder Sondermitteln des Landes außerhalb der Finanzhilfe finanzierte Personal. 8Die Ermächtigungsrahmen nach Satz 6 werden bei tarifvertraglichen oder gesetzlichen Änderungen, die sich auf die Höhe der Kosten des betreffenden Personals auswirken, entsprechend angepasst. 9Die Stiftung übermittelt dem Fachministerium auf Anforderung die zur Ermittlung der Finanzhilfe erforderlichen Daten so rechtzeitig, dass das Fachministerium die Voranschläge nach § 27 Abs. 1 LHO erstellen kann.

(5) Zuwendungen Dritter an die Stiftung können mit der Auflage verbunden werden, dass sie für eine im Rahmen des Stiftungszwecks vorgesehene Einzelmaßnahme zu verwenden sind.

(6) 1Die von der Hochschule bislang genutzten beweglichen Vermögensgegenstände im Eigentum des Landes sowie das Körperschaftsvermögen gehen mit der Überführung der Hochschule in die Trägerschaft einer Stiftung in das Eigentum dieser über. 2Von der Hochschule verwaltete Nutzungsrechte, die das Land für die Hochschule erworben hat, werden mit der Errichtung der Stiftung an diese abgetreten. 3Das nach den Sätzen 1 und 2 auf die Stiftung übergehende Vermögen wird durch die genehmigte Schlussbilanz der Hochschule und ihrer Einrichtungen festgestellt.

(7) 1Die Landesregierung kann einer Stiftung auf deren Antrag durch Verordnung das Eigentum an den für den Betrieb der Hochschule benötigten Grundstücken übertragen. 2Absatz 2 und Absatz 4 Satz 2 Nr. 6 sowie § 55 Abs. 1 Sätze 4 und 5 und § 63 sind entsprechend anzuwenden.

§ 57 Wirtschaftsplan und Wirtschaftsführung

(1) 1Die Stiftung hat rechtzeitig vor Beginn eines jeden Geschäftsjahres einen Wirtschaftsplan nach den Regeln ordentlicher Wirtschaftsführung aufzustellen. 2Dem Fachministerium ist ein Entwurf des Wirtschaftsplans so rechtzeitig vorzulegen, dass das Fachministerium die Voranschläge nach § 27 Abs. 1 LHO erstellen kann. 3Die für die Aufstellung des Haushalts erforderlichen Auskünfte sind auf Anforderung des Fachministeriums rechtzeitig im Verlauf des Haushaltsaufstellungsverfahrens zu erteilen.

(2) 1Die Wirtschaftsführung und das Rechnungswesen richten sich nach kaufmännischen Grundsätzen. 2Auf den Jahresabschluss sind die Vorschriften des Handelsgesetzbuchs über große Kapitalgesellschaften sinngemäß anzuwenden. 3Auf die Prüfung des Jahresabschlusses sind die Prüfungsgrundsätze des § 53 Abs. 1 Nrn. 1 und 2 HGrG entsprechend anzuwenden. 4Das Rechnungswesen muss eine Kosten- und Leistungsrechnung umfassen, die auch die Bildung von Kennzahlen für hochschulübergreifende Zwecke ermöglicht. 5Zum Zweck der Vergleichbarkeit der Hochschulen in staatlicher Verantwortung hat die Stiftung dem Fachministerium die Auskünfte zu geben, die das Fachministerium zu diesem Zweck auch von den Hochschulen in staatlicher Trägerschaft verlangt. 6Hinsichtlich des Aufbaus und des Inhalts des Wirtschaftsplans einschließlich der Kontenrahmen, der Bilanzierung sowie der Kosten- und Leistungsrechnungen finden die für die Hochschulen in staatlicher Trägerschaft geltenden Vorschriften und die hierzu erlassenen Verwaltungsvorschriften entsprechende Anwendung.

(3) 1Der bis zum Ende des Geschäftsjahres nicht verbrauchte Teil der Finanzhilfe nach § 56 Abs. 3 Satz 1 Nr. 1 wird für die Dauer von bis zu fünf Jahren in eine Rücklage eingestellt und steht der Stiftung zur Finanzierung ihrer Aufgaben zusätzlich zur Verfügung. 2Der nach Ablauf von drei Jahren nicht verbrauchte Teil kann dem Stiftungsvermögen zugeführt werden.

(4) 1In Zielvereinbarungen nach § 1 Abs. 3 kann das Fachministerium auch vereinbaren, für welche bestimmten Zwecke Zuwendungen, insbesondere

1. aus zentralen Förderprogrammen oder
2. für sonstige Investitionen im Sinne der Landeshaushaltsordnung,

an die Stiftung vergeben werden. 2Die Stiftung darf eine Zuwendung nur abrufen, soweit dies zur Erfüllung des vereinbarten Zwecks erforderlich ist, und nur für den bestimmten Zweck verwenden. 3Mit dem Jahresabschluss hat die Stiftung nachzuweisen, dass die Zuwendungen für den vereinbarten Zweck verwendet worden sind. 4Die Prüfung des Jahresabschlusses erstreckt sich auf den Nachweis. 5Das Fachministerium kann eine durch Zielvereinbarung gewährte Zuwendung in entsprechender Anwendung der §§ 48 bis 49a des Verwaltungsverfahrensgesetzes durch Verwaltungsakt zurückfordern, wenn die Voraussetzungen vorliegen, unter denen eine durch Verwaltungsakt gewährte Zuwendung zurückgenommen oder widerrufen werden darf. 6Das Fachministerium kann die bestimmungsgemäße Verwendung der Zuwendungen jederzeit prüfen oder durch Beauftragte prüfen lassen. 7Hierzu hat die Stiftung die Unterlagen, die das Fachministerium oder der Beauftragte für erforderlich halten, zu übersenden oder vorzulegen und die erbetenen Auskünfte zu erteilen. [8]Das Nähere über die Prüfung des Nachweises kann das Fachministerium durch Verwaltungsvorschrift im Einvernehmen mit dem Landesrechnungshof regeln. [9]Die Prüfungsrechte des Landesrechnungshofs bleiben unberührt. [10]Die Sätze 1 bis 7 finden auch auf die Mittel für Vorhaben nach Artikel 91b des Grundgesetzes und für sonstige Bauvorhaben Anwendung, wenn eine Verfahrensvereinbarung zwischen der Stiftung und dem Fachministerium, die der Zustimmung des Finanzministeriums und des Landesrechnungshofs bedarf, dies vorsieht. [11]Im Fall der Sätze 1 und 10 findet § 44 LHO keine Anwendung.

(5) Kredite dürfen über eine vom Fachministerium im Einvernehmen mit dem Finanzministerium festgesetzte Höhe hinaus nur mit deren Einwilligung aufgenommen werden.

(6) Sämtliche Einnahmen, die die Hochschule im Zusammenhang mit ihrer wissenschaftlichen und künstlerischen Tätigkeit sowie durch die Inanspruchnahme von Personal, Sachmitteln und Einrichtungen durch Dritte erzielt, stehen der Stiftung zur Erfüllung ihrer Aufgaben zur Verfügung und dürfen nicht bei der Bemessung der Finanzhilfe nach § 56 Abs. 3 Satz 1 Nr. 1 angerechnet werden.

(7) [1]Die Mittel nach § 56 Abs. 3 dürfen bis zu einer zweckentsprechenden Verwendung Zins bringend bei einer Bank oder Sparkasse in einem Mitgliedstaat der Europäischen Union angelegt werden. [2]Bei einer Anlage in Wertpapieren sind die Grundsätze des § 215 des Versicherungsaufsichtsgesetzes in Verbindung mit der Anlageverordnung zu beachten.

(8) [1]Die Niedersächsische Landeshaushaltsordnung findet mit Ausnahme der §§ 39, 49 und 55 keine Anwendung. [2]Soweit in diesen Vorschriften der Niedersächsischen Landeshaushaltsordnung Bestimmungen über eine Aufsicht oder Genehmigung enthalten sind, ist hierfür der Stiftungsrat zuständig. [3]Die Wirtschaftsführung der Stiftung unterliegt der Prüfung durch den Landesrechnungshof nach § 111 LHO.

§ 57a Stiftungsvermögen und Wirtschaftsführung der Stiftung Universität Göttingen

(1) [1]Für die Stiftung Universität Göttingen ohne die Universitätsmedizin und für die Universitätsmedizin besteht jeweils ein gesondertes Stiftungsvermögen (Teilvermögen). [2]Beide Teilvermögen sind in getrennten Bilanzen auszuweisen. [3]Sie können durch Zustiftungen jeweils eigenständig erhöht werden. [4]Die Bilanz für die Universität ohne die Universitätsmedizin wird mit der Bilanz für den Bereich Humanmedizin zur Gesamtbilanz der Stiftung konsolidiert. [5]Die Teilvermögen dürfen nicht zur Verbesserung des jeweils anderen Teilvermögens herangezogen werden. [6]Sind Maßnahmen sowohl der Universität ohne die Universitätsmedizin als auch der Universitätsmedizin zuzurechnen, so ist eine interne Kostenteilung vorzunehmen.

(2) § 57 Abs. 3 gilt für die Teilvermögen entsprechend.

(3) [1]Abweichend von § 57 Abs. 1 Satz 1 hat die Stiftung je einen Wirtschaftsplan für die Universität ohne die Universitätsmedizin und für die Universitätsmedizin aufzustellen. [2]Das Nähere regelt die Stiftungssatzung.

§ 58 Dienstrechtliche Befugnisse

(1) [1]Die Stiftung besitzt Dienstherrnfähigkeit im Sinne des § 2 BeamtStG. [2]Die Beamtinnen und Beamten der Stiftung werden von der Präsidentin oder dem Präsidenten ernannt, soweit sie oder er nicht die Befugnis zur Ernennung übertragen hat.

(2) [1]Das Fachministerium beruft die Professorinnen und Professoren. [2]Das Präsidium legt ihm den Berufungsvorschlag mit den Stellungnahmen der am Verfahren beteiligten Organe und Stellen nach Anhörung des Stiftungsrats vor. [3]Das Fachministerium kann von der Reihenfolge des Berufungsvorschlags nach Anhörung des Präsidiums abweichen oder den Berufungsvorschlag insgesamt zurückgeben. [4]Das Fachministerium kann seine Befugnisse auf die Hochschule in der Weise übertragen, dass das Präsidium im Einvernehmen mit dem Stiftungsrat die Professorinnen und Professoren beruft. [5]In diesen Fällen ist die Zustimmung des Stiftungsrats zu der Ausschreibung erforderlich, wenn die Professur nicht der in der Zielvereinbarung nach § 1 Abs. 3 verankerten Entwicklungsplanung mit Denomination der Professuren entspricht. [(6)]Die Hochschule hat in den Fällen des Satzes 4 länderübergreifende Vereinbarungen, durch die das Land in Angelegenheiten der Berufung von Professorinnen und Professoren verpflichtet wird, zu beachten.

(3) [1]Der Stiftungsrat ist Dienstvorgesetzter der hauptberuflichen Mitglieder des Präsidiums sowie der nebenberuflichen Mitglieder des Präsidiums, soweit deren Tätigkeit als Mitglied des Präsidiums be-

troffen ist. [2]Dienstvorgesetzte oder Dienstvorgesetzter des Hochschulpersonals ist die Präsidentin oder der Präsident.

(4) [1]Für die Arbeitnehmerinnen und Arbeitnehmer der Stiftung finden die für die Arbeitnehmerinnen und Arbeitnehmer des Landes geltenden Tarifverträge und sonstigen Bestimmungen Anwendung. [2]Die Stiftung ist verpflichtet,

1. die beim Land erworbenen arbeits- und tarifvertraglichen Rechte anzuerkennen und einem vom Land geführten Arbeitgeberverband, der Mitglied in der Tarifgemeinschaft deutscher Länder ist, beizutreten sowie
2. zur Sicherung der Ansprüche auf eine zusätzliche Alters- und Hinterbliebenenversorgung der Beschäftigten sicherzustellen, dass die nach der Satzung der Versorgungsanstalt des Bundes und der Länder für eine Beteiligungsvereinbarung geforderten tatsächlichen und rechtlichen Voraussetzungen geschaffen werden und erhalten bleiben.

§ 59 Organe

(1) Organe der Stiftung sind der Stiftungsrat und das Präsidium der Hochschule.

(2) Organe der Stiftung Universität Göttingen sind der Stiftungsrat, der Stiftungsausschuss Universität, der Stiftungsausschuss Universitätsmedizin, das Präsidium der Universität und der Vorstand der Universitätsmedizin.

§ 60 Stiftungsrat

(1) [1]Der Stiftungsrat besteht aus sieben Mitgliedern, von denen mindestens drei Frauen sein sollen. [2]Mitglieder sind

1. fünf mit dem Hochschulwesen vertraute, der Hochschule nicht angehörende Personen vornehmlich aus Wirtschaft, Wissenschaft, Kultur oder weiteren gesellschaftlich relevanten Bereichen, die im Einvernehmen mit dem Senat der Hochschule vom Fachministerium bestellt werden und aus wichtigem Grund vom Fachministerium entlassen werden können,
2. ein Mitglied der Hochschule, das vom Senat der Hochschule gewählt wird, sowie
3. eine Vertreterin oder ein Vertreter des Fachministeriums.

[3]Die Mitglieder nach Satz 2 Nrn. 1 und 2 sind ehrenamtlich tätig und an Aufträge und Weisungen nicht gebunden. [4]§ 62 Abs. 2 bleibt unberührt. [5]Der Stiftungsrat bestimmt aus der Gruppe der Mitglieder nach Satz 2 Nr. 1 eine Vorsitzende oder einen Vorsitzenden und eine Stellvertreterin oder einen Stellvertreter.

(2) [1]Der Stiftungsrat berät die Hochschule, beschließt über Angelegenheiten der Stiftung von grundsätzlicher Bedeutung und überwacht die Tätigkeit des Präsidiums der Stiftung. [2]Er hat insbesondere folgende Aufgaben:

1. Ernennung oder Bestellung und Entlassung der Mitglieder des Präsidiums der Hochschule,
2. Entscheidung über Veränderungen und Belastungen des Grundstockvermögens sowie die Aufnahme von Krediten,
3. Zustimmung zur Entwicklungsplanung der Hochschule und zum Wirtschaftsplan der Stiftung,
4. Entgegennahme des Rechenschaftsberichts des Präsidiums,
5. Feststellung des Jahresabschlusses sowie Entlastung des Präsidiums der Stiftung,
6. Zustimmung zur Gründung von Unternehmen oder zur Beteiligung an Unternehmen durch die Stiftung,
7. Rechtsaufsicht über die Hochschule,
8. Beschluss von Änderungen der Stiftungssatzung sowie Erlass, Änderung und Aufhebung anderer Satzungen der Stiftung.

[3]Er kann zu den Entwürfen von Zielvereinbarungen Stellung nehmen, die mit dem Fachministerium getroffen werden sollen.

(3) [1]Maßnahmen der Rechtsaufsicht werden vom Stiftungsrat vorbereitet und gegenüber der Hochschule durchgeführt. [2]Maßnahmen, die sich aus der Überwachung des Präsidiums ergeben, werden vom Stiftungsrat vorbereitet und gegenüber dem Präsidium durchgeführt. [3]Beschlüsse über Maßnahmen nach den Sätzen 1 und 2 kommen nur mit der Stimme des Mitglieds nach Absatz 1 Satz 2 Nr. 3 zustande. [4]Mitglieder nach Absatz 1 Satz 2 Nr. 2 wirken an Maßnahmen der Rechtsaufsicht nicht mit.

(4) Die Mitglieder des Präsidiums, eine Vertreterin oder ein Vertreter der Studierendenschaft, die Gleichstellungsbeauftragte und ein Mitglied der Personalvertretung nehmen in der Regel an den Sitzungen des Stiftungsrats beratend teil.

§ 60a Stiftungsausschuss Universität; Stiftungsausschuss Universitätsmedizin der Stiftung Universität Göttingen

(1) [1]An der Stiftung Universität Göttingen tritt der Stiftungsausschuss Universität bei der Ernennung oder Bestellung der Mitglieder des Präsidiums der Hochschule nach § 38 Abs. 2 sowie in den Fällen des § 38 Abs. 9 an die Stelle des Stiftungsrats. [2]Im Übrigen nimmt der Stiftungsausschuss Universität in Angelegenheiten, die nicht die Universitätsmedizin betreffen, die Aufgaben des Stiftungsrats wahr; § 60 gilt entsprechend.

(2) [1]Der Stiftungsausschuss Universitätsmedizin tritt in Angelegenheiten der Stiftung, die ausschließlich die Universitätsmedizin betreffen, an die Stelle des Stiftungsausschusses Universität. [2]Er ist Dienstvorgesetzter der Vorstandsmitglieder.

(3) [1]Der Stiftungsausschuss Universitätsmedizin besteht aus

1. einem vom Stiftungsausschuss Universität aus seiner Mitte bestimmten Mitglied,
2. zwei Personen, die im Einvernehmen mit dem Fakultätsrat der Medizinischen Fakultät vom Fachministerium bestellt werden und aus wichtigem Grund vom Fachministerium entlassen werden können und die weder Mitglieder noch Angehörige der Universität Göttingen sind, darunter eine Person mit Fachkompetenz für die medizinische oder wirtschaftliche Leitung von Krankenhäusern,
3. einem vom Senat gewählten Mitglied der Universität Göttingen und
4. einer Vertreterin oder einem Vertreter des Fachministeriums.

[2]Die Mitglieder des Vorstands, eine Vertreterin oder ein Vertreter der Studierendenschaft, die Gleichstellungsbeauftragte der Universitätsmedizin Göttingen und ein Mitglied der Personalvertretung der Universitätsmedizin Göttingen nehmen in der Regel an den Sitzungen des Stiftungsausschusses Universitätsmedizin beratend teil.

§ 60b Stiftungsrat der Stiftung Universität Göttingen

(1) Dem Stiftungsrat der Stiftung Universität Göttingen gehören die Mitglieder des Stiftungsausschusses Universität und des Stiftungsausschusses Universitätsmedizin nach § 60a Abs. 3 Satz 1 Nrn. 2 bis 4 an.

(2) [1]Die Mitglieder des Stiftungsrats sind mit Ausnahme der Vertreterinnen oder Vertreter des Fachministeriums ehrenamtlich tätig und an Aufträge und Weisungen nicht gebunden. [2]Der Stiftungsrat wählt aus der Gruppe der Mitglieder nach § 60 Abs. 1 Satz 2 Nr. 1 ein vorsitzendes Mitglied und ein stellvertretendes vorsitzendes Mitglied. [3]Die in § 60 Abs. 4 und § 60a Abs. 3 Satz 2 genannten Personen nehmen in der Regel an den Sitzungen des Stiftungsrats beratend teil.

(3) Der Stiftungsrat tritt in den Angelegenheiten, die außer der Universitätsmedizin auch andere Teile der Stiftung Universität Göttingen betreffen, an die Stelle des Stiftungsausschusses Universität und des Stiftungsausschusses Universitätsmedizin.

§ 61 Präsidium

(1) [1]Das Präsidium führt die laufenden Geschäfte der Stiftung, bereitet die Beschlüsse des Stiftungsrats vor und führt sie aus. [2]Es entscheidet über den Abschluss einer Zielvereinbarung. [3]In wichtigen Angelegenheiten unterrichtet das Präsidium den Stiftungsrat.

(2) Nach außen wird die Stiftung von der Präsidentin oder dem Präsidenten vertreten.

(3) [1]Das Nähere regelt die Stiftungssatzung. [2]Diese muss insbesondere sicherstellen, dass Entscheidungen über Billigkeitsleistungen, Verträge mit Mitgliedern der Organe der Stiftung und mit Mitgliedern und Angehörigen der Hochschule, die Veränderung von Verträgen, den Abschluss von Vergleichen sowie die Stundung, die Niederschlagung und den Erlass von Ansprüchen von mindestens zwei Verantwortlichen zu treffen sind.

§ 62 Aufsicht und Zusammenwirken

(1) [1]Die Stiftung untersteht der Rechtsaufsicht des Fachministeriums. [2]Dieses kann jederzeit Auskunft verlangen. [3]Insbesondere sind dem Fachministerium die Unterlagen vorzulegen, die dem Stiftungsrat bei seiner Entscheidung nach § 60 Abs. 2 Satz 2 Nrn. 3 und 5 vorlagen. [4]Es kann nach Anhörung der

Stiftung rechtswidrige Maßnahmen der Stiftung beanstanden und ihre Aufhebung oder Änderung verlangen. [5]Eine Beanstandung hat aufschiebende Wirkung.

(2) Die Stiftung ist bei der Durchführung von Bundesgesetzen, die das Land im Auftrag des Bundes ausführt, sowie bei der Ausübung der Rechtsaufsicht über die Hochschule an die Weisungen des Fachministeriums gebunden.

(3) [1]Erfüllt ein Organ der Stiftung Pflichten nicht, die ihm aufgrund eines Gesetzes, einer Beanstandung oder einer Weisung gemäß Absatz 2 obliegen, so kann das Fachministerium unter Fristsetzung anordnen, dass es das Erforderliche veranlasse. [2]Kommt es der Anordnung nicht in der Frist nach, so kann das Fachministerium die notwendigen Maßnahmen an seiner Stelle treffen. [3]Ist es nicht nur vorübergehend handlungsunfähig, so kann das Fachministerium Beauftragte bestellen, die dessen Aufgaben als Organ der Stiftung wahrnehmen.

(4) [1]Sind Ordnungen der Hochschule genehmigungsbedürftig, so ist der Stiftungsrat zuständig, soweit dieses Gesetz nichts anderes bestimmt. [2]Die Genehmigung kann aus Rechtsgründen und, soweit sie Angelegenheiten nach § 47 Satz 2 in Verbindung mit § 55 Abs. 3 betrifft, aus Gründen der Zweckmäßigkeit versagt werden. [3]Aus diesen Gründen kann der Stiftungsrat verlangen, dass binnen einer angemessenen Frist eine Ordnung geändert oder aufgehoben wird. [4]Kommt eine Hochschule einem solchen Verlangen nicht nach, so kann der Stiftungsrat die entsprechende Maßnahme nach Anhörung der Hochschule treffen. [5]Dies gilt auch, wenn die Hochschule eine genehmigungsbedürftige Ordnung nicht binnen angemessener Frist erlässt.

§ 63 Grundbuchberichtigung und Gerichtsgebühren

(1) [1]Ist das Eigentum an einem Grundstück nach diesem Gesetz auf die Stiftung übergegangen, so ist der Antrag auf Berichtigung des Grundbuchs von der Stiftung zu stellen. [2]Dies gilt entsprechend für sonstige im Grundbuch eingetragene Rechte.

(2) Von der Zahlung der Gerichtsgebühren nach dem Gerichts- und Notarkostengesetz, die aufgrund der Grundbuchberichtigung entstehen, ist die Stiftung befreit.

Fünftes Kapitel
Humanmedizinische Einrichtungen; Medizinische Fakultät der Universität Oldenburg

§ 63a Allgemeine Bestimmungen für die humanmedizinischen Einrichtungen

(1) In den humanmedizinischen Einrichtungen können medizinische Zentren gebildet werden.

(2) Die Universitätsmedizin Göttingen umfasst alle Organisationseinheiten der Medizinischen Fakultät der Universität Göttingen und des Universitätsklinikums.

(3) [1]Zum Schutz der Wissenschaftsfreiheit ist an den humanmedizinischen Einrichtungen durch geeignete Maßnahmen der Haushalts- und Wirtschaftsführung und des Rechnungswesens sicherzustellen, dass die Mittel für Forschung und Lehre zweckentsprechend verwendet werden. [2]Dazu werden für die humanmedizinischen Einrichtungen auf der Grundlage einer Trennungsrechnung die Mittel für Forschung und Lehre, einschließlich der Drittmittel, einerseits und die Mittel für die Krankenversorgung andererseits in getrennten Budgets geführt. [3]Die Regelungen der §§ 49 und 57 über die Wirtschaftsführung und das Rechnungswesen sind so anzuwenden, dass eine zweckentsprechende Verwendung der Mittel für Forschung und Lehre sichergestellt werden kann. [4]Ein Verlustausgleich oder eine Übertragung von Überschüssen zwischen den beiden in Satz 2 genannten Budgets ist unzulässig.

(4) § 49 Abs. 1 Satz 1 Nr. 3 und § 56 Abs. 4 Satz 6 gelten bei den humanmedizinischen Einrichtungen auch nicht für die Personalkosten für die Krankenversorgung.

(5) [1]Die Stiftung Universität Göttingen kann Bauaufgaben zur Durchführung von Investitionsmaßnahmen im Bereich der Universitätsmedizin Göttingen mit Zustimmung des Fachministeriums von einem Unternehmen in der Rechtsform einer juristischen Person des privaten Rechts wahrnehmen lassen, welches die Stiftung zu diesem Zweck gegründet oder an dem sie sich zu diesem Zweck beteiligt hat und an dem sie über die Mehrheit der Anteile verfügt. [2]Werden der Medizinischen Hochschule Hannover als Einrichtung des Landes Bauaufgaben dauerhaft übertragen, die zuvor vom Staatlichen Baumanagement Niedersachsen wahrgenommen wurden, so gilt Satz 1 entsprechend.

(6) [1]Die humanmedizinischen Einrichtungen können Krankenhäuser anderer Träger als akademische Lehrkrankenhäuser zulassen. [2]Über die Zulassung wird mit dem jeweiligen Träger eine Vereinbarung

getroffen. [3]Ärztliche Praxen und andere Einrichtungen der ambulanten ärztlichen Krankenversorgung können in die Ausbildung nach der Approbationsordnung für Ärzte einbezogen werden; Satz 2 gilt entsprechend.

§ 63b Vorstand der humanmedizinischen Einrichtungen

[1]Die Medizinische Hochschule Hannover wird von einem Vorstand, der zugleich Präsidium nach den §§ 37 bis 39 ist, als zentralem Organ gemäß § 36 geleitet. [2]Die Universitätsmedizin Göttingen wird von einem Vorstand geleitet, der zugleich Organ der Stiftung Universität Göttingen und der Hochschule ist. [3]Der Vorstand tritt in Angelegenheiten der Universitätsmedizin Göttingen an die Stelle des Präsidiums, soweit nicht in den nachfolgenden Vorschriften etwas anderes bestimmt ist. [4]Der Vorstand besteht jeweils aus

1. einem Mitglied mit Zuständigkeit für das Ressort Forschung und Lehre, das zugleich Sprecherin oder Sprecher des Vorstands und bei der Medizinischen Hochschule Hannover zugleich Präsidentin oder Präsident ist,
2. einem Mitglied mit Zuständigkeit für das Ressort Krankenversorgung, das bei der Medizinischen Hochschule Hannover zugleich Vizepräsidentin oder Vizepräsident ist, und
3. einem Mitglied mit Zuständigkeit für das Ressort Wirtschaftsführung und Administration, das bei der Medizinischen Hochschule Hannover zugleich Vizepräsidentin oder Vizepräsident ist.

[5]Die Grundordnung kann ein weiteres Mitglied mit Zuständigkeit für das Ressort Infrastruktur vorsehen, das bei der Medizinischen Hochschule Hannover zugleich Vizepräsidentin oder Vizepräsident ist. [6]Die Vorstandsmitglieder werden für die Dauer von bis zu sechs Jahren bestellt. [7]Sie werden im Arbeitsverhältnis beschäftigt und sind hauptberuflich tätig.

§ 63c Bestellung und Entlassung der Vorstandsmitglieder der Medizinischen Hochschule Hannover

(1) [1]Für die Bestellung der Vorstandsmitglieder gilt § 38 Abs. 2 entsprechend mit der Maßgabe, dass sich die Zusammensetzung der Findungskommission abweichend von § 38 Abs. 2 Satz 3 aus der **Anlage 1** ergibt. [2]Soweit für die Mitglieder der Findungskommission eine Wahl vorgesehen ist, wird das Nähere dazu in der Grundordnung bestimmt. [3]Die Empfehlung der Findungskommission zur Vorbereitung des Vorschlags zur Bestellung der Vorstandsmitglieder nach § 63b Satz 4 Nrn. 2 und 3 erfolgt im Einvernehmen mit dem Vorstandsmitglied nach § 63b Satz 4 Nr. 1. [4]Ist gemäß § 63b Satz 5 nach der Grundordnung ein weiteres Vorstandsmitglied vorgesehen, so gilt für die Empfehlung der Findungskommission Satz 3 entsprechend. [5]Für die Bestellung der Vorstandsmitglieder für eine weitere Amtszeit gilt § 38 Abs. 4 Satz 4 entsprechend. [6]§ 38 Abs. 9 gilt entsprechend.

(2) Für die Entlassung der Vorstandsmitglieder gilt § 40 mit der Maßgabe, dass die Sätze 3 und 4 auf die Entlassung des Vorstandsmitglieds nach § 63b Satz 4 Nr. 2 keine Anwendung finden.

§ 63d Bestellung und Entlassung der Vorstandsmitglieder der Universitätsmedizin Göttingen

(1) [1]Für die Bestellung der Vorstandsmitglieder gilt § 38 Abs. 2 entsprechend mit der Maßgabe, dass der Fakultätsrat an die Stelle des Senats und der Stiftungsausschuss Universitätsmedizin an die Stelle des Stiftungsrats tritt und dass sich die Zusammensetzung der Findungskommission aus der **Anlage 2** ergibt. [2]Soweit für die Mitglieder der Findungskommission eine Wahl vorgesehen ist, wird das Nähere dazu in der Grundordnung bestimmt. [3]Die Empfehlung der Findungskommission zur Vorbereitung des Vorschlags zur Bestellung der Vorstandsmitglieder nach § 63b Satz 4 Nrn. 2 und 3 erfolgt im Einvernehmen mit dem Vorstandsmitglied nach § 63b Satz 4 Nr. 1. [4]Ist gemäß § 63b Satz 5 nach der Grundordnung ein weiteres Vorstandsmitglied vorgesehen, so gilt für die Empfehlung der Findungskommission Satz 3 entsprechend. [5]Für die Bestellung der Vorstandsmitglieder für eine weitere Amtszeit gilt § 38 Abs. 4 Satz 4 entsprechend. [6]§ 38 Abs. 9 gilt entsprechend.

(2) Für die Entlassung der Vorstandsmitglieder gilt § 40 mit der Maßgabe, dass der Fakultätsrat an die Stelle des Senats sowie der Stiftungsausschuss Universitätsmedizin an die Stelle des Hochschulrats tritt und dass die Sätze 3 und 4 auf die Entlassung des Vorstandsmitglieds nach § 63b Satz 4 Nr. 2 keine Anwendung finden.

§ 63e Aufgaben und Befugnisse des Vorstands und der Vorstandsmitglieder der humanmedizinischen Einrichtungen

(1) [1]Der Vorstand ist für alle Angelegenheiten der humanmedizinischen Einrichtung zuständig und hat die dienstrechtlichen Befugnisse für das Hochschulpersonal inne. [2]Satz 1 gilt nicht, soweit durch Ge-

setz etwas anderes bestimmt ist. [3]An der Universität Göttingen vertritt die Sprecherin oder der Sprecher des Vorstands die Universität in Angelegenheiten der Universitätsmedizin nach außen. [4]Das Vorstandsmitglied nach § 63b Satz 4 Nr. 1 der Medizinischen Hochschule Hannover führt den Vorsitz im Senat ohne Stimmrecht und nimmt zugleich mit einer Studiendekanin oder einem Studiendekan gemeinsam die Aufgaben eines Dekanats wahr. [5]Das Vorstandsmitglied nach § 63b Satz 4 Nr. 1 der Universität Göttingen ist zugleich Dekanin oder Dekan der Medizinischen Fakultät.

(2) Vorstandsangelegenheiten sind die Aufgaben des Vorstands, die nicht nach den Absätzen 4 bis 7 einem einzelnen Vorstandsmitglied übertragen sind, insbesondere

1. die Erteilung des Einvernehmens zu dem jeweiligen Beschluss des Senats bei der Medizinischen Hochschule Hannover oder des Fakultätsrats bei der Universitätsmedizin Göttingen über die Entwicklungsplanung und den Gleichstellungsplan,
2. die Errichtung, Änderung, Zusammenlegung und Aufhebung von Organisationseinheiten sowie die Festlegung ihrer Aufgaben und Organisationsstrukturen,
3. der Abschluss einer Zielvereinbarung,
4. die Beschlussfassung über den Wirtschaftsplan,
5. die Beschlussfassung über den Jahresabschluss,
6. das strategische Controlling,
7. die Raum-, Investitions- und Geräteplanung,
8. der Abschluss von Entgelt- und sonstigen Vereinbarungen mit den Kostenträgern,
9. die Aufteilung der Sach-, Investitions- und Personalbudgets auf die Organisationseinheiten,
10. die Bereitstellung von Mitteln für einen zentralen Lehr- und einen zentralen Forschungsfonds,
11. die abschließende Entscheidung über Berufungsvorschläge des Fakultätsrats,
12. die Bestellung der Direktorinnen und Direktoren der Abteilungen sowie der Leiterinnen und Leiter der sonstigen Organisationseinheiten,
13. die Führung der Berufungs- und Bleibeverhandlungen mit Professorinnen und Professoren, soweit die Sach-, Investitions- und Personalausstattung betroffen ist, einschließlich des Abschlusses von außertariflichen Arbeitsverträgen mit Professorinnen und Professoren, die ärztliche Aufgaben wahrnehmen, sowie die sich daraus ergebenden Vertragsangelegenheiten,
14. die Genehmigung von Ordnungen, soweit eine andere Zuständigkeit nicht gegeben ist, und
15. sonstige ressortübergreifende Entscheidungen.

(3) [1]Entscheidungen nach Absatz 2 Nrn. 2, 4, 9 und 10 sind bei der Medizinischen Hochschule Hannover im Benehmen mit dem Senat und bei der Universitätsmedizin Göttingen im Benehmen mit dem Fakultätsrat sowie, soweit die Krankenversorgung betroffen ist, auch im Benehmen mit der jeweiligen Klinikkonferenz zu treffen. [2]Vor Abschluss einer Zielvereinbarung gibt der Vorstand dem Senat der Medizinischen Hochschule Hannover und dem Fakultätsrat der Universitätsmedizin Göttingen Gelegenheit zur Stellungnahme und informiert diese sowie die jeweilige Klinikkonferenz über deren Abschluss.

(4) [1]Zu den Aufgaben des Vorstandsmitglieds nach § 63b Satz 4 Nr. 1 gehören

1. die Organisation und Weiterentwicklung von Forschung und Lehre,
2. die Aufteilung der für die Forschung bestimmten Ressourcen,
3. die Evaluation der Forschung,
4. die Aufteilung der für die Lehre bestimmten Ressourcen,
5. die Evaluation der Lehre und
6. die Kooperation mit akademischen Lehrkrankenhäusern.

[2]Entscheidungen von grundsätzlicher Bedeutung über die in Satz 1 Nrn. 1 bis 5 aufgeführten Angelegenheiten sind bei der Medizinischen Hochschule Hannover im Einvernehmen mit dem Senat und bei der Universitätsmedizin Göttingen im Einvernehmen mit dem Fakultätsrat zu treffen.

(5) [1]Zu den Aufgaben des Vorstandsmitglieds nach § 63b Satz 4 Nr. 2 gehören

1. die Organisation der Krankenversorgung einschließlich der Leistungsplanung, der Entscheidungen über die Bettenstruktur und der Qualitätssicherung,
2. die Aufteilung der für die Krankenversorgung vorgesehenen Ressourcen,
3. die Sicherstellung der Aus-, Fort- und Weiterbildung des in der Krankenversorgung eingesetzten Personals und
4. die Organisation der Schulen für Fachberufe des Gesundheitswesens.

[2]Entscheidungen nach Satz 1 Nr. 1 werden im Benehmen mit der Pflegedienstleitung und der jeweiligen Direktorin oder dem jeweiligen Direktor der klinischen Abteilung getroffen. [3]Entscheidungen nach Satz 1 Nr. 2 werden im Benehmen mit der Klinikkonferenz getroffen.

(6) [1]Zu den Aufgaben des Vorstandsmitglieds nach § 63b Satz 4 Nr. 3 gehören

1. die Leitung der Verwaltung der humanmedizinischen Einrichtung,
2. die betriebswirtschaftliche Unternehmensplanung und Unternehmensführung,
3. die Geräte-, Bau- und Liegenschaftsangelegenheiten, sofern nicht gemäß § 63b Satz 5 nach der Grundordnung ein weiteres Vorstandsmitglied vorgesehen und bestellt ist,
4. die Personalverwaltung und Personalentwicklung und
5. die Wahrung der Ordnung und die Ausübung des Hausrechts sowie das betriebliche Sozialwesen, die Arbeitssicherheit und der Umweltschutz.

[2]Das Vorstandsmitglied nach § 63b Satz 4 Nr. 3 ist Beauftragte oder Beauftragter für den Haushalt, auch in Angelegenheiten der anderen Ressorts.

(7) [1]Sofern gemäß § 63b Satz 5 nach der Grundordnung ein weiteres Vorstandsmitglied vorgesehen und bestellt ist, gehören zu dessen Aufgaben diejenigen nach Absatz 6 Satz 1 Nr. 3. [2]Die Grundordnung kann das Nähere zu den in Satz 1 genannten sowie zu weiteren Aufgaben des Vorstandsmitglieds regeln.

(8) [1]Die Vorstandsmitglieder können an den Sitzungen der Organe, der Gremien und der Kommissionen der Hochschule beratend teilnehmen, soweit eine Aufgabe der humanmedizinischen Einrichtung betroffen ist. [2]Satz 1 gilt nicht in Bezug auf Prüfungskommissionen.

§ 63f Verfahren im Vorstand der humanmedizinischen Einrichtungen

(1) [1]Der Vorstand fasst seine Beschlüsse in Vorstandsangelegenheiten nach § 63e Abs. 2 einstimmig. [2]Kommt ein Beschluss nach Satz 1 nicht zustande, so genügt bei einer nochmaligen Abstimmung die einfache Mehrheit; bei Stimmengleichheit entscheidet die Stimme der Sprecherin oder des Sprechers des Vorstands. [3]Beschlüsse in Angelegenheiten, die die Bereiche von Forschung und Lehre besonders berühren, insbesondere in Angelegenheiten nach § 63e Abs. 2 Nrn. 3, 4 und 9 bis 14, kommen gegen die Stimme des Vorstandsmitglieds nach § 63b Satz 4 Nr. 1 nicht zustande. [4]Beschlüsse in Angelegenheiten, die den Bereich der Wirtschaftsführung besonders berühren, insbesondere in Angelegenheiten nach § 63e Abs. 2 Nrn. 2, 4 bis 7, 10 und 13, kommen gegen die Stimme des Vorstandsmitglieds nach § 63b Satz 4 Nr. 3 nicht zustande.

(2) [1]Der Vorstand gibt sich eine Geschäftsordnung. [2]Darin ist auch die Vertretung der Vorstandsmitglieder zu regeln. [3]Die Vorstandsmitglieder dürfen sich untereinander nicht vertreten.

§ 63g Klinikkonferenz und Krankenhausbetriebsleitung der humanmedizinischen Einrichtungen

(1) In den humanmedizinischen Einrichtungen werden jeweils eine Klinikkonferenz und eine Krankenhausbetriebsleitung einschließlich einer Pflegedienstleitung eingerichtet.

(2) [1]Die Klinikkonferenz berät das Vorstandsmitglied nach § 63b Satz 4 Nr. 2 in allen wesentlichen das Ressort betreffenden Fragen, insbesondere in Bezug auf

1. den Wirtschaftsplan, soweit die Krankenversorgung betroffen ist,
2. die Einrichtung und Auflösung von Organisationseinheiten, die ganz oder zum Teil der Krankenversorgung dienen,
3. Strukturveränderungen im Bereich der Krankenversorgung sowie
4. die Errichtung von Gesellschaften und die Beteiligung an Gesellschaften, wenn die Krankenversorgung betroffen ist.

[2]Die einzelnen Mitglieder der Klinikkonferenz können Auskünfte des Vorstandsmitglieds nach § 63b Satz 4 Nr. 2 und die Behandlung ihrer Anträge in der Klinikkonferenz verlangen.

(3) Folgt in der Universitätsmedizin Göttingen das Vorstandsmitglied nach § 63b Satz 4 Nr. 2 einem Vorschlag der Klinikkonferenz nicht, so hat es

1. in einer Angelegenheit nach Absatz 2 Satz 1 Nr. 1 oder 4 dem Stiftungsausschuss Universitätsmedizin und
2. in einer Angelegenheit nach Absatz 2 Satz 1 Nr. 2 oder 3 dem Vorstand

die Auffassung der Klinikkonferenz mitzuteilen.

(4) [1]Der Klinikkonferenz gehören an

1. vier Abteilungsdirektorinnen oder Abteilungsdirektoren oder Leiterinnen oder Leiter von Organisationseinheiten, die mindestens einer Abteilung entsprechen,
2. die Leiterin oder der Leiter des Pflegedienstes,
3. eine Pflegekraft,
4. eine Ärztin oder ein Arzt,
5. die Gleichstellungsbeauftragte,
6. ein Mitglied des Personalrats,
7. ein Mitglied der MTV-Gruppe und
8. weitere Mitglieder, soweit eine Ordnung dies vorsieht.

[2]Die Mitglieder nach Satz 1 Nr. 1 werden von den Abteilungsdirektorinnen und den Abteilungsdirektoren sowie von den Leiterinnen und Leitern der Organisationseinheiten gewählt, die mindestens einer Abteilung entsprechen; durch sie sollen die operativen, konservativen und klinisch-theoretischen Gebiete der Medizin vertreten sein. [3]Die Mitglieder nach Satz 1 Nrn. 3, 4, 7 und 8 werden aus ihrer Berufs- oder Statusgruppe in der humanmedizinischen Einrichtung und das Mitglied nach Satz 1 Nr. 6 wird vom Personalrat gewählt. [4]Die Amtszeit der Mitglieder der Klinikkonferenz nach Satz 1 Nrn. 1, 3, 4, 7 und 8 beträgt zwei Jahre. [5]Das Nähere zu den Wahlen nach den Sätzen 2 bis 4 wird durch eine Ordnung geregelt.

(5) [1]Die Krankenhausbetriebsleitung einschließlich der Pflegedienstleitung unterstützt das Vorstandsmitglied nach § 63b Satz 4 Nr. 2 im laufenden Betrieb des Krankenhauses. [2]Der Krankenhausbetriebsleitung gehören das Vorstandsmitglied nach § 63b Satz 4 Nr. 2 als vorsitzendes Mitglied, das Vorstandsmitglied nach § 63b Satz 4 Nr. 3, die Leiterin oder der Leiter des Pflegedienstes und nach Entscheidung des Vorstands weitere von ihm bestellte Personen an.

(6) Der Vorstand beschließt im Benehmen mit der Klinikkonferenz eine Geschäftsordnung für die Krankenhausbetriebsleitung und die Klinikkonferenz.

§ 63h Besondere Bestimmungen für die Universität Göttingen

(1) [1]Das Präsidium und der Vorstand informieren sich regelmäßig über alle wesentlichen Angelegenheiten ihrer Geschäftsbereiche. [2]In Angelegenheiten, die

1. den gemeinsamen Einsatz von Personal oder Sachmitteln,
2. die gemeinsame Infrastruktur oder
3. den jeweils anderen Bereich wesentlich berührende Änderungen des Lehr- oder Forschungsprofils der Universität oder der Universitätsmedizin

betreffen, bedürfen Entscheidungen des Einvernehmens zwischen dem Präsidium und dem Vorstand. [3]Kommt eine Einigung nicht zustande, so entscheidet der Stiftungsrat.

(2) [1]In Angelegenheiten der Universitätsmedizin tritt der Fakultätsrat der Medizinischen Fakultät an die Stelle des Senats. [2]Ein Mitglied der Personalvertretung der Universitätsmedizin Göttingen gehört dem Fakultätsrat der Medizinischen Fakultät mit beratender Stimme an. [3]Zu Berufungsvorschlägen und zu Selbstverwaltungsangelegenheiten von grundsätzlicher Bedeutung nimmt unbeschadet des Satzes 1 der Senat Stellung. [4]Über die Verarbeitung personenbezogener Daten legt der Vorstand dem Senat und dem Fakultätsrat Rechenschaft ab und informiert neben dem Fakultätsrat auch den Senat über den Abschluss einer Zielvereinbarung.

(3) [1]Entscheidungen des Vorstands über Berufungsvorschläge nach § 63e Abs. 2 Nr. 11 bedürfen des Einvernehmens des Präsidiums. [2]Wird das Einvernehmen erteilt, so beruft der Vorstand die Professorin oder den Professor im Einvernehmen mit dem Stiftungsausschuss Universitätsmedizin. [3]Wird das Einvernehmen nicht erteilt, so legt die Präsidentin oder der Präsident den Berufungsvorschlag des Vorstands mit der Stellungnahme des Präsidiums dem Stiftungsrat vor. [4]Stimmt der Stiftungsrat dem Berufungsvorschlag des Vorstands zu, so kann der Vorstand die Professorin oder den Professor berufen. [5]Stimmt der Stiftungsrat dem Berufungsvorschlag nicht zu, so legt der Vorstand dem Präsidium einen neuen Berufungsvorschlag zur Herstellung des Einvernehmens nach Satz 1 vor oder bricht das Berufungsverfahren ab.

(4) In wichtigen Angelegenheiten unterrichtet der Vorstand den Stiftungsausschuss Universitätsmedizin.

(5) [1]Der Fakultätsrat der Medizinischen Fakultät wählt auf Vorschlag der Kommission für Gleichstellung eine Gleichstellungsbeauftragte für die Universitätsmedizin. [2]§ 42 Abs. 1 Sätze 2 bis 7 und

Abs. 2 bis 4 gelten mit der Maßgabe entsprechend, dass der Fakultätsrat an die Stelle des Senats und der Vorstand an die Stelle des Präsidiums tritt.

(6) Der Präsidentin oder dem Präsidenten verbleiben die dienstrechtlichen Befugnisse

1. für die Ernennung und Entlassung der beamteten Professorinnen und Professoren,
2. für die Ausübung disziplinarrechtlicher Befugnisse gegenüber beamteten Professorinnen und Professoren,
3. für arbeitsrechtliche Abmahnungen und Kündigungen gegenüber im Arbeitsverhältnis beschäftigten Professorinnen und Professoren, einschließlich der Chefärztinnen und Chefärzte, mit Ausnahme der in einem befristeten Arbeitsverhältnis beschäftigten leitenden Oberärztinnen und leitenden Oberärzte sowie
4. für die Verleihung des Professorentitels an im Arbeitsverhältnis beschäftigte Professorinnen und Professoren, einschließlich der Chefärztinnen und Chefärzte, mit Ausnahme der in einem befristeten Arbeitsverhältnis beschäftigten leitenden Oberärztinnen und leitenden Oberärzte.

(7) [1]Die Universität Göttingen kann mit den Trägern von besonders qualifizierten Krankenhäusern Vereinbarungen über deren Mitwirkung an der klinischen Ausbildung von Studierenden der Medizinischen Fakultät mit dem Ziel der Erhöhung der Anzahl an Vollstudienplätzen abschließen. [2]In den Vereinbarungen ist sicherzustellen, dass die Anforderungen des § 3 Abs. 1 Nr. 4 der Bundesärzteordnung und des § 1 Abs. 2 Nr. 1 der Approbationsordnung für Ärzte erfüllt werden und die Verantwortung der Medizinischen Fakultät für deren Einhaltung gewährleistet ist. [3]In den Vereinbarungen ist auch sicherzustellen, dass die Hochschule sowie ihre Organisationseinheiten, Angehörigen und Mitglieder das Recht auf Wissenschaftsfreiheit, die Rechte nach diesem Gesetz sowie die Rechte nach der Grundordnung wahrnehmen können. [4]Die Vereinbarungen bedürfen der Zustimmung des Fachministeriums. [5]§ 16 Abs. 2 Satz 5 findet auf die Leiterinnen und Leiter von Kliniken und Instituten der in Satz 1 genannten Krankenhäuser entsprechende Anwendung, soweit die Leiterinnen und Leiter als außerplanmäßige Professorinnen und Professoren der medizinischen Fakultät der Universität Göttingen mit der selbständigen Wahrnehmung ihres Faches in Forschung und Lehre betraut sind und Aufgaben in Forschung und Lehre an der Universitätsmedizin Göttingen wahrnehmen.

§ 63i Medizinische Fakultät der Universität Oldenburg

(1) [1]Die Universität Oldenburg schließt mit Trägern von besonders qualifizierten Krankenhäusern Vereinbarungen über die Mitwirkung der Krankenhäuser an den von der Medizinischen Fakultät der Universität Oldenburg zu erfüllenden Aufgaben. [2]Für die Vereinbarungen gilt § 63h Abs. 7 Sätze 3 und 4 entsprechend.

(2) [1]Die Universität Oldenburg kann mit Zustimmung des Fachministeriums Träger von Krankenhäusern, mit denen Vereinbarungen nach Absatz 1 geschlossen sind, ermächtigen, die an Forschung und Lehre mitwirkenden Abteilungen als Universitätsklinik mit einem fachspezifischen Zusatz zu bezeichnen. [2]Das Fachministerium kann ein Krankenhaus, mit dessen Träger eine Vereinbarung nach Absatz 1 geschlossen ist, mit Zustimmung der Universität Oldenburg unter dem Vorbehalt des Widerrufs ermächtigen, die Bezeichnung „Universitätsklinikum" zu führen, wenn das Krankenhaus in enger Zusammenarbeit mit der Universität Oldenburg die Verbindung der Krankenversorgung mit Forschung und Lehre in einer einem Universitätsklinikum vergleichbaren Weise gewährleistet.

(3) Abweichend von § 16 Abs. 1 sind Mitglieder der Universität Oldenburg in der Mitarbeitergruppe auch Personen, die hauptberuflich ärztliche Aufgaben in einer an Forschung und Lehre mitwirkenden Abteilung eines Krankenhauses nach Absatz 1 wahrnehmen und zugleich weisungsgebunden an der Erfüllung der Aufgaben der Universität Oldenburg in Forschung und Lehre oder in der Weiterbildung mitwirken.

(4) § 63a Abs. 5 gilt für die Universität Oldenburg entsprechend.

(5) [1]Das Amt der Dekanin oder des Dekans der Medizinischen Fakultät wird hauptberuflich wahrgenommen. [2]Der Vorschlag des Fakultätsrats für die Ernennung oder Bestellung sowie für eine Entlassung der Dekanin oder des Dekans bedarf der Bestätigung des Präsidiums und des Fachministeriums. [3]Zur Vorbereitung des Vorschlags für die Ernennung oder Bestellung richtet das Präsidium eine Findungskommission ein, die eine Empfehlung abgibt. [4]Die Findungskommission besteht aus der Präsidentin oder dem Präsidenten, Mitgliedern der Medizinischen Fakultät und Vertreterinnen oder Vertretern der Krankenhäuser, mit deren Trägern Vereinbarungen nach Absatz 1 geschlossen sind; den Vorsitz führt die Präsidentin oder der Präsident. [5]Das Nähere regelt eine Ordnung.

Zweiter Teil

Hochschulen in nichtstaatlicher Verantwortung

§ 64 Staatliche Anerkennung nichtstaatlicher Hochschulen

(1) [1]Eine Bildungseinrichtung, die nicht in staatlicher Verantwortung steht, bedarf der staatlichen Anerkennung als Hochschule durch das Fachministerium, um Hochschulprüfungen abnehmen und Hochschulgrade oder vergleichbare Abschlüsse verleihen zu können. [2]Die Hochschule wird als Universität, als gleichgestellte Hochschule oder als Fachhochschule anerkannt. [3]Sie darf die Bezeichnung „Hochschule" und entsprechend ihrer Anerkennung zudem die Bezeichnung „Universität" oder „Fachhochschule" führen; eine als Fachhochschule anerkannte Hochschule darf auch die Bezeichnung „Hochschule für angewandte Wissenschaften" führen.

(2) [1]Träger der als Hochschule anerkannten Bildungseinrichtung ist, wem das Handeln der Hochschule rechtlich zuzurechnen ist. [2]Betreiber sind die den Träger der Hochschule maßgeblich prägenden natürlichen oder juristischen Personen.

(3) Die staatliche Anerkennung kann auf Antrag erfolgen, wenn

1. die Bildungseinrichtung Lehre, Studium und Forschung oder künstlerische Betätigung auf Hochschulniveau gewährleistet; dazu gehört insbesondere, dass
   a) nur solche Personen zum Studium zugelassen werden, die über eine Hochschulzugangsberechtigung im Sinne des § 18 verfügen,
   b) an der Hochschule nur Hochschullehrerinnen und Hochschullehrer beschäftigt werden, die die Einstellungsvoraussetzungen des § 25 oder des § 30 erfüllen und die in einem transparenten, wissenschaftlichen Standards entsprechenden Verfahren unter maßgeblicher Mitwirkung von Hochschullehrerinnen oder Hochschullehrern ausgewählt worden sind,
   c) mindestens zwei nebeneinander bestehende oder aufeinander folgende Studiengänge allein oder im Verbund mit anderen Bildungseinrichtungen angeboten werden oder im Rahmen einer Ausbauplanung vorgesehen sind, es sei denn, dass innerhalb einer Fachrichtung die Einrichtung von mindestens zwei Studiengängen durch die wissenschaftliche Entwicklung oder das entsprechende berufliche Tätigkeitsfeld nicht nahegelegt wird, und
   d) als Studiengänge nur Bachelor- und Masterstudiengänge angeboten werden und dass deren Qualität durch eine Akkreditierung auf Grundlage eines Akkreditierungsberichts einer vom Fachministerium bestimmten Agentur nachgewiesen wird, wobei die Akkreditierung im Übrigen nach Maßgabe des Studienakkreditierungsstaatsvertrags und der auf seiner Grundlage erlassenen Verordnungen erfolgt,
2. zum Schutz der Wissenschaftsfreiheit sichergestellt ist, dass
   a) die Betreiber, der Träger und die Hochschule unter Trennung ihrer Aufgabenbereiche einen gegenseitigen Interessenausgleich verbindlich absichern; dabei sind die Rechte der bekenntnisgebundenen Träger zu berücksichtigen,
   b) akademische Funktionsträgerinnen und Funktionsträger der Hochschule nicht zugleich Betreiber sind oder Funktionen bei den Betreibern wahrnehmen,
   c) die Kompetenzzuweisungen an die Organe der Hochschule transparent und eindeutig geregelt sind,
   d) die rechtliche Stellung der Hochschullehrerinnen und Hochschullehrer gesichert ist und sie eigenverantwortlich lehren, forschen und künstlerisch tätig sein können,
   e) eine akademische Selbstverwaltung besteht, in der Lehre und Forschung oder künstlerische Betätigung unter angemessener Berücksichtigung der Beteiligten eigenverantwortlich organisiert und geregelt werden,
   f) die Organe und sonstigen Gremien der Hochschule im akademischen Kernbereich von Lehre und Forschung ohne die Mitwirkung von Funktionsträgerinnen und Funktionsträgern der Betreiber beraten und beschließen können und
   g) die Inhaberinnen und Inhaber akademischer Leitungsämter in angemessenen Zeiträumen neu benannt werden,
3. die personelle, sächliche und finanzielle Mindestausstattung der Bildungseinrichtung sichergestellt ist, die zur Wahrnehmung der Aufgaben nach Nummer 1 erforderlich ist; dazu gehört insbesondere, dass

a) Lehrangebote der Hochschule zu einem dem Hochschultyp angemessenen Anteil, in Fachhochschulen zu einem überwiegenden Anteil, von Hochschullehrerinnen und Hochschullehrern, die mit einem mindestens hälftigen Anteil ihrer Arbeitskraft an der Hochschule beschäftigt sind, und, sofern Hochschullehrerinnen und Hochschullehrer nicht tätig werden, von Lehrpersonal erbracht werden, das zu einem dem Hochschultyp angemessenen Anteil mit mindestens der Hälfte der tarifvertraglich geregelten regelmäßigen Arbeitszeit beschäftigt ist,
b) die Hochschule über eine Anzahl von Hochschullehrerinnen und Hochschullehrern verfügt, die eine angemessene Erfüllung der Aufgaben der Hochschule ermöglicht,
c) die Hochschule durch ihre Größe, ihre strukturellen Rahmenbedingungen und ihre Mindestausstattung eine auf Dauer angelegte Gestaltung und Durchführung des Lehr- und Studienbetriebs ermöglicht, Forschung oder künstlerische Betätigung einschließlich des wissenschaftlichen und künstlerischen Diskurses sowie eine ordnungsgemäße Verwaltung gewährleistet; dies erfordert insbesondere einen ausreichenden Zugang zu fachbezogenen Medien,

4. die Bildungseinrichtung Vorkehrungen nachweist, mit denen sichergestellt wird, dass den aufgenommenen Studierenden eine geordnete Beendigung ihres Studiums ermöglicht werden kann.

(4) [1]Die Einrichtung neuer Studiengänge und wesentliche Änderungen am Akkreditierungsgegenstand eines Studiengangs, die nicht von dessen bestehender Akkreditierung umfasst sind, bedürfen der Genehmigung des Fachministeriums und einer Akkreditierung auf Grundlage eines Akkreditierungsberichts einer vom Fachministerium bestimmten Agentur; die Akkreditierung erfolgt im Übrigen nach Maßgabe des Studienakkreditierungsstaatsvertrags und der auf seiner Grundlage erlassenen Verordnungen. [2]Die Genehmigung nach Satz 1 kann erteilt werden, wenn

1. eine Akkreditierung nach Satz 1 erfolgt ist und
2. die Voraussetzungen des Absatzes 3 Nrn. 3 und 4 auch nach der Einrichtung des neuen Studiengangs oder nach wesentlichen Änderungen eines Studiengangs vorliegen.

(5) Das Recht zur Promotion kann einer nichtstaatlichen Universität oder einer gleichgestellten Hochschule durch das Fachministerium auf Antrag für Fächer verliehen werden, in denen sie Masterstudiengänge anbietet, wenn

1. die Hochschule ein den Anforderungen des § 9 entsprechendes Promotionsverfahren gewährleistet,
2. die Hochschule auf der Grundlage von Forschungsschwerpunkten ein erkennbares wissenschaftliches Profil entwickelt hat, das an andere Hochschulen anschlussfähig ist, und
3. die an der Hochschule erbrachten Forschungsleistungen der Professorinnen und Professoren den für promotionsberechtigte staatliche Hochschulen geltenden Maßstäben entsprechen und die Studiengänge entsprechend den für promotionsberechtigte staatliche Hochschulen geltenden Maßstäben forschungsbasiert sind.

(6) Das Habilitationsrecht kann einer nichtstaatlichen Universität oder einer gleichgestellten Hochschule auf Antrag durch das Fachministerium verliehen werden, wenn sie neben den Voraussetzungen des Absatzes 5 sicherstellt, dass mit der Habilitation die wissenschaftliche und pädagogische Eignung zu einer Professorin oder einem Professor in einem bestimmten Fachgebiet förmlich festgestellt werden kann.

§ 64a Anerkennungsverfahren und Akkreditierungen bei nichtstaatlichen Hochschulen

(1) Das Fachministerium holt vor der Entscheidung über die staatliche Anerkennung eine gutachterliche Stellungnahme einer für die Akkreditierung geeigneten Einrichtung (Akkreditierungseinrichtung) ein, in der das eingereichte Konzept für die geplante nichtstaatliche Hochschule anhand der in § 64 Abs. 3 genannten Kriterien bewertet wird (Konzeptprüfung).

(2) [1]Eine Akkreditierungseinrichtung ist im Sinne des Absatzes 1 geeignet, wenn sie gewährleistet, dass

1. für die Konzeptprüfung eine Gutachterkommission eingesetzt wird, die mehrheitlich mit externen, unabhängigen, fachlich einschlägig qualifizierten Hochschullehrerinnen oder Hochschullehrern, darunter mindestens ein professorales Mitglied einer nichtstaatlichen Hochschule, sowie mit einem studentischen Mitglied besetzt wird,
2. die Bildungseinrichtung, ihr Träger, ihre Betreiber sowie das Fachministerium, welches die gutachterliche Stellungnahme einholt, Gelegenheit erhalten, zu dem Entwurf des Gutachtens Stellung zu nehmen,

3. bei ihr eine interne Beschwerdestelle für Streitfälle bei der Durchführung der Konzeptprüfung besteht, die mit drei externen Wissenschaftlerinnen oder Wissenschaftlern besetzt ist und für die sie das Verfahren einschließlich der einzuhaltenden Fristen regelt, und
4. sie ein mehrheitlich mit externen Hochschullehrerinnen und Hochschullehrern besetztes Gremium einsetzt, welches dem abschließenden Ergebnis der Konzeptprüfung zustimmen muss.

[2]Die Auswahl der geeigneten Akkreditierungseinrichtung erfolgt im Benehmen mit dem Träger der Bildungseinrichtung, deren staatliche Anerkennung beantragt ist. [3]Der Träger der Bildungseinrichtung ist verpflichtet, im Verfahren der Konzeptprüfung mitzuwirken.

(3) [1]In der gutachterlichen Stellungnahme ist als Ergebnis der Konzeptprüfung darzulegen, ob die Bildungseinrichtung die Voraussetzungen des § 64 Abs. 3 im Wesentlichen erfüllt. [2]Die Punkte, in denen die Bildungseinrichtung diese Voraussetzungen nicht oder nur eingeschränkt erfüllt, sind hinreichend bestimmt zu benennen; dabei kann die Akkreditierungseinrichtung als Ergebnis der Konzeptprüfung auch feststellen, dass sie die Voraussetzungen nur dann als erfüllt ansieht, wenn festgestellte Mängel innerhalb angemessener Fristen behoben werden.

(4) [1]Das Fachministerium berücksichtigt bei der Entscheidung über die Anerkennung die in der gutachterlichen Stellungnahme dargelegte sachverständige Bewertung, die seine Erkenntnisgrundlagen erweitern soll. [2]Es ist bei seiner Entscheidung über die Anerkennung an das Ergebnis der Konzeptprüfung jedoch weder vollständig noch teilweise gebunden.

(5) [1]Das Fachministerium kann vor der Verleihung des Promotions- oder Habilitationsrechts an eine nichtstaatliche Universität eine gutachterliche Stellungnahme einer Akkreditierungseinrichtung zur Überprüfung der in § 64 Abs. 5 genannten Kriterien für die Verleihung des Promotionsrechts (Promotionsrechtsverfahren) und der in § 64 Abs. 6 genannten Kriterien für die Verleihung des Habilitationsrechts (Habilitationsrechtsverfahren) einholen. [2]Die Absätze 1 bis 4 gelten für das Promotionsrechts- und das Habilitationsrechtsverfahren entsprechend. [3]Der wesentliche Inhalt der gutachterlichen Stellungnahme ist von der Akkreditierungseinrichtung zu veröffentlichen.

(6) [1]Nach der staatlichen Anerkennung einer nichtstaatlichen Hochschule kann das Fachministerium gutachterliche Stellungnahmen einer Akkreditierungseinrichtung zu der Frage einholen, ob die in § 64 Abs. 3 genannten Voraussetzungen weiterhin vorliegen; dies gilt auch, wenn die staatliche Anerkennung unbefristet erteilt worden ist. [2]Eine gutachterliche Stellungnahme kann in der Regel erstmals fünf Jahre nach der Anerkennungsentscheidung (institutionelle Akkreditierung) und danach in der Regel jeweils nach Ablauf von fünf weiteren Jahren (Reakkreditierung) eingeholt werden. [3]Die Absätze 1 bis 3 und 5 Satz 3 gelten entsprechend. [4]Die gutachterliche Stellungnahme und die darin dargelegte sachverständige Bewertung soll die Erkenntnisgrundlagen des Fachministeriums bei Entscheidungen über die Verlängerung oder Aufhebung der Anerkennung oder bei Entscheidungen im Rahmen der Aufsicht nach § 66 Abs. 2 erweitern. [5]Das Fachministerium ist bei seinen Entscheidungen an das Ergebnis der gutachterlichen Stellungnahmen jedoch weder vollständig noch teilweise gebunden.

§ 64b Niederlassungen von anerkannten Hochschulen aus EU- Mitgliedstaaten und anderen Bundesländern

[1]Niederlassungen von staatlichen oder staatlich anerkannten Hochschulen aus Mitgliedstaaten der Europäischen Union gelten als staatlich anerkannt, soweit sie Hochschulqualifikationen ihres Herkunftsstaates vermitteln und die Qualität des Studienangebots nach den im Herkunftsstaat geltenden Regelungen gesichert ist. [2]Die Betriebsaufnahme der Niederlassung sowie die Ausweitung ihres Studienangebots sind dem Fachministerium jeweils sechs Monate im Voraus anzuzeigen. [3]Die Sätze 1 und 2 gelten entsprechend für Niederlassungen von staatlichen oder staatlich anerkannten Hochschulen aus anderen Bundesländern.

§ 64c Vereinbarungen über die Durchführung von Hochschulausbildungen

[1]Einrichtungen, die keine Niederlassungen nach § 64b sind, dürfen aufgrund einer Vereinbarung mit einer ausländischen Hochschule Hochschulausbildungen nur durchführen, wenn

1. die ausländische Hochschule nach dem Recht des Herkunftsstaates staatlich oder staatlich anerkannt ist,
2. die Qualität des Studienangebots nach den im Herkunftsstaat der ausländischen Hochschule geltenden Regelungen gesichert ist und

3. das Studienangebot der die Hochschulausbildung durchführenden Einrichtung unter Mitwirkung einer inländischen Akkreditierungseinrichtung akkreditiert ist.

[2]Das Studienangebot ist dem Fachministerium sechs Monate vor Betriebsaufnahme anzuzeigen. [3]Dabei ist nachzuweisen, dass die Voraussetzungen nach Satz 1 erfüllt sind. [4]§ 10 Abs. 1 gilt mit der Maßgabe, dass neben der den Grad verleihenden ausländischen Hochschule auch die Einrichtung anzugeben ist, an der die Hochschulausbildung durchgeführt worden ist. [5]Für die Ausweitung oder wesentliche Änderung des Studienangebots nach Betriebsaufnahme gelten die Sätze 2 und 3 entsprechend.

§ 65 Erlöschen und Widerruf der staatlichen Anerkennung

(1) Die staatliche Anerkennung erlischt, wenn die Hochschule

1. nicht innerhalb einer vom Fachministerium bestimmten angemessenen Frist eröffnet wird,
2. geschlossen wird oder
3. ohne Zustimmung des Fachministeriums länger als ein Jahr nicht betrieben worden ist.

(2) Die staatliche Anerkennung kann auch widerrufen werden, wenn

1. das Verfahren der institutionellen Akkreditierung oder der Reakkreditierung nach § 64a Abs. 6 ergibt, dass die Voraussetzungen des § 64 Abs. 3 nicht mehr vorliegen, oder wenn der Träger der Hochschule in einem Verfahren nach § 64a Abs. 6 seiner Mitwirkungspflicht nicht nachkommt oder
2. die Hochschule den Verpflichtungen nach § 66 Abs. 2 nicht nachkommt.

(3) [1]Das Fachministerium kann den Betrieb von Einrichtungen nach § 64 Abs. 1 untersagen, wenn diese ohne staatliche Anerkennung betrieben werden und die Anerkennungsvoraussetzungen nicht erfüllt sind. [2]Das Fachministerium kann Studiengänge schließen, die ohne die nach § 64 Abs. 4 erforderliche Genehmigung angeboten werden. [3]Es kann den Betrieb einer Niederlassung nach § 64b untersagen, wenn diese nicht als staatlich anerkannt gilt. [4]Das Fachministerium kann die Durchführung von Hochschulausbildungen durch Einrichtungen nach § 64c untersagen, wenn die Voraussetzungen nach § 64a Satz 1 nicht nachgewiesen sind.

§ 66 Anerkannte Hochschulen

(1) [1]Das an einer anerkannten Hochschule abgeschlossene Studium ist ein abgeschlossenes Hochschulstudium im Sinne dieses Gesetzes. [2]Wer unbefristet hauptberuflich als Professorin oder Professor an einer anerkannten Hochschule beschäftigt wird, kann die Bezeichnung „Professorin" oder „Professor" zugleich als akademischen Titel führen. [3]§ 27 Abs. 7 Sätze 2 und 3 gilt entsprechend. [4]Eine anerkannte Hochschule kann nach Maßgabe dieses Gesetzes Honorarprofessorinnen und Honorarprofessoren bestellen; die Bestellung berechtigt zum Führen des akademischen Titels „Professorin" oder „Professor" mit einem die Hochschule bezeichnenden Zusatz. [5]Für anerkannte Hochschulen gilt § 5 entsprechend.

(2) [1]Anerkannte Hochschulen und Einrichtungen nach § 64c unterstehen der Aufsicht des Fachministeriums. [2]Ihre Träger und Leitungen sind verpflichtet, dem Fachministerium alle Auskünfte zu erteilen und alle Unterlagen vorzulegen, die zur Durchführung der Aufsicht erforderlich sind. [3]Die Aufsicht soll insbesondere sicherstellen, dass die anerkannte Hochschule die in § 64 Abs. 3 und, soweit ihr das Recht zur Promotion oder zur Habilitation verliehen wurde, die in § 64 Abs. 5 oder 6 genannten Voraussetzungen dauerhaft erfüllt. [4]Zur Ausübung der Aufsicht kann das Fachministerium insbesondere die Verfahren nach § 64a Abs. 6 durchführen; zudem kann es die Ergebnisse der Verfahren nach Absatz 1 Satz 5 in Verbindung mit § 5 berücksichtigen.

(3) Das Land kann einer Hochschule frühestens fünf Jahre nach ihrer Anerkennung und Betriebsaufnahme nach Maßgabe des Haushalts Zuwendungen zum laufenden Betrieb und zu Investitionsmaßnahmen gewähren.

§ 67 Staatliche Anerkennung von Berufsqualifikationen

[1]Das Fachministerium kann Hochschulen in nichtstaatlicher Verantwortung mit deren Zustimmung durch Verwaltungsakt oder durch öffentlich-rechtlichen Vertrag im Wege der Beleihung die Befugnis übertragen, die Berufsqualifikation für ein abgeschlossenes Studium auf dem Gebiet der sozialen Arbeit, der Bildung und Erziehung in der Kindheit oder der Heilpädagogik staatlich anzuerkennen. [2]Die Beleihung muss im öffentlichen Interesse liegen und die Beliehene muss die Gewähr für eine sachgerechte Erfüllung der Aufgabe bieten. [3]Die Beliehenen unterliegen der Fachaufsicht des Fachministe-

riums. [4]Im Fall einer Beleihung gelten die in einer Verordnung nach § 7 Abs. 6 Satz 2 Nrn. 1 und 2 getroffenen Regelungen für die Hochschulen in nichtstaatlicher Verantwortung entsprechend.

§ 67a Kommunale Hochschule für Verwaltung in Niedersachsen

(1) Die Kommunale Hochschule für Verwaltung in Niedersachsen ist eine für die Ausbildung für die Laufbahn der Laufbahngruppe 2 der Fachrichtung Allgemeine Dienste anerkannte Fachhochschule in nichtstaatlicher Verantwortung.

(2) [1]An der Kommunalen Hochschule für Verwaltung in Niedersachsen bedürfen die Einrichtung neuer Studiengänge sowie wesentliche Änderungen am Akkreditierungsgegenstand eines Studiengangs, die nicht von dessen bestehender Akkreditierung umfasst sind, der Genehmigung des Fachministeriums und einer Akkreditierung auf Grundlage eines Akkreditierungsberichts einer vom Fachministerium bestimmten Agentur; die Akkreditierung erfolgt im Übrigen nach Maßgabe des Studienakkreditierungsstaatsvertrags und der auf seiner Grundlage erlassenen Verordnungen. [2]Die Genehmigung nach Satz 1 kann erteilt werden, wenn

1. eine Akkreditierung nach Satz 1 erfolgt ist und
2. das Studium und die Lehre, einschließlich der erforderlichen Mindestausstattung, an der Kommunalen Hochschule für Verwaltung in Niedersachsen auch nach der Einrichtung des neuen Studiengangs oder den wesentlichen Änderungen eines Studiengangs auf Hochschulniveau gewährleistet werden können.

(3) Zuwendungen zum Betrieb oder für Investitionsmaßnahmen werden der Kommunalen Hochschule für Verwaltung in Niedersachsen aus Landesmitteln nicht gewährt.

(4) Das für die Kommunale Hochschule für Verwaltung in Niedersachsen zuständige Fachministerium ist das für Inneres zuständige Ministerium.

Dritter Teil
Studentenwerke

§ 68 Rechtsstellung, Aufgaben und Zuständigkeiten

(1) [1]Die Studentenwerke OstNiedersachsen, Hannover, Oldenburg und Osnabrück sind rechtsfähige Anstalten des öffentlichen Rechts; das Studentenwerk Göttingen ist eine rechtsfähige Stiftung des öffentlichen Rechts. [2]Die Errichtung, Zusammenlegung, Änderung der örtlichen Zuständigkeit, Aufhebung oder Umwandlung von Studentenwerken in eine andere Rechtsform bedarf einer Verordnung der Landesregierung.

(2) [1]Die Studentenwerke fördern und beraten die Studierenden wirtschaftlich, gesundheitlich, sozial und kulturell. [2]Zu ihren Aufgaben gehört insbesondere der Betrieb von Wohnheimen, Mensen, Cafeterien und Betreuungseinrichtungen für Kinder von Studierenden. [3]In Betreuungseinrichtungen für Kinder können auch andere Kinder als solche von Studierenden aufgenommen werden. [4]Das Fachministerium kann den Studentenwerken durch Verordnung weitere Aufgaben als staatliche Auftragsangelegenheiten übertragen. [5]Die Studentenwerke dürfen Schülerinnen und Schülern sowie Studierende an Berufsakademien mit Mensaleistungen versorgen, soweit der hochschulbezogene Versorgungsauftrag dadurch nicht beeinträchtigt wird, kostendeckende Entgelte erhoben werden und die Leistungen im Rahmen vorhandener Kapazitäten erbracht werden können. [6]Ein Studentenwerk kann durch Vertrag mit einer Hochschule weitere hochschulbezogene Aufgaben übernehmen.

(3) [1]Studentenwerke können sich zur Erfüllung ihrer Aufgaben an Unternehmen in der Rechtsform einer juristischen Person des privaten Rechts beteiligen oder solche Unternehmen gründen. [2]§ 50 Abs. 4 Sätze 2 bis 5 findet entsprechende Anwendung.

(4) [1]Die Landesregierung kann einem Studentenwerk zur Verbesserung der Wirtschaftlichkeit auf dessen Antrag das Eigentum an den für die Erfüllung seiner Aufgaben benötigten Grundstücken übertragen. [2]§ 55 Abs. 1 Sätze 4 und 5, § 56 Abs. 2 und 4 Satz 2 Nr. 6 sowie § 63 sind entsprechend anzuwenden.

(5) [1]Die Studentenwerke unterstehen der Rechtsaufsicht und, soweit ihnen staatliche Angelegenheiten übertragen werden, der Fachaufsicht des Fachministeriums. [2]§ 51 Abs. 1 und 2 gilt entsprechend.

§ 69 Selbstverwaltung und Organe

(1) [1]Die Studentenwerke haben das Recht der Selbstverwaltung. [2]Sie regeln ihre Organisation durch eine Satzung, die als Organe mindestens einen Verwaltungsrat und eine Geschäftsführung vorsehen muss. [3]Die Satzung bedarf der Genehmigung des Fachministeriums.

(2) Der Verwaltungsrat
1. bestellt und entlässt die Geschäftsführung und ihre Stellvertretung,
2. beschließt mit zwei Dritteln seiner stimmberechtigten Mitglieder die Organisationssatzung,
3. beschließt den Wirtschaftsplan,
4. bestellt die Wirtschaftsprüferin oder den Wirtschaftsprüfer,
5. entlastet die Geschäftsführung aufgrund der geprüften Jahresrechnung (§ 109 LHO),
6. beschließt die Beitragssatzung und setzt den Studentenwerksbeitrag fest,
7. beschließt allgemeine Richtlinien für die Geschäftsführung und
8. nimmt den jährlichen Rechenschaftsbericht der Geschäftsführung entgegen.

(3) [1]Dem Verwaltungsrat gehören mindestens sieben stimmberechtigte Mitglieder an. [2]Jede Hochschule im Zuständigkeitsbereich des Studentenwerks ist mit mindestens zwei stimmberechtigten Mitgliedern, von denen eines Mitglied der Studierendengruppe ist und eines vom Präsidium der Hochschule aus seiner Mitte bestellt wird, im Verwaltungsrat vertreten. [3]Der Verwaltungsrat wählt aus seiner Mitte ein Mitglied des Präsidiums einer Hochschule im Zuständigkeitsbereich des Studentenwerks zur Vorsitzenden oder zum Vorsitzenden. [4]Die Geschäftsführung und ihre Stellvertretung nehmen an den Sitzungen des Verwaltungsrats mit beratender Stimme teil. [5]Zum Verwaltungsrat gehören auch zwei Mitglieder aus Wirtschaft und Verwaltung, die von der oder dem Vorsitzenden auf mehrheitlichen Vorschlag der übrigen Mitglieder bestellt werden.

(4) [1]Die Geschäftsführung leitet das Studentenwerk und vertritt es nach außen. [2]Sie stellt die Jahresrechnung nach § 109 LHO auf und legt den jährlichen Rechenschaftsbericht vor. [3]§ 37 Abs. 2 Sätze 1 und 2 und Abs. 3 Sätze 1 bis 3 gilt entsprechend. [4]Die Bestellung und Entlassung der Geschäftsführung und ihrer Stellvertretung sowie die Regelung der Dienstverhältnisse bedürfen der Zustimmung des Fachministeriums.

(5) [1]Die Organisationssatzung kann weitere Organe mit Entscheidungsbefugnissen vorsehen. [2]Ist das Studentenwerk für Studierende mehrerer Hochschulen an verschiedenen Standorten zuständig, so soll für örtliche Angelegenheiten ein weiteres Organ mit Entscheidungsbefugnissen gebildet werden.

(6) [1]Die Absätze 1 bis 5 gelten nicht für das Studentenwerk Göttingen. [2]Insoweit bleibt es bei den besonderen Regelungen.

§ 70 Finanzierung und Wirtschaftsführung

(1) [1]Zur Erfüllung ihrer Aufgaben erhalten die Studentenwerke vom Land eine Finanzhilfe. [2]Im Übrigen haben die Studierenden Beiträge zu entrichten, die von den Hochschulen unentgeltlich für die Studentenwerke erhoben werden. [3]Die Höhe der Beiträge wird durch eine Beitragssatzung festgesetzt. [4]Die Beiträge werden erstmals bei der Einschreibung fällig und dann jeweils mit Ablauf der durch die Hochschule festgelegten Rückmeldefrist. [5]Der Anspruch auf den Beitrag verjährt in drei Jahren.

(2) Werden einem Studentenwerk staatliche Angelegenheiten übertragen, so erstattet das Land die damit verbundenen notwendigen Kosten.

(3) [1]Die Finanzhilfe wird nach Maßgabe des Haushalts gewährt. [2]Die Finanzhilfe nach Absatz 1 Satz 1 setzt sich zusammen aus
1. einem Sockelbetrag von 300 000 Euro für jedes Studentenwerk,
2. dem sich aus der Zahl der Studierenden ergebenden Grundbetrag und
3. dem von der Teilnahme am Mensaessen abhängigen Beköstigungsbetrag.

[3]Die nach Abzug der Sockelbeträge verbleibenden Haushaltsmittel verteilen sich in einem Verhältnis von 1 zu 2 auf den Grundbetrag und den Beköstigungsbetrag. [4]Die Zahl der Studierenden, für die der Grundbetrag ermittelt wird, ergibt sich aus der amtlichen Hochschulstatistik. [5]Maßgeblich ist die Zahl der Studierenden für das letzte vor dem jeweiligen Haushaltsjahr begonnene Wintersemester. [6]Der Beköstigungsbetrag ergibt sich aus der Zahl der vom Studentenwerk in seinen Mensen und Essensausgabestellen ausgegebenen Essensportionen. [7]Als Essensportion gelten alle an eine Studierende oder einen Studierenden an einem Tag ausgegebenen Hauptmahlzeiten. [8]Das Fachministerium kann für einen Zeitraum von bis zu fünf Jahren nach einer Zusammenlegung von Studentenwerken die Höhe des Sockelbetrages abweichend von Satz 2 Nr. 1 festlegen.

(4) [1]Die Wirtschaftsführung und das Rechnungswesen der Studentenwerke richten sich nach kaufmännischen Grundsätzen; das Rechnungswesen muss eine Kosten- und Leistungsrechnung umfassen, die die Bildung von Kennzahlen für hochschulübergreifende Zwecke ermöglicht. [2]Auf den Jahresabschluss sind die Vorschriften des Handelsgesetzbuchs über große Kapitalgesellschaften sinngemäß anzuwenden. [3]Auf die Prüfung des Jahresabschlusses sind die Prüfungsgrundsätze des § 53 Abs. 1 Nrn. 1 und 2 des Haushaltsgrundsätzegesetzes entsprechend anzuwenden.

Vierter Teil
Übergangs- und Schlussvorschriften

§ 71 Ordnungswidrigkeiten

(1) Ordnungswidrig handelt, wer vorsätzlich oder fahrlässig
1. ausländische Grade, Titel oder Hochschultätigkeitsbezeichnungen gegen Entgelt vermittelt,
2. ohne staatliche Anerkennung als Hochschule
   a) eine nicht staatliche Bildungseinrichtung als „Universität", „Hochschule" oder „Fachhochschule" oder einer entsprechenden fremdsprachlichen Bezeichnung betreibt,
   b) Hochschulgrade, vergleichbare Bezeichnungen oder Bezeichnungen, die Hochschulgraden zum Verwechseln ähnlich sind, verleiht,
3. die Niederlassung einer Hochschule betreibt oder das Studienangebot der Niederlassung einer Hochschule ausweitet, ohne dies gemäß § 64b Satz 2 rechtzeitig angezeigt zu haben, oder
4. eine Hochschulausbildung im Rahmen einer Vereinbarung nach § 64c anbietet, ohne das Studienangebot gemäß § 64c Sätze 2 und 3 auch in Verbindung mit Satz 5 rechtzeitig mit dem erforderlichen Nachweis angezeigt zu haben.

(2) Ordnungswidrigkeiten können mit einer Geldbuße von bis zu 250 000 Euro geahndet werden.

§ 71a Veröffentlichungen von Ordnungen

[1]Ordnungen der Hochschulen sind, auch soweit sie staatliche Angelegenheiten oder eigene Angelegenheiten einer Stiftung nach § 55 regeln, von der jeweiligen Hochschule in geeigneter Weise zu veröffentlichen. [2]§ 1 Abs. 2 des Niedersächsischen Gesetzes über Verordnungen und Zuständigkeiten vom 22. Oktober 2014 (Nds. GVBl. S. 291) findet insoweit keine Anwendung.

§ 72 Übergangs- und Schlussvorschriften

(1) Die bei In-Kraft-Treten dieses Gesetzes vorhandenen wissenschaftlichen und künstlerischen Assistentinnen und Assistenten, Oberassistentinnen und Oberassistenten, Oberingenieurinnen und Oberingenieure, Hochschuldozentinnen und Hochschuldozenten sowie Fachhochschuldozentinnen und Fachhochschuldozenten verbleiben in ihrem bisherigen Rechtsverhältnis, einschließlich der jeweiligen Verlängerungsmöglichkeiten, und in ihrer bisherigen Gruppe.

(2) Die am 1. Januar 2016 und 2. Februar 2022 vorhandenen hauptberuflichen Vizepräsidentinnen und hauptberuflichen Vizepräsidenten verbleiben bis zum Ablauf ihrer Amtszeit in ihren bisherigen Rechtsverhältnissen.

(3) [1]Für die nach dem 31. Dezember 2015 eingeschriebenen Studierenden in Diplom- und Magisterstudiengängen findet § 8 Abs. 1 in der bis zum 31. Dezember 2015 geltenden Fassung weiterhin Anwendung. [2]Die Hochschulen können Hochschulgrade nach § 8 Abs. 1 Satz 1 in der bis zum 31. Dezember 2015 geltenden Fassung auch an Personen verleihen, die das Studium der Rechtswissenschaften bis zum 31. Dezember 2030 mit der ersten Prüfung oder der ersten Staatsprüfung oder das Studium der Lebensmittelchemie bis zum 31. Dezember 2030 mit dem zweiten Prüfungsabschnitt der staatlichen Gesamtprüfung abschließen. [3]Für die nach dem 1. Februar 2022 eingeschriebenen Studierenden in Diplom- und Magisterstudiengängen findet § 6 Abs. 3 in der bis zum 1. Februar 2022 geltenden Fassung weiterhin Anwendung. [4]Auf die Universitäten und gleichgestellten Hochschulen, die nach dem 31. Dezember 2015 weiterhin Diplom- und Magisterstudiengänge anbieten, findet § 9 Abs. 1 Satz 1 in der bis zum 31. Dezember 2015 geltenden Fassung weiterhin Anwendung.

(4) Die Verträge mit den Kirchen, Religions- und Weltanschauungsgemeinschaften werden durch dieses Gesetz nicht berührt.

(5) Für Abweichungen, die nach § 46 in der bis zum 1. Februar 2022 geltenden Fassung in einer Ordnung festgelegt worden sind, ist § 46 in der bis zum 1. Februar 2022 geltenden Fassung weiterhin anzuwenden.

(6) [1]Für die am 1. Januar 2016 vorhandenen Vorstandsmitglieder der Medizinischen Hochschule Hannover findet § 63c Abs. 7 in der bis zum 31. Dezember 2015 geltenden Fassung und für die am 1. Januar 2016 vorhandenen Vorstandsmitglieder der Universitätsmedizin Göttingen findet § 63d Abs. 5 in der bis zum 31. Dezember 2015 geltenden Fassung weiterhin Anwendung. [2]Ist gemäß § 63b Satz 5 nach der Grundordnung ein weiteres Vorstandsmitglied vorgesehen, so kann in der Grundordnung für dessen erstmalige Bestellung zugleich bestimmt werden, dass das bisherige Vorstandsmitglied nach § 63b Satz 4 Nr. 3 mit seiner Zustimmung unter Aufgabe seines bisherigen Amtes als Vorstandsmitglied mit Zuständigkeit für das Ressort Infrastruktur bestellt wird. [3]Die Bestellung erfolgt ohne Durchführung des Verfahrens nach § 63c Abs. 1 Sätze 1 bis 3 oder nach § 63d Abs. 1 Sätze 1 bis 3; im Übrigen sind § 63b Sätze 6 und 7 sowie für die Medizinische Hochschule Hannover § 63c Abs. 1 Satz 5 und Abs. 2 und für die Universitätsmedizin Göttingen § 63d Abs. 1 Satz 5 und Abs. 2 anzuwenden.

(7) Lehrkräfte, denen das Führen des akademischen Titels „Professorin" oder „Professor" nach § 7 Abs. 2 der Verordnung über die Niedersächsische Fachhochschule für Verwaltung und Rechtspflege vom 27. Januar 2003 (Nds. GVBl. S. 29) im Zeitpunkt des Inkrafttretens dieser Bestimmung gestattet ist, dürfen diesen Titel für die Zeit ihrer hauptberuflichen Lehrtätigkeit an dem jeweiligen Studieninstitut oder einem kommunalen Studieninstitut, das durch Vereinigung der bisherigen kommunalen Studieninstitute entsteht, weiterführen.

(8) [1]Chefärztinnen und Chefärzte, die am 15. Juli 2012 in einer an Forschung und Lehre mitwirkenden Abteilung eines Krankenhauses, mit dessen Träger eine Vereinbarung nach § 63i Abs. 1 geschlossen ist, tätig sind, können auf Antrag als nebenberufliche Professorinnen und Professoren (§ 29) der Universität Oldenburg beschäftigt werden, wenn ihre wissenschaftlichen Qualifikationen dies rechtfertigen und die Einstellungsvoraussetzungen nach § 25 sowie die in der Vereinbarung nach § 63i Abs. 1 geregelten Voraussetzungen vorliegen. [2]Das Vorliegen der wissenschaftlichen Qualifikationen stellt das Präsidium im Einvernehmen mit dem Fakultätsrat der Medizinischen Fakultät auf der Grundlage einer externen Evaluation fest. [3]Dem Senat und der Gleichstellungsbeauftragten ist Gelegenheit zur Stellungnahme zu geben; § 42 Abs. 4 findet keine Anwendung. [4]Die Feststellung bedarf der Bestätigung des Fachministeriums. [5]Die nebenberuflichen Professorinnen und Professoren nach Satz 1 sind Mitglieder der Universität Oldenburg.

(9) Für den Studiengang Humanmedizin an der Universität Oldenburg wird die jährliche Zulassungszahl ab dem Wintersemester 2022/2023 auf 120 festgesetzt.

(10) Für die Verwendung von Studienbeiträgen, die nach § 11 in der am 17. Dezember 2013 geltenden Fassung eingenommen worden sind, findet § 11 Abs. 2 Sätze 1, 2 und 5 und Abs. 3 in der am 17. Dezember 2013 geltenden Fassung weiterhin Anwendung.

(11) [1]Eine Stiftung, der die Hochschule nach § 11 Abs. 2 Satz 3 in der am 17. Dezember 2013 geltenden Fassung einen Teil ihrer Einnahmen aus den Studienbeiträgen zur Verfügung gestellt hat, hat die Erträge aus diesen Einnahmen zeitnah weiterhin für die Verbesserung der Lehre und der Studienbedingungen an der Hochschule sowie für die Vergabe von Stipendien an Studierende zu verwenden und der Hochschule unter Mitwirkung der Studierenden diesbezüglich einen beherrschenden Einfluss zu erhalten. [2]Satz 1 gilt entsprechend für die Einnahmen aus den Studienbeiträgen, die die Hochschulen in Trägerschaft einer Stiftung nach § 11 Abs. 2 Satz 4 in der am 17. Dezember 2013 geltenden Fassung in das Stiftungsvermögen überführt haben.

(12) Für die auf der Grundlage von § 11a in der am 17. Dezember 2013 geltenden Fassung gewährten Studiendarlehen finden § 11a Abs. 4 bis 6 und § 17 Abs. 4 in der am 17. Dezember 2013 geltenden Fassung weiterhin Anwendung.

(13) Für die Zugangsberechtigung zu Studienplätzen in nicht lehramtsbezogenen Masterstudiengängen für das Wintersemester 2015/2016 findet § 18 Abs. 8 in der bis zum 31. Dezember 2015 geltenden Fassung weiterhin Anwendung.

(14)[1)] [1]Für Studierende, die im Zeitraum vom Sommersemester 2020 bis Sommersemester 2021 für ein Semester immatrikuliert waren, gilt eine um ein Semester verlängerte individuelle Regelstudienzeit. [2]Für Studierende, die im Zeitraum nach Satz 1 für mindestens zwei Semester immatrikuliert waren, gilt eine um zwei Semester verlängerte individuelle Regelstudienzeit. [3]Semester, in denen die Studierenden beurlaubt waren, sind bei der Verlängerung der individuellen Regelstudienzeit nach den Sätzen

1) § 72 Abs. 16, angef. durch G v. 10.12.2020 (Nds. GVBl. S. 477) und neu gef. durch G v. 16.3.2021 (Nds. GVBl. S. 133) tritt für Universitäten und gleichgestellte Hochschulen **mWv 1.4.2020** und für Fachhochschulen **mWv 1.3.2020** in Kraft.

1 und 2 nicht zu berücksichtigen. [4]Die Sätze 1 und 2 gelten nicht für Studierende, soweit auf sie nach dem Recht eines anderen Landes bereits eine vergleichbare Regelung angewendet worden ist, durch die die individuelle Regelstudienzeit im Zeitraum nach Satz 1 entsprechend verlängert wurde. [5]§ 14 Abs. 2 bleibt unberührt. [6]Die Verlängerung der individuellen Regelstudienzeit wirkt sich auf das Studienguthaben nach § 12 erhöhend nur aus, wenn dieses nicht bereits vor oder mit Ablauf des Sommersemesters 2019 erschöpft war. [7]Bei der Gewährung der Studienqualitätsmittel nach § 14a Abs. 1 Satz 1 wird von der Verlängerung der individuellen Regelstudienzeit nach den Sätzen 1 und 2 nur ein Semester berücksichtigt. [8]Bei einer Einteilung des Studienjahres in Trimester sind die Sätze 1 bis 7 entsprechend anzuwenden. [9]Das Fachministerium wird ermächtigt, durch Verordnung weitere Verlängerungen der individuellen Regelstudienzeit vorzunehmen und den Bezugszeitraum nach Satz 1 anzupassen, soweit Studium und Lehre mindestens für einen überwiegenden Teil eines Semesters oder Trimesters nur eingeschränkt oder nicht möglich sind.

§ 73 ***[aufgehoben]***

Anlage 1
(zu § 63c Abs. 1 Satz 1)

Zusammensetzung der Findungskommissionen für die Vorstandsmitglieder der Medizinischen Hochschule Hannover

1. Findungskommission für das Vorstandsmitglied nach § 63b Satz 4 Nr. 1:
   a) drei vom Senat aus seiner Mitte gewählte Mitglieder,
   b) drei vom Hochschulrat aus seiner Mitte gewählte Mitglieder,
   c) die Vorstandsmitglieder nach § 63b Satz 4 Nrn. 2 und 3 sowie das weitere Vorstandsmitglied nach § 63b Satz 5, sofern nach der Grundordnung ein solches vorgesehen und bestellt ist (ohne Stimmrecht),
   d) eine Vertreterin oder ein Vertreter des Fachministeriums (ohne Stimmrecht),
   e) ein vom Personalrat aus seiner Mitte gewähltes Mitglied (ohne Stimmrecht) und
   f) die Gleichstellungsbeauftragte (ohne Stimmrecht).
2. Findungskommission für das Vorstandsmitglied nach § 63b Satz 4 Nr. 2:
   a) zwei vom Senat aus seiner Mitte gewählte Mitglieder,
   b) zwei vom Hochschulrat aus seiner Mitte gewählte Mitglieder,
   c) zwei von der Klinikkonferenz aus ihrer Mitte benannte Abteilungsdirektorinnen oder Abteilungsdirektoren oder Leiterinnen oder Leiter von Organisationseinheiten, die mindestens einer Abteilung entsprechen,
   d) die Vertreterin oder der Vertreter des Personalrats in der Klinikkonferenz,
   e) die Leiterin oder der Leiter des Pflegedienstes,
   f) die Vorstandsmitglieder nach § 63b Satz 4 Nrn. 1 und 3 sowie das weitere Vorstandsmitglied nach § 63b Satz 5, sofern nach der Grundordnung ein solches vorgesehen und bestellt ist (ohne Stimmrecht),
   g) eine Vertreterin oder ein Vertreter des Fachministeriums (ohne Stimmrecht) und
   h) die Gleichstellungsbeauftragte.
3. Findungskommission für das Vorstandsmitglied nach § 63b Satz 4 Nr. 3:
   a) vier vom Senat aus seiner Mitte gewählte Mitglieder,
   b) zwei von der Klinikkonferenz aus ihrer Mitte gewählte Mitglieder,
   c) zwei vom Hochschulrat aus seiner Mitte gewählte Mitglieder,
   d) die Vorstandsmitglieder nach § 63b Satz 4 Nrn. 1 und 2 sowie das weitere Vorstandsmitglied nach § 63b Satz 5, sofern ein solches nach der Grundordnung vorgesehen und bestellt ist (ohne Stimmrecht),
   e) eine Vertreterin oder ein Vertreter des Fachministeriums (ohne Stimmrecht),
   f) die Leiterin oder der Leiter des Pflegedienstes (ohne Stimmrecht),
   g) ein vom Personalrat aus seiner Mitte gewähltes Mitglied (ohne Stimmrecht) und
   h) die Gleichstellungsbeauftragte (ohne Stimmrecht).
4. Findungskommission für das weitere Vorstandsmitglied nach § 63b Satz 5, sofern ein solches nach der Grundordnung vorgesehen ist:
   a) vier vom Senat aus seiner Mitte gewählte Mitglieder,
   b) zwei von der Klinikkonferenz aus ihrer Mitte gewählte Mitglieder,
   c) zwei vom Hochschulrat aus seiner Mitte gewählte Mitglieder,
   d) die Vorstandsmitglieder nach § 63b Satz 4 Nrn. 1 bis 3 (ohne Stimmrecht),
   e) eine Vertreterin oder ein Vertreter des Fachministeriums (ohne Stimmrecht),
   f) die Leiterin oder der Leiter des Pflegedienstes (ohne Stimmrecht),

g) ein vom Personalrat aus seiner Mitte gewähltes Mitglied (ohne Stimmrecht) und
h) die Gleichstellungsbeauftragte (ohne Stimmrecht).

Anlage 2
(zu § 63d Abs. 1 Satz 1)

Zusammensetzung der Findungskommissionen für die Vorstandsmitglieder der Universitätsmedizin Göttingen

1. Findungskommission für das Vorstandsmitglied nach § 63b Satz 4 Nr. 1:
   a) die Präsidentin oder der Präsident als vorsitzendes Mitglied,
   b) die Vorstandsmitglieder nach § 63b Satz 4 Nrn. 2 und 3 sowie das weitere Vorstandsmitglied nach § 63b Satz 5, sofern ein solches nach der Grundordnung vorgesehen und bestellt ist (ohne Stimmrecht),
   c) drei vom Fakultätsrat aus seiner Mitte gewählte Mitglieder,
   d) ein vom Personalrat der Universitätsmedizin aus seiner Mitte gewähltes Mitglied (ohne Stimmrecht),
   e) die Gleichstellungsbeauftragte der Universitätsmedizin (ohne Stimmrecht),
   f) zwei vom Stiftungsausschuss Universitätsmedizin aus seiner Mitte gewählte Mitglieder und
   g) die Vertreterin oder der Vertreter des Fachministeriums im Stiftungsausschuss Universitätsmedizin (ohne Stimmrecht).
2. Findungskommission für das Vorstandsmitglied nach § 63b Satz 4 Nr. 2:
   a) die Präsidentin oder der Präsident als vorsitzendes Mitglied,
   b) die Vorstandsmitglieder nach § 63b Satz 4 Nrn. 1 und 3 sowie das weitere Vorstandsmitglied nach § 63b Satz 5, sofern ein solches nach der Grundordnung vorgesehen und bestellt ist (ohne Stimmrecht),
   c) ein vom Fakultätsrat aus seiner Mitte gewähltes Mitglied,
   d) zwei von der Klinikkonferenz aus ihrer Mitte gewählte Abteilungsdirektorinnen oder Abteilungsdirektoren oder Leiterinnen oder Leiter von Organisationseinheiten, die mindestens einer Abteilung entsprechen,
   e) ein vom Personalrat der Universitätsmedizin aus seiner Mitte gewähltes Mitglied,
   f) die Gleichstellungsbeauftragte der Universitätsmedizin,
   g) die Leiterin oder der Leiter des Pflegedienstes,
   h) zwei vom Stiftungsausschuss Universitätsmedizin aus seiner Mitte gewählte Mitglieder und
   i) die Vertreterin oder der Vertreter des Fachministeriums im Stiftungsausschuss Universitätsmedizin (ohne Stimmrecht).
3. Findungskommission für das Vorstandsmitglied nach § 63b Satz 4 Nr. 3:
   a) die Präsidentin oder der Präsident als vorsitzendes Mitglied,
   b) die Vorstandsmitglieder nach § 63b Satz 4 Nrn. 1 und 2 sowie das weitere Vorstandsmitglied nach § 63b Satz 5, sofern ein solches nach der Grundordnung vorgesehen und bestellt ist (ohne Stimmrecht),
   c) drei vom Fakultätsrat aus seiner Mitte gewählte Mitglieder,
   d) zwei von der Klinikkonferenz aus ihrer Mitte gewählte Mitglieder,
   e) ein vom Personalrat der Universitätsmedizin aus seiner Mitte gewähltes Mitglied (ohne Stimmrecht),
   f) die Gleichstellungsbeauftragte der Universitätsmedizin (ohne Stimmrecht),
   g) die Leiterin oder der Leiter des Pflegedienstes (ohne Stimmrecht),
   h) zwei vom Stiftungsausschuss Universitätsmedizin aus seiner Mitte gewählte Mitglieder und
   i) die Vertreterin oder der Vertreter des Fachministeriums im Stiftungsausschuss Universitätsmedizin (ohne Stimmrecht).
4. Findungskommission für das weitere Vorstandsmitglied nach § 63b Satz 5, sofern ein solches nach der Grundordnung vorgesehen ist:
   a) die Präsidentin oder der Präsident als vorsitzendes Mitglied,
   b) die Vorstandsmitglieder nach § 63b Satz 4 Nrn. 1 bis 3 (ohne Stimmrecht),
   c) drei vom Fakultätsrat aus seiner Mitte gewählte Mitglieder,
   d) zwei von der Klinikkonferenz aus ihrer Mitte gewählte Mitglieder,
   e) ein vom Personalrat der Universitätsmedizin aus seiner Mitte gewähltes Mitglied (ohne Stimmrecht),
   f) die Gleichstellungsbeauftragte der Universitätsmedizin (ohne Stimmrecht),
   g) die Leiterin oder der Leiter des Pflegedienstes (ohne Stimmrecht),
   h) zwei vom Stiftungsausschuss Universitätsmedizin aus seiner Mitte gewählte Mitglieder und
   i) die Vertreterin oder der Vertreter des Fachministeriums im Stiftungsausschuss Universitätsmedizin (ohne Stimmrecht).

Niedersächsisches Pressegesetz (NPresseG)

Vom 22. März 1965 (Nds. GVBl. S. 9)
(GVBl. Sb 22610 01)

zuletzt geändert durch Art. 5 G zur Neuordnung des niedersächsischen Datenschutzrechts vom 16. Mai 2018 (Nds. GVBl. S. 66)

Inhaltsübersicht

§ 1 Freiheit der Presse

(1) [1]Die Presse ist frei. [2]Sie ist berufen, der freiheitlichen demokratischen Grundordnung zu dienen.

(2) Die Freiheit der Presse unterliegt nur den Beschränkungen, die durch das Grundgesetz zugelassen sind.

(3) Berufsorganisationen der Presse mit Zwangsmitgliedschaft und eine mit hoheitlicher Gewalt ausgestattete Standesgerichtsbarkeit der Presse sind unzulässig.

§ 2 Zulassungsfreiheit

Die Pressetätigkeit einschließlich der Errichtung eines Verlagsunternehmens oder eines sonstigen Betriebs der Presse darf von irgendeiner Zulassung nicht abhängig gemacht werden.

§ 3 Öffentliche Aufgabe der Presse

Die Presse erfüllt eine öffentliche Aufgabe, wenn sie in Angelegenheiten von öffentlichem Interesse Nachrichten beschafft und verbreitet, Stellung nimmt, Kritik übt oder auf andere Weise an der Meinungsbildung mitwirkt.

§ 4 Informationsrecht der Presse

(1) Die Behörden sind verpflichtet, den Vertretern der Presse die der Erfüllung ihrer öffentlichen Aufgabe dienenden Auskünfte zu erteilen.

(2) Auskünfte können verweigert werden, soweit

1. durch sie die sachgemäße Durchführung eines schwebenden Verfahrens vereitelt, erschwert, verzögert oder gefährdet werden könnte oder
2. ihnen Vorschriften über die Geheimhaltung entgegenstehen oder
3. sie ein überwiegendes öffentliches oder ein schutzwürdiges privates Interesse verletzen würden oder
4. ihr Umfang das zumutbare Maß überschreitet.

(3) Allgemeine Anordnungen, die einer Behörde Auskünfte an die Presse verbieten, sind unzulässig.

(4) Der Verleger einer Zeitung oder Zeitschrift kann von den Behörden verlangen, daß ihm deren amtliche Bekanntmachungen nicht später als seinen Mitbewerbern zur Verwendung zugeleitet werden.

§ 5 (aufgehoben)

§ 6 Sorgfaltspflicht der Presse

[1]Die Presse hat alle Nachrichten vor ihrer Verbreitung mit der nach den Umständen gebotenen Sorgfalt auf Inhalt, Herkunft und Wahrheit zu prüfen. [2]Sie ist verpflichtet, Druckwerke von strafbarem Inhalt freizuhalten.

§ 7 Begriffsbestimmungen

(1) Druckwerke im Sinne dieses Gesetzes sind alle mittels der Buchdruckerpresse oder eines sonstigen zur Massenherstellung geeigneten Vervielfältigungsverfahrens hergestellten und zur Verbreitung bestimmten Schriften, besprochenen Tonträger, bildlichen Darstellungen mit und ohne Schrift und Musikalien mit Text oder Erläuterungen.

(2) [1]Zu den Druckwerken gehören auch die vervielfältigten Mitteilungen, mit denen Nachrichtenagenturen, Pressekorrespondenzen, Materndienste und ähnliche Unternehmen die Presse mit Beiträgen in Wort, Bild oder ähnlicher Weise versorgen. [2]Als Druckwerke gelten ferner die von einem presseredaktionellen Hilfsunternehmen gelieferten Mitteilungen ohne Rücksicht auf die technische Form, in der sie geliefert werden.

(3) Den Bestimmungen dieses Gesetzes über Druckwerke unterliegen nicht

1. amtliche Druckwerke, soweit sie ausschließlich amtliche Mitteilungen enthalten,
2. die nur Zwecken des Gewerbes und Verkehrs, des häuslichen und geselligen Lebens dienenden Druckwerke – Formulare, Preislisten, Werbedrucksachen, Familienanzeigen, Geschäfts-, Jahres- und Verwaltungsberichte und dergleichen – sowie Stimmzettel für Wahlen und Abstimmungen sowie Unterschriftenbögen für Volksinitiativen, Volksbegehren und Bürgerbegehren.

(4) Periodische Druckwerke sind Zeitungen, Zeitschriften und andere Druckwerke, die in ständiger, wenn auch unregelmäßiger Folge und im Abstand von nicht mehr als sechs Monaten erscheinen.

§ 8 Impressum

(1) Auf jedem im Geltungsbereich dieses Gesetzes erscheinenden Druckwerk müssen Name oder Firma und Anschrift des Druckers und des Verlegers genannt sein, beim Selbstverlag Name und Anschrift des Verfassers oder des Herausgebers.

(2) [1]Auf den periodischen Druckwerken sind ferner Name und Anschrift des verantwortlichen Redakteurs anzugeben. [2]Sind mehrere Redakteure verantwortlich, so muß das Impressum die in Satz 1 geforderten Angaben für jeden von ihnen enthalten. [3]Hierbei ist kenntlich zu machen, für welchen Teil oder sachlichen Bereich des Druckwerks jeder einzelne verantwortlich ist. [4]Für den Anzeigenteil ist ein Verantwortlicher zu benennen; für diesen gelten die Vorschriften über den verantwortlichen Redakteur entsprechend.

(3) Zeitungen und Anschlußzeitungen, die regelmäßig ganze Seiten des redaktionellen Teils fertig übernehmen, haben im Impressum auch Name und Anschrift des für den übernommenen Teil verantwortlichen Redakteurs anzugeben.

§ 9 Persönliche Anforderungen an den verantwortlichen Redakteur

(1) Als verantwortlicher Redakteur darf nicht tätig sein und nicht beschäftigt werden, wer

1. seinen ständigen Aufenthalt weder in einem Mitgliedstaat der Europäischen Union noch in einem anderen Vertragsstaat des Abkommens über den Europäischen Wirtschaftsraum hat,
2. infolge Richterspruchs die Fähigkeit, ein öffentliches Amt zu bekleiden oder Rechte aus öffentlichen Wahlen zu erlangen, oder das Recht, in öffentlichen Angelegenheiten zu wählen oder zu stimmen, nicht besitzt,
3. nicht unbeschränkt geschäftsfähig ist oder wer aufgrund einer psychischen Krankheit oder einer geistigen oder seelischen Behinderung unter rechtlicher Betreuung steht,
4. wegen einer Straftat, die er durch die Presse begangen hat, nicht unbeschränkt gerichtlich verfolgt werden kann.

(2) Absatz 1 Nr. 3 gilt nicht für Druckwerke, die von Jugendlichen für Jugendliche herausgegeben werden.

(3) [1]Von der Voraussetzung des Absatzes 1 Nr. 1 kann der Minister des Innern in besonderen Fällen auf Antrag Befreiung erteilen. [2]Die Befreiung kann widerrufen werden.

§ 10 Kennzeichnung entgeltlicher Veröffentlichungen

Hat der Verleger oder der Verantwortliche (§ 8 Abs. 2 Satz 4) eines periodischen Druckwerks für eine Veröffentlichung ein Entgelt erhalten, gefordert oder sich versprechen lassen, so muß diese Veröffentlichung, soweit sie nicht schon durch Anordnung und Gestaltung allgemein als Anzeige zu erkennen ist, deutlich mit dem Wort „Anzeige" bezeichnet werden.

§ 11 Gegendarstellungsanspruch

(1) [1]Der verantwortliche Redakteur und der Verleger eines periodischen Druckwerks sind verpflichtet, eine Gegendarstellung der Person oder Stelle zum Abdruck zu bringen, die durch eine in dem Druckwerk aufgestellte Tatsachenbehauptung betroffen ist. [2]Die Verpflichtung erstreckt sich auf alle Nebenausgaben des Druckwerks, in denen die Tatsachenbehauptung erschienen ist.

(2) [1]Die Pflicht zum Abdruck einer Gegendarstellung besteht nicht, wenn
1. die Gegendarstellung ihrem Umfang nach nicht angemessen ist oder
2. es sich um eine Anzeige handelt, die ausschließlich dem geschäftlichen Verkehr dient.

[2]Überschreitet die Gegendarstellung nicht den Umfang des beanstandeten Textes, so gilt sie als angemessen. [3]Die Gegendarstellung muß sich auf tatsächliche Angaben beschränken und darf keinen strafbaren Inhalt haben. [4]Sie bedarf der Schriftform. [5]Der Betroffene kann den Abdruck nur verlangen, wenn die Gegendarstellung unverzüglich, spätestens drei Monate nach der Veröffentlichung, dem verantwortlichen Redakteur oder dem Verleger zugeht.

(3) [1]Die Gegendarstellung muß in der dem Zugang der Einsendung folgenden, für den Druck nicht abgeschlossenen Nummer in dem gleichen Teil des Druckwerks und mit gleicher Schrift wie der beanstandete Text ohne Einschaltungen und Weglassungen abgedruckt werden; sie darf nicht gegen den Willen des Betroffenen in der Form eines Leserbriefs erscheinen. [2]Der Abdruck ist kostenfrei, es sei denn, daß der beanstandete Text als Anzeige abgedruckt worden ist. [3]Wer sich zu der Gegendarstellung in derselben Nummer äußert, muß sich auf tatsächliche Angaben beschränken.

(4) [1]Ist der Gegendarstellungsanspruch vergeblich geltend gemacht worden, so ist für seine Durchsetzung der ordentliche Rechtsweg gegeben. [2]Auf Antrag des Betroffenen kann das Gericht anordnen, daß der verantwortliche Redakteur und der Verleger in der Form des Absatzes 3 eine Gegendarstellung veröffentlichen. [3]Auf dieses Verfahren sind die Vorschriften der Zivilprozeßordnung über das Verfahren auf Erlaß einer einstweiligen Verfügung entsprechend anzuwenden. [4]Eine Gefährdung des Anspruchs braucht nicht glaubhaft gemacht zu werden. [5]§ 926 der Zivilprozeßordnung ist nicht anzuwenden.

(5) Die Absätze 1 bis 4 gelten nicht für wahrheitsgetreue Berichte über öffentliche Sitzungen der gesetzgebenden oder beschließenden Organe des Bundes und der Länder, der Vertretungen der Gebietskörperschaften sowie der Gerichte.

§ 12 Ablieferungspflicht der Verleger und Drucker

(1) [1]Von jedem Druckwerk, das im Geltungsbereich dieses Gesetzes verlegt wird oder das als Verlagsort einen Ort innerhalb des Geltungsbereiches neben einem anderen Ort nennt, hat der Verleger ein Stück binnen eines Monats nach dem Erscheinen kostenfrei an die Niedersächsische Landesbibliothek in Hannover abzuliefern (Pflichtexemplar). [2]Satz 1 gilt entsprechend für den Drucker oder sonstigen Hersteller, wenn das Druckwerk keinen Verleger hat.

(2) Die Niedersächsische Landesbibliothek kann auf die Ablieferung solcher Druckwerke verzichten, an deren Sammlung, Inventarisierung und bibliographischer Aufzeichnung kein öffentliches Interesse besteht.

(3) [1]Ist die Auflage eines Druckwerkes nicht höher als 500 Stück und beträgt der Ladenpreis eines Stücks der Auflage mindestens 100 Euro, so ist dem Ablieferungspflichtigen abweichend von Absatz 1 die Hälfte des Ladenpreises zu erstatten. [2]Bei Druckwerken, die aus zwei oder mehreren einzeln verkäuflichen Teilen bestehen, ist eine Vergütung für jeden dieser Teile zu leisten, dessen Ladenpreis den angegebenen Betrag übersteigt. [3]Hat das Druckwerk keinen Ladenpreis, so ist das übliche Entgelt für ein Druckwerk dieser Art maßgebend.

(4) [1]Der Anspruch auf Erstattung besteht nur, wenn er spätestens einen Monat nach Ablieferung des Pflichtexemplars schriftlich bei der Niedersächsischen Landesbibliothek geltend gemacht wird. [2]Er verjährt in zwei Jahren, beginnend mit dem Schlusse des Jahres, in dem das Pflichtexemplar abgeliefert worden ist.

(5) Ein Anspruch auf Erstattung besteht nicht, wenn der Ablieferungspflichtige zur Herstellung des Druckwerkes einen Zuschuß aus öffentlichen Mitteln erhalten hat.

§§ 13 bis 18 (aufgehoben)

§ 19 Datenschutz

[1]Personen, die für Unternehmen der Presse oder deren Hilfsunternehmen tätig sind, dürfen personenbezogene Daten, die sie zu journalistischen Zwecken verarbeiten, nicht zu anderen Zwecken verarbeiten (Datengeheimnis). [2]Sie sind bei der Aufnahme ihrer Tätigkeit auf das Datengeheimnis zu verpflichten. [3]Das Datengeheimnis besteht nach Beendigung ihrer Tätigkeit fort. [4]Auf die Verarbeitung personenbezogener Daten zu journalistischen Zwecken durch Personen nach Satz 1 finden von der Verordnung (EU) 2016/679 (Datenschutz-Grundverordnung) nur die Artikel 1 bis 4 und 5 Abs. 1 Buchst. f in Verbindung mit Abs. 2 sowie die Artikel 24, 32 und 92 bis 99 Anwendung. [5]Artikel 82 der Datenschutz-Grundverordnung gilt mit der Maßgabe, dass Anspruch auf Schadensersatz nur besteht, wenn ein Schaden durch einen Verstoß gegen Artikel 5 Abs. 1 Buchst. f in Verbindung mit Abs. 2, Artikel 24 oder 32 der Datenschutz-Grundverordnung entstanden ist. [6]Artikel 82 der Datenschutz-Grundverordnung gilt entsprechend, wenn gegen das Datengeheimnis nach Satz 1 oder 3 verstoßen wurde und dadurch ein materieller oder immaterieller Schaden entstanden ist.

§ 20 Strafrechtliche Verantwortung

Ist durch ein Druckwerk eine rechtswidrige Tat begangen worden, die den Tatbestand eines Strafgesetzes verwirklicht und hat

1. bei periodischen Druckwerken der verantwortliche Redakteur oder
2. bei sonstigen Druckwerken der Verleger

vorsätzlich oder fahrlässig seine Verpflichtung verletzt, Druckwerke von strafbarem Inhalt freizuhalten, so wird er mit Freiheitsstrafe bis zu einem Jahr oder mit Geldstrafe bestraft, soweit er nicht wegen der Tat schon nach den allgemeinen Strafgesetzen als Täter oder Teilnehmer strafbar ist.

§ 21 Strafbare Verletzung der Presseordnung

Mit Freiheitsstrafe bis zu einem Jahr oder mit Geldstrafe wird bestraft, wer

1. als Verleger eine Person zum verantwortlichen Redakteur bestellt, die nicht den Anforderungen des § 9 entspricht,
2. als verantwortlicher Redakteur zeichnet, obwohl er die Voraussetzungen des § 9 nicht erfüllt,
3. als verantwortlicher Redakteur oder Verleger – beim Selbstverlag als Verfasser oder Herausgeber – bei einem Druckwerk strafbaren Inhalts den Vorschriften über das Impressum (§ 8) zuwiderhandelt.

§ 22 Ordnungswidrigkeiten

(1) Ordnungswidrig handelt, wer vorsätzlich oder fahrlässig

1. als verantwortlicher Redakteur oder Verleger – beim Selbstverlag als Verfasser oder Herausgeber – den Vorschriften über das Impressum (§ 8) zuwiderhandelt oder als Unternehmer Druckwerke verbreitet, in denen das Impressum ganz oder teilweise fehlt,
2. als Verleger oder als Verantwortlicher (§ 8 Abs. 2 Satz 4) eine Veröffentlichung gegen Entgelt nicht als Anzeige kenntlich macht oder kenntlich machen läßt (§ 10),
3. gegen die Verpflichtung aus § 11 Abs. 3 Satz 3 verstößt.

(2) Ordnungswidrig handelt ferner, wer fahrlässig einen der in § 21 genannten Tatbestände verwirklicht.

(3) Die Ordnungswidrigkeit kann mit einer Geldbuße bis zu 5 000 Euro geahndet werden.

§ 23 (aufgehoben)

§ 24 Verjährung

(1) [1]Die Verfolgung von Straftaten, die

1. durch die Veröffentlichung oder Verbreitung von Druckwerken strafbaren Inhalts begangen werden oder
2. in diesem Gesetz sonst mit Strafe bedroht sind,

verjährt bei Verbrechen in einem Jahr, bei Vergehen in sechs Monaten. [2]Satz 1 ist bei Vergehen nach den §§ 86, 86a, 130 Abs. 2, auch in Verbindung mit Abs. 5, den §§ 131, 184a, 184b Abs. 1 und 3 sowie § 184c Abs. 1 und 3 des Strafgesetzbuchs nicht anzuwenden; insoweit verbleibt es bei § 78 Abs. 3 des Strafgesetzbuchs.

(2) Die Verfolgung der in § 22 genannten Ordnungswidrigkeiten verjährt in drei Monaten.

(3) [1]Die Verjährung beginnt mit der Veröffentlichung oder Verbreitung des Druckwerks. [2]Wird das Druckwerk in Teilen veröffentlicht oder verbreitet oder wird es neu aufgelegt, so beginnt die Verjährung erneut mit der Veröffentlichung oder Verbreitung der weiteren Teile oder Auflagen. [3]Bei den in Absatz 1 Satz 2 genannten Vergehen richtet sich der Beginn der Verjährung nach § 78a des Strafgesetzbuches.

§ 25 (aufgehoben)

§ 26 Schlußbestimmungen

(1) Dieses Gesetz tritt am 1. Mai 1965 in Kraft.

(2) (nicht wiedergegebene Aufhebungsvorschrift)

(3) Die Befugnisse, die die zuständigen Behörden im Verfahren auf Grund des Gesetzes zur Überwachung strafrechtlicher und anderer Verbringungsverbote vom 24. Mai 1961 (Bundesgesetzbl. I S. 607) haben, bleiben unberührt; § 18 Abs. 2 bis 5 ist in diesem Verfahren nicht anzuwenden.

Niedersächsisches Mediengesetz (NMedienG)

Vom 23. Februar 2022 (Nds. GVBl. S. 136)
(VORIS 22620)

Inhaltsübersicht

§ 55 Inkrafttreten

Erster Teil
Allgemeine Vorschriften

§ 1 Regelungsgegenstand
[1]Dieses Gesetz regelt neben dem Medienstaatsvertrag (MStV) vom 14./28. April 2020 (Nds. GVBl. S. 289) in der jeweils geltenden Fassung und dem Jugendmedienschutz-Staatsvertrag (JMStV) vom 10./27. September 2002 (Nds. GVBl. S. 705), zuletzt geändert durch Artikel 3 des Staatsvertrages vom 14./28. April 2020 (Nds. GVBl. S. 289), in der jeweils geltenden Fassung
1. das Veranstalten von Rundfunk durch private Veranstalter,
2. die Belegung von Medienplattformen mit Rundfunk und rundfunkähnlichen Telemedien sowie
3. die Zuordnung und Zuweisung von terrestrischen Übertragungskapazitäten.

[2]Dieses Gesetz findet keine Anwendung auf das Veranstalten von Rundfunk in einer Einrichtung, die sich auf ein Gebäude oder einen zusammengehörenden Gebäudekomplex beschränkt. [3]Der Zweite Teil dieses Gesetzes gilt für Teleshoppingkanäle nur, soweit dies ausdrücklich bestimmt ist.

§ 2 Begriffsbestimmungen
(1) Die Begriffsbestimmungen in § 2 MStV gelten auch für dieses Gesetz.
(2) Ein Programmschema ist eine nach Wochentagen gegliederte Übersicht über die Verteilung der täglichen Sendezeit auf die Bereiche Unterhaltung, Information, Bildung und Beratung mit einer Darstellung der vorgesehenen wesentlichen Programminhalte, einschließlich der Anteile von Sendungen mit lokalem und regionalem Bezug.
(3) Ein Beitrag ist ein inhaltlich zusammenhängender und in sich abgeschlossener Teil einer Sendung.
(4) Eine Übertragungskapazität ist eine Kapazität auf einer terrestrischen Hörfunk- oder Fernsehfrequenz oder auf einem Satellitenkanal für die analoge oder digitale Übertragung von Rundfunk oder rundfunkähnlichen Telemedien.
(5) Eine regionale oder lokale Medienplattform (§ 81 Abs. 6 MStV) ist eine Medienplattform, die für die Versorgung des Gebietes des Landes Niedersachsen oder Teile davon bestimmt ist.
(6) Ein landesweites Programm ist ein Rundfunkprogramm, das sich inhaltlich vorrangig auf Niedersachsen bezieht und für eine Versorgung des gesamten Landes bestimmt ist.
(7) Ein lokales oder regionales Programm ist ein Rundfunkprogramm, das sich inhaltlich vorrangig auf ein lokal oder regional begrenztes Gebiet bezieht und für eine Versorgung dieses Gebietes bestimmt ist.
(8) Ein Fensterprogramm ist ein zeitlich begrenzter Teil eines Rundfunkprogramms, der im Rahmen eines landesweiten Programms für ein lokales oder regionales Verbreitungsgebiet oder im Rahmen eines bundesweiten Programms für das Gebiet des Landes Niedersachsen bestimmt ist.

§ 3 Zuordnung von terrestrischen Übertragungskapazitäten
(1) Freie terrestrische Übertragungskapazitäten, die dem Land zustehen und nicht zur Durchführung von Modellversuchen nach § 31 verwendet werden sollen, werden durch die Staatskanzlei dem Norddeutschen Rundfunk (NDR), dem Zweiten Deutschen Fernsehen (ZDF), dem Deutschlandradio oder der Landesmedienanstalt nach Maßgabe der Absätze 2 bis 7 zugeordnet.
(2) Durch die Zuordnung von Übertragungskapazitäten, ausgenommen UKW-Hörfunkfrequenzen, ist
1. die verfassungsrechtlich gebotene Versorgung des Landes mit den für das Land bestimmten Programmen des öffentlich-rechtlichen Rundfunks einschließlich programmbegleitender Dienste zu gewährleisten,
2. ein vielfältiges, dem Programmangebot des öffentlich-rechtlichen Rundfunks gleichgewichtiges Programmangebot privater Veranstalter einschließlich programmbegleitender Dienste zu sichern,
3. die Versorgung des Landes mit Bürgerrundfunk zu ermöglichen,
4. die Schließung von Versorgungslücken bestehender Programme zu bewirken,
5. die Teilhabe des Rundfunks an der weiteren Entwicklung von Programmen und Technik zu gewährleisten,
6. die Versorgung des Landes mit rundfunkähnlichen Telemedien zu ermöglichen, soweit die Übertragungskapazitäten nicht zur Verbreitung von Rundfunk benötigt werden.

(3) [1]Für die Nutzung von UKW-Hörfunkfrequenzen ist durch die Zuordnung zu gewährleisten, dass

1. die Versorgung des Landes mit
   a) den für das Land bestimmten Programmen des NDR flächendeckend,
   b) zwei landesweiten Vollprogrammen und einem landesweiten Spartenprogramm privater Veranstalter flächendeckend,
   c) Bürgerrundfunk und
   d) einem Programm des Deutschlandradios flächendeckend

   gesichert ist,
2. nachrangig die Versorgung lokal oder regional begrenzter Gebiete mit Vollprogrammen und Spartenprogrammen mit dem Schwerpunkt Information privater Veranstalter ermöglicht wird,
3. weiter nachrangig
   a) der NDR an der weiteren Entwicklung von Programmen und der NDR und das Deutschlandradio an der weiteren Entwicklung der Sendetechnik teilhaben können sowie
   b) die Versorgung mit weiteren Programmen privater Veranstalter ermöglicht wird.

[2]Im Fall der Gleichrangigkeit der Angebote kann insbesondere der jeweils bereits erreichte Versorgungsgrad berücksichtigt werden.

(4) [1]Reichen die Übertragungskapazitäten für den von den Beteiligten nach Absatz 1 geltend gemachten Bedarf aus, so sind sie entsprechend zuzuordnen. [2]Reichen sie nicht aus, so wirkt die Staatskanzlei auf eine Verständigung auf der Grundlage des Absatzes 2 oder 3 zwischen den Beteiligten nach Absatz 1 hin. [3]Dabei ist im Rahmen der Anwendung des Absatzes 2 vorrangig die verfassungsrechtlich gebotene Versorgung des Landes durch die Rundfunkprogramme der öffentlich-rechtlichen Rundfunkanstalten einschließlich programmbegleitender Dienste zu gewährleisten; im Übrigen sind öffentlich-rechtlicher und privater Rundfunk gleichgestellt. [4]Wird eine Verständigung erzielt, so ordnet die Staatskanzlei die Übertragungskapazität entsprechend der Verständigung zu.

(5) [1]Kommt eine Verständigung nach Absatz 4 nicht zustande, so wird ein Schiedsverfahren durchgeführt. [2]Der Schiedsstelle gehören je zwei Vertreterinnen oder Vertreter der betroffenen öffentlich-rechtlichen Rundfunkveranstalter sowie die gleiche Anzahl von Vertreterinnen oder Vertretern der Landesmedienanstalt an. [3]Die Schiedsstelle wählt mit einer Mehrheit von drei Vierteln ihrer Mitglieder ein zusätzliches Mitglied als Vorsitzende oder Vorsitzenden. [4]Ist nach drei Wahlgängen kein zusätzliches Mitglied nach Satz 3 gewählt, so wird dieses von der Präsidentin oder dem Präsidenten des Oberverwaltungsgerichts bestimmt.

(6) [1]Die Staatskanzlei beruft die Sitzungen der Schiedsstelle in Abstimmung mit der oder dem Vorsitzenden ein. [2]Die Sitzungen sind öffentlich. [3]Die Schiedsstelle ist beschlussfähig, wenn mindestens drei Viertel der Mitglieder anwesend sind. [4]Die Zahl der anwesenden Mitglieder ist für die Beschlussfähigkeit ohne Bedeutung, wenn die Schiedsstelle wegen Beschlussunfähigkeit zum zweiten Mal zur Behandlung desselben Gegenstandes einberufen ist; bei der zweiten Einberufung ist hierauf ausdrücklich hinzuweisen.

(7) [1]Die Schiedsstelle trifft ihre Entscheidung auf der Grundlage des Absatzes 2 oder 3; Absatz 4 Satz 3 gilt entsprechend. [2]Sie entscheidet mit der Mehrheit der abgegebenen Stimmen. [3]Bei Stimmengleichheit gibt die Stimme der oder des Vorsitzenden den Ausschlag. [4]Die Staatskanzlei ordnet die Übertragungskapazität entsprechend der Entscheidung der Schiedsstelle zu.

(8) [1]Die Staatskanzlei kann zur Verbesserung der Nutzung vorhandener Frequenzen und zur Gewinnung zusätzlicher Übertragungskapazitäten Vereinbarungen mit anderen Ländern über die Verlagerung von Frequenzen und die Einräumung von Standortnutzungen treffen. [2]Die Beteiligten nach Absatz 1 sind vor Abschluss der Vereinbarung anzuhören.

(9) [1]Die Landesmedienanstalt führt ein Verzeichnis der zugeordneten und der noch zuzuordnenden Übertragungskapazitäten. [2]Der NDR, das ZDF, das Deutschlandradio und die Netzbetreiber teilen der Landesmedienanstalt die erforderlichen Daten mit; die Bundesnetzagentur ist zu beteiligen. [3]Auf Verlangen ist jedermann Einsicht in das Verzeichnis zu gewähren.

Zweiter Teil
Veranstaltung von Rundfunk

Erster Abschnitt
Zulassung von Rundfunkveranstaltern und Zuweisungen von Übertragungskapazitäten

§ 4 Zulassung

(1) Für das Veranstalten von Rundfunk durch einen privaten Veranstalter ist eine Zulassung erforderlich (§ 52 Abs. 1 MStV), die von der Landesmedienanstalt erteilt wird.

(2) [1]Keiner Zulassung bedürfen Rundfunkprogramme,

1. die nur eine geringe Bedeutung für die individuelle und öffentliche Meinungsbildung entfalten oder
2. die im Durchschnitt von sechs Monaten weniger als 20 000 gleichzeitige Nutzerinnen und Nutzer erreichen oder in ihrer prognostizierten Entwicklung erreichen werden.

[2]Die Landesmedienanstalt bestätigt die Zulassungsfreiheit auf Antrag durch Unbedenklichkeitsbescheinigung. [3]Die gemeinsame Satzung der Landesmedienanstalten nach § 54 Abs. 2 MStV findet entsprechende Anwendung. [4]§ 5 Abs. 2 Satz 1 Nrn. 2 bis 5, Sätze 2 bis 4 sowie Abs. 3 gilt entsprechend.

(3) Einer Zulassung bedarf nicht, wer als Rundfunkveranstalter nach Artikel 2 der Richtlinie 2010/13/EU des Europäischen Parlaments und des Rates vom 10. März 2010 zur Koordinierung bestimmter Rechts- und Verwaltungsvorschriften der Mitgliedstaaten über die Bereitstellung audiovisueller Mediendienste – Richtlinie über audiovisuelle Mediendienste – (ABl. EU Nr. L 95 S. 1, Nr. L 263 S. 15), geändert durch die Richtlinie (EU) 2018/1808 des Europäischen Parlaments und des Rates vom 14. November 2018 (ABl. EU Nr. L 303 S. 69), der Rechtshoheit eines anderen Mitgliedstaates der Europäischen Union oder eines Vertragsstaates des Abkommens über den europäischen Wirtschaftsraum unterliegt und über eine entsprechende Zulassung aus einem dieser Staaten verfügt.

(4) [1]Die Zulassung wird für Hörfunk oder Fernsehen als Programmart, ein Vollprogramm oder ein Spartenprogramm als Programmkategorie, das Programmschema und den Sendeumfang sowie für das Gebiet, auf das das Programm ausgerichtet sein soll (Zulassungsgebiet), erteilt. [2]Sie erfolgt unabhängig von

1. telekommunikationsrechtlichen Erfordernissen,
2. Zuweisungen von Übertragungskapazitäten und
3. Vereinbarungen zur Nutzung von Medienplattformen.

(5) [1]Die Zulassung ist nicht übertragbar. [2]Dies gilt nicht für Veränderungen nach dem Umwandlungsgesetz.

(6) Die Absätze 1 bis 3, Absatz 4, soweit dieser nicht das Programmschema betrifft, und Absatz 5 gelten auch für Teleshoppingkanäle.

§ 5 Persönliche Zulassungsvoraussetzungen

(1) Die Zulassung als privater Veranstalter darf nur erteilt werden

1. einer natürlichen Person,
2. einer juristischen Person des Privatrechts,
3. einer nicht rechtsfähigen Vereinigung des Privatrechts, die auf Dauer angelegt ist,
4. einer Gesellschaft bürgerlichen Rechts,
5. einer öffentlich-rechtlichen Religionsgemeinschaft oder einer öffentlich-rechtlichen Weltanschauungsgemeinschaft oder
6. einer Hochschule in Niedersachsen in staatlicher Verantwortung zur Veranstaltung von Rundfunk, der der Erfüllung von Aufgaben der Hochschule nach § 3 Abs. 1 Satz 1 Nrn. 1 bis 8 und 10, Satz 4 sowie Abs. 2 des Niedersächsischen Hochschulgesetzes (NHG) dient.

(2) [1]Die Zulassung setzt voraus, dass der Veranstalter

1. unbeschränkt geschäftsfähig ist,
2. die Fähigkeit, öffentliche Ämter zu bekleiden oder Rechte aus öffentlichen Wahlen zu erlangen, und das Recht, in öffentlichen Angelegenheiten zu wählen oder zu stimmen, nicht durch Richterspruch verloren hat,
3. das Grundrecht der freien Meinungsäußerung nicht nach Artikel 18 des Grundgesetzes verwirkt hat,

4. seinen Wohnsitz oder Sitz in einem Mitgliedstaat der Europäischen Union oder einem anderen Vertragsstaat des Abkommens über den Europäischen Wirtschaftsraum hat und gerichtlich unbeschränkt verfolgt werden kann,
5. die Gewähr dafür bietet, dass er die gesetzlichen Vorschriften einhalten wird,
6. erwarten lässt, wirtschaftlich und organisatorisch in der Lage zu sein, ein Programm zu veranstalten, das den Angaben in den Antragsunterlagen entspricht und professionellen Ansprüchen genügt.

[2]Bei dem Antrag einer juristischen Person, einer Gesellschaft bürgerlichen Rechts oder einer nicht rechtsfähigen Vereinigung müssen die Voraussetzungen nach Satz 1 Nrn. 1 bis 3 und 5 von den gesetzlichen und den satzungsmäßigen Vertreterinnen oder Vertretern erfüllt sein. [3]Eine Aktiengesellschaft kann nur dann als Rundfunkveranstalter zugelassen werden, wenn die ein Stimmrecht vermittelnden Aktien nach ihrer Satzung nur als Namensaktien ausgegeben werden dürfen. [4]Eine Vereinigung kann nur als Rundfunkveranstalter zugelassen werden, wenn sie als solche nicht verboten worden ist.

(3) [1]Die Zulassung darf nicht erteilt werden

1. einer juristischen Person oder einer Vereinigung, an der eine juristische Person des öffentlichen Rechts, ausgenommen öffentlich-rechtliche Religionsgemeinschaften, öffentlich-rechtliche Weltanschauungsgemeinschaften und Hochschulen im Sinne des Absatzes 1 Nr. 6, unmittelbar oder derart beteiligt ist, dass sie allein oder gemeinsam mit anderen juristischen Personen des öffentlichen Rechts Einfluss im Sinne des § 62 Abs. 1 bis 3 MStV auf Programmgestaltung oder Programminhalte ausüben kann,
2. einer Person, die eine juristische Person des öffentlichen Rechts, ausgenommen öffentlich-rechtliche Religionsgemeinschaften, öffentlich-rechtliche Weltanschauungsgemeinschaften und Hochschulen im Sinne des Absatzes 1 Nr. 6, gesetzlich vertritt oder eine leitende Stellung in einem Arbeits- oder Dienstverhältnis bei einer solchen juristischen Person innehat,
3. einem Mitglied des Bundestages, der Bundesregierung, des Europäischen Parlaments oder der Volksvertretung oder Regierung eines Landes,
4. einer juristischen Person oder einer Vereinigung, an der öffentlich-rechtliche Rundfunkanstalten mit mehr als einem Drittel der Kapital- oder Stimmrechtsanteile beteiligt sind,
5. einem Mitglied eines Aufsichtsorgans einer öffentlich-rechtlichen Rundfunkanstalt,
6. einer politischen Partei oder einer Wählergruppe oder einer von ihr abhängigen Person,
7. einer juristischen Person oder einer Vereinigung, an der eine politische Partei oder Wählergruppe derart beteiligt ist, dass sie allein oder gemeinsam mit einer anderen politischen Partei oder einer anderen Wählergruppe Einfluss im Sinne des § 62 Abs. 1 bis 3 MStV auf Programmgestaltung oder Programminhalte ausüben kann,
8. einer juristischen Person oder einer Vereinigung, wenn einer Person, die diese gesetzlich oder satzungsmäßig vertritt, nach den Nummern 2, 3 und 5 eine Zulassung nicht erteilt werden darf, und
9. einer juristischen Person oder einer Vereinigung, an der eine Person, der nach den Nummern 2, 3 und 5 eine Zulassung nicht erteilt werden darf, mit 25 Prozent oder mehr der Kapital- und Stimmrechtsanteile beteiligt ist oder die einen vergleichbaren Einfluss im Sinne des § 62 Abs. 2 MStV ausüben kann.

[2]Satz 1 gilt für ausländische öffentliche und für ausländische staatliche Stellen entsprechend, soweit sich Satz 1 auf öffentliche und staatliche Stellen bezieht.

(4) Die Absätze 1 bis 3 gelten auch für Teleshoppingkanäle.

§ 6 Zulassungsvoraussetzungen zur Sicherung der Meinungsvielfalt

(1) [1]Die Zulassung ist dem Veranstalter eines Vollprogramms oder eines Spartenprogramms mit dem Schwerpunkt Information zu versagen,

1. der bereits für ein Zulassungsgebiet in Niedersachsen mit einem landesweiten Vollprogramm oder einem landesweiten Spartenprogramm mit dem Schwerpunkt Information zugelassen ist und für ein weiteres Programm einer dieser Arten eine Zulassung begehrt,
2. der bereits für ein Zulassungsgebiet in Niedersachsen mit einem lokalen oder regionalen Vollprogramm oder einem lokalen oder regionalen Spartenprogramm mit dem Schwerpunkt Information zugelassen ist und für ein weiteres Programm einer dieser Arten eine Zulassung begehrt,

3. der bereits für ein Zulassungsgebiet in Niedersachsen mit einem landesweiten Vollprogramm oder einem landesweiten Spartenprogramm mit dem Schwerpunkt Information und mit einem lokalen oder regionalen Vollprogramm oder einem lokalen oder regionalen Spartenprogramm mit dem Schwerpunkt Information zugelassen ist und für ein weiteres Programm einer dieser Arten eine Zulassung begehrt,
4. an dem ein Beteiligter 50 Prozent oder mehr der Kapital- oder Stimmrechtsanteile innehat oder einen vergleichbaren Einfluss im Sinne des § 62 Abs. 2 und 3 MStV ausüben kann oder
5. an dem ein Beteiligter, der im Zulassungsgebiet oder in einem Teil des Zulassungsgebietes dieses Programms Tageszeitungen verlegt und dabei eine marktbeherrschende Stellung entsprechend § 18 des Gesetzes gegen Wettbewerbsbeschränkungen (GWB) hat, 25 Prozent oder mehr der Kapital- oder Stimmrechtsanteile innehat oder einen vergleichbaren Einfluss im Sinne des § 62 Abs. 2 und 3 MStV ausüben kann.

[2]Die Landeskartellbehörde hat der Landesmedienanstalt auf Verlangen die für die Prüfung der Versagungsgründe nach Satz 1 erforderlichen Auskünfte zu erteilen; ihr wird vor Abschluss des Verfahrens durch die Landesmedienanstalt Gelegenheit zur Stellungnahme gegeben.

(2) [1]Abweichend von Absatz 1 Satz 1 Nr. 5 steht eine Beteiligung bis unter 50 Prozent der Kapital- und Stimmrechtsanteile einer Zulassung nicht entgegen, wenn beim Veranstalter Vorkehrungen gegen das Entstehen eines im hohen Maß ungleichgewichtigen Einflusses auf die Bildung der öffentlichen Meinung im Zulassungsgebiet (vorherrschende Meinungsmacht) getroffen sind. [2]Geeignete Vorkehrungen gegen das Entstehen vorherrschender Meinungsmacht sind nach näherer Maßgabe des Absatzes 3

1. die Einrichtung eines Programmbeirats mit wirksamem Einfluss auf das Programm,
2. die Einräumung von Sendezeit für unabhängige Dritte,
3. Beschränkungen des Stimmrechts in Programmfragen und wichtigen Personalfragen,
4. die Verabredung eines Redaktionsstatuts zur Absicherung der redaktionellen Unabhängigkeit.

[3]Es muss mindestens eine Vorkehrung nach Satz 2 getroffen sein.

(3) [1]Die Mitglieder des Programmbeirats nach Absatz 2 Satz 2 Nr. 1 werden vom Veranstalter im Einvernehmen mit der Landesmedienanstalt berufen. [2]Sie sollen über Sachkunde im Medienbereich verfügen und im Zulassungsgebiet des Programms ihre Wohnung oder ihren ständigen Aufenthalt haben; im Übrigen gilt für den Programmbeirat § 66 MStV entsprechend. [3]Die eingeräumte Sendezeit für unabhängige Dritte (Absatz 2 Satz 2 Nr. 2) muss wöchentlich mindestens 3 Prozent der Sendezeit betragen, davon müssen mindestens 30 Prozent in der Hauptsendezeit liegen. [4]Die Hauptsendezeit liegt im Hörfunk regelmäßig in der Zeit zwischen 6.00 und 18.00 Uhr, im Fernsehen regelmäßig in der Zeit zwischen 19.00 und 23.00 Uhr, mit Ausnahme des lokalen oder regionalen Fernsehens, bei dem die Hauptsendezeit regelmäßig in der Zeit zwischen 15.00 und 20.00 Uhr liegt. [5]Beim Hörfunk muss die eingeräumte Sendezeit für unabhängige Dritte in einem angemessenen Umfang Wortbeiträge enthalten. [6]Im Übrigen gilt für die Einräumung von Sendezeit für unabhängige Dritte § 65 MStV entsprechend. [7]Das Redaktionsstatut nach Absatz 2 Satz 2 Nr. 4 ist auf den Internetseiten des Veranstalters zu veröffentlichen. [8]Die Landesmedienanstalt gestaltet die Anforderungen an die Vorkehrungen nach Absatz 2 Satz 2 durch Satzung näher aus.

(4) Die Landesmedienanstalt kann einen Veranstalter durch eine Nebenbestimmung zur Zulassung dazu verpflichten,

1. in Fällen, in denen ein Beteiligter, der im Zulassungsgebiet im Medienbereich eine marktbeherrschende Stellung entsprechend § 18 GWB hat und mindestens 25 Prozent der Kapital- oder Stimmrechtsanteile des Veranstalters innehat oder auf ihn einen vergleichbaren Einfluss im Sinne des § 62 Abs. 2 und 3 MStV ausüben kann, eine Vorkehrung oder
2. in den Fällen des Absatzes 2 Satz 1 abweichend von Absatz 2 Satz 3 zwei Vorkehrungen

gegen das Entstehen vorherrschender Meinungsmacht (Absatz 2 Satz 2) zu treffen.

(5) [1]Wer zu einem Veranstalter oder einem an diesem Beteiligten im Verhältnis eines abhängigen oder herrschenden Unternehmens oder eines Konzernunternehmens im Sinne des Aktienrechts steht, steht bezüglich der Anwendung der Beschränkungen des Absatzes 1 dem Veranstalter oder dem Beteiligten nach Absatz 1 Satz 1 gleich; die so verbundenen Unternehmen sind als ein einheitliches Unternehmen anzusehen und deren Anteile am Kapital oder den Stimmrechten sind zusammenzurechnen. [2]Wirken mehrere Unternehmen aufgrund einer Vereinbarung oder in sonstiger Weise derart zusammen, dass

sie gemeinsam einen beherrschenden Einfluss auf einen Veranstalter oder Beteiligten nach Absatz 1 Satz 1 ausüben können, so gilt jedes von ihnen als herrschendes Unternehmen. [3]Wer auf die Programmgestaltung des Veranstalters einen vergleichbaren Einfluss im Sinne des § 62 Abs. 2 und 3 MStV hat oder unter einem derartigen Einfluss des Veranstalters oder eines an diesem Beteiligten steht, steht bezüglich der Anwendung der Beschränkungen des Absatzes 1 dem Veranstalter oder Beteiligten nach Absatz 1 ebenfalls gleich.

§ 7 Mitwirkungspflichten

(1) [1]Der Antragsteller hat der Landesmedienanstalt alle Angaben zu machen, alle Auskünfte zu erteilen und alle Unterlagen vorzulegen, die zur Prüfung des Zulassungsantrags erforderlich sind; insbesondere hat er zu erklären, dass ein Zulassungshindernis nach § 5 Abs. 3 nicht besteht. [2]Er hat das Gebiet, auf das sein Programm ausgerichtet sein soll, zu benennen.

(2) [1]Die Auskunftspflicht und die Verpflichtung zur Vorlage von Unterlagen erstrecken sich insbesondere auf

1. die Beantragung von Führungszeugnissen nach § 30 Abs. 5 des Bundeszentralregistergesetzes zur Vorlage bei der Landesmedienanstalt für die Personen, die den Antragsteller gesetzlich oder satzungsgemäß vertreten, oder, falls der Antragsteller eine natürliche Person ist, für diesen,
2. ein Programmschema mit Erläuterungen über Art und Umfang der vorgesehenen redaktionell selbst gestalteten Beiträge, der Beiträge zum Geschehen im Land Niedersachsen und der Anteile von Sendungen mit lokalem oder regionalem Bezug und
3. einen Plan über die dauerhafte Finanzierung des vorgesehenen Programms.

[2]Im Übrigen findet § 55 Abs. 2 MStV entsprechende Anwendung. [3]Auf Verlangen der Landesmedienanstalt ist die Richtigkeit der Angaben, Auskünfte und Unterlagen nach Satz 2 und der Erklärung nach Absatz 1 Satz 1 Halbsatz 2 eidesstattlich zu versichern.

(3) [1]Der Antragsteller hat darzulegen, dass ein Zusammenschluss im Sinne der wettbewerbsrechtlichen Zusammenschlusskontrolle seinem Vorhaben nicht entgegensteht. [2]Er hat auf Verlangen der Landesmedienanstalt das Vorhaben eines Zusammenschlusses beim Bundeskartellamt anzumelden und die Landesmedienanstalt über das Ergebnis des Verfahrens zu unterrichten.

(4) [1]Der Antragsteller hat eine schriftliche Erklärung darüber abzugeben, dass die nach den Absätzen 1 bis 3 vorgelegten Unterlagen und Angaben vollständig sind. [2]Die am Antragsteller unmittelbar oder mittelbar Beteiligten, die 5 Prozent oder mehr der Kapital- oder Stimmrechtsanteile innehaben oder einen vergleichbaren Einfluss im Sinne des § 62 Abs. 2 und 3 MStV ausüben können, haben auf Verlangen der Landesmedienanstalt zu erklären, dass die Angaben, Auskünfte und Unterlagen nach Absatz 2 Satz 2 vollständig sind und dass ein Zulassungshindernis nach § 5 Abs. 3 nicht besteht. [3]Die Beteiligten nach Satz 2 haben auf Verlangen der Landesmedienanstalt die Richtigkeit der Erklärungen nach Satz 2 eidesstattlich zu versichern.

(5) [1]Änderungen, die vor oder nach der Entscheidung über den Antrag eintreten und für die Zulassung von Bedeutung sind, sowie jede geplante Änderung der unmittelbaren und mittelbaren Beteiligungsverhältnisse und der sonstigen Einflüsse im Sinne des § 5 Abs. 3 Satz 1 Nrn. 1, 4, 7 und 9 und des § 6 sind der Landesmedienanstalt vor ihrem Vollzug mitzuteilen. [2]Absatz 1 Satz 1 Halbsatz 2, Absatz 2 Satz 1 Nr. 1 und Sätze 2 und 3 sowie Absatz 4 gelten entsprechend. [3]Die Landesmedienanstalt bestätigt die Unbedenklichkeit der Änderungen, wenn dem Veranstalter auch unter den veränderten Voraussetzungen eine Zulassung erteilt worden wäre.

(6) [1]Eine dauerhafte Änderung des Programmschemas oder des Sendeumfangs ist nur zulässig, wenn die Änderung der Landesmedienanstalt vorher angezeigt worden ist und die Landesmedienanstalt nicht innerhalb eines Monats nach Zugang der Anzeige der Änderung widersprochen hat. [2]Die Landesmedienanstalt widerspricht der Änderung, wenn durch diese die Meinungsvielfalt nicht mindestens in gleicher Weise gewährleistet ist.

(7) [1]Die Absätze 1 und 2 Satz 1 Nrn. 1 und 3 gelten auch für Teleshoppingkanäle. [2]Änderungen bei Teleshoppingkanälen, die vor oder nach der Entscheidung über den Antrag eintreten und für die Zulassung von Bedeutung sind, sind der Landesmedienanstalt vor ihrem Vollzug mitzuteilen; Absatz 5 Satz 3 gilt entsprechend. [3]Absatz 6 gilt für Teleshoppingkanäle entsprechend, soweit er eine dauerhafte Änderung des Sendeumfangs betrifft.

§ 8 Ausschreibung und Zuweisung von terrestrischen Übertragungskapazitäten

(1) Mit der Zuweisung einer Übertragungskapazität werden das Verbreitungsgebiet und die Sendezeit festgelegt.

(2) [1]Die Landesmedienanstalt schreibt die ihr zugeordneten terrestrischen Übertragungskapazitäten zur Zuweisung an private Veranstalter, Anbieter von rundfunkähnlichen Telemedien oder Medienplattformanbieter aus. [2]Sie bestimmt eine Ausschlussfrist, in der die Anträge auf Zuweisung bei ihr schriftlich vorliegen müssen. [3]Genutzte Übertragungskapazitäten sind spätestens zwei Jahre vor Ablauf der Zuweisung auszuschreiben, wenn die Zuweisung nicht nach Absatz 5 Satz 2 verlängert werden soll. [4]Einer Ausschreibung durch die Landesmedienanstalt bedarf es nicht, soweit die Zuweisung von Übertragungskapazitäten zur Versorgung bisher unversorgter Gebiete innerhalb des jeweiligen Verbreitungsgebietes mit Rundfunkprogrammen von Veranstaltern erforderlich ist, denen bereits Übertragungskapazitäten zugewiesen worden sind, und bei Zuweisungen nach § 10. [5]Werden Übertragungskapazitäten zur Zuweisung an Anbieter von Medienplattformen nach § 2 Abs. 5 ausgeschrieben, so kann die Landesmedienanstalt in der Ausschreibung Mindestanforderungen an den Sendebetrieb und die Belegung der Medienplattformen mit Rundfunkprogrammen stellen, die eine auf Niedersachsen bezogene lokale, regionale und landesweite Berichterstattung im Gesamtangebot sicherstellen.

(3) [1]Der Antragsteller hat der Landesmedienanstalt alle Angaben zu machen, die zur Prüfung des Zuweisungsantrags erforderlich sind, und ihr entsprechende Unterlagen vorzulegen. [2]Die Landesmedienanstalt kann in der Ausschreibung oder nach Antragstellung weitere Angaben und Unterlagen anfordern, die zur Beurteilung der Angebots- und Anbietervielfalt erforderlich sind.

(4) [1]Die Zuweisung von Übertragungskapazitäten zur Verbreitung von Rundfunkprogrammen setzt eine Zulassung des Antragstellers als Rundfunkveranstalter für das Verbreitungsgebiet voraus. [2]Sie darf nur an solche Veranstalter erfolgen, die erwarten lassen, dass sie wirtschaftlich und organisatorisch in der Lage sind, den Sendebetrieb zu gewährleisten und ein Programm zu veranstalten, das den Angaben in den Antragsunterlagen entspricht und professionellen Ansprüchen genügt. [3]Anbieter von rundfunkähnlichen Telemedien und Medienplattformen müssen erwarten lassen, dass sie wirtschaftlich und organisatorisch in der Lage sind, den Sendebetrieb zu gewährleisten.

(5) [1]Die Zuweisung von Übertragungskapazitäten kann entsprechend dem Antrag befristet werden, jedoch auf höchstens zehn Jahre. [2]Sie kann einmal um bis zu zehn Jahre verlängert werden; die Bestimmungen für das Antragsverfahren gelten entsprechend. [3]Die Versammlung kann mit einer Mehrheit von zwei Dritteln ihrer Mitglieder eine wiederholte Verlängerung der Zuweisung beschließen; in diesem Fall ist der Verzicht auf die Ausschreibung der Übertragungskapazität spätestens einen Monat vor der Entscheidung über die Verlängerung der Zuweisung öffentlich bekannt zu machen. [4]Im Fall der wiederholten Verlängerung einer Zuweisung an Bürgerrundfunkveranstalter genügt die einfache Mehrheit der Mitglieder der Versammlung. [5]Nach Ablauf der Verlängerung ist die Erteilung einer neuen Zuweisung möglich. [6]Die Zuweisung kann mit Nebenbestimmungen versehen werden, um sicherzustellen, dass der Antragsteller die bei der Auswahlentscheidung nach § 9 zu seinen Gunsten berücksichtigten Bewertungskriterien erfüllt.

(6) [1]Die Zuweisung ist nicht übertragbar; dies gilt nicht für Veränderungen nach dem Umwandlungsgesetz. [2]Änderungen, die vor oder nach der Entscheidung über den Antrag eintreten und die für die Zuweisung von Bedeutung sind, sind der Landesmedienanstalt vor ihrem Vollzug mitzuteilen. [3]Die Landesmedienanstalt bestätigt die Unbedenklichkeit der Änderungen, wenn dem Veranstalter oder Anbieter auch unter den veränderten Voraussetzungen eine Zuweisung erteilt worden wäre.

(7) Die Absätze 1 bis 6 gelten auch für Teleshoppingkanäle.

§ 9 Auswahlgrundsätze bei beschränkter Übertragungskapazität

(1) [1]Kann nicht allen Anträgen auf Zuweisung einer Übertragungskapazität entsprochen werden, so wirkt die Landesmedienanstalt auf eine Verständigung zwischen den Antragstellern hin, die die Zuweisungsvoraussetzungen nach § 8 Abs. 3 und 4 Satz 2 oder 3 erfüllen und die, sofern es sich um Rundfunkveranstalter handelt, nach den §§ 5 und 6 für das Verbreitungsgebiet zugelassen sind oder zugelassen werden dürften. [2]Wird eine Verständigung erzielt, so weist die Landesmedienanstalt die Übertragungskapazität entsprechend der Verständigung zu, wenn beim einzelnen Antragsteller weiterhin die Voraussetzungen nach § 8 erfüllt sind und nach den vorgelegten Unterlagen erwartet werden kann, dass in der Gesamtheit der Angebote die Vielfalt der Meinungen und Inhalte zum Ausdruck kommt. [3]Kommt eine Verständigung zwischen den Beteiligten nicht zustande oder entspricht die da-

nach vorgesehene Aufteilung nicht dem Gebot der Meinungs- und Angebotsvielfalt, so trifft die Landesmedienanstalt zwischen Rundfunkveranstaltern oder Anbietern rundfunkähnlicher Telemedien eine Auswahlentscheidung unter Berücksichtigung des Gebots der Meinungsvielfalt, der Vielfalt in den Angeboten (Angebotsvielfalt) und der Vielfalt der Anbieter (Anbietervielfalt). [4]Bei der Auswahl zwischen Anbietern von Medienplattformen nach § 2 Abs. 5 berücksichtigt die Landesmedienanstalt insbesondere, inwieweit das zu verbreitende Gesamtangebot und die vorgesehene Umsetzung der Vorgaben der §§ 82 und 83 MStV zur Meinungs-, Angebots- und Anbietervielfalt beitragen und in welchem Umfang lokale und regionale Programme verbreitet werden sollen.

(2) Bei der Beurteilung der Angebotsvielfalt berücksichtigt die Landesmedienanstalt insbesondere

1. die inhaltliche Vielfalt des Programmangebots, insbesondere den zu erwartenden Anteil an Information, Bildung, Beratung und Unterhaltung sowie die Behandlung von Minderheiteninteressen,
2. den Beitrag zur Vielfalt des Gesamtangebots, insbesondere den Beitrag zur Spartenvielfalt, zur regionalen und kulturellen Vielfalt sowie zur Sprachenvielfalt,
3. im Fall von landesweitem, regionalem oder lokalem Rundfunk den jeweils zu erwartenden Umfang der Darstellung der Ereignisse des politischen, wirtschaftlichen, sozialen und kulturellen Lebens im Verbreitungsgebiet und
4. im Fall von landesweitem Rundfunk den zu erwartenden Umfang der Berichterstattung in lokalen und regionalen Fensterprogrammen oder in den Darstellungen nach § 15 Abs. 3 Satz 4.

(3) Bei der Beurteilung der Anbietervielfalt berücksichtigt die Landesmedienanstalt insbesondere

1. die Zusammensetzung des Antragstellers und dessen zu erwartenden Beitrag zur publizistischen Vielfalt,
2. den Einfluss, der den redaktionell Beschäftigten auf die Gestaltung des Angebots eingeräumt ist,
3. die regionale Authentizität bei der auf Niedersachsen bezogenen Programmgestaltung und
4. den zu erwartenden Anteil an Eigen- und an Auftragsproduktionen des Antragstellers am Programm.

(4) Klagen gegen die Zuweisung von Übertragungskapazitäten haben keine aufschiebende Wirkung.

(5) Absatz 1, soweit dieser nicht das Gebot der Meinungsvielfalt betrifft, Absatz 2 Nr. 2, Absatz 3 Nr. 1 in Bezug auf die Zusammensetzung des Antragstellers, Absatz 3 Nr. 4 und Absatz 4 gelten auch für Teleshoppingkanäle.

§ 10 Zeitlich begrenzte Zuweisung von terrestrischen Übertragungskapazitäten für Veranstaltungsrundfunk

(1) [1]Rundfunkprogramme, die im Zusammenhang mit einer öffentlichen Veranstaltung in deren örtlichem Bereich veranstaltet und über Übertragungskapazitäten verbreitet werden sollen, sind bei der Landesmedienanstalt anzuzeigen. [2]Die Landesmedienanstalt weist die für die Verbreitung der Rundfunkprogramme erforderlichen Übertragungskapazitäten auf Antrag nach Maßgabe dieser Vorschrift zu.

(2) [1]Der Antragsteller hat insbesondere die Veranstaltung, den Rundfunkveranstalter, die redaktionell Verantwortliche oder den redaktionell Verantwortlichen sowie den Zeitraum der beantragten Zuweisung zu benennen. [2]§ 5 Abs. 2 und § 8 Abs. 3 gelten entsprechend.

(3) Die Zuweisung nach Absatz 1 erfolgt nicht, wenn die Übertragungskapazitäten benötigt werden für die Verbreitung eines zugelassenen Rundfunkprogramms nach § 4 oder für Bürgerrundfunk im Sinne des Vierten Abschnitts oder für Modellversuche im Sinne des Dritten Teils.

(4) [1]Gibt es mehrere Antragsteller für die Zuweisung von Übertragungskapazitäten zur Verbreitung von Rundfunkprogrammen im Zusammenhang mit einer öffentlichen Veranstaltung und reichen die zur Verfügung stehenden Kapazitäten nicht aus, um allen Antragstellern die Übertragung zu ermöglichen, so wirkt die Landesmedienanstalt auf eine Einigung der Antragsteller hin. [2]Kommt eine Einigung nicht zustande, so wählt die Landesmedienanstalt nach Anhörung der oder des für die Durchführung der öffentlichen Veranstaltung Verantwortlichen den Antragsteller aus, dessen inhaltliche Programmplanung die nach Art und Umfang am besten geeignete Berichterstattung über die Veranstaltung erwarten lässt.

(5) [1]Die Zuweisung ist entsprechend dem Antrag für die Dauer des zeitlichen Zusammenhangs mit der Veranstaltung zu befristen. [2]Für mehrtägige Veranstaltungen kann die Zuweisung frühestens sechs Monate vor Beginn der Veranstaltung erfolgen. [3]Für eintägige regelmäßig wiederkehrende öffentliche

Veranstaltungen kann die Zuweisung für mehrere Veranstaltungen innerhalb von höchstens drei Jahren erteilt werden.

(6) § 3, die §§ 8, 9, 15, 16 Abs. 1 Satz 2, die §§ 22, 23 und 32 sowie die Regelungen des Medienstaatsvertrages zu europäischen Produktionen, Eigen-, Auftrags- und Gemeinschaftsproduktionen finden keine Anwendung.

§ 11 Aufsichtsmaßnahmen

(1) Wird zulassungspflichtiger nicht bundesweit ausgerichteter Rundfunk ohne Zulassung veranstaltet, so ordnet die Landesmedienanstalt die Einstellung der Veranstaltung an und untersagt dem Träger der technischen Übertragungseinrichtungen die Verbreitung, sofern nicht innerhalb einer von der Landesmedienanstalt festgesetzten Frist eine Zulassung beantragt wird.

(2) [1]Auf Verlangen der Landesmedienanstalt hat der Rundfunkveranstalter, der Anbieter von Telemedien oder der Medienplattformanbieter oder die oder der für den Inhalt des Programms Verantwortliche unverzüglich die für die Wahrnehmung der Aufsicht erforderlichen Auskünfte zu erteilen sowie Programmaufzeichnungen und Unterlagen vorzulegen. [2]Zur Auskunft Verpflichtete können die Auskunft auf solche Fragen verweigern, deren Beantwortung sie selbst oder die in § 383 Abs. 1 Nrn. 1 bis 3 der Zivilprozessordnung bezeichneten Angehörigen der Gefahr aussetzen würde, wegen einer Straftat oder einer Ordnungswidrigkeit verfolgt zu werden.

(3) [1]Stellt die Landesmedienanstalt fest, dass durch ein Rundfunkprogramm, durch eine Sendung, durch einen Beitrag, durch ein Angebot oder in sonstiger Weise gegen Rechtsvorschriften oder behördliche Entscheidungen verstoßen wurde, so beanstandet sie den Verstoß und trifft soweit erforderlich weitere Maßnahmen, soweit im Medienstaatsvertrag und im Jugendmedienschutz-Staatsvertrag nichts Abweichendes geregelt ist. [2]Maßnahmen sind insbesondere Anordnung, Untersagung, Sperrung, Rücknahme und Widerruf. [3]§ 109 Abs. 2 bis 4 MStV gilt entsprechend.

(4) [1]Die Landesmedienanstalt kann bestimmen, dass Beanstandungen und rechtskräftige Entscheidungen in einem Verfahren wegen einer Ordnungswidrigkeit nach § 53 von dem betroffenen Veranstalter oder Anbieter in seinem Programm oder Angebot verbreitet werden. [2]Inhalt und Zeitpunkt der Bekanntgabe legt die Landesmedienanstalt fest. [3]§ 115 Abs. 3 Sätze 2 und 3 MStV gilt entsprechend.

(5) Die Absätze 1 bis 4 gelten auch für Teleshoppingkanäle

§ 12 Rücknahme und Widerruf der Zulassung

(1) Die Zulassung ist zurückzunehmen, wenn

1. der Veranstalter sie durch unrichtige oder unvollständige Angaben, durch Täuschung, Drohung oder ein sonstiges rechtswidriges Mittel erlangt hat oder
2. sie entgegen § 5 oder 6 erteilt worden ist und die entgegenstehenden Gründe nicht innerhalb einer von der Landesmedienanstalt gesetzten Frist ausgeräumt werden.

(2) Die Zulassung ist zu widerrufen, wenn

1. sie im Hinblick auf § 5, 6 oder 27 nicht mehr erteilt werden könnte und die Zulassungsvoraussetzungen nicht innerhalb einer von der Landesmedienanstalt gesetzten Frist erfüllt werden oder
2. eine Veränderung der Beteiligungsverhältnisse oder Einflüsse im Sinne des § 5 Abs. 3 Satz 1 Nrn. 1, 4, 7 und 9 und des § 6 vollzogen wird, deren Unbedenklichkeit die Landesmedienanstalt nicht bestätigt hat und auch nachträglich nicht bestätigen kann und die der Veranstalter auch nicht nach Aufforderung innerhalb einer angemessenen Frist rückgängig gemacht hat.

(3) Die Zulassung kann widerrufen werden, wenn

1. das Programmschema oder der Sendeumfang dauerhaft geändert wird, ohne dies gemäß § 7 Abs. 6 Satz 1 anzuzeigen oder den Widerspruch der Landesmedienanstalt gemäß § 7 Abs. 6 Satz 2 zu beachten,
2. der Veranstalter einer vollziehbaren Anordnung nach § 11 Abs. 3, die einen schwerwiegenden Verstoß betrifft, zuwiderhandelt,
3. der Veranstalter einer vollziehbaren Anordnung nach § 11 Abs. 3 wiederholt zuwiderhandelt,
4. mehr als 50 Prozent der Kapital- oder Stimmrechtsanteile an dem Veranstalter an andere Beteiligte oder an Dritte übertragen werden und dies nach den gesamten Umständen einem Wechsel des Veranstalters gleichkommt oder
5. der Veranstalter einer Nebenbestimmung der Zulassung zuwiderhandelt.

(4) Für einen Vermögensnachteil, der durch die Rücknahme oder den Widerruf nach den Absätzen 1 bis 3 eintritt, ist der Veranstalter nicht zu entschädigen.

(5) Die Absätze 1 bis 4 gelten auch für Teleshoppingkanäle.

§ 13 Rücknahme und Widerruf der Zuweisung

(1) Die Zuweisung einer Übertragungskapazität ist zurückzunehmen, wenn

1. der Veranstalter, der Anbieter von rundfunkähnlichen Telemedien oder der Medienplattformanbieter sie durch unrichtige oder unvollständige Angaben, durch Täuschung, Drohung oder ein sonstiges rechtswidriges Mittel erlangt hat oder
2. sie entgegen § 8 Abs. 4 erteilt worden ist und die entgegenstehenden Gründe nicht innerhalb einer von der Landesmedienanstalt gesetzten Frist ausgeräumt werden.

(2) Die Zuweisung einer Übertragungskapazität ist zu widerrufen, wenn

1. sie im Hinblick auf § 8 Abs. 4 nicht mehr erteilt werden könnte und die entgegenstehenden Gründe nicht innerhalb einer von der Landesmedienanstalt gesetzten Frist ausgeräumt werden können oder
2. eine Änderung, die für die Zuweisung von Bedeutung ist, vollzogen wird, deren Unbedenklichkeit die Landesmedienanstalt nicht bestätigt hat und auch nachträglich nicht bestätigen kann und die der Veranstalter oder Anbieter von rundfunkähnlichen Telemedien auch nicht nach Aufforderung innerhalb einer angemessenen Frist rückgängig gemacht hat.

(3) Die Zuweisung einer Übertragungskapazität kann widerrufen werden, wenn

1. ein Programm oder ein Angebot länger als einen Monat nicht verbreitet wird,
2. einer Nebenbestimmung der Zuweisung zuwidergehandelt wird oder
3. ein Anbieter einer Medienplattform nach § 2 Abs. 5 die Anforderungen nach § 8 Abs. 2 Satz 5 oder die Vorgaben der §§ 82 und 83 MStV dauerhaft nicht erfüllt.

(4) § 12 Abs. 4 gilt entsprechend.

(5) Die Absätze 1 bis 4 gelten auch für Teleshoppingkanäle.

Zweiter Abschnitt

Anforderungen an die Programme

§ 14 Programmgrundsätze, unzulässige Sendungen

(1) [1]Die Programme haben die Würde des Menschen sowie die sittlichen, religiösen und weltanschaulichen Überzeugungen anderer zu achten. [2]Sie sollen die Zusammengehörigkeit im vereinten Deutschland und die internationale Verständigung fördern, zum Frieden und zur sozialen Gerechtigkeit mahnen, demokratische Freiheiten verteidigen, zur sozialen Integration ausländischer Mitbürgerinnen und Mitbürger, zur Verwirklichung der Gleichberechtigung von Frauen und Männern, zur Entwicklung und Stärkung von Medienkompetenz von Kindern und Jugendlichen, zum Schutz von Minderheiten sowie zur Achtung der Umwelt und der natürlichen Lebensgrundlagen beitragen. [3]Die Vorschriften der allgemeinen Gesetze und die gesetzlichen Bestimmungen zum Schutz der persönlichen Ehre sind einzuhalten.

(2) Sendungen, die Menschen diskriminierend oder verachtend darstellen, sind unzulässig.

§ 15 Angebotsvielfalt, Fensterprogramme

(1) [1]Die Gesamtheit der privaten Rundfunkprogramme eines Zulassungsgebietes hat inhaltlich die Vielfalt der Meinungen in dem jeweiligen Zulassungsgebiet im Wesentlichen zum Ausdruck zu bringen. [2]Die bedeutsamen politischen, weltanschaulichen und gesellschaftlichen Kräfte und Gruppen müssen in der Gesamtheit der Vollprogramme und Spartenprogramme mit dem Schwerpunkt Information angemessen zu Wort kommen; Auffassungen von Minderheiten sind zu berücksichtigen. [3]Ein einzelnes Programm darf die Bildung der öffentlichen Meinung nicht in hohem Maß ungleichgewichtig beeinflussen.

(2) [1]Die Ereignisse des politischen, wirtschaftlichen, sozialen und kulturellen Lebens in Niedersachsen sind in Rundfunkvollprogrammen tagesaktuell und authentisch darzustellen. [2]Die im Zulassungsgebiet des Programms gebräuchlichen Regional- oder Minderheitensprachen sollen im Programm angemessen zur Geltung kommen.

(3) [1]Der Veranstalter eines landesweiten Vollprogramms hat die Übertragungskapazitäten für lokale und regionale Bereiche werktäglich außer an Sonnabenden auseinanderzuschalten und dort unter-

schiedliche Sendungen zu verbreiten, in denen das jeweilige politische, wirtschaftliche, soziale und kulturelle Leben tagesaktuell und authentisch dargestellt wird. [2]Dabei sollen auch die kulturelle Vielfalt der Regionen und die regionalen Sprachen zur Geltung kommen. [3]Der Anteil der Sendungen nach Satz 1 darf nicht mehr als ein Viertel der täglichen Sendezeit und nicht weniger als 10 Minuten werktäglich und 75 Minuten wöchentlich betragen. [4]Ist eine Auseinanderschaltung technisch nicht möglich oder wirtschaftlich nicht zumutbar, so ist das politische, wirtschaftliche, soziale und kulturelle Leben in den lokalen und regionalen Bereichen innerhalb des Gesamtprogramms tagesaktuell und authentisch darzustellen; Satz 2 gilt entsprechend. [5]Der Anteil der Sendungen nach Satz 4 darf nicht weniger als 20 Minuten werktäglich betragen. [6]Die Landesmedienanstalt kann dem Veranstalter für einzelne Tage Befreiung von der Verpflichtung nach Satz 1 oder 4 erteilen.

(4) [1]Der Veranstalter eines lokalen oder regionalen Rundfunkprogramms hat sein Programm auf das jeweilige lokal oder regional begrenzte Gebiet auszurichten. [2]Das politische, wirtschaftliche, soziale und kulturelle Leben in diesem Gebiet ist darzustellen; die tagesaktuelle und authentische lokale oder regionale Berichterstattung hat einen Schwerpunkt zu bilden. [3]Der Veranstalter hat täglich redaktionell gestaltete Beiträge aus dem lokal oder regional begrenzten Gebiet, für das das Programm bestimmt ist, zu verbreiten; ihr Anteil muss im Durchschnitt einer Woche mindestens 7 Prozent der Sendezeit betragen, wobei mindestens die Hälfte der Beiträge aktuelle und ereignisbezogene Inhalte enthalten muss. [4]Die Beiträge sind in der Hauptsendezeit zu verbreiten. [5]Diese liegt im Hörfunk regelmäßig in der Zeit zwischen 6.00 und 18.00 Uhr und im Fernsehen regelmäßig in der Zeit zwischen 15.00 und 20.00 Uhr. [6]Die Landesmedienanstalt kann dem Veranstalter für einzelne Tage Befreiung von der Verpflichtung nach Satz 3 oder 4 erteilen.

(5) [1]Die Veranstalter der zwei reichweitenstärksten bundesweiten Vollprogramme im Fernsehen haben zur tagesaktuellen und authentischen Darstellung der Ereignisse des politischen, wirtschaftlichen, sozialen und kulturellen Lebens in Niedersachsen jeweils ein landesweites Fensterprogramm einzurichten und dessen Finanzierung sicherzustellen. [2]Ist der Fensterprogrammveranstalter mit dem Veranstalter des Vollprogramms im Sinne des § 62 MStV verbunden, so hat der Veranstalter des Vollprogramms neben der redaktionellen Unabhängigkeit des Fensterprogrammveranstalters (§ 59 Abs. 4 Satz 2 MStV) insbesondere durch organisatorische Maßnahmen die Unabhängigkeit der Berichterstattung des Fensterprogrammveranstalters sicherzustellen.

(6) [1]Der Vollprogrammveranstalter ist verpflichtet, das Fensterprogramm auf den ihm zugewiesenen Übertragungskapazitäten sowie in Kabelanlagen zu verbreiten. [2]Das Fensterprogramm wird werktäglich außer an Sonnabenden mindestens für die Dauer von 30 Minuten täglich im Rahmen des Vollprogramms verbreitet. [3]Für einzelne Tage kann die Landesmedienanstalt dem Veranstalter Befreiung von der Verpflichtung nach Satz 2 erteilen. [4]Die Landesmedienanstalt stimmt die Organisation des Fensterprogramms in zeitlicher und technischer Hinsicht mit den anderen Landesmedienanstalten ab; dabei berücksichtigt sie die Interessen der betroffenen Veranstalter.

(7) [1]Der Fensterprogrammveranstalter benötigt eine gesonderte Zulassung. [2]Die Landesmedienanstalt schreibt das Fensterprogramm nach Anhörung des Vollprogrammveranstalters aus. [3]Nach Überprüfung der eingegangenen Anträge teilt sie dem Vollprogrammveranstalter mit, auf welche Anträge eine Zulassung erteilt werden kann. [4]Sie erörtert mit ihm die Anträge mit dem Ziel, eine einvernehmliche Auswahl zu treffen. [5]Kommt eine Einigung nicht zustande, so wählt sie den Antragsteller aus, dessen Programm die Erfüllung der Anforderungen nach Absatz 5 Satz 1 am besten erwarten lässt. [6]Die Zulassung wird entsprechend dem Antrag, jedoch auf höchstens sieben Jahre, befristet. [7]Sie erlischt, wenn die Zulassung des Vollprogrammveranstalters unwirksam wird.

(8) [1]Die Zulassung nach Absatz 7 kann jeweils um bis zu sieben Jahre verlängert werden. [2]Vor der Entscheidung über eine Verlängerung der Zulassung hört die Landesmedienanstalt den Vollprogrammveranstalter an. [3]Soll die Zulassung nicht verlängert werden, so schreibt die Landesmedienanstalt das Fensterprogramm nach Anhörung des Vollprogrammveranstalters erneut aus.

§ 16 Zulieferung zum Programm

(1) [1]Der Anteil an Sendungen, die von einem Unternehmen zugeliefert werden, das in dem Zulassungsgebiet oder in einem Teil des Zulassungsgebietes des Programms Tageszeitungen verlegt und dabei eine marktbeherrschende Stellung entsprechend § 18 GWB hat, darf höchstens 25 Prozent der wöchentlichen Sendezeit betragen. [2]In einem Programm dürfen Sendungen und Beiträge, die das politische, wirtschaftliche, soziale und kulturelle Leben in einem lokal oder regional begrenzten Gebiet

darstellen oder aktuelle lokale oder regionale Berichterstattung beinhalten, von einem Unternehmen nach Satz 1 nur zu insgesamt höchstens 25 Prozent der wöchentlichen Sendezeit zugeliefert werden. [3]Hat der Veranstalter des Programms geeignete Vorkehrungen gegen das Entstehen vorherrschender Meinungsmacht gemäß § 6 Abs. 2 Sätze 2 und 3 und Abs. 4 Nr. 2 getroffen, so erhöhen sich die Höchstgrenzen auf 50 Prozent.

(2) [1]Dieselben Beschränkungen gelten auch für Zulieferungen eines Unternehmens, das zu einem Unternehmen nach Absatz 1 im Verhältnis eines abhängigen oder herrschenden Unternehmens oder eines Konzernunternehmens im Sinne des Aktienrechts steht. [2]Wirken mehrere Unternehmen aufgrund einer Vereinbarung oder in sonstiger Weise derart zusammen, dass sie gemeinsam einen beherrschenden Einfluss auf ein Unternehmen nach Satz 1 ausüben können, so gilt jedes von ihnen als herrschendes Unternehmen.

(3) Die Absätze 1 und 2 gelten auch für Unternehmen, die an dem Veranstalter beteiligt sind.

(4) Rundfunkveranstalter dürfen sich von anderen Rundfunkveranstaltern Programmteile zuliefern lassen, soweit

1. diese weder die Darstellung des politischen, wirtschaftlichen, sozialen und kulturellen Lebens in einem lokal oder regional begrenzten Gebiet noch die aktuelle lokale oder regionale Berichterstattung betreffen und
2. die Eigenständigkeit eines lokalen oder regionalen Programms nicht beeinträchtigt wird.

(5) Die inhaltliche Verantwortung des Veranstalters erstreckt sich auch auf die zugelieferten Sendungen, Beiträge und Programmteile.

Dritter Abschnitt

Pflichten der Veranstalter

§ 17 Programmverantwortung

(1) [1]Ein Rundfunkveranstalter muss eine für den Inhalt des Rundfunkprogramms verantwortliche Person bestellen und deren Namen und Anschrift der Landesmedienanstalt mitteilen. [2]Werden mehrere verantwortliche Personen bestellt, so ist zusätzlich mitzuteilen, welche Person für welchen Teil des Programms verantwortlich ist.

(2) Zur verantwortlichen Person darf nicht bestellt werden, wer die Voraussetzungen nach § 5 Abs. 2 Satz 1 Nrn. 1 bis 5 nicht erfüllt.

§ 18 Auskunftspflicht

Die Landesmedienanstalt erteilt bei berechtigtem Interesse auf Verlangen Auskunft über Namen und Anschrift des Veranstalters sowie der für den Inhalt des Programms Verantwortlichen.

§ 19 Aufzeichnungspflicht

(1) [1]Der Veranstalter hat die von ihm verbreiteten Sendungen in Ton und Bild vollständig aufzuzeichnen und die Aufzeichnungen sechs Wochen lang verfügbar zu halten. [2]Bei Sendungen, die unter Verwendung einer Aufzeichnung verbreitet werden, ist diese sechs Wochen lang verfügbar zu halten. [3]Wird eine Sendung zum beliebigen zeitlichen Empfang bereitgestellt, so beginnt die Frist nach Satz 1 mit dem letzten Tag der Bereitstellung. [4]Liegt dem Veranstalter eine Beanstandung der Landesmedienanstalt vor, so hat er die Aufzeichnung bis zur Freigabe durch die Landesmedienanstalt verfügbar zu halten; nach Ablauf von zwei Jahren gilt die Freigabe als erteilt, wenn nicht ein berechtigtes Interesse nachgewiesen wird, die Aufzeichnung weiter verfügbar zu halten. [5]Hat eine Person nach Absatz 4 Einsicht verlangt, so gilt Satz 4 mit der Maßgabe entsprechend, dass diese Person über die Freigabe entscheidet.

(2) [1]Die Landesmedienanstalt kann Ausnahmen von den Pflichten nach Absatz 1 Sätze 1 bis 3 zulassen. [2]Sie kann anordnen, dass einzelne Aufzeichnungen länger als sechs Wochen verfügbar zu halten sind.

(3) Die Landesmedienanstalt ordnet auf Antrag eines Mitglieds ihrer Versammlung an, eine Aufzeichnung bis zum Ablauf einer Woche nach der nächsten Sitzung der Versammlung verfügbar zu halten.

(4) [1]Der Veranstalter hat einer Person, die schriftlich glaubhaft macht, in eigenen Rechten berührt zu sein, auf Verlangen Einsicht in die Aufzeichnungen zu gewähren. [2]Die Person kann auch verlangen, dass ihr Ausfertigungen, Abzüge oder Abschriften von der Aufzeichnung gegen Erstattung der Kosten der Vervielfältigung zu übersenden sind.

§ 20 Gegendarstellung

(1) [1]Der Veranstalter ist verpflichtet, eine Gegendarstellung der Person oder Stelle zu verbreiten, die durch eine in der Sendung aufgestellte Tatsachenbehauptung betroffen ist. [2]Die Pflicht zur Verbreitung einer Gegendarstellung besteht nicht, wenn die oder der Betroffene kein berechtigtes Interesse an der Verbreitung hat oder wenn die Gegendarstellung ihrem Umfang nach nicht angemessen ist. [3]Überschreitet die Gegendarstellung nicht den Umfang des beanstandeten Teils der Sendung, so gilt sie als angemessen.

(2) [1]Die Gegendarstellung der betroffenen Person oder Stelle muss von dieser oder ihrem gesetzlichen Vertreter unverzüglich schriftlich verlangt werden und unterzeichnet sein. [2]Sie muss die beanstandete Sendung und die Tatsachenbehauptung bezeichnen, sich auf tatsächliche Angaben beschränken und darf keinen strafbaren Inhalt haben.

(3) [1]Die Gegendarstellung muss unverzüglich innerhalb der gleichen Programmsparte zu einer Sendezeit verbreitet werden, die der Zeit der beanstandeten Sendung gleichwertig ist. [2]Wird eine Sendung zum beliebigen zeitlichen Empfang bereitgestellt, so ist die Gegendarstellung für die Dauer der Bereitstellung mit der Sendung zu verbinden. [3]Wird die Sendung nicht mehr bereitgestellt oder endet die Bereitstellung vor Ablauf eines Monats nach Aufnahme der Gegendarstellung, so ist die Gegendarstellung an vergleichbarer Stelle so lange bereitzustellen, wie die oder der Betroffene es verlangt, höchstens jedoch für einen Monat.

(4) [1]Die Gegendarstellung muss unentgeltlich sowie ohne Einschaltungen und Weglassungen verbreitet werden. [2]Eine Erwiderung auf die verbreitete Gegendarstellung muss sich auf tatsächliche Angaben beschränken.

(5) [1]Für die gerichtliche Geltendmachung des Anspruchs gelten die Vorschriften der Zivilprozessordnung über das Verfahren auf Erlass einer einstweiligen Verfügung. [2]Eine Gefährdung des Anspruchs braucht nicht glaubhaft gemacht zu werden. [3]Ein Verfahren zur Hauptsache findet nicht statt.

(6) Die Absätze 1 bis 5 gelten nicht für wahrheitsgetreue Berichte über öffentliche Sitzungen des Europäischen Parlaments, der gesetzgebenden und beschließenden Organe des Bundes, der Länder, der Gemeinden, der sonstigen kommunalen Körperschaften sowie der Gerichte.

§ 21 Verlautbarungsrecht

[1]Der Bundesregierung und der Landesregierung ist in Katastrophenfällen oder bei anderen vergleichbaren erheblichen Gefahren für die öffentliche Sicherheit unverzüglich angemessene Sendezeit für amtliche Verlautbarungen einzuräumen. [2]Für Inhalt und Gestaltung der Verlautbarung ist derjenige verantwortlich, dem die Sendezeit eingeräumt ist. [3]Dem Veranstalter steht auf Verlangen eine Entschädigung zu, deren Höhe sich aus einer Abwägung der Interessen der Allgemeinheit und des Veranstalters ergibt.

§ 22 Besondere Sendezeiten

(1) [1]Veranstalter von Vollprogrammen haben Parteien und Wählergruppen, für die in Niedersachsen ein Wahlvorschlag für die Wahl zum Landtag, zum Deutschen Bundestag oder zum Europäischen Parlament zugelassen worden ist, auf Antrag im Rahmen des Programmanteils, dessen überwiegendes Verbreitungsgebiet in Niedersachsen liegt, angemessene Sendezeiten entsprechend § 5 Abs. 1 des Parteiengesetzes zur Vorbereitung der Wahl einzuräumen. [2]Für landesweite Vollprogramme gilt Satz 1 bei Kommunalwahlen entsprechend für Parteien und Wählergruppen, die im Landtag vertreten sind oder für die in der Mehrzahl der Landkreise und kreisfreien Städte des Landes Wahlbewerberinnen und Wahlbewerber zugelassen worden sind. [3]Für lokale und regionale Vollprogramme gilt Satz 1 bei Kommunalwahlen entsprechend für Parteien und Wählergruppen, die im Landtag vertreten sind, sowie für Parteien, Wählergruppen, Einzelbewerberinnen und Einzelbewerber, für die ein Wahlvorschlag zur Kommunalwahl in dem jeweiligen Verbreitungsgebiet des Programms zugelassen worden ist.

(2) Veranstalter von Vollprogrammen haben den Kirchen und den anderen in Niedersachsen bestehenden öffentlich-rechtlichen Religionsgemeinschaften angemessene Sendezeiten für die Übertragung gottesdienstlicher Handlungen und Feierlichkeiten sowie sonstiger religiöser Sendungen einzuräumen.

(3) [1]Wer Sendezeit nach Absatz 1 oder 2 erhalten hat, ist für den Inhalt und die Gestaltung seiner Sendungen verantwortlich. [2]Der Veranstalter kann die Erstattung seiner Selbstkosten verlangen.

§ 23 Versorgungspflicht

(1) Jeder Rundfunkveranstalter, Anbieter von rundfunkähnlichen Telemedien und Medienplattformanbieter hat die ihm zugewiesenen Übertragungskapazitäten für die vollständige und technisch gleichwertige Versorgung seines Verbreitungsgebietes mit den Angeboten zu nutzen.

(2) Die Landesmedienanstalt kann dem Veranstalter oder Anbieter auf Antrag unter Berücksichtigung seiner wirtschaftlichen Möglichkeiten eine angemessene Frist zur Erfüllung der Pflicht nach Absatz 1 einräumen.

§ 24 Finanzierung von Programmen, Rundfunkwerbung, Teleshopping und Gewinnspiele

(1) [1]Wird für ein Programm oder eine Sendung ein Entgelt erhoben, so ist dessen Höhe jeweils unmittelbar vor Beginn des Programms oder der Sendung anzukündigen. [2]Ist in diesem Programm oder dieser Sendung Rundfunkwerbung enthalten, so ist dies gleichzeitig anzukündigen.

(2) Auf lokale und regionale Fernsehprogramme finden § 8 Abs. 4 Satz 2, § 9 Abs. 3 und § 70 Abs. 1 MStV keine Anwendung.

(3) Für ein Fensterprogramm nach § 15 Abs. 5 Satz 1 kann die Landesmedienanstalt Ausnahmen von § 8 Abs. 4 Satz 2, § 9 Abs. 3 und § 70 Abs. 1 MStV zulassen.

(4) In Programmen von Hochschulen (§ 5 Abs. 1 Nr. 6) sind Werbung sowie Einnahmen bringende Gewinnspielsendungen und Gewinnspiele unzulässig.

Vierter Abschnitt
Bürgerrundfunk

§ 25 Grundlagen und Aufgaben des Bürgerrundfunks

(1) Die Landesmedienanstalt lässt die Veranstaltung von lokal oder regional begrenztem nichtkommerziellem Bürgerrundfunk zu.

(2) Bürgerrundfunk wird verbreitet
1. als Hörfunk über terrestrische Frequenzen und
2. als Fernsehen in Kabelanlagen.

(3) [1]Bürgerrundfunk muss
1. die lokale und regionale Berichterstattung sowie das kulturelle Angebot in dem nach § 26 Abs. 1 Satz 1 festgelegten Zulassungsgebiet des Programms publizistisch ergänzen,
2. den Bürgerinnen und Bürgern den Zugang zum Rundfunk gewähren und
3. Medienkompetenz vermitteln.

[2]Zur Aufgabe nach Satz 1 Nr. 1, das kulturelle Angebot im Zulassungsgebiet zu ergänzen, gehört auch, dass die im Zulassungsgebiet des Programms gebräuchlichen Regional- oder Minderheitensprachen zur Geltung kommen.

(4) [1]Von den Vorschriften des Ersten und Zweiten Abschnitts sind § 4 Abs. 2, § 5 Abs. 1 Nrn. 1, 4, 5 und 6, Abs. 2 Satz 1 Nr. 6, Abs. 3 Satz 1 Nrn. 1 und 8 in Verbindung mit Nr. 2 sowie die §§ 15 und 16 nicht anzuwenden; die §§ 22 und 23 gelten entsprechend. [2]Die Zulassung kann entsprechend dem Antrag befristet werden, jedoch auf höchstens zehn Jahre; sie kann um jeweils bis zu zehn Jahre verlängert werden.

§ 26 Zulassungsgebiete, Frequenznutzungen, Mindestsendezeiten

(1) [1]Die Landesmedienanstalt legt fest, in welchen Gebieten Bürgerrundfunk zugelassen werden kann und über welche Verbreitungswege (§ 25 Abs. 2) Bürgerrundfunk in diesen Gebieten verbreitet wird. [2]Sie berücksichtigt dabei, inwieweit es technisch möglich ist, einen zusammenhängenden Kommunikations- und Kulturraum über terrestrische Frequenzen oder mittels einer Kabelanlage zu versorgen.

(2) [1]Mit Genehmigung der Landesmedienanstalt darf ein Veranstalter von Bürgerrundfunk die von ihm genutzten terrestrischen Übertragungskapazitäten außerhalb der von ihm vorgesehenen Sendezeiten dem Veranstalter eines aufgrund eines niedersächsischen Gesetzes für Niedersachsen veranstalteten werbefreien Programms zur Nutzung überlassen, soweit hierdurch die Aufgaben des Bürgerrundfunks nicht beeinträchtigt werden. [2]Die Übernahme von Programmteilen anderer niedersächsischer Veranstalter von Bürgerrundfunk ist zulässig.

(3) Die Landesmedienanstalt legt Mindestsendezeiten für die in § 25 Abs. 3 Satz 1 Nrn. 1 und 2 genannten Programmteile fest.

§ 27 Zulassungsvoraussetzungen für Bürgerrundfunk

(1) [1]Die Zulassung zur Veranstaltung von Bürgerrundfunk darf nur erteilt werden, wenn
1. mit der Veranstaltung kein wirtschaftlicher Geschäftsbetrieb bezweckt wird,
2. ein dauerhafter Betrieb des Bürgerrundfunks organisatorisch und finanziell gewährleistet erscheint,
3. das Finanzaufkommen in angemessenem Umfang aus dem Zulassungsgebiet stammt,
4. erwartet werden kann, dass sich die Vielfalt der Meinungen der unterschiedlichen gesellschaftlichen Kräfte innerhalb des Zulassungsgebietes im Programm widerspiegelt, und
5. ein Programm verbreitet werden soll, in dem von dem Bewerber redaktionell selbst gestaltete Beiträge zur publizistischen Ergänzung enthalten sind und in dem den Nutzungsberechtigten die Gelegenheit gegeben wird, eigene Beiträge zu verbreiten.

[2]Bei der Veranstaltung von Fernsehen sollen lokale oder regionale Einrichtungen der Aus- und Fortbildung einbezogen werden.

(2) [1]Die Zulassung darf einem Bewerber nicht erteilt werden, an dem
1. eine juristische Person des öffentlichen Rechts mit 25 Prozent oder mehr des Kapitals oder der Stimmrechte beteiligt ist oder einen vergleichbaren Einfluss im Sinne des § 62 Abs. 2 MStV ausübt,
2. Verlage mit insgesamt 25 Prozent oder mehr des Kapitals oder der Stimmrechte beteiligt sind oder einen vergleichbaren Einfluss im Sinne des § 62 Abs. 2 MStV ausüben oder
3. juristische Personen des öffentlichen Rechts und Verlage mit insgesamt mehr als 33 Prozent des Kapitals oder der Stimmrechte beteiligt sind oder einen vergleichbaren Einfluss im Sinne des § 62 Abs. 2 MStV ausüben.

[2]Sind in den Fällen des Satzes 1 Nr. 3 öffentlich-rechtliche Religionsgemeinschaften, öffentlich-rechtliche Weltanschauungsgemeinschaften oder Hochschulen im Sinne des § 5 Abs. 1 Nr. 6 beteiligt, so darf die Beteiligungsgrenze des Satzes 1 Nr. 3 durch Anteile oder vergleichbaren Einfluss dieser Gemeinschaften und Hochschulen überschritten werden; dabei dürfen die Anteile und der Einfluss dieser Gemeinschaften und Hochschulen zusammen mit den nach Satz 1 Nr. 3 zulässigen Beteiligungen und Einflüssen einen Anteil von 49,9 Prozent nicht überschreiten.

(3) Die Zulassung eines Bewerbers, an dem eine juristische Person des öffentlichen Rechts oder ein Verlag einer im Zulassungsgebiet des Programms erscheinenden Tageszeitung beteiligt ist, setzt weiter voraus, dass die Beiträge nach Absatz 1 Satz 1 Nr. 5 in redaktioneller Unabhängigkeit erstellt werden.

§ 28 Mitwirkungsrechte der redaktionell Beschäftigten

[1]Der Veranstalter hat mit den redaktionell Beschäftigten ein Redaktionsstatut abzuschließen, das den redaktionell Beschäftigten oder einer von ihnen gewählten Vertretung Einfluss auf die Programmgestaltung einräumt und eine Beteiligung bei Veränderungen der publizistischen Ausrichtung des Gesamtprogramms und des Programmschemas gewährleistet sowie die Wahrnehmung der eigenen journalistischen Verantwortung durch die redaktionell Beschäftigten sichert. [2]Das Redaktionsstatut ist auf den Internetseiten des Veranstalters zu veröffentlichen.

§ 29 Nutzungsbedingungen im Bürgerrundfunk

(1) [1]Bürgerrundfunk kann nach Maßgabe der Absätze 2 bis 4 nutzen, wer im Zulassungsgebiet seinen Wohnsitz oder Sitz hat. [2]Nicht nutzungsberechtigt sind
1. Personen, denen wegen § 5 Abs. 2 eine Zulassung nicht erteilt werden könnte,
2. Rundfunkveranstalter,
3. Personen, die innerhalb des Zulassungsgebietes Tageszeitungen verlegen,
4. staatliche und kommunale Behörden mit Ausnahme von Einrichtungen der Aus- und Fortbildung,
5. Parteien und Wählergruppen sowie
6. Personen, die sich für eine allgemeine Wahl haben aufstellen lassen, bis zum Zeitpunkt der Wahl.

[3]Die §§ 21 und 25 Abs. 4 Satz 1 Halbsatz 2 in Verbindung mit § 22 Abs. 1 bleiben unberührt.

(2) [1]Die Verantwortung für die Beiträge trägt ausschließlich die jeweilige Nutzerin oder der jeweilige Nutzer. [2]Diese oder dieser sorgt insbesondere dafür, dass ihre oder seine Beiträge Rechte Dritter nicht verletzen.

(3) [1]Die Beiträge werden unentgeltlich verbreitet. [2]Der Name der Nutzerin oder des Nutzers ist am Anfang und am Schluss des Beitrages anzugeben. [3]Der Veranstalter hat bei berechtigtem Verlangen jedermann den Namen und die Anschrift der Nutzerin oder des Nutzers mitzuteilen.

(4) [1]Einzelheiten der Nutzung regelt der Veranstalter durch Nutzungsordnung. [2]Diese muss

1. die Gleichbehandlung der Nutzungsberechtigten gewährleisten,
2. das Verfahren und Rechtsfolgen für den Fall regeln, dass Nutzerinnen oder Nutzer gegen Rechtsvorschriften verstoßen,
3. regeln, dass die Beiträge der Nutzungsberechtigten zu einer im Voraus festgelegten Sendezeit verbreitet werden und dass einzelnen Personen oder Gruppen feste Sendezeiten einzuräumen sind.

[3]Die Nutzungsordnung bedarf der Genehmigung der Landesmedienanstalt.

§ 30 Finanzierung von Bürgerrundfunk, Berichtspflicht

(1) Die Errichtung und der Betrieb von Bürgerrundfunk einschließlich der angemessenen Ausstattung werden aus dem Finanzaufkommen des Veranstalters, durch Spenden, durch ein angemessenes Finanzaufkommen aus dem Zulassungsgebiet sowie durch Zuschüsse der Landesmedienanstalt finanziert.

(2) [1]Die Zuschüsse werden nach den Förderrichtlinien der Landesmedienanstalt unter Berücksichtigung der ihr sonst zugewiesenen Aufgaben gewährt; diese können auch eine Projektförderung vorsehen. [2]Bei der Festlegung des Gesamtbetrags der Zuschüsse können insbesondere die Größe der Zulassungsgebiete, der Aufwand zur technischen Verbreitung der Programme, die finanzielle Unterstützung der Veranstalter aus den Zulassungsgebieten sowie die Ausbildungsleistungen der Veranstalter berücksichtigt werden. [3]Unter Berücksichtigung der allgemeinen Entwicklung von Löhnen und Verbraucherpreisen sollen die Zuschüsse regelmäßig überprüft und angemessen angepasst werden, insbesondere wenn die Finanzzuweisungen an die Landesmedienanstalt nach § 46 Abs. 1 Satz 1 steigen.

(3) [1]Werbung im Programm ist unzulässig. [2]Gewinnspielsendungen und Gewinnspiele sind zulässig, soweit insbesondere aus dem Angebot von Telefonmehrwertdiensten keine Einnahmen erzielt werden; § 11 MStV bleibt im Übrigen unberührt.

(4) [1]Der Veranstalter hat der Landesmedienanstalt bis zum 1. April eines jeden Jahres über seine mit dem Betrieb des Bürgerrundfunks zusammenhängenden Einnahmen im vorausgegangenen Kalenderjahr und über deren Herkunft schriftlich zu berichten. [2]Erhält der Veranstalter von einzelnen Personen oder Vereinigungen insgesamt mehr als 2500 Euro in einem Kalenderjahr, so hat er deren Namen und Anschrift sowie den von diesen gezahlten Jahresbetrag anzugeben.

Dritter Teil
Modellversuche mit neuartigen Rundfunkübertragungstechniken, neuen Programmformen oder multimedialen Angeboten

§ 31 Zweck der Modellversuche, Versuchsbedingungen, anwendbare Vorschriften

(1) [1]Modellversuche mit neuartigen Rundfunkübertragungstechniken, neuen Programmformen oder multimedialen Angeboten sollen der Vorbereitung von Entscheidungen über ihre künftige Nutzung dienen. [2]Modellversuche nach Satz 1 sind zulässig. [3]Sie sind so durchzuführen, dass eine Bewertung der gesellschaftlichen Folgen der nach Satz 1 erprobten Techniken, Programmformen oder Angebote möglich ist.

(2) [1]Die Staatskanzlei wird ermächtigt, durch Verordnung das Versuchsgebiet, die Versuchsdauer und die Versuchsbedingungen entsprechend dem Versuchszweck festzulegen. [2]Die Versuchsdauer ist auf höchstens fünf Jahre zu befristen.

(3) Die Staatskanzlei kann die Landesmedienanstalt und die für das Land zuständigen öffentlich-rechtlichen Rundfunkveranstalter mit deren Zustimmung mit der Steuerung des Versuchs betrauen.

(4) [1]Die Staatskanzlei ordnet die für den Versuchszweck zur Verfügung stehenden Übertragungskapazitäten jeweils einem der am Modellversuch Beteiligten (Landesmedienanstalt, für das Land zuständige öffentlich-rechtliche Rundfunkveranstalter) zu. [2]Sie wirkt darauf hin, dass sich die Beteiligten auf eine sachgerechte Verteilung der Übertragungskapazitäten verständigen.

(5) [1]Soll im Rahmen des Modellversuchs privater Rundfunk verbreitet werden, hinsichtlich dessen im Inland bisher keine Zulassung vorliegt, so finden auf die Zulassung des Veranstalters nur § 4 Abs. 4 Satz 1 und Abs. 5, die §§ 5 und 7 sowie die §§ 11 und 12 Anwendung. [2]Hochschulen in staatlicher

Verantwortung darf eine Zulassung für die Durchführung von Modellversuchen über § 5 Abs. 1 Nr. 6 hinaus erteilt werden, wenn die Durchführung den gesetzlichen Aufgaben der Hochschule nach § 3 NHG dient. [3]Im Übrigen sind auf einen nach Satz 1, auch in Verbindung mit Satz 2, zugelassenen Veranstalter nur die §§ 14, 15 Abs. 1 und 2, § 16 Abs. 1 Sätze 1 und 3, die §§ 17 bis 22, 24, 49 bis 52 dieses Gesetzes sowie die Regelungen des Medienstaatsvertrages über Programme, unzulässige Sendungen und Jugendschutz sowie über den Datenschutz anzuwenden. [4]§ 53 ist anzuwenden, soweit die dort in Bezug genommenen Vorschriften auf das jeweilige Rundfunk- oder Telemedienangebot anzuwenden sind. [5]Die Landesmedienanstalt weist einem oder mehreren Versuchsteilnehmern die erforderlichen Übertragungskapazitäten für den Versuch zu; die Versuchsteilnehmer müssen keine Rundfunkveranstalter sein. [6]Für die Entscheidung nach Satz 5 ist maßgeblich, wie der Versuchszweck im Rahmen der festgelegten Versuchsbedingungen (Absatz 2 Satz 1) bestmöglich erreicht werden kann.

Vierter Teil
Medienplattformen

§ 32 Belegung von Medienplattformen

(1) Die Belegung von Medienplattformen nach § 2 Abs. 5, die Rundfunkprogramme ausschließlich terrestrisch verbreiten, richtet sich nach § 81 MStV mit der Maßgabe, dass bei der Anwendung von dessen Absatz 4 Nr. 2 auf Zuordnungs- und Zuweisungsentscheidungen nach diesem Gesetz abzustellen ist.

(2) [1]Betreiber von Kabelanlagen und Anbieter von Medienplattformen nach Absatz 1 in einem nach § 26 Abs. 1 festgelegten Zulassungsgebiet für Bürgerrundfunk sind verpflichtet, zur Verbreitung der Programme dort zugelassener Veranstalter von Bürgerrundfunk auf deren Verlangen technische Kapazitäten

1. in Kabelanlagen für ein Fernsehprogramm und ein Hörfunkprogramm unentgeltlich und
2. auf Medienplattformen nach Absatz 1 für ein Fernsehprogramm und ein Hörfunkprogramm

zur Verfügung zu stellen. [2]Werden in einem Verbreitungsgebiet einer Kabelanlage oder Medienplattform nach Absatz 1 mehrere Bürgerrundfunkprogramme verbreitet und ist eine Auseinanderschaltung auf die jeweiligen Zulassungsgebiete nicht möglich, so ist im Hörfunk das Programm unentgeltlich zu verbreiten, das im Rahmen der UKW-Verbreitung innerhalb des betrachteten Verbreitungsgebietes die meisten Hörerinnen und Hörer erreichen kann. [3]Die UKW-Verbreitung wird gemäß aktuellem Verfahren der Bundesnetzagentur zur Festlegung der Frequenzzuteilungsgebühren festgestellt.

(3) Im Übrigen gelten die Bestimmungen des Medienstaatsvertrages.

Fünfter Teil
Niedersächsische Landesmedienanstalt

§ 33 Rechtsform, Organe, Beteiligungen

(1) [1]Die Niedersächsische Landesmedienanstalt (Landesmedienanstalt – NLM) ist eine rechtsfähige Anstalt des öffentlichen Rechts. [2]Sie hat ihren Sitz in Hannover und übt ihre Tätigkeit innerhalb der gesetzlichen Schranken unabhängig und in eigener Verantwortung aus. [3]Staatliche Aufgaben zur Erfüllung nach Weisung dürfen der Landesmedienanstalt nicht übertragen werden. [4]Die Landesmedienanstalt besitzt Dienstherrenfähigkeit und führt ein Dienstsiegel. [5]Sie gibt sich eine Hauptsatzung.

(2) [1]Die Organe der Landesmedienanstalt sind die Versammlung und die Direktorin oder der Direktor. [2]Als weitere Organe dienen der Landesmedienanstalt die Kommission für Zulassung und Aufsicht, die Gremienvorsitzendenkonferenz, die Kommission zur Ermittlung der Konzentration im Medienbereich sowie die Kommission für Jugendmedienschutz nach Maßgabe der Vorschriften des Medienstaatsvertrages und des Jugendmedienschutz-Staatsvertrages in ihrer jeweils geltenden Fassung.

(3) [1]Die Landesmedienanstalt kann sich im Zusammenhang mit ihren Aufgaben nach § 34 an Unternehmen in der Rechtsform einer juristischen Person beteiligen. [2]Bei der Beteiligung hat die Landesmedienanstalt eine angemessene Vertretung ihrer Interessen, insbesondere eine Vertretung im Aufsichtsrat oder dem entsprechenden Organ, und eine Prüfung ihrer Betätigung bei dem Unternehmen unter Beachtung kaufmännischer Grundsätze durch einen Abschlussprüfer im Sinne des § 318 des Handelsgesetzbuchs sicherzustellen.

§ 34 Aufgaben der Landesmedienanstalt

[1]Die Landesmedienanstalt hat folgende Aufgaben:
1. Entscheidung über die Zulassung privater Rundfunkveranstalter,
2. Entscheidung über die Zuweisung von Übertragungskapazitäten,
3. Aufsicht über die privaten Rundfunkveranstalter sowie Anbieter von Telemedien, einschließlich Medienplattformen, Benutzeroberflächen, Medienintermediären und Video-Sharing-Diensten, mit Ausnahme der Aufgaben der Aufsichtsbehörde nach Artikel 51 Abs. 1 der Datenschutz-Grundverordnung,
4. Entscheidungen im Zusammenhang mit der Belegung von Medienplattformen mit Rundfunkprogrammen und rundfunkähnlichen Telemedien,
5. Beratung der privaten Rundfunkveranstalter sowie der Anbieter von rundfunkähnlichen Telemedien, Medienplattformen, Benutzeroberflächen und Medienintermediären,
6. Förderung des Bürgerrundfunks einschließlich seiner Verbreitung,
7. Unterstützung von Forschungsvorhaben auf dem Gebiet des Rundfunks,
8. Förderung der rundfunktechnischen Infrastruktur für digitalisierte Übertragungstechniken und Förderung neuartiger Übertragungstechniken nach Maßgabe des Medienstaatsvertrages,
9. Erarbeitung von Lösungsvorschlägen zur Gewinnung zusätzlicher und zur Verbesserung der Nutzung vorhandener Übertragungskapazitäten,
10. Förderung von Projekten zur Entwicklung und Stärkung der Medienkompetenz beim Umgang mit Rundfunk und Telemedien,
11. Förderung von Aus- und Fortbildungsmaßnahmen für Mitarbeitende von Veranstaltern lokaler oder regionaler Rundfunkprogramme, Presseverlagen sowie Anbietern rundfunkähnlicher Telemedien mit Sitz in Niedersachsen, soweit diese Maßnahmen der Stärkung des Qualitätsjournalismus dienen und die Landesmedienanstalt hierfür Landeshaushaltsmittel oder Mittel Dritter zur eigenverantwortlichen Vergabe erhält; das Nähere regelt die Landesmedienanstalt in einer Fördersatzung,
12. Wahrnehmung von sonstigen den privaten Rundfunk betreffenden Aufgaben, soweit diese nicht einer anderen Behörde zugewiesen sind, und
13. Öffentlichkeitsarbeit im Zusammenhang mit den Aufgaben nach den Nummern 1 bis 12.

[2]Die Landesmedienanstalt ist die nach Landesrecht für private Rundfunkveranstalter und Anbieter zuständige Landesmedienanstalt und Stelle im Sinne des Medienstaatsvertrages und des Jugendmedienschutz-Staatsvertrages.

§ 35 Zusammensetzung der Versammlung

(1) In die Versammlung entsenden
1. je ein Mitglied die Parteien, die zu Beginn der Amtszeit der Versammlung mit einer Fraktion im Landtag vertreten sind,
2. ein Mitglied die kommunalen Spitzenverbände,
3. ein Mitglied die Konföderation evangelischer Kirchen in Niedersachsen,
4. ein Mitglied die römisch-katholische Kirche,
5. ein Mitglied gemeinsam der Landesverband der Jüdischen Gemeinden von Niedersachsen und der Landesverband der Israelitischen Kultusgemeinden von Niedersachsen,
6. ein Mitglied gemeinsam der DITIB-Landesverband der Islamischen Religionsgemeinschaften, die SCHURA Niedersachsen – Landesverband der Muslime und die Alevitische Gemeinde Deutschland,
7. zwei Mitglieder der Deutsche Gewerkschaftsbund,
8. ein Mitglied die Vereinte Dienstleistungsgewerkschaft,
9. ein Mitglied der Deutsche Beamtenbund,
10. zwei Mitglieder die Unternehmerverbände,
11. ein Mitglied die Handwerksverbände,
12. ein Mitglied der Verband der Freien Berufe,
13. ein Mitglied das Landvolk,
14. ein Mitglied der Landesfrauenrat,
15. ein Mitglied der Landesjugendring,
16. ein Mitglied der Landessportbund,

17. ein Mitglied der Landesmusikrat,
18. ein Mitglied das Film- und Medienbüro,
19. ein Mitglied der Deutsche Journalisten-Verband,
20. ein Mitglied gemeinsam der Verband Nordwestdeutscher Zeitungsverlage und Digitalpublisher und der Verband der Zeitschriftenverlage,
21. ein Mitglied der Landesverband Bürgermedien,
22. ein Mitglied gemeinsam der Deutsche Lehrerverband, der Verband Bildung und Erziehung und die Gewerkschaft Erziehung und Wissenschaft,
23. ein Mitglied der Deutsche Kinderschutzbund,
24. ein Mitglied die Landesarbeitsgemeinschaft Freie Wohlfahrtspflege,
25. ein Mitglied der Lesben- und Schwulenverband,
26. ein Mitglied der Flüchtlingsrat,
27. ein Mitglied die Verbraucherzentrale,
28. ein Mitglied die Landesvereinigung Kulturelle Jugendbildung,
29. ein Mitglied gemeinsam die Umweltverbände (Bund für Umwelt und Naturschutz und Naturschutzbund),
30. ein Mitglied der Humanistische Verband,
31. ein Mitglied die Landesarmutskonferenz,
32. ein Mitglied die Landesarbeitsgemeinschaft Soziokultur,
33. ein Mitglied die Arbeitsgemeinschaft der Familienverbände.

(2) Die oder der Vorsitzende der Versammlung fordert sechs Monate vor Ablauf der Amtszeit der Versammlung die in Absatz 1 genannten Organisationen und Gruppen auf, die für die neue Amtszeit zu entsendenden Mitglieder zu benennen.

(3) [1]Soweit die in Absatz 1 genannten Organisationen und Gruppen auch in anderen Ländern bestehen, ist die Entscheidung über die Entsendung durch in Niedersachsen bestehende Teile der Organisationen und Gruppen zu treffen. [2]Können sich in den Fällen des Absatzes 1 Nrn. 5, 6, 20, 22 und 29 die Organisationen und Gruppen nicht auf die jeweils gemeinsam zu bestimmenden Mitglieder einigen, so wird das Mitglied entsandt, für das sich die Mehrheit der Organisationen und Gruppen entscheidet. [3]Kommt danach keine Entscheidung zustande, so entscheidet das Los zwischen den Vorschlägen der Organisationen und Gruppen. [4]Das Los zieht eine von den Organisationen und Gruppen gemeinsam bestimmte Person. [5]Jede Organisation oder Gruppe darf durch ein von ihr benanntes Mitglied beim Ziehen des Loses vertreten sein.

(4) [1]Bei der Entsendung der Mitglieder sind Frauen und Männer gleichermaßen zu berücksichtigen. [2]Organisationen und Gruppen, die ein Mitglied entsenden, müssen bei einem geplanten Personenwechsel abwechselnd eine Frau und einen Mann benennen. [3]Organisationen und Gruppen, die zwei Mitglieder entsenden, müssen jeweils eine Frau und einen Mann benennen. [4]Die Entsendung eines diversen Mitglieds ist jederzeit möglich. [5]Kann eine Organisation oder Gruppe aufgrund ihrer Zusammensetzung die Anforderungen der Sätze 2 und 3 nicht erfüllen, ist dies gegenüber dem Versammlungsvorstand bei der Benennung des Mitglieds schriftlich zu begründen; der Vorstand entscheidet, ob auf dieser Grundlage eine Ausnahme zugelassen werden kann. [6]Die entsendenden Organisationen sind aufgerufen, Mitglieder zu benennen, die aufgrund ihrer Persönlichkeit die Wertvorstellungen der sie entsendenden Organisation oder Gruppe in die Arbeit der Versammlung einbringen können.

(5) [1]Die oder der Vorsitzende der Versammlung stellt unverzüglich fest, ob die Entsendung ordnungsgemäß ist, insbesondere ob ihr Hinderungsgründe nach § 36 entgegenstehen. [2]Soweit die Ordnungsmäßigkeit bis zum nächsten Zusammentritt der Versammlung noch nicht festgestellt worden ist, bleiben diese Sitze in der Versammlung frei. [3]Auf Antrag der oder einer entsendenden Organisation oder Gruppe kann ein Mitglied aus der Versammlung abberufen werden, wenn es aus der oder einer entsendungsberechtigten Organisation oder Gruppe ausgeschieden ist oder mindestens ein Jahr lang nicht an den Sitzungen der Versammlung und seiner Ausschüsse teilgenommen hat oder voraussichtlich nicht teilnehmen kann. [4]Über den Antrag entscheidet die Versammlung. [5]Bis zur Entscheidung nach Satz 4 behält das Mitglied seine Rechte und Pflichten, es sei denn, die Versammlung beschließt mit einer Mehrheit von zwei Dritteln ihrer gesetzlichen Mitglieder etwas anderes. [6]Von der Beratung und Beschlussfassung im Verfahren nach den Sätzen 4 und 5 ist das betroffene Mitglied ausgeschlossen. [7]Scheidet ein Mitglied aus der Versammlung vorzeitig aus, so ist für den Rest der Amtszeit eine Nach-

folgerin oder ein Nachfolger nach den für die Entsendung des ausscheidenden Mitglieds geltenden Bestimmungen zu entsenden.

(6) Die Zahl der Mitglieder der Versammlung verringert sich, soweit und solange

1. Mitglieder nicht nach Absatz 1 oder 5 Satz 7 entsandt worden sind,
2. die Ordnungsmäßigkeit der Entsendung nach Absatz 5 Satz 1 deshalb nicht festgestellt werden kann, weil Zweifel an der Ordnungsmäßigkeit der Entsendung trotz Aufforderung durch die Vorsitzende oder den Vorsitzenden weder von der entsendenden Vereinigung noch von dem entsandten Mitglied ausgeräumt werden.

(7) [1]Die Amtszeit der Versammlung beträgt fünf Jahre und beginnt mit ihrem ersten Zusammentritt. [2]Nach Ablauf der Amtszeit führt die Versammlung die Geschäfte bis zum Zusammentritt der neuen Versammlung weiter.

§ 36 Persönliche Hinderungsgründe für die Mitgliedschaft

(1) Mitglied der Versammlung darf nicht sein, wer

1. Mitglied der Bundesregierung oder einer Landesregierung ist,
2. Mitglied des Landtages ist, ausgenommen Fälle der Entsendung nach § 35 Abs. 1 Nr. 1,
3. in einem Arbeits- oder Dienstverhältnis zu einem öffentlich-rechtlichen Rundfunkveranstalter steht oder für diesen als arbeitnehmerähnliche Person im Sinne des § 12a des Tarifvertragsgesetzes tätig ist oder Mitglied eines Aufsichtsorgans eines öffentlich-rechtlichen Rundfunkveranstalters ist,
4. privater Rundfunkveranstalter oder Anbieter eines rundfunkähnlichen Telemediums, einer Medienplattform, Benutzeroberfläche, eines Medienintermediär oder Träger einer technischen Übertragungseinrichtung ist, in einem Arbeits- oder Dienstverhältnis zu einem solchen Veranstalter, Anbieter oder Träger steht, von einem solchen abhängig ist oder an einem entsprechenden Unternehmen beteiligt ist oder
5. nicht zum Landtag wählbar ist.

(2) Tritt ein Hinderungsgrund während der Amtszeit ein oder wird er erst während der Amtszeit bekannt, so endet die Mitgliedschaft mit der entsprechenden Feststellung der Versammlung.

§ 37 Rechte und Pflichten der Mitglieder

(1) [1]Die Mitglieder der Versammlung nehmen ein öffentliches Ehrenamt wahr. [2]Sie haben bei der Wahrnehmung ihrer Aufgaben die Interessen der Allgemeinheit zu vertreten und sind an Aufträge und Weisungen nicht gebunden.

(2) [1]Die Mitglieder der Versammlung haben Anspruch auf eine angemessene Aufwandsentschädigung nach Maßgabe einer von der Landesmedienanstalt zu erlassenden Entschädigungssatzung sowie auf Fahrtkostenerstattung nach dem Bundesreisekostengesetz. [2]Die Satzung kann bestimmen, dass neben der Gewährung der Aufwandsentschädigung ein nachgewiesener Verdienstausfall pauschal abgegolten wird. [3]Die Entschädigungssatzung bedarf der Genehmigung der Staatskanzlei.

§ 38 Versammlungsvorstand

Die Versammlung wählt ihre Vorsitzende oder ihren Vorsitzenden, zwei stellvertretende Vorsitzende und die Vorsitzenden der Fachausschüsse nach § 41 (Versammlungsvorstand).

§ 39 Aufgaben der Versammlung

(1) Die Versammlung hat, soweit nicht die Kommission für Zulassung und Aufsicht, die Gremienvorsitzendenkonferenz, die Kommission zur Ermittlung der Konzentration im Medienbereich oder die Kommission für Jugendmedienschutz zuständig ist, folgende Aufgaben:

1. Wahl und Abberufung der Direktorin oder des Direktors,
2. Zustimmung zu der Ernennung und Entlassung der Beamtinnen und Beamten ab dem zweiten Einstiegsamt der Laufbahngruppe 2, zu ihrer Versetzung in den Ruhestand sowie zu der Einstellung, Höhergruppierung und Entlassung der vergleichbaren Arbeitnehmerinnen und Arbeitnehmer der Landesmedienanstalt,
3. Erlass der Satzungen, der Richtlinien und der Geschäftsordnung der Versammlung,
4. Entscheidung über Aufsichtsmaßnahmen nach § 11 Abs. 3 bis 5 oder § 109 MStV, soweit sie nicht Verstöße gegen Regelungen zur Werbung oder gegen die §§ 2c, 5 und 6 des Telemediengesetzes betreffen, sowie Stellung von Anträgen nach § 14 Abs. 2 Satz 3 und § 17 Abs. 1 Satz 1 JMStV,

5. Entscheidung über die Erteilung sowie über Rücknahme oder Widerruf
   a) einer Zulassung und
   b) einer Zuweisung von Übertragungskapazitäten, ausgenommen der Fall des § 10,
6. Entscheidung über die Unbedenklichkeitsbestätigung nach § 7 Abs. 5 Satz 3, soweit die Beteiligungsveränderung mehr als 5 Prozent der Kapital- und Stimmrechtsanteile beträgt,
7. Entscheidung über die Gewährung von Zuschüssen für Bürgerrundfunk,
8. Entscheidungen im Zusammenhang mit der Belegung von Medienplattformen nach § 32,
9. Entscheidung über die Eingehung von Verbindlichkeiten im Wert von mehr als 50 000 Euro,
10. Genehmigung des Haushaltsplans und des Jahresabschlusses sowie die Entlastung der Direktorin oder des Direktors,
11. Entscheidung über die Beteiligung an Unternehmen nach § 33 Abs. 3,
12. Entscheidungen über die Vergabe von Fördermitteln nach § 34 Satz 1 Nr. 11.

(2) Die Versammlung ist oberste Dienstbehörde der Beamtinnen und Beamten der Landesmedienanstalt.

§ 40 Sitzungen der Versammlung

(1) [1]Die Sitzungen der Versammlung werden nach Anhörung des Versammlungsvorstandes von der oder dem Vorsitzenden schriftlich unter Mitteilung der Tagesordnung einberufen. [2]Auf Antrag von mindestens einem Viertel der Mitglieder der Versammlung oder von mindestens zwei Mitgliedern des Versammlungsvorstandes oder auf Antrag der Direktorin oder des Direktors muss die Versammlung einberufen werden. [3]Der Antrag muss den Beratungsgegenstand angeben.

(2) [1]Die Sitzungen sind öffentlich. [2]Die Versammlung kann zu einzelnen Tagesordnungspunkten auf Antrag eines ihrer Mitglieder oder auf Antrag der Direktorin oder des Direktors den Ausschluss der Öffentlichkeit beschließen; über den Antrag wird in nicht öffentlicher Sitzung entschieden. [3]Angelegenheiten des Personals der Landesmedienanstalt und Angelegenheiten, bei denen die Betriebs- oder Geschäftsgeheimnisse Dritter erörtert werden könnten, sind stets unter Ausschluss der Öffentlichkeit zu behandeln.

(3) Auf Verlangen der Versammlung sollen Veranstalter von privatem Rundfunk, Anbieter von rundfunkähnlichen Telemedien, Medienplattformen, Benutzeroberflächen und Medienintermediären sowie die für den Inhalt des Programms Verantwortlichen an der Sitzung teilnehmen.

(4) [1]Die Direktorin oder der Direktor nimmt an den Sitzungen der Versammlung mit beratender Stimme teil. [2]Mitglieder der Personalvertretung können an den Sitzungen teilnehmen; ihnen ist auf Verlangen zu Angelegenheiten ihres Aufgabenbereichs das Wort zu erteilen.

(5) [1]Die Staatskanzlei kann zu den Sitzungen der Versammlung eine Vertreterin oder einen Vertreter entsenden. [2]Diese oder dieser ist jederzeit zu hören.

§ 41 Fachausschüsse

[1]Die Versammlung bildet zur Vorbereitung ihrer Beschlüsse Fachausschüsse. [2]Eine Aufgabenzuweisung nach einzelnen Veranstaltern ist unzulässig. [3]§ 40 Abs. 3 bis 5 gilt entsprechend.

§ 42 Beschlüsse der Versammlung

(1) [1]Die Versammlung ist beschlussfähig, wenn alle Mitglieder geladen worden sind und mindestens die Hälfte ihrer Mitglieder anwesend ist. [2]Ist eine Angelegenheit wegen Beschlussunfähigkeit zurückgestellt worden und wird die Versammlung zur Behandlung desselben Gegenstandes erneut geladen, so ist sie ohne Rücksicht auf die Zahl der Erschienenen beschlussfähig, wenn darauf in dieser Ladung hingewiesen worden ist.

(2) Die Versammlung fasst ihre Beschlüsse mit der Mehrheit der abgegebenen Stimmen, in den Fällen der §§ 38 und 39 Abs. 1 Nrn. 1 und 10 mit der Mehrheit ihrer Mitglieder, in den Fällen des § 35 Abs. 5 Satz 4 und des § 39 Abs. 1 Nrn. 5 und 7 mit der Mehrheit der Mitglieder, die nicht wegen Besorgnis der Befangenheit oder aus einem sonstigen Grund ausgeschlossen sind, und im Fall des § 40 Abs. 2 Satz 2 mit einer Mehrheit von zwei Dritteln der abgegebenen Stimmen.

(3) [1]Die Beschlüsse und wesentlichen Ergebnisse der öffentlichen Sitzungen sind mit der Teilnehmerliste auf den Internetseiten der Landesmedienanstalt zu veröffentlichen. [2]Die Tagesordnungen der Sitzungen sind spätestens zwei Wochen vor der jeweiligen Sitzung in derselben Form zu veröffentlichen.

§ 43 Direktorin oder Direktor

(1) [1]Die Direktorin oder der Direktor wird von der Versammlung für die Dauer von fünf Jahren gewählt. [2]§ 36 gilt entsprechend. [3]Wiederwahl ist zulässig. [4]Die Stelle ist öffentlich auszuschreiben; die Versammlung kann jedoch mit einer Mehrheit von drei Vierteln der Mitglieder der Versammlung beschließen, von einer Ausschreibung abzusehen, wenn sie beabsichtigt, die bisherige Direktorin oder den bisherigen Direktor erneut zu wählen. [5]Eine Abberufung ist aus wichtigem Grund möglich.

(2) [1]Die Direktorin oder der Direktor nimmt die Aufgaben der Landesmedienanstalt wahr, soweit sie nicht der Versammlung, der Kommission für Zulassung und Aufsicht, der Gremienvorsitzendenkonferenz, der Kommission zur Ermittlung der Konzentration im Medienbereich oder der Kommission für Jugendmedienschutz zugewiesen sind. [2]Sie oder er vertritt die Landesmedienanstalt gerichtlich und außergerichtlich und ist Dienstvorgesetzte oder Dienstvorgesetzter der Beschäftigten der Landesmedienanstalt. [3]Bei Abschluss des Dienstvertrages mit der Direktorin oder dem Direktor vertritt die oder der Vorsitzende der Versammlung die Landesmedienanstalt.

(3) [1]Die Direktorin oder der Direktor kann in den Fällen des § 11 Abs. 3 bis 5 und des § 109 MStV im Einvernehmen mit der oder dem Vorsitzenden der Versammlung oder bei deren oder dessen Verhinderung mit einer oder einem stellvertretenden Vorsitzenden unaufschiebbare Entscheidungen anstelle der Versammlung treffen. [2]Die Versammlung ist hierüber unverzüglich zu unterrichten.

§ 44 Beschäftigte der Landesmedienanstalt

(1) [1]Die Rechtsverhältnisse der Beschäftigten der Landesmedienanstalt bestimmen sich nach den für Beschäftigte im Landesdienst geltenden Rechtsvorschriften. [2]Die Eingruppierung und die Vergütung der Arbeitnehmerinnen und Arbeitnehmer muss derjenigen der vergleichbaren Arbeitnehmerinnen und Arbeitnehmer des Landes entsprechen; die Staatskanzlei kann Ausnahmen zulassen. [3]Zur Vergütung im Sinne des Satzes 2 gehören auch Geldleistungen und geldwerte Leistungen, die die Arbeitnehmerinnen und Arbeitnehmer unmittelbar oder mittelbar von der Landesmedienanstalt erhalten, auch wenn sie über Einrichtungen geleistet werden, zu denen die Arbeitnehmerinnen und Arbeitnehmer einen eigenen Beitrag leisten.

(2) [1]Die vorhandenen Stellen sind nach ihrer Art sowie nach Besoldungs- und Entgeltgruppen gegliedert in einem Stellenplan auszuweisen. [2]Der Stellenplan ist einzuhalten. [3]Abweichungen sind nur zulässig, soweit sie aufgrund gesetzlicher oder tarifrechtlicher Vorschriften zwingend erforderlich sind.

§ 45 Haushalts- und Rechnungswesen

[1]Für das Haushalts- und Rechnungswesen sowie für die Rechnungsprüfung der Landesmedienanstalt sind die für das Land geltenden Vorschriften anzuwenden. [2]Der Haushaltsplan kann die Bildung von Rücklagen vorsehen, soweit und solange dies zu einer wirtschaftlichen und sparsamen Aufgabenerfüllung für bestimmte Maßnahmen erforderlich ist, die nicht aus den Mitteln eines Haushaltsjahres finanziert werden können.

§ 46 Finanzierung der Landesmedienanstalt

(1) [1]Der Landesmedienanstalt stehen 65 Prozent des in § 10 des Rundfunkfinanzierungsstaatsvertrages (RFinStV) bestimmten Anteils am Rundfunkbeitrag zu. [2]Aus diesem Anteil und durch die Erhebung von Verwaltungsgebühren deckt sie ihren Finanzbedarf. [3]Die Erfüllung ihrer Aufgabe nach § 34 Satz 1 Nr. 11 wird aus Landesmitteln oder Drittmitteln finanziert, soweit diese gesondert bereitgestellt werden. [4]Die Landesmedienanstalt ist berechtigt, Verwaltungskosten in angemessenem Umfang aus diesen Mitteln zu decken.

(2) [1]Die Landesmedienanstalt erhebt Gebühren und Auslagen für Amtshandlungen nach diesem Gesetz und nach § 20 Abs. 4 JMStV. [2]Die Vorschriften des Niedersächsischen Verwaltungskostengesetzes gelten mit Ausnahme des § 2 Abs. 1 Nr. 3 entsprechend. [3]Das Nähere regelt die Landesmedienanstalt in ihrer Kostensatzung.

(3) [1]Der NDR verwendet 30 Prozent des in § 10 RFinStV bestimmten Anteils am Rundfunkbeitrag sowie den ihm zustehenden Anteil am Rundfunkbeitrag, den die Landesmedienanstalt nicht in Anspruch nimmt, im Benehmen mit dem Land für die Förderung der Entwicklung, Herstellung und Verbreitung von audiovisuellen Produktionen einschließlich kultureller und multimedialer Angebote sowie die Förderung von Filmfesten, soweit sich diese Vorhaben innerhalb seines Angebotsauftrags halten. [2]Dabei sollen Film- und Fernsehproduktionen von Produktionsunternehmen angemessen berücksichtigt werden, an denen der NDR nicht, auch nicht mittelbar, beteiligt ist. [3]Weitere 5 Prozent

des in § 10 RFinStV bestimmten Anteils am Rundfunkbeitrag verwendet der NDR im Rahmen seines Angebotsauftrags und im Benehmen mit dem Land für die Förderung niedersächsischer Musikfeste, Orchester und Ensembles sowie für die Förderung des musikalischen Nachwuchses in Niedersachsen.

§ 47 Veröffentlichungen

Die Staatskanzlei bestimmt, welches Amtsblatt die Landesmedienanstalt für ihre Veröffentlichungen verwendet.

§ 48 Rechtsaufsicht

(1) Die Landesmedienanstalt unterliegt der Rechtsaufsicht der Staatskanzlei.

(2) Die Landesmedienanstalt hat der Staatskanzlei auf Verlangen erforderliche Auskünfte zu erteilen und erforderliche Unterlagen vorzulegen.

(3) [1]Die Staatskanzlei ist berechtigt, die Landesmedienanstalt schriftlich darauf hinzuweisen, wenn deren Maßnahmen oder Unterlassungen Rechtsvorschriften verletzen. [2]Wird die Rechtsverletzung nicht innerhalb einer angemessenen Frist behoben, so weist die Staatskanzlei die Landesmedienanstalt an, innerhalb einer bestimmten Frist die erforderlichen Maßnahmen zu treffen. [3]Kommt die Landesmedienanstalt einer Anweisung nicht innerhalb der Frist nach, so kann die Staatskanzlei die Anordnung anstelle der Landesmedienanstalt und auf deren Kosten selbst durchführen oder durch andere durchführen lassen. [4]In Programmangelegenheiten sind Maßnahmen nach den Sätzen 2 und 3 ausgeschlossen.

Sechster Teil
Auskunftsrecht, Datenschutz, Strafvorschriften, Ordnungswidrigkeiten, Schlussvorschriften

§ 49 Auskunftsrecht

Rundfunkveranstaltern und Anbietern rundfunkähnlicher Telemedien steht das sich aus dem Medienstaatsvertrag ergebende Auskunftsrecht gegenüber Behörden zu.

§ 50 Datenverarbeitung durch vergleichbare Anbieter von Telemedien

[1]Für Personen, die tätig sind für Anbieter von Telemedien, die mit den in § 23 MStV genannten Stellen vergleichbar sind, und deren Arbeitsweise derjenigen der genannten Stellen entspricht, gilt § 23 Abs. 1 Sätze 1 bis 5 und 8, Abs. 2 Sätze 1 bis 4 und Abs. 3 MStV entsprechend. [2]Für die Überwachung der Einhaltung des Satzes 1 ist die von der oder dem Landesbeauftragten für den Datenschutz geleitete Behörde zuständig.

§ 51 Aufsicht über den Datenschutz bei privaten Rundfunkveranstaltern

[1]Sieht die von der oder dem Landesbeauftragten für den Datenschutz geleitete Behörde bei ihrer Tätigkeit als Aufsichtsbehörde nach § 22 des Niedersächsischen Datenschutzgesetzes (NDSG) Anhaltspunkte dafür, dass die Datenverarbeitung eines Rundfunkveranstalters privaten Rechts gegen datenschutzrechtliche Bestimmungen des Medienstaatsvertrages verstößt, so kann sie über Artikel 58 Abs. 1 bis 3 der Datenschutz-Grundverordnung hinaus die Verantwortliche oder den Verantwortlichen oder die Auftragsverarbeiterin oder den Auftragsverarbeiter auffordern, innerhalb einer bestimmten Frist Stellung zu nehmen. [2]Sie unterrichtet gleichzeitig die Landesmedienanstalt. [3]In der Stellungnahme nach Satz 1 soll auch dargestellt werden, wie die Folgen eines Verstoßes beseitigt und künftige Verstöße vermieden werden sollen. [4]Die Verantwortlichen und die Auftragsverarbeiterinnen oder Auftragsverarbeiter leiten der Landesmedienanstalt eine Abschrift ihrer Stellungnahme zu. [5]§ 20 Abs. 3 NDSG gilt entsprechend. [6]Über festgestellte Verstöße unterrichtet die oder der Landesbeauftragte für den Datenschutz die Landesmedienanstalt und gibt ihr Gelegenheit, innerhalb einer bestimmten Frist Stellung zu nehmen.

§ 52 Strafvorschrift, Verjährung von Straftaten

(1) Ist durch eine Rundfunksendung oder einen Rundfunkbeitrag eine rechtswidrige Tat begangen worden, die den Tatbestand eines Strafgesetzes verwirklicht, und hat die Intendantin, der Intendant, die Programmdirektorin, der Programmdirektor oder die- oder derjenige, die oder der für die Sendung oder den Beitrag sonst verantwortlich ist, vorsätzlich oder fahrlässig seine Verpflichtung verletzt, Sendungen und Beiträge von strafbarem Inhalt freizuhalten, so wird sie oder er mit Freiheitsstrafe bis zu einem Jahr oder mit Geldstrafe bestraft, soweit sie oder er nicht wegen der Tat schon nach den allgemeinen Strafgesetzen als Täterin, Täter, Teilnehmerin oder Teilnehmer strafbar ist.

(2) [1]Die Verfolgung von Straftaten, die

1. durch die Verbreitung oder Bereitstellung von Rundfunksendungen oder -beiträgen strafbaren Inhalts begangen werden oder
2. in Absatz 1 mit Strafe bedroht sind,

verjährt bei Verbrechen in einem Jahr, bei Vergehen in sechs Monaten. [2]Satz 1 ist bei Vergehen nach

1. den §§ 86, 86a, 130 Abs. 2, auch in Verbindung mit Abs. 5,
2. § 131,
3. den §§ 184a, 184b Abs. 1 und 2, § 184c Abs. 1 und 2 des Strafgesetzbuchs (StGB)

nicht anzuwenden; insoweit verbleibt es bei § 78 Abs. 3 StGB.

(3) [1]Die Verjährung beginnt mit der Verbreitung oder Bereitstellung der Sendung oder des Beitrags. [2]Wird eine Sendung oder ein Beitrag ganz oder teilweise erneut verbreitet oder bereitgestellt, so beginnt die Verjährung erneut. [3]Bei den in Absatz 2 Satz 2 genannten Vergehen richtet sich der Beginn der Verjährung nach § 78a StGB.

§ 53 Ordnungswidrigkeiten

(1) Ordnungswidrig handelt, wer als Veranstalter von nicht bundesweit ausgerichtetem privatem Rundfunk vorsätzlich oder fahrlässig einen in § 115 Abs. 1 MStV genannten Tatbestand verwirklicht.

(2) Ordnungswidrig handelt auch, wer vorsätzlich oder fahrlässig

1. der Landesmedienanstalt entgegen § 7 Abs. 5 Satz 1 oder § 8 Abs. 6 Satz 2 eine Änderung nicht, nicht richtig, nicht vollständig oder nicht rechtzeitig mitteilt,
2. eine nach § 7 Abs. 6 unzulässige dauerhafte Änderung des Programmschemas oder des Sendeumfangs vornimmt,
3. eine terrestrische Übertragungskapazität zur Verbreitung von Rundfunk ohne eine Zuweisung nach den §§ 8 und 10 nutzt,
4. eine Sendung verbreitet, die Menschen diskriminierend oder verachtend darstellt (§ 14 Abs. 2),
5. Werbung, eine Sendung, die ganz oder teilweise gesponsert wird, oder eine Sendung mit einem Einnahmen bringenden Gewinnspiel
   a) als Veranstalter von Bürgerrundfunk (§ 30 Abs. 3) oder
   b) als Hochschule (§ 24 Abs. 4)

   verbreitet.

(3) Die Ordnungswidrigkeit kann mit einer Geldbuße bis zu 500 000 Euro geahndet werden.

(4) [1]Verwaltungsbehörde im Sinne des § 36 Abs. 1 Nr. 1 des Gesetzes über Ordnungswidrigkeiten ist die Landesmedienanstalt. [2]Über die Einleitung eines Verfahrens gegen einen Veranstalter, dessen Programm bundesweit ausgerichtet ist, hat die Landesmedienanstalt die Landesmedienanstalten der übrigen Länder unverzüglich zu unterrichten; § 115 Abs. 3 Satz 3 MStV gilt entsprechend.

(5) Die Verfolgung der Ordnungswidrigkeiten verjährt in sechs Monaten.

§ 54 Übergangsregelungen

Die Dauer der Amtszeit der Versammlung bleibt bis zum Ablauf der zum Zeitpunkt des Inkrafttretens dieses Gesetzes laufenden Amtszeit unberührt.

§ 55 Inkrafttreten

[1]Dieses Gesetz tritt am Tag nach seiner Verkündung[1)] in Kraft. [2]Gleichzeitig tritt das Niedersächsische Mediengesetz vom 11. Oktober 2010 (Nds. GVBl. S. 480), zuletzt geändert durch Artikel 2 des Gesetzes vom 12. Mai 2020 (Nds. GVBl. S. 112), außer Kraft.

---

1) Verkündet am 1.3.2022.

Niedersächsisches Justizgesetz (NJG)[1)2)]

Vom 16. Dezember 2014 (Nds. GVBl. S. 436)
(VORIS 30000)
zuletzt geändert durch Art. 1 ÄndG vom 22. März 2023 (Nds. GVBl. S. 32, ber. 2023 S. 168)

Der Niedersächsische Landtag hat das folgende Gesetz beschlossen:

Inhaltsübersicht

---

1) **Amtl. Anm.:** Artikel 1 §§ 22 bis 31 sowie 97 und 98 dieses Gesetzes dient auch der Umsetzung der Richtlinie 2005/36/EG des Europäischen Parlaments und des Rates vom 7. September 2005 über die Anerkennung von Berufsqualifikationen (ABl. EU Nr. L 255 S. 22), zuletzt geändert durch die Richtlinie 2013/55/EU des Europäischen Parlaments und des Rates vom 20. November 2013 (ABl. EU Nr. L 354 S. 132). Artikel 1 §§ 22 bis 31 dient darüber hinaus auch der Umsetzung der Richtlinie 2006/123/EG des Europäischen Parlaments und des Rates vom 12. Dezember 2006 über Dienstleistungen im Binnenmarkt (ABl. EU Nr. L 376 S. 36).

2) Verkündet als Art. 1 Gesetzes über die Neuordnung der Justiz v. 16.12.2014 (Nds. GVBl. S. 436); Inkrafttreten gem. Art. 14 dieses G am 31.12.2014.

Erster Teil
Allgemeine Vorschriften

Erstes Kapitel
Bezeichnung, Bezirke, Zweigstellen, Gerichtstage, Geschäftsjahr, Rechtshilfeersuchen

§ 1 Bezeichnung der Gerichte und Staatsanwaltschaften

[1]Die Gerichte und Staatsanwaltschaften führen in ihrer Bezeichnung den Namen der Gemeinde, in der sie ihren Sitz haben, soweit sich aus diesem Gesetz nichts anderes ergibt. [2]Ändert sich der Name der Gemeinde, so ändert sich die Bezeichnung des Gerichts oder der Staatsanwaltschaft.

§ 2 Bezirke der Gerichte

(1) Die Bezirke der Gerichte richten sich nach den Gebieten von Kommunen und von gemeindefreien Gebieten in ihrem jeweiligen Gebietsumfang.

(2) Führt eine Gebietsänderung (§ 24 des Niedersächsischen Kommunalverfassungsgesetzes – NKomVG) dazu, dass ein Gebiet einem Gerichtsbezirk nicht zugeordnet ist, so bleibt es bis zu einer gesetzlichen Neuregelung für dieses Gebiet bei der vor der Gebietsänderung bestehenden Zuordnung.

(3) Führt eine Gebietsänderung (§ 24 NKomVG) dazu, dass einem Gericht kein Gebiet zugeordnet ist, so bleibt bis zu einer gesetzlichen Neuregelung der bisherige Bezirk dieses Gerichts bestehen.

§ 3 Zweigstellen und Gerichtstage

(1) [1]Das Justizministerium kann für die Gerichte der ordentlichen Gerichtsbarkeit und die Staatsanwaltschaften außerhalb der Gemeinde, in der sie ihren Sitz haben, Zweigstellen einrichten. [2]Für die Gerichte der übrigen Gerichtsbarkeiten richtet sich die Einrichtung von Zweigstellen nach Bundesrecht.

(2) [1]Die Gerichte können mit Zustimmung des Justizministeriums außerhalb der Gemeinde, in der sie ihren Sitz haben, Gerichtstage abhalten. [2]In der Arbeitsgerichtsbarkeit richtet sich das Abhalten von Gerichtstagen nach § 14 Abs. 4 des Arbeitsgerichtsgesetzes.

§ 4 Geschäftsjahr
Das Geschäftsjahr ist das Kalenderjahr.

§ 5 Entscheidung über Beschwerden gegen die Ablehnung von Rechtshilfeersuchen von Verwaltungsbehörden
[1]Über die Beschwerde gegen die Ablehnung des Rechtshilfeersuchens einer Verwaltungsbehörde an ein Gericht entscheidet für die ordentliche Gerichtsbarkeit das Oberlandesgericht, für die Verwaltungsgerichtsbarkeit das Oberverwaltungsgericht, für die Sozialgerichtsbarkeit das Landessozialgericht, für die Arbeitsgerichtsbarkeit das Landesarbeitsgericht und für die Finanzgerichtsbarkeit das Finanzgericht. [2]Die Entscheidung ist unanfechtbar. [3]Die Regelungen, nach denen für Rechtshilfeersuchen von Verwaltungsbehörden an Gerichte die Vorschriften des Gerichtsverfassungsgesetzes (GVG) gelten, bleiben unberührt.

Zweites Kapitel
Aufbewahrung von Schriftgut

§ 6 Anwendungsbereich, Begriffsbestimmung
(1) Dieses Kapitel ist für die Aufbewahrung von Schriftgut der Gerichte, der Staatsanwaltschaften, der Justizvollzugsbehörden, des Ambulanten Justizsozialdienstes Niedersachsen und der Justizverwaltung einschließlich des Justizministeriums anzuwenden.
(2) Schriftgut im Sinne dieses Kapitels ist das in § 2 Abs. 1 des Niedersächsischen Archivgesetzes (NArchG) bezeichnete Schriftgut.

§ 7 Grundsatz, Verordnungsermächtigung
[1]Die in § 6 Abs. 1 genannten Stellen haben ihr Schriftgut nach Abschluss der Bearbeitung aufzubewahren, soweit in der Verordnung nach Satz 2 nichts Abweichendes geregelt ist. [2]Das Justizministerium bestimmt das Nähere durch Verordnung, insbesondere die Dauer der Aufbewahrung und die Berechnung der Aufbewahrungsfristen. [3]Dabei sind zu berücksichtigen
1. das Interesse der Betroffenen daran, dass die zu ihrer Person gespeicherten Daten nicht länger als erforderlich gespeichert werden,
2. das Interesse der Verfahrensbeteiligten, auch nach Beendigung des Verfahrens Ausfertigungen, Auszüge oder Abschriften aus den Akten erhalten zu können,
3. das rechtliche Interesse nicht am Verfahren Beteiligter, Auskünfte aus den Akten erhalten zu können,
4. das Interesse von Verfahrensbeteiligten, Gerichten und Staatsanwaltschaften, dass die Akten nach Beendigung des Verfahrens noch für Wiederaufnahmeverfahren oder zur Wahrung der Rechtseinheit, zur Fortbildung des Rechts oder für sonstige verfahrensübergreifende Zwecke der Rechtspflege zur Verfügung stehen.

[4]In der Verordnung kann vorgesehen werden, dass im Einzelfall Aufbewahrungsfristen unter Berücksichtigung der Interessen nach Satz 3 verlängert werden können. [5]Nach Ablauf der Aufbewahrungsfrist oder, wenn eine solche nicht bestimmt ist, nach Abschluss der Bearbeitung wird das Schriftgut vernichtet, soweit es nicht gemäß § 3 NArchG vom Niedersächsischen Landesarchiv übernommen wird.

Drittes Kapitel
Dienstaufsicht, Aufgaben der Justizverwaltung

§ 8 Zuständigkeit für die Dienstaufsicht
(1) Oberste Dienstaufsichtsbehörde für die Gerichte ist das Justizministerium.
(2) [1]Die Dienstaufsicht üben im Übrigen aus
1. die Präsidentin oder der Präsident des Oberlandesgerichts über das Oberlandesgericht und die Land- und Amtsgerichte des Bezirks,
2. die Präsidentin oder der Präsident des Landessozialgerichts über das Landessozialgericht und die Sozialgerichte,
3. die Präsidentin oder der Präsident des Landesarbeitsgerichts über das Landesarbeitsgericht und die Arbeitsgerichte,

4. die Präsidentin oder der Präsident des Landgerichts über das Landgericht und die Amtsgerichte des Bezirks,
5. die Präsidentin oder der Präsident des Amtsgerichts, des Sozialgerichts und des Arbeitsgerichts über das Gericht,
6. die Direktorin, der Direktor, die sonst aufsichtführende Richterin oder der sonst aufsichtführende Richter des Amtsgerichts, des Arbeitsgerichts oder des Sozialgerichts über das Gericht.

[2]Der Präsidentin oder dem Präsidenten des Landgerichts steht die Dienstaufsicht über ein Amtsgericht, das mit einer Präsidentin oder einem Präsidenten besetzt ist, nicht zu. [3]Richterinnen und Richter unterstehen der Dienstaufsicht der aufsichtführenden Richterin oder des aufsichtführenden Richters des Amtsgerichts, des Sozialgerichts oder des Arbeitsgerichts nur, wenn diese oder dieser Präsidentin oder Präsident des Gerichts ist.

(3) Abweichend von den Absätzen 1 und 2 richtet sich die Dienstaufsicht über die Präsidentin oder den Präsidenten sowie die Vizepräsidentin oder den Vizepräsidenten des Landessozialgerichtes nach Artikel 4 Abs. 1 des Staatsvertrages zwischen dem Land Niedersachsen und der Freien Hansestadt Bremen über ein gemeinsames Landessozialgericht vom 10. Dezember 2001 (Nds. GVBl. 2002 S. 68).

(4) § 38 der Verwaltungsgerichtsordnung (VwGO) und § 31 der Finanzgerichtsordnung bleiben unberührt.

(5) Die Dienstaufsicht über die Staatsanwaltschaften richtet sich nach § 147 GVG.

§ 9 Umfang der Dienstaufsicht

Die Dienstaufsicht erstreckt sich, soweit durch Rechtsvorschrift nichts anderes bestimmt ist, auf die Einrichtung, die innere Ordnung, die allgemeine Geschäftsführung und die Personalangelegenheiten der Gerichte und Behörden.

§ 10 Dienstaufsicht im Ambulanten Justizsozialdienst Niedersachsen

[1]Das Justizministerium übt die Dienstaufsicht gemäß § 9 über die Beschäftigten aus, die Aufgaben des Ambulanten Justizsozialdienstes Niedersachsen wahrnehmen. [2]Es kann die Dienstaufsicht ganz oder teilweise auf andere Stellen übertragen.

§ 11 Aufgaben der Justizverwaltung

[1]Die Präsidentin, der Präsident, die Direktorin, der Direktor, die sonst aufsichtführende Richterin oder der sonst aufsichtführende Richter des Gerichts und die Leiterin oder der Leiter der Staatsanwaltschaft sowie deren Vertretung sind verpflichtet, die ihnen zugewiesenen Aufgaben der Justizverwaltung zu erledigen. [2]Sie können Richterinnen, Richtern, Beamtinnen und Beamten, über die sie die Dienstaufsicht ausüben, die Erledigung von Aufgaben der Justizverwaltung übertragen. [3]Richterinnen und Richtern darf die Erledigung von Aufgaben der Justizverwaltung, deren Umfang ein Fünftel des regelmäßigen Dienstes, bei Teilzeitbeschäftigten ein Fünftel des durch Teilzeitbeschäftigung reduzierten regelmäßigen Dienstes, überschreitet, nur mit ihrer Zustimmung übertragen werden.

Viertes Kapitel

Sicherheits- und ordnungsrechtliche Befugnisse der Beschäftigten der Gerichte und Staatsanwaltschaften

§ 12 Regelungsbereich, Einschränkung von Grundrechten

(1) Dieses Kapitel regelt die Befugnisse der Justizwachtmeisterinnen, Justizwachtmeister und Justizangestellten im Wachtmeisterdienst der Gerichte und Staatsanwaltschaften bei der Vollstreckung sitzungspolizeilicher Maßnahmen und der Sicherung des Gewahrsams sowie die Befugnisse bei der Ausübung des Hausrechts.

(2) Durch dieses Kapitel werden die Grundrechte aus Artikel 2 Abs. 2 Sätze 1 und 2 (körperliche Unversehrtheit und Freiheit der Person) des Grundgesetzes eingeschränkt.

§ 13 Begriffsbestimmungen

Im Sinne dieses Kapitels ist

1. unmittelbarer Zwang die Einwirkung auf Personen oder Sachen durch körperliche Gewalt, durch ihre Hilfsmittel und durch Teleskopschlagstöcke,

2. körperliche Gewalt jede unmittelbare körperliche Einwirkung auf Personen oder Sachen,
3. Hilfsmittel der körperlichen Gewalt insbesondere Fesseln sowie die dienstlich zugelassenen Reiz- und Betäubungsstoffe.

§ 14 Vollstreckung sitzungspolizeilicher Maßnahmen

[1]Die Justizwachtmeisterinnen, Justizwachtmeister und Justizangestellten im Wachtmeisterdienst der Gerichte und Staatsanwaltschaften dürfen die gemäß den §§ 176, 177 und 180 GVG erlassenen Anordnungen durchsetzen, soweit bundesgesetzlich nichts anderes geregelt ist. [2]Sie dürfen dabei unmittelbaren Zwang nach Maßgabe der §§ 18 bis 21 anwenden.

§ 15 Sicherung des Gewahrsams

(1) [1]Die Justizwachtmeisterinnen, Justizwachtmeister und Justizangestellten im Wachtmeisterdienst der Gerichte und Staatsanwaltschaften sind befugt, Personen aufgrund richterlicher oder staatsanwaltschaftlicher Anordnung oder auf Ersuchen einer Justizvollzugsanstalt in behördlichen Gewahrsam zu nehmen. [2]Sie dürfen dabei die zur Sicherung des Gewahrsams erforderlichen Maßnahmen treffen, insbesondere unmittelbaren Zwang nach Maßgabe der §§ 18 bis 21 anwenden. [3]Rechtsbehelfe gegen Maßnahmen nach Satz 2 haben keine aufschiebende Wirkung.

(2) [1]Eine Person, die sich im Gewahrsam eines Gerichts oder einer Staatsanwaltschaft befindet, darf gefesselt werden, wenn die Gefahr besteht, dass sie
1. Personen angreifen, Widerstand leisten oder Sachen beschädigen wird,
2. fliehen wird oder befreit werden soll oder
3. sich töten oder verletzen wird.

[2]Bei einer Ausführung, Vorführung oder beim Transport von Gefangenen ist die Fesselung auch zulässig, wenn die Gefahr besteht, dass eine Beaufsichtigung nicht ausreicht, um eine Flucht zu vermeiden oder zu beheben. [3]§ 83 des Niedersächsischen Justizvollzugsgesetzes ist entsprechend anzuwenden.

(3) [1]Die Justizwachtmeisterinnen, Justizwachtmeister und Justizangestellten im Wachtmeisterdienst dürfen zum Schutz von Personen vor Gefahren für Leib und Leben sowie zum Schutz der Sicherheit die Hafträume der Gerichte durch Bildübertragung offen beobachten. [2]Die Beobachtung durch Bildübertragung ist unzulässig, wenn Anhaltspunkte bestehen, dass schutzwürdige Interessen der von der Beobachtung betroffenen Person überwiegen.

§ 16 Hausrecht

(1) [1]Die Behördenleiterinnen und Behördenleiter der Gerichte und Staatsanwaltschaften sowie die von ihnen beauftragten Beschäftigten können die zur Aufrechterhaltung der Sicherheit und Ordnung in der Behörde erforderlichen Maßnahmen treffen, insbesondere
1. Zutrittskontrollen, auch unter Verwendung technischer Hilfsmittel, die zum Auffinden von zur Störung der öffentlichen Sicherheit oder Ordnung verwendbaren Gegenständen geeignet sind, durchführen,
2. eine Person und mitgeführte Sachen nach Maßgabe des § 17 durchsuchen, wenn Tatsachen die Annahme rechtfertigen, dass sie Sachen mit sich führt, die nach Nummer 3 sichergestellt werden dürfen,
3. Waffen, gefährliche Gegenstände und sonstige Gegenstände, die geeignet sind, die Sicherheit oder Ordnung zu stören, sicherstellen,
4. die Identität feststellen,
5. im Fall einer erheblichen Störung eine Person vom Grundstück verweisen und ihr vorübergehend das Betreten des Grundstücks verbieten, wenn mit einer Wiederholung der Störung zu rechnen ist.

[2]Mit der Durchsetzung der Maßnahmen nach Satz 1 sollen Justizwachtmeisterinnen, Justizwachtmeister und Justizangestellte im Wachtmeisterdienst beauftragt werden. [3]Die Person, bei der nach Satz 1 Nr. 3 ein Gegenstand sichergestellt wurde, erhält eine Bescheinigung, die den Grund der Sicherstellung nennt und den sichergestellten Gegenstand bezeichnet. [4]Der sichergestellte Gegenstand ist zu verwahren und der Person bei Wegfall des Sicherstellungsgrundes zurückzugeben. [5]Rechtsbehelfe gegen Maßnahmen nach Satz 1 haben keine aufschiebende Wirkung.

(2) [1]Die Justizwachtmeisterinnen, Justizwachtmeister und Justizangestellten im Wachtmeisterdienst können Maßnahmen nach Absatz 1 Satz 1 durch Anwendung unmittelbaren Zwangs nach Maßgabe der §§ 18 bis 21 durchsetzen. [2]Im Übrigen richtet sich deren Durchsetzung nach dem Sechsten Teil

des Niedersächsischen Polizei- und Ordnungsbehördengesetzes, soweit dieses Gesetz keine Regelung enthält.

§ 17 Durchsuchung

[1]Die Durchsuchung männlicher Personen darf nur von Männern, die Durchsuchung weiblicher Personen nur von Frauen vorgenommen werden. [2]Das gilt nicht für das Absuchen mittels technischer Geräte ohne unmittelbaren körperlichen Kontakt oder wenn die Durchsuchung zum Schutz gegen eine Gefahr für Leib oder Leben erforderlich ist. [3]Das Schamgefühl ist zu schonen.

§ 18 Verhältnismäßigkeit

(1) Unmittelbarer Zwang darf nur angewendet werden, wenn der damit verfolgte Zweck auf andere Weise nicht erreicht werden kann.

(2) [1]Bei der Anwendung unmittelbaren Zwangs ist das Mittel zu wählen, das die betroffene Person und die Allgemeinheit voraussichtlich am wenigsten beeinträchtigt. [2]Teleskopschlagstöcke dürfen nur gebraucht werden, wenn körperliche Gewalt oder ihre Hilfsmittel erfolglos angewendet worden sind oder von vornherein keinen Erfolg versprechen. [3]Die Anwendung unmittelbaren Zwangs darf nicht zu einem Nachteil führen, der zu dem erstrebten Erfolg erkennbar außer Verhältnis steht.

(3) Unmittelbarer Zwang ist nur so lange zulässig, bis der Zweck erreicht ist oder nicht mehr erreicht werden kann.

§ 19 Androhung

[1]Die Anwendung unmittelbaren Zwangs ist vorher anzudrohen. [2]Die Androhung darf nur dann unterbleiben, wenn die Umstände dies nicht zulassen oder unmittelbarer Zwang sofort angewendet werden muss, um eine rechtswidrige Tat, die den Tatbestand eines Strafgesetzes erfüllt, zu verhindern oder eine gegenwärtige Gefahr abzuwenden. [3]Rechtsbehelfe gegen die Androhung unmittelbaren Zwangs haben keine aufschiebende Wirkung.

§ 20 Handeln auf Anordnung

(1) [1]Die zur Anwendung unmittelbaren Zwangs befugten Beschäftigten der Gerichte und Staatsanwaltschaften sind verpflichtet, unmittelbaren Zwang anzuwenden, der von einer oder einem Weisungsberechtigten angeordnet wird. [2]Dies gilt nicht, wenn die Anordnung die Menschenwürde verletzt oder nicht zu dienstlichen Zwecken erteilt worden ist.

(2) [1]Eine Anordnung darf nicht befolgt werden, wenn dadurch eine Straftat begangen würde. [2]Befolgt die oder der Beschäftigte die Anordnung trotzdem, so trifft sie oder ihn eine Schuld nur, wenn sie oder er erkennt oder wenn es nach den ihr oder ihm bekannten Umständen offensichtlich ist, dass dadurch eine Straftat begangen wird.

(3) Bedenken gegen die Rechtmäßigkeit der Anordnung sind der oder dem Anordnenden gegenüber vorzubringen, soweit das nach den Umständen möglich ist.

(4) § 36 Abs. 2 und 3 des Beamtenstatusgesetzes ist nicht anzuwenden.

§ 21 Hilfeleistung

Ist eine Person durch die Anwendung unmittelbaren Zwangs verletzt worden, so ist Beistand zu leisten und ärztliche Hilfe zu holen, soweit es erforderlich ist und die Lage es zulässt.

Fünftes Kapitel

Dolmetscherinnen und Dolmetscher, Gebärdensprachdolmetscherinnen und Gebärdensprachdolmetscher, Übersetzerinnen und Übersetzer

§ 22 Dolmetscherinnen und Dolmetscher

(1) Personen, die eine Sprache mündlich und schriftlich übertragen (Dolmetscherinnen und Dolmetscher) und nach Maßgabe des Gerichtsdolmetschergesetzes (GDolmG) allgemein beeidigt worden sind, gelten für das Gebiet des Landes auch für die Sprachübertragung zu behördlichen und notariellen Zwecken als allgemein beeidigt.

(2) [1]Aufgrund des § 2 Abs. 2 Satz 1 GDolmG ist das Landgericht Hannover zuständig für die allgemeine Beeidigung; mit Ausnahme der Eidesleistung nach Satz 3 kann das Verfahren über eine einheitliche Stelle nach den Vorschriften des Verwaltungsverfahrensgesetzes (VwVfG) und des Niedersächsischen Gesetzes über Einheitliche Ansprechpartner abgewickelt werden. [2]Für die Antragstellung gilt § 24

Abs. 2 entsprechend. [3]Die Dolmetscherin oder der Dolmetscher hat den Eid vor der Präsidentin oder dem Präsidenten des Landgerichts Hannover oder einer von dieser oder diesem beauftragten Richterin oder einem von dieser oder diesem beauftragten Richter zu leisten.

§ 22a Gebärdensprachdolmetscherinnen und Gebärdensprachdolmetscher

(1) [1]Personen, die eine Gebärdensprache für gerichtliche, behördliche und notarielle Zwecke übertragen (Gebärdensprachdolmetscherinnen und Gebärdensprachdolmetscher), werden für das Gebiet des Landes in entsprechender Anwendung des § 3 Abs. 1, 2, 4 und 5, der §§ 4, 5 und 7 bis 10 Abs. 1 GDolmG sowie des § 22 Abs. 2 Satz 3, des § 23 Abs. 6 und des § 24 Abs. 1 Satz 1, Abs. 2 und 3 dieses Gesetzes allgemein beeidigt. [2]Mit Ausnahme der Eidesleistung gemäß § 22 Abs. 2 Satz 3 und der Verpflichtung gemäß § 24 Abs. 3 kann das Verfahren über eine einheitliche Stelle nach den Vorschriften des Verwaltungsverfahrensgesetzes und des Niedersächsischen Gesetzes über Einheitliche Ansprechpartner abgewickelt werden.

(2) Nach Aushändigung der Urkunde gemäß § 5 Abs. 4 Nr. 2 GDolmG darf die Gebärdensprachdolmetscherin die Bezeichnung „Vom Landgericht Hannover allgemein beeidigte Gebärdensprachdolmetscherin für ... [Angabe der Sprache, für die sie beeidigt ist]“ und der Gebärdensprachdolmetscher die Bezeichnung „Vom Landgericht Hannover allgemein beeidigter Gebärdensprachdolmetscher für ... [Angabe der Sprache, für die er beeidigt ist]“ führen.

§ 23 Voraussetzungen der Ermächtigung von Übersetzerinnen und Übersetzern

(1) Personen, die eine Sprache für gerichtliche, behördliche und notarielle Zwecke grundsätzlich nur schriftlich übertragen (Übersetzerinnen und Übersetzer), werden für das Gebiet des Landes unter den Voraussetzungen der Absätze 2 bis 7 ermächtigt.

(2) Als Übersetzerin oder Übersetzer wird auf Antrag ermächtigt, wer fachlich geeignet und persönlich zuverlässig sowie bereit und in der Lage ist, Aufträge niedersächsischer Gerichte, Behörden, Notarinnen und Notare zu übernehmen und kurzfristig zu erledigen.

(3) Die fachliche Eignung erfordert

1. Sprachkenntnisse, mit denen die Antragstellerin oder der Antragsteller
   a) praktisch alles, was sie oder er liest, mühelos verstehen kann,
   b) sich sehr flüssig und genau ausdrücken kann und
   c) auch bei komplexeren Sachverhalten feinere Bedeutungsnuancen deutlich machen kann,

   und zwar sowohl in der deutschen als auch in der fremden Sprache, sowie
2. Grundkenntnisse der deutschen Rechtssprache.

(4) Von der persönlichen Zuverlässigkeit ist auszugehen, wenn keine Tatsachen vorliegen, die die Annahme rechtfertigen, dass die Antragstellerin oder der Antragsteller die erforderliche persönliche Zuverlässigkeit nicht besitzt, insbesondere ihre oder seine Pflichten als ermächtigte Übersetzerin oder ermächtigter Übersetzer nicht ordnungsgemäß erfüllen wird.

(5) [1]Die persönliche Zuverlässigkeit besitzt insbesondere nicht, wer

1. aufgrund einer Entscheidung des Bundesverfassungsgerichts gemäß Artikel 18 des Grundgesetzes ein Grundrecht verwirkt hat,
2. in den letzten fünf Jahren vor Antragstellung
   a) wegen eines Verbrechens,
   b) wegen eines Vergehens nach dem Neunten Abschnitt (Falsche uneidliche Aussage und Meineid) oder dem Fünfzehnten Abschnitt (Verletzung des persönlichen Lebens- und Geheimbereichs) des Besonderen Teils des Strafgesetzbuchs oder
   c) wegen Begünstigung, Strafvereitelung, Betrugs oder Urkundenfälschung

   rechtskräftig verurteilt worden ist oder
3. sich im Vermögensverfall befindet.

[2]Ein Vermögensverfall wird vermutet, wenn ein Insolvenzverfahren über das Vermögen der Antragstellerin oder des Antragstellers eröffnet oder sie oder er in das vom zentralen Vollstreckungsgericht zu führende Schuldnerverzeichnis nach § 882b der Zivilprozessordnung eingetragen ist.

(6) Dem Antrag auf Ermächtigung sind die erforderlichen Unterlagen beizufügen, insbesondere

1. ein Lebenslauf,
2. eine Erklärung, dass bei der Meldebehörde ein Führungszeugnis nach § 30 Abs. 5 des Bundeszentralregistergesetzes zur Vorlage bei der nach § 24 Abs. 1 Satz 1 zuständigen Behörde beantragt worden ist,
3. eine Erklärung darüber, ob über das Vermögen der Antragstellerin oder des Antragstellers das Insolvenzverfahren eröffnet und noch keine Restschuldbefreiung erteilt worden oder ob die Antragstellerin oder der Antragsteller in das Schuldnerverzeichnis eingetragen ist, sowie
4. die für den Nachweis der fachlichen Eignung notwendigen Unterlagen, die auch eine Beurteilung von sprachmittlerischen Kenntnissen und Fähigkeiten ermöglichen sollen.

(7) Bei Antragstellerinnen und Antragstellern, die in einem anderen Land aufgrund eines Gesetzes als Übersetzerin oder Übersetzer ermächtigt oder öffentlich bestellt sind, genügt zum Nachweis ihrer fachlichen Eignung die Vorlage einer Bescheinigung über ihre Ermächtigung oder öffentliche Bestellung.

§ 24 Zuständigkeit und Verfahren der Ermächtigung

(1) [1]Zuständig für die Ermächtigung von Übersetzerinnen und Übersetzern ist das Landgericht Hannover. [2]Mit Ausnahme und der Verpflichtung nach Absatz 3 kann das Verfahren über eine einheitliche Stelle nach den Vorschriften des Verwaltungsverfahrensgesetzes und des Niedersächsischen Gesetzes über Einheitliche Ansprechpartner abgewickelt werden. [3]Über Anträge auf Ermächtigung ist innerhalb von drei Monaten zu entscheiden; § 42a Abs. 2 Sätze 2 bis 4 VwVfG gilt entsprechend.

(2) [1]Der Antrag auf Ermächtigung ist nach Maßgabe der Sätze 2 bis 4 elektronisch zu stellen. [2]Der Antrag kann in einem elektronischen Formular, das von dem Landgericht Hannover über öffentlich zugängliche Netze zur Verfügung gestellt wird, gestellt und elektronisch übermittelt werden. [3]In diesem Fall muss der Nachweis der Identität der antragstellenden Person unter Verwendung eines Nutzerkontos im Sinne des § 2 Abs. 5 Satz 1 des Onlinezugangsgesetzes und mindestens auf dem Sicherheitsniveau „substanziell“ im Sinne des Artikels 8 Abs. 2 Buchst. b der Verordnung (EU) Nr. 910/2014 des Europäischen Parlaments und des Rates vom 23. Juli 2014 über elektronische Identifizierung und Vertrauensdienste für elektronische Transaktionen im Binnenmarkt und zur Aufhebung der Richtlinie 1999/93/EG (ABl. EU Nr. L 257 S. 73; 2015 Nr. L 23 S. 19; 2016 Nr. L 155 S. 44), geändert durch die Richtlinie (EU) 2022/2555 vom 14. Dezember 2022 (ABl. EU Nr. L 333 S. 80), erfolgen. [4]Der Antrag kann auch als elektronisches Dokument auf einem sicheren Übermittlungsweg nach § 130a Abs. 4 Satz 1 Nr. 4 oder 5 der Zivilprozessordnung eingereicht werden; § 130a Abs. 2 der Zivilprozessordnung gilt entsprechend. [5]Ist eine elektronische Antragstellung nach den Sätzen 1 bis 4 aus technischen Gründen vorübergehend nicht möglich, so kann der Antrag als Dokument in Papierform übermittelt werden; der Antrag ist in diesem Fall von der Antragstellerin oder dem Antragsteller zu unterschreiben. [6]Bestehen begründete Zweifel an der Echtheit oder inhaltlichen Richtigkeit der übermittelten Unterlagen, so kann das Landgericht Hannover die Antragstellerin oder den Antragsteller auffordern, innerhalb einer angemessenen Frist Originale, beglaubigte Kopien oder weitere Unterlagen vorzulegen.

(3) [1]Übersetzerinnen und Übersetzer sind von der Präsidentin oder dem Präsidenten des Landgerichts Hannover oder einer von dieser oder diesem beauftragten Richterin oder einem von dieser oder diesem beauftragten Richter zur Geheimhaltung zu verpflichten und auf die Vorschriften über die Wahrung des Steuergeheimnisses (§ 30 der Abgabenordnung) hinzuweisen. [2]§ 1 Abs. 1 bis 3 des Verpflichtungsgesetzes gilt entsprechend.

(4) Übersetzerinnen und Übersetzer erhalten eine Bescheinigung über die erteilte Ermächtigung.

§ 25 Pflichten und Rechte der Übersetzerinnen und Übersetzer

(1) Ermächtigte Übersetzerinnen und Übersetzer sind verpflichtet,

1. die übertragenen Aufgaben gewissenhaft und unparteiisch zu erfüllen,
2. Aufträge niedersächsischer Gerichte, Behörden, Notarinnen und Notare zu übernehmen und kurzfristig zu erledigen, es sei denn, dass wichtige Gründe dem entgegenstehen,
3. Tatsachen, die ihnen bei ihrer Tätigkeit zur Kenntnis gelangen, Dritten nicht unbefugt mitzuteilen oder sie zum Nachteil Anderer zu verwerten,
4. Mitarbeiterinnen und Mitarbeiter sowie alle sonstigen Personen, die bei der Tätigkeit mitwirken, zur Verschwiegenheit ausdrücklich zu verpflichten und anzuhalten,

5. bei dem Landgericht Hannover ihre Unterschrift zu hinterlegen und
6. dem Landgericht Hannover unverzüglich Änderungen ihres Namens, ihres Vornamens, ihrer ladungsfähigen Anschrift, ihrer telefonischen Erreichbarkeit und ihrer Berufsbezeichnung sowie alle sonstigen Änderungen mitzuteilen, die für ihre Tätigkeit als ermächtigte Übersetzerin oder ermächtigter Übersetzer erheblich sind, insbesondere die Verhängung einer gerichtlichen Strafe oder einer Maßregel der Sicherung und Besserung gegen sie, ihre Eintragung in das Schuldnerverzeichnis sowie die Eröffnung eines Insolvenzverfahrens über ihr Vermögen.

(2) [1]Die Übersetzerermächtigung umfasst das Recht, die Richtigkeit und Vollständigkeit von Übersetzungen zu bescheinigen. [2]Dies gilt auch für bereits vorgenommene Übersetzungen, die zur Prüfung der Richtigkeit und Vollständigkeit vorgelegt werden. [3]Die ermächtigten Übersetzerinnen und Übersetzer sind verpflichtet, die ihnen anvertrauten Schriftstücke sorgsam aufzubewahren und nach Erledigung des Auftrags zurückzugeben.

(3) Nach Aushändigung der Bescheinigung gemäß § 24 Abs. 4 darf die Übersetzerin die Bezeichnung „Vom Landgericht Hannover ermächtigte Übersetzerin für ... [Angabe der Sprache, für die sie ermächtigt ist]“ und der Übersetzer die Bezeichnung „Vom Landgericht Hannover ermächtigter Übersetzer für ... [Angabe der Sprache, für die er ermächtigt ist]“ führen.

§ 26 Bescheinigung der Übersetzerin oder des Übersetzers

(1) Die ermächtigte Übersetzerin oder der ermächtigte Übersetzer hat die Richtigkeit und Vollständigkeit von schriftlichen Sprachübertragungen unter Angabe der Bezeichnung nach § 25 Abs. 3 durch den folgenden Vermerk zu bescheinigen:

„Die Richtigkeit und Vollständigkeit vorstehender Übersetzung aus der … Sprache wird bescheinigt. Ort, Datum, Unterschrift“.

(2) [1]Ist das übersetzte Dokument kein Original oder wurde nur ein Teil des Dokuments übersetzt, so ist dies in der Bescheinigung zu vermerken. [2]In der Bescheinigung soll auf Auffälligkeiten des übersetzten Dokuments, insbesondere unleserliche Worte, Änderungen oder Auslassungen hingewiesen werden, soweit sich dies nicht aus der Übersetzung ergibt.

(3) Die Absätze 1 und 2 sind entsprechend anzuwenden, wenn eine zur Prüfung der Richtigkeit und Vollständigkeit vorgelegte Übersetzung eines anderen als richtig und vollständig bescheinigt wird.

§ 27 Widerruf der Ermächtigung, Verzicht

[1]Das Landgericht Hannover kann die Übersetzungsermächtigung widerrufen, wenn die Übersetzerin oder der Übersetzer

1. die Voraussetzungen des § 23 Abs. 2 bis 4 nicht mehr erfüllt,
2. wiederholt fehlerhafte Übertragungen ausgeführt hat oder
3. gegen die Pflicht, die übertragenen Aufgaben gewissenhaft und unparteiisch zu erfüllen, verstoßen hat.

[2]§ 49 VwVfG in Verbindung mit § 1 Abs. 1 des Niedersächsischen Verwaltungsverfahrensgesetzes bleibt unberührt. [3]Die Übersetzungsermächtigung wird unwirksam, wenn die Übersetzerin oder der Übersetzer auf sie durch schriftliche Erklärung verzichtet.

§ 28 Datenverarbeitung, Vergütungsvereinbarungen

(1) [1]Das Landgericht Hannover darf die für die Ermächtigung oder ihre Erledigung erforderlichen personenbezogenen Daten von Übersetzerinnen und Übersetzern verarbeiten und in automatisierte Abrufverfahren einstellen. [2]§ 9 Abs. 1 Sätze 2 und 3 sowie Abs. 2 bis 5 GDolmG gilt entsprechend.

(2) [1]Hat eine Dolmetscherin, ein Dolmetscher, eine Gebärdensprachdolmetscherin, ein Gebärdensprachdolmetscher, eine Übersetzerin oder ein Übersetzer mit dem Land eine Vergütungsvereinbarung nach § 14 des Justizvergütungs- und -entschädigungsgesetzes (JVEG) abgeschlossen, so ist dies zu vermerken. [2]Für nach Satz 1 zu verarbeitende personenbezogene Daten gilt Absatz 1 mit der Maßgabe entsprechend, dass diese Daten nur niedersächsischen Gerichten und Behörden sowie Notarinnen und Notaren mit Amtssitz in Niedersachsen übermittelt werden dürfen.

§ 29 Vorübergehende Dienstleistungen

(1) [1]Personen, die in einem anderen Mitgliedstaat der Europäischen Union, in einem anderen Vertragsstaat des Abkommens über den Europäischen Wirtschaftsraum oder in einem Staat, demgegenüber die Mitgliedstaaten der Europäischen Union vertragsrechtlich zur Gleichbehandlung seiner Staatsangehörigen hinsichtlich der Anerkennung von Berufsqualifikationen verpflichtet sind (Niederlassungs-

staat), zur Ausübung einer Tätigkeit als Dolmetscherin oder Dolmetscher für behördliche oder notarielle Zwecke, Gebärdensprachdolmetscherin, Gebärdensprachdolmetscher, Übersetzerin oder Übersetzer oder einer vergleichbaren Tätigkeit rechtmäßig niedergelassen sind und diese Tätigkeit in Niedersachsen vorübergehend und gelegentlich ausüben wollen (vorübergehende Dienstleistungen), werden für die Dauer eines Jahres in die gemeinsame Datenbank nach § 9 Abs. 2 Satz 2 GDolmG eingetragen, wenn die Voraussetzungen nach Absatz 2 erfüllt sind, und dürfen diese Tätigkeit für die Dauer der Eintragung auf dem Gebiet des Landes mit denselben Rechten und Pflichten wie eine nach diesem Gesetz allgemein beeidigte Dolmetscherin oder ein allgemein beeidigter Dolmetscher für behördliche oder notarielle Zwecke, eine nach diesem Gesetz allgemein beeidigte Gebärdensprachdolmetscherin, ein nach diesem Gesetz allgemein beeidigter Gebärdensprachdolmetscher, eine nach diesem Gesetz ermächtigte Übersetzerin oder ein nach diesem Gesetz ermächtigter Übersetzer ausüben. [2]Für die Datenverarbeitung im Übrigen gilt § 28 entsprechend. [3]Wenn weder die Tätigkeit noch die Ausbildung zu dieser Tätigkeit in dem Niederlassungsstaat reglementiert ist, gilt dies nur, wenn die Person die Tätigkeit in dem Niederlassungsstaat während der vorhergehenden zehn Jahre mindestens ein Jahr lang ausgeübt hat. [4]Ob Tätigkeiten nach Satz 1 vorübergehend und gelegentlich erbracht werden, ist im Einzelfall, insbesondere anhand der Dauer, der Häufigkeit, der regelmäßigen Wiederkehr und der Kontinuität der Tätigkeit, zu beurteilen.

(2) [1]Die Aufnahme in die gemeinsame Datenbank setzt voraus, dass dem Landgericht Hannover die Aufnahme vorübergehender Dienstleistungen in Niedersachsen schriftlich oder auf einem elektronischen Übermittlungsweg nach § 24 Abs. 2 gemeldet wird. [2]Die Meldung muss die in die gemeinsame Datenbank aufzunehmenden Angaben enthalten. [3]Ihr sind folgende Unterlagen beizufügen:

1. eine Bescheinigung darüber, dass die Person im Niederlassungsstaat zur Ausübung einer in Absatz 1 Satz 1 genannten oder einer vergleichbaren Tätigkeit rechtmäßig niedergelassen ist und dass ihr die Ausübung dieser Tätigkeit zum Zeitpunkt der Vorlage der Bescheinigung nicht, auch nicht vorübergehend, untersagt ist,
2. ein Berufsqualifikationsnachweis im Sinne des § 23 Abs. 3, Abs. 6 Nr. 4 und Abs. 7,
3. wenn die Tätigkeit im Niederlassungsstaat nicht reglementiert ist, ein Nachweis darüber, dass die Person die Tätigkeit dort während der vorhergehenden zehn Jahre mindestens ein Jahr lang ausgeübt hat, und
4. ein Nachweis darüber, unter welcher Berufsbezeichnung die Tätigkeit im Niederlassungsstaat ausgeübt wird.

(3) [1]Die Eintragung in die gemeinsame Datenbank wird um jeweils ein Jahr verlängert, wenn die Person rechtzeitig vor Ablauf eines Jahres meldet, dass sie weiterhin vorübergehende Dienstleistungen in Niedersachsen erbringen will. [2]In diesem Fall ist erneut eine Bescheinigung nach Absatz 2 Satz 3 Nr. 1 oder, wenn die Tätigkeit im Niederlassungsstaat nicht reglementiert ist, eine Bescheinigung nach Absatz 2 Satz 3 Nr. 3 vorzulegen.

(4) [1]Sobald die Meldung vollständig vorliegt, spätestens nach einem Monat, nimmt das Landgericht Hannover die Eintragung in die gemeinsame Datenbank für ein Jahr oder die Verlängerung der Eintragung um ein Jahr vor und unterrichtet die Person darüber. [2]Neben den Angaben nach § 9 Abs. 1 Satz 2 GDolmG sind in die gemeinsame Datenbank aufzunehmen

1. die Berufsbezeichnung, unter der die Tätigkeit im Niederlassungsstaat ausgeübt wird,
2. falls die Tätigkeit im Niederlassungsstaat zulassungspflichtig ist, den Namen und die Anschrift der zuständigen Aufsichtsbehörde, andernfalls die Angabe, dass die Tätigkeit im Niederlassungsstaat nicht zulassungspflichtig ist.

(5) [1]Vorübergehende Dienstleistungen sind unter der Berufsbezeichnung auszuüben, unter der sie im Niederlassungsstaat erbracht werden; die Berufsbezeichnung wird in der Amtssprache oder einer der Amtssprachen des Niederlassungsstaates geführt. [2]Eine Verwechslung mit den in § 22a Abs. 2 und § 25 Abs. 3 aufgeführten Bezeichnungen muss ausgeschlossen sein.

(6) Das Landgericht Hannover kann eine vorübergehend in die gemeinsame Datenbank eingetragene Person aus der gemeinsamen Datenbank löschen, wenn die Voraussetzungen für die Eintragung, insbesondere die in der Bescheinigung nach Absatz 2 Satz 3 Nr. 1 dokumentierten Umstände, nicht mehr vorliegen oder die Voraussetzungen vorliegen, unter denen eine allgemeine Beeidigung oder Ermächtigung zurückgenommen oder widerrufen werden könnte.

(7) Die Absätze 1 bis 6 gelten entsprechend für Staatsangehörige von Drittstaaten, soweit diese Staatsangehörigen wegen besonderer persönlicher Merkmale hinsichtlich der Richtlinie 2005/36/EG nach dem Recht der Europäischen Union gleichzustellen sind.

(8) [1]Das Verfahren kann über eine einheitliche Stelle nach den Vorschriften des Verwaltungsverfahrensgesetzes und des Niedersächsischen Gesetzes über Einheitliche Ansprechpartner abgewickelt werden. [2]Unterlagen, die in einem Mitgliedstaat der Europäischen Union oder in einem anderen Vertragsstaat des Abkommens über den Europäischen Wirtschaftsraum ausgestellt oder anerkannt wurden, können abweichend von Absatz 2 Satz 1 auch elektronisch übermittelt werden. [3]Im Fall begründeter Zweifel an der Echtheit der nach Satz 2 übermittelten Unterlagen und soweit unbedingt geboten kann sich das Landgericht Hannover an die zuständige Stelle des Staates wenden, in dem die Unterlagen ausgestellt oder anerkannt wurden, und die Person, die die Unterlagen übermittelt hat, auffordern, beglaubigte Kopien vorzulegen. [4]Beide Maßnahmen hemmen nicht den Lauf der Frist nach Absatz 4 Satz 1.

§ 30 Ordnungswidrigkeiten

(1) Ordnungswidrig handelt, wer vorsätzlich oder fahrlässig

1. sich als von einer Stelle in Niedersachsen allgemein beeidigte Gebärdensprachdolmetscherin oder allgemein beeidigter Gebärdensprachdolmetscher für eine Sprache bezeichnet oder eine zum Verwechseln ähnliche Bezeichnung führt, ohne insoweit nach § 22a Abs. 2 berechtigt zu sein, oder
2. sich als von einer Stelle in Niedersachsen ermächtigte Übersetzerin oder ermächtigter Übersetzer für eine Sprache bezeichnet oder eine zum Verwechseln ähnliche Bezeichnung führt, ohne insoweit nach § 25 Abs. 3 berechtigt zu sein.

(2) Die Ordnungswidrigkeit kann mit einer Geldbuße bis zu 3 000 Euro geahndet werden.

(3) Zuständig im Sinne des § 36 Abs. 1 Nr. 1 des Gesetzes über Ordnungswidrigkeiten für die Verfolgung und Ahndung von Ordnungswidrigkeiten nach Absatz 1 und nach § 11 Abs. 1 GDolmG ist die Staatsanwaltschaft.

§ 31 Überleitungsvorschrift

[1]Eine nach dem 31. Dezember 2010 und vor dem 1. April 2023 nach den Vorschriften dieses Kapitels oder des 3. Abschnitts des Ausführungsgesetzes zum Gerichtsverfassungsgesetz vorgenommene allgemeine Beeidigung einer Dolmetscherin oder eines Dolmetschers für eine Sprache erlischt, wenn diese Person nach dem Gerichtsdolmetschergesetz oder den Vorschriften dieses Kapitels für dieselbe Sprache erneut allgemein beeidigt wird. [2]Bis zum Erlöschen finden § 25 Abs. 1 und 3 Nrn. 1 und 2, § 27 und § 30 Abs. 1 Nr. 1 in der bis zum 31. März 2023 geltenden Fassung weiterhin Anwendung; für die Datenverarbeitung gilt § 9 GDolmG entsprechend.

Sechstes Kapitel
Neutralität

§ 31a Neutrales Auftreten im Dienst

Wer in einer Verhandlung oder bei einer anderen Amtshandlung, bei deren Wahrnehmung Beteiligte, Zeuginnen oder Zeugen, Sachverständige oder Zuhörerinnen oder Zuhörer anwesend sind, ihr oder ihm obliegende oder übertragene richterliche oder staatsanwaltliche Aufgaben wahrnimmt, darf keine sichtbaren Symbole oder Kleidungsstücke tragen, die eine religiöse, weltanschauliche oder politische Überzeugung zum Ausdruck bringen.

Zweiter Teil
Ordentliche Gerichtsbarkeit

Erstes Kapitel
Allgemeine Vorschriften

§ 32 Amtsgerichte

(1) Die Amtsgerichte haben ihren Sitz in Achim, Alfeld (Leine), Aurich, Bad Gandersheim, Bad Iburg, Bersenbrück, Brake (Unterweser), Braunschweig, Bremervörde, Bückeburg, Burgdorf, Burgwedel, Buxtehude, Celle, Clausthal-Zellerfeld, Cloppenburg, Cuxhaven, Dannenberg (Elbe), Delmenhorst,

Diepholz, Duderstadt, Einbeck, Elze, Emden, Geestland, Gifhorn, Göttingen, Goslar, Hameln, Hann. Münden, Hannover, Helmstedt, Herzberg am Harz, Hildesheim, Holzminden, Jever, Leer (Ostfriesland), Lehrte, Lingen (Ems), Lüneburg, Meppen, Neustadt am Rübenberge, Nienburg (Weser), Norden, Nordenham, Nordhorn, Northeim, Oldenburg (Oldenburg), Osnabrück, Osterholz-Scharmbeck, Osterode am Harz, Otterndorf, Papenburg, Peine, Rinteln, Rotenburg (Wümme), Salzgitter, Seesen, Soltau, Springe, Stade, Stadthagen, Stolzenau, Sulingen, Syke, Tostedt, Uelzen, Varel, Vechta, Verden (Aller), Walsrode, Wennigsen (Deister), Westerstede, Wildeshausen, Wilhelmshaven, Winsen (Luhe), Wittmund, Wolfenbüttel, Wolfsburg und Zeven.

(2) Die Bezirke der Amtsgerichte ergeben sich aus der **Anlage 1**.

§ 33 Landgerichte

(1) Die Landgerichte haben ihren Sitz in Aurich, Braunschweig, Bückeburg, Göttingen, Hannover, Hildesheim, Lüneburg, Oldenburg (Oldenburg), Osnabrück, Stade und Verden (Aller).

(2) Die Bezirke der Landgerichte bestehen aus den Bezirken folgender Amtsgerichte:

1. Landgericht Aurich:
   Amtsgerichte Aurich, Emden, Leer (Ostfriesland), Norden und Wittmund,
2. Landgericht Braunschweig:
   Amtsgerichte Bad Gandersheim, Braunschweig, Clausthal-Zellerfeld, Goslar, Helmstedt, Salzgitter, Seesen, Wolfenbüttel und Wolfsburg,
3. Landgericht Bückeburg:
   Amtsgerichte Bückeburg, Rinteln und Stadthagen,
4. Landgericht Göttingen:
   Amtsgerichte Duderstadt, Einbeck, Göttingen, Hann. Münden, Herzberg am Harz, Northeim und Osterode am Harz,
5. Landgericht Hannover:
   Amtsgerichte Burgwedel, Hameln, Hannover, Neustadt am Rübenberge, Springe und Wennigsen (Deister),
6. Landgericht Hildesheim:
   Amtsgerichte Alfeld (Leine), Burgdorf, Elze, Gifhorn, Hildesheim, Holzminden, Lehrte und Peine,
7. Landgericht Lüneburg:
   Amtsgerichte Celle, Dannenberg (Elbe), Lüneburg, Soltau, Uelzen und Winsen (Luhe),
8. Landgericht Oldenburg (Oldenburg):
   Amtsgerichte Brake (Unterweser), Cloppenburg, Delmenhorst, Jever, Nordenham, Oldenburg (Oldenburg), Varel, Vechta, Westerstede, Wildeshausen und Wilhelmshaven,
9. Landgericht Osnabrück:
   Amtsgerichte Bad Iburg, Bersenbrück, Lingen (Ems), Meppen, Nordhorn, Osnabrück und Papenburg,
10. Landgericht Stade:
    Amtsgerichte Bremervörde, Buxtehude, Cuxhaven, Geestland, Otterndorf, Stade, Tostedt und Zeven,
11. Landgericht Verden (Aller):
    Amtsgerichte Achim, Diepholz, Nienburg (Weser), Osterholz-Scharmbeck, Rotenburg (Wümme), Stolzenau, Sulingen, Syke, Verden (Aller) und Walsrode.

§ 34 Oberlandesgerichte

(1) Die Oberlandesgerichte haben ihren Sitz in Braunschweig, Celle und Oldenburg (Oldenburg).

(2) Die Bezirke der Oberlandesgerichte bestehen aus den Bezirken folgender Landgerichte:

1. Oberlandesgericht Braunschweig:
   Landgerichte Braunschweig und Göttingen,
2. Oberlandesgericht Celle:
   Landgerichte Bückeburg, Hannover, Hildesheim, Lüneburg, Stade und Verden (Aller),
3. Oberlandesgericht Oldenburg (Oldenburg):
   Landgerichte Aurich, Oldenburg (Oldenburg) und Osnabrück.

§ 35 Zuständigkeit für Beschwerdeentscheidungen über die Aussetzung der Vollstreckung lebenslanger Freiheitsstrafen und darauf bezogener nachträglicher Entscheidungen

Für die Entscheidung über die sofortige Beschwerde, die sich gegen eine Entscheidung nach § 453 Abs. 1 Satz 1 oder § 454 Abs. 1 Satz 1 der Strafprozessordnung (StPO) betreffend eine lebenslange Freiheitsstrafe richtet, ist das Oberlandesgericht Celle für die Bezirke der Oberlandesgerichte Braunschweig, Celle und Oldenburg zuständig.

§ 36 Anzahl der Kammern und Senate

[1]Die Präsidentin oder der Präsident des Landgerichts bestimmt die Anzahl der Zivilkammern und der Strafkammern bei dem Landgericht. [2]Die Präsidentin oder der Präsident des Oberlandesgerichts bestimmt die Anzahl der Zivilsenate und der Strafsenate bei dem Oberlandesgericht. [3]Die dienstaufsichtführenden Stellen können ihnen hierfür Weisungen erteilen.

§ 37 Ernennung ehrenamtlicher Richterinnen und Richter der Kammern für Handelssachen

Die ehrenamtlichen Richterinnen und Richter der Kammern für Handelssachen werden von der Präsidentin oder dem Präsidenten des Landgerichts ernannt.

§ 38 Vertretung der aufsichtführenden Richterin oder des aufsichtführenden Richters

(1) [1]Das Justizministerium kann eine Richterin zur ständigen Vertreterin oder einen Richter zum ständigen Vertreter oder mehrere Richterinnen oder Richter zu ständigen Vertreterinnen oder Vertretern der Präsidentin, des Präsidenten, der Direktorin, des Direktors, der sonst aufsichtführenden Richterin oder des sonst aufsichtführenden Richters des Gerichts bestellen. [2]Ist eine Richterin oder ein Richter in eine für die ständige Vertreterin oder den ständigen Vertreter der Präsidentin oder des Präsidenten bestimmte Planstelle eingewiesen, so ist sie oder er die ständige Vertreterin oder der ständige Vertreter der Präsidentin oder des Präsidenten. [3]Sind mehrere Vertreterinnen oder Vertreter bestellt, so bestimmt das Justizministerium ihren Aufgabenbereich. [4]Es kann die Befugnisse nach den Sätzen 1 und 3 auf die Präsidentin oder den Präsidenten des Oberlandesgerichts, des Landgerichts oder des Amtsgerichts übertragen.

(2) Wer die Präsidentin, den Präsidenten, die Direktorin, den Direktor, die sonst aufsichtführende Richterin oder den sonst aufsichtführenden Richter eines Gerichts nach Absatz 1 oder nach § 21h Satz 2 GVG vertritt, übt auch die Dienstaufsicht aus und nimmt die Aufgaben der Justizverwaltung wahr.

§ 39 Wahl der Vertrauenspersonen für den Ausschuss zur Wahl der Schöffinnen und Schöffen

Für die Wahl der Vertrauenspersonen für den Ausschuss zur Wahl der Schöffinnen und Schöffen (§ 40 Abs. 3 und §§ 77 und 78 GVG) gelten die §§ 32 bis 35 GVG entsprechend.

§ 40 Zuständigkeit für die Beglaubigung amtlicher Unterschriften zum Zwecke der Legalisation

Für die Beglaubigung amtlicher Unterschriften auf gerichtlichen und notariellen Urkunden zum Zwecke der Legalisation ist die Präsidentin oder der Präsident des Landgerichts und die Präsidentin oder der Präsident des Amtsgerichts, für eine weitere Beglaubigung das Justizministerium zuständig.

§ 41 Ehrenamtliche Bewährungshelferinnen und Bewährungshelfer

(1) [1]Bestellt ein Gericht eine ehrenamtliche Bewährungshelferin oder einen ehrenamtlichen Bewährungshelfer, so belehrt es sie oder ihn über die Aufgaben und verpflichtet sie oder ihn durch Handschlag zur gewissenhaften Durchführung der übertragenen Aufgaben. [2]Die Bewährungshelferin oder der Bewährungshelfer erhält eine Bestellungsurkunde.

(2) Die Behörden des Landes sind im Rahmen ihrer Zuständigkeit verpflichtet, ehrenamtliche Bewährungshelferinnen und Bewährungshelfer bei der Durchführung ihrer Aufgaben zu unterstützen.

(3) [1]Ehrenamtliche Bewährungshelferinnen und Bewährungshelfer erhalten eine Aufwandsentschädigung. [2]Daneben werden notwendige Fahrtkosten in dem für ehrenamtliche Richterinnen und Richter vorgesehenen Umfang entsprechend § 5 JVEG sowie sonstige notwendige bare Auslagen entsprechend § 7 Abs. 1 JVEG ersetzt. [3]Für die Festsetzung der Leistungen, die Geltendmachung und das Erlöschen der Ansprüche gelten die Vorschriften des Abschnitts 1 des Justizvergütungs- und -entschädigungsgesetzes entsprechend.

§ 42 Parlamentarische Kontrolle strafverfahrensrechtlicher Maßnahmen

(1) [1]Der Landtag bildet einen Ausschuss zur Kontrolle der auf Anordnung eines niedersächsischen Gerichts durchgeführten Maßnahmen

1. der Telekommunikationsüberwachung nach § 100a StPO, bei denen ohne Wissen der betroffenen Person mit technischen Mitteln in von ihr genutzte informationstechnische Systeme eingegriffen worden ist, um die Überwachung und Aufzeichnung von laufender Telekommunikation insbesondere auch in unverschlüsselter Form zu ermöglichen,
2. der Wohnraumüberwachung nach § 100c StPO.

[2]Der Ausschuss hat mindestens drei Mitglieder. [3]Jede Fraktion benennt mindestens ein Mitglied. [4]Die Aufgabe nach Satz 1 kann auch einem Ausschuss übertragen werden, der vergleichbare polizeiliche Datenerhebungen überwacht.

(2) Die Landesregierung unterrichtet den Landtag jährlich auf der Grundlage der dem Bundesamt für Justiz gemäß § 100e Abs. 1 Satz 1 und Abs. 2 in Verbindung mit § 100b Abs. 5 Satz 1 StPO vorgelegten Berichte.

(3) [1]Das Justizministerium unterrichtet den in Absatz 1 genannten Ausschuss in Abständen von höchstens sechs Monaten über Anlass und Dauer der Datenerhebung nach Absatz 1 Satz 1. [2]Das Justizministerium hat dem Ausschuss Auskünfte über diese Datenerhebung zu erteilen, wenn es mindestens eines seiner Mitglieder verlangt. [3]Das Justizministerium kann unter Darlegung der Gründe eine Auskunft ablehnen, wenn Gründe nach Artikel 24 Abs. 3 der Niedersächsischen Verfassung vorliegen.

(4) Die Verhandlungen des Ausschusses nach Absatz 1 sind vertraulich.

Zweites Kapitel
Verfahren in Familiensachen und in den Angelegenheiten der freiwilligen Gerichtsbarkeit

Erster Abschnitt
Allgemeine Vorschriften

§ 43 Anwendbarkeit des Gesetzes über das Verfahren in Familiensachen und in den Angelegenheiten der freiwilligen Gerichtsbarkeit

Für die Angelegenheiten der freiwilligen Gerichtsbarkeit, die durch Landesrecht den ordentlichen Gerichten oder den Gerichtsvollzieherinnen und Gerichtsvollziehern übertragen sind (landesrechtliche Angelegenheiten der freiwilligen Gerichtsbarkeit), ist das Gesetz über das Verfahren in Familiensachen und in den Angelegenheiten der freiwilligen Gerichtsbarkeit (FamFG) entsprechend anzuwenden, soweit das Landesrecht nichts anderes bestimmt.

§ 44 Rechtsmittel in landesrechtlichen Angelegenheiten der freiwilligen Gerichtsbarkeit

(1) In landesrechtlichen Angelegenheiten der freiwilligen Gerichtsbarkeit ist Beschwerdegericht im Sinne der §§ 58 bis 69 FamFG das Oberlandesgericht, soweit durch Rechtsvorschrift nichts anderes bestimmt ist.

(2) Entscheidungen des Oberlandesgerichts in landesrechtlichen Angelegenheiten der freiwilligen Gerichtsbarkeit sind unanfechtbar.

§ 45 Vollstreckbare Kostentitel

(1) Aus einer Entscheidung über die Vergütung und die Aufwendungen der Verwahrerin oder des Verwahrers nach § 410 Nr. 3 FamFG findet die Zwangsvollstreckung nach den Bestimmungen der Zivilprozessordnung statt.

(2) Beschlüsse nach Absatz 1 sind mit Wirksamwerden vollstreckbar.

Zweiter Abschnitt
Nachlasssachen

§ 46 Mitteilungspflicht der Gemeinden

Werden bei einem Todesfall Umstände bekannt, die gerichtliche Maßnahmen zur Sicherung des Nachlasses angezeigt erscheinen lassen, so soll die Gemeinde dies unverzüglich dem Amtsgericht mitteilen, in dessen Bezirk der Todesfall eingetreten ist oder in dessen Bezirk die Sicherungsmaßnahme zu ergreifen wäre.

§ 47 Vorläufige Maßnahmen der Gemeinden

[1]Bei Gefahr im Verzug hat die Gemeinde die zur vorläufigen Sicherung eines Nachlasses erforderlichen Maßnahmen zu treffen. [2]Die getroffenen Maßnahmen sind dem Amtsgericht mitzuteilen, zu dessen Bezirk das Gebiet der Gemeinde gehört.

§ 48 Benachrichtigung von Behörden

Werden bei Ausführung einer vom Nachlassgericht oder einem anderen Gericht angeordneten Sicherungsmaßnahme amtliche Schriftstücke oder sonstige Sachen vorgefunden, deren Herausgabe von einer Behörde verlangt werden kann, so hat das Gericht die Behörde hiervon und von der getroffenen Sicherungsmaßnahme zu benachrichtigen.

§ 49 Zuständigkeit der Notarinnen und Notare im Nachlasssicherungsverfahren

Das Nachlassgericht kann einer Notarin oder einem Notar im Rahmen eines Nachlasssicherungsverfahrens die Aufnahme eines Nachlassverzeichnisses und eines Nachlassinventars sowie die Anlegung und Abnahme von Siegeln übertragen.

Dritter Abschnitt

Grundbuchsachen

§ 50 Grundbuchverfahren

(1) Auf Rechte, für die nach Landesrecht die Vorschriften des Bürgerlichen Gesetzbuchs über Grundstücke entsprechend gelten, sowie auf das Bergwerkseigentum sind die für Grundstücke und für Erbbaurechte geltenden Vorschriften der Grundbuchordnung entsprechend anzuwenden, soweit in den §§ 51 und 52 nichts anderes bestimmt ist.

(2) Selbständige Gerechtigkeiten sowie vererbliche und veräußerliche Nutzungsrechte an Grundstücken im Sinne des § 18 des Niedersächsischen Ausführungsgesetzes zum Bürgerlichen Gesetzbuch werden nur auf Antrag einer oder eines Berechtigten im Grundbuch eingetragen.

§ 51 Bergwerkseigentum

[1]Werden durch Eintragungen über die Verleihung, die Vereinigung, die Teilung sowie das Erlöschen von Bergwerkseigentum oder den Austausch von Teilen von Bergwerksfeldern Eintragungen über Hypotheken, Grundschulden oder Rentenschulden betroffen, so sind die §§ 41 bis 43 der Grundbuchordnung nicht anzuwenden. [2]Das Grundbuchamt hat die Besitzerin oder den Besitzer des Hypotheken-, Grundschuld- oder Rentenschuldbriefs anzuhalten, den Brief vorzulegen. [3]Wird der Brief vorgelegt, so ist nach § 62 Abs. 1 sowie den §§ 69 und 70 Abs. 1 der Grundbuchordnung zu verfahren.

§ 52 Salzabbaugerechtigkeiten

(1) [1]Ist eine Salzabbaugerechtigkeit auf dem Grundbuchblatt des Grundstücks eingetragen, für das sie bestellt ist, so ist für sie von Amts wegen ein besonderes Grundbuchblatt anzulegen

1. bei einem Verfahren zur Beseitigung einer Doppelbuchung oder bei Unübersichtlichkeit aus anderen Gründen und
2. vor einer weiteren rechtsändernden Eintragung, die das Eigentum am Grundstück, das Recht an der Salzabbaugerechtigkeit oder auf ihnen ruhende Belastungen betrifft, mit Ausnahme der Löschung von Belastungen.

[2]Die Anlegung wird auf dem Blatt des Grundstücks vermerkt.

(2) Eine Salzabbaugerechtigkeit kann nur dann mit einer anderen Salzabbaugerechtigkeit vereinigt oder einer anderen Salzabbaugerechtigkeit als Bestandteil zugeschrieben werden, wenn die Gerechtigkeiten nach Bescheinigung der Bergbehörde zu einem einheitlichen Bau zusammengefasst werden können.

(3) Die Vereinigung von Salzabbaugerechtigkeiten setzt weiter voraus, dass die Belastungen der Gerechtigkeiten nach Einigung der Beteiligten über die Rangordnung auf das aus den Gerechtigkeiten gebildete Recht übertragen werden.

§ 53 Verordnungsermächtigung

Das Justizministerium wird ermächtigt, durch Verordnung die Einrichtung und Führung der Grundbücher über die in § 50 Abs. 1 genannten Rechte und das Bergwerkseigentum zu regeln.

§ 54 Fortgeltung von Vorschriften in den Satzungen der ritterschaftlichen Kreditinstitute
Die Vorschriften in der Satzung des Calenberg-Göttingen-Grubenhagen-Hildesheim'schen Ritterschaftlichen Kreditvereins und in der Satzung des Ritterschaftlichen Kreditinstituts des Fürstentums Lüneburg über die Aufnahme, Eintragung und Löschung der Pfandbriefdarlehen bleiben für die vor dem 12. April 1990 vereinbarten Pfandbriefdarlehen in Kraft.

Vierter Abschnitt
Urkundstätigkeit der Amtsgerichte sowie der Gerichtsvollzieherinnen und Gerichtsvollzieher

§ 55 Beurkundung von Aussagen und Gutachten außerhalb eines anhängigen Verfahrens
[1]Die Richterinnen und Richter bei den Amtsgerichten können außerhalb eines anhängigen Verfahrens Zeuginnen und Zeugen vernehmen und die Aussage beurkunden, wenn hierfür ein berechtigtes Interesse glaubhaft gemacht wird. [2]Satz 1 ist auf die Erstattung von Gutachten durch Sachverständige entsprechend anzuwenden. [3]Die Zeuginnen, Zeugen und Sachverständigen können im Einverständnis aller Beteiligten auch beeidigt werden. [4]Ein Zwang zur Zeugenaussage oder zur Erstattung eines Gutachtens darf nicht ausgeübt werden.

§ 56 Zuständigkeit der Urkundsbeamtinnen und Urkundsbeamten der Geschäftsstelle
Die Urkundsbeamtin oder der Urkundsbeamte der Geschäftsstelle des Amtsgerichts ist dafür zuständig,
1. Siegelungen und Entsiegelungen vorzunehmen und
2. Vermögensverzeichnisse aufzunehmen.

§ 57 Zuständigkeit der Gerichtsvollzieherinnen und Gerichtsvollzieher
(1) Die Gerichtsvollzieherin oder der Gerichtsvollzieher ist dafür zuständig,
1. Wechsel- und Scheckproteste aufzunehmen,
2. freiwillige Versteigerungen beweglicher Sachen und vom Boden noch nicht getrennter Früchte durchzuführen,
3. im Auftrag des Amtsgerichts oder der Insolvenzverwalterin oder des Insolvenzverwalters sowie in den gesetzlich vorgesehenen Fällen auch im Auftrag einer oder eines Beteiligten Vermögensverzeichnisse aufzunehmen oder bei ihrer Aufnahme mitzuwirken,
4. im Auftrag des Amtsgerichts oder der Insolvenzverwalterin oder des Insolvenzverwalters Siegelungen und Entsiegelungen vorzunehmen und
5. das tatsächliche Angebot einer Leistung zu beurkunden.

(2) Die Gerichtsvollzieherin oder der Gerichtsvollzieher kann den Auftrag zu einer freiwilligen Versteigerung nach ihrem oder seinem Ermessen ablehnen.

Fünfter Abschnitt
Verfahren bei der freiwilligen Versteigerung von Grundstücken durch Notarinnen und Notare

§ 58 Allgemeines
Für die freiwillige Versteigerung von Grundstücken durch Notarinnen und Notare gelten, soweit die Antragstellerin oder der Antragsteller nichts anderes bestimmt, in Ergänzung der allgemeinen Beurkundungsvorschriften die §§ 59 bis 64.

§ 59 Nachweise
Wer die freiwillige Versteigerung eines Grundstücks beantragt, hat seine Verfügungsbefugnis nachzuweisen und soll vor der Anberaumung des Versteigerungstermins einen Auszug aus dem Liegenschaftskataster und eine beglaubigte Abschrift des Grundbuchblatts nach dem neuesten Stand beibringen.

§ 60 Zeitpunkt der Versteigerung
[1]Der Zeitraum zwischen der Anberaumung des Versteigerungstermins und dem Termin soll, wenn nicht besondere Gründe vorliegen, nicht mehr als sechs Monate betragen. [2]Zwischen der Bekanntmachung der Terminsbestimmung und dem Termin sollen mindestens sechs Wochen liegen.

§ 61 Inhalt der Terminsbestimmung

(1) Die Terminsbestimmung soll enthalten

1. die Bezeichnung des Grundstücks und die Angabe seiner Größe,
2. die Bezeichnung der eingetragenen Eigentümerin oder des eingetragenen Eigentümers und die Angabe des Grundbuchblatts,
3. Zeit und Ort des Versteigerungstermins und
4. die Angabe, dass es sich um eine freiwillige Versteigerung handelt.

(2) Sind vor der Bekanntmachung der Terminsbestimmung Versteigerungsbedingungen festgelegt worden, so soll in der Bekanntmachung angegeben werden, wo diese Bedingungen eingesehen werden können.

§ 62 Bekanntmachung der Terminsbestimmung

(1) Die Terminsbestimmung soll öffentlich bekannt gemacht werden.

(2) Der Antragstellerin oder dem Antragsteller soll die Terminsbestimmung gesondert mitgeteilt werden.

§ 63 Einsicht in Unterlagen

Jede Person ist berechtigt, die Abschrift des Grundbuchblatts, den Auszug aus dem Liegenschaftskataster und andere das Grundstück betreffende Unterlagen, insbesondere Schätzungen, die der Notarin oder dem Notar aus Anlass des Versteigerungsverfahrens eingereicht worden sind, einzusehen.

§ 64 Verfahren im Versteigerungstermin

(1) [1]In dem Versteigerungstermin werden nach dem Aufruf der Sache die Versteigerungsbedingungen festgelegt, soweit dies nicht schon vorher geschehen ist. [2]Die Versteigerungsbedingungen und die das Grundstück betreffenden Unterlagen werden bekannt gemacht. [3]Danach wird zur Abgabe von Geboten aufgefordert.

(2) Die Versteigerungsbedingungen können bis zum Zuschlag geändert werden.

(3) Bis zum Zuschlag kann der Versteigerungsantrag zurückgenommen werden.

(4) [1]Zwischen der Aufforderung zur Abgabe von Geboten und dem Zeitpunkt, in dem für alle zu versteigernden Grundstücke die Versteigerung geschlossen wird, soll mindestens eine Stunde liegen. [2]Die Versteigerung soll so lange fortgesetzt werden, bis trotz Aufforderung kein Gebot mehr abgegeben wird.

(5) [1]Das letzte Gebot soll dreimal aufgerufen werden. [2]Der Zuschlag bedarf der Zustimmung der Antragstellerin oder des Antragstellers.

§ 65 Versteigerung von grundstücksgleichen Rechten

(1) Auf die freiwillige Versteigerung von Rechten, für die die Vorschriften für Grundstücke gelten, sind die §§ 59 bis 64 entsprechend anzuwenden.

(2) [1]Dem Antrag auf freiwillige Versteigerung eines Bergwerkseigentums oder eines unbeweglichen Bergwerksanteils ist eine beglaubigte Abschrift der Verleihungsurkunde des Bergwerks beizufügen. [2]Dem Antrag auf freiwillige Versteigerung einer selbständigen Salzabbaugerechtigkeit ist eine beglaubigte Abschrift der Urkunden beizufügen, durch die die Gerechtigkeit vom Eigentum an dem Grundstück abgetrennt worden ist.

(3) [1]Ist ein Bergwerkseigentum oder ein unbeweglicher Bergwerksanteil zu versteigern, so sollen in der Terminsbestimmung außer der Angabe des Grundbuchblatts das Bergwerk sowie die Mineralien, auf die das Bergwerkseigentum verliehen ist, bezeichnet werden. [2]Bei der Versteigerung eines Bergwerksanteils sollen in der Terminsbestimmung zusätzlich die Zahl der Kuxe, in die das Bergwerk geteilt ist, angegeben werden. [3]In der Terminsbestimmung sollen ferner die Feldgröße, der Landkreis und die Gemeinde, in denen das Feld liegt, angeben[1)] werden. [4]Satz 3 findet auf Salzabbaugerechtigkeiten entsprechende Anwendung.

§ 66 Übergangsvorschrift

Ein am 30. Dezember 2014 anhängiges Verfahren der freiwilligen Versteigerung eines Grundstücks durch eine Notarin oder einen Notar wird nach den am 30. Dezember 2014 geltenden Vorschriften zu Ende geführt.

---

1) Richtig wohl: „angegeben".

Drittes Kapitel

Ausführungsbestimmungen zum Gesetz über die Zwangsversteigerung und die Zwangsverwaltung

§ 67 Bestehen bleibende Rechte

(1) Rechte an dem Grundstück, die nach Landesrecht zur Wirksamkeit gegenüber dem öffentlichen Glauben des Grundbuchs der Eintragung nicht bedürfen, bleiben nach einer Zwangsversteigerung auch dann bestehen, wenn sie bei der Feststellung des geringsten Gebots nicht berücksichtigt sind.

(2) [1]Absatz 1 gilt entsprechend für die im Grundbuch als Leibgedinge, Leibzucht, Altenteil oder Auszug eingetragenen Dienstbarkeiten und Reallasten sowie für Grunddienstbarkeiten, die zur Wirksamkeit gegenüber dem öffentlichen Glauben des Grundbuchs der Eintragung nicht bedürfen. [2]§ 9 Abs. 2 des Einführungsgesetzes zu dem Gesetz über die Zwangsversteigerung und die Zwangsverwaltung bleibt unberührt.

§ 68 Befreiung von der Sicherheitsleistung

Für das Gebot einer Kommune kann eine Sicherheitsleistung nicht verlangt werden.

§ 69 Inhalt der Terminsbestimmung

In der Terminsbestimmung sollen außer den in den §§ 37 und 38 des Gesetzes über die Zwangsversteigerung und die Zwangsverwaltung aufgeführten Angaben auch

1. die postalische Anschrift oder die sonstige ortsübliche Bezeichnung,
2. die Bebauung und
3. bei landwirtschaftlicher Nutzung die Wirtschaftsart

des zu versteigernden Grundstücks angegeben werden.

Viertes Kapitel

Ausführungsbestimmungen zum Gesetz über das gerichtliche Verfahren in Landwirtschaftssachen

§ 70 Vorschlagslisten

(1) Die Vorschlagslisten für die Berufung der ehrenamtlichen Richterinnen und Richter in Landwirtschaftssachen sind von der Landwirtschaftskammer Niedersachsen aufzustellen.

(2) Unter den als ehrenamtliche Richterinnen und Richter vorgeschlagenen Personen sollen sich in angemessener Anzahl Pächterinnen und Pächter befinden.

(3) Mitglieder des Grundstücksverkehrsausschusses (§ 41 des Gesetzes über die Landwirtschaftskammer Niedersachsen) sind für ihren Bezirk nicht als ehrenamtliche Richterinnen und Richter beim Amtsgericht vorzuschlagen.

(4) [1]Wer zur ehrenamtlichen Richterin oder zum ehrenamtlichen Richter beim Oberlandesgericht vorgeschlagen wird, soll nicht zugleich zur ehrenamtlichen Richterin oder zum ehrenamtlichen Richter beim Amtsgericht vorgeschlagen werden. [2]Wer zur ehrenamtlichen Richterin oder zum ehrenamtlichen Richter beim Bundesgerichtshof vorgeschlagen ist, soll nicht zur ehrenamtlichen Richterin oder zum ehrenamtlichen Richter beim Amtsgericht oder Oberlandesgericht vorgeschlagen werden.

(5) Für jede zur ehrenamtlichen Richterin oder zum ehrenamtlichen Richter vorgeschlagene Person sind anzugeben

1. Name und Vorname,
2. Wohnort,
3. Lebensalter,
4. Stellung im Beruf, insbesondere ob und wie viel Land sie oder er als selbstwirtschaftende Eigentümerin oder als selbstwirtschaftender Eigentümer oder als Verpächterin oder Verpächter oder als Pächterin oder Pächter jetzt innehat oder zuletzt innegehabt hat, und
5. frühere Vorschläge und Berufungen zur ehrenamtlichen Richterin oder zum ehrenamtlichen Richter in Landwirtschaftssachen unter Angabe des Gerichts.

§ 71 Ergänzungslisten

[1]Reicht für ein Gericht die Zahl der vorgeschlagenen Personen nicht aus, um die erforderliche Anzahl von ehrenamtlichen Richterinnen und Richtern zu bestimmen, so kann die Präsidentin oder der Prä-

sident des Oberlandesgerichts für dieses Gericht eine Ergänzungsliste anfordern. [2]Sie oder er bestimmt unter Berücksichtigung des § 4 Abs. 4 des Gesetzes über das gerichtliche Verfahren in Landwirtschaftssachen, wie viele Personen vorzuschlagen sind. [3]Für die Ergänzungsliste gilt § 70 entsprechend.

§ 72 Erbscheinsverfahren

(1) In den Verfahren über die Erteilung, die Einziehung oder die Kraftloserklärung eines Erbscheins, für die die in Landwirtschaftssachen zuständigen Gerichte zuständig sind, finden § 14 Abs. 2 und § 30 des Gesetzes über das gerichtliche Verfahren in Landwirtschaftssachen sowie § 38 Abs. 3, die §§ 39 und 41 Abs. 1 Satz 2 und die §§ 58 und 66 FamFG keine Anwendung.

(2) [1]In den in Absatz 1 genannten Verfahren kann das Gericht ohne Zuziehung ehrenamtlicher Richterinnen oder Richter entscheiden. [2]Das Gericht soll jedoch unter Zuziehung ehrenamtlicher Richterinnen oder Richter entscheiden, wenn die Zuziehung wegen der Besonderheit des Falles geboten ist, insbesondere, wenn die Wirtschaftsfähigkeit der Hoferbin oder des Hoferben in Frage steht.

Dritter Teil

Verwaltungsgerichtsbarkeit

§ 73 Verwaltungsgerichte

(1) Die Verwaltungsgerichte haben ihren Sitz in Braunschweig, Göttingen, Hannover, Lüneburg, Oldenburg (Oldenburg), Osnabrück und Stade.

(2) Bezirke der Verwaltungsgerichte sind

1. für das Verwaltungsgericht Braunschweig:
   die Gebiete der Landkreise Gifhorn, Goslar, Helmstedt, Peine und Wolfenbüttel sowie der Städte Braunschweig, Salzgitter und Wolfsburg,
2. für das Verwaltungsgericht Göttingen:
   die Gebiete der Landkreise Göttingen und Northeim,
3. für das Verwaltungsgericht Hannover:
   die Gebiete der Landkreise Diepholz, Hameln-Pyrmont, Hildesheim, Holzminden, Nienburg (Weser) und Schaumburg sowie der Region Hannover,
4. für das Verwaltungsgericht Lüneburg:
   die Gebiete der Landkreise Celle, Harburg, Lüchow-Dannenberg, Lüneburg, Heidekreis und Uelzen,
5. für das Verwaltungsgericht Oldenburg:
   a) die Gebiete der Landkreise Ammerland, Aurich, Cloppenburg, Friesland, Leer, Oldenburg, Vechta, Wesermarsch und Wittmund und der Städte Delmenhorst, Emden, Oldenburg (Oldenburg) und Wilhelmshaven sowie
   b) das gemeinde- und kreisfreie Gebiet der Küstengewässer einschließlich des Dollarts, des Jadebusens und der Bundeswasserstraßen Ems und Weser sowie der davon eingeschlossenen oder daran angrenzenden gemeinde- und kreisfreien Gebiete, im Osten und Nordosten begrenzt durch die Landesgrenze mit der Freien Hansestadt Bremen – Stadt Bremerhaven –, die seewärtige Grenze des Landkreises Cuxhaven und die westliche Landesgrenze mit der Freien und Hansestadt Hamburg – Exklave Neuwerk/Scharhörn –,
6. für das Verwaltungsgericht Osnabrück:
   die Gebiete der Landkreise Emsland, Grafschaft Bentheim und Osnabrück sowie der Stadt Osnabrück,
7. für das Verwaltungsgericht Stade:
   die Gebiete der Landkreise Cuxhaven, Osterholz, Rotenburg (Wümme), Stade und Verden sowie das gemeinde- und kreisfreie Gebiet der Küstengewässer einschließlich der Bundeswasserstraße Elbe und der davon eingeschlossenen oder daran angrenzenden gemeinde- und kreisfreien Gebiete, im Westen begrenzt durch die östliche Landesgrenze mit der Freien und Hansestadt Hamburg – Exklave Neuwerk/Scharhörn –.

§ 74 Oberverwaltungsgericht

(1) [1]Das Oberverwaltungsgericht hat seinen Sitz in Lüneburg. [2]Es führt die Bezeichnung „Niedersächsisches Oberverwaltungsgericht“.

(2) Der Bezirk des Oberverwaltungsgerichts umfasst das Gebiet des Landes Niedersachsen.

§ 75 Entscheidung über die Gültigkeit von Rechtsvorschriften

Das Oberverwaltungsgericht entscheidet im Rahmen seiner Gerichtsbarkeit auf Antrag über die Gültigkeit von im Rang unter dem Landesgesetz stehenden Rechtsvorschriften (§ 47 Abs. 1 Nr. 2 VwGO).

§ 76 Besetzung der Senate des Oberverwaltungsgerichts

(1) Die Senate des Oberverwaltungsgerichts entscheiden in der Besetzung von drei Richterinnen oder Richtern und zwei ehrenamtlichen Richterinnen oder Richtern, soweit durch Rechtsvorschrift nichts anderes bestimmt ist.

(2) [1]Bei Beschlüssen außerhalb der mündlichen Verhandlung und bei Gerichtsbescheiden wirken die ehrenamtlichen Richterinnen und Richter nicht mit. [2]Dies gilt nicht für Beschlüsse nach § 47 Abs. 5 Satz 1 VwGO.

§ 77 Verwaltungsbeamtin oder Verwaltungsbeamter im Ausschuss zur Wahl der ehrenamtlichen Richterinnen und Richter

(1) Das für Inneres zuständige Ministerium bestimmt die Verwaltungsbeamtin oder den Verwaltungsbeamten, die oder der nach § 26 Abs. 2 Satz 1 VwGO dem Ausschuss zur Wahl der ehrenamtlichen Richterinnen und Richter beim Verwaltungsgericht angehört.

(2) Das Justizministerium bestimmt die Verwaltungsbeamtin oder den Verwaltungsbeamten, die oder der nach § 26 Abs. 2 Satz 1 in Verbindung mit § 34 VwGO dem Ausschuss zur Wahl der ehrenamtlichen Richterinnen und Richter beim Oberverwaltungsgericht angehört.

§ 78 Vertrauensleute im Ausschuss zur Wahl der ehrenamtlichen Richterinnen und Richter

(1) [1]Die Vertrauensleute und die stellvertretenden Vertrauensleute für den Ausschuss zur Wahl der ehrenamtlichen Richterinnen und Richter beim Verwaltungsgericht werden durch eine Versammlung von Wahlbevollmächtigten gewählt. [2]Die Vertretungen der Landkreise und kreisfreien Städte im Bezirk des Verwaltungsgerichts wählen je ein Mitglied und ein stellvertretendes Mitglied der Versammlung der Wahlbevollmächtigten. [3]Die Zuständigkeit der Vertretungen der großen selbständigen Städte, der selbständigen Gemeinden, der Stadt Göttingen und der Landeshauptstadt Hannover wird ausgeschlossen.

(2) [1]Die Versammlung der Wahlbevollmächtigten wählt aus ihrer Mitte eine Vorsitzende oder einen Vorsitzenden und deren oder dessen Vertreterin oder Vertreter. [2]Die oder der Vorsitzende beruft die Versammlung ein. [3]Zu ihrer ersten Sitzung wird die Versammlung von demjenigen Mitglied der Versammlung einberufen, das die Kommune vertritt, in der das Verwaltungsgericht seinen Sitz hat.

(3) [1]Die Versammlung ist beschlussfähig, wenn mehr als die Hälfte ihrer Mitglieder anwesend ist. [2]Gewählt ist, wer die meisten Stimmen auf sich vereinigt. [3]Bei Stimmengleichheit entscheidet das Los.

(4) [1]Die Vertrauensleute und die stellvertretenden Vertrauensleute werden für fünf Jahre gewählt. [2]Sie bleiben nach Ablauf der Amtsperiode bis zur Neuwahl im Amt. [3]Wird während der Amtsperiode die Wahl einer neuen Vertrauensperson erforderlich, so wird diese für den Rest der Wahlperiode gewählt.

(5) [1]Für den bei dem Oberverwaltungsgericht zu bestellenden Ausschuss wählt der Landtag oder ein durch ihn bestimmter Landtagsausschuss die Vertrauensleute und die stellvertretenden Vertrauensleute. [2]Absatz 4 gilt entsprechend.

§ 79 Verfahrensbeteiligung von Landesbehörden

(1) Fähig, am Verfahren beteiligt zu sein, sind auch Landesbehörden (§ 61 Nr. 3 VwGO).

(2) Hat eine Landesbehörde den angefochtenen Verwaltungsakt erlassen oder den beantragten Verwaltungsakt unterlassen, so ist die Klage gegen sie zu richten (§ 78 Abs. 1 Nr. 2 VwGO).

§ 80 Vorverfahren

(1) Vor Erhebung der Anfechtungsklage findet abweichend von § 68 Abs. 1 Satz 1 VwGO eine Nachprüfung in einem Vorverfahren nicht statt.

(2) [1]Absatz 1 gilt nicht für Verwaltungsakte,

1. denen eine Bewertung einer Leistung im Rahmen einer berufsbezogenen Prüfung zugrunde liegt,
2. die von Schulen oder nach § 27 des Niedersächsischen Schulgesetzes erlassen werden,
3. die von der Investitions- und Förderbank Niedersachsen (NBank) im Rahmen der ihr nach dem Gesetz über die Investitions- und Förderbank Niedersachsen übertragenen Aufgaben erlassen werden, mit Ausnahme von Verwaltungsakten im Rahmen der Wohnraumförderung und zur För-

derung des Städtebaus einschließlich der städtebaulichen Erneuerung und Entwicklung und der zugehörigen Infrastruktur,
4. die nach den Vorschriften
   a) des Baugesetzbuchs und der Niedersächsischen Bauordnung,
   b) des Bundes-Immissionsschutzgesetzes,
   c) des Kreislaufwirtschaftsgesetzes, der Rechtsvorschriften der Europäischen Union zum Abfallrecht, des Abfallverbringungsgesetzes, des Batteriegesetzes und des Niedersächsischen Abfallgesetzes,
   d) des Bundes-Bodenschutzgesetzes und des Niedersächsischen Bodenschutzgesetzes,
   e) der den Naturschutz und die Landschaftspflege betreffenden Rechtsvorschriften der Europäischen Union und des Bundes sowie des Landes Niedersachsen,
   f) des Wasserhaushaltsgesetzes, des Niedersächsischen Wassergesetzes und des Niedersächsischen Deichgesetzes,
   g) des Chemikaliengesetzes und des Sprengstoffgesetzes,
   h) des Produktsicherheitsgesetzes und des Energieverbrauchsrelevante-Produkte-Gesetzes,
   i) des Unterhaltsvorschussgesetzes,
   j) des Niedersächsischen Umweltinformationsgesetzes,
   k) des Strahlenschutzgesetzes und der Strahlenschutzverordnung,
   l) des Rundfunkgebührenstaatsvertrages und des Rundfunkbeitragsstaatsvertrages,
   m) des Dritten Teils des Kammergesetzes für die Heilberufe,
   n) der Niedersächsischen Verordnung über Führungen auf Wattflächen,
   o) des Arbeitsschutzgesetzes, des Jugendarbeitsschutzgesetzes, des Mutterschutzgesetzes und des Arbeitszeitgesetzes,
   p) des Gesetzes über Betriebsärzte, Sicherheitsingenieure und andere Fachkräfte für Arbeitssicherheit sowie des Fahrpersonalgesetzes,
   q) des Abschnitts 4 des Bundeselterngeld- und Elternzeitgesetzes und
   r) des Gentechnikgesetzes

   sowie der auf diesen Rechtsvorschriften beruhenden Verordnungen und Satzungen erlassen werden.

[2]In den Fällen des Satzes 1 Nr. 1 bedarf es der Nachprüfung in einem Vorverfahren auch dann, wenn eine oberste Landesbehörde den Verwaltungsakt erlassen hat. [3]Soweit die Verwaltungsakte nach Satz 1 Nrn. 2 und 4 Buchst. a bis k und n bis r Abgabenangelegenheiten betreffen, findet ein Vorverfahren nicht statt; Absatz 3 Nr. 1 bleibt unberührt.

(3) Verwaltungsakte, die nicht unter Absatz 2 Sätze 1 und 2 fallen und auf der Grundlage von Rechtsvorschriften
1. zu kommunalen Abgaben,
2. des Europäischen Garantiefonds für die Landwirtschaft (EGFL), des Europäischen Landwirtschaftsfonds für die Entwicklung des ländlichen Raums (ELER) sowie zu anderen Fördermaßnahmen, mit denen land- oder forstwirtschaftliche Zwecke verfolgt werden,
3. des Pflanzenschutz- oder Düngerechts,
4. zum ökologischen Landbau,
5. im Bereich des Futtermittelrechts, soweit aufgrund dieser Rechtsvorschriften Kosten für Kontroll- und Überwachungsmaßnahmen, welche in regelmäßigen Überprüfungen und Probenahmen bestehen, festgesetzt werden,
6. zur Apothekenaufsicht oder
7. zur bergrechtlichen Betriebsplanzulassung oder zur Erteilung von Bergbauberechtigungen

erlassen werden, können mit der Anordnung versehen werden, dass abweichend von Absatz 1 vor der Erhebung der Anfechtungsklage die Rechtmäßigkeit und Zweckmäßigkeit des Verwaltungsakts in einem Vorverfahren nachzuprüfen sind.

(4) Für die Verpflichtungsklage gelten die Absätze 1 bis 3 entsprechend.

(5) [1]Soweit nach Absatz 2 Sätze 1 und 2 sowie Absatz 4 ein Vorverfahren durchzuführen ist, gilt dies auch für
1. Verwaltungshandlungen, die sich rechtlich unmittelbar auf die genannten Verwaltungsakte beziehen, insbesondere Zusicherungen, Nebenbestimmungen, Androhungen von Zwangsmitteln,

Kostenentscheidungen, Aufhebungen und Entscheidungen über das Wiederaufgreifen des Verfahrens, sowie

2. Kostenentscheidungen von Behörden des Landes aus Anlass von Überwachungsmaßnahmen oder der Entgegennahme von Anzeigen nach den in Absatz 2 Satz 1 Nr. 4 Buchst. b bis d, f bis h, k und n bis r genannten Vorschriften einschließlich der auf diesen Rechtsvorschriften beruhenden Verordnungen.

[2]Ordnet die Behörde in den Fällen des Absatzes 3 die Durchführung des Vorverfahrens an, so gilt diese Entscheidung auch für die in Satz 1 Nr. 1 genannten Entscheidungen.

§ 81 Nachfolgebehörde

[1]Wird eine Behörde aufgelöst, die einen Verwaltungsakt erlassen oder den Erlass eines beantragten Verwaltungsakts abgelehnt oder unterlassen hat, so finden ab dem Zeitpunkt der Auflösung die Vorschriften des 8. Abschnitts der Verwaltungsgerichtsordnung sowie die §§ 79 und 80 mit der Maßgabe Anwendung, dass an die Stelle der aufgelösten Behörde die Behörde tritt, auf die die Zuständigkeit zum Erlass des Verwaltungsakts übergegangen ist. [2]Ist Nachfolgebehörde eine oberste Landesbehörde, so bedarf es der Nachprüfung in einem Vorverfahren, soweit nicht bereits die aufgelöste Behörde über einen Widerspruch entschieden hat; § 80 bleibt unberührt.

Vierter Teil

Sozialgerichtsbarkeit

§ 82 Sozialgerichte

(1) Die niedersächsischen Sozialgerichte haben ihren Sitz in Aurich, Braunschweig, Hannover, Hildesheim, Lüneburg, Oldenburg (Oldenburg), Osnabrück und Stade.

(2) Bezirke der niedersächsischen Sozialgerichte sind

1. für das Sozialgericht Aurich:
   die Gebiete der Landkreise Aurich, Leer und Wittmund sowie der Stadt Emden,
2. für das Sozialgericht Braunschweig:
   die Gebiete der Landkreise Gifhorn, Goslar, Helmstedt, Peine und Wolfenbüttel sowie der Städte Braunschweig, Salzgitter und Wolfsburg,
3. für das Sozialgericht Hannover:
   die Gebiete der Landkreise Diepholz, Hameln-Pyrmont, Nienburg (Weser) und Schaumburg sowie der Region Hannover,
4. für das Sozialgericht Hildesheim:
   die Gebiete der Landkreise Göttingen, Hildesheim, Holzminden und Northeim,
5. für das Sozialgericht Lüneburg:
   die Gebiete der Landkreise Celle, Harburg, Lüchow-Dannenberg, Lüneburg, Heidekreis und Uelzen,
6. für das Sozialgericht Oldenburg (Oldenburg):
   die Gebiete der Landkreise Ammerland, Cloppenburg, Friesland, Oldenburg, Vechta und Wesermarsch sowie der Städte Delmenhorst, Oldenburg (Oldenburg) und Wilhelmshaven,
7. für das Sozialgericht Osnabrück:
   die Gebiete der Landkreise Emsland, Grafschaft Bentheim und Osnabrück sowie der Stadt Osnabrück,
8. für das Sozialgericht Stade:
   die Gebiete der Landkreise Cuxhaven, Osterholz, Rotenburg (Wümme), Stade und Verden.

§ 83 Landessozialgericht

(1) [1]Das Landessozialgericht besteht als gemeinsames Landessozialgericht des Landes Niedersachsen und der Freien Hansestadt Bremen. [2]Es führt die Bezeichnung „Landessozialgericht Niedersachsen-Bremen“. [3]Es hat seinen Sitz in Celle. [4]In Bremen besteht eine Zweigstelle.

(2) Der Bezirk des Landessozialgerichts umfasst die Gebiete des Landes Niedersachsen und der Freien Hansestadt Bremen.

§ 84 Zuständigkeitskonzentration

[1]Bei dem Sozialgericht Hannover besteht mindestens eine Fachkammer für Angelegenheiten des Vertragsarztrechts (§ 10 Abs. 2 des Sozialgerichtsgesetzes – SGG). [2]Ihr Bezirk erstreckt sich auf die Bezirke aller niedersächsischen Sozialgerichte.

§ 85 Ehrenamtliche Richterinnen und Richter

[1]Die Direktorin oder der Direktor oder die Präsidentin oder der Präsident des Sozialgerichts und die Präsidentin oder der Präsident des Landessozialgerichts bestimmen jeweils für ihr Gericht die Anzahl der ehrenamtlichen Richterinnen und Richter. [2]Die Anzahl ist so festzulegen, dass jede ehrenamtliche Richterin und jeder ehrenamtliche Richter im Laufe des Geschäftsjahres voraussichtlich zu nicht mehr als zwölf Sitzungen herangezogen wird.

§ 86 Vorverfahren

(1) Vor Erhebung der Anfechtungsklage findet abweichend von § 78 Abs. 1 Satz 1 SGG eine Nachprüfung in einem Vorverfahren nicht statt, wenn der Verwaltungsakt die Gewährung von Blindengeld nach dem Gesetz über das Landesblindengeld für Zivilblinde betrifft.

(2) Für die Verpflichtungsklage gilt Absatz 1 entsprechend.

(3) Die Absätze 1 und 2 gelten entsprechend für Verwaltungsakte, die nach § 13 Abs. 1 bis 3 des Niedersächsischen Gesetzes zur Ausführung des Zwölften Buchs des Sozialgesetzbuchs und nach § 24 Abs. 1 bis 3 des Niedersächsischen Gesetzes zur Ausführung des Neunten und des Zwölften Buchs des Sozialgesetzbuchs erlassen werden.

§ 87 Nachfolgebehörde

[1]Wird eine Behörde aufgelöst, die einen Verwaltungsakt erlassen oder einen beantragten Verwaltungsakt abgelehnt oder unterlassen hat, so finden ab dem Zeitpunkt der Auflösung die Vorschriften des Sozialgerichtsgesetzes und § 86 mit der Maßgabe Anwendung, dass an die Stelle der aufgelösten Behörde die Behörde tritt, auf die die Zuständigkeit zum Erlass des Verwaltungsakts übergegangen ist. [2]Ist Nachfolgebehörde eine oberste Landesbehörde, so bedarf es der Nachprüfung in einem Vorverfahren, soweit nicht bereits die aufgelöste Behörde über einen Widerspruch entschieden hat; § 86 bleibt unberührt.

Fünfter Teil

Finanzgerichtsbarkeit

§ 88 Finanzgericht

(1) [1]Das Finanzgericht hat seinen Sitz in Hannover. [2]Es führt die Bezeichnung „Niedersächsisches Finanzgericht".

(2) Der Bezirk des Finanzgerichts umfasst das Gebiet des Landes Niedersachsen.

§ 89 Anzahl der Senate

[1]Die Präsidentin oder der Präsident des Finanzgerichts bestimmt die Anzahl der Senate. [2]Das Justizministerium kann der Präsidentin oder dem Präsidenten des Finanzgerichts hierfür Weisungen erteilen.

§ 90 Vertrauensleute im Ausschuss zur Wahl der ehrenamtlichen Richterinnen und Richter

Der Landtag oder ein durch ihn bestimmter Landtagsausschuss wählt die Vertrauensleute und die stellvertretenden Vertrauensleute für den Ausschuss zur Wahl der ehrenamtlichen Richterinnen und Richter.

§ 91 Finanzrechtsweg in öffentlich-rechtlichen Streitigkeiten über Abgabenangelegenheiten

[1]Der Finanzrechtsweg ist in öffentlich-rechtlichen Streitigkeiten über Abgabenangelegenheiten gegeben, soweit Landesfinanzbehörden Abgaben verwalten, die nicht der Gesetzgebung des Bundes unterliegen. [2]§ 10 Abs. 2 des Kirchensteuerrahmengesetzes vom 10. Juli 1986 (Nds. GVBl. S. 281), zuletzt geändert durch Gesetz vom 10. Dezember 2008 (Nds. GVBl. S. 396), in der jeweils geltenden Fassung bleibt unberührt.

Sechster Teil
Arbeitsgerichtsbarkeit

§ 92 Arbeitsgerichte

(1) Die Arbeitsgerichte haben ihren Sitz in Braunschweig, Celle, Emden, Göttingen, Hameln, Hannover, Hildesheim, Lingen (Ems), Lüneburg, Nienburg (Weser), Oldenburg (Oldenburg), Osnabrück, Stade, Verden (Aller) und Wilhelmshaven.

(2) Bezirke der Arbeitsgerichte sind

1. für das Arbeitsgericht Braunschweig:
   die Gebiete der Landkreise Gifhorn, Goslar, Helmstedt, Peine und Wolfenbüttel sowie der Städte Braunschweig, Salzgitter und Wolfsburg,
2. für das Arbeitsgericht Celle:
   die Gebiete der Landkreise Celle und Heidekreis,
3. für das Arbeitsgericht Emden:
   die Gebiete der Landkreise Aurich und Leer sowie der Stadt Emden,
4. für das Arbeitsgericht Göttingen:
   die Gebiete der Landkreise Göttingen und Northeim,
5. für das Arbeitsgericht Hameln:
   die Gebiete der Landkreise Hameln-Pyrmont und Schaumburg,
6. für das Arbeitsgericht Hannover:
   das Gebiet der Region Hannover,
7. für das Arbeitsgericht Hildesheim:
   die Gebiete der Landkreise Hildesheim und Holzminden,
8. für das Arbeitsgericht Lingen (Ems):
   die Gebiete der Landkreise Grafschaft Bentheim und Emsland,
9. für das Arbeitsgericht Lüneburg:
   die Gebiete der Landkreise Harburg, Lüchow-Dannenberg, Lüneburg und Uelzen,
10. für das Arbeitsgericht Nienburg (Weser):
    die Gebiete der Landkreise Diepholz und Nienburg (Weser),
11. für das Arbeitsgericht Oldenburg (Oldenburg):
    die Gebiete der Landkreise Ammerland, Cloppenburg, Oldenburg, Vechta und Wesermarsch sowie der Städte Delmenhorst und Oldenburg (Oldenburg),
12. für das Arbeitsgericht Osnabrück:
    die Gebiete des Landkreises Osnabrück sowie der Stadt Osnabrück,
13. für das Arbeitsgericht Stade:
    die Gebiete der Landkreise Cuxhaven und Stade,
14. für das Arbeitsgericht Verden (Aller):
    die Gebiete der Landkreise Osterholz, Rotenburg (Wümme) und Verden,
15. für das Arbeitsgericht Wilhelmshaven:
    die Gebiete der Landkreise Friesland und Wittmund sowie der Stadt Wilhelmshaven.

§ 93 Landesarbeitsgericht

(1) [1]Das Landesarbeitsgericht hat seinen Sitz in Hannover. [2]Es führt die Bezeichnung „Landesarbeitsgericht Niedersachsen“.

(2) Der Bezirk des Landesarbeitsgerichts umfasst das Gebiet des Landes Niedersachsen.

§ 93a Anzahl der Kammern

[1]Die Präsidentin oder der Präsident des Landesarbeitsgerichts bestimmt die Anzahl der Kammern bei den Arbeitsgerichten und bei dem Landesarbeitsgericht. [2]Das Justizministerium kann der Präsidentin oder dem Präsidenten des Landesarbeitsgerichts hierfür Weisungen erteilen.

Siebter Teil
Staatsanwaltschaften

§ 94 Staatsanwaltschaften

(1) [1]Staatsanwaltschaften bestehen bei den Landgerichten und den Oberlandesgerichten. [2]Die Staatsanwaltschaften bei den Oberlandesgerichten führen die Bezeichnung „Generalstaatsanwaltschaft".

(2) Die Staatsanwaltschaften bei den Landgerichten nehmen auch die staatsanwaltlichen Geschäfte bei den Amtsgerichten ihres Bezirks wahr.

§ 95 Ausschluss von Amtshandlungen

(1) Eine Beamtin oder ein Beamter, die oder der das Amt der Staatsanwaltschaft ausübt, darf in einer Sache Amtshandlungen nicht vornehmen, wenn sie oder er

1. in der Sache selbst Verletzte oder Verletzter oder Partei ist,
2. Ehegattin, Ehegatte, Lebenspartnerin, Lebenspartner, Vormund, Betreuerin oder Betreuer der oder des Beschuldigten oder der oder des Verletzten oder einer Partei ist oder gewesen ist,
3. mit der oder dem Beschuldigten, der oder dem Verletzten oder einer Partei in gerader Linie verwandt oder verschwägert, in der Seitenlinie bis zum dritten Grad verwandt oder bis zum zweiten Grad verschwägert ist oder war oder
4. in der Sache als Richterin oder Richter, als Polizeibeamtin oder Polizeibeamter, als Rechtsanwältin oder Rechtsanwalt der oder des Verletzten oder einer Partei oder als Verteidigerin oder Verteidiger tätig gewesen ist.

(2) Liegen bei einer Beamtin oder einem Beamten, die oder der das Amt der Staatsanwaltschaft ausübt, Tatsachen vor, die die Ablehnung einer Richterin oder eines Richters wegen Besorgnis der Befangenheit rechtfertigen, so hat sie oder er dieses der oder dem Dienstvorgesetzten anzuzeigen und keine weiteren Amtshandlungen in der Sache vorzunehmen.

§ 96 Örtliche Sitzungsvertretung der Staatsanwaltschaft und Wahrnehmung amtsanwaltlicher Aufgaben

(1) Für die Hauptverhandlung vor der Einzelrichterin oder dem Einzelrichter des Amtsgerichts kann die Generalstaatsanwältin oder der Generalstaatsanwalt im Einvernehmen mit der Präsidentin oder dem Präsidenten des Oberlandesgerichts Beamtinnen und Beamte, die die Rechtspflegerprüfung bestanden haben, zur örtlichen Sitzungsvertreterin oder zum örtlichen Sitzungsvertreter der Staatsanwaltschaft bestellen.

(2) Die Beamtinnen und Beamten nach Absatz 1 sind verpflichtet, als örtliche Sitzungsvertreterin oder örtlicher Sitzungsvertreter tätig zu werden.

(3) Ist eine örtliche Sitzungsvertreterin oder ein örtlicher Sitzungsvertreter an der Ausübung des Amtes gehindert, so kann die Präsidentin oder der Präsident des Amtsgerichts, die Direktorin oder der Direktor des Amtsgerichts und die sonst aufsichtführende Richterin oder der sonst aufsichtführende Richter des Amtsgerichts in dringenden Fällen eine Beamtin oder einen Beamten nach Absatz 1, die oder der an dem Amtsgericht tätig ist, mit der örtlichen Sitzungsvertretung beauftragen.

(4) Beamtinnen und Beamten, die sich in der Amtsanwaltsausbildung befinden, kann im Rahmen ihrer Ausbildung die Wahrnehmung von Aufgaben einer Amtsanwältin oder eines Amtsanwalts übertragen werden.

Achter Teil
Gütestellen nach § 794 Abs. 1 Nr. 1 der Zivilprozessordnung

§ 97 Anerkennung von Gütestellen

Natürliche Personen, juristische Personen und Personengesellschaften werden auf Antrag als Gütestelle im Sinne des § 794 Abs. 1 Nr. 1 der Zivilprozessordnung anerkannt, wenn sie die außergerichtliche Streitbeilegung dauerhaft betreiben und die Voraussetzungen der §§ 98 bis 100 erfüllen.

§ 98 Persönliche Voraussetzungen

(1) Die Anerkennung natürlicher Personen als Gütestelle setzt voraus, dass sie die erforderlichen Fähigkeiten besitzen, nach ihrer Persönlichkeit für die Tätigkeit geeignet sind und ihren Wohnsitz oder ihre berufliche Niederlassung in Niedersachsen haben.

(2) [1]Die erforderlichen Fähigkeiten besitzt, wer
1. theoretische Kenntnisse und praktische Erfahrungen im Bereich konsensualer Streitbeilegung nachweist und
2. die Befähigung zum Richteramt besitzt oder nach dem Gesetz über die Tätigkeit europäischer Rechtsanwälte in Deutschland zur Rechtsanwaltschaft zugelassen ist.

[2]Das Niedersächsische Berufsqualifikationsfeststellungsgesetz findet keine Anwendung.

(3) [1]Die persönliche Eignung besitzt insbesondere nicht, wer
1. aufgrund einer Entscheidung des Bundesverfassungsgerichts gemäß Artikel 18 des Grundgesetzes ein Grundrecht verwirkt hat,
2. infolge strafgerichtlicher Verurteilung die Fähigkeit zur Bekleidung öffentlicher Ämter nicht besitzt,
3. sich eines Verhaltens schuldig gemacht hat, das sie oder ihn unwürdig erscheinen lässt, die Tätigkeit als Gütestelle auszuüben,
4. aus gesundheitlichen Gründen nicht nur vorübergehend unfähig ist, die Tätigkeit ordnungsgemäß auszuüben, oder
5. sich im Vermögensverfall befindet.

[2]Ein Vermögensverfall wird vermutet, wenn ein Insolvenzverfahren über das Vermögen der Antragstellerin oder des Antragstellers eröffnet oder sie oder er in das vom zentralen Vollstreckungsgericht zu führende Schuldnerverzeichnis nach § 882b der Zivilprozessordnung eingetragen ist.

(4) [1]Juristische Personen und Personengesellschaften können als Gütestellen anerkannt werden, wenn sie ihren Sitz in Niedersachsen haben und gewährleisten, dass die Güteverfahren nur von zu diesem Zweck von ihnen bestellten Personen durchgeführt werden (Gütepersonen). [2]Die juristischen Personen und Personengesellschaften müssen nachweisen, dass die Gütepersonen die erforderlichen Fähigkeiten besitzen und nach ihrer Persönlichkeit für die Tätigkeit geeignet sind; die Absätze 2 und 3 gelten entsprechend. [3]Die juristischen Personen und Personengesellschaften müssen gewährleisten, dass die Gütepersonen die Tätigkeit unabhängig ausüben und an Weisungen nicht gebunden sind. [4]Die Bestellung muss für mindestens drei Jahre erfolgen. [5]Eine vorzeitige Aufhebung der Bestellung ist nur zulässig, wenn
1. nachträglich Tatsachen bekannt werden, bei deren Kenntnis die Bestellung nicht hätte erfolgen dürfen,
2. die Bestellungsvoraussetzungen nachträglich entfallen sind oder
3. ein sonstiger wichtiger Grund die Aufhebung der Bestellung rechtfertigt.

§ 99 Verfahrensordnung

(1) Die Gütestelle bedarf einer Verfahrensordnung, auf deren Grundlage die Güteverfahren durchzuführen sind.

(2) Die Verfahrensordnung muss insbesondere vorsehen,
1. die Bestimmung der örtlichen und sachlichen Zuständigkeit der Gütestelle,
2. dass die am Güteverfahren beteiligten Parteien Gelegenheit erhalten, selbst oder durch von ihnen beauftragte Personen Tatsachen und Rechtsansichten vorzubringen und sich zu dem Vorbringen der anderen Partei zu äußern,
3. dass die Gütestelle oder die Güteperson nicht tätig werden darf
   a) in Angelegenheiten, in denen sie selbst Partei ist oder zu einer Partei in dem Verhältnis einer Mitberechtigung, Mitverpflichtung oder Regressverpflichtung steht,
   b) in Angelegenheiten der Ehegattin, des Ehegatten, der Lebenspartnerin oder des Lebenspartners oder der oder des Verlobten, auch wenn die Ehe, die Lebenspartnerschaft oder das Verlöbnis nicht mehr besteht,
   c) in Angelegenheiten einer Person, mit der sie in gerader Linie verwandt oder verschwägert, in der Seitenlinie bis zum dritten Grad verwandt oder bis zum zweiten Grad verschwägert ist oder war,
   d) in Angelegenheiten einer Person, mit der sie sich zur gemeinsamen Berufsausübung verbunden hat oder gemeinsame Geschäftsräume nutzt,
   e) in Angelegenheiten, in denen sie oder eine Person im Sinne des Buchstabens d als Prozessbevollmächtigte oder Beistand einer Partei bestellt oder als gesetzliche Vertreterin einer Partei

oder als Insolvenzverwalterin, Zwangsverwalterin, Testamentsvollstreckerin oder in ähnlicher Funktion aufzutreten berechtigt ist oder war,

f) in Angelegenheiten, in denen sie oder eine Person im Sinne des Buchstabens d eine Partei vor Beginn der Güteverhandlung beraten hat, und

g) in Angelegenheiten einer Person, bei der sie oder eine Person im Sinne des Buchstabens d gegen Entgelt beschäftigt oder als Mitglied des Vorstandes, des Aufsichtsrates oder eines gleichartigen Organs tätig ist.

(3) [1]Die Verfahrensordnung muss ferner bestimmen, welche Kosten (Gebühren und Auslagen) die Gütestelle erhebt. [2]Wird ein Güteverfahren nicht durchgeführt, weil die antragsgegnerische Partei ihre Zustimmung hierzu nicht erteilt, so dürfen die Gebühren den Betrag von 70 Euro nicht übersteigen.

§ 100 Haftpflichtversicherung

(1) [1]Gütestellen, die keine juristische Person des öffentlichen Rechts sind, sind verpflichtet, eine Haftpflichtversicherung zur Deckung der sich aus ihrer Tätigkeit ergebenden Haftpflichtgefahren für Vermögensschäden abzuschließen. [2]Die Versicherung muss bei einem Versicherungsunternehmen zu den nach Maßgabe des Versicherungsaufsichtsgesetzes eingereichten Allgemeinen Versicherungsbedingungen genommen werden und sich auch auf solche Vermögensschäden erstrecken, für die die Gütestelle nach § 278 oder § 831 BGB einzustehen hat.

(2) Der Versicherungsvertrag hat Versicherungsschutz für jede einzelne Pflichtverletzung zu gewähren, die gesetzliche Haftpflichtansprüche privatrechtlichen Inhalts zur Folge haben könnte; dabei kann vereinbart werden, dass sämtliche Pflichtverletzungen bei Erledigung eines einheitlichen Auftrags, mögen diese auf dem Verhalten der Gütestelle oder einer von ihr herangezogenen Hilfsperson beruhen, als ein Versicherungsfall gelten.

(3) [1]Die Mindestversicherungssumme beträgt 250 000 Euro für jeden Versicherungsfall. [2]Die Leistungen des Versicherers für alle innerhalb eines Versicherungsjahres verursachten Schäden können auf den vierfachen Betrag der Mindestversicherungssumme begrenzt werden.

(4) Die Vereinbarung eines Selbstbehalts von bis zu 1 Prozent der Mindestversicherungssumme ist zulässig.

(5) Im Versicherungsvertrag ist der Versicherer zu verpflichten, der für die Anerkennung zuständigen Behörde nach § 106 Satz 1 den Beginn und die Kündigung oder sonstige Beendigung des Versicherungsvertrages sowie jede Änderung des Versicherungsvertrages, die den vorgeschriebenen Versicherungsschutz beeinträchtigen kann, unverzüglich mitzuteilen.

(6) Zuständige Stelle im Sinne des § 117 Abs. 2 des Versicherungsvertragsgesetzes ist die Behörde nach § 106 Satz 1.

§ 101 Anerkennungsverfahren

(1) Der Antrag auf Anerkennung als Gütestelle ist schriftlich zu stellen.

(2) Auf Anforderung der Behörde nach § 106 Satz 1 übermitteln Gerichte und Behörden die Daten, die aus ihrer Sicht der persönlichen Eignung der Antragstellerin oder des Antragstellers oder der von ihr bestellten Güteperson entgegenstehen können.

(3) Die Anerkennung ist im Bekanntmachungsblatt des Justizministeriums bekannt zu machen.

(4) [1]Die Behörde nach § 106 Satz 1 führt zur Information der an einer außergerichtlichen Streitbeilegung interessierten Bürgerinnen und Bürger ein Verzeichnis der anerkannten Gütestellen. [2]Zu diesem Zweck dürfen der Name der anerkannten natürlichen oder juristischen Person oder Personengesellschaft, ihre Anschrift oder ihr Sitz, ihre Telefonnummer, ihre Internetadresse, ihre E-Mail-Adresse sowie der Inhalt ihrer Verfahrensordnung nach § 99 erhoben und gespeichert werden. [3]Das Verzeichnis darf in automatisierte Abrufverfahren eingestellt und im Internet veröffentlicht werden.

§ 102 Ermächtigung zur Erteilung von Vollstreckungsklauseln

Die Ermächtigung nach § 797a Abs. 4 Satz 1 der Zivilprozessordnung soll nur einer Notarin oder einem Notar erteilt werden.

§ 103 Pflichten

(1) Die Gütestelle hat den Parteien den Inhalt der Verfahrensordnung zu Beginn des Güteverfahrens zugänglich zu machen und sie darüber zu informieren, dass das Güteverfahren auf der Grundlage der Verfahrensordnung erfolgt.

(2) [1]Die Gütestelle hat über ihre Tätigkeit Akten zu führen. [2]In den Akten sind für jedes Güteverfahren zu dokumentieren
1. die Namen und Anschriften der Parteien,
2. der Streitgegenstand,
3. der Zeitpunkt der Einreichung des Güteantrags, seiner Bekanntgabe, weiterer Verfahrenshandlungen der Parteien sowie der Beendigung des Güteverfahrens,
4. der Wortlaut eines zwischen den Parteien geschlossenen Vergleichs und
5. die von der Gütestelle erhobenen Kosten.

(3) [1]Die Parteien und deren Rechtsnachfolger erhalten auf Verlangen Ablichtungen aus den Akten und Ausfertigungen geschlossener Vergleiche. [2]Die Erteilung von Abschriften und Ausfertigungen kann von der Erstattung der hierdurch entstehenden Kosten abhängig gemacht werden. [3]Auf Aufforderung des nach § 797a Abs. 1 Zivilprozessordnung zuständigen Gerichts hat die Gütestelle oder im Fall des Absatzes 4 Satz 3 die Behörde nach § 106 Satz 1 die Urschrift eines Vergleichs zur Erteilung der vollstreckbaren Ausfertigung dem Gericht zu übergeben.

(4) [1]Die Gütestelle hat Vergleiche nach Beendigung des Güteverfahrens 30 Jahre lang aufzubewahren. [2]Sonstige Bestandteile der Akten sind nach Beendigung des Güteverfahrens fünf Jahre lang aufzubewahren. [3]Im Fall des Erlöschens, des Widerrufs oder der Rücknahme der Anerkennung hat die Gütestelle die aufzubewahrenden Unterlagen unverzüglich der Behörde nach § 106 Satz 1 zur Verwahrung zu übergeben. [4]Für die Aufbewahrung durch die Behörde sind die Sätze 1 und 2 entsprechend anzuwenden.

(5) Auf Anforderung der Behörde nach § 106 Satz 1 hat die Gütestelle Auskunft über ihre Geschäftsführung zu erteilen und Akten vorzulegen.

(6) [1]Die Gütestelle hat bis zum 15. März eines jeden Jahres eine Aufstellung über die Geschäfte des Vorjahres zu erstellen und auf Anforderung der Behörde nach § 106 Satz 1 vorzulegen. [2]Aus der Aufstellung müssen sich die Zahl der gestellten Anträge, der durch Einigung erledigten Fälle und die Zahl der mangels Zustimmung der antragsgegnerischen Partei nicht durchgeführten Verfahren ergeben. [3]Ist eine Ermächtigung nach § 797a Abs. 4 Satz 1 der Zivilprozessordnung erteilt, so ist auch die Zahl der erteilten Vollstreckungsklauseln anzugeben.

(7) Die Gütestelle hat Änderungen der für die Anerkennung maßgeblichen Umstände der Behörde nach § 106 Satz 1 unverzüglich schriftlich mitzuteilen.

§ 104 Verschwiegenheit

[1]Die als Gütestelle anerkannte natürliche Person, die Güteperson und die sonstigen für die Gütestelle tätigen Personen sind zur Verschwiegenheit verpflichtet. [2]Diese Pflicht bezieht sich auf alles, was ihnen im Rahmen des Güteverfahrens anvertraut oder sonst bekannt geworden ist. [3]Dies gilt nicht für Tatsachen, die offenkundig sind oder ihrer Bedeutung nach keiner Geheimhaltung bedürfen.

§ 105 Erlöschen, Rücknahme und Widerruf der Anerkennung

(1) Die Anerkennung erlischt, wenn
1. die als Gütestelle anerkannte natürliche Person stirbt oder
2. die als Gütestelle anerkannte juristische Person oder Personengesellschaft aufgelöst wird.

(2) [1]Die Anerkennung ist mit Wirkung für die Zukunft zurückzunehmen, wenn nachträglich Tatsachen bekannt werden, bei deren Kenntnis die Anerkennung hätte versagt werden müssen. [2]Von der Rücknahme kann abgesehen werden, wenn die Gründe, aus denen die Anerkennung hätte versagt werden müssen, nicht mehr bestehen.

(3) Die Anerkennung ist mit Wirkung für die Zukunft zu widerrufen, wenn
1. die Anerkennungsvoraussetzungen nicht mehr vorliegen,
2. die Gütestelle wiederholt und beharrlich ihre Pflichten nicht erfüllt oder
3. die Gütestelle auf die Rechte aus ihrer Anerkennung gegenüber der Behörde nach § 106 Satz 1 schriftlich verzichtet hat.

(4) [1]Für die Übermittlung personenbezogener Daten, die für den Widerruf oder die Rücknahme erforderlich sind, ist § 101 Abs. 2 entsprechend anzuwenden. [2]Das Erlöschen, die Rücknahme oder der Widerruf der Anerkennung sind im Bekanntmachungsblatt des Justizministeriums bekannt zu machen.

§ 106 Zuständigkeit

[1]Zuständige Behörde für die Anerkennung sowie die Rücknahme und den Widerruf der Anerkennung ist das Oberlandesgericht Braunschweig. [2]Es entscheidet auch über die Ermächtigung nach § 797a Abs. 4 Satz 1 der Zivilprozessordnung.

§ 107 Bestehende Gütestellen

[1]Die Bestimmungen dieses Teils finden auf die zum Zeitpunkt des Inkrafttretens dieses Gesetzes bereits anerkannten Gütestellen mit der Maßgabe Anwendung, dass es einer erneuten Anerkennung als Gütestelle nicht bedarf. [2]Die Anerkennung darf abweichend von § 105 Abs. 3 Nr. 1 nicht aus dem Grund widerrufen werden, dass die anerkannte natürliche Person oder die von einer juristischen Person oder Personengesellschaft vor Inkrafttreten dieses Gesetzes als Güteperson bestellte Person nicht die erforderlichen Fähigkeiten besitzt.

Neunter Teil
Justizkostenrecht

Erstes Kapitel
Gebührenfreiheit, Stundung und Erlass von Kosten

§ 108 Gebührenfreiheit

(1) Von der Zahlung der Gebühren, die die ordentlichen Gerichte in Zivilsachen, die Gerichtsvollzieherinnen und Gerichtsvollzieher und die Justizbehörden in Justizverwaltungsangelegenheiten erheben, sind befreit

1. Kirchen, sonstige Religionsgemeinschaften und Weltanschauungsgemeinschaften sowie ihre Verbände, Anstalten und Stiftungen, jeweils soweit sie juristische Personen des öffentlichen Rechts sind,
2. Kommunen und kommunale Zusammenschlüsse des öffentlichen Rechts, soweit die Angelegenheit nicht ihre wirtschaftlichen Unternehmen betrifft,
3. Universitäten, Hochschulen, Fachhochschulen, Akademien und Forschungseinrichtungen, die juristische Personen des öffentlichen Rechts sind, und
4. der Allgemeine Hannoversche Klosterfonds, die Stiftung Braunschweigischer Kulturbesitz, der Domstrukturfonds Verden und der Hospitalfonds St. Benedikti in Lüneburg.

(2) [1]Von der Zahlung der Gebühren nach dem Gerichts- und Notarkostengesetz und der Gebühren in Justizverwaltungsangelegenheiten sind Körperschaften, Vereinigungen und Stiftungen befreit, die gemeinnützige oder mildtätige Zwecke im Sinne des Steuerrechts verfolgen, soweit die Angelegenheit nicht einen steuerpflichtigen wirtschaftlichen Geschäftsbetrieb betrifft. [2]Die steuerrechtliche Behandlung als gemeinnützig oder mildtätig ist durch eine Bescheinigung des Finanzamts nachzuweisen.

§ 109 Stundung und Erlass von Kosten

(1) Ansprüche auf Zahlung von Gerichtskosten, nach § 59 Abs. 1 Satz 1 des Rechtsanwaltsvergütungsgesetzes auf die Landeskasse übergegangene Ansprüche und Ansprüche nach § 1 Abs. 1 Nrn. 4a bis 9 des Justizbeitreibungsgesetzes können gestundet werden, wenn ihre sofortige Einziehung mit erheblichen Härten für die zahlungspflichtige Person verbunden wäre und der Anspruch durch die Stundung nicht gefährdet wird.

(2) [1]Die in Absatz 1 genannten Ansprüche können ganz oder zum Teil erlassen werden, wenn

1. es zur Förderung öffentlicher Zwecke geboten erscheint,
2. die Einziehung mit besonderen Härten für die zahlungspflichtige Person verbunden wäre oder
3. es sonst aus einem besonderen Grund der Billigkeit entspricht.

[2]Hat die zahlungspflichtige Person einen in Absatz 1 genannten Anspruch erfüllt, so kann der Betrag erstattet oder angerechnet werden, wenn eine Voraussetzung nach Satz 1 vorliegt.

(3) [1]Über Stundung, Erlass, Erstattung und Anrechnung entscheidet das Justizministerium. [2]Es kann diese Befugnis ganz oder teilweise oder für bestimmte Arten von Fällen auf nachgeordnete Behörden übertragen.

§ 110 Unberührt bleibendes Recht

Die Vorschriften über Kosten- oder Gebührenfreiheit in

1. § 29 des Reichssiedlungsgesetzes vom 11. August 1919 (Nds. GVBl. Sb. II S. 420),
2. § 8 des Gesetzes zur Ergänzung des Reichssiedlungsgesetzes vom 4. Januar 1935 (Nds. GVBl. Sb. II S. 420) und
3. § 7 des Niedersächsischen Ausführungsgesetzes zum Flurbereinigungsgesetz vom 20. Dezember 1954 (Nds. GVBl. Sb. I S. 642), zuletzt geändert durch Artikel 4 des Gesetzes vom 5. November 2004 (Nds. GVBl. S. 412),

bleiben unberührt.

Zweites Kapitel

Kosten in Angelegenheiten der Justizverwaltung

§ 111 Allgemeines

(1) Soweit die Erhebung von Kosten (Gebühren und Auslagen) in Justizverwaltungsangelegenheiten nicht durch das Justizverwaltungskostengesetz (JVKostG) vom 23. Juli 2013 (BGBl. I S. 2586, 2655) in der jeweils geltenden Fassung geregelt ist, erheben die Justizbehörden des Landes Kosten nach Maßgabe dieses Kapitels.

(2) [1]Gebühren werden nach dem Gebührenverzeichnis (**Anlage 2**) erhoben. [2]Im Übrigen gilt das Justizverwaltungskostengesetz entsprechend, soweit in Absatz 3, § 112 Abs. 3 und Nummer 2.2 des Gebührenverzeichnisses nichts anderes bestimmt ist.

(3) [1]§ 4 Abs. 3 JVKostG findet auf die Erhebung von Gebühren nach den Nummern 4 und 6 bis 8 des Gebührenverzeichnisses keine entsprechende Anwendung. [2]Die Nummern 2000 bis 2002 des Kostenverzeichnisses des Justizverwaltungskostengesetzes finden auf die Überlassung gerichtlicher Entscheidungen auf Antrag nicht am Verfahren Beteiligter keine entsprechende Anwendung.

(4) Das Justizbeitreibungsgesetz gilt für die Einziehung der dort in § 1 Abs. 1 genannten Ansprüche über § 1 Abs. 2 des Justizbeitreibungsgesetzes hinaus auch für Ansprüche, die nicht auf bundesrechtlicher Regelung beruhen.

§ 112 Kosten in Hinterlegungssachen

(1) [1]Die Gebühr nach Nummer 3.1 des Gebührenverzeichnisses setzt die Hinterlegungsstelle fest. [2]Die Gebühren nach den Nummern 3.3 und 3.4 des Gebührenverzeichnisses setzt die Stelle fest, die über die Beschwerde entscheidet.

(2) Die Kosten in Hinterlegungssachen setzt die Hinterlegungsstelle an.

(3) In Hinterlegungssachen findet das Justizverwaltungskostengesetz mit folgenden Maßgaben entsprechende Anwendung:

1. Neben den Auslagen nach der Vorbemerkung 2 und den Nummern 2000 und 2002 des Kostenverzeichnisses des Justizverwaltungskostengesetzes werden als Auslagen erhoben
   a) die Beträge, die bei dem Umtausch von Zahlungsmitteln im Sinne des § 13 Abs. 2 Satz 2 des Niedersächsischen Hinterlegungsgesetzes (NHintG) oder bei der Verwaltung von hinterlegten Wertpapieren nach § 13 Abs. 1 NHintG an Kreditinstitute oder an andere Stellen zu zahlen sind, und
   b) eine Dokumentenpauschale für Abschriften, die anzufertigen sind, weil ein Antrag auf Annahme nicht in der erforderlichen Anzahl von Stücken vorgelegt worden ist.
2. Zur Zahlung der Kosten sind auch empfangsberechtigte Personen, an die oder für deren Rechnung die Herausgabe verfügt wurde, sowie Personen verpflichtet, in deren Interesse eine Behörde oder ein Gericht um die Hinterlegung ersucht hat.
3. Bei einer Geldhinterlegung können die Kosten der Hinterlegungsmasse entnommen werden.
4. Die Herausgabe hinterlegter Sachen kann von der Zahlung der Kosten abhängig gemacht werden.
5. Die Nummern 2 bis 4 sind auf Kosten, die für das Verfahren über Beschwerden erhoben werden, nur anzuwenden, wenn die Person, der die Kosten dieses Verfahrens auferlegt worden sind, empfangsberechtigt ist.
6. Kosten sind nicht zu erheben oder sind, falls sie erhoben wurden, zu erstatten, wenn die Hinterlegung zur Aussetzung des Vollzugs eines Haftbefehls (§ 116 Abs. 1 Satz 2 Nr. 4, § 116a StPO)

erfolgte und die beschuldigte Person rechtskräftig außer Verfolgung gesetzt oder freigesprochen oder das Verfahren gegen sie eingestellt wurde; ist der Verfall der Sicherheit ausgesprochen worden, so werden bereits erhobene Kosten nicht erstattet.

7. Ist bei Betreuungen aufgrund einer gesetzlichen Verpflichtung oder einer Anordnung des Betreuungsgerichts hinterlegt worden, so ist die Vorbemerkung 1.1 Abs. 1 und die Vorbemerkung 3.1 Abs. 2 Satz 1 des Kostenverzeichnisses des Gerichts- und Notarkostengesetzes entsprechend anzuwenden.
8. Ist bei einer Vormundschaft oder Pflegschaft für eine minderjährige Person aufgrund einer gesetzlichen Verpflichtung oder einer Entscheidung des Familiengerichts nach § 1667 BGB hinterlegt worden, so ist die Vorbemerkung 1.3.1 Abs. 2 und die Vorbemerkung 2 Abs. 3 Satz 1 des Kostenverzeichnisses des Gesetzes über Gerichtskosten in Familiensachen entsprechend anzuwenden.
9. Die Verjährung des Anspruchs auf Zahlung der Kosten hindert das Land nicht, nach den Nummern 3 und 4 zu verfahren.
10. § 4 Abs. 3 JVKostG findet keine Anwendung.

(4) Soweit in einer Hinterlegungssache bereits Gebühren nach § 24 in Verbindung mit § 26 Nr. 7 der Hinterlegungsordnung in der bis zum 30. Juni 1992 geltenden Fassung erhoben wurden, sind sie auf die Gebühr, die nach Nummer 3.1 des Gebührenverzeichnisses zu erheben ist, anzurechnen.

Anlage 1
(zu § 32 Abs. 2)

Die Bezirke der Amtsgerichte

(hier nicht wiedergegeben)

Anlage 2
(zu § 111 Abs. 2)

Gebührenverzeichnis

(hier nicht wiedergegeben)

Niedersächsisches Justizvollzugsgesetz (NJVollzG)

In der Fassung der Bekanntmachung vom 8. April 2014[1] (Nds. GVBl. S. 106) (VORIS 34210)

zuletzt geändert durch Art. 6 G zur Anpassung niedersächsischer Gesetze an das G zur Reform des Vormundschafts- und Betreuungsrechts vom 22. September 2022 (Nds. GVBl. S. 593)

Inhaltsübersicht

1) Neubekanntmachung des NJVollZG v. 14.12.2007 (Nds. GVBl. S. 720) in der ab 1.6.2013 geltenden Fassung.

Erster Teil
Gemeinsame Bestimmungen

§ 1 Anwendungsbereich

Dieses Gesetz regelt den Vollzug der Freiheitsstrafe, der Jugendstrafe und der Untersuchungshaft in den dafür bestimmten Anstalten des Landes Niedersachsen.

§ 2 Allgemeine Gestaltungsgrundsätze

(1) Das Leben im Vollzug soll den allgemeinen Lebensverhältnissen soweit wie möglich angepasst werden.

(2) Schädlichen Folgen des Freiheitsentzuges ist entgegenzuwirken.

(3) [1]Der Vollzug der Freiheitsstrafe und der Jugendstrafe soll die Mitarbeitsbereitschaft der Gefangenen im Vollzug fördern, ihre Eigenverantwortung stärken und ihnen helfen, sich in das Leben in Freiheit einzugliedern. [2]Die Einsicht der Gefangenen in das Unrecht ihrer Straftaten und ihre Bereitschaft, für deren Folgen einzustehen, sollen geweckt und gefördert werden.

§ 3 Rechtsstellung der Gefangenen

[1]Die oder der Gefangene unterliegt den in diesem Gesetz vorgesehenen Beschränkungen ihrer oder seiner Freiheit. [2]Soweit das Gesetz eine besondere Regelung nicht enthält, können ihr oder ihm die Beschränkungen auferlegt werden, die zur Aufrechterhaltung der Sicherheit oder Ordnung der Anstalt erforderlich sind. [3]Die Sicherheit der Anstalt umfasst auch den Schutz der Allgemeinheit vor Straftaten der Gefangenen.

§ 4 Grundsatz der Verhältnismäßigkeit

[1]Von mehreren möglichen und geeigneten Maßnahmen ist diejenige zu treffen, die die Gefangene oder den Gefangenen voraussichtlich am wenigsten beeinträchtigt. [2]Eine Maßnahme darf nicht zu einem Nachteil führen, der zu dem erstrebten Erfolg erkennbar außer Verhältnis steht. [3]Sie ist nur so lange zulässig, bis ihr Zweck erreicht ist oder nicht mehr erreicht werden kann.

Zweiter Teil

Vollzug der Freiheitsstrafe

Erstes Kapitel

Allgemeine Vorschriften, Grundsätze

§ 5 Vollzugsziele

[1]Im Vollzug der Freiheitsstrafe sollen die Gefangenen fähig werden, künftig in sozialer Verantwortung ein Leben ohne Straftaten zu führen. [2]Zugleich dient der Vollzug der Freiheitsstrafe dem Schutz der Allgemeinheit vor weiteren Straftaten.

§ 6 Mitwirkung der Gefangenen

(1) [1]Gefangene sollen an der Erreichung des Vollzugszieles nach § 5 Satz 1 mitwirken. [2]Ihre Bereitschaft hierzu ist zu wecken und zu fördern.

(2) [1]Der oder dem Gefangenen sollen geeignete Maßnahmen angeboten werden, die sie oder ihn darin unterstützen, Verantwortung für ihre oder seine Straftat und deren Folgen zu übernehmen, sowie ihr oder ihm die Chance eröffnen, sich nach Verbüßung der Strafe in die Gesellschaft einzugliedern. [2]Kann der Zweck einer solchen Maßnahme dauerhaft nicht erreicht werden, insbesondere weil die oder der Gefangene nicht hinreichend daran mitarbeitet, so soll diese Maßnahme beendet werden.

§ 7 Vollzug der Freiheitsstrafe in Einrichtungen für den Vollzug der Jugendstrafe

Wird die Freiheitsstrafe nach den Vorschriften des Jugendgerichtsgesetzes (JGG) in einer Einrichtung für den Vollzug der Jugendstrafe vollzogen, so gelten für den Vollzug der Freiheitsstrafe die Vorschriften des Vierten Teils.

Zweites Kapitel

Planung und Verlauf des Vollzuges

§ 8 Aufnahme in die Anstalt

(1) Bei der Aufnahme in die Anstalt wird die oder der Gefangene über ihre oder seine Rechte und Pflichten unterrichtet.

(2) [1]Die oder der Gefangene und ihre oder seine Sachen werden durchsucht. [2]Mit der oder dem Gefangenen wird unverzüglich ein Zugangsgespräch geführt. [3]Sie oder er wird alsbald ärztlich untersucht.

(3) [1]Während des Aufnahmeverfahrens dürfen andere Gefangene nicht anwesend sein. [2]Erfordert die Verständigung mit der oder dem aufzunehmenden Gefangenen die Zuziehung einer Dolmetscherin oder eines Dolmetschers, so ist diese unverzüglich zu veranlassen. [3]Ist die sofortige Verständigung mit der oder dem aufzunehmenden Gefangenen in ihrem oder seinem Interesse oder zur Gewährleistung der Sicherheit der Anstalt erforderlich, so können andere Gefangene zur Übersetzung herange-

zogen werden, wenn die Zuziehung einer Dolmetscherin oder eines Dolmetschers nach Satz 2 nicht rechtzeitig möglich ist.

§ 9 Vollzugsplanung

(1) [1]Für die oder den Gefangenen ist eine Vollzugsplanung durchzuführen. [2]Beträgt die Vollzugsdauer über ein Jahr, so ist ein Vollzugsplan zu erstellen, der Angaben mindestens über folgende Maßnahmen enthält:

1. die Unterbringung im geschlossenen oder offenen Vollzug,
2. die Verlegung in eine sozialtherapeutische Anstalt oder Abteilung,
3. die Zuweisung zu Wohn- und anderen Gruppen, die der Erreichung des Vollzugszieles nach § 5 Satz 1 dienen,
4. den Arbeitseinsatz sowie Maßnahmen der schulischen oder beruflichen Aus- oder Weiterbildung,
5. besondere Hilfs- und Therapiemaßnahmen,
6. Lockerungen des Vollzuges und
7. notwendige Maßnahmen zur Vorbereitung der Entlassung.

(2) Nach der Aufnahme werden die zur Vorbereitung der Aufstellung des Vollzugsplans notwendigen Daten zur Persönlichkeit und zu den Lebensverhältnissen der oder des Gefangenen erhoben sowie die Ursachen und Folgen ihrer oder seiner Straftaten untersucht.

(3) [1]Der Vollzugsplan ist in Einklang mit der Entwicklung der oder des Gefangenen und weiteren Erkenntnissen zur Persönlichkeit, insbesondere der Bereitschaft, an der Erreichung des Vollzugszieles nach § 5 Satz 1 mitzuarbeiten, fortzuschreiben. [2]Hierfür sind im Vollzugsplan angemessene Fristen vorzusehen.

(4) Zur Vorbereitung der Aufstellung und Fortschreibung des Vollzugsplans werden Konferenzen mit den nach Auffassung der Vollzugsbehörde an der Vollzugsgestaltung maßgeblich Beteiligten durchgeführt.

(5) [1]Die Vollzugsplanung wird mit der oder dem Gefangenen erörtert. [2]Erfolgt die Vollzugsplanung in Form eines Vollzugsplans, so wird ihr oder ihm dieser in schriftlicher Form ausgehändigt.

§ 10 Verlegung, Überstellung, Ausantwortung

(1) Die oder der Gefangene kann abweichend vom Vollstreckungsplan in eine andere Anstalt verlegt werden, wenn

1. hierdurch die Eingliederung in das Leben in Freiheit nach der Entlassung oder sonst die Erreichung des Vollzugszieles nach § 5 Satz 1 gefördert wird,
2. sich während des Vollzuges herausstellt, dass die sichere Unterbringung der oder des Gefangenen auch in einer anderen Anstalt mit geringeren Sicherheitsvorkehrungen gewährleistet ist und durch die Verlegung die Erreichung des Vollzugszieles nach § 5 Satz 1 nicht gefährdet wird,
3. ihr oder sein Verhalten oder Zustand eine Gefahr für die Sicherheit der Anstalt oder eine schwerwiegende Störung der Ordnung darstellt und diese durch die Verlegung abgewehrt wird,
4. ohne Rücksicht auf ihr oder sein Verhalten oder ihren oder seinen Zustand eine Gefahr für die Sicherheit der Anstalt oder eine schwerwiegende Störung der Ordnung nicht anders abgewehrt werden kann,
5. dies aus Gründen der Vollzugsorganisation oder aus einem anderen wichtigen Grund erforderlich ist.

(2) Die oder der Gefangene darf aus wichtigem Grund in eine andere Anstalt überstellt werden.

(3) [1]Die oder der Gefangene kann mit ihrer oder seiner Zustimmung befristet dem Gewahrsam einer anderen Behörde überlassen werden, wenn diese zur Erfüllung ihrer Aufgaben darum ersucht (Ausantwortung). [2]Die Ausantwortung ist auch ohne Zustimmung der oder des Gefangenen zulässig, wenn die ersuchende Behörde aufgrund einer Rechtsvorschrift das Erscheinen der oder des Gefangenen zwangsweise durchsetzen könnte. [3]Die Verantwortung für die Sicherung des Gewahrsams und für das Vorliegen der Voraussetzungen des Satzes 2 trägt die ersuchende Behörde.

§ 11 Länderübergreifende Verlegungen

(1) [1]Die oder der Gefangene kann mit Zustimmung des für Justiz zuständigen Ministeriums (Fachministerium) in eine Anstalt eines anderen Landes verlegt werden, wenn die in diesem Gesetz geregelten Voraussetzungen für eine Verlegung vorliegen und die zuständige Behörde des anderen Landes der Verlegung in die dortige Anstalt zustimmt. [2]Dabei ist sicherzustellen, dass die nach diesem Gesetz

erworbenen Ansprüche auf Arbeitsentgelt, Ausbildungsbeihilfe, Freistellung von der Arbeitspflicht und Ausgleichsentschädigung entweder durch das Land erfüllt oder in dem anderen Land anerkannt werden. [3]§ 40 Abs. 10 gilt entsprechend, soweit Ansprüche auf Freistellung von der Arbeitspflicht infolge der Verlegung nicht erfüllt werden können.

(2) Gefangene aus einer Anstalt eines anderen Landes können mit Zustimmung des Fachministeriums in eine Anstalt des Landes aufgenommen werden.

§ 12 Geschlossener und offener Vollzug

(1) Die oder der Gefangene wird im geschlossenen Vollzug untergebracht, wenn nicht nach dem Vollstreckungsplan eine Einweisung in den offenen Vollzug oder in eine Einweisungsanstalt oder Einweisungsabteilung vorgesehen ist.

(2) Die oder der Gefangene soll in eine Anstalt oder Abteilung des offenen Vollzuges verlegt werden, wenn sie oder er den besonderen Anforderungen des offenen Vollzuges genügt und namentlich nicht zu befürchten ist, dass sie oder er sich dem Vollzug der Freiheitsstrafe entzieht oder die Möglichkeiten des offenen Vollzuges zu Straftaten missbrauchen wird.

(3) Befindet sich eine Gefangene oder ein Gefangener im offenen Vollzug, so soll sie oder er in eine Anstalt oder Abteilung des geschlossenen Vollzuges verlegt werden, wenn sie oder er es beantragt oder den Anforderungen nach Absatz 2 nicht genügt oder es zur Erreichung des Vollzugszieles nach § 5 Satz 1 erforderlich ist.

§ 13 Lockerungen des Vollzuges

(1) Als Lockerung des Vollzuges kann zur Erreichung des Vollzugszieles nach § 5 Satz 1 mit Zustimmung der oder des Gefangenen namentlich angeordnet werden, dass die oder der Gefangene

1. außerhalb der Anstalt regelmäßig einer Beschäftigung unter Aufsicht (Außenbeschäftigung) oder ohne Aufsicht Vollzugsbediensteter (Freigang) nachgehen darf,
2. für eine bestimmte Tageszeit die Anstalt unter Aufsicht (Ausführung) oder ohne Aufsicht Vollzugsbediensteter (Ausgang) verlassen darf oder
3. bis zu 21 Kalendertagen im Vollstreckungsjahr beurlaubt wird.

(2) Die Lockerungen nach Absatz 1 dürfen nur angeordnet werden, wenn nicht zu befürchten ist, dass die oder der Gefangene sich dem Vollzug der Freiheitsstrafe entzieht oder die Lockerungen zu Straftaten missbrauchen wird.

(3) [1]Ausgang und Freigang sollen erst angeordnet werden, wenn hinreichende Erkenntnisse über die Gefangene oder den Gefangenen vorliegen, aufgrund derer verlässlich beurteilt werden kann, ob die Voraussetzungen des Absatzes 2 im Einzelfall gegeben sind; dabei sind die Vollzugsdauer und die Länge des davon bereits verbüßten Teils zu berücksichtigen. [2]Urlaub soll erst angeordnet werden, wenn sich die oder der Gefangene im Ausgang oder Freigang bewährt hat.

(4) Die oder der zu lebenslanger Freiheitsstrafe verurteilte Gefangene kann beurlaubt werden, wenn sie oder er sich einschließlich einer vorhergehenden Untersuchungshaft oder einer anderen Freiheitsentziehung zehn Jahre im Vollzug befunden hat oder wenn sie oder er in den offenen Vollzug verlegt worden ist; für Ausgang und Freigang gilt in der Regel eine Sperrfrist von acht Jahren.

(5) Der oder dem Gefangenen, die oder der sich für den offenen Vollzug eignet, aus besonderen Gründen aber in einer Anstalt oder Abteilung des geschlossenen Vollzuges untergebracht ist, können nach den für den offenen Vollzug geltenden Vorschriften Lockerungen gewährt werden.

(6) Durch den Urlaub wird die Strafvollstreckung nicht unterbrochen.

§ 14 Ausgang, Urlaub und Ausführung aus wichtigem Anlass

(1) [1]Aus wichtigem Anlass kann die oder der Gefangene Ausgang erhalten oder bis zu sieben Tagen beurlaubt werden; der Urlaub aus anderem wichtigen Anlass als wegen einer lebensgefährlichen Erkrankung oder wegen des Todes einer oder eines Angehörigen darf sieben Tage im Jahr nicht übersteigen. [2]Kann Ausgang oder Urlaub aus den in § 13 Abs. 2 genannten Gründen nicht gewährt werden, so kann die Vollzugsbehörde die Gefangene oder den Gefangenen ausführen lassen.

(2) Die Lockerungen nach Absatz 1 werden nicht auf die Lockerungen nach § 13 angerechnet.

(3) [1]Der oder dem Gefangenen kann zur Teilnahme an einem gerichtlichen Termin Ausgang oder Urlaub gewährt werden, wenn anzunehmen ist, dass sie oder er der Ladung folgt. [2]Kann Ausgang oder Urlaub nicht gewährt werden, so soll die oder der Gefangene mit ihrer oder seiner Zustimmung aus-

geführt werden. [3]Auf Ersuchen eines Gerichts oder einer Staatsanwaltschaft wird die oder der Gefangene vorgeführt.

(4) Die oder der Gefangene darf auch ohne ihre oder seine Zustimmung ausgeführt werden, wenn dies aus besonderem Grund notwendig ist.

(5) § 13 Abs. 2 und 6 sowie § 15 gelten entsprechend.

§ 15 Weisungen, Aufhebung von Lockerungen

(1) [1]Die Vollzugsbehörde kann der oder dem Gefangenen für Lockerungen Weisungen erteilen. [2]Insbesondere kann die oder der Gefangene angewiesen werden,

1. sich nur an von der Vollzugsbehörde bestimmten Orten aufzuhalten,
2. sich nicht an bestimmten Orten aufzuhalten, insbesondere nicht in der Wohnung oder am Arbeitsplatz der oder des durch ihre oder seine Straftat Verletzten oder in einem bestimmten Umkreis dieser Orte,
3. zu der oder dem durch ihre oder seine Straftat Verletzten oder zu sonstigen bestimmten Personen oder Gruppen keinen Kontakt aufzunehmen,
4. keine alkoholischen Getränke oder andere berauschende Mittel zu sich zu nehmen und sich Alkohol- oder Suchtmittelkontrollen zu unterziehen, die nicht mit einem körperlichen Eingriff verbunden sind,
5. sich zu bestimmten Zeiten bei einer bestimmten Stelle oder Person zu melden,
6. sich von einer oder einem Vollzugsbediensteten oder einer anderen geeigneten Person begleiten zu lassen oder
7. die für eine elektronische Überwachung ihres oder seines Aufenthaltsortes erforderlichen technischen Mittel ständig in betriebsbereitem Zustand bei sich zu führen und deren Funktionsfähigkeit nicht zu beeinträchtigen.

[3]Bei der Erteilung von Weisungen sind die Interessen der oder des durch eine Straftat der oder des Gefangenen Verletzten sowie das Schutzinteresse gefährdeter Dritter zu berücksichtigen.

(2) [1]Eine Weisung nach Absatz 1 Satz 2 Nr. 7 ist nur zulässig, wenn

1. die oder der Gefangene wegen einer in § 66 Abs. 3 Satz 1 des Strafgesetzbuchs (StGB) genannten Straftat verurteilt worden ist und
2. die Weisung erforderlich ist, um die Gefangene oder den Gefangenen davon abzuhalten, gegen eine Weisung nach Absatz 1 Satz 2 Nr. 1 oder 2 zu verstoßen.

[2]Die Weisung erteilt die Anstaltsleiterin oder der Anstaltsleiter.

(3) [1]Die Vollzugsbehörde erhebt und speichert bei einer Weisung nach Absatz 1 Satz 2 Nr. 7 mithilfe der von der oder dem Gefangenen mitgeführten technischen Mittel automatisiert Daten über ihren oder seinen Aufenthaltsort sowie über etwaige Beeinträchtigungen der Datenerhebungen. [2]Es ist sicherzustellen, dass innerhalb der Wohnung der oder des Gefangenen keine über den Umstand ihrer oder seiner Anwesenheit hinausgehenden Daten erhoben werden. [3]Die Daten dürfen nur verändert, genutzt oder übermittelt werden, soweit dies

1. zur Feststellung eines Verstoßes gegen eine Weisung nach Absatz 1 Satz 2 Nr. 1 oder 2,
2. zur Abwehr einer gegenwärtigen Gefahr für das Leben oder einer gegenwärtigen erheblichen Gefahr für die körperliche Unversehrtheit, die persönliche Freiheit oder die sexuelle Selbstbestimmung Dritter oder
3. zur Verfolgung einer in § 66 Abs. 3 Satz 1 StGB genannten Straftat

erforderlich und die Verarbeitung verhältnismäßig ist.

(4) [1]Die Verarbeitung der Daten nach Absatz 3 Satz 3 Nr. 1 hat automatisiert zu erfolgen. [2]Die nach Absatz 3 Satz 1 erhobenen Daten sind gegen unbefugte Kenntnisnahme besonders zu sichern. [3]Die Daten sind spätestens zwei Monate nach ihrer Erhebung zu löschen, soweit sie nicht für einen der in Absatz 3 Satz 3 genannten Zwecke verarbeitet werden. [4]Werden innerhalb der Wohnung über den Umstand der Anwesenheit der oder des Gefangenen hinausgehende Daten erhoben, so dürfen diese nicht geändert, genutzt oder übermittelt werden und sind unverzüglich zu löschen.

(5) Lockerungen können widerrufen werden, wenn die Vollzugsbehörde aufgrund nachträglich eingetretener Umstände berechtigt wäre, die Maßnahme zu versagen, die oder der Gefangene die Maßnahme missbraucht oder sie oder er den Weisungen nicht nachkommt.

(6) Lockerungen können mit Wirkung für die Zukunft zurückgenommen werden, wenn die Voraussetzungen für ihre Anordnung nicht vorgelegen haben.

§ 16 Begutachtung, Untersuchung

(1) [1]Die Vollzugsbehörde ordnet an, dass sich die oder der Gefangene begutachten oder körperlich untersuchen lässt, wenn dies zur Feststellung der Voraussetzungen einer Verlegung in den offenen Vollzug nach § 12 Abs. 2 oder einer Lockerung nach § 13 Abs. 2 erforderlich ist. [2]Die Erforderlichkeit ist in der Regel gegeben

1. bei zu lebenslanger Freiheitsstrafe verurteilten Gefangenen,
2. bei Gefangenen, die wegen einer Straftat
   a) nach den §§ 174 bis 180, 182, 211 oder 212 StGB oder
   b) nach § 323a StGB verurteilt worden sind, soweit die im Rausch begangene Tat eine der in Buchstabe a genannten Taten ist,

   oder
3. wenn Tatsachen die Annahme begründen, dass eine Abhängigkeit oder ein Missbrauch von Sucht- oder Arzneimitteln vorliegt.

[3]In den Fällen des Satzes 2 Nrn. 1 und 2 sollen Sachverständige verschiedener Fachrichtungen an der Begutachtung beteiligt werden.

(2) Blutentnahmen oder andere körperliche Eingriffe sind zulässig, wenn sie von einer Ärztin oder einem Arzt vorgenommen werden und ein Nachteil für die Gesundheit der oder des Gefangenen nicht zu befürchten ist.

(3) [1]Die Begutachtung oder körperliche Untersuchung bedarf der Zustimmung der oder des Gefangenen. [2]Verweigert die oder der Gefangene die Zustimmung, so ist in der Regel der Schluss zu ziehen, dass die Voraussetzungen für die Verlegung in den offenen Vollzug oder die Anordnung der Lockerung nicht gegeben sind. [3]Die oder der Gefangene ist hierauf bei der Anordnung nach Absatz 1 hinzuweisen.

(4) [1]Blut und sonstige Körperzellen dürfen nur für den der Anordnung zugrunde liegenden Zweck verwendet werden. [2]Für einen anderen vollzuglichen Zweck dürfen sie verwendet werden, wenn ihre Entnahme auch zu diesem Zweck zulässig wäre oder wenn die oder der Gefangene zustimmt. [3]Liegt eine Zustimmung der oder des Gefangenen nicht vor, so ist sie oder er über die Verwendung zu einem anderen vollzuglichen Zweck zu unterrichten. [4]Blut und sonstige Körperzellen sind unverzüglich zu vernichten, sobald sie für Zwecke nach Satz 1 oder 2 nicht mehr benötigt werden.

(5) [1]Eine Begutachtung oder körperliche Untersuchung kann auch angeordnet werden, wenn dies für die Vorbereitung einer anderen vollzuglichen Entscheidung, insbesondere zur Abwehr einer Gefahr für die Sicherheit oder Ordnung der Anstalt, erforderlich ist. [2]Die Absätze 2 bis 4 gelten entsprechend.

§ 17 Entlassungsvorbereitung

(1) Um die Entlassung vorzubereiten, sollen Lockerungen unter den Voraussetzungen des § 13 angeordnet werden.

(2) Eine Verlegung der oder des Gefangenen in den offenen Vollzug nach § 12 Abs. 2 soll unterbleiben, wenn diese die Vorbereitung der Entlassung beeinträchtigen würde.

(3) [1]Innerhalb von drei Monaten vor der Entlassung kann zu deren Vorbereitung Sonderurlaub bis zu einer Woche gewährt werden. [2]§ 13 Abs. 2 und 6 sowie § 15 gelten entsprechend.

(4) [1]Der Freigängerin und dem Freigänger (§ 13 Abs. 1 Nr. 1) kann innerhalb von neun Monaten vor der Entlassung Sonderurlaub bis zu sechs Tagen im Monat gewährt werden. [2]§ 13 Abs. 2 und 6 sowie § 15 gelten entsprechend. [3]Absatz 3 Satz 1 findet keine Anwendung.

§ 18 Entlassungszeitpunkt

(1) Die oder der Gefangene soll am letzten Tag ihrer oder seiner Strafzeit möglichst frühzeitig, jedenfalls noch am Vormittag, entlassen werden.

(2) Fällt das Strafende auf einen Sonnabend oder Sonntag, einen gesetzlichen Feiertag, den ersten Werktag nach Ostern oder Pfingsten oder in die Zeit vom 22. Dezember bis zum 2. Januar, so kann die oder der Gefangene an dem diesem Tag oder Zeitraum vorhergehenden Werktag entlassen werden, wenn dies nach der Länge der Strafzeit vertretbar ist und fürsorgerische Gründe nicht entgegenstehen.

(3) Der Entlassungszeitpunkt kann bis zu zwei Tagen vorverlegt werden, wenn dringende Gründe dafür vorliegen, dass die oder der Gefangene zu ihrer oder seiner Eingliederung hierauf angewiesen ist.

Drittes Kapitel
Unterbringung, Kleidung, Verpflegung und Einkauf

§ 19 Unterbringung während der Arbeitszeit und Freizeit
(1) [1]Gefangene arbeiten gemeinsam. [2]Dasselbe gilt für schulische und berufliche Aus- und Weiterbildung sowie für arbeitstherapeutische Beschäftigung während der Arbeitszeit.
(2) Während der Freizeit kann sich die oder der Gefangene in Gemeinschaft mit anderen aufhalten.
(3) Die gemeinschaftliche Unterbringung während der Arbeitszeit und Freizeit kann eingeschränkt werden
1. bis zu einer Dauer von zwei Monaten während der Erhebung und Untersuchung nach § 9 Abs. 2,
2. wenn ein schädlicher Einfluss auf andere Gefangene zu befürchten ist oder
3. wenn es die Sicherheit oder Ordnung der Anstalt erfordert.

§ 20 Unterbringung während der Ruhezeit
(1) [1]Die oder der Gefangene wird während der Ruhezeit allein in ihrem oder seinem Haftraum untergebracht. [2]Mit ihrer oder seiner Zustimmung kann die oder der Gefangene auch gemeinsam mit anderen Gefangenen untergebracht werden, wenn eine schädliche Beeinflussung nicht zu befürchten ist.
(2) Ohne Zustimmung der betroffenen Gefangenen ist eine gemeinsame Unterbringung nur zulässig, sofern eine oder einer von ihnen hilfsbedürftig ist, für eine oder einen von ihnen eine Gefahr für Leben oder Gesundheit besteht oder die räumlichen Verhältnisse der Anstalt dies erfordern.

§ 21 Ausstattung des Haftraums und persönlicher Besitz
[1]Die oder der Gefangene darf ihren oder seinen Haftraum mit Erlaubnis in angemessenem Umfang mit eigenen Sachen ausstatten. [2]Die Erlaubnis kann versagt oder widerrufen werden, soweit Sachen die Übersichtlichkeit des Haftraumes oder in anderer Weise die Sicherheit oder Ordnung der Anstalt beeinträchtigen.

§ 22 Kleidung
(1) Die oder der Gefangene trägt eigene Kleidung, wenn sie oder er für Reinigung und Instandsetzung auf eigene Kosten sorgt; anderenfalls trägt sie oder er Anstaltskleidung.
(2) Die Vollzugsbehörde kann das Tragen von Anstaltskleidung allgemein oder im Einzelfall anordnen, wenn dies aus Gründen der Sicherheit oder Ordnung der Anstalt erforderlich ist.

§ 23 Anstaltsverpflegung
[1]Gefangene sind gesund zu ernähren. [2]Auf ärztliche Anordnung wird besondere Verpflegung gewährt. [3]Der oder dem Gefangenen ist es zu ermöglichen, Speisevorschriften ihrer oder seiner Religionsgemeinschaft zu befolgen.

§ 24 Einkauf
(1) [1]Die oder der Gefangene kann sich aus einem von der Vollzugsbehörde vermittelten Angebot Nahrungs- und Genussmittel sowie Mittel zur Körperpflege kaufen. [2]Es soll für ein Angebot gesorgt werden, das auf die Wünsche und Bedürfnisse der Gefangenen Rücksicht nimmt.
(2) [1]Gegenstände, die die Sicherheit oder Ordnung der Anstalt gefährden, sind vom Einkauf ausgeschlossen. [2]In Anstaltskrankenhäusern und Krankenabteilungen kann der Einkauf einzelner Nahrungs- und Genussmittel auf ärztliche Anordnung allgemein untersagt oder eingeschränkt werden.

Viertes Kapitel
Besuche, Schriftwechsel, Telekommunikation und Pakete

§ 25 Recht auf Besuch
(1) [1]Die oder der Gefangene darf nach vorheriger Anmeldung regelmäßig Besuch empfangen. [2]Die Gesamtdauer beträgt mindestens zwei Stunden im Monat; Besuche von Kindern der oder des Gefangenen, die das 14. Lebensjahr noch nicht vollendet haben, werden bis zu einer Dauer von zwei Stunden nicht angerechnet.
(2) [1]Besuche sollen darüber hinaus zugelassen werden, wenn sie die Erreichung des Vollzugszieles nach § 5 Satz 1 fördern oder persönlichen, rechtlichen oder geschäftlichen Angelegenheiten dienen, die nicht von der oder dem Gefangenen schriftlich erledigt, durch Dritte wahrgenommen oder bis zur

Entlassung der oder des Gefangenen aufgeschoben werden können. [2]Nach Satz 1 können auch mehrstündige unbeaufsichtigte Besuche (Langzeitbesuche) von Angehörigen im Sinne des Strafgesetzbuchs sowie von Personen, die einen günstigen Einfluss erwarten lassen, zugelassen werden, soweit die oder der Gefangene dafür geeignet ist.

(3) [1]Bei der Festlegung der Dauer und Häufigkeit der Besuche sowie der Besuchszeiten sind auch die allgemeinen Lebensverhältnisse der Besucherinnen und Besucher, insbesondere diejenigen von Familien mit minderjährigen Kindern, zu berücksichtigen. [2]Das Nähere regelt die Hausordnung.

(4) Zur Aufrechterhaltung der Sicherheit oder Ordnung der Anstalt kann der Besuch einer Person von ihrer Durchsuchung abhängig gemacht und die Anzahl der gleichzeitig zu einem Besuch zugelassenen Personen beschränkt werden.

§ 26 Besuchsverbot

Besuche können untersagt werden,

1. wenn die Sicherheit oder Ordnung der Anstalt gefährdet würde,
2. bei Besucherinnen und Besuchern, die nicht Angehörige der oder des Gefangenen im Sinne des Strafgesetzbuchs sind, wenn zu befürchten ist, dass sie einen schädlichen Einfluss auf die Gefangene oder den Gefangenen haben, ihre oder seine Eingliederung behindern würden oder wenn überwiegende Interessen der oder des durch eine Straftat der oder des Gefangenen Verletzten entgegenstehen.

§ 27 Besuche von Verteidigerinnen, Verteidigern, Rechtsanwältinnen, Rechtsanwälten, Notarinnen und Notaren

[1]Besuche von Verteidigerinnen und Verteidigern sowie von Rechtsanwältinnen, Rechtsanwälten, Notarinnen und Notaren in einer die Gefangene oder den Gefangenen betreffenden Rechtssache sind ohne Beschränkungen hinsichtlich ihrer Dauer oder Häufigkeit zulässig. [2]Die regelmäßigen Besuchszeiten legt die Vollzugsbehörde im Benehmen mit der Rechtsanwaltskammer in der Hausordnung fest. [3]§ 25 Abs. 4 gilt entsprechend. [4]Eine inhaltliche Überprüfung der von der Verteidigerin oder dem Verteidiger mitgeführten Schriftstücke und sonstigen Unterlagen ist nicht zulässig. [5]Abweichend von Satz 4 gilt § 30 Abs. 2 Sätze 2 bis 4 in den dort genannten Fällen entsprechend.

§ 28 Überwachung der Besuche

(1) [1]Besuche dürfen offen überwacht werden. [2]Die akustische Überwachung ist nur zulässig, wenn dies im Einzelfall zur Erreichung des Vollzugszieles nach § 5 Satz 1 oder zur Aufrechterhaltung der Sicherheit oder Ordnung der Anstalt erforderlich ist.

(2) Die Vollzugsbehörde kann anordnen, dass für das Gespräch zwischen der oder dem Gefangenen und den Besucherinnen und Besuchern Vorrichtungen vorzusehen sind, die die körperliche Kontaktaufnahme sowie die Übergabe von Schriftstücken und anderen Gegenständen ausschließen, wenn dies zur Aufrechterhaltung der Sicherheit oder zur Abwendung einer schwerwiegenden Störung der Ordnung der Anstalt unerlässlich ist.

(3) [1]Ein Besuch darf nach vorheriger Androhung abgebrochen werden, wenn Besucherinnen oder Besucher oder die oder der Gefangene gegen die Vorschriften dieses Gesetzes oder die aufgrund dieses Gesetzes getroffenen Anordnungen verstoßen. [2]Der Besuch kann sofort abgebrochen werden, wenn dies unerlässlich ist, um eine Gefahr für die Sicherheit der Anstalt oder einen schwer wiegenden Verstoß gegen die Ordnung der Anstalt abzuwehren.

(4) Besuche von Verteidigerinnen und Verteidigern werden nicht überwacht.

(5) [1]Gegenstände dürfen beim Besuch nur mit Erlaubnis übergeben werden. [2]Dies gilt nicht für die bei dem Besuch

1. einer Verteidigerin oder eines Verteidigers oder
2. einer Rechtsanwältin, eines Rechtsanwalts, einer Notarin oder eines Notars zur Erledigung einer die Gefangene oder den Gefangenen betreffenden Rechtssache

übergebenen Schriftstücke und sonstigen Unterlagen. [3]In den Fällen des Satzes 2 Nr. 2 kann die Übergabe aus Gründen der Sicherheit oder Ordnung der Anstalt von der Erteilung einer Erlaubnis abhängig gemacht werden.

(6) Abweichend von den Absätzen 4 und 5 Satz 2 Nr. 1 gilt § 30 Abs. 2 Sätze 2 bis 4 in den dort genannten Fällen entsprechend.

§ 29 Recht auf Schriftwechsel

(1) [1]Die oder der Gefangene hat das Recht, Schreiben abzusenden und zu empfangen. [2]In dringenden Fällen kann der oder dem Gefangenen gestattet werden, Schreiben als Telefaxe aufzugeben.

(2) Schriftwechsel mit bestimmten Personen kann untersagt werden, wenn
1. die Sicherheit oder Ordnung der Anstalt gefährdet würde oder
2. zu erwarten ist, dass der Schriftwechsel mit Personen, die nicht Angehörige der oder des Gefangenen im Sinne des Strafgesetzbuchs sind, einen schädlichen Einfluss auf die Gefangene oder den Gefangenen haben oder ihre oder seine Eingliederung behindern würde.

§ 30 Überwachung des Schriftwechsels

(1) Der Schriftwechsel darf überwacht werden, soweit es zur Erreichung des Vollzugszieles nach § 5 Satz 1 oder aus Gründen der Sicherheit oder Ordnung der Anstalt erforderlich ist.

(2) [1]Der Schriftwechsel der oder des Gefangenen mit der Verteidigerin oder dem Verteidiger wird nicht überwacht. [2]Liegt dem Vollzug der Freiheitsstrafe eine Straftat nach § 129a StGB, auch in Verbindung mit § 129b Abs. 1 StGB, zugrunde, so gelten § 148 Abs. 2 und § 148a der Strafprozessordnung (StPO) entsprechend. [3]Satz 2 gilt nicht, wenn sich die oder der Gefangene in einer Anstalt oder Abteilung des offenen Vollzuges befindet oder wenn ihr oder ihm Lockerungen nach § 13 Abs. 1 mit Ausnahme der Ausführung oder Sonderurlaub nach § 17 Abs. 3 gewährt worden sind und ein Grund, der die Vollzugsbehörde zum Widerruf oder zur Rücknahme ermächtigt, nicht vorliegt. [4]Die Sätze 2 und 3 gelten auch, wenn gegen eine Gefangene oder einen Gefangenen im Anschluss an die dem Vollzug der Freiheitsstrafe zugrunde liegende Verurteilung eine Freiheitsstrafe wegen einer Straftat nach § 129a StGB, auch in Verbindung mit § 129b Abs. 1 StGB, zu vollstrecken ist.

(3) [1]Nicht überwacht werden Schreiben der oder des Gefangenen an Volksvertretungen des Bundes und der Länder sowie an deren Mitglieder, wenn die Schreiben an die Anschriften dieser Volksvertretungen gerichtet sind und die Absender zutreffend angeben. [2]Entsprechendes gilt für Schreiben an das Europäische Parlament und dessen Mitglieder, den Europäischen Gerichtshof für Menschenrechte, den Europäischen Ausschuss zur Verhütung von Folter und unmenschlicher oder erniedrigender Behandlung oder Strafe und die Datenschutzbeauftragten des Bundes und der Länder. [3]Schreiben der in den Sätzen 1 und 2 genannten Stellen, die an eine Gefangene oder einen Gefangenen gerichtet sind, werden nicht überwacht, wenn die Identität der Absender zweifelsfrei feststeht.

§ 31 Weiterleitung von Schreiben, Aufbewahrung

(1) Die oder der Gefangene hat Absendung und Empfang ihrer oder seiner Schreiben durch die Vollzugsbehörde vermitteln zu lassen, soweit nicht etwas anderes gestattet ist.

(2) Eingehende und ausgehende Schreiben sind unverzüglich weiterzuleiten.

(3) Die oder der Gefangene hat eingehende Schreiben unverschlossen zu verwahren, sofern nicht etwas anderes gestattet wird; sie oder er kann die Schreiben verschlossen zur Habe geben.

§ 32 Anhalten von Schreiben

(1) Schreiben können angehalten werden, wenn
1. die Vollzugsziele oder die Sicherheit oder Ordnung der Anstalt gefährdet würden,
2. die Weitergabe in Kenntnis ihres Inhalts einen Straf- oder Bußgeldtatbestand verwirklichen würde,
3. sie grob unrichtige oder erheblich entstellende Darstellungen von Anstaltsverhältnissen enthalten,
4. sie grobe Beleidigungen enthalten,
5. sie die Eingliederung anderer Gefangener gefährden können oder
6. sie in Geheimschrift, unlesbar, unverständlich oder ohne zwingenden Grund in einer fremden Sprache abgefasst sind.

(2) [1]Ist ein Schreiben angehalten worden, so wird das der oder dem Gefangenen mitgeteilt. [2]Angehaltene Schreiben werden an die Absender zurückgegeben oder behördlich verwahrt, sofern eine Rückgabe unmöglich oder nicht geboten ist.

(3) Schreiben, deren Überwachung nach § 30 Abs. 2 und 3 ausgeschlossen ist, dürfen nicht angehalten werden.

§ 33 Telekommunikation

(1) [1]In dringenden Fällen soll der oder dem Gefangenen gestattet werden, Telefongespräche zu führen. [2]Für das Verbot, die akustische Überwachung und den Abbruch von Telefongesprächen gelten die §§ 26 und 28 Abs. 1 Satz 2, Abs. 3 und 4 entsprechend. [3]Ist eine akustische Überwachung beabsichtigt,

so ist dies der Gesprächspartnerin oder dem Gesprächspartner unmittelbar nach Herstellung der Verbindung durch die Vollzugsbehörde oder die Gefangene oder den Gefangenen mitzuteilen. [4]Die oder der Gefangene ist rechtzeitig vor Beginn der Unterhaltung über die beabsichtigte Überwachung und die Mitteilungspflicht nach Satz 3 zu unterrichten. [5]Die Unterhaltung kann zeitversetzt überwacht und zu diesem Zweck gespeichert werden.

(2) [1]Der oder dem Gefangenen kann allgemein gestattet werden, Telefongespräche zu führen, wenn sie oder er sich mit zur Gewährleistung der Sicherheit und Ordnung der Anstalt von der Vollzugsbehörde erlassenen Nutzungsbedingungen einverstanden erklärt. [2]Soweit die Nutzungsbedingungen keine abweichenden Regelungen enthalten, gilt Absatz 1 Sätze 2 bis 5 entsprechend.

(3) [1]Die Zulassung einer anderen Form der Telekommunikation, insbesondere der Videotelefonie, in der Anstalt bedarf der Zustimmung des Fachministeriums; die oder der Gefangene hat keinen Anspruch auf Erteilung der Zustimmung. [2]Hat das Fachministerium die Zustimmung erteilt, so kann die Vollzugsbehörde der oder dem Gefangenen allgemein oder im Einzelfall die Nutzung der zugelassenen Telekommunikationsform gestatten, wenn sichergestellt ist, dass hierdurch nicht die Sicherheit oder Ordnung der Anstalt gefährdet wird und sich die oder der Gefangene mit den von der Vollzugsbehörde zu diesem Zweck erlassenen Nutzungsbedingungen einverstanden erklärt. [3]Soweit die Nutzungsbedingungen keine abweichenden Regelungen enthalten, gelten für Telekommunikationsformen,

1. die einem Besuch vergleichbar sind, Absatz 1 Sätze 2 bis 5,
2. die einem Schriftwechsel vergleichbar sind, § 29 Abs. 2 sowie die §§ 30 bis 32

entsprechend.

(4) [1]Durch den Einsatz technischer Mittel kann verhindert werden, dass mittels einer innerhalb der Anstalt befindlichen Mobilfunkendeinrichtung unerlaubte Telekommunikationsverbindungen hergestellt oder aufrechterhalten werden. [2]Der Telekommunikationsverkehr außerhalb des räumlichen Bereichs der Anstalt darf nicht beeinträchtigt werden.

§ 34 Pakete

(1) [1]Die oder der Gefangene darf in angemessenem Umfang Pakete empfangen. [2]Der Empfang jedes Paketes bedarf der Erlaubnis. [3]Pakete dürfen Nahrungs- und Genussmittel sowie Gegenstände, die die Sicherheit oder Ordnung der Anstalt gefährden, nicht enthalten. [4]Pakete, für die keine Erlaubnis erteilt worden ist, sollen nicht angenommen werden.

(2) [1]Angenommene Pakete sind in Gegenwart der oder des Gefangenen zu öffnen. [2]Gegenstände nach Absatz 1 Satz 3 sind zur Habe zu nehmen, zurückzusenden oder, wenn es erforderlich ist, zu vernichten. [3]Die Maßnahmen werden der oder dem Gefangenen mitgeteilt.

(3) Der Empfang von Paketen kann befristet untersagt werden, wenn dies wegen einer Gefährdung der Sicherheit oder Ordnung der Anstalt unerlässlich ist.

(4) [1]Der oder dem Gefangenen kann gestattet werden, Pakete zu versenden. [2]Deren Inhalt kann aus Gründen der Sicherheit oder Ordnung der Anstalt überprüft werden.

Fünftes Kapitel
Arbeit, Aus- und Weiterbildung

§ 35 Zuweisung

(1) Arbeit, arbeitstherapeutische Beschäftigung sowie Aus- und Weiterbildung dienen insbesondere dem Ziel, Fähigkeiten für eine Erwerbstätigkeit nach der Entlassung zu vermitteln, zu erhalten oder zu fördern.

(2) [1]Die Vollzugsbehörde soll der oder dem Gefangenen wirtschaftlich ergiebige Arbeit oder, wenn dies der Vollzugsbehörde nicht möglich ist, eine angemessene Beschäftigung zuweisen und dabei ihre oder seine Fähigkeiten, Fertigkeiten und Neigungen berücksichtigen. [2]Die Vollzugsbehörde kann der oder dem Gefangenen als Tätigkeit nach Satz 1 jährlich bis zu drei Monaten eine dem Anstaltsbetrieb dienende Tätigkeit (Hilfstätigkeit) zuweisen; mit Zustimmung der oder des Gefangenen kann die Hilfstätigkeit auch für einen längeren Zeitraum zugewiesen werden. [3]Soweit die Vollzugsplanung dies vorsieht, soll der oder dem Gefangenen mit ihrer oder seiner Zustimmung statt einer Tätigkeit nach Satz 1 eine geeignete aus- oder weiterbildende Maßnahme zugewiesen werden.

(3) Ist die oder der Gefangene zu wirtschaftlich ergiebiger Arbeit nicht fähig, so soll ihr oder ihm eine geeignete arbeitstherapeutische Beschäftigung zugewiesen werden.

(4) Einer oder einem Gefangenen, die oder der die Regelaltersgrenze der gesetzlichen Rentenversicherung erreicht hat, darf eine Tätigkeit nach den Absätzen 1 bis 3 nur mit ihrer oder seiner Zustimmung zugewiesen werden.

(5) [1]Die zur Zuweisung einer Tätigkeit nach Absatz 2 Satz 2 oder 3 oder nach Absatz 4 erteilte Zustimmung kann widerrufen werden, jedoch nicht zur Unzeit. [2]Durch den wirksamen Widerruf erlischt die Zuweisung.

§ 36 Freies Beschäftigungsverhältnis, Selbstbeschäftigung

(1) [1]Der oder dem Gefangenen soll gestattet werden, einer Arbeit oder einer beruflichen Aus- oder Weiterbildung auf der Grundlage eines freien Beschäftigungsverhältnisses außerhalb der Anstalt nachzugehen, wenn dies im Rahmen der Vollzugsplanung dem Ziel dient, Fähigkeiten für eine Erwerbstätigkeit nach der Entlassung zu vermitteln, zu erhalten oder zu fördern, und nicht überwiegende Gründe des Vollzuges entgegenstehen. [2]§ 13 Abs. 1 Nr. 1, Abs. 2 und § 15 bleiben unberührt.

(2) [1]Der oder dem Gefangenen kann anstelle einer zugewiesenen Tätigkeit gestattet werden, selbständig einer Beschäftigung (Selbstbeschäftigung) nachzugehen. [2]Für eine Selbstbeschäftigung außerhalb der Anstalt bleiben § 13 Abs. 1 Nr. 1, Abs. 2 und § 15 unberührt. [3]Die Gestattung der Selbstbeschäftigung kann davon abhängig gemacht werden, dass die Gefangenen den Kostenbeitrag nach § 52 Abs. 1 ganz oder teilweise monatlich im Voraus entrichten.

(3) Die Vollzugsbehörde kann verlangen, dass ihr aus den Tätigkeiten nach Absatz 1 oder 2 erzielte Einkünfte der oder des Gefangenen zur Gutschrift überwiesen werden.

§ 37 Abschlusszeugnis

Aus dem Abschlusszeugnis über eine aus- oder weiterbildende Maßnahme darf die Inhaftierung nicht erkennbar sein.

§ 38 Arbeitspflicht

(1) Die oder der Gefangene ist verpflichtet, eine ihr oder ihm zugewiesene Tätigkeit auszuüben.

(2) [1]Maßnahmen nach § 9 Abs. 1 Satz 2 Nr. 5 sind während der Arbeitszeit zuzulassen, soweit dies im Rahmen der Vollzugsplanung zur Erreichung des Vollzugszieles nach § 5 Satz 1 erforderlich ist. [2]Sonstige vollzugliche Maßnahmen sollen während der Arbeitszeit zugelassen werden, soweit dies im überwiegenden Interesse der oder des Gefangenen oder aus einem anderen wichtigen Grund erforderlich ist.

§ 39 Freistellung von der Arbeitspflicht

(1) [1]Hat die oder der Gefangene ein Jahr lang eine zugewiesene Tätigkeit ausgeübt, so kann sie oder er beanspruchen, für die Dauer des jährlichen Mindesturlaubs nach § 3 Abs. 1 des Bundesurlaubsgesetzes von der Arbeitspflicht freigestellt zu werden; Zeiträume von unter einem Jahr bleiben unberücksichtigt. [2]Die Freistellung kann nur innerhalb eines Jahres nach Entstehung des Freistellungsanspruchs in Anspruch genommen werden. [3]Auf die Frist nach Satz 1 werden Zeiten,

1. in denen die oder der Gefangene infolge Krankheit an ihrer oder seiner Arbeitsleistung gehindert war, mit bis zu sechs Wochen jährlich,
2. in denen die oder der Gefangene Verletztengeld nach § 47 Abs. 6 des Siebten Buchs des Sozialgesetzbuchs erhalten hat,
3. in denen die oder der Gefangene nach Satz 1 oder nach § 40 Abs. 5 von der Arbeitspflicht freigestellt war,
4. die nach Absatz 3 auf die Freistellung angerechnet werden oder in denen die oder der Gefangene nach § 40 Abs. 6 beurlaubt war und
5. in denen die oder der Gefangene eine angebotene Arbeit oder angemessene Beschäftigung während des Vollzuges der vorausgehenden Untersuchungshaft ausgeübt hat,

angerechnet. [4]Zeiten, in denen die oder der Gefangene ihrer oder seiner Arbeitspflicht aus anderen Gründen nicht nachgekommen ist, können in angemessenem Umfang angerechnet werden. [5]Erfolgt keine Anrechnung nach Satz 3 oder 4, so wird die Frist für die Dauer der Fehlzeit gehemmt. [6]Abweichend von Satz 5 wird die Frist durch eine Fehlzeit unterbrochen, die unter Berücksichtigung des Vollzugszieles nach § 5 Satz 1 außer Verhältnis zur bereits erbrachten Arbeitsleistung steht.

(2) Der Zeitraum der Freistellung muss mit den betrieblichen Belangen vereinbar sein.

(3) Auf die Zeit der Freistellung wird Urlaub nach § 13 oder 14 Abs. 1 angerechnet, soweit er in die Arbeitszeit fällt und nicht wegen einer lebensgefährlichen Erkrankung oder des Todes Angehöriger gewährt worden ist.

(4) [1]Der oder dem Gefangenen wird für die Zeit der Freistellung das Arbeitsentgelt oder die Ausbildungsbeihilfe fortgezahlt. [2]Dabei ist der Durchschnitt der letzten drei abgerechneten Monate zugrunde zu legen.

(5) Urlaubsregelungen der Beschäftigungsverhältnisse außerhalb des Strafvollzuges bleiben unberührt.

§ 40 Anerkennung von Arbeit und Beschäftigung

(1) [1]Übt die oder der Gefangene eine zugewiesene Arbeit oder angemessene Beschäftigung aus, so erhält sie oder er ein Arbeitsentgelt. [2]Der Bemessung des Arbeitsentgelts sind neun vom Hundert der Bezugsgröße nach § 18 des Vierten Buchs des Sozialgesetzbuchs zugrunde zu legen (Eckvergütung).

(2) [1]Das Arbeitsentgelt kann je nach Leistung der oder des Gefangenen und der Art der Arbeit gestuft werden. [2]75 vom Hundert der Eckvergütung dürfen nur dann unterschritten werden, wenn die Arbeitsleistungen der oder des Gefangenen den Mindestanforderungen nicht genügen.

(3) [1]Übt die oder der Gefangene eine arbeitstherapeutische Beschäftigung aus, so erhält sie oder er ein Arbeitsentgelt, soweit dies der Art der Beschäftigung und der Arbeitsleistung entspricht. [2]Nimmt die oder der Gefangene während der Arbeitszeit an im Vollzugsplan angegebenen Maßnahmen nach § 9 Abs. 1 Satz 2 Nr. 5 teil, so erhält sie oder er für die Dauer des Ausfalls der Arbeit eine Entschädigung in Höhe des Arbeitsentgelts. [3]§ 39 Abs. 4 Satz 2 gilt entsprechend.

(4) Die Höhe des Arbeitsentgeltes ist der oder dem Gefangenen schriftlich bekannt zu geben.

(5) [1]Hat die oder der Gefangene zwei Monate lang zusammenhängend eine Arbeit oder eine angemessene oder arbeitstherapeutische Beschäftigung ausgeübt, so wird sie oder er auf Antrag einen Werktag von der Arbeitspflicht freigestellt (Freistellungstag); Zeiträume von weniger als zwei Monaten bleiben unberücksichtigt. [2]Die Freistellung nach § 39 bleibt unberührt. [3]Durch Zeiten, in denen die oder der Gefangene wegen Krankheit, Ausführung, Ausgang, Urlaub aus der Haft, Freistellung von der Arbeitspflicht oder aus sonstigen von ihr oder ihm nicht zu vertretenden Gründen ihrer oder seiner Arbeitspflicht nicht nachkommt, wird die Frist nach Satz 1 gehemmt. [4]Fehlzeiten, die von der oder dem Gefangenen zu vertreten sind, unterbrechen die Frist.

(6) [1]Auf Antrag kann der oder dem Gefangenen die Freistellung nach Absatz 5 in Form von Urlaub aus der Haft gewährt werden (Arbeitsurlaub). [2]§ 13 Abs. 2 bis 6 und § 15 gelten entsprechend.

(7) § 39 Abs. 2 und 4 gilt entsprechend.

(8) Wird kein Antrag auf einen Freistellungstag (Absatz 5 Satz 1) oder auf Arbeitsurlaub (Absatz 6 Satz 1) gestellt oder kann Arbeitsurlaub nicht gewährt werden, so wird der Freistellungstag auf den Entlassungszeitpunkt angerechnet.

(9) Eine Anrechnung nach Absatz 8 ist ausgeschlossen,

1. soweit eine lebenslange Freiheitsstrafe vollstreckt wird oder die Unterbringung in der Sicherungsverwahrung angeordnet oder vorbehalten ist und ein Entlassungszeitpunkt noch nicht bestimmt ist,
2. bei einer Aussetzung der Vollstreckung des Restes einer Freiheitsstrafe oder einer Sicherungsverwahrung zur Bewährung, soweit wegen des von der Entscheidung des Gerichts bis zur Entlassung verbleibenden Zeitraums eine Anrechnung nicht mehr möglich ist,
3. wenn dies vom Gericht angeordnet wird, weil bei einer Aussetzung der Vollstreckung des Restes einer Freiheitsstrafe oder einer Sicherungsverwahrung zur Bewährung die Lebensverhältnisse der oder des Gefangenen oder die Wirkungen, die von der Aussetzung für sie oder ihn zu erwarten sind, die Vollstreckung bis zu einem bestimmten Zeitpunkt erfordern,
4. wenn nach § 456a Abs. 1 StPO von der Vollstreckung abgesehen wird,
5. wenn die oder der Gefangene im Gnadenwege aus der Haft entlassen wird.

(10) [1]Soweit eine Anrechnung nach Absatz 9 ausgeschlossen ist, erhält die oder der Gefangene bei der Entlassung als Ausgleichsentschädigung zusätzlich 15 vom Hundert des Arbeitsentgelts. [2]§ 39 Abs. 4 Satz 2 gilt entsprechend. [3]Der Anspruch entsteht erst mit der Entlassung; vor der Entlassung ist der Anspruch nicht verzinslich, abtretbar und vererblich. [4]Ist eine Anrechnung nach Absatz 9 Nr. 1 ausgeschlossen, so wird die Ausgleichszahlung der oder dem Gefangenen bereits nach Verbüßung von jeweils zehn Jahren der lebenslangen Freiheitsstrafe oder Freiheitsstrafe mit angeordneter oder vor-

behaltener Sicherungsverwahrung zum Eigengeld gutgeschrieben, soweit sie oder er nicht vor diesem Zeitpunkt entlassen wird; § 57 Abs. 4 StGB gilt entsprechend.

§ 41 Anerkennung von Aus- und Weiterbildung

[1]Nimmt die oder der Gefangene an einer zugewiesenen beruflichen Aus- oder Weiterbildung oder an zugewiesenem Unterricht teil, so erhält sie oder er eine Ausbildungsbeihilfe, soweit ihr oder ihm keine Leistungen zum Lebensunterhalt zustehen, die freien Personen aus solchem Anlass gewährt werden. [2]Der Nachrang der Sozialhilfe nach § 2 Abs. 2 des Zwölften Buchs des Sozialgesetzbuchs bleibt unberührt. [3]Für die Ausbildungsbeihilfe gilt im Übrigen § 40 mit Ausnahme des Absatzes 3 Satz 1 entsprechend.

§ 42 Einbehaltung von Beitragsteilen

Soweit die Vollzugsbehörde Beiträge an die Bundesagentur für Arbeit zu entrichten hat, hat sie von dem Arbeitsentgelt oder der Ausbildungsbeihilfe einen Betrag einzubehalten, der dem Anteil der oder des Gefangenen am Beitrag entspräche, wenn sie oder er diese Bezüge als Arbeitnehmerin oder Arbeitnehmer erhielte.

§ 43 Taschengeld

[1]Der oder dem Gefangenen ist auf Antrag ein angemessenes Taschengeld zu gewähren, soweit sie oder er unverschuldet bedürftig ist. [2]Das Taschengeld wird zu Beginn des Monats im Voraus gewährt. [3]Gehen der oder dem Gefangenen im laufenden Monat Gelder zu, so werden diese bis zur Höhe des gewährten Taschengeldes einbehalten.

§ 44 Verordnungsermächtigung

Das Fachministerium wird ermächtigt, zur Durchführung der §§ 40, 41 und 43 eine Verordnung über die Vergütungsstufen sowie die Bemessung des Arbeitsentgeltes, der Ausbildungsbeihilfe und des Taschengeldes zu erlassen.

Sechstes Kapitel
Gefangenengelder und Kostenbeteiligung

§ 45 Verwaltung der Gefangenengelder

(1) [1]Die Ansprüche der oder des Gefangenen gegen das Land auf Arbeitsentgelt (§ 40), Ausbildungsbeihilfe (§ 41) und Taschengeld (§ 43) sowie die der Vollzugsbehörde nach § 36 Abs. 3 überwiesenen Ansprüche der oder des Gefangenen gegen Dritte aus einem freien Beschäftigungsverhältnis oder einer Selbstbeschäftigung werden nach Maßgabe der folgenden Bestimmungen verwaltet, zu diesem Zweck auf gesonderten Konten als Hausgeld, Überbrückungsgeld oder Eigengeld gutgeschrieben und bestehen als Geldforderungen gegen das Land fort. [2]Gleiches gilt für die Ansprüche der oder des Gefangenen gegen das Land auf Auszahlung des von ihr oder ihm in den Vollzug eingebrachten Bargeldes sowie für sonstige der Vollzugsbehörde zur Gutschrift für die oder den Gefangenen überwiesenen oder eingezahlten Gelder. [3]Gelder, die der oder dem Gefangenen zur Verwendung während einer Lockerung ausgezahlt und nicht verbraucht werden, sind nach Beendigung der Lockerung dem Konto gutzuschreiben, von dem sie ausgezahlt worden sind.

(2) Die Befugnis der oder des Gefangenen, über ihre oder seine Guthaben auf den jeweiligen Konten zu verfügen, unterliegt während des Vollzuges den in diesem Kapitel geregelten Beschränkungen; Verfügungsbeschränkungen nach anderen Vorschriften dieses Gesetzes bleiben unberührt.

§ 46 Hausgeld

(1) Als Hausgeld gutgeschrieben werden Ansprüche

1. auf Arbeitsentgelt oder Ausbildungsbeihilfe zu drei Siebteln,
2. auf Taschengeld in voller Höhe,
3. aus einem freien Beschäftigungsverhältnis oder einer Selbstbeschäftigung, die der Vollzugsbehörde zur Gutschrift für die Gefangene oder den Gefangenen überwiesen worden sind (§ 36 Abs. 3), zu einem angemessenen Teil sowie
4. aus anderen regelmäßigen Einkünften, sofern die oder der Gefangene nicht zur Arbeit verpflichtet ist, zu einem angemessenen Teil.

(2) [1]Auf das Hausgeldkonto darf bis zu zwölf Mal jährlich ein zusätzlicher Geldbetrag überwiesen oder eingezahlt werden. [2]Die Summe dieser Beträge darf den zwölffachen Tagessatz der Eckvergütung nach § 40 Abs. 1 Satz 2 pro Jahr nicht übersteigen.

(3) Die Verfügung über das Guthaben auf dem Hausgeldkonto unterliegt keiner Beschränkung; es kann insbesondere für den Einkauf (§ 24) verwendet werden.

§ 47 Überbrückungsgeld

(1) [1]Als Überbrückungsgeld gutgeschrieben werden Ansprüche

1. auf Arbeitsentgelt oder Ausbildungsbeihilfe sowie
2. aus einem freien Beschäftigungsverhältnis oder einer Selbstbeschäftigung, die der Vollzugsbehörde zur Gutschrift für die oder den Gefangenen überwiesen worden sind (§ 36 Abs. 3), zu einem angemessenen Teil,

soweit sie nicht als Hausgeld gutgeschrieben werden und soweit die nach Absatz 2 Satz 2 festgesetzte Höhe noch nicht erreicht ist. [2]Wird die Befugnis, über das Hausgeld zu verfügen, disziplinarisch beschränkt oder entzogen (§ 95 Abs. 1 Nr. 2), so ist das in dieser Zeit anfallende Hausgeld dem Überbrückungsgeld hinzuzurechnen, auch soweit dadurch die nach Absatz 2 Satz 2 festgesetzte Höhe überschritten wird.

(2) [1]Das Überbrückungsgeld soll den notwendigen Lebensunterhalt der oder des Gefangenen und ihrer oder seiner Unterhaltsberechtigten in den ersten vier Wochen nach der Entlassung sichern. [2]Die Höhe des Überbrückungsgeldes wird von der Vollzugsbehörde festgesetzt.

(3) [1]Das Guthaben auf dem Überbrückungsgeldkonto wird der oder dem Gefangenen bei der Entlassung ausgezahlt. [2]Die Vollzugsbehörde kann es auch der Bewährungshelferin oder dem Bewährungshelfer oder einer mit der Entlassenenbetreuung befassten Stelle überweisen, die darüber entscheiden, wie das Geld innerhalb der ersten vier Wochen nach der Entlassung an die Gefangene oder den Gefangenen ausgezahlt wird. [3]Das Geld ist vom sonstigen Vermögen gesondert zu halten. [4]Mit Zustimmung der oder des Gefangenen kann das Überbrückungsgeld auch den Unterhaltsberechtigten überwiesen werden.

(4) Der oder dem Gefangenen kann gestattet werden, das Guthaben auf dem Überbrückungsgeldkonto für Ausgaben zu verwenden, die ihrer oder seiner Eingliederung oder dem Ausgleich eines durch ihre oder seine Straftaten verursachten Schadens dienen.

§ 48 Eigengeld

(1) [1]Soweit Ansprüche der in § 45 Abs. 1 bezeichneten Art nicht als Hausgeld oder Überbrückungsgeld gutgeschrieben werden, werden sie als Eigengeld gutgeschrieben. [2]§ 40 Abs. 10 Satz 4 bleibt unberührt.

(2) [1]Die Verwendung des Eigengeldes für den Einkauf (§ 24) ist ausgeschlossen. [2]Verfügt die oder der Gefangene ohne Verschulden nicht über Hausgeld, so ist ihr oder ihm zu gestatten, in angemessenem Umfang vom Eigengeld einzukaufen.

(3) [1]Hat das Überbrückungsgeld noch nicht die nach § 47 Abs. 2 Satz 2 festgesetzte Höhe erreicht, so ist die Verfügung über das Guthaben auf dem Eigengeldkonto in Höhe des Unterschiedsbetrages ausgeschlossen. [2]§ 47 Abs. 4 gilt entsprechend.

§ 49 Ersatzleistungen

Leistungen, die die Gefangenen als Ersatz für Arbeitsentgelt, Ausbildungsbeihilfe oder Einkünfte aus einem freien Beschäftigungsverhältnis oder einer Selbstbeschäftigung erhalten, werden wie die Leistungen behandelt, an deren Stelle sie treten.

§ 50 Abtretbarkeit, Pfändungsschutz

(1) Der Anspruch auf das Hausgeld ist nicht übertragbar.

(2) [1]Der Anspruch auf Auszahlung des Überbrückungsgeldes ist unpfändbar. [2]Erreicht es nicht die in § 47 Abs. 2 Satz 2 festgesetzte Höhe, so ist in Höhe des Unterschiedsbetrages auch der Anspruch auf Auszahlung des Eigengeldes nach § 48 Abs. 1 unpfändbar. [3]Bargeld einer oder eines entlassenen Gefangenen, das an sie oder ihn zur Erfüllung der nach Satz 1 oder 2 unpfändbaren Ansprüche ausgezahlt worden ist, ist in den ersten vier Wochen nach der Entlassung in Höhe des Überbrückungsgeldes der Pfändung nicht unterworfen.

(3) [1]Absatz 2 gilt nicht bei einer Pfändung wegen der in § 850d Abs. 1 Satz 1 der Zivilprozessordnung bezeichneten Unterhaltsansprüche. [2]Der oder dem entlassenen Gefangenen ist jedoch so viel zu be-

lassen, wie sie oder er für ihren oder seinen notwendigen Unterhalt und zur Erfüllung sonstiger gesetzlicher Unterhaltspflichten für die Zeit von der Pfändung bis zum Ablauf von vier Wochen seit der Entlassung bedarf.

§ 51 Durchsetzung von Ansprüchen des Landes

(1) Zur Durchsetzung eines Anspruches des Landes nach § 93 Abs. 1 Satz 1 oder § 121 des Strafvollzugsgesetzes (StVollzG) kann die Vollzugsbehörde gegen den Anspruch auf Auszahlung des Hausgeldes aufrechnen, soweit dieser den dreifachen Tagessatz der Eckvergütung nach § 40 Abs. 1 Satz 2 übersteigt.

(2) Die Durchsetzung von Ansprüchen des Landes hat zu unterbleiben, wenn dadurch die Erreichung des Vollzugszieles nach § 5 Satz 1 behindert würde.

§ 52 Kostenbeteiligung der Gefangenen

(1) [1]Die Vollzugsbehörde beteiligt die oder den Gefangenen an den Kosten für ihre oder seine Unterkunft und Verpflegung durch Erhebung eines Kostenbeitrages in Höhe des Betrages, der nach den Vorschriften des Vierten Buchs des Sozialgesetzbuchs durchschnittlich zur Bewertung der Sachbezüge festgesetzt ist. [2]Bei Selbstverpflegung entfallen die für die Verpflegung vorgesehenen Beträge. [3]Für den Wert der Unterkunft ist die festgesetzte Belegungsfähigkeit maßgebend.

(2) [1]Ein Kostenbeitrag nach Absatz 1 wird nicht erhoben, wenn die oder der Gefangene
1. Arbeitsentgelt oder Ausbildungsbeihilfe erhält oder
2. ohne Verschulden nicht arbeiten kann oder
3. nicht arbeitet, weil sie oder er nicht zur Arbeit verpflichtet ist.

[2]Hat die oder der Gefangene, die oder der ohne ihr oder sein Verschulden während eines zusammenhängenden Zeitraumes von mehr als einem Monat nicht arbeiten kann oder nicht arbeitet, weil sie oder er nicht zur Arbeit verpflichtet ist, auf diese Zeit entfallende Einkünfte, so hat sie oder er den Kostenbeitrag für diese Zeit bis zur Höhe der auf sie entfallenden Einkünfte zu entrichten. [3]Der oder dem Gefangenen muss ein Betrag verbleiben, der der Eckvergütung nach § 40 Abs. 1 Satz 2 entspricht.

(3) [1]An den Kosten des Landes für sonstige Leistungen kann die Vollzugsbehörde die Gefangene oder den Gefangenen durch Erhebung weiterer Kostenbeiträge in angemessener Höhe beteiligen. [2]Dies gilt insbesondere
1. für Lockerungen nach § 14 Abs. 1 und 3, soweit die Teilnahme am gerichtlichen Termin im überwiegenden Interesse der oder des Gefangenen liegt,
2. für Leistungen auf dem Gebiet der Gesundheitsfürsorge, soweit das Fünfte Buch des Sozialgesetzbuchs, die Reichsversicherungsordnung und die aufgrund dieser Gesetze erlassenen Regelungen eine Kostenbeteiligung der oder des Versicherten zulassen und die besonderen Verhältnisse des Strafvollzuges einer Übertragung nicht entgegenstehen, sowie für ärztliche Behandlungen nach § 61,
3. für die Aufbewahrung, Entfernung, Verwertung oder Vernichtung eingebrachter Sachen,
4. für die Versorgung des Haftraums mit Strom für das Betreiben von Elektrogeräten, soweit diese Kosten über das zur Sicherstellung einer angemessenen Grundversorgung erforderliche Maß hinausgehen,
5. für den Schriftwechsel, die Telekommunikation und den Paketverkehr der Gefangenen sowie
6. für die Überlassung von Geräten der Unterhaltungs- und Informationselektronik.

[3]Die Erhebung von Kostenbeiträgen nach Satz 2 Nr. 6 ist ausgeschlossen für die Überlassung von Hörfunk- und Fernsehgeräten, wenn die oder der Gefangene auf diese Geräte verwiesen wurde und soweit hierdurch eine angemessene Grundversorgung mit Hörfunk- und Fernsehempfang sichergestellt wird. [4]Abweichend von den Sätzen 1 und 2 ist die oder der Gefangene an den Kosten des Landes zu beteiligen, soweit sie oder er aus einem privatrechtlichen Versicherungsvertrag einen Anspruch gegen den Versicherer auf Ersatz der Kosten hat.

(4) [1]Das Fachministerium wird ermächtigt, durch Verordnung näher zu regeln, unter welchen Voraussetzungen und in welcher Höhe Kostenbeiträge nach Absatz 3 erhoben werden können. [2]Für die Bemessung können pauschale Sätze festgelegt werden. [3]Für einzelne Kostenbeiträge kann vorgesehen werden, dass die tatsächlich entstandenen Kosten in voller Höhe von den Gefangenen zu tragen sind.

(5) [1]Von der Erhebung von Kostenbeiträgen ist abzusehen, soweit dies notwendig ist, um das Vollzugsziel nach § 5 Satz 1 nicht zu gefährden. [2]Für Zeiten, in denen die oder der Gefangene unverschuldet

bedürftig ist, soll von der Erhebung von Kostenbeiträgen abgesehen werden. [3]Zur Durchsetzung eines Anspruchs nach Absatz 3 kann die Vollzugsbehörde gegen den Anspruch auf Hausgeld aufrechnen. [4]Die Durchsetzung eines Beitragsanspruchs nach Absatz 1 zu Lasten der Ansprüche unterhaltsberechtigter Angehöriger ist unzulässig.
(6) [1]Der Kostenbeitrag ist eine Justizverwaltungsabgabe, die von der Vollzugsbehörde erhoben wird. [2]Für das gerichtliche Verfahren gelten die §§ 109 bis 121 Abs. 4 StVollzG entsprechend.

Siebtes Kapitel
Religionsausübung

§ 53 Seelsorge
(1) [1]Der oder dem Gefangenen darf eine religiöse Betreuung durch eine Seelsorgerin oder einen Seelsorger ihrer oder seiner Religionsgemeinschaft nicht versagt werden. [2]Auf ihren oder seinen Wunsch ist ihr oder ihm zu helfen, mit einer Seelsorgerin oder einem Seelsorger ihrer oder seiner Religionsgemeinschaft in Verbindung zu treten.
(2) [1]Die oder der Gefangene darf grundlegende religiöse Schriften besitzen. [2]Sie dürfen ihr oder ihm nur bei grobem Missbrauch entzogen werden; auf Verlangen der oder des Gefangenen soll ihre oder seine Seelsorgerin oder ihr oder sein Seelsorger über den Entzug unterrichtet werden.
(3) Der oder dem Gefangenen sind sonstige Gegenstände des religiösen Gebrauchs in angemessenem Umfang zu belassen, soweit nicht überwiegende Gründe der Sicherheit der Anstalt entgegenstehen.

§ 54 Religiöse Veranstaltungen
(1) Die oder der Gefangene hat das Recht, am Gottesdienst und an anderen religiösen Veranstaltungen ihres oder seines Bekenntnisses in der Anstalt teilzunehmen.
(2) Die oder der Gefangene wird zu dem Gottesdienst oder zu religiösen Veranstaltungen einer anderen Religionsgemeinschaft zugelassen, wenn deren Seelsorgerin oder Seelsorger zustimmt.
(3) Die oder der Gefangene kann von der Teilnahme am Gottesdienst oder anderen religiösen Veranstaltungen ausgeschlossen werden, wenn dies aus überwiegenden Gründen der Sicherheit oder Ordnung geboten ist; die Seelsorgerin oder der Seelsorger soll vorher gehört werden.

§ 55 Weltanschauungsgemeinschaften
Für Angehörige weltanschaulicher Bekenntnisse gelten die §§ 53 und 54 entsprechend.

Achtes Kapitel
Gesundheitsfürsorge

§ 56 Allgemeine Bestimmungen
(1) Die Vollzugsbehörde sorgt für die Gesundheit der oder des Gefangenen.
(2) Die oder der Gefangene hat die notwendigen Maßnahmen zum Gesundheitsschutz und zur Hygiene zu unterstützen.

§ 57 Medizinische Leistungen
(1) [1]Die oder der Gefangene hat Anspruch auf Schutzimpfungen, medizinische Vorsorgeleistungen, Gesundheitsuntersuchungen und Krankenbehandlung. [2]Eine Gefangene hat für ihre Kinder, die mit ihr in der Anstalt untergebracht sind und das sechste Lebensjahr nicht vollendet haben, auch Anspruch auf Kinderuntersuchungen.
(2) [1]Krankenbehandlung umfasst
1. ärztliche Behandlung einschließlich Psychotherapie als ärztliche und psychotherapeutische Behandlung,
2. zahnärztliche Behandlung,
3. Versorgung mit Zahnersatz einschließlich Zahnkronen und Suprakonstruktionen, soweit diese nicht mit Rücksicht auf die Kürze des Freiheitsentzuges unverhältnismäßig ist, insbesondere weil die Behandlung bis zum voraussichtlichen Entlassungszeitpunkt nicht abgeschlossen werden kann,
4. Versorgung mit Arznei-, Verband- und Heilmitteln,

5. Versorgung mit Hilfsmitteln, soweit dies nicht mit Rücksicht auf die Kürze des Freiheitsentzuges unverhältnismäßig ist, und
6. Leistungen zur medizinischen Rehabilitation und ergänzende Leistungen.

[2]Leistungen nach Satz 1 Nrn. 5 und 6 werden nur gewährt, soweit Belange des Vollzuges nicht entgegenstehen. [3]Der Anspruch auf Leistungen nach Satz 1 Nr. 5 umfasst auch die ohne Vorsatz oder grobe Fahrlässigkeit der oder des Gefangenen verursachte notwendige Änderung, Instandsetzung und Ersatzbeschaffung von Hilfsmitteln sowie die Ausbildung in ihrem Gebrauch.

(3) [1]Medizinische Vorsorgeleistungen umfassen die ärztliche Behandlung und Versorgung mit Arznei-, Verband-, Heil- und Hilfsmitteln nur nach Maßgabe des § 23 Abs. 1 des Fünften Buchs des Sozialgesetzbuchs. [2]Für die Versorgung mit Hilfsmitteln gilt Absatz 2 Satz 1 Nr. 5, Sätze 2 und 3 entsprechend.

§ 58 Krankenbehandlung bei Urlaub oder Ausgang

Während des Urlaubs oder Ausgangs hat die oder der Gefangene gegen das Land nur einen Anspruch auf Krankenbehandlung in der für sie oder ihn zuständigen Anstalt; in Notfällen wird der oder dem Gefangenen Krankenbehandlung auch in der nächstgelegenen niedersächsischen Anstalt gewährt.

§ 59 Leistungen, Art und Umfang

[1]Für Art und Umfang der in § 57 Abs. 1 genannten Leistungen gelten die Vorschriften des Fünften Buchs des Sozialgesetzbuchs und die aufgrund dieser Vorschriften getroffenen Regelungen entsprechend, soweit nicht in diesem Gesetz etwas anderes bestimmt ist. [2]Nach dem Fünften Buch des Sozialgesetzbuchs von der Versorgung ausgeschlossene Arznei-, Heil- oder Hilfsmittel können der oder dem Gefangenen zur Verfügung gestellt werden, soweit dies medizinisch angezeigt ist.

§ 60 Ruhen der Ansprüche

Der Anspruch auf Leistungen nach § 57 ruht, soweit die oder der Gefangene aufgrund eines freien Beschäftigungsverhältnisses krankenversichert ist.

§ 61 Ärztliche Behandlung zur sozialen Eingliederung

Mit Zustimmung der oder des Gefangenen kann die Vollzugsbehörde ärztliche Behandlungen, namentlich Operationen oder prothetische Maßnahmen durchführen lassen, die die soziale Eingliederung fördern.

§ 62 Aufenthalt im Freien

Arbeitet die oder der Gefangene nicht im Freien, so wird ihr oder ihm täglich mindestens eine Stunde Aufenthalt im Freien ermöglicht, wenn die Witterung dies zu der festgesetzten Zeit zulässt.

§ 63 Überstellung, Verlegung

(1) Eine kranke Gefangene oder ein kranker Gefangener kann in ein Anstaltskrankenhaus oder in eine für die Behandlung der Krankheit besser geeignete Anstalt überstellt oder verlegt werden.

(2) Kann eine Krankheit in einer Anstalt oder einem Anstaltskrankenhaus nicht erkannt oder behandelt werden oder ist es nicht möglich, die Gefangene oder den Gefangenen rechtzeitig in ein Anstaltskrankenhaus zu überstellen oder zu verlegen, so ist sie oder er in ein Krankenhaus außerhalb des Vollzuges zu bringen.

Neuntes Kapitel

Freizeit

§ 64 Sport

Die oder der Gefangene erhält Gelegenheit, in der Freizeit Sport zu treiben.

§ 65 Zeitungen und Zeitschriften

(1) Die oder der Gefangene darf Zeitungen und Zeitschriften in angemessenem Umfang durch Vermittlung der Vollzugsbehörde beziehen.

(2) [1]Ausgeschlossen sind Zeitungen und Zeitschriften, deren Verbreitung mit Strafe oder Geldbuße bedroht ist. [2]Einzelne Ausgaben oder Teile von Zeitungen oder Zeitschriften können der oder dem Gefangenen vorenthalten werden, wenn sie das Vollzugsziel nach § 5 Satz 1 oder die Sicherheit oder Ordnung der Anstalt erheblich gefährdeten.

§ 66 Hörfunk und Fernsehen

(1) Der oder dem Gefangenen wird nach Maßgabe der folgenden Absätze ermöglicht, am Hörfunk- und Fernsehempfang teilzunehmen.

(2) [1]Die Vollzugsbehörde hat den Besitz eines Hörfunk- und Fernsehgerätes im Haftraum zu erlauben, wenn dadurch die Erreichung des Vollzugszieles nach § 5 Satz 1 oder die Sicherheit oder Ordnung der Anstalt nicht gefährdet wird. [2]In der Erlaubnis kann die oder der Gefangene darauf verwiesen werden, anstelle eigener von der Vollzugsbehörde überlassene Geräte zu verwenden; eine solche Bestimmung kann auch nachträglich getroffen werden. [3]Die Erlaubnis kann zur Erreichung des Vollzugszieles nach § 5 Satz 1 oder zur Abwehr einer Gefahr für die Sicherheit oder Ordnung der Anstalt widerrufen werden.

(3) [1]Soweit der oder dem Gefangenen ein Gerät im Haftraum nicht zur Verfügung steht, kann sie oder er am gemeinschaftlichen Hörfunk- und Fernsehempfang der Anstalt teilnehmen. [2]Die Sendungen sind so auszuwählen, dass Wünsche und Bedürfnisse nach staatsbürgerlicher Information, Bildung und Unterhaltung angemessen berücksichtigt werden. [3]Der Hörfunk- und Fernsehempfang soll vorübergehend ausgesetzt oder einzelnen Gefangenen vorübergehend untersagt werden, wenn dies zur Aufrechterhaltung der Sicherheit oder Ordnung der Anstalt unerlässlich ist.

§ 67 Besitz von Gegenständen zur Fortbildung oder zur Freizeitbeschäftigung

(1) [1]Die oder der Gefangene darf mit Erlaubnis der Vollzugsbehörde in angemessenem Umfang sonstige Geräte der Informations- und Unterhaltungselektronik, Bücher sowie andere Gegenstände zur Fortbildung oder zur Freizeitbeschäftigung besitzen. [2]Die Erlaubnis ist zu versagen, wenn die Erreichung des Vollzugszieles nach § 5 Satz 1 oder die Sicherheit oder Ordnung der Anstalt gefährdet würde. [3]Die Erlaubnis kann unter den Voraussetzungen des Satzes 2 widerrufen werden.

(2) Im Übrigen gilt § 66 Abs. 2 Satz 2 für Geräte der Informations- und Unterhaltungselektronik entsprechend.

Zehntes Kapitel

Soziale Hilfen, durchgängige Betreuung

§ 68 Soziale Hilfen

(1) Soziale Hilfen sollen darauf gerichtet sein, die Gefangene oder den Gefangenen in die Lage zu versetzen, ihre oder seine Angelegenheiten selbst zu ordnen und zu regeln.

(2) Es ist Aufgabe der Vollzugsbehörden, darauf hinzuwirken, dass eine durchgängige Betreuung der Gefangenen sichergestellt ist, die ihnen auch nach der Entlassung hilft, in sozialer Verantwortung ein Leben ohne Straftaten zu führen.

(3) Die Zusammenarbeit mit Stellen und Personen außerhalb des Vollzuges, die besonderen Möglichkeiten dieses Gesetzes für die Entlassungsvorbereitung sowie die Hilfe zur Entlassung sind auf die durchgängige Betreuung auszurichten.

(4) [1]Die Vollzugsbehörden sollen darauf hinwirken, dass die zur durchgängigen Betreuung erforderlichen Informationen über die Gefangenen zwischen ihnen und den nach Absatz 3 zu beteiligenden Personen und Stellen außerhalb des Vollzuges ausgetauscht werden, soweit dies nach den für die jeweilige Behörde, Person oder Stelle geltenden Vorschriften über den Datenschutz zulässig ist. [2]Die Vollzugsbehörden sind nach Maßgabe des Satzes 1 insbesondere verpflichtet, der für die Führungsaufsicht nach § 68a StGB zuständigen Aufsichtsstelle und den mit der Bewährungshilfe befassten Stellen die zur Vorbereitung und Durchführung der Führungsaufsicht und der Bewährungshilfe erforderlichen Informationen rechtzeitig vor der möglichen Entlassung der oder des Gefangenen zu übermitteln. [3]Soweit für den Datenaustausch nach Satz 1 die Einwilligung der oder des Gefangenen erforderlich ist, soll sie oder er über die Vor- und Nachteile eines solchen Datenaustauschs aufgeklärt und ermutigt werden, die erforderliche Einwilligung zu erklären.

(5) Die Personen und Stellen außerhalb des Vollzuges, die in besonderer Weise geeignet sind, an der durchgängigen Betreuung mitzuwirken, sollen über die Vollzugsplanung unterrichtet werden und Gelegenheit erhalten, sich an der Vollzugsplanung zu beteiligen, soweit dies nach Absatz 4 zulässig ist.

§ 69 Hilfen im Vollzug

(1) [1]Bei der Aufnahme wird die oder der Gefangene insbesondere dabei unterstützt, notwendige Maßnahmen für hilfsbedürftige Angehörige zu veranlassen und ihre oder seine Habe außerhalb der Anstalt sicherzustellen. [2]Die oder der Gefangene ist über die Aufrechterhaltung einer Sozialversicherung zu beraten.

(2) [1]Während des Vollzuges wird die oder der Gefangene insbesondere in dem Bemühen unterstützt, ihre oder seine Rechte und Pflichten wahrzunehmen, namentlich das Wahlrecht auszuüben sowie für Unterhaltsberechtigte zu sorgen. [2]Gleiches gilt für den Ausgleich eines durch ihre oder seine Straftat verursachten Schadens. [3]In geeigneten Fällen sollen der oder dem Gefangenen zur Durchführung von Maßnahmen zur Wiedergutmachung der Folgen ihrer oder seiner Straftat, insbesondere eines Täter-Opfer-Ausgleichs, Stellen und Einrichtungen außerhalb des Justizvollzuges benannt werden.

(3) [1]Um die Entlassung vorzubereiten, ist die oder der Gefangene insbesondere bei der Ordnung der persönlichen, wirtschaftlichen und sozialen Angelegenheiten zu beraten. [2]Die Beratung erstreckt sich auch auf die Benennung der für Sozialleistungen zuständigen Stellen. [3]Die oder der Gefangene ist dabei zu unterstützen, Arbeit, Unterkunft und persönlichen Beistand für die Zeit nach der Entlassung zu finden. [4]Ihr oder ihm werden Stellen und Einrichtungen außerhalb des Justizvollzuges benannt, die ihre oder seine berufliche und soziale Eingliederung begleiten und fördern können. [5]Bei vorzeitiger Entlassung einer oder eines Gefangenen unter Auflagen ist die Bewährungshilfe rechtzeitig zu beteiligen.

§ 70 Entlassungsbeihilfe

(1) Die oder der Gefangene erhält, soweit eigene Mittel nicht ausreichen, nach Maßgabe des Absatzes 2 eine Beihilfe zu den Reisekosten sowie eine Überbrückungsbeihilfe und erforderlichenfalls ausreichende Kleidung.

(2) [1]Bei der Bemessung der Höhe der Überbrückungsbeihilfe sind die Dauer des Freiheitsentzuges, der persönliche Arbeitseinsatz der oder des Gefangenen und die Wirtschaftlichkeit ihrer oder seiner Verfügungen über Eigengeld und Hausgeld während der Strafzeit zu berücksichtigen. [2]Die Überbrückungsbeihilfe kann ganz oder teilweise auch den Unterhaltsberechtigten überwiesen werden.

(3) [1]Der Anspruch auf Beihilfe zu den Reisekosten und die ausgezahlte Reisebeihilfe sind unpfändbar. [2]Für den Anspruch auf Überbrückungsbeihilfe und für Bargeld nach Auszahlung einer Überbrückungsbeihilfe an die oder den Gefangenen gilt § 50 Abs. 2 Sätze 1 und 3 und Abs. 3 entsprechend.

Elftes Kapitel

Besondere Vorschriften für den Vollzug an weiblichen Gefangenen

§ 71 Leistungen bei Schwangerschaft und Mutterschaft

(1) [1]Bei einer Schwangeren oder einer Gefangenen, die unlängst entbunden hat, ist auf ihren Zustand Rücksicht zu nehmen. [2]Die Vorschriften des Mutterschutzgesetzes über die Gestaltung des Arbeitsplatzes und das Bestehen von Beschäftigungsverboten gelten in Bezug auf die Arbeitspflicht entsprechend.

(2) [1]Die Gefangene hat während der Schwangerschaft, bei und nach der Entbindung Anspruch auf ärztliche Betreuung und auf Hebammenhilfe in der Anstalt. [2]Zur ärztlichen Betreuung gehören insbesondere Untersuchungen zur Feststellung der Schwangerschaft sowie Vorsorgeuntersuchungen einschließlich der laborärztlichen Untersuchungen.

(3) Zur Entbindung ist die Schwangere in ein Krankenhaus außerhalb des Vollzuges zu bringen.

(4) Bei Schwangerschaftsbeschwerden und im Zusammenhang mit der Entbindung werden Arznei-, Verband- und Heilmittel geleistet.

(5) Für Leistungen nach den Absätzen 2 bis 4 gelten im Übrigen die Vorschriften der Reichsversicherungsordnung über Leistungen bei Schwangerschaft und Mutterschaft sowie die §§ 58, 60 und 63 entsprechend, § 58 jedoch nicht für die Entbindung.

§ 72 Geburtsanzeige

In der Anzeige der Geburt an das Standesamt dürfen die Anstalt als Geburtsort des Kindes, das Verhältnis der anzeigenden Person zur Anstalt und die Gefangenschaft der Mutter nicht vermerkt sein.

§ 73 Mütter mit Kindern

(1) [1]Ist das Kind einer Gefangenen noch nicht schulpflichtig, so kann es mit Zustimmung der aufenthaltsbestimmungsberechtigten Person in der Anstalt untergebracht werden, in der sich seine Mutter befindet, wenn dies seinem Wohle dient. [2]Vor der Unterbringung ist das Jugendamt zu hören.

(2) [1]Die Unterbringung erfolgt auf Kosten der für das Kind Unterhaltspflichtigen. [2]Von der Geltendmachung des Kostenersatzanspruchs kann abgesehen werden, wenn hierdurch die gemeinsame Unterbringung von Mutter und Kind gefährdet würde.

Zwölftes Kapitel
Sicherheit und Ordnung

§ 74 Grundsatz

Das Verantwortungsbewusstsein der oder des Gefangenen für ein geordnetes Zusammenleben in der Anstalt ist zu wecken und zu fördern.

§ 75 Verhaltensvorschriften

(1) Die oder der Gefangene hat die rechtmäßigen Anordnungen der Vollzugsbediensteten zu befolgen.

(2) [1]Die oder der Gefangene hat sich nach der Tageseinteilung der Anstalt (Arbeitszeit, Freizeit, Ruhezeit) zu richten. [2]Sie oder er darf einen zugewiesenen Bereich nicht ohne Erlaubnis verlassen. [3]Sie oder er darf durch ihr oder sein Verhalten gegenüber Vollzugsbediensteten, Mitgefangenen und anderen Personen das geordnete Zusammenleben nicht stören.

(3) Der Haftraum und die von der Vollzugsbehörde überlassenen Sachen sind in Ordnung zu halten und schonend zu behandeln.

(4) Die oder der Gefangene hat Umstände, die eine Gefahr für das Leben oder eine erhebliche Gefahr für die Gesundheit einer Person bedeuten, unverzüglich zu melden.

§ 76 Persönlicher Gewahrsam

(1) [1]Die oder der Gefangene darf Sachen nur mit Erlaubnis der Vollzugsbehörde in Gewahrsam haben, annehmen oder abgeben. [2]Für Sachen von geringem Wert kann die Vollzugsbehörde ihre Zustimmung allgemein erteilen.

(2) [1]Eingebrachte Sachen, die die oder der Gefangene nicht in Gewahrsam haben darf, sind zu verwahren, sofern dies nach Art und Umfang möglich ist. [2]Der oder dem Gefangenen wird Gelegenheit gegeben, die Sachen abzusenden, die während des Vollzuges und für die Entlassung nicht benötigt werden.

(3) [1]Weigert sich die oder der Gefangene, eingebrachte Sachen, deren Aufbewahrung nach Art und Umfang nicht möglich ist, aus der Anstalt zu entfernen, so darf die Vollzugsbehörde diese Sachen außerhalb der Anstalt verwahren oder nach Maßgabe des Satzes 2 verwerten oder vernichten. [2]Für die Voraussetzungen und das Verfahren der Verwertung und Vernichtung gilt § 28 des Niedersächsischen Polizei- und Ordnungsbehördengesetzes entsprechend.

(4) Aufzeichnungen und andere Gegenstände, die Kenntnisse über Sicherungsvorkehrungen der Anstalt vermitteln, dürfen von der Vollzugsbehörde vernichtet oder unbrauchbar gemacht werden.

§ 77 Durchsuchung

(1) [1]Gefangene, ihre Sachen und die Hafträume dürfen durchsucht werden. [2]Die Durchsuchung männlicher Gefangener darf nur von Männern, die Durchsuchung weiblicher Gefangener nur von Frauen vorgenommen werden. [3]Satz 2 gilt nicht für das Absuchen mittels technischer Geräte ohne unmittelbaren körperlichen Kontakt. [4]Das Schamgefühl ist zu schonen.

(2) [1]Nur bei Gefahr im Verzuge oder auf Anordnung der Anstaltsleiterin oder des Anstaltsleiters im Einzelfall ist es zulässig, eine mit einer Entkleidung verbundene körperliche Durchsuchung vorzunehmen. [2]Sie darf bei männlichen Gefangenen nur in Gegenwart von Männern, bei weiblichen Gefangenen nur in Gegenwart von Frauen erfolgen. [3]Sie ist in einem geschlossenen Raum durchzuführen. [4]Andere Gefangene dürfen nicht anwesend sein.

(3) Die Vollzugsbehörde kann allgemein anordnen, dass Gefangene bei der Aufnahme, nach Kontakten mit Besucherinnen und Besuchern und nach jeder Abwesenheit von der Anstalt nach Absatz 2 zu durchsuchen sind.

§ 78 Erkennungsdienstliche Maßnahmen

(1) Zur Sicherung des Vollzuges, zur Aufrechterhaltung der Sicherheit oder Ordnung der Anstalt oder zur Identitätsfeststellung sind mit Kenntnis der oder des Gefangenen zulässig

1. die Aufnahme von Lichtbildern,
2. Stimmaufzeichnungen,
3. Messungen des Körpers sowie
4. die Feststellung äußerlicher körperlicher Merkmale.

(2) Die Erhebung, Speicherung, Veränderung, Nutzung und Übermittlung (§ 191 Abs. 2 Satz 2 Nrn. 1 bis 5) der biometrischen Daten von Fingern, Händen und Gesicht ist mit Kenntnis der oder des Gefangenen zulässig, wenn sie zur Erfüllung der Aufgaben nach Absatz 1 unerlässlich ist.

§ 79 Maßnahmen zur Identitätsfeststellung

Wenn es die Sicherheit oder Ordnung der Anstalt erfordert, kann die oder der Gefangene verpflichtet werden, einen Ausweis mit den in § 78 Abs. 1 und 2 genannten Daten mit sich zu führen.

§ 79a Einsatz optisch-elektronischer Einrichtungen

(1) [1]Bestimmte Bereiche der Anstalt dürfen mit Ausnahme von Hafträumen und medizinischen Behandlungsräumen durch Bildübertragungen und -aufzeichnungen mittels optisch-elektronischer Einrichtungen überwacht werden, soweit und solange dies zur Aufrechterhaltung der Sicherheit oder Ordnung der Anstalt erforderlich und verhältnismäßig ist. [2]Die Beobachtung einer oder eines bestimmten Gefangenen mittels optisch-elektronischer Einrichtungen ist nur nach Maßgabe der §§ 81 und 81a zulässig.

(2) Im Rahmen von Gefangenentransporten sind Bildübertragungen mittels optisch-elektronischer Einrichtungen einzelner Bereiche des Transportfahrzeuges zulässig, soweit dies zur Sicherung des Transportes oder des Vollzuges erforderlich und verhältnismäßig ist und überwiegende Interessen der betroffenen Personen nicht entgegenstehen.

(3) Bildübertragungen und -aufzeichnungen des öffentlich frei zugänglichen Raumes außerhalb der Anstalt mittels optisch-elektronischer Einrichtungen sind zulässig, soweit und solange dies zur Aufrechterhaltung der Sicherheit oder Ordnung der Anstalt oder zur Sicherung des Vollzuges, insbesondere um Fluchtversuche sowie Überwürfe von Gegenständen auf das Anstaltsgelände zu verhindern, erforderlich und verhältnismäßig ist und schutzwürdige Interessen der betroffenen Personen nicht entgegenstehen.

(4) Den Einsatz optisch-elektronischer Einrichtungen nach den Absätzen 1 bis 3 ordnet die Anstaltsleiterin oder der Anstaltsleiter an.

(5) [1]Die Überwachung mittels optisch-elektronischer Einrichtungen ist durch geeignete Hinweise erkennbar zu machen. [2]Ein verdeckter Einsatz optisch-elektronischer Einrichtungen ist unzulässig.

(6) [1]Die nach den Absätzen 1 und 3 gefertigten Bildaufzeichnungen sind unverzüglich, spätestens aber eine Woche nach ihrer Erhebung zu löschen. [2]Die Vollzugsbehörde hat durch verfahrensrechtliche Vorkehrungen sicherzustellen, dass diese Frist eingehalten wird.

§ 80 Festnahmerecht

Eine Gefangene oder ein Gefangener, die oder der entwichen ist oder sich sonst ohne Erlaubnis außerhalb der Anstalt aufhält, kann durch die Vollzugsbehörde oder auf ihre Veranlassung hin festgenommen und in die Anstalt zurückgebracht werden.

§ 81 Besondere Sicherungsmaßnahmen

(1) Besondere Sicherungsmaßnamen sind:

1. der Entzug oder die Vorenthaltung von Gegenständen,
2. die Beobachtung der oder des Gefangenen, auch mittels optisch-elektronischer Einrichtungen,
3. die Absonderung von anderen Gefangenen,
4. der Entzug oder die Beschränkung des Aufenthalts im Freien,
5. die Unterbringung in einem besonders gesicherten Haftraum ohne gefährdende Gegenstände,
6. die Fesselung und
7. die Befestigung mindestens der Hände und der Füße an einem Gegenstand mittels dafür vorgesehener Gurte oder anderer mechanischer Vorrichtungen (Fixierung).

(2) [1]Gegen eine Gefangene oder einen Gefangenen kann eine besondere Sicherungsmaßnahme nach Absatz 1 Nrn. 1 bis 6 angeordnet werden, wenn nach ihrem oder seinem Verhalten oder aufgrund ihres

oder seines seelischen Zustandes in erhöhtem Maße Fluchtgefahr oder die Gefahr von Gewalttätigkeiten gegen Personen oder Sachen oder die Gefahr der Selbsttötung oder der Selbstverletzung besteht und wenn die Maßnahme zur Abwendung der Gefahr unerlässlich ist. [2]Eine Fixierung darf nur angeordnet werden, wenn, soweit und solange sie zur Abwendung einer gegenwärtigen Gefahr von erheblichen Gewalttätigkeiten gegen Personen, einer gegenwärtigen Gefahr der Selbsttötung oder einer gegenwärtigen Gefahr einer erheblichen Selbstverletzung unerlässlich ist.

(3) Eine Maßnahme nach Absatz 1 Nrn. 1 und 3 bis 5 ist auch zulässig, wenn sie zur Abwendung der Gefahr einer Befreiung oder einer erheblichen Störung der Ordnung der Anstalt unerlässlich ist.

(4) Bei einer Ausführung, Vorführung oder beim Transport ist die Fesselung nach Absatz 1 Nr. 6 auch dann zulässig, wenn konkrete Anhaltspunkte die Annahme begründen, dass die Beaufsichtigung nicht ausreicht, die Gefahr einer Flucht zu vermeiden oder zu beheben.

§ 81a Beobachtung

(1) [1]Die Beobachtung mit optisch-elektronischen Einrichtungen ist nur in besonders dafür vorgesehenen Räumen und in besonders gesicherten Hafträumen ohne gefährdende Gegenstände zulässig. [2]Dabei dürfen Bildaufzeichnungen angefertigt werden. [3]Zur Abwehr einer Gefahr für das Leben der oder des Gefangenen dürfen zur Beobachtung auch optisch-elektronische Einrichtungen eingesetzt werden, die die Bildübertragungen und -aufzeichnungen automatisch verarbeiten. [4]§ 79a Abs. 4 bis 6 gilt entsprechend.

(2) [1]Bei der Beobachtung ist das Schamgefühl der oder des Gefangenen zu schonen. [2]Die Beobachtung des Toilettenbereichs ist unzulässig.

§ 82 Einzelhaft

(1) Die unausgesetzte Absonderung einer oder eines Gefangenen (Einzelhaft) ist nur zulässig, wenn dies aus Gründen, die in der Person der oder des Gefangenen liegen, unerlässlich ist.

(2) [1]Einzelhaft von mehr als drei Monaten Gesamtdauer in einem Jahr bedarf der Zustimmung des Fachministeriums. [2]Diese Frist wird nicht dadurch unterbrochen, dass die oder der Gefangene am Gottesdienst oder am Aufenthalt im Freien teilnimmt.

§ 83 Fesselung

[1]Eine Fesselung nach § 81 Abs. 1 Nr. 6 darf nur an den Händen oder an den Füßen erfolgen. [2]Eine von Satz 1 abweichende Art der Fesselung ist zulässig, wenn sie für die Gefangene oder den Gefangenen weniger belastend ist oder wenn eine der in § 81 Abs. 2 Satz 1 oder Abs. 4 genannten Gefahren nicht anders abgewendet werden kann. [3]Die Fesselung wird zeitweise gelockert, soweit dies notwendig ist.

§ 84 Anordnung besonderer Sicherungsmaßnahmen nach § 81 Abs. 1 Nrn. 1 bis 6

(1) [1]Besondere Sicherungsmaßnahmen ordnet die Anstaltsleiterin oder der Anstaltsleiter an. [2]Die Anordnung ist schriftlich zu begründen.

(2) [1]Bei Gefahr im Verzug können auch andere Justizvollzugsbedienstete besondere Sicherungsmaßnahmen vorläufig anordnen; Absatz 1 Satz 2 findet keine Anwendung. [2]Die Entscheidung der Anstaltsleiterin oder des Anstaltsleiters ist unverzüglich einzuholen; Absatz 1 Satz 2 gilt entsprechend.

(3) [1]Wird eine Gefangene oder ein Gefangener ärztlich behandelt oder beobachtet oder bildet ihr oder sein seelischer Zustand den Anlass der Maßnahme, so ist vor der Anordnung eine Ärztin oder ein Arzt zu hören. [2]Ist dies wegen Gefahr im Verzuge nicht möglich, so wird die ärztliche Stellungnahme unverzüglich eingeholt.

(4) Die Anordnung ist unverzüglich zu widerrufen, wenn die Anordnungsvoraussetzungen nicht mehr vorliegen.

§ 85 Ärztliche Überwachung bei besonderen Sicherungsmaßnahmen nach § 81 Abs. 1 Nrn. 5 und 6

(1) [1]Eine Gefangene oder ein Gefangener, die oder der in einem besonders gesicherten Haftraum ohne gefährdende Gegenstände untergebracht oder die oder der gefesselt ist, ist alsbald und in der Folge möglichst täglich von einer Ärztin oder einem Arzt aufzusuchen. [2]Dies gilt nicht bei einer Fesselung während einer Ausführung, Vorführung oder eines Transportes.

(2) Eine Ärztin oder ein Arzt ist regelmäßig zu hören, solange der oder dem Gefangenen der tägliche Aufenthalt im Freien entzogen wird.

§ 85a Anordnung der Fixierung, Verfahren, ärztliche Überwachung

(1) [1]Eine Fixierung von absehbar kurzfristiger Dauer ordnet die Anstaltsleiterin oder der Anstaltsleiter an; die Anordnung darf nur mit vorheriger Zustimmung einer Ärztin oder eines Arztes erfolgen und ist schriftlich zu begründen. [2]Bei Gefahr im Verzug ist die schriftliche Begründung entbehrlich; sie ist unverzüglich nachzuholen. [3]Die Fixierung darf ohne vorherige ärztliche Zustimmung angeordnet werden, wenn die Ärztin oder der Arzt nicht so rechtzeitig erreichbar ist, dass die gegenwärtige Gefahr einer Selbsttötung oder erheblichen Selbstverletzung noch abgewendet werden kann; die ärztliche Zustimmung ist unverzüglich einzuholen.

(2) [1]Eine Fixierung von mindestens halbstündiger Dauer bedarf der vorherigen richterlichen Anordnung; den Antrag stellt die Vollzugsbehörde. [2]Bei Gefahr im Verzug kann eine Fixierung nach Satz 1 vorläufig in entsprechender Anwendung des Absatzes 1 angeordnet werden; die richterliche Entscheidung ist unverzüglich zu beantragen. [3]Einer richterlichen Entscheidung bedarf es in den Fällen des Satzes 2 nicht, wenn bereits zu Beginn der Fixierung abzusehen ist, dass die Entscheidung erst nach Wegfall des Grundes der Fixierung ergehen wird, oder die Fixierung vor Herbeiführung der richterlichen Entscheidung tatsächlich beendet und auch keine Wiederholung zu erwarten ist. [4]Ist eine richterliche Anordnung oder Entscheidung beantragt und die Fixierung vor deren Erlangung beendet worden, so ist dies dem Gericht unverzüglich mitzuteilen. [5]Für das gerichtliche Verfahren gelten die §§ 121a und 121b StVollzG.

(3) Die Anordnung einer Fixierung sowie der Beginn und das Ende ihrer Durchführung sind jeweils unverzüglich dem Fachministerium mitzuteilen.

(4) [1]Die oder der Gefangene ist mit Beginn ihrer oder seiner Fixierung, im Fall des Absatzes 1 Satz 3 mit Erteilung der Zustimmung von einer Ärztin oder einem Arzt zu überwachen. [2]Zu der oder dem Gefangenen ist ein ständiger und unmittelbarer Sichtkontakt zu halten; ihre oder seine Vitalfunktionen sind fortlaufend zu kontrollieren. [3]Soweit die Ärztin oder der Arzt die Betreuung der oder des Gefangenen nach Satz 2 nicht selbst wahrnimmt, kann sie oder er die Betreuung Personen übertragen, die für die wahrzunehmenden Aufgaben qualifiziert sind. [4]Die Fixierung ist unter Angabe der maßgeblichen Gründe für die Anordnung, der Art und Weise der Durchführung, der Dauer und der vorgenommenen ärztlichen Überwachung zu dokumentieren.

(5) Die Fixierung ist unverzüglich zu beenden, wenn ihre Voraussetzungen nicht mehr vorliegen.

(6) [1]Nach Beendigung einer Fixierung, die nicht richterlich angeordnet oder genehmigt worden ist, hat die Vollzugsbehörde die Gefangene oder den Gefangenen auf ihr oder sein Recht nach § 102 hinzuweisen, die Zulässigkeit der durchgeführten Fixierung gerichtlich überprüfen zu lassen. [2]Der Hinweis ist aktenkundig zu machen.

§ 86 Ersatz von Aufwendungen

Auf den Anspruch auf Ersatz von Aufwendungen der Vollzugsbehörde, die die oder der Gefangene durch eine vorsätzliche oder grob fahrlässige Selbstverletzung oder eine Verletzung einer oder eines anderen Gefangenen verursacht hat, findet § 93 Abs. 1 Satz 1 StVollzG Anwendung.

Dreizehntes Kapitel
Unmittelbarer Zwang

§ 87 Allgemeine Voraussetzungen

(1) Justizvollzugsbedienstete dürfen zur Durchsetzung von rechtmäßigen Vollzugs- und Sicherungsmaßnahmen unmittelbaren Zwang anwenden, wenn der damit verfolgte Zweck nicht auf eine andere Weise erreicht werden kann.

(2) Gegen andere Personen als Gefangene darf unmittelbarer Zwang angewendet werden, wenn sie es unternehmen, Gefangene zu befreien oder in den Anstaltsbereich widerrechtlich einzudringen, oder wenn sie sich unbefugt darin aufhalten.

(3) Das Recht zu unmittelbarem Zwang aufgrund anderer Regelungen bleibt unberührt.

§ 88 Begriffsbestimmungen

(1) Unmittelbarer Zwang ist die Einwirkung auf Personen oder Sachen durch körperliche Gewalt, ihre Hilfsmittel und durch Waffen.

(2) Körperliche Gewalt ist jede unmittelbare körperliche Einwirkung auf Personen oder Sachen.

(3) Hilfsmittel der körperlichen Gewalt sind insbesondere Fesseln, Diensthunde sowie Reiz- und Betäubungsstoffe.

(4) Waffen sind die dienstlich zugelassenen Hieb- und Schusswaffen.

§ 89 Handeln auf Anordnung

(1) Wird unmittelbarer Zwang von Vorgesetzten oder einer sonst befugten Person angeordnet, so sind Justizvollzugsbedienstete verpflichtet, ihn anzuwenden, es sei denn, die Anordnung verletzt die Menschenwürde oder ist nicht zu dienstlichen Zwecken erteilt worden.

(2) [1]Die Anordnung darf nicht befolgt werden, wenn dadurch eine Straftat begangen würde. [2]Befolgen Justizvollzugsbedienstete sie trotzdem, so trifft sie eine Schuld nur, wenn sie erkennen oder wenn es nach den ihnen bekannten Umständen offensichtlich ist, dass dadurch eine Straftat begangen wird.

(3) [1]Bedenken gegen die Rechtmäßigkeit der Anordnung haben die Justizvollzugsbediensteten den Anordnenden gegenüber vorzubringen, soweit das nach den Umständen möglich ist. [2]Abweichende Vorschriften des allgemeinen Beamtenrechts über die Mitteilung solcher Bedenken an Vorgesetzte (§ 36 Abs. 2 und 3 des Beamtenstatusgesetzes) sind nicht anzuwenden.

§ 90 Androhung

[1]Unmittelbarer Zwang ist vorher anzudrohen. [2]Die Androhung darf nur dann unterbleiben, wenn die Umstände sie nicht zulassen oder unmittelbarer Zwang sofort angewendet werden muss, um eine rechtswidrige Tat, die den Tatbestand eines Strafgesetzes erfüllt, zu verhindern oder eine gegenwärtige Gefahr abzuwenden.

§ 91 Allgemeine Vorschriften für den Schusswaffengebrauch

(1) [1]Schusswaffen dürfen nur gebraucht werden, wenn andere Maßnahmen des unmittelbaren Zwanges bereits erfolglos waren oder keinen Erfolg versprechen. [2]Gegen Personen ist ihr Gebrauch nur zulässig, wenn der Zweck nicht durch Waffenwirkung gegen Sachen erreicht wird.

(2) [1]Schusswaffen dürfen nur die dazu bestimmten Justizvollzugsbediensteten gebrauchen und nur, um angriffs- oder fluchtunfähig zu machen. [2]Ihr Gebrauch unterbleibt, wenn dadurch erkennbar Unbeteiligte mit hoher Wahrscheinlichkeit gefährdet würden.

(3) [1]Der Gebrauch von Schusswaffen ist vorher anzudrohen. [2]Als Androhung gilt auch ein Warnschuss. [3]Ohne Androhung dürfen Schusswaffen nur dann gebraucht werden, wenn das zur Abwehr einer gegenwärtigen Gefahr für Leib oder Leben erforderlich ist.

§ 92 Besondere Vorschriften für den Schusswaffengebrauch

(1) [1]Gegen eine Gefangene oder einen Gefangenen dürfen Schusswaffen gebraucht werden,

1. wenn sie oder er eine Waffe oder ein anderes gefährliches Werkzeug trotz wiederholter Aufforderung nicht ablegt,
2. wenn sie oder er eine Gefangenenmeuterei (§ 121 StGB) unternimmt oder
3. um ihre oder seine Flucht zu vereiteln oder um sie oder ihn wiederzuergreifen.

[2]Um die Flucht aus einer Anstalt oder Abteilung des offenen Vollzuges zu vereiteln, dürfen keine Schusswaffen gebraucht werden.

(2) Gegen andere Personen dürfen Schusswaffen gebraucht werden, wenn sie es unternehmen, Gefangene gewaltsam zu befreien oder gewaltsam in eine Anstalt einzudringen.

§ 93 Zwangsmaßnahmen auf dem Gebiet der Gesundheitsfürsorge

(1) [1]Eine medizinische Untersuchung und Behandlung ist ohne Einwilligung der oder des Gefangenen zulässig, um den Erfolg eines Selbsttötungsversuches zu verhindern. [2]Eine Maßnahme nach Satz 1 ist auch zulässig, wenn von einer oder einem Gefangenen eine schwerwiegende Gefahr für das Leben oder die Gesundheit einer anderen Person ausgeht, die Maßnahme verhältnismäßig ist und

1. die oder der Gefangene durch eine Ärztin oder einen Arzt über Notwendigkeit, Art, Umfang, Dauer, zu erwartende Folgen und Risiken der Maßnahme in einer ihrer oder seiner Auffassungsgabe und ihrem oder seinem Gesundheitszustand angemessenen Weise informiert wurde sowie
2. der ernsthafte und ohne Ausübung von Druck unternommene Versuch einer Ärztin oder eines Arztes, eine Einwilligung oder, wenn die oder der Gefangene zur Einsicht in das Vorliegen der Gefahr und die Notwendigkeit der Maßnahme oder zum Handeln gemäß solcher Einsicht krankheitsbedingt nicht fähig ist, ein Einverständnis zu der Maßnahme zu erreichen, erfolglos geblieben ist.

(2) Eine medizinische Untersuchung und Behandlung sowie eine Zwangsernährung sind auch bei Lebensgefahr oder schwerwiegender Gefahr für die Gesundheit der oder des Gefangenen zulässig, soweit diese oder dieser zur Einsicht in das Vorliegen der Gefahr und die Notwendigkeit der Maßnahme oder zum Handeln gemäß solcher Einsicht krankheitsbedingt nicht fähig ist.

(3) Eine Maßnahme nach Absatz 2 darf nur angeordnet werden, wenn

1. eine Patientenverfügung im Sinne des § 1827 Abs. 1 Satz 1 des Bürgerlichen Gesetzbuchs, deren Festlegungen auf die aktuelle Lebens- und Behandlungssituation zutreffen und gegen die Durchführung der Maßnahme gerichtet sind, nicht vorliegt,
2. eine Information gemäß Absatz 1 Satz 2 Nr. 1 erfolgt ist,
3. der entsprechend Absatz 1 Satz 2 Nr. 2 unternommene Versuch, ein Einverständnis zu erreichen, erfolglos geblieben ist,
4. die Maßnahme zur Abwendung der Gefahr nach Absatz 2 geeignet, nach ihrer geplanten Art und Dauer einschließlich der Auswahl und Dosierung der Medikamente sowie der begleitenden Kontrollen erforderlich ist, weniger eingreifende Maßnahmen aussichtlos sind und
5. der von der Maßnahme erwartete Nutzen die mit der Maßnahme verbundenen Belastungen und die durch das Unterlassen der Maßnahme möglichen Schäden deutlich überwiegt.

(4) [1]Maßnahmen nach den Absätzen 1 und 2 dürfen nur auf Anordnung und unter Leitung einer Ärztin oder eines Arztes durchgeführt werden, unbeschadet der Leistung erster Hilfe für den Fall, dass eine Ärztin oder ein Arzt nicht rechtzeitig erreichbar und mit einem Aufschub Lebensgefahr verbunden ist. [2]Die Anordnung bedarf in den Fällen des Absatzes 1 Satz 2 und des Absatzes 2 der Zustimmung einer Ärztin oder eines Arztes, die oder der nicht in der Anstalt tätig ist, in der die Freiheitsstrafe vollzogen wird, und der Anstaltsleiterin oder des Anstaltsleiters. [3]Die Durchführung einer Maßnahme nach den Absätzen 1 oder 2 ist unter Angabe der Gründe für ihre Anordnung, ihres Zwangscharakters, der Art und Weise ihrer Durchführung, der vorgenommenen Kontrollen und der Überwachung der Wirksamkeit zu dokumentieren. [4]Gleiches gilt für Erklärungen der oder des Gefangenen, die im Zusammenhang mit Zwangsmaßnahmen von Bedeutung sein können.

(5) [1]Die Anordnung einer Maßnahme nach Absatz 1 Satz 2 oder Absatz 2 ist der oder dem Gefangenen vor ihrer Durchführung schriftlich bekannt zu geben. [2]Dabei sind die Art und Dauer der Maßnahme einschließlich der Auswahl und Dosierung der Medikamente und der begleitenden Kontrollen sowie die Intensität der erforderlichen ärztlichen Überwachung anzugeben. [3]Sie oder er ist darüber zu belehren, dass gegen die Anordnung bei Gericht um einstweiligen Rechtsschutz nachgesucht und auch Antrag auf gerichtliche Entscheidung gestellt werden kann. [4]Mit dem Vollzug einer Anordnung ist zuzuwarten, bis die oder der Gefangene Gelegenheit hatte, eine gerichtliche Entscheidung herbeizuführen.

(6) Bei Gefahr im Verzuge finden die Bestimmungen in Absatz 1 Satz 2 Nrn. 1 und 2, Absatz 3 Nrn. 2 und 3, Absatz 4 Satz 2 und Absatz 5 keine Anwendung.

(7) [1]Die zwangsweise körperliche Untersuchung der oder des Gefangenen zum Gesundheitsschutz und zur Hygiene ist nur zulässig, wenn sie nicht mit einem körperlichen Eingriff verbunden ist. [2]Sie bedarf der Anordnung einer Ärztin oder eines Arztes und ist unter deren oder dessen Leitung durchzuführen.

Vierzehntes Kapitel
Disziplinarmaßnahmen

§ 94 Voraussetzungen

(1) Verstößt eine Gefangene oder ein Gefangener schuldhaft gegen Pflichten, die ihr oder ihm durch dieses Gesetz oder aufgrund dieses Gesetzes auferlegt sind, so können gegen sie oder ihn Disziplinarmaßnahmen angeordnet werden.

(2) Von einer Disziplinarmaßnahme wird abgesehen, wenn es genügt, die Gefangene oder den Gefangenen zu verwarnen.

(3) Eine Disziplinarmaßnahme ist auch zulässig, wenn wegen derselben Verfehlung ein Straf- oder Bußgeldverfahren eingeleitet wird.

§ 95 Arten der Disziplinarmaßnahmen

(1) Die zulässigen Disziplinarmaßnahmen sind

1. Verweis,
2. die Beschränkung oder der Entzug der Verfügung über das Hausgeld und des Einkaufs bis zu drei Monaten,
3. die Beschränkung oder der Entzug des Hörfunk- und Fernsehempfangs bis zu drei Monaten,
4. die Beschränkung oder der Entzug der Gegenstände für eine Beschäftigung in der Freizeit oder der Teilnahme an gemeinschaftlichen Veranstaltungen bis zu vier Wochen,
5. die getrennte Unterbringung während der Freizeit bis zu vier Wochen,
6. der Entzug der zugewiesenen Arbeit oder Beschäftigung bis zu vier Wochen unter Wegfall der in diesem Gesetz geregelten Bezüge,
7. Arrest bis zu vier Wochen.

(2) Arrest darf nur wegen schwerer oder mehrfach wiederholter Verfehlungen verhängt werden.

(3) Mehrere Disziplinarmaßnahmen können miteinander verbunden werden.

(4) [1]Die Maßnahmen nach Absatz 1 Nrn. 3 bis 6 sollen möglichst nur angeordnet werden, wenn die Verfehlung mit den zu beschränkenden oder zu entziehenden Befugnissen im Zusammenhang steht. [2]Dies gilt nicht bei einer Verbindung mit Arrest.

§ 96 Vollzug der Disziplinarmaßnahmen, Aussetzung zur Bewährung

(1) Disziplinarmaßnahmen werden in der Regel sofort vollstreckt.

(2) Eine Disziplinarmaßnahme kann ganz oder teilweise bis zu sechs Monaten zur Bewährung ausgesetzt werden.

(3) [1]Arrest wird in Einzelhaft vollzogen. [2]Die oder der Gefangene kann in einem besonderen Arrestraum untergebracht werden, der den Anforderungen entsprechen muss, die an einen zum Aufenthalt bei Tag und Nacht bestimmten Haftraum gestellt werden. [3]Soweit nichts anderes angeordnet wird, ruhen die Befugnisse aus den §§ 21, 22, 24, 35 und 64 bis 67.

§ 97 Disziplinarbefugnis

(1) [1]Disziplinarmaßnahmen ordnet die Anstaltsleiterin oder der Anstaltsleiter an. [2]Bei einer Verfehlung auf dem Weg in eine andere Anstalt zum Zweck der Verlegung oder Überstellung ist die Anstaltsleiterin oder der Anstaltsleiter der Bestimmungsanstalt zuständig.

(2) Das Fachministerium entscheidet, wenn sich die Verfehlung der oder des Gefangenen gegen die Anstaltsleiterin oder den Anstaltsleiter richtet.

(3) [1]Disziplinarmaßnahmen, die gegen eine Gefangene oder einen Gefangenen in einer anderen Anstalt oder während einer Untersuchungshaft angeordnet worden sind, werden auf Ersuchen vollstreckt. [2]§ 96 Abs. 2 bleibt unberührt.

§ 98 Verfahren

(1) [1]Der Sachverhalt ist zu klären. [2]Die oder der Gefangene wird angehört. [3]Vor der Anhörung wird ihr oder ihm eröffnet, welche Verfehlung ihr oder ihm zur Last gelegt wird. [4]Gleichzeitig ist darauf hinzuweisen, dass es ihr oder ihm freisteht, sich zur Sache zu äußern oder nicht zur Sache auszusagen. [5]Die Einlassung der oder des Gefangenen und Beweiserhebungen werden schriftlich festgehalten.

(2) [1]Bei schweren Verstößen soll die Anstaltsleiterin oder der Anstaltsleiter sich vor der Entscheidung in einer Konferenz mit Personen besprechen, die bei der Vollzugsgestaltung mitwirken. [2]Vor der Anordnung einer Disziplinarmaßnahme gegen eine Gefangene oder einen Gefangenen, die oder der sich in ärztlicher Behandlung befindet, oder gegen eine Schwangere oder eine Gefangene, die unlängst entbunden hat, ist die Anstaltsärztin oder der Anstaltsarzt zu hören.

(3) [1]Die Entscheidung wird der oder dem Gefangenen von der Anstaltsleiterin oder dem Anstaltsleiter mündlich eröffnet und mit einer kurzen Begründung schriftlich abgefasst. [2]Die schriftliche Begründung wird der oder dem Gefangenen auf Verlangen ausgehändigt.

§ 99 Ärztliche Mitwirkung

(1) [1]Bevor der Arrest vollzogen wird, ist die Anstaltsärztin oder der Anstaltsarzt zu hören. [2]Während des Arrestes steht die oder der Gefangene unter ärztlicher Aufsicht.

(2) Der Vollzug des Arrestes unterbleibt oder wird unterbrochen, wenn die Gesundheit der oder des Gefangenen gefährdet würde.

Fünfzehntes Kapitel
Aufhebung von Verwaltungsakten, Beschwerderecht, gerichtlicher Rechtsschutz

§ 100 Aufhebung von Verwaltungsakten
Für den Widerruf und die Rücknahme von Verwaltungsakten nach diesem Gesetz gelten die Vorschriften des Niedersächsischen Verwaltungsverfahrensgesetzes über den Widerruf und die Rücknahme von Verwaltungsakten entsprechend, soweit dieses Gesetz eine besondere Regelung nicht enthält.

§ 101 Beschwerderecht
(1) Die oder der Gefangene erhält Gelegenheit, schriftlich und mündlich Wünsche, Anregungen und Beschwerden in eigenen Angelegenheiten bei der Vollzugsbehörde vorzubringen.
(2) Es ist zu gewährleisten, dass sich die oder der Gefangene in eigenen Angelegenheiten auch an Bedienstete der Aufsichtsbehörde wenden kann, die die Anstalt besichtigen.

§ 102 Gerichtlicher Rechtsschutz
Gegen eine Entscheidung oder sonstige Maßnahme zur Regelung einzelner Angelegenheiten oder ihre Ablehnung oder Unterlassung kann gerichtliche Entscheidung nach Maßgabe der §§ 109 bis 121 Abs. 4 StVollzG beantragt werden.

Sechzehntes Kapitel
Sozialtherapeutische Anstalten

§ 103 Sozialtherapeutische Anstalten und Abteilungen
[1]Für die sozialtherapeutische Behandlung im Vollzug sind sozialtherapeutische Anstalten oder sozialtherapeutische Abteilungen in anderen Vollzugsanstalten einzurichten. [2]Für sozialtherapeutische Abteilungen gelten die Vorschriften über die sozialtherapeutischen Anstalten entsprechend.

§ 104 Verlegung in eine sozialtherapeutische Anstalt
(1) Die oder der Gefangene, die oder der wegen
1. einer Straftat nach den §§ 174 bis 180 oder 182 StGB oder
2. eines Verbrechens gegen das Leben, die körperliche Unversehrtheit oder die persönliche Freiheit oder nach den §§ 250, 251, auch in Verbindung mit den §§ 252 und 255, StGB

verurteilt worden ist, wird in eine sozialtherapeutische Anstalt verlegt, wenn die dortige Behandlung zur Verringerung einer erheblichen Gefährlichkeit der oder des Gefangenen für die Allgemeinheit angezeigt ist.
(2) Andere Gefangene können in eine sozialtherapeutische Anstalt verlegt werden, wenn der Einsatz der besonderen therapeutischen Mittel und sozialen Hilfen der Anstalt zur Erreichung des Vollzugszieles nach § 5 Satz 1 angezeigt ist.
(3) Die Verlegung soll zu einem Zeitpunkt erfolgen, der den Abschluss der Behandlung zum voraussichtlichen Entlassungszeitpunkt erwarten lässt.
(4) [1]Die oder der Gefangene ist zurückzuverlegen, wenn der Zweck der Behandlung aus Gründen, die in der Person der oder des Gefangenen liegen, nicht erreicht werden kann. [2]Die oder der Gefangene kann zurückverlegt werden, wenn sie oder er durch ihr oder sein Verhalten den Behandlungsverlauf anderer erheblich und nachhaltig stören.
(5) Die §§ 10 und 11 bleiben unberührt.

§ 105 Urlaub zur Vorbereitung der Entlassung
(1) [1]Die Vollzugsbehörde kann der oder dem Gefangenen nach Anhörung der Vollstreckungsbehörde zur Vorbereitung der Entlassung Sonderurlaub bis zu sechs Monaten gewähren. [2]§ 13 Abs. 2 und 6 gilt entsprechend.
(2) [1]Der oder dem Gefangenen sollen für den Urlaub Weisungen erteilt werden. [2]Sie oder er kann insbesondere angewiesen werden, sich einer bestimmten Betreuungsperson zu unterstellen und jeweils für kurze Zeit in die Anstalt zurückzukehren.
(3) [1]§ 15 Abs. 2 und 3 gilt entsprechend. [2]Der Urlaub wird widerrufen, wenn dies für die Behandlung der oder des Gefangenen notwendig ist.

§ 106 Aufnahme auf freiwilliger Grundlage

(1) [1]Eine frühere Gefangene oder ein früherer Gefangener kann auf Antrag vorübergehend wieder in die sozialtherapeutische Anstalt aufgenommen werden, wenn dadurch erheblichen Straftaten der in § 104 Abs. 1 genannten Art vorgebeugt werden kann. [2]Die Aufnahme ist jederzeit widerruflich.

(2) [1]Gegen die aufgenommene Person dürfen Maßnahmen des Vollzuges nicht mit unmittelbarem Zwang durchgesetzt werden. [2]Im Übrigen finden die sonstigen Vorschriften dieses Teils entsprechende Anwendung.

(3) Auf ihren Antrag ist die aufgenommene Person unverzüglich zu entlassen.

Dritter Teil

Vollzug der Freiheitsstrafe bei angeordneter oder vorbehaltener Sicherungsverwahrung

§ 107 Weiteres Vollzugsziel

Bei angeordneter oder vorbehaltener Sicherungsverwahrung dient der Vollzug der Freiheitsstrafe neben den Vollzugszielen nach § 5 auch dem Ziel, die Gefährlichkeit der Gefangenen für die Allgemeinheit so zu mindern, dass die Vollstreckung der Unterbringung in der Sicherungsverwahrung oder deren Anordnung entbehrlich wird.

§ 108 Allgemeiner Gestaltungsgrundsatz

Der Vollzug der Freiheitsstrafe ist therapiegerichtet auszugestalten.

§ 109 Maßnahmen zur Erreichung der Vollzugsziele

(1) Abweichend von § 6 sind der oder dem Gefangenen die zur Erreichung der Vollzugsziele nach § 5 Satz 1 und § 107 erforderlichen Betreuungs- und sonstigen Maßnahmen unverzüglich anzubieten; die Bereitschaft der oder des Gefangenen, an der Erreichung der Vollzugsziele nach § 5 Satz 1 und § 107 mitzuwirken, ist fortwährend zu wecken und zu fördern.

(2) [1]Zu den Betreuungsmaßnahmen nach Absatz 1 zählen insbesondere psychiatrische, psychotherapeutische und sozialtherapeutische Behandlungsmaßnahmen. [2]Behandlungsmaßnahmen müssen dem Stand der Wissenschaft entsprechen. [3]Soweit standardisierte Behandlungsmaßnahmen nicht ausreichen oder keinen Erfolg versprechen, sind neue Behandlungsangebote zu entwickeln.

(3) [1]Die Betreuung der oder des Gefangenen erfolgt durch Justizvollzugsbedienstete (§ 177), die verschiedenen Fachrichtungen angehören. [2]Soweit geeignete Justizvollzugsbedienstete nicht vorhanden sind oder es aus anderen Gründen zur Erreichung der Vollzugsziele nach § 5 Satz 1 und § 107 erforderlich ist, sind beauftragte Personen oder Stellen (§ 178) oder sonstige Personen einzubeziehen. [3]Bei der Durchführung der Behandlungsmaßnahmen wirken die in den Sätzen 1 und 2 genannten Personen oder Stellen in der Regel in enger Abstimmung zusammen, bei der Durchführung sonstiger Maßnahmen, soweit dies erforderlich ist.

(4) Die angebotenen oder durchgeführten wesentlichen Maßnahmen sind zu dokumentieren.

§ 110 Vollzugsplan

(1) Abweichend von § 9 Abs. 1 Satz 2 enthält der Vollzugsplan Angaben mindestens über folgende Maßnahmen:

1. psychiatrische, psychotherapeutische oder sozialtherapeutische Behandlungsmaßnahmen,
2. andere Einzel- oder Gruppenbehandlungsmaßnahmen,
3. die Verlegung in eine sozialtherapeutische Anstalt oder Abteilung,
4. die Zuweisung zu Wohn- oder anderen Gruppen, die der Erreichung der Vollzugsziele nach § 5 Satz 1 und § 107 dienen,
5. Maßnahmen, die die Bereitschaft der oder des Gefangenen zur Mitwirkung an ihrer oder seiner Behandlung wecken und fördern sollen,
6. den Arbeitseinsatz sowie Maßnahmen der schulischen oder beruflichen Aus- oder Weiterbildung,
7. die Teilnahme an Freizeitangeboten,
8. Maßnahmen zur Ordnung der persönlichen, wirtschaftlichen und sozialen Angelegenheiten,
9. Lockerungen des Vollzuges,
10. Maßnahmen zur Förderung von Außenkontakten und zur Vorbereitung eines geeigneten sozialen Empfangsraums und
11. Maßnahmen zur Vorbereitung einer möglichen Entlassung und der durchgängigen Betreuung.

(2) Die Frist zur Fortschreibung des Vollzugsplans nach § 9 Abs. 3 Satz 2 soll jeweils sechs Monate nicht übersteigen.

§ 111 Urlaub zur Vorbereitung einer möglichen Entlassung

[1]Abweichend von § 17 Abs. 3 Satz 1 kann der oder dem Gefangenen zur Vorbereitung einer möglichen Entlassung Sonderurlaub bis zu sechs Monaten gewährt werden. [2]Der oder dem Gefangenen sollen für den Sonderurlaub Weisungen erteilt werden. [3]Sie oder er kann für diesen Sonderurlaub insbesondere angewiesen werden, sich einer von der Vollzugsbehörde bestimmten Betreuungsperson zu unterstellen, sich in Einrichtungen außerhalb des Vollzuges aufzuhalten und jeweils für kurze Zeit in die Anstalt zurückzukehren. [4]Der Sonderurlaub wird widerrufen, wenn dies für die Behandlung der oder des Gefangenen notwendig ist.

§ 111a Arbeitspflicht, Entschädigung

(1) Abweichend von § 38 Abs. 2 Satz 1 sind Maßnahmen nach § 110 Abs. 1 Nrn. 1, 2 und 5 während der Arbeitszeit zuzulassen, soweit dies im Rahmen der Vollzugsplanung zur Erreichung der Vollzugsziele nach § 5 Satz 1 oder § 107 erforderlich ist.

(2) § 40 Abs. 3 Satz 2 gilt mit der Maßgabe, dass die oder der Gefangene eine Entschädigung für die Teilnahme an einer nach Absatz 1 zugelassenen Maßnahme erhält.

§ 112 Verlegung in eine sozialtherapeutische Anstalt

(1) Abweichend von § 104 Abs. 1 ist eine Gefangene oder ein Gefangener in eine sozialtherapeutische Anstalt oder Abteilung zu verlegen, soweit dies zur Erreichung der Vollzugsziele nach § 5 Satz 1 und § 107 erforderlich ist.

(2) Bei der Bestimmung des voraussichtlichen Entlassungszeitpunktes nach § 104 Abs. 3 bleibt eine angeordnete oder vorbehaltene Sicherungsverwahrung außer Betracht.

§ 112a Nachgehende Betreuung

Die Vollzugsbehörde soll auf Antrag einer oder eines entlassenen Gefangenen vorübergehend Hilfestellung gewähren, soweit diese nicht durch eine andere Stelle sichergestellt ist und die Eingliederung gefährdet ist.

§ 112b Verbleib und Aufnahme auf freiwilliger Grundlage

(1) [1]Eine frühere Gefangene oder ein früherer Gefangener darf auf Antrag vorübergehend in Anstalten der Landesjustizverwaltung verbleiben oder ist wieder aufzunehmen, wenn die Eingliederung gefährdet ist. [2]Der Verbleib oder die Aufnahme ist jederzeit widerruflich.

(2) [1]Gegen verbliebene oder aufgenommene Person dürfen Maßnahmen des Vollzuges nicht mit unmittelbarem Zwang durchgesetzt werden. [2]Im Übrigen finden die sonstigen Vorschriften dieses Teils entsprechende Anwendung.

(3) Auf ihren Antrag ist die verbliebene oder aufgenommene Person unverzüglich zu entlassen.

§ 112c Anwendung von Vorschriften des Zweiten Teils

(1) Für den Vollzug der Freiheitsstrafe bei angeordneter oder vorbehaltener Sicherungsverwahrung gelten die Vorschriften des Zweiten Teils nur, soweit in den Vorschriften dieses Teils nichts anderes bestimmt ist.

(2) Bei der Ausübung von Ermessen und der Ausfüllung von Beurteilungsspielräumen ist auch zu berücksichtigen, inwieweit die jeweilige Maßnahme geeignet ist, die Bereitschaft der oder des Gefangenen, an der Erreichung der Vollzugsziele nach § 5 Satz 1 und § 107 mitzuwirken, zu wecken und zu fördern.

Vierter Teil
Vollzug der Jugendstrafe

Erstes Kapitel
Allgemeine Vorschriften, Grundsätze

§ 113 Vollzugsziele

[1]Im Vollzug der Jugendstrafe sollen die Gefangenen vor allem fähig werden, künftig in sozialer Verantwortung ein Leben ohne Straftaten zu führen. [2]Der Vollzug der Jugendstrafe dient auch dem Schutz der Allgemeinheit vor weiteren Straftaten.

§ 114 Gestaltung und Mitwirkung

(1) [1]Der Vollzug ist erzieherisch zu gestalten. [2]Zur Erreichung des Vollzugszieles nach § 113 Satz 1 ist die oder der Gefangene in der Entwicklung von Fähigkeiten und Fertigkeiten sowie der Bereitschaft zu einer eigenverantwortlichen und gemeinschaftsfähigen Lebensführung in Achtung der Rechte anderer zu fördern. [3]Die Förderung der oder des Gefangenen ist insbesondere auf soziales Lernen und die Ausbildung von Fähigkeiten und Kenntnissen, die einer künftigen beruflichen Integration dienen, auszurichten. [4]Auf die besonderen altersbedingten Bedürfnisse und Empfindlichkeiten der oder des Gefangenen ist Rücksicht zu nehmen.

(2) Die oder der Gefangene ist verpflichtet, an der Erreichung des Vollzugszieles nach § 113 Satz 1 mitzuwirken und die ihr oder ihm zu diesem Zweck erteilten rechtmäßigen Anordnungen der Vollzugsbehörde zu befolgen.

(3) [1]Die Rechte der Personensorgeberechtigten sind bei der Planung und Gestaltung des Vollzuges zu berücksichtigen. [2]Die Vollstreckungsleiterin oder der Vollstreckungsleiter ist über die wesentlichen vollzuglichen Entscheidungen zu unterrichten.

§ 115 Ausnahme vom Jugendstrafvollzug

Wird nach den Vorschriften des Jugendgerichtsgesetzes eine Ausnahme vom Jugendstrafvollzug angeordnet, so gelten für den Vollzug der Jugendstrafe die Vorschriften des Zweiten Teils.

Zweites Kapitel

Planung und Verlauf des Vollzuges

§ 116 Aufnahme in die Anstalt

[1]Die Personensorgeberechtigten und das Jugendamt werden unverzüglich von der Aufnahme unterrichtet. [2]Im Übrigen gilt § 8 entsprechend.

§ 117 Erziehungs- und Förderplan

(1) [1]Für die oder den Gefangenen ist ein Erziehungs- und Förderplan unter besonderer Berücksichtigung der Gestaltungsgrundsätze nach § 114 zu erstellen. [2]Der Erziehungs- und Förderplan enthält mindestens Angaben über folgende Maßnahmen:

1. die Unterbringung im geschlossenen oder offenen Vollzug,
2. die Verlegung in eine sozialtherapeutische Anstalt oder Abteilung,
3. die Zuweisung zu Wohn- und anderen Gruppen, die der Erreichung des Vollzugszieles nach § 113 Satz 1 dienen,
4. Maßnahmen der schulischen oder beruflichen Aus- oder Weiterbildung sowie den Arbeitseinsatz,
5. die Teilnahme an Freizeit- und Sportangeboten,
6. besondere Erziehungs-, Förder- und Therapiemaßnahmen,
7. Lockerungen des Vollzuges und
8. notwendige Maßnahmen zur Vorbereitung der Entlassung.

(2) Nach der Aufnahme werden die zur Vorbereitung der Aufstellung des Erziehungs- und Förderplans notwendigen Daten zur Persönlichkeit und zu den Lebensverhältnissen der oder des Gefangenen erhoben sowie die Ursachen und Folgen ihrer oder seiner Straftaten untersucht.

(3) [1]Der oder dem Gefangenen wird das Ziel ihres oder seines Aufenthalts in der Anstalt verdeutlicht. [2]Der beabsichtigte Inhalt des Erziehungs- und Förderplans wird mit der oder dem Gefangenen erörtert. [3]Sie oder er ist zu Anregungen und Vorschlägen zu ermutigen. [4]Diese sollen berücksichtigt werden, soweit dies mit den Vollzugszielen des § 113 vereinbar ist.

(4) [1]Die Personensorgeberechtigten sollen im Rahmen der Vorbereitung des Erziehungs- und Förderplans Gelegenheit zu Anregungen und Vorschlägen erhalten. [2]Absatz 3 Satz 4 gilt entsprechend.

(5) [1]Der Erziehungs- und Förderplan ist in Einklang mit der Entwicklung der oder des Gefangenen und weiteren Erkenntnissen zur Persönlichkeit jeweils spätestens nach vier Monaten fortzuschreiben. [2]Absatz 3 Sätze 2 bis 4 und Absatz 4 gelten entsprechend.

(6) Zur Vorbereitung der Aufstellung und Fortschreibung des Erziehungs- und Förderplans werden Konferenzen mit den nach Auffassung der Vollzugsbehörde an der Vollzugsgestaltung maßgeblich Beteiligten durchgeführt.

(7) [1]Der Erziehungs- und Förderplan und seine Fortschreibungen werden mit der oder dem Gefangenen erörtert sowie den Personensorgeberechtigten auf Verlangen bekannt gegeben und mit ihnen erörtert. [2]Der Erziehungs- und Förderplan wird der oder dem Gefangenen und den Personensorgeberechtigten in schriftlicher Form ausgehändigt.

§ 118 Unterrichtung über Verlegung oder Überstellung

[1]Die Personensorgeberechtigten und das Jugendamt werden über die Verlegung der oder des Gefangenen unterrichtet. [2]Dies gilt auch für Überstellungen, soweit dies mit Rücksicht auf die Dauer der Überstellung angezeigt ist.

§ 119 Entlassungsvorbereitung

(1) Die Personensorgeberechtigten werden von der bevorstehenden Entlassung der oder des Gefangenen unterrichtet und sollen an der Entlassungsvorbereitung beteiligt werden.

(2) [1]Außer in den Fällen des § 17 kann der oder dem Gefangenen nach Anhörung der Vollstreckungsleiterin oder des Vollstreckungsleiters auch Sonderurlaub zur Teilnahme an langfristigen Wiedereingliederungsmaßnahmen bis zu sechs Monaten gewährt werden. [2]§ 13 Abs. 2 und 6 sowie § 15 Abs. 2 und 3 gelten entsprechend. [3]Der oder dem Beurlaubten sollen Weisungen erteilt werden. [4]Sie oder er kann insbesondere angewiesen werden, sich einer von der Anstalt bestimmten Betreuungsperson zu unterstellen und jeweils für kurze Zeit in die Anstalt zurückzukehren.

Drittes Kapitel

Unterbringung und Kleidung

§ 120 Unterbringung

(1) [1]Wohngruppen dienen der Förderung sozialen Lernens. [2]Sie sind so zu gestalten, dass die Gefangenen vor wechselseitigen Übergriffen geschützt werden. [3]Die oder der Gefangene soll in einer Wohngruppe untergebracht werden, wenn sie oder er hierfür geeignet ist.

(2) Eine Einschränkung der gemeinschaftlichen Unterbringung während der Arbeitszeit und Freizeit ist außer in den Fällen des § 19 Abs. 3 auch zulässig, wenn dies aus erzieherischen Gründen angezeigt ist.

(3) [1]Die oder der Gefangene wird während der Ruhezeit allein in ihrem oder seinem Haftraum untergebracht. [2]Mit ihrer oder seiner Zustimmung kann die oder der Gefangene auch gemeinsam mit anderen Gefangenen untergebracht werden, wenn eine schädliche Beeinflussung nicht zu befürchten ist. [3]Ohne Zustimmung der betroffenen Gefangenen ist eine gemeinsame Unterbringung nur zulässig, sofern eine oder einer von ihnen hilfsbedürftig ist oder für eine oder einen von ihnen eine Gefahr für Leben oder Gesundheit besteht. [4]Darüber hinaus ist eine gemeinsame Unterbringung nur vorübergehend aus zwingenden Gründen zulässig.

§ 121 Ausstattung des Haftraums und persönlicher Besitz

Außer in den Fällen des § 21 kann die Erlaubnis zur Ausstattung des Haftraums auch für die Sachen versagt oder widerrufen werden, die das Erreichen des Vollzugszieles nach § 113 Satz 1 gefährden.

§ 122 Kleidung

(1) Die oder der Gefangene trägt Anstaltskleidung.

(2) Die Vollzugsbehörde kann der oder dem Gefangenen erlauben, eigene Kleidung zu tragen, wenn sie oder er für Reinigung und Instandsetzung auf eigene Kosten sorgt und Belange der Sicherheit und Ordnung der Anstalt nicht entgegenstehen.

Viertes Kapitel

Besuche, Schriftwechsel, Telekommunikation und Pakete

§ 123 Besuche, Schriftwechsel, Telekommunikation und Pakete

(1) Familiäre und sonstige der Erreichung des Vollzugszieles nach § 113 Satz 1 dienliche Kontakte der oder des Gefangenen sind zu fördern, soweit eine schädliche Beeinflussung der oder des Gefangenen nicht zu befürchten ist.

(2) Abweichend von § 25 Abs. 1 Satz 2 beträgt die Gesamtdauer des Besuchs mindestens sechs Stunden im Monat.

(3) [1]Besuche sollen darüber hinaus zugelassen werden, wenn sie die Erreichung des Vollzugszieles nach § 113 Satz 1 fördern oder persönlichen, rechtlichen oder geschäftlichen Angelegenheiten dienen, die nicht von der oder dem Gefangenen schriftlich erledigt, durch Dritte wahrgenommen oder bis zur Entlassung aufgeschoben werden können. [2]§ 25 Abs. 2 Satz 2 gilt entsprechend.

(4) [1]Besuche von bestimmten Personen können außer in den Fällen des § 26 auch untersagt werden, wenn die Personensorgeberechtigten es beantragen oder wenn es aus erzieherischen Gründen erforderlich ist. [2]Satz 1 gilt für den Schriftwechsel, die Telekommunikation und den Paketverkehr entsprechend.

(5) [1]Besuche können außer in den Fällen des § 28 Abs. 3 auch abgebrochen werden, wenn von Besucherinnen oder Besuchern ein schädlicher Einfluss auf die oder den Gefangenen ausgeübt wird. [2]Satz 1 gilt für die Telekommunikation entsprechend.

(6) [1]Für Beistände nach § 69 JGG sind die für Verteidigerinnen und Verteidiger geltenden Vorschriften dieses Gesetzes über Besuche und Schriftwechsel entsprechend anzuwenden. [2]Für Besuche von Angehörigen der Gerichtshilfe, der Jugendgerichtshilfe, der Bewährungshilfe und der Führungsaufsichtsstellen gilt § 27 Sätze 1 bis 3 entsprechend.

Fünftes Kapitel
Aus- und Weiterbildung, Arbeit, Gesundheitsfürsorge und Freizeit

§ 124 Zuweisung, Arbeitspflicht

(1) Aus- und Weiterbildung, Arbeit sowie arbeitstherapeutische Beschäftigung dienen insbesondere dem Ziel, Fähigkeiten für eine Erwerbstätigkeit nach der Entlassung zu vermitteln, zu erhalten oder zu fördern.

(2) [1]Die Vollzugsbehörde soll der oder dem Gefangenen unter besonderer Berücksichtigung des § 114 Abs. 1 Satz 3 vorrangig schulische und berufliche Orientierungs-, Aus- und Weiterbildungsmaßnahmen zuweisen. [2]Soweit eine solche Zuweisung nach Maßgabe des Erziehungs- und Förderplans nicht vorgesehen ist, soll die Vollzugsbehörde ihr oder ihm statt einer Tätigkeit nach Satz 1 wirtschaftlich ergiebige Arbeit oder, wenn dies der Vollzugsbehörde nicht möglich ist, eine angemessene Beschäftigung zuweisen und dabei ihre oder seine Fähigkeiten, Fertigkeiten und Neigungen berücksichtigen. [3]Die Vollzugsbehörde kann der oder dem Gefangenen als Tätigkeit nach Satz 2 auch eine Hilfstätigkeit zuweisen.

(3) Ist die oder der Gefangene zu wirtschaftlich ergiebiger Arbeit nicht fähig, so soll ihr oder ihm eine geeignete arbeitstherapeutische Beschäftigung zugewiesen werden.

(4) [1]Die oder der Gefangene ist verpflichtet, eine ihr oder ihm zugewiesene Tätigkeit auszuüben. [2]Maßnahmen nach § 117 Abs. 1 Satz 2 Nr. 6 sind während der Arbeitszeit zuzulassen, soweit dies im Rahmen des Erziehungs- und Förderplans zur Erreichung des Vollzugszieles nach § 113 Satz 1 erforderlich ist. [3]Sonstige vollzugliche Maßnahmen sollen zugelassen werden, soweit dies im überwiegenden Interesse der oder des Gefangenen oder aus einem anderen wichtigen Grund erforderlich ist. [4]§ 40 Abs. 3 Satz 2 gilt mit der Maßgabe, dass die oder der Gefangene eine Entschädigung für die Teilnahme an den nach Satz 2 zugelassenen vollzuglichen Maßnahmen erhält.

§ 125 Aus- und Weiterbildungsangebote

[1]Schulische und berufliche Aus- und Weiterbildungsangebote sind von der Vollzugsbehörde in ausreichendem Umfang bereitzustellen und möglichst so zu gestalten, dass sie von Gefangenen auch dann sinnvoll genutzt werden können, wenn wegen der Kürze des Freiheitsentzuges ein Abschluss bis zur Entlassung nicht erreichbar ist. [2]Im Rahmen der durchgängigen Betreuung ist darauf hinzuwirken, dass der oder dem Gefangenen die Fortsetzung der im Jugendstrafvollzug begonnenen Aus- oder Weiterbildungsmaßnahmen nach der Entlassung außerhalb der Anstalt ermöglicht wird.

§ 126 Freiwilliger Verbleib im Jugendstrafvollzug

(1) [1]Nach der Entlassung kann der oder dem Gefangenen im Rahmen der durchgängigen Betreuung auf Antrag gestattet werden, eine im Jugendstrafvollzug begonnene Maßnahme des Erziehungs- und Förderplans abzuschließen. [2]Hierfür oder aus fürsorgerischen Gründen kann sie oder er im Einzelfall

höchstens drei Monate über den Entlassungszeitpunkt hinaus in der Anstalt verbleiben, sofern es deren Belegungssituation zulässt. [3]Der Antrag und die Gestattung sind jederzeit widerruflich.

(2) Maßnahmen nach Absatz 1 sind unzulässig, wenn sie nach allgemeinen Vorschriften der Zustimmung der Personensorgeberechtigten bedürften und diese nicht erteilt wird.

(3) [1]In den Fällen des Absatzes 1 dürfen Maßnahmen des Vollzuges nicht mit unmittelbarem Zwang durchgesetzt werden. [2]Im Übrigen finden die sonstigen Vorschriften dieses Teils entsprechende Anwendung.

(4) Wird der Antrag widerrufen oder eine notwendige Zustimmung der Personensorgeberechtigten nicht erteilt, so ist die betroffene Person unverzüglich zu entlassen.

§ 127 Gesundheitsfürsorge

(1) Die oder der minderjährige Gefangene hat über die Ansprüche nach § 57 hinaus auch Anspruch auf Leistungen zur Verhütung von Zahnerkrankungen in entsprechender Anwendung des § 22 Abs. 1 bis 3 des Fünften Buchs des Sozialgesetzbuchs.

(2) Bei der Anwendung des § 57 Abs. 2 Satz 3 kann ein Verschulden der oder des Gefangenen im Einzelfall unberücksichtigt bleiben.

(3) [1]Vor ärztlichen Eingriffen bei der oder dem Gefangenen sind die Rechte ihrer oder seiner Personensorgeberechtigten zu beachten. [2]Dies gilt insbesondere im Hinblick auf deren Aufklärung und Einwilligung.

§ 128 Freizeit, Sport

(1) Die Vollzugsbehörde hat für ein ausreichendes Freizeit- und Sportangebot zu sorgen.

(2) [1]Die oder der Gefangene ist zur Nutzung der Freizeitangebote aufzufordern; aus erzieherischen Gründen kann sie oder er dazu verpflichtet werden. [2]Sie oder er soll insbesondere an Veranstaltungen der Fortbildung, an Freizeitgruppen und Gruppengesprächen teilnehmen. [3]Sie oder er soll dazu angehalten werden, eine Bücherei zu nutzen sowie den verantwortungsvollen Umgang mit neuen Medien zu erlernen, soweit dies mit der Sicherheit der Anstalt vereinbar ist.

(3) [1]Dem Sport kommt im Jugendstrafvollzug besondere Bedeutung zu. [2]Die oder der Gefangene erhält Gelegenheit, das Sportangebot zu nutzen. [3]Ihre oder seine Bereitschaft hierzu ist zu wecken und zu fördern.

Sechstes Kapitel

Schusswaffengebrauch, Maßnahmen bei Pflichtverstößen, Beschwerderecht, gerichtlicher Rechtsschutz

§ 129 Besondere Vorschriften für den Schusswaffengebrauch

Für den Schusswaffengebrauch gegen eine Gefangene oder einen Gefangenen gilt § 92 Abs. 1 Satz 1 Nr. 1 entsprechend mit der Maßgabe, dass Schusswaffen nur zur Abwehr einer durch die Benutzung der Waffe oder des gefährlichen Werkzeugs verursachten gegenwärtigen Gefahr für Leben oder Gesundheit gebraucht werden dürfen; § 92 Abs. 1 Satz 1 Nrn. 2 und 3 findet keine Anwendung.

§ 130 Erzieherische Maßnahmen und Disziplinarmaßnahmen

(1) [1]Verstößt die oder der Gefangene schuldhaft gegen Pflichten, die ihr oder ihm durch dieses Gesetz oder aufgrund dieses Gesetzes auferlegt sind, so kann unmittelbar auf die Pflichtverletzung eine Maßnahme angeordnet werden, die geeignet ist, ihr oder ihm ihr oder sein Fehlverhalten bewusst zu machen. [2]Als Maßnahmen kommen namentlich Weisungen und Auflagen in Betracht.

(2) [1]Reichen Maßnahmen nach Absatz 1 nicht aus, so können gegen die oder den Gefangenen Disziplinarmaßnahmen angeordnet werden. [2]§ 94 Abs. 1 und 2 findet keine Anwendung. [3]§ 95 Abs. 1 Nr. 7 gilt entsprechend mit der Maßgabe, dass Arrest nur bis zu zwei Wochen zulässig ist. [4]§ 96 Abs. 2 gilt entsprechend mit der Maßgabe, dass die Aussetzung von Disziplinarmaßnahmen zur Bewährung nur bis zu drei Monaten zulässig ist.

§ 131 Beschwerderecht der Personensorgeberechtigten

§ 101 Abs. 1 gilt für die Personensorgeberechtigten der oder des Gefangenen entsprechend.

§ 131a Gerichtlicher Rechtsschutz

Gegen eine Maßnahme zur Regelung einzelner Angelegenheiten auf dem Gebiet der Jugendstrafe kann gerichtliche Entscheidung nach Maßgabe des § 92 JGG beantragt werden.

Siebtes Kapitel

Entsprechende Anwendung von Vorschriften des Zweiten und Dritten Teils

§ 132 Entsprechende Anwendung von Vorschriften des Zweiten und Dritten Teils

(1) Für den Vollzug der Jugendstrafe gelten die Vorschriften des Zweiten Teils entsprechend, soweit in den Vorschriften dieses Teils nichts anderes bestimmt ist.

(2) [1]Ist die Anordnung der Sicherungsverwahrung vorbehalten, gelten die Vorschriften des Dritten Teils entsprechend, soweit in den Vorschriften dieses Teils nichts anderes bestimmt ist. [2]§ 7 Abs. 3 JGG bleibt unberührt.

(3) Bei der Ausübung von Ermessen und der Ausfüllung von Beurteilungsspielräumen sind im Jugendstrafvollzug die Vollzugsziele nach § 113 sowie die Gestaltungsgrundsätze nach § 114 besonders zu beachten.

Fünfter Teil

Vollzug der Untersuchungshaft

Erstes Kapitel

Allgemeine Vorschriften, Grundsätze

§ 133 Zweck der Untersuchungshaft

Der Vollzug der Untersuchungshaft dient dem Zweck, den in den gesetzlichen Haftgründen zum Ausdruck kommenden Gefahren zu begegnen.

§ 134 Zuständigkeiten

(1) [1]Die Vollzugsbehörde ist für alle im Vollzug der Untersuchungshaft zu treffenden Entscheidungen und sonstigen Maßnahmen zuständig, soweit nicht die Zuständigkeit des Gerichts vorgesehen ist. [2]Das Gericht kann sich in jeder Lage des Strafverfahrens durch schriftliche Erklärung gegenüber der Vollzugsbehörde die Zuständigkeit für in deren Zuständigkeit fallende Entscheidungen und sonstige Maßnahmen allgemein oder im Einzelfall widerruflich vorbehalten.

(2) Soweit in den Vorschriften dieses Teils nichts anderes bestimmt ist, ist das Gericht zuständig für Entscheidungen und sonstige Maßnahmen, die der Abwehr einer Verdunkelungsgefahr dienen.

(3) [1]Das Gericht kann, soweit es für Entscheidungen und sonstige Maßnahmen nach den Vorschriften dieses Teils zuständig ist, seine Zuständigkeit bis zur Erhebung der öffentlichen Klage ganz oder teilweise schriftlich und widerruflich auf die Staatsanwaltschaft übertragen. [2]In den Fällen des Absatzes 1 Satz 2 ist eine Übertragung ausgeschlossen.

(4) [1]Die Staatsanwaltschaft kann sich, soweit ihr die Zuständigkeit nach Absatz 3 übertragen wurde, zur Durchführung von Maßnahmen der Hilfe der Ermittlungspersonen der Staatsanwaltschaft bedienen. [2]Die Ermittlungspersonen unterliegen insoweit den Weisungen der Staatsanwaltschaft. [3]Die von ihnen getroffenen Maßnahmen gelten als solche der Staatsanwaltschaft.

(5) [1]Das Gericht kann, soweit es für Entscheidungen und sonstige Maßnahmen nach den Vorschriften dieses Teils zuständig ist, seine Zuständigkeit in jeder Lage des Strafverfahrens ganz oder teilweise schriftlich und widerruflich auf die Vollzugsbehörde übertragen, soweit dies der Zweck der Untersuchungshaft zulässt. [2]Eine Übertragung der Zuständigkeit nach Satz 1 bedarf der widerruflichen Zustimmung der Vollzugsbehörde.

(6) [1]In dringenden Fällen kann die Staatsanwaltschaft oder die Vollzugsbehörde vorläufige Entscheidungen und sonstige Maßnahmen treffen. [2]Diese bedürfen der unverzüglichen Genehmigung der zuständigen Stelle.

§ 134a Gericht, Staatsanwaltschaft und Ermittlungspersonen

(1) [1]Gericht im Sinne der Vorschriften dieses Teils ist das für die Haftprüfung (§ 117 StPO) zuständige Gericht. [2]Handelt es sich bei dem Gericht nach Satz 1 nicht um ein Gericht des Landes Niedersachsen, so ist Gericht im Sinne der Vorschriften dieses Teils das Amtsgericht, in dessen Bezirk sich die oder

der Gefangene in Untersuchungshaft befindet; Überstellungen berühren die gerichtliche Zuständigkeit nicht. [3]Einzelne Maßnahmen trifft die oder der Vorsitzende; dies gilt nicht für Entscheidungen nach § 134 Abs. 1 Satz 2, Abs. 3 Satz 1 und Abs. 5 Satz 1.

(2) [1]Staatsanwaltschaft im Sinne der Vorschriften dieses Teils ist die Staatsanwaltschaft, die in dem der Inhaftierung der oder des Gefangenen zugrunde liegenden Strafverfahren die Ermittlungen führt. [2]Handelt es sich bei der Staatsanwaltschaft nach Satz 1 nicht um eine Staatsanwaltschaft des Landes Niedersachsen, so finden die Vorschriften dieses Teils über Zuständigkeiten der Staatsanwaltschaft für Maßnahmen nach diesem Gesetz keine Anwendung.

(3) Ermittlungspersonen der Staatsanwaltschaft im Sinne der Vorschriften dieses Teils sind die in § 1 Satz 1 Nr. 2 der Verordnung über die Ermittlungspersonen der Staatsanwaltschaft vom 2. Oktober 1997 (Nds. GVBl. S. 423; 1998 S. 485), geändert durch Verordnung vom 25. Januar 2005 (Nds. GVBl. S. 46), genannten Polizeibeamtinnen und Polizeibeamten des Landes Niedersachsen; § 1 Satz 2 der Verordnung über die Ermittlungspersonen der Staatsanwaltschaft gilt insoweit entsprechend.

§ 134b Zusammenarbeit der beteiligten Stellen

[1]Das Gericht, die Staatsanwaltschaft und die Vollzugsbehörde treffen ihre Entscheidungen und sonstigen Maßnahmen unter Beachtung der Belange des der Inhaftierung der oder des Gefangenen zugrunde liegenden Strafverfahrens sowie der Sicherheit und Ordnung der Anstalt. [2]Sie unterrichten sich gegenseitig unverzüglich über Umstände, deren Kenntnis erforderlich ist, um die Untersuchungshaft ihrem Zweck entsprechend zu vollziehen, Möglichkeiten der Haftvermeidung zu ergreifen sowie die Sicherheit und Ordnung der Anstalt zu wahren und über Umstände, die das der Inhaftierung der oder des Gefangenen zugrunde liegende Strafverfahren betreffen können. [3]Handelt es sich bei dem für die Haftprüfung (§ 117 StPO) zuständigen Gericht nicht um ein Gericht des Landes Niedersachsen oder werden die Ermittlungen in dem der Inhaftierung der oder des Gefangenen zugrunde liegenden Strafverfahren nicht von einer Staatsanwaltschaft des Landes Niedersachsen geführt, so sind auch diese Stellen entsprechend Satz 2 zu unterrichten.

§ 135 Rechtsstellung der Gefangenen

(1) Gefangene gelten als unschuldig.

(2) Soweit dieses Gesetz eine besondere Regelung nicht enthält, können der oder dem Gefangenen über § 3 Satz 2 hinaus Beschränkungen auferlegt werden, die der Zweck der Untersuchungshaft erfordert.

Zweites Kapitel
Vollzugsverlauf

§ 136 Aufnahme in die Anstalt

Für die Aufnahme gilt § 8 entsprechend, Absatz 3 Satz 3 jedoch mit der Maßgabe, dass der Zweck der Untersuchungshaft nicht gefährdet werden darf.

§ 137 Verlegung, Überstellung, Ausantwortung

(1) [1]Die oder der Gefangene kann in eine andere Anstalt verlegt oder überstellt werden, wenn es zur Erreichung des Zwecks der Untersuchungshaft erforderlich ist. [2]Im Übrigen gilt § 10 Abs. 1 Nrn. 2 bis 5 und Abs. 2 entsprechend.

(2) Vor der Entscheidung über eine Verlegung oder Überstellung soll die für die Aufnahme vorgesehene Vollzugsbehörde gehört werden.

(3) Der oder dem Gefangenen soll vor ihrer oder seiner Verlegung oder Überstellung Gelegenheit gegeben werden, Angehörige oder eine Vertrauensperson zu benachrichtigen, soweit der Zweck der Untersuchungshaft oder die Sicherheit oder Ordnung der Anstalt dadurch nicht gefährdet wird.

(4) § 10 Abs. 3 gilt entsprechend mit der Maßgabe, dass die Ausantwortung der Zustimmung des Gerichts bedarf.

§ 138 Ausführung

(1) Aus wichtigem Anlass kann die oder der Gefangene auf ihren oder seinen Antrag mit Zustimmung des Gerichts auf eigene Kosten ausgeführt werden.

(2) Die oder der Gefangene darf auch ohne ihre oder seine Zustimmung ausgeführt werden, wenn dies aus besonderem Grund notwendig ist.

§ 139 Beendigung der Untersuchungshaft
Ist die Entlassung angeordnet, so ist die oder der Gefangene unverzüglich aus der Haft zu entlassen, es sei denn, es ist in anderer Sache eine richterlich angeordnete Freiheitsentziehung zu vollziehen.

Drittes Kapitel

Verhinderung von Kontakten, Unterbringung, Kleidung und Einkauf

§ 140 Verhinderung von Kontakten
Die Vollzugsbehörde hat zu verhindern, dass die oder der Gefangene mit anderen Gefangenen und Sicherungsverwahrten in Verbindung treten kann, die der Täterschaft, Teilnahme, Begünstigung, Strafvereitelung oder Hehlerei bezüglich derselben Tat verdächtigt werden oder bereits abgeurteilt worden sind oder als Zeugen in Betracht kommen; Ausnahmen bedürfen der Zustimmung des Gerichts.

§ 141 Unterbringung
(1) [1]Die oder der Gefangene wird während der Ruhezeit allein in ihrem oder seinem Haftraum untergebracht. [2]Mit ihrer oder seiner Zustimmung kann die oder der Gefangene auch gemeinsam mit anderen Gefangenen untergebracht werden, wenn eine schädliche Beeinflussung nicht zu befürchten ist. [3]Ohne Zustimmung der betroffenen Gefangenen ist eine gemeinsame Unterbringung zulässig, sofern eine oder einer von ihnen hilfsbedürftig ist oder für eine oder einen von ihnen eine Gefahr für Leben oder Gesundheit besteht. [4]Darüber hinaus ist eine gemeinsame Unterbringung nur vorübergehend aus zwingenden Gründen zulässig.
(2) Der oder dem Gefangenen wird Gelegenheit gegeben, sich außerhalb der Ruhezeit in Gemeinschaft mit anderen Gefangenen aufzuhalten.
(3) Soweit es der Zweck der Untersuchungshaft oder die Sicherheit oder Ordnung der Anstalt erfordert, kann der gemeinschaftliche Aufenthalt außerhalb der Ruhezeit ausgeschlossen oder eingeschränkt werden.

§ 142 Ausstattung des Haftraums und persönlicher Besitz, Kleidung und Einkauf
(1) Die oder der Gefangene darf ihren oder seinen Haftraum in angemessenem Umfang mit eigenen Sachen ausstatten, die ihr oder ihm mit Zustimmung oder auf Vermittlung der Vollzugsbehörde überlassen worden sind.
(2) Die oder der Gefangene darf eigene Kleidung, eigene Wäsche und eigenes Bettzeug benutzen, wenn sie oder er für Reinigung und Instandsetzung auf eigene Kosten sorgt; anderenfalls erhält sie oder er Kleidung, Wäsche oder Bettzeug von der Vollzugsbehörde.
(3) [1]Die oder der Gefangene kann sich aus einem von der Vollzugsbehörde vermittelten Angebot regelmäßig in angemessenem Umfang Nahrungs- und Genussmittel sowie Gegenstände des persönlichen Bedarfs kaufen. [2]Die Ausgaben für Einkäufe sollen monatlich den 30-fachen Tagessatz der Eckvergütung (§ 40 Abs. 1 Satz 2) nicht übersteigen. [3]Es soll für ein Angebot gesorgt werden, das auf Wünsche und Bedürfnisse der Gefangenen Rücksicht nimmt.
(4) [1]Soweit es der Zweck der Untersuchungshaft oder die Sicherheit oder Ordnung der Anstalt erfordert, können
1. die Rechte aus Absatz 1 eingeschränkt,
2. die Rechte aus Absatz 2 ausgeschlossen oder eingeschränkt und
3. Gegenstände vom Einkauf ausgeschlossen

werden. [2]§ 24 Abs. 2 Satz 2 gilt entsprechend.

Viertes Kapitel

Besuche, Schriftwechsel, Telefongespräche und Pakete

§ 143 Recht auf Besuch, Zulassung
(1) Zum Besuch bei der oder dem Gefangenen wird nur zugelassen, wer über eine Besuchserlaubnis verfügt; im Übrigen gilt für das Recht der oder des Gefangenen auf Besuch § 25 Abs. 1 bis 3 entsprechend.
(2) [1]Über die Besuchserlaubnis entscheidet das Gericht. [2]Es kann die Besuchserlaubnis versagen oder von der Befolgung von Weisungen abhängig machen, wenn es der Zweck der Untersuchungshaft oder

die Sicherheit oder Ordnung der Anstalt erfordert. [3]Bei nachträglichem Eintreten oder Bekanntwerden solcher Umstände kann das Gericht die Besuchserlaubnis ganz oder teilweise widerrufen oder zurücknehmen. [4]Auch bei Vorliegen einer Besuchserlaubnis kann die Vollzugsbehörde den Besuch einer Person zur Aufrechterhaltung der Sicherheit oder Ordnung der Anstalt von ihrer Durchsuchung abhängig machen und die Zahl der gleichzeitig zu einem Besuch zugelassenen Personen beschränken; insoweit findet § 134 Abs. 1 Satz 2 keine Anwendung.

§ 144 Überwachung von Besuchen

(1) [1]Besuche dürfen offen überwacht werden. [2]Die akustische Überwachung ist nur zulässig, wenn dies im Einzelfall wegen des Zwecks der Untersuchungshaft oder zur Aufrechterhaltung der Sicherheit oder Ordnung der Anstalt erforderlich ist. [3]§ 28 Abs. 2 gilt entsprechend.

(2) [1]Abweichend von § 134 Abs. 5 Satz 1 ist die Übertragung der Zuständigkeit für die Entscheidung über die akustische Überwachung zur Abwehr einer Verdunkelungsgefahr auf die Vollzugsbehörde ausgeschlossen. [2]Wird die Durchführung der akustischen Überwachung zur Abwehr einer Verdunkelungsgefahr auf die Vollzugsbehörde übertragen, so hat das Gericht dieser zuvor schriftlich mitzuteilen, auf welche Umstände bei der Überwachung besonders zu achten ist.

(3) Die Kosten für Übersetzungsdienste und Sachverständige, die zur Überwachung hinzugezogen werden, übernimmt die Staatskasse nur in angemessenem Umfang.

(4) [1]Gegenstände dürfen beim Besuch nur mit Erlaubnis der Vollzugsbehörde, die der Zustimmung des Gerichts bedarf, übergeben werden. [2]Die Erlaubnis zur Übergabe von Nahrungs- und Genussmitteln in geringer Menge bedarf nicht der Zustimmung des Gerichts; die Vollzugsbehörde kann anordnen, dass die Nahrungs- und Genussmittel durch ihre Vermittlung beschafft werden.

(5) [1]Ein Besuch darf nach vorheriger Androhung abgebrochen werden, wenn

1. aufgrund des Verhaltens der Besucherinnen oder Besucher oder der oder des Gefangenen eine Gefährdung des Zwecks der Untersuchungshaft droht oder
2. Besucherinnen oder Besucher oder die oder der Gefangene gegen die Vorschriften dieses Gesetzes oder die aufgrund dieses Gesetzes getroffenen Anordnungen verstoßen.

[2]Der Besuch kann sofort abgebrochen werden, wenn dies unerlässlich ist, um den Zweck der Untersuchungshaft zu gewährleisten oder eine Gefahr für die Sicherheit der Anstalt oder einen schwerwiegenden Verstoß gegen die Ordnung der Anstalt abzuwehren. [3]Über den Abbruch des Besuchs entscheidet die Stelle, die die Überwachung durchführt; insoweit findet § 134 Abs. 1 bis 5 keine Anwendung.

§ 145 Recht auf Schriftwechsel

(1) [1]Die oder der Gefangene hat das Recht, Schreiben abzusenden und zu empfangen. [2]In dringenden Fällen kann der oder dem Gefangenen gestattet werden, Schreiben als Telefaxe aufzugeben.

(2) [1]Die Kosten des Schriftverkehrs trägt die oder der Gefangene. [2]Bei einer oder einem bedürftigen Gefangenen kann die Vollzugsbehörde auf Antrag Kosten ganz oder teilweise übernehmen.

§ 146 Überwachung des Schriftwechsels

(1) [1]Der Schriftwechsel wird überwacht. [2]§ 30 Abs. 3 gilt entsprechend.

(2) [1]Die oder der Gefangene hat Absendung und Empfang ihrer oder seiner Schreiben durch die Vollzugsbehörde vermitteln zu lassen. [2]Diese leitet die Schreiben unverzüglich an die für die Überwachung ihres gedanklichen Inhalts (Textkontrolle) zuständige Stelle weiter; die Vollzugsbehörde darf von dem gedanklichen Inhalt der Schreiben keine Kenntnis nehmen.

(3) Die Textkontrolle wird vom Gericht durchgeführt; § 134 Abs. 4 und 5 findet keine Anwendung.

(4) Die Kosten für Übersetzungsdienste und Sachverständige, die zur Überwachung hinzugezogen werden, übernimmt die Staatskasse nur in angemessenem Umfang.

§ 147 Anhalten von Schreiben

(1) [1]Schreiben können vom Gericht angehalten werden, soweit es der Zweck der Untersuchungshaft oder die Sicherheit oder Ordnung einer Anstalt erfordert; § 134 Abs. 5 findet keine Anwendung. [2]Im Übrigen gilt § 32 Abs. 1 Nrn. 2 bis 6 entsprechend. [3]Wird ein Schreiben nicht angehalten, so ist es unverzüglich weiterzuleiten.

(2) [1]Ist ein Schreiben angehalten worden, so wird das der oder dem Gefangenen mitgeteilt. [2]Hiervon kann solange abgesehen werden, wie es der Zweck der Untersuchungshaft oder die Sicherheit oder Ordnung der Anstalt erfordert.

(3) Angehaltene Schreiben werden an die Absender zurückgegeben oder von der anhaltenden Stelle verwahrt, sofern eine Rückgabe unmöglich oder nicht geboten ist.

§ 148 Telefongespräche

(1) [1]Die oder der Gefangene kann mit Erlaubnis der Vollzugsbehörde, die der Zustimmung des Gerichts bedarf, Telefongespräche durch Vermittlung der Vollzugsbehörde führen. [2]Die Erlaubnis kann versagt werden, wenn der Zweck der Untersuchungshaft, die Sicherheit, die Ordnung oder die räumlichen, personellen oder organisatorischen Verhältnisse der Anstalt es erfordern.

(2) [1]Die Erlaubnis kann unter den in Absatz 1 Satz 2 genannten Voraussetzungen von der Befolgung von Weisungen abhängig gemacht werden. [2]§ 143 Abs. 2 Satz 3, § 144 Abs. 1 Satz 2, Abs. 2, 3 und 5, § 145 Abs. 2 sowie § 33 Abs. 1 Sätze 3 und 4 und Abs. 4 gelten entsprechend.

§ 149 Verkehr mit Verteidigerinnen und Verteidigern, der Führungsaufsichtsstelle sowie der Bewährungs- und Gerichtshilfe

(1) [1]Die Verteidigerinnen und Verteidiger der oder des Gefangenen dürfen diese oder diesen ohne Erlaubnis, ohne Beschränkungen hinsichtlich Dauer oder Häufigkeit und unüberwacht besuchen; § 27 Satz 2 gilt entsprechend. [2]Die Vollzugsbehörde kann den Besuch davon abhängig machen, dass sich die Verteidigerin oder der Verteidiger durchsuchen lässt. [3]Eine Kenntnisnahme des gedanklichen Inhalts der von der Verteidigerin oder dem Verteidiger mitgeführten Schriftstücke und sonstigen Unterlagen ist unzulässig; für deren Übergabe bedürfen sie keiner Erlaubnis. [4]Schriftwechsel ist ohne Erlaubnis, unbeschränkt und unüberwacht zulässig, insbesondere dürfen Schreiben nicht geöffnet werden. [5]§ 148 Abs. 2 und § 148a StPO gelten fort; sie gelten für die Fälle entsprechend, dass gegen die oder den Gefangenen wegen einer Straftat nach § 129a, auch in Verbindung mit § 129b Abs. 1, StGB Überhaft vorgemerkt ist. [6]Telefongespräche dürfen mit Erlaubnis des Gerichts durch Vermittlung der Vollzugsbehörde unüberwacht geführt werden. [7]§ 143 Abs. 2 Sätze 2 und 3, § 145 Abs. 2 sowie § 33 Abs. 4 gelten entsprechend. [8]Auch bei Vorliegen einer Erlaubnis kann die Vollzugsbehörde die Vermittlung des Gesprächs vorübergehend ablehnen, soweit die räumlichen, personellen und organisatorischen Verhältnisse der Anstalt es erfordern. [9]§ 134 Abs. 1, 2, 4 und 5 findet keine Anwendung.

(2) Für den Verkehr einer oder eines Gefangenen, die oder der unter Bewährungs- oder Führungsaufsicht steht oder über die oder den ein Bericht der Gerichtshilfe angefordert ist, mit der Bewährungshelferin oder dem Bewährungshelfer, der oder dem Bediensteten der Führungsaufsichtsstelle oder der Gerichtshilfe gilt Absatz 1 entsprechend.

§ 150 Pakete

(1) Die oder der Gefangene darf mit Erlaubnis der Vollzugsbehörde, die der Zustimmung des Gerichts bedarf, in angemessenem Umfang Pakete empfangen sowie Pakete versenden.

(2) [1]Eingehende Pakete dürfen Nahrungs- und Genussmittel sowie Gegenstände, die den Zweck der Untersuchungshaft oder die Sicherheit oder Ordnung der Anstalt gefährden, nicht enthalten. [2]Pakete, für die keine Erlaubnis erteilt worden ist, sollen nicht angenommen werden. [3]Angenommene Pakete sind von der Vollzugsbehörde in Gegenwart der oder des Gefangenen zu öffnen. [4]Nahrungs- und Genussmittel sowie Gegenstände, die die Sicherheit oder Ordnung der Anstalt gefährden, sind von der Vollzugsbehörde zur Habe zu nehmen, zurückzusenden oder, wenn es erforderlich ist, zu vernichten. [5]Gegenstände, die den Zweck der Untersuchungshaft gefährden können, leitet die Vollzugsbehörde unverzüglich an das Gericht weiter. [6]Das Gericht entscheidet, ob die Gegenstände an die oder den Gefangenen ausgehändigt werden oder ob mit ihnen nach Satz 4 verfahren wird. [7]Die jeweils veranlassten Maßnahmen werden der oder dem Gefangenen von der zuständigen Stelle mitgeteilt. [8]Hiervon kann auf Anordnung des Gerichts vorübergehend abgesehen werden, soweit es der Zweck der Untersuchungshaft erfordert.

(3) [1]Der Inhalt ausgehender Pakete kann von der Vollzugsbehörde wegen des Zwecks der Untersuchungshaft oder aus Gründen der Sicherheit oder Ordnung der Anstalt überprüft werden. [2]Für Gegenstände, die die Sicherheit oder Ordnung der Anstalt gefährden, gilt Absatz 2 Satz 4 entsprechend. [3]Gegenstände, die den Zweck der Untersuchungshaft gefährden können, leitet die Vollzugsbehörde unverzüglich an das Gericht weiter. [4]Das Gericht entscheidet, ob die Gegenstände abgesendet werden oder ob mit ihnen nach Absatz 2 Satz 4 verfahren wird. [5]Absatz 2 Sätze 7 und 8 gilt entsprechend.

(4) Auf in ein- und ausgehenden Paketen enthaltene Schreiben finden abweichend von den Absätzen 2 und 3 die auch sonst für Schreiben geltenden Vorschriften dieses Teils Anwendung.

(5) Der Empfang von Paketen kann befristet untersagt werden
1. vom Gericht, wenn es der Zweck der Untersuchungshaft erfordert,
2. von der Vollzugsbehörde, wenn es wegen einer Gefährdung der Sicherheit oder Ordnung der Anstalt unerlässlich ist.

(6) Für die Kosten des Paketverkehrs gilt § 145 Abs. 2 entsprechend.

(7) § 134 Abs. 1, 2, 4 und 5 findet keine Anwendung.

§ 151 Gegenstände in Schreiben

[1]Enthält ein Schreiben offenkundig einen Gegenstand, so darf es von der Vollzugsbehörde geöffnet werden. [2]Für die Behandlung des Gegenstandes gilt § 150 Abs. 2 Sätze 4 bis 8, Abs. 3 Sätze 2 bis 4 und Abs. 7 entsprechend. [3]Auf das Schreiben finden im Übrigen die auch sonst für Schreiben geltenden Vorschriften dieses Teils Anwendung; insbesondere ist eine Textkontrolle durch die Vollzugsbehörde unzulässig.

Fünftes Kapitel

Beschäftigung, Bildungsmaßnahmen, Freizeit

§ 152 Beschäftigung, Bildungsmaßnahmen

(1) Die oder der Gefangene ist nicht zur Arbeit verpflichtet.

(2) Ihr oder ihm soll auf Antrag nach Möglichkeit der Vollzugsbehörde Arbeit oder eine angemessene Beschäftigung in der Anstalt angeboten werden, soweit der Zweck der Untersuchungshaft nicht entgegensteht.

(3) [1]Für die Ausübung einer angebotenen Arbeit oder angemessenen Beschäftigung erhält die oder der Gefangene ein Arbeitsentgelt. [2]§ 40 Abs. 1 Satz 2, Abs. 2 und 4 sowie die §§ 42 und 44 gelten entsprechend.

(4) [1]Einer oder einem geeigneten Gefangenen soll Gelegenheit zum Erwerb oder zur Verbesserung schulischer oder beruflicher Kenntnisse gegeben werden, soweit es die Möglichkeiten der Vollzugsbehörde und die besonderen Bedingungen der Untersuchungshaft zulassen. [2]Nimmt die oder der Gefangene an einer Maßnahme der Vollzugsbehörde nach Satz 1 teil, so gilt § 41 entsprechend.

§ 152a Freistellung

(1) [1]Hat die oder der Gefangene ein Jahr lang eine angebotene Tätigkeit ausgeübt, so kann sie oder er beanspruchen, für die Dauer des jährlichen Mindesturlaubs nach § 3 Abs. 1 des Bundesurlaubsgesetzes freigestellt zu werden; Zeiträume von unter einem Jahr bleiben unberücksichtigt. [2]Die Freistellung kann nur innerhalb eines Jahres nach Entstehung des Freistellungsanspruchs in Anspruch genommen werden. [3]Auf die Frist nach Satz 1 werden Zeiten,
1. in denen die oder der Gefangene infolge Krankheit an ihrer oder seiner Arbeitsleistung gehindert war, mit bis zu sechs Wochen jährlich,
2. in denen die oder der Gefangene Verletztengeld nach § 47 Abs. 6 des Siebten Buchs des Sozialgesetzbuchs erhalten hat,
3. in denen die oder der Gefangene nach Satz 1 freigestellt war,

angerechnet. [4]Zeiten, in denen die oder der Gefangene die angebotene Tätigkeit aus anderen Gründen nicht ausgeübt hat, können in angemessenem Umfang angerechnet werden. [5]Erfolgt keine Anrechnung nach Satz 3 oder 4, so wird die Frist für die Dauer der Fehlzeit gehemmt.

(2) § 39 Abs. 2 und 4 gilt entsprechend.

§ 153 Freizeit

Für die Gestaltung der Freizeit der oder des Gefangenen gelten die §§ 64 bis 67 entsprechend mit der Maßgabe, dass die sich daraus ergebenden Rechte auch eingeschränkt oder ausgeschlossen werden können, soweit es der Zweck der Untersuchungshaft erfordert.

Sechstes Kapitel
Gesundheitsfürsorge und soziale Hilfen

§ 154 Gesundheitsfürsorge

(1) [1]Für die Gesundheitsfürsorge gelten die §§ 56, 57, 59, 62 und 63 entsprechend. [2]Das Fachministerium wird ermächtigt, durch Verordnung zu regeln, unter welchen Voraussetzungen und in welcher Höhe die oder der Gefangene in entsprechender Anwendung des § 52 Abs. 3 Satz 2 Nr. 2 an den Kosten für Leistungen auf dem Gebiet der Gesundheitsfürsorge beteiligt werden kann.
(2) [1]Der oder dem Gefangenen kann nach Anhörung der Anstaltsärztin oder des Anstaltsarztes oder der Anstaltszahnärztin oder des Anstaltszahnarztes gestattet werden, auf eigene Kosten weiteren ärztlichen oder zahnärztlichen Rat hinzuzuziehen. [2]Die Konsultation soll in der Anstalt erfolgen.

§ 155 Soziale Hilfen

Für soziale Hilfen gelten § 68 Abs. 1 und § 69 Abs. 1 und 2 Sätze 1 und 3 unter Berücksichtigung des Zwecks der Untersuchungshaft entsprechend mit der Maßgabe, dass sich die Hilfe auch auf die Vermeidung der weiteren Untersuchungshaft erstrecken soll.

Siebtes Kapitel
Sicherheit und Ordnung der Anstalt, unmittelbarer Zwang, Disziplinarmaßnahmen

§ 156 Sicherheit und Ordnung der Anstalt, unmittelbarer Zwang, Disziplinarmaßnahmen

(1) [1]Für die Sicherheit und Ordnung der Anstalt sowie den unmittelbaren Zwang gelten die §§ 74 bis 93 entsprechend. [2]Das Gericht kann Einzelhaft zur Abwehr einer Verdunkelungsgefahr anordnen; eine Übertragung der Zuständigkeit auf die Vollzugsbehörde ist ausgeschlossen.
(2) [1]Für die Disziplinarmaßnahmen gelten die §§ 94 bis 96 Abs. 3 Satz 2 und die §§ 97 bis 99 entsprechend. [2]§ 96 Abs. 3 Satz 3 gilt entsprechend mit der Maßgabe, dass die Befugnisse der oder des Gefangenen aus § 142 Abs. 1 bis 3 und den §§ 152 und 153 ruhen, soweit nichts anderes angeordnet wird.
(3) [1]Durch die Anordnung und den Vollzug einer Disziplinarmaßnahme darf die Verteidigung und die Verhandlungsfähigkeit der oder des betroffenen Gefangenen nicht beeinträchtigt werden. [2]Eine Disziplinarmaßnahme kann ganz oder zum Teil auch während einer der Untersuchungshaft unmittelbar nachfolgenden Strafhaft vollzogen werden.

Achtes Kapitel
Junge Gefangene

§ 157 Anwendungsbereich

[1]An jungen Gefangenen wird die Untersuchungshaft nach den Vorschriften dieses Kapitels vollzogen. [2]Junge Gefangene sind zur Tatzeit Jugendliche und Heranwachsende im Sinne des Jugendgerichtsgesetzes, die das 21. Lebensjahr noch nicht vollendet haben, sowie zur Tatzeit Heranwachsende, die 21, aber noch nicht 24 Jahre alt sind und für die nach den Vorschriften des Jugendgerichtsgesetzes der Vollzug der Untersuchungshaft nach den für den Vollzug an Jugendlichen geltenden Vorschriften angeordnet worden ist.

§ 158 Gestaltung des Vollzuges

(1) [1]Der Vollzug soll erzieherisch gestaltet werden. [2]Die oder der junge Gefangene soll in der Entwicklung von Fähigkeiten und Fertigkeiten sowie in der Bereitschaft zu einer eigenverantwortlichen und gemeinschaftsfähigen Lebensführung in Achtung der Rechte anderer gefördert werden. [3]Dem dienen altersgemäße Beschäftigungs-, Bildungs- und Freizeitmöglichkeiten sowie sonstige entwicklungsfördernde Maßnahmen. [4]Die Bereitschaft zur Teilnahme ist zu wecken und zu fördern. [5]§ 114 Abs. 1 Sätze 3 und 4 gilt entsprechend.
(2) Die oder der junge Gefangene ist verpflichtet, die ihr oder ihm aus erzieherischen Gründen erteilten rechtmäßigen Anordnungen zu befolgen.
(3) [1]Die Personensorgeberechtigten sind von der Inhaftierung, dem jeweiligen Aufenthaltsort und der bevorstehenden Entlassung zu unterrichten, soweit sie noch keine Kenntnis darüber haben; über vor-

übergehende Veränderungen des Aufenthaltsortes während des Vollzuges sind die Personensorgeberechtigten nur zu unterrichten, soweit dies mit Rücksicht auf die Dauer des anderweitigen Aufenthaltes der oder des jungen Gefangenen angezeigt ist. [2]Sie sind auf Antrag oder bei Bedarf über grundlegende Fragen der Vollzugsgestaltung zu unterrichten; gleichzeitig soll ihnen Gelegenheit gegeben werden, hierzu Anregungen zu geben. [3]Diese sind nach Möglichkeit zu berücksichtigen.

§ 159 Unterbringung

Für die Unterbringung der oder des jungen Gefangenen gilt § 120 entsprechend mit der Maßgabe, dass eine Unterbringung in einer Wohngruppe, eine gemeinschaftliche Unterbringung während der Arbeitszeit und Freizeit sowie eine gemeinsame Unterbringung während der Ruhezeit ausgeschlossen oder eingeschränkt werden können, wenn es der Zweck der Untersuchungshaft erfordert.

§ 160 Besuche, Schriftwechsel, Telefongespräche und Pakete

(1) Die Gesamtdauer des Besuchs beträgt mindestens sechs Stunden im Monat.

(2) [1]Unbeschadet der Vorschriften des Vierten Kapitels können Besuche von bestimmten Personen auch untersagt werden, wenn die Personensorgeberechtigten es beantragen oder wenn es aus erzieherischen Gründen erforderlich ist. [2]Satz 1 gilt entsprechend für den Schriftwechsel, die Telefongespräche und den Paketverkehr.

(3) Für den Verkehr mit Betreuungspersonen, Erziehungsbeiständen und Personen, die Aufgaben der Jugendgerichtshilfe wahrnehmen, gilt § 149 Abs. 1 entsprechend.

§ 161 Schulische und berufliche Aus- und Weiterbildung, Arbeit, Selbstbeschäftigung

(1) [1]Die oder der junge Gefangene kann aus erzieherischen Gründen zur Teilnahme an schulischen oder beruflichen Orientierungs-, Aus- und Weiterbildungsmaßnahmen, zur Arbeit, angemessenen oder arbeitstherapeutischen Beschäftigung verpflichtet werden. [2]Ihr oder ihm kann eine Selbstbeschäftigung in der Anstalt gestattet werden. [3]Der Teilnahme an schulischen oder beruflichen Orientierungs-, Aus- oder Weiterbildungsmaßnahmen soll Vorrang eingeräumt werden, soweit diese Maßnahmen der künftigen beruflichen Integration der oder des jungen Gefangenen dienlich sind. [4]§ 36 Abs. 3, § 40 Abs. 1 bis 4, §§ 41, 42 und 44 gelten entsprechend.

(2) [1]Auf einem gesonderten Konto werden für die junge Gefangene oder den jungen Gefangenen gutgeschrieben

1. vier Siebtel von Ansprüchen auf Ausbildungsbeihilfe oder Arbeitsentgelt sowie
2. ein angemessener Teil des Anspruchs aus einer Selbstbeschäftigung, der der Vollzugsbehörde zur Gutschrift für die junge Gefangene oder den jungen Gefangenen entsprechend § 36 Abs. 3 überwiesen worden ist.

[2]Das Guthaben wird der oder dem jungen Gefangenen bei der Entlassung ausgezahlt. [3]Der Anspruch auf das Guthaben ist nicht übertragbar.

§ 162 Gesundheitsfürsorge

(1) [1]Für die Gesundheitsfürsorge der jungen Gefangenen gelten die §§ 56, 57, 59, 62 und 63 sowie § 154 Abs. 2 entsprechend. [2]Das Fachministerium wird ermächtigt, durch Verordnung zu regeln, unter welchen Voraussetzungen und in welcher Höhe die oder der junge Gefangene in entsprechender Anwendung des § 52 Abs. 3 Satz 2 Nr. 2 an den Kosten für Leistungen auf dem Gebiet der Gesundheitsfürsorge beteiligt werden kann.

(2) Die oder der minderjährige Gefangene hat über die Ansprüche nach § 57 hinaus auch Anspruch auf Leistungen zur Verhütung von Zahnerkrankungen in entsprechender Anwendung des § 22 Abs. 1 bis 3 des Fünften Buchs des Sozialgesetzbuchs.

(3) Bei der Anwendung des § 57 Abs. 2 Satz 3 kann ein Verschulden der oder des jungen Gefangenen im Einzelfall unberücksichtigt bleiben.

(4) [1]Vor ärztlichen Eingriffen bei der oder dem jungen Gefangenen sind die Rechte ihrer oder seiner Personensorgeberechtigten zu beachten. [2]Dies gilt insbesondere im Hinblick auf deren Aufklärung und Einwilligung.

§ 163 Besondere Vorschriften für den Schusswaffengebrauch

Für den Schusswaffengebrauch gegen eine junge Gefangene oder einen jungen Gefangenen gilt § 92 Abs. 1 Satz 1 Nr. 1 entsprechend mit der Maßgabe, dass Schusswaffen nur zur Abwehr einer durch die

Benutzung der Waffe oder des gefährlichen Werkzeugs verursachten gegenwärtigen Gefahr für Leben oder Gesundheit gebraucht werden dürfen; § 92 Abs. 1 Satz 1 Nrn. 2 und 3 findet keine Anwendung.

§ 164 Erzieherische Maßnahmen und Disziplinarmaßnahmen

(1) Verstößt die oder der junge Gefangene schuldhaft gegen Pflichten, die ihr oder ihm durch dieses Gesetz oder aufgrund dieses Gesetzes auferlegt sind, so gilt § 130 Abs. 1 entsprechend.

(2) [1]Reichen Maßnahmen nach Absatz 1 nicht aus, so können gegen die junge Gefangene oder den jungen Gefangenen Disziplinarmaßnahmen angeordnet werden.

(3) [1]Für die Disziplinarmaßnahmen gelten § 94 Abs. 3, § 95 Abs. 1 Nrn. 1 bis 6 und Abs. 2 bis 4, § 96 Abs. 1 und 3 Sätze 1 und 2, §§ 97 bis 99 sowie 156 Abs. 3 entsprechend. [2]§ 95 Abs. 1 Nr. 7 gilt entsprechend mit der Maßgabe, dass Arrest nur bis zu zwei Wochen zulässig ist. [3]§ 96 Abs. 2 gilt entsprechend mit der Maßgabe, dass die Aussetzung von Disziplinarmaßnahmen zur Bewährung nur bis zu drei Monaten zulässig ist. [4]§ 96 Abs. 3 Satz 3 gilt entsprechend mit der Maßgabe, dass die Befugnisse der oder des jungen Gefangenen aus § 142 Abs. 1 bis 3 und den §§ 153 und 161 ruhen, soweit nichts anderes angeordnet wird. [5]Die Personensorgeberechtigten sollen von der Entscheidung unterrichtet werden.

§ 165 Beschwerderecht der Personensorgeberechtigten

§ 101 Abs. 1 gilt für die Personensorgeberechtigten der oder des jungen Gefangenen entsprechend.

§ 166 Ergänzende Anwendung der Vorschriften der übrigen Kapitel dieses Teils

Die Vorschriften der übrigen Kapitel dieses Teils sind anzuwenden, soweit in diesem Kapitel nichts anderes bestimmt ist.

Neuntes Kapitel

Rechtsbehelfe

§ 167 Antrag auf gerichtliche Entscheidung

(1) [1]Gegen eine Maßnahme der Vollzugsbehörde oder der Staatsanwaltschaft zur Regelung einzelner Angelegenheiten auf dem Gebiet des Vollzuges der Untersuchungshaft kann gerichtliche Entscheidung beantragt werden. [2]Mit dem Antrag kann auch die Verpflichtung zum Erlass einer abgelehnten oder unterlassenen Maßnahme begehrt werden.

(2) Der Antrag auf gerichtliche Entscheidung ist nur zulässig, wenn die Antragstellerin oder der Antragsteller geltend macht, durch die Maßnahme oder ihre Ablehnung oder Unterlassung in ihren oder seinen Rechten verletzt zu sein.

(3) Über den Antrag entscheidet das Gericht nach § 134a Abs. 1 Sätze 1 und 2.

(4) [1]Im Übrigen finden § 111 Abs. 1, §§ 112, 114, 115, 120 und 121 Abs. 1 bis 4 StVollzG entsprechende Anwendung. [2]Für den Vornahmeantrag gilt § 113 StVollzG entsprechend mit der Maßgabe, dass der Antrag auf gerichtliche Entscheidung schon nach sechs Wochen seit dem Antrag auf Vornahme der Entscheidung gestellt werden kann.

(5) [1]Gegen die gerichtliche Entscheidung steht den Beteiligten die Beschwerde zu. [2]Für das Beschwerdeverfahren gelten im Übrigen die Vorschriften der Strafprozessordnung entsprechend.

§ 168 Anfechtung gerichtlicher Entscheidungen

(1) [1]Gegen eine Maßnahme des Gerichts zur Regelung einzelner Angelegenheiten auf dem Gebiet des Vollzuges der Untersuchungshaft oder ihre Ablehnung oder Unterlassung ist die Beschwerde zulässig, wenn die Beschwerdeführerin oder der Beschwerdeführer geltend macht, durch die Maßnahme oder ihre Ablehnung oder Unterlassung in ihren oder seinen Rechten verletzt zu sein. [2]Abweichend von Satz 1 steht die Beschwerde auch der Vollzugsbehörde und der Staatsanwaltschaft zu. [3]Für das Beschwerdeverfahren gelten im Übrigen die Vorschriften der Strafprozessordnung entsprechend.

(2) Die Vollzugsbehörde kann bis zur Beschwerdeentscheidung die zur Wahrung der Sicherheit oder Ordnung erforderlichen Maßnahmen treffen.

Zehntes Kapitel
Ergänzende Anwendung von Vorschriften des Zweiten Teils und der Strafprozessordnung

§ 169 Ergänzende Anwendung von Vorschriften des Zweiten Teils und der Strafprozessordnung

(1) Für den Vollzug der Untersuchungshaft gelten die Vorschriften des Zweiten Teils über die Vorführung (§ 14 Abs. 3 Satz 3), die Anstaltsverpflegung (§ 23), die Gutschrift als Eigengeld (§ 48 Abs. 1 Satz 1), die Religionsausübung (§§ 53 bis 55), die Besonderheiten des Vollzuges an weiblichen Gefangenen (§§ 71 bis 73), die Aufhebung von Verwaltungsakten (§ 100) sowie die Beschwerde (§ 101) entsprechend.
(2) Bei der Ausübung von Ermessen und der Ausfüllung von Beurteilungsspielräumen sind im Untersuchungshaftvollzug der Zweck der Untersuchungshaft nach § 133 sowie die weiteren in § 134b genannten Gesichtspunkte besonders zu beachten.
(3) Auf die den Vollzug der Untersuchungshaft betreffenden gerichtlichen Entscheidungen mit Ausnahme der Entscheidungen nach § 134 Abs. 1 Satz 2, Abs. 3 Satz 1 und Abs. 5 Satz 1 finden die Vorschriften der Strafprozessordnung entsprechende Anwendung, soweit in diesem Gesetz nichts anderes bestimmt ist.

Sechster Teil
Vollzugsorganisation, Datenschutz, Übergangs- und Schlussbestimmungen

Erstes Kapitel
Vollzugsorganisation

Erster Abschnitt
Zweckbestimmung und Ausstattung der Anstalten, Unterbringung und Trennung

§ 170 Einrichtung von Anstalten und Abteilungen

(1) Die in § 1 genannten freiheitsentziehenden Maßnahmen werden in Anstalten der Landesjustizverwaltung vollzogen.
(2) Für die einzelnen Vollzugsarten (Freiheitsstrafe, Jugendstrafe, Untersuchungshaft an jungen Gefangenen und Untersuchungshaft an sonstigen Untersuchungsgefangenen), für den Vollzug an Frauen und Männern sowie für den Vollzug der Freiheitsstrafe an jungen Verurteilten sind jeweils gesonderte Anstalten oder Abteilungen einzurichten.

§ 171 Vollzug in den Anstalten und Abteilungen

(1) Der Vollzug an Frauen und Männern erfolgt in den dafür vorgesehenen gesonderten Anstalten oder Abteilungen.
(2) [1]Die einzelnen Vollzugsarten werden jeweils in den dafür bestimmten gesonderten Anstalten oder Abteilungen vollzogen. [2]Abweichend von Satz 1 kann der Vollzug an einer oder einem jungen Gefangenen auch in einer Jugendarrestanstalt erfolgen. [3]Darüber hinaus kann der Vollzug einer Vollzugsart in einer für eine andere Vollzugsart bestimmten Anstalt oder Abteilung erfolgen,
1. sofern eine Gefangene oder ein Gefangener hilfsbedürftig ist oder für eine oder einen von ihnen eine Gefahr für Leben oder Gesundheit besteht,
2. um einer oder einem Gefangenen die Teilnahme an vollzuglichen Maßnahmen in einer anderen Anstalt oder Abteilung zu ermöglichen,
3. aus dringenden Gründen der Vollzugsorganisation oder
4. mit Zustimmung der oder des Gefangenen.

[4]Betrifft die Abweichung von Satz 1 eine Untersuchungsgefangene oder einen Untersuchungsgefangenen, so bedarf es der Zustimmung des nach den Vorschriften des Fünften Teils zuständigen Gerichts; § 134 Abs. 3 Satz 1 und Abs. 6 gilt entsprechend.

§ 172 Getrennte Unterbringung

(1) [1]Frauen und Männer sind während und außerhalb der Ruhezeit getrennt voneinander unterzubringen. [2]Hiervon kann außerhalb der Ruhezeit abgewichen werden, um der oder dem Gefangenen die Teilnahme an vollzuglichen Maßnahmen in einer anderen Anstalt oder Abteilung zu ermöglichen.

(2) [1]Personen, an denen unterschiedliche Vollzugsarten zu vollziehen sind, sind während und außerhalb der Ruhezeit getrennt voneinander unterzubringen. [2]Liegen die Voraussetzungen der Vorschriften des Zweiten bis Fünften Teils für eine gemeinsame Unterbringung während der Ruhezeit vor, so darf abweichend von Satz 1 eine gemeinsame Unterbringung während der Ruhezeit erfolgen,

1. sofern eine Gefangene oder ein Gefangener hilfsbedürftig ist oder für eine oder einen von ihnen eine Gefahr für Leben oder Gesundheit besteht,
2. wenn dies vorübergehend aus zwingenden Gründen der Vollzugsorganisation erforderlich ist oder
3. mit Zustimmung der betroffenen Gefangenen.

[3]Liegen die Voraussetzungen der Vorschriften des Zweiten bis Fünften Teils für die gemeinschaftliche Unterbringung außerhalb der Ruhezeit vor, so darf abweichend von Satz 1 eine gemeinschaftliche Unterbringung außerhalb der Ruhezeit unter den Voraussetzungen des § 171 Abs. 2 Satz 3 erfolgen.

(3) Betrifft die Abweichung von Absatz 1 Satz 1 oder von Absatz 2 Satz 1 eine Untersuchungsgefangene oder einen Untersuchungsgefangenen, so gilt § 171 Abs. 2 Satz 4 entsprechend.

§ 173 Gestaltung, Differenzierung und Organisation der Anstalten

[1]Die Anstalten sind vom Fachministerium und von den Vollzugsbehörden so zu gestalten und zu differenzieren, dass Ziele und Aufgaben des Vollzuges gewährleistet werden. [2]Personelle Ausstattung, sachliche Mittel und Organisation der Anstalten sind hieran auszurichten.

§ 174 Belegungsfähigkeit und Ausgestaltung der Räume

(1) Das Fachministerium setzt die Belegungsfähigkeit sowie die Zahl der Einzel- und Gemeinschaftshafträume für jede Anstalt fest.

(2) [1]Räume für den Aufenthalt während der Ruhe- und Freizeit sowie Gemeinschafts- und Besuchsräume müssen zweckentsprechend ausgestaltet und für eine gesunde Lebensführung ausreichend mit Heizung, Lüftung, Boden- und Fensterfläche ausgestattet sein. [2]In Gemeinschaftshafträumen befindliche Sanitärbereiche sind baulich vollständig abzutrennen. [3]Die Größe der Gemeinschaftshafträume muss für die darin untergebrachten Gefangenen unter Berücksichtigung der Umstände des Einzelfalles zumutbar sein. [4]Besuchsräume sind kindgerecht auszugestalten.

Zweiter Abschnitt
Wahrnehmung der Aufgaben der Vollzugsbehörden

§ 175 Zuständigkeit

(1) Die Anstalt ist als Vollzugsbehörde für die Entscheidungen und sonstigen Maßnahmen nach diesem Gesetz zuständig, soweit nicht etwas anderes bestimmt ist.

(2) Das Fachministerium kann bestimmte vollzugliche Aufgaben anstaltsübergreifend einer nachgeordneten Stelle übertragen.

§ 176 Anstaltsleitung

(1) [1]Die Anstaltsleiterin oder der Anstaltsleiter trägt die Verantwortung für den gesamten Vollzug in der Anstalt, vertritt die Anstalt in den ihr als Vollzugsbehörde obliegenden Angelegenheiten nach außen und regelt die Geschäftsverteilung innerhalb der Anstalt. [2]Die Befugnis, eine mit einer Entkleidung verbundene körperliche Durchsuchung, besondere Sicherungsmaßnahmen und Disziplinarmaßnahmen anzuordnen, darf sie oder er nur mit Zustimmung des Fachministeriums anderen Justizvollzugsbediensteten übertragen.

(2) [1]Die Anstaltsleiterin oder der Anstaltsleiter und ihre oder seine Vertreterinnen oder Vertreter müssen hauptamtlich tätig sein und in einem öffentlich-rechtlichen Dienst- und Treueverhältnis zum Land stehen. [2]Sie werden vom Fachministerium bestellt.

§ 177 Aufgabenwahrnehmung durch Justizvollzugsbedienstete

(1) [1]Die Wahrnehmung der Aufgaben der Vollzugsbehörden wird Justizvollzugsbeamtinnen und Justizvollzugsbeamten übertragen. [2]Aus besonderen Gründen kann die Wahrnehmung der Aufgaben auch anderen Beamtinnen und Beamten, sonstigen Justizvollzugsbediensteten oder nebenamtlich in einer Anstalt beschäftigten Personen übertragen werden.

(2) [1]Im Jugendstrafvollzug und im Untersuchungshaftvollzug an jungen Gefangenen sollen Justizvollzugsbedienstete eingesetzt werden, die für den Umgang mit jungen Menschen besonders geeignet sind. [2]Die Eignung ist durch entsprechende Fortbildungen zu fördern.

§ 178 Beauftragung

[1]Fachlich geeignete und zuverlässige natürliche Personen, juristische Personen des öffentlichen oder privaten Rechts oder sonstige Stellen können beauftragt werden, Aufgaben für die Vollzugsbehörde wahrzunehmen, soweit dabei keine Entscheidungen oder sonstige in die Rechte der Gefangenen oder anderer Personen eingreifende Maßnahmen zu treffen sind. [2]Eine Übertragung von vollzuglichen Aufgaben zur eigenverantwortlichen Wahrnehmung ist ausgeschlossen.

§ 179 Seelsorge

(1) Seelsorgerinnen und Seelsorger werden im Einvernehmen mit der jeweiligen Religionsgemeinschaft im Hauptamt bestellt oder vertraglich verpflichtet.

(2) Wenn die geringe Zahl der Angehörigen einer Religionsgemeinschaft eine Seelsorge nach Absatz 1 nicht rechtfertigt, ist die seelsorgerische Betreuung auf andere Weise zuzulassen.

(3) Mit Zustimmung der Vollzugsbehörde dürfen die Anstaltsseelsorgerinnen und Anstaltsseelsorger freie Seelsorgehelferinnen und Seelsorgehelfer und für Gottesdienste sowie für andere religiöse Veranstaltungen Seelsorgerinnen und Seelsorger von außen zuziehen.

§ 180 Ärztliche Versorgung

(1) Die ärztliche Versorgung ist in der Regel durch hauptberuflich in der Anstalt tätige Ärztinnen und Ärzte sicherzustellen.

(2) [1]Die Pflege der Kranken soll von Personen ausgeübt werden, die eine Erlaubnis nach dem Krankenpflegegesetz besitzen. [2]Solange solche Personen nicht zur Verfügung stehen, können auch Bedienstete des allgemeinen Vollzugsdienstes eingesetzt werden, die anderweitig in der Krankenpflege ausgebildet sind.

§ 181 Zusammenarbeit

(1) [1]Im Strafvollzug ist insbesondere mit den Behörden und Stellen der Entlassenen- und Straffälligenhilfe, der Bewährungshilfe, den Aufsichtsstellen für die Führungsaufsicht, den Agenturen für Arbeit, den Einrichtungen für berufliche Bildung, den Trägern der Sozialversicherung und der Sozialhilfe, Gesundheits-, Ausländer- und Polizeibehörden, Sucht- und Schuldnerberatungsstellen, Ausländer- und Integrationsbeauftragten sowie Hilfeeinrichtungen anderer Behörden und den Verbänden der freien Wohlfahrtspflege eng zusammenzuarbeiten. [2]Die Vollzugsbehörden sollen mit Personen und Vereinen zusammenarbeiten, deren Einfluss die Eingliederung der Gefangenen sowie die Durchführung von Maßnahmen zur Wiedergutmachung der Folgen ihrer Straftaten fördern kann.

(2) Im Jugendstrafvollzug ist über die in Absatz 1 Satz 1 genannten Stellen hinaus insbesondere mit Schulen und Schulbehörden, der öffentlichen und freien Jugendhilfe sowie den Jugendämtern eng zusammenzuarbeiten.

(3) Im Untersuchungshaftvollzug gelten die Absätze 1 und 2 entsprechend, soweit Zweck und Eigenart der Untersuchungshaft die Zusammenarbeit erfordern.

§ 182 Interessenvertretung der Gefangenen

[1]Den Gefangenen soll ermöglicht werden, Vertretungen zu wählen. [2]Diese können in Angelegenheiten von gemeinsamem Interesse, die sich ihrer Eigenart und der Zweckbestimmung der Anstalt nach für eine Mitwirkung eignen, Vorschläge und Anregungen an die Vollzugsbehörde herantragen. [3]Die Vorschläge und Anregungen sollen mit der Vertretung erörtert werden.

§ 183 Hausordnung

(1) Die Anstaltsleiterin oder der Anstaltsleiter erlässt eine Hausordnung.

(2) In die Hausordnung sind namentlich Regelungen aufzunehmen über

1. die Besuchszeiten, Häufigkeit und Dauer der Besuche,
2. die Arbeitszeit, Freizeit und Ruhezeit sowie
3. die Gelegenheit, Anträge und Beschwerden anzubringen, oder sich an eine Vertreterin oder einen Vertreter der Aufsichtsbehörde zu wenden.

(3) Ein Abdruck der Hausordnung ist allgemein zugänglich auszuhängen und auf Verlangen auszuhändigen.

Dritter Abschnitt
Aufsicht und Vollstreckungsplan

§ 184 Aufsicht

(1) Das Fachministerium führt die Aufsicht über die Vollzugsbehörden.

(2) [1]Es kann sich Entscheidungen über Verlegungen vorbehalten oder solche Entscheidungen oder bestimmte Aufsichtsbefugnisse auf ihm nachgeordnete Stellen übertragen. [2]Im Fall der Übertragung wird das Fachministerium oberste Aufsichtsbehörde.

(3) Richterliche Entscheidungen im Rahmen des Untersuchungshaftvollzuges unterliegen nicht der Aufsicht.

§ 185 Vollstreckungsplan

[1]Das Fachministerium regelt die örtliche und sachliche Zuständigkeit der Vollzugsbehörden nach allgemeinen Merkmalen in einem Vollstreckungsplan. [2]Der Vollstreckungsplan sieht darüber hinaus vor, in welchen Fällen die für den Strafvollzug zuständige Vollzugsbehörde durch ein Einweisungsverfahren bestimmt wird und welche Stelle in einem solchen Verfahren die Einweisungsentscheidung trifft.

Vierter Abschnitt
Beiräte

§ 186 Bildung der Beiräte

(1) Bei den Anstalten sind Beiräte zu bilden.

(2) [1]Das Nähere regelt das Fachministerium durch Verordnung. [2]Die Verordnung enthält insbesondere Regelungen zur Anzahl der Beiratsmitglieder sowie über deren Berufung und Abberufung. [3]Justizvollzugsbedienstete sowie Bedienstete des Fachministeriums dürfen nicht Mitglied eines Beirats sein.

(3) Sind in einer Anstalt auch Sicherungsverwahrte untergebracht, so ist dies in der Verordnung nach Absatz 2 insbesondere bei der Bestimmung der Anzahl der Beiratsmitglieder zu berücksichtigen.

§ 187 Aufgaben und Befugnisse der Beiräte

(1) [1]Der Beirat wirkt bei der Gestaltung des Vollzuges durch Anregungen und Verbesserungsvorschläge mit. [2]Er kann Gefangene unterstützen, soweit dies mit den Zielen des Vollzuges oder dem Zweck der Untersuchungshaft im Einklang steht; er kann Strafgefangenen bei der Eingliederung nach der Entlassung helfen.

(2) [1]Der Beirat kann namentlich Wünsche, Anregungen und Beanstandungen entgegennehmen. [2]Er kann sich über die Unterbringung, Beschäftigung, berufliche Bildung, Verpflegung, ärztliche Versorgung, Betreuung, Förderung oder Therapie der Gefangenen unterrichten sowie die Anstalt und ihre Abteilungen besichtigen.

(3) [1]Der Beirat kann Gefangene in ihren Räumen aufsuchen. [2]Aussprache und Schriftwechsel werden nicht überwacht. [3]Der Besuch der oder des Untersuchungsgefangenen, das Aufsuchen in ihren oder seinen Räumen und Telefongespräche mit ihr oder ihm bedürfen der Erlaubnis des nach den Vorschriften des Fünften Teils zuständigen Gerichts. [4]Dieses kann die Erlaubnis versagen, wenn der Zweck der Untersuchungshaft es erfordert. [5]§ 134 Abs. 3 Satz 1 gilt entsprechend.

§ 188 Pflicht zur Verschwiegenheit

[1]Die Mitglieder des Beirats sind verpflichtet, außerhalb ihrer Tätigkeit über alle Angelegenheiten, die ihrer Natur nach vertraulich sind, besonders über Namen und Persönlichkeit der Gefangenen, Verschwiegenheit zu bewahren. [2]Dies gilt auch nach Beendigung ihrer Tätigkeit.

Fünfter Abschnitt
Evaluation

§ 189 Evaluation

(1) [1]Die im Vollzug eingesetzten Maßnahmen, namentlich Therapien und Methoden zur Förderung der Gefangenen, sind vom Fachministerium und den Vollzugsbehörden in Zusammenarbeit mit Einrichtungen der Forschung im Hinblick auf ihre Wirksamkeit wissenschaftlich zu überprüfen. [2]Dabei sind alters- und geschlechtsspezifische Besonderheiten des Vollzuges zu berücksichtigen, soweit dies

für die Aussagekraft der Untersuchung von Bedeutung ist. [3]Die Ergebnisse der Überprüfung sind für die Zwecke der Strafrechtspflege nutzbar zu machen. [4]Auf Grundlage der gewonnenen Erkenntnisse sind Konzepte für den Einsatz vollzuglicher Maßnahmen zu entwickeln und fortzuschreiben. [5]Auch im Übrigen sind die Erfahrungen mit der Ausgestaltung des Vollzuges durch dieses Gesetz sowie der Art und Weise der Anwendung der Vorschriften dieses Gesetzes zu überprüfen.

(2) [1]Zu diesen Zwecken sind landesweit von den einzelnen Vollzugsbehörden aussagefähige und auf Vergleichbarkeit angelegte Daten zu erheben, die eine Feststellung und Bewertung der Erfolge und Misserfolge des Vollzuges, insbesondere im Hinblick auf Rückfallhäufigkeiten, sowie die gezielte Erforschung der hierfür verantwortlichen Faktoren ermöglichen. [2]Entsprechende Daten für Bereiche außerhalb des räumlichen Geltungsbereiches dieses Gesetzes sind einzubeziehen und zu vergleichen, soweit solche Daten für das Fachministerium zugänglich sind.

Zweites Kapitel
Datenschutz

§ 190 Anwendung datenschutzrechtlicher Vorschriften

(1) [1]Die Vorschriften dieses Gesetzes über die Verarbeitung personenbezogener Daten finden Anwendung, wenn die Datenverarbeitung zum Zwecke der Verhütung, Ermittlung, Aufdeckung oder Verfolgung von Straftaten oder der Strafvollstreckung, einschließlich des Schutzes vor und der Abwehr von Gefahren für die öffentliche Sicherheit, erfolgt; insoweit dient das Gesetz der Umsetzung der Richtlinie (EU) 2016/680 des Europäischen Parlaments und des Rates vom 27. April 2016 zum Schutz natürlicher Personen bei der Verarbeitung personenbezogener Daten durch die zuständigen Behörden zum Zwecke der Verhütung, Ermittlung, Aufdeckung oder Verfolgung von Straftaten oder der Strafvollstreckung sowie zum freien Datenverkehr und zur Aufhebung des Rahmenbeschlusses 2008/977/JI des Rates (ABl. EU Nr. L 119 S. 89; 2018 Nr. L 127 S. 9; 2021 Nr. L 74 S. 36). [2]Auf die Verarbeitung zu den Zwecken des Satzes 1 finden die Vorschriften des Niedersächsischen Datenschutzgesetzes (NDSG) nur Anwendung, soweit in diesem Gesetz ausdrücklich auf sie verwiesen wird.

(2) Soweit dieses Gesetz besondere Rechtsvorschriften über die Verarbeitung personenbezogener Daten enthält, gehen diese den Vorschriften dieses Kapitels vor.

(3) Erfolgt die Datenverarbeitung im Anwendungsbereich der Datenschutz-Grundverordnung, so gelten ausschließlich deren Bestimmungen sowie die diese Verordnung ergänzenden Regelungen des Niedersächsischen Datenschutzgesetzes.

§ 191 Begriffsbestimmungen

(1) [1]Personenbezogene Daten im Sinne dieses Gesetzes sind alle Informationen, die sich auf eine identifizierte oder identifizierbare natürliche Person (betroffene Person) beziehen. [2]Als identifizierbar gilt eine natürliche Person, deren Identität direkt oder indirekt, insbesondere mittels Zuordnung zu einer Kennung wie einem Namen, zu einer Kennnummer, zu Standortdaten, zu einer Online-Kennung oder zu einem oder mehreren besonderen Merkmalen, die Ausdruck der physischen, physiologischen, genetischen, psychischen, wirtschaftlichen, kulturellen oder sozialen Wesensgleichheit dieser natürlichen Person sind, festgestellt werden kann.

(2) [1]Datenverarbeitung ist die Erhebung, Speicherung, Veränderung, Nutzung, Übermittlung, Einschränkung der Verarbeitung und Löschung personenbezogener Daten mit oder ohne Hilfe automatisierter Verfahren. [2]Im Einzelnen bezeichnet

1. „Erhebung“ das Erfassen, Abfragen, Auslesen und sonstige Beschaffen von Daten,
2. „Speicherung“ das Aufbewahren von Daten zur späteren Verwendung,
3. „Veränderung“ das inhaltliche Umgestalten von Daten,
4. „Nutzung“ jedes sonstige Verwenden von Daten einschließlich der Herstellung eines die Inhalte der einzelnen Daten unverändert lassenden neuen Zusammenhangs zwischen Daten (Kombination),
5. „Übermittlung“ das Bekanntgeben oder sonstige Bereitstellen von Daten an Dritte,
6. „Einschränkung der Verarbeitung“ das Kennzeichnen gespeicherter Daten mit dem Ziel, ihre weitere Verarbeitung nur noch zu bestimmten Zwecken zu gestatten,
7. „Löschung“ das Vernichten und Unkenntlichmachen von Daten.

(3) Im Übrigen bezeichnet
1. „besondere Kategorien personenbezogener Daten“
   a) Daten, aus denen die rassische oder ethnische Herkunft, politische Meinungen, religiöse oder weltanschauliche Überzeugungen oder die Gewerkschaftszugehörigkeit hervorgehen,
   b) genetische Daten,
   c) biometrische Daten zur eindeutigen Identifizierung einer natürlichen Person,
   d) Gesundheitsdaten und
   e) Daten zum Sexualleben und zur sexuellen Orientierung;
2. „genetische Daten“ personenbezogene Daten zu den ererbten oder erworbenen genetischen Eigenschaften einer betroffenen Person, die eindeutige Informationen über die Physiologie oder die Gesundheit dieser Person liefern und insbesondere aus der Analyse einer biologischen Probe dieser Person gewonnen wurden,
3. „biometrische Daten“ mit speziellen technischen Verfahren gewonnene personenbezogene Daten zu den physischen, physiologischen oder verhaltenstypischen Merkmalen einer betroffenen Person, die die eindeutige Identifizierung dieser Person ermöglichen oder bestätigen, wie Gesichtsbilder oder daktyloskopische Daten,
4. „Gesundheitsdaten“ personenbezogene Daten, die sich auf die körperliche oder geistige Gesundheit einer betroffenen Person, einschließlich der Erbringung von Gesundheitsdienstleistungen, beziehen und aus denen Informationen über deren Gesundheitszustand hervorgehen,
5. „unrichtige Daten“ mit den tatsächlichen Gegebenheiten nicht oder nicht mehr übereinstimmende Daten,
6. „unvollständige Daten“ das Gesamtbild nicht umfänglich abbildende Daten,
7. „Anonymisierung“ das Verändern personenbezogener Daten derart, dass diese nicht mehr oder nur mit einem unverhältnismäßig großen Aufwand an Zeit, Kosten und Arbeitskraft einer betroffenen Person zugeordnet werden können,
8. „Pseudonymisierung“ das Verändern personenbezogener Daten in einer Weise, dass diese ohne das Hinzuziehen zusätzlicher Informationen nicht mehr einer betroffenen Person zugeordnet werden können, wobei die zusätzlichen Informationen gesondert aufbewahrt werden und technischen und organisatorischen Maßnahmen unterliegen müssen, die gewährleisten, dass die personenbezogenen Daten nicht einer betroffenen Person zugewiesen werden,
9. „Profiling“ jede Art der automatisierten Verarbeitung personenbezogener Daten, die darin besteht, dass diese personenbezogenen Daten verwendet werden, um bestimmte persönliche Aspekte, die sich auf eine natürliche Person beziehen, zu bewerten, insbesondere um Aspekte bezüglich der Arbeitsleistung, der wirtschaftlichen Lage, der Gesundheit, der persönlichen Vorlieben, der Interessen, der Zuverlässigkeit, des Verhaltens sowie des Aufenthaltsorts oder Ortswechsel dieser natürlichen Person zu analysieren oder vorherzusagen,
10. „Dateisystem“ jede strukturierte Sammlung personenbezogener Daten, die nach bestimmten Kriterien zugänglich sind, unabhängig davon, ob diese Sammlung zentral, dezentral oder nach funktionalen oder geografischen Gesichtspunkten geordnet geführt wird und ob die Daten in Papierform oder in elektronischer Form vorgehalten werden,
11. „Verantwortlicher“ die zuständige Behörde, die allein oder gemeinsam mit anderen über die Zwecke und Mittel der Verarbeitung von personenbezogenen Daten entscheidet,
12. „Auftragsverarbeiter“ eine natürliche oder juristische Person, Behörde, Einrichtung oder andere Stelle, die personenbezogene Daten im Auftrag des Verantwortlichen verarbeitet,
13. „Empfänger“ eine natürliche oder juristische Person, Behörde, Einrichtung oder andere Stelle, der personenbezogene Daten übermittelt werden, unabhängig davon, ob es sich bei ihr um einen Dritten handelt oder nicht; Behörden, die im Rahmen eines bestimmten Untersuchungsauftrags nach dem Unionsrecht oder anderen Rechtsvorschriften personenbezogene Daten erhalten, gelten nicht als Empfänger; die Verarbeitung dieser Daten durch die genannten Behörden erfolgt im Einklang mit den geltenden Datenschutzvorschriften gemäß den Zwecken der Verarbeitung,
14. „öffentliche Stellen“ Behörden, Organe der Rechtspflege und andere öffentlich-rechtlich organisierte Einrichtungen
   a) des Bundes, der bundesunmittelbaren Körperschaften, der Anstalten und Stiftungen des öffentlichen Rechts sowie deren Vereinigungen ungeachtet ihrer Rechtsform,

b) eines Landes, einer Gemeinde, eines Gemeindeverbandes oder sonstiger der Aufsicht des Landes unterstehender juristischer Personen des öffentlichen Rechts sowie deren Vereinigungen ungeachtet ihrer Rechtsform,
c) eines Mitgliedstaates der Europäischen Union

sowie die durch die Europäische Konvention zur Verhütung von Folter und unmenschlicher oder erniedrigender Behandlung oder Strafe und durch das Übereinkommen der Vereinten Nationen gegen Folter und andere grausame, unmenschliche oder erniedrigende Behandlung oder Strafe legitimierten Stellen,

15. „nicht öffentliche Stellen“ natürliche und juristische Personen, Gesellschaften und andere Personenvereinigungen des privaten Rechts, soweit sie nicht unter die Nummer 14 fallen; nimmt eine nicht öffentliche Stelle hoheitliche Aufgaben der öffentlichen Verwaltung wahr, ist sie insoweit öffentliche Stelle im Sinne dieses Gesetzes.

§ 192 Grundsätze der Datenverarbeitung

(1) Die Vollzugsbehörde als Verantwortlicher schützt das Recht jeder natürlichen Person, grundsätzlich selbst über die Preisgabe und Verwendung ihrer personenbezogenen Daten zu bestimmen.

(2) [1]Die Datenverarbeitung ist an dem Ziel auszurichten, so wenige personenbezogene Daten wie möglich zu verarbeiten. [2]Sobald und soweit es mit dem Verarbeitungszweck vereinbar ist, ist vorrangig eine Anonymisierung, ansonsten eine Pseudonymisierung der gespeicherten personenbezogenen Daten vorzunehmen; die Pflicht zur Löschung bleibt unberührt.

(3) Bei der Verarbeitung personenbezogener Daten ist so weit wie möglich danach zu unterscheiden, ob diese auf Tatsachen oder auf persönlichen Einschätzungen beruhen.

(4) Für die Verarbeitung besonderer Kategorien personenbezogener Daten gilt § 25 Abs. 3 NDSG.

(5) Für eine ausschließlich auf einer automatisierten Verarbeitung personenbezogener Daten beruhenden Entscheidung gilt § 29 NDSG.

§ 193 Datenerhebung

(1) Personenbezogene Daten dürfen erhoben werden, soweit deren Kenntnis für die Vollzugsbehörde zur Erfüllung der ihr nach diesem Gesetz oder aufgrund dieses Gesetzes obliegenden Aufgaben erforderlich und verhältnismäßig ist.

(2) Personenbezogene Daten sind bei der betroffenen Person mit ihrer Kenntnis zu erheben.

(3) Die Datenerhebung über Gefangene bei Dritten ist zulässig, wenn

1. eine Rechtsvorschrift dies vorsieht oder zwingend voraussetzt,
2. Angaben der betroffenen Person überprüft werden müssen,
3. die Daten aus allgemein zugänglichen Quellen entnommen werden können, soweit nicht schutzwürdige Interessen der betroffenen Person entgegenstehen, oder
4. es zur Abwehr einer Gefahr für Leib, Leben oder die persönliche Freiheit, zur Erreichung der Vollzugsziele nach § 5 oder zur Abwehr einer drohenden Gefahr für die Sicherheit der Anstalt erforderlich ist.

(4) Personenbezogene Daten über Personen, die nicht Gefangene sind, dürfen bei Gefangenen oder sonstigen Dritten nur erhoben werden, wenn sie für die Erreichung der Vollzugsziele nach § 5, die Sicherheit der Anstalt oder die Sicherung des Vollzuges einer Freiheitsentziehung unerlässlich sind und die Erhebung schutzwürdige Interessen der betroffenen Personen nicht beeinträchtigt.

§ 194 Datenspeicherung, -veränderung und -nutzung

(1) [1]Die Speicherung, Veränderung und Nutzung personenbezogener Daten ist zulässig, soweit und solange es zur Aufgabenerfüllung der Vollzugsbehörde erforderlich und verhältnismäßig ist und wenn die Daten zu diesem Zweck erhoben worden sind. [2]Erlangt die Vollzugsbehörde rechtmäßig Kenntnis von personenbezogenen Daten, ohne sie erhoben zu haben, so darf sie die Daten nur zu den Zwecken speichern, verändern oder nutzen, zu denen sie sie hätte erheben dürfen. [3]Die Zweckbestimmung ist bei der Speicherung festzulegen.

(2) Die Speicherung, Veränderung und Nutzung für andere Zwecke ist zulässig, wenn die Daten auch für die geänderten Zwecke nach diesem Gesetz hätten erhoben werden dürfen.

(3) Eine Speicherung, Veränderung und Nutzung für andere Zwecke liegt nicht vor, wenn die personenbezogenen Daten zur Durchführung vollzugsbehördliche Maßnahmen betreffender Verfahren des gerichtlichen Rechtsschutzes oder zur Wahrnehmung von Aufsichts- und Kontrollbefugnissen, zur

Rechnungsprüfung oder zur Durchführung von Organisationsuntersuchungen gespeichert, verändert oder genutzt werden.

§ 195 Datenübermittlung

(1) [1]Die Übermittlung personenbezogener Daten an öffentliche und nicht öffentliche Stellen ist zulässig, soweit dies zur Aufgabenerfüllung der Vollzugsbehörde oder zu Zwecken der Verhütung, Ermittlung, Aufdeckung oder Verfolgung von Straftaten oder der Strafvollstreckung, einschließlich des Schutzes vor und der Abwehr von Gefahren für die öffentliche Sicherheit erforderlich und verhältnismäßig ist. [2]Besondere Kategorien personenbezogener Daten dürfen an öffentliche Stellen nur übermittelt werden, soweit dies zur Abwehr von erheblichen Gefahren für Leib oder Leben der oder des Gefangenen oder Dritter erforderlich ist. [3]An nicht öffentliche Stellen dürfen diese Daten nur übermittelt werden, soweit dies zur Abwehr von erheblichen Gefahren für Leib oder Leben der oder des Gefangenen oder Dritter unerlässlich ist. [4]Für die Übermittlung an nicht öffentliche Stellen gilt im Übrigen § 30 Abs. 1 NDSG.

(2) Für die Übermittlung personenbezogener Daten an Drittländer und internationale Organisationen gelten die §§ 46 bis 49 NDSG.

(3) [1]Die Verantwortung für die Zulässigkeit der Übermittlung trägt die übermittelnde Stelle. [2]Erfolgt die Übermittlung auf Ersuchen einer öffentlichen Stelle, so trägt diese abweichend von § 191 Abs. 3 Nr. 11 die Verantwortung. [3]In diesem Fall prüft die übermittelnde Stelle nur, ob das Übermittlungsersuchen im Rahmen der Aufgaben der empfangenden Stelle liegt, es sei denn, dass besonderer Anlass zur Prüfung der Zulässigkeit der Übermittlung besteht.

(4) [1]Für die Gewährleistung des Datenschutzes bei Übermittlungen und sonstiger Bereitstellung gilt § 32 Abs. 1, 2, 4 und 5 NDSG. [2]Hat die Vollzugsbehörde personenbezogene Daten nach § 197 Abs. 1 Nr. 1 gelöscht, nach § 198 Abs. 1 in der Verarbeitung eingeschränkt oder nach § 199 berichtigt, so hat sie dies Empfängern, denen sie diese Daten übermittelt hat, unverzüglich mitzuteilen. [3]Der Empfänger hat diese Daten zu löschen, in ihrer Verarbeitung einzuschränken oder zu berichtigen. [4]Empfänger, die dem Anwendungsbereich dieses Gesetzes nicht unterliegen, sind zur Löschung, Einschränkung der Verarbeitung oder Berichtigung aufzufordern.

§ 196 Zweckbindung

(1) [1]Die übermittelten personenbezogenen Daten dürfen nur zu dem Zweck verarbeitet werden, zu dessen Erfüllung sie übermittelt worden sind. [2]Öffentliche Stellen dürfen die Daten für andere Zwecke verarbeiten, wenn sie ihr auch für diese Zwecke hätten übermittelt werden dürfen. [3]Die Vollzugsbehörde hat nicht öffentliche Stellen zu verpflichten, die Bindung an den Übermittlungszweck einzuhalten.

(2) Unterliegt der Empfänger nicht dem Anwendungsbereich dieses Gesetzes, so ist die Übermittlung nur zulässig, wenn nach den für ihn geltenden Bestimmungen die Einhaltung der in Absatz 1 Sätze 1 und 2 geregelten Zweckbindung in vergleichbarer Weise gewährleistet ist.

§ 197 Löschung

(1) Personenbezogene Daten sind unverzüglich zu löschen, wenn

1. ihre Verarbeitung unzulässig ist,
2. ihre Kenntnis für die Aufgabenerfüllung der Vollzugsbehörde nicht mehr erforderlich ist oder
3. sie zur Erfüllung einer rechtlichen Verpflichtung, der die Vollzugsbehörde unterliegt, gelöscht werden müssen.

(2) [1]Die Erforderlichkeit der weiteren Speicherung personenbezogener Daten ist in angemessener Frist, die zwei Jahre nicht überschreiten darf, zu überprüfen. [2]Die Frist beginnt hinsichtlich personenbezogener Daten über Gefangene mit der Entlassung oder Verlegung der oder des Gefangenen, in sonstigen Fällen mit der Erhebung der personenbezogenen Daten.

(3) [1]Personenbezogene Daten über die Gefangene oder den Gefangenen sind spätestens fünf Jahre nach der letzten Entlassung der oder des Gefangenen zu löschen. [2]Wird bei einer zur Bewährung ausgesetzten Reststrafe die Dauer der Bewährungszeit durch Beschluss eines Gerichts über die in Satz 1 genannte Frist hinaus verlängert, so tritt an die Stelle dieser Frist der Ablauf der Bewährungszeit. [3]Personenbezogene Daten über Personen, die nicht Gefangene sind, sind spätestens mit der Entlassung der oder des Gefangenen zu löschen, im Zusammenhang mit der oder dem die Daten gespeichert worden sind.

(4) Die Vollzugsbehörde hat durch verfahrensrechtliche Vorkehrungen sicherzustellen, dass die Fristen der Absätze 2 und 3 eingehalten werden.

(5) Soweit die Vollzugsbehörde im Vollzug der Untersuchungshaft von einer nicht nur vorläufigen Einstellung des Verfahrens, einer unanfechtbaren Ablehnung der Eröffnung des Hauptverfahrens oder einem rechtskräftigen Freispruch Kenntnis erlangt, hat sie die personenbezogenen Daten über die Gefangene oder den Gefangenen unverzüglich zu löschen.

§ 198 Einschränkung der Verarbeitung

(1) Anstatt die personenbezogenen Daten zu löschen, hat die Vollzugsbehörde deren Verarbeitung einzuschränken, wenn

1. Grund zu der Annahme besteht, dass die Löschung schutzwürdige Interessen der betroffenen Person beeinträchtigen würde, oder
2. die Daten zu Beweiszwecken in behördlichen oder gerichtlichen Verfahren, die der Verhütung, Ermittlung, Aufdeckung oder Verfolgung von Straftaten und Ordnungswidrigkeiten oder der Strafvollstreckung, einschließlich des Schutzes vor und der Abwehr von Gefahren für die öffentliche Sicherheit, dienen, weiter gespeichert werden müssen.

(2) [1]Die Vollzugsbehörde hat in angemessener Frist, die zwei Jahre nicht überschreiten darf, zu überprüfen, ob der Zweck, der der Löschung der Daten entgegenstand, fortbesteht. [2]Die Frist zur Überprüfung beginnt mit dem Zeitpunkt der Einschränkung der Verarbeitung. [3]Die Vollzugsbehörde hat durch verfahrensrechtliche Vorkehrungen sicherzustellen, dass die Frist nach Satz 1 eingehalten wird.

(3) [1]In ihrer Verarbeitung nach Absatz 1 eingeschränkte Daten dürfen nur zu dem Zweck, der ihrer Löschung entgegenstand, verarbeitet werden. [2]Die Einschränkung der Verarbeitung endet, wenn die oder der Gefangene erneut zum Vollzug einer der in § 1 genannten freiheitsentziehenden Maßnahmen aufgenommen wird.

(4) [1]In der Verarbeitung eingeschränkte personenbezogene Daten sind als solche zu kennzeichnen. [2]Bei automatisierten Dateisystemen ist technisch sicherzustellen, dass eine Einschränkung der Verarbeitung eindeutig erkennbar ist und eine Verarbeitung entgegen Absatz 3 Satz 1 nicht möglich ist.

§ 199 Behandlung unrichtiger Daten

[1]Die Vollzugsbehörde hat unrichtige Daten unverzüglich zu berichtigen. [2]Sofern eine Berichtigung nicht möglich ist, sind die Daten zu löschen. [3]Bei Aussagen oder persönlichen Einschätzungen betrifft die Frage der Richtigkeit nicht deren Inhalt, sondern lediglich die Tatsache, dass diese Aussage oder Einschätzung abgegeben worden ist. [4]Wenn die Richtigkeit oder Unrichtigkeit der Daten nicht festgestellt werden kann, hat eine Einschränkung der Verarbeitung zu erfolgen. [5]Eine Verarbeitung dieser Daten ist unzulässig; § 198 Abs. 4 gilt entsprechend. [6]Die Vollzugsbehörde hat die betroffene Person zu unterrichten, bevor sie die Einschränkung wieder aufhebt.

§ 200 Schutz besonderer Daten

(1) [1]Besondere Kategorien personenbezogener Daten sowie personenbezogene Daten, die anlässlich der Überwachung des Besuchs, des Schriftwechsels, der Telekommunikation oder des Paketverkehrs erhoben werden, dürfen in der Anstalt nicht allgemein bekannt gegeben werden. [2]Andere personenbezogene Daten über die Gefangene oder den Gefangenen dürfen innerhalb der Anstalt allgemein bekanntgegeben werden, soweit dies für ein geordnetes Zusammenleben in der Anstalt erforderlich ist und Bestimmungen dieses Gesetzes nicht entgegenstehen.

(2) [1]Die in § 203 Abs. 1 Nrn. 1, 2 und 6 StGB genannten Personen unterliegen auch gegenüber der Vollzugsbehörde der Schweigepflicht über personenbezogene Daten, die ihnen von einer oder einem Gefangenen als Geheimnis anvertraut worden oder über eine Gefangene oder einen Gefangenen sonst bekannt geworden sind. [2]Dies gilt nicht, soweit die Kenntnis der Daten zur Abwehr von erheblichen Gefahren für Leib oder Leben der oder des Gefangenen oder Dritter erforderlich ist; in diesen Fällen haben sie sich gegenüber der Anstaltsleiterin oder dem Anstaltsleiter oder einer oder einem von ihr oder ihm beauftragten Justizvollzugsbediensteten zu offenbaren. [3]In Bezug auf personenbezogene Daten besonderer Kategorien besteht eine Offenbarungspflicht nach Satz 2 nur, soweit die Kenntnis der Daten zur Erreichung der dort genannten Zwecke unerlässlich ist. [4]Sonstige Offenbarungspflichten und -befugnisse bleiben unberührt. [5]Die oder der Gefangene ist bei der Aufnahme in die Anstalt über die nach den Sätzen 2 und 3 bestehenden Offenbarungspflichten in schriftlicher Form zu unterrichten.

(3) [1]Die nach Absatz 2 offenbarten Daten dürfen nur für den Zweck, für den sie offenbart wurden, verarbeitet werden. [2]Für einen anderen Zweck dürfen sie nur verarbeitet werden, wenn die Voraussetzungen für die Offenbarung auch für diesen Zweck vorgelegen hätten.

(4) Sofern Ärztinnen, Ärzte, Psychologinnen oder Psychologen außerhalb des Vollzuges mit der Untersuchung oder Behandlung von Gefangenen beauftragt werden, gilt Absatz 2 mit der Maßgabe entsprechend, dass die beauftragte Person auch zur Unterrichtung der in der Anstalt für die entsprechende Untersuchung oder Behandlung zuständigen Person befugt ist.

§ 201 Technischer und organisatorischer Schutz der Daten

(1) Die oder der einzelne Justizvollzugsbedienstete darf personenbezogene Daten nur zur Erfüllung der ihr oder ihm im Rahmen der Geschäftsverteilung obliegenden Aufgaben nach Maßgabe der Vorschriften dieses Gesetzes verarbeiten.

(2) [1]Über jede Gefangene und jeden Gefangenen sind die zugehörigen personenbezogenen Daten jeweils in einem Dateisystem zu sammeln. [2]Von der Anstaltsärztin oder dem Anstaltsarzt über die Gefangene oder den Gefangenen erhobene oder ihr oder ihm sonst bekannt gewordene Gesundheitsdaten sind in einem von dem Dateisystem nach Satz 1 getrennten Dateisystem zu sammeln. [3]Die personenbezogenen Daten, die

1. Berufspsychologinnen und Berufspsychologen mit staatlich anerkannter wissenschaftlicher Abschlussprüfung oder
2. staatlich anerkannten Sozialarbeiterinnen und Sozialarbeitern oder staatlich anerkannten Sozialpädagoginnen und Sozialpädagogen

im Rahmen einer Therapie von der oder dem Gefangenen anvertraut worden sind oder die ihnen sonst bekannt geworden sind, sind in einem weiteren getrennten Dateisystem zu sammeln.

(3) [1]Die Vollzugsbehörde hat die nach diesem Gesetz erhobenen personenbezogenen Daten durch technische und organisatorische Maßnahmen nach Maßgabe der §§ 34 bis 36 und 38 bis 45 NDSG zu schützen und zu sichern. [2]§ 45 Abs. 3 Satz 2 Nr. 9 NDSG gilt mit der Maßgabe, dass an die Stelle der Pflichten des Verantwortlichen nach den §§ 25, 27 und 28 NDSG die Pflichten der Vollzugsbehörde nach den §§ 192 und 197 dieses Gesetzes treten.

§ 202 Erteilung allgemeiner Informationen zur Datenverarbeitung

Die Vollzugsbehörde hat der oder dem Gefangenen und anderen betroffenen Personen Informationen in allgemeiner und verständlicher Form zur Verfügung zu stellen über

1. die Zwecke, für die die personenbezogenen Daten verarbeitet werden,
2. die im Hinblick auf die Verarbeitung ihrer personenbezogenen Daten bestehenden Rechte der betroffenen Personen auf Auskunft, Berichtigung, Löschung und Einschränkung der Verarbeitung,
3. den Namen und die Kontaktdaten der Vollzugsbehörde und die Kontaktdaten der oder des jeweils zugehörigen behördlichen Datenschutzbeauftragten und
4. das Recht, die Landesbeauftragte oder den Landesbeauftragten für den Datenschutz anzurufen, sowie deren oder dessen Kontaktdaten.

§ 203 Benachrichtigung bei Datenverarbeitung ohne Kenntnis der betroffenen Person

(1) [1]Die Vollzugsbehörde hat die betroffene Person über eine ohne ihre Kenntnis vorgenommene Erhebung personenbezogener Daten oder eine Übermittlung von Daten zu Zwecken, zu denen sie nicht erhoben worden sind, unter Angabe dieser Daten zu benachrichtigen. [2]Diese Benachrichtigung enthält neben den in § 202 genannten Angaben die folgenden weiteren Angaben:

1. die Rechtsgrundlage der Verarbeitung,
2. die für die Daten geltenden Löschfristen oder, falls dies nicht möglich ist, die Kriterien für die Festlegung dieser Dauer,
3. die Empfänger der personenbezogenen Daten und
4. erforderlichenfalls weitere Informationen.

(2) [1]In den Fällen des Absatzes 1 kann die Vollzugsbehörde die Benachrichtigung aufschieben, einschränken oder unterlassen, soweit und solange diese

1. die Erfüllung der Vollzugsziele nach § 5,
2. Verfahren zum Zweck der Verhütung, der Ermittlung, der Aufdeckung oder der Verfolgung von Straftaten oder Ordnungswidrigkeiten oder der Strafvollstreckung,

3. die öffentliche oder nationale Sicherheit oder
4. die Rechte einer anderen Person

gefährden würde und das Interesse an der Vermeidung dieser Gefahren das Informationsinteresse der betroffenen Person überwiegt. [2]Die Gründe für die Entscheidung nach Satz 1 sind zu dokumentieren.

(3) [1]Bezieht sich die Benachrichtigung auf die Übermittlung personenbezogener Daten an die Verfassungsschutzbehörden des Bundes und der Länder, den Bundesnachrichtendienst, den Militärischen Abschirmdienst und, soweit die Sicherheit des Bundes berührt wird, andere Behörden des Bundesministeriums der Verteidigung, so ist sie nur mit Zustimmung dieser Stellen zulässig. [2]Satz 1 gilt entsprechend für Benachrichtigungen über Daten, die der Vollzugsbehörde von einer der in Satz 1 genannten Behörden übermittelt worden sind.

(4) In den Fällen des Absatzes 2 gilt § 204 Abs. 4 und 5 entsprechend.

§ 204 Auskunft

(1) Die Vollzugsbehörde hat betroffenen Personen auf Antrag Auskunft zu erteilen über

1. die personenbezogenen Daten, die Gegenstand der Verarbeitung sind, und die Kategorie, zu der sie gehören,
2. die verfügbaren Informationen über die Herkunft der Daten,
3. die Zwecke der Verarbeitung und deren Rechtsgrundlage,
4. die Empfänger oder die Kategorien von Empfängern, gegenüber denen die Daten offengelegt worden sind,
5. die für die Daten geltenden Löschfristen oder, falls dies nicht möglich ist, die Kriterien für die Festlegung dieser Dauer,
6. das Bestehen eines Rechts auf Berichtigung, Löschung oder Einschränkung der Verarbeitung der Daten durch die Vollzugsbehörden,
7. das Recht, die Landesbeauftragte oder den Landesbeauftragten für den Datenschutz anzurufen, sowie
8. die Kontaktdaten der oder des Landesbeauftragten für den Datenschutz.

(2) Absatz 1 gilt nicht für personenbezogene Daten, die ausschließlich zu Zwecken der Datensicherung oder der Datenschutzkontrolle verarbeitet werden, wenn eine Verarbeitung zu anderen Zwecken durch geeignete technische und organisatorische Maßnahmen ausgeschlossen ist und die Auskunftserteilung einen unverhältnismäßig großen Aufwand erfordern würde.

(3) Von der Auskunftserteilung ist abzusehen, wenn die betroffene Person keine Angaben macht, die das Auffinden der Daten ermöglichen, und deshalb der für die Erteilung der Auskunft erforderliche Aufwand außer Verhältnis zu dem von der betroffenen Person geltend gemachten Informationsinteresse steht.

(4) Die Vollzugsbehörde kann unter den Voraussetzungen des § 203 Abs. 2 und 3 die Auskunft aufschieben, einschränken oder unterlassen.

(5) [1]Die Vollzugsbehörde hat die betroffene Person über das Absehen von oder die Einschränkung einer Auskunft unverzüglich schriftlich zu unterrichten. [2]Dies gilt nicht, wenn bereits die Erteilung dieser Informationen zu einer Gefährdung im Sinne des § 203 Abs. 2 führen würde oder eine der in § 203 Abs. 3 genannten Stellen nicht zugestimmt hat. [3]Die Unterrichtung nach Satz 1 ist zu begründen, es sei denn, dass die Mitteilung der Gründe den mit dem Absehen von oder der Einschränkung der Auskunft verfolgten Zweck gefährden würde.

(6) [1]Wird die betroffene Person nach Absatz 5 über das Absehen von der Auskunft oder deren Einschränkung unterrichtet, so kann sie ihr Auskunftsrecht auch über die Landesbeauftragte oder den Landesbeauftragten für den Datenschutz ausüben. [2]Die Vollzugsbehörde hat die betroffene Person über diese Möglichkeit sowie darüber zu unterrichten, dass sie die Landesbeauftragte oder den Landesbeauftragten für den Datenschutz anrufen oder gerichtlichen Rechtsschutz suchen kann. [3]Macht die betroffene Person von ihrem Recht nach Satz 1 Gebrauch, ist die Auskunft auf ihr Verlangen der oder dem Landesbeauftragten für den Datenschutz zu erteilen. [4]Die oder der Landesbeauftragte für den Datenschutz hat die betroffene Person darüber zu unterrichten, dass alle erforderlichen Prüfungen erfolgt sind oder eine Überprüfung durch sie oder ihn stattgefunden hat. [5]Diese Mitteilung kann die Information enthalten, ob datenschutzrechtliche Verstöße festgestellt wurden, darf jedoch keine Rückschlüsse auf den Erkenntnisstand der Vollzugsbehörde zulassen, soweit diese keiner weitergehenden Auskunft zustimmt. [6]Die Vollzugsbehörde darf die Zustimmung nur soweit und solange verweigern,

wie sie nach Absatz 4 von der Erteilung einer Auskunft absehen oder diese einschränken kann. [7]Die oder der Landesbeauftragte für den Datenschutz unterrichtet die betroffene Person über ihr Recht auf gerichtlichen Rechtsschutz.

(7) [1]Die Auskunft kann auch durch die Gewährung von Einsicht oder die Aushändigung von Kopien oder Ausdrucken erteilt werden. [2]Dabei ist das Interesse der oder des Gefangenen und der anderen betroffenen Person an einer bestimmten Form der Auskunftserteilung zu berücksichtigen.

(8) Die Vollzugsbehörde dokumentiert die Gründe für Entscheidungen nach den Absätzen 3 und 4.

§ 205 Rechte auf Berichtigung und Löschung sowie Einschränkung der Verarbeitung

(1) [1]Die betroffene Person hat das Recht, die unverzügliche Berichtigung sie betreffender unrichtiger Daten von der Vollzugsbehörde zu verlangen. [2]Für die Berichtigung gilt § 199. [3]Die betroffene Person kann zudem die Vervollständigung unvollständiger personenbezogener Daten verlangen, wenn dies unter Berücksichtigung der Verarbeitungszwecke angemessen ist.

(2) [1]Die betroffene Person hat das Recht, die unverzügliche Löschung sie betreffender Daten von der Vollzugsbehörde zu verlangen, wenn die Voraussetzungen des § 197 Abs. 1 vorliegen. [2]Unter den Voraussetzungen des § 198 Abs. 1 hat die Vollzugsbehörde statt der Löschung der Daten deren Verarbeitung einzuschränken; § 198 Abs. 2 und 3 findet Anwendung.

(3) [1]Die Vollzugsbehörde hat die betroffene Person über ein Absehen von der Berichtigung oder Löschung nach den Absätzen 1 und 2 oder über die an die Stelle der Berichtigung oder Löschung tretende Einschränkung der Verarbeitung schriftlich zu unterrichten. [2]Dies gilt nicht, wenn bereits die Erteilung dieser Informationen zu einer Gefährdung im Sinne des § 203 Abs. 2 führen würde oder eine der in § 203 Abs. 3 genannten Stellen nicht zugestimmt hat. [3]Die Unterrichtung nach Satz 1 ist zu begründen, es sei denn, dass die Mitteilung der Gründe den mit dem Absehen von der Unterrichtung verfolgten Zweck gefährden würde. [4]§ 204 Abs. 6 und 8 gilt entsprechend.

§ 206 Verfahren über die Ausübung der Rechte der betroffenen Person

(1) [1]Die Vollzugsbehörde hat mit betroffenen Personen unter Verwendung einer klaren und einfachen Sprache in präziser, verständlicher und leicht zugänglicher Form zu kommunizieren. [2]Unbeschadet besonderer Formvorschriften soll sie bei der Beantwortung von Anträgen grundsätzlich die für den Antrag gewählte Form verwenden.

(2) Bei Eingang von Anträgen zur Ausübung der Betroffenenrechte hat die Vollzugsbehörde die betroffene Person unverzüglich schriftlich darüber in Kenntnis zu setzen, wie mit dem Antrag verfahren wird.

(3) [1]Informationen nach § 202, Benachrichtigungen nach speziellen Rechtsvorschriften und nach § 42 NDSG sowie die Bearbeitung von Anträgen nach den §§ 204 und 205 erfolgen für die betroffene Person unentgeltlich. [2]Bei offenkundig unbegründeten oder exzessiven Anträgen der betroffenen Person nach den §§ 204 und 205 kann die Vollzugsbehörde entweder eine angemessene Gebühr auf der Grundlage des Verwaltungsaufwands verlangen oder sich weigern, aufgrund des Antrags tätig zu werden. [3]In diesem Fall trägt die Vollzugsbehörde die Beweislast für den offenkundig unbegründeten oder exzessiven Charakter des Antrags.

(4) Hat die Vollzugsbehörde begründete Zweifel an der Identität der betroffenen Person, die die Anträge nach § 204 oder 205 gestellt hat, so kann sie bei der betroffenen Person zusätzliche Informationen oder Nachweise anfordern, die zur Bestätigung ihrer Identität erforderlich sind.

§ 207 Ergänzende Anwendung des Niedersächsischen Datenschutzgesetzes

(1) Für die sonstigen Rechte der betroffenen Person gelten die §§ 54 bis 56 NDSG.

(2) Für die Aufgaben und Befugnisse der Aufsichtsbehörde und Datenschutzbeauftragten gelten die §§ 57 und 58 NDSG.

(3) Für Ordnungswidrigkeiten und Straftaten gelten die §§ 59 und 60 NDSG.

Drittes Kapitel

Übergangs- und Schlussbestimmungen

§ 208 Übergangsbestimmungen

Bis für die einzelnen Vollzugsarten eine Verordnung über die Vergütungsstufen sowie die Bemessung des Arbeitsentgeltes, der Ausbildungsbeihilfe und des Taschengeldes in Kraft tritt, gelten die die jeweilige Vollzugsart betreffenden Vorschriften des Strafvollzugsgesetzes über die Bemessung des Arbeitsentgeltes und der Ausbildungsbeihilfe sowie die Strafvollzugsvergütungsordnung vom 11. Januar 1977 (BGBl. I S. 57), geändert durch Artikel 6 des Gesetzes vom 13. Dezember 2007 (BGBl. I S. 2894), in der jeweils geltenden Fassung fort.

§ 209 Einschränkung von Grundrechten

Durch dieses Gesetz werden die Grundrechte aus Artikel 2 Abs. 2 Sätze 1 und 2 (körperliche Unversehrtheit und Freiheit der Person), Artikel 6 Abs. 3 (Elternrecht) und Artikel 10 Abs. 1 (Brief-, Post- und Fernmeldegeheimnis) des Grundgesetzes eingeschränkt.

Niedersächsisches Gaststättengesetz (NGastG)[1)]

Vom 10. November 2011 (Nds. GVBl. S. 415)
(VORIS 71080)

zuletzt geändert durch Art. 6 G zur Änd. spielhallenrechtl. Bestimmungen vom 26. Januar 2022 (Nds. GVBl. S. 36)

§ 1 Anwendungsbereich

(1) [1]Dieses Gesetz gilt für das Betreiben eines Gaststättengewerbes in Niedersachsen. [2]Es ersetzt das Gaststättengesetz in der Fassung vom 20. November 1998 (BGBl. I S. 3418), zuletzt geändert durch Artikel 10 des Gesetzes vom 7. September 2007 (BGBl. I S. 2246).

(2) Auf das Betreiben eines Gaststättengewerbes finden die Vorschriften der Gewerbeordnung Anwendung, soweit dieses Gesetz nichts anderes bestimmt.

(3) Ein Gaststättengewerbe betreibt, wer gewerbsmäßig Getränke oder zubereitete Speisen zum Verzehr an Ort und Stelle anbietet, wenn der Betrieb jedermann oder bestimmten Personenkreisen zugänglich ist.

(4) [1]Das Betreiben einer Kantine für Betriebsangehörige oder einer Betreuungseinrichtung der in Niedersachsen stationierten ausländischen Streitkräfte, der Bundeswehr, der Bundespolizei oder in Gemeinschaftsunterkünften untergebrachter Polizeibeamtinnen oder Polizeibeamten ist kein Betreiben eines Gaststättengewerbes im Sinne dieses Gesetzes. [2]Gleiches gilt für

1. das Betreiben von Kantinen einer Bildungseinrichtung für die Personen, die an den Bildungsmaßnahmen teilnehmen,
2. die Abgabe von Getränken und zubereiteten Speisen an Hausgäste in Verbindung mit einem Beherbergungsbetrieb,
3. die Abgabe von Getränken und zubereiteten Speisen als unentgeltliche Kostproben,
4. das Betreiben von gastgewerblichen Nebenbetrieben an Bundesautobahnen und
5. das Erbringen gastgewerblicher Leistungen anlässlich der Beförderung in einem Luftfahrzeug, in dem Eisenbahnwagen oder Wagen einer anderen Schienenbahn eines Verkehrsunternehmens, auf einem Schiff oder in einem Bus.

§ 2 Anzeigepflichten, Verfahren

(1) [1]Wer ein stehendes Gaststättengewerbe betreiben will, hat dies, auch wenn es nur für kurze Zeit betrieben werden soll, der zuständigen Behörde mindestens vier Wochen vor dem erstmaligen Anbieten von Getränken oder zubereiteten Speisen anzuzeigen. [2]Die Behörde kann einen früheren Beginn des Gaststättengewerbes zulassen, wenn die Einhaltung der Frist nach Satz 1 für die Betreiberin oder den Betreiber nicht zumutbar ist.

(2) [1]Für die Anzeige nach Absatz 1 ist der Vordruck nach dem Muster der **Anlage** zu diesem Gesetz zu verwenden. [2]Der Vordruck ist vollständig, in der vorgeschriebenen Anzahl und gut lesbar auszufüllen. [3]Um den Einsatz der elektronischen Datenverarbeitung zu erleichtern, kann die zuständige Behörde Abweichungen von der Form, nicht aber vom Inhalt der Anzeige nach den Sätzen 1 und 2 zulassen. [4]Die Anzeige nach Absatz 1 kann durch die Gewerbeanzeige nach § 14 Abs. 1 der Gewerbeordnung erstattet werden, wenn in dieser angegeben ist, ob alkoholische Getränke oder zubereitete Speisen angeboten werden, und wenn die Frist nach Absatz 1 eingehalten wird.

(3) [1]Die zuständige Behörde hat die Angaben aus der Anzeige unverzüglich den für die Bauaufsicht, den Immissionsschutz, den Jugendschutz, die Lebensmittelüberwachung und die Bekämpfung der Schwarzarbeit und der illegalen Beschäftigung zuständigen Behörden sowie dem Finanzamt zu übermitteln. [2]§ 14 Abs. 5 bis 7 und 9 bis 12 der Gewerbeordnung gilt entsprechend.

(4) Die Absätze 1 bis 3 gelten für den Betrieb einer Zweigniederlassung, einer unselbständigen Zweigstelle und für die Verlegung der Betriebsstätte sowie für die Ausdehnung des Angebots auf alkoholische Getränke oder zubereitete Speisen entsprechend.

---

1) **Amtl. Anm.:** Dieses Gesetz dient auch der Umsetzung der Richtlinie 2006/123/EG des Europäischen Parlaments und des Rates vom 12. Dezember 2006 über Dienstleistungen im Binnenmarkt (ABl. EU Nr. L 376 S. 36).

(5) Wird bei einer juristischen Person, die ein Gaststättengewerbe betreibt, eine andere Person zur Vertretung berufen, so ist dies unverzüglich der zuständigen Behörde anzuzeigen.

(6) Verfahren nach diesem Gesetz oder einer Verordnung nach § 10 können über eine einheitliche Stelle nach den Vorschriften des Verwaltungsverfahrensgesetzes abgewickelt werden.

§ 3 Überprüfung

(1) [1]Wird mit der Anzeige nach § 2 angegeben, dass alkoholische Getränke angeboten werden sollen, so hat die zuständige Behörde unverzüglich die Zuverlässigkeit der oder des Gewerbetreibenden zu überprüfen. [2]Zu diesem Zweck hat die oder der Gewerbetreibende zugleich mit der Anzeige

1. einen Nachweis über den Antrag auf Erteilung eines Führungszeugnisses nach § 30 Abs. 5 des Bundeszentralregistergesetzes und
2. eine Auskunft aus dem Gewerbezentralregister nach § 150 Abs. 1 der Gewerbeordnung

vorzulegen. [3]Wird dieser Verpflichtung nicht nachgekommen, so hat die Behörde diese Auskünfte von Amts wegen einzuholen. [4]Auf Verlangen bescheinigt die Behörde die Erkenntnisse aus der Überprüfung nach Satz 1.

(2) Die Überprüfung nach Absatz 1 Satz 1 muss nicht durchgeführt werden, wenn mit der Anzeige eine behördliche Bescheinigung über eine durch Rechtsvorschrift vorgesehene Überprüfung der gewerberechtlichen Zuverlässigkeit vorgelegt wird.

§ 4 Unzuverlässigkeit

Unzuverlässigkeit im Sinne der Gewerbeordnung liegt insbesondere dann vor, wenn Tatsachen die Annahme rechtfertigen, dass die oder der Gewerbetreibende dem Alkoholmissbrauch Vorschub leistet oder infolge eigenen Alkoholmissbrauchs bei der Betriebsführung erheblich beeinträchtigt ist.

§ 5 Anordnungen

(1) [1]Die zuständige Behörde kann gegenüber der Betreiberin oder dem Betreiber eines Gaststättengewerbes im stehenden Gewerbe die Anordnungen treffen, die zum Schutz der Gäste gegen Ausbeutung oder gegen Gefahren für Leben oder Gesundheit erforderlich sind. [2]Die behördlichen Befugnisse, aufgrund anderer Rechtsvorschriften, insbesondere zum Schutz der Jugend, der Beschäftigten, der Nachbarschaft oder der Umwelt, Anordnungen zu treffen, bleiben unberührt.

(2) Absatz 1 gilt entsprechend für das Betreiben eines Gaststättengewerbes im Reisegewerbe, für das es einer Reisegewerbekarte nicht bedarf.

(3) Die Beschäftigung einer Person im Gaststättengewerbe kann der Betreiberin oder dem Betreiber eines Gaststättengewerbes im stehenden Gewerbe untersagt werden, wenn Tatsachen die Annahme rechtfertigen, dass die Person die für ihre Tätigkeit erforderliche Zuverlässigkeit nicht besitzt.

§ 6 Auskunft und Nachschau

[1]Für die Ausübung des stehenden Gaststättengewerbes gilt § 29 der Gewerbeordnung entsprechend. [2]Das Grundrecht der Unverletzlichkeit der Wohnung (Artikel 13 des Grundgesetzes) wird insoweit eingeschränkt.

§ 7 Angebot alkoholfreier Getränke

[1]Wer im Gaststättengewerbe alkoholische Getränke anbietet, hat auch alkoholfreie Getränke zum Verzehr an Ort und Stelle anzubieten. [2]Mindestens ein alkoholfreies Getränk ist zu einem geringeren Preis anzubieten als das preiswerteste alkoholische Getränk. [3]Der Preisvergleich erfolgt hierbei auch auf der Grundlage des hochgerechneten Preises für einen Liter der betreffenden Getränke.

§ 8 Nebenleistungen

Im Gaststättengewerbe darf die oder der Gewerbetreibende außerhalb einer Sperrzeit, auch außerhalb der Ladenöffnungszeiten, Getränke und zubereitete Speisen, die im Betrieb angeboten werden, zum alsbaldigen Verzehr oder Verbrauch außer Haus abgeben sowie während der Betriebszeiten Zubehörwaren verkaufen.

§ 9 Allgemeine Verbote

Im Gaststättengewerbe ist es verboten,

1. Branntwein oder überwiegend branntweinhaltige Lebensmittel in Automaten anzubieten,
2. alkoholische Getränke an erkennbar betrunkene Personen abzugeben,
3. die Abgabe von Speisen von der Bestellung von Getränken abhängig zu machen,
4. bei der Nichtbestellung von Getränken für Speisen höhere Preise zu verlangen,

5. die Abgabe alkoholfreier Getränke von der Bestellung alkoholischer Getränke abhängig zu machen,
6. bei der Nichtbestellung alkoholischer Getränke für alkoholfreie Getränke oder Speisen höhere Preise zu verlangen oder
7. von den Gästen für die Benutzung der Toiletten ein Entgelt zu fordern.

§ 10 Sperrzeit

[1]Für das Gaststättengewerbe kann die Landesregierung durch Verordnung eine Sperrzeit allgemein festsetzen. [2]In der Verordnung kann bestimmt werden, dass die Sperrzeit bei Vorliegen eines öffentlichen Bedürfnisses oder besonderer örtlicher Verhältnisse allgemein oder für einzelne Betriebe verlängert, verkürzt oder aufgehoben werden kann. [3]Die Landesregierung kann die Ermächtigung durch Verordnung auf andere Behörden übertragen.

§ 11 Ordnungswidrigkeiten

(1) Ordnungswidrig handelt, wer vorsätzlich oder fahrlässig
1. alkoholische Getränke oder zubereitete Speisen anbietet, ohne dies nach § 2 Abs. 1 Sätze 1, 2 und Abs. 2 rechtzeitig, richtig und vollständig angezeigt zu haben,
2. in einer Zweigniederlassung, einer unselbständigen Zweigstelle oder einer verlegten Betriebsstätte alkoholische Getränke oder zubereitete Speisen anbietet, ohne dies nach § 2 Abs. 2 und 4 richtig, rechtzeitig und vollständig angezeigt zu haben,
3. das Angebot auf alkoholische Getränke oder zubereitete Speisen ausdehnt, ohne dies nach § 2 Abs. 2 und 4 richtig, rechtzeitig und vollständig angezeigt zu haben,
4. eine Anzeige gemäß § 2 Abs. 5 nicht unverzüglich erstattet,
5. einer vollziehbaren Anordnung nach § 5 zuwiderhandelt,
6. entgegen § 6 Satz 1 dieses Gesetzes in Verbindung mit § 29 der Gewerbeordnung eine Auskunft nicht richtig, nicht vollständig oder nicht rechtzeitig erteilt, den Zutritt zu einem Grundstück oder einem Geschäftsraum nicht gestattet oder die Einsicht in Unterlagen nicht gewährt,
7. entgegen § 7 Satz 1 keine alkoholfreien Getränke anbietet,
8. entgegen § 7 Satz 2 nicht mindestens ein alkoholfreies Getränk zu einem geringeren Preis als das preiswerteste alkoholische Getränk anbietet,
9. über den nach § 8 zugelassenen Umfang hinaus Waren abgibt oder verkauft,
10. einem Verbot nach § 9 zuwiderhandelt,
11. als für das Betreiben eines Gaststättengewerbes verantwortliche Person während einer durch Verordnung nach § 10 dieses Gesetzes oder nach § 18 des Gaststättengesetzes festgesetzten Sperrzeit
    a) den Gaststättenbetrieb für Gäste offenhält oder
    b) duldet, dass sich ein Gast auf den Flächen eines Gaststättenbetriebes aufhält,
12. sich als Gast während einer durch Verordnung nach § 10 festgesetzten Sperrzeit auf den Flächen eines Gaststättenbetriebes aufhält, obwohl eine für den Betrieb verantwortliche Person, die Polizei oder die zuständige Behörde ihn ausdrücklich aufgefordert hat, sich zu entfernen,
13. einer Auflage oder Anordnung nach § 5 des Gaststättengesetzes zuwiderhandelt oder
14. als für das Betreiben eines Gaststättengewerbes verantwortliche Person bei der Kontrolle des Einlasses in eine Diskothek oder beim Aufenthalt in einer Diskothek eine Person wegen der ethnischen Herkunft oder der Religion benachteiligt.

(2) Die Ordnungswidrigkeit kann mit einer Geldbuße bis zu 5 000 Euro, im Fall des Absatzes 1 Nrn. 10 und 14 mit einer Geldbuße bis zu 10 000 Euro, geahndet werden.

§ 12 Übergangsregelungen

(1) Ist ein Antrag auf Erlaubnis für das Betreiben eines Gaststättengewerbes vor dem 1. Januar 2012 gestellt und noch nicht beschieden worden, so ist die oder der Gewerbetreibende hinsichtlich der Räume, auf die sich der Antrag bezieht, von den Anforderungen nach § 48 Abs. 1 Nr. 4 der Niedersächsischen Bauordnung, die nicht oder nur mit unzumutbaren Aufwendungen erfüllt werden können, befreit.

(2) [1]Die nach dem Gaststättengesetz erteilten und noch geltenden Erlaubnisse und Gestattungen verlieren mit Inkrafttreten dieses Gesetzes ihre Wirksamkeit. [2]Die dazu erteilten Auflagen und Anordnungen (§ 5 des Gaststättengesetzes) gelten fort. [3]Wer bei Inkrafttreten dieses Gesetzes ein Gaststät-

tengewerbe gemäß den bisher geltenden Vorschriften betreibt, braucht dies nicht nach § 2 Abs. 1 und 2 anzuzeigen.

(3) Für den Vollzug dieses Gesetzes sind bis zum 30. September 2012 die Gemeinden zuständig.

§ 13 ***[nicht wiedergegebene Änderungsvorschrift]***

§ 14 Inkrafttreten

[1]Dieses Gesetz tritt am 1. Januar 2012 in Kraft. [2]Gleichzeitig tritt die Verordnung über die Mindestanforderungen an die barrierefreie Gestaltung von Gaststätten vom 7. Oktober 2004 (Nds. GVBl. S. 371) außer Kraft.

Anlage
(zu § 2 Abs. 2)

Anzeige eines Gaststättengewerbes nach § 2 Abs. 1 und 4 des Niedersächsischen Gaststättengesetzes

Hinweis: Wer ein Gaststättengewerbe im stehenden Gewerbe betreiben will, hat dies, auch wenn es nur für kurze Zeit betrieben werden soll, der zuständigen Behörde **mindestens vier Wochen** vor dem erstmaligen Anbieten von Getränken oder zubereiteten Speisen anzuzeigen. Anzuzeigen ist ferner, wenn das bisherige Angebot im laufenden Gaststättenbetrieb auf alkoholische Getränke oder auf das Angebot von zubereiteten Speisen zum Verzehr an Ort und Stelle ausgedehnt werden soll.

Der Vordruck ist vollständig und gut lesbar auszufüllen. ☐ Erstanzeige ☐ Änderungsanzeige	Name der entgegennehmenden Behörde

(1) Angaben zur Person

Name	Vorname	
Geburtsname (nur bei Abweichung vom Namen)	Geschlecht weiblich ☐ männlich ☐	Staatsangehörigkeit
Geburtsdatum	Geburtsort	Geburtsland
Derzeitig telefonisch erreichbar (auch Mobil)	E-Mail	
Anschrift (Straße, Hausnummer, PLZ, Ort)		
Bei Personengesellschaften Angaben zu weiteren vertretungsberechtigten Gesellschaftern (Name, Anschrift, ggf. auf einem Beiblatt)		

(2) Angaben zur juristischen Person Bei juristischen Personen, z.B. GmbH oder AG, sind unter (1) die Angaben für gesetzliche Vertreter einzutragen.

Firma (Name der Gesellschaft)	Ort	Nummer des Registereintrags
Anschrift (Straße, Hausnummer, PLZ, Ort)		

(3) Angaben zum Betrieb

Name der Betriebsstätte		
Anschrift (Straße, Hausnummer, PLZ, Ort)		
Tel.-Nr.	Fax-Nr.	E-Mail
☐ Betrieb auf Dauer	ab	
☐ Betrieb nur für kurze Zeit	von	bis
Es sollen zum Verzehr an Ort und Stelle angeboten werden: zubereitete Speisen ja ☐ nein ☐ alkoholfreie Getränke ja ☐ nein ☐ alkoholische Getränke ja ☐ nein ☐		
Die Anmeldung wird erstattet für ☐ eine Hauptniederlassung ☐ eine Zweigniederlassung ☐ eine unselbständige Zweigstelle		
Finanzamt (in der Regel am Sitz der Hauptniederlassung)		

Dieser Anzeige liegen an

1. ein Nachweis über den Antrag auf Erteilung eines Führungszeugnisses nach § 30 Abs. 5 des Bundeszentralregistergesetzes ja ☐ nein ☐
2. eine Auskunft aus dem Gewerbezentralregister nach § 150 Abs. 1 der Gewerbeordnung oder eine behördliche Bescheinigung ja ☐ nein ☐
3. eine durch Rechtsvorschrift vorgesehene Überprüfung der gewerberechtlichen Zuverlässigkeit. ja ☐ nein ☐

Fehlen diese Unterlagen vollständig oder teilweise, werden sie von Amts wegen angefordert. Der dadurch entstehende höhere Verwaltungsaufwand kann in Rechnung gestellt werden.

____________________ ____________________

Ort, Datum Unterschrift

Niedersächsisches Gesetz über Ladenöffnungs- und Verkaufszeiten (NLöffVZG)

Vom 8. März 2007 (Nds. GVBl. S. 111)
(VORIS 81610)
zuletzt geändert durch Art. 1 ÄndG vom 15. Mai 2019 (Nds. GVBl. S. 80)

Nichtamtliche Inhaltsübersicht

§ 1 Geltungsbereich

(1) Dieses Gesetz gilt für Verkaufsstellen, in denen an jedermann Waren verkauft werden, und für das gewerbliche Verkaufen von Waren an jedermann im unmittelbaren persönlichen Kontakt mit der Kundin oder dem Kunden.

(2) Es findet keine Anwendung auf
1. Zubehörverkauf, wenn er am Ort der Hauptleistung erbracht wird und diese Hauptleistung nicht den Vorschriften dieses Gesetzes unterliegt, sowie
2. den Verkauf von Waren auf Volksfesten sowie auf festgesetzten Messen, Märkten und Ausstellungen.

(3) Die bundesrechtlichen Regelungen des Gesetzes über den Ladenschluss und die darauf gestützten bundesrechtlichen Rechtsverordnungen sind im Geltungsbereich dieses Gesetzes nicht anzuwenden.

§ 2 Begriffsbestimmungen

(1) [1]Verkaufsstellen sind Einrichtungen, in denen von einer festen Stelle aus ständig Waren verkauft werden. [2]Dazu gehören außer Ladengeschäften aller Art auch Kioske.

(2) Waren des täglichen Kleinbedarfs sind
1. Bäckerei- und Konditorwaren,
2. Zeitungen, Zeitschriften, Straßenkarten, Stadtpläne, Reiselektüre, Schreibmaterialien und Tabakwaren,
3. Schnitt- und Topfblumen, Pflanzengestecke, Kränze und Weihnachtsbäume,
4. Toiletten- und Hygieneartikel,
5. Verbrauchsmaterial für Film- und Fotozwecke sowie Tonträger,
6. Andenken, Geschenkartikel und Spielzeug, wenn es sich jeweils um Gegenstände geringeren Werts handelt,
7. Lebens- und Genussmittel in kleinen Mengen und
8. ausländische Geldsorten.

(3) Ausflugsorte sind Orte oder Ortsbereiche mit besonderer Bedeutung für den Fremdenverkehr, die über herausgehobene Sehenswürdigkeiten oder über besondere Sport- oder Freizeitangebote verfügen sowie entsprechende, den Fremdenverkehr fördernde Einrichtungen vorhalten und ein hohes Aufkommen an Tages- oder Übernachtungsgästen aufweisen.

§ 3 Allgemein zulässige Verkaufszeiten

(1) An Werktagen dürfen Waren ohne zeitliche Beschränkung verkauft werden.

(2) An Sonntagen und staatlich anerkannten Feiertagen dürfen Verkaufsstellen nur in den Ausnahmefällen der §§ 4 und 5a geöffnet werden.

(3) [1]Am 24. und 31. Dezember ist die Öffnung ab 14 Uhr ausschließlich für Verkaufsstellen im Sinne des § 4 Abs. 1 Satz 1 Nr. 1 Buchst. a bis c und ausschließlich zu den dort genannten Zwecken der

Verkaufsstelle zulässig. [2]Dies gilt, abweichend von § 4 Abs. 1, § 5 Abs. 1 und 4, auch, wenn diese Tage auf einen Sonntag fallen.

(4) Die bei Ende der zulässigen Öffnungszeit anwesenden Kundinnen und Kunden dürfen noch bedient werden.

§ 4 Sonn- und Feiertagsregelung

(1) [1]An Sonntagen und staatlich anerkannten Feiertagen dürfen geöffnet werden

1. in der Zeit von 0 bis 24 Uhr
   a) Apotheken,
   b) Tankstellen für den Verkauf von Betriebsstoffen, Ersatzteilen für die Erhaltung oder Wiederherstellung der Fahrbereitschaft und Waren des täglichen Kleinbedarfs,
   c) Verkaufsstellen auf Bahnhöfen für den Personenverkehr, auf Flughäfen und in Fährhäfen für den Verkauf von Waren des täglichen Kleinbedarfs sowie von Bekleidungsartikeln und Schmuck,
   d) andere Verkaufsstellen für den Verkauf von Waren zum sofortigen Verzehr zwecks Deckung örtlich auftretender Bedürfnisse,
2. andere als die in Nummer 1 genannten Verkaufsstellen in der Zeit vom 15. Dezember bis 31. Oktober, mit Ausnahme des Karfreitags und des ersten Weihnachtsfeiertags, für die Dauer von täglich acht Stunden für den Verkauf von Waren des täglichen Kleinbedarfs, Bekleidungsartikel und Schmuck, von Devotionalien sowie von Waren, die für den Ort kennzeichnend sind, sofern sich diese Verkaufsstellen befinden in
   a) Kur- und Erholungsorten,
   b) den Wallfahrtsorten
      Bethen (Stadt Cloppenburg),
      Germershausen (Rollshausen, Landkreis Göttingen),
      Ottbergen (Schellerten, Landkreis Hildesheim),
      Rulle (Wallenhorst, Landkreis Osnabrück),
      Ortsteil Wietmarschen (Wietmarschen, Landkreis Grafschaft Bentheim),
      Höherberg (Wollbrandshausen, Landkreis Göttingen),
3. für die Dauer von täglich drei Stunden, die außerhalb der ortsüblichen Gottesdienstzeiten liegen sollten,
   a) Verkaufsstellen, die nach ihrer Größe und ihrem Sortiment auf den Verkauf von täglichem Kleinbedarf (§ 2 Abs. 2) ausgerichtet sind,
   b) Hofläden,
4. Verkaufsstellen, die nach ihrem Sortiment auf den Verkauf von Blumen und Pflanzen ausgerichtet sind, sofern sich die Verkaufsstellen auf den Verkauf von Blumen und Pflanzen, einschließlich eines deren Dekoration dienenden Ergänzungsangebots wie Bänder, Zierrat, Kerzen, Übertöpfe, in kleinen Mengen beschränken,
   a) für die Dauer von täglich drei Stunden, die außerhalb der ortsüblichen Gottesdienstzeiten liegen sollten,
   b) in anerkannten Ausflugsorten (Satz 2) und in Kur-, Erholungs- und Wallfahrtsorten (Nummer 2) für die Dauer von täglich acht Stunden in der Zeit vom 15. Dezember bis zum 31. Oktober, mit Ausnahme des Karfreitags und des ersten Weihnachtsfeiertags,
5. Verkaufsstellen, die nach ihrer Größe und ihrem Sortiment auf den Verkauf von Bäckerei- und Konditorwaren in kleinen Mengen ausgerichtet sind, für die Dauer von täglich fünf Stunden.

[2]In Ausflugsorten, die von dem für Tourismus zuständigen Ministerium anerkannt worden sind, gilt Satz 1 Nr. 2 für andere als die in Satz 1 Nr. 1 genannten Verkaufsstellen mit der Maßgabe entsprechend, dass an Sonntagen und staatlich anerkannten Feiertagen Schmuck und Bekleidungsartikel nicht verkauft werden dürfen.

(2) Der Verkauf zu den gemäß Absatz 1 Satz 1 Nrn. 2 bis 5 oder Satz 2 bestimmten Öffnungszeiten darf nur stattfinden, wenn die Öffnungszeiten im Eingangsbereich der Verkaufsstelle so angebracht worden sind, dass sie außerhalb der Verkaufsstelle lesbar sind.

§ 5 Ausnahmen von der Sonntagsregelung auf Antrag

(1) [1]Die zuständige Behörde kann auf Antrag zulassen, dass die Verkaufsstellen in der Gemeinde oder in Ortsbereichen über § 4 Abs. 1 hinaus an Sonntagen geöffnet werden dürfen, wenn dafür

1. ein besonderer Anlass vorliegt, der den zeitlichen und örtlichen Umfang der Sonntagsöffnung rechtfertigt,
2. ein öffentliches Interesse an der Belebung der Gemeinde oder eines Ortsbereichs oder an der überörtlichen Sichtbarkeit der Gemeinde besteht, welches das Interesse am Schutz des Sonntags überwiegt, oder
3. ein sonstiger rechtfertigender Sachgrund vorliegt.

[2]Nicht zugelassen werden dürfen Öffnungen für Palmsonntag, Ostersonntag, Pfingstsonntag, Volkstrauertag, Totensonntag und die Adventssonntage sowie für die staatlich anerkannten Feiertage und den 27. Dezember, wenn er auf einen Sonntag fällt. [3]In einer Gemeinde darf die Öffnung gemeindeweit für höchstens sechs Sonntage je Kalenderjahr zugelassen werden; dabei darf die Höchstzahl der Öffnungen in jedem Ortsbereich vier Sonntage nicht überschreiten. [4]Ist eine Gemeinde als Ausflugsort anerkannt, so erhöht sich die Höchstzahl nach Satz 3 Halbsatz 1 auf acht Sonntage. [5]Ist nur ein Ortsbereich als Ausflugsort anerkannt, so gilt diese höhere Höchstzahl nur für diesen Ortsbereich. [6]Die Öffnung darf für höchstens fünf Stunden täglich zugelassen werden, die außerhalb der ortsüblichen Gottesdienstzeiten liegen sollten.

(2) Anträge nach Absatz 1 Satz 1 können gestellt werden von der überwiegenden Anzahl der Verkaufsstellen in dem Gebiet, für das die Öffnung beantragt wird, und von einer sie vertretenden Personenvereinigung.

(3) [1]Die zuständige Behörde kann für Zulassungen nach Absatz 1 auf eine Jahresplanung hinwirken und Termine ortsüblich bekannt machen, bis zu denen Anträge gestellt sein sollten. [2]Sie macht die nach Absatz 1 erteilten Zulassungen unter Angabe der betroffenen Sonntage, der Gründe und der betroffenen Gebiete ortsüblich bekannt. [3]§ 28 des Verwaltungsverfahrensgesetzes ist anzuwenden.

(4) [1]Die zuständige Behörde kann, wenn dafür ein herausragender Anlass besteht, auf Antrag einer Verkaufsstelle zulassen, dass diese an einem Sonntag im Kalenderjahr geöffnet werden darf, ohne dass die Sonntagsöffnung auf die Höchstzahlen nach Absatz 1 angerechnet wird. [2]Absatz 1 Sätze 2 und 6 gilt entsprechend.

§ 5a Ausnahmen von der Sonn- und Feiertagsregelung von Amts wegen

[1]Die zuständige Behörde kann zulassen, dass Verkaufsstellen in der Gemeinde oder in Ortsbereichen an Sonn- und Feiertagen geöffnet werden dürfen, wenn dies im dringenden öffentlichen Interesse erforderlich ist. [2]Die Zulassung kann jederzeit widerrufen werden.

§ 6 Verkauf außerhalb von Verkaufsstellen

[1]Das gewerbliche Verkaufen von Waren an jedermann im unmittelbaren persönlichen Kontakt mit der Kundin oder dem Kunden ist auch außerhalb von Verkaufsstellen nur innerhalb der allgemein zulässigen Ladenöffnungszeiten nach § 3 Abs. 1 und 3 gestattet. [2]Soweit für die in § 4 Abs. 1 genannten Verkaufsstellen Abweichungen von den allgemein zulässigen Ladenöffnungszeiten möglich sind, gelten diese Abweichungen für Tätigkeiten nach Satz 1 unter denselben Voraussetzungen und Bedingungen entsprechend.

§ 7 Arbeitsschutz

(1) [1]An Sonntagen und staatlich anerkannten Feiertagen ist die Beschäftigung von Verkaufspersonal innerhalb der anerkannten Öffnungszeiten, sowie für Vor- und Nachbereitungszeiten von täglich 30 Minuten, an jährlich höchstens 22 dieser Tage zulässig. [2]Dabei darf die Dauer der täglichen Arbeitszeit acht Stunden nicht überschreiten.

(2) [1]Verkaufspersonal, das an Sonn- und Feiertagen beschäftigt wird, hat Anspruch auf folgende Ausgleichszeiten:

1. Wenn die Beschäftigung länger als drei Stunden dauert, muss der Nachmittag eines Werktags derselben Woche in der Zeit ab 13 Uhr arbeitsfrei bleiben.
2. Wenn die Beschäftigung länger als sechs Stunden dauert oder die regelmäßige Arbeitszeit in den Fällen der Nummer 1 spätestens um 13 Uhr endet, muss ein ganzer Werktag derselben Woche arbeitsfrei bleiben.

3. Wenn die Beschäftigung weniger als drei Stunden dauert, muss an jedem zweiten Sonntag oder in jeder zweiten Woche ein Nachmittag ab 13 Uhr arbeitsfrei bleiben; anstelle des Nachmittags darf ein Vormittag eines Sonnabends oder eines Montags in der Zeit bis 14 Uhr arbeitsfrei gegeben werden.

[2]In den Fällen des Satzes 1 Nrn. 1 und 2 muss mindestens jeder dritte Sonntag arbeitsfrei bleiben.

(3) [1]Verkaufsstelleninhaber sind verpflichtet, ein Verzeichnis über Name, Tag, Beschäftigungszeit und -art des Verkaufspersonals zu führen, das an Sonn- und Feiertagen beschäftigt wird. [2]Das Verzeichnis ist zwei Jahre aufzubewahren.

(4) [1]Die zuständige Behörde kann in begründeten Einzelfällen Ausnahmen von den Vorschriften der Absätze 1 und 2 genehmigen. [2]Die Genehmigung kann jederzeit widerrufen werden.

§ 8 Ordnungswidrigkeiten, Mitwirkungspflichten, Zuständigkeitsregelung

(1) [1]Ordnungswidrig handelt, wer vorsätzlich oder fahrlässig als Inhaberin oder Inhaber einer Verkaufsstelle oder in den Fällen des § 6 als Gewerbetreibende oder Gewerbetreibender

1. entgegen § 3 Abs. 2 an Sonntagen oder staatlich anerkannten Feiertagen verkauft, ohne dass einer der in den §§ 4 und 5 genannten Ausnahmefälle vorliegt,
2. entgegen § 3 Abs. 3 am 24. Dezember in der Zeit ab 14 Uhr verkauft, ohne dass ein Ausnahmefall nach § 4 Abs. 1 Satz 1 Nr. 1 Buchst. a bis c vorliegt,
3. an Sonn- oder Feiertagen gemäß § 4 Abs. 1 öffnet, ohne seine Öffnungszeiten gemäß § 4 Abs. 2 lesbar angebracht zu haben,
4. entgegen § 7 Abs. 1 Satz 1 an Sonntagen oder staatlich anerkannten Feiertagen Verkaufspersonal außerhalb der zulässigen Betriebszeiten beschäftigt,
5. entgegen § 7 Abs. 1 Satz 2 Verkaufspersonal an Sonntagen oder staatlich anerkannten Feiertagen länger als acht Stunden täglich beschäftigt,
6. entgegen § 7 Abs. 3 das dort genannte Verzeichnis nicht oder nicht richtig führt oder dieses Verzeichnis weniger als zwei Jahre aufbewahrt,
7. entgegen Absatz 2 Satz 1 den zuständigen Behörden die verlangten Auskünfte verweigert oder die angeforderten Unterlagen nicht vorlegt.

[2]Die Ordnungswidrigkeit kann mit einer Geldbuße bis zur Höhe von 15 000 Euro geahndet werden.

(2) [1]Verkaufsstelleninhaber und Verkaufspersonal sind verpflichtet, den zuständigen Behörden auf deren Verlangen Auskünfte zu erteilen und Unterlagen vorzulegen, soweit dies zur Wahrnehmung von Aufgaben nach diesem Gesetz erforderlich ist. [2]Die Behörden können Maßnahmen anordnen, die erforderlich sind, um die Einhaltung der Vorschriften dieses Gesetzes sicherzustellen. [3]Die Beauftragten der Behörden sind berechtigt, die Verkaufsstelle während des Betriebs zu betreten und zu besichtigen. [4]Das Grundrecht auf Unverletzlichkeit der Wohnung (Artikel 13 des Grundgesetzes) wird insoweit eingeschränkt.

(3) [1]Die Landesregierung wird ermächtigt, die Zuständigkeiten zur Durchführung dieses Gesetzes durch Verordnung zu regeln. [2]Dabei können einzelne Aufgaben auf die Gemeinden übertragen werden.

§ 9 Übergangsvorschriften

[1]Zulassungen, die nach § 5 Abs. 1 in der bis zum 30. Juni 2019 geltenden Fassung erteilt worden sind, sind unwirksam, soweit sie sich auf Sonn- und Feiertage nach dem 31. Dezember 2019 beziehen. [2]Für die Bestimmung von verkaufsoffenen Sonn- und Feiertagen im Jahr 2019 ist § 5 in der bis zum 30. Juni 2019 geltenden Fassung weiter anzuwenden.

§ 10 (aufgehoben)

Niedersächsisches Gesetz zur Sicherung von Tariftreue und Wettbewerb bei der Vergabe öffentlicher Aufträge (Niedersächsisches Tariftreue- und Vergabegesetz – NTVergG)[1)]

Vom 31. Oktober 2013 (Nds. GVBl. S. 259)
(VORIS 72080)

zuletzt geändert durch Art. 1 G zur Änd. des Niedersächsischen Tariftreue- und VergabeG und der Niedersächsischen LHO vom 20. November 2019 (Nds. GVBl. S. 354)

Nichtamtliche Inhaltsübersicht

§ 1 Zweck des Gesetzes

Dieses Gesetz soll einen fairen Wettbewerb bei der Vergabe öffentlicher Aufträge gewährleisten sowie die umwelt- und sozialverträgliche Beschaffung durch die öffentliche Hand fördern.

§ 2 Anwendungsbereich

(1) [1]Dieses Gesetz gilt für die Vergabe von öffentlichen Aufträgen über Liefer-, Bau- oder Dienstleistungen und von Rahmenvereinbarungen (§ 103 Abs. 1 bis 5 und § 104 des Gesetzes gegen Wettbewerbsbeschränkungen – GWB –) ab einem geschätzten Auftragswert von 20 000 Euro (ohne Umsatzsteuer) [2]Für die Vergabe von Rahmenvereinbarungen gelten, soweit nichts anderes bestimmt ist, dieselben Vorschriften dieses Gesetzes wie für die Vergabe entsprechender öffentlicher Aufträge. [3]Für die Schätzung gilt § 3 der Vergabeverordnung vom 12. April 2016 (BGBl. I S. 624) in der jeweils geltenden Fassung.

(2) [1]Dieses Gesetz gilt nicht für

1. Wettbewerbe (§ 103 Abs. 6 GWB) und Konzessionen (§ 105 GWB),
2. öffentliche Aufträge, die im Namen oder im Auftrag des Bundes ausgeführt oder die nach haushaltsrechtlichen Bestimmungen des Bundes vergeben werden.,
3. der geschätzte Auftragswert bei öffentlichen Aufträgen, die durch öffentliche Auftraggeber nach § 99 Nr. 4 GWB vergeben werden, den jeweiligen Schwellenwert gemäß § 106 Abs. 2 Nr. 1 oder 3 GWB nicht erreicht.

[2]Ferner ist dieses Gesetz nicht anzuwenden, wenn

1. der geschätzte Auftragswert bei öffentlichen Aufträgen über Leistungen, die im Rahmen einer freiberuflichen Tätigkeit erbracht oder im Wettbewerb mit freiberuflich Tätigen angeboten werden, den jeweiligen Schwellenwert gemäß § 106 Abs. 2 Nrn. 1 bis 3 GWB nicht erreicht,
2. der geschätzte Auftragswert bei öffentlichen Aufträgen über Architekten- und Ingenieurleistungen, bei denen der Gegenstand der Leistung eine Aufgabe ist, deren Lösung vorab nicht eindeutig

---

1) Das G tritt am 1.1.2014 in Kraft, bis auf § 3 Abs. 3 und 4, § 4 Abs. 4 und 5, § 5 Abs. 2 sowie § 12 Abs. 2, die bereits am 8.11.2013 in Kraft getreten sind; vgl. § 18.

und erschöpfend beschrieben werden kann, den jeweiligen Schwellenwert gemäß § 106 Abs. 2 Nrn. 1 bis 3 GWB erreicht oder überschreitet.

(3) Für Auftragsvergaben, bei denen der geschätzte Auftragswert den jeweiligen Schwellenwert gemäß § 106 Abs. 2 Nrn. 1 bis 3 GWB erreicht oder überschreitet, sind von den folgenden Vorschriften nur die Absätze 4 und 6 sowie die §§ 4 bis 6, 8 Abs. 1, §§ 10 bis 15, 17 und 18 ergänzend anzuwenden.

(4) Im Bereich des öffentlichen Personenverkehrs gelten die Regelungen dieses Gesetzes für alle Dienstleistungsaufträge im Sinne der Verordnung (EG) Nr. 1370/2007 des Europäischen Parlaments und des Rates vom 23. Oktober 2007 über öffentliche Personenverkehrsdienste auf Schiene und Straße und zur Aufhebung der Verordnungen (EWG) Nr. 1191/69 und (EWG) Nr. 1107/70 des Rates (ABl. EU Nr. L 315 S. 1), geändert durch die Verordnung (EU) 2016/2338 des Europäischen Parlaments und des Rates vom 14. Dezember 2016 (ABl. EU Nr. L 354 S. 22), ab einem geschätzten Auftragswert von 20 000 Euro (ohne Umsatzsteuer).

(5) Öffentliche Auftraggeber im Sinne dieses Gesetzes sind die niedersächsischen öffentlichen Auftraggeber nach § 99 Nrn. 1 bis 4 und § 100 GWB.

(6) [1]Sollen öffentliche Aufträge gemeinsam mit Auftraggebern anderer Bundesländer, des Bundes oder von Nachbarstaaten der Bundesrepublik Deutschland vergeben werden, so ist mit diesen zwecks Einhaltung der Bestimmungen dieses Gesetzes eine Einigung anzustreben. [2]Kommt diese nicht zustande, so kann von den Bestimmungen abgewichen werden.

§ 3 Anzuwendende Vorschriften; Verordnungsermächtigung

(1) Bei der Vergabe von öffentlichen Liefer- und Dienstleistungsaufträgen, deren geschätzter Auftragswert die in § 106 Abs. 2 Nrn. 1 bis 3 GWB genannten Schwellenwerte nicht erreicht, sind die Regelungen der Unterschwellenvergabeordnung (UVgO) vom 2. Februar 2017 (BAnz AT 07.02.2017 B1, 08.02.2017 B1) anzuwenden.

(2) Bei der Vergabe von öffentlichen Bauaufträgen, deren geschätzter Auftragswert die Schwellenwerte nach § 106 Abs. 2 Nrn. 1 bis 3 GWB nicht erreicht, sind die Regelungen zu den Ausnahmen in den §§ 108, 109, 116 Abs. 2, §§ 117 und 145 GWB sowie die §§ 118 und 128 GWB entsprechend anzuwenden. 2Ferner sind die Regelungen des Abschnitts 1 der Vergabe- und Vertragsordnung für Bauleistungen Teil A (VOB/A 2019) vom 31. Januar 2019 (BAnz AT 19.02.2019 B2) anzuwenden.

(3) Das für Öffentliches Auftragswesen zuständige Ministerium wird ermächtigt, zur Beschleunigung und Vereinfachung von Vergabeverfahren durch Verordnung abweichend von den Vergabe- und Vertragsordnungen zu regeln

1. Grenzen für Auftragswerte, bis zu deren Erreichen eine Auftragsvergabe im Wege einer beschränkten Ausschreibung ohne Teilnahmewettbewerb, einer Verhandlungsvergabe mit oder ohne Teilnahmewettbewerb oder einer freihändigen Vergabe nach den Vergabe- und Vertragsordnungen zulässig ist, sowie weitere Anforderungen an die Durchführung dieser Verfahren,
2. weitere Verfahrenserleichterungen, soweit sie sich auf die in den §§ 8 bis 12, 14, 15, 25, 27 bis 31, 33, 35, 37 bis 40, 46 und 47 UVgO oder in den §§ 3 bis 3b, 4a, 6a, 6b, 8 Abs. 2, §§ 10, 12 bis 14 a, 16b, 19, 20 Abs. 3 und 4 und § 22 VOB/A 2019 geregelten Gegenstände beziehen.

(4)[1)] Das für Öffentliches Auftragswesen zuständige Ministerium wird ermächtigt, durch Verordnung im Einvernehmen mit dem fachlich zuständigen Ministerium Ausnahmen im Sinne des Absatzes 3 von anderen landesrechtlich geregelten Vergabevorschriften auch für Vergaben unterhalb des in § 2 Abs. 1 Satz 1 bestimmten Auftragswerts zuzulassen.

§ 4 Mindestentgelte

(1) Öffentliche Aufträge über Bau- und Dienstleistungen dürfen nur an Unternehmen vergeben werden, die bei Angebotsabgabe erklären, bei der Ausführung des Auftrags im Inland

1. ihren Arbeitnehmerinnen und Arbeitnehmern im Sinne des § 22 des Mindestlohngesetzes (MiLoG) vom 11. August 2014 (BGBl. I S. 1348), geändert durch Artikel 2 Abs. 10 des Gesetzes vom 17. Februar 2016 (BGBl. I S. 203), in der jeweils geltenden Fassung, mindestens ein Mindestentgelt nach den Vorgaben des Mindestlohngesetzes und
2. ihren Arbeitnehmerinnen und Arbeitnehmern, die von Regelungen nach § 1 Abs. 3 MiLoG, insbesondere von Branchentarifverträgen, die nach den Vorgaben des Arbeitnehmer-Entsendegesetzes vom 20. April 2009 (BGBl. I S. 799) – AEntG –, zuletzt geändert durch Artikel 2 Abs. 11

1) Beachte zum Inkrafttreten § 18 Satz 2.

des Gesetzes vom 17. Februar 2016 (BGBl. I S. 203), in der jeweils geltenden Fassung, bundesweit zwingend Anwendung finden, erfasst werden, mindestens ein Mindestentgelt nach den Vorgaben dieser Regelungen

zu zahlen.

(2) Fehlt bei Angebotsabgabe die Erklärung nach Absatz 1 und wird sie auch nach Aufforderung nicht vorgelegt, so ist das Angebot von der Wertung auszuschließen.

§ 5 Tariftreue im öffentlichen Personenverkehr auf Straße und Schiene

(1) [1]Öffentliche Aufträge über Dienstleistungen im Bereich des öffentlichen Personenverkehrs auf Straße und Schiene im Sinne von § 2 Abs. 4 dürfen nur an Unternehmen vergeben werden, die bei Angebotsabgabe erklären, ihren Arbeitnehmerinnen und Arbeitnehmern bei der Ausführung des Auftrags mindestens das in Niedersachsen für diese Leistung in einem der einschlägigen und repräsentativen mit einer tariffähigen Gewerkschaft vereinbarten Tarifverträge vorgesehene Entgelt unter den dort jeweils vorgesehenen Bedingungen zu zahlen und während der Ausführungslaufzeit Änderungen nachzuvollziehen. [2]Bei Ausschreibungen für grenzüberschreitenden Verkehr kann auch ein einschlägiger und repräsentativer Tarifvertrag aus dem jeweiligen Nachbarstaat der Bundesrepublik Deutschland zugrunde gelegt werden. [3]Kann dabei mit dem öffentlichen Auftraggeber oder den öffentlichen Auftraggebern aus den Nachbarstaaten der Bundesrepublik Deutschland keine Einigung über die Vorgabe der einschlägigen und repräsentativen Tarifverträge erzielt werden, so soll die Beachtung eines einschlägigen Tarifvertrags vorgegeben werden. [4]Ist auch dies nicht möglich, so findet Satz 1 keine Anwendung. [5]Sind die tarifvertraglich zustehenden Entgeltleistungen in mehreren Tarifverträgen geregelt, so gelten diese als ein Tarifvertrag.

(2) [1]Die öffentlichen Auftraggeber geben in der Bekanntmachung oder den Vergabeunterlagen des öffentlichen Auftrags an, welche repräsentativen Tarifverträge für die Ausführung des Auftrags einschlägig sind. [2]Hat das für Arbeitsrecht zuständige Ministerium eine Liste der repräsentativen Tarifverträge veröffentlicht, so reicht es aus, die Tarifverträge durch Bezugnahme auf die Liste zu bezeichnen und anzugeben, wo die Liste veröffentlicht ist.

(3) Fehlt bei Angebotsabgabe die Tariftreueerklärung im Sinne des Absatzes 1 und wird sie auch nach Aufforderung nicht vorgelegt, so ist das Angebot von der Wertung auszuschließen.

(4) [1]Das für Angelegenheiten des Arbeitsrechts zuständige Ministerium stellt fest, welche Tarifverträge repräsentativ sind. [2]Merkmale der Repräsentativität sind

1. die Zahl der von den jeweils tarifgebundenen Arbeitgebern beschäftigten unter den Geltungsbereich des Tarifvertrags fallenden Arbeitnehmerinnen und Arbeitnehmer,
2. die Zahl der jeweils unter den Geltungsbereich des Tarifvertrags fallenden Mitglieder der Gewerkschaft, die den Tarifvertrag geschlossen hat.

[3]Das für Angelegenheiten des Arbeitsrechts zuständige Ministerium regelt im Einvernehmen mit dem für Öffentliches Auftragswesen und dem für Verkehr zuständigen Ministerium durch Verordnung das Verfahren, in dem festgestellt wird, welche Tarifverträge repräsentativ sind, sowie die Art der Veröffentlichung dieser Tarifverträge; in der Verordnung können weitere Merkmale der Repräsentativität festgelegt werden. [4]Die Verordnung regelt, dass im Verfahren zur Feststellung der Repräsentativität ein paritätisch aus Vertreterinnen und Vertretern der Tarifpartner zusammengesetzter Beirat beratend mitwirkt.

(5) [1]Bei dem für Öffentliches Auftragswesen zuständigen Ministerium wird eine Servicestelle eingerichtet, die über dieses Gesetz sowie über Tarifregelungen nach Absatz 1 informiert und die Entgeltregelungen aus den einschlägigen Tarifverträgen unentgeltlich zur Verfügung stellt. [2]Die Servicestelle macht Muster zur Abgabe von Erklärungen nach § 4 Abs. 1 und § 5 Abs. 1 öffentlich bekannt.

§ 6 Betreiberwechsel bei der Erbringung von Personenverkehrsdiensten

[1]Beabsichtigt der öffentliche Auftraggeber, vom ausgewählten Betreiber gemäß Artikel 4 Abs. 5 Satz 1 der Verordnung (EG) Nr. 1370/2007 zu verlangen, dass dieser die Arbeitnehmerinnen und Arbeitnehmer des bisherigen Betreibers zu deren bisherigen Arbeitsbedingungen übernimmt, so verpflichtet er den bisherigen Betreiber, ihm die hierzu erforderlichen Unterlagen zur Verfügung zu stellen oder Einsicht in Lohn- und Meldeunterlagen, Bücher und andere Geschäftsunterlagen und Aufzeichnungen zu gewähren, aus denen Umfang, Art, Dauer und tatsächliche Entlohnung der Arbeitnehme-

rinnen und Arbeitnehmer hervorgehen oder abgeleitet werden können. [2]Hierdurch entstehende Aufwendungen des bisherigen Betreibers werden durch den öffentlichen Auftraggeber erstattet.

§ 7 Unangemessen niedrig erscheinende Angebotspreise bei Bauleistungen

[1]Erscheint bei Bauleistungen ein Angebotspreis unangemessen niedrig und hat der öffentliche Auftraggeber deswegen die Angemessenheit des Angebotspreises zu prüfen (§ 16d Abs. 1 Nr. 2 VOB/A 2019), so sind die Unternehmen verpflichtet, die ordnungsgemäße Kalkulation nachzuweisen. [2]Ein Angebotspreis erscheint jedenfalls dann unangemessen niedrig im Sinne von § 16d Abs. 1 Nr. 2 VOB/A 2019, wenn das Angebot, auf das der Zuschlag erteilt werden soll, um mindestens 10 vom Hundert vom nächsthöheren Angebot abweicht. [3]Kommt ein Unternehmen der Verpflichtung nach Satz 1 nicht innerhalb einer vom öffentlichen Auftraggeber gesetzten Frist nach, so ist es vom weiteren Verfahren auszuschließen.

§ 8 Nachweise

(1) Die nach diesem Gesetz vorzulegenden Nachweise und Erklärungen können gemäß den Vergabe- und Vertragsordnungen sowie gemäß der Vergabeverordnung im Wege der Präqualifikation auch erbracht werden, soweit diese Nachweise und Erklärungen für die Aufnahme in ein Präqualifikationsverzeichnis, ein amtliches Verzeichnis oder ein Zertifizierungssystem nicht erforderlich sind.

(2) [1]Bei der Vergabe von Bauaufträgen hat das Unternehmen, das den Zuschlag erhalten soll, für den Fall, dass es nicht in das Präqualifikationsverzeichnis des Vereins für die Qualifizierung von Bauunternehmen eingetragen ist, durch Unterlagen, die nicht älter als ein Jahr sein dürfen, den Nachweis der vollständigen Entrichtung von Beiträgen zur gesetzlichen Sozialversicherung zu erbringen. [2]Die Unterlagen müssen von dem zuständigen in- oder ausländischen Sozialversicherungsträger ausgestellt sein. [3]Der Nachweis nach Satz 1 kann durch eine Bescheinigung des ausländischen Staates erbracht werden. [4]Bei fremdsprachigen Bescheinigungen ist eine Übersetzung in die deutsche Sprache beizufügen.

§ 9 Förderung kleiner und mittlerer Unternehmen

(1) [1]Mittelständische Interessen sind bei der Vergabe öffentlicher Aufträge vornehmlich zu berücksichtigen. [2]Daher sind bei der Vergabe öffentlicher Aufträge Leistungen in den Vergabeunterlagen nach Art und Umfang so in der Menge aufgeteilt (Teillose) und getrennt nach Fachgebieten (Fachlose) festzulegen, dass kleine und mittlere Unternehmen am Wettbewerb teilnehmen und beim Zuschlag berücksichtigt werden können. [3]Mehrere Teil- oder Fachlose dürfen zusammen vergeben werden, wenn wirtschaftliche oder technische Gründe dies erfordern. [4]Generalunternehmervergaben stellen den Ausnahmefall dar und bedürfen einer gesonderten Begründung.

(2) Öffentliche Auftraggeber sollen kleine und mittlere Unternehmen bei beschränkten Ausschreibungen ohne Teilnahmewettbewerb, Verhandlungsvergaben ohne Teilnahmewettbewerb und freihändigen Vergaben in angemessenem Umfang zur Angebotsabgabe auffordern.

§ 10 Umweltverträgliche Beschaffung

[1]Öffentliche Auftraggeber können bei der Festlegung der Anforderungen an die zu beschaffenden Gegenstände oder Leistungen berücksichtigen, inwieweit deren Erstellung, Lieferung, Nutzung und Entsorgung umweltverträglich erfolgt. [2]Entsprechende Anforderungen müssen im sachlichen Zusammenhang mit dem Auftragsgegenstand stehen und sich aus der Leistungsbeschreibung ergeben.

§ 11 Berücksichtigung sozialer Kriterien

(1) [1]Öffentliche Auftraggeber können soziale Kriterien als Anforderungen an die Unternehmen berücksichtigen. [2]Soziale Anforderungen dürfen nur für die Auftragsausführung und nur an Unternehmen mit mindestens 20 Arbeitnehmerinnen und Arbeitnehmern gestellt werden.

(2) Zu berücksichtigende soziale Kriterien können insbesondere sein:

1. die Beschäftigung von schwerbehinderten Menschen,
2. die Förderung der Chancengleichheit und Gleichstellung von Frauen und Männern im Beruf,
3. die Beschäftigung von Auszubildenden,
4. die Beteiligung an tariflichen Umlageverfahren zur Sicherung der beruflichen Erstausbildung oder an Ausbildungsverbünden oder
5. die Beschäftigung von Langzeitarbeitslosen.

§ 12 Beachtung von ILO-Mindestanforderungen an die Arbeitsbedingungen

(1) [1]Bei der Vergabe von Bau-, Liefer- oder Dienstleistungen ist darauf hinzuwirken, dass im Anwendungsbereich des Absatzes 2 keine Waren Gegenstand der Leistung sind, die unter Missachtung der in den Kernarbeitsnormen der Internationalen Arbeitsorganisation (ILO) festgelegten Mindestanforderungen gewonnen oder hergestellt worden sind. [2]Diese Mindestanforderungen ergeben sich aus

1. dem Übereinkommen Nr. 29 über Zwangs- oder Pflichtarbeit vom 28. Juni 1930 (BGBl. 1956 II S. 641),
2. dem Übereinkommen Nr. 87 über die Vereinigungsfreiheit und den Schutz des Vereinigungsrechtes vom 9. Juli 1948 (BGBl. 1956 II S. 2073),
3. dem Übereinkommen Nr. 98 über die Anwendung der Grundsätze des Vereinigungsrechtes und des Rechtes zu Kollektivverhandlungen vom 1. Juli 1949 (BGBl. 1955 II S. 1123),
4. dem Übereinkommen Nr. 100 über die Gleichheit des Entgelts männlicher und weiblicher Arbeitskräfte für gleichwertige Arbeit vom 29. Juni 1951 (BGBl. 1956 II S. 24),
5. dem Übereinkommen Nr. 105 über die Abschaffung der Zwangsarbeit vom 25. Juni 1957 (BGBl. 1959 II S. 442),
6. dem Übereinkommen Nr. 111 über die Diskriminierung in Beschäftigung und Beruf vom 25. Juni 1958 (BGBl. 1961 II S. 98),
7. dem Übereinkommen Nr. 138 über das Mindestalter für die Zulassung zur Beschäftigung vom 26. Juni 1973 (BGBl. 1976 II S. 202) und
8. dem Übereinkommen Nr. 182 über das Verbot und unverzügliche Maßnahmen zur Beseitigung der schlimmsten Formen der Kinderarbeit vom 17. Juni 1999 (BGBl. 2001 II S. 1291).

(2)[1)] [1]Die Landesregierung bestimmt durch Verordnung, auf welche Produktgruppen oder Herstellungsverfahren Absatz 1 anzuwenden ist und welchen Mindestinhalt die vertraglichen Regelungen nach Absatz 1 Satz 1 haben sollen. [2]Die Verordnung trifft Bestimmungen zu Zertifizierungen und Nachweisen sowie zur vertraglichen Ausgestaltung von Kontrollen und vertraglichen Sanktionen.

§ 13 Nachunternehmen, Verleihunternehmen

(1) [1]Soweit Nachunternehmen bei der Ausführung des Auftrags eingesetzt werden, muss sich das Unternehmen verpflichten, den eingesetzten Nachunternehmen die Erklärung nach § 4 Abs. 1 und bei Bauleistungen außerdem den Nachweis nach § 8 Abs. 2 abzuverlangen und diese Erklärungen und Nachweise dem öffentlichen Auftraggeber vorzulegen. [2]Soweit bei Aufträgen nach § 2 Abs. 4 Unteraufträge im Sinne von Artikel 4 Abs. 7 der Verordnung (EG) Nr. 1370/2007 erteilt werden, muss sich das Unternehmen verpflichten, den eingesetzten Nachunternehmen stattdessen die Erklärung nach § 5 Abs. 1 abzuverlangen und dem öffentlichen Auftraggeber vorzulegen. [3]Das Unternehmen, das einen Auftrag an ein Nachunternehmen vergibt, hat vertraglich sicherzustellen, dass das Nachunternehmen die ihm nach Satz 1 aufzuerlegenden Verpflichtungen übernimmt und die Verpflichtungen, auf die sich die in Satz 1 genannten Erklärungen und Nachweise beziehen, einhält. [4]Für Nachunternehmen gilt § 8 Abs. 1 entsprechend. [5]Werden bei der Ausführung des Auftrags Arbeitnehmerinnen oder Arbeitnehmer überlassen im Sinne des § 1 Abs. 1 des Arbeitnehmerüberlassungsgesetzes (AÜG) in der Fassung vom 3. Februar 1995 (BGBl. I S. 158), zuletzt geändert durch Artikel 7 des Gesetzes vom 11. August 2014 (BGBl. I S. 1348), in der jeweils geltenden Fassung, so gelten die Sätze 1 bis 4 entsprechend.

(2) [1]Bei der Vergabe von Bauaufträgen haben die Unternehmen bei Abgabe ihres Angebots ein Verzeichnis der Leistungen, die durch Nachunternehmen erbracht werden sollen, vorzulegen. [2]Der öffentliche Auftraggeber legt in den Vergabeunterlagen fest, ob die Nachunternehmen, die die Unternehmen für diese Leistungen einsetzen wollen, vor Zuschlagserteilung benannt werden müssen. [3]Nach Zuschlagserteilung bedarf die Einschaltung oder der Wechsel eines Nachunternehmens der Zustimmung des öffentlichen Auftraggebers. [4]Für die Einschaltung und den Wechsel eines Verleihunternehmens gelten die Sätze 2 und 3 entsprechend.

(3) Auf die Vorlage von Erklärungen und Nachweisen kann der öffentliche Auftraggeber verzichten, soweit der Anteil des Auftrags, der auf das jeweilige Nachunternehmen entfällt, weniger als 3 000 Euro (ohne Umsatzsteuer) beträgt.

---

1) Beachte zum Inkrafttreten § 18 Satz 2.

§ 14 Kontrollen

(1) [1]Die öffentlichen Auftraggeber sind gehalten, Kontrollen durchzuführen, um zu überprüfen, ob die beauftragten Unternehmen sowie die jeweiligen Nachunternehmen und Verleihunternehmen die von ihnen im Hinblick auf dieses Gesetz übernommenen vergaberechtlichen Verpflichtungen einhalten. [2]Das beauftragte Unternehmen sowie die jeweiligen Nachunternehmen und Verleihunternehmen sind verpflichtet, dem öffentlichen Auftraggeber die Einhaltung der Verpflichtungen nach Satz 1 auf dessen Verlangen jederzeit nachzuweisen.

(2) Der öffentliche Auftraggeber darf Einsicht in Unterlagen, insbesondere in Lohn- und Meldeunterlagen, Bücher und andere Geschäftsunterlagen und Aufzeichnungen, nehmen, aus denen Umfang, Art, Dauer und tatsächliche Entlohnung der Beschäftigten hervorgehen oder abgeleitet werden, um die Einhaltung der vergaberechtlichen Verpflichtungen nach Absatz 1 Satz 1 zu überprüfen, die sich auf die Beschäftigten beziehen.

(3) Liegen den öffentlichen Auftraggebern Anhaltspunkte dafür vor, dass die sich aus den Erklärungen nach § 4 Abs. 1 oder § 5 Abs. 1 ergebenden Verpflichtungen nicht eingehalten werden, so sind sie zur Durchführung von Kontrollen verpflichtet.

(4) [1]Das beauftragte Unternehmen sowie die Nachunternehmen und Verleihunternehmen haben vollständige und prüffähige Unterlagen nach Absatz 2 über die eingesetzten Beschäftigten bereitzuhalten. [2]Auf Verlangen des öffentlichen Auftraggebers sind ihm diese Unterlagen vorzulegen. [3]Das beauftragte Unternehmen sowie die Nachunternehmen und Verleihunternehmen haben ihre Beschäftigten auf die Möglichkeit solcher Kontrollen hinzuweisen.

(5) Die Rechte des öffentlichen Auftraggebers nach Absatz 1 Satz 2 und den Absätzen 2 und 4 zur Einsichtnahme in Unterlagen sowie die Auskunfts- und Mitwirkungspflichten des beauftragten Unternehmens, der jeweiligen Nachunternehmen und Verleihunternehmen sind vertraglich sicherzustellen.

(6) Die Servicestelle nach § 5 Abs. 5 nimmt Hinweise zu öffentlichen Aufträgen entgegen, die Anlass für Kontrollen nach Absatz 1 oder 3 sein können, und leitet diese an den jeweiligen öffentlichen Auftraggeber weiter.

§ 15 Sanktionen

(1) [1]Um die Einhaltung der sich aus den Erklärungen nach § 4 Abs. 1 oder § 5 Abs. 1 ergebenden Verpflichtungen zu sichern, hat der öffentliche Auftraggeber für jeden schuldhaften Verstoß eine Vertragsstrafe in Höhe von 1 vom Hundert des Auftragswerts mit dem beauftragten Unternehmen zu vereinbaren; bei mehreren Verstößen darf die Summe der Vertragsstrafen 10 vom Hundert des Auftragswerts nicht überschreiten. [2]Das beauftragte Unternehmen ist zur Zahlung einer Vertragsstrafe nach Satz 1 auch für den Fall zu verpflichten, dass der Verstoß durch ein Nachunternehmen oder ein Verleihunternehmen begangen wird und das beauftragte Unternehmen den Verstoß kannte oder kennen musste. [3]Ist die verwirkte Vertragsstrafe unverhältnismäßig hoch, so kann sie vom öffentlichen Auftraggeber auf Antrag des beauftragten Unternehmens auf einen angemessenen Betrag herabgesetzt werden.

(2) Der öffentliche Auftraggeber vereinbart mit dem zu beauftragenden Unternehmen, dass die schuldhafte und nicht nur unerhebliche Nichterfüllung einer sich aus den Erklärungen nach § 4 Abs. 1 oder § 5 Abs. 1 ergebenden Verpflichtung durch das beauftragte Unternehmen, ein Nachunternehmen oder ein Verleihunternehmen den öffentlichen Auftraggeber zur fristlosen Kündigung aus wichtigem Grund berechtigt.

(3) Hat das beauftragte Unternehmen, ein Nachunternehmen oder ein Verleihunternehmen mindestens grob fahrlässig oder mehrfach gegen die sich aus der Erklärung nach § 5 Abs. 1 ergebenden Verpflichtungen verstoßen, so hat der öffentliche Auftraggeber das betreffende Unternehmen, Nachunternehmen oder Verleihunternehmen für die Dauer von bis zu drei Jahren von seiner Vergabe öffentlicher Aufträge als zu beauftragendes Unternehmen, Nachunternehmen und Verleihunternehmen auszuschließen.

(4) Die öffentlichen Auftraggeber haben die für die Verfolgung und Ahndung von Ordnungswidrigkeiten nach § 21 MiLoG, nach § 23 AEntG und nach § 16 AÜG zuständigen Stellen über Verstöße der Unternehmen gegen die in § 4 Abs. 1 genannten Mindestentgeltregelungen zu informieren.

§ 16 Informations- und Wartepflicht

(1) [1]Bei der Vergabe öffentlicher Aufträge, deren geschätzter Auftragswert den jeweiligen Schwellenwert gemäß § 106 Abs. 2 Nrn. 1 bis 3 GWB nicht erreicht, haben öffentliche Auftraggeber die Unternehmen, deren Angebote nicht berücksichtigt werden sollen, über den Namen des Unternehmens, auf dessen Angebot der Zuschlag erteilt werden soll, über die Gründe der vorgesehenen Nichtberücksichtigung ihres Angebots und über die Wartefrist bis zur Zuschlagserteilung gemäß Absatz 2 in Textform zu informieren. [2]Dies gilt entsprechend auch für Unternehmen, denen keine Information über die Ablehnung ihrer Bewerbung im Teilnahmewettbewerb zur Verfügung gestellt wurde, bevor die Mitteilung über die Zuschlagsentscheidung an die Unternehmen nach Satz 1 ergangen ist.

(2) [1]Der Zuschlag darf frühestens 15 Kalendertage nach Absendung der Information nach Absatz 1 erteilt werden. [2]Wird die Information auf elektronischem Weg oder durch Telefax versendet, verkürzt sich die Frist auf zehn Kalendertage. [3]Die Frist beginnt am Tag nach der Absendung der Information durch den öffentlichen Auftraggeber; auf den Tag des Zugangs beim betroffenen Unternehmen kommt es nicht an.

(3) [1]Die Informationspflicht entfällt in Fällen besonderer Dringlichkeit. [2]Im Fall verteidigungs- oder sicherheitsspezifischer Aufträge (§ 104 GWB) und aus Gründen der Geheimhaltung können öffentliche Auftraggeber darauf verzichten, bestimmte Informationen über die vorgesehene Zuschlagserteilung mitzuteilen, wenn die Offenlegung den Gesetzesvollzug behindern, dem öffentlichen Interesse, insbesondere Verteidigungs-, Sicherheits- oder Geheimhaltungsinteressen, zuwiderlaufen, berechtigte geschäftliche Interessen von Unternehmen schädigen oder den lauteren Wettbewerb zwischen ihnen beeinträchtigen würde.

§ 17 Übergangsbestimmungen

(1) Auf Vergaben, die vor dem Inkrafttreten dieses Gesetzes begonnen haben, ist das Niedersächsische Landesvergabegesetz vom 15. Dezember 2008 (Nds. GVBl. S. 411), geändert durch Gesetz vom 19. Januar 2012 (Nds. GVBl. S. 6), anzuwenden.

(2) Auf Vergaben, die vor dem 1. Juli 2016 begonnen haben, ist dieses Gesetz in der am 30. Juni 2016 geltenden Fassung anzuwenden.

(3) Auf Vergaben, die vor dem 1. Januar 2020 begonnen haben, ist dieses Gesetz in der am 31. Dezember 2019 geltenden Fassung anzuwenden.

(4) Auf Vergaben, die zwischen dem 1. Januar und dem 30. Juni 2020 begonnen haben, findet § 38 Abs. 2 und 3 UVgO keine Anwendung.

§ 18 Inkrafttreten

[1]Dieses Gesetz tritt am 1. Januar 2014 in Kraft. [2]Abweichend von Satz 1 treten § 3 Abs. 3 und 4, § 4 Abs. 4 und 5, § 5 Abs. 2 sowie § 12 Abs. 2 am Tag nach der Verkündung[1)] dieses Gesetzes in Kraft.

1) Verkündet am 7.11.2013.

Register

Die **fetten** Zahlen verweisen auf die laufenden Nummern der Gesetze (vgl. Inhaltsverzeichnis), die **mageren** auf die Artikel, Paragraphen und Nummern.